**DER BROCKHAUS** Psychologie

## DER BROCKHAUS

# Psychologie

### Fühlen, Denken und Verhalten verstehen

2., vollständig überarbeitete Auflage

Herausgegeben von der
Lexikonredaktion des Verlags
F. A. Brockhaus, Mannheim

F. A. BROCKHAUS
Mannheim · Leipzig

**Bibliografische Information der Deutschen Nationalbibliothek**
Die Deutsche Nationalbibliothek verzeichnet diese Publikation in der Deutschen Nationalbibliografie; detaillierte bibliografische Daten sind im Internet über http://dnb.ddb.de abrufbar.

Namen und Kennzeichen, die als Marke bekannt sind und entsprechenden Schutz genießen, sind beim Stichwort durch das Zeichen ® gekennzeichnet. Handelsnamen ohne Markencharakter sind nicht gekennzeichnet. Aus dem Fehlen des Zeichens ® darf im Einzelfall nicht geschlossen werden, dass ein Name oder Zeichen frei ist. Eine Haftung für ein etwaiges Fehlen des Zeichens ® wird ausgeschlossen.

Das Wort BROCKHAUS ist für den Verlag F. A. Brockhaus GmbH als Marke geschützt.

Das Werk einschließlich aller seiner Teile ist urheberrechtlich geschützt. Jede Verwertung außerhalb der engen Grenzen des Urheberrechtsgesetzes ist ohne Zustimmung des Verlags unzulässig und strafbar. Das gilt insbesondere für Vervielfältigungen, Übersetzungen, Mikroverfilmungen und die Einspeicherung und Verarbeitung in elektronischen Systemen.

Alle Rechte vorbehalten.
Nachdruck, auch auszugsweise, verboten.

Die genannten Internetangebote wurden von der Redaktion sorgfältig zusammengestellt und geprüft. Für die Inhalte der Internetangebote Dritter, deren Verknüpfung zu anderen Internetangeboten und Änderungen der unter der jeweiligen Internetadresse angebotenen Inhalte übernimmt der Verlag keinerlei Haftung.

© F. A. Brockhaus GmbH, Leipzig · Mannheim 2009
E D C B A

Printed in Germany

ISBN 978-3-7653-0592-4

**Projektleitung** Dr. Hildegard Hogen
**Redaktion** Dipl.-Psych. Roland R. Asanger, Reiner Klähn M. A., Dipl.-Psych. Erdmute Otto, Dipl.-Psych. Mihrican Özdem, Dagmar Reiche, Dipl.-Psych. Susanne Starke-Perschke, Dr. Burkhard Vollmers
**Autoren** Priv.-Doz. Dr. Thomas Bliesener, Prof. Dr. Martin Dannecker, Dr. Gabriele Dlugosch, Dipl.-Psych. Doris Flor, Dr. Herbert Gstalter, Prof. Dr. Reinhold S. Jäger, Peter E. Kalb, Dr. Uwe P. Kanning, Prof. Dr. Arnold Lohaus, Prof. Dr. Roland Mangold, Dipl.-Psych. Mihrican Özdem, Prof. Dr. Monika Pritzel, Dr. Thorsten Rasch, Dagmar Reiche, Dr. Stephanie Reuter, Prof. Dr. Hertha Richter-Appelt, Dr. Carl Rothenburg, Prof. Dr. Ingrid Scharlan, Dr. Wolfgang Schmidbauer, Prof. Dr. Astrid Schütz, Prof. Dr. Volkmar Sigusch, Priv.-Doz. Dr. Erika Spieß, Priv.-Doz. Dr. Gerd Wenninger
**Bildredaktion** Dr. Eva Bambach-Horst

**Herstellung** Jutta Herboth, Judith Diemer
**Layout** fliegende Teilchen, Berlin
**Umschlagkonzept** glas AG, Seeheim-Jugenheim
**Umschlaggestaltung** Ulrike Diestel, Leipzig
**Umschlagabbildungen** picture-alliance/Bildarchiv Okapia, Frankfurt am Main: Gehirn; picture-alliance/MaxPPP, Frankfurt am Main: Frau
**Satz** A–Z Satztechnik GmbH, Mannheim (PageOne, alfa Media Partner GmbH)
**Druck und Bindung** Firmengruppe APPL, Wemding

**VORWORT**

Der Erfolg der vorangegangenen Auflage des »Brockhaus Psychologie« hat die Erwartungen des Verlages bei Weitem übertroffen: Der Band hat sich in kurzer Zeit als Standardwerk durchgesetzt. Fachleute haben ihm großes Lob gezollt, und ein breites Publikum hat ihn geradezu begeistert aufgenommen. Der Verlag sieht sich daher seinen Lesern gegenüber in der sehr gern wahrgenommenen Pflicht, den »Brockhaus Psychologie« neu herauszugeben. Dabei wurden alle Texte gesichtet und auf den jüngsten Stand der Wissenschaft gebracht.

Psychologie – das sind einerseits die Muster, nach denen wir uns im Alltag verhalten. Ob wir einen Menschen sympathisch finden oder nicht, wie wir mit Problemen umgehen, wie mit Erfolgen, in welcher Weise wir handeln, was wir in dieser oder jener Situation empfinden – in allem folgen wir der Logik unserer Psyche. Oft genug liegt auch für uns selbst diese Logik im Verborgenen. Nicht jede kleine Handlung, nicht jede kleine Reaktion können wir analysieren oder gar verstehen. Eingefahrene Muster aber, die uns immer wieder in ähnliche, vielleicht unangenehme Situationen bringen, lohnen der Reflexion. Denn die Beschäftigung mit diesen Mustern – seien es die eigenen oder die von Familienangehörigen, Freunden, Nachbarn und Kollegen – kann zu Freiheit, zu Autonomie verhelfen.

Psychologie – das ist aber auch eine Wissenschaft. Eine junge Wissenschaft, die es in ihren ersten Jahrzehnten sowohl in der Forschung als auch in der breiten Öffentlichkeit schwer hatte, sich zu etablieren. Heute genießt sie eine unbestreitbare und noch immer wachsende Anerkennung, hier wie dort. Ihre vielfältigen Teildisziplinen – von der Psychoanalyse über die pädagogische Psychologie, die Kommunikationspsychologie, die Sexualpsychologie, die Arbeits- und Organisationspsychologie bis hin zur klinischen Psychologie, um nur die wichtigsten zu nennen – fördern Erkenntnisse zutage, ohne die eine zeitgemäße Bestimmung des besonderen Lebewesens Mensch nicht mehr auskommt.

»Der Brockhaus Psychologie« schlägt eine Brücke zwischen den Erkenntnissen der Wissenschaft einerseits und den individuellen psychologischen Fragen andererseits. Er informiert kompetent, umfassend und verständlich. Er will aufklären und zur Reflexion anregen. Vielleicht kann er dadurch seinen Lesern auch helfen, Konflikte zu vermeiden, zu verstehen oder zu lösen.

Mannheim	Redaktion F. A. Brockhaus

# Hinweise für die Benutzer

## Reihenfolge und Schreibweise der Stichwörter

Die Stichwörter sind in alphabetischer Reihenfolge angeordnet. Alphabetisiert werden alle fett gedruckten Buchstaben des Hauptstichworts, auch wenn es aus mehreren Wörtern besteht. Umlaute (ä, ö, ü) werden wie einfache Vokale eingeordnet, Buchstaben mit diakritischen Zeichen (z. B. à, é) werden behandelt wie Buchstaben ohne dieses Zeichen. Gleich lautende Stichwörter werden in der Reihenfolge Sachstichwörter, geografische Namen, Personennamen angeordnet.

Gleich lautende Stichwörter mit unterschiedlicher Bedeutung werden zu einem durch Ziffern untergliederten Artikelkomplex zusammengefasst.

Synonyme des Hauptstichworts werden diesem – durch Komma getrennt – als Nebenstichwörter nachgestellt.

Die Schreibweise richtet sich im Allgemeinen nach der Duden-Rechtschreibung. Fachbegriffe werden so geschrieben, wie es die jeweilige Nomenklatur vorsieht. Wörter aus Sprachen mit nicht lateinischer Schrift erscheinen als Stichwörter in einer der Aussprache der Wörter oder dem allgemeinen Sprachgebrauch angepassten Umschrift (Transskription). Die zeichengetreue Umsetzung (Transliteration) wird gegebenenfalls als Nebenstichwort gebracht.

## Betonung, Aussprache und Etymologie der Stichwörter

Fremdwörtliche und fremdsprachliche Stichwörter (einschließlich Personennamen) erhalten – sofern die Aussprache unklar ist – als Betonungshilfe einen Punkt (Kürze) oder einen Strich (Länge) unter dem betonten Vokal. Weicht die Aussprache eines Stichworts von der deutschen ab, so wird in der dem Stichwort folgenden eckigen Klammer die korrekte Aussprache in phonetischer Umschrift angegeben. Diese folgt dem internationalen Lautschriftsystem der Association Phonétique Internationale:

- a = helles a, deutsch Blatt
- ɑ = dunkles a, deutsch war, engl. rather
- ã = nasales a, französ. grand
- æ = breites ä, deutsch Äther
- ʌ = dumpfes a, engl. but
- β = halboffener Reibelaut b, span. Habanera
- ç = Ichlaut, deutsch mich
- ɕ = sj-Laut (stimmlos), poln. Sienkiewicz
- ð = stimmhaftes engl. th, engl. the
- ɛ = offenes e, deutsch fett
- e = geschlossenes e, engl. egg, deutsch Beet
- ə = dumpfes e, deutsch alle
- ɛ̃ = nasales e, französ. fin
- ɣ = geriebenes g, span. Segovia, dän. Skagen
- i = geschlossenes i, deutsch Wiese
- ɪ = offenes i, deutsch bitte
- ĩ = nasales i, portug. Infante
- ʎ = lj, span. Sevilla
- ŋ = ng-Laut, deutsch Hang
- ɲ = nj-Laut, Champagne
- ɔ = offenes o, deutsch Kopf
- o = geschlossenes o, deutsch Tod
- õ = nasales o, französ. bon
- ø = geschlossenes ö, deutsch Höhle
- œ = offenes ö, deutsch Hölle
- œ̃ = nasales ö, französ. parfum
- s = stimmloses s, deutsch was
- z = stimmhaftes s, deutsch singen
- ź = sj-Laut (stimmhaft), poln. Nidzica
- ʃ = stimmloses sch, deutsch Schuh
- ʒ = stimmhaftes sch, Garage
- θ = stimmloses engl. th, engl. thing
- u = geschlossenes u, deutsch Kuh
- ʊ = offenes u, deutsch bunt
- ũ = nasales u, portug. Funchal
- u̯ = unsilbisches u, poln. Złoty
- v = stimmhaftes w, deutsch Wald
- w = halbvokalisches w, engl. well
- x = Achlaut, deutsch Krach
- y = geschlossenes ü, deutsch Hüte
- ɥ = konsonantisches y, französ. Suisse
- : = bezeichnet Länge des vorhergehenden Vokals
- ' = bezeichnet Betonung und steht vor der betonten Silbe, z. B. 'ætlɪ = Attlee

b d f g h j k l m n p r t geben in den meisten Sprachen etwa den Lautwert wieder, den sie auch im Deutschen haben. Im Englischen wird »r« weder wie ein deutsches Zäpfchen-r noch wie ein gerolltes Zungenspitzen-r gesprochen, sondern mit der Zungenspitze an den oberen Vorderzähnen oder am Gaumen gebildet.

Angaben zur sprachlichen Herkunft eines Begriffs werden nur dann gebracht, wenn sie zum Verständnis eines Stichworts wesentlich beitragen; sie stehen dann nach dem Stichwort in eckiger Klammer, gegebenenfalls hinter der phonetischen Umschrift.

**Verweise**

Der Verweispfeil (→) zeigt an, dass unter dem dahinter stehenden Stichwort weiterführende Informationen zu finden sind.

**Abkürzungen**

| | |
|---|---|
| Abk. | Abkürzung |
| bzw. | beziehungsweise |
| ca. | circa |
| d. h. | das heißt |
| Jh. | Jahrhundert |
| n. Chr. | nach Christi Geburt |
| u. a. | und andere, unter anderem |
| usw. | und so weiter |
| v. a. | vor allem |
| v. Chr. | vor Christi Geburt |
| z. B. | zum Beispiel |
| z. T. | zum Teil |

Darüber hinaus wird z. T. die Adjektivendung »-isch« abgekürzt; z. B. engl., französ., italien., span., griech., latein., russ.

**Zeichen**

| | |
|---|---|
| * | geboren |
| † | gestorben |
| § | Paragraf |
| ® | Warenzeichen |

**Haftung**

Die Erkenntnisse der Psychologie und der Medizin unterliegen einem laufenden Wandel durch Forschung und klinische Erfahrung. Autoren und Redaktion haben die Inhalte des vorliegenden Werkes mit größter Sorgfalt ausgewählt und geprüft. Für wider Erwarten dennoch auftretende Fehler übernimmt der Verlag keine Haftung. Vor allem entbindet er den Benutzer nicht von der Verpflichtung, die Beipackzettel von Medikamenten zu beachten und sie in eigener Verantwortung anzuwenden sowie von dem Gebot, bei Krankheit und in Notfällen professionelle Hilfe durch Ärzte in Anspruch zu nehmen.

**Internetadressen**

Aktuelle Links auf weiterführende Internetsites zum Thema Psychologie finden Sie unter www.brockhaus.de/sachlexika/psychologie.

## Ausführlichere Artikel widmen sich den Themen

| | |
|---|---|
| ALTER | 26 |
| ANGST | 38 |
| DEPRESSION | 104 |
| FREUNDSCHAFT | 184 |
| GEWALT | 222 |
| KOMMUNIKATION | 302 |
| LERNSTÖRUNGEN | 340 |
| MOBBING | 372 |
| NEUROPSYCHOLOGIE | 402 |
| PARTNERSCHAFT | 426 |
| PERSÖNLICHKEIT | 434 |
| PSYCHOANALYSE | 464 |
| PSYCHOSOMATIK | 476 |
| PSYCHOTHERAPIE | 482 |
| SCHMERZ | 524 |
| SEXUALITÄT | 554 |
| STRESS | 590 |
| SUCHT | 596 |
| TESTS | 616 |
| TRAUER | 632 |
| TRAUM | 638 |
| VERHALTENSAUFFÄLLIGKEITEN | 662 |
| WAHRNEHMUNG | 678 |

# A

**AA:** →Anonyme Alkoholiker.

**Abführmittel, Laxanzi|en** [zu latein. laxans »lockernd«]: Mittel, die durch eine verstärkte Darmfüllung oder Einwirkung auf die Darmwand die Darmtätigkeit anregen und eine vermehrte und häufigere Darmentleerung bewirken. Die Wirkung tritt bei dünndarmwirksamen Abführmitteln nach ein bis drei Stunden ein, bei nur dickdarmwirksamen Abführmitteln frühestens nach sechs bis acht Stunden.

**abhängige Persönlichkeitsstörung, dependente Persönlichkeitsstörung:** durch starke Angewiesenheit auf Rat und Hilfe anderer gekennzeichnete Persönlichkeitsstörung. Im ICD-10 lautet die genaue Bezeichnung »abhängige (asthenische) Persönlichkeitsstörung«. Die Betreffenden fühlen sich von anderen in überstarkem Maße abhängig und ordnen sich ihnen dementsprechend häufig vollständig unter, ohne ihre eigenen Ansprüche deutlich zu machen. Sie bezweifeln, dass sie in der Lage wären, ihr Leben allein zu führen, und benötigen selbst für Alltagsentscheidungen den Rat anderer und die Bestätigung durch andere. An eine abhängige Persönlichkeitsstörung ist zu denken, wenn Menschen sich z. B. gegen jahrelange Quälerei durch einen Lebenspartner nicht zur Wehr setzen oder hilflos zuschauen, wie dieser andere quält.

Eine abhängige Persönlichkeitsstörung kann entstehen, wenn auf eine entsprechende genetische Veranlagung psychische, physische und sexuelle Traumatisierungen in der Kindheit hinzutreten. Diese Traumatisierungen finden sich bei Menschen mit abhängiger Persönlichkeitsstörung sehr oft. In einer tiefenpsychologisch orientierten Therapie können diese Erfahrungen behutsam zutage gefördert und bearbeitet werden. Eine kognitive Verhaltenstherapie setzt an den verzerrten Wahrnehmungen des Patienten hinsichtlich seiner Hilfsbedürftigkeit und seines Selbstbildes an.

**abhängige Variable:** in einem Experiment diejenige Größe, deren Veränderung unter dem Einfluss einer unabhängigen →Variablen gemessen wird.

**Abhängigkeit:** teilweises oder völliges Angewiesensein auf eine oder mehrere Personen (z. B. die Eltern), auf bestimmte Dinge (z. B. Einkommen, Wohnung) oder Gefühlszustände bzw. Stimmungen, die durch bestimmte Substanzen (z. B. Drogen oder Medikamente) oder durch bestimmte Verhaltensweisen (z. B. Essen, Spielen, Arbeiten) hervorgerufen werden. Die krankhafte Abhängigkeit wird in der Wissenschaft als Abhängigkeitssyndrom bezeichnet, umgangssprachlich sehr viel geläufiger ist aber der Begriff der →Sucht.

**Ablehnung:** meist dauerhafte negative Haltung, z. B. gegenüber Personen, Dingen, Einstellungen oder Gefühlen. Ablehnung kann spontan entstehen, wenn etwas oder jemand sich unmittelbar als negativ, bedrohlich oder schädlich erweist oder zumindest diesen Eindruck erweckt.

Ablehnung kann aber auch langsam wachsen. Sie ist dabei nicht immer in der Realität begründet, sondern kann sich auch auf Fehlwahrnehmungen und übereilte Schlüsse stützen. Wird dieser Prozess nicht reflektiert, kann sich Ablehnung zum →Vorurteil verfestigen.

Gegenüber anderen Personen zeigt sich Ablehnung v. a. in Zurückweisen, Ignorieren und häufigem Kritisieren. Diese Verhaltensweisen verletzen den anderen und können sein →Selbstwertgefühl beeinträchtigen. Besonders schädlich wirkt sich diese Haltung gegenüber Kindern aus, die mit erheblichen Entwicklungsproblemen zu kämpfen haben, wenn sie von einem oder beiden Elternteilen dauerhaft abgelehnt werden.

**Ablösung:** Verminderung der psychischen Abhängigkeit von anderen, v. a. des Kindes von

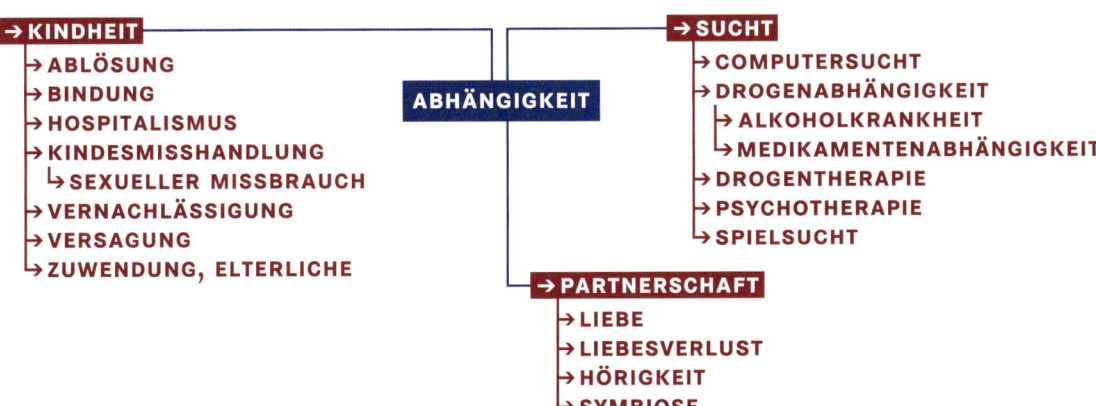

**Ablösung:** Mit dem Heranwachsen nimmt auch die seelische Reife zu, die es Kindern und Jugendlichen ermöglicht, selbstständig soziale Beziehungen aufzunehmen.

Erwachsenen, in der Regel von den Eltern. Der Ablösungsprozess wird durch die sozialen Neuorientierungen des Kindes z. B. beim Eintritt in den Kindergarten oder die Grundschule gefördert, wobei die Bedeutung der Peergroup, der Gruppe der Gleichaltrigen, für die Entwicklung von Werthaltungen im Lauf der Entwicklung wächst. Ähnlich bedeutsam für die Ablösung ist in der Phase der Pubertät die Entwicklung vertrauter, auch sexueller Beziehungen zu anderen Personen. Da häufig auch in der Psychotherapie eine psychische Abhängigkeit des Patienten von dem Therapeuten entsteht, ist bei ihrer Beendigung eine Ablösung nötig.

**Abmagerungskur:** auf eine Gewichtsreduktion zielende →Diät 2).

**Abneigung:** die →Antipathie.

**ABO-Psychologie,** Abk. für **Arbeits-, Betriebs- und Organisationspsychologie:** veraltet für →Arbeits- und Organisationspsychologie.

**abreagieren:** in der *Psychoanalyse* und älteren Aggressionstheorien ein Ausdruck dafür, dass angestaute Triebenergie entladen werden muss. Der Begriff wird heute nur noch alltagspsychologisch gebraucht, hier auch dafür, dass heftige negative Emotionen ausgedrückt werden müssen.

**Absolutschwelle:** erforderliche Intensität für die Entdeckung eines →Reizes.

**Abstammungslehre:** die →Deszendenztheorie.

**Abstinenz** [latein.], **Enthaltsamkeit:** im engeren Sinn der Verzicht auf Genussmittel (z. B. Alkoholika, Tabakprodukte), Medikamente, Drogen oder Nahrungsmittel (z. B. Fleisch, Süßigkeiten), in einem weiteren Sinn auch der Verzicht auf genussvolle Verhaltensweisen (v. a. Geschlechtsverkehr).

Die dauerhafte und die temporäre Abstinenz spielen bei der Überwindung mancher Süchte eine große Rolle. Fällt Abstinenz von verlockenden Dingen schon im Alltag schwer und liegt eine →Sucht vor, ist sie oft nur unter großen Schwierigkeiten erreichbar. Psychotherapie kann hier jedoch hilfreich sein.

Alle großen Weltreligionen geben bestimmte Perioden der Abstinenz vor, z. B. die vorösterliche Fastenzeit im Christentum, der Ramadan im Islam oder buddhistische Fastenzeiten. Diese Zeiten sollen der inneren Einkehr und der spirituellen Reinigung dienen.

**Abstinenzregel:** von Sigmund Freud aufgestellter Grundsatz der Behandlungstechnik für Psychoanalytiker: Sie sollen die Bedürfnisse und Sehnsüchte des Patienten als zur Arbeit und Veränderung treibende Kräfte bestehen lassen und sie nicht durch Ersatzmittel (Gebote, Verbote, Ratschläge, Belehrungen, Beschwichtigungen, Tröstungen usw.) befriedigen. Außerdem umfasst sie das Verbot für den Analytiker, den Patienten für die Befriedigung eigener Bedürfnisse zu missbrauchen. Das ist z. B. dann der Fall, wenn der Analytiker das Nähebedürfnis der Patientin ausnutzt und mit dieser Geschlechtsverkehr hat.

**abstraktes Denken:** Form des →Denkens.

**Abtreibung:** umgangssprachliche Bezeichnung für den →Schwangerschaftsabbruch.

**Ab|usus** [latein.]: der →Substanzmissbrauch.

**Abwehr:** *Psychoanalyse:* die Gesamtheit der Abwehrmechanismen.

**Abwehrmechanismen:** *Psychoanalyse:* psychische Reaktionen, mit deren Hilfe Einflüsse aus dem Bewusstsein ausgeschlossen werden, die Angst auslösen oder das innere Gleichgewicht gefährden können. Die Abwehrreaktionen richten sich entweder gegen reale Reize und Gefahren, oder gegen Reize aus dem Inneren der Seele, insbesondere gegen Triebimpulse oder fantasierte Vorstellungen, die mit Unlust verbunden sind; z. B. können reale Gefahren einfach verleugnet (→Verleugnung) oder unerwünschte Impulse auf eine andere Person projiziert werden (→Projektion). Die Instanz, die die Konstanz und Integrität des Individuums mithilfe der Abwehrmechanismen gewährleisten soll, ist das →Ich.

Abwehrmechanismen finden dauernd statt und sind nicht immer krankhaft, sondern teilweise notwendig. Jeder Mensch verfügt über eine Vielzahl von Abwehrmechanismen, die er je nach Situation und abzuwehrendem Inhalt bewusst oder unbewusst einsetzt. Wenn die Abwehrmechanismen versagen, droht ein seelischer Zusammenbruch, eine →Dekompensation in verschiedenster Gestalt, z. B. ein Ausbruch von Symptomen, von neurotischen oder sogar psychotischen Störungen.

Weitere Abwehrmechanismen sind u. a. →Verdrängung, →Introjektion, →Identifizierung mit dem Angreifer, →Inkorporation, →Reaktionsbildung, →Intellektualisierung, →Isolierung, →Rationalisierung, →Spaltung, →Regression, →Sublimierung, →Symbolisierung, →Ungeschehenmachen, →Verdichtung, →Verkehrung ins Gegenteil, →Verschiebung, →Wendung gegen die eigene Person, auch die →Konversion.

**abweichendes Verhalten, Devianz** [zu latein. deviare »(vom Weg) abweichen«]: Verhalten, das gegen geltende Normen einer Gemeinschaft oder Gruppe verstößt. Dabei spielen z. B. kulturelle, weltanschauliche, schicht- und bildungsspezifische, geschlechtsrollenbezogene oder religiöse Ansichten sowie das Alter und das soziale Umfeld der wertenden wie der gewerteten Person eine wichtige Rolle. Da sich beobachten lässt, dass immer weniger Werte von allen Mitgliedern der Gesellschaft für verbindlich erachtet werden, wird es immer weniger sinnvoll, von abweichendem Verhalten in Bezug auf die gesamte Gesellschaft zu sprechen. Abweichendes Verhalten wird dementsprechend in der Psychologie und Soziologie heute nicht mehr vorwiegend negativ bewertet. Abweichendes Verhalten lässt sich darauf zurückführen, dass jemand die Normen der ihn umgebenden Gruppe nicht kennt, oder darauf, dass er ihnen nicht nachkommen kann, z. B. weil er unter starkem Stress steht, oder darauf, dass er sie bewusst verletzt. In jedem Fall wird er in dieser Gruppe schnell zum →Außenseiter. Die →Etikettierungstheorie betont dabei die Bedeutung der sozialen Umwelt. Das Etikettieren eines Verhaltens als abweichend kann zu einer Stigmatisierung der so bewerteten Personen führen. Die stigmatisierte Person verhält sich dann entsprechend den Erwartungen ihrer Umwelt, was zu einer Verfestigung ihres abweichenden Verhaltens und ihres Außenseiterstatus führt.

**Achtmonatsangst:** das →Fremdeln.

**Adaptation** [mittellatein.]: die →Anpassung.

**Adaptationsniveau, Anpassungsniveau** [-vo:]: persönliches Bezugssystem für die Beurteilung von Sinnesreizen (z. B. Tonhöhe, Lichtstärke, Farbkontrast). Harry Helson beschrieb erstmals 1947, dass Versuchspersonen nach Vorgabe einer Serie von Lichtreizen recht genau die Reize mittlerer Ausprägung (»Punkte subjektiver Indifferenz«) anzugeben vermochten, während die übrigen Reize als über- oder unterdurchschnittlich stark beurteilt wurden. Das Adaptationsniveau bildet sich aufgrund persönlicher Erfahrungen im Umgang mit ähnlichen Reizen. Es stellt das subjektive Mittel oder das Nullniveau einer Person dar, das dann als Bezugsniveau für die abgegebenen Urteile fungiert. Die Forschungen zum Adaptationsniveau bilden den Ausgangspunkt für die Formulierung von Theorien über die Entstehung und Wirkweise subjektiver →Bezugssysteme.

**Adaptationssyndrom, allgemeines:** von dem Stressforscher Hans Selye geprägte Bezeichnung für die gleichförmige psychophysische Reaktion des Körpers auf unterschiedliche Umweltreize (→Stress).

**ADHS,** Abk. für **Aufmerksamkeitsdefizit-Hyperaktivitäts-Störung, ADHD** [Abk. für gleichbedeutend engl. attention-deficit hyperactivity disorder]: eine der häufigsten Verhaltensauffälligkeiten bei Kindern und Jugendlichen, die durch Mangel an Aufmerksamkeit und Ausdauer, erhöhte Ablenkbarkeit und hyperaktives Verhalten gekennzeichnet ist. In der ICD-10 ist die ADHS eine Unterkategorie der hyperkinetischen Störungen und wird als »einfache Aktivitäts- und Aufmerksamkeitsstörung« bezeichnet. Von ADHS sind in Deutschland 6–10 % der Kinder und Jugendlichen im Alter von sechs bis 18 Jahren betroffen; bei einem Verhältnis von drei zu eins deutlich mehr Jungen als Mädchen.

Fehlt bei den Symptomen die Hyperaktivität, spricht man von **ADS** (Aufmerksamkeitsdefizit-Störung), in diesem Fall ist das Verhältnis von Jungen und Mädchen eins zu drei. Weil diese Kinder weniger auffallen, wird die Störung im Vergleich zu ADHS viel später oder sogar gar nicht erkannt, d. h., es erfolgt keine Behandlung bzw. beginnt die Behandlung in einem weiter fortgeschrittenen Stadium der Erkrankung.

*Symptome*

Weitere Kennzeichen der ADHS sind Unachtsamkeit, spezifische Entwicklungsverzögerungen sowie Neigung zu Unfällen und Impulsivität bzw. mangelnde Impulskontrolle; als Folgen der Symptome kommt es oft zu fächerübergreifenden Lernproblemen trotz normaler Intelligenz und zu massiven sozialen Schwierigkeiten. Ein niedriges Selbstwertgefühl, depressive Neigungen und Ängste sind ebenfalls häufig. Ein deutlicher Leidensdruck entsteht nicht nur bei den betroffenen Kindern selbst, sondern auch in ihrem sozialen Umfeld.

**abweichendes Verhalten:** Die Stigmatisierung von Regelverletzungen wird sozial gefördert. Ein weitverbreitetes Beispiel ist Heinrich Hoffmanns »Struwwelpeter« (Titelblattentwurf, 1858).

**ADHS:** Hilfe bei dem »Zappelphilipp«-Syndrom bieten sowohl Medikamente als auch psychotherapeutische Maßnahmen.

Die Verhaltensauffälligkeiten beginnen innerhalb der ersten fünf Lebensjahre, zeigen sich weitgehend situationsunabhängig und stabil über lange Zeit, wenn auch in vielen Fällen mit zunehmendem Alter eine allmähliche Besserung eintritt. Im Jugendalter können sich einzelne Symptome, wie etwa die Hyperaktivität, langsam zurückbilden. Aufmerksamkeitsdefizite und Impulsivität scheinen häufiger bestehen zu bleiben, woraus sich Schulleistungsstörungen sowie Merkmale der fehlenden sozialen Akzeptanz in Gleichaltrigengruppen und später im Beruf ergeben können. Bei etwa der Hälfte der Betroffenen bildet sich die Störung im Zuge des Älterwerdens allmählich zurück. Die zweitgrößte Gruppe tendiert im Erwachsenenalter häufig zu emotionalen und sozialen Problemen.

Im deutschsprachigen Raum werden Kinder mit ADHS häufig als hyperaktiv oder umgangssprachlich als »Zappelphilipp« bezeichnet (Kinder mit ADS als »Träumertyp«). Es ist nicht immer leicht zu unterscheiden, ob ein solches Kind tatsächlich ein gestörtes Verhalten oder aber nur eine gesunde außergewöhnliche Lebhaftigkeit zeigt, v. a. in den Jahren vor dem Schulalter und in der ersten Schulzeit. Ob eine Verhaltensweise als normal, als störend oder gestört angesehen wird, ist zudem von vielen Faktoren abhängig und unterliegt gesellschaftlichem Wandel. Kriterien für das Vorliegen einer ADHS sind nach ICD-10, dass die Symptome häufiger als bei Gleichaltrigen auftreten, mindestens ein halbes Jahr lang bestehen und bereits im Alter von fünf Jahren vorliegen.

### Ursachen

Endgültige Aussagen zur Entstehung der ADHS sind noch nicht möglich, doch weisen bisherige Forschungsergebnisse auf folgende denkbare Einflussfaktoren hin: genetische Faktoren, biochemische Faktoren (schädliche Einwirkungen während der Schwangerschaft, gestörte Verbindungen zwischen Nervenzellen, Umweltbelastungen), hirnorganische Faktoren (Infektionserkrankungen, Gehirnquetschungen oder Sauerstoffmangel bei der Geburt), Ernährungsfaktoren (allergische Reaktionen auf Nahrungsmittelzusätze wie Phosphate, Zucker, Farbstoffe); als psychosoziale Faktoren werden diskutiert: psychische Belastungen in der Familie, gestörtes Beziehungsgefüge im sozialen Umfeld des betroffenen Kindes, Bindungsstörung zwischen Kind und Bezugsperson, überzogene Leistungsanforderungen, Reizüberflutung durch optische und akustische Eindrücke und gleichzeitige Vernachlässigung von Entwicklungsreizen für Motorik und andere Sinne.

### Therapie

Die Behandlung von betroffenen Kindern verlangt meist ein umfassendes und längerfristig angelegtes therapeutisches Programm. Sie besteht heute meist aus medikamentöser Therapie mit Psychopharmaka (v. a. Ritalin®), verhaltenstherapeutischen und sonderpädagogischen Maßnahmen sowie zunehmend auch Biofeedback. Im Zuge einer medikamentösen Behandlung zeigt sich oft schnell eine positive Veränderung im Verhalten des Betroffenen und eine spürbare Entlastung für ihn selbst und seine Umwelt. Die medikamentöse Therapie dient dabei in der Regel nur als Basis für weitere therapeutische Maßnahmen wie verhaltenstherapeutische Trainings, die das Erlernen der Aufmerksamkeitssteuerung sowie den Aufbau sozialer Kompetenz unterstützen.

Ein familienzentriertes Verfahren kann für die oft ebenfalls überforderte Familie hilfreich sein. ADHS kann ebenso tiefenpsychologisch behandelt werden. Wichtig ist, dass bei einer Behandlung mit Psychopharmaka die seelischen und sozialen Probleme des Kindes nicht vernachlässigt werden. Wesentliche Faktoren wie ein negatives Erziehungsverhalten oder schulische Überforderungen müssen bearbeitet werden. Weil bisherige Forschungsergebnisse nur unzureichende Belege für den Zusammenhang zwischen ADHS und Ernährung erbrachten, sollte eine Umstellung der Ernährung nur unter Aufsicht eines Arztes erfolgen, um falsches Essverhalten und Mangelerscheinungen zu verhindern.

Das häufige Verschreiben von Medikamenten bei ADHS ist z. T. umstritten. Kritiker meinen, dass ein eher psychosoziales Problem biologisiert wird; ihrer Auffassung nach sind Ursachen der ADHS v. a. Beziehungsstörungen zwischen Eltern und Kind sowie allgemein die Übertragung der Nervosität der Erwachsenen auf die Kinder. Die Medikation schaffe nur kurzfristig Erleichterung; besser sei es, nur in sehr ausgeprägten Fällen ein Medikament zu geben, um Folgeprobleme wie Lernschwierigkeiten in den Griff zu bekommen.

In jüngster Zeit wird diskutiert, ob bei hyperaktiven Erwachsenen auch von einer ADHS gesprochen werden kann.

LESETIPPS:
ROBERT J. RESNICK: *Die verborgene Störung – ADHS bei Erwachsenen.* Stuttgart (Klett-Cotta) 2004.
*ADHS. Frühprävention statt Medikalisierung. Theorie, Forschung und Kontroversen.* Herausgegeben von Marianne Leuzinger-Bohleber u. a. Göttingen (Vandenhoeck & Ruprecht) 2006.
BV-AH E. V.: *ADHS und Schule ... Was tun?* Forchheim (BV-AH e. V.) 2006.
HENRYK HOLOWENKO: *Das Aufmerksamkeits-Defizit-Syndrom (ADS). Wie Zappelkindern geholfen werden kann.* Weinheim (Beltz) ⁶2006.
GERHILD DRÜE: *ADHS kontrovers. Betroffene Familien im Blickfeld von Fachwelt und Öffentlichkeit.* Stuttgart (Kohlhammer) 2007.

**Adipositas** [neulatein.]: stark erhöhtes Körpergewicht mit einem Body-Mass-Index von über 30. Die Adipositas wird in der ICD-10 unter »Endokrine, Ernährungs- und Stoffwechselkrankheiten« genannt. Die Ursachen für die Erkrankung sind selten körperliche Störungen, etwa Hormonstörungen, häufiger Bewegungsmangel und ungesunde Ernährung (→Fehlernährung), z. B. aufgrund von Unwissen über körperliche Abläufe, sowie psychische Faktoren. Eine Verringerung des Körpergewichts ist bei Adipositas dringend angeraten, da andernfalls körperliche Folgekrankheiten zu befürchten sind.

Die Prävalenz von Adipositas, v. a. bei Kindern, steigt weltweit rasant an und ist laut Weltgesundheitsorganisation eine akute Bedrohung für die öffentliche Gesundheit. Nach einer Erhebung des Statistischen Bundesamts waren in Deutschland im Mai 2003 13 % der Bevölkerung adipös und 49 % übergewichtig.

**Adler,** Alfred: österreichischer Psychiater und Psychologe, * Wien 7. 2. 1870, † Aberdeen (Schottland) 28. 5. 1937; Begründer der Individualpsychologie. Adler arbeitete seit 1902 eng mit dem Psychoanalytiker Sigmund Freud zusammen, trennte sich jedoch 1911 von ihm und gründete die spätere Gesellschaft für Individualpsychologie (→Individualpsychologie 2). Anders als Freud räumte Adler dem Machtstreben als (Über-)Kompensation erlittener Zurücksetzungen (→Minderwertigkeitsgefühl) einen zentralen Stellenwert im menschlichen Motivgefüge ein. Er betonte den sozialen Zusammenhang der Individuen und war zeitlebens sozialpolitisch aktiv, z. B. gründeten er und seine Schüler nach dem Ersten Weltkrieg zahlreiche Erziehungsberatungsstellen in Wien.

**Adoleszenz** [zu latein. adolescere »heranwachsen«]: der auf die Pubertät folgende Lebensabschnitt eines Menschen, etwa vom 17. bis 21. Lebensjahr. In dieser Entwicklungsphase wird der körperliche Reifungsprozess beendet. In den Vordergrund treten die kritischen Auseinandersetzungen mit kulturellen und ethischen Wertmaßstäben, die schrittweise Selbstfindung, der Umgang mit Sexualität, die Ablösung vom Elternhaus sowie die Berufs- und Lebensorientierung. In der Adoleszens wird die innere Entwicklung gefestigt: Das →Selbstkonzept wird herausgebildet, die soziale Identität gefunden. Die Zeit zwischen Pubertät und vollem Erwachsenenstatus war früher sehr viel stärker mit Einweihungsriten verbunden, die den Übergang erleichtern sollten. Heute sind davon nur noch schwache Reste erkennbar, z. B. in Form von Konfirmation, Firmung, Bar-Mizwa (im Judentum die Einführung des Jungen, im Reformjudentum auch des Mädchens in die Glaubensgemeinschaft) oder Jugendweihe. In der Adoleszenz betreibt der Jugendliche im Allgemeinen seine berufliche Ausbildung und entwickelt Partnerbeziehungen. Während früher die bürgerliche Gesellschaft nur dem jungen Mann in dieser Phase sexuelle Freiheiten einräumte, wird heute auch

**Alfred Adler**

**Adoleszenz:** Das Foto zeigt jugendliche Angehörige des südafrikanischen Bantuvolkes Xhosa, die sich für einen Initiationsritus bemalt haben. In den modernen Gesellschaften fehlen solche eindeutigen Rituale zum Übergang in das Erwachsenenalter.

bei jungen Frauen diese Freiheit als selbstverständlich angesehen.

**Adoption** [latein.]: die Annahme einer Person als Kind. Mit der Adoption entsteht ein Eltern-Kind-Verhältnis ohne Rücksicht auf die natürliche Abstammung. Nicht die Erhaltung einer Erbfolge, sondern das Kindeswohl bei der durch Gesetze geregelten Adoption (Bürgerliches Gesetzbuch §§ 1741–1772) steht heute im Vordergrund.

Die Adoption gilt als Möglichkeit, elternlose oder verlassene Kinder nicht in Heimen aufwachsen zu lassen, sondern ihnen eine Familie zu geben. Einzelpersonen oder Ehepaare, die ein Kind adoptieren wollen, müssen bestimmte Voraussetzungen erfüllen, die vor der Adoption behördlich überprüft werden. Zur Annahme ist die Einwilligung des betreffenden Kindes (bis zum 14. Lebensjahr von dessen rechtlichem Vertreter) sowie der leiblichen Eltern erforderlich. Bei einem nicht ehelichen Kind reicht die Einwilligung der Mutter. Mit Abgabe dieser Einwilligung ruht die elterliche Sorge, d. h., die leiblichen Eltern dürfen ohne Einwilligung der Adoptiveltern keinen persönlichen Umgang mehr mit dem Kind haben, die Verwandtschaft zur leiblichen Familie erlischt. Das Kind wird rechtlich in die Adoptivfamilie integriert und ist einem leiblichen Kind rechtlich gleichgestellt.

In Bezug auf die Frage, wann ein Kind informiert werden sollte, dass es adoptiert ist, wird heute übereinstimmend empfohlen, die Kinder so früh wie möglich über ihren Adoptivstatus aufzuklären, da nur eine frühzeitige Aufklärung die Entwicklung einer vertrauensvollen Beziehung zwischen Eltern und Kindern ermöglicht. Dabei ist allerdings zu berücksichtigen, dass ein volles Verständnis der Adoption mit all ihren Implikationen das Ergebnis eines langjährigen kognitiven Entwicklungsprozesses darstellt und erst ab dem Alter von durchschnittlich zwölf Jahren erreicht wird. Im Jugendlichen- und Erwachsenenalter suchen Adoptierte oft den Kontakt zu ihren leiblichen Eltern, sei es, um Fragen zu klären (Warum wurde ich zur Adoption freigegeben?), sei es, um Familienähnlichkeiten zu suchen oder ein Gefühl für die eigene Herkunft zu entwickeln. Diese Suche ist für alle Beteiligten schwierig, führt aber häufig zu einem neuen und umfassenderen Selbstverständnis der Betroffenen.

*Geschichte:* Die Adoption hat eine lange geschichtliche Tradition. Sie unterschied sich je nach kulturellen und gesellschaftlichen Bedingungen in Form und Auswirkung. In der griechischen und römischen Geschichte ging es in erster Linie darum, Erben zu gewinnen. Dies setzte allerdings die Volljährigkeit des zu Adoptierenden voraus.

**LESETIPPS:**
IRMELA WIEMANN: *Wie viel Wahrheit braucht mein Kind?* Reinbek (Rowohlt) [2]2001.
IRMELA WIEMANN: *Ratgeber Adoptivkinder. Erfahrungen, Hilfen, Perspektiven.* Reinbek (Rowohlt) [5]2004.
MOMO EVERS und ELLEN-VERENA FRIEDMANN: *Handbuch Adoption. Der Wegweiser zur glücklichen Familie.* München (Südwest) 2007.

**Adorno,** Theodor W. (eigtl. Wiesengrund-Adorno): deutscher Philosoph und Soziologe, * Frankfurt am Main 11. 9. 1903, † Visp (Kanton Wallis) 6. 8. 1969; gilt neben Max Horkheimer als Hauptvertreter der Frankfurter Schule. Während seines Exils in den USA verfasste er 1942–44 mit Horkheimer die »Dialektik der Aufklärung«, eine ideologiekritische Betrachtung zur europäischen Zivilisation, und beteiligte sich an Untersuchungen zur →autoritären Persönlichkeit.

Theodor W. Adorno

**Adrenalin:** ein →Neurotransmitter.

**ADS** (Abk. für Aufmerksamkeitsdefizit-Syndrom): die →ADHS ohne Hyperaktivität.

**Affekt** [zu latein. afficere »einwirken«, »in Stimmung versetzen«]: starke psychische und körperliche Reaktion (z. B. Wut, Angst), die durch eine alarmierende Situation (z. B. Bedrohung) ausgelöst wird. Der Affekt macht sich körperlich durch die Symptome einer starken Erregung bemerkbar (z. B. Veränderung von Puls, Blutdruck, Atmung, Mimik, Gestik), psychisch durch das Vorherrschen des entsprechenden Handlungsimpulses (z. B. Kampf, Flucht). Wahrnehmung, Erinnern und Denken treten hinter diesen Impuls zurück, sodass das Bewusstsein und die Steuerungsfähigkeit eingeschränkt sein können. Es kommt dann häufig zur **Affekthandlung,** die nicht ungezielt, aber unkontrolliert ist. Wenn rechtswidrige Handlungen im Affekt begangen wurden, so kann dies vor Gericht strafmildernd berücksichtigt werden.

**Affektstörungen** sind bei verschiedenartigen neurotischen, psychotischen und organischen Erkrankungen zu beobachten, z. B. als Affektlabilität (abnorme Schwankungen der Stimmungslage), Affektinkontinenz (Unfähigkeit, die Affektäußerung zu beherrschen), Affektsperre (Hemmung der emotionalen Ansprechbarkeit) oder Affektsturm (emotionale Übererregtheit).

Die Beherrschung der Affekte ist für das menschliche Miteinander wesentlich. Alle großen Weltreligionen bieten institutionalisierte Möglichkeiten, sich nicht vom Affekt überman-

# Aggression

**Aggression:** Gewaltdarstellungen sind ein fester Bestandteil vieler Fernseh- und Filmproduktionen. Ob solche Filme aggressive Handlungen fördern, ist umstritten (Prügelszene unter Rockern in dem Film »Stone Cold – Kalt wie Stein«, 1991).

nen zu lassen (z. B. Gebet, Meditation), und Straf- und Bußrituale, falls dies doch geschehen ist (z. B. Beichte und Vergebung). In der Psychotherapie steht die Auffassung, das Ausleben der Affekte, zumindest in der Therapie, sei kathartisch (→ Katharsis) und damit heilend, der Auffassung gegenüber, es komme stärker auf die Beherrschung der Affekte und das Einüben sozialverträglicher Verhaltensweisen an. Gelegentlich wird der Begriff Affekt auch als Synonym für → Emotion verwendet.

**affektive Störungen:** Oberbegriff für Störungen, die durch Veränderung der Stimmung und des Aktivitätsniveaus gekennzeichnet sind und die so schwerwiegend sind, dass die Betreffenden darunter leiden und/oder soziale oder berufliche Nachteile erfahren. Zu den affektiven Störungen zählen die → Depression, die → Manie und die **bipolare affektive Störung**, bei der abwechselnd Depression und Manie auftreten, sowie → Zyklothymia und → Dysthymia.

Affektive Störungen mit psychotischen Symptomen werden in der Regel medikamentös behandelt, wobei eine Kombination von medikamentöser Behandlung und Psychotherapie wie z. B. die → kognitive Verhaltenstherapie oder tiefenpsychologische Verfahren die größten Erfolge erzielt. Affektive Störungen ohne psychotische Symptome werden meist nur psychotherapeutisch behandelt, in schwereren Fällen hilft ein Antidepressivum, um überhaupt eine Psychotherapie zu ermöglichen.

**Afonie** [zu griech. phoné »Stimme«]: Klangarmut der Stimme bis zum Verstummen oder zur Flüsterstimme. Die Ursachen können Schäden der Stimmbänder sein oder aber eine neurotische Störung. In diesem Fall ist die Störung der Psychotherapie zugänglich.

**Aggression** [latein. »Angriff«]: Angriffshaltung gegenüber Menschen, der eigenen Person (→ Autoaggression), Tieren, Gegenständen oder Einrichtungen mit dem Ziel, sie zu beherrschen, zu schädigen oder zu vernichten. Aggression ist ein weiterer Begriff als Gewalt; sie umfasst auch die Gewaltbereitschaft, die Drohung, die Kränkung und den Entzug von Zuwendung. Die Aggression hat positive wie negative Funktionen. Sie kann dazu dienen, sich selbst oder andere zu schützen (Tiere verteidigen so ihr Revier), oder sinnlose, unbegreifliche Zerstörungen anrichten.

Die positive Funktion der Aggression wird v. a. in der *Psychotherapie* als »gesunde Aggression« bezeichnet. Entsprechend dem ursprünglichen Wortsinn des lateinischen aggredi, »herangehen«, wird darunter die Fähigkeit verstanden, an etwas »heranzugehen«, es »in Angriff zu nehmen« oder zu »beherrschen«, also eine Fähigkeit, die zur Selbstbehauptung notwendig und insofern zu fördern ist.

*Theorien:* Einen eigenständigen Aggressionstrieb nahm zuerst Alfred Adler an. Er sah in diesem Trieb ein übergeordnetes Feld, das alle Triebe verbindet und unerledigte Erregungen aufnimmt, sobald einem der Primärtriebe die Befriedigung versagt wird. Dieses Modell war originell und integrativ; es nahm bereits die

---

**Aggression | Konstruktiv, nicht destruktiv**

Für den beruflichen und privaten Erfolg in der konkurrenzbestimmten Gesellschaft kann es wichtig sein, Aggressionen nicht völlig zu unterdrücken, sondern sie konstruktiv zu gestalten, z. B. sie durch Diplomatie abzumildern, durch Ironie zu brechen, durch Humor zu entschärfen oder durch begleitende Anerkennung und Zuwendung zu neutralisieren. Pädagogisch gesehen ist es eine knifflige Aufgabe, die Aggression weder in zügellose Gewalt ausarten zu lassen noch sie so wirkungsvoll zu unterdrücken, dass sich Mutlosigkeit oder gar Unterwürfigkeit ausbreitet.
Viele Formen der gegenwärtigen Trainings (z. B. in Rhetorik oder Konfliktmanagement) zielen auch auf den bewussten Einsatz konstruktiver Aggression. Wer eine gute Rede halten will, muss auch diejenigen Stilmittel beherrschen, die die Entschlossenheit, für eine Sache zu kämpfen, zum Ausdruck bringen. Wer Mitarbeiter führen soll, darf ihnen nicht den Eindruck vermitteln, dass er sich nicht wehren kann.

→Frustrations-Aggressions-Hypothese vorweg, derzufolge Menschen mit Aggression auf die Versagung (→Frustration) wesentlicher Bedürfnisse reagieren. Ein anderes Verständnis vertraten Sigmund Freud und später der Verhaltensforscher Konrad Lorenz: Sie setzten einen primären Aggressionstrieb (Freud: »Todestrieb«) voraus, der dem Menschen angeboren sei und nur dann nicht zu Gewaltbereitschaft und Zerstörungslust führe, wenn er »neutralisiert«, d. h. mit erotischer Triebkraft verbunden (Freud), oder aber durch unschädliche »Ventilsitten« (z. B. Sport) abreagiert werde.

In der Verhaltensforschung und biologischen →Anthropologie gilt Aggression als angeborener Trieb bei Mensch und Tier. In bestimmten →Auslösesituationen bricht sie durch. Das Signalisieren von Schwäche, z. B. Zuwenden des Halses als Beschwichtigungsgebärde des Hundes, lässt Tiere beim Revierkampf auf weitere Aggressionen verzichten. Beim Menschen funktionieren ritualisierte Demutsgebärden oft aber nicht. Die Psychoanalyse sieht die Aggression ebenfalls als angeborenen Trieb, der sich aber im Laufe der kindlichen Entwicklung wandelt.

Alle diese Modelle sind aus sozialpsychologischer Sicht unzureichend, weil sie z. B. nicht erklären, weshalb es ausgesprochen friedliche und ausgesprochen kriegerische Kulturen gibt, während die Frustrationen menschlicher Wünsche überall auftreten und die biologischen Gegebenheiten für alle Kulturen im Wesentlichen gleich sind. Hier führen Ansätze aus der →Lernpsychologie und der →Entwicklungspsychologie weiter, in denen die Bedeutung von gelerntem Verhalten für die Entstehung von Aggressionen als sozial erlernter Verhaltensweise erforscht und betont wird. Dabei wird z. B. »aggressiven Modellen«, d. h. Vorbildern für aggressives Verhalten aus den Medien oder dem sozialen Umfeld, große Bedeutung zugeschrieben. Die Annahme, dass durch Gewaltdarstellungen aggressive Spannungen abreagiert und damit abgebaut werden (→Katharsishypothese), hat sich nicht bestätigt. Andererseits hat sich gezeigt, dass Gewaltdarstellungen nur bei Jugendlichen, die Gewalt erfahren haben, die Schwelle erniedrigen, selbst aggressiv zu werden. Dadurch wird ein eindeutiges wissenschaftliches Urteil erschwert, obwohl die bereits vorliegenden Befunde vorbeugende Maßnahmen rechtfertigen.

*Praxis:* Ob und wie man Aggression abbauen oder vermindern kann, darüber herrscht zwischen den unterschiedlichen Wissenschaften keine Einigkeit. Ansätze zum Abbau von Aggressionen, die zu Schädigung anderer Personen oder Gegenstände oder zu Selbstschädigung führen, gibt es u. a. im Bereich der Psychotherapie: Eingesetzt werden Techniken wie Entspannungsverfahren, Einsatz körperlicher Anstrengung, etwa im Sport, Erwerb von Einsicht in die Motive für die Aggression, Änderung von rigiden Einstellungen hin zur Einstellung, dass es verschiedene (ebenfalls berechtigte) Ansichten gibt, das Erlernen der Fähigkeit, sich in andere hineinzuversetzen. Im Bereich der Gewaltprävention (→Gewalt) wird u. a. das erfolgreiche Konzept des Anti-Aggressivitäts-Trainings durchgeführt.

**LESETIPPS:**

*Aggression und Gewalt. Phänomene, Ursachen und Interventionen,* herausgegeben von Hans Werner Bierhoff und Ulrich Wagner. Stuttgart (Kohlhammer) 199

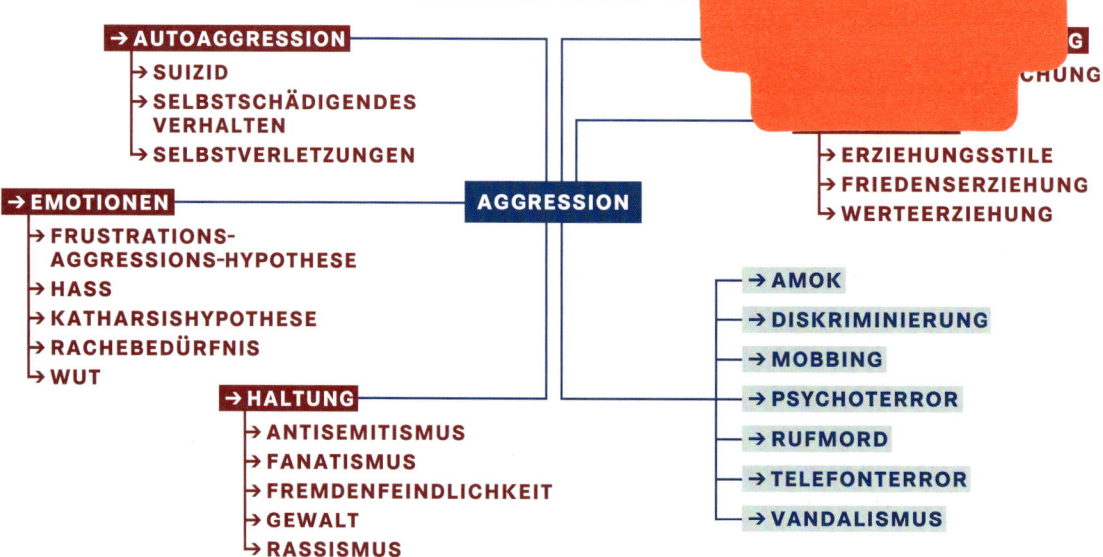

KONRAD LORENZ: *Das sogenannte Böse. Zur Naturgeschichte der Aggression.* Taschenbuchausgabe München (dtv) Neuauflage 1998.
HANS-PETER NOLTING: *Lernfall Aggression. Wie sie entsteht – wie sie zu vermindern ist.* Reinbek (Rowohlt) ²2005.
*Aggression, Selbstbehauptung, Zivilcourage. Zwischen Destruktivität und engagierter Menschlichkeit,* herausgegeben von Frank-Matthias Staemmler und Rolf Merten. Bergisch Gladbach (Edition Humanistische Psychologie) 2006.

**Aggressivität:** erhöhte Bereitschaft zur →Aggression.

**agieren** [zu latein. agere »handeln«]: *Psychoanalyse:* ausdrücken von unbewussten psychischen Konflikten durch handeln. Die psychischen Konflikte sind dabei der betroffenen Person unzugänglich. Ein Patient in der Psychotherapie erinnert sich z. B. nicht daran, dass ihn seine Mutter vernachlässigt hat, sondern verstummt während der Behandlung plötzlich. Später erweist sich das Verstummen als Ausdruck seines Gefühls, dass seine Therapeutin sich ihm nicht ausreichend zuwendet, ihm etwa nicht mitfühlend zuhört.

**Agitiertheit** [zu latein. agitare »betreiben«, »beunruhigen«]: Erregung, Unruhe. Agitiertheit ist ein häufiges Zeichen von Angsterkrankungen und ein Begleitsymptom von →Depressionen (agitierte Depression). Agitierte Patienten können sich nicht entspannen, empfinden häufig Angst, schlafen schlecht, halten es nicht lange im Sitzen aus und neigen zum Missbrauch von Alkohol oder Beruhigungsmitteln.

**Agnosie** [zu griech. gnôsis »Erkenntnis«]: hirnorganisch bedingte Unfähigkeit des Erkennens trotz weitgehend intakter Sinnesleistungen. Als visuelle Agnosie bezeichnet man die Unfähigkeit, Gegenstände zu erkennen, obwohl man sie sieht, als akustische Agnosie die Unfähigkeit, Gehörtes zu erkennen.

**Agoraphobie** [zu griech. agorá »Versammlung«, »Marktplatz«], umgangssprachlich **Platzangst:** eine Unterkategorie der →Phobien.

**Agrafie** [zu griech. gráphein »schreiben«]: Schreibunfähigkeit, bedingt v. a. durch eine hirnorganische Störung der komplexen Wahrnehmungs- und Bewegungsvorgänge, die für das normale Schreiben notwendig sind. Agrafie tritt z. B. bei motorischer →Aphasie und bei →Apraxie auf.

**Agrammatismus** [zu griech. agrámmatos »ungelehrt«, »nicht lesen und schreiben können«]: Sprachstörung, bei der die Fähigkeit verloren geht, grammatikalisch richtige Sätze zu bilden. Sie kann auftreten, wenn sich eine schwere →Aphasie zurückbildet, und ist heilpädagogischer Behandlung zugänglich. Der Agrammatismus kann auch in den frühen Stufen der normalen Sprachentwicklung auftreten, wird dann aber bei gesunden Kindern überwunden.

**Aha-Erlebnis:** Form der →Einsicht.

**Ahnung:** undeutliches Gewahrwerden von rational nicht klar erkannten Sachzusammenhängen, Vorgefühl für zukünftige Ereignisse, intuitives Wissen; auch Vermutung über etwas. In der *kognitiven Psychologie* wird die Ahnung als eine Form der →Intuition gesehen. In der →Parapsychologie sind Ahnungen übersinnliche Wahrnehmungen und liegen dem →Hellsehen zugrunde.

**Ainsworth** [eɪnswəːθ], Mary Dinsmore Salter: kanadische Psychologin, *Glendale (Oh.) 1. 12. 1913, †Charlottesville (Va.) 21. 3. 1999; forschte im Bereich Entwicklungspsychologie und begründete zusammen mit John Bowlby die Bindungstheorie. Sie beobachtete die Interaktion von Müttern und ihren Säuglingen im freien Feld sowie experimentell in einem Spielzimmer und entwickelte die Klassifikation der drei Bindungsstile: die sichere, vermeidende und ambivalente →Bindung; später wurde die Klassifikation erweitert um den desorganisiert-desorientierten Bindungsstil.

**Akkulturation:** die →Enkulturation eines Volkes oder einer Volksgruppe.

**Akrophobie:** die →Höhenangst.

**Aktionsforschung:** in der *empirischen Sozialforschung* ein Ansatz, der das Ziel verfolgt, die Kluft zwischen Theorie und Praxis sowie Forschern und den Personen aufzuheben. Das Konzept der Aktionsforschung geht auf den deutsch-amerikanischen Psychologen Kurt Lewin zurück, der in den 1940er-Jahren gruppendynamische Untersuchungen in Städten und Gemeinden der USA durchführte. In Deutschland wurden diese Ideen im Gefolge der Studentenbewegung, die falsches Expertentum in der Wissenschaft vehement kritisierte, Ende der 1960er-Jahre übernommen.

Aktionsforschung beinhaltete zunächst die mit sozialpsychologischen Standardmethoden durchgeführte Erfolgskontrolle der Maßnahmen, die u. a. von Erziehungsinstitutionen oder Strafvollzugsbehörden zur Verhaltens- oder Einstellungsänderung vorgenommen wurden. Im Rahmen des Forschungsprozesses erfolgen Eingriffe in soziale Prozesse, z. B. die Entwicklung von Beratungsmodellen oder von therapeutischen Strategien in der psychologischen und sozialpädagogischen Praxis (Gemeinwesenarbeit, Jugendarbeit, Arbeit im Heimbereich).

**Albtraum:** Die bedrückende Vision eines Angsttraums visualisierte der Schweizer Maler Johann Heinrich Füssli. »Der Nachtmahr« reitet nach einer englischen Tradition als hässlicher Kobold auf einer Stute durch die Nacht, um seine Opfer heimzusuchen.

Während in der klassischen amerikanischen Aktionsforschung weitgehend staatliche und industrielle Auftraggeber die »Problemwahl« leiteten (Auftragsforschung), versteht sich die neuere Aktionsforschung, auch als **Handlungsforschung** bezeichnet, in Deutschland als ein Konzept emanzipatorischer Sozialforschung. Die Forscher sind ihre eigenen Auftraggeber. Ihr Ziel ist nicht mehr die Gewinnung situationsunabhängiger Daten, sondern die Herstellung und Veränderung einer bestimmten Situation sowie die Untersuchung der Wirkungen und Bedingungen dieser Veränderung mit aktivem Einbezug der Betroffenen.

**Aktionspotenzial:** →Erregungsleitung im Axon.

**Aktualneurose** [zu latein. actualis »tätig«, »wirksam«]: veraltete Bezeichnung für →traumatische Neurose.

**Akzeleration** [latein.]: »Beschleunigung« (und damit Vorverlegung) der körperlichen Entwicklung, insbesondere der Geschlechtsmerkmale, die v. a. in den Industrieländern seit einigen Jahrzehnten zu beobachten ist. Zu den Merkmalen der Akzeleration gehören: im Vergleich zu früheren Generationen Zunahme der Körperlänge bei Neugeborenen, Zunahme des Körpergewichts, schnelleres Längenwachstum bei Kindern und Jugendlichen, früheres Eintreten der Geschlechtsreife. Dabei kann es zu Unterschieden zwischen der psychischen und der körperlichen Entwicklung kommen, was Auswirkungen auf die Lebensphasen →Pubertät und →Adoleszenz hat, die immer gedrängter aufeinanderfolgen und somit in kürzerer Zeit psychisch verarbeitet werden müssen. Als Ursachen der Akzeleration vermutet man Veränderungen der Umweltbedingungen, v. a. Verbesserungen der Ernährungslage und der medizinischen Versorgung. Im Ausmaß der Akzeleration sind Unterschiede zwischen ländlichen Gebieten und großen Städten festzustellen.

**Akzeptanz** [zu latein. acceptare »annehmen«, »sich gefallen lassen«]: 1) in der *Sozialpsychologie* Angenommenwerden einer sozialen Neuerung, einer Ware, eines Gesetzes, einer Technik, einer Partei oder eines Politikers. Die Akzeptanz ist ein wichtiges Kriterium für Unternehmen und politische Parteien. Diese müssen durch Marktforschung absichern, dass ihre Produkte oder Projekte von der Zielgruppe oder der betroffenen Bevölkerung angenommen werden.

2) in der medizinischen Psychologie und Medizin die →Compliance.

3) in der *Psychotherapie* die bedingungslose Anerkennung, Wertschätzung des Klienten. Sie gilt v. a. in der klientenzentrierten Psychotherapie als wichtige Grundvoraussetzung für eine gelingende Therapeut-Patient-Beziehung. Darüber hinaus erhöht die Akzeptanz durch den Psychotherapeuten die Selbstakzeptanz (→Selbstwertgefühl) des Klienten.

**Alalie** [zu griech. lalein »sprechen«]: Unfähigkeit, artikuliert zu sprechen. Ihre Ursachen können in Schäden an den Sprechwerkzeugen oder in den sprachbildenden Zentren im Gehirn liegen. Man unterscheidet die idiopathische Alalie (Hörstummheit), bei der die Betroffenen Sprache zwar hören und verstehen, aber nicht artikuliert sprechen können, und die mentale Alalie (Sprachscheu, Scheinstummheit) stotternder Kinder, die infolge ihres Stotterns nicht oder nur unvollständig sprechen lernen.

**Al-Anon:** Selbsthilfegruppe für Familienangehörige von Alkoholikern (→Anonyme Alkoholiker).

**Alarmreaktion, Kampf-oder-Flucht-Reaktion:** Allgemeinreaktion des Körpers auf starke innere oder äußere Reize. Bei Stress, harter körperlicher Arbeit, Schmerzen oder Sauerstoffmangel kommt es zu einer erhöhten Ausschüttung von Adrenalin und Noradrenalin und infolgedessen zu einer Änderung der Kreislaufsituation; es kommt v. a. zu einem Anstieg von Blutdruck und Herzfrequenz. Eine Erhöhung des Blutzuckerspiegels wird unterstützt durch eine zusätzliche Ausschüttung von Hormonen der Nebennierenrinde (u. a. Kortison, Hydrokortison).

Der Sinn dieser Veränderungen ist eine erhöhte Wachsamkeit und Reaktionsbereitschaft, um schädigenden äußeren Einflüssen zu entgehen. Im Stresszustand können Leistungsreserven mobilisiert werden, die unter normalen Umständen nicht erreicht werden, es kommt zu einer scheinbaren Steigerung der Leistungsfähigkeit; der Körper ist bereit zu Kampf oder Flucht. Bei überstarken Reizen, bei mangelnder Erholungszeit zwischen den Stresszuständen und bei Menschen mit Erkrankungen des Herz-Kreislauf-Systems kann eine lang anhaltende Alarmreaktion im Ausnahmefall zu gesundheitlichen Störungen bis hin zum Schock führen.

**Albtraum, Angsttraum:** Traum, der stark ängstigt und meist zum Aufwachen führt. Albträume sind oft eine Folge traumatischer Erlebnisse (→posttraumatische Belastungsstörung). In ihnen wird die seelische Verletzung, welche die Verarbeitungsmöglichkeiten der Psyche überfordert hat, immer wieder durchgespielt.

Eine spezifische Form des Albtraums ist der Prüfungstraum, bei dem der Träumer eine schwierige Prüfung, die er bereits bestanden hat, ein zweites Mal erlebt. Hier vermutete Sigmund Freud den Lustgewinn in einer ähnlichen Situation wie nach einem Horrorfilm: Er liegt im Aufwachen und im Erlebnis, dass die schwierige Situation in Wirklichkeit bereits gemeistert wurde – ein Kunstgriff der Traumfantasie, um das Selbstgefühl aufzubauen.

**Alexie** [zu griech. légein »lesen«, »sprechen«]: hirnorganisch bedingte Leseschwäche oder Leseunfähigkeit, bei der das Erfassen der Bedeutung von Schriftzeichen trotz intakten Sehvermögens gestört ist. Sie tritt als Unterform der →Agnosie und der sensorischen →Aphasie auf.

**Alexithymie** [griech. etwa »Gefühle nicht lesen können«]: in der *Psychosomatik* Unfähigkeit, eigene Gefühle und Gefühle anderer in angemessener Weise wahrzunehmen und zu benennen; umgangssprachlich Gefühlsblindheit. Bei der Alexithymie handelt es sich um einen unscharfen Begriff, der z. T. als Krankheit, z. T. als eine Persönlichkeitsdimension gesehen wird; in der ICD-10 wird sie nicht aufgeführt. Betroffene wirken auf ihre Umwelt gefühlskalt, sie geraten in sozialen Beziehungen in Schwierigkeiten, v. a. in der Partnerschaft, weil der Partner Gefühlsregungen erwartet. Viele Menschen mit Alexithymie neigen zu →somatoformen Störungen. Als Ursache werden v. a. traumatische Erlebnisse angesehen. Die Alexithymie wird heute verstärkt durch die Hirnforschung untersucht; es wird davon ausgegangen, dass die für die Emotionswahrnehmung wichtige Kommunikation zwischen bestimmten Gebieten des Gehirns bei alexithymen Menschen blockiert ist.

**Alkohol:** Bei dem umgangssprachlich als Alkohol bezeichneten Trinkalkohol handelt es sich um Äthylalkohol, ein Endprodukt der alkoholischen Gärung von Zucker durch Hefen.

Alkohol gehört zu den psychoaktiven Substanzen (→Drogen), da der Genuss alkoholischer Getränke in kleinen Mengen anregend, in größeren berauschend ist. Alkohol wirkt zunächst euphorisierend, anschließend beruhigend, baut Hemmungen ab, beeinträchtigt das Urteilsvermögen und verlangsamt schließlich grundlegende Körperfunktionen wie Atmung, Herzfrequenz und Koordination der Muskelbewegungen. Alkoholkonsum kann Verhaltensänderungen (z. B. Aggressivität, Reizbarkeit) her-

> **Alkohol | Fließende Grenze zwischen Genuss und Sucht**
>
> Für den Genuss von Alkohol lassen sich scheinbar viele gute Gründe finden: Er wird geschätzt wegen seiner anregenden oder entspannenden Wirkung. Ein Glas Wein etwa gehört zu einem guten Essen oder wird bloß wegen seines Geschmacks getrunken. Hochprozentiges soll der Verdauung helfen, mäßiger Alkoholkonsum gar die Gesundheit fördern.
> Oft werden solche Gründe allerdings nur vorgeschützt – auch vor sich selbst –, um die Suchtgefährdung zu verdrängen. Ob der regelmäßige Alkoholkonsum zur Abhängigkeit führt, ist nicht nur von der Menge abhängig, sondern v. a. von den Motiven: Als unbedenklich gelten etwa 10 g Alkohol pro Tag; das entspricht einem Achtel Wein oder einem Glas Bier. Bedenklich wird der Alkoholkonsum in jedem Fall, wenn er dazu benötigt wird, um einen bestimmten psychischen Zustand zu erreichen. Dies weist zumindest auf eine Gewöhnung hin, und eine solche kann leicht zur Abhängigkeit ausarten.

**Alkohol** gilt als fester Bestandteil eines geselligen Beisammenseins. Er stimuliert, kann aber Körper und Psyche nachhaltig stören.

vorrufen, die Selbstkritik vermindern und Persönlichkeitsmerkmale verstärken. Allerdings hängt die Wirkung des Alkohols von der individuellen Konstitution der Person und aktuellen Faktoren (wie Müdigkeit, Magenfüllung) ab. Ein chronisch erhöhter Alkoholkonsum führt zu schwerwiegenden körperlichen und psychischen Störungen (→Alkoholkrankheit) und bedingt körperliche und psychische Abhängigkeit (→Sucht).

**Alkoholabhängigkeit:** die →Alkoholkrankheit.

**Alkoholdemenz:** durch Alkoholmissbrauch bewirkte →Demenz.

**Alkohol|embryopathie:** Schädigung des Embryos durch Alkoholkonsum der Mutter in der Schwangerschaft. Zwischen dem 18. und 55. Tag nach der Empfängnis, dem Zeitraum der Organentwicklung, ist der Embryo besonders anfällig für den etwaigen schädlichen Einfluss von Medikamenten oder Genussgiften wie Alkohol. Die niedrigste schädliche Dosis ist nicht sicher bekannt; die Empfindlichkeit der Embryos ist wahrscheinlich individuell verschieden. Kinder mit einer Alkoholembryopathie weisen bei der Geburt meist typische Gesichtsmerkmale auf (verkürzte Lidspalte, hängendes Oberlid, unterentwickelter Oberkiefer, kleiner Gehirnschädel). Häufig sind auch geistige und psychomotorische Entwicklungsstörungen, angeborene Herzfehler und Nierenfehlbildungen zu beobachten.

**Alkoholkrankheit, Alkoholabhängigkeit, Alkoholismus:** nach der Definition der Weltgesundheitsorganisation (WHO) eine Krankheit, die gekennzeichnet ist durch einen mindestens ein Jahr bestehenden Alkoholmissbrauch, den Verlust der Trinkkontrolle (der Kranke trinkt bis zum Stadium des Vollrausches) oder die Unfähigkeit zur Abstinenz sowie die dadurch bedingten körperlichen, psychischen und sozialen Schädigungen. Diese gehen häufig so weit, dass die sozialen und wirtschaftlichen Funktionen des Betroffenen beeinträchtigt sind. Mögliche Folgen der Alkoholkrankheit sind eine Leberzirrhose, v. a. durch Vitamin-$B_1$-Mangel bedingte Polyneuropathien (→Neuropathie 1), chronische Magen-, Darm- und Bauchspeicheldrüsenentzündungen, Herzmuskelschäden, Impotenz, psychotische Symptome und hirnorganische Veränderungen. Zwischen dem gesellschaftlich tolerierten oder unterstützten Alkoholgenuss und den latenten, verheimlichten oder offenen Erscheinungsformen der Alkoholkrankheit, die auch nach längeren Perioden der Abstinenz zwanghaft und anfallartig auftreten können, bestehen zahlreiche Zwischenstufen. Eine häufig auftretende Form der Alkoholkrankheit ist das Spiegeltrinken: Der Betroffene muss so viel Alkohol zu sich nehmen, dass ständig ein bestimmter Alkoholspiegel im Blut gehalten wird. Ist ihm das nicht möglich, leidet er unter Entzugserscheinungen; gelingt es ihm jedoch, so kann er lange Zeit völlig unauffällig funktionieren, z. B. im Berufsleben. Es gibt mehrere Einteilungen für den Schweregrad der Alkoholkrankheit.

In Deutschland wurde die Alkoholkrankheit 1968 durch ein Grundsatzurteil des Bundessozialgerichts sozialrechtlich als Krankheit anerkannt und ihre Behandlung in die Leistungen der Krankenkassen und Rentenversicherungen aufgenommen. Gegenwärtig sind 1,6 Mio. Deutsche alkoholabhängig, weitere 1,7 Mio. betreiben gesundheitsschädlichen, missbräuchlichen Alkoholkonsum. Jährlich sterben etwa 42 000 Menschen an den Folgen des Alkoholmissbrauchs. Aus sozialwissenschaftlicher Perspek-

| | |
|---|---|
| Minderwuchs | 91 % |
| verzögerte geistige Entwicklung | 86 % |
| kleiner Kopf | 84 % |
| starke Nasen-Lippenfalte | 76 % |
| übersteigerte Aktivität | 69 % |
| Fehlbildung der Geschlechtsorgane | 49 % |
| herabhängende Augenlider | 48 % |
| Senkfüße | 46 % |
| Ohrenfehlbildungen | 41 % |
| Gaumenspalte | 41 % |
| Herzfehler | 30 % |
| Schielen | 23 % |
| unterentwickelte Zähne | 15 % |
| Eingeweidebrüche | 14 % |

**Alkoholembryopathie:** Missbildungen bei Neugeborenen nach starkem Alkoholkonsum der Mutter während der Schwangerschaft

tive kann die Alkoholkrankheit als »Endprodukt« des Zusammenwirkens verschiedenartiger Faktoren betrachtet werden. Dazu zählen die Alkoholproduktion, die gesellschaftlich bestimmten Trinksitten, die allgemein menschliche Neigung zu Drogen, die persönliche Konsumbereitschaft und die individuelle Suchtanfälligkeit. Hemmend wirkt dagegen die soziale Kontrolle, zu der auch die staatlichen und öffentlichen Maßnahmen zur Bekämpfung des Alkoholmissbrauchs gehören.

Die Behandlung Alkoholkranker beginnt mit der Entgiftung, d.h. mit der natürlichen und medikamentös unterstützten Ausleitung des Alkohols aus dem Körper. Um die →Entzugserscheinungen zu lindern, erhält der Betroffene manchmal Medikamente, deren Dosis über den Zeitraum von etwa einer Woche kontinuierlich verringert wird. Die anschließend ambulant oder stationär durchgeführte Entwöhnungsbehandlung ist integrativ ausgerichtet, d.h., es werden verschiedene Behandlungsansätze angewendet. Im Mittelpunkt stehen neben der Stabilisierung der Persönlichkeit und damit der Stärkung der Selbstkontrolle das Erlernen von Alternativen zum Einsatz von Alkohol als »Problemlöser«, der Abbau von Ängsten sowie die Verbesserung sozialer Kompetenzen. Zunehmend wird auch die Bedeutung einer Rückfallprophylaxe betont, die den einmaligen »Ausrutscher« als Lern- und Bewältigungsprozess versteht. Als wichtig für den längerfristigen Erfolg wird die →Nachsorge oder Nachbehandlung angesehen, zu der verschiedene Angebote bestehen. Selbsthilfegruppen (z.B. →Anonyme Alkoholiker) spielen hierbei eine zentrale Rolle; rund drei Viertel aller Betroffenen besuchen mindestens einmal innerhalb von 18 Monaten solche Gruppen.

**Alkoholpsychose:** bei Vergiftung durch Alkohol auftretendes →Delirium.

**Allein|erziehende:** Person, die ohne Ehe- oder Lebenspartner mit ihrem minder- oder volljährigen ledigen Kind oder mit ihren minder- oder volljährigen ledigen Kindern in einem Haushalt zusammenlebt. In Deutschland gab es im März 2004 rund 2,5 Millionen Alleinerziehende, 85% von ihnen waren alleinerziehende Mütter. Mütter betreuten häufiger als Väter jüngere Kinder (im Alter von unter 15 Jahren), Väter dagegen häufiger 15- bis unter 18-Jährige. Seit April 1996 ist die Zahl der Alleinerziehenden um 12% gestiegen.

Die Lebensform »Alleinerziehende« wird von den meisten Personen freiwillig gewählt. Sie sehen darin den Vorteil, dass mögliche Konflikte mit einem Partner von vornherein vermieden werden. Andere Alleinerziehende entscheiden sich für diese Lebensform, um sich und ihre Kinder vor Gewalt oder anderen schädlichen Einflüssen des Partners zu schützen.

Die Situation Alleinerziehender ist aber in mancher Hinsicht auch problematisch: Oft sind sie finanziell schlechter gestellt als Elternpaare und haben bei der Betreuung der Kinder größere organisatorische Probleme. Sie sind auf billige und erreichbare Betreuungsangebote von privater Seite oder durch Kindertagesstätten angewiesen sowie v.a. am Schulanfang auf verlässliche Regelungen. Einige Bundesländer haben deshalb Grundschulen mit verlässlichen oder festen Öffnungszeiten eingerichtet: Zu festgelegten Zeiten garantiert die Grundschule die Beaufsichtigung und pädagogische Betreuung der Kinder durch Lehrkräfte. Insgesamt muss jedoch festgestellt werden, dass die staatlichen Hilfsangebote für Alleinerziehende noch weitgehend unzureichend bleiben.

Viele Alleinerziehende treten zu einem späteren Zeitpunkt ihres Lebens erneut in eine Partnerschaft ein. Hat der Partner selbst auch Kinder, entsteht eine →Patchworkfamilie.

**Allergie:** Neigung des Körpers, mit krank machender Überempfindlichkeit des Immunsystems auf sonst meist harmlose Stoffe zu reagieren. Als häufigste organische Auslöser wirken Blütenstaub (Pollen), Hausstaub, Nahrungsmittel (v.a. Eier, Muscheln, Fisch, Milch, Nüsse, Gewürze, Erdbeeren), Insektengifte sowie Medikamente oder deren Abbauprodukte. Es gibt auch allergische Reaktionen auf Licht, Kälte oder Hitze. Die hauptsächlich betroffenen Organe sind die Haut (Ekzeme), Augen- und Nasenschleimhaut, die Luftwege (Heuschnupfen, Bronchialasthma) und die Verdauungswege.

In den Industriegesellschaften nehmen die Allergien zu. Die Gründe dafür sind unklar; vermutet werden sowohl äußere Ursachen wie eine Zunahme der Luftverschmutzung als auch innere Ursachen wie vermehrter Stress. Dieser wird auch – neben erblichen Faktoren – in Zusammenhang mit der Entstehung von Allergien gebracht. Starker Stress kann das Immunsystem des Körpers beeinträchtigen (→Psychoneuroimmunologie).

Allergien können durch eine Hyposensibilisierung oder durch Medikamente behandelt werden; sind seelische Faktoren an der Entstehung mit beteiligt, so helfen Entspannungsverfahren oder eine Psychotherapie.

**Allgemeinbildung, Allgemeinwissen:** Bestand des Wissens – Wissen über Sprache, Literatur, Musik und Kunst, Geschichte, Geogra-

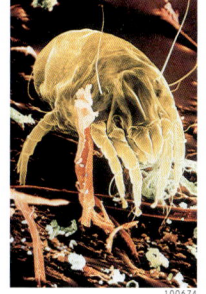

**Allergie:** Das Immunsystem von sogenannten Hausstauballergikern reagiert auf den Kot der Hausstaubmilbe, die sich vorwiegend von den im Staub enthaltenen Hautschuppen und Haaren ernährt.

fie, Naturwissenschaften und Mathematik –, das den Menschen befähigt, selbstständig und mitverantwortlich in allen Bereichen des kulturellen, gesellschaftlichen und politischen Lebens teilzuhaben. Die Allgemeinbildung umfasst die Grund- oder Elementarbildung, die in der Hauptschule und den weiterführenden, höheren Schulen (Realschule, Gymnasium), in der Gesamtschule, neuerdings auch in den Berufsschulen vermittelt wird. Ihr Ziel ist darüber hinaus die umfassende Förderung der im Menschen liegenden praktischen, emotionalen und geistigen Fähigkeiten. Von der Allgemeinbildung zu unterscheiden ist die spezielle Berufs- und Fachausbildung in einer bestimmten Fertigkeit für ein sachlich umgrenztes Gebiet. Nach Theodor W. Adorno zielt wirkliche Allgemeinbildung auf Emanzipation sowie die kritische Reflexion der eigenen Lebenswirklichkeit und der gesellschaftlichen Zustände.

Der Begriff der Allgemeinbildung ist an die jeweilige Auffassung von den Zielen menschlicher Entwicklung und →Bildung im Rahmen einer Kultur oder Gesellschaft gebunden.

**Allgemeine Psychologie:** Teilgebiet der Psychologie, das sich mit den allgemeinen Gesetzmäßigkeiten des Verhaltens und Erlebens von Menschen befasst. Gegenstände sind v. a. Wahrnehmung, Lernen, Gedächtnis, Denken, Sprache, Motivation und Emotion. Die Allgemeine Psychologie betrachtet psychische Funktionen, die zur Orientierung in der Umwelt und zur Handlungssteuerung dienen, wobei individuelle Unterschiede, Entwicklungsverläufe und interpersonale Aspekte ausgeklammert werden. Die Methodik der Allgemeinen Psychologie ist experimentell orientiert und bezieht apparative Techniken ein.

**allgemeine Psychotherapie:** eine von dem schweizerischen klinischen Psychologen und Psychotherapieforscher Klaus Grawe (*1943, †2005) entwickelte Psychotherapieform, die folgende drei Wirkfaktoren einer Psychotherapie in sich vereint: Sie gibt aktive Hilfe zur Problembewältigung (Problembewältigungsperspektive), sie erlaubt dem Patienten bzw. Klienten eine Klärung seiner inneren, nicht (vollständig) bewussten Motive, Werte und Ziele (Klärungsperspektive) und sie arbeitet an und mit der Beziehung (Beziehungsperspektive). Grawe hat zahlreiche Psychotherapieverfahren bezüglich ihrer Wirkungsweise untersucht und festgestellt, dass bei jedem erfolgreichen Verfahren mindestens einer dieser drei Faktoren auftaucht. Daraus schloss er, dass ein gutes Verfahren alle drei Wirkfaktoren beinhalten sollte. Kritiker halten diesem Ansatz entgegen, er vernachlässige die den einzelnen Therapien zugrunde liegenden Theorien und addiere die drei Faktoren quasi mechanisch, was den Erfolg einer solchen Therapie fraglich mache.

**allgemeiner Intelligenzfaktor:** der →g-Faktor.

**Allgemeinwissen:** die →Allgemeinbildung.

**Allmachtsgefühle, Omnipotenzgefühle:** übersteigertes Gefühl, Macht zu besitzen. Allmachtsgefühle sind in der Größenfantasie enthalten. Sie kommen oft im Spiel von Kindern zum Vorschein, ebenso in den verbreiteten Fantasien, zaubern oder durch magische Praktiken den Verlauf des Schicksals verändern zu können. Normalerweise durch die Selbstkritik eingeschränkt, z. T. mit Schamgefühlen besetzt und daher vom bewussten Erleben ausgeschlossen, werden Allmachtsgefühle v. a. bei verschiedenen seelischen Störungen wie der →Manie im Verhalten und Erleben zugelassen. Sie sind jedoch auch eine wichtige Komponente der →Kreativität: Wer sich nicht den seelischen Zugang zu Resten der kindlichen Allmachtsgefühle bewahrt hat, ist in seinen schöpferischen Möglichkeiten eingeschränkt; ihm fehlt der Mut, etwas Neues zu wagen.

**Allmendeklemme** [zu mhd. almende, al(ge)meinde »gemeinschaftlich genutztes Gut«], **ökologisch-soziales Dilemma, soziale Falle:** Konflikt zwischen Einzel- und Gruppeninteressen sowie zwischen kurzfristigen und langfristigen Vorteilen. Das Konzept der Allmendeklemme wird u. a. in der Umweltpsychologie zur Erforschung von Umweltverhalten genutzt. Das Dilemma besteht darin,

**Allmendeklemme:** Der Konflikt zwischen dem Bedürfnis nach größtmöglicher Behaglichkeit durch Wärme und Licht einerseits und der Einsicht in die Pflicht zur Schonung des Allgemeinguts Energie andererseits behindert die Verbreitung umweltfreundlicher Verhaltensweisen.

dass bei gemeinsamer Nutzung einer begrenzten Ressource, z. B. eine Allmende (gemeinschaftlich genutzte Dorfweide) oder ein Rohstoff, durch eine Anzahl von Nutzern individuelle Interessen mit den Gruppeninteressen kollidieren. Denn das, was für die Einzelperson kurzfristig vorteilhaft ist (z. B. uneingeschränkter Konsum), ist für die Gruppe oder die Gesellschaft, damit auch letztlich für die Einzelperson selbst, oft langfristig zerstörerisch (Ressourcenknappheit).

In Simulationsspielen unter verschiedenen Bedingungen zeigte sich, dass sowohl ein besseres Wissen um ökologische Zusammenhänge als auch das Vertrauen in das Verhalten der anderen Beteiligten wichtige Variablen waren, die ein »tragisches« Ende des Spiels verhinderten. Weiterhin kamen positivere Ergebnisse zustande, wenn nur wenige Personen teilnahmen, wenn Kommunikation möglich war, wenn Selbstverpflichtungen nicht anonym blieben und wenn die Zeitspanne zwischen dem Verhalten und seinen Konsequenzen gering gehalten wurde.

**Allport** [ˈɔlpɔːt], Gordon Willard: amerikanischer Psychologe, *Montezuma (Ind.) 11. 11. 1897, †Cambridge (Mass.) 9. 10. 1967. Allport war ein Pionier in der Erforschung der →Persönlichkeit. Er untersuchte besonders Einstellungen, Vorurteile und religiöse Überzeugungen. Mit dem Begriff der »funktionellen Autonomie« betonte er die Unabhängigkeit des Motivsystems der erwachsenen Persönlichkeit von den zugrunde liegenden Primärantrieben.

**Alltagspsychologie:** Sammelbezeichnung für psychologische Erklärungen, die nicht wissenschaftlich geschulte Personen für menschliches Erleben und Verhalten finden. Der Begriff wird z. T. gleichbedeutend mit intuitive Theorie, naive Theorie, naive Psychologie oder Alltagstheorie verwendet. Die wissenschaftliche Psychologie hat die Alltagspsychologie zunächst als ein Gemisch von Vorurteilen, richtigen und falschen Einschätzungen betrachtet, das durch eine wissenschaftliche Vorgehensweise beseitigt werden muss; später wandelte sich diese Anspruchshaltung und die Alltagspsychologie wurde zu einem neutralen Gegenstand der Forschung. Es zeigte sich, dass die Alltagspsychologie viele zutreffende Einschätzungen wie auch bestimmte systematische Fehlschlüsse aufweist. Dazu gehört etwa die Annahme, dass Geschehnisse, die aufeinanderfolgen, kausal zusammenhängen, was in der Realität nicht immer zutrifft; häufig wird auch zu schnell verallgemeinert, wenn jemand z. B. wenige Male eine Aufgabe nicht gut bewältigt und daraus schließt, dass er ein Versager ist. Mit derartigen Fehlschlüssen befasst sich v. a. die →kognitive Verhaltenstherapie.

Die Sozialpsychologie versucht durch die Erforschung der Alltagspsychologie herauszufinden, auf welchen sozialen Wegen Neuerungen von der Bevölkerung aufgenommen und wie sie verarbeitet werden (→Akzeptanz 1). Manche psychologischen Fachausdrücke müssen aufgegeben werden, weil sie in der Alltagspsychologie eine negative Wertung erhalten haben, z. B. der Ausdruck »Hysterie«, der in den neueren Klassifikationssystemen psychischer Störungen durch den als neutraler geltenden Fachausdruck →histrionische Persönlichkeitsstörung ersetzt worden ist.

Grundvoraussetzung für die Bildung einer Alltagspsychologie ist die →Theory of Mind.

**Alphabetisierung:** Maßnahmen zur Beseitigung des →Analphabetismus.

**Alphawellen:** Hirnströme im →EEG, die im Ruhezustand auftreten.

**Altenbildung:** die →Seniorenbildung.

**Alter:** *Sonderartikel S. 26–29.*

**ältere Autofahrer:** Menschen im höheren →Alter, die mit einem Pkw am Straßenverkehr teilnehmen. Ältere Autofahrer verfügen zwar meist über viel Erfahrung im Straßenverkehr, müssen diesen aber mit einer geringeren psychophysischen Leistungsfähigkeit bewältigen, da im Alter Seh- und Hörvermögen nachlassen, die Beweglichkeit von Hand und Kopf eingeschränkt ist und v. a. Wahrnehmungs- und Verarbeitungsprozesse sowie die Verhaltensintegration langsamer und fehleranfälliger ablaufen. Dabei bestehen allerdings große individuelle Unterschiede.

Ältere Fahrer verfügen über Kompensationsmöglichkeiten, die sie auch einsetzen. Dazu gehören die geringere Nutzungshäufigkeit des Pkw und das Vermeiden von Fahrten unter schwierigen Bedingungen (z. B. schlechte Wetter- und Sichtverhältnisse, Stoßzeiten, Nachtfahrten, Fahrten in unbekannten Gebieten, unter Alkoholeinfluss). Trotzdem steigen die Unfallraten ab einem Alter von etwa 55 Jahren an, ab 75 Jahren sind diese überdurchschnittlich hoch. Situationsbezogene Analysen zeigen, dass Schwierigkeiten v. a. in hochkomplexen Situationen bestehen, in denen Informationen aus verschiedenen Quellen erfasst, verarbeitet und schnell in Fahrhandlungen umgesetzt werden müssen.

Die →Gerontologie schenkt den Leistungsmöglichkeiten und -grenzen älterer Fahrer derzeit viel Aufmerksamkeit, da ihr Anteil durch
*Fortsetzung S. 30*

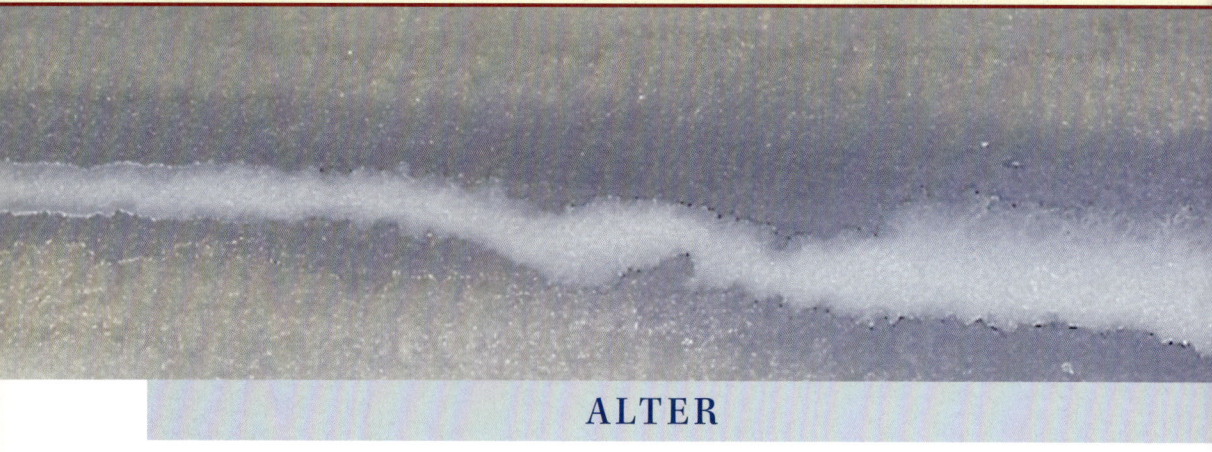

# ALTER

### WANN IST MAN ALT?
Ab wann ein Mensch als alt gilt, hängt von der Perspektive des Betrachters ab. Nach einer entwicklungspsychologischen Einteilung gehören 60- bis 65-Jährige zu den alternden und 65- bis 75-Jährige zu den alten Menschen; Menschen ab 75 Jahren zählen als Greise. Daneben wird auch von »jungen Alten« für Menschen zwischen 55 und 70 Jahren, und »alten Alten« für Menschen ab 70 Jahren gesprochen. Das Statistische Bundesamt führt Menschen über 60 Jahre als alte Menschen bzw. Senioren auf. Eine andere Definition besagt, dass eine Person alt ist, wenn sie den Höchststand ihrer psychophysischen Leistungsfähigkeit überschritten hat; hier wird keine Altersangabe gemacht.

### VERÄNDERUNGEN IM ALTER
Auch wenn wahrnehmungs- und geschwindigkeitsabhängige Leistungen des Gehirns im Alter abnehmen, bleiben andere Bereiche der geistigen Leistungsfähigkeit, insbesondere die Informationsverarbeitung, bei ausreichendem Training unverändert. Unter optimalen Bedingungen kann sogar eine Leistungssteigerung erzielt werden. Beispielsweise erreichen Führungskräfte in der Regel erst mit über 50 Jahren den Gipfel ihrer Karriere; viele prominente Politiker, aber auch berühmte Künstler und Wissenschaftler sind über 60 Jahre alt. Die Kreativität bleibt bei vielen Menschen bis ins hohe Alter erhalten.

Körperlich ist das Altern durch Prozesse der Rückbildung geprägt; die Leistungsfähigkeit vieler Organe nimmt ab. Da jedoch die Funktionsreserven groß sind, verursachen diese Prozesse häufig keine Symptome. Allerdings ist das Risiko, an bestimmten Krankheiten zu erkranken, im Alter größer. Dazu gehören neben dem Diabetes mellitus v. a. Tumoren und Demenzerkrankungen. Die Heilung verläuft im Alter langsamer, sodass einmal eingetretene Erkrankungen länger anhaltende Auswirkungen haben als in jungen Jahren. Auch hirnorganische Abbauprozesse, etwa die Alzheimerkrankheit, treten im Alter häufiger auf als bei jungen Menschen.

### ALTERSBILDER IN DER GESELLSCHAFT
Die heutigen Idealvorstellungen vom Alter entstanden im 19. Jh., zur Zeit des Biedermeiers. Damals entwickelte sich das Bild von Greisin und Greis als moralischen Vorbildern, die im Kreis der ihnen dankbar zugewandten Familie geachtet und geehrt werden. Diese familiäre Altersverehrung war allerdings an die stillschweigende Bedingung geknüpft, dass die Alten v. a. das Wohl der Familie im Auge hatten und ihren Besitz vererbten, statt ihn selbst zu nutzen.

Im 19. Jh. entstanden auch zahllose Drucke, auf denen das menschliche Leben als geordnete Abfolge auf- und absteigender Stadien dargestellt ist. Der Aufstieg reicht vom Säugling über das Kleinkind, das Schulkind, den Jugendlichen bis hin zum Brautpaar als Höhepunkt; danach folgt der Abstieg über die Stadien Elternschaft, Rentenalter und Greisenalter. Immer sind die Personen in Familien eingebunden; die Familie ist der Ort der Generationen.

Mit dem Schwinden allgemein anerkannter Werte sinkt jedoch auch der Stellenwert moralischer Vorbilder und damit der Alten. In der heutigen leistungsorientierten Gesellschaft, in der die nötigen Kenntnisse und Fertigkeiten mit

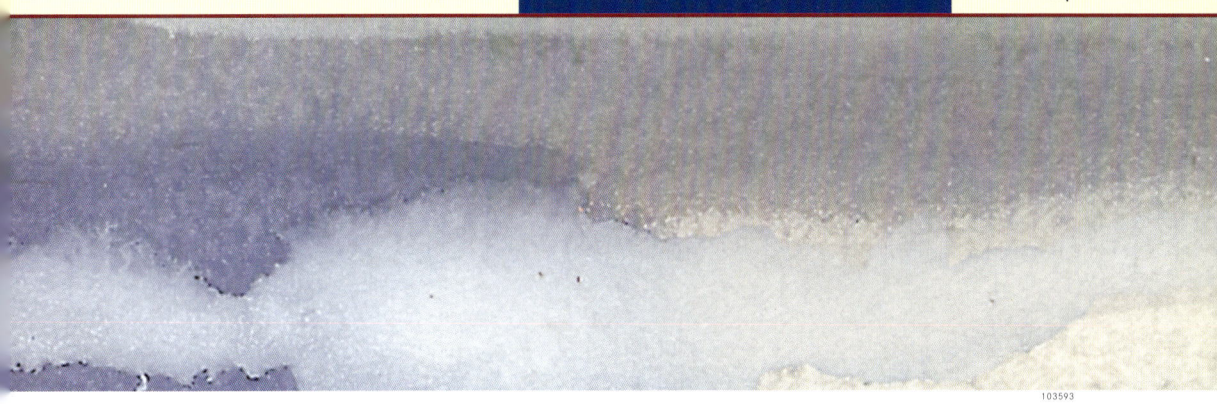

dem technischen Fortschritt rasch wechseln, sind sie auch nicht mehr als Vermittler von Wissen gefragt. Allerdings findet seit etwa Anfang des zweiten Jahrtausends allmählich ein Umdenken statt: Große Organisationen stellen vereinzelt ältere Menschen ein mit dem Argument, dass diese viel Berufserfahrung haben und bei Teamkonflikten ausgleichend wirken, was sich günstig auf das Organisationsklima und auf Entscheidungsfindungen auswirkt.

In der Konsumgesellschaft wird den Alten eine neue Rolle zugeschrieben. Ihr Motto lautet: »Man ist so alt, wie man sich fühlt!« Es beinhaltet einen Appell an unsere Fähigkeit, die Folgen des Alters zu verdrängen. In der Konsumgesellschaft sind die Wünsche des Individuums ein wesentlicher Inhalt der öffentlichen Kultur; sie werden in den verschiedensten Formen stimuliert. So wird den Alternden suggeriert, dass es auch jenseits des Rentenalters v. a. um Genuss geht. Sie sollen ihre wohlverdiente Freizeit genießen und sich für die Entbehrungen des Arbeitslebens entschädigen.

Zugleich verschwindet das Alter mit seinen Begleiterscheinungen aus dem kollektiven Bewusstsein. In den Massenmedien scheint niemand alt und schwach zu sein; alte Stars sehen meist strahlend jung aus. Die Konsumgesellschaft zielt auf Genuss, Wunscherfüllung und Leidensfreiheit. Es wird verdrängt, dass zum Leben auch Krankheit, Verlust und Tod gehören.

Dieser Trend äußert sich in Angeboten zum Anti-Aging, womit das Hinauszögern des biologischen Alterns gemeint ist. Die Geschwindigkeit der Alterungs- und Abbauprozesse hängt nicht nur von den Genen, sondern auch von äußeren Faktoren ab, die sich individuell beeinflussen lassen. Dazu gehören Lebensgewohnheiten und soziales Umfeld, Ernährung, der Umgang mit der Gesundheit und Fitness. Anti-Aging bedient sich entsprechend medizinischen und ernährungswissenschaftlichen Wissens, der Begriff wird aber v. a. in der Kosmetikindustrie und im Bereich des Wellness verwendet. Konzepte, um die Vitalität, die körperliche und geistige Leistungsfähigkeit sowie ein junges Aussehen so lange wie möglich zu erhalten, können nur dann greifen, wenn sie die verschiedenen Einflussfaktoren mit einbeziehen – also nicht nur Hormontabletten, Vitaminpillen oder Frischzellkuren, sondern auch adäquate Ernährung, Strategien zur Stressbewältigung und regelmäßige Bewegung.

**BEZIEHUNGEN UND WOHNEN**

Im Alter enden viele soziale Beziehungen, etwa durch das Ende der Berufstätigkeit mit Übergang in den Ruhestand, durch die räumliche Trennung von den Kindern oder durch den Tod gleichaltriger Bezugspersonen. Wer sich schon früher schwergetan hat, Freundschaften zu schließen, dem wird es nun kaum leichter fallen. Je älter ein Mensch wird, desto häufiger wird er auch mit dem Tod nahestehender Menschen konfrontiert. Alte Menschen müssen also sehr häufig einen Verlust verkraften und benötigen hierzu viel psychische Energie. Wer bereits in jungen Jahren Trennungen und Beziehungsabbrüche nicht gut verkraftet hat, tut sich jetzt erst recht schwer. Dies verstärkt Gefühle der Unsicherheit und drohenden Vereinsamung und kann zum Vernachlässigen von Interessen und

## ALTER  *Fortsetzung*

Aktivitäten sowie sogar der Mitteilsamkeit und Kontaktfähigkeit führen. Dennoch nimmt die Lebenszufriedenheit bei vielen alten Menschen nicht ab, was in der Literatur vielfach als »Zufriedenheitsparadox« bezeichnet wird. Dies wird unter anderem dadurch erklärt, dass vielfach im Laufe des Lebens Kompetenzen aufgebaut wurden, auch mit schwierigen Situationen umzugehen.

Um gegen die Vereinsamung anzugehen, aber auch um die alltäglichen Abläufe zu erleichtern, die etwa durch Bewegungseinschränkungen schwieriger geworden sind, haben sich seit den 1980er-Jahren alte Menschen zusammengefunden und neue Wohnformen entwickelt, etwa Altenwohngemeinschaften, selbst verwaltete Heime oder das Zusammenleben Älterer und Jüngerer in eigens dafür angelegten Siedlungen. Ein Sonderfall sind appartmenthausähnliche Wohnformen, in denen die alten Menschen zwar jeweils in eigenen Wohnungen wohnen, jedoch in einem zentralen Speisesaal verpflegt werden, wenn sie das wünschen, und bei Bedarf stufenweise Serviceleistungen (etwa Putzen und Einkaufen) und Pflegeleistungen gegen Bezahlung in Anspruch nehmen können. Diese Wohnform ermöglicht so viel Privatheit, Kontakt und Versorgung wie jeweils gewünscht. Derartige Einrichtungen werden in der Regel privat betrieben und sind entsprechend teuer. Öffentliche Modelle dieser Art sind noch selten.

### SEXUALITÄT

Wie verschiedene Untersuchungen zeigen, scheint die sexuelle Aktivität im Alter von der in früheren Jahren praktizierten Sexualität abzuhängen. Sexuell aktive alte Menschen waren auch früher sexuell aktiver als diejenigen, die ihr Sexualleben frühzeitig reduziert haben. Zu den psychischen und sozialen Gründen für das Nachlassen der Sexualität gehören zum einen generell das Ende des Berufslebens, der Verlust des Lebenspartners und soziale Isolation, zum anderen speziell psychische Störungen, allen voran die Depression, die immer auch die Sexualität beeinträchtigt. Dass ältere Menschen insgesamt weniger sexuell aktiv sind, hängt auch damit zusammen, dass viele von ihnen in Kindheit und Jugend eine rigide moralische Erziehung genossen haben, wonach Sexualität lediglich der Fortpflanzung dienen sollte; mit der Folge, dass sie eine negative Einstellung gegenüber der Sexualität entwickelten oder Sexualität nicht frei leben konnten.

Welchen Einfluss die altersbedingten hormonellen Veränderungen auf die sexuelle Erregbarkeit und Aktivität haben, ist nicht eindeutig klar. Im Alter häufiger auftretende Krankheiten wie die Zuckerkrankheit, vorzeitige Alterung und Verkalkung der Gefäße oder Schäden des Nervensystems durch Alkohol oder andere Gifte können jedoch ein Nachlassen der Sexualfunktion bedingen oder verstärken. Zudem haben Krankheiten meist die Einnahme von Medikamenten zufolge, die ihrerseits die Sexualität beeinträchtigen können.

### PFLEGE UND STERBEN

Die würdige Pflege alter Menschen ist eine öffentliche Aufgabe, der aber bislang wenig Aufmerksamkeit beschieden ist. Während die Zahl der Alten steigt und dank der medizinischen

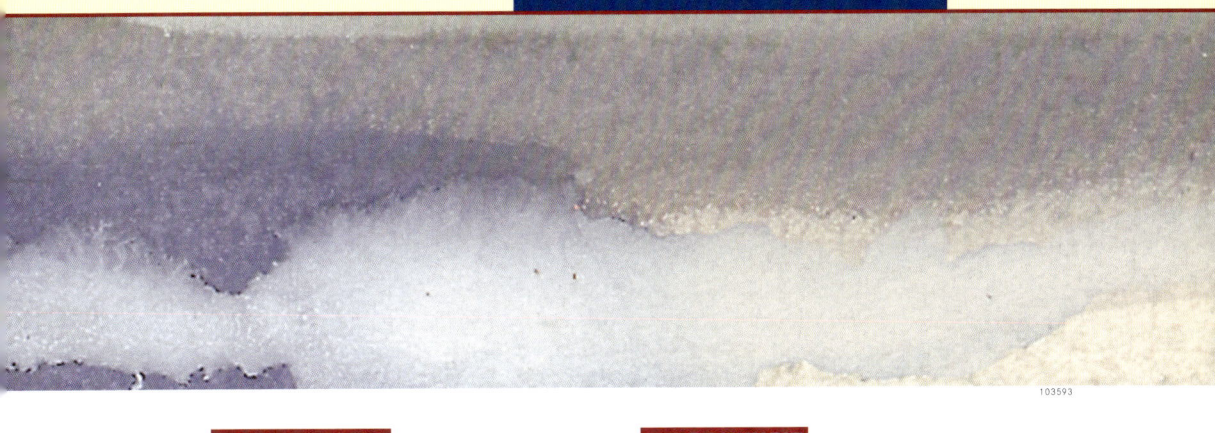

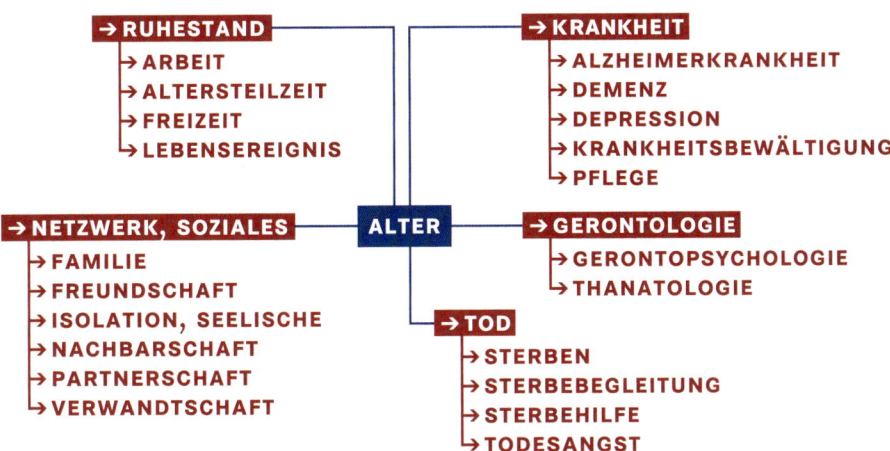

Fortschritte auch Personen mit mehreren Krankheiten länger leben, sinken in den Familien die Bereitschaft und die Möglichkeiten, ältere pflegebedürftige Familienangehörige zu versorgen. Es bedarf überdies nicht nur der körperlichen Versorgung, sondern auch der geistigen Anregung der Alten. Die Qualität der Altenpflege kann außer durch die ständige Fortbildung des Pflegepersonals auch durch die Einbeziehung anderer Berufsgruppen, wie Musik- oder Kunsttherapeuten, ihren Standard steigern.

Sterben und Tod sind nach wie vor von einem dichten Schleier aus Verdrängung und Verleugnung umgeben. Die meisten Menschen wünschen sich einen »schönen«, das heißt plötzlichen und schmerzlosen Tod. Dennoch sterben 80 % der Bevölkerung in Krankenhäusern oder anderen Einrichtungen, in denen meist jede lebenserhaltende Maßnahme durchgeführt wird, auch wenn dadurch der Vorgang des qualvollen Sterbens verlängert wird. In einem Patiententestament kann eine Person jedoch festlegen, welche lebensverlängernden Maßnahmen sie will und welche nicht. Dazu gibt es heute eine Menge von Vordrucken, die immerhin eine sinnvolle äußere Form vorgeben. Die individuellen Antworten allerdings auf die Fragen, welche medizinischen Maßnahmen am Ende eines Lebens getroffen werden sollen und welche der Einzelne ausschließen möchte, sind damit noch nicht gegeben. Gespräche mit Vertrauenspersonen und dem Hausarzt tragen zur Klärung bei. Für viele ältere Menschen, aber auch Angehörige, sind solche Gespräche eine große Erleichterung.

**LESETIPPS:**

Thomas Drujen: *Olymp des Lebens. Das neue Bild des Alters.* Neuwied (Luchterhand) 2003.

Ursula Lehr: *Psychologie des Alterns.* Wiebelsheim (Quelle & Meyer) [10]2003.

Fritz Riemann *und* Wolfgang Kleespies: *Die Kunst des Alterns. Reifen und Loslassen.* München (Reinhardt) [3]2005.

Horst Bickel *und* Siegfried Weyerer: *Epidemiologie psychischer Erkrankungen im höheren Lebensalter.* Stuttgart (Kohlhammer) 2006.

Sylvia Kade: *Altern und Bildung. Eine Einführung.* Bielefeld (Bertelsmann) 2006.

*Fortsetzung von S. 25*
die veränderte Altersverteilung in der Bevölkerung stark zunimmt. Einig ist man sich darin, dass Mobilität eine wichtige Lebensqualität gerade für ältere Menschen darstellt, kontrovers diskutiert wird die Frage, ob deshalb die Nutzung eines Pkw oder ob eher andere Mobilitätsalternativen gefördert werden sollten. Im Hinblick auf die Pkw-Nutzung werden verschiedene Lösungsmöglichkeiten erforscht. Aufseiten der Umwelt des Verkehrsteilnehmers: dem Alter angepasste Pkw (bauliche Veränderungen, →Fahrerassistenzsysteme), altersgerechte Verkehrsplanung (z. B. Gestaltung von Verkehrsschildern), Abbau von Vorurteilen gegenüber älteren Verkehrsteilnehmern (»Ältere sind die meisten Unfallverursacher«); aufseiten des Verkehrsteilnehmers: generelle Trainingsmaßnahmen, individuelle Trainings nach einer Untersuchung der Fahrleistungsfähigkeit, Einführung von obligatorischen Fahreignungstests ab einem festgelegten Lebensalter, um Defizite auszugleichen. Darüber hinaus werden Alternativen zum Pkw, die eine weitgehend selbstständige Mobilität gewährleisten, diskutiert bzw. gefordert, z. B. der Ausbau von öffentlichen Nahverkehrsmitteln.

**altern:** Prozess, der in Abhängigkeit von der Zeit zu charakteristischen Zustandsveränderungen führt; im engeren Sinn die körperlichen Abbauprozesse von Menschen ab der individuellen Lebensmitte. Das Altern geht mit einer reduzierten Anpassungsfähigkeit homöostatischer Systeme einher und wird in seinen Einzelheiten und Ursachen heute verstärkt erforscht; es ist Gegenstand u. a. der →Entwicklungspsychologie.

Für die psychische Entwicklung im Alter lässt sich sagen, dass das früher weitverbreitete Defizitmodell des Alterns durch neuere Ergebnisse von Längsschnittuntersuchungen nicht gestützt wird. Die oft im Alter angetroffenen Veränderungen wie Abnahme der Interessen und Aktivitäten sowie nachlassende Mitteilsamkeit und Kontaktfähigkeit sind eher auf bestimmte Lebensumstände und nicht auf das Altern selbst zurückzuführen. Größere Beachtung findet das Kompetenzmodell. Auch wenn wahrnehmungs- und geschwindigkeitsabhängige Leistungen des Gehirns im Alter abnehmen, bleiben andere Bereiche der geistigen Leistungsfähigkeit, insbesondere die Informationsverarbeitung, bei ausreichendem Training unverändert. Unter optimalen Bedingungen kann sogar eine Leistungssteigerung erzielt werden.

Das Altern ist häufig mit dem Ausscheiden aus sozialen Beziehungen verbunden. Besondere Beachtung verdienen das Ende der Berufstätigkeit mit Übergang in den Ruhestand sowie die räumliche Trennung von den Kindern. Die Disengagementtheorie sieht in der Verminderung sozialer Kontakte eine Voraussetzung für Zufriedenheit im Alter; hier wird davon ausgegangen, dass der alternde Mensch den Rückzug u. a. zur Vorbereitung zum Tod braucht. Im Unterschied zu dieser Theorie hält die Aktivitätstheorie ein Aufrechterhalten von Sozialkontakten und Aktivitäten für unerlässlich, um in Zufriedenheit zu altern. Untersuchungen zu diesen Annahmen zeigen allerdings, dass eine günstige Wirkung des Rückzugs oder der Aktivität dann erzielt wird, wenn der Rückzug oder die Aktivität auch dem Wunsch der Person entspricht. Rückzug etwa führt dann zur Zufriedenheit, wenn die Person ihn selbst gewählt hat und nicht dazu gezwungen ist, z. B. weil sie vom sozialen Umfeld nicht mehr gebraucht wird.

**Alternativschulen, Freie Alternativschulen:** Form der →Privatschule mit basisdemokratischem Selbstverständnis und im Unterschied zur Regelschule alternativem pädagogischem Konzept. Neben den weitgehenden Mitbestimmungsrechten der Schüler bestimmen Elemente anderer Reformkonzepte wie z. B. Montessori oder Freinet die pädagogische Arbeit: u. a. selbstbestimmtes Lernen in alters-

**altern:** Aktivität und Kontaktpflege sind möglicherweise hilfreich, um Zufriedenheit im Alter zu gewährleisten.

gemischten Klassen bzw. Lerngruppen, vielfältige Unterrichtsmethoden und Lernformen (Wochenplan-, Projekt-, Freiarbeit, freies Spiel usw.), flexible Formen der Zeiteinteilung im Unterricht. 2007 gab es in Deutschland 87 Alternativschulen und 14 Initiativen, die sich im Bundesverband der Freien Alternativschulen (BFAS) zusammengeschlossen haben, so z. B. die Glocksee-Schule in Hannover, die Freie Schule Frankfurt und die Laborschule Bielefeld.

**Altersforschung:** die →Gerontologie.

**Altersdemenz:** im Alter auftretende →Demenz.

**Altersfreizeit:** der →Ruhestand.

**Alterspsychologie:** →Gerontopsychologie.

**Alters|teilzeit:** Form der Erwerbsarbeit, in der es älteren Arbeitnehmern ermöglicht wird, nur noch einen gewissen Anteil der regelmäßigen wöchentlichen Arbeitszeit zu arbeiten. Dies soll ihnen das Ausscheiden aus dem Berufsleben erleichtern, Arbeitsplätze für Jüngere schaffen und im Idelfall dazu führen, dass die Kenntnisse und Erfahrungen der Älteren an die Jüngeren weitergegeben werden können.

**Altru|ismus** [zu latein. alter »der andere«]: Selbstlosigkeit, Uneigennützigkeit; ein Motiv für das →Hilfeverhalten im Gegensatz zum →Egoismus.

**Alzheimerkrankheit** [nach dem deutschen Neurologen Alois Alzheimer, * 1864, † 1915]: Gehirnkrankheit, bei der die Verbindungen der Nervenzellen durch eingelagerte Eiweißkörper geschädigt werden; die häufigste Form irreversibler Demenz. Das wichtigste Anzeichen dieser schwerwiegenden Erkrankung ist ein allmählicher Verfall des Erinnerungsvermögens, der zuerst das Kurzzeitgedächtnis betrifft. Die Kranken finden sich in einer vertrauten Umgebung noch gut zurecht, können aber nicht mehr verreisen und erkennen z. B. Personen nicht mehr, die sie in jüngerer Zeit kennengelernt haben. Andere seelische Vorgänge, v. a. das Gefühlsleben, bleiben lange intakt. Im fortgeschrittenen Stadium der Alzheimerkrankheit ist das Gedächtnis völlig erloschen; die Patienten erkennen auch ihre Ehepartner und Kinder nicht mehr, sind in hohem Grad verängstigt und verwirrt, brauchen dauernde Aufsicht und müssen in den meisten Fällen in einem Pflegeheim untergebracht werden.

Nach den Angaben der Deutschen Alzheimer Gesellschaft e. V. wirken bei der Entstehung der Alzheimerkrankheit in 90 % der Fälle erbliche Faktoren, Alterungsprozesse des Gehirns, Vorerkrankungen des Gehirns und Umwelteinflüsse zusammen. Eine Heilung ist nicht möglich, doch kann der Verfall des Gedächtnisses durch Medikamente und geistig-seelisches Training hinausgezögert werden.

**Ambiguitätstoleranz** [zu latein. ambiguus »sich nach zwei Seiten hinneigend«]: die Fähigkeit, Widersprüche und Mehrdeutigkeiten der eigenen Gefühle, Gedanken und Wahrnehmungen sowie die der Umwelt zu ertragen oder nebeneinander stehen lassen zu können. Hohe Ambiguitätstoleranz ist Zeichen für seelische Reife und ein Merkmal des besonnenen Erwachsenen. Im →Fünffaktorenmodell der Persönlichkeit ist sie im Faktor »Offenheit für Erfahrungen« repräsentiert.

In der Sozialpsychologie wurde Ambiguitätstoleranz u. a. im Zusammenhang mit Stereotypen und Vorurteilen untersucht: Menschen mit wenig Ambiguitätstoleranz neigen stärker zu Vorurteilen, z. B. gegenüber fremden Kulturen, als solche mit hoher Ambiguitätstoleranz. Im Zusammenhang mit Problemlösen wurde u. a. gefunden, dass hohe Ambiguitätstoleranz zu weniger Ablehnung von komplexen, neue Lösungen erfordernden Aufgabenstellungen führt als niedrige Ambiguitätstoleranz. Hohe Ambiguitätstoleranz ist generell mit Flexibilität und Kreativität verbunden.

In der klinischen Psychologie wird für den Begriff Ambiguität auch die Bezeichnung **Ambivalenz** gebraucht. Geringe Ambiguitätstoleranz findet sich häufig bei psychischen Störungen, z. B. bei einer →dissozialen Persönlichkeitsstörung oder einer →Borderlinestörung.

**Ambivalenz** [latein.]: Doppelwertigkeit; Koexistenz entgegengesetzter Gefühle, z. B. von Liebe und Hass, die sich auf ein und dieselbe Person richten. Der Ausdruck wurde von dem Schweizer Psychiater Eugen Bleuler eingeführt, um die Gefühlslage bei der →Schizophrenie zu kennzeichnen, in der besonders intensive Formen der Ambivalenz auftreten; diese würde man heute →Spaltung nennen. Nach Sigmund Freud sind alle intensiven menschlichen Gefühle ambivalent, d. h. von einer unbewussten Gegenströmung begleitet. Wer jemanden besonders verehrt und bewundert, verbirgt seine Neid- und Hassgefühle; wer jemanden besonders hasst, seine Bewunderung. Solche emotionalen Gegensätze zuzulassen, also →Ambiguitätstoleranz zu besitzen, ist ein Zeichen seelischer Reife.

Nach Auffassung der *Psychoanalyse* muss das Kind im Verlauf der normalen psychischen Entwicklung mehrere Phasen der Ambivalenz durchlaufen, darunter v. a. den →Ödipuskomplex, und diese Ambivalenzen auflösen. Gelingt das nicht, ist der Grundstein für eine neuroti-

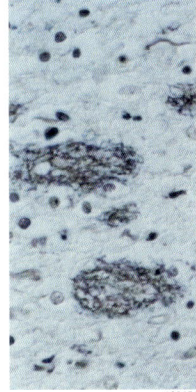

**Alzheimerkrankheit:** Die Aufnahme dokumentiert die Bildung von senilen Plaques, den für die Krankheit typischen Gewebeveränderungen in der Großhirnrinde.

> **Ambivalenz | Ambivalente Gefühle integrieren**
>
> Die menschliche Sehnsucht nach »reiner« Liebe wird in der Realität selten erfüllt. Bei Enttäuschungen ist die Gefahr groß, dass Liebe in Hass umschlägt. Die dramatische Aktion, den in einem Punkt enttäuschenden Liebespartner sogleich zu verlassen, führt nur kurzfristig zu einem Gefühl der Befreiung – langfristig führt sie in die Einsamkeit.
>
> Realistisch binden und trennen kann sich nur, wer auch Ambivalenz ertragen kann und erkennt, dass der geliebte Partner seine positiven Eigenschaften nicht verliert, wenn man an ihm Züge wahrnimmt, mit denen man nur schwer umgehen kann. Menschen mit einer schweren seelischen Störung, z. B. einer Borderlinestörung können ambivalente Gefühle nicht integrieren, sondern sie klammern sich an eine Bezugsperson und greifen sie zugleich mit erbittertem Hass an.

sche Entwicklung gelegt, z. B. für eine →Zwangsstörung.

In der *Verhaltensforschung* wird die gleichzeitige Aktivierung gegensätzlicher (Instinkt-)Reaktionen Ambivalenz genannt.

**Amnesie** [zu griech. mnēsis »Erinnerung«]: zeitlich begrenzter oder dauerhafter Gedächtnisverlust, der organisch oder psychisch bedingt sein kann. Die ICD-10 unterscheidet das amnestische Syndrom, das organische amnestische Syndrom und die dissoziative Amnesie.

Beim **amnestischen Syndrom**, auch »Korsakow-Syndrom«, handelt es sich um Gedächtnisverlust, der nach chronischem Gebrauch von psychotropen Substanzen wie Alkohol und Sedativa entsteht. Die Diagnose wird gestellt, wenn folgende Bedingungen erfüllt sind: 1. Es liegt eine Störung des Kurzzeitgedächtnisses (Erinnerungsverlust für Ereignisse vor einigen Sekunden bis Minuten) und des Zeitgefühls vor; 2. das Immediatgedächtnis (die Fähigkeit, unmittelbar zuvor Gelerntes wiederzugeben, z. B. Zahlen nachzusprechen) und das Wachbewusstsein sind nicht gestört, ebenso sind allgemeine kognitive Fähigkeiten relativ gut erhalten; 3. Missbrauch von psychotropen Substanzen ist nachweislich. Weitere mögliche Symptome sind beeinträchtigtes Langzeitgedächtnis, Konfabulationen (Füllen von Gedächtnislücken, wobei die angeblichen Erinnerungen für wahr gehalten werden) und Persönlichkeitsänderungen mit Apathie.

Beim **organischen amnestischen Syndrom**, auch »(nicht alkoholbedingtes) Korsakow-Syndrom«, liegt ein Gedächtnisverlust aufgrund einer zerebralen Krankheit oder einer Hirnfunktionsstörung (z. B. durch eine Hirnverletzung) vor. Die diagnostischen Kriterien sind: 1. Das Kurzzeitgedächtnis ist beeinträchtigt; retrograde Amnesie (es besteht eine Erinnerungslücke für die Zeit kurz vor einem verursachenden Ereignis, z. B. einer schweren Kopfverletzung); anterograde Amnesie (es tritt eine Erinnerungslücke für eine bestimmte Zeit nach dem Erwachen aus einer Bewusstlosigkeit auf); vergangene Erlebnisse können nicht mehr in umgekehrter chronologischer Reihenfolge erinnert werden; 2. eine Hirnverletzung oder -erkrankung ist nachweisbar; 3. das Immediatgedächtnis ist erhalten; es liegen keine Aufmerksamkeits- und Bewusstseinsstörungen vor und allgemeine intellektuelle Fähigkeiten sind nicht beeinträchtigt. Weitere mögliche Symptome sind wie bei dem amnestischen Syndrom Konfabulationen und emotionale Änderungen mit Apathie.

Die **dissoziative Amnesie** ist eine Störung, bei der Betroffene keine Erinnerung mehr an ein wichtiges, kurz zuvor liegendes Ereignis wie einen Unfall, einen plötzlichen Tod eines Angehörigen oder eine Gewalterfahrung haben. Die diagnostischen Kriterien sind: 1. Amnesie für ein kürzliches traumatisches oder belastendes Ereignis (was meist nur von anderen, z. B. Angehörigen, erfahren wird) und 2. das Fehlen einer hirnorganischen Störung, des Gebrauchs von psychotropen Substanzen und extremer Erschöpfung. Die Betroffenen sind oft ratlos und zeigen ein Aufmerksamkeit suchendes Verhalten. Der Zustand hält meist ein bis zwei Tage, manchmal auch länger an. Anders als bei dem amnestischen und dem organischen amnestischen Syndrom kann die Amnesie durch →Hypnose aufgehoben werden.

**amnestisches Syndrom:** eine Form der →Amnesie.

**Amok:** nach der Definition der Weltgesundheitsorganisation (→ICD-10) eine »willkürliche, anscheinend nicht provozierte Episode mörderischen oder erheblich destruktiven Verhaltens, gefolgt von Amnesie oder Erschöpfung«. Nicht selten begehen die Betroffenen im Anschluss an ihre Gewalttaten Selbstmord. Der Begriff »Amok« geht auf das malaiische Wort »amuk« zurück, »im Kampf sein Letztes geben«; dabei handelt es sich um eine historische Kampftaktik, bei der ein Kämpfer sich auf den Feind stürzte und dabei auch den eigenen Tod in Kauf nahm. Die durch diesen Todesmut beeindruckten Feinde konnten häufig in die Flucht geschlagen werden.

In westlichen Industrienationen verwendet man die Bezeichnung **Amokläufer** im allgemeinen Sprachgebrauch für Personen, die schwere Gewalttaten scheinbar wahllos gegen andere Personen begehen, ohne dass ein Anlass erkennbar wäre. Amokläufe von Jugendlichen in Schulen (»School-Shooting«) sind allerdings motiviert: Die Täter haben Hass auf Lehrer und

Schulleitung und üben Rache, weil sie z. B. von der Schule gewiesen wurden. Früher glaubte man, dass die Ursache solcher Gewalttaten in erster Linie eine psychische Störung ist. Heute werden sowohl Ursachen in der Person – niedriges Selbstwertgefühl, das Gefühl, Opfer zu sein, geringe Problemlösefähigkeit u. a. – als auch in gesellschaftlichen und wirtschaftlichen Bedingungen wie Arbeitslosigkeit, Werteverfall, Verfügbarkeit von Gewalt darstellenden Medien sowie Waffen diskutiert. Das gehäufte Vorkommen von Amokläufen in den letzten Jahren, etwa der Fall von Emsdetten, bei dem ein Ex-Schüler 2006 in seiner ehemaligen Schule mehrere Menschen verletzte, hat dazu geführt, dass Methoden zur Früherkennung und Prävention potenzieller Amokläufer entwickelt werden.

**Amphetamine:** zu den →Psychostimulanzien zählende Aufputschmittel.

**Amygdala** [griech. »Mandel«], **Mandelkern:** annähernd mandelförmige Struktur im Vorderhirn, zum →limbischen System gerechnet. Die Amygdala spielt eine wichtige Rolle bei der Auslösung von Furchtreaktionen; da dabei die Großhirnrinde nicht sofort beteiligt ist, ist die Furchtreaktion zunächst vorbewusst und bringt den Betreffenden gelegentlich dazu, zu reagieren, bevor ihm überhaupt bewusst werden kann, was er tut.

**anale Phase, analsadistische Phase** [zu latein. anus »After«]: *Psychoanalyse:* die zweite Phase der frühkindlichen psychosexuellen Entwicklung, etwa vom zweiten bis zum vierten Lebensjahr. Sie folgt auf die →orale Phase und wird von der →phallischen Phase abgelöst. Die anale Phase ist v. a. durch die Auseinandersetzung mit der zu erwerbenden Fähigkeit gekennzeichnet, die Ausscheidungsfunktion des Enddarmes zu kontrollieren. Nach psychoanalytischer Auffassung bildet sich in der analen Phase der Wille insbesondere nach dem Modell der Darmentleerung: entweder Ausstoßen oder Zurückhalten; dem entspricht (nach Erik H. Erikson) auf seelischer Ebene der Konflikt zwischen Autonomie und Scham oder Zweifel. Die anale Phase wird auch als analsadistische Phase bezeichnet, weil mit der Darmentleerung auch aggressive Affekte verbunden sind, wie es sich in vielen Schimpfworten (z. B. »Mist!« oder »Scheiße!«) ausdrückt, oder im quälenden Zurückhalten bzw. Verweigern.

Typische Konflikte zwischen Eltern und Kind entstehen in Zusammenhang mit der Sauberkeitserziehung; z. B. bekommen die Eltern Angst, wenn das Kind über einige Tage den Stuhlgang zurückhält, oder sie missverstehen das Bemühen des Kindes, einen eigenen Willen zu bilden, als Trotz. Deshalb wird diese Phase auch als Trotzalter bezeichnet, das in etwa der heute verwendeten Definition von →Trotzalter entspricht. Wird das Kind unangemessen hart bestraft (z. B. Schläge, Nichtbeachten), so kann das zu Störungen der natürlichen Entwicklung führen, zu einer →Fixierung 2) auf dieser Entwicklungsstufe und zur Ausprägung des **analen Charakters.** Dieser ist durch Geiz, übertriebene Genauigkeit und übermächtigen Ordnungssinn gekennzeichnet. In schwereren Fällen kann später eine →Zwangsstörung entstehen.

**Anal|erotik:** Erotik, heute v. a. Sexualität, die auf den After und die Dammregion gerichtet ist. Die Analregion ist (wie die Mundregion) als Übergangszone zwischen Innen und Außen besonders reich mit sehr empfindlichen Nerven ausgestattet und daher leicht erregbar. Da die Analerotik in der →analen Phase der kindlichen Entwicklung ihre Wurzeln hat, kreist sie um Gerüche oder Schmutz oder aber (als seelisches Gegenstück) um Reinlichkeit. Während die frühe Psychoanalyse analerotische Praktiken des Erwachsenenalters (z. B. Analverkehr) zu den sexuellen →Perversionen zählte, gehören sie heute nach allgemeiner Auffassung in den westlichen Ländern zum normalen Sexualleben.

**An|algetika:** die →Schmerzmittel.

**analog** [griech. »verhältnismäßig«, »übereinstimmend«]: *allgemein* gleichartig; über-

**anale Phase:** Ein wichtiger Schritt in der Entwicklung des Kindes ist die selbstbestimmte Kontrolle der Ausscheidungen des Mastdarms.

tragbar, sinngemäß anwendbar; ähnlich; in der *Nachrichtentechnik* Informationen stufenlos, kontinuierlich darstellend. Analoge Größen können innerhalb eines bestimmten Bereichs jeden beliebigen Wert annehmen; von analogen Signalen spricht man, wenn die informationstragende Größe beliebige Werte in einem festgelegten Bereich annehmen kann (z. B. eine elektrische Spannung zwischen 0 und 5 Volt). Im Gegensatz dazu nimmt ein →digital codiertes Signal nur gestufte Werte an (z. B. nur 0 oder 1). In der *kognitiven Psychologie* bezeichnet man Darstellungen (z. B. Bilder) als analog, wenn sie eine Ähnlichkeit zum gezeigten Sachverhalt haben. Im gleichen Sinne spricht man von analogen →mentalen Repräsentationen. In der *Kommunikationswissenschaft* wird die →nonverbale Kommunikation als analog charakterisiert, die verbale als digital. Aspekte der Beziehung zwischen Sender und Empfänger werden überwiegend analog codiert (nonverbal vermittelt).

**Analogie:** eine strukturelle Übereinstimmung zwischen zwei Sachverhalten aus unterschiedlichen Gegenstandsbereichen. Das Bilden einer Analogie ist eine Denkfigur, bei der man Eigenschaften und Funktionen aus einem bekannten Zusammenhang auf einen neuen Zusammenhang überträgt. Dieses Vorgehen kann zum Verstehen des Zusammenhanges beitragen oder eine Problemlösung herbeiführen. Analogien sind oft ein hilfreiches Mittel bei der Wissensvermittlung. So kann man z. B. einen elektrischen Stromkreis als Wasserkreislauf veranschaulichen: Rohre entsprechen elektrischen Leitungen, Ventile haben die Funktion von Schaltern, der Wasserdruck entspricht der elektrischen Spannung.

**An|alphabetismus** [zu griech. *alphábetos*, nach den ersten beiden Buchstaben des griechischen Alphabets Alpha und Beta]: mangelhafte oder fehlende Kenntnis und Beherrschung des Lesens und Schreibens. Nach einer Definition der UNESCO von 1951 gilt jeder als Analphabet, »welcher unfähig ist, einen einfachen Text zu lesen oder einen einfachen Brief zu schreiben, und zwar in einer Sprache, die er selbst gewählt hat«. Personen, die nur lesen, aber nicht schreiben können, werden als **Semianalphabeten** bezeichnet; **Sekundäranalphabeten** haben eine früher erworbene Lese- und Schreibfähigkeit z. B. infolge des unzureichenden Kontakts mit gedrucktem Text verloren. **Funktionale Analphabeten** können lediglich einzelne Buchstaben oder einzelne Worte wie ihren Namen lesen, weil sie sich diese einmal antrainiert haben, beherrschen aber nicht die Fähigkeit, aus unbekannten Buchstabenkombinationen Wörter zu bilden. Das bedeutet, dass sie z. B. keine Straßenschilder, Fahrpläne, Warnhinweise lesen können und somit im Alltag weitgehend auf fremde Hilfe angewiesen sind.

Um den Analphabetismus zu bekämpfen, hat sich die UNESCO auf dem Gebiet der **Alphabetisierung** weltweit engagiert. Bevorzugt werden »funktionale«, in den Rahmen einer umfassenden beruflichen und gesellschaftlichen Bildung eingebettete Maßnahmen. Dennoch gibt es nach Angaben der UNESCO etwa 1 Mrd. Analphabeten unter den 15- bis 60-Jährigen, 95 % von diesen in den Ländern der sogenannten Dritten Welt. Im Allgemeinen ist der Analphabetismus bei der Landbevölkerung größer als bei der Stadtbevölkerung und bei den Frauen doppelt so hoch wie bei den Männern.

Die Industrienationen sehen sich neuerdings mit einer hohen Zahl funktionaler Analphabeten konfrontiert: Das sind in Deutschland 4 Millionen, also rund 6 % der Bevölkerung. Damit ist jeder 17. erwachsene Deutsche nicht in der Lage, angemessen am kulturellen, gesellschaftlichen und politischen Leben teilzunehmen. Ein Grund für den funktionalen Analphabetismus ist z. B. eine nicht abgeschlossene Schulausbildung, an die eine Arbeit anschließt, bei der die Lese- und Schreibfertigkeiten nicht zwingend gefordert werden. Es gibt verschiedene Initiativen, v. a. an Volkshochschulen, um den Betroffenen zu helfen. Diese versuchen ihre Schwierigkeiten jedoch vielfach aus Scham zu verbergen und haben eine hohe Schwellenangst zu überwinden, um entsprechende Bildungsangebote wahrzunehmen.

**analsadistische Phase:** die →anale Phase.

**Analysand:** *Psychoanalyse:* Person, die sich einer →Psychoanalyse unterzieht.

**Analyse** [griech. »Auflösung«]: **1)** *allgemein* wissenschaftliche Methoden, die Untersuchungsgegenstände »zerlegen« (im Gegensatz zur Synthese), z. B. die Faktorenanalyse oder die Varianzanalyse.

**2)** kurz für die →Psychoanalyse.

**3)** die der →Tiefenpsychologie zugerechneten Schulen bzw. Richtungen.

**analytische Psychologie: 1)** im weiteren Sinn alle psychologischen Richtungen, die analog der naturwissenschaftlichen Methode zergliedernd verfahren und vornehmlich versuchen, Elemente, Teilstrukturen und Teilfunktionen seelischer Vorgänge darzustellen; der Gegensatz ist →Ganzheitspsychologie 1).

**2)** im engeren Sinn die auf C. G. Jung zurückgehende Richtung der Tiefenpsychologie, bei der im Unterschied zur →Psychoanalyse die →Libido mehr als allgemeine psychische Energie aufgefasst und den sexuellen Triebregungen weniger Bedeutung für die Persönlichkeitsentwicklung zugeschrieben wird. Richtet sich die psychische Energie in erster Linie auf die Außenwelt, so spricht Jung von Extraversion (→Extraversion 1), richtet sie sich überwiegend auf die Innenwelt, so bezeichnet er das als Introversion (→Introversion 1).

Nach Jung stehen Bewusstes und →Unbewusstes in einem Kompensationsverhältnis und bilden zusammen die volle Wirklichkeit der Seele, der eine Tendenz zur →Selbstverwirklichung, zur Vereinigung des in der Spannung von Bewusstem und Unbewusstem bestehenden Gegensatzes innewohnt. Verborgen hinter der weltzugewandten →Persona liegt dabei der →Schatten. Neben diesem persönlichen Unbewussten ist v. a. das →kollektive Unbewusste wirksam, dessen Struktur- bzw. Prägungselementen Jung wegweisende Bedeutung im Prozess der Selbstverwirklichung (→Individuation 2) zuschrieb.

**analytische Psychotherapie:** eines der drei Psychotherapieverfahren, deren Kosten in Deutschland von den gesetzlichen Krankenkassen übernommen werden (→Psychotherapie); wird auch kurz »Psychoanalyse« genannt.

**Ana|mnese** [griech. »Erinnerung«]: Vorgeschichte des Kranken; auch Erhebung der Vorgeschichte des Kranken. In der *Medizin* und der *Psychotherapie* wird die physische und die psychische Vorgeschichte erfragt, um über Entstehung und Verlauf der Symptomatik Aufschluss zu erhalten. Um zu verstehen, welche Kräfte z. B. die Entstehung eines neurotischen Symptoms bestimmt haben, ist es notwendig, die Lebensumstände zu rekonstruieren, unter denen es zum ersten Mal aufgetreten ist, und festzustellen, wann das Symptom im weiteren Verlauf wieder auftrat und ob es sich verändert hat. Daraus ergeben sich wichtige Aufschlüsse für die Diagnose.

Die Anamnese kann durch eine Befragung oder durch Fragebögen erhoben werden, manche Therapeuten lassen künftige Patienten ihre Lebensgeschichte auch in freier Form aufschreiben oder als Zeitpfeil aufzeichnen und ergänzen diese Informationen dann durch Nachfragen. In wissenschaftlichen Untersuchungen werden Anamnesen durch Fragebögen standardisiert sowie durch →Tests und zusätzliche Informationen (etwa von Angehörigen, Pflegern, Betreuern) erweitert.

**Anankasmus:** die →Zwangsstörung.

**anankastische Persönlichkeitsstörung:** durch übermäßige Vorsicht, Ordnungsliebe, rigide Selbstbeherrschung und Dominanzstreben gekennzeichnete Persönlichkeitsstörung. Im ICD-10 lautet die genaue Bezeichnung »anankastische (zwanghafte) Persönlichkeitsstörung«. Die Betreffenden sind übermäßig gewissenhaft und so perfektionistisch, dass sie ihre Aufgaben oft nicht fertigstellen können. Häufig beschäftigen sie sich so stark mit Details, Listen, Regeln oder Plänen, dass sie das eigentliche Ziel ihres Handelns dabei aus den Augen verlieren. Sie verhalten sich konventionell, pedantisch und eigensinnig. Man schätzt, dass etwa 1 % der Bevölkerung an dieser Störung leidet.

**Andragogik** [griech.]: Lehre von der Theorie und Praxis der →Erwachsenenbildung.

**Androgynität** [zu griech. andrógynos »mannweiblich«, »zwitterhaft«]: **1)** in der *Medizin* Doppelgeschlechtigkeit, Aufweisen von sowohl männlichen als auch weiblichen sekundären Geschlechtsmerkmalen (beim Mann z. B. Ausbildung von Brüsten, bei der Frau z. B. Damenbart);

**2)** in der *Psychologie* Aufweisen von sowohl männlichen als auch weiblichen psychischen Merkmalen. Androgynität wird im Zusammenhang mit →Geschlechterrollen erforscht.

**Anerkennung:** das Würdigen, Achten, Respektieren einer Person durch die soziale Umwelt; auch Zustimmung, z. B. für eine Meinung. Die Anerkennung einer Person durch ihre Mitmenschen steigert das Selbstwertgefühl; zur Anerkennung kann die Person z. B. über ihre (beruflichen, kreativen und anderen) Leistungen, ihre Persönlichkeitseigenschaften oder ihren gesellschaftlichen Status gelangen. Welche Leistungen oder Eigenschaften im Einzelnen anerkannt werden, ist zeit- und kulturabhängig.

Nach Abraham H. Maslow zählt das kulturspezifisch beeinflusste Streben nach sozialer Anerkennung zu den stärksten →Motivationen des Menschen. Die Stabilität sozialer Beziehungen hängt von der wechselseitigen Anerkennung der Interaktionspartner ab. Die Zuweisung von Anerkennung ist ein zentraler Verstärker normgerechten Verhaltens. Die Verweigerung von Anerkennung wirkt als indirekte Strafe Tendenzen des abweichenden Verhaltens entgegen. Von besonderer Bedeutung ist im Rahmen der Pädagogik die Anerkennung des Kindes durch das Aussprechen von Ermutigung und Lob.

**Anfall:** überwältigendes, plötzlich, meist ohne Vorwarnung auftretendes Ereignis von kurzer Dauer, das die normale Steuerungsfähigkeit entweder vollständig auslöscht (bei der →Epilepsie) oder einschneidend verändert (z. B.

in einem Anfall von Jähzorn). Die wesentliche Unterscheidung zwischen den seelisch weitgehend unbeeinflussbaren epileptischen Anfällen und den durch unbewusste Mechanismen ausgelösten »hysterischen« Anfällen wird erst seit dem 19. Jh. getroffen. Daher ist es auch nicht mehr zu klären, ob große Personen der Weltgeschichte, von denen Anfälle berichtet wurden, u. a. Cäsar, Mohammed und Napoleon, unter Epilepsie oder unter psychogenen Anfällen litten.

**Anfangsunterricht, Erstunterricht, Schul|anfang, Schul|eingangsphase:** allgemein der Unterricht der Schulanfänger in den ersten beiden Schuljahren; im engeren Sinn nur in den ersten Wochen, dem Beginn der Schullaufbahn eines Kindes. Der Übergang vom Kindergarten zur Grundschule ist für Kinder häufig eine schwierige Phase (→ Einschulung). Aufgabe der Grundschule ist es, diese erste Zeit pädagogisch zu gestalten und die Kinder in ihre neue Lebenswirklichkeit einzuführen mit dem Ziel, bei ihnen Freude am Lernen und an neuen Aufgaben zu wecken. Große Bedeutung haben in diesem Zusammenhang die zu erwerbenden →Kulturtechniken, z. B. Lesen, Schreiben und elementares Rechnen, zunehmend auch der Umgang mit dem Computer. Ebenso gehören weitere Lernbereiche wie Sachunterricht und musisch-ästhetische Erziehung sowie das → soziale Lernen 3) zum pädagogischen Auftrag der Grundschule.

Die Einrichtung von Jahrgangsklassen beruht auf der Annahme, dass alle Kinder einer Altersstufe vergleichbare Lernvoraussetzungen mitbringen (→Schulfähigkeit). Dies ist häufig aber nicht der Fall, z. B. haben die Kinder sehr unterschiedliche Sozialisierungserfahrungen, viele Schulanfänger können sich nicht ausreichend konzentrieren, sprechen die deutsche Sprache nicht gut, haben soziale Schwierigkeiten oder müssen belastende Umstände in ihren Familien verarbeiten. Deshalb sieht die Grundschule unter dem Anspruch der grundgesetzlich garantierten →Chancengleichheit ihre Aufgabe heute v. a. darin, gleiche Voraussetzungen erst einmal zu schaffen. Eine Maßnahme, die Unterschiede im Vorwissen der Schüler auszugleichen, ist die als Schulversuch in den Ländern Brandenburg, Schleswig-Hoslstein, Thüringen, Berlin und Nordrhein-Westfalen eingeführte flexible Schuleingangsphase, die Flex. In jahrgangsübergreifenden Klassen, in denen die Schüler mindestens ein und maximal drei Jahre verbleiben, werden die Kenntnisse und Fertigkeiten der Klassen 1 und 2 vermittelt. Innerhalb dieser Klassen lernen die Schüler weitgehend individuell, sind aber trotzdem in einen Klassenverband integriert; auf diese Weise werden ein individuelles Lerntempo und die Stabilität der sozialen Kontakte gewährleistet. Durch gezielte Fördermaßnahmen, aber auch durch die Zurückstellung äußerer Druckmittel, v. a. durch die Abschaffung der Ziffernzensuren und einer Klassenwiederholung in den ersten beiden Schuljahren, wird versucht, ein möglichst angst- und konkurrenzfreies Lernen zu ermöglichen und die Leistungsbereitschaft der Kinder zu fördern.

**angewandte Psychologie:** zusammenfassende Bezeichnung für Bemühungen der Psychologie, psychologische Erkenntnisse in der Praxis umzusetzen; auch für alle Disziplinen der Psychologie, die einen direkten Praxisbezug haben, z. B. die klinische Psychologie, die Arbeits- und Organisationspsychologie oder die Architekturpsychologie. Eine allgemeingültige Definition für angewandte Psychologie gibt es nicht.

**Angst:** *Sonderartikel S. 38–41.*

**ängstliche Persönlichkeitsstörung, vermeidend-selbstunsichere Persönlichkeitsstörung:** durch soziale Gehemmtheit sowie ständige Anspannung und Besorgtheit gekennzeichnete Persönlichkeitsstörung. Im ICD-10 lautet die genaue Bezeichnung »ängstliche (vermeidende) Persönlichkeitsstörung«. Die Betroffenen halten sich für sozial unbeholfen und unattraktiv und befürchten ständig Kritik und Ablehnung. Auf persönliche Kontakte lassen sie sich nur ein, wenn sie sicher sind, kritiklos akzeptiert zu werden. Sie sehen oft potenzielle Gefahren im Alltag, sodass sie Aktivitäten vermei-

**Anfangsunterricht:** Eine wesentliche Aufgabe des Grundschullehrers besteht darin, die verschiedenen Voraussetzungen und die unterschiedliche Lernbereitschaft der Kinder zu berücksichtigen.

## ANGSTSTÖRUNGEN: KLASSIFIKATION NACH ICD-10

| Hauptkategorien (zweistellig) | Unterkategorien (drei- bis vierstellig, Auswahl) | |
|---|---|---|
| **F4 Neurotische, Belastungs- und somatoforme Störungen** | **Phobien:** Angst vor bestimmten Objekten oder in bestimmten Situationen; mit oder ohne Panikattacken | **Agoraphobie:** Angst in Situationen, in denen eine rasche Flucht nicht möglich oder erschwert ist, z. B. in einem Bus |
| | | **soziale Phobien:** Angst in sozialen Situationen, z. B. Errötungsangst, Gynäkophobie, Sprechangst |
| | | **spezifische Phobien:** Angst vor einem ganz bestimmten Objekt oder in einer ganz bestimmten Situation, z. B. Höhenangst, Klaustrophobie, Kynophobie, Schulphobie, Leistungsangst, Flugangst |
| | **Panikstörung:** Angst ist nicht an bestimmte Objekte oder Situationen gebunden; Panikattacken stehen im Vordergrund | |
| | **generalisierte Angststörung:** keine heftige, dafür beständige Angst, ständiges Besorgtsein | |
| **F0 Organische einschließlich symptomatischer psychischer Störungen** | **organische Angststörung:** organisch bedingte Angstreaktionen | |

den, die Vermeidung erreicht aber nicht das Ausmaß einer Phobie.

Wie bei den anderen Persönlichkeitsstörungen wird bei der ängstlichen Persönlichkeitsstörung von einer genetischen Mitverursachung sowie Traumatisierungen in der kindlichen Entwicklung ausgegangen. Eine auf Persönlichkeitsstörungen spezialisierte Psychotherapie kann gute Erfolge erzielen.

**Ängstlichkeit:** die →Disposition, viele unterschiedliche Situationen als Angst auslösend zu erleben und entsprechend mit Flucht oder Vermeidung zu reagieren.

**Angststörungen:** Sammelbegriff für psychische Störungen, die durch krankhaft übersteigerte Angstreaktionen gekennzeichnet sind. Die ICD-10 zählt zu den Angststörungen die →Phobien, die →Panikstörung und die →generalisierte Angststörung. Unter der Kategorie der organischen psychischen Störungen wird des Weiteren die **organische Angststörung** aufgeführt, die sich wie eine generalisierte Angststörung, eine Panikstörung oder eine Kombination von beiden Störungen äußert, aber im Unterschied zu diesen organisch bedingt ist, z. B. durch Hypertonie oder eine Hirnerkrankung.

**LESETIPPS:**
Friedrich Strian: *Angst und Angstkrankheiten.* München (Beck) ⁵2003.
Borwin Bandelow: *Das Angstbuch. Woher Ängste kommen und wie man sie bekämpfen kann.* Reinbek (Rowohlt) 2004.
Fritz Riemann: *Grundformen der Angst. Eine tiefenpsychologische Studie.* München (Reinhardt) ³⁶2006.

**Angsttraum:** der →Albtraum.

**Animismus** [zu latein. anima »Seele«]: **1)** *allgemein* der Glaube an Seelen und Geisterwesen;

**2)** in der *Entwicklungspsychologie* die kindliche Neigung, Erscheinungen der Natur menschenähnliche Eigenschaften und Motive wie Wille, Absicht oder Sinn zuzuschreiben. Jean Piaget bezeichnete mit Animismus die Vorstellungen von Vorschulkindern (→Egozentrismus), dass alles in der Natur mit Bezug auf Menschen geschehe, z. B. bläst der Wind in der Vorstellung des Kindes, weil er dem Kind in der Hitze Kühlung zukommen lassen will.

**3)** im *Okkultismus* die Erklärung paranormaler Erscheinungen durch die mediale Begabung bestimmter Menschen, im Unterschied zum Spiritismus, der die Wirkung verstorbener Seelen annimmt.

**Anlage-Umwelt-Problem, Erbe-Umwelt-Problem:** die Frage, welche Anteile der Eigenschaften und des Verhaltens durch die Erbanlagen eines Menschen und welche durch die Anforderungen der Umwelt bedingt sind. Die Anlagen eines Menschen stellen jedoch keine quantitativ unabänderliche Größe dar, sondern geben vielmehr einen Rahmen vor, in dem sich bestimmte Fähigkeiten und Verhaltensweisen durch Training oder Anregung von außen entfalten.

Um die relative Bedeutung von Vererbung und Umwelt (→Sozialisation) für die Entwicklung von Persönlichkeitsmerkmalen und Intelligenz abzuschätzen, vergleicht man in diesen Variablen Personen, die eng verwandt sind und

*Fortsetzung S. 42*

**Animismus 1):** Nach den Vorstellungen der Einwohner von Bali wohnten in diesen um 1800 angefertigten Götterfiguren die Götter selbst.

# ANGST

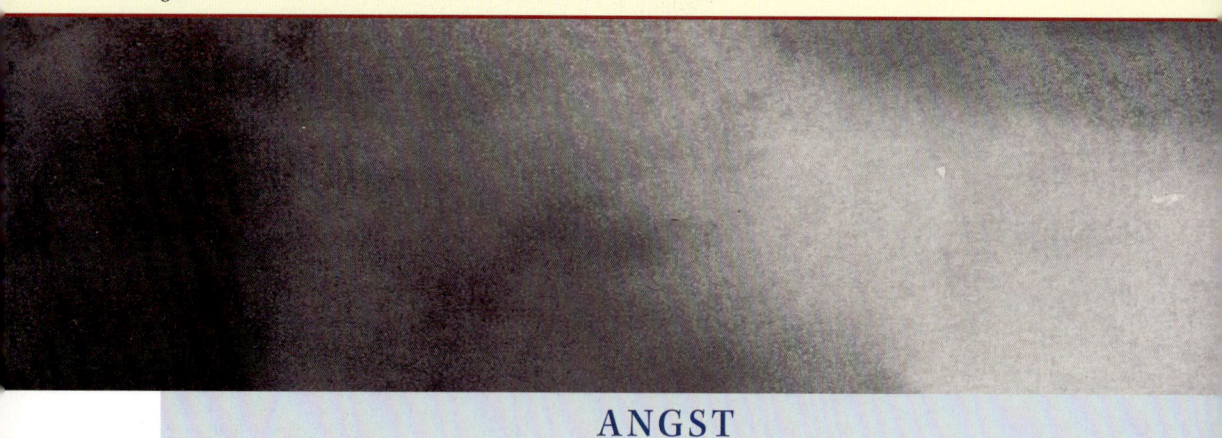

## WAS IST ANGST?

Der Begriff der Angst ist abgeleitet vom Lateinischen Wort »angustus«, das die Bedeutung »eng« hat. Tatsächlich sind Enge und Angst nicht nur begrifflich miteinander verwandt: Als Angst bezeichnet man allgemein eine Stimmung oder ein Gefühl der Beengtheit, Beklemmung oder Bedrohung, einen unangenehmen, spannungsreichen, oft quälenden emotionalen Zustand. Ist dieser Zustand ins Extreme gesteigert, spricht man von Panik. Die Angst ist einer der elementaren Affekte und zugleich ein zentrales Symptom seelischer Störungen. Angst erfasst den ganzen Menschen als Reaktion auf überwältigende oder als überwältigend vorgestellte Reize. Sie wurzelt letztlich in der Todesangst und hängt entwicklungsgeschichtlich mit Flucht- und Vermeidungsreaktionen zusammen, die man auch bei vielen Tieren beobachten kann.

Im Allgemeinen wird die Angst vor einer konkreten Situation oder vor einem Objekt, etwa einer Schlange, als Furcht bezeichnet, und die Angst vor etwas Unbestimmtem als Angst. Allerdings wird diese Unterscheidung, auch in der wissenschaftlichen Literatur, nicht durchgängig eingehalten: So wird doch von der Angst vor dem Hund, vor dem Scheitern bei einer Prüfung, vor dem Tod oder von der Furcht vor etwas Unheimlichem gesprochen.

## KLINISCHE PSYCHOLOGIE

In der klinischen Psychologie spielt Angst eine zentrale Rolle, hauptsächlich die psychisch bedingte, krankhafte Angst. Man spricht hier von Angststörungen, zu denen die Panikstörung, die generalisierte Angststörung und die Phobien, im weiteren Sinn auch die Zwangsstörung und die posttraumatische Belastungsreaktion gehören.

Bei diesen Formen der Angst werden Angstgefühle vom Betroffenen als quälend wahrgenommen. Aber Ängste liegen letztlich allen psychischen Störungen zugrunde, auch jenen, bei denen die Angst als solche nicht oder nicht vordergründig wahrgenommen wird. Eine Person mit einer dissozialen Persönlichkeitsstörung spürt in der Regel kaum Angst mit ihren typischen körperlichen Symptomen wie Herzklopfen oder Schwindel, dennoch hat sie Angst, v. a. tief sitzende Angst vor den eigenen Gefühlen der Ohnmacht und Schwäche.

Die Abgrenzung zwischen angemessener und krankhafter Angst bemisst sich daran, ob der Betroffene die Angst als begründet ansehen kann. Bei einer ausgeprägten Angst davor, das Haus zu verlassen, liegt eindeutig eine psychische Störung vor, Angst bei einem Überfall dagegen ist normal. Krankhafte Angst ist eine der häufigsten psychischen Störungen; ca. 9 % der Bevölkerung sind davon betroffen.

## FUNKTION UND AUSWIRKUNGEN

Angst hat die wichtige physiologische Funktion von Warnsignalen; sie macht auf eine Gefährdung aufmerksam und löst beim Betreffenden als Antwort darauf Aktivität aus. Angst kann so die Leistungsfähigkeit steigern und zum Handeln motivieren. Sie ist tief im Zentralnervensystem verankert und ermöglichte mit der Fähigkeit, auf Gefahr zu reagieren, überhaupt die menschliche Evolution. Solche primären Angstreaktionen sind als Abwehr- oder Fluchtreflexe noch beim Menschen nachweisbar, beispielsweise im spontanen Sichducken, Ausstrecken der Arme oder fluchtartigen Davonlaufen bei körperlichen Angriffen. Ebenso kann Angst vor einer Verletzung sozialer Normen warnen. Sie ist aber auch ein Antrieb zu Fantasie und Gestaltung in der Kunst.

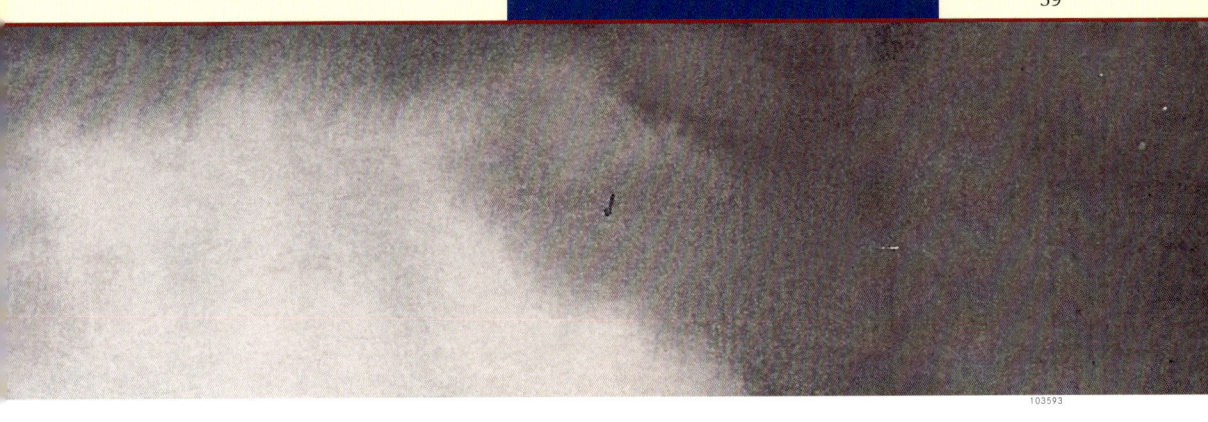

Die Angst ist die große Gegenspielerin der Lust. Ist Angst vorhanden, empfindet man keine Lust: Das Essen schmeckt nicht, Sexualität ist nicht möglich oder nicht mit Befriedigung verbunden, der Urlaub wird als Belastung empfunden. Angst wird von vielen äußerst unangenehmen körperlichen Erscheinungen begleitet, die sich bei verschiedenen Personen unterschiedlich äußern: Herzrasen, Herzstolpern, Schweißausbrüche, Zittern, Mundtrockenheit, Bauchschmerzen oder Durchfall. Alle diese Begleiterscheinungen der Angst können ihrerseits Angst auslösen, ebenso wie der Angstanfall selbst (»Angst vor der Angst«).

Angst wirkt sich auf die Leistungsfähigkeit aus: Mäßige Angst steigert die seelische und körperliche Leistungsfähigkeit, heftige hingegen blockiert die geistige Konzentration, lähmt die Bewegungen und engt die Wahrnehmung ein. Während die normale Angst vor einer wichtigen Situation, etwa beim Auftritt eines Schauspielers, der sein Lampenfieber spürt, beim Erleben der ersten erfolgreichen Schritte verschwindet, bleibt die neurotische Angst bestehen und beeinträchtigt die geistige Leistung.

**KULTURGESCHICHTE DER ANGST**

Angst ist – wie auch andere Gefühle – nicht nur ein individuelles, sondern auch ein soziales Phänomen; Angst ist kulturell überformt. Das Verständnis von Angst wie auch der Umgang mit ihr wandelt sich mit der Zeit und unterscheidet sich von Kultur zu Kultur. Wenn eine Gesellschaft das Angsthaben negativ bewertet, dann wird der Einzelne in der Regel seine Angst nicht zeigen oder erst gar nicht empfinden, um Sanktionen zu vermeiden. Ebenso ist die Qualität der Angst dem zeitlichen Wandel unterworfen: Die Angst eines Leibeigenen vor seinem Herren war sicher eine andere als die Angst eines heutigen Angestellten vor seinem Chef.

Es ist schwer festzustellen, welche Bedeutung Angst für den Menschen früherer Zeiten hatte, wir können aber annehmen, dass Angst stärker an eine bestimmte Gefahr gekoppelt war, zum Beispiel die erwähnte Angst vor dem Leibherren. Das Problem bei der Angst war ihr Auslöser, also die Gefahr, während heute, so meinen Soziologen, die Angst selbst ein Problem ist: Angst vor Terrorismus, Zukunftsangst, Angst vor Kriminalität sind einige Schlagworte.

Neu an der Qualität der Angst ist, dass sie meist eine medial vermittelte Angst ist, nicht eine durch konkrete Erfahrung entstandene. Man könnte sagen, eigentlich wissen wir nicht, ob wir tatsächlich Anlass zur Angst haben, wir haben es nicht überprüft. Und neu ist heute, dass Angst selbst zu einer Gefahr geworden ist: Angst wird beispielsweise als Stress auslösend und gesundheitsgefährdend und somit problematisch für die Volkswirtschaft betrachtet.

Die Zeit der Aufklärung kann als die Zeit der Befreiung von der religiösen Angst bezeichnet werden: Der Mensch entdeckt seine Vernunft und seine Erkenntnisfähigkeit, lässt sich nicht mehr einschüchtern von Gottesstrafen und der

# ANGST *Fortsetzung*

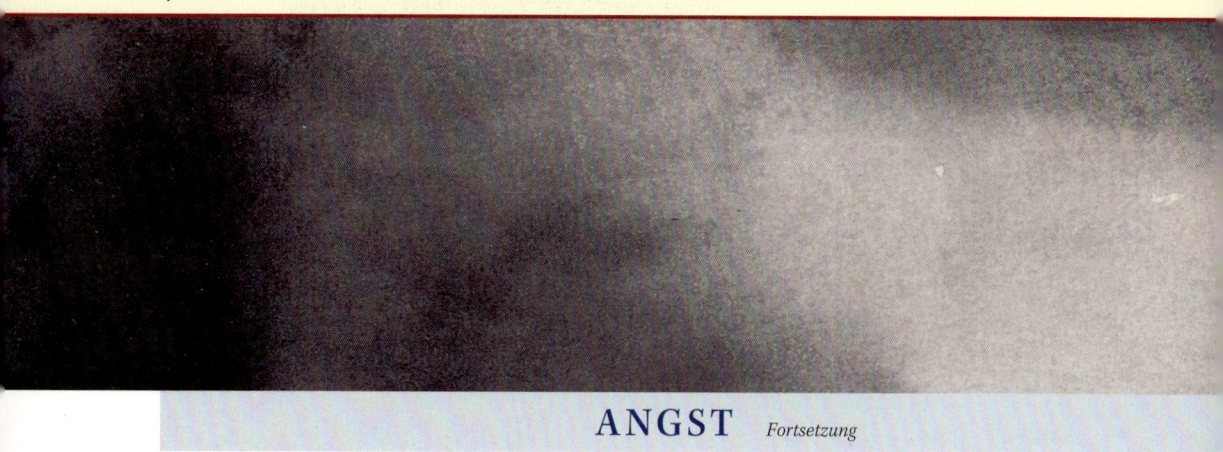

Hölle; das Diesseits – die Welt, die Natur – rückt in den Vordergrund, es wird jetzt wissenschaftlich erklärt und darf wieder ohne Sündengefahr genossen werden. Befreit von religiöser Unterdrückung wird nunmehr die Vernunft und die Freiheit vergöttert. Geglaubt wird nur noch, was gesehen und berechnet werden kann, auch die Technisierung der Welt verspricht Sicherheit. Menschen scheinen weniger Angst zu empfinden. Die Neuzeit wird häufig als die Zeit der Gefühlsverflachung, dem Verlust des Bezugs zu etwas Höherem gesehen und als Anzeichen dafür wird das zunehmende Gefühl der Leere, der Sinnlosigkeit herangezogen. Das ist das Feld der Existenzphilosophen.

## ANGST IN DER PHILOSOPHIE

In der antiken Philosophie, so etwa in der Stoa und im Epikuerismus, wurden Angst und Furcht als nichtige, künstliche Gefühle bewertet, die mit Gelassenheit zu ertragen oder gar zu negieren seien. Philosophen der Neuzeit wie Immanuel Kant und Baruch de Spinoza sprechen von »asthenischen Affekten« als lästigen und belastenden, auf jeden Fall negativ zu bewertenden Emotionen. In der Philosophie von Søren Kierkegaard, der selbst betroffen war von starken Ängsten, ist Angst die Grundsituation des Menschen angesichts seiner Endlichkeit, der man sich stellen muss. Wirklich existieren bedeutet für Kierkegaard, seine Lebensmöglichkeiten, die Freiheit des Seinkönnens, zu erkennen und eine bewusste Wahl zu treffen, d. h. zu entscheiden; zu wagen, man selbst zu sein, seine Aufgabe zu finden und dieser zu folgen. Angst, Existenz, Freiheit, Wahl, Entscheidung – Begriffe, mit denen Kierkegaard die Existenzphilosophie vorwegnimmt, in der Auslegung mancher Autoren gar begründet. Anders als die Existenzphilosophen sieht er allerdings die Überwindung oder das Aushaltenkönnen der Angst in dem Glauben an die Ewigkeit, im Christentum.

In der Existenzphilosophie ist Angst das Grundbefinden des Menschen in der Welt. Der Mensch ist einerseits Teil der Natur, andererseits losgelöst von ihr: Er kann sich und die Welt von außen betrachten und weiß um seine Sterblichkeit. Nach Martin Heidegger (*1889, †1976) zeigt die Angst dem Menschen dieses »Nichts« am Grunde alles Seienden und dieses Nichts wirft unweigerlich Zweifel an der Sinnhaftigkeit des Daseins. Anders als das Tier hat der Mensch keinen Instinkt, der ihm vorgibt, was er tun soll, er kann entscheiden zwischen Handlungsmöglichkeiten.

Bei Karl Jaspers (*1883, †1969) ist die existenzielle Freiheit diejenige, in der sich der Mensch finden oder verlieren kann; trifft er die Wahl, er selbst zu sein, hat er den Weg der Selbsterhellung, der Existenz beschritten. Angst ermöglicht erst die Erfahrung dieser Existenz, und zwar die Angst in Grenzsituationen: Der Mensch erfährt sich wahrhaftig als Mensch durch die intensive Angst; in der Angst um seine Existenz, einem Moment, in dem alle Masken abfallen, wird ihm seine nackte Existenz gewahr. Gerade in diesem Moment aber, in dem er von sich aus nicht mehr weiter kann, kann er auch die Erfahrung machen, dass er getragen wird – das ist bei Kierkegaard Gott, bei Jaspers die Transzendenz.

Für die Existenzphilosophie bedeutet Freisein nicht Angstfreiheit, sondern das Lebenkön-

## ANGST

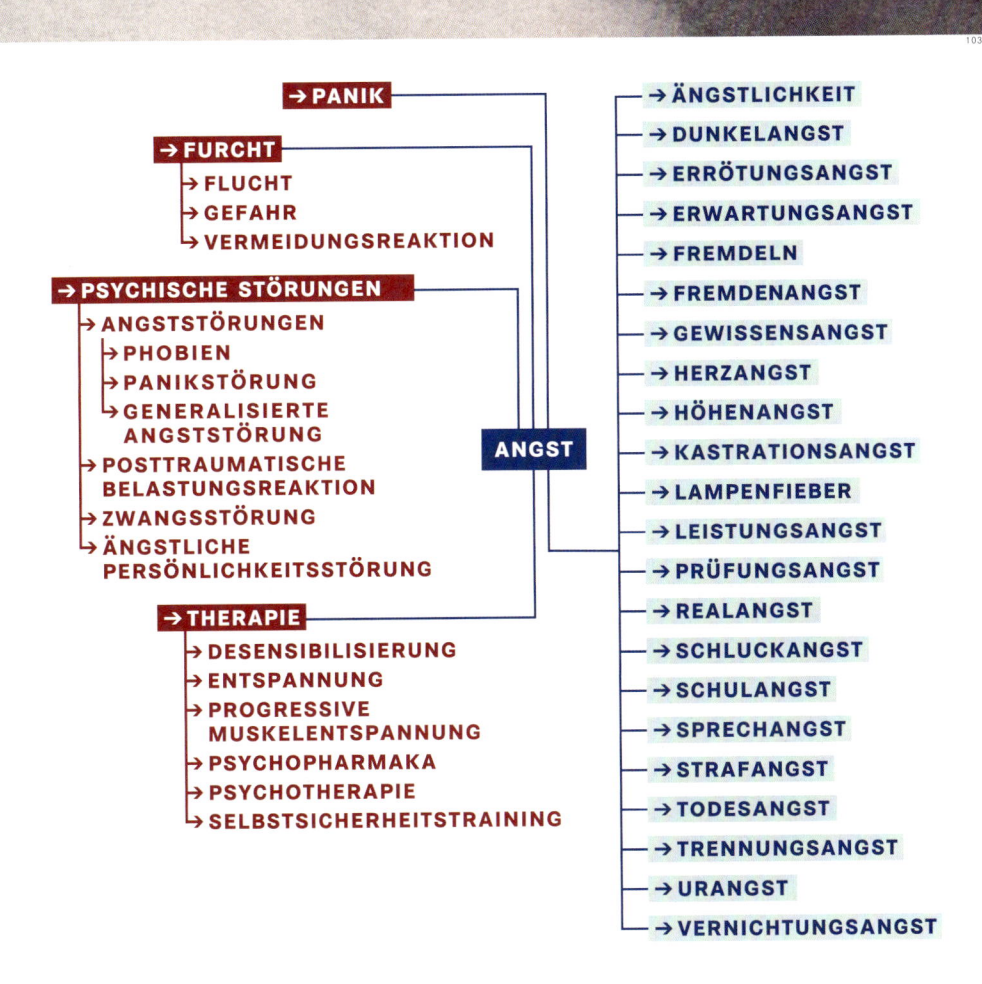

- →PANIK
- →FURCHT
  - →FLUCHT
  - →GEFAHR
  - →VERMEIDUNGSREAKTION
- →PSYCHISCHE STÖRUNGEN
  - →ANGSTSTÖRUNGEN
    - →PHOBIEN
    - →PANIKSTÖRUNG
    - →GENERALISIERTE ANGSTSTÖRUNG
  - →POSTTRAUMATISCHE BELASTUNGSREAKTION
  - →ZWANGSSTÖRUNG
  - →ÄNGSTLICHE PERSÖNLICHKEITSSTÖRUNG
- →THERAPIE
  - →DESENSIBILISIERUNG
  - →ENTSPANNUNG
  - →PROGRESSIVE MUSKELENTSPANNUNG
  - →PSYCHOPHARMAKA
  - →PSYCHOTHERAPIE
  - →SELBSTSICHERHEITSTRAINING
- →ÄNGSTLICHKEIT
- →DUNKELANGST
- →ERRÖTUNGSANGST
- →ERWARTUNGSANGST
- →FREMDELN
- →FREMDENANGST
- →GEWISSENSANGST
- →HERZANGST
- →HÖHENANGST
- →KASTRATIONSANGST
- →LAMPENFIEBER
- →LEISTUNGSANGST
- →PRÜFUNGSANGST
- →REALANGST
- →SCHLUCKANGST
- →SCHULANGST
- →SPRECHANGST
- →STRAFANGST
- →TODESANGST
- →TRENNUNGSANGST
- →URANGST
- →VERNICHTUNGSANGST

nen mit der Angst, das Wissen um die Endlichkeit wie auch das Annehmenkönnen dieser Endlichkeit – Angst in dieser Form überwältigt nicht, sie verhilft zu einem reifen, verantwortungsvollen, erfüllten Leben.

**LESETIPPS:**
ALOIS HICKLIN: *Das menschliche Gesicht der Angst.* Frankfurt am Main (Fischer) 1994.
WILLI BUTOLLO: *Die Angst ist eine Kraft. Über die konstruktive Bewältigung von Angst.* Weinheim (Beltz Taschenbuch) 2000.
WOLFGANG KLEESPIES: *Angst verstehen und verwandeln. Angststörungen und ihre Bewältigung in der Psychotherapie.* München (Reinhardt) 2003.
WOLFGANG SCHMIDBAUER: *Lebensgefühl Angst – Jeder hat sie, keiner will sie. Was wir gegen Angst tun können.* Freiburg im Breisgau (Herder) 2005.

*Fortsetzung von S. 37*

in gleicher Umwelt leben, mit Personen, die bei enger Verwandtschaft in verschiedenen Umwelten aufwachsen. Um den Einfluss der Umwelt genauer abzuschätzen, kommt der →Zwillingsforschung besondere Bedeutung zu, v. a. der Erforschung eineiiger Zwillinge mit gleichem Erbgut, wenn sie schon als Säuglinge getrennt wurden. Daraus werden Schätzungen abgeleitet, z. B., dass der mit Intelligenztests ermittelte Index der Intelligenz zu ca. 50 % durch Anlagefaktoren und zu ca. 50 % durch Umweltfaktoren bestimmt sei. Indizes wie diese sind umstritten, da einzelne geistige Fähigkeiten ganz unterschiedliche genetische Anteile haben.

Von den meisten Forschern wird inzwischen das von William Stern angenommene Konvergenzprinzip akzeptiert, demzufolge die Entwicklung – insbesondere der Intelligenz – eine Wechselwirkung von Anlage- und Umweltfaktoren darstellt. Individuelle Unterschiede in psychologischen Merkmalen lassen sich darüber hinaus nicht nur auf Erbanlagen und Umweltbedingungen und deren Wechselwirkungen zurückführen, sondern auch auf die sich entwickelnde Selbststeuerung der Person. Die Anpassungsfähigkeit an die Umwelt kann durch diese erheblich beeinflusst werden.

**Anonyme Alkoholiker,** Abk. **AA:** 1935 von Alkoholkranken in den USA gegründete, heute weltweit verbreitete Selbsthilfeorganisation von Alkoholabhängigen. Mitglied darf nur werden, wer seine Abhängigkeit eingesteht; der Einzelne bleibt jedoch anonym. Im Mittelpunkt der Gruppenarbeit stehen sozialtherapeutische Maßnahmen (Aussprache in der Gruppe, Schaffung neuer Bezugskreise, Einbeziehung der Angehörigen) sowie das Zwölfschritteprogramm, dessen zentrale Aspekte das Eingeständnis der eigenen Machtlosigkeit gegenüber dem Suchtmittel sowie das Vertrauen in eine »höhere Macht« sind.

Nach dem Muster der Anonymen Alkoholiker haben sich inzwischen weitere Selbsthilfegruppen gebildet, z. B. **Al-Anon** für die Angehörigen von Alkoholabhängigen oder **Narcotics Anonymous,** die anonymen Drogensüchtigen. In Deutschland existieren etwa 2700 Gruppen der Anonymen Alkoholiker. Sie unterhalten in vielen deutschen Städten Kontaktstellen.

**An|orexia nervosa, An|orexie,** [zu griech. órexis »Verlangen«], **Magersucht:** psychisch bedingte starke Gewichtsabnahme. Die Betroffenen schränken ihre Nahrungsaufnahme rigide ein, erbrechen oder nehmen Abführmittel ein mit dem Ziel, Körpergewicht zu verlieren. Die Anorexia nervosa tritt vorwiegend bei ehrgeizigen und intelligenten Mädchen, meist in der Pubertät, auf (in diesen Fällen wird sie auch **Pubertätsmagersucht** genannt), befällt aber inzwischen auch männliche Jugendliche. Es handelt sich um eine potenziell gefährliche Erkrankung, die in rund 10 % der schweren Fälle zum Tod führt. Der menschliche Organismus kann lange Fastenzeiten vertragen, reagiert aber schließlich mit einem Abbau der Gewebe auch lebenswichtiger Organe (z. B. Herz und Niere); die Folgen sind selbst dann lebensbedrohlich, wenn sich die Betroffenen wieder normal ernähren.

Es gibt harmlose Verläufe der Anorexia nervosa. Die Betroffenen nehmen zwar zunächst stark ab, finden aber – meist durch ein einschneidendes Erlebnis – allein wieder zum normalen Essen zurück. Zum Beispiel fängt eine

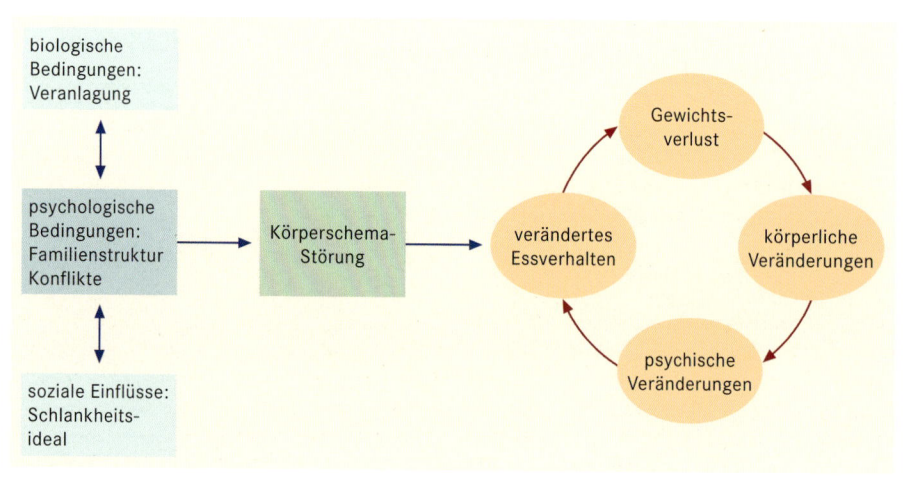

**Anorexia nervosa:** Mögliche Ursachen und Wirkungen

Vierzehnjährige nach einer spöttischen Bemerkung über ihren Babyspeck an, zu fasten und abzunehmen. Als sie nur noch 40 kg wiegt, setzt die Periode aus. Sie sucht einen Frauenarzt auf, der sie über den Zusammenhang zwischen ihrem Fasten und dem Verlust der Periode informiert. Die inzwischen Fünfzehnjährige beginnt nun wieder, etwas mehr zu essen, bis die Menstruation wieder auftritt.

Häufig nimmt die Erkrankung jedoch einen schwereren Verlauf, und die Betroffenen magern immer stärker ab. Unterschreitet das Gewicht die medizinische Risikogrenze (je nach Körpergröße zwischen 35 und 40 kg), dann ist ein Klinikaufenthalt in einer Spezialabteilung notwendig. Neben der Stabilisierung des Körpergewichts und gegebenenfalls der medikamentösen Aufrechterhaltung der Lebensfunktionen werden Psychotherapieverfahren der verschiedenen Schulrichtungen, insbesondere die Familientherapie angewandt. Zu den Therapieprogrammen gehören meist auch die Vermittlung von Informationen zur gesunden Ernährung und gemeinsames Kochen in der Gruppe.

Zu Dauerschäden kann es kommen, wenn die Behandler nicht energisch gegen Tendenzen vorgehen, die Krankheit zu verleugnen und herunterzuspielen, zu denen nicht nur die Erkrankten, sondern auch die Angehörigen Magersüchtiger neigen.

Zu den Ursachen der Anorexia nervosa gibt es viele Vermutungen (z. B. Störungen im Körperbild, schlechte Vorbilder in den Medien, Störung im weiblichen Selbstgefühl, Ablehnung oraler Wünsche), aber kaum gesicherte Erkenntnisse. Oft spielen die Kranken die Rolle des Symptomträgers in einer konfliktgeladenen familiären Struktur.

Die Anorexia nervosa wird in Entwicklungsländern, in denen viele Menschen unter Hunger leiden, nur sehr selten beobachtet. Man vermutet, dass die »Fastenwunder«, die in Heiligenlegenden berichtet werden und bis ins 20. Jh. auftraten (z. B. Therese von Konnersreuth), mit einer Anorexia nervosa zusammenhängen.

**An|orgasmie, psychogene:** die →Orgasmusstörung.

**Anpassung, Adaptation:** 1) *allgemein* physiologische und psychische Angleichungsvorgänge des Organismus an veränderte Reizverhältnisse (z. B. Hell-Dunkel-Adaptation des Auges);

2) in *Sozialpsychologie* und *Soziologie* die Prozesse der Eingliederung eines Individuums oder einer Gruppe in die Umwelt und die Angleichung an deren Normen (→Sozialisation).

**Anpassung 2):** Das Akzeptieren von Normen wie Kleiderordnungen, zum Beispiel in dieser japanischen Schule, erleichtert die Eingliederung in soziale Gruppen.

**Anpassungsniveau:** das →Adaptationsniveau.

**Anspruchsniveau** [-vo:]: Erwartungen, Zielsetzungen und Ansprüche an die eigene Leistung. Das Anspruchsniveau hängt von den vorangegangenen Erfolgs- oder Misserfolgserfahrungen sowie den vorangegangenen Ansprüchen an die eigene Leistung ab und ist ein selbst gesetzter Standard zur Bewertung der persönlichen Leistungen (→Leistungsmotivation). Bei fortgesetzten Misserfolgen wird das Anspruchsniveau vom Individuum meistens reduziert, u. U. aber auch unangemessen erhöht; bei konstant über dem selbst definierten Niveau liegenden Erfolgen dagegen heraufgesetzt. Ein Versagen bei Aufgaben, deren Schwierigkeitsgrad das Anspruchsniveau erheblich übersteigt, wird zumeist nicht als Misserfolg gewertet.

**Anthropologie** [zu griech. ánthropos »Mensch«]: Wissenschaft, die sich mit dem Menschen beschäftigt und übergreifende Bezüge zwischen verschiedenen Humanwissenschaften (v. a. Medizin, Psychologie, Soziologie und Geschichte) herstellt.

*Geschichte:* Der Begriff Anthropologie geht auf den griechischen Philosophen Aristoteles zurück, der darunter eine Art Naturgeschichte des →Menschen verstand.

Nach der Blüte in der griechischen Antike war im Mittelalter das Interesse an Anthropologie und Völkerkunde relativ gering. Erst mit den Entdeckungsreisen im 16. Jh. wurde der Mensch wieder zum Objekt naturwissenschaftlicher Forschung. Eines der bedeutendsten wissenschaftlichen Ereignisse war im 18. Jh. die systematische Einbeziehung des Menschen in das Tierreich durch den schwedischen Naturforscher Carl von Linné, der 1766 den Menschen

**Anthropomorphismus 2):**
Beim Beobachten von Tieren neigt der Mensch dazu, das Verhalten des Tieres nach dem Muster des Menschen zu deuten.

neben den Schimpansen in die Reihe der Primaten (»Herrentiere«) stellte. 1808 erörterte der französische Naturforscher Jean-Baptiste de Lamarck den Gedanken einer stammesgeschichtlichen Verwandtschaft zwischen Menschen und Affen. 1859 veröffentlichte Charles Darwin sein Hauptwerk »Über den Ursprung der Arten« und setzte die Abstammungslehre (→ Deszendenztheorie) endgültig durch. Heute ist unstritten, dass der Schlüssel zum Verständnis menschlichen Verhaltens in der stammesgeschichtlichen (phylogenetischen) Entwicklung des Menschen zu suchen ist. Dabei überlagern sich die biologischen Wurzeln mit der kulturgeschichtlichen Entwicklung, dem Einfluss unterschiedlicher Gesellschaftsformen auf das menschliche Wesen.

**Anthropomorphismus** [zu griech. morphé »Gestalt«]: **1)** Übertragung menschlicher Eigenschaften auf Nichtmenschliches, besonders in der Vorstellung, die man sich von Gott macht;

**2)** das »Unterlegen« tierischen Verhaltens mit typisch menschlichen Deutungen, wodurch das Tier als primitiver Mensch gesehen wird. Ein Beispiel ist der »lachende« Schimpanse. Er zeigt seine Zähne jedoch als Drohung, was anthropomorph fälschlich als Freude gedeutet wird.

**antiautoritäre Erziehung:** eine gegen Ende der 1960er-Jahre im Zusammenhang mit der damaligen Studentenbewegung entstandene Erziehungskonzeption.

Im Wesentlichen bestand das Anliegen der antiautoritären Erziehung darin, den traditionellen Erziehungs- und Sozialisationsinstanzen eine Erziehung gegenüberzustellen, bei der die Kinder weitgehend frei von Zwängen sein, ihre Bedürfnisse (auch die sexuellen) nicht unterdrücken und so frühzeitig Ichstärke, Solidarität und politisches Bewusstsein entwickeln sollten. Von den Eltern wurde gefordert, eigene (auch unbewusste) Ansprüche an die Kinder zu erkennen und zu revidieren, was vielfach in speziellen Elterngruppen angestrebt wurde.

Nach dem Versuch, der antiautoritären Erziehung in den traditionellen Erziehungs- und Sozialisationsinstitutionen Geltung zu verschaffen, wurde diese Konzeption im Rahmen alternativer Lebensformen (z.B. in Kommunen) oder in eigenen Einrichtungen (z.B. → Kinderläden) praktiziert. Insgesamt erwies es sich aber als schwierig, die Rolle der Erwachsenen zu definieren und die Kinder nicht nur gewähren zu lassen, sondern sie bei der Befriedigung ihrer Bedürfnisse auch aktiv zu unterstützen. Heute ist die Bewegung für eine antiautoritäre Erziehung abgeklungen, manche ihrer Forderungen aber haben Eingang in die Gestaltung pädagogisch-psychologischer Institutionen gefunden.

**Antidepressiva, Thymoleptika:** Medikamente gegen Depressionen. Depressionen mit psychotischen Symptomen werden häufig nicht allein mit Antidepressiva behandelt, sondern entweder allein mit → Neuroleptika oder es werden beide Medikamente kombiniert.

Antidepressiva haben neben der stimmungsaufhellenden Wirkung je nach Wirkstoff zusätzlich einen antriebsnormalisierenden und angst- und spannungslösenden Effekt, weswegen sie heute sehr oft auch bei Angststörungen verschrieben werden. Diese Zusatzwirkungen spielen eine wichtige Rolle bei der individuellen ärztlichen Verordnung. Da Antidepressiva oft über mehrere Monate eingenommen werden müssen, sind auch die möglicherweise auftretenden Nebenwirkungen von großer Bedeutung. Abhängigkeit erzeugen Antidepressiva nicht.

Antidepressiva werden nach Wirkungsweise und Herkunft in folgende Gruppen eingeteilt:

*Pflanzliche Antidepressiva*

Das wichtigste pflanzliche Antidepressivum ist Johanniskraut, das eine relativ schnell einsetzende angstlösende und stimmungsaufhellende Wirkung bei leichten bis mittelschweren Depressionen zeigt. Als wirksame Komponente wird der Bestandteil Hypericin angesehen. Außer Hautreaktionen bei Aufenthalt in der Sonne treten keine Nebenwirkungen auf. Es kann jedoch die Wirksamkeit bestimmter Herz- und Gerinnungspräparate beeinflussen.

**antiautoritäre Erziehung:** Frei von Zwängen, die persönlichen Bedürfnisse auslebend und gleichzeitig das Soziale erfahrend, sollten die Kinder einer antiautoritären Erziehung aufwachsen.

*Synthetische Antidepressiva*

Synthetisch hergestellte Antidepressiva greifen in den Hirnstoffwechsel ein und hemmen meist die Wiederaufnahme von →Neurotransmittern wie Noradrenalin und Serotonin, mit der Folge, dass die Konzentration dieser Stoffe im Gehirn ansteigt. Diese Konzentrationssteigerung bewirkt die stimmungsaufhellende und angstlösende Wirkung der Antidepressiva. Bis sich diese Wirkung zeigt, können drei bis vier Wochen vergehen, in denen die Antidepressiva regelmäßig eingenommen werden müssen. Synthetische Antidepressiva werden in verschiedene Gruppen eingeteilt:

*Tri- und tetrazyklische Antidepressiva:* Am häufigsten aus dieser Gruppe werden die Wirkstoffe Amitriptylin, Clomipramin, Dibenzepin, Doxepin, Imipramin, Opipramol und Trimipramin verwendet. Nebenwirkungen wie Mundtrockenheit, Verstopfung, Blutdruckabfall, Herzjagen, Schlaflosigkeit, Appetitsteigerung, Ejakulationsstörungen und allergische Reaktionen können besonders am Anfang der Therapie auftreten, weshalb zu Beginn eine langsame Steigerung der Dosis notwendig ist.

*Selektive Serotonin-Wiederaufnahme-Hemmer:* Diese Medikamente erhöhen die Konzentration an Serotonin im Gehirn. Die meisten Wirkstoffe, wie Citalopram und Paroxetin, wirken antriebssteigernd, während Trazodon den Antrieb dämpft und schlaffördernd ist. Als Nebenwirkungen treten v. a. Verstopfung, Übelkeit und Kopfschmerzen auf.

*Selektive Noradrenalin-Wiederaufnahme-Hemmer:* Hierzu gehört der Wirkstoff Reboxetin, der die Konzentration von Noradrenalin im Gehirn erhöht. Er hat bei gleicher Wirksamkeit wie die der vorher genannten Gruppen weniger starke Nebenwirkungen und kann deshalb von Anfang an in der vollen Wirkdosis gegeben werden, was zu einem schnelleren Einsetzen der stimmungsaufhellenden Wirkung (nach ca. 2 Wochen) führt. Am häufigsten treten als Nebenwirkungen Mundtrockenheit, Verstopfung, Schlaflosigkeit und Schwindel auf.

*Selektive Noradrenalin-Serotonin-Wiederaufnahmehemmer:* Medikamente dieser Wirkstoffgruppe, z. B. das antriebssteigernde Venlafaxin, verzögern oder erhöhen die Konzentration von Noradrenalin und Serotonin im Gehirn.

*Atypische Antidepressiva:* Diese Medikamente erhöhen die Konzentration von Serotonin und Noradrenalin dadurch, dass sie die Ausschüttung dieser Botenstoffe aus der Nervenzelle erhöhen, und nicht durch Blockierung der Wiederaufnahme in die Nervenzelle wie bei den Wiederaufnahmepräparaten. Mirtazapin z. B. wirkt schlaffördernd und ist v. a. für ältere Menschen geeignet.

*Monoaminooxidase-Hemmer:* Sie hemmen das Enzym Monoaminooxidase und damit den Abbau der Neurotransmitter Noradrenalin, Dopamin, Serotonin und erhöhen dadurch deren Konzentration im Gehirn. Diese Wirkstoffe werden insbesondere bei Versagen einer Therapie mit trizyklischen Antidepressiva eingesetzt. Der Wirkstoff Moclobemid hemmt selektiv nur das Enzym Monoaminooxidase A und wird deshalb wegen seiner geringeren Nebenwirkungen gegenüber Tranylcypromin bevorzugt. Als Nebenwirkungen sind bei beiden Substanzen Schlafstörungen, Übelkeit und Kopfschmerzen zu nennen.

*Sonstige Antidepressiva:* Darunter werden die Wirkstoffe Viloxazin zur Therapie gehemmter Depressionen und Lithiumsalze zur Behandlung von manisch-depressiven Psychosen zusammengefasst. Nebenwirkungen wie Übelkeit, Erbrechen und migräneartige Kopfschmerzen können bei beiden Substanzen auftreten, während es bei Lithiumsalzen zusätzlich noch zu Muskelschwäche und -zittern kommen kann und bei Anwendung über längere Zeit zur Gewichtszunahme und Kropfbildung.

**Antipädagogik:** Mitte der 1970er-Jahre entstandene Protestbewegung innerhalb der Pädagogik, die radikale Kritik an den pädagogischen Institutionen sowie an der praktizierten Erziehung im Allgemeinen übte und damit eine intensive Auseinandersetzung provozierte. Ausgehend u. a. von psychoanalytischen, historischen Überlegungen wurde beanstandet, dass jede Form von Erziehung, da sie bestimmte Ziele verfolge, grundsätzlich manipulativ sei; sie diene in erster Linie den Erwachsenen und ihren Bedürfnissen sowie Projektionen, nicht aber der kindlichen Persönlichkeit.

Ziel der Antipädagogik ist u. a. eine annähernde Gleichberechtigung zwischen Kindern und Erwachsenen. Das Lernen soll selbstgesteuert und selbstbestimmt stattfinden, das Kind wird als selbstverantwortlich wahrgenommen. Kritiker halten dem entgegen, das antipädagogische Konzept überlasse die Kinder der Orientierungslosigkeit, vielfältigen außerpädagogischen Einflüssen und verhindere eine für die Entwicklung von →Mündigkeit 2) notwendige Auseinandersetzung mit der Realität.

Die Antipädagogik wurde auch durch die →Antipsychiatrie angeregt und setzte sich kritisch mit der bestehenden →Heimerziehung auseinander.

**Antisemitismus:** »Der Vater des Juden ist der Teufel«, Illustration von Elvira Bauer in dem Kinderbuch »Trau keinem Fuchs auf grüner Heid / Und keinem Jud bei seinem Eid«, erschienen 1936 im Stürmer-Verlag, mit dem Kinder auf Judenfeindlichkeit getrimmt wurden.

**Antipathie** [griech. »Abneigung«, »Widerwille«], **Abneigung:** spontaner, gelegentlich auch dauerhafter Widerwille gegenüber Menschen oder Tieren, der zunächst nicht weiter begründbar ist. Die Antipathie beruht teils auf instinktiver Grundlage, teils auf mehr oder weniger bewussten, mit Angst oder Ekel verbundenen Erfahrungen und wird wesentlich von sozialen Normen bestimmt.

**Antipsychiatrie:** Anfang der 1960er-Jahre entstandene Bewegung von in der Psychiatrie Tätigen und Laien, die das traditionelle Krankheitsmodell für psychiatrische Leiden ablehnt. Vertreter der Antipsychiatrie gehen davon aus, dass seelische Störungen überwiegend durch kulturelle und soziale Konventionen definiert sind. Wer mit Geistern spricht und Visionen hat, gilt z. B. in der einen Kultur als heiliger Mensch, in der anderen als verrückt. Die Antipsychiatrie basiert auf den Gedanken des ungarisch-amerikanischen Psychiaters Thomas Szasz, der das Konzept der »Geisteskrankheit« als modernen Mythos beschrieben hat; diese Impulse wurden in England durch die Psychiater Ronald D. Laing und David Cooper weiterentwickelt und in neue Modelle der Behandlung von Geisteskrankheiten umgesetzt, z. B. in die »therapeutische Gemeinschaft«, die heute in abgeschwächter Form Allgemeingut der → Sozialpsychiatrie geworden ist. Auch der Gedanke, dass viele Symptome der »Irren« nicht durch ihre Störung, sondern durch die Reaktion der Gesellschaft auf sie bedingt sind, wird heute innerhalb der Psychiatrie ernst genommen.

Die von dem italienischen Psychiater Franco Basaglia geforderte und in Italien auch durchgesetzte Konsequenz, die Nervenkrankenhäuser zu schließen und es den Gemeinden zu überlassen, mit den bisher Hospitalisierten umzugehen, hat sich inzwischen als problematisch erwiesen: Häufig fehlen die Möglichkeiten zur adäquaten Versorgung der Betroffenen in Allgemeinkrankenhäusern, Tageskliniken oder zu Hause. Die moderne Psychiatrie sucht das antipsychiatrische Gedankengut aufzunehmen: Durch die Zusammenarbeit von Ärzten mit Psychologen und Sozialpädagogen wird die traditionell rein medizinisch orientierte Betrachtungsweise weitgehend überwunden und eine Kombination von medikamentösen, psychotherapeutischen und sozialpädagogischen Hilfestellungen eingesetzt.

Heute wird das Wort »Antipsychiatrie« v. a. von Selbsthilfegruppen → Psychiatrieerfahrener benutzt, die damit ihre Ablehnung psychiatrischer Anstalten und auch des ganzen sozialtherapeutischen Systems deutlich machen wollen. Das »Weglaufhaus« in Berlin ist z. B. eine Einrichtung für obdachlose Psychiatriebetroffene, die entweder in einer Psychiatrie waren oder die einen Psychiatrieaufenthalt vermeiden wollen; die Mitarbeiter sind zum größten Teil selbst ehemalige Psychiatriebetroffene. Im publizistischen Bereich engagiert sich der Peter Lehmann Antipsychiatrieverlag in Berlin mit entsprechenden Publikationen.

**Antisemitismus:** Abneigung oder Feindseligkeit gegen Juden, auch (nationalistische) Bewegungen mit ausgeprägten judenfeindlichen Tendenzen. Im Antisemitismus verschränken sich in vielfältiger Weise soziale, wirtschaftliche und psychologische Mechanismen; er ist noch nicht abschließend erforscht. Jedoch lässt sich sagen, dass im Antisemitismus die Juden als Außenseiter konstruiert werden und als → Sündenbock dienen. Die so entstehenden → Vorurteile werden von mächtigen gesellschaftlichen Gruppen, der Kirche oder dem Staat aufgenommen, am Leben gehalten und vertieft. So vertrat beispielsweise die Kirche im Mittelalter die Auffassung, die Juden seien kollektiv als »Christusmörder« zu sehen. Dies diente ihrem eigenen Machterhalt und verschaffte den Gläubigen in mehrfacher Hinsicht psychische Entlastung: Sie selbst gehörten zu den »Guten«, und es gab eine gesellschaftliche Gruppe, die Juden, die man ungestraft angreifen durfte. Die Tatsache, dass Juden im Mittelalter als Einzige gegen Zinsen Geld verleihen durften, machte sie z. T. wirtschaftlich mächtig und rief bei Nichtjuden Neid hervor, der wiederum in Antisemitismus mündete.

Vergleichbare Mechanismen lassen sich beim Antisemitismus im Nationalsozialismus auffinden: Einer im Rahmen der Weltwirtschaftskrise zunehmend verarmenden Masse wurde ständig eindrucksvoll der angebliche Reichtum des »Weltjudentums« suggeriert und damit →Neid ausgelöst. Die im 19. Jh. populär gewordenen Rassenlehren, die eine Rangordnung unter den Völkern postulierten, wurden in der staatlichen Propaganda genutzt, um die Juden als minderwertige →Außenseiter zu brandmarken.

Durch den nationalsozialistischen Massenmord an den europäischen Juden hat der Antisemitismus in Deutschland eine andere Gestalt angenommen: Er ist heute offiziell verpönt, aber im Untergrund der Gesellschaft noch sehr mächtig. In Deutschland z. B. sind empirischen Untersuchungen zufolge noch immer ca. 20 % der Bevölkerung latent oder offen antisemitisch eingestellt. Die individuellen Entstehungsmechanismen des Antisemitismus haben v. a. Theodor W. Adorno und seine Mitarbeiter in einer umfassenden Studie zur →autoritären Persönlichkeit untersucht.

**antisoziale Persönlichkeitsstörung:** die →dissoziale Persönlichkeitsstörung.

**Antizipation** [latein. »vorwegnehmen«]: Vorwegnahme künftiger Ereignisse in der Vorstellung bzw. im Denken. Die Antizipation als bewusster gedanklicher Vorgriff in die Zukunft wird zu den kennzeichnenden Merkmalen menschlichen Bewusstseins gezählt.

Der deutsche Psychologe Otto Selz (*1881, †1943) führte den Begriff Antizipation in die *Denkpsychologie* ein. Nach Selz schafft jedes Problem eine Art Zielvorstellung, welche die Problemlösung in Form einer Leerstelle enthält, wobei diese Leerstelle Aufforderungscharakter besitzt. Eine gedanklich vorweggenommene, aber noch unvollständige Lösung (schematische Antizipation) wird zur steuernden Kraft des Denkprozesses. Das antizipierte Schema wird so lange ausdifferenziert, bis die vollständige Lösung gefunden ist.

Antizipation spielt in verschiedenen Bereichen der Psychologie eine große Rolle; in der *Lernpsychologie* z. B. als erwartete Belohnung für Leistung, in der *Sportpsychologie* als die Fähigkeit, Bewegungsabläufe gedanklich vorwegzunehmen, wodurch komplexe Bewegungen verbessert und verfestigt werden.

**Antrieb:** die als Kräfte der Seele gedeuteten Impulse, die zielgerichtet das Handeln dynamisieren und motivieren: Instinkte, Triebe, Strebungen, Motive, Drang und Wollen; der Begriff Antrieb als wissnschaftliches Konzept ist heute weitgehend vom Begriff der →Motivation abgelöst.

**Anxiolytika:** die →Tranquilizer.

**AO-Psychologie:** die →Arbeits- und Organisationspsychologie.

**apallisches Syndrom, Wachkoma:** Krankheitsbild mit Funktionsausfall der Großhirnrinde bei erhaltener Funktion der lebenswichtigen Zentren des Gehirns. Das apallische Syndrom kann Folge eines Herz-Kreislauf-Stillstands, eines Atemstillstands, einer schweren Kopfverletzung, einer Gehirnentzündung, einer schweren Vergiftung oder eines Schlaganfalls sein. Zwar sind die Betroffenen wach und ihre Augen geöffnet, jedoch geht ihr Blick ins Leere, und sie können weder emotionalen Kontakt aufnehmen noch Aufforderungen befolgen. Zwischendurch kommt es zu ungerichteten, langsamen Bewegungen von Armen und Beinen, die Muskelspannung ist erhöht. Automatische Bewegungen wie Saugen, Lecken der Lippen und Schmatzen sind möglich.

Soweit es möglich ist, wird die Grunderkrankung behandelt. Das apallische Syndrom erfordert eine intensive pflegerische Versorgung des Erkrankten. Bei etwa 20 % der erkrankten Personen kehrt das Bewusstsein zurück, es bleiben jedoch oft Behinderungen bestehen. Dauert das apallische Syndrom länger als drei Monate, erlangen nur noch etwa 10 % wieder das Bewusstsein, bleiben danach aber meist pflegebedürftig.

**Apathie** [griech. »Leidenschaftslosigkeit«, »Unempfindlichkeit«], **Teilnahmslosigkeit:** in der *klinischen Psychologie* die fehlende Ansprechbarkeit der Gefühle durch Umweltereignisse, aber auch durch eigene Bedürfnisse. Sie kann infolge traumatischer Erlebnisse, als Begleitsymptom von →Depressionen sowie der katatonen Formen der →Schizophrenie auftreten.

---

**apallisches Syndrom | Was Betroffene bemerken können**

Menschen mit einem apallischen Syndrom können sich zwar nicht selbst äußern, nehmen ihre Umwelt aber z. T. wahr. Deshalb ist es sinnvoll, sich ihnen aktiv zuzuwenden. Berühren, Streicheln und das Vorspielen bekannter Musik können das Aufwachen unterstützen. Kranke, die erwacht sind, berichten häufig von den intensiven Ängsten, die sie erlebten, wenn in ihrer Gegenwart über das Abstellen lebenswichtiger Geräte diskutiert wurde. Es kann also sinnvoll sein, dem ins Koma gefallenen Menschen zu versichern, dass man kein Abstellen der Geräte zulassen wird.
Die enorme psychische Belastung der Angehörigen kann durch Kontakt zu einer Selbsthilfegruppe erträglicher werden.

**Arbeit:** Diese Frauen der Buschleute (San) haben pflanzliche Nahrung für sich und ihre Familien gesammelt; diese sehr ursprüngliche Arbeitsform dient ohne Umwege dem physischen Überleben.

**Aphasie** [zu griech. phásis »Sprache«, »Sprechen«]: eine durch Gehirnschädigungen bedingte Sprachstörung mit verschiedenen Erscheinungsformen. Man unterscheidet die sensorische Aphasie, bei der das Sprachverständnis beeinträchtigt ist, von der motorischen Aphasie, bei der die Kranken zwar Sprache verstehen, aber nicht artikulieren können. Aphasie liegt nur dort vor, wo trotz intakter Sprech- und Hörorgane und ausreichender Intelligenz durch eine Schädigung der im Gehirn liegenden Sprachzentren die Sprachbildung beeinträchtigt ist, z. B. nach einem Schlaganfall. Aphasiker müssen die Sprache neu lernen; dabei machen sie oft erstaunliche Fortschritte.

**Apnoe** [griech. »Windstille«, »Atemlosigkeit«], **Atemstillstand:** Fehlen von Atembewegungen. Während Ungeübte den Atem höchstens eine Minute anhalten können, gelingt das geübten Tauchern bis zu fünf Minuten. Die Apnoe kann durch Arzneimittel, z. B. Überdosierung von Narkotika, Beruhigungs- und Schlafmitteln sowie Psychopharmaka, hervorgerufen werden, kommt aber auch bei Schädel-Hirn-Verletzungen vor. Sie ist ein lebensbedrohlicher Zustand und führt in wenigen Minuten zu heftigsten Angst- und Vernichtungsgefühlen, zu Ohnmacht und durch den Sauerstoffmangel zu Schäden der Organsysteme. Deshalb ist im Fall einer Apnoe immer eine sofortige Beatmung erforderlich.

Die **Schlafapnoe** entsteht durch einen Verschluss des Atemweges während des Schlafs. Dadurch schrickt der Schläfer immer wieder für Bruchteile von Sekunden aus dem Schlaf und durchläuft die erholsamen Tiefschlafphasen gar nicht oder nicht oft genug. Die Betroffenen fühlen sich während des Tages müde und »zerschlagen«. In schweren Fällen neigen sie zur →Narkolepsie.

**Apoplexie:** der →Schlaganfall.

**Apperzeption** [zu latein. perceptio »das Erfassen«, »Begreifen«]: 1) *allgemein* das ins Bewusstseinnehmen, Erfassen von Wahrnehmungs-, Denk- und Erlebnisinhalten im Unterschied zur nicht bewussten Perzeption;

2) in der *Apperzeptionspsychologie* von Wilhelm Wundt der »Vorgang, durch den irgendein psychischer Inhalt zu klarer Auffassung gebracht wird«; heute wenig gebräuchlicher Begriff.

**Apperzeptionstest, thematischer:** der →thematische Apperzeptionstest.

**Appetenzkonflikt:** ein →Konflikt 1) zwischen zwei positiv bewerteten Zielen.

**Appetit** [latein. »Verlangen«]: im Unterschied zum Hunger das Verlangen nach bestimmten Nahrungsmitteln, die durch ihr besonderes Aussehen, ihren Geruch und Geschmack bei entsprechender Stimmung zur Nahrungsaufnahme reizen, auch wenn kein Hungergefühl vorhanden ist.

**Appetitverlust:** vermindertes Bedürfnis nach Nahrungsaufnahme im Zusammenhang mit Veränderungen der Stimmungslage oder mit seelischen Erkrankungen. Hierbei handelt es sich ursprünglich um eine Schutzreaktion des Körpers: Angesichts einer bedrohlichen Situation werden alle Energien auf deren Bewältigung gerichtet, für die Nahrungsaufnahme bleibt keine Energie übrig. Beim seelisch Gesunden kehrt der Appetit nach der Bewältigung dieser Situation zurück, bei bestimmten seelischen Erkrankungen, z. B. einer Depression, bleibt der Appetit verringert; wird das Grundleiden wirksam behandelt, so wird auch der Appetit wieder geweckt.

**Appetitzügler:** Medikamente, die das Hungergefühl dämpfen und den Nahrungsentzug erleichtern. Es handelt sich meist um Weckamine, v. a. das Amphetamin und seine Derivate, die unter Handelsnamen wie Pervitin und Preludin bekannt wurden. Sie stimulieren das Gehirn; das Hungergefühl wird v. a. durch eine Steigerung der Erregbarkeit bekämpft. Appetitzügler auf Amphetaminbasis können eine körperliche Abhängigkeit erzeugen und bringen auch die Gefahr mit sich, dass die natürlichen Regenerationsprozesse des Körpers gestört werden, weil die Konsumenten oft tagelang wach bleiben können.

**Approbation** [latein. »Billigung«, »Genehmigung«]: staatliche Anerkennung der Berechtigung zur Ausübung eines Heilberufs. Nach erfolgreicher Beendigung der Ausbildung gibt der Staat die Genehmigung, den entsprechenden Beruf selbstständig und eigenverantwortlich auszuüben. Die Approbation wird Ärzten, Zahnärzten, Tierärzten, Apothekern, Kinder- und Jugendlichenpsychotherapeuten sowie psychologischen Psychotherapeuten erteilt. Sie darf nicht mit der →Zulassung zur Abrechnung mit den gesetzlichen Krankenkassen verwechselt werden.

**Apraxie** [zu griech. práxis »Tätigkeit«]: in der *Neurologie* eine Unfähigkeit zu Handlungen infolge einer Störung der Bewegungssteuerung im Gehirn. Bei einer Apraxie können die Betroffenen trotz intakter Muskeln, Gelenke und Sehnen keine zielgerichteten Bewegungen vollziehen, weil die Nervenzentren beschädigt sind, in denen solche Abläufe gespeichert wurden.

**Arbeit:** zielgerichtete Tätigkeit, durch die eine Person materielle oder immaterielle Werte für sich oder andere schafft. Arbeit erfordert den Einsatz von körperlichen und psychischen Kräften, befriedigt Bedürfnisse und kann als Last und Anstrengung erlebt werden; sie ist großteils gesellschaftlich organisiert und geregelt.

Es gibt verschiedene Formen der Arbeit: Die **Erwerbsarbeit** unterliegt arbeitsrechtlichen und sozialpolitischen Rahmenbedingungen. Sie hat für den Menschen einen ambivalenten Charakter: Sie ist als Mittel, sich seinen Lebensunterhalt zu verdienen, oft mit Mühe und Zwang verbunden; gleichzeitig vermittelt sie aber auch Lebenssinn. So kommt der Kontakt zu anderen Menschen häufig erst durch sie zustande. Erwerbsarbeit vermittelt eine zeitliche und psychische Struktur und Selbstwertgefühl. Dieser besondere Stellenwert der Erwerbsarbeit kommt auch in der →Ergotherapie zum Tragen. Durch den gesellschaftlichen Wertewandel sind Werte und Normen in den letzten Jahrzehnten pluralistischer geworden. Besonders für jüngere Erwerbstätige sinkt der Stellenwert von Erwerbsarbeit; sie bildet nicht mehr den Hauptinhalt des Lebens.

Formen unbezahlter Arbeit wie ehrenamtliche Tätigkeiten, Hausarbeit, Gefühlsarbeit und Beziehungsarbeit überwiegen dagegen quantitativ. **Hausarbeit** dient v. a. der Herstellung von Rahmenbedingungen für die Reproduktion, also z. B. für die Erholung, (Weiter-)Qualifikation und Kindererziehung. Sie ist gegenüber der Lohnarbeit stärker an den Bedürfnissen und Erfahrungen der hausarbeitenden Person und ihrer unmittelbaren sozialen Umgebung ausgerichtet und schließt vielfältige Aufgaben ein, erfährt allerdings wenig gesellschaftliche Wertschätzung. **Gefühlsarbeit** ist im weiteren Sinne jegliche Auseinandersetzung mit den eigenen Gefühlen, z. B. in einer Psychotherapie, im Ar-

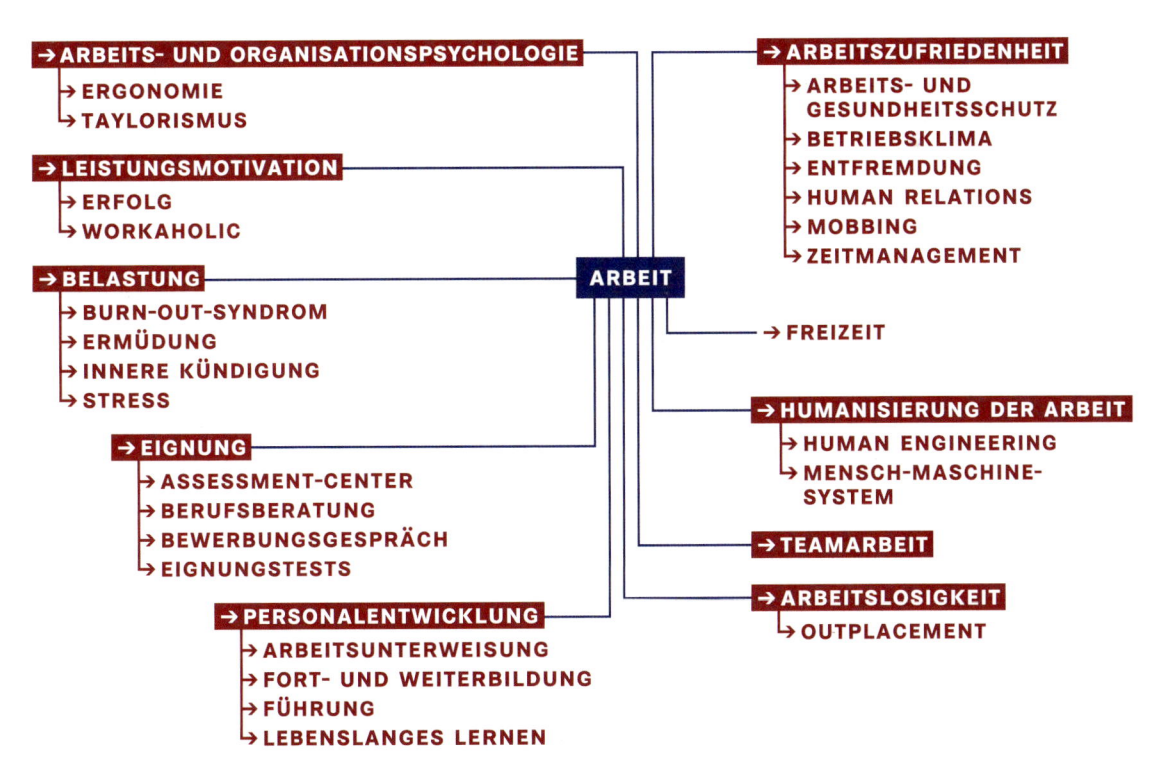

→**ARBEITS- UND ORGANISATIONSPSYCHOLOGIE**
  →**ERGONOMIE**
  →**TAYLORISMUS**

→**LEISTUNGSMOTIVATION**
  →**ERFOLG**
  →**WORKAHOLIC**

→**BELASTUNG**
  →**BURN-OUT-SYNDROM**
  →**ERMÜDUNG**
  →**INNERE KÜNDIGUNG**
  →**STRESS**

→**EIGNUNG**
  →**ASSESSMENT-CENTER**
  →**BERUFSBERATUNG**
  →**BEWERBUNGSGESPRÄCH**
  →**EIGNUNGSTESTS**

→**PERSONALENTWICKLUNG**
  →**ARBEITSUNTERWEISUNG**
  →**FORT- UND WEITERBILDUNG**
  →**FÜHRUNG**
  →**LEBENSLANGES LERNEN**

**ARBEIT**

→**ARBEITSZUFRIEDENHEIT**
  →**ARBEITS- UND GESUNDHEITSSCHUTZ**
  →**BETRIEBSKLIMA**
  →**ENTFREMDUNG**
  →**HUMAN RELATIONS**
  →**MOBBING**
  →**ZEITMANAGEMENT**

→**FREIZEIT**

→**HUMANISIERUNG DER ARBEIT**
  →**HUMAN ENGINEERING**
  →**MENSCH-MASCHINE-SYSTEM**

→**TEAMARBEIT**

→**ARBEITSLOSIGKEIT**
  →**OUTPLACEMENT**

### Arbeitslosigkeit | Ausweg aus dem Teufelskreis

Arbeitslosigkeit ist in erster Linie auf wirtschaftliche Faktoren zurückzuführen. Auf der Personenebene sind Faktoren, die die Gefahr der Arbeitslosigkeit erhöhen, v. a. niedrige Qualifikation und geringe Eigeninitiative; solche, die ihre Bewältigung erleichtern, sind Ziel-, Plan- und Handlungsorientierung, Aktivität und Eigeninitiative, Optimismus und Selbstverantwortung statt Fremdursachenzuschreibung. Zu den psychischen Folgen der Arbeitslosigkeit gehören Verlust von Selbstvertrauen und Selbstwertgefühl, Abnahme von Aktivität und Eigeninitiative, Orientierungslosigkeit, Resignation, Depression und Pessimismus.

Der Teufelskreis, dass eben die Merkmale, die die Gefahr der Arbeitslosigkeit erhöhen, durch die Arbeitslosigkeit verstärkt werden und zugleich deren Folgen die Chancen verringern, wieder einen Arbeitsplatz zu finden, lässt sich nur durchbrechen durch Hilfe zur Selbsthilfe: die Ermutigung zur Weiterbildung oder Umschulung, die Förderung des Selbstvertrauens und der Eigeninitiative.

---

beitsleben ist sie die Bemühung, die eigenen Gefühle mit der Professionalität in Übereinstimmung zu bringen; sie spielt z. B. in helfenden Berufen wie der Pflege eine wichtige Rolle: So bemüht sich ein Pfleger, sein Gefühl des Ekels mit dem Gedanken, der Patient sei ja nur krank und könne nichts für sein Verhalten, zu kontrollieren. Als mögliche Folge einer dauerhaften Gefühlsmanipulation gilt das →Burn-out-Syndrom. **Beziehungsarbeit** besteht in den vielfältigen Tätigkeiten, die zum Aufnehmen, Führen und Vertiefen einer Beziehung erforderlich sind, z. B. dem Formulieren eigener Gefühle und Wünsche, dem Ausbalancieren von Bedürfnissen und Ansprüchen der verschiedenen Beziehungsmitglieder, dem Austragen und Schlichten von Konflikten und dem Planen einer Beziehungszukunft. Diese Form der Arbeit wird sehr viel häufiger von Frauen als von Männern geleistet und erfährt wenig gesellschaftliche Anerkennung.

**Arbeits-, Betriebs- und Organisationspsychologie,** Abk. **ABO-Psychologie:** veraltete Bezeichnung für →Arbeits- und Organisationspsychologie.

**Arbeitsbündnis:** derjenige Teil der Beziehung zwischen Psychotherapeut und Patient, der die therapeutische Zusammenarbeit regelt; das sind hauptsächlich Vereinbarungen über Sitzungsdauer, Sitzungshäufigkeit, Honorar und Urlaubs- und Ausfallsregelungen. Viele Psychotherapeuten halten das Arbeitsbündnis schriftlich fest.

Das Konzept des Arbeitsbündnisses in der *Psychoanalyse* umschließt diejenigen Anteile der analytischen Beziehung, die – im Unterschied zur →Übertragung – wie ein rationaler Vertrag die Zusammenarbeit regeln soll, also die reifen, nicht neurotischen und kooperativen Einstellungen betrifft. Außer den Vereinbarungen über das Setting gehört dazu besonders auch die Verpflichtung zur strikten Offenheit des Patienten, d. h. die Verpflichtung, alles freimütig auszusprechen, keine Geheimnisse zu verbergen, keine peinlichen Gefühle zu verschweigen etc., sondern seinen Gedanken und Gefühlen freien Lauf zu lassen, was die freien →Assoziationen fördern soll.

**Arbeitsgedächtnis:** Form des →Gedächtnisses.

**Arbeitslosigkeit:** Ungleichgewicht am Arbeitsmarkt mit der Folge, dass ein Teil von arbeitsfähigen Personen ohne Beschäftigung ist. Personen, die keiner Erwerbsarbeit nachgehen können, obwohl sie es wollen, können diese Tatsache unterschiedlich verarbeiten. Sofern sie davon ausgehen können, dass sie bald wieder eine Arbeit gefunden haben, werden sie sich hauptsächlich auf die Arbeitssuche konzentrieren; mit psychischen Folgen ist zunächst einmal nicht zu rechnen. **Langzeitarbeitslosigkeit** dagegen stellt häufig erhöhte Bewältigungsanforderungen an die Betroffenen. Die psychische und zeitliche Struktur, die der Arbeitstag vorgibt, geht verloren, die sozialen Kontakte durch die Arbeit sind nicht mehr gegeben. Der Langzeitarbeitslose muss sich aktiv um Struktur und Kontakte bemühen. Das gelingt v. a. denjenigen Betroffenen gut, die schon vorher in ihrer Freizeit aktiv waren oder sich in Initiativgruppen ehrenamtlich engagierten. Soziale Abwertungen (»wer Arbeit sucht, findet auch welche«) müssen verarbeitet werden. Dazu bieten Arbeitsloseninitiativen eine Möglichkeit. Nicht

**Arbeitslosigkeit:** Für Jugendliche ist Arbeitslosigkeit in der Regel schlimmer als für Ältere. Sie befinden sich in einer entscheidenden Phase der Persönlichkeitsentwicklung, in der wirtschaftliche Perspektivlosigkeit und mangelnde Anerkennung gravierende psychische Folgen haben können.

zuletzt ist mit einer erheblichen Einschränkung der finanziellen Mittel umzugehen.

Wie gut die Bewältigung von Arbeitslosigkeit gelingt, hängt von zahlreichen individuellen und sozialen Umständen ab. Nicht bewältigte Arbeitslosigkeit führt häufig zu Gefühlen der eigenen Wertlosigkeit, zu Ängstlichkeit, Depression und Resignationstendenzen sowie zu Schlaf- und Konzentrationsstörungen und kann auf diesem Wege langfristig auch körperliche Krankheiten nach sich ziehen.

**Arbeitsmotivation:** in der *Arbeits- und Organisationspsychologie* die Gesamtheit der Beweggründe, die einen Menschen zur Ausübung entgeltlicher Tätigkeiten veranlassen. Dabei handelt es sich im Wesentlichen um dieselben Gründe wie bei der →Leistungsmotivation. Im Rahmen der Arbeits- und Organisationspsychologie ist das VIE-Modell (Valenz-Instrumentalität-Erwartung-Modell) sehr verbreitet. In diesem Modell werden die subjektiv bewerteten Folgen, die das Erreichen eines Handlungsergebnisses mit sich bringt, relevant. So werden mögliche positive und negative Aspekte einer Berufs- und Arbeitssituation berücksichtigt, wie z. B. bei Aufstieg höherer Verdienst und weniger Freizeit. Ob eine Handlung ausgeführt wird, hängt zum einen von der Ergebniserwartung ab, zum anderen von dem Zusammenhang zwischen dem Handlungsergebnis und dessen Folgen (Instrumentalität).

**Arbeitspädagogik:** Oberbegriff für die pädagogisch-praktische und theoretisch-erziehungswissenschaftliche Anwendung und Erforschung des Prinzips der Arbeit als Mittel wie als Ziel von Erziehung und Bildung auf den Gebieten der allgemeinen und beruflichen Bildung. Sonderbereiche der Arbeitspädagogik sind die →Rehabilitation und →Resozialisierung im Rahmen der Behinderten- und Jugendarbeit.

**Arbeitsplatz:** der Ort, in dem eine Erwerbstätigkeit ausgeführt wird. Der Aufbau des Arbeitsplatzes beeinflusst das Arbeitsergebnis und die Belastung und Sicherheit des arbeitenden Menschen. Daher wird die bestmögliche Gestaltung des Arbeitsplatzes angestrebt; von besonderer Bedeutung ist dabei die Ausstattung des Arbeitsplatzes nach arbeitswissenschaftlichen Erkenntnissen (z. B. hinsichtlich Arbeitshöhe, Grifffeld, Sitzgelegenheit, Lichtverhältnissen). Dem Betriebsrat stehen bei der Arbeitsplatzgestaltung Unterrichtungs- und Beratungsrechte zu (§ 90 Betriebsverfassungsgesetz). Er kann Maßnahmen zur Abwendung von Belastungen verlangen, wenn Arbeitnehmer durch Änderungen der Arbeitsplätze, die arbeitswissenschaftlichen Erkenntnissen widersprechen, in besonderer Weise belastet werden (§ 91).

**Arbeitspsychologie:** Teilgebiet der →Arbeits- und Organisationspsychologie.

**Arbeitssucht:** übersteigertes Verlangen nach Arbeit, Leistung und Erfolg, wobei der Bezug zu anderen Lebensbereichen wie der Freizeit sowie der Kontakt zu Freunden und zur Familie sinkt oder sogar verloren geht. Personen, die an Arbeitssucht leiden, werden als →Workaholics bezeichnet.

**Arbeitstherapie:** eine Form der →Ergotherapie.

**Arbeits- und Gesundheitsschutz:** Gesamtheit aller Maßnahmen, die schädigende Auswirkungen der Arbeit innerhalb und außerhalb einer Organisation vermeiden, z. B. Einsatz von technischen Hilfsmitteln in Produktionsbetrieben, Vermittlung von Sicherheitsvorschriften, Gewährleistung von Arbeitspausen, Vermeidung von Stressoren wie Lärm. Der Arbeits- und Gesundheitsschutz ist z. T. gesetzlich geregelt, teils gehen Organisationen über gesetzlich geforderte Sicherheitsvorschriften hinaus. Seit den 1990er-Jahren, als der betriebliche Umweltschutz, z. T. auch der Werkschutz hinzukam, wird ein erweiterter Schutzgedanke propagiert, den man unter den Schlagworten »Sicherheit, Gesundheit und Umwelt« zusammenfassen kann. Eine immer wichtigere Rolle spielt in diesem Bereich die Unfall- oder →Sicherheitspsychologie, so bei der Analyse von →Gefahren, →Unfällen und →Risikoverhalten sowie bei der Entwicklung von präventiven Maßnahmen, um Unfälle zu vermeiden und die Sicherheit zu erhöhen.

**Arbeits- und Lerntechniken:** spezielle Verfahren im Rahmen der →Lernmethodik.

**Arbeits- und Organisationspsychologie,** Abk. **AO-Psychologie:** Teilgebiet der Psycholo-

---

**Arbeitsplatz | Leere entlastet**

Am Arbeitsplatz bekommt jeder Zettel, jede Information und jeder Papierstapel, auf den der Blick fällt, Aufforderungscharakter. Er führt den Arbeitenden vor Augen, dass sie auch noch andere Dinge zu erledigen haben als die Arbeit, mit der sie gerade beschäftigt sind. Das stört die Konzentration und belastet, indem das Gefühl aufkommt, dass man noch einen ganzen »Berg« von Arbeit vor sich habe.
Deshalb ist es sinnvoll, immer nur die Unterlagen auf dem Schreibtisch zu haben, die auch tatsächlich zur gerade bearbeiteten Aufgabe gehören. Alles andere ist in Schränken oder Schubladen besser untergebracht. Nach Beendigung einer Aufgabe sollten alle zugehörigen Unterlagen verstaut werden. Muss man für ein Telefonat Unterlagen aus Ordnern holen, so sollte man diese nach Beendigung des Telefonats und entsprechender Notizen umgehend wieder wegpacken.

gie, die sich mit dem Menschen bei der Arbeit und in Organisationen befasst. Die Arbeitspsychologie und Organisationspsychologie überschneiden sich zwar stark, haben jedoch verschiedene Schwerpunkte. In der **Arbeitspsychologie** werden das Erleben und Verhalten von Menschen in Arbeitssituationen beschrieben, erklärt und vorhergesagt. Dabei steht die Bestimmung von →Arbeit in Abgrenzung von Freizeit und Spiel im Mittelpunkt. Arbeit wird in der Arbeitspsychologie als Tätigkeit verstanden, die sowohl die Umwelt als auch den Menschen verändert. Arbeitstätigkeiten sind räumlich-zeitlich dimensioniert, finden in spezifischen Situationen statt, sind psychisch reguliert und äußern sich in typischen Verhaltensweisen. Arbeitspsychologen überlegen sich z. B., welche Merkmale für Arbeitssituationen charakteristisch sind. Arbeitspsychologische Interventionen sind bestimmten Kriterien verpflichtet: Arbeitstätigkeiten müssen ausführbar, möglichst belastungsarm, unschädlich und persönlichkeitsförderlich sein. Für die Erklärung kognitiver Prozesse bei der Arbeit wird die →Handlungstheorie herangezogen. Basierend auf den Konzepten der russischen Psychologie und der US-amerikanischen Verhaltenswissenschaftler haben die Arbeitspsychologen Winfried Hacker und Walter Volpert ihre Theorie von psychischen Regulationen von Arbeitstätigkeiten entwickelt. Arbeitsstrukturierung ist ein integraler Bestandteil der Arbeitspsychologie im deutschsprachigen Raum.

Die **Organisationspsychologie** beschäftigt sich mit psychologischen Problemen, die sich in Organisationen stellen. Hierzu gehören u. a. die Personalauswahl, die Schulung von Führungskräften, die Anpassung von Arbeitsmitteln und -bedingungen an die Arbeitenden (→Human Engineering), Maßnahmen zur Erhöhung der Arbeitssicherheit, die Beobachtung und Verbesserung des Arbeits- und Sozialklimas sowie der Gruppenbildung (→Human Relations) und die psychologische Beratung einzelner Angehöriger einer Organisation. Diese Bereiche gehörten bis etwa vor einem Jahrzehnt der Betriebspsychologie an, die heute in der Organisationspsychologie aufgegangen sind.

Das klassische und auch weiterhin erforschte zentrale Thema der Organisationspsychologie ist das Erleben und Verhalten von Menschen in Organisationen. Zu ihren Fragen gehört z. B., wie Organisationsstrukturen oder Arbeitsplätze das Befinden und das Verhalten der Menschen beeinflussen. Die Organisationspsychologie versteht sich als eine angewandte Wissenschaft, die ihre Probleme in der praktischen Welt findet. Sie orientiert sich bei der Problemlösung an allgemeinen Theorien und Erkenntnissen und bezieht daraus ihre Methoden. Eine Organisation begreift sie als ein gegenüber der Umwelt offenes System, das längere Zeit stabil bleibt, spezifische Ziele verfolgt, sich aus Individuen oder Gruppen zusammensetzt und dessen Struktur durch Arbeitsteilung und eine Hierarchie von Verantwortung gekennzeichnet ist. Zu den Organisationen gehören demnach auch z. B. Behörden, Vereine und Parteien. Organisation und Individuum stehen in einem Spannungsverhältnis zueinander, da die Organisation nach dem Prinzip von Zweckrationalität strukturiert ist und ihre Mitglieder für ihre Zwecke instrumentalisiert, während die Mitglieder persönliche oder berufliche Ziele verfolgen, die den Zielen der Organisation zuwiderlaufen können. Weitere Themen sind u. a. Verhaltensweisen, die der Organisation Schaden zufügen, oder Verhaltensweisen, die weder in formalen Stellenbeschreibungen noch in vertraglich festgelegten Belohnungen festgeschrieben sind und sich positiv auf das gesamte Unternehmen auswirken, z. B. informelle gegenseitige Unterstützung, Hilfe auf dem »kleinen Dienstweg«.

**LESETIPPS:**

Winfried Hacker: *Allgemeine Arbeitspsychologie. Psychische Regulation von Arbeitstätigkeiten.* Bern (Huber) ²2005.

Eberhard Ulich: *Arbeitspsychologie.* Stuttgart (Schäffer-Poeschel) ⁶2005.

Lutz von Rosenstiel: *Grundlagen der Organisationspsychologie. Basiswissen und Anwendungshinweise.* Stuttgart (Schäffer-Poeschel) ⁶2007.

**Arbeitsunterweisung:** nachdrückliches Vermitteln von Kenntnissen und Erfahrungen, die Voraussetzung für die erfolgreiche Bewältigung von Arbeitsanforderungen (z. B. sicheres Verhalten) sind. Ziele sind die Verarbeitung und dauerhafte Aneignung von Lerninhalten, bei praktischen Fähigkeiten v. a. die Beherrschung von Bewegungsabläufen. Es ist zu unterscheiden zwischen einführender Unterweisung (Anleiten zu neuen Aufgaben), begleitender Unterweisung (Rückmeldung über vollzogene Handlungsschritte und eventuelle Korrektur) und abschließender Unterweisung (gezielte Kontrolle und Bewertung des Verhaltens).

Als gängige Methode der Arbeitsunterweisung gilt die Vier-Stufen-Methode oder →REFA-Methode. Moderne Unterweisungsansätze legen verstärkt Wert auf eine Berücksichtigung psychologisch-didaktischer Kriterien der Mitarbeiterinformation und -motivation, die bei der Vorbereitung, der Durchführung und der Nachbereitung einer Unterweisungsmaßnahme zu berücksichtigen sind.

**Arbeitszufriedenheit:** verhältnismäßig beständige Wertung und Einstellung gegenüber der Arbeit und den damit verbundenen Prozessen. Die Erforschung der Arbeitszufriedenheit begann mit den Erkenntnissen der →Hawthorne-Studien, die die Bedeutung sozialer Faktoren für die Arbeitszufriedenheit und die Leistung der Mitarbeiter aufzeigten. Heute ist bekannt, dass auch der eigene Entscheidungsspielraum einen entscheidenden Beitrag zur Arbeitszufriedenheit liefert. Weitere Aspekte sind der Arbeitsinhalt (z. B. Abwechslung, Möglichkeit, Kenntnisse einzubringen), Arbeitsanforderungen, Arbeitsumfeld, Arbeitsbedingungen, Gesundheit und Sicherheit, Kollegen, soziale Beziehungen, Vorgesetzte, Führungsverhalten, Kommunikation, Informationspolitik, Lohn und Sozialleistungen, Aus- und Weiterbildung, Karrierechancen, Laufbahnplanung, Unternehmenskultur (Wertesystem, Leitbild, u. a.).

**Archetypus** [griech. »Urbild«, eigtl. »das zuerst Geprägte«]: nach C. G. Jungs *analytischer Psychologie* bestimmte angeborene »Urbilder« (Archetypen) im →kollektiven Unbewussten, die in Mythen und Märchen von Kulturen und auch im einzelnen Menschen immer wieder auftreten, z. B. die Urbilder von Mann und Frau, Animus und Anima, der alte Mann, der Zauberer oder »Medizinmann«, die Hexe und der Teufel.

**Architekturpsychologie:** Teilgebiet der Psychologie, das sich mit dem Erleben und Verhalten von Menschen in gebauten Umwelten, d. h. in privaten wie öffentlichen Gebäuden, befasst. Dabei wird der Zusammenhang zwischen Planen, Bauen, Wohnen sowie Wohlgefallen und Wohlbefinden seitens der Nutzer von Gebäuden in den Mittelpunkt gerückt.

Die Architekturpsychologie entstand in den 1960er-Jahren und wurde in der Folge zu einem Forschungszweig der sich neu entwickelnden →ökologischen Psychologie. Einen Impuls dazu gaben Probleme, die sich Ärzten, Psychiatern, Psychologen, Architekten und Planern bei der adäquaten Gestaltung von Krankenhäusern und psychiatrischen Kliniken stellten. Für viele Patienten sind z. B. geeignete räumliche Möglichkeiten für zwanglose Kontakte wichtig, da diese hilfreich bei der Verarbeitung bedrohlicher Situationen sein können. Andere Patienten beschäftigen sich dagegen lieber mit ablenkenden, interessanten Merkmalen des Umfeldes.

Ein weiterer Anstoß für die Architekturpsychologie ging von den Folgeerscheinungen der kriegsbedingten Zerstörungen europäischer Großstädte aus: der Unwirtlichkeit von neu entstandenen Satellitenstädten und des »sozialen« Wohnungsbaus. Die Zunahme von Krankheiten, Kriminalität und Vandalismus, aber auch Bürgerinitiativen zum Erhalt von Lebensqualität sorgten dafür, dass sich die Psychologie mehr und mehr dieser Problematik annahm. Typische architekturpsychologische Fragestellungen sind die Wirkung von öffentlichen Gebäuden wie Krankenhäusern, Fassaden, Innenräumen, Wohngegenden und funktionalen Komplexen wie z. B. Einkaufszentren. Forschungsergebnisse sind z. B., dass Kindergartenräume, die überschaubar sind und keine Nischen haben, negative Emotionen bei den Kindern hervorrufen, und dass Patienten in Krankenhäusern Zimmer mit warmen Farben statt weißer Wände bevorzugen.

**LESETIPPS:**
BERNHARD SCHÄFERS: *Architektursoziologie. Grundlagen – Epochen – Themen.* Opladen (Leske u. Budrich) 2003.
*Architekturpsychologie. Eine Einführung,* herausgeben von Peter G. Richter. Lengerich (Pabst) 2004.
PAUL KLAUS-DIETER BÄR: *Architekturpsychologie. Psychosoziale Aspekte des Wohnens.* Gießen (Psychosozial) 2007.
ALAIN DE BOTTON: *Glück und Architektur. Von der Kunst, daheim zu Hause zu sein.* Frankfurt am Main (Fischer) 2008.

**Ärger:** emotionale Reaktion auf ein Ereignis oder eine Situation, die subjektiv als unzuträglich oder hinderlich betrachtet wird. Ärger äußert sich auf unterschiedliche Weise wie durch grimassierenden Gesichtsausdruck und ange-

**Architekturpsychologie:** Die Frage nach dem Einfluss der Architektur auf das Verhalten ist besonders in Großstädten relevant. Hochhäuser wie hier in Chicago begünstigen Isolation, Kriminalität und Vandalismus.

## Arroganz

**Ärger | Konstruktiv einsetzen**
Ärger verleitet oft zu vorschnellen Reaktionen. Statt gleich zu reagieren ist es sinnvoller, sich zunächst aus der Situation zu entfernen, um Abstand zum Geschehen zu gewinnen. Anschließend sollte man überlegen, was genau zum Ärger geführt hat, wie das geändert werden kann, was man selbst zur Situation beigetragen hat und welche Verhaltensänderung man von dem anderen wünscht. Danach sollte man das Gespräch mit dem Konfliktpartner suchen, ihm die eigene Sicht der Situation darstellen, gegebenenfalls sich bei ihm für den Anteil an der Situation entschuldigen und ihn freundlich und sachlich um das bitten, was man von ihm möchte.

spannte Körperhaltung. Nicht kontrollierter Ärger kann sich zur →Wut steigern und in Gewalttätigkeit niederschlagen. Der Ärger kann beendet werden, indem sein Anlass beseitigt wird, häufig »verraucht« er aber auch von selbst. Der lange Zeit gegebene Rat, Ärger »rauszulassen« wird heute von Fachleuten so nicht mehr aufrechterhalten, da dieses Verhalten zu negativen sozialen Reaktionen führen kann. Heute wird allgemein dazu geraten, konstruktive Schritte zur Beseitigung des Anlasses zu unternehmen.

**Arroganz** [latein.]: Anmaßung, Überheblichkeit. Arroganz tritt häufig im Zusammenhang mit Störungen des Selbstwertgefühls auf, wie bei der →narzisstischen Persönlichkeitsstörung. Neben dem Fall, dass jemand sich seinen Mitmenschen überlegen fühlt und deshalb arrogant ist, gibt es den sehr häufigen Fall, dass jemand hinter einer überheblichen Fassade ein Gefühl der Selbstunsicherheit zu verstecken sucht.

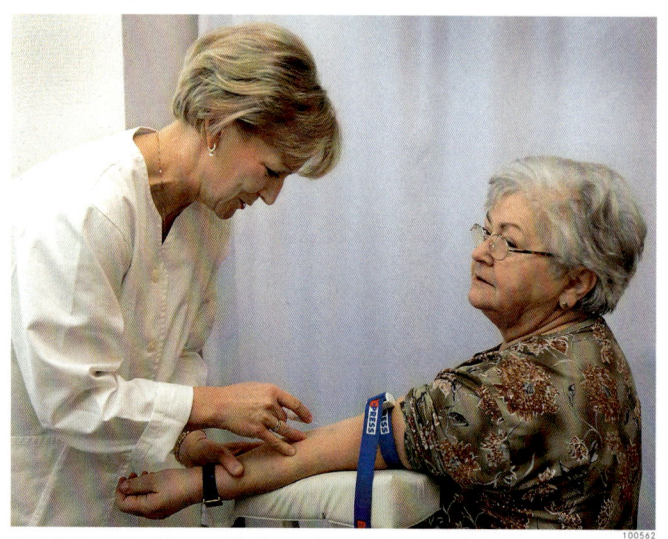

**Arzt-Patient-Beziehung:** Die Zuwendung des Arztes spielt für den Heilerfolg oft eine größere Rolle als die Wirkstoffe der Medikamente.

**Artefaktkrankheit,** [latein. arte »mit Geschick« und factum »das Gemachte«], **artifizielle Störung:** eine Verhaltensstörung, bei der die Betreffenden häufig und beständig eine körperliche, manchmal auch seelische Krankheit vortäuschen, um als Kranke in Krankenhäusern aufgenommen zu werden. Dabei wird wie folgt vorgegangen: Entweder wird eine vormals tatsächlich bestandene Krankheit übertrieben, oder eine Krankheit wird frei erfunden oder aber die Krankheit wird selbst erzeugt, z. B. injiziert sich der Betroffene Milch unter die Haut, um Entzündungen hervorzurufen, oder nimmt Substanzen zu sich, die innere Organschäden verursachen. Die Betroffenen schildern die Symptome so überzeugend, dass sie immer wieder untersucht und sogar operiert werden, obwohl die Ärzte keine Erkrankung finden.

Es werden drei Gruppen der Artefaktkrankheit unterschieden: Die seltener vorkommende wird nach dem »Lügenbaron« Karl Friedrich Hieronymus Freiherr von Münchhausen als **Münchhausen-Syndrom** bezeichnet. Außer den oben genannten Symptomen sind Betroffene in ihrer Beziehungsfähigkeit stark gestört, sie brechen Beziehungen schnell ab, wandern von Krankenhaus zu Krankenhaus, lassen sich unter falschen Namen einweisen (weil sie wissen, dass sich die Krankenhäuser gegenseitig informieren, wenn ihnen ein derartiger Patient auffällt), verlassen aber auch abrupt die Station; sie erzählen phantastische Geschichten über ihr Leben, v. a. über ihre Symptome, was der Krankheit ihren Namen verliehen hat. Eine zweite, kleine Gruppe, zeigt das **Münchhausen-Stellvertreter-Syndrom,** auch erweitertes Münchhausen-Syndrom genannt. Hier werden Dritte, meist das Kind vonseiten der Mutter, stellvertretend für sich selbst medizinischen Untersuchungen und Eingriffen ausgesetzt. Um das Vorhandensein einer Krankheit beim Kind glaubhaft zu machen, werden z. B. im Krankenhaus Medizinblätter oder das Fieberthermometer manipuliert, oder dem Kind werden sogar schmerzhafte Verletzungen zugefügt. Die Verursacher leugnen diese Misshandlungen, selbst wenn sie nachweislich sind, hinterher vehement ab, scheinen davon auch nichts mehr zu wissen. Die dritte Gruppe, die **eigentliche Artefaktkrankheit,** auch Mimikry-Phänomen genannt, ist die größte Gruppe: Betroffene täuschen ebenfalls Krankheiten vor, um ins Krankenhaus zu kommen, sie fallen aber im Vergleich zur Gruppe mit Münchhausen-Syndrom weniger durch Beziehungsprobleme auf, sind angepasster und beruflich integriert. Ihre

Krankenhauswanderungen sind nicht so ausgedehnt.

Die Artefaktkrankheit ist zu unterscheiden von der →Simulation, bei der für bestimmte Vorteile gelogen wird. Bei der Artefaktkrankheit scheint die Motivation allein darin zu liegen, die Patientenrolle zu erlangen. Als Ursache werden Verlust- und Missbrauchserfahrungen in der Kindheit vermutet, die u. a. das gestörte Verhältnis zum eigenen Körper erklären. Um den Weg für eine Psychotherapie zu eröffnen, muss der Arzt den Patienten behutsam auf den möglichen seelischen Hintergrund seiner Beschwerden aufmerksam machen. Bei dem erweiterten Münchhausen-Syndrom muss das misshandelte Kind von der Mutter getrennt werden, doch meist sind die rechtlichen Auseinandersetzungen langwierig.

**Artificial Intelligence:** die →künstliche Intelligenz.

**Arzneimittel:** die →Medikamente.

**Arzneimittelabhängigkeit:** die →Medikamentenabhängigkeit.

**Arzneimittelmissbrauch:** der →Medikamentenmissbrauch.

**Arzt-Patient-Beziehung:** das Verhältnis zwischen Arzt und Patient während einer ärztlichen Behandlung. Wie wichtig ein von gegenseitigem Vertrauen und Respekt geprägtes Verhältnis für den Erfolg einer ärztlichen Behandlung sein kann, wird intensiv erst in den letzten Jahrzehnten diskutiert. Für den Psychoanalytiker Michael Balint, der dem Wechselspiel zwischen Klient und Helfer eine besondere Aufmerksamkeit schenkte (→Balint-Gruppe), war die Arzt-Patient-Beziehung sogar eines der wichtigsten Heilmittel. Er prägte auch das Wort von der »Droge Arzt«.

*Geschichte:* Über Jahrhunderte war die Arzt-Patient-Beziehung allenfalls als ethisch zu regelndes Verhältnis aufgefasst worden, in dem der »Eid des Hippokrates« die zentrale Rolle spielte. Dieser Eid, der dem griechischen Arzt Hippokrates zugeschrieben wird, verpflichtet den Arzt, sich in den Dienst des Kranken zu stellen, sein Amt nicht zu missbrauchen und verschwiegen zu sein.

**Askese** [griech. »(körperliche und geistige) Übung«]: Enthaltsamkeit; im ursprünglichen Sinn Übung der Kontrolle über Triebwünsche. Askese war ein hoher Wert in der antiken Philosophie der Kyniker und der Stoiker, die Besitzstreben und Gier für das menschliche Leid verantwortlich machten. Auch das Christentum trägt, wie viele andere Religionen, v. a. in den Orden, stark asketische Züge; die Ordensideale der Armut, der Keuschheit und des Gehorsams bilden Gegenideale zu den sozial vorherrschenden Wünschen nach Reichtum, Lust und Macht. In der postindustriellen Konsumgesellschaft ist Askese unerwünscht, vielmehr werden Anreize zum Konsum geschaffen. Hingegen werden in der Umweltschutz- und Ökologiebewegung gewisse asketische Ideale wieder belebt.

**Asperger-Syndrom:** eine Form des →Autismus.

**Assertivitätstraining:** das →Selbstsicherheitstraining.

**Assessment-Center** [əˈsesmənt ˈsentə, engl. »Beurteilungskreis«]: eine vielfältige Eignungsuntersuchung, die aus verschiedenartigen Aufgaben und Verfahren besteht und zur Auswahl oder Förderung von Mitarbeitern benutzt wird. Meist besteht die Untersuchung aus einer Gruppendiskussion, einem Rollenspiel, einem Vortrag und einem Interview. Weitere Verfahren sind u. a. der Leistungstest und die Postkorbübung. Bei der Postkorbübung geht es darum, eine größere Anzahl von Dokumenten (Briefen, Mitteilungen u. a.) durchzuarbeiten, wie sie sich im Postkorb eines Vorgesetzten befinden könnten, der nach einer längeren Dienstreise zurückkommt. Zumeist beinhalten die Dokumente verschiedene Probleme, z. B. sich überschneidende Geschäftstermine, finanzielle oder private Schwierigkeiten, die unter Zeitdruck zu lösen sind. Das ein- bis dreitägige Grundprogramm läuft so ab, dass mehrere Kandidaten (10 bis 15 Personen) anhand solcher Verfahren von einigen Beurteilern auf erfolgsträchtige Eigenschaften hin beurteilt werden; dabei sollen sich die Beurteiler auf eine gemeinsame Entscheidung einigen.

Vorteile dieser Eignungsuntersuchung liegen darin, dass der Auswahlprozess praxisnah erfolgt und dass tatsächliches Verhalten gemessen wird. Für das Assessment-Center gilt eine

---

**Arzt-Patient-Beziehung | Wichtig für den Heilerfolg**

Während der Einfluss der Beziehung zwischen Arzt und Patient für wissenschaftliche Forschungen wie die Prüfung von Wirkstoffen in der Medizin ausgeschlossen werden soll, ist diese Beziehung für den Heilerfolg einer Therapie oftmals ausschlaggebend. Ihre Auswirkungen werden v. a. in Balint-Gruppen untersucht: Unter psychoanalytischer Leitung sprechen Ärzte mit Patienten über ihre Erlebnisse und Einstellungen. Dabei spiegeln die emotionalen Reaktionen der Gruppe die vom Arzt nicht beabsichtigten Wirkungen seines Verhaltens, z. B. seines Gesichtsausdrucks, seiner Gesten und seiner Stimme. So helfen die Teilnehmer einander dabei, herauszufinden, welche spezifischen Wirkungen von ihrer Persönlichkeit ausgehen. Nach Michael Balint, dem Erfinder dieser Form der Gruppenarbeit, ist die Person des Arztes das wirksamste und wichtigste Medikament, das er seinen Patienten verabreicht.

---

**Askese:** Im Buddhismus wie im Hinduismus spielt die Überwindung von Begierden jeder Art eine überragende Rolle auf dem Weg zur Erlösung (meditierender Buddha aus Thailand; Ayutthaya, Nationalmuseum Chao Sam Phraya).

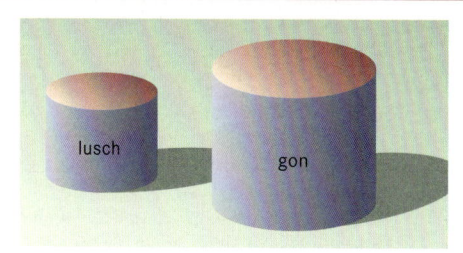

**Assoziation:** Belegt man zwei verschieden große Zylinder mit den zunächst sinnlosen Silben »lusch« und »gon«, so wird mit ihnen bald die verschiedene Größe als Bedeutung verknüpft.

gute Erfolgsprognose, ebenso wird ihm eine hohe soziale →Validität zugeschrieben.

Das Assessment-Center stammt ursprünglich aus dem Militär und diente der Auswahl von Offizieren.

**Assimilation** [zu latein. assimilare »ähnlich machen«, »nachahmen«]: **1)** in der *Sozialpsychologie* Angleichung von Menschen an die Kultur derjenigen Gesellschaft, in der sie längere Zeit leben, in Deutschland z. B. die »Eindeutschung«. Im Unterschied zur →Enkulturation, bei dem nur kulturelle Werte übernommen werden, ist es ein wesentliches Merkmal der Assimilation, dass die sich assimilierenden Personen das Bewusstsein ihrer ursprünglichen Gruppenidentität verlieren.

Assimilation geht in der Regel nicht schlagartig vor sich, sondern stetig und zieht sich über viele Generationen hin. Nicht selten entsteht dabei ein Bruch zwischen den Generationen. Es gibt auch die Situation, dass sich Angehörige der nachwachsenden Generationen nicht mehr der alten Gruppe zugehörig fühlen, aber sich auch nicht als Glieder der neuen Gruppe erleben. Solche labilen Zwischenlagen können zu Identitätsproblemen führen, oder aber sie werden nicht negativ erlebt und führen zu neuen, stabilen Identitäten.

**2)** in der *Persönlichkeitspsychologie* nach Jean Piaget die Einordnung von Umwelterfahrungen durch die Person mithilfe bereits entwickelter kognitiver Strukturen. Beispiel: Ein kleines Kind, das weiß, was ein Hund ist, bezeichnet ähnlich aussehende Tiere, z. B. Katzen und Tiger, ebenfalls als Hund.

**3)** in der *Kommunikationswissenschaft* die (bevorzugte) Aufnahme von jenen Informationen, die mit den eigenen Überzeugungen übereinstimmen bzw. übereinzustimmen scheinen, wodurch das eigene Weltbild bestätigt wird. Nach der **Assimilations-Kontrast-Theorie** haben die eigenen Einstellungen die Funktion eines Ankers gegenüber anderen Einstellungen: Eine Einstellung A, die der eigenen Einstellung nah ist, wird als näher empfunden, als sie es tatsächlich ist (Assimilation), und wird auch positiv bewertet, demgegenüber wird eine Einstellung B, die der eigenen Ansicht unähnlich ist, als stärker unähnlich empfunden (Kontrast), als Propaganda wahrgenommen und folglich stärker abgelehnt. Von Einstellung A wird man sich also eher überzeugen lassen als von Einstellung B. Der Assimilations-Kontrast-Effekt behindert somit die Erweiterung des geistigen Horizontes.

**Assoziation** [zu latein. *associare* »beigesellen«, »vereinigen«]: *allgemein* Verbindung, Zusammenschluss; in der *kognitiven Psychologie* Verbindung oder Verknüpfung zweier oder mehrerer Bewusstseinsinhalte (Vorstellungen, Gedanken, Begriffe). Taucht ein Element im Bewusstsein auf, wird das verknüpfte Element ebenfalls erinnert. In der *Lerntheorie*, besonders in den Prinzipien der →Konditionierung, bedeutet Assoziation Verknüpfung von Reiz und Reaktion, von Reiz und Reiz oder von Reaktion und Konsequenz. In der *klinischen Psychologie* ist es v. a. die →Verhaltenstherapie, die die Entstehung von psychischen Störungen auf gelernte Verknüpfungen zurückführt.

In der *Psychoanalyse* ist die **freie Assoziation** eine Methode, bei der der Patient unmittelbar alle unwillkürlichen Gedankeneinfälle äußert. Die Aufforderung an den Patienten, spontan und ungefiltert alles mitzuteilen, was ihm in den Sinn kommt, soll zur Aufdeckung verdrängter frühkindlicher Erlebnisse und unbewusster Regungen führen. Carl G. Jung setzte auf gerichtete Assoziationen, bei welchen der Therapeut bestimmte Reize (z. B. Worte, Bilder) vorgibt und der Patient seine Einfälle dazu mitteilt; das Ziel war es, verdrängte Komplexe aufzudecken.

**Assoziationismus:** eine theoretische Ausrichtung in der Psychologie, nach der psychisches Geschehen sich auf elementare Einheiten (z. B. einzelne Empfindungen oder Gedanken) zurückführen lässt, die mittels Assoziationen verknüpft sind. Der Assoziationismus entwickelte sich unter Rückgriff auf die Philosophen des englischen Empirismus (z. B. John Locke, David Hume, James Mill und dessen Sohn John Stuart Mill) im 19. Jh. zur führenden theoretischen Richtung der Psychologie. Hauptvertreter auf deutscher Seite waren Johann Friedrich Herbart, Hermann Ebbinghaus und z. T. auch Wilhelm Wundt. Die Beschäftigung mit atomaren Einheiten des Wahrnehmens und Verhaltens eröffnete (zusammen mit den Arbeiten der →Psychophysik) den Weg zu einer experimentell forschenden Psychologie. Die →Gestaltpsychologie entstand aus der Kritik am Assoziationismus.

**Ästhetik** [zu griech. eaísthesis »sinnliche Wahrnehmung«]: 1) im weiteren Sinn Theorie, die das Schöne in seinen beiden Erscheinungsformen als Naturschönes und als Kunstschönes zum Gegenstand hat;

2) im engeren Sinn die Theorie der Kunst. Als Objekt-Ästhetik behandelt sie Fragen mit Bezug auf den ästhetischen Gegenstand, als Subjekt-Ästhetik untersucht sie die Bedingungen der Entstehung von Kunstwerken, die Bedingungen und Formen von deren Rezeption, die Bedingungen der Entstehung und Geltung von Geschmacksurteilen und die Wirkung des Schönen auf den Betrachter;

3) in der *Psychologie* und in der von dem deutschen Psychologen Gustav Theodor Fechner im 19. Jh. begründeten **experimentellen Ästhetik** ist Ästhetik ein erlebter Wert, der unter Berücksichtigung von Personen- und Objektmerkmalen empirisch fassbar ist. In der Forschung werden das individuelle Erleben und die kognitiven und neuronalen Prozesse bei der Wahrnehmung von Objekten untersucht, Gegenstand sind dabei meist Kunstwerke, Musik und in der neueren Forschung auch Websites und Softwareprodukte. Weiterhin versucht man, Kriterien zu identifizieren, nach denen Menschen Objekte als schön oder unschön einstufen.

**ästhetische Erziehung:** im 18. Jh. geprägter Begriff, verstanden als ein Prinzip der Menschenbildung durch Schulung der Wahrnehmung. Die Kunsterziehungsbewegung zu Beginn des 20. Jahrhunderts hat die künstlerischen Fähigkeiten jedes Menschen betont und den Kunstunterricht als persönlichkeitsbildendes Schulfach neu begründet. Dieses Verständnis der Kunsterziehung als musische Bildung wirkt bis heute weiter im traditionellen Verständnis musischer Fächer. Seit Ende der 1960er-Jahre wurde der Begriff ästhetische Erziehung neu aufgegriffen, und zwar als Gegenentwurf zur traditionellen Kunsterziehung. Dieser emanzipatorisch-gesellschaftskritische Ansatz forderte eine systematische Ausbildung der Wahrnehmungsmöglichkeiten, wobei eine grundsätzliche Unterscheidung von sinnlicher Erkenntnis und Kunstwahrnehmung nicht angenommen wurde. Entsprechend wurde das Gegenstandsfeld auf die gesamte gestaltete Umwelt ausgedehnt, besonders auf Erscheinungen der zeitgenössischen Massenkultur.

**Asthma bronchiale** [griech. ásthma »schweres, kurzes Atemholen«]: anfallartige Atemnot, die mit heftiger Angst einhergehen kann. Sie entsteht dadurch, dass der Asthmatiker einatmen will, die Lunge aber bereits gefüllt ist, weil das Ausatmen durch Blutandrang mit Schwellungen, Sekretbildung und Krämpfen der Atemwege erschwert ist. Die Anfälle treten meist nachts auf, führen zu schweren Schlafstörungen und erschöpfen den Kranken sehr; wenn sie sich länger (über Tage bis Wochen) hinziehen, kommt es zum Status asthmaticus, der lebensbedrohlich sein kann. Wenn sich der Anfall löst, wird zäher Schleim ausgehustet, in dem sich unter dem Mikroskop Sekrete der Bronchiolen nachweisen lassen. In der anfallfreien Zeit sind die Kranken oft stärker für Bronchitis anfällig.

Asthma wird meist durch eine Verbindung von Allergien und seelischen Spannungen ausgelöst; die häufigsten Allergene sind Blütenstaub, Bettfedern und Tierhaare. Bei asthmatischen Kindern ist oft eine vorübergehende Trennung von der Familie durch die Behandlung in einer speziellen Kurklinik hilfreich. Alle Asthmakranken profitieren sehr von einer →Atemtherapie, in der sie lernen, bewusster auszuatmen, die volle Lunge noch weiter aufzupumpen und den Angstimpuls zu kontrollieren. Wenn es nicht möglich ist, die Allergene oder die psychischen Belastungen auszuschalten, lässt sich Asthma heute durch Medikamente, z. B. Kortison, behandeln.

**Atemstillstand:** die →Apnoe.

**Atemtherapie:** eine Behandlungstechnik, bei der durch bewusstes Atmen das körperliche und seelische Gesamtbefinden eines Menschen verbessert und Störungen ausgeglichen werden können. Jede Emotion verändert den Atem; umgekehrt lassen sich über bewusstes Atmen viele Emotionen verändern. Bei der Atemtherapie liegt der Patient meist auf einer Liege; der The-

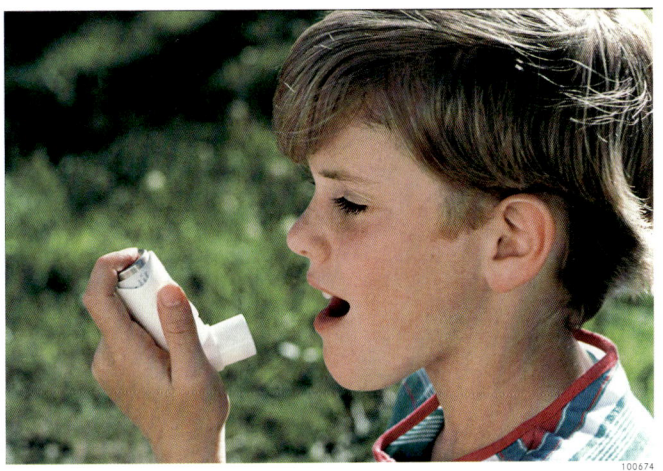

**Asthma bronchiale:** Die anfallartige Atemnot geht meist mit heftigen Angstgefühlen einher. Die Medikamente, die in Asthmasprays eingesetzt werden, erweitern mit sofort einsetzender Wirkung die Atemwege.

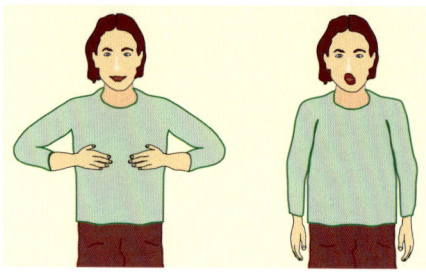

**Atemtherapie:** Genussvolles Gähnen, das einen Spannungsausgleich bewirkt, kann durch Auflegen der Handflächen auf den unteren Brustkorb, Dehnen des Brustkorbs mit anschließendem entspanntem Herabhängenlassen der Arme hervorgerufen werden.

rapeut macht ein Begegnungsangebot, indem er durch Auflegen, Streichen oder leichten Druck der Hände den Atembewegungen entgegenkommt und sie begleitet. Dadurch werden die Atemwege oft zum ersten Mal bewusst erlebt. Zusätzlich werden dem Patienten Informationen über die normale Atmung und die Besonderheit seiner Erkrankung sowie für ihn geeignete Atemtechniken vermittelt.

**Ätiologie:** Lehre von den Ursachen der Krankheiten oder Störungen.

**atopisches Ekzem:** die →Neurodermitis.

**Attribution, Attribuierung** [zu latein. attribuere »zuteilen«], **Kausalattribution:** Ursachenzuschreibung. Menschen versuchen, sich im Alltag zurechtzufinden, indem sie Verknüpfungen herstellen, die sie entlasten. Eines der meistgenannten Beispiele für eine Attribution ist der Angestellte, der einen beruflichen Erfolg seiner Tüchtigkeit zuschreibt, einen Misserfolg aber einem Fehler seines Chefs. Die Attributionsforschung ist eines der wichtigsten Forschungsgebiete der Sozialpsychologie.

Typische Irrtümer von Attributionen lassen sich grob in drei Gruppen einteilen: 1. Selbstwertbezug: Erfolg in Leistungssituationen wird als persönliches Verdienst »nach innen« attribuiert **(internale Attribution)**, Misserfolg der Übermacht oder Bosheit der Umwelt zugeschrieben **(externale Attribution)**; Untersuchungen haben gezeigt, dass Menschen, die internal attribuieren, eher eine →Misserfolgserwartung, und Menschen, die external attribuieren, eher eine →Erfolgserwartung attribuieren. 2. falscher Konsens: Menschen neigen dazu, ihr eigenes Verhalten als weitverbreitet und normal anzusehen, während sie (unwillkommene) Handlungen anderer als außergewöhnlich und unangemessen einschätzen. Es gibt auch einen umgekehrten Konsens, z. B. grenzen sich viele Reisende gegenüber den »Touristen« ab, die ihnen auf der Suche nach einer unberührten Bucht im Wege sind. 3. Vermenschlichung: Menschen neigen dazu, Handlungen eher auf menschliche Einwirkungen oder persönliche Merkmale zurückzuführen als auf Umwelteinflüsse. Wenn z. B. der Stürmer einer Fußballmannschaft beim Lauf zum gegnerischen Tor stürzt, muss der Schiedsrichter seiner spontanen Attribution entgegenarbeiten, dass dieser Spieler gefoult wurde, und mit gleicher Aufmerksamkeit prüfen, ob er versucht hat, eine »Schwalbe« zu machen, um den Gegner als Foulspieler erscheinen zu lassen, oder ob er nur gestolpert ist.

Es gibt auch Attributionsstile, die für den Attribuierenden nachteilig ausfallen; eine entlastende Funktion der Attribution könnte in diesen Fällen in Zweifel gezogen werden. Menschen mit wenig Selbstwertgefühl, v. a. depressive Menschen, führen z. B. ihre Erfolge auf externale Faktoren (»Der Prüfer hat es mir leicht gemacht«) und ihre Misserfolge auf internale Faktoren (»Ich bin zu dumm«) zurück. Diese Attribuierungen wirken trotzdem entlastend, weil sie das Selbstbild der Person bestätigen.

**audiovisu|eller Unterricht:** Unterrichtsverfahren, das sich audiovisueller Medien, d. h. hör- und/oder sichtbarer Unterrichtsmittel, bedient, wie z. B. Filme oder Hörbücher. Lernstoff kann besser aufgenommen werden, wenn mehrere Sinne zugleich angesprochen werden. Außerdem gibt es Lernstoff, der besser über audiovisuelle Medien vermittelt werden kann als ohne diese Medien, z. B. ein Film über das Leben einer fremden Kultur. Audiovisueller Unterricht hat weiterhin den Vorteil, dass er abwechslungsreicher ist und dadurch die Lernmotivation steigert. Allerdings gilt das nur dann, wenn der Einsatz der Medien gut geplant wird.

**Aufforderungs|charakter, Valenz** [latein. »Stärke«, »Kraft«]: durch den Gestaltpsychologen Kurt Lewin eingeführter Begriff für eine Umwelteigentümlichkeit, die Bedürfnisse anspricht und eine Person bewegen kann, ihr Verhalten zu verändern. Bedürfnisse bestimmen ihrerseits den Aufforderungscharakter von Reizen. Menschen sind diesem Aufforderungscharakter jedoch nicht hilflos ausgeliefert. Für den Hungrigen z. B. hat der Würstchenstand einen eindeutigen Aufforderungscharakter, aber es hängt von seinen kulinarischen Ansprüchen, der verfügbaren Zeit usw. ab, ob er tatsächlich stehen bleibt und eine Wurst isst. In der →Werbepsychologie wird versucht, den Aufforderungscharakter von Reizen zu optimieren.

**Aufgaben|analyse:** die →Itemanalyse.

**Aufmerksamkeit:** Wachheit; Bewusstheit; Selektion aus der Vielfalt der Wahrnehmungsinformation. In der Psychologie wird die funktionale Bedeutung von Aufmerksamkeit auf zwei verschiedene Weisen gedeutet: 1. Aufmerksamkeit zur Ermöglichung von Handlung und 2. Aufmerksamkeit zur Ermöglichung von Wahrnehmung. Derzeit wird v. a. zur visuell-räumlichen Aufmerksamkeit geforscht. Viel beachtet wird die Behauptung, dass visuell-räumliche Aufmerksamkeit eng mit der Steuerung von Augenbewegungen (Sakkade) verbunden ist.

**Aufmerksamkeitsdefizit-Hyperaktivitäts-Syndrom:** die →ADHS.

**Aufmerksamkeitsdefizit-Syndrom:** die →ADHS ohne Hyperaktivität.

**Aufmerksamkeitsstörungen:** Störungen der Fähigkeit, Wahrnehmungen oder Denkprozesse zu orientieren und zu konzentrieren. Sie können organisch bedingt sein (bei Gehirnschäden, Gehirnerschütterungen, Vergiftungen oder der →Alzheimerkrankheit). Die psychogenen Aufmerksamkeitsstörungen hängen mit Ablenkungen zusammen; so ist der sprichwörtliche »zerstreute Professor« mit Wichtigerem beschäftigt als damit, sich an den Schirm zu erinnern, den er irgendwo abgestellt hat, oder das Gesicht eines Bekannten zu identifizieren, der nun gekränkt ist, weil sein Gruß nicht erwidert wurde. Besondere Beachtung erfährt seit dem letzten Jahrzehnt das →ADHS.

**Aufputschmittel:** umgangssprachlicher Ausdruck für →Psychostimulanzien.

**Auge:** Sehorgan, das mittels Brechung einfallender Lichtstrahlen die äußere Welt sichtbar macht. Die von den Objekten ausgehenden elektromagnetischen Schwingungen kann das menschliche Auge im Wellenlängenbereich von 400 bis 700 nm als Licht wahrnehmen. Auf der lichtempfindlichen Netzhaut (Retina) des Auges entwirft der aus Hornhaut, Augenkammerwasser, Linse und Glaskörper bestehende lichtbrechende Apparat (dioptrischer Apparat) ein auf dem Kopf stehendes, seitenverkehrtes Bild. Dieses wird durch die Lichtsinneszellen (Sehzellen), die als zentral angeordnete Zapfen (für Tages- und Farbensehen) und als lichtempfindlichere Stäbchen (für das Dämmerungssehen) in der Netzhaut liegen, mithilfe von Farbstoffen (Sehpurpur, Rhodopsin) in Nervenimpulse umgewandelt. Über den Sehnerv werden die Nervenimpulse zum Sehzentrum der Großhirnrinde weitergeleitet. Die bewusste Identifikation und Interpretation des gesehenen Objekts ist nur mit Beteiligung der Großhirnrinde möglich. Funktionelle Ausfälle in der Hirnrinde führen zu Sehstörungen, auch wenn das Auge funktionstüchtig ist.

Die Menge des einfallenden Lichts kann von der Regenbogenhaut (Iris) durch Verkleinern oder Vergrößern der Pupille und durch Vorgänge innerhalb der Netzhaut gesteuert werden (Adaptation).

Die scharfe Einstellung des Auges auf verschiedene Entfernungen erfolgt durch Veränderung der Linsenkrümmung (Akkommodation). Auf der Netzhaut ist der Ort des schärfsten Sehens die Sehgrube, die ausschließlich Zapfen trägt. Sie liegt im gelben Fleck. An der Austrittsstelle des Sehnervs, dem blinden Fleck, ist kein Sehen möglich.

Bis auf die durchsichtige Hornhaut (Cornea) vorn wird der Augapfel von einer derben Lederhaut (Sclera) umhüllt. Zwischen ihr und der Netzhaut befindet sich die gut durchblutete Aderhaut (Chorioidea), die eine pigmentreiche Bindegewebslage besitzt.

**Aura** [griech. »Hauch«]: **1)** in der *Medizin* körperliche oder psychische Symtome, die einem großen epileptischen Anfall (z. B. subjektive optischen und akustische Wahrnehmungen, Geruchs- und Geschmackshalluzinationen) oder einer Migräne (z. B. Sehstörungen, Gefühlsstörungen, Lähmungen) vorangehen können;

**2)** im *Okkultismus* lichtartiger Schein, persönlichkeitsgeprägte Ausstrahlungen des menschlichen Körpers, dem Heiligenschein der christlichen Ikonografie vergleichbar. Die Aura soll von sensitiven Menschen beobachtbar sein.

**Ausdruck:** wahrnehmbare Merkmale wie Regungen im Gesicht, Körperbewegungen, Sprechweise oder Schrift, die erlauben, Rückschlüsse auf nicht unmittelbar beobachtbare

**Ausdruck:** Zusammenhänge zwischen Physiognomie und Persönlichkeit wurden u. a. im 18. Jh. von dem Schweizer Theologen Kaspar Lavater behauptet, von dem auch Johann Wolfgang von Goethe zeitweise beeinflusst war (Handzeichnung Goethes mit physiognomischen Studien).

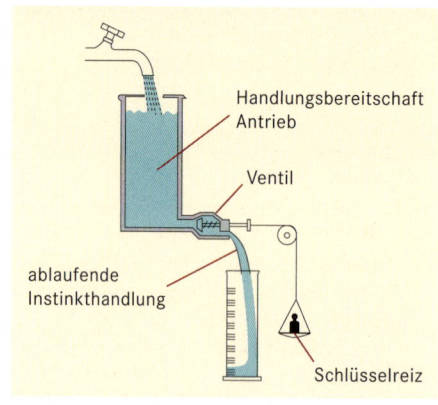

**Auslösemechanismus:** Konrad Lorenz erläuterte das Zusammenspiel der von außen einwirkenden Reize und der inneren Handlungsbereitschaft am Modell eines Wassertanks: Ohne Schlüsselreiz kann die Instinkthandlung trotz der Handlungsbereitschaft nicht ablaufen.

psychische Zustände und Verhaltensdispositionen des Menschen zu ziehen. Laienpsychologische Ausdrucksdeutungen, bei denen z. B. vom Körperbau oder von der Handschrift auf Charaktereigenschaften geschlossen wird, führen häufig zu Fehlinterpretationen.

**Ausfall|erscheinungen:** 1) in der *Medizin* Versagen oder Einschränkung einer körperlichen Funktion nach Erkrankung, Funktionsverlust oder operativer Organentfernung;

2) in der *Psychologie* Minderung seelischer Leistungen durch Schädigungen des Gehirns und des Nervensystems, z. B. durch Verletzungen, Durchblutungsstörungen, Tumoren oder Infektionen.

**Ausländerfeindlichkeit:** die →Fremdenfeindlichkeit.

**Ausländerpädagogik:** veraltete Bezeichnung für die →interkulturelle Erziehung.

**Auslese:** 1) in der *Pädagogik* die während der gesamten Bildungslaufbahn wirksamen Vorgänge der Gewährung und Versagung knapper, zeitlich und inhaltlich privilegierter Lernchancen (→Chancengleichheit). Formalisierte Ausleseprozesse (z. B. Schulabschlüsse, Einstellungstests) eröffnen bzw. verschließen den Zugang zu weiterführenden Bildungseinrichtungen und höheren beruflichen Positionen.

2) in der *Evolutionstheorie* Charles Darwins (* 1809, † 1882) Verfahren der Natur, durch welches die an die jeweiligen Umweltbedingungen gut angepassten Lebewesen eher überleben als die weniger gut angepassten. Veränderungen im Erbgut, Mutationen, verändern Gestalt und Verhalten eines Organismus. Die Umwelt sorgt für die Auswahl, weil sich bevorzugt die nach den Mutationen besser angepassten Individuen fortpflanzen und überleben.

Als Sozialdarwinismus verfälscht, diente diese Konzeption immer wieder zur ideologischen Rechtfertigung sozialen Geschehens, das als »natürlich«, unvermeidbar, letztlich als zwingend und somit auch als ethisch notwendig deklariert wurde. Die bruchlose Übertragung der von Darwin an Tieren entwickelten Konzeption auf das menschliche Zusammenleben hat besonders in der nationalsozialistischen Rassentheorie zu barbarischen Auswüchsen geführt: So wurden angeblich nicht gut an die Umwelt angepasste, »minderwertige« Individuen »ausgelesen« oder »selektiert«, d. h. verfolgt, sterilisiert, eingesperrt oder sogar getötet.

**Auslösemechanismus:** in der Verhaltensforschung zur Erklärung tierischen Verhaltens entwickeltes Konzept. Der Auslösemechanismus (AM) ist ein fixierter, neurosensorischer Mechanismus. Er filtert die passenden Umweltreize (Auslöser, →Schlüsselreize) heraus, um bei Tieren bestimmte angeborene Verhaltensprogramme in Gang zu setzen. Ohne Auslöser werden sie nicht aktiv. Es gibt angeborene und erworbene Auslösemechanismen. Der angeborene Auslösemechanismus (Abk.: AAM) wurde im Verlauf der stammesgeschichtlichen Entwicklung der Art erworben und ist im Erbgut fixiert. Die Eigenschaften des erworbenen Auslösemechanismus (Abk.: EAM) müssen dagegen erst erlernt werden. Ein zwar ererbter, im Verlauf der Ontogenese erst durch Lernen vervollständigter Auslösemechanismus wird schließlich als ergänzter angeborener Auslösemechanismus bezeichnet.

**Auslösesituation:** Konstellation verschiedener Schlüsselreize in der Umwelt, auf die ein Auslösemechanismus reagiert.

**Aussagepsychologie, Psychologie der Zeugenaussage:** Teilgebiet der *forensischen Psychologie*, das sich mit der Aussage eines Zeugen und der Verwendbarkeit der Aussage vor Gericht beschäftigt. Selbst die beste Zeugenaussage kann das Geschehene nicht fehlerfrei und vollständig wiedergeben, denn der Bericht über das Wahrgenommene ist Prozessen der kognitiven →Informationsverarbeitung unterworfen. In jeder Phase dieser Informationsverarbeitung können Fehler auftreten, die in der empirischen psychologischen Forschung eingehend untersucht worden sind, z. B. selektive Wahrnehmung, selektives Vergessen, Einordnen in falsche Zusammenhänge, missverständliche Form der Darstellung. Bei diesen Fehlern handelt es sich um Aussagefehler, unbeabsichtigte Irrtümer, die die Genauigkeit der Aussage beeinträchtigen. Jedoch können Zeugen ihre Aussage auch absichtlich verfälschen, z. B., um sich selbst nicht zu belasten. Dies betrifft die **Glaubwürdigkeit** der Aussage.

Die Begutachtung einer Aussage durch einen forensischen Psychologen (oder Psychiater) wird vorwiegend in strafrechtlichen Verfahren und bei Zeugen im Kindes- und Jugendalter durchgeführt. Sie beinhaltet eine Analyse der Persönlichkeit des Zeugen (u. a. der sprachlichen und geistigen Fähigkeiten), seiner möglichen Motive für eine Falschaussage (z. B. die Beziehung zum Beschuldigten), möglicher Fehlerquellen (z. B. die Beeinflussungen durch Dritte) und schließlich die inhaltliche Analyse der Aussagen (z. B. Widersprüche und Auslassungen).

**Außenseiter:** Personen, die zu Randgruppen einer Gesellschaft oder sozialen Gruppe gehören, von einer Mehrheit nicht beachtet oder abgelehnt werden und keinen direkten Zugang zu Machtpositionen oder öffentlichen Diskussionen haben. Zum Außenseiter wird jemand entweder durch Beschluss der Gruppe; dann muss er oft als →Sündenbock herhalten. Oder er schließt sich durch eigene Entscheidung von einer Gruppe aus. In beiden Fällen dient der Außenseiter der Gruppenstabilität.

In der Regel bleibt eine Außenseiterposition nicht ohne negative Auswirkung auf die Entwicklung der Persönlichkeit (Lern- und Leistungsverhalten, Selbstvertrauen usw.), wenn nicht pädagogische oder psychologische Maßnahmen die Wiedereinbindung des Außenseiters in die Gruppe fördern.

**Aussiedlerkinder:** Kinder von (Spät-)Aussiedlern, die als deutsche Volkszugehörige gemäß Bundesvertriebenen-Gesetz aus bestimmten mittel- und osteuropäischen Staaten nach Deutschland übersiedelten. Nach den politischen Veränderungen in Osteuropa wuchs die Zahl der Aussiedler zu Beginn der 1990er-Jahre stark an.

Aussiedlerkinder sind in der Regel vielfältigen Belastungen ausgesetzt: Häufig haben sie nur unzureichende Deutschkenntnisse, die Normen und Rollenerwartungen der deutschen Kultur sind ihnen zunächst fremd, sie leben oft in beengten Wohnverhältnissen und werden mit Diskriminierungen konfrontiert. In Schule und Ausbildung kommt es so häufig zu Motivations- und Leistungsproblemen. Diese Schwierigkeiten wirken sich z. T. negativ auf die Identitätsentwicklung aus, verstärken die Bindung an die Herkunftsfamilie und hemmen die eigentlich normale Ablösung von ihr oder aber die ursprüngliche Kultur wird geleugnet. Andere Aussiedlerkinder entwickeln trotz der Erschwernisse keine Identitätsprobleme und erzielen gute schulische Erfolge.

**Authentizität:** die →Echtheit.

**Autismus** [zu griech. autós »selbst«]: eine psychische Störung, die mit Abkapselung von der Umwelt und Versenken in die eigene Vorstellungs- und Gedankenwelt verbunden ist. Als Grundsymptom kommt der Autismus z. B. bei der Schizophrenie vor. Menschen, die an schwerem Autismus leiden, nehmen keinen Anteil an ihrer Umgebung, sprechen kaum (Mutismus) oder bewegen sich nicht mehr (Stupor).

Der **frühkindliche Autismus** (Kanner-Syndrom) ist eine tief greifende Entwicklungsstörung, die vor dem dritten Lebensjahr auftritt und u. a. folgende Merkmale aufweist: Isolation von der Umwelt, fehlende Reaktion auf Zuwendung von außen (Betroffene wirken gefühllos), kein Aufnehmen von Blickkontakt (sie scheinen durch ihr Gegenüber »hindurchzusehen«), verzögerte oder ausbleibende Sprachentwicklung, stereotype Beschäftigung mit einer Sache, zwanghafter Ordnungssinn, Angst vor Veränderungen. Die Intelligenz ist in vielen, aber nicht allen Fällen gemindert, dabei kommen auch sehr hohe Fähigkeiten in einem bestimmten Gebiet vor, z. B. musikalische oder mathematische. Autistische Menschen wirken auf ihre Umwelt gefühlsarm; sie empfinden aber durchaus Gefühle und auch Mitgefühl für andere, können diese jedoch nicht ausdrücken wie nicht autistische Menschen. Der frühkindliche Autismus tritt bevorzugt bei Jungen auf.

Das **Asperger-Syndrom** wird als eine leichtere Form des frühkindlichen Autismus bezeichnet; im Unterschied zu diesem ist die sprachliche Entwicklung sowie die Intelligenz nicht beeinträchtigt. Auffällig ist bei diesen Kindern, dass sie motorisch ungeschickt sind. Das Asperger-Syndrom tritt im Kinder- oder Jugendalter, ebenfalls meist bei Jungen auf.

Die Ursache des Autismus ist noch unklar. Vermutet wird ein genetischer Defekt, der sich als Autoimmunkrankheit oder als degenerative Erkrankung von Nervenzellen des Gehirns darstellt. In jüngster Zeit geht man davon aus, dass bei einem großen Teil der Autisten die →Theory of Mind fehlt oder sich verzögert entwickelt. Autismus kann nicht rückgebildet, aber die Symptome können gelindert werden. Sonderpädagogische Maßnahmen, Beratung und familientherapeutische Begleitung für Eltern, unterstützende Verhaltenstherapie und andere Verfahren kommen je nach Ausprägung der Symptome zum Einsatz. Die Festhaltetherapie, bei der die Mutter oder die Bezugsperson das Kind so lange in ihren Armen hält und ihm Zärtlichkeiten und Blickkontakte aufzwingt, bis es allmählich emotionale und soziale Kontakte eingeht, ist umstritten; Kritiker wenden ein, der aufgezwungene Kontakt belaste das Kind zusätzlich, statt es zu fördern. Unbestritten ist, dass autistische Kinder eine einfühlsame Erziehung brauchen, bei der das Lernen in kleinen Schritten im Vordergrund steht.

**Autoaggression:** gegen die eigene Person gerichtete Aggression. Sie ermöglicht eine Abfuhr von Aggressionen, ohne den Liebesverlust fürchten zu müssen, der riskiert wird, wenn sich z. B. die Wut unmittelbar gegen die kränkende Person richtet. So kann ein Teufelskreis entstehen: Die Abhängigkeit von den Bezugspersonen steigert die Autoaggression, diese wird als beschämend erlebt, der Betreffende fühlt sich weniger liebenswert, und das vertieft wiederum die Abhängigkeit von den Bezugspersonen. Starke Neigungen zur Autoaggression kennzeichnen u. a. den →Masochismus und die →Borderlinestörung. Autoaggression kann sich in →selbstschädigendem Verhalten, in →Selbstverletzungen oder in beschämenden und herabsetzenden Gedanken über sich selbst äußern.

**autobiografisches Gedächtnis:** Form des →Gedächtnisses

**Autodestruktion:** das →selbstschädigende Verhalten.

**Auto|erotik:** auf die eigene Person gerichtete Form der →Erotik.

**autogenes Training** [- ˈtrɛːnɪŋ]: von dem Berliner Nervenarzt und Psychotherapeuten Johannes Heinrich Schultz um 1930 entwickeltes Verfahren der Selbstentspannung, das dazu dienen soll, durch stufenweise erlernbare Konzentrationsübungen seelische Spannungszustände auszugleichen, Verkrampfungen zu lösen, Schmerzzustände zu lindern oder zu beseitigen sowie Schlafstörungen und andere nervöse Anfälligkeiten zu beheben. Das Verfahren ist fernöstlichen Versenkungspraktiken, insbesondere dem →Yoga, verwandt und arbeitet mit →Autosuggestion und autohypnotischen Techniken (→Hypnose). Es wird versucht, sowohl körperlich (durch Muskelentspannung, Puls- und Atemkontrolle) als auch seelisch (durch Selbstruhigstellung, Affektdämpfung, Selbstanalyse) eine Veränderung der sonst willkürlich nicht beeinflussbaren Körperfunktionen und -empfindungen (z. B. Herzschlagfolge, Körperwärmeempfindung) im positiven Sinn zu bewirken und eine geregelte Funktion des vegetativen Nervensystems zu erreichen.

Die Übungen bauen in kleinen, leicht zu lernenden Schritten aufeinander auf. Zunächst werden in sechs Einzelübungen Schwere- und Wärmeerlebnisse hervorgerufen; sie betreffen Muskeln, Blutgefäße, Herz, Atmung, Bauchorgane und Kopfregion. Wer regelmäßig übt, kann sich damit in relativ kurzer Zeit entspannen. Später können zusätzlich meditative Farb- und Bilderlebnisse eingesetzt werden, was die Selbstwahrnehmung vertiefen und Selbstklärungen erleichtern soll. Diese Ausgestaltung des autogenen Trainings ist mit anderen Formen der meditativen, auf die Produktion und Lenkung von Fantasiebildern abzielenden Psychotherapie verwandt (→katathymes Bilderleben). Die Wirksamkeit des autogenen Trainings ist wissenschaftlich belegt.

**Autohypnose, Selbsthypnose:** Selbstversenkung in einen hypnotischen Zustand durch Autosuggestion, auch mithilfe eines Tonbands oder Bildschirms, im Unterschied zur Hypnose durch einen Hypnotherapeuten. Die Autohypnose ist ein altes, z. B. im Yoga enthaltenes Verfahren, mit dem auch das →autogene Training verwandt ist und das therapeutisch angewendet wird.

**Auto|immunkrankheiten:** Krankheitsbilder, die durch die Bildung von Antikörpern gegen eigenes Gewebe gekennzeichnet sind; dazu werden z. B. das Rheuma und die Colitis ulcerosa gerechnet. Die Ursachen für die Entstehung sind noch nicht vollständig geklärt; man vermutet jedoch neben einer erblichen Komponente auch den Einfluss psychischer Belastungen, z. B. von Stress. Die Untersuchungen hierzu sind jedoch widersprüchlich. Autoimmunkrankheiten sind in der Regel psychisch belastend, da sie häufig schmerzhaft, langwierig und ohne echte Aussicht auf Heilung verlaufen. Zur Bewältigung dieser psychischen Belastungen haben sich Psychotherapie und v. a. Selbsthilfegruppen bewährt.

**autokinetisches Phänomen** [zu griech. autós, »selbst« und kínēsis, »Bewegung«]: *Wahrnehmungspsychologie:* die scheinbare Bewegung eines Gegenstandes. Die menschlichen Augen bewegen sich ständig minimal hin und her; aufgrund dieser Eigenbewegung scheint sich ein in einem dunklen Raum fixierter Lichtpunkt beim Betrachten zu bewegen. Dabei gibt es hinsichtlich des scheinbar zurückgelegten Weges dieses Punkts große Unterschiede zwischen den einzelnen Betrachtern. Diese wahrgenommenen Unterschiede sind überdies durch Suggestion beeinflussbar; deshalb wurde das autokinetische Phänomen u. a. zur Untersuchung der Urteilsbildung im sozialen Feld herangezogen (suggestiver Einfluss fremder Urteile auf das eigene).

**automatische Gedanken:** in der →kognitiven Verhaltenstherapie negative Gedanken.

**Automatismen: 1)** selbsttätig, d. h. ohne Bewusstseinskontrolle ablaufende, meist rhythmische vegetative oder motorische Vorgänge des Organismus. Endogene Automatismen (z. B. Herzschlag oder Atmung) werden von z. T. einander untergeordneten Automatiezentren gesteuert und durch Rückkoppelung zusätzlich beeinflusst. Z. B. wird die Atemfrequenz durch das Atemzentrum im Gehirn gesteuert, das bei körperlicher Aktivität, die über Rückkoppelung dem Gehirn gemeldet wird, die Atemfrequenz erhöht. Exogene Automatismen sind unkontrolliert ablaufende Bewegungen im Alltag, die, nachdem sie einmal gelernt wurden, automatisch richtig ablaufen (z. B. Schreiben, Fahrradfahren).

**2)** unbewusste, oft unerwünschte motorische Bewegungen, die z. B. als Tic oder als Bewegungsstereotypie bei bestimmten Formen psychischer Beeinträchtigung und neurologischen Krankheiten vorkommen (z. B. Zucken der Augen- oder Gesichtsmuskulatur).

**Autonomie** [griech. »Selbstgesetzlichkeit«]: die Willensfreiheit und Unabhängigkeit. Als **funktionelle Autonomie** werden Verhaltensweisen bezeichnet, die ursprünglich an bestimmte Ziele gekoppelt waren und sich später verselbstständigt haben: Ein bestimmtes Verhalten tritt erneut auf, auch wenn das Ziel längst erreicht ist. Eine funktionelle Autonomie der Motive ist erreicht, wenn die zum Selbstzweck geratenen Verhaltensweisen den Charakter eines eigenständigen Motivs angenommen haben.

**Autopoi|ese** [zu griech. poíesis »das Hervorbringen«, »das Machen«]: von dem Neurobiologen Humberto Maturana (* 1928) geprägter Begriff zur Bezeichnung der Eigenschaft bestimmter Systeme, die Elemente, aus denen sie bestehen, selbst zu produzieren und ständig zu reproduzieren. Diese theoretische Konzeption der Selbstorganisation war zunächst als Theorie einer »Biologie der Kognition« bzw. biologische Erklärung des Bewusstseins entstanden. Allerdings ist sie in der Biologie und insbesondere in der Neurobiologie umstritten und kaum zu Bedeutung gelangt. Dennoch wurde das Konzept der Autopoiese in den Sozialwissenschaften und in der Psychologie äußerst populär.

**autoritäre Persönlichkeit:** ein Mensch, dessen Einstellung v. a. durch unkritische Unterordnung unter Autoritäten, Konformismus und Intoleranz geprägt ist. Der Begriff entstammt einer von Theodor W. Adorno und seinen Mitarbeitern in den USA durchgeführten umfangreichen empirischen Studie (»The authoritarian personality«, 1950) über das Vorurteil und den Zusammenhang von Autoritätsgläubigkeit und faschistischem Potenzial. Die autoritäre Persönlichkeit wird danach folgendermaßen charakterisiert: Sichfesthalten an vorherrschenden Werten und Normen, vorurteilsbehaftetes und unbewegliches Denken, starres Urteilen, unterwürfiges und konformistisches Verhalten, hohe Bewertung von Stärke und Macht. Der Orientierung an Autoritätsträgern entspricht auf der anderen Seite die intolerante, oft aggressive Einstellung zu Menschen, die von den unkritisch angenommenen eigenen Vorstellungen und Werten abweichen. Die autoritäre Persönlichkeit fühlt sich leicht von Minderheiten bedroht oder verfolgt, benutzt diese oft als Sündenbock und hegt häufig rassistische Vorurteile. Das Verhalten der autoritären Persönlichkeit lässt sich kurz durch die Redensart »nach oben buckeln, nach unten treten« kennzeichnen.

Die Studie wurde aus theoretischen wie methodischen Gründen kritisiert und zog eine Reihe weiterer Forschungen zu ähnlichen Themen nach sich.

**autoritärer Erziehungsstil:** ein →Erziehungsstil.

**Autorität** [latein. »Geltung«, »Ansehen«, »Vollmacht«]: Einfluss von Personen oder Institutionen aufgrund äußerer Befugnisse oder Symbole, aber auch aufgrund Überlegenheit,

**autoritäre Persönlichkeit:** Theodor W. Adorno erforschte das faschistische Potenzial autoritären Verhaltens, wie es etwa in den Strukturen der Hitlerjugend in Erscheinung trat (hier bei einem Aufmarsch am Brandenburger Tor in Berlin).

**Autorität | Erwerben und erhalten**
In der traditionellen Gesellschaft wurden Erwachsene leicht von Kindern und Jugendlichen als Autorität anerkannt, da es nur wenige Kulturtechniken gab und die jüngere Generation viel von der älteren lernen konnte und musste, um das Leben zu meistern. In der modernen Gesellschaft dagegen ist das Wissen der Eltern vielfach veraltet, und bei der Handhabung neuer Techniken müssen sie oft sogar ihre Kinder um Rat fragen.
Dennoch ist Autorität nach wie vor für die Entwicklung von Kindern und Jugendlichen wichtig. Das Bedürfnis von Kindern und Jugendlichen nach Anerkennung von respektierten Erwachsenen und Auseinandersetzung mit ihnen ist groß. Aber die Autorität ist den Erwachsenen nicht mehr durch den ihnen zu zollenden Respekt verliehen; vielmehr müssen sie sie sich dadurch erwerben, dass sie sich den Jüngeren gegenüber als kompetente, empathische Gesprächspartner erweisen.

größeren Ansehens oder besonderen Sachverstandes; auch die einflussnehmende Person selbst. Man unterscheidet »persönliche«, d. h. in Kleingruppen erworbene Autorität, die auf die Vorbildhaftigkeit oder das besondere Leistungsvermögen einer Person zurückgeht, von »unpersönlicher« oder »formaler«, d. h. in größeren Sozialzusammenhängen oder Organisationen auftretender Autorität, die sich auf Tradition, Recht, Eigentum oder bestimmte (z. B. religiöse oder magische) Vorstellungen gründet. Der Rang eines Autoritätsträgers kann sich aber auch aus einem Amt herleiten; in diesem Fall spricht man von »delegierter« Autorität.

Der Begriff Autorität wird häufig mit dem Begriff der →Macht synonym gebraucht, beide Begriffe werden auch voneinander abgegrenzt, besonders im pädagogischen Bereich. So wird Autorität verstanden als Einflussnahme zu Zwecken des Lehrens, d. h. als Hilfestellung zur Entwicklung von Fähigkeiten, und zwar auf der Grundlage von klaren Regeln, die der andere nachvollziehen und damit auch eher akzeptieren kann. Macht hingegen wird verstanden als Einflussnahme zu Zwecken der Unterordnung des anderen, als Forderung nach →Gehorsam, in diesem Fall gibt es keine verbindlichen Regeln, das Kind weiß z. B. nicht, wann es wofür bestraft wird, warum es dieses oder jenes tun soll. In Bezug auf Erziehungsstile kann man sagen, dass das Nutzen von Autorität dem autoritativen →Erziehungsstil, das Nutzen von Macht dem autoritären Erziehungsstil entspricht. In der Bezeichnung autoritärer Erziehungsstil wird Autorität also als eine negative Form von Autorität verstanden. Diesem folgt auch das Konzept der →antiautoritären Erziehung.

Eine andere Abgrenzung der Begriffe Autorität und Macht erfolgt derart, dass Autorität eher als die Person oder als die Eigenschaft einer Person (sehr fähig in einem Gebiet, auch seriös, klug, vertrauenweckend, gerecht, durchsetzungsfähig u. a.) und Macht eher als die Befugnis zur Ausübung von Einfluss betrachtet wird. So kann z. B. eine Person eine Autorität in der Archäologie sein, ihr kann aber die Macht fehlen, umfangreiche archäologische Forschungen zu betreiben, weil sie nicht über die dafür notwendigen politischen oder monetären Mittel verfügt. Oder eine Person hat Macht, z. B. aufgrund einer Position, ihr fehlt es aber an Autorität, um etwas zu bewegen.

**autoritativer Erziehungsstil:** ein →Erziehungsstil.

**Autostereotyp:** auf Angehörige der eigenen Gruppe bezogenes →Stereotyp.

**Autosuggestion:** meist bewusste, gelegentlich auch unbewusste Beeinflussung eigener Vorstellungen oder des eigenen Willens. Die Autosuggestion wird (z. B. im →autogenen Training) eingesetzt, um unerwünschte Gefühlsreaktionen zu überwinden, z. B. Angst vor bestimmten Situationen, Zornesausbrüche, Selbstmitleid und andere als negativ empfundene Gemütszustände. Sie sollte nur unter Anleitung einer erfahrenen Fachkraft erlernt werden. Voraussetzung einer therapeutisch wirksamen Autosuggestion ist die tiefe körperliche und seelische Entspannung. Im entspannten Zustand stellt sich der Mensch möglichst konkret und in bildhafter Form das angestrebte Ziel vor. Dies kann z. B. das mutige Reagieren auf eine bestimmte Situation sein, aber auch die Vorstellung eines gesunden Körpers. Wichtig ist die bildhafte Anschaulichkeit des angestrebten Ziels.

**Aversion** [spätlatein. »das Sichabwenden«]: emotional negative Reaktion gegenüber bestimmten Reizen, Situationen oder Empfindungen, die angeboren oder durch unangenehme Erfahrungen (bedingte Aversion) erworben sein kann. Aversion ist ein Schutzmechanismus; so empfindet man z. B. häufig Ekel gegenüber ungenießbaren Lebensmitteln oder Angst vor gefährlichen Tieren. Aversionen sind sehr beständig und nur schwer zu überwinden. Handelt es sich bei der Aversion um Angst gegenüber normalerweise ungefährlichen Situationen oder Objekten, kann eine Psychotherapie, z. B. Verhaltenstherapie, helfen. Bei der →Aversionstherapie wird nicht eine das Leben beeinträchtigende Aversion reduziert, sondern es wird eine Aversion zwecks Unterlassen von unerwünschtem Verhalten induziert.

**Aversionskonflikt:** ein →Konflikt 1), bei dem man zwischen zwei Übeln wählen muss.

**Aversionstherapie:** Form der Verhaltenstherapie, bei der unangenehme Reize eingesetzt werden, um unerwünschtes Verhalten unattraktiv zu machen. Eine der ältesten Formen ist die Gabe eines Mittels, das bei gleichzeitigem Alkoholgenuss Übelkeit auslöst, um Alkoholismus zu beseitigen (Antabus-Behandlung). Beim Nichtrauchertraining ist früher versucht worden, das beim Anblick einer Zigarette ausgelöste Verlangen dadurch zu vermindern, dass man ein Dia einer Zigarette zeigt und gleichzeitig dem entwöhnungswilligen Raucher einen schwachen, aber unangenehmen Stromstoß gibt. Sehr umstritten waren Versuche, bei denen mithilfe solcher Methoden Homosexualität bekämpft werden sollte. Heute werden Stromschläge und Injektionen von übelkeitsauslösenden Medikamenten von den meisten Therapeuten aus ethischen Erwägungen abgelehnt. Die Aversionstherapie stützt sich heute eher auf die Erweckung unangenehmer Vorstellungen, die mit dem störenden Verhalten verknüpft werden sollen, um seine Folgen weniger attraktiv erscheinen zu lassen.

**aversiver Reiz:** unangenehmer Reiz, der zu Flucht- und Vermeidungsverhalten führt, z. B. ein Stromschlag. Ein aversiver Reiz wird bei der operanten Konditionierung als →Bestrafung eingesetzt.

**Awareness:** in der Gestalttherapie Bewusstheit für sich und für die Umwelt; zunehmend mit »Gewahrsein« übersetzt. Eines der vorrangigen Ziele der Gestalttherapie ist es, die Awareness des Patienten zu erhöhen, denn erst durch das genaue Wahrnehmen des Hier und Jetzt kann der Mensch sich und andere besser verstehen und somit die richtigen Entscheidungen treffen, d. h. handlungsfähig sein. Wichtig dabei ist, dass das Wahrnehmen wertfrei geschieht. Der Gestalttherapeut fördert die Awareness, in dem er meist auf das körperliche Befinden fokussiert: Einen Patienten, der sich diffus unwohl fühlt, fragt er z. B., ob er dieses Unwohlsein körperlich lokalisieren kann; ist es ein Drücken in der Brust, fordert er ihn z. B. auf, als die Brust zu sprechen; im Dialog mit der »Brust« könnte herauskommen, dass der Patient unter starker Arbeitsbelastung steht, was er bisher nicht bewusst wahrgenommen hatte. Weiter könnte sich zeigen, dass der Patient sich auch gar nicht zugesteht, durch Arbeit belastet zu werden, geschweige denn, kürzerzutreten.

Fritz und Lore Perls, Begründer der Gestalttherapie, haben ihren Therapieansatz zunächst Konzentrationstherapie oder Gewahrseinstherapie nennen wollen – das zeigt, wie zentral Awareness für diesen Ansatz ist.

**Axon:** Reiz weiterleitender Fortsatz der →Nervenzellen.

# B

**Bahnung:** die Erscheinung, dass psychophysische Funktionen (zentralnervöse Reizabläufe, Gedächtnis-, Assoziations-, Wahrnehmungsleistungen u. a.) umso flüssiger ablaufen, je öfter sie wiederholt werden; bedeutsam bei Mechanismen der bedingten →Reflexe, des →Lernens und des →Gedächtnisses.

**Balint,** Michael: britischer Arzt und Psychoanalytiker ungarischer Herkunft, *Budapest 3. 12. 1896, †London 31. 12. 1970; emigrierte 1939 und schuf in London zusammen mit seiner Ehefrau, der Psychoanalytikerin und Lehranalytikerin Enid Balint (*1904, †1994), die nach ihm benannten Balint-Gruppen für Angehörige heilender und helfender Berufe; lieferte wichtige Beiträge zur Bedeutung der frühen Mutter-Kind-Beziehung und entwickelte, ebenfalls zusammen mit E. Balint, eine Kurzform der Psychotherapie, die Fokaltherapie.

**Balint-Gruppe:** von dem Psychoanalytiker Michael Balint entwickelte berufsbezogene Gruppenarbeit, in der Ärzte (aber auch Psychotherapeuten und andere Fachleute, die mit Menschen arbeiten, wie Lehrer, Sozialpädagogen, Krankenpflegepersonal) die Beziehung zu »schwierigen« Klienten untersuchen. Es geht dabei v. a. um die Aufdeckung von →Gegenübertragungen. Ziel ist es, das berufliche Verhalten zu verbessern.

**Balken:** Teil des →Gehirns.

**Bandura** [bæn'du:rə], Albert: amerikanischer Psychologe kanadischer Herkunft, *Mundare 4. 12. 1925; führender Vertreter der Theorie des sozialen Lernens, bei der das →Beobachtungslernen und das Konzept der →Selbstwirksamkeit im Vordergrund stehen.

**Barbiturate:** Abkömmlinge der Barbitursäure, lange Zeit der am meisten verbreitete Typus von Schlaf- und Beruhigungsmitteln, heute nur noch als Mittel gegen Epilepsie und Narkosemittel gebraucht. Sie vermindern in kleiner Dosis die Krampfneigung und dämpfen die Aktivität des Bewusstseins; bei Überdosis lähmen sie das Atemzentrum und führen so zum Tod. Die gleichzeitige Einnahme von Alkohol steigert und verändert die Wirkung. Barbiturate sind auch als Suchtmittel missbraucht worden, v. a. in Verbindung mit aufputschenden Medikamenten (→Psychostimulanzien).

**Bathophobie:** die →Höhenangst.

**Baumtest:** diagnostisches Verfahren aus der Gruppe der →Zeichentests und →projektiven Tests, das v. a. bei Kindern eingesetzt wird. Das Kind wird gebeten, einen Baum zu zeichnen und dabei seiner Fantasie freien Lauf zu lassen.

**BDP,** Abk. für **Berufsverband Deutscher Psychologinnen und Psychologen e. V.:** Berufs- und Fachverband aller Diplom-Psychologen in Deutschland. Der BDP besteht seit 1946 und zählt heute rund 13 000 Mitglieder, die in Landesgruppen und Sektionen organisiert sind. Er vertritt die Diplom-Psychologen in berufs- und bildungspolitischen Angelegenheiten, veranstaltet regelmäßige Konferenzen und informiert Mitglieder und Öffentlichkeit über die Situation der Psychologie in Deutschland.

**Beanspruchung:** Vorgang des Belastetwerdens durch innere oder äußere Einflüsse. Das Verhältnis von Belastung und Beanspruchung ist kein einfaches Reiz-Reaktions-Muster, vielmehr liegen ihm Vermittlungs- und Rückkopplungsprozesse zugrunde. Eine lang dauernde Beanspruchung kann zu Stress führen.

**Beck,** Aaron T.: amerikanischer Psychiater, *Providence (R. I.) 18. 7. 1921; Forscher auf dem Gebiet der Depression und Begründer der kognitiven Therapie. Beck absolvierte eine Psychoanalyseausbildung; unzufrieden mit den Ergebnissen seiner psychoanalytischen Therapien entwickelte er die neue Behandlungsform, in der den Gedanken als Auslöser für Gefühle, damit auch psychischen Störungen, eine zentrale Bedeutung zugeschrieben wird. Die Änderung von krankmachenden Gedanken ist heute Bestandteil der →kognitiven Verhaltenstherapie.

**bedingte Reaktion:** eine Reaktionsform bei der klassischen →Konditionierung.

**bedingter Reiz:** Form des Reizes bei der klassischen →Konditionierung.

**Bedürfnis:** Empfinden eines Mangels und der Wunsch, diesen Mangel zu beheben; der Begriff wird z. T. mit →Motiv gleichbedeutend gebraucht. Bedürfnisse, die durch biophysische Mangelzustände des Einzelnen bedingt sind, werden als primäre (angeborene) Bedürfnisse, auch als Trieb- oder Vitalbedürfnisse (z. B. Hunger, Durst, Schutz vor Gefahr) bezeichnet. Sie sind von den durch →Sozialisation erlernten oder »anerzogenen« sekundären (erworbenen)

**Baumtest:** Die Auswertung von Gestaltungstests wie des Baumtests geschieht anhand subjektiver Kriterien. Im vorliegenden Beispiel könnte man bei den jeweiligen Zeichnern auf eine extravertierte (links) oder eine introvertierte Persönlichkeit schließen.

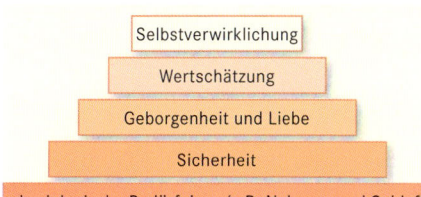

**Bedürfnis:** Nach dem hierarchischen Stufenmodell von Abraham Maslow müssen erst die grundlegenden Bedürfnisse erfüllt sein, bevor die Befriedigung der Bedürfnisse der nächsthöheren Stufe erstrebt werden kann.

Bedürfnissen zu unterscheiden. Letztere entstehen aus der Verinnerlichung familiärer und sozialer Normen. Sie sind nicht physiologisch, sondern materiell und geistig ausgerichtet. Typisch in der kapitalistischen Gesellschaft ist das Bedürfnis nach Geld und Besitz. Je nach Einteilungsgesichtspunkt unterscheidet man u. a. auch primitive und (kulturell) wertvolle, natürliche und künstliche, soziale, religiöse, künstlerische, kollektive Bedürfnisse.

**Befangenheit:** Unsicherheit in sozialen Situationen, Scheu gegenüber anderen Menschen. Sie ist häufiges Begleitsymptom der Selbstunsicherheit und kann mit einer Psychotherapie bearbeitet werden (→Selbstwertgefühl).

**Befragung:** 1) in der *diagnostischen Psychologie* jede strukturierte Form der Fragestellung zur Erhebung mündlicher und schriftlicher Daten. Spezielle Formen der Befragung sind das →Interview und die →Exploration;

2) in der *empirischen Sozialforschung*, besonders in der Markt- und Meinungsforschung, am häufigsten angewendete, vielfältige Methode der Datenerhebung. Man spricht hier häufig auch von **Umfragen**. Ausgangspunkt einer Befragung ist meist ein Forschungsproblem bzw. ein Komplex von Forschungsfragen, die gegebenenfalls mittels Voruntersuchungen genauer gefasst und in begrifflich eindeutige, numerische Variablen zerlegt werden (Operationalisierung). Die Antwortalternativen werden auf dem Fragebogen, der die Liste der Variablen enthält, zumeist mit vorgegeben. Die befragte Person wählt die Antwort aus, die am besten auf sie zutrifft, oder kreuzt auf einer Skala den zutreffenden Wert an. Nur bei offenen, qualitativen Fragen besteht die Möglichkeit, die Antwort komplett selbst zu formulieren.

Hauptformen der Befragung sind die meistens mithilfe eines Leitfadens oder Fragebogens erfolgende direkte mündliche Befragung durch Interviewer, die telefonische Befragung sowie die schriftliche Form, bei der die befragten Personen die zugeschickten Fragebögen ausfüllen. Tatsachenfragen beziehen sich auf Wissen, Erlebnisse und Erfahrungen, Meinungsfragen dagegen auf Werthaltungen, Einstellungen, Vorurteile, Gefühle, Motive, Wünsche, Interessen, Ansprüche und Zukunftserwartungen sowie auf politische Einstellungen und Parteienpräferenzen.

Problematisch sind Interviewereinflüsse, der Grad der Aufrichtigkeit des Befragten (Tendenz zu vermeintlich sozial erwünschten Antworten), offensichtlich falsch ausgefüllte Fragebögen und die geringen Rücklaufquoten von Fragebögen. Durch Standardisierung der Befragung mittels Fragebogen und Interviewerschulung werden ein hohes Maß an Kontrolle der künstlichen Befragungssituation, bessere Vergleichbarkeit und eine rationale Auswertung der erhobenen Daten angestrebt. Die Ergebnisse dienen der empirischen Problemanalyse, der Erstellung von Prognosen und der Absicherung von Planungs- und Entscheidungsprozessen.

**Befriedigung:** Lösung eines Spannungszustandes, der durch ein nicht erfülltes →Bedürfnis hervorgerufen wurde.

**Begabtenförderung:** im Unterschied zur allgemeinen Ausbildungsförderung besondere pädagogische und bildungspolitische Unterstützung und z. T. auch materielle Hilfe speziell für (hoch)begabte Schüler, Studenten und Auszubildende durch Stipendien, Auslandsstudienaufenthalte und Wettbewerbe. Ziel ist eine möglichst frühe Erkennung und Förderung von besonderen Begabungen auf sprachlichen, mathematischen, wissenschaftlich-intellektuellen, praktischen, künstlerischen und sportlichen Gebieten.

Beispiele für Schülerwettbewerbe sind »Jugend forscht«, »Jugend trainiert für Olympia«, Vorlesewettbewerbe oder Bundeswettbewerbe in verschiedenen Schulfächern. Stipendien werden von verschiedenen Förderungswerken an Studierende vergeben. Auch für hoch qualifizierte Nachwuchswissenschaftler existieren Förderprogramme und -preise. Ferner gibt es Auslandsstiftungen und zahlreiche Förderpreise für junge Künstler.

**Begabung:** das einer Person innewohnende Potenzial, bestimmte Leistungen zu erbringen, z. B. im handwerklichen, technischen, sprachlichen, wissenschaftlichen oder künstlerischen Bereich. Die Frage, zu welchen Anteilen Begabung erblich oder durch Lernen und Umfeld erworben ist, thematisiert das →Anlage-Umwelt-Problem.

**Begriff:** gedankliche Einheit, bestehend aus einem Bündel von Merkmalen, mit denen sich eine Klasse von Gegenständen, Ereignissen oder Relationen beschreiben lässt. Der Begriff des Messers z. B. besteht aus denjenigen Merkmalen, die allen Gegenständen gemeinsam sind, welche als Messer bezeichnet werden können: eine in einen Griff gefasste Klinge, die zum Schneiden dient. Die genannten Merkmale gelten für alle Besteckmesser, Taschenmesser oder Teppichmesser, die man aus der eigenen Erfahrung kennt. Insofern sind Begriffe stets das Ergebnis einer Abstraktion; sie bilden sich dadurch, dass die gemeinsamen Merkmale aus einer Vielzahl von ähnlichen Objekten herausgelöst werden. Das Prinzip der Abstraktion ist gleichermaßen auf Dinge (z. B. Messer), Ereignisse (z. B. Feste) und Relationen (z. B. Eigentum) anwendbar und gilt als wesentliche Fähigkeit des menschlichen Geistes.

In der *kognitiven Psychologie* stellen Begriffe die elementaren Einheiten des Wissens dar. Sie sind das Ergebnis vergangener Erfahrungen, die zu Kategorien zusammengefasst sind, und sie ermöglichen, neue Erfahrungen in diese Kategorien einzuordnen. Es bestehen allerdings unterschiedliche Auffassungen darüber, in welcher Form Begriffe im Langzeitgedächtnis gespeichert werden. Gemäß dem merkmalsorientierten Ansatz besteht jeder Begriff aus einer Liste abstrahierter Eigenschaften. Da die Eigenschaften oft selbst begrifflich beschrieben sind, gleicht das Wissen einer Person strukturell einem Lexikon, in dem Begriffe durch Begriffe definiert werden. Das Wissen nimmt die Form eines →semantischen Netzes an. Das Erkennen eines Objektes erfolgt durch den schrittweisen Abgleich seiner Merkmale mit den gespeicherten Merkmalslisten. Trägt das Objekt die notwendigen oder hinreichenden Merkmale, kann es entsprechend klassifiziert werden. Der Prototypenansatz geht hingegen davon aus, dass im Gedächtnis jede Kategorie durch ein typisches oder idealisiertes Exemplar vertreten wird (etwa durch das innere Bild eines typischen Messers). Das Erkennen eines Objektes erfolgt nunmehr durch den Vergleich mit Prototypen. Wenn das Objekt einem Prototyp genügend ähnelt, kann es in die betreffende Kategorie einsortiert werden.

**Begutachtung:** das Erstellen eines Gutachtens durch einen (wissenschaftlichen) Sachverständigen, das Entscheidungen von Laien, Politikern und Gerichten erleichtern soll. Psychologen werden als Sachverständige zur Begutachtung besonders vor Gericht im Strafrecht (→Schuldfähigkeit von Angeklagten, Glaubwürdigkeit von Zeugen), im Familienrecht (Welcher Elternteil erhält das Sorgerecht für die Kinder?), im Verkehrsrecht (Führerscheinentzug bei auffällig gewordenen Autofahrern) sowie bei Fragen von Rehabilitation und Berentung bei Versicherungen (Behinderung, Berufsunfähigkeit) eingesetzt.

**Behaviorismus** [bihevjə-, zu engl. behavior »Benehmen«, »Verhalten«]: eine theoretische und methodische Ausrichtung in der Psychologie, die ausschließlich das sichtbare Verhalten von Organismen zum Gegenstand der Untersuchung macht. Dem Behaviorismus liegt der Anspruch zugrunde, psychologische Forschung mit den Methoden der exakten und objektiven Naturwissenschaft zu betreiben. Folglich werden nur mess- und beobachtbare Ereignisse untersucht. Die Existenz mentaler und seelischer Phänomene wird nicht unbedingt bestritten, sie werden aber aufgrund des streng experimentellen Vorgehens aus der Betrachtung ausgeklammert.

Der Behaviorismus wurde zu Beginn des 20. Jahrhunderts von John B. Watson begründet und propagiert. Zu den wichtigen Vertretern zählt ferner Burrhus F. Skinner. Besonders im angloamerikanischen Sprachraum blieb der Behaviorismus bis in die Mitte des 20. Jahrhunderts der maßgebliche Ansatz in der Psychologie. Mit der Beschränkung auf das Verhalten als Untersuchungsgegenstand rückten Lernvorgänge im Sinne von Verhaltensänderungen in den Mittelpunkt des Interesses. Im →Trial-and-Error-Learning und in der →Konditionierung wurden umfassende Lernprinzipien gesehen, aus denen alle tierischen und menschlichen Verhaltensweisen hervorgehen.

**Behaviorismus:** Großen Einfluss auf die Lernpsychologie hatte der Physiologe Iwan Petrowitsch Pawlow – hier 1914 vor einer Versuchsanordnung – mit seinen Untersuchungen zur Entstehung des bedingten Reflexes beim Hund.

Der radikale Behaviorismus beinhaltet ein mechanistisches Menschenbild, nach dem das Individuum als Produkt seiner Lerngeschichte aufgefasst wird. Anlagefaktoren spielen eine untergeordnete Rolle. Skinner leitete aus den Prinzipien der Konditionierung ein utopisches Gesellschaftsmodell ab, in welchem Freiheit und Würde als Illusionen enttarnt werden sollen, jedoch Gerechtigkeit und Frieden durch eine wissenschaftlich optimierte Verteilung von Verstärkern erreicht werden können.

Spätere Vertreter des Behaviorismus (**Neobehaviorismus**) haben im Gegensatz zu Watson und Skinner versucht, in ihre theoretischen Ansätze auch nicht direkt beobachtbare organismische und kognitive Vorgänge einzubeziehen. Diese Vorgänge vermitteln zwischen Reiz und Reaktion und erfüllen damit lediglich die Funktion intervenierender Variablen. Diese sind nur im Zusammenhang der objektiven Versuchsbedingungen und Beobachtungen definierbar, womit das behavioristische Prinzip aufrechterhalten bleibt, keine spekulativen Konstrukte wie Bewusstsein oder das Unbewusste zur Erklärung von Verhalten heranzuziehen. Die tatsächliche Bedeutung von nicht beobachtbaren mentalen Vorgängen konnte jedoch nicht länger ignoriert werden, als Edward C. Tolman nachwies, dass Ratten auch ohne äußeren Anreiz die Wege eines Labyrinthes lernen und über eine →mentale Repräsentation verfügen.

Das behavioristische Paradigma wurde von der →kognitiven Psychologie abgelöst.

**Behindertenpädagogik:** Teilbereich der →Sonderpädagogik.

**Behinderung:** Auswirkung einer nicht nur vorübergehenden Funktionsbeeinträchtigung, die auf einem körperlichen, geistigen oder seelischen Zustand beruht, der von dem für das jeweilige Lebensalter typischen Zustand abweicht. Dabei kann die gleiche Funktionsbeeinträchtigung zu sehr unterschiedlichen Behinderungen führen; so behindert der Verlust des linken Mittelfingers einen Koch bei seiner Berufsausübung weit weniger als einen Geiger. Man unterscheidet zwischen Körper-, geistigen und psychischen Behinderungen, wobei die Übergänge fließend sind; gelegentlich treten mehrere Behinderungen in Verbindung miteinander auf; man spricht dann von **Mehrfachbehinderung**. Auch schwere Schädigungen und Funktionseinschränkungen wirken sich meist nicht auf alle Lebensbereiche aus, sondern beeinträchtigen nur bestimmte Tätigkeiten. Daher kann auch der Hilfebedarf selbst bei gleicher Funktionsbeeinträchtigung sehr unterschiedlich sein. Behinderte haben einen rechtlichen Anspruch auf soziale Hilfen zum Ausgleich von Benachteiligungen aufgrund ihrer Behinderung (z. B. Steuererleichterung, Maßnahmen der →Rehabilitation).

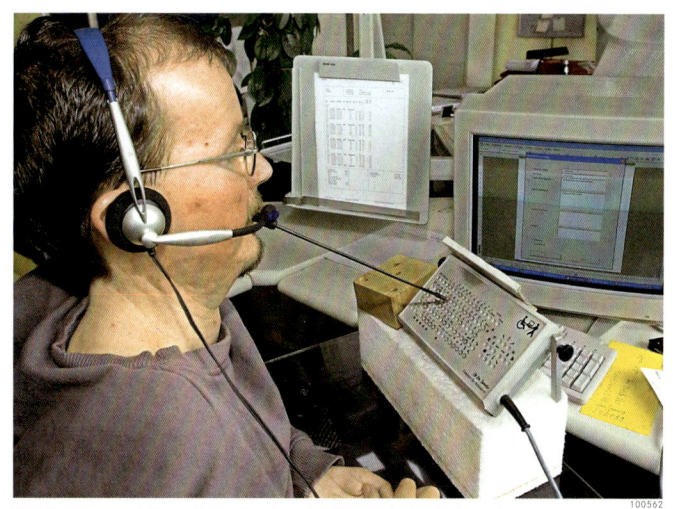

**Behinderung:** Ein an fortschreitender Muskelschwäche erkrankter Wirtschaftsinformatiker benutzt einen Magnetstift zum Programmieren. Wenn die Umgebung behindertengerecht gestaltet ist, können Behinderte frei wie alle anderen ihren Platz in der Gesellschaft einnehmen.

Der rücksichtsvolle und fördernde Umgang mit Behinderten ist eine wesentliche Aufgabe der zivilisierten Gesellschaft. Dazu gehört etwa die behindertengerechte Gestaltung von öffentlichen Räumen, die inzwischen in fortschrittlichen Ländern auch gesetzlich vorgeschrieben ist. Dies ermöglicht es z. B. Rollstuhlfahrern, sich problemlos in öffentlichen Gebäuden zu bewegen. Geistigen und psychischen Behinderungen, die Betroffene aus dem normalen Arbeitsleben ausschließen, kann man durch eine speziell auf sie zugeschnittene Arbeitsumwelt (→Werkstätten für Behinderte) Rechnung tragen. Das ist auch deshalb wichtig, weil die Zahl der als behindert geltenden Menschen umso

---

**Behinderung | Hilfen bei Behinderung**

Nach § 10 des Allgemeinen Teils des Sozialgesetzbuches (SGB I) hat jeder, der körperlich, geistig oder seelisch behindert ist oder dem eine solche Behinderung droht, unabhängig von der Ursache seiner Behinderung ein soziales Recht auf die Hilfe, die notwendig ist, um die Behinderung abzuwenden, zu beseitigen, zu bessern, ihre Verschlimmerung zu verhüten oder ihre Folgen zu mildern und ihm einen seinen Neigungen und Fähigkeiten entsprechenden Platz in der Gemeinschaft, insbesondere im Arbeitsleben, zu sichern. Dieses soziale Recht ist als Rechtsgrundsatz zur Auslegung und Anwendung des Sozialrechts und darüber hinaus als Leitlinie der Rehabilitations- und Behindertenpolitik in Deutschland allgemein anerkannt.

größer wird, je höher die Qualifikationsanforderungen in einer Kultur werden. Wo z. B. einfache Handarbeiten zu erledigen sind, gibt es zahlreiche anerkannte Arbeitsplätze für Menschen, die man heute als geistig behindert ansieht, weil sie schon auf einem niedrigen schulischen Niveau versagen. Wo nicht respektvoll und hilfsbereit mit ihnen umgegangen wird, entsteht eine Gesellschaft, die in ihrer Härte und Kälte immer weniger Lebensqualität bietet. Die schon jetzt deutlich Behinderten werden dann am meisten von denjenigen entwertet und angegriffen, die fürchten, bald deren Schicksal als entwertete Gruppe zu teilen.

Das grundlegende Bedürfnis des Menschen, für die eigene Person aufzukommen, sich einer Gemeinschaft anschließen zu können und von ihr aufgenommen zu werden, wird von Behinderten geteilt. Noch gehört jedoch ihre mehr oder weniger starke Absonderung vom Leben der Nicht-Behinderten und vom gesamten sozialen Umfeld im Alltag zur Realität. Das Erlebnis von Abhängigkeit, menschlicher Isolation und Vereinsamung kann zu Selbstwert- und Identitätskrisen bis hin zur →Depersonalisation führen. Immer wichtiger für die Lebenssituation Behinderter wird die Arbeit von Behindertenorganisationen und →Selbsthilfegruppen, die wichtige Ergänzungen zum professionellen Sozialleistungssystem bieten, über Ansprüche auf Hilfe und Nachteilsausgleich aufklären, auf die Situation Behinderter in der Öffentlichkeit aufmerksam machen und zum Umdenken auffordern, so etwa mit der Kampagne »TeilhabeTage 06/07«, bei der ein Jahr lang in verschiedenen Städten Aktionen mit dem Schwerpunkt Teilhabe von Behinderten im Arbeitsleben stattfanden.

**Beinahe|unfall:** in der *Sicherheitspsychologie* Ereignis im Freizeit- oder Arbeitsbereich, bei dem ein Fehler zu einem Unfall oder einer Verletzung hätte führen können, aber nicht geführt hat. Beinaheunfälle sind zentrale Ansatzpunkte der Sicherheitspsychologie und der Psychologie im →Arbeits- und Gesundheitsschutz. Denn sicherheitswidriges Verhalten hat häufig zunächst keine negativen Konsequenzen; das Ausbleiben der negativen Konsequenzen verstärkt dieses Fehlverhalten und bewirkt damit falsche Lerneffekte, was letztlich doch zu einem Unfall führen kann. Die Sicherheitspsychologie hat entsprechend zum Ziel, nicht erst nach einem Unfall zu analysieren, wie es dazu gekommen ist, sondern präventiv vorzugehen und sich verstärkt des sicherheitswidrigen Verhaltens und der Beinaheunfälle anzunehmen. Konkret werden Beinaheunfälle erfragt, protokolliert und systematisch analysiert. Auch die Störungen, die »nur« zu einer Unterbrechung oder Behinderung des Arbeitsablaufes oder einer Qualitätsminderung geführt haben, können als »Vorboten« eines Unfalls verstanden werden. Deshalb werden auch diese untersucht.

**Bekenntnisschulen:** die →Konfessionsschulen.

**Bekräftigung:** die →Verstärkung.

**Belastung:** objektiv von außen auf den Menschen einwirkende Faktoren. Die Wirkungen von Belastungen lassen sich zum einen in kurzfristige, aktuelle und in langfristige, chronische Reaktionen und in physiologische, psychische und verhaltensmäßige Reaktionen unterteilen. Man kann verschiedene Schweregrade auf einem Kontinuum von minimalen bis katastrophalen Belastungen unterscheiden. Wie diese Belastungen jedoch verarbeitet werden, hängt von den psychischen, sozialen und wirtschaftlichen Umständen ab, in denen man ihnen ausgesetzt ist (→Trauma 2). Ein überzogenes Bankkonto ist für die meisten Menschen nur eine minimale Belastung, für manche wiegt sie jedoch weit schwerer.

**Belohnung:** Anreiz, der zu einem erwünschten Verhalten motivieren soll; bei der operanten Konditionierung als →Verstärkung bezeichnet. Sinnvolle Belohnungen, die in einem Zusammenhang mit den eigenen Bedürfnissen und der vorausgegangenen Leistung stehen, erhöhen beim Menschen das Selbstwertgefühl und wirken leistungsfördernd und motivierend.

**Bender,** Hans: deutscher Psychologe, * Freiburg im Breisgau 5. 2. 1907, † ebenda 7. 5. 1991; führte die Parapsychologie als Wissenschaft in Deutschland ein. An dem 1950 von ihm gegründeten Institut für Grenzgebiete der Psychologie und Psychohygiene an der Universität Freiburg im Breisgau ging er paranormalen Erscheinungen wie Telepathie, Psychokinese und Spukphänomenen dokumentierend und experimentell

### BELASTUNG: PSYCHISCHE BELASTUNGEN

| Beispiel | Belastungsgrad |
|---|---|
| kleinere Gesetzesübertretungen, überzogenes Bankkonto, Reiberei in der Familie | minimal |
| Änderung der Arbeitsabläufe, Streit mit einem Kollegen | leicht |
| neuer Arbeitsplatz, Tod eines Bekannten, Schwangerschaft | mäßig |
| schwere Krankheit, Verlust des Arbeitsplatzes, Trennung vom Lebenspartner, Geburt eines Kindes | schwer |
| Tod einer nahestehenden Person, Scheidung | sehr schwer |
| Aufenthalt in einem Konzentrationslager, Folter, Naturkatastrophe | katastrophal |

nach und stellte sie einer breiten Öffentlichkeit vor.

**Bender-Gestalt-Test:** ein →Zeichentest.

**Benton-Test** ['bentn-]: ein →Zeichentest.

**Benzodiazepine:** Gruppe von angstlösenden, beruhigenden Medikamenten. Im Gegensatz zu den →Barbituraten dämpfen sie nicht die gesamte Aktivität des Gehirns, sondern setzen selektiv am Hirnstamm an und vermindern dadurch die Aktivität derjenigen Nervenzentren, die für Angst und Erregung zuständig sind. Man unterscheidet Tages-Benzodiazepine oder →Tranquilizer (Angstmittel oder Anxiolytika, z. B. Valium®, Tavor®) von Schlaf-Benzodiazepinen (z. B. Rohypnol®, Dalmadorm®), deren Vorteil es gegenüber den Barbituraten ist, dass sie für einen Suizid praktisch untauglich sind. Hingegen sind die Gefahren einer suchtartigen Abhängigkeit von Benzodiazepinen groß, weshalb bei Angststörungen zunehmend →Antidepressiva eingesetzt werden und Benzodiazepine der kurzfristigen Behandlung vorbehalten bleibt. Häufige Nebenwirkungen von Benzodiazepinen sind Schläfrigkeit, Schwindel, Benommenheit mit erheblicher Einschränkung des Reaktionsvermögens und Gangunsicherheit. Insbesondere bei älteren Menschen kann es manchmal zu paradoxen Reaktionen mit Erregungszuständen und Verwirrtheit kommen.

**Beobachtung:** in der *empirischen Sozialforschung* und *psychologischen Diagnostik* die gezielte Wahrnehmung eines Verhaltens oder einer Verhaltensäußerung durch einen Beobachter. Verhalten oder Verhaltensäußerung ist das, was einem Beobachter durch dessen Sinne oder mithilfe von diagnostischen Instrumenten (→Diagnostik 1) zugänglich ist. Man unterscheidet zwischen Selbst- und Fremdbeobachtung. Bei der Selbstbeobachtung (→Introspektion) sind derjenige, der Handlungen durchführt, und derjenige, der beobachtet, dieselbe Person. Die Beobachtung erfolgt hierbei in einer Art von Selbstreflexion. Zu beachten ist, dass sich schon die Beobachtungsabsicht verändernd auf die zu beobachtenden Sachverhalte auswirkt (das Einschlafen verändert sich, wenn man das eigene Einschlafverhalten beobachtet).

Bei der **Fremdbeobachtung** sind Beobachter und Beobachteter nicht identisch. Man unterscheidet weiterhin zwischen teilnehmender und nicht teilnehmender Beobachtung. Sobald der Beobachter wie die beobachteten Personen im Feld selbst Aufgaben übernimmt, liegt eine teilnehmende Beobachtung vor. Ein Beispiel sind die verdeckten Beobachtungen des Journalisten Günter Wallraff, der in den 1970er- und 1980er-Jahren inkognito in einer Zeitarbeitsfirma und bei einer Boulevardzeitung als Mitarbeiter auftrat. Liegt dagegen eine strikte Rollentrennung zwischen Beobachtern und beobachteten Personen vor, der Normalfall in der Wissenschaft, spricht man von nicht teilnehmender Beobachtung.

Im Gegensatz zur gelegentlichen Alltagsbeobachtung meint wissenschaftliche Beobachtung die planmäßige und systematische Wahrnehmung bestimmter Sachverhalte, Ereignisse oder Verhaltensweisen, die mit der Zielvorstellung verbunden ist, den jeweiligen Untersuchungsgegenstand möglichst genau zu erfassen, des Öfteren unter Einsatz technischer Hilfsmittel (Video-Aufzeichnungen, Einwegscheiben u. a.). Die Ergebnisse der Beobachtung werden mit entsprechenden Methoden dokumentiert und ausgewertet. Die Zuverlässigkeit und Gültigkeit der Ergebnisse verbessert sich durch den Einsatz mehrerer Beobachter.

**Beobachtungslernen:** Aneignung von Fertigkeiten und Verhaltensweisen durch Beobachtung anderer Personen. Beim **Imitationslernen** wird Verhalten durch →Imitation anderer Personen gelernt. Beim **Modelllernen,** auch Lernen am Modell genannt, wird generell durch die Beobachtung des anderen gelernt. Dieses muss keine Imitation beinhalten; wenn man z. B. jemanden sieht, der für einen Diebstahl bestraft wird, wird man diesen gerade nicht imitieren, um keine Bestrafung zu riskieren. Dennoch wird durch Beobachtung das Verhalten als Potenzial gelernt, ob es ausgeführt wird, hängt von verschiedenen Faktoren ab.

Das Modelllernen ist v. a. mit Albert Bandura verbunden, der die Theorie insbesondere zur Erklärung von →Aggressionen entwickelte. In seinen Experimenten führte er Filme mit Gewaltakten vor und prüfte, unter welchen Bedin-

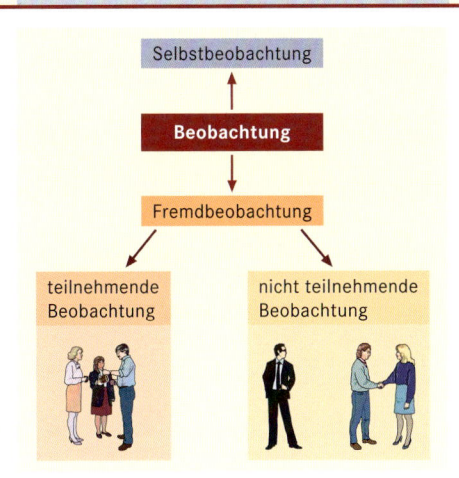

**Beobachtung:** verschiedene Arten

### Beratung | Was kann sie leisten?

In vielen Fällen reicht ein einziger Gesprächstermin von 50 Minuten, um Informationen zu erhalten oder eine aktuelle Situation zu klären. Wenn man aber noch nicht weiß, was man genau wissen will, sondern nur ein Unbehagen verspürt, oder wenn man Änderungsabsichten hegt, ohne zu wissen, wie sie umgesetzt werden können, wird die Beratung einige Termine mehr beanspruchen. Während dieser Sitzungen kann das Problem entweder geklärt werden und der Ratsuchende geht seinen Weg allein weiter, oder es zeigt sich, dass das Problem tiefer wurzelt und ein größerer Beratungsbedarf besteht.

Dann wird gemeinsam eine bestimmte Anzahl von Sitzungen festgelegt, die meistens einmal pro Woche stattfinden; je nach Problemstellung können z. B. 20 Sitzungen anberaumt werden, in denen ein Ziel erreicht werden soll. In der Regel erfolgt etwa nach der Hälfte der Sitzungen eine Zwischenauswertung, um festzustellen, was erarbeitet wurde und was noch aussteht. Nach Beendigung der Beratung ist es häufig möglich, den Berater wieder aufzusuchen, um in einer veränderten Lebenssituation erneut etwas zu klären.

---

gungen die Probanden später eine erhöhte Bereitschaft zur Aggression im Alltag aufwiesen. Es zeigte sich, dass besonders das Verhalten derjenigen Vorbilder nachgeahmt wurde, die die Probanden positiv bewerteten; dies galt noch stärker, wenn in den Filmen erkennbar war, dass diese Vorbilder für ihr Verhalten in irgendeiner Weise belohnt wurden, z. B. Lob oder Geld erhielten.

**Beratung:** Gespräch mit einem Fachmann in der Erwartung, dadurch mit eigenen aktuellen oder potenziellen Problemen besser umgehen zu können. Die älteste Form der Beratung ist das Gespräch mit dem Schamanen (Medizinmann) der traditionellen Kulturen, wenn sich jemand krank oder von übernatürlichen Mächten bedroht fühlt. Je komplexer eine Gesellschaft wird, desto größer wird auch der Beratungsbedarf. In Deutschland gibt es mittlerweile Beratungsstellen für fast alle Lebens- und Problemlagen. Noch hat sich zwar keine Beratungswissenschaft etabliert wie in den angloamerikanischen Ländern, dies wird aber in jüngster Zeit vorangetrieben: 2004 schlossen sich beratend Tätige aus 27 Fach- und Berufsverbänden zusammen und gründeten die Deutsche Gesellschaft für Beratung (DGfB) mit dem Ziel, die professionelle und wissenschaftlich fundierte Beratung zu fördern.

In der psychosozialen Arbeit wird eine Beratung v. a. bei Lebenskrisen, Eheproblemen, Drogenproblemen oder der Kindererziehung angeboten. Dazu gibt es vielfach eigene staatliche, kommunale oder kirchliche Beratungsstellen, in denen Psychologen in Teams mit Pädagogen, Sozialarbeitern und anderen Fachkräften zusammenarbeiten. Auch in der Unternehmensberatung arbeiten viele Psychologen, v. a. in den Bereichen der Team- und Organisationsentwicklung, der Beratung von Führungskräften (→ Coaching) und der Personalberatung.

Es gibt drei Formen der Beratung: die persönliche, telefonische und die Onlineberatung. Unter **Onlineberatung** werden Beratung über E-Mail, über geleitete Chats und Einzelchats verstanden. Diese Beratungsform ist im letzten Jahrzehnt so stark erweitert worden, dass praktisch zu allen Lebenslagen Hilfe in Anspruch genommen werden kann. Sie spricht besonders diejenigen Ratsuchenden an, die über ihr Problem nicht oder nicht so frei sprechen können und besser mit dem Schreiben zurechtkommen; wie bei der Telefonseelsorge ist die Kontaktaufnahme unkompliziert und unverbindlich.

Der Übergang zwischen Beratung und → Psychotherapie ist fließend, sodass Beratung oft auch »kleine Therapie« genannt wird. Doch haben beide verschiedene Schwerpunkte: In der Beratung werden Klienten darin unterstützt, ihre Beschwerden in bestimmten Lebensbereichen klarer zu sehen und Kompetenzen zur Problemlösung zu erweitern. In der Therapie werden seelische Störungen, also Probleme mit Krankheitswert, angegangen, und es werden Entwicklungsdefizite aufgearbeitet. Allerdings ist der Beginn einer jeden Therapie zugleich eine Beratung, in der sich der Therapeut mit dem Patienten über sein Vorgehen, die Dauer, die erreichbaren Ziele und mögliche Risiken bespricht. In der Therapie von Kindern oder Behinderten spielt die Beratung der Angehörigen eine wichtige Rolle.

**Beratungslehrer:** v. a. in Deutschland besonders ausgebildete Fachkräfte zur Beratung von Schülern, Eltern und Lehrern. Beratungslehrer haben in der Regel eine Zusatzausbildung, mit der sie sich für diagnostische und beratende Tätigkeiten qualifiziert haben, die sie neben der Arbeit als Lehrer an ihrer Schule übernehmen. Zu ihren Aufgaben gehören Information und Beratung in Fragen der Bildungswege und -abschlüsse sowie bei Versetzungs- und Übergangsproblemen (Schullaufbahnberatung). Sie geben Hilfestellung bei Lern- oder Verhaltensschwierigkeiten von Schülern und sind häufig auch auf dem Gebiet der Drogenberatung tätig. Die Aufgabenbereiche sind nicht klar von denen des → schulpsychologischen Dienstes abgegrenzt, mit dem Beratungslehrer ebenso zusammenarbeiten wie mit verschiedenen Beratungsstellen.

**Berliner Schule:** zu Anfang des 20. Jahrhunderts tätige Gruppe von Forschern, die die → Gestaltpsychologie entwickelten.

**Bernfeld,** Siegfried: österreichischer Psychologe und Pädagoge, *Lemberg (heute Lwow) 7. 5. 1892, †San Francisco (Calif.) 2. 4. 1953; war führend in der österreichischen Jugendbewegung und wirkte ab 1925 am Berliner Psychoanalytischen Institut. 1937 emigrierte er in die USA. Bernfeld verband marxistische Grundgedanken mit der Psychoanalyse Sigmund Freuds zu einer klassenkämpferischen »neuen Erziehungswissenschaft« und lieferte wichtige Beiträge zur Biografie Sigmund Freuds.

## BERATUNG: EINRICHTUNGEN

| Beratungsstelle | Schwerpunkt | Träger/Anbieter (Auswahl) | Bemerkungen |
|---|---|---|---|
| Telefonseelsorge | anonyme telefonische Betreuung in psychischen Notlagen (rund um die Uhr) | evangelische und katholische Kirche | gebührenfreie Notrufnummer 0800 1110111 (evangelisch) oder 0800 1110222 (katholisch), im Internet unter www.telefonseelsorge.de |
| Onlineberatung | anonyme Beratung mittels Internet: per E-Mail oder per Chat | evangelische und katholische Kirche, psychosoziale Beratungsstellen, Freiberufler | spezielle Beratungen zu finden über www.das-beratungssnetz.de |
| stationäre Krisenintervention | Betreuung in akuten Krisen, bei Suizidgefahr | psychiatrische Kliniken | Aufnahme auch ohne ärztliche Einweisung, rund um die Uhr, Aufenthalt in der Regel nur wenige Tage |
| ambulante Krisennotdienste | Betreuung in akuten Krisen, bei Suizidgefahr | psychiatrische Kliniken und verschiedene Initiativen | ohne ärztliche Überweisung, Aufenthalt meist nur einige Stunden, unter Umständen Hausbesuche |
| kirchliche Beratungsstellen | Betreuung in Lebenskrisen und psychischen Notlagen | Kirchengemeinden | Betreuung durch Psychologen, Sozialarbeiter oder Theologen; meist nur tagsüber |
| Beratung für ältere Menschen | Hilfe bei Fragen zur Organisation von Pflege oder Heimunterbringung, Kontakte für Vereinsamte, Hilfe für verwirrte ältere Menschen und deren Angehörige | Wohlfahrtsverbände[1], Kommunen | Kontakt über die Kommunalverwaltungen |
| Schwangerschaftskonfliktberatung | Hilfe bei der Entscheidungsfindung, Vermittlung von praktischen und finanziellen Hilfen, Präventionsarbeit, Beratung bei psychischen Notlagen nach einem Schwangerschaftsabbruch | Kommunen, Wohlfahrtsverbände[1], Pro Familia, unabhängige Beratungsstellen, Ärzte, Kirchen | Offiziell wird in der katholischen Schwangerschaftskonfliktberatung kein Beratungsschein ausgestellt, der für eine straffreie Abtreibung erforderlich ist. |
| Familienberatungsstellen | Hilfe bei Konflikten in Partnerschaft, Ehe und Familie, bei sexuellen Problemen, Gewalt, Vernachlässigung und sexuellem Missbrauch von Frauen und Kindern | Wohlfahrtsverbände[1], Kommunen, kirchliche Stellen, Pro Familia | Kontakt über die Kommunalverwaltungen |
| Erziehungsberatungsstellen | Hilfe bei Fragen zu kindlicher Entwicklung und Erziehung, Trennungssituationen, Gewalt in der Familie, sexuellem Missbrauch | Wohlfahrtsverbände[1], Kommunen, Pro Familia | Kontakt über die Kommunalverwaltungen |
| Drogen- und Suchtberatungsstellen | Vermittlung ambulanter und stationärer Therapien, Unterstützung in Notlagen, Suchtprävention, Beratung von Betroffenen und Angehörigen | Wohlfahrtsverbände[1], unabhängige Beratungsstellen, Kirchengemeinden, Kommunen | Kontakt über die Kommunalverwaltungen |
| Schuldnerberatungsstellen | psychologische und juristische Beratung, Hilfe von Bankfachkräften | Wohlfahrtsverbände[1], unabhängige Beratungsverbände, Verbraucherverbände, Kommunen | Kontakt über die Kommunalverwaltungen |
| Selbsthilfegruppen | Rat und Hilfe durch Betroffene, z. B. bei Problemen mit Drogen und Alkohol oder bei Essstörungen, überregional zu fast jedem denkbaren Problem | | Kontakt über die Kommunalverwaltungen oder die Nationale Kontakt- und Informationsstelle zur Anregung und Unterstützung von Selbsthilfegruppen, NAKOS, Berlin, Tel. 030 31018960 |

1) wie z. B. Caritasverband, Diakonisches Werk, Arbeiterwohlfahrt oder der Paritätische Wohlfahrtsverband (DPWV)

**berufliche Eignung:** die →Eignung für ein bestimmtes Berufsfeld.

**Berufsberatung:** die Erteilung von Rat und Auskunft bei Berufswahl und Berufswechsel, besonders an Jugendliche, die einen Beruf finden wollen, der ihren Fähigkeiten und Neigungen entspricht, sowie an bereits Berufstätige, die ihren Beruf wechseln wollen oder müssen, z. B. aufgrund der Arbeitsmarktlage oder aufgrund einer Krankheit. Neben allgemeinen Informationen zur Berufskunde und zur derzeitigen und prognostizierten Lage auf dem Arbeitsmarkt dienen dabei auch Interessenstests und →Eignungstests als Entscheidungshilfe. Berufsberatung bietet die Bundesagentur für Arbeit, seit 1998 gibt es darüber hinaus eine Vielzahl privater sowie webbasierter Angebote.

**Berufsethik:** Form der →Ethik.

**Berufsverkehr:** Ortswechsel von Personen zwischen Wohnung und Arbeitsplatz mit einem Verkehrsmittel (z. B. Bus, Pkw); umgangssprachlich meist der dichte Pkw-Verkehr morgens und spätnachmittags, wenn besonders viele Berufstätige auf dem Weg zur Arbeit sind. Im März 2004 legten 64 % der Berufstätigen in Deutschland die Strecke zwischen Wohnung und Arbeitsplatz mit dem eigenen Pkw zurück (3 % wurden in einem Pkw mitgenommen); 18 % der Berufstätigen verbrachten täglich eine bis zwei Stunden und 5 % über zwei Stunden im Berufsverkehr (Hin- und Rückfahrt).

Verkehrspsychologische Untersuchungen weisen Pendeln als Risikofaktor für Beschäftigte auf, das gilt insbesondere für Beschäftigte mit mehrstündigen Fahrten (weniger Zeit für Familie, Freunde, Freizeitaktivitäten) und diejenigen, die weitere Belastungen haben, z. B. Schichtarbeit, Doppelrolle in Haushalt und Beruf. Das gewählte Verkehrsmittel erzeugt spezifische Belastungen. Nutzer öffentlicher Verkehrsmittel klagen über Gedränge, Lärm, Hitze oder Kälte, Luftzug oder unangenehme Gerüche, ärgern sich über verspätete Verkehrsmittel oder verpasste Anschlüsse. Bei Autofahrern stehen schlechte Wetter- und Sichtverhältnisse, Staus und das erhöhte Unfallrisiko als Belastungen im Vordergrund. Die bislang wenig untersuchten Auswirkungen des Stressors Berufsverkehr auf die Arbeit sind: höhere Fehlzeiten, häufigere Verspätungen, stärkere Müdigkeit bei Arbeitsbeginn, weniger Konzentration und mehr Missgestimmtheit im Vergleich zu Arbeitskollegen mit kurzen Wegen zum Arbeitsplatz.

**Beruhigungsmittel, Sedativa:** Medikamente zur Behandlung von inneren Spannungszuständen und Schlafstörungen. Die milderen, pflanzlichen Beruhigungsmittel enthalten z. B. Extrakte aus Hopfen, Baldrian oder der Passionsblume. Die am häufigsten verordneten chemischen Beruhigungsmittel sind →Benzodiazepine. Barbiturate werden heute nicht mehr als Beruhigungsmittel eingesetzt.

**Beschäftigungstherapie:** eine Form der →Ergotherapie.

**beschützende Werkstätten:** veralteter Ausdruck für →Werkstätten für Behinderte.

**Besessenheit: 1)** in traditionellen Kulturen die Besitzergreifung des menschlichen Leibs durch einen Dämon, durch die der Betreffende zu Taten gebracht wird, die er von sich aus nie getan hätte. Diese Erklärung für Verhaltensweisen, die heute als →psychische Störungen verstanden werden, war auch in Europa noch bis ins 19. Jh. verbreitet;

**2)** im übertragenen Sinn starkes Ergriffensein von einer Idee oder Aufgabe.

**Besetzung, Kathexis** [zu griech. katéchein »innehaben«]: *Psychoanalyse:* die Bindung einer bestimmten Menge psychischer Energie an eine Person, einen Gegenstand, eine Vorstellung, einen Gedächtnis- oder Denkinhalt, ein bestimmtes Verhalten oder sonst ein Objekt. Hohe Besetzung erfährt dasjenige Objekt, das der Person sehr wichtig ist, z. B. für ein Kind die Mutter, weil sie seine Bedürfnisse befriedigt – sie ist also mit hoher psychischer Energie »besetzt«.

Mit hoher psychischer Energie sind auch Wünsche oder Vorstellungen besetzt, die der Mensch sich nicht eingestehen kann und deshalb verdrängt. Allerdings drängen diese um so stärker ins Bewusstsein und müssen um so mehr in Schach gehalten werden. Das kann mithilfe der **Gegenbesetzung** geschehen: Eine der abzuwehrenden Vorstellung entgegengesetzte Vorstellung wird mit einer entsprechend großen Menge an Energie besetzt. So kann z. B. ein Elternteil seine aggressiven Regungen gegenüber seinen Kindern durch besondere Überfürsorglichkeit abwehren.

**Bestrafung:** in der *operanten Konditionierung* eine Maßnahme zur Unterdrückung eines Verhaltens. Die Bestrafung kann ausgeübt werden, in dem auf ein unerwünschtes Verhalten ein aversiver Reiz folgt oder ein positiver Reiz entzogen wird. Die Bestrafung senkt die Wahrscheinlichkeit, dass das unerwünschte Verhalten erneut gezeigt wird. In der *Pädagogik* und *pädagogischen Psychologie* wird der Begriff Bestrafung synonym mit →Strafe verwendet.

**Betäubungsmittel:** Sammelbegriff für eine pharmakologische Gruppe von Wirkstoffen, die v. a. Schmerz, Hunger, Durst sowie Unlust aufheben und zu körperlicher Abhängigkeit führen

**Beruhigungsmittel:** Das wohl bekannteste pflanzliche Beruhigungsmittel ist der Baldrian.

können. Im **Betäubungsmittelgesetz** sind Herstellung, Erwerb, Besitz, Aufbewahrung und Anwendung von Betäubungsmitteln geregelt. Einige sind für den medizinischen Gebrauch als starke Schmerzmittel oder Narkotika zugelassen. Für deren ärztliche Verordnung werden gesetzlich vorgeschriebene Formulare verwendet (Betäubungsmittelrezept). Zu den Betäubungsmitteln, die keinen therapeutischen Nutzen haben, zählen die illegalen →Drogen. Besitz und Handel sowie ihre Anwendung werden strafrechtlich strengstens verfolgt.

**Betawellen:** Hirnströme im →EEG, die im aktiven Wachzustand auftreten.

**Betreuung:** staatliche Fürsorge für die Person und das Vermögen eines Volljährigen, der aufgrund einer psychischen oder einer körperlichen, geistigen oder seelischen Behinderung seine Angelegenheiten nicht oder nicht vollständig selbst besorgen kann und deshalb der Hilfe bedarf. Die Betreuung wird in den §§ 1896 ff. BGB geregelt; demnach erhalten Betreuungsberechtigte auf Antrag oder von Amts wegen vom Vormundschaftsgericht einen Betreuer. Dieser darf aber nur für die Aufgabenkreise bestellt werden, in denen eine Betreuung erforderlich ist.

**Betriebsklima, Organisationsklima:** die Wahrnehmung und Bewertung wichtiger sozialpsychologischer Dimensionen eines Betriebes durch die Mitarbeiter. Das Betriebsklima ist Ausdruck der objektiven Bedingungen innerhalb eines Betriebes. Es kann durch Mitarbeiteraussagen über z.B. ihre Arbeitstätigkeit erfasst und aus dem Verhalten von Kollegen und Vorgesetzten erschlossen werden. Organisatorische Aspekte bieten den Rahmen für ein gutes oder schlechtes Betriebsklima. Es bestehen enge Beziehungen zwischen dem Betriebsklima und der →Arbeitszufriedenheit der Betriebsangehörigen. Die Beziehung zwischen dem Betriebsklima und der Leistung ist weniger eindeutig und hängt von weiteren Faktoren ab wie dem Führungsstil, den Regeln im Betrieb, Entscheidungsfreiheiten bei innovativen Ideen, Unterstützung durch den Betrieb und die generelle Bewertung des Betriebs.

**Betriebspraktikum:** Praktikum, das Schüler in Betrieben oder Einrichtungen als Vorbereitung auf ihre Berufswahl absolvieren. Das Betriebspraktikum dauert in der Regel zwei bis vier Wochen. Dabei bekommen die Schüler einerseits Einblicke in das Berufs- und Wirtschaftsleben und andererseits realistischere Einschätzungen sowohl von einer bestimmten beruflichen Tätigkeit, deren Umfeld und Anforderungen als auch hinsichtlich eigener Interessen, Fähigkeiten und Grenzen. Das Praktikum sollte vonseiten der Schule gut vorbereitet, begleitet und zusammen mit den Schülern ausgewertet werden.

**Betriebspsychologie:** Fachgebiet der Psychologie, deren Forschungsfragen heute in der Organisationspsychologie behandelt werden (→ Arbeits-- und Organisationspsychologie).

**Bettelheim,** Bruno: amerikanischer Psychologe österreichischer Herkunft, * Wien 25. 8. 1903, † Silver Spring (Md.) 13. 3. 1990; emigrierte 1939 nach einjähriger Haft in Konzentrationslagern und wurde 1944 Professor in Chicago; lieferte Beiträge zur Psychologie und Therapie gestörter, v. a. autistischer Kinder, zur Sozialpsychologie und zur Psychologie des Märchens.

**Bettnässen:** das →Einnässen.

**Bewältigungsstrategi|en:** →Coping

**Bewegungsstörungen:** Störungen der körperlichen Bewegungsabläufe auf dem jeweils aktuellen Leistungsniveau. Bewegungsstörungen können durch Entwicklungsverzögerungen, durch Gehirnschädigungen bei einer Risikogeburt (spastische Lähmung), durch Schäden an Muskeln, Knochen, Sehnen oder Nerven, durch psychogene Faktoren (neurotische Lähmungen, Gangstörungen, →Agoraphobie) oder durch zentralnervöse Ausfälle (z. B. nach einem Schlaganfall) bedingt sein.

**Bewegungstherapie, konzentrative:** die →konzentrative Bewegungstherapie.

**Bewerbungsgespräch, Vorstellungsgespräch:** Gespräch, bei dem sich Arbeitgeber und Bewerber für eine Arbeitsstelle kennenlernen können. Der Arbeitgeber trifft anhand der Bewerbungsschreiben eine Vorauswahl und lädt den Bewerber ein, um nähere Informationen über die Person des Bewerbers zu erhalten, v. a. über seine kommunikativen und sozialen Kompetenzen und seine fachlichen Qualifikationen. Dem Bewerber gibt es die Möglichkeit, potenzielle Vorgesetzte kennenzulernen, einen Eindruck vom →Betriebsklima zu gewinnen

Bruno Bettelheim

---

**Bewerbungsgespräch | Gegenseitiges Kennenlernen**

Wenn man sich um eine neue Arbeitsstelle beworben hat und es zu einem Bewerbungsgespräch kommt, hat der potenzielle Arbeitgeber die fachliche Eignung des Bewerbers in der Regel bereits positiv beurteilt. Im persönlichen Kontakt gilt es nun herauszufinden, ob Bewerber und Firma zueinander passen. Deshalb ist es für den Bewerber sinnvoll, die eigene berufliche Erfahrung noch einmal herauszustellen; sinnlos oder gar schädlich ist es, wenn man sich anders gibt, als man ist.

Auch der Bewerber hat die Chance, seine potenzielle neue Arbeitsstelle daraufhin zu prüfen, ob sie ihm vom Aufgabengebiet und den Arbeitsbedingungen her zusagt und ob ihm das Betriebsklima behagt.

und Fragen über die zukünftige Tätigkeit zu stellen. Er bemüht sich, in einem möglichst günstigen Licht zu erscheinen. Auch das Unternehmen stellt sich dabei selbst vor und kann Imagepflege betreiben.

Unter den verschiedenen Auswahlinstrumenten, wie Personalfragebogen, biografischer Fragebogen, →Assessment-Center, kommt dem Bewerbungsgespräch eine Schlüsselfunktion zu. Allerdings ist die Zuverlässigkeit (→Validität) eher gering. Fehlerquellen liegen v. a. in der subjektiven Beurteilung der Person, z. B. einer Überbewertung negativer Persönlichkeitsmerkmale unter dem Einfluss von vorausgegangenen Bewerbungsgesprächen mit positiv beurteilten Personen. Deshalb ist ein strukturierter Ablauf des Gesprächs wichtig.

**LESETIPPS:**
CHRISTIAN PÜTTJER und UWE SCHNIERDA: *Vorstellungsgespräch. Frankfurt am Main (Campus) 2004.*
CHRISTIAN PÜTTJER und UWE SCHNIERDA: *Das überzeugende Bewerbungsgespräch für Hochschulabsolventen. Die optimale Vorbereitung. Frankfurt am Main (Campus)* [6]*2006.*
ARTHUR SCHNEIDER: *Mit den besten Interviewfragen die besten Mitarbeiter gewinnen. Zürich (Praxium)* [2]*2006.*

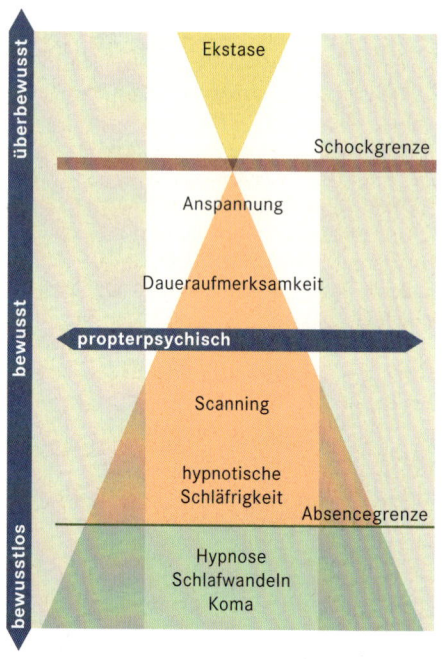

**Bewusstsein:** Ein gebräuchliches Stufenmodell des Bewusstseins unterscheidet verschiedene Bewusstseinszustände von bewusstlosen Phasen wie Koma oder Schlaf bis hin zur rauschhaften Ekstase, in der die Grenzen des Bewusstseins überschritten werden.

**Bewusstlosigkeit:** weitgehende Ausschaltung des Bewusstseins durch herabgesetzte oder aufgehobene Tätigkeit des Großhirns. Im Gegensatz zum Schlaf fehlt die Ansprechbarkeit des Betroffenen. Eine länger dauernde Bewusstlosigkeit ist immer Zeichen einer schweren Erkrankung und muss ärztlich abgeklärt werden. Eine kurz dauernde, anfallartige Bewusstlosigkeit wird auch als **Ohnmacht** oder **Synkope** bezeichnet. Diese Form tritt nicht selten auch infolge starker psychischer Erschütterungen oder lang dauernder seelischer Belastungen auf. Als Sofortmaßnahme sollte man den Bewusstlosen in die stabile Seitenlage bringen, dann ist ein Arzt zu rufen.

**Bewusstsein:** die Beziehung des Ich auf einen äußeren oder inneren Gegenstand; das unmittelbare Wissen um geistige oder seelische Zustände, die man erfährt (Gefühle, Gedanken, Erwartungen); auch die konkrete Vergegenwärtigung von etwas. Bewusstsein ist immer Bewusstsein von etwas. In der Psychologie versteht man unter Bewusstsein hauptsächlich die rationale, bewusste (im Gegensatz zur unbewussten oder nicht bewussten) Verhaltenssteuerung; die *kognitive Psychologie* betont dabei die mentalen Prozesse Aufmerksamkeit, Wahrnehmen, Denken und Gedächtnis, die *Neuropsychologie* die Neuronenaktivitäten im Gehirn, die sie z. B. mithilfe →bildgebender Verfahren erforscht; sie ortet Bewusstsein v. a. in der Großhirnrinde, dem Bereich des Denkens und der Sprache. Neuere Untersuchungen weisen darauf hin, dass das Bewusstsein nicht in bestimmten Arealen lokalisiert ist, sondern vielmehr durch den Informationsaustausch zwischen verschiedenen Hirnarealen entsteht. Die →Psychoanalyse siedelt das Bewusstsein bei den Ichfunktionen an, die dem Individuum die Orientierung in der (äußeren) Realität und die Anpassung an seine konkrete Lebensumwelt ermöglichen.

**Bewusstseinsstörungen:** Sammelbegriff für krankhafte Minderungen oder Veränderungen des Bewusstseins. Sie können z. B. durch Hirnverletzungen, Vergiftungen, Stoffwechselstörungen, Schock oder psychische Beeinträchtigungen verursacht werden. Der Grad der Bewusstseinsstörung reicht von leichter Benommenheit über eine kurzfristige →Bewusstlosigkeit bis zum tiefen →Koma. Alle Bewusstseinsstörungen sind mit partieller oder vollständiger →Amnesie verbunden.

Tief greifende Bewusstseinsstörungen können nach § 20 des Strafgesetzbuches zu einem Ausschluss der →Schuldfähigkeit führen. Hierbei geht es meist um durch →Affekte bedingte

Bewusstseinsstörungen, die das Bewusstsein radikal einengen, das Denken verwirren, das Verhalten wirklichkeitsfremd oder der bisherigen Entwicklung widersprechend erscheinen lassen.

**Beziehung:** 1) *allgemein* jede Form eines systematischen und begründbaren Zusammenhangs zwischen Personen, Dingen oder Vorstellungen;

2) *umgangssprachlich* die Paarbeziehung;

3) in der *Psychologie* die Verbindung zwischen zwei und mehr Menschen (z. B. zwischen Liebespartnern, zwischen Vorgesetzten und Untergebenen), in der →Interaktion stattfindet.

**Beziehungsarbeit:** Form der →Arbeit, die auf die Aufrechterhaltung und Vertiefung von Beziehungen zielt.

**Beziehungswahn:** bestimmte Form von Wahnvorstellungen, bei denen der Betreffende das Gefühl hat, dass sich alltägliche Vorgänge der Umwelt speziell auf ihn beziehen; häufig sind dies Vorgänge, von denen er sich beeinträchtigt fühlt. Beziehungswahn tritt meist im Rahmen von psychotischen Störungen, aber auch bei schweren neurotischen oder als Folge von organischen Erkrankungen auf. Einen **sensitiven Beziehungswahn**, den →Wahn, aufgrund einer vermeintlichen moralischen Verfehlung (z. B. sexueller Art) von der Umwelt beobachtet, verfolgt oder missachtet zu werden, hat erstmals der deutsche Psychiater Ernst Kretschmer beschrieben.

**Bezugsgruppe:** eine soziale Gruppe, mit deren Normen, Einstellungen und Verhaltensweisen sich der Einzelne identifiziert und an der er sein Verhalten orientiert. Dabei ist es nicht erforderlich, dass er Mitglied dieser Gruppe ist. Für ein Individuum können jeweils mehrere Bezugsgruppen bestehen, die seine Einstellungen mitbestimmen.

**Bezugsnorm:** die →Norm in der Diagnostik.

**Bezugsperson:** eine Person, deren Handlungs- und Verhaltensweisen, Urteile und Meinungen aufgrund eines intensiven sozialen und gefühlsmäßig positiven Kontakts Orientierungsgrundlage für einen anderen Menschen sind. Für Kinder und Jugendliche sind im Hinblick auf die Entwicklung stabiler Beziehungen und des Selbstwertgefühls konstante Bezugspersonen (v. a. Eltern, Lehrer, Freunde) besonders wichtig. Bei fehlenden Bezugspersonen kann es zu sozialer Isolierung und Orientierungslosigkeit sowie zu emotionaler Verarmung kommen, im Säuglings- und Kleinkindalter zu schweren psychischen und physischen Entwicklungsverzögerungen (→Deprivation, →Hospitalismus).

**Beziehung 2):** Im heutigen Sprachgebrauch ist mit »Beziehung« meistens eine Liebesbeziehung zwischen zwei Partnern gemeint (»Oh, du bist eifersüchtig?« von Paul Gauguin).

**Bezugssystem:** Gesamtheit aller Normen, Bedeutungen und Erfahrungen, die (meist unbewusst) allen aktuellen Wahrnehmungen und dem Verhalten ihre jeweilige Bedeutung verleihen. Ein Ereignis ist stets nur vor dem Hintergrund eines Bezugssystems interpretierbar. Man nimmt z. B. Geschwindigkeit nur in einem Bezugssystem wahr; wenn sich zwei Beobachter gleich schnell in der gleichen Richtung bewegen, stehen sie füreinander still. Auch das Erleben und Beurteilen kann nur unter Bezug auf ein System von Werten und Normen, von Bedeutungen und Erfahrungen geschehen, die sich im Lauf der individuellen Entwicklung herausbilden. Insofern sind alle wahrnehmbaren oder erlebbaren Erscheinungen von einem Bezugssystem abhängig und von ihm her verständlich.

In der *Diagnostik* bezeichnet man die Entwicklung eines Bezugssystems als Normierung (→Norm). In der *Psychotherapie* werden Patienten implizit oder explizit dazu angehalten, ihr Bezugssystem zu ändern; explizit geschieht dies mithilfe des →Reframings.

**Bias** [ˈbaɪəs, engl. »Vorurteil«]: *allgemein* Verzerrung, Fehlurteil; in der *Statistik* die Verzerrung von Merkmalsverteilungen in einer Stichprobe gegenüber der Population. Weicht in der Stichprobe ein Merkmal (z. B. Bildungsgrad) systematisch vom Durchschnitt der untersuchten Population ab, ist die Stichprobe nicht repräsentativ, und die daraus gewonnenen Ergebnisse dürfen nicht verallgemeinert werden. In der *psychologischen Diagnostik* bezeichnet man ein einseitiges, einem bestimmten Muster folgendes Ankreuzen in Fragebögen oder Tests, z. B. nur hohe oder niedrige Werte, als **Bias der Untersuchungsperson.** Dazu gehört auch die Tendenz zu sozial erwünschten statt wahrheitsgemäßen Antworten. In der *kognitiven Psychologie* wird der Begriff Bias für eine systematische Fehleinschätzung verwendet, z. B. wird die Häufigkeit von Ereignissen überschätzt, wenn diese leicht aus dem Gedächtnis abrufbar sind.

**Bibliotherapie:** in der *Psychotherapie* die Einbeziehung gezielter, vom Therapeuten ausgewählter Lektüre in den Heilplan; soll u. a. Konflikterkenntnis und -überwindung fördern, ein Verständnis des therapeutischen Verfahrens ermöglichen und der Selbstfindung sowie der beruflichen Rehabilitation dienen.

**Big-five-Modell:** das →Fünffaktorenmodell der Persönlichkeit.

**Bilanzselbstmord:** nach sorgfältiger Erwägung des Für und Wider vollzogener →Suizid; ob es ihn gibt, ist umstritten.

**Bild|erleben, katathymes:** das →katathyme Bilderleben.

**bildgebende Verfahren:** Sammelbezeichnung für Methoden, die es erlauben, durch einen geringen Eingriff am lebenden Organismus umschriebene Körperareale, z. B. Strukturen des Gehirns, sichtbar zu machen. Neben statischen Methoden, die eine Abbildung von bestimmten Strukturen erlauben, z. B. durch ein Computertomogramm, sind **funktionelle bildgebende Verfahren** für die Psychologie von besonderer Bedeutung. Damit können einzelne Hirnregionen während der Aktivierung durch eine bestimmte Tätigkeit, z. B. Lesen, abgebildet und mit der Aktivierung während einer Ruhephase der Person verglichen werden. Die neuronale Aktivierung wird hierbei indirekt durch Durchblutungsmessung oder Stoffwechselveränderungen erfasst. Ein funktionelles bildbendes Verfahren ist z. B. die **PET,** die Positronen-Emissions-Tomografie, die den regionalen Blutfluss im Gehirn misst. Bei der PET werden radioaktiv markierte Substanzen (Positronenstrahler) verwendet. Eine neuere Methode ist die **fMRT,** die funktionelle Magnetresonanztomografie, die nach der englischen Bezeichnung auch **fMRI** für »functional magnetic resonance imaging« genannt wird. Im Gegensatz zur PET ist die fMRT ein nicht invasives Verfahren, das auf den elektromagnetischen Eigenschaften des Gewebes beruht. Mit der fMRT werden Veränderungen des Blutes im Gehirngewebe gemessen, die durch erhöhte Neuronenaktivität ausgelöst werden.

Die fMRT wird bei verschiedensten psychologischen Fragestellungen eingesetzt. In einer sozialpsychologischen Untersuchung ging man z. B. der Frage nach, ob und wie Nachdenken über Moral sich in der Gehirnaktivität niederschlägt. Probanden hatten die Aufgabe, eine Reihe von Fragen mit moralischem und nicht moralischem Inhalt zu beantworten. Die fMRT-Messung ergab, dass beim Nachdenken über die moralischen Fragen diejenigen Hirnareale aktiviert waren, die mit Emotionen verbunden sind, während das bei den anderen Fragen nicht der Fall war. Daraus wird geschlossen, dass Nachdenken über Moral keine rein kognitive Aktivität ist, sondern dass auch Emotionen daran beteiligt sind.

**Bildung:** sowohl der Prozess, in dem der Mensch seine seelisch-geistige Gestalt gewinnt, als auch diese Gestalt selbst (»innere Bildung«). Darüber hinaus wird auch das Wissen, v. a. das Allgemeinwissen auf traditionell geisteswissenschaftlichem Gebiet, und mittlerweile auch die berufliche Bildung als Bildung bezeichnet. Man unterscheidet nach wie vor zwischen Bildung schlechthin, bei der die Freiheit zu Urteil und Kritik im Vordergrund steht, und Ausbildung, der gewissermaßen als »Makel« die Anpassung an vorgegebene Verhältnisse anhaftet.

*Geschichte:* Der Begriff Bildung wurde Mitte des 18. Jahrhunderts in die pädagogische Fachsprache übernommen und von der Pädagogik der Aufklärung zu einem Schlüsselwort für den Bereich der Erziehung und des Unterrichts gemacht. Bildung wurde als Entfaltung der der Seele von Natur aus innewohnenden Kräfte aufgefasst und zu einem Versuch, diejenigen Zwänge, die das Menschsein beeinträchtigen, zu erfassen, über diese aufzuklären und so ihre Abschaffung zu gewährleisten.

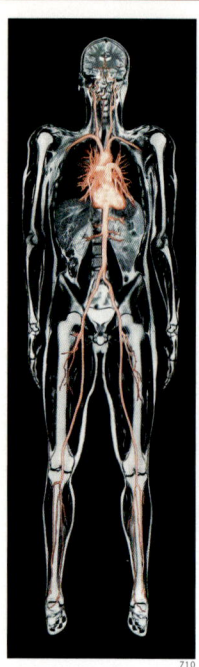

**bildgebende Verfahren** wie die Magnetresonanztomografie erlauben z. B. die Messung von Veränderungen des Blutes im Gewebe.

---

**bildgebende Verfahren | Abbilder unserer Seele?**

Inwischen kennt sie fast jeder: die Bilder vom Gehirn, auf denen farbige Areale zu sehen sind. Ob es bei den dargestellten Gehirnaktivitäten um Krankheiten wie Demenz, oder aber auch um psychische Prozesse wie Denken, Wahrnehmen oder Fühlen geht, in den Massenmedien werden diese immer öfter gezeigt. Für die einen sind sie der Beweis dafür, dass alles menschliche Verhalten und Erleben mit dem Gehirn zu erklären ist, andere wiederum reagieren mit Skepsis. Was genau stellen die Farben wirklich dar? Auch einige Neurowissenschaftler warnen vor verfrühten Interpretationen: Es würden Veränderungen bestimmter Hirnregionen angezeigt, »Feuerungen« von Nervenzellen in dem jeweiligen Areal. Von einer genaueren Erfassung der Arbeitsweise von abermillionen miteinander verbundenen Nervenzellen sei man dabei allerdings weit entfernt, geschweige denn von einer Beschreibung klarer Zusammenhänge zwischen den Neuronenaktivitäten und dem Fühlen, Denken oder Verhalten des Menschen. Es ist angebracht, die bunten Bilder nicht überzubewerten, aber ebenso wäre es falsch, sie als nichtssagend abzutun.

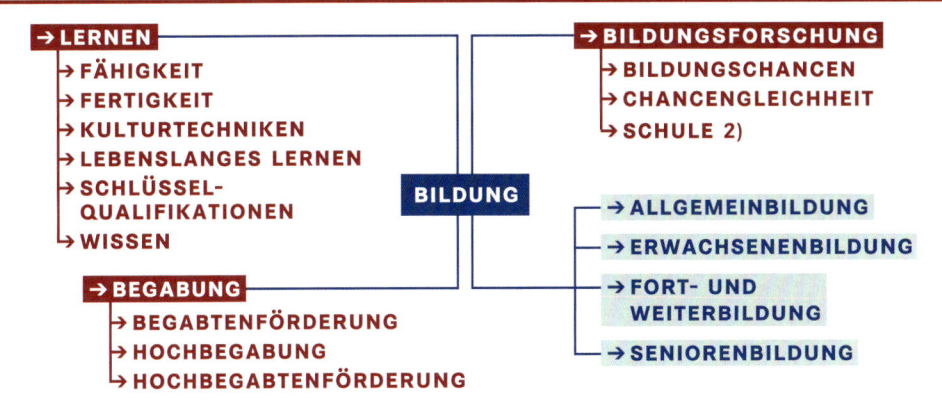

→ **LERNEN**
  → FÄHIGKEIT
  → FERTIGKEIT
  → KULTURTECHNIKEN
  → LEBENSLANGES LERNEN
  → SCHLÜSSEL-
     QUALIFIKATIONEN
  → WISSEN

→ **BEGABUNG**
  → BEGABTENFÖRDERUNG
  → HOCHBEGABUNG
  → HOCHBEGABTENFÖRDERUNG

**BILDUNG**

→ **BILDUNGSFORSCHUNG**
  → BILDUNGSCHANCEN
  → CHANCENGLEICHHEIT
  → SCHULE 2)

→ ALLGEMEINBILDUNG
→ ERWACHSENENBILDUNG
→ FORT- UND
   WEITERBILDUNG
→ SENIORENBILDUNG

Der deutsche Neuhumanismus verstand Bildung als Freisetzung des Individuums zu sich selbst, also als Selbstbestimmung, und hielt sie letztlich nur als Selbstbildung für möglich. Im Laufe des 19. Jahrhunderts trat ein Verfall des humanistischen Bildungsideals ein.

In den Vordergrund trat die Ausbildung, d. h. der Erwerb von Kenntnissen und Fähigkeiten, die unmittelbare Verwertung im Beruf versprechen.

**Bildungs|chancen:** die Möglichkeit, Bildung und Ausbildung der eigenen Wahl und im selbst gewählten Umfang zu erhalten. Dieser Möglichkeit stehen auch in den entwickelten Staaten Hindernisse entgegen, deren Ausmaß u. a. abhängig ist von Herkunft, Geschlecht oder Einkommen der Eltern. Die Forderung nach gleichen Bildungschancen für alle ergibt sich aus dem im Grundgesetz festgeschriebenen Gebot der →Chancengleichheit.

**Bildungsforschung:** ein interdisziplinärer Forschungszweig auf dem Gebiet des Bildungswesens mit der Aufgabe, empirisch feststellbare Daten und Entwicklungen im Bildungswesen zu ermitteln und damit die Grundlagen für Bildungsplanung und Bildungspolitik zu liefern.

Besonders gefördert werden Modellversuche, die Impulse für die Weiterentwicklung in den Bereichen Schule, Ausbildung, Hochschule und Weiterbildung geben, z. B. Modellversuche zu neuen Informations- und Kommunikationstechniken oder zur Rolle von Mädchen und Frauen im Bildungswesen.

**Bildungswissenschaften:** Gruppe wissenschaftlicher Disziplinen, die sich mit Bildungsprozessen in der vorschulischen und schulischen Bildung sowie in der Berufs- und Erwachsenenbildung befassen. Anders als in den Erziehungswissenschaften werden meist Fragen der Persönlichkeitsentwicklung insgesamt (Einstellungen, Motive, Wertsysteme, Sozialverhalten), die in den Erziehungswissenschaften zusätzlich behandelt werden, weniger erforscht; so gesehen sind die Bildungswissenschaften Teil der Erziehungswissenschaften. Häufig werden die Begriffe Bildungswissenschaften und Erziehungswissenschaften allerdings auch synonym gebraucht.

**Bindung:** Verhaftetsein an andere Menschen, aber auch an Dinge, Orte oder Werte. Die Fähigkeit, sich zu binden, ist eine zentrale Voraussetzung für eine gesunde seelische Entwicklung. Die Bindung an die Eltern oder eine Bezugsperson wird im frühen Kindesalter erworben und festigt sich etwa zwischen dem sechsten und achten Lebensmonat. Während der Pubertät und Adoleszenz findet eine →Ablösung durch Entidealisierung der Eltern statt. Gelingt dieser Prozess, so ergibt sich im Erwachsenenleben eine freundschaftliche Wiederannäherung an die Eltern mit Respekt für ihre Eigenheiten.

*Funktion:* Die Bindung des Kindes an die Eltern ist ein lebensnotwendiges System, das in der Entwicklung vieler Tierarten auftritt (→Prägung) und beim Menschen als »stammesgeschichtlicher Rest« noch erhalten ist. Dieser Rest bedingt die Bindung des Säuglings an seine Eltern und umgekehrt deren Bindung an das Kind. Letztere wird auch als **Bonding** bezeichnet; es entsteht in der Regel bei dem ersten körperlichen Kontakt mit dem Säugling und sichert nach evolutionspsychologischer Auffassung das Fürsorgeverhalten der Eltern und damit das Überleben des Säuglings. Eine Bindungsbeziehung zwischen Bezugsperson und Kind ist nicht nur für die Aufrechterhaltung von Nähe und den damit verbundenen positiven emotionalen Kontakt, sondern z. B. auch für die Ausbildung des Erkundungs- und Lernverhaltens sowie eines gesunden →Selbstwertgefühls des Kindes wichtig.

*Störung:* Physische und psychische Gewalt, einschließlich der Vernachlässigung, kann die

**Bindung:** Traditionen haben bindungsstärkende Funktion. Für den Zusammenhalt einer Familie sind gemeinsam begangene Festtage von hoher Bedeutung (Rituelle Mahlzeit in einer jüdischen Familie).

Bindung des Kindes an seine Bezugsperson massiv beeinträchtigen und negative körperliche, psychische und soziale Folgen haben. Das gilt auch für die frühe Trennung des Kindes von seiner Bezugsperson, worauf insbesondere René Spitz hingewiesen und wofür er als eine der möglichen Folgen den →Hospitalismus herausgestellt hat. Weitere Studien belegen die Wichtigkeit einer frühkindlichen Vertrauensbeziehung zu den Eltern oder zu Bezugspersonen.

*Bindungstypen:* Nach der **Bindungstheorie** von Mary D. S. Ainsworth und John Bowlby lassen sich bei Kindern bestimmte Bindungstypen feststellen, die bis ins Erwachsenenleben bestehen bleiben können: Bei einer **sicheren Bindung** ist das Kind bekümmert, wenn es von seiner Bezugsperson getrennt wird und es freut sich bei ihrer Wiederkehr. Wenn das Kind sich selbst von der Mutter oder dem Vater kurzfristig trennen will, um z. B. zu spielen, kann es gelassen zwischen Kontakt und Alleinsein abwechseln. Bei einer **unsicher-vermeidenden** Bindung zeigt das Kind kaum Interesse an seiner Bezugsperson und wirkt unberührt bei Trennungen oder bei der Wiederkehr der Bezugsperson. Bei einer **unsicher-ambivalenten Bindung** zeigt das Kind ein starkes Anklammerverhalten und ist sehr belastet, wenn es von seiner Bezugsperson getrennt wird. Auch bei der Wiederkehr der Bezugsperson besteht nicht nur Freude, sondern es bestehen gleichzeitig ambivalente Verhaltensweisen aus den negativen Gefühlen heraus, die durch das Verlassenwerden entstanden sind. Andere Forscher beschrieben als weiteren Bindungstyp die **desorganisierte/desorientierte Bindung**, bei der sich das Verhalten des Kindes zu keinem der genannten drei Bindungstypen zuordnen lässt und sich u. a. in bizarrem Verhalten äußert, etwa Erstarren, oder das Kind wechselt zwischen den Bindungsstilen.

Wie v. a. die in jüngerer Zeit verstärkt betriebene Säuglingsforschung nahelegt, ist es von entscheidender Bedeutung, inwieweit die Eltern in der Lage sind, die Signale des Kindes richtig zu erkennen, sie sinnvoll zuzuordnen und durch angemessenes, zeitlich und inhaltlich konstantes Verhalten zu beantworten, also »Container« für ihr Kind zu sein (→Container-Contained). Wenn Eltern sich in dieser Weise sensitiv verhalten, ist die Entstehung einer sicheren Bindung zu erwarten. Unsicher-vermeidende Bindungen gehen vielfach darauf zurück, dass Signale des Kindes selten in angemessener Weise beantwortet wurden, während unsicher-ambivalente Bindungen auf inkonsistentes Elternverhalten zurückgehen, bei dem das Elternverhalten für das Kind unvorhersagbar ist. Beim desorganisiert und desorientierten Bindungsstil hat man eine Häufung von Missbrauchserfahrungen des Kindes gefunden.

*Bindung in der Psychotherapie:* Bindung spielt auch in der Psychotherapie, v. a. in tiefenpsychologischen Verfahren eine große Rolle. Während einer Psychotherapie werden in der →Übertragung starke Gefühle für den Therapeuten erlebt, in denen frühere Bindungen oder Bindungssehnsüchte neu belebt werden. Mit zunehmender Selbstständigkeit des Patienten findet eine Ablösung vom Therapeuten statt.

**LESETIPPS:**
Karin Grossmann und Klaus E. Grossmann: *Bindungen – das Gefüge psychischer Sicherheit.* Stuttgart (Klett-Cotta) 2004.
Gordon Neufeld u. a.: *Unsere Kinder brauchen uns! Die entscheidende Bedeutung der Kind-Eltern-Bindung.* Oberstaufen (Genius) 2006.
*Bindung und Trauma. Risiken und Schutzfaktoren für die Entwicklung von Kindern.* Herausgegeben von Karl Heinz Brisch und Theodor Hellbrügge. Stuttgart (Klett-Cotta) ²2006.

---

**Bindung | Zusammenhang zelebrieren**

In der traditionellen Gesellschaft hält in erster Linie materiell-existenzielle Not soziale Bindungen zusammen. Wer die Dorfgemeinschaft verlässt, gerät buchstäblich ins »Elend«. In der mobilen Gesellschaft der Moderne wächst die Zahl der Einpersonenhaushalte. Die Fluktuation in vielen Betrieben ist groß; in multinationalen Konzernen versucht man daher, eine Unternehmensidentität (Corporate Identity) zu bilden. In den Familien haben Gedenk- und Feiertage, an denen etwa Geschenke ausgetauscht werden, eine bindungsstärkende Funktion. Bedeutungsvoll sind auch Gruppenidentitäten.

**Binet** [biˈnɛ], Alfred: französischer Mediziner und Experimentalpsychologe, * Nizza 11. 7. 1857, † Paris 18. 10. 1911; war seit 1894 Leiter des psychophysiologischen Laboratoriums an der Sorbonne. Binet war maßgebend in der Einführung der experimentellen Psychologie in Frankreich und ein Pionier der Intelligenzmessung. Er entwickelte zusammen mit dem Mediziner Théodore Simon für den Einsatz bei Schülern den ersten Intelligenztest (Binet-Simon-Test, 1905).

**Binge-Eating-Störung** [bɪndʒˈiːtɪŋ, engl., eigtl. »Sauferei-Essen«], Abk. **BES:** Essstörung mit Essanfällen. Während einer Attacke werden sehr große Nahrungsmengen schnell gegessen, gefolgt von Ekel- und Schuldgefühlen sowie depressiver Verstimmung. Im Gegensatz zur Bulimia nervosa sind die Betroffenen oft übergewichtig und versuchen nicht, ihr Körpergewicht durch Erbrechen, Fasten oder viel Sport zu verringern.

Für die Binge-Eating-Störung gibt es in den Klassifikationssystemen psychischer Störungen ICD-10 und DSM-IV noch keine eigenen diagnostischen Leitlinien; im ICD-10 wird sie unter »Essattacken bei sonstigen psychischen Störungen« oder »nicht näher bezeichnete Essstörungen« subsummiert.

Etwa 2 % der Bevölkerung leidet unter einer Binge-Eating-Störung, hauptsächlich sind Frauen zwischen 20 und 40 Jahren betroffen; im Gegensatz zu Bulimia nervosa und Anorexia nervosa ist der Anteil von betroffenen Männern mit etwa einem Drittel der Binge-Eating-Gestörten deutlich höher.

Die Gründe sind wie bei anderen →Essstörungen psychischer Natur.

**Bioenergetik:** von dem Wilhelm-Reich-Schüler Alexander Lowen entwickelte Lehre von der Lebensenergie und darauf aufbauende Form der Psychotherapie. Sie beruht auf der Grundannahme, dass sich seelische Spannungen, →Traumata und →Verdrängungen in körperlichen Verspannungen und Fehlhaltungen niederschlagen. Diese Blockaden im Fluss der Lebensenergie sollen sich durch geeignete Übungen erkennen und beseitigen lassen, nach denen der Patient mit den bisher verdrängten Erinnerungen konfrontiert wird. Er soll dadurch neue Kräfte entdecken und Selbstvertrauen entwickeln, körperliche Spannungen nicht mehr durch Medikamente bekämpfen oder über sie hinweggehen, sondern sie als eine Art Frühwarnsystem für seine seelische Gesundheit betrachten. Bioenergetische Verfahren gelten unter Vetetern etablierter Therapiemethoden als eher umstritten.

**Biofeedback** [-fidˈbæk-]: Verfahren, bei dem physiologische Parameter des eigenen Körpers wie der Blutdruck oder Herzschlag mithilfe technischer Geräte bewusst gemacht werden mit dem Ziel, diese zu kontrollieren. Die sonst nicht wahrnehmbaren und willentlich scheinbar nicht beeinflussbaren Körperfunktionen werden in optische und akustische Signale umgesetzt, z. B. am Computerbildschirm. Mithilfe dieser Rückmeldung erkennt der Betroffene den Zustand der jeweiligen Körperaktivität unmittelbar und trainiert den gewünschten Zustand, z. B. Entspannung. Eine Form des Biofeedbacks ist das computergestützte **Neurofeedback**, auch EEG-Feedback genannt, das auf dem →EEG beruht und die Hirnaktivität des Patienten rückmeldet. Patienten, die z. B. unter Stress und Anspannung leiden, können ihr Gehirn auf Entspannung trainieren, Patienten die sich ständig müde und unkonzentriert fühlen, auf Konzentration.

Biofeedback wird u. a. bei Migräne, Schlafstörungen, Ängsten und ADHS angewendet. Es ist eine Methode der →Verhaltenstherapie.

**Biografie** [griech. »Lebensbeschreibung«]: Darstellung der Lebensgeschichte eines Menschen hinsichtlich der äußeren Ereignisse und der geistig-seelischen Entwicklung; sie spielt bei der **biografischen Methode** in der psychologischen Diagnostik eine wichtige Rolle. Dabei wird die Lebensgeschichte als realistische Prüfung der Fähigkeiten und Schwächen einer Person herangezogen und in einer genauen →Anamnese aufgedeckt, wie der Betreffende mit typischen Krisensituationen und Anforderungen (z. B. Ablösung von den Eltern, Schulabschluss, selbstständiges Wohnen, Berufstätigkeit, feste Beziehung) umgegangen ist.

**biologische Psychologie, Biopsychologie, physiologische Psychologie, Psychobiologie:** Disziplin der Psychologie, in der unter psychologischem Blickwinkel Zusammenhänge zwischen biologischen und psychologischen Vorgängen untersucht werden. Gegenstand der Forschung sind sowohl Mensch als auch Tier. Durch Versuche an Säugern, Fischen und Vögeln hat dieser Wissenschaftszweig seit den 1950er-Jahren wichtige Erkenntnisse über das Zusammenwirken von Gehirn und den durch das Nervensystem kontrollierten Drüsen und inneren Organen sowie über den Zusammenhang zwischen dem Blutkreislauf und verschiedenen Verhaltensweisen gewonnen. Dabei geht es v. a. um die Frage, wie wissenschaftliche Kenntnisse über physiologische, chemische und anatomische Zusammenhänge in unserem Körper mit psychologischem Wissen über Sinnessysteme und Bewegungsabläufe, über Motivation und Emotion, Bewusstsein und Schlaf, Lernen und Gedächtnis sinnvoll verknüpft werden können und wie dadurch letztlich eine laufende Integration einer naturwissenschaftlich verstandenen Psychologie in die bestehenden sozial- und geisteswissenschaftlichen Ansätze der Psychologie zu erreichen ist.

Verschiedene naturwissenschaftlich ausgerichtete Teildisziplinen der Psychologie, z. B. die Psychopharmakologie und Neuropsychologie, werden als Teilbereiche oder Nachbargebiete der biologischen Psychologie verstanden. Die biologische Psychologie bezieht in ihre Untersuchungen alle Organe mit ein, deren Aktivität für naturwissenschaftlich geschulte Psychologen messbar ist, ebenso alle diejenigen Verhaltensweisen, die offenkundig nicht allein von Reflexen gesteuert oder genetisch verankert sind. Andere Disziplinen wie die →Neuropsychologie begrenzen das Forschungsfeld auf das Verhalten oder die Verhaltensänderungen des Menschen, bedienen sich wie die **Psychophysiologie** im Wesentlichen nicht invasiver physiologischer Methoden, um Aktivitätsveränderungen an Muskeln und im Gehirn festzustellen, oder untersuchen wie die →Psychopharmakologie die psychologische Wirkung diverser zentral wirkender Substanzen.

**biologische Uhr:** der →Biorhythmus.

**Bion,** Wilfred Ruprecht: britischer Psychoanalytiker, * Muttra (Indien) 8. 9. 1897, † Oxford 8. 11. 1979. Bion entwickelte den heute zunehmend beachteten Ansatz des →Container-Contained.

**Biopsychologie:** die →biologische Psychologie.

**biopsychosoziales Modell:** Erklärungsmodell für psychische Störungen und psychosomatische und körperliche Erkrankungen, in dem biologisch-organische, psychische und soziale Bedingungen als prinzipiell gleichrangige ursächliche Faktoren für die Störungen und Erkrankungen angesehen werden. Das biopsychosoziale Modell steht in Konkurrenz zum →medizinischen Modell und zum →psychosozialen Modell.

**Biorhythmus, biologische Uhr, Tagesrhythmik, zirkadiane Rhythmik:** etwa 24 Stunden während (»zirkadiane«), in jüngerer Zeit v. a. beim Menschen untersuchte Form der Rhythmik. Wichtige Tagesrhythmen beim Menschen sind der Schlaf-wach-Rhythmus, der Aktivitätszyklus und damit eng verbunden der Nahrungsaufnahme- und Trinkrhythmus, der Körpertemperaturrhythmus sowie endokrine Rhythmen. Bedingt durch diese sowie andere physiologische Vorgänge ändert sich im Tagesverlauf auch das allgemeine Leistungsvermögen.

Als Grundprinzip wird ein rhythmisch funktionierender, autonomer physiologischer Mechanismus auf zellulärer Ebene angenommen, der über äußere und innere »Zeitgeber« arbeitet. Wie Versuche in völliger Abgeschlossenheit vom natürlichen Wechsel zwischen Hell und Dunkel gezeigt haben, pendelt sich der Mensch unter solchen Bedingungen auf einen anderen, etwa 25-stündigen Rhythmus ein. Man kann daraus schließen, dass der Organismus die physiologische Uhr selbst steuert und diese dann über äußere Faktoren mit der »Umweltzeit« synchronisiert wird. Welche »Zeitgeber« den Biorhythmus im Einzelnen auf Zellebene regeln, ist noch weitgehend ungeklärt.

Bedeutung hat der Biorhythmus für die Planung der Tagesaufgaben, aber auch für die Medizin (z. B. Einnahme von Medikamenten, Planung von Operationen) und für die Neuregulierung der physiologischen Uhr im Zusammenhang mit der durch Transatlantikflüge eintretenden Zeitverschiebung.

**bipolare affektive Störung:** Form der →affektiven Störung.

**Bisexualität:** 1) in der *Biologie* die →Intersexualität;

2) in der *Psychologie* das Nebeneinanderbestehen von hetero- und homosexuellen Neigungen und Beziehungen. Die klassische Psychoanalyse nimmt eine prinzipielle Bisexualität des Menschen an; bis etwa Ende der Pubertät stellt sie die Regel dar, bei Erwachsenen ist sie, verglichen mit der Zahl vorwiegend heterosexuell oder homosexuell Orientierter, hingegen deutlich seltener.

**Blackbox** [ˈblækbɔks, engl. »schwarzer Kasten«]: in der *Kybernetik* und *Regelungstechnik*

---

**Biorhythmus | Durch Urlaub aus dem Takt**

Durch Transatlantikflüge wird der Biorhythmus aus dem Takt gebracht. Fliegt man in Richtung Westens, so wird der Tag länger. Darauf kann sich der Körper recht gut einstellen, da sein nicht durch Hell-Dunkel-Unterschiede beeinflusster Grundrhythmus etwas länger ist als ein Tag. In Richtung Osten wird der Tag kürzer – eine starke Herausforderung für den Organismus. Zahlreiche Rhythmen müssen neu synchronisiert werden, man fühlt sich in den ersten Tagen nach der Rückkehr zerschlagen, matt und sehr müde. Langes Schlafen wäre aber ganz falsch. Die biologischen Rhythmen werden am besten dadurch synchronisiert, dass man sich dem vorgegebenen Tag-Nacht-Rhythmus wieder anpasst.

Durch sehr langes Ausschlafen im Urlaub verstellt man seine biologische Uhr ebenfalls geringfügig. Man tut sich einen Gefallen, wenn man bereits einige Tage vor dem Urlaubsende wieder allmählich zum gewohnten Schlaf-wach-Rhythmus zurückkehrt.

ein abgrenzbarer, seiner Funktionsweise nach unbekannter Teil eines Systems, den man auf den Zusammenhang von Eingangs- (Input) und Ausgangsinformationen (Output) hin untersucht; im *Behaviorismus* wird die menschliche Psyche als Blackbox betrachtet, in die man nicht hineinschauen kann, folglich untersucht der Behaviorismus nur die Inputs (die Reize aus der Umwelt) und die Outputs (die Reaktionen des Individuums).

**Blackout** [ˈblækaʊt, engl. »Verdunklung«]: plötzlicher, kurzzeitiger Ausfall des Bewusstseins oder des Erinnerungsvermögens. Den Betroffenen wird »schwarz vor Augen« und sie können sich an nichts erinnern. Mögliche Ursachen sind Kreislaufprobleme (das Gehirn wird schlecht durchblutet und »schaltet ab«) oder Vergiftungen (z. B. durch Alkohol oder Schlafmittel). Starker Alkoholgenuss zieht häufig einen Blackout nach sich; man weiß dann z. B. nicht mehr, wie man nach Hause gekommen ist.

**Bleuler,** Eugen: schweizerischer Psychiater, \* Zollikon (bei Zürich) 30. 4. 1857, † ebenda 15. 7. 1939. Stark von der Psychoanalyse beeinflusst, trug er entscheidend zum Verständnis der Schizophrenie bei und führte u. a. die Begriffe Ambivalenz, Autismus, Schizophrenie und Tiefenpsychologie ein.

**Blickbewegungen:** Bewegungen des Auges, die dazu dienen, die Stelle des schärfsten Sehens auf einen Zielpunkt in der Umwelt auszurichten. Ein scharfes visuelles Wahrnehmen ist auf einen kleinen Bereich in der Mitte des Sehfeldes beschränkt. In der Entfernung von einer Armlänge nimmt man etwa nur die Größe einer Briefmarke scharf wahr. Daher muss das Auge ständige Bewegungen ausführen, um größere Ausschnitte der Umwelt zu erfassen. Diese Bewegungen erfolgen in der Regel nicht kontinuierlich, sondern in Form von Sprüngen, nach denen jeweils eine Ruhezeit eintritt. Nur während der Ruhezeiten werden visuelle Informationen aufgenommen. Ein Sprung wird als Sakkade bezeichnet, dauert wenige Hundertstelsekunden und überstreicht bis zu 50° im Sehfeld. Die nachfolgende Ruhezeit heißt Fixation und dauert zwischen einer Zehntelsekunde und zwei Sekunden. Beim Lesen etwa gibt es typischerweise vier Fixationen pro Sekunde. Die Ausrichtung des Blicks wird durch Aufmerksamkeit gelenkt, während die motorische Ausführung unbemerkt bleibt, weil sie weitgehend automatischen Steuerungsprozessen unterliegt.

In der psychologischen Forschung stehen spezielle Kamerasysteme zur Verfügung, die die Bewegungen der menschlichen Pupille registrieren. Die Beobachtung von Blickbewegungen erlaubt einen Aufschluss darüber, welche Informationen eine Person in welcher Reihenfolge aufnimmt. Die Methode findet Anwendung beim Lesen, beim Betrachten von Bildern, Filmen oder realen Szenen. Besonderes Interesse besteht in der pädagogischen Psychologie bei der Untersuchung von Lernprozessen, in der Kunstpsychologie, der Werbepsychologie, sowie in der Arbeits- und Verkehrspsychologie.

**Blindenpädagogik:** Bereich der Sonderpädagogik, der sich mit Theorie und Praxis der Erziehung und der allgemeinen und beruflichen Bildung von Blinden und Sehbehinderten sowie der Rehabilitation Erblindeter beschäftigt. Ziel ist deren menschliche und berufliche Selbstständigkeit sowie ihre soziale Integration. Bei entsprechenden Methoden steht ihre Bildungs- und Lernfähigkeit der von Nichtbehinderten in nichts nach; die Motivation ist häufig stärker. Die Didaktik stützt sich auf die Entfaltung und Koppelung von Tasten und Hören.

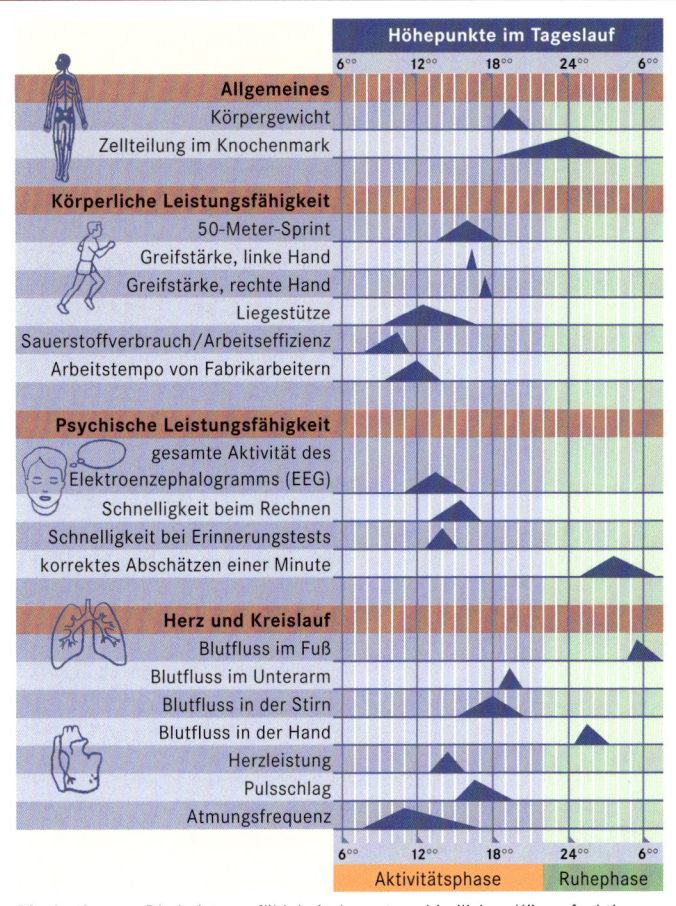

**Biorhythmus:** Die Leistungsfähigkeit der unterschiedlichen Körperfunktionen hängt auch von der Tageszeit ab.

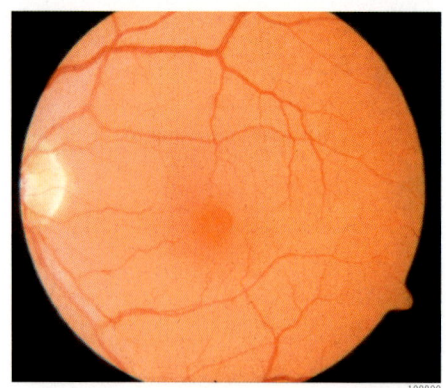

**blinder Fleck:** Augenhintergrund eines Gesunden: Am blinden Fleck (linker Bildrand) fehlt das Sehvermögen; am gelben Fleck (Bildmitte) ist das Sehvermögen dagegen am höchsten.

**blinder Fleck:** in der *Sinnesphysiologie* die Austrittsstelle der Sehnervenfasern an der rückwärtigen Wand des Augapfels sowie die Eintrittsstelle der Blutgefäße in den Augapfel. Am blinden Fleck ist die Sinneszellschicht der Netzhaut unterbrochen, sodass hier das Sehvermögen völlig fehlt. Im *übertragenen Sinn* bezeichnet man mit einem blinden Fleck die Unfähigkeit, bestimmte Dinge zu erkennen, v. a. solche, die jemand nicht wahrhaben will. In der *Psychoanalyse* handelt es sich hier um die Abwehrmechanismen der →Verleugnung, der →Verschiebung oder der →Verkehrung ins Gegenteil.

**Blindversuch:** Versuch, bei dem die untersuchte Person nicht weiß, welcher Versuchsbedingung sie zugeordnet ist. In jedem →Experiment werden unterschiedliche Bedingungen hergestellt, unter denen unterschiedliche Reaktionen der Probanden erwartet werden. Die Kenntnis der Versuchsbedingungen kann jedoch das Verhalten oder die Selbstwahrnehmung der Probanden beeinflussen. Daher wird z. B. die Prüfung von Heilmitteln in der Regel als Blindversuch durchgeführt. Ein Teil der Probanden erhält unwissentlich nur ein Scheinmedikament (→Placebo). In dieser Gruppe können Einflüsse ermittelt werden, die durch den bloßen Glauben an eine Wirkung entstehen. Der Placeboeffekt kann anschließend von dem Effekt des echten Medikaments abgezogen werden.

Im **Doppelblindversuch** haben weder die Probanden noch die ausführenden Forscher eine Kenntnis der Versuchsbedingungen. Bei Medikamentenstudien wissen weder die Behandelten noch die Therapeuten, ob es sich um den Wirkstoff oder das Scheinpräparat handelt. Auf diese Weise wird ausgeschlossen, dass der behandelnde Arzt dem Patienten einen Heilerfolg oder Misserfolg suggeriert.

**Blitzlichterinnerung:** eine Form der →Erinnerung.

**Bluthochdruck, Hypertonie:** überhöhter arterieller Blutdruck. Der Herzmuskel erzeugt den Druck, unter dem das Blut durch den Körper gepumpt wird. Als optimal werden derzeit ein oberer Wert (systolischer Blutdruck) von unter 120 mm Hg (Abk. für Millimeter Hydrargyrum, griechisch für »Quecksilber«, dessen Längenausdehnung im Messgerät angegeben wird) und ein unterer Wert (diastolischer Blutdruck) von höchstens 80 mm Hg eingestuft. Bei seelischer Erregung steigt der Blutdruck sprunghaft an, in der Regel klingt er wieder ab. Bluthochdruck kann körperliche (Nierenleiden, Nebenwirkungen von Medikamenten) oder psychische Ursachen haben. Er ist eine typische Krankheit von Menschen, die ihre Erregung nicht abreagieren können – was unter den zivilisierten Lebensbedingungen gegenüber dem Leben der Naturvölker ohnedies sehr erschwert ist. Wenn ein Raubtier den primitiven Jäger bedroht, kann er sich wehren oder fliehen; in jedem Fall entspricht seiner Blutdrucksteigerung eine körperliche Aktion mit ihr folgender seelischer Entspannung und Blutdrucksenkung. Wenn der moderne Angestellte sich von seinem Chef bedroht fühlt, kann er diesen weder mit Zähnen und Fäusten bekämpfen noch vor ihm fliehen, also seinen Blutdruck auch nicht auf körperlichem Weg absenken.

Bluthochdruck ist ein gefährliches Leiden, weil er oft lange Zeit nicht bemerkt wird und die Betroffenen erst unter seinen Folgen leiden: Gefäßschäden, Schlaganfälle, Nierenschäden und Herzinsuffizienz. Der Blutdruck kann oft schon durch eine gesündere Lebensweise mit mehr Bewegung, Abnehmen und salzarmer Ernährung gesenkt werden. Wenn das nicht ausreicht, sind Medikamente oder eine psychotherapeutische Behandlung angezeigt.

**Body-Mass-Index** [ˈbɔdɪmæsɪndeks, engl. »Körpermassenindex«], Abk. **BMI:** Messgröße, die zur Ermittlung des Normal- und Überge-

---

**blinder Fleck | Leicht zu »sehen«**

Als »blinder Fleck« wird jene winzige Stelle am Auge bezeichnet, an der der Sehnerv an der rückwärtigen Wand des Augapfels die Netzhaut durchbricht. An dieser Stelle kann man nicht sehen. Ein Versuch verdeutlicht es: Blickt man mit einem Auge aus etwa 25 cm Entfernung konzentriert auf einen bestimmten Punkt, dann kann man eine Fläche von immerhin 2 cm Durchmesser nicht mehr wahrnehmen, wenn sie 7 cm seitwärts (in Richtung der Schläfen) liegt.

wichts herangezogen wird und sich errechnet, indem man das Körpergewicht durch die quadrierte Körpergröße teilt. Der Body-Mass-Index wird zur Bestimmung von Übergewicht und Adipositas herangezogen.

**Bonding** [engl. »Bindung«]: das elterliche starke Gefühl der →Bindung an das neugeborene Kind.

**Borderlinestörung** [ˈbɔːdəlaɪn-, engl. »Grenzlinie«], **Borderline-Persönlichkeitsstörung**, Abk. **BPS**: eine durch die Hauptmerkmale Impulsivität und mangelnde Selbstkontrolle gekennzeichnete Persönlichkeitsstörung. Betroffene verhalten sich häufig impulsiv, ohne Konsequenzen zu beachten (z. B. exzessiver Alkoholkonsum), sie geraten rasch in Streit mit anderen, neigen zu Wutausbrüchen oder haben Probleme damit, ihre Wut zu kontrollieren. Viele Betroffene haben wechselnde, aber intensive Beziehungen, dabei erleben sie große Angst davor, verlassen zu werden. Eine weitere Auffälligkeit ist, dass sie ihre Mitmenschen mal idealisieren, mal völlig entwerten, oft von einem Moment zum anderen. Menschen mit Borderlinestörung haben ein instabiles Selbstbild, z. B. sehen sie sich mal als freundlichen, mal als bösen Menschen; ebenso zeigen sie instabile Ziele, z. B. begeistern sie sich für etwas, was ihnen am nächsten Tag unwichtig wird, um es später doch wieder aufzunehmen. Oft wird ein Gefühl der inneren Leere beklagt; Ängste und Depressionen sowie selbstverletzendes Verhalten kommen häufig vor. Für die Diagnose einer Borderlinestörung müssen die Hauptmerkmale sowie die meisten der genannten weiteren Symptome vorhanden sein. Die Borderlinestörung tritt bei ca. 2 % der Bevölkerung auf. In der Lebensgeschichte solcher Personen lassen sich häufig Vernachlässigung und psychischer, physischer oder sexueller Missbrauch während der Kindheit feststellen.

Die Störung wird auch als Grenzfallstörung, eine Erkrankung im Grenzbereich zwischen →neurotischen Störungen und →psychotischen Störungen definiert. Die ICD-10 führt sie als Subtyp der emotional-instabilen Persönlichkeitsstörung mit der Bezeichnung »Borderline-Typ« auf; sie unterscheidet hiervon den impulsiven Typ, bei dem auch gewalttätiges und bedrohliches Verhalten häufig ist.

Die Borderlinestörung galt lange Zeit als kaum therapierbar, neuere Untersuchungen belegen jedoch signifikante Besserungen nach einer Behandlung, insbesondere einer tiefenpsychologischen Therapie und kognitiven Verhaltenstherapie.

**Borneman**, Ernst (Ernst): österreichischer Sexualforscher und Wissenschaftspublizist,

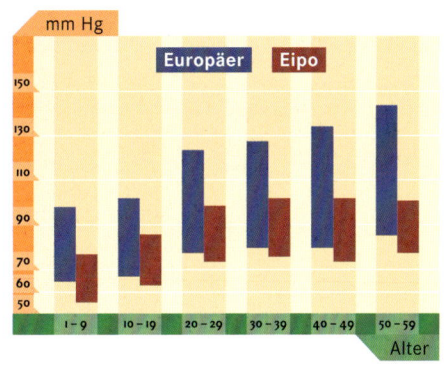

**Bluthochdruck:** Ein Vergleich der durchschnittlichen Blutdruckwerte der Europäer mit den Werten der Eipo, einer naturverbunden lebenden Kultur in Neuguinea, legt die Abhängigkeit des Bluthochdrucks von der Lebensweise nahe.

\* Berlin 12. 4. 1915, † Scharten bei Linz 4. 6. 1995; arbeitete in England, den USA und Kanada u. a. als Autor und Regisseur. Nach seiner Rückkehr 1960 nach Deutschland konzentrierte er sich ganz auf seine Studien zur Sexualforschung und Kinderpsychologie. 1977–84 war er Professor in Wien bzw. Salzburg.

**Bourdon-Test** [burˈdɔn-; nach dem französ. Psychologen Benjamin Bourdon, \* 1860, † 1934]: Test zur Prüfung von Aufmerksamkeit, Leistungstempo und Belastbarkeit; für den Test ist kein Altersbereich definiert. In einer Vorlage (Text, Zahlen u. a.) müssen bestimmte Zeichen aufgesucht und durchgestrichen werden; bewertet wird die Anzahl in der Zeiteinheit.

**Bowlby** [ˈbəʊlbɪ], John: britischer Psychiater und Psychoanalytiker, \* London 26. 2. 1907, † Isle of Skye 2. 9. 1990; zusammen mit Mary Dinsmore Salter Ainsworth begründete er die →Bindungstheorie; befasste sich, anknüpfend an René Spitz, mit dem negativen Einfluss einer frühen Trennung von der Mutter auf die Entwicklung und geistig-seelische Gesundheit von Heranwachsenden (→Eltern-Kind-Beziehung).

**BPjM:** →Bundesprüfstelle für jugendgefährdende Medien.

**Brady|pnoe** [zu griech. bradýs, langsam]: verlangsamte Atmung. Normalerweise verlangsamt sich die Atmung im Schlaf und in tiefer Entspannung, z. B. bei einer Meditation. Eine krankhafte Bradypnoe entsteht durch Gehirnverletzungen mit Schädigungen des Atemzentrums, Vergiftung durch zentral wirksame Medikamente, z. B. Schlafmittel, oder Stoffwechselerkrankungen mit Schädigung des Atemzentrums, z. B. Koma bei Zuckerkrankheit.

**Brainstorming** [ˈbreɪnstɔːmɪŋ, zu engl. brainstorm »Geistesblitz«]: Vorgehen, bei dem

**broken home:** Aggressivität ist häufig die Folge fehlender Geborgenheit in der Familie.

die beste Lösung für ein Problem durch Sammeln spontaner Einfälle von Mitgliedern einer Gruppe gesucht wird. Dabei gilt die Regel, dass kein Gruppenmitglied die Ideen der anderen kritisieren darf, weil anderenfalls der freie Fluss der Einfälle gefährdet wäre. Problematisch ist, dass sich die Gruppenmitglieder allein durch die Nennung der Vorschläge gegenseitig beeinflussen, was wieder zu einer Reduzierung der Kreativität führt. Aus diesem Grunde achtet man heute darauf, dass von den Gruppenmitgliedern zunächst jeder für sich allein seine Ideen aufschreibt, bevor man die Ideen austauscht.

**Brainwashing:** die → Gehirnwäsche.

**Brechwurzel:** Heilpflanze, deren Wurzel in der Medizin und Homöopathie verwendet wird. Wirksame Inhaltsstoffe sind Saponine und Alkaloide, die in geringer Konzentration sekretlösend wirken und bei höherer Dosierung Brechreiz hervorrufen. Brechwurzel hat zudem entkrampfende Wirkung. Jedoch besteht als Nebenwirkung Vergiftungsgefahr. Außerdem können allergische Reaktionen auftreten.

**Breitspektrum-Verhaltenstherapie:** von dem Schweizer Therapieforscher Klaus Grawe (*1943, †2005) eingeführte Bezeichnung für diejenigen Formen der Verhaltenstherapie, bei denen aus dem breiten Spektrum verhaltenstherapeutischer Möglichkeiten für jeden Klienten neu eine Kombination verschiedener Verfahren zusammengestellt wird, die sich besonders für das infrage stehende Problem eignen. Im Gegensatz dazu stehen Vorgehensweisen, in denen zunächst das Therapieverfahren feststeht und sich anschließend interessierte Klienten einfinden.

**Breuer,** Josef: österreichischer Internist, *Wien 15. 1. 1842, †ebenda 20. 6. 1925; entwickelte 1880 die kathartische Methode (→ Ka- tharsis), die den Weg für die Psychoanalyse bereitete, und untersuchte zusammen mit Sigmund Freud den psychischen Ursprung von Neurosen.

**Broca,** Paul: französischer Chirurg und Anthropologe, *Sainte-Foy-la-Grande (bei Bergerac) 28. 6. 1824, †Paris 9. 7. 1880; war Professor in Paris, gründete 1859 die »Société d'Anthropologie de Paris« und war ab 1868 Mitglied der »Académie de médecine«. Durch seine Beiträge zur Kraniometrie (Schädelmessung) und die Entwicklung spezieller Messinstrumente zählt er zu den Hauptförderern der exakten biologischen Anthropologie. Broca lokalisierte das motorische Sprachzentrum (→ Sprachzentren) und beschrieb die motorische Aphasie.

**Broca-Zentrum:** eins der → Sprachzentren.

**broken home** [ˈbrəʊkn həʊm, engl. »zerstörtes Zuhause«]: zerrüttete Familienverhältnisse, z. B. durch Trennung der Eltern oder Tod eines Elternteils. Der hierdurch verursachte Verlust des Geborgenheitsgefühls kann bei Kindern zu negativen Entwicklungen wie Entwicklungsstörungen oder erhöhte Gewaltbereitschaft führen, allerdings lassen sich aufgrund bisheriger Untersuchungsergebnisse keine eindeutigen Schlüsse ziehen.

**Brust:** 1) der vordere und obere Teil des Rumpfes bzw. Brustkorbs (der v.a. Herz und Lungen enthält). Die psychosoziale Bedeutung der Brust ist groß: Die Eltern drücken das Baby und das größere Kind an die warme Brust und geben ihm möglichst oft durch Hautkontakt Schutz und Liebe, auch Trost, und beim Stillen Nahrung.

2) bei der geschlechtsreifen Frau die paarig angelegten, von Fett- und Bindegewebe umgebenen Brustdrüsen. Die Brüste einer Frau, die biologisch der Ernährung ihres Säuglings dienen und ein typisches Säugetiermerkmal sind, haben als sekundäres Geschlechtsmerkmal für die meisten Männer eine große Bedeutung als erotisches oder sexuelles Signal.

**Brutpflege:** Verhaltensweisen der Elterntiere, die dem direkten Schutz oder der Pflege der abgelegten Eier oder der Jungtiere dienen. Meist entwickelt sich ein direkter Kontakt zwischen den Eltern und ihren Jungen. Häufig wird die Brutpflege nur von einem Elterntier, meist der Mutter, übernommen. Folgende Brutpflege-Handlungen sind bei Vögeln und Säugetieren weit verbreitet: Bewachen des Geleges oder der Jungtiere, Schaffung geeigneter Wärmeverhältnisse, Füttern der Jungen, Sauberhalten (z. B. Gefieder- und Fellpflege, Forttragen oder Fressen der Exkremente), Führen und Anlernen der Jungtiere.

**Bruxismus** [griech.]: Sammelbegriff für Knirschen, Pressen und ähnliche Kraftausübungen am Gebiss außerhalb der Kautätigkeit, häufig während des Schlafes, aber auch unbewusst am Tag; Ursache ist of psychisch, kann aber auch physisch sein (z. B. nervenbedingt bei Multiple Sklerose). Bruxismus kann zu Zahnlockerungen, Schmerzen in der Kaumuskulatur und in den Kiefergelenken führen.

**Buchstabiermethode:** im Rahmen des Erstleseunterrichts bis ins 19. Jh. hinein übliches Leselernverfahren, bei dem den Schülern die Buchstabennamen (z. B. »de« für d) beigebracht wurden, bevor sie lernten, Wörter daraus zusammenzusetzen. Diese Methode wurde abgelöst durch die Lautiermethode, bei der vom Laut (z. B. »d« für d) ausgegangen wird. Beide Ansätze gehören zu den synthetischen Methoden im Gegensatz zu analytischen oder ganzheitlichen Techniken wie der →Ganzwortmethode.

**Bühler: 1)** Charlotte: deutsche Psychologin und Therapeutin, *Berlin 20. 12. 1893, †Stuttgart 3. 2. 1974, ∞ mit Karl Bühler; war Professorin in Wien, emigrierte 1938 nach Großbritannien und bekam 1945 eine Professur in Los Angeles; lieferte Beiträge zu Kinder- und Jugendpsychologie, Lebenslaufforschung und der Bedeutung individueller Lebensziele; wirkte wegbereitend für die humanistische Psychologie.

**2)** Karl: deutscher Psychologe, *Meckesheim (Rhein-Neckar-Kreis) 27. 5. 1879, †Los Angeles (Calif.) 24. 10. 1963, ∞ mit Charlotte Bühler; war Professor in Wien und Vertreter der →Würzburger Schule (Denkpsychologie); lieferte wichtige Beiträge zur Sprach-, Entwicklungs- und Gestaltpsychologie.

**Bulimia nervosa, Ess-Brech-Sucht:** Essstörung, die durch ein dauerndes Schwanken zwischen Essanfällen und Erbrechen (selten aus dem Missbrauch von Abführmitteln) gekennzeichnet ist. In den schwersten Fällen, wenn täglich mehrmals erbrochen wird, schädigt die Bulimia nervosa die inneren Organe, die Speiseröhre und die Zähne. Sie folgt manchmal auf eine →Anorexia nervosa oder eine →Adipositas. Während die Auswirkungen dieser →Essstörungen von niemandem zu übersehen sind, bleiben Bulimiekranke oft lange Zeit unauffällig. Sie leiden aber stark unter ihrem Symptom, über das sie oft nicht einmal mit vertrauten Personen sprechen. Sie scheuen sich vor engen Beziehungen, weil sie fürchten, dass sie ihre Sucht dann nicht mehr verheimlichen können, und haben oft auch finanzielle Probleme, weil sie enorme Mengen an Nahrungsmitteln benötigen. Die Bulimia nervosa tritt recht häufig auf; man rechnet in Mitteleuropa mit 2–4 % aller Frauen zwischen dem 18. und 35. Lebensjahr. Möglicherweise steht die Erkrankung mit einer starken Leistungsorientierung bei gleichzeitig geringem Selbstwertgefühl in Zusammenhang. Sie verläuft sehr unterschiedlich, sie kann spontan heilen, bleibt sie bestehen, hilft in leichteren Fällen eine Psychotherapie, in schweren Fällen ist eine Behandlung in einer Spezialklinik Erfolg versprechend.

**Bulimie** [griech. »Heißhunger«]: psychisch oder körperlich bedingtes krankhaft gesteigertes Essbedürfnis mit oder ohne Hungergefühl. Der Begriff Bulimie wird häufig und nicht ganz korrekt als Synonym für die →Bulimia nervosa gebraucht.

**Bundesprüfstelle für jugendgefährdende Medien,** Abk. **BPjM:** dem Bundesministerium für Familie, Senioren, Frauen und Jugend angegliederte Behörde, die Medien (Bücher, Videos, CDs, Computerspiele usw.) auf jugendgefährdende, d. h. pornografische, zu Gewalttätigkeit, Verbrechen oder Rassenhass anreizende oder den Krieg verherrlichende Inhalte prüft; ehemals »Bundesprüfstelle für jugendgefährdende Schriften«. Wird z. B. ein Buch in die Liste der jugendgefährdenden Medien (auch als Index bezeichnet) aufgenommen, so ist es »indiziert«. Dies hat zur Folge, dass dieses Buch einer Person unter 18 Jahren weder zugänglich gemacht und gezeigt noch angeboten oder verkauft werden darf. Die im Bundesanzeiger veröffentlichte Indizierung dient dem Schutz der Kinder und Jugendlichen vor solchen Medien, die ihren sozialen und ethischen Reifungsprozess negativ beeinflussen könnten. Ein Verstoß gegen diese Vorschriften wird mit Geld- oder Freiheitsstrafe geahndet.

Die Prüfstelle wird nicht selbstständig tätig, sondern auf einen Antrag hin; meist beantragen Jugendämter die Indexierung eines Mediums. Eine weitere Aufgabe der Prüfstelle ist es, zwi-

**Bulimia nervosa:** Lady Diana, die Prinzessin von Wales, bekannte sich öffentlich zu ihrer Essstörung und tat damit einen ersten, wichtigen Schritt zu ihrer Heilung.

---

**Bulimia nervosa | Zwischen Kontrollverlust und Selbstkontrolle**

Bulimiekranke erleiden bei ihren Essanfällen einen Kontrollverlust, in den Zwischenzeiten sind sie meist um strenge Selbstkontrolle ihres Essverhaltens bemüht: Um einer Gewichtszunahme entgegenzuwirken, lösen sie nicht nur nach den Essanfällen selbst Erbrechen aus, sondern versagen sich zwischen ihnen eben die kalorienreichen Nahrungsmittel, die sie in den Anfällen verschlingen, und führen immer wieder strenge Diäten oder Fastenkuren durch. Ihr Leben dreht sich fast nur um Essen und Gewicht. Ein wichtiger Schritt der Therapie besteht darin, dass die Betroffenen sich auf Situationen in anfallsfreien Phasen besinnen. Denn dies zeigt ihnen, dass sie unter Umständen dazu in der Lage sind, ihr bulimisches Verhalten unter Kontrolle zu bringen.

**Burn-out-Syndrom:** Insbesondere in Pflege- und Betreuungsberufen kommt es häufig zu Symptomen emotionaler Erschöpfung. Durch entsprechende Gestaltung der Arbeitsbedingungen können Arbeitgeber jedoch vorbeugend handeln.

schen dem Grundrecht auf die freie Entfaltung der Persönlichkeit und dem Recht auf freie Meinungsäußerung abzuwägen.

**Bundesverband Deutscher Psychologinnen und Psychologen e. V.:** →BDP.

**Bundeszentrale für gesundheitliche Aufklärung,** Abk. **BZgA:** Eine vom Bund eingerichtete und unterhaltene Behörde zur Gesundheitsfürsorge und Prävention. In ihrem Auftrag und unter ihrer Leitung werden z. B. Broschüren und Materialien zur Aufklärung über Erkrankungen und ihre Vermeidung erstellt, z. B. »Über Drogen reden. Broschüre für Eltern zum Thema Drogen« oder »Chronische Erkrankungen im Kindesalter. Ein gemeinsames Thema von Elternhaus, Kindertagesstätte und Schule – Informationen für Eltern«, die der Bevölkerung kostenlos zur Verfügung gestellt werden. Die einzelnen Bundesländer unterhalten Landeszentralen.

**Bürgerrechtsbewegung:** die Gesamtheit der organisierten Bemühungen um Durchsetzung von Menschen- und Bürgerrechten in diktatorisch oder autoritär geführten Staaten bzw. in Ländern mit benachteiligten religiösen, nationalen oder ethnischen Minderheiten. Die Staats- und Gesellschaftsstruktur des Landes, in dem sie wirkt, bestimmt Stoßrichtung, Organisationsweise und Organisationsgrad einer Bürgerrechtsbewegung. Die klassischen Bürgerrechtsbewegungen erstreben dabei keinen Umsturz des jeweiligen politischen Systems, sondern Änderungen in der Gesetzgebung und der politischen Praxis. Die psychischen Auswirkungen der aktiven Unterstützung einer Bürgerrechtsbewegung sind v. a. in einer psychischen Stärkung zu sehen (→Empowerment).

**Burn-out-Syndrom** [bəːnˈaʊt, engl. »das Ausbrennen«]: Syndrom mit den Hauptsymptomen emotionale Erschöpfung, →Depersonalisation und verminderte Leistungsfähigkeit. Einstellungs- und Verhaltenssymptome sind negative Einstellungen, Ermüdung, Frustration, Hilflosigkeit, Zurückgezogenheit und das Gefühl der Sinnlosigkeit. Das Burn-out-Syndrom ist Resultat eines Prozesses, bei dem Arbeitsbelastungen, →Stress und psychische Anpassung miteinander einhergehen. Das Syndrom entwickelt sich langsam unter andauerndem Stressoreneinfluss und Energieeinsatz. Bei der Entstehung des Burn-out-Syndroms spielen auch Persönlichkeitsmerkmale (z. B. Streben nach Perfektion oder Hochleistungen) eine Rolle; es fehlt die subjektive Wahrnehmung der Möglichkeiten, die Situation zu verändern.

Persönliche Stressoren sind z. B. hohe Leistungserwartungen und eine starke Identifikation mit der Arbeit; Stressoren der Arbeit und Organisation sind Rollenkonflikte, Rollenüberlastungen sowie besondere Häufigkeit, Länge und Intensität zwischenmenschlicher Kontakte. Das Burn-out-Syndrom wurde zuerst v. a. bei Personen in Beratungs-, Pflege- und Betreuungsberufen festgestellt, bei denen die Haupttätigkeit im intensiven und belastenden Umgang mit Patienten besteht. Inzwischen wird dieses Syndrom auch in vielen anderen Tätigkeitsbereichen beobachtet, in denen der Umgang mit Menschen eine große Rolle spielt. Unabhängig vom Tätigkeitsbereich zeigen sich auch bei bestimmten Personengruppen Burn-out-Symptome, z. B. bei Frauen, die den Anspruch haben, Aufgaben im Beruf und in der Familie gleichermaßen gut zu erfüllen.

Die Interventionsmaßnahmen können sich auf die Person oder auf die Organisation richten. Personenbezogene Maßnahmen sind Stärkung individueller Ressourcen (z. B. Stressbewältigung), Arbeit an den perfektionistischen Einstellungen und unrealistischen Erwartungen an sich selbst, Supervision, bei Bedarf auch Verbesserung der beruflichen Qualifikation. Aufseiten der Organisation beugt ein verantwortungsvolles Führungsverhalten (z. B. Feedback, Mitarbeitergespräche, realistische Zielsetzungen) gegen das Burn-out-Syndrom vor. Organisationen sollten ein angemessenes Betreuungsverhältnis garantieren, abwechslungsreiche Tätigkeiten, genügend Erholungszeit und soziale Unterstützung bieten.

**LESETIPPS:**

ALEX PATTAKOS: *Gefangene unserer Gedanken. Victor Frankls 7 Prinzipien, die Leben und Arbeit Sinn geben.* Wien (Linde) 2005.
MATTHIAS BURISCH: *Das Burnout-Syndrom. Theorie der inneren Erschöpfung.* Berlin (Springer) ³2006.
ANDREAS HILLERT und MICHAEL MARWITZ: *Die Burnout Epidemie oder Brennt die Leistungsgesellschaft aus?* München (Beck) 2006.
DAGMAR RUHWANDL: *Erfolgreich ohne auszubrennen. Das Burnout-Buch für Frauen.* Stuttgart (Klett-Cotta) 2007.

**Burt** [bɜ:t], Sir Cyril Lodowic: britischer Psychologe, *London 3. 3. 1883, †ebenda 10. 10. 1971; seit 1913 städtischer Psychologe in London, seit 1924 Professor der Pädagogik, 1931–50 Professor der Psychologie in London; Burt beschäftigte sich v. a. mit Kinderpsychologie und Statistik. Er führte standardisierte Intelligenztests in Großbritannien ein und entwickelte zur Intelligenzprüfung die später von Louis Léon Thurstone verwendete Faktorenanalyse. Burt versuchte die Erblichkeit der Intelligenz zu belegen; seine an zahlreichen Zwillingspaaren durchgeführten Fallstudien gelten heute als weitgehend manipuliert.

**Bystander-Phänomen** [ˈbaɪstændə(r)-, engl. »Zuschauer«]: in der *Sozialpsychologie* die Tatsache, dass von mehreren Zeugen eines Unglücksfalls nicht ein einziger helfend eingreift. Gibt es jedoch nur einen Zeugen, so ist dieser sehr viel stärker geneigt zu helfen. Untersuchungen zum Bystander-Phänomen fanden ab den 1960-Jahren statt. Die Forscher fanden, dass bei Anwesenheit mehrerer Personen der Einzelne keine Verantwortung übernehmen möchte (»Ein anderer wird schon helfen«), was als **Verantwortungsdiffusion** bezeichnet wird. Weitere Gründe für das Nichthelfen sind z. B.: Der potenzielle Helfer hat Sorge, vor den Augen anderer etwas falsch zu machen, er schätzt die Situation nicht richtig ein (»Wenn niemand etwas tut, wird es schon nicht so schlimm sein«), ihm fehlt Empathie, er will nicht in Schwierigkeiten verwickelt werden.

Eine Untersuchungsreihe der Ludwig-Maximilian-Universität in München aus dem Jahr 2005 relativiert allerdings das Bystander-Phänomen dahingehend, dass bei größerer Gefahr für das Opfer mehr Menschen in Anwesenheit anderer helfen: In einer gespielten Situation wurde ein Mann einer Frau gegenüber gewalttätig. In der einen Versuchsbedingung verhielt sich der Mann mäßig bedrohlich, in diesem Fall griffen nur 6 % der Beobachter ein (gegenüber 50 %, wenn sie allein waren). Verhielt sich der Mann aber stark bedrohlich, versuchten immerhin 40 % der Beobachter zu helfen (gegenüber 44 %, die allein waren).

**BZgA:** →Bundeszentrale für gesundheitliche Aufklärung.

# C

**Cannabis** [griech. »Hanf«]: Hanf- und Maulbeergewächs, aus dem Haschisch und Marihuana gewonnen wird; auch das Rauschmittel selbst wird Cannabis genannt. Als **Haschisch** wird das Harz des indischen Hanfs bezeichnet, **Marihuana** besteht aus getrockneten, klein geschnittenen Pflanzenteilen, die ebenfalls Harz enthalten, und wirkt meist schwächer als Haschisch. Das Rauschmittel wird meist geraucht, kann aber auch als Zusatz zu Speisen oder Getränken eingenommen werden. Gelegentlich kommt es zu Benommenheit, Konzentrationsstörungen, gesteigerter Farb- und Tonempfindung, Angstzuständen, unkontrollierten Handlungen oder Depressionen. Entzugserscheinungen oder körperliche Beeinträchtigungen treten selten auf, die Sucht ist eher psychisch bedingt.

Derzeit wird diskutiert, ob sich Cannabisprodukte zur medizinischen Behandlung einsetzen lassen, da einige Inhaltsstoffe evtl. gegen Schmerzen oder den grünen Star wirken. Der Industriehanf zur Flachs- und Hanfölgewinnung kommt aufgrund seines nur geringen Gehalts an stimulierenden Cannabinoiden nicht als Rauschdroge infrage. Trotzdem ist sein Anbau in Deutschland nur ausnahmsweise und unter strenger Kontrolle gestattet.

**Carus,** Carl Gustav: deutscher Arzt, Philosoph, Psychologe und Maler, * Leipzig 3. 1. 1789, † Dresden 28. 7. 1869; lieferte Beiträge u. a. zur Ausdruckspsychologie (Physiognomik); verwendete lange vor Sigmund Freud den Begriff des Unbewussten (1846).

**Cattell** [kæ'tel], Raymond Bernard: britisch-amerikanischer Psychologe, * West Bromwich (Cty. Staffordshire) 20. 3. 1905, † Honolulu (Hawaii) 2. 2. 1998; war Schüler von Charles Edward Spearman; 1945–73 Professor an der Universität von Illinois, seit 1974 an der Universität von Hawaii. Cattell war einer der Hauptvertreter der Persönlichkeitsforschung, der mithilfe der →Faktorenanalyse aus der Vielfalt individueller Verhaltensäußerungen und Testergebnisse grundlegende Eigenschaftsdimensionen (wie Erregbarkeit, Motivation, Stimmungen, Fähigkeiten) abzuleiten und zu messen sucht.

**CFS:** →chronisches Erschöpfungssyndrom.

**Chancengleichheit** [ˈʃã:s-, zu altfranzös. cheance »(glücklicher) Wurf beim Würfelspiel«]: politischer Begriff, der das Recht auf gleiche Ausgangsbedingungen für die einzelnen Glieder von Staat und Gesellschaft bei der Entfaltung ihrer unterschiedlichen Fähigkeiten und Interessen bezeichnet.

Die Forderung nach Verwirklichung des im Grundgesetz festgeschriebenen Gebots der Chancengleichheit im Bildungswesen wurde in der Bundesrepublik Deutschland Mitte der 1960er-Jahre formuliert: Soziale Herkunft und unterschiedliche finanzielle Ausstattung dürften nicht über den Bildungsweg und damit über berufliche und soziale Lebenschancen entscheiden. Zu den benachteiligten Gruppen gehörten insbesondere Mädchen, Kinder aus Arbeiterfamilien, aus ländlichen Gebieten und Kinder mit starker konfessioneller Bindung. Zudem wollte man auch aus Gründen der internationalen Wettbewerbsfähigkeit die brachliegenden »Begabungsreserven mobilisieren«. Während die einen jedoch unter gleichen Bildungschancen den gleichen Zugang zu Bildungsinstitutionen, unabhängig von Geschlecht, Hautfarbe, Wohnort, sozialer Herkunft u. a., nur abhängig vom Leistungsniveau, verstanden, sahen andere die Chancengleichheit erst dann erreicht, wenn in allen Bildungsgängen der prozentual gleiche Anteil der verschiedenen sozialen Gruppen entsprechend ihrem Anteil an der Bevölkerung vertreten sei.

Bildungspolitische und schulreformatorische Maßnahmen zum Abbau der »Bildungsbarrieren« wurden geplant und vielfach auch durchgeführt, so z. B. der Ausbau der Vorschule, kompensatorische Erziehung, Ganztagsschulen, Curriculum- und Lehrplanrevision, Gesamtschulen und -hochschulen, Ausbildungsförderung (»BAföG«), zweiter Bildungsweg, Begabtenförderung, Einsatz von →Culture-fair-Intelligenztests. Allerdings ist laut PISA-Studie 2007 (→PISA) Deutschland im internationalen Vergleich eines der wenigen Länder, in denen schulische Leistung am meisten von der sozialen Herkunft abhängt, wobei sich diese Situation im Vergleich zur PISA-Studie 2000 gebessert hat.

**Carl Gustav Carus**

**Cannabis:** Aus der Pflanze gewonnenes Harz wird zu Haschisch verarbeitet; die getrockneten, klein geschnittenen Pflanzenteile werden als Marihuana vertrieben.

**Charakter** [k-, griech. »Gepräge«, »Eigenart«, eigtl. »das Eingegrabene«]: wissenschaftlich veraltete Bezeichnung für →Persönlichkeit. Die **Charakterkunde** ist in der →Persönlichkeitspsychologie aufgegangen.

**Charakterneurosen:** *Psychoanalyse:* eine Form der →neurotischen Störungen.

**Charisma** [ˈça(ː)risma, çaˈrisma, griech. »Gnadengabe«]: die als übernatürlich empfundene oder außerhalb des Alltags stehende Qualität eines Menschen, die ihn in seiner Gruppe als gottgesandt, gottbegnadet erscheinen lässt. Sozialpsychologisch gesehen handelt es sich bei der »charismatischen Persönlichkeit« oder dem »charismatischen Führer« immer um die Folgen von Interaktions- und Attributionsprozessen, die durch Bedürfnisse beider Seiten bestimmt werden. Es gibt demnach keine »geborenen« Führer, sondern nur Personen, die besonders gut in der Lage sind, Gruppenbedürfnisse einerseits zusammenzufassen, andererseits zu steuern und zu inszenieren. Was dabei als Charisma angesehen wird, unterliegt geschichtlichen Wandlungen. So wird Charisma heute häufig als Fähigkeit einer Person verstanden, andere in ihren Bann zu schlagen, also stark zu binden und zu beeinflussen. In Untersuchungen über die positiven und negativen Wirkungen von Gruppenleitern in →Selbsterfahrungsgruppen hat sich gezeigt, dass charismatische Führer in beiden Richtungen Extreme setzen: Sie können den Gruppenmitgliedern besonders hilfreich, aber auch besonders schädlich sein.

**Chemorezeptoren:** Sinneszellen oder molekulare Strukturen in den Sinnesorganen (Auge, Ohr, Nase, Zunge, Haut), die akustische, visuelle, Geruchs-, Geschmacks- und taktile Reize wahrnehmen. Die Erregung des Rezeptors erfolgt nach der Bindung eines »passenden« Moleküls an eine bestimmte Molekülstruktur der Rezeptorzelle. Die Veränderung des Rezeptormoleküls löst, direkt oder indirekt, einen Verstärkungsmechanismus aus, der zur Entstehung eines Rezeptorpotenzials führt, das in der Nervenbahn, bis hin zum Großhirn, weitergeleitet wird.

**Chi-Quadrat-Test** [çi:-]: statistisches Verfahren, mit dessen Hilfe z. B. Häufigkeitsunterschiede bei mehrklassigen qualitativen Merkmalen auf Signifikanz geprüft werden können. Mit dem Chi-Quadrat-Test lässt sich auch prüfen, ob eine gegebene empirische Verteilung mit einer erwarteten theoretischen Verteilung hinreichend genau übereinstimmt. Liegt eine Abweichung vor, lässt sich eine Wahrscheinlichkeit angeben, ob die Abweichung nur zufällig erfolgte oder auf Einflüsse der untersuchten Faktoren zurückgeht.

**Choleriker** [k-]: eines der vier →Temperamente der Antike.

**Chronifizierung** [zu griech. chrónos »Zeit«]: Verfestigung eines Zustands, z. B. einer Erkrankung, die längere Zeit unbehandelt geblieben ist. Chronifizierte Zustände sind schwerer zu behandeln als akute. Häufig haben sie schon weitere Organsysteme oder die Psyche in Mitleidenschaft gezogen; neben der Grunderkrankung sind dann auch diese zu behandeln. →Prävention, die der Chronifizierung vorbeugt, ist also in jedem Fall sinnvoll.

**Chronisches Erschöpfungssyndrom,** Abk. **CFS** [engl. »chronic fatigue syndrome«, ˈkrɒnɪk fəˈtiːɡ ˈsɪndrəʊm]: Krankheit, bei der sich Betroffene über mindestens sechs Monate dauernd müde fühlen, sich durch Schlaf und Bettruhe nicht erholen, sich als nicht voll belastbar empfinden und ihre Aktivitäten einschränken, wobei eine körperliche oder psychische Krankheit nicht feststellbar ist. Weitere Symp-

---

> **Charisma | Es ersetzt die Qualifikation**
> Erfolg in Erziehung oder Psychotherapie basiert nur zum Teil auf wissenschaftlich fundierten, während einer Ausbildung erworbenen Kompetenzen. Er beruht ebenso sehr oder noch mehr auf dem Charisma, einer eher künstlerischen Talenten vergleichbaren Begabung zur Menschenbeeinflussung, die Personen oft wie zufällig an sich selbst entdecken. Viele Klienten suchen ein solches Charisma, sie wollen sich im Abglanz des Bewunderten sonnen. Die Gefahr, einem Scharlatan in die Hände zu fallen, ist dabei groß. Sucht man eine seriöse Therapie, so wendet man sich am besten an einen staatlich anerkannten Psychotherapeuten.

**Charisma:** Grigori Jefimowitsch Rasputin (2. von links) mit Verehrerinnen in Sankt Petersburg: Dem russischen Wanderprediger wurde sowohl von Anhängern als auch Gegnern besondere Ausstrahlung und Suggestionskraft nachgesagt.

**Coaching** kombiniert individuelle Beratung, persönliches Feedback und praxisorientiertes Training und kann sowohl einzeln als auch in der Gruppe erfolgen (Bewerbungstraining in einem Institut für Berufsbildung).

tome sind Muskel- und Gelenkschmerzen, Schlafstörungen, Konzentrations- und Gedächtnisstörungen, Kopfschmerzen und Halsschmerzen. Meistens entwickelt sich das Syndrom schlagartig, die Beschwerden können sich aber auch schleichend entwickeln.

Die Beschreibung der Erkrankung deckt sich weitgehend mit der im ICD-10 aufgeführten Bezeichnung →Neurasthenie, die aber abgelehnt wird, weil sie mit der früher vermuteten psychischen Verursachung assoziiert wird. Heute geht man davon aus, dass das chronische Erschöpfungssyndrom in erster Linie organisch bedingt ist: Ursachen können Virusinfektionen, Immundefekte, Belastungen durch Umweltgifte und Stress sein, wobei psychische Faktoren eine die Symptome verstärkende Rolle spielen können. Weitgehende Einigkeit herrscht darüber, dass bei der Erkrankung ein geschwächtes Immunsystems zentral ist. Die Behandlung des chronischen Erschöpfungssyndroms erstreckt sich über Ernährungsumstellung, Gabe von Nahrungsergänzungsmitteln, Anregung des Stoffwechsels durch z. B. körperliche Aktivität und Sauna. Auch kommen Antidepressiva und je nach Vorhandensein und Ausprägung der Symptome Physiotherapie und Schmerztherapie in Einsatz. Eine Psychotherapie kann helfen, mit der Krankheit besser umzugehen und die Lebensqualität zu erhöhen.

**Cinderella-Komplex** [engl. sɪndəˈrelə-, nach dem englischen Namen der Märchenfigur Aschenbrödel]: von der amerikanischen Journalistin Colette Dowling in den 1980er-Jahren geprägter Begriff, mit dem sie eine angebliche Tendenz von Frauen bezeichnet, unselbstständig bleiben und die Regelung wichtiger Angelegenheiten einem Mann überlassen zu wollen. Diese Tendenz ist jedoch wissenschaftlich nicht nachgewiesen worden.

**clean** [kliːn, engl. eigtl. »rein«, »sauber«]: Jargonausdruck der Drogenszene mit der Bedeutung, nach einem Entzug oder einer Therapie nicht mehr von →Drogen abhängig zu sein.

**Cluster|analyse** [ˈklʌstə-, engl. »Traube«, »Haufen«, »Menge«]: statistisches Verfahren, das Objekte oder Personen aufgrund von ähnlichen Merkmalen zu Gruppen (»Clustern«) zusammenfasst. Die Objekte oder Personen werden zunächst durch zahlreiche Merkmale beschrieben, z. B. werden in einer Stichprobe das Freizeit-, Konsum- und Ernährungsverhalten erhoben. Die Clusteranalyse wertet die Ähnlichkeit der Personen hinsichtlich ihrer Verhaltensweisen aus und fasst Personen mit ähnlichen Merkmalsausprägungen so zu einer Gruppe zusammen, dass zugleich möglichst große Unterschiede zwischen den Gruppen entstehen. Jede Gruppe ist durch ein typisches Merkmalsbündel charakterisiert, das sich gehäuft in der Stichprobe finden lässt. Die Mitglieder einer Gruppe weisen also ähnliche Merkmalsprofile auf. Im Beispiel könnte sich eine Gruppe gesundheitsbewusster und sportlicher Personen ergeben, der eine Gruppe gegenübersteht, die sich durch eine in allen Bereichen ungesunde Lebensweise auszeichnet. Die Clusteranalyse dient zumeist dazu, komplexe Merkmalsstrukturen auf eine überschaubare Anzahl von typischen Merkmalskombinationen zu reduzieren, die den Ausgangspunkt bei der Konstrukt- oder Hypothesenbildung darstellen. In dieser Zielsetzung ist die Clusteranalyse der →Faktorenanalyse verwandt.

**Coaching** [ˈkoːtʃɪŋ, engl. kəʊtʃɪŋ, von engl. to coach »betreuen«, »trainieren«]: individuelle, meist längerfristige Beratung bei der Entwicklung beruflicher Pläne und Ziele, dem beruflichen Fortkommen und der Bewältigung beruflicher Umstellungen. Dabei unterscheidet man zwischen (betriebs-)internem und externem Coaching. Der interne Coach kann der Vorgesetzte sein oder ein Mitarbeiter einer anderen Abteilung, z. B. der Fortbildungsabteilung. Den externen Coach kann man in der Regel frei wählen. Während das interne Coaching in erster Linie den Interessen des Betriebes dient, ist das externe Coaching in erster Linie auf die berufliche Entfaltung des Ratsuchenden gerichtet. Coaching kann im Einzel- oder Gruppensetting stattfinden. Die Ausbildung zum Coach ist nicht geregelt.

**Codierung** [latein. von codex »Buch«]: für die Informationsübertragung erforderliche regelgeleitete Umwandlung von Inhalten in die Form physikalischer Energiemuster, z. B. beim Fernsehen, in elektromagnetische Wellen oder beim Sprechen in akustische Ton- und Lautfolgen. Vom Sender unter Rückgriff auf einen Zeichenvorrat codierte und übertragene Inhalte müssen vom Empfänger decodiert (entschlüsselt) werden.

**cognitive Apprenticeship:** ein Ansatz des →situierten Lernens.

**Cohn,** Ruth C.: deutsche Psychoanalytikerin, *Berlin 27. 8. 1912; Begründerin der themenzentrierten Interaktion. Nach einer Ausbildung in Psychologie und Psychoanalyse in Berlin und Zürich emigrierte sie 1941 nach New York, wo sie zunächst mit Kindern, später auch mit Erwachsenen psychoanalytisch arbeitete. Aus einem Workshop zum Thema »Gegenübertragung« ging ihre Methode der themenzentrierten Interaktion hervor. 1974 kehrt sie zurück nach Europa mit Wohnsitz in der Schweiz und bietet Workshops, Beratungen und Supervision an.

**Colitis ulcerosa** [zu griech. kõlon »Darm«]: chronisch-entzündliche Darmerkrankung, die ausschließlich den Dickdarm befällt. Die Entstehung ist unklar. Es wird eine genetische Veranlagung und eine Störung des Immunsystems (Autoimmunerkrankung) vermutet; auch eine Auslösung durch Infektion wird diskutiert. Wieweit bei der Entstehung und beim Krankheitsprozess auch psychische Komponenten eine Rolle spielen, ist umstritten. Zur Bewältigung der Krankheit kann die Teilnahme an einer →Selbsthilfegruppe hilfreich sein.

**Coming-out** [ˈkʌmɪŋˈaʊt, engl. eigtl. »das Herauskommen«]: ein von der Schwulen- und Lesbenbewegung geprägter Begriff für die Zeitspanne, in der eine Person ihrem persönlichen Umfeld ihr gleichgeschlechtliches oder andersgeartetes sexuelles Interesse mitteilt. Trotz der mittlerweile höheren Toleranz gegenüber sexuellen Minderheiten setzt das Coming-out eines Menschen immer noch erheblichen Mut voraus; dabei geht es v. a. auch darum, die eigene sexuelle Orientierung für sich selbst zu akzeptieren. Bei diesem Prozess, der unterschiedlich lang dauern kann, können Coming-out-Gruppen bzw. Beratungsstellen für Jugendliche und Erwachsene (in allen größeren Städten) eine große Hilfe sein.

**Compliance** [kəmˈplaɪəns, engl. »Zustimmung«, »Willfährigkeit«]: in der *medizinischen Psychologie* und *Medizin* die Bereitschaft der Patienten, ärztliche Anordnungen zu befolgen, ihre Lebensweise umzustellen oder Medikamente einzunehmen. Sie ist u. a. abhängig von der subjektiven Krankheitstheorie (→Laienätiologie), der Persönlichkeit des Patienten und der Arzt-Patient-Beziehung. Eine geringe Compliance kann zur Wirkungslosigkeit der Therapie führen. Die medizinische Psychologie befasst sich u. a. mit den Fragen, welche Bedingungen zu einer geringen Compliance von Patienten führen und wie die Compliance erhöht werden kann.

**Computerspielsucht:** Form der →Computersucht.

**Computersucht** [kɔmˈpjuːtər-]: Krankheitsbild der stoffungebundenen Süchte bzw. Verhaltensstörungen (→Sucht). Ähnlich wie bei anderen stoffungebundenen →Suchtformen ist auch bei der Computersucht die psychische Abhängigkeit das zentrale Bestimmungsmerkmal. Dabei ist der Übergang zwischen einer häufigen Nutzung des Computers und der Sucht fließend. Die Computersucht umfasst die Internetsucht und die Computerspielsucht.

**Internetsucht** liegt vor, wenn ein Nutzer des Internets durchschnittlich über 35 Stunden pro Woche im Internet verbringt, die Internetnutzung steigern muss, um ein Wohlgefühl zu erreichen, unruhig wird, wenn er einmal an der Internetnutzung gehindert wird, und vitale Bedürfnisse wie Schlaf und Essen vernachlässigt (oder praktisch nur noch am Computer isst). Nach Schätzungen sind das etwa 5–10 % aller Nutzer; betroffen sind v. a. männliche Jugendliche. Internetsüchtige verlieren im Lauf der Zeit

**Computersucht:** Noch immer im Steigen begriffen ist die Zahl psychisch abhängiger Internet-Surfer (Guinness-Rekord im Internet-Spielen 2000 in Gera – mit Unterstützung von rund 300 Tassen Kaffee erreichten 12 Teilnehmer innerhalb von 24 Stunden eine Online-Spielzeit von insgesamt 288 Stunden).

ihre sozialen Kontakte, soweit diese nicht über das Internet vermittelt sind. Durch Schlafmangel leiden sie an Erschöpfung, was zum Leistungsabfall in der Schule oder am Arbeitsplatz führen kann; Bewegungsmangel führt zu erhöhter Krankheitsanfälligkeit.

Von der **Computerspielsucht**, dem exzessiven Spielen von Computerspielen, sind v. a. Kinder und Jugendliche betroffen. Wie Internetsüchtige vernachlässigen sie stark alle sonstigen Tätigkeiten, das soziale Leben sowie Schlafen und Essen. Mehr noch als jene verlieren sie den Bezug zur Realität und fühlen sich in der Welt des Spiels, in der sie z. B. ihre »Freunde« oder »Feinde« haben.

Für Menschen mit Computersucht gibt es spezielle Beratung und Therapie. Je nach Schwerpunkt der Therapie wird entweder am Verhalten des Patienten angesetzt, oder es werden die tiefer liegenden Ursachen der Sucht ergründet und bearbeitet. Eltern von computersüchtigen Kindern können sich Rat in Erziehungsberatungsstellen holen.

**Computertomografie,** Abk. **CT:** computergesteuertes Röntgenschichtverfahren. Die ein Strahlenbündel aussendende Röntgenröhre rotiert um den Patienten, während der Untersuchungstisch kontinuierlich vorgeschoben wird. Die gegenüberliegenden Detektoren messen, wie stark die Strahlung vom Körper abgefangen wird. Es entstehen etwa 100 000 Messwerte, aus denen vom Computer errechnet wird, welche Bereiche im Körper wie viel Strahlung absorbiert haben, und die in ein Fernsehbild (Computertomogramm) umgesetzt werden.

Im Allgemeinen werden Strukturen, die wenig Röntgenstrahlen durchlassen (z. B. Knochen) weiß, solche, die viel Röntgenstrahlen durchlassen (z. B. Luft) schwarz dargestellt; alle anderen liegen als Grautöne dazwischen.

Die Vorteile der Computertomografie gegenüber konventionellen Röntgendarstellungen liegen in der höheren Bildauflösung, der besseren Darstellung von Weichgeweben und der besseren räumlichen Zuordnungsmöglichkeit von Veränderungen anhand der Schichtaufnahmen. Allerdings ist die Strahlenbelastung höher als bei einer Röntgenaufnahme, sodass der Einsatz der Computertomografie immer sorgfältig abgewogen werden sollte. Sie dient häufig zur Diagnostik von Veränderungen im Bereich des Oberkörpers (Thorax), Bauches (Abdomen), Bewegungsapparates und Skeletts, zum Tumornachweis in allen Körperabschnitten und v. a. zur Erkennung von Erkrankungen des Gehirns (z. B. Hirnblutungen, Hirntumoren). Auch der Nachweis geringer Veränderungen des Gehirns infolge Durchblutungsstörungen oder Ödemen ist mithilfe dieses Verfahrens möglich.

**Container-Contained** [zu engl. to contain, »enthalten«, »umfassen«, »aufbewahren«]: von Wilfried R. Bion in den 1960er-Jahren entwickeltes Begriffspaar zur Bezeichnung eines speziellen Aspekts der frühen Mutter-Kind-Interaktion oder Interaktion zwischen einer anderen Bezugsperson und dem Kind. Das ganz kleine Kind kann Bion zufolge noch nicht alle seine Gefühle und Impulse verarbeiten und strukturieren. Die Bezugsperson kann diese jedoch wahrnehmen, in sich aufnehmen, psychisch verarbeiten und durch eine sinnvolle Handlung ihm zurückgeben. Beispielsweise kann die Mutter die Trauer und das Weinen ihres Kindes wahrnehmen, es in den Arm nehmen und trösten.

Durch das Aufnehmen und Verarbeiten fungiert die Bezugsperson als Behältnis, als »Container«; die so aufgenommenen Gefühle und Impulse werden als »Contained« (das Aufgenommene) bezeichnet.

Auf diese Art vermittelt die Bezugsperson dem Kind Sinn und Zusammenhang seiner bis dahin ungeordneten Emotionen und Impulse. Ist dieses Zusammenspiel gestört, so können nach Bion massive Störungen in der Reizverarbeitung des Säuglings auftreten, die später u. U. die Denk- und Lernfähigkeit des Kindes beeinträchtigen.

Der Prozess des Container-Contained wirkt gleichsam in der psychotherapeutischen Intervention, insbesondere der Krisenintervention. Hier ist der Therapeut der Container für die heftigen und widersprüchlichen Gefühle des Patienten, der sich allein nicht beruhigen kann.

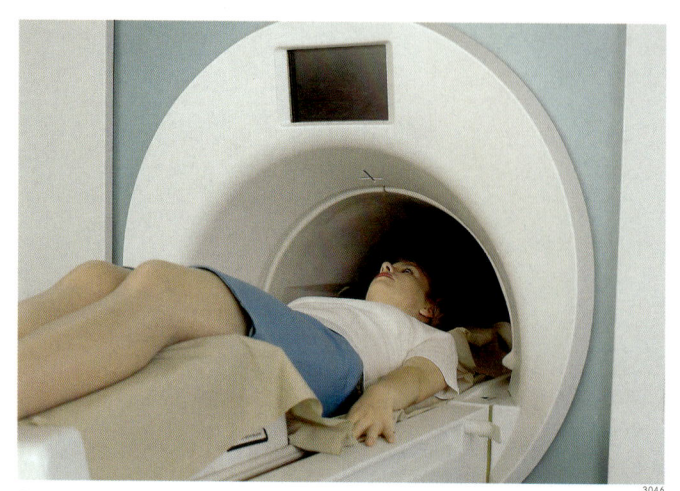

**Computertomografie:** Der Patient liegt bewegungslos auf einem Untersuchungstisch, der kontinuierlich durch die Röntgenröhre geschoben wird.

Wie das kleine Kind braucht er in diesem Zustand jemanden, der seine Gefühle versteht und einordnet.

**Contentanalyse:** die →Inhaltsanalyse.

**Coping** ['kəʊpɪŋ, engl. »bewältigen«], **Bewältigungsstrategien:** Verhaltensweisen oder Einstellungen, mit deren Hilfe der Mensch belastende Situationen bewältigt. Auf der Handlungsebene ist ein solches Coping, wenn man z. B. in einer seelischen Krise soziale und professionelle Hilfe in Anspruch nimmt, auf der kognitiv-emotionalen Ebene, wenn man z. B. in der Krise einen Sinn sieht, etwa den des persönlichen Wachstums. Je höher die Copingfähigkeit eines Menschen ist, desto besser wird er schwierige Zeiten meistern. Das Copingkonzept stammt aus der Stresstheorie des amerikanischen Psychologen Richard S. Lazarus (*1922, †2002), der folgende Copingformen unterscheidet: Informationssuche, direkte Aktion, Aktionsaufschub und intrapsychische Verarbeitung.

**Corporate Identity** ['kɔːpərɪt aɪ'dentɪtɪ, engl. »Unternehmensidentität«]: einheitliches Erscheinungsbild eines Unternehmens, in dem sich das Selbstverständnis des Unternehmens hinsichtlich Leistungsangebot und Arbeitsweise sowohl nach außen als auch nach innen widerspiegelt. Mit der Corporate Identity sollen Bekanntheit und Akzeptanz des Unternehmens und seiner Produkte erhöht und die Verbundenheit der Mitarbeiter mit ihrem Unternehmen gefördert werden. Zu den Mitteln, mit denen diese Ziele erreicht werden sollen, gehören neben einem einheitlichen optischen Auftritt (Corporate Design) und festgelegten Kommunikationsstrategien (Corporate Communication) auch ein einheitliches Verhalten der Mitarbeiter des Unternehmens untereinander (z. B. Führungsstil) und nach außen, z. B. gegenüber Kunden und der Öffentlichkeit.

**Corti-Organ:** nach dem italienischen Anatomen Alfonso Corti (*1822, †1876) benannte Anordnung von Sinneszellen in der Schnecke des Innenohrs, die für den Hörvorgang von Bedeutung sind. Die Sinneszellen werden an ihrer Basis von Fasern des Hörnervs umfasst. Da sie an ihrem freien Ende feine Härchen tragen, werden diese Sinneszellen auch Haarzellen genannt. Erreichen im Verlauf des Hörvorgangs Schallwellen die Schnecke, so biegen oder winden sich die über Tip-links (elastische Verbindungselemente) miteinander verbundenen Härchen und lösen eine Erregung der Sinneszellen aus. Diese wird über die Fasern des Hörnervs an das Gehirn geleitet. Eine Überlastung dieser Härchen wird mit der Entstehung von →Tinnitus in Verbindung gebracht.

**Crack** [krɛk, engl. eigtl. »Knall«, »Krach«]: Designerdroge, die auf der Basis von Kokain hergestellt wird. Crack führt sehr schnell zu psychischer und körperlicher Abhängigkeit (→Sucht); die meisten Erstverbraucher werden zu Dauerkonsumenten. Crack stört neueren Untersuchungen zufolge die Regulation der →Neurotransmitter im Gehirn und kann bei plötzlichem Entzug zu tiefen Depressionen führen. Die Therapie sollte deshalb unter Begleitung erfahrener Fachleute stattfinden.

**Crashkurse** ['kræʃ-, engl. »Zusammenstoß«]: Kurse, in denen in kurzer Zeit sehr viel Lernstoff vermittelt wird. Besonderer Wert wird dabei auf die praktische Anwendbarkeit des Gelernten gelegt, Theorien und Regeln treten demgegenüber zurück. Ein bekanntes Beispiel sind Fremdsprachen-Crashkurse, die den Lernenden in wenigen Wochen befähigen, ein fremdsprachiges Gespräch zu führen.

**Creutzfeldt-Jakob-Krankheit, Jakob-Creutzfeldt-Krankheit,** nach den Neurologen Hans G. Creutzfeldt (*1885, †1964) und Alfons Jakob (*1884, †1931) benannte seltene neurologische Erkrankung, die mit einem rasch fortschreitenden Abbau der geistigen Fähigkeiten (Demenz) einhergeht. Die Entstehung ist nicht eindeutig geklärt, jedoch wird häufig die Hypothese vertreten, nach der die Creutzfeldt-Jakob-Krankheit durch Prionen übertragen wird, also durch infektiöse Eiweißkörper ohne Nukleinsäuren, die keiner anderen Gruppe der klassischen Erreger von Infektionskrankheiten zugeordnet werden können. Zu den Prionenkrankheiten zählen außerdem ähnlich verlaufende Tierseuchen bei Schafen und Ziegen (Scrapie) sowie die Rinderseuche BSE. Heute wird allgemein davon ausgegangen, dass der BSE-Erreger durch den Verzehr von infizierten Tierprodukten übertragen werden kann.

Nach einer Latenzzeit von Jahren bis Jahrzehnten zeigen sich bei den Betroffenen zunächst uncharakteristische psychische Auffälligkeiten (v. a. ausgeprägte Gedächtnis- und Konzentrationsstörungen) oder auch neurologische Störungen. Im weiteren Verlauf treten Sprachstörungen, Beeinträchtigungen des Sehens, Lähmungen, Koordinationsstörungen, unwillkürliche, unregelmäßige Muskelzuckungen und epileptische Krampfanfälle auf; schließlich fallen die Erkrankten ins Koma und sterben.

Die Diagnose der Creutzfeldt-Jakob-Krankheit wird anhand des typischen klinischen Verlaufs gestellt; sicher kann die Erkrankung bisher erst nach dem Tode durch eine Gehirnbiopsie nachgewiesen werden. Eine ursächliche Behandlung ist derzeit nicht möglich.

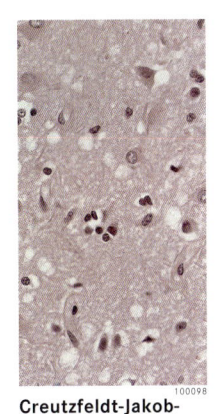

**Creutzfeldt-Jakob-Krankheit:** Der typische Befund im Hirnschnitt eines Patienten zeigt das schwammartig aufgelockerte Hirngewebe mit dem Schwund der Nervenzellen.

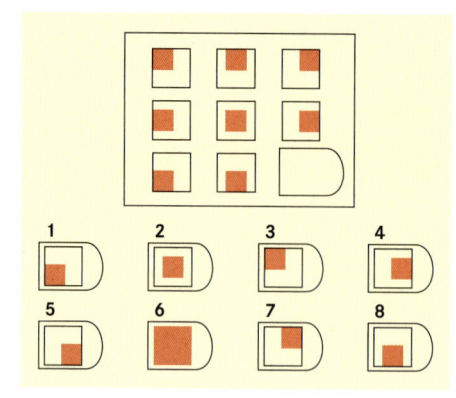

**Culture-fair-Intelligenztests:** Das passende der nummerierten Felder muss in das leere Feld oben eingesetzt werden (richtig ist: Feld Nummer 5).

**CT:** →Computertomografie.

**Culture-fair-Intelligenztests** [ˈkʌltʃəˈfeə-, engl.]: Gruppe von Intelligenztests, mit denen der Anspruch erhoben wird, Intelligenz weitgehend unabhängig von spezifischen kulturellen Bedingungen, v.a. der Sprache zu erfassen. In der Regel wird dabei analoges Denken (→Intelligenz) sprachfrei, also auf nonverbale Weise erfasst. Sofern der kulturelle Kontext weitgehend ausgeschaltet ist, wird bei allen Vergleichen zwischen Personen unterschiedlicher kultureller Herkunft »fair« getestet. Die Bezeichnung stammt von dem amerikanischen Psychologen Raymond Bernard Cattell. Ein Verfahren, das in diesem Kontext eine besondere Bedeutung erlangt hat, ist der Raven-Matrizen-Test, bei dem die Aufgaben in geometrischen Mustern oder Figuren bestehen, die Lücken enthalten. Aus einer Auswahl möglicher »Lückenfüller« muss der richtige herausgefunden werden.

**Curare:** →Kurare.

**Curriculum** [mittellatein. »Ablauf des Jahres«, »Weg«]: Festlegung von Unterrichtsinhalten, Lehrzielen, Unterrichtsmaterialien und -methoden sowie Verfahren zur Überprüfung der Lernergebnisse.

Während durchstrukturierte Curricula wenig Spielraum für individuelle Interessen von Schülern und Lehrern oder situationsgegebene Konkretisierungen und Unterrichtsziele lassen, gewähren **offene Curricula** dafür Freiräume, d.h., im Rahmen des Curriculums stehen z.B. einige Texte, verschiedene Versuchsreihen u.a. zur Wahl. Curricula müssen immer wieder auf der Grundlage wissenschaftlicher Verfahren überprüft und revidiert werden, um gesellschaftlichen und bildungspolitischen Veränderungen sowie neuen Erkenntnissen und Methoden Rechnung zu tragen. Dieser Aufgabe widmet sich die seit etwa 1970 stark ausgebaute Curriculumsforschung. Sie soll v.a. zur Legitimation und Hierarchisierung von Lernzielen, zur Hebung von Qualitätsstandards und zur Bewährungs- und Erfolgskontrolle beitragen. Anfänglich wurde eine langfristige Revision der Curricula für alle Schulformen, Fächer und Altersstufen angestrebt. Trotz großen Forschungsaufwands erwies sich jedoch die Ausarbeitung, Abstimmung und politische Durchsetzung neuer Curricula als äußerst schwierig. Gegenwärtig liegt der Schwerpunkt auf mittelfristigen Projekten und einzelnen Fächern und Ausbildungen.

*Geschichte:* Der Begriff Curriculum wurde bereits in der Bildungstheorie des Barock für Lehrplan gebraucht, jedoch in der Aufklärung durch die deutsche Bezeichnung Lehrplan ersetzt. 1967 wurde der Begriff erneut aufgegriffen, nun allerdings mit veränderter, heute gültiger Bedeutung.

**Cybersex** [ˈsaɪbə-, engl.]: computergesteuerte Form der Sexualität. Die Partner haben einen speziellen, mit stimulierenden Sensoren und Vibratoren ausgestatteten Anzug an und können sich über den Monitor des Computers sehen. Auf Tastendruck können Körperteile über den Anzug stimuliert werden. Meist findet Cybersex jedoch mit einem im Computer erzeugten (virtuellen) Geschöpf statt.

**Cyberspace:** die →virtuelle Realität.

**Daktylologie** [zu griech. dáktylos »Finger«, »Zehe«]: Finger- und →Gebärdensprache der Gehörlosen.

**Dämmerzustand:** Zustand herabgesetzter Bewusstseinsklarheit, der Stunden, nur sehr selten Tage oder Wochen dauert. Anders als im Schlaf ist die Wahrnehmung der Außenwelt teilweise erhalten, sodass die Betroffenen manchmal äußerlich normal scheinen. In vielen Fällen verhalten sie sich auffällig, emotionale und triebhafte Impulse brechen durch, sie sind erregt oder verwirrt. Die Fähigkeit, verantwortliche Entscheidungen zu treffen, ist ausgeschaltet, was von Bedeutung ist, wenn in diesem Zustand eine Straftat begangen wird. Dem Dämmerzustand folgt meist weitgehende Erinnerungslosigkeit (→Amnesie).

Die Ursachen können organisch sein, z.B. ein Gehirntumor, eine Vergiftung oder eine Epilepsie, es gibt aber auch psychogene Dämmerzustände, etwa als Begleitsymptome einer →Hysterie 2) oder einer Schizophrenie. Durch →Hypnose kann ein künstlicher Dämmerzustand erreicht werden, der allerdings fast immer von einem Rest an Einsicht in die eigene Situation begleitet ist.

**Darwinismus:** die in den 1840er-Jahren von Charles Darwin entwickelte →Deszendenztheorie.

**Daseinsanalyse:** eine phänomenologische Form der Psychotherapie, die die Existenzphilosophie Martin Heideggers (*1889, †1976) für die Behandlung seelischer Krankheiten nutzbar macht: Kranksein bedeutet hier die Störung des Daseins als In-der-Welt-Sein, d.h. die Einengung der ihm gegebenen Verhaltensmöglichkeiten. Ziel der Daseinsanalyse ist es folglich, mithilfe von Gesprächen und des Mit-Seins (der Empathie) den Kranken darin zu unterstützen, seine Verhaltensmöglichkeiten zu erweitern bzw. wiederzuerweitern. Die Daseinsanalyse geht zurück auf die schweizerischen Psychiater und Psychoanalytiker Ludwig Binswanger (*1881, †1966) und Medard Boss (*1903, †1990), der eine von Binswanger abweichende Schule vertrat.

**Daumenlutschen:** häufigste Form des →Fingerlutschens.

**Debilität:** veraltete Bezeichnung für eine leichte →Intelligenzstörung.

**Deckerinnerung:** *Psychoanalyse:* klare Erinnerungen an traumatische Ereignisse in der Kindheit, die dazu dienen, frühere, nicht fassbare traumatische Ereignisse zu verdecken. Zum Beispiel erinnert sich eine Person daran, wie sie als Kind von der Mutter geschlagen wurde samt der eigenen Gefühle der Wut und Angst, nicht aber an die existenziell bedrohlichere Angst, die Mutter zu verlieren. Zweck der Deckerinnerung ist, dem Namenlosen doch noch einen Namen zu geben.

**deduktives Denken** [auch de:-, zu latein. deducere »herabführen«, »herleiten«]: Form des →Denkens.

**Déjà-vu-Erlebnis** [deʒa'vy-, französ. »schon gesehen«]: Erinnerungstäuschung, bei der soeben Erlebtes schon früher einmal erlebt erscheint. Ein Beispiel ist der erstmalige Besuch einer fremden Stadt, bei dem der betreffenden Person plötzlich eine Straße als schon einmal gesehen vorkommt. Angaben dazu, wie viele Menschen mindestens einmal ein Déjà-vu-Erlebnis hatten, variieren von 50 bis 97%. Ein Déjà-vu-Erlebnis dauert in der Regel einige Sekunden an. Es kommt häufig in einer Zeit der Erschöpfung, aber auch nachher in der Entspannungsphase vor. Manche organische Erkrankungen, wie Epilepsie, begünstigen Déjà-vu-Erlebnisse.

Die *Psychoanalyse* erklärt dieses Phänomen damit, dass die wahrgenommenen Reize mit verdrängten Erinnerungen assoziiert (→Assoziation) werden. Die *kognitive Psychologie* vermutet eine kurzzeitige Entkopplung von ansonsten synchronisierten Gedächtnisfunktionen. Normalerweise wird beim Wiedererkennen einer Situation zusammen mit dem Gedächtnisinhalt ein Gefühl von Vertrautheit aktiviert; beim Déjà-vu-Erlebnis ist dieser gemeinsame Prozess dahingehend gestört, dass das Gefühl der Vertrautheit aktiviert wird, ohne dass ein Inhalt aus dem Gedächtnis abgerufen werden kann. Andere Erklärungen beruhen auf Erinnerungen oder Wahrnehmungen, die unterhalb der Bewusstseinsschwelle bleiben. So könnte das Wiedererkennen eines unbedeutenden Details (z.B. der Name einer Ladenkette) selbst nicht das Bewusstsein erreichen, aber ein Gefühl von Vertrautheit auslösen, welches fälschlich auf die ganze Situation übertragen wird. Ferner wird vermutet, dass unmittelbar vor einem Déjà-vu-Erlebnis die bewusste Verarbeitung kurzfristig aussetzt: Die Situation wird zwar als Ganze wahrgenommen, aber nicht bewusst interpretiert. Beim zweiten, nunmehr bewussten Verarbeiten der Situation erscheint diese als bekannt, weil bereits eine Spur im impliziten →Gedächtnis angelegt wurde. *Neuropsychologen* gehen von fehlgeleiteten Aktivierungen von Nervenzellen im Schläfenlappen aus, einem Gebiet im Gehirn, das zuständig ist für die Meldung, dass etwas bekannt ist.

**Dekompensation:** *Psychoanalyse:* Zusammenbruch der seelischen Stabilität und des nor-

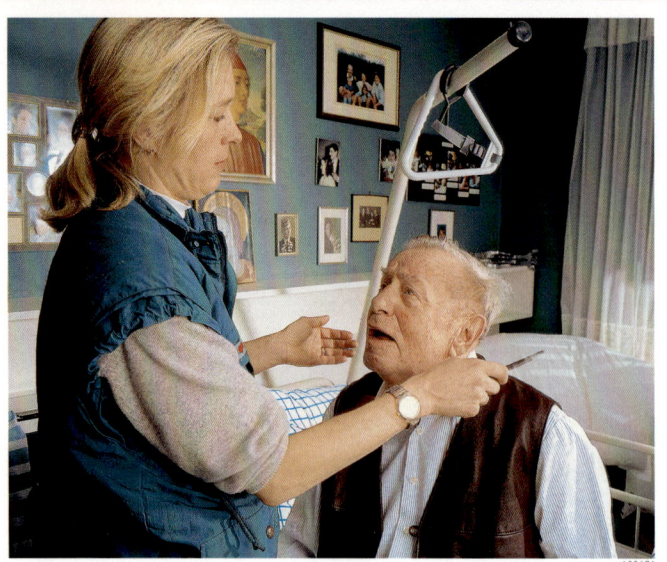

**Demenz:** In einem späten Stadium der Demenz sind die Patienten nicht mehr in der Lage, Verrichtungen des täglichen Lebens – wie etwa die Körperpflege – selbstständig auszuführen.

malen Funktionierens des seelischen Apparates, z. B. bei belastenden Situationen, die von den gewohnten →Abwehrmechanismen nicht mehr bewältigt werden können; dadurch entsteht eine traumatische Reaktion. Umgangssprachlich wird die Dekompensation auch als Nervenzusammenbruch bezeichnet.

**Delegation** [spätlatein. »Beauftragung«, »Vollmacht«]: **1)** im *Arztrecht* die Überweisung von einem Arzt z. B. an einen Psychologen zur Durchführung einer Psychotherapie. Vor Inkrafttreten des →Psychotherapeutengesetzes am 1. 1. 2000 durften Psychologen nicht in eigener Verantwortung Psychotherapien durchführen, sondern waren auf Delegation durch einen Arzt angewiesen.

---

### Demenz | Umgang mit Betroffenen

Wenn der geliebte Mensch immer verwirrter reagiert, sind Angehörige oft ratlos. Man hilft ihm, indem man verständnisvoll reagiert. Die Methode der Validation nach Naomi Feil (* 1932) hat sich als günstig erwiesen: die Äußerungen des Kranken nicht infrage stellen, nicht ständig das Gesagte korrigieren, sondern auf die Gefühle eingehen. Wenn z. B. eine demente Frau glaubt, ihr bereits verstorbener Sohn würde gleich aus der Arbeit kommen, sollte gesagt werden: »Er ist Dir ein wichtiger Mensch, nicht wahr?«, statt wiederholt daran zu erinnern, dass er nicht mehr lebt. Das würde sie weiter verwirren und belasten. Wenn man darauf verzichtet, über den Wahrheitsgehalt oder die Logik der Äußerung zu diskutieren, verhindert man auch, dass der Kranke aggressiv wird und ein sinnloser Streit geführt wird. Die Validation wird zunehmend von Ärzten und Pflegekräften angewandt, und sie wird Angehörigen vermittelt.

---

**2)** in der *Familientherapie* ein unbewusster Vorgang zwischen Familienmitgliedern, bei dem ein stärkeres Familienmitglied, der Delegierende, ein schwächeres Mitglied, den Delegierten, veranlasst, die ungelebten Seiten des Delegierenden auszuleben; z. B. soll die Tochter einer verhinderten Sportlerin Eisprinzessin werden, oder der Sohn eines Homosexuellen, der sich seine Homosexualität nicht eingesteht, muss dessen Homosexualität stellvertretend ausleben.

**Delinquenz** [latein. »Verfehlung«], **Jugenddelinquenz:** Oberbegriff für →Kriminalität bzw. →Jugendkriminalität sowie jugendtypische abweichende Handlungen, die nicht von einer strafrechtlichen Sanktion betroffen sind, z. B. Bandenzugehörigkeit, Schuleschwänzen, Streunen, die aber symptomatisch für eine problematische Entwicklung des Jugendlichen sind. In einer weiteren Auffassung des Begriffs Delinquenz oder Jugenddelinquenz wird – in Anlehnung an den angelsächsischen Sprachgebrauch – auch die Kriminalität über 21-Jähriger bis ins 3. Lebensjahrzehnt einbezogen, da die starren, nach Zeit und Ort unterschiedlichen gesetzlichen Altersgrenzen entwicklungspsychologisch und soziologisch nicht zwingend sind und auch Taten älterer Täter jugendtypisch sein können. Delinquenz wird oft fälschlich mit Kriminalität gleichbedeutend verwendet.

**Delirium** [latein. »Irrsinn«], **Delir:** hochgradige Bewusstseinstrübung, die sich in Sinnestäuschungen, Wahnvorstellungen, Halluzinationen, ängstlicher Erregung und Verwirrtheit (Desorientiertheit) mit Bewegungsunruhe äußert. Delirien können bei akuter Vergiftung (z. B. durch extremen Alkoholkonsum), bei hohem Fieber, bei schweren körperlichen Erkrankungen oder krankhaften Erschöpfungszuständen sowie bei Infektionen des Gehirns oder der Hirnhäute (Hirnhautentzündung) auftreten. Als **Delirium tremens** oder **Alkoholpsychose** wird das bei chronischer Vergiftung, insbesondere bei Alkoholmissbrauch, auftretende Delirium bezeichnet. Das **Entzugsdelir** kann im Rahmen einer Entgiftung, insbesondere der Alkoholentgiftung, auftreten; es ist eine schwerwiegende Komplikation und muss sofort intensivmedizinisch behandelt werden.

**Deltawellen:** Hirnströme im →Elektroenzephalogramm, die im Tiefschlaf auftreten.

**Demenz** [latein. »Geistesschwäche«]: durch Hirnschäden entstandene, nur teilweise reparable und manchmal chronisch fortschreitende Verminderung der Intelligenzleistung und Orientierung, verbunden mit Veränderungen des

Charakters. Die ersten Anzeichen sind oft ein Nachlassen des kritischen Denkens, des Urteilsvermögens, später auch der Merkfähigkeit. Im fortgeschrittenen Stadium sind auch das Langzeitgedächtnis und die Erinnerung an vertraute Personen beeinträchtigt; die Betroffenen können sich nicht mehr orientieren, werden verwirrt, entwickeln Wahnvorstellungen (z. B. bestohlen worden zu sein, weil sie nichts mehr wiederfinden). Sie stumpfen ab und verlieren ihre sozialen Interessen. Als häufigste Ursache einer Demenz wird heute die →Alzheimerkrankheit angesehen, das sind rund 60 % der Fälle, gefolgt vom →Schlaganfall und der →Parkinsonkrankheit.

Das Risiko, an Demenz zu erkranken, steigt mit dem Alter; rund zwei Drittel der ca. eine Million Erkrankten in Deutschland sind 80 Jahre und älter (**Altersdemenz, senile Demenz**). Die Demenz kann aber auch schon früher, ab dem 45. Lebensjahr einsetzen. Diese früher einsetzende Demenz hat ungeklärte, endogene Ursachen, oder sie kann durch Alkoholmissbrauch (**Alkoholdemenz**), Stoffwechselstörungen oder infektiöse Erkrankungen des Gehirns (z. B. die Creutzfeldt-Jakob-Krankheit) ausgelöst werden.

Die allgemeine Behandlung umfasst Gedächtnistraining, Selbsthilfetraining, die Optimierung der Umgebungsbedingungen und die Angehörigenberatung. Günstig sind eine stabile Umgebungsgestaltung und ein regelmäßiger Tagesablauf. Bei der medikamentösen Behandlung werden Antidementiva eingesetzt, die zwar den Nervenzerfall nicht aufhalten, aber das Fortschreiten der Symptome vorübergehend verzögern können. Neuroleptika können die Verhaltensstörungen, die häufige Begleiterscheinungen der Demenz sind, rasch mildern oder sogar beheben, es sollten jedoch schwachwirkende und solche mit vorwiegend beruhigendem Effekt gewählt werden. Bei anhaltenden und schweren depressiven Symptomen helfen Antidepressiva.

**demokratische Erziehung:** ein →Erziehungsstil.

**Demoskopie:** die →Meinungsforschung.

**Denken:** im engeren Sinn die zielgerichtete Geistestätigkeit, die mentale Verarbeitung von Informationen im Dienste des Schlussfolgerns und Problemlösens; im weiteren Sinn auch die ziel- und absichtslose Geistestätigkeit, z. B. das Denken von Dingen, die spontan in den Sinn kommen. Die *kognitive Psychologie* befasst sich v. a. mit dem Denken im engeren Sinn, das verschiedene Zwecke erfüllen kann: die Vorwegnahme eigener Handlungen im Sinne eines Pro-

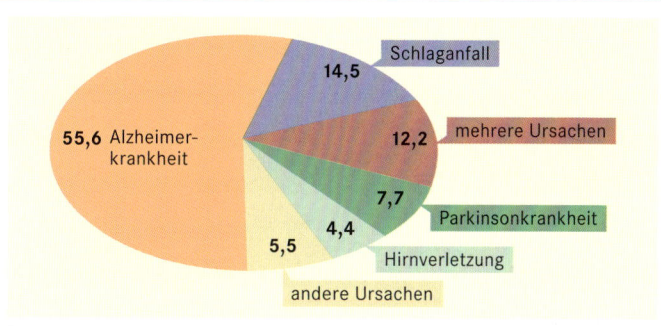

**Demenz:** In einer Studie der Harvard-Universität wurden die Anteile der vermutlichen Ursachen bei Demenz von Personen über 60 Jahre untersucht (Angaben in Prozent).

- 55,6 Alzheimerkrankheit
- 14,5 Schlaganfall
- 12,2 mehrere Ursachen
- 7,7 Parkinsonkrankheit
- 4,4 Hirnverletzung
- 5,5 andere Ursachen

behandelns, das Erschließen von Zusammenhängen, Ursachen oder Gesetzmäßigkeiten, sowie die Veränderung und Erweiterung bestehenden Wissens. *Denken als Informationsverarbeitung:* Der Ausgangspunkt des Denkens sind Sachverhalte oder Aussagen, die im Arbeitsgedächtnis mental repräsentiert sind. Anschauliche Inhalte sind als mentale Vorstellungen gegeben, während ungegenständliche Inhalte als reine →Begriffe vorliegen. Der Denkvorgang besteht in einer Folge von Operationen, die auf diese Inhalte angewendet werden. Im Falle anschaulicher Inhalte können u. a. Vergleiche angestellt, die Sachverhalte zerlegt, variiert und neu zusammengesetzt werden. Das Ergebnis dieser Vorgänge lässt sich gleichsam am vorgestellten Objekt ablesen. Aus diesem konkreten und handlungsbezogenen Denken heraus entwickelt sich nach Jean Piaget das **abstrakte Denken**, nachdem ein Kind gelernt hat, Begriffe und Operationen von der konkreten Situation zu abstrahieren und mittels formaler Symbolsysteme (z. B. Zahlen) darzustellen.

Das abstrakte Denken richtet sich auf ungegenständliche Inhalte und verarbeitet diese nach logischen Regeln. Die Bewusstseinsinhalte bestehen dabei in Aussagen, die sich in einer Art »Sprache des Geistes« ausdrücken. Weil sich die Form dieser Bewusstseinsinhalte phänomenal kaum beschreiben lässt, ist es seit den Anfängen der Denkpsychologie umstritten, ob es tatsächlich völlig abstraktes Denken gibt. Verschiedene Forscher haben angenommen, dass abstrakte Zusammenhänge durch Bilder, Metaphern oder Analogien veranschaulicht werden, um darüber nachdenken zu können. Ferner wird diskutiert, wieweit Denkvorgänge bewusst stattfinden müssen, oder ob Denken durch Vorgänge unterhalb der Bewusstseinsschwelle unterstützt wird. Erkenntnisse und Entscheidungen, die auf →Intuition beruhen, lassen sich als Vorgänge der letztgenannten Art auffassen.

**Denken:** Induktives Denken spielt im Alltag eine große Rolle: Wer z. B. einmal ein Exemplar einer unbekannten Frucht gekostet hat, wird daraus schließen, dass alle ähnlich aussehenden Früchte ebenso schmecken.

## Denkentwicklung

*Schlussfolgern:* Die Logik als Teildisziplin der Philosophie hat ein Regelwerk für das richtige Schlussfolgern entwickelt, während die kognitive Psychologie untersucht, wie und wieweit das menschliche Denken diese Regeln korrekt vollzieht. Beim Schlussfolgern kommt es darauf an, aus gegebenen Aussagen weitere Aussagen abzuleiten oder die Gültigkeit einer Ableitung zu überprüfen. Hinsichtlich der Art des Schlussfolgerns kann man deduktives und induktives Denken unterscheiden. **Deduktives Denken** führt zwingend zu gültigen Aussagen, wenn die Regeln korrekt befolgt werden. So kann man aus der Annahme »Wenn Vollmond ist, heulen die Wölfe« und der Tatsache »die Wölfe heulen«, zwingend ableiten, dass Vollmond ist. Dieses sogenannte konditionale Schließen bezieht sich auf Wenn-Dann-Aussagen. Beim kategorialen Schließen werden Mengenzugehörigkeiten abgeleitet: Aus den Annahmen, dass alle Wölfe Säugetiere sind und kein Säugetier Eier legt, ergibt sich zwingend, dass kein Wolf Eier legt. Einfache Schlüsse dieser Art können nachvollzogen werden, während sich bei komplizierteren Aussagefolgen typische Denkfehler einstellen. Diese werden auf das Missverstehen der Aussagen, die Anwendung zu vereinfachter Regeln, oder auf eine Überlastung des Arbeitsgedächtnisses durch die Anzahl der anzuwendenden Regeln zurückgeführt.

Der Gegensatz des deduktiven Denkens ist das **induktive Denken**, bei dem kein zwingender Schluss möglich ist. Dies ist u. a. bei folgenden Vorgehensweisen der Fall: 1. Verallgemeinerung: Von Einzelfällen wird auf allgemeine Prinzipien geschlossen, z. B. wird aus der Beobachtung zehn weißer Schwäne die Aussage »Alle Schwäne sind weiß« abgeleitet. Prinzipien, die in dieser Weise aufgestellt werden, sind grundsätzlich nicht beweisbar, denn man kann z. B. nicht ausschließen, dass der elfte Schwan, den man in Zukunft sehen könnte, schwarz ist. Dennoch neigen Menschen dazu, ihre Annahmen zu bestätigen, anstatt – logisch korrekt – nach Gegenbeweisen zu suchen. 2. Wahrscheinlichkeitsschätzung: Hierbei wird z. B. eingeschätzt, wie wahrscheinlich ein Ereignis auf die eine oder andere Ursache zurückgeht. Anhand eines bestimmten Symptombildes muss z. B. die ursächliche Erkrankung diagnostiziert werden. Jede Diagnose ist jedoch mit einer Unsicherheit behaftet. Um diese zu bestimmen, ist es erforderlich, die Fehleranfälligkeit der Diagnoseverfahren, die Variabilität der Symptomatik, v. a. aber die Grundrate, mit der die diagnostizierte Krankheit überhaupt vorkommt, in Rechnung zu stellen. Diese statistischen Größen werden in der Regel nicht angemessen beachtet. Der Patient überschätzt die Treffsicherheit einer Diagnose, wenn die Krankheit z. B. oft in den Medien auftaucht oder für ihren dramatischen Verlauf bekannt ist. Generell werden ursächliche Erklärungen für wahrscheinlich gehalten, wenn sie im Gedächtnis besonders verfügbar sind.

*Problemlösen:* Denkvorgänge, die durch mentales Probehandeln ein aktives Einwirken auf die Umwelt vorbereiten, werden dem → Problemlösen zugerechnet.

**Denk|entwicklung:** in der *Psychologie* die Ausdifferenzierung von kognitiven Leistungen im Verlauf der Zeit. Versuche, die eigene Denkfähigkeit und die anderer zu verbessern, sind bereits in der Antike nachzuweisen; so hielt etwa der griechische Philosoph Sokrates das philosophische Gespräch für die Voraussetzung einer angemessenen Welterkenntnis. Die moderne Psychologie beschränkt sich in ihren Untersuchungen zur Denkerziehung im Wesentlichen auf den problemlösenden Aspekt des Denkens. Die Entwicklung individuellen Denkens, vom Neugeborenen bis zum Erwachsenen, hat v. a. Jean Piaget untersucht. Seine Theorie beschreibt vier Hauptstadien der geistigen Entwicklung: die sensomotorische Intelligenz im Alter bis zu zwei Jahren, das voroperatorische anschauliche Denken von etwa zwei bis sechs Jahren, die konkreten Operationen im Alter von etwa sieben bis elf Jahren und die formalen Operationen ab dem zwölften Lebensjahr. Nach Piaget wird die Denkentwicklung durchgängig be-

**Denken:**
Die drei gezeigten Tiere – Papagei, Pinguin und Reiher – lassen sich sprachlich zu dem Oberbegriff »Vogel« zusammenfassen. Dieser Vorgang ist ein Akt abstrakten Denkens.

**Denken:** Die Aufforderung, ein »Walross mit Zigarre und Zylinder« zu zeichnen, führt meistens zu einem der Kombination im Vordergrund entsprechenden Ergebnis. Beim Bilden von Vorstellungen greift das menschliche Denken auf vorhandene Muster zurück.

# Denkstörungen

stimmt vom Prinzip der Äquilibration, dem Streben des wachsenden Organismus nach einem Gleichgewicht in seiner Beziehung zu seiner Umwelt. Das Denken entwickelt sich, parallel mit der Sprachfähigkeit, vom anfänglich rein bildlichen Aufnehmen der Umgebung hin zum abstrakten Denken, das sich komplett von Situationen löst. Aus der bildlichen Vorstellung der direkten Umwelt des Babys entstehen laut Piaget Schemata, die sich durch wiederholte Erfahrungen verfestigen. Diesen Schemata werden dann Begriffe zugeordnet, die der Benennung von Erfahrungen dienen.

Menschheitsgeschichtlich vollzog sich über vermutlich 10 000 Jahre ein ähnlicher Prozess. Aus gemalten Umgebungsbildern entstanden abstrakte lautliche und schriftliche Zeichen. Die Schriftzeichen waren anfänglich kleine Strichzeichnungen, wie etwa die ägyptischen Hieroglyphen. Allmählich wurden sie zu abstrakten Buchstaben und damit gedanklich, unabhängig von einzelnen Situationen, verwendbar.

**Denk|erziehung:** gezielte Maßnahmen zur Verbesserung der Problemlösefähigkeit. Eine Möglichkeit liegt darin, sich spezifische Verfahren anzueignen, mit denen Problemsituationen in standardisierter Weise bewältigt werden können.

Die andere Möglichkeit besteht im Lernen von Vorgehensweisen, mit deren Hilfe in Problemsituationen geeignete Lösungen gesucht und gefunden werden können. Dafür gibt es im Wesentlichen drei Ansatzpunkte: das Übungstraining, das Taktiktraining und das Strategietraining. Das Übungstraining besteht darin, die betreffende Person mit bestimmten Problemen zu konfrontieren und diese lösen zu lassen, in der Hoffnung, dass sich hierdurch die allgemeine Problemlösefähigkeit steigert. Beim Taktiktraining werden Teilprozesse komplexer Denkvollzüge erlernt oder geübt. Im Unterschied zum globalen, ungerichteten Übungstraining gilt das Taktiktraining also bestimmten Informationsverarbeitungsprozessen, die wichtige Teile des Problemlösens darstellen. Beim Strategietraining schließlich wird in gezielter Form versucht, auf das gesamte Denken einzuwirken.

**Denkpsychologie:** Teilgebiet der kognitiven Psychologie, das sich mit der Erforschung von Denkvorgängen befasst. Ihre Anfänge gehen auf die →Würzburger Schule und die →Gestaltpsychologie zurück, die zu Beginn des 20. Jahrhunderts höhere Denkprozesse zum Gegenstand von →Introspektion und experimentellen Untersuchungen machten. Die Denkpsychologie trat der verbreiteten Auffassung entgegen, Denken können auf bloße →Assoziationen reduziert werden. Vielmehr lässt sich das menschliche Denken durch regelgerechte Operationen beschreiben, die auf unanschauliche Bewusstseinsinhalte angewendet werden. Die moderne Denkpsychologie versteht das Denken als →Informationsverarbeitung und untersucht v. a. die menschliche Fähigkeit zum logischen Schlussfolgern und Problemlösen.

**Denkstörungen:** Die menschliche Fähigkeit, Probleme in einem inneren »Probehandeln« (Sigmund Freud) zu lösen, kann auf vielfältige Weise gestört werden. Als Denkstörungen werden einerseits Besonderheiten der Denkprozesse aufgefasst, die bei seelischen Krankheiten (v. a. Schizophrenie, Depression) auftreten, ohne dass Gehirnschäden nachweisbar sind, andererseits die spezifischen Folgen der →Demenz. Die charakteristischen Denkstörungen bei der →Schizophrenie hängen wohl damit zusammen, dass es den Kranken nicht gelingt, die für einen korrekten Ablauf der Denkprozesse notwendige Auswahl der gedanklichen Verknüpfungen zu leisten. Eugen Bleuler spricht von einer »assoziativen Lockerung«, die er zu den Grundstörungen der Schizophrenie rechnet. Die sprachlichen Äußerungen sind verschwommen und vage, weil ständig Unwichtiges neben Wichtigem geäußert wird. In ausgeprägten Fällen bleiben die Kranken bei einem nebensächlichen Gedanken stehen und brechen den Gedankengang ab. Die schizophrene Patientin sagt z. B. »Atomkrieg – ach, das ist ja so ein kleiner Krieg«.

**Denkentwicklung:** Eine ähnliche Entwicklung zur Abstraktion wie beim Individuum vollzog sich menschheitsgeschichtlich bei der Entstehung der Schrift, die in ihren Anfängen aus standardisierten Zeichnungen von Dingen bestand.

**Depersonalisation:** Folteropfer – wie diese Gefangenen in einem brasilianischen Gefängnis – erleben ihre Qualen oft, als würden sie sie nicht selbst erleben, sondern könnten sie unbeteiligt beobachten.

Noch weiter geht die Denkstörung bei der **Zerfahrenheit,** in der keine Zielvorstellung mehr festgehalten werden kann. Die Kranken reihen zusammenhanglose gedankliche Elemente, in extremen Fällen nur noch Lautgemische aneinander. Gewissermaßen erstarrte Denkstörungen drücken sich in falschem Sprachgebrauch (Paralogie) oder in eigenen Sprachschöpfungen (Neologismen) aus. Bei Depressiven besteht die Denkstörung in einer starken Verlangsamung und Einengung der Denkprozesse; bei der Manie kommt es zu Ideenflucht und hektischem Wortfluss, dessen Verknüpfungen aber viel besser verständlich sind als die der Schizophrenie. Für die milderen Formen der Demenz hingegen sind umständliches Denken, Verweilen bei einem Denkinhalt (Perseveration) und Starrheit (Rigidität) kennzeichnend: Die Patienten beharren auf Denk- und Handlungsschemata, deren geringer Wirkungsgrad dem gesunden Beobachter sofort auffällt.

**dependente Persönlichkeitsstörung:** die →abhängige Persönlichkeitsstörung.

**Depersonalisation:** Fremdwerden der eigenen Person in der Umwelt. Die Betroffenen erleben sich in ihrer Umwelt als fremd, ihr eigenes Ich scheint keine Kontinuität zu haben; sie vergleichen ihren Zustand mit dem eines Schlafwandlers, beobachten sich selbst, als seien sie Zuschauer in einem Theater, in dem ihnen eine Rolle zudiktiert wurde. Depersonalisation ist neben der →Derealisation eines der Hauptsymptome des Depersonalisations- und Derealisationssyndroms. Daneben tritt es auch bei anderen psychischen Störungen auf, z. B. bei →Schizophrenien oder bei der →Borderlinestörung.

Depersonalisationssymptome können auch bei Gesunden auftreten, z. B. bei starker Müdigkeit oder nach Alkoholkonsum, was aber bald vorüber geht. Depersonalisation kann auch als Schutzmechanismus gegen die Erfahrung von Gewalt und Hilflosigkeit auftreten. So berichten sexuell missbrauchte Kinder und Folteropfer, dass sie aus ihrem eigenen Körper herausgetreten sind und ihre Verletzungen von außen verfolgt haben. – Abb. S. 101

**Depersonalisations- und Derealisationssyndrom:** psychische Störung, die durch Fremdwerden der eigenen Person und der Umwelt gekennzeichnet ist. Die Symptome sind Verlust von Emotionen, Erleben von Veränderungen des Denkens, des Körpers und der umgebenden realen Umwelt; diese werden unwirklich, losgelöst voneinander erlebt. Die Patienten sind sich daüber bewusst, dass sie diese Veränderungen nur erleben, sie führen sie nicht auf tatsächliche Veränderungen zurück.

Das Depersonalisations- und Derealisationssyndrom ist eine seltene Erkrankung, die in der ICD-10 unter den neurotischen Störungen klassifiziert ist. Depersonalisation und Derealisation können Symptome anderer psychischer Störungen sein, v. a. einer Schizophrenie, Phobie oder Zwangsstörung. In diesen Fällen wird diejenige Störung diagnostiziert, die im Vordergrund steht.

**Depression:** *Sonderartikel S. 104–107.*

**Deprivation** [mittellatein. »Beraubung«, »Entziehung«]: Zustand der Entbehrung, der dadurch entsteht, dass dem Individuum die Befriedigung wesentlicher Bedürfnisse vorenthalten bleibt. Typische Deprivationen betreffen die Bedürfnisse nach Zuwendung, Bestätigung, Aufmerksamkeit oder Erfolg. Menschen reagieren auf Deprivation zunächst mit Aktivität, um den Mangel zu beheben, dann mit →Aggression, die sich, wenn kein Erfolg eintritt, mehr und mehr gegen die eigene Person richtet und schließlich in Resignation und Depression münden kann. Beobachtungen an Säuglingen, die in Kinderheimen ohne ausreichende seelische Zuwendung aufgezogen wurden, zeigen, dass sie nach einer Schreiphase apathisch werden und zu stereotypen Bewegungsabläufen (z. B. Schaukeln) und Autoaggressionen (z. B. schlagen sie mit dem Kopf gegen das Bett) neigen. Sie ziehen sich von ihrer Umwelt zurück und lernen auch nach Beendigung der Deprivation nur schwer, Kontakt zu anderen Menschen aufzunehmen.

Einen Mangel an Außenreizen bezeichnet man als **Reizverarmung** oder **sensorische Deprivation.** Die Folge sind Mattigkeit, Reizhunger und bei massiver Einschränkung der Außenreize Halluzinationen. Da eine länger andauernde sensorische Deprivation zu Willenlosigkeit führen kann, wird sie auch als Methode der Folter und der Gehirnwäsche eingesetzt.

**Derealisation:** Fremdwerden der Realität. Die Umwelt wird nicht als Realität erlebt, vielmehr erscheint sie fremd, eine gefühlsmäßige Anteilnahme an ihr ist verloren. Die Derealisation ist neben der Depersonalisation ein Hauptsymptom des →Depersonalisations- und Derealisationssyndroms, sie tritt aber auch auf bei anderen psychischen Störungen, so z. B. der Schizophrenie, Depression oder Panikstörung. Auch Gesunde können unter besonderen Umständen, z. B. bei starker Müdigkeit oder nach Alkoholkonsum, Derealisationssymptome erleben, was aber bald vorübergeht.

**Designerdrogen** [dɪˈzaɪnə-, engl.]: synthetisch hergestellte →Drogen.

**deskriptive Statistik:** ein Teilbereich der →Statistik.

**Des|ori|entiertheit:** Unfähigkeit, sich zeitlich und räumlich zurechtzufinden; Symptom von insbesondere →Bewusstseinsstörungen, →Demenz und →psychotischen Störungen.

**Des|oxyribonukleinsäure:** die →DNS.

**Deszendenztheorie** [zu latein. descendere »absteigen«], **Abstammungslehre, Evolutionstheorie** [zu latein. evolutio »das Aufwickeln (einer Buchrolle)«]: durch Charles Darwin, v. a. sein Buch »On the origin of species by means of natural selection« (1859), im 19. Jh. populär gewordene Theorie über die Herkunft der unterschiedlichen Arten der Pflanzen und Tiere, einschließlich des Menschen. Die gegenwärtig lebenden Arten sind demnach im Verlauf der erdgeschichtlichen Entwicklung aus einfacher organisierten Vorfahren entstanden. Die Vorgänge vor der biologischen Evolution, die zur Entstehung des Lebens selbst führten, sind z. T. noch unklar. In einer chemischen Evolution bildeten sich wohl die wichtigsten Bausteine des Lebens, aus denen schließlich erste Zellen entstanden. Von ihnen leiten sich nach der Deszendenztheorie alle Lebewesen ab.

**Determination** [latein. »Abgrenzung«, »Bestimmung«]: in der *Psychologie* das Bedingtsein aller psychischen Phänomene durch genetische Faktoren, physiologische Einflüsse oder innerpsychische (z. B. motivationale) und soziale (z. B. milieubedingte) Gegebenheiten. Als **Determinismus** werden diejenigen wissenschaftlichen Positionen bezeichnet, die mehr oder minder doktrinär eine vollständige Fremdbestimmung der Psyche behaupten und die Idee eines freien, selbstbestimmt handelnden Individuums ablehnen.

**Deutsch,** Helene: amerikanische Psychiaterin und Psychoanalytikerin österreichischer Herkunft, * Przemysl (heute in Polen) 9. 10. 1884, † Cambridge (Mass.) 29. 4. 1982, Schülerin Freuds, Leiterin des Lehrinstituts der Wiener Psychoanalytischen Vereinigung von 1925 bis 1934; befasste sich als eine der ersten Frauen mit der weiblichen Sexualität und der Psychologie der Frau.

**Deutsche Gesellschaft für Psychologie e. V.:** →DGPs.

**Deutscher Kinderschutzbund:** 1953 gegründete Nachfolgeorganisation des »Vereins zum Schutze der Kinder vor Ausnutzung und Mißhandlung« (1898–1933) mit Hauptsitz in Hannover. Es bestehen 16 Landes- und über 420 Ortsverbände mit ca. 50 000 Mitgliedern. Hauptaufgaben sind Beratung bei Erziehungs- und Familienproblemen, Mithilfe bei der Aufklärung und Unterbindung von Kindesmisshandlungen und sexuellem Missbrauch von Kindern sowie die Unterhaltung von Kindertagesstätten und -heimen.

**Deutung:** die Auslegung von Verhalten und Aussagen einer Person (auch mehrerer Personen), bei der physische oder psychische Gegebenheiten in Beziehung zu einem begrifflichen Modell gesetzt werden; sie spielt z. B. in der *Persönlichkeitsdiagnostik* eine Rolle, v. a. wenn Urteile auf der Basis von Ausdruckserscheinungen (Schrift, Mimik) und Gesprächen gefällt werden. In der *Psychoanalyse* liefert der Therapeut Deutungen, die darauf abzielen, einen beim Patienten als vorhanden angenommenen unbewussten Zusammenhang bewusst zu machen. Die Deutung stellt hier eine Verbindung zwischen der psychologischen Theorie und dem vom Patienten gelieferten »Material« her.

**Devianz:** das →abweichende Verhalten.

**Dewey** [ˈdjuːɪ], John: amerikanischer Philosoph, Pädagoge und Psychologe, * Burlington (Vt.) 20. 10. 1859, † New York 1. 6. 1952; hatte maßgeblichen Einfluss auf die amerikanische Pädagogik (v. a. die Einführung des Arbeitsunterrichts). In der Psychologie war er Mitbegründer des →Funktionalismus.

**DGPs,** Abk. für **Deutsche Gesellschaft für Psychologie e. V.:** die wichtigste deutsche Vereinigung der in Forschung und Lehre tätigen Psychologen, der etwa 2 000 Mitglieder angehören. Neben ihrer Mitwirkung in der Bildungspolitik fördert die DGPs den wissenschaftlichen Nachwuchs, veranstaltet regelmäßige Tagungen und gibt Fachpublikationen heraus.

**Diagnose** [griech. »unterscheidende Beurteilung«, »Erkenntnis«]: in der *Psychologie* schlussfolgerndes Urteil über den Gesundheitszustand, die Leistungsfähigkeit, emotionale Befindlichkeiten und andere nicht direkt beobachtbare Eigenschaften einer Person oder Personengruppe aufgrund von Anamnesen, Befragungen, Beobachtungen und Tests. Die Diagnose wird nach wissenschaftlich fundierten festgelegten Regeln erstellt (Diagnostik); darin unterscheidet sie sich vom →Vorurteil. **Fehldiagnosen** sind möglich durch falsches Schlussfolgern, mangelnde Beachtung wichtiger Beobachtungen und Messwerte oder Überbewertung von Nebensächlichem. Vermutet man eine Fehldiagnose, sollte man von einem weiteren Experten eine Zweitmeinung einholen. Die **Differenzialdiagnose** dient der Abgrenzung v. a. von Krankheitsbildern zu ähnlichen Krankheiten.

Aufgrund einer Diagnose und einer wissenschaftlich begründeten Annahme über den

*Fortsetzung S. 108*

**Deszendenztheorie:** Titelblatt der deutschen Ausgabe von Charles Darwins 1871 im Original erschienener Schrift »The descent of man and selection in relation to sex« (1875)

**John Dewey**

# DEPRESSION

## DEPRESSION – EINE VOLKSKRANKHEIT

Depression ist ein Zustand extrem gedrückter Stimmung, Niedergeschlagenheit oder Verzweiflung, einhergehend mit Antriebsschwäche bis hin zu Lähmungszuständen (depressiver Stupor), in denen der Betroffene völlig handlungsunfähig ist. Die Depression ist das häufigste seelische Leiden, dessentwegen Kranke ärztliche oder psychotherapeutische Hilfe suchen. Obwohl in Deutschland etwa 4 Millionen Menschen daran leiden und das Vorkommen weiter zunimmt, wird die Erkrankung noch immer zu häufig verkannt und verharmlost.

Depressive Patienten tragen nicht nur ein viel höheres Suizidrisiko als der Bevölkerungsdurchschnitt, sie leiden und sterben auch häufiger an körperlichen Erkrankungen wie Krebs, Herzinfarkt oder schweren Infektionen. In den Industrieländern begeben sich mehr Frauen als Männer wegen einer Depression in Behandlung. Umstritten ist, ob Frauen tatsächlich häufiger depressiv sind, oder ob sie sich Depressionen einfach häufiger eingestehen. Dass zwischen einer Depression und Veränderungen des Hormonstoffwechsels und im Immunsystem Zusammenhänge bestehen, ist belegt; nicht geklärt ist jedoch bislang, ob die Depression diese Veränderungen hervorruft oder von ihnen verursacht oder doch zumindest aufrechterhalten wird.

## DEPRESSION UND TRAUER

Die Depression ist von dem Zustand der Trauer zu unterscheiden. Trauer ist eine normale Reaktion auf Verluste und Beeinträchtigungen, auf die schmerzhafte Erfahrung, dass nicht alle Lebensziele zu erreichen sind, nicht alle Lebensträume, Berufs- oder Liebeswünsche sich erfüllen. Die Trauer ist eine Phase der Schonung, des Rückblicks und der Voraussicht zur Neuorientierung, aus der ein Reifungsschritt hervorgehen kann, in dem das anstehende Problem verarbeitet wird. Sie beinhaltet grundsätzlich ein (individuell variierendes) Maß an Gewissheit, dass sie früher oder später überwunden sein wird.

Die Depression geht über die normale Trauerreaktion weit hinaus. Während die Trauer um die Gefühle der Einschränkung, um die Klage »es ist schade!« kreist, enthält die Depression fast immer Gefühle der eigenen Wertlosigkeit und der Aussichtslosigkeit, die sich in verallgemeinerten Abwertungen ausdrücken wie »ich bin schlecht«, »die Welt ist schlecht«, »das Leben ist sinnlos«, »ich bin dem Leben nicht gewachsen«.

Der Depressive behandelt sich selbst rücksichtslos und hasserfüllt, während der Traurige schonend mit sich umgeht. In der Depression fühlen sich die Kranken aller positiven Gefühle (auch ihrer Trauer) sowie ihrer körperlichen Leistungsfähigkeit beraubt, innerlich leer, gleichzeitig unruhig und erschöpft. Das Denken ist verlangsamt und kreist um die eigene Wertlosigkeit, Schuldgefühle breiten sich aus, alles Negative wird überbetont und auf die eigene Person bezogen.

## SYMPTOME UND DIAGNOSTIK

Nach der ICD-10 begründen folgende Symptome die Diagnose einer Depression: gedrückte Stimmung, Interesseverlust, Freudlosigkeit, Antriebsverminderung, Energielosigkeit, erhöhte Ermüdbarkeit (auch nach kleinen Anstrengungen) sowie Einschränkung der Aktivitäten. An Symptomen treten häufig hinzu: verminderte Konzentration und Aufmerksamkeit, vermindertes Selbstwertgefühl, Schuldgefühle und Gefühle von Wertlosigkeit, Pessimismus, Suizidgedanken und -handlungen, Schlafstörungen und verminderter Appetit. Somatische Symptome sind u. a. frühmorgendliches Erwachen, d. h. zwei bis mehr Stunden vor dem gewöhnlichen Aufwachen, Morgentief, psychomotorische Hemmung oder Agitiertheit, deutlicher Appetitverlust, starker Gewichtsverlust und deutlicher Libidoverlust.

Die Depression wird nach ihrem Schweregrad eingeteilt von der leichten Depression bis zur schweren, bei der Betroffene ihrer Arbeit und ihren anderen Pflichten nicht mehr nachkommen können und soziale Aktivitäten aufgegeben haben. Zur schweren Depression können psychotische Symptome wie Wahn oder Halluzination hinzukommen. Diese Form der Depression wird auch affektive Psychose genannt.

### BIOLOGISCHE URSACHEN

Die Depression ist ein psychophysisches Geschehen, das körperliche, seelische und soziale Ursachen hat. Biologisch kann man einen Zusammenhang zwischen der Depression und der Ausschüttung der Neurotransmitter (Botenstoffe im Nervensystem) Noradrenalin, Serotonin und Dopamin feststellen. Aber auch hier ist ungeklärt, ob ein Übermaß beziehungsweise ein Mangel dieser Botenstoffe die Depression hervorruft oder ob depressive Zustände sich unter anderem auch auf die Ausschüttung dieser Neurotransmitter auswirken.

Da v. a. schwere Depressionen bei eineiigen Zwillingen gehäuft bei beiden Zwillingen auftreten, wird heute angenommen, dass auch genetische Faktoren das depressive Geschehen beeinflussen. Es gibt aber keinen einfachen Erbgang, sondern eher eine erhöhte Anfälligkeit, deren Ursachen komplex sind.

### PSYCHISCHE URSACHEN

Nach der psychoanalytischen Theorie entsteht die Krankheit Depression durch eine Störung in der Aggressionsverarbeitung: Die Aggressionen können nicht nach außen gerichtet werden, weil die betreffenden Personen fürchten, andernfalls die notwendige Liebe ihrer Mitmenschen völlig zu verlieren. Die ständige Aggressionsunterdrückung erschöpft die seelische Leistungsfähigkeit, sodass schließlich, wenn die Aggression nicht mehr anders abgeführt werden kann, nur noch der Ausweg in die Depression bleibt.

Die unterschiedliche Schwere der Symptombildung hängt sowohl von genetischen Faktoren, wie der Stärke der primär vorliegenden aggressiven Triebe, als auch von biografischen Faktoren, wie etwa belastenden Lebensereignissen und den verinnerlichten Bezugspersonen, ab.

Die Theorie der »erlernten Hilflosigkeit« des amerikanischen Psychiaters Martin E. P. Seligman geht von einem lerntheoretischen Ansatz aus: Menschen, die in der Vergangenheit recht häufig in negative Situationen geraten sind, in denen sie nichts bewirken konnten, lernen Hilflosigkeit; sie ändern später auch in Situationen nichts, in denen sie objektiv handeln könnten.

Vertreter der kognitiven Theorie wie die Amerikaner Aaron T. Beck und Albert Ellis gehen da-

## DEPRESSION *Fortsetzung*

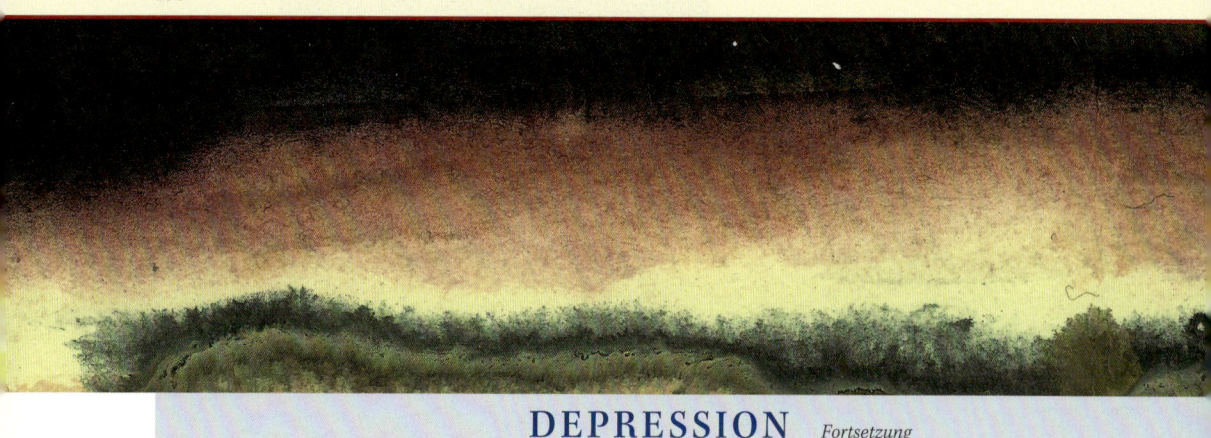

von aus, dass Depressionen zum großen Teil eine Folge negativer Selbstgespräche sind, in denen man sich vorsagt, dass man ein Versager ist, dass kleine Probleme überwältigende Auswirkungen haben werden, dass schwierige Situationen sich kaum je ändern werden und dass ein einzelner Fehler schon ein vollständiges Versagen bedeutet. Entsprechend zielen ihre Behandlungsansätze v. a. auf die Veränderung der die Depression verursachenden Gedanken.

Nach der Existenzanalyse und Logotherapie von Victor Emil Frankl und Alfried Längle haben Menschen den Sinn des Lebens verloren, was auch auf den gesellschaftlichen Wandel zurückgeht. Keine Religion und keine gesellschaftlichen Normen geben dem Einzelnen eine Richtung mehr vor: Im Zuge der Individualisierung und der Befreiung von Konventionen ist er vereinsamt. Jedoch braucht es der Mensch, eine Sinnhaftigkeit seines Daseins zu sehen, andernfalls drohen Leere und damit psychische Erkrankungen.

### THERAPIE DER DEPRESSION

Es gibt keine spezifische Behandlung der Depression, sondern eine Vielzahl unterschiedlicher Ansätze, die den Stoffwechsel im Gehirn, die psychische oder die soziale Situation des Patienten angehen. Die Therapie sieht in der Regel so aus, dass verschiedene Methoden ausprobiert werden und sich die weitere Behandlung dann am Erfolg oder Misserfolg der jeweiligen Methode orientiert. Durch ein solches offenes, immer in Absprache mit dem Betroffenen erfolgendes Vorgehen können sehr viele Depressionen geheilt werden.

Bei der psychoanalytischen Behandlung wird versucht, nicht eingestandenen aggressiven Gefühlen auf die Spur zu kommen und angemessene Ausdrucksmöglichkeiten für Aggressionen zu finden. In der kognitiven Verhaltenstherapie werden nach einem zuvor mit dem Klienten aufgestellten Plan Änderungen der destruktiven Selbstgespräche angezielt, während bei einer Therapie, die von einer erlernten Hilflosigkeit ausgeht, langsam aber beständig die Bewältigungsmechanismen der Klienten ausgebaut werden. Ressourcenorientierte Ansätze lassen die Klienten ihre eigenen Stärken erkennen und nach und nach in der Realität besser nutzen. Bei einer Existenzanalyse wird der persönliche Grund des Sinnverlustes des Kranken tiefenpsychologisch beleuchtet; verschüttete Gefühle und damit der Verlust der Beziehung zur Welt werden aufgedeckt und bearbeitet. Ziel ist die Sinnfindung und Öffnung zur Lebensbejahung.

Außer durch Psychotherapie wird die Depression auch mit Psychopharmaka behandelt. In schweren Fällen werden diese als Infusion gegeben, um die Dosis genauer zu steuern. Bei Medikamenten dauert es meist zirka zwei Wochen, bis die Wirkung einsetzt; und die Linderung muss gegen die manchmal unangenehmen Nebenwirkungen abgewogen werden.

Wenn auch Medikamente nicht helfen und es sich um eine schwere Depression mit Suizidgefahr handelt, wird auch – wieder zunehmend – Elektrokrampftherapie angewandt. Durch verbesserte Technik sollen heute weniger Nebenwirkungen festzustellen sein als früher. Die Wirkungsweise der Elektrokrampftherapie ist allerdings bisher nicht genau bekannt.

- **→ SYMPTOM**
  - → APATHIE
  - → CHRONISCHES ERSCHÖPFUNGSSYNDROM
  - → GRÜBELZWANG
  - → KOPFSCHMERZ
  - → RÜCKENSCHMERZEN, PSYCHOGENE
  - → SCHLAFSTÖRUNGEN
  - → SUIZID
- **→ EMOTIONEN**
  - → HOFFNUNGSLOSIGKEIT
  - → SCHULDGEFÜHL
  - → SCHWERMUT
  - → TRAUER
  - → UNWERTGEFÜHL
  - → VERSTIMMUNG

**DEPRESSION**

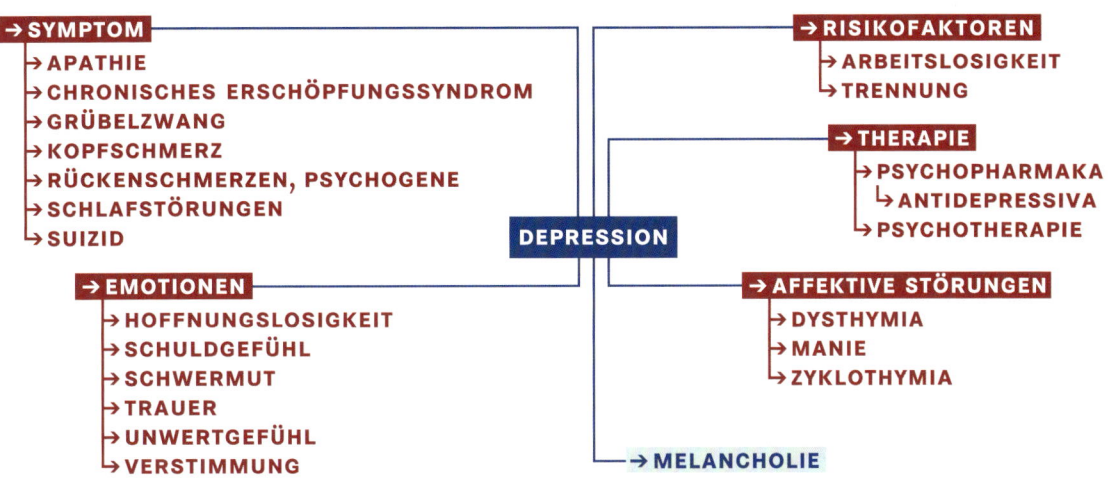

- **→ RISIKOFAKTOREN**
  - → ARBEITSLOSIGKEIT
  - → TRENNUNG
- **→ THERAPIE**
  - → PSYCHOPHARMAKA
    - → ANTIDEPRESSIVA
  - → PSYCHOTHERAPIE
- **→ AFFEKTIVE STÖRUNGEN**
  - → DYSTHYMIA
  - → MANIE
  - → ZYKLOTHYMIA

→ MELANCHOLIE

## UMGANG MIT DEPRESSIVEN

Ein großes Problem vieler depressiver Menschen ist die Verständnislosigkeit ihrer Freunde, Angehörigen und Kollegen. Eigentlich gut gemeinte Ratschläge wie »Reiß dich ein bisschen zusammen!« oder »Du musst positiv denken!« verhallen für sie wie Stimmen aus einer anderen Welt und vergrößern eher den Abstand zu den entsprechenden Personen. Statt dass sie Mut und Zuversicht geben, verstärken sie das Gefühl, am eigenen Zustand auch noch schuld zu sein. Das kann einen Teufelskreis in Gang setzen, aus dem der Depressive nicht mehr ausbrechen kann. Der Verlust von Selbstkontrolle und Optimismus ist ja gerade Symptom der Depression: Wer sich »zusammenreißen« und per Entscheidung »positiv denken« kann, der ist gewiss nicht depressiv.

Sinnvoller im Umgang mit Betroffenen ist es, deren Depression als ernsthafte Krankheit anzuerkennen, ihnen zuzuhören, wenn sie gesprächsbereit sind, ihnen ihre Stärken vor Augen zu halten und auch die hohen Ansprüche, die sie an sich selbst stellen. Schließlich kann es hilfreich sein, wenn sie hören, dass auch andere, die an einer Depression erkrankten, ihre Krankheit überwinden konnten, obwohl sie selbst schon lange nicht mehr daran geglaubt hatten.

**LESETIPPS:**
MARIE CARDINAL: *Schattenmund. Roman einer Analyse.* Reinbek (Rowohlt Taschenbuch) 377.–380. Tsd. 1995.
MANFRED WOLFERSDORF: *Krankheit Depression. Erkennen, verstehen, behandeln.* Bonn (Psychiatrie-Verlag) [3]2002.
KLAUS JOST: *Depression, Verzweiflung, Suizidalität. Ursachen, Erscheinungsformen, Hilfen.* Mainz (Matthias Grünewald) 2006.
ELISABETH LUKAS: *Wertfülle und Lebensfreude. Logotherapie bei Depressionen und Sinnkrisen.* München (Profil) [3]2006.
URSULA NUBER: *Depression – die verkannte Krankheit. Aktualisierte Taschenbuchausgabe* München (dtv) [2]2006.

*Fortsetzung von S. 103*

weiteren Verlauf lässt sich eine →Prognose erstellen. Der Unsicherheitsfaktor hierbei ist jedoch höher als bei der Diagnose. Diagnose und Prognose zusammen dienen der Entscheidung über weitergehende Maßnahmen: Beginn einer Therapie, Zuweisung zu einer Schulform, Förderunterricht und vieles mehr.

Da mit Diagnosen, z. B. der der »Hysterie«, oft auch starke soziale Wertungen (meist negativer Art) verknüpft sind, wird in der →Etikettierungstheorie darauf hingewiesen, dass die Diagnose auch eine Ursache des abweichenden Verhaltens sein kann: Wer für »hysterisch« erklärt wird, regt sich darüber auf und bestätigt so die »Diagnose«.

In neuerer Zeit wird die Brauchbarkeit von Diagnosen kritisch geprüft und Unbrauchbares verworfen. Brauchbare Diagnosen helfen, unterschiedliche Störungen auch unterschiedlich – und damit wirkungsvoller – zu behandeln, diese Behandlungen zu überprüfen und so die Praxis weiterzuentwickeln.

**Diagnosesysteme:** die →Klassifikationssysteme psychischer Störungen.

**Diagnostic and Statistical Manual of Mental Disorders IV:** das →DSM-IV.

**Diagnostik: 1)** wissenschaftliche Lehre von der Erstellung einer Diagnose. Dabei geht es v. a. um die wissenschaftliche Fundierung der Diagnoseverfahren (→Anamnese, →Beobachtung, →Exploration, →Tests) sowie der Art und Weise ihrer Anwendung. Die Verfahren müssen bestimmten →Gütekriterien entsprechen, und sie müssen in standardisierter Form durchgeführt werden. Während bei psychometrischen Tests in der Regel eine recht gute Allgemeinverbindlichkeit der Verfahren und ihrer Anwendung erzielt werden konnte, hat jede Therapieschule ihr eigenes Verfahren zur Anamnese. Auch die Beobachtung, insbesondere die Selbstbeobachtung, und die Exploration sind bisher nur selten standardisiert.

**2)** Gesamtheit des Vorgehens zur Erstellung einer →Diagnose.

**diagnostische Psychologie:** die →psychologische Diagnostik.

**Dialektik** [griech. dialektiké (téchne) »Kunst der Gesprächsführung«]: im engeren, ursprünglichen Sinn die Lehre von der Beweisführung in Rede und Gegenrede; heute im weiteren Sinn die Logik des Widerspruchs bzw. die (wissenschaftliche) Methode kritischen, Gegensätze einbeziehenden Denkens. Der klassische dialektische Dreischritt besteht in der Gegenüberstellung von erstens These, zweitens Antithese sowie drittens der Entwicklung einer Synthese.

Die **dialektische Psychologie,** die sich auf Konzepte von Georg Wilhelm Friedrich Hegel, Karl Marx und Friedrich Engels stützt, fasst die Psyche dynamisch und beschreibt psychologische Begriffe und menschliches Bewusstsein in seiner historischen Entstehung und Wandlung. Ein Beispiel ist die Berliner →kritische Psychologie 2). Dialektisch orientiert sind auch die →Handlungstheorien vieler russischer Psychologen (u. a. Sergej Rubinstein, Aleksej Leontjew).

**Dialog** [griech. »Unterredung«, »Gespräch«]: Austausch sprachlicher Botschaften zwischen zwei Kommunikationspartnern, Wechsel von Rede und Gegenrede. Der Wechsel zwischen Sender und Empfänger (→Sender-Empfänger-Modell) wird auch durch nonverbale Zeichen gesteuert, z. B. durch Anblicken oder Absenken der Stimme. Der Einsatz von Kommunikationsmedien wie Telefon oder E-Mail beeinflusst die Form dialogischer Interaktionen.

**Diät** [zu griech. díaita »Lebensweise«]: **1)** in der *Medizin* jede Ernährungsform, die sich nach bestimmten Regeln richtet;

**2)** *umgangssprachlich* kalorienreduzierte Ernährung, die zum Zweck der Gewichtsabnahme für eine begrenzte Zeit durchgeführt wird; man spricht in diesen Fällen auch von einer **Abmagerungskur.** Dabei sind diejenigen Diäten zu bevorzugen, die dem Körper alle wichtigen Nährstoffe zuführen und durch die das Gewicht langsam, aber stetig verringert wird. Zu rasche oder zu einseitige Diäten führen eher zum Gegenteil des Gewünschten: Nach einer kurzen Zeit der Gewichtsabnahme nimmt man wieder zu.

**Diät 2):** Bei medizinisch bedenklichem Übergewicht ist eine Änderung der Ernährungsgewohnheiten sinnvoll.

**Di|azepam:** chemischer Stoff aus der Gruppe der Benzodiazepine mit beruhigender und muskelentspannender Wirkung. Der bekannteste Handelsname von Diazepam ist Valium®; es wirkt gegen Angst und Erregungszustände, kann aber eine körperliche Abhängigkeit erzeugen und sollte nur unter sorgfältiger fachärztlicher Kontrolle eingenommen werden.

**Differenzialdiagnose:** zur Abgrenzung von Krankheitsbildern dienende →Diagnose.

**differenzielle Psychologie:** Disziplin der Psychologie, die die Persönlichkeit des Menschen vorwiegend unter dem Aspekt der individuellen Unterschiede betrachtet, z. B. hinsichtlich der Unterschiede in der Begabung. Die differenzielle Psychologie wird z. T. als ein Teilgebiet der →Persönlichkeitspsychologie, z. T. als eigenständige Disziplin betrachtet. Zur Kennzeichnung des Fachs stehen an den deutschen Universitäten häufig beide Bezeichnungen nebeneinander: Persönlichkeitspsychologie/differenzielle Psychologie. Falsch ist der synonyme Gebrauch beider Begriffe.

Ziele der differenziellen Psychologie sind die Beschreibung, Erklärung und Vorhersage (→Prognose) der individuellen Unterschiede von Personen und Gruppen. Die infrage stehenden Merkmale werden in der Regel mithilfe von →Tests oder →Fragebögen untersucht. Dabei wird angenommen, dass es relativ beständige, stabile und situationsunabhängige Unterschiede zwischen Individuen gibt. Kritiker halten dieser Auffassung entgegen, dass die infrage stehenden Merkmale auch bei den einzelnen Individuen zu verschiedenen Zeitpunkten und in verschiedenen Situationen unterschiedlich stark ausgeprägt sein können.

**Differenzierung** [zu latein. differentia »Unterscheidung«]: 1) in der *Allgemeinen Psychologie* Prozess und Fähigkeit, Verschiedenheit von Reizen, Faktoren und Strukturen in der Welt zu erkennen und entsprechend unterschiedlich auf diese zu reagieren.

2) in der *Entwicklungspsychologie* zunehmende Ausgestaltung psychischer Merkmale aus einem »einfachen« Anfangszustand. So differenziert sich z. B. das Lust-Unlust-Erleben des Säuglings zur vielschichtigen Gefühlswelt des Erwachsenen.

3) in der *Pädagogik* schulorganisatorische Maßnahmen zur Anpassung von Lernangeboten und Leistungsforderungen an Lerntempo, Interessen und Leistungsfähigkeit der Schüler. Man unterscheidet Maßnahmen der äußeren und der inneren Differenzierung (Binnendifferenzierung).

> **Diät | Nicht gegen den eigenen Körper**
> Viele Menschen beginnen eine Diät, weil sie einem Schönheitsideal nacheifern wollen. Hierbei sollte man aber beachten, dass der Körperbau und die Veranlagungen der Menschen unterschiedlich sind. Wer etwas zur Fülle neigt, wird nie eine Model-Figur haben können. Eine gewisse Gewichtszunahme mit den Lebensjahren gilt außerdem als normal. Wichtig ist allerdings, wirkliches Übergewicht abzubauen, denn Übergewicht wird mit der Entstehung von vielen Krankheiten in Verbindung gebracht.

Bei der äußeren Differenzierung wird die ursprüngliche Klasse in neue Gruppen aufgeteilt. Es wird v. a. differenziert nach Schularten, nach Begabung und Leistung in einzelnen wichtigen Fächern (so in der Gesamtschule, →Setting), nach Sachinteressen (in der gymnasialen Oberstufe, Berufsschule) oder Lerntempo.

Bei der inneren Differenzierung bleibt die heterogene Lerngruppe im Ganzen zwar erhalten, jedoch werden an die Lernenden unterschiedliche Anforderungen gestellt. Mögliche Formen sind Einzel- bzw. Paararbeit und Arbeit in Kleingruppen (→ freie Arbeit, → Wochenplanarbeit).

Es wird davon ausgegangen, dass in homogenen Gruppen (äußere Differenzierung) effektiver gelernt werden kann, in heterogenen (innere Differenzierung) jedoch ein intensiveres →soziales Lernen 3) ermöglicht wird.

**digital** [zu latein. digitus »Finger«, »Zehe«]: *allgemein* Informationen durch ein Zeichensystem darstellend; in der *Nachrichtentechnik* wird ein Signal als digital bezeichnet, wenn die informationstragende Größe anders als beim →analogen Signal nur genau definierte Zustände annehmen kann (z. B. 0 oder 1) und die Bedeutung dieser Zustände eindeutig definiert ist. Zur Verarbeitung dieser Bedeutungen werden Regeln, z. B. in Form von Algorithmen, benötigt. Die digitale Codierung weist Gemeinsamkeiten zur menschlichen Sprache auf: Mittels einer definierten Menge von Zeichen können Sachverhalte beschrieben werden. Dabei haben die Zeichen keine Ähnlichkeit mit dem beschriebenen Sachverhalt, sondern sie können nur interpretiert werden, wenn der Wortschatz und die Grammatik der Sprache bekannt sind. In der *Kommunikationswissenschaft* wird der sprachliche Anteil einer Äußerung als digitale →Kommunikation, die nonverbale als analoge bezeichnet.

**Dilthey,** Wilhelm: deutscher Philosoph, * Biebrich (heute zu Wiesbaden) 19. 11. 1833, † Seis bei Bozen 1. 10. 1911; stützte die Untersuchung und Deutung psychologischer Phänomene auf mit- und nachvollziehendes Verstehen

**Wilhelm Dilthey**

und vertrat eine →geisteswissenschaftliche Psychologie im Gegensatz zur naturwissenschaftlich-experimentellen Psychologie.

**Diplom-Psychologe,** Abk. **Dipl.-Psych.:** akademischer Grad, der mit dem erfolgreichen Abschluss eines Psychologiestudiums an einer wissenschaftlichen Hochschule oder Universität erworben wird. Der Studiengang der Diplom-Psychologie wird durch eine bundesweit gültige Rahmenprüfungsordnung geregelt. Er umfasst mindestens acht Semester und gliedert sich in ein Grund- und ein Hauptstudium.

*Fächer:* In beiden Studienabschnitten müssen Prüfungsleistungen in bestimmten Fächern erbracht werden. Das Grundstudium umfasst die Fächer Allgemeine Psychologie I und II (Lernen, Gedächtnis, Denken, Motivation, Emotion u. a.), Biologische Psychologie (Physiologie in den für die Psychologie relevanten Ausschnitten), Entwicklungspsychologie, Persönlichkeitspsychologie, Sozialpsychologie, Methoden und Statistik. Das Hauptstudium umfasst die Anwendungsfächer Klinische Psychologie, Pädagogische Psychologie, Arbeits- und Organisationspsychologie und ein Methodenfach (Diagnostik und Evaluation). Darüber hinaus müssen ein Vertiefungsfach (z. B. Psychotherapie, Gesundheitspsychologie, Medienpsychologie) und ein oftmals nicht psychologisches Wahlfach (z. B. Psychopathologie, Betriebswirtschaft) belegt werden. Im Hauptstudium wird ferner ein sechsmonatiges Berufspraktikum absolviert und eine Diplomarbeit verfasst.

*Neue Abschlüsse:* Das Diplom im Fach Psychologie wird in Deutschland seit 1941 vergeben. Bis zum Jahr 2010 wird der Studiengang der Diplom-Psychologie vollständig durch ein konsekutives Studium mit international vergleichbaren Abschlüssen abgelöst werden. Die erste berufsbildende Qualifikation wird dann sechs Semester umfassen und mit dem Grad »Bachelor of Science« (B. Sc.) abschließen. Nach weiteren vier Semestern kann der »Master of Science« (M. Sc.) erworben werden, der einen gleichwertigen Ersatz des Diploms bildet.

*Berufsfelder:* Bislang schließen jährlich mehr als 3000 Studierende in Deutschland ihr Studium mit dem Diplom in Psychologie ab. Der Anteil der Frauen steigt dabei seit den 1980er-Jahren kontinuierlich an und liegt derzeit bei annähernd 80 %. Die Zahl der berufstätigen Diplom-Psychologen in Deutschland wird auf ca. 45 000 geschätzt. Ihre Tätigkeit erstreckt sich in sehr unterschiedliche Bereiche. Ungefähr ein Drittel der Erwerbstätigen sind selbstständig, die meisten als niedergelassene Psychotherapeuten, zunehmend auch in der Beraterbranche. Ein Großteil der nicht selbstständigen Psychologen ist im klinischen Bereich angestellt, v. a. in Psychiatrien, psychosomatischen Kliniken, Sucht- und Rehabilitationseinrichtungen. Daneben sind klinisch orientierte Diplom-Psychologen in Drogen-, Erziehungs-, Familien- und Eheberatungsstellen beschäftigt. Ein wachsender Anteil der Berufstätigen ist in Unternehmen für die Personalauswahl und -entwicklung sowie die innerbetriebliche Weiterbildung zuständig. Ferner arbeiten Diplom-Psychologen in der Marktforschung und der Werbebranche, an Schulen, im Strafvollzug, bei der Polizei und der Bundeswehr, im Rahmen gutachterlicher Tätigkeiten für Gerichte und die Technischen Überwachungsvereine. Jenseits der angewandten Berufsfelder sind einige Tausend Diplom-Psychologen in Forschung und Lehre an Universitäten und Forschungsinstituten tätig.

*Verbände:* Die berufs- und bildungspolitischen Interessen der Diplom-Psychologen werden vom »Berufsverband Deutscher Psychologinnen und Psychologen e. V.« (→BDP) und der »Deutschen Gesellschaft für Psychologie e. V.« (→DGPs) vertreten. Die beiden Verbände sichern u. a. die Ausbildungsrichtlinien, Berufsordnungen und ethischen Maßgaben, denen die Diplom-Psychologen wegen ihrer oft verantwortungsvollen Tätigkeit in besonderer Weise unterliegen.

**Diskrimination:** in der klassischen und operanten Konditionierung die zunehmende Unterscheidung von ähnlichen Reizen; Gegensatz von →Generalisierung. Um zu verhindern, dass ein Versuchstier nach einer klassischen Konditionierung auf Reize reagiert, die dem gelernten Reiz sehr ähnlich sind, führt man eine Lernphase durch, bei der mehrere ähnliche Reize verwendet werden, jedoch nur der gewünschte Reiz zusammen mit dem unbedingten Reiz dargeboten wird. Das Tier lernt, diese Reize zu unterscheiden und reagiert nur noch auf den gewünschten Reiz.

**diskriminativer Reiz:** eine Funktion bei der operanten →Konditionierung.

**Diskriminierung** [spätlatein. »Unterscheidung«]: Benachteiligung von Menschen aufgrund ihrer ethnischen Zugehörigkeit, religiösen oder politisch-weltanschaulichen Überzeugungen, sexuellen Orientierung, ihres Geschlechts, Alters oder anderer Merkmale; herabsetzende Verhaltensweisen ihnen gegenüber. Das Spektrum der Diskriminierungen reicht von der Kontaktvermeidung oder Beleidigung über Entrechtungen bis zu Extremformen der offenen Aggression oder des organisierten Mordens. Von **positiver Diskriminierung**

spricht man, wenn Menschen gezielt bevorzugt werden, um ihre durch (tatsächliche oder vermeintliche) Diskriminierung erfahrenen Nachteile auszugleichen, z. B. bei Quotenregelungen für Frauen. Deshalb entstand auch der Begriff negative Diskriminierung, die allerdings synonym ist mit Diskriminierung, weil der Begriff trotz seiner ursprünglich neutralen Bedeutung heute negativ verstanden wird. Die Bezeichnung positive Diskriminierung wird kritisiert, weil er suggeriere, dass es auch Diskriminierung geben könne, die für einen Menschen positiv wirkt; das gegensätzliche Wort zu Diskriminierung müsse deshalb die Nichtdiskriminierung sein.

Die Sozialpsychologie befasst sich mit Diskriminierungen besonders im Zusammenhang mit Gruppenprozessen. **Intergruppen-Diskriminierung** ist die Tendenz, die eigene →Gruppe zu bevorzugen und die fremde Gruppe zu benachteiligen. Faktoren, die dazu führen, sind v. a. →Vorurteile, →Stereotype sowie kulturelle Normen und Gewohnheiten, die als allgemeingültig erachtet werden

Diskriminierungen kann z. B. durch →Friedenserziehung, auf Gesetzesebene durch entsprechende Gesetzgebungen entgegengewirkt werden: In Deutschland verbietet Artikel 3 des Grundgesetzes die Benachteiligung wegen des Geschlechtes, der Abstammung, Rasse, Sprache, Heimat und Herkunft, wegen des Glaubens oder religiöser und politischer Anschauungen.

**Disposition** [latein. »Anordnung«, »Angelegtheit«]: **1)** die biologische oder psychische Anfälligkeit für bestimmte Erkrankungen.

**2) Trait** [treɪts, engl. »Züge«, »Eigenheiten«]: relativ unveränderlicher Grundzug der Persönlichkeit, der die Eigenschaften einer Person und seine Einstellungen gegenüber anderen Menschen, Ideen oder Gegenständen bedingt.

**Dissimulation** [latein. »Verstellung«, »Unkenntlichmachung«]: absichtliches Verheimlichen einer körperlichen oder seelischen Erkrankung, um peinliche Fragen zu vermeiden oder sozialen Nachteilen zu entgehen (z. B. einer Kündigung).

**dissoziale Persönlichkeitsstörung, antisoziale Persönlichkeitsstörung:** durch Aggressivität und Missachtung anderer Menschen gekennzeichnete Persönlichkeitsstörung. Die Betreffenden zeichnen sich durch Verantwortungslosigkeit sowie Missachtung und Verletzung der Rechte anderer aus, sind leicht frustriert und werden sehr rasch aggressiv. Sie können Beziehungen zwar eingehen, aber nicht

**Diskriminierung:** Unter anderem mit den Paraden zur Feier des Christopher Street Day werben Homosexuelle für mehr Toleranz. Staatliche Maßnahmen – wie etwa Gesetze zur Gleichstellung von homosexuellen Lebensgemeinschaften mit der traditionellen Ehe – können soziale Vorurteile ausgleichen.

aufrechterhalten und neigen dazu, andere für das eigene Verhalten verantwortlich zu machen. Diese Persönlichkeitsstörung tritt in westlichen Gesellschaften bei etwa 3 % der Männer und 1 % der Frauen auf.

Nach heutigem Stand der Forschung spielen bei der Entstehung der dissozialen Persönlichkeitsstörung neben genetisch-konstitutionellen Faktoren physische und sexuelle sowie emotionale Traumatisierungen in der Kindheit eine wichtige Rolle. Die Psychotherapie der Störung gilt als schwierig, v. a. weil Betroffene das Problem nicht bei sich, sondern bei anderen sehen. Ältere Bezeichnungen der dissozialen Persönlichkeitsstörung sind **Psychopathie** und **Soziopathie**.

Dissoziale Persönlichkeiten werden häufig kriminell. Ihr Verhalten muss von anderen Formen antisozialen Verhaltens unterschieden werden: Neben persönlichkeitsgestörten Kriminellen gibt es auch neurotische, diese leiden unter einem Übermaß an Schuldgefühlen und legen es oft darauf an, ertappt und bestraft zu werden. Andere kommen aus sozialen Gruppen, in denen Kriminalität »normal« ist, können normale Schuldgefühle empfinden und sind zu Liebesbeziehungen fähig, ihre Werte weichen allerdings von denen der Mehrheit ab.

**Dissoziation:** Prozess, durch den Gedanken, Gefühle oder Einstellungen ihre normale Verknüpfung (Assoziation) zu anderen Inhalten und zur Persönlichkeit verlieren; sie werden abgespalten (→Spaltung) und sind häufig im Nachhinein der Erinnerung nicht mehr zugäng-

**Dissoziation:** Das Doppelleben des unscheinbaren Reporters Clark Kent in der heldenhaften Figur des Superman mit seinen übermenschlichen Kräften kann als fiktive Gestaltung eines dissoziativen Prozesses betrachtet werden (Plakat zu einer Filmadaption des Comics, 1950).

lich. Die Dissoziation dient häufig der Bewältigung traumatischer Erfahrungen, z. B. der Folter. Dauert der Zustand der Dissoziation an, dann ergibt sich das Bild einer →multiplen Persönlichkeit oder eines anderen Ausnahmezustandes, in dem Menschen Dinge denken und tun, die sie mit ihrer »normalen« Persönlichkeit nicht verbinden können. Die erste Beschreibung eines solchen dissoziativen Prozesses stammt von dem schottischen Schriftsteller Robert Louis Stevenson (»The strange case of Dr. Jekyll and Mr. Hyde«, 1886).

**dissoziative Amnesie:** eine Form der →Amnesie.

**dissoziative Störungen, Konversionsstörungen:** psychische Störungen, die durch teilweisen oder völligen Verlust der normalen Integration der Erinnerung an die Vergangenheit, des Identitätsbewusstseins, der Wahrnehmung unmittelbarer Empfindungen sowie der Kontrolle von Körperbewegungen gekennzeichnet sind. Zu den dissoziativen Störungen gehören u. a. die dissoziative →Amnesie, die →multiple Persönlichkeit und die **dissoziative Bewegungsstörung**, bei der Betroffene z. B. bestimmte Körperteile nicht oder nicht vollständig bewegen können, einen bizarren Gang oder ein heftiges Zittern entwickeln. Dissoziative Störungen bilden sich in der Regel nach einigen Wochen oder Monaten zurück, besonders in den Fällen, in denen der Störung ein bestimmtes traumatisches Erlebnis voranging. Ist der Beginn der Störungen mit unlösbaren Problemen oder interpersonalen Schwierigkeiten verbunden, können sie chronisch werden, diese zeigen sich besonders als Lähmungen und Gefühlsstörungen.

Eine alte Bezeichnung für dissoziative Störungen ist die **Hysterie.** Schon in der Antike wurde ein Krankheitsbild bei Frauen beschrieben, bei dem Symptome wie Lähmungen, Schmerzen, Blindheit oder Taubheit auftraten, die aber – anders als das bei solchen schweren Leiden normalerweise möglich ist – manchmal auch wieder verschwanden oder von einer anderen Symptomatik verdrängt wurden. Diese Krankheit erklärte man sich damals damit, dass sich bei kinderlosen, unbefriedigten Frauen die Gebärmutter aus ihrer Verankerung im Körper löse und, im Körper herumwandernd, Schaden anrichte. Erst im 19. Jh. wurde allgemein anerkannt, dass die Störung psychische Ursachen hat. Die »Studien über Hysterie«, die Freud 1895 zusammen mit dem Internisten Josef Breuer verfasste, gelten heute als Geburtsstunde der Psychoanalyse. Mit Hysterie wurde auch das Krankheitsbild der →histrionischen Persönlichkeitsstörung bezeichnet.

**dissoziierte Intelligenz:** eine Form der →Intelligenzstörung.

**Disstress:** eine Form von →Stress.

**Distanzbeziehung, Entfernungsbeziehung:** Paarbeziehung, bei der die Partner in weit voneinander entfernten Orten wohnen. Diese Form der Beziehung wird mit zunehmender beruflicher Mobilität immer häufiger. Sie bietet den Partnern die Chance, eigenstän-

---

**Distanzbeziehung | Der Entfremdung vorbeugen**

Weil man in einer Distanzbeziehung die meiste Zeit nicht miteinander verbringt, besteht die Gefahr der Entfremdung. Deshalb sollte die gemeinsame Zeit ein individuell zu bestimmendes Maß nicht unterschreiten; darunter sollte aber die gemeinsame Zeit mit gemeinsamen Freunden nicht leiden. Wenn man den Partner mit dem eigenen Freundeskreis bekannt macht, kann dieser sich ein besseres Bild vom eigenen alltäglichen Leben machen.

Falls sich eine Stadt festlegen lässt, in die der andere Partner später auch ziehen will, sollte man sich häufiger in dieser Stadt als im anderen Ort treffen. Es kann sinnvoll sein, im gemeinsamen Urlaub nicht wegzufahren, sondern ihn an einem der beiden Lebensorte zu verbringen. Wichtig ist, dass man eine Perspektive für das gemeinsame Leben entwickelt. Viele Beziehungen leiden nicht, solange die räumliche Trennung nur ein bis zwei Jahre anhält; es gibt aber auch Berichte von Distanzbeziehungen, die über acht oder mehrere Jahre befriedigend verlaufen sind.

diger zu leben als in einer Partnerschaft üblich, birgt aber auch das Risiko, sich auseinanderzuleben.

**Distanzierung:** 1) Herstellung von Distanz; 2) im übertragenen Sinn Bewertung von Eigenschaften oder Verhaltensweisen als mit dem eigenen Bezugssystem unvereinbar und Äußerung dieser Bewertung.

**Disziplin** [latein. »Schule«, »Unterweisung«, »Zucht«]: 1) *allgemein* ein Spezialgebiet, ein Wissenschaftszweig oder eine Sportart.

2) das Einhalten von bestimmten Vorschriften oder Regeln sowie Unterordnung bzw. Einordnung. Eine Verletzung der Disziplin wird oft geahndet, ihre Befolgung belohnt. Disziplin spielt in der Schule eine besondere Rolle, da effektives Lernen ein gewisses Ausmaß an Ordnung und Ruhe voraussetzt. Lehrkräfte klagen vielfach über die Disziplinlosigkeit der Schüler, die einen sinnvollen Unterricht unmöglich mache. Die Ursachen hierfür sind vielfältig und können außer bei den Schülern selbst auch bei Lehrern, Eltern, der Schule oder anderen Umgebungsbedingungen liegen. Disziplin in der Schule sollte kein Selbstzweck sein, sondern nur Mittel, um einen geordneten Schulbetrieb zu gewährleisten. Sie wird als ein problematisches Instrument zur Durchsetzung pädagogischer Maßnahmen angesehen.

**divergentes Denken** [zu latein. divergere »auseinanderstreben«]: Form des Denkens beim →Problemlösen.

**DNA:** die →DNS.

**DNS,** Abk. für **Des|oxyribonukle|insäure, DNA** [Abk. für **D**eoxyribo**n**ucleic **a**cid, engl.]: ein aus zwei Nukleinsäuresträngen bestehendes, spiralig gewundenes Riesenmolekül mit der Fähigkeit zur identischen Verdoppelung (DNS-Replikation). Die DNS ist der in allen Lebewesen vorhandene Träger der →genetischen Information.

**Dop|amin:** ein →Neurotransmitter.

**Doppelblindversuch:** eine Form des →Blindversuchs.

**Doppelmoral:** unterschiedliche Bewertung desselben Verhaltens gegenüber verschiedenen sozialen Gruppen und Individuen. Ein bekanntes Beispiel für Doppelmoral ist die unterschiedliche Bewertung vorehelicher sexueller Erfahrungen bei Männern und Frauen, die jedoch allmählich im Schwinden begriffen ist. Andere Beispiele finden sich in der Politik und in der Wirtschaft, wenn Mächtige für sich reklamieren, was sie den weniger Mächtigen verbieten. Die Doppelmoral zeigt, wie schwer es ist, sich an gesellschaftlich vereinbarte Normen zu halten, und dass die jeweils Mächtigeren dazu tendieren, bestimmte Moralvorstellungen für sich zu suspendieren.

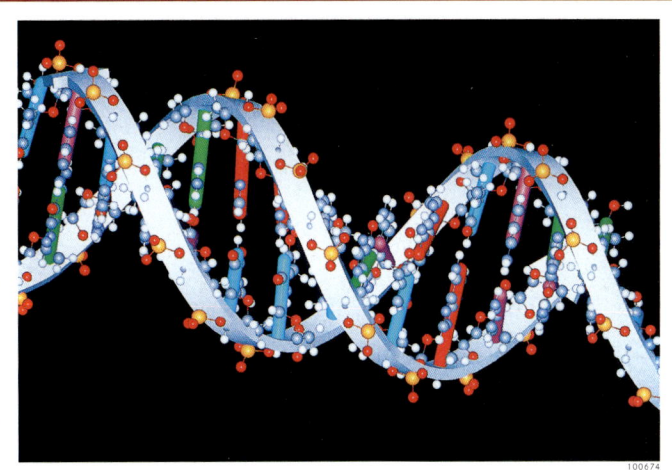

**DNS:** In der DNS sind alle genetischen Informationen gespeichert (Modell der Molekülstruktur).

**Double-Bind-Situation** [ˈdʌbl ˈbaɪnd-, engl. »Zwickmühle«, eigtl. »Doppelbindung«]: Situation, in der in einer Bindungsbeziehung, z. B. Vater und Kind, eine Handlungsaufforderung gegeben wird, die jedoch zugleich nicht befolgt werden soll; zugleich darf die Absurdität dieser Konstellation nicht durchschaut werden. Dem entspricht ein Widerspruch zwischen Inhalts- und Beziehungsaspekt, z. B. wenn eine Mutter in anklagendem Ton zu ihrer Tochter sagt: »Gehe nur mit deinen Freunden aus und vergnüge dich!«. Der amerikanische Biologe und Psychologe Gregory Bateson (*1904, †1980) stellte fest, dass viele Personen mit einer schizophrenen Erkrankung in Familien aufwuchsen, in denen Double-Bind-Situationen gehäuft vorkamen (»schizophrenogene Familien«). Heute gelten Double-Bind-Situationen als eine der Faktoren, die Schizophrenie verursachen können.

**Downsyndrom** [ˈdaʊn-, nach dem britischen Arzt John Langdon Haydon Down, der das Syndrom 1866 erstmals beschrieb]: Symp-

---

**Double-Bind-Situation | Unvermeidliche Situationen**

Niemand kann immer nur eindeutig kommunizieren, vielmehr wird man häufig durch uneingestandene Ängste, Wünsche und Begehrlichkeiten dazu verleitet, mit Worten etwas anderes auszudrücken als mit der Gestik oder Mimik. Diese Situation ist besonders für kleine Kinder schwer zu durchschauen. Wenn sie nachfragen, ob man eine Äußerung denn nun so oder so gemeint habe, hilft es ihnen, wenn man die eigene Doppeldeutigkeit und Unentschiedenheit zugeben kann; das Kind lernt dann, dass es seinen Wahrnehmungen trauen kann und dass Menschen manchmal von mehreren, auch widersprüchlichen, Motiven getrieben werden.

**Downsyndrom:** Zwei Betroffene mit Downsyndrom bei der Aufführung eines Theaterstückes.

tomkomplex mit schwerwiegenden Entwicklungsstörungen, der durch das überzählige Chromosom 21 (Trisomie 21) verursacht wird, meist entstanden durch einen Fehler bei der Reifeteilung der Ei- oder Samenzelle. Das Risiko für dieses Ereignis beträgt im Mittel etwa 1:700 Schwangerschaften. Es steigt mit zunehmendem Alter der Eltern an.

Die betroffenen Kinder weisen regelhaft mehr oder weniger gravierende Formen von Intelligenzstörung auf, eine Augenstellung mit charakteristischer Oberlidfalte und häufig weitere äußere Kennzeichen wie kurzer, runder Kopf, heraustretende Zunge, Vierfingerfurche an der Handfläche; innere Fehlbildungen, v. a. Herzfehler und Magen-Darm-Anomalien, sowie z. T. Muskelschlaffheit und erhöhte Infektanfälligkeit.

Bei Kindern mit Downsyndrom ist sowohl die intellektuelle als auch die motorische und psychische Entwicklung verzögert. Defizite betreffen v. a. das abstrakte Denken und die Sprachentwicklung, wogegen das reproduktive Lernen bei frühzeitiger heilpädagogischer Übung bildungsfähig ist. Nicht selten verfügen Kinder mit Downsyndrom entweder über spezielle Fähigkeiten, z. B. über ein beeindruckendes Zahlengedächtnis, oder aber über praktische Begabungen und Imitationsfähigkeiten. Es besteht eine gute soziale Integrationsfähigkeit bei großer Anhänglichkeit und Zärtlichkeit.

Eine ursächliche Therapie des Downsyndroms ist bis heute nicht möglich. Den durch Muskel- und Bindegewebsschwäche sowie Gelenkfehlstellungen bedingten körperlichen Behinderungen wird durch Krankengymnastik und orthopädische Maßnahmen entgegengewirkt. Infektionen werden u. a. mit Antibiotika behandelt. Körperliche Fehlbildungen können z. T. operativ korrigiert werden. Die unterschiedlich ausgeprägten geistigen Fähigkeiten werden mittels sonderpädagogisch-therapeutischer Maßnahmen individuell gefördert.

**Drehschwindel:** subjektive, mehrere Sekunden andauernde Drehempfindung nach raschen Drehungen des Körpers um die eigene Achse. Nach deren Ende entsteht der Eindruck, man bewege sich gegensinnig zur Umwelt. Starker Drehschwindel kann Indikator für Gleichgewichtsstörungen sein. Neurologische und innere Krankheiten (auch niedriger Blutdruck) rufen zumeist keinen Drehschwindel, sondern Schwankschwindel (das Gefühl umzukippen) hervor.

**Dreikomponententheorie:** ein Modell des →Farbensehens.

**Drogen** [zu niederdeutsch droge, niederländ. droog »trocken«]: in der *klinischen Psychologie* rauscherzeugende Substanzen mit teilweise hohem Suchtpotenzial. Je nach enthaltenem Wirkstoff haben Drogen Stoffwechselveränderungen und individuell unterschiedliche körperliche wie seelische Reaktionen zur Folge. Sie werden im Allgemeinen konsumiert, um einen angenehmen psychischen Zustand zu erzielen oder sich einem unangenehmen zu entziehen. Unterschieden wird zwischen den frei verkäuflichen und rezeptpflichtigen legalen Drogen und den illegalen Drogen, deren Herstellung, Vertrieb, Erwerb und Besitz (soweit über den »Eigenbedarf« Drogenabhängiger hi-

**Drogen:** Während eines LSD-Rausches zeichnete ein Grafiker mehrfach ein Porträt und dokumentierte damit verschiedene Phasen der Bewusstseinsveränderung.

nausgehend) gegen das Betäubungsmittelgesetz verstößt und mit Freiheitsstrafen bis zu zehn Jahren geahndet werden kann.

Zu den legalen Drogen werden neben Genussmitteln (z. B. Alkoholika, Kaffee oder Tabakprodukten) →Schmerzmittel und →Beruhigungsmittel (»Downers«), Anregungs- oder Aufputschmittel (»Speeds«) sowie →Schlafmittel gerechnet. Sogenannte Schnüffelstoffe (in Farben, Lacken und Klebstoffen enthaltene Lösungs- und Verdünnungsmittel wie Äther oder Aceton) können als Rauschmittel eingeatmet werden.

Zu den illegalen Drogen zählt man die →Halluzinogene, die geraucht, verzehrt (Haschisch, Marihuana) oder geschluckt (LSD, Meskalin) werden, die sonst als reine Schmerzmittel (Analgetika) verordneten →Opiate (Heroin,

### DROGEN: WIRKUNGEN VON DROGEN AUF DEN MENSCHLICHEN KÖRPER

| Droge | physische Abhängigkeit | psychische Abhängigkeit | mögliche Wirkungen | Folgen einer Überdosis | Entzugssymptome |
|---|---|---|---|---|---|
| Opium, Morphium, Heroin, Methadon | hoch | hoch | Schmerzbetäubung, Euphorie, veränderte Zeit- und Raumwahrnehmung, Depersonalisierung, Reizbarkeit, Verstimmung; längerfristiger Gebrauch: körperlicher und geistiger Abbau, soziale Verelendung | langsames, oberflächliches Atmen, feuchtkalte Haut, Krämpfe, Koma, Tod möglich | Appetitverlust, Reizbarkeit, Zittern, Ruhelosigkeit, Frösteln, Schwitzen, schwere Krämpfe, Übelkeit |
| Barbiturate | hoch bis mäßig | hoch bis mäßig | Beruhigung, Schläfrigkeit, verkürzte Traumphasen, undeutliche Sprache, Desorientierung, Reizbarkeit; längerfristige Einnahme: Zittern, Schwitzen, Einengung von Antrieben und Interessen | oberflächliche Atmung, feuchtkalte Haut, erweiterte Pupillen, schwacher, langsamer Puls, Koma, Tod möglich | Angst, Schlaflosigkeit, Zittern, Delirium, Krämpfe, Tod möglich |
| Kokain | möglich | hoch | gesteigerte Lebhaftigkeit, Angst, Appetitverlust, gesteigerter Herzschlag und Blutdruck, Unruhe, Halluzinationen; längerfristig in hohen Dosen: Depression, Abmagerung, dauerhafte Schädigung des Nervensystems | erhöhte Körpertemperatur, Halluzinationen, Krämpfe, Tod möglich | Entzugssymptome ähnlich der Opiatentgiftung |
| Amphetamine | möglich | hoch | Tätigkeitsdrang, Euphorie, gesteigerter Herzschlag und Blutdruck, Schlaflosigkeit, Appetitverlust; längerfristige Einnahme: Halluzinationen, psychotische Episoden | erhöhte Körpertemperatur, Bluthochdruck, Schweißausbruch, Halluzinationen, Tod selten | Apathie, lange Schlafperioden, Reizbarkeit, Depression, Desorientierung |
| Ecstasy | keine | mäßig | erhöhte Kommunikations- und Kontaktfreudigkeit, »ozeanische Gefühle«, erhöhte Herzfrequenz, Schweißausbrüche, Zittern, Schlafstörungen; längerfristiger Gebrauch: Leber- und Nierenschädigungen, Depressionen, Psychosen | Herzstillstand, Schlaganfall | keine Entzugssymptome bekannt |
| LSD | keine | Ausmaß unbekannt | intensive Wahrnehmung, kindliche Bewusstseinsorganisation, schlechtes abstraktes Denken, Zerfall der Wahrnehmungskonstanz, Wahnvorstellungen | längere intensivere »Trips«, Unfallneigung, Psychose, Nachhall-Psychose, Tod möglich | keine Entzugssymptome bekannt |
| Mescalin, Peyote | keine | Ausmaß unbekannt | intensive Sinneswahrnehmungen, Euphorie, Halluzinationen; längerfristiger Gebrauch: schlechte Wahrnehmung von Zeit und Entfernungen, Angstpsychose, Verworrenheit | längere, intensivere »Trips«, psychotische Störungen, Tod möglich | keine Entzugssymptome bekannt |
| Marihuana, Haschisch | Ausmaß unbekannt | mäßig | Euphorie, gesteigerte Wahrnehmung, Stimmungsschwankungen, Konzentrationsstörungen, räumliche und zeitliche Desorientierung, Angst, Halluzinationen; längerfristiger Gebrauch: Erschöpfung, Verlust der Leistungsorientierung | Müdigkeit, Paranoia, Psychose möglich | diffus, gelegentlich |

Morphium), die überwiegend intravenös gespritzt werden, sowie das →Kokain, das meist geschnupft oder ebenfalls gespritzt wird. Seit Mitte der 1980er-Jahre werden neue Drogen wie →Crack, synthetische Drogen, **Designerdrogen** (z. B. Ecstasy) konsumiert. Hierbei handelt es sich um synthetisch durch Veränderung der Molekülstruktur bekannter Substanzen hergestellte Rauschgifte mit einer bis zu 7 500-mal stärkeren, schwer berechenbaren, z. T. schon in geringsten Mengen tödlichen Wirkung.

**Drogenabhängigkeit:** Form der stoffgebundenen →Sucht. Im allgemeinen Sprachgebrauch bezeichnet man meist die Abhängigkeit von illegalen Drogen als Drogenabhängigkeit. Dabei haben verschiedene Drogenarten unterschiedlich hohe Suchtpotenziale, beispielsweise führen Opiate wie Heroin zu einer starken physischen und psychischen Abhängigkeit, während Halluzinogene nicht zur physischen, möglicherweise aber zu einer psychischen Abhängigkeit führen. Auch die Wirkungen der einzelnen Drogen unterscheiden sich: Während Barbiturate v. a. der Beruhigung dienen und Schläfrigkeit hervorrufen, regen Drogen wie Ecstasy eher an, aktivieren und erhöhen das Kommunikationsbedürfnis. Fast alle Drogen können bei einer Überdosierung zum Tod führen. Die Entzugssymptome variieren von Droge zu Droge, sind aber meist schwer zu ertragen und tragen so dazu bei, dass die Abhängigkeit aufrechterhalten bleibt.

Neben den körperlich und psychisch schädlichen Wirkungen der konsumierten Substanz spielt im Zusammenhang mit illegalen Drogen immer auch die Beschaffungskriminalität eine Rolle. Die auf dem Schwarzmarkt gehandelten Drogen sind zu teuer, als dass sie mit einem durchschnittlichen Einkommen in hinreichendem Umfang erworben werden könnten. Deshalb sieht sich der Süchtige vor die Alternative gestellt, entweder seine Sucht zu bekämpfen oder mit kriminellen Methoden Geld zu erwerben. Ein häufig gewählter Ausweg ist die →Prostitution.

**Drogenberatung:** Die starke Zunahme der Drogenabhängigkeit auch in Deutschland hat zur Entwicklung einer Reihe von Angeboten der Prävention und Beratung geführt. Inzwischen existiert eine Vielzahl von Beratungsmöglichkeiten durch die unterschiedlichsten Institutionen (v. a. Drogenberatungsstellen) für die jeweiligen Zielgruppen (Kinder, Jugendliche, Erwachsene). Auch das Internet bietet die Möglichkeit, Informationen über Drogen zu erhalten und im Bedarfsfall online Beratungen in Anspruch zu nehmen.

**Drogenmissbrauch:** gesundheitsgefährdender Konsum von Drogen. Fortgesetzter Drogenmissbrauch kann zur →Drogenabhängigkeit führen.

**Drogenprävention:** gegen den Drogenkonsum gerichtete Form der →Prävention.

**Drogentherapie:** die Behandlung Drogenabhängiger kann sich nicht auf die bloße Entgiftung und Entwöhnung von der jeweils konsumierten Droge beschränken, sondern muss sich weiteren Problemen stellen: der großen Bandbreite der meist in Kombination konsumierten Drogen, den körperlichen Begleit- und Folgeschäden des Drogenkonsums, den häufig zusätzlich vorkommenden Sekundärsymptomen (Depressionen, psychotische Zustände, Selbstmordneigung, Angstzustände, Sexualstörungen) sowie den oft anzutreffenden sozialen und wirtschaftlichen Problemen der Betroffenen. Dementsprechend ist eine intensive und differenzierte Therapie im Rahmen eines umfassenden Versorgungsnetzes erforderlich, das unter Einbeziehung ambulanter und (teil-)stationärer Einrichtungen den langfristigen Therapieerfolg durch eine effektive Vorbetreuung, Entgiftungs- und Entwöhnungsbehandlung sowie Nachsorge ermöglicht.

Als Erfolg versprechend gilt heute v. a. die Integration verschiedener therapeutischer Ansätze und die Kooperation innerhalb und zwischen ambulanten und stationären Therapieeinrichtungen. Die Rückfallquote ist allerdings immer noch hoch und wird auf 60–70 % geschätzt. Zuverlässige Angaben sind aufgrund fehlender langfristiger Katamnesen (abschließender Krankenberichte) und unterschiedlicher Erfolgskriterien nicht möglich. Weitere Ansätze sind die →Substitutionstherapie 2) und Therapiekonzepte wie →Synanon-Gruppen, deren Wirksamkeit jedoch ebenfalls umstritten ist.

**Drohverhalten:** angeborene Verhaltensweisen bei Tieren, die einem Gegner durch optisch oder akustisch erkennbare Ausdrucksformen die Angriffs- oder Abwehrbereitschaft signalisieren. Optisches Drohverhalten ist z. B. das Sich-größer-Machen (Federn aufplustern u. a.) oder das Präsentieren bestimmter Körpermerkmale (Geweih, Eckzähne, Färbungen) sowie Drohgebärden, die oft Intentionsbewegungen für einen Angriff darstellen. Zum akustischen Drohverhalten zählen u. a. das Knurren der Hunde, das Brusttrommeln der Gorillas, der Reviergesang der Vögel. Im menschlichen Verhalten lassen sich Analogien entdecken, beispielsweise wenn jemand sich zum Angriff »aufbaut« oder eine andere Person beschimpft oder aber vor einem Angriff warnt.

**Drohverhalten:**
In ihrer Drohgebärde zeigt die Diamantklapperschlange zur Abschreckung potenzieller Feinde ihre Giftzähne.

**Drucklähmung:** Lähmung als Folge einer Druckschädigung eines peripheren Nervs. So kann z. B. nach längerem Verharren in der Hocke eine Fußheberlähmung auftreten. Die Schlaflähmung tritt bevorzugt nach übermäßigem Alkoholgenuss oder Schlafmittelvergiftung auf, wenn der Körper ungewöhnlich lange in einer für einen bestimmten Nerven ungünstigen Haltung verharrt, z. B. mit über die Bettkante ragendem Oberarm. Wenn der schädigende Druck nur für einen kurzen Zeitraum eingewirkt hat, kann sich die Lähmung vollkommen zurückbilden.

**Drüse:** einzelne Zelle oder Ansammlung von Zellen, die flüssige Stoffe produzieren und absondern. Drüsen werden meist nach der Art der Stoffabgabe eingeteilt: **Endokrine Drüsen** (Hormondrüsen) haben keinen Ausführungsgang. Ihre Sekrete, die →Hormone, erreichen ihre Zielzellen über den Blutkreislauf. **Exokrine Drüsen** geben ihr Sekret meist über einen Ausführungsgang an die Oberfläche von Haut oder Schleimhäuten ab.

**DSM-IV,** Abk. für **Diagnostic and Statistical Manual of Mental Disorders** [daɪəgˈnɔstɪk ænd stəˈtɪstɪkl ˈmænjʊəl ɔv ˈmentl dɪsˈɔːdə(r)z, engl. »Diagnostisches und statistisches Manual psychischer Störungen«]: ein Klassifikationssystem für psychische Störungen von der American Psychiatric Association in ihrer heute gültigen vierten Fassung. Es wird fortlaufend weiterentwickelt. Das DSM-IV wird vorwiegend in den USA verwendet, während in Deutschland die →ICD-10 vorgeschrieben ist.

Beim DSM-IV handelt es sich um ein multiaxiales Klassifikationssystem; eine Diagnose wird auf fünf Achsen gestellt. Achse I: psychische Störungen ohne Persönlichkeitsstörungen und geistige Behinderung (z. B. eine Angststörung), Achse II: Persönlichkeitsstörungen und geistige Behinderung, Achse III: medizinische Krankheitsfaktoren (z. B. eine Herzerkrankung), Achse IV: psychosoziale und umgebungsbedingte Probleme (z. B. familiäre Konflikte), Achse V: globale Beurteilung des Funktionsniveaus (z. B. im Beruf).

Das DSM geht nicht von theoretisch gefassten Krankheitseinheiten aus, wie sie insbesondere in der deutschen Psychiatrie eine lange Tradition haben, sondern orientiert sich an einzelnen Kriterien, von denen eine bestimmte Anzahl vorliegen muss, damit eine bestimmte Diagnose gestellt werden kann. Dieser Ansatz ist nicht unumstritten. Kritiker werfen dem DSM Oberflächendenken, Verkürzungstendenzen und Vernachlässigung der Vorgeschichte von Krankheiten vor.

**duales System:** in der *Pädagogik* die Gliederung der auf zwei Lernorte (Betrieb und Berufsschule) gestützten beruflichen Bildung. Der Begriff wurde vom Deutschen Ausschuss für das Erziehungs- und Bildungswesen 1964 geprägt, das duale System geht auf die Gewerbeordnung von 1869 zurück.

**Dunkelangst:** Angst vor der Dunkelheit mit oder ohne Krankheitswert. Dunkelangst hängt damit zusammen, dass der Mensch den größten Teil der für ihn relevanten Informationen über seine Augen aufnimmt und sich daher in der Dunkelheit schlecht orientieren kann. Als krankhafte Dunkelangst ist sie eine Form der spezifischen →Phobien, bei der Betroffene z. B. nur bei Licht schlafen können oder im Dunkeln bei leichten Geräuschen schnell aufschrecken. Ursache dieser krankhaften Dunkelangst können traumatische Erfahrungen in der Dunkelheit sein. In leichteren Fällen kann sich der Betroffene selbst helfen, indem er z. B. ein schwaches Nachtlicht gebraucht, in schweren Fällen sollte eine Psychotherapie in Anspruch genommen werden. Dunkelangst, die häufig bei Kindern auftritt und mit der Zeit nachlässt, gehört zur normalen Entwicklung.

**Dura mater:** Kurzbezeichnung für die harte Hirnhaut (Dura mater encephali) oder die harte Rückenmarkshaut (Dura mater spinalis). Sie besteht aus straffem Bindegewebe und hat zwei Schichten, die im Hirnbereich über weite Strecken miteinander verwachsen, im Rückenmarksbereich getrennt sind. Wo die beiden Blätter auseinanderweichen, bilden sie Kanäle, die venöses Blut führen. Daneben trennt die Dura einzelne Hirnteile voneinander ab, als Großhirnsichel z. B. die Großhirnhälften, als Kleinhirnsichel die Kleinhirnhälften oder als Kleinhirnzelt das Kleinhirn vom Großhirn.

**Durchblutungsstörungen:** unzureichende Blutversorgung von Organen und Geweben. Eine Durchblutungsstörung kann anhaltend oder vorübergehend auftreten. Sie führt zur Minderversorgung mit Sauerstoff und damit zur Funktionsbeeinträchtigung des betreffenden Organs. Je nach Dauer und Ausmaß der Durchblutungsstörung können auch Gewebeschäden in dem betreffenden Organ auftreten.

Eine Durchblutungsstörung des Gehirns kann sich subjektiv als Schwindelgefühl äußern. Tritt sie wiederholt auf, ist eine ärztliche Abklärung sinnvoll. Recht selten ist die krampfartige, überschießende Engstellung der Schlagadern mit nachfolgender Durchblutungsstörung, die überwiegend Ausdruck einer vom Nervensystem ausgehenden Regulationsstörung der Gefäßweite ist.

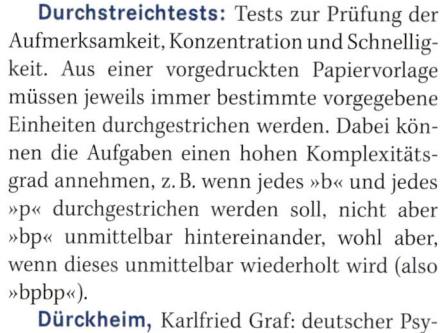

**Durchstreichtests:** Tests zur Prüfung der Aufmerksamkeit, Konzentration und Schnelligkeit. Aus einer vorgedruckten Papiervorlage müssen jeweils immer bestimmte vorgegebene Einheiten durchgestrichen werden. Dabei können die Aufgaben einen hohen Komplexitätsgrad annehmen, z. B. wenn jedes »b« und jedes »p« durchgestrichen werden soll, nicht aber »bp« unmittelbar hintereinander, wohl aber, wenn dieses unmittelbar wiederholt wird (also »bpbp«).

**Dürckheim,** Karlfried Graf: deutscher Psychologe, Psychotherapeut und Meditationslehrer, * München 24. 10. 1896, † Todtmoos 28. 12. 1988; entwickelte zusammen mit der Psychologin Maria Hippius die initiatische Therapie, die neben vielfältigen therapeutischen Methoden auch existenzialpsychologische, christlich-mystische und zenbuddhistische Elemente einschließt (→ transpersonale Psychologie).

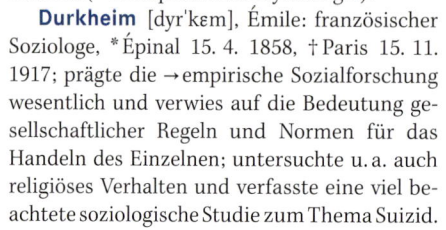

**Durkheim** [dyr'kɛm], Émile: französischer Soziologe, * Épinal 15. 4. 1858, † Paris 15. 11. 1917; prägte die → empirische Sozialforschung wesentlich und verwies auf die Bedeutung gesellschaftlicher Regeln und Normen für das Handeln des Einzelnen; untersuchte u. a. auch religiöses Verhalten und verfasste eine viel beachtete soziologische Studie zum Thema Suizid.

**Durst:** eine mit dem Verlangen, etwas zu trinken, verbundene Empfindung. Dies tritt normalerweise aufgrund nachlassender Sekretion der Speichel- und Mundschleimhautdrüsen und daher trockenem Mund- und Rachenraum nach Wasserverlusten (z. B. Schwitzen, Durchfall) oder der Erhöhung des osmotischen Drucks des Blutes (z. B. durch reichliche Kochsalzaufnahme) auf. Das übergeordnete Zentrum, das den Wasserbedarf des Körpers kontrolliert, ist das Durstzentrum im Hypothalamus, dessen Rezeptoren auf Änderungen des osmotischen Drucks des Blutes ansprechen.

**Dyade** [von griech. dyás »Zweiheit«]: kleinste soziale Einheit, bestehend aus zwei Personen; in der Psychoanalyse gilt die Mutter-Kind-Dyade als Muster aller folgenden Dyaden.

**dynamische Anpassung:** in der *Arbeitspsychologie* die stetige Abstimmung zwischen Maschinen und den sie bedienenden Menschen im Rahmen des → Mensch-Maschine-Systems.

**dynamische Psychologie:** Sammelbezeichnung für psychologische Theorien, die den Prozesscharakter, die Dynamik des seelischen Geschehens zu beschreiben versuchen, z. T. unter Voraussetzung der Wirksamkeit unbewusster Impulse (→ Tiefenpsychologie). Es werden die Eigentümlichkeiten vom Ablauf seelischer Vorgänge untersucht unter besonderer Berücksichtigung von Entwicklungsaspekten und der Motivation. Als Beispiele können die Psychoanalyse, die Gestaltpsychologie und die Feldtheorie von Kurt Lewin gelten.

**Dys|arthrie** [zu griech. dys... »miss...«, »un...«, »fehlerhaft«, »schlecht«]: organisch bedingte Sprechstörung infolge einer zentralnervösen Beeinträchtigung der Sprachmotorik, z. B. bei Erkrankungen des Groß- oder Kleinhirns und des Hirnstamms. Die Erkrankten sprechen verändert, z. B. abgehackt, langsam oder verwaschen.

**Dysfonie** [zu griech. phoné »Laut«, »Ton«, »Stimme«]: Störung der Stimmbildung; die Stimme klingt heiser, rau, belegt.

**Dysfunktion:** gestörte Leistung eines Organs oder eines Organsystems.

**Dysgrammatismus:** abgeschwächte Form des → Agrammatismus.

**Dyskalkulie:** die → Rechenstörung.

**Dyskinesie:** schmerzhafte bis krampfartige Empfindungen im geordneten Bewegungsablauf, wie sie besonders nach Verabreichung von Psychopharmaka entstehen können.

**Dyslalie:** das → Stammeln.

**Dyslexie** [zu griech. léxis »Sprechen«, »Rede«, »Wort«]: Störung der Lesefähigkeit, die auch Teilbereiche betreffen kann, z. B. nur Buchstaben, Zahlen oder Wörter. Dyslexie kann durch einen Schlaganfall entstehen, der das Sprachzentrum im Gehirn beeinträchtigt hat, aber auch, als → Lernstörung, bei Kindern: Diese können trotz sonst guter Intelligenz nicht lesen lernen.

**Dyslogien:** Sammelbezeichnung für Sprachstörungen infolge geistiger Beeinträchtigung.

**Dysmenorrhoe:** über die normale Beeinträchtigung des Allgemeinbefindens hinausgehende Schmerzhaftigkeit der Menstruation, oft verbunden mit einem allgemeinen Krankheitsgefühl. Neben organischen Beeinträchtigungen (z. B. übermäßiges Zusammenziehen der Gebärmutter) kommen auch psychische Faktoren als Auslöser infrage. Diese können von kurzer Dauer sein, etwa als kurzfristige Anspannung oder akuter Stress, oder tief in der Persönlichkeit verankert, wie z. B. die Ablehnung der weiblichen Rolle. Tritt die Dysmenorrhoe häufiger auf, ist eine ärztliche Abklärung dringend anzuraten; liegen keine organischen Ursachen vor, kann eine psychologische Beratung oder eine Psychotherapie hilfreich sein.

**Dyspareunie:** Schmerzen beim Geschlechtsverkehr. Bei der organischen Dyspareunie handelt es sich um Schmerzen bei der Frau; Ursachen sind z. B. altersbedingte Rückbildungsprozesse der Scheide, entzündliche Erkrankungen der Geschlechtsorgane oder Endometriose. Psychisch bedingte Dyspareunie wird als **nicht organische Dyspareunie** bezeichnet und stellt in der ICD-10 eine Form der sexuellen Funktionsstörungen dar. Hiervon sind sowohl Frauen als auch Männer betroffen. Oft sind Partnerprobleme oder frühe Traumata ursächlich für die Schmerzempfindung.

Die Behandlung der Dyspareunie richtet sich nach der jeweiligen Ursache; ist sie psychisch bedingt, so kann eine Paartherapie oder eine individuelle Psychotherapie angezeigt sein.

**Dysphasie** [zu griech. phásis »das Sprechen«]: erschwertes Sprechen aufgrund einer Hirnschädigung.

**Dysphorie** [griech. »Unbehaglichkeit«]: ängstliche, niedergeschlagene und gleichzeitig gereizte Stimmung; tritt auf bei Depressionen, organischen Erkrankungen, Vergiftungen, auch als Alltagsverstimmung ohne krankhaften Wert; Gegensatz: →Euphorie.

**Dysthymia:** eine chronische depressive Verstimmung, die weniger stark ausgeprägt ist als eine →Depression, aber mehrere Jahre bis ein ganzes Leben andauert. Die Dysthymia entsteht meist im frühen Erwachsenenalter.

**Dystonie** [zu griech. tónos »Spannung«]: eine Störung des normalen Spannungszustands der Muskeln und Gefäße, die je nach Schwere zu Fehlbewegungen und Fehlstellungen einer Körperregion (z. B. Schiefhals), einer Körperhälfte oder des gesamten Körpers führen. Ursache der Dystonie ist eine Funktionsstörung des zentralen Nervensystems.

Als **vegetative Dystonie** (vegetative Störung, psychovegetatives Syndrom) wurde lange ein Krankheitsbild bezeichnet, das mit körperlichen Beschwerden einherging, ohne dass es dafür einen organischen Befund gegeben hätte, z. B. Kopfschmerzen, Magen- und Herzbeschwerden, Muskelverspannungen, aber auch psychische Symptome wie Reizbarkeit, Schlaflosigkeit, Müdigkeit, sexuelle Unlust und Impotenz einschloss. Als Hauptursache galten Angst, Stress und akute Konfliktsituationen. Man ging davon aus, dass das Zusammenspiel von Sympathikus und Parasympathikus und damit die Regulationsfunktion des vegetativen →Nervensystems gestört sei. Die vegetative Dystonie gilt heute als Verlegenheitsdiagnose für Leiden, für die keine körperlichen Ursachen gefunden werden konnten. In der aktuellen ICD-10 wird sie nicht mehr geführt. Je nach Symptomatik werden u. a. die Diagnosen Somatisierungsstörung (→somatoforme Störungen), →Erschöpfungssyndrom oder →Depression gestellt.

# E

**Ebbinghaus,** Hermann: deutscher Psychologe, * Barmen (heute zu Wuppertal) 24. 1. 1850, † Halle (Saale) 26. 2. 1909; Pionier auf den Gebieten der Gedächtnis- und Experimentalpsychologie; führte u. a. wichtige lerntheoretische Untersuchungen mit gefühls- und wertneutralen Sprachelementen (»sinnlosen Silben«) durch.

**Eccles** [eklz], Sir John Carew: australischer Physiologe und Nobelpreisträger, * Melbourne 27. 1. 1903, † Contra (bei Locarno) 2. 5. 1997; erforschte Nerven-, Gehirn- und Rückenmarksfunktionen und erkannte die Bedeutung der Ionenströme für die Erregungsübertragung an den Synapsen.

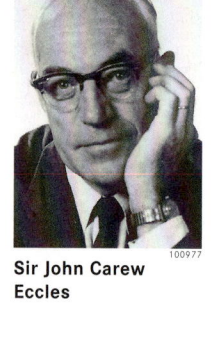

**Echolalie** [zu griech. laliá »Gerede«]: Echorede, Wiederholung der gehörten Laute und Worte; manchmal Symptom einer →Schizophrenie, begegnet aber auch bei ängstlichen und gehemmten Personen. Echolalie kommt bei Kindern während der Zeit des Spracherwerbs häufig vor und vergeht meist von selbst. Wenn sie bestehen bleibt, kann sie ein Zeichen einer neurologischen Störung oder einer →Regression 2) sein und sollte ärztlich abgeklärt werden.

**Echopraxie** [zu griech. präxis »Tat«, »Handlung«]: unbeabsichtigte Nachahmung der Handlungen anderer. Die Echopraxie muss von absichtlichem Lernen, z. B. der Nachahmung der Lehrerin durch die Ballettschülerin, unterschieden werden. Sie kann bei Kindern spontan auftreten und völlig harmlos sein, sie kann aber auch ein Zeichen einer neurologischen Störung sein; deshalb sollte eine lang anhaltende Echopraxie ärztlich abgeklärt werden. Manche Formen der Echopraxie lassen sich als →Identifizierung mit dem Angreifer verstehen. Anna Freud beschrieb z. B. einen Schüler, der unwillkürlich die Zornmimik seines Lehrers nachahmte, der ihn geschlagen hatte.

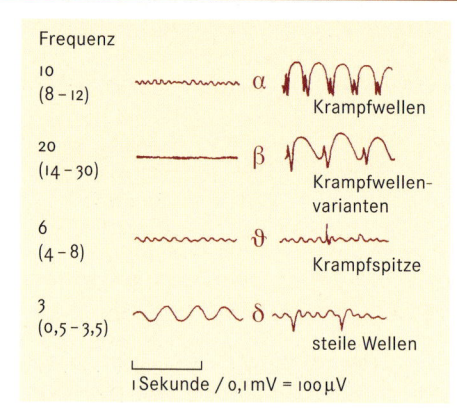

**Echtheit, Authentizität** [zu griech. authentikós »eigenhändig«]: die Übereinstimmung von Gefühlsäußerungen mit dem inneren Erleben des Betreffenden, sodass sie nicht aufgesetzte Maske oder höfliche Form ohne inneren Gehalt sind. Vor allem in der →klientenzentrierten Psychotherapie gilt Echtheit als wesentliche Bedingung, Beziehungen konstruktiv zu gestalten und eine verlässliche →Therapeut-Patient-Beziehung aufzubauen. Echtheit kann wissenschaftlich nur indirekt (etwa durch ein Urteil mehrerer unabhängiger Beobachter) ermittelt werden; die Möglichkeiten, durch Messungen (→Lügendetektor) Echtheit festzustellen, sind begrenzt und umstritten.

**Ecstasy, XTC** [ˈekstəsɪ, engl. »Ekstase«]: aus Amphetaminabkömmlingen hergestellte synthetische Droge. Es wurde in den 1980er-Jahren in Großbritannien bekannt; von dort wurde auch über erste Todesfälle berichtet. In Deutschland fällt es unter das Betäubungsmittelgesetz. Ecstasy hellt die Stimmung auf und fördert die Kontaktfreudigkeit, kann aber auch je nach Stimmung des Konsumenten und Umgebungsbedingungen zu Schwere und Rückzug führen. Zu den Nebenwirkungen gehören Schweißausbrüche, Zittern, Schlafstörungen, Nieren- und Leberversagen und eine Einschränkung der intellektuellen Fähigkeiten. Nach neuesten Erkenntnissen kann Ecstasy die Nervenzellen des Gehirns schädigen, und zwar schon bei Konsum geringer Mengen. Schließlich kann es durch die Droge zum Kreislaufkollaps und Tod kommen. Psychische Nebenwirkungen sind schwere Störungen wie massive Angstzustände, Depressionen und psychotische Störungen. Ob

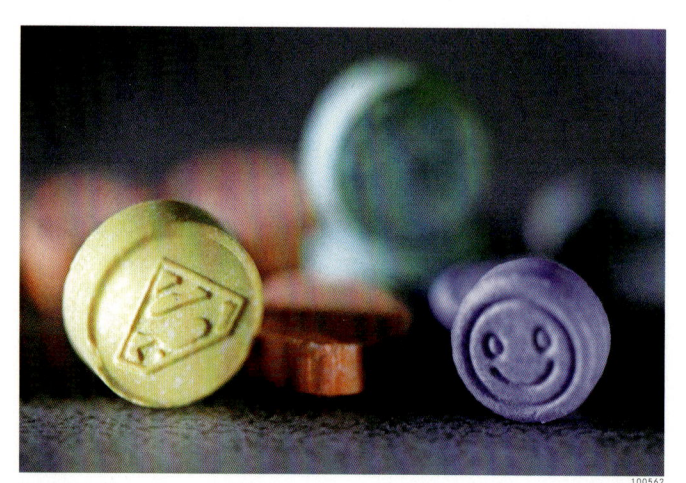

**EEG:** links das EEG eines Gesunden, rechts das eines Epileptikers (während eines Anfalls)

**Sir John Carew Eccles**

**Ecstasy:** Die sogenannten Designerdrogen sind vollsynthetische Betäubungsmittel von Amphetaminderivaten unterschiedlicher Struktur und zählen zu den harten Drogen. Die eingepressten »Markenzeichen« und die bunten Farben der Tabletten verharmlosen jedoch die Wirkung.

Ecstasy ausschließlich psychisch abhängig macht, ist umstritten.

**EEG,** Abk. für **Elektro|enzephalogramm** [zu griech. egképhalon »was im Kopf ist«, »Gehirn«]: das Hirnstrombild; Kurvenbild, das bei der Ableitung und Aufzeichnung von elektrischen Potenzialschwankungen an der Oberfläche des Gehirns entsteht. Die schwachen elektrischen Ströme, die die Gehirntätigkeit begleiten, werden an mehreren Punkten der Kopfhaut mittels Elektroden abgeleitet. Die Spannungsschwankungen zwischen jeweils zwei dieser Elektroden werden verstärkt und von einem Mehrkanalschreiber aufgezeichnet. Das so entstehende EEG lässt Rückschlüsse auf Gehirnerkrankungen zu.

Das EEG zeigt vier deutlich abgrenzbare Kurvenformen: **Alphawellen** (α-Wellen) treten im inaktiven Wachzustand bei Ruhe und Entspannung auf; sie zeigen acht bis zwölf Schwankungen je Sekunde. **Betawellen** (β-Wellen) zeigen den Zustand aktiven, aufmerksamen Wachseins an (offene Augen, Aufnehmen neuartiger Reize) und haben 14 bis 30 Schwankungen je Sekunde. **Thetawellen** (θ-Wellen) zeigen vier bis acht Schwankungen je Sekunde und werden beim Übergang zwischen Schlafen und Wachen beobachtet. **Deltawellen** (δ-Wellen) kennzeichnen den Tiefschlaf oder tiefe Bewusstlosigkeit und weisen weniger als vier Schwankungen je Sekunde auf.

Zwar ist es möglich, im EEG krankhafte Veränderungen (z. B. Krampfimpulse) zu erkennen, doch ist bis heute nicht sicher bekannt, welche elementaren bioelektrischen Vorgänge dem EEG zugrunde liegen.

**Effektstärke:** ein statistisches Maß, das ergänzend zur →Signifikanz für die Beurteilung von empirischen Ergebnissen herangezogen wird.

**Ego** [ˈɛgo, ˈego, latein. »ich«]: →Ich.

**Egoismus, Ichsucht, Selbstsucht:** Haltung, in der die eigene Person, ihre Wünsche und Ziele absoluten Vorrang haben. Vom gesunden Egoismus, der der Selbsterhaltung dient, ist der krankhafte Egoismus zu unterscheiden, der Züge der Gier und Rücksichtslosigkeit trägt. Diese Selbstsucht widerstreitet, langfristig gesehen, den Interessen des Individuums, weil sie normale Austauschbeziehungen blockiert. Der gesunde Egoismus ist vernunftgesteuert und setzt sich selbst dort Grenzen, wo die Interessen anderer gravierend verletzt werden; er macht einen Austausch, von dem beide Seiten profitieren, nicht unmöglich. Vom Egoismus muss ferner der →Narzissmus unterschieden werden. Beide Tendenzen stehen oft im Widerspruch; so

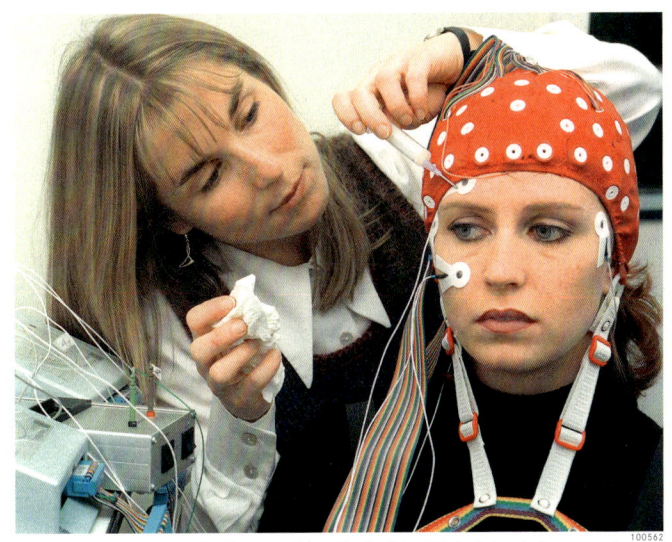

**EEG:** Die elektrischen Ströme, welche die Gehirntätigkeit begleiten, werden an meist 15–25, manchmal über 100 Punkten der Kopfhaut mittels Elektroden abgeleitet, die entsprechend der unterschiedlichen Schädelformen an festgelegten Punkten angebracht werden – hier im Max-Planck-Institut für neuropsychologische Forschung in Leipzig, um Zusammenhänge zwischen Prozessen im Gehirn, Erleben und Verhalten zu erforschen.

kann z. B. eine Risikosportart wie Drachenfliegen oder eine tollkühne Rettungstat narzisstische Bedürfnisse befriedigen, aber egoistische Interessen verletzen.

**Egozentrismus:** in der *Entwicklungspsychologie* nach Jean Piaget Stufe der Wahrnehmungs- und Denkentwicklung, in der Kinder noch nicht in der Lage sind, Dinge aus einer anderen Perspektive als ihrer eigenen zu betrachten. Der Egozentrismus wird mit dem Übergang vom präoperativen Denken zur Stufe der konkreten Operation, d. h. vom Vorschul- zum Grundschulalter, allmählich überwunden.

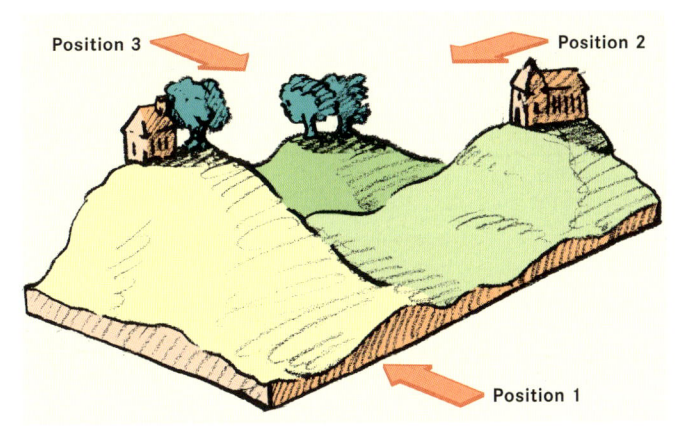

**Egozentrismus:** Der »Drei-Berge-Versuch« nach Jean Piaget zeigt, dass Kinder erst ab dem Schulalter in der Lage sind, einen Perspektivenwechsel zu vollziehen und die Landschaft auch aus Position 2 oder 3 zu beschreiben.

> **Eifersucht | Das Vielehe-Argument**
> In den erbitterten Auseinandersetzungen, die sich im Rahmen von Eifersuchtskonflikten abspielen, werden dem eifersüchtigen Partner manchmal Vorbilder der Eifersuchtslosigkeit entgegengehalten, z. B. die Frauen im orientalischen Harem oder in einem afrikanischen Dorf, die in Vielehe mit einem Mann leben und sich untereinander akzeptieren oder doch wenigstens tolerieren. – Wer so argumentiert, übersieht eine entscheidende Qualität der modernen Beziehung: Sie basiert auf freier Wahl von gleichberechtigten Partnern, während die traditionelle Vielehe eine Wirtschaftsform ist, in der Liebesgefühle nicht von entscheidender Bedeutung sind, sondern es in erster Linie um die Versorgung aller Beteiligten geht.

Während Egozentrismus für Kinder ein normales Durchgangsstadium ist, gilt er bei Erwachsenen nicht mehr als annehmbar und wird dann abwertend als **Ichbezogenheit** bezeichnet. Er kann das Symptom einer psychischen Störung, z. B. der →histrionischen Persönlichkeitsstörung sein.

**Ehe:** auf Dauer angelegte Lebensgemeinschaft von zwei Personen verschiedenen Geschlechts, die im Allgemeinen, jedoch nicht notwendigerweise, zugleich auch durch Zeugung von Kindern eine neue, selbstständige Familie begründen. Die Ehe kommt durch Vertrag zustande und erlangt durch die vorgeschriebene Form der Eheschließung die staatliche Anerkennung und damit die ihr durch Gesetz (§§ 1353ff. BGB) gegebenen Eigenschaften des familienrechtlichen Gemeinschaftsverhältnisses. Eine gültige Ehe kann nur vor einem Standesbeamten bei gleichzeitiger persönlicher Anwesenheit der Ehewilligen geschlossen werden. Formen, Struktur und Stabilität der Ehe sind dem historischen Wandel unterworfen. Partnerwahl, Eheschließung und innere Ordnung der Ehe unterlagen zunächst den Sippen- und Geschlechterverbänden, später den Familien.

Die v. a. durch das Christentum geprägte Ehe- und Familienauffassung wurde seit der Aufklärung und dem Liberalismus, der Ausformung des bürgerlichen Rechtsstaates und unter dem Einfluss der Romantik mehr und mehr zu einer individuell begründeten Lebens- und Liebesgemeinschaft (Liebes- und Gattenehe). Diese Individualisierung hat zwar nicht zur Bedrohung der Ehe als solcher geführt, jedoch – zumal seit Beginn der 1970er-Jahre – zu einer starken Zunahme der **nicht ehelichen Lebensgemeinschaften** geführt, zu denen die →eingetragene Lebenspartnerschaft von homosexuellen Partnern zählt sowie die **eheähnliche Lebensgemeinschaft**, die nach juristischer Definition ein zumeist auf Dauer angelegtes Zusammenleben von Frau und Mann ohne Eheschließung ist.

**Eheberatung:** eine Form der →Beratung, bei der Beziehungskonflikte bearbeitet werden. Eheberatung wird von klinischen Psychologen und v. a. durch kirchliche Träger ausgebildete Eheberater angeboten, oft verbunden mit Erziehungs- und Krisenberatung.

**Ehescheidung:** die Scheidung.

**Ehrgeiz:** starkes oder übermäßiges Streben nach Erfolg und Ehren; das Streben, andere an Ehre, Geltung oder Macht zu übertreffen. Versteht man unter Ehrgeiz v. a. das Übertreffenwollen anderer, dann ist Ehrgeiz auf der Verhaltensebene die →Konkurrenz. Ehrgeiz ist ein Merkmal von Menschen mit hoher →Leistungsmotivation. In übertriebener Form kann er das seelische Gleichgewicht negativ beeinflussen, indem die aktive und strebende Seite des Menschen zu stark betont wird und die ruhigen und aufnehmenden Aspekte in den Hintergrund gedrängt werden.

**EI:** Abkürzung für →emotionale Intelligenz.

**Eifersucht:** Gefühl vermeintlichen oder tatsächlichen Entzugs einer Liebe oder eines Vorteils; starke Furcht, die Liebe einer Person oder einen Vorteil mit einem anderen teilen zu müssen oder an einen anderen zu verlieren. Man kann z. B. eifersüchtig sein auf den Kollegen, der Anerkennung vom Chef bekommt, oder in einer Ehe auf die Geliebte oder den Geliebten. Auf der Verhaltensebene kann sich Eifersucht darin zeigen, dass um den Vorteil oder die Liebe gekämpft wird: z. B. den Ehepartner unter Druck setzen, versuchen, den Kontakt zum Nebenbuhler zu verhindern, auch Gewalt androhen oder einsetzen gegen den Partner, gegen sich selbst oder gegen den Nebenbuhler. Viele Morde geschehen aus Eifersucht.

Mäßige Eifersucht, v. a. in begründeten Fällen, ist normal: Das »Fremdgehen« des Partners z. B. löst fast immer Furcht vor dem Verlassenwerden aus. Stärkere Eifersucht hingegen ist meist ein Zeichen für ein gering entwickeltes Selbstbewusstsein; der Eifersüchtige verlangt ausschließliche Zuwendung und fürchtet, gegenüber einem eventuellen Rivalen das Nachsehen zu haben. Bei krankhafter Eifersucht werden oft eigene Bedürfnisse nach Bestätigung außerhalb der Zweierbeziehung durch →Projektion abgewehrt und dem Partner unterstellt. Verhängnisvoll an von Eifersucht geprägten Beziehungen ist, dass der Eifersüchtige durch seine Kontrolle tatsächlich weniger liebenswert wird und so durch sein eigenes Verhalten oft gerade das heraufbeschwört, was er am meisten fürchtet.

**Eifersuchtswahn:** die unumstößliche Überzeugung, vom Partner betrogen zu werden, obwohl dieser objektiv treu ist. Eifersuchtswahn wird von nicht nachlassendem grundlosem Misstrauen und von ständigen Verdächtigungen begleitet. Der Eifersuchtswahn kann sehr hartnäckig sein (→ fixe Idee), bleibt aber in vielen Fällen ausschließlich auf den Untreueverdacht beschränkt, während der Realitätsbezug in den übrigen Lebensbereichen nicht beeinträchtigt ist.

**Eigenschaften:** 1) *allgemein* die Merkmale einer Person oder eines Gegenstandes, die sie bzw. ihn besonders auszeichnen und die er mit anderen, ähnlichen Gegenständen gemeinsam hat.

2) in der *Psychologie* die individuellen Persönlichkeitsmerkmale und Fähigkeiten eines Menschen, die auf der persönlichen Disposition beruhen. Sie sind nicht direkt beobachtbar, sondern nur aus dem Verhalten zu erschließen. Dazu werden → Tests, z. B. Intelligenztests, oder Methoden der → Beobachtung benutzt.

Eigenschaften werden auch als »Bausteine der Persönlichkeit« betrachtet, die für das Handeln eines Menschen und seine Individualität charakteristisch sind. Eigenschaften sind somit Grundeinheiten der Persönlichkeitsorganisation. Sie werden meist in mehrere Hauptgruppen unterteilt: Die Kardinaleigenschaften sind die in der Persönlichkeit dominierenden zentralen Dispositionen, z. B. Leistungswille, Geltungsdrang, Hilfsbereitschaft, Schüchternheit oder Angst. Sekundäreigenschaften sind spezifische Eigenschaften, die Handlungen innerhalb bestimmter Grenzen festlegen. Alle Eigenschaften zusammen bilden die Struktur der Persönlichkeit, aus der sich das Verhalten eines Menschen, seine Reaktion auf bestimmte Umweltbedingungen, mit einer gewissen Wahrscheinlichkeit z. T. vorhersagen lässt.

**Eigenschaftsmodelle:** Modelle über die → Persönlichkeit.

**Eigentherapie:** mehrjährige tiefenpsychologische → Selbsterfahrung als Bestandteil der Ausbildung zum tiefenpsychologisch fundierten Psychotherapeuten.

**Eigenverantwortung:** auf die eigene Person bezogene → Verantwortung; auch synonym mit Verantwortung gebraucht.

**Eignung:** Grad der Möglichkeit einer Person, in einem bestimmten Bereich aufgrund schon ausgebildeter oder noch auszubildender Fähigkeiten ein bestimmtes Leistungsniveau zu erreichen. Entsprechende → Eignungsuntersuchungen, bei denen häufig → Eignungstests verwendet werden, sollen in diesem Zusammenhang bei einschlägigen Fragestellungen Entscheidungshilfen erbringen. Besonderes Gewicht erhält diese Frage im Zusammenhang mit der **beruflichen Eignung.** Hier können spezielle Berufseignungstests durchgeführt werden, die die Grundfertigkeiten bestimmter Berufe abfragen. Häufig bringt auch ein Praktikum in dem angestrebten Beruf die gewünschte Klarheit.

**Eignungstests:** Gruppe von Tests, die innerhalb der psychologischen Diagnostik eingesetzt werden, um eine Entscheidungshilfe für Personen oder Institutionen bei der Berufswahl bzw. einer Stellenbesetzung zu leisten oder Voraussetzungen zu überprüfen, die für das Erbringen von Leistungen wichtig sind. Man un-

> **Eignung | Motivation inbegriffen**
> Wer sich die Frage stellt »Eignet sich dieser Schultyp, dieser Beruf für mich?«, kann sich bei Personen umhören, die diese Entscheidung bereits für sich selbst getroffen haben. Allerdings werden diese in der Regel ihre subjektive Sicht berichten. Bei der Frage nach der Eignung für einen Beruf verschafft ein Praktikum mehr Klarheit. Auch ein Eignungstest kann hilfreich sein.
> Jedoch sollte man sich von Testergebnissen nicht allzu sehr beeinflussen lassen. Sie geben immer nur eine Momentaufnahme wieder, sind auch abhängig von der Tagesform und der räumlichen Umgebung. Wenn man sich sicher ist, dass eine ganz bestimmte Schulform oder ein bestimmter Beruf »der richtige« ist, so sollte man sich nicht leichtfertig von diesem Weg abbringen lassen. Denn wer motiviert ist, erbringt häufig gute Leistungen. Und was man noch nicht kann, kann man häufig lernen.

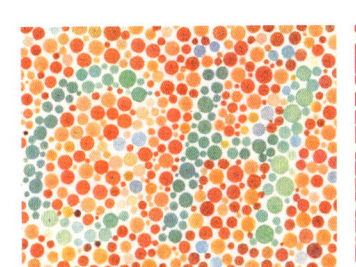

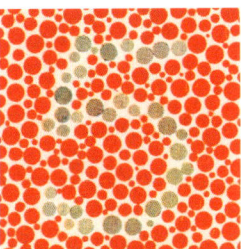

**Eignungstests:** Neben persönlichkeitsspezifischen Eigenschaften werden auch einzelne Körperfunktionen getestet. Mit pseudoisochromatischen Tafeln kann die Farbentüchtigkeit festgestellt werden; Farbenfehlsichtige sehen andere Ziffern und Buchstaben als Farbentüchtige.

terscheidet zwischen allgemeinen und speziellen Eignungstests. Allgemeine Eignungstests untersuchen die generellen Voraussetzungen für das Erzielen von Leistungen. Zu diesen zählen Wahrnehmungsleistungen, z. B. Sehschärfe und Farbentüchtigkeit, sowie Konzentration, Aufmerksamkeit, Willensstärke, Aktivierung und →Vigilanz. Spezielle Eignungstests sollen die Merkmale erfassen, die für die Berufswahl, die Auswahl von Bewerbern für eine ausgeschriebene Position oder eine Auswahlentscheidung im Zusammenhang von Aus-, Fort- oder Weiterbildung eine Bedeutung haben. Dabei können Intelligenztests oder Persönlichkeitstests ebenso eingesetzt werden wie Tests, die bestimme Fertigkeiten prüfen, z. B. die manuelle Geschicklichkeit oder die Rechtschreibfähigkeit.

**Eignungsuntersuchung:** Feststellung und Beurteilung der Eignung eines Bewerbers, die als Diagnose und Prognose festgehalten wird. Hierbei kommen biografische Informationen (Lebenslauf, Bewerberfragebogen, Zeugnisse usw.) ebenso infrage wie →Intelligenztests, →Interviews, Arbeitsproben oder →Assessment-Center. Die Eignung ist sowohl abhängig von den Eigenschaften, Interessen und Fähigkeiten der betreffenden Person als auch von den spezifischen Anforderungen der Tätigkeiten oder des Berufs, die der Untersuchte ausüben will oder soll. Das Urteil, das aus einer Eignungsuntersuchung resultiert, nennt man **Eignungsdiagnose.** Mit ihrer Hilfe wird eine Prognose über die voraussichtliche Bewährung der Untersuchten in bestimmten beruflichen Ausbildungsgängen oder Tätigkeiten getroffen. Auch mit den besten Tests kann man allerdings keine vollständig sichere Prognose abgeben, da zukünftige Entwicklungen nicht im Einzelnen vorhersehbar sind.

**Einbildungskraft:** die →Imagination.
**Einelternfamilie:** Form der →Familie.
**Einfühlung:** die →Empathie.
**Eingangsstufe:** 1) die ersten beiden Grundschulklassen. In den 1970er-Jahren gab es Reformpläne und Modellversuche zur Vorverlegung des Schulanfangs um ein Jahr, um Fünf- und Sechsjährige innerhalb dieser zweijährigen Eingangsstufe, die eine Einheit darstellen sollte, möglichst frühzeitig und besser zu fördern und eventuelle Benachteiligungen durch die soziale Herkunft zu kompensieren. Außerdem sollte der Übergang von den eher spielerischen Lernformen der Elementarstufe (Kindergarten) zur schulischen Arbeit schrittweise stattfinden und so erleichtert werden (→Anfangsunterricht). Aus verschiedenen Gründen wurde das Modell nicht allgemein übernommen. Es gibt jedoch noch teilweise die Einrichtung einer freiwilligen Vorklasse für Fünfjährige.

2) die →Orientierungsstufe.

**eingetragene Lebenspartnerschaft:** seit Inkrafttreten des »Gesetzes über die eingetragene Lebenspartnerschaft« am 1. 8. 2001 in Deutschland geregelte Form der Partnerschaft für gleichgeschlechtliche Partner (umgangssprachlich auch »Homoehe« genannt). Die beiden Partner müssen die eingetragene Lebenspartnerschaft, in Analogie zur Eheschließung, persönlich vor einem Dritten (je nach Bundesland z. B. vor einem Standesbeamten oder einem Notar) begründen. Sie können einen gemeinsamen Namen bestimmen, sind gegenseitig unterhaltspflichtig und erbberechtigt. Gravierende Abweichungen gegenüber der Ehe bestehen u. a. im Steuerrecht (v. a. gibt es nicht die Möglichkeit des Ehegattensplittings) sowie im Beamtenrecht.

Die eingetragene Lebenspartnerschaft soll den gesellschaftlichen und wirtschaftlichen Status gleichgeschlechtlicher Paarbeziehungen verbessern. Befürworter sehen darin die Möglichkeit für die Partner, Verlässlichkeit und Verantwortung zu stärken. Konservative Kritiker sehen in ihr eine Schwächung der traditionellen heterosexuellen Ehe (mit Kindern). Sie betonen daher die Nichtgleichstellung mit der Ehe. Kritiker der Ehe dagegen sehen die Orientierung des zugrunde liegenden Gesetzes an der Ehe gerade als deren weitere gesellschaftliche Sedimentierung.

**Einheitsschule:** einheitliches Schulsystem für alle Kinder ohne Unterschied des Geschlechts und des Standes, für einige Vertreter auch ohne Unterschied der Begabung, in das alle gewachsenen Schulformen einbezogen werden sollen. Der Einheitsschule steht in Deutschland das gegliederte Schulsystem gegenüber.

Gegner der Einheitsschule kritisieren, die Schüler könnten nicht entsprechend ihren individuellen Begabungen gefördert werden: So würden leistungsstarke Schüler nicht ausreichend gefordert und gefördert, leistungsschwächere dagegen überfordert und frustriert. Im Gegensatz dazu betonen Befürworter der Einheitsschule spezielle Fördereffekte für die leistungsschwächeren Schüler sowie die größere soziale Gerechtigkeit, da weitere Bildungs- und Berufswege nicht schon durch die Schulwahl frühzeitig determiniert werden.

*Geschichte:* Als Forderung findet sich die Einheitsschule schon im 17. Jh. bei Johann Amos Comenius. Nach 1919 verwirklichte man in

Deutschland allgemein die vier Schuljahre umfassende Grundschule für alle Kinder.

In der DDR wurde das Prinzip der Einheitsschule bejaht, jedoch war die zehnklassige allgemeinbildende polytechnische Oberschule (POS) in sich stark differenziert. Neben ihr bestanden außerdem Spezialschulen oder -klassen, und der Zugang zur erweiterten Oberschule (EOS) wurde entsprechend den »volkswirtschaftlichen Bedürfnissen« eingeschränkt.

In der Bundesrepublik war der Rahmenplan von 1959 gegen eine Erweiterung der Grundschule, jedoch wurde eine sechsjährige Grundschulzeit in Westberlin eingeführt. In den 1970er-Jahren entstanden verschiedene Varianten der →Orientierungsstufe für die 5. und 6. Klasse. Als Modell- oder auch Regelschule wurde das Konzept der →Gesamtschule entwickelt, gedacht als ein differenziertes Schulsystem mit höchstmöglicher Durchlässigkeit der Bildungswege.

**Einkoten, Enkopresis** [zu griech. kópros »Mist«, »Schmutz«, »Kot«]: meist unwillkürliche Stuhlentleerung nach Abschluss der Sauberkeitserziehung. Das Einkoten ist nur in seltenen Fällen durch eine organische Störung bedingt, es beruht meist auf den gleichen Ursachen wie das Einnässen, tritt jedoch deutlich seltener, gelegentlich auch mit diesem verbunden auf.

**Einnässen, Enuresis** [zu griech. enoureîn »hineinharnen«], **Bettnässen:** meist unwillkürlicher Harnabgang nach Abschluss der Sauberkeitserziehung. Man unterscheidet das weitaus häufigere nächtliche Einnässen (Enuresis nocturna) von dem Einnässen tagsüber (Enuresis diurna).

Ursachen können psychische Belastungen sein. Beim Kind kommen z. B. Ängste, Eifersuchtsgefühle gegenüber jüngeren Geschwistern, häufiger Wechsel der Bezugspersonen oder verfrühte bzw. unrichtige Reinlichkeitsgewöhnung in Betracht. In 5–10 % der Fälle lassen sich jedoch organische Ursachen nachweisen.

Beide Störungen sind therapeutisch behandelbar. Herangehensweisen sind das Aufdecken und Verbessern der Beziehungen zwischen dem Kind und seiner Umgebung, der Abbau der mit dem Symptom verbundenen Scham- und Schuldgefühle sowie verhaltenstherapeutische Verfahren.

**Einsamkeit:** Gefühl der Verlassenheit und sozialen Kontaktlosigkeit. Die durch →Eigenverantwortung und individuelle Gestaltung der →Beziehungen gekennzeichnete moderne Gesellschaft ermöglicht es im Gegensatz zu den traditionellen Kulturen, in relativem Komfort allein zu leben. Nicht alle Alleinlebenden fühlen sich einsam; ebenso sind nicht alle, die in Beziehungen leben, frei von Einsamkeitsgefühlen. Wer über die Fähigkeit verfügt, Beziehungen zu führen, aber seine Kontakte zu Mitmenschen aus eigenem Entschluss eingeschränkt hat, ist allein, fühlt sich jedoch nicht einsam. Das Gefühl der Einsamkeit entsteht, wenn Kontakte gewünscht werden, aber die Kontaktsuchenden sich zu wenig mutig, entschieden oder anziehend fühlen, um selbst aktiv zu werden. Sie warten ab und hoffen, meist vergeblich, dass jemand kommt und sie aus ihrer Einsamkeit erlöst. Einsamkeit erleben auch diejenigen, die zwar auf andere zugehen können und durchaus Kontakte haben, aber die Kontakte nicht als be-

**Einsamkeit:** Die Abgeschiedenheit des Einzelnen kann positiv als Unabhängigkeit oder Selbstfindung gesehen werden. Meist wird sie aber negativ als Isolation und Verlassenheit empfunden – als Einsamkeit (Caspar David Friedrich, »Landschaft«; Sankt Petersburg, Eremitage).

---

**Einsamkeit | »... ach, der ist bald allein«**

»Wer sich der Einsamkeit ergibt, ach, der ist bald allein«: So ermahnte Goethe in »Wilhelm Meisters Lehrjahre«. In der Tat ergibt Einsamkeit oft einen Teufelskreis, der nur durch eigene Tätigkeit zu durchbrechen ist: Die soziale Isolation und das negative Selbstbild einer einsamen Person werden durch ihr Umfeld meist verstärkt; sie erlebt ihre Einsamkeit als Versagen oder Unfähigkeit, erhebt Selbstvorwürfe – und vermeidet aus Angst vor Enttäuschungen soziale Kontakte.

Der wichtigste Schritt zur Überwindung der Einsamkeit besteht darin, die Angst vor Neuem abzubauen, die einen am Vermeidungsverhalten festhalten lässt. Nur so kann man soziale Kontakte knüpfen. Langfristige Freundschaften lassen sich aufbauen, wenn regelmäßige Kontakte gepflegt und gemeinsame Interessen verfolgt werden. Auch in Phasen des Alleinseins gilt es, tätig zu sein. Dann ist die Einsamkeit nicht nur zu ertragen, sondern es lassen sich darin auch neue Facetten der eigenen Persönlichkeit entdecken.

**Einschulung:** Die Einschulung erfolgt derzeit nur einmal im Jahr. Jedoch ist der Entwicklungsstand der Kinder eines Jahrgangs so unterschiedlich, dass immer wieder Überlegungen zu einer flexibleren Einschulungspraxis angeregt werden.

friedigend empfinden. Einsamkeitsgefühle sind häufig ein Symptom von →Depressionen.

**Einschulung:** Eintritt in die erste Klasse der Schule. In Deutschland werden die Kinder später als international üblich in die Grundschule eingeschult, im Durchschnitt mit 6,8 Jahren. In welchem Alter die Schulpflicht beginnt, ist heute von Bundesland zu Bundesland verschieden und weicht von folgender Regelung leicht ab: Die Schulpflicht setzt mit Vollendung des sechsten Lebensjahres ein: Die bis zum 30. 6. geborenen Kinder werden zum neuen Schuljahr im August bzw. September eingeschult; Kinder, die bis zum 31. 12. sechs Jahre alt werden, können auf Antrag der Eltern ebenfalls schon schulpflichtig werden, wenn die →Schulfähigkeit gegeben ist. Zeigen schulpflichtige Kinder noch keine ausreichende Schulfähigkeit, können sie für ein Jahr vom Besuch der Schule zurückgestellt werden.

Nach dem Eintritt in den Kindergarten ist die Einschulung eine weitere Zäsur im Leben des Kindes und der Eltern. Weil dies oft auch als tiefer Einschnitt empfunden wird, bemühen sich die Verantwortlichen in Familie, Kindergarten und Schule im Idealfall um eine positive Gestaltung des Übergangs. Dies kann durch Besuche des Kindergartens in der zuständigen Grundschule erfolgen (»Schnupperschule«), aber auch dadurch, dass Grundschullehrer zu den Kindern im Kindergarten Kontakt aufnehmen. Dabei können sie auch erfahren, wie der Kindergarten auf die Schule vorbereitet und inwieweit Ähnlichkeiten und Unterschiede in der jeweiligen Arbeitsweise bestehen. Die Kindergartenkinder lernen so den künftigen Klassenlehrer kennen. Zum Teil kommt es auch zu Begegnungen von Lehrern und Eltern. Die wünschenswerte Kooperation zwischen Kindergarten und Grundschule entsteht nicht von selbst, sondern bedarf des Engagements von beiden Seiten sowie auch der Eltern.

**Einschulungstests:** die →Schuleingangstests.

**Einsicht:** das Verstehen eines Sachverhalts durch das Erkennen oder Entdecken seiner Struktur, z.B. Ursachen oder Wechselwirkungen. Ist der Sachverhalt komplex, unanschaulich oder für den Betrachter völlig neuartig, so ist die Einsichtnahme in seine Struktur erschwert. Gelangt man plötzlich zur Einsicht, spricht man vom **Aha-Erlebnis,** das erstmals von Karl Bühler beschrieben wurde. Beim Aha-Erlebnis gewinnt man eine neue Perspektive gegenüber einer Sache bzw. Aufgabe, diese erscheint jetzt in einem neuen Licht. Bei der Denkaufgabe z. B., mit sechs Streichhölzern vier gleichseitige Dreiecke zu bilden, tritt das Aha-Erlebnis ein, wenn man sich bei der Lösung nicht mehr auf eine Ebene beschränkt.

Das Lernen durch Einsicht, mit dem sich v. a. Vertreter der →Gestaltpsychologie eingehender befasst haben, wird oft im Gegensatz zum Versuch-Irrtum-Lernen, Konditionieren und Trainieren (→Lerntheorien) gesehen. Versteht man Denken als Probehandeln, dann ist es vorstellbar, dass beim Lernen durch Einsicht das Versuch-Irrtum-Verhalten als verdeckte geistige Aktivität abläuft.

In der *Psychotherapie* spricht man von der Einsicht des Patienten in seine Erkrankung, auch →Introspektionsfähigkeit genannt.

---

**Einschulung | Das Umfeld spielt mit**

Am Anfang der Schulzeit werden die entscheidenden Weichen für die schulische Karriere des Kindes gestellt. Fehler, Über- oder Unterforderungen können beim Schulkind negative Reaktionen auslösen, die sich langfristig verfestigen und zu einem anhaltend gespannten Verhältnis zu Mitschülern, Lehrern und der Schule insgesamt führen können.
Auch für die Eltern gilt es, dem Schulkind den Übergang vom Kindergarten zur Grundschule zu erleichtern. Dies ist besonders dann wichtig, wenn das Kind durch die Einschulung von seinen Spielgefährten getrennt wird. Um den Kontakt mit den vertrauten Kindern aufrechtzuerhalten, kann man diese z. B. ausdrücklich zum Spielen einladen oder mit ihnen einen Ausflug unternehmen. So kann das eigene Kind sicher sein, dass mit dem Anfang der Schulzeit nicht der plötzliche Verlust des gewohnten Freundeskreises einhergeht.

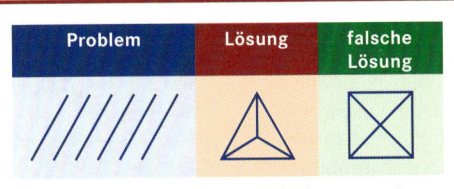

**Einsicht:** Bei der Lösung der Aufgabe, aus sechs Streichhölzern vier gleichseitige Dreiecke zu bilden, denken die meisten Menschen zunächst nur an flächige Konstruktionen. Nach dem Hinweis auf eine räumliche Variante folgt oft schlagartig die richtige Lösung.

**Einstellung:** Haltung gegenüber bestimmten Objekten, Personen oder Ideen. Einstellung ist ein zentraler Begriff in der *Sozialpsychologie*, der verschieden aufgefasst wird. Nach dem Dreikomponentenmodell der Einstellung besteht sie aus drei Teilen: die affektive Komponente, d. h. die Bewertung; die kognitive Komponente, d. h. die **Meinung**; und die verhaltensbezogene Komponente, also das Verhalten. Beispiel: Die positive Einstellung zum Tierschutz umfassst 1. die Bewertung, dass es gut ist, Tiere zu schützen, 2. die Meinung, dass der Mensch kein Recht hat, Tiere zu töten, und 3. das entsprechende Verhalten, z. B. vegetarisch zu leben. Im Zweikomponentenmodell ist Einstellung unabhängig vom Verhalten definiert; Einstellung besteht demnach aus der Bewertung und der Meinung (»Die Tierschutzorganisation A. ist gut, sie setzt sich wirklich für die Tierrechte ein«). Das Einkomponentenmodell schließlich betrachtet Einstellung lediglich als Bewertung (»Die Tierschutzorganisation A. ist gut«).

Einstellungen werden gelernt durch persönliche Erfahrungen (z. B. lernt Karl Onkel Heinz kennen und findet ihn gut) und durch Vermittlung durch andere (z. B. hört Karl in der Familie, dass Onkel Heinz gut sei). Je mehr eine Person Einstellungen durch Vermittlung erwirbt, desto mehr wird bei ihm →Konformismus vorherrschen. Die Bildung von Stereotypen und Vorurteilen – Teilmengen der Einstellung – sind weniger wahrscheinlich, wenn Einstellungen durch persönliche Erfahrungen erworben werden.

Zur Erfassung von Einstellungen werden Einstellungsskalen als Messverfahren angewandt, z. B. das →Polaritätsprofil.

**Einstiegsdrogen:** Substanzen mit Suchtpotenzial, deren Konsum die Bereitschaft erhöht, stärkere →Sucht erzeugende Substanzen (»harte Drogen« wie Heroin) zu konsumieren. Heute gelten Nikotin und Alkohol zu den Einstiegsdrogen, ob auch Cannabis dazugehört, ist umstritten.

**Einzelfallstudi|e:** die →Fallstudie.

**Einzelkinder:** Kinder, die keine Geschwister haben oder ohne Geschwister aufwachsen. In den letzten 100 Jahren ist die Geburtenrate im deutschsprachigen Raum wie in vielen anderen Ländern drastisch zurückgegangen. Lebten zu Beginn des 20. Jahrhunderts noch durchschnittlich fünf bis sechs Kinder in einer deutschen Familie, so ist heute die Einkindfamilie die am häufigsten anzutreffende Familienform mit Kindern.

Im Alltagsdenken wird nach wie vor unterstellt, dass es für die Persönlichkeitsentwicklung günstiger sei, wenn Kinder zusammen mit Geschwistern aufwachsen. Einzelkindern wird nachgesagt, sie seien oft überbehütet, ichbezogen und verwöhnt, sie könnten sich schlechter anpassen als Geschwisterkinder.

Die genannten Vorurteile über Einzelkinder konnten jedoch in zahlreichen neueren Studien nicht bestätigt werden. Es ließen sich für die meisten Persönlichkeitsmerkmale keine Unterschiede zu Geschwisterkindern feststellen, die verallgemeinert werden könnten. Für die Entwicklung aller Kinder sind andere Faktoren weitaus ausschlaggebender als die Tatsache, ob sie Geschwister haben oder nicht. Gleichzeitig besteht Einigkeit darüber, dass die Anwesenheit von Geschwistern sowohl positive (z. B. als Schutz vor Überbehütung oder als emotionaler Beistand in zerrütteten Familien) als auch negative (z. B. durch Förderung von Unselbstständigkeit und Aggressivität) Wirkungen haben kann.

Auffällig ist, wie hartnäckig sich die Vorurteile und Einstellungen gegenüber Einzelkindern und ihren Eltern in der Bevölkerung halten. Im Gegensatz zu früher, als Einzelkinder

**Einzelkinder:** Die Einkindfamilie ist bei uns inzwischen die häufigste Familienform mit Kindern. Dennoch bestehen viele Vorurteile weiter.

**Ekel:**
Was Abscheu hervorruft, ist individuell und kulturell verschieden. Schnecken werden einerseits als Delikatesse angesehen – andere ekelt schon ihr Anblick.

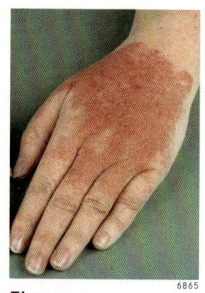

**Ekzem:**
Beim Auftreten von Hautproblemen werden psychische Faktoren häufig wenn nicht als ursächlich, so doch als unterstützend angesehen.

seltene Ausnahmen waren, haben heutzutage die meisten Kinder ohne Geschwister schon früh, z. B. in Krabbelgruppen, Kontakt zu anderen Kindern.

**Einzelpsychotherapie:** Psychotherapie mit nur einem Klienten; selten auch Individualpsychotherapie genannt. Sie ist der Regelfall der Psychotherapie. Seit den 1930er-Jahren gibt es neben der Einzelpsychotherapie auch →Gruppenpsychotherapie. Manche Patienten sprechen besser auf eine Einzelpsychotherapie als auf Gruppenpsychotherapie an, z. B. Patienten, deren soziale Kompetenz nicht sehr ausgeprägt ist. Dies muss im Vorgespräch abgeklärt werden.

**Ejakulation** [zu latein. eiaculare »auswerfen«]: durch Reizsummation ausgelöstes und durch Reflexe gesteuertes Ausspritzen von Flüssigkeit beim Orgasmus. Beim Mann bezeichnet man die Ejakulation auch als **Samenerguss**. Manche Frauen stoßen im Orgasmus ein Sekret aus, das wohl vorwiegend aus in die Harnröhre mündenden Drüsen stammt, die einem Teil der Vorsteherdrüse des Mannes entsprechen. Bei diesem Sekret handelt es sich nicht um Urin, wie mitunter irrtümlich angenommen wird. Hierfür gibt es die Bezeichnung **weibliche Ejakulation**.

Die **vorzeitige Ejakulation** beim Mann, die vor oder unmittelbar nach Einführen des Penis in die Scheide erfolgt, hat weit häufiger psychische als organische Ursachen. Gleiches gilt für die tagsüber spontan auftretende Ejakulation. Bei der ganz ausbleibenden Ejakulation, die klinisch mit oder ohne Orgasmus beobachtet wird, können körperliche Ursachen im Vordergrund stehen (z. B. Verschluss des Samenleiters oder eine Hodenerkrankung).

**Ekel:** ein Gefühl der Abneigung oder des Abgestoßenseins, das sich auf Objekte oder Personen bezieht, gelegentlich auch auf sich selbst. Ekelgefühle äußern sich bevorzugt in körperlichen Reaktionen des Magen-Darm-Traktes (Übelkeit, Brechreiz, Magenbeschwerden).

**EKG**, Abk. für **Elektrokardiogramm** [zu griech. kardía »Herz«]: Kurvenbild der elektrischen Herzströme, die mithilfe von Elektroden von der Körperoberfläche abgeleitet werden. Beim Gesunden zeigt das EKG eine typische Abfolge regelmäßig wiederkehrender Zacken, Wellen, Strecken und Komplexe.

Mit dem EKG lassen sich u. a. Rhythmusstörungen des Herzens, Veränderungen der Erregungsleitung und Schädigungen des Herzmuskels, darunter auch Herzinfarkte, feststellen. Diagnostisch wertvoll ist dabei der Unterschied zwischen Ruhe-EKG und Belastungs-EKG, z. B. mit einem Fahrradergometer.

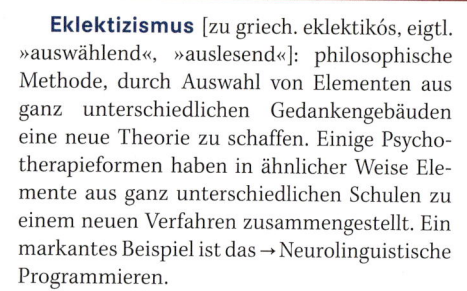

**Eklektizismus** [zu griech. eklektikós, eigtl. »auswählend«, »auslesend«]: philosophische Methode, durch Auswahl von Elementen aus ganz unterschiedlichen Gedankengebäuden eine neue Theorie zu schaffen. Einige Psychotherapieformen haben in ähnlicher Weise Elemente aus ganz unterschiedlichen Schulen zu einem neuen Verfahren zusammengestellt. Ein markantes Beispiel ist das →Neurolinguistische Programmieren.

**Ekstase** [griech., eigtl. »das Aus-sich-Heraustreten«]: ein rauschhafter, tranceartiger Zustand, eine Entrückung aus der Realität. Zu unterscheiden ist eine spontan den Menschen überkommende Ekstase von einer künstlichen, etwa durch Askese, Musik, Tanz oder Drogen herbeigeführten Ekstase. Im ekstatischen Zustand treten oft optische oder akustische Halluzinationen auf; die Ansprechbarkeit für Sinneseindrücke ist reduziert. Ekstase wird oft bei starker nervlicher Erregung, z. B. nach Affekterlebnissen wie Wut, Sexualakten u. a. beobachtet. Eine gesteigerte Neigung zur Ekstase findet sich bei →psychotischen Störungen.

**Ekzem** [griech. »durch Hitze herausgetriebener Ausschlag«]: Sammelbegriff für krankhafte Veränderungen der oberen Hautschichten (juckende, nässende, schuppende, Blasen bildende, schrundige Ekzeme), deren Ursachen nicht genau bekannt sind. Wahrscheinlich spielen oft Allergien (u. a. gegen Nahrungsmittel, z. B. bei Milchschorf) eine Rolle, aber auch psychische Faktoren können an der Entstehung und Aufrechterhaltung von Ekzemen beteiligt sein. Dies hat man etwa daraus geschlossen, dass nach einem Fortschritt in einer Psychotherapie ein schon viele Jahre bestehendes Ekzem plötzlich verschwindet.

**Elektrakomplex:** *Psychoanalyse:* nach C. G. Jung der verdrängte Wunsch der Tochter, mit ihrem Vater eine sexuelle Beziehung einzugehen; entspricht dem →Ödipuskomplex beim Sohn.

**Elektro|enzephalogramm:** das →EEG.

**Elektrokardiogramm:** das →EKG.

**Elektrokrampftherapie, Elektroschocktherapie, Heilkrampftherapie:** von den italienischen Nervenärzten Lucio Bini und Ugo Cerletti 1938 eingeführte Methode zur Behandlung von psychischen Erkrankungen; Psychopharmaka haben die Elektrokrampftherapie weitgehend zurückgedrängt, wobei seit etwa 2000 wieder ein verstärkter Einsatz festzustellen ist. Bei der Elektrokrampftherapie werden Elektroden an beide Schläfen (bilateral) oder an eine Schläfe (unilateral) gelegt, und durch einen Stromstoß wird ein Krampfanfall ausgelöst. Die

Methode wird vorwiegend angewandt, wenn Medikamente nicht geholfen haben, und ist indiziert bei v. a. schweren und wahnhaften Depressionen, Depressionen mit akuter Suizidgefahr, schizoaffektiven Störungen und akuter, lebensbedrohlicher Katatonie. Die Elektrokrampftherapie wird in der Regel als Behandlungsserie von acht bis zwölf Sitzungen mit einem Abstand von meist zwei bis drei Tagen in Narkose und unter Gabe muskelentspannender Mittel durchgeführt. Ein Großteil der Patienten berichtet über eine deutliche Symptombesserung nach den Anwendungen. Als Nebenwirkungen ist u. a. mit Störungen des Kurzzeitgedächtnisses zu rechnen, die sich allerdings bei den meisten Patienten nach wenigen Stunden bis wenigen Wochen zurückbilden.

**Elementarpädagogik:** Teilbereich der →Erziehungswissenschaft, der sich mit der Bildung, Erziehung und Betreuung von Kindern unter sechs Jahren beschäftigt.

**elterliches Entfremdungssydrom:** die →Eltern-Kind-Entfremdung.

**elterliche Sorge, Sorgerecht:** das Recht und die Pflicht der Eltern, für das minderjährige Kind zu sorgen, früher als elterliche Gewalt bezeichnet. Die elterliche Sorge umfasst die Personen- und die Vermögenssorge. Die Personensorge bedeutet die Pflicht und das Recht der Eltern, für das leibliche, sittliche, geistige und seelische Kindeswohl zu sorgen. Die Vermögenssorge umfasst das Recht und die Pflicht der Eltern, das Vermögen des Kindes zu verwalten.

Das Recht der elterlichen Sorge beginnt mit der Geburt des Kindes und endet in der Regel mit dessen Volljährigkeit. Dieses Recht ist grundsätzlich unverzichtbar, unvererblich und unübertragbar, kann aber in seiner Ausübung beschränkt werden, z. B. bei Übergabe des Kindes in Familienpflege. Das Sorgerecht kann einem oder beiden Elternteilen durch das Familiengericht ganz oder teilweise entzogen werden, wenn das Wohl des Kindes gefährdet ist und die Eltern weder willens noch in der Lage sind, der Gefahr abzuhelfen.

Aufgrund des seit 1. 7. 1998 in Kraft getretenen Kindschaftsrechtsreformgesetzes geht man im Falle von dauerndem Getrenntleben bzw. Scheidung von der fortbestehenden und gemeinsam praktizierten elterlichen Sorge aus, jedenfalls so lange, bis ein Elternteil das alleinige Sorgerecht beantragt, worüber das Familiengericht entscheidet. Sind die Eltern bei der Geburt des Kindes nicht miteinander verheiratet, steht die elterliche Sorge ihnen gemeinsam zu, wenn sie entsprechende öffentlich beurkundete »Sorgeerklärungen« abgeben oder einander heiraten. Sonst hat die Mutter das Sorgerecht, dem Vater steht das Umgangsrecht zu.

**elterliche Zuwendung:** die →Zuwendung, elterliche.

**Eltern:** die Personen, die als leibliche Mutter, leiblicher Vater oder als Eltern im Sinne des Bürgerlichen Gesetzbuchs (wodurch Adoptiveltern eingeschlossen sind) das Recht und die Pflicht der →elterlichen Sorge gegenüber ihrem Kind haben (→Elternrecht). Die Rechtsverhältnisse zwischen Eltern und Kindern sind sehr ausführlich im Familienrecht des Bürgerlichen Gesetzbuchs dargestellt. In den letzten beiden Jahrzehnten ist ein Ausbau der Rechte der Kinder ihren Eltern gegenüber erkennbar.

Für die psychische und intellektuelle Entwicklung des Kindes sind seine Eltern die wichtigste Instanz (→Eltern-Kind-Beziehung). Elternschaft bedeutet eine bewusste Annahme der Rolle und der elterlichen Aufgaben.

**Elternallianz:** die Zusammenarbeit beider Elternteile bei der Erziehung des Kindes als ein Elternteam. Eine Elternallianz ist bei ausgeprägten Konflikten zwischen den Ehepartnern kaum möglich. Es besteht in diesem Fall die Gefahr, dass ein Elternteil sich mit dem Kind gegen den anderen verbündet und es zum Ersatzpartner macht. Zu einer gesunden seelischen Entwicklung eines Kindes gehört jedoch, dass die Erwachsenen Verantwortung für das Kind tragen und nicht umgekehrt, und dass das Kind keinen Loyalitätskonflikten ausgesetzt wird.

**Elternarbeit:** Maßnahmen, Veranstaltungen und Angebote von Schulen und Kindergärten für Eltern, mit denen eine wechselseitige Abstimmung und Unterstützung der jeweiligen Arbeit mit den Kindern und Jugendlichen erreicht werden soll. Dazu gehören v. a. Elternsprechstunden, regelmäßige Elternabende, Mitbestimmung der Eltern bzw. Elternvertretungen, Hausbesuche und Elternmitarbeit im Unterricht.

Eine Kooperation kann z. B. erfolgreich sein, wenn ein Lehrer von den Eltern den Auslöser erfährt, der ein problematisches Schülerverhalten verursacht hat; oder wenn der Lehrer den Eltern erprobte Methoden vermitteln kann, damit sie mit ihrem Kind zusammen erfolgreicher lernen können, denn die Qualität der häuslichen Lernbedingungen hat sich als ein wesentlicher Faktor für die schulischen Leistungen von Kindern und Jugendlichen erwiesen.

**Eltern-Kind-Beziehung:** Art und Intensität der Interaktion zwischen Eltern und Kind oder der Interaktion zwischen einer anderen Bezugsperson und Kind. Die Qualität der frühen Eltern-Kind-Beziehung ist u. a. entscheidend

**Eltern-Kind-Beziehung:** Die Qualität der Bindung zwischen Kindern und ihren Bezugspersonen hat sich als grundlegend für die Entwicklung erwiesen.

für die Entwicklung von →Urvertrauen und Liebesfähigkeit eines Menschen. Diese hängt maßgeblich ab von der gegenseitigen →Bindung von Kind und Bezugsperson.

Bei der Betrachtung der Eltern-Kind-Beziehung steht häufig das Verhalten der Eltern gegenüber dem Kind im Vordergrund. Interaktionistische Konzepte betonen demgegenüber, dass auch das sehr kleine Kind die Beziehung aktiv und auf ganz individuelle Art mit beeinflusst. So kann beispielsweise ein Kind seine Bedürfnisse weniger gut signalisieren als ein anderes; in diesem Fall haben Eltern es schwerer, seine Bedürfnisse zu erkennen und zu befriedigen, was sich negativ auf die Beziehung auswirkt.

Hinsichtlich des Erziehungsverhaltens hat sich nach neuesten Erkenntnissen der autoritative →Erziehungsstil als förderlich für die Eltern-Kind-Beziehung erwiesen.

Bei aller Bedeutung, die günstige Bedingungen in der frühesten Kindheit für die Entwicklung eines Menschen haben, darf nicht übersehen werden, dass spätere Lebensereignisse ebenfalls erhebliche Auswirkungen haben können, sowohl in negativer als auch in positiver Hinsicht. So kann nach einem schwierigen Start, z. B. bei Eheschwierigkeiten oder längerer Krankheit, dennoch eine gute Beziehung aufgebaut werden, sobald sich die Belastung verringert hat. Dabei können Verwandte und Freunde eine wichtige Hilfe sein.

**Eltern-Kind-Entfremdung, elterliches Entfremdungssyndrom, Parental Alienation Syndrome** [engl. »elterliches Entfremdungssyndrom«], Abk. **PAS:** Zustand bei einem Kind, der im Zusammenhang mit der Scheidung oder Trennung der Eltern auftritt: dauerhafte, feindselige Abwendung vom getrennten Elternteil bei starker Zuwendung zum verbleibenden Elternteil, ausgelöst durch Beeinflussungen desjenigen Elternteils, bei dem das Kind lebt.

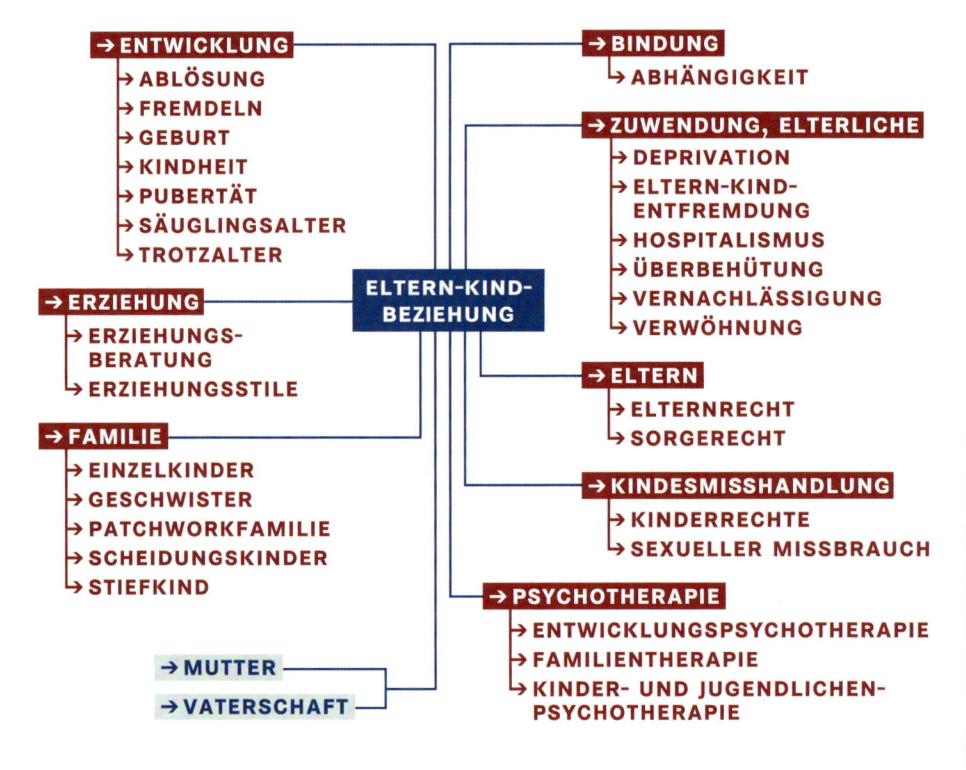

→ **ENTWICKLUNG**
- → ABLÖSUNG
- → FREMDELN
- → GEBURT
- → KINDHEIT
- → PUBERTÄT
- → SÄUGLINGSALTER
- → TROTZALTER

→ **ERZIEHUNG**
- → ERZIEHUNGSBERATUNG
- → ERZIEHUNGSSTILE

→ **FAMILIE**
- → EINZELKINDER
- → GESCHWISTER
- → PATCHWORKFAMILIE
- → SCHEIDUNGSKINDER
- → STIEFKIND

→ MUTTER
→ VATERSCHAFT

**ELTERN-KIND-BEZIEHUNG**

→ **BINDUNG**
- → ABHÄNGIGKEIT

→ **ZUWENDUNG, ELTERLICHE**
- → DEPRIVATION
- → ELTERN-KIND-ENTFREMDUNG
- → HOSPITALISMUS
- → ÜBERBEHÜTUNG
- → VERNACHLÄSSIGUNG
- → VERWÖHNUNG

→ **ELTERN**
- → ELTERNRECHT
- → SORGERECHT

→ **KINDESMISSHANDLUNG**
- → KINDERRECHTE
- → SEXUELLER MISSBRAUCH

→ **PSYCHOTHERAPIE**
- → ENTWICKLUNGSPSYCHOTHERAPIE
- → FAMILIENTHERAPIE
- → KINDER- UND JUGENDLICHEN-PSYCHOTHERAPIE

Der entfremdende Elternteil – selbst belastet durch die Trennung – zieht das Kind bewusst oder unbewusst auf seine Seite, macht es zum Partnerersatz, während das Kind, das abhängig von diesem ist, seine negative Sicht übernimmt. Es wird angenommen, dass die induzierte Eltern-Kind-Entfremdung die seelische Entwicklung des Kindes massiv stören kann, u. a. weil es noch nicht fähig ist, zwischen Selbst-Erlebtem und Gehörtem klar zu unterscheiden, und bei Übernahme von Fremdansichten nicht lernt, seinen eigenen Wahrnehmungen zu vertrauen.

**Eltern-Kind-Psychotherapie:** die →Entwicklungspsychotherapie.

**Elternrecht:** im Grundgesetz verankertes Recht der Eltern sowie auch ihre Pflicht, Pflege und Erziehung ihrer minderjährigen Kinder in Selbstverantwortung wahrzunehmen (Artikel 6 Absatz 2). Gleichzeitig wird dem Staat die Aufgabe zugewiesen, über die Ausübung des Elternrechts zu wachen, notfalls die Pflege und Erziehung der Kinder sicherzustellen und einzugreifen, wenn das Wohl eines Kindes gefährdet ist (→elterliche Sorge).

Auch im schulischen Bereich kollidiert das Elternrecht mit dem selbstständigen, von den Eltern unabhängigen staatlichen Erziehungsauftrag der Schule: In Artikel 7 wird das Schulwesen der Aufsicht des Staates unterstellt. Die Grenzziehungen zwischen Elternrecht und staatlichem Recht sind oft problematisch. So musste gerichtlich geklärt werden, in welcher Weise die Schule →Sexualerziehung betreiben kann und ihrem Bildungsauftrag gemäß auch muss. Dabei ging es um die Frage, ob, in welchem Umfang und mit welchem Ziel ein Kind in der Schule sexuell aufgeklärt werden kann – auch gegen den Willen von Eltern oder Erziehungsberechtigten.

Aus dem Elternrecht resultieren im Prinzip die im jeweiligen Schulrecht der Bundesländer formulierten Mitbestimmungsrechte, die Eltern im Rahmen der Schulen haben, in die ihre Kinder gehen.

**Elterntraining** [-trɛːnɪŋ]: unter fachlicher Leitung durchgeführtes, hauptsächlich präventives Angebot an Eltern zur Unterstützung bei der Kindererziehung. Zielsetzungen entsprechender Trainings sind: Eltern Wissen über günstiges Erziehungsverhalten zu vermitteln, das geprägt ist durch eine positive Beziehung zum Kind, klare Grenzen, Konsistenz des erzieherischen Verhaltens, die Schaffung entwicklungsförderlicher Bedingungen; ihnen Möglichkeiten zu eröffnen, sich mit anderen Eltern über ihre Efahrungen und Schwierigkeiten auszutauschen, gemeinsam Problemlösungen zu erarbeiten; ihre Erziehungskompetenz durch praktische Übungen, z. B. im →Rollenspiel zu erweitern.

Heute gibt es eine breite Angebotspalette von Elterntrainings, die sich im Hinblick auf zugrunde liegende Menschenbilder, Methoden, Ziele und Organisationsformen (Stundenzahl, wöchentliche Treffen über einen längeren Zeitraum hinweg oder in Blockform) unterscheiden. Wissenschaftlich evaluierte Programme sind u. a. »Starke Eltern – starke Kinder« des Deutschen Kinderschutzbundes e. V. »Stop« oder »Triple P« (Positive Parenting Program, Positives Erziehungsprogramm). Elterntrainings wirken sich nachweislich positiv auf das Verhalten von Eltern und Kindern aus.

**Emanzipation** [latein. »Freilassung«]: die Befreiung aus einem Zustand der Abhängigkeit, Entrechtung oder Unterdrückung, besonders die rechtliche und gesellschaftliche Gleichstellung benachteiligter Gruppen.

Im römischen Recht bezeichnete Emanzipation den Rechtsakt, mit dem ein Kind oder Sklave aus der häuslichen Gemeinschaft und der Verfügungsgewalt des Familienvaters ausschied. Dieser Begriff der Emanzipation hielt sich bis weit ins 18. Jh. hinein. Erst im 19. Jh. wurde Emanzipation auf die gesellschaftlich-rechtliche Gleichstellung benachteiligter Gruppen ausgedehnt; nun wurde Emanzipation nicht mehr gewährt, sondern erkämpft. Um 1840 war damit Emanzipation zu einem Schlagwort geworden, das alle maßgeblichen Gleichstellungsbestrebungen umfasste.

Mit der Formierung der Arbeiterbewegung gewann der Emanzipationsbegriff v. a. im Sozialismus stärker soziale und politische Dimensionen. In den späten 1960er-Jahren entwickelte sich darüber hinaus die Forderung nach Emanzipation zu einem Schlagwort antibürgerlicher Kräfte. Ziele der breit gestreuten Emanzipationsforderungen waren besonders die Demokratisierung der Gesellschaft in all ihren Bereichen (z. B. Familie, Schule, Universität, Betrieb), die Chancengleichheit aller Glieder der Gesellschaft (z. B. der Frauen am Arbeitsplatz und in der Familie, der Behinderten oder der ausländischen Arbeitnehmer in der Arbeitswelt, allgemein aller, die sich als benachteiligte Mehrheit oder Minderheit betrachten oder als solche betrachtet werden) und die Mitbestimmung Abhängiger (z. B. der Arbeitnehmer oder ihrer Interessenvertreter im Betrieb, der Schüler in der Schule, der Studenten an der Universität, der Auszubildenden in ihrem Lehrbetrieb). Die oft leidenschaftlich geführten Diskussionen um Notwendigkeit und Grenzen zahlreicher Eman-

**emotionale Intelligenz | Abstand kann helfen**
Seine Emotionen in sozialen Situationen zu beherrschen, ist dann besonders wichtig und schwierig, wenn es sich um aggressive Affekte wie Wut handelt: Zum einen soll man als Mitglied einer zivilisierten Gesellschaft die eigenen aggressiven Impulse unterdrücken; sonst sind negative Konsequenzen zu befürchten. Zum anderen ist im Affektzustand der kritische Verstand stark eingeschränkt und das Handeln von intensiven Emotionen bestimmt. Man kann zwar nicht verhindern, dass jemand anderes einen durch sein Fehlverhalten in Wut versetzt, wohl aber, dass die Wut durch das eigene Gegenverhalten verstärkt wird: Anstatt sich in die Wut hineinzusteigern und sie etwa durch Gedanken oder Beschimpfungen anzufachen, kann man versuchen, sich abzuregen, indem man zunächst Abstand zum Geschehen nimmt, z. B. Zerstreuung oder Entspannung sucht oder die Erregung durch körperliche Bewegung abmildert. Mit »kühlem« Kopf kann man dann besser entscheiden, wie weiter vorzugehen ist.

zipationsforderungen führten im Ergebnis zu einem erweiterten Verständnis von Emanzipation als der Fähigkeit des Einzelnen zu kritischer Urteilsbildung und eigenverantwortlicher Führung seines Lebens in Staat und Gesellschaft.

**EMDR** [Abk. für engl. Eye movement desensitization and reprocessing »Desensibilisierung und Umstrukturierung durch Augenbewegungen«]: von der amerikanischen Psychologin Francine Shapiro Ende der 1980er-Jahre entwickelte Methode zur Therapie der posttraumatischen Belastungsstörung, bei der die bilaterale Stimulierung angewandt wird: Während sich der Patient die traumatische Situation vorstellt, bewegt der Therapeut seinen Finger vor den Augen des Patienten abwechselnd nach links und rechts, und der Patient folgt dieser Fingerbewegung allein mit den Augen. Es wird vermutet, dass so beide Gehirnhälften stimuliert werden und das traumatische Erlebnis von der rechten Hirnhälfte, der Gefühlsseite, Zugang findet zur linken Hirnhälfte, der Sprach- und Logikseite. Bei dem Trauma sind diese Bahnen vermutlich blockiert und können mit dieser Technik gelöst werden, sodass eine Verarbeitung des Geschehens stattfindet. Die bilaterale Stimulierung kann auch mit anderen Techniken, z. B. mit abwechselndem Berühren der linken und rechten Hand, angewandt werden.

Das Verfahren nach Shapiro folgt einem mehrstufigen Vorgehen, das eine Stabilisierung des Patienten vor der bilateralen Stimulierung beinhaltet. Diese ist besonders wichtig, denn die Konfrontation mit dem Traumaerleben kann sehr belastend sein und im schlimmsten Fall retraumatisieren. EMDR ist eine Behandlungsmethode, die sich in verschiedene Therapieverfahren, z. B. in die tiefenpsychologische Psychotherapie oder die Verhaltenstherapie, integrieren lässt. Sie verzeichnet bisher hohe Wirksamkeit. Die Kosten für eine EMDR-Therapie werden derzeit nicht von den gesetzlichen Krankenkassen übernommen.

**emotionale Intelligenz:** eine Reihe von Fähigkeiten einer Person, erfolgreich mit sich und

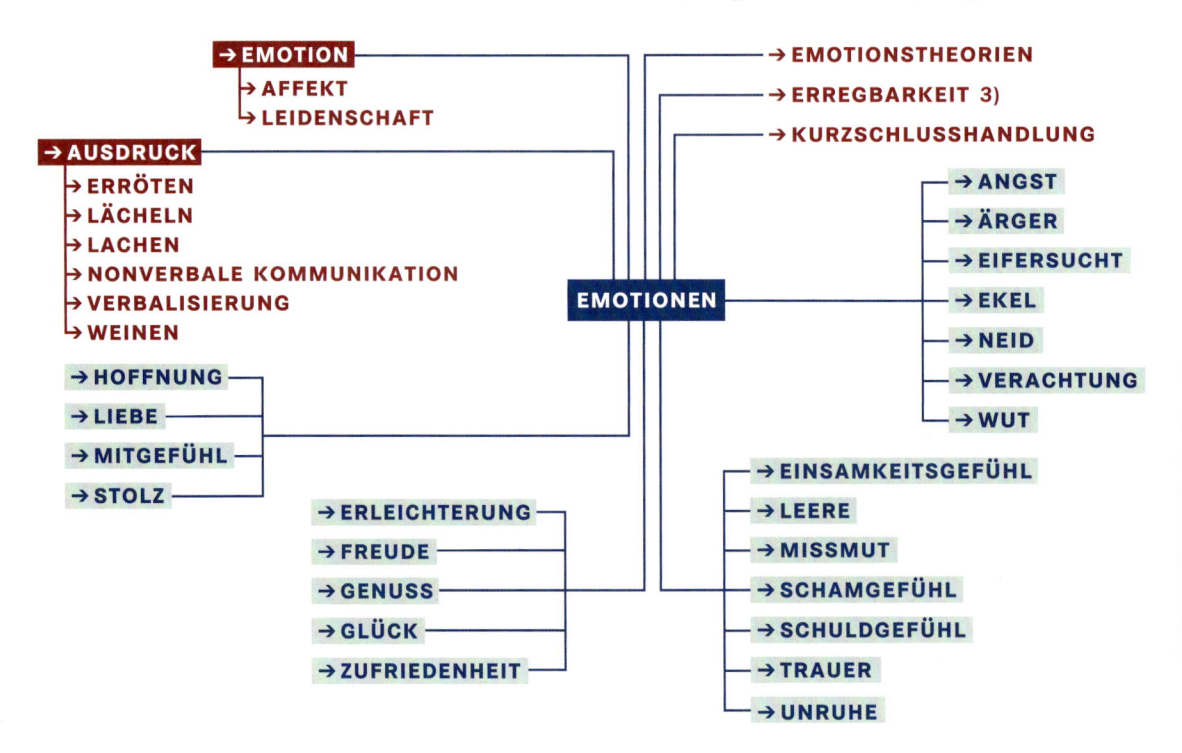

- → EMOTION
  - → AFFEKT
  - → LEIDENSCHAFT
- → AUSDRUCK
  - → ERRÖTEN
  - → LÄCHELN
  - → LACHEN
  - → NONVERBALE KOMMUNIKATION
  - → VERBALISIERUNG
  - → WEINEN
- → HOFFNUNG
- → LIEBE
- → MITGEFÜHL
- → STOLZ
- → ERLEICHTERUNG
- → FREUDE
- → GENUSS
- → GLÜCK
- → ZUFRIEDENHEIT

**EMOTIONEN**

- → EMOTIONSTHEORIEN
- → ERREGBARKEIT 3)
- → KURZSCHLUSSHANDLUNG
- → ANGST
- → ÄRGER
- → EIFERSUCHT
- → EKEL
- → NEID
- → VERACHTUNG
- → WUT
- → EINSAMKEITSGEFÜHL
- → LEERE
- → MISSMUT
- → SCHAMGEFÜHL
- → SCHULDGEFÜHL
- → TRAUER
- → UNRUHE

anderen umgehen zu können. Dazu gehört v. a., die eigenen Emotionen zu kennen und zu akzeptieren, mit ihnen situationsadäquat umzugehen und sie produktiv zu nutzen, d. h. nicht die Kontrolle zu verlieren; ebenso gehören dazu die Fähigkeiten, sich selbst zu motivieren, schöpferisch zu sein sowie →Kommunikationsfähigkeit, →soziale Kompetenz und →Empathie.

Der Begriff emotionale Intelligenz wurde von dem amerikanischen Psychologen Peter Salovey Anfang der 1990er-Jahre geprägt und von dem amerikanischen Psychologen und Publizisten Daniel Goleman populär gemacht. Er entstand aus der Kritik an dem Konzept der Intelligenz, unter dem v. a. kognitiv-instrumentelle Fertigkeiten verstanden werden. Analog zum Intelligenzquotienten, dem IQ, wurde für emotionale Intelligenz der **emotionale Quotient**, der EQ, beschrieben. Nach Goleman ergibt die Summe von Intelligenzquotient und emotionalem Quotient, wie erfolgreich die Person in ihrem Leben sein wird.

**LESETIPPS:**
DANIEL GOLEMAN: *Emotionale Intelligenz.* Taschenbuchausgabe München (dtv) [12]2001.
BRIAN S. FRIEDLANDER u. a.: *EQ für Eltern. Kinder erziehen und fördern mit emotionaler Intelligenz.* Berlin (Verlag Gesundheit) 2002.
ANJA VON KANITZ: *Emotionale Intelligenz.* München (Haufe) 2007.

**emotionaler Quotient**, Abk. **EQ:** Größe, die das Ausmaß der →emotionalen Intelligenz beschreibt.

**emotional-instabile Persönlichkeitsstörung:** eine durch impulsives Verhalten und häufigen Wechsel der Stimmung gekennzeichnete Persönlichkeitsstörung. Die ICD-10 unterscheidet den Borderline-Typ (→Borderlinestörung) und den impulsiven Typ, bei dem neben dem impulsiven Verhalten auch Ausbrüche von gewalttätigem und bedrohlichem Verhalten häufig vorkommen.

**Emotionen** [zu latein. emovere »herausbewegen«, »emporwühlen«, »erschüttern«], **Gefühle:** psychische Reaktionen wie Angst, Freude und Trauer. Die Begriffe Emotionen und Gefühle werden teilweise, v. a. in der *allgemeinen Psychologie*, unterschieden: Gefühle werden in diesem Fall definiert als die subjektive, also die Erlebnisseite der Emotionen. Die anderen Ebenen sind die psychophysiologische und die Verhaltensebene, v. a. die Ebene des Ausdrucksverhaltens (→Ausdruck). Emotionen verändern neben dem Zustand des →Zentralnervensystems auch den des autonomen Nervensystems und haben Rückwirkungen auf das Immun- und das Hormonsystem.

| EMOTIONEN: VIER GRUPPEN DER GEFÜHLE (NACH DIETER ULICH UND PHILIPP MAYRING) | |
|---|---|
| Zuneigungsgefühle | Liebe, Sympathie, Bindungsgefühl; Mitgefühl; Stolz, Selbstwertgefühl; Hoffnung, Sehnen; auch Überraschung und Schreck |
| Abneigungsgefühle | Ekel, Abscheu; Verachtung; Ärger, Wut, Zorn; Angst, Furcht; Hass; Eifersucht; Neid |
| Wohlbefindensgefühle | Lustgefühl, Genusserleben; Freude, Zufriedenheit; Erleichterung, Entspannung; Glück |
| Unbehagensgefühle | Niedergeschlagenheit, Missmut; Trauer, Kummer, Wehmut; Schamgefühl, Schuldgefühl; Langeweile, Müdigkeit, Leere; Anspannung, Nervosität, Unruhe, Stress; Einsamkeitsgefühl |

In der heutigen Psychologie werden Emotionen besonders unter dem Aspekt ihrer funktionalen Bedeutsamkeit untersucht. Im Unterschied zur früher verbreiteten Annahme, dass Emotionen im Gegensatz zur Kognition, dem Denken, stehen, gehen viele heutige Theorien von einem engen funktionalen Zusammenhang zwischen beiden Bereichen aus. Auch die Verbindung zur →Motivation ist sehr eng.

Affekte und Stimmungen werden von Emotionen als Oberbegriff wie folgt unterschieden: →Affekte sind kurzfristige, intensive Emotionen; →Stimmungen sind gegenüber Emotionen schwächere und dauerhaftere Emotionen. Emotionen werden von verschiedenen Theoretikern auf Dimensionen beschrieben, etwa

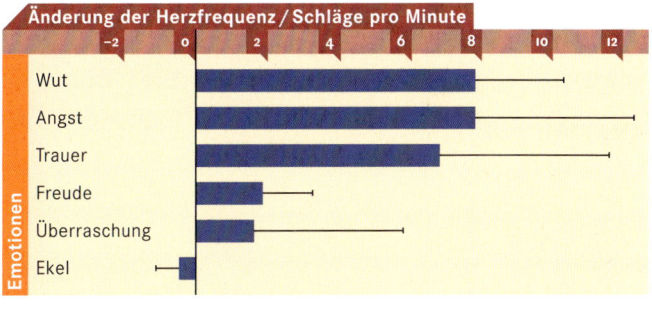

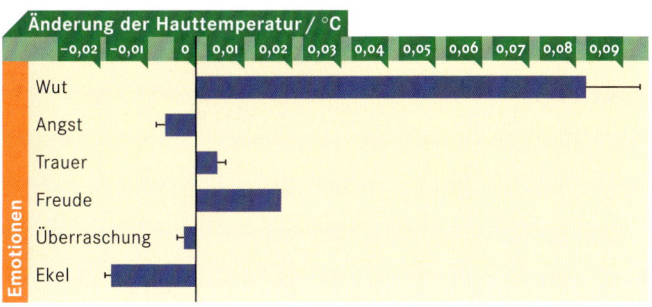

**Emotionen:** In einem Versuch gaben Schauspieler ihrem Gesicht typische Ausdrucksmuster für bestimmte Emotionen. Mit der Mimik änderten sich auch die Hauttemperatur und die Herzfrequenz deutlich (schmale Balken: Standardabweichung).

Lust – Unlust, Aktivierung – Ruhe oder Spannung – Lösung. Andere Theoretiker betrachten diskrete Gefühle, die basale Qualia (subjektive Erlebnisgehalte) darstellen, z. B. Freude und Traurigkeit. Die Regeln für den Ausdruck von Emotionen sind zum Teil kulturübergreifend gültig, zum Teil aber auch kulturspezifisch. Von Emotionen im eigentlichen Sinne kann man emotionale Persönlichkeitseigenschaften unterscheiden, also die Disposition, dass Emotionen allgemein oder bestimmte Emotionen stärker oder leichter ausgelöst werden können.

**Emotionsentwicklung:** Ausdifferenzierung von Emotionen im Laufe der Zeit. Die Emotionsentwicklung eines Kindes kann als Entwicklung von der interpsychischen (von der Bezugsperson abhängigen) zur intrapsychischen (selbstständigen) Regulation der Emotionen beschrieben werden:

Ein Kind kommt mit einer Reihe von angeborenen emotionalen Ausdrucksmöglichkeiten zur Welt, in erster Linie dem Schreien, um die Umwelt auf seine Bedürfnisse aufmerksam zu machen. Der Säugling schreit, um zu signalisieren, dass er jemanden braucht. Die Mutter oder der Vater wird ihn dann in den Arm nehmen und sein Bedürfnis stillen. Dies wird als interpsychische Regulation der Emotionen durch die Umwelt bezeichnet. Das Ausdrucksverhalten des Kindes entwickelt sich von anfänglich unspezifischen, ungerichteten hin zu spezifischen und gerichteten Gefühlsäußerungen. Während z. B. ein Säugling mit drei Monaten beim Schreien die Augen geschlossen hält, blickt ein neun Monate alter Säugling die Bezugsperson an, er schreit also zielgerichtet, und er beachtet, wie seine Emotionsäußerung auf die Bezugsperson wirkt, er richtet zunehmend sein Verhalten daran aus. Damit übernimmt er bereits einen Anteil der interpsychischen Regulation seiner Emotionen.

Im nächsten Entwicklungsschritt, ab dem Vorschulalter, geht die interpsychische Regulation über in die intrapsychische Regulation: Das Kind beginnt, seine Emotionen selbst zu regulieren, dafür übernimmt es die Handlungsweisen der Bezugsperson, z. B. Trösten bei Traurigkeit, d. h., es tröstet sich jetzt selbst, indem es sich z. B. beruhigende Worte sagt.

Eine solche Entwicklung ist eine »idealtypische« Emotionsentwicklung, die voraussetzt, dass die Bezugsperson angemessen auf die Emotionsausdrücke des Säuglings bzw. Kindes reagiert. Erfährt beispielsweise das Kind keinen Trost bei Trauer, wird es diese Handlung nicht in sich aufnehmen können. Bei vielen Personen mit z. B. einer Persönlichkeitsstörung ist die Angst bekannt, von Emotionen überflutet zu werden, was auf einen solchen Mangel hinweist. In einer Therapie lernen diese Personen zunächst die selbstständige Emotionsregulation.

**Emotionspsychologie:** Teilgebiet der Psychologie, das sich mit der Erklärung und Beschreibung von Emotionen befasst. Untersucht werden die Entstehung, Verarbeitung, Äußerung, Wahrnehmung und funktionale Bedeutung von Emotionen (→ Emotionstheorien).

**Emotionstheori|en, Gefühlstheorien:** Modelle zur Erklärung und Beschreibung von Emotionen. Eine zentrale Frage ist, ob es eine begrenzte Anzahl von Basisemotionen (analog den Elementen in der Chemie) gibt, aus deren Mischung sich die emotionale Vielfalt ableiten lässt.

In der Geschichte der Emotionstheorien lassen sich folgende Ansätze unterscheiden: Evolutionspsychologische Emotionstheorien gehen auf Charles Darwin zurück und versuchen, die Überlebensfunktion von Emotionen zu klären. In psychophysiologischen Emotionstheorien werden Emotionen auf die bewusste Wahrnehmung oder zentralnervöse Registrierung körperlicher Veränderungen zurückgeführt (z. B. James-Lange-Theorie), in attributionstheoretischen Ansätzen zusätzlich oder ausschließlich auf Kausalattributionen (z. B. Schachter-Singer-Theorie). In kognitiven Emotionstheorien werden Emotionen als enge Folge von kognitiven Informationsverarbeitungsprozessen angesehen (z. B. Stressmodell von Lazarus, →Stress ). Ausdruckstheoretische Emotionstheorien versuchen z. B. zu klären, ob sich Emotionen in Ausdrucksverhalten erschöpfen, sozialkonstruktivistische Emotionstheorien sehen Emotionen als Erlebens- und Verhaltensmuster an, die sozial definiert und als Schemata von den Mitgliedern einer Gesellschaft gelernt werden.

Ein zentraler Forschungsbereich ist die Entwicklungspsychologie; hier wird u. a. gefragt, ob oder welche Emotionen gelernt werden müssen oder wie sich Aspekte von Emotionen, etwa ihre Auslösung oder ihr Ausdruck, über die Lebensspanne verändern.

**Empathie** [spätgriech. empátheia »Leidenschaft«], **Einfühlung:** Sich-Hineinversetzen in die Gefühls- und Stimmungslage einer anderen Person, sodass sie sich verstanden und angenommen fühlt. Empathie spielt in allen menschlichen Beziehungen eine große Rolle. In der Beziehung zwischen Säugling und Bezugsperson ist sie besonders wichtig, denn erst das Gefühl, angenommen zu sein, erlaubt es dem

Säugling, →Urvertrauen und ein stabiles →Selbst zu entwickeln.

Die Grundlage der Empathie ist die probeweise →Identifizierung mit der anderen Person. Empathie ist möglich durch das Wissen darum, dass es Gefühle und Bedürfnisse gibt, die allen Menschen gemeinsam sind, und dann, wenn man anderen Menschen vorurteilsfrei begegnen kann. Ausgeprägte lebensgeschichtliche, soziale oder kulturelle Unterschiede zwischen den Menschen können sie aber erschweren. Empathie kann auch gezielt gelernt werden, z. B. in der Ausbildung zum Psychotherapeuten oder durch →Selbsterfahrungsgruppen.

Empathie gilt in vielen Richtungen der Psychotherapie, v. a. in der →klientenzentrierten Psychotherapie, als eine Basis aller therapeutisch wirksamen Interventionen. Die Neuropsychologie macht die →Spiegelneurone verantwortlich für Empathie.

**Empfänger:** Instanz im →Sender-Empfänger-Modell.

**Empfängnisverhütung, Kontrazeption** [zu latein. conceptio »Empfängnis«]: Sammelbezeichnung für die Anwendung von Mitteln und Methoden mit dem Ziel, den Befruchtungsvorgang oder die Einnistung des befruchteten Eis zu verhindern. Dabei hat jede Methode ihre Vor- und Nachteile. Keine ist absolut sicher. Bei der Wahl einer Methode zur Empfängnisverhütung sollte man verschiedene Aspekte bedenken, z. B. die Sicherheit, den Schutz vor sexuell übertragbaren Krankheiten, den Einfluss auf den Organismus und das sexuelle Erleben und die Verträglichkeit.

**Empfindung:** das körperliche Gefühl, das durch die Reizung der Sinnesorgane (Gesichts-, Gehör-, Geschmacks-, Riech- und Tastsinn) hervorgerufen wird.

Die Empfindungsspezifität der Sinnesorgane, die bereits im 19. Jh. entdeckt wurde, kann man in vielen Fällen auf die Erregung einer einzelnen Sinneszellart zurückführen. So wird z. B. die Vibrationsempfindung durch die in der Haut liegenden Pacini-Körperchen hervorgerufen, die Empfindung von Farbe durch drei Arten von Zapfen in der Retina, deren relative Erregungsstärke für die einzelnen Farben spezifisch ist. Generell führen nur Reize oberhalb eines sinnesorganspezifischen Schwellenwertes zu Empfindungen.

Der Begriff der Empfindung wird gegen den der →Wahrnehmung abgegrenzt. In den Anfängen der Experimentalpsychologie nahm man an, dass Wahrnehmungen aus einem Komplex von verschiedenen Empfindungen entstünden. Heute werden in der Wahrnehmungspsychologie Empfindungen den eher physiologischen und physikalischen Grenzen der äußeren Sinnessysteme zugeschrieben, Wahrnehmungen eher der Verarbeitung im Zentralnervensystem.

**Empirie** [griech. »Erfahrung«, »Kenntnis«]: wissenschaftliches Grundprinzip, das sich auf intersubjektiv prüfbare Erfahrungen stützt und gleichzeitig darauf beschränkt, aus ihnen Erkenntnisse zu gewinnen; sie ist kennzeichnend für den →Empirismus.

**empirische Sozialforschung:** die systematische, methodenorientierte Erhebung und Interpretation von Daten über soziokulturelle Gegebenheiten und Vorgänge. Die Forschungsergebnisse dienen dazu, Hypothesen und Theorien zu überprüfen, neue Erkenntnisse und Hypothesen zu gewinnen, rationale Planungs- und Entscheidungsprozesse zu begründen sowie praktische Probleme zu bewältigen. Die Methoden der empirischen Sozialforschung sind Hilfsmittel in allen Humanwissenschaften, insbesondere in der Psychologie und Soziologie (v. a. in der Markt- und Meinungsforschung).

Die empirische Sozialforschung geht davon aus, dass wissenschaftliche Theorien und →Hypothesen grundsätzlich an beobachtbaren Merkmalen an einer Stichprobe von Fällen, normalerweise Individuen, zu überprüfen seien (deduktives →Denken). Forschung müsse grundsätzlich, gemäß dem Prinzip der Intersubjektivität, unabhängig von Meinungen und Einstellungen des Forschers erfolgen; und die Methoden, Verfahren, Instrumente und Techniken der empirischen Sozialforschung (z. B. Befragung, Beobachtung und Experiment) sollen an einer Theorie oder an geeigneten Forschungshypothesen orientiert sein.

*Geschichte:* Die empirische Sozialforschung entwickelte sich aus der Bevölkerungs- und Sozialstatistik des 17. und 18. Jahrhunderts und den Sozialerhebungen des 19. Jahrhunderts. Nach dem Ersten Weltkrieg wurden die Verfahren v. a. in den USA im Zusammenhang mit der Wahl-, Propaganda-, Medien-, Minderheiten- und Vorurteilsforschung im Rahmen stadt-, industrie- und militärsoziologischer Studien weiterentwickelt. In Deutschland setzten sich die Verfahren erst nach 1945 wissenschaftlich durch (→Statistik, →Stichprobe).

**Empirismus:** erkenntnistheoretische Gegenposition zum Rationalismus, der zufolge die Erkenntnis der Dinge aus den Sinneserfahrungen und nicht aus der Vernunft stammt. Vom empiristischen Standpunkt aus beurteilt, hat sich Forschung v. a. auf das Sammeln von Erfahrungen zu beschränken, wie sie die →Beobach-

**Empfängnisverhütung:**
Das Kondom ist eine der wenigen Verhütungsmethoden für den Mann.

tung und das →Experiment unter kontrollierten Bedingungen darstellen.

*Geschichte:* Zu den philosophischen Hauptvertretern des klassischen Empirismus gehörten John Locke, der in seiner berühmten »Abhandlung über den menschlichen Verstand« (1689) die für die Erkenntnis grundlegende Bedeutung der Sinneserfahrung betonte. Ihm folgten George Berkeley, David Hume und John Stuart Mill. Sie setzten die dadurch begründete empiristische Richtung fort, die sich gegen die rationalistische Voraussetzung von »angeborenen Ideen« wandte, von der v. a. René Descartes und Gottfried Wilhelm Leibniz ausgingen: Der Geist verfüge nicht über »angeborene Ideen«, sondern beginne gewissermaßen als »unbeschriebenes Blatt«; was ihm die Inhalte liefere, sei allein die Erfahrung.

**Empowerment** [ɪmˈpaʊəmənt, engl. »Ermächtigung«, »Befähigung«]: Prozess, in dessen Verlauf Menschen, besonders Angehörige benachteiligter Gruppen, fähig werden, ihre eigenen Stärken, Durchsetzungschancen und Bewältigungsmechanismen kennenzulernen und zu vertiefen. Das ursprünglich politische Konzept des Empowerments hat heute auch Eingang in gemeindepsychiatrische Ansätze gefunden und verlangt vom Helfer, den Blick nicht auf die Defizite der von ihm betreuten Personen zu richten, sondern ihre Stärken und ihr Entwicklungspotenzial zu erkennen und sie in die Lage zu versetzen, ihre →Ressourcen 2) zu nutzen.

**Encountergruppe:** die →Selbsterfahrungsgruppe.

**Endhirn:** Teil des →Gehirns.

**endogen** [griech.]: von innen heraus entstehend. Man spricht von endogenen Ursachen, wenn keine kausale Verknüpfung mit äußeren Einflüssen nachgewiesen und kein genau dokumentierter Erbgang angegeben werden kann. »Endogen« besagt häufig nicht mehr, als dass die Entstehung einer Krankheit oder Störung noch nicht aufgeklärt ist.

**endokrine Drüsen:** Form der →Drüsen.

**Endorphine** [Abk. aus endogen und Morphin]: Gruppe von Eiweißsubstanzen, die vom Körper selbst gebildet werden. Sie werden unter Stress vermehrt freigesetzt und wirken schmerzstillend, beeinflussen aber auch die Körpertemperatur und hemmen die Beweglichkeit der Darmmuskulatur. In großer Menge können sie ein intensives Gefühl des →Glücks bewirken.

**Energie** [griech. »wirkende Kraft«]: nicht direkt beobachtbare (oft als metaphysisches Prinzip postulierte) Kraft, die beobachtbare Erscheinungen hervorbringt oder antreibt. Der Begriff stammt aus der Physik (Energie einer Masse, Bindungsenergie von Atomen u. a.) und wurde v. a. von der Psychoanalyse mit der Vorstellung vom →Trieb, der hinter psychischen Erscheinungen und menschlichem Verhalten steckt, für die Psychologie adaptiert.

**Engrammbildung** [zu griech engráphein »eingraben«, »hineinschreiben«]: Prozess, bei dem Informationen ins Gedächtnis gelangen. Es bildet sich ein Engramm, eine Gedächtnisspur.

**Enkopresis:** das →Einkoten.

**Enkulturation:** Hineinwachsen einer Person in eine Gruppe mit eigenen Wertvorstellungen und Verhaltensmustern, die Verinnerlichung dieser Wertvorstellungen und Verhaltensmuster. Anders als bei der **Assimilation** verliert die Person bei der Enkulturation nicht das Bewusstsein ihrer ursprünglichen Gruppenidentität. In traditionellen Kulturen findet Enkulturation in der Regel einmal statt und wird durch Riten (z. B. Mannbarkeitsritus, Hochzeit) besiegelt. Für die moderne Industriegesellschaft sind potenziell mehrere, auch sich widersprechende Enkulturationen möglich. Ein Beispiel sind die Flüchtlings- und Fremdarbeiterfamilien, in denen oft eine doppelte Enkulturation stattfindet. Während in den traditionellen Kulturen die Enkulturation mit der Entwicklung einer kulturspezifischen →Identität abgeschlossen ist, weisen Menschen in modernen Gesellschaften nach dem Sozialpsychologen Heiner Keupp (* 1943) eine →Patchworkidentität auf: Sie sind unterschiedlichen Enkulturationen mit wechselnden Ergebnissen ausgesetzt; Familie, Studium, Betrieb, Verein verlangen ganz unterschiedliche Verinnerlichungen, die sich ergänzen, aber auch widersprechen können.

**entdeckendes Lernen:** Form des Lernens, bei welcher der Lernende sein Wissen v. a. durch eigene Aktivitäten erwerben, Fakten und Zusammenhänge selbstständig suchen, mit bereits vorhandenen Kenntnissen verbinden und produktiv einsetzen soll. Die Förderung selbst gesteuerter, auf →intrinsischer Motivation beruhender Lernprozesse bei Schülern gehörte von Anfang an zum Grundbestand reformpädagogischer Überlegungen. In der Lernpsychologie gilt der amerikanische Psychologe Jerome Bruner als der Erste, der den behavioristischen Lerntheorien das entdeckende Lernen entgegensetzte und darauf basierende Unterrichtskonzepte forderte. Dies führte in den 1960er-Jahren in den USA zu einer Kontroverse zwischen Bruner und seinem Fachkollegen David P. Ausubel, der argumentierte, Kinder müssten

**Enkulturation:** Konfliktträchtig sind verschiedene Enkulturationen einer Person, wenn die Regeln der einen Kultur in der anderen nicht akzeptiert werden. In Deutschland ist der sogenannte »Kopftuchstreit« über Lehrerinnen, die im Unterricht aus religiösen und kulturellen Gründen ein Kopftuch tragen, ein Beispiel dafür.

nicht alles selbst neu entdecken, um zu lernen, sondern sie könnten auf tradierte Kulturgüter zurückgreifen. Er vertrat das Konzept des sinnvoll rezeptiven Lernens, dem zufolge präsentierte Informationen gelernt und mit Vorwissen verbunden werden.

In der Praxis hat sich gezeigt, dass nur bestimmte Schüler von der Methode des entdeckenden Lernens profitieren. Als optimale Methode, selbstständiges Lernen zu fördern, hat sich gelenktes, d. h. angeleitetes Entdecken herausgestellt.

**Entfernungsbeziehung:** die →Distanzbeziehung.

**Entfremdung:** in der *Sozialpsychologie* Erleben von Fremdbestimmtheit und Abgespaltensein von den eigenen Bedürfnissen und Tätigkeiten. Entfremdung ist ein zentraler Begriff der Lehre von Karl Marx; er verbindet sie u. a. mit dem Schwinden des traditionellen Handwerks in der Arbeitswelt. Der entfremdete Arbeiter ist ein Anhängsel von Maschinen, die er nicht durchschauen, konstruieren, sich in irgendeiner Form zu eigen machen kann. Heute wird Entfremdung v. a. im Zusammenhang mit neuen Arbeitsbedingungen durch die Globalisierung (z. B. weniger gut durchschaubare Organisationsstrukturen) und dem Umgang mit der Computertechnologie, z. B. mit der →virtuellen Realität, diskutiert.

**Enthaltsamkeit:** die →Abstinenz.

**Enthemmung:** Aufhebung der normalen Kontrolle über aggressive oder sexuelle Triebregungen oder Affektreaktionen. Die häufigste Ursache einer Enthemmung im europäischen Kulturkreis ist der Alkoholkonsum, gefolgt vom Konsum anderer Drogen und von organischen Veränderungen im Gehirn, die die Steuerungsfähigkeit herabsetzen; in seltenen Fällen tritt eine Enthemmung allein infolge nicht mehr beherrschbarer Gefühlsausbrüche auf, z. B. bei Eifersucht. Während →neurotische Störungen eher durch starke Hemmungen charakterisiert sind, gehört Enthemmung oft zum Bild der →Borderlinestörung, der →dissozialen Persönlichkeitsstörung und der →psychotischen Störungen.

**Entscheidung, Entschluss:** Festlegung auf etwas, Wahl zwischen Alternativen. Entscheidungen betreffen sowohl Handlungen (z. B. die Wahl zwischen Handlungsalternativen oder zwischen dem Handeln oder Nichthandeln) als auch Einstellungen und Werte (z. B. die Entscheidung, ob man für oder gegen Tierversuche ist). Eine Entscheidung kann auf analytischem Denken, einem Abwägen von Vor- und Nachteilen beruhen, sie kann aber auch spontan

**Enthemmung:** Ein Fest zu Ehren des Bacchus, des römischen Gottes des Weines, zeigt das Gemälde »Bacchanale« von Lovis Corinth. Eindrucksvoll wird die enthemmende Wirkung des Alkohols dargestellt.

aus der →Intuition heraus getroffen werden. In der Regel spricht man von Entscheidung, wenn sie bewusst getroffen wird; im Zusammenhang mit automatisierten Handlungen wie dem Betätigen des Lenkrads beim Autofahren wird der Begriff gewöhnlich nicht verwendet.

**Entscheidungstheorie:** Sammelbezeichnung für Theorien, die Prinzipien zur Optimierung der Entscheidungsfindung beschreiben. Ermittelt werden alle kognitiven Schritte einer handelnden Person bis zur Entscheidung für eine bestimmte Maßnahme. Die Entscheidungstheorie geht davon aus, dass der Handelnde nach einer rationalen Optimierung seiner Entscheidung strebt. Anhand einer Kosten-Nutzen-Analyse bzw. eines Vergleichs von Vor- und Nachteilen entscheidet man sich für die Strategie mit dem höchsten persönlichen Gesamtnutzen.

Das Menschenbild der Entscheidungstheorie ist umstritten. Nach der Entscheidungstheorie ist jeder ein Nutzen-Maximierer, der bei geringem Aufwand großen Erfolg wünscht und also rational seine Vorteile sucht. Tiefer liegende unbewusste Einflüsse oder gesellschaftliche Faktoren, die einem Menschen bestimmte Entscheidungen aufnötigen, die unter Umständen nachteilig für den Betroffenen sind, finden keine Berücksichtigung.

**Entschulung:** in reformorientierten Ansätzen der *Pädagogik* appellative Bezeichnung für die Überwindung der staatlichen Schule, die zu Ungleichheit führe und die gesellschaftlichen Verhältnisse nicht positiv wandle, sondern reproduziere.

Die Forderung nach Entschulung wurde schon in den 1920er-Jahren innerhalb der reformpädagogischen Schulkritik erhoben (→Reformpädagogik). So erschienen damals Bücher mit Titeln wie »Das Ende der Schule«, »Entschulte Schule« und »Die Überwindung der Schule«. Nicht staatliche Alternativschulen wurden auf dem Hintergrund dieser Schulkritik gegründet.

Ende der 1960er-Jahre entstand, ausgehend von den USA, eine erneute Entschulungsdebatte. Im deutschsprachigen Raum beachtete man in den 1970er-Jahren v. a. das Konzept der »politischen Alphabetisierung« des brasilianischen Pädagogen Paulo Freire und dasjenige der »Entschulung der Gesellschaft« des amerikanischen Theologen und Gesellschaftskritikers Ivan Illich, der damals in Mexiko wirkte. Hartmut von Hentig begründete 1974 die Laborschule Bielefeld mit Hinweis auf die Entschulung der Schule. Der gesellschaftliche Erfahrungsraum sollte die Abkapselung der Schule und ihre Selbstbezogenheit durchbrechen. Auf dieser Überlegung basieren Schulen, die sich zum Stadtteil hin öffnen und zu einem Lernort für möglichst alle Menschen eines Stadtteils werden wollen.

**Entspannung, Relaxation** [latein. »das Nachlassen«]: zurückgenommene Reaktionsbereitschaft, gekennzeichnet durch eine Verlangsamung der Atmung sowie das Absinken der Herzschlagfrequenz und Muskelspannung.

**Entwicklung:** Mit zunehmenden grob- und feinmotorischen Fähigkeiten sowie wachsendem seelisch-geistigem Niveau steigt auch die Selbstständigkeit des Kindes.

Der Mensch ist auf einen regelmäßigen Wechsel von Tätigkeit oder Anspannung und Ruhe oder Entspannung angewiesen. In der heutigen Arbeitswelt ist es häufig nicht möglich, diesem Rhythmus zu folgen. Daraus folgt ein Überwiegen der Anspannung, das zu Stress und möglicherweise zu Folgekrankheiten führt. **Entspannungsverfahren** wie die → Meditation, die → Progressive Muskelentspannung oder das → Autogene Training helfen, die nervöse Erregung abzubauen; sie dämpfen Angst und fördern Konzentration und Erholung. Entspannungsverfahren machen sich die Tatsache zunutze, dass man seelisch ruhig wird, wenn der Körper die typischen Anzeichen der körperlichen Entspannung aufweist. Deshalb können auch schon zehn bis 20 langsame, tiefe Atemzüge eine gewisse Entspannung herbeiführen.

**Enttäuschung:** emotionale Reaktion auf eine unerfüllte oder unerfüllbare Erwartung, in der *Psychologie* synonym mit → Frustration.

**Entwicklung:** in der *Psychologie* Abfolge von psychophysischen Veränderungen über die Zeit hinweg. Die Veränderungern können in der Regel in sinnvoller Weise auf das Lebensalter bezogen werden. Dabei wird es möglich, Sequenzen von Entwicklungsabschnitten zu unterscheiden, bei denen ein nachfolgender Abschnitt im Regelfall (zumindest im Kindes- und Jugendalter) in qualitativer oder quantitativer Hinsicht als über den vorausgegangenen hinausführend bewertet werden kann. Entwicklung ist also ein gerichteter Prozess; doch muss auch mit einem Entwicklungsstillstand oder mit einem Entwicklungsrückschritt gerechnet werden.

Aussagen über die steuernden und regulierenden Faktoren des Entwicklungsprozesses versuchen die verschiedenen Theorien der → Entwicklungspsychologie zu machen. Die in diesem Zusammenhang kontrovers diskutierten Extrempositionen von → Empirismus und → Nativismus gelten heute als wenig geeignet, mit ihrer einseitigen Perspektive das komplexe Entwicklungsgeschehen zu erklären (→ Anlage-Umwelt-Problem). Vielmehr ist davon auszugehen, dass die Entwicklung immer auf einer Wechselwirkung von Anlage- und Umweltfaktoren, Reifungs- und Lernprozessen bzw. inneren und äußeren Entwicklungsbedingungen beruht. Zu den inneren Faktoren ist neben den Anlagen die bewusste Selbststeuerung zu rechnen. Zu den äußeren Entwicklungsbedingungen zählen auch angebotene oder unterlassene pädagogische Maßnahmen und die Anforderungen der Gesellschaft an das Individuum.

| Motorische und seelisch-geistige Entwicklung eines durchschnittlichen Kindes | | |
|---|---|---|
| Alter | motorische Entwicklung | seelisch-geistige Entwicklung |
| 1 Monat | dreht den Kopf | verfolgt Licht mit den Augen, reagiert auf Ansprache |
| 3 Monate | hält frei den Kopf | fixiert das Gegenüber, lächelt |
| 6 Monate | sitzt mit Unterstützung | greift nach vorgehaltenen Gegenständen |
| 9 Monate | sitzt frei, steht mit Unterstützung | sagt »da-da« und macht »winke-winke« |
| 12 Monate | steht frei, läuft mit Unterstützung | |
| 18 Monate | läuft frei | spricht bis zu 10 Wörtern, isst teilweise selbstständig |
| 2 Jahre | rennt und steigt Treppen | spricht 3-Wort-Sätze, baut aus Würfeln einen Turm |
| 3 Jahre | kann Dreirad fahren | kennt seinen Namen, isst selbstständig, hilft beim Ankleiden |
| 4 Jahre | | benennt Farben, putzt sich die Zähne, spielt kooperativ mit anderen Kindern |
| 5 Jahre | | fragt nach Wortbedeutungen, zählt bis 10, kleidet sich selbstständig an und aus |

**Entwicklung:** motorische und seelisch-geistige Entwicklung eines durchschnittlichen Kindes

Unter **Entwicklungsniveau** oder Entwicklungsstufe versteht man einen zeitlich begrenzten Abschnitt des Lebenslaufs, der durch einen charakteristischen, von anderen Entwicklungsstufen abweichenden Entwicklungsstand gekennzeichnet ist. Weit verbreitet sind grobe Einteilungen des Lebenslaufs in die Stufen Kindheit, Jugendalter (Pubertät und Adoleszenz), Erwachsenenalter und Alter, wobei vielfach noch Teilstadien angegeben werden. In der Entwicklungspsychologie existieren zahlreiche differenzierte Stufenmodelle, die die menschliche Entwicklung hinsichtlich unterschiedlicher Entwicklungsbereiche beschreiben; ein Stufenmodell liegt einer →Phasenlehre zugrunde. Mithilfe von Entwicklungstests lassen sich Entwicklungsbeschleunigungen und -verzögerungen erfassen und durch einen →Entwicklungsquotienten auch in Zahlen ausdrücken.

**Entwicklungsalter:** Zahlenwert, der – im Gegensatz zum Lebensalter – den tatsächlichen Entwicklungsstand eines Kindes beschreiben soll. Ist ein sechsjähriges Kind etwa bereits so weit entwickelt wie ein durchschnittliches achtjähriges, so spricht man von einem Entwicklungsalter von acht Jahren. Das Konzept des Entwicklungsalters ist aus zwei Gründen umstritten: Ein Kind ist in der Regel nicht in allen Entwicklungsbereichen, sondern nur in einigen weiter entwickelt als andere Kinder. So gibt es Kinder, die bereits früh laufen, aber erst spät rechnen lernen, während andere Kinder früh soziale Fertigkeiten entwickeln, aber erst spät rechnen lernen. Darüber hinaus lässt sich das Entwicklungsalter nur in frühen Lebensabschnitten sinnvoll verwenden. In späteren Lebensabschnitten, spätestens im Jugendalter, kann es nicht sinnvoll genutzt werden, da in vielen Entwicklungsbereichen kaum noch deutliche altersabhängige Zuwächse erzielt werden.

**Entwicklungsaufgabe:** Aufgaben, die eine Person im Laufe ihrer persönlichen Entwicklung meistern muss, um in die nächste Stufe der Entwicklung zu gelangen. Zum Beispiel muss ein Kind in der Pubertät u. a. die Zerrissenheit zwischen Abhängigkeit und Autonomie meistern.

**Entwicklungspsychologie:** Teilgebiet der Psychologie, das vorwiegend die ontogenetische Entwicklung des Verhaltens von Individuen und Gruppen beschreibt und erforscht.

In der Entwicklungspsychologie wird zum einen versucht, Durchschnittsnormen des Entwicklungsstandes für verschiedene Altersstufen und in verschiedenen Bereichen der →Entwicklung festzustellen, indem mittels →Querschnittuntersuchungen jeweils große Gruppen gleichaltriger Individuen untersucht werden. Zum anderen wird der Entwicklungsverlauf in bestimmten Funktionsbereichen durch wiederholte Untersuchung derselben kleinen Gruppe gleichaltriger Individuen über längere Zeit mittels →Längsschnittuntersuchungen beobachtet. Um Nachteile beider Methoden zu minimieren, verwendet man u. a. auch kombinierte Versuchspläne wie die Kohortensequenzanalyse: Hierbei werden Daten von Personen verschiedener →Kohorten erhoben, allerdings nicht einmal wie bei der Querschnittsuntersuchung, sondern mehrfach über einen Zeitraum hinweg wie bei der Längsschnittuntersuchung. Im Unterschied zur Längsschnittuntersuchung werden die Daten meist weniger häufig erhoben, z. B. dreimal alle zwei Jahre.

Während die Entwicklungspsychologen zunächst v. a. mit Kindern und Jugendlichen befasst waren, hat sich seit Ende der 1960er-Jahre das Forschungsinteresse verstärkt auf die gesamte Lebensspanne bis hin zum Alter (→Gerontopsychologie) ausgeweitet. Die Sichtweise hat sich dahingehend gewandelt, dass zunehmendes Alter einerseits mit Abbau und Verlust, z. B. körperlicher Fähigkeiten, andererseits aber auch mit Wachstum und Gewinn, z. B. an Lebensweisheit, in Verbindung gebracht wird.

Die wichtigsten Entwicklungsbereiche, die innerhalb der Entwicklungspsychologie untersucht werden, sind die motorische und kognitive Entwicklung, der →Spracherwerb, die soziale, emotionale und motivationale Entwicklung, die →moralische Entwicklung, die Entwicklung von Identität und Sexualität, kritische Lebensereignisse und Übergangsphasen während des Lebens. Daneben beschäftigt sich die Entwicklungspsychologie mit Fragen der Entwicklungstheorie und versucht im Labor- und Feldexperiment zu klären, durch welche Bedingungen und über welche Lernprozesse der Entwicklungsprozess beeinflusst wird bzw. gesteuert werden kann.

Bekannte Entwicklungstheorien sind die →Phasenlehre von Sigmund Freud und die von Jean Piaget sowie die Theorie der moralischen Entwicklung von Lawrence Kohlberg, ebenfalls eine Phasenlehre. Eine weitere Theorie baut auf Freuds Phasen der psychosexuellen Entwicklung auf: Erik H. Eriksons Theorie der psychosozialen Entwicklung beschreibt sieben Phasen von der Geburt bis zum Alter und legt dabei den Schwerpunkt auf soziale Interaktionen. Auf jeder Stufe steht ein psychosozialer Konflikt im Vordergrund, der in der jeweiligen Altersspanne ausreichend bearbeitet werden muss, wenn er auch in späteren Phasen nicht völlig verschwinden wird. So ist es z. B. Aufgabe des Jugendlichen, in der verwirrenden Zeit des Jugendalters ein Gefühl für seine Identität zu entwickeln. Wird die jeweilige Herausforderung nicht angemessen bewältigt, so kann dies die weitere Entwicklung negativ beeinflussen. Dabei gibt es Bedingungen, die eine positive bzw. negative Bewältigung der jeweiligen »Krise« begünstigen. Eriksons Beschreibungen sind allerdings in nicht westlichen Kulturen nur in eingeschränktem Maße zutreffend.

*Geschichte:* Die Entwicklungspsychologie konstituierte sich Ende des 19. Jahrhunderts unter dem Einfluss der Evolutionstheorie Charles Darwins als selbstständige Teildisziplin der

### ENTWICKLUNGSPSYCHOLOGIE: PHASEN DER PSYCHOSOZIALEN ENTWICKLUNG NACH ERIK H. ERIKSON

| Phase | Alter | zentrale Frage | Bedingung | Folge |
|---|---|---|---|---|
| oral-sensorisch | 0–2 Jahre | Kann ich der Welt trauen? | Fürsorge und Befriedigung der Grundbedürfnisse | Urvertrauen |
| | | | mangelhafte Fürsorge | Misstrauen |
| muskulär-anal | 2–3 Jahre | Kann ich mein Handeln selbst steuern? | Entbehrung, Toleranz und Fürsorge | Autonomie |
| | | | Überbehütung oder mangelnde Fürsorge | Selbstzweifel |
| lokomotorisch-genital | 4–5 Jahre | Kann ich von meinen Eltern unabhängig werden, indem ich meine Grenzen erprobe? | Ermunterung zum Erproben | Initiative |
| | | | mangelnde Gelegenheit zum Erproben | Schuldgefühl |
| Latenzzeit | 6–11 Jahre | Kann ich die zur Anpassung nötigen Fähigkeiten beherrschen lernen? | angemessenes Üben und Ermutigung | Kompetenz |
| | | | mangelnde Gelegenheit und Ermutigung zum Üben | Minderwertigkeitsgefühl |
| Pubertät und Adoleszenz | 12–20 Jahre | Wer bin ich? Was sind meine Überzeugungen, Gefühle und Einstellungen? | innere Festigkeit und positive Rückmeldungen | Identität |
| | | | Ziellosigkeit und unklare Rückmeldungen | Rollenkonfusion |
| frühes Erwachsenenalter | | Was kann ich kommenden Generationen bieten? | Zielbewusstheit und Produktivität | psychische Fähigkeit zur Kindererziehung |
| | | | Unsicherheit und Regression | Labilität |
| Reife | | Habe ich in meinem Leben Zufriedenheit und Erfüllung gefunden? | Einheit und Erfüllung | Ichintegrität |
| | | | Ekel und Unzufriedenheit | Verzweiflung |

## Frontooccipitaler Kopfumfang

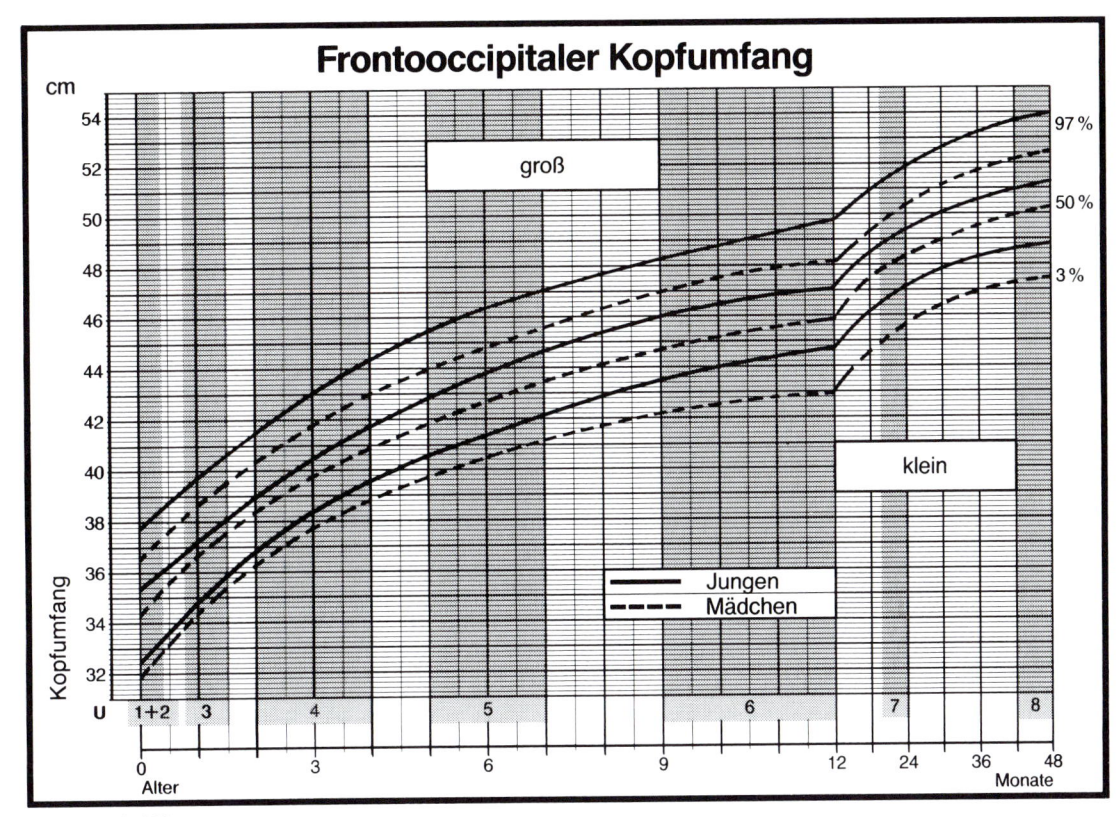

Prader et al 1982

**Entwicklungsstörungen:** Die erhebliche Abweichung von den Durchschnittswerten des Kopfumfangs bei der Früherkennungsuntersuchung von Säuglingen und Kleinkindern kann eine fehlerhafte Entwicklung des Gehirns oder der Schädelknochen anzeigen.

Psychologie. Sie beschränkte sich zunächst auf eine chronologisch möglichst getreue Beschreibung individueller Entwicklungsverläufe. Zu Beginn des 20. Jahrhunderts wurde dieses nicht repräsentative Verfahren aufgegeben.

**LESETIPPS:**

*Entwicklungspsychologie. Ein Lehrbuch,* herausgegeben von *Rolf Oerter* und *Leo Montada.* Weinheim (Beltz) [5]2002.

LAURA E. BERK: *Entwicklungspsychologie.* München (Pearson) [3]2005.

ROBERT SIEGLER u. a.: *Entwicklungspsychologie im Kindes- und Jugendalter.* München (Spektrum) 2005.

REMO H. LARGO: *Babyjahre. Entwicklung und Erziehung in den ersten vier Jahren.* München (Piper) 2007.

**Entwicklungspsychotherapie, Eltern-Kind-Psychotherapie:** Psychotherapie mit Eltern und Kindern in einem frühen Stadium, z. B. bei Vorschulkindern. In bestimmten Konstellationen kann es vorkommen, dass das Zusammenspiel von kindlichen und elterlichen Eigenschaften, Wünschen, Ängsten und Vorlieben zur Folge hat, dass das Kind in seiner Entwicklung beeinträchtigt wird. Mithilfe einer Psychotherapie der ganzen Familie wird in solchen Fällen versucht, dem Kind günstigere Entwicklungsmöglichkeiten zu eröffnen. Die positive Wirkung der Entwicklungspsychotherapie hat dazu geführt, dass es mittlerweile zahlreiche Behandlungsangebote gibt, z. B. im Rahmen einer mehrwöchigen stationären Behandlung von Mutter oder Vater zusammen mit dem Kind.

**Entwicklungsquotient,** Abk. **EQ:** Zahlenwert, der das Verhältnis zwischen Entwicklungsalter eines Kindes und seinem Lebensalter angibt. Zur Berechnung bestimmt man zunächst anhand geeigneter Entwicklungs- oder Intelligenztests das →Entwicklungsalter (EA) eines Kindes und setzt dieses dann mittels der folgenden Formel in Beziehung zum Lebensalter in Jahren (Abk.: LA): EQ = EA/LA × 100. Der Entwicklungsquotient ist allenfalls bis in das Jugendalter hinein sinnvoll verwendbar, da jenseits des Jugendalters zwar das Lebensalter weiter ansteigt, nicht jedoch das Entwicklungsal-

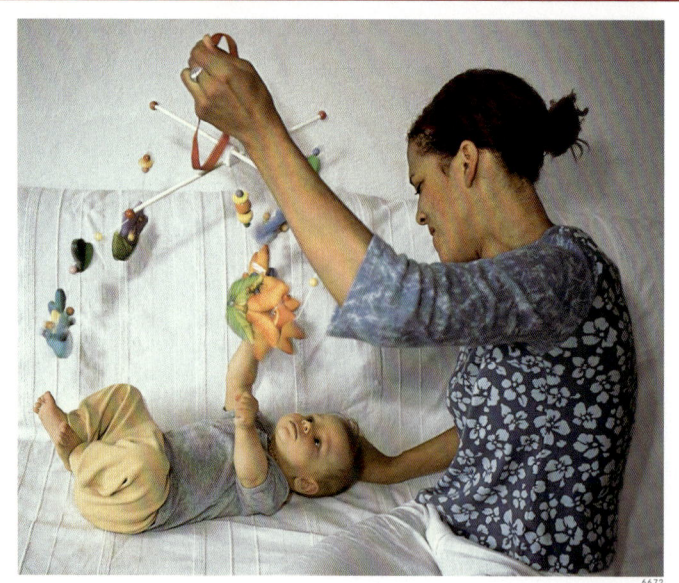

**Entwicklungstests:** Zwischen dem 3. und dem 6. Lebensmonat entwickelt sich in der Regel die Fähigkeit zum gezielten Greifen mit der hierfür nötigen Augen-Hand-Koordination.

ter. Vielfach werden daher heute in Tests eher Altersnormen zugrunde gelegt.

**Entwicklungsstörungen:** zusammenfassender Begriff für alle von der normalen Entwicklung des Kindes abweichenden Zustände. Sie können als Plus- oder Minusvarianten auftreten, d. h. mit verfrühter oder verzögerter bzw. verlangsamter Entwicklung (**Entwicklungsverzögerung**) einhergehen; sie können einzelne Aspekte der Entwicklung (z. B. nur das Größenwachstum oder die Kontaktaufnahme) oder die gesamte Entwicklung betreffen; sie können ererbt oder erworben, behandelbar oder nicht behandelbar sein.

Im engeren Rahmen der psychischen Störungen sind Entwicklungsstörungen nach ICD-10 Funktionseinschränkungen oder Entwicklungsverzögerungen, die erstmals im Kleinkindalter oder in der Kindheit auftreten, stetig verlaufen und in Zusammenhang mit der Reifung des Zentralnervensystems stehen. Dazu zählen 1. umschriebene Entwicklungsstörungen des Sprechens und der Sprache (z. B. →Stammeln), 2. umschriebene Entwicklungsstörungen schulischer Fertigkeiten (→Lernstörungen), 3. die umschriebene Entwicklungsstörung motorischer Fertigkeiten (»Syndrom des ungeschickten Kindes«), bei dem die Kinder in der Grob- und/oder Feinmotorik beeinträchtigt sind, z. B. Schwierigkeiten beim Schuhebinden haben, und 4. tief greifende Entwicklungsstörungen (z. B. der frühkindliche →Autismus). – Abb. S. 141

**Entwicklungstests:** Verfahren, mit deren Hilfe festgestellt werden soll, wie weit die Entwicklung eines Kindes fortgeschritten ist. Dabei geht es in der Regel um die Bereiche Motorik und Koordination, Lautbildung und Sprache, Wahrnehmung, Intelligenz, psychische Entwicklung oder Sozialverhalten. Motorik und Koordination werden geprüft, indem das Kind bestimmte Bewegungen vollziehen muss, Lautbildung und Sprache durch Vor- und Nachsprechen, die Wahrnehmung, indem das Kind verschiedene Dinge erkennen muss. Die Intelligenz wird durch speziell auf Kinder abgestimmte Intelligenztests wie den →HAWIK®-IV erfasst, während die psychische Entwicklung und das Sozialverhalten meist mit →Spieltests und →Zeichentests untersucht werden.

**Entwicklungsverzögerung:** eine Form der →Entwicklungsstörungen.

**Entwöhnung:** 1) Beendigung des Stillens eines Kindes;

2) (mehrmonatige) stationäre Behandlung Alkohol- oder Drogenabhängiger mit dem Ziel, dass diese sich von ihrer physischen und psychischen Abhängigkeit (→Alkoholkrankheit, →Drogenabhängigkeit) befreien. Auch beim Aufgeben des →Rauchens spricht man von Entwöhnung, in diesem Fall von Raucherentwöhnung.

**Entzugsdelir:** beim Absetzen einer Droge auftretendes →Delirium.

**Entzugserscheinungen:** schwerwiegende körperliche und psychische Veränderungen nach dem plötzlichen Absetzen einer Droge oder einer anderen Substanz, wenn zuvor eine körperliche Abhängigkeit bestanden hat. Die Entzugserscheinungen äußern sich z. B. in Gleichgewichts- und Kreislaufstörungen, schmerzhaften Magenkrämpfen, Schweißausbrüchen, Übelkeit, Erbrechen sowie Durchfällen. Dazu kommen starke seelische Verstimmungen, Halluzinationen, Ängste, Depressionen und große Unruhe. Die Entzugserscheinungen dauern in der Regel nur wenige Tage und klingen allmählich ab, bis der Stoffwechsel des Körpers wieder normal funktioniert. Nach dem Entzug ist meist eine psychotherapeutische Betreuung vonnöten, da das psychische Verlangen nach der Droge zunächst fortbesteht und überwunden werden muss.

**Enuresis:** das →Einnässen.

**Epidemiologie** [zu griech. epidémios »im ganzen Volk verbreitet«]: in der *Medizin* die Lehre von der statistischen Häufigkeit und Verteilung von Krankheiten und der zugehörigen Einflussfaktoren in der Bevölkerung. Zentrale

Aufgabe ist die Erforschung der Risikofaktoren in bestimmten Bevölkerungsgruppen, der Ursachen, Übertragungswege, klimatischer und geomedizinischer Bedingungen sowie der sozialen und volkswirtschaftlichen Folgen. In der *Psychologie* versteht man unter Epidemiologie eine Forschungsrichtung, die die Verbreitung und Verteilung psychischer Störungen und deren Zusammenhang mit bestimmten Merkmalen der Betroffenen wie z.B. Alter, Geschlecht, Schulbildung, Schicht- oder Kulturzugehörigkeit untersucht.

Die Gesundheitspsychologie fordert zunehmend eine differenzierte Gesundheitsberichterstattung, die einen umfassenden Überblick über den Gesundheitszustand und die gesundheitliche Versorgung der Bevölkerung ermöglicht, um hieraus entsprechende gesundheitspolitische Konsequenzen und Maßnahmen ableiten zu können.

**Epilepsie** [griech., eigtl. »das Anfassen«, »Anfall«]: Oberbegriff für Funktionsstörungen des Gehirns mit anfallsweise auftretenden Muskelkrämpfen (**Krampfanfällen**), die durch plötzlich entstehende elektrische Entladungen von Nervenzellen des Gehirns bedingt sind. Betroffen sind etwa 0,5–1% der Bevölkerung in Europa und in den USA. Gemeinsames Kennzeichen aller Epilepsieformen ist eine gesteigerte Krampfbereitschaft von Nervenzellverbänden des Gehirns, die durch ein Ungleichgewicht hemmender und fördernder Überträgerstoffe des Nervensystems (→Neurotransmitter) hervorgerufen wird. Oft findet sich keine Ursache, z.T. besteht eine erbliche Belastung, z.T. ist die Epilepsie auch eine Begleiterkrankung einer Hirnschädigung.

Das Vollbild der Epilepsie wird von dem großen Anfall (**Grand Mal**, französ. »großes Übel«) beherrscht, der mit einer plötzlichen Bewusstlosigkeit und einem Sturz beginnt. Durch den Krampf der Brustmuskeln entsteht der »epileptische Schrei«, durch den der Kiefermuskulatur der Zungenbiss. Dem Krampf folgen Zuckungen, die nach einigen Minuten einer tiefen Entspannung weichen. Die kleinen Anfälle (**Petits Mals**, »kleine Übel«) sind in der Regel harmloser; auch hier verlieren die Kranken das Bewusstsein, aber die Krämpfe erfassen nicht den ganzen Körper.

Die Anfälle treten in sehr unterschiedlicher Stärke und Häufigkeit auf; sie sind besonders deshalb gefährlich, weil sie nicht beherrschbar sind, zu oft schweren Stürzen, Knochenbrüchen (durch die enorme Anspannung der Muskulatur) oder Zungenbissen führen. Während früher hysterische und epileptische Anfälle oft nicht unterschieden wurden, sind seit der Entdeckung des →EEG die Epilepsien in der Regel gut von seelischen Ausnahmezuständen abgrenzbar. Die Behandlung erfolgt durch spezielle Epilepsiemedikamente.

**Episode** [griech. »Einschiebsel«, »zwischen die Chorgesänge eingeschobene Dialogteile«]: vorübergehendes Ereignis; man spricht z.B. von einer psychotischen Episode, wenn eine Person in einer akuten Krise die Symptome einer →Psychose entwickelt, ohne jedoch dauerhaft zu erkranken.

**episodisches Gedächtnis:** Form des →Gedächtnisses.

**Epochen|unterricht, Epochal|unterricht:** eine Form des Unterrichts, bei dem einem Fach oder Unterrichtsthema täglich eine bestimmte Anzahl von Unterrichtsstunden zur Verfügung gestellt wird (z.B. die ersten beiden Stunden am Vormittag). Ein »Epochenfach« wird häufig zwei bis vier Wochen lang unterrichtet, dann folgt ein anderes Epochenfach.

Der Epochenunterricht wurde von Rudolf Steiner 1919 mit der ersten Waldorfschule eingeführt. Steiner ging davon aus, dass bei vielen Unterrichtsfächern das Lernen effektiver sei, wenn nach einer intensiven Phase der Beschäftigung das Gelernte für eine Weile ins Unterbewusste absinken kann, bevor es in einer späteren Epoche wieder aufgenommen wird. Die meisten Fächer, mit Ausnahme v.a. von Spra-

---

**Epilepsie | Anfälle vermeiden**
An Epilepsie Erkrankte sollten auslösende Faktoren wie z.B. Schlafentzug, flackernde Lichtreize in Diskotheken oder Alkohol nach Möglichkeit vermeiden. Ein am Körper getragenes Merkblatt mit Erste-Hilfe-Maßnahmen kann Fremde, die den Betroffenen während eines Anfalls finden, über die Erkrankung und den Umgang informieren.

---

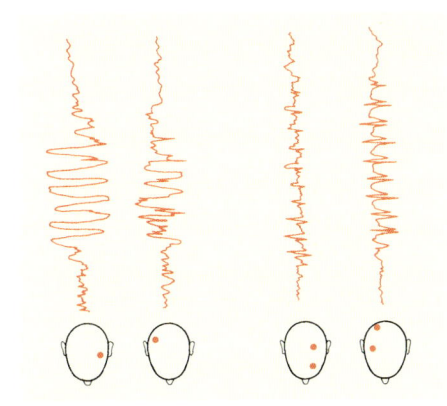

**Epilepsie:** Elektroenzephalogramm beim großen (links) und beim kleinen (rechts) Krampfanfall

**Erfolg | Persönliche Definitionen**
Jeder Mensch hat seine persönlichen Vorstellungen davon, was für ihn »Erfolg« bedeutet. Wenn man häufig das Gefühl hat, nicht erfolgreich zu sein, kann man seine eigenen Kriterien überprüfen: Hat man die »Messlatte« zu hoch gelegt? Will man zu viel auf einmal; will man es zu schnell? Werbung und Medien verbreiten ein bestimmtes Bild des Erfolgreichen. Allerdings ist dies nicht für alle Menschen ein angemessenes und annehmbares Leitbild. Viele Menschen vertreten eher soziale Werte und sehen es etwa als persönlichen Erfolg an, tragfähige und befriedigende Beziehungen zu führen.

---

chen, Sport und Eurythmie, werden in den Waldorfschulen auf diese Weise unterrichtet.

Außerhalb der Waldorfschulen werden verschiedene Varianten des Epochenunterrichts praktiziert, allerdings nicht in der Häufigkeit, wie in Lehrplänen und Richtlinien empfohlen wird. Vorteile sind neben der konzentrierten und intensiven Beschäftigung mit jedem Fach auch die Möglichkeiten, größere Projekte oder naturwissenschaftliche Experimente über längere Zeit durchzuführen.

**EQ:** 1) in der *Entwicklungspsychologie* der →Entwicklungsquotient;
2) in der *diagnostischen Psychologie* der emotionale Quotient (→emotionale Intelligenz).

**Erbanlagen:** die →Gene.

**Erbe-Umwelt-Problem:** das →Anlage-Umwelt-Problem.

**Erblassen:** Veränderung der Hautfarbe ins Gelbliche durch eine plötzlich eingeschränkte Durchblutung. Erblassen kann bei starker psychischer Erregung, aber auch bei einer Ohnmacht vorkommen und ist eine Folge der vermehrten Ausschüttung des Hormons Adrenalin, das ein Zusammenziehen der kleinsten Blutgefäße bewirkt.

**Erbrechen:** plötzliches Ausstoßen des Mageninhalts nach außen. Die Ursache kann ein Magenleiden sein, ungeeignete Ernährung oder die Reizung der hinteren Rachenwand. Das zerebral bedingte Erbrechen tritt bei Vergiftungen (z. B. durch Alkohol), durch übermäßige Bewegungsreize (z. B. Seekrankheit), durch Störungen im Hormonhaushalt (z. B. Schwangerschaft) und bei ekelerregenden Anblicken oder Gerüchen auf. Absichtlich herbeigeführtes Erbrechen ist ein Symptom der →Bulimia nervosa.

**Erektion** [latein. »Aufrichtung«]: das v. a. bei sexueller Erregung mechanisch oder psychisch ausgelöste Sichaufrichten und Steifwerden des Penis beim Mann und des Kitzlers bei der Frau, das Anschwellen der weiblichen Schamlippen sowie das Festwerden und Sichvergrößern der Brustwarzen. Eine Erektion wird v. a. durch starken Blutzufluss bewirkt.

**Erektionsstörung:** Form der →Erregungsstörungen.

**Erfahrung:** Sammelbezeichnung für die im Laufe des Lebens durch Anschauung, Wahrnehmung, Empfindung und praktische Erprobung gewonnenen Kenntnisse, Verhaltensweisen und Einsichten. Die Verarbeitung von Erlebnissen zu Erfahrungen ist Gegenstand verschiedener Teildisziplinen der Psychologie.

**Erfolg:** positives Ergebnis einer Bemühung, Erreichen eines angestrebten Ziels. Das Erfolgserlebnis hängt weniger von der absoluten Höhe der Leistung als vielmehr von ihrer Übereinstimmung mit den selbst gesetzten Erwartungen (→Anspruchsniveau) ab. Liegt die Leistung unter dem erwarteten Niveau, so wird dies als →Misserfolg, liegt sie darüber, als Erfolg gewertet. Bei zu einfachen und zu schwierigen Aufgaben können keine Erfolgs- bzw. Misserfolgserlebnisse auftreten. Erfolge bei der Bewältigung von Aufgaben begünstigen unter bestimmten Voraussetzungen die Leistungsmotivation und den Lernfortschritt.

**Erfolgserwartung:** relativ überdauernde Einstellung mit der Grundhaltung, man werde zukünftige Aufgaben erfolgreich bewältigen. Die Erfolgserwartung speist sich nicht nur aus vorangegangenen Erfahrungen mit ähnlichen Aufgaben, sondern aus verschiedenen Quellen, u. a. aus dem Selbstbild und der →Attribution bei vergangenen Erfolgen. Sie kann die tatsächliche Leistungsfähigkeit unter- oder überschreiten und wirkt sich positiv auf die →Leistungsmotivation aus.

**Erfolgskontrolle:** auf den Erfolg eines Lehrprogramms bezogene →Evaluation 2).

**Ergonomie** [zu griech. érgon »Arbeit«, »Werk«]: Disziplin, die sich mit der Anpassung der Arbeit und der Arbeitsbedingungen an die Eigenschaften des menschlichen Organismus beschäftigt. Mithilfe der Ergonomie sollen technische Prozesse aufgrund von Erkenntnissen der Arbeitsmedizin, -physiologie und -psychologie sowohl hinsichtlich humanitärer wie auch ökonomischer Ziele optimal gestaltet werden. Die körpergerechte Konstruktion und Anordnung von Arbeitsmitteln, z. B. Werkzeugen und Büromöbeln, sowie die Gestaltung von Arbeitsabläufen und Umwelteinflüssen zur Begrenzung von körperlichen und seelischen Gefährdungen dienen einerseits der Gesundheit der Arbeitenden, andererseits der Entfaltung der Leistungsfähigkeit und der dauerhaften Erhaltung der Leistungsbereitschaft. In Deutschland müssen Arbeitsplätze den neuesten Erkenntnissen der Ergonomie entsprechen.

**Ergotherapie:** Behandlungsform, die durch sinnvolle Beschäftigung und Arbeit helfen soll, die Folgen einer Krankheit, psychischen Störung, Drogenabhängigkeit oder Behinderung zu überwinden, die Selbstständigkeit der Betroffenen zu fördern und sie an das Alltagsleben heranzuführen. In der **Beschäftigungstherapie** dienen gezielte Übungen dazu, Routineabläufe zu verfestigen und vorhandene Fertigkeiten und Begabungen zu fördern.

In der modernen Gesellschaft werden Selbstwertgefühl und Lebenszufriedenheit stark von der Einbettung des Einzelnen in die Arbeitswelt mitbestimmt. Wer untätig ist, fühlt sich leicht wertlos; es besteht die Gefahr, dass er sich von der Gesellschaft ausgeschlossen fühlt und infolgedessen psychische Probleme entwickelt oder Drogen konsumiert. Jedoch ist der Übergang von einer schweren Erkrankung in das Berufsleben oft schwer. Hier kann eine **Arbeitstherapie** helfen. Zu ihr gehört das berufsorientierte Training, das gezielt die Fähigkeiten fördert, die am Arbeitsplatz von Bedeutung sind. Dabei werden handwerkliche und kreative Tätigkeiten zur Erprobung der Belastbarkeit, der Ausdauer und des Arbeitstempos sowie der Arbeitsqualität geübt.

**Erholung:** Wiederherstellung der normalen Leistungsfähigkeit nach Ermüdung oder Krankheit, bezogen auf den gesamten Organismus oder auf Teile davon. Der Erholung dient z. B. der Urlaub. Er sollte möglichst aus der gewohnten Umgebung herausführen und ohne Unterbrechung möglichst länger als drei Wochen dauern, weil dann der Erholungseffekt am größten ist.

Ohne Gesundheitsschädigung ist es keinem Menschen möglich, ununterbrochen, beispielsweise acht Stunden, zu arbeiten. Daher sind Pausen zur Erholung notwendig. Arbeitsphysiologische Untersuchungen haben ergeben, dass mehrere Fünfminutenpausen mehr Erholung bringen als nur eine lange Pause am Arbeitstag. Der Erholungseffekt ist in den ersten fünf Minuten am größten und nimmt dann rasch ab.

Auch bei geistiger Arbeit lassen die Leistungsfähigkeit und die Aufmerksamkeit bei ununterbrochener Tätigkeit nach, wenn auch individuell verschieden rasch. Pausen zur Erholung sind auch hier notwendig. Eine Pause empfiehlt sich besonders dann, wenn z. B. ein Problem unlösbar erscheint.

**Erickson** [ˈeriksn], Milton Hyland: amerikanischer Psychiater und Psychotherapeut, * Aurum (Nev.) 5. 12. 1901, † Phoenix (Ariz.) 25. 3. 1980; Praktiker und Lehrer der modernen Hypnotherapie.

**Erikson,** Erik Homburger: amerikanischer Psychoanalytiker und Entwicklungspsychologe deutscher Herkunft, * Frankfurt am Main 15. 6. 1902, † Harwich (Mass.) 12. 5. 1994; ausgebildet bei Anna Freud, emigrierte er 1933 in die USA, wo er an verschiedenen Universitäten lehrte. Besonders bekannt wurde seine Stufentheorie der psychosozialen Entwicklung (→ Entwicklungspsychologie).

**Erinnerung:** das Abrufen eines Inhaltes aus dem Gedächtnis ins Bewusstsein; auch der bewusst werdende Inhalt selbst. Das Erinnern ist eine wesentliche Funktion des Gedächtnisses. In der Regel handelt es sich um einen Abruf aus dem episodischen → Gedächtnis. Dieser kann beabsichtigt oder unbeabsichtigt erfolgen, in jedem Fall wird der Inhalt jedoch als etwas früher Erlebtes oder als etwas Gewusstes erfahren, wie es bei Vorstellungen und Fantasien nicht eintritt. Eine Erinnerung kann ferner von einer → Metakognition begleitet sein, die ein Urteil darüber gibt, wie präzise oder zutreffend die Erinnerung ist.

Anhand der äußeren Vorgaben, an die sich eine Erinnerung anschließt, lassen sich mehrere Arten des Abrufs unterscheiden: einerseits das Wiedererkennen einer Sache, Person bzw. Situation, andererseits die freie Wiedergabe von Informationen bzw. Ereignissen. Die freie Wiedergabe stellt erheblich größere Anforderungen an das Gedächtnis und kann durch geeignete Hinweisreize erleichtert werden. Hilfreich für das Erinnern ist ferner der sogenannte Kontext-

**Ergotherapie:** Training der Oberschenkelmuskulatur auf einem Kufenwebrahmen

**Ermüdung:** Kurze Pausen gelten als besonders wirkungsvoll, um Überbeanspruchung oder Monotonie vorzubeugen.

effekt: Das Gedächtnis verbindet mit den eigentlichen Inhalten für eine gewisse Zeit auch die situativen Bedingungen, unter denen die Inhalte erworben wurden. Daher fällt es leichter, sich an etwas zu erinnern, wenn die äußeren Umstände denen gleichen, unter denen man das Gesuchte gelernt oder erfahren hat.

Als **Blitzlichterinnerung** bezeichnet man das Phänomen, dass man sich jahrelang eindrücklich daran erinnern kann, unter welchen (eigentlich belanglosen) Umständen man über ein kollektiv bedeutsames Ereignis unterrichtet wurde. Beispielsweise wissen die meisten Menschen, was sie am 11. September 2001 gerade taten, als sie von dem Terroranschlag in den USA erfuhren. Allerdings ist es fraglich, ob im gegebenen Moment schon eine besonders dauerhafte Erinnerung angelegt wurde, oder ob sich diese erst nachträglich, z. B. durch häufiges Weitererzählen verfestigt hat.

Unter einer **Erinnerungstäuschung** wird die fehlerhafte Erinnerung an zurückliegende Ereignisse verstanden. Die Erinnerung an ein Ereignis stimmt mit dem tatsächlichen Ablauf nicht überein, weil entweder die Informationsaufnahme oder der Abruf unvollständig bzw. verzerrt erfolgen. Die Aufnahme kann z. B. durch mangelnde Aufmerksamkeit beeinträchtigt worden sein. Der Abruf stellt zumeist auch keine detailgetreue Reproduktion eines Ereignisses dar, sondern wird z. T. durch Rekonstruktionen ergänzt. Hierbei kommen unbemerkt subjektive Einstellungen, Vorurteile oder Erwartungen zur Geltung. Daher können Zeugenaussagen vor Gericht unbeabsichtigt ein falsches Bild des Geschehens wiedergeben. Eine spezielle Form der Erinnerungstäuschung ist das →Déjà-vu-Erlebnis.

Eine **Erinnerungslücke** ist ein Gedächtnisverlust für Ereignisse, die innerhalb einer begrenzten Zeitspanne stattgefunden haben. Sie kann vielfältige Ursachen haben; es kann sich u. a. um das Symptom einer →Amnesie handeln oder um eine vorübergehende Gedächtnisstörung aufgrund von Substanzmissbrauch.

**Erleben:** Gesamtheit aller inneren, im Bewusstsein repräsentierten Vorgänge. Alle psychischen Phänomene sind eingeschlossen: Empfinden, Wahrnehmen, Denken, Vorstellen, Erinnern, Fühlen und Wollen. Auch psychische Vorgänge mit organischer Basis wie Schmerz oder Schwindel gehören dazu. Das Erleben ist in seiner persönlichen Besonderheit nur dem Betroffenen unmittelbar zugänglich. Immer wieder versuchte die Psychologie als objektive Wissenschaft das Erleben als ein inneres, nicht beobachtbares Phänomen aus ihrem Forschungsfeld auszugrenzen, besonders radikal der →Behaviorismus. Heute definiert sich die Psychologie als Wissenschaft vom Erleben und Verhalten. Sie untersucht das Erleben zumeist mittels →Fragebogen und →Tests. In einer Psychotherapie wird das Erleben in der Regel im Gespräch erfasst.

**erlernte Hilflosigkeit:** ein von dem amerikanischen Psychologen Martin E. Seligman (* 1942) geprägte Bezeichnung für das Phänomen, bei dem Menschen, die längere Zeit unangenehmen Situationen ausgesetzt waren, die sie nicht kontrollieren konnten, sich später in kontrollierbaren Situationen passiv verhalten.

Seligman kam zu diesem Schluss aufgrund seiner Tierexperimente: Er fügte Tieren wiederholt Schmerzen zu (z. B. durch Elektroschocks), die die Tiere weder vermeiden noch durch ihre Aktivität abstellen konnten. In der nächsten Versuchsbedingung konnten die Tiere den Schmerzreizen ausweichen, z. B. in dem sie aus dem Käfig hinausspringen konnten, oder den Auslöser der Schmerzreize durch eine gezielte Reaktion, z. B. den Druck auf einen Hebel, abschalten konnten. Im Vergleich zu vorher unbelasteten Tieren unternahmen sie aber nichts, sie verharrten in den schmerzhaften Situationen. Sie hatten Hilflosigkeit »gelernt«, sich darauf eingestellt, dass sie »ohnehin nichts machen können«.

Diese – ethisch sicher nicht vertretbaren – Experimente nahm Seligman zum Ausgangspunkt für eine Lerntheorie der →Depression. Während nicht depressive Menschen angesichts drohender Gefahren, schmerzlicher Erlebnisse von Liebesverlust oder Angst aktiv werden und versuchen, das Beste aus der schwierigen Situation zu machen, reagieren Depressive apathisch und vergrößern dadurch auch das Risiko, dass sie zum Opfer belastender Erfahrungen werden. Diese Hypothese passt gut zu den

Beobachtungen an Kleinkindern, die eine depressive Reaktion entwickeln, wenn ihr Geschrei die Mutter nicht herbeirufen kann und auch keine Ersatzperson versucht, das kindliche Bedürfnis nach Zuwendung zu erfüllen.

**Ermüdung:** infolge von längerer oder schwererer Tätigkeit auftretende Minderung der Leistungsfähigkeit eines Organs (lokale Ermüdung) oder des Gesamtorganismus (zentrale Ermüdung). Zustände der Ermüdung wechseln sich mit solchen der Erholung ab. Physiologische Anzeichen sind u. a. Erhöhung des Pulses und Flacherwerden der Atmung, Abnahme der Konzentration und Auftreten von Denkstörungen. Ermüdung und →Monotonie 2) haben das Gefühl der **Müdigkeit** als Leitmerkmal unzureichender psychischer Anspannung gemeinsam. Der Anstieg der Ermüdung verläuft exponentiell, d. h. aus einer leichten Ermüdung wird rasch eine starke, wenn keine Pause zur →Erholung gemacht wird. Dabei gelten Kurzpausen als besonders wirksam.

### Ermüdung | Öfter kurze Pausen

Aus einer geringfügigen Ermüdung wird sehr rasch eine starke Ermüdung. Deshalb ist es wichtig, nicht über die eigene Ermüdungsgrenze hinaus zu arbeiten. Kurze Pausen dienen rasch der Erholung; anschließend kann man mit neuer Kraft weiterarbeiten.

Zeit für eine Pause ist es, wenn man bemerkt, dass man Tagträumen nachhängt, dass man überflüssige Ordnungs- und Sortierarbeiten macht, oder wenn man Durst oder Hunger bekommt. Besser als eine Tasse Kaffee sind rund 20 tiefe Atemzüge, möglichst an der frischen Luft.

**Ermutigung:** in der *Psychotherapie* Form der Einflussnahme, die insbesondere in der Individualpsychologie empfohlen wird, da hier das Minderwertigkeitsgefühl bzw. die daraus resultierende Entmutigung als Auslöser psychischer Störungen gilt. Wie die neuere Motivationsforschung zeigt, begünstigen Misserfolgserwartungen tatsächlich Handlungsunsicherheiten und damit eine weitere Entmutigung sowie letztlich die Verstärkung bereits bestehender psychischer Beeinträchtigungen.

**Ernährung:** die Aufnahme von Nahrungsstoffen für den Aufbau, die Erhaltung und Fortpflanzung eines Lebewesens. Fachgesellschaften wie die Deutsche Gesellschaft für Ernährung e. V. (Sitz: Bonn) geben regelmäßig Empfehlungen für die richtige und zureichende Aufnahme von Nährstoffen heraus. Mangelnde Kenntnisse über die richtige Ernährung, aber auch falsche Rollenvorbilder und Sozialnormen (z. B. Schlankheitskult) können zur Fehlernährung führen.

**Ernährungspsychologie:** Teilgebiet der Gesundheitspsychologie, das sich mit der menschlichen Ernährung befasst. Die Ernährungspsychologie beschäftigt sich mit der Analyse des menschlichen Ess- und Trinkverhaltens, seinen physiologischen und psychologischen Effekten, den gesundheitsfördernden bzw. -beeinträchtigenden Wirkungen der Ernährung sowie der Bestimmung, Erforschung und Therapie gestörten Ess- und Trinkverhaltens. Die Anwendungsbereiche der Ernährungspsychologie zielen darauf ab, Wissen über eine bedarfsgerechte, gesundheitsfördernde Ernährung zu vermitteln (Ernährungsinformation), Interesse und Bewusstsein für Ernährungsfragen zu wecken (Ernährungsaufklärung), das Essverhalten von Kindern und Jugendlichen entsprechend den empfohlenen Richtlinien zu prägen (Ernährungserziehung), die Motivation für eine gesunde Ernährung zu schaffen und deren Umsetzung im Alltag zu unterstützen (Ernährungsberatung) sowie gestörtes Essverhalten zu beheben (Ernährungstherapie).

**erogene Zonen:** im engeren Sinn Körperstellen, deren Berührung starke Lustgefühle, insbesondere sexueller Art, erzeugen kann, da sie besonders reich mit empfindlichen Nerven ausgestattet sind (v. a. Geschlechtsorgane, Mund- und Analregion). Im weiteren Sinn können auch viele andere Körperstellen als erogene Zonen erlebt werden (z. B. Augenlider, Achselhöhlen, Bauchnabel, Damm, Fußsohlen), je nach individueller Prägung. Noch allgemeiner betrachtet, ist die gesamte äußere Haut eine erogene Zone.

**Eros** [von griech. éros »Liebe(sverlangen)«]:
1) im griechischen Mythos der Gott der Liebe; ihm entspricht im lateinischen Mythos Amor bzw. Cupido;
2) *Psychoanalyse:* die Gesamtheit der →Lebenstriebe im Gegensatz zu den →Todestrieben.

**Erotik:** Sinnlichkeit, Liebeslust und Sexualverlangen, welche sich aber nicht unbedingt in sexuell-genitalen Handlungen äußern müssen. Die Erotik ist ein verfeinertes geschlechtliches Triebverhalten und drückt sich als spielerische, bildliche oder symbolische Umsetzung von Sexualität in Sitten, Mode, Werbung, Kunst und Literatur aus.

Entscheidende Impulse für Theorie und Praxis von Sexualität und Erotik im 20. Jh. gaben die Erkenntnisse der Psychoanalyse Sigmund Freuds, der in seinen späten Schriften Platons Erosbegriff aufgriff, ihn mit dem →Lebenstrieb gleichsetzte und dem Todestrieb gegenüberstellte.

**Erotisierung:** Jean Honoré Fragonards Gemälde »Mädchen mit Hund« ist ein typisches Beispiel der im Rokoko beliebten bildlichen Darstellungen, die mit sexuellen Anspielungen aufgeladen wurden.

*Geschichte:* Die Erotik stand ursprünglich in engem Zusammenhang mit Mythos, Religion und kulturellen Ritualen. Aus vielen Kulturen, v. a. der indischen, chinesischen und arabisch-islamischen, sind Liebeslehren überliefert, in denen erotisches Wissen von Meistern an auserwählte Schüler weitergegeben wurde. Ziel war nicht die Unterscheidung zwischen Erlaubtem und Verbotenem, sondern die Erkenntnis, was die Lust ausmacht, wie man sie wahrnimmt und umsetzt.

Bestimmend für das neuzeitliche Verständnis der Erotik wurde die von Platon entwickelte Philosophie des Eros. Platon geht vom Mythos der Geschlechtertrennung aus, wonach der einst gottähnliche, doppelgeschlechtliche Mensch von Zeus in zwei Hälften zerteilt wurde, die fortan danach streben, sich miteinander zu vereinigen, um die verlorene Ganzheit und Vollkommenheit wieder herzustellen. Die erotische Erfüllung stellt eine Stufenleiter der erotischen Bildung dar, die von der Liebe zum schönen Leib über die Liebe zur schönen Seele aufsteigt bis zur Schau des Schönen selbst, das zugleich das Wahre und das Gute ist.

**Erotisierung:** bewusstes oder unbewusstes Aufladen einer Begegnung oder Situation mit erotisch-sinnlicher Spannung. Schlägt die Erotisierung in offen sexuelle Anspielungen, Gesten oder Handlungen um, wird von **Sexualisierung** gesprochen.

**Erregbarkeit: 1)** umgangssprachlich meist die Eigenschaft einer Person, der Situation nicht angemessen (zu heftig) emotional, in der Regel aggressiv zu reagieren.

**2) Reizbarkeit, Irritabilität:** in der *Physiologie* die Fähigkeit von Sinnes- und Nervenzellen, durch ihnen angemessene (adäquate) Reize erregt zu werden;

**3)** in der *Psychologie* die z. T. recht unterschiedliche emotionale Ansprechbarkeit eines Individuums auf Reize.

**Erregung: 1)** umgangssprachlich meist eine der Situation nicht angemessene (zu heftige) emotionale Reaktion eines Individuums; auch starke sexuelle Reaktion.

**2)** in der *Psychologie* und *Physiologie* zumeist zentralnervöse Vorgänge der Impulsleitung in den Nervenzellen. Erregungszustände sind gekennzeichnet durch Änderungen der elektrischen Spannung (Potenzialänderungen). Die Bahnung von Erregungen ist neben der →Hemmung ein grundlegender Vorgang der Erregungsleitung und -verarbeitung in den Sinnesorganen und Nervenbahnen von Organismen, einschließlich des Menschen.

Die Erregung wird an die Großhirnrinde über die sensorischen Nervenbahnen weitergeleitet. Die Aktivierung der Großhirnrinde steigert die Aufmerksamkeit und führt über die abwärts verlaufenden motorischen Nervenbahnen anschließend an den Muskeln zu Kontraktionen.

**Erregungsleitung:** grundlegender Mechanismus der Informationsübermittlung zwischen Nerven-, Sinnes- und Muskelzellen. Die Erregung kann durch einen Reiz oder selbsttätig (autonom, z. B. im Sinusknoten, einem Bündel besonderer Muskelfasern, des Herzens) entstehen. Sie erfolgt im Wesentlichen elektrisch, d. h., in einer Nervenzelle wird durch einen Reiz eine Spannungsänderung gegenüber dem Ruhezustand (Ruhepotenzial) von wenigen Millivolt

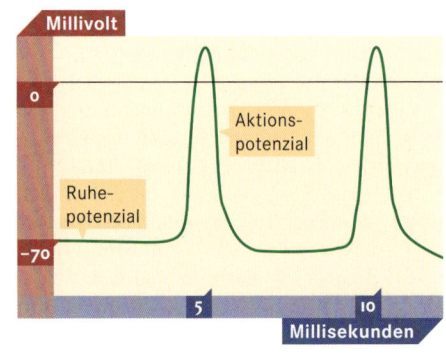

**Erregungsleitung:** Ruhe- und Aktionspotenzial an einer markhaltigen Nervenfaser

# Errötungsangst

ausgelöst, das Aktionspotenzial. Dies pflanzt sich entlang der Nervenzelle fort.

An der Synapse, der Kontaktstelle zwischen Nerven- und Muskelzellen, geht die elektrische in eine chemische Erregungsleitung über. Die Erregung verursacht in den Endaufzweigungen der zuleitenden Nervenzelle eine Ausschüttung von Überträgerstoffen, von →Neurotransmittern, wie z. B. Acetylcholin oder Adrenalin. Gelangen genug Neurotransmitter an die postsynaptische Membran (→Synapse) der nachfolgenden Zelle, so bildet sich im Axon der postsynaptischen Zelle erneut ein Aktionspotenzial, d. h., die Erregung läuft weiter. Jede Nerven- oder Muskelzelle ist einige Zeit nach der Auslösung eines Aktionspotenzials unfähig zur Erregungsleitung; sie ist in ihrer Refraktärzeit. Deshalb kann man aufeinanderfolgende Reize nur wahrnehmen, wenn sie einen bestimmten zeitlichen Mindestabstand voneinander haben.

**Erregungsstörungen:** Störungen der sexuellen Erregbarkeit bei Männern oder Frauen. Bei Männern äußern sie sich meist in **Erektionsstörungen,** d. h. die Unfähigkeit, beim Geschlechtsverkehr eine für das Eindringen ausreichende Versteifung des Penis zu erreichen und bis zum befriedigenden Höhepunkt zu erhalten. Von **Priapismus** spricht man bei einer schmerzhaften, nicht lustbetonten über zweistündigen Dauererektion, die sehr gefährlich ist, weil durch den Blutstau das Gewebe des Schwellkörpers zerstört wird; sie wird v. a. durch bestimmte Medikamente oder Krankheitsprozesse verursacht. Die Erregungsstörung bei Frauen besteht darin, dass der Kitzler sich nicht vergrößert und fest wird und das Feuchtwerden der Scheide und des Scheidenvorhofs ausbleibt.

Die meisten Erregungsstörungen sind seelisch bedingt, z. B. durch unbewusste Konflikte, Paarkonflikte, Leistungsängste, sozialen Stress. Aber auch viele körperliche Erkrankungen, die einzelne Organsysteme oder die Vitalität schädigen, sind von Erregungsstörungen begleitet, z. B. Herz-Kreislauf-Erkrankungen, Diabetes, Rückenmarksverletzungen.

**Erröten, Rotwerden:** Veränderung der Gesichtsfarbe ins Rötliche durch gesteigerte Durchblutung der Hautgefäße bei starken Affekten (z. B. Scham, Zorn); da auf diese Weise ein Affekt erkennbar wird, den man vielleicht lieber verborgen gehalten hätte, wird Erröten gelegentlich als peinlich empfunden. Bei dazu disponierten Personen kann sich eine →Errötungsangst entwickeln.

**Errötungsangst, Erythrophobie** [zu griech. erythrós »rot«]: eine Form der sozialen →Phobien, bei denen Betroffene starke Angst davor haben, in öffentlichen Situationen zu erröten. Die Betroffenen vermeiden soziale Ereignisse, in denen sie errötet sind, und entwickeln dadurch zusätzliche Kontaktstörungen; sie bleiben der Arbeit fern, ziehen sich zurück, gehen keine Liebesbeziehung ein, riskieren keine Beförderung, weil sie fürchten, dann verstärkt in der Öffentlichkeit auftreten zu müssen.

Das Erröten ist eine normale körperliche Reaktion bei Ärger, Freude oder Scham, die nicht willentlich kontrolliert werden kann. Manche Menschen erröten schnell, andere kaum. Nicht jeder, der in sozialen Situationen errötet, entwickelt eine Errötungsangst; diese Menschen stören sich nicht an ihrem Erröten oder es ist ihnen lediglich mehr oder weniger unangenehm. Solche, die eine Störung entwickeln, leiden in der Regel an geringem Selbstwertgefühl. Eine spezielle verhaltenstherapeutische Methode ist ein Aufmerksamkeitstraining, bei der Betroffene lernen, ihre Aufmerksamkeit von den körperlichen Reaktionen auf äußere Dinge zu lenken. Eine Möglichkeit, das Erröten grundsätz-

> **Erregungsstörungen | Kein Grund zur Panik**
> Erregungsstörungen sollte man gelassen hinnehmen und Geduld miteinander haben. Kein Mensch muss immer »funktionieren«. Auf keinen Fall darf der oder die Betroffene lächerlich gemacht oder als Versager bezeichnet werden. Nur wenn man häufiger Erregungsstörungen feststellt, sollte man über die Ursachen nachdenken und sich eventuell Rat bei einem Arzt oder in einer Beratungsstelle einholen.

**Erregungsstörungen:** Die Bezeichnung »Priapismus« für eine krankhafte Dauererektion leitet sich von dem antiken Fruchtbarkeitsgott Priapus her. Dieser wurde stets mit übergroßem erigiertem Phallus dargestellt (römische Öllampen aus Pompeji).

**Ersatzbefriedigung:** Das Essen ist eine der verbreitetsten Ersatzbefriedigungen und wird häufig schon Kindern in Form von Belohnungsverhalten anerzogen.

lich zu verhindern, besteht in einer Operation, bei der bestimmte Nerven im Brustkorb durchtrennt werden, die endoskopische transthorakale Sympathektomie. Der Eingriff hat allerdings Nebenwirkungen wie übermäßiges Schwitzen.

**Ersatzbefriedigung:** Tätigkeit oder Sache, die nicht das ursprüngliche, sondern ein anderes Bedürfnis befriedigt. Auf eine Ersatzbefriedigung wird v. a. dann ausgewichen, wenn das ursprüngliche Bedürfnis verboten bzw. verpönt oder seine Befriedigung unmöglich ist oder unmöglich erscheint. Die »anständige Lust« des Essens wurde bereits im 19. Jh. gepriesen; Rauchen, Trinken, Essen, Fernsehen sind heute geläufige Ersatzbefriedigungen. Da das ursprüngliche Bedürfnis auf diesem Wege niemals befriedigt wird, bleibt es bestehen und löst einen beständigen Handlungsimpuls zur Ersatzbefriedigung aus. So besteht immer die Gefahr, dass diese zur Sucht wird.

**Ersatzhandlung, Übersprungshandlung:** Handlung, die eine ursprünglich beabsichtigte, aber blockierte Aktion ersetzt, z. B. das Nägelbeißen, wenn Aggressionen nicht ausgedrückt werden können; bei Tieren z. B. das plötzliche Gefiederputzen oder das In-den-Boden-Picken bei kämpfenden Vogelmännchen, etwa wenn zwei gegenläufige Impulse, z. B. Angriffs- und Fluchtimpulse, miteinander in Konflikt geraten und der normale Ablauf einer → Instinkthandlung gestört wird.

**Ersatzobjekt:** *Psychoanalyse:* Menschen oder Gegenstände, die an die Stelle eines anderen, in der Regel bedeutsamen Objekts treten.

Können seelische Affekte nicht an der Person (dem Objekt) abreagiert werden, dem sie auch gelten, werden sie oft auf andere, meist für schwächer gehaltene Menschen oder auch auf Gegenstände umgelenkt, z. B. Ärger mit Vorgesetzten auf die Kinder oder auf den Ehepartner.

**Erschöpfung, Exhaustion** [spätlatein. »Ausschöpfung«]: Zustand schwerer Ermüdung, der mit einer Erhöhung der Reizschwellen oder einer Reaktionsverminderung einhergeht. Oft hat der Betreffende zuvor lang anhaltenden Stress verarbeiten müssen und zuletzt noch einmal alle Kräfte mobilisiert. Hilft das nicht, tritt Erschöpfung ein.

**Erschöpfungssyndrom, chronisches:** → chronisches Erschöpfungssyndrom.

**erster Eindruck:** Bild einer Person, das bei der ersten Begegnung in kurzer Zeit entsteht, z. B. während der Begrüßung. Oft hat der erste Eindruck einen Einfluss auf die weitere Entwicklung der Begegnung. Ein äußerlich gepflegt escheinender, gut gekleideter, in der Körperhaltung aufrechter Mensch könnte z. B. den Eindruck eines klugen Menschen machen. Damit würde sich die Wahrscheinlichkeit erhöhen, dass man Interesse an weiterem Kontakt zu ihm hat (wenn man Wert legt auf Klugheit). Häufig handelt es sich bei dem ersten Eindruck allerdings um → Vorurteile. Die psychologische Forschung hat gezeigt, dass der erste Eindruck die weitere Wahrnehmung im Sinne der → Selffulfilling Prophecy beeinflussen kann: Wenn man jemanden für unsympathisch oder unattraktiv hält, wird man ihm in der Regel so begegnen, dass eine Beziehung nicht zustande kommt, sodass man ihn weiterhin für unsympathisch halten kann.

**Erstinterview** [-ɪntəvjuː, engl.]: erstes Gespräch anlässlich der Aufnahme einer → Psychotherapie. Die Forschung hat gezeigt, dass sich in dieser Situation oft ein wesentlicher Teil der Problematik des Klienten und der später zu erwartenden → Übertragung darstellt.

**Erstunterricht:** der → Anfangsunterricht.

**Erwachsenen|alter:** Lebensphase, die an das Jugendalter anschließt. Der Übergang zum Erwachsenenalter erfolgt in verschiedenen Lebensbereichen (z. B. körperliche Reife, Volljährigkeit, Ende der Ausbildung, finanzielle Unabhängigkeit) zu unterschiedlichen Zeitpunkten (→ Jugendalter, → Adoleszenz, → Postadoleszenz). Als wichtige psychische Merkmale Erwachsener werden die Fähigkeit zum Eingehen einer Partnerschaft und die Bereitschaft zur Verantwortungsübernahme für sich selbst und andere angesehen.

Dass der Reifungs- und Entwicklungsprozess auch im Erwachsenenalter nicht aufhört, ist besonders spürbar in Zeiten des Übergangs in eine neue Lebensphase, wie z. B. zu Beginn von Elternschaft, Wechseljahren und Ruhestand, oder wenn einschneidende Lebensereignisse verarbeitet werden müssen.

**Erwachsenenbildung:** Sammelbezeichnung für alle Initiativen zur Weiterbildung Erwachsener im Verlauf ihres Lebens, sei es in dafür geschaffenen Einrichtungen oder in selbst organisierter Form. Anthropologische Voraussetzung der Erwachsenenbildung ist die lebenslange Lernfähigkeit des Menschen, der heute eine zunehmende Notwendigkeit entspricht (→ lebenslanges Lernen). Betrachtete sich der Erwachsene früher in der Regel als »fertiger« Mensch, der »ausgelernt« hatte, so ist es heute selbstverständlich, dass ein ständiger Lernprozess die Voraussetzung ist, sich in einer sich ständig verändernden und komplexer gewordenen Welt zurechtzufinden. Die Konkurrenzfähigkeit kann in vielen Berufen nur aufrechterhalten werden, wenn veraltetes Wissen und Können durch neues ersetzt wird.

Jede Person hat das Recht, eine Einrichtung der Erwachsenenbildung zu gründen. Der Staat sieht seine Aufgabe weniger in der Träger- als v. a. in der Förderfunktion. Eine staatliche Bildungsaufsicht als Parallele zur Schulaufsicht gibt es dabei nicht. Die Volkshochschule ist die bekannteste und am meisten genutzte Institution der Erwachsenenbildung.

Eine bezahlte Freistellung für die Teilnahme an Angeboten der Erwachsenenbildung gibt es bundeseinheitlich nur für Betriebsratsmitglieder, doch besteht in einigen Bundesländern für Berufstätige ein allgemeiner Anspruch auf Bildungsurlaub.

**Erwartung:** gedankliche Vorwegnahme eines zukünftigen Ereignisses verbunden mit der Überzeugung, dass das Ereignis eintreten wird. Die Erwartung kann sowohl den Charakter einer → Ahnung als auch den einer präzisen Vorstellung annehmen. Eine Erwartung ist je nach der Bewertung des Ereignisses u. a. von Hoffnung, Freude, Furcht oder Ungewissheit begleitet. Erwartung ist ein wichtiger Faktor der → Leistungsmotivation.

**Erwartungsangst:** Angst vor einem bevorstehenden Ereignis, z. B. das Lampenfieber eines Schauspielers oder Redners vor dem Auftritt. Normale Erwartungsangst führt zu einem leichten Erregungszustand, der die Leistungsfähigkeit steigert. Starke Erwartungsangst ist so unangenehm, dass sie lähmt. Geht man der entsprechenden Situation aus dem Weg, kann sich Angst mit Krankheitswert entwickeln. Diese Form der Erwartungsangst ist Bestandteil von vielen Angststörungen, insbesondere der → Phobien und der → Panikstörung.

**Erwerbsarbeit:** auf die Sicherung des Lebensunterhalts gerichtete Form der → Arbeit.

**Erythrophobie:** die → Errötungsangst.

**Erziehung, Kinder|erziehung:** beabsichtigte Einflussnahme von Eltern, Erziehern und Lehrern auf die Entwicklung von Kindern und Jugendlichen mit dem Ziel, ihnen bestimmte Fähigkeiten, Kenntnisse, Einstellungen und Werte zu vermitteln. Von dieser **intentionalen Erziehung**, die bestimmte Effekte beabsichtigt, wird häufig die **funktionale Erziehung** unterschieden, bei der Einflüsse eher unbeabsichtigt, aber dennoch erzieherisch wirken, z. B. durch Vorbilder oder spontane Reaktionen der Umwelt. In der aktiven Auseinandersetzung mit dem alltäglichen Leben erzieht sich der Heranwachsende so auch ständig selbst. Die das erzieherische Handeln bestimmenden Vorstellungen und Wünsche sind stark historisch, gesellschaftlich und schichtenspezifisch bedingt; man unterscheidet verschiedene → Erziehungsmittel, → Erziehungsstile und Erziehungsziele – heute z. B. Selbstbewusstsein, Mündigkeit und Autonomie. Die Annahme absoluter, »zeitloser« erzieherischer Normen erscheint somit fragwürdig.

Erziehungsziele werden jedoch häufig nur gegen und in Auseinandersetzung mit Erziehungsabsichten im Kind oder Jugendlichen verankert. Zudem wird der Prozess der kindlichen und jugendlichen Persönlichkeitsbildung in einem großen Umfang von der sozialen Umgebung, v. a. der → Peergroup beeinflusst.

**Erziehung:** Selbstbewusstsein und Selbstständigkeit sind wichtige Erziehungsziele, die nur im Zusammenwirken von erzieherischen Maßnahmen und sozialer Umwelt erreicht werden.

**LESETIPPS:**

THOMAS GORDON: *Familienkonferenz. Die Lösung von Konflikten zwischen Eltern und Kind.* Taschenbuchausgabe München (Heyne) [29]1999.

JEAN PIAGET: *Theorien und Methoden der modernen Erziehung.* Taschenbuchausgabe Frankfurt am Main (Fischer) [9]1999.

REMO H. LARGO: *Kinderjahre. Die Individualität des Kindes als erzieherische Herausforderung.* München (Piper) 2000.

JAN-UWE ROGGE: *Kinder brauchen Grenzen.* Reinbek (Rowohlt Taschenbuch) 2003.

RUDOLF DREIKURS und VICKI SOLTZ: *Kinder fordern uns heraus. Wie erziehen wir sie zeitgemäß?* Stuttgart (Klett-Cotta) [15]2008.

**Erziehungsberatung:** diagnostische, beratende und gegebenenfalls therapeutische Hilfestellung für Kinder, Jugendliche und ihre Erziehungs- bzw. Sorgeberechtigten in pädagogischen, psychologischen und sozialen (gelegentlich auch medizinischen) Fragen der Erziehung und der persönlichen Beziehungen im häuslichen wie außerhäuslichen Umfeld. Hauptbereiche der Erziehungsberatung sind Beziehungs- und (schulische) Leistungsstörungen, Verhaltensauffälligkeiten sowie mit →Drogenabhängigkeit verbundene Probleme.

Die Erziehungsberatungsstellen werden in der Regel von Diplom-Psychologen oder Ärzten geleitet. Das Personal umfasst in der Regel mindestens je einen Psychologen und Sozialarbeiter sowie einen Arzt; je nach finanzieller Ausstattung und Aufgaben- bzw. Versorgungsbereich kommen Psychotherapeuten, Logopäden, Heil-, Sozial- oder Sonderpädagogen, mitunter auch Beschäftigungstherapeuten dazu.

Die inhaltliche Arbeit variiert mit der theoretischen Ausrichtung der Mitarbeiter, wird interdisziplinär im Team realisiert und erfolgt kind-, problem- oder familienorientiert. Die Methoden reichen von Informationen, Aufklärung, Verweisungen an andere Stellen bzw. Fachkräfte und reinen Rechtshilfen über spiel- und psychotherapeutische Verfahren der Einzelhilfe bis hin zur sozialen Gruppenarbeit und Formen der Gruppenpsychotherapie einschließlich der Familientherapie.

**Erziehungsberechtigter:** die Person, die das im Grundgesetz garantierte Recht auf Erziehung und Pflege eines Kindes ausübt (→elterliche Sorge). Im Regelfall sind es die Eltern. Vormundschaftsgericht oder Jugendamt können jedoch in dieses Recht eingreifen und eine Unterbringung des Kindes außerhalb der Familie verfügen, z. B. in einer Pflegefamilie, in einer Einrichtung der Heimerziehung oder in einem Internat. Die dort Verantwortlichen übernehmen dann bestimmte Rechte des Erziehungsberechtigten.

**Erziehungsmittel:** Maßnahmen, mit denen Erziehende auf Kinder und Jugendliche einzuwirken versuchen, um das Erreichen von Erziehungszielen zu bewirken. Dazu gehören vorzugsweise Lob, Ermutigung, Hilfe, Zuwendung und Belohnung, aber auch Tadel, Verbot und Strafe, Spiel, Übung und Arbeit. Von großer Bedeutung sind auch das Vorbildverhalten des Erziehenden sowie induktive Methoden, bei denen durch Argumentation, Verweis auf Konsequenzen des Handelns, Aufforderung zum Perspektivenwechsel oder Appell an den Stolz des Kindes Verhaltensänderungen erzielt werden. Der Einsatz von Erziehungsmitteln muss angemessen sein und darf das Kind oder den Jugendlichen psychisch und physisch nicht überfordern. Ein ermunterndes Vorgehen, etwa in Form von Lob und Bekräftigung wünschenswerten Verhaltens, ist meist effektiver als der Einsatz von Strafen. Letztlich zielt ein Erziehungsmittel auf Einsicht. Anders als bei dieser Art der Einflussnahme wird das Individuum bei Methoden der →Verhaltensmodifikation oder Dressur als Objekt gesehen, das fremden und fremd bleibenden Zwecken unterworfen wird.

Nach den Schulgesetzen der einzelnen Bundesländer kann auch die Schule Erziehungsmittel einsetzen, die in der Form von Schulstrafen als Erziehungs- und Ordnungsmaßnahmen bezeichnet werden. Bei einer Gefährdung des Erziehungs- und Bildungsauftrags der Schule kann eine ganze Reihe von Maßnahmen beschlossen werden: mündliche Ermahnungen, Klassenbucheintrag, Nachsitzen, Überweisung in eine andere Klasse, Androhung des zeitweiligen Ausschlusses vom Unterricht, Ausschluss

**Erziehungsmittel:** Die Vorstellung, dass Angst und Strafe zum Lernen anspornen, gilt heute als überholt. Im Mittelalter war die Rute allgemein Attribut des Lehrers (Ausschnitt aus einem Gemälde von Hans Holbein d. J., 1516).

vom Unterricht, Androhung des Schulausschlusses und Ausschluss von der Schule. Über diese Maßnahmen entscheiden der Klassenlehrer, die Schulleitung oder die Lehrerkonferenz. Dabei sind in der Regel der Schüler und dessen Erziehungsberechtigte anzuhören.

Körperliche Züchtigung ist verboten. Generell ist bei der Anwendung von Erziehungsmitteln die Würde der Persönlichkeit des Schülers zu achten.

**Erziehungsstile:** verhältnismäßig stabile Typen erzieherischen Verhaltens. In den 1930er-Jahren führte Kurt Lewin in den USA als Erster Untersuchungen zu Erziehungs- bzw. Führungsstilen durch und fand folgende Typen: **autoritärer Erziehungsstil:** häufiges Befehlen, Zurechtweisen und Tadeln; **demokratischer Erziehungsstil:** billigen spontaner Aktivitäten, Tolerieren und Fördern von Selbstständigkeit und Eigenaktivitäten, Äußern von Sympathie und Lob, Hilfen bei Problemen; **Laissez-faire-Stil:** wenig Lenkung und Kontrolle, kaum Anregungen und Unterstützung. Für die Entwicklung eines Kindes galt der demokratische Stil am günstigsten.

In den 1960er-Jahren erfassten die beiden deutschen Psychologen Annemarie und Reinhard Tausch das Ausmaß an Lenkung einerseits und emotionaler Wärme und Wertschätzung andererseits. Demnach hat eine mäßig lenkende und emotional zugewandte Grundhaltung (ähnlich dem demokratischen Erziehungsstil) positivere Wirkungen als wenig Lenkung in Verbindung mit mittlerer emotionaler Zuwendung (ähnlich dem Laissez-faire-Stil) oder starke Lenkung mit emotionaler Kälte (ähnlich dem autoritären Erziehungsstil). Als eine weitere wichtige Variable stellte sich u. a. die →Echtheit des Erzieherverhaltens heraus.

Untersuchungen der amerikanischen Psychologin Diana Baumrind, ebenfalls in den 1960er-Jahren, sowie Untersuchungen der amerikanischen Psychologen Eleanor Maccoby und John Martin in den 1980er-Jahren ergaben aus der Kombination der Ausmaße an Lenkung/Kontrolle und Zuwendung/Wärme vier Erziehungsstile: autoritär, autoritativ, vernachlässigend und nachgiebig. Beim **autoritären Erziehungsstil** überwiegt Kontrolle bei wenig Zuwendung. Eltern verlangen von ihrem Kind Gehorsam und Anpassung, sie setzen Strafen ein und behindern seine Autonomieentwicklung. So erzogene Kinder werden eher zu passiven, abhängigen und selbstunsicheren Menschen. Der **nachgiebige Erziehungsstil** ist geprägt von wenig Kontrolle und viel Zuwendung. Eltern stellen kaum Anforderungen an das Kind, geben seinen Impulsen in der Regel nach und reglementieren kaum. Diese Kinder können oft keine Reife und kein Verantwortungsbewusstsein entwickeln. Beim **vernachlässigenden Erziehungsstil** erfährt das Kind weder Kontrolle noch Zuwendung. Eltern interessieren sich kaum für das Kind, sie sind mehr mit sich selbst oder mit ihren Problemen beschäftigt und überlassen das Kind meist sich selbst. Dieses Verhalten begünstigt die Entwicklung von Strukturlosigkeit, Impulsivität und Delinquenz. Beim **autoritativen Erziehungsstil** sind sowohl Kontrolle als auch Zuwendung gleichermaßen vorhanden. Eltern stellen hohe, aber altersgemäße Anforderungen an das Kind, unterstützen es bei Aufgaben, interessieren sich für die Belange des Kindes, erlauben und fördern sein Autonomiestreben, sind zugleich streng und setzen dementsprechend klare Grenzen, die sie dem Kind gegenüber begründen. Bei diesem Stil kann das Kind im Vergleich zu den anderen Stilen am stärksten Selbstbewusstsein, Leistungsfähigkeit und →soziale Kompetenz entwickeln. Auch Untersuchungen in Deutschland sowie in zahlreichen anderen Ländern bestätigen die Überlegenheit des autoritativen Erziehungsstils.

### ERZIEHUNGSSTILE

|  |  | Zuwendung/Wärme | |
|---|---|---|---|
|  |  | viel | wenig |
| Lenkung/Kontrolle | viel | autoritativ | autoritär |
|  | wenig | nachgiebig | vernachlässigend |

**Erziehungswissenschaft:** wissenschaftliche Disziplin, die sich mit der Erforschung von Erziehungs-, Bildungs- und Unterrichtsprozessen in schulischen und außerschulischen Praxisfeldern beschäftigt. Die Erziehungswissenschaft widmet sich ebenso den Institutionen, in denen Bildungsprozesse stattfinden (v. a. Schulen), und deren historisch-gesellschaftlichem und kulturellem Kontext. Letzteres geschieht v. a. in der →vergleichenden Erziehungswissenschaft. Dabei existiert eine breite Skala der erziehungswissenschaftlichen Positionen, die sich folgendermaßen einteilen lassen: 1. Die empirische Erziehungswissenschaft arbeitet vorwiegend empirisch. Als sogenannte Sozial-Technologie blendet sie die Wert- und Zielfragen aus ihrem Erkenntniszusammenhang aus. 2. Die geisteswissenschaftliche Pädagogik wird von einem praktischen Interesse geleitet. Sie orientiert ihren Bildungsbegriff an der historisch konkreten Gesellschaft. 3. Die kritische Erziehungswissenschaft, die Anfang der 1970er-Jahre entwickelt wurde. Geleitet vom emanzipa-

**Esoterik:** Das Neuheidentum versucht, die Kulte unter anderem der Germanen und Kelten wiederzubeleben. Ein Kultort ist der Steinkreis von Stonehenge. Hier verfolgten am 21. Juni 2001 Tausende von Menschen die Sommersonnenwende.

torischen Interesse untersucht sie die Erziehung im Blick auf ihren Beitrag zur Verbesserung der gesamtgesellschaftlichen Verhältnisse.

Die Anzahl der Teildisziplinen der Erziehungswissenschaft hat im letzten Jahrhundert stark zugenommen, u. a. durch eine vermehrte Institutionalisierung der Erziehung. Außerdem werden heute alle Altersgruppen und spezielle Themen einbezogen. So entstanden über die Pädagogik für Kinder und Jugendliche hinaus u. a. die Berufs- und Wirtschaftspädagogik, Erwachsenenbildung, Sozial- und Sonderpädagogik, Medien-, Museums-, Sexual- und Sportpädagogik sowie Gesundheits- und Umweltpädagogik. Die →pädagogische Psychologie ist eine der Nachbardisziplinen der Erziehungswissenschaft.

*Zum Begriff Pädagogik:* Pädagogik wird definiert als die Theorie, Lehre und Wissenschaft von Bildung, Erziehung und Unterricht sowie die entsprechende Praxis. Im akademischen Bereich wird die Bezeichnung Pädagogik (als Wissenschaft) zunehmend durch den Terminus Erziehungswissenschaft ersetzt. Eine Unterscheidung beider Disziplinen wird z. T. nicht vorgenommen, z. T. wird Pädagogik als eine stärker praxisbezogene Disziplin von der Erziehungswissenschaft abgegrenzt.

**Es:** *Psychoanalyse:* neben dem →Ich und →Über-Ich eine der drei Instanzen des psychischen Apparates. Das Es umfasst die Gesamtheit des Unbewussten. Neben den triebhaften Bedürfnissen und Impulsen findet sich im Es auch das Abgewehrte und Verdrängte. Das Es ist bei Sigmund Freud wie ein »brodelnder Kessel«, in dem sich alle Wünsche und Bedürfnisse gleichzeitig rühren; es kennt keine Ordnung und keine Zeit, sondern nur das →Lustprinzip. Die Triebenergie des Es ist der Motor menschlichen Fühlens und Handelns: Die →Libido ist ein Teil des →Lebenstriebes und bildet die Grundlage für Interesse, Freundschaft und Liebe, der Aggressionstrieb die Basis für Kampf und Zerstörung, aber auch für alles, was Initiative und Zupacken erfordert, wie z. B. die Arbeit. Freud sah es als Aufgabe des Ich an, das Es zu zügeln; das kommt in der berühmten Formulierung zum Ausdruck: »Wo Es war, soll Ich werden«.

**Esoterik** [zu griech. esoterikós »innerlich«]: Oberbegriff für Lehren außerhalb der etablierten Religionen oder Wissenschaften, oft mit astrologischen oder okkultistischen Elementen. Als esoterische Zirkel oder Organisationen im klassischen Sinne gelten Glaubensgemeinschaften, deren Anhänger stufenweise in spezielle Rituale eingeweiht werden und nach längerer Zeit und bestandenen Prüfungen einen besonderen Bewusstseinszustand erreichen sollen. Seit den 1980er-Jahren lässt sich in Nordamerika und Westeuropa eine zunehmende Popularisierung esoterischen Gedankenguts feststellen, in deren Rahmen sich auch eine Wandlung von einer Geheimlehre zu einer Lebenslehre für breite Kreise vollzieht. Dabei hat sich mit einer Vielzahl ungeprüfter Therapieangebote (z. B. Edelsteintherapie, Farbtherapie) ein unübersichtlicher Markt mit fließenden Übergängen zum →Psychomarkt herausgebildet.

**Ess-Brech-Sucht:** die →Bulimia nervosa.

**essen:** im engeren Sinne die orale Aufnahme fester Nahrung, im weiteren Sinne die gesamte Erlebnissphäre der Nahrungsaufnahme, d. h. auch soziale Aspekte, atmosphärische Faktoren sowie die damit verbundenen Emotionen und Wahrnehmungen, die auch zu Essstörungen (→Essstörungen, psychogene) führen können.

**Essstörungen:** psychisch bedingte Störungen der Nahrungsaufnahme bzw. des Körpergewichts, die sich in verschiedenen klinischen Bildern manifestieren und ineinander übergehen können. In der ICD-10 werden die Essstörungen unter der Hauptkategorie »Verhaltensauffälligkeiten mit körperlichen Störungen und Faktoren« genannt; im Wesentlichen sind es die →Anorexia nervosa und →Bulimia nervosa.

Essstörungen können Ausdruck ernst zu nehmender innerer Konflikte (z. B. Störung der Autonomieentwicklung) mit falschen, oft schwer korrigierbaren Selbstbildern sein. Sie können Hinweise auf zurückliegende Erziehungsfehler, pathologische familiäre Verhaltensstrukturen oder sogar auf einen (oft verdrängten) sexuellen Missbrauch geben. Die psychischen Ursachen müssen deshalb psychotherapeutisch (im Akutstadium meist stationär) und bei körperlichen Folgeschäden auch internistisch behandelt werden. Anderenfalls drohen psychische Komplikationen bis hin zum Selbstmord sowie schwere körperliche Folgeschäden (z. B. Hungerschäden, hormonelle Entgleisungen, Vitamin- und Mineralienmangel, Herzrhythmusstörungen) mit zum Teil tödlichem Ausgang. Zusätzlich und zur Erfolgsstabilisierung haben sich Selbsthilfegruppen bewährt.

**LESETIPPS:**

MONIKA GERLINGHOFF *und* HERBERT BACKMUND: *Essen will gelernt sein. Ess-Störungen erkennen und behandeln. Weinheim (Beltz) 2000.*

SABINE MUCHA *und* KATJA HOFFMAN: *Essstörungen erkennen, verstehen, überwinden. Stuttgart (TRIAS)* ²2003.

VOLKER PUDEL *und* JOACHIM WESTENHÖFER: *Ernährungspsychologie. Göttingen (Hogrefe)* ³2003.

**Ethik** [griech. *ethiká* »Sittenlehre«, »Moral«]: philosophische Disziplin, die nach dem Maß des guten menschlichen Lebens, Handelns und Verhaltens fragt und dieses auf der Grundlage verschiedener Methoden zu bestimmen versucht. Sie befasst sich heute v. a. mit Fragen wie dem ethischen Status zukünftiger Generationen (deren Leben z. B. durch derzeitige Schadstofferzeugung belastet werden kann), einer moralischen Beurteilung von Wissenschaft und Technik, dem menschenwürdigen Umgehen mit Krankheit, Alter und Tod, dem ethischen Status neuen Lebens, der Bioethik, sowie den menschlichen Bedürfnissen und den Grenzen ihrer Befriedigung.

Als **Berufsethik** bezeichnet man die Regeln und Normen, die ein Berufsstand sich selbst gibt; die Mitglieder müssen mit Ausschluss rechnen, wenn sie diese Normen verletzen. Zu den ethischen Richtlinien der →DGPs und des →BDP gehört u. a. die Einhaltung der Schweigepflicht, das Unterlassen von Aufzeichnungen, wenn die Patienten diese nicht wünschen, der Ausschluss von Gefälligkeitsgutachten, die Zurückhaltung im öffentlichen Auftreten, auch etwa in den Medien, die Pflicht zur Aufklärung der Patienten über alle beabsichtigten therapeutischen Maßnahmen sowie das Verbot sexueller Beziehungen zu den Klienten.

**Ethnopsychologie, Völkerpsychologie:** Richtung der Psychologie zur Erforschung der kulturellen Eingebundenheit der »höheren psychischen Vorgänge und Entwicklungen«, die in Sprache, Religion, Mythos, Kunst, Rechtsordnung und Brauchtum ihren Ausdruck finden. Die Ethnopsychologie wurde von den Philosophen Moritz Lazarus (* 1824, † 1903) und Hajim (Heymann) Steinthal (* 1826, † 1899) sowie dem Psychologen Wilhelm Wundt in der zweiten Hälfte des 19. Jahrhunderts begründet und war zunächst evolutionistisch orientiert. Eher sozialpsychologisch orientiert war die in den 1920er-Jahren entstandene amerikanische Forschung, die das Normen- und Wertesystem der einzelnen Kultur stärker einbezog. Die seit den 1950er-Jahren entwickelte **Ethnopsychoanalyse** verbindet Erkenntnisse der Ethnologie, Psychologie und Psychoanalyse. Sie untersucht den Einzelnen in seiner Gesellschaft mithilfe psychoanalytischer Instrumentarien. Wegbereitend war hier Sigmund Freud mit seinem Werk »Totem und Tabu« (1912/13); die moderne Ethnopsychoanalyse konnte anhand umfangreicher Feldforschungen zeigen, dass gesellschaftliche Verhältnisse die psychische Struktur der einzelnen Angehörigen einer Kultur bis in ihr Unbewusstes hinein prägen.

Die Ethnopsychologie wird zunehmend durch die →Kulturpsychologie und die →interkulturelle Psychologie abgelöst.

**Ethologie:** die →Verhaltensforschung.

**Etikettierungstheorie, Labeling Approach:** in der *Sozialpsychologie* Ansatz zum Verständnis abweichenden Verhaltens; demnach lässt nicht ein bestimmtes Verhalten selbst, sondern dessen Bewertung durch Mitmenschen und Gesellschaft Verhaltensabweichungen entstehen. Es wird davon ausgegangen, dass sich fast alle Menschen in ihrer Jugend nicht konform verhalten, wenn auch z. T. nur selten und vorübergehend. Erst durch die Intervention durch Polizei und Justiz werde dieses

**Ethnopsychologie** untersucht die kulturelle Eingebundenheit psychosozialer Erscheinungen. Aggression, in vielen Ländern als unsozial geächtet, hat etwa bei den Yanomami-Indianern einen hohen gesellschaftlichen Stellenwert.

Verhalten als »abweichendes Verhalten« etikettiert. Das Individuum übernehme nun diese Identitätszuschreibung und definiere sich selbst als »abweichend«. Erst diese Identitätsübernahme, möglicherweise in Verbindung mit eingeschränkten Verhaltensalternativen (z. B. durch eine Vorstrafe), schaffe das als »abweichend« bezeichnete Verhalten und führe zu einer kriminellen Karriere.

Kritisiert wird die Etikettierungstheorie v. a. aufgrund ihrer Annahme, dass die Etikettierung von außen automatisch zu einer Übernahme dieser Etikettierung führe. Vielmehr sei davon auszugehen, dass dem Individuum auch hier Wahlmöglichkeiten zur Verfügung stehen.

**Euphorie** [griech., eigtl. »leichtes Tragen«]: Hochstimmung, häufig verbunden mit intensiven Glücksgefühlen. Nach Erfolgen, während einer frischen Verliebtheit, angesichts eines Urlaubs in schöner Landschaft ist eine Euphorie verständlich; in der Regel wechseln im Alltag Zustände der leichten Euphorie mit leichten depressiven Verstimmungen; aus dieser Mischung ergibt sich dann die stabile Stimmungslage des gesunden Erwachsenen. In der *klinischen Psychologie* wird unter Euphorie eine Hochstimmung verstanden, die durch die Realität nicht getragen ist und den Verdacht auf eine →Manie oder den Konsum von →Drogen weckt.

**Eurythmie** [griech. »richtiges Verhältnis«, »Ebenmaß«]: Bewegungskunst, die Rudolf Steiner auf der Basis seiner Anthroposophie entwickelt hat. Anthroposophen verstehen unter Eurythmie die körperliche Sichtbarmachung der »inneren Bewegung«, die man beim Hören von Dichtung und Musik empfindet. In der Eurythmie werden musikalische Klänge und sprachliche Laute durch Gebärden ausgedrückt, dazu der Rhythmus, die Melodie und die Satzstruktur choreografisch gespiegelt. Der Eurythmist ist ein interpretierender Künstler, dessen Instrument sein eigener Körper ist. Durch die eurythmischen Bewegungen schließen sich Erkenntnis-, Gefühls- und Willensleben zu einer höheren, ganzheitlichen Ordnung zusammen.

Die eurythmische Ausbildung zielt auf Flexibilität, Empfindungskraft und Ausdrucksstärke. Man lernt, mit seinen Gefühlen umzugehen und den Körper als Werkzeug der Persönlichkeit zu empfinden. Zunächst werden durch Bewegung Geschichten erfunden und durchlebt und die verschiedensten Rollen angenommen, z. B. Tiere und andere Naturwesen oder Naturprozesse nachgeahmt. Dadurch sollen der Sinn für Musik und Sprachgestaltung spielerisch gepflegt und verschiedene Bewegungsarten und Rhythmen geübt werden. Man soll darüber hinaus lernen, Formen der Sprache und Musik zu erkennen und umzusetzen und die verschiedenen Stimmungen in Lyrik und Musik zu erfassen. Schließlich wird die Choreografie musikalischer oder sprachlicher Werke mithilfe eurythmischer Gestaltungsmittel eingeübt.

**Eustress:** eine Form von →Stress.

**Euthanasie** [griech. »schöner Tod«]: ursprünglich die Erlösung durch einen »guten« Tod; in Deutschland aufgrund der nationalsozialistischen Geschichte nicht mehr gebräuchlicher Begriff für →Sterbehilfe.

**Evaluation** [französ. »Berechnung«, »Bewertung«]: 1) *allgemein* eine fach- und sachgerechte Bewertung einer Sache;

2) in der *Psychologie* und anderen Humanwissenschaften eine zusammenfassende Bezeichnung für alle Arten der Beurteilung nach festgelegten Standards, z. B. soziokulturellen Normen oder wissenschaftlichen Kriterien. Evaluation bedeutet z. B. in der Psychotherapie die Bewertung der Wirksamkeit eines therapeutischen Vorgehens, in der Medizin die Effektüberprüfung von Medikamenten oder Operationsmethoden, in der pädagogischen Psychologie die Beurteilung des Erfolgs einer Übungsstrategie, eines Lehrprogramms oder eines bestimmten Vorgehens im Unterricht (**Erfolgskontrolle**). Zur Messung der Bewertung werden die Methoden der →empirischen Sozialforschung eingesetzt.

**Evolutionspsychologie, evolutionäre Psychologie:** neuerer Ansatz der Psychologie, der das Verhalten des Menschen in ihrer ursprünglichen Funktion der Arterhaltung be-

**Eurythmie:** In der von Rudolf Steiner entwickelten Bewegungskunst werden musikalische Klänge und sprachliche Laute durch Gebärden und Bewegungen ausgedrückt, der Körper wird als Instrument eingesetzt.

trachtet. Während z. B. die Sozialpsychologie aggressives Verhalten mit sozialem Lernen erklärt, betont die Evolutionspsychologie, dass aggressives Verhalten in der Evolution den Zugang zu Ressourcen und damit das Überleben ermöglichte. Für Evolutionspsychologen ist Verhalten genetisch determiniert, Umwelt- bzw. Lernfaktoren spielen dabei eine moderierende Rolle.

Der Ansatz der Evolutionspsychologie ist z. T. umstritten; kritisiert wird u. a., dass sie Schlüsse aus der Stammesgeschichte zieht, die sich keiner wissenschaftlichen Prüfung unterziehen lassen.

**Evolutionstheorie:** die →Deszendenztheorie.

**Exaltation** [latein. »Erhöhung«], **Überspanntheit:** erregte Selbstüberschätzung; ein der →Euphorie verwandter Zustand, der aber von stärkeren Spannungen begleitet ist und meist überspannt wirkt.

**Examensangst:** die →Prüfungsangst.

**Exhaustion:** die →Erschöpfung.

**Exhibitionismus** [zu latein. exhibitio »das Vorzeigen«]: das Zurschaustellen der Geschlechtsorgane gegenüber anderen, meist fremden Personen, das mit sexueller Erregung einhergeht, die durch die Reaktionen der Zuschauer gesteigert werden kann. Wenn andere ungefragt oder unerwünscht mit dieser Form von Sexualität belästigt werden, ist Exhibitionismus bei Männern nach deutscher Rechtsprechung strafbar. Bei Frauen ist es nur strafbar, wenn sie exhibitionistische Handlungen vor einem Kind oder einem Jugendlichen, der ihnen anvertraut wurde, durchführen.

**Existenzanalyse:** von Viktor Emil Frankl in den 1930er-Jahren entwickelte philosophisch-anthropologische Theorie für eine sinnzentrierte Psychotherapie; heute auch die Psychotherapie selbst. Nach der existenzanalytischen Theorie Frankls ist die wichtigste Motivation des Menschen der Wille zum Sinn des Lebens; kann der Mensch keinen Sinn in seinem Dasein und seinem Tun sehen, ist er entscheidungs- und damit handlungsunfähig bzw. handelt er fehlgeleitet, was sich in psychischen Krisen und Krankheiten ausdrückt. Die praktische Anwendung der Existenzanalyse bezeichnete Frankl als die →Logotherapie, die dem Menschen hilft, seinen Sinn im Leben (wieder) zu finden.

Die Existenzanalyse hat sich in den letzten 20 Jahren stark weiterentwickelt. In der Weiterentwicklung durch den österreichischen Psychotherapeuten und Frankl-Schüler Alfried Längle (*1951) wird die menschliche Motivation nicht mehr allein auf die Sinnsuche bezogen, sondern auf folgende drei weitere »Grundmotivationen der Existenz«: der Suche nach Schutz und Vertrauen, dem Streben nach gefühlten Werten (Erlebniswerte wie Kunst und Natur, schöpferische Werte wie Kreativität, Einstellungswerte wie Einstellung zu Leid) und dem Selbstwert. Neben diesem vierdimensionalen Strukturmodell, das auch der Störungslehre zugrunde liegt, entwickelte Längle mit der **personalen Existenzanalyse** eine Psychotherapiemethode, die über die Sinnsuche hinaus auch die (von Frankl vernachlässigte) Emotionalität und die Psychodynamik der Patienten umfasst. In dieser Weiterentwicklung wird der Begriff Existenzanalyse sowohl für die Theorie wie für die psychotherapeutische Behandlung von psychischen Erkrankungen verwendet, und Logotherapie für die Behandlung und Beratung von Menschen mit Sinnproblemen, die (noch) nicht erkrankt sind.

**Exner-Spirale:** nach dem österreichischen Physiologen Sigmund Ritter Exner von Ewarten (*1876, †1930) benannte Spirale, die man auf einer weißen Scheibe schwarz aufzeichnet. Während der Rotation entsteht eine Bewegungstäuschung: Je nach Drehrichtung drängt sich der Eindruck auf, die Spirale laufe auseinander oder zusammen. Beim plötzlichen Stillstand der Scheibe oder beim plötzlichen Fixieren eines anderen Gegenstandes wird ein gegenläufiges Nachbild, ein Bewegungsnachbild wahrgenommen, das nach längerer Beanspruchung der Netzhaut durch eine Reizkonfiguration auftritt und vermutlich durch notwendige Regenerationsprozesse in den Netzhautzellen hervorgerufen wird.

**exogen** [griech.]: von außen kommend, außerhalb entstehend. Man bezeichnet Erkrankungen oder Störungen als exogen, wenn der Verursacher von außen in den Körper eingedrungen ist. In der *Psychiatrie* spricht man von exogenen psychischen Erkrankungen, wenn diesen ein körperliches Geschehen zugrunde liegt. In der ICD-10 sind dies die organisch bedingten psychischen Störungen, z. B. die →Demenz.

**Experiencing** [ɪksˈpɪərɪənsɪŋ, engl., zu to experience »erleben«, »erfahren«]: v. a. in der *humanistischen Psychologie* verwendeter Begriff, der das Erleben eines Menschen bezeichnet, der sich mit einer für ihn bedeutsamen Sache oder Angelegenheit beschäftigt. Insbesondere die →Gestalttherapie schreibt dem Experiencing die entscheidende Rolle in der seelischen Entwicklung und der Überwindung von Blockaden zu.

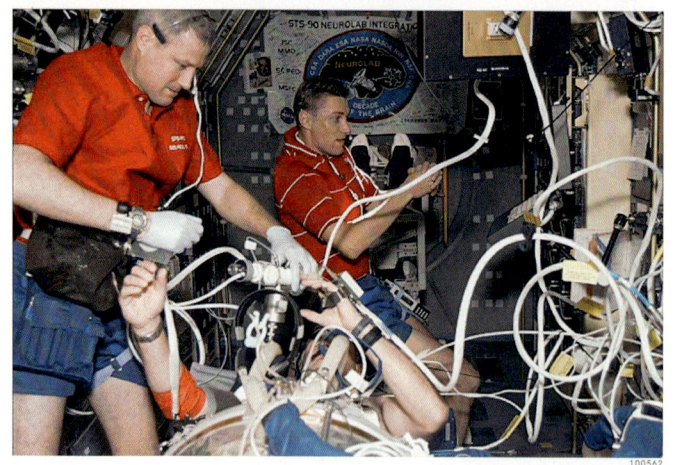

**Experiment:** Psychologische Versuchsanordnungen sind besonders problematisch, wenn es sich um Menschenversuche handelt.

**Experiment** [latein.], **Versuch:** Vorgehen einer wissenschaftlichen Untersuchung, bei dem Bedingungen systematisch variiert werden, um deren Wirkung auf davon abhängige Größen zu bestimmen. Ziel eines Experiments ist es, theoretische Annahmen über Wirkzusammenhänge zu bestätigen oder zu widerlegen. Für jedes Experiment wird ein planmäßiges Vorgehen entworfen (Design), in dem die unabhängigen und abhängigen Größen, die Art ihrer praktischen Umsetzung (→Operationalisierung) sowie die untersuchten Einheiten festgelegt werden. Die unabhängigen Variablen, die vollständig der Kontrolle des Forschers unterliegen sollten, lässt man auf mehrere Gruppen in jeweils anderer Ausprägung einwirken (bzw. auf die gleiche Gruppe zu verschiedenen Zeitpunkten). Um den erwarteten Effekt der unabhängigen Variablen isoliert zu untersuchen, ist mittels Kontrolltechniken dafür zu sorgen, dass andere mögliche Einflüsse oder Personenmerkmale in allen untersuchten Gruppen in gleicher Weise vorhanden sind. Eine Gruppe, die unter normalen Bedingungen (ohne Einwirkung der unabhängigen Variablen) am Experiment teilnimmt, bezeichnet man als Kontrollgruppppe.

Die erwarteten Effekte werden in Form abhängiger Variablen erfasst. In der Psychologie dienen hierfür zumeist apparative Messungen, Fragebögen oder Tests. Mit den Verfahren der Inferenzstatistik kann anschließend entschieden werden, ob beobachtete Unterschiede zwischen den Gruppen auf die Wirkungen der unabhängigen Größen zurückgehen.

Experimente sollten wiederholbar (replizierbar), d. h. frei von subjektiven und anderen störenden Einflüssen sein. Ferner sollten sich die Ergebnisse auf vergleichbare Situationen übertragen lassen.

**experimentelle Ästhetik:** Form der →Ästhetik.

**experimentelle Psychologie, Experimentalpsychologie:** Sammelbezeichnung für Teildisziplinen der Psychologie, die sich wesentlich des Experiments bedienen mit dem Hauptziel, Erleben und Verhalten von Organismen unter kontrollierten Bedingungen messen und bestimmen zu können. Sie hat ihre Wurzeln in der →Psychophysik und der physiologischen Psychologie. Als ihre Urväter gelten Wilhelm Wundt, Gustav Fechner und Hermann von Helmholtz. War sie ursprünglich stärker auf das Erleben ausgerichtet, führte das Aufblühen des →Behaviorismus zu ihrer Umdeutung als Wissenschaft vom Verhalten. Die allgemeine und die kognitive Psychologie betonen heute wieder stärker die Verbindung zur Erlebensebene. →Wahrnehmungspsychologie, →Lernpsychologie, →Denkpsychologie, Motivationspsychologie (→Motivation 2) und →mathematische Psychologie stellen Eckpfeiler der experimentellen Psychologie dar.

**Expertensystem** [zu latein. expertus »erprobt«, »bewährt«]: v. a. in der *Informatik* gebräuchliche Bezeichnung für ein Computer- und Programmsystem aus dem Bereich der →künstlichen Intelligenz, das Expertenwissen über ein spezielles Fachgebiet speichert, aus diesem Wissen Schlussfolgerungen zieht und Problemlösungen vorschlägt, d. h. Aufgaben übernehmen kann, die bisher von Experten gelöst wurden. Die häufig auch als »Computersystem der fünften Generation« bezeichneten Expertensysteme können große Mengen selbst diffusen, vagen und unformalisierten Wissens in problembezogener Weise darstellen. Der Benutzer gibt am Computer Fragen ein, und das Expertensystem liefert die Antworten dazu. Zur Bewältigung der genannten Aufgaben besitzen Expertensysteme eine aus Wissensbasis, Wissensveränderungskomponente, Dialogkomponente sowie Problemlösungs- und Erklärungskomponente bestehende Struktur.

**Expertise:** ausgeprägte Fähigkeiten und Fertigkeiten in einem Fachgebiet. Die Expertise beruht auf jahrelanger intensiver Erfahrung und Übung in einem bestimmten Fach; eine Expertise ist demnach immer fachgebunden. Experten verfügen über eine umfassende, hoch strukturierte Wissensbasis in ihrem Bereich und haben zahlreiche Routinehandlungen automatisiert. Durch diese Voraussetzungen sind sie befähigt, schnelle und richtige Entscheidungen zu treffen und effizient umzusetzen. Neben der Routine gehören zur Expertise aber auch →Kreativität und Problemlösefähigkeit (→Problemlösen).

**Exploration** [latein. »Erforschung«, »Untersuchung«, eigtl. »das Ausspähen«]: Begriff aus der klinischen *Diagnostik* und *Psychotherapie*, es bezeichnet das In-Erfahrung-Bringen der Entwicklung, des gegenwärtigen Zustands, der Beziehungsgestaltung und weiterer Aspekte im Leben des zu Untersuchenden. In der Regel findet die Exploration durch Befragung des Betreffenden statt; diese kann durch Tests, gestalterische und andere Ausdrucksmittel ergänzt werden.

**exploratives Verhalten:** das →Neugierverhalten.

**Expositionstherapie, Konfrontationstherapie:** Methode der *Verhaltenstherapie* zur Behandlung von Ängsten. Der Patient wird dabei so lange dem Angst machenden Reiz ausgesetzt, bis sich seine Angst langsam legt. Auf diese Art lernt der oder die Betroffene, dass die Angst mit der Zeit schwindet und dass das befürchtete Ereignis nicht eintritt. Eine Person mit Höhenangst begibt sich dabei z. B. in Begleitung eines Therapeuten auf einen hohen Turm, beugt sich vielleicht sogar über die Brüstung. Mit der Zeit wird sie registrieren, dass sie nicht hinunterfällt und dass die Angst schwindet. Die Expositionstherapie hat hohe Therapieerfolge zu verzeichnen. Allerdings gibt es auch hohe Therapieabbruchraten, weil die Konfrontation mit dem Angstauslöser von vielen als zu belastend empfunden wird. Dies gilt insbesondere für die Expositionsmethode **Flooding** (Reizüberflutung), die eine massive Konfrontation mit der angstauslösenden Situation vorsieht. Die behutsamere Methode ist die →systematische Desensibilisierung in vivo (in der Situation) und in sensu (in der Vorstellung), die die Angst stufenweise angeht.

Kritiker halten der Expositionstherapie entgegen, dass keine ursächliche Behandlung stattfindet, da die Gründe für die Angst nicht oder zu unreichend angesprochen werden.

**Expressivität, Feminität, Weiblichkeit:** in der *Sozialpsychologie* eine der →Geschlechterrollen.

**externale Attribution:** auf die Umwelt bezogene →Attribution.

**Externalisierung** [zu latein. extra »außerhalb«], **Externalisation:** *Psychoanalyse:* das unbewusste Hinausverlegen innerer Konflikte oder unerträglicher innerer Anteile in die Außenwelt, z. B. durch die Inszenierung eines Streits. Dem Gegenüber wird dabei die eine Seite des inneren Konflikts zugeschrieben, während man selbst die andere Seite einnimmt; man muss dann die Spannung nicht mehr im eigenen Inneren spüren, sondern kann sie austragen und hoffen, dass auf diese Weise eine Seite die Oberhand gewinnt.

**externe Validität:** ein Gütekriterium für empirische Untersuchungen und die darin verwendeten Instrumente (z. B. Fragebögen, Tests). Das Kriterium liegt außerhalb der Untersuchung. Z. B. können Noten im Zeugnis die externe Validität eines Intelligenztests sein (→Validität).

**Extinktion** [latein. »das Auslöschen«, »Vernichtung«]: die →Löschung.

**Extraversion** [Analogiebildung zu Introversion]: **1)** in der analytischen Psychologie Carl Gustav →Jungs eine Grundeinstellung von Personen, die sich stärker als andere der Umwelt zuwenden.

**2)** Faktor im →Fünffaktorenmodell der Persönlichkeit.

**Extremismus** [zu latein. extremus »der äußerste«]: eine bis ins Äußerste gehende Haltung oder Richtung des Denkens und Han-

> **Expertensystem | Nur nach Einigung**
> Nicht überall stoßen Expertensysteme auf Gegenliebe. Manche Unternehmen versuchen ihre Mitarbeiter dazu zu bewegen, ihr Wissen über besondere betriebliche Abläufe, häufige Problemsituationen und deren Lösungen sowie »Tipps« und »Tricks« in unternehmenseigene Expertensysteme einzugeben. Die Unternehmen versprechen sich davon eine geringere Abhängigkeit von den einzelnen Arbeitnehmern. Diese fürchten jedoch eine Enteignung ihrer mühsam angesammelten beruflichen Erfahrungen. Unternehmen, die Expertensysteme einsetzen wollen, sind also gut beraten, bereits vor der Planungsphase hierzu eine Einigung mit den Arbeitnehmern anzustreben.

**Extremismus:** In Deutschland macht v. a. der politische Extremismus von rechts auf sich aufmerksam.

**Extremsportarten:** Durchhaltekraft und Schmerzdämpfung werden durch die körpereigene Produktion von Endorphinen gewährleistet.

delns, die sich in ihren Zielen und Mitteln durch Unbedingtheit und Ausschließlichkeit auszeichnet, z. B. religiös motivierter Extremismus oder politischer Extremismus. Zu den strukturellen Gemeinsamkeiten aller Formen des Extremismus gehört eine dogmatische Weltanschauung, die für möglichst viele Probleme Erklärungen und Lösungen bietet. Alle Formen des Extremismus zeichnen sich durch Freund-Feind-Stereotypen (→ Stereotyp) und Heilslehren aus: Die Menschheit wird in Freunde und Feinde, in Erleuchtete und Irrgläubige eingeteilt. Die wichtigsten extremistischen Gruppen in Deutschland sind die Rechts- und die Linksextremisten. Derzeit sind die Rechtsextremisten erheblich zahlreicher und gewalttätiger. Sie vertreten autoritäre, nationalistische und fremdenfeindliche Positionen (→ Fremdenfeindlichkeit); ihre Kriminalität ist vorwiegend die direkte Gewalt gegen »Ausländer« und Andersdenkende.

**Extremsportarten:** Sportarten, die bis an die äußersten Grenzen der Leistungsfähigkeit betrieben werden und oft auch mit Gefahren verbunden sind, z. B. der Ironman. Die psychische Faszination scheint darin zu bestehen, dass im Extremsport eine bisher für unmöglich gehaltene Leistung gelingt, dass sich der Sportler von der Masse eindeutig abhebt und auf diese Weise sein Selbstwertgefühl steigern kann. Zudem führen solche Höchstleistungen zu einer Stimulation der körpereigenen Endorphinproduktion mit euphorischen Zuständen.

**Extremtraumatisierung:** besonders heftige Traumatisierung (→ Trauma 2), bei der es auch durch Übung und Begleitung nicht oder nur in jahrelangen Anstrengungen gelingt, den normalen Reizschutz wieder aufzubauen, auch wenn das belastende Ereignis selbst bereits vergangen ist; das gilt z. B. für Kriegserlebnisse, Folter oder den Aufenthalt in einem Vernichtungslager.

**extrinsische Motivation** [von latein. extrinsecus »von außen«]: Gegenteil von → intrinsischer Motivation.

**Eysenck** ['aɪsɛŋk], Hans Jürgen: britischer Psychologe deutscher Herkunft, *Berlin 4. 3. 1916, †London 4. 9. 1997; emigrierte 1934 nach Großbritannien und war 1955–84 Professor in London; lieferte wichtige Beiträge zur Persönlichkeitspsychologie. Aus den Ergebnissen von Persönlichkeitstests leitete er die drei grundlegenden Persönlichkeitsdimensionen Extraversion/Introversion, Neurotizismus und Psychotizismus (→ Persönlichkeit) ab; die jeweiligen individuellen Ausprägungen sah er als genetisch und biologisch bedingt an.

**Fachdidaktik:** Wissenschaft des Lehrens und Lernens bezogen auf einzelne Fach- oder Wissensgebiete. Im Gegensatz dazu umfasst die allgemeine Didaktik das Lehren und Lernen aller Anwendungsbereiche der Pädagogik (von der Schule bis zur Erwachsenenbildung). Bei der noch relativ jungen Disziplin der Fachdidaktik konkurrieren mehrere unterschiedliche Modelle hinsichtlich ihrer Inhalte, Forschungsrichtungen usw.; eine einheitliche Theorie der Fachdidaktik steht noch aus. Problematisch ist die Stellung der Fachdidaktik gegenüber der jeweiligen Fachwissenschaft. In den Lehramtsstudiengängen spielt die Fachdidaktik keine durchgängig wichtige Rolle. Im Gegensatz zum Lehramtsstudiengang Grundschule bestehen v.a. beim Studium für das gymnasiale Lehramt weithin Defizite an fachdidaktischen zugunsten der fachwissenschaftlichen Anteile. Allerdings gibt es neuerdings in einigen Bundesländern Bemühungen, den Anteil an Pädagogik in diesem Studiengang deutlich zu erhöhen.

**fächerübergreifender Unterricht:** eine Unterrichtsform, bei der ein Unterrichtsthema von den Standpunkten mehrerer verschiedener Wissenschaftsdisziplinen aus betrachtet wird, statt allein aus einer Disziplin; das Thema Nationalsozialismus z.B. aus Sicht von Geschichte, Politik, Soziologie und Psychologie. Verschiedene moderne Unterrichtsmethoden verfolgen diesen ganzheitlichen Ansatz, darunter →Projektunterricht, →freie Arbeit, →Wochenplanarbeit und →Epochenunterricht. Diese Formen verlangen eine enge Kooperation der jeweils beteiligten Lehrer und eine gute zeitliche Organisation.

**Fähigkeit:** Gesamtheit aller Kompetenzen, die für die Erbringung einer Leistung in einem Gebiet notwendig sind; auch überdurchschnittliche Kompetenzen im Sinne eines Talentes. So spricht man z.B. von musikalischen oder mathematischen Fähigkeiten einer Person. Fähigkeiten werden Menschen aufgrund beobachtbaren Verhaltens zugeschrieben. Sie sind zum Teil genetisch bedingt. Ob jemand mit seinen Fähigkeiten besondere Leistungen erbringt, hängt auch wesentlich von Möglichkeiten der Förderung und des Trainings ab. Die Fähigkeit ist von →Fertigkeit zu unterscheiden.

**Fahranfänger:** Personen, die erst seit kurzer Zeit die Fahrerlaubnis haben, in der Regel die 18–24-Jährigen. Im Jahr 2006 starben 308 der 18–24-Jährigen je eine Million Einwohner bei Straßenverkehrsunfällen, damit bilden junge Fahranfänger die größte Risikogruppe. Bei ihnen wirken sich der Mangel an Übung ebenso wie jugendliche Unbekümmertheit nachteilig auf die Fahrsicherheit aus; diese Gruppe weist ein stark überhöhtes Unfallrisiko auf, v.a. bei männlichen Fahranfängern. Beim Lernprozess werden bewusste Handlungen allmählich durch regelbasiertes Verhalten ersetzt und dieses später weitgehend automatisiert. Dieser Prozess verläuft für verschiedene Teilaufgaben unterschiedlich rasch. Während die Wahrnehmungs- und die motorischen Fertigkeiten des Autofahrens recht schnell erworben werden, braucht der Fahranfänger ca. acht Jahre oder 100 000 km Fahrpraxis, um seine selektive Aufmerksamkeit optimal zu steuern, was sich z.B. im unterschiedlichen Blickverhalten von erfahrenen Fahrern gegenüber dem von Anfängern zeigt.

Die auf dem Erfahrungsmangel beruhenden Defizite der Fahranfänger sind: ungenügende Gefahrenerkennung, schlechtere Antizipationsleistungen und ein geringes Verhaltensrepertoire zur Bewältigung kritischer Situationen. Junge Fahrer sind größeren Gefahren ausgesetzt als der Durchschnitt: Sie fahren häufiger auf Landstraßen und unternehmen vermehrt Nachtfahrten. Als Triebfedern der erhöhten Risikobereitschaft gelten die Tendenz zum Sich-Ausleben, das Erproben neuer Erlebnismöglichkeiten, der Gewinn an Unabhängigkeit und das Suchen nach Anerkennung bei Gleichaltrigen.

Maßnahmen, die die →Fahreignung der Fahranfänger verbessern sollen, sind u.a. das Fortbildungsseminar für Fahranfänger (FSF), die »Zweite Fahrausbildungsphase«, und das »begleitete Fahren ab 17 Jahren«, womit eine Lernzeitverlängerung erzielt wird: 17-Jährige dürfen mit dem Pkw am Straßenverkehr teilnehmen, wenn eine fahrerfahrene Person mitfährt.

**Fahreignung:** Summe relativ beständiger persönlicher Merkmale, die eine Person zur Führung eines Kraftfahrzeugs befähigen, im Gegensatz zur situationsabhängigen →Verkehrstüchtigkeit. Beim Vorliegen von Zweifeln an der Fahreignung, z.B. bei mehrfachen Verkehrsdelikten, oder bei Vorliegen von erhöhten Ansprüchen, z.B. bei Fahrgastbeförderung, führen Verkehrspsychologen in Zusammenarbeit mit Medizinern eine genauere Diagnose der Eignung im Rahmen einer →medizinisch-psychologischen Untersuchung durch. In der Regel findet diese Eignungsüberprüfung nur punktuell statt, während sich die wichtigsten Eignungsmerkmale – Lebensalter und Fahrerfahrung – kontinuierlich verändern, wie das bei →Fahranfängern und →älteren Autofahrern der Fall ist.

**Fahrer|assistenzsysteme:** technische Systeme, die den Autofahrer informieren, warnen oder direkt in die Fahrzeugführung eingreifen. Im Gegensatz zu Automatisierungskonzepten, die zu einer Verschiebung der Fahraufgaben von Steuerungs- zu Überwachungstätigkeiten führen, behält der Fahrer bei Fahrerassistenzsystemen durch die Möglichkeit des Übersteuerns stets seine aktive Rolle im Fahrzeug. Beispiele für Assistenzsysteme sind Navigationssysteme, Antiblockier- und Fahrstabilitätsregelungen, situationsabhängige Abstands- und Geschwindigkeitsregelungen sowie Spurwechselhilfen. Fahrerassistenzsysteme sollen Defizite des Fahrers bei der Aufnahme oder der Verarbeitung verkehrsrelevanter Informationen beseitigen, Fehlhandlungen vermeiden, Folgen von Fahrfehlern mindern und die Beanspruchung des Fahrers durch Vermeidung von Über- oder Unterforderung optimieren. Diese Vorteile lassen sich allerdings nur durch eine optimierte Informationsdarbietung, sichere und transparente Bedienungskonzepte sowie eine Systemgestaltung erreichen, die besondere Nutzergruppen (v. a. →ältere Autofahrer, →Fahranfänger) berücksichtigt.

**Fairbairn,** William Ronalds Dodds: britischer Psychiater und Psychoanalytiker, *Edinburgh 11. 8. 1889, †ebenda 31. 12. 1964; entwickelte die psychoanalytische Objektbeziehungstheorie (→Objekt). Fairbairn postulierte u. a., dass der Mensch nicht primär nach Lustgewinn strebt, wie in der Psychoanalyse Freuds angenommen, sondern nach Objekten (Bezugspersonen); er hat in erster Linie ein Bindungs- und Beziehungsbedürfnis.

**Faktorenanalyse:** ein beschreibendes multivariates mathematisch-statistisches Verfahren, das Korrelationen in empirisch gewonnenen Daten zu abstrakten Dimensionen verdichtet. Eine Faktorenanalyse dient der Datenreduktion und zeigt eine ordnende Struktur in einem Satz zahlreicher Variablen auf, indem sie hoch korrelierende Variablen zu einheitlichen Dimensionen zusammenfasst. Die ausgewiesenen Dimensionen bestehen zunächst jedoch nur in Bündeln von einzelnen Variablen und bedürfen einer inhaltlichen Interpretation, um die zugrunde liegende Gemeinsamkeit zu benennen. Faktorenanalysen spielen v. a. bei der Testkonstruktion eine Rolle. Beispielsweise können anhand der Korrelationen von Aufgaben in Intelligenztests verschiedene Intelligenzdimensionen gewonnen werden (z. B. numerisches Denken, anschauliches Denken, Kombinationsfähigkeit).

**Faktorentheorien der Persönlichkeit:** Modelle über die →Persönlichkeit, die zu den Eigenschaftsmodellen gehören, z. B. das →Fünffaktorenmodell der Persönlichkeit.

**Fallstudi|e, Einzelfallstudi|e:** ein Vorgehen, das sich bei der Erhebung, Sammlung und Bewertung empirischer und diagnostisch-therapeutischer Daten auf Einzelfälle (Personen, Ereignisse) konzentriert und auf →Stichproben verzichtet.

**falsche Erinnerungen, induzierte Erinnerungen:** in der *Psychotherapie* das Erinnern an ein nicht stattgefundenes sexuelles Trauma im therapeutischen Prozess. Der umstrittene Begriff wurde in den 1990er-Jahren geprägt im Zusammenhang mit der Feststellung, dass manche Patientinnen, die in einer Psychotherapie ein sexuelles Trauma durch z. B. den Vater entdeckten, wahrscheinlich gar kein solches Trauma erlebt hatten (als Nachweis wird z. B. vorgebracht, dass der Vater in der Zeit, in der Missbräuche in der Erinnerung der Patientin stattgefunden haben, auf Geschäftsreisen gewesen sei). Das warf die False-Memory-Debatte auf, eine Diskussion darüber, ob Psychotherapie ein Trauma induzieren kann. Kritiker von Traumatherapien, darunter auch ehemalige Patientinnen, warfen Psychotherapeuten vor, sie würden den Patienten lediglich suggerieren, sie seien missbraucht worden, und sie unnötig unter dieser Annahme behandeln. Dieser Auffassung wird entgegengehalten, dass falsche Erinnerungen grundsätzlich möglich sind, dass aber die Gefahr, tatsächlichen Missbrauch zu übersehen, größer ist als die falsche Annahme eines Missbrauchs. Des Weiteren wird angeführt, dass es sich bei der Erinnerung um eine korrekte Erinnerung hinsichtlich des Missbrauchs handeln kann, während lediglich die Begleitumstände, z. B. die Zeitpunkte oder Orte des Geschehens, falsch erinnert sein können.

Die Produktion falscher Erinnerungen in der Therapie ist möglich bei Erinnerungstechniken, z. B. bei der Hypnose oder bei Visualisierungstechniken (eine erst vage erinnerte Szene wird durch Fragen des Therapeuten vervollständigt); das Risiko von falschen Erinnerungen ist auch gegeben v. a. bei Patienten mit hoher Suggestibilität, bei Patienten mit starker Fantasietätigkeit sowie bei Patienten, die mehr Aufmerksamkeit in der Therapie erhoffen. Seriöse Psychotherapeuten werden bei Verdacht auf sexuellen Missbrauch oder wenn Patienten eine solche Vermutung äußern, diese Faktoren berücksichtigen. Die American Psychiatric Society (APA) kommt zu dem Schluss, dass nicht mit letzter Sicherheit feststellbar sei, ob ein sexuelles Trauma nicht stattgefunden oder stattgefunden hat.

**Familie** [latein. »Hausgenossenschaft«, eigtl. »Dienerschaft«]: im weiteren Sinne die Gruppe miteinander verwandter oder verschwägerter Menschen; im engeren Sinne die Lebensgemeinschaft der Eltern mit ihren ledigen (leiblichen oder adoptierten) Kindern; vor dem 16. Jh. v. a. in ländlichen Bereichen besonders Mitteleuropas auch die Hausgenossenschaft einschließlich des ledigen Gesindes.

Unabhängig von den historisch vielfältigen Formen der Familie sind die Funktionen, die ihr in den verschiedenen sozialen Ordnungssystemen zukommen: das Aufziehen der Kinder, die arbeitsteilige Produktion, die Versorgung und Sozialisation ihrer Mitglieder sowie deren Platzierung im sozialen Gefüge. Die Gesellschaft unterstützt die von ihr gebilligten Familienformen und strukturiert diese durch Heiratsregeln, Verwandtschaftssysteme und weitere Kontrollmechanismen.

Als Grundlage der Familie gilt in den meisten Kulturen die Ehe bzw. das häusliche Zusammenleben in eheähnlicher Lebensgemeinschaft. Besteht die Familie im einfachsten Fall aus nur einem oder zwei Elternteilen sowie deren Kindern, wird diese kleinste Einheit als autonome Kernfamilie (**Kleinfamilie**) bezeichnet. Darüber hinaus entstehen durch Tod, Scheidung oder Trennung bzw. durch nicht eheliche Mutterschaft sogenannte unvollständige Familien oder **Einelternfamilien.** Der Typus der unabhängigen, aus dem weiteren Familien-, Verwandtschafts- oder Stammesverband herausgelösten Kernfamilie hat sich weltweit mehr und mehr durchgesetzt, auch in Ländern der sogenannten Dritten Welt.

*Wandlungen in Familienstrukturen:* In westlichen Gesellschaften, in denen die bürgerliche Familie zum Leitbild in allen Gesellschaftsschichten wurde, haben sich seit 1945 fundamentale Wandlungen ergeben: Die Technisierung der Haushalte erleichterte die Hausarbeit, die Zahl der Kinder reduzierte sich erheblich, Schul- und Ausbildungszeiten der Kinder verlängerten sich, die Freizeit nahm zu, die Änderungen in Produktionsstruktur, Siedlungsweise und Wohnverhältnissen sowie die Innovationen der Medien- und Freizeitkultur beeinflussten das Familienleben. Auch die Durchsetzung des Ideals der partnerschaftlichen Ehe und Familie und der außerhäuslichen Erwerbsarbeit für die Frau führte zu Änderungen in den Auffassungen über Familie und die Formen des Familienlebens.

Deutlich zugenommen haben in den letzten Jahren das Heiratsalter, die Zahl der (nicht ehelichen) Lebensgemeinschaften, auch mit Kindern, die Zahl nicht ehelicher Geburten, die Zahl alleinerziehender Mütter und Väter, die Zahl der Scheidungen auch bei Familien mit Kindern, die Zahl erwerbstätiger Mütter mit Kindern unter 15 Jahren. Deutlich rückläufig ist die Heiratswahrscheinlichkeit, und zwar in allen europäischen Ländern; stark rückläufig sind seit Mitte der 1960er-Jahre die Kinderzahl pro

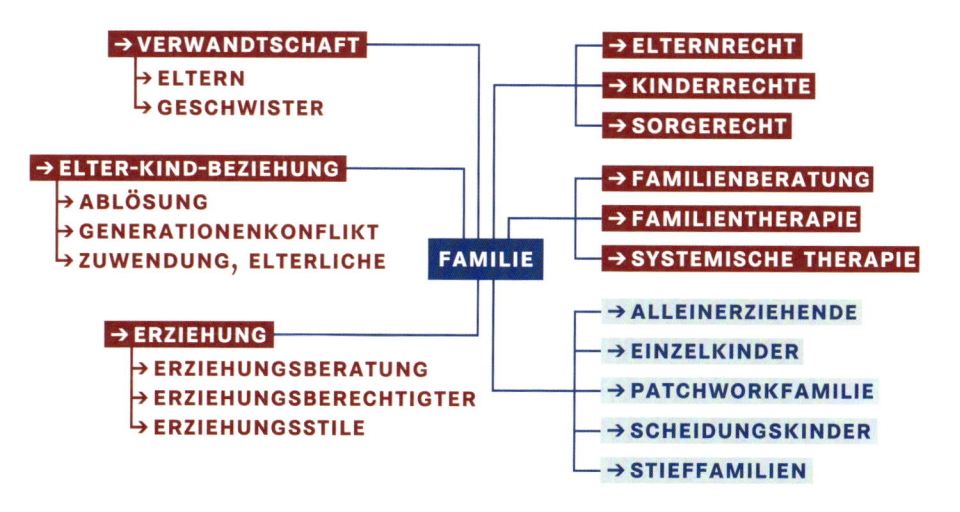

---

**Familie | Funktionsverlust oder -wandel?**

Häufig wird ein »Funktionsverlust« der modernen Familie beklagt. Besser ist es jedoch, vom »Funktionswandel« zu sprechen. Die Familie hat zwar viele Funktionen an außerfamiliäre Institutionen abgetreten, etwa an die Schule oder die Vereine. Aber auch heute noch ist sie die primäre Sozialisationsinstanz des Kindes. Sie prägt weiterhin entscheidend ethische Grundüberzeugungen, soziale und kommunikative Kompetenzen, Identität und Selbstwertgefühl. Nachweislich ist die Familie und ihre soziale Situation auch der ausschlaggebende Faktor für die Bildungschancen der Kinder.

---

**FAMILIE**

- → VERWANDTSCHAFT
  - → ELTERN
  - → GESCHWISTER
- → ELTER-KIND-BEZIEHUNG
  - → ABLÖSUNG
  - → GENERATIONENKONFLIKT
  - → ZUWENDUNG, ELTERLICHE
- → ERZIEHUNG
  - → ERZIEHUNGSBERATUNG
  - → ERZIEHUNGSBERECHTIGTER
  - → ERZIEHUNGSSTILE
- → ELTERNRECHT
- → KINDERRECHTE
- → SORGERECHT
- → FAMILIENBERATUNG
- → FAMILIENTHERAPIE
- → SYSTEMISCHE THERAPIE
- → ALLEINERZIEHENDE
- → EINZELKINDER
- → PATCHWORKFAMILIE
- → SCHEIDUNGSKINDER
- → STIEFFAMILIEN

**Familie:** Nach der industriellen Revolution ging Kinderreichtum in den Arbeiterfamilien besonders in den wachsenden Großstädten oft mit ärmlichen Wohnverhältnissen und elenden Lebensbedingungen einher (Foto um 1907).

Ehe bzw. Familie und die Zahl der Ehen, die überhaupt Kinder haben.

Aufgrund staatlicher Sicherungssysteme, aber auch infolge steigender Frauen- und insbesondere Müttererwerbstätigkeit hat die Bedeutung der Versorgungsfunktion der Familie deutlich abgenommen. Darüber hinaus ist das Alleinleben bzw. die geplante Kinderlosigkeit weithin nicht mehr gesellschaftlicher Missbilligung ausgesetzt. Die schwindende Notwendigkeit, eine zerrüttete Ehe-, Partner- bzw. Familienbeziehung aufgrund ökonomischer Abhängigkeit und der Gefahr sozialer Ächtung aufrechtzuerhalten, hat zu einer Differenzierung der Lebensformen beigetragen. Die Institution Familie hat deutlich an Stabilität und damit an Sicherheit für ihre Mitglieder verloren, andererseits ist jedoch so die Möglichkeit eines weitgehend selbstbestimmten Lebens für Männer und Frauen gegeben.

Die weitere Entwicklung der Familienformen, der Familienhäufigkeit und des Familienverständnisses wird wesentlich davon abhängen, ob der Arbeitsmarkt und staatliche, Familien unterstützende Maßnahmen Männern und Frauen neue Möglichkeiten eröffnen, Familien- und außerhäusliche Berufsarbeit nebeneinander zu verwirklichen.

**Familie in Tieren:** ein →Zeichentest.

**Familienberatung:** institutionalisierte Form der sozialpädagogischen, häufig auch rechtlichen und materiellen Beratung und z. T. auch Therapie bei familiären Problemen. Gegenstandsbereich und Klientel der Familienberatung decken sich weitgehend mit denen der →Erziehungsberatung. Im Vordergrund der Familienberatung steht meist die praktische Hilfe im Hinblick auf die Struktur des Familiensystems und die wechselseitigen Abhängigkeiten der Familienangehörigen.

**Familienroman:** fantasievolle Deutung der eigenen Herkunft, in der die gewöhnliche eigene Herkunft meist durch eine ungewöhnliche oder erhabene ersetzt wird. Jemand denkt z. B.: »Meine Eltern sind nicht meine wirklichen Eltern; in Wahrheit stamme ich aus einem Königshaus und bin meinen angeblichen Eltern nur vorübergehend anvertraut worden.« Bei Kindern im Vorschulalter sind derartige Vorstellungen normal; halten sie länger an, so kann das für das Vorliegen einer psychischen Belastungssituation sprechen.

**Familienskulptur, Familienrekonstruktion:** eine von der amerikanischen Familientherapeutin Virginia Satir in den 1970er Jahren entwickelte familientherapeutische Methode. Dabei stellt ein Familienmitglied, z. B. die Tochter, die anderen Familienmitglieder in einer bestimmten Haltung und Entfernung zu sich im Raum auf. Folgendes Bild könnte dabei entstehen: Die Mutter steht weiter weg von den anderen, ist auch körperlich von ihnen abgewandt, Vater und die zwei Töchter stehen nah beieinander. So wird äußerlich sichtbar, wie in der Wahrnehmung der Tochter die Beziehungen untereinander sind. Dann wird erarbeitet, ob die Mutter tatsächlich eine solche Abseitsstellung in der Familie hat, woran das liegen mag, wie es ihr damit geht, was sich jedes Familienmitglied wünscht usw. Die Familienskulptur kann in verschiedenen Variationen ausgeführt werden, Familienmitglieder müssen z. B. nicht physisch anwesend sein, der Patient kann stellvertretend Requisiten, etwa Kissen aufstellen. Die Familienskulptur ist nicht zu verwechseln mit dem Familienstellen.

**Familienstellen, Familienaufstellung:** von dem deutschen Philosophen Bert Hellinger (* 1925) unter Abwandlung der Familienskulptur entwickelte Methode zur Selbsterfahrung. Der Ratsuchende wählt aus der Gruppe Mitglieder stellvertretend für die Mitglieder seiner Herkunfts- und Gegenwartsfamilie aus und stellt diese im Raum auf. Es wird davon ausgegangen, dass die aufgestellten Personen intuitiv das Befinden der echten Familienmitglieder erfassen. Nun äußern der Ratsuchende und seine »Familienmitglieder« ihr Befinden und ihre Bedürfnisse, sodass Verstrickungen deutlich werden. Die Positionen der einzelnen Mitglieder werden dann so geändert, dass sich bei möglichst allen ein Gefühl der Erleichterung einstellt. Zentral beim Familienstellen ist die Vergebung und Versöhnung unter den Familienmitgliedern.

Die Methode hat sich bis heute weit verbreitet und weiterentwickelt, z. B. sollen auch Organisationen aufgestellt werden können. Zugleich ist sie stark umstritten, v. a. wegen der Art, wie sie von Hellinger oft durchgeführt wird: in Großveranstaltungen mit z. B. 300 Teilnehmern, ohne Betreuung des Ratsuchenden im Anschluss einer Aufstellung und mit einer von ihm autoritär vorgegebenen Lösung. Deshalb haben sich Fachorganisationen, etwa der Deutsche Verband für systemische Forschung, Therapie, Supervision und Beratung e. V., öffentlich von der Methode Hellingers distanziert. Familiensteller, die eine wissenschaftliche Anerkennung der Methode anstreben, beachten verstärkt ethische Richtlinien wie die Betreuung nach einer Aufstellung.

**Familientherapie:** psychotherapeutische Behandlung der ganzen Familie als System. Man geht dabei davon aus, dass desolate Strukturen und Kommunikationsgewohnheiten in der Familie krank machend sind. Behandelt man jedoch nur die Person, die wegen einer auffälligen psychischen oder psychosomatischen Störung als behandlungsbedürftig erscheint, den Indexpatienten, dann ändert sich an dem krank machenden System meist nichts, und die Wahrscheinlichkeit ist groß, dass die Anstrengungen in der Therapie erfolglos bleiben. In der Familientherapie wird die ganze Familie zum Gegenstand der Therapie, die Therapiesitzungen finden mit möglichst allen Familienmitgliedern statt, Lösungen werden v. a. durch eine verbesserte Einsicht in die Spannungen und Störungen im System der ganzen Familie gesucht. Meist werden nicht mehr als 20 Sitzungen anberaumt. Dabei arbeiten in der Regel zwei Therapeuten mit der ganzen Familie.

Die meisten großen Schulen der Psychotherapie haben heute eigene Formen der Familientherapie entwickelt. Familientherapie kann Erfolge erreichen, die so rasch und wirksam mit keiner anderen Methode erreichbar sind; sie setzt aber eine hohe Motivation aller Beteiligten voraus und bleibt wirkungslos, wenn es nicht gelingt, in das gestörte System der Familie einzugreifen.

**LESETIPPS:**
Martin R. Textor: *Das Buch der Familientherapie. Sechs Schulen in Theorie und Praxis.* Eschborn (Klotz) ⁶2002.
Fritz B. Simon u. a.: *Die Sprache der Familientherapie. Ein Vokabular. Kritischer Überblick und Integration systemtherapeutischer Begriffe, Konzepte und Methoden.* Stuttgart (Klett-Cotta) ⁶2004.

Nossrat Peseschkian: *Die Familientherapie.* Stuttgart (Kreuz) 2005.

**Fanatismus** [zu latein. fanaticus »von der Gottheit ergriffen«, »schwärmerisch«, »rasend«]: unbeirrbare, aggressive Haltung, mit der ein verabsolutiertes Ziel verfolgt wird. Charakteristisch ist eine verengte Sichtweise der Realität, in der keine anderen Positionen zugelassen werden als die eigenen oder die eines charismatischen Führers, dessen Worte absolut gesetzt werden. Der Fanatismus schaltet Selbstkritik und äußere Einwände aus und ist fremden Anschauungen gegenüber blind oder intolerant.

**Fantasie** [griech., eigtl. »das Sichtbarmachen«, »Erscheinen«]: die schöpferische Fähigkeit des menschlichen Geistes, neue Vorstellungen hervorzubringen, Gedächtnisinhalte zu etwas Neuem zu kombinieren. Fantasie ist nicht auf bildhafte Vorstellungen beschränkt, sondern bezieht sich auch auf u. a. musikalische und sprachliche Vorstellungskraft: Die musikalische Fantasie ist die Voraussetzung dafür, z. B. neue Musikstücke hervorzubringen, eine sprachliche Fantasie benötigen z. B. Übersetzer, um auch Wortspiele in der Zielsprache wiedergeben zu können, für die es keine genaue Entsprechung gibt. Bei der Fantasie ist im Vergleich zum Begriff der →Imagination die Neuschöpfung betont. Im Unterschied zur →Kreativität bezeichnet die Fantasie einen innerpsychischen Vorgang, während die Kreativität sich im schöpferischen Handeln ausdrückt.

**Fantasie:** Ein Spezifikum des Menschen ist die Fähigkeit, durch Verknüpfung und Veränderung von Erscheinungen in der Wirklichkeit sowie durch Neuschöpfung von Denkinhalten eigene, neue Vorstellungswelten zu schaffen (Hieronymus Bosch, »Baum-Mensch in einer Landschaft«, um 1510–1515, Ausschnitt; Wien, Graphische Sammlung Albertina).

**Farbpsychologie:** Schon Goethe versuchte, den Farben Seelenbereiche und Eigenschaften zuzuordnen. Rot und Gelbrot etwa verband er mit der Vernunft und dem Schönen bzw. dem Edlen, Grün und Blau mit der Sinnlichkeit und dem Nützlichen bzw. dem Gemeinen.

Fantasie ist eine spezifisch menschliche Eigenschaft, die bei vielen Handlungen und Plänen, z. B. bei der Einrichung von Räumen, beteiligt ist und ohne die produktives Denken (→ Problemlösen) und Kreativität nicht denkbar sind. Diskutiert wird, ob nicht auch höhere Tiere über eine einfache Form der Fantasie verfügen.

**Farbenfehlsichtigkeit, Farbenblindheit:** Störung des Vermögens, Farben zu unterscheiden oder bestimmte Farben zu sehen, oder das Unvermögen, Farben überhaupt zu erkennen. Die Farbenfehlsichtigkeit beruht auf dem teilweisen oder vollständigen Ausfall der für die Farben Gelb, Grün oder Blauviolett empfindlichen Zapfen in der Netzhaut des → Auges. Je nachdem, ob in den Zapfen der erste Farbstoff (gelb), der zweite (grün) oder der dritte (blauviolett) betroffen ist, spricht man von einer Prot-, Deuter- oder Tritanomalie. Bei der Dichromasie sind nur zwei der drei Zapfengruppen aktiv, sodass der Betroffene eine der drei Farben komplett nicht sehen kann. Zur Feststellung der Farbenfehlsichtigkeit werden Farbprüftafeln, optische Instrumente (z. B. Anomaloskop), zu sortierende Farbproben (z. B. Wollfäden) u. a. verwendet. Von Farbenfehlsichtigkeit sind etwa 8 % aller Männer, jedoch nur etwa 0,4 % aller Frauen betroffen.

**Farbenhören:** eine Form der → Synästhesie.

**Farbenpsychologie:** kaum noch existierende Richtung der Psychologie, die sich mit der Wirkung von Farben in Natur, Kunst und Architektur auf den Menschen befasst. Es hat sich u. a. wegen der Komplexität des Gegenstands Farbe keine Farbenpsychologie etablieren können; Ansätze gab es in der interdisziplinären Forschung von u. a. Architekturpsychologen (→ Architekturpsychologie) und Gesundheitspsychologen, z. B. mit der Frage nach der Wirkung von weißen versus farbigen Wänden in Krankenhauszimmern auf die Genesung der Kranken.

**Farbensehen, Farbwahrnehmung:** die beim Menschen, den Wirbeltieren und vielen Wirbellosen vorhandene Fähigkeit, mit ihrem Sehapparat Farben unabhängig von ihren Helligkeitswerten zu unterscheiden.

Nach der **Dreikomponententheorie** von Thomas Young und Hermann von Helmholtz im 19. Jh. besitzt das menschliche Auge drei verschiedene Rezeptoren, die jeweils auf einen spektralen Wellenlängenbereich (Blau, Grün, Rot) reagieren (Trichromasie); die übrigen Farbreizqualitäten entstehen dieser Theorie zufolge durch Mischung dieser Farbreize. Eine Weiß-Empfindung entsteht bei gleichmäßiger Reizung aller drei Zapfenarten, Schwarz-Empfindung bei mangelnder Reizung. Die gängigen →Farbenfehlsichtigkeiten werden damit aber nicht ohne Weiteres erklärt. Warum misslingt es vielen Farbenblinden, zwischen Paaren von Farben zu unterscheiden, etwa zwischen Rot und Grün oder Blau und Gelb?

Ewald Hering entwickelte deshalb die Gegenfarbentheorie. Dieser Theorie zufolge entspringen alle Farbwahrnehmungen aus den Gegensätzen von Rot und Grün, von Blau und Gelb sowie Schwarz und Weiß. Jedem der drei Gegenfarbenpaare wird eine eigene Sehsubstanz in den Zapfen, den Sinneszellen des Auges, zugesprochen.

Der ursprüngliche Streit zwischen beiden Theorien ist heute beigelegt. Während sich die Theorie von Helmholtz auf die unmittelbare Aufnahme des Lichts in den Sinneszellen bezieht, gilt Herings Theorie für etwas tiefere Bereiche. Die drei Zapfentypen leiten ihre Signale an die tiefer liegenden Ganglienzellen der Netzhaut weiter. Jene kombinieren den Ausstoß der Zapfen unterschiedlich. Einige Zellen in diesem System werden aktiviert durch Licht, das Rot hervorbringt, und gehemmt durch Licht, das Empfindungen von Grün verursacht. Andere Zellen verhalten sich genau umgekehrt. Andere Gruppen von Ganglienzellen sind für das Blau-

Gelb-System sowie das Schwarz-Weiß-System zuständig.

**Farbentests:** Gruppe von psychologischen Tests, bei denen Vorlieben und Abneigungen gegenüber vorgelegten Farben mit dem Ziel ausgewertet werden, Aussagen über die Persönlichkeit zu machen. Die spezifischen Vorlieben und Abneigungen eines Menschen gegenüber den Vorlagen sollen nicht nur individuellen ästhetischen Kategorien zuzuordnen sein, sondern zugleich Indikatoren von Persönlichkeitsmerkmalen darstellen. Allerdings sind die spezifischen Deutungshypothesen empirisch kaum bestätigt, was sich auch in nicht ausreichenden Testgütekriterien →Objektivität, →Reliabilität und →Validität niederschlägt. Farbentests gelten daher als wissenschaftlich eher problematische Verfahren.

**Farbklima:** die Beeinflussung des psychischen Befindens durch die Farben der Umgebung. So wirken »kalte« Farben (Grün, Blau, Violett) beruhigend, »warme« Farben (Rot, Orange, Gelb) anregend. Stimmungsaufhellend wirken helle Farben (Weiß oder Gelb), stimmungssenkend dagegen Schwarz. Deshalb wählt man bestimmte Farben und Farbkombinationen für Arbeits-, Wohn- und andere Räume sowie zu therapeutischen Zwecken.

**Farbsymbolik:** alltagspsychologische, je nach Kultur unterschiedliche Vorstellungen der Menschen über den Zusammenhang von Farbeindruck einerseits und psychischen Empfindungen oder Eigenschaften der Persönlichkeit andererseits. Bei kultischen Ritualen (Fest, Prozession, Trauerzug) werden über die Farbe der gewählten Kleidung innere psychische Zustände (z. B. Schwarz bei Trauer) oder mythische, religiöse Vorstellungen ausgedrückt. Verbreitete Zuordnungen von psychischen Zuständen zu Farben sind (in den westlichen Ländern): Rot = Liebe, Leidenschaft, Erregung; Blau = Gefühlskälte, Intellektualität; Grün = Hoffnung, Gefühlsoffenheit.

**Farbtherapie:** Behandlung durch Bestrahlung mit den Farben des sichtbaren Lichtes sowie durch die farbliche Gestaltung von Räumen und Kleidern. Die Bestrahlung bestimmter Zonen der Hautoberfläche soll über die verschiedenen Farben des sichtbaren Lichtes eine Wirkung auf zahlreiche Erkrankungen haben. Diese Wirkung wird mit der ähnlichen Größe von Zellstrukturen im Nanometer-Bereich begründet. Hierbei sollen Resonanzphänomene auftreten. Die Bestrahlung erfolgt entweder mit einer farbigen Glühbirne oder durch eine farbige Folie, die vor eine Glühlampe montiert wird.

Als Anwendungsgebiete der Farbtherapie werden u. a. chronische Entzündungen, Allergien und Depressionen angegeben. Die Farbtherapie ist wissenschaftlich umstritten. Bei der Behandlung durch Farbgestaltung von Räumen, Gegenständen oder Kleidung wird die psychologische Wirkung von Farben auf den Menschen genutzt (→Farbklima).

**Farbwahrnehmung:** das →Farbensehen.

**Fasten:** Enthaltung von Nahrung zu besonderen Zeiten, im religiösen Sinn ein Mittel der Buße durch Askese, das weltweit und schon bei den ältesten Völkern (z. B. den alten Ägyptern) nachgewiesen werden kann.

Die katholische Kirche kennt Bußtage, an denen nur einmal am Tag eine sättigende Mahlzeit erlaubt ist, und Abstinenztage, an denen Genuss von Fleisch untersagt ist. Bußzeit ist die Fastenzeit vor Ostern, die 40 Tage von Aschermittwoch bis zur Osternacht. Der Islam schreibt das Fasten im 9. Monat Ramadan von Sonnenauf- bis Sonnenuntergang vor.

Im medizinischen Bereich als **Heilfasten** oder Fastenkur bezeichnet, erfolgt das Fasten als Maßnahme der Ernährungstherapie. Ein Erklärungsmodell für seine Wirkung auf den Körper wurde erst in jüngerer Zeit vorgestellt und ist wissenschaftlich bisher nicht nachgewiesen. Demnach muss der Körper aufgrund der stark reduzierten Zufuhr von Nährstoffen auf die abgelagerten Stoffe zurückgreifen, die folglich stärker abgebaut und ausgeschieden werden. Der Körper reinigt sich auf diese Weise selbst.

**Fasten** ist Bestandteil vieler Religionen und wird meist rituell gestaltet. Im Fastenmonat verzichtet der gläubige Muslim zwischen Sonnenauf- und untergang auf Essen, Trinken und Rauchen und ist sexuell enthaltsam (Vorbereitungen für das Fastenbrechen bei Sonnenuntergang in Karatschi, Pakistan).

Das Fasten dient nicht nur der Heilung bereits ausgebrochener Krankheiten (z. B. Gelenkrheumatismus, Bluthochdruck, Allergien, Gicht), sondern es soll auch zur Vorbeugung von Erkrankungen – z. B. im Rahmen einer Frühjahrskur – geeignet sein. Heilfasten soll nach neuesten Erkenntnissen auch eine stimmungshebende Wirkung haben, weil der Serotonin-Spiegel im Gehirn (ab etwa am dritten Tag des Fastens) steige. Personen, die eine Fastenkur gemacht haben, berichten auch daüber, dass sie sich nach einer Kur deutlich energievoller und insgesamt ruhiger erleben. Allerdings sollen psychisch labile Menschen keine Fastenkur machen.

**FBL:** →Freiburger Beschwerdeliste.

**Fechner,** Gustav Theodor: deutscher Physiker, Psychologe und Philosoph, * Groß Särchen (bei Hoyerswerda) 19. 4. 1801, † Leipzig 18. 11. 1887; begründete die Psychophysik und damit die später von Wilhelm Wundt institutionalisierte experimentelle Psychologie. Bekannt wurde u. a. sein Beitrag zum →Weber-Fechner-Gesetz.

**Fechner-Gesetz:** Fortentwicklung des Weber-Gesetzes.

**Feedback** ['fi:dbæk]: engl. »Rückgabe«, »Rückmeldung«], **Rückkoppelung: 1)** *allgemein* eine Form der Rückmeldung in einem System, die den weiteren Verlauf eines Prozesses in diesem System beeinflusst.

2) in der *Psychotherapie* Rückmeldung des Therapeuten an den Patienten über seine Therapieerfolge; in der Gruppentherapie auch Rückmeldungen von Mitpatienten: Nachdem ein Problem eines Patienten bearbeitet wurde, äußern die Mitpatienten ihre Wahrnehmung des Patienten und/oder ihre Meinung zum Thema. Gerade bei Patienten, deren Selbstwahrnehmung stark von der der Fremdwahrnehmung abweicht, spielt das Feedback aus der Gruppe eine wichtige Rolle. Sie können sich so besser kennenlernen und ein realistischeres Bild von sich gewinnen. Sie lernen beispielsweise auch, positive Kritik anzunehmen, ohne diese herunterzuspielen, oder auch negative Kritik zu akzeptieren. In Gruppentherapien werden gewöhnlich zu Beginn der Therapie Feedback-Regeln mitgeteilt, nach denen u. a. Kritik in nicht verletzender, sondern konstruktiver Weise vorgebracht werden soll.

3) in der *pädagogischen Psychologie* und der *Sozialpsychologie* die Rückmeldungen aus einer Lerngruppe an den Lehrenden über dessen Leistung bzw. den eigenen Lernerfolg. Das Feedback kann mündlich oder schriftlich, mit dem Ausfüllen eines entsprechenden Fragebogens durch die Seminarteilnehmer, erfolgen. Beim Geben von Feedback sollte man sich 1. auf die konkrete Situation beziehen und nicht verallgemeinern, 2. Verhaltensweisen beschreiben, nicht die Person bewerten, 3. konstruktive Vorschläge unterbreiten.

4) in *Biologie* und *Medizin* Rückkoppelung innerhalb eines Regelkreises, für die der Vergleich von Istwert und Sollwert charakteristisch ist. Im körperlich-physiologischen Bereich dienen Feedbackschleifen oder -mechanismen der Aufrechterhaltung oder Wiedererlangung eines Gleichgewichtszustands (→Homöostase). Beispielsweise wird so der Blutzuckerspiegel geregelt. Die Bauchspeicheldrüse erhöht oder senkt die Ausschüttung ihres Hormonsekrets, je nachdem, welche Rückmeldung sie über die Höhe des Blutzuckers erhält. Ähnlich funktioniert der Regelkreis der Temperaturregulation.

**Fehldiagnose:** nicht ordnungsgemäß durchgeführte →Diagnose.

**Fehler:** etwas, was vom Richtigen abweicht; falsche Entscheidung oder falsches Ergebnis, z. B. beim Rechnen. Als hilfreich für das Verständnis und die Kategorisierung von Fehlern haben sich Ordnungssysteme herausgestellt, die außer der situativen Handlungsbeschreibung auch die kognitiven und motivationalen Faktoren berücksichtigen. So wird zwischen »Slips« (richtige Idee, aber unzureichende Ausführung, z. B. ein Fehlpass beim Fußball) und »Mistakes« (fehlerhafter Plan, z. B. bei Fahrzeiten im PKW keinen Zeitpuffer für Staus einzurechnen) unterschieden. Fehler entstehen durch Störungen v. a. der →Wahrnehmung, →Aufmerksamkeit, des →Gedächtnisses und →Denkens.

**Fehl|ernährung:** Nahrungszufuhr, bei der Menge oder Zusammensetzung der Nährstoffe

*Gustav Theodor Fechner*

---

**Fehler | Vom richtigen Umgang**

Die naive Reaktion auf einen Fehler liegt darin, den anderen vorwurfsvoll zurechtzuweisen und zu erwarten, dass er sich bessert. Vielmehr sollte man zunächst kritisch prüfen, ob das beanstandete Verhalten tatsächlich ein Fehler ist oder nur durch die eigene Bewertung dazu gemacht wird. Bei näherem Betrachten stellt sich nämlich oft heraus, dass dem Vorwurf nur die eigene Vorstellung davon zugrunde liegt, was richtig oder falsch ist. Liegt wirklich ein Fehler vor, ist statt des gehobenen Zeigefingers konstruktive Kritik angebracht.
Entsprechendes gilt für den Umgang mit sich selbst: Menschen mit wenig Selbstwertschätzung neigen dazu, bei sich häufig Fehler zu sehen, auch bei harmlosem oder neutralem Verhalten. Unterläuft ihnen ein echter Fehler, bewerten sie das über und finden darin Bestätigung für ihre Wertlosigkeit. Gesunder Umgang mit Fehlern ist, sich den Fehler zu verzeihen, die Gründe für den Fehler zu suchen und sich zu bemühen, es in Zukunft richtig zu machen.

nicht dem Bedarf des Organismus angepasst sind. Man unterscheidet dabei Überernährung, einseitige Ernährung und Unterernährung, bei denen es zu Krankheiten, Mangelerscheinungen oder Entwicklungsstörungen kommen kann.

Experimente mit Kleinkindern haben gezeigt, dass sie spontan in der Lage sind, sich aus einem reichhaltigen Büfett die für sie richtigen Nahrungsmittel zusammenzustellen. Überernährung und einseitige Ernährung beruhen darauf, dass diese natürliche Regulation gestört ist. Das kann an einfacher Unkenntnis der richtigen Ernährungsweise liegen, nicht selten hat es aber auch psychische Gründe (→ Ersatzbefriedigung). So hat etwa Schokolade eine (schwache) Wirkung gegen Depressionen. Deshalb ist es sinnvoll, sie in Maßen zu sich zu nehmen; wenn sie aber im Übermaß verzehrt wird, kommt es zu einer einseitigen Ernährung. Ist in deren Folge der Stoffwechsel entgleist, etwa beim Diabetes, entwickelt der Körper häufig ein Verlangen nach dem schädlichen Nahrungsmittel. Dann sollte unter fachkundiger Anleitung eines Ernährungsberaters die Ernährung umgestellt werden. Liegt ein psychisches Problem zugrunde, empfiehlt sich zusätzlich eine Psychotherapie.

**Fehlleistungen, Fehlhandlungen:** *Psychoanalyse:* seelische Aktivitäten, die nicht der bewussten Absicht entsprechen. Bekannte Beispiele sind der **Versprecher** oder das **Verschreiben,** aber auch Übersehen, Vergessen, Verlesen, Vergreifen, Verlegen und Verlieren können Fehlleistungen sein. Von einer Fehlleistung kann nur dann die Rede sein, wenn die Handlung üblicherweise gelingt, sodass der Handelnde selbst das Misslingen auf Zufall, Pech oder Unaufmerksamkeit zurückführt. Sigmund Freud entdeckte, dass dabei häufig Motive beteiligt sind, die für den Handelnden bewusst oder unbewusst konflikthaft sind, z. B. wenn sich in eine Lobrede auf jemanden, gegen den man eine Abneigung empfindet, ein Schimpfwort einschleicht oder wenn man eine Verabredung »vergisst«, die man vielleicht nur widerwillig getroffen hat. Insofern stellt die Fehlleistung einen Kompromiss dar zwischen der bewussten »guten« Absicht und der »wahren« Meinung, die auf diese Weise nur »aus Versehen« deutlich wird.

**Feinmotorik:** Form der → Motorik.

**Feldenkrais-Therapie:** eine von dem israelischen Physiker und Neurophysiologen Moshé Feldenkrais (* 1904, † 1984) entwickelte Form der Körpertherapie, bei der Bewegungsabläufe beobachtet, reflektiert und neu gelernt werden.

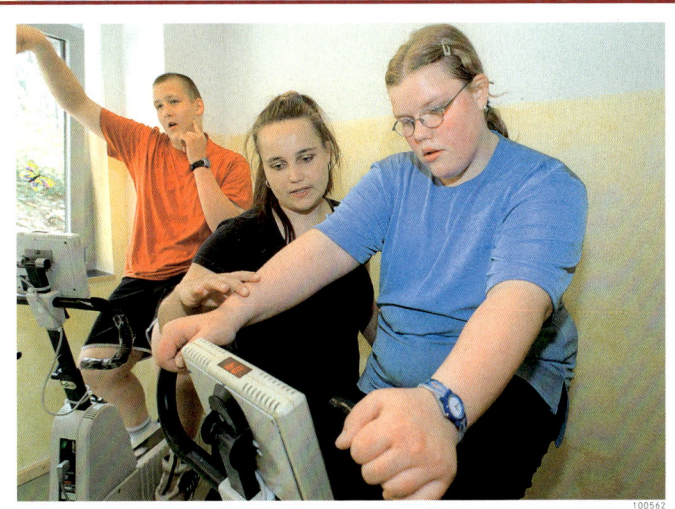

**Fehlernährung:** Immer mehr Kinder leiden unter Übergewicht. Langfristige Erfolge bei der Gewichtsreduktion lassen sich nur durch gesunde Ernährung und sportliches Training erreichen.

Durch die Feldenkraistherapie sollen das Körperbewusstsein verbessert, die Beweglichkeit erhöht und körperliche Abläufe möglichst mühelos und schonend für Muskeln und Knochenbau gestaltet werden. Durch körperliche Entspannung und Ausgeglichenheit sollen innere Ruhe, seelisches Gleichgewicht sowie ein souveräneres Auftreten hergestellt werden. In der Feldenkraistherapie unterscheidet man Gruppenarbeit (»Bewusstsein durch Bewegung« nach Anleitung des Feldenkrais-Therapeuten) und Einzelarbeit (funktionale Integration).

**Feldstudien:** wissenschaftliche Untersuchungen, die nicht im Labor oder in laborähnlichen Situationen, sondern weitgehend in natürlicher Umgebung durchgeführt werden.

**Feldenkrais-Therapie:** Übungen in der Gruppe erforschen Bewegung nicht nur spielerisch in ungewohnten Variationen, sondern sollen auch die Wahrnehmung von Bewegung verbessern.

In einem engeren Sinne werden Feldstudien gegen **Feldexperimente** abgegrenzt: Während in Feldstudien eher offene Beobachtungen als Methode eingesetzt werden, interessieren bei Feldexperimenten die Effekte der abhängigen Variablen in Bezug auf eine vom Experimentator erzeugte Veränderung der unabhängigen Variablen. Generell unterliegen Feldexperimente denselben Regeln wie →Experimente.

**Feldtheorie:** von der Gestaltpsychologie, v. a. von Kurt Lewin zu Beginn des 20. Jahrhunderts entwickelte Auffassung, nach der das Verhalten einer Person sowohl durch die Person selbst als auch durch die Umwelt bestimmt wird: Die Person verhält sich nicht nur aufgrund innerer Kräfte in einer bestimmten Weise, sondern auch aufgrund anziehender und abstoßender Kräfte in der aktuellen Situation, dem »Lebensraum«. Eine anziehende Kraft ist z. B. ein Glas Wasser, die Stärke der Anziehungskraft hängt allerdings davon ab, wie durstig eine Person ist, eine sehr durstige Person wird rasch zum Wasser greifen, während jemand, der seinen Durst gestillt hat, es nicht beachten wird.

Der Lebensraum eines Individuums lässt sich in Regionen (Feldern) gliedern. Zwischen den Feldern kommt es durch Handlungen (z. B. das Wassertrinken) zu einem Energieaustausch, einer veränderten Verteilung psychologischer Spannungen, die Lewin in Analogie zu physikalischen Spannungen und den darin herrschenden Kräften der Anziehung und Abstoßung beschrieb.

Das Verhalten im Feld und die dabei sich verändernde Motivation stellte er mit Vektoren dar. Sein Konzept einer psychologischen Vektormathematik und Topologie (eine Art psychologischer Geometrie) gilt als gescheitert. Seine Ideen einer dynamisch sich wandelnden, auf der Interaktion von Person und Umwelt beruhenden Motivationslage flossen dennoch in neue Motivationstheorien ein, besonders die des amerikanischen Psychologen Philip Zimbardo (*1933).

Lewin hat seine Theorie z. T. auch als **topologische Psychologie** oder **Vektorpsychologie** bezeichnet.

**Femininität:** in der *Sozialpsychologie* eine der →Geschlechterrollen.

**Feminismus** [zu latein. femina »Frau«]: politische Bewegung sowie Theorie und wissenschaftliche Forschungsrichtung dieser Bewegung. Ziel des Feminismus ist es, weibliche Interessen in der Gesellschaft durchzusetzen und die Frau aus der absolut auf den Mann bezogenen Definition zu befreien und die daraus resultierende neue, oft kulturrevolutionäre Beurteilungsweise von Problemen des Menschen und der Gesellschaft durch Frauen zu fördern. Kernpunkt des Feminismus ist der Kampf gegen die gesellschaftlich definierte Frauenrolle (→Geschlechterrollen) und die geschlechtsspezifische Arbeitsteilung.

**feministische Therapie:** Psychotherapie mit emanzipatorischer Grundhaltung, die sich ausschließlich an Frauen richtet und nicht nur deren individuelle Geschichte behandelt, sondern auch ihre Situation in der jeweiligen Gesellschaft reflektiert. So werden etwa männliche und weibliche Verhaltensmuster benannt, damit die Klientin diese Muster in ihrem Leben wahrnehmen und sich entscheiden kann, ob sie sie fortführen oder infrage stellen will. Die feministische Therapie ist keine eigenständige Therapieschule, sondern eine Ausrichtung innerhalb der bestehenden großen Therapieschulen.

**Fernraum:** räumlicher Bereich, den sich ein Säugling über die eigene Fortbewegung (Krabbeln, später Gehen) und die gleichzeitige Ausweitung und Differenzierung seiner Fernsinne Hören und Sehen erschließt. Die Vorstufe des Fernraums ist der →Greifraum.

**Fernsinne:** zur Wahrnehmung von Reizen aus entfernten Reizquellen geeignete →Sinnesorgane.

**Fertigkeit:** in Abgrenzung zur →Fähigkeit durch Übung erworbene Geschicklichkeit, Routine, z. B. die Fertigkeit, Klavier zu spielen. Fertigkeiten sind relativ verfestigt und automatisiert und werden häufig unbewusst umgesetzt, sie sind im prozeduralen →Gedächtnis repräsentiert. Fertigkeiten umfassen sowohl motorische bzw. handwerkliche als auch geistige und soziale Leistungen.

**Festhaltetherapie:** spezielle Therapieform für den →Autismus.

**Fetisch** [zu latein. facticius »nachgemacht«, »künstlich«]: ein (beliebiger) Gegenstand, der erst durch einen in ihn »hineingelegten« Bedeutungsinhalt oder »Zauber« schützend oder schädigend wirken soll. In der Sexualität werden Gegenstände als Fetisch bezeichnet, die sexuelle Lust erregen oder steigern.

**Fetischismus:** Störung des Sexualverhaltens, bei dem sexuelle Empfindungen durch Einengung (Fixierung) auf bestimmte Objekte (Fetische) erregt oder gesteigert werden. Der Fetischismus ist bei einem Fetischisten oder einer Fetischistin fester Bestandteil der Sexualität und kann im Einzelfall die gesamte Form der Sexualität darstellen. Fetischismus gibt es als Selbstbefriedigung und in partnerschaftlicher Sexualität. Zum Fetisch kann prinzipiell alles werden: Körperteile (z. B. Füße, Genitalien,

Haare), Kleidungsstücke (z. B. Schuhe, Dessous, Windel), Materialien (z. B. Seide, Gummi, Leder), Gegenstände (z. B. Waffen, Werkzeuge).

Fetischismus wird oft mit anderen Formen menschlicher Sexualität verwechselt und ist im Einzelfall mitunter tatsächlich schwer abzugrenzen, zumal die Begriffe sogar in der Sexualwissenschaft nicht einheitlich verwendet werden. So kann das Tragen von hochhackigen Schuhen Ausdruck von Fetischismus, von fetischistischem →Transvestitismus, Teil einer sadomasochistischen Handlung oder aber auch einfach ein erotisches Signal sein.

Fetischismus wird in den verschiedenen Wissenschaftsbereichen und Epochen unterschiedlich definiert; bei Sigmund Freud z. B. galt der Fetischismus als Modell aller Perversionen.

**FFM:** das →Fünffaktorenmodell der Persönlichkeit.

**Fieberdelir, Fieberwahn:** Wahrnehmungs- und Orientierungsstörungen, die durch hohes Fieber ausgelöst werden. Die Patienten können nicht mehr zwischen Wirklichkeit und Traum unterscheiden, sie sind in Raum und Zeit nicht orientiert und haben manchmal auch →Halluzinationen und Wahnvorstellungen (→Wahn).

**Figur-Grund-Unterscheidung:** ein Organisationsprinzip der Formwahrnehmung, bei der sich eine Figur vor einem Hindergrund abhebt. Figur und Hintergrund unterscheiden sich durch verschiedene Eigenschaften, z. B. ist die Figur konturiert, der Hintergrund nicht, die Figur ist meist im Vordergrund und häufig detaillierter. Bei bestimmten Anordnungen können Figur und Hintergrund vertauscht werden und Aufmerksamkeitswechsel führen dann dazu, dass der Grund plötzlich als Figur hervortritt (→Kippfiguren, Vexierbilder, Inversionsfiguren).

**Fingerlutschen:** die meist bei Kleinkindern zu beobachtende Angewohnheit, an den eigenen Fingern, v.a. am Daumen (**Daumenlutschen**), zu saugen. Wird das Fingerlutschen über das Kleinkindalter hinweg beibehalten, sind als Grund hierfür psychische Konflikte nicht auszuschließen. Psychoanalytisch wird das Fingerlutschen dann meist als Symptom einer →Fixierung 2) oder auch der →Regression 2) auf die →orale Phase gedeutet.

**Fitness** [engl.]: gute körperliche oder geistige Verfassung und Leistungsfähigkeit. Auch wenn sich körperliche und geistige Fitness in der Regel wechselseitig beeinflussen, so ist doch von einer gewissen Eigenständigkeit beider auszugehen (z. B. wenn eine Person trotz einer

**Fingerlutschen:** Mit der Geschichte vom Daumenlutscher wollte Heinrich Hoffmann 1847 Kindern ein Verhalten abgewöhnen, das sowohl in hygienischer und kieferorthopädischer Hinsicht als auch für die Sprachentwicklung problematisch sein kann.

schweren körperlichen Erkrankung noch geistig »fit« ist). Besonders aufgrund der hohen Prävalenz von Übergewicht und →Adipositas ist die körperliche Fitness eine gesundheitspolitische Forderung. Auf der anderen Seite ist heute ein zunehmender körperbezogener »Fitnesskult« zu beobachten, dessen Ursachen umstritten sind: Neben einer Zunahme von →Narzissmus wird auch eine nicht ausgefüllte Freizeit und die Verleugnung der eigenen Sterblichkeit diskutiert. Fitnesscenter können der sozialen Isolation entgegenwirken, indem sie die Möglichkeit bieten, unkompliziert Kontakte zu knüpfen.

**fixe Idee, überwertige Idee:** Vorstellung oder Meinung, die das Denken der Betroffenen völlig beherrscht. Die fixe Idee hat meist keinen oder doch einen viel geringeren Realitätsbezug, als die von ihr Besessenen glauben. Es bestehen Übergänge zu →Zwang und →Wahn.

**Fixierung** [zu mittellatein. fixare »festmachen«]: **1)** in der *Psychologie* das mit einem Verlust an Flexibilität verbundene Festhalten an bestimmten Einstellungen, Denkstilen und Verhaltensweisen;

**2)** *Psychoanalyse:* das Stehenbleiben auf frühkindlichen Entwicklungsstufen und das Festhalten an entsprechenden Verhaltensweisen zur Triebbefriedigung. Die Fixierung stellt eine Art Entwicklungshemmung dar, bei der ein Teil der Triebenergie an eine bestimmte Phase der Triebentwicklung gebunden und damit der weiteren Entwicklung entzogen wird. Dies geschieht besonders dort, wo eine gefühlsmäßig intensive Erfahrung gemacht wird, z. B. bei traumatischen Erlebnissen oder Entbehrungen, aber auch bei starker →Verwöhnung. Treten

**Flagellation:** Die mittelalterliche Miniatur stellt einen Flagellantenzug dar. Die Büßer halten Peitschen in der Hand, mit denen sie sich selbst auf den nackten Rücken schlagen.

dann im späteren Leben Belastungen auf, denen das Ich nicht gewachsen ist, so besteht die Neigung zu regredieren, innerlich »zurückzugehen« bis zu der Stelle, an der die Fixierung entstanden ist (→Regression). Dies drückt sich dann z. B. in besonders kindlichen Wünschen oder Verhaltensweisen aus. Da keine Entwicklung völlig störungsfrei verläuft, sind Fixierungen in Form von bestimmten Vorlieben oder Abneigungen bei jedem Menschen vorhanden. Bei der Entstehung seelischer Krankheiten spielen schwerere Fixierungen insofern eine Rolle, als bestimmte Symptome und Krankheitsbilder Störungen in den verschiedenen Phasen der kindlichen Entwicklung und den entsprechenden Fixierungsstellen zugeordnet werden können, z. B. wird die Zwangsneurose mit einer Fixierung in der →analen Phase in Zusammenhang gebracht.

**Flagellation** [zu latein. flagellare »geißeln«, »schlagen«]: Geißelung oder Auspeitschung des menschlichen Körpers. Im Mittelalter war die Flagellation eine weitverbreitete Form der religiösen Buße, die sich in Europa vom 13. bis 15. Jh. bis zur psychischen Epidemie, dem Flagellantismus, steigerte. In der Sexualität kann die Flagellation auch Teil des →Sadomasochismus sein.

**Flimmerverschmelzungsfrequenz, Flimmerfusionsfrequenz:** zeitlicher Grenzwert, bei dessen Überschreitung einzelne Lichtreize nicht mehr getrennt, sondern zunächst als Flackern und bei noch höheren Frequenzen als Dauerlicht wahrgenommen werden. Diesen Effekt macht sich die Filmtechnik zunutze. Für das Auge liegt diese Grenze beim Tagessehen (Zapfensehen) bei 60, beim Nachtsehen (Stäbchensehen) bei 15–25 Reizen pro Sekunde. Bei der Filmprojektion in verdunkelten Räumen (Projektionsleuchtdichte etwa $30\,cd/m^2$) sind 48 Hell-Dunkel-Wechsel pro Sekunde erforderlich, damit das Bild tatsächlich als kontinuierlich bewegt erscheint.

**Flooding** [ˈflʌdɪŋ, zu engl. to flood »überschwemmen«, »strömen«], **Reizüberflutung:** eine Methode der →Expositionstherapie.

**Flow** [floʊ, engl. »das Fließen«]: →Glück im Sinne eines konkret erlebten Glücksgefühls.

**Flucht:** 1) *allgemein* eine unmittelbare, schnelle Ausweich- oder Weglaufreaktion vor einem als Angst auslösend und bedrohlich empfundenen Reiz. In einer plötzlich auftretenden bedrohlichen Situation reagiert der Körper reflexhaft mit einer von Hormonausschüttung (→Stress) begleiteten allgemeinen Aktivierung. Dieser Fluchtreflex ist eine stammesgeschichtlich vorprogrammierte Reaktion bei Bedrohung.

2) in übertragenem Sinn das Vermeiden oder Verlassen einer unangenehmen Situation. So spricht man etwa in der *Psychosomatik* von einer Flucht in die Krankheit, wenn der Zustand des Krankseins unbewusst als Befreiung von einer als unerträglich empfundenen Situation erlebt wird.

**Flug|angst:** Angst vor dem Fliegen in einem Flugzeug; ist die Angst krankhaft übersteigert, handelt es sich um eine Form der spezifischen →Phobien. Die Angst vor dem Fliegen speist sich u. a. aus der Befürchtung, einer unbekannten Technik hilflos ausgeliefert zu sein. Sie kann allein auf das Fliegen beschränkt oder Ausdruck einer allgemeinen →Höhenangst oder einer →Klaustrophobie sein.

**fMRI** [Abk. für engl. »functional magnetic resonance imaging«]: ein funktionelles →bildgebendes Verfahren.

**fMRT** [Abk. für »funktionelle Magnetresonanztomografie«]: ein funktionelles →bildgebendes Verfahren.

---

**Flugangst | Mittel gegen Flugangst**

Viele Menschen haben Angst vor dem Fliegen. Betroffene, die es einrichten können, sollten ein anderes Verkehrsmittel wählen. Wo das nicht möglich ist, kann man sich das Fliegen auf verschiedene Weise erleichtern. Entspannungsübungen helfen, die Angst unter Kontrolle zu halten. Besonders bei Starts und Landungen kann es gegen aufkommende Übelkeit helfen, die Augen zu schließen und 20 Mal tief ein- und auszuatmen. Ein Medikament gegen Reisekrankheit sowie Nasentropfen gegen den Druck auf die Ohren sollten griffbereit im Handgepäck liegen. Fliegt man mit Freunden oder dem Partner, so kann es hilfreich sein, mit ihnen über die Angst zu sprechen, damit sie verständnisvoll damit umgehen können. Fluggesellschaften bieten seit Längerem Seminare an, in denen unter anderem über Flugangst und Entspannungstechniken informiert wird, bei einem anschließenden begleiteten Flug kann das Gelernte umgesetzt werden.

**Fokaltherapie:** eine Form der →Kurzpsychotherapie.

**Fokus** [latein. »Feuerstätte«, »Herd«]: zentraler psychischer Problembereich. Die Behandlung des Fokus führt in der Regel zu einer erheblichen Besserung des Patienten, wenn auch nicht unbedingt zu einer vollständigen Heilung.

**Fokussierung:** Konzentration auf einen bestimmten psychischen Problembereich oder ein bestimmtes schädliches Handlungsmuster. Zur Klärung seelischer Befindlichkeiten und Störungen ist es oft sehr hilfreich, sich in der genauen Wahrnehmung der Abfolge von Gefühlen zu schulen. Die fokussierende Beschreibung dient z. B. bei der Untersuchung von Sexualstörungen dazu, genau herauszufinden, was bei einem bestimmten Verhalten die Lust steigert und was ihre Entwicklung blockiert. Auf diese Weise kann es einem Paar in der Sexualtherapie gelingen, herauszufinden, wo sie sich gegenseitig blockieren.

**Folter:** gezielt eingesetzte, grausame Handlungsweise von Menschen gegenüber Menschen, bei der es zu schwerwiegenden Drohungen, Erniedrigungen oder Misshandlungen bis hin zur Verkrüppelung oder zum Mord kommt. Folter dient v. a. dem Erzwingen von echten oder erfundenen Geständnissen oder Meinungsänderungen. Das Hauptziel der Folter besteht in der Zerstörung der Persönlichkeit der Gefolterten und in der Abschreckung der unmittelbaren und mittelbaren Zeugen, um auf diese Weise Widerstand zu brechen.

Man kann physische (z. B. durch Schläge, Hunger, Stromstöße), psychiatrisch-pharmakologische (z. B. durch Neuroleptika) und psychische Methoden der Folter unterscheiden. Zu den letzteren zählen u. a. Scheinexekutionen, →Gehirnwäsche sowie Isolations- und Dunkelhaft mit ihren schwerwiegenden Folgen (sensorische →Deprivation).

Folter ist für die Opfer meist eine →Extremtraumatisierung; sie führt dazu, dass sie nicht mehr heimisch werden können in der Welt, auch wenn die Gefahr für Leib und Leben definitiv beendet ist. Die Folteropfer leiden meistens an einer →posttraumatischen Belastungsstörung.

**Förderpädagogik:** die →Sonderpädagogik.
**Förderschulen:** die →Sonderschulen.
**Förderstufe:** die →Orientierungsstufe.
**Förderung:** in der *Psychologie* und *Pädagogik* Hilfestellungen und Maßnahmen, um kognitive, praktische oder künstlerische Leistungen einer Person zu unterstützen oder diese überhaupt erst zu ermöglichen, z. B. Unterstützung schulischer Fähigkeiten von Behinderten durch Sonderschullehrer. Der geförderte Personenkreis ist in der Regel vorher definiert. Keineswegs erhalten nur benachteiligte Personen wie Behinderte oder sozial schwache Personen eine Förderung, sondern auch andere Menschen, die sich in irgendeiner Weise von der Norm abheben und Hilfestellung benötigen, also auch z. B. Hochbegabte (→Hochbegabung). Die Mittel der Förderung richten sich nach dem Anlass und können in besonderen Lernprogrammen, Stipendien oder vielen anderen denkbaren Formen der Hilfestellung bestehen.

**Förderunterricht:** Unterricht in Kleingruppen zur Förderung von Schülern mit Lern- und Leistungsschwächen, aber auch mit Verhaltensauffälligkeiten. In den allgemeinbildenden Schulen werden dafür meist zwei Wochenstunden (Randstunden) eingerichtet. Eine Teilnahme am Förderunterricht bietet sich für Schüler v. a. dann an, wenn es im normalen Schulunterricht nicht gelingt, ihre Schwierigkeiten durch Maßnahmen der inneren →Diffe-

**Folter:** Eine aus Togo vor der Folter geflohene Frau wartet in einem Gefängnis auf die Gewährung von Asyl. Ebenso wichtig wie ein sicherer Aufenthaltsort ist für Folteropfer die medizinische und psychotherapeutische Rehabilitation.

---

**Förderunterricht | Alternative: Familie**
Förderunterricht in der Schule oder professionelle, außerschulische Hilfe können für einen Schüler durchaus wichtig und hilfreich sein. Eine innerfamiliäre Förderung sollte jedoch weniger aus einem pädagogischen Trainingsprogramm bestehen als in einem vielfältig anregenden, entwicklungsfördernden Familienklima: Spiele verschiedener Art, Gespräche, Erzählen, Vorlesen, Singen, Basteln und Malen tragen mehr zur Entwicklung der kommunikativen und sozialen Kompetenzen sowie zur Kreativität des Kindes bei als mühsame Übungen unter Druck. Wie die Erkenntnisse der Lernpsychologie zeigen, lernt es sich entspannt und spielerisch am besten.

renzierung 2) abzubauen. Auch Hausaufgabenhilfe und private Nachhilfe können als Förderunterricht bezeichnet werden.

**forensische Psychologie:** Teilgebiet der →Rechtspsychologie.

**Formatio reticularis:** maschenförmig angeordnete Zellverbände des Zentralnervensystems im Hirnstamm und oberen Rückenmark. Die Formatio reticularis empfängt Erregungszuflüsse von den verschiedensten Sinnesorganen und Hirnzentren und beeinflusst ihrerseits das Erregungsniveau vieler Zellen und Zentren des Zentralnervensystems. Sie ist die eigentliche Schaltzentrale des extrapyramidalen motorischen Systems und übt über die Bahnen bestimmter markhaltiger Nervenfasern (Gammafasern) in Zusammenarbeit mit dem Gleichgewichtsorgan und dem Kleinhirn wesentliche Einflüsse auf den Tonus der Skelettmuskulatur aus. Sie steuert durch Impulse zur Großhirnrinde deren Aufnahmefähigkeit für periphere Erregungen aus den Sinnesorganen und ist damit für den jeweiligen Grad der Aufmerksamkeit und des Bewusstseins verantwortlich (Weckreaktion).

**Formdeuteverfahren:** Tests, die zur Gruppe der →projektiven Tests gehören.

**Fort- und Weiterbildung:** berufliche Qualifizierung von Erwachsenen, die bereits eine berufliche Qualifikation besitzen oder auch erstmals eine erwerben wollen. Sie umfasst Maßnahmen der beruflichen Aufstiegs- und Anpassungsfortbildung einschließlich der Umschulung. Einen Fort- und Weiterbildungsbedarf gibt es in allen Beschäftigungsbereichen und ist durch den fortschreitenden technischen Wandel und neue Erkenntnisse bedingt. Heute ist deshalb ein →lebenslanges Lernen erforderlich, um den beruflichen Anschluss nicht zu verlieren. Angebote der Fort- und Weiterbildung gibt es von staatlichen Stellen, Arbeitgebern, Gewerkschaften, Universitäten und verschiedenen Einrichtungen der →Erwachsenenbildung. Die Teilnahme erfährt staatliche Förderung durch steuerliche Abzugsfähigkeit.

**FPD:** der →Fragebogen zur Partnerschaftsdiagnostik.

**FPI-R:** →Freiburger Persönlichkeitsinventar.

**Fragealter:** zusammenfassende Bezeichnung für zwei Entwicklungsphasen des Kindes. Das erste Fragealter liegt um das zweite Lebensjahr herum und wird von zahlreichen Fragen nach den Namen der Dinge bestimmt, während das zweite (eigentliche) Fragealter, das etwa Mitte des dritten Lebensjahres beginnt, von komplexeren Fragen nach Gründen, Ursachen und Beziehungen gekennzeichnet ist.

**Fragebogen:** Instrument zur Messung psychischer Merkmale, Befindlichkeiten, Einstellungen oder Leistungen, das aus einer vorgegebenen Liste von Fragen oder Aufgaben besteht. Die Bearbeitung der →Items erfolgt meist handschriftlich oder durch Ankreuzen (→Papier- und-Bleistift-Test), mitunter auch durch Eingaben am Computer. Fragebögen stellen eine universelle und ökonomische Methode dar, um Konstrukte in quantitativer oder qualitativer Form erfassbar zu machen. In nahezu allen Bereichen psychologischer Forschung und Praxis finden Fragebögen Verwendung, beispielsweise in sozialpsychologischen Laborexperimenten zur Selbst- oder Fremdeinschätzung, in der klinischen Praxis zur →Anamnese oder für die Evaluation von Therapiemaßnahmen.

Die Konstruktion von Fragebögen besteht im Wesentlichen in der regelgeleiteten Auswahl und Formulierung der Items und orientiert sich an der →Testkonstruktion sowie den damit verbundenen →Testgütekriterien. Jedoch legt man bei Fragebögen oft weniger hohe Maßstäbe an als bei standardisierten →Tests, die Persönlichkeitsmerkmale oder Leistungen objektiv erfassen sollen. Im Unterschied zu den Letzteren sind Fragebögen flexibler hinsichtlich der untersuchten Konstrukte, der Itemzusammenstellung, der Einsatzmöglichkeiten und Ergebnisinterpretation; zugleich sind sie anfälliger für Messfehler und systematisch verfälschende Antworttendenzen.

**Fragebogen zur Erfassung dispositionaler Selbstaufmerksamkeit (SAM):** ein Fragebogen zur Erfassung dispositionaler →Selbstaufmerksamkeit.

**Fragebogen zur Partnerschaftsdiagnostik,** Abk. **FPD:** ein diagnostisches Instrument

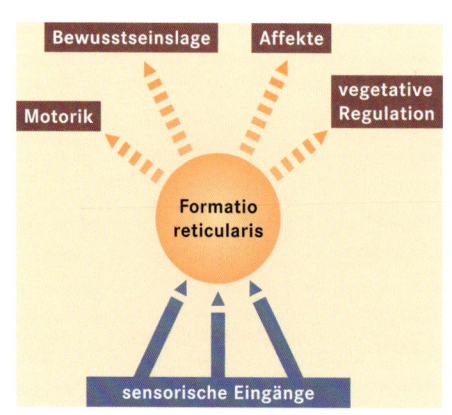

**Formatio reticularis:** Nervensignale von den Sinnesorganen werden empfangen und aktivieren verschiedene Zentren des Zentralnervensystems.

zur Beziehunsdiagnostik für Erwachsene zwischen 18 und 65 Jahren; es gehört zur Gruppe der →psychometrischen Tests. Der Fragebogen zur Partnerschaftsdiagnostik besteht aus drei Fragebogen: dem →Partnerschaftsfragebogen, der Problemliste (PL) zur Erfassung der wesentlichen Konfliktbereiche in der Partnerschaft und dem Fragebogen zur Lebensgeschichte und Partnerschaft (FLP) zur Anamneseerhebung. Die Fragebogen zur Partnerschaftsdiagnostik werden v. a. in der Familien-, Ehe- und Lebensberatung sowie in der Paartherapie eingesetzt.

**Frankfurter Schule:** eine nach ihrem wichtigsten universitären Standort, Frankfurt am Main, benannte Richtung der deutschen Soziologie. Die von dem zu ihr gehörenden Kreis von Sozial- und Kulturwissenschaftlern betriebene Gesellschaftsanalyse wird als »kritische Theorie« bezeichnet. Ihr Konzept bestand in einer Verbindung der Psychoanalyse Sigmund Freuds und der dialektischen Gesellschaftstheorie von Karl Marx und Friedrich Engels. Die Frankfurter Soziologen Theodor W. Adorno und Max Horkheimer kritisierten die repressiven, das Individuum zerstörenden Tendenzen in der modernen, arbeitsteiligen Industriegesellschaft, die einseitig auf die Befriedigung materieller Bedürfnisse durch Erwerbsarbeit ziele. In populärer Form fanden die Konzepte auch in den Schriften von Erich Fromm ihren Niederschlag. Ursprünglich ein soziologisches Konzept, gewann die kritische Theorie auch unter progressiven Psychologen (→kritische Psychologie 1) ab 1970 viele Anhänger.

Die Anfänge der kritischen Theorie gehen bis in die 1920er-Jahre zurück. Nach ihrer erzwungenen Emigration während der nationalsozialistischen Diktatur kehrten die führenden Köpfe nach Ende des Zweiten Weltkriegs an ihre alte Wirkungsstätte zurück. Ihre Schriften dienten der 1968er-Studentenbewegung als wichtiger theoretischer Bezugspunkt. In dem Werk »Triebstruktur und Gesellschaft« von Herbert Marcuse (* 1898, † 1979), der der Frankfurter Schule nahestand, fanden viele Studenten die lustfeindlichen Tendenzen der bürgerlichen Gesellschaft zutreffend beschrieben. Die Utopie einer herrschaftsfreien Gesellschaft schien ein durch Marcuses und Adornos Arbeiten theoretisch untermauertes, nahes Ziel. Als Nachfolger der kritischen Theoretiker gilt der deutsche Soziologe und Philosoph Jürgen Habermas (* 1929), der allerdings psychologische und psychoanalytische Ideen weniger berücksichtigt und sich stärker auf sprachphilosophische Untersuchungen konzentriert. Das grundlegende Postulat der kritischen Theorie, dass jegliches wissenschaftliche Konzept immer die gesellschaftlich-historischen Implikationen seiner Entstehung reflektieren und beinhalten müsse, bewahrt aber auch die Sprachtheorie von Habermas.

**Frankfurter Schule:** Das Foto von Theodor W. Adorno (links) im Gespräch mit Max Horkheimer (rechts) und Herbert Marcuse (Mitte) entstand anlässlich des 15. Deutschen Soziologentags 1964.

**Frankl,** Viktor Emil: österreichischer Neurologe, Psychiater und Psychotherapeut, * Wien 26. 3. 1905, † ebenda 2. 9. 1997; Begründer der →Logotherapie und der →Existenzanalyse; war einige Jahre lang Schüler Alfred Adlers. Frankl, wegen seiner jüdischen Herkunft von den Nationalsozialisten verfolgt, überlebte drei Jahre in Konzentrationslagern und verlor durch das Terrorregime fast alle nächsten Angehörigen. 1955 wurde er Professor in Wien; zusätzlich hatte er zahlreiche Gastprofessuren in den USA inne.

**Frau:** eine dem weiblichen Geschlecht zugehörige erwachsene Person. Die geschlechtsspezifischen körperlichen Merkmale der Frau sind wesentlich geprägt durch die biologische Funktion der Fortpflanzung. Die Wesensdefinition der Frau variiert je nach geografischem Raum, historischer Epoche sowie Gesellschafts- und Kulturtypus. Die rechtliche, politische und ökonomische Stellung der Frau hängt wesentlich von der gesellschaftlichen Bewertung der Ehefrauen- und Mutterrolle ab. Im modernen europäischen Recht errang die Frau mittlerweile nahezu überall und auf fast allen Rechtsgebieten die Gleichstellung mit dem Mann.

Dem weitgehenden Ausschluss der Frau aus den geschichtsprägenden politischen und kulturellen Institutionen entspricht die marginale Stellung der Frau in der historischen Überlieferung. Umso materialreicher ist die Geschichte der Frauenbilder und der Mythen des Weiblichen, an deren Schaffung die Frauen selbst allerdings nur in sehr begrenztem Umfang beteiligt waren.

*Geschichte:* Im abendländischen Kulturkreis wurde die Auffassung vom Wesen und der gesellschaftlichen Bestimmung der Frau nachhaltig vom jüdisch-christlichen Denken geprägt. Die frühchristliche und mittelalterliche Kirche und Theologie stützte ihre Aussagen über gesellschaftliche Funktion und Wert der Frau auf bestimmte Textstellen des Alten und Neuen Testaments. Wirkungsgeschichtlich von größter Bedeutung wurde die Auslegung der Schöpfungsberichte, insbesondere die Erschaffung Evas aus der Rippe Adams und Evas »Sündenfall«. Aus der patriarchalisch-androzentrischen Exegese des Schöpfungsmythos ergaben sich zwei Deutungsmuster: 1) die Frau als – sexuelle – Verführerin, die den Mann vom Weg des Heils abbringt, und 2) die Frau als unselbstständiges Wesen, das sich dem Mann unterzuordnen hat. Gegen die damit begründete rechtliche und ökonomische Abhängigkeit und gesellschaftliche Geringschätzung wendet sich die →Frauenbewegung.

*Frauen heute:* Die Entwicklung in der postmodernen Gesellschaft geht dahin, dass die →Geschlechterrollen vielfältiger werden und Frauen mehr traditionell »männliche« Rollen übernehmen (z. B. nach Karriere streben, Aktien kaufen, Sportarten wie Fußball oder Boxen betreiben). Da die Emanzipation der Männer von ihren traditionellen Rollen deutlich langsamer verläuft, sind viele berufstätige Frauen und Mütter einer verstärkten Doppelbelastung ausgesetzt: Obwohl sie ebenso im Beruf stehen wie ihre Partner, lastet die Sorge für Haushalt und Kinder vorwiegend auf ihnen. Mitverantwortlich ist hierfür sicher, dass Frauen sich vielfach noch scheuen, auch in einem von ihnen eindeutig besser beherrschten Lebensbereich ihre Dominanz so auszuspielen wie Männer.

**Frauenbewegung:** politische und soziale Bewegung, die alle Initiativen von Frauen umfasst, ihre spezifischen Interessen organisiert zu vertreten und ihrer Benachteiligung auf politischem, sozialem und wirtschaftlichem Gebiet entgegenzuwirken. Der Kampf um Teilhabe an politischen und gesellschaftlichen Entscheidungsbefugnissen verbindet sich häufig mit dem Ziel, die geschlechtsspezifische Rollenzuweisung und Arbeitsteilung aufzuheben. Im Verlauf der Geschichte ist der Zusammenhang der Frauenbewegung mit den bürgerlichen und sozialistischen Befreiungsbewegungen immer wieder erkennbar. In Deutschland ist in den 1960er-Jahren im Gefolge des (zunächst in den USA aufgekommenen) Feminismus eine Frauenbewegung mit radikal-oppositionellem Selbstverständnis entstanden, das auf der Überzeugung basiert, dass nur durch eine tief gehende Veränderung der Bewusstseins- und Verhaltensweisen sowie der Lebens- und Arbeitsformen der Widerspruch zwischen formalrechtlicher Gleichstellung und anhaltender gesellschaftlicher Diskriminierung und Unterdrückung der Frau zu lösen sei (→Feminismus). Obwohl sie nach einer knapp dreißigjährigen Geschichte wohl ihren Höhepunkt überschritten hat, ist es ihr gelungen, Frauenanliegen politikfähig zu machen, Denkanstöße in die politische Kultur und gesellschaftliche Moral hineinzutragen und auch breite soziale Schichten für ihre Forderungen und Wertvorstellungen zu sensibilisieren.

**Frauenhaus:** autonome oder von gemeinnützigen Organisationen getragene Einrichtung, in der Frauen, die von Männern körperlich und seelisch misshandelt wurden, vorübergehend (mit ihren Kindern) wohnen können. Derzeit gibt es in Deutschland ca. 400 Frauenhäuser – 280 in den alten und 120 in den neuen Bundesländern –, in denen jährlich etwa 40 000 Frauen mit ihren Kindern Unterkunft finden. Die Frauen halten sich im Frauenhaus von einigen Stunden bis zu 2 Jahren auf. Von – häufig ehrenamtlichen – Mitarbeiterinnen (Psychologin-

**Frau:** Mae West, die an den Drehbüchern ihrer Filme selbst mitarbeitete, erschütterte in den 1930er-Jahren männliches Selbstvertrauen und Rollenverständnis. Sie galt als Verkörperung selbstbestimmter Sexualität.

nen, Rechtsanwältinnen, Sozialarbeiterinnen) werden die betroffenen Frauen u. a. in Scheidungs- und Versorgungsfragen beraten sowie bei Arbeitsplatz- und Wohnungssuche unterstützt. Autonome Frauenhäuser werden in der Regel von Vereinen getragen und finanzieren sich aus Spenden, Mitgliedsbeiträgen und Bußgeldzuweisungen sowie öffentlichen Geldern (Länder und Kommunen). Die Gründung von Frauenhäusern geht auf Initiativen der →Frauenbewegung zurück.

**Freiburger Beschwerdenliste,** Abk. **FBL:** ein Fragebogen zur Erfassung körperlicher Beschwerden; einsetzbar für Personen ab 16 Jahren. Da das →Freiburger Persönlichkeitsinventar nur eine einzige Dimension zur Erfassung körperlicher Beschwerden enthält, dient die Freiburger Beschwerdenliste als dessen Ergänzung. Es gibt zwei Formen der FBL: Die FBL-G ist die von 1975 an gebrauchte Form, die FBL-R die 1994 revidierte Version. Die **FBL-G** hat 78 Fragen, die auf einer fünfstufigen Skala (»fast täglich«, »etwa dreimal pro Woche«, »etwa zweimal pro Monat«, »etwa zweimal pro Jahr«, »praktisch nie«) zu beantworten sind. Sie münden in zehn Dimensionen: Allgemeinbefinden, emotionale Reaktivität, Herz-Kreislauf, Magen-Darm, Kopf-Hals-Reizsyndrom, Anspannung, Sensorik, Schmerz, Motorik, Haut. Die **FBL-R** enthält 71 Fragen mit neun Dimensionen: Allgemeinbefinden, emotionale Reaktivität, Herz-Kreislauf, Magen-Darm, Kopf-Hals-Reizsyndrom, Anspannung, Sensorik, Schmerz, Müdigkeit.

Die Freiburger Beschwerdenliste ist die im deutschen Sprachraum am häufigsten eingesetzte Beschwerdenliste. Die Testauswertung kann manuell mithilfe von Antwortschablonen erfolgen; das Ergebnis wird auf einen separaten Auswertungsbogen übertragen und grafisch veranschaulicht; daneben existiert auch eine computergestützte Auswertung. Die Ergebnisse können mit verschiedenen Altersgruppen von 16- bis über 60-Jährigen verglichen werden (→ Norm). Die Freiburger Beschwerdenliste ist ein →psychometrischer Test und ein bewährtes diagnostisches Instrument der Psychologie und Medizin.

**Freiburger Persönlichkeitsinventar,** Abk. **FPI-R:** ein Fragebogen zur Erfassung der Persönlichkeitsdimensionen in der siebten überarbeiteten und neu normierten Auflage 2001; einsetzbar für Jugendliche ab 16 Jahren und Erwachsene. Das Freiburger Persönlichkeitsinventar erfasst zehn persönlichkeitsbezogene Dimensionen: Lebenszufriedenheit, soziale Orientierungen, Leistungsorientierung,

**Frauenbewegung:** Die Legalisierung des Schwangerschaftsabbruchs gehörte zu den Zielen der deutschen Frauenbewegung.

Gehemmtheit, Erregbarkeit, Aggressivität, Beanspruchung, körperliche Beschwerden, Gesundheitssorgen, Offenheit. Den Dimensionen liegen 138 Fragen zugrunde, die durch spontane Zustimmung oder Ablehnung zu beantworten sind. Aus den Fragen werden zwei Zusatzdimensionen gebildet, die mit Extraversion und Emotionalität bezeichnet sind.

Das Freiburger Persönlichkeitsinventar stellt im deutschen Sprachraum eine entscheidende Entwicklung zur Erfassung von Persönlichkeitsdimensionen dar. Es ist ein →psychometrischer Test und gilt als gut eingeführt und bewährt. Die Testauswertung kann manuell mithilfe von Antwortschablonen erfolgen; das Ergebnis wird auf einen separaten Auswertungsbogen übertragen und grafisch veranschaulicht; es existiert auch eine computergestützte Auswertung. Die Ergebnisse können mit verschiedenen Altersgruppen von 16- bis über 60-Jährigen verglichen werden.

**freie Arbeit, Freiarbeit:** Unterrichtsform in der Schule, die es den Kindern möglichst weitgehend freistellt, was sie lernen, wie sie vorgehen, mit wem sie sich in der Gruppenarbeit zusammentun wollen und welche Lernmaterialien sie heranziehen. Für die freie Arbeit werden bestimmte Zeitanteile im Stundenplan reserviert. Es bedarf außerdem geeigneter Plätze im Klassenzimmer, die einzeln oder mit einem Partner bzw. der Gruppe aufgesucht werden können, und einer anregenden Lernumgebung. Kinder müssen erst lernen, mit einem solchen Angebot umzugehen; sie müssen dabei auch Absprachen und Verfahrensweisen akzeptieren. Wichtig ist die Planungsphase, in der die Kinder ihre Projekte vorstellen und festhalten (z. B. auf einem Plakat oder einer Pinnwand).

Freie Arbeit erfordert eine intensive Vorarbeit der Lehrer, die häufig als zu zeitaufwendig empfunden wird. Andererseits ist offenkundig, dass die durch freie Arbeit initiierte Lernfreude der Kinder zu Lernerfolgen führt. Freie Arbeit ist eine Form des →offenen Unterrichts, die in der →Reformpädagogik entwickelt wurde und zunehmend im Zusammenhang mit →Wochenplanarbeit in den Unterricht v. a. der Grundschule aufgenommen wird.

**freie Assoziation:** Form der →Assoziation.

**freie Schulen: 1)** Ersatzschulen in freier Trägerschaft (→Privatschule);

2) →Alternativschulen, teilweise in staatlicher Trägerschaft.

**Freinet** [freˈnɛ], Célestin: französischer Volksschullehrer und Schulreformer, *Gars 15. 10. 1896,† Vence 8. 10. 1966. In Kontakt mit führenden Reformpädagogen seiner Zeit entwickelte Freinet seit 1920 praktische Unterrichtstechniken sowie Arbeitsmittel (v. a. eine Schuldruckerei) zur Förderung des selbstständigen Lernens und eröffnete 1934 als Reaktion auf die Kritik der französischen Schulbehörden an seinen Konzeptionen ein privates Landerziehungsheim in Vence. Die →Freinet-Pädagogik führte zu einer Erneuerung der französischen Volksschulpädagogik und wurde auch international aufgenommen.

**Freinet-Pädagogik** [freˈnɛ-]: von Célestin Freinet begründetes reformpädagogisches Schulkonzept, das eine lebensnahe, ganzheitliche Sichtweise von Arbeit, Lernen und Leben in einer aktiven Schule mit demokratischen Organisationsformen zu verwirklichen versucht. Dafür wurden Unterrichtstechniken und Arbeitsmaterialien entwickelt, die geistige und praktische Arbeit (z. B. Gartenarbeit) verbinden. Elemente der Freinet-Pädagogik sind das Gespräch im Morgenkreis, selbstbestimmtes, spielerisches und ganzheitliches Lernen in →freier Arbeit und →Wochenplanarbeit, Lernkarteien für die einzelnen Unterrichtsfächer sowie weitgehende Selbstverwaltung der Schüler.

In Deutschland wird insbesondere die Schuldruckerei mit der Freinet-Pädagogik verbunden: Kinder lernen durch die Anwendung von Drucktechniken leichter Schreiben und Lesen. Inhaltlich und technisch produzieren sie eigene Texte, die im Klassenraum oder an den Flurwänden ausgestellt werden. Freinet-Lehrer sind in der Freinet-Kooperative e. V., Bundesverband von Freinet-PädagogInnen organisiert.

Von der Freinet-Pädagogik gingen weitreichende Anregungen für die innere Schulreform in Deutschland aus. Es ist v. a. die sinnvolle Kombination reformpädagogischer Ansätze, die die Freinet-Pädagogik auch heute attraktiv erscheinen lässt: Nicht nur Unterrichtstechniken und Arbeitsmaterialien, sondern auch die Öffnung der Schule nach außen und Erkundungen der Schüler in Stadtteil bzw. Gemeinde entsprechen modernen Schulkonzeptionen.

**Freitod:** der →Suizid.

**Freizeit:** derjenige Teil der menschlichen Lebenszeit, der weder mit Arbeit noch mit notwendigen Alltagstätigkeiten (Waschen, Kochen usw.) verbracht wird, sondern besonders für selbstbestimmte Tätigkeiten zur Verfügung steht. In der Industriegesellschaft dient die Freizeit der Erholung, der Beschäftigung mit Hobbys oder der berufsunabhängigen Bildung. In der modernen Dienstleistungsgesellschaft entwickelt sich ein wachsender Freizeitmarkt, der mit entsprechenden Angeboten versorgt werden muss; so gibt es eine immer größere Auswahl von Fernsehkanälen, Zeitschriften, Sportarten und Reiseangeboten.

Die Arten, Freizeit auszufüllen, lassen sich als analog oder diametral beschreiben: Man kann in seiner Freizeit entweder in anderen Bereichen und ohne Entgelt weiter »arbeiten«, z. B. im Garten oder am Eigenheim werkeln, sich für den Beruf weiterbilden; man kann aber auch etwas »ganz anderes« tun, die Monotonie des Arbeitsalltags z. B. mit River-Rafting oder Himalaja-Trekking kompensieren. Der Trend der Freizeitbeschäftigungen geht weg von Familienaktivitäten (z. B. dem althergebrachten Sonntagsausflug) und hin zu Medienkonsum und Reisen; im Alltag dominiert die →Mediennutzung gegenüber anderen Aktivitäten. Man kann von einer eigenen Freizeitpersönlichkeit sprechen, die oft als die »eigentliche«, wesentliche Seite der Person erlebt wird. Auf der anderen Seite entsteht durch solche Formen des Freizeitstrebens auch ein Leistungsdruck in der Erholungssphäre, der zu →Freizeitstress führen kann. Wer ihm nicht standhalten kann, wird

---

**Freizeit | Freizeitverhalten und Suchtbehandlung**

Viele Süchtige, v. a. Alkoholkranke, haben von sich den Eindruck, dass ihre Sucht zwar ihrer Arbeitsfähigkeit nicht geschadet habe, sie aber ihre Ehe und die meisten Freundschaften gekostet habe. Nach der Entwöhnung werden sie schnell wieder arbeitsfähig. Eine Rückkehr in das Arbeitsleben ohne den Aufbau eines neuen, drogenfreien Freizeitverhaltens macht aber einen Rückfall sehr wahrscheinlich. Oft können z. B. entwöhnte Alkoholiker keine befriedigende sexuelle Beziehung mehr führen, keine Party mehr besuchen, kein Fest genussvoll erleben, weil sie sich zu sehr gehemmt und verkrampft fühlen. Diese sozialen Ängste müssen bearbeitet werden, um ein drogenfreies Freizeitverhalten zu ermöglichen. Sonst kann der frühere Süchtige zwar arbeiten, aber sein Leben nicht mehr genießen.

isoliert; jeder dritte Bundesbürger klagt nach Umfragen über Einsamkeit während seiner Freizeit.

*Forschung:* Mit der Zunahme an Freizeit wächst nicht nur der Bedarf an Freizeitangeboten, es entsteht auch ein Forschungsbedarf bei Anbietern und sozialen Einrichtungen, um entsprechende Marketingstrategien entwickeln und die Freizeitaktivitäten organisieren zu können. In der Freizeitforschung lassen sich drei Hauptrichtungen unterscheiden: 1. Die strukturfunktionalistische Freizeitforschung erforscht die Funktion der Freizeit für das soziale System und die Rolle der zuständigen Einrichtungen (z. B. der Sportvereine oder Volkshochschulen). 2. Die konflikttheoretische Freizeitforschung untersucht den Zusammenhang zwischen Freizeit und sozialem Konfliktpotenzial. So ist z. B. in aus dem Boden gestampften Vorstädten ohne gewachsene soziale Strukturen und Freizeitangebote die Gefahr groß, dass Jugendbanden entstehen, die der Öde ihrer Umwelt durch Delikte zu entfliehen versuchen. 3. Der interpretative Ansatz befasst sich mit dem Sinn der Freizeitaktivitäten für das Individuum, mit den wechselnden Inhalten und »Moden« der Freizeit (z. B. Hula-Hoop-Reifen, Bungeejumping). Dabei fällt auf, dass Freizeiteliten oft eine Phase des Massenkonsums einleiten; z. B. waren Fernreisen und Golfspielen anfänglich wenigen Reichen vorbehalten, während sie heute in breiteren Bevölkerungsschichten verbreitet sind.

Ein aktuelles Thema sind die Freizeitprobleme bei Arbeitslosigkeit. Während des Arbeitslebens besteht häufig der Wunsch nach mehr Freizeit. Zu den seelischen Folgen der Arbeitslosigkeit gehört aber Langeweile durch den Verlust des gewohnten Lebensrhythmus. Die Forschung hat verdeutlicht, dass zu einem angemessenen Genuss der Freizeit bei den meisten Menschen die Arbeitszeit gehört. Arbeitslose geben oft bisherige Freizeitaktivitäten auf und ziehen sich in mehr passive Tätigkeiten zurück (z. B. Schlafen, Fernsehen).

**Freizeitstress:** Stress, der infolge von einem Übermaß an Aktivitäten in der Freizeit entsteht. Gelegentlich wird unter Freizeitstress auch positiver →Stress verstanden, der z. B. gezielt zum Ausgleich von Ruhe und Gleichmaß in der Berufstätigkeit gesucht wird.

Einer der Gründe für Freizeitstress ist die Suche nach besonderen Erlebnissen, von denen sich die Person Glücksgefühle verspricht. Wird diese Erwartung nicht oder nicht hinreichend erfüllt, versucht die Person die Erlebnisse durch noch mehr Aktivitäten zu übertreffen. Zum

**Freizeit:** Ein Sonntag war im 19. Jh. noch nicht von der Betriebsamkeit, dem Aktionsdrang oder der Sensationssuche geprägt, die heute oft die Freizeit bestimmen (»Ein Sonntagnachmittag auf der Insel ›La Grande-Jatte‹« von Georges Seurat, 1884–86).

Stress kommt es, wenn die Person ihre Belastbarkeit nicht richtig einschätzen kann und ihre Belastbarkeitsgrenze überschreitet. Ein anderer Grund für Freizeitstress ist die gesellschaftliche Bewertung von Aktivität: Aktiv zu sein, vielen Unternehmungen nachzugehen wird in modernen Gesellschaften positiv bewertet, das äußert sich z. B. im Ausdruck »jung und dynamisch«. Ein Mensch, der wenig aktiv ist, kann leicht als jemand angesehen werden, der keinen Anschluss findet, der langweilig ist usw; um diesem Etikett zu entgehen, oder auch um sich selbst nicht so zu bewerten, gestatten sich viele keine Ruhe und Entspannung.

**Freizeitverkehr:** der durch Freizeitzwecke verursachte Verkehr. Er hat in Deutschland mittlerweile den Berufsverkehr überholt und macht über 50 % der Personenkilometer aus, die Tendenz ist steigend. Neben allgemeinen Wachstumsfaktoren des Verkehrs (→Mobilität 3) haben die Zunahme der Freizeit durch Verkürzung der Arbeitszeiten, die Ausbreitung der Singlehaushalte und ein gesellschaftlicher Wertewandel hin zu einer erlebnis- und genussorientierten Lebensweise, v. a. bei Jüngeren, diesen Trend bewirkt.

Die Hauptmotive des Freizeitverkehrs sind in der Alltagsfreizeit soziale Motive (z. B. Freunde, Verwandte treffen) und der Wunsch nach Abwechslung, in der Erlebnisfreizeit an Wochenenden und Feiertagen das Bedürfnis nach Erholung in Natur und Landschaft. Zielfreie Fahrten (»Spazierenfahren«), bei denen der Weg das Ziel ist, sind dagegen heutzutage selten. Träger der Freizeitmobilität ist v. a. der eigene Pkw: Er wird zu über 80 %, öffentliche

Verkehrsmittel dagegen zu weniger als 5 % für Freizeitaktivitäten genutzt (→Verkehrsmittelwahl). Die Erforschung der Freizeitmobilität ist noch in einem Anfangsstadium, wird aber seit einigen Jahren vorangetrieben.

**Fremdbeobachtung:** Form der →Beobachtung.

**Fremdeinschätzung:** Urteil über die eigene Person durch andere; auch Urteil über andere Personen. Fremdeinschätzung und Selbsteinschätzung können stark differieren; z. B. kann jemand sich für sehr gelassen halten, während ein anderer ihn für verkrampft hält. Ein Abgleich zwischen Selbst- und Fremdeinschätzung ist z. B. mit dem →Polaritätsprofil möglich. Der Vergleich von Selbst- und Fremdeinschätzung wird z. B. hinsichtlich des Führungsverhaltens in der Wirtschaft eingesetzt. Die Führungskraft schätzt sich selbst ein und die Mitarbeiter der Führungskraft schätzen die Führungskraft ein; je unterschiedlicher Selbst- und Fremdeinschätzung ausfallen, desto mehr Konflikte in der Organisation sind zu erwarten.

Vergleicht man in Untersuchungen die Selbsteinschätzung und Fremdeinschätzung (als Urteil über andere) von Versuchspersonen, dann zeigt sich, dass sie dazu neigen, sich selbst positiver einzuschätzen als sie sich tatsächlich verhalten, während sie andere realistischer einschätzen. Es gibt also die Tendenz, sich selbst zu überhöhen, andere aber nicht oder nicht so stark. In der Regel glauben Menschen, sie seien besser als die anderen.

**Fremdeln, Achtmonatsangst:** abweisendes, ängstliches Verhalten der meisten kleinen Kinder gegenüber fremden Erwachsenen, das etwa ab dem 7. Lebensmonat bis ins 2. Lebensjahr auftritt. Das Fremdeln ist eine normale Durchgangsphase der kindlichen Entwicklung; es kommt in allen Kulturen vor, zeigt sich jedoch hinsichtlich Beginn, Ende und Ausprägung bei den einzelnen Personen in unterschiedlicher Weise.

Nachdem sich z. B. lerntheoretische Erklärungen als unhaltbar erwiesen haben, versteht man die spontane Furchtreaktion heute als sinnvollen und natürlichen Reifungsaffekt, der erst nach der Festigung der Bindung zu den wichtigsten Bezugspersonen zu einer Zeit einsetzt, in der das Kind durch Krabbeln und später Laufen seine Umwelt aktiv erkundet. Das Fremdeln schützt das Kind zunächst vor Gefahren, bis es differenzierte Handlungs- und Kommunikationskompetenzen ausgebildet hat.

**Fremdenangst, Xenophobie** [zu griech. xénos »fremd«, »Fremder«]: Angst vor nicht vertrauten Menschen, mit denen z. B. keine sprachliche Verständigung möglich ist. Ob die Fremdenangst Krankheitswert hat, ist umstritten. Sie hängt mit →Projektion zusammen, die ihrerseits kulturell bedingt ist. Der Fremde kann als »Bereicherung« anerkannt oder als »Bedrohung« abgewehrt werden. Es gibt Kulturen, die Fremden überwiegend freundlich, und andere, die ihnen feindlich begegnen.

**Fremdenfeindlichkeit, Ausländerfeindlichkeit:** feindselige Einstellungen und Handlungen gegenüber Menschen und Menschengruppen, die als »fremd« empfunden werden. Fremdenfeindlichkeit kann von Ablehnung und Ausgrenzung bis hin zur Vertreibung und physischen Vernichtung reichen. In ihren extremsten Formen tritt Fremdenfeindlichkeit als →Antisemitismus (gegen »die« Juden als Fremde par excellence) und als →Rassismus auf. Der Begriff Fremdenfeindlichkeit ist unscharf, da nicht ein für alle Mal festgelegt ist, was »eigen« und was »fremd« ist, sondern diese Begriffe selbst Wandlungen unterliegen. Was heute noch als fremd gilt, kann morgen vertraut sein, und umgekehrt.

*Geschichte:* Auch die Fremdenfeindlichkeit selbst ist historischen Veränderungen unterworfen. Viele Gesellschaften haben ausgesprochene Gebote, Fremde freundlich aufzunehmen, so die griechische Antike, aber auch noch das christliche Mittelalter. Erst im 18. Jh. wurden die Grundlagen für die bis in die Gegenwart andauernde zwiespältige Behandlung des Fremden und damit auch für die moderne Fremdenfeindlichkeit gelegt. Zum einen entstand mit festen Staatsgrenzen und den im 19. Jh. diese legitimierenden nationalen Ausgrenzungsstrategien sowie mit einer entsprechenden Arbeitsethik und einer nationalstaatlich entwickelten Marktökonomie ein Rahmen für entsprechende Ausgrenzungen und Abwehrhaltungen. Zum anderen wurden im 18. Jh. universalistisch auslegbare Menschenrechte formuliert, zu denen auch die Rechte der Freizü-

---

**Fremdenfeindlichkeit | Was tun bei Übergriffen?**

Viele Menschen, die Augenzeuge eines fremdenfeindlichen Übergriffs werden, wollen helfen, wissen aber nicht, was sie am besten tun sollen. Sinnvoller, als sich allein gegen eine Übermacht von Tätern zu stellen, ist es, zunächst nach Verbündeten zu suchen. Man kann dabei ruhig alle Umstehenden ansprechen – oft haben sie nur auf ein solches Signal gewartet. Wer nicht selbst aktiv gegen die Täter vorgehen will, kann die Polizei rufen. Wer beides nicht tun will, sollte trotzdem am Tatort bleiben und sich jedes Detail einprägen. Solche Augenzeugenberichte können sich später als entscheidend für eine Verurteilung der Täter erweisen.

gigkeit und der sozialen Mobilität zählen, sodass sich von ihnen aus ein Standard für einen humanen Umgang mit Fremden formulieren lässt. So sehr sich auch im 19. und 20. Jh. einerseits Erfahrungen und Regelungen bestimmen lassen, die darauf zielen, den Umgang mit Fremden zu humanisieren, so sehr schufen die zur gleichen Zeit durch globale Modernisierung und Industrialisierung angestoßenen Umbruchs-, Desintegrations- und Diskriminierungserfahrungen andererseits die Voraussetzungen dafür, dass im 20. Jh. Fremdenfeindlichkeit in historisch beispielloser Weise zunehmen konnte.

Unter den Bedingungen einer zunehmenden globalen Mobilität und Migration, die sich auf weltweit operierende Informationsnetze, Produktions- und Konsumstrukturen sowie auf global spürbare Auswirkungen ökologischer Katastrophen und politischer Krisen zurückführen lassen, scheinen in der Gegenwart – angesichts binnenstaatlich verschärfter Verteilungskämpfe um gesellschaftlich knappe Güter (Arbeitsplätze, Rohstoffe etc.) – auch in den reichsten Staaten fremdenfeindliche Haltungen, Einstellungen und Aktionen zuzunehmen.

*Ursachen:* Die Ursachen der Fremdenfeindlichkeit sind nicht abschließend geklärt; mehrere Erklärungsansätze stehen nebeneinander: In soziologischer Hinsicht werden v. a. soziale Rahmenbedingungen genannt, die Fremdenfeindlichkeit und Gewaltbereitschaft erzeugen können; hierzu gehören etwa: sich auflösende familiäre Bindungen, Chancenlosigkeit in der Berufsperspektive, die Auflösung von traditionellen Milieus, Wohnformen und Handlungsräumen im Zuge beschleunigten sozialen Wandels und eine Pluralisierung oder ein Verlust von gesellschaftlichen Normen und Werten.

Anthropologische sowie ethologische und soziobiologische Ansätze verweisen in der Regel auf mehr oder weniger im einzelnen Menschen und in sozialen Gruppen anzutreffende Abwehrhaltungen gegenüber Fremdem, die sich im Falle der Fremdenfeindlichkeit unter bestimmten Bedingungen, z. B. Herrschaftssicherung, Zuwanderungsdruck, materielle Not oder andere Stressfaktoren, verschärfen können und damit als soziale Reaktionsmuster, z. B. als Gewaltbereitschaft und Gewalttätigkeit, in Erscheinung treten können.

In individual- und sozialpsychologischer Hinsicht werden v. a. Ichschwäche, repressive Selbstkonzeptionen und mangelnde Gruppenidentität oder fehlende soziale Stabilisierungen angeführt, wenn es darum geht, fremdenfeindliche Reaktionsmuster zu erklären, wobei aus der Sicht beider Zugänge Fremdenfeindlichkeit einen Mangel an Stärke bezeugt und damit auf misslingende Sozialisations- und Identitätsfindungsprozesse verweist.

Für moderne Gesellschaften, die darauf angewiesen sind, dass ihre Kommunikations- und Mobilitätsstrukturen offen sind, ist Fremdenfeindlichkeit ein Hindernis und zugleich eine Aufgabe der politischen, sozialen, pädagogischen und sozialpsychologischen Aufklärung.

**LESETIPPS:**
*Fremdenfeindliche Gewalttäter. Biografien und Tatverläufe,* herausgegeben von Wolfgang Frindte u. Jörg Neumann. Wiesbaden (Westdeutscher Verlag) 2002.
AMELIE MUMMENDEY und BERND SIMON: *Identität und Verschiedenheit.* Taschenbuchausgabe Bern (Huber) 2002.
*Lexikon für die Anti-Rassismusarbeit,* herausgegeben von Ruhrkanaker, Aktion Courage SOS Rassismus. Bochum (biblioviel) 2004.

**Fremdkonzept, Fremdbild:** das Bild, das sich andere von einer Person machen. Fremdkonzept und Selbstkonzept passen oft nicht zusammen; z. B. kann ein Lehrer, der sich selbst für demokratisch und einfühlend hält, von seinen Schülern als autoritärer, strenger »Pauker« gesehen werden. Je ähnlicher sich Fremd- und Selbstkonzept sind, desto realistischer ist die Selbsteinschätzung einer Person.

**Freud: 1)** Anna: britische Lehrerin und Psychoanalytikerin österreichischer Herkunft, * Wien 3. 12. 1895, † London 8. 10. 1982, Tochter Sigmund Freuds; befasste sich mit der Theorie der →Abwehrmechanismen und begründete die Kinderpsychoanalyse. 1938 emigrierte sie nach Großbritannien und leitete nach dem Tod ihres Vaters zunächst ein Heim für kriegsge-

**Fremdenfeindlichkeit:** Mit einer Lichterkette versucht diese demonstrierende Menschenmenge, gegen Fremdenfeindlichkeit vorzugehen.

**Anna Freud**

schädigte Kinder. Später gründete und leitete sie ein kinderanalytisches Ausbildungs- (1947) sowie ein Behandlungszentrum (1952). 1966–73 gab sie die Werke ihres Vaters heraus.

**2) Sigmund:** österreichischer Nervenarzt und Psychoanalytiker, *Freiberg, Mähren (heute Příbor) 6. 5. 1856, †London 23. 9. 1939. Nach dem Medizinstudium mit anschließender Habilitation für Neuropathologie und einem Forschungssemester in Paris ließ Freud sich 1886 in Wien als Nervenarzt nieder. Zusätzlich war er als Dozent für Neuropathologie und 1902–17 als Professor an der Universität Wien tätig. 1938 emigrierte er nach Großbritannien.

**Sigmund Freud**

Freud ist der Begründer der →Psychoanalyse als psychotherapeutisches Verfahren sowie als Erklärungsmodell für das gestörte und das normale Seelenleben. Er entwickelte die Neurosenlehre und beschäftigte sich u. a. mit der Traumdeutung, der Psychologie des Alltagslebens und der Fehlleistungen, mit Kulturpsychologie, Religion, Mythologie und zeitkritischen Themen.

Die Bedeutung Freuds liegt v. a. in der bahnbrechenden Fortentwicklung der vorangegangenen Psychologie durch die zentrale Rolle, die er seelischen Vorgängen zuschrieb, und die Einbeziehung des Unbewussten in die Forschung, die er in einer großen Reihe schriftstellerisch glänzender Arbeiten vertrat. Nach und nach beschäftigte er sich, ausgehend von seiner psychoanalytischen Theorie, mit vielen weiteren Gebieten: so neben der Psychologie des Alltagslebens mit den Fehlhandlungen (»Zur Psychopathologie des Alltagslebens«, 1901), den Träumen (»Die Traumdeutung«, 1900), der Völkerkunde und -psychologie (»Totem und Tabu«, 1913), der Religionswissenschaft und Mythologie (»Der Mann Moses und die monotheistische Religion«, 1939), mit soziologischen (»Das Unbehagen in der Kultur«, 1930), ästhetischen und zeitkritischen (»Warum Krieg?«, 1933, zusammen mit Albert Einstein) Problemen.

**Freude:** Das Gefühl unbeschwerter, ausgelassener Freude visualisierte die Ausdruckstänzerin Gret Palucca 1935 mit ihrem Tanz »Tanzfreude«.

Er hatte großen Einfluss auf die Entwicklung von Psychotherapie, Psychologie und Medizin, aber auch auf Disziplinen wie die Anthropologie, die Philosophie, die bildende Kunst und die Literatur.

**LESETIPPS:**

PETER GAY: *Freud. Eine Biographie für unsere Zeit.* Taschenbuchausgabe Frankfurt am Main (Fischer) ³2006.

BIRGIT LAHANN: *Als Psyche auf die Couch kam. Die rätselvolle Geschichte des Sigmund Freud.* Berlin (Aufbau) ²2006.

GEORG MARKUS: *Sigmund Freud.* München (Langen/Müller) 2006.

**Freude:** eine der basalen →Emotionen; *alltagspsychologisch* ein grundlegendes, durchgängig positives Gefühl des Menschen. Ausgedrückt wird dieses positive Gefühl durch Lachen, Lächeln oder Heiterkeit im Gesichtsausdruck, wobei der mimische Ausdruck der Freude in allen Kulturen gleich ist. Freude ist oft die Reaktion auf ein positives Ereignis (Erfolgserlebnis), tritt gelegentlich aber auch auf bei kleinen Unglücken anderer (Schadenfreude, klammheimliche Freude). Lebensfreude gilt als Ausdruck eines allgemeinen Wohlgefühls und ist gekennzeichnet durch ein Gefühl von Selbstvertrauen oder ein Gefühl, geliebt zu werden und liebenswert zu sein. Zur Freude gehört aber

**Freude:** Eine oppositionelle georgische Soldatin bejubelt in Tiflis den Rücktritt von Präsident Eduard Schewardnadse während der samtenen Revolution im Jahr 2003.

nicht nur das Akzeptieren des Selbst, sondern auch das Akzeptieren von anderen Menschen und gute Beziehungen zu ihnen. Gegenteilige Gefühle sind Trauer, Gram und Missstimmungen. Freude ist kein Erlebnis, dem man nachzujagen und das man einzufangen vermag. Sie wird auch nicht notwendigerweise durch Erfolg oder Leistung gewonnen. Sie stellt sich häufig als »Nebenprodukt« von Bemühungen ein, die andere Ziele haben. Freude kann in den verschiedenen Stadien eines Bestrebens auftreten, z. B. bei der Entdeckung oder Vollendung eines kreativen Prozesses oder nach einem Triumph. Sie kann auch aus körperlicher Bewegung entspringen.

Zur Freude als Emotion gehört das Streben nach → Glück und Zufriedenheit als Motivation. Freude folgt dem Glückszustand unmittelbar, entspringt aus ihm. Wenn das erreichte Ziel besonders hoch bewertet wurde, ist die Freude am stärksten. Spontane Freude bei unerwarteten positiven Erlebnissen, ohne Realisierung konkreter Zielvorstellungen, ist bei Menschen in westlichen Kulturen eher die Ausnahme.

Freude ist wie alle positiven Emotionen weniger gut erforscht als die negativen Emotionen.

**Freundschaft:** *Sonderartikel S. 184–187.*

**Friedenserziehung:** eine Form der Einflussnahme auf das Sozialverhalten von Kindern und Jugendlichen, mit der gewaltfreie Konfliktlösung vermittelt wird. Wie viele Untersuchungen ergeben haben, wird Gewaltbereitschaft v. a. dadurch erworben, dass sich Kinder als Opfer von Gewalt fühlen und sich mit dem Täter identifizieren, um die peinigenden Gefühle von Schwäche, Ausgeliefertsein und Scham zu überwinden. Deshalb werden geprügelte Söhne später oft zu prügelnden Vätern. Um diesen Teufelskreis zu durchbrechen, ist viel Disziplin und Achtsamkeit nötig.

In der Vergangenheit wurde meist versucht, Kinder und Jugendliche mit moralischen Argumenten zu Gewaltlosigkeit zu erziehen, die Ergebnisse dieser Versuche sind jedoch entmutigend. Neuere Bestrebungen der Friedenserziehung richten sich eher auf ein Training des Körperbewusstseins (wer sich in den Schmerz anderer einfühlen kann, ist weniger gewaltbereit) und in den Schulen auf das Einüben gewaltfreier Konfliktlösung (Schlichtertraining) in kleinen Gruppen, die möglichst autonom vorgehen und dadurch ein hohes Maß an Aufmerksamkeit und Akzeptanz bei den Mitschülern gewinnen. Wesentliche Beiträge zur Friedenserziehung könnten auch die Massenmedien leisten; da diese aber die triebgeleitete Faszination von Gewaltdarstellungen ausbeuten, fördert ihr Einfluss eher die Bereitschaft, Gewalt als besonders eindrucksvolles Mittel der Konfliktlösung anzusehen.

**Friedensforschung:** Die steigende Gefährdung von Menschen und Umwelt durch die Zerstörungskraft moderner Waffen und die weltweit wachsende Zahl der Konflikte gaben den Anstoß zur Friedensforschung.

**Friedensforschung:** die wissenschaftliche Analyse von Kriegsursachen und den Bedingungen des Friedens. Während die Friedensforschung sich auf Konflikte zwischen Staaten fokussiert, befasst sich die →Konfliktforschung auch mit Konflikten zwischen Personen und Gruppen. Ziel der Friedensforschung ist es, den Bereich zu verkleinern, an dem Politik kriegerisch wird, und die Verbreitung der Auffassung, dass Krieg gänzlich zu ächten ist, da er in der modernen Welt beiden Parteien in der Regel

*Fortsetzung S. 188*

---

**Friedensforschung | Krieg und Frieden**

Während des Vietnamkriegs hatte sich die kritische Distanz zu kriegerischen Idealen so weit entwickelt, dass zum ersten Mal in einer ausführlichen wissenschaftlichen Studie besonders kämpferische Männer (Soldaten, die sich freiwillig zur Elitetruppe der Green Barets gemeldet hatten) mit Kriegsdienstverweigerern verglichen wurden, die sich in der Friedensbewegung engagierten. Es zeigte sich, dass kriegerische Ideale und Gewaltbereitschaft in einem autoritären, oft vernachlässigenden Familienmilieu wurzelten, in dem Kinder schon früh lernten, sich mit allen Mitteln durchzuschlagen. Wer sich später in der Friedensbewegung engagierte, hatte engere Beziehungen zu seinen Eltern, ein höheres Bildungsniveau und stärkere soziale Bindungen.

# FREUNDSCHAFT

## GÜTE DER FREUNDSCHAFT

In Europa gilt die Freundschaft seit der Antike als ein zentraler Wert des guten Lebens und als eine mustergültige Form sozialer Beziehungen, die durch gegenseitige Achtung, Zuneigung, Vertrautheit, Verlässlichkeit und Hilfsbereitschaft gekennzeichnet ist. Sie ist das wesentliche Motiv, welches Menschen dazu bewegen kann, uneigennützig zu handeln und den Freund in Zeiten der Not nicht im Stich zu lassen.

Auch wenn Freundschaft seit alters als ein hohes Gut angesehen wird – ihre Rolle ist nicht stets die gleiche geblieben. Noch vor wenigen Jahrzehnten stand im Mittelpunkt der persönlichen Beziehungen die Verwandtschaft: Die engsten Vertrauten stammten meist aus der Familie. Heute dagegen können schon Cousinen und Cousins fast unbekannte Personen sein, die man allenfalls auf Familienfesten trifft. Die Zahl der selbst gewählten Verbindungen dagegen ist heute weitaus höher als früher. Nicht die gemeinsame Herkunft ist darin entscheidend, sondern der Grad an Übereinstimmung in Lebensstil und Weltanschauung.

Schon früh gab es zahlreiche Vorschläge, »wahre« von »falschen« Freunden zu unterscheiden. Sie lassen sich in der oft wiederholten Aussage zusammenfassen, dass viele Freunde hat, wer reich und glücklich ist, dass die Freunde aber verschwinden, wenn er arm und unglücklich wird: »Wahre« Freunde sind eine große Seltenheit; »falsche« Freunde handeln nur aus Eigennutz und zeigen ihr wahres Gesicht erst dann, wenn die Freundschaft ihnen keinen Nutzen mehr bringt oder wenn der »Freund« in Not gerät.

Während in Literatur und Philosophie oft die »wahre« und die »falsche« Freundschaft als Gegensätze dargestellt und durch das Kriterium der Eigennützigkeit voneinander unterschieden wurden, ergab die psychologische Erforschung von Freundschaften als stärkenden Beziehungen andere Qualitätskriterien: Stabile Freundschaften beruhen auf einem zuverlässigen Austausch wechselseitiger Anerkennung, Bestätigung und Hilfeleistung, der beiden Seiten die Empfindung vermittelt, bereichert zu werden. Dieser Austausch ist umso zuverlässiger und die darauf beruhende Freundschaft also umso beständiger, je stärker beide Seiten darum bemüht sind, ihn nicht einseitig werden zu lassen, und je mehr beide dazu imstande sind, ein kurzfristiges Ungleichgewicht oder eine unbeabsichtigte Enttäuschung nicht gleich als Bruch der Freundschaft zu deuten.

## PSYCHISCHE VORAUSSETZUNGEN

Ein Freund kann nur werden, der zumindest in einem gewissen Maß auf einen selbst eingehen kann; ohne Einfühlungsvermögen ist keine Freundschaft möglich. Aber auch die Fähigkeit, sich auf jemand anderen zu verlassen, ihm zu vertrauen, in gewisser Weise von ihm abhängig zu sein, ist eine Voraussetzung für Freundschaften. Darüber hinaus ist auch die Fähigkeit sehr nützlich, über kleine Schwächen des Freundes hinwegzusehen, kleinere Versäumnisse zu entschuldigen und sich dadurch nicht in seinem Vertrauen erschüttern zu lassen.

Wer an seine Freunde den Anspruch der Perfektion stellt, wird zum Beispiel immer dann enttäuscht sein, wenn er einmal mehr ein Treffen vereinbaren oder eine Einladung aussprechen muss, wenn er ein kleines Geschenk gibt und keines zurückerhält, wenn er einen teuren Wein anbietet und der Freund einen preiswerten. Auf diese Weise verliert die Freundschaft ihre Zwanglosigkeit. Oft sammelt die Person mit diesen hohen Erwartungen ihre Enttäuschungen innerlich an. Sie resigniert schließlich und zieht sich zurück; oder sie konfrontiert den verdutzten Freund mit einer langen Liste ihrer Frustrationen, die es nahelegen, die Freundschaft zu beenden.

Solche Prozesse der Auflösung von Freundschaften sind allerdings selten einseitig. So lässt sich in dem oben angedeuteten Beispiel vermuten, dass der Freund die leise Enttäuschung des Perfektionisten gespürt hat, aber nicht aufmerksam genug war, auf sie einzugehen, das Problem von sich aus anzusprechen, dass er es also versäumt hat, sich um den Freund zu bemühen und die Freundschaft zu pflegen.

Freundschaften beruhen auf der eigenen freien Wahl. Sie sind also Folge und Ausdruck der Individualität des Freundschaft Schließenden, bestätigen und verfestigen diese zugleich und tragen zu ihrer weiteren Ausdifferenzierung bei. Deshalb sind Freundschaften in den Übergangsperioden des Lebens besonders wichtig, denn in ihnen muss das Individuum neue Aufgaben bewältigen, lernt neue Fertigkeiten und erweitert und verfestigt durch diese wachsende Weltbewältigung seine Identität. In diesen Zeiten erweist sich der Freundeskreis oder eine einzige enge Freundschaft häufig als Familienersatz. Freunde sind da, wenn jemand in eine Krise gerät, trösten, helfen und bauen das zerstörte Selbstwertgefühl wieder auf.

Freundschaften bleiben auch über große Entfernungen und große zeitliche Abstände bestehen. Heute wird von immer mehr Menschen verlangt, dass sie aus beruflichen Gründen ihren Wohnort wechseln. Am neuen Wohnort dauert es seine Zeit, bis man wieder Freunde gefunden hat. In dieser Zeit können die alten Freunde auch über die Entfernung hinweg eine stützende und stabilisierende Funktion haben.

### KINDHEIT UND JUGEND

Die spontane Kontaktfähigkeit selbstbewusster, gut beschützter Kleinkinder ist groß, aber sie müssen erst schrittweise durch Versuch und Irrtum lernen, dass zu großer Egoismus einsam macht. Insbesondere angesichts der Tatsache, dass heute viele Kinder als Einzelkinder aufwachsen, wächst auch die Bedeutung des Umgangs mit Spielkameraden. Frühe »Sandkastenfreundschaften« werden im Kindergarten schnell geschlossen und oft ebenso schnell beendet; dasselbe gilt für das Grundschulalter. Dennoch sind Freundschaften bereits im Vorschulalter für die Entwicklung des Sozialverhaltens unverzichtbar. Durch die Kontakte in der Gleichaltrigengruppe werden darüber hinaus auch die Selbstsicherheit, die Fähigkeit zum Problemlösen und Vorstellungen von Gerechtigkeit entwickelt. Dabei scheint die Tatsache, dass die Kinder überhaupt Gelegenheit zum Kontakt mit Gleichaltrigen haben, entscheidender zu sein als die Länge der jeweiligen Kontakte.

Die Bedeutung von Freundschaften in der Adoleszenz ist unumstritten. In dieser großen Ablösungs- und Neuorientierungsperiode lösen sich die Jugendlichen vom Elternhaus, müssen

## FREUNDSCHAFT  *Fortsetzung*

Prüfungen bestehen, Entscheidungen für ihr Berufsleben fällen und in vieler weiterer Hinsicht die Weichen für ihr Leben stellen. Eine bruchlose Orientierung am Elternhaus würde die Jugendlichen nur schlecht auf eine sich stetig wandelnde Welt vorbereiten.

Durch die Auseinandersetzung mit Gleichaltrigen (der Peergroup) und Personen, die nur unwesentlich älter sind, finden die Jugendlichen meist rasch ihre eigene Umgangsweise mit ihren Entwicklungsaufgaben und können so ihre Identität weiterentwickeln.

### FREUNDSCHAFTEN BEI ERWACHSENEN

Psychologisch erforscht sind v. a. Frauenfreundschaften, da Männer häufig nicht bereit sind, an derartigen Untersuchungen teilzunehmen. Frauen erwarten von ihrer Freundin Einfühlungsvermögen, Anteilnahme und eine Übereinstimmung in grundlegenden Ansichten und bewerten eine Freundschaft dann als gut, wenn diese Voraussetzungen gegeben sind. Allerdings wird die Freundin da häufig überschätzt: Auch wenn sie für einen außenstehenden Beobachter nur sehr wenig Einfühlungsvermögen aufweist, wird sie als verständnisvoll und unterstützend erlebt.

Im Lauf des Erwachsenenalters gehen viele Freundschaften verloren, aber einige verfestigen sich auch und man kann begründet hoffen, dass diese Freundschaften lange Jahre oder sogar ein Leben lang stabil bleiben.

Langjährige gute Freunde kennen einen häufig länger als der Ehepartner oder Lebensgefährte. Sie können deshalb gerade in Beziehungskrisen unersetzliche Ratgeber sein. Nicht selten sind jedoch auch die Fälle, in denen Freunde in eine bestehende Beziehung eindringen, sei es dass sie eine sexuelle Beziehung mit einem der Partner aufnehmen, sei es dass sie versuchen, einen Keil zwischen die Partner zu treiben.

In diesen Fällen ist der verlassene Partner mit einem doppelten Verlust konfrontiert. Er hat nicht nur seinen Lebensgefährten oder Ehepartner verloren, sondern zugleich einen – wie er dachte – guten Freund. Eine solche Entwicklung stellt die psychischen Bewältigungsmöglichkeiten des Betroffenen auf eine harte Probe.

Viele Freundschaften enden mit der Geburt eines Kindes bei einem der beiden Freunde. Die Beziehung zu dem neuen Menschen ist so faszinierend und so fordernd, dass kaum noch Zeit für Freunde bleibt, v. a., wenn sie nicht selbst Kinder haben und dementsprechend weniger Verständnis für die Situation der jungen Eltern haben. Diese können jedoch in Geburtsvorbereitungskursen und Krabbelgruppen neue Kontakte finden.

Auch im Alter bleibt die Fähigkeit erhalten, Freundschaften zu schließen. Je älter man wird, desto wichtiger wird die Bereitschaft, auch mit jüngeren oder sehr viel jüngeren Menschen befreundet zu sein. Dies erfordert einen Umdenkungsprozess: Wird in jungen Jahren der Freund oder die Freundin häufig in gewissem Ausmaß idealisiert, so ist es für die Freundschaft mit Jüngeren wichtig, dass man Schwächen, Entwicklungsdefizite und noch nicht überwundene Konflikte und Krisen akzeptieren kann, ohne sofort helfend eingreifen zu wollen.

### FREUNDSCHAFT UND BEZIEHUNGEN

Der Begriff der Freundschaft ist nicht genau von anderen positiven sozialen Beziehungen abge-

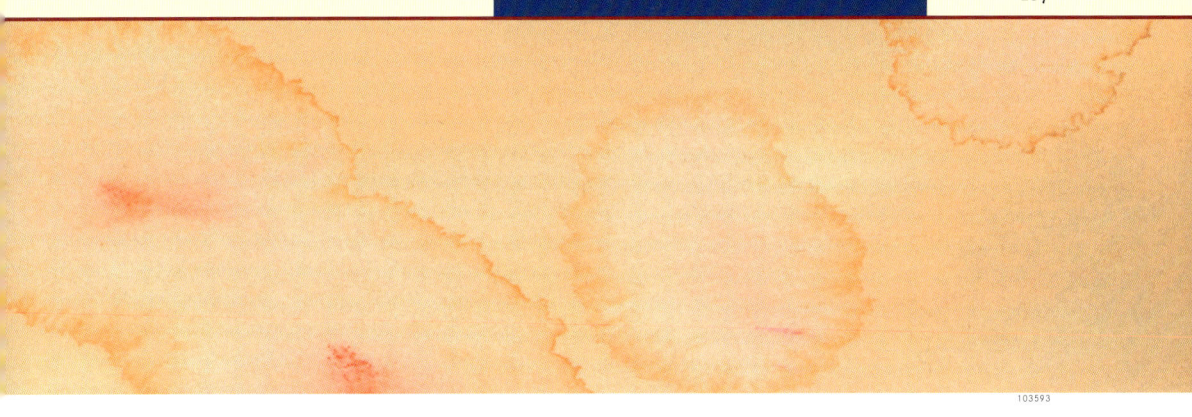

- → NETZWERK, SOZIALES
  - → NACHBARSCHAFT
  - → VERWANDTSCHAFT
- FREUNDSCHAFT
- → SOZIALE KOMPETENZ
  - → DISTANZ
  - → HILFEVERHALTEN
  - → KONTAKT
  - → TOLERANZ 2)
- → BEZIEHUNG
- → GEMEINSCHAFT
- → INTIMITÄT
- → LIEBE
- → PARTNERSCHAFT
- → SYMPATHIE
- → TREUE
- → VERTRAUEN

grenzt. Mit Verwandten, Nachbarn, Schul- oder Sportkameraden sind ebenfalls freundschaftliche Verbindungen möglich; aber die eigentliche Qualität der Freundschaft liegt darin, dass sie auf freier Wahl beruht und Hindernisse eher überwindet als umgeht. Wenn etwa ein Nachbar wegzieht und man zu seinem Nachfolger das gleiche Verhältnis pflegt, ist das keine Freundschaft im engeren Sinn; eine solche wäre es dagegen, wenn man nach der räumlichen Trennung die Beziehung zu dem früheren Nachbarn fortsetzen würde. Aus Zwangsgemeinschaften, etwa dem gemeinsamen Wehrdienst, können Freundschaften hervorgehen; Kameradschaft hingegen löst sich in der Regel mit der Truppe auf: »Kameraden sind Gleiche vor dem Ziel – aber nichts außerdem«, heißt es in Siegfried Kracauers Essay »Über die Freundschaft« (1918).

Der Punkt, an dem ein Bekannter als Freund erlebt wird, ist heute nicht mehr notwendig rituell bestimmt (etwa durch den Wechsel der Anrede von »Sie« zum »Du«), sondern sehr subjektiv. Manche Menschen nennen fast alle Bekannten »Freunde«; andere zögern sehr lange, ehe sie jemanden als Freund bezeichnen.

Freundschaften schließen zu können ist eine wesentliche Fähigkeit in allen sozialen Systemen. Sie wird in der modernen Gesellschaft noch wichtiger, weil es weniger tragende Verwandtschaftsbindungen gibt und das Netzwerk freundschaftlicher Beziehungen das Leben in komplexen Systemen erleichtert, ja oft geradezu erst ermöglicht. Tatsächlich verlaufen Freundschaftsbeziehungen oft durchaus ähnlich wie Liebesbeziehungen: mit einem stürmischen Beginn, der wie die Verliebtheit mit Idealisierungen einhergeht, und einer Bewährung im Alltag, in der sich die Beziehung auf ein realistisches Maß einpendelt und festigt. »Freund« und »Freundin« sind heute im deutschen Sprachraum auch die ersten Bezeichnungen für die Liebespartner.

**LESETIPPS:**
Harald Lemke: *Freundschaft. Ein philosophischer Essay.* Darmstadt (WBG) 2000.
Susanne Kerl: *Freundinnen ... und andere Biester. Tipps für eine dauerhafte Frauenfreundschaft.* München (Ariston) 2002 .
Thomas Hax-Schoppenhorst: *Freundschaft lebendig gestalten. Ansichten – Einsichten – wertvolle Tipps.* Neukirchen-Vluyn (Neukirchener) 2006.
Ruedi Josuran: *Von Mann zu Mann. Männerfreundschaft – Männerkommunikation.* Zürich (Orell Füssli) 2006.

**Friedrich Fröbel**

**Erich Fromm**

*Fortsetzung von S. 183*

mehr schadet als nützt. Aus diesem Grund werden die Ursachen von Konflikten untersucht, Ungerechtigkeiten (strukturelle Gewalt) und problematische Ideologien aufgedeckt und pädagogische Möglichkeiten erkundet, die persönliche Gewaltbereitschaft einzudämmen (→Friedenserziehung). In der Friedensforschung werden Erkenntnisse verschiedener Wissenschaften verknüpft, v.a. der Politik-, Rechts-, Gesellschafts-, Geschichts-, Wirtschafts- und Militärwissenschaften, der Pädagogik und Psychologie. Beispiele für die Psychologie sind Forschungen über Einstellungen zum Krieg, zu →Aggression, →Gewalt, →Vorurteilen, →Konflikten und →Verhandeln.

Es ist heute klar, dass Frieden mehr ist als die Abwesenheit von Krieg; dieser »negative Frieden« sollte zu einem positiven Frieden werden, in dem Individuen wie Gruppen und Staaten die Möglichkeit haben, ihre Grundbedürfnisse nach Existenzerhaltung und -entfaltung ohne Angst vor Gewalt zu verwirklichen.

**Frigidität** [zu latein. frigidus »kalt«, »frostig«, »matt«]: veraltete Bezeichnung für weibliche →Erregungsstörungen.

**Fröbel,** Friedrich: deutscher Pädagoge, * Oberweißbach/Thüringer Wald 21. 4. 1782, † Marienthal (heute zu Bad Liebenstein) 21. 6. 1852; gründete mehrere Schulen, leitete ein Waisenhaus und errichtete 1837 in Bad Blankenburg (Landkreis Saalfeld-Rudolstadt) eine »Autodidaktische Anstalt« für Kleinkinder. Fröbel entwickelte eine ganzheitliche Erziehungslehre und vertrat die Auffassung, das Kind brauche (Spiel-)Erlebnisse, die seine Selbsttätigkeit aktivieren und aus denen es Erkenntnisse gewinnen könne. 1840 entwickelte er den Gedanken eines »Allgemeinen deutschen Kindergartens«, der weltweite Verbreitung fand.

**Fromm,** Erich: amerikanischer Psychoanalytiker und Schriftsteller deutscher Herkunft, * Frankfurt am Main 23. 3. 1900, † Muralto (bei Locarno) 18. 3. 1980; war 1930–39 Mitglied des Instituts für Sozialforschung in Frankfurt am Main, mit dem er 1934 in die USA emigrierte; dort führte er eine psychoanalytische Praxis und lehrte an verschiedenen Universitäten. 1950 bekam er eine Professur in Mexiko, wo er bis 1974 zusätzlich praktizierte und zukünftige Psychoanalytiker ausbildete, bevor er in die Schweiz übersiedelte. Fromm modifizierte die Psychoanalyse durch seine soziologische Sichtweise; er gilt als Vertreter der Neopsychoanalyse und als einer der Wegbereiter der humanistischen Psychologie.

**Fromm-Reichmann,** Frieda: amerikanische Psychoanalytikerin deutscher Herkunft, * Karlsruhe 23. 10. 1889, † Rocksville (Md.) 28. 4. 1957; Neopsychoanalytikerin, Pionierin der Behandlung von schizophrenen und depressiven Patienten, war 1926–1931 verheiratet mit Erich Fromm, langjährige Tätigkeit als Lehranalytikerin. Fromm-Reichmann musste aufgrund ihrer jüdischen Herkunft 1933 Deutschland verlassen; nach Aufenthalten in Straßburg und Palästina übersiedelte sie 1935 in die USA, wo sie in einem Sanatorium in Rockville arbeitete. Ihr ausgeprägtes Einfühlungsvermögen in der therapeutischen Arbeit ist beschrieben in dem Roman »Ich habe Dir nie einen Rosengarten versprochen«; darin schildert ihre schizophrene Patientin Joanne Greenberg unter dem Pseudonym Hannah Green über ihre Heilung mithilfe der deutschen Ärztin »Clara Fried«.

**Frontalunterricht:** Sozialform des Unterrichts, bei der der Lehrer vor der Klasse mittels Lehrervortrag, Tafelanschrieb, Schulbuch oder Folieneinsatz lehrt. In Deutschland stellt der Frontalunterricht mit einem Anteil von 80–90 % die vorherrschende Sozialform dar. Ursachen dafür sind, dass der Frontalunterricht eine rasche und effektive Wissensvermittlung ermöglicht, methodisch zunächst einfacher als andere Sozialformen erscheint und der Lehrkraft eine gute Übersicht über die Unterrichtssituation bietet.

Nachteile des Frontalunterrichts sind u.a. Gestaltung und Lenkung des Unterrichts durch die Lehrkraft, Vernachlässigung allgemeiner sozial-erzieherischer Aspekte, vorwiegend passive und rezeptive Lernhaltung der Schüler, Vernachlässigung des individuellen Lerntempos der Schüler und damit eingeschränkte individuelle Fördermöglichkeiten (→Differenzie-

---

**Frontalunterricht | Eine überholte Unterrichtsform?**

Im Frontalunterricht sind Ziel, Lerninhalt, Arbeitsmittel und Zeitrahmen für alle Schüler identisch. Frontalunterricht wird meist gut strukturiert, sehr anschaulich und effizient vermittelt. Er erfordert zudem vom Lehrer weniger pädagogisches Geschick.

Nachteilig ist, dass aktive Beteiligung, Lernmotivation, selbstständiges Erarbeiten des Lerninhaltes und Interaktionsmöglichkeiten der Schüler durch Frontalunterricht vernachlässigt werden könnten. Die direkte Zusammenarbeit der Schüler untereinander ist sehr begrenzt, die Kommunikation zwischen Lehrer und Schülern steht im Vordergrund. Frontalunterricht sollte daher durch geeignete Lernmethoden (wie Gruppenarbeiten, Hausaufgaben, Projektunterricht) ergänzt werden. Sinnvoll ist der Frontalunterricht in erster Linie dann, wenn die eigenständige Erarbeitung der Inhalte die Schüler überfordern würde oder der Aufwand zu groß wäre; er ist v.a. als Vorbereitung und Hinführung zu anderen Lernformen wertvoll.

rung). Angesichts dieser Nachteile sollte der Anteil des Frontalunterrichts deutlich reduziert werden und der Lehrervortrag im Wechsel mit anderen Sozialformen des Unterrichts wie Einzel-, Partner- oder Gruppenarbeit, →Projektunterricht und →Wochenplanarbeit stattfinden.

**Frühförderung:** pädagogische, psychologische und medizinische Maßnahmen umfassende Förderung von Kindern im Vorschul- und frühen Schulalter, insbesondere von behinderten, aber auch von hochbegabten Kindern z. B. in Form von musischem Unterricht. Ihr Erfolg beruht auf dem engen und vertrauensvollen Zusammenwirken von Eltern, Kindergärten, Sonderkindergärten, schulvorbereitenden Einrichtungen und Schulen, sonderpädagogischen Beratungsstellen, Psychologen, Ärzten und sonstigen therapeutischen Einrichtungen.

**Frühgeburt:** die →Geburt eines Kindes nach der 28. und vor der vollendeten 37. Schwangerschaftswoche. Ursachen sind u. a. vorzeitige Öffnung des Muttermundes, Lageanomalien des Kindes, Fehlbildungen der Gebärmutter, eine Schwangerschaftsvergiftung, schwere mütterliche Infektions- oder Stoffwechselkrankheiten. Frühere Fehl- oder Frühgeburten erhöhen die Wahrscheinlichkeit einer erneuten Frühgeburt. Zeichen für eine drohende Frühgeburt sind vorzeitige Wehen, ein vorzeitiger Blasensprung mit Abgang von Fruchtwasser oder ein sich öffnender Muttermund.

Eine Frühgeburt kann unter Umständen durch konsequente Bettruhe und wehenhemmende Medikamente verhindert werden. Lassen sich die Gefahr einer Frühgeburt durch diese Maßnahmen nicht beheben, sollte die Schwangere eine Klinik aufsuchen, die auf Risikoschwangerschaften und auf die Versorgung von Frühgeborenen spezialisiert ist.

Stellt schon die termingerechte Geburt eines Kindes für die Eltern eine außergewöhnliche Erfahrung dar, so gilt dies in erheblich intensiverer Weise für die Frühgeburt. Neben die mit der Geburt verbundenen »normalen« Belastungen und Umstellungen treten meist große Sorgen um das Frühgeborene. Für das Gedeihen eines Frühgeborenen ist neben seinem Geburtsgewicht die körperliche Reife entscheidend, die eng mit der Schwangerschaftsdauer zusammenhängt. Je früher ein Kind geboren wird, umso unreifer sind seine Organe. Folgen sind u. a. Schwierigkeiten beim Saugen, noch nicht funktionierende Kontrolle der Körpertemperatur oder bedrohliche Atemstörungen. Frühgeborene werden deshalb auf Frühgeborenenintensivstationen (unter Umständen im Brutkasten) betreut, was den Kontakt des Kindes mit den Eltern erschwert.

**Frontalunterricht:** Als wesentlicher Nachteil des Lehrvortrags wird gesehen, dass er die unterschiedlichen Lernvoraussetzungen der Schüler nicht ausreichend berücksichtigt und soziale Lernformen vernachlässigt.

**frühkindliches Psychosyndrom:** Sammelbezeichnung für eine Gruppe von unterschiedlichen Störungsbildern, die durch zahlreiche, meist schwerwiegende Symptome gekennzeichnet sind. Hierzu gehören u. a. Bewusstseinsstörungen, Halluzinationen, Delirien, Gedächtnisstörungen, Wesensveränderungen und längere Dämmerzustände. Nicht selten treten diese Symptome in Zusammenhang mit neurologischen Symptomen wie Lähmungen oder Bewegungsstörungen infolge von Hirnschädigungen auf. Hauptursachen für frühkindliche Psychosyndrome sind Erkrankungen der Mutter vor der Geburt, Blutgruppenunverträglichkeit, Geburtskomplikationen

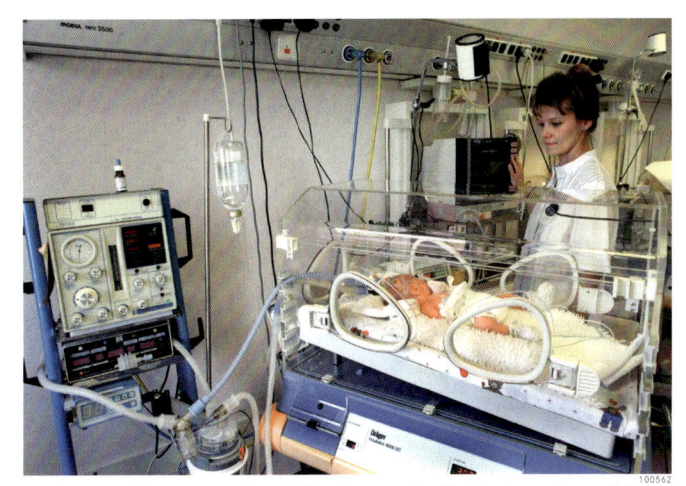

**Frühgeburt:** Versorgung eines Frühgeborenen im Brutkasten – die medizinisch notwendige Maßnahme erschwert den Beziehungsaufbau zwischen Eltern und Kind.

oder schwere Erkrankungen oder Verletzungen während der ersten Lebensmonate. Unterschiede in Art und Ausmaß der Schädigung führen zu einer großen Zahl von Erscheinungsformen, die in jedem Einzelfall einer sorgfältigen medizinischen Abklärung und Behandlung bedürfen.

**frühlesen:** Lesefähigkeit vor dem Grundschuleintritt. Frühlesen tritt häufig bei frühentwickelten Kindern mit ausgeprägten Interessen und Tätigkeiten und intensiver Förderung durch die Eltern auf. Es stößt in der Entwicklungspsychologie und Pädagogik auf geteilte Meinungen: Einerseits wird es wegen der großen Lernfähigkeit und des Entfaltungsbedarfs von Kindern befürwortet; andererseits wird es wegen einer möglicherweise einseitig intellektuellen Förderung auf Kosten kindlicher Bedürfnisse wie etwa dem Spielen abgelehnt.

Grundsätzlich ist es wichtig, die Begabung und den Drang des Kindes zum Lesen richtig einzuschätzen, angemessen zu fördern und keinesfalls zu hemmen. Es sollte aber darauf geachtet werden, dass der Wunsch der Eltern, das eigene Kind zu fördern, nicht zu einer späteren Benachteiligung bis hin zur sozialen Abgrenzung des Kindes führt, wenn es z. B. bei der Einschulung seinen übrigen Schulkameraden weit voraus und während des Unterrichts somit unterfordert ist.

**Frustration:** Die griechische Vasenmalerei stellt den Mythos von Sisyphos dar, der dazu verdammt war, einen Felsen einen Berg hinaufzuwälzen. Kurz vor dem Ziel rollte der Stein aber immer wieder den Berg hinab – Sisyphos war also einer unaufhörlichen Frustration unterworfen.

**Frühreife:** im Gegensatz zur allgemeinen →Akzeleration auf inneren oder äußeren Ursachen beruhende individuelle Beschleunigung der körperlichen oder seelischen Entwicklung, die sich häufig nur auf einzelne Merkmale bezieht.

Von einer **sexuellen Frühreife** spricht man, wenn die Geschlechtsreife bei Mädchen vor dem siebten bis neunten, bei Jungen vor dem neunten bis zwölften Lebensjahr eintritt. Sie ist auf Hormonstörungen zurückzuführen. Sexuelle Frühreife wird häufig vorschnell mit »Doktorspielen« in Verbindung gebracht, bei denen wesentlich jüngere Kinder (etwa im Vorschulalter) ihren eigenen Körper und den des anderen Kindes entdecken. Auch wenn dabei sexuelle Erregungen entstehen können, ist dies nicht zwingend ein Zeichen von Frühreife.

Häufig entsteht eine problematische Kluft zwischen körperlicher, geistiger und sozialer Reife. Die dann in der Regel besonders komplizierte →Pubertät verlangt von Eltern und Erziehern ein überdurchschnittliches Maß an Einfühlungsvermögen und pädagogischem Geschick.

**Frühstörung:** die →strukturelle Störung.

**Frustration** [latein. »Nichterfüllung«, »Täuschung«], **Enttäuschung:** Nichtbefriedigung einer Erwartung, eines Bedürfnisses oder einer Motivation. Im menschlichen Leben sind Frustrationen unausweichlich; man kann davon ausgehen, dass sie ein wichtiger Entwicklungsanreiz sind. Solche Reize folgen dem schon in der Antike bekannten Gesetz der optimalen Stimulation: Kleine Reize erregen die Lebenstätigkeit, zu große beeinträchtigen oder zerstören sie. In der Erziehung spricht man von der »optimalen Frustration« kindlicher Bedürfnisse; das Kind soll weder alle Wünsche erfüllt bekommen noch sich grundsätzlich darauf einstellen müssen, dass es von seinen Erziehern frustriert wird. Die Frustrationen sollen seiner Fähigkeit angemessen sein, sie zu verarbeiten, z. B. mit einem Geschwister zu teilen oder auf sofortige Befriedigung zu verzichten, d. h. →Frustrationstoleranz zu zeigen. Kompetente Menschenführung baut ebenfalls darauf auf, den Mitarbeitern die unausweichlichen Frustrationen zuzumuten, diese aber gerecht zu verteilen und darauf zu achten, dass nicht Entmutigung oder Resignation gefördert werden.

Außer zu Aggression (→Frustrations-Aggressions-Hypothese) kann Frustration auch zu →Regression führen.

**Frustrations-Aggressions-Hypothese:** Modell zur Erklärung von Aggressionen, das die amerikanischen Psychologen John Dollard und

Neal E. Miller 1939 vortrugen. Demnach ist Aggression immer eine Folge von Frustration. Problematisch an diesem Modell ist ein Zirkelschluss: Aggression wird als Folge der Frustration gesehen; gleichzeitig wird die Stärke der Aggressionsneigung nicht direkt gemessen, sondern in Abhängigkeit von der Stärke der Frustration definiert. Wesentlich an der Frustrations-Aggressions-Hypothese ist die tierexperimentell gut belegte Tatsache, dass die Aggressionsneigung dann wieder abnimmt, wenn als Folge der Aggression neue Frustrationen (»Bestrafungen«) erwartet werden.

**Frustrationstoleranz:** Fähigkeit eines Individuums, Versagungen von Wünschen oder Enttäuschungen von Erwartungen auszuhalten. Im Zug der experimentellen Forschung über Frustrationen fiel dem amerikanischen Psychologen Saul Rosenzweig 1944 auf, dass Versuchstiere über unterschiedliche Fähigkeiten verfügen, frustrierende Situationen zu ertragen. Da die menschliche Entwicklung reich an Frustrationen ist, gilt der konstruktive Umgang mit ihnen als zentrales Erziehungsziel.

Es gilt heute als erwiesen, dass die Frustrationstoleranz aus vererbten und erworbenen Komponenten besteht: Sie beruht auf konstitutionellen Merkmalen, wie Reaktions-, Wahrnehmungs- und Lernfähigkeit, ist zugleich aber auch durch die bisherigen Erfahrungen mit frustrierenden Situationen bedingt. So entstehen Rückkopplungsvorgänge: Wer bereits viel Frustrationstoleranz entwickeln konnte, wird in seiner Ausdauer und Willenskraft durch Erfolge belohnt; wer hingegen sogleich aufgibt und sich vermeintlich befriedigenderen Situationen zuwendet, hat weniger Erfolgserlebnisse und ist daher mehr und mehr auf schnelle Belohnungen angewiesen.

Frustrationstoleranz gilt als wesentliches Zeichen der Reife und Anpassungsfähigkeit einer Person. Psychische Störungen sind häufig mit geringer Frustrationstoleranz verbunden. Personen mit einer geringen Frustrationstoleranz haben Schwierigkeiten, regelmäßig zu arbeiten und Ziele zu erreichen, für die eine langfristige Planung notwendig ist; sie müssen immer sogleich einen Erfolg ihrer Handlungen sehen.

**Führung, Menschenführung:** die planende, leitende, koordinierende und kontrollierende Tätigkeit in einer Gruppe oder einer Organisation. Dabei sind Einfluss und Macht ungleich verteilt, jedoch gilt Führung heute als ein Gruppenphänomen und wird nicht mehr nur als Einflussnahme von oben nach unten betrachtet, sondern als interaktiver Prozess. Das gilt ebenso für die Personalführung, also die Führung von Mitarbeitern in Betrieben und Institutionen.

Resultate der Führungsforschung in Organisationen zeigen, dass es nicht einen einzelnen Faktor gibt, durch den erfolgreiches Führen bestimmt werden könnte. Führungspersönlichkeit und situative Gegebenheiten machen den Führungsprozess aus. In der Forschung gibt es zahlreiche Führungstheorien und Führungsmodelle. Sie lassen sich danach unterscheiden, ob für sie die Eigenschaften oder das Verhalten einer Führungsperson im Vordergrund steht oder ob sie eher die Strukturen untersuchen, innerhalb derer Führung stattfindet. Neuere Themen in der Führungsforschung sind Frauen als Mitarbeiterinnen und Führungskräfte, geschlechtsspezifische Unterschiede in der Führung, Prozesse der Mitsprache und Mitbestimmung, die Rolle der Geführten sowie Kulturspezifika in der Führung.

**Fünffaktorenmodell der Persönlichkeit,** Abk. **FFM, Big-five-Modell:** zu den →Faktorenanalysen zählende Theorie der Persönlichkeit, die fünf Faktoren (Neurotizismus, Extraversion, Offenheit für Erfahrung, Verträglichkeit und Gewissenhaftigkeit) beschreibt; diese Faktoren der →Persönlichkeit wurden von verschiedenen Forschern unabhängig voneinander

---

**Führung | Eine Frage des Stils**

Die Zeiten, in denen ein autoritärer Chef per Anordnung eine auch noch so zweifelhafte Arbeit delegieren konnte, sind in den meisten Betrieben heute vorbei. Widerspruch und Kritik der Mitarbeiter wird mehr denn je als positiver Faktor im Unternehmen gewürdigt.

In einem solchen Klima werden auch an die Führungskräfte andere Ansprüche gestellt. Sie müssen diskutieren (können), das heißt Argumente für ihre Entscheidungen sachlich vortragen, Gegenargumente aufgreifen oder widerlegen können. Auf ihre Macht können sie sich nur noch in Einzelfällen berufen, v.a. in disziplinarischen Fragen. Tun sie es in Sachfragen, bewirken sie das Gegenteil: Statt mächtig wirken sie hilflos.

Als besonders wichtige Führungsqualitäten werden heute daher meist die Fähigkeit zur Mitarbeitermotivation, Konflikt- und Kommunikationsstärke, ein hohes Maß an Präsenz und Aufmerksamkeit sowie persönliche Integrität angesehen.

---

**EXTRAVERSION**
Aktivität
Risikobereitschaft
Soziabilität
Ausdrucksfähigkeit
Impulsivität

Verantwortlichkeit
Reflexionsfähigkeit
**INTROVERSION**

**Fünffaktorenmodell der Persönlichkeit:** Als gegenüberliegenden Pol der Extraversion bestimmte der Psychologe Hans Jürgen Eysenck die Introversion. Merkmale, die bei extravertierten Persönlichkeiten gering ausgeprägt sind, haben bei Introvertierten eine starke Ausprägung.

entwickelt. Ausgangspunkt waren eine große Zahl personenbeschreibender Adjektive aus Wörterbüchern, d. h., es wurden Begriffe gewählt, die Menschen in ihrem Sprachgebrauch zur Beschreibung von Personen nutzen. Hintergrund ist die Annahme, dass sich alle wichtigen Persönlichkeitseigenschaften in der Sprache befinden; deshalb wird dieser Ansatz auch lexikalischer Ansatz oder lexikalische Hypothese genannt.

Der Faktor **Neurotizismus** kennzeichnet die emotionale Labilität einer Person; damit ist nicht eine psychische Störung gemeint (schließt sie aber auch nicht aus), sondern allgemein das Erleben von Emotionen, besonders von unangenehmen Emotionen. Personen mit hohen Neurotizismuswerten verlieren leichter das seelische Gleichgewicht, erleben öfter Sorgen, Ängste und Niedergeschlagenheit, fühlen sich unsicher, hilflos und nervös und neigen zu Hypochondrie als emotional stabilere Menschen. Der Faktor **Extraversion** gibt das Ausmaß an Geselligkeit und Lebhaftigkeit einer Person wider. Extravertierte sind spontan, aktiv, handeln ohne langes Nachdenken, sind risikofreudig, gehen gern aus, sind menschenorientiert, lebhaft und selbstbewusst. Menschen mit hohen Werten auf dem Gegenpol Introversion hingegen sind zurückgezogen, sie sind lieber allein als unter Menschen, was auch Ausdruck sozialer Ängstlichkeit sein kann; sie sind aufgabenorientiert und anderen gegenüber distanziert, haben ein ruhiges Naturell und sind beherrscht. Menschen mit hohen Werten auf dem Faktor **Offenheit für Erfahrung** wenden sich gern Neuem zu, haben breit gefächerte Interessen, sind wissbegierig, haben große Fantasie, sie sind originell und kreativ; Menschen mit niedrigen Werten sind konventionell, haben eher einseitige Interessen und zeichnen sich durch Bodenständigkeit aus. Der Faktor **Verträglichkeit** betrifft wie der Faktor Extraversion die zwischenmenschlichen Beziehungen: Hohe Werte geben an, dass die Person weichherzig und gutmütig ist, sie begegnet anderen mit Aufrichtigkeit, Wohlwollen und Vertrauen, ist auch leichtgläubig und nachgiebig, sie hilft anderen gern und strebt nach Harmonie. Menschen mit niedrigen Werten hingegen sind egozentrisch bzw. können eigene Interessen durchsetzen, sie sind eher misstrauisch, zynisch, nehmen wenig Rücksicht auf andere, sind kaum kooperativ. **Gewissenhaftigkeit** kennzeichnet zielstrebige, gut organisierte, fleißige Menschen, die über Ausdauer und Disziplin verfügen. Sie haben hohe Ansprüche an sich und sind sehr genau, was zu Zwanghaftigkeit gesteigert sein kann. Menschen mit niedrigen Werten sind eher ziellos, nachlässig, gleichgültig, d. h., sie zeigen kaum Engagement in dem, was sie tun.

Die fünf Faktoren werden heute meist mit dem →NEO-PI-R gemessen. Die Autoren des Tests hatten sich zunächst auf die drei Faktoren Neurotizismus, Extraversion und Offenheit für Erfahrungen (NEO) konzentriert und das NEO-Personality Inventory entwickelt. Zur Anpassung an das Fünffaktorenmodell haben sie später in der Weiterentwicklung des Tests die beiden Faktoren Zugänglichkeit und Gewissenhaftigkeit hinzugenommen.

Kritiker des Fünffaktorenmodells bezweifeln, dass Menschen anhand solcher Faktoren zuverlässig beschrieben werden können, ebenso bezweifeln sie, dass diese Faktoren kulturübergreifend seien; ihrer Ansicht nach ist nicht einmal die Übereinstimmung zwischen westlichen Nationen nachgewiesen.

**funktionale Erziehung:** unbeabsichtigt wirkende Einflüsse in der →Erziehung. Funktionale Erziehung erfolgt in allen Lebenssituationen. So geht z. B. von den Massenmedien (deren primäre Aufgabe es ist, zu unterhalten und zu informieren) ein stark prägender Einfluss auf Einstellungen, Werthaltungen und Verhaltensweisen der Rezipienten aus. Auch im Rahmen des Schulunterrichts ist funktionale Erziehung bedeutsam, z. B. beim Erlernen einer Fremdsprache (z. B. Englisch, Französisch und Latein). In einem wirklichkeitsnahen Unterricht wird der Schüler durch ständiges Sprechen der Fremdsprache den Gebrauch der Fremdsprache eher praktisch erlernen als durch das Einüben von Regeln.

**Funktionalismus** [zu latein. functio »Verrichtung«, »Geltung«]: **1)** Ende des 19. Jahrhunderts in den USA als Gegenrichtung zum →Strukturalismus 1) entstandene psychologische Schulrichtung, deren Ansatz es war, menschliches Verhalten in Hinsicht auf seine Nützlichkeit und Funktion für die Anpassung an die Umwelt zu untersuchen. So werden z. B. Wahrnehmungs- und Denkleistungen als Folge eines Anpassungsprozesses erklärt und aufgrund ihrer Leistung im Dienst der Arterhaltung beurteilt. Der Funktionalismus kann als Vorläufer des →Behaviorismus gelten. Begründer des Funktionalismus waren die amerikanischen Philosophen John Dewey, William James und James Angell.

**2)** ein aus der Philosophie des Geistes angeregter Ansatz der kognitiven Wissenschaft. Dieser wurde v. a. durch die Arbeiten des amerikanischen Philosophen Hilary Putnam in den 1960er-Jahren begründet. Demnach werden die

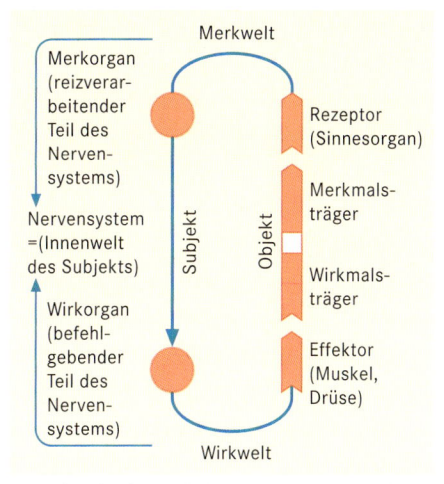

**Funktionskreis:** Modell nach Jakob von Uexküll, 1921

Inhalte des Denkens als mentale Zustände und die Prozesse des Denkens als Transformationen dieser Zustände definiert. Jeder mentale Zustand hat die Funktion, regelgerecht einen neuen Zustand nach sich zu ziehen. Dieser Ablauf ist der Arbeitsweise eines Computers vergleichbar, in dem elektrische Zustände durch festgelegte Programmabläufe transformiert werden. Um diese Abläufe (die Software) zu verstehen, ist es überflüssig, die materielle Vorrichtung (die Hardware) zu betrachten, die diese Abläufe ausführt, denn letztere kann in beliebig verschiedener Weise realisiert sein. Entsprechend kann sich die kognitive Wissenschaft auf die funktionelle Ebene der mentalen Zustände beschränken.

In den 1980er-Jahren verlor die Computermetapher des Geistes wieder an Bedeutung. Unter anderen hat der amerikanische Philosoph John Searle aufgezeigt, dass mentale Zustände nicht als rein funktionelle Zustände aufgefasst werden können, wie sie in einem technischen System wirksam sind. Denn selbst eine hochkomplexe Maschine, deren Zustandswechsel wie intelligentes Denken erscheinen, kann nie einen Zustand einnehmen, in dem ihr bewusst ist, dass sie gerade so etwas tut wie Denken.

**funktionelle Entwicklungsdiagnostik:** Sammelbezeichnung für Entwicklungstests zur Beurteilung der Entwicklung im Säuglings- und Kleinkindalter (z. B. Münchner Funktionelle Entwicklungsdiagnostik). Die funktionelle Entwicklungsdiagnostik beurteilt verschiedene Einzelfähigkeiten des Kindes: Krabbeln, Sitzen, Laufen, Greifen, Wahrnehmung, Sprechen und Sprachverständnis. Dadurch ist es möglich, die verschiedenen Entwicklungsgeschwindigkeiten, die das Kind in den jeweiligen Bereichen zeigt, zu differenzieren. So muss das »Greifalter« eines Kindes nicht mit seinem »Krabbelalter« identisch sein.

**funktionelle Magnetresonanztomografie** [Abk. fMRT]: ein funktionelles →bildgebendes Verfahren.

**funktionelle Störungen:** Symptome einer körperlichen Funktionsbeeinträchtigung ohne nachweisbare Organveränderungen; Störungen, die in der ICD-10 zu den somatoformen autonomen Funktionsstörungen unter der Hauptkategorie →somatoforme Störungen gerechnet werden.

**Funktionskreis:** nach der Umweltlehre (→Umwelt) des Biologen Jakob von Uexküll (* 1864, † 1944) die Tatsache, dass ein Organismus mit einem oder mehreren Objekten seiner Umwelt in Wechselbeziehung steht. Die Sinneszellen (Rezeptoren) seiner Sinnesorgane nehmen aber immer nur einige Merkmale dieser Objekte auf. Dieser begrenzte Ausschnitt bildet seine **Merkwelt.** In ihr liegen die für seine Lebensbewältigung wesentlichen Eigenschaften.

Rückgekoppelt bestimmen sie als Wirkmale sein (phylogenetisch vorprogrammiertes) Verhalten in seiner **Wirkwelt.** Ein Teil des Nervensystems (Merkorgan) verarbeitet dabei die aufgenommenen Reize, während ein anderer Teil (Wirkorgan) diese in Reaktionsbefehle umsetzt. Dadurch schließt sich ein Funktionskreis (etwa der Ernährung, Fortpflanzung, Feindbeziehung). Die Lehre von den Funktionskreisen wurde von der vergleichenden Verhaltensforschung mit gewissen Einschränkungen übernommen und neueren Beobachtungen angepasst.

**Funktionsspiele, Übungsspiele, sensomotorische Spiele:** Spiele zur lustvollen Betätigung sensorischer und motorischer Körper-

---

**Furcht | Kindliche Furcht respektieren**
Sich vor etwas zu fürchten und davor fliehen zu wollen, gehört zu den lebenserhaltenden Urinstinkten des Menschen. Erst im Laufe des Lebens lernt man, mit Furcht umzugehen und sie gegebenenfalls zu unterdrücken. Für Kinder, deren Erfahrungswelt noch nicht sehr beschränkt ist, spielt die Furcht als Schutz vor Gefahren eine viel größere Rolle. Ein enger Kontakt zum Kind und ein vorsichtiges Nähern an Furcht auslösende Gegenstände oder Situationen können dazu beitragen, dass das Kind diesem Gefühl des Bedrohtseins entkommt. Schwieriger kann es sein, wenn das Kind Furcht vor bestimmten Personen im engeren Umfeld zeigt. Hier liegen mitunter schlechte Erfahrungen zugrunde. Grundsätzlich sollte die Furcht ernst genommen und das Kind nicht gezwungen werden, sich seiner Furcht zu stellen, weil es hierbei eher Vertrauen verliert als seine Furcht überwindet.

**Furcht:** Auf drohende Gefahr reagiert der Körper mit Flucht- oder Angriffsbereitschaft, die sich körperlich v. a. in Herzklopfen, Atemnot, Schweißausbruch und Zittern äußert (Reporter bringen sich während des Irakkriegs im April 2003 südlich von Bagdad bei einem amerikanischen Luftangriff in Sicherheit).

funktionen im Kleinkindalter. Die Aufmerksamkeit richtet sich zuerst vorwiegend auf die eigenen Körperteile, dann immer mehr auf Gegenstände. Diese werden getastet, gegriffen, geschoben, geworfen, aus- und eingeräumt. Dadurch übt ein Kind die Koordination seiner sensorischen und motorischen Fähigkeiten; diese Spielform dient darüber hinaus der Einübung kognitiver Funktionen.

**Funktionsstörungen:** Störungen des normalen Ablaufs der Zell-, Gewebe- oder Organtätigkeit. Wenn z. B. das Herz unregelmäßig schlägt, ist das eine Funktionsstörung; sie kann organische oder funktionelle Ursachen haben, im zweiten Fall spricht man von somatoformen autonomen Funktionsstörungen (→ somatoforme Störungen).

**Furcht:** ein Gefühl der → Angst, das auf reale oder nur vermeintlich bedrohliche Objekte, Personen oder Ereignisse bezogen ist, z. B. Furcht bei lautem Knall oder die kindliche Furcht bei Dunkelheit. Von einem allgemeinen, diffusen Angstgefühl unterscheidet es sich durch die Gerichtetheit (Furcht vor etwas). Ist die Furcht sehr ausgeprägt und schränkt das Leben ein, handelt es sich um eine krankhafte Furcht, was in der Regel als →Phobie bezeichnet wird. Furcht führt zu einer starken neuronalen Aktivierung und zu somatischen Reaktionen (Blässe, Erröten, Harndrang, Einkoten). Im Extremfall kann man sich sogar »zu Tode« fürchten.

Furcht setzt die vegetative Stressreaktion in Gang. Im Gehirn führen Furchtzustände zu einer Aktivierung des vegetativen Nervensystems (Sympathikus und Parasympathikus). Die Ausschüttung der Stresshormone Cortison, Adrenalin und Noradrenalin liefert Energie, die den Körper fluchtbereit macht, um so drohender Gefahr zu entgehen oder sich der belastenden Situation zu stellen und zu kämpfen. Allerdings kann Furcht auch lähmend wirken. Furchtauslöser liegen meist in der Umwelt, können aber auch intern durch kognitive Prozesse entstehen. Schmerz, Schreck und Erregung sind Furchtauslöser. Furchtreaktionen sind konditionierbar (→ Konditionierung). – Infokasten S. 193

**Fürsorge:** 1) liebevolles Überlegen, Planen und Handeln für eine andere Person, die nicht oder nicht völlig selbstständig ist, z. B. Fürsorge der Mutter für ihr Kind;

2) institutionalisierte Unterstützung aus kollektiven Mitteln bei individueller Notlage, die nicht durch Selbsthilfe oder Leistungen anderer Unterhaltspflichtiger behoben werden kann. Im allgemeinen Sprachgebrauch werden sowohl die soziale und karitative Arbeit der freien Wohlfahrtsverbände als auch die staatliche Sozialhilfe Fürsorge genannt.

**Fürsorge|erziehung:** frühere Erziehungsmaßnahme bzw. Erziehungsmaßregel, die seit der Neuregelung des Kinder- und Jugendhilferechts durch das Kinder- und Jugendhilfegesetz (KJHG) seit 1990 nicht mehr vorgesehen ist. Fürsorgeerziehung – in der Regel in einem geschlossenen Heim – wurde vom Jugendamt beantragt bzw. angeordnet, wenn die Verwahrlosung eines Minderjährigen drohte oder bestand.

**Galton** ['gɔːltn], Sir Francis: britischer Naturforscher und Schriftsteller, *Sparkbrook (heute zu Birmingham) 16. 2. 1822, † Haslemere (Cty. Surrey) 17. 1. 1911, Vetter von Charles Darwin; begründete die Zwillingsforschung. Galton ging von der Erblichkeit einer Reihe von Begabungen und psychischen Eigenschaften aus, stellte Erbgesetze auf und beeinflusste stark die von ihm so benannte Eugenik.

**Ganzheitspsychologie:** 1) *allgemein* jede psychologische Schulrichtung, die nicht von isolierten psychischen Funktionen ausgeht, sondern das Zusammenspiel aller psychischen Vorgänge betont, was das subjektive Erleben ausmacht. Zumeist gehen diese Ansätze davon aus, dass Teile eines Ganzen ein System konstituieren, das besondere Qualitäten hat, die sich nicht aus der Untersuchung einzelner Teile ableiten lassen.

2) eine von Felix Krueger zu Beginn des 20. Jahrhunderts begründete Richtung der deutschen Psychologie, die auch »Leipziger Schule« genannt wird. Die Ganzheitspsychologie betont, dass psychische Vorgänge einer ganzheitlichen Betrachtungsweise unterzogen werden müssen, weil die Eigenschaften eines Ganzen nicht aus der Summierung der Eigenschaften von dessen Teilen begriffen werden kann. Dies wird am Beispiel eines Musikstücks deutlich: Die Veränderung eines einzelnen Tons in einer Melodie verändert deren gesamte Struktur. Kritiker der Ganzheitspsychologie meinen, dass der Versuch, alle psychischen Erscheinungen auf dieses Prinzip der Ganzheit zurückzuführen und durch dieses zu erklären, auf Kosten der experimentellen Exaktheit geht.

**Ganztagsschule:** Schule mit Vor- und Nachmittagsunterricht; in vielen europäischen Ländern die Regelform der allgemeinbildenden Schule. In Deutschland dominieren dagegen die Halbtagsschulen: Nur ca. 12 % aller Schüler besuchten 2003 eine Ganztagsschule.

Man unterscheidet offene Ganztagsschulen, in denen vormittags verbindlicher Unterricht, nachmittags Mittagessen, Hausaufgabenbetreuung und Arbeitsgruppen auf freiwilliger Basis stattfinden, und gebundene Ganztagsschulen, in denen der Unterricht über den ganzen Tag verteilt stattfindet und für alle Schüler obligatorisch ist.

Aus pädagogischer Sicht werden der Ganztagsschule umfassendere Möglichkeiten der Kombination kognitiver Lernfächer mit Entspannungsphasen durch Sport, Spiel oder musische Fächer, bessere individuelle Fördermöglichkeiten (hier v. a. auch der Ausgleich soziokulturell bedingter Lerndefizite) sowie günstigere Rahmenbedingungen für das soziale Lernen zugeschrieben. Gegen die Ganztagsschule sprechen u. a. Aspekte wie die Entfremdung von der Familie, die stoffliche Überfrachtung, der Mangel an Zeit für außerschulische Hobbys der Kinder und Jugendlichen und der hohe finanzielle Aufwand.

**Ganzwortmethode:** im Rahmen des Erstleseunterrichts ein analytisches Leselernverfahren, bei dem zunächst ganze Wörter verwendet werden im Gegensatz zu synthetischen Methoden wie z. B. der →Buchstabiermethode. Vollständige Wörter bilden die ersten Einheiten, von denen die Schüler ausgehen sollen, um dann analytisch Buchstaben und Laute zu entdecken. Anhänger der Ganzwortmethode betonen ihren ganzheitlichen Charakter, der besonders kindgemäß sei. Heute ist der früher erbittert geführte Streit um Vor- und Nachteile der synthetischen und der analytischen Methode weitgehend überholt. In den Grundschulen wird zumeist die beide Positionen vereinende analytisch-synthetische Methode praktiziert: Kinder prägen sich Wortbilder ein, die von Anfang an möglichst mit allen Sinnen aufgegliedert werden: Sie erfassen und zerlegen sie optisch, sprechen sie nach, schreiben die Wörter nach und sortieren Buchstaben- und Wortkarten.

**Gauß-Verteilung:** die →Normalverteilung.

**GBB:** →Gießener Beschwerdebogen.

**Gebärde:** Verhaltensausdruck einer psychischen Verfassung bei Menschen und bei Tieren. Instinktgebärden sowie artspezifische Körperbewegungen (z. B. Imponiergebärden) sind

**Ganztagsschule:** Für die Integrationsarbeit mit ausländischen Schülern gibt es bei der Ganztagsschule zahlreiche Ansatzmöglichkeiten (Schüler der 10. Klasse einer Ganztagsschule in Hamburg bei der Zubereitung von Döner).

**Gebärdensprache:**
die zweiteilige Gebärde für »Gehörlosigkeit« (aus dem »Psychologie-Fachgebärdenlexikon«)

angeboren und dienen der innerartlichen Kommunikation. Dagegen beruhen künstliche (vereinbarte) Gebärden auf Konventionen und werden v. a. benutzt, wenn der Verzicht auf Sprache vorteilhaft ist (z. B. beim Grüßen aus der Ferne) oder wenn gesprochene Sprache nicht möglich ist (Gebärdensprache).

**Gebärdensprache, Gehörlosensprache:** Mittel zur Verständigung durch konventionalisierte Ausdrucksbewegungen (v. a. des Mundes und der Hände); dient als Kommunikationsmittel, wenn eine Verständigung mittels gesprochener Sprache nicht möglich ist. Die Gebärdensprache basiert vorwiegend auf Ausdrucksbewegungen; die Regeln der Kombination von Zeichen (Syntax) weichen dabei oftmals erheblich von denen der Lautsprache ab. Gehörlose benutzen die Gebärdensprache als ein spezialisiertes Zeichensystem, mit dessen Hilfe sie entweder untereinander oder mit sprech- und hörfähigen Menschen kommunizieren. Eine Verständigung wird durch Hand- und Fingerzeichen sowie durch Mimik und lautloses Artikulieren von Wörtern mit dem Mund erzielt, die dann abgelesen werden. Die Gebärdensprache weist wie die gesprochene →Sprache syntaktische, semantische und pragmatische Regelhaftigkeiten auf und steht dieser hinsichtlich Ausdrucksmöglichkeit und Geschwindigkeit nicht nach. Die mittlerweile kaum noch verwendete Bezeichnung **Taubstummensprache** für die Gebärdensprache wird von vielen Gehörlosen abgelehnt, da sie sich durch die Gebärdensprache umfassend ausdrücken können und in diesem Sinn nicht »stumm« sind.

**Geborgenheit:** Gefühl des bedingungslosen Angenommenseins, Wissen, dass man ganz man selbst sein darf. Geborgenheit wird in der Kindheit durch die Eltern oder andere Bezugspersonen vermittelt und legt die Grundlage zu späterer vertrauensvoller Kontaktaufnahme und neugieriger Erforschung der Welt. Die Suche nach Geborgenheit ist praktisch bei jedem Menschen anzutreffen; wo dauerhaft keine Geborgenheit erreicht werden kann, ist schwerer psychischer Stress die Folge.

**Geburt:** Vorgang des Ausstoßens der Nachkommen aus dem mütterlichen Körper bei lebend gebärenden Tieren und beim Menschen; bei diesem auch als Entbindung oder Niederkunft bezeichnet. Die Geburt ist eine intensive Erfahrung für Mutter und Kind, ebenso für den Vater, wenn er anwesend ist. Immer mehr Eltern sehen heute die Anwesenheit des Vaters bei der Geburt als bedeutsam an. Sowohl die Paarbeziehung als auch die Beziehung des Vaters zum Kind kann durch diese Erfahrung gestärkt werden (→Vaterschaft).

Die Frau erlebt vor und während der Geburt schmerzhafte Wehen, die sie durch Atemtechniken mildern kann. Die Austreibungsphase der Geburt kostet viel Kraft. Die meisten Mütter empfinden, nachdem ihnen das Kind auf ihren Körper gelegt wurde, eine große Erleichterung und überwältigende Gefühle.

Auch für das Kind stellt die Geburt und die Zeit nach der Geburt eine Stresssituation dar. Wurden seine Bedürfnisse bisher ständig und unmittelbar befriedigt, so muss es nach der Geburt u. a. die körperliche Trennung von der Mutter verkraften, eigenständig atmen und die Körperwärme selbst regulieren. Auch dem Kind tut es gut, wenn es gleich nach der Geburt Körperkontakt zu den Eltern hat.

Bei vielen Frauen kommt es in den ersten zehn Tagen nach der Geburt (meist zwischen dem dritten und fünften Tag) zu depressiven Verstimmungen, den sogenannten Heultagen. Dabei handelt es sich um ein Stimmungstief mit v. a. Traurigkeit, häufigem Weinen, Stimmungsschwankungen, Müdigkeit und Erschöpfung, das bald wieder abklingt. Sind die Beschwerden schwerer wiegend, kann eine →Wochenbettdepression oder →Wochenbettpsychose vorliegen.

**Geburtstrauma:** *Psychoanalyse:* von dem österreichischen Psychoanalytiker Otto Rank (* 1884, † 1939) geprägte Bezeichnung für eine psychische Belastung, die durch die Geburt entsteht: Die bei der Geburt erlebte Angst soll die Urform und das Vorbild für alle späteren Ängste sein.

**Gedächtnis:** *allgemein* die Fähigkeit, Informationen abrufbar zu speichern und zu reproduzieren; in der *kognitiven Psychologie* die Gesamtheit der Speichereinheiten zum Aufnehmen, Verarbeiten und Abrufen von Informationen.

Das Gedächtnis wird in spezialisierte Einheiten unterteilt, die sich nach ihrer Haltezeit,

| | Geschwindigkeit der Informationsaufnahme | Speicherkapazität | Speicherdauer |
|---|---|---|---|
| Sinnesorgane | $10^9 - 10^{11}$ bit/s | | |
| Ultrakurzzeitgedächtnis | 15 – 20 bit/s | 180 – 200 bit | 1 – 2 s |
| Kurzzeitgedächtnis | 0,5 – 0,7 bit/s | $10^3 - 10^4$ bit | max. 20 s |
| Langzeitgedächtnis | 0,05 bit/s | $10^8 - 10^{10}$ bit | Stunden – Jahre |

**Gedächtnis:** Die Dauer der Informationsspeicherung nimmt bei den verschiedenen Gedächtnisstufen zu, während die Geschwindigkeit der Informationsaufnahme deutlich abnimmt.

Kapazität und der Art ihrer Inhalte unterscheiden. Das **Ultrakurzzeitgedächtnis** registriert visuelle und akustische Sinneseindrücke für maximal ein bis zwei Sekunden. Der größte Teil dieser Eindrücke geht unverarbeitet verloren, lediglich die durch Aufmerksamkeit ausgewählten Informationen werden in den nachfolgenden Gedächtnisstufen verarbeitet. Das **Kurzzeitgedächtnis** nimmt die ausgewählten Informationen auf. Es wird als Ort der bewussten Verarbeitung verstanden, d. h., die Prozesse des Denkens sind hier lokalisiert. Die Kapazität des Kurzzeitgedächtnisses ist sehr begrenzt, es fasst ca. sieben Einheiten (Ziffern, Wörter). Durch Wiederholungen der Inhalte können diese beliebig lang im Kurzzeitgedächtnis gehalten werden, ansonsten verfallen sie innerhalb von etwa 30 Sekunden. Die Wiederholung ist ebenfalls die Voraussetzung dafür, dass die Informationen ins Langzeitgedächtnis überführt werden.

Das **Langzeitgedächtnis** beinhaltet das gesamte Wissen einer Person über sich selbst und die Welt. Hierzu gehören Begriffe, Schemata und Regelsysteme, Kenntnisse, die dem Denken und Sprechen zugrunde liegen, sowie ganz persönliche Erfahrungen und Erwartungen. Informationen, die hier gespeichert sind, werden durch Erinnerungsvorgänge aktualisiert, unter Umständen auch verändert. Beim Erinnern werden sie ins Kurzzeitgedächtnis zurückgeholt und in die dort stattfindenden Denkprozesse mit einbezogen.

Diese grundlegende Vorstellung vom Gedächtnissystem ist erweitert und differenziert worden. Anstelle des Kurzzeitgedächtnisses wird ein **Arbeitsgedächtnis** angenommen, das wiederum aus spezialisierten Einheiten zusammengesetzt ist. Um einen zentralen Prozessor herum sind Hilfsspeicher für sprachliche und visuelle Informationen angeordnet.

Das Langzeitgedächtnis zerfällt ebenfalls in Einheiten, die sich nach der Art ihrer Inhalte unterscheiden. Im **episodischen Gedächtnis** werden einmalige Ereignisse zusammen mit ihrem räumlichen und zeitlichen Kontext gespeichert. Der Abruf aus dem episodischen Gedächtnis erfolgt über die räumlichen und zeitlichen Kontexte. Episoden, die einen besonderen Stellenwert für das subjektive Erleben haben, sind durch intensive Eindrücke und Gefühle angereichert und bilden das **autobiografische Gedächtnis**.

Das **semantische Gedächtnis** enthält die Gesamtheit des Wissens, das relativ zeitlos und unabhängig von der eigenen Person gültig ist. Die kleinsten Einheiten des semantischen Gedächtnisses sind →Begriffe. Diese sind in einem →semantischen Netz organisiert, sodass Beziehungen zwischen den Begriffen hergestellt werden. Aus dem semantischen Gedächtnis kann z. B. abgerufen werden, dass Benzin aus Erdöl gewonnen wird, und dass Paris die Hauptstadt von Frankreich ist.

Das **prozedurale Gedächtnis,** also das auf Abläufe bezogene Gedächtnis, repräsentiert in erster Linie erlernte Fertigkeiten, die so gut erlernt sind, dass sie weitgehend automatisiert ablaufen, z. B. Auto fahren. Im Zusammenhang mit dem prozeduralen Gedächtnis spricht man auch vom impliziten Gedächtnis, weil die Inhalte nicht ohne Weiteres ausdrücklich gemacht werden können, sondern vielmehr zur unmittelbaren Ausführung gelangen.

**Gedächtnis|entwicklung:** die Veränderung der Gedächtnisleistung über die Lebensspanne. Sie entwickelt sich auf der Basis der durch das Nervensystem geschaffenen Voraussetzungen zum Abspeichern von Informationen sowie in Wechselwirkung mit der Umwelt.

Die Entwicklungsveränderungen betreffen das Ultrakurzzeitgedächtnis, den Arbeitsspeicher und das Langzeitgedächtnis (→Gedächtnis). Während auf die Informationen im Ultrakurzzeitgedächtnis effektiv und systematisch zugegriffen werden kann, findet sich im Arbeitsspeicher eine bessere Nutzung der begrenzten Kapazitäten durch den gezielten Einsatz von Gedächtnisstrategien. Im Langzeitgedächtnis erfolgen Entwicklungsveränderungen bei dessen drei Unterformen, dem episodischen, semantischen und prozeduralen Gedächtnis. Erlebnisse werden zuerst mittels Wiederholung gespeichert. Daher bekommen Kleinkinder v. a. über das Wiedererkennen von Personen und Objekten sowie das Einüben motorischer Abläufe bleibenden Informationszuwachs im episodischen und prozeduralen Gedächtnis. Danach, mit der Entwicklung von Denken und Sprechen, bildet sich das abstrakte, weniger kontextgebundene semantische Gedächtnis immer stärker aus. Im Vorschulalter erfolgt der Spracherwerb. Erst nach dieser Zeit reflektieren Kinder ihr Dasein in der Welt und damit auch in ihrer sozialen Umwelt. Sie erlangen die Fähigkeit, Bewusstsein von sich selbst zu erlangen.

Das Gehirn, die anatomische Basis des Langzeitgedächtnisses, erreicht im Vorschulalter die Möglichkeit, Netzwerke für komplex zu integrierende Funktionszusammenhänge zu schaffen. Ab diesem Stadium kann auf das in zeitliche und räumliche Kontexte eingebettete episodische Gedächtnis im Zusammenhang mit

## Gedächtnisstörungen

- → **GEDÄCHTNIS**
  - → ERINNERUNG
  - → INFORMATIONSVERARBEITUNG
  - → LERNEN
  - → VERGESSEN
- → **BEWUSSTSEINSSTÖRUNGEN**
  - → DÄMMERZUSTAND
- → **KRANKHEIT**
  - → ALZHEIMERKRANKHEIT
  - → DEMENZ
  - → EPILEPSIE
  - → ORGANISCHES PSYCHOSYNDROM

**GEDÄCHTNISSTÖRUNGEN**

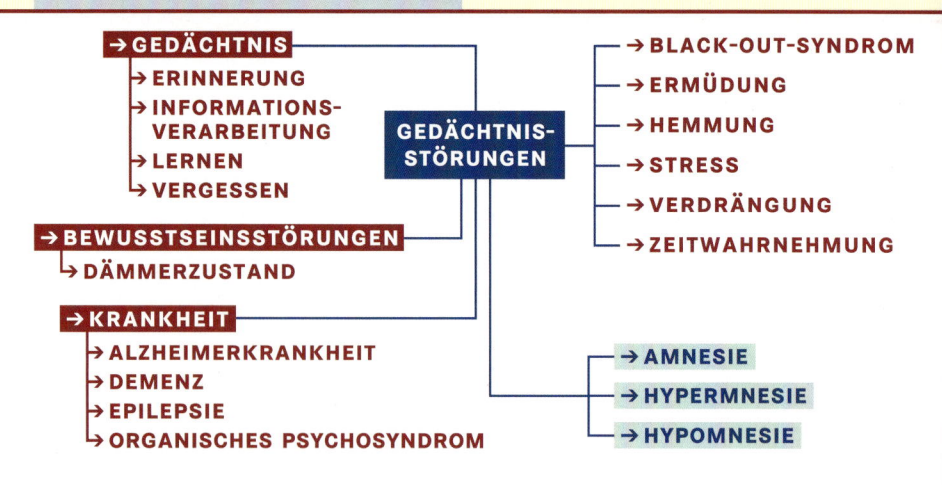

- → BLACK-OUT-SYNDROM
- → ERMÜDUNG
- → HEMMUNG
- → STRESS
- → VERDRÄNGUNG
- → ZEITWAHRNEHMUNG

- → **AMNESIE**
- → **HYPERMNESIE**
- → **HYPOMNESIE**

dem semantischen Gedächtnis bewusst zurückgegriffen werden. Damit können erlebte Episoden zeitlich geordnet und zueinander in Beziehung gesetzt werden, was die Voraussetzung für die Ausbildung der eigenen →Biografie darstellt.

**Gedächtnisstörungen:** alle Formen der Beeinträchtigung der Gedächtnisleistung. Störungen können beim Einprägen neuer Informationen sowie Abrufen gespeicherter Inhalte aus dem Langzeitgedächtnis bestehen.

Bei Störungen des Einprägens ist die Fähigkeit beeinträchtigt, neue Informationen auf Dauer zu speichern. Ursachen sind aufseiten der Person oft Einschränkungen der geistigen Leistungsfähigkeit und eine verminderte Konzentrationsfähigkeit. Aufseiten des Materials wirken sich →Interferenzen negativ aus. Störungen des Abrufens sind z. T. mit den Erinnerungstäuschungen (→Erinnerung) identisch, z. T. gehen sie auf Ermüdung oder Drogen zurück (in Form des umgangssprachlichen »Filmrisses«, z. B. nach Alkoholmissbrauch). Abrufstörungen mit Krankheitswert fasst man unter dem Begriff →Amnesie zusammen.

Gedächtnisstörungen treten selten isoliert auf, meist sind auch andere kognitive Fähigkeiten (z. B. Aufmerksamkeit, Konzentrationsfähigkeit, Sprachvermögen) beeinträchtigt. Ist im höheren Lebensalter der gesamte kognitive Bereich betroffen, spricht man von →Demenz.

**Gedächtnisstrategien:** Methoden, die eine optimale Einspeicherung und einen optimalen Abruf von Informationen gewährleisten sollen. Man unterscheidet interne und externe Gedächtnisstrategien. Interne Gedächtnisstrategien sind die **Mnemotechniken.** Das sind Techniken, bei denen sachfremde Lernhilfen zum leichteren Einprägen genutzt werden: Merkverse (»Eselsbrücken«, z. B. Reime wie »3-3-3, bei Issos Keilerei«), Regeln, bildliche Vorstellungen. Externe Gedächtnisstrategien beinhalten das Benutzen von Merkhilfen, z. B. Taschenkalendern, Tagebüchern, Notizblöcken, Pinnwänden. Das Üben von Gedächtnisstrategien ist v. a. bei Personen mit Gedächtnisbeeinträchtigungen (z. B. Patienten mit Hirnschäden nach Unfall, alte Menschen mit beginnender Demenz) angebracht.

Die Strategien des Einprägens sind im Allgemeinen eher trainierbar als die des Abrufens. Letztere sind bisher wenig erforscht. Die wichtigsten Methoden des Einprägens sind das Wiederholen, die Visualisierung, die Gruppierung und die Locitechnik. Die **Wiederholung** ist eine einfache und verbreitete Methode für das Aus-

**Gedächtnisstrategien:** Die Merkfähigkeit ist individuell sehr verschieden und hängt von zahlreichen innren und äußeren Faktoren ab. Sie ist jedoch trainierbar. Die Schüler Katharina und Sebastian Bunk beim Training mit Spielkarten für eine Gedächtnismeisterschaft – beide haben schon mehrere bedeutende Titel errungen.

wendiglernen. Nach den Theorien des →Gedächtnisses führt die Wiederholung von Inhalten im Kurzzeitgedächtnis zu deren Übertragung ins Langzeitgedächtnis. Bei der **Visualisierung** werden Begriffe, die nicht unmittelbar mit Bildern verbunden sind, absichtlich mit Bildern verknüpft. Auf diese Weise wird der Begriff sowohl verbal als auch visuell im Gedächtnis verankert. Die bildhafte Erinnerung ist in der Regel leichter erreichbar und ruft durch Assoziation auch den gesuchten Begriff in Erinnerung. **Gruppierung** bedeutet die Zusammenfassung von einzelteiligen Inhalten zu größeren Einheiten. Eine Einkaufsliste lässt sich leichter merken, wenn die Waren in Kategorien zusammengefasst werden (Obst, Gemüse, Milchprodukte). Die **Locitechnik**, auch Methode der Orte genannt, ist hilfreich für das Einprägen einer Liste von Gegenständen, bei denen es auf die richtige Reihenfolge ankommt. In der Vorstellung werden die Gegenstände entlang eines gut bekannten Weges aufgestellt. Beim Abrufen schreitet man in der Vorstellung den Weg wieder ab. Die Locitechnik, ähnlich der Visualisierung, macht sich die Überlegenheit des visuellen Gedächtnisses zunutze.

**Gedächtnistraining:** die systematische Schulung des Gedächtnisses mithilfe der üblichen →Gedächtnisstrategien.

**Gedankenübertragung:** Vorgang, bei der Gedanken einer Person die Gedanken einer anderen Person in eine bestimmte Richtung lenken. Gedankenübertragung ist bislang wissenschaftlich nicht belegt. Die Auffassung, dass Gedanken übertragen würden, ist eine alltagspsychologische Erklärung für die gelegentlich zu beobachtende Tatsache, dass zwei Menschen an dasselbe denken, ohne sich miteinander darüber verständigt zu haben. Ein solcher Vorgang lässt sich in der Regel dadurch erklären, dass zwei Personen, die einen Lebensbereich oder bestimmte Interessen miteinander teilen, durch bestimmte äußere Erlebnisse oder bevorstehende Termine auf dasselbe hingewiesen werden, sodass sie an dasselbe denken.

**Gefahr:** in der *Sicherheitspsychologie* potenziell schädigende Energie, die unabhängig vom handelnden Menschen besteht und unmittelbar oder mittelbar verletzen kann. Eine **unmittelbare Gefahr** besteht bei Energieformen, die den Menschen schädigen können – aus dem physikalischen Bereich (z. B. Stoß, Hitze oder elektrischer Strom), dem chemischen Bereich (z. B. Gefahrstoffe) oder aus dem biologischen Bereich (z. B. Krankheitserreger). Eine **mittelbare Gefahr** kann bei der Berührung mit Gegenständen entstehen; z. B. besitzen Stolperkanten oder ein herumliegender Nagel keinen Energiegehalt, können also nicht direkt verletzen. Die Energie steckt im Menschen (dem Gefährdeten), der seine Bewegungsenergie auf den Nagel oder die Stolperkante überträgt. Solange Mensch und Gefahr getrennt sind und keine Möglichkeit der (gegenseitigen) Einwirkung besteht, besteht keine Gefährdung.

Als **Gefahrenkognition** wird die Wahrnehmung von Situationen oder Objekten bezeichnet, die eine Gefährdung nach sich ziehen können. Die Gefahrenkognition soll dem Handelnden ein internes Gefahrenmodell liefern, d. h. die subjektive Repräsentation der objektiven Gefahren.

**Gefährdung:** in der *Sicherheitspsychologie* das Hineingeraten in den Einwirkungsbereich schädigender Energien, Substanzen oder Objekte. Gefahren, die unabhängig vom Menschen existieren, entfalten ihre schädigenden Wirkungen erst dann, wenn Mensch und Gefahr räumlich und zeitlich zusammentreffen. Physische Belastungen (z. B. Lärm, Tragen schwerer Lasten) und psychische Belastungen (z. B. hohe Verantwortung, Konflikte mit Kollegen, mono-

> **Gedächtnisstrategien | Visualisierung**
>
> Muss man sich eine Zahl merken, z. B. die Zahl 824, kann man den einzelnen Ziffern Gegenstände oder Tiere zuordnen, deren Form an die Ziffer erinnert. Eine Acht hat die Form einer Brille, die Zwei erinnert an einen Schwan und die Vier sieht aus wie ein umgedrehter Stuhl. Diese drei Bilder, die die Ziffern repräsentieren, werden dann zu einem Bild zusammengesetzt. Beispielsweise kann man sich vorstellen, dass ein Schwan mit Brille auf dem Stuhl sitzt. Vielen Menschen fällt es leichter, sich an ein durchaus originelles Bild zu erinnern, als an die abstrakten Ziffern.

**Gefahr:** Man unterscheidet unmittelbare Gefahren, etwa durch physikalische Energien – wie hier beim Ausbruch des Pu'u O'o auf Hawaii –, von mittelbaren Gefahren, die erst durch das Handeln des Menschen entstehen.

**Gefährdung** entsteht oft erst, wenn das Gefahrenpotenzial unerkannt blieb (Ausschnitt aus einer Illustration aus dem »Struwwelpeter«).

tone Arbeiten), können zu einer Fehlbeanspruchung (Über- oder Unterforderung) führen und eine Gefährdung der Gesundheit hervorrufen.

Primär ist anzustreben, Gefahren unschädlich zu machen oder zu beseitigen (z. B. Gefahrstoffe durch unschädliche Substanzen zu ersetzen). Gelingt dies nicht vollständig, sind Personen aus Gefährdungsbereichen fern zu halten (z. B. durch Absperrungen). Da dies in vielen Arbeitsbereichen nicht immer möglich ist, müssen sich die betroffenen Personen durch entsprechende Schutzausrüstungen (z. B. Schutzbrille) vor Gefahrenwirkungen schützen. Man muss folglich über Gefahrenkognition (→ Gefahr) verfügen, um Schutzmaßnahmen ergreifen zu können, diese wird z. B. durch → Arbeitsunterweisung erworben.

**Gefährdungsbeurteilung:** in der *Sicherheitspsychologie* Methoden zur Wahrnehmung, zum Erkennen und Beurteilen von Gefahren. Zu unterscheiden ist zwischen der indirekten und der direkten Gefährdungsbeurteilung. Die indirekte Gefährdungsbeurteilung versucht, durch Analyse eines Unfalls oder einer sicherheitskritischen Situation Rückschlüsse auf die Einflussgrößen zu ziehen, die zum → Unfall oder → Beinaheunfall geführt haben. Die direkte Gefährdungsbeurteilung versucht, im Voraus – bevor ein Unfall geschieht – sicherheits- und gesundheitskritische Bedingungen und Verhaltensweisen zu entdecken und zu beseitigen. Dazu gehören neben klassischen Unfallgefahren auch physische und psychische → Belastungen. Zur Beurteilung vorliegender Gefährdungen können Betriebsbegehungen, Mitarbeiterbefragungen, sicherheitstechnische Überprüfungen von Arbeitsmitteln, spezielle Ereignis-, Sicherheits- oder Risikoanalysen herangezogen werden.

**Gefahrenkognition:** die Wahrnehmung von Situationen oder Objekten, die eine → Gefahr nach sich ziehen können.

**Gefühle:** → Emotionen.

**Gefühlsarbeit:** die Gefühle betreffende Form der → Arbeit.

**Gefühlstheori|en:** die → Emotionstheorien.

**Gefühlswahrnehmung:** das Wahrnehmen der eigenen Gefühle und der von anderen Personen. Das Wahrnehmen der eigenen Gefühle ist unmittelbar oder durch die Konzentration auf vegetative Vorgänge und innere Zustände möglich. Man spürt somatische Reaktionen (Herzschlagen bei Angst, Übelkeit bei Ekel usw.). Die Wahrnehmung der Gefühle anderer führt bei verschiedenen Menschen oft zu verschiedenen Urteilen über das jeweils ausgedrückte Gefühl. Beim Emotionsausdruck sind Gesicht, Mimik, Gestik und Körperhaltung beteiligt. Jeder Wahrnehmende konzentriert sich auf andere Aspekte. Der gleiche fahle Gesichtsausdruck eines Menschen kann von den Beurteilern als Ärger, Zufriedenheit oder als Hoffnungslosigkeit gedeutet werden. → Empathie führt in der Regel zu einer korrekten Wahrnehmung der Gefühle anderer.

**Gegenbesetzung:** *Psychoanalyse:* eine Form der → Besetzung.

**Gegenübertragung:** *Psychoanalyse:* Gefühlsreaktionen, die im Analytiker durch den Patienten ausgelöst werden, z. B. provoziert der Patient unbewusst Wut im Analytiker und dieser reagiert entsprechend mit Wut. Die Gegenübertragung ist eine Reaktion auf die → Übertragung des Patienten und wird diagnostisch genutzt. Im genannten Beispiel würde analysiert werden, ob der Patient eine wütende Person aus seiner Kindheitsgeschichte auf den Psychotherapeuten projiziert, wer dieser war, um welche Situationen es sich handelte usw. In Supervisionen schulen sich Psychotherapeuten darin, ihre Gegenübertragung als solche zu erkennen bzw. von den eigenen persönlichen Gefühlen zu unterscheiden.

**Gehirn:** von den Knochen des Schädels umgebener Teil des Nervensystems, der zusammen mit dem Rückenmark das Zentralnervensystem bildet. Das Gehirn des Menschen ist das Zentrum für alle Sinnesempfindungen und Willkürhandlungen, der Sitz des Bewusstseins, des Gedächtnisses und aller geistigen und seelischen Leistungen. Der für den Menschen kennzeichnendste Gehirnteil ist das **Endhirn** (auch Großhirn genannt), das sich erst bei ihm zu so beträchtlicher Größe entwickelt hat und die Voraussetzung für seine geistig-seelische Leistungsfähigkeit darstellt. Die **graue Substanz** der Großhirnrinde besteht aus Zellkörpern und nicht myelinisierten Axonen, den Reiz weiterleitenden Fortsätzen der → Nervenzellen; wie ein Mantel bedeckt sie zusammen mit den darunter gelegenen Nervenfasern (weiße Substanz) die übrigen Hirnteile. Die beiden Großhirnhalbkugeln (**Hemisphären**) sind durch den **Balken** (Corpus callosum) miteinander verbunden, einer dicken Platte von Nervenfasern, die auch als große Kommissur(enbahn) bezeichnet wird. Solche Kommissuren kommen an mehreren Stellen im Gehirn vor und übertragen überwiegend Informationen zwischen den beiden Gehirnhälften.

Die **Großhirnrinde** (Cortex cerebri), der phylogenetisch jüngste Teil des Gehirns, ist das höchste Integrationsorgan des gesamten Zentralnervensystems. Ihre Regionen sind sehr verschiedenen Leistungen dienstbar. Vor allem das **Stirnhirn** (Stirnlappen) ist beim Menschen – auch im Vergleich zu den Menschenaffen – stark entwickelt. Wird es durch Tumoren oder Verletzungen ganz oder teilweise ausgeschaltet, so sind schwere Charakterveränderungen die Folge.

In der unteren Stirnhirnwindung, am Übergang zu der nach hinten anschließenden vorderen Zentralregion, liegt (bei Rechtshändern) in der linken Hemisphäre das motorische Sprachzentrum. Aus den Nervenzellen der vorderen Zentralregion (motorisches →Rindenfeld) entspringen die langen Nervenfasern der willkürlich motorischen Nervenbahnen, die bis in das Rückenmark hinabziehen. Bewusste Willensimpulse werden von hier aus in geordnete Handlungen umgesetzt. Im Bereich der hinteren Zentralregion im Scheitellappen oder **Scheitelhirn** (sensorisches Rindenfeld) enden dagegen alle Sinnesempfindungen aus der Körperperipherie (Tastsinn, Raumsinn, auch Geschmackssinn); hier werden sie zu bewussten Erlebnissen und als individuelle Sinneserfahrungen gespeichert.

An das Scheitelhirn schließt sich der Hinterhauptlappen **(Okzipitallappen)** an, in dem die Sehbahn endet. Hier werden die Lichtsinnesempfindungen zum bewussten, momentanen Bild integriert und die Summe der optischen Erfahrungen gespeichert. Unterhalb des Okzipitalhirns und vorn umbiegend liegt der **Schläfenlappen** (Schläfenhirn), in dem die Hörbahn endet und die akustischen Sinneseindrücke bewusst werden. Er enthält die Verständnis- und Gedächtniszentren für die Sprache und den Musiksinn.

Das **Stammhirn** besteht aus dem Zwischenhirn, dem Mittelhirn und dem verlängerten Mark **(Medulla oblongata).** Hier entspringen zehn der zwölf Gehirnnerven. Das **Zwischenhirn** (Diencephalon) wird vom Endhirn bis auf einen kleinen, basal gelegenen Bereich vollständig umgeben. Es gliedert sich in zwei Hauptbereiche, den →Thalamus und den →Hypothalamus. Wegen der ausgeprägten Verbindungen vom Thalamus zum Cortex bezeichnet man den Thalamus als »Tor zum Cortex«. Der Hypothalamus umfasst eine Vielzahl von Kernen (Zellansammlungen); sie regeln motivationale und emotionale Verhaltensweisen, sind eingebunden in Funktionen des autonomen Nervensystems und den Hormonhaushalt.

Das **Mittelhirn** (Mesencephalon) schließt sich nach hinten an das Zwischenhirn an und enthält eine Reihe wichtiger Kerngebiete. Durch diesen Gehirnteil laufen alle auf- und absteigenden Nervenbahnen. Ihm schließt sich das Rautenhirn (Rhombencephalon) an, das mit dem verlängerten Mark in das Rückenmark übergeht und dem das Kleinhirn (Cerebellum) angeschlossen ist.

Das **Kleinhirn** (Cerebellum) ist ein sehr selbstständiger Hirnteil, der die Aufgabe hat, bei allen Bewegungen durch entsprechende Muskelkoordination das Gleichgewicht zu erhalten. Für diese Leistung ist es mit allen sensiblen und motorischen Nervenbahnen verbunden. Es bildet v.a. den Integrationsort des Gleichgewichtssinnesorganes (Vestibularapparat). Über die Brücke (Pons) empfängt es außerdem die motorischen Bewegungsimpulse aus der Großhirnrinde. Auf diese Weise wird das Kleinhirn in die Lage versetzt, die für bestimmte Bewegungsmuster und -ziele notwendige Muskelkoordination automatisch durchzuführen.

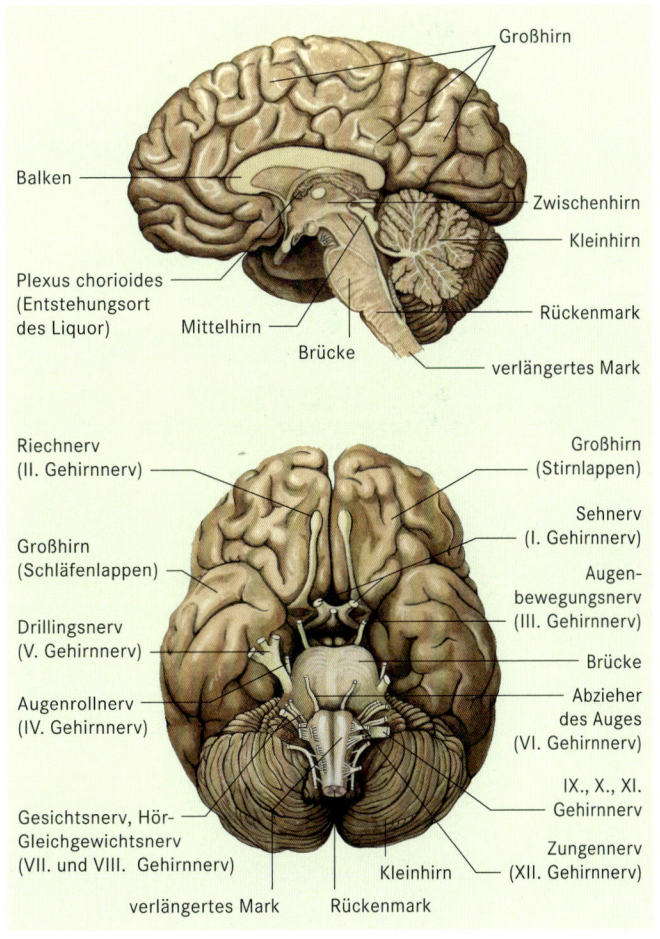

**Gehirn:** Schnitt durch die Mittelachse des menschlichen Gehirns (oben) und Ansicht von unten mit den im Stammhirn entspringenden zwölf Gehirnnerven (unten)

Eine besondere Kombination von Hirnstrukturen stellt das →limbische System dar, zu dem Anteile im End-, Zwischen- und Mittelhirn gehören und dem sowohl emotionale und motivationale Funktionen zugeschrieben werden als auch die Übertragung von Informationen vom Kurzzeit- ins Langzeitgedächtnis.

**LESETIPPS:**
Susan A. Greenfield: *Reiseführer Gehirn.* Heidelberg (Spektrum) 2003.
Vilayanur Ramachandran: *Eine kurze Reise durch Geist und Gehirn.* Reinbek (Rowohlt Taschenbuch) 2005.
Rainer M. Bösel: *Das Gehirn. Ein Lehrbuch der funktionellen Anatomie für die Psychologie.* Stuttgart (Kohlhammer) 2006.

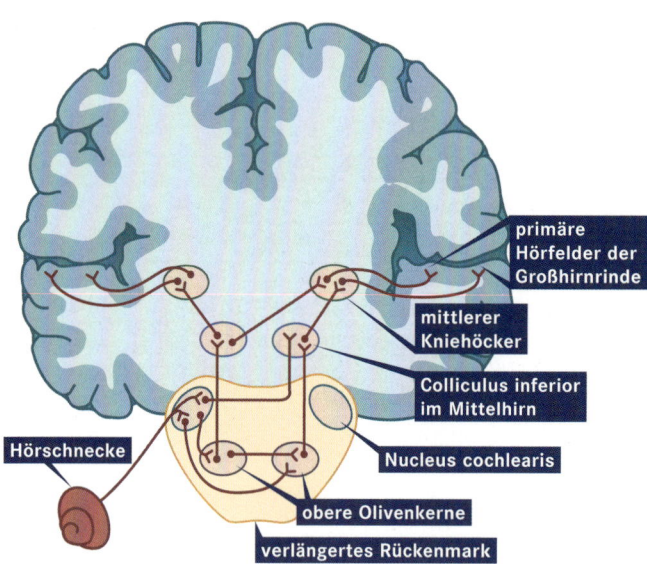

**Gehör:** die Reizverarbeitung im Gehirn – vereinfachte Darstellung der Hörbahn vom Ohr zum Großhirn. Alle Nervenbahnen sind spiegelsymmetrisch zu denken.

**Gehör:** Fernsinn der Information über Lautvorgänge in der Umwelt. Das Sinnesorgan zur Wahrnehmung von Schallwellen ist bei höheren Tieren und dem Menschen das →Ohr. Beim menschlichen Ohr gelangen die von den Objekten und Personen der Umwelt ausgehenden Schallwellen durch den Gehörgang zum Trommelfell und versetzen es in Schwingungen. Die Gehörknöchelchen (Hammer, Amboss und Steigbügel) leiten sie zum ovalen Fenster der Schnecke weiter, wo die Flüssigkeitssäule des oberen Schneckengangs (Vorhoftreppe) in Schwingung versetzt wird. Resonanzerscheinungen bewirken je nach Tonhöhe an bestimmten Stellen ein Mitschwingen der Flüssigkeitssäule im Cortiorgan und im unteren Schneckengang (Paukentreppe). Durch das runde Fenster verlassen die Schwingungen die Schnecke wieder. Im Cortiorgan sitzende Sinneszellen werden durch die Schwingungen erregt und leiten die Erregung zum Gehirn weiter, wo die Reizverarbeitung erfolgt.

Hören und Sprechen hängen eng zusammen. Bei Störungen des Gehörs ist die Kommunikationsfähigkeit der Betroffenen eingeschränkt, da die Laute der Sprache falsch, unvollständig oder gar nicht wahrgenommen werden. Taub geborene Menschen können sich oft nicht exakt lautlich artikulieren, schweigen bisweilen sogar vollständig. Ihnen steht die auf Mimik und Gestik basierende →Gebärdensprache zur Verfügung.

**Gehörlosensprache:** die →Gebärdensprache.

**Gehörlosigkeit:** die →Taubheit.

**Gehorsam:** Ausführung oder Unterlassung einer Handlung aufgrund eines Gebotes oder eines Verbotes. Die Bereitschaft zum Gehorsam wurde v. a. in den **Milgram-Experimenten** von dem amerikanischen Sozialpsychologen Stanley Milgram (* 1933, † 1984) Anfang der 1960er-Jahre untersucht. Die Experimente sollten u. a. aufklären, weshalb so viele anscheinend »normale« Personen in einem grausamen System wie einem Konzentrationslager grausam handeln.

Man sagte den Versuchspersonen, sie seien Gehilfen eines Psychologen und sollten für ein Experiment zur Verbesserung des Lernens Schülern in einem Nebenzimmer Stromschläge verabreichen, wenn diese Fehler machten. Etwa zwei Drittel der Versuchspersonen verabreichten den »Schülern« (tatsächlich Partner des Versuchsleiters) als »lebensgefährlich« ausgewiesene Stromschläge, obwohl die »Schüler« dann »vor Schmerz« laut schrien. Die Versuchspersonen unterwarfen sich also den Anordnun-

**Gehirnwäsche, Brainwashing** [ˈbreɪnwɒʃɪŋ, engl.]: gewaltsame geistige Desorganisation und Umstrukturierung einer Person. Die Methode der Gehirnwäsche besteht vorwiegend in endlosen Verhören, Folterungen, suggestiven Einwirkungen (verbunden mit Drohungen im Wechsel mit Versprechungen) und einer fortwährenden Überreizung des Nervensystems (z. B. grelles Licht, Schlaf- und Nahrungsentzug) oder anhaltender →Deprivation (z. B. Hunger, Isolation). Die physiopsychische Belastung führt nicht selten zur gewünschten »Änderung« der politischen und moralischen Einstellungen, verschiedentlich jedoch auch zum völligen Persönlichkeitszusammenbruch (bis hin zu Halluzinationen oder Wahnvorstellungen).

gen des Versuchsleiters, der sie nicht direkt unter Druck setzte, sondern nur immer wieder behauptete, dies zu tun sei Teil des Experiments.

Eines der wichtigsten Erkenntnisse, die aus den Experimenten gezogen wurde, ist: Grausames Handeln ist trotz starker Bedenken gegenüber dem eigenen Verhalten möglich. Die meisten Versuchspersonen haben ihre Tat nicht gutgeheißen, sie waren sehr angespannt, nervös, schwitzten, ballten die Fäuste. Das bedeutet, dass man kein »gefühlloser Sadist« sein muss, um so zu handeln. Gehorsam gegenüber einer Autorität wirkt aber stärker als das eigene moralische Urteil. Eine Erklärung dafür ist die Abgabe von Verantwortung; die Versuchspersonen beantworteten die Frage, warum sie sich so verhielten, damit, dass sie nicht verantwortlich dafür seien, sie seien angewiesen worden, das zu tun. Eine weitere Erklärung ist, dass Gehorsam in der Kindheit erlernt wird; Autoritäten (z. B. Eltern) bestrafen Ungehorsam häufig (etwa durch Liebesentzug), während sie Gehorsam belohnen. Nach der Evolutionspsychologie beruht Gehorsam auf einer stammesgeschichtlich erworbenen Verhaltensdisposition, die sozusagen das Gegenstück zum Rangstreben darstellt.

Die Milgram-Experimente zeigen auch den gesellschaftlichen Stellenwert der Wissenschaft, ihre Akzeptanz als Autorität. In einer Variante des Experiments war der Versuchsleiter für die Versuchsperson nicht sichtbar, sondern er gab die Anweisungen per Telefon. In diesem Fall sank die Gehorsamsrate deutlich.

Als ethisch umstritten gelten die Milgram-Experimente aufgrund der Tatsache, dass die Versuchspersonen in die Rolle eines Peinigers gebracht wurden.

**Geist:** allgemein das Bewusstsein des Menschen, Verstand; in der *Philosophie* das dem Bewusstsein, dem Fühlen, Wollen und Denken zugrunde liegende Prinzip und dessen Organisationsformen. Ursprünglich wurde der Begriff Geist als Bezeichnung für alle bewusstseinstragenden Lebensprozesse in der Welt und deren Produkte in der Kultur verwendet. In der deutschen idealistischen Philosophie am Ende des 18. und zu Beginn des 19. Jahrhunderts (u. a. bei Johann Gottlieb Fichte, Immanuel Kant und Georg Wilhelm Friedrich Hegel) wurde der Geist in Abgrenzung zur materiellen, bewusstseinslosen Natur definiert. Der Geist tritt in drei Seinsformen in Erscheinung. Als Geist des Individuums, als personaler Geist, ist es das persönliche Bewusstsein von sich und der Welt. Zweitens gibt es den objektiven Geist. Das ist die Gesamtheit aller Denk- und Bewusstseinsformen innerhalb einer Kultur oder sogar der ganzen Menschheit. Drittens schließlich spricht man vom objektivierten Geist. Das sind die Vergegenständlichungen des objektiven Geistes, wie etwa Kunst, Literatur und Wissenschaft, also alle geistigen Produkte einer Kultur.

**Gehorsam:** Die Problematik von auf Gehorsam beruhenden Strukturen ist nicht zuletzt durch die verheerende Erfahrung der nationalsozialistischen Diktatur zum Bewusstsein gekommen (Kampfspiele am Tag der Gemeinschaft beim Reichsparteitag in Nürnberg, 1938).

In der *Psychologie* ist der Begriff traditionell unüblich. Stattdessen spricht man z. T. von den geistigen Funktionen Wahrnehmung, Denken und Gedächtnis und z. T. generell von allen psychischen Prozessen in Abgrenzung zu den körperlichen, wie es im →Leib-Seele-Problem diskutiert wird. Seit etwa Ende der 1990er-Jahre ist der Geist allerdings zunehmend Gegenstand der →Neuropsychologie. Hier wird häufig die reduktionistische Auffassung vertreten, dass die geistigen Funktionen die neuronalen Akivitäten im Gehirn sind; der Geist (wie auch alle anderen psychischen Erscheinungen) wird hier allein auf die Nervenzellen zurückgeführt. Andere Neuropsychologen setzen Geist und Gehirn nicht gleich, sondern betrachten den Geist als eine höhere Ebene der Gehirnaktivität: Zwar beruhen geistige Phänomene auf der Vernetzung von Nervenzellen, jedoch taucht nach dem Prinzip der Emergenz eine neue Qualität auf. Emergenz bedeutet, dass etwas Neues aus Einzelkomponenten entsteht, wobei das Neue in der Regel eine höhere Komplexität aufweist als die Komponenten, aus denen es hervorgeht.

**Geisteswissenschaften:** zusammenfassende Bezeichnung für diejenigen Wissenschaften, die die Ordnungen des Lebens in Staat, Gesellschaft, Recht, Sitte, Erziehung, Wirtschaft, Technik und die Deutungen der Welt in Sprache, Mythos, Religion, Kunst und Philosophie zum Gegenstand haben (z. B. Geschichtswissenschaft, Theologie, Pädagogik, Literatur- und Sprachwissenschaft, Ethnologie). Teils als Synonym zum Begriff der Geisteswissenschaften, teils als Abgrenzung dagegen wird heute oft auch der Begriff der **Kulturwissenschaften** verwendet, mit dem im Allgemeinen eine stärkere Beachtung von interdisziplinären Fragestellungen betont wird. Geisteswissenschaften werden hinsichtlich Methoden und Gegenständen abgegrenzt gegenüber den Natur- und Sozialwissenschaften. Während die Geisteswissenschaften verstehend, beschreibend und/oder historisch verfahren, operieren die Sozialwissenschaften bevorzugt mit den statistischen Methoden der empirischen Sozialforschung. Die Naturwissenschaften untersuchen primär Naturvorgänge ohne Bewusstsein mit apparativen Messungen im Experiment.

Die Psychologie nimmt eine Mittelstellung zwischen Geistes-, Natur- und Sozialwissenschaften ein. Die Gegenstände sind zum Teil mit denen der Geisteswissenschaften identisch (z. B. Denken und Sprache), zum Teil gibt es Überschneidungen mit der Naturwissenschaft, insbesondere mit der Physiologie und der Medizin (Wahrnehmung, Empfindung, psychische und psychosomatische Störungen usw.). Aus den Naturwissenschaften hat die Psychologie experimentelle Methoden übernommen; aus den Sozialwissenschaften die Methoden der empirischen Forschung mittels statistischer Verfahren.

**geisteswissenschaftliche Psychologie:** zusammenfassende Bezeichnung für alle Richtungen in der Psychologie, die mit geisteswissenschaftlichen Methoden und Modellen operieren. Die geisteswissenschaftlichen Richtungen stehen im Gegensatz zu den in der Psychologie dominierenden naturwissenschaftlich-experimentellen Ansätzen.

Die Grundsätze einer explizit geisteswissenschaftlichen Psychologie gehen auf den Philosophen Wilhelm Dilthey zurück, der Ende des 19. Jahrhunderts forderte, die Psychologie solle das Verstehen zu ihrem methodischen Grundprinzip erklären. Die Psychologie müsse ihren Gegenstand, das menschliche Seelenleben, historisch beschreiben und die Psyche in ihrer Komplexität betrachten. Die zergliedernden, analytischen Methoden der Naturwissenschaft würden nur zur Erklärung seelenloser Prozesse taugen. Von Dilthey stammt der Satz: »Die Natur erklären wir, das Seelenleben verstehen wir.« Die Naturwissenschaften können zwar abstrakte, quantitative Gesetze über einzelne, isoliert betrachtete Zusammenhänge aufstellen, seien aber unfähig, Sinn, Zweck und Bedeutung menschlicher Lebensäußerungen zu verstehen.

Die von Dilthey auf den Weg gebrachte Kontroverse zwischen Erklären und Verstehen spaltet die akademische Psychologie bis heute. Geisteswissenschaftlich orientierte Psychologen lehnen die empirisch-statistischen Methoden, welche die Psyche in Variablen zerlegen, zumeist ebenso ab wie das Laborexperiment. Sie favorisieren oft →qualitative Methoden (Gespräch, Interview, Beobachtung) und →Fallstudien.

**geistige Behinderung:** in der ICD-10 die →Intelligenzstörung.

**Geiz:** suchtartige Sparsamkeit. Während zum vernünftigen Wirtschaften Sparsamkeit gehört, die dazu führt, nicht mehr auszugeben, als man sich leisten kann, kann der Geizige nicht aufhören zu sparen, auch wenn er längst mehr ausgeben oder verschenken könnte, ohne beispielsweise auch nur die Zinsen seines Kapitals aufzuzehren. Eine genauere Analyse zeigt zwei Komponenten im Geiz.

Nur eine davon ist in Sigmund Freuds Beschreibung des »analen Charakters« erfasst: die Neigung, alles für sich behalten zu wollen, bzw. die Hemmung, anderen etwas abzugeben. Die andere Komponente ist eine heftige, unersättliche Gier, die dadurch gezügelt wird, dass ihr ständig finanzielle Grenzen gesetzt werden; deshalb ist der Geizige auf Sparsamkeit angewiesen und sammelt Geld an. Es ist ihm sozusagen ein Symbol und ein Konzentrat derjenigen Befriedigungen, die er sich nicht gönnen kann.

Geiz ist oft eine Reaktion auf große Armut; andere Geizige verarbeiten ein frühes Trauma, das z. B. der Ruin der Familie durch die Verschwendungssucht eines Elternteils ausgelöst hatte. Dazu kommt, dass Geiz durch negatives soziales Feedback verstärkt wird: Wer lieber nimmt als gibt, dem wird auch lieber genommen als gegeben; daher bestätigt seine Umwelt den Geizigen in seiner Einstellung, dass er nichts Gutes zu erwarten hat und seine Güter horten muss, um auf schlechte Zeiten vorbereitet zu sein.

**Geltungsbedürfnis:** der Wunsch, von anderen Personen beachtet und anerkannt zu werden. Es ist ein normales Bedürfnis, das der sozialen Natur des Menschen entspringt. Übersteigert führt es zur **Geltungssucht,** die den Betroffenen isoliert, weil er nicht mehr bereit ist, andere anzuerkennen, sondern alle Bestätigung für sich selbst haben will und dabei auch andere abwertet, um sich auf ihre Kosten zu profilieren.

**Gemeindepsychiatrie, Mental-Health-Bewegung** ['mentl helθ-, engl. »seelische Gesundheit«]: psychiatrische Reformbewegung, die die Erkenntnisse und Ideen der Sozialpsychiatrie in die Praxis umzusetzen versucht, indem sie besonders die Bedeutung psychosozialer Faktoren für die Entstehung psychischer Störungen berücksichtigt. Neben der Zielsetzung, die Behandlung psychisch kranker Personen zu verbessern und ihre Wiedereingliederung in die Gesellschaft und den Arbeitsmarkt zu unterstützen (→ Rehabilitation), stehen zunehmend auch die Vorbeugung seelischer Erkrankungen in gemeindenahen Einrichtungen und die Aufklärung der Bevölkerung im Mittelpunkt (→ Prävention). Dabei geht es v. a. darum, die Isolation der psychisch Kranken in Verwahranstalten aufzuheben und ihnen zu ermöglichen, dort zu wohnen und zu leben, wo die Mehrheit der Bevölkerung ebenfalls lebt.

**Gemeindepsychologie:** gesellschaftskritische und -reformerische Bewegung, deren Zielsetzung v. a. die generelle Verbesserung der gesundheitlichen Lage der Bevölkerung ist; Konzepte der → Prävention und der Gesundheitsförderung rücken zunehmend in den Mittelpunkt der Gemeindepsychologie. Außerdem geht es ihr darum, die Selbsthilfefähigkeiten des Individuums und seiner sozialen Umwelt zu stärken und professionelle Hilfe erst dann einzubeziehen, wenn diese Ressourcen erschöpft sind.

Die US-amerikanische Community Psychology, aus der sich die Gemeindepsychologie entwickelt hat, befasst sich seit Beginn der 1970er-Jahre damit, v. a. die sozialen, institutionellen und ökologischen Bedingungen für psychische Belastungen und Störungen zu untersuchen und zu deren Beseitigung beizutragen.

**Gemeinschaft:** Vor- bzw. Unterform der → Gesellschaft.

**Gemeinschaftserziehung:** 1) die → Koedukation;

2) Erziehung, die die Gemeinschaft als Erziehungsmittel und die Gemeinschaftsfähigkeit als Erziehungsziel betont, wobei der Gruppensolidarität und dem Ausgleich von individuellen Interessen und Interessen der Gruppe als Ganzem eine erzieherische Rolle beigemessen wird. Da einerseits der Begriff der Gemeinschaft oft auf die primäre Gemeinschaft (Ehe, Familie) eingeschränkt wird, andererseits die traditionelle Begrifflichkeit der Gemeinschaftserziehung von überholten Harmonisierungsvorstellungen und -tendenzen bestimmt war, wird heute eher der Begriff Gruppenerziehung (→ Gruppenpädagogik) verwendet.

**Gemeinschaftsgefühl:** von Alfred Adler geprägter Ausdruck für eine natürliche soziale Triebkraft, die Menschen dazu bewegt, einander als wichtigste Quelle gegenseitiger Anerkennung und Zuneigung zu respektieren. Erst wenn ein Mensch in seinem Gemeinschaftsgefühl durch negative Erlebnisse (z. B. sadistische Behandlung, sexuellen Missbrauch) geschädigt ist, tritt nach Adlers Individualpsychologie (→ Individualpsychologie 2) der »Machttrieb« an die Stelle des Gemeinschaftsgefühls. Mit diesen Überlegungen grenzte Adler sich gegen die Libidotheorie Sigmund Freuds ab, die er als einseitig ich- und triebbezogen kritisierte.

**Gemeinschaftsschule:** Schulform, die Schüler verschiedener Bekenntnisse vereinigt, in der BRD seit den 1960er-Jahren der Regelfall; meist als christliche Gemeinschaftsschule, Regelschule, deren allgemein-christliche Grundlage jedoch andere weltanschauliche oder religiöse Inhalte nicht beeinträchtigen darf. In Österreich sind die öffentlichen Schulen Gemeinschaftsschulen, ähnlich in der Schweiz, wo der Begriff allerdings nicht üblich ist. Im Gegensatz zur Gemeinschaftsschule steht die → Konfessionsschule.

**Gemüt:** unscharfer Begriff zur Bezeichnung individueller Besonderheiten im Schnittpunkt von Emotionen und → Persönlichkeit, auch gleichbedeutend mit habitueller → Stimmung; umgangssprachlich auch gleichbedeutend mit

**Gemeinschaft:** Gesinnungshafte Zusammengehörigkeit und ungeschriebene Gesetze kennzeichnen die Gemeinschaft im Gegensatz zu der Gesellschaft (»Die fröhliche Familie« von Jan Steen).

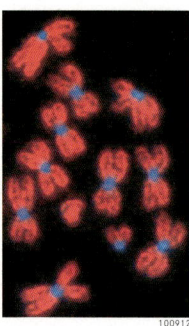

**Gene:**
Die Erbinformationen sind in den auf den Chromosomen zusammengefassten Genen – Abschnitten der DNS – enthalten. Die Abbildung zeigt die Chromosomen in der Phase der Zellkernteilung.

Persönlichkeit und Charakter, z. B. »schlichtes« oder »aufbrausendes« Gemüt.

**Gemütskrankheiten:** veraltete Bezeichnung für →affektive Störungen.

**Gene** [zu griech. génos »Geschlecht«, »Gattung«], **Erbanlagen:** Abschnitt auf der →DNS eines Chromosoms, in dessen Basensequenz die vererbbare Information für den Zusammenbau eines Eiweißes codiert ist. Beim Menschen enthalten die Zellkerne 23 Chromosomenpaare mit insgesamt etwa 30 000 verschiedenen Genen von jedem Elternteil. Jedes Chromosom enthält unterschiedlich viele Gene. Im Verlauf der Zellteilung verdoppelt sich die DNS. Dies ist ein komplexer Vorgang, bei dem Fehler unterlaufen können; falsche Erbinformationen sind die Folge. Eine solche Erbänderung (Mutation) kann zufällig oder, bedingt durch äußere Einflüsse (z. B. radioaktive Strahlung), überzufällig auftreten.

Die Gesamtheit aller Gene bezeichnet man als **Genotyp**, der je nach Umweltbedingungen das Erscheinungsbild des Organismus, den **Phänotyp**, bestimmt. Hat eine Person z. B. die Anlage für eine psychische Erkrankung und lebt unter für die Psyche günstigen Bedingungen, kann der Ausbruch der Erkrankung ausbleiben.

**General Factor:** der →g-Faktor.

**generalisierte Angststörung:** eine Unterkategorie der Angststörungen, bei der Betroffene ständig eine diffuse Angst ohne konkreten Anlass erleben. Die Angst ist nicht so auffällig wie bei der →Panikstörung, besteht aber dauerhaft, d. h. mindestens mehrere Wochen lang an fast allen Tagen. Die Betroffenen zeigen körperliche Angstsymptome wie Herzrasen und Schwindelgefühle, sind ständig nervös und unruhig und machen sich unentwegt Sorgen, z. B. darum, dass den Familienangehörigen etwas zustößt oder sich die finanzielle Situation verschlechtert. Sie wissen, dass ihre Sorgen unbegründet oder übertrieben sind, die Gedanken drängen sich ihnen jedoch immer wieder auf.

Menschen, die an solch einer Angststörung leiden, fühlen sich hilflos gegenüber alltäglichen Schwierigkeiten; ihre Überzeugung, Probleme nicht lösen zu können, macht sie passiv, so verharren sie in ständiger Erwartung negativer Ereignisse, denen sie ausgesetzt sein würden. Es wird u. a. davon ausgegangen, dass diese Menschen in der Kindheit durch Trennungen von der Bezugsperson, meist der Mutter, oder auch durch Abweisungen und Misshandlungen vonseiten der Bezugsperson traumatisiert wurden. Ebenso kann übersteigerte Fürsorge der Eltern zur Entwicklung der Angststörung führen, weil ein Umgang mit den Widrigkeiten des Lebens nicht gelernt werden konnte.

Neben der Psychotherapie – bewährt haben sich sowohl tiefenpsychologische wie auch kognitiv-verhaltenstherapeutische Verfahren – sind Entspannungsverfahren wie das autogene Training, körperliche Aktivität, unterstützend auch Psychopharmaka, v. a. Antidepressiva hilfreich.

**Generalisierung** [zu latein. generalis »allgemein«]: 1) *allgemein* die Anwendung von Wissen in neuen Situationen; auch als Transfer, Transferlernen oder Wissenstransfer bezeichnet.

2) *Verallgemeinerung:* in der *Lernpsychologie* das Phänomen, dass eine Reaktion nicht nur auf Reize erfolgt, für die eine Konditionierung stattgefunden hat, sondern auch auf ähnliche Reize, die man zum ersten Mal wahrnimmt. So wird sich z. B. ein Kind, das von einem Hund gebissen wurde, künftig mit großer Wahrscheinlichkeit nicht nur vor diesem einen Hund, sondern auch vor anderen Hunden fürchten. In manchen Fällen mag es sogar vorkommen, dass das Kind dann auch gegenüber anderen Tieren (z. B. Katzen) vorher nicht gekannte Furchtreaktionen zeigt. Denkbar ist schließlich auch, dass bei weiterer Generalisierung sogar Stofftiere entsprechende Reaktionen auslösen. Diese Form der Verallgemeinerung, die die Bandbreite der Reize erhöht, wird als **Reizgeneralisierung** spezifiziert.

Ihr steht die **Reaktionsgeneralisierung** gegenüber, bei der jemand auf den gleichen Reiz mit mehr und mehr Reaktionen antwortet, die der ursprünglichen Reaktion ähnlich sind. Wenn z. B. ein Kleinkind gelernt hat, nach einem Gegenstand, den man darbietet, zu greifen, generalisiert es diese Reaktion, indem es bei neuer Darbietung danach schlägt oder ihn in den Mund nimmt.

Das Gegenteil von Generalisierung ist die →Diskrimination.

**Generationenkonflikt:** sozialer Konflikt zwischen älteren und jüngeren Generationen, der in allen Kulturen und Gesellschaften und je nach der Dominanz einzelner Werte, Sitten und altersspezifischer Rechte und Pflichten unterschiedliche Formen annimmt. War in traditionalen Gesellschaften, aber auch in der bürgerlichen Gesellschaft bis nach dem Zweiten Weltkrieg, die Auseinandersetzung um ein Erbe (das zugleich Standes- und Berufschancen umfasste) eine Hauptursache des Generationenkonflikts, so sind seither Probleme eines umfassenden sozialen und Wertewandels in den Vordergrund gerückt.

Die Schnelllebigkeit von Technologien und ihre Dominanz v. a. im Berufsalltag entwerten partiell das Erfahrungswissen älterer Menschen, das vormals wichtiger Bestandteil der rationalen Grundlage ihres Führungsanspruchs in allen gesellschaftlichen Bereichen war. Die demografische Entwicklung in Deutschland und anderen modernen Gesellschaften (mit ihren verringerten Geburtenraten in den nachwachsenden Generationen und ihrem infolgedessen gestiegenen und weiter steigenden Anteil älterer Menschen) führt zu öffentlichen Diskussionen bezüglich der Finanzierung des staatlichen Rentensystems, der Pflegekosten u. a., wodurch ältere Menschen als »Last« für die Gesellschaft thematisiert werden. Hieraus können erhebliche Konflikte zwischen den Generationen abgeleitet werden.

Demgegenüber stehen in jüngster Zeit Bemühungen darum, Alt und Jung zusammenzubringen, sodass beide Seiten von ihren Ressourcen profitieren können. In neuen Wohnkonzepten beispielsweise sollen alte und junge Menschen zusammenleben: Nicht mehr berufstätige Ältere könnten z. B. die teilweise Betreuung von Kindern jüngerer Bewohner übernehmen, während die Jüngeren im Gegenzug z. B. körperlich schwere Arbeiten leisten. Oder einige große Firmen gehen dazu über, ältere Menschen wieder einzustellen, weil diese über mehr berufliche, aber auch über mehr Lebenserfahrungen verfügen, z. B. können sie durch mehr Gelassenheit bei Konflikten in Teams deeskalierend wirken.

**Genese** [zu griech. génesis »Erzeugung«, »Schöpfung«]: Entstehung, Entwicklung. Der Begriff bezeichnet neben entwicklungsgeschichtlichen Vorgängen, z. B. der Embryogenese als Entwicklung des Embryos, v. a. die Entstehung von Krankheiten oder Störungen. Die verschiedenen Schulen der Psychotherapie legen unterschiedlich starken Wert auf die Erforschung der Genese psychischer Störungen. Während z. B. die Psychoanalyse in der Aufklärung der Genese eines neurotischen Symptoms geradezu den Schlüssel zur Heilung sieht, betrachtet die Verhaltenstherapie jedes Verhalten als unabhängig von seiner Genese verlernbar und damit therapierbar.

**Genetik:** die Wissenschaft von der Vererbung und den Erbänderungen, von Ähnlichkeiten und Unterschieden zwischen Organismen. Die klassischen Regeln des Augustinermönchs Gregor Mendel aus der zweiten Hälfte des 19. Jahrhunderts bilden die Grundlage der modernen Genetik. Ein Spezialgebiet ist die →Humangenetik, die Vererbungslehre des Menschen.

**genetische Information:** in den →Genen lokalisierte, bei der Vererbung weitergegebene Anweisung zur Ausbildung des Genotyps. Inwieweit hierzu auch die psychische Veranlagung zählt, ist Gegenstand intensiver Forschung.

**genetische Psychologie:** im weiteren Sinn verschiedene Forschungsrichtungen, die bestimmte Funktionen (z. B. Intelligenz) von ihrer Entstehungsgeschichte her zu erklären versuchen; im engeren Sinn die →Entwicklungspsychologie.

**Genie** [ʒeˈniː, französ., von latein. genius »Schutzgeist«]: Mensch, der eine bedeutende schöpferisch-originale Leistung auf künstlerischem, politischem, wissenschaftlichem oder ethisch-moralischem Gebiet vollbringt. Diese Leistung ist in seinem Metier in der Regel richtungweisend. Das Urteil allerdings, ob einer Person das Prädikat Genie zukommt, hängt sehr von den historischen bzw. zeitbedingten Maßstäben und Normen der beurteilenden Gruppe bzw. Gesellschaftsschicht ab. Versuche, das Genie mit psychopathologischen Kriterien zu erfassen, sind ebenso umstritten wie Versuche, Genialität mithilfe von psychologischen Tests zu bestimmen.

In der psychologisch-pädagogischen Diskussion spielt der Geniebegriff heute fast keine Rolle mehr. Bisweilen wird er im Zusammenhang mit →Hochbegabung verwendet.

**genitale Phase:** *Psychoanalyse:* die mit der Pubertät ab etwa dem 13. Lebensjahr begin-

**Generationenkonflikt:** Vor allem die Auseinandersetzung um das Erbe und die Berufschancen sorgten früher für Probleme zwischen den Generationen (»Das vierte Gebot – Du sollst Vater und Mutter in Ehren halten«, Holzschnitt von Hans Baldung, 1516).

**Geopsychologie:** Neuere Forschungen untersuchen die Auswirkungen ungewöhnlicher Lebensbedingungen (z. B. während des Aufenthalts im Weltraum, in der Antarktis oder unter Wasser) auf psychische Prozesse.

nende Stufe der Sexualentwicklung. Sie folgt der frühkindlichen sexuellen Entwicklung mit der →oralen, →analen und →phallischen Phase sowie der diesen folgenden →Latenzphase. Nach Sigmund Freud besteht das Entwicklungsziel dieser Phase darin, die Teilkomponenten (→Partialtriebe) der frühkindlichen Sexualität unter der Herrschaft des Geschlechtstriebs zu vereinigen, zu integrieren. Diese Synthese soll zur Ausprägung der für Erwachsene charakteristischen Sexualität führen, nachdem das bis dahin vorherrschende Interesse an den Genitalien durch ein reiferes Gesamtinteresse am anderen Geschlecht abgelöst wird. Die genitale Phase wird in der Literatur manchmal fälschlich mit der phallischen Phase gleichgesetzt.

**Genom:** Gesamtheit der genetischen Informationen einer Zelle; sie stellt deren Erbmasse dar.

**Genotyp:** die Gesamtheit der →Erbanlagen.

**Geopsychologie:** Richtung der psychologischen Forschung, die sich mit den Auswirkungen von Klima, Wetter, Boden, Landschaft, Jahreszeiten auf das menschliche Erleben und Verhalten befasst. Primitive Vorstufen der Geopsychologie waren die Konstruktionen mancher evolutionstheoretisch orientierten Historiker, wonach z. B. nur in einem gemäßigten Klima eine Hochkultur entstehen könne und eine tropische Umwelt jede höhere geistige Leistung unmöglich mache. Diese schlichten Modelle gelten heute als veraltet. Eine neuere Entwicklung der Geopsychologie ist die »kosmische Psychologie«, die der Frage nachgeht, wie sich der Aufenthalt in Raumstationen auf die Psyche auswirkt.

**Gerechtigkeit:** vielschichtiger Begriff, unter dem meist eine ausgewogene Verteilung von Ressourcen wie Geld, Liebe oder Anerkennung verstanden wird. Dabei definieren Menschen verschieden, was »ausgewogen« ist: Die einen empfinden es als gerecht, wenn jeder gleich viel erhält (Prinzip der absoluten Gleichheit), die anderen, wenn jeder entsprechend seiner Leistung erhält (Prinzip der relativen Gleichheit), und wieder andere, wenn jeder nach seiner Bedürftigkeit erhält (Bedürfnisprinzip). Konflikte entstehen häufig aufgrund solcher verschiedener Auffassungen über Gerechtigkeit. Soll z. B. das bedürftigste Kind in der Familie mehr Aufmerksamkeit erhalten als die anderen Kinder, weil es das braucht? Oder sollen alle Kinder gleich viel Aufmerksamkeit erhalten, auch wenn es zu Lasten des bedürftigen Kindes ginge?

Nach einer motivationstheoretischen Position haben Menschen ein starkes Bedürfnis, die Welt und die Abläufe in ihr als gerecht zu empfinden, d. h. das Bedürfnis danach, dass jeder das erhalten soll, was er verdient. Das ist der Kern der **Gerechte-Welt-Hypothese,** die der amerikanische Psychologe Melvin J. Lerner 1965 vorgestellt hat und die seither mehrfach bestätigt wurde. Grund für das Bedürfnis nach einer gerechten Welt ist Forschungen zufolge der Wunsch nach Vorhersehbarkeit zukünftiger Entwicklungen und der Wunsch, für Einsatz auch belohnt zu werden. Nehmen Menschen **Ungerechtigkeit** wahr, also eine Situation, in der jemand nicht erhält, was er verdient, so sind sie motiviert, Schritte zu unternehmen, die diese Wahrnehmung beseitigen: Der eine Schritt kann darin bestehen, dass sie die Situation real ändern, d. h. sie versuchen, das Opfer durch Hilfeverhalten zu entschädigen; ein anderer Schritt kann darin bestehen, dass sie das Opfer abwerten, z. B. dadurch, dass sie es für die Ungerechtigkeit als (mit)schuldig betrachten. Letzteres ist häufig in Situationen der Fall, in denen Hilfeverhalten nicht oder nur schwer möglich ist.

**Geriatrie** [zu griech. iatreía »das Heilen«]: Gebiet der Medizin, das sich mit den Krankheiten des alternden und alten Menschen sowie deren Behandlung befasst. Die Untersuchungs- und Behandlungsmethoden werden von Fachärzten der inneren Medizin, Nervenheilkunde, Neurologie und Psychiatrie durchgeführt. Da in den letzten Jahrzehnten der Anteil der älteren Menschen an der Gesamtbevölkerung stetig wächst, gewinnt die Geriatrie immer größere Bedeutung.

**Gerichtspsychologie:** ältere Bezeichnung für die forensische Psychologie, ein Teilgebiet der →Rechtspsychologie.

**Gerontagogik:** die →Seniorenbildung.

**Gerontologie** [zu griech. géron »Greis«], **Alternsforschung:** inter- bzw. multidisziplinärer Forschungsbereich, der sich mit dem →Altern des Menschen und den damit verknüpften physiologischen (Teilbereich der →Geriatrie), psychologischen (→Gerontopsychologie) und sozialen Auswirkungen (Gerontosoziologie) befasst. Die grundsätzliche Klärung der Ursachen und Mechanismen biologischer Alterungsprozesse ist Aufgabe der Physiologie (Zellbiologie, Pathologie).

**Gerontopsychologie, Alterspsychologie:** Teildisziplin der Psychologie, die sich mit den Veränderungen im Erleben und Verhalten sowie den Bedingungen der Lebenszufriedenheit von alternden Menschen befasst. Die Gerontopsychologie wird an deutschen Universitäten entweder als eigenständiges Fach oder als Teilbereich der →Entwicklungspsychologie gelehrt.

Die seit etwa Mitte der 1990er-Jahre verstärkt betriebene gerontopsychologische Forschung widmet sich zahlreichen Aspekten des →Alters, u. a. den Bereichen kognitive Fähigkeiten und Lernen im Alter, Lebensstile und Lebenszufriedenheit, Erhalt von Selbstständigkeit, Bewältigung von Einschränkungen und Verlusten. Als Forschungsmethode spielt die →Längsschnittuntersuchung eine große Rolle, z. B. wenn es darum geht, Veränderungen im →Ruhestand im Vergleich zur Zeit der Erwerbstätigkeit festzustellen.

**Gerontopsychologie:** Trotz zahlreicher Gebrechen fand Albert Einstein bis kurz vor seinem Tod die Kraft, um für den Weltfrieden einzutreten. Er unterzeichnete u. a. 1955 das sogenannte Russell-Einstein-Manifest zur Abrüstung. Das Foto zeigt ihn in seinem Arbeitszimmer in Princeton im Jahr 1954.

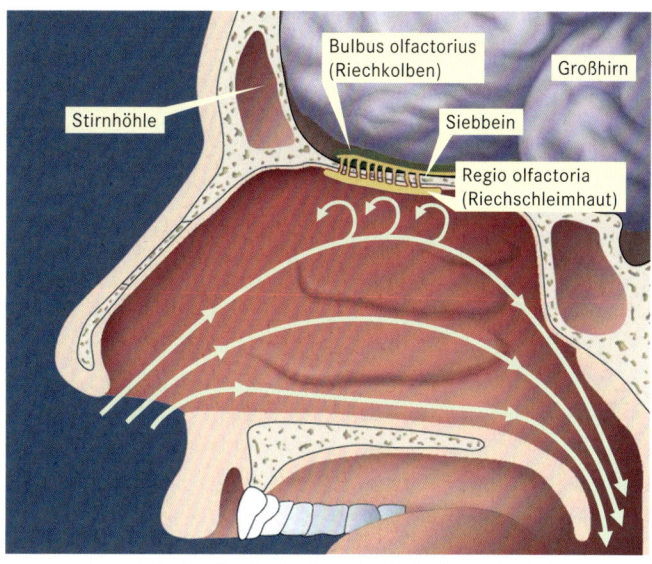

**Geruchssinn:** die Luftströme in der Nasenhöhle des Menschen beim Einatmen. Zwischen den Sinneszellen in der Riechschleimhaut und dem Riechhirn befindet sich im einfachsten Fall nur eine Synapse.

**Geruchssinn:** Fernsinn der Information über Gerüche in der Umwelt. Das Sinnesorgan zur Wahrnehmung von Gerüchen ist bei höheren Tieren und dem Menschen die Nase. Mit Hilfe besonderer Geruchsorgane als chemischer Sinn ermöglicht der Geruchssinn die Wahrnehmung von Geruchsstoffen, das **Riechen**. Er wird auch als olfaktorischer Sinn bezeichnet.

Die Funktion des Geruchssinns ist beim Menschen v. a. die Kontrolle von Speisen und Getränken, er ist auch geeignet, schädigende und giftige Stoffe zu signalisieren. Außerdem beeinflusst er das Geschlechtsleben.

Die absolute Geruchsschwelle, die Anzahl der in der Luft notwendigen Moleküle eines Stoffes, damit überhaupt ein Geruchseindruck entsteht, ist beim Menschen, verglichen mit anderen Sinnen, gering. Ein Stoff riecht, sobald er in der Konzentration von durchschnittlich $10^8$ Molekülen in der Atemluft vorliegt. Die Wahrnehmung eines Duftstoffes ist aber nicht nur von der Intensität, sondern auch von der Dauer abhängig. Bei Dauerreizung durch einen bestimmten Geruchsstoff unterliegt der Geruchssinn einer ausgeprägten Adaptation, d. h., die Geruchsempfindung geht zurück oder erlischt, ohne jedoch die Empfindlichkeit für andere Stoffe zu beeinflussen. Tritt jemand z. B. in ei-

**Gesamtschule | Kontrovers diskutiert**

Kritiker der Gesamtschule bemängeln, dass diese ihre Ziele nicht erreicht habe: Sie führe insgesamt zu einer Nivellierung, entmutige leistungswillige und begabte ebenso wie schwache Schüler, behindere damit die Entfaltung des Einzelnen und lasse allgemein das Bildungsniveau absinken. Außerdem werden die vergleichsweise höheren Kosten und die Herauslösung der Schüler aus dem traditionellen Klassenverband kritisiert. Befürworter sehen dagegen in der Gesamtschule grundsätzlich die beste Möglichkeit zum Abbau der Chancenungleichheit. Die soziale Integration und Demokratisierung des Schullebens in der Gesamtschule wird als adäquate Vorbereitung auf das gesellschaftliche Leben innerhalb einer Demokratie gewertet, die Individualisierung der Lernprozesse und damit die gezielte Förderung des Einzelnen als Erhöhung der Effektivität des Schulunterrichts.

---

nen unangenehm riechenden Raum, lässt dieser unangenehme Eindruck nach einigen Minuten deutlich nach. Hohe Intensität eines Stoffes kann aber auch einen ursprünglich positiven Eindruck ins Negative überführen. Z. B. führt ein ursprünglich angenehm duftendes Parfüm in zu starker Konzentration bei anderen Menschen oft zur Abwendung, manchmal sogar zu allergischen Reaktionen (Niesen).

Die Chemie unterscheidet heute etwa 400 000 verschiedene Duftstoffe. Demgegenüber benutzt der Mensch nur wenige Adjektive, um Dufteindrücke zu beschreiben. Die meisten charakterisieren Mischungen von Duftstoffen. Die sprachliche Beschreibung nimmt meistens auf ausgeprägt riechende Reizquellen Bezug. Man bezeichnet den jeweiligen Geruch als blumig (ähnlich Feldblumen), als harzig (ähnlich dem Baumharz), als knoblauchartig (wie Knoblauch) oder als würzig (wie Pfeffer riechend).

**Gesamtschule:** Schulform, die mehrere Bildungsgänge traditioneller Schularten (Haupt-, Realschule, Gymnasium) zusammenfasst. Bei der **additiven Gesamtschule** (kooperative Gesamtschule) bleiben die herkömmlichen Schularten unter gemeinsamer Leitung inhaltlich im Wesentlichen erhalten, es findet aber eine enge Kooperation statt, und ein Wechsel der Schüler zwischen den einzelnen Zweigen ist relativ leicht möglich. Dagegen ist die **integrierte Gesamtschule** weitgehend schulartübergreifend konzipiert. Eine →Differenzierung 2) der Schüler findet bei bestimmten Fächern über Kurse, bei anderen innerhalb der Klasse statt.

Ziele der Gesamtschule sind u. a. die Vermeidung einer zu frühen Auswahl der Kinder, eine bessere individuelle Förderung und →Chancengleichheit, v. a. für benachteiligte und leistungsschwächere Schüler, möglichst angstfreies Lernen bei gegenseitiger Achtung sowie die Verwirklichung von innovativen Methoden und Inhalten.

Gesamtschulen sind in den meisten Bundesländern als Regelschulen neben dem dreigliedrigen Bildungsweg anerkannt; ein Großteil von ihnen sind →Ganztagsschulen. International ist die Gesamtschule weit verbreitet.

**Gesamtunterricht:** auf der Erhaltung der Einheit und des Zusammenhangs kindlichen Erlebens und Lernens aufbauender fächerübergreifender Unterricht. Seit Beginn des 20. Jahrhunderts war Gesamtunterricht als thematisch gebundener, d. h. nach Unterrichtseinheiten gegliederter Gesamtunterricht, ein Programmpunkt der Reformpädagogik. Heute bestimmt er den →Anfangsunterricht der Grundschule. Es gab auch Versuche, ihn auf alle Schulstufen zu übertragen und dabei verschiedene Altersstufen zu einer Runde mit freiem Gespräch zusammenzubringen (freier Gesamtunterricht).

**Geschlechterrollen:** Verhaltensweisen und Persönlichkeitsmerkmale, die die Gesellschaft von dem weiblichen und männlichen Geschlecht erwartet und dem weiblichen und männlichen Geschlecht zuschreibt; auch: Ausdruck der geschlechtstypischen Verhaltensweisen und Persönlichkeitsmerkmale durch den Einzelnen. Geschlechterrollen entwickeln sich in der →Sozialisation und sind eng verbunden mit der Geschlechtsidentität.

In jeder Gesellschaft gibt es geschlechtsspezifische Regeln, an denen sich Frauen und Männer jeweils orientieren sollen; dadurch sind die Geschlechterrollen festgelegt. Zur modernen Gesellschaft gehört, dass diese Rollen ihre Gültigkeit und Festigkeit verlieren. Kinder werden immer weniger für nach traditionellen Vorstellungen gegengeschlechtliches Verhalten sanktioniert und immer weniger werden Frauen und Männer mit dem Vorwurf »Das ist nicht männlich« oder »Das passt nicht zu einer Frau« begegnet. Es existieren zwar weiterhin unterschiedliche Erwartungen – so wird z. B. häufiger Wechsel der sexuellen Partner bei einer Frau negativer bewertet als bei einem Mann – dennoch gilt, dass sich die beiden Geschlechter immer stärker angleichen; das zeigt sich besonders im äußeren Erscheinungsbild, etwa der Kleidung und Frisur, und im Verhalten, z. B. der Berufstätigkeit, zunehmend auch der Übernahme von Führungspositionen.

Ein Mensch, der sowohl männliche als auch weibliche Eigenschaften besitzt, wird als androgyn bezeichnet. Das Konzept der **Androgynität**, das die Polarität von **Maskulinität (Männlichkeit)** und **Femininität (Weiblichkeit)** auflöst, wurde von der amerikanischen Sozialwissenschaftlerin Sandra Bem in den 1970er-Jahren entwickelt. Sie ist der Auffassung, dass androgyne Personen im Vergleich zu nur weiblichen oder nur männlichen Personen in ihrer Persönlichkeit weniger eingeschränkt sind, weil sie nicht an rollenspezifische Verhaltensweisen gebunden sind. Femininität steht für **Expressivität** (gefühlsbetont, einfühlsam), Maskulinität steht für **Instrumentalität** (handelnd, zielstrebig). Die Unterschiedlichkeit der Geschlechterrollen Expressivität und Instrumentalität ist heute in der Sozialpsychologie allgemein anerkannt. In dem Bem-Sex-Role-Inventory (BSRI), einem Fragebogen zur Erhebung der Geschlechterrolle, werden Eigenschaftsbegriffe dargeboten, die eingestuft werden sollen. Die Einstufung sehr männlich und wenig weiblich ergibt Maskulinität; sehr weiblich und wenig männlich Femininität; sehr weiblich und sehr männlich Androgynität; wenig weiblich und wenig männlich eine unbestimmte Geschlechterrolle. Bems Untersuchungen mit diesem Instrument haben ergeben, dass es viele maskuline Männer, viele feminine Frauen, wenig maskuline Frauen, wenig feminine Männer und wenig Androgyne gibt.

Die deutsche Version des Fragebogens ist die »deutsche Neukonstruktion des Bem-Sex-Role-Inventory« von der deutschen Psychologin Marianne Schneider-Düker aus dem Jahr 1978. Femininität ist hier, ähnlich dem Bem-Sex-Role-Inventory, gekennzeichnet durch Eigenschaften wie romantisch, abhängig, weichherzig, feinfühlig, sinnlich, nachgiebig, bescheiden, selbstaufopfernd; Maskulinität durch Eigenschaften wie sachlich, unerschrocken, ehrgeizig, intelligent, entschlossen, sicher, wetteifernd, risikobereit.

**LESETIPPS:**
DORIS BISCHOF-KÖHLER: *Von Natur aus anders. Die Psychologie der Geschlechtsunterschiede.* Taschenbuch Stuttgart (Kohlhammer) ²2004.
DEBORAH TANNEN: *Du kannst mich einfach nicht verstehen. Warum Männer und Frauen aneinander vorbeireden.* Taschenbuchausgabe München (Goldmann) 2004.
*Gehirn und Geschlecht. Neurowissenschaft des kleinen Unterschieds zwischen Frau und Mann,* herausgegeben von Stefan Lautenbacher u. a. Heidelberg (Springer) 2007.
CHRISTIANE OTTO: *Geschlechterrollen in der Adoleszenz.* Saarbrücken (Vdm) 2007.

**Geschlechterstereotype:** feste Bilder davon, wie eine Person männlichen und wie eine Person weiblichen Geschlechts ist. Demnach sind über die meisten Kulturen hinweg weibliche Eigenschaften: fürsorglich, häuslich, emotional, verwirrt, inkonsistent, intuitiv, abhängig, passiv, schüchtern, warmherzig, unterordnend; männliche Eigenschaften: stark, unemotional, logisch, rational, intellektuell, unabhängig, aggressiv, ambitioniert, kompetent.

**Geschlechtserziehung:** die →Sexualerziehung.

**Geschlechtshormone:** die →Sexualhormone.

**Geschlechtsidentität:** das Gefühl, dem männlichen oder weiblichen Geschlecht anzugehören. Meistens fühlt sich der Mensch seinem biologischen Geschlecht zugehörig, im Falle des →Transsexualismus fühlt sich ein Mann als weiblich, eine Frau als männlich.

Die Geschlechtsidentität entwickelt sich beim Kind zu Beginn mit der Feststellung, dass es körperliche Unterschiede zwischen Frauen und Männern gibt; ab einem Alter von ca. sechs Jahren erreichen Kinder die Geschlechtskonstanz, d. h. sie verstehen, dass sie entweder ein Mädchen oder ein Junge sind und dass sie das auch bleiben, wenn sie z. B. die Kleidung wechseln. Außerdem beginnen sie zu verstehen, wie man sich als Mädchen oder als Junge verhalten sollte (z. B. »Mädchen sollten mit Puppen spielen, Jungen mit Autos«). Sie übernehmen die →Geschlechterrollen und bewerten die eigene auch positiv (z. B. »Mädchen sein finde ich gut«). Im Jugendlichenalter lösen sie

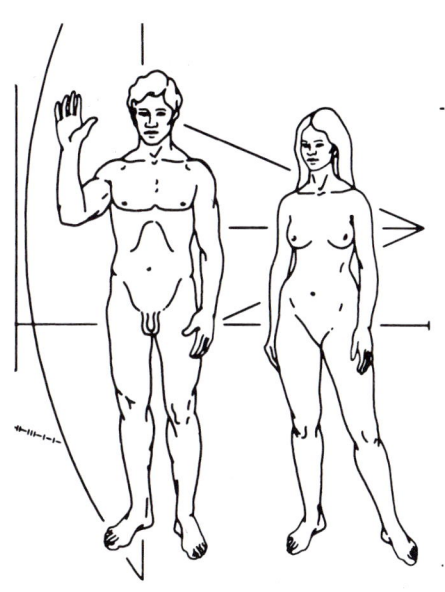

**Geschlechterrollen:** Noch eine an der Raumsonde Pioneer 10 angebrachte Botschaft für eventuelle extraterrestrische Beobachter schildert den irdischen Mann als aktiv und konfrontationsbereit, während die Frau zurückweichend in den Hintergrund tritt.

## Geschlechtsmerkmale

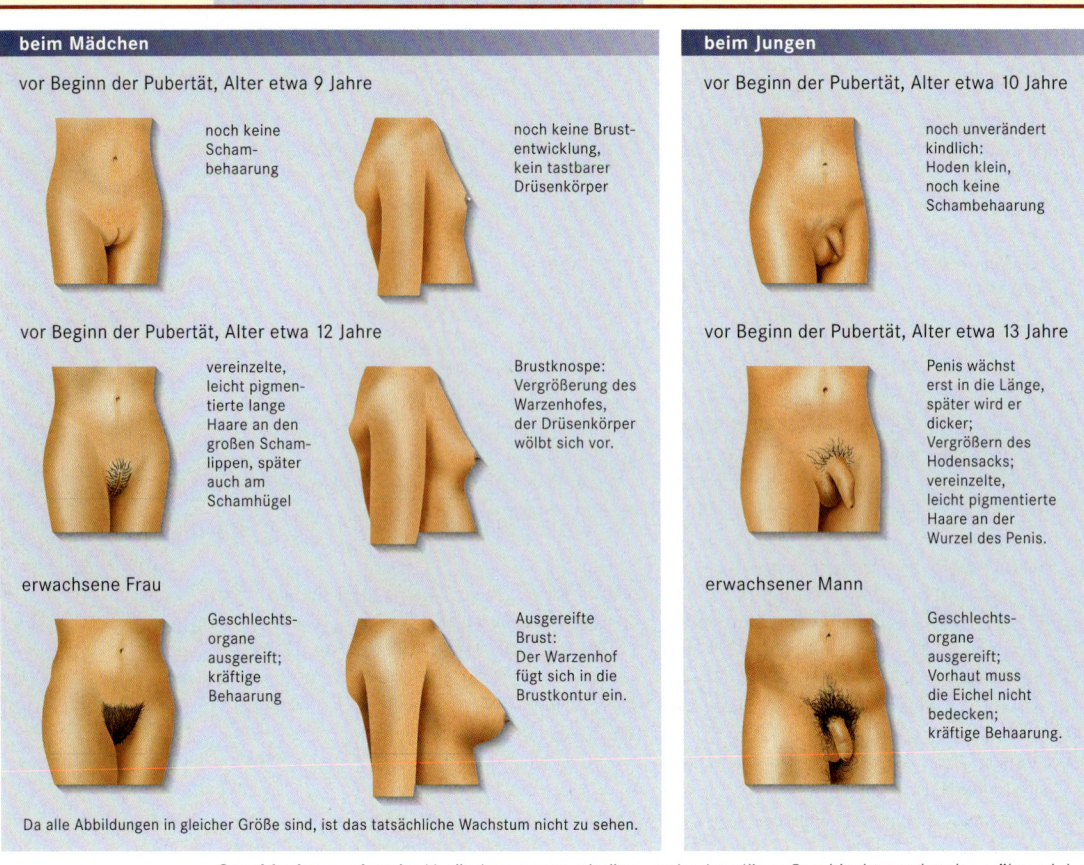

**beim Mädchen**

vor Beginn der Pubertät, Alter etwa 9 Jahre
- noch keine Schambehaarung
- noch keine Brustentwicklung, kein tastbarer Drüsenkörper

vor Beginn der Pubertät, Alter etwa 12 Jahre
- vereinzelte, leicht pigmentierte lange Haare an den großen Schamlippen, später auch am Schamhügel
- Brustknospe: Vergrößerung des Warzenhofes, der Drüsenkörper wölbt sich vor.

erwachsene Frau
- Geschlechtsorgane ausgereift; kräftige Behaarung
- Ausgereifte Brust: Der Warzenhof fügt sich in die Brustkontur ein.

**beim Jungen**

vor Beginn der Pubertät, Alter etwa 10 Jahre
- noch unverändert kindlich: Hoden klein, noch keine Schambehaarung

vor Beginn der Pubertät, Alter etwa 13 Jahre
- Penis wächst erst in die Länge, später wird er dicker; Vergrößern des Hodensacks; vereinzelte, leicht pigmentierte Haare an der Wurzel des Penis.

erwachsener Mann
- Geschlechtsorgane ausgereift; Vorhaut muss die Eichel nicht bedecken; kräftige Behaarung.

Da alle Abbildungen in gleicher Größe sind, ist das tatsächliche Wachstum nicht zu sehen.

**Geschlechtsmerkmale:** Veränderung von primären und sekundären Geschlechtsmerkmalen während der Pubertät

sich allmählich von den eher rigiden Vorstellungen.

Störungen der Geschlechtsidentität können bei Transsexualität und bei der →Intersexualität gegeben sein.

**Geschlechtsmerkmale:** biologische Merkmale des weiblichen und männlichen Geschlechts. Man unterscheidet primäre, sekundäre und tertiäre Geschlechtsmerkmale. **Primäre Geschlechtsmerkmale** sind die (äußeren und inneren) Geschlechtsorgane und deren Anhangdrüsen, z.B. Scheide, Schamlippen, Klitoris; Penis, Hoden, Prostata; ihre Entwicklung beginnt schon vor der Geburt, d.h. während der Embryonalzeit. Die **sekundären Geschlechtsmerkmale** des Menschen entwickeln sich erst, v.a. unter dem Einfluss von Hormonen der Eierstöcke bzw. Hoden und der Hypophyse, während der Pubertät. Sie betreffen besonders die Behaarung (Schamhaare, Bart), die Stimme (»Stimmbruch« bei Knaben) und die Ausbildung der Milchdrüsen (Entwicklung der weiblichen Brust). Unterschiede in der Körperhöhe, im Knochenbau, in der Herz- und Atemtätigkeit sowie im Empfindungsbereich und im Verhalten werden als **tertiäre Geschlechtsmerkmale** bezeichnet.

**Geschlechtsreife:** das Stadium der ontogenetischen Entwicklung, in dem die Fortpflanzungsfähigkeit eintritt. Der Zeitpunkt ist bei den verschiedenen Lebewesen (häufig auch in Abhängigkeit vom Geschlecht) unterschiedlich und wird zusätzlich durch klimatische, physiologische (z.B. Ernährung, Krankheiten), soziologische und individuelle (z.B. Erbanlage) Faktoren beeinflusst. Beim Menschen tritt die Geschlechtsreife im Verlauf der →Pubertät ein. Mädchen erreichen die Geschlechtsreife mit dem ersten Eisprung (bis zu einem Jahr nach der ersten Menstruation), Jungen mit dem ersten Samenerguss. Über die Generationen hinweg ist eine zunehmende Vorverlagerung der Geschlechtsreife (→Akzeleration) zu beobachten.

**Geschlechtsumwandlung:** ärztliche Maßnahmen zur Änderung der Geschlechtsmerkmale. Eine Geschlechtsumwandlung wird vorgenommen, wenn keine eindeutige Geschlechtszugehörigkeit besteht (→Intersexualität) oder wenn eine starke Identifikation mit dem anderen Geschlecht mit hierdurch verursachten psychischen Konflikten vorliegt (→ Transsexualismus). Nach einer Vorbehandlung mit Sexualhormonen des angestrebten Geschlechts, die zu Bartwuchs (Androgene) oder Wachstum der Brüste (Östrogene) führt, werden durch plastisch-chirurgische Eingriffe die geschlechtsbestimmenden Merkmale geschaffen. Bei der Umwandlung zur Frau bestehen die Hauptmaßnahmen in der Entfernung der Hoden und des Penisschafts und Ausbildung von Vulva und Vagina aus den Schwellkörpern sowie dem umgestülpten Penishautschlauch und der Skrotalhaut; bei der Umwandlung zum Mann in der Amputation der Brüste, Entfernung von Gebärmutter und Scheide und plastische Schaffung von Penis, Skrotum mit Einsatz von Hodenprothesen. Die Penisplastik wird mittels eines Unterarmlappens mit Knochen- und Nervenanteil und Einbeziehung der durch gegengeschlechtliche Hormonbehandlung vergrößerten Klitoris ausgeführt. Die Geschlechtsumwandlung zur Frau ist grundsätzlich mit besserem Erfolg möglich. Wesentlich für die Bewältigung der körperlichen Veränderungen, der neuen Geschlechtsrolle und eventueller sozialer, v. a. partnerschaftlicher Konflikte ist die anschließende intensive psychologische Betreuung.

**Geschlechtsunterschiede:** Unterschiede zwischen Personen weiblichen und männlichen Geschlechts. Die physischen Unterschiede zwischen den Geschlechtern liegen v. a. in den → Geschlechtsmerkmalen. Im Gegensatz zu herrschenden → Geschlechterstereotypen sind psychische Unterschiede gering, Frauen und Männer unterscheiden sich nicht grundsätzlich im emotionalen und kognitiven Bereich. Eine Auswertung von 1 600 Untersuchungen im Jahr 1974 ergab lediglich, dass Mädchen bessere verbale Fähigkeiten, Jungen bessere mathematische Fähigkeiten und ein besseres visuell-räumliches Vorstellungsvermögen haben; im emotionalen Bereich wurde nur der Unterschied gefunden, dass Jungen aggressiver sind als Mädchen. Ende der 1990er-Jahre kamen Forscher zu dem Schluss, dass selbst diese geringen Unterschiede weniger eindeutig festgestellt werden können: Mädchen sind z. B. ebenfalls aggressiv, allerdings mehr in Form von Beziehungsaggressionen (etwa Gerüchte verbreiten), während Jungen mehr im offenen körperlichen und verbalen Bereich aggressiv sind. Allerdings zeigen sich Unterschiede im → Selbstwertgefühl: Mädchen haben ein negativeres Selbstwertgefühl als Jungen. Wissenschaftler vermuten, dass das daran liegt, dass Mädchen häufiger unzufrieden sind mit ihrem Äußeren als Jungen und das bestehende Schönheitsideal zuungunsten der Mädchen ist – Mädchen entwickeln Körperfett und Männer Muskelmasse. Allerdings zeigt sich der Unterschied im Selbstwertgefühl deutlich nur im Alter zwischen 11 und 22 Jahren, in jüngerem und im Erwachsenenalter bestehen kaum Unterschiede.

**Geschlechtsverkehr, Ko|itus** [latein. eigtl. »das Zusammengehen«]: im weiteren Sinn jeder intime sexuelle Kontakt zwischen zwei oder mehreren Personen gleichen oder unterschiedlichen Geschlechts, mit unterschiedlichen Methoden (z. B. Petting, Oral- oder Analverkehr), im engeren Sinn das Einführen des steifen Penis in die Vagina. Ziel des Geschlechtsverkehrs ist in der Regel der → Orgasmus für beide Partner. Weil der Mann den Höhepunkt aber oft leichter und auch schneller als die Frau erreicht, ist eine Angleichung seiner Erregungskurve an die der Frau, z. B. durch ein Vorspiel, sinnvoll. Die beim Geschlechtsverkehr von den Partnern bevorzugten Stellungen sollten sich nach ihren Wünschen und dem Grad der Befriedigung richten. Normative Regeln lassen sich dafür ebenso wenig aufstellen wie für die Häufigkeit des sexuellen Verkehrs. Der Geschlechtsverkehr hat nach heutigem Sexualverständnis in erster Linie die Aufgabe, die Partner durch das gemeinsam erlebte Glücksgefühl aneinander zu binden und den Geschlechtstrieb zu befriedigen.

**Geschmackssinn:** auf gelöste Substanzen (Geschmacksstoffe) ansprechender chemischer Nahsinn, der bei höheren Tieren auf der Zunge liegt. Die auf der Zunge liegenden Sinneszellen reagieren chemisch auf die in Speisen gelösten Substanzen. Dichte und Art der Sinneszellen sind auf der Zunge unterschiedlich verteilt. Die chemische Reaktion wird in Impulse umgewandelt und über die Geschmacksnerven dem Gehirn zugeleitet. Dieser Vorgang wird auch als **Schmecken** bezeichnet.

Die psychologische und physiologische Forschung unterscheidet vier primäre Geschmacksqualitäten, die schon der griechische Philosoph Aristoteles beschrieb: süß, sauer, bitter und salzig. Süßes wird oft als angenehm empfunden, besonders von Kindern. Saure und salzige Komponenten werden genossen, solange bestimmte Konzentrationen nicht überschritten sind. Stark bittere Substanzen gelten als ungenießbar. Es gibt jedoch starke individuelle und kulturelle Unterschiede in der Bewertung der verschiedenen Geschmacksqualitäten. In Europa werden z. B. Fruchtsäfte gesüßt, da-

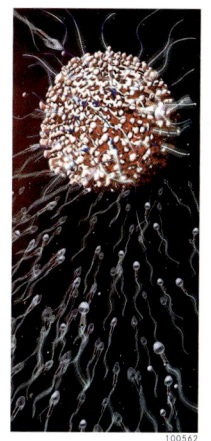

**Geschlechtsverkehr:** Der biologische Sinn des Geschlechtsverkehrs ist die Befruchtung der Eizelle.

mit sie besser schmecken, in Asien dagegen gesalzen.

Bestimmte chemische Stoffe lassen sich den vier Empfindungsqualitäten direkt zuordnen, wenngleich beim Essen häufig ein Gemisch diverser chemischer Substanzen auf die Geschmacksnerven einwirkt. Süße wird als Eindruck zumeist von Rohrzucker (Saccharose) oder, etwas abgeschwächt, von Fruchtzucker (Fructose) hervorgerufen. Säuren lösen den Eindruck des sauren Geschmacks aus. Einen salzigen Geschmack bewirkt v.a. Kochsalz (Natrium). Unklarheit herrscht beim Bittereindruck. Man vermutet, dass sich dieser Eindruck in der Evolution mit Auslösung von Spei- und Würgreflexen entwickelt hat und ein Warnindikator für natürliche giftige Substanzen ist. Allerdings sind neben künstlichen auch viele natürliche giftige Substanzen geschmacksneutral.

Dass Geschmacks- und Geruchssinn eng zusammengehören, zeigt die Übereinstimmung von Geruch und Geschmack vieler Speisen. Schon vor dem Genuss kann man durch Riechproben feststellen, wie die Speise schmecken wird. Außerdem schmecken die meisten Speisen anders oder fade, sobald der Riechsinn, etwa durch einen starken Schnupfen, beeinträchtigt ist.

**Geschwister:** Personen, die eine teilweise identische genetische Ausstattung haben, weil sie dieselben Eltern bzw. dieselbe Mutter oder denselben Vater haben, sowie Personen mit spezifischen, in der jeweiligen Kultur festgelegten Verwandschaftsverhältnissen (Halb-, Stief- und Adoptivgeschwister).

**Geschwister:** Die Annahme, dass die Persönlichkeitsentwicklung eines Kindes stark durch dessen Geburtsrangplatz geprägt wird, ist inzwischen nicht mehr haltbar.

Im Wiederspruch zu den allgemeinen Erwartungen weisen Geschwister (die ja neben der Hälfte ihrer Erbmasse auch einen Großteil der personalen und sachlichen Umwelt, in der sie aufwachsen, gemeinsam haben) mehr Unterschiede als Ähnlichkeiten auf. Ursachen dafür sind unterschiedliche innerfamiliale Bedingungen, die von den einzelnen Kindern individuell unterschiedlich wahrgenommen und verarbeitet werden. Eltern behandeln ihre Kinder – entgegen ihrer elterlichen Überzeugung – ungleich.

Geschwister stellen füreinander bedeutsame Sozialisationsinstanzen dar. Die Geschwisterbeziehung kann oftmals ein hohes Maß an Intimität aufweisen; dennoch ist für Geschwister eine tief wurzelnde, oftmals uneingestandene emotionale Ambivalenz typisch: Es sind sowohl intensive positive Gefühle wie Liebe und Zuneigung als auch negative Gefühle wie Ablehnung, Eifersucht und Hass vorhanden.

Die Geschwisterbeziehungen haben in der Vergangenheit in der Sozialisationsforschung wenig Beachtung gefunden; die traditionelle Geschwisterforschung bemühte sich überwiegend darum, Einflüsse des Geburtsrangplatzes auf die Persönlichkeitsentwicklung und den weiteren Lebensweg nachzuweisen. Jedoch nicht die Position in der Geschwisterreihe, sondern vielmehr die familialen, zwischenmenschlichen Verhältnisse und außerfamilialen sozialen, ökologischen und ökonomischen Lebensbedingungen bestimmen die Persönlichkeitsentwicklung. Während in Deutschland Anfang des 20. Jahrhunderts in einer Familie durchschnittlich fünf bis sechs Geschwister aufwuchsen, ist Anfang des 21. Jahrhunderts die Einkindfamilie die häufigste Familienform.

**Gesellschaft:** im weiteren Sinn die Menschheit; im engeren Sinn abgrenzbare Teile davon, z.B. die Menschen einer Nation. In anthropologischer Sicht erscheint die Gesellschaft als eine naturgegebene Organisationsform der menschlichen Geselligkeit bzw. seinem Angewiesensein auf andere Individuen (die am schärfsten in seiner Unfähigkeit zum Ausdruck kommt, nach der Geburt ohne Fürsorge anderer zu überleben). Die – geglückte – geistige und psychische Entwicklung wird, als →Sozialisation, auch als die »zweite Geburt« bezeichnet, womit auf die Bedeutung der Gesellschaft für das Individuum hingewiesen wird. Wie diese vonstatten geht und welche Verhaltensmuster, Regeln und Werte dabei vermittelt werden, hängt ab von der jeweiligen Gesellschaftsform, die historisch und räumlich stark variieren kann. Man unterscheidet z.B. Agrar-, Industrie-, →Leistungsgesellschaft und →Informationsgesellschaft.

Eine Vor- oder Unterform der Gesellschaft ist die **Gemeinschaft.** In Politikwissenschaft und Soziologie wird die Gemeinschaft heute von der Gesellschaft v. a. unterschieden durch ihr höheres Maß an Homogenität in den Lebensstilen, Weltanschauungen und Zielen, etwa in Familie, Verein, Nachbarschaft, Kirchengemeinde. Demgegenüber erlaubt die Gesellschaft, zumindest in ihren modernen Formen, eine größere Pluralität, in der es allerdings auch zu Konflikten zwischen Gesellschaft und Individuum kommen kann, v. a. wenn das Individuum als Teil einer Randgruppe gesellschaftlich etablierte Normen ablehnt. Nach dem deutschen Soziologen und Philosophen Ferdinand Tönnies, der den Begriff in seinem Buch »Gemeinschaft und Gesellschaft« (1887) als soziologischen Grundbegriff einführte, beruht die Gemeinschaft auf einer natürlichen, gesinnungshaften Verbundenheit und auf ungeschriebenen Regeln; Gesellschaft hingegen auf äußeren Vereinbarungen und Interessen. Er unterscheidet drei Typen von Gemeinschaft: Verwandschaft, Nachbarschaft und Freundschaft.

Der Begriff Gemeinschaft wird z. T. gleichbedeutend mit dem Begriff →Gruppe gebraucht. Sie müssen dann voneinander abgegrenzt werden, wenn z. B. in einer Nachbarschaft oder Verwandschaft kein gemeinsames Ziel zwischen den Mitgliedern besteht.

**Gesetz der Ähnlichkeit:** eines der →Gestaltgesetze.

**Gesetz der Geschlossenheit:** eines der →Gestaltgesetze.

**Gesetz der guten Fortsetzung:** eines der →Gestaltgesetze.

**Gesetz der Nähe:** eines der →Gestaltgesetze.

**Gesetz des gemeinsamen Schicksals:** eines der →Gestaltgesetze.

**Gesichtsfeld, Sehfeld:** Bereich, in dem man Gegenstände wahrnehmen kann, ohne die Augen oder den Kopf zu bewegen. Bei einer Fortbewegung (z. B. mit dem Auto) verengt sich das Sehfeld mit steigender Geschwindigkeit. Das auf Dunkelheit eingestellte Auge besitzt ein engeres Gesichtsfeld als ein hellangepasstes und auch bei Farben zeigen sich Unterschiede: Das Gesichtsfeld z. B. für Grün ist im Allgemeinen kleiner als das für Rot.

**Gespräch:** sprachlicher Austausch zwischen Personen. Ziel von Gesprächen ist oftmals die wechselseitige Einwirkung, z. B. zum Zweck der Befolgung eines Rates. Ein Gespräch zwischen zwei Personen wird als →Dialog bezeichnet.

Der Botschaftsaustausch erfolgt auf der verbalen Ebene (durch Sprachinhalte) und auf der nonverbalen Ebene (z. B. durch Betonung und Pausen sowie Mimik und Gestik). Bei persönlichen Gesprächen ist eine Verständigung ohne Hilfsmittel möglich; für die Überwindung größerer Entfernungen oder bei nicht gleichzeitiger Anwesenheit des Partners kommen Medien zur Individualkommunikation wie z. B. Telefon (als Übertragungsmedium) und Anrufbeantworter (als Speichermedium) zum Einsatz. Der Sprecherwechsel folgt (zumeist unbewussten) sozialen Regeln und wird durch →Marker wie Pausen, Stimmabsenkung, Blicke und Gesten gesteuert.

Gespräche sind in der Psychotherapie zentral; zum einen dienen sie dazu, das Befinden des Patienten zu erfassen, z. B. bei der→Exploration, zum anderen sind sie Teil des Therapieprozesses.

**Gesprächspsychotherapie:** die →klientenzentrierte Psychotherapie.

**Gesprächstherapie:** die →klientenzentrierte Psychotherapie.

**Gestagene:** weibliche →Sexualhormone.

**Gestalt:** ein von der Umgebung abgehobener, in sich geschlossener Wahrnehmungsinhalt. Die Gesamtform beinhaltet Merkmale, die →Gestaltqualitäten, die sich nicht aus denen ihrer Einzelteile ergeben. So hat eine Melodie z. B. Eigenschaften, die ihr nur als Ganzes zukommen und die nicht aus Eigenschaften einer ihr zugrunde liegenden Tonfolge erklärbar sind. Überträgt man die Melodie in eine andere Tonart, so ändern sich die Eigenschaften der einzelnen Töne völlig, die Melodie als solche aber bleibt erhalten.

Entsprechende Feststellungen kann man bei visuell wahrgenommenen Gebilden machen. In der →Gestaltpsychologie wendet man den Begriff Gestalt auch auf Handlungen (Bewegungsgestalten), Gedächtnisinhalte und Denkvorgänge (Prinzip der Einsicht) an. Die Bedingungen, die zur Auffassung einer Reizkombination als Einheit im Sinne einer Gestalt beitragen und nicht auf Erfahrung beruhen, heißen →Gestaltgesetze.

Das Gestaltprinzip wurde Anfang des 20. Jahrhunderts von der Gestaltpsychologie für die Wahrnehmung beschrieben und dann auf andere Bereiche (Lernen, Denken, Gedächtnis) übertragen. Heute wird die universelle Gültigkeit infrage gestellt. Besonders in Studien zur Wahrnehmung und Ästhetik greift man aber immer noch darauf zurück. Werden z. B. Gesich-

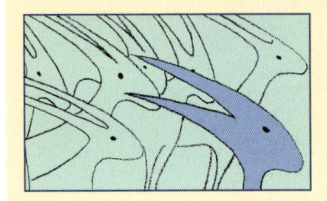

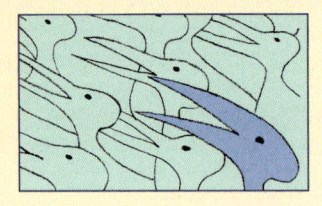

**Gestaltgesetze:** Nach dem Gesetz der Ähnlichkeit wird die blaue Figur in den beiden Abbildungen in Verbindung mit Antilopen als Antilope, in Verbindung mit Vögeln als Vogel wahrgenommen.

ter von Menschen als schön bewertet, ist dies eine Gestaltqualität, die dem Gesicht als Ganzes zukommt. Der Eindruck der Teile des betreffenden Gesichts (Nase, Mund, Augen) ist davon unabhängig.

**Gestaltgesetze, Gestaltprinzipi|en:** vom Gestaltpsychologen Max Wertheimer zu Beginn des 20. Jahrhunderts erstmals systematisch beschriebene, aus der Untersuchung von Sehvorgängen hervorgegangene Prinzipien der Strukturierung von Formwahrnehmungen. Sie erklären, welche Phänomene auf welche Weise und aus welchem Grund als Gestalt erlebt werden können. Dazu gehören u. a. folgende Gesetze:

Das **Gesetz der Nähe** besagt, dass Wahrnehmungselemente in raum-zeitlicher Nähe als zusammengehörig erlebt werden. Mit dem **Gesetz der Ähnlichkeit** ist gemeint, dass einander ähnliche Elemente eher als zusammengehörig erlebt werden als einander unähnliche. Das **Gesetz der guten Fortsetzung** ermöglicht es, dass man z. B. in einem Liniengewirr eine bestimmte Linie bis zu ihrem Ende verfolgen kann. Nach dem **Gesetz der Geschlossenheit** werden nicht vorhandene Teile einer Figur in der Wahrnehmung ergänzt; z. B. wird ein Kreis als solcher wahrgenommen, auch wenn er nicht ganz geschlossen ist. Das **Gesetz des gemeinsamen Schicksals** schließlich besagt, dass Elemente oder Gegenstände, die sich gleichmäßig bewegen oder verändern, als Einheiten gelten.

Daneben gibt es übergeordnete Prinzipien, die erlauben, allgemeine Gesetzmäßigkeiten zu erfassen, die das Zusammenwirken der einzelnen Gestaltgesetze steuern. Ein solches Gesetz ist das **Prägnanzprinzip**. Nach ihm erfolgt die Ausbildung von Wahrnehmungseinheiten stets so, dass das Ergebnis eine möglichst einfache und einprägsame Gestalt darstellt. Die Wirkweise der Gestaltgesetze wird von der Gestaltpsychologie mit dem Isomorphieprinzip erklärt: einer strukturellen Ähnlichkeit zwischen Reizmuster und Prozessen in den Sinnesorganen und Nervenbahnen.

**Gestaltprinzipien:** die →Gestaltgesetze.

**Gestaltpsychologie:** psychologische Schule, die sich in den 1920er-Jahren unter Führung der deutschen Psychologen Max Wertheimer, Wolfgang Köhler, Kurt Koffka und später auch Kurt Lewin in Frankfurt am Main und Berlin konstituierte. Im Unterschied zur →Ganzheitspsychologie 2), mit der die Gestaltpsychologie den gemeinsamen Ausgangspunkt der Ablehnung von Behaviorismus und Tierexperimenten hatte, konzentrierte sich die Gestaltpsychologie auf die Erforschung von Wahrnehmung, Lernen und Denken. Sie war stärker naturwissenschaftlich orientiert und setzte auch Experimente und Messungen ein. Ihre Grundbegriffe sind →Gestalt und →Gestaltqualität.

Viele Untersuchungen der Berliner Gestaltpsychologen erreichten Berühmtheit weit über die Grenzen der Psychologie hinaus. Dazu gehören die Experimente von Max Wertheimer über das Sehen von Bewegungen ebenso wie die Experimente zum Lernverhalten von Menschenaffen, die Wolfgang Köhler an Schimpansen während des Ersten Weltkriegs auf Teneriffa durchführte. Außerdem zählen dazu die Untersuchungen von Kurt Lewin zur Motivation und zum Vergessen erledigter und unerledigter Handlungen, durchgeführt in Berlin in den 1920er-Jahren.

**Gestaltqualität:** eine von dem österreichischen Philosophen und Psychologen Christian Freiherr von Ehrenfels geprägte und 1890 in die Psychologie eingeführte Bezeichnung für eine Eigenschaft, die nur am Gesamtkomplex eines Gegenstandes (und nicht an dessen Einzelteilen) erkannt wird. Bestimmend für die Gestaltqualität sind die seither als **Ehrenfels-Kriterien** bezeichneten Merkmale »Übersummativität« (wonach das Ganze mehr ist als die Summe seiner Teile) und »Transponierbarkeit« (wonach das Prinzip trotz Veränderung der Einzelteile erhalten bleibt).

Als Musterbeispiel gilt die Melodie. Sie bleibt als Verlaufsgestalt erhalten, selbst wenn sie von verschiedenen Instrumenten gespielt wird oder wenn ihre »Elemente«, die einzelnen Töne der Tonfolge, durch Übertragung (Transponieren) in eine andere Tonart völlig ausgewechselt werden. Die Gestaltqualität ist ein Grundbegriff der →Gestaltpsychologie.

**Gestalttherapie:** von Fritz und Lore Perls sowie dem Philosophen Paul Goodman in den 1940er-Jahren entwickelte Form der Psychotherapie, deren wichtigste Ziele Wachstum und die Fähigkeit zum Kontakt zur Wirklichkeit sind, und bei der das Erleben im »Hier und Jetzt« betont wird. Nach diesem Ansatz beruhen psychische Störungen auf unvollendeten →Gestalten; das sind (meist) in der Kindheit erlebte Gefühle, z. B. Wut, die nicht ausgedrückt werden konnte. Sie machen den Menschen unfrei dafür, zu sich und zu anderen echten Kontakt zu haben. In der Psychotherapie werden diese offen gebliebenen Gestalten »geschlossen«, indem die Gefühle erinnert und ausgedrückt werden. Das ist durch erhöhte Aufmerksamkeit für das Hier und Jetzt möglich.

In der Therapie weist der Gestalttherapeut den Klienten z. B. darauf hin, dass er gerade mit seinem Fuß wippt, und fordert ihn auf, als sein Fuß zu sprechen; dieser könnte sagen »Ich bin unruhig, irgendetwas stört mich«. Im weiteren Gespräch könnte sich herausstellen, dass sich der Klient über eine Äußerung des Therapeuten geärgert hat, und weiterhin, dass ihn diese Äußerung an Bemerkungen seines strengen Vaters erinnert hat, wogegen er sich als Kind nicht wehren konnte. Ein früheres, nicht abgeschlossenes Thema wirkte also in die Gegenwart hinein und behinderte aktuell den Kontakt. Ohne diese Behinderung hätte der Kontakt so ausgesehen, dass der Klient seinen Ärger gegenüber dem Therapeuten gleich wahrnimmt und es ihm mitteilt oder aber, dass er sich über die Äußerung erst gar nicht ärgert, weil diese nicht von einem Vater kommt.

Wenn der Klient sich an etwas erinnert, beschränkt der Therapeut sich nicht auf eine verbale Deutung wie in der Psychoanalyse, sondern er versucht, die Szene der Vergangenheit neu zu beleben. Zum Beispiel wird die kränkende Mutter in Gedanken auf einen leeren Stuhl »gesetzt« und der Klient spricht mit ihr, um auf diese Weise das vergangene Erleben in seiner aktuellen Bedeutung zu erfassen und eine Entscheidung zu treffen, ob er sich in Zukunft noch von seinen vergangenen Erfahrungen bestimmen lassen will.

Die Gestalttherapie ist unter den humanistischen Verfahren einer der verbreitetsten Ansätze, der v. a. bei Patienten mit Angststörungen, Zwängen, Depressionen und psychosomatischen Beschwerden angewendet wird. Bisher liegen wenige wissenschaftliche Untersuchungen zur Wirksamkeit vor, die Ergebnisse zeigen aber hohe therapeutische Wirksamkeit. Die Kosten der ambulanten Gestalttherapie werden von den deutschen gesetzlichen Krankenkassen nicht übernommen.

**Gestaltungstests:** Gruppe der →Zeichentests und →Spieltests.

**Gestaltwandel:** entwicklungsbedingte Veränderungen der körperlichen Proportionen und damit einhergehend der Gesamtgestalt. Während sich die Kopfgröße – relativ zur Gesamtgröße – im Laufe der Entwicklung beständig verringert, strecken sich Rumpf, Arme und Beine.

Wesentlich geprägt wurde der Begriff nach dem Ersten Weltkrieg durch den deutschen Arzt Wilfried Zeller. Er beschrieb Kriterien der verschiedenen Stufen des Gestaltwandels und sah die körperliche und psychische Entwicklung in unmittelbarer Abhängigkeit voneinander. Seine Thesen gelten heute allerdings als überholt: Empirische Untersuchungen zeigten, dass Zellers Körpergestaltmerkmale keinen hinreichend sicheren Schluss auf die Ausprägung von Merkmalen der psychischen Leistungsfähigkeit und z. B. der Schulfähigkeit zulassen.

**gesteigertes sexuelles Verlangen, Hypersexualität:** eine sexuelle Funktionsstörung, die sich durch einen stark, d. h. überdurchschnittlich ausgeprägten Sexualtrieb auszeichnet. Die Störung wird mit der Sexsucht in Zusammenhang gebracht, wobei der Begriff Sexsucht in der ICD-10 nicht vorkommt. Betrof-

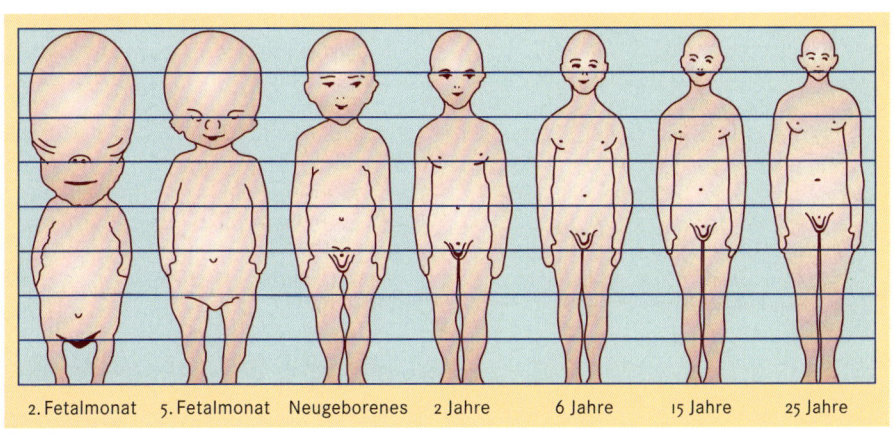

**Gestaltwandel:** Veränderung der Körperproportionen im Laufe des Wachstums

fene erleben störend häufig sexuelles Verlangen, z. B. mehrmals täglich, suchen ständig sexuelle Befriedigung bei wechselnden Partnern, meist ohne einen Orgasmus zu haben oder subjektiv Befriedigung zu empfinden. Veraltete Bezeichnungen dieser Störung sind bei Frauen »Nymphomanie«, bei Männern »Satyriasis« oder »Don-Juanismus«.

**Gestik:** Diese um 1832 in Neapel gebräuchlichen Gesten sind zum Teil noch heute verständlich: 1. Ruhe, 2. Verneinung, 3. Schönheit, 4. Hunger, 5. Spott, 6. Müdigkeit, 7. Dummheit, 8. Achtsamkeit, 9. Unehrlichkeit, 10. Raffinesse (Zeichnung von Andrea de Jorio).

**Gestik** [zu latein. gestus »Gebärdenspiel«]: Gesamtheit der zielgerichteten Ausdrucksbewegungen des Körpers (Gesten), besonders der Hände und des Kopfes, die häufig begleitend als Untermalung oder zur Hervorhebung der sprachlichen Kommunikation eingesetzt werden. Ausdrucksbewegungen des Gesichtes, die in der Kommunikation vorwiegend der Übermittlung emotionaler Zustandsinformationen dienen, werden als Miene oder →Mimik bezeichnet. Systeme konventionalisierter Gesten erlauben auch die Übermittlung komplexer Sachverhalte und können die gesprochene Sprache ersetzen (→Gebärdensprache).

**Gesundheit:** nach der Defintion der Weltgesundheitsorganisation (WHO) ein »Zustand des vollständigen körperlichen, geistigen und sozialen Wohlbefindens und nicht nur das Freisein von Krankheit und Gebrechen«. Diese Definition wurde wegen ihres »utopischen« Charakters heftig kritisiert, wobei v. a. die Beschreibung der Gesundheit als »Zustand« und als »vollständiges Wohlbefinden« im Mittelpunkt der Kritik stand. Neuere Definitionsansätze verstehen Gesundheit als Prozess, innerhalb dessen Körper, Seele und Geist in dynamischer Wechselwirkung miteinander stehen. Dennoch hat die Weltgesundheitsorganisation mit ihrer Definition ein Zeichen gesetzt, indem diese sich deutlich von einer rein biomedizinischen Sichtweise ablöst. Die Bedeutung seelisch-geistiger und sozialer Aspekte für die Gesundheit ist heute weitgehend akzeptiert und stellt die konzeptionelle Grundlage für die Theorie und Praxis der Gesundheitsförderung dar.

**Gesundheitsaufklärung, Gesundheitsinformation:** Anwendungsbereich der Gesundheitspsychologie, in dem es darum geht, die Bevölkerung über die gesundheitsfördernden oder -beeinträchtigenden Wirkungen von Gesundheits- bzw. Risikoverhalten zu informieren.

**Gesundheitsberatung:** Anwendungsgebiet der Gesundheitspsychologie mit der Zielsetzung, in Beratungsgesprächen Wissen über gesundheitsfördernde und -beeinträchtigende Faktoren zu vermitteln, zur Einstellungs- und Verhaltensänderung zu motivieren und die Umsetzung der Veränderungen zu unterstützen. Konzepte der Gesundheitsberatung gehen im Unterschied zur →Gesundheitsaufklärung davon aus, dass die alleinige Bereitstellung von Informationen nicht genügt, um umfassende gesundheitsbezogene Verhaltensänderungen zu erreichen. Im Gegensatz zur Gesundheitsförderung konzentriert sich die Gesundheitsberatung auch heute noch häufig auf die Modifikation von Risikofaktoren und vernachlässigt dabei die Notwendigkeit, parallel hierzu auch den Auf- und Ausbau von gesundheitsfördernden Faktoren (persönlicher →Ressourcen 2) zu unterstützen.

**Gesundheitsbildung:** Maßnahmen der Gesundheitsförderung, die in der Erwachsenenbildung, v. a. an Volkshochschulen, angeboten werden.

**Gesundheitserziehung:** Anwendungsbereich der Gesundheitspsychologie mit dem Ziel, durch Aufklärung und Hinweise auf gesundheitliche Gefährdungen und Risiken zur Entwicklung einer eigenverantwortlichen »gesunden« Lebensgestaltung der Bevölkerung beizutragen. Themen sind z. B. Impfungen und Vorsorgemaßnahmen, körperliche Hygiene, Gesundheits- und Risikoverhalten, Sexualerziehung, Verkehrserziehung, Unfallverhütung und Erste Hilfe.

Die klassische Gesundheitserziehung entwickelte sich in Deutschland aus der »gesundheitlichen Volksbelehrung«. Heute wird der Begriff »Gesundheitserziehung« fast ausschließlich im pädagogischen Bereich (Kindertagesstätten, Schulen) verwendet; die früher auch darunter gefasste Erwachsenenbildung zur Gesundheit wurde von →Gesundheitsaufklärung und Gesundheitsbildung abgelöst. Kritiker sehen die Gesundheitserziehung als zu individuums-, symptom- und krankheitszentriert, zu zielgruppenunspezifisch und von der Art der Vermittlung her oft bevormundend. Infolgedessen wird die Gesundheitserziehung zunehmend als ein bloßes Teilgebiet des umfassenderen Ansatzes der Gesundheitsförderung angesehen.

**Gesundheitsinformation:** die →Gesundheitsaufklärung.

**Gesundheitsmodelle:** Modelle zur Beschreibung, Erklärung und Vorhersage des Gesundheitszustands, des Gesundheitsverhaltens oder der Gesundheitsbedingungen einer Person; sie stellen die theoretischen Grundlagen der Gesundheitspsychologie dar. Die **Modelle der Gesundheit** zielen auf die Beschreibung, Analyse oder Erklärung gesundheitlichen Befindens; **Modelle des Gesundheitsverhaltens** beschränken sich auf die Analyse und Vorhersage gesundheitsrelevanter Verhaltensweisen; **Modelle der Gesundheitsförderung** umfassen die Planung, Durchführung und Überprüfung von Gesundheitsförderungsmaßnahmen.

**Gesundheitspsychologie:** Teilbereich der angewandten Psychologie; als Inhalte und Zielsetzungen sind hauptsächlich zu nennen:

*Erhaltung und Förderung der Gesundheit und Vorbeugung von Krankheiten:* Im Unterschied zu der bisher in der Psychologie vorherrschenden Herangehensweise, die Entstehung und Bekämpfung von Krankheiten zu erforschen, liegt das Hauptaugenmerk der Gesundheitspsychologie ausdrücklich auf der Förderung der Gesundheit und der Vorbeugung gegen Krankheiten (→Prävention). Die Aufgaben der Psychologie im präventiven Gesundheitsbereich haben sich in den letzten Jahren v. a. aus den Veränderungen des Krankheitsspektrums und der Mortalitätsraten (→Mortalität) ergeben. So sind heute die meisten ernsthaften Erkrankungen und Haupttodesursachen in den Industrienationen auf langzeitliches Risikoverhalten zurückzuführen, deshalb kann ihr Auftreten durch Verhaltensänderungen beeinflusst oder sogar verhindert werden (→Zivilisationskrankheiten).

*Erforschung von gesundheitsfördernden und -beeinträchtigenden Faktoren:* Ein wichtiger Aufgabenbereich der Gesundheitspsychologie betrifft die Erkenntnis von gesundheitsfördernden Bedingungen (→Protektivfaktoren). Im Zusammenhang mit der salutogenen Blickrichtung der Gesundheitspsychologie (→Salutogenese) wird die Bedeutung verschiedener Kompetenzen (z. B. →Lebenskompetenzen), Persönlichkeitseigenschaften und Umweltfaktoren (z. B. soziale Unterstützung sowie Arbeits-, Wohn- und Freizeitbedingungen) für die Gesundheit betont. Hier finden auch subjektive Konzepte wie →Wohlbefinden oder →Lebenszufriedenheit zunehmende Bedeutung. Ein weiterer gesundheitspsychologischer Aufgabenbereich betrifft das Aufdecken von →Risikofaktoren und Risikoverhalten sowie die Identifikation von Risikopopulationen, d. h. Personen oder Personengruppen, deren Gesundheit als besonders gefährdet gilt.

*Definition, Diagnose und Bestimmung der Genese gesundheitsrelevanter Faktoren:* Die Frage, was man unter Gesundheit versteht, wurde im Laufe der Jahrhunderte neu gestellt und beantwortet (→Gesundheit). Weithin akzeptiert ist die Gesundheitsdefinition der Weltgesundheitsorganisation (WHO) aus dem Jahre 1948, die Gesundheit als »Zustand des völligen geistigen und sozialen Wohlbefindens und nicht nur das Freisein von Krankheiten und Gebrechen« versteht. Wachsende Beachtung fin-

**Gesundheitserziehung:** Nicht erst heute gehört die sportliche Ertüchtigung zu der Vorstellung vom gesunden Leben. Das von dem Schweizer Phokion Heinrich Clias verfasste Buch »Calisthénie, oder Übungen zur Schönheit und Kraft der Mädchen« (1829) zeugt von den Bestrebungen, besondere Leibesübungen für die Weiblichkeit zu schaffen.

# Gesundheitspsychologie

**Gesundheitspsychologie:** Zu den Aufgaben der Gesundheitspsychologie gehört die Änderung von verbreiteten gesundheitsschädlichen Verhaltensweisen wie Fehlernährung und Bewegungsmangel (»Schlaraffenland« von Pieter Brueghel d. Ä., 1567).

den in den letzten Jahren die subjektiven Theorien zu Gesundheit und Gesundheitsverhalten (→Laienätiologie), die die Inanspruchnahme, Akzeptanz und damit letztlich auch den Erfolg von Gesundheitsförderungsmaßnahmen wesentlich mit beeinflussen. Mit der Ätiologie und Genese von Gesundheitszuständen und Gesundheitsverhalten haben sich die Autoren von →Gesundheitsmodellen eingehend beschäftigt. Verdienste der Gesundheitspsychologie liegen auf dieser theoretischen Ebene v. a. in der Entwicklung von Modellen zur Beschreibung, Erklärung und Vorhersage des Gesundheitszustandes und des Gesundheitsverhaltens einer Person. Ziel gesundheitspsychologischer Diagnostik ist es, Indikatoren und Kriterien für die Messung von gesundheitlichem Befinden und Verhalten sowie deren Veränderungen aufzufinden.

*Entwicklung, Durchführung, Evaluation und Qualitätssicherung:* Ein Schwerpunkt gesundheitspsychologischer Tätigkeiten liegt in der theoretisch fundierten Konzeption, der Umsetzung sowie der wissenschaftlichen Überprüfung von Gesundheitsförderungsmaßnahmen. Evaluation und Qualitätssicherung werden inzwischen für ambulante und stationäre Maßnahmen bzw. Institutionen gleichermaßen gefordert.

*Analyse und Optimierung des gesamten Gesundheitssystems:* Ein weiteres Merkmal des neueren gesundheitspsychologischen Ansatzes ist die ausdrückliche Beschäftigung mit dem Gesundheitssystem und nicht mit an Krankheiten orientierten Systemen, wie dies auch heute immer noch üblich ist. Aus dieser Perspektive besteht u. a. die Möglichkeit, eine Analyse und Evaluation verschiedener Gesundheitssysteme vorzunehmen und daraus Optimierungsvorschläge abzuleiten.

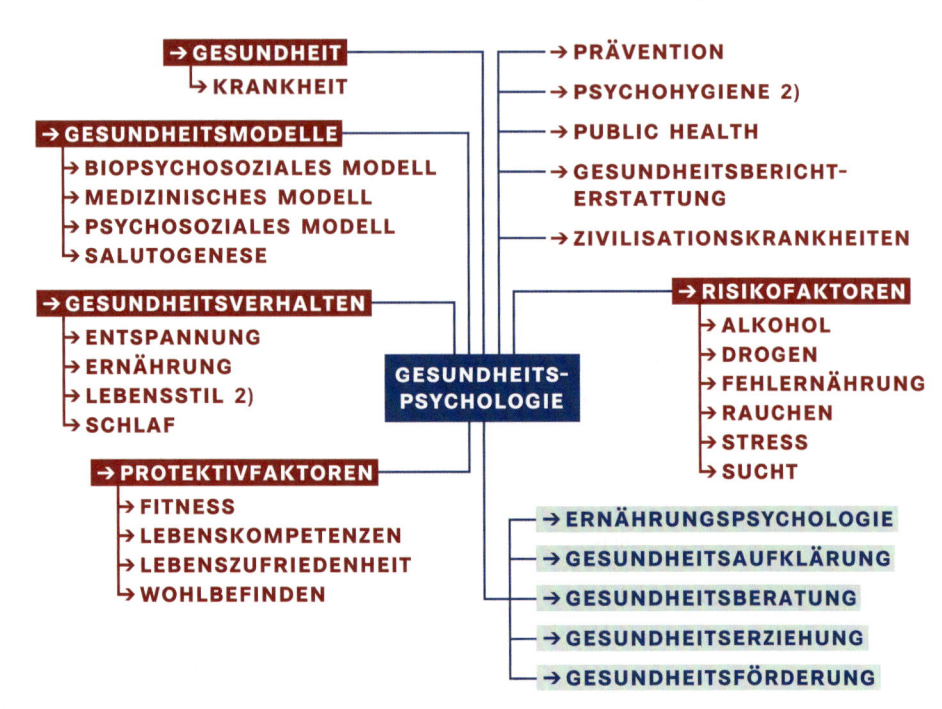

*Praxisorientierung und Interdisziplinarität:* Gesundheitspsychologische Erkenntnisse werden in den Anwendungsbereichen der Gesundheitsförderung umgesetzt. Ihren Aufgaben und Zielsetzungen entsprechend bedürfen gesundheitspsychologische Fragestellungen in der Regel einer interdisziplinären und praxisorientierten Herangehensweise.

**Gesundheitsverhalten:** Verhaltensweisen, die den Gesundheitszustand einer Person positiv beeinflussen. Zu den erwiesenermaßen gesundheitsfördernden Verhaltensweisen zählen neben körperlichen Hygienemaßnahmen und der Inanspruchnahme medizinischer Vorsorgemaßnahmen (Impfungen, Vorsorgeuntersuchungen u. a.) insbesondere eine bedarfsgerechte, möglichst vollwertige Ernährung, ausreichend Bewegung, Entspannung und Schlaf sowie ein möglichst geringer Konsum von Alkohol, Nikotin, Medikamenten und Drogen. Zum Gesundheitsverhalten gehören auch Sonnenschutz, Schutz vor Aids und Geschlechtskrankheiten sowie Stressbewältigung.

**Gesundheitswissenschaften:** →Public Health.

**Gewalt:** *Sonderartikel S. 222–225.*

**Gewalt|opfer:** Opfer einer Gewalttat. Die Situation von Gewaltopfern wird von der →Viktimologie (Opferforschung) untersucht.

**Gewichtsverlust:** Verringerung des Körpergewichts, die beim Gesunden entsteht, wenn die Energiezufuhr geringer als der Energiebedarf des Körpers ist (negative Energiebilanz). Gewichtsverlust kann auch im Zusammenhang von körperlichen Krankheiten auftreten, eine direkte Folge seelischer Störungen (→Anorexia nervosa) oder eine indirekte Auswirkung seelischer Probleme sein, z. B. auf dem Weg über den Appetitverlust (→Depression). Absichtlich herbeigeführter Gewichtsverlust im Rahmen einer →Diät 2) ist bei →Übergewicht angeraten.

**Gewissen:** ein für den einzelnen Menschen als verbindlich betrachtetes System von Werten. Das Gewissen versetzt ihn in die Lage, sich relativ unabhängig von äußeren Beeinflussungen oder Maßstäben durch seine Zufriedenheit oder Missbilligung (je nach Erfüllung der eigenen Standards) selbst zu belohnen oder zu bestrafen. Die über verschiedene Situationen als stabil angesehenen Haltungen (z. B. zur Ehrlichkeit) führen keineswegs immer zu entsprechenden moralischen Handlungen, da diese zusätzlich von der jeweiligen Situation und weiteren Persönlichkeitsmerkmalen abhängen, woraus sich innere oder auch äußere Konflikte ergeben können. So kann sich z. B. ein Mensch mit ehrlicher Gesinnung unter sozialem Druck oder bei unbewussten Selbstbestrafungstendenzen auch unehrlich verhalten.

Entwicklungspsychologisch wird das Gewissen als Ergebnis der Verinnerlichung äußerer Werte und Einstellungen angesehen, wobei die Denkentwicklung und die jeweiligen Sozialisationsbedingungen (v. a. Erziehungsziele und -stile der Eltern, Familienklima, gesellschaftliche Normen) eine große Rolle spielen. Der Lerntheorie zufolge wird gewissenhaftes Verhalten durch Belohnung und Bestrafung gelernt. Nach Sigmund Freud ist das Gewissen durch das →Über-Ich repräsentiert, das sich ständig in Konflikten mit dem →Es befindet.

**Gewissen:** Bis etwa zum siebten oder achten Lebensjahr werden nach Jean Piaget Vorschriften als durch eine Autorität verfügte Normen aufgefasst und Strafe als unvermeidliche Folge ihrer Verletzung angesehen (Illustration von Wilhelm Busch zu seiner Bildergeschichte »Das Bad am Samstagabend«).

**Gewissensangst:** *Psychoanalyse:* die Angst vor dem eigenen Gewissen. Das Kleinkind empfindet zunächst keine Gewissensangst, sondern nur Angst vor der Bestrafung durch andere; erst im Lauf der Entwicklung des →Gewissens wird diese durch die Gewissensangst abgelöst. Sie ist Voraussetzung für die Ablösung der Fremdsteuerung durch Selbststeuerung und damit letztlich für eigenverantwortliches Handeln.

**Gewöhnung:** 1) in der *Psychologie* die durch häufige Wiederholung physischer und psychischer Reaktionsabläufe geschaffene Bereitschaft zu routinemäßigem, automatisiert erscheinendem Verhalten, z. B. Denk-, Verrichtungs-, Anschauungs-, Verhaltensgewöhnung. Sie ist der bedingten Reaktion bei der →Konditionierung vergleichbar. Das Ergebnis der Gewöhnung ist die **Gewohnheit**, diese kann zum (sekundären) →Bedürfnis werden. Sie wird zum Handlungsziel. Mit zunehmender

*Fortsetzung S. 226*

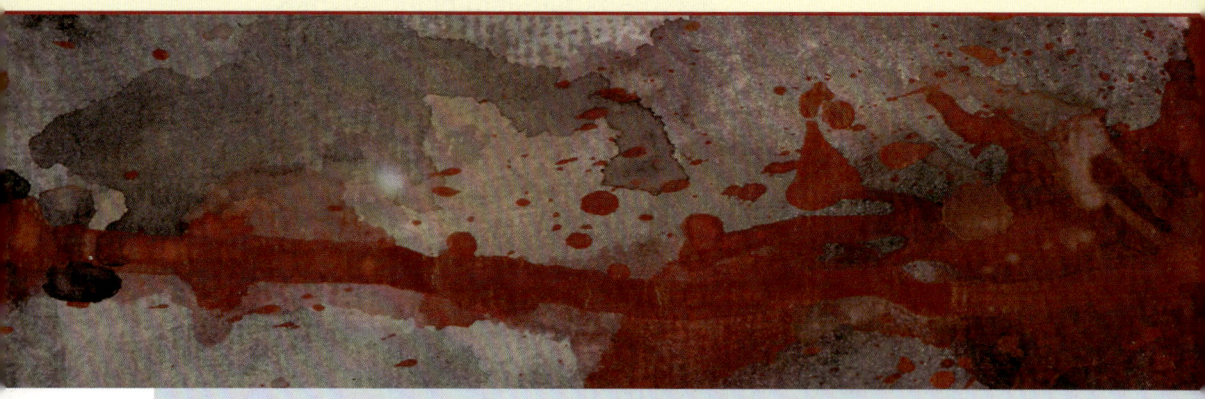

# GEWALT

## BEGRIFF UND ABGRENZUNGEN

Gewalt ist die Anwendung von physischem und psychischem Zwang gegenüber Menschen. Dabei ist zu unterscheiden zwischen der rohen, gegen Sitte und Recht verstoßenden Einwirkung auf Personen (verletzende Gewalt) und dem Durchsetzungsvermögen in Macht- und Herrschaftsbeziehungen (ordnende Gewalt).

Schon früh unterwarfen sich die in der Gemeinschaft eines Stammes oder Staates zusammengefassten Menschen einer ordnenden, den inneren und äußeren Frieden sichernden Gewalt: Um Gewalt zwischen den Gliedern der Gemeinschaft zu unterbinden, wurde sie als legitimes Herrschaftsinstrument beim Herrscher oder bei bestimmten Staatsorganen monopolisiert. Mit dem Versuch, das Recht des Stärkeren abzubauen, ging in einem fortschreitenden Prozess das Bestreben einher, durch Stammes- und Staatsordnungen, durch Rechts- und Gerichtswesen diese Gewalt zu kanalisieren.

Verletzende Gewalt dagegen ist eine Zwangseinwirkung auf eine andere Person. Der Erfolg von Gewalt, sofern sie nicht unmittelbar physisch ausgeübt wird, hängt von der Erzeugung von Angst ab. Gewalt in diesem Sinne zerstört die Bedingungen friedlichen menschlichen Zusammenlebens.

## GEWALT IN DER ÖFFENTLICHKEIT

Der norwegische Friedensforscher Johan Galtung unterscheidet zwischen der Gewalt von Einzelnen oder Gruppen und der »strukturellen Gewalt«, einer immanent vorgegebenen Gewalt in all den gesellschaftlichen Systemen, die die volle Entfaltung der individuellen Anlagen durch eine ungleiche Verteilung von Eigentum und Macht verhindern. Die individuelle Gewalt ist hier gleichsam als Reaktion auf die strukturelle Gewalt zu verstehen, die der Einzelne jeweils schon vorfindet, und als Versuch zu sehen, die ihn individuell treffende Benachteiligung zu kompensieren.

In der Diskussion um die Gewalttätigkeit wird unter anderem darauf hingewiesen, dass der Entschluss, mit Gewalt zu handeln, nicht nur auf individuellen Überlegungen basiert, sondern auch aus gesellschaftlich bedingten Rollenerwartungen resultiert. Dementsprechend vielfältig sind Impulse und personenbezogene Gründe. Ferner wird die Anwendung von Gewalt gedeutet als Ausdruck der Negierung der Werte, die in einer Gesellschaft jeweils allgemein anerkannt und geschützt sind.

Die Bereitschaft zur Gewaltanwendung gegen ethnische, nationale, religiöse oder auf die Wahrung ihrer kulturellen Eigenständigkeit bedachte Minderheiten ist historisch nicht neu. Analog zum Willen eines Staates, Gewalt gegen missliebige Minderheiten auszuüben, steht die Bereitschaft von Einzelnen und Gruppen zur Gewaltanwendung gegenüber Randgruppen und Subkulturen (etwa Migranten, Nichtsesshafte).

## GEWALT IN DER FAMILIE

Aufgrund einer stark gewachsenen Sensibilität des öffentlichen Bewusstseins gegenüber dem Phänomen der Gewalt stellt sich heute die Frage nach der Existenz von Gewalt in der Gesellschaft neu, beispielsweise im Bereich der Erziehung. Vor dem Hintergrund der oft kontrovers geführten Gewaltdiskussion spricht das Bürgerliche

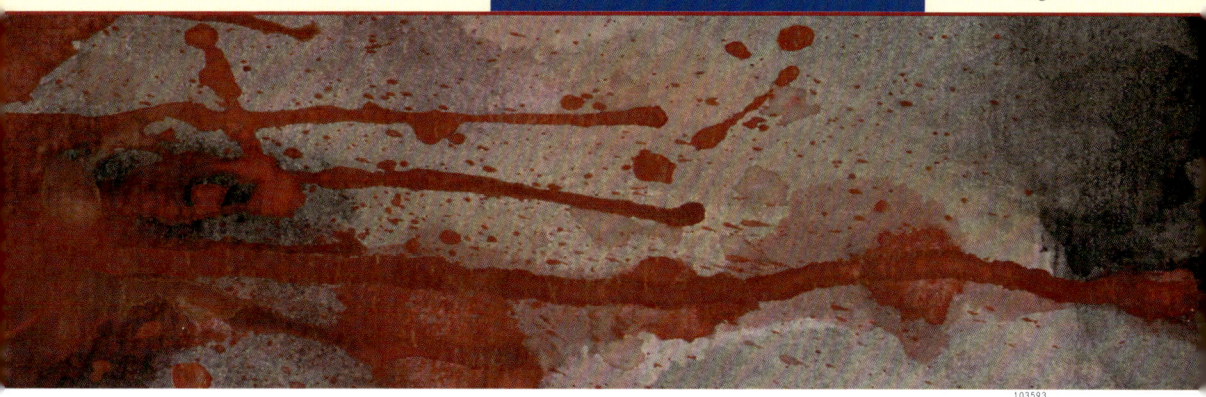

Gesetzbuch seit 1979 im Erziehungsrecht nicht mehr von »elterlicher Gewalt«, sondern von »elterlicher Sorge«. Auch wenn in der Diskussion über Erziehung die körperliche Gewaltanwendung als Erziehungsmittel weitgehend abgelehnt wird, ist dennoch ein hohes Ausmaß von Kindesmisshandlung zu beobachten (mit einer hohen Dunkelziffer).

Vergleichbare Aspekte lassen sich auch am Verhältnis der Geschlechter zueinander beobachten. Auch wenn bereits seit 1850 das Züchtigungsrecht des Ehemannes nicht mehr gesetzlich verankert ist, ist doch unverkennbar, dass Gewalt gegen Frauen in der Ehe ein schichtenübergreifendes Problem geblieben ist. Besonders die Frauenbewegung hat darauf verwiesen, dass Gewalt gegen Frauen nicht nur im sexuellen, sondern auch im ökonomischen, juristischen, sozialen und kulturellen Bereich ausgeübt wird. Mit Familien-, Eheberatungs- und anderen (sozial-)psychologischen Beratungsstellen sowie mit der Einrichtung von Frauenhäusern sollen die Betroffenen primär vor weiterer direkter Gewalteinwirkung geschützt werden.

**ANGEBORENE GEWALTBEREITSCHAFT**
In der Psychologie wird meist von Aggression oder Aggressivität gesprochen. Damit geraten die gesellschaftlichen Ursachen und Folgen der Gewalt häufig aus dem Blick. Die Frage nach den Ursachen der Aggressivität beim Menschen hat zu zahlreichen Erklärungsmodellen geführt; die Ergebnisse ergänzen sich vielfach unter verschiedenen Ansätzen.

Die biologischen Aggressionstheorien gehen von der Annahme eines angeborenen Aggressionsinstinktes aus. Dieser erfüllt nach dem Verhaltensforscher Konrad Lorenz beim Menschen die gleichen Funktionen wie bei den Tieren innerhalb einer Art, nämlich die Verteidigung der Nachkommenschaft, Auslese und Bildung einer sozialen Rangordnung, und dient damit der Arterhaltung. Aggressive Impulse entstehen nach dieser Ansicht aus einer inneren Triebquelle und bedürfen periodisch der Ausführung oder Entladung zur Spannungsreduktion (»Dampfkesseltheorie«). Kritiker hingegen bezweifeln die Existenz eines solchen Aggressionsinstinkts beim Menschen, der nicht nachgewiesen worden sei, und leugnen auch eine erschöpfende Erklärbarkeit menschlicher Aggressivität aus Vergleichen mit tierischem Verhalten.

Zu den psychoanalytischen Theorien zählt das Konzept zweier widerstreitender Triebe beim Menschen, das Sigmund Freud in seinem späten Werk entwickelte: Dem Lebenstrieb (Eros) steht hiernach der Todestrieb (Thanatos) entgegen, der auf die Selbstvernichtung des Individuums, die Rückverwandlung alles Lebendigen in den anorganischen Zustand zielt. Durch Beimischung libidinöser Triebenergie werden nach Freud die Energien des Todestriebes nach außen gewendet, wo sie destruktiv gegen die Umwelt in Erscheinung treten. Die meisten neueren Psychoanalytiker lehnen die Annahme eines Todestriebes ab und weisen auf die spezifisch menschlichen Leistungen der Wahrnehmung, des Gedächtnisses, des Denkens, der Sprache und des schöpferisch planenden Vermögens hin, die den Menschen zu einer flexiblen, differenzierten und von Triebimpulsen relativ unabhängigen Reaktion befähigen. In der psy-

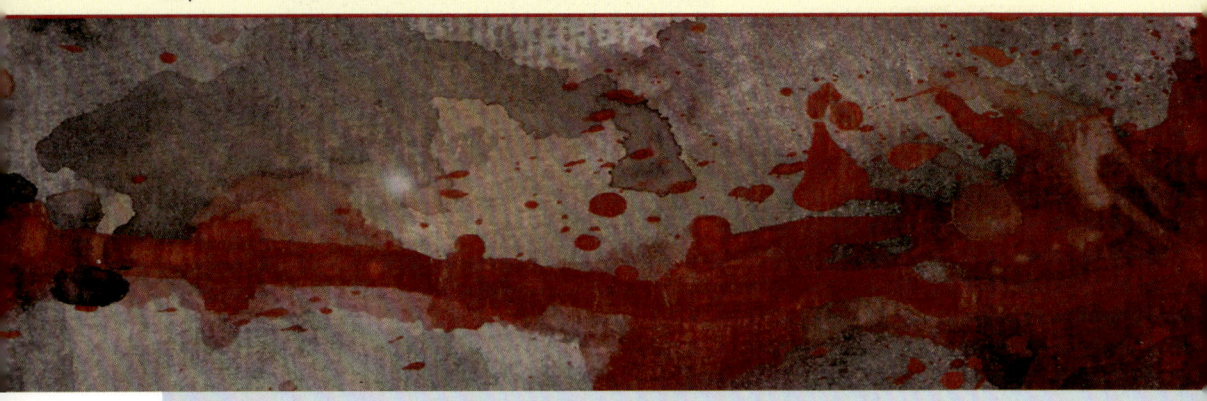

## GEWALT  *Fortsetzung*

choanalytischen Forschung zu Gewaltexzessen hat der Narzissmus große Bedeutung. Demnach dient Aggression v. a. dazu, das Selbstgefühl aus Gefahren zu retten oder eine anders nicht erreichbare narzisstische Bestätigung zu gewinnen.

### GEWALT ALS REAKTION

Die Frustrations-Aggressions-Hypothese, 1939 von einer Forschergruppe der Yale-Universität entwickelt, geht davon aus, dass jeder Aggression eine Frustration zugrunde liege; Frustration wird definiert als eine Triebblockierung, die Verhinderung einer zielgerichteten Aktivität. Das Frustrationserlebnis führe mit oder ohne Zorn, Wut und Ärger zu einem Angriff auf die Frustrationsquelle mit dem Ziel, sie zu beseitigen. Durch die Ausführung der aggressiven Handlung trete Befriedigung ein, der Anreiz zu weiterer Aggression werde reduziert und die gestörte Aktivität anschließend fortgeführt. Je größer die Frustration, desto intensiver die oft spontane aggressive Reaktion.

Gegen die Frustrations-Aggressions-Hypothese wird geltend gemacht, dass nicht jede Frustration ein aggressives Verhalten bewirkt; mögliche alternative Reaktionsformen sind etwa konstruktives Lösungsbemühen, Flucht, Ersatzhandlung oder Umbewertung der Situation (humorvolle Verarbeitung, rationale Betrachtungsweise, Neueinschätzung). Darüber hinaus liegt nicht jeder Aggression eine Frustration zugrunde, wie das etwa an zweckhaft kalkulierten Aggressionen ersichtlich wird. Das Ausleben oder Entladen der aggressiven Impulse kann, bedingt durch einen Erfolg und Gewöhnung an aggressives Verhalten, dessen Anreiz noch steigern, anstatt Aggression zu löschen.

Die lerntheoretischen Aggressionsmodelle gehen davon aus, dass aggressives Verhalten wie jedes soziale Verhalten durch Lernen erworben wird, und zwar durch die Beobachtung aggressiven Verhaltens (Modelllernen) und durch den Erfolg aggressiven Verhaltens (Verstärkungslernen). Die zu Aggressivität motivierende Wirkung des Vorbildes wird begünstigt, wenn die Aggression belohnt wird, sozial gebilligt und moralisch gerechtfertigt ist (beispielsweise Bestrafung eines »Verbrechers«).

Die sozialtheoretischen Aggressionsmodelle befassen sich mit der Entstehung von Aggression im sozialen Kontext, mit Themen wie Sündenbockbildung, Gruppennormen oder Konformitätsdruck. Aggressivität in Verbindung mit Rollenverhalten (wie beim Gefängnisaufseher), Aggressivität als Massenphänomen bei Überbevölkerung und Aggressivität bei gestörtem Ranggleichgewicht zwischen oder innerhalb von gesellschaftlichen Gruppen.

### ABBAU UND VERMEIDUNG VON GEWALT

Bestrafungen von Gewaltanwendung hemmen meist nur die Äußerung aggressiver Impulse, ändern jedoch nicht die grundsätzliche Aggressionsbereitschaft. Aggressives Verhalten wird sogar bestärkt, wenn es nicht immer Erfolg hat, der daher umso höher bewertet wird. Ein Abbau von Aggressivität erfordert demnach eine (als illusorisch anzusehende) ausnahmslose Bestrafung oder eine Umorientierung auf nicht aggressive Verhaltensweisen als Mittel, um Bedürfnisse zu befriedigen.

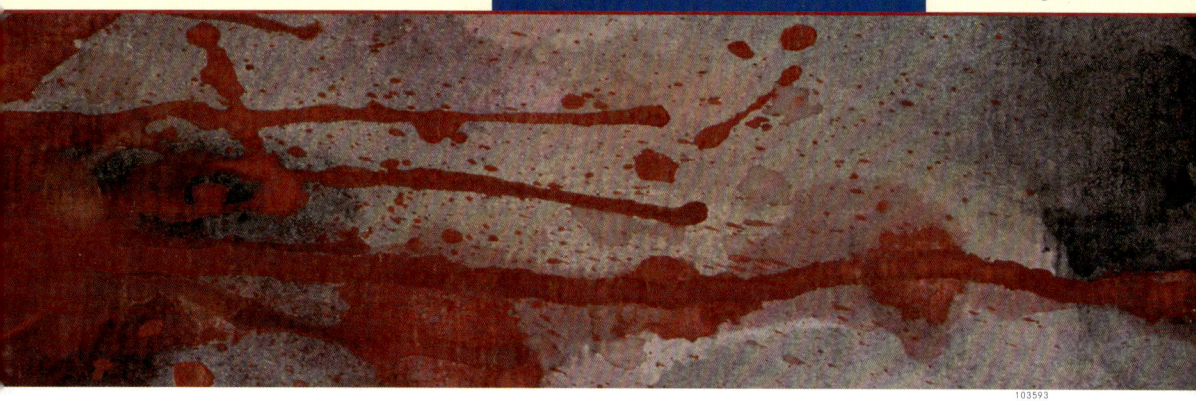

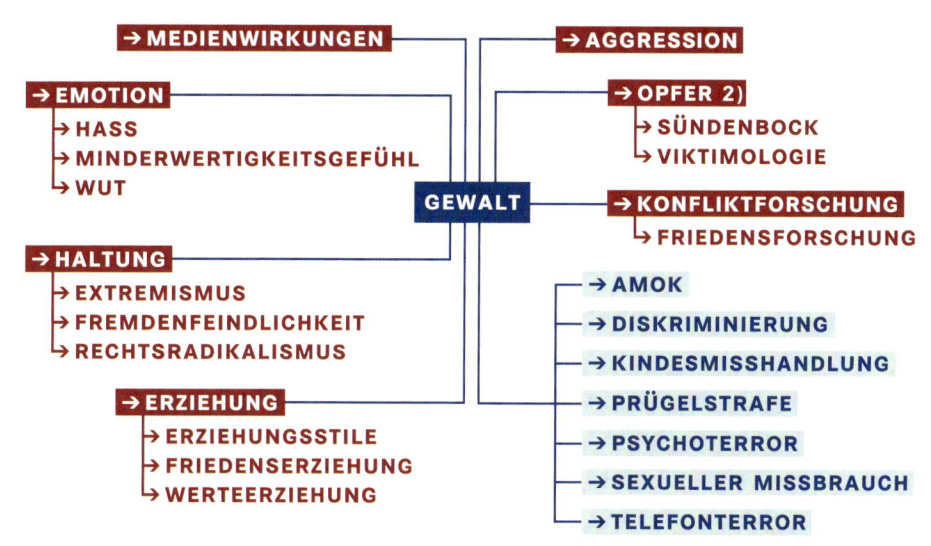

| | | |
|---|---|---|
| → MEDIENWIRKUNGEN | | → AGGRESSION |
| → EMOTION | | → OPFER 2) |
| ↳ HASS | | ↳ SÜNDENBOCK |
| ↳ MINDERWERTIGKEITSGEFÜHL | | ↳ VIKTIMOLOGIE |
| ↳ WUT | GEWALT | → KONFLIKTFORSCHUNG |
| → HALTUNG | | ↳ FRIEDENSFORSCHUNG |
| ↳ EXTREMISMUS | | → AMOK |
| ↳ FREMDENFEINDLICHKEIT | | → DISKRIMINIERUNG |
| ↳ RECHTSRADIKALISMUS | | → KINDESMISSHANDLUNG |
| → ERZIEHUNG | | → PRÜGELSTRAFE |
| ↳ ERZIEHUNGSSTILE | | → PSYCHOTERROR |
| ↳ FRIEDENSERZIEHUNG | | → SEXUELLER MISSBRAUCH |
| ↳ WERTEERZIEHUNG | | → TELEFONTERROR |

So werden etwa Aggressionstherapien schon bei Kindern und Jugendlichen vorgeschlagen, mit dem Ziel, Jähzorn oder Wutausbrüche durch Abbau von aggressivem Verhalten sowie durch Aufbau und Training nicht aggressiver Verhaltensformen zu verhindern. Dabei soll eine typische Verhaltenskette (Frustration – aggressionsauslösende Situation – Ärger – aggressives Verhalten) durch kognitive Auseinandersetzung mit den Gründen des Ärgers und aggressionsfreie Ersatzreaktionen oder gewaltfreie Konfliktlösungen aufgebrochen werden, beispielsweise durch Rollenspiele, Entspannung mit Verbalisierung der eigenen Emotionen, Motive und Probleme, Arbeit an Beeinträchtigungen des Selbstwertlebens, etwa an narzisstischen Problemen.

Erfolgreich wird derzeit zum Beispiel das Anti-Aggressivitäts-Training eingesetzt, bei dem gewalttätige Wiederholungstäter mit ihrer Tat konfrontiert werden. Das Training umfasst unter anderem kognitive Arbeit (zum Beispiel Analyse der Kosten und Nutzen der Gewalt), Gespräche über das Selbstbild, Rollenspiele zu Gewaltsituationen und den »heißen Stuhl«, bei der Einzelne in der Mitte der Gruppe verbale Attacken der anderen und des Trainers erfährt. Die Täter lernen so die Gefühle ihrer Opfer kennen, aber auch sich selbst. Sie gelangen an ihre Schamgefühle und an ihr Mitleid mit dem Opfer, sodass sie Abstand nehmen können von Gewalt.

**LESETIPPS:**
Barbara Krahé und Renate Scheinberger-Olwig: *Sexuelle Aggression*. Göttingen (Hogrefe) 2002.
Ulrike Lehmkuhl: *Aggressives Verhalten bei Kindern und Jugendlichen. Ursachen, Prävention, Behandlung.* Göttingen (Vandenhoeck & Ruprecht) 2003.
Birgit Lohmann-Liebezeit: *Respekt üben – Achtung zeigen. 24 Projektstunden zur Gewaltprävention – auch einzeln einsetzbar.* Lichtenau (AOL) 2006.
Dan Olweus: *Gewalt in der Schule. Was Lehrer und Eltern wissen sollten – und tun können.* Bern (Huber) $^4$2006.

*Fortsetzung von S. 221*
Wiederholung laufen Gewohnheiten leichter ab und entlasten das Individuum, da es auf besondere Aufmerksamkeit und erneute Überlegungen verzichten kann; andererseits kann die individuelle Flexibilität durch solche schematisierten Reaktionsabläufe jedoch erst recht behindert werden.

2) in der *Verhaltensforschung* die Anpassung an Dauerreize oder immer wiederkehrende Reize, bis diese nicht mehr beachtet werden oder zumindest die Bereitschaft abnimmt, auf diese zu reagieren. Beispielsweise haben sich zahlreiche Tierarten an menschliche Siedlungen in ihrem Lebensraum gewöhnt, sodass der Anblick von Menschen nicht mehr Flucht auslöst, und Futtersuche und Jungenaufzucht weitgehend unbeeinträchtigt bleiben.

3) in *Medizin* und *Pharmakologie* die fortschreitende Anpassung des menschlichen Körpers an immer höhere Dosen v. a. von Genuss- und Suchtmitteln, die im Extrem zu einer →Drogenabhängigkeit führen kann.

**g-Faktor, General Factor** [ˈdʒenrəl ˈfæktə(r), engl. »allgemeiner Faktor«], **Generalfaktor, allgemeiner Intelligenzfaktor:** im Zweifaktorenmodell der →Intelligenz die allgemeine Intelligenz in Form von allgemeinen, übergeordneten Fähigkeitskomponenten, im Gegensatz zu den für die jeweilige Intelligenzleistung nötigen Komponenten, dem spezifischen Faktor (s-Faktor, Specific Factor). Der g-Faktor ist eine theoretische Größe, der durch →Faktorenanalysen erschlossen wurde.

**Gießener Beschwerdebogen,** Abk. **GBB:** Fragebogen zur Erfassung des körperlichen Beschwerdebildes von Patienten mit neurotischen und psychosomatischen Störungen; einsetzbar für Personen ab 16 Jahren. Der Gießener Beschwerdebogen ist ein →psychometrischer Test; er hat 57 →Items, welche die Bereiche Allgemeinbefinden, Vegetativum, Schmerzen und Emotionalität abdecken, sowie zwei Zusatzfragen, welche die körperliche und seelische Bedingtheit der Beschwerden erfragen. Jedes Item wird auf einer vierstufigen Skala beantwortet. Aus den 57 Items werden vier Skalen gebildet: Erschöpfung, Magenbeschwerden, Gliederschmerzen und Herzbeschwerden.

Ausgangspunkt des Beschwerdebogens ist die Erkenntnis, dass zwischen subjektiven Beschwerden und medizinisch zu objektivierenden Symptomen unterschieden werden muss. Für Kinder und Jugendliche von 9 bis 15 Jahren gibt es einen eigenen Bogen, den **GBB-KJ**, der auf diese Altersgruppe abgestimmt ist. Die dritte überarbeitete und neu normierte Auflage des Gießener Beschwerdebogens, der **GBB-24**, ist in Vorbereitung.

**Gießen-Test,** Abk. **GT:** ein Fragebogen, mit dessen Hilfe man Personen sich selbst beschreiben lassen kann; einsetzbar ab 16 Jahren. Der Gießen-Test besteht aus 40 →Items, die zu sechs Skalen verrechnet werden; diese sind an psychoanalytischen Konzepten orientiert: soziale Resonanz, Dominanz, Kontrolle, Grundstimmung, Durchlässigkeit und soziale Potenz. Neben dem Selbstbild (→Selbstkonzept) kann außerdem ein Idealselbstbild erhoben werden, das Aufschluss über das →Ichideal und das →Über-Ich geben soll. Auch Fremdbilder und Ideal-Fremdbilder sind abfragbar, z. B. für die Paardiagnostik im Rahmen einer Eheberatung. Weitere Anwendungsbereiche des Gießen-Tests sind v. a. klinische und sozialpsychologische Fragestellungen. Das Verfahren ist als Einzel- oder Gruppentest einsetzbar; die Durchführung dauert bis zu 15 Minuten.

Der Gießen-Test, derzeit in vierter überarbeiteter Auflage von 1990, wird häufig als veraltet kritisiert. Zur Paardiagnostik kann alternativ der →Partnerschaftsfragebogen eingesetzt werden.

**Glaubwürdigkeit:** ein Gegenstand der →Aussagepsychologie.

**Gleichgewicht, seelisches:** das →seelische Gleichgewicht.

**Gleichgewichtssinn, statischer Sinn:** Sinn für die Information über die Schwerkraft bzw. die Gravitationsbeschleunigung sowie

| Ich glaube, eine Änderung meiner äußeren Lebensbedingungen würde meine seelische Verfassung | sehr stark | 3 2 1 0 1 2 3 ☐☐☐☐☐☐☐ | sehr wenig beeinflussen. |
|---|---|---|---|
| Ich habe den Eindruck, ich gebe im Allgemeinen | sehr viel | 3 2 1 0 1 2 3 ☐☐☐☐☐☐☐ | sehr wenig von mir preis. |
| Ich glaube, ich benehme mich im Vergleich zu anderen | besonders fügsam | 3 2 1 0 1 2 3 ☐☐☐☐☐☐☐ | besonders eigensinnig. |

**Gießen-Test:** Fragen aus dem von Dieter Beckmann, Elmar Brähler und Horst-Eberhard Richter entwickelten Test

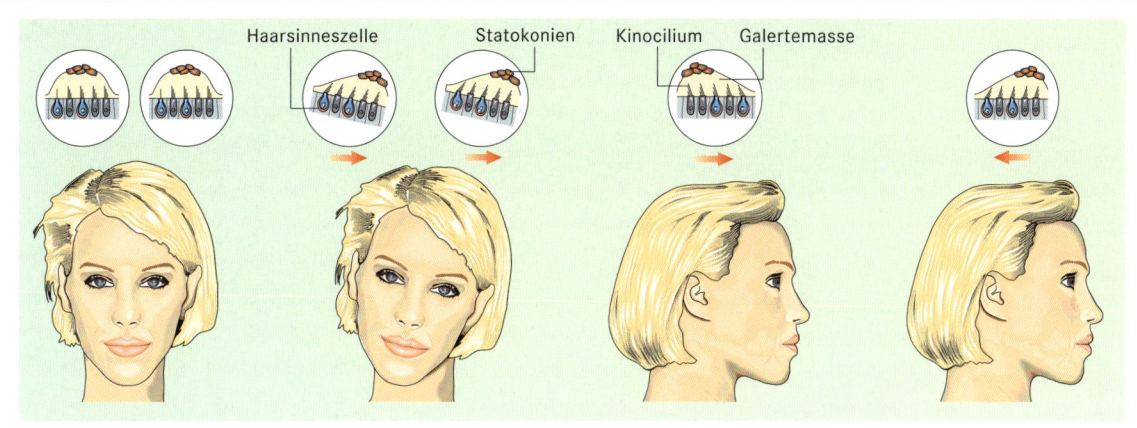

**Gleichgewichtssinn:** Arbeitsweise des Gleichgewichtsorgans bei Neigung des Kopfes und bei Beschleunigung nach vorn und hinten

geradeaus gerichtete oder rotierende Bewegungen des Körpers. Der Mensch besitzt so die Fähigkeit, seine Körperstellung und Balance wahrzunehmen und Steuerungsmaßnahmen einzuleiten. Das zuständige Organ, der Vestibularapparat, sitzt im Innenohr. Es ist mit Schwereköperchen (Statokonien) ausgestattet, die besondere Sinneszellen im Innenohr reizen und damit dem Gehirn Auskunft über die Lage des Körpers erteilen. Bei Lageänderungen werden sofort die motorischen Nervenbahnen angeregt.

**Gleichgewichtsstörungen:** alle Formen der Beeinträchtigung des Gleichgewichtssinns. Bei den meisten äußerlich sichtbaren Störungen wie das Schwanken ist der Gleichgewichtssinn allerdings intakt. Gestört, oft unter dem Einfluss von Drogen und Medikamenten, sind die motorischen Zentren im Gehirn. Schwindelgefühle können als Symptom von Krankheiten und unter Drogeneinfluss ebenso auftreten wie nach Rotationen des Körpers.

**Gliazellen** [griech. glia = »Leim«], **Neuroglia:** Gewebe des Nervensystems, das die Räume zwischen den Nervenzellen ausfüllt und diese als Markscheide umhüllt. Gliazellen sind für den Zusammenhalt des Nervensystems zuständig. Neben dieser Stützfunktion üben sie Ernährungs-, Isolations- und immunologische Schutzfunktionen aus. Sie können keine Erregungen bilden oder leiten, sind jedoch teilungsfähig. Nach einer Verletzung von Nervengewebe bilden sie einen narbigen Ersatz, die Glianarbe.

**Glück** [mhd. gelücke »Geschick«, »das Gelungene«, »Schicksal«, »Zufall«]: Zustand intensiver Zufriedenheit; sehr starkes positives Gefühl, Hochstimmung. Glück bedeutet zum einen ein konkretes Glücksgefühl, das in der Regel an eine bestimmte Situation gebunden ist, und als ein Glückserleben im Sinne der →Lebenszufriedenheit. Der Begriff Glück wird in der Psychologie nicht häufig verwandt, vielmehr werden Bezeichnungen wie →Wohlbefinden, Lebenszufriedenheit, →Lust, →Erfolg oder Flow benutzt; diese Konstrukte werden u. a. in der →Emotionspsychologie und →Gesundheitspsychologie erforscht.

Dem Begriff Glück als konkretes Glücksgefühl entspricht **Flow.** Flow ruft das Gefühl der Freude hervor. Man spricht auch vom positiven →Stress. Der amerikanische Motivationspsychologe Mihaly Csikszentmihalyi (*1934) hat mit seinem Konzept des Flow die Glücksforschung am Ende des 20. Jahrhunderts neu befruchtet. Flow ist demnach nicht ein Motiv oder Ziel, sondern ein Erleben, das bei ganz unterschiedlichen Tätigkeiten auftreten kann und sich durch Selbstvergessenheit, Einengung der Aufmerksamkeit auf die ausgeübte Tätigkeit und Verschmelzung von Bewusstsein und

**Glück:** Durch leichte Anstrengung eine Aufgabe zu bewältigen, kann zu höchstem Wohlgefühl beitragen.

Handlung auszeichnet. Die eigenen Fähigkeiten werden als überdurchschnittlich erlebt, die Anforderungen der Situation bewältigt. Der Langstreckenläufer erlebt es beim Marathon ebenso wie der Komponist beim Komponieren. Es wird erreicht, wenn man mit leichter Anstrengung reibungslos in einer Aufgabe aufgeht. Voraussetzung ist, dass die Anforderungen der Situation und die Fähigkeiten der Person optimal zueinanderpassen. Sonst treten bei Überforderung Gefühle von Angst, bei Unterforderung Langeweile ein. Flow stellt sich in der Regel auch ein mit dem Erreichen selbst gesetzter Ziele (d.h. wenn die Tätigkeit aus →intrinsischer Motivation ausgeführt wird), was oft mit Belohnung und Anerkennung durch andere einhergeht.

**Grafologie:** die →Schriftpsychologie.

**Grafometrie** [zu griech. gráphein »schreiben«]: diagnostische Methode zur Untersuchung der Handschrift von Schreibern, bei der bestimmte Schriftmerkmale (z.B. Schreibdruck, Linienverlauf) gemessen werden. Im Unterschied zur Grafologie ist sie wissenschaftlich weitgehend anerkannt. Sie wird häufig in der forensischen Psychologie und Psychiatrie eingesetzt, z.B. zur Identifikation zunächst unbekannter Schreiber (z.B. bei Fälschungen oder Erpressungsversuchen).

**graue Substanz:** Teil des →Gehirns.

**Gravidität:** die →Schwangerschaft.

**Greifraum, Nahraum:** nach Karl Bühler dasjenige räumliche Orientierungsgebiet, innerhalb dessen der Säugling nach Gegenständen in seiner Umgebung greift, sie in den Mund nimmt und dadurch lernt, diesen zunächst kleinen Bereich motorisch zu beherrschen. Der Greifraum umfasst alles mit den Händen und Füßen direkt Erreichbare. In der vorangehenden Phase des →Oralraums steht das Saugen im Vordergrund, das v. a. dem unmittelbaren Überleben dient. Ab dem sechsten Monat wird die Phase des Greifraums abgelöst durch die des →Fernraums.

**Greifreflex:** während der ersten beiden Lebensmonate beim Säugling durch Berühren seiner Innenhand auftretendes reflektorisches Schließen der Finger zur Faust, sodass er daran hochgehoben werden kann; auch die Füße führen einen Greifreflex aus. Der Greifreflex ist angeboren und verschwindet normalerweise spätestens im vierten Lebensmonat.

**Grenzmethode:** Methode der *Psychophysik* zur Bestimmung von Reizschwellen. Die Intensität eines Reizes (z.B. der Schalldruck eines Tons) wird dabei langsam erhöht oder vermindert, bis der Proband den Reiz gerade wahrnehmen (bzw. eben nicht mehr wahrnehmen) kann.

**Grobmotorik:** Form der →Motorik.

**Größenwahn, Megalomanie** [zu griech. mégas »groß«]: pathologische, häufig als geschlossenes Wahnsystem auftretende Selbstüberschätzung, bei der sich die Betreffenden übertriebene (positive) Eigenschaften und soziales Prestige zuschreiben oder annehmen, sie seien Vertraute wichtiger Persönlichkeiten oder hätten einen göttlichen Auftrag erhalten. Dieser →Wahn kann im Zusammenhang mit psychotischen Störungen oder alleinstehend auftreten.

**Großhirnrinde:** Teil des →Gehirns.

**Grübelzwang:** übertriebenes, nicht endendes Nachdenken über ein Problem, ohne einer Lösung nahe zu kommen; häufig verbunden mit der Unfähigkeit, einfache Alltagsentscheidungen zu treffen. Der Grübelzwang tritt oft im Zusammenhang mit einer →Zwangsstörung oder einer →Depression auf und ist im Rahmen dieser Grunderkrankungen zu behandeln.

**Grundgesamtheit:** die Gesamtheit aller Personen oder Untersuchungseinheiten, aus denen in einer empirischen Untersuchung eine Stichprobe gezogen wird. Die Ergebnisse der Untersuchung sollen für die Grundgesamtheit, die man aus Gründen der Ökonomie nicht komplett untersuchen konnte, gelten. Bei →Stichproben in der soziologischen Umfrageforschung (etwa beim Wahlverhalten) ist die Grundgesamtheit mit der gesamten Wahlbevölkerung eines Landes identisch.

**Grundschuldidaktik:** zusammenfassende Bezeichnung für die Didaktiken der verschiedenen Lernbereiche in der Grundschule (Sprache, Mathematik, Sachunterricht, ästhetisch-moto-

**Grafometrie:** Ein spektakulärer Fall für die Grafometrie waren die gefälschten Tagebücher von Adolf Hitler, die 1983 auftauchten. Das Bild zeigt Uwe Ochsenknecht als Fälscher in der Verfilmung des Falls (»Schtonk«, 1992).

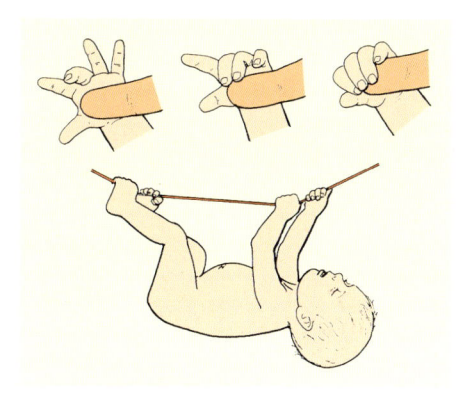

**Greifreflex:** Der Säugling greift reflexhaft zuerst mit dem Mittelfinger, dann mit den anderen Fingern und zuletzt mit dem Daumen.

rischer Bereich). Damit verbunden ist der Anspruch auf eine eigenständige Theorie einer primarstufenspezifischen, fächerübergreifenden Form des Lehrens und Lernens.

In den Fachdidaktiken der Grundschule ist erkennbar, welchen Weg die didaktische Diskussion zurückgelegt hat. Standen früher offene Formen gegen festgelegte, wissenschafts- und lernzielorientierte Curricula, ist heute ein didaktischer Dualismus erkennbar: Zum Lehrprogramm gehören sowohl Kindgemäßheit als auch Leistungsorientierung, sowohl freies als auch gelenktes Lernen, sowohl offene als auch geschlossene Unterrichtssituationen. Aus den Gegensätzlichkeiten erwächst eine fruchtbare Spannung, die die Grundschule zunehmend nutzt.

**Grundschule:** gemeinsame Pflichtschule für alle Kinder ab vollendetem sechsten Lebensjahr (vorzeitige Einschulung oder Rückstellung ist möglich), eingeführt in Deutschland 1920. Die Grundschule gliedert sich in die Eingangsstufe (Klassen 1 und 2) sowie in die Grundstufe (Klassen 3 und 4). Der Übergang in die weiterführenden Schulen folgt teils nach dem 4. Schuljahr, teils nach dem Besuch einer Orientierungsstufe (Klassen 5 und 6). In Österreich ist die Grundschule die für alle Kinder gemeinsame Unterstufe der Volksschule, die aus der Grundstufe I (1. und 2. Schulstufe) und der Grundstufe II (3. und 4. Grundstufe) besteht. In der Schweiz umfasst die der Grundschule analoge Primarschule nach Kantonen verschieden vier bis sechs Schuljahre.

*Geschichte:* Ansätze der Grundschule gehen bereits auf die Muttersprachschule von Johann Amos Comenius (* 1592, † 1670) zurück, dessen Ziel es war, allen eine gleiche grundlegende Bildung zu vermitteln. Die Forderung nach einer allgemeinen Elementarbildung wurde jedoch erst später durch die Einführung einer allgemeinen Pflichtschule realisiert. Als Einheitsschule für alle Kinder wurde die Grundschule in Deutschland 1920 institutionalisiert. Sie verfolgt seitdem das primäre Ziel einer für alle Kinder gleichen Grundbildung unter dem Gesichtspunkt der Schaffung von →Chancengleichheit.

**Grundversorgung, psychosomatische:** Durchführung von Entspannungsverfahren und psychologischen Beratungsgesprächen durch Ärzte, die nicht als Psychotherapeuten ausgebildet sind, aber eine geregelte Fortbildung in den genannten Verfahren absolviert haben.

Nach unterschiedlichen Schätzungen sind die Hälfte bis zwei Drittel der Patienten von Allgemeinärzten psychosomatisch krank. Behandelt wird aber in der Mehrzahl der Fälle nur die körperliche Seite der Krankheit. Die meisten Ärzte sind psychotherapeutisch wenig geschult, die meisten Patienten wenig geneigt zuzugeben, dass sie seelische Probleme haben. Um wenigstens auf der Ärzteseite das Wissen um die seelischen Faktoren im Krankheitsgeschehen zu verbessern, wurde zwischen Ersatzkassen und kassenärztlicher Bundesvereinigung vereinbart, dass die Leistungen der psychosomatischen Grundversorgung durch Hausärzte abgerechnet werden dürfen, wenn diese eine geregelte Fortbildung nachweisen können. Führt die psychosomatische Grundversorgung nicht zur Besserung oder Heilung, wird der Patient an einen Facharzt für psychotherapeutische Medizin oder einen psychologischen Psychotherapeuten zur gründlichen Behandlung überwiesen.

**Gruppe:** in der *Sozialpsychologie* ein soziales Gebilde mit mindestens drei Personen, die miteinander in Interaktion treten und ein gemeinsames Ziel haben, z. B. eine studentische Lerngruppe; in anderen sozialpsychologischen Definitionen werden auch Dyaden, also Zusammenschlüsse von zwei Personen, als Gruppe bezeichnet, z. B. ein Ehepaar. In der Regel wird unter Gruppe eine Kleingruppe verstanden, ihre Mitgliederzahl ist mit ca. 20 Personen überschaubar, größere Gruppen werden als Großgruppen bezeichnet. Ein loses Zusammentreffen von Personen, etwa im Wartezimmer einer Arztpraxis, ist sozialpsychologisch gesehen keine Gruppe.

Gruppenmitglieder haben ein Bewusstsein ihrer Zusammengehörigkeit und der Abgrenzung gegenüber Nichtmitgliedern. Sie haben ein Binnensystem unterschiedlicher Rollen und entwickeln ein eigenes Gruppenklima, das z. B. aggressiv, erotisch, konzentriert, abweisend

**Gruppe:** Ein frühes literarisches Beispiel einer typischen Gruppenbildung ist die Artusrunde, in der sich Ritter verschiedenster Prägung zur Suche nach dem legendären Heiligen Gral zusammengetan haben (Buchmalerei aus dem 15. Jh.).

sein kann. Die Beziehungen innerhalb einer Gruppe lassen sich mithilfe der →Soziometrie erfassen.

Gruppen, in die ein Mensch hineingeboren wird, in erster Linie seine Familie, die Familienfreunde und Nachbarn, werden **Primärgruppen** genannt. Primärgruppen sind durch Mitgliedschaft ohne Wahlmöglichkeit (man wird in sie hineingeboren), relativ hohe Stabilität und Homogenität gekennzeichnet. Sie üben einen prägenden Einfluss auf alle späteren Gruppenerfahrungen aus. **Sekundärgruppen** sind Gruppen, die man sich selbst wählt oder denen man zugeteilt wird, z. B. das Arbeitsteam.

Man unterscheidet formale und informelle Gruppen. Formale Gruppen sind definiert; es ist geklärt, wer dazu gehört und wer nicht (z. B. die Mitglieder eines Vereins, die Krankenschwestern einer Station). Informelle Gruppen bilden sich relativ spontan (z. B. die Raucherinnen unter den Krankenschwestern, die immer zusammen Pause auf dem Balkon machen). Eine Gruppe, die v. a. der Freizeitgestaltung dient, wird auch Clique genannt.

Die sozialpsychologischen Aspekte der Beziehungen und Interaktionen innerhalb und zwischen Gruppen werden im Rahmen der →Gruppendynamik erforscht. Praktische Anwendung finden die Ergebnisse der Gruppenforschung u. a. in der →Gruppenpsychotherapie, der →Gruppenpädagogik und (z. B. in Betrieben) bei der Zusammenstellung von Teams zur Realisierung bestimmter (besonderer) Aufgaben (→Human Relations).

*Funktionen der Gruppe:* Die Entfaltungs- und Überlebenschancen des Menschen hängen von der Zugehörigkeit zu sozialen Gruppen ab. Insbesondere in der modernen differenzierten Gesellschaft gehört der Einzelne mehreren Gruppen an. Dies beginnt schon im Kindesalter: Wichtige Gruppen für Kinder und Jugendliche sind vornehmlich →Familie und →Peergroup, die sich durch direkte persönliche Beziehungen auszeichnen. Aspekte wie Sicherheit, Geborgenheit, Orientierung, Konformität und Zugehörigkeit spielen dabei eine wesentliche Rolle. Die Entwicklungs- und Entfaltungschancen von Kindern und Jugendlichen hängen stark von der Zugehörigkeit zu und von der Art der sozialen Gruppen ab. Diese können je nach Alter der Kinder unterschiedliche Bedeutung haben. Bereits im Kleinkindalter erfahren Kinder (z. B. in der Familie oder auch in der Krabbelgruppe) ein Gemeinschaftsgefühl und üben sich in der Interaktion mit anderen. Mit zunehmendem Alter verändern sich die persönlichen Bedürfnisse der Kinder und somit die Art und Weise der Gruppen, denen sie angehören. Während der Kindheit sind Gruppen stark durch die Bedürfnisse nach Spielen und nach Freundschaften geprägt. Viele Kinder beginnen sich im Zuge der Pubertät Gruppen anzuschließen, die ihnen Sicherheit und Zugehörigkeit garantieren, losgelöst vom elterlichen Zuhause. Das Gruppenleben spiegelt dabei die Bedürfnisse nach immer intensiver und intimer werdenden Beziehungen und ein Streben nach eigenständiger Identität wider.

Alle Gruppen existieren in einem gesellschaftlichen Kontext; während dieser früher eher negativ als Masse dargestellt wurde und die Behauptung kursierte, dass Individuen in der

Masse primitiver denken und handeln, sind sich die Sozialpsychologen heute darüber einig, dass Gruppen in vielen Leistungen überlegen sind, wenn die einzelnen Mitglieder kooperieren und ihre Leistungen zusammenführen. Günstig ist dabei eine Zusammensetzung, in der die Mitglieder weder zu gleich noch zu ungleich sind: Die Gruppe soll so unterschiedlich wie möglich und gleichzeitig so einheitlich wie nötig zusammengesetzt sein, um sowohl möglichst viele Anregungen und unterschiedliche Meinungen zu produzieren wie auch eine gemeinsame Diskussionsgrundlage und einen Konsens über die wesentlichen Entscheidungsprozesse herzustellen.

**Gruppenarbeit:** 1) in der *Sozialpädagogik* eine Form der Jugendarbeit (→Gruppenpädagogik);

2) in der *Pädagogik* auf dem Gebiet der Unterrichtsdidaktik differenzierter Unterricht in Gruppen (→Gruppenunterricht).

**Gruppendynamik:** Lehre von den wirksamen Kräften in und zwischen Gruppen; auch die Prozesse in und zwischen Gruppen, z. B. Rivalität oder Kooperation.

Der Begriff wurde wesentlich von Kurt Lewin geprägt. Er untersuchte die Gruppendynamik zunächst, weil er herausfinden wollte, wodurch sich Vorurteile am wirksamsten verändern lassen. Dabei zeigte sich, dass die Diskussion in einer kleinen Gruppe, in der sich die Mitglieder persönlich kennenlernten, erheblich wirksamer war als der Vortrag eines anonymen Experten. Lewin entwickelte daraufhin eigene **gruppendynamische Laboratorien,** in denen die Prozesse untersucht wurden, durch die sich Gruppen bilden und gegen andere Gruppen abgrenzen. Ein wesentlicher Bestandteil dieser Laboratorien zur Gruppendynamik wurden die Trainingsgruppen, in denen eine Gruppe gebildet wurde, die unter der Anleitung eines psychologischen Experten keine andere Aufgabe hatte, als den eigenen Gruppenprozess zu erforschen. Es zeigte sich, dass auf diese Weise Menschen einander sehr prägende Erlebnisse vermitteln können, in denen sie soziale Einstellungen und Vorurteile revidieren und →blinde Flecken 2) erkennen, die sie bisher daran hinderten, genauer zu verstehen, warum sie z. B. mit bestimmten Personen immer wieder in Konflikte geraten. Die Gruppendynamik ist ein wesentlicher Heilfaktor in der →Gruppenpsychotherapie; die von Lewin angestoßene Richtung der Erwachsenenbildung wird heute in den Bereichen der Teamentwicklung, Personal- und Organisationsentwicklung weitergeführt.

**LESETIPPS:**
BARBARA LANGMAACK *und* MICHAEL BRAUNE-KRICKAU: *Wie die Gruppe laufen lernt. Anregungen zum Planen und Leiten von Gruppen.* Weinheim (Beltz) [7]2000.
EBERHARD STAHL: *Dynamik in Gruppen. Handbuch der Gruppenleitung.* Weinheim (Beltz) 2002.
OLIVER KÖNIG: *Gruppendynamik. Geschichte – Theorien – Methoden – Anwendungen – Ausbildung.* Profil (München) [3]2006.
OLIVER KÖNIG *und* KARL SCHATTENHOFER: *Einführung in die Gruppendynamik.* Heidelberg (Carl Auer) 2006.

**Gruppenkommunikation:** Austausch von Botschaften innerhalb einer Gruppe, der von den verfügbaren Kommunikationskanälen und der Struktur des Kommunikationsnetzwerkes abhängt. Der amerikanische Gruppenforscher Harold J. Leavitt beschrieb 1951 fünf »Grundnetzwerke« der Kommunikation in der Gruppe, die sich hinsichtlich ihrer Verwendbarkeit und Tauglichkeit unterscheiden: den »Stern« bzw. das »Rad« (alle Mitglieder sind direkt mit einem zentralen Mitglied verbunden), das »Y« (Mitglieder sind über Zwischenglieder mit einem zentralen Mitglied verbunden), die »Kette« (alle Mitglieder sind kettenförmig miteinander verbunden), den »Zirkel« (alle Mitglieder sind im Kreis verbunden) und das »All-Kanal-Netz« (jedes Mitglied ist mit jedem anderen verbunden). So ist bei einfachen Routineaufgaben der Stern effizienter als das All-Kanal-Netz, das andorer-

| Stern | Y | Ketten | Zirkel | All-Kanal-Netz |

**Gruppenkommunikation:** verschiedene Grundnetzwerke des Informationsaustauschs (nach Harold J. Leavitt)

seits bei der Lösung komplexer Problemstellungen Vorteile hat; und die durchschnittliche Zufriedenheit der Mitglieder ist beim Stern eher niedrig, beim All-Kanal-Netz dagegen sehr hoch.

Überlegungen zur Gruppenkommunikation gewinnen bei der Erforschung der Kommunikationsprozesse in den →Neuen Medien an Bedeutung, da sich hier bisher nicht gekannte Mischformen von Individual- und Massenkommunikation wie z. B. Newsgroups (virtuelle Diskussionsgruppen, zeitversetzt) und Chatrooms (virtuelle Diskussionsforen in Echtzeit) etablieren.

**Gruppenpädagogik:** Teilbereich der Pädagogik, der Ergebnisse der Sozialpsychologie im Hinblick auf ihre Bedeutung für erzieherisches Handeln befragt. Die Gruppenpädagogik befasst sich mit Erziehungsformen, die soziales Lernen intendieren. Für die Umsetzung dieser Erziehungsformen wurden gruppendynamische Trainingsmethoden entwickelt (z. B. zur Verhaltenseinübung, Selbstwahrnehmung, Begegnung und zum themenzentrierten Lernen), die in die psychotherapeutische Behandlung (Gruppenpsychotherapie), in die Jugendarbeit **(Gruppenarbeit)** und in die pädagogische Psychologie Eingang gefunden haben.

**Gruppenpsychologie:** psychologische Untersuchung der Einflüsse von →Gruppen auf ihre Mitglieder und andere Gruppen. Während Großgruppen aus methodischen Gründen nur selten untersucht werden, sind kleinere Gruppen in großem Umfang erforscht worden. Die Gruppenforschung entwickelte sich im Anschluss an Kurt Lewins Untersuchungen in den USA der 1940er-Jahre und untersucht v. a. Fragen der Entstehung sozialer Gruppen (Phasen, Rollenzuteilungen, Zieldefinitionen u. a.), die Auswirkungen von Gruppenerfahrungen auf den Einzelnen (Konformitätsdruck einerseits, Stabilisierung andererseits), die in einem Gruppenzusammenhang stattfindenden und auf ihn zurückwirkenden Wahrnehmungs- und Kommunikationsvorgänge (→Gruppendynamik), die damit verbundenen leistungssteigernden oder -hemmenden Faktoren, schließlich die Frage der →Führung von Gruppen, z. B. in Bezug auf Führungsstil, Autorität und Manipulation.

**Gruppenpsychotherapie:** Behandlung seelischer Störungen in einer Gruppe. Sie ist durch die Einbeziehung gruppendynamischer (→Gruppendynamik) Erkenntnisse in die Psychotherapie gekennzeichnet; die Gruppe wird selbst zum Werkzeug einer Behandlung; der Leiter hat keine zentrale oder autoritäre Stellung, sondern eher hinweisende und ausgleichende Funktion und lässt der Gruppe die Freiheit, sich zu finden und möglichst viel eigene Kompetenzen zu entwickeln. Diese Form der Therapie ist nicht an ein bestimmtes Verfahren gebunden; es gibt z. B. psychoanalytisch orientierte Gruppenpsychotherapie, verhaltenstherapeutische Gruppenpsychotherapie oder Psychodrama-Gruppen.

Gruppenpsychotherapie findet idealerweise in kleinen Gruppen von fünf bis zwölf Mitgliedern statt, die sich über längere Zeit kennen und intensiv miteinander kommunizieren. Es gibt aber auch offene Gruppen, in die relativ häufig neue Mitglieder aufgenommen werden, z. B. in der stationären Psychotherapie. Bei der Paartherapie in Gruppen können die betreffenden Partner beobachten, wie andere Paare ihre häufig ähnlich gelagerten Schwierigkeiten angehen.

Gruppenpsychotherapie ist in vielen Fällen bei Neurosen, aber auch bei Persönlichkeitsstörungen und psychotischen Störungen hilfreich. Sie verbessert fast immer die Beziehungskompetenz der Mitglieder, baut soziale Ängste ab und erleichtert den konstruktiven Umgang mit Konflikten.

**Gruppensex:** Geschlechtsverkehr zwischen drei (Triole) oder mehr Personen. Soweit er unter Erwachsenen betrieben wird, ist Gruppensex in Deutschland nicht strafbar. Gruppensex wird heute hauptsächlich als Partnertausch unter zwei oder mehr (Ehe-)Paaren praktiziert,

**Gruppenunterricht** dient primär der Individuation und Sozialisation der Schüler und festigt soziale Fähigkeiten wie Kommunikation und Kooperation.

die man auch als Swinger bezeichnet; in der Antike war er eine Erscheinungsform bestimmter Kulte zu besonderen Festen (Bacchanale, Orgien).

Manche Menschen suchen durch Gruppensex ihr Sexualleben »aufzufrischen«, während andere die Sexualität mit einer fremden Person bzw. innerhalb einer Gruppe Gleichgesinnter ausprobieren wollen.

Wenn einer der beiden Partner die sexuelle Untreue des anderen nicht verkraftet, kann Gruppensex eine erhebliche Belastung oder gar den Bruch einer festen Beziehung bedeuten.

**Gruppenunterricht:** eine Sozialform des Unterrichts, bei der die Schulklasse vorübergehend in kleinere Gruppen aufgeteilt wird, nachdem im Klassenverband Aufgabenstellung, Zeitrahmen, Medieneinsatz u. a. besprochen worden sind. **Gruppenarbeit** ist eine Hauptform der inneren → Differenzierung 2). Sie dient primär der Individuation und Sozialisation der Schüler und festigt soziale Fähigkeiten wie Kommunikation, Kooperation und Selbstständigkeit.

Die Kleingruppen können parallel dasselbe Thema bearbeiten (themengleiche oder konkurrierende Gruppenarbeit); dabei sind die Ergebnisse in der Regel vielfältig und untereinander vergleichbar. Dagegen geht es bei der arbeitsteiligen Gruppenarbeit um die planvolle Aufteilung eines Themas zwischen den einzelnen Gruppen.

Obwohl häufig v. a. als Alternative zum →Frontalunterricht gefordert, beträgt der Anteil von Gruppenunterricht am Schulunterricht nur etwa 5–10 %.

**Gruppierung:** in der *kognitiven Psychologie* eine →Gedächtnisstrategie.

**GT:** →Gießen-Test.

**Gültigkeit:** die →Validität.

**Gutachten:** ein (wissenschaftlich) begründetes Sachverständigenurteil, das meist auf wissenschaftlichen Untersuchungsmethoden beruht und schriftlich festgehalten wird. Gutachten werden von Institutionen und Personen in Auftrag gegeben, um Hilfen für Planungen, Entscheidungen und Urteile zu erhalten.

Ein psychologisches Gutachten wird von einem Diplom-Psychologen erstellt. Klassische Einsatzgebiete sind Gerichtsprozesse. Beim Familiengericht (etwa bei Scheidungen von Paaren mit Kindern) bestellen häufig Familienrichter ein psychologisches Gutachten, das die Frage des Sorgerechts für die Kinder in zweifelhaften Fällen klären soll. Bei Strafprozessen geht es um Schuld- oder Steuerungsfähigkeit zum Tatzeitpunkt. Das Gutachten hat Einfluss auf das

**Gutachten:** Die Einschätzung des psychologischen Sachverständigen ist häufig entscheidend, wenn es bei Familienrechtsfällen um das Sorgerecht für die Kinder geht.

Strafmaß und die Entscheidung, ob der Täter eine Haftstrafe bekommt oder in ein psychiatrisches Krankenhaus eingewiesen wird. Psychopathologische Befunde erstellt allerdings in der Regel ein Arzt, meistens ein Psychiater. Drittes Rechtsgebiet ist das Verkehrsrecht. Hier erstellen Psychologen Gutachten zu der Frage, ob fahrauffällige Kraftfahrer ihren Führerschein zurückerhalten sollten.

In ihrer Berufspraxis erstellen viele Psychologen routinemäßig Gutachten. Klinische Psychologen begutachten oft neu in die Psychiatrie aufgenommene Patienten. Schulpsychologen erstellen Gutachten über die Leistungsfähigkeit von Kindern und raten zur jeweils angemessenen Schulform für das Kind. In Justizvollzugsanstalten tätige Psychologen tragen mit ihren Gutachten maßgeblich zu der Entscheidung bei, ob Insassen erleichterte Haftbedingungen bekommen (Freigang) oder vorzeitig entlassen werden.

Man unterscheidet, je nach Gewicht des Gutachtens bei Entscheidungen, beratende und urteilende Gutachten. Eine andere Unterscheidung ist die von Individualdiagnosen und Gutachten über den Einfluss der Umwelt auf Menschen. Bei Letzteren werden Umweltvariablen (Witterung, Besiedlung, Umweltzerstörung, Ernährung) in Beziehung zu Krankheiten und Auffälligkeiten der Betroffenen gesetzt. Bei diesen Untersuchungen kommen die Methoden der empirischen Sozialforschung zum Einsatz.

**Gymnasium:** Über Jahrhunderte eine Bildungsstätte der Elite, ist das Gymnasium in Deutschland heute zu der am häufigsten besuchten Schulform geworden. Das Bild zeigt die 1543 gegründete Landesschule Schulpforta, hier waren u. a. Friedrich Nietzsche, Johann Gottlieb Fichte und Friedrich Gottlieb Klopstock Schüler.

Bei individualdiagnostischen Gutachten untersucht der Psychologe meist nur eine Person mit klinisch-psychologischen Methoden, wie Anamnese, Fragebogen und Tests.

**Gütekriteri|en:** Bewertungsmaßstäbe für empirische Forschungsmethoden und -instrumente. Wissenschaftliche Methoden sollten mindestens den Anforderungen der →Objektivität, →Reliabilität und →Validität genügen. In der empirischen Sozialforschung sind die genannten Kriterien nie vollständig erfüllbar. Daher bedarf es einer Methodologie, die einerseits Anweisungen zur Maximierung der Güte gibt und andererseits die verbleibenden Unzulänglichkeiten berechenbar macht. Insbesondere bei der →Testkonstruktion gilt es, die Gütekriterien zu quantifizieren und eingehend zu prüfen.

**gymnasiale Oberstufe:** die letzten drei Jahrgangsstufen (Klassen 11 bis 13) des →Gymnasiums. Durch ihre Neugestaltung 1972 und 1987 (»reformierte Oberstufe«) wurde in der Oberstufe das Klassensystem zugunsten von Gruppen aufgelöst, die in wählbaren Leistungs- und Grundkursen in jedem Fach eine neue Schülerzusammensetzung im →Kursunterricht haben. Entsprechend der Interessenslage der Schüler und dem je nach Bundesland verschiedenen obligatorischen und fakultativen Kursangebot soll die Förderung von Schülerbegabungen ermöglicht, aber auch eine umfassende Allgemeinbildung vermittelt und der Schüler auf die Wissenschaftsmethodik der Hochschule vorbereitet werden.

**Gymnasium** [nach dem Gymnasion, einer Stätte für sportliche Betätigung und Unterricht der Jugend und Männer im antiken Griechenland]: Schulart, die meist neun Klassen umfasst und in die Sekundarstufe I (in der Regel die Klassen 5–10) und Sekundarstufe II (gymnasiale Oberstufe) eingeteilt wird. Als weiterführende Schule schließt das Gymnasium an die Grundschule an. Je nach Kursangebot in der gymnasialen Oberstufe können Gymnasien altsprachlich, neusprachlich, mathematisch-naturwissenschaftlich, wirtschaftswissenschaftlich oder musisch ausgerichtet sein. Das Gymnasium vermittelt eine vertiefte Allgemeinbildung. Abschluss des Gymnasiums bildet das Abitur, das als allgemeine Hochschulreife die uneingeschränkte Zugangsberechtigung zum Studium an einer Universität oder Hochschule darstellt.

Die Bedeutung des Gymnasiums hat seit dem Zweiten Weltkrieg ständig zugenommen (→Schule). So erhöhte sich die Zahl der Gymnasiasten, besonders infolge der demografischen Entwicklung, von 1960 bis 1995 auf das Dreifache; im Bundesdurchschnitt erwerben heute etwa ein Drittel eines Schülerjahrgangs das Abitur, wobei die Zahl der Mädchen die der Jungen leicht übersteigt, Mittelschichtkinder am stärksten vertreten sind und etwa drei Viertel der Abiturienten nach dem Abitur ein Studium aufnehmen. Gleichzeitig scheint die Akzeptanz der Bildungsabschlüsse von Haupt- und Realschülern bei Arbeitgebern im Dienstleistungsbereich zurückzugehen. Viele Eltern entwickeln aufgrund des Eindrucks, dass nur das Gymnasium alle Bildungs- und Berufswege für ihr Kind offenhalte, eine übergroße Erfolgserwartung an die Leistungen ihres Kindes in der Grundschule. Entscheidend sollte jedoch nicht die Breite zukünftiger Berufsoptionen, sondern die Berücksichtigung der jeweiligen Begabungen des Kindes sein.

**Gynäkophobie** [griech.]: Form der sozialen →Phobien, die sich in krankhaft übersteigerter Angst vor Frauen äußert.

**Habituation** [latein. »Gewöhnung«]: das Nachlassen der Intensität oder Häufigkeit einer Reaktion bei Wiederholung bzw. zunehmender Vertrautheit des auslösenden Reizes. Psychologisch liegt eine verminderte Aufmerksamkeit für den wiederkehrenden Reiz vor. Neurophysiologisch vermutet man eine Veränderung in der Übertragungsbereitschaft der Synapsen.

**habituell:** verhaltenseigen; zur Gewohnheit geworden, zur Persönlichkeit gehörend.

**Habitus** [latein. »Gehabe«, »Beschaffenheit«, »erworbene Eigentümlichkeit«]: das Gesamterscheinungsbild einer Person nach Aussehen und Verhalten; auf einer bestimmten Grundeinstellung aufgebautes Auftreten, Haltung. Der Habitus wird meist verstanden als →Disposition.

**Hackordnung:** v. a. bei Vögeln beobachtbare Form der Rangordnung in Tiergemeinschaften, bei denen sich die festgelegte Hierarchie im Weghacken von Rangniederen durch Ranghöhere am Futterplatz zeigt. Strittig ist, ob der Begriff auf die Lebenswelt des Menschen übertragbar ist, z. B. auf Arbeitsgruppen, in denen ranghöhere Personen durch unangebracht aggressives Verhalten ihren Machtvorteil demonstrieren.

**Haftpsychose:** heftige, z. T. wahnhafte Erregungszustände, aber auch schwere depressive Reaktionen, die sich bei Inhaftierten als Folge des Eingesperrtseins und der Isolierung entwickeln und bei extremen Bedingungen (z. B. Konzentrationslagerhaft) bleibende psychische Beeinträchtigungen bewirken können.

**Halluzination** [latein. »gedankenloses Reden«, »Träumerei«]: Sinnestäuschung ohne reales Wahrnehmungsobjekt und ohne äußere Reizung eines Sinnesorgans. Halluzinationen lassen sich in akustische (= Stimmenhören; die häufigste Form), visuelle, olfaktorische (Riechempfindungen betreffende), haptische (den Tastsinn betreffende) und kinästhetische (Körperbewegungen betreffende) Halluzinationen einteilen.

Halluzinationen treten bei bestimmten körperlichen Erkrankungen, bei psychotischen Depressionen, im Delir und bei epileptischen Anfällen und häufig im Rahmen von →psychotischen Störungen auf. Man kann jedoch nicht ohne Weiteres aus dem Auftreten einer Halluzination auf das Vorliegen einer derartigen Erkrankung schließen.

**Halluzinogene** [zu griech. genés »hervorbringend«, »verursachend«]: auf das Zentralnervensystem einwirkende →Drogen, die optische und akustische Halluzinationen hervorrufen und den Eindruck eines veränderten, gesteigerten oder »erweiterten« Bewusstseins erzeugen (z. B. →LSD).

**Halo|effekt, Hof|effekt:** eine Fehlerquelle bei der Persönlichkeitsbeurteilung. So neigen etwa Vorgesetzte oder Lehrer in der Regel dazu, sich bei der Beurteilung von einer herausragenden Eigenschaft oder vom Gesamteindruck der betreffenden Person leiten zu lassen.

**Haloperidol:** stark wirkendes →Neuroleptikum.

**Haltung:** im weiteren Sinn die Gesamtheit der weitgehend beständigen Verhaltensweisen und Werte eines Menschen. Haltung ist somit der Inbegriff der Grundeinstellung dem Leben gegenüber. In der *Sozialpsychologie* wird die Haltung einer Person gegenüber Menschen und Dingen (Objekte, Themen) unter dem Konzept der →Einstellung untersucht. Im engeren Sinn bedeutet Haltung die Körperhaltung, d. h. der muskuläre Spannungszustand des Körpers. Die seelische Verfassung eines Menschen drückt sich häufig in seiner Haltung aus.

**Haltung, therapeutische:** über das Anwenden einzelner therapeutischer Techniken hinausgehendes grundsätzliches Verhalten und die Werte des Psychotherapeuten; die Art und Weise, wie er dem Patienten begegnet: ihn respektieren, annehmen, bestätigen, das professionell Mögliche für ihn tun, bemüht sein, entsprechend der Theorie und Praxis seiner Methode die gesetzten Ziele zu erreichen.

Bei der →Psychoanalyse geht es z. B. darum, Distanz zu wahren und durch Deutungen dem Patienten Einsicht in die Ursachen seines Leidens zu vermitteln. In der →Verhaltenstherapie ist die Haltung des Therapeuten eher die des Trainers und Anleiters für neues Verhalten. In der →Gesprächspsychotherapie ist die Haltung der Echtheit des Therapeuten Kern des therapeutischen Vorgehens. In der →Gestalttherapie

---

**Haltung | Die korrekte therapeutische Haltung**

Psychotherapeutische Behandlungen enthalten ein hohes Maß an erotischem Potenzial: Die Patienten können alle ihre Probleme mit einer einfühlenden Person besprechen und fühlen sich von ihr »wirklich verstanden«. Deshalb bewundern und idealisieren sie den Therapeuten oder die Therapeutin. Diese fühlen sich dadurch unter Umständen geschmeichelt und narzisstisch erhöht. Ist die gegenseitige Bedürftigkeit sehr groß, so kommt es vielleicht sogar zu sexuellen Kontakten. Diese sind ein Verstoß gegen die therapeutische Haltung, die Berufsethik und das Strafgesetzbuch. Sexuelle Kontakte machen jede Möglichkeit der Therapie zunichte, denn der Patient lebt seine alten Verhaltensmuster wieder aus, kann sie jedoch nicht therapeutisch bearbeiten, sondern bleibt an sie fixiert und bekommt wahrscheinlich zusätzlich neue (Beziehungs-)Probleme mit dem Therapeuten.

**Händigkeit:**
Erst mit etwa acht Jahren ist die Links- beziehungsweise Rechtshändigkeit weitgehend festgelegt.

gehört auch das eigene innere Erleben und das Berührtwerden vom Patienten zur therapeutischen Haltung.

**Hamburg-Wechsler-Intelligenztest für Erwachsene:** der → HAWIE-R.

**Hamburg-Wechsler-Intelligenztest für Kinder – IV:** der → HAWIK®-IV.

**Hand:** Körperteil. Die feinmotorische Funktionsfähigkeit der menschlichen Hand ergibt sich aus der komplexen und differenzierten Steuerung der Handmuskulatur durch die motorische Hirnrinde. Die Hand ist eine wichtige Voraussetzung für den Werkzeuggebrauch, sie dient aber auch bei der Kommunikation dem Ersatz (→ Gebärdensprache) oder der Ergänzung der gesprochenen Sprache (→ nonverbale Kommunikation). Die enge Verbindung von Hand und Sprache wird auch durch die Über-Kreuz-Koppelung von (zumeist rechter) Handdominanz und der (linksseitigen) Lokalisation des motorischen Sprachzentrums im Gehirn deutlich (→ Hemisphärendominanz).

**Händigkeit:** der bevorzugte Gebrauch der rechten oder der linken Hand. Bei der Mehrheit der Bevölkerung dominiert die **Rechtshändigkeit**; die meisten technischen Hilfsmittel unserer Gesellschaft sind darauf ausgerichtet. Die reine **Linkshändigkeit** (Sinistralität) kommt bei etwa 10% aller Menschen vor und ist z. B. beim Schreiben, Zeichnen und Winken zu beobachten. Bei Rechtshändern ist die linke Hirnhälfte, bei Linkshändern die rechte Hirnhälfte besonders entwickelt (→ Hemisphärendominanz). Ob Linkshändigkeit angeboren ist, ist umstritten. Zwischen Geburt und viertem Lebensjahr schwankt die Händigkeit mehrmals von »linkshändig« über »beidhändig« zu »rechtshändig« und zurück. Erst mit etwa acht Jahren ist die Links- bzw. Rechtshändigkeit weitgehend festgelegt.

**Händigkeit | Linkshändigkeit**
Linkshänder erleben sich häufig als ungeschickt. Der Grund liegt darin, dass viele Alltagsgegenstände eine »Richtung« haben, die dem natürlichen Bewegungsempfinden eines Linkshänders zuwiderläuft. Drehverschlüsse und Dosenöffner sind etwa auf Rechtshänder »zugeschnitten«. Viele Dinge des täglichen Bedarfs gibt es inzwischen in einer Form, die auf Linkshänder ausgerichtet ist, z. B. Scheren und Füllfederhalter. Massengüter dagegen sind auf die Bedürfnisse von Rechtshändern angelegt. Wenn Eltern bemerken, dass ihr linkshändiges Kind Schwierigkeiten mit auf rechts ausgerichteten Gegenständen hat, sollten sie ihm verständnisvoll die Funktionsweise und die »falsche« Richtung erklären und mit dem Kind zusammen herauszufinden versuchen, wie es am besten mit diesem Gegenstand umgehen kann. Hilfe bieten auch Selbsthilfeinitiativen für Linkshänder, die sich z. B. über das Internet finden lassen.

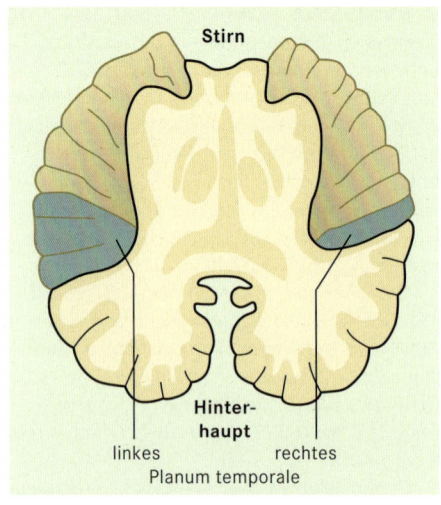

**Händigkeit:** Bei Rechtshändern fand man in der linken Hemisphäre des Gehirns größere Areale für die Steuerung der Hände und ein größeres Areal des Schläfenlappens (Planum temporale), in dem auch das Verstehen von Sprache lokalisiert ist.

Über Jahrhunderte hinweg wurde in Deutschland den Linkshändern die Rechtshändigkeit aufgezwungen (»Gib das schöne Händchen!«). Heute ist bekannt, dass die Unterdrückung der natürlichen Händigkeit zu psychischen Störungen führen kann (z. B. Stottern). Das Schriftbild eines Linkshänders, der erst spät rechts schreiben gelernt hat, wirkt oft krakelig. Heute empfiehlt man für den Erstschreibunterricht, Linkshänder behutsam an das Schreiben mit der rechten Hand zu gewöhnen, da unser Schriftsystem auf Rechtshändigkeit angelegt ist. Gelingt dies aber nicht ohne Misserfolgserlebnisse, sollte man linkshändiges Schreiben fördern.

**Handlung:** auf die Verwirklichung von Motiven gerichtete, verhältnismäßig geschlossene sowie zeitlich und logisch strukturierte Tätigkeiten. Man kann bewusste und unbewusste Handlungen unterscheiden. Die meisten Tätigkeiten im Alltag laufen unbewusst ab. Bewusste Handlungen sind dagegen geplant und auf konkrete Ziele bezogen. Sie besitzen → Intentionalität. Das schließt auch absichtliches Unterlassen von Handlungen ein. Dass jede komplexe menschliche Tätigkeit durch psychische Vorgänge geregelt wird, bezeichnet man als Handlungsregulation. Die → Handlungstheorie ist ein breites Feld interdisziplinärer Anstrengungen, in dem versucht wird, menschliches Handeln besser zu verstehen, seine Bedingungen zu klären und seine Wirkungen vorherzusagen.

**Handlungsforschung:** in der *empirischen Sozialforschung* die → Aktionsforschung.

**handlungsori|entierter Unterricht:** Unterricht, in dessen Verlauf Schüler mit einem Lerngegenstand handelnd umgehen. Ein handlungsorientierter Unterricht vermeidet die einseitige Vermittlung von theoretischem Wissen und kann damit die Schüler aus einer passiven, nur rezeptiven Haltung herausbringen. In der aktiven Auseinandersetzung, im gemeinsamen Handeln werden Selbsttätigkeit und Kooperationsfähigkeit gefördert. Ein Beispiel für handlungsorientierten Unterricht ist der →Projektunterricht. Dabei geht es nicht nur um die viele Aspekte umfassende Erarbeitung eines Projektplans und um dessen Durchführung (z. B. Einrichtung einer Cafeteria, Bach-Biotop-Projekt), sondern auch um die Präsentation der Ergebnisse in der aktiven Schlussphase.

Die Forderung von Johann Heinrich Pestalozzi vom »Lernen mit Kopf, Herz und Hand« fand ihre Weiterführung bei reformpädagogischen Konzepten der 1920er-Jahre sowie eine theoretische Stützung durch die Tätigkeitspsychologie.

Die Handlungsorientierung dieser Unterrichtsform basiert auf dem Konzept des →Learning by Doing.

**Handlungsorientierung:** nach dem Psychologen und Motivationsforscher Julius Kuhl (*1947) die Neigung einer Person, die gefasste Absicht in die Tat umzusetzen. Handlungsorientierte Menschen betrachten ihre Lage, z. B. ein Problem, sehen Handlungsalternativen, werden und bleiben aktiv, bis sie ihr Ziel erreichen.

Hingegen verhalten sich Menschen mit einer **Lageorientierung** passiv, weil sie zu stark mit ihrer vergangenen, gegenwärtigen oder zukünftigen Lage beschäftigt sind. Sie grübeln, statt zu handeln. Oder sie handeln, haben aber nicht die Ausdauer, die Handlung erfolgreich zum Ende zu bringen.

Das Konstrukt Lageorientierung erklärt, warum manche Menschen, die sowohl genügend Motivation als auch die Fähigkeit zur Änderung einer misslichen Situation haben, dennoch nicht handeln.

**Handlungstheorie:** die Gesamtheit aller Modelle, die den Verlauf menschlichen Handelns beschreiben und erklären. Im Kern steht die gegen die linearen Modelle des Behaviorismus gestellte TOTE-Einheit, wobei TOTE für Test-Operation-Test-Exit steht: Dieser →Regelkreis beginnt mit einer Testphase, in der geprüft wird, ob eine Abweichung vom Handlungsziel vorliegt. Dann folgt die Handlung (engl. operation), die das Ziel zu erreichen hilft. In einer zweiten Testphase prüft der Handelnde, ob er das Ziel erreicht hat. Ist dies der Fall, kann er den Regelkreis verlassen (engl. exit) und eine neue TOTE-Einheit beginnen. Ist dies nicht der Fall, beginnt nochmals die Handlungsphase der bestehenden TOTE-Einheit. Diese Konzeption stellte einen wichtigen Schritt bei der Überwindung des Behaviorismus durch die Informationsverarbeitungs- oder Kognitionspsychologie dar. Ihre Grundannahmen sind, dass Handeln bewusst geplant und hierarchisch strukturiert ist; die Steuerung wird durch Rückkopplungsschleifen geleistet.

Neuere Modelle der Handlungspsychologie betonen stärker die interne kognitive Repräsentation diverser, sich überschneidender Handlungen und Handlungsziele. Sie lehnen die klassische TOTE-Einheit als zu einfach und mechanisch ab. In den von den deutschen Arbeitspsychologen Winfried Hacker und Walter Volpert besonders vorangetriebenen Handlungsregulationstheorien wird von einer hierarchischen Organisation diverser kognitiv repräsentierter Handlungspläne ausgegangen. Zwischen der aktuell ausgeführten →Handlung und ihrem geistigen Bild finden Rückkoppelungen statt.

Einen anderen Ansatz als die westliche Psychologie verfolgten die Handlungstheoretiker der »kulturhistorischen Schule« in der Sowjetunion, allen voran Sergej Rubinstein und Alexander Leontjew. Sie beschrieben, unter Bezugnahme auf die →Dialektik von Hegel und Marx, Handlungen als gegenständliche Tätigkeit, die zu (kulturell determinierten) Veränderungen des Bewusstseins führen.

**Handschrift:** der sichtbare Ausdruck der individuellen Schreibbewegung. Die Bewegung der schreibenden Hand kommt durch Gehirnimpulse zustande, die eine charakteristische Ausgestaltung der Schrift in Form, Breite, Ausführung und Druck erzeugen. Trotz schulischer und erzieherischer Einwirkung unterscheiden

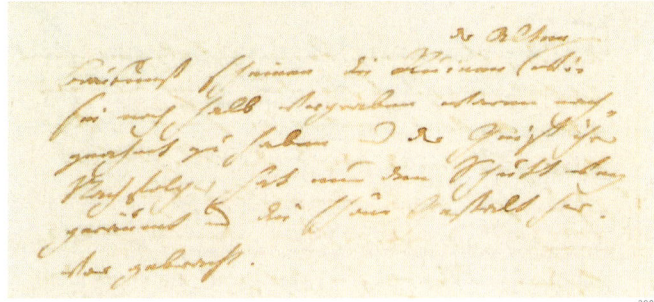

**Handschrift:** Das Schriftbild jedes Einzelnen ist trotz kultureller Einflüsse unverwechselbar (Ausschnitt aus einem Blatt des »Tagebuches der italienischen Reise«, das Johann Wolfgang von Goethe für Charlotte von Stein schrieb; Weimar, Klassik Stiftung Weimar).

**Hausaufgaben** können milieubelastende Faktoren verstärken, wenn zu Hause Verständnis und Interesse fehlen und Hilfestellungen nicht gegeben werden können.

sich die Handschriften verschiedener Individuen so voneinander, dass die handgeschriebene Unterschrift Rechtscharakter hat. Der Rechtscharakter wird dadurch eingeschränkt, dass unter dem Einfluss von Alkohol, Drogen oder Medikamenten sowie infolge von v. a. neurologischen Erkrankungen Veränderungen in der Handschrift auftreten können, welche die Identität des Urhebers fraglich erscheinen lassen können. Überdies ist es manchen Menschen möglich, durch gezieltes Training Schriften nachzuahmen oder zu fälschen. Mit der Handschrift befassen sich die →Schriftpsychologie und die →Grafometrie.

**Hausaufgaben | Rahmenbedingungen wichtig**
Schülern fällt es leichter, ihre Hausaufgaben zu erledigen, wenn dafür bestimmte Rahmenbedingungen gegeben sind: Ein eigener häuslicher Arbeitsplatz mit einem geeigneten Schreibtisch sollte bereitstehen. Günstig ist eine feste Tageszeit, in der das Kind wach und konzentrationsfähig ist, also z. B. nicht direkt nach dem Mittagessen. Auch Ruhe vor Fernseher, Radio, Computer, Geschwistern und anderen Störungen ist wichtig für die Konzentration. Der zeitliche Aufwand für die Hausaufgaben sollte altersangemessen begrenzt sein.
Wenn die Eltern bei den Hausaufgaben übermäßig helfen, erhält zum einen der Lehrer keine zuverlässige Rückmeldung über Leistungsstand und Lerntempo des Schülers, zum anderen kann der Schüler durch die Hilfe Dritter um Erfolgserlebnisse und damit um seine wichtigsten Motivationsverstärker gebracht werden.

**Hannover-Wechsler-Intelligenztest für das Vorschulalter – III:** der →HAWIVA®-III.

**Haptik** [zu griech. háptein »heften«, »anfassen«]: die Gesamtheit der physiologischen und psychologischen Wahrnehmung beim Berühren und Ergreifen von Objekten oder des eigenen Körpers. Die verschiedenen →Hautsinne wirken dabei zusammen. Der haptische Sinn ist beim Menschen nach der Geburt der wichtigste Sinn. Das Kleinkind lernt durch Berühren und Greifen die Welt kennen. Im Vorschulalter übernimmt der Sehsinn die Rolle des dominanten Sinnes beim Menschen.

**Harmonie** [griech., »Ebenmaß«, »Einklang«, eigtl. »Fügung«]: die intuitiv erfassbare Übereinstimmung aller Teile der Erscheinung. So stimmen etwa die Teile eines Bildes oder die Töne einer Melodie überein. Die Wahrnehmung von Harmonie ist in der Regel mit positiven Empfindungen verbunden. Alltagspsychologisch wird der Begriff Harmonie oft im Gegensatz zu Konflikt oder Streit (Disharmonie) benutzt. Man spricht z. B. von einer harmonischen Ehe.

**Haschisch** [arab., eigtl. »Gras«, »Heu«]: aus dem Harz des indischen Hanfs (→Cannabis) gewonnene Droge.

**Hass:** intensives Gefühl der Abneigung und Feindseligkeit, das sich in →Aggression äußern kann. Hass wird oft als Gegenpol der →Liebe verstanden; in der Tat bestätigt die psychologische Analyse heftiger Hassgefühle oft, dass die jetzt gehasste Person oder Gruppe einmal geliebt, verehrt, bewundert, mit Merkmalen einer idealen Elterngestalt ausgerüstet wurde und dass dann aber diese Gefühle durch Enttäuschung in Hass umschlugen. Motive und Eigenheiten werden nicht mehr wahrgenommen. Die oft unbewussten Motive des Hassenden können bewusst gemacht und in einem Prozess der Selbstaufklärung verarbeitet werden.

**Hausarbeit:** auf die Herstellung von Rahmenbedingungen zur Reproduktion gerichtete →Arbeit.

**Haus|aufgaben, Schul|arbeiten:** Aufgaben des Lehrers an die Schüler, die diese in der unterrichtsfreien Zeit bearbeiten sollen. Sie dienen v. a. der Nachbereitung des erteilten Unterrichts, manchmal auch der Vorbereitung des bevorstehenden. Sie helfen bei der Übung und Festigung, indem sie Gelerntes anwenden und übertragen. Damit stärken sie die Arbeitshaltung des Schülers und fördern seine Eigenverantwortlichkeit. Hausaufgaben werden in der Regel nur in Halbtagsschulen erteilt. Umfang und Schwierigkeitsgrad sind meistens in den Bestimmungen der Länder vorgegeben.

Nicht selten führen die Hausaufgaben zu Belastungen der häuslichen Situation; teilweise werden zur Hausaufgabenbetreuung Nachhilfelehrer eingesetzt. Da diese zusätzliche Hilfe kostenintensiv ist, wird häufig die soziale Lage der Familie entscheidend für den Schulerfolg der Kinder.

**Hautsinne:** die Fähigkeit der Haut, Reize wahrzunehmen durch in der Haut liegende Sinneszellen für Berührung (Merkelzellen), Tasten (Meißner-Körperchen), Druck (Ruffini-Körperchen), Vibration (Pacini-Körperchen), Temperatur (Thermorezeptoren) und Schmerz (Nozirezeptoren). Die Rezeptoren sind in unterschiedlicher Dichte und Tiefe über die Haut verteilt. Schmerz- und Temperaturrezeptoren sind z. B. an den Fingerspitzen viel zahlreicher und dichter als auf der Rückenpartie des Menschen.

Druck-, Wärme-, Kälte- und Schmerzempfindungen werden über aufsteigende Nervenbahnen Rückenmark und Gehirn zugeleitet. Dies löst dann entsprechende Reflexe aus, z. B. das Wegziehen der Hand von der heißen Herdplatte. In der Physiologie unterscheidet man die Hautsinne als Oberflächensinn vom Tiefensinn, der durch Druck-, Temperatur- und Schmerzzellen im Inneren des Körpers, besonders an den Muskeln und Gelenken, entsteht. Da diese Zellen zusammen mit dem Gleichgewichtssinn auch für die Informationen über Stellung und Lage des Körpers sorgen, bezeichnet man die Tiefensinne auch als Bewegungssinne oder kinästhetische Sinne.

**HAWIE-R,** Abk. für **Hamburg-Wechsler-Intelligenztest für Erwachsene – Revision 1991:** Intelligenztest, der auf die 1939 von dem amerikanischen Psychologen David Wechsler entwickelte Wechsler Bellevue Intelligence Scale (WBIS) zurückgeht. 1956 wurde der Test vom Psychologischen Institut der Universität Hamburg für die deutschsprachige Bevölkerung modifiziert und standardisiert und liegt nunmehr in der zweiten korrigierten Auflage von 1991 vor; er ist geeignet für Personen im Alter von 16 bis 74 Jahren.

Der HAWIE-R dient dazu, strukturelle Aspekte der Intelligenz ebenso wie die generelle Intelligenz zu erfassen. Insgesamt stehen hierfür zehn sehr unterschiedliche Testskalen zur Verfügung; sie knüpfen an das Zweifaktorenmodell der Intelligenz von Charles Edward Spearman an, das spezielle Intelligenzfaktoren und einen generellen Intelligenzfaktor (→ g-Faktor) gleichermaßen voraussetzt.

Der HAWIE-R gliedert sich in einen Verbalteil und einen Handlungsteil. Zum Verbalteil gehören Skalen wie »Gemeinsamkeiten finden« und »Allgemeines Verständnis«, zum Handlungsteil Skalen wie der Mosaiktest, bei dem mit vorgefertigten Würfeln, deren Seiten unterschiedlich farblich belegt sind, vorgegebene Muster nachgelegt werden müssen, oder Bilderordnen, bei dem Bilder, deren Reihenfolge vorgegeben ist und die unterschiedliche Szenen zeigen, in die richtige Reihenfolge gebracht werden müssen. Manche Teiltests sind zeitlich begrenzt. Die Gesamtzeit zur Bearbeitung be-

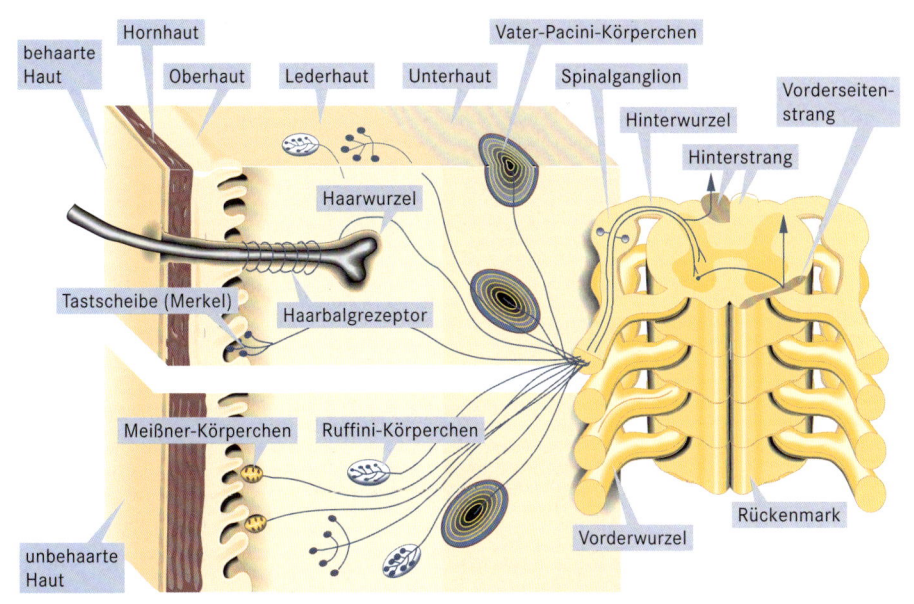

**Hautsinne:** Auswahl von Sinneszellen der Haut

trägt zwischen 60 und 90 Minuten. Alle Antworten werden bei der Testung auf einem Protokollbogen festgehalten; anschließend werden die Antworten bewertet, sodass für jeden Teiltest Punktwerte berechnet und für den Gesamttest sowie den Verbal- und Handlungsteil entsprechende IQ-Werte (→ Intelligenzquotient) gewonnen werden. Der HAWIE-R kann nur als Einzeltest eingesetzt werden. Er ist wie alle Intelligenztests ein → psychometrischer Test.

**HAWIK®-IV,** Abk. für **Hamburg-Wechsler-Intelligenztest für Kinder – IV:** Intelligenztest zur Erfassung allgemeiner und spezifischer intellektueller Fähigkeiten bei Kindern von 6 bis 16 Jahren. Der → psychometrische Test HAWIK®-IV geht auf die vom amerikanischen Psychologen David Wechsler 1949 entwickelte Wechsler Intelligence Scale (WISC) und den 1956 vom Psychologischen Institut der Universität Hamburg für die deutschsprachige Bevölkerung modifizierten und standardisierten HAWIK zurück. HAWIK®-IV orientiert sich an dieser Wechsler-Tradition unter Einbezug neuer Erkenntnisse kognitionspsychologischer und klinischer Forschung. Bei dieser Neuentwicklung des HAWIK wurde das Testmaterial aktualisiert und die Gesamtstruktur geändert. In 15 Untertests werden fünf Intelligenzwerte erfasst: Sprachverständnis, wahrnehmungsgebundenes logisches Denken, Arbeitsgedächtnis, Verarbeitungsgeschwindigkeit und der Gesamt-IQ-Wert. Diese erlauben ein fundiertes und differenziertes Bild des kognitiven Entwicklungsstandes des Kindes.

**HAWIVA®-III,** Abk. für **Hannover-Wechsler-Intelligenztest für das Vorschulalter – III:** Intelligenztest zur Erfassung allgemeiner und spezifischer Fähigkeiten bei Kindern im Vorschulalter. Der → psychometrische Test HAWIVA®-III geht zurück auf die vom amerikanischen Psychologen David Wechsler 1949 entwickelte Wechsler Intelligence Scale (WISC) und basiert auf neuen Erkenntnissen aus der kognitions- und neuropsychologischen Forschung. Neben dem Gesamt-IQ-Wert können IQ-Werte für verbale und Handlungsfähigkeiten sowie IQ-Werte für Verarbeitungsgeschwindigkeit und die allgemeine Sprache erfasst werden. Die Bearbeitungszeit beträgt je nach Anzahl verwendeter Untertests zwischen 30 und 90 Minuten.

**Hawthorne-Studien** [ˈhɔːθɔːn-]: als klassisch geltende sozial- und betriebspsychologische Untersuchungen, die zwischen 1927 und 1932 von einem Forscherteam unter Leitung des amerikanischen Soziologen Elton Mayo in den Hawthorne-Werken der Western Electric Co. in Chicago durchgeführt wurden. Die Studien zeigten, dass für die Zusammenarbeit, die Arbeitszufriedenheit und die Arbeitsleistung der Mitarbeiter eines Betriebs die sozialen Faktoren (v. a. die zwischenmenschlichen Beziehungen) eine sehr wichtige, ja entscheidende Rolle spielen können. Heute weiß man allerdings, dass diese Ergebnisse manipuliert waren, sie gelten somit als nicht gesichert. Die Hawthorne-Studien haben dennoch historische Bedeutung, da sie die Human-Relations-Bewegung (→ Human Relations) einleiteten.

**Hebephrenie** [zu griech. hébe »Jugend«]: veraltete Bezeichnung für eine Form der → Schizophrenie, die meist im Jugendalter einsetzt.

**Hedonismus** [zu griech. hedoné »Freude«, »Vergnügen«, »Lust«]: Lebenseinstellung, derzufolge größtmöglicher Gewinn von Lust erstrebenswert ist bzw. Unlust und Schmerz zu vermeiden sind. Die *Psychologie* entwickelte eine entsprechende Theorie der Beweggründe menschlichen Handelns. Die *Psychoanalyse* spricht vom → Lustprinzip, dem Grundprinzip des Hedonismus; sie behauptet allerdings, dass es vom → Realitätsprinzip gemäßigt werden muss, um selbstzerstörerische Befriedigungen zu vermeiden.

**Heilfasten:** als Ernährungstherapie eingesetztes → Fasten.

**Heilkrampftherapie:** die → Elektrokrampftherapie.

**Heilpädagogik:** die → Sonderpädagogik.

**Heilpraktiker:** geschützte Berufsbezeichnung für Personen, die ohne Approbation, aber nach amtlicher Prüfung die staatliche Genehmigung zur beruflichen Ausübung der Heilkunde besitzen. Der Heilpraktiker darf keine rezeptpflichtigen Heilmittel verschreiben und auf bestimmten medizinischen Gebieten (z. B. Frauenheilkunde und Geburtshilfe, Zahnheilkunde, Leichenschau, Strahlentherapie) und bei meldepflichtigen Krankheiten nicht behandeln. Die Behandlungskosten werden in der Regel nicht von der gesetzlichen Krankenversicherung übernommen. Die Ausbildung zum Heilpraktiker ist gesetzlich nicht geregelt und erfolgt in privaten Schulen mit etwa zweijähriger Ausbildungszeit.

**Heim|erziehung:** im weiteren Sinne jede Erziehung in einem Heim (z. B. Internatsschule, Schullandheim, Erholungsheim, Ferienlager); im engeren Sinne die im Rahmen der Kinder- und Jugendhilfe vorübergehend oder dauernd durchgeführte gemeinsame Erziehung von Kindern und Jugendlichen in einem Heim oder einer sonstigen betreuten Wohnform, wenn eine dem Wohl des Kindes oder Jugendlichen entsprechende Erziehung in der Familie nicht gewährleistet ist, die Heimerziehung für seine Entwicklung geeignet sowie notwendig ist und die Vollzeitpflege in einer Pflegefamilie nicht ausreicht. Des Weiteren ist Heimerziehung möglich, wenn die Familie ausgefallen ist (z. B. bei Verwaisung) und wenn behinderte Kinder und Jugendliche die fachkundige Betreuung und Erziehung in einem heilpädagogischen Heim oder in einer nicht am Ort gelegenen Sonderschule brauchen. Sie soll durch eine Verbindung von Alltagserleben mit pädagogischen und therapeutischen Angeboten die Entwicklung der Kinder und Jugendlichen fördern.

Die neuere Heimerziehung im engeren Sinne ist durch Spezialisierung der Heime, Differenzierung ihrer Struktur (in familienähnlichen Kleingruppen oder Wohngemeinschaften) und Öffnung nach außen gekennzeichnet, im weiteren Sinne erfolgt sie bevorzugt als Gemeinschaftserziehung in den inzwischen weltweit eingerichteten Kinder- und Jugenddörfern mit familienähnlichen Strukturen, wobei demokratische Prozesse des Zusammenlebens anstelle hierarchischer Ordnungen angestrebt werden. Die Heimerziehung soll auf die Rückkehr in die eigene Familie oder eine Pflegefamilie vorbereiten oder die Selbstständigkeit ermöglichen.

Ab Mitte des 20. Jahrhunderts brachten Untersuchungen über →Hospitalismus bzw. Verhaltensauffälligkeiten der in Heimen untergebrachten Säuglinge, Kinder und Jugendlichen die Heimerziehung in Misskredit. Auch heute sind die Probleme der Heimerziehung nicht behoben, etwa die Vermittlung moderner Strukturen an die Heimleitungen oder das Personal, die regionale und soziale Isolierung vieler Heime, die mangelhafte Kooperation zwischen stationärer und ambulanter (offener) Sozialpädagogik und der hohe Schwierigkeitsgrad der Aufgaben (wie Drogenabhängigkeit und -kriminalität, schweren Verhaltensauffälligkeiten und -kriminalität). Im Vordergrund stehen heute Bemühungen, die Heimerziehung durch geeignete Maßnahmen und Hilfsangebote nur als letzte Möglichkeit einzusetzen. Hilfen der Familienfürsorge, Erziehungsberatungsstellen, Angebote der Straßensozialarbeit, Pflegefamilien u. a. sollen Beiträge zur Vermeidung von Heimerziehung leisten.

**heimlicher Lehrplan:** Vermittlung von sozialen Regeln und Werthaltungen außerhalb des offiziellen →Lehrplans.

**Heißer Stuhl:** in der →Gruppendynamik und der →Gestalttherapie angewendetes Verfahren, in dem sich ein Gruppenmitglied auf einen Stuhl in der Mitte des Gruppenkreises setzt und dort im Verlaufe des folgenden Gesprächs Rückmeldungen von der Gruppe erhält. In dem Begriff sind zwei wichtige Faktoren der Gruppendynamik bildlich erfasst: dass die Aufmerksamkeit einer ganzen Gruppe »wärmen«, aber auch »verbrennen« kann. Die Aufgabe des Leiters der Gruppe ist es, die Temperatur in einem für die allein in der Mitte sitzende Person »erträglichen« Bereich zu halten.

**Heißhunger:** unabwendbar wirkender Hunger, häufig nach großen Mengen von Nahrung oder nach bestimmten Nahrungsmitteln. Heißhunger kann Zeichen eines Mangels, z. B. eines Vitaminmangels, sein, kann aber auch psychisch bedingt sein, z. B. beim →Binge-Eating. In diesen Fällen ist eine Psychotherapie angebracht.

**Helfersyndrom:** die Neigung, anderen Menschen in übersteigertem Maße zu helfen. Dahinter wird das Bedürfnis gesehen, anderen Menschen die Rolle eines Schwächeren, Abhängigeren oder Kränkeren zuzuschreiben, um eigene Ängste vor solchen Gefühlen zu bekämpfen. Den Begriff entwickelte der Psychotherapeut und Publizist Wolfgang Schmidbauer aus der gruppendynamischen Arbeit mit Angehörigen sozialer Berufe. Das Helfersyndrom entspricht einer neurotischen Komponente in der Berufsmotivation und sollte während der Ausbildung zu sozialen Berufen und der Anfangsphase der Berufstätigkeit bearbeitet werden, um ein schnelles »Ausbrennen« (→Burn-out-Syndrom) und in der Folge eine Verminderung der Arbeitsfähigkeit zu vermeiden.

**Heimerziehung:** In Heimen leben Kinder und Jugendliche, deren Eltern ihnen keine oder eine nur unzureichende häusliche Erziehung bieten können.

**LESETIPPS:**
WOLFGANG SCHMIDBAUER: *Hilflose Helfer. Über die seelische Problematik der helfenden Berufe.* Neuausgabe Reinbek (Rowohlt) 58.–60. Tsd. 2000.
WOLFGANG SCHMIDBAUER: *Helfersyndrom und Burnoutgefahr.* München (Urban & Fischer) 2002.
WOLFGANG SCHMIDBAUER: *Das Helfersyndrom. Hilfe für Helfer.* Reinbek (Rowohlt) 2007.

**Hell-Dunkel-Adaptation:** die Anpassung der Lichtempfindlichkeit des Auges an die jeweils herrschenden Lichtverhältnisse durch Verändern des Pupillendurchmessers, biochemische Vorgänge in der Netzhaut und besondere Schaltungen der Sinneszellen des Auges. Bei Dunkelheit übernehmen statt der für das Farbensehen am Tag zuständigen Zapfen die im Vergleich dazu 10000-mal lichtempfindlicheren Stäbchen das Sehen (ausgenommen an der Stelle des schärfsten Sehens in der Netzhaut). Außerdem können mehrere Stäbchen parallel geschaltet werden, wodurch die Lichtempfindlichkeit steigt, die Sehschärfe jedoch abnimmt.

Bei der Dunkeladaptation wird die Helligkeitsempfindung umso größer, je länger der Aufenthalt im Dunklen andauert. Knipst man z. B. das Licht in einem Raum aus, sieht man zunächst alles schwarz. Allmählich erscheinen dann die Konturen der Gegenstände ohne ihre Farbe.

**Hellinger,** Bert: deutscher Priester, Lehrer und Philosoph, *Leimen 16. 12. 1925; war in Südafrika als Missionar, Rektor einer Schule und Leiter eines Colleges tätig, danach Rektor des Priesterseminars der Mariannhiller Missionare in Würzburg, psychoanalytische Ausbildung und Entwicklung seiner Methode des →Familienstellens, die seit den 1990er-Jahren einen wachsenden Zulauf erfährt.

**Hellsehen:** Wahrnehmungen außerhalb der normalen Möglichkeiten unserer Sinne, z. B. das Voraussagen künftiger Ereignisse. Unbestreitbar ist, dass Fantasien übersinnlicher Wahrnehmungsmöglichkeiten in vielen Kulturen vorkommen. Bislang konnte man allerdings trotz intensiver Bemühungen Hellsehen nicht wissenschaftlich stichhaltig nachweisen; hingegen gibt es Erklärungen für den Anschein von Hellsehen: Beobachterfehler und absichtliche Täuschung. Mit dem Hellsehen befasst sich u. a. die →Parapsychologie.

**Helmholtz,** Hermann von: deutscher Mediziner, Physiologe und Physiker, *Potsdam 31. 8. 1821; †Charlottenburg (heute zu Berlin) 8. 9. 1894; hatte Professuren an verschiedenen Universitäten inne; unternahm wichtige Experimente zur Nerventätigkeit (u. a. 1850 die erste Messung der Fortpflanzungsgeschwindigkeit der Nervenerregung), zur Farbwahrnehmung sowie zum Sehen und Hören.

**Hemisphäre** [von griech. hemisphaíron »Halbkugel«]: die rechte oder linke Hälfte des →Gehirns.

**Hemisphärendominanz, Hemisphärenasymmetrie:** der Sachverhalt, dass bei bestimmten Wahrnehmungs- und Verarbeitungsprozessen eine Hirnhälfte die Führung übernimmt. Dabei handelt es sich um eine gerichtete Differenzierung der rechten und linken Hemisphäre. Die Frage, ob die Richtung der Asymmetrie durch Umweltbedingungen oder durch genetische Veranlagung bestimmt sein könnte, ist in Ansätzen geklärt: Man geht heute davon aus, dass beide Faktoren eine Rolle spielen.

Die strukturelle und funktionelle Differenzierung der Hemisphären zeigt sich am deutlichsten bei der →Händigkeit und der →Sprache. Die große Mehrzahl der Menschen bevorzugt die rechte Hand, die von der linken Gehirnhälfte gesteuert wird, und die meisten der Rechtshändigen weisen eine linkshemisphärische Verarbeitung der gesprochenen Sprache auf. Aber auch die Mehrzahl der nicht rechtshändigen Menschen (Bevorzugung der linken Hand oder Verwendung beider Hände ohne besondere Bevorzugung) hat eine linksseitige Präferenz für die Verarbeitung von Syntax und Semantik. Heute wird vermutet, dass das zeitlich-räumliche Raster des Verarbeitungsstils beider Hemisphären unterschiedlich ist: in der rechten Hemisphäre eher gröber und damit eine Integration erlaubend, in der linken engmaschiger und damit für eine Analyse von Details günstiger. Auch andere Verhaltensaspekte, z. B. die Aufmerksamkeit oder bestimmte Emotionen, werden hemisphärenspezifisch verarbeitet; dies zeigt, dass nicht einzelne Verhaltensweisen, sondern eher Konstellationen von Verhaltensweisen in ihrem räumlich-zeitlichen Muster jeweils einer Hemisphäre zugeordnet sind.

**Hemmung:** 1) in der *Psychiatrie* die Verzögerung der Antriebsfunktionen und damit aller assoziativen, sensorischen und motorischen Leistungen, oft mit gedrückter Stimmungslage oder Depression verknüpft und z. T. bis zur totalen Regungslosigkeit des Körpers gesteigert.

**2)** in *Psychologie* und *Physiologie* die Unterdrückung von Handlungen und Reflexen, die in bestimmten Situationen störend oder gefährlich sein können. So wird z. B. beim Schluckreflex die Atmung gehemmt; beim →Patellarsehnenreflex wird die reflektorische Streckung des Unterschenkels von einer Hemmung der antagonistischen Beugemuskeln begleitet. Auch im

**Hermann von Helmholtz**

Stoffwechselgeschehen, v. a. bei der Regulierung der Enzymaktivitäten, spielen Hemmungsvorgänge eine ausschlaggebende Rolle. Neurophysiologisch geht man von hemmenden Prozessen in den beteiligten Nervenbahnen aus. Beim Handeln wird die Informationsübertragung an bestimmten Synapsen gesperrt, an anderen dagegen verstärkt.

**Hentig,** Hartmut von: deutscher Erziehungswissenschaftler, *Posen 23. 9. 1925; war ab 1963 Professor in Göttingen, seit 1968 in Bielefeld. Von Hentig lieferte zahlreiche wesentliche Beiträge zu Problemen der Didaktik und der Schulreform, entwickelte ein besonderes Modell des Oberstufenkollegs und die Bielefelder »Laborschule«, die über den Unterricht hinaus pädagogischen Lebens- und Erfahrungsraum für das Kind schaffen will.

**Herbart,** Johann Friedrich: deutscher Philosoph und Pädagoge, *Oldenburg (Oldenburg) 4. 5. 1776, †Göttingen 14. 8. 1841; wurde 1805 Professor der Philosophie in Göttingen, 1809 Nachfolger von Immanuel Kant in Königsberg (Pr) und kehrte 1833 wieder an die Universität Göttingen zurück. Herbart hinterließ zahlreiche Schriften zu Themen der Philosophie, Pädagogik und Psychologie und hatte nachhaltigen Einfluss auf diese Fachrichtungen. Als Gegner der »idealistischen« Richtung des Kantianismus versuchte er u. a. den Begriff des »Ich« von den ihm anhaftenden Widersprüchen zu reinigen. Mit seiner weit gespannten systematisch-begrifflichen Erziehungs- und Unterrichtstheorie ist Herbart einer der Begründer der wissenschaftlichen Pädagogik (Herbartianismus).

**Hering-Täuschung:** nach dem deutschen Physiologen Ewald Hering benannte optische Täuschung, bei der zwei Parallelen durch ein Strahlengitter konvex gekrümmt erscheinen (Hering-Sternfigur).

**Heritabilitätsko|effizi|ent** [zu latein. heres »Erbe«]: ein aus der Populationsgenetik stammendes Maß zur Schätzung der Erblichkeit (Heritabilität). Als Grad der Erblichkeit gilt der relative Anteil der genetischen Varianz an der in einer Stichprobe gemessenen Gesamtvarianz einer Variablen. Daten aus Untersuchungen an getrennt aufgewachsenen eineiigen Zwillingen und Adoptionsstudien wurden häufig zu Erblichkeitsberechnungen herangezogen.

Der Wert des Erblichkeitskoeffizienten kann zwischen 0 und 1 liegen. Ein Koeffizient von 0,8 besagt, dass 80 % der in einer Population beobachteten Unterschiede bezüglich eines Merkmals zurückgeführt werden können auf erbliche Unterschiede zwischen den Individuen. Er besagt nicht, dass 80 % eines Merkmals angeboren und 20 % auf die Umwelt zurückgehen. Mit dem Erblichkeitskoeffizienten sind grundsätzlich keine Aussagen über den Anteil von genetischen und Umweltfaktoren bei einer Person möglich (→ Anlage-Umwelt-Problem).

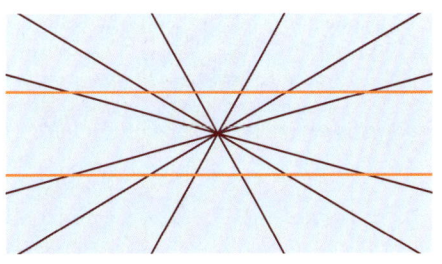

**Herm|aphroditi̱smus** [von griech. Hermaphróditos, dem zum Zwitter gewordenen Sohn der Gottheiten Hermes und Aphrodite]: die → Intersexualität.

**Hermene̱utik** [zu griech. hermeneutiké (téchne) »Auslegungskunst«]: die wissenschaftliche Auslegung und Erklärung bedeutungs- oder sinnhaltiger menschlicher Äußerungen. Dies sind sowohl aktuelle Vollzüge (z. B. alltägliche Interaktions- und Kommunikationsformen) als auch historische Objektivierungen (z. B. Texte, Kunstwerke, Bauten). Man fasst unter dem Begriff alle geisteswissenschaftlichen Methoden des Verstehens und der Interpretation zusammen.

Es gibt in den Geisteswissenschaften eine Fülle von Konzepten, die Regeln beinhalten, wie der Interpret sein Verstehen des Objekts methodisch kontrollieren kann (→ qualitative Methoden). Grundsätzlich gilt, dass ein Text oder Kunstwerk nicht unmittelbar verstanden werden kann, sondern gedeutet, interpretiert werden soll. Dazu sind Teile oder das Ganze auf einen Kontext zu beziehen. Bei einem historischen Text könnte dieser Kontext z. B. das Leben des Autors, zeitgeschichtliche Ereignisse oder die Normen der damaligen Kultur sein. Der Kontext kann auch eine wissenschaftliche Theorie oder ein Modell sein. Eine tiefenpsychologische, hermeneutische Deutung eines Traumes oder eines Textes kann z. B. mit Konzepten der Psychoanalyse erfolgen.

**Hero̱in:** zu den Opiaten zählende Droge, die als weißes Pulver vertrieben und gewöhnlich intravenös gespritzt wird. Heroin dämpft das Zentralnervensystem, reguliert die Schmerzwahrnehmung, stimuliert die stimmungssteuernden Zentren des Gehirns und erzeugt somit (fast schlagartig) Gefühle von Euphorie und Wohlbefinden. Heroin führt schon nach kurzer (unter Umständen einmaliger) Anwendung zur

**Hartmut von Hentig**

**Johann Friedrich Herbart**

**Hering-Täuschung**

**Hermaphroditismus:** Marmortorso aus dem 1. Jh. v. Chr. (Amsterdam; Allard Pierson Museum)

**Heroin:**
Ohne den täglichen Schuss Heroin kommt es bei Süchtigen zu drastischen Entzugserscheinungen wie Krämpfen, Herzrasen, Schweißausbrüchen und physischen Zusammenbrüchen.

→ Sucht; seine medizinische und sonstige Anwendung ist daher verboten. Bei Überdosierung kann Heroin zum Tod führen (»Goldener Schuss«). Bereits nach kurzer Zeit treten bei Abstinenz schwere → Entzugserscheinungen auf (»Cold Turkey«). Diese werden als so quälend erlebt, dass alles getan wird, um ihnen durch einen weiteren »Schuss« Heroin zu entgehen. Gleichzeitig nimmt die Toleranz gegenüber dem Stoff zu; bei Abhängigen wird häufig nur noch ein Abklingen der Entzugserscheinungen erreicht.

**Herz:** zentrales Organ des Blutgefäßsystems des Menschen und der Tiere. Das Herz des Menschen ist ein kegelförmiges, muskulöses Hohlorgan, das hinter dem Brustbein liegt. Eine Scheidewand teilt es in eine linke und eine rechte Hälfte, die jeweils aus einem Vorhof und einer Kammer bestehen. Bedingt durch seine Lage zwischen großem, systemischem und kleinem (Lungen-)Kreislauf, durch die Muskelkraft und durch die beiderseits zwischen Vorhof und Kammer gelegenen ventilartigen Klappen wirkt das Herz als Druck- und Saugpumpe. Diese Pumpe sorgt durch einen automatischen, rhythmisch erfolgenden Wechsel von Muskelkontraktion und Muskelerschlaffung für die Bewegung des Blutes im Kreislauf. Mit der linken Kammer pumpt das Herz das Blut durch die arteriellen Blutgefäße des großen Kreislaufes zu den Blutkapillaren der Körperperipherie. Über die Venen gelangt das Blut zurück zur rechten Herzkammer, von der es durch die Lunge gepumpt und durch den kleinen Kreislauf wieder der linken Herzkammer zugeleitet wird. Bei jedem Herzschlag schwankt der Blutdruck zwischen einem Maximalwert (systolischer Blutdruck) während der Systole (Kontraktion) und einem Minimalwert (diastolischer Blutdruck) während der Diastole (Entspannung, die der Füllung dient) des Herzens.

Von einem → Bluthochdruck spricht man bei einem zu hohen arteriellen Blutdruck im Körperkreislauf. Vermindern sich plötzlich Herzschlagfrequenz und Schlagvolumen, kann ein Kreislaufschock die Folge sein. Es kommt zu einer Sauerstoffunterversorgung, einer Ansammlung von Stoffwechselprodukten und einer akuten Minderdurchblutung lebenswichtiger Organe. Zur Ursache eines Kreislaufschocks zählt ein vermindertes Herzzeitvolumen. Dieses errechnet sich aus Herzfrequenz mal Schlagvolumen und beträgt in Ruhe etwa fünf Liter pro Minute.

**Herzangst:** die → Herzneurose.

**Herzneurose, Herzangst:** eine Form der somatoformen autonomen Funktionsstörung (→ somatoforme Störungen).

**Heterosexualität** [zu griech. héteros »der andere von beiden«, »anders beschaffen«]: sexuelle Orientierung, bei der sexuelles Interesse an Personen des anderen Geschlechts besteht. Heterosexualität wird im Unterschied zur → Homosexualität und → Bisexualität gesellschaftlich meist als einzig »normale« Form der menschlichen Sexualität angesehen.

**Heterostereotyp:** auf Angehörige einer Fremdgruppe bezogenes → Stereotyp.

**Heuristik** [zu griech. heurískein »finden«, »entdecken«]: die Lehre von den Verfahren, Probleme zu lösen; auch das Verfahren selbst. Heuristiken (Findeverfahren) beruhen weniger auf systematischem, regelgerechtem Vorgehen, sondern stellen übergeordnete Faustregeln für die Suche nach Lösungen dar. Sie kommen v.a. dann zum Einsatz, wenn keine Routineverfahren (Algorithmen) zur Verfügung stehen. Die Heuristik dient jeweils zur Entscheidung, wel-

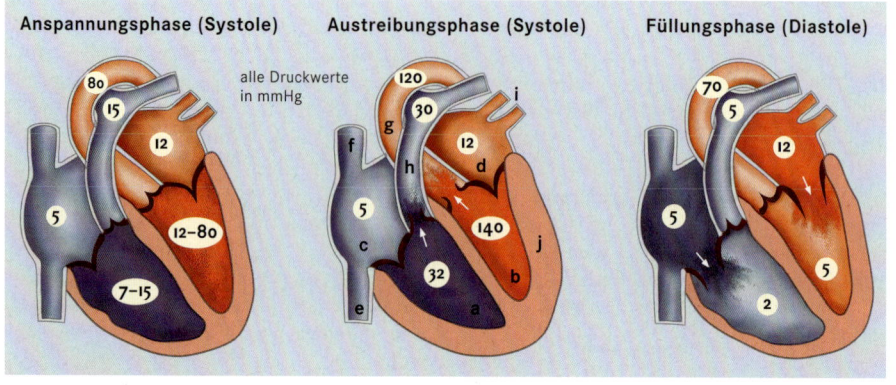

**Herz:** die mittleren Druckverhältnisse in den verschiedenen Herzräumen (a und b: rechte und linke Herzkammer, c und d: rechter und linker Vorhof, e und f: untere und obere Hohlvene, g: Aorta, h: Lungenarterie, i: Lungenvenen, j: Herzmuskel)

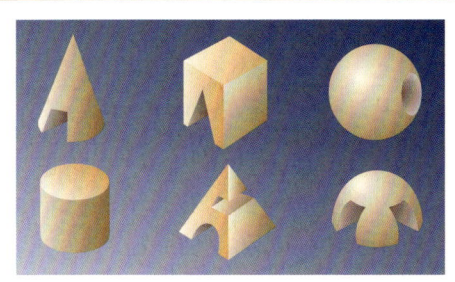

**Heuristik:** Von den sechs Körpern sind die oberen Perrischacks, die unteren nicht. Was sind Perrischacks? So könnte eine Frage lauten, deren Beantwortung Heurismen zur Erkennung der merkmalgebenden Regeln voraussetzt. Die Antwort lautet übrigens: Körper mit genau einem Durchbruch.

che Maßnahme als nächste auf dem Weg zur erfolgreichen Lösung gewählt werden sollte.

Eine einfache Heuristik beim →Problemlösen ist die Unterschiedsreduktion: Danach sollte jeweils die Maßnahme ergriffen werden, die die größtmögliche Annäherung an den erwünschten Zielzustand erbringt. Eine bessere Heuristik besteht in der Mittel-Ziel-Analyse: Dabei wird der Lösungsweg zunächst in Teilziele zerlegt, die mit verfügbaren oder leicht herstellbaren Mitteln erreicht werden können.

**Hexenschaukel:** eine Bewegungstäuschung, bei der die Person den Eindruck einer schwingenden Bewegung des eigenen Körpers hat, obwohl nur die Umgebung, nicht der Körper der Person in schwingender Bewegung ist. Dieses Phänomen ist ein Zeichen für die Dominanz des Gesichtssinns über andere Sinne bei der Bewegungswahrnehmung.

**Hi|erarchie** [griech. »heilige Herrschaft«]: Rangordnung, ursprünglich heiliger Wesen, z. B. der Götter oder der Engel. Heute wird der Begriff für alle sozialen Systeme verwendet, in denen es eindeutige Bezeichnungen für Höherstehende gibt; in vielen Hierarchien werden entsprechende Statussymbole entwickelt, z. B. die militärischen Rangabzeichen, im ökonomischen Bereich u. a. die Größe des Büros oder des Dienstwagens.

Die Hierarchie hat sich dort bewährt, wo innerhalb einer einheitlichen Organisation, deren Hauptinhalt die Machtausübung ist, verbindliches Handeln durchgesetzt werden soll. In Organisationen, in denen auch die Individuen auf unteren Entscheidungsebenen rasch und spontan handeln, Kreativität und Eigeninitiative entwickeln sollen, funktioniert die Hierarchie im traditionellen Sinn schlecht; ihr überlegen sind Teams, die sich eher an demokratischen Entscheidungsfindungen orientieren und die schöpferischen Kräfte des Einzelnen möglichst fördern.

**Hilfeverhalten, prosoziales Verhalten, Hilfsbereitschaft:** Verhalten, das für eine andere Person oder für eine Gruppe eine Wohltat darstellt und freiwillig ausgeübt wird. Hilfeverhalten kann verschieden motiviert sein. Jemand kann einer Person helfen in der Erwartung, dass diese Person bei anderer Gelegenheit ihm hilft. Ein Politiker kann sich für die Umwelt einsetzen, um gewählt zu werden. Ein Verkehrsteilnehmer kann einer verletzten Person helfen, um nicht wegen unterlassener Hilfeleistung belangt zu werden. Er kann dies aber auch allein deshalb tun, weil es sein Bedürfnis ist, zu helfen. In diesem Fall, d. h., wenn kein Nutzen für die eigene Person bedacht wird, spricht man von **Altruismus**. Allerdings werden die Begriffe Altruismus und Hilfeverhalten häufig auch synonym gebraucht.

Nach der →Entscheidungstheorie gibt es keinen Altruismus, jegliches Verhalten dient in erster Linie dem Eigennutz; auch das Helfen, wenn die Kosten-Nutzen-Analyse ein Überwiegen des Nutzens ergibt. Gegner dieser Theorie meinen, dass es für diese Annahme bislang keinen Beleg gibt. Vielmehr würden Untersuchungen zeigen, dass zahlreiche Menschen sich für andere oder für nächste Generationen (z. B. im Umweltschutz) einsetzen, ohne dass ihnen Eigennutz als Motiv oder dominantes Motiv unterstellt werden kann. Für dieses Argument spricht, dass man spontane Hilfsbereitschaft auch bei kleinen Kindern beobachten kann, denen solche Verhaltensweisen nicht anerzogen wurden.

Das Hilfeverhalten beim →Helfersyndrom ist weniger altruistisch motiviert, denn dabei steht die Abwehrfunktion des helfenden Verhaltens im Vordergrund, weniger das Wohl des an-

---

**Hierarchie | Die »übersprungene Stufe«**

In jeder Hierarchie ergibt sich ein Bindungsmuster, das als »übersprungene Stufe« charakterisiert werden kann; man versteht sich mit seinen direkten Vorgesetzten häufig schlechter als mit Personen, die höher in der Hierarchie angesiedelt sind. Solche Kräfteverhältnisse ergeben sich daraus, dass jeder Leiter seine unmittelbaren Untergebenen am stärksten fordert und überwacht und von der Firmenleitung für ihr Verhalten verantwortlich gemacht wird.
Auf der Suche nach Bundesgenossen findet jede Partei eine Stufe in der Hierarchie, mit der sie sich verbünden kann. Um solche Bündnisse zu schwächen und das reibungslose Funktionieren der Befehlskette zu fördern, wird in vielen Hierarchien ein förmlicher »Dienstweg« aufgebaut, der z. B. fordert, sich immer zunächst an den unmittelbaren Vorgesetzten zu wenden.

**Hilfeverhalten:** Schon Kinder zeigen spontan Hilfsbereitschaft.

deren. Die Persönlichkeitspsychologie nimmt eine Disposition für Altruismus an; im Fünffaktorenmodell der →Persönlichkeit ist Altruismus eine der Eigenschaften des Faktors Verträglichkeit. Aus der Sicht der Evolutionspsychologie dient Hilfeverhalten der Arterhaltung, dem Weitergeben der eigenen Gene; dafür spricht die Beobachtung, dass Verwandten eher geholfen wird als Fremden. Nach dieser Auffassung kann es kein altruistisch motiviertes Helfen geben.

Hilfeverhalten wurde in der Sozialpsychologie erstmals unter dem Aspekt des →Bystander-Phänomens untersucht. Weitere Untersuchungsfelder waren und sind u. a. situative Faktoren wie Stimmung (bei guter Stimmung wird eher geholfen), Hilfeverhalten in der Stadt und auf dem Land (Fremden auf der Straße wird am wenigsten in Großstädten, am meisten in mittelgroßen Städten geholfen) oder von Frauen und Männern (Frauen sind hilfsbereiter).

**Hilflosigkeit:** das Gefühl und die Überzeugung, mit eigenen Kräften eine Situation nicht bewältigen zu können, verknüpft mit der Angst, dass die Bewältigung auch von keinem anderen übernommen wird. Das Thema der Hilflosigkeit lässt sich beim Menschen auch kognitiv fassen, z. B. in der »kognitiven Triade«, die Aaron T. Beck der Depression zuschreibt: eine negative Sicht der eigenen Person, der Umwelt und der Zukunft. Eine besondere Form der Hilflosigkeit ist die →erlernte Hilflosigkeit.

**Hilfsbereitschaft:** das →Hilfeverhalten.

**Hirnanhangsdrüse:** die →Hypophyse.

**Hirnverletzung:** Hirnschaden durch Einwirken direkter oder indirekter Gewalt. Je nach Schweregrad und betroffenen Hirngebieten kann diese keine bis sehr schwere Beeinträchtigungen des physischen und psychischen Funktionierens haben. Eine Verletzung des Stirnhirns (→Gehirn) kann z. B. zur Unfähigkeit führen, die eigenen Gefühle und deren Ausdruck zu steuern.

**histrionische Persönlichkeitsstörung** [von latein. histrio »Schauspieler«]: durch Theatralik, Dramatisierung, übertriebene Emotionalität und Suche nach Aufmerksamkeit gekennzeichnete Persönlichkeitsstörung. Menschen mit einer histrionischen Persönlichkeitsstörung weisen wie bei der Borderlinestörung eine rasch wechselnde Stimmung auf, ihr Selbstbild, ihre Ziele im Leben sowie ihre Beziehungen sind ebenfalls instabil. Als Ursachen der Störung gelten genetisch-konstitutionelle Faktoren sowie Traumatisierungen in der Kindheit. Wegen des ausgeprägt geringen Selbstwertgefühls der Patienten wird in der Psychotherapie in erster Linie die Selbstwertproblematik bearbeitet.

Die histrionische Persönlichkeitsstörung war lange unter dem Begriff **Hysterie** und hysterische Persönlichkeitsstörung bekannt. Der Begriff hysterische Persönlichkeit ist dagegen in der *Psychoanalyse* eine auch heute noch gebrauchte Charakterisierung für Menschen, die durch ein gesteigertes Geltungs- und Anerkennungsbedürfnis, durch einen ausgeprägten Egozentrismus und oft auch ein theatralisches Verhalten auffallen.

**Hite-Report** [haɪt-]: von der amerikanischen Soziologin und Feministin Shere Hite 1974 herausgegebene Studie über die weibliche Sexualität. Hite ließ die Frauen selbst mit ihren Erfahrungen zu Wort kommen; die Frauen schrieben in ihrer Sprache über Themen wie Selbstbefriedigung, Orgasmus und lesbische Liebe. Die in dieser Studie sich zeigende Vielfalt des sexuellen Erlebens und deren offene und klare Darstellung ermutigte viele Frauen, zu ihrer eigenen Sexualität zu stehen; der Hite-Report gilt deshalb als wichtiger Schritt in der Bewusstwerdung von Frauen über ihre Sexualität und damit auch über sich selbst. Später erschienen von Hite weitere Studien über die Sexualität des Mannes sowie über Erotik und Sexualität in der Familie.

**Hochbegabtenförderung:** spezielle Fördermaßnahmen für hochbegabte Kinder und Jugendliche (→Hochbegabung), v. a. um Unterforderungen zu minimieren, die zu Desinteresse an der Schule oder zum Verlust von Lernfreude führen können. Dazu gehören: 1. Vorzeitige Einschulung bei Kindern im Vorschulalter – Gegner dieser Maßnahme befürchten jedoch eine Überforderung der Kinder, wenn diese der neuen Situation nicht gewachsen sind. 2. Das Überspringen einer Schulklasse – entgegen der häufig negativen Meinung verläuft es in der Mehrzahl der Fälle unproblematisch. Verschiedene Aspekte sollten dabei sorgfältig eingeschätzt werden, z. B. das emotionale und soziale Verhalten des Schülers und die Auswirkungen der bisherigen Unterforderung. 3. Die »D-Zug-Klasse« – sie kann für hoch- wie gut begabte Kinder förderlich sein. Dabei wird der Schulstoff z. B. von drei Jahren in zwei Jahren gelernt. 4. Unterricht in einem speziellen Fach in einer höheren Klasse für Schüler, die eine Hochbegabung in diesem bestimmten Bereich besitzen. 5. Eine Vielzahl verschiedener Förderprogramme zur Bereicherung des schulischen Angebots (Enrichmentprogramme) wie Spezialunterricht mit anderen Hochbegabten aus anderen Schulen, besondere Arbeitsgemeinschaften, Samstagsprogramme, Ferienkurse, Wettbewerbe, Betreuung durch Mentoren, frühzeitiges Studium und Stipendien.

Um die Hochbegabtenförderung gibt es immer wieder Kontroversen, in denen Vorurteile, Befürchtungen und bildungspolitische Einstellungen eine Rolle spielen. Derzeit gibt es noch zu wenige Studien, die die verschiedenen Fördermaßnahmen im Vergleich bewerten.

**Hochbegabung:** Disposition zu überdurchschnittlichen Fähigkeiten in einem Bereich oder in vielen Bereichen. Während früher und z. T. heute Hochbegabung mit überdurchschnittlicher Intelligenz (in der Regel einem IQ von 130 und mehr) gleichgesetzt wurde bzw. noch wird, gehen aktuelle Konzepte von Hochbegabung in unterschiedlichen Bereichen aus. So gibt es u. a. die intellektuelle, musische, darstellend-künstlerische, soziale, sportliche, praktische Hochbegabung. Dabei kann eine Person in einem Bereich hochbegabt, in anderen durchschnittlich oder in einigen auch unterdurchschnittlich begabt sein, z. B. ein Kind, das außergewöhnlich gut Klavier spielt, aber Defizite im sozialen Bereich hat.

Die Hochbegabtenforschung befasst sich v. a. mit der Feststellung der Hochbegabung, z. B. Entwicklung von Tests, sowie der →Hochbegabtenförderung. Hochbegabung kann verborgen bleiben, wenn das Kind z. B. aufgrund von Unterforderung in eine Verweigerungshaltung geht und schlechte Noten erzielt oder wenn einem Kind keine Erprobungsmöglichkeiten in verschiedenen Gebieten geboten werden, wie das häufig in sozial schwach gestellten Familien der Fall ist. Umgekehrt können Eltern, die eine vermeintliche Hochbegabung in ihrem Kind sehen, dem Kind offen oder unterschwellig Druck machen, entsprechende Ergebnisse zu erzielen, und ihm das Gefühl geben, es sei nur dann akzeptiert, wenn es überdurchschnittliche Fähigkeiten hat.

**LESETIPPS:**

*Im Labyrinth: Hochbegabte Kinder in Schule und Gesellschaft.* Herausgegeben von der Deutschen Gesellschaft für das hochbegabte Kind e. V. Münster (LIT) 2001.

AIGA STAPF: *Hochbegabte Kinder. Persönlichkeit, Entwicklung, Förderung.* München (Beck) ³2003.

---

**Hochbegabtenförderung | Hochbegabt, aber unterfordert**

Die Grundschule hat den Auftrag, leistungsstärkere und leistungsschwächere Schüler gleichermaßen zu fördern. Der Unterricht muss Langsamlerner ebenso wie Schnelllerner berücksichtigen. Dafür ist der Lehrer ausgebildet – nicht aber für das Diagnostizieren und die gezielte Förderung von Hochbegabten. Besonders begabte Kinder verkümmern häufig in durchschnittlich besetzten Grundschulklassen: Sie sind unterfordert und können das Interesse an Unterricht und Schule verlieren. Manchmal werden sie zu Außenseitern, die den Leistungsanforderungen der Schule schließlich nicht mehr gerecht werden.

Um solche Entwicklungen zu verhindern, bedarf es fachkundiger Hilfe von außen. Hier können die schulpsychologische Dienst und Beratungslehrer meist weiterhelfen, etwa Adressen (z. B. von Elterninitiativen) und Literatur nennen. Gelingt es, einem hochbegabten Kind außerhalb der Grundschule angemessene Herausforderungen anzubieten, wird ihm die Integration in normale Klassen oft leichter fallen.

**Hochbegabung:** Die intellektuelle Leistungsfähigkeit von hoch motivierten, leistungsbereiten Kindern wird oft fälschlich als Hochbegabung eingeschätzt.

FRANZ J. MÖNKS und IRENE H. YPENBURG: *Unser Kind ist hochbegabt. Ein Leitfaden für Eltern und Lehrer.* München (Reinhardt) ⁴2005.

**Hof|effekt:** der →Haloeffekt.

**Hoffnung:** die Erwartung der Erfüllung eines Wunsches oder des Ausbleibens unerwünschter Effekte. Hoffnung ist eine wertende Zukunftserwartung und bezieht sich damit auf etwas, das noch nicht ist, aber erreichbar erscheint. Neben Angst, Furcht, Verzweiflung, Vertrauen und Zuversicht gehört Hoffnung zu den menschlichen Erwartungsaffekten. Hoffnung bedeutet somit die Fähigkeit einer vorwegnehmenden Vorstellung (prospektives Gedächtnis), die handlungsbestimmend und motivierend wirkt.

Hoffnung ist an die Erwartung einer Verbesserung bestehender Lebensumstände geknüpft. Obgleich Hoffnung im menschlichen Leben von entscheidender Bedeutung ist, erweist es sich als schwierig, dieses Konzept in eine Definition zu fassen, die sich für eine systematische Forschung eignet. Manche Wissenschaftler betrachten Hoffnung als Erwartung in Bezug auf die Erreichung eines Zieles und sehen sie als gegeben, wenn die Erwartung zur Erreichung des Zieles größer als null ist; andere sehen Hoffnung als Befriedigung anzeigende Reaktion auf einen Reiz, der das bevorstehende Eintreten eines erwünschten Ereignisses signalisiert.

**Hoffnungslosigkeit:** seelischer Zustand, in dem sich eine Person selbst aufgibt und in ein Schicksal ergibt, das sie als unabwendbar und bedrohlich empfindet. Bedeutungsverwandt ist →Apathie. In diesen Zuständen ist nicht nur die geistige, sondern auch die körperliche Widerstandskraft gelähmt; Psychotherapeuten, die von Hoffnungslosigkeit bedrohte Patienten (z. B. Krebskranke, Depressive, schwer Herzkranke) behandeln, müssen zunächst versuchen, sie wieder zu einer aktiven Lebensbewältigung zu bewegen. Sie sind dazu freilich auf ein Mindestmaß an Zusammenarbeit vonseiten des Hoffnungslosen angewiesen. Zustände anhaltender Hoffnungslosigkeit werden auch nach seelischer Extremtraumatisierung beschrieben, z. B. bei Folteropfern.

**Hofstätter,** Peter Robert: österreichischer Psychologe, *Wien 20. 10. 1913, †Buxtehude 13. 6. 1994; war Professor u. a. in Hamburg; lieferte Beiträge zu Sozialpsychologie (z. B. zum →Polaritätsprofil) und differenzieller Psychologie, zu statistischen und wissenschaftstheoretischen Grundlagen. Hofstätter vertrat eine empirisch und experimentell exakt arbeitende Psychologie.

**Höhenangst, Akrophobie** [zu griech. ákros »äußerst«, »oberst«; »spitz«], **Bathophobie** [zu griech. báthos »Höhe«, »Tiefe«]: Furcht beim Hinunterblicken von hohen, steil abfallenden Standpunkten (z. B. einem Turm, einer Aussichtsplattform oder Brücke) sowie die Empfindung eines gestörten Gleichgewichts und des Hinabgezogenwerdens.

Es gibt eine normale Höhenangst; die meisten Menschen haben z. B. keine Schwierigkeit, auf einer Eisenbahnschiene zu balancieren, würden aber dennoch mit massiver Angst reagieren, wenn sie auf einer derart schmalen Unterlage einen Abgrund überqueren müssten. Diese Angst durch kontrollierte Abenteuer zu überwinden, macht den Reiz von modernen Risikosportarten wie Fallschirmspringen, Gleitschirmfliegen oder Bungee-Jumping aus. Krankhafte Höhenangst im Sinne einer spezifischen →Phobie führt jedoch dazu, dass die Bewegungsfähigkeit stark eingeschränkt ist, weil der Betroffene z. B. offene Treppenhäuser meidet, keine Brücke überqueren und keine Flugreisen (Flugangst) unternehmen kann.

**Hohn:** Spott, Sarkasmus, Ausdruck der Verachtung für Verhaltensweisen oder Personen, die als minderwertig oder unwürdig hingestellt werden. Hohn ist eine Form der →Aggression.

**Holtzman-Inkblot-Technik,** Abk. HIT: eine Erweiterung des →Rorschach-Tests.

**Homo|erotik** [zu griech. homós »gleich«, »gleichartig«]: auf Angehörige des eigenen Geschlechts zielende Erotik (→Homosexualität).

**Homöostase** [griech. »Gleichgewicht«]: durch Selbstregulation erzielter Gleichge-

**Höhenangst:** Während Goethe einst das Straßburger Münster bestieg, um seine Höhenangst zu überwinden, können Mutige heute von der Plattform eines Bungee-Jumping-Turms über ihre Höhenangst »hinwegspringen« oder wenigstens einen Blick in die Tiefe wagen.

wichtszustand eines biologischen Systems. Menschliches Leben ist nur möglich, wenn die inneren Bedingungen im Körper, die das →innere Milieu bilden, in engen Grenzen konstant bleiben, z. B. die Körpertemperatur, die Ionenkonzentration, das Flüssigkeitsvolumen und die Konzentration von Traubenzucker im Blut. Diese Konstanthaltung kann z. B. durch Regelmechanismen unter Beteiligung der Nerven und der Hormone gesichert sein, durch die sich ein Individuum gegen plötzlich wechselnde Umweltbedingungen absichert. Aber auch rhythmische Schwankungen, z. B. solche, die unter dem Einfluss des Tag-Nacht-Wechsels stehen, bedürfen einer regulatorisch ausbalancierten physiologischen Veränderung im Körper durch Homöostase. Die wichtigste Hirnregion für die Regulation des inneren Milieus und damit die Erhaltung der Homöostase ist der →Hypothalamus.

**Homosexualität:** sexuelle Orientierung, bei der sexuelles Interesse an gleichgeschlechtlichen Personen besteht. Die Bezeichnung Homosexualität ist im 19. Jh. aufgekommen und meinte zunächst nur die gleichgeschlechtliche sexuelle Orientierung von Männern, heute wird darunter auch die der Frauen verstanden. Homosexuelle Männer werden schwul, homosexuelle Frauen lesbisch genannt (→lesbische Liebe).

In der Sexualforschung geht man heute davon aus, dass die homosexuelle Orientierung ebenso wie die heterosexuelle tief und unabänderlich mit der Persönlichkeit verknüpft ist. Eindeutig erkennbar und bewusst wird die sexuelle Orientierung in der Regel zum ersten Mal während der Adoleszenz, in manchen Fällen aber auch erst sehr viel später. Die Lebensphase, in der sich die homosexuelle Orientierung manifestiert und psychisch und sozial integriert werden muss, wird als →Coming-out bezeichnet. Nach dieser oft krisenhaften Phase wird dann im Verlauf der weiteren Entwicklung auf der homosexuellen Orientierung eine homosexuelle Identität errichtet. Diese drückt sich u. a. darin aus, dass eine Person sich selbst als homosexuell versteht und sich in den unterschiedlichsten sozialen Kontexten als homosexuell bezeichnet.

Seit die Homosexualität im 19. Jh. zu einem Gegenstand der Wissenschaft wurde, gab es immer wieder Versuche, die durch die Gesellschaft problematisierte erotisch-sexuelle Vorliebe für das eigene Geschlecht naturwissenschaftlich zu erklären. Alle diese Versuche sind jedoch gescheitert. Auch in allerjüngster Zeit wurden erneut beträchtliche Forschungsanstrengungen unternommen, die Homosexualität als biologisch determiniert nachzuweisen. Aber auch diese Forschungen haben nicht zu eindeutigen und haltbaren Ergebnissen geführt. Das liegt auch daran, dass der naturwissenschaftlichen Homosexualitätsforschung ein reduktionistisches Verständnis von sexueller Orientierung zugrunde liegt. Eine sexuelle Orientierung ist ein hochkomplexes Phänomen, das angemessen nur beschrieben und erklärt werden kann, wenn es biologisch, entwicklungspsychologisch und soziologisch betrachtet sowie in seinem lebensgeschichtlichen und zwischenmenschlichen Zusammenhang verstanden wird.

**Homosexualität:** In der Gesellschaft wird die gleichgeschlechtliche Liebe häufig noch v. a. als soziale Abweichung angesehen, die mit schriller Kleidung und affektiertem Verhalten verbunden ist. In der Realität handelt es sich jedoch um ein häufig vorkommendes sexuelles Normalphänomen.

Trotz der u. a. durch die Schwulen- und Lesbenbewegung vorangetriebenen Einstellungsveränderungen gegenüber homosexuellen Menschen müssen diese heute immer noch mit diskriminierenden Reaktionen rechnen. Nach wie vor hält eine Mehrheit der Bevölkerung die Homosexualität für eine negative soziale Eigenschaft und begreift sie entweder als irreversible Fehlentwicklung oder als eine therapierbare psychische Störung. Letzteres ist ein Nachhall der Psychopathologisierung der Homosexualität durch die Medizin und die Psychoanalyse. Die bis vor nicht allzu langer Zeit geltende Gleichsetzung von Homosexualität mit psychischer Krankheit ist inzwischen jedoch als Lehrmeinung zurückgenommen worden. Die Homosexualität wird inzwischen von allen mit ihr befassten wissenschaftlichen Disziplinen als ein häufig vorkommendes sexuelles Normalphänomen angesehen.

**hören:** aufnehmen von Schallwellen über das →Ohr. Diese Schallwellen werden kognitiv bewertet und als angenehm (harmonischer Klang) oder als unangenehm (Lärm) empfunden. Gesprochene Worte sind im physikalischen Sinn als komplexe Schallmuster zu verstehen.

**Hörgrenzen:** die vom Gehörsinn gerade noch wahrnehmbaren Grenzfrequenzen der Schallwellen. Bei jeder mit einem Gehörsinn ausgestatteten Tierart sind die Hörgrenzen unterschiedlich.

Ein nicht an →Hörstörungen leidender Mensch kann eine Schallfrequenz von 16 Hz als tiefsten und eine von 20 000 Hz als höchsten »Ton« empfinden. Dabei wird die obere Hörgrenze von 20 kHz mit dem Alterungsprozess nach unten gerückt (z. B. mit 35 Jahren auf etwa 15 kHz, mit 50 Jahren auf etwa 12 kHz und im Greisenalter auf etwa 5 kHz).

Die Empfindlichkeit des menschlichen Ohrs ist nicht über das gesamte Frequenzband gleich gut. Die größte Empfindlichkeit liegt bei 2000 bis 2300 Hz; dabei kann noch ein Schalldruck von $2 \times 10^{-9}$ N/cm² wahrgenommen werden. Bei anderen Säugetieren sind die Hörgrenzen häufig in den Bereich höherer Frequenzen verschoben. Hunde, Fledermäuse und Delfine haben ihre obere Hörgrenze weit im Bereich des Ultraschalls, beim Delfin z. B. bei etwa 200 kHz.

**Hörigkeit:** die schrankenlose Unterwerfung des Willens einer Person unter den einer anderen, v. a. bei sexueller Abhängigkeit oder aus Angst um den Verlust des Partners. Hörigkeitsverhältnisse sind meist in komplizierten Gefühlsbindungen begründet und mit einer Labilität der Person verbunden; sie reichen mitunter bis zur Aufgabe der persönlichen Würde.

**Hormone** [zu griech. hormãn »in Bewegung setzen«, »antreiben«]: körpereigene, von den Drüsen mit innerer Sekretion gebildete Wirkstoffe, die biochemisch-physiologische Abläufe steuern und koordinieren. Dabei spielen Zentralnervensystem und Hormonsystem (endokrines System) zusammen. Sie arbeiten in ähnlicher Weise, indem sie elektrische bzw. humorale Signale übermitteln. Dadurch steuern sie den Stoffwechsel und garantieren das →innere Milieu (Kreislauf, Wasser, Temperatur), sie regeln körperliches Wachstum und psychische Reifung des Organismus und beeinflussen die Fortpflanzungsmechanismen. Während Nerven auf die rasche Weiterleitung von Signalen spezialisiert sind, ist das endokrine System auf eine langsame, chronische Informationsübermittlung eingestellt. Es benutzt dazu das Blutkreislaufsystem. Da die Funktionen von Hormonen hochspezifisch sind und ihre Verbreitung durch das Blutgefäßsystem recht undifferenziert ist, brauchen die Zellen der Zielorgane für die im Blut zirkulierenden Substanzen besondere hoch spezialisierte Rezeptoren. Daneben gibt es auch Hormone, die nicht die Blutbahn benutzen, sondern in ihrer unmittelbaren Nachbarschaft auf Zellen einwirken, indem sie durch das Gewebe diffundieren, die Gewebshormone.

Das menschliche endokrine System ist hierarchisch geordnet. Übergeordnete Drüsen regulieren durch Ausschüttung (Sekretion) von Hormonen die Sekretionsrate nachgeordneter Drüsen. Deren im Blut kreisende Hormone erfüllen neben ihrer Wirkung auf ihre Zielzellen auch eine zweite Aufgabe: Sie bilden dort durch ihre Konzentration ebenfalls eine Rückmeldeschleife zur Optimierung der übergeordneten Drüsenaktivität. Manche Hormone wirken auch direkt auf diejenigen Zellen zurück, die sie ausschütten (autokrine Wirkung), und tragen dadurch unmittelbar zur Regulation des Hormonspiegels bei. Verschiedene Transportwege und Rückkoppelungsmechanismen schließen einander nicht aus. So kann ein Hormon sowohl durch das Gewebe als auch über die Blutbahn Informationen weitergeben und sowohl auf andere Hormone als auch auf →Neurohormone des Zentralnervensystems zurückwirken.

Viele endokrine Funktionen unterstehen der zentralen Kontrolle des →Hypothalamus. Dort können auch Nervenreize in hormonelle Signale umgesetzt werden, denn der Hypothalamus verfügt über neuroendokrine Zellen, die Neurohormone ins Blut abgeben. Er nimmt in der Hierarchie der Hormondrüsen die Spitzenposition ein und ist Schalt- und Verrechnungszentrale zugleich, denn er erhält Informationen von Nervenzellen anderer Gehirnregionen und übermittelt deren Signale an die →Hypophyse.

**Horney** [ˈhɔrnaɪ], Karen: deutsch-amerikanische Psychoanalytikerin, *Hamburg 16. 9. 1885, †New York 4. 12. 1952; Mitbegründerin der →Neopsychoanalyse. Nach dem Studium der Medizin und der Spezialisierung in Psychiatrie begann Horney eine Psychoanalyseausbildung und wurde 1915 als erste Frau Mitglied der Berliner Psychoanalytischen Gemeinschaft; ihre praktische Tätigkeit als Psychoanalytikerin begann sie 1919, bis 1926 war sie auch Dozentin am Berliner Psychoanalytischen Institut. 1932 übersiedelte sie auf eine Einladung hin in die USA; in Chicago und anschließend in New York war sie als Psychoanalytikerin, Lehranalytikerin und Dozentin tätig. Nach Zerwürfnissen mit orthodoxen Psychoanalytikern aufgrund ihrer immer stärker abweichenden Auffassungen gründete sie 1941 zusammen mit Kollegen wie

Erich Fromm die Association for the Advancement of Psychoanalysis.

**Horrortrip:** umgangssprachliche Bezeichnung für einen meist durch eine Überdosis oder durch Verschnitt einer halluzinogenen Droge (v. a. →LSD) verursachten Rauschzustand, der mit starkem Unwohlsein, extremen Ängsten und Panikattacken verbunden ist.

**Hörstörungen:** nicht durch die →Hörgrenzen bedingte Einschränkungen der Fähigkeit des →Hörens. Das Spektrum umfasst vermindertes Hörvermögen (→Schwerhörigkeit), aufgehobenes Hörvermögen (→Taubheit), krankhaft verstärktes Hören (→Hyperakusie) und fehlerhaftes Hören (Parakusie), z. B. im Zusammenhang mit gestörten Verarbeitungsprozessen im zentralen Nervensystem. Bei allen Hörstörungen muss zwischen Erkrankungen oder degenerativen Veränderungen des Ohrs und Störungen der Verarbeitung von Höreindrücken (zentrale Hörstörungen) unterschieden werden. Jede Hörstörung sollte ärztlich abgeklärt werden, weil eine ernsthafte körperliche, selten auch seelische Erkrankung zugrunde liegen kann. Hörstörungen führen leicht zur sozialen Isolation der Betroffenen und müssen deshalb so rasch wie möglich behandelt werden.

**Hörsturz:** plötzlich auftretende Hörverschlechterung (bis hin zur Ertaubung) auf einem, selten auf beiden Ohren, manchmal von Hörgeräuschen (→Tinnitus) begleitet oder gefolgt. Ursache ist vermutlich eine Durchblutungsstörung im Innenohr. Als Auslöser wird u. a. →Stress diskutiert; viele Patienten waren vor dem Auftreten des Hörsturzes einem Übermaß an nervlicher Belastung ausgesetzt.

Die Behandlung des akuten Hörsturzes wird meist mit Infusionen durchblutungsfördernder und gerinnungshemmender Mittel vorgenommen. Die meisten behandelten Hörstürze verschwinden wieder, wobei manchmal eine dauerhafte Verschlechterung des Gehörs oder ein beständiges Ohrgeräusch zurückbleibt; dieses kann die Betroffenen sehr quälen, aber durch ein Training gemildert werden. Wichtig ist eine möglichst sofortige Behandlung des Hörsturzes.

**Hospitalismus:** Sammelbezeichnung für Schäden, die durch einen Aufenthalt in einer Klinik oder einem Heim entstehen. In der *Medizin* meint man damit v. a. Infektionen durch krankenhauseigene, gegen viele Mittel widerstandsfähige Keime, in der *Psychologie* Verhaltensauffälligkeiten und Entwicklungsdefizite durch einen längeren Aufenthalt in einer Einrichtung.

**Hospitalismus:** Nach dem Zusammenbruch der rumänischen Diktatur 1989 wurden in den Krankenhäusern und Kinderheimen des Landes katastrophale Zustände aufgedeckt. Kinder verhungerten oder zeigten, völlig verwahrlost, typische Zeichen von Hospitalismus.

In alten Psychiatrielehrbüchern werden stereotype Bewegungen wie Schaukeln und Nicken als Zeichen einer Geisteskrankheit beschrieben, während heute deutlich geworden ist, dass es sich um Reaktionen auf das eintönige, öde Verwahrtsein in einer Einrichtung handelt, die keine normalen sozialen Reize bietet. Ausgeprägte Hospitalismusschäden werden auch in Säuglings- und Kinderheimen beobachtet, wo die Kinder nur körperlich versorgt werden, aber sonst in Gitterbetten liegen müssen. Solche Kinder entwickeln sich nicht mehr, lernen nicht laufen, nicht sprechen, neigen zu Bewegungsstereotypien und Selbstverletzungen (z. B. schlagen sie mit dem Kopf gegen das Gitter). Aufgrund der eindeutigen Untersuchungsergebnisse hat sich in den entwickelten Ländern nahezu überall die Struktur der Institutionen so geändert, dass Hospitalismusschäden nicht mehr auftreten. Anregung und Förderung der Bewohner sind in Krankenhäusern, Kinderheimen, Einrichtungen für Behinderte und Altenheimen Teil des Konzepts (→Ergotherapie).

**Hospizbewegung:** konfessionell, parteilich und wirtschaftlich unabhängige Organisationen, die Sterbebegleitung leisten. Ziele der Hospizbewegung sind, dem Sterben wieder seinen natürlichen Platz im Leben einzuräumen, es weder zu verdrängen noch gezielt zu beschleunigen; das Leben nicht künstlich zu verlängern; die Voraussetzungen dafür zu schaffen, dass der Patient möglichst zu Hause sterben kann; konsequent Schmerztherapien anzuwenden und dem Patienten dabei zu helfen, mit sich ins Reine zu kommen und seinen ganz persönlichen Tod zu sterben. In der Hos-

**Hospizbewegung:** Ein Krebskranker im Hospiz der evangelischen Kirche in Stendal hat Besuch von einem ehrenamtlichen Hospizhelfer. Das Hospiz stellt eine Alternative zur Krankenhaustherapie mit Hochleistungsmedizin in der letzten Krankheitsphase dar.

pizbewegung arbeiten u. a. Ärzte, Krankenschwestern, Psychologen, Sozialarbeiter und freiwillige Helfer zusammen. Die menschliche Zuwendung steht in Einrichtungen der Hospizbewegung an erster Stelle. Die Aufgaben reichen von der Beratung der Angehörigen, der Vermittlung von Unterstützung (z. B. Hilfsmittel, häusliche Krankenpflege) bis hin zur stationären Betreuung von Schwerkranken und Sterbenden in eigenen Hospizen oder Palliativstationen (Stationen zur Betreuung unheilbar Kranker) in Krankenhäusern.

**Human Engineering** [ˈhjuːmən endʒɪˈnɪərɪŋ, engl. »auf den Menschen bezogene Technik«], **Ingenieurpsychologie:** Teilgebiet der Industriepsychologie, das sich mit der Anpassung der Arbeitsplatzbedingungen (z. B. maschinelle Einrichtungen, Zeiteinteilungen) an die körperlichen und geistigen Fähigkeiten und Bedürfnisse des arbeitenden Menschen befasst. Human Engineering tritt für Bedingungen ein, die neben einer guten Arbeitsleistung eine höchstmögliche Arbeitssicherheit und Arbeitszufriedenheit gewährleisten sollen, z. B. durch handgerechte Werkzeuge, optimale Lichtverhältnisse und ausreichende Pausen. Bei dieser Zielsetzung handelt es sich ebenso um Interessen der Arbeitgeber wie der Arbeitnehmer.

**Humanethologie** [zu latein. humanus »menschlich«]: Teilgebiet der Verhaltensforschung, das Formen und Gesetzmäßigkeiten arttypischen menschlichen Verhaltens unter stammesgeschichtlichen Gesichtspunkten analysiert. Hierbei wird das Verhalten unter möglichst natürlichen Bedingungen registriert. Im Vordergrund des Interesses steht das Sozialverhalten des Menschen (Humansoziobiologie), etwa elterliches Verhalten, Schaffung von Familiensystemen, Auswahl von Geschlechtspartnern, Akzeptanz und Diskriminierung.

**Humangenetik:** Teilgebiet der Medizin und Genetik, das sich mit den Vererbungserscheinungen beim Menschen befasst und interindividuelle physische und psychische Unterschiede des Menschen sowohl im normalen als auch im krankhaften Bereich zu erklären sucht, Diagnosemöglichkeiten bereitstellt und in neuerer Zeit (im Rahmen der Gentherapie) auch die Behandlung bestimmter genetischer Krankheiten ermöglicht.

Zu den Methoden der Humangenetik gehören u. a. Vergleiche zwischen Eltern und Kindern, eineiigen Zwillingen, zweieiigen Zwillingen, Geschwistern und Halbgeschwistern. Durch die Untersuchung von eineiigen und zweieiigen Zwillingen, die kurz nach der Geburt getrennt wurden (z. B. durch getrennte Adoptionen), versucht man, familiäre und genetische Einflüsse voneinander zu trennen und eine Interaktion zwischen genetischem Potenzial und Umwelteinflüssen zu ermitteln.

**Humanisierung der Arbeit** [zu latein. humanus »menschlich«]: die Gesamtheit der Maßnahmen, durch die das Umfeld des arbeitenden Menschen menschengerechter gestaltet, die persönliche Unversehrtheit gewährleistet, die individuelle Freiheit vermehrt und die allgemeine Lebensqualität gesteigert werden. Die damit verbundenen individuellen und gesellschaftlichen Erwartungen sind unterschiedlich, interessenbedingt und von den jeweiligen, sich wandelnden technischen und wirtschaftlichen Erfordernissen abhängig.

Die Humanisierung der Arbeit entwickelte sich in Deutschland etwa seit 1970 auf der Basis einer staatlichen präventiven Sozialpolitik; im Rahmen des Aktionsprogramms »Forschung zur Humanisierung des Arbeitslebens« führten öffentliche Stellen, Arbeitgeber und Gewerkschaften Untersuchungen durch. Schwerpunkte dabei waren die Verhütung von Berufskrankheiten und der Abbau von Belastungen durch →Lärm, Vibrationen, Gefahrstoffe, die Reduzierung psychischer und physischer Über- und Unterforderung (→Stress) und die Entwicklung menschengerechter Arbeitstechnologien. Im Vordergrund standen außerdem die Verbesserung der Arbeitsqualität und die persönliche Entfaltung am Arbeitsplatz (→Arbeitszufriedenheit). Besonders bekannt wurden dabei arbeitsorganisatorische Maßnahmen wie der Abbau einseitiger Belastungen durch innerbetrieblichen Arbeitsplatzwechsel (Jobrotation), die Erweiterung des Tätigkeitsspielraums (Jobenlargement) oder die Erweiterung des Verantwortungs- und Kontrollspielraums (Jobenrichment) sowie gruppenorientierte Arbeitsformen (teilautonome Arbeitsgruppen). Das Programm »Humanisierung des Arbeitslebens« ist seit 1989 durch das Programm »Arbeit und Technik«, das ähnliche Zielsetzungen verfolgt, abgelöst.

**humanistische Psychologie:** eine Hauptströmung der Psychologie, die sich gegen den →Behaviorismus und die →Psychoanalyse wendet. Beiden Richtungen wirft sie ein unfreies Menschenbild vor: Der Behaviorismus sehe menschliches Verhalten als komplett durch Außenreize kontrolliert, die Psychoanalyse behaupte eine Dominanz der schwer kontrollierbaren Triebe. Diesen Menschenbildern setzt die humanistische Psychologie die Idee einer frei handelnden, selbst gesetzte Ziele verfolgenden Person entgegen. Ziel der humanistischen Psychologie ist die Entwicklung der Persönlichkeit hin zu mehr Selbstwahrnehmung, Selbstverwirklichung und Selbsterfüllung durch Erfahrung von Verantwortung und Sinnhaltigkeit des Lebens.

Zur humanistischen Psychologie gehören zentrale motivations- und persönlichkeitstheoretische Konzepte sowie eine zentrale Therapieform, die →klientenzentrierte Psychotherapie. Die Motivationstheorie geht auf Abraham Maslow zurück, das Therapiekonzept auf Carl Rogers. Maslow unterschied niedere und höhere →Bedürfnisse. Seien die Basis-Bedürfnisse (Hunger, Durst, Wohnung, Sicherheit) erfüllt, gewännen im menschlichen Handeln die höheren Bedürfnisse immer stärker an Bedeutung. Der Mensch strebe nach Wachstum, Selbstverwirklichung und Sinnfindung. Die Ziele des Lebens finde er in sich selbst. Davon geht ebenfalls die klientenzentrierte Psychotherapie aus. Die Selbstfindung unterstützt der Therapeut mit aktivem Zuhören und im Dialog. Weitere Therapieformen, die dem Menschenbild der humanistischen Psychologie verpflichtet sind, sind u. a. Gestalttherapie, Logotherapie, Psychodrama, themenzentrierte Interaktion.

Die humanistische Psychologie trat zunächst in den 1940er-Jahren in den USA auf. In Deutschland fand sie im Gefolge der Arbeiten des Hamburger Psychologen-Ehepaares Anne-Marie und Reinhard Tausch in den 1970er-Jahren viele Anhänger, die der allgemeinen gesellschaftlichen Entwicklung kritisch gegenüberstanden und sich in der Friedens- und Ökologiebewegung engagierten. Auch heute gehört eine generelle gesellschaftskritische Haltung zur humanistischen Psychologie, wenn auch nicht mehr in aktiver Form und mit heruntergeschraubtem Anspruch, eine bessere Welt zu bewirken. Kritiker der humanistischen Psychologie meinen, sie bewirke bloß eine kritiklose Anpassung Leidender an die gesellschaftlichen Verhältnisse, indem sie ein rein privates Glück predigt. Befürworter entgegnen, dass privates Glück nur durch ein Gemeinwohl möglich ist und dass der Einzelne durch Aufmerksamkeit für sich und andere Verantwortung für sein Handeln übernehmen muss.

**Human Relations** [ˈhjuːmən rɪˈleɪʃnz, engl. »menschliche Beziehungen«]: eine Richtung der betrieblichen Personal- und Sozialpolitik, die die Bedeutung der sich informell und spontan bildenden Sozialkontakte innerhalb einer Arbeitsstätte betont. Die Human Relations entwickelten sich in den 1930er-Jahren in den USA. Die →Hawthorne-Studien, deren Ergebnisse allerdings manipuliert waren, zeigten scheinbar die Bedeutung dieser Sozialkontakte und in der Folge wurden sie gezielt als Mittel zur Entspannung betrieblicher Konflikte und Unzufriedenheitsgefühle eingesetzt; sie dienten damit der Verwirklichung der Unternehmensziele (Effizienzsteigerung der menschlichen Arbeit), aber auch der Verbesserung des →Betriebsklimas.

**Hume** [hjuːm], David: schottischer Philosoph, Ökonom und Historiker, *Edinburgh 26. 4. 1711, †ebenda 25. 8. 1776; Vertreter des englischen →Empirismus und der Assoziationspsychologie (→Assoziation), die im 19. Jh. eine große Bedeutung bekam. Hume forderte eine streng empirische Psychologie.

**Humor** [von älter engl. humour »literarische Stilgattung des Komischen«, eigtl. »Stimmung«, »Laune«]: heitere Gelassenheit gegenüber den Unzulänglichkeiten von Welt und Mensch und den Schwierigkeiten des Alltags.

---

### Humor | Entlastung in der Psychotherapie

Vielfach hat heute Psychotherapie nicht mehr die Behandlung abgrenzbarer neurotischer Symptome zu ihrem Inhalt, sondern die Auseinandersetzung mit Beziehung, Beruf, Enttäuschung, Kränkung, Alter und Tod. Eine solche Arbeit ist oft gar nicht möglich, wenn der Therapeut und der Patient nicht lernen, die entlastenden Möglichkeiten des Humors gemeinsam zu nutzen. Wo das gelingt, ist den unausweichlich auch im Lauf einer psychotherapeutischen Behandlung auftretenden Enttäuschungen die Spitze genommen; das Arbeitsbündnis festigt sich, Therapeut und Patient können nun zusammen erforschen, welche Lebenslagen der Patient mit Humor meistern kann und wo ihn dieser verlässt. Wichtig ist allerdings, dass beide gemeinsam über ihre Einschränkungen lachen können, der Patient sich also nicht von einem über den Dingen stehenden Therapeuten ausgelacht fühlt.

Humor hat für die seelische Gesundheit des Menschen viele Vorzüge. Er wirkt dem →Fanatismus entgegen und nimmt narzisstischen Kränkungen die Spitze, indem er Abstand herstellt. Dadurch verhindert er, dass narzisstische Konflikte entgleisen; sie verlieren durch ihn die Qualität des Unbarmherzigen. Diese Leistung vollzieht der Humor oft, indem er ein bestehendes Übel so übertreibt, dass der reale Schmerz harmlos erscheint (z. B. wenn jemand sich in den Finger geschnitten hat und sagt: »Gut, dass er noch dran ist!«). Der Humor kann so auch zur Grundlage eines wohlverstandenen →Optimismus werden.

**Humor** ist in hohem Maße zeit- und ortsgebunden. So ist die unter dem Titel »Angepasste Rechtsprechung« erschienene Karikatur nur dem verständlich, dem die Bush-Doktrin und der Irakkrieg ein Begriff sind.

**Hunger:** Mangelgefühl, das bei Nahrungsbedarf des Organismus entsteht. Hunger gehört zu den komplizierten Regulationsvorgängen und sorgt für die ausreichende Energie-, Mineralstoff- und Vitaminversorgung des Organismus. Der Hunger wird im Zentralnervensystem durch zwei Faktoren ausgelöst: erstens durch reflektorische rhythmische Kontraktionen des leeren, schlaffen Magens, die auf nervösem Weg dem Appetitzentrum (Hungerzentrum) im Hypothalamus gemeldet werden; zweitens durch Reizung von bestimmten Zellen (Glokostaten) im Sättigungszentrum des Hypothalamus, die den (bei Nahrungsmangel) erniedrigten Blutzuckerspiegel registrieren.

Anders als beim →Appetit ist Hunger unabhängig vom Aussehen, Geruch und Geschmack der Nahrungsmittel. In Notsituationen führt der Mensch dem Körper auch ungenießbare Substanzen zu. Die Zufuhr von Flüssigkeit, eigentlich gegen den Durst gerichtet, unterdrückt auch das Hungergefühl. Man kann bei regelmäßiger, mineralstoffhaltiger und vitaminreicher Flüssigkeitszufuhr bis zu 20 Tage ohne Essen auskommen.

**Husserl,** Edmund: deutscher Philosoph, * Proßnitz, Mähren (heute Prostějov) 8. 4. 1859, † Freiburg im Breisgau 27. 4. 1938; fasste den Begriff der →Phänomenologie völlig neu. Grundthema ist dabei die Einheit des Bewusstseins in seinen verschiedenen Akten.

**Hyp|akusie:** die →Schwerhörigkeit.

**Hyp|algesie:** eine →Sensibilitätsstörung.

**Hyp|ästhesie:** eine →Sensibilitätsstörung.

**Hyper|aktivität** [zu griech. hypér »über«, »über – hinaus«], **Über|aktivität:** von der sozialen Umwelt als übermäßig empfundene Aktivität insbesondere bei Kindern. Während geringe Hyperaktivität zwar als störend, aber nicht als krankhaft empfunden wird, schreibt man einer starken Hyperaktivität wie bei der →ADHS Krankheitswert zu.

**Hyper|akusie:** krankhafte Feinhörigkeit infolge gesteigerter Erregbarkeit des Hörnervs, z. B. infolge fiebriger Erkrankungen.

**Hyper|algesie:** eine →Sensibilitätsstörung.

**Hyper|ästhesie:** eine →Sensibilitätsstörung.

**Hyperkinese:** mit Muskelzuckungen und unwillkürlichen Bewegungen des Körpers und der Gliedmaßen einhergehende übermäßige Aktivität, Unruhe in den Bewegungen. Hyperkinese tritt im Rahmen neurologischer Erkrankungen (z. B. →Tics) ebenso auf wie im Rahmen des →Aufmerksamkeitsdefizit-Syndroms.

**hyperkinetische Störungen, hyperkinetisches Syndrom,** Abk. **HKS:** Störungen im Kindesalter, die durch überaktives Verhalten, Unaufmerksamkeit und mangelnde Ausdauer bei Aufgaben sowie Störung des Sozialverhaltens gekennzeichnet sind. Die ICD-10 unter-

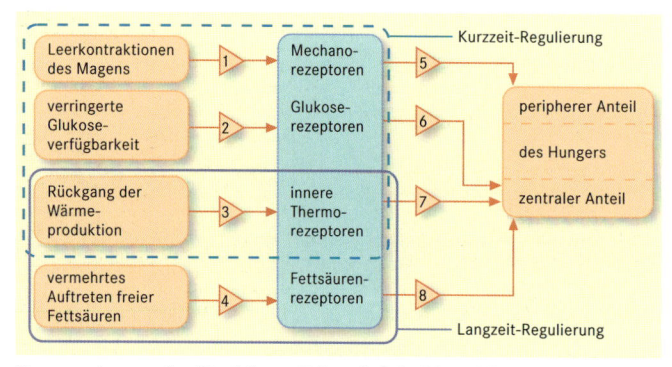

**Hunger:** das von den Physiologen Robert F. Schmidt und Gerhard Thews entwickelte Schema zur Entstehung des Hungergefühls

scheidet 1. einfache Aktivitäts- und Aufmerksamkeitsstörung (→ADHS) sowie 2. die hyperkinetische Störung des Sozialverhaltens. Beim zweiten Subtypus zeigen Kinder neben den Symptomen der ADHS wiederholt aggressives, dissoziales Verhalten, z.B. tyrannisieren sie andere, quälen Tiere, legen Feuer, stehlen, lügen und haben sehr häufige oder sehr heftige Wutausbrüche. Diese Störung kann sich im Erwachsenenalter zu einer →dissozialen Persönlichkeitsstörung entwickeln.

**Hypermnesie:** ein enorm gesteigertes Erinnerungsvermögen. Dies kann z.B. unter Fieber oder in Hypnose auftreten. In derartigen besonderen Situationen werden Ereignisse erinnert, die man sonst, im täglichen Leben, vergessen hatte.

Man spricht auch von Hypermnesie, wenn etwas mit zunehmender zeitlicher Distanz zum Einprägen besser erinnert wird, als wenn das Ereignis kurzzeitig zurückliegt. Dies widerspricht Annahmen der frühen Gedächtnisforschung, die von einer Zunahme des →Vergessens mit steigendem Abstand zum Lernvorgang ausging.

**Hypersexualität:** das →gesteigerte sexuelle Verlangen.

**Hypersomnien:** Form der →Schlafstörung.

**Hyperthyreose:** die →Schilddrüsenüberfunktion.

**Hypertonie:** der →Bluthochdruck.

**Hyperventilation:** gesteigerte Atmung, die über den Bedarf des Körpers hinausgeht. Sie entsteht meist durch psychische Ursachen wie Aufregung oder Angst, kann aber auch durch körperliche Erkrankungen bedingt sein. Häufig entsteht eine Hyperventilationstetanie mit Muskelkrämpfen, Schwindel und Kribbeln in Fingern oder Lippen. Man muss immer die zugrunde liegende Erkrankung behandeln, eine psychogene Hyperventilation z.B. mithilfe von Entspannungstechniken oder einer Psychotherapie. Als Sofortmaßnahme hilft das Rückatmen der eigenen Ausatemluft, indem man die Hände vor das Gesicht hält.

**Hypnose** [zu griech. hýpnos »Schlaf«]: veränderter Bewusstseinszustand, der mit psychologischen Mitteln herbeigeführt wird (→Suggestion) und durch veränderte Bewusstseinslage (→Trance) sowie Veränderungen des kritischen Denkens und der Willensfunktionen gekennzeichnet ist. Die normale Beziehung zur Außenwelt und die Orientierung in ihr verändern sich zugunsten einer starken Bindung (Rapport) an den Hypnotiseur (d.h. die Person, welche die Hypnose einleitet).

In der Regel geht die Hypnose mit einem Zustand tiefster Entspannung einher. Diesen kann man mit geeigneten Techniken, z.B. mithilfe des →autogenen Trainings, auch selbst herbeiführen. Gelegentlich verfällt der Hypnotisierte jedoch in eine tiefe Muskelstarre.

Die in den 1930er-Jahren beliebten Geschichten um den »Mord unter Hypnose« gelten heute als Erfindungen. Die Kontrolle des Hypnotiseurs über den Hypnotisierten (das »Medium«) ist niemals vollständig. Ein Stadium der Hypnose mit Bewusstseinsspaltung und Dämmerzuständen, in denen der Hypnotisierte wie ein Schlafwandler umhergeht und Aufträgen gehorcht, die ihm vom Hypnotiseur gegeben wurden, ist bei niemandem zu erlangen, der damit nicht einverstanden ist; überhaupt erreichen nur fünf von hundert Personen dieses hypnotische Stadium. Die Hypnotisierbarkeit sowie die Intensität der Hypnose hängen jeweils weniger vom Hypnotiseur ab als von der Beeinflussbarkeit (Suggestibilität) des zu Hypnotisierenden.

*Geschichte:* Seit ältesten Zeiten und auch bei Naturvölkern ist die Hypnose bekannt und schon in den Veden, in Keilschrifttexten der Babylonier und auf ägyptischen Papyri wird von hypnotischen Zuständen berichtet. Wie bei vielen mystischen und geheimnisvollen Vorgängen lagen Kenntnis und Ausübung des Hypnotisierens in den Händen von Priestern. Durch das Mittelalter hielt sich die Vorstellung eines mystischen Fluidums, das angeblich durch hypnotische Wirkung übertragen wird. Im 17. Jh. prägte Athanasus Kircher für die Hypnose den Begriff »Magnetismus«, den Franz Anton Mesmer durch seine Lehre vom tierischen Magnetismus (Mesmerismus) popularisierte. James Braid schließlich erkannte weitgehend die physiologi-

**Edmund Husserl**

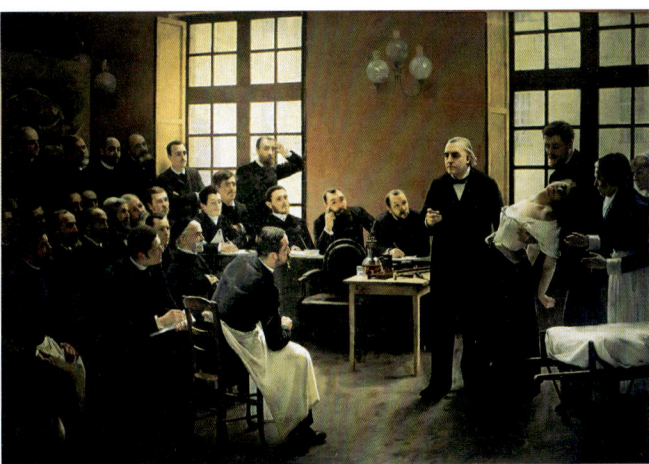

**Hypnose:** Der französische Neurologe Jean Martin Charcot demonstriert die Wirkung der Hypnose an der Hysterikerin Blanche Wittman (Gemälde von André Brouillet, 1887).

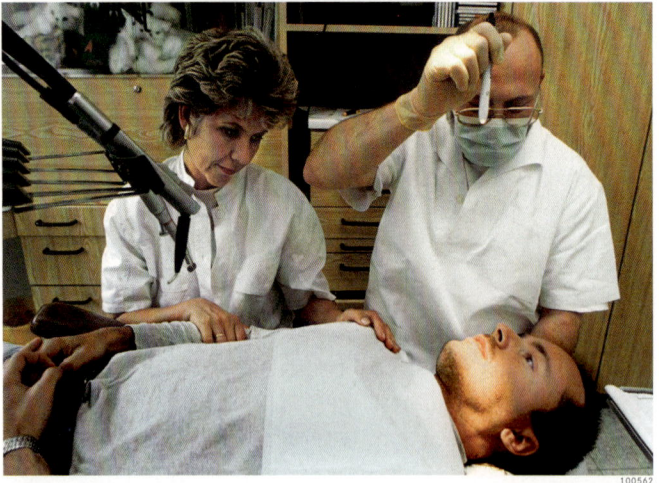

**Hypnotherapie:** In der zahnärztlichen Praxis wird Hypnose gegen Schmerzen und zum Angstabbau eingesetzt.

schen und psychischen Voraussetzungen des künstlich hervorzurufenden »Schlafzustandes«, dem er den Namen Hypnose gab und den er bereits therapeutisch bei Nervenstörungen einsetzte. Die durch Braids Publikationen entfachte Diskussion über Theorien, Techniken und Erscheinungen der Hypnose (Hypnotismus) war besonders in Frankreich, wo sich zwei in ihren Lehrmeinungen unterschiedliche Schulen bildeten, sehr lebhaft.

**Hypnotherapie:** Behandlung mit →Hypnose. Am erfolgreichsten ist die Hypnotherapie bei Schmerzzuständen und funktionellen Störungen der Organe; bei Persönlichkeitsproblemen und ausgeprägten neurotischen Störungen ist sie in der Regel ungeeignet. Hypnose wird in der klinischen Psychologie und in der Medizin nur mit voller Information der Kranken und ihrer Einwilligung angewendet; ein Vertrauensverhältnis zum Therapeuten ist unerlässlich. Das unterscheidet die Heilhypnose von der Schauhypnose. Die Wirksamkeit der Hypnotherapie ist wissenschaftlich belegt.

**Hypnotika:** die →Schlafmittel.
**Hypochondrie** [zu griech. hypochondriakós »am Unterleib oder an den Eingeweiden leidend« (in denen nach antiker Vorstellung die Gemütskrankheiten lokalisiert sind)]: eine Unterkategorie der →somatoformen Störungen.
**Hypogonadismus:** Unterfunktion der Keimdrüsen (Gonaden), d. h. der Eierstöcke und der Hoden. Die Folge ist eine fehlende oder stark verminderte Produktion von Sexualhormonen, die in diesen Drüsen gebildet werden. Ist der Hypogonadismus angeboren oder tritt er vor der Pubertät auf, werden die der Fortpflanzung dienenden Geschlechtsmerkmale (Eierstöcke, Eileiter, Gebärmutter und Scheide bei der Frau; Penis, Hoden, Nebenhoden und Samenleiter beim Mann) nicht oder nur mangelhaft ausgebildet. Die Folge sind verzögerte Pubertät, Ausbleiben der Menstruation und Zeugungsunfähigkeit. Durch eine Behandlung mit Sexualhormonen kann dies je nach Ausprägung des Hypogonadismus mehr oder weniger kompensiert werden. Tritt die Unterfunktion der Keimdrüsen dagegen erst später ein, bilden sich die für Frauen und Männer typischen Geschlechtsmerkmale zurück. Damit gehen Libidoverlust, Impotenz und Unfruchtbarkeit einher. Auch in diesem Fall muss eine Behandlung mit Sexualhormonen erfolgen.
**Hypokinese:** verminderte Bewegungsfähigkeit, z. B. bei der Parkinsonkrankheit oder Tumoren des Stirnhirns.
**Hypomanie:** leichtere Ausprägung der →Manie, die mindestens einige Tage andauert: u. a. leicht gehobene Stimmung, gesteigerte Aktivität und Leistungsfähigkeit, Ruhelosigkeit, vermindertes Schlafbedürfnis, starkes Redebedürfnis, Konzentrationsprobleme und leichte Ablenkbarkeit, Gereiztheit, Tätigkeiten mit negativen Folgen wie unkontrolliertes Einkaufen. Betroffene fühlen sich in der Regel gut und haben keine Krankheitseinsicht, die Veränderungen in der Stimmung und im Verhalten im Vergleich zu symptomfreien Phasen sind aber für andere deutlich sichtbar und führen zu sozialer Ablehnung bzw. bei Angehörigen und Freunden zu Besorgnis. Eine Hypomanie kann ohne Behandlung in eine Manie übergehen.
**Hypophyse, Hirnanhangsdrüse:** wichtigste Hormondrüse des Körpers. Sie liegt an der Basis des Zwischenhirns und ist mit dem Hypothalamus verbunden; beim Menschen ist sie etwa 14 mm lang. Die Hypophyse wird durch von Nervenzellen ausgeschüttete Hormone (→Neurohormone) angeregt und steuert mit ihren Hormonen andere Hormondrüsen, die endokrinen →Drüsen.

---

### Hypomanie | Hochgestimmt im Alltag

Sogenannte hypomanische Zustände sind im Alltag weit verbreitet und können als normal gelten, solange die Betroffenen sich nicht in ihren Fantasien verlieren. So träumt z. B. ein ängstlicher Junge davon, ein Kriminalpolizist zu werden, der große Gangster zur Strecke bringt; ein Angestellter erklärt auf einem Fest allen, wie er demnächst seinem Chef gehörig die Meinung sagen und sich anschließend selbstständig machen werde. Gemeinsam ist diesen Situationen eine sehr gute Laune und eine ausgesprochen positive Weltsicht. Gerade in momentan schwierigen Situationen können sie einem neuen Schwung geben. Nur wenn sich diese Fantasien dauerhaft von der Realität entfernen, sollte man Hilfe suchen.

**Hyposexualität:** schwach (unterdurchschnittlich) ausgeprägter Geschlechtstrieb; in der ICD-10 eine →sexuelle Funktionsstörung unter der Bezeichnung »Mangel oder Verlust von sexuellem Verlangen«.

**Hypothalamus:** unterer Wandteil des Zwischenhirns; Teil des Thalamus. Im Hypothalamus befinden sich verschiedene übergeordnete Zentren des vegetativen Nervensystems. Er reguliert die Erhaltung der normalen Körpertemperatur, die Kreislauf- und Atmungsanpassung, z. B. bei körperlicher Anstrengung, und steuert den Wärme-, Wasser-, Salz- und Energiehaushalt des Körpers; außerdem ruft er Hunger oder Sättigungsgefühl und Durst hervor. Der Hypothalamus kann elektrische Impulse in hormonelle umwandeln, regelt über die →Hypophyse die Funktion verschiedener Hormondrüsen und wird selbst wieder durch deren Hormone beeinflusst.

**Hypothese** [griech. »Grundsatz«, »Voraussetzung«, eigtl. »Unterlage«]: die zunächst unbewiesene Annahme eines gesetzmäßigen Wirkzusammenhanges zwischen Konstrukten. Eine Hypothese sollte aus einer Theorie hergeleitet sein, eine gewisse Allgemeingültigkeit beanspruchen und durch eine empirische Untersuchung überprüft werden können.

Hypothesen sind der Ausgangspunkt von insbesondere experimentellen Untersuchungen. Dabei wird der Arbeitshypothese, die einen systematischen Zusammenhang zwischen unabhängigen und abhängigen Konstrukten behauptet, die **Nullhypothese** gegenübergestellt, die diesen Zusammenhang bestreitet. Verfolgt man z. B. die Arbeitshypothese, dass Prüfungsangst die Prüfungsleistung vermindert, so stellt man zunächst die Nullhypothese auf, dass die Prüfungsleistung nicht durch Prüfungsangst beeinflusst wird. In der empirischen Untersuchung werden daraufhin die Prüfungsleistungen von ängstlichen und angstfreien Kandidaten verglichen. Lässt sich die Nullhypothese mit den Verfahren der Inferenzstatistik (→Statistik) verwerfen, so gilt die Arbeitshypothese als unterstützt. Diesem Vorgehen liegt das erkenntnistheoretische Prinzip zugrunde, dass sich Hypothesen zwar widerlegen lassen, aber letztlich nie bestätigt werden können.

**Hyster|ektomie:** operative Entfernung der Gebärmutter. Sie kann bei verschiedenen körperlichen Krankheiten erforderlich werden, ist jedoch nicht risikolos, z. B. kann es zu Verletzungen der Nachbarorgane oder zu Harnleiterverengungen kommen. Eine Hysterektomie kann auch eine starke seelische Belastung zur Folge haben; manche Frauen empfinden sich z. B. nicht mehr als »vollwertige Frau«. Die sexuelle Funktions- und Genussfähigkeit wird jedoch durch die Operation selbst nicht beeinträchtigt. Zur Verarbeitung des Eingriffs kann eine Psychotherapie hilfreich sein.

**Hysterie** [zu griech. hystéra »Gebärmutter«]: **1)** veraltete umgangssprachliche Bezeichnung für die Neigung zu einer übertrieben und unecht wirkenden Darstellung von Situationen, Konflikten oder emotionalen Zuständen.

**2)** für Störungen, die heute der →histrionischen Persönlichkeitsstörung bzw. den →dissoziativen Störungen zugeordnet werden.

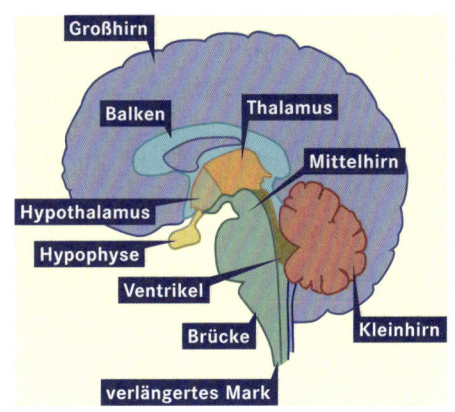

**Hypothalamus:** Der Hypothalamus im unteren Teil des Zwischenhirns ist das Koordinationszentrum des vegetativen Nervensystems und dessen Schnittstelle zum Zentralnervensystem und zum Hormonsystem.

**IA:** →Intelligenzalter.

**iatrogen** [zu griech. iatrós »Arzt«]: durch einen Arzt oder Therapeuten bzw. durch dessen Einwirkung ausgelöst. Als iatrogene Krankheiten werden Krankheiten bezeichnet, die durch überflüssige oder fehlerhafte Untersuchungs- oder Behandlungsmaßnahmen hervorgerufen werden. Hierzu müssen auch Verhaltensauffälligkeiten oder psychische Leiden gerechnet werden, die auf Fehlverhalten von Psychotherapeuten zurückzuführen sind, z. B. auf die sexuelle Beziehung eines Therapeuten zu seiner Klientin.

**ICD-10** [engl. aısıˈdı, Abk. für International Statistical Classification of Diseases and Related Health Problems, engl., »Internationale statistische Klassifikation der Krankheiten und verwandter Gesundheitsprobleme«]: von der Weltgesundheitsorganisation erarbeitetes Klassifikationssystem von Krankheiten, Verletzungen und Todesursachen in ihrer zehnten und aktuell gültigen Fassung. Sie wird fortlaufend weiterentwickelt und im Rahmen der Medizinstatistik, aber auch der psychologischen und psychiatrischen Diagnostik, international eingesetzt. Die →psychischen Störungen finden sich im fünften Kapitel (»ICD-10, Kapitel V [F]«). Diagnosen werden in Deutschland anhand des ICD-10 gestellt; daneben gibt es als ein weiteres wichtiges Klassifikationssystem das DSM-IV, das vorwiegend in den USA verwendet wird.

**Ich, Ego:** der Kern der Persönlichkeit, die bewusste Instanz, die Erlebnisse und Handlungen einer Person steuert. In der *Psychoanalyse* neben dem →Es und dem →Über-Ich eine der drei Instanzen des psychischen Apparates; es vermittelt zwischen den Erfordernissen der Realität (Umwelt), den Triebwünschen des Es und den moralischen Forderungen des Über-Ich (→Gewissen). In der →Ichpsychologie werden dem Ich darüber hinaus auch autonome Funktionen zugeschrieben; man spricht etwa von einer »konfliktfreien Sphäre« des Ich und meint damit v. a. die rationalen Anteile der Ichfunktionen.

**Ichbezogenheit:** abwertende Bezeichnung für den →Egozentrismus bei Erwachsenen.

**Ichfunktionen:** *Psychoanalyse:* bewusste und unbewusste Mechanismen, die dem Ich als Instanz des psychischen Apparates zugeschrieben werden und die der Selbsterhaltung dienen sollen. Das Ich bedient sich z. B. seiner →Abwehrmechanismen, um das Aufkommen von Unlust verschiedenster Art zu verhindern und einen Ausgleich zwischen den Forderungen des Es und des Über-Ich zu schaffen. Weitere wichtige Ichfunktionen sind die Realitätsprüfung, die Frustrationstoleranz und die Fähigkeit, Beziehungen einzugehen und zu führen; dabei sind der Verstand, der Intellekt und das Denken hervorstechende Funktionen des bewussten Ich.

**Ichideal:** *Psychoanalyse:* Vorstellung davon, wie man sein sollte, wie man sich richtig verhalten und wie man richtig leben sollte. Das Ichideal entwickelt sich im Laufe der psychischen Entwicklung durch eigene Erfahrungen und Verinnerlichung der Erwartungen anderer. Ein Missverhältnis zum tatsächlichen Ich kann entweder die Entwicklung anspornen oder, bei unrealistischen Ansprüchen, zu psychischen Störungen, z. B. Depressionen, führen. Das Ichideal ist ein Teil des →Über-Ich.

**Ichkompetenz:** die Fähigkeiten des →Ich. Je besser die Struktur der Persönlichkeit entwickelt ist, je weniger innere Spannungen durch ungelöste Konflikte sie behindern, desto mehr kann das Ich die ererbten Fähigkeiten zu größerer Kompetenz entfalten.

**Ichpsychologie:** Strömung innerhalb der *Psychoanalyse,* die das Ich und die Ichfunktionen ins Zentrum ihrer Untersuchungen stellt. Angestoßen wurde diese Forschung durch Sigmund Freuds Arbeit »Das Ich und das Es« (1923). Zu den bekanntesten Vertretern der Ichpsychologie gehören die Psychiater Heinz Hartmann, Ernst Kris und Rudolph Loewenstein. Psychoanalytische Kritiker halten dieser Strömung vor, sie vernachlässige das Unbewusste und die Macht der Triebe.

**Ichspaltung:** eine Form der →Spaltung.

**Ichsucht:** der →Egoismus.

**Ideal** [zu griech. idéa, eigtl. »Erscheinung«, »Gestalt«, »Form«, bei Platon »Urbild«]: Bild der höchsten Vollkommenheit, Muster, Vorbild. In der Regel bezieht sich Ideal auf ethische und ästhetische Werte, so gilt z. B. Altruismus (→Hilfeverhalten) in den meisten Kulturen als ethisches Ideal. Sigmund Freud sah im →Ichideal eine solche positive Orientierung, die an die Seite des eher verbietenden Über-Ich tritt.

In der *Sozialpsychologie* wird zwischen einem Ideal-Selbst und Real-Selbst unterschieden: Das Ideal-Selbst ist das Wunschbild über die eigene Person (»Ich wäre gern ...«), das Real-Selbst die Einschätzung der eigenen Person (»Ich bin ...«), also das →Selbstkonzept. Je größer die Diskrepanz zwischen Ideal- und Real-Selbst ist, desto unzufriedener ist die Person und umso niedriger ist ihr →Selbstwertgefühl.

Der Philosoph Immanuel Kant definierte im 18. Jh. das Ideal als einzelnes, durch die Idee bestimmtes Ding; so ist »der Weise«, an dem sich

**Idealisierung:**
Die Beethoven-Verehrung des 19. Jahrhunderts überhöhte den Komponisten zum heroischen Genie (Beethoven-Denkmal von Julius Hähnel).

der stoische Philosoph orientiert, keine reale Person, sondern eine, die mit der Idee der Weisheit völlig übereinstimmt und als inneres Richtmaß seinen Handlungen Orientierung bietet.

**Idealisierung:** Prozess, durch den einem Menschen in der Fantasie Qualitäten eines Ideals zugesprochen werden. Das geläufigste Beispiel aus dem Alltag ist die Verliebtheit, bei der man den Liebespartner mit allen Vorzügen ausstattet; auch im Kult eines Stars spielen Idealisierungen eine große Rolle. Während die gelingende Idealisierung einen Menschen beflügelt, löst ihr Zusammenbruch →Hass, →Angst oder →Depression aus.

**Idealismus:** 1) in der *Philosophie* Begriff mit drei Bedeutungsebenen: 1. Auf metaphysischer Ebene bedeutet Idealismus die Grundannahme, dass alles wahrhaft Wirkliche geistiger Natur ist und die scheinbare Wirklichkeit nur ein Abbild einer übersinnlichen Welt der Ideen. Sie geht auf Platons Philosophie bzw. die ihm zugeschriebene »Ideenlehre« zurück. 2. Auf erkenntnistheoretischer Ebene bedeutet Idealismus die Lehre, dass alle Erkenntnis letztlich die Grenzen des denkenden Subjekts nicht überschreiten kann, sondern durch sein Erkenntnisvermögen bedingt ist. So sind nach Immanuel Kant Raum und Zeit nur sinnliche Formen unserer Anschauung, nicht aber Bestimmungen der Gegenstände selbst. 3. Auf ethischer Ebene bedeutet Idealismus die Überzeugung, dass die Verwirklichung der geistigen Werte (z. B. Freiheit, Sittlichkeit) erstrebenswert ist, nicht die Befriedigung materieller Bedürfnisse. Johann Gottlieb Fichte z. B. bestimmt die Welt als das »versinnlichte Material unserer Pflicht«.

2) in der *Psychologie* eine Lebenseinstellung, die durch Orientierung an selbst gesetzten →Idealen gekennzeichnet ist, z. B. Altruismus (→Hilfeverhalten). Ein Mensch, der entdeckt, dass seine Taten nicht seinen Idealen entsprechen, empfindet häufig Scham- oder Schuldgefühle.

**Ideenflucht:** formale Denkstörung, die durch einen beschleunigten, sprunghaften Gedankenablauf mit dauernd wechselnden Zielen und Einfällen gekennzeichnet ist. Belanglose äußere Anreize können eine wirre, nicht nachvollziehbare Assoziationskette von Gedankeninhalten anregen, eine sinnvolle Kommunikation ist oft unmöglich. Ideenflucht kommt häufig vor bei Manie und Hypomanie, aber auch unter Alkohol- und Drogeneinfluss oder bei organischen Hirnerkrankungen. In harmloser, leichter und jederzeit korrigierbarer Form kann sie auch bei freudig erregten Gesunden auftreten.

**Identifizierung, Identifikation:** Übernahme von Eigenschaften, Denk- und Verhaltensweisen oder Haltungen anderer Personen durch Verinnerlichung oder Nachahmung. Bewunderte, aber auch gehasste oder gefürchtete Züge des anderen können übernommen werden. Die Persönlichkeit wird stark durch Identifizierungen geprägt: Indem das Kind Charakterzüge und Werte von geliebten oder gefürchteten Personen übernimmt, seelisch verarbeitet und sie sich zu eigen macht, baut es langsam sein eigenes, unverwechselbares Ich auf.

**Identifizierung mit dem Angreifer:** auch »Identifizierung mit dem Aggressor«, in der *Psychoanalyse* ein Abwehrmechanismus, bei dem sich eine Person unbewusst wie diejenige Person verhält, die sich ihr gegenüber verletzend benommen hat. Das heißt, sie verhält sich ebenfalls verletzend, allerdings anderen, meist Schwächeren gegenüber. Abgewehrt wird die Angst vor dem Angreifer: »Wenn ich so bin wie er, muss ich ihn nicht fürchten.« Außerdem wird versucht, das eigene Gefühl der Schwäche aufzuheben, indem andere erniedrigt werden. Die Identifizierung mit dem Angreifer findet sich immer da, wo Menschen, die in ihrer Kindheit häusliche Gewalt erfahren haben, die Gewalt an die eigenen Kinder weitergeben.

**Identität** [spätlatein. eigtl. »Dieselbigkeit«]: **1)** objektiv die Unverwechselbarkeit der Persönlichkeit, das, wodurch sich ein Mensch vom anderen unterscheidet;

**2)** subjektiv das Gefühl, wer man ist. Der Begriff Identität ist eng verwandt mit dem Begriff des →Selbstkonzepts, er betont im Unterschied zu diesem das Erleben der Unverwechselbarkeit der eigenen Person. Beide Begriffe werden aber zuweilen auch synonym verwendet.

Nach Erik H. Erikson hängt die Identität einer Person mit deren Reife zusammen: Je reifer, gesünder und normaler eine Persönlichkeit ist, desto kohärenter und klarer ist ihre Identität auch für andere. Ist die Ichidentität einer Person wenig ausgeprägt, so erlebt diese sich als wenig integriert, sondern mehr mit inneren Widersprüchen, inneren Spannungen und einem stärker schwankenden Selbstsicherheitsgefühl belastet.

In der *Sozialpsychologie* definiert der amerikanische Sozialpsychologe George Herbert Mead (*1863, †1931) Identität als die reflexive Fähigkeit des Subjekts, sich zu sich selbst und anderen gegenüber zu verhalten; die Personwerdung wird dabei als Prozess aufgefasst, in dessen Verlauf man die Erwartungen der Interaktionspartner wahrnimmt, sie internalisiert und auf sie reagiert.

**Identität 2):** Kinder lernen im Alter zwischen 16 und 24 Monaten, ihr Spiegelbild als Bild ihrer selbst zu sehen.

In der *Soziologie* untersuchte der amerikanische Soziologe Erving Goffman (* 1911, † 1982) die Auswirkungen von Stigmatisierung auf die Identitätsbehauptung; an ihn anschließend unterscheidet der deutsche Philosoph Jürgen Habermas (* 1929) zwischen persönlicher, sozialer und Ichidentität. Persönliche Identität entsteht durch die als einzigartig empfundene Lebensgeschichte, die Person empfindet, einzigartig, also anders zu sein als alle anderen; soziale Identität resultiert aus Identifikationen mit anderen Personen, die Person empfindet, zu einer Gruppe zu gehören, also so zu sein wie die anderen. Gelingt es der Person, diese beiden Ebenen auszubalancieren, d. h. weder zu sehr verschieden von anderen noch zu sehr gleich zu sein, hat sie Ichidentität entwickelt.

**Identitätsentwicklung:** die Entstehung und Ausdifferenzierung der Identität eines Menschen. In der *Psychoanalyse* hat sich v. a. Erik H. Erikson mit der Identitätsentwicklung beschäftigt. Auch nach neueren Forschungsergebnissen, z. B. der Säuglingsforschung, kann man davon ausgehen, dass die persönliche Identität sich zu entwickeln beginnt, wenn das Kind zwischen sich und anderen zu unterscheiden lernt. Es übernimmt Eindrücke von seinen Bezugspersonen in sein Inneres. Diese frühen →Identifizierungen bilden zusammen mit den genetischen Anlagen den Kern der Identität. Mit zunehmendem Alter und dem Fortschreiten der kognitiven und emotionalen Entwicklung kommt es zur Ausdifferenzierung der persönlichen Identität; das Kind entscheidet dann bewusster, was es übernehmen oder worin es sich unterscheiden will. Am stärksten ausgeprägt ist dieser Prozess in der Adoleszenz, wenn der Jugendliche sich mit den elterlichen und gesellschaftlichen Normen und Werten auseinandersetzt. Neben diesen bewussten Vorgängen bleiben aber immer auch unbewusste Identifizierungen erhalten, die mehr oder weniger starken Einfluss haben. Am deutlichsten wird dies, wenn man sich in seinem Verhalten selbst nicht wiedererkennt. Eine stabile positive Identität ist die Voraussetzung für Selbstsicherheit und ein gutes Selbstwertgefühl; durch ungünstige Einflüsse in der Kindheit kann die Identitätsentwicklung gestört werden, wenn z. B. durch häufigen Wechsel der Bezugspersonen oder durch deren unberechenbares Verhalten keine konstanten Identifizierungen möglich sind.

Dem amerikanischen Sozialpsychologen Lawrence Kohlberg zufolge bildet sich Identität in Form des moralischen Urteilsvermögens gemäß einem von jedem Individuum in der gleichen Reihenfolge durchlaufenen sechsstufigen entwicklungslogischen Schema aus; dabei soll die Ichidentität auf der sechsten Stufe erlangt sein, weil der Jugendliche erst dann in der Lage sei, zwischen Normen und deren Entstehungsprinzipien zu unterscheiden und grundsätzlich zu urteilen.

Neuere Untersuchungen deuten darauf hin, dass der Entwicklung kommunikativer oder interaktiver Kompetenz beim Kind eine entscheidende Rolle für die Ausbildung seiner Identität zukommt.

**Identitätskrise:** Zustand, in dem das Gefühl für die eigene Identität unsicher ist. Es gibt Lebensphasen, in denen durch körperliche oder soziale Veränderungen das Bild, das man von sich hat, verändert werden muss, z. B. in der →Adoleszenz, im →Klimakterium oder am Ende der Berufstätigkeit. Dann kann es zu einer Identitätskrise kommen, weil man sich erst neu orientieren muss.

Die Häufigkeit und die Heftigkeit von Krisen ist u. a. davon abhängig, wie stabil die Identität eines Menschen ist. Ob die Identitätskrise konstruktiv bewältigt werden kann, steht mit der Ichstärke in Zusammenhang, denn die →Ichfunktionen sind für die Integration der verschiedenen widersprüchlichen Strebungen in die psychische Struktur verantwortlich. Ein ungünstiger Ausgang einer Identitätskrise wäre die Entwicklung einer negativen Identität, z. B. als Versager oder Querulant.

**Identitätsentwicklung:** Nach E. H. Erikson wird die endgültige erwachsene Identität v. a. im Zuge der pubertären Krise der Adoleszenz ausgebildet (Pier Francesco Mola, »Sokrates mit dem Spiegel«, um 1650; Lugano, Museo Civico di Belle Arte).

**Ideologie:** System von Erklärungen, das soziale Zustände und soziales Handeln rechtfertigt, sich aber nicht als Interpretation der Welt zu erkennen gibt, sondern behauptet, die Wahrheit über die soziale Wirklichkeit auszusagen. Man könnte Ideologien als verweltlichte Religionen und Religionen als überweltlich formulierte Ideologien verstehen.

Die Kritik unterschiedlicher Ideologien, ihre Verknüpfung mit sozialen und psychologischen Bedürfnissen ihrer Begründer und Anhänger ist eine wichtige Aufgabe der Sozialpsychologie. Auch die psychotherapeutischen »Schulen«, in denen es um die Rechtfertigung menschlichen Handelns und Neuentwürfe angesichts gestörter Verhaltensformen geht, argumentieren oft wie entgegengesetzte Ideologien. Entwicklungsgeschichtlich trat die Ideologie die Nachfolge der Mythen traditioneller Kulturen an; dass psychotherapeutische Theorien auf mythische Vorbilder zurückgreifen (z. B. →Ödipuskomplex), spiegelt diese Situation.

**Idiosynkrasie** [griech. »eigentümliche Mischung (der Säfte und daraus hervorgehende Beschaffenheit des Leibes)«]: hochgradige Abneigung oder Überempfindlichkeit eines Menschen gegenüber bestimmten Personen, Lebewesen, Gegenständen, Reizen oder Anschauungen. Verhalten, das durch eine Idiosynkrasie motiviert ist, kann von der Mitwelt häufig nicht ohne Weiteres verstanden werden und wirkt deshalb gelegentlich bizarr.

**Idiotie:** veralteter Ausdruck für einen sehr schweren Grad der →Intelligenzstörung.

**Idol** [von griech. eídolon »Gestalt«, »Bild«; »Trugbild«, »Götzenbild«]: verehrtes, narzisstisch besetztes Bild. Das Idol eines Kindes kann z. B. ein erfolgreicher Tennisspieler oder ein Popstar sein.

**Illusion** [latein. »Verspottung«; »Täuschung«, »eitle Vorstellung«]: Täuschung durch Um- oder Falschdeutung von Sinnesmeldungen, hervorgerufen etwa durch äußerst starke Hoffnungen oder Affekte.

**Image** ['ɪmɪdʒ; engl. »Bild«]: **1)** *allgemein* das innere Abbild oder Vorstellungsbild von einem Lebewesen oder einem Objekt;
**2)** in der *Sozialpsychologie* als **Selbstimage** das Bild von einer Person oder einer Gruppe von sich selbst (meist gleichbedeutend mit →Selbstkonzept gebraucht), als **Fremdimage** das Bild, das andere von Personen oder Gruppen haben (in der Regel gleichbedeutend mit →Fremdkonzept). Wie eine Person von anderen gesehen wird, wird durch ihre →Selbstdarstellung mitbeeinflusst.

**3)** in der *Werbepsychologie* ein gefühlsbetontes, über den Bereich des Visuellen hinausgehendes Vorstellungsbild, das die Gesamtheit an Einstellungen, Erwartungen und Anmutungserlebnissen umfasst, die subjektiv mit einem Meinungsgegenstand, z. B. einer Persönlichkeit oder einem Markenartikel, verbunden sind.

**imaginär** [latein. »bildhaft«]: nur scheinbar, in der Einbildung, Vorstellung vorhanden; unwirklich.

**Imagination** [latein.]: bildhafte Vorstellung von Gegenständen, Personen, Situationen. Der Begriff Gegenstand ist hier weit gefasst; man kann z. B. auch die Farbe Rot, also eine vom Objekt losgelöste Eigenschaft, imaginieren. Im Unterschied zum Erinnern können die Imaginationen ganz ohne reale Grundlage sein oder bewusste Abwandlungen konkreter Personen und Situationen beinhalten. Im Unterschied zur →Fantasie versteht man unter Imagination nur die bildhafte Vorstellung; außerdem ist Imagination stärker mit absichtlicher Erzeugung von Vorstellungen assoziiert. Die Fähigkeit zur Imagination ist eine der Voraussetzungen für →Kreativität.

**Imago** [latein. »Bild«]: von C. G. Jung geprägte Bezeichnung für ein verinnerlichtes, meist idealisiertes Bild von nahen Personen (→Objektrepräsentanz). Es entsteht v. a. in der frühen Kindheit aus den ersten intersubjektiven, realen und fantasierten Beziehungen und beeinflusst später stark, aber oft unbewusst das Verhalten.

**Imbezillität:** veralteter Ausdruck für einen mittelschweren Grad der →Intelligenzstörung.

**Imitation** [latein.], **Nachahmung:** bewusstes oder unbewusstes Zeigen von bestimmten Zügen oder Verhaltensweisen einer anderen Person, meist eines Vorbildes. Imitation betrifft in der Regel das Aussehen, die Ausdrucksformen, Bewegungen und Handlungen einer Person. Imitiert werden kann eine reale Person (z. B. ein bestimmter Popstar) oder der Stereotyp einer Gruppe (z. B. Gruppe der Popstars); die imitierte Person kann jemand aus dem eigenen Umfeld sein oder durch z. B. Filme oder Romandarstellungen vermittelt sein. Die Formen der Nachahmung reichen von der rein mechanischen Wiederholung bis zur szenischen Nachgestaltung, etwa im Rollenspiel oder im Theater. Das **Imitationslernen** ist eine Form des →Beobachtungslernens.

**Immunität** [latein. »das Freisein (von Leistungen)«]: **1)** in der *Medizin* angeborene oder erworbene Fähigkeit des Organismus, Krankheitserreger durch spezifische körpereigene

**Image 3):**
Die Entwicklung eines bestimmten Selbstbildes unterstützt in der Regel die soziale Orientierung. Bei Popstars wie zum Beispiel Michael Jackson dient es auch der Vermarktung.

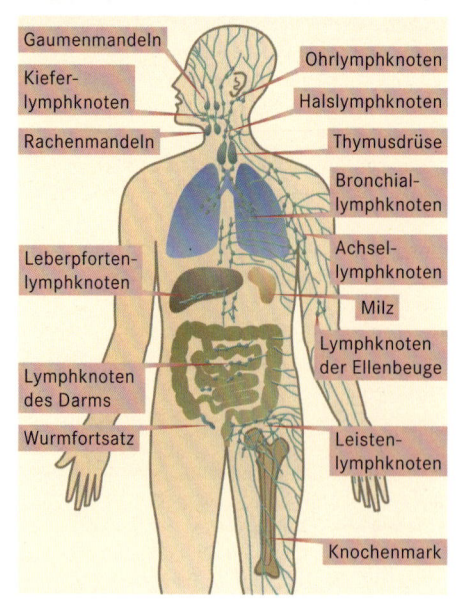

**Immunsystem:** die primären und sekundären lymphatischen Organe und die wichtigsten Lymphbahnen

Labels: Gaumenmandeln, Kieferlymphknoten, Rachenmandeln, Leberpfortenlymphknoten, Lymphknoten des Darms, Wurmfortsatz, Ohrlymphknoten, Halslymphknoten, Thymusdrüse, Bronchiallymphknoten, Achsellymphknoten, Milz, Lymphknoten der Ellenbeuge, Leistenlymphknoten, Knochenmark

Antikörper oder Immunzellen zu bekämpfen. Mit dem Zusammenhang zu psychischen Zuständen befasst sich das Fachgebiet der →Psychoneuroimmunologie.

2) umgangssprachlicher Begriff für eine Eigenschaft, die jemanden gegen bestimmte Einwirkungen unempfindlich sein lässt oder ihn von diesen psychisch nicht berühren lässt.

**Immunologie:** Wissenschaft, die sich mit den biologischen und chemischen Grundlagen der Immunreaktion des Körpers, d. h. der Reaktion des Organismus auf das Eindringen körperfremder Substanzen, befasst. Mit dem Zusammenspiel zwischen psychischen Vorgängen und dem Immunsystem beschäftigt sich die →Psychoneuroimmunologie.

**Immunsuppression** [zu latein. suppressio »das Unterdrücken«]: künstliche Unterdrückung oder Abschwächung der Immunreaktion des Organismus zur Behandlung von Autoimmunkrankheiten oder zur Verhinderung von Transplantatabstoßungen. Eine Immunsuppression ist oft mit erheblichen Nebenwirkungen verbunden, v. a. einer allgemeinen Schwächung der Abwehr gegen Infektionskrankheiten oder gegenüber im Körper vorhandenen Erregern, einer verzögerten Wundheilung, Störungen der Blutbildung und einem erhöhten Risiko der Entstehung bösartiger Geschwülste.

**Immunsystem:** Gesamtheit aller Gewebe, Zellen und Zellprodukte, deren Hauptaufgabe darin besteht, körperfremde Substanzen zu beseitigen. Neben der Infektabwehr tragen Zellen des Immunsystems zur Wundheilung bei, sind an der Beseitigung zugrunde gegangener Zellen beteiligt und dienen zum Schutz vor Entartung von Körperzellen. Zum Immunsystem gehören eine Reihe äußerer Schutzbarrieren, die als Teil der natürlichen, unspezifischen Immunabwehr das Eindringen von Mikroorganismen verhindern. Ein weiterer wichtiger Teil sind die lymphatischen Organe, die bestimmte Abwehrzellen, die Lymphozyten, enthalten.

Während das unspezifische Abwehrsystem nicht gegen eine bestimmte Sorte von Erregern gerichtet, sondern als breite, sofort einsetzende Reaktion angelegt ist, richtet sich das spezifische Abwehrsystem jeweils gegen spezielle Erreger, welche dadurch sehr gezielt bekämpft werden können. Mit den Zusammenhängen zwischen der Funktion des Immunsystems und psychischen Zuständen befasst sich die →Psychoneuroimmunologie; sie spielen möglicherweise bei manchen sogenannten Wunderheilungen eine Rolle.

**implizites Lernen:** eine Form des →Lernens.

**Imponiergehabe:** aus der *vergleichenden Verhaltensforschung* stammender Begriff für ein im Tierreich weitverbreitetes Drohverhalten, mit dem bestimmte Tiere versuchen, durch »beeindruckende« Verhaltensweisen andere Tiere einzuschüchtern oder zu umwerben: Der Pfau schlägt ein Rad, das Gorillamännchen richtet sich möglichst hoch auf und trommelt mit den Fäusten gegen die Brust. Menschliches Imponiergehabe ist vielfach auf Konsumgüter verschoben, z. B. auf den Besitz und die Zurschaustellung von Mode, Parfüm, Schmuck oder Autos.

**Impotenz** [latein. »Unvermögen«]: dauernde oder zeitlich begrenzte Beeinträchtigungen des sexuellen Reagierens und Erlebens, bei Männern v. a. die Unfähigkeit zur befriedigenden Ausübung des Geschlechtsverkehrs. Besonders im medizinischen Bereich wird von dieser Impotentia coeundi eine Impotentia generandi unterschieden, d. h. das erworbene oder angeborene Unvermögen eines Mannes, ein Kind zu

---

**Imponiergehabe | Wettstreit der Eitelkeiten**

Seit es Dokumente über die sozialen Einstellungen der Geschlechter zueinander gibt, widersprechen sich auch die Zuschreibungen, ob Frauen eitler sind als Männer oder umgekehrt. Die Soziobiologie würde vermuten lassen, dieser Wettstreit finde seinen Sinn darin, dass die Kunst, sich selbst als ganz besonders (fortpflanzungs-)tauglichen Mann bzw. als solche Frau darzustellen, für beide Geschlechter eine zentrale Rolle spiele.

zeugen. Bei der Impotentia coeundi liegt klinisch am häufigsten eine →Erektionsstörung vor; es kommen aber auch fehlendes sexuelles Verlangen, Ejakulations- und Befriedigungsstörungen vor.

**Impuls** [latein. »Anstoß«, »Antrieb«]: aus dem Zentralnervensystem kommender Anreiz, Anstoß oder Antrieb zu einer (meist plötzlichen) Handlung. Bei impulsivem Handeln werden Einfälle und Ideen ohne weitere Bewusstseinskontrolle sofort in die Tat umgesetzt.

**Impulskontrolle:** das Beherrschen, Abschwächen oder Unterdrücken von Affekten. Besonders unter Drogeneinfluss ist die Impulskontrolle herabgesetzt, sodass es leichter zu schädigenden Handlungen gegenüber anderen kommt. Herabgesetzte Impulskontrolle ist auch bei vielen psychischen Störungen gegeben, z. B. bei den Suchtkrankheiten, der →Bulimia nervosa oder der →dissozialen Persönlichkeitsstörung.

**in|adäquater Reiz:** ein äußerer Reiz, dessen physikalische Energie bei Einwirkung auf bestimmte Sinneszellen in der Regel nicht in sinnesspezifische Energie umgewandelt wird. Beispielsweise stellt ein Schlag auf das Auge, gefolgt von einem »Sternesehen«, einen inadäquaten Reiz dar.

**Imponiergehabe:** Spanische Mode am französischen Hof um 1560 – mithilfe der Kleidung werden die körperlichen Merkmale überbetont und Luxus zur Schau gestellt.

**Indexpati|ent:** in der →systemischen Therapie diejenige Person, die als Patient vorgestellt wird.

**Indikation** [latein. »Anzeige«]: Angezeigtsein der Anwendung eines bestimmten Heilverfahrens oder -mittels bei einer Krankheit oder Störung. Während die →Diagnose allein die Ursachen einer Erkrankung aufzuhellen sucht, geht es bei der Indikation um eine Gesamtschau auf die vorliegenden Erkenntnisse und die therapeutischen Möglichkeiten. So fragt sich der Psychotherapeut, wo die gesunden Anteile und die Selbstheilungskräfte des Patienten liegen, ob dieser eine eingreifende Behandlung schon verträgt oder erst stabilisiert werden muss und wie viel Zeit für die Behandlung zur Verfügung steht; so sucht er nach einem optimalen Kompromiss zwischen den vorhandenen Möglichkeiten und den Bedürfnissen des Patienten. Manche Indikationen sind umstritten, z. B. die einer intensiven Psychotherapie bei psychotischen Störungen. Von →Kontraindikation spricht man, wenn eine Maßnahme eindeutig ungeeignet ist und womöglich das Leiden verschlimmern würde.

**Individualisierung:** aus der Soziologie stammender Begriff, der auf den für die Auflösung von Industriegesellschaften charakteristischen Prozess hinweist, dass jeder Einzelne sein Leben, seine Biografie und seine sozialen Netzwerke selbst gestaltet und danach trachtet, sich eher von seinen Eltern zu emanzipieren, als ihnen nachzufolgen. Dadurch entstehen Chancen, aber auch neue Risiken.

In der Psychologie wird der Begriff auch verwendet für eine einseitige Orientierung an individuellen Faktoren in Theorien, z. B. wenn bei der Erklärung, weshalb jemand arbeitslos geworden ist, nur auf seine Persönlichkeitsmerkmale geachtet wird, ohne einzubeziehen, dass er in einem Betrieb tätig war, der nicht konkurrenzfähig produzierte.

**Individualismus:** Lebenseinstellung, welche die Abgrenzung der eigenen Person als zentralen Wert ansieht; als Gegensatz zum Kollektivismus die Akzentuierung der Eigenständigkeit, Selbstständigkeit, Freiheit des Einzelnen. Der Individualismus und Kollektivismus äußern sich im →Selbstkonzept eines Menschen.

Der Individualismus entstand bereits in der Philosophie der Antike: Die Sophisten sahen im Individuum das Maß aller Dinge, alles Erkennens und Handelns; das starke Individuum sei nicht an das Gemeinwesen gebunden, sondern folge seinem Naturrecht. Diese Positionen wurden im 19. Jh. v. a. durch die Philosophen Friedrich Nietzsche und Max Stirner neu belebt.

**Individualität:** Einzigartigkeit eines Menschen. In der Persönlichkeitspsychologie verstehen Vertreter eines eher beschreibenden Ansatzes wie Gordon Willard Allport Individualität als einzigartige, unwiederholbare Qualität eines Menschen. Hingegen sehen die Vertreter einer messenden Forschung wie Joy Paul Guilford

(* 1897, † 1987) in der Individualität eine besondere, von anderen Menschen nicht erreichte Ausprägung quantitativer Messergebnisse in den relevanten Begabungs- und Motivationstests. Individualität entsteht durch die Wechselwirkung von Anlage und Umwelt; so weisen eineiige Zwillinge, die dieselben Erbanlagen haben, je eine spezifische Individualität auf und unterscheiden sich darin auch voneinander.

**Individualpsychologie** [zu mittellatein. individualis »das Einzelwesen bzw. den einzelnen Menschen betreffend«]: **1)** im weiteren Sinn Sammelbezeichnung für diejenigen Richtungen der Psychologie, die sich (im Unterschied zur Sozialpsychologie) mit individuellen Unterschieden befassen und teilweise auch der →differenziellen Psychologie zugerechnet werden.

**2)** im engeren Sinn die auf Alfred Adler zurückgehende Richtung der Tiefenpsychologie und Psychotherapie, die 1911 aus seiner Auseinandersetzung mit der Psychoanalyse Sigmund Freuds hervorgegangen ist. Als menschliche Grundantriebe sieht sie das Streben nach sozialer Anerkennung, Macht und Überlegenheit sowie die Entfaltung des Gemeinschaftsgefühls an. Die Stellung zur Umwelt legt ihr zufolge schon das Kleinkind durch einen »Lebensplan« fest. Wo dessen Realisierung auf Schwierigkeiten stößt, entwickelten sich Minderwertigkeitsgefühle, die zu Kompensation durch besondere Leistungen, aber auch zu →Überkompensation und Neurosen führen könnten. Da die persönliche Entwicklung nach der Individualpsychologie durch die Umwelt bestimmt ist, wird die Bedeutung einer frustrationsarmen, Selbsttätigkeit fördernden, gemeinschaftsbezogenen Erziehung betont. In der Individualpsychologie Adlers ist der Begriff **Individuum** zentral: Adler wählte den Namen Individualpsychologie wegen der Grundannahme einer einheitlichen individuellen und damit »unteilbaren«, Bewegungslinie genannten seelischen Struktur, in der er die soziale Aktivität einer Persönlichkeit darstellte. Die soziale Aktivität ermöglicht dem Individuum den Eingang in die Gemeinschaft und damit die Überwindung des Minderwertigkeitsgefühls.

Aufgrund ihres praxisbezogenen Ansatzes hat die Individualpsychologie nicht nur die Psychotherapie, sondern auch die Pädagogik und die Sozialarbeit in erheblichem Maße beeinflusst. So wurden in Österreich schon in den 1920er-Jahren an Adlers Theorie orientierte Erziehungsberatungsstellen und Versuchsschulen eingerichtet, denen bald ähnliche Gründungen in anderen europäischen Ländern folgten. Nach der vom Nationalsozialismus erzwungenen Unterbrechung setzte nach 1945 eine weite Verbreitung des individualpsychologischen Ansatzes in Europa wie in den USA ein.

**Individualtherapie: 1)** im weiteren Sinne die →Einzelpsychotherapie.

**2)** im engeren Sinne die auf Alfred Adler und seine →Individualpsychologie zurückgehende Psychotherapieform. Diese geht davon aus, dass seelische Fehlentwicklungen durch →Überkompensation des Minderwertigkeitsgefühls bedingt sind, folglich ist das Ziel der Therapie, das Selbstwertgefühl wiederherzustellen. Die Individualtherapie versucht dies durch Bewusstmachen des bis dahin unbewussten Lebensstils, durch die Übernahme von Selbstverantwortung des Patienten, ermutigende Zusprache und durch das Eintrainieren neuer Verhaltensweisen zu erreichen. Die Individualtherapie umfasst Einzel-, Kleingruppen- und Großgruppenverfahren.

**Individuation: 1)** *allgemein* die Entwicklung eines Individuums zu einer eigenständigen →Persönlichkeit.

**2)** in der *analytischen Psychologie* C. G. Jungs der lang dauernde innerseelische Vorgang, bei dem die im →kollektiven Unbewussten angelegten, allen Menschen gemeinsam zukommenden (überpersönlichen) Anteile der Seele (→Archetypus) mit dem persönlichen Unbewussten (verdrängte Triebe und Triebanteile) zur Übereinstimmung gelangen.

**3)** in der *psychoanalytischen Entwicklungstheorie* der amerikanischen Psychoanalytikerin Margaret S. Mahler (* 1897, † 1985) die allmähliche Loslösung des Kindes von seiner Mutter. Etwa um den 18. Monat herum entwickelt das Kind die Fähigkeit, »Nein« und »Ich« zu sagen. Dies wird auch die »psychische Geburt« des Menschen genannt. In dieser Zeit setzt die Entwicklung des Willens, des Ich und der Persönlichkeit ein. Nach Mahlers Auffassung kann eine misslingende Individuation in die kindliche →Psychose führen.

**Individu|um** [latein. »Einzelwesen«, eigtl. »das Unteilbare«]: der einzelne Mensch, der eine untrennbare Einheit bildet im Gegensatz zur →Gruppe und Gemeinschaft (→Gesellschaft). Politische Strömungen betonen entweder die Freiheit des Individuums oder die Formung des Kollektivs als gesellschaftliches Ziel. Der Liberalismus fördert die größtmögliche Freiheit des Einzelnen, die er v. a. als wirtschaftliche Potenz versteht. Kommunismus und Sozialismus, abgeschwächt auch sozialdemokratische Strömungen, betonen die Eingliederung oder gar Unterordnung der Person in die Gemeinschaft oder Gesellschaft.

**Individualpsychologie 2):**
Titelseite von Alfred Adlers »Praxis und Theorie der Individualpsychologie« (Erstauflage 1920)

Der Begriff des Individuums ist tragend in der →Individualpsychologie Alfred Adlers.

**Indoktrination** [zu latein. doctrina »Belehrung«]: besonders nachdrückliche, keinen Widerspruch und keine Diskussion zulassende Belehrung. Eine auf Indoktrination beruhende Erziehung ist ein wesentliches Kennzeichen einer ideologischen Haltung der Erziehenden; interessiert sind diese dann nicht an der Kreativität und Diskussionsfreudigkeit der Unterrichteten, sondern an deren Willfährigkeit und Gehorsam. Zur Indoktrination gehört daher immer das Prinzip, die Zöglinge von Informationen fernzuhalten, die der gelehrten Ideologie widersprechen; sie wird von Zensurmaßnahmen und Einschränkungen der Lehr- und Lernfreiheit begleitet.

**induktives Denken:** Form des →Denkens.

**Industriepsychologie:** Zweig der Psychologie, der sich mit den Institutionen, Organisationen, Verhaltens- und Einstellungsmustern speziell in Industriegesellschaften befasst und in einer Verbindung zur →Arbeits- und Organisationspsychologie sowie zur →Wirtschaftspsychologie steht. Im Mittelpunkt der Forschung stehen die Folgen der verschiedenen Stadien der Industrialisierung für die verschiedenen Gruppen und Schichten der Gesellschaft.

**induzierte Erinnerungen:** die →falschen Erinnerungen.

**infantile Sexualität:** *Psychoanalyse:* frühkindliche Sexualität in Verhalten und Äußerung, deren Entwicklung Sigmund Freud zufolge in drei Phasen verläuft: →orale Phase, →anale Phase, →phallische Phase.

**Infantilismus** [zu latein. infantilis »kindlich«]: Kindlichkeit; Stehenbleiben auf der rein körperlichen (bei schweren, chronischen Erkrankungen wie Herzfehler, Nierenschrumpfung) oder auf der körperlichen und geistigen Entwicklungsstufe eines Kindes (bei Minderwuchs aufgrund einer Hirnschädigung oder bei organischen Ursachen wie →Intelligenzstörung). Gelegentlich wird auch (fälschlich) bei exogen bedingten kindlichen →Entwicklungsstörungen von Infantilismus gesprochen.

**Infektionsschutzgesetz,** Abk. **IfSG:** Gesetz zur Verhütung und Bekämpfung übertragbarer Krankheiten beim Menschen. Ziel des Infektionsschutzgesetzes ist neben der Heilung insbesondere die Verhinderung der Entstehung und Ausbreitung von übertragbaren Krankheiten. Ein Mittel dafür ist die im Gesetz festgelegte Meldepflicht bestimmter Krankheiten bzw. eines bestimmten Krankheitsverdachts. In Deutschland müssen die Laboratorien jedoch jeden positiven Testausfall unter Angabe des Geschlechts und des Geburtsjahrgangs, aber ohne Namen oder Anschrift des Betroffenen melden.

**Inferenzstatistik:** ein Teilbereich der →Statistik.

**Infertilität:** Unfähigkeit einer Frau, eine Schwangerschaft bis zur Geburt eines lebensfähigen Kindes auszutragen, obwohl eine Empfängnis möglich ist.

**Information** [latein. »Bildung«, »Belehrung«]: Mitteilung, Auskunft, Nachricht. In der *Informationstheorie* ist der in Bit angegebene Informationsgehalt einer Nachricht durch das Ausmaß definiert, in dem die Nachricht Unsicherheit beim Empfänger verringert (Neuigkeitsgehalt), während →Redundanz den Informationsanteil von Nachrichten bezeichnet, der nicht der Verringerung von Unsicherheit, sondern (z. B. durch Wiederholungen) der Sicherstellung der Nachrichtenübertragung bei Störeinflüssen (z. B. Umgebungsgeräuschen, Unaufmerksamkeit des Empfängers) dient.

In der Psychologie der menschlichen →Informationsverarbeitung wird Information heute fast ausschließlich mit symbolischer Information gleichgesetzt. Danach haben alle sowohl von außen über die Sinnesorgane eintreffenden als auch im Gehirn in Form neuronaler Aktivierungsmuster codierten Informationssymbole eine Bedeutung für den Organismus. Unter dem Einfluss ebenfalls symbolisch codierter Regeln werden symbolische Informationen geistig verarbeitet.

**Informationsgesellschaft:** von dem amerikanischen Publizisten und Soziologen Daniel Bell in den 1970er-Jahren eingeführte Bezeichnung für eine Wirtschafts- und Gesellschaftsform, in der sich die Güter produzierende Industriegesellschaft im späten 20. Jh. zur nachin-

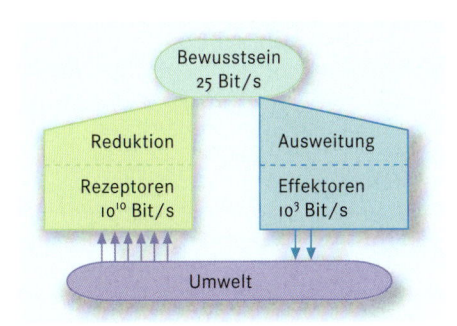

**Information:** Aus der von den Sinnesorganen (Rezeptoren) aufgenommenen Informationsmenge wird Unwichtiges herausgefiltert. Bei der Betätigung der Erfolgsorgane (Effektoren) etwa beim Sprechen erhöht sich die Informationsmenge wieder (Schema nach Georg Klaus und Heinz Liebscher).

**Informationsgesellschaft:** Das Filtern und gezielte Nutzen von Information ist in den Zeiten der Informationsüberflutung zu einer wichtigen Fähigkeit – sowohl im Berufs- als auch im Privatleben – geworden.

dustriellen Informationsgesellschaft gewandelt hat. Die zunehmende Wichtigkeit des Gutes »Information« zeigt sich an der wachsenden Bedeutung von Information und Kommunikation als Produktionsfaktor und ihrer wachsenden Bedeutung im Alltagsleben der Bevölkerung.

Als Nebenwirkung der Gewinnung, Speicherung, Verarbeitung, Vermittlung, Verbreitung und Nutzung von Wissen und Information erhöht sich der Bedarf an psychologischer Behandlung von Problemen der Menschen im Umgang mit Information, die z. B. durch die Informationsüberflutung entstehen. So werden nach Schätzungen im Durchschnitt 98,4 % der Informationseinheiten in den deutschen Massenmedien Zeitung, Zeitschrift, Hörfunk und Fernsehen von den Nutzern nicht beachtet. Da mit den →Neuen Medien der Informationszufluss weiter ansteigt, bieten Ansätze zum individuellen Informationsmanagement eine Hilfestellung bei der Aufgabe, gesuchte Informationen im Informationsdschungel zu finden und nicht benötigte Informationen auszublenden. Ein effizientes Informationsmanagement wird auch für Unternehmen als Wettbewerbsvorteil zunehmend wichtiger werden.

**Informationsverarbeitung:** die zumeist unter zentraler Kontrolle eines Programms stehende Veränderung von Informationen in technischen oder biologischen Systemen. Orientiert an der Informationsverarbeitung im Computer wird heute in der Psychologie die Interaktion des Menschen mit seiner Umwelt als ein Prozess beschrieben, der folgende Schritte umfasst: 1. fortwährende Aufnahme (**Input**; Wahrnehmung durch sensorische Rezeptoren wie Auge oder Ohr), 2. Bearbeitung (Denken), 3. Speicherung (Lernen), 4. Abruf (aus dem Kurzzeit- oder Langzeitgedächtnis) und 5. Ausgabe (**Output**; von Information, z. B. beim Sprechen oder bei der motorischen Einwirkung auf die Umwelt). Im Unterschied zum Computer handelt der Mensch jedoch auf der Grundlage von Motiven (z. B. beim Streben nach herausragenden Leistungen), Emotionen und bewussten Reflexionen.

In der *kognitiven Psychologie* dominiert seit den 1960er-Jahren der Ansatz, mentale Prozesse des Menschen als Informationsverarbeitung zu beschreiben und zu erklären. Im Vordergrund steht hierbei die Anwendung von regelhaften Operationen auf symbolisch codierte Inhalte im Gedächtnis. Aufgrund solcher Operationen kommt ein Betrachter z. B. beim Vergleich von Petra (Körpergröße: 1,61 m) und Hans (Körpergröße: 1,78 m) zu der abgeleiteten Symbolrepräsentation »Hans ist größer als Petra«. Nach dieser funktionalistischen Auffassung (→Funktionalismus) wäre jedes System (und somit auch ein Computer) in der Lage, eine dem Menschen vergleichbare »intelligente« Informationsverarbeitung auszuführen, wenn es grundsätzlich zur Symbolverarbeitung imstande ist und über ein geeignetes Programm verfügt. Von dieser Annahme ausgehend erforscht die →künstliche Intelligenz die Simulation mentaler Prozesse.

In jüngerer Zeit entwickelt sich durch die Beiträge der →Neuropsychologie ein neues Verständnis der menschlichen Informationsverarbeitung, in dem die neuronalen Aktivitäten im Gehirn als Grundlage der kognitiven Prozesse betrachtet werden.

**Informationswissenschaft:** die Wissenschaft von der Wissensdarstellung, -aufnahme und -übermittlung. Während in der Informatik der Computer als Instrument der Informationsverarbeitung eingesetzt wird, stellt die Informationswissenschaft den Menschen mit seinen Informationsbedürfnissen in den Mittelpunkt.

**informelle Tests:** Tests, bei denen der Aufwand zu ihrer Konstruktion vergleichsweise gering ist. Hierzu zählen z. B. Mathematikklassenarbeiten, bei denen bereits die Formulierung der Aufgaben mit großer Sorgfalt, orientiert am Lehrplan des Altersjahrgangs, aber ohne große weitere →Itemanalyse und Bestimmung von Testgütekriterien wie →Reliabilität und →Validität vonstatten geht.

**Ingenieurpsychologie** [ɪnʒenˈjøːr-, französ.]: das →Human Engineering.

**Inhaltsanalyse, Contentanalyse** [zu engl. content, »Inhalt«]: eine Klasse von Verfahren zur systematischen Beschreibung von Kommunikationsinhalten. Als Gegenstand der Inhaltsanalyse kommen v. a. schriftsprachliche Äußerungen (Texte), jedoch auch andere Ausdruckserscheinungen infrage (z. B. Gesten, Bilder, Filme). Ziel der Inhaltsanalyse ist es, über die expressiven und appellierenden Äußerungen des Verfassers eine Einsicht in dessen Einstellungen zu gewinnen. Inhaltsanalysen sollten, kurz gefasst, folgende Fragestellung beantworten können: Wer sagt was zu wem wie (manifester Inhalt), warum und mit welcher Wirkung (latenter Inhalt)?

Inhaltsanalysen können quantifizierende Ergebnisse anstreben. In diesem Fall wird eine theoriegeleitete Klassifizierung möglicher Inhalte vorgenommen, nach der die Häufigkeiten bestimmter Mitteilungseinheiten ausgezählt werden. Qualitative Auswertungen gehen bei der Klassifizierung zunächst von den vorgefundenen Inhalten aus, um dem individuellen Charakter des Gegenstandes gerecht zu werden. Sie gleichen somit einem Vorgehen der →Hermeneutik.

**Initiation** [latein. »Einweihung«]: die rituelle Aufnahme in eine geschlossene Gesellschaft. Die Initiation gehört in traditionellen Gesellschaften zu den Übergangsriten, die die soziale Identität des Betroffenen verändern und neu festsetzen; sehr häufig markiert sie den Übergang von der Kindheit zum Erwachsenenstatus. Durch die moderne →Individualisierung gibt es keine Bräuche mehr, die den Mann- oder Frauwerdungsriten der traditionellen Kulturen gleichen; der »Debütantinnenball« etwa ist nur ein schwacher Abglanz der einstigen Initiationsriten, die häufig auch die »Einweihung« in die Realität des Geschlechtslebens mit sich brachten.

**Inkohärenz** [spätlatein. »mangelnder Zusammenhang«]: in der *klinischen Psychologie* die Gedankenverwirrung, verbunden mit Verlust der Konzentrationsfähigkeit und sprunghaftem Wechsel der Aufmerksamkeit. Inkohärenz tritt z. B. bei →psychotischen Störungen auf.

**Inkompetenzgefühl:** Gefühl, bestimmte Dinge nicht zu beherrschen, seinen Aufgaben nicht gewachsen zu sein. Dieses Gefühl findet sich besonders bei Störungen des →Selbstwertgefühls.

**Inkorporation:** *Psychoanalyse:* ein Abwehrmechanismus, der schon sehr früh im Kindesalter auftritt und zu den primitiven Abwehrmechanismen gerechnet wird: Ein Objekt, z. B. die Mutter oder ein Teil von ihr, wird in der Fantasie einverleibt, in den Körper aufgenommen. Die Inkorporation, eine Form der Verinnerlichung, ist ein Versuch, den fantasierten oder tatsächlichen Verlust des Objekts, z. B. durch Enttäuschung oder Tod, aufzuheben: »Was ich in mir habe, kann ich nicht verlieren.« In der Sprache findet sich das Einverleibenwollen in Ausdrücken wie »jemanden zum Fressen gern haben« oder »ein Buch verschlingen«.

**innere Kündigung:** psychischer Rückzug eines Mitarbeiters als Reaktion auf belastende Situationen. Innere Kündigung ist gekennzeichnet durch ein Abnehmen des Engagements oder durch Leistungsverweigerung und endet mit der Kündigung des →psychologischen Kontraktes. Ursachen für die innere Kündigung können u. a. in anhaltendem →Stress, im →Burn-out-Syndrom, im →Mobbing, in unklaren Organisationsstrukturen, häufigen uneindeutigen Arbeitsanweisungen oder in herabsetzender Behandlung durch Vorgesetzte liegen. Langfristige Auswirkungen von als nicht bewäl-

---

**Informationsverarbeitung | Vorsicht: Überlastung!**
Die Informationsflut schwillt an: Die Zahl an Informationen steigt Tag für Tag, Informations- und Kommunikationstechniken entwickeln sich rasant und setzen sich in mehr und mehr Anwendungsbereichen durch. Unsere Fähigkeit zur Informationsverarbeitung wird damit immer stärker gefordert und droht überlastet zu werden. Zu den psychosomatischen Auswirkungen der Informationsüberflutung gehören Stresssymptome wie Kopfschmerzen und Bluthochdruck; als Langzeitfolgen werden v. a. Erschöpfung, Aufmerksamkeitsstörungen und die Abnahme der Gedächtnisleistung genannt. Es wird deshalb immer wichtiger, die Fähigkeit zur gezielten Informationsauswahl auszubilden.

**Initiation:** Die Feier der Konfirmation protestantischer Kinder mit etwa 14 Jahren markiert das Erreichen einer neuen Lebensphase.

tigbar eingeschätzten Stresssituationen sind der Verschleiß von Kräften durch erhöhte Aufmerksamkeit und Anstrengung, das Gefühl, den Anforderungen nicht genügen zu können, die Anhäufung von Problemen und die Übertragung dieser Problematik auf andere Lebensbereiche.

**inneres Milieu** [miˈliːø:]: die innerhalb des Körpers in Blut und Zellgewebsflüssigkeit herrschenden Verhältnisse, z. B. die Traubenzuckerkonzentration im Blut. Die Aufrechterhaltung des inneren Milieus ist lebenswichtig und geschieht mittels der →Homöostase.

**innere Uhr:** zusammenfassende Bezeichnung für innerorganische, physiologische und intrapsychische Vorgänge, welche die über den Tag hinweg unterschiedlich ausgeprägte physische und psychische Leistungsbereitschaft steuern und für die automatische Wahrnehmung der Zeit sorgen. Der Begriff wird zum Teil gleichgesetzt mit dem →Biorhythmus. Allerdings spielen bei der inneren Uhr wohl auch persönliche Prozesse der →Gewöhnung 1) eine Rolle. Wer z. B. wochentags immer um sechs Uhr morgens zur Arbeit aufsteht, wacht oft auch am Wochenende zu dieser Zeit auf. Ändert sich das Aufwecken dauerhaft auf acht Uhr, stellt sich auch am Wochenende die innere Uhr entsprechend auf den neuen Zeitpunkt um.

**Input** [ˈɪnpʊt, engl.]: Eingabe bei der →Informationsverarbeitung.

**Insomnien:** Form der →Schlafstörung.

**Inspiration** [latein., eigtl. »Einhauchung«]: plötzliche Eingebung; spontanes Auftreten schöpferischer, künstlerischer oder wissenschaftlicher Einfälle, oft bei ausgeprägter →Fantasie und →Kreativität. Quelle der Inspiration sind häufig Gedanken und Schöpfungen anderer Personen; sie entsteht meist aus der intensiven Beschäftigung mit einem Gegenstand oder einem Thema, kann aber auch unabhängig davon aufkommen.

**Instanzenmodell:** das →Strukturmodell.

**Instinkt** [mittellatein. »Anreizung«]: die angeborene Fähigkeit von Lebewesen, auf bestimmte innere Impulse (Triebe) oder Umweltreize (Schlüsselreize) über ein im Zentralnervensystem festgelegtes Koordinatensystem (→Auslösemechanismus) mit einem gleichförmigen arttypischen Verhaltensablauf zu antworten. Beim Menschen wird der Instinkt weitgehend durch die dominierende Rolle des Großhirns, das innere Impulse und äußere Reize bewertet bzw. kontrolliert, überlagert.

Der Begriffe Instinkt bzw. Instinkthandlung gilt als veraltet, heute wird zunehmend die Bezeichnung »angeborenes Verhalten« gebraucht.

**Instinkthandlungen, Instinktverhalten:** ein von Konrad Lorenz geprägter Begriff für genetisch programmierte, d. h. angeborene Reaktionen auf Umweltreize, die durch einen Auslösemechanismus aus den Außenreizen herausgefiltert werden. Sie haben lebens- und arterhaltende Funktion. Richtende Bewegungen (→Orientierungsreaktion) ergänzen häufig die Instinkthandlung. Durch Lernen kann sie abgewandelt werden. Mehrere Instinkthandlungen sind zu Handlungsketten verknüpft. So setzt sich etwa das natürliche Jagdverhalten der Hauskatze zusammen aus »Anschleichen«, »Fangen«, »Töten« und »Fressen«. Ist eine solche Folge von Instinkthandlungen abgelaufen, kann sie erst nach einer Erholungsphase (Refraktärzeit) neu ausgelöst werden.

Soll durch die Instinkthandlung ein dringendes inneres Bedürfnis, z. B. Hunger, befriedigt werden, ohne dass ein auslösender Reiz vorhanden ist, setzt ein Suchen nach diesem Reiz, etwa nach der Beute oder dem Futter, ein (Appetenzverhalten). Wird der Reiz nicht gefunden, kommt es normalerweise zu einem Triebstau, der eine ziel- und sinnlose Instinkthandlung als **Leerlaufhandlung** ablaufen lässt, z. B. als »Paarungshandlung« an einem Ersatzobjekt. Zu einer Ersatzhandlung kann es kommen, wenn der normale Ablauf einer Instinkthandlung gestört ist.

**Instruktion** [latein., eigtl. »Aufstellung«]: **1)** in der *Forschungsmethodik* eine Anweisung, die zu Beginn eines Experiments oder einer Testung gegeben wird. Die Instruktion leitet die untersuchten Personen dabei an, wie sie die Aufgaben während der Untersuchung erfüllen sollen und wie sie sich zu verhalten haben. Art und

**Instinkthandlungen** werden beim Menschen durch kognitive Prozesse ersetzt. Je nach den äußeren Umständen löst etwa die Begegnung mit einem Löwen eine Fluchtreaktion oder Staunen und Bewunderung aus.

Inhalt der Instruktion sollen eine zweckmäßige Mitarbeit der Probanden sichern. Instruktionen können jedoch die Untersuchungsergebnisse verfälschen, wenn sie z. B. negative Einstellungen auslösen, sodass die Probanden ihr Verhalten absichtlich gegen das Untersuchungsziel richten. Ebenso können Verfälschungen durch allzu wohlgefälliges Verhalten zustande kommen.

2) in der *pädagogischen Psychologie* der Vorgang des Lehrens oder die Art und Weise, wie Lerninhalte vermittelt werden. Die Instruktionspsychologie stellt einen bedeutenden Forschungsschwerpunkt der pädagogischen Psychologie dar; sie untersucht, welche Vermittlungsformen am besten für Lernerfolge geeignet sind.

**Instruktionsdesign:** *pädagogische Psychologie:* systematische Planung des Lehr-Lern-Prozesses durch den Lehrenden. Zu Beginn des Lernens verfügt eine lernende Person noch nicht über genügend Wissen, um richtige didaktische Entscheidungen zu treffen, deshalb geschieht Lernen erst mithilfe eines Lehrenden, d. h., es handelt sich um fremdgesteuertes Lernen. Mit zunehmendem Wissen kann der Lernende selbst Entscheidungen treffen, es findet ein Übergang statt zum selbstgesteuerten Lernen.

**Instruktionspsychologie:** die →Unterrichtspsychologie.

**Instrumentalität:** eine der →Geschlechterrollen.

**instrumentelle Konditionierung:** Form der →Konditionierung.

**Insuffizienzgefühl:** das →Minderwertigkeitsgefühl.

**Integration** [latein. integratio »Wiederherstellung eines Ganzen«]: allgemein (Wieder-)Herstellung einer Einheit; Einbeziehung, Eingliederung in ein größeres Ganzes; in der *Sozialpsychologie* als **soziale Integration** die Einbettung von Einzelnen in eine größere soziale Gruppe. Der Begriff wird meist im Zusammenhang mit Personen verwendet, deren soziale Integration aufgrund besonderer Merkmale (z. B. geringe Sprachkenntnisse, soziale Störungen, Behinderungen, auffallendes Aussehen) erschwert ist und die Gefahr laufen, ausgegrenzt und diskriminiert zu werden.

Soziale Integration gilt heute, im Gegensatz zu früheren Jahrhunderten, als gesellschaftliche Aufgabe. Sie fordert die Zusammenarbeit unterschiedlicher Berufe und ein Umdenken in der Bevölkerung; es ist z. B. für Normalbewegliche kein Problem, Toiletten, Aufzüge oder Türen zu benutzen, die auch für Rollstuhlfahrer geeignet sind, während umgekehrt Behinderte große Mühe haben, mit den »normalen« architektonischen Standards zurechtzukommen.

In der *Psychotherapie* als **innerseelische Integration** bedeutet Integration die Einbettung von Abgespaltenem in die Persönlichkeit, z. B. allgemein von abgespaltenen Gefühlen oder von abgespaltenen Persönlichkeitsanteilen wie bei der →multiplen Persönlichkeit. Die Integration ist das Gegenteil von Desintegration. Das Ziel der Psychotherapie ist besonders die Verbesserung der Persönlichkeitsintegration.

**Integrationspädagogik:** gemeinsame Erziehung von behinderten und nicht behinderten Kindern in Kindergarten und Schule. Integrationsklassen bestehen v. a. an Grundschulen. Es sind in der Regel zwei Lehrer (Grundschullehrer und Sonderschullehrer oder Erzieher) in der Klasse anwesend. Die räumliche Gestaltung der Schule, v. a. des Klassenzimmers, und die Unterrichtsmethoden müssen an die Bedürfnisse der Behinderten angepasst werden.

Die Integrationspädagogik erspart behinderten Kindern die soziale Isolation, die durch Sonderschulen eher gefördert wird. Außerdem kann sie die Nivellierung des Lernniveaus nach unten, die in Lernbehindertenklassen beobachtet wird, vermeiden. Die nicht behinderten Mitschüler zeigen in der Regel mehr soziale Kompetenz, Einfühlsamkeit und Hilfsbereitschaft als Schüler, die keine Integrationsklasse besuchen. Aufgrund von Sparmaßnahmen ist die Situation der Integrationsklassen problematisch geworden. Des Weiteren ist es noch immer schwierig, weiterführende Schulen zu finden, die nach Beendigung der Grundschule Behinderte aus Integrationsklassen aufnehmen können.

**Integrative Psychotherapie:** von dem deutschen Gestalttherapeuten Hilarion Petzold (\* 1944) und Mitarbeitern entwickelter Ansatz, der sich zum Ziel setzt, konkurrierende psychotherapeutische Methoden und Schulen im Interesse der Klienten miteinander zu versöhnen. Die Integrative Psychotherapie will die Aufspaltung der Psychotherapie in einzelne Schulen (z. B. Psychoanalyse, Gestalttherapie) rückgängig machen und jedem Klienten eine individuell zugeschnittene Therapie anbieten. Sie verbindet hierzu die Gestalttherapie mit Elementen der Bioenergetik, des Psychodramas, der Gestaltungs-, Atem- und Bewegungstherapie sowie der Verhaltenstherapie.

Die Kosten für eine Integrative Psychotherapie werden von den gesetzlichen Krankenkassen in Deutschland – anders als in Österreich – nicht übernommen.

**Intelligenz:** Die Fähigkeit, aus Erfahrungen zu lernen, Situationen zu analysieren und Folgen der eigenen Handlung abzuschätzen, findet sich auch bei Tieren.

**Intellekt** [latein. »Erkenntnisvermögen«, »Verstand«], **Verstand:** Denkvermögen; die Fähigkeit, zu Erkenntnissen und Einsichten zu gelangen, Schlüsse zu ziehen, zu urteilen, die Verknüpfung von Elementen zu Zusammenhängen, z. B. zu Zweck-Mittel-Beziehungen. Der Verstand wird unterschieden von der →Wahrnehmung und den →Emotionen, dem Willen und der Vernunft.

**Intellektualisierung:** *Psychoanalyse:* ein Abwehrmechanismus, der zugunsten des Denkens Gefühle zu vermeiden bzw. zu unterdrücken versucht. Beispielsweise spricht ein Mann, der von seiner Frau verlassen wurde, allgemein über sinnvollen Umgang mit Trennungen, um seine Trauer nicht erleben zu müssen.

**Intelligenz** [latein. »Einsicht«, »Verstand«; »Kenntnis«, »Verständnis«]: die integrative Fähigkeit, sich des Verstandes zu bedienen, Wahrnehmung und Emotionen zu verarbeiten, durch Erfahrung zu lernen und neue Situationen zu bewältigen. Ob individuelle Intelligenz in →Intelligenztests gemessen werden kann, ist umstritten.

*Forschungsrichtungen:* In der Forschung existieren unterschiedliche Ansätze: 1. Untersuchungen der menschlichen Intelligenz als gattungsspezifisches Merkmal des Homo sapiens von den Primaten bis heute sowie ihre Ausbildung innerhalb der Menschheitsgeschichte; 2. die experimentalpsychologische und prozessorientierte Vorgehensweise, bei der generelle Denkvorgänge ebenso eine Rolle spielen wie Prozessanalysen bei der Lösung von Intelligenzaufgaben; 3. der entwicklungspsychologische Ansatz, bei dem die Entwicklung der Intelligenz im Lauf der Lebenszeit verfolgt wird; 4. die korrelationsstatistische (→Korrelation) und differenzialpsychologische (→differenzielle Psychologie) Zugangsweise, bei der mithilfe der →Empirie Zusammenhänge mit anderen Merkmalen erkundet und Unterschiede zwischen verschiedenen Menschen festgestellt werden.

*Modelle:* Eine Vielzahl von Bemühungen der Intelligenzforschung gilt der Frage, welche unterscheidbaren Komponenten der Intelligenz existieren. Es lassen sich dabei mehrere Modelle unterscheiden: 1. Globalen Intelligenzmodellen ist die Auffassung gemeinsam, dass Intelligenz eine ganzheitliche Fähigkeit ohne weitere Ausdifferenzierung darstellt (die Pionierarbeit stammt von Alfred Binet und seinem Mitarbeiter Théodore Simon). 2. Das Zweifaktorenmodell von Charles Edward Spearman setzt neben einer generellen homogenen Fähigkeitskomponente, dem →g-Faktor, spezifische Intelligenzfaktoren voraus. 3. Dem Modell mehrerer gemeinsamer Faktoren von Louis Léon Thurstone liegt die Annahme zugrunde, Intelligenz bestehe aus einer Reihe von unabhängigen Faktoren, nämlich den sieben Primärfaktoren Wahrnehmungs- und Auffassungsgeschwindigkeit, Rechenfähigkeit, Wortflüssigkeit, verbales Verständnis, räumliches Vorstellungsvermögen, Merkfähigkeit und Fähigkeit, Regeln zu finden (schlussfolgerndes Denken). 4. Das Intelligenzmodell von David Wechsler stellt ein modifiziertes Zweifaktorenmodell der Intelligenz dar. Intelligenz ist als generelle Intelligenz bestimmt, die ihrerseits aus zwei Faktoren besteht: verbale Intelligenz und praktische Intelligenz. Diese werden wiederum in spezifische Faktoren unterteilt. 5. Hierarchische Intelligenzmodelle gehen von einem generellen Intelligenzfaktor aus und gelangen über Hauptgruppen- und Untergruppenfaktoren zu spezifischen Faktoren. 6. Das Modell von Raymond Bernard Cattell siedelt auf der untersten Ebene

---

**Intelligenz | Neuere Definition**

Während Intelligenz klassisch als allgemeine geistige Fähigkeit zur Anpassung an sich ständig verändernde Bedingungen bzw. zur Problemlösung verstanden wird, heben neuere Ansätze besonders den Aspekt des Selbstmanagements hervor und preisen daher neben der emotionalen Intelligenz die Erfolgsintelligenz als neue und grundlegende Definition der Intelligenz. Der amerikanische Intelligenzforscher Robert J. Sternberg beschreibt sie als einen Komplex aus analytischer, kreativer und praktischer Intelligenz. Er betont, dass es wichtiger ist zu wissen, wann und wie man diese Komponenten angemessen einsetzt, als nur messbar über sie zu verfügen: Am meisten Erfolg haben demnach nicht unbedingt Menschen mit dem höchsten Intelligenzquotienten, sondern Menschen, die ihre Stärken und Schwächen kennen und ihre Fähigkeiten am besten nutzen.

die spezifischen Intelligenzfaktoren an, die mit dem jeweiligen Intelligenztest erfasst werden. 7. Das Modell von Joy Paul Guilford ordnet die Intelligenzleistungen nach fünf Operationen, z. B. Bewertung, sechs Produkten, z. B. Transformationen, und vier Inhalten, z. B. figuralen. Dadurch entsteht ein Quadermodell der Intelligenz mit insgesamt 120 Einheiten.

In neuerer Zeit hat sich die Intelligenzforschung dem Funktionieren des kognitiven Apparats, der in der →kognitiven Psychologie beschrieben wird, sowie den chemischen und neurologischen Bedingungen intelligenten Verhaltens, die in der →Neuropsychologie erforscht werden, zugewendet. Neben dem hier beschriebenen, die kognitiven Funktionen fokussierenden Intelligenzbegriff existieren weitere wie die →emotionale Intelligenz und die Erfolgsintelligenz, die andere Faktoren hervorheben.

**LESETIPPS:**
JEAN PIAGET: *Psychologie der Intelligenz. Neuausgabe Stuttgart (Klett-Cotta)* [10]2000.
JOACHIM FUNKE und BIANCA VATERRODT-PLÜNNECKE: *Was ist Intelligenz? Taschenbuchausgabe München (Beck)* [2]2004.
WOLFGANG REICHEL: *Testtrainer IQ-Tests. Mit Spaß trainieren, erfolgreich testen. Taschenbuchausgabe München (Goldmann)* 2005.

**Intelligenz|alter,** Abk. **IA:** auf Alfred Binets Forschungen zurückgehender Begriff zur Kennzeichnung der intellektuellen Entwicklung eines Kindes. Binet entwickelte Staffeltests, um festzustellen, welche Aufgaben Kinder einer bestimmten Altersstufe in der Regel lösen können. Wenn ein Kind die Aufgaben seiner und der darunterliegenden Altersgruppe bewältigt, so entspricht seine Intelligenz dem seines Lebensjahres. Löst es Aufgaben höherer Altersstufen, so ist sein Intelligenzalter höher als sein Lebensalter, löst es dagegen nur Aufgaben aus jüngeren Altersstufen, so ist sein Intelligenzalter geringer als das Lebensalter. Da ein Intelligenzrückstand von zwei Jahren bei einem Vierzehnjährigen etwas anderes bedeutet als bei einem Fünfjährigen, wurde dieser Begriff zunehmend kritisch gesehen; diese Entwicklung mündete in den Vorschlag, einen →Intelligenzquotienten zu bilden, der heute der Verwendung des Intelligenzalters vorgezogen wird.

**Intelligenzdiagnostik:** die qualitative und quantitative Erfassung der Intelligenz orientiert sich an den allgemeinen Grundlagen der Diagnostik und den psychometrischen Modellen der Intelligenz. Je nach Fragestellung werden →Intelligenztests oder prozessorientierte Vorgehensweisen angewendet, bei denen eher die Denkoperationen im Vordergrund stehen.

Bei Letzteren wird z. B. mithilfe der Methode des lauten Denkens (die Person hat laut über ihre Lösungsschritte zu reflektieren) rekonstruiert, welche einzelnen Schritte vollzogen werden und welche Begründungen für sie angegeben werden.

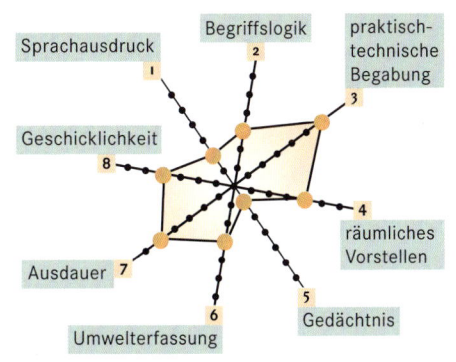

**Intelligenzdiagnostik:** Acht Intelligenzmerkmale ergeben das individuelle Intelligenzfeld nach dem Hamburg-Wechsler-Intelligenztest.

**Intelligenz|entwicklung:** mehrdeutiger Begriff, der zum einen kennzeichnet, wie sich die Intelligenz auf dem Hintergrund der Intelligenzhöhe ausdifferenziert, zum anderen charakterisiert, unter welchen äußeren wie inneren Bedingungen Intelligenz über einen längeren Zeitraum beeinflusst werden kann.

Der erste Aspekt geht mit Fragen der Differenzierungshypothesen der Intelligenz einher. Es lassen sich mindestens folgende Hypothesen unterscheiden: 1. Die Altersdifferenzierungshypothese geht davon aus, dass mit zunehmendem Alter eine Ausdifferenzierung der Intelligenz stattfindet. 2. Die Begabungsdifferenzierungshypothese nimmt auf unterschiedlichen Begabungsstufen unterschiedlich differenzierte Intelligenzstrukturen (Faktorenstrukturen, →Faktorenanalyse) an. 3. Nach der genetischen Begabungsdifferenzierungshypothese erfolgt die Ausdifferenzierung der Intelligenz auf der Basis von Alter und Begabung. 4. Die Leistungsdifferenzierungshypothese macht die Faktorenstruktur von der absoluten Leistungshöhe abhängig. 5. Nach der Persönlichkeitsdifferenzierungshypothese hängt der Ausdifferenzierungsgrad der Intelligenz von der Art Persönlichkeit ab. 6. Die Hypothese der geschlechtsspezifischen Differenzierung nimmt geschlechtsspezifische Faktorenstrukturen an. 7. Nach der Hypothese der schichtspezifischen Differenzierung ergeben sich unterschiedliche Faktorenstrukturen auf der Grundlage verschiedener sozialer Schichten. Allgemein bleibt festzuhalten, dass die Differenzierungshypothesen grundsätzlich richtig sind, dass aber Zweifel daran bestehen, ob die Hypothesen mithilfe der Faktorenanalyse empirisch belegt werden können.

Was den zweiten Aspekt, die individuelle Entwicklung der Intelligenz, betrifft, so gilt als sicher, dass ein Teil durch Vererbung, ein anderer Teil durch Umwelteinflüsse bestimmt wird; der Anteil der beiden Bedingungen lässt sich allerdings nicht allgemein feststellen. Es ist aber klar, dass →Deprivationen Verzögerungen in der Intelligenzentwicklung verursachen und dass andere Risikofaktoren, z. B. Geisteskrankheit der Mutter, Angehörigkeit zu einer Minderheit, die spätere Intelligenzhöhe vorhersagen lassen.

Im Hinblick auf Theorien zur Beschreibung der geistigen Entwicklung hat Jean Piaget mit seinem Modell zur →Denkentwicklung den wohl bedeutendsten Beitrag geleistet.

**Intelligenzpotenz:** das unter standardisierten Bedingungen untersuchte Niveau der intellektuellen Leistungsfähigkeit, zu der jemand unter testleistungsoptimierenden Bedingungen oder mithilfe von pädagogischen Maßnahmen geführt werden kann. Die leistungsoptimierenden Bedingungen werden oft im Kontext von →Lerntests umgesetzt.

**Intelligenzquoti|ent,** Abk. **IQ:** Maß zur Bestimmung der allgemeinen geistigen Leistungsfähigkeit. In der von William Stern 1912 vorgeschlagenen Form gab der Intelligenzquotient das Verhältnis zwischen →Intelligenzalter (IA) und Lebensalter (LA) an: IQ = (IA/LA) × 100. Ein Intelligenzquotient von 120 bei einem zehnjährigen Kind besagte demnach, dass sich das Kind bereits auf dem Intelligenzniveau eines Zwölfjährigen befindet.

Der heute gebräuchliche Intelligenzquotient ist im engeren Sinne gar kein Quotient, sondern ein Abweichungsmaß, das den individuell gemessenen Testwert auf die Verteilung der Testwerte in der Bevölkerung bezieht. Zunächst müssen die Verteilungsparameter (Mittelwert und Standardabweichung) der Testwerte in einer altersgerechten Eichstichprobe bekannt sein. Ein individuell gemessener Wert kann dann in der Form angegeben werden, wie viele Standardabweichungen er über oder unter dem Durchschnitt der Altersgruppe liegt. Zur numerischen Angabe des Intelligenzquotienten werden die Testwerte in der Regel so umgerechnet, dass der Mittelwert 100 und die Standardabweichung 15 beträgt. Ein Intelligenzquotient von 115 bedeutet somit, dass der Testwert eine Standardabweichung über dem Durchschnitt liegt. Bei vorausgesetzter →Normalverteilung lässt sich der Wert so interpretieren, dass nur 16 % der Bevölkerung einen höheren Intelligenzquotienten erzielen würden. Bei einem Intelligenzquotienten von über 130 (2,3 % der Bevölkerung) spricht man von Hochbegabung, ein Intelligenzquotient unter 70 deutet auf eine geistige Behinderung hin.

**Intelligenzstörung:** Einschränkung der geistigen Fähigkeiten. Der Schweregrad solcher Behinderungen reicht von leichten Ausfällen, die durch intensive Frühförderung und eine Sonderschule weitgehend kompensiert werden können, bis zu den schwersten Fällen, in denen die Betroffenen nicht sprechen lernen und ihr Leben lang auf Betreuung angewiesen sind. Die ICD-10 klassifiziert die Schweregrade der Intelligenzstörung mit den Bezeichnungen leichte, mittelgradige, schwere und schwerste Intelligenzminderung; eine weitere Kategorie bildet die **dissoziierte Intelligenz,** bei der Betroffene eine unterschiedlich ausgeprägte Intelligenzminderung in verschiedenen Bereichen aufweisen, und zwar mit einer Differenz von mindestens 15 IQ-Punkten, z. B. zwischen der sprachlichen und der Handlungsintelligenz.

Die Ursachen der Intelligenzstörung können in den Erbanlagen, in den Umständen während der Schwangerschaft und der Geburt (v. a. einem Sauerstoffmangel durch eine Durchblutungsstörung während der Entbindung) oder in Erkrankungen nach der Geburt (z. B. Gehirnentzündungen) liegen. Je leichter eine geistige Behinderung ist, desto schwieriger wird es, sie von emotional bedingten Lernstörungen zu unterscheiden; so lernen z. B. auch geistig normale, aber von ihrer Mutter abgelehnte Babys viel langsamer als Kinder, die ausreichend Zuwendung erhalten.

Zwar kann durch frühe Förderung geistig Behinderter viel erreicht werden, aber ebenso wichtig ist es, auf ihr Wohlbefinden und ihre Ausgeglichenheit zu achten und nicht durch Überforderung mehr zu schaden, als zu nützen. Neben der Frühdiagnose und Frühförderung hat sich in den letzten Jahrzehnten auch die Vorbeugung sehr gebessert. Es gibt Möglichkeiten, genetische Störungen, die zu einer geistigen Behinderung führen, schon in frühen Phasen einer Schwangerschaft zu erkennen und die Schwangerschaft dann abzubrechen; allerdings sind diese Möglichkeiten ethisch nicht unumstritten. Ein Sauerstoffmangel bei der Geburt kann durch genaue Überwachung der Durchblutung des Kindes während der Wehen rechtzeitig erkannt werden; Gehirnentzündungen können durch rechtzeitige Behandlung ohne Komplikationen ausheilen.

## INTELLIGENZSTÖRUNG: KLASSIFIKATION DER INTELLIGENZSTÖRUNG

|  | Vorschulalter: 0–5 Jahre Reife und Entwicklung | Schulalter: 6–21 Jahre Erziehung | Erwachsener: 21 Jahre und älter soziale und berufliche Fähigkeiten |
|---|---|---|---|
| leicht | Von einem zufälligen Beobachter oft nicht als behindert wahrgenommen, ist aber langsamer beim Gehen, selbstständigen Essen und Reden als andere Kinder. | Kann mit Sonderunterricht praktische Fertigkeiten sowie Lesen und Rechnen bis zum Niveau der sechsten Klasse lernen, kann zu sozialer Anpassung angeleitet werden. | Kann meistens soziale und berufliche Fertigkeiten erwerben, die für eine Selbstversorgung ausreichen, braucht teilweise gelegentliche Führung und Unterstützung, so bei ungewöhnlichem Stress. |
| mäßig | Bemerkbare Verzögerungen der motorischen Entwicklung, besonders des Spracherwerbs, kann verschiedene Fertigkeiten erlernen. | Kann einfache Kommunikation lernen, grundlegende Gesundheits- und Hygienegewohnheiten und einfache manuelle Fertigkeiten erwerben, jedoch nicht Lesen oder Rechnen. | Kann einfache Aufgaben unter beschützenden Bedingungen ausführen, nimmt an einfachen Freizeitvergnügen teil, bewegt sich in unbekannter Umgebung allein, kann sich normalerweise nicht selbst versorgen. |
| schwer | Deutliche Verzögerung der motorischen Entwicklung, keine oder kaum eine Kommunikationsfertigkeit, kann manchmal grundlegende Fertigkeiten erlernen, z. B. eigenständig Essen. | Läuft normalerweise, falls nicht spezielle Störungen vorliegen, zeigt etwas Sprachverständnis und einige Reaktionen, Gewohnheiten können systematisch antrainiert werden. | Kann sich an tägliche Routine und wiederholte Aktivitäten anpassen, braucht fortgesetzte Führung und Unterstützung in einer beschützenden Umgebung. |
| stark | Minimale sensomotorische Fähigkeiten, bedarf der Pflege. | Zeigt grundlegende emotionale Reaktionen, lernt manchmal mit einem guten Lehrer, die Beine, Hände und Kiefer zu benutzen, benötigt dauernde Pflege. | Kann eventuell gehen, braucht oft Pflege, kann unter Umständen einfache Dinge sprechen, profitiert im Allgemeinen von regelmäßiger physischer Aktivität, kann sich nicht selbst versorgen. |

Wegen des diskriminierenden Gebrauchs in der Alltagssprache werden die früher gebräuchlichen Begriffe **Schwachsinn**, **Idiotie** und **Imbezillität** heute nicht mehr benutzt. Auch die Begriffe **Debilität**, **Oligophrenie**, **Retardierung** und **geistige Behinderung** werden zunehmend seltener verwendet.

**Intelligenz-Struktur-Test 2000 R:** der →I-S-T 2000 R.

**Intelligenztests:** Testverfahren zur Messung der Intelligenz. Sie unterscheiden sich je nach gegebenem Testziel und zugrunde liegendem Intelligenzmodell. Ein Verfahren, das die allgemeine Intelligenz im Sinne des →g-Faktors erfassen soll, ist daher anders konstruiert als ein Verfahren, das die Primärfaktoren gemäß dem Modell von Louis Léon Thurstone (→Intelligenz) erfassen soll. Im ersten Fall enthält der Intelligenztest eine Reihe von Aufgaben, wobei jede einzelne Aufgabe Aspekte desselben Faktors misst; je mehr Aufgaben eine Person löst, desto höher wird ihre Fähigkeit eingeschätzt. Im zweiten Fall werden Intelligenzstrukturtests vorgegeben. Mit ihrer Hilfe werden spezifische Intelligenzfaktoren in einer Testbatterie erfasst, wobei unterschiedliche Teiltests jeweils einen spezifischen Intelligenzfaktor messen. Auch die Teiltests bestehen aus mehreren Aufgaben. Damit berechtigterweise von einer Struktur der Intelligenz gesprochen werden kann, muss nachgewiesen werden, dass die einzelnen Faktoren unabhängig voneinander sind. Eine Methode, diesen Nachweis zu führen, ist die →Faktorenanalyse.

Gerade zur Erfassung der Intelligenz wurden Gruppentests entwickelt. Hierbei wird für eine Gruppe von Personen das gleiche Verfahren unter standardisierten, d. h. gleichen Bedingungen vorgegeben; die einzelnen Personen müssen aber selbstständig zu ihren Ergebnissen kommen. Bei Einzeltests dagegen sind lediglich zwei Personen beteiligt, ein Testleiter und eine zu testende Person.

Ein wesentliches Problem ergibt sich dann, wenn Intelligenz unabhängig von der jeweiligen Kultur der Testpersonen erfasst werden soll. Es besteht nicht nur bei Vergleichen z. B. zwischen Asiaten und Europäern, sondern ist selbst in der gleichen Kultur gegeben, wenn z. B. Personen verglichen werden sollen, die nicht die gleiche Muttersprache haben. Verfahren, die dieses Problem zu lösen versuchen, sind →Culture-

| IQ | Bezeichnung | Häufigkeit |
|---|---|---|
| über 130 | extrem hohe I. | 2,2 % |
| 120–129 | sehr hohe I. | 6,7 % |
| 110–119 | hohe Intelligenz | 16,1 % |
| 90–109 | durchschnittliche I. | 50,0 % |
| 80–89 | niedrige I. | 16,1 % |
| 70–79 | sehr niedrige I. | 6,7 % |
| unter 70 | extrem niedrige I. | 2,2 % |

**Intelligenztests:** Skala, die dem Hamburg-Wechsler-Intelligenztest für Kinder zugrunde liegt

fair-Intelligenztests. Die Frage z.B. nach dem Oberbegriff von Löffel und Messer lässt sich nur angemessen von denjenigen Personen beantworten, innerhalb deren Kultur diese beiden Gegenstände eine Bedeutung beim Essen haben und die Erfahrung im Umgang mit diesen Esswerkzeugen gesammelt haben.

Die Intelligenztests werden entweder herkömmlich als →Papier-und-Bleistift-Tests vorgegeben, bei denen Testpersonen alle Aufgaben nacheinander bis zu einem Stoppsignal zu bearbeiten haben, oder als computerunterstütztes Verfahren, bei dem sowohl die Austeilung der Aufgaben als auch die Zeit zu ihrer Bearbeitung automatisch durch einen Computer gesteuert wird.

**Intention** [latein. »Aufmerksamkeit«, »Absicht«, eigtl. »Anspannung«]: die persönliche Absicht, der Zweck einer Handlung. Subjektiv wird die Intention empfunden als eine Gerichtetheit, Orientierung und Anspannung bei der Erfüllung von Aufgaben.

**intentionale Erziehung:** im Gegensatz zur funktionalen Erziehung die planvolle, beabsichtigte →Erziehung.

**intentionales Lernen:** eine Form des →Lernens.

**Intentionalität: 1)** *allgemein* alle Formen der Absichtlichkeit; Zielgerichtetheit und -bezogenheit bei Tätigkeiten;

**2)** in der *Phänomenologie* Edmund Husserls das Gerichtetsein des Bewusstseins auf seine Gegenstände: »Bewusstsein ist immer Bewusstsein von etwas.« Alle Akte des Bewusstseins beziehen sich auf intentionale Gegenstände, d.h. das Wahrgenommene, das Vorgestellte, das Gewünschte, bei denen es sich keineswegs um reale Gegenstände handeln muss.

Die frühe deutsche Denkpsychologie (→Würzburger Schule) widmete der Intentionalität von Versuchspersonen bei Experimenten besondere Aufmerksamkeit. Sie definierte sie als einen psychischen Akt, der psychische Inhalte und Gedanken bestimmt und formt. Alle möglichen gedanklichen Voreinstellungen, die Einfluss auf das Erleben der Versuchsperson während des Experiments (und damit auch auf die Ergebnisse) haben, bezeichnete man zusammenfassend als »Aktpsychologie«. Da die Intentionalität nur dem Handelnden zugänglich ist, wurde sie vom →Behaviorismus ausgeklammert.

**Interaktion** [zu latein. inter »zwischen«]: **1)** *allgemein* die wechselseitige Beeinflussung von Komponenten eines Systems.

**2)** in der *Sozialpsychologie* die durch Kommunikation vermittelte wechselseitige Beeinflussung von Individuen oder Gruppen im Hinblick auf ihr Verhalten, ihre Einstellungen usw., z.B. in der Familie oder in der Schulklasse. Einwirkungen können auf den gegenseitigen Erwartungen der Partner (z.B. an Rollenvorstellungen oder Situationsdefinitionen) oder auf der Auslösungs- oder Modellfunktion beruhen, bei der das Handeln der einen Person Anlass für das Handeln der anderen Person ist.

Interaktionen innerhalb von und zwischen Kleingruppen werden in der Interaktionsanalyse durch das von dem amerikanischen Psychologen Robert Fred Bales (* 1916, † 2004) entwickelte sozialpsychologische Kategorien- und Bezugssystem beschrieben, das unter kontrollierten Bedingungen v. a. zur Beobachtung von Gruppenprozessen bei der Entscheidungsfindung und beim gemeinsamen Problemlösen eingesetzt wird. Das Verhalten der Gruppenmitglieder wird von trainierten Beobachtern in zwölf Kategorien (z.B. »stimmt zu«, »fragt nach Meinungen«, »zeigt passive Ablehnung«) beschrieben; die erzielten Häufigkeitsverteilungen erläutern den Lernprozess der gesamten Gruppe.

**3)** in der *Physiologie* die gegenseitige Beeinflussung eintreffender Nervenimpulse.

**4)** in der *Informationswissenschaft* der Dialog von Handlungspartnern. Die vielfache Interaktion von »künstlichen Neuronen« in Simulationsmodellen des neueren Konnektionismus (→neuronale Netze) stellt ein von der Symbolverarbeitung wesentlich verschiedenes Funktionsprinzip mit beachtlichen Leistungen bei der Erklärung der menschlichen →Informationsverarbeitung dar.

**5)** in der *Statistik* die Einflussnahme einer unabhängigen Variablen auf die Wirksamkeit einer anderen unabhängigen Variablen. Besteht zwischen den unabhängigen Variablen A und B eine Interaktion, so bestimmt die Ausprägung von A, in welcher Stärke und Richtung sich Variable B auf die abhängige Größe C auswirkt. Geht man z.B. davon aus, dass ein Lernerfolg von Intelligenz und Motivation abhängt, so kann sich zeigen, dass der durch die Intelligenz bedingte Vorteil nur eintritt, wenn die Motivation ausreichend hoch ist. Bei einer →Varianzanalyse wird neben den Haupteffekten auch diese statistische Wechselwirkung ermittelt.

**interaktionistisches Modell:** Modell in der →Persönlichkeitsdiagnostik.

**Interesse** [zu latein. interesse »von Wichtigkeit sein«]: **1)** *allgemein* Ausdruck von geistiger Anteilnahme und Aufmerksamkeit einer Person oder Sache gegenüber.

2) in der *Psychologie* eine spezielle Motivationsform. Interesse richtet sich auf einen bestimmten Gegenstand oder Gegenstandsbereich. Seine Komponenten sind emotionale und wertbezogene Valenz, d. h. ein als angenehm erlebter Zustand, verbunden mit der Wertschätzung des Gegenstands, mit dem man sich beschäftigt. Interesse kann situativ ausgelöst werden (situatives Interesse), aber auch dauerhaft und dispositionsartig sein (individuelles Interesse). Für die pädagogische Psychologie ist Interesse von Bedeutung, weil es sich auf Lernverhalten, Lernprozesse und Lernleistung auswirkt. Ein Erklärungsversuch für die positiven Wirkungen ist, dass sich das kognitive System, ähnlich wie beim →Glück, auf einem optimalen Niveau befindet. Die emotionale Komponente von Interesse wird oft durch das Heben und Senken der Augenbrauen ausgedrückt.

**Interessenkonflikt:** Konflikt, der entsteht, wenn unterschiedliche Interessen einzelner Personen oder Gruppen aufeinandertreffen, ohne dass ein Ausweichen möglich ist, z. B. Konflikt zwischen einem Unternehmer und seinen Angestellten. Ein solcher Konflikt kann zu →Aggressionen führen. Die gesamte gesellschaftliche Ordnung als Regelsystem dient auch dazu, Interessenkonflikte zu bewältigen, ihnen einen Rahmen zu geben und →Gewalt zu verhindern. Zwischenmenschliche Konflikte sind in der Regel Interessenkonflikte, die – wenn man ein Austragen vor Gericht vermeiden will – in einer →Mediation gelöst werden können.

**Interferenz** [zu latein. ferre »tragen«, »bringen«]: **1)** *allgemein* die Erscheinung, dass ein psychischer Vorgang einen anderen hemmt oder löscht.

**2)** in der *Lernpsychologie* Konkurrenz zwischen neuen und alten Lerninhalten mit der Folge, dass das aktuelle Lernen gestört wird. Bei der retroaktiven Interferenz überlagern neue Informationen die alten Informationen; man vergisst, was man früher gelernt hat. Bei der proaktiven Interferenz stört früher Gelerntes das Behalten von aktuell gelernten Inhalten; d. h., das früher Gelernte ist so dominant, dass es das neue überlagert. In beiden Fällen ist die Interferenz umso stärker, je ähnlicher die früher und später gelernten Informationen sind. Interferenz gilt als eine Erklärung für das →Vergessen.

**interkulturelle Erziehung, multikulturelle Erziehung:** die gemeinsame Erziehung von Kindern und Jugendlichen aus deutschen Familien und Familien mit Migrationshintergrund. Ziel ist heute dabei nicht mehr eine einseitige Angleichung der nicht deutschen Schüler an das deutsche Leben, wie dies in den

**interkulturelle Erziehung:** Das Unterrichten von Kindern verschiedener Nationalität mit sehr unterschiedlichen Sprachkenntnissen und soziokulturellen Hintergründen erfordert eine besondere Qualifikation der Lehrkräfte.

1970er- und 1980er-Jahren unter dem Begriff **Ausländerpädagogik** praktiziert wurde, sondern neben der Integration auch eine Förderung ihrer Identitätsentwicklung, die die jeweilige Herkunftskultur mit einbezieht. Kindergarten und Schule haben dabei eine besondere Aufgabe, die wechselseitige Toleranz und Verständigungsbereitschaft voraussetzt. Zusätzliche Qualifikationen der Erzieher und Lehrer durch Ausbildung sowie Fort- und Weiterbildung sind dabei unerlässlich.

Sprachliche Probleme sind häufig eine große Erschwernis der interkulturellen Erziehung, zumal dann, wenn Klassen mit zahlreichen unterschiedlichen Nationalitäten unterrichtet werden müssen. Der Erwerb und die Beherrschung der deutschen Sprache ist für Kinder und Jugendliche aus nicht deutschen Familien, deren Lebensmittelpunkt in Deutschland liegt, unbedingt für die Teilhabe am Arbeits- und Gesellschaftsleben sowie für die Wahrnehmung politischer Rechte und Pflichten erforderlich. Mehrsprachigkeit und der Umgang mit unterschiedlichen Kulturen können im Zeitalter der Globalisierung und des Zusammenwachsens Europas zudem die Lebenschancen sowohl deutscher als auch nicht deutscher Kinder verbessern.

**interkulturelle Psychologie:** Richtung der Psychologie, die sich mit dem Erleben und Verhalten von Menschen befasst, wenn diese auf Menschen anderer Kulturen treffen. Erforscht werden z. B. mögliche Missverständnisse in der Kommunikation, die aufgrund unterschiedlicher Werthaltungen und Erwartungen entstehen können. Für die Praxis, z. B. für im Ausland tätige Mitarbeiter von Organisationen, werden Konzepte wie die der **interkulturellen Kompetenz** erarbeitet. Zur interkulturellen Kompetenz gehören u. a. die Bereitschaft, fremde Kulturen kennenzulernen; Respekt gegenüber verschiedenen Meinungen sowie gegenüber fremden Sitten und Bräuchen; das Wissen darum, dass ein Sachverhalt von verschiedenen Standpunkten betrachtet werden kann; Fähigkeit zur Empathie. Angesichts des zunehmenden Kontakts von Kulturen infolge von Migrationsbewegungen sowie angesichts zunehmender Internationalisierung der Wirtschaft gewinnt die kulturelle Forschung an Bedeutung.

**internale Attribution:** auf einen selbst bezogene →Attribution.

**Internalisierung:** die →Verinnerlichung.

**Internetsucht:** eine Form der →Computersucht.

**Intersexualität, Herm|aphroditismus** [von griech. Hermaphróditos, dem zum Zwitter gewordenen Sohn der Gottheiten Hermes und Aphrodite]: angeborenes gleichzeitiges Vorhandensein von weiblichen und männlichen körperlichen →Geschlechtsmerkmalen. Die Bezeichnung Intersexualität löst allmählich die Benennungen Hermaphroditismus und **Zwittrigkeit** ab, die einen abwertenden Beiklang haben. Die Bezeichnung »Hermaphroditismus« wird jedoch in der Medizin noch verwendet, wenn bei einem Intersexuellen sowohl weibliches (Eierstöcke) wie männliches (Hoden) Keimdrüsengewebe nachgewiesen wurde (Hermaphroditismus verus). Entspricht das Keimdrüsengewebe dem einen Geschlecht, mindestens ein Teil der übrigen Geschlechtsmerkmale jedoch dem anderen, wird der Ausdruck »Pseudohermaphroditismus« gebraucht, wobei sich der geschlechtsbezeichnende Zusatz »femininus« oder »masculinus« nach dem vorhandenen Keimdrüsengewebe richtet.

Die Intersexualität hat durch das komplexe Zusammenspiel diverser Faktoren bei der embryonalen und pubertären Geschlechtsdifferenzierung vielfältige Ursachen. So kann z. B. eine Geschlechtschromosomenanomalie mit einem überzähligen X-Chromosom, ein Enzymdefekt oder ein Androgenmangelsyndrom aufgrund eines Gendefekts der Grund für Intersexualität sein.

Das Erscheinungsbild der Intersexualität ist ebenfalls vielfältig: Es umfasst eine Vergrößerung der Klitoris bei der Frau ebenso wie einen Mann, der wie eine Frau aussieht. Viele Formen der Intersexualität bleiben zeitlebens unentdeckt. Wenn jedoch bei der Geburt eines Kindes dessen äußeres Genitale weder eindeutig männlich noch eindeutig weiblich ist, beginnt für die Betroffenen oft eine Leidensgeschichte mit zahllosen Untersuchungen, Hormonbehandlungen und Operationen zu einem der beiden Geschlechter. Seit einigen Jahren organisieren sich Intersexuelle in Vereinigungen, die u. a. beklagen, dass sie operiert wurden, ohne dass sie dem zustimmen konnten, und auch, dass ihnen das für ihr Identitätsgefühl falsche Geschlecht zugeordnet wurde. Sie setzen sich dafür ein, dass bei Kindern keine Operation durchgeführt wird, sondern dass die Entscheidung dem später Erwachsenen überlassen wird, ob und zu welchem Geschlecht Eingriffe vorgenommen werden sollen.

**Intervallskala:** eine Form der →Skala.

**Intervention** [spätlatein. »Vermittlung«, »Fürsprache«, eigtl. »das Dazwischentreten«]: Eingreifen, um der Entstehung bzw. Fortdauer psychischer oder körperlicher Störungen entgegenzuwirken, z. B. Psychotherapie, Prävention, Rehabilitation, Beratung oder das Herstellen förderlicher Umgebungsbedingungen; im weiteren Sinn jede therapeutische Handlung, z. B. Anwendung einer Methode.

**Interview** [ˈɪntəvjuː, engl., von französ. entrevue »verabredete Zusammenkunft«]: eine Methode, von einer einzelnen Person oder einer Gruppe durch mündliche Befragung Informationen über einen bestimmten Gegenstand, eine Sache oder eine Person zu erhalten. Hierbei regelt die jeweilige Antwort des Interviewten, welche weitere Frage gestellt wird. Wenn ein Interview bestimmten Regeln folgen soll, gibt es mindestens einen Interviewleitfaden. Er regelt, welche Themen oder Themenschwerpunkte im Interview angesprochen werden sollen, und gibt dem Interviewer einen »roten Faden« an die Hand. Ein Interviewer sollte über prinzipielle Techniken der Gesprächsführung verfügen, damit die Antworten nicht durch die Art des Interviews vorbestimmt sind.

Üblicherweise werden Interviews aufgenommen (Tonband- oder Videoaufzeichnung) und anschließend in Textform (Transkription) gebracht, um eine inhaltsbezogene Auswertung durchzuführen. Zwischen einem rein mündlich vollzogenen Interview und einer ausschließlich schriftlichen Befragung (→Fragebogen) gibt es kontinuierliche Übergänge.

**Intimität** [zu latein. intimus »innerst«, »vertrautest«]: Gefühl der Nähe und Vertrautheit. Intime Inhalte sind oft persönliche Erinnerungen, erotische Gefühle, Ängste und Schwächen: Merkmale, die eine Person nur den Menschen eingestehen will, denen sie vertraut, auf deren Wohlwollen und Diskretion sie sich verlassen kann. Die →Intimsphäre ist durch eine Schamgrenze vor dem Einblick und Mitwissen nicht einbezogener Personen geschützt.

In der Psychotherapie wird Intimität auf professionelle Weise hergestellt und in den meisten Fällen auch durch die Abstinenz (→ Abstinenzregel) des Therapeuten und seine Schweigepflicht geschützt; es gilt als Kunstfehler, diese Intimität zu körperlichen Kontakten zu nutzen, auch wenn die Therapie offiziell beendet ist.

**Intimsphäre:** privater Bereich des Menschen, der für die Umwelt tabuisiert ist. Die Intimsphäre ist allerdings gesellschaftlichen Einflüssen nicht wirklich entzogen, da z. B. bereits sozial festgelegt ist, was in die Intimsphäre gehört und was nicht. Eine sichtbare Grenze der Intimsphäre ist die verschlossene Tür, hinter der sich z. B. die Sexualität abspielt. In die Intimsphäre fällt das durch Verschwiegenheit bewahrte Geheimnis, das oft auch die religiösen Vorstellungen, den Aberglauben und andere von den Hauptströmungen der Gesellschaft abweichende Verhaltensmuster schützt. Intimsphären sind auch kulturell bedingt. So ist es z. B. in manchen Ländern üblich, offen über das Gehalt eines Angestellten zu sprechen, in anderen gilt das als »zu intim«; auch die Unterschiede in der öffentlich zugelassenen Erotik sind in verschiedenen Kulturen sehr ausgeprägt. Die Intimsphäre ist gesetzlich geschützt, z. B. durch das Briefgeheimnis, die ärztliche Schweigepflicht, das Bankgeheimnis.

**intrapsychisch** [zu latein. intra »innerhalb«]: alle Vorgänge, die sich im inneren, subjektiven → Erleben abspielen.

**intrinsische Motivation** [von engl. intrinsic »eigentlich«, »innerlich«]: diejenigen Beweggründe des Handelns, die aus einem inneren Antrieb entstehen. Die innere Bereitschaft, etwas zu tun, hängt v. a. von den persönlichen → Interessen 2) ab. Wird die Ausführung einer Tätigkeit positiv erlebt, fördert dies die intrinsische Motivation. Künstlerische, kreative Prozesse sind oft von einer Lust am Tun angeregt und weniger durch externe Faktoren (Bezahlung, Anerkennung).

Von **extrinsischer Motivation** spricht man, wenn die Motivation nicht in der Person, der Sache oder der Handlung liegt, sondern von außen kommt; extrinsische Motivation ist auch die Motivation zum Erreichen eines Ziels, bei der kein äußerer Druck bestehen muss. Extrinsisch motiviert ist z. B. ein Schüler, der deshalb lernt, weil er Druck von den Eltern bekommt, ebenso der Schüler, der keinen Druck von den Eltern bekommt, aber das Ziel hat, das Abitur zu machen und zu studieren.

Viel diskutiert und umstritten ist der **Korrumpierungseffekt,** d. h. die Verdrängung der intrinsischen Motivation durch die extrinsische: Wird eine Person für eine intrinsisch motivierte Tätigkeit belohnt, glaubt diese in Zukunft, die Tätigkeit aufgrund der Belohnung, nicht aufgrund inneren Antriebs auszuführen (»Ich mache das gar nicht so gern, ich mache das für die Belohnung.«), deshalb führt die Person die Tätigkeit auch weniger oft aus.

**Introjektion** [zu latein. intro »hinein«, »nach innen«]: *Psychoanalyse:* ein Abwehrmechanismus, bei dem fremde Eigenschaften, z. B. die Einstellung des Vaters »Zeige keine Gefühle«, in die eigene Person übernommen werden, wobei die Person glaubt, es seien die eigenen Eigenschaften; Introjektion ist eine Form der Verinnerlichung. Der Begriff Introjektion wird v. a. in der von Melanie Klein begründeten psychoanalytischen Schule verwendet und bezeichnet dort die unverarbeitete Hereinnahme ganzer oder partieller Objekte und unverarbeiteter Erlebnisse oder traumatischer Situationen ins eigene Ich oder Ichideal. Durch die fehlende Verarbeitung und fehlende Angleichung an die eigene Person können Introjekte zu psychischen Störungen führen, z. B. zu einer Panikstörung.

**Introspektion** [zu latein. specere »sehen«], **Selbstbeobachtung:** eine besondere Form der Beobachtung, bei der Beobachter und beobachtete Person identisch sind. In der Psychologie war die Introspektion zunächst auf das eigene

**Intimsphäre:** Das Bedürfnis nach Privatheit wird sowohl durch psychosoziale Verhaltensweisen wie Taktgefühl als auch durch gesetzliche Bestimmungen wie das Briefgeheimnis geschützt (»Brieflesendes Mädchen« von Jan Vermeer, um 1658).

Bewusstseinsgeschehen gerichtet. Die Pioniere der deutschen Denkpsychologie (Gestaltpsychologie, Würzburger Schule) arbeiteten mit der Introspektion. Die Versuchspersonen beobachteten ihre Gedanken während der Experimente und teilten sie dem Versuchsleiter direkt oder in der Rückschau mit. So wurden Gedankenformen und die →Intentionalität analysiert.

Heutige Denkpsychologen lehnen die Introspektion, v. a. ihrer mangelnden Objektivität wegen, weitgehend ab. Einen Aufschwung erlebt diese Methode dagegen in der Angewandten Psychologie, besonders in der Gesundheitspsychologie und der Sportpsychologie. Sportler beobachten ihre Gedanken während Training und Wettkampf, um zu analysieren, wie die mentale Einstellung zu verbessern ist. In der Gesundheitspsychologie leiten Psychologen Patienten in der Rehabilitation dazu an, sich selbst, ihre Einstellung und ihre Körperfunktion besser zu beobachten, um Rückfällen und weiteren Krankheiten (z. B. einem erneuten Herzinfarkt) vorzubeugen.

**Introspektionsfähigkeit:** Fähigkeit, die eigenen inneren Vorgänge wahrzunehmen, z. B. Gefühle, Gedanken, Wünsche, Körpervorgänge. Eine mindestens durchschnittliche Introspektionsfähigkeit ist Voraussetzung für alle tiefenpsychologischen Verfahren, während sie bei verhaltenstherapeutischen Verfahren zwar hilfreich, aber nicht unbedingt erforderlich ist.

**Introversion** [zu latein. versio »Wendung«]: 1) von C. G. Jung geprägte Bezeichnung für die Eigenart eines Persönlichkeitstyps, der u. a. durch eine gesteigerte Selbstbezogenheit, Kontaktarmut, Verschlossenheit, Reserviertheit, Entscheidungsunfreudigkeit und Misstrauen gegenüber Mitmenschen gekennzeichnet sein soll.

2) Faktor im →Fünffaktorenmodell der Persönlichkeit.

**Intuition** [mittellatein. »unmittelbare Anschauung«]: das unmittelbare, ohne langes Nachdenken vollzogene Erfassen von Erkenntnissen und Ideen. Im Gegensatz zum analytischen →Denken ist das intuitive Denken einfalls- oder eingebungsartig. Es klärt schlagartig Zusammenhänge oder zeigt Lösungswege.

Neuere Untersuchungen wie die von dem deutschen Psychologen Gerd Gigerenzer (* 1947) zeigen, dass intuitive Entscheidungen oft die besseren sind als solche, die aufgrund von Nachdenken, Einholen von Informationen, Abwägen etc. gefällt werden. Das gilt allerdings in der Regel für Menschen mit viel Erfahrung auf einem Gebiet. Es wird angenommen, dass unbewusst auf ein bereits angesammeltes umfangreiches Wissen zurückgegriffen wird, weswegen auch von einem impliziten Wissen, gefühlten Wissen oder von unbewusster Intelligenz gesprochen wird. Menschen mit weniger Erfahrung hingegen sollten nicht so sehr auf ihr »Bauchgefühl« vertrauen. Intuition bei geringem Wissen und auch bei Wissen aus dritter Hand, statt aus eigener Erfahrung (z. B. Berichte über ein Land, ohne selbst dort gewesen zu sein), führt vielmehr zu Fehlurteilen wie im Fall von →Vorurteilen. Aber auch einige Experten sind mit dem rationalen Denken besser beraten, und zwar solche wie Richter, bei denen es wichtig ist, jeden einzelnen Sachverhalt gesondert zu betrachten.

Daneben weisen Untersuchungsergebnisse darauf hin, dass Menschen, die sich auch von ihrer Intuition leiten lassen, zufriedener sind als Menschen, die einseitig ihren Verstand nutzen. Letztgenannte seien eher Perfektionisten, die für ihre Entscheidungen viele Informationen benötigen oder oft unsicher sind, weil sie das Gefühl haben, nicht genügend Informationen für ihre Entscheidung berücksichtigt zu haben.

Zur Intuition wird derzeit u. a. durch Neuropsychologen verstärkt geforscht; die bisherigen Ergebnisse relativieren ebenfalls die vermeintliche Überlegenheit des analytischen Denkens gegenüber der Intuition. Die Bezeichnungen **intuitive Theorie**, **intuitive psychologische Theorie** und **intuitive Psychologie** werden z. T. synonym mit →Theory of Mind und z. T. synonym mit →Alltagspsychologie gebraucht.

**LESETIPPS:**
CHRISTINE KLAPPACHER: *Implizites Wissen und Intuition. Warum wir mehr wissen, als wir zu sagen wissen. Die Rolle des impliziten Wissens im Erkenntnisprozess.* Saarbrücken (Vdm) 2006.
GERD GIGERENZER: *Bauchentscheidungen. Die Intelligenz des Unbewussten und die Macht der Intuition.* München (Bertelsmann) 2007.
BAS KAST: *Wie der Bauch dem Kopf beim Denken hilft. Die Kraft der Intuition.* Frankfurt am Main (Fischer) 2007.

---

**Intuition | Besserer Ratgeber**

In der Regel wird davon ausgegangen, dass rationale Entscheidungen die besseren sind als die intuitiven. Das ist aber nur zum Teil richtig: Menschen mit viel Erfahrung auf einem Gebiet kommen zu besseren Lösungen, wenn sie auf ihr Bauchgefühl hören. Denken sie viel nach, erzielen sie eher schlechte Ergebnisse. Es gibt also ein unbewusstes Wissen, dessen Abrufen gerade durch das analytische Denken gestört werden kann. Viele Berufsgruppen, z. B. Feuerwehrleute oder Unfall-Ärzte, die schnell entscheiden müssen, kämen ohne ihr intuitives Wissen gar nicht aus. Forscher raten deshalb, die Intuition nicht generell zu verteufeln, sondern sich ihrer auch zu bedienen.

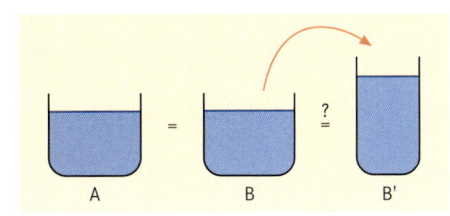

**Invarianz:** Aufgabe zur Invarianz des Volumens

**Invarianz:** die Tatsache, dass zentrale Eigenschaften bei Transformation eines Objekts zu einer neuen Form oder Beschaffenheit in der Wahrnehmung konstant bleiben. In der Psychologie wurde die Invarianzvorstellung systematisch von Jean Piaget mit Experimenten an Kindern erforscht. Bekannt wurden die Umschüttexperimente, bei denen Flüssigkeit von einem breiten und niedrigen Behälter in einen schmalen und hohen zu füllen war (oder umgekehrt). Die Invarianz des Volumens, trotz veränderter Form der Flüssigkeit, erkannten Kinder erst ab dem Alter von sieben Jahren: Jüngeren Kindern fehlt noch die Fähigkeit zur kognitiven Umstrukturierung. Erst wenn das Kind im Geist den Vorgang des Umschüttens nochmals umkehrt, erkennt es die Invarianz des Volumens. Piaget nannte dies kognitive Reversibilität.

Die Invarianz eines Objekts, das aus dem Gesichtsfeld verschwindet und später wieder auftaucht, bezeichnete Piaget als **Objektpermanenz.** Objektpermanenz, die auch selten Objektkonstanz genannt wird, wird schon vor Abschluss des ersten Lebensjahres erkannt.

**Inversion** [latein. »Umkehrung«]: **1)** in der *Wahrnehmungspsychologie* das spontane oder durch Verlagerung der perspektivischen Betrachtungsweise zustande kommende raumbildliche Umspringen, »Kippen« wahrgenommener optischer Gestalten. Das zeigt sich z. B. bei →Kippfiguren. Ein typisches Beispiel ist der →Necker-Würfel.

**2)** *Psychoanalyse:* v. a. von Sigmund Freud gebrauchte, heute veraltete Bezeichnung für die Ausrichtung oder Verlagerung des Geschlechtstriebs auf gleichgeschlechtliche Partner (→Homosexualität).

**Inzest** [latein.]: durch Gesetz verbotener Geschlechtsverkehr zwischen Eltern und Kindern oder zwischen Geschwistern. Nach Auffassung der klassischen Psychoanalyse haben Menschen im Laufe ihrer frühkindlichen Entwicklung das Verlangen nach solchen Beziehungen, dessen (unzureichende) Bewältigung zu frühen prägenden seelischen Konflikten führen kann.

Das **Inzesttabu** (Inzestschranke, Inzestverbot) ist das in fast allen Kulturen bekannte Phänomen des sozialen Verbots des Inzests.

Nach Sigmund Freud ist dieses Verbot eine wesentliche Voraussetzung für die Entwicklung der menschlichen Kultur. In der psychoanalytischen Theorie spielt das Inzesttabu im Zusammenhang mit dem →Ödipuskomplex eine wichtige Rolle. Während die ödipale Fantasie eine die Entwicklung fördernde Fantasie ist, führt die Überschreitung des Inzesttabus zu einer Traumatisierung des Kindes (→sexueller Missbrauch) und zu einer Zerstörung der ödipalen Fantasien.

Aus der Sicht der Evolutionspsychologie ist das Verbot des Inzests sinnvoll für das Überleben der Art, weil bei innerfamiliären Partnern die Gefahr zu groß ist, nicht gesunde Kinder zu bekommen. Im Gegensatz dazu wird der Genpool erweitert, wenn Nichtblutsverwandte Nachkommen haben.

**inzidentelles Lernen:** eine Form des →Lernens.

**Inzidenz** [zu latein. incidere »begegnen«, »befallen«]: in der *Epidemiologie* die Anzahl der neu aufgetretenen Fälle einer Störung oder Krankheit während eines bestimmten Zeitraums in einer definierten Personengruppe, meist der Bevölkerung. Eine Inzidenz von 1 % jährlich bedeutet, dass in jedem Jahr 1 % der untersuchten Personengruppe an dieser Störung erkrankt. Davon zu unterscheiden ist die →Prävalenz, die sich auf die Anzahl der (neu oder schon bisher) erkrankten Fälle bezieht.

**IQ:** →Intelligenzquotient.

**Ironie** [griech., eigtl. »Verstellung«]: Redeweise, bei der das Gegenteil des eigentlichen Wortlauts gemeint ist. Ironie als rhetorisches Mittel kann sich von ironischer Anspielung, spielerischem Spott und Polemik bis zum Sarkasmus steigern.

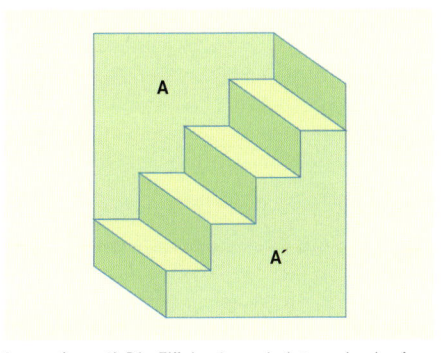

**Inversion: 1)** Die Fläche A erscheint wechselweise vor oder hinter der Fläche A' liegend.

**Irradiation 3):** Das helle Quadrat auf dunklem Grund scheint größer zu sein als das gleich große Quadrat auf hellem Grund, da die unscharf abgebildeten Randgebiete der Felder jeweils dem helleren Feld zugeordnet werden.

**Irradiation** [spätlatein. »Bestrahlung«]: **1)** *allgemein* das Ausstrahlen bzw. das Hinübergreifen von einem Bereich auf den anderen.

**2)** in der *Physiologie* die Ausbreitung von Nervenerregungen, besonders von Schmerzen, in ein anderes anatomisches Gebiet, in dem keine Reizung der Sinnes- und Nervenzellen hervorgerufen wurde. Beispielsweise strahlt der Schmerz bei einem Herzinfarkt über den gesamten oberen Brustraum bis hin in den linken Unterarm aus.

**3)** in der *Wahrnehmungspsychologie* eine →optische Täuschung, bei der die auf der Netzhaut gereizten Sinneszellen in andere Bereiche strahlen, sodass die Reizvorlage verzerrt wahrgenommen wird. So gibt es die optische Täuschung durch Simultankontrast (→Kontrast), dass helle Objekte auf dunklem Hintergrund größer erscheinen als objektiv gleich große dunkle Gegenstände auf hellem Hintergrund.

**Irrationalität** [zu latein. irrationalis »unvernünftig«]: die Gesamtheit aller Einstellungen zur Realität, die sich nicht durch die kulturell akzeptierten Gesetze des Verstandes einsichtig machen lassen. Alles, was für den Verstand nicht erfassbar ist und dem logischen Denken widerstreitet, wird als irrational bezeichnet.

Irrationales Denken zeichnet sich in Abgrenzung zum rationalen Denken dadurch aus, dass der Betreffende Bezüge zwischen Objekten, Personen oder Ereignissen herstellt, die man normalerweise nicht sieht. Dies kann Quelle von künstlerischer Produktion sein. Irrationale Denkweisen zeichnen sich auch dadurch aus, dass man Erklärungen für menschliches Leben und Leiden in nicht wissenschaftlichem Gedankengut sucht, z. B. im Glauben, vom Teufel besessen zu sein.

Irrationalität als Haltung und Erkenntnisquelle wird positiv oder negativ bewertet. Positiv gewendet sind solche irrationalen Erkenntnisse, die aus nicht rationalen oder vorrationalen Eigenschaften des Menschen – wie z. B. Intuition, Gefühlszuständen, Liebe – entspringen. Deren Ergebnisse unterliegen anschließend der Überprüfung durch den Verstand. Negativ gewertet bedeuten irrationale Einstellungen und Handlungen eine Verkennung der Anforderungen der Realität und damit eine Nichtanpassung an die Wirklichkeit. Die Folge sind psychische Krankheiten und soziale Ausgrenzung des Betroffenen.

**Irresein:** veraltete Bezeichnung für psychische Erkrankungen, v. a. in der von Emil Kraepelin geprägten Zusammensetzung »manisch-depressives Irresein« (das heute als →affektive Störung bezeichnet wird).

**Isolation, seelische:** innere Einsamkeit einer Person. Sie kann durch äußere Verhältnisse oder psychische Störungen bedingt sein. So sind ältere Menschen, die ihren Lebenspartner verlieren oder aus ihrer gewohnten Umgebung herausgerissen und in ein Pflegeheim gebracht werden, stark von seelischer Isolation bedroht, auch wenn sie durchaus (oberflächliche) Beziehungen zu anderen Menschen anknüpfen und unterhalten. Zu den psychischen Ursachen zählen u. a. eine gesteigerte Empfindlichkeit, Misstrauen, →Misserfolgserwartungen und eine depressive Grundhaltung. Dabei kann ein Teufelskreis entstehen, der die Isolation vertieft: Seelisch isolierte Menschen neigen dazu, die Beziehungen, die sie nach langer Vermeidung endlich doch anknüpfen, zu überschätzen und zu überfordern. Der Liebespartner soll z. B. schon nach kurzer Bekanntschaft entscheiden, ob er eine feste Beziehung aufbauen will; wenn er zögert, bestätigt er die ursprüngliche Angst, dass eine vertrauensvolle Beziehung ohnehin nicht möglich ist. Der an sich hoffnungsvolle Anfang wird entwertet, durch radikalen Rückzug entsteht eine neue Isolation.

**Isolierung** [von ital. isolare »abtrennen«, eigtl. »zur Insel machen«]: *Psychoanalyse:* ein Abwehrmechanismus, bei dem entweder ein Affekt aus dem Bewusstsein ferngehalten wird oder bei dem die Zusammenhänge zwischen verschiedenen Bereichen, z. B. zwischen Impuls und Gedanken, getrennt gehalten werden. Bei der Isolierung vom Affekt werden Gefühle unbewusst unterdrückt, meist Aggressionen, die Person erlebt diese Gefühle nicht mehr. Bei der Isolierung aus dem Zusammenhang unterdrückt z. B. eine Mutter, die Tötungsimpulse gegenüber dem Kind verspürt, die Motive zu diesen Impulsen, der Gedanke »Ich liebe mein Kind nicht nur, ich hasse es auch« würde zu sehr Schuldgefühle auslösen. So bleibt der Impuls als etwas Merkwürdiges, Unerklärliches. Der Abwehrmechanismus Isolierung ist charakteristisch für die →Zwangsstörung.

**I-S-T 2000 R,** Abk. für **Intelligenz-Struktur-Test 2000 R:** ein Intelligenztest für Jugendliche ab 15 Jahren und Erwachsene. Der I-S-T 2000 R ist ein →psychometrischer Test; er erfasst verbale, figural-räumliche und rechnerische Intelligenz, figurale Merkfähigkeit, schlussfolgerndes Denken, verbales Wissen, figural-bildhaftes und numerisches Wissen sowie fluide und kristallisierte Intelligenz. Er ist modular aufgebaut, d. h., es können je nach Fragestellung auch nur Teile des Tests verwendet werden. Die Bearbeitungszeit des Grundmoduls liegt bei ca. 80 Minuten, die Gesamtbearbeitungszeit bei ca. 130 Minuten.

**Item** ['aɪtəm, engl. »etwas einzeln Aufgeführtes«]: die kleinste Einheit in einem psychologischen Test oder Fragebogen, d. h. eine zu bearbeitende Aufgabe oder Frage. Items können mit einer offenen Beantwortung oder mit Antwortvorgaben einhergehen. Bei der offenen Beantwortung kann der Befragte die Antwort frei gestalten, zumeist erfolgt dies schriftsprachlich. Bei Antwortvorgaben wählt der Befragte unter mehreren Antwortalternativen aus (Multiple-Choice-Verfahren). Erfordert die Anwort eine abgestufte Schätzung, spricht man von einer Ratingskala. Derart abgestufte Antwortalternativen können verbal (z. B. »immer«, »häufig«, »selten«, »manchmal«, »nie«), durch Zahlenwerte (z. B. »Sympathie« −5 bis +5), Schulnoten oder grafisch (lächelnde oder unfreundliche Smileys) dargestellt werden. Bei Items in Aussageform gibt der Befragte an, ob und gegebenenfalls in welchem Maße er der Aussage zustimmt. Das Ausmaß der Zustimmung hat im einfachsten Fall zwei Stufen (»trifft zu«, »trifft nicht zu«) oder wird differenzierter mit weiteren Stufen ausgedrückt (»trifft kaum zu«).

Bei der Auswertung des Tests bzw. Fragebogens werden in der Regel mehrere Items, die dasselbe Konstrukt erfassen, zu einer Skala zusammengefasst. Bei Leistungstests wird die Anzahl richtiger Antworten pro Skala addiert. Bei Persönlichkeitstests oder Einstellungsfragebögen werden gestufte Antworten in Punktwerte übersetzt und deren Summe gebildet. Zur Auswertung offener Antworten werden zumeist →qualitative Methoden herangezogen.

**Item|analyse** ['aɪtəm-], **Aufgaben|analyse:** Teilschritt bei der Konstruktion von Tests, bei dem Items auf ihre Brauchbarkeit für die Erfassung eines Merkmals überprüft werden. Ein Kriterium hierbei ist, ob das Item zwischen Personen mit hoher oder niedriger Merkmalsausprägung differenziert. Auch von der Schwierigkeit einer Aufgabe hängt die Güte eines Items ab. Lösen nur wenige Personen das Item, so ist es schwer; lösen es dagegen viele, so ist es leicht. In der Regel werden innerhalb der klassischen →Testtheorie solche Items bevorzugt, die einen mittleren Schwierigkeitsgrad haben. Mit ihnen wird gewährleistet, dass die Verteilung der Testwerte (Anzahl der richtig gelösten Aufgaben) eher eine Normalverteilung beschreibt; dies hat für eine weitere Berechnung von Statistiken erhebliche Vorteile.

# J

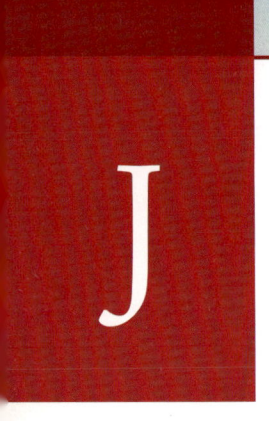

**Jahrgangsklassen:** Schulklassen, in denen Schüler unterrichtet werden, die (in der Regel) im gleichen Jahr geboren wurden. Die Zuordnung von Schülern zu Jahrgangsklassen anhand ihres Alters geht von der Annahme aus, dass gleich alte Kinder und Jugendliche in etwa auch gleich leistungsfähig seien. Mit Maßnahmen der →Differenzierung 2) versucht man, den individuellen Unterschieden in Leistungsfähigkeit, Interessen und Lerntempo Rechnung zu tragen.

*Geschichte:* Noch bis ins 19. Jh. hinein dominierten an höheren Schulen leistungsspezifische Fachgruppen. Ein Schüler konnte z. B. im selben Schuljahr Mathematik in einer niederen und Deutsch in einer höheren Klassenstufe lernen. Die Volksschule bestand damals aus nur einer Klasse, in der die Schüler je nach ihrer Leistung gesetzt wurden. Das System der Jahrgangsklassen wurde in Gymnasien ab 1820, in Volksschulen weit später und schrittweise eingeführt. Die Schwierigkeiten, die sich durch die Jahrgangsklassen ergaben, z. B. durch Nichtversetzung, waren u. a. für den deutschen Reformpädagogen Peter Petersen Anlass, im Rahmen des von ihm entwickelten Schulmodells (→Jena-Plan) altersheterogene Gruppen zu schaffen.

**Jähzorn:** aggressiver Erregungsausbruch aufgrund eines Affektstaus oder übermäßiger (bis krankhafter) Reizbarkeit. Jähzorn ist eine Folge mangelnder Selbststeuerung und kann mithilfe einer Psychotherapie eingedämmt werden.

**James** [dʒeɪmz], William: amerikanischer Anatom, Psychologe und Philosoph, * New York 11. 1. 1842, † Chocorua (N. H.) 26. 8. 1910; war Professor in Harvard, wo er das erste psychologische Universitätsinstitut der USA einrichtete und den →Funktionalismus in der Psychologie mit entwickelte. Seine zentrale Annahme war, dass die seelischen Vorgänge einen kontinuierlichen Strom von Bewusstseinszuständen darstellen (»stream of consciousness«). Sehr bekannt wurde u. a. seine Gefühlstheorie (James-Lange-Theorie). James war auch Mitbegründer der Philosophie des Pragmatismus, dessen Grundgedanke sein gesamtes Werk durchzieht.

**Janov** [ˈdʒænɒv], Arthur: amerikanischer Psychologe und Psychotherapeut, * Los Angeles (Calif.) 21. 8. 1924; arbeitete zunächst als Psychotherapeut psychoanalytischer Richtung in Kliniken und 1952–67 in freier Praxis. 1967 entwickelte Janov die →Primärtherapie, die er 1970 erstmals in einem Buch beschrieb (deutsch: »Der Urschrei«), in mehreren Behandlungs- und Ausbildungsinstituten ausübte und bis heute noch lehrt.

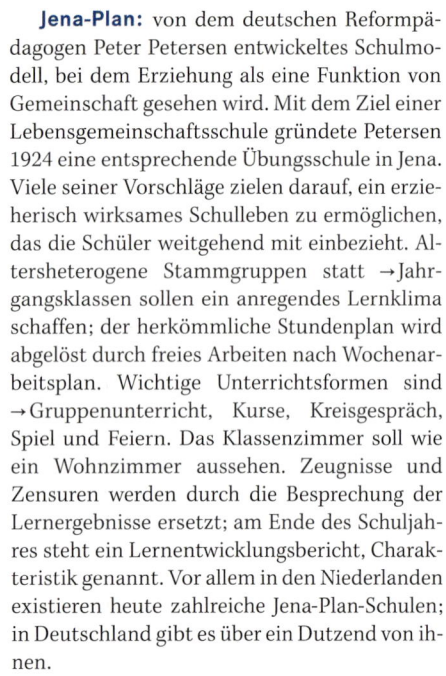

William James

**Jena-Plan:** von dem deutschen Reformpädagogen Peter Petersen entwickeltes Schulmodell, bei dem Erziehung als eine Funktion von Gemeinschaft gesehen wird. Mit dem Ziel einer Lebensgemeinschaftsschule gründete Petersen 1924 eine entsprechende Übungsschule in Jena. Viele seiner Vorschläge zielen darauf, ein erzieherisch wirksames Schulleben zu ermöglichen, das die Schüler weitgehend mit einbezieht. Altersheterogene Stammgruppen statt →Jahrgangsklassen sollen ein anregendes Lernklima schaffen; der herkömmliche Stundenplan wird abgelöst durch freies Arbeiten nach Wochenarbeitsplan. Wichtige Unterrichtsformen sind →Gruppenunterricht, Kurse, Kreisgespräch, Spiel und Feiern. Das Klassenzimmer soll wie ein Wohnzimmer aussehen. Zeugnisse und Zensuren werden durch die Besprechung der Lernergebnisse ersetzt; am Ende des Schuljahres steht ein Lernentwicklungsbericht, Charakteristik genannt. Vor allem in den Niederlanden existieren heute zahlreiche Jena-Plan-Schulen; in Deutschland gibt es über ein Dutzend von ihnen.

**Johnson** [ˈdʒɔnsn], Virginia Eshelman: amerikanische Psychologin, * Springfield (Mo.) 11. 2. 1925; gehört zusammen mit W. Masters zu den Begründern der experimentellen Sexualforschung (→Sexualtherapie).

**Juckreiz, psychogener:** von der äußeren Haut oder bestimmten Schleimhautbereichen ausgehender Reiz mit kribbelndem, brennendem oder stechendem Charakter, der mit dem Versprechen eines potenziellen Lustgewinns durch Reiben, Kratzen oder Scheuern einhergeht. Wie stark der Juckreiz psychisch mit bedingt ist, erkennt man daran, dass viele Menschen ihn verspüren, wenn sie nur an Hautjucken denken. Bei Erkrankungen wie der →Neurodermitis wird das Leiden durch Kratzen erheblich verschlimmert; es ist daher notwendig, dass die Patienten erlernen, ihre Kratzimpulse möglichst zu beherrschen, was durch →Autohypnose erleichtert werden kann. In den seltenen Fällen von Dermatozoenwahn sind die Betroffenen überzeugt, ihr Juckreiz, für den kein Arzt eine Erklärung findet, sei durch einen bisher unbekannten Parasiten verursacht, der sich in ihrer Haut eingenistet habe.

**Jugendalter:** die zwischen Kindheit und Erwachsenenalter liegenden Entwicklungsphasen →Pubertät und →Adoleszenz. Mit den Besonderheiten des Jugendalters befasst sich die →Jugendpsychologie.

Jugend ist heute zunehmend von Ungleichzeitigkeiten geprägt: Einerseits wird die Fortpflanzungsfähigkeit (zu Beginn des Jugendalters) immer früher erreicht; andererseits verschieben immer längere Ausbildungszeiten und materielle Abhängigkeiten die vollständige Übernahme der Erwachsenenrolle (→Postadoleszenz). Auch der rechtliche Status wird schrittweise erweitert: Die Rechtsprechung geht vom 14. Geburtstag als Beginn der Jugendzeit aus; damit verbunden ist die Religionsmündigkeit und die beschränkte strafrechtliche Deliktfähigkeit. Mit Ende des 18. Lebensjahrs ist die volle Geschäftsfähigkeit erreicht; auch die politischen Rechte sind überwiegend an dieses Alter geknüpft. Andererseits gilt für Jugendliche zwischen 18 und 21 Jahren noch nicht in jedem Fall das Erwachsenenstrafrecht. Kindergeld gewährt der Staat je nach Voraussetzung bis zum vollendeten 27. Lebensjahr. Bundesländer experimentieren mit dem Kommunalwahlrecht für Jugendliche ab dem 16. Geburtstag; auch das volle Wahlrecht ab diesem Alter wird diskutiert.

**Jugendberatung:** Mitte der 1970er-Jahre entstandener Sammelbegriff für ein breites Spektrum spezifischer Maßnahmen im Bereich der →Jugendhilfe. Zur Jugendberatung werden neben Erziehungs- und Familienberatung psychosoziale und schulpsychologische Beratung gerechnet, aber auch Berufs-, Drogen-, Aids- und Sexualberatung sowie Beratung im Rahmen von Sozialarbeit (z.B. Unterbringungshilfen). Jugendberatung versteht sich weitgehend als aufsuchende, ambulante Beratung (→Streetwork), die oft stadtteilbezogen erfolgt, um den Jugendlichen in ihrer persönlichen, sozialen und schulischen oder beruflichen Umgebung gerecht zu werden.

**Jugenddelinquenz:** die →Delinquenz.

**Jugendfeier:** die →Jugendweihe.

**Jugendhilfe:** Sammelbezeichnung für alle Einrichtungen, Dienste, Maßnahmen und Aktivitäten, wie sie das Kinder- und Jugendhilfegesetz (KJHG) vom 26. 6. 1990 zur Förderung der Entwicklung und Erziehung junger Menschen zu eigenverantwortlichen, gemeinschaftsfähigen Persönlichkeiten vorsieht. Das KJHG hat das seit dem 1. 4. 1924 gültige, trotz zahlreicher Änderungen als nicht mehr zeitgemäß empfundene Jugendwohlfahrtsgesetz (JWG) abgelöst, dem gegenüber es ein gewandeltes Verständnis der Jugendhilfe sowie einen weit stärker an der individuellen Lebenssituation von Kindern, Jugendlichen und Eltern orientierten Leistungs- und Aufgabenkatalog festschreibt. So soll v.a. die Unterbringung von Kindern und Jugendlichen in Heimen und Pflegestellen zugunsten familienunterstützender bzw. -ergänzender Hilfen abgebaut und insgesamt ein breiteres ambulantes wie teilstationäres Angebot (Erziehungsberatung, sozialpädagogische Familienhilfe, Außenwohngruppen) vorgehalten werden. Die Einzelhilfen sind nach dem KJHG beim örtlichen Jugendamt gebündelt. Die Aufgaben der Jugendhilfe werden von öffentlichen sowie von freien Trägern wahrgenommen, wobei die Gesamtverantwortung bei den Kommunen liegt.

Die Leistungen der Jugendhilfe nach §2 KJHG sind zum einen Angebote der Jugendarbeit, der Jugendsozialarbeit und des erzieherischen Kinder- und Jugendschutzes, Angebote zur Förderung der Erziehung in der Familie, zur Förderung von Kindern in Tageseinrichtungen und in Tagespflege, Hilfe zur Erziehung, Hilfe für seelisch behinderte Kinder und Jugendliche sowie Hilfen, Beratung und Unterstützung für junge Volljährige. Zum anderen regelt das KJHG u.a. die Inobhutnahme von Kindern und Jugendlichen, die Amtsvormundschaft, -pflegschaft und -beistandschaft, die Beratung und Belehrung in Adoptionsverfahren sowie die Mitwirkung in Verfahren nach dem Jugendgerichtsgesetz.

**Jugendkriminalität:** Gesamtheit des strafrechtlich missbilligten Verhaltens Jugendlicher (nach deutschem Strafrecht zur Tatzeit 14- bis 18-Jähriger) und Heranwachsender (18- bis 20-Jähriger), in Abgrenzung zur Kriminalität strafunmündiger Kinder und strafrechtlich Vollerwachsener (ab vollendetem 21. Lebensjahr).

In den letzten Jahren ist insgesamt ein Anstieg der amtlich registrierten Jugendkriminalität zu verzeichnen. Etwa jeder fünfte der Tatverdächtigen ist 14 bis 21 Jahre alt, der Anteil der Jugendlichen an der Gesamtkriminalität überwiegt leicht den der Heranwachsenden. Die Kriminalität junger weiblicher Tatverdächtiger stellt eine geringe Quote von etwa 25% der Jugendkriminalität und ist weniger schwer. Vor Straßenverkehrsdelikten bilden Diebstähle (häufig Ladendiebstahl, Kfz-Diebstahl) den weit überwiegenden Teil der Jugendkriminalität.

Als Beweggründe werden von den jungen Tätern selbst u.a. Leichtsinn, Übermut, Abenteuerlust, Neugier, Rauflust genannt; bewusst oder unbewusst spielen oft Konsumorientierung, Streben nach Prestige, Statussymbolen, Anerkennung und Zugehörigkeit zur Peergroup eine Rolle. Die Frage nach den Ursachen der Jugendkriminalität lässt sich nicht eindeutig beantworten. Kriminologische Untersuchungen halten das Zusammenspiel mehrerer Faktoren für möglich: gestörte oder unvollständige Familien (→broken home), Wertewandel in einer

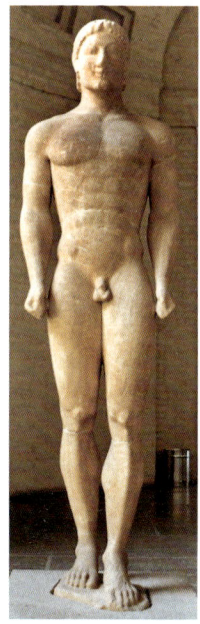

**Jugendalter:** Die Zeit der Jugend wurde schon in der Antike verklärt – von Erwachsenen (Jüngling aus Attika, sog. »Münchner Kuros«, 540/530 v. Chr.; München, Glyptothek).

übersättigten Konsumgesellschaft, Sozialisationsdefizite infolge schulischer Unterqualifikation, mangelnde Leistungsmotivation, Fehlentwicklungen des modernen Städtebaus, kulturelle Entwurzelung, z. B. bei Jugendlichen mit Migrationshintergrund, Arbeitslosigkeit, Fehlen sinnvoller Freizeitbeschäftigung und subjektives Gefühl von Lebensleere.

**LESETIPPS:**

Torsten Klemm: *Delinquenz, Haftfolgen und Therapie mit Straftätern. Konzepte, Erfahrungen, Evaluation.* Leipzig (Erata) 2003.

Stefan Weyers: *Moral und Delinquenz. Moralische Entwicklung und Sozialisation straffälliger Jugendlicher.* Weinheim (Juventa) 2004.

Andreas Beelmann und Tobias Raabe: *Dissoziales Verhalten von Kindern und Jugendlichen: Erscheinungsformen, Entwicklung, Prävention und Intervention.* Göttingen (Hogrefe) 2007.

**Jugendkultur:** eigenständige Lebens- und Ausdrucksformen der Jugend. Die Jugendkultur dient in der Jugendphase zur Abgrenzung gegenüber der Erwachsenenkultur einerseits und der Kinderkultur andererseits. Die Palette der Unterscheidungsmerkmale reicht vom besonderen Sprachstil (z. B. Slangausdrücke wie »cool« oder »geil«) über Kleidung, Frisuren und Idole bis zu bevorzugten Aufenthaltsorten, Freizeitbeschäftigungen und Musikstilen. Dabei ist die Jugendszene nicht homogen, sondern zeigt Differenzierungen, die bis zu Rivalitäten oder gar Kämpfen unter Jugendlichen gehen.

In den 1970er-Jahren stritten Jugendliche nicht selten um autonome, selbstverwaltete Jugendhäuser, in denen sie ihre Vorstellungen umsetzen konnten. Möglicherweise auch als Abgrenzungsverhalten gegenüber der Erwachsenenwelt bei gleichzeitiger Suche nach Sinn und Gemeinschaft ist der starke Zulauf von Jugendlichen zu den →Jugendreligionen zu sehen. Jugendkulturen existieren in geradezu unüberschaubarer Vielfalt. Besonders in den 1980er-Jahren verbreitete sich die Punkkultur, die sich besonders gegen die konsumorientierten Erwachsenen richtet. Zum Hip-Hop gehören u. a. die Graffiti- und Breakdancekultur. In der Graffitikultur werden künstlerische Schriftzüge auf Wände gesprüht, was in der Gesellschaft zunächst nur als Sachbeschädigung angesehen wurde, heute aber z. T. als Kunst gilt. Im Breakdance, einem Tanzstil mit akrobatischen Elementen, finden ebenfalls viele Jugendliche eigene Ausdrucksmöglichkeiten.

**Jugendlichenpsychotherapie:** die →Kinder- und Jugendlichenpsychotherapie.

**Jugendmedienschutz:** gesetzliche Regelung zum Schutz von Kindern und Jugendlichen unter 18 Jahren vor dem Einfluss jugendgefährdender Medien. Zu diesem Zweck unterzieht die 1954 errichtete, weisungsunabhängige Bundesprüfstelle für jugendgefährdende Schriften (BPjS) aufgrund von Anträgen der Jugendminister und Jugendämter verrohend wirkende oder sonstige sozialethisch desorientierende (also v. a. gewaltverherrlichende, rassenhetzerische, pornografische) Medien einer gerichtsähnlichen Prüfung. Bei Filmen liegt die Freigabeentscheidung bei der Freiwilligen Selbstkontrolle der Filmwirtschaft (FSK).

Die von der BPjS als jugendgefährdend eingestuften Medien werden auf einen Index gesetzt, öffentlich bekannt gemacht und entsprechenden Aufführungsbeschränkungen, Vertriebs- und Werbeverboten unterworfen. Sie sind dann für Erwachsene weiterhin verfügbar, dürfen aber Minderjährigen nicht zugänglich gemacht werden.

**Jugendpsychologie:** Zweig der Entwicklungspsychologie, der sich speziell mit dem Erleben und Verhalten der Jugendlichen befasst. Schwerpunkte sind die Auswirkungen der biologischen Reifeprozesse während der Pubertät und die psychische Befindlichkeit der Jugendlichen in ihrer spezifischen sozialen Situation. Untersucht werden u. a. die Entwicklung des Ich, des Selbstkonzepts und der Identität, die kognitive und moralische Entwicklung, Generationenkonflikte, Identitätskrisen und die Orientierung an Gleichaltrigen.

**Jugendreligionen:** in den 1970er-Jahren übliche Bezeichnung für religiös-weltanschauliche Gruppen und Bewegungen, die in den 1960er-Jahren gegründet wurden und v. a. unter Jugendlichen großen Zulauf fanden. Heute wird

**Jugendkultur:** Weite Bereiche der Jugendkultur unterliegen der Kommerzialisierung, wobei die explizit oppositionelle Haltung gegen die Gesellschaft auch viele Erwachsene fasziniert. Der amerikanische Hip-Hop-Musiker Eminem gehört mit mehr als 27 Millionen verkauften Alben zu den Topverdienern in der Musikszene.

vorwiegend der Begriff →neue Religionen verwendet.

**Jugendschutz:** gesetzliche Vorschriften zum Schutz der Kinder und Jugendlichen vor gesundheitlichen und sittlichen Gefahren. In Deutschland regelt das Jugendarbeitsschutz-Gesetz (JArbSchG) sehr detailliert die Kinder- und Jugendarbeit; das Gesetz zum Schutz der Jugend in der Öffentlichkeit (JÖSchG) befasst sich mit den sittlichen Gefahren, denen die Jugend in ihrer Freizeit außerhalb von Familie, Schule und Arbeitsstätte ausgesetzt sein kann. Der Besuch von Kinos, Gaststätten und Spielhallen, das öffentliche Rauchen, der Genuss alkoholischer Getränke, die Teilnahme an öffentlichen Tanzveranstaltungen u. a. sind danach beschränkt und z. T. verboten.

Ähnliche Bestimmungen gibt es auch in Österreich und der Schweiz. In Österreich sind nach den Jugendschutzgesetzen der Länder auch die Jugendlichen ab dem vollendeten 14. Lebensjahr selbst für die Einhaltung der Vorschriften verantwortlich; anstelle von Geldstrafen können sie zu sozialen Leistungen herangezogen werden.

Auch der →Jugendmedienschutz und Maßnahmen der →Jugendhilfe werden dem Jugendschutz zugerechnet. Ziel pädagogischer Angebote ist die Befähigung der Jugendlichen, sich eigenverantwortlich vor schädlichen Einflüssen zu schützen.

**Jugendweihe, Jugendfeier:** eine nur in Deutschland verbreitete, nicht religiöse oder freireligiöse Jugendfeier, die anstelle der Konfirmation bzw. Firmung stattfindet und mit der Jugendliche feierlich in die Erwachsenen- und Arbeitswelt eingeführt werden. Entstanden in der Mitte des 19. Jahrhunderts in freireligiösen Gemeinden, wurde die Jugendweihe von verschiedenen anderen Verbänden übernommen, u. a. in der Weimarer Republik von SPD und KPD (proletarische Jugendweihe). Die Nationalsozialisten führten eigene Formen ein. In der DDR wurde die Jugendweihe mit sozialistischer Ausprägung ab 1954 Bestandteil des Brauchtums. Nach der Auflösung der DDR erlebt die Jugendweihe v. a. in den neuen Bundesländern bei vielen konfessionslosen Familien eine Renaissance als Familienfest.

**Jugendmedienschutz:** Nicht zuletzt über die Altersfreigabe von gewaltverherrlichenden Computerspielen gibt es immer wieder Diskussionen (Jugendliche auf der »Games Convention« in Leipzig, Europas größter Messe für Computer- und Videospiele).

**Jung,** Carl Gustav: schweizerischer Psychiater und Psychotherapeut, *Kesswil 26. 7. 1875, †Küsnacht 6. 6. 1961; begründete die analytische Psychologie (→analytische Psychologie 2). 1903–09 war Jung Assistent und Oberarzt bei Eugen Bleuler, anschließend führte er eine eigene Praxis und lehrte als Professor. Von 1906 an war er ein Anhänger Sigmund Freuds, wandte sich jedoch 1912 von dessen Lehre ab und begründete seine eigene tiefenpsychologische Richtung. Jung erweiterte u. a. den freudschen Libidobegriff und wies auf die Bedeutung des →kollektiven Unbewussten hin; zudem beschäftigte er sich mit okkulten Erscheinungen und entwickelte die Synchronizitätstheorie (→Synchronizität); er wirkte auch auf Religions- und Mythenforschung, Ethnologie und Pädagogik. Viele seiner Positionen sind heute umstritten.

**Carl Gustav Jung**

**juvenil:** für junge Menschen, für das jugendliche Alter charakteristisch.

**Kahneman,** Daniel: amerikanisch-israelischer Psychologe, * Tel Aviv 5. 3. 1934; studierte Psychologie und Mathematik u. a. an der Hebräischen Universität Jerusalem. Von 1973 an lehrte er an der Hebräischen Universität Jerusalem, der Universität von British Columbia und der Universität von Berkeley; seit 1993 ist er Professor an der Universität Princeton (N. J.). Kahneman führte mit seinen Arbeiten zum Thema »menschliches Urteilen und Entscheiden bei Unsicherheit« wichtige Erkenntnisse der kognitiven Psychologie in die Wirtschaftswissenschaft ein. Er erhielt 2002 zusammen mit dem Ökonomen Vernon L. Smith den Nobelpreis für Wirtschaftswissenschaften.

**Kampf-oder-Flucht-Reaktion:** die → Alarmreaktion.

**Kanalkapazität:** in der *Informationstheorie* und *Kommunikationspsychologie* die Informationsmenge, die durch einen Informationskanal übertragen werden kann. Je größer die Kanalkapazität ist, desto mehr Informationseinheiten können in einer bestimmten Zeit übertragen werden. Der Kanal kann eine Leitung zwischen Computern sein, aber ebenso auch eine einzelne Nervenbahn in einem Organismus oder eine komplexe Reizleitung in einem Sinneskanal. Im Hinblick auf zwischenmenschliche → Kommunikation spricht man u. a. vom verbalen und nonverbalen Kanal.

**Kanner-Syndrom:** der frühkindliche → Autismus.

**kardiovaskuläres Syndrom:** eine Störung der Herzfunktion, die mit Angst, Herzschlägen außerhalb des normalen Rhythmus (Extrasystolen), Gefühlen von Schwäche und drohender Ohnmacht einhergeht, für die sich aber keine organspezifische Diagnose stellen lässt. Derartige Störungen sind häufig psychisch bedingt oder mit bedingt und sollten nicht nur medizinisch, sondern auch von einem Psychotherapeuten abgeklärt werden.

**Kaspar-Hauser-Syndrom:** schwere geistige und körperliche Unterentwicklung aufgrund grober Vernachlässigung und Isolierung im Kindesalter.

Die Bezeichnung geht zurück auf Kaspar Hauser, der 1828 in Nürnberg auftauchte und behauptete, nach der Geburt viele Jahre lang verborgen in einem Kellerverlies gefangen gehalten worden zu sein. Die Berichte des Jungen erregten besonders bei Pädagogen lebhaftes Interesse, da seine (geistig begrenzte) Entwicklung ganz ohne Umwelteinflüsse und ohne Formung durch die Kultur vonstatten gegangen war. Hauser wurde »nacherzogen«, lernte sprechen, lesen und schreiben, konnte schließlich auch einer Arbeit als Aktenkopist nachgehen.

Als **Kaspar-Hauser-Experiment** bezeichnet man Versuche, bei denen Tiere nach der Geburt von ihren Artgenossen getrennt werden und isoliert in reizarmer Umgebung aufwachsen. Diese umstrittenen Experimente sollen in der Verhaltensforschung v. a. dazu dienen, den Anteil der Umwelteinflüsse von dem der Erbanlagen im Verhalten zu trennen.

**Kastrationsangst** [zu latein. castrare »verschneiden«, »entmannen«]: *Psychoanalyse:* die neurotische Befürchtung, den Penis zu verlieren oder kastriert zu werden (bei Knaben) bzw. bereits verloren zu haben oder kastriert worden zu sein (bei Mädchen). Die Kastrationsangst des Knaben entsteht häufig als Reaktion auf tatsächliche oder fantasierte elterliche Drohungen (z. B. ihm nach der nächsten Selbstbefriedigung den Penis »abzuschneiden«) oder auf die Beobachtung, dass Mädchen keinen Penis besitzen, sodass sie von den Knaben für kastriert gehalten werden. Die Kastrationsangst geht letztlich auf die ödipalen Wünsche des kleinen Jungen zurück, der die Mutter für sich haben will und dafür die Rache des Vaters befürchtet. Das Mädchen empfindet dieser Theorie zufolge seine Penislosigkeit als erlittenen Nachteil (→ Penisneid), den es zu verleugnen oder anderweitig auszugleichen sucht. Die Kastrationsangst steht in enger Beziehung zum → Ödipuskomplex; sie wird gelegentlich auch als Kastrationskomplex bezeichnet.

**Kasuistik** [zu latein. casus »Fall«, »Vorkommnis«]: in *Psychologie* und *Medizin* selten genutzte Untersuchungsmethode, die sich allein am Einzelfall orientiert (→ Fallstudie). Das Studium des Einzelfalles über einen längeren Zeitraum hinweg ermöglicht die Erkenntnis seiner Besonderheiten. Dies trägt der Tatsache Rechnung, dass viele Krankheiten und Störungen individuelle Komponenten aufweisen, die bei den üblichen statistischen Untersuchungsergebnissen nicht ins Gewicht fallen und in Lehrbüchern oft keine Erwähnung finden. Optimal angepasste Hilfe für den Einzelnen zu finden, ist daher am besten mit einer kasuistischen Herangehensweise möglich.

**Katalepsie** [griech. katálepsis »das Fassen«, »das Ergreifen«]: starres Verharren in einer einmal eingenommenen, oft unbequemen oder unnatürlichen Körperhaltung trotz intakter Körperfunktion; dabei ist die Muskelspannung konstant erhöht. Ein kataleptischer Anfall dauert meist nur einige Minuten, das Bewusstsein kann ausgeschaltet oder vorhanden sein, ist es vorhanden, kann die Person nicht spre-

**Kaspar Hauser**
wuchs bis 1828 isoliert in einem Verlies auf (zeitgenössische Darstellung).

chen. Katalepsie kommt bei der →Schizophrenie, Epilepsie, Enzephalitis oder aber nach einem Schädelhirntrauma vor.

**Katamnese** [Analogiebildung zu Anamnese]: abschließender Bericht des Arztes oder Psychotherapeuten nach der Behandlung einer körperlichen bzw. seelischen Krankheit; Gegenstück zur →Anamnese.

**Kataplexie** [griech. »Verwunderung«, »Bestürzung«]: plötzliches Erschlaffen der Körpermuskulatur für wenige Sekunden, meist im Anschluss an plötzliche starke Gemütsbewegungen; bezeichnend sind das »Weichwerden der Knie« und das »Vor-Schreck-gelähmt-Sein« (Schrecklähmung).

**katathymes Bild|erleben** [von griech. katathýmios »am Herzen liegend«, »erwünscht«]: tiefenpsychologisches Therapieverfahren, bei dem mit bestimmten Vorgaben innere Bilder beim Patienten ausgelöst werden, die dann als Grundlage für die Bearbeitung der Konflikte dienen; abweichend davon kann der Patient auch frei innere Bilder aufkommen lassen. Die Sitzung beginnt mit einer Entspannungsphase, der Therapeut gibt dann beispielsweise das Bild »Haus« vor, das der Patient in seiner Fantasie ausmalt, z. B. sieht er ein altes, unbewohntes Haus, das in einem verlassenen Dorf steht. Durch solche Bilder treten beim Patienten z. B. verschüttete, schmerzhafte Erinnerungen zutage. Diese werden dann in Gesprächen in einen Zusammenhang mit der Lebensgeschichte und den aktuellen Konflikten des Patienten gebracht. Das katathyme Bilderleben wird meist bei neurotischen und psychosomatischen Erkrankungen sowie bei Krisen eingesetzt. Es wurde von dem deutschen Psychoanalytiker Hanscarl Leuner in den 1970er-Jahren entwickelt.

**katatone Schizophrenie:** durch psychomotorische Störungen gekennzeichnete Form der →Schizophrenie.

**Katatonie** [von griech. katátonos »abwärts gespannt«]: psychische Erkrankung mit ausgeprägter Störung der willkürlichen Bewegung, z. B. in Form eines →Stupors oder in Form von Erregung mit scheinbar sinnlosen, nicht auf äußere Reize gerichteten Bewegungen. Katatonie kommt hauptsächlich bei bestimmten Formen der →Schizophrenie vor, aber auch bei schweren Depressionen, Stoffwechselerkrankungen, Alkohol- und Drogenmissbrauch, schweren Infektionskrankheiten und organischen Hirnerkrankungen.

**Katharsis** [ˈkaː(ː)-, auch kaˈtar-, griech. »Reinigung«]: Abfuhr angestauter Energie; das Herauslassen von unterdrückten Gefühlen. In der *Tiefenpsychologie* wird davon ausgegangen, dass Verdrängung von traumatischen Erlebnissen und Gefühlen zu einem Anstauen von Energie führt und dass durch Erinnerung an die verdrängten Erlebnisse und Gefühle eine Katharsis ausgelöst wird, was einen reinigenden, gesund machenden Effekt haben kann.

Die **kathartische Methode** ist eine von Josef Breuer und Sigmund Freud entwickelte therapeutische Methode, die zum Auslösen einer Katharsis dient: Unter →Hypnose konnten durch gesteigerte Gedächtnisleistung (→Hypermnesie) Erinnerungen an traumatisierende, affektbesetzte, aber verdrängte Erlebnisse wieder geweckt werden, die neu durchlebt und abreagiert werden konnten. Unzufrieden mit den Ergebnissen – Krankheitssymptome gingen nur kurzfristig zurück, viele Patienten waren erst gar nicht hypnotisierbar – gingen sie dazu über, Patienten ohne Hypnose alle ihre Einfälle, Erinnerungen und Träume frei erzählen zu lassen und auf diesem Wege eine Katharsis zu induzieren; damit war die Methode der freien →Assoziation gefunden.

Freud erkannte, dass auch diese Methode aus verschiedenen Gründen nicht ausreichend sein konnte: Das Verdrängte ist unbewusst und muss erst in der Analyse erschlossen werden; der Weg dorthin ist durch Widerstände versperrt, die analysiert werden müssen; eine reine Katharsis stellt noch keine dauerhafte Bewältigung der zugrunde liegenden Konflikte dar. Dennoch ist die Katharsis insofern ein Bestandteil jeder Psychotherapie, als dass dabei Themen behandelt werden, deren Berührung starke Affekte auslöst; werden diese akzeptiert, kann dies als erleichternd empfunden werden.

**Katharsishypothese:** Vermutung, dass man durch Betrachten Gewalt verherrlichender Szenen in Film und Fernsehen »stellvertretend« (durch Identifizierung mit den Akteuren) Aggressionen abbauen kann. Das der Katharsishypothese zugrunde liegende Modell einer nach dem Dampfkesselprinzip funktionierenden Aggressivität stammt von Konrad Lorenz und ist ebenso umstritten wie die Hypothese selbst.

Die empirischen Befunde weisen auf eine Steigerung der aggressiven Bereitschaft durch den Konsum von aggressiven Szenen hin. Insgesamt ist der Zusammenhang zwischen Medienaggression und Realaggression so vielschichtig, dass man nicht eindeutig von »Verführung« oder »Entlastung« sprechen kann. Sicher ist aber, dass die Medienaggression die Hemmschwellen der Gewaltausübung senkt und auch die Folgen der Gewalt banaler erscheinen lässt, als sie in Wirklichkeit sind (z. B. »stehen doch die im Film immer wieder gleich auf, wenn man sie zusammengeschlagen hat«).

**kathartische Methode:** eine Methode zur Auslösung einer →Katharsis.

**Kathexis:** die →Besetzung.

**Kausal|attribution** [zu latein. causa »Grund«, »Ursache«]: die →Attribution.

**Kerschensteiner,** Georg: deutscher Pädagoge, * München 29. 7. 1854, † ebenda 15. 1. 1932; war Volksschul-, Gymnasiallehrer sowie Stadtschulrat und wurde 1918 Professor in München. Kerschensteiner war einer der führenden Schulreformer, Schulorganisatoren und Bildungstheoretiker seiner Zeit, v. a. als Vorkämpfer der Arbeitsschule (mit Betonung des Werkunterrichts) und Begründer der modernen Berufsschule.

**Kinästhesie** [zu griech. kinein »bewegen«]: die Fähigkeit vieler Wirbeltiere und des Menschen, die über →Propriorezeptoren wahrgenommene Stellung der Körperteile zueinander sowie Lage und Bewegungsrichtung derselben im Raum (v. a. unbewusst reflektorisch) zu kontrollieren und zu steuern (→Gleichgewichtssinn).

**Kindchenschema:** die Kombination verschiedener für das Kleinkind charakteristischer Körpermerkmale, die beim Menschen als Schlüsselreiz den elterlichen Pflegeinstinkt ansprechen und zuwendendes, beschützendes Verhalten auslösen. Zum Kindchenschema gehören neben einer kleinen, weichen Körpergestalt v. a. ein im Verhältnis zum übrigen Körper großer Kopf, eine hohe, vorgewölbte Stirn über einem relativ kurzen Gesicht, große Augen sowie rundliche, vorgewölbte Wangen (»Pausbacken«).

Bei der Herstellung von Puppen und Plüschtieren spielt das Kindchenschema eine verkaufsfördernde Rolle, wobei verschiedene Einzelmerkmale des Kindchenschemas noch zusätzlich übersteigert werden. Merkmale des Kindchenschemas können auch auf Jungtiere wie Hundewelpen oder Katzenjungen übertragen werden.

**Kinder|arbeit:** im engeren Sinne die im Einklang mit gesetzlichen Schutzbestimmungen erfolgende Erwerbstätigkeit von schulpflichtigen Kindern bzw. Jugendlichen; im weiteren Sinne die darüber hinaus erfolgende, d. h. illegale Beschäftigung von Kindern. Eine allgemeingültige Definition der Kinderarbeit und eine Bestimmung ihres tatsächlichen Ausmaßes ist schwierig, die Altersgrenzen und Ausnahmeregelungen sind länderspezifisch sehr unterschiedlich geregelt. Nach dem Jugendarbeitsschutz-Gesetz gilt in Deutschland ein Beschäftigungsverbot für Kinder unter 15 Jahren sowie für vollzeitschulpflichtige Jugendliche. Dabei gibt es Ausnahmen.

Kinderarbeit wird häufig unentgeltlich erbracht, v. a. im Familien- oder Verwandtenkreis (z. B. in Landwirtschaft und Gastronomie), und wegen ihres relativ geringen quantitativen Ausmaßes oft nicht ausgewiesen; sie ist deshalb statistisch schwer erfassbar.

Kinderarbeit ist überall auf der Welt zu finden, sie dominiert allerdings in den Entwicklungsländern. Als Folgeerscheinung von Wirtschaftskrise, Einkommensrückgang, (Langzeit-)Arbeitslosigkeit und Armut ist Kinderarbeit jedoch auch in den Industriestaaten wieder stärker in den Blickpunkt gerückt.

**Kinder|erziehung:** die →Erziehung.

**Kindergarten:** eigenständige Einrichtung zur Förderung der Entwicklung von Kindern im Alter von drei bis sechs Jahren vor Beginn der Schule. Der Kindergarten wird freiwillig besucht und ist für die Eltern in der Regel kostenpflichtig; in einigen Bundesländern besteht ab August 2007 Kostenfreiheit für das letzte Kindergartenjahr. Gesetzlich geregelt ist in Deutschland (außer Bayern) seit 1996, dass jedes Kind ab drei Jahre einen Anspruch auf einen Kindergartenplatz hat. Zirka 90 % der drei- bis fünfjährigen Kinder besuchen einen Kindergarten. Der Kindergarten ist bei Teilzeitbetreuung vormittags und/oder nachmittags drei bis vier Stunden geöffnet, bei ganztägiger Betreuung wird er als Kindertagesstätte bezeichnet. In den Kindergärten arbeiten pädagogische Fachkräfte wie Erzieher, Sozialpädagogen und Kinderpfleger. Die Einrichtungen sind größtenteils in freier (v. a. kirchlicher) Trägerschaft, werden aber auch von Gemeinden, Betrieben oder Vereinen geführt.

Einerseits wird der Kindergarten als Teil der →Jugendhilfe gesehen, andererseits ist er die Vorstufe zur Schule (→Vorschulerziehung). Sein eigenständiges pädagogisches Selbstverständnis widerspricht jedoch einer Verschulung: Im Mittelpunkt stehen soziale Erziehung und Lernen sowie die Umweltbegegnung aus der kindlichen Situation heraus; ferngehalten werden sollen Leistungsdenken und Leistungsdruck. Erst im Zuge der aktuellen Bildungsdebatte in Deutschland, die durch das durchschnittliche Abschneiden bei den internationalen Bildungsstudien (Pisa und andere) verstärkt wurde, richtet sich die Aufmerksamkeit zunehmend auf den Bildungsauftrag des Kindergartens.

Varianten des Regelkindergartens sind z. B. Waldorf- und Montessori-Kindergarten, →Kinderladen, integrativer Kindergarten (→Integrationspädagogik) und →Schulkindergarten. Eine relativ neue Form ist der Wald- oder Naturkindergarten: Die Kinder spielen bei fast jedem Wetter draußen und beschäftigen sich dabei

---

**Georg Kerschensteiner**

**Kindchenschema:** Die Merkmale, die beim Menschen den Pflegeinstinkt ansprechen, werden in der Werbung und bei der Herstellung von Spielzeug gezielt eingesetzt. Auch die Figuren von Walt Disney sind nach diesem Schema gestaltet.

ausschließlich mit Materialien, die sie in der Natur vorfinden.

**Kinderkrippe:** eine →Kindertagesstätte.

**Kinderladen:** ein im Rahmen der →antiautoritären Erziehung v. a. von Eltern aus der Studentenbewegung ab Ende der 1960er-Jahre begründetes Gegenmodell zum traditionellen →Kindergarten. Der Name rührt daher, dass die ersten Kinderläden in leer stehenden Einzelhandelsläden eingerichtet wurden.

Vor dem Hintergrund von marxistischen und psychoanalytischen Theorien sowie von Erkenntnissen über die →autoritäre Persönlichkeit versuchte die Kinderladenbewegung u. a., durch das Prinzip der Kollektiverziehung eine zu enge Bindung der Kinder an einzelne Bezugspersonen (auch die Eltern) zu vermeiden.

**Kinderpornografie:** Form der →Pornografie.

**Kinderrechte:** Rechte zum Schutz von Kindern. Am 20. 11. 1989 nahm die Vollversammlung der Vereinten Nationen einstimmig die internationale Kinderrechtskonvention an, die in der Folge von 191 Staaten ratifiziert wurde. Die **Kinderrechtskonvention** beinhaltet den Schutz von Kindern sowie ihr unveräußerliches Recht auf Leben. Sie stellt den Schutz vor Diskriminierung, die Berücksichtigung des Wohles des Kindes und sein Recht auf Anhörung in allen es betreffenden Angelegenheiten in den Vordergrund. Weitere Regelungen beziehen sich u. a. auf das Recht auf einen Namen und eine Nationalität, die vorrangige Verantwortung der Eltern für Schutz, Erziehung und Entwicklung ihrer Kinder sowie deren Recht auf Bildung und Gesundheit. Kindern wird Meinungs-, Informations-, Gewissens- und Religionsfreiheit zugestanden. Sie sollen vor Gewaltanwendung, Verwahrlosung, Suchtstoffen, sexuellem Missbrauch und wirtschaftlicher sowie sonstiger Ausbeutung geschützt werden.

Deutschland ratifizierte die Kinderrechtskonvention 1992 mit Zusätzen, die z. B. die Rechtsstellung von nicht ehelichen Kindern oder Unterschiede zwischen Ausländern und Inländern betreffen, und setzte sie innerhalb der deutschen Gesetzgebung um. 1998 ist wiederum eine weitgehende Reform des Kindschaftsrechts in Kraft getreten, die die Unterschiede zwischen ehelichen und nicht ehelichen Kindern weitgehend abgebaut hat, z. B. wurden die Sonderregelungen im Erbrecht für nicht eheliche Kinder aufgehoben, sodass jetzt vollwertige Erb- und Pflichtteilsansprüche bestehen.

**Kinderschutzbund:** der →Deutsche Kinderschutzbund.

**Kindergarten:** Durch die selbsttätige Umwelterkundung und die Interaktion mit Erwachsenen und anderen Kindern eignen sich die Kleinkinder Basiskompetenzen und Wissen an.

**Kindertagesstätten:** Sammelbezeichnung für Einrichtungen des pädagogischen Elementarbereichs mit familienergänzender oder -unterstützender Zielsetzung, in denen Kinder verschiedener Altersstufen regelmäßig, z. T. ganztägig betreut werden. Die Kindertagesstätten umfassen →Kindergärten, wobei z. T. nur Ganztagskindergärten als Kindertagesstätten bezeichnet werden, Kinderkrippen (für Kinder bis zu drei Jahren), Krabbelstuben sowie Schulhorte, die Grundschulkinder nachmittags besuchen können.

In Deutschland gibt es derzeit einen erheblichen Mangel an Kinderbetreuungseinrichtungen, was v. a. für Mütter die Vereinbarkeit von Familie und Beruf erschwert oder unmöglich macht. So liegt der Versorgungsgrad hinsichtlich einer Betreuung im Kindergarten bundesweit bei 90 %, der hinsichtlich einer Betreuung in der Kinderkrippe bei 8,5 % (Stand 2003).

**Kinder- und Jugendlichenpsychiatrie:** eigenständiges Fachgebiet der Psychiatrie, das sich mit den seelischen Erkrankungen von Kindern und Jugendlichen befasst. Es entstand in der ersten Hälfte des 20. Jahrhunderts im Grenzgebiet von (Heil-)Pädagogik und Medizin, um Spezialisten für die wachsende Zahl behinderter, gefährdeter oder psychisch kranker Kinder und Jugendlicher zu schaffen. Derzeit sind in Deutschland etwa 20 % der Kinder und Jugendlichen psychisch auffällig, weitere 10 % zeigen psychosomatische Symptome. Die wichtigsten Zielgruppen der Kinder- und Jugendlichenpsychiatrie sind Kinder mit psychischen Störungen (z. B. Depressionen, Ängsten, →Autismus), mit Entwicklungsdefiziten (z. B. Lese-Rechtschreib-Schwäche, Intelligenzmängel), mit neurologi-

**Kinder- und Jugendlichenpsychotherapie:**
Auslöser seelischer Erkrankungen können unter anderem schicksalhafte Ereignisse oder auch soziale Umstände sein.

Wann immer möglich, werden die Eltern und die Familie in die Behandlung mit einbezogen.

**Kinder- und Jugendlichenpsychotherapie:** Grenzgebiet von Pädagogik, Psychologie und Medizin, das sich mit der Behandlung verhaltensauffälliger, emotional gestörter oder psychosomatisch erkrankter Kinder und Jugendlicher beschäftigt. Während die Kinder- und Jugendlichenpsychiatrie von Ärzten ausgeübt wird, sind Kinder- und Jugendlichenpsychotherapeuten in Deutschland meist Psychologen, Sozialpädagogen und Pädagogen, die eine mehrjährige, im →Psychotherapeutengesetz geregelte Zusatzausbildung absolviert haben. In Anpassung an den Entwicklungsstand des Kindes werden häufig eher Methoden der →Spieltherapie und der →Kunst- und Gestaltungstherapie sowie zum Teil der Verhaltenstherapie, bei Jugendlichen auch kognitive, tiefenpsychologische und systemische Verfahren eingesetzt.

Das emotional gestörte Kind ist, anders als der kranke Erwachsene, fast immer noch in ein familiäres Bezugssystem integriert. Seine Symptome sind nicht selten dadurch mitbestimmt, dass z. B. ein Elternteil neurotisch geprägte Erwartungen auf das Kind richtet, oder dadurch, dass ein Kind misshandelt oder missbraucht wird. Eltern und andere Bezugspersonen müssen daher in die Behandlung eines entwicklungsgestörten Kindes mit einbezogen werden; der Kindertherapeut wird regelmäßig mit ihnen sprechen oder er arbeitet familientherapeutisch, wobei die Familie als Gegenstand der Therapie ohnehin anwesend ist.

Häufig sind Eltern und Kinder voneinander enttäuscht und in gegenseitigen Vorwürfen stecken geblieben. Der Therapeut kann hier eine Mittlerfunktion ausüben und z. B. den Eltern zu der Einsicht verhelfen, dass es keine allgemeingültigen Erwartungen gibt, die an Kinder gerichtet werden können, sondern jedes Kind seiner Persönlichkeit und seinem Entwicklungsstand entsprechend behandelt werden muss.

Bei Jugendlichen verändert sich diese Situation; da sie oft gerade der Konflikt einer erschwerten Ablösung von den Eltern in die Behandlung führt, ist es durchaus sinnvoll, dass die Eltern nicht mit einbezogen werden und der jugendliche Patient sicher sein kann, den Therapeuten ganz für sich zu haben.

**Kindesmissbrauch:** der →sexuelle Missbrauch von Kindern.

**Kindesmisshandlung:** zusammenfassende Bezeichnung u. a. für die Anwendung von Gewalt (körperliche Misshandlung), Befriedigung sexueller Bedürfnisse Erwachsener oder sexuelle Stimulierung von Kindern (→sexueller

schen Störungen sowie Verhaltensauffälligkeiten (z. B. aggressives Verhalten). Von der Erwachsenenpsychiatrie unterscheidet sich die Kinder- und Jugendlichenpsychiatrie durch ihre starke Entwicklungsorientierung und ihre ausgeprägteren präventiven Aufgaben.

Bei der Behandlung kommen je nach Erkrankung, Alter und Entwicklungsstand des Kindes oder des Jugendlichen verschiedene Methoden zum Einsatz; neben der medikamentösen Behandlung u. a. verhaltenstherapeutische oder tiefenpsychologische Verfahren, Verfahren der systemischen Therapie, zunehmend auch der kognitiven Therapie. Bei den kreativen Behandlungsmethoden stehen Kunst-, Musik- und Spieltherapie im Vordergrund. Funktionelle Übungsbehandlungen dienen dem Aufholen von Entwicklungsdefiziten, z. B. der Sprache.

---

**Kinder- und Jugendlichenpsychotherapie | Depressionen**
Rund 1% der Vorschulkinder, 3% der Schulkinder sowie bis zu 5 % der Jugendlichen leiden unter depressiven Störungen. Bis zur Pubertät sind Mädchen und Jungen gleich häufig betroffen, im Jugendalter sind es etwa doppelt so viele Mädchen wie Jungen.
Im Unterschied zu Erwachsenen zeigt sich die depressive Verstimmung bei vielen Kindern und Jugendlichen als gereizte Stimmung und Übellaunigkeit. Verschiedene weitere Symptome können je nach Alter variieren und die Diagnose erschweren. Meistens treten zusätzlich andere psychische Störungen hinzu, v. a. Ängste, Störungen des Sozialverhaltens (u. a. Aggressionen), Aufmerksamkeitsdefizitstörungen und Störungen durch Substanzkonsum. Depressionen sollten wegen ihrer potenziell negativen Langzeitfolgen sehr ernst genommen werden. Sie sind eine häufige Ursache für Suizidversuche und Suizide: Jedes Jahr nehmen sich 30–40 Kinder zwischen 10 und 14 Jahren und etwa 200 Teenager das Leben. Für die Behandlung der Depressionen stehen sowohl psychotherapeutische Verfahren als auch Medikamente zur Verfügung.

Missbrauch), körperliche und emotionale Vernachlässigung, seelische Misshandlung durch Erwachsene. Obwohl sich diese Formen der Kindesmisshandlung auf Verhältnisse zwischen Erwachsenen und Kindern beziehen, kommen entsprechende Misshandlungen auch unter Kindern vor. Zu unterschiedlichen Zeiten wurden verschiedene Formen der Kindesmisshandlung sehr unterschiedlich geahndet.

Die Dunkelziffer bei Misshandlungen von Kindern v. a. in den Familien wird als sehr hoch eingeschätzt. Gewaltanwendung als Erziehungsmittel ist nach wie vor verbreitet. Besonders Erzieher und Lehrer müssen die Zeichen von Gewalt gegen Kinder erkennen lernen und wissen, in welchen Einrichtungen wirksame Hilfen für das Kind bzw. die Eltern angeboten werden.

Häufig schrecken Menschen im Umfeld betroffener Kinder davor zurück einzugreifen, z. B. mit einer Anzeige beim Jugendamt. Sie können sich, ebenso wie die Eltern und Kinder selbst, an geeignete Beratungsstellen, z. B. die des →Deutschen Kinderschutzbundes, oder an ein Sorgentelefon wenden.

Seit etwa Ende der 1990er-Jahre ist in Deutschland durch Bekanntwerden von Fällen ausgeprägter Kindesmisshandlung, auch Kindestötung, das Thema Kindesmissbrauch stärker in den Mittelpunkt des öffentlichen Interesses gerückt. In jüngerer Zeit wird diskutiert, ob Eltern verpflichtet werden sollen, ihre Kinder regelmäßig zu ärztlichen Vorsorgeuntersuchungen zu bringen, damit etwaige Symptome frühzeitig erkannt und daraufhin Maßnahmen zum Wohl des Kindes eingeleitet werden können.

**LESETIPPS:**
GÜNTHER DEEGENER: *Die Würde des Kindes. Plädoyer für eine Erziehung ohne Gewalt.* Weinheim (Beltz) 2000.
GÜNTHER DEEGENER: *Kindesmissbrauch. Erkennen, helfen, vorbeugen.* Weinheim (Beltz) ³2005.
*Kindesmisshandlung und Vernachlässigung. Ein Handbuch*, herausgegeben von Günther Deegener und Wilhelm Körner. Göttingen (Hogrefe) 2005.
BIRGIT MERTENS und SABINE PANKOFER: *Kindesmisshandlung. Körperliche Gewalt in der Familie.* Stuttgart (UTB) 2007.

**Kindheit:** Lebensphase zwischen Geburt und Eintritt der Geschlechtsreife. Gewöhnlich wird zwischen Neugeborenem (von der Geburt bis zum zehnten Lebenstag), Säugling (bis zur ersten Hälfte des zweiten Lebensjahres), Kleinkind (zweites bis sechstes Lebensjahr) und Schulkind (siebtes bis 14. Lebensjahr) unterschieden. Nach deutschem Recht endet die Kindheit mit Vollendung des 14. Lebensjahres.

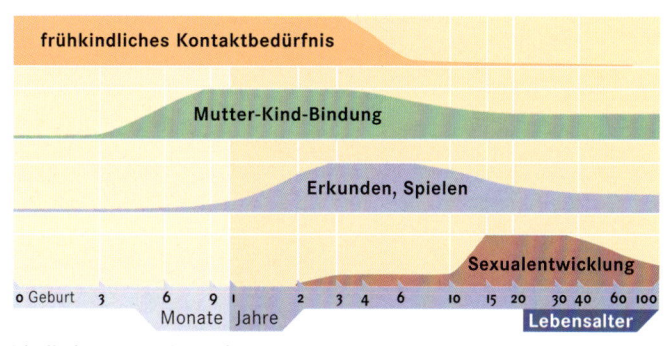

**Kindheit:** Im gemeinschaftlichen Erleben und durch die Interaktion mit Erwachsenen und anderen Kindern eignen sich die Kleinkinder Basiskompetenzen und Wissen an, auch in so individuellen Bereichen wie der Sauberkeitserziehung.

Entwicklungspsychologisch folgt auf die Kindheit die Phase des →Jugendalters.

Das Verhalten des Kindes ist in seinen ersten beiden Lebensmonaten weit überwiegend von stammesgeschichtlich erbten Mustern bestimmt. In phylogenetischer Hinsicht wird das Neugeborene wegen seines Verhaltensrepertoires (v. a. des ausgeprägten →Greifreflexes) auch als ehemaliger Tragling bezeichnet: ein Säugetierkind, dessen Überleben nur dann gesichert ist, wenn es nach seiner Geburt eine bestimmte Zeit lang ständig von seiner Mutter herumgetragen wird.

In der sensiblen Phase (bis etwa zum 18. Lebensmonat) entwickelt sich die individuelle Bindung des Kindes an seine Hauptbezugspersonen, in der Regel die Eltern; die lange Zeit behauptete starke Bindung ausschließlich an die Mutter wird heute zunehmend bezweifelt. Das Fehlen von (konstanten) Bezugspersonen oder deren häufiger Wechsel können schwere psychische Schäden beim Kind zur Folge haben, wie es sich z. B. im →Hospitalismus zeigt. Auf die sensible Phase folgt die Phase der Lernbereitschaft, die von neugieriger Erkundung (»Umweltexploration«), von Spiel und Nachahmung gekennzeichnet ist. Dabei eignet sich das Kind nach und nach spezifisch menschliche Verhaltensweisen wie die ständige aufrechte Körperhaltung und artikulierte Sprache an (→Spracherwerb). Die Grenzen zwischen den einzelnen Phasen sind dabei fließend (→Entwicklung).

Im zweiten Lebensjahr beginnen der allmähliche Wandel von rein situationsgebundenem Handeln zum anschaulichen und vorstellenden Denken und die Ausbildung sowohl allgemeinerer Kategorien oder Begriffe (»Klassifikationen«) als auch eines subjektiven Verhältnisses zur Umwelt durch die Entwicklung der Selbstwahrnehmung. Zwischen dem fünften und achten Lebensjahr kommt es zur Ausprägung realistisch-objektiver und sozialer Verhaltensweisen, die für strategische und Rollenspiele, aber auch für absichtliche Täuschungen und Lügen von Bedeutung sind.

Im letzten Kindheitsabschnitt wird das kindliche Denken zunehmend logisch-operatorisch, ebenso wächst die Fähigkeit zur quantitativen Erfassung der Umwelt und zur optimalen Nutzung des Gedächtnisses. Ferner ist dieses vorpubertäre Stadium von der Entstehung eines Selbstbildes, der Leistungsmotivation, moralischen Urteilsgrundlagen und einer erhöhten Selbstständigkeit geprägt.

**kindliche Sexualität:** körperliche Lustempfindungen und der Lustbefriedigung dienende Verhaltensweisen im Kindesalter. Körperliche Reaktionen, die in der Erscheinungsform der sexuellen Reaktion von Erwachsenen entsprechen (Erektionen des Penis bzw. Veränderungen der Durchblutung am weiblichen Genitale), finden sich von Geburt an, ja sogar bereits im Mutterleib. Diese Reaktionen gehen mit körperlichem Wohlempfinden bereits zu einem Zeitpunkt einher, zu dem sie noch nicht bewusst erlebt und benannt werden können.

Nach Auffassung der *Psychoanalyse* können verschiedene Hautstellen als →erogene Zonen fungieren. Zu unterschiedlichen Zeitpunkten der frühkindlichen Entwicklung gibt es organisch-funktional ausgezeichnete Zonen, denen eine besondere Bedeutung für das körperliche Wohlbefinden zukommt. In den ersten Monaten nach der Geburt spielen die körperlichen Lustempfindungen, die im Mundbereich bei der Nahrungsaufnahme erlebt werden, eine ganz zentrale Rolle; deshalb spricht die Psychoanalyse von der →oralen Phase der psychosexuellen Entwicklung. Bereits zwischen dem dritten und sechsten Lebensmonat entdecken die Kinder an ihrem Körper, dass Berührungen einzelner Körperteile bestimmte Empfindungen auslösen können. Ab dem zweiten Lebensjahr entwickeln Kinder ein Gefühl für körperliches Funktionieren, v. a. was die Ausscheidungsorgane betrifft. Da diese Erfahrungen von besonders tiefen Gefühlen begleitet werden, spricht man in der Psychoanalyse von der →analen Phase der psychosexuellen Entwicklung.

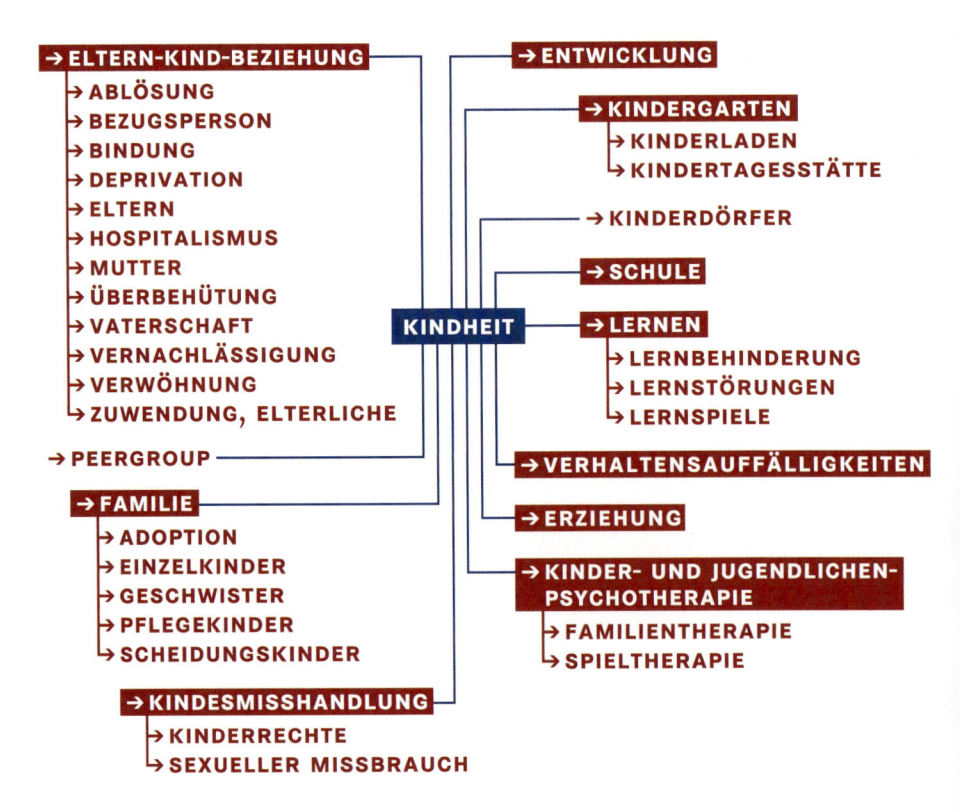

Bis zum 18. Lebensmonat bildet sich bei Jungen eine dauerhafte Vorstellung von Penis und Hoden, bei Mädchen etwas später von den äußeren Geschlechtsteilen. Bis zu diesem Zeitpunkt haben körperliche Reaktionen der Geschlechtsteile noch nichts mit einer Reaktion auf andere Personen zu tun, weshalb auch von Autoerotik gesprochen wird. Ab dem dritten Lebensjahr entdecken Kinder den anatomischen Unterschied zwischen den Geschlechtern. Nach psychoanalytischer Auffassung führt dies zu Angst und Neid: zur →Kastrationsangst und Neid auf die Andersartigkeit des anderen Geschlechts. Zu dieser Zeit beginnen Kinder oft mit Spielen, bei denen sie versuchen, ihre Neugierde auf die Andersartigkeit des anderen Geschlechts im gegenseitigen Beschauen und Betasten zu befriedigen (»Doktorspiele«).

**Kinesiologie** [zu griech. kínesis »Bewegung«]: naturheilkundliches Diagnose- und Therapieverfahren, mit dem von der Stärke verschiedener Muskelgruppen Rückschlüsse auf den Zustand innerer Organe gezogen werden. Beim Muskeltest berührt der Untersucher mit der Hand verschiedene Stellen am Körper des Patienten, um anhand des Nachlassens der Muskelanspannung organische oder psychische Störungen im zugeordneten Bereich aufzudecken. Ein als schwach befundener Muskel soll durch bestimmte Behandlungen wieder gestärkt werden. Die Wirksamkeit des Verfahrens ist wissenschaftlich nicht belegt.

**Kinetose:** die →Reisekrankheit.

**Kinsey** ['kɪnzɪ], Alfred Charles: amerikanischer Zoologe und Sexualforscher, *Hoboken (N. J.) 23. 8. 1894, †Bloomington (Ind.) 25. 8. 1956; wurde bekannt durch den »Kinsey-Report«, die erste groß angelegte und bisher umfangreichste Datensammlung über das Sexualverhalten von etwa 18 000 US-amerikanischen Männern (1948, deutsch 1955) und Frauen (1953, deutsch 1954). Durch den »Kinsey-Report« wurde erstmals deutlich, dass sich das allgemein angenommene vom tatsächlichen Sexualverhalten sehr unterschied, dass eine große Variationsbreite existierte und dass viele als »abweichend« angesehene Verhaltensweisen weit verbreitet waren.

**Kippfiguren:** eine Gruppe optischer Täuschungen, bei denen das Bild der Reizvorlage (in Abhängigkeit von der Konzentration und den Augenbewegungen des Betrachters) zwischen zwei Figuren hin und her pendelt (→Figur-Hintergrund-Phänomen).

**Klages,** Ludwig: deutscher Philosoph und Psychologe, *Hannover 10.12. 1872, †Kilchberg (bei Zürich) 29. 7. 1956; untersuchte die Ausdrucksbewegungen beim Menschen, v. a. die Handschrift (→Schriftpsychologie). Nach seiner Auffassung stört der Geist (Intellekt, Wille) Leib und Seele, die er als Pole eines Kontinuums ansah, und wird zur Gefahr für die Menschheit und das planetare Leben.

**Klassifikationssysteme psychischer Störungen, Diagnosesysteme:** Ordnungsschemata für Krankheiten und Befindensstörungen. Zweck dieser Systeme ist eine Standardisierung und damit eine größere Zuverlässigkeit und Vergleichbarkeit der Diagnosen. Die gebräuchlichsten Systeme sind das →DSM (Diagnostic and Statistical Manual of Mental Disorders) der American Psychiatric Association und die →ICD-10 (International Statistical Classification of Diseases and Related Health Problems) der Weltgesundheitsorganisation. ICD-10 und DSM-IV sind nicht deckungsgleich, werden aber in Abstimmung miteinander weiterentwickelt. Für Zwecke der Dokumentation ist in Deutschland die ICD-10 vorgeschrieben.

**klassische Konditionierung:** Form der →Konditionierung.

**Klaustrophobie** [zu latein. claustrum »Schloss«, »Gewahrsam«]: eine Form der spezifischen →Phobien, die durch eine krankhaft übersteigerte Angst vor dem Eingesperrtsein, vor engen Räumen gekennzeichnet ist. Umgangssprachlich wird die Klaustrophobie gelegentlich, aber fälschlich auch als Platzangst (Agoraphobie) bezeichnet.

**Klecksbilder:** Bilder, die entfernt an Tintenkleckse erinnern und als →projektive Tests eingesetzt werden. Das bekannteste Verfahren dieser Art ist der →Rorschach-Test.

**Klein,** Melanie: österreichische Psychoanalytikerin, *Wien 30. 3. 1882, †London 22. 9. 1960; entwickelte unter der Annahme, dass Kinder im Spiel auf symbolische Weise Fantasien, Wünsche und Erfahrungen mitteilen, ihre »Spieltechnik« und »Spielanalyse«, die neue Möglichkeiten zur psychoanalytischen Behandlung von Kindern eröffneten.

**Kleinfamilie:** Form der →Familie.

**Kleinhirn:** Teil des →Gehirns.

**kindliche Sexualität:** Ab dem Kindergartenalter entdecken die Kinder sowohl ihren eigenen Körper als auch die Beziehung zum anderen Geschlecht. Das sorbische Brauchtum verarbeitet diese Bewusstwerdung in der Tradition der durch Kinder dargestellten »Vogelhochzeit«.

**Ludwig Klages**

**Kleptomanie:** Beim pathologischen Stehlen geht es weniger um den Besitz des gestohlenen Gegenstandes, sondern vielmehr um den Akt des Stehlens selbst.

**Kleptomanie** [zu griech. kléptein »stehlen«], **pathologisches Stehlen:** auf einer psychischen Störung beruhende Unfähigkeit, dem Drang zum Stehlen zu widerstehen. Die Betroffenen erleben vor der Tat ein stetig anwachsendes Spannungsgefühl und fühlen sich während oder umittelbar nach der Tat befriedigt oder entspannt. Häufig stehlen sie Dinge von geringem Wert oder Dinge, die sie nicht benötigen. Sie legen es nicht direkt darauf an, ertappt zu werden, planen ihr Vorgehen jedoch nicht und verbergen es deshalb häufig nicht besonders gut. Die gestohlenen Sachen werden oft weggeworfen, verschenkt oder heimlich zurückgegeben.

Die Kleptomanie tritt häufig im Zusammenhang mit → Persönlichkeitsstörungen, → affektiven Störungen und → Angststörungen oder in Zeiten eines persönlichen Umbruchs (z. B. Jugendalter, Klimakterium) auf. In der Regel wird nicht die Kleptomanie als solche behandelt, sondern die entsprechende Grunderkrankung. Soweit die Kleptomanie das Unrechtsbewusstsein der betroffenen Person entscheidend beeinträchtigt, kann sie strafausschließend oder strafmildernd berücksichtigt werden.

**Klient** [latein. cliens, clientis »Höriger«, eigtl. »Schutzbefohlener«]: in der *humanistischen Psychologie* und der *Verhaltenstherapie* der Rat- und Hilfesuchende. Der Begriff wurde in bewusster Abgrenzung zum Begriff des → Patienten eingeführt, um zu betonen, dass der Klient eigenständig und mündig ist und seinen Psychotherapeuten mit einer bestimmten Dienstleistung beauftragt, etwa so, wie ein Mandant einen Rechtsanwalt beauftragt.

**klienten|zentrierte Psychotherapie, Gesprächs(psycho)therapie, nicht direktive Psychotherapie, personzentrierte Psychotherapie, Rogers-Therapie** [ˈrɔdʒəz-]: eine von Carl Ransom Rogers (* 1902, † 1987) entwickelte eigenständige psychotherapeutische Methode, die zu den humanistischen Psychotherapieverfahren gehört (→ humanistische Psychologie). Sie geht von zwei Voraussetzungen aus: 1. Der Mensch ist in seinem Wesen von Natur aus gut. 2. Er hat die Fähigkeit zur Selbstaktualisierung, d. h., er kann sich in einer angst- und manipulationsfreien Umgebung konstruktiv verändern, indem er schmerzliche, von ihm bisher nicht akzeptierte Erlebnisse in sein Selbstbild aufnimmt. Wenn der Therapeut durch einige Grundverhaltensweisen diese einfühlende und akzeptierende Umgebung herstellt, werden solche Veränderungen nicht ausbleiben.

Die von Rogers als zugleich notwendig und hinreichend erachteten Merkmale eines Therapeuten im therapeutischen Prozess sind: 1. Empathie, d. h., der Therapeut muss sich in den Klienten einfühlen können und ihm z. B. vermitteln, dass er den Widerspruch zwischen dem, was der Klient erleben möchte, und dem, was dieser tatsächlich erlebt, erkennen kann; dadurch wird der Klient ermutigt, sich selbst weiter zu erforschen. 2. Akzeptanz, d. h., der Therapeut muss den Klienten bedingungslos akzeptieren und wertschätzen. Da man einen Menschen nur dann akzeptieren kann, wenn man ihn auch versteht, ermöglicht die Akzeptanz eine Kontrolle über das Maß der Empathie: Wenn der Therapeut etwas an dem Klienten nicht mag, signalisiert ihm das, dass er etwas noch nicht verstanden hat. 3. Echtheit oder Kongruenz, d. h., der Therapeut muss in seinen Äußerungen mit sich selbst übereinstimmen, er darf nicht heucheln, lügen, etwas vortäuschen; er soll sich der Gefühle bewusst werden, die der Klient in ihm auslöst, ohne dadurch die Selbsterforschung des Klienten zu blockieren.

Der Therapeut geht bei dieser Methode nicht direktiv vor, d. h., er lenkt den Klienten möglichst nicht durch Vorgaben, Fragen oder Kommentare in eine bestimmte Richtung. Dabei versucht er, in dem vom Klienten Mitgeteilten dessen Gefühle aufzuspüren, wahrzunehmen und auszusprechen, um diesem eine genauere Wahrnehmung seiner Gefühlswelt zu ermöglichen. Diese Technik wird **Spiegeln** genannt. Ziel der Behandlung ist, dass der Klient lernt, sich mit Selbstempathie, Selbstakzeptanz und Selbstkongruenz zu begegnen. Die therapeu-

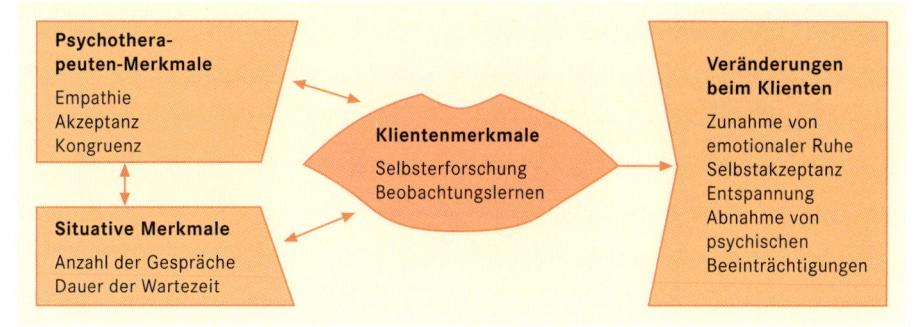

## Klinische Psychologie

**Psychotherapeuten-Merkmale**
- Empathie
- Akzeptanz
- Kongruenz

**Situative Merkmale**
- Anzahl der Gespräche
- Dauer der Wartezeit

**Klientenmerkmale**
- Selbsterforschung
- Beobachtungslernen

**Veränderungen beim Klienten**
- Zunahme von emotionaler Ruhe
- Selbstakzeptanz
- Entspannung
- Abnahme von psychischen Beeinträchtigungen

**klientenzentrierte Psychotherapie:** Die Art und das Ausmaß der psychischen Veränderungen beim Klienten hängen nicht nur von ihm selbst, sondern auch von der Haltung des Therapeuten und den Umständen der Therapie ab, wobei sich diese Faktoren gegenseitig beeinflussen.

tische Wirksamkeit der klientenzentrierten Psychotherapie ist wissenschaftlich nachgewiesen worden. Sie wird nicht nur in Medizin und Psychologie, sondern in vielen Bereichen der Beratung, Seelsorge und Pädagogik verwendet. Im Rahmen der ambulanten Versorgung werden die Kosten einer klientenzentrierten Psychotherapie von den gesetzlichen Krankenkassen in Deutschland allerdings nicht übernommen.

**Klimakterium** [zu griech. klimaktér »Stufenleiter«], **Wechseljahre:** Phase im Leben der Frau, die durch das allmähliche Nachlassen der Eierstockfunktion und die daraus resultierenden körperlichen und psychischen Veränderungen gekennzeichnet ist. Das Klimakterium beginnt meist zwischen dem 45. und 55. Lebensjahr. Durch das Nachlassen der Eierstockfunktion kommt es zu sinkenden Hormonspiegeln, sodass schließlich keine Menstruation mehr stattfindet (Menopause). Obwohl im Klimakterium die Fähigkeit zur Fortpflanzung abnimmt und schließlich erlischt, bleiben körperliche und seelische Aspekte der Sexualität bis ins hohe Alter erhalten.

Die Umstellungsvorgänge kündigen sich meist schon einige Jahre vor dem eigentlichen Klimakterium an. Das Nachlassen der Hormonproduktion in den Eierstöcken hat Auswirkungen auf die Stärke und Regelmäßigkeit der Monatsblutungen. Aufgrund des Hormonmangels treten möglicherweise vegetative Beschwerden auf. Hitzewallungen (»fliegende Hitze«), Schweißausbrüche, Schwindel und emotionale Labilität kennzeichnen das **klimakterische Syndrom.** Als weitere mögliche Symptome können Nervosität, Herzklopfen, Atemnot, Depressionen und Schlafstörungen auftreten.

Diese Beschwerden sind jedoch meist vorübergehender Art und können oft durch eine gesunde Lebensführung (ausgewogene Ernährung, Vermeiden von Genussmitteln, regelmäßige körperliche Betätigung) gemildert werden. Auch durch naturheilkundliche Verfahren, physikalische Maßnahmen wie Wechselbäder und -duschen und in Ausnahmefällen durch Antidepressiva und Beruhigungsmittel kann Erleichterung verschafft werden. Eine Hormontherapie wird heute kritisch gesehen, da ein bisher nicht vollständig geklärter Zusammenhang mit Entstehung oder Wachstum von Tumoren vermutet wird. Eine begleitende psychologische Betreuung kann wertvolle Hilfe bei dieser körperlichen und seelischen Umstellung leisten.

**Klinische Psychologie:** die Anwendung wissenschaftlicher Psychologie auf seelische Leiden. Wesentliche Aufgaben der Klinischen Psychologie bestehen in der Prävention, Diagnostik, Beratung, Psychotherapie und Rehabilitation bei psychischen und psychosozialen Störungen sowie psychosomatischen Leiden. In der Forschung widmet sie sich der Klassifikation von psychischen Störungen, den diagnostischen Verfahren sowie der Wirksamkeit von Psychotherapie und Beratung.

---

**Klimakterium | Beschwerden**

Die typischen »Wechseljahrsbeschwerden« treten bei etwa 60 % der Frauen in den westlichen Industrieländern auf, 40 % der Frauen haben wenig bis gar keine Beschwerden während des Klimakteriums. In Japan z. B. sind Klimakteriumsbeschwerden nicht bekannt, was zum Teil auf den hohen Verzehr an Sojaprodukten (die östrogenähnliche Substanzen enthalten) zurückgeführt wird, aber auch auf eine andere Einstellung zu diesem Lebensabschnitt.

Die neue Lebensphase birgt auch positive Möglichkeiten für die Frau: Die oft wiedergewonnene Unabhängigkeit nach Abschluss der »Kinderphase« eröffnet die Chance, dem Leben »neuen Sinn« zu geben und neue Aktivitäten zu entwickeln; darüber hinaus können Frauen nach dem Klimakterium häufig die Sexualität unbeschwerter genießen, da das Problem der Empfängnisverhütung weggefallen ist, aber die Freude an der Sexualität bis ins hohe Alter erhalten bleibt.

**Koedukation:** Gehörte der gemeinsame Unterricht für beide Geschlechter am Anfang des 20. Jahrhunderts in Deutschland noch zu den Forderungen der Reformpädagogik, ist er heute an öffentlichen Schulen die Regel.

Klinische Psychologen haben an einer Universität das Fach Psychologie mit dem Schwerpunkt Klinische Psychologie studiert. Sie arbeiten entweder in der Lehre und Forschung, meist an den Universitäten, oder sie sind beschäftigt in Krankenhäusern, sozialpsychiatrischen Diensten, Beratungsstellen, Kinderheimen und vielen anderen Einrichtungen sowie selbstständig in freier Praxis. Ihre Aufgaben liegen v. a. in der Beratung und Diagnostik; um auch seelische Erkrankungen behandeln zu können, müssen sie nach dem →Psychotherapeutengesetz eine Zusatzqualifikation in Psychotherapie erworben haben.

*Geschichte:* Die moderne Klinische Psychologie hat sich aus drei Wurzeln entwickelt: 1. aus der Anwendung der experimentellen Forschung in der Psychologie auf Verhaltensprobleme; v. a. durch die zahlreichen »Kriegsneurotiker« nach dem Ersten Weltkrieg entstand ein sozialer Druck, die bis dahin »akademische« Forschung auf Massenprobleme anzuwenden; daraus erwuchs auch die (stark klinisch, aber auch diagnostisch orientierte) Militärpsychologie; 2. aus dem starken Einfluss der Psychoanalyse auf die Öffentlichkeit und der Tendenz Sigmund Freuds, auch Nichtärzte zur psychoanalytischen Arbeit auszubilden; 3. aus dem wachsenden Bedarf an psychologischer Hilfe in Krankenhäusern und Heimen, an Psychosomatik und Psychotherapie, der von Ärzten nicht mehr befriedigt werden konnte und das Arbeitsgebiet der akademischen Psychologie in die klinische Praxis hinein erweiterte.

**Klon:** mit einem anderen genetisch identisches Individuum, das z. B. durch ungeschlechtliche Teilung einzelner Zellen oder eines Organismus entstanden ist. Beispiele sind die Bakterienkultur, die aus einem Einzelbakterium hervorgegangen ist, der vegetativ vermehrte Nachkomme einer Pflanze oder auch eineiige Zwillinge. Die künstliche Erzeugung genetisch identischer Nachkommen kann durch Einführen des Zellkerns einer Körperzelle in eine ihres Zellkernes beraubte Eizelle geschehen. Bei dieser Art der **Klonierung (Klonen)** entstehen Individuen, die genetisch identisch mit dem Kernspender sind. Dieses Verfahren wird im Rahmen der Gentechnik und bei der Erzeugung von monoklonalen Antikörpern (Antikörper, die von klonierten Hybridzellen produziert werden) angewendet. Bei Säugetieren und Menschen unterscheidet man zwischen reproduktivem und therapeutischem Klonen; beide Arten sind in Deutschland verboten:

*Reproduktives Klonen:* Herstellung eines genetisch identischen Embryos, der in die Gebärmutter eingepflanzt wird. 1997 wurde mit dieser Methode das erste Klonschaf »Dolly« erzeugt. Angeblich kam Ende 2002 in den USA das erste Klonbaby zur Welt, Anfang 2003 das erste Baby in Europa. Eine Bestätigung, dass es sich wirklich um geklonte Menschen handelt, steht bisher aus. Ein großer Teil der klonierten Tiere wies Missbildungen der Organe und vorzeitige Alterserscheinungen auf.

*Therapeutisches Klonen:* Herstellung eines genetisch identischen Embryos zu Therapiezwecken. Der entstandene Embryo soll dabei nicht ausgetragen werden, sondern dient lediglich zur Gewinnung von Stammzellen.

**Ko|edukation** [ˈko-, auch -ˈtsjoːn, zu latein. educatio »Erziehung«], **Gemeinschaftserziehung:** die gemeinsame Erziehung von Mädchen und Jungen in Kindergarten, Schule und Heim, im Gegensatz zu der getrennten Erziehung, der **Monoedukation.** An öffentlichen Schulen in Deutschland ist Koedukation der Regelfall. Dabei dürfen Teile des Lehrplans oder einzelne Fächer wie z. B. Sport getrennt unterrichtet werden. Schulen in freier Trägerschaft können dagegen festlegen, dass sie entweder nur Mädchen oder nur Jungen aufnehmen.

Von der zweiten Hälfte des 19. Jahrhunderts an waren die Koedukation ebenso wie die schulische Förderung von Mädchen immer wieder Themen intensiver Debatte insbesondere vonseiten der Frauenbewegung. In der DDR wurde die allgemeine Koedukation nach 1945 eingeführt, in der Bundesrepublik erst in den 1960er-Jahren.

Einerseits hat sich die formale Bildungsbeteiligung zugunsten der Mädchen entwickelt: Jungen sind bei den Schülern ohne Abschluss und mit Hauptschulabschluss überrepräsentiert, dagegen liegt der Anteil der Abiturientinnen mit knapp unter 30 % deutlich über den der Abiturienten mit rund 22 % (Entlassungjahr 2003); außerdem weisen Mädchen im Allgemeinen bessere Schulleistungen auf als gleichaltrige Jungen. Andererseits gibt es nach wie vor verschiedene Benachteiligungen der Schülerinnen: Noch immer gibt es Unterrichtsmaterial, das die traditionelle Rollenverteilung zwischen Frauen und Männern abbildet; Methoden und Inhalte orientieren sich häufig stärker an den Interessen von Jungen; Mädchen sind teilweise subtiler Diskriminierung ausgesetzt; ihre subjektiven Erfolgserwartungen, ihr ungünstigeres Selbstbild und ihre allgemeinen Interessen wirken sich mit darauf aus, dass sie später in mathematischen und naturwissenschaftlich-technischen Berufen sowie in Führungspositionen unterrepräsentiert sind.

Diese Nachteile haben zu Überlegungen geführt, ob die Monoedukation nicht die bessere Wahl gegenüber der Koedukation ist. Neuere Forschungsergebnisse propagieren allerdings die **reflexive Koedukation:** Es bleibt beim gemeinsamen Unterricht, aber Lehrpersonen prüfen ihr Verhalten kritisch im Hinblick auf Fortschreibung von Geschlechterstereotypen, d. h., sie betrachten ihr Verhalten aus der Perspektive der Geschlechtergerechtigkeit und ändern es gegebenenfalls. Diskutiert wird auch das Konzept der **reflexiven Monoedukation,** bei der die reflexive Haltung in der Monoedukation eingenommen wird. Ob reflexive Koedukation oder reflexive Monoedukation: Beide Konzepte fordern, dass Lehr- und Lernbedingungen, z. B. Lehrbücher, grundlegend geändert werden müssen.

Während die Sozialisation der Mädchen in der Ko- oder Monoedukation umfangreich erforscht wird, fehlen bislang spezielle Aussagen zur Sozialisation der Jungen.

**Koffein:** ein Alkaloid, das in den Samen der Kaffeepflanze, in den Blättern des Teestrauchs und der Matepflanze sowie in den Früchten des Kakao- und Kolabaums vorkommt. Es wird v. a. durch Extraktion von Kaffeebohnen und Teeblättern gewonnen, ist aber auch synthetisch herstellbar. Koffein übt eine belebende, anregende Wirkung aus. Größere Mengen können zu einer Koffeinvergiftung mit Unruhe, Gedankenflucht, Herzklopfen, Zittern, Übelkeit, Schweißausbruch und Schwindelgefühl führen, extreme Dosen zu (manchmal tödlichen) Krämpfen.

**Koffka,** Kurt: amerikanischer Psychologe deutscher Herkunft, * Berlin 18. 3. 1886, † Northampton (Mass.) 22. 11. 1941; einer der Begründer der Gestaltpsychologie (Berliner Schule). Koffka war Professor zunächst in Gießen (1918–24), dann an verschiedenen amerikanischen Universitäten. Seine Bedeutung liegt v. a. in der systematischen Anwendung gestaltpsychologischer Prinzipien auf die Bereiche Lernen, Gedächtnis und Wahrnehmung sowie Entwicklungs- und Sozialpsychologie.

**Kognition** [latein. »das Kennenlernen«, »Erkennen«]: die Gesamtheit der geistigen Aktivitäten des Menschen; hierzu gehören Prozesse wie Wahrnehmen, Denken, Lernen, Vorstellen, Erinnern, Problemlösen, Sprachverstehen sowie die damit verbundenen Strukturen des Gedächtnisses und des Wissens. Die Einwirkung der Prozesse auf die Strukturen kann als →Informationsverarbeitung angesehen werden. Demnach besteht die geistige Aktivität des Menschen in einer regelgerechten Analyse, Veränderung und Konstruktion von →mentalen Repräsentationen der Wirklichkeit im Arbeits- und Langzeitgedächtnis.

**kognitiv:** die Kognition betreffend.

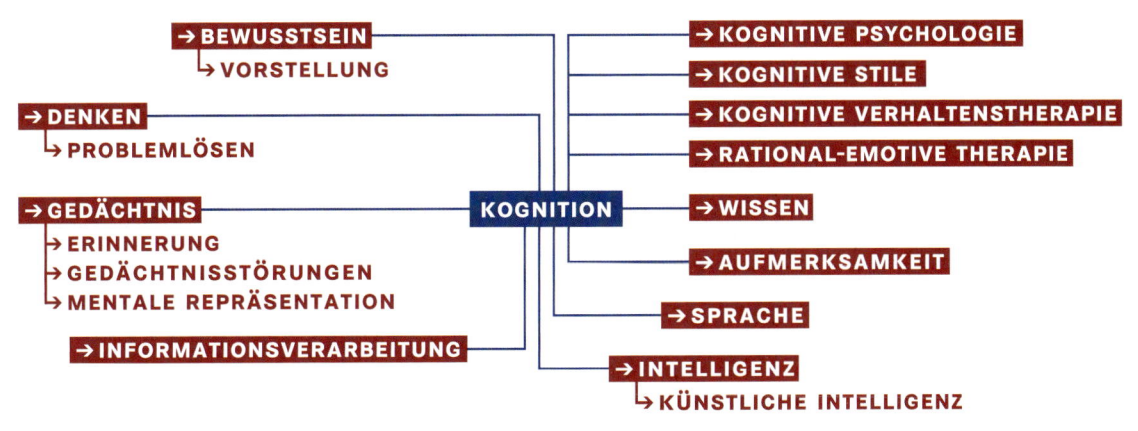

**kognitive Dissonanz** [zu latein. dissonare »misstönen«]: Nichtübereinstimmung verschiedener Kognitionen (Gedanken, Einstellungen, Werte usw.) oder zwischen Kognitionen und Verhalten sowie das dadurch entstehende unangenehme Gefühl. Zum Beispiel ist eine Person der Meinung, dass man die Umwelt schützen sollte, verhält sich aber in einer Situation umweltschädlich. Sie kann die kognitive Dissonanz reduzieren, indem sie ihr Verhalten ändert, oder sie kann die Kognition ändern, sich z. B. sagen, dass dieses Verhalten gar nicht so umweltschädlich ist. Je persönlich wichtiger etwas einem Menschen ist, desto weniger wird er in diesem Bereich eine Einstellungs- oder Verhaltensänderung vornehmen. Die Bezeichnung kognitive Dissonanz wurde von dem amerikanischen Sozialpsychologen Leon Festinger (* 1919, † 1989) geprägt.

**kognitive Neurowissenschaft:** Teilbereich der →Neurowissenschaft.

**kognitive Psychologie:** eine in den 1960er-Jahren entstandene Richtung der allgemeinen Psychologie, die sich mit menschlichen Kognitionen, der Informationsaufnahme und -verarbeitung, befasst. Die kognitive Psychologie trat dem →Behaviorismus entgegen und etablierte sich in kurzer Zeit als vorherrschendes Forschungsfeld, was als kognitive Wende in der Psychologie bezeichnet wird.

**kognitive Stile:** verhältnismäßig beständige Eigenarten der individuellen Informationsaufnahme, -verarbeitung und -nutzung. Im Unterschied zu kognitiven Fähigkeiten (→Intelligenz) sind sie nicht auf das Niveau kognitiver Leistungen bezogen, sondern auf die spezifische, typische Art und Weise des Denkens und Lösens von Aufgaben.

Als psychologisch besonders bedeutsam haben sich die kognitiven Stile Feldabhängigkeit (im Gegensatz zur Feldunabhängigkeit) und Impulsivität (im Gegensatz zur Reflexivität) erwiesen. Von Feldabhängigkeit spricht man, wenn die Art und Weise der Informationsaufnahme und -verarbeitung sehr stark von den jeweils gegebenen Umfeldbedingungen mitbestimmt und unter Umständen auch beeinträchtigt wird. Impulsivität ist z. B. bei Kindern gegeben, die in Aufgabensituationen, in denen ein bedächtiges und abwägendes Vorgehen eher zum Ziel führt, überstürzt und unreflektiert reagieren. Dieser Umstand benachteiligt sie bei vielen schulischen und außerschulischen Anforderungen.

Ein weiterer kognitiver Stil ist der Routinestil. Er pflegt die Routine selbst dort, wo auf anderem Weg die Lösung schneller zu erreichen wäre, etwa wenn man eine simple Addition in den Taschenrechner eingibt, obwohl sie im Kopf schneller gelingen würde.

**kognitive Therapien:** in der →kognitiven Verhaltenstherapie aufgegangene Therapieformen; auch synonym verwendet.

**kognitive Verhaltenstherapie:** eine Therapieform, die im Gegensatz zur reinen Verhaltenstherapie den Gedanken und Wertorientierungen des Patienten Aufmerksamkeit schenkt. Vertreter der kognitiven Verhaltenstherapie gehen davon aus, dass wie das Verhalten auch Gedanken gelernt sind. In der Therapie werden Patienten folgerichtig dazu angehalten, ihre Gedanken zu ändern. So werden z. B. irrationale Gedanken wie »Ich bin ein Versager« ad absurdum geführt, indem der Patient auf Situationen hingewiesen wird, in denen er nicht versagte.

Die kognitive Verhaltenstherapie entstand dadurch, dass die klassische Verhaltenstherapie die **kognitiven Therapien** in ihr Konzept integrierte, welche wiederum durch die Unzufriedenheit mit der Psychoanalyse und der klassischen Verhaltenstherapie entwickelt wurden. Vertreter der kognitiven Therapien sind u. a. Albert Ellis (* 1913, † 2007) und Aaron T. Beck (* 1921), die zunächst psychoanalytisch arbeiteten. Gemeinsam ist ihnen die Auffassung, dass es die Gedanken sind, die die Gefühle maßgeblich steuern, und dass v. a. die negativen, **automatischen Gedanken** zu psychischen Störungen führen. Automatische Gedanken sind solche, die sich Menschen innerlich immer wieder sagen, meistens ohne es zu merken, sie haben sich automatisiert; z. B. »Jetzt hast du das wieder nicht verstanden, du bist einfach zu dumm!« Während Ellis in seiner →rational-emotiven Therapie stark didaktisch vorging, setzt Aaron T. Beck in seiner kognitiven Therapie mehr auf partnerschaftliche Kooperation, Sensibilität und Geduld bei der Überwindung verzerrter Wahrnehmungen und dem Aufheben willkürlicher Schlussfolgerungen. Seine Arbeit beruht auf Forschungen über die kognitiven Störungen z. B. der Depressiven (v. a. verzerrte, überbetonte Wahrnehmungen, Denkstereotypien, willkürliche Schlussfolgerungen).

Eine Abgrenzung zwischen den Bezeichnungen kognitive Verhaltenstherapie und kognitive Therapien wird heute nicht mehr vorgenommen. So bezeichnete Ellis selbst in zunehmender Annäherung an die Verhaltenstherapie die rational-emotive Therapie auch als rational-emotive Verhaltenstherapie und Beck spricht neben kognitiver Therapie auch von kognitiver Verhaltenstherapie.

**Kohäsion** [zu latein. cohaerere »zusammenhängen«]: Zusammenhalt einer Gruppe; Grad, in dem sich die Mitglieder einander verpflichtet fühlen. Familien haben in der Regel eine hohe Kohäsion, Reisegruppen, die gemeinsam eine Busfahrt gebucht haben, eine geringe.

**Kohlberg** [ˈkəʊlbəːg], Lawrence: amerikanischer Sozialpsychologe und Pädagoge, * Bronxville (N. Y.) 25. 10. 1927, † (Selbstmord) vermutlich 17. (19.?) 1. (tot aufgefunden Massachusetts Bay 6. 4.) 1987; hatte seit 1959 Professuren an verschiedenen amerikanischen Universitäten inne; lieferte im Anschluss an John Dewey und Jean Piaget grundlegende Beiträge zu den Entwicklungsstufen des Gewissens (→ moralische Entwicklung) und zu Fragen der sittlichen Erziehung.

**Köhler,** Wolfgang: amerikanischer Psychologe deutscher Herkunft, *Reval 21. 1. 1887, † Lebanon (N. H.) 11. 6. 1967; einer der Begründer der → Gestaltpsychologie (Berliner Schule). Köhler war ab 1922 Professor in Berlin, bevor er 1935 in die USA emigrierte. Er wurde v. a. durch seine Untersuchungen der Intelligenzleistungen von Schimpansen bekannt.

**Kohorte** [von latein. cohors »Schar«, »Menge«, eigtl. »Hof«]: Generation; im engeren Sinn alle im selben Jahr geborenen Personen. In der *Entwicklungspsychologie* werden oft Stichproben aus Kohorten gezogen, um altersbedingte Unterschiede zu ermitteln. Will man (im Jahr 2007) Intelligenzunterschiede im 20. und 40. Lebensjahr untersuchen, vergleicht man 1967 geborene Personen (1. Kohorte) mit 1987 geborenen (2. Kohorte). Zu beachten ist, dass es bei dem direkten Vergleich der Kohorten zu einem **Kohorteneffekt** kommen kann, d. h. einem nur scheinbar altersbedingten Intelligenzunterschied, der tatsächlich auf den veränderten Umweltbedingungen beruht, unter denen die Kohorten aufwuchsen.

**Kolitus:** der → Geschlechtsverkehr.

**Kokain:** aus den Blättern des südamerikanischen Kokastrauches gewonnene Droge, die meist in Form eines weißen, kristallinen Pulvers (»Koks«, »Schnee«) konsumiert wird. Kokain regt das Zentralnervensystem an und hat einen leistungssteigernden, hungerstillenden und Glücksgefühle hervorrufenden Effekt. Es führt rasch zu körperlicher und psychischer Abhängigkeit (→ Sucht). Eine langfristige Anwendung geht mit Abmagerung, Apathie und Verfolgungswahn einher. Nach längerem Schnupfen von Kokain treten Durchbrüche der Nasenscheidewand auf. Erregung und Halluzinationen sind Anzeichen einer **akuten Vergiftung.** Es kann zu Atemlähmung und Kreislaufkollaps durch Herzrhythmusstörungen kommen.

Kokain unterliegt dem Betäubungsmittelgesetz, der Konsum zu nicht medizinischen Zwecken ist verboten.

**Kollaps** [zu latein. collabi »zusammenbrechen«]: plötzlicher allgemeiner Schwächezustand infolge Kreislaufversagens.

**kollektives Unbewusstes:** die nach der analytischen Psychologie C. G. Jungs im Unterschied zum persönlichen Unbewussten allen Menschen gemeinsame überpersönliche Schicht des Unbewussten mit zeitlosen vererblichen Strukturen (→ Archetypus), die das Verhalten und Erleben der Menschen beeinflussen.

**Kollektivismus:** Lebenseinstellung, in der die soziale Gruppe als zentraler Wert angesehen wird; Akzentuierung der Gruppenzugehörigkeit, Harmonie und Pflichterfüllung. Der Gegenpol zum Kollektivismus ist der → Individualismus; beide äußern sich im → Selbstkonzept eines Menschen.

**Koller** [von mittellatein. cholera »galliges Temperament«, »Zornausbruch«]: umgangssprachliche Bezeichnung für den anfallartigen Ausbruch angestauter Gefühle, besonders nach längerer Einengung oder Isolation eines Menschen in Haftanstalten oder Lagern (Haft-, Lagerkoller).

**Kollusion** [latein. »geheimes Einverständnis«]: unbewusstes gemeinsames Grundmotiv eines Paares, das sowohl die Partnerwahl als auch die wegen eben dieser Partnerwahl entstehenden Konflikte bestimmt. Das zugrunde liegende Konzept wurde von dem deutschen Psychoanalytiker Jürg Willi entwickelt. Als Beispiele für diese unbewussten Grundmotive nennt Willi z. B. »Liebe als Einssein«, als zugehörigen Konflikt den Wunsch nach und die Furcht vor Autonomie.

**Koma** [griech. »tiefer Schlaf«]: tiefe Bewusstlosigkeit, aus welcher der Betroffene durch äußere Reize nicht erweckbar ist. Als Ursachen kommen neben Vergiftungen, Schockzuständen oder Stoffwechselentgleisungen v. a. Schädel-Hirn-Verletzungen, eine Gehirnentzündung, ein Schlaganfall oder ein Hirntumor infrage. Ein Ausfall der Großhirnrinde führt zum Wachkoma, dem → apallischen Syndrom. Abhängig vom Schweregrad des Komas nehmen die Betroffenen ihre Umwelt teilweise wahr.

**Kokain** wirkt leistungssteigernd und fördert das Glücksempfinden. Es wird auch als »Managerdroge« bezeichnet, weil u. a. Führungskräfte darauf zurückgreifen, die unter hohem Erfolgsdruck stehen (im Bild ein Kokastrauch).

---

**Kollusion | Wie ein Teufelskreis entstehen kann**

Viele Menschen suchen einen Partner, der ihnen in manchem gleich ist, aber auch einige Eigenschaften hat, die sie bei sich selbst schmerzlich vermissen; so sucht jemand, der sich schlecht gegen andere wehren kann, einen Partner, der sich immer gut durchsetzt. Dieser freut sich wiederum, dass er jemanden gefunden hat, den er beschützen kann. Das kann jahrelang gut gehen, der Prozess kann sich aber auch langsam dahin entwickeln, dass einer der Partner die Eigenschaften, wegen derer er einst gesucht wurde, nun gegen den eigenen Partner wendet (sich z. B. gut gegen ihn durchsetzt). Dieser kann sich kaum wehren, der andere setzt sich stärker durch, und schon ist ein Teufelskreis in Gang gekommen. Wenn man bewusst auf derartige Entwicklungen achtet, kann man sie bereits im Entstehen erkennen und vermeiden.

**Kommissur** [latein. commissura »Zusammenfügung, Verbindung«]: in der *Anatomie* Verbindung zwischen Strukturen, z. B. als Nervenbahnen in der weißen Substanz des →Gehirns zur Verbindung von Nervenzentren. Diese werden auch als **Kommissurenbahnen** bezeichnet.

**Kommunikation:** *Sonderartikel S. 302–305.*

**Kommunikationsfähigkeit, kommunikative Kompetenz:** die Fähigkeit, sich selbst, die eigenen Absichten, Interessen und Bedürfnisse bei Interaktionen dem Interaktionspartner nahezubringen und auch dessen Äußerungen oder Rückmeldungen wahrzunehmen und zu berücksichtigen. Dies beinhaltet nicht nur grammatische Sprachkenntnisse, sondern auch das Befolgen von Regeln der Sprachverwendung in einem gegebenen soziokulturellen Rahmen.

**Kommunikationsstörungen** [zu latein. communicatio »Mitteilung«, »Unterredung«]: Nach dem Sender-Empfänger-Modell treten Kommunikationsstörungen durch äußere (physikalische) Einwirkungen auf den Kanal auf und verändern die übertragene Botschaft (z. B. durch Rauschen oder elektrische Störfelder). Auf der technischen Ebene kann solchen Störungen durch eine Mehrfachcodierung von Inhalten (→Redundanz) entgegengewirkt werden. Kommunikationsstörungen auf der inhaltlichen Ebene liegen vor, wenn der Hörer zwar akustisch die Botschaft des Sprechers decodieren kann, ihren Inhalt oder die Absicht (→Intention) des Sprechers jedoch nicht versteht.

Inhaltliche Missverständnisse kommen häufig bei der Kommunikation zwischen Experten und Laien vor und sind durch eine nicht deckungsgleiche →Codierung erklärbar. Ein Missverständnis der Sprecherabsicht liegt dagegen vor, wenn z. B. die als Aufforderung zum Öffnen des Fensters gemeinte Äußerung: »Mir ist sehr warm« lediglich zu der Reaktion führt: »Mir auch«. Kommunikationsstörungen auf der Beziehungsebene zwischen Sprecher und Hörer bestehen bei Widersprüchen zwischen dem Inhalts- und Beziehungsaspekt der Botschaft (z. B. in einer →Double-Bind-Situation).

**Komorbidität:** das gemeinsame Vorhandensein von zwei oder mehr Erkrankungen bei einer Person. Beispielsweise leiden Patienten mit einer Angsterkrankung oft auch an einer Depression.

**Kompensation** [latein. »Ausgleichung«, »Gegenzählung«]: **1)** *allgemein* eine Verhaltensweise, deren zumeist unbewusstes Motiv der Ausgleich eines Mangels in einem anderen Lebens- oder Verhaltensbereich ist.

**2)** in der *Individualpsychologie* Alfred Adlers ein psychischer Vorgang, der darauf zielt, Minderwertigkeitsgefühle aufgrund empfundener körperlicher und/oder psychischer Mängel durch besondere Leistungen auf einem anderen sozialen oder geistigen Gebiet auszugleichen. So entsteht der für jeden Menschen charakteristische Lebensstil, was in der Regel neurotischen Störungen vorbeugt. Adler unterschied jedoch gesunde und kranke Kompensationsformen. Übersteigertes Streben nach Vollwertigkeit, Geltung und Macht stellt eine Über- bzw. Fehlkompensation dar und ist selbst eine Neurose, die Adler auch **Kompensationsneurose** nannte.

**kompensatorische Erziehung:** vorschulische und schulbegleitende Erziehungshilfen zum Ausgleich soziokulturell bedingter Lerndefizite. Ausgelöst durch den Sputnik-Schock (1957), das schlagartige Bewusstwerden der sowjetischen Überlegenheit am Beginn der Weltraumflüge, intensivierten die USA ab Mitte der 1960er-Jahre die Bemühungen, Kinder aus sozial benachteiligten Schichten durch spezielle Förderprogramme (Head Start Programs) an qualifiziertere Bildungsabschlüsse heranzuführen. In diesem Zusammenhang entstand auch die Fernsehserie »Sesame Street« für Vorschulkinder, die später als »Sesamstraße« in das deutsche Fernsehprogramm übernommen wurde.

Fördermaßnahmen zum Ausgleich sprachlicher und intellektueller Benachteiligungen, die man in erster Linie auf die soziale Lage des Elternhauses zurückführte, galten auch in Deutschland als geeignetes Instrumentarium gegen die 1964 von dem deutschen Pädagogen Georg Picht diagnostizierte »Bildungskatastrophe«.

Da aber die Langzeitwirkungen dieser Förderprogramme nicht überzeugend nachweisbar waren, verstärkte sich die Kritik an ihnen. Hinzu kam der Einwand, dass diese Methoden die Kinder der Unterschicht an Normen und Werten der Mittelschicht orientiere und sie damit ihren Elternhäusern entfremde. Inzwischen

**Kommunikationsstörungen** können durch äußere Faktoren hervorgerufen werden oder auf der inhaltlichen Ebene vorkommen, wenn Sender und Empfänger nicht über einen deckungsgleichen Code verfügen.

setzt v. a. die Grundschulpädagogik auf die Förderung der sozialen Integration und den Abbau von Chancenungleichheit durch eine individuelle Förderung von Kindern.

**Kompetenz** [latein. »das Zusammentreffen«]: **1)** *allgemein* die Fähigkeit einer Person, Anforderungen in einem bestimmten Bereich zu genügen. So bedeutet z. B. kognitive Kompetenz die Fähigkeit, intellektuelle Aufgaben zu bewältigen; weitere Beispiele sind die →soziale Kompetenz und die →Kommunikationsfähigkeit.

**2)** in der *Medizin* die meist zeitlich begrenzte Bereitschaft von embryonalen Zellen, auf bestimmte äußere Reize zu reagieren.

**3)** in der *Sprachpsychologie* die Fähigkeit eines »idealen Sprechers« (oder »idealen Hörers«), mit einer begrenzten Anzahl von sprachlichen Elementen und Verknüpfungsregeln eine unbegrenzte Anzahl von Äußerungen zu bilden (bzw. zu verstehen) sowie über die sprachliche Richtigkeit von Äußerungen zu entscheiden. Ein idealer Sprecher ist in der Regel ein Muttersprachler, der über unbewusstes Wissen über die sprachlichen Strukturen verfügt.

**4)** in der *Arbeits- und Organisationspsychologie* der Umfang an zugewiesenen Aufgaben, der gewährleistet, dass sich zwischen zwei Personen keine Überschneidungen von Entscheidungsbefugnissen ergeben. Mit der Definition von Kompetenzbereichen sollen Konflikte und Reibungsverluste vermieden werden.

**Komplex** [latein. »das Umfassen«, »Verknüpfung«]: **1)** *allgemein* ein aus mehreren miteinander verflochtenen Teilen bestehendes Ganzes.

**2)** in der *Psychologie* eine Verbindung mehrerer Sinneseindrücke, Vorstellungen, Assoziationen oder Gedächtnisinhalte zu einem größeren Ganzen.

**3)** in der *Tiefenpsychologie* Gebilde aus Vorstellungen und Gedanken, das mit starken Gefühlen verknüpft und unbewusst ist. Die bekanntesten Beispiele für Komplexe sind der von Sigmund Freud beschriebene →Ödipuskomplex und der von Alfred Adler beschriebene **Minderwertigkeitskomplex,** bei dem die unbewusste Überzeugung der eigenen Wertlosigkeit und Mangelhaftigkeit z. B. durch besonderes Geltungsstreben kompensiert wird. In der Alltagssprache sind Komplexe ein Ausdruck für seelische Probleme schlechthin geworden.

**konditionierter Reflex:** eine Reaktionsform bei der klassischen →Konditionierung.

**Konditionierung** [zu latein. condicio »Beschaffenheit«, »Zustand«, »Bedingung«]: ein auf der Assoziation von Reizen und Reaktionen beruhender Lernvorgang; eine Lerntheorie. Abhängig von der Art und Kombination der beteiligten Reize und Reaktionen werden vier Lernprinzipien unterschieden.

*Klassische Konditionierung*

Die klassische Konditionierung wurde von Iwan P. Pawlow in Tierversuchen systematisch untersucht und von John B. Watson auf die Humanpsychologie übertragen. Der Lernvorgang knüpft an eine **unbedingte Reaktion** an, die im Organismus reflexartig vorbereitet ist, beispielsweise die Speichelsekretion beim Anblick von Nahrung. Der auslösende Reiz (die Nahrung) wird als **unbedingter Reiz** bezeichnet. Während der Lernphase wird der unbedingte Reiz wiederholt zusammen mit einem Reiz dargeboten, auf den der Organismus zunächst keine bestimmte Reaktion zeigt, beispielsweise ein Tonsignal. Dieser neutrale Reiz wird dabei so oft mit dem unbedingten Reiz assoziiert, bis schließlich schon der neutrale Reiz die Reaktion auslöst. In Pawlows Experimenten lernten Hunde, allein auf ein Tonsignal hin Speichel abzusondern, nachdem dieses Tonsignal jeweils kurz vor der Fütterung gegeben worden war. Das Tonsignal ist zum **bedingten Reiz** geworden, welcher eine **bedingte Reaktion (konditionierter Reflex,** bedingter Reflex) auslöst, auch ohne die Gegenwart von Futter. Die bedingte Reaktion gleicht in Art und Stärke der ursprünglich unbedingten Reaktion (Speichelsekretion). Um die bedingte Reaktion dauerhaft aufrechtzuerhalten, muss allerdings der bedingte Reiz nach einiger Zeit wieder mit dem unbedingten Reiz gekoppelt werden. Will man

*Fortsetzung S. 306*

**kompensatorische Erziehung:** Die Sendereihe »Sesamstraße« wurde für Vorschulkinder entwickelt, um sozial bedingte Rückstände der sprachlichen und intellektuellen Entwicklung auszugleichen.

# KOMMUNIKATION

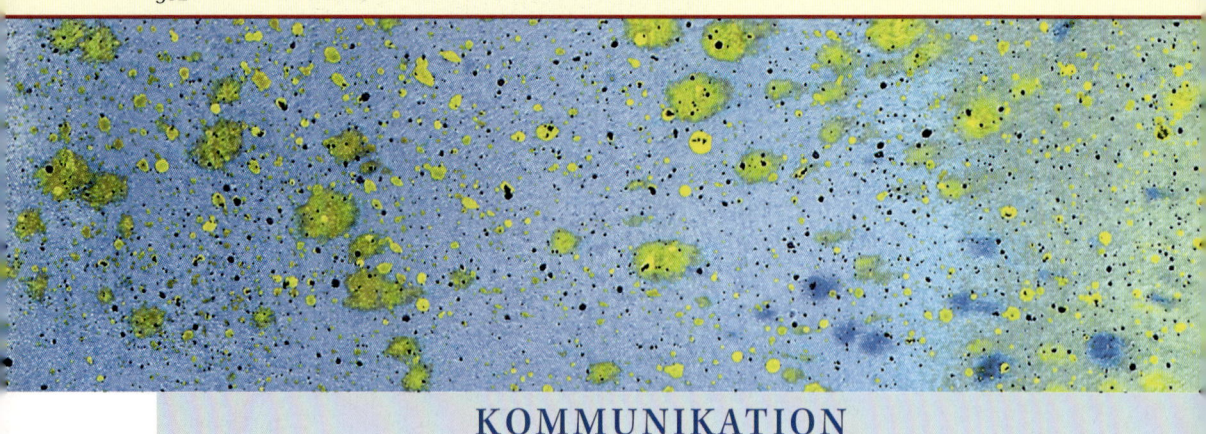

## BEDEUTUNG

Kommunikation bedeutet die Übermittlung oder den Austausch von Information durch Ausdruck und Wahrnehmung von Zeichen. Die Informationsübertragung kann in Form sprachlicher (gesprochene Sprache oder geschriebener Text) oder nicht sprachlicher Zeichen (wie Flaggen oder Lichtsignale) erfolgen. Kommunikation findet nicht nur zwischen Menschen statt, sondern auch in der Tierwelt ist eine reichhaltige und vielschichtige Verständigung zu beobachten, so beim Tanz der Honigbiene oder bei den Lautsignalen der Delfine und Wale. Durch Kommunikation sind Menschen und Tiere überhaupt erst in der Lage, Gesellschaften zu bilden und Gemeinsamkeiten zu stiften.

## KOMMUNIKATIONSMODELLE

Ein grundlegendes Kommunikationsmodell ist das Sender-Empfänger-Modell der amerikanischen Mathematiker Claude E. Shannon und Warren Weaver (1949). Danach besteht die Übermittlung einer Nachricht darin, dass der Sender einen Inhalt codiert, das heißt in wahrnehmbare Reizmuster umwandelt, und der Empfänger ihn decodiert, das heißt das wahrgenommene Reizmuster wieder in den Inhalt umsetzt; Sender und Empfänger müssen dabei über einen deckungsgleichen Zeichenvorrat (Code) verfügen. Störungen der Nachrichtenübertragung treten bei äußeren Einwirkungen auf den Übertragungskanal (etwa beim Telefon durch elektromagnetische Wellen, die als »Rauschen« die Nachricht überlagern) oder bei Unterschieden zwischen dem Zeichenvorrat des Senders und des Empfängers auf; dadurch kann es zu Verständigungsschwierigkeiten, Missverstehen bis hin zum Nichtverstehen kommen. Übertragungsstörungen kann durch eine Mehrfachcodierung und -übermittlung der Inhalte (Redundanz) entgegengewirkt werden.

Das informationstheoretisch-nachrichtentechnische Sender-Empfänger-Modell ist allerdings weniger zur Erklärung der psychologischen als der technischen Aspekte von Kommunikation geeignet: Es berücksichtigt als Modell der Einwegübertragung nicht die Interaktivität zwischenmenschlicher Kommunikation, bei der in der Regel Sender und Empfänger ständig ihre Rolle wechseln. Sofern keine medienbedingten Einschränkungen (wie bei Telefon oder E-Mail) bestehen, werden bei der zwischenmenschlichen Kommunikation außer verbalen auch nonverbale Informationen ausgetauscht.

Mit kommunikativen Botschaften verfolgen Sender meist Ziele, die über die Reduktion von Ungewissheit beim Empfänger hinausgehen; so wollen sie bei ihm bestimmte Zustandsveränderungen (etwa des Wissens) herbeiführen oder ihn (etwa durch Bitten) zur Ausführung oder Unterlassung einer Handlung bewegen.

Den genannten Kritikpunkten wird das Organonmodell des deutschen Psychologen Karl Bühler (1934) eher gerecht, in dem drei Funktionen einer sprachlichen Botschaft unterschieden werden: die Darstellungs- oder Symbolfunktion (zum Beispiel bei der Warnung »Vorsicht, die Herdplatte ist heiß!« der Bezug auf den heißen Zustand der Kochplatte), die Appellfunktion (die Warnung an den Empfänger) und die Ausdrucksfunktion (die Besorgnis um das Wohlergehen des Empfängers). Ergänzend dazu wird in neueren Modellen wie etwa dem von Friedemann Schulz von Thun als weiterer Aspekt die Beziehung zwischen den Kommunikationspartnern berücksichtigt.

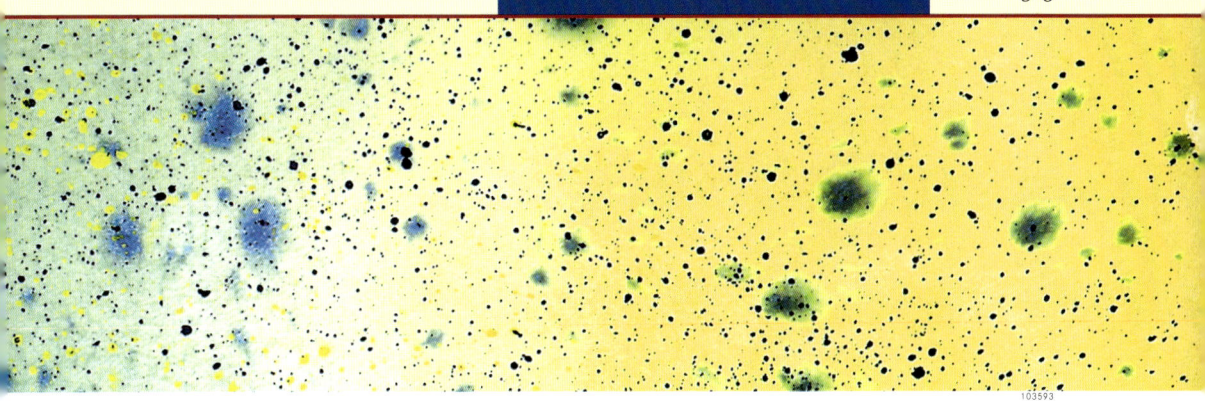

**KOMMUNIZIEREN ALS HANDLUNG**
Die Pragmatik als Wissenschaft von der sprachlichen Handlung ist eine relativ junge Disziplin, deren Anfänge in die späten 1960er-Jahre zurückgehen. Sie untersucht, was psychologisch und soziologisch bei der Kommunikation geschieht, welche Interessen man mit ihr verfolgt und welche Wirkungen man erzielt. Dabei hat sie besonders die jeweilige Situation des Sprechers und die vom Sprecher und vom Hörer gesetzten Voraussetzungen im Blick, deren Kenntnis für das Verstehen von Äußerungen notwendig ist.

Letztlich stellt jede sprachliche Äußerung den Versuch dar, beim Kommunikationspartner etwas zu bewirken, und ist demnach eine zielgerichtete Handlung, die glücken oder fehlschlagen kann. Je nachdem, wie klar eine beabsichtigte Wirkung oder Einstellung codiert wird, kann man beispielsweise eindeutiges, mehrdeutiges oder verhüllendes Sprechen unterscheiden.

Das Gesagte und das Gemeinte können unterschiedlich stark voneinander abweichen. Mit der Äußerung »Es zieht!« beispielsweise versucht ein Sprecher zu bewirken, dass der Hörer den Zustand der geschlossenen Tür herbeiführt; rein sprachlich hat er aber nur eine Feststellung getroffen. Der Wunsch, dass jemand die Tür schließt, könnte auch durch andere Formulierungen ausgedrückt werden, etwa durch »Könnten Sie bitte die Tür schließen?«, »Schließen Sie die Tür!« oder »Tür zu!«. Dabei ist für die Wahl einer geeigneten sprachlichen Botschaft neben der Informativität die Instrumentalität mit entscheidend. So könnte die Äußerung »Mir ist sehr warm« leicht missverstanden werden und die Antwort »Mir auch« anstelle einer Handlungsausführung auslösen. Andererseits geht mit direkten Aufforderungen wie »Schließen Sie die Tür!« oder »Tür zu!« die Gefahr einher, beim Hörer Verärgerung hervorzurufen.

**NONVERBALE KOMMUNIKATION**
Vokale (wie Stimmlage und Tonfall) und nonverbale Aspekte im engeren Sinn (wie Mimik und Gestik) stellen zusätzliche Informationsquellen bei der Interpretation von Sprechhandlungen dar; mitunter sind sie zum Verständnis unerlässlich, zumal bei ironisch gemeinten Äußerungen. Eine weitere Funktion nonverbaler Signale ist die Steuerung der Kommunikation (Sprecherwechsel, Einleiten des Gesprächsanfangs und -endes).

Von großer Bedeutung sind die nonverbalen Elemente bei der Mitteilung der emotionalen Zustände der Kommunikationsteilnehmer. Besonders die Mimik des Sprechers vermittelt nicht nur einen Einblick in sein aktuelles Gefühlsleben (wie Angst, Ärger oder Freude), sondern dient auch dem Hervorrufen einer Stimmung und damit der Beeinflussung des Hörers (etwa durch ein beschwichtigendes Lächeln). Auch der Beziehungsaspekt der Kommunikation kommt überwiegend im nonverbalen Kanal zum Ausdruck. So leiten die Hörer Hinweise auf die Einstellung des Sprechers ihnen gegenüber hauptsächlich aus nonverbalen Botschaftsanteilen ab. Ein wesentlicher Aspekt des sozioemotionalen Kontextes ist die soziale Präsenz als das

## KOMMUNIKATION  *Fortsetzung*

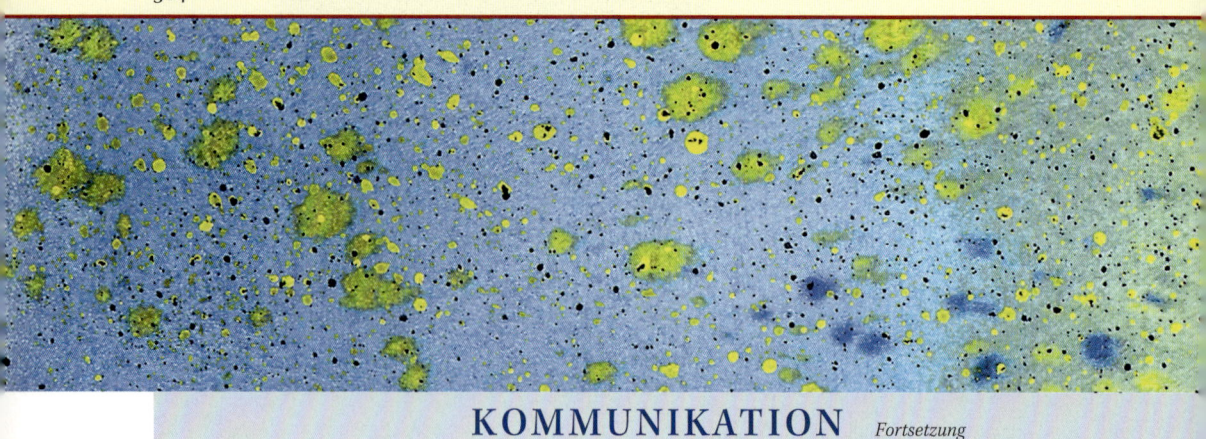

Gefühl des »Da-Seins« des jeweils anderen. Bei Kommunikationsmedien wie dem Telefon oder der E-Mail bestehen Beschränkungen in der Informationsübertragung; wegen der verringerten sozialen Präsenz sind sie für bestimmte kommunikative Ziele weniger gut geeignet.

### MEDIALE KOMMUNIKATION

Wenn der mittels gesprochener Sprache überbrückbare Entfernungsbereich überschritten wird, kommen Übertragungsmedien wie Telefon oder Videokonferenzsysteme zum Einsatz; wenn beide Partner nicht zur gleichen Zeit miteinander in Kontakt treten können, finden Speichermedien wie Anrufbeantworter oder Videokassetten Verwendung. In einigen Kommunikationsmedien wie dem Fernschreiber oder der E-Mail sind beide Funktionen integriert. Im Vergleich zur direkten Kommunikation ist bei Kommunikationsmedien, je nach ihren spezifischen technischen Eigenschaften, die übertragbare Informationsvielfalt mehr oder weniger stark eingeschränkt. So bietet ein Videokonferenzsystem dem Empfänger reichhaltigere Informationen über den Sprecher als das Telefon (Fehlen des nonverbalen Kanals) oder die E-Mail (Fehlen des vokalen und des nonverbalen Kanals).

Theorien zur Wahl von Kommunikationsmedien setzen voraus, dass ein Kommunikationsteilnehmer dasjenige Medium bevorzugen wird, das aufgrund seiner Übertragungseigenschaften für eine Erledigung der jeweiligen Aufgabe zwar geeignet, in seiner Informationsübermittlung aber nicht übermäßig reichhaltig ist. So reicht zum Beispiel für die Übermittlung eines kurzen Hinweises meistens ein Notizzettel oder eine E-Mail aus und es ist nicht erforderlich, ein telefonisches oder gar direktes Gespräch zu führen. Andererseits wird man für ein Problemgespräch eher zum Telefon greifen oder sogar das direkte persönliche Gespräch »unter vier Augen« vorziehen.

Eine Untersuchung zur Wahl des Mediums aus dem Jahr 2004 zeigt, dass Menschen mit einer geringen Ausprägung an Selbstwertschätzung häufiger die E-Mail wählen, während Menschen mit hoher Selbstwertschätzung das direkte Gespräch vorziehen. Das wird damit erklärt, dass bei der Kommunikation per E-Mail die Mitteilung geplant werden kann und die Wahrscheinlichkeit, in eine peinliche Situation zu kommen, verringert wird, während beim direkten Kontakt z. B. etwas spontan Gesagtes, das einen schlechten Eindruck machen könnte, nicht mehr zurückgenommen werden kann. Der direkte Kontakt beinhaltet auf der anderen Seite die Chance, sich selbstsicher und kompetent zu präsentieren.

Von den modernen Medien zur Individualkommunikation wurden in der Kommunikationspsychologie neben dem Telefon insbesondere der Computer erforscht. Bei der E-Mail als der am häufigsten eingesetzten Form der computervermittelten Kommunikation führt das Gefühl mangelnder sozialer Präsenz, das aufgrund des fehlenden nonverbalen Kanals leicht aufkommt, zu einem weniger förmlichen Kommunikationsstil, bei dem Statusunterschiede zwischen den Partnern in geringerem Maße als beim direkten Gespräch von Bedeutung sind. Dies eröffnet zwar zurückhaltenden Personen

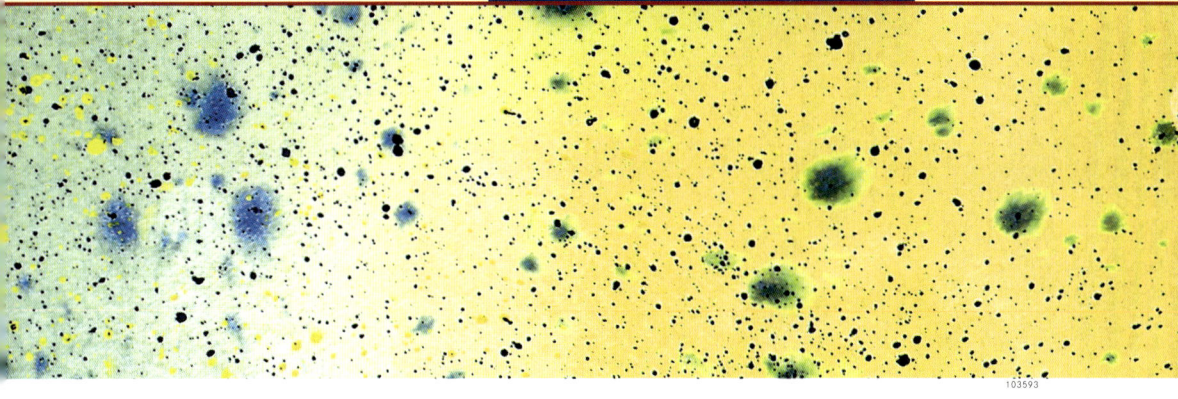

- → SENDER-EMPFÄNGER-MODELL
  - → CODIERUNG
  - → INFORMATION
  - → ORGANONMODELL
- KOMMUNIKATION
- → SPRACHE
  - → SPRACHENTWICKLUNG
  - → SPRACHERWERB
  - → SPRACHSTÖRUNGEN
  - → SPRACHZENTREN
  - → SPRECHEN
- → KOMMUNIKATIONSFÄHIGKEIT
- → KOMMUNIKATIONSSTÖRUNGEN
  - → DOUBLE-BIND-SITUATION
- → GESPRÄCH
  - → DIALOG
  - → MONOLOG, INNERER
- → GRUPPENKOMMUNIKATION
- → MASSENKOMMUNIKATION
- → METAKOMMUNIKATION
- → NONVERBALE KOMMUNIKATION

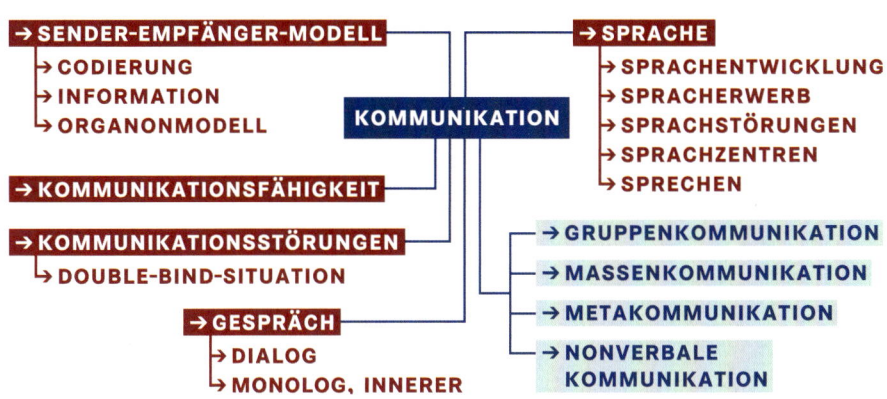

die Möglichkeit zu einer stärkeren und eher gleichberechtigten Teilnahme am kommunikativen Austausch, allerdings birgt ein rein verbaler Botschaftsaustausch, der nicht nonverbal gesteuert und kontrolliert ist, die Gefahr von Grenzüberschreitungen, etwa Beschimpfungen und Beleidigungen. Um dies zu verhindern, wurden für die Gruppenkommunikation in elektronischen Foren Höflichkeitsregeln (»Netiquette«) definiert, deren Verletzung zum Ausschluss von Teilnehmern aus der Kommunikation führen kann.

## MANGEL UND ÜBERFLUSS

Kommunikationsmangel bedeutet Isolierung. Fehlen von Gesprächspartnern durch Vereinzelung im Alter, Ausgrenzung, fehlende Medienangebote in Kriegen, Krisen, bei Nachrichtensperren oder Zensur schaffen Kommunikationsdefizite, physische und psychische Kommunikationsbarrieren. Solche Defizite führen dazu, dass jede Gelegenheit zur Kommunikation gesucht, jede erreichbare Information, und sei sie bruchstückhaft, unsicher, nicht nachprüfbar, aufgegriffen wird.

Dagegen wird offenen Organisationen und Gesellschaften ein kommunikativer Überfluss nachgesagt, die Bedrohung durch »Informationslawinen«. Allerdings sind die menschlichen Kommunikationsanlagen und Kommunikationsfähigkeiten vielfach mit selbstregulierenden Komponenten ausgestattet. Angesichts der Komplexität der Lebens- und Umweltbedingungen entwickeln Menschen Strategien der Vermeidung oder Beförderung von Kommunikation, v. a. Strategien der Auswahl von Kommunikation.

**LESETIPPS:**

Paul Watzlawick u. a.: Menschliche Kommunikation. Formen, Störungen, Paradoxien. Bern (Huber) [10]2000.

Katja Rauchfuss: Sozi@le Netze. Zum Wandel sozialer Netzwerke durch die Nutzung des Internets. Marburg (Tectum) 2003.

Friedemann Schulz von Thun u. a.: Miteinander reden. – Band 1: Störungen und Klärungen. – Band 2: Stile, Werte und Persönlichkeitsentwicklung. – Band 3: Das »Innere Team« und situationsgerechte Kommunikation. Reinbek (Rowohlt Taschenbuch) 2006.

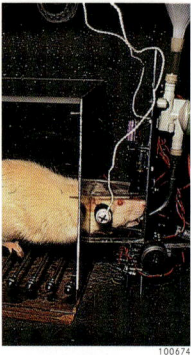

**Konditionierung:**
Bei der operanten Konditionierung im Problemkäfig (Skinner-Box) lernt das Tier, mehrere Hebel in festgelegter Reihenfolge zu drücken, um Futter zu bekommen.

*Fortsetzung von S. 301*

ein Verlernen der bedingten Reaktion, eine **Löschung**, erreichen, muss der bedingte Reiz konsequent ohne die Gegenwart des unbedingten Reizes dargeboten werden. Auf diese Weise wird die Assoziation von unbedingtem und bedingtem Reiz allmählich aufgehoben.

### Instrumentelle Konditionierung

Die instrumentelle Konditionierung wurde von Edward L. Thorndike beschrieben. Der Lernvorgang knüpft an ein Verhalten an, welches bereits im Repertoire des Organismus vorhanden ist und ausgeübt wird, um zweckmäßig auf die Umwelt einzuwirken. Ein solches Verhalten erfüllt eine instrumentelle Funktion. Während der Lernphase wird die Auftretenswahrscheinlichkeit dieses Verhaltens erhöht, indem das Verhalten verlässlich zu einem Erfolg führt. Thorndike sperrte Katzen in einen **Problemkäfig**, eine käfigartige Vorrichtung mit Hebel und Riegel, womit sie sich von innen öffnen lässt. Die Katzen lernten durch → Trial-and-Error-Learning, den Mechanismus richtig zu betätigen, und bei jedem Versuch verkürzte sich die Zeit bis zur richtigen Betätigung des Mechanismus. Diesen Zusammenhang formulierte Thorndike als das »Gesetz der Wirkung« (law of effect): Wenn ein bestimmtes Verhalten eine positive Konsequenz nach sich zieht (z. B. in Freiheit zu gelangen), wird dieses Verhalten vermehrt gezeigt. Als lernwirksam gilt somit v. a. der Erfolg eines Verhaltens.

### Operante Konditionierung

Die operante Konditionierung geht auf Burrhus F. Skinner zurück und erweitert die Theorie der instrumentellen Konditionierung. Der Lernvorgang knüpft an ein beliebiges Verhalten an, das spontan vom Organismus gezeigt wird. Ein solches operantes Verhalten stellt – im Unterschied zum unmittelbar instrumentellen Verhalten – nicht nur dessen Reaktion auf eine Situation dar, sondern geht initiativ vom Organismus aus. Mit der operanten Konditionierung ist somit eine Kontrolle über einen weiten Verhaltensbereich des Organismus möglich. Während der Lernphase wird die Auftretenswahrscheinlichkeit eines operanten Verhaltens reguliert, indem systematisch positive oder negative Konsequenzen verabreicht werden. Führt das Verhalten zu einer angenehmen Konsequenz (→ Verstärkung), so nimmt die Auftretenswahrscheinlichkeit zu, bei unangenehmen Konsequenzen (→ Bestrafung) nimmt die Auftretenswahrscheinlichkeit ab. Skinner wies diese Zusammenhänge v. a. an Ratten und Tauben nach, die er in der **Skinner-Box** untersuchte. Die Skinner-Box ist ein von ihm entwickelter Kasten mit einem Futterschacht und einem Bodengitter, das unter Strom gesetzt werden kann. Das Einwerfen von Futter kann zur Verstärkung und der Stromschlag als Bestrafung eingesetzt werden. Mithilfe dieser Mechanismen konnten beliebige Verhaltensweisen der Versuchstiere befördert oder unterdrückt werden. Beispielsweise lernt das Versuchstier, einen Hebel zu drücken, wenn dadurch der Futterschacht geöffnet wird, andererseits unterlässt das Tier den Hebeldruck, wenn durch ihn ein Stromschlag ausgelöst wird. Eine erweiterte Kontrolle über das Verhalten des Tieres erreicht man durch die Verwendung eines **diskriminativen Reizes** (diskriminativer Stimulus), z. B. eines Lichtsignals: Wenn die Verstärkung nur unter Anwesenheit dieses Signals gegeben wird, lässt sich nach der Lernphase die Äußerung des verstärkten Verhaltens mit diesem Signal steuern. Durch das Einschalten des Signals wird die gelernte Reaktion des Tieres ausgelöst.

Bleiben nach der Lernphase die Konsequenzen aus, stellt sich – ähnlich wie beim klassischen Konditionieren – nach gewisser Zeit eine Löschung ein, d. h., die Koppelung von Verhalten und Konsequenz wird aufgelöst. Dadurch werden verstärkte Verhaltensweisen wieder seltener ausgeübt und die bestraften Verhaltensweisen zeigen sich wieder öfter.

### Verbale Konditionierung

Die verbale Konditionierung betrifft den Verhaltensbereich sprachlicher Äußerungen. Werden bestimmte Ausdrücke oder Aussagen vom Gesprächspartner systematisch verstärkt, indem dieser verbal (»Hm, ja«) oder nonverbal (z. B. durch Nicken) darauf reagiert, so wird der Sprecher diese Ausdrücke und Aussagen umso häufiger verwenden. Die Manipulation durch

**Konditionierung:** Bei der Tierdressur werden neue, teilweise artfremde Verhaltensweisen durch Belohnung erwünschter oder Bestrafung unerwünschter Reaktionen erlernt.

den Gesprächspartner wird dem Sprecher dabei in der Regel nicht bewusst.

*Stellenwert der Konditionierungsmodelle*

Der Vorgang der Konditionierung stand im Mittelpunkt behavioristischer Lerntheorien und wurde vornehmlich im Tierversuch nachgewiesen, er stellt jedoch ein universelles Lernprinzip dar, das begrenzt auch im Bereich menschlichen Lernens wirksam ist. Die klassische Konditionierung erstreckt sich auf emotionale und vegetative Reaktionen, und die operante Konditionierung kann eine Rolle für die Ausbildung neurotischer Verhaltensweisen spielen. Daher baut die →Verhaltenstherapie ursprünglich auf Konditionierungsmechanismen auf und zielt darauf ab, durch Verstärkung oder Löschung das Verhalten der Patienten zu beeinflussen. Die Konditionierungstheorien haben mit dem Aufkommen der →kognitiven Psychologie an Bedeutung verloren. Ihre Reichweite wird heute zurückhaltend beurteilt, denn menschliches Verhalten wird entscheidend durch mentale Prozesse wie Aufmerksamkeit, Erwartungen und Bewertungen bestimmt.

**Konfessionsschulen** [zu latein. confessio »Bekenntnis«, »Geständnis«], **Bekenntnisschulen:** Schulen, in denen die Konfession nicht nur für den obligatorischen Religionsunterricht, sondern auch für andere Unterrichtsbereiche sowie das ihr zugrunde liegende Bildungs- und Erziehungskonzept eine maßgebliche Rolle spielt. Konfessionsschulen sind heute meist Privatschulen in kirchlicher Trägerschaft.

**Konfidenzintervall, Vertrauensintervall** [zu latein. intervallum »Abstand«, »Entfernung«]: Wertebereich, innerhalb dessen bei einer gegebenen Irrtumswahrscheinlichkeit der wahre Wert eines Populationsparameters liegt. Populationsparameter, z. B. der Mittelwert einer Merkmalsverteilung, können stets nur durch Stichprobenerhebungen geschätzt werden. Aufgrund unvermeidlicher Messfehler kommt es bei jeder Erhebung zu einem anderen Schätzwert. Das Konfidenzintervall bringt die Unsicherheit hinsichtlich des wahren Wertes zum Ausdruck: Es gibt einen unteren und einen oberen Wert an sowie die Wahrscheinlichkeit (zumeist 95%), mit der der wahre Wert zwischen diesen Intervallgrenzen liegen wird. Das Ergebnis eines psychologischen Tests kann ebenso als Konfidenzintervall angegeben werden, sofern die Messungenauigkeit des Tests (→Reliabilität) bekannt ist. Man gibt anstelle des punktuellen, aber fehlerbehafteten Messwerts einen Bereich an, in dem der »wahre« Wert höchstwahrscheinlich liegt.

**Konflikt 1):** In dem Zwiespalt zwischen reinem Erkenntnisdrang und Machtstreben mithilfe schwarzer Magie bewegt sich die Hauptfigur von Goethes »Faust« (Illustration zum Eingangsmonolog von Eugène Delacroix).

**Konflikt** [latein. »Zusammenstoß«]: **1)** in der *allgemeinen Psychologie* das Zusammentreffen einander entgegengesetzter Verhaltenstendenzen (Motive, z. B. Bedürfnisse oder Wünsche) innerhalb einer Person. Nach Kurt Lewin drängt das dadurch ausgelöste Spannungserlebnis zu einer Lösung des Konflikts. Dabei kann es sein, dass sich eine Person zwischen zwei positiv bewerteten Zielen entscheiden muss (**Appetenzkonflikt**), z. B. wenn ein Mann einen Sportwagen und ein Wohnmobil kaufen möchte, aber nur Geld für ein Fahrzeug hat, oder sie muss zwischen zwei Übeln wählen (**Aversionskonflikt**), z. B. wenn ein Steuerzahler sein Geld nicht dem Fiskus geben und gleichzeitig die Verfolgung durch die Steuerfahnder vermeiden will. Kleine Konfliktspannungen regen die seelische Tätigkeit an; große können sie überlasten und lähmen.

**2)** in der *Sozialpsychologie* die Unvereinbarkeit in Wünschen, Zielen, Handlungen oder Einstellungen zwischen Menschen oder Gruppen. Konflikte entstehen oft aus Interessengegensätzen; sie erhöhen den Gruppenzusammenhalt nach innen und die Ablehnung der gegnerischen Gruppe. Konfliktlösungen lassen sich finden, indem die Personen oder Gruppen selbst ihre Interessenlagen verändern. Eine →Mediation kann helfen, Konflikte auszutragen.

3) in der *Psychotherapie allgemein* das Zusammentreffen unvereinbarer Bedürfnisse, Gefühle und Gedanken beim Patienten oder Klienten. Ein typischer, fast immer vorhandener Konflikt ist, einerseits von der psychischen Störung, z. B. der Angst- oder Zwangsstörung, geheilt zu werden, andererseits die hierfür nötige Arbeit leisten zu müssen, z. B. ängstigende Situationen aufzusuchen oder sich mit den tieferliegenden Konflikten auseinanderzusetzen.

4) in der *Psychoanalyse* das Zusammentreffen von Trieben, die aus dem Es stammen, mit den durch die Sozialisation entstandenen Instanzen, dem Ich und Über-Ich. Beispielsweise erlebt das Kind den Konflikt, einerseits Aggressionen gegen die Mutter zu hegen und dies zeigen zu wollen, andererseits hat es Angst davor, die Liebe der Mutter zu verlieren. Als Versuch, den Konflikt zu lösen, verdrängt das Kind die Aggressionen, d. h., es erlebt sie nicht mehr. Diese Verdrängung schwächt aber die Leistungsfähigkeit des Ich, sodass es im erwachsenen Leben mit ähnlichen Konfliktsituationen (z. B. einer Eifersuchtsproblematik) nicht zurechtkommen kann.

**Konfliktforschung:** interdisziplinäre Forschungsrichtung, in der versucht wird, die Hintergründe von Konflikten zwischen Personen, Gruppen, Organisationen, Gesellschaften oder Staaten aufzuklären (z. B. →Aggression, →Gewalt) und Strategien zu ihrer Lösung zu erarbeiten; dabei werden v. a. Gesichtspunkte aus Wirtschaft, Biologie, Psychologie und Soziologie mit einbezogen.

**Konfliktlösung:** Behebung oder Beilegung eines Konfliktes. Man kann einen Konflikt, der durch die Wahlmöglichkeit zwischen zwei Möglichkeiten entsteht, durch Entscheidung oder Kompromiss lösen. Wesentlich für eine Konfliktlösung ist zunächst, dass man sich angesichts des →Konflikts 1) nicht zurückzieht oder ihn verdrängt, sondern sich beide Tendenzen möglichst bewusst macht und dann ein weiteres Vorgehen wählt, das den eigenen realistischen Interessen am besten entspricht. Bei der →Entscheidung trifft man eine Wahl und gibt die alternative Wahlmöglichkeit vollständig auf; im Kompromiss verwandelt man beide Tendenzen so, dass keines der ursprünglichen Ziele in reiner Form erreicht werden kann, aber doch so viel wie möglich von beiden erfüllt wird. Unrealistische, auf Illusionen beruhende Lösungen erweisen sich in der Regel als nicht durchführbar, z. B. wenn ein Handwerker zwei Aufträge zusagt, von denen er nur einen erledigen kann.

Bei Konflikten zwischen Personen oder Gruppen können die Konfliktparteien versuchen, einseitig ihre Interessen durchzusetzen, z. B. durch Drohung, Überzeugung oder andere Strategien, sie können (bei Rechtsangelegenheiten) die Entscheidung auch dem Gericht überlassen. Werden Interessen einseitig durchgesetzt, ist damit meistens der Konflikt nicht wirklich gelöst, denn die andere Seite wird unzufrieden sein, was zu einem neuen Konflikt führen kann. Konflikte, die auf Interessengegensätzen beruhen, lassen sich kaum ausräumen, vielmehr kommt es darauf an, sie so auszutragen, dass möglichst wenig Gewalt angewendet wird und möglichst alle etwas bekommen, was sie als Vorteil ansehen können. Dazu verhilft das →Verhandeln.

**Konfliktstrategie:** geplante Inszenierung von Konflikten, um ein bestimmtes Ziel zu erreichen. Politische und militärische Konfliktstrategien laufen z. B. darauf hinaus, einen Geg-

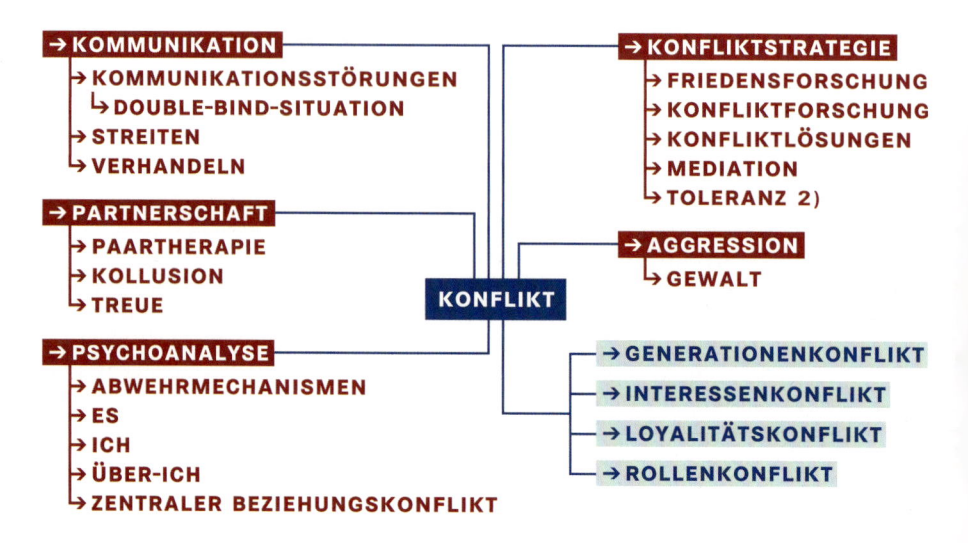

---

→ **KOMMUNIKATION**
- → KOMMUNIKATIONSSTÖRUNGEN
  - ↳ DOUBLE-BIND-SITUATION
- → STREITEN
- ↳ VERHANDELN

→ **PARTNERSCHAFT**
- → PAARTHERAPIE
- → KOLLUSION
- ↳ TREUE

→ **PSYCHOANALYSE**
- → ABWEHRMECHANISMEN
- → ES
- → ICH
- → ÜBER-ICH
- ↳ ZENTRALER BEZIEHUNGSKONFLIKT

**KONFLIKT**

→ **KONFLIKTSTRATEGIE**
- → FRIEDENSFORSCHUNG
- → KONFLIKTFORSCHUNG
- → KONFLIKTLÖSUNGEN
- → MEDIATION
- ↳ TOLERANZ 2)

→ **AGGRESSION**
- ↳ GEWALT

→ **GENERATIONENKONFLIKT**
→ **INTERESSENKONFLIKT**
→ **LOYALITÄTSKONFLIKT**
→ **ROLLENKONFLIKT**

ner, den man selbst angreifen möchte, zu einem Angriff zu reizen, um dann die eigene Aggression besser rechtfertigen zu können. Auch in Beziehungen werden Konfliktstrategien eingesetzt. So kann z. B. ein Mann, der gerne zu seinem Stammtisch gehen will, aber fürchtet, seine Frau durch diesen Wunsch aufzubringen, einen Streit provozieren, der ihm dann einen Grund gibt, das Haus zu verlassen.

**Konformismus** [zu latein. conformis »gleichförmig«, »ähnlich«]: Haltung, die durch die Anpassung an die herrschenden Meinungen und geltenden Regeln der sozialen Umwelt gekennzeichnet ist. Die moderne westliche Gesellschaft ist durch einen Konflikt zwischen Individualitäts- und Konformitätsdruck geprägt: Einerseits sind ihre Mitglieder gehalten, sich von der Masse abzuheben und als unverwechselbares Individuum gegen sie aufzutreten, andererseits aber erleben sie Sanktionen, wenn sie sich zu weit von gemeinsamen Gewohnheiten, Einstellungen, Meinungen entfernen, die sich die Gruppe zuschreibt, zu der sie gehören wollen. Dieser Konflikt macht sich schon bei Jugendlichen bemerkbar, die sich z. B. gegen ihre Eltern mit der Bemerkung wehren, sie seien schließlich zu eigenen Entscheidungen fähig und nicht bereit sich anzupassen, aber gleichzeitig fürchten, mit den »falschen« Schuhen auf die Straße zu gehen. Konformismus ist kein Persönlichkeitsmerkmal, sondern hängt mit dem Status in der jeweiligen Gruppe und dem Gruppendruck zusammen: Hoher Gruppendruck erhöht den Konformismus ebenso wie ein mittlerer Status in der Gruppe; nur die Personen mit einem hohen sozialen Rang und die →Außenseiter erlauben es sich, in nennenswertem Umfang vom Gruppenstandard abzuweichen.

**Konfrontation** [mittellatein. »Gegenüberstellung«]: therapeutische Technik. Dem Klienten werden Dinge »auf den Kopf zugesagt«, die er selbst nicht wahrhaben will. Inwiefern sie vom Klienten akzeptiert wird, hängt u. a. vom Arbeitsstil des Therapeuten ab (wird im strengen, kühlen, unterstützenden, humorigen Ton konfrontiert?) und davon, ob die Therapeut-Klient-Beziehung tragfähig ist. Erfahrene Therapeuten können abschätzen, ob und wann ein konfrontatives Vorgehen angebracht ist.

**Konfrontationstherapie:** die →Expositionstherapie.

**Konkretismus** [zu latein. concretus »zusammengewachsen«, »verdichtet«]: in der *klinischen Psychologie* Mangel an Abstraktionsvermögen. Der Begriff wird v. a. bei der Rechenstörung und Schizophrenie gebraucht: Konkretismus bei Rechenschwäche bedeutet, dass Zahlen nicht hinreichend abstrahiert werden können und z. B. die Finger für das Rechnen benötigt werden. Konkretismus bei einer Schizophrenie ist eine typische Denkstörung und äußert sich in der Unfähigkeit, etwas zu verallgemeinern: Betroffene können z. B. Worte, die im übertragenen Sinn gemeint sind, oder Allegorien nicht verstehen und halten an der ursprünglichen Wortbedeutung fest.

**Konkurrenz, Wettbewerb:** Wettstreit zwischen zwei Personen oder Gruppen um dieselbe Ressource, z. B. einen Arbeitsplatz; Bestreben, andere zu übertreffen (Ehrgeiz). Konkurrenz kann den Menschen einerseits zu hohen Leistungen anspornen, andererseits gefährdet es viele Merkmale, die generell als human und bewahrenswert angesehen werden, z. B. Kooperation und Altruismus. Ungemilderte Konkurrenz bringt soziale Gefahren mit sich, weil sie keinen Schutz nicht konkurrenzfähiger Individuen vorsieht.

**Konnektionismus:** in der *kognitiven Psychologie* die Modellierung mentaler Prozesse mithilfe künstlicher oder formal dargestellter →neuronaler Netze.

**Konstanzphänomene** [zu latein. constantia »Festigkeit«, »Beständigkeit«]: die bei Veränderungen von Objekten und Personen unverändert bleibenden Eigenschaften. Menschen können Gegenstände oder Reize auch dann als konstant gleich wahrnehmen, wenn sich deren Erscheinungsbild geändert hat. Dies gilt v. a. für Formen bei Betrachtung aus verschiedenen Blickwinkeln (Formkonstanz), für Größen bei Betrachtung aus wechselnden Entfernungen (Größenkonstanz), für Farben bei unterschiedlicher Beleuchtung (Farbkonstanz) und für Helligkeitswerte bei wechselnder Lichtintensität (Helligkeitskonstanz). Die Konstanz physikalischer Eigenschaften zu erkennen geht mit der zunehmenden Fähigkeit zum abstrakten Denken einher (→Invarianz).

**Konstitution** [latein. »Verfassung«, »Zustand«]: das körperliche Gesamterscheinungsbild eines Menschen, also alle anatomisch-morphologischen Merkmale seines Körperbaus. Als Konstitutionsmerkmale werden die relativ konstanten Züge des körperlichen Erscheinungsbildes angesehen, unabhängig von Schwankungen der Gesundheit und Veränderungen mit dem Alter. Die psychische Konstitution, die →Persönlichkeit, gilt in vielen →Konstitutionslehren als von der körperlichen Konstitution abhängig. – Abb. S. 310

**Konstitutionslehre:** eine systematische Theorie über Gemeinsamkeiten im Körperbau der Menschen. Die meisten Konstitutionsleh-

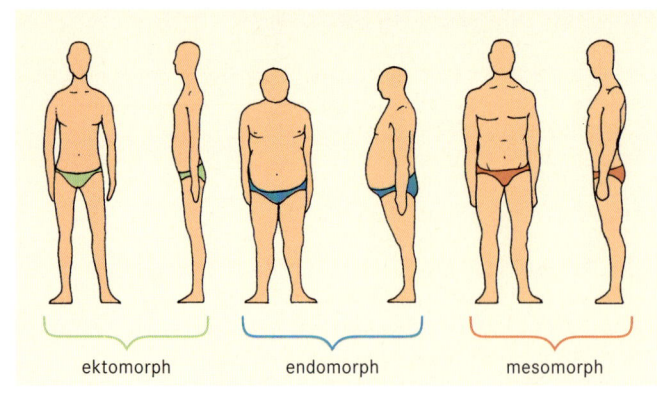

**Konstitution:** die Körperbautypologie des Mediziners und Psychologen William Herbert Sheldon (ektomorph, endomorph, mesomorph)

ren sind Konstitutionstypologien. Sie behaupten einen Zusammenhang zwischen →Konstitution und psychischen Eigenschaften, der →Persönlichkeit.

Bekannt wurde die Körperbautypologie des deutschen Psychiaters Ernst Kretschmer, die erstmals 1925 publiziert wurde. Kretschmer unterschied aufgrund seiner subjektiven Beobachtung an psychiatrischen Patienten die drei Typen Pykniker, Leptosome und Athleten. Der Pykniker ist Kretschmer zufolge im Körperbau untersetzt und klein, im Charakter fröhlich und gesellig. Der Leptosome hat einen hoch aufgeschossenen, schlanken Körper und soll im Temperament ernst, verschlossen und unnahbar sein. Der Athlet besitzt einen muskulösen, kraftvollen Körper und wirkt im Umgang eher unbeholfen und schwerfällig. Jeder Charaktertyp prädestiniert Kretschmer zufolge die Bereitschaft für psychische Erkrankungen. Der pyknische Typ, mit seiner Tendenz zur distanzlosen Heiterkeit, sei gefährdet, manisch-depressiv zu werden. Dagegen könne der kühl-distanzierte Leptosome an Schizophrenie erkranken.

Zu einer ähnlichen, erstmals 1940 veröffentlichten →Typologie kam der amerikanische Mediziner und Psychologe William Herbert Sheldon. Er unterschied einen endomorphen, mesomorphen und ektomorphen Typ, die sich ebenfalls durch unterschiedliche Verhaltensmuster voneinander absetzen. Endo- und ektomorpher Typ entsprechen dabei physisch wie psychisch dem Pykniker und Leptosomen von Kretschmer; der mesomorphe Typ ist eine ausgewogene Mittelform zwischen den beiden.

In der neueren Konstitutionsforschung operiert man mit statistischen Methoden, um Konstitutions- und Charaktertypen zu identifizieren. Entsprechende Konzepte stammen z. B. von den Schweden Bengt Lindegård und G. Eberhard Nyman, die vier exakt messbare, voneinander weitgehend unabhängige Faktoren unterscheiden: einen Längenfaktor, einen Derbheitsfaktor, einen Muskeldickenfaktor und einen Fettfaktor. Jedes Individuum kann dabei durch seine Stellung im Variationsfeld dieser vier Faktoren gekennzeichnet werden.

Heute gelten Konstitutionstypologien als wissenschaftlich überholt. Die meisten Annahmen über körperliche und psychische Gemeinsamkeiten wurden in empirischen Untersuchungen widerlegt.

**Konstrukt** [zu latein. construere »zusammenschichten«; »erbauen«, »errichten«]: ein nicht direkt beobachtbares Phänomen oder Merkmal, das im Rahmen einer Theorie zur Erklärung (**explikatives Konstrukt**) oder Beschreibung (**deskriptives Konstrukt**) von Gegebenheiten angenommen wird. Viele psychologische Kategorien sind in diesem Sinne Konstrukte. Erst durch die Bildung von beobachtbaren und messbaren Indikatoren werden sie der empirischen Forschung zugänglich. Das Konstrukt »Ängstlichkeit« wird z. B. durch die Indikatoren »erhöhter Puls«, »schwitzen«, »sich zurückziehen« oder »leises Reden« erfassbar.

**Konstruktivismus:** Sammelbegriff für erkenntnistheoretische, philosophische und psychologische Positionen, die davon ausgehen, dass das subjektive Erleben und Erkennen der Wirklichkeit keine einfache Widerspiegelung der äußeren Realität im Bewusstsein ist. Vielmehr ist es eine durch subjektive Sichtweisen, Handlungen und Begriffe hergestellte Konstruktion. Alle Konstruktivisten sind sich einig in einer Ablehnung philosophischer Grundannahmen, die eine unmittelbare Wirklichkeitsabbildung im Bewusstsein des Menschen behaupten. Sie stehen damit im Gegensatz zum →Empirismus und →Positivismus. Die Auffassung über die Art der Konstruktion variiert aber.

Der radikale Konstruktivismus behauptet eine allen Lebewesen innewohnende Tendenz zur Selbstorganisation. Der chilenische Biologe Humberto R. Maturana (* 1928) vertritt die Auffassung, das Nervensystem sei so angelegt, dass es sich autonom reguliere und jedes Lebewesen die Wirklichkeit selbst definiere. Jeder Organismus lebe relativ unabhängig von äußeren →Reizen.

Der soziale Konstruktivismus geht dagegen davon aus, dass die Menschen die Wirklichkeit, auch die Theorien der Wissenschaft, in der sozialen Interaktion, in Gesprächen und Texten, gemeinsam herstellen. Der amerikanische Psychologe Kenneth Gergen beschreibt in seinem Buch »Das übersättigte Selbst« (1995), wie der moderne Mensch im multimedialen, globalisierten Austausch mit anderen seine persönliche Identität, die Sicht auf die Realität und sich selbst, sucht.

Der genetische Konstruktivismus Jean Piagets sieht die Entwicklung von Denken und Sprache als Resultat von Handlungen (Operationen) mit Gegenständen der Umwelt. Die Aktionen wirken auf den Geist zurück, der Mensch konstruiert seine Begriffe, um Erfahrungen zu beschreiben.

Konstruktivisten untersuchen die Entstehung der Konstruktionen in Wahrnehmung, Denken und Sprache. Je nachdem, welche der drei Ausrichtungen des Konstruktivismus sie bevorzugen, wählen sie biologische, soziologische oder historische Untersuchungsmethoden. Gemeinsam ist ihnen eine Ablehnung der rein naturwissenschaftlich orientierten, mit quantitativen Methoden operierenden Psychologie. Zusammen mit der →Systemtheorie spielt der Konstruktivismus auch eine Rolle in der Psychotherapie, v. a. in der →Familientherapie.

**Konstruktvalidität:** Form der →Validität.

**Konsumentenverhalten** [zu latein. consumere »verbrauchen«, »verzehren«]: das Verhalten der Endverbraucher von materiellen und immateriellen Gütern, im engeren Sinn das Verhalten des Menschen beim Kauf und Konsum von wirtschaftlichen Gütern.

Die Konsumentenforschung als interdisziplinärer Forschungszweig hat sich zum Ziel gesetzt, die Gesetzmäßigkeiten des wirtschaftlichen Verhaltens zu erforschen und zu überprüfen. Als psychische Faktoren des Konsumentenverhaltens gelten aktivierende und kognitive Prozesse. Aktivierende Prozesse sind die allgemeine Aktivierung, →Emotionen, →Motivation und motivationale Konflikte sowie →Einstellungen; zu den kognitiven Prozessen zählen die Informationsaufnahme, -verarbeitung und -speicherung sowie das →Lernen. Die sozialen Faktoren des Konsumentenverhaltens umfassen den Einfluss von Gruppen wie Haushalt und Familie, die persönliche Kommunikation in kleinen Gruppen, die Kultur, Subkultur und soziale Schicht sowie den Einfluss der Medien. Die Produkt- und Markenwahl von Konsumenten bildet den Interessenschwerpunkt von Marketingforschern.

**LESETIPPS:**
Werner Kroeber-Riel und Peter Weinberg: *Konsumentenverhalten.* München (Vahlen) [8]2003.
Erich Fromm: *Haben oder Sein. Die seelischen Grundlagen einer neuen Gesellschaft.* Taschenbuchausgabe München (dtv) [33]2005.
Rudolf Sommer: *Consumer's mind. Die Psychologie des Verbrauchers.* Frankfurt am Main (dfv) 2007.

**Kontakt** [latein. »Berührung«]: Zusammentreffen zweier oder mehr Menschen; z. T. synonym mit →Interaktion. Kontaktsuche ist ein universelles Phänomen, das sich schon im Verhalten kleiner Kinder zeigt. **Kontaktfähigkeit** besteht darin, anderen Menschen mit dem angebrachten Maß an Ehrlichkeit, Offenheit, Achtung und Zuwendung zu begegnen sowie deren Verhalten angemessen zu interpretieren. Der seelische Hintergrund der menschlichen Kontaktfähigkeit ist die innere Möglichkeit, sich gute Beziehungen vorzustellen, zu glauben, dass andere Personen nicht primär feindlich sind. Diese Möglichkeit ist bei den meisten Menschen ursprünglich gegeben, sie kann aber durch negative Erfahrungen, Angst, Unsicherheit, Schüchternheit oder Wahrnehmungsverzerrungen eines oder beider Kommunikationspartner zerstört werden. Dadurch wird Nähe als bedrohlich erlebt und Kontakt weitgehend vermieden, ohne dass die Sehnsucht nach ihm verschwindet; man spricht in diesem Fall von einer **Kontaktstörung.** Mit Kontakt zu sich selbst ist die authentische Wahrnehmung der eigenen Gefühle gemeint.

**Kontentvalidität:** Form der →Validität.

**Kontext, lebensgeschichtlicher** [latein. contextus »enge Verknüpfung«, »Zusammenhang«]: Zusammenhang von Ereignissen mit der lebensgeschichtlichen Situation einer Person. Je nach lebensgeschichtlichem Kontext sind die Haltungen, Wertungen, Ziele und Verhaltensweisen unterschiedlich zu beurteilen. So ist z. B. die Klage einer eben verwitweten Person über Einsamkeit und Sinnlosigkeit anders einzuschätzen als die einer jungen, aber sozial gestörten Person.

**Kontingenzverträge:** in der *pädagogischen Psychologie* eine Methode der Verhaltensänderung, bei der bestimmte Übereinkommen zwischen Partnern, z. B. zwischen Kind und Eltern,

---

**Kontakt | Kontaktstörungen**

Zum normalen Sozialverhalten gehört eine Regulation von Nähe und Distanz, in der Bedürfnisse in beiden Richtungen offen geäußert werden können. Gut versorgte Kleinkinder können sehr genau signalisieren, ob sie Kontakt oder Distanz wünschen. Wenn aber ihre Kontaktbedürfnisse nicht befriedigt werden und sie sich nicht sicher sind, dass sie Nähe finden, wenn sie diese brauchen, klammern sie sich entweder übermäßig an oder ziehen sich, scheinbar unerreichbar, zurück.

Kontaktstörungen bei Erwachsenen drücken sich v. a. darin aus, dass sie keine »durchschnittlichen«, von milder Sympathie und Höflichkeit getragenen Beziehungen haben können, sondern andere Personen entweder heiß begehren und grenzenlos bewundern oder kalt hassen und gänzlich ablehnen. Zwanghafte Höflichkeit ohne spürbare emotionale Beteiligung oder sozialer Rückzug und Einzelgängertum stehen oft für ein Endstadium der Kontaktstörung.

schriftlich fixiert werden. Festgehalten werden das betreffende Thema, die gegenseitigen Erwartungen, Ziele, Methoden und Belohnungen bei Einhaltung und Konsequenzen bei Nichteinhaltung des Vertrags. Kontingenzverträge schaffen Klarheit darüber, wer was von wem erwartet, und geben damit Verhaltenssicherheit.

**Kontra|indikation:** Umstand, der die Durchführung einer an sich empfehlenswerten Untersuchungs- und Behandlungsmaßnahme verbietet oder nur unter besonderer Vorsicht und Abwägung der Risiken erlaubt. So gilt z. B. die bilaterale Stimulation der Traumabehandlungsmethode →EMDR in einer instabilen Phase des Patienten als kontraindiziert.

**Kontrast** [italien. »(starker) Gegensatz«]: in der *Wahrnehmungspsychologie* als Wahrnehmungskontrast (Kontrastempfindung) das Sich-voneinander-Abheben zweier gleichartiger Wahrnehmungsinhalte. Sinnesempfindungen beeinflussen sich gegenseitig, wenn benachbarte Sinneszellen gleichzeitig gereizt werden (Simultankontrast) oder wenn dieselben Sinneszellen kurz aufeinanderfolgend gereizt werden (Sukzessivkontrast) durch Reize unterschiedlicher Qualität oder Quantität, z. B. Lichtreiz unterschiedlicher Farbe bzw. Helligkeit. Sukzessivkontrast wird häufig durch Nachbilder erzeugt.

Die Beeinflussung verläuft stets in gegensinniger Weise zur beeinflussenden Empfindung, wobei größere Reizflächen ein Übergewicht über kleinere erlangen: Ein grauer Fleck erscheint in einer dunklen Umgebung heller, in einer hellen Umgebung dagegen dunkler, als es seiner tatsächlichen Helligkeit entspricht; in farbiger Umgebung nimmt er den Farbton der Gegenfarbe an. Ferner zeigen besonders die Grenzbereiche kontrastierender Flächen gegensinnige, als Grenz- oder Randkontraste bezeichnete Kontrasttäuschungen.

**Kontrazeption:** die →Empfängnisverhütung.

**Kontrolle** [von französ. contrôle »Überwachung«, »Überprüfung«; »Beherrschung«]: 1) als Grundbegriff der *Soziologie* die Gesamtheit der Prozesse und Einflussnahmen einer Gruppe oder Gesellschaft, durch die deren Mitglieder dazu veranlasst werden, sich im Sinne bestehender Normen oder Regeln zu verhalten. Dies geschieht zum einen durch die im Rahmen der Sozialisation angestrebte →Verinnerlichung dieser Normen, zum anderen durch die innerhalb der sozialen →Interaktion 2) ausgeübte Verhaltenskontrolle. Abweichendes Verhalten wird dabei mit negativen, normgemäßes mit positiven sozialen →Sanktionen belegt. Die soziale Kontrolle dient der Regelung gesellschaftlicher Konflikte. Zugleich ist sie aber eine Quelle neuer Konflikte, da sie Ausdruck von Autorität und Fremdbestimmung ist. Kontrolle braucht Kontrollinstanzen: Institutionen, die überwiegend überwachende Aufgaben übernehmen, z. B. Polizei, Gefängnisse und psychiatrische Kliniken.

2) in der *Psychologie* ein vielfältig verwendeter Begriff, der Mechanismen der Aufsicht und Überprüfung beschreibt. Es bedarf z. B. bei Experimenten der Kontrolle von experimentellen Bedingungen; dazu dient eine →Kontrollgruppe. Die Kontrolle von impulsivem Verhalten ist gleichbedeutend mit der →Impulskontrolle. Das Verhalten allgemein wird nach der Lerntheorie durch Reize kontrolliert, die einer Reaktion vorausgehen. Bei der klassischen →Konditionierung spricht man von auslösenden Reizen, bei der operanten von diskriminativen Reizen.

**Kontrollgruppe:** in einem Experiment eine Gruppe von Teilnehmern, die keiner Variation der experimentellen Bedingungen unterworfen ist. Die Kontrollgruppe dient als Bezugspunkt, um die Unterschiede zwischen oder Veränderungen innerhalb der Experimentalgruppen zu bewerten. Soll z. B. die Wirksamkeit von zwei Gruppentherapien verglichen werden, so ist die Einbeziehung einer dritten Gruppe als Kontrollgruppe ratsam, die während des Therapiezeitraums keinerlei therapeutische Maßnahmen erfährt, aber die gleichen Erfolgsmessungen wie die Therapiegruppen absolviert. Auf die Kontrollgruppe wirken ausschließlich jene störenden Einflüsse, die sich außerhalb der experimentellen Kontrolle befinden. An der Kontrollgruppe können z. B. jahreszeitlich bedingte Veränderungen der Depressivität abgeschätzt werden, die naturgemäß auch in den Therapiegruppen wirksam sind. Auf diese Weise lassen sich die beobachteten Effekte der Therapieprogramme von störenden Einflüssen bereinigen.

**Kontroll|überzeugung, Locus of Control** [ˈləʊkəs əv kənˈtrəʊl, engl. »Ort der Kontrolle«]: subjektive Einschätzung, ob man das eigene Leben selbst gestaltet oder von anderen Personen abhängig ist bzw. von der Umwelt oder fremden

---

Randkontrast — Simultankontrast — Sukzessivkontrast

**Kontrast:** Beim Randkontrast erscheinen die Kreuzungen der weißen Streifen grau. Beim Simultankontrast erscheint der weiße Kreis im Feld mit schwarzem Hintergrund heller als der weiße Hintergrund des Feldes mit schwarzem Kreis. Beim Sukzessivkontrast erscheint in Bild b ein dunkler Ring, wenn man es unmittelbar nach Bild a betrachtet.

Mächten kontrolliert wird. Jede Person hat einen persönlichen Stil der Verantwortungszuschreibung (→Attribution). Sieht man sich selbst als überwiegend verantwortlich an, führt dies zu einer Kontrollorientierung der Welt gegenüber, mit der eine aktive, systematische Informationsaufnahme verknüpft ist. Betrachtet man sich jedoch als der Umwelt ausgeliefert, entsteht eine eher passive, abwartende, resignierende Grundhaltung.

Nach der Kontrollüberzeugungstheorie kann man Individuen danach unterscheiden, ob sie erwarten, Verstärkung durch eigene Anstrengung zu erlangen (internale Kontrollüberzeugung) oder durch externe Faktoren, wie Schicksal, die Macht anderer oder glückliche Umstände (externale Kontrollüberzeugung).

**Kontrollzwang:** eine Form der →Zwangsstörung.

**konvergentes Denken:** Form des Denkens beim →Problemlösen.

**Konversion** [latein. »Umkehrung«, »Umwandlung«]: *Psychoanalyse:* die Umsetzung eines seelischen Konflikts in körperliche Krankheitsmerkmale (z. B. Lähmungserscheinungen, Schmerzen oder Funktionsausfälle von Sinnesorganen) ohne Vorliegen eines organischen Befunds. Die so entstandene Störung wird als **Konversionsneurose**, in der ICD-10 als →dissoziative Störung (Konversionsstörung) bezeichnet; ihre Symptome haben symbolische Bedeutung und stellen den Versuch einer Konfliktlösung dar. Eine Armlähmung kann sich z. B. als das Resultat eines unbewussten Konflikts zwischen dem Impuls, jemanden zu schlagen, und dem verbietenden Gewissen erweisen. Die hinter den Symptomen verborgenen Zusammenhänge können in einer Psychotherapie erschlossen werden.

**Konzentration** [französ. »Zusammenziehung«, eigtl. »Vereinigung in einem (Mittel-)Punkt«]: **1)** in der *Psychologie* die Zentrierung seelischen Geschehens, besonders die bewusste Steigerung der Aufmerksamkeit und ihre Bindung an ein vorgegebenes Ziel. Konzentration ist notwendig, um Aufgaben mit einem hohen Schwierigkeitsgrad schnell und fehlerlos zu bewältigen. Krankhafte oder anlagebedingte Störungen der Konzentrationsfähigkeit, z. B. durch Schädigung des Zentralnervensystems, bedingen eine Konzentrationsschwäche. Psychische und umweltbedingte Beeinträchtigungen, z. B. durch Reizüberflutung, werden demgegenüber als Konzentrationsmangel bezeichnet. Einbußen in der allgemeinen Konzentrationsfähigkeit sind durch Ermüdbarkeit, erhöhte Störbarkeit, Vergesslichkeit, Neigung zu wenig energischer Arbeitshaltung, Kontaktscheu und Ängstlichkeit gekennzeichnet.

**2)** in der *pädagogischen Psychologie* das didaktische Prinzip, verschiedene Lehrinhalte durch Projektunterricht unter einen einheitlichen Bezugspunkt zu stellen, wobei die sonst übliche Aufteilung des Stoffes in verschiedene Schulfächer aufgegeben wird.

**konzentrative Bewegungstherapie:** tiefenpsychologisch orientierte Therapieform, bei der die Patienten frei oder unter Anleitung Körperbewegungen ausführen und sich dabei auf ihre seelischen und körperlichen Reaktionen konzentrieren. Dadurch können weit zurückliegende Erinnerungen, die sich in Bewegungen und Haltungen ausdrücken, belebt und somit der Bearbeitung zugänglich gemacht werden. Die konzentrative Bewegungstherapie wird als Einzel- und Gruppentherapie sowie stationär und ambulant angeboten. Als eigenständige Therapieform ist sie nicht anerkannt; die Kosten werden durch die gesetzlichen Krankenkassen übernommen, wenn sie im Rahmen einer tiefenpsychologischen Therapie eingesetzt wird. – Abb. S. 314

**kooperatives Lernen:** Sammelbegriff für gruppenorientierte Methoden des Lernens, z. B. das →Team-Kleingruppen-Modell.

**Kopfschmerz:** allgemeines Krankheitszeichen, das von Nerven und Gefäßen und/oder von der Hirnhaut im Schädelinneren ausgeht. Von symptomatischem Kopfschmerz spricht

**Kontrollüberzeugung:** Als externe Kontrollüberzeugung bezeichnet man die Erwartung, dass Kräfte von außen unser Leben bestimmen – etwa das Schicksal oder die Macht anderer («Ruggiero rettet Angelica» von Jean Auguste Dominique Ingres, 1841).

**konzentrative Bewegungstherapie:** Bestandteil der traditionellen chinesischen Medizin ist die aus der Kampfkunst stammende Bewegungstherapie Tai-Chi-Chuan, bei der durch Ganzkörperbewegungen Entspannung und tiefe Bauchatmung kombiniert werden. Ähnliche Effekte macht sich die konzentrative Bewegungstherapie zunutze.

man, wenn die Schmerzen Folge einer anderen Erkrankung sind wie Hirntumore, das Zerreißen von Blutgefäßen an der Hirnoberfläche, Augenleiden, Zahnleiden, Nieren- und Stoffwechselleiden oder Vergiftungen. In 90% der Fälle handelt es sich jedoch um eine eigenständige Erkrankung, v. a. um den Alltags- oder Spannungskopfschmerz sowie um →Migräne. Die Ursachen von Kopfschmerzen sind nicht genau bekannt, mögliche Ursachen sind Muskelverspannungen im Nacken- und Schulterbereich, Stress und seelische Belastungen, Schlaf- und Bewegungsmangel. Bei chronischen Kopfschmerzen kann eine Depression zugrunde liegen.

Bisher ist die medizinische Versorgung von Kopfschmerzpatienten in Deutschland unzureichend, doch wächst z. B. die Zahl von Kliniken, die spezielle Schmerzambulanzen einrichten. Kopfschmerzen werden mit Schmerzmitteln wie Acetylsalicylsäure, Ibuprofen oder Paracetamol behandelt, diese sollten wegen der Gefahr der psychischen Abhängigkeit nicht über einen längeren Zeitraum eingenommen werden. Außerdem kann die häufige Einnahme von Schmerzmitteln zu Dauerkopfschmerz führen. Zur Langzeitbehandlung bei chronischen Kopfschmerzen werden Antidepressiva empfohlen.

Zur nicht medikamentösen Behandlung gehören Kopfschmerztagebücher, die Patienten über einige Wochen führen; so werden auslösende Bedingungen wie bestimmte Nahrungsmittel erkannt, die in Zukunft gemieden werden können. Entspannungstechniken wie autogenes Training oder Yoga, Ausdauersport wie Jogging, aber auch Physiotherapie haben nachweislich positive Wirkung. Im Rahmen einer Verhaltenstherapie kann ein Stressbewältigungstraining helfen, Stresssituationen frühzeitig zu erkennen und Gegenmaßnahmen zu erlernen. In einer tiefenpsychologischen Psychotherapie können mögliche zugrunde liegende Ursachen aufgedeckt werden; häufig wird ein Zusammenhang zwischen Kopfschmerzen und nicht bewältigten aggressiven Impulsen gefunden.

**Korczak** [-tʃak], Janusz, eigentlich Henryk Goldszmit [-ʃmit], polnischer Kinderarzt, Sozialpädagoge und Schriftsteller, * Warschau 22. 7. 1878 (1879?), † Treblinka August 1942; leitete 1911–14 ein jüdisches Waisenhaus und seit 1919 ein Warschauer Kinderheim für verwaiste oder verwahrloste Arbeiterkinder. Während der deutschen Besatzung war er mit seinem Waisenhaus im Getto von Warschau eingeschlossen. Als die SS am 5. 8. 1942 die 200 Kinder dieses Heimes zum Transport ins Vernichtungslager Treblinka abholte, lehnte er es ab, sie zu verlassen und ging mit ihnen zusammen in den Tod.

Korczak, der seine pädagogischen Ideen, besonders das Eigenrecht des Kindes, in theoretischen Schriften verfocht, schrieb auch Bücher für Kinder.

**Körper:** im Gegensatz zur Psyche die Physis. Der Körper ist Teil des charakteristischen Erscheinungsbildes eines Menschen; er ist durch Bau, Größe und Gewicht bestimmt. Die Zusammenhänge zwischen körperlichem und seelischem Geschehen werden u. a. von der →biologischen Psychologie und der →Psychophysik erforscht. Innerhalb der Psychotherapie ist der Körper besonders für die →Körpertherapien zentral. In der Sozialpsychologie kommt dem Körper unter dem Aspekt der →nonverbalen Kommunikation Bedeutung zu. Mit dem Verhalten des Menschen hinsichtlich der Gesundheit seines Körpers befasst sich die →Gesundheitspsychologie. Gesellschaftliche Bedeutung des Körpers äußert sich u. a. in Schönheitsidealen, in der heutigen Zeit ist es der schlanke Körper. Die heute überholte →Konstitutionslehre differenzierte Körperbautypen und behauptete einen Zusammenhang zwischen Körperbau und Charakter. Ein philosophischer Diskurs über den Zusammenhang von Körper und Psyche ist das →Leib-Seele-Problem.

**Körperbautypen:** von verschiedenen →Konstitutionslehren aufgestellte Typologien über Gemeinsamkeiten im körperlichen Erscheinungsbild der Menschen.

**Körper|erleben, Körperwahrnehmung:** die Gesamtheit der bewussten Wahrnehmung innerer Zustände und Signale, die von den Sinneszellen kommen. Das Körpererleben drückt sich oft in Gefühlen (Angst, Beklemmung) oder Spannungszuständen (Verspanntheit, Lockerheit) aus. Es gibt zwischen den Individuen Unterschiede in der Fähigkeit zum differenzierten Körpererleben. Krankheitssymptome werden ignoriert oder falsch wahrgenommen von Personen mit einem schwach ausgeprägten Körpererleben.

**Körperschema, Körperbild:** allgemein eine räumliche Vorstellung vom eigenen Körper, seiner Lage und seinem Aussehen. Das Körperschema ändert sich mit Informationen aus der Umwelt (Beurteilungen durch andere Personen) und durch eigene Erfahrungen in kritischen Situationen, die besondere Leistungen des Körpers erfordern. Das Körperbild umfasst auch ästhetische Wunschvorstellungen. Bei einem gestörten Körperbild wird unter Umständen ein gesundheitlich schädliches Aussehen des Körpers angestrebt, z.B. übertriebene Schlankheit (→Anorexia nervosa).

**Körpersprache:** die →nonverbale Kommunikation.

**Körpertherapi|en:** Therapieformen, bei denen psychische Leiden mithilfe der Körpererfahrung behandelt werden. In Abgrenzung dazu werden andere Therapieverfahren wie die klientenzentrierte Psychotherapie oder Verhaltenstherapie »verbale« Therapien genannt. Die modernen Körpertherapien haben zwei Wurzeln: die Entdeckungen der Psychoanalyse, dass körperliche Symptome unbewusst seelische Spannungen ausdrücken oder Verdrängungen aufrechterhalten können, und die in den Meditationspraktiken der östlichen Religionen überlieferten, im Westen psychotherapeutischen Zwecken angepassten Ansätze, durch körperliche Übungen von Bewegung, Atem, Haltung und Konzentration (z.B. Yoga und Tai-Chi) auch die Psyche verändern zu können. Heute weiß man um die engen Zusammenhänge zwischen körperlichen und seelischen Vorgängen, die v.a. über das →Nervensystem und die →Hormone gesteuert werden.

Zu den Körpertherapien gehören z.B. die Tanztherapie und die konzentrative Bewegungstherapie. Sie werden meist angewandt bei neurotischen und psychosomatischen Störungen sowie Persönlichkeitsstörungen, denen oft frühe, aus vorsprachlicher Zeit stammende Traumen zugrunde liegen. Weil Körpertherapien meist mit der körperlichen Berührung durch den Therapeuten einhergehen, sehen Kritiker die Gefahr der Retraumatisierung und die Verletzung der therapeutischen Abstinenz (→Abstinenzregel). Körpertherapeuten halten dem entgegen, dass in den Körpertherapien gerade die Themen um Berührung, Nähe und Distanz behandelt werden und die Patienten lernen, Grenzüberschreitungen zu erkennen und ihre Grenzen zu wahren. Bei verbalen Therapien sehen sie die Gefahr der Tabuisierung von Berührung.

**Korrelation** [mittellatein. »Wechselbeziehung«]: das gehäufte gemeinsame Auftreten von zwei Merkmalen in einer Menge von Objekten. Als Maß für die Häufigkeit des gemeinsamen Auftretens dient der Korrelationskoeffizient, dessen Wert zwischen −1 und +1 liegt. Ein hoher positiver Wert (> 0,5) bedeutet, dass hohe Werte in einer Variable mit hohen Werten der anderen einhergehen. Ein hoher negativer Wert (<−0,5) besagt, dass hohe Werte der einen Variable mit niedrigen der zweiten gekoppelt sind. Ein Korrelationskoeffizient von 0 sagt aus, dass es keinen gerichteten Zusammenhang gibt, dass also wahllos hohe und niedrige Werte bei beiden Variablen auftreten.

Korrelationskoeffizienten sagen nichts über Ursachen oder gerichtete Wirkungen aus, sondern beschreiben lediglich Merkmalszusammenhänge. Es ist gut möglich, dass eine hohe Korrelation zwischen zwei Merkmalen durch eine dritte Variable verursacht wird, die gleichsinnig auf die gemessenen Merkmale wirkt.

**Korrumpierungseffekt:** in der *Motivationspsychologie* die Verdrängung der →intrinschen Motivation durch die extrinsische Motivation.

**Ko|therapeut:** ein Therapeut, der gemeinsam mit einem anderen Therapeuten dieselbe Person behandelt. Kotherapeuten kommen besonders in der Gruppenpsychotherapie und den verschiedenen Formen der Familientherapie zum Einsatz; das komplexe Beziehungsgeschehen in Familien oder Gruppen lässt sich durch zwei Personen mit verschiedenen Standpunkten und unterschiedlicher Vorerfahrung besser und differenzierter beobachten. In manchen Formen der Familientherapie dienen Kotherapeuten auch als Modell eines förderlichen Umgangs miteinander.

**Kraepelin,** Emil: deutscher Psychiater, * Neustrelitz 15. 2. 1856, † München 7. 10. 1926; war Professor an verschiedenen Universitäten und lieferte wichtige Beiträge u. a. zur Psychodiagnostik, -therapie und -pharmakologie, ferner zur psychiatrischen Nosologie und Systematik. Er unterteilte die Psychosen (→psychotische Störungen) in Dementia praecox (Schizophrenie) und manisch-depressives Irresein (manisch-depressive Erkrankung) und lieferte de-

Richard Freiherr von Krafft-Ebing

taillierte Beschreibungen einzelner Krankheitsformen und Symptome.

**Krafft-Ebing,** Richard Freiherr von: deutscher Psychiater, * Mannheim 14. 8. 1840, † Mariagrün (heute zu Graz) 22. 12. 1902; war Professor in Straßburg, Graz und Wien und trat mit seinen Forschungen in den Bereichen der Kriminalpsychologie und der Sexualpathologie hervor. Er prägte Begriffe wie Dämmerzustand, Sadismus und Masochismus.

**Krampf|anfall:** einzelne Episode der →Epilepsie.

**Krankheit:** subjektiv empfundene und objektiv feststellbare Störung der physischen oder psychischen Befindlichkeit. Man unterscheidet zwischen den Symptomen einer Krankheit und ihren Ursachen. Zu den äußeren Ursachen gehören Krankheitserreger, Schädigungen wie Verletzungen, Verbrennungen oder Vergiftungen, umweltbedingte und psychosoziale Einflüsse sowie gesundheitliches Risikoverhalten. Innere Ursachen können in vererbten Anlagen, erworbenen Dispositionen im Sinne einer besonderen Anfälligkeit für bestimmte Krankheiten, der Abwehrbereitschaft und der aktuellen körperlich-seelischen Verfassung liegen. In Abgrenzung zu einer rein organischen Sichtweise (→medizinisches Modell) geht man heute zunehmend davon aus, dass die Entstehung, die Aufrechterhaltung und die Bewältigung von Krankheiten in einer komplexen Wechselwirkung von körperlichen, psychischen und sozialen Faktoren stattfinden (→biopsychosoziales Modell).

Nach dem Verlauf unterscheidet man akute und chronische Krankheiten. Akute Krankheiten sind gekennzeichnet durch einen plötzlichen Beginn, die Zuspitzung bis zum Höhepunkt und ein allmähliches Abklingen der Symptome. Chronische Krankheiten entwickeln sich demgegenüber meist schleichend und sind schwerer, z. T. nicht mehr medizinisch heilbar. Hier kommt der →Krankheitsbewältigung und dem →Coping großes Gewicht zu. Bei Beeinträchtigungen des geistigen und seelischen Wohlbefindens spricht man heute in der Regel nicht mehr von Krankheit, sondern von einer →psychischen Störung.

Haupttodesursachen sind in den heutigen Industrienationen nicht mehr die Infektionskrankheiten, sondern die auf chronischen Risikofaktoren und -verhaltensweisen beruhenden →Zivilisationskrankheiten.

**Krankheitsbewältigung, Krankheitsverarbeitung:** die Art und Weise, mit einer Krankheit umzugehen. Die Krankheitsbewältigung v. a. bei schweren und chronischen Erkrankungen (z. B. Asthma und anderen allergischen Erkrankungen, Diabetes, Herz-Kreislauf-Erkrankungen, Krebs) von großer Bedeutung. Neuere

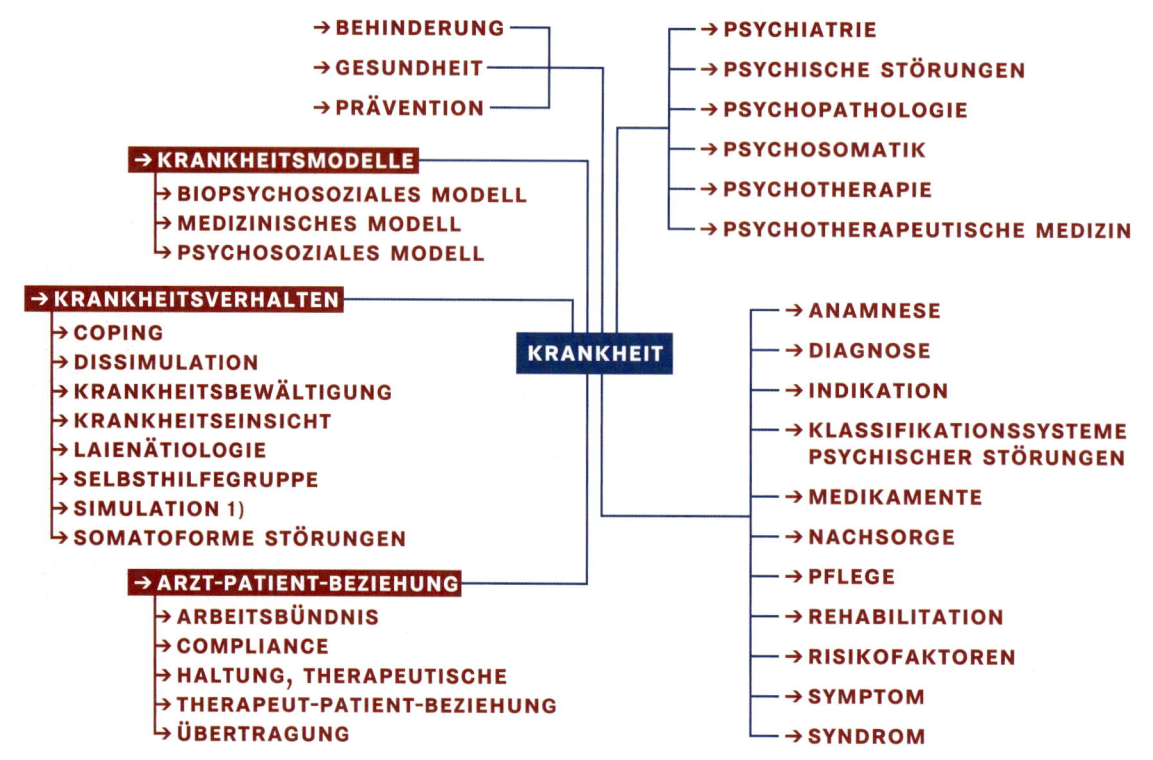

- →BEHINDERUNG
- →GESUNDHEIT
- →PRÄVENTION

**→KRANKHEITSMODELLE**
- →BIOPSYCHOSOZIALES MODELL
- →MEDIZINISCHES MODELL
- →PSYCHOSOZIALES MODELL

**→KRANKHEITSVERHALTEN**
- →COPING
- →DISSIMULATION
- →KRANKHEITSBEWÄLTIGUNG
- →KRANKHEITSEINSICHT
- →LAIENÄTIOLOGIE
- →SELBSTHILFEGRUPPE
- →SIMULATION 1)
- →SOMATOFORME STÖRUNGEN

**→ARZT-PATIENT-BEZIEHUNG**
- →ARBEITSBÜNDNIS
- →COMPLIANCE
- →HALTUNG, THERAPEUTISCHE
- →THERAPEUT-PATIENT-BEZIEHUNG
- →ÜBERTRAGUNG

**KRANKHEIT**

- →PSYCHIATRIE
- →PSYCHISCHE STÖRUNGEN
- →PSYCHOPATHOLOGIE
- →PSYCHOSOMATIK
- →PSYCHOTHERAPIE
- →PSYCHOTHERAPEUTISCHE MEDIZIN

- →ANAMNESE
- →DIAGNOSE
- →INDIKATION
- →KLASSIFIKATIONSSYSTEME PSYCHISCHER STÖRUNGEN
- →MEDIKAMENTE
- →NACHSORGE
- →PFLEGE
- →REHABILITATION
- →RISIKOFAKTOREN
- →SYMPTOM
- →SYNDROM

# Krankheitsmodelle

**Krankheit:** Die physische Beeinträchtigung geht in der Regel mit einem erhöhten Bedürfnis an emotionaler Zuwendung einher (Gabriel Metsu, »Das kranke Kind«, um 1665; Amsterdam, Rijksmuseum).

Ansätze der →Patientenberatung und Patientenschulung stellen die aktive und eigenverantwortliche Mitwirkung des Patienten und seiner Familie in den Mittelpunkt der Behandlung (Krankheitsmanagement). Als Voraussetzung dafür gilt ein differenziertes Wissen über die jeweilige Krankheit und ihre Behandlung, die Entwicklung von Selbstmanagement-Kompetenzen (z. B. Einsatz von Medikamenten, technischen Hilfsmitteln, spezifischen Übungen) und sozialen Fertigkeiten (z. B. Kommunikation über die Krankheit) sowie die Bereitschaft, krankheitsbedingte Einschränkungen und Anforderungen zu akzeptieren und ihnen entsprechend zu handeln. Bei der Bewältigung dauerhafter Einschränkungen durch eine chronische Krankheit oder psychische Störung oder durch eine Behinderung spricht man von →Coping.

**Krankheitseinsicht:** die Fähigkeit, Krankheitssymptome (auch in Erlebens- und Verhaltensweisen) als solche anzuerkennen. Sie ist Voraussetzung für eine effektive →Krankheitsbewältigung. Ob eine Krankheit und die notwendige Behandlung akzeptiert werden, hängt nicht zuletzt davon ab, welches Bild der Patient von seinen Beschwerden und ihrer Beeinflussbarkeit hat (→Laienätiologie). Da eine fehlende Krankheitseinsicht auch zu einer unzureichenden Therapiemitarbeit (→Compliance) führen kann, besteht häufig der erste Schritt der Therapie darin, die Krankheitseinsicht zu fördern. Diese ist den Betroffenen v. a. bei der Alkoholkrankheit, aber auch bei anderen Süchten, häufig erst spät im Krankheitsverlauf möglich.

**Krankheitserleben:** die bei einer Krankheit oder Störung von der betroffenen Person erfahrenen körperlichen oder psychischen Beschwerden.

**Krankheitsgewinn:** aus der Psychoanalyse stammende Bezeichnung für die Vorteile, die ein kranker Mensch aus der Tatsache zieht, dass er krank ist. Sigmund Freud unterschied zwischen einem primären und einem sekundären Krankheitsgewinn: Der primäre Krankheitsgewinn besteht in den inneren Vorteilen, die der kranke Mensch aufgrund seiner Symptome erlebt; diese werden zwar als unangenehm empfunden, erlauben es dem Kranken jedoch, noch unangenehmere Konflikte zu vermeiden, z. B. bei →neurotischen Störungen. Als sekundärer Krankheitsgewinn werden die äußeren Vorteile bezeichnet, die ein kranker Mensch aus bestehenden Symptomen ziehen kann, z. B. Beachtung, Anteilnahme und Zuwendung von den Mitmenschen oder die Berentung wegen Arbeitsunfähigkeit.

**Krankheitsmanagement:** Hilfe zur →Krankheitsbewältigung.

**Krankheitsmodelle:** theoretische Ansätze zur Erklärung einer Krankheit oder Störung. Grundsätzlich kann hierbei unterschieden werden zwischen dem biologisch-naturwissenschaftlichen (→medizinisches Modell), dem psychosozialen (→psychosoziales Modell) und dem integrativen biopsychosozialen Ansatz (→biopsychosoziales Modell).

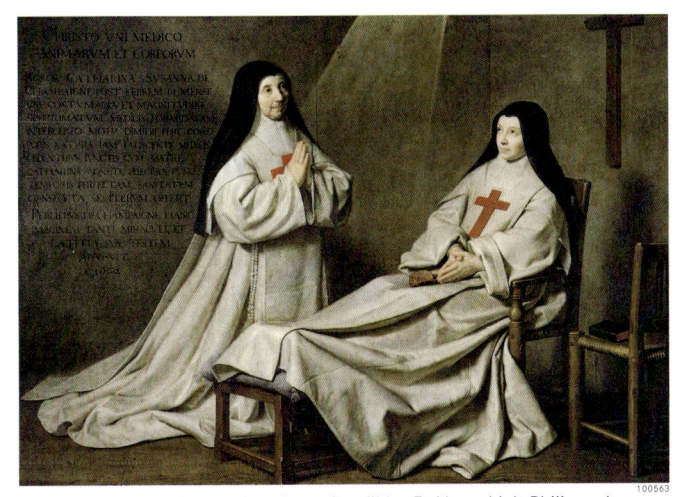

**Krankheitsbewältigung:** In seinem Gemälde »Ex Voto« hielt Philippe de Champaigne 1662 die wundersame Heilung seiner gelähmten Tochter durch das Gebet fest (Paris, Louvre). Heute gewinnt die aktive und eigenverantwortliche Mitwirkung des Patienten bei der Behandlung von Krankheiten zunehmend an Bedeutung.

> **Kreativität | Im Alltag**
> Jeder Mensch ist in irgendeinem Bereich kreativ, sei es beim Kochen, beim Nachdenken über philosophische oder mathematische Probleme oder beim Erfinden von Spielen und Geschichten für die Kinder. Es gibt auch Möglichkeiten, die eigene Kreativität weiterzuentwickeln. Man kann sich beispielsweise bei einem Alltagsgegenstand überlegen, zu welchen anderen Zwecken er noch dienen könnte, oder bei einer Alltagsaufgabe, wie man sie mit ungewohnten Hilfsmitteln erledigen könnte. In scheinbar vertrauten Gegenständen das Ungewöhnliche zu entdecken, fördert die Kreativität.

**Krankheitstheori|en, subjektive:** die →Laienätiologie.

**Krankheitsverarbeitung:** die →Krankheitsbewältigung.

**Krankheitsverhalten:** Gesamtheit der Erlebens- und Verhaltensweisen einer Person, die sich krank fühlt oder bei der eine Krankheit festgestellt wurde; besonders der individuelle Prozess der Suche und Inanspruchnahme von medizinischen Versorgungsleistungen sowie die damit verbundene Übernahme der »Krankenrolle«.

**Kränkung, narzisstische:** die →narzisstische Kränkung.

**Kreativität** [zu latein. creare »(er)schaffen«, »(er)zeugen«, »(er)wählen«]: schöpferisches Vermögen, das sich im menschlichen Verhalten und Denken verwirklicht. Ganz allgemein sind kreative Reaktionen auf bestimmte Reize durch ungewöhnliche und unerwartete, aber durchaus lösungsorientierte Einfälle gekennzeichnet.

*Forschung:* Viele Psychologen haben die Lebensläufe besonders einfallsreicher und erfolgreicher Wissenschaftler, Literaten und Künstler untersucht und gemeinsame Merkmale kreativer Personen beschrieben. Den Anfang markierten die klassischen Arbeiten von Charlotte Bühler (1930) und Max Wertheimer (1945) über Lebensläufe und Denkweisen bekannter Wissenschaftler und Künstler. Die neueren Kreativitätsstudien der amerikanischen Intelligenzforscher, z. B. Joy P. Guilford und Howard Gardner, kritisierten in den 1970er- und 1980er-Jahren besonders den engen Ansatz der Intelligenzforschung der differenziellen Psychologie, die einseitig das konvergente Denken beim →Problemlösen untersucht. Man entwickelte deshalb spezielle →Kreativitätstests.

*Eigenschaften von Kreativen:* Neben messbaren kognitiven Fähigkeiten zeichnen sich besonders kreative Menschen aber durch eine ganze Reihe weiterer, schwer quantifizierbarer Eigenschaften aus. Kreative Menschen weisen eine erhöhte Feinfühligkeit gegenüber Erscheinungen in der Welt auf, die andere Menschen meist übersehen. Sie haben besondere Fähigkeiten in der bildlichen Vorstellung (→Imagination) von Ereignissen, Situationen und abstrakten Problemen. Sie denken interdisziplinär und stellen Zusammenhänge her zwischen Wirklichkeitsbereichen, die auf den ersten Blick scheinbar nichts miteinander zu tun haben. Vielfach denken sie in Analogien, Ähnlichkeiten und Gemeinsamkeiten. Es kommt zu einer schöpferischen Synthese, d. h., sehr unterschiedliche Beobachtungen oder Einfälle werden in sinnvoller Weise miteinander verknüpft. Es bereitet kreativen Menschen eine besondere Freude, Altes auf eine neue, eigene Art zu betrachten und Neues zu entdecken. Sie haben deshalb für ihre Arbeit eine besonders hohe →intrinsische Motivation.

Eine weitere wichtige Eigenschaft ist das Vermögen, Vages und Widersprüchliches in Aufgabenstellungen auszuhalten oder als besondere Herausforderung zu erleben. Diese Ambiguitätstoleranz fehlt Menschen, die eindimensional denken. Kreative stellen in ihrem jeweiligen Arbeitsbereich vorherrschende Lehrmeinungen bewusst infrage oder wenden sich überhaupt gegen die Normen der Kultur, in der sie leben. Eine gewisse Unabhängigkeit von Normen ist die Voraussetzung für den Erfolg kreativer Menschen. Zu ihrem Erfolg gehören Selbstsicherheit und Mut, um eine ganz persönliche Erfahrung in ein Werk zu übersetzen, das man der Öffentlichkeit vorstellt. Das am meisten hervorstechende Merkmal einer schöpferischen Persönlichkeit ist die Unabhängigkeit im Denken und Handeln: Kreativen Menschen ist es eher gleichgültig, was andere von ihnen denken, als weniger kreativen Personen. Schließlich wird auch ein Sinn für Humor als wichtige Eigenschaft Kreativer diskutiert. Sie haben ein Gefühl für Sprachwitz und Doppeldeutigkeiten. Sie betrachten die Wirklichkeit gern aus dem Blickwinkel der Satire.

**Kreativitätstests:** psychologische Tests, mit denen eine möglichst exakte Messung der →Kreativität unternommen werden soll. Die ersten Versuche zur Formulierung von Kriterien, welche die Kreativität erfassbar und messbar machen sollten, gehen auf Charles Edward Spearman zurück; Joy Paul Guilford und Ellis Paul Torrance ermittelten in den 1950er-Jahren durch →Faktorenanalyse vier Hauptmerkmale für kreatives Verhalten, die auch noch heute bei der Entwicklung von Instrumentarien zur Erfassung der Kreativität im Vordergrund stehen: Empfänglichkeit (sensitivity), »Ideenflüssigkeit« (fluency), Flexibilität (flexibility) und Originalität (originality). Diese vier Merkmale für Kreativität stellen in den meisten Instrumenten die Grundlage zur Konstruktion von entsprechenden →Items dar.

Die Empfänglichkeit für Probleme ist durch Aufgaben charakterisiert, in denen zumeist aus einer Reihe von scheinbar willkürlich dargebotenen Materialien (z. B. Kerze, Holzkeil, Apfel, Brett, wassergefülltes Glas, Streichhölzer) Ideen gefunden werden sollen, die zur Lösung eines mit diesen Materialien konstruierten Problems führen.

Die Ideenflüssigkeit lässt sich anhand von Aufgaben erfassen, die den Ideenreichtum zu einem bestimmten »Objekt« aufzeigen: Aus der Form eines Kreises z. B. sollen so viele Figuren wie möglich abgeleitet und dargestellt werden, die den Kreis als Bestandteil enthalten oder ihn als gestalterisches Element nutzen. Auf das Merkmal der Ideenflüssigkeit zielen auch Testfragen, die sich um den Begriff »unusual use« gruppieren: Was kann man z. B. alles aus oder mit einer Konservendose oder Büroklammer machen?

Flexibilität bedeutet die spezifische Fähigkeit eines Individuums, etwa bei der Neudefinition von Vorhandenem die Kategorien zu »wechseln«. So wäre z. B. bei der Frage, was man aus oder mit Pappschachteln alles machen kann, ein Wechsel der Kategorien gegeben, wenn der Aspekt der Aufbewahrung (in der Schachtel) abwechselt mit dem Aspekt des Bauens (einen Turm aus Schachteln herstellen).

Die Originalität als Kreativitätsmerkmal schließlich wird durch die relative Häufigkeit bestimmter Nennungen gemessen. So werden bei dem oben genannten Beispiel der Kreisform, die als Element möglichst vieler Figuren dienen soll, diejenigen »Lösungen« als originell gewertet, die eher selten, also wenig naheliegend sind,

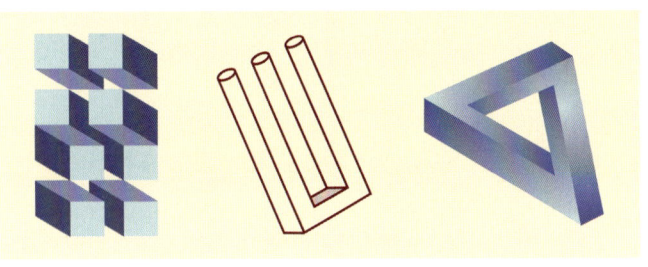

**Kreativitätstests:** Die drei »Impossibles« sind zwar auf dem Zeichenbrett, aber nicht in der Wirklichkeit möglich. Die Aufgabe zum Nachweis kreativer Flexibilität besteht darin, ähnliche Figuren wie die Kippwürfel, die Teufelsgabel und das verrückte Dreieck zu erfinden.

oder die besonders differenziert sind. Bei dem Versuch, z. B. eine Art von Index für die Originalität zu bestimmen, indem man →Klecksbilder deuten ließ, war eine Deutung dann als besonders originell zu beurteilen, wenn sie unter 100 Testlösungen nur ein einziges Mal auftauchte.

Diesen Fähigkeiten liegt die Fähigkeit zum produktiven Denken beim → Problemlösen zugrunde. Da Kreativität schwer zu messen ist, beschränken sich die meisten Tests auf Teilaspekte der Kreativität. Sie messen den Teilbereich divergentes Denken und Ideenflüssigkeit.

**Kretschmer,** Ernst: deutscher Psychiater, * Wüstenrot (bei Heilbronn) 8. 10. 1888, † Tübingen 8. 2. 1964; war Professor in Marburg und Tübingen. Kretschmer stellte eine der bekanntesten Konstitutionstypologien (→Konstitutionslehre) auf, bei der er bestimmte Körperbau- und Charaktertypen einander zuordnete; außerdem lieferte er verschiedene Beiträge zu Diagnostik und Therapie psychiatrischer Erkrankungen.

**Kriminalität** [zu latein. crimen »Vergehen«, »Verbrechen«]: die Gesamtheit der strafrechtlich missbilligten Handlungen. Kriminalität wird von der Gesellschaft definiert. Der Kriminalitätsbegriff unterliegt somit kulturellen und

**KRIMINALITÄT: STRAFTATEN IN DEUTSCHLAND 2006[1)]**

| Einige ausgewählte Straftaten | Erfasste Fälle | Tatortverteilung nach Gemeindegrößen in % | | | | |
|---|---|---|---|---|---|---|
| | | bis zu 20 000 | 20 000–100 000 | 100 000–500 000 | über 500 000 | unbekannt |
| Mord und Totschlag | 2 468 | 29,7 | 30,5 | 16,2 | 23,3 | 0,2 |
| Vergewaltigung und sexuelle Nötigung | 8 118 | 26,8 | 27,3 | 19,3 | 26,2 | 0,4 |
| Raubdelikte | 53 696 | 12,6 | 25,0 | 22,1 | 40,2 | 0,1 |
| Brandstiftung und Herbeiführen einer Brandgefahr | 24 349 | 37,7 | 28,7 | 15,0 | 18,6 | 0,0 |
| Straftaten gegen die Umwelt | 17 305 | 48,2 | 22,5 | 13,6 | 15,2 | 0,5 |
| Rauschgiftdelikte | 255 019 | 26,0 | 29,5 | 20,1 | 24,2 | 0,2 |

1) Quelle: Bundeskriminalamt

historischen Wandlungen (z. B. beim Ehebruch oder bei Umweltdelikten) und veränderten Aufmerksamkeiten (z. B. beim Kindesmissbrauch oder bei organisierter Kriminalität).

Kriminalität wurde und wird in allen Gesellschaften und Kulturen registriert, allerdings in unterschiedlichem Umfang. In Deutschland wurden 2006 6304223 Straftaten (ohne Verkehrsdelikte) von der Polizei erfasst, allerdings gibt es ein z. T. erheblich größeres Dunkelfeld unentdeckter Delikte. 54 % der erfassten Straftaten wurden aufgeklärt, die meisten unaufgeklärten Fälle mit 84 % sind Diebstahl und Sachbeschädigung. Bei fast der Hälfte der bekannt gewordenen Straftaten handelte es sich um Diebstahl. 4,4 % der Tatverdächtigen waren Kinder, 12,2 % Jugendliche, 10,6 % Heranwachsende und 72,8 % Erwachsene. Männer und männliche Jugendliche waren deutlich überrepräsentiert, nur etwa ein Viertel aller Tatverdächtigen war weiblich.

Die Rückführung des Phänomens Kriminalität auf einzelne Ursachen (z. B. auf eine Persönlichkeitsstörung) ist aus heutiger Sicht unangemessen. Moderne theoretische Ansätze betonen komplexe Wechselwirkungen zwischen psychologischen, sozialen und biologischen Faktoren und der jeweiligen das Individuum umgebenden Situation, die das Auftreten kriminellen Verhaltens begünstigen. Für die Verhinderung von Kriminalität und die Behandlung von Straftätern ergeben sich daraus vielfältige Ansatzmöglichkeiten. Gleichzeitig wird aber auch die Notwendigkeit der Intervention auf mehreren Ebenen deutlich.

**LESETIPPS:**
BRITTA BANNENBERG und DIETER RÖSSNER: *Kriminalität in Deutschland.* München (Beck) 2005.
THILO EISENHARDT: *Dissoziales Verhalten. Ursachen und Prävention. Eine psychologische Neubewertung im Kontext von Stresstheorie und Umweltpsychologie.* Frankfurt am Main (Lang) 2005.

**Kriminalpsychologie:** Teilgebiet der →Rechtspsychologie.

**Krise** [griech. »Entscheidung«, »entscheidende Wendung«]: **1)** allgemein eine dramatische Zuspitzung einer Ereignis- oder Rollenkonstellation, deren Bewältigung ein besonderes Verhalten der Beteiligten erfordert.

**2)** in der *Psychologie* eine psychische Reaktion (oft Angst oder Depression) auf eine schwierige, bedrohlich erscheinende Situation, aus der man nicht ohne Weiteres entkommen zu können glaubt. Um eine daraus resultierende psychische Störung zu bewältigen, bedarf es einer psychologischen →Krisenintervention. Sie erfolgt meist in Form einer Kurztherapie, die den Betreffenden in einer für ihn günstigen Richtung zu unterstützen versucht. Ziel ist nicht nur eine Überwindung der Krisensituation, sondern auch eine Verhinderung einer ungünstigen Weiterentwicklung und die Vorbereitung einer eventuell notwendigen Langzeitbehandlung. Der Entwicklungsprozess in einer Krise kann langfristig positiv sein, indem die betroffene Person sich weiterentwickelt und neue Bewältigungsstrategien lernt.

**3)** in der *Medizin* ein anfallartiges Auftreten von Krankheitserscheinungen im Sinne eines Wendepunktes zur Verschlechterung oder Besserung. Gelegentlich wird auch bei Krankheiten mit einem ausgeprägt phasischen Verlauf, etwa einigen psychotischen Störungen, das Stadium mit schwerer Symptomatik als akute Krise bezeichnet.

**Krisen|intervention:** psychologische, ärztliche oder sozialpädagogische Hilfe in einer seelischen Krise. Sie erfolgt in den Praxen der niedergelassenen Nervenärzte und Psychotherapeuten, aber auch in eigenen Abteilungen (Krisenstationen) der Nervenkliniken und in sozialpsychiatrischen Diensten. Ein Notdienst ist in der Regel von den Hilfesuchenden dau-

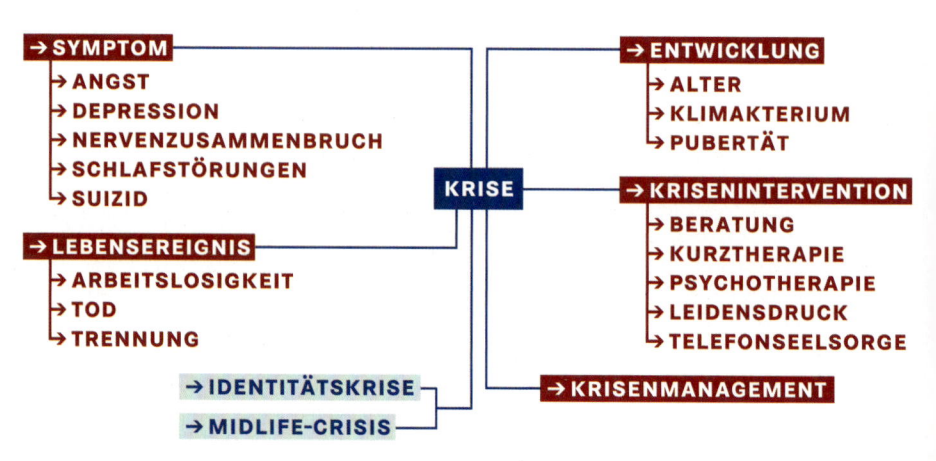

- →SYMPTOM
  - →ANGST
  - →DEPRESSION
  - →NERVENZUSAMMENBRUCH
  - →SCHLAFSTÖRUNGEN
  - →SUIZID
- →LEBENSEREIGNIS
  - →ARBEITSLOSIGKEIT
  - →TOD
  - →TRENNUNG
- →IDENTITÄTSKRISE
- →MIDLIFE-CRISIS

**KRISE**

- →ENTWICKLUNG
  - →ALTER
  - →KLIMAKTERIUM
  - →PUBERTÄT
- →KRISENINTERVENTION
  - →BERATUNG
  - →KURZTHERAPIE
  - →PSYCHOTHERAPIE
  - →LEIDENSDRUCK
  - →TELEFONSEELSORGE
- →KRISENMANAGEMENT

ernd, unabhängig von Öffnungszeiten und Terminen, zu erreichen, was ein wichtiges Angebot der Krisenintervention darstellt. Für viele Menschen ist etwa die →Telefonseelsorge eine wichtige Anlaufstelle.

Die zentrale Aufgabe der Krisenintervention liegt darin, die schwer belastete Person so weit zu schützen und zu entlasten, dass sie nichts Unüberlegtes tut, v. a. keine Gewalt gegen sich oder andere richtet. In vielen Fällen lassen sich solche Neigungen, wenn sie offen angesprochen werden, durch einen »Vertrag« unter Kontrolle bringen, in dem der Klient dem Therapeuten zusichert, dass er sich während einer definierten Beratungsphase zurückhalten wird. Auf diese Weise kann Zeit gewonnen werden, um eine →therapeutische Arbeitsbeziehung aufzubauen und einen Plan zu erarbeiten, wie die Betroffenen ihre Krise überwinden können. Wo das nicht gelingt und z. B. die Selbstmordabsichten nicht aufgegeben werden, ist unter Umständen die Einweisung in eine Nervenklinik notwendig; wer Menschen in Krisen helfen will, darf nicht zögern, sie notfalls auch vor sich selbst zu schützen.

Ein Sonderfall ist die Krisenintervention bei einem Massenunglück, z. B. bei dem Flugzeugabsturz in Ramstein oder dem ICE-Unfall in Eschede. Hier geht es darum, Opfern und Helfern unmittelbar beizustehen, um einer →posttraumatischen Belastungsstörung vorzubeugen. Neben Psychotherapeuten, Beratern und Seelsorgern kommen hier auch speziell geschulte Fachkräfte der Feuerwehren zum Einsatz.

**Kriteriumsvalidität:** Form der →Validität.

**Kriteriumsvariable:** Variable, auf die mithilfe eines →Prädiktors geschlossen wird.

**Kritik** [von griech. kritiké (téchne) »Kunst der Beurteilung«]: Bewertung, Begutachtung; auch Beanstandung, Tadel. Kritik bewahrt vor Irrtum und Täuschungen. Sie führt zur Erkenntnis des Objekts, wenn bei der Kritik viele verschiedene Standpunkte eingeschlossen und ausdrücklich negative und positive Seiten des Gegenstandes berücksichtigt werden. **Selbstkritik** ist die Reflexion über eigene Stärken und Schwächen. Versteht man Kritik als Beanstandung, bedeutet mangelnde Fähigkeit zur Selbstkritik, dass man sich unrealistisch positiv einschätzt, übertriebene Selbstkritik hingegen, dass man sich zu negativ einschätzt, wie das z. B. oft bei einer Depression der Fall ist.

**Kritikfähigkeit:** wesentliche Ichkompetenz, die sich darin ausdrückt, dass Meinungen oder Ratschläge nicht einfach übernommen, sondern vorher kritisch geprüft werden. Kritikfähigkeit ist eine typische Qualität der Moderne; sie ist nur in einer individualisierten Gesellschaft sinnvoll. In traditionellen Kulturen war es weder eingeplant noch erwünscht, dass eine Person z. B. die überlieferten religiösen Vorstellungen oder ein Kastensystem kritisch prüfte.

In der Psychotherapie war die Entwicklung der Psychoanalyse ein wesentlicher Schritt zur Kritikfähigkeit des Patienten. Analytiker und Analysand prüfen gemeinsam das erarbeitete Material der freien Einfälle, jede Deutung ist ständiger Kritik durch den Patienten unterworfen.

**kritische Psychologie:** 1) im weiteren Sinn Sammelbegriff für psychologische Richtungen, die das vorherrschende Paradigma der naturwissenschaftlich-empirischen, universitär gelehrten Psychologie ablehnen oder die gesellschaftlichen Zustände »im Kapitalismus« als lebensfeindlich und krank machend vehe-

---

**Krisenintervention | Wohin in der Krise?**
Bei einem akuten Problem würden viele gern psychotherapeutische Hilfe in Anspruch nehmen. Aber Psychotherapeuten sind für Krisenintervention nur dann die optimalen Ansprechpartner, wenn sie den Patienten bereits kennen; sie arbeiten nach festen Terminen, während Krisen nicht warten. Soforthilfe bieten: die Telefonseelsorge und Onlineberatung für leichtere emotionale Krisen oder bei unerträglichen Einsamkeitsgefühlen; psychiatrische Kliniken, in denen immer Ärzte in Rufbereitschaft erreichbar sind und wo es oft eigene Krisenstationen gibt; sozialpsychiatrische Dienste, die auch Hausbesuche machen, oder der (fach-)ärztliche Notdienst. Für alle Krisensituationen, in denen Gewalt ausgeübt oder angedroht wird, Menschen sich selbst oder andere gefährden, Personen verwirrt sind und sich nicht mehr orientieren können, ist die Polizei zuständig.

---

**Krisenintervention:** Angehörige von Opfern eines Erdbebens in der Türkei 1999. Der Verlust von geliebten Menschen ist eine seelische Belastung, die viele Betroffene zunächst nicht allein verarbeiten können, sodass sie der Hilfe bedürfen.

**Kultur:** Eine traditionelle japanische Familie beim Essen – durch die globale Entwicklung gehen kulturspezifische Verhaltensweisen zunehmend verloren bzw. sie vermischen sich.

ment angreifen; diese beiden Grundhaltungen werden oft miteinander verbunden.

Kritische psychologische Schulen zu konzipieren, haben mehrere deutsche Universitätsprofessoren im Gefolge der 1968er-Studentenbewegung versucht. Dazu gehörten z. B. Peter Brückner in Hannover oder Klaus Horn in Frankfurt am Main. Gemeinsam war den meisten kritischen Psychologen neben einer marxistisch inspirierten Wissenschafts- und Gesellschaftskritik ein Rückgriff auf Konzepte der →Frankfurter Schule. Im Grad der Ablehnung der dominierenden naturwissenschaftlichen universitären Psychologie und in den untersuchten Fragestellungen (z. B. Rassismus, abweichendes Verhalten, Feminismus) gab es aber gravierende Unterschiede, sodass man nicht von einer einheitlichen Richtung sprechen kann.

2) im engeren Sinn eine psychologische Richtung, die der marxistisch-leninistisch orientierte Psychologe Klaus Holzkamp (* 1927, † 1995) an der Freien Universität Berlin in den 1960er-Jahren begründete. Holzkamp und seine Schüler am Psychologischen Institut der Freien Universität Berlin knüpften an →Handlungstheorien an, die in der Sowjetunion entwickelt worden waren, und übernahmen Konzepte der russischen Psychologen Aleksej Leontjew und Sergej Rubinstein. In den 1990er-Jahren verlor die kritische Psychologie an Einfluss.

**Külpe,** Oswald: deutscher Philosoph und Psychologe, * Kandau (Kurland) 3. 8. 1862, † München 30. 12. 1915; begründete die →Würzburger Schule (Denkpsychologie). Er war Professor in Würzburg, Bonn und München und vertrat erkenntnistheoretisch einen kritischen Realismus.

**Kultur:** in der *Sozialpsychologie* und *Ethnologie* meist eine spezifische, von anderen Gruppen und Verhaltensnormen unterscheidbare Menge gemeinsamer Verhaltensweisen und Sachverhalte, die für eine bestimmte Teilgruppe der Gesellschaft oder eine ganze Gesellschaft typisch ist. Kulturen in diesem Sinn vermitteln ihren Mitgliedern in der Regel auch ein umfassendes Sinn- und Wertesystem. Jede Person wächst in eine, seltener in mehrere so verstandene Kulturen hinein; eine seelische Entwicklung ohne kulturellen Einfluss ist nicht möglich. Die einzelnen Mitglieder einer Kultur werden von ihr geprägt, prägen sie aber in gewissem Umfang auch selbst, sodass Kulturen sich in ständiger Entwicklung befinden.

Heute wird die Notwendigkeit globaler Kooperation verschiedener Kulturen immer deutlicher. Es sollte daher ein wesentliches Erziehungs- und Bildungsziel sein, Kindern in Schule und Familie neben der eigenen Kultur fremde Kulturen und Bräuche, Sprachen und Religionen nahezubringen und ihnen auf diese Weise ein Bewusstsein für die Wichtigkeit gegenseitiger Toleranz und Akzeptanz zu vermitteln (→interkulturelle Erziehung).

**Kultur|anthropologie:** Wissenschaft, die neben dem biologischen und philosophischen Aspekt der Forschung am Menschen v. a. den der Kultur berücksichtigt. Da die biologische Lehre vom Menschen, die Anthropologie, nicht die Prozesse einbezieht, in denen der Mensch durch die →Kultur gebildet wird, entstand in den 1920er-Jahren die Kulturanthropologie, die philosophische mit entwicklungsgeschichtlichen, biologischen und psychologischen Aspekten verknüpft. Dabei hat sich die europäische Kulturanthropologie als geisteswissenschaftliches Fach eher neben der Völkerkunde entwickelt, während im angelsächsischen Sprachraum Cultural Anthropology der Oberbegriff für die Untersuchung der Interaktion von Mensch und Umwelt ist und Feldforschung in unterschiedlichen Kulturen (Ethnografie) mit vergleichender Völkerkunde (Ethnologie) verbindet.

**kulturhistorische Schule:** seit den 1950er-Jahren v. a. in der Sowjetunion vorherrschende Schule der Psychologie, die auf den Auffassungen der russischen Psychologen Lew Semjonowitsch Wygotski, Aleksandr Romanowitsch Lurija und Aleksej Nikolajewitsch Leontjew beruht. Diese grenzten sich deutlich vom →Behaviorismus ab, der menschliches Verhalten in erster Linie als Reiz-Reaktions-Sequenz sieht. Wygotski betonte die bedeutende Rolle der von Menschen geschaffenen Zeichen und Symbole (z. B. Schriftzeichen, Wörter, Zahlen, Landkarten, Kunstwerke), die über die Generationen weitergegeben werden und die jedes neugeborene Kind bereits vorfindet. Diese Zeichen und Symbole ermöglichen ihm, durch symbolische Repräsentation der Welt eine gewisse Unabhängigkeit von den unmittelbaren Reizen zu erlangen.

Leontjew betonte dagegen mehr die Rolle der tätigen Aneignung der Welt. In scharfer Abgrenzung etwa zu bestimmten Strömungen der →Psychoanalyse, die der Fantasie eine wichtige Rolle bei der Entwicklung des Seelenlebens zuschreiben, vertrat Leontjew die Auffassung, dass jeder psychischen Erfahrung eine reale Tätigkeit vorausgehe, die mithilfe der historisch gewachsenen Symbol- und Zeichensysteme interpretiert und dann erst als z. B. Gefühl, Wunsch, Einstellung verinnerlicht werde.

Die Annahmen der kulturhistorischen Schule liegen der von Klaus Holzkamp vertretenen →kritischen Psychologie 2) zugrunde.

**Kulturpsychologie:** Richtung der Psychologie, die sich mit der psychologischen Seite des Kultur schaffenden Menschen und der Kulturobjekte, z. B. der Kunstgegenstände, der Sprache oder der sozialen Normen, befasst. Somit gehören u. a. die Kunstpsychologie, Musikpsychologie, Literaturpsychologie, Sprachpsychologie zur Kulturpsychologie. Die Grenzen zur →Kulturanthropologie sind fließend; es bestehen enge Verbindungen zur →interkulturellen Psychologie.

**Kulturschock:** die individuelle Erfahrung einer plötzlichen Konfrontation mit den Normen- und Wertesystemen sowie den Verhaltensmustern einer fremden (Teil-)Kultur. Die Reaktionsformen reichen vom Zusammenbruch (Selbstmord, Krankheit, Rückzug in Isolation) über Leistungsschwäche, Depression, Aggressionsverhalten und Versuche einer produktiven Aneignung des Neuen bei gleichzeitigem Festhalten an den Mustern der alten Kultur bis hin zum versuchten »Sprung« in die neue kulturelle Identität mit den Folgen einer Überanpassung an diese oder auch mit verzögertem Aggressionsverhalten angesichts von Fehlschlägen oder Hindernissen. Als produktive Erfahrung kann Kulturschock ein Anlass sein zu einer selbstreflexiven Erkundung der eigenen Person, Gruppe und Kultur, aber auch Anstoß und Thema wissenschaftlicher Forschung und künstlerischer Gestaltung.

Inzwischen wird das Phänomen Kulturschock auch innerhalb gesellschaftlicher und politischer Gebilde, etwa zwischen Regionen, sozialen Schichten oder Lebensräumen (Stadt – Land), wahrgenommen. Auch Schwierigkeiten im Verhältnis von Ost- und Westdeutschen nach der Vereinigung der beiden deutschen Staaten 1990 sind als Kulturschock gedeutet worden.

**Kulturanthropologie:** Kultur als Lebensrahmen der Menschen zu verstehen, mit dem diese die Mängel ihrer Naturausstattung auszugleichen vermögen, ist einer der Ansätze dieser Spezialwissenschaft (Berberzelt im tunesischen Sahel).

**Kulturtechniken:** die durch Erziehung in Familie und Schule erworbenen Fähigkeiten und Fertigkeiten zum Verstehen der Welt und zum weiteren Erwerb von Wissen und Fähigkeiten. Dazu gehören im engeren Sinne die elementaren Kulturtechniken Sprechen, Lesen, Schreiben und Rechnen ebenso wie im weiteren Sinne das Alltagswissen für den Umgang etwa mit Landkarten, dem Telefon und modernen Techniken wie Computer und Internet. Zu den wichtigen Institutionen beim Erwerb der Kulturtechniken gehört die Grundschule.

**Kunst** [althochdeutsch kunst, »Vermögen«, »Kenntnis«, auch »Fertigkeit«]: im weiteren

---

**Kunst | Wichtig für Kinder**

Kinder drücken ihre innere und äußere Erfahrungswelt unmittelbar schöpferisch-gestaltend aus. Die natürliche Kreativität und künstlerische Begabung eines Kindes sollte durch Unterstützung, Anteilnahme und Wertschätzung gefördert werden. Perfektionismus und Leistungsdruck wirken meist kontraproduktiv.

Von den verschiedenen künstlerischen Ausdrucksmöglichkeiten steht in der Kindheit meist das Malen im Vordergrund. Malen und Zeichnen ist überall möglich, erfordert keinen großen Aufwand und verschafft schnell Erfolgserlebnisse. Hinzu kommt, dass in der modernen westlichen Kultur Schrift und Bild im täglichen Leben dominieren. Doch auch Basteln, Formen, Singen und Musizieren sind beliebte künstlerische Ausdrucksformen von Kindern.

In der Pubertät gewinnt meist die Musik an Bedeutung. Sie ist von allen Künsten diejenige, die am direktesten die Gefühlsebene anspricht. Durch Musik können Jugendliche ihre gerade in dieser Altersphase intensiv erlebte Gefühlswelt ausdrücken.

## künstliche Intelligenz

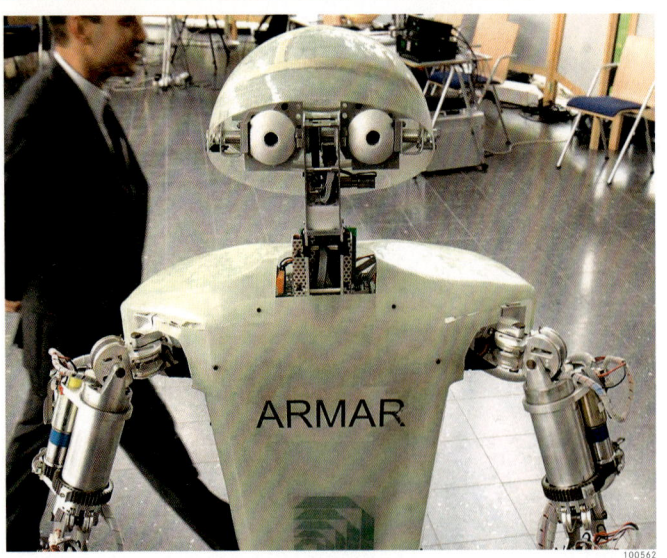

**künstliche Intelligenz:** Während Problemlösungen auf der Basis von Wissen und vorgegebenen Informationen durch Computerprogramme möglich sind, fehlt diesen jedoch das kreative Potenzial, das das menschliche Denken auszeichnet (das teilanthropomorphe Robotersystem Armar bei der Konferenz »Humanoids 2003« an der Karlsruher Universität).

Sinn die Gesamtheit des vom Menschen Hervorgebrachten (im Gegensatz zur Natur), das nicht durch eine Funktion eindeutig festgelegt oder darin erschöpft ist (im Gegensatz zur Technik), zu deren Voraussetzungen die Verbindung von hervorragendem Können und großem geistigem Vermögen gehören; im engeren Sinn die schöpferisch-gestaltende Auseinandersetzung mit inneren und äußeren Erfahrungsinhalten in einem Werk, das diese übersteigt (in den Bereichen Dichtung, Musik, bildende Künste, Tanz, Theater, Schauspielkunst, Pantomime und Filmkunst).

**künstliche Intelligenz, Artificial Intelligence** [ɑːtɪˈfɪʃl ɪnˈtelɪdʒəns, engl.]: Sammelbezeichnung für spezielle Methoden und Verfahren der *Informatik* und der *Kognitionswissenschaften*, die v. a. die Nachbildung menschlicher Fähigkeiten, besonders solcher der menschlichen Intelligenz, auf Computern zum Ziel haben.

Die Forscher der künstlichen Intelligenz entwickeln Programme, die Teilbereiche des menschlichen Denkens formallogisch simulieren. Dazu gehören besonders Modelle der Repräsentation von →Wissen sowie Modelle für Heuristiken des →Problemlösens. Das Kriterium dafür, wann ein Programm eine Form künstlicher Intelligenz darstellt, ist die Lernfähigkeit des Programms, d. h., es sammelt nicht nur Informationen, sondern optimiert sich auch selbsttätig. Hierfür greift das System auf »Erfahrungen« zurück, die es in der Interaktion mit seiner Umwelt gesammelt hat; z. B. lernt ein Roboter die räumlichen Gegebenheiten seiner Umwelt, in der er sich bewegen soll, und passt seine Bewegungen durch →Trial-and-Error-Learning diesen an. Der Unterschied zum →Expertensystem liegt darin, dass Letztere als Datenbanken auf Abfragen des Benutzers reagieren.

Die Idee der Rekonstruierbarkeit des menschlichen Geistes wirkt seit den Anfängen der Erforschung der künstlichen Intelligenz in den 1960er-Jahren ebenso faszinierend wie provozierend. Mittlerweile hat sich, auch unter dem Eindruck der Kritik durch ihre Gründerväter wie z. B. den deutsch-amerikanischen Mathematiker und Computerspezialisten Joseph Weizenbaum (*1923, †2008), die anfängliche Euphorie gelegt. Die Programme und Roboter der künstlichen Intelligenz können ihr »Verhalten« nur in einem engen vorgegebenen, vorprogrammierten Rahmen ändern. Die Programme bilden allein das lineare, konvergente Denken der Menschen ab. Formen des divergenten, schöpferischen Denkens sind bislang nicht programmierbar.

**Kunstpädagogik:** Sammelbezeichnung für alle Formen, in Kindergarten und Vorschule, Schule, Erwachsenenbildung und Museum ästhetische, künstlerische und kulturelle Phänomene (mit teilweise sehr unterschiedlichen Zielsetzungen) mit gestalterischen, anschaulichen und sprachlichen Vorgehensweisen zu vermitteln bzw. den individuellen Gefühlen und Gedanken künstlerischen Ausdruck zu verleihen. Auf die dem gestalterisch-bildnerischen Tun innewohnenden Selbstheilungskräfte stützt sich besonders die →Kunst- und Gestaltungstherapie.

**Kunstpsychologie:** Teilgebiet der Psychologie, das die Wahrnehmung und das Verstehen von Kunstwerken erforscht. Weitere Arbeitsfelder sind die Untersuchung und Messung künstlerischer Begabungen und der Wirkung von Kunstwerken auf ihre Betrachter.

Die verschiedenen Richtungen der Kunstpsychologie gehen auf unterschiedliche theoretische Grundlagen zurück. Wesentliche Aspekte liefert die Psychoanalyse (deren Begründer Sigmund Freud selbst immer wieder auf Werke der Kunst, v. a. der Literatur, Bezug nahm, um seine Thesen zu entwickeln). Die psychoanalytisch orientierte Kunstpsychologie deutet das Kunstschaffen als Akt der →Sublimierung von Triebwünschen und das Kunstwerk selbst als das Ergebnis einer →Projektion.

Gestaltpsychologische Ansätze dagegen betonen die formalen Aspekte der Kunstwerke und ihre Wahrnehmung nach den Prinzipien der →Gestaltgesetze. Auf wahrnehmungspsychologischen Grundlagen basieren Untersuchungen über die Wirkung von Kunstwerken der bildenden Kunst, etwa die Farbwirkung (etwa durch »warme Farben«) oder die Wirkung von Zentralperspektive und Farbperspektive (Blau tritt in einem Gemälde z. B. in den Hintergrund).

**Kunst- und Gestaltungstherapie:** psychotherapeutisches Verfahren, das seelische Störungen mit kreativen Mitteln behandelt. Im weiteren Sinne umfasst die Kunst- und Gestaltungstherapie alle Therapieformen, die künstlerische Medien als zentrales Mittel einsetzen (→Musiktherapie, →Tanztherapie), häufig bezieht sich dieser Ausdruck jedoch nur auf Verfahren der bildenden Kunst wie Malen (**Maltherapie**) und Bildhauern. Der Prozess der Gestaltung, v.a. von konflikthaften psychischen Aspekten, hilft bei der seelischen Strukturierung. Die künstlerische Tätigkeit kann das Ich stärken, Angst vermindern und das Selbstwertgefühl stärken. In der →Ergotherapie versucht man mithilfe der Gestaltungstherapie, eingeschränkte Bewegungsfunktionen oder die Konzentrationsfähigkeit zu fördern.

**Kur:** meist stationäre Heilbehandlung, die der Vorbeugung, dem Erhalt bzw. der Wiederherstellung von Gesundheit und Arbeitsfähigkeit sowie der Verhütung drohender Invalidität dient. Dabei steht entweder die Behandlung mit natürlichen Heilmitteln (z. B. Quellen, Klima, Diäten) oder eine psychosomatische Behandlung im Vordergrund.

Psychosomatische Kuren verlaufen in der Regel stationär. Sie verbinden die körperliche mit der psychotherapeutischen Behandlung einer körperlichen Krankheit (z. B. Asthma) oder einer Abhängigkeitserkrankung (z. B. →Alkoholkrankheit). Durch die räumliche Entfernung vom Alltag ist dem Patienten meist eine größere innere Distanz möglich, die ihn befähigt, festgefahrene Einstellungen infrage zu stellen. Das Beisammensein mit anderen Betroffenen kann ihm eine Vielfalt von Umgehensweisen mit seiner Krankheit zeigen, während die psychotherapeutischen Angebote ihm ermöglichen, neue Verhaltensweisen zu erlernen und seine Persönlichkeit zu stabilisieren.

**Kurare, Curare:** Sammelbezeichnung für indianische Pfeilgifte pflanzlicher Herkunft. Sie wirken, indem sie die Übertragung der Nervenimpulse auf die Skelettmuskulatur blockieren. Schon wenige Minuten nach Eintritt des Gifts in die Blutbahn sind die Bewegungs- und Atemmuskulatur vollständig gelähmt.

Die gereinigte Form eines speziellen Pfeilgifts, des Tubocurarins, wurde wegen seiner muskelerschlaffenden Wirkung früher als Medikament bei Narkosen und zur Behandlung des Wundstarrkrampfes eingesetzt. Da Tubocurarin häufig Histamin freisetzt und dadurch zu Unverträglichkeitsreaktionen führt, wird es heute nicht mehr verwendet.

**Kurssystem:** →Kursunterricht.

**Kurs|unterricht, Kurssystem:** der Aufbau des Schulunterrichts in Kursen an der gymnasialen Oberstufe an Schulformen der Sekundarstufe II (Gymnasium, Gesamtschule, Kollegschule); selten auch Bezeichnung für die Differenzierung von Kursunterricht (Wahlbereich) und Kernunterricht (verpflichtender Besuch) ab der 7. Klasse in allen Schulformen.

Mit der Einführung der reformierten Oberstufe wurde Ende der 1970er-Jahre der Klassenverband aufgelöst und der Kursunterricht eingeführt. Der gesamte Unterricht der gymnasialen Oberstufe wird in Kursen erteilt, die in drei Aufgabenfelder (mathematisch-naturwissenschaftlich, sprachlich-literarisch und gesellschaftswissenschaftlich) gegliedert sind. Man unterscheidet dabei zwischen Pflichtkursen und Wahlkursen. Leistungs- und Grundkurse unterscheiden sich im Umfang, in der Bearbeitungsintensität der Unterrichtsinhalte und im Grad ihrer methodischen-wissenschaftlichen Erarbeitung.

Kritiker werfen dem Kursunterricht vor, dass er eine frühe Spezialisierung der Schüler auf Fächer begünstige, die ihren Neigungen in besonderer Weise entsprechen; die Möglichkeit, bestimmte Fächer »abzuwählen«, verhindere

**Kunstpädagogik:** Bis zu einem Alter von etwa 12 Jahren verläuft die Entwicklung von Kinderzeichnungen nach einem Schema, das zwar individuelle Sprünge beinhalten kann, jedoch bei den meisten Kindern weitgehend übereinstimmt.

**Kuss:** Handküsse waren noch zu Beginn des 20. Jahrhunderts eine weitverbreitete Form der Ehrerbietung.

überdies den Erwerb einer umfassenden Allgemeinbildung, die man bei Abiturienten erwarten dürfe.

**Kurzschlusshandlung:** durch emotionale Impulse (z. B. Affekte, Triebe, Stimmungen) ausgelöste, der rationalen Kontrolle weitgehend entzogene Handlung; z. B. eine Brandstiftung. Kurzschlusshandlung ist der Alltagsbegriff für Affekthandlung (→Affekt). Kurzschlusshandlungen kommen in Belastungssituationen vor, v. a. bei labilen Persönlichkeiten; z. T. sind sie symptomatisch bei →psychotischen Störungen.

**Kurztherapie, Kurzpsychotherapie:** eine Sonderform der tiefenpsychologisch orientierten →Langzeitpsychotherapie, die von Anfang an auf eine begrenzte Zeit im Umfang von meist 25 Sitzungen ausgelegt ist. Die Indikation einer Kurzpsychotherapie besteht v. a. in akuten seelischen Krisen (→Krisenintervention). Es ist wichtig, die Behandlung von Anfang an anders zu gestalten als eine Langzeittherapie. Der Therapeut ist aktiver; er thematisiert immer wieder, was erarbeitet werden soll, schließt »Verträge« mit dem Patienten darüber ab und prüft dann, ob sie eingehalten werden konnten. Oft dient eine solche Kurztherapie dazu, die Notwendigkeit sowie die Eignung und Motivation eines Kranken für eine Langzeittherapie zu prüfen. Gegebenenfalls mündet dann eine Kurztherapie in die tiefenpsychologisch fundierte und analytische Psychotherapie. Sonderformen sind die **Fokaltherapie,** die auf den psychoanalytischen Ansatz von M. Balint zurückgeht und von vornherein den Kernkonflikt des Patienten angeht, sowie die von dem amerikanischen Psychotherapeuten Steve de Shazer (* 1940, † 2005) entwickelte **lösungsorientierte Kurzzeittherapie** (auch systemische Kurzzeittherapie). Diese auf weniger als zehn Stunden ausgelegte Psychotherapie beschränkt sich ebenfalls auf den Kernkonflikt, sucht aber nicht nach dessen Ursprüngen, sondern allein seine Lösung. Sie setzt voraus, dass Ratsuchende schon die Fähigkeiten in sich tragen, die sie für die Lösung ihres Problems brauchen; der Therapeut hilft nur dabei, dass sie sie erkennen und aktivieren; z. B. indem er die Frage stellt: »Was würden Sie tun, wenn Ihr Problem morgen plötzlich nicht mehr da wäre?«.

**Kurzzeitgedächtnis:** Teilbereich des →Gedächtnisses.

**Kuss:** aktiver Mundkontakt (insbesondere der Lippen) zwischen zwei Lebewesen (oder einem Lebewesen und einem Gegenstand). Der Mundkuss wird durch Beteiligung der Zunge zum Zungenkuss. Nach Ansicht der Verhaltensforschung leitet sich der Kuss von der Mund-zu-Mund-Fütterung ab. Der Kuss hat neben dem Bezeugen von Verehrung oder Zuneigung (z. B. durch einen Hand- oder Wangenkuss) heute hauptsächlich erotisch-sexuelle Funktionen. Der Begrüßungs- oder Abschiedskuss wurde erst im Einflussbereich der griechischen, römischen und jüdischen Kultur allgemein üblich.

**Kutschersitz:** atmungsunterstützende Haltung, bei der man sich im Sitzen vorbeugt. Durch die Dehnung des Brustkorbs vergrößert sich die Atemfläche, sodass ein besonders tiefes Durchatmen möglich wird. Der Kutschersitz bringt Erleichterung bei Atemnot, begünstigt das tiefe Atmen vor dem Abhusten und kann durch die vertiefte Atmung zur →Entspannung beitragen.

**Kynophobie:** eine Form der spezifischen →Phobien, die sich in krankhaft übersteigerter Angst vor Hunden äußert.

**Labeling Approach** [engl. 'leɪblɪŋ ə'prəʊtʃ]: die →Etikettierungstheorie.

**Labilität** [zu spätlatein. labilis »leicht gleitend«]: erhöhte Störbarkeit des seelischen Gleichgewichts.

**Lacan** [la'kã], Jacques: französischer Psychiater, Psychoanalytiker und Schriftsteller, * Paris 13. 4. 1901, † ebenda 9. 9. 1981; fasste die Psychoanalyse als hermeneutische und historische Wissenschaft auf. Er verstand das Unbewusste als nach Art einer Sprache strukturiertes Ordnungssystem, forderte eine Orientierung der Psychoanalyse an der Linguistik und wandte seine psychoanalytische Theorie auch auf literarische Texte an. Lacan prägte maßgeblich den französischen Strukturalismus.

**lächeln:** wenig intensive Form des Lachens, das in seinem mimischen Bewegungsmuster diesem ähnelt, bei dem jedoch die begleitenden Lauterscheinungen fehlen. Die Fähigkeit zum Lächeln ist nur dem Menschen eigen; es differenziert das Sozialverhalten, indem es dem Gegenüber ein freundlich gestimmtes Wohlwollen vermittelt und so spannungslösend und angriffshemmend wirkt. Da aufgrund des geringer ausgeprägten Zähnezeigens und des Fehlens begleitender Lautäußerungen die aggressive Komponente wegfällt, wurde es zur beschwichtigenden Kontaktgebärde. Wird das Lächeln gezielt eingesetzt, kann es »falsch« und »aufgesetzt« wirken.

Bei dem ersten Lächeln handelt es sich um eine Ausdrucksbewegung von Säuglingen zwischen dem zweiten und sechsten Monat, die v. a. bei der Wahrnehmung eines menschlichen Gesichtes auftritt, das die Funktion eines Schlüsselreizes (Auge-Nase-Stirn-Schema) hat; es kann in seiner Auftretenswahrscheinlichkeit durch (positive und negative) Verstärkung beeinflusst werden.

**lachen:** ererbtes menschliches Bewegungsmuster im unteren Gesichtsbereich, das zusammen mit rhythmisch ausgestoßenen Lauten eine positiv-gehobene Stimmungslage oder Emotion (Freude, Vergnügen usw.) zum Ausdruck bringt. Im Hinblick auf das Sozialverhalten zeigt das Lachen zumeist Sympathie an, es kann aber auch eine aggressive Note aufweisen (z. B. beim Ausdruck von Geringschätzung oder Überheblichkeit). In Abhängigkeit von auslösenden Momenten reicht das Lachen von wenig intensiven Formen wie dem →Lächeln bis zum (nicht pathologischen) Lachkrampf.

Nach Konrad Lorenz beinhaltet das Lachen im Unterschied zum Lächeln Merkmale des Drohverhaltens (durch Zähnezeigen). Verhaltensforscher gehen u. a. der Frage nach, warum im Tierreich kein ausgeprägtes Lachen zu finden ist; Psychologen und Stressforscher erforschen die positiven gesundheitsfördernden Einflüsse des Lachens auf das Immunsystem. – Infokasten S. 328

**Lageorientierung:** anders als bei der →Handlungsorientierung die Tendenz, sich eher passiv zu verhalten.

**Laienätiologie, subjektive Krankheitstheori|en:** subjektive Vorstellungen von Nichtfachleuten über das Zustandekommen von Gesundheit und Krankheit. Sie sind von entscheidender Bedeutung für das Ausüben oder Nichtausüben gesundheitsrelevanter Verhaltensweisen und wirken sich zudem darauf aus, ob und wie erfolgreich Gesundheitsförderungsmaßnahmen in Anspruch genommen werden. Deshalb beschäftigen sich die Gesundheitswissenschaften auch mit der Laienätiologie.

**Laing** [læŋ, leɪŋ], Ronald David: britischer Psychiater und Psychoanalytiker, * Glasgow 7. 10. 1927, † Saint-Tropez 23. 8. 1989; gehört zu den führenden Vertretern der →Antipsychiatrie. Er beschrieb die Identitätsentwicklung des Individuums als beeinflusst durch pränatale Eindrücke und (im Extremfall krank machende) soziale Bedingungen. – Abb. S. 328

**Laissez-faire** [lɛse'fɛːr, französ. »lasst machen!«]: ein Führungs- oder →Erziehungsstil.

**Lalopathie:** die →Sprachstörungen.

**Lampenfieber:** die Angst vor einem öffentlichen Auftritt, z. B. bei Schauspielern, Sängern oder Rednern. Wie die Angstforschung gezeigt hat, ist leichtes Lampenfieber dem Gelingen der künstlerischen Aktion förderlich, während heftige Angst den Ausdruck lähmt. Leistungsmin-

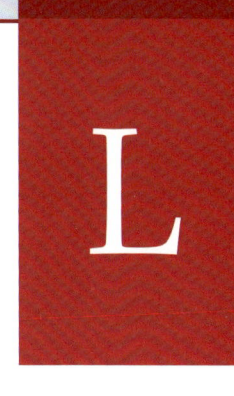

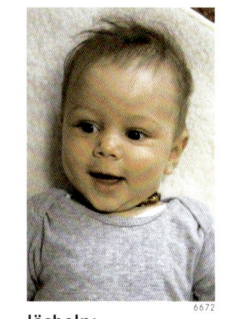

**lächeln:** Ab etwa der sechsten Lebenswoche beginnen Babys, beim Anblick eines Augen-Nase-Stirn-Schemas zu lächeln.

**lachen:** Vor allem in der Gemeinschaft kommt das Lachen zu seiner Wirkung. Es ist u. a. auch eine Entlastungsreaktion nach überstandener Gefahr (russische Soldaten im Krisengebiet Tschetschenien).

**lachen | Theorie und Therapie**
Was der Volksmund schon lange wusste, beschäftigt seit einiger Zeit auch die Wissenschaft; in den USA hat sich sogar eine eigene Disziplin gebildet, die »Gelotologie« (die Lehre vom Lachen). Die wohltuende, entspannende und angstlösende Wirkung des Lachens wird als psychophysisches Phänomen durch die heftige Verstärkung der Atmung, die zwangsläufige Erhöhung des Gasaustauschs, die kurzfristige Beschleunigung des Pulsschlags und die folgende nachhaltige Entspannung der beteiligten Muskulatur erklärt. Schon die Veränderung der Gesichtsmuskulatur beim Lächeln erhöht laut psychologischen Experimenten die Sauerstoffzufuhr des Gehirns und verbessert dadurch den Gemütszustand. Es ist daher kein Wunder, dass inzwischen Lachtherapien angeboten werden, die v. a. Stress und Angst abbauen sollen.

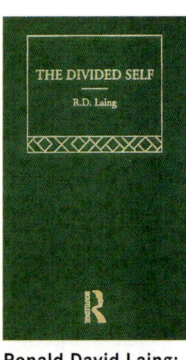

**Ronald David Laing:** Sein 1960 erschienenes Buch »The Divided Self« über schizoide Patienten trug als Grundlagenwerk der Psychiatriekritik wesentlich zu einem neuen Verständnis der Psychose bei (deutsch »Das geteilte Selbst«, 1974).

dernde Angst kann mit psychotherapeutischen Methoden angegangen werden.

**Langeweile:** als negativ erlebter Zustand, der durch Eintönigkeit, Interessenverlust und geringe Konzentration charakterisiert ist. Jeder Mensch kennt zeitweilig Langeweile; sie wird normalerweise bald überwunden und Alltagsaktivitäten und Interessen werden wieder aufgenommen. Dauert dieser Zustand länger an, handelt es sich meist um eine →Depression. Interesse- und Lustlosigkeit, das Gefühl, dass alles keinen Sinn habe, werden übermächtig. Manche Menschen versuchen, der unerträglichen Langeweile ein Ende zu setzen und ihre innere Leere zu »füllen«, indem sie sich extremen Reizen aussetzen; lebensgefährliche Sportarten gehören dazu wie auch Delikte. Fragt man z. B. einen jugendlichen Delinquenten nach dem Grund seiner Tat, erhält man nicht selten die Antwort »Weil sonst nichts passiert in meinem Leben«. Andere wiederum wollen sich betäuben und greifen zu Rauschmitteln (→Drogen).

Kinder haben oft Langeweile und wollen von den Erwachsenen Anregung für Aktivitäten. Dieses Bedürfnis ist normal und Ausdruck von Vitalität und Motivation. Anders ist es bei der Lustlosigkeit; das Kind klagt einerseits über Langeweile, lässt sich aber auch zu nichts motivieren. Auch hier gilt: Hält dieser Zustand länger an, kann von einer seelischen Störung ausgegangen werden.

Langeweile wurzelt oft in einem Konflikt zwischen realen Möglichkeiten und Wünschen: Was der Gelangweilte haben kann, interessiert ihn nicht; was ihn interessiert, kann er nicht haben, oft weil er die kleinen Schritte entwertet, die schließlich zu dem begehrten Ziel führen könnten. So entsteht Langeweile oft aus einer Situation der Verwöhnung.

**Längsschnittuntersuchung:** eine v. a. in der Entwicklungspsychologie angewandte Forschungsmethode, bei der eine Stichprobe zu mehreren Zeitpunkten der gleichen Untersuchung unterzogen wird. Zweck der Längsschnittuntersuchung ist es, entwicklungsbedingte Veränderungen über einen längeren Zeitraum zu verfolgen. Längsschnittstudien sind beispielsweise geeignet, die Veränderung der Gedächtnisleistung über die Lebensspanne zu ermitteln.

Gegenüber einer →Querschnittuntersuchung hat die Längsschnittuntersuchung den Vorteil, dass alle Probanden der gleichen →Kohorte entstammen und unter gleichen Umweltbedingungen altern. Der Nachteil dabei ist, dass entwicklungsbedingte Veränderungen von umweltbedingten Veränderungen überlagert werden können. So sind beispielsweise die Teilnehmer gleichzeitig von einschneidenden Ereignissen wie Kriegen o. ä. betroffen. Weitere Nachteile der Längsschnittuntersuchung bestehen in der Dauer der gesamten Untersuchung sowie in dem Problem, die Probanden über lange Zeit erreichbar zu halten, bzw. in dem relativ hohen Ausfall an Probanden.

**Langzeitgedächtnis:** Teilbereich des →Gedächtnisses.

**Langzeittherapie, Langzeitpsychotherapie:** Psychotherapie, die mehr als 25 Sitzungen umfasst; meist tiefenpsychologische Verfahren, die 100, aber auch mehr als 300 Sitzungen beanspruchen können. Studien zeigen, je schwerer eine psychische Erkrankung ist, desto länger muss die Behandlungsdauer sein, bis sich Heilung oder Besserung einstellt.

**Lärm:** Schallempfindungen, die als störend, belästigend oder unangenehm empfunden werden und gesundheitliche Schäden nach sich ziehen können. Entscheidend für den Grad der subjektiv empfundenen Belästigung durch Umgebungslärm ist die Einstellung der Person zur Lärmquelle. Die Beeinträchtigung durch Lärm

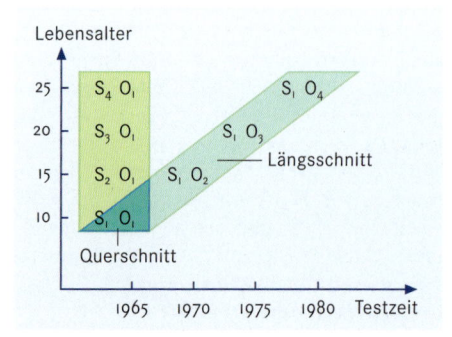

**Längsschnittuntersuchung:** Schema zur Untersuchung von Alterswirkungen im Vergleich von Längsschnitt- und Querschnittuntersuchung (S = Stichprobe, O = Beobachtung)

hat zunächst alarmierende und aktivierende Wirkungen. Bei einer anhaltenden Lärmeinwirkung gerät der Organismus in einen Daueralarmzustand mit einer entsprechenden psychophysischen Stressreaktion, z. B. Kopfschmerzen, Erhöhung des Blutdrucks, vermehrter Ausschüttung aktivierender Hormone und Neurotransmitter sowie Schlafstörungen. Die Lärmschwerhörigkeit ist eine der häufigsten Berufskrankheiten.

Zur Messung des Lärms verwendet man Schallpegelmesser, die den momentan auftretenden Schalldruckpegel (in Dezibel) erfassen. Der Schalldruck wird in der Einheit Pascal (Abk.: Pa) angegeben. Um die Lärmgefährdung an einem Arbeitsplatz zu ermitteln, werden die Messungen auf die Lärmdosis über acht Stunden bezogen. Die Einzelschallpegel eines Arbeitstages werden durch Multiplikation mit ihrer jeweiligen Einwirkdauer gewichtet und auf acht Stunden normiert. Durch rechtliche Regelungen (z. B. Unfallverhütungsvorschriften, technische Anleitungen zum Schutz gegen Lärm), bauliche, maschinenbezogene, mitarbeiterbezogene und arbeitsorganisatorische Maßnahmen versucht man den Industrielärm zu verringern. Ein gut untersuchtes Problem ist der Fluglärm; durch nächtlichen Fluglärm werden die Schlaftiefe und die Schlafdauer beeinträchtigt sowie der Schlaf unterbrochen, außerdem steigt im Schlaf der Blutdruck (→ Bluthochdruck).

**latenter Trauminhalt** [zu latein. latere »verborgen sein«]: *Psychoanalyse:* die unbewussten Vorstellungen, Wünsche und Ängste, die »hinter« dem bewussten, dem Träumer erinnerlichen Trauminhalt stehen. Nach psychoanalytischer Auffassung wird der latente Trauminhalt durch die Traumarbeit in den → manifesten Trauminhalt verwandelt; mithilfe der → Traumdeutung wird der latente Trauminhalt zugänglich. Er kann aus körperlichen Reizen wie Hunger, Durst oder sexueller Erregung, aus Tagesresten, d. h. bewussten oder vorbewussten Wünschen und Eindrücken vom Tage, und aus den eigentlichen unbewussten Traumgedanken bestehen.

**Latenzphase:** *Psychoanalyse:* die Phase, die den drei Phasen der frühkindlichen psychosexuellen Entwicklung, der → oralen, → analen und → phallischen Phase, folgt; der Zeitraum zwischen etwa dem sechsten und zwölften Lebensjahr. In der Latenzphase treten die Triebbedürfnisse in den Hintergrund und es entwickeln sich besonders die kognitiven und sozialen Fähigkeiten des Kindes. Die Latenzphase wird von der → genitalen Phase abgelöst.

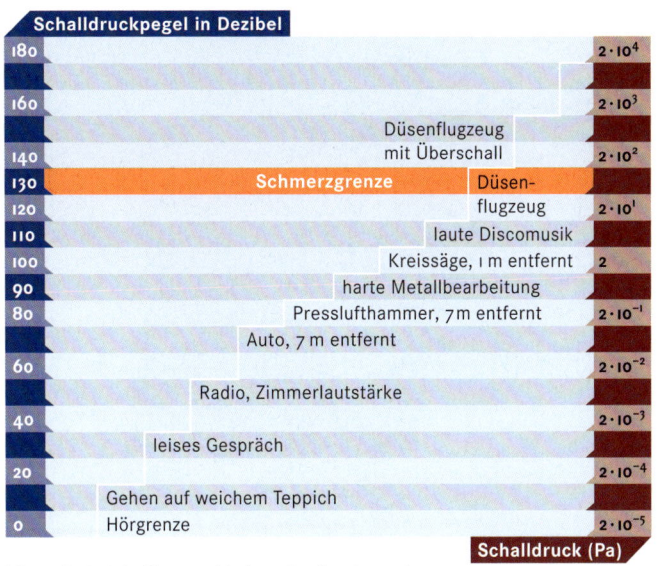

**Lärm:** Beispiele für verschiedene Geräuschpegel

| Schalldruckpegel in Dezibel | | Schalldruck (Pa) |
|---|---|---|
| 180 | | $2 \cdot 10^4$ |
| 160 | | $2 \cdot 10^3$ |
| 140 | Düsenflugzeug mit Überschall | $2 \cdot 10^2$ |
| 130 | Schmerzgrenze — Düsenflugzeug | |
| 120 | | $2 \cdot 10^1$ |
| 110 | laute Discomusik | |
| 100 | Kreissäge, 1 m entfernt | 2 |
| 90 | harte Metallbearbeitung | |
| 80 | Presslufthammer, 7 m entfernt | $2 \cdot 10^{-1}$ |
| 60 | Auto, 7 m entfernt | $2 \cdot 10^{-2}$ |
| 40 | Radio, Zimmerlautstärke | $2 \cdot 10^{-3}$ |
| | leises Gespräch | |
| 20 | | $2 \cdot 10^{-4}$ |
| | Gehen auf weichem Teppich | |
| 0 | Hörgrenze | $2 \cdot 10^{-5}$ |

**Lateralität** [zu latein. lateralis »seitlich«], **Seitigkeit:** der bevorzugte Gebrauch von Organen oder Gliedmaßen einer Körperseite. Die meisten Menschen schauen durch eine Kamera immer mit demselben Auge oder sie springen immer mit demselben Bein zuerst ab. Große praktische Bedeutung hat die Lateralität v. a. im Zusammenhang mit der Rechts- bzw. Linkshändigkeit (→ Händigkeit).

**Laxanzi|en:** die → Abführmittel.

**Learning by Doing** [ˈləːnɪŋ baɪ ˈduːɪŋ, engl. »Lernen durch Tun«]: am philosophischen Pragmatismus (v. a. an William James) orientierte Auffassung, derzufolge Lernen nur durch eigenes Handeln und nicht durch theoretische Vermittlung möglich sei; auch Bezeichnung für das Lernen durch Tun selbst. In der Schule wird Learning by Doing besonders im → handlungs-

---

**Lebensereignis | Vom Defizit zur Ressource**

Starke seelische Belastungen, z. B. der Verlust eines Arbeitsplatzes oder eines Liebespartners, werden von den Betroffenen ganz unterschiedlich verarbeitet: Manche Personen können aus einem solchen Defizit eine Ressource formen. Sie bilden sich z. B. fort und finden so schließlich eine bessere Stelle als die frühere oder sie suchen nach einer neuen Partnerschaft. Andere Menschen resignieren und benötigen therapeutische Hilfe, um mit einem belastenden Ereignis fertig zu werden.
Wie der Umgang mit schwierigen Ereignissen im Einzelfall aussehen wird, lässt sich oft schon aufgrund der bisherigen Lebensbewältigung abschätzen: Wer typische Schwellensituationen bereits bewältigt hat, etwa die Loslösung vom Elternhaus, den Abschluss einer Ausbildung, das Erreichen der wirtschaftlichen Selbstständigkeit, den Schritt in eine stabile Partnerschaft oder die Gründung einer Familie, wird auch neuen Belastungen eher standhalten.

**Lebensereignis:** Auch auf den ersten Blick erfreuliche Ereignisse – wie etwa eine Hochzeit – können für den Einzelnen schwerwiegende Einschnitte im Lebenslauf darstellen und Krisen nach sich ziehen.

orientierten Unterricht vermittelt. Das Konzept des Learning by Doing liegt dem →situierten Lernen zugrunde.

**Lebensereignis, Life-Event** ['laɪfɪ'vent, engl.]: bedeutsames und folgenreiches Ereignis in einer Lebensgeschichte, z. B. der Tod eines nahen Angehörigen, eine schwere Krankheit, Heirat, Schwangerschaft, Arbeitsplatzverlust oder Ruhestandseintritt. Lebensereignisse sind in der klinischen Psychologie von großer Bedeutung, denn sie stellen eine beständige Prüfung der Persönlichkeitsleistungen in der Bewältigung der Realität dar. – Infokasten S. 329

**Lebensgefährte:** im weiteren Sinn eine Person, die eine andere Person auf ihrem Lebensweg begleitet, ihr Lebensschicksal mit ihr teilt; im engeren Sinn eine Person, die mit einer anderen Person in einer nicht ehelichen Lebensgemeinschaft (→Ehe) zusammenlebt.

**Lebenskompetenzen, Life-Skills** ['laɪfskɪlz, engl.]: Fähigkeiten zur Bewältigung alltäglicher wie besonderer Problemlagen, z. B. die Fähigkeit zur Konfliktlösung. Die Vermittlung von Lebenskompetenzen spielt u. a. in der Suchtprävention von Kindern und Jugendlichen eine große Rolle. Stärkung von Selbstwert, Selbstvertrauen und Konfliktfähigkeit, das Training von Problemlöse- und Kommunikationsfähigkeiten sowie von sozialen Kompetenzen werden vermittelt. Die Förderung genereller Lebenskompetenzen hilft, Konflikte und Belastungen angemessen, d. h. insbesondere ohne Suchtmittel, zu bewältigen.

**lebenslanges Lernen:** lebenslange (v. a. berufsbezogene) Weiterbildung nach Abschluss der schulischen und beruflichen Ausbildung, die als notwendige Entsprechung zu dem schnellen Wandel der modernen Arbeitswelt und als Bedingung für gesellschaftlichen und wirtschaftlichen Fortschritt gesehen wird. Wurden früher Maßnahmen zur →Fort- und Weiterbildung als Instrument gesehen, die Berufskarriere zu fördern, so ist es heute oft erforderlich, über Teilnahme an Bildungsmaßnahmen den erreichten beruflichen Status zu erhalten, also ein Absinken zu verhindern.

In größeren Unternehmen gibt es häufig Weiterbildungsabteilungen, in denen Trainer Mitarbeiterschulungen oder -weiterbildungen durchführen. Das mittlere und obere Management lernt in Seminaren z. B. Mitarbeiterführung, Konfliktmanagement, Kreativitätsförderung, Seminar- und Präsentationstechniken. Bildungsorganisatorisch wird unter diesem Gesichtspunkt eine stärkere Integration der →Erwachsenenbildung in das gesamte Bildungssystem und ein institutioneller Ausbau der Fort- und Weiterbildung gefordert, z. B. Kontaktstudium an Hochschulen.

**Lebenslauf:** Abfolge der Ereignisse im Verlauf des Lebens eines Menschen. Die Ereignisse, ihre Auswirkungen auf den Betroffenen und seine Bewältigungsversuche beeinflussen das weitere Leben in starkem Maße. Zu diagnostischen Zwecken analysiert man den Lebenslauf mithilfe der →Biografie.

**Lebensqualität:** Konstellation der objektiven Lebensbedingungen und des subjektiven Wohlbefindens von Individuen und Gruppen in einer Gesellschaft. Mit diesem Begriff wird die Bedeutung objektiver Sachverhalte wie der Arbeitsbedingungen, Wohnverhältnisse und der natürlichen Umwelt für die subjektive Zufriedenheit anerkannt. Er spielt v. a. in der öffentlichen Diskussion eine Rolle, wenn es darum geht, die Auswirkungen politischer Vorhaben auf das Leben der Einzelnen zu erfassen.

**Lebensstil: 1)** *allgemein* die typische Art der Alltagsgestaltung Einzelner und sozialer Gruppen, z. B. durch die Wahl der Kleidung, der Wohnung und der benutzten Konsumprodukte bis hin zum Bekanntenkreis und zu den besuchten Kulturveranstaltungen.

**2)** In der *Gesundheitspsychologie* betont der Begriff die komplexe Verknüpfung von gesundheitsrelevanten Verhaltensweisen im Sinne eines gesundheitsfördernden oder -beeinträchtigenden Lebensstils, der mehr ist als die Summe einzelner Gesundheitsverhaltensweisen. Dieser Ansatz berücksichtigt insbesondere die Bedeutung von übergreifenden Verhaltensmustern (z. B. von verschiedenen Risikoverhaltensweisen, die oft miteinander auftreten) sowie von Umweltbedingungen und alltäglichen Lebensvollzügen für das gesundheitsbezogene Handeln.

**Lebenstriebe:** *Psychoanalyse:* diejenigen Triebe, die die Erhaltung und Förderung des Lebens sowie die psychische Integration begünstigen. Neben dem Sexualtrieb ist hier v. a. der Selbsterhaltungstrieb zu nennen. Die Gesamtheit der Lebenstriebe wird auch als →Eros 2) bezeichnet. Nach Sigmund Freud stehen die Lebenstriebe dem Todestrieb gegenüber.

**Lebenszufriedenheit:** in der *Gesundheitspsychologie* die Einschätzung und Bewertung der eigenen Lebensumstände. Die meisten Menschen sind noch nicht zufrieden mit ihrem Leben, wenn ihre Grundbedürfnisse (Nahrung, Kleidung, Wohnung) abgedeckt sind; ihre Zufriedenheit wächst, je mehr Einfluss sie auf die Gestaltung ihres Lebens nehmen können.

**Le Bon** [lə'bɔ̃], Gustave: französischer Arzt, Philosoph und Sozialwissenschaftler, * Nogent-le-Rotrou 7. 5. 1841, † Paris 15. 12. 1931; begründete die →Massenpsychologie.

**Leerlaufhandlung:** ziellose →Instinkthandlung.

**Legasthenie:** veraltende Bezeichnung für die Lese-Rechtschreib-Störung (→Lernstörungen).

**Lehranalyse:** mehrjährige psychoanalytische →Selbsterfahrung als Bestandteil der Ausbildung zum Psychoanalytiker.

**Lehrerfortbildung:** weiter gehende berufliche Qualifizierung speziell für Lehrer. Die Schulverwaltungen der Bundesländer bieten in eigenen Einrichtungen Fortbildungsveranstaltungen zur Sicherung und Erweiterung der Lehrerkompetenz an. Die Teilnahme ist in der Regel freiwillig; die Lehrer werden vom Unterricht befreit, die Kosten werden übernommen.

Die Themen der Fortbildungsveranstaltungen beziehen sich auf Unterrichtsfächer, pädagogische Konzepte, bildungspolitische und gesellschaftstheoretische Bereiche. Auch neue Schulreformkonzepte wie z. B. der unter dem Begriff Schulentwicklung zusammengefasste Bereich (autonome Schule, Evaluation, Schulprofil, Schulprogramm usw.) werden über Fortbildungsangebote für Lehrer und Schulleitungsmitglieder in die schulische Praxis transportiert.

**Lehrplan:** Beschreibung von Lehrzielen. Ein Lehrplan umfasst die Festlegungen hinsichtlich der Lerninhalte, des zeitlichen Umfangs und der Reihenfolge ihrer Bearbeitungen sowie hinsichtlich der Art und Anzahl der Lernerfolgskontrollen. In Deutschland werden die Lehrpläne für die verschiedenen Schulformen von den Kultusministerien der Länder erlassen.

**Heimlicher Lehrplan** bezeichnet die Vermittlung von sozialen Regeln und Werthaltungen außerhalb des offiziellen Lehrplans, die meist unausgesprochen und unbewusst geschieht. Man kann den heimlichen Lehrplan als eine Art funktionaler →Erziehung bezeichnen, mit der unbeabsichtigte Sozialisationseffekte ausgelöst werden. Wenn beispielsweise ein Chemielehrer sich nicht bemüht, auch das Interesse der Mädchen an dem Gebiet zu wecken, weil das ohnehin kein »weibliches Fach« sei, dann übt er einen heimlichen Lehrplan aus. Der heimliche Lehrplan kann mit den Zielen des offiziellen Lehrplans im Widerspruch stehen, etwa wenn die Schule Konkurrenzverhalten, passive Konsumentenhaltung, kritiklose Anpassung usw. begünstigt, obwohl dies im Gegensatz zum solidarischen Verhalten steht, das im Rahmen des →sozialen Lernens 3) gefördert wird.

**Leib-Seele-Problem, psychophysisches Problem:** der philosophische Diskurs über alle Fragen des Zusammenhangs zwischen körperlich-physiologischen, materiellen Prozessen einerseits sowie psychischen und geistigen Prozessen andererseits. Die Grundfrage lautet: Wie sind körperliche und seelische Funktionen aufeinander bezogen? An der Beantwortung dieser Frage sind Wissenschaftler vieler verschiedener Disziplinen beteiligt, neben Philosophen v. a. Physiologen und Neuropsychologen.

*Zwei grundlegende Auffassungen*

Heute dominiert in den Wissenschaften die Auffassung einer (im Einzelnen allerdings unterschiedlich gefassten) Wechselwirkung zwischen beiden Ebenen. Diese zeigt auch die Alltagserfahrung: Körperliche Beschwerden verändern die Gefühls- und Stimmungslage, Schmerzen führen z. B. zu Angst oder Depression. Nimmt man Substanzen ein, die den materiellen Stoffwechsel des Körpers verändern (z. B. Drogen, Psychopharmaka), kommt es ebenfalls zu veränderten psychischen Zuständen. Körperfunktionen wirken also auf die Seele. Umgekehrt beeinflusst die Psyche auch körperliche Zustände. Das machen sich Psychotherapieverfahren und Entspannungstechniken zunutze, z. B. sorgen bestimmte verbale Formeln und geistige Bilder im →autogenen Training für einen veränderten Muskeltonus und ein verbessertes Körperempfinden.

Das Wechselwirkungsprinzip wird aber nicht von allen Wissenschaftlern geteilt. Die Tatsache, dass Körper und Psyche zwei individuelle Erfahrungsbereiche bilden, bedeutet nicht, dass es sich um zwei Wirklichkeitsbereiche handeln muss. Für viele Wissenschaftler

# Leib-Seele-Problem

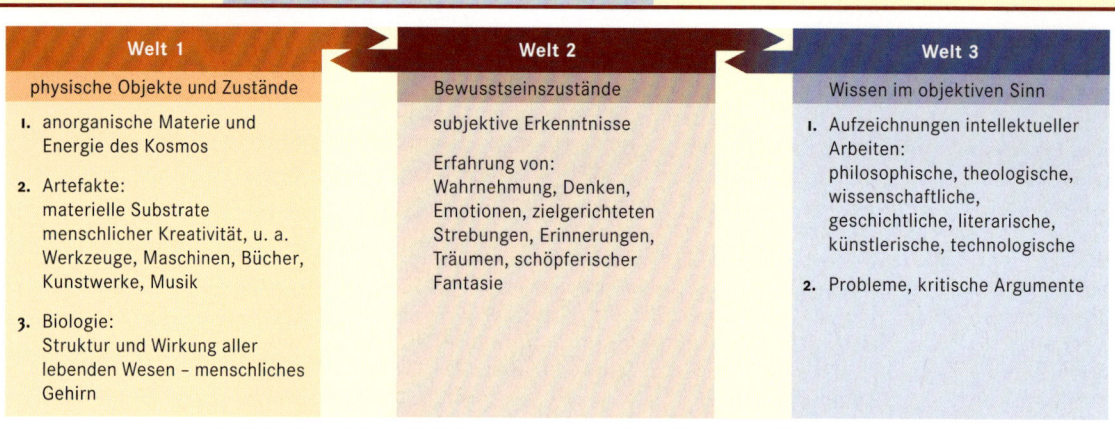

| Welt 1 | Welt 2 | Welt 3 |
|---|---|---|
| physische Objekte und Zustände | Bewusstseinszustände | Wissen im objektiven Sinn |
| 1. anorganische Materie und Energie des Kosmos | subjektive Erkenntnisse | 1. Aufzeichnungen intellektueller Arbeiten: philosophische, theologische, wissenschaftliche, geschichtliche, literarische, künstlerische, technologische |
| 2. Artefakte: materielle Substrate menschlicher Kreativität, u. a. Werkzeuge, Maschinen, Bücher, Kunstwerke, Musik | Erfahrung von: Wahrnehmung, Denken, Emotionen, zielgerichteten Strebungen, Erinnerungen, Träumen, schöpferischer Fantasie | |
| 3. Biologie: Struktur und Wirkung aller lebenden Wesen – menschliches Gehirn | | 2. Probleme, kritische Argumente |

**Leib-Seele-Problem:** die Welten des »Konzepts dreier Welten« von Karl Popper und John Eccles

sind immaterielle, geistige Prozesse lediglich ein Resultat oder eine Randerscheinung von Gehirnfunktionen. Es gilt also das Gleichheits- bzw. Identitätsprinzip. Dafür spricht in der Alltagserfahrung, dass jeder Mensch sich als untrennbare Einheit erlebt.

*Wesen des Menschen*

Die Frage nach dem Zusammenhang von Leib und Seele berührt auch Fragen nach dem Wesen des menschlichen Lebens, wie sie in jüngster Zeit bei den Kontroversen um den Hirntod auftraten. Heute gilt das Großhirn für viele Wissenschaftler als Ort des psychischen Bewusstseins. Wird das Großhirn durch chemische (Narkose) oder mechanische Einwirkung funktionsunfähig, hört im Extremfall jedes psychische Geschehen auf. Gehirnprozesse sind also eine unabdingbare Voraussetzung für Bewusstein und psychisches Erleben. Es ist aber zweifelhaft, dass sie die einzige Voraussetzung sind. Auch andere, tiefere Bereiche haben Einfluss auf das Bewusstsein.

Eines von vielen Erklärungsmodellen des 20. Jahrhunderts ist das »Konzept dreier Welten«, das der Physiologe John Eccles anknüpfend an den Philosophen Karl Popper und in Zusammenarbeit mit diesem in den 1970er-Jahren entwickelte. Welt 1 ist darin die Welt physischer Objekte, zu denen der menschliche Körper samt Gehirn gehört; Welt 2 ist die Welt der Bewusstseins- und Geisteszustände, die jeder nur durch sich selbst kennt, die Welt 2 anderer kennt er nur durch Vermittlung; Welt 3 wird potenziell von allen Menschen geteilt, sie kann mit Welt 1 nur vermittels Welt 2 zusammenwirken.

*Geschichte*

Viele Jahrhunderte lang galt die Seele als nicht empirisch-experimentell erforschbar, da psychische Vorgänge immateriell und nicht von außen zugänglich waren. Anatomie und Physiologie, die Hauptdisziplinen der Medizin bis ins 20. Jh. hinein, untersuchten allein körperliche Prozesse. Die wissenschaftliche Trennung von Körper und Geist erfolgte allmählich im Gefolge der europäischen Aufklärung des 18. Jahrhunderts, insbesondere im Gefolge der Philosophie von René Descartes. Er hatte die Zirbeldrüse als den Ort der Seele angesehen. Systematische Analysen des menschlichen Geistes, der von der materiellen Natur unterschieden wurde, lieferten die Philosophen des deutschen Idealismus (→Geist). Der →Mensch ist immer auch Teil der →Natur. Er besitzt einen Körper, für den auch die Naturgesetze gelten. Vom Körper die Psyche als Gegenstand experimentell zu trennen, forderte als einer der Ersten der Arzt Wilhelm Wundt, der 1874 das erste psychologische Laboratorium gründete. Er nannte seine neue Forschungsrichtung physiologische Psychologie (→biologische Psychologie) und nahm eine Parallelität von geistigen und körperlichen Vorgängen an. Erst Wundts Nachfolger, die Psychologen der Würzburger Schule, sowie außerdem die Psychoanalyse erforschten zu Beginn des 20. Jahrhunderts die Psyche unabhängig von körperlichen Vorgängen.

In der Medizin setzte sich die Auffassung, die Psyche als ein eigengesetzliches Phänomen zu betrachten, noch später durch. Erst nach 1950 verzichtete die Psychiatrie allmählich auf die Postulierung einer rein biologischen Verursachung von Geisteskrankheiten. Außerdem entstand als neue Disziplin die Psychosomatik, die ausdrücklich nach dem Zusammenhang von Körper und Geist fragt und psychische Ursachen bei organisch manifestierten Krankheiten annimmt. Heute gelten vom Begriffspaar Leib und Seele jeweils diejenigen Aspekte als empirisch und naturwissenschaftlich in Medizin und Psychologie erforschbar, die für eine →Operationalisierung und die Bildung von →Konstrukten geeignet sind; beim Begriff Leib z. B. die Wahrnehmungs-, Bewegungs- und Schmerzfähigkeit, beim Begriff Seele z. B. die Emotion, Motivation und Kognition.

**Leid:** Sammelbegriff für alles, was den Menschen körperlich und seelisch belastet, Schmerzempfindungen in ihm hervorruft und ihn den (unwiederbringlichen) Verlust von für sein Leben wesentlichen Personen, Beziehungen und Dingen bewusst werden lässt.

Leiden erwächst aus der Nichterfüllung oder der Verletzung wesentlicher Bedürfnisse, Erwartungen und Hoffnungen des Menschen, die als Versagen, Verhinderung und Schmerz erfahren werden. Ursprung, Zweck und Überwindung des Leids haben die Menschen zu allen Zeiten beschäftigt, wurden aber immer wieder verschieden gedeutet. Neben der religiösen Auffassung vom Leid als Strafe Gottes findet sich das religiöse oder weltliche Verständnis vom Leid als Möglichkeit der Bewährung oder der inneren Reifung. Leid lässt sich leichter tragen, wenn es einen Sinn hat. Darauf reagiert z. B. die →Logotherapie Viktor Emil Frankls.

**Leidenschaft, Passion** [spätlatein. »Leiden«, »Krankheit«]: langer, oft ein ganzes Leben anhaltender starker Antrieb, der das Fühlen, Wollen und Handeln eines Menschen bestimmt, unter Umständen auch gegen die Einsichten der Vernunft. Seit Immanuel Kant werden Leidenschaften von →Affekten unterschieden, die nur kurzzeitig auftreten. Leidenschaft ist häufig ein Antrieb für Kreativität und künstlerisches Schaffen. (Das »Leiden« an der Realität »schafft« das Werk.) Leidenschaft wurde von vielen Philosophen als vernunftwidrig kritisiert. Eine positive Bewertung der Leidenschaft als eine Kraft, die Berge versetzen kann, stammt dagegen von Georg Wilhelm Friedrich Hegel: »Es ist nichts Großes ohne Leidenschaft vollendet worden, noch kann es ohne solche vollbracht werden«. Der Begriff Leidenschaft wird heute in der akademischen Psychologie selten benutzt.

**Leidensdruck:** die Stärke des Leidens, die den Betroffenen veranlasst, etwas dagegen zu unternehmen, z. B. einen Psychotherapeuten aufzusuchen. Der Leidensdruck ist wesentlich für die Bereitschaft, sich zu verändern und in dem anstrengenden, manchmal schmerzhaften Prozess der Therapie mitzuarbeiten. Personen, die z. B. durch ihre Sucht noch keine massiven sozialen Nachteile erleiden, fehlt der Leidensdruck; deshalb ist es dann nicht möglich, sie zu einer Psychotherapie zu bewegen. Auch wenn z. B. Angehörige Leidensdruck verspüren, der Kranke selbst aber nicht, ist eine Therapie kaum möglich; Angehörige können sich jedoch in einer Selbsthilfegruppe ein Stück Entlastung verschaffen.

Scham vor sich selbst und anderen lässt viele Menschen enormes Leid ertragen, bis der Leidensdruck keinen anderen Weg mehr erlaubt als die Hilfesuche. Bei Angststörungen z. B. suchen noch zu viele Patienten therapeutische Hilfe erst dann, wenn die Angst sich weit ausgebreitet hat und das Leben völlig einschränkt. Die chronifizierte Angst ist jetzt aber schwerer zu behandeln.

Damit eine sinnvolle Psychotherapie zustande kommt, ist außer dem Leidensdruck die →Einsicht in die Krankheit erforderlich.

**Leistung:** Grad einer körperlichen oder psychischen Beanspruchung sowie deren Ergebnis. Für den Leistungsstand einer Person sind nicht nur Befähigung (wie Begabung, Intelligenz und bestimmte Fähigkeiten, z. B. Schnelligkeit) und Ausbildungsstand entscheidend, sondern auch die →Leistungsmotivation. Sie zeigt sich in dem Willen eines Menschen, die von ihm als wichtig bewerteten Aufgaben mit Energie und Ausdauer bis zum erfolgreichen Abschluss durchzuführen.

Leistungsbereitschaft und Leistungsfähigkeit sind entwicklungsabhängig und variieren je nach Individuum und Aufgabe. Die inneren und äußeren Bedingungen der beruflichen Leistungsfähigkeit werden v. a. von der Arbeitspsychologie untersucht. Zur →Leistungsmessung werden Arbeitsabschnitte oder der Gesamtverlauf einer Arbeit als Leistungskurve (Arbeitskurve) dargestellt. Die allgemeine Leistungshöhe ist in den Vormittagsstunden am größten, fällt dann ab (mittags ist sie am tiefsten) und erreicht am späten Nachmittag einen zweiten Höhepunkt. Von besonderer Bedeutung ist die Leistungskurve für die Bemessung des Arbeitspensums.

Sozialpsychologisch gilt Leistung als ein Unterscheidungsmerkmal der Einzelnen, besonders in einer →Leistungsgesellschaft. Erziehung und Ausbildung zielen auf Leistungssteigerung (in den Grenzen der Veranlagung), doch hängt die Leistung in hohem Maße auch vom Anspruchsniveau der Institutionen (z. B. der Schule) ab. – Abb. S. 334

**Leistungsangst:** eine Form der spezifischen →Phobien, die durch eine krankhaft übersteigerte Angst in Leistungssituationen, z. B. bei Künstlern auf der Bühne oder bei Studenten in Prüfungen (krankhafte →Prüfungsangst) gekennzeichnet ist. Betroffene können sich durch die Angst nicht adäquat vorbereiten, erzielen

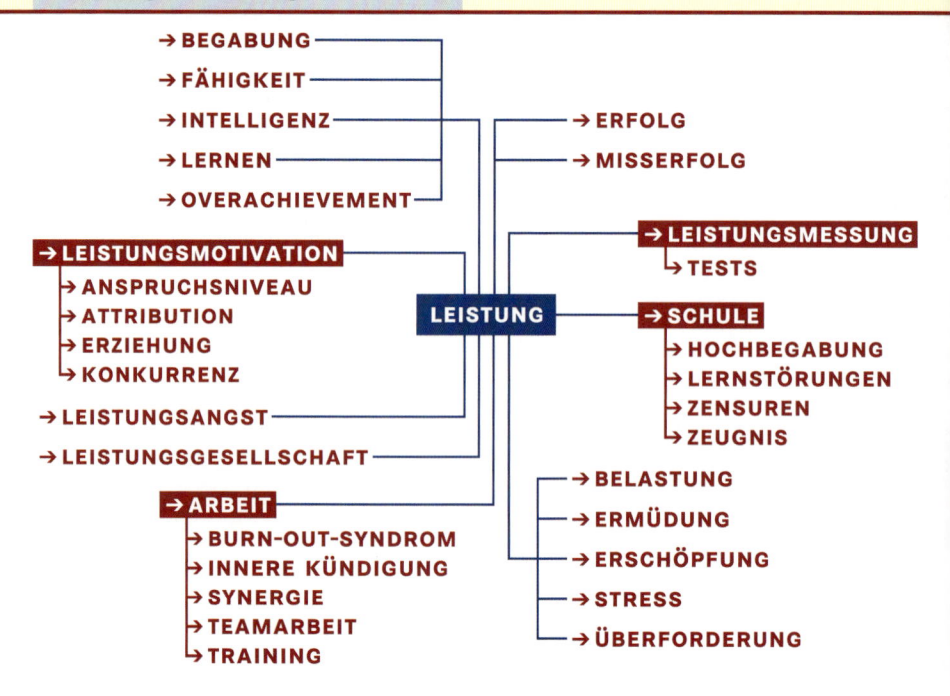

```
          → BEGABUNG
          → FÄHIGKEIT
          → INTELLIGENZ                    → ERFOLG
          → LERNEN                          → MISSERFOLG
          → OVERACHIEVEMENT

                                            → LEISTUNGSMESSUNG
→ LEISTUNGSMOTIVATION                         ↳ TESTS
    → ANSPRUCHSNIVEAU
    → ATTRIBUTION        LEISTUNG          → SCHULE
    → ERZIEHUNG                               → HOCHBEGABUNG
    ↳ KONKURRENZ                              → LERNSTÖRUNGEN
                                              → ZENSUREN
→ LEISTUNGSANGST                              ↳ ZEUGNIS
→ LEISTUNGSGESELLSCHAFT
                                            → BELASTUNG
      → ARBEIT                              → ERMÜDUNG
          → BURN-OUT-SYNDROM                → ERSCHÖPFUNG
          → INNERE KÜNDIGUNG                → STRESS
          → SYNERGIE                        → ÜBERFORDERUNG
          → TEAMARBEIT
          ↳ TRAINING
```

schlechte Resultate und meiden zunehmend die Situationen. Menschen mit Leistungsangst haben hohe Ansprüche an sich selbst und anders als bei der sozialen Phobie fürchten sie eher, die eigenen Ansprüche nicht zu erfüllen als von anderen negativ bewertet zu werden. Die Leistungsangst steht bei der →Schulangst im Vordergrund.

**Leistungsbeurteilung:** die →Personalbeurteilung.

**Leistungsgesellschaft:** eine Gesellschaftsform, die sich von der traditionellen Kultur unterscheidet, weil in ihr nicht die Geburt (z.B. als Adliger), sondern die persönliche →Leistung darüber entscheidet, welchen Platz ein Individuum in der Gesellschaft erobern kann. Sicher haben auch schon früher herausragende Leistungen den Platz eines Menschen in der Gesellschaft mitbestimmt (nicht jeder Adlige bewährte sich z.B. als Heerführer), aber erst in der Moderne kam es dazu, dass die Leistung das zentrale Kriterium für die Verteilung von öffentlichem Rang wurde. Damit bestimmt auch das Risiko des persönlichen Versagens die psychische Situation weit stärker als früher. Die Ausrichtung des Einzelnen auf Leistung geschieht nicht ohne psychische Kosten; wird sie übertrieben, so können Beziehungen oder die Persönlichkeitsentwicklung des Betreffenden leiden. Kritiker der Leistungsgesellschaft formulieren den Einwand, der Wert eines Menschen solle sich nicht an seiner Leistung, sondern an seinem Dasein bemessen. Auf der Basis einer derartigen Haltung gilt häufig aktive Leistungsverweigerung als praktizierte Kritik an der Leistungsgesellschaft.

**Leistungsmessung:** Leistungsbeurteilung mithilfe quantitativer Verfahren. Die übliche Zensurengebung ist eine einfache und angreifbare Form der Leistungsmessung. Neuere Ansätze in der Leistungsmessung orientieren sich an →Testgütekriterien wie Objektivität, Reliabilität und Validität. Dazu gehört, dass nicht nur bestimmten Leistungen entsprechende Zahlen zugeordnet werden, sondern dass auch einsichtig gemacht wird, inwieweit die Unterschiede zwischen den Zahlen Unterschiede in den Leistungen wiedergeben.

Verfahren zur Schulleistungsmessung und -beurteilung sind sowohl die herkömmlichen mündlichen und schriftlichen Prüfungen als auch informelle und standardisierte Schulleistungstests. Positive Leistungsergebnisse (Erfolge) haben in der Regel positive Auswirkungen nicht nur auf die Leistungsmotivation, sondern auch auf die Einstellung zur Schule, die Selbstwerteinschätzung, die Selbstsicherheit und auch die emotionale Stabilität. Negative Leistungsergebnisse (Misserfolge) wirken sich meist nachteilig auf zukünftiges Lernen aus.

**Leistungsmotivation:** die Bereitschaft, v.a. in Beruf, Sport und Ausbildung die jeweiligen Anforderungen (möglichst gut) zu erfüllen. Nach den amerikanischen Motivationsforschern David McClelland (* 1917, † 1998), John W. Atkinson (* 1923, † 2003) und Kollegen ist die

Leistungsmotivation neben dem Zugehörigkeits- und Machtbedürfnis eines der Schlüsselmotive (→Motivation) des Menschen. Sie vertraten folgende These: Ob eine Person Leistungsverhalten zeigt, hängt ab 1. von der Stärke der Motivation dazu, 2. der Attraktivität des Anreizes (z. B. Entlohnung) und 3. der Erwartung von Erfolg oder Misserfolg ihrer Handlung. Erfolgserwartung stärkt die Leistungsmotivation, Misserfolgserwartung schwächt sie. Hoch leistungsmotivierte Personen suchen den Erfolg; die Strategie der wenig Leistungsmotivierten ist die Vermeidung von Misserfolg. Um ihr Vermeidungsverhalten zu ändern, müssen sie ein eigenes, realistisches Anspruchsniveau setzen.

Nach dem deutschen Psychologen Heinz Heckhausen (*1926, †1988) genügt es allerdings bei misserfolgsängstlichen Menschen nicht, realistische Anspruchsniveaus zu setzen. Für ihn ist Leistungsmotivation »das Bestreben, die eigene Tüchtigkeit in all jenen Tätigkeiten zu steigern oder möglichst hoch zu halten, in denen man einen Gütemaßstab für verbindlich hält und deren Ausführung daher gelingen oder misslingen kann«. Entscheidende Kriterien sind dabei 1. die Orientierung an einem als verbindlich erachteten Gütemaßstab, 2. die Erwartung oder der Eintritt eines Erfolgserlebnisses oder eines Misserfolgserlebnisses, die sich als Verhaltenstendenzen »Hoffnung auf Erfolg« bzw. »Furcht vor Misserfolg« zeigen, sowie 3. ein dauerhaftes, Energie und Tatkraft dokumentierendes Bemühen.

Attributionstheoretische Ansätze berücksichtigen bei der Leistungsmotivation, worauf eine Person ihren Erfolg und Misserfolg zurückführt. Erfolgsmotivierte Personen führen ihren Misserfolg eher auf mangelnde Anstrengung, misserfolgsmotivierte hingegen eher auf mangelnde Begabung zurück. Menschen, die am Erfolg orientiert sind, erklären sich also einen Misserfolg in einer veränderlichen Eigenschaft; bei einer nächsten Anforderungssituation werden sie sich mehr anstrengen. Menschen, die daran orientiert sind, Misserfolg zu vermeiden, machen eine stabile Eigenschaft, die Begabung, verantwortlich für den Misserfolg, folglich ist bei ihnen die Wahrscheinlichkeit größer, dass sie sich in nächsten Anforderungssituationen nicht anstrengen bzw. sich diesen erst gar nicht stellen.

In der Forschung zur Leistungsmotivation werden auch Faktoren wie monetäre und nicht monetäre Gegenleistung (Anreize), gesellschaftliche Normen (Leistungsideal) und die Erziehung, Anreiz der Aufgabe, Freude am Tun, persönliche Bewertung von Geld und Anerkennung als Formen der gesellschaftlichen Belohnung untersucht. Allerdings ist Leistungsmotivation ein derart komplexes Feld, dass kaum allgemeingültige Aussagen gemacht werden können.

**Leistungsstörungen:** →Lernstörungen.

**Leistungstests:** Tests, die im Gegensatz zu Persönlichkeitstests die allgemeine oder spezielle Leistungsfähigkeit prüfen, z. B. Intelligenztests, Konzentrationstests, Schultests wie →Schuleingangstests.

**Lernbehinderung:** schwerwiegende, umfassende und dauerhafte Einschränkung der Lernmöglichkeiten eines Kindes oder Jugendlichen in unterschiedlichen Feldern, ohne dass eine →Intelligenzstörung vorliegt. Ein Kriterium ist die Lernleistungsnorm einer Altersgruppe: Bei deutlichen Rückständen hinter der Altersnorm wird eine Lernbehinderung angenommen, z. B. dann, wenn der IQ zwischen 70 und 85 liegt (→Intelligenztests).

Bei der Betrachtung von Lernbehinderung vollzog sich ein Wandel: Früher wurde von Intelligenzschwäche oder Schwachbegabung gesprochen. Die moderne Lernbehindertenpädagogik geht inzwischen von individuell ganz unterschiedlichen Faktoren aus. Dazu gehören Geburtsschädigungen oder frühkindliche

**Leistungsgesellschaft:** Während heute gesellschaftliche Positionen nach individueller Leistung verteilt werden, war früher die Geburt entscheidend (König Ludwig XII. auf der Reise nach Genua 1507, aus »Le voyage de Genes«).

**lernen:** Das maschinelle Lernen ist ein Teilgebiet der künstlichen Intelligenz. Der Roboter Wakamaru kennt über 10 000 Wörter und führt einfache Gespräche. Künstliche Intelligenz kann jedoch nur bedingt Erfahrungen in Kategorien ordnen und die eigene Wirkung auf die Umwelt kontrollieren, wie dies kennzeichnend für menschliches Lernen ist.

Erkrankungen, schädigende Umwelteinflüsse oder psychosoziale Beeinträchtigungen sowie →Lernstörungen, die sich unter schlechten Bedingungen zu einer Lernbehinderung auswachsen können. Die multifaktorielle Sichtweise hat zu Bemühungen beigetragen, Lernbehinderungen möglichst frühzeitig zu erkennen und sie durch eine frühe Förderung zu mildern. Neben dem Besuch der →Sonderschule für Lernbehinderte existiert auch die Möglichkeit, dass Lernbehinderte in die Grundschule eingeschult und dort speziell gefördert werden (→Integrationspädagogik).

**lernen:** eine relativ zeitüberdauernde Veränderung des Verhaltens oder des Verhaltenspotenzials aufgrund von Erfahrung oder Übung. Verhaltensänderungen werden als das Ergebnis eines Lernens aufgefasst, sofern sie nicht durch Reifung oder allein durch vorübergehende Zustände (z. B. Müdigkeit) bedingt sind. Lernen beruht auf der Fähigkeit von Organismen, sich in der Auseinandersetzung mit ihrer Umwelt an diese anzupassen. Die sich dabei ergebenden Veränderungen betreffen das Verhalten im Sinne einfacher und komplexer motorischer Reaktionen, affektive Reaktionen sowie den Erwerb von Wissen infolge höherer geistiger Prozesse des Erkennens und Verstehens.

Lernen stellt eine fundamentale Voraussetzung für die Entwicklung des Individuums dar. Ohne Lernfähigkeit ist ein Überleben in der dinglichen und sozialen Welt unmöglich. Lernen gilt als grundlegende Funktion jedes Organismus, die sogar ohne bewusste Absicht stattfindet. Beim menschlichen Lernen unterscheidet man **intentionales Lernen** (absichtsvolles Lernen) und **inzidentelles Lernen** (beiläufiges Lernen). Das intentionale Lernen schließt z. B. den Einsatz von →Lernstrategien ein, um Wissen zu verfestigen, oder das wiederholte Üben einer Tätigkeit, um eine Fertigkeit zu entwickeln. Ein inzidentelles Lernen hingegen findet

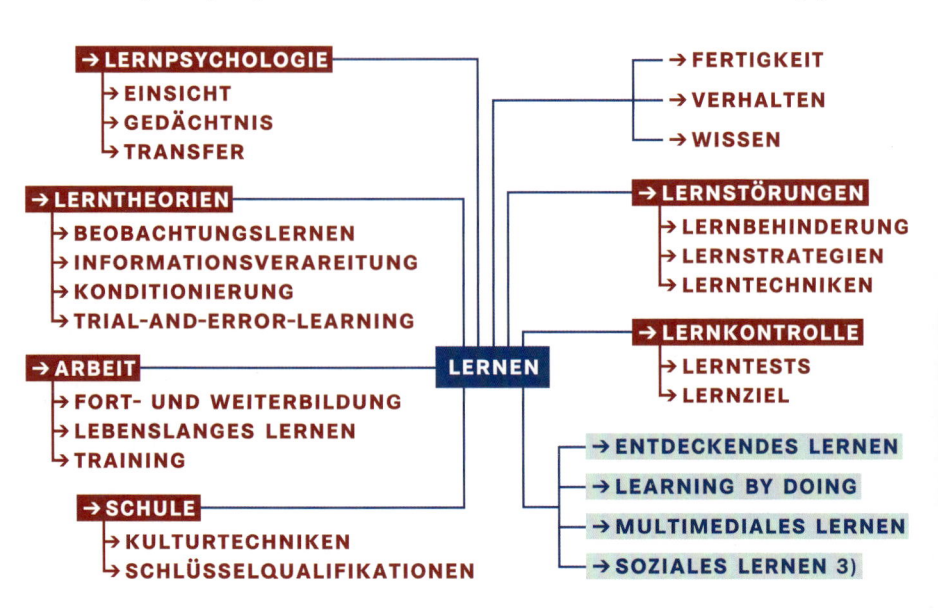

- →**LERNPSYCHOLOGIE**
  - →EINSICHT
  - →GEDÄCHTNIS
  - →TRANSFER
- →**LERNTHEORIEN**
  - →BEOBACHTUNGSLERNEN
  - →INFORMATIONSVERAREITUNG
  - →KONDITIONIERUNG
  - →TRIAL-AND-ERROR-LEARNING
- →**ARBEIT**
  - →FORT- UND WEITERBILDUNG
  - →LEBENSLANGES LERNEN
  - →TRAINING
- →**SCHULE**
  - →KULTURTECHNIKEN
  - →SCHLÜSSELQUALIFIKATIONEN

**LERNEN**

- →FERTIGKEIT
- →VERHALTEN
- →WISSEN
- →**LERNSTÖRUNGEN**
  - →LERNBEHINDERUNG
  - →LERNSTRATEGIEN
  - →LERNTECHNIKEN
- →**LERNKONTROLLE**
  - →LERNTESTS
  - →LERNZIEL
- →ENTDECKENDES LERNEN
- →LEARNING BY DOING
- →MULTIMEDIALES LERNEN
- →SOZIALES LERNEN 3)

ohne Vorsatz statt, z. B. beim Behalten von neuen Vokabeln durch das bloße Lesen eines Textes. Lernvorgänge, die selbst nicht bewusst werden, werden als **implizites Lernen** bezeichnet. Dabei stellt sich ein Lernerfolg ein, ohne dass der Lernvorgang nachvollzogen werden könnte; sehr deutlich ist dies etwa beim Erlernen der Muttersprache, die nicht gezielt erlernt wird, sondern sich einfach aus dem täglichen Gebrauch heraus entwickelt.

Die *allgemeine Psychologie* untersucht die Bedingungen und Mechanismen des Lernens bei Menschen und Tieren. Wegen der vielfältigen Erscheinungsformen von Lernen hat sie zahlreiche →Lerntheorien hervorgebracht, die jeweils nur bestimmte Lernmechanismen erfassen konnten. Welche Lernvorgänge als wesentlich erachtet wurden, wechselte mit den Paradigmen der psychologischen Forschung. Im Paradigma des *Behaviorismus* verstand man Lernen als die Veränderung des beobachtbaren Verhaltens durch auslösende bzw. nachfolgende Reize. Demnach besteht Lernen in der Ausbildung von Assoziationen zwischen Reizen und Reaktionen: Der Organismus passt nach wiederholten Erfahrungen sein Verhalten an die Reizvorgaben an (→Konditionierung). Dieser Lernvorgang bedarf keiner mentalen Prozesse und kann bereits bei Tieren beobachtet werden.

Im Paradigma der *kognitiven Psychologie* vollzieht sich Lernen zunächst als Veränderung von Wissensstrukturen. Auch ohne teilnehmendes Verhalten werden Informationen aus der Umwelt aufgenommen, verarbeitet und gespeichert. Lernen ist nunmehr mit den Funktionen des Gedächtnisses verbunden und findet bereits statt, wenn noch keine sichtbare Veränderung des Verhaltens auftritt. Vielmehr lernt der Organismus, Objekte und Situationen zu kategorisieren und zu interpretieren. Es werden Begriffe gebildet, Regeln abgeleitet, und in Form von mentalen Abbildern der Wirklichkeit gespeichert. Anhand des erworbenen Wissens können neue Verhaltensweisen bei Bedarf geäußert werden, um zielgerichtet auf die Umwelt einzuwirken.

Lernen im Zusammenhang eines mehr oder weniger institutionalisierten Lehr-Lern-Prozesses ist Gegenstand der →Unterrichtspsychologie.

**Lern|erfolgskontrolle:** die →Lernkontrolle.

**Lernkartei:** ein lerntechnisches Hilfsinstrument; ein Karteikasten mit etwa fünf deutlich getrennten Abteilungen für Karteikarten. Auf den Karten sind einzeln z. B. die zu erlernenden Vokabeln notiert. Beim Lernen oder Abfragen wandern die bekannten Vokabeln um eine Abteilung weiter nach hinten, die Problemfälle bleiben in den vorderen Abteilungen und können so gezielt wiederholt werden.

**Lernkontrolle, Lern|erfolgskontrolle:** die Überprüfung des Lernerfolgs in einem Lernprozess. Voraussetzung ist, dass dieser Lernprozess auf konkrete Lernziele hin konzipiert wurde, die kontrolliert werden können. Einerseits ist dies eine Vorbedingung für die Leistungsbeurteilung, andererseits ist die Lernkontrolle auch eine Rückmeldung an den Lehrer über die Qualität seines Lehrprozesses und an Schüler und Eltern über Lernstand und -entwicklung. Lernkontrollen finden in der Schule z. B. in Form regelmäßiger Klassenarbeiten, Tests, Prüfungsarbeiten und Beobachtungen statt. Schulrechtliche Bestimmungen regeln, wann und wie viele schriftliche Lernkontrollen eingesetzt werden.

**Lernkartei:** Eine Technik zum Erlernen von Vokabeln ist das Abfragen mithilfe eines Karteikastens.

**Lernmethodik:** Wissenschaft von den Verfahrensweisen des Lernens und der →Lerntechniken.

**Lernpsychologie:** Teilgebiet der allgemeinen Psychologie, das die erfahrungsbedingte Änderung von Verhalten sowie den Erwerb von Wissen und Fertigkeiten untersucht.

**Lernspiele:** Spiele, die im Unterschied zum vermeintlich zweckfreien, spontanen und natürlichen Spiel in didaktischer Absicht konzipiert wurden und einem bestimmten Zweck

**Lernspiele:** Speziell konzipierte Lernspiele trainieren oft nur isolierte Fähigkeiten, während die gemeinsame Beschäftigung mit Erwachsenen oder anderen Kindern daneben auch soziale Verhaltensweisen vermittelt.

dienen sollen, z. B. der Übung von mathematischen Zusammenhängen oder der Lesefertigkeit, aber auch Rate- und Denkspiele. Für Kinder und ihre kognitive, emotionale und soziale Entwicklung sind oft einfache Spiele gut geeignet, z. B. Brett- und Kartenspiele, Puzzles und Bausteine. Soziale Aspekte des Spiels kommen v. a. bei Kreis- und Bewegungsspielen sowie bei Rollenspielen zum Tragen. Es gibt auf dem Markt vielfältige Produkte unterschiedlichster Qualität mit dem Etikett »Lernspiel«, darunter zunehmend auch Computerspiele.

**Lernstile:** das individuelle Vorgehen bei der Aneignung von Wissen. Nicht alle Menschen lernen in gleicher Weise gleich gut, weil sie verschiedene Voraussetzungen mitbringen. Die einen lernen besser, wenn sie einen Text lesen (Verbalisierer), andere profitieren mehr, wenn sie Bilder zum Lernstoff sehen (Visualisierer). Wissenschaftler haben weitere Einteilungen nach Sinnesmodalitäten vorgenommen, z. B. die Auditiven, also diejenigen, die bessere Lernergebnisse erzielen, wenn sie Wissensinhalte hören. Allerdings sind solche Zusammenhänge empirisch bislang nicht eindeutig belegt worden.

Nach einer differenzierteren, empirisch gut belegten Einteilung gibt es vier Lernstiltypen: 1. den Divergierer, dessen Lernstil hauptsächlich im konkreten Erfahren und reflektierendem Beobachten liegt, er hat eine hohe Vorstellungsfähigkeit, ist schöpferisch, betrachtet gern die Dinge aus verschiedenen Perspektiven und ist mehr an Menschen interessiert und gefühlsbetont; 2. der Assimilierer hat seine Stärken im reflektierten Beobachten und im analytischen Denken, er ist der Theoretiker, der weniger an der Praxis und an Menschen interessiert ist; 3. der Konvergierer bevorzugt den Lernstil aktives Experimentieren und analytisches Begreifen, er löst gern Probleme, setzt Ideen um, interessiert ist er eher an Dingen als an Menschen; 4. der Akkomodierer dominiert im konkreten Erfahren und aktivem Experimentieren, er ist der Praktiker, löst Probleme intuitiv nach Versuch und Irrtum, geht Risiken ein, ist flexibel, kann sich gut anpassen an veränderte Situationen und ist an Menschen orientiert.

**Lernstörungen:** *Sonderartikel S. 340–343.*

**Lernstrategien:** Mittel und Wege zur Optimierung der Wissensaneignung. Man unterscheidet u. a. Behaltens- und Verstehensstrategien. Bei den Behaltensstrategien werden Wissensinhalte angeeignet, die gut abrufbar sein sollen; eine solche Strategie ist z. B. die Loci-Methode: Die zu lernenden Einheiten werden in der Vorstellung mit bestimmten Orten verknüpft, z. B. mit Plätzen, die sich auf dem Weg von zu Hause in die Firma befinden; bei Abschreiten dieser Plätze werden dann die Lerneinheiten »abgelegt«. Bei den Verstehensstrategien sollen größere Zusammenhänge eines Sachverhalts erfasst werden, eine Strategie hierzu ist das Zusammenfassen eines Textes oder das Stellen von Fragen.

**Lerntechniken:** spezielle Verfahren zur Optimierung des Lernerfolgs, z. B. die Arbeit mit einer →Lernkartei, das Mindmapping, die Wiederholung des Stoffes, aber auch Rollen- und andere Spiele.

Lerntechniken beziehen sich auf das Beschaffen und Ordnen von Informationen, auf ihre Verarbeitung und Präsentation. Lernpsychologische Kenntnisse, Tricks und Verfahrensweisen erleichtern die Aufnahme und Aneignung von Wissen, seine Gewichtung und seine Abrufbarkeit.

Wichtige Aspekte der Lerntechnik sind der häusliche Arbeitsplatz, Belohnung und Motivation, eine günstige Zeiteinteilung und die Ermittlung des individuellen Lerntyps (→lernen). Beim Erlernen von Lerntechniken sollte eine Überforderung durch zu viele lernmethodische Ratschläge vermieden werden; empfehlenswert ist ihre schrittweise, systematische Erarbeitung.

**LESETIPPS:**
ARBEITSGEMEINSCHAFT LERNMETHODIK: *So macht Lernen Spaß. Praktische Lerntipps für Schülerinnen und Schüler. 11–16 Jahre. Weinheim (Beltz)* [16]2000.

REGULA SCHRÄDER-NAEF: *Rationeller Lernen lernen. Ratschläge und Übungen für alle Wissbegierigen. Weinheim (Beltz)* [21]2003.

WERNER METZIG *und* MARTIN SCHUSTER: *Lernen zu lernen*. Heidelberg (Springer) ⁷2005.

**Lerntests:** Tests zur Erfassung der Intelligenzpotenz, die aus mehreren Einzeltests bestehen. Im einfachsten Fall kommt zunächst ein Intelligenztest zum Einsatz, um den Intelligenzstatus zu erfassen. In der anschließenden Trainingsphase bekommen die Probanden Regeln zur Lösung von Aufgaben vermittelt und lernen durch Übung an Beispielaufgaben, wie man Aufgaben des jeweiligen Typs besser bewältigen kann. Es folgt dann eine Zweittestung, die mit der Ersttestung verglichen wird, um den Erfolg des Trainings festzustellen. Je nach Abstand zwischen Erst- und Zweittestung unterscheidet man zwischen Kurzzeit- und Langzeitlerntests.

**Lerntheori|en:** Modelle zur Beschreibung und Erklärung von Lernvorgängen und den ihnen zugrunde liegenden Mechanismen.

Lerntheorien, die sich ausschließlich auf die Veränderung von Verhalten richten, sind aus dem →Behaviorismus hervorgegangen und umfassen das →Trial-and-Error-Learning sowie die →Konditionierung. Aufgrund der historischen Vormachtstellung des Behaviorismus wird auch heute noch häufig der Begriff Lerntheorie mit diesen Ansätzen gleichgesetzt.

Lerntheorien, die sich auf den Erwerb von Wissen, Fertigkeiten und die Veränderung von kognitiven Strukturen beziehen, bauen auf unterschiedlichen Lernprinzipien auf: Das Lernen durch →Einsicht, das →Beobachtungslernen, und der Aufbau von →mentalen Repräsentationen im Langzeitgedächtnis, wie er im Rahmen der →Informationsverarbeitung beschrieben wird.

**Lernumgebung:** Rahmen, in dem Wissensinhalte vermittelt werden; die äußeren Bedingungen des Lernens, v. a. Lernmaterialien, Lernaufgaben, An- oder Abwesenheit eines Lehrenden. Beim multimedialen Lernen ist die Lernumgebung z. B. die Benutzeroberfläche des Lernprogramms. Die **häusliche Lernumgebung** umfasst Lernmaterialien wie Bücher und den Lernplatz, z. B. Vorhandensein eines eigenen Zimmers, eines Schreibtisches; die Hilfestellung beim Lernen durch die Eltern; die Atmosphäre des Lernens, z. B. Lernen mit oder ohne Druck durch die Eltern. Eine positive Lernumgebung, d. h. Vorhandensein von Lernhilfen, Unterstützung beim Lernen durch die Eltern, Fehlen von unangemessen starkem Druck beim Lernen usw., wirkt sich auch positiv auf die Lernergebnisse sowie auf die Intelligenzentwicklung des Kindes aus.

**Lernwerkstatt:** Arbeitsraum, in dem (in der Regel in Gruppen) mithilfe von besonders praxisnahem, vielfältigem Material Lerninhalt erarbeitet wird, der sich an den praktischen Aufgaben der Teilnehmer ausrichtet; die Bezeichnung ist in Anlehnung an handwerkliche Arbeitsräume entstanden. Lernwerkstätten werden von einzelnen Lehrern oder Lehrer- und Schülergruppen sowie Teilnehmern von Hochschulseminaren aufgesucht. In den 1960er-Jahren gab es in den USA Teacher's Centers (engl. »Lehrerzentren«); sie lieferten die Anregung für die Lernwerkstätten, die seit den 1980er-Jahren im deutschsprachigen Raum anzutreffen sind. Eine neue Entwicklung stellen virtuelle Lernwerkstätten dar, in denen die Materialien online präsentiert werden.

**Lernziel:** in der *Pädagogik* das von den Lehrenden gewünschte Ergebnis bei der Vermittlung des Stoffes. Die Erreichung des Lernziels kann mit Tests oder anderen schriftlichen oder mündlichen Überprüfungen kontrolliert werden. Häufig werden Fein-, Grob- und Richtziele unterschieden. Im schulischen Bereich kann die Diskussion und Festlegung der Lernziele mitunter schwierig sein, zumindest aber ihre Abprüfbarkeit. Einfacher ist ihre Festlegung und Überprüfung in fest umrissenen, in einzelne Schritte zu zergliedernden Gegenstandsbereichen. So setzt z. B. jede theoretische Führerscheinprüfung auf der Basis der bestehenden Gesetze und Vorschriften die Definition des Lernziels voraus, das mit einem kleinen Fehlerspielraum erreicht werden muss.

**lesbische Liebe:** erotisch-sexuelle Beziehung zwischen Frauen. Obwohl prozentual ebenso viele Frauen wie Männer homosexuell zu sein scheinen, hat die lesbische Sexualität bislang ein vergleichsweise geringes gesellschaftliches und wissenschaftliches Interesse gefunden. Im Gegensatz zu der männlichen →Homosexualität wurde die weibliche seit 1871 strafrechtlich nicht mehr sanktioniert. In der Forschung wurde die weibliche Homosexualität lange wie ein Anhängsel der männlichen Homosexualität behandelt und es wurden Analogieschlüsse von dieser auf jene gezogen. In den vergangenen Jahrzehnten kam es im Zuge feministischer Forschung und Politik jedoch zu einer stärkeren Berücksichtigung der spezifischen sexuellen, biografischen und sozialen Erfahrungen homosexueller Frauen sowie der psychogenetischen Dimensionen der weiblichen Homosexualität. Dabei zeigte sich, dass die Gemeinsamkeiten zwischen heterosexuellen und homosexuellen Frauen in vielerlei Hinsicht sehr viel größer sind als die zwischen homosexuellen Frauen und homosexuellen

*Fortsetzung S. 344*

# LERNSTÖRUNGEN

**BEGRIFFSBESTIMMUNGEN**

Lernstörungen werden üblicherweise von der Lernbehinderung abgegrenzt, die als schwerwiegender, umfassender und dauerhafter charakterisiert wird und oft mit unterdurchschnittlicher Intelligenz einhergeht, ohne dass jedoch eine geistige Behinderung vorliegt. Lernstörungen können sich allerdings zur Lernbehinderung entwickeln, wenn sie nicht rechtzeitig erkannt und angemessen behandelt werden.

Wenn von Lernstörungen die Rede ist, sind damit in der Regel Schwierigkeiten beim Erlernen des Lesens, Schreibens oder Rechnens gemeint. Selten bezeichnet man mit diesem Begriff auch Formen der Leistungsminderung, die als Folge von Psychoseerkrankungen, organischen Hirnschädigungen, Beziehungs- oder Kommunikationsproblemen – v. a. familiärer und schulischer Art – oder innerpsychischen Konflikten auftreten. Die beiden letzteren Formen der Lernbeeinträchtigung, die gelegentlich auch als psychogene Lernstörungen bezeichnet werden, kommen in der Praxis recht häufig vor und treten oft zusammen mit Schulangst oder -phobie, Identitätskrisen in der Adoleszenz, Anpassungsstörungen (als Folge psychosozialer Belastungen) und längerfristigen emotionalen oder psychiatrischen Störungen (wie Depressionen oder Ängsten) auf. Dabei ist v. a. die Motivation zum Lernen beeinträchtigt.

Betroffenen Kindern und ihren Eltern kann durch Elternarbeit und familienbezogene psychotherapeutische Angebote geholfen werden. In der Regel wird hier nicht die Lernstörung als solche behandelt, sondern die zugrunde liegende psychische Problematik.

Die Lernstörungen im engeren Sinn werden in der Schule als Schwierigkeiten beim Erwerb und im Umgang mit der Schriftsprache oder mit dem Rechnen sichtbar. Zu ihnen gehören die Legasthenie oder Lese-Rechtschreib-Störung (LRS), die seltenere isolierte Rechtschreibstörung und die Rechenstörung (Dyskalkulie). Diese Defizite sind besonders folgenreich für die betroffenen Kinder und Jugendlichen, weil der Erwerb der elementaren Kulturtechniken Lesen, Schreiben und Rechnen für den Bildungs- und Berufserfolg von grundlegender Bedeutung ist. Hier liegen Leistungsbeeinträchtigungen vor, die nur begrenzte Funktionsbereiche betreffen und die sich nicht durch ein allgemein niedrigeres Intelligenzniveau, körperliche oder psychische Erkrankungen und durch mangelhaften Unterricht erklären lassen. Jedoch können umgekehrt als Folge von spezifischen Lernstörungen massive Schulschwierigkeiten und psychische Störungen entstehen. Dabei spielt besonders die Lese-Rechtschreib-Störung eine herausragende Rolle.

**VON »LEGASTHENIE« ZU »LRS«**

Der 1916 eingeführte Begriff Legasthenie (auch kongenitale Wortblindheit genannt) wurde zunächst im medizinischen Bereich für Schwierigkeiten beim Lesen- und Schreibenlernen trotz intakter Sinnesorgane verwendet. Erst in den 1950er-Jahren wurde die damals noch sogenannte Legasthenie zu einem Thema der Pädagogik. Neu hinzu kam die Diskrepanzdefinition: Die Diagnose Legasthenie wurde dann im deutschsprachigen Raum in der Regel auf solche Schüler beschränkt, bei denen die Lese- und Rechtschreibleistungen deutlich unter den Leistungen in anderen Fächern liegen und die ein durchschnittliches oder gutes Intelligenzniveau aufweisen. Diese Einschränkung gilt auch heute noch (jetzt unter der Bezeichnung Lese-Rechtschreib-Störung).

Mitte der 1970er-Jahre entstanden heftige und grundlegende Diskussionen hinsichtlich Definition, Diagnostik und Therapie der Störung. In der Folge wurde der Begriff Legasthenie zunehmend durch den bis heute überwiegend gebräuchlichen Ausdruck der Lese-Rechtschreib-Schwäche und die in der ICD-10 verwendete Bezeichnung Lese-Rechtschreib-Störung (LRS) abgelöst, wobei der Begriff Legasthenie noch vorkommt. Parallel dazu wurde die Forschung auf bisher vernachlässigte Bereiche ausgeweitet. Lernmethodische Fragen, die Einflüsse durch Lernbedingungen und Lehrer, außerschulische Faktoren und der Prozess des Spracherwerbs wurden Gegenstand intensiver wissenschaftlicher Untersuchungen. Entsprechend beziehen manche der späteren Definitionen der Lese-Rechtschreib-Störung auch familiäre, schulische und soziale Faktoren mit ein.

Bei der Diagnostik in der klinischen Praxis wird jedoch ausgeschlossen, dass eine allgemeine Intelligenzminderung, eine Sinnesbehinderung, eine emotionale oder neurologische Erkrankung oder unangemessener Unterricht die primäre Ursache für eine vorliegende Lese- und Rechtschreibstörung ist. Auch die erworbene Dyslexie aufgrund einer Hirnschädigung wird von der Lese- und Rechtschreib-Störung (Entwicklungsdyslexie) abgegrenzt.

Unbestritten ist jedoch, dass sich ein inadäquater Unterricht und andere ungünstige Einflüsse gerade auf Kinder mit einer Disposition für Lese-Rechtschreib-Störung besonders negativ auswirken. Auch profitieren Kinder mit niedrigerem Intelligenzniveau bei gleichzeitiger Lese-Rechtschreib-Störung von denselben entsprechenden Fördermaßnahmen.

Über die Ursachen der Lese-Rechtschreib-Störung existieren auch heute noch zahlreiche medizinische und psychosoziale Hypothesen; eine endgültig gesicherte Aussage ist derzeit nicht möglich. Einigkeit herrscht im Wesentlichen nur darüber, dass es sich um ein heterogenes Phänomen handelt, dem eine komplexe Ätiologie entspricht. Neben der genetischen Disposition werden v. a. neuropsychologische Funktionen untersucht. Beispielsweise konnte gezeigt werden, dass betroffene Kinder Beeinträchtigungen der fonologischen Bewusstheit und ganz spezieller Funktionen des Gedächtnisses aufweisen, ein kleiner Teil von ihnen hat Schwierigkeiten mit der visuellen Informationsverarbeitung.

### EIN FALLBEISPIEL

Christine wurde vor einigen Monaten eingeschult. Machte ihr in der Schule anfangs noch vieles Spaß (so das Malschreiben der ersten Buchstaben, das Zuhören beim Vorlesen von Geschichten, das Malen, das Rechnen, der Sachkundeunterricht), hat sie neuerdings morgens Bauchweh und will zu Hause bleiben. Ihre Mutter stellt bald fest, dass Christine sich die Buchstaben kaum merken kann und es ihr erst recht nicht gelingt, diese zu Silben zusammenzuziehen oder die Leserichtung von links nach rechts einzuhalten.

# LERNSTÖRUNGEN *Fortsetzung*

Die Mutter sucht das Gespräch mit der Lehrerin. Die Lehrerin beruhigt sie: Christine könne Texte durchaus lesen, wenn auch gelegentlich mit kleinen Fehlern. Hierauf entgegnet die Mutter, diese Texte könne Christine zwar nach mehrmaligem Zuhören einigermaßen auswendig lernen, aber nicht selbst lesen. Sie berichtet, dass Christine bereits im Kleinkind- und Vorschulalter bestimmte Auffälligkeiten zeigte. So fand sie nie an Fingerspielen und Versen Gefallen, vertauschte immer wieder klangähnliche Laute, sprach erst spät in ganzen Sätzen, interessierte sich nie für Buchstaben und konnte sich kaum einen Namen merken. Andererseits malte Christine differenzierte, farbenfrohe Bilder und modellierte gut erkennbare Tiere in Ton.

**ANZEICHEN**

Seit nicht mehr die Erforschung der Ursachen von Legasthenie beziehungsweise der Lese-Rechtschreib-Störung im Zentrum des pädagogischen Interesses steht, sondern die Frage, welche Voraussetzungen Kinder brauchen, um erfolgreich Lesen und Schreiben zu lernen, ist das Augenmerk auf ein förderndes Schulklima gerichtet. Aber auch für die Zeit vor der Einschulung gilt, dass zunächst die Eltern und später die Erzieher ein Kind wie Christine aufmerksam beobachten und professionelle Hilfe in Anspruch nehmen sollten, wenn deutliche Anzeichen sichtbar werden:

Das Kind erkennt häufig geübte Buchstaben beim Wiederholen nicht wieder und kann sie nicht mit den richtigen Lauten benennen; es kann trotz normaler Hörfähigkeit einzelne Laute nicht unterscheiden; es kann gut geübte Wörter des Grundwortschatzes nur schlecht lesen oder schreiben; es hat Schwierigkeiten, das Gelesene wiederzugeben; es schreibt langsam, verkrampft und macht dabei zahlreiche Fehler, die es kaum erkennen und verbessern kann. Bei Kindern, die gut auswendig lernen können, wird das Ausmaß ihrer Lese-Rechtschreib-Störung manchmal erst deutlich, wenn in der Schule ungeübte Texte geschrieben werden. Bei der selteneren Form einer isolierten Rechtschreibstörung fehlen die vorangehenden Leseschwierigkeiten. Nicht bei allen, aber doch bei vielen betroffenen Kindern treten bereits im Vorschulalter Entwicklungsstörungen des Sprechens oder der Sprache oder Aufmerksamkeitsdefizit-Störungen auf, seltener sind visuelle und visuomotorische Probleme.

Die Frage, ob ein Kind Lese- und Rechtschreibschwierigkeiten hat, bei denen mit gezielten schulischen oder außerschulischen Fördermaßnahmen reagiert werden sollte, müssen eigens ausgebildete Pädagogen oder Psychologen nach eingehender Diagnostik beantworten. Wenn die Lese-Rechtschreib-Störung unerkannt, bei der schulischen Bewertung unberücksichtigt und schließlich unbehandelt bleibt, leidet das Kind in der Regel unter dauerhafter Überforderung, Misserfolgen, Unterschätzungen und Benachteiligungen. In dieser Situation können sich ernste psychische, soziale und psychosomatische Folgestörungen entwickeln, die ihrerseits oft behandlungsbedürftig sind. Viele Kinder werden erst in diesem Stadium in einer Erziehungsberatungsstelle vorgestellt, nachdem sie beispielsweise als faul und aufsässig angesehen wurden.

- → **ENTWICKLUNG**
  - → BEGABUNG
  - → ENTWICKLUNGSSTÖRUNGEN
- → **LERNEN**
  - → LERNBEHINDERUNG
  - → LERNKONTROLLE
  - → LERNPSYCHOLOGIE
  - → LERNTESTS
  - → LERNZIEL
- → **SCHULE**
  - → BERATUNGSLEHRER
  - → FÖRDERUNTERRICHT
  - → SCHULANGST
  - → SCHULFÄHIGKEIT
  - → SCHULLEISTUNG
  - → SCHULPSYCHOLOGISCHER DIENST

- → **THERAPIE**
  - → FAMILIENTHERAPIE
  - → KINDER- UND JUGENDLICHENPSYCHOTHERAPIE
  - → LOGOPÄDIE
- → **RISIKOFAKTOREN**
  - → KINDESMISSHANDLUNG
  - → PRÜGELSTRAFE
  - → SEXUELLER MISSBRAUCH
  - → ÜBERBEHÜTUNG
  - → VERNACHLÄSSIGUNG
  - → VERWÖHNUNG

**LERNSTÖRUNGEN**
- → ADHS
- → LESE-RECHTSCHREIB-STÖRUNGEN
- → RECHENSTÖRUNG

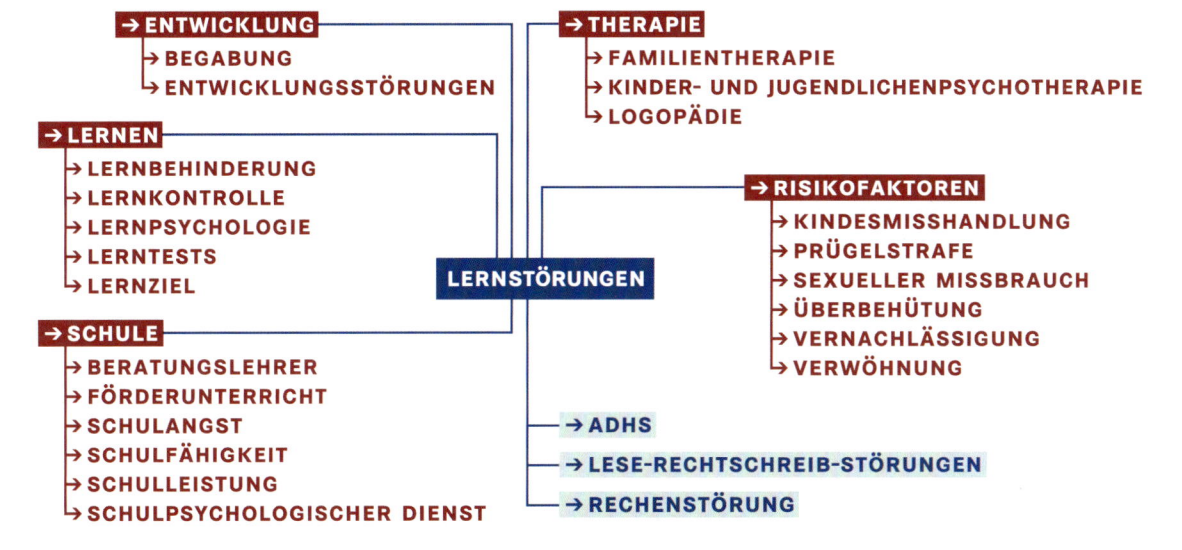

## MASSNAHMEN UND HILFSANGEBOTE

Ein verbesserter Anfangsunterricht kann zu einer erheblichen Erleichterung der Situation von Kindern mit Lese-Rechtschreib-Störung führen, wenn Lehrer in der Lage sind, die Problematik zu erkennen und auf den Einzelfall zugeschnittene Fördermaßnahmen einzuleiten. Zunehmend mehr Lehrer qualifizieren sich hierfür über Fort- und Weiterbildungsmaßnahmen. Eltern von betroffenen Kindern fühlen sich oft alleingelassen, wenn eine wirkungsvolle innerschulische Förderung ihrer Kinder fehlt. Eine qualifizierte Information und Beratung der Eltern sowie Elterntrainings sind daher oft hilfreich. Wird erwogen, ein außerschulisches Institut zur Förderung oder Therapie des Kindes einzubeziehen, sollten die Eltern zuvor beim schulpsychologischen Dienst oder in einer Erziehungsberatungsstelle um Rat fragen. Dort kennt man in der Regel die regionalen Angebote und kann deren Qualität einschätzen. Sinnvoll kann auch die Kontaktaufnahme mit dem Bundesverband Legasthenie und Dyskalkulie e. V. (Hannover) und einer Selbsthilfegruppe sein. Unter bestimmten Bedingungen ist es möglich, Zuschüsse für die Behandlung des Kindes zu bekommen.

**LESETIPPS:**
Ingrid M. Naegele: *Lese-Rechtschreib-Schwierigkeiten. Vorbeugen – Verstehen – Helfen. Ein Elternhandbuch.* Taschenbuchausgabe Weinheim (Beltz) ²2002.
Ute Jahn und Eva-Marie München: *Lese- und Rechtschreib-Schwäche? Wie Schule trotzdem zum Erfolg werden kann.* Berlin (Cornelsen Scriptor) 2003.
*Lernen und Lernstörungen bei Kindern und Jugendlichen. Zum besseren Verstehen von Schülern, Lehrern, Eltern und Schule,* herausgegeben von Frank Dammasch u. Dieter Katzenbach. Frankfurt am Main (Brandes & Apsel) 2004.
*Lese-Rechtschreibschwierigkeiten (LRS) und Legasthenie. Eine grundlegende Einführung,* herausgegeben von Günther Thomé. Weinheim (Beltz) 2004.
Roswitha Wurm: *Lese-Rechtschreib-Schwäche. Tipps zur Früherkennung. Neue Ideen zur Förderung.* Wien (G & G Kinder- u. Jugendbuch) 2004.

*Fortsetzung von S. 339*

Männern. Inzwischen zeichnet sich die Tendenz ab, die weibliche Homosexualität als eine eigenständige, in sich vielfältige Sexualform zu betrachten.

*Geschichte:* Im 18. und 19. Jh. waren enge emotionale Bindungen zwischen Frauen weit verbreitet, wobei die Grenzen zwischen platonischer und sinnlicher Liebe fließend waren. Das Bestehen gefühlsintensiver, gesellschaftlich tolerierter Frauenfreundschaften bildete eine Voraussetzung für das Entstehen einer lesbischen Subkultur, die sich zunächst hauptsächlich in Künstlerinnenkreisen entwickelte. Seit Beginn des 20. Jahrhunderts trugen die Werke vieler Schriftstellerinnen dazu bei, die Existenz weiblicher Homosexualität auf breiterer Ebene in das Bewusstsein zu rücken. Gleichzeitig traten Lesben im Zusammenhang mit der Frauenbewegung erstmals an die Öffentlichkeit, verschwanden aber in Deutschland mit der nationalsozialistischen Machtergreifung wieder aus dem öffentlichen Leben.

Im Zuge der homosexuellen Befreiungsbewegung in den 1970er-Jahren entstand in der Bundesrepublik Deutschland die erste Lesbenbewegung.

**lesen:** ein visueller und kognitiver Prozess des Auffassens und Verstehens von Schrift und Text. Auf visueller Ebene werden Zeichen und Muster als Wörter erkannt, was mit charakteristischen →Blickbewegungen einhergeht. Auf kognitiver Ebene werden Bedeutungen erfasst. Lesen besteht im Einzelnen aus den folgenden, ineinandergreifenden Prozessen: das Erkennen von Buchstaben und Wörtern, die Aktivierung der Wortbedeutungen, die Analyse der grammatischen Struktur von Satzteilen und Sätzen, das Verstehen der darin getroffenen Aussagen, die satzübergreifende Verarbeitung der im Text enthaltenen Informationen sowie eine Kontrolle, die den Erfolg der Einzelprozesse überwacht. Das Lesen kann, v. a. bei ungeübten Lesern, von einem innerlichen (auch lauten) Mitsprechen des Gelesenen begleitet sein: Dieser Mechanismus, die visuelle Information akustisch zu übersetzen, macht sich die Tatsache zunutze, dass das Verstehen von gesprochener Sprache die erste und ursprüngliche Form der kognitiven Sprachverarbeitung ist (→Muttersprache). Im Unterschied zum Erwerb gesprochener Sprache muss die Lesefähigkeit durch Unterricht erworben werden.

**Lese-Rechtschreib-Störung,** Abk. **LRS, Legasthenie:** eine →Lernstörung.

**Lewin** [ˈleːviːn, leˈviːn], Kurt: amerikanischer Psychologe deutscher Herkunft, *Mogilno (bei Gnesen) 9. 9. 1890, † Newtonville (Mass.) 12. 2. 1947; entwickelte die →Feldtheorie. Er war zunächst an den Universitäten Freiburg im Breisgau, München und Berlin (Berliner Schule der Gestaltpsychologie) tätig. Nach seiner Emigration 1933 forschte er v. a. zum Thema →Gruppendynamik.

**Libido** [latein. »Begierde«, »Lust«]: *Psychoanalyse:* die Energie, die dem Sexualtrieb zugrunde liegt und die Voraussetzung für die Zuwendung des Menschen zu anderen Personen, Tieren, Gegenständen und Zielen ist. In den Anfängen der Psychoanalyse verstand Sigmund Freud die Libido eher als allgemeine Lebensenergie, später fasste er sie (als Gegenspielerin des →Todestriebs) zusammen mit dem Selbsterhaltungstrieb unter den Oberbegriff der →Lebenstriebe. Die Libido durchläuft nach Freud in der Kindheit eine stufenweise Entwicklung (orale, anale und phallische Phase). Störungen der Libidoentwicklung führen zu →Fixierungen 2) und letztlich zu seelischen Beeinträchtigungen.

Richtet sich die Libido auf ein spezielles →Objekt, so spricht man von **libidinöser Besetzung** dieses Objekts. Je stärker etwas libidinös besetzt ist, umso dringender oder wichtiger erscheint es, und umso mehr Energie wird man zum Erreichen des jeweiligen Ziels aufwenden.

**Liebe:** starke positive Gefühlsbindung zu einem Menschen, aber auch zu Dingen, Ideen oder Tieren. Die Wirkung der zwischenmenschlichen Liebesbindung kann sowohl in affektiver Intensität wie auch in Stetigkeit und Dauer des Gefühls liegen; meistens schließt sie die Se-

**lesen:** Kompetentes Lesen erfordert nicht nur, Einzelzeichen zu entziffern, sondern darüber hinaus, Zusammenhänge eines Textes zu erschließen und ihn synthetisierend zu verstehen (Léon Bakst, Porträt des Malers Alexander Benois, 1898; Sankt Petersburg, Russisches Museum).

# Liebeskummer

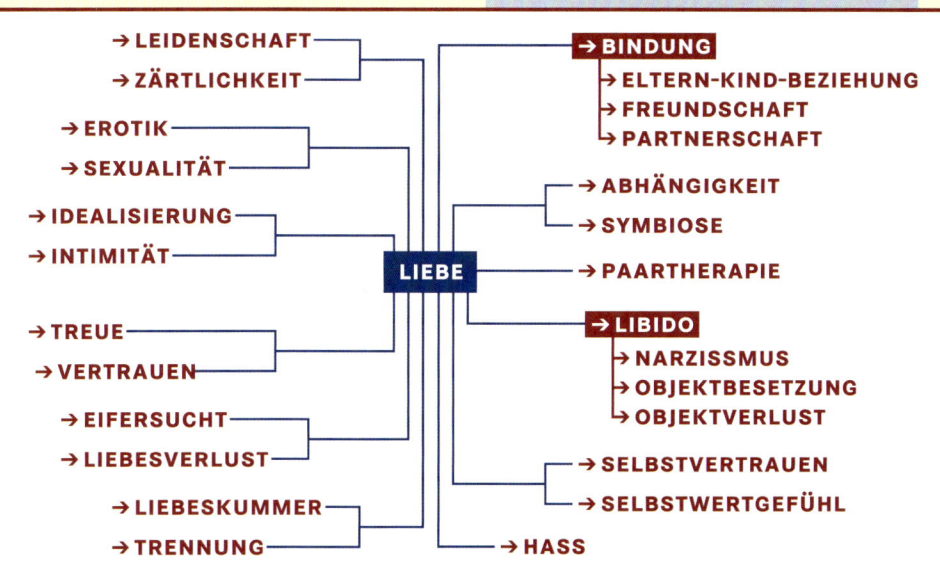

- → LEIDENSCHAFT
- → ZÄRTLICHKEIT
- → EROTIK
- → SEXUALITÄT
- → IDEALISIERUNG
- → INTIMITÄT
- → TREUE
- → VERTRAUEN
- → EIFERSUCHT
- → LIEBESVERLUST
- → LIEBESKUMMER
- → TRENNUNG

**LIEBE**

- **→ BINDUNG**
  - → ELTERN-KIND-BEZIEHUNG
  - → FREUNDSCHAFT
  - → PARTNERSCHAFT
- → ABHÄNGIGKEIT
- → SYMBIOSE
- → PAARTHERAPIE
- **→ LIBIDO**
  - → NARZISSMUS
  - → OBJEKTBESETZUNG
  - → OBJEKTVERLUST
- → SELBSTVERTRAUEN
- → SELBSTWERTGEFÜHL
- → HASS

xualität mit ein. In der Psychologie wurde Liebe v. a. von der Psychoanalyse untersucht. Während Sigmund Freud annahm, dass Liebe in Form des →Narzissmus zunächst der eigenen Person gilt und erst durch die sexuelle Reifung andere Menschen »besetzt«, ging Michael Balint von einer »primären Liebe« aus, die von Anfang an auf andere Menschen gerichtet ist und auch die erste Gefühlsbindung des Säuglings an seine Bezugsperson bestimmt.

Man unterscheidet die **platonische Liebe**, die keine sexuellen Aspekte umfasst, sondern auf geistige und seelische Kommunikation zwischen den Liebenden abzielt, von sexuellen Liebesbeziehungen, wie sie etwa in der Ehe gelebt werden.

Liebesbeziehungen zwischen Erwachsenen umfassen meist zwei Momente: die leidenschaftliche, auf sexueller Lust beruhende Bindung und die zärtliche, Geborgenheit gewährende Bindung wie zwischen Eltern und Kind. Beide Momente bzw. Motive geraten nicht selten in Konflikt und stellen damit das moderne Ideal der Zweierbeziehung, das die Bedürfnisse und Wünsche nach sexueller Befriedigung und nach emotionaler Geborgenheit gleichermaßen zu erfüllen verspricht, infrage. Liebe ermöglicht den Aufbau von Selbstvertrauen und von Gruppenidentität. Sie kann gesund machen und Krankheit hervorrufen; sie kann als »göttlicher Wahnsinn« den Menschen erheben und als Laster, als Mangel an »gesunder Vernunft« die Gesellschaftsfähigkeit des Individuums in Gefahr bringen.

In der Evolutionsbiologie sieht man die Liebe als Teil einer langfristigen sexuellen Strategie an, die dazu dient, den Fortpflanzungserfolg zu maximieren. Man geht davon aus, dass sich Verhaltensweisen durchsetzten, die den Individuen bzw. ihren Nachkommen einen »Überlebensvorteil« brachten. Nach dem österreichischen Verhaltensforscher Irenäus Eibl-Eibesfeldt (*1928) liegt die Wurzel der Liebe in der Mutter-Kind-Bindung, die sich im Zuge der intensiven Brutfürsorge bei den Säugetieren entwickelte. Konrad Lorenz meinte dagegen, die Liebe sei entstanden aus der Aggression, die überwunden werden musste, wenn sich zwei oder mehrere Individuen zu einem der Arterhaltung dienenden Zweck wie der Brutfürsorge zusammentaten.

**LESETIPPS:**

Jessica Benjamin: *Die Fesseln der Liebe. Psychoanalyse, Feminismus und das Problem der Macht.* Frankfurt am Main (Stroemfeld) ³2004.

Ulrich Beck und Elisabeth Beck-Gernsheim: *Das ganz normale Chaos der Liebe.* Frankfurt am Main (Suhrkamp) 2005.

Hans-Werner Bierhoff und Elke Rohmann: *Was die Liebe stark macht. Die neue Psychologie der Paarbeziehung.* Reinbek (Rowohlt) 2005.

**Liebeskummer:** Während der Liebeskummer eines Verlassenen leicht nachvollziehbar ist, scheint es oft schwer verständlich, weshalb auch Personen an Liebeskummer leiden, deren Liebesbeziehung anscheinend stabil ist und deren Partner seine Zuneigung bekräftigt. In solchen Fällen hängt der Liebeskummer mit nicht bewussten Trennungswünschen zusammen, mit einem vorweggenommenen Abschied, entweder um sich dadurch vermeintlich auf dieses verletzende Ereignis vorzubereiten oder weil man unbewusste Aggressionen gegen den bewusst geliebten Partner hegt. – Infokasten S. 346

**Liebeskummer | Hilfe tut not**
Das Verlassenwerden vom geliebten Partner ist für die meisten Menschen eine sehr schmerzhafte Erfahrung. Besonders wenn die Beziehung längere Zeit bestand, wird dem Betroffenen regelrecht der Boden unter den Füßen weggezogen. Hier ist soziale Unterstützung wichtig. Betroffene brauchen dann Freunde, die geduldig zuhören können und einen so akzeptieren, wie man ist. Wird das Leiden massiv und dauert es länger an, sollte ein Psychotherapeut aufgesucht werden.
Gemäß dem Sprichwort »Am Leiden wächst man« stellen viele Menschen nach der Trennung fest, über welche Stärken sie verfügen. Das kann auch Antrieb sein, ganz Neues auszuprobieren und dem Leben eine andere, vielleicht bessere Richtung zu geben. Nicht selten stellt sich dann die einst schmerzliche Erfahrung als Voraussetzung für das jetzige Glück dar.

**Liebesspiel:** alle erotischen und sexuellen Aktivitäten, deren Ziel letztlich der →Geschlechtsverkehr ist. Zum Liebesspiel des Menschen werden besonders Vorspiel, Nachspiel, Petting, Küssen und Liebkosungen und der Oralverkehr gerechnet, aber auch dem eigentlichen Liebesspiel vorangehende Aktivitäten wie der Flirt oder bestimmte Gesten, Körperhaltungen oder Äußerungen, die der interessierten Person gewissermaßen im Vorfeld eine gewisse erotische Bereitschaft signalisieren sollen.

**Liebesunfähigkeit:** das Unvermögen, Liebe für eine andere Person zu empfinden. Gründe dafür können in Einschränkungen und Störungen v.a. der frühkindlichen, aber auch der späteren Entwicklung sowie in aktuellen traumatischen Ereignissen liegen (z.B. Misshandlung, Tod einer sehr nahestehenden Person).

Wird die Liebesunfähigkeit genauer betrachtet, stellt sich oft heraus, dass es sich vielmehr um fehlende Liebe für die eigene Person handelt. Wer kein Liebesgefühl für den anderen zu spüren wagt, fühlt sich selbst so wertlos, dass er meint, der andere wolle seine Liebe gar nicht, fühlte sich dadurch sogar gestört. Das Gefühl von Liebe für den anderen ist dann mit Scham verbunden und bleibt lieber sich selbst und dem anderen gegenüber verborgen.

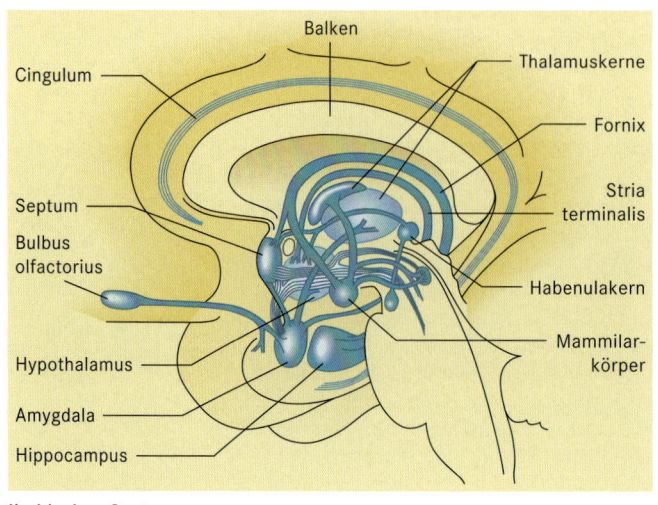

**Liebesverlust:** zentrale Quelle menschlicher Angst ist die Vorstellung, die Liebe der Eltern oder derjenigen Personen zu verlieren, die in unserem Gefühlsleben an ihre Stelle getreten sind, v.a. eines Liebespartners. Wenn Menschen aus Angst vor Liebesverlust bereit sind »alles« zu tun und ihre bisher vertretenen Wertvorstellungen preisgeben, spricht man von →Hörigkeit. Drohung mit Liebesentzug (z.B. »Wenn du das tust, hat Mami dich nicht mehr lieb!«) gilt als falsche Pädagogik und wird mit Depressionen und Selbstgefühlsstörungen von Kindern in Zusammenhang gebracht.

**Liebeswahn, Erotomanie:** eine Form des →Wahns, bei der eine unrealistische Überzeugung besteht, unwiderstehlich in eine Person verliebt zu sein und von dieser geliebt zu werden, wobei diese, oft unerreichbare Person stark idealisiert wird. Dabei spielen sexuelle Bedürfnisse eine untergeordnete Rolle. Der Liebeswahn ist zu unterscheiden von einem →gesteigerten sexuellen Verlangen.

**Liebeszauber:** bei traditionellen Völkern noch heute weitverbreitete magische Handlung, mit deren Hilfe die Liebe eines anderen Menschen erzwungen werden soll, zum Teil auch durch Erregung sexuellen Verlangens. Lustzauber wurde besonders in der orientalischen und der griechisch-römischen Antike angewendet, im europäischen Mittelalter v.a. in Form von Liebestränken. Von Kirche und Staat wurden diese Praktiken häufig verfolgt.

**Life-Event:** das →Lebensereignis.

**Life-Skills:** die →Lebenskompetenzen.

**limbisches System:** entwicklungsgeschichtlich alte Teile des Endhirns mit angrenzenden Kerngebieten des Zwischen- und Mittelhirns. Das limbische System beeinflusst und bestimmt das Angriffs-, Abwehr-, Angst- und Sexualverhalten. Es besteht aus dem Gyrus cinguli, einer Windung, die sich um den Balken (→Gehirn) legt; dem anterioren →Thalamus; dem Hippocampus, einem halbmondförmigen Längswulst; den Mamillarkörperchen des →Hypothalamus und der →Amygdala. Alle Hirnregionen sind direkt mit dem limbischen System verschaltet, die rechte Hemisphäre allerdings stärker als die linke (→Hemisphärendominanz).

**limbisches System**

**Linkshändigkeit:** die linke Hand bevorzugende →Händigkeit.

**Lispeln, Sigmatismus:** Sprechstörung, bei der die S-Laute (S, Sch, Z, X) falsch ausgesprochen werden. Lispeln wird als eine Sonderform des Stammelns aufgefasst. Bis zum Ende des vierten Lebensjahres des Kindes betrachtet man es als normales Stadium in der Sprachentwicklung. Was bei den kleinen Kindern noch »niedlich« klingen mag und bei Erwachsenen Entzücken hervorruft, kann sich später durch Hänseleien zu einem massiven (psychischen) Problem entwickeln. Besteht das Lispeln über das vierte Lebensjahr hinaus, sollte nach Abklärung der Ursache (Fehlstellungen von Zähnen oder Kiefern, Hörstörungen oder psychische Faktoren) eine logopädische Behandlung erwogen werden.

**Lob:** positive Verstärkung für erwünschtes Verhalten. Das Aussprechen von Lob ist ein oft unterschätztes Erziehungsmittel. Durch das Loben erfährt jemand Aufmerksamkeit, sein Verhalten wird gewürdigt und sein Selbstbewusstsein durch die Bestätigung gestärkt. Der für ein bestimmtes Verhalten Gelobte wird dieses in der Zukunft häufiger zeigen.

Für den Lernerfolg und die psychische Entwicklung von Kindern ist Lob sehr viel effektiver als Tadel. Eltern sollten in manchen Situationen eher darauf verzichten, ihr Kind für einen (Bagatell-)Fehler zu tadeln (»Das hast du jetzt aber nicht richtig gemacht!«). Stattdessen ist es sinnvoller, dem Kind Hilfestellung anzubieten (»Schau mal, versuch es mal so!«) und es bei einem ersten (Teil-)Erfolg zu loben. Generell können Eltern ihr Kind bei entsprechendem Verhalten nicht zu viel oder zu sehr loben. Allerdings müssen Kinder im Verlauf ihrer Kindheit und Jugend auch lernen, mit Kritik umzugehen.

**Lobotomie** [zu griech. tomé »Schnitt«]: Durchtrennung von Nervenbahnen zwischen dem Stirnhirn und tiefer gelegenen Gehirnabschnitten bei schweren Zwangszuständen und bei Schizophrenie. Wegen des Operationsrisikos und der problematischen Nebenwirkungen (Wesensveränderung) wird der chirurgische Eingriff (→Psychochirurgie) heute weitgehend durch Gabe von →Psychopharmaka ersetzt.

**Locus of Control:** die →Kontrollüberzeugung.

**Logik** [von griech. logiké »Kunst des Denkens«, zu lógos »Rede«, »Wort«, »Vernunft«]: in der *Philosophie* im weiteren Sinne die Lehre vom schlüssigen und folgerichtigen Denken und Argumentieren; als normative Theorie des Denkens Maßstab für die *Denkpsychologie*, die richtiges und fehlerhaftes Schlussfolgern empirisch untersucht.

**Logopädie** [zu griech. lógos »Rede«, »Wort«, »Vernunft«]: klinisch-therapeutische Disziplin zur Prävention, Diagnostik, Therapie und Beratung von Patienten aller Altersgruppen mit Sprach-, Sprech-, Stimm-, Hör- und Schluckstörungen sowie den damit verbundenen Störungen der Kommunikationsfähigkeit. In die Behandlung wird auch die Beratung der Angehörigen integriert. Die präventiven, therapeutischen und rehabilitativen Maßnahmen haben das Ziel, die kommunikativen Fähigkeiten des Patienten zu erhalten, zu verbessern

**Logopädie:** Nicht nur Sprach- und Stimmstörungen, sondern auch Beeinträchtigungen des Hörvermögens, des Schluckens und der Wahrnehmung können unter Anleitung eines Logopäden gemindert werden.

---

**Logopädie | Für Kinder**

Das Erlernen der Muttersprache ist ein sehr komplexer Vorgang. Geringe zeitliche Unterschiede in der Sprechentwicklung der einzelnen Kinder sind daher normal. In Phasen, in denen z. B. das Stehen oder das Laufen die ganze Konzentration des Kindes erfordern, kann dieser Prozess stagnieren. Auch eine besonders belastende Situation kann zu Verzögerungen führen, ebenso eine Krankheit (z. B. eine Mittelohrentzündung), die bewirkt, dass das Kind eine Zeit lang nicht ausreichend gut hören kann. Kinder, die in einer sprachreichen Umgebung aufwachsen, erwerben in der Regel schneller Wörter als Kinder, die wenig Ansprache erhalten. Manche Störungen verlieren sich nach einer gewissen Zeit auch wieder von selbst. Eltern, die sich um die Sprechentwicklung ihres Kindes sorgen, sollten sich nicht vor einer Beratung und einer (möglichst frühzeitigen) Behandlung der Sprechstörungen scheuen. Der Kinderarzt oder ein Facharzt für Hals-Nasen-Ohren-Heilkunde können eine Überweisung zum Logopäden ausstellen. Dort erhalten die Eltern eine Einschätzung des sprachlichen Entwicklungsalters ihres Kindes und (wenn nötig) eine Therapie für das Kind.

oder wiederherzustellen und eine möglichst normale Entwicklung zu gewährleisten. Die besten Chancen für Therapieerfolge bestehen in Kindheit und Jugend.

Sprachschwierigkeiten können im Zusammenhang mit Lese-Rechtschreib-Schwierigkeiten und anderen Lernstörungen stehen. Auch aus diesem Grund gehört zu den Aufgaben der Logopädie die Schulung der Eltern und eine enge Zusammenarbeit mit den Fachkräften in Kindergarten und Schule sowie mit Ärzten und Psychologen. Die Unterlassung der gezielten Behandlung von Sprachstörungen oder -fehlern führt in vielen Fällen zu psychischen Problemen der betroffenen Personen.

**Logorrhö** [zu griech. rheīn »fließen«]: ungebremster Redefluss infolge einer eingeschränkten Selbstkontrolle über das Gesprochene. Dabei wird ständig das Thema wiederholt oder weitgehend zusammenhanglos von einem Thema zum anderen gewechselt. Die Logorrhö ist ein häufiges Symptom bei Hypomanie und Manie oder bei hirnorganisch bedingten Sprachstörungen.

**Logotherapie:** von Viktor Emil Frankl in den 1930er-Jahren eingeführte Therapiemethode, bei der die Suche nach dem Lebenssinn im Mittelpunkt steht. Frankl ging in seinem Ansatz der Existenzanalyse davon aus, dass der Mensch einen angeborenen Willen zum Sinn hat; um existieren (handeln, genießen, leiden) zu können, muss er den Wert und Zusammenhang verstehen, in dem er steht. Gelingt ihm das nicht, entstehen ein »existenzielles Vakuum« und in der Folge Erkrankungen wie Depressionen, Ängste oder Süchte.

Der Logotherapeut hilft dem Klienten, seinen Daseinssinn zu finden; nicht, indem er einen Sinn vorgibt – den muss der Klient selbst herausfinden, sondern indem er versucht, mit ihm nach wertvollen Möglichkeiten zu suchen, für die es sich lohnt, sich einzusetzen. Solche Werte bilden die Grundlage für existenziellen Sinn, der durch den persönlichen Glauben an einen Übersinn eine religiöse Überhöhung erhalten kann. Die wichtigsten Methoden der Logotherapie sind der sokratische Dialog, bei dem festgefahrene Überzeugungen hinterfragt werden, die Dereflexion, d. h. statt ängstlichem Kreisen um Erfolge (z. B. Orgasmus) die entschiedene Hinlenkung auf Sinn und Wert (z. B. Partner), und die →paradoxe Intention, bei der dem Patienten nahegelegt wird, sich genau das zu wünschen oder vorzunehmen, was er fürchtet. Der sokratische Dialog und die paradoxe Intention gehören heute zu gängigen Strategien verschiedener Therapierichtungen.

Konrad Lorenz

**Lokalisation: 1)** *allgemein* die Verortung;
**2)** in der *biologischen Psychologie* die Beschränkung bestimmter psychischer Leistungen auf spezielle Felder des Endhirns (→Gehirn), v. a. der Großhirnrinde.

**Lokalisationslehre:** ein System wissenschaftlicher Grundsätze, die bestimmte psychische und geistige Funktionen und Leistungen des Menschen (z. B. Sprechen, Hören, Schreiben) bestimmten Feldern des Großhirns zuordnen.

*Geschichte:* Zu Beginn des 19. Jahrhunderts stellte der deutsche Arzt Franz Joseph Gall ein erstes, weitgehend spekulatives Lokalisationsschema vor. Der französische Physiologe Marie Jean Pierre Flourens unterschied 1824 zwischen ortsbestimmten und übergreifenden Gehirnfunktionen. Paul Broca, ein in Paris lehrender Chirurg und Anthropologe, entdeckte 1861 das motorische Sprachzentrum (Broca-Sprachzentrum) und beschrieb die motorische Aphasie. Ab 1864 führten die Neurologen Gustav Fritsch und Eduard Julius Hitzig systematische Tierversuche mit elektrischer Reizung verschiedener Gehirnteile durch und registrierten jeweilige Zuständigkeiten für bestimmte Muskelbewegungen. Besonders Korbinian Brodmann (* 1868, † 1918), Cécile (* 1875, † 1962) und Oskar Vogt (* 1870, † 1959) sowie Konstantin von Economo (* 1876, † 1931) befassten sich mit Gehirntopik und fertigten Gehirnkarten an. Die strenge Lokalisationslehre wurde jedoch in neuerer Zeit zugunsten einer mehr ganzheitlichen Auffassung der Gehirnvorgänge aufgegeben.

**Lorenz,** Konrad: österreichischer Verhaltensforscher, * Wien 7. 11. 1903, † ebenda 27. 2. 1989; war Professor und Direktor an verschiedenen Universitäten und Forschungsinstituten und erforschte die stammesgeschichtliche Entwicklung des angeborenen Verhaltens von Tieren (bekannt wurden v. a. seine Untersuchungen an der Graugans), entdeckte das Phänomen der ethologischen →Prägung und klärte zahlreiche Grundbegriffe der vergleichenden Verhaltensforschung.

**Löschung, Extinktion** [latein. »das Auslöschen«, »Vernichtung«]: in der →Verhaltenstherapie und in der klassischen und operanten →Konditionierung Abbau eines gelernten Verhaltens.

**Lowen** [ˈləʊən], Alexander: amerikanischer Arzt und Körpertherapeut, * New York 23. 12. 1910; war Schüler von W. Reich und entwickelte ab 1953 (zunächst zusammen mit dem Psychiater John Pierrakos) die bioenergetische Analyse (→Bioenergetik).

**Loyalitätskonflikt** [loajal-, französ., zu latein. legalis »gesetzlich«, »gesetzmäßig«]: Konflikt, der entsteht, wenn verschiedene Treueverhältnisse oder Vertragsbindungen einander widerstreiten. Ein Kind z. B. gerät in einen Loyalitätskonflikt, wenn seine Eltern verlangen, dass es eine gute Freundin belügt. Wie es auch handelt, es wird einer Seite gegenüber untreu.

**LRS:** → Lese-Rechtschreib-Schwäche.

**LSD** [Abk. für Lysergsäurediäthylamid]: halbsynthetische halluzinogene Droge, die v. a. zu visuellen Halluzinationen führt, aber auch zu Mitempfindungen eines Sinnesorganes bei Reizung eines anderen Sinnesorganes (Synästhesie), z. B. werden gehörte Töne gleichzeitig in einer bestimmten Farbe empfunden. Die Stimmung kann euphorisch sein, der Rausch kann aber auch mit Schrecken und Entsetzen einhergehen (Horrortrip). Auch ohne weitere LSD-Einnahme können bis zu 6 Monate lang Drogenwirkungen wieder auftreten, die den Rauschzuständen unter LSD gleichen (Flashbacks). LSD kann zu psychischer Abhängigkeit (→Sucht) führen.

**Luftfahrtpsychologie:** Teilgebiet der angewandten Psychologie, das sich mit den psychischen Bedingungen des Fliegens einschließlich der Raumfahrt befasst.

**lügen:** absichtlich die Unwahrheit sagen. Untersuchungen zeigen, dass fast jeder Mensch täglich hin und wieder lügt. Zumeist soll die Lüge ein freundliches Klima herstellen (z. B. als überzogenes Kompliment) oder unangenehme Situationen vermeiden. Lügen, bei denen schwerwiegende Konsequenzen in Kauf genommen werden, sind dagegen weit seltener. Beim Kind kann man nicht von Lüge sprechen, wenn es noch nicht zwischen der Realität und den Produkten seiner Fantasie unterscheiden kann. Übermäßiges Lügen lässt auf eine psychische Fehlentwicklung schließen, die v. a. mit Erziehungsfehlern zusammenhängt.

In der *Aussagepsychologie* wird die Lüge als Falschaussage vom Aussageirrtum abgegrenzt, bei dem aufgrund von Wahrnehmungsfehlern, Fehlinterpretationen oder suggestionsbedingten Veränderungen der Erinnerung eine Aussage gemacht wird, die nicht mit den tatsächlichen Begebenheiten übereinstimmt. Die möglichen aussagepsychologischen Gründe für eine Lüge sind vielfältig. Sie können u. a. in dem Bemühen liegen, sich selbst oder Dritte zu schützen bzw. in ein positives oder negatives Licht zu setzen, aber auch durch äußeren Druck bestimmt sein.

**Lügendetektor** [zu latein. detector »Offenbarer«]: ein Gerät zur gleichzeitigen Aufzeichnung verschiedener Körperfunktionen wie z. B. Atmung, Blutdruck, Herzschlagfrequenz, Hautleitwiderstand (zur Messung der Schweißaktivität), Hauttemperatur, mit dessen Hilfe Lügen von Beschuldigten nachgewiesen werden sollen. Dabei wird die verdächtige Person wiederholt mit Details der Tat konfrontiert, die Tatunbeteiligten nicht bekannt sind, oder ihr werden tatbezogene und nicht tatbezogene, aber ebenfalls belastende Fragen (z. B. nach Verfehlungen im Alltag) gestellt; die genannten Körperfunktionen werden jeweils aufgezeichnet. Diese objektiv messbaren physiologischen Veränderungen werden nach den Erkenntnissen der →biologischen Psychologie als Begleiterscheinungen psychischer Vorgänge aufgefasst. Allerdings lassen sie sich nicht auf bestimmte einzelne Emotionen zurückführen, d. h., mittels eines Lügendetektors kann man nicht zwischen Wut, Angst und Schuldgefühlen unterscheiden, sondern nur darauf schließen, wie stark der Angeschuldigte durch den jeweils angesprochenen Punkt emotional berührt wird.

In verschiedenen empirischen Feldstudien und Laboruntersuchungen mit fingierten Straftaten fanden sich Übereinstimmungen der durch Lügendetektor beurteilten Tatbeteiligung mit späteren Geständnissen oder der tatsächlichen Tatbeteiligung von 80 bis 100 %. Kritiker des Lügendetektors bezweifeln, dass mit dem Gerät festgestellt werden kann, ob jemand lügt. So können z. B. bestimmte Fragen lediglich Angst bzw. die physiologischen Angstreaktionen auslösen, wobei hinter der Angst nicht zwangsläufig Angst vor dem Ertapptwerden stehen muss, sondern es sich um z. B. Angst vor dem fälschlichen Ertapptwerden handeln kann.

**LSD** wurde bei der halluzinogen unterstützten Psychotherapie mit teilweise guten Erfolgen eingesetzt. Wegen des zunehmenden Missbrauchs wurde es jedoch den harten Drogen wie Heroin gleichgestellt und weltweit verboten.

**Lügendetektor:** Die Sicherheit der mit dem Lügendetektor erzielten Befunde ist umstritten, da die gemessenen Werte auch von der angewandten Verhörtechnik abhängen.

Außerdem wird argumentiert, dass erfahrene Straftäter wissen, wie man das Gerät hinters Licht führt. Das Ergebnis einer Lügendetektoruntersuchung ist im deutschen Strafprozessrecht nicht als Beweismittel zugelassen.

**Lust:** ein durch Zuneigung, Aktivitätsdrang, Freude, Spaß und Fröhlichkeit gekennzeichneter Zustand. Lust wird häufig auf die Sexualität bezogen und in der *Psychoanalyse* mit der →Libido weitgehend gleichgesetzt.

**Unlust** zeichnet sich eher durch Vermeidungsverhalten, Antriebslosigkeit, manchmal auch Aggressionen aus. Während Lust an alle angenehmen Zustände, an Wohlbefinden jeder Art gekoppelt ist, wird Unlust durch negative Lebensumstände verursacht.

Als Begleiterscheinungen der menschlichen Gefühle kennzeichnen Lust und Unlust die Stellungnahme des Einzelnen gegenüber seinem Erleben. Bestimmte Richtungen der Philosophie (z. B. der Hedonismus) und die *Psychoanalyse* sehen den Menschen generell als ein Lebewesen, dessen Hauptmotivation aller Handlungen durch ein Streben nach Lust und eine Vermeidung von Unlust gekennzeichnet ist (→Lustprinzip). Ob die Lust-Unlust-Dimension tatsächlich alle Formen und Bereiche der Emotionen beschreibt, ist strittig.

*Geschichte:* In der philosophischen Tradition wurde meist zwischen höheren und niederen Formen der Lust unterschieden, wobei die »höheren« mit der Ausrichtung an geistig-sittlichen Idealen (z. B. Erkenntnis, »Geisteslust«, tugendhaftem Handeln) verbunden wurden und die »niederen« mit der Befriedigung sinnlicher Bedürfnisse. Verschiedene Ansätze der Ethik, insbesondere der von Immanuel Kant vertretene, betonten die Gegensätzlichkeit der nach Lust strebenden Neigungen und des durch die Pflicht bestimmten sittlichen Willens, mindestens aber die ethische Vieldeutigkeit der Lust, die sich mit wertvollen und wertlosen Zielen gleichermaßen verbinden könne. In der christlichen Tradition wurde die Lust lange als »fleischlich« oder »weltlich« bezeichnet und als sündiges Begehren abgelehnt; von dieser Auffassung rücken viele Kirchen heute jedoch ab.

**Lustprinzip:** *Psychoanalyse:* grundlegende Motivation, sich Lust zu verschaffen und Unlust zu vermeiden. Nach Sigmund Freud untersteht die gesamte psychische Aktivität von Geburt an dem Lustprinzip. Die Triebe suchen vorrangig Befriedigung, stoßen aber bald mit der äußeren, meist frustrierenden Realität zusammen; deshalb gewinnt mit fortschreitender Entwicklung und Reifung der →Ichfunktionen das →Realitätsprinzip mehr Einfluss: »Man wird vernünftig«.

**lute|inisierendes Hormon:** Hormon, das ab dem Beginn der Pubertät im Vorderlappen der Hirnanhangsdrüse gebildet wird. Das luteinisierende Hormon steuert die Bildung der Sexualhormone, d. h. von Östrogenen und Progesteron (Gelbkörperhormon) in den Eierstöcken sowie von Testosteron in den Hoden.

**Macht:** die Möglichkeiten einer Instanz (Person, Gruppe oder Institution), nach eigenen Vorstellungen Einfluss auf andere zu nehmen; andere so zu beeinflussen, dass diese sich entsprechend den Vorstellungen verhalten. Die zu beeinflussende Person kann auf die Macht mit Befolgung reagieren (z. B. freiwillig, weil sie die Vorstellung für richtig erachtet, oder unfreiwillig, weil sie Sanktionen fürchtet) oder mit Widerstand, d. h., sie verhält sich nicht gemäß den Vorstellungen und nimmt Sanktionen in Kauf.

Grundlagen der Macht sind u. a. Belohnung und Zwang (z. B. Eltern gegenüber ihren Kindern), Experten- oder Wissensmacht (durch Sachkenntnis, z. B. Lehrer gegenüber Schülern), legitime Macht (durch formalisierte Strukturen, z. B. Richter). Auf der Seite der zu beeinflussenden Person sind Grundlagen der Macht Abhängigkeit, Selbstunsicherheit und Angst. Die Sozialpsychologie befasst sich mit Macht v. a. hinsichtlich Gruppenprozessen und nimmt (statt eines früher postulierten angeborenen →Charismas) ein Interaktionsmodell an: Macht gewinnt, wer die Bedürfnisse einer Gruppe am besten bündeln kann und die Interessen der größten Zahl Einzelner am ehesten zu befriedigen verspricht. Der Mächtige bringt also nicht die Masse dazu, seinem »dämonischen« Willen zu folgen, sondern er tritt in eine →Interaktion 2) ein, in der dieser Wille erst entsteht. Das Ausmaß der Macht eines Einzelnen hängt v. a. von drei Faktoren ab: 1. seinen Mitteln, die er einsetzen kann, um anderen Vorteile zu verschaffen oder Nachteile zu bereiten, 2. der Abhängigkeit der anderen von ihm (die subjektiv oder objektiv sein kann) und 3. der Zahl der Ausweichmöglichkeiten für die anderen Individuen.

**Machtstreben:** Wunsch nach Macht. Der Begriff wurde von Alfred Adler in die psychologische Theorie eingeführt und manchmal fälschlich als »Grundtrieb« der adlerschen Lehre angesehen. Machtstreben galt Adler als Reaktion eines Kindes auf Erfahrungen der Machtlosigkeit und Unterlegenheit. Adler hat im Machtstreben einen kompensatorischen, keinen primären Trieb gesehen; wenn ein Kind nicht entmutigt ist, weil ihm die Erfahrung der Unterlegenheit und Minderwertigkeit erspart bleibt, dann entwickelt sich Adlers Theorie zufolge sein Gemeinschaftsinteresse und es strebt eher nach Liebesbeziehungen als nach Macht.

**Magersucht:** die →Anorexia nervosa.

**magisches Denken:** Sammelbezeichnung für unlogische, übersinnlich geprägte und gefühlsbestimmte Denkvorgänge. Magisches Denken findet z. B. in folgenden Aussagen seinen Ausdruck: »Nach so viel Pech muss ich jetzt Glück haben«, »Weil ich so viel über Krebs nachdenke, werde ich bestimmt daran erkranken«, »Ich bin mit dem Fahrrad verunglückt, weil Mutti zugesehen hat«. Im magischen Denken ist jede Beziehung zwischen Dingen möglich.

In der *Entwicklungspsychologie* gilt magisches Denken für Kinder zwischen vier und sieben Jahren als normal; in der *Kulturanthropologie* hat man inzwischen die Vorstellung aufgegeben, dass in traditionellen Kulturen generell magisch gedacht wird.

**Maltherapie:** eine Form der →Kunst- und Gestaltungstherapie.

**Managementtraining:** auf Führungsverhalten bezogenes →Training.

**Managerkrankheit** [ˈmænɪdʒə-, engl.]: vegetative Störungen durch Überbeanspruchung im Beruf und privat, z. B. Störungen der Atmung, Magen-Darm-Störungen, Schlafstörungen, Blutzuckerabfall, auch Herzinfarkt und psychophysischer Zusammenbruch.

**Mandala:** Meditationsbild mit verschiedenen Gottheiten des tibetischen Lamaismus

**Mandala** [Sanskrit »Kreis«, »Ring«]: Schaubild aus den Religionen des indischen Kulturkreises. Das Mandala stellt die zeitlose Einheit aller Gegensätze und alles Seienden dar, die sich im Selbst des Menschen wiederfindet; man benutzt es als Vorlage bei der Meditation. C. G. Jung hat ähnliche Malereien und Traumbilder seiner Patienten als Mandalas bezeichnet, die symbolisch den Prozess ihrer Selbstwerdung darstellen sollen.

**Mandelkern:** die →Amygdala.

**Manie** [griech. »Raserei«, »Wahnsinn«]: psychische Störung, bei der die Stimmung stark gehoben und der Antrieb übermäßig gesteigert ist. Die Betroffenen fühlen sich in überzogener Weise gut, sind hoch optimistisch, äußerst gesprächig, fühlen sich großartig, wollen unrealistische Projekte beginnen, geben leichtsinnig Geld aus; sie sind überspannt und können ihre Aufmerksamkeit nicht aufrechterhalten. Die Extremform der Manie ist die Megalomanie (→Größenwahn). In der ICD-10 wird die Manie unter den affektiven Störungen klassifiziert; für die Diagnose muss sie mindestens eine Woche bestehen und so stark sein, dass die Kranken ihrer Arbeit und ihren sonst üblichen sozialen Aktivitäten kaum oder gar nicht mehr nachgehen können. Zu den genannten Symptomen können noch die psychotischen Symptome Wahn und Halluzinationen hinzutreten. Folgt einer manischen Phase eine Phase der →Depression, spricht man von einer bipolaren affektiven Störung; sind Depression und Manie in leichterer Ausprägung, von →Zyklothymia.

Die Manie hat aufgrund der Selbstüberschätzung und Enthemmung gravierende Folgen für den Betroffenen und seine Angehörigen, z. B. wenn er seinen Arbeitsplatz durch einen Streit mit Vorgesetzten gefährdet. Die Therapie ist schwierig, weil die Betroffenen sich gut fühlen und keinen Behandlungsbedarf sehen, außerdem fühlen sie sich den Ärzten überlegen. Wenn die Manie zurückgeht und die Kranken erkennen können, was sie angerichtet und welche Verluste sie erlitten haben, besteht Selbstmordgefahr. Deshalb versucht man, durch eine vorbeugende Behandlung mit Psychopharmaka die Manie erst gar nicht entstehen zu lassen.

In der Psychiatrie des 18. und 19. Jahrhunderts wurden viele verschiedene Formen der psychischen Abweichung als Manie bezeichnet. Dieses Wortverständnis hat sich bis heute in Wortzusammensetzungen wie »Kleptomanie« oder »Pyromanie« erhalten.

**Manifestation** [spätlatein. »Offenbarwerden«]: Sichtbarwerden, Offenlegung, Bekundung. Ein psychosomatisches Symptom ist z. B. eine körperliche Manifestation, also der körperliche Ausdruck, eines psychischen Konfliktes.

**manifester Trauminhalt:** *Psychoanalyse:* im Traum auftretende Bilder und Szenen, die der Träumer (im Unterschied zum →latenten Trauminhalt) bewusst erinnern und zu schildern vermag. Nach Sigmund Freuds Auffassung setzt die Entschlüsselung des latenten Trauminhalts in der →Traumdeutung beim manifesten Traum an und versucht, den latenten Trauminhalt zu verstehen.

**Manipulation** [französ. »Handhabung«]: in der *Psychologie* (verdeckte) Einflussnahme auf eine Person, deren Interessen dadurch verletzt werden können. Manipulation erfolgt z. B. durch →Propaganda, durch gezielt verfälschte Informationen, aber auch durch Drogen, Medikamente, →Hypnose, Elektroschocks.

Es scheint sinnvoll, den Begriff auf diejenigen Formen der Einflussnahme zu beschränken, in denen der Einflussnehmer absichtlich nicht alle ihm selbst zugänglichen Informationen zur Verfügung stellt und auch nicht nach bestem Wissen und Gewissen im Interesse der beeinflussten Person handelt; sonst müsste jede Form der Einflussnahme Manipulation genannt werden, z. B. auch die Beratung eines Klienten durch den Psychologen oder eines Kranken durch den Arzt. Manipulation im strengen Sinn liegt aber in solchen Fällen nur vor, wenn das Beratungsergebnis mehr den Interessen des Helfers dient als denen des Schützlings. Ferner muss zwischen vollzogener und versuchter Manipulation unterschieden werden: Jede Werbung – sei es für eine Ware, sei es für eine politische Partei – versucht zu manipulieren; es gibt aber dennoch große Unterschiede im Grad des manipulativen Vorgehens, z. B. von der Teilwahrheit zur offenen Lüge, von der ausdrücklich als Propaganda gekennzeichneten Information zur Schleichwerbung.

**manisch-depressive Erkrankung:** die bipolare →affektive Störung.

**Mann:** eine dem männlichen Geschlecht zugehörige erwachsene Person. Zu unterscheiden ist grundsätzlich zwischen dem Mann als Individuum und der männlichen →Geschlechterrolle, durch die in der jeweiligen Gesellschaft bestimmte Eigenschaften, Verhaltensweisen und Einstellungen als typisch männlich festgelegt und tradiert werden. Als Individuum unterscheidet sich der Mann von der Frau genetisch durch das geschlechtsdeterminierende Y-Chromosom, das zur Ausbildung der im Dienst der Fortpflanzung stehenden geschlechtsspezifischen körperlichen Merkmale führt.

Im Verhältnis mit Vorstellungen über Weiblichkeit haben sich unterschiedliche Männerbilder, Auffassungen über Wesen und Selbstverständnis des Mannes entwickelt. Selbst- und Idealbild des Mannes haben sich in den jeweiligen kulturtypischen männlichen Leitgestalten niedergeschlagen, die einer Gesellschaft als Muster und Orientierung »vollendeten Menschentums« dienten. So gehört die Idee des Heros ähnlich wie die des Königs zu den elementaren Vorstellungsinhalten menschlichen Selbst- und Weltverstehens. Im christlich-abendländischen Kulturkreis wurde das Ideal männlicher Tugend und Stärke in der Figur des Ritters, des Hofmanns, des Gentlemans tradiert, während der Typus des Don Juans die erotisch-verführerische, der des Dandys die ästhetisch-narzisstische Seite des Mannes verkörperte.

Viele typische Beziehungsprobleme zwischen Frauen und Männern lassen sich darauf zurückführen, dass der Mann als Kind von einer Frau (in der Regel der Mutter) abhängig war; diese Abhängigkeit hat er möglicherweise als weibliche Übermacht wahrgenommen, deren Wiederkehr er unbewusst ebenso ersehnt wie fürchtet. So schwanken Männer, die diese Erfahrung gemacht haben, stärker als Frauen zwischen →Idealisierung und Entwertung einer geliebten Person. Sie wiederholen daher in ihren sexuellen Beziehungen oft den Versuch, sowohl eine ideale Mutter zu finden, mit der sie sich besser verständigen können als mit der realen Mutter der eigenen Kindheit, als auch sich von dieser Mutter zu lösen und sich zu beweisen, dass sie ganz anders sind als diese es gewesen ist.

**Mann:** Breite Schultern gelten in vielen Kulturen als Merkmal von Männlichkeit. Zu sehen sind ein Yanomami-Indianer, ein japanischer Kabuki-Schauspieler und Zar Alexander II. (Zeichnung aus »Die Biologie des menschlichen Verhaltens« von Irenäus Eibl-Eibesfeldt).

**Männlichkeit, Maskulinität, Instrumentalität:** eine der →Geschlechterrollen.

**Mantra** [Sanskrit »Spruch«]: heilige oder magische Formeln, die in östlichen Religionen bei Riten oder Meditationen rezitiert werden. Sie können aus einer oder mehreren Silben bestehen. Das Mantra soll zur Läuterung des Geistes und zur Vereinigung mit dem Göttlichen führen.

**Marihuana** [span.]: Droge aus klein geschnittenen und getrockneten Pflanzenteilen von →Cannabis.

**Marker** [engl., eigtl. »Kennzeichen«, »Merkzeichen«]: Elemente mit Hervorhebungsfunktion. Bei der Erforschung von Informationsverarbeitungsprozessen im zentralen Nervensystem wird die Konzentration schwach radioaktiver Markerstoffe (z. B. Radon) im Gehirn z. B. mit dem funktionellen →bildgebenden Verfahren PET gemessen; hohe Konzentrationen zeigen an der Verarbeitung intensiv beteiligte Hirnareale an. Bei der Kommunikation dienen zumeist im nonverbalen Kanal übermittelte Marker der Hervorhebung spezifischer Kommunikationsaspekte. So wird neue Information durch Betonung markiert (z. B. »da liegen ein blauer Ball und ein roter Ball«, »rot« betont); Blicke, Pausen oder Stimmabsenkungen leiten in einem Gespräch einen Sprecherwechsel ein.

**Marktforschung:** die systematische Beschaffung und Auswertung unternehmensexterner Informationen über sämtliche Märkte. In der Marktforschung geht es darum, durch Motivanalysen oder Produkttests die Marktchancen eines neu einzuführenden Produkts zu testen und die Wirkung einer Marketingmaßnahme zu überprüfen. Bei einer solchen Kampagne sind zunächst die Zielgruppe zu bestimmen und eine Konzeption für die Werbung zu entwickeln; anschließend werden Kontrollen der Werbewirkung und Erfolgsanalysen durchgeführt.

In der Marktforschung kann man die explorative, die deskriptive und die kausale Forschung unterscheiden: Bei der explorativen Forschung existiert noch keine bestimmte Hypothese. So versucht man z. B. durch Kundeninterviews herauszufinden, welche Beweggründe bei einer Kaufentscheidung eine Rolle spielen könnten; durch Tiefeninterviews werden die Kunden sehr intensiv über ihr →Konsumentenverhalten und ein bestimmtes Produkt befragt. Explorative Forschung ist besonders im Vorfeld von Werbemaßnahmen üblich. Die deskriptive Forschung bemüht sich darum, den Zusammenhang von Werbung und Absatz zu erklären. Die kausale Forschung bedient sich des →Experiments, um die Gründe des Konsumentenverhaltens herauszufinden.

**Marktpsychologie:** Teilgebiet der Psychologie, das sich mit dem Erleben und Verhalten der Menschen im Markt, d. h. in ihrer Rolle als Anbieter oder Nachfrager, beschäftigt. Die

Marktpsychologie analysiert die Wirkungen der Absatzmethoden, der Produktgestaltung, der Werbung (→ Werbepsychologie) und der Preispolitik eines Unternehmens auf das Erleben und Verhalten der Nachfrager. Sie untersucht diese Beeinflussungen, indem sie z. B. die Gesetze der klassischen und der operanten → Konditionierung oder andere → Lerntheorien auf die Werbung anwendet. Überdies greift sie zurück auf Theorien zur Wahrnehmung, auf die → Gestaltpsychologie, die Untersuchung der Prozesse von Aktivierung, Aufmerksamkeit, Lernen und Gedächtnis, Einstellung und Einstellungsänderungen, z. B. die Theorie der → kognitiven Dissonanz.

**Maskulinität:** eine der → Geschlechterrollen.

**Maslow** [ˈmæsləʊ], Abraham Harold: amerikanischer Psychologe, * New York 1. 4. 1908, † Palo Alto (Calif.) 8. 6. 1970; einer der Begründer der → humanistischen Psychologie. Maslow ging von einer ganzheitlichen, durch Bedürfnisse bestimmten und nach Selbstverwirklichung (persönlichem Wachstum) strebenden Natur des Menschen aus (→ Motivation); er wandte sich gegen die Verabsolutierung quantifizierender Modelle und Methoden in der Psychologie.

**Masochismus** [nach dem österreichischen Schriftsteller Leopold Ritter von Sacher-Masoch, in dessen Romanen und Erzählungen teilweise eine Neigung zur Darstellung sexualpathologischer Inhalte zu verzeichnen ist]: von Richard von Krafft-Ebing eingeführte Sammelbezeichnung für sexuelle Orientierungen, bei denen eine geschlechtliche Erregung und Befriedigung mit bestimmten Formen der starken Hingabe an den Sexualpartner verknüpft ist, z. B. körperliche oder psychische Unterwerfung, Erleiden von Schmerz, Duldung von Erniedrigung, Aushalten von Angst oder Wehrlosigkeit.

Masochismus kommt bei heterosexuellen Frauen und Männern ebenso vor wie bei homosexuellen oder bisexuellen. Oft ist Masochismus mit Formen von → Fetischismus (Leder, Gummi, Pelze, Schuhe) oder anderen sexuellen Orientierungen wie dem → Sadomasochismus verbunden. Masochistische Sexualität, die nicht mit → Hörigkeit verwechselt werden darf, wird meist verborgen gelebt, da sie gesellschaftlich diskriminiert ist. Masochistische Hingabe ist freiwillig und beschränkt sich auf sexuelle oder sexuell besetzte Situationen. Wenn Menschen mit dieser sexuellen Orientierung Opfer von Misshandlungen oder Vergewaltigung werden, so haben sie sich das nicht gewünscht, sondern es geschieht gegen ihren Willen.

**Maße der zentralen Tendenz:** Maße, die in Häufigkeitsverteilungen die mittleren, in der Regel am häufigsten vorkommenden Werte von Variablen beschreiben. In der → deskriptiven Statistik sind v. a. drei Arten von Maßen der zentralen Tendenz von Bedeutung: das gewöhnliche arithmetische Mittel, der Median (oder Zentralwert) und der Modalwert (oder Modus). Das arithmetische Mittel, umgangssprachlich Durchschnitt oder **Mittelwert** genannt, ist der Quotient aus der Summe der Messwerte und ihrer Anzahl. Der **Median** ist durch jenen Punkt einer Verteilung gegeben, über und unter dem jeweils 50 % der in eine Untersuchung einbezogenen Fälle liegen. Der **Modalwert** einer Häufigkeitsverteilung ist der Wert, der am häufigsten vorkommt.

**Massenkommunikation:** auf die Verbreitung von Inhalten durch Massenmedien (z. B. Zeitungen und Zeitschriften, Fernsehen, Internet) zielender Begriff, der allerdings weniger die Art der Kommunikation als die Menge der erreichten Konsumenten und die eingesetzten Medien bezeichnet. Während in den konventionellen Medien die Möglichkeiten zum für die Kommunikation wichtigen direkten Feedback der Empfänger eher dürftig und aufwendig waren (Leserbriefe, Anrufe beim Sender), bieten

**Masochismus:** Die Karikatur »Seine Muse« von 1895 macht sich über den Schriftsteller Leopold Ritter von Sacher-Masoch lustig, der die nach ihm benannte sexuelle Orientierung in seinen Romanen und Novellen beschrieb.

die → Neuen Medien wie interaktives Fernsehen und Internet die technischen Möglichkeiten zu einem zumindest der Kommunikationsstruktur entsprechenden spontanen und unmittelbaren Austausch von Mitteilungen. Besonders Marktforschung und Meinungsforschung nutzen diese Form der Interaktion zu ihren Zwecken unter Berücksichtigung der vielfältigen Nutzerinteressen und -profile. Massenkommunikation hat sich v. a. bei der politischen Beeinflussung der öffentlichen Meinung zu einem entscheidenden Faktor entwickelt, z. B. vor Wahlen, und zu einer anhaltenden Diskussion über Konzentration und Missbrauch von (demokratisch nicht legitimierter) Macht geführt. Massenmedien können der Beschränkung der Meinungsvielfalt ebenso Vorschub leisten wie der gezielten Falschinformation oder Manipulation.

**Massenmedi|en:** Medien der → Massenkommunikation, z. B. Zeitungen, Radio und Fernsehen.

**Massenpsychologie:** eine von dem französischen Soziologen Gustave Le Bon 1895 begründete Richtung der Sozialpsychologie, die sich speziell mit den Verhaltensweisen der Menschen in sehr großen Gruppen (»Masse«) befasste. Sie sah das Individuum in der Masse durch Imitation und Suggestion homogenisiert (»gleichgeschaltet«), die Verantwortung des Einzelnen durch Anonymität aufgehoben und die Rationalität von irrationalen Impulsen verdrängt. Das Individuum ist diesem Ansatz zufolge in der Masse auf eine niedere Stufe der Menschheit herabgesunken und von primitiven Instinkten geleitet.

Die Hypothesen dieses Ansatzes haben einer wissenschaftlichen Prüfung nicht standgehalten, aber die Themenstellungen wurden von der modernen Sozialpsychologie weitgehend übernommen. Beispiele für gegenwärtige Fragestellungen der Forschung sind die Art und die Zusammensetzung von Massen, der Informationsfluss in Massen (Gerüchte) und die Erklärung von Massenphänomenen (z. B. einem spontanen Ausbruch von Aggressivität bei vielen Personen).

**Massenpsychose:** Bezeichnung der Verhaltensweisen von Menschen in Massensituationen, wenn die Vernunftsteuerung einzelner Individuen durch eine kollektive Instinktsteuerung überlagert wird. In Notlagen oder unter starkem psychischem Druck kann es zur völligen Auflösung des vernünftigen Ichverhaltens oder zu wahnhaftem, suggestiv hervorgerufenem Fehlverhalten (Massenwahn) kommen. So können Menschen in Massen dazu gebracht werden, sich unter Auslassung aller Vorsichtsmaßnahmen in gefährliche Situationen zu begeben und sich dadurch selbst zu schädigen oder gar zu töten; in anderen Fällen werden unter Nichtbeachtung gegenteiliger Erkenntnisse Einzelpersonen oder kleinere Gruppen zu den Verursachern bestimmter Missstände (→ Sündenbock) erklärt und als solche verfolgt.

Allerdings ist der Begriff der Massenpsychose umstritten, da er auf der Voraussetzung beruht, dass Menschen in der Masse psychotisch-pathologisch grenzenlos veränderbar und formbar seien. Die Forschung zur Massenpsychose wird in der modernen Sozialpsychologie durch differenziertere Fragestellungen, z. B. in der Autoritarismus- oder Faschismusforschung, abgelöst.

**Maßregelvollzug:** Form des → Strafvollzugs.

**Masters** [ˈmɑːstəz], William Howell: amerikanischer Gynäkologe und Sexualforscher, * Cleveland (Oh.) 27. 12. 1915, † Tuscon (Ariz.) 16. 2. 2001; war ab 1949 Professor in Saint Louis (Mo.). Masters gehört zusammen mit V. E. Johnson, mit der er 1971–93 verheiratet war, zu den Begründern der experimentellen Sexualforschung. Masters und Johnson führten als Erste

**Massenpsychologie:** Eines der Forschungsgebiete der Massenpsychologie ist die Entstehung und Verbreitung von Gerüchten (»Die Tratscher« von Norman Rockwell).

Messungen von physiologischen Prozessen während des Geschlechtsverkehrs und während der Masturbation von Testpersonen durch und gelangten zu Ergebnissen wie dem Anstieg des Blutdrucks oder dem Feuchtwerden in der Erregungsphase; sie erforschten auch die Entstehung funktionaler Störungen und begründeten die →Sexualtherapie 2).

**Masters-Johnson-Therapie:** die →Sexualtherapie 2) im engeren Sinn.

**Masturbation** [neulatein.]: sexuelle Handlung, bei der durch (manuelle) Selbstreizung oder gegenseitige Reizung der erogenen Zonen der Geschlechtspartner sexuelle Befriedigung erlangt wird. Viele Menschen masturbieren in unregelmäßigen Abständen, laut Umfragen Männer (mehr als 90 %) häufiger als Frauen (60–70 %). Eine nicht geringe Rolle spielt die gegenseitige Masturbation in partnerschaftlicher Sexualität.

Falsche Vorstellungen kursierten über Jahrhunderte, dass Masturbation die gesunde sexuelle Entwicklung eines Menschen beeinträchtige und darüber hinaus zu gesundheitlichen Schäden führe.

Eine positive Geschlechtserziehung verzichtet völlig auf ein Verbot der Masturbation, vielmehr wird von der modernen Sexualforschung auf deren Erprobungs- und Entwicklungsfunktion hingewiesen. Gerade bei Jugendlichen hilft die Masturbation, sich beizeiten und ohne »sexuellen Leistungsdruck« mit dem eigenen Körper und dessen spezifischen Reaktionen vertraut zu machen; sie erleben dadurch später auch den ersten Geschlechtsverkehr mit weniger Angst.

**mathematische Psychologie:** Teilgebiet der allgemeinen Psychologie, das psychische Prozesse mit mathematischen Modellen abbildet. Die mathematische Psychologie entwickelte sich Anfang der 1970er-Jahre, als man mit der Anpassung von kybernetischen und informationstheoretischen Modellen an psychologische Fragestellungen begann. Die Anwendung mathematischer Methoden richtet sich v. a. auf solche Sachverhalte, die aufgrund von experimentellen Untersuchungen regelhafte Zusammenhänge aufzuweisen scheinen (z. B. die Gesetze der Lern- oder Erinnerungsfähigkeit). Ein früher Vorläufer der mathematischen Psychologie ist die klassische →Psychophysik.

**McDougall** [məkˈduːgəl], William: britischer Psychologe, * County Lancashire 22. 6. 1871, † Durham (N. C.) 28. 11. 1938; lehrte ab 1920 an Universitäten in den USA; versuchte die Antriebe des menschlichen Verhaltens in einem Katalog von Instinkten und daraus abgeleiteten Affekten und Emotionen zu systematisieren.

**Mechanorezeptoren:** Sinneszellen der Haut, die durch mechanische Reize (Druck, Berührung, Vibration und Kitzeln) erregt werden. Dazu gehören z. B. die Tastkörperchen und Schmerzpunkte der Haut, die Tiefenrezeptoren des →Gleichgewichtssinns und die an den Muskeln (→Propriorezeptoren).

**Median:** eines der →Maße der zentralen Tendenz.

**Mediation** [spätlatein. »Vermittlung«]: aus englischen Traditionen (»Friedensrichter«) übernommene Einrichtung zur Konfliktlösung und zum Ausgleich widerstreitender Interessen. So können Betroffene z. B. vor einer Ehescheidung, aber auch vor einem Rechtsstreit zwischen Kindern und Eltern oder Erben einen Verhandlungsleiter (Mediator) aufsuchen, der durch seine ausgewogene Haltung und seine juristischen und psychologischen Kenntnisse den für alle Beteiligten erheblich aufwendigeren Streit vor Gericht zu vermeiden hilft. Während ein Anwalt immer nur eine Partei beraten darf, berät der Mediator beide Parteien und sucht einen Vertrag zu erarbeiten, der dann gerichtlich bestätigt werden muss.

**Medi|en:** gesellschaftliche Träger- bzw. Vermittlungssysteme für Informationen aller Art. Massenmedien dienen der →Massenkommunikation, die →Neuen Medien darüber hinaus auch der Individualkommunikation.

**Medi|enkompetenz:** die Fähigkeit des sinnvollen und zielgerichteten Umgangs mit den Kommunikationsmedien, z. B. dem Fernseher oder dem Internet. Die Ausbildung der Medienkompetenz ist inzwischen Bestandteil vieler schulischer Lehrpläne und Studiengänge

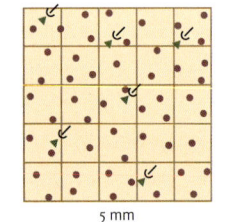

---

▲ = Druckpunkte
● = Schmerzpunkte

**Mechanorezeptoren:** Auf einer 25 mm² großen Fläche des Unterarmes, die mit einem Stempel in Quadrate eingeteilt wurde, wurden mit Tastborsten Schmerz- und Druckpunkte nachgewiesen.

---

**Medienkompetenz | Kinder am Computer**

Kinder sind, wie viele Erwachsene auch, fasziniert von den zahlreichen Möglichkeiten, die der Computer ihnen bietet. Lernfreude und Konzentrationsfähigkeit können am Bildschirm deutlich ansteigen. Es hat sich gezeigt, dass dann der passive Fernsehkonsum der Kinder zurückgeht. Um die Kinder mit den Neuen Medien nicht alleinzulassen, ist es günstig, wenn Eltern sich über kindgerechte Angebote im Internet sowie auf CD-ROM informieren und sich die Webseiten, Spiele, Chatrooms usw. zunächst allein und dann mit ihren Kindern zusammen anschauen. So lernen die Kinder geeignete Umgangsweisen und Bewertungskriterien kennen; umgekehrt bekommen die Eltern die spezifischen Interessen und Herangehensweisen der Kinder mit.
Auf dieser Basis können bei jüngeren Kindern altersangemessene Vereinbarungen darüber getroffen werden, wie lange sie am Computer sitzen dürfen und mit welchen Inhalten sie sich beschäftigen dürfen. Mit zunehmendem Alter sollten die Kinder dann immer selbstständiger über ihren Umgang mit dem Computer entscheiden dürfen.

## MEDIENNUTZUNG: MEDIENNUTZUNG UND FREIZEITBESCHÄFTIGUNG 2006 (IN %)[1]

| Mehrmals in der Woche | Personen ab 14 Jahre | | | Alter in Jahren | | | | | | |
|---|---|---|---|---|---|---|---|---|---|---|
| | gesamt | Männer | Frauen | 14–19 Jahre | 20–29 Jahre | 30–39 Jahre | 40–49 Jahre | 50–59 Jahre | 60–69 Jahre | über 70 Jahre |
| Zeitungen lesen | 77,9 | 78,4 | 77,4 | 52,4 | 62,7 | 71,2 | 79,5 | 86,4 | 89,9 | 87,2 |
| Zeitschriften lesen | 34,6 | 33,7 | 35,5 | 29,3 | 25,3 | 30,4 | 32,4 | 36,8 | 41,2 | 42,6 |
| Bücher lesen | 37,7 | 28,4 | 46,3 | 36,0 | 34,9 | 35,9 | 36,2 | 36,1 | 40,3 | 43,2 |
| Fernsehen | 88,5 | 87,1 | 89,8 | 87,8 | 81,5 | 84,1 | 86,0 | 88,9 | 94,9 | 95,0 |
| Radio hören | 79,7 | 78,8 | 80,5 | 69,2 | 72,0 | 80,2 | 82,2 | 84,4 | 84,5 | 77,9 |
| Schallplatte, Kassette, CD hören | 39,1 | 40,6 | 37,8 | 69,2 | 59,1 | 48,2 | 40,2 | 31,5 | 24,6 | 19,5 |
| Videokassetten ansehen | 10,5 | 12,8 | 8,4 | 20,3 | 18,9 | 12,2 | 9,3 | 7,6 | 6,6 | 5,3 |
| Ins Kino gehen | 0,2 | 0,2 | 0,2 | 0,7 | 0,4 | 0,4 | 0,2 | 0,1 | 0,1 | 0,0 |
| Theater, Konzert | 0,3 | 0,3 | 0,3 | 0,0 | 0,4 | 0,2 | 0,3 | 0,3 | 0,3 | 0,3 |
| Basteln, stricken, häkeln | 19,3 | 19,4 | 19,2 | 9,4 | 13,6 | 15,9 | 19,7 | 20,0 | 27,4 | 22,5 |
| Sport treiben, sich trimmen | 38,6 | 40,2 | 37,2 | 65,2 | 42,8 | 35,0 | 36,5 | 32,5 | 40,5 | 31,7 |
| Ausgehen (Kneipe, Disco) | 9,2 | 11,4 | 7,1 | 25,9 | 21,6 | 7,0 | 6,0 | 5,6 | 5,5 | 4,2 |

[1] Quelle: ma 2006 Radio II

und in vielen Berufen eine unverzichtbare Qualifikation. Im Wesentlichen besteht die Medienkompetenz aus der technischen Kompetenz im Umgang mit den Medien (z. B. dem Computer) und der allgemeinen kommunikativen Kompetenz, die für Mitteilung und Verständnis von sprachlicher bzw. textlicher Information wichtig ist. Schließlich ist die pragmatische Kompetenz notwendig, die den sinnvollen Medieneinsatz und ihre Nutzung zur Umsetzung eigener kreativer Möglichkeiten erlaubt. Fehlt z. B. die pragmatische Kompetenz, kann es zu Problemen bei der Mediennutzung kommen, z. B. der Internetsucht (→ Computersucht).

**Medi|ennutzung:** Sammelbezeichnung für alle Formen des Gebrauchs von Medien. Nach einer Befragung zur Mediennutzung von 2006 lesen 77,9 % der über 14-Jährigen in Deutschland mehrmals in der Woche Zeitung, 37,7 % ein Buch, 88,5 % sehen mehrmals in der Woche Fernsehen und 79,7 % hören Radio. Das tägliche Zeitbudget beträgt in Deutschland für das Fernsehen im Durchschnitt 202 Minuten, für das Radio 186 Minuten und für Video 4 Minuten. Mit zunehmendem Alter steigt das Ausmaß des Fernsehkonsums: 14- bis 19-Jährige sehen im Mittel pro Tag 152 Minuten fern, 50- bis 59-Jährige 205 Minuten und über 70-Jährige 255 Minuten. Daraus geht hervor, dass die Nutzung audiovisueller Medien einen beträchtlichen Teil der Freizeitbeschäftigung einnimmt.

Diese Zahlen sind durch die zunehmende Bedeutung des Internets noch zu ergänzen: Im ersten Quartal 2007 nutzten in Deutschland 68 % der Bevölkerung ab zehn Jahren das Internet für private Zwecke. Von den 10- bis 24-Jährigen waren 94 % Internetnutzer (64 % dieser Internetnutzer waren täglich oder fast täglich online). Von den 25- bis 54-Jährigen nutzten 84 % das Internet (63 % dieser Internetnutzer surften jeden Tag oder fast jeden Tag). Personen ab 54 Jahren nutzten das Internet mit einem Anteil von 33 % deutlich weniger als die jüngeren Altersgruppen (53 % der Internetnutzer dieser Altersgruppe waren täglich oder fast täglich online). Neben den Unterschieden in den Altersgruppen zeigten sich auch Unterschiede zwischen den Geschlechtern: 63 % der Frauen, hingegen 73 % der Männer nutzten das Internet. Allerdings gab es nur geringe geschlechtsspezifische Unterschiede in den Altersgruppen der 10- bis 24-Jährigen (männlich: 93 %, weiblich: 94 %) und der 25- bis 54-Jährigen (männlich: 86 %, weiblich: 82 %).

Gefördert wird die steigende Nutzung des Internets durch sinkende Nutzungskosten, z. B. Flatrates, und technologische Innovationen, die den Markt immer schneller erreichen.

Die Motive der Mediennutzung werden in der Nutzen- und Gratifikationsforschung untersucht; die in Erhebungen gefundenen Motivkataloge beinhalten Motive wie Informieren

# Medienpädagogik

**Medienpädagogik:** Heute werden oft schon Kinder im Vorschulalter zu einer kritischen und selbstbestimmten Nutzung der Neuen Medien angeregt.

und Orientieren, Abschalten, Vermeiden von Langeweile und Suche nach Unterhaltung oder Erregung.

**Medi|enpädagogik:** Gesamtheit aller pädagogischen Anleitungen zum Gebrauch der Massenmedien bis hin zu den Neuen Medien. Die Medienpädagogik befasst sich mit der Wirkung der Medien auf Lern- und Sozialisationsprozesse von Kindern, Jugendlichen und Erwachsenen und zielt auf die Befähigung der Mediennutzer, Medien technisch in ihren Inhalten und Organisationsformen zu nutzen, aber auch in ihren Absichten, Wirkungen und sozialen Folgen kritisch bewerten zu können (→ Medienkompetenz).

Arbeitsfelder der Medienpädagogik sind schulische und außerschulische Bildungseinrichtungen, in denen Strukturen, Funktionen und Wirkungen der verschiedenen Medien behandelt werden, sowie die praktische Medienarbeit (u. a. das Gestalten von Sendungen oder das Herausgeben z. B. von Schülerzeitschriften). An die Stelle der früheren normativen Medienpädagogik, die die Menschen vor den Gefahren der Bilderflut bewahren wollte, ist heute ein emanzipatorischer Ansatz getreten, der die Rezipienten zu einer kritischen Auseinandersetzung mit den Medien befähigen will.

**Medi|enpsychologie:** Teilgebiet der Psychologie, in dem die psychischen Aspekte der → Mediennutzung und → Medienwirkungen auf der Ebene des Individuums erforscht werden. Nach dem → Sender-Empfänger-Modell lassen sich medienpsychologische Forschungsarbeiten als sender- bzw. produktionsorientiert, als empfänger- bzw. rezeptionsorientiert oder als botschaftsorientiert bezeichnen. In der produktionsorientierten Forschung werden z. B. die Persönlichkeit von Produzenten oder die Auswahlkriterien für Meldungen in Nachrichtensendungen (Nachrichtenwert-Faktoren) untersucht, in der rezeptionsorientierten Forschung z. B. die Wirkungen von Gewaltdarstellungen in Filmen auf aggressives Verhalten der Zuschauer oder die Motive für die Nutzung des Fernsehens. In der botschaftsorientierten Forschung werden die Inhalte von Medienangeboten systematisch auf ihre Funktion als Reize oder als Ergebnisse des Produktionsprozesses untersucht.

Zur Erklärung und Erforschung psychischer Prozesse beim Umgang mit Medien stützt sich die Medienpsychologie auf den gesamten Bestand von Theorien und Methoden v. a. der allgemeinen und differenziellen Psychologie. Untersucht werden grundlegende Fragen, z. B. ob sich die von Fernsehsendungen und Filmen ausgelösten Emotionen von real erlebten Emotionen unterscheiden, und auch spezifisch das Medium betreffende Aspekte, z. B. ob gewaltverherrlichende Filme zu aggressivem Verhalten Jugendlicher führen, ob separate Werbespots oder in Filmen und Serien eingebettete Produktdarstellungen wirkungsvoller sind.

**Medi|enwirkungen:** Sammelbezeichnung für alle Veränderungen im kognitiven, emotionalen und motivationalen Bereich sowie für

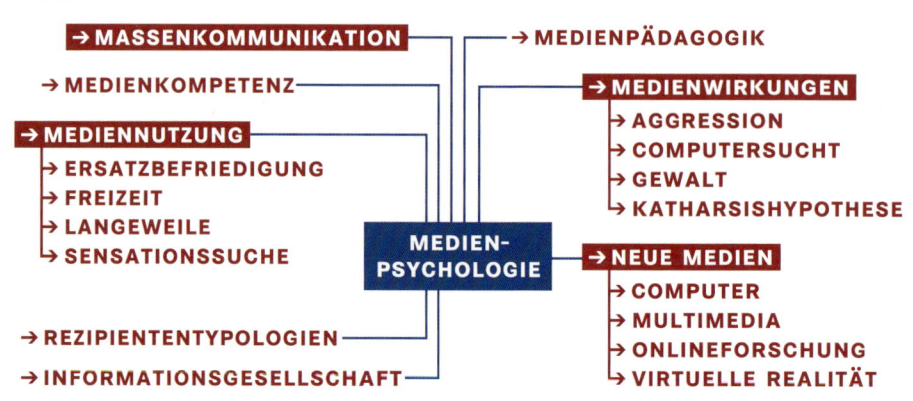

- → MASSENKOMMUNIKATION
- → MEDIENKOMPETENZ
- → MEDIENNUTZUNG
  - → ERSATZBEFRIEDIGUNG
  - → FREIZEIT
  - → LANGEWEILE
  - → SENSATIONSSUCHE
- → REZIPIENTENTYPOLOGIEN
- → INFORMATIONSGESELLSCHAFT

**MEDIEN-PSYCHOLOGIE**

- → MEDIENPÄDAGOGIK
- → MEDIENWIRKUNGEN
  - → AGGRESSION
  - → COMPUTERSUCHT
  - → GEWALT
  - → KATHARSISHYPOTHESE
- → NEUE MEDIEN
  - → COMPUTER
  - → MULTIMEDIA
  - → ONLINEFORSCHUNG
  - → VIRTUELLE REALITÄT

alle Verhaltensänderungen infolge der Rezeption von Medienangeboten. Es lassen sich langfristige Medienwirkungen (z. B. Veränderungen politischer Einstellungen), kurzfristige Nachwirkungen (z. B. das Behalten von Nachrichteninhalten) und Begleiterscheinungen der Mediennutzung (z. B. die Erregung beim Ansehen eines Filmes) unterscheiden. Weitere untersuchte Bereiche langfristiger Veränderungen sind kognitive Fähigkeiten (Zeit- und Raumvorstellungen, Fähigkeit zu Perspektivenwechsel und Detailwahrnehmung) und emotionale Veränderungen (z. B. des Einfühlungsvermögens).

Eines der meist untersuchten Medien ist das Fernsehen. Bestimmte Inhalte des Fernsehens, z. B. Nachrichtenmeldungen, werden im Unterschied zu Printmedien, z. B. Zeitungen, wegen ihrer scheinbaren Realitätsnähe häufig nur oberflächlich verarbeitet und gehen mit geringen Verstehens- und Behaltensleistungen einher. Das Fernsehen wirkt durch seine besonderen Darbietungsformen auf die Zuschauer ein. Allerdings werden überdauernde Einflüsse des ausgedehnten Fernsehkonsums auf den Stil der →Informationsverarbeitung eher überschätzt, und Langzeitveränderungen im emotionalen Bereich können noch nicht abschließend beurteilt werden. Bei vielen Kindern zeigen sich in Untersuchungen Defizite im motorischen Bereich, die u. a. auf das unbewegte Sitzen beim Fernsehen zurückgeführt werden. Neuere Untersuchungen belegen auch Übergewicht bei Kindern als Folge von zu langem Fernsehen. Bei Kleinkindern und Vorschulkindern – auch wenn hierzu keine eindeutigen Ergebnisse vorliegen – wird von negativen psychischen Auswirkungen von häufigem Fernsehen ausgegangen, weil diese die Inhalte nicht von der Realität unterscheiden können: Für sie finden die Handlungen tatsächlich statt.

Die Tendenz, dass die von den Medien ausgehenden Wirkungen überschätzt werden, ist auch in anderen Medien zu beobachten. Häufig wird übersehen, dass es sich z. B. bei der Entwicklung von Wertesystemen um eine multifaktorielle Konstellation handelt, bei der neben den Medien auch Verhaltensdispositionen, das Elternhaus, die Schule, gleichaltrige Freunde und andere Determinanten eine Rolle spielen.

**Medikamente** [latein.], **Arzneimittel, Pharmaka** [griech.]: Wirkstoffe, die zur Erkennung, Verhütung und Behandlung von Krankheiten oder als Ersatz von Körperflüssigkeiten oder körpereigenen Stoffen dienen. Ursprünglich wurden Naturstoffe pflanzlicher, tierischer oder mineralischer Herkunft als Medikamente verwendet. Seit dem 19. Jh. werden Medikamente in zunehmendem Maße synthetisch hergestellt. Medikamente, die einen Einfluss auf das psychische Befinden haben, werden →Psychopharmaka genannt.

**Medikamentenabhängigkeit, Arzneimittelabhängigkeit:** körperliche und/oder psychische Abhängigkeit (→Sucht) von Medikamenten, häufig von Psychopharmaka oder Appetitzüglern; sie entwickelt sich in der Regel aus dem Medikamentenmissbrauch. In Deutschland gibt es 2008 1,5–2 Millionen Medikamentenabhängige; etwa zwei Drittel von ihnen sind Frauen.

**Medikamentenmissbrauch, Arzneimittelmissbrauch:** die einmalige, mehrfache oder regelmäßige Verwendung jeder Art von Medikamenten ohne medizinische Notwendigkeit und/oder in übermäßiger Dosierung. Am häufigsten missbraucht werden Schlafmittel, Beruhigungsmittel, Schmerzmittel, Abführmittel und Appetitzügler. Hinter allen Formen des Medikamentenmissbrauchs liegen psychische Störungen; zu ihren Symptomen gehören Schlaflosigkeit, Unruhe, Depression, aber auch ein unerträgliches Abweichen von der Art, wie man sein möchte (z. B. sehr schlank, sehr erfolgreich) und nicht ist. Die missbrauchten Medikamente bekämpfen zwar diese Symptome kurzfristig, helfen aber dem Betroffenen nicht, ihre Ursachen zu beseitigen, wie dies in der Psychotherapie Ziel ist.

Die Gefahren des Medikamentenmissbrauchs liegen in akuten Vergiftungen, chronischen Organschädigungen und der Entwicklung einer Abhängigkeit (→Sucht).

**Medienwirkungen:** Sendungen wie die »Teletubbies« des Kinderkanals sind schon für Zweijährige gedacht. Während die Erforschung der psychischen Folgen des Fernsehkonsums bei Kindern keine eindeutigen Ergebnisse brachte, konnten bei Kindern, die viel fernsehen, Defizite in ihrer motorischen Entwicklung festgestellt werden

**LESETIPPS:**
RALF SCHNEIDER: *Die Suchtfibel. Informationen zur Abhängigkeit von Alkohol und Medikamenten für Betroffene, Angehörige und Interessierte.* Baltmannsweiler (Schneider Verlag Hohengehren) [13]2001.
JOHANNES LINDENMEYER: *Lieber schlau als blau. Entstehung und Behandlung von Alkohol- und Medikamentenabhängikeit.* Weinheim (Beltz) [6]2001.
KARIN ELSESSER und GUDRUN SARTORY: *Ratgeber Medikamentenabhängigkeit. Informationen für Betroffene und Angehörige.* Göttingen (Hogrefe) 2005.
DEUTSCHE HAUPTSTELLE FÜR SUCHTFRAGEN E. V. (HRSG.): *Immer mit der Ruhe ... Nutzen und Risiken von Schlaf- und Beruhigungsmitteln.* Hamm 2006.

**Meditation** [latein. »das Nachdenken«, »Einüben«]: eine in vielen Religionen und Kulturen praktizierte Besinnung oder Sammlung des Individuums, eine Abwendung von der Betriebsamkeit der Außenwelt hin zur Innerlichkeit, mit dem Ziel, der wahren Wirklichkeit, des eigentlichen Grundes der wechselnden und zufälligen Erscheinungsvielfalt der Welt innezuwerden.

Ungeachtet ihres unterschiedlichen religiösen oder kulturellen Rahmens beinhaltet Meditation immer einen asketischen Übungsweg und eine zu erlernende und in Stufen zu höherem Können führende Technik. Hierzu zählen Sitzhaltungen, Körperübungen, Atemkontrolle, Übungen der Konzentration (z. B. auf einen Gegenstand oder ein Wort, etwa ein →Mantra) und des Rückzuges von der Bilderwelt des Bewusstseins.

Meditation ist heute Bestandteil des Lebensalltags vieler Menschen in den westlichen Industrienationen, wobei verstärkt Impulse aus der hoch entwickelten Meditationspraxis östlicher Kulturen (z. B. des Zen-Buddhismus) aufgenommen werden. Entspannungstechniken der Meditation (z. B. →Yoga, →autogenes Training, →Superlearning) werden auch therapeutisch zur allgemeinen Harmonisierung und Kräftigung des Organismus, zum Ausgleich gegen Stress und zur Leistungssteigerung eingesetzt. Der traditionelle Kern einer Befreiung von Bindungen an die materielle Welt, einer Erfüllung der menschlichen Existenz in einer spirituellen Erleuchtung, spielt in dieser verweltlichten Form der Meditation aber keine oder nur eine geringe Rolle. In der transpersonalen Psychotherapie (→transpersonale Psychologie) ist Meditation eine der spirituellen Techniken.

**Meditation** als Entspannungstechnik hat im Lebensalltag der westlichen Industrienationen ihre religiös-spirituellen Wurzeln verloren, auch wenn Impulse aus der Meditationspraxis östlicher Kulturen aufgenommen werden.

**Medium** [latein. »Mitte«]: in der *Parapsychologie* eine Person, die angeblich von einer außergewöhnlichen Macht beeinflusst ist und deswegen bei spiritistischen Sitzungen als Mittler z. B. zwischen den Lebenden und den Toten dient. Während in den traditionellen Kulturen die mediale Begabung als besondere Beziehung zum Geisterreich oder zu anderen metaphysischen Welten integriert war, wurde sie in der Hypnoseforschung des 19. Jahrhunderts auf eine besondere Beeinflussbarkeit durch →Suggestion reduziert: Das Medium wurde zur Versuchsperson, die von den Befehlen des Hypnotiseurs dazu gebracht wird, sich z. B. den Kontakt zum Geisterreich oder die Begegnung mit einer früheren Inkarnation einzubilden.

**medizinische Psychologie:** 1) Teilgebiet der Psychologie, das sich mit den psychologischen Fragestellungen und Problemen in der Medizin befasst, z. B. mit der Arzt-Patient-Beziehung, der psychischen Bewältigung von akuten und chronischen Erkrankungen, der psychologischen Betreuung im Rahmen der medizinischen Behandlung (z. B. Vorbereitung auf einen Krankenhausaufenthalt oder eine Operation), der Schmerzdiagnostik und -therapie sowie mit Grenzfragen des Sterbens und des Todes (z. B. Sterbebegleitung). Im Vergleich zu anderen Ländern sind in Deutschland jedoch immer noch vergleichsweise wenige Psychologen an allgemeinen Krankenhäusern tätig.

2) ein vorklinisches Ausbildungsfach für angehende Ärzte (Psychologie für Mediziner), das ihnen grundlegende psychologische Inhalte vermitteln soll und in Deutschland seit 1970 Teil der ärztlichen Approbationsordnung ist.

**medizinisches Modell:** biologisch-naturwissenschaftliches Verständnis von Krankheiten und Störungen. Kritik erfuhr dieser Ansatz v. a. in Bezug auf psychische Störungen, die im

**Medium:** Der Spiritismus war im 19. Jh. eine Modeerscheinung in den feineren Kreisen. Das Bild zeigt eine Geisterbeschwörung durch ein Medium (Lithografie von Alexander Lunois, 1900).

medizinischen Modell als Krankheiten definiert werden und damit in gleicher Weise beschrieben und erklärt werden wie organische Erkrankungen. Demgegenüber berücksichtigen das →biopsychosoziale Modell und das →psychosoziale Modell auch andere als nur organische Faktoren.

**medizinisch-psychologische Untersuchung,** Abk. **MPU:** Überprüfung der Eignung zum Führen von Kraftfahrzeugen, die von den Technischen Überwachungsvereinen (TÜV) durchgeführt wird. Anlässe sind meist vermutete Eignungsmängel (bei wiederholten Verkehrsdelikten, v. a. Alkohol am Steuer, körperlichen Defekten, z. B. Sehminderungen, oder Mehrfachversagen in der theoretischen Führerscheinprüfung), manchmal aber auch die Prüfung einer besonderen Eignung (bei beantragter Fahrgastbeförderung, vorzeitiger Führerscheinerteilung, Fahrlehrerausbildung).

Zur Beurteilung der →Fahreignung werden neben medizinischen und biografischen Daten psychologische →Prädiktoren herangezogen, die aus Fragebögen, apparativen Tests, Dokumentenanalysen und Gesprächen stammen. Im Einzelnen sind dies Informationen zu visuellen Wahrnehmungsleistungen, selektiver Aufmerksamkeit, Konzentrationsfähigkeit und Wahlreaktionsversuchen. Neben Leistungsdaten spielen bei der Begutachtung Persönlichkeitsfaktoren, Gesundheitsbefunde, die familiäre und berufliche Situation des Probanden und gegebenenfalls die Aktenlage zur Verkehrsdelinquenz eine Rolle.

Die Begutachtung wird zu einer Empfehlung an die Behörden zusammengefasst, die Fahrerlaubnis zu erteilen oder einzuziehen. Oft ist die Entscheidung der Gutachter mit der Auflage einer »Nachschulung« verknüpft; d. h., dass in diesem Fall die Antragsteller einen Kurs in Seminarform besuchen müssen, in dem sie sich mit ihrem problematischen Verhalten im Verkehr auseinandersetzen können.

**Medulla oblongata:** Teil des →Gehirns.
**Megalomanie:** der →Größenwahn.
**Mehrfachbehinderung:** Auftreten mehrerer →Behinderungen bei einer Person.
**Meinung:** kognitive Komponente der Einstellung.
**Meinungsforschung, Demoskopie** [zu griech. skopía »Beobachtung«, eigtl. »das Spähen«]: Methode, durch Befragung genau umrissener Bevölkerungsgruppen zu ermitteln, welche Meinungen, Einstellungen oder Verhaltensweisen in diesen Bevölkerungsgruppen überwiegen. Wichtige Anwendungsbereiche der Meinungsforschung sind die Marktforschung über neue Produkte, Kauf- und Verbrauchsver-

**MEINUNGSFORSCHUNG: »SONNTAGSFRAGE« ZUR NÄCHSTEN BUNDESTAGSWAHL (MÄRZ 2001)**

| Institut | Allensbach | Infratest/dimap | Emnid | Forsa | Forschungsgruppe Wahlen | Ergebnis der Bundestagswahl vom 22. September 2002 |
|---|---|---|---|---|---|---|
| CDU/CSU | 32,4% | 34% | 36% | 34% | 37% | 38,5% |
| SPD | 39,3% | 40% | 41% | 41% | 42% | 38,5% |
| B'90/Grüne | 7,5% | 8% | 7% | 7% | 6% | 8,6% |
| FDP | 10,0% | 8% | 7% | 8% | 6% | 7,4% |
| PDS | 6,2% | 5% | 5% | 5% | 5% | 4,0% |
| Sonstige | 4,6% | 5% | 4% | 5% | 4% | 3,0% |

halten, die Werbeforschung, die Medienforschung (z. B. die »Einschaltquote« einer Fernsehsendung), die Wahlforschung und die Erforschung sozialer Problemfelder (z. B. der Zufriedenheit am Arbeitsplatz). Eine wesentliche Errungenschaft der modernen Meinungsforschung ist die repräsentative →Stichprobe: Wie aussagekräftig die Ergebnisse der Meinungsforschung für die zu erforschende Bevölkerungsgruppe sind, hängt weniger von der absoluten Größe der stellvertretend befragten Gruppe ab als vielmehr davon, dass die Verteilung relevanter Kriterien (z. B. Alter, Geschlecht, Beruf) in der Stichprobe mit der Verteilung derselben Kriterien in der Gesamtbevölkerung möglichst genau übereinstimmt.

Ergebnisse der Meinungsforschung sind mit Zurückhaltung zu deuten, da Befragungen oft nicht die wirkliche Meinung der Befragten ausdrücken, sondern die Antworten der Befragten meist einen Kompromiss zwischen ihren Überzeugungen und dem, was sie für sozial erwünscht halten, bilden. So sind z. B. große Mehrheiten der Bevölkerung dafür, den Autoverkehr einzuschränken, obwohl in der Realität das Verkehrsaufkommen zunimmt.

**Melancholie** [griech., eigtl. »Schwarzgalligkeit«]: veralteter Begriff für die durch den Symptomenkomplex der →Depression gekennzeichnete psychische Verfassung. Begriffsgeschichtlich ist zu unterscheiden zwischen der Melancholie als Gemütskrankheit und dem Melancholiker als Typus der Persönlichkeit. In der antiken Charakterkunde (→Persönlichkeitspsychologie) war der Melancholiker neben dem Sanguiniker, dem Choleriker und dem Phlegmatiker eines der traditionellen vier →Temperamente. Daneben gibt es Melancholie als eine von Schmerzlichkeit, Wehmut, Traurigkeit oder Nachdenklichkeit geprägte vorübergehende oder dauerhafte Gemütsstimmung, mit Gefühlen von Schwermut, Sorge, Trübsinn, Verdrießlichkeit, Seelenqual, Gefühllosigkeit sowie mit Selbstmordneigung.

Als Krankheit wurde die Melancholie zuerst vom griechischen Arzt Hippokrates im 4. Jh. v. Chr. beschrieben. In seiner Krankheitslehre, der Humoralpathologie, definierte er Gesundheit als Gleichgewicht der vier Körpersäfte Blut, Schleim, gelbe und schwarze Galle. Eine Vermehrung oder Veränderung der schwarzen Galle führe zu körperlichen und v. a. seelischen Leiden, wie der Melancholie. Diese Lehre blieb mit leichten Abwandlungen bis zum Ende des 18. Jahrhunderts maßgebend. Besonders in der romantischen Literatur des frühen 19. Jahrhunderts wurde die Melancholie idealisiert.

**Melancholiker:** eines der vier →Temperamente der Antike.

**Melatonin:** Hormon aus der Zirbeldrüse (Epiphyse), das fast ausschließlich nachts gebildet wird und an der Regulation des Schlafwach-Rhythmus beteiligt ist. Es vermindert die Aufnahmebereitschaft und hat eine schlaffördernde Wirkung. Man setzt es daher zur Therapie von Schlafstörungen ein. Eine allgemeine Funktion bei der Steuerung biologischer Rhythmen, die von der Tageslänge abhängig sind, wird angenommen.

**Menarche** [griech. »Monatsanfang«]: die erste →Menstruation. Sie tritt in Deutschland im Mittel mit 13–14 Jahren auf; im 19. Jh. lag das mittlere Alter um einige Jahre höher. Der Zeitpunkt ihres Auftretens ist von konstitutionellen, aber auch sozialen, ethnischen und geografischen Faktoren abhängig. Die Menarche wird durch hormonelle Veränderungen im Körper ausgelöst. Bei Störungen der hormonellen Vorgänge kann es zu einem verfrühten oder verspäteten Auftreten der Menarche kommen.

Die Menarche markiert für Mädchen den Übergang zum Frausein. Wie sie sie erleben, hängt stark von den inneren Einstellungen ab. Wenn sie Vorbilder dafür haben, wie man als Frau zufriedenstellend leben kann, so dürften sie die Menarche überwiegend positiv erleben. Angst vor dem Erwachsenwerden dagegen kann mit der Menarche verstärkt werden.

**Melancholie:** Als Krankheitsbegriff gehört die Melancholie vorwiegend der Antike und dem Mittelalter an. Die melancholische Stimmung wurde später v. a. Gegenstand von Kunst und Literatur (Albrecht Dürer, »Melancolia«, Kupferstich, 1514).

**Menopause:** die letzte Menstruation einer Frau. Da Frauen oft ihre letzten Regelblutungen unregelmäßig und mit größeren Abständen bekommen, wird die Menopause im Nachhinein bestimmt, wenn eine Frau über ein Jahr keine Menstruation mehr hatte. Die Menopause wird von vielen Frauen als das einschneidendste Ereignis des →Klimakteriums erlebt. Sie macht deutlich, dass jetzt ein neuer Lebensabschnitt beginnt. Die Fruchtbarkeit der Frau endet bereits einige Zeit davor mit dem letzten Eisprung. Das Durchschnittsalter bei der letzten Menstruation liegt in Mitteleuropa derzeit bei 52 Jahren. Es unterliegt ähnlich wie das Menarchealter Veränderungen und ist in den letzten Jahren angestiegen. Frauen, die mit der Menarche Schwierigkeiten hatten, haben auch oft Probleme mit der Menopause. Frauen, die ihre Menarche besonders früh bekamen, haben oft eine späte Menopause.

**Mensch:** Der Mensch (Homo sapiens) gehört als Säugetier im zoologischen System zur Familie der Hominiden und zur Gattung Homo. Er ist das Lebewesen mit dem höchstentwickelten →Gehirn, was ihn zum →Denken und zur →Sprache befähigt.

Die körperlichen Merkmale des Menschen, einschließlich der Entfaltung des Gehirns, sein Sozialverhalten und seine Emotionen können in vielen Fällen von nicht menschlichen Primaten abgeleitet werden. Man findet eine Reihe von anatomischen und physiologischen Kennzeichen des Menschen (z. B. Kopfform, Haarwuchs) zumindest in Ansätzen auch bei seinen nächsten Verwandten, den Menschenaffen. Für den Menschen spezifisch ist der aufrechte Gang, bei dem der Rumpf senkrecht gehalten wird und die Kniegelenke gestreckt werden. Mit der Aufrichtung verbunden sind charakteristische Veränderungen im Stütz- und Bewegungsapparat, z. B. der Wirbelsäule und des Beckens.

Als Abgrenzungskriterien vom Tier definieren Biologie, Anthropologie und Psychologie im Allgemeinen die nur den Menschen eigene planmäßige Herstellung von Werkzeugen für den zukünftigen, gemeinschaftlichen Gebrauch sowie die Sprache. In Philosophie und Religionsgeschichte hingegen werden zur Abgrenzung die kulturellen und sozialen Fähigkeiten des Menschen thematisiert, z. B. das Einhalten ethischer Forderungen, die Schaffung und Erhaltung von Kultur, die in verschiedenen, z. B. idealistischen oder materialistischen Menschenbildern zum Ausdruck kommen.

Im 18. und 19. Jh. entstand das heutige Bild vom freien, selbstbestimmt handelnden Individuum, das sich von der Natur befreit. Die Philosophie trennte materielle Natur und →Geist. Diese Unterscheidung ebnete den modernen Humanwissenschaften Biologie, Psychologie und Medizin den Weg, die den Charakter, die Intelligenz und die Erziehung des Einzelnen thematisieren. Als Folge der Aufklärung begann im 18. Jh. in Europa der Einfluss der Religion auf den Menschen zurückzugehen: Begriff sich der Mensch im Mittelalter noch als Teil einer göttlichen Ordnung, so verantwortet er sein Handeln seither v. a. vor sich selbst und der irdischen Gemeinschaft. Im 20. Jh. verlor die Bindung des Einzelnen an traditionelle Werte und Gemeinschaften deutlich an Einfluss; der Einzelne sucht seine Identität und einen →Sinn für sein Leben in erster Linie nun in sich selbst.

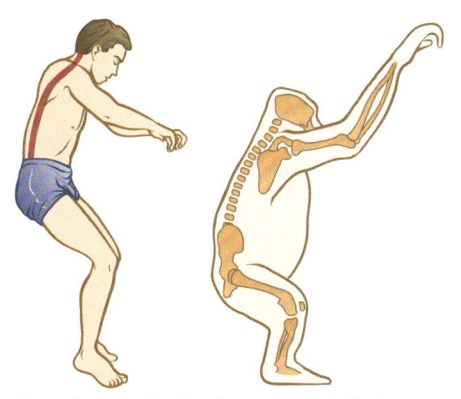

**Mensch:** Der aufrechte Gang, ein charakteristisches Merkmal des Menschen, ist im Weltraum nicht möglich. Hier nimmt die Wirbelsäule eines Menschen eine ähnliche Form an wie die des Gorillas.

**Menschenbild:** eine Vorstellung vom Menschen, die von bestimmten Fakten und Vorstellungen ebenso geprägt wird wie von einzelnen wissenschaftlichen und weltanschaulichen Systemen. Man spricht z. B. vom Menschenbild des Buddhismus, des Christentums, des Marxismus, der Psychoanalyse oder des Behaviorismus. Diese Vorstellung bestimmt wiederum, was für »menschlich« und was für »unmenschlich« gehalten wird, wie die Geschichte gedeutet wird und welche Tatsachen besonderer wissenschaftlicher Aufmerksamkeit wert sind.

Die großen Therapieschulen der Psychologie vertreten unterschiedliche Menschenbilder, ohne diese jedoch immer zu reflektieren. Während die →humanistische Psychologie den Menschen als von Grund auf gut und nur möglicherweise in seiner Entfaltung gehindert ansieht, geht die →Psychoanalyse von angeborenen Trieben aus, die erst im Lauf der Erziehung domestiziert werden. In den verhaltenstherapeutischen Ansätzen (→Verhaltenstherapie) wird der Mensch als lernendes Wesen verstanden; sein Fehlverhalten ist erlernt und kann auch wieder verlernt werden.

**Menschenführung:** die →Führung.

**Menschenkenntnis:** umgangssprachlich die Fähigkeit, die Persönlichkeit eines bestimmten Menschen nach dem ersten Eindruck intuitiv richtig einzuschätzen und zu beurteilen; im engeren, wissenschaftlichen Sinn das Wissen vom Menschen, seinen allgemeinen Motiven, Stärken und Schwächen, das durch anthropologisch-psychologische Studien und durch praktischen Umgang mit unterschiedlichen Menschen erworben wird. Ob das Expertenwissen von Psychologen und anderen Humanwissenschaftlern im Alltag tatsächlich zu besserer Menschenkenntnis im Sinne einer raschen, richtigen Einschätzung der Persönlichkeit führt, ist umstritten. Eine empirische Bestätigung dafür gibt es nicht. Vermutlich sind Lebenserfahrung und →Weisheit entscheidende Faktoren bei derartigen Urteilen über andere.

**Mensch-Maschine-System:** zielgerichtetes Zusammenwirken von Personen und technischen Systemen zur Erfüllung eines eigen- oder fremdbestimmten Auftrages. Es gibt Funktionen, die eine Maschine ausschließlich oder besser bewältigen kann als der Mensch, z. B. das schnelle Lösen von arithmetischen Aufgaben und das Verarbeiten von Signalen, für die der Mensch keine Sinnesorgane besitzt. Funktionen, die Menschen besser erledigen können, sind der Wechsel zwischen Strategien, schöpferisches Denken und das Treffen komplexer Entscheidungen.

Die Gestaltung eines Mensch-Maschine-Systems sollte im Hinblick auf die optimale Ergänzung der jeweiligen Überlegenheiten erfolgen und zugleich humane Arbeitsbedingungen sicherstellen. Die Interaktion zwischen Mensch und Maschine findet an Schnittstellen (Interfaces) statt, die zur Eingabe und Ausgabe von Informationen in die bzw. aus der Maschine dienen. Die Interaktion erfordert vom menschlichen Teil des Systems eine kognitive und motorische Anpassung an die Schnittstellen, umgekehrt sollten diese an die Kapazitäten und Fertigkeiten des Menschen angepasst sein.

**Menstruation** [zu latein. menstruum »Monatsfluss«], **Periode:** die periodisch auftretende Regelblutung aus der Gebärmutter der geschlechtsreifen Frau, deren erstes Auftreten als →Menarche und deren letztes Auftreten als →Menopause bezeichnet wird.

Die Blutung findet zumeist alle 26 bis 35 Tage statt und dauert im Durchschnitt vier bis fünf Tage. Die Grundlage für die Menstruation stellen die hormonellen Veränderungen des Menstruationszyklus dar; sie verursachen die mit einer Blutung verbundene Abstoßung eines Teils der Gebärmutterschleimhaut. Die Menstruation ist eine Voraussetzung für die Fruchtbarkeit der Frau. Nur wenn eine Frau während eines Menstruationszyklus auch einen Eisprung hat, ist sie fruchtbar.

Im Zusammenhang mit der Menstruation kann es zu unterschiedlichen Problemen kommen. Die Menstruation kann ausbleiben, zu selten auftreten, ohne Ovulation ablaufen oder mit starken Schmerzen und anderen Beschwerden vor der Menstruation verbunden sein (→prämenstruelles Syndrom).

**mental** [mittellatein. »geistig«, »vorgestellt«]: zum Geist, Erkennen oder Denken gehörend. Der Begriff wird auch häufig synonym mit →kognitiv benutzt.

**mentale Repräsentation** [zu latein. repraesentare »vergegenwärtigen«]: in der *kognitiven Psychologie* die strukturierte Darstellung von Informationen im Arbeits- oder Langzeitgedächtnis. Es handelt sich um Abbildungen von Objekten, Sachverhalten und Ereignissen durch Zeichensysteme oder anschauliche Formate. Zu den anschaulichen Formaten zählen innere Bilder und modellhafte Vorstellungen der Wirklichkeit, die nicht allein von räumlich-visueller Art sein müssen, sondern ebenso akus-

**Menstruation:** Die Abbildung zeigt in der Mitte die Veränderungen der Gebärmutterschleimhaut sowie den Zeitpunkt und die Dauer der Monatsblutung (M), oben die Entwicklung des Follikels, unten die zyklusbedingten Schwankungen der morgendlichen Körpertemperatur.

tische Eindrücke wiedergeben, z. B. den Klang eines Klaviers. Die anschaulichen Formate zeichnen sich durch eine Ähnlichkeit zum dargestellten Inhalt aus, ihre Bedeutung ist daher unmittelbar zu erkennen. Man bezeichnet diese als analoge Repräsentationen.

Im Gegensatz dazu stehen symbolische Repräsentationen, die ihre Inhalte in der Art einer Beschreibung wiedergeben. Hierzu zählen sprachartige Formate, die aber Zeichensysteme unterschiedlichster Art verwenden können. Die mentale symbolische Repräsentation ist an keine Sinnesmodalität gebunden, sondern vollzieht sich unmittelbar auf der Ebene der Bedeutungen. Entscheidend ist, dass jedem Symbol eine Bedeutung zukommt, wobei die Zuordnung durch Festlegung geschieht, weil das Symbol keinerlei Eigenschaften von dem trägt, wofür es steht. Für die Verarbeitung von symbolischen Repräsentationen sind weiterhin Regeln erforderlich, sodass Symbolkombinationen in neue Symbolkombinationen mit sinnvollen Bedeutungen überführt werden können. Aus dem Symbolvorrat, sozusagen dem Wortschatz, und den Regeln, die einer Grammatik gleichen, bildet sich die »Sprache des Geistes«, in der sich das Denken in unmittelbaren Bedeutungen vollzieht.

Symbolische Repräsentationen im Langzeitgedächtnis sind u. a. Begriffe, Schemata, Skripte sowie zu Aussagen zusammengesetzte Begriffe (Sachverhaltsrepräsentationen).

**Mental-Health-Bewegung:** die →Gemeindepsychiatrie.

**Mentalisierung:** *Psychoanalyse:* kognitives Einordnen von eigenen und fremden Handlungen, Gefühlen und Gedanken. Die Fähigkeit zur Mentalisierung bedeutet, dass man z. B. darüber reflektieren kann, aus welchen Gründen eine Person ein bestimmtes Verhalten zeigt oder warum man selbst bestimmte Gefühle empfindet; sie ist Voraussetzung für funktionierende Interaktionen sowie für psychische Gesundheit. Bei zahlreichen psychischen Störungen ist die Mentalisierungsfähigkeit v. a. in labilen Phasen oder in Stresssituatonen gemindert, so z. B. bei der →narzisstischen Persönlichkeitsstörung.

**mentalistische Alltagspsychologie:** die →Theory of Mind.

**Merkmal:** eine messbare physische oder psychische Eigenschaft von Individuen, Gruppen, Gemeinschaften, Organisationen usw., z. B. Haar- oder Augenfarbe, Höhe des Blutzuckerspiegels, Intelligenz.

**Meskalin:** zu den Halluzinogenen zählende →Droge, die aus einer Kakteenart gewonnen

**Mesmerismus:** zeitgenössische Karikatur auf den »animalischen Magnetismus«, dessen Heilwirkung auf einem universellen, auch von Mensch zu Mensch übertragbaren Fluidum beruhen sollte

oder synthetisch hergestellt wird. Seine rauscherzeugende Wirkung geht häufig mit Kopfschmerzen, Schweißausbrüchen, Schwindel, z. T. auch Übelkeit einher.

**Mesmerismus:** die von dem deutschen Arzt Franz Anton Mesmer (* 1734, † 1815) aufgestellte Lehre vom »animalischen Magnetismus« und die darauf beruhenden Heilpraktiken (»Heilmagnetismus«). Mesmer glaubte, seine Heilerfolge durch Übertragung magnetischer Energie erzielt zu haben. Tatsächlich aber beruhten diese v. a. auf →Suggestion bzw. →Hypnose.

**Metakognition** [zu griech. metá »inmitten«, »zwischen«; »nach«, »hinter«]: Wahrnehmungs- und Urteilsprozesse, die sich auf die eigene geistige Aktivität richten; auch Kognitionen höherer Ordnung genannt. Eine einfache Metakognition ist z. B. das Urteil darüber, ob eine Erinnerung präzise oder ungenau erfolgt ist; eine komplexere Metakognition ist z. B. die auf langjährige Erfahrung begründete Erkenntnis, welche Schwierigkeiten man beim Lernen von Fremdsprachen hat. Die Fähigkeit zur Metakognition ist bei Kindern meist wenig entwickelt; im Erwachsenenalter hängt sie von der Fähigkeit zur Selbstreflexion ab. In der *pädagogischen Psychologie* werden Metakognitionen als Voraussetzung für erfolgreiches Lernen angenommen: Kinder, die ihre kognitiven Fähigkeiten realistisch einschätzen können, können ihr Lernverhalten entsprechend ausrichten.

**Midlife-Crisis:** das Altern als Niedergang, dargestellt im »Neuruppiner Bilderbogen« von 1888

**Metakommunikation:** die Kommunikation über Kommunikation. Metakommunikation liegt zum einen vor, wenn sich zwei Kommunikationspartner über ihre aktuelle Kommunikation austauschen und diese kommentieren (»Ich finde, dass du ziemlich aggressiv argumentierst.«). Zum anderen handelt es sich um Metakommunikation, wenn dem gesprochenen inhaltlichen Teil einer Kommunikation ein vorwiegend nicht verbal zum Ausdruck kommender Beziehungsteil zugeordnet wird, bei dem der Sprechende durch →Gestik und →Mimik oder durch Stimme und Sprachführung dem Empfänger mitteilt, wie er die akustisch codierten Informationen verstanden haben will. Ohne solche metakommunikativen Hilfen würde das Verstehen von Humor oder Ironie (z. B. die von einem Lächeln begleitete Aussage: »Na, das hast du aber sauber hingekriegt.«) sehr erschwert. Um eine →Double-Bind-Situation handelt es sich, wenn der Inhaltsaspekt und der Beziehungsaspekt im Widerspruch zueinander stehen.

**Metapsychologie:** von Sigmund Freud in Analogie zu »Metaphysik« gebildete Bezeichnung für die rein theoretische Dimension der →Psychoanalyse. Nach Freud besteht die wissenschaftliche Hauptaufgabe der Metapsychologie in der Entwicklung begrifflicher Modelle (z. B. des →psychischen Apparats) und Theorien (z. B. Triebtheorie und Verdrängungstheorie) sowie der Berichtigung metaphysischer Konstruktionen, soweit diese (wie etwa die auch in moderne Religionen hineinreichende mythologische Weltauffassung) in Wirklichkeit der Psychologie des Unbewussten zuzurechnen sind.

**Methadon:** stark wirksames, zu den Opiaten zählendes Schmerzmittel. Methadon kann zu Abhängigkeit (→Sucht) und bei massiver Überdosierung zum Tod führen; es unterliegt dem Betäubungsmittelgesetz. Da es aber zu einer wesentlich geringeren Euphorie führt als Morphium oder Heroin und gleichzeitig Entzugssymptome lindern kann, wird es im Rahmen der Behandlung der Heroinsucht eingesetzt. Dabei wird in medizinisch kontrollierter Weise Methadon an die Süchtigen abgegeben, um damit den gefürchteten Entzugserscheinungen des Heroinentzugs vorzubeugen.

Diese Substitution des Heroins durch Methadon, auch als Methadontherapie bezeichnet, ist umstritten. Nach Einschätzung der Weltgesundheitsorganisation führt sie zu einer Reduktion des Konsums von Heroin und anderen illegalen Substanzen sowie des kriminellen Verhaltens (»Beschaffungskriminalität«). Weiterhin scheint die Abbruchquote bei der Methadonsubstitution im Vergleich zu anderen Behandlungsansätzen bedeutend geringer zu sein. Zur Beendigung der Substitution ist es notwendig, den Drogenabhängigen in einem kontinuierlichen Prozess zu einer allmählichen Reduzierung der Methadondosis bis hin zur völligen Abstinenz zu motivieren. Dies ist jedoch nur sinnvoll, wenn gleichzeitig eine psychosoziale Stabilisierung und eine Distanzierung von der Drogenszene erfolgen.

**Midlife-Crisis** ['mɪdlaɪf 'kraɪsɪs, engl.]: krisenhafte Phase von Menschen in der Lebensmitte oder etwas später. Die Midlife-Crisis hängt damit zusammen, dass dem Menschen im Alter von etwa 40 bis 50 Jahren die Grenzen der eigenen Zukunftsmöglichkeiten und Karrierechancen deutlich werden. Gerade bei jenen, die ehrgeizig und erfolgsorientiert sind, kann dann das Gefühl entstehen, unter Zeitdruck zu geraten, weil viele Lebenspläne noch nicht verwirklicht wurden.

Das Leben in der Lebensmitte erfordert die Umstellung von einer Sicht der eigenen Person, in der die Fähigkeiten und Möglichkeiten, der

---

**Migräne | Was Betroffene tun können**

Zur Vorbeugung von Migräneattacken ist es zunächst wichtig, die individuellen auslösenden Faktoren zu erkennen und zu meiden; dies können bestimmte Nahrungsmittel (z. B. Rotwein, Schokolade, Käse) ebenso sein wie klimatische Einflüsse oder psychische Spannungszustände. Hierbei ist das Führen eines Anfallskalenders hilfreich. Sind seelische Belastungen eine wichtige Ursache, sollten Entspannungsverfahren erlernt oder es sollte ein Psychotherapeut aufgesucht werden. Treten die Migräneattacken trotz solcher vorbeugenden Maßnahmen häufiger als zweimal pro Monat auf, so ist eine medikamentöse Dauertherapie sinnvoll.

Erfolg und die Selbstbestimmung ständig zuzunehmen scheinen, zu der realistischen Sicht, die deren Grenzen und Einbußen mit berücksichtigt. Eine solche Umstellung fällt vielen Menschen schwer. Sie hoffen, dass sie die Krise rasch überwinden können und dann wieder so ausgeglichen leben werden wie vorher; realistisch ist es aber eher, dass die Beschäftigung mit diesem Thema zu einer dauerhaften Aufgabe wird. Die Krise lässt sich dadurch entschärfen, dass das Thema der begrenzten Kräfte und endlichen Lebenszeit von nun an zu einem Teil der Lebensbewältigung wird. Die Midlife-Crisis wird umso ausgeprägter sein, je negativer die Bewertung von → Alter ist.

Die Annahme, dass jeder Mensch eine Midlife-Crisis erlebt, ist heute umstritten.

**Migräne** [von griech. hemikranía »halbseitiger Kopfschmerz«]: anfallartige, oft einseitige, sehr heftige Kopfschmerzen, die mit Übelkeit und Erbrechen verknüpft sein können. Manchmal berichten die Kranken vor einem Anfall über Erscheinungen, die der »Aura« vor einem epileptischen Anfall gleichen: Sie sehen Lichtblitze, Farben, Dinge erscheinen doppelt oder verschwommen. Migräne entsteht vermutlich durch eine Verengung mit nachfolgender starker Erweiterung der Blutgefäße im Gehirn. Als Auslöser kommen neben hormonellen Umstellungen, bestimmten Lebens- und Genussmitteln, Lichtreizen und Wetterumschwüngen auch seelische Einflüsse in Betracht. Nicht selten folgt eine Migräne auf eine Phase verstärkter Anspannung.

Migräne kann medikamentös behandelt werden; der Vorbeugung dienen Entspannungsverfahren. Migränekranke zeigen häufig eine Neigung, unter erhöhter Anspannung zu arbeiten und sich nicht gut entspannen zu können. Diese Neigung kann mit einer Psychotherapie behandelt werden.

**Migration** [latein. »(Aus)wanderung«]: Bevölkerungswanderung größeren Ausmaßes, z. B. die massenhafte Auswanderung (Emigration) europäischer Migranten nach Amerika aufgrund ökonomischer und politischer Notlagen vom 18. bis zum 20. Jh. oder die als »Gastarbeiter« angeworbenen italienischen, spanischen, griechischen und türkischen Einwanderer (Immigranten) in der BRD in den 1960er- und 1970er-Jahren. Die globalen Wanderungsbewegungen der jüngsten Zeit (»Arbeits-« und »Flüchtlingsmigration«) und ihre sozialen und kulturellen Auswirkungen sowohl für die Heimat- als auch für die Zielländer gelten als ein Hauptproblem der Globalisierung. Verlust der Heimat, mangelnde Anpassung aufgrund von Unkenntnis der Sprache des Ziellandes, soziale Isolation durch Ausgrenzung und in deren Folge Bildung von Gettos und Parallelgesellschaften können zu frustrationsbedingter Aggression und Gewalt führen.

Die Migrationsforschung arbeitet daher interdisziplinär: Psychologen, Soziologen, Politik- und Kulturwissenschaftler bemühen sich um die Erforschung von Konfliktursachen und die Verbesserung der interkulturellen Kommunikation. Die globale Migration stellt in Anbetracht des zunehmenden Wohlstandsgefälles zwischen nördlicher und südlicher Hemisphäre, Reich und Arm, Industrienationen und »Rest der Welt« einer der größeren Herausforderungen in der Zukunft dar.

---

**Migration | Paria in der Fremde, Elite zu Hause**

Migration verändert nicht nur die Gesellschaft der Zuwanderungsländer, sondern wirkt auch auf die Heimat der »Gastarbeiter« zurück. Einerseits prägen die Migranten im Zuwanderungsland oft ganze Stadtteile, weil die bereits Ansässigen den Nachziehenden den Weg ebnen. Andererseits spalten sich Heimatdörfer in »Dagebliebene« und »Zurückgekehrte«, weil die in die alte Heimat Zurückgekehrten durch die gemeinsame Begegnung mit einer fremden Kultur einen neuen sozialen Zusammenhalt gewinnen. Die Begegnung mit einer modernen Industriegesellschaft modernisiert die traditionellen Familien plötzlich. So schenkt z. B. ein Vater seiner Tochter ein Handy und verbietet ihr, es auszuschalten, damit er sie jederzeit kontrollieren kann. In die Heimat zurückgekehrt, sind die früheren Gastarbeiter eine neue Elite, wirtschaftlich oft stärker als die reichsten Bauern des Dorfes, beneidet und beargwöhnt.

---

**Migration:** Millionen von Menschen verließen im 19. Jh. Europa aus wirtschaftlichen Gründen. Heute finden Migrationsbewegungen in Europa meist innerhalb des Kontinents statt (»Der letzte Blick auf England« von Ford Madox Brown, 1852–55).

**Milgram-Experimente** ['mɪlgrəm-]: eine Reihe von Experimenten zum →Gehorsam gegenüber einer Autorität.

**Milieu** [mi'liø:, französ. »Mitte«, »Umfeld«]: die Gesamtheit der natürlichen, wirtschaftlichen, sozialen und kulturellen Lebensumstände, das »Umfeld« einer Person. Der Begriff wird meist in der Bedeutung »soziales Milieu« gebraucht.

Eine illustrative Geschichte aus der Zeit, in der die Bedeutung des Milieus zuerst erkannt und dargestellt wurde, ist das Stück »Pygmalion« von George Bernard Shaw (1912), das als Musical unter dem Titel »My fair lady« (1956) noch bekannter wurde. Es geht darin um eine Wette: Während seine Freunde davon ausgehen, dass es unmöglich sei, eine Blumenverkäuferin aus dem Unterschichtmilieu »gesellschaftsfähig« zu machen, behauptet ein Professor der Philologie das Gegenteil. Er hat erkannt, dass nicht die Geburt, sondern die Bildung den Unterschied zwischen den Menschen ausmacht. Es gelingt ihm, aus einem schmutzigen, verwahrlosten, ordinär sprechenden Mädchen eine Lady zu machen, die sich in der bürgerlichen Welt verhalten kann, deren Manieren und Sprachformen beherrscht. Auch eine zweite These, die sich aus Shaws Stück ableiten lässt, trifft zu: Dieser Prozess der Aneignung einer neuen Umwelt, praktisch eines zweiten Lebens, wird durch Verliebtheit entscheidend gefördert; diese gibt den Schwung und den Mut, das scheinbar Aussichtslose zu riskieren.

So betrachtet, kann Shaws Stück auch dazu beitragen, den fruchtlosen Streit zu überwinden, ob eher die Veranlagungen oder eher das Milieu prägend wirken (→Anlage-Umwelt-Problem). Denn die Frage, ob Prägungen durch ein Milieu überwunden werden können oder nicht, hängt von den Umständen des Einzelfalls ab: Wenn sich der Professor in die Blumenverkäuferin verliebt und sie sich in ihn, dann entsteht eine einzigartige Lernsituation, in der Kenntnisse und Fähigkeiten erworben werden können, die sonst vielleicht nicht erworben werden würden.

**Milieutheorie** [mi'liø:-]: Lehre von der dominierenden Bedeutung der Umwelteinflüsse im Gegensatz zum →Nativismus, der Lehre von der prägenden Wirkung der Erbanlage. Die Milieutheorie wurde v. a. vom →Behaviorismus vertreten. Sie behauptet in ihrer Extremform, dass der Mensch unbegrenzt bildbar sei und durch geeignetes Training alle Einflüsse der Erbanlagen und der frühen Prägungen überwinden könne.

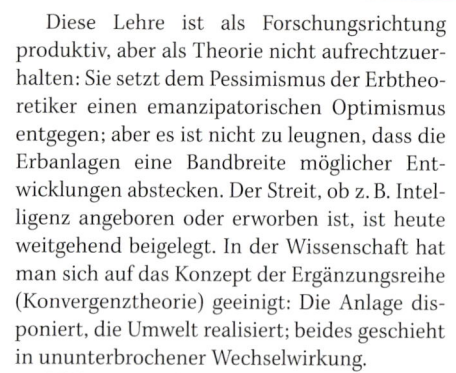

Diese Lehre ist als Forschungsrichtung produktiv, aber als Theorie nicht aufrechtzuerhalten: Sie setzt dem Pessimismus der Erbtheoretiker einen emanzipatorischen Optimismus entgegen; aber es ist nicht zu leugnen, dass die Erbanlagen eine Bandbreite möglicher Entwicklungen abstecken. Der Streit, ob z. B. Intelligenz angeboren oder erworben ist, ist heute weitgehend beigelegt. In der Wissenschaft hat man sich auf das Konzept der Ergänzungsreihe (Konvergenztheorie) geeinigt: Die Anlage disponiert, die Umwelt realisiert; beides geschieht in ununterbrochener Wechselwirkung.

**Milieutherapie** [mi'liø:-]: Verfahren, die durch Veränderung des Umfelds des Klienten oder Patienten diesen positiv beeinflussen wollen. Sie wird v. a. bei der Behandlung verhaltensauffälliger Jugendlicher, in psychiatrischen Institutionen und bei der Pflege von Menschen mit Altersdemenz eingesetzt. Verhaltensauffällige Jugendliche werden von ihrem Umfeld getrennt und in ein anderes Milieu gebracht, das ihr auffälliges Verhalten nicht länger toleriert und ihnen neue Entwicklungsmöglichkeiten bietet; die Grenzen zur →Sozialtherapie sind hier fließend. In psychiatrischen Krankenhäusern wird im Rahmen der Milieutherapie Wert auf eine möglichst freundliche, wenig an ein Krankenhaus erinnernde Wohn- und Aufenthaltsatmosphäre gelegt, in der die Patienten ihre Alltagskompetenzen zurückgewinnen und weiterentwickeln können. Bei der Pflege altersdementer Menschen geht es darum, ein Umfeld zu schaffen, das sie nicht überfordert, aber ihre verbliebenen Kompetenzen stützt und anregt.

**Militärpsychologie, Wehrpsychologie:** Teilgebiet der angewandten Psychologie, das sich mit den individuellen psychischen Voraussetzungen und Bewältigungsstrategien für Kriegführung und Wehrdienst sowie der Eignung von Anwärtern für bestimmte militärische Laufbahnen oder Funktionen befasst. Im weiteren Sinn werden darunter auch Methoden der psychologischen Kriegsführung, der Beeinflussung der Kampfbereitschaft des Feindes durch Propaganda, verstanden. Im Gegensatz zu den angloamerikanischen Ländern spielte dieser Zweig der Militärpsychologie bisher in Deutschland keine Rolle.

*Geschichte:* Im Ersten Weltkrieg kamen erstmals psychologische Prüfmethoden im Heer zum Einsatz, um die Eignung von Männern für bestimmte militärische Aufgaben zu testen. Die Militärpsychologie gewann durch den Versailler Vertrag von 1919 weiter an Bedeutung, als es darum ging, die Deutschland nach der Niederlage

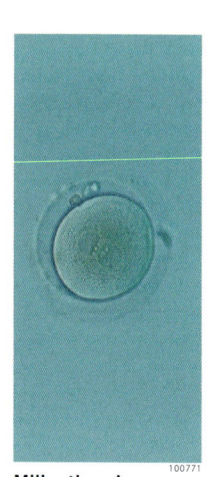

**Milieutheorie:**
Die Umgebung, in der das sich aus einer befruchteten Eizelle entwickelnde Kind aufwachsen wird, ist nach der Milieutheorie entscheidend dafür, ob es später Musiker, Arzt oder Bäcker wird.

im Ersten Weltkrieg zugestandene maximale Anzahl von 4000 Offizieren mit den geeignetsten Offiziersanwärtern zu besetzen. Das Psychologische Laboratorium des Reichswehrministeriums in Berlin entwickelte sich zum organisatorischen Mittelpunkt der damals »militärische Psychotechnik« genannten Militärpsychologie. Bis zur Wiedereinführung der Wehrpflicht im Jahre 1935 standen weiterhin die Auslese von Kraftfahrtruppen, Truppen- und Sanitätsoffizieren im Vordergrund.

Aber erst die psychologische Eignungsprüfung von Offizieren, die während der nationalsozialistischen Diktatur in den 1930er-Jahren als zwingend angesehen wurde, brachte der Militärpsychologie Anerkennung und Aufschwung. Während des Zweiten Weltkriegs waren zeitweilig rund 500 Psychologen in der Wehrmachtspsychologie tätig, um für Marine, Luftwaffe und andere Einheiten Personalauslese zu betreiben. Aufgrund der Bedeutung der Militärpsychologie wurde 1941 der Diplomstudiengang Psychologie an deutschen Hochschulen eingerichtet.

Nach dem Zweiten Weltkrieg wurde mit der Wiedereinführung der Wehrpflicht 1955 der Psychologische Dienst der Bundeswehr aufgebaut. Bis heute befasst er sich mit der Entwicklung und Durchführung von Eignungsprüfungen für Wehrpflichtige und Offiziere. In den 1970er-Jahren erweiterte er seinen Zuständigkeitsbereich mit der Übernahme von Aufgaben aus der Sozialpsychologie (empirische Umfragen in der Bundeswehr) und der Arbeits- und Betriebspsychologie (ergonomische Studien an Mensch-Maschine-Systemen). Die Untersuchung und Behandlung von psychischen Störungen infolge extremer Belastungen der Soldaten, besonders der →posttraumatischen Belastungsstörung, blieb in Deutschland vorwiegend Aufgabe der Ärzte und Psychiater.

**Miller,** Alice: Psychoanalytikerin, schweizerische Kindheitsforscherin und Publizistin, * in Polen 12. 1. 1923; arbeitete zunächst (bis 1980) als Psychoanalytikerin und ist heute publizistisch tätig. Miller beschäftigt sich mit Kindesmissbrauch und Kindesmisshandlung; sie vertritt die Auffassung, dass frühe Traumen der Grund für psychische Störungen sind und dass diese, wenn sie nicht aufgelöst werden, an die eigenen Kinder weitergegeben werden. Sie engagiert sich gegen destruktive Erziehungsmethoden mit reger publizistischer Tätigkeit; ihrem ersten aufsehenerregenden Buch »Das Drama des begabten Kindes« von 1979 folgten zehn weitere, die millionenfach aufgelegt und in zahlreichen Sprachen übersetzt wurden.

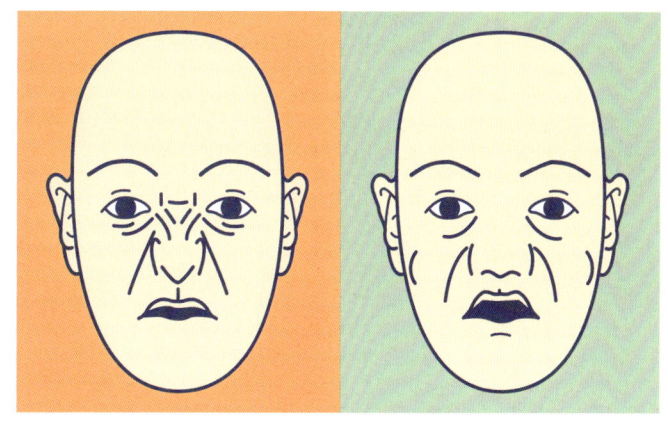

**Mimik:** Von den 44 unterschiedlichen Nerven-Muskel-Einheiten, die von Paul Ekman und Wallace Friesen Aktionseinheiten genannt wurden, zeigt die Schemazeichnung des Anatomen Carl-Herman Hjortsjö die Aktionseinheiten 9 (Naserümpfen; links) und 10 (Ekelgesicht; rechts).

**Mimik** [zu griech. mimikós »den Schauspieler betreffend«]: Gesamtheit aller Bewegungen im Gesicht (»Mienenspiel«), die dem Ausdruck eigenen oder dem Nachahmen fremden Erlebens dienen. Als Aspekt des nonverbalen Verhaltens dient die Mimik insbesondere der Übermittlung von Information über die zwischen den Kommunikationspartnern bestehende Beziehung (z. B. durch Ausdruck einer freundlichen oder unfreundlichen Haltung); sie unterstützt ferner das Verstehen von →Ironie und von Sprechhandlungen wie Aufforderungen, Drohungen oder Versprechungen. In der Mimik werden einerseits emotionale Empfindungen ausgedrückt, andererseits werden für die kommunikative Beziehung als wichtig erachtete Gefühlszustände mitgeteilt (so beim »echten« oder beim »unechten« Lächeln).

Die amerikanischen Psychologen Paul Ekman (*1934) und Wallace V. Friesen (*1933) entwickelten in den 1980er-Jahren mit dem Facial-Action-Coding-System (FACS) ein System, das eine detaillierte Beschreibung mimischer Aktivitäten im Gesicht sowie eine genaue Identifikation grundlegender Emotionen wie Ärger, Furcht, Freude, Traurigkeit oder Überraschung ermöglicht.

**Mimikry** [-kri, engl., eigtl. »Nachahmung«]: Schutzmöglichkeit bestimmter Tiere, indem sie sich der Gestalt oder Farbe solcher Tiere anpassen, die von ihren Feinden gefürchtet werden oder sich auf irgendeine Art gegen Feinde schützen können. Im übertragenen Sinne (als Rangmimikry) bezeichnet man beim Menschen das Vorzeigen von Symbolen eines höheren Ranges (z. B. teure Autos oder Uhren, elegante Kleidung) zur Aufwertung der eigenen Person als Mimikry.

**Minderheiten, Minoritäten** [zu latein. minor »kleiner«, »geringer«]: gesellschaftliche Gruppen, die sich von der Bevölkerungsmehrheit unterscheiden. Meist spricht man von Minderheiten im Sinn einer diskriminierten Gruppe, die von der Mehrheit herabgewürdigt und manchmal auch benachteiligt wird. Adlige oder Unternehmer sind statistisch betrachtet ebenfalls eine Minderheit, aber sie verstehen sich nicht als solche, werden auch nicht diskriminiert, sondern eher gesellschaftlich geschätzt. Allerdings können sich durch gesellschaftliche Veränderungen Eliten in Minderheiten verwandeln. Die Prozesse, die zur Stigmatisierung (→Stigma), zum Ausschluss und zur →Diskriminierung von Minderheiten führen, werden von der Sozialpsychologie untersucht.

**Minderwertigkeitsgefühl, Insuffizienzgefühl** [zu latein. insufficientia »Unzulänglichkeit«]: Überzeugung, weniger wertvoll zu sein als andere Personen. Das Minderwertigkeitsgefühl entsteht v. a. dadurch, dass ein Kind entmutigt wird, sich wegen seiner Kleinheit und Schwäche abgelehnt und verspottet fühlt oder aber durch Verwöhnung nicht darauf vorbereitet ist, durch eigene Aktivität seine Lebenssituation zu verbessern. Gleichbedeutend wird manchmal auch der gleichfalls von Alfred Adler geprägte Begriff **Minderwertigkeitskomplex** gebraucht.

Minderwertigkeitsgefühle werden häufig als höchst beschämend erlebt und deshalb verdrängt. Im Unbewussten verknüpfen sie sich dann mit Erinnerungen, Vorstellungsbildern und Handlungsentwürfen zu einem »Zusammengesetzten«, einem →Komplex, und beeinflussen unerkannt das Verhalten, etwa in dem Sinn, dass der Minderwertigkeitskomplex überkompensiert wird. Dann berichten die betreffenden Personen über das genaue Gegenteil von Minderwertigkeitsgefühlen. Sie zeigen ein besonderes Geltungsbedürfnis, eine Sucht, ständig die eigene Größe und Überlegenheit zu dokumentieren. In solchen Fällen spricht man heute öfter von einer →narzisstischen Persönlichkeitsstörung.

**Minoritäten:** die →Minderheiten.

**Miss|erfolg:** negativer, schlechter oder enttäuschender Ausgang einer Unternehmung, z. B. einer Prüfung. Ein Misserfolg entsteht, wenn die individuelle Leistung hinsichtlich eines gesteckten Zieles unter dem →Anspruchsniveau liegt. Misserfolg gilt als eine modifizierende Bedingung beim Problemlösen. Furcht vor Misserfolg kann eine stärkere →Motivation sein als der Wunsch nach Erfolg oder einer guten Leistung (→Leistungsmotivation). Sie kann den Einzelnen aber auch davon abhalten, bestimmte Aktivitäten überhaupt in Angriff zu nehmen.

**Miss|erfolgserwartung:** relativ überdauernde Einstellung mit der Grundhaltung, man werde zukünftige Aufgaben nicht erfolgreich bewältigen. Die Misserfolgserwartung speist sich häufig nicht aus früheren Erfahrungen des Versagens bei ähnlichen Aufgaben, sondern aus einem unangemessen negativen Selbstbild. Sie wirkt sich nachteilig auf die →Leistungsmotivation aus und lässt den Betroffenen oft davor zurückschrecken, Aufgaben in Angriff zu nehmen, die er durchaus bewältigen könnte.

**Missgunst:** starkes Gefühl der →Ablehnung, verbunden mit der Einstellung, einem anderen etwas nicht zu gönnen, was dieser hat und was man selbst auch gern hätte. Missgunst geht also über den →Neid insofern hinaus, als sie auf Nachteile für den anderen zielt.

**Misshandlung,** jede unangemessene Behandlung einer Person oder eines Tieres, die deren Wohlbefinden oder deren körperliche Unversehrtheit wesentlich beeinträchtigt. Es kann sich dabei sowohl um eine seelische als auch um eine körperliche Gesundheitsschädigung handeln. Misshandlungen, v. a. →Kindesmisshandlungen können zu einem lang anhaltenden oder dauerhaften Verlust des Vertrauens in andere Menschen, zu einer Haltung der erlernten Hilflosigkeit und zu psychischen Störungen führen.

Die körperliche Misshandlung einer anderen Person oder die Beschädigung von deren Ge-

**Misserfolgserwartung:** Bei Schulversagen spielt der Teufelskreis aus geringem Selbstvertrauen und daraus resultierenden schlechten Ergebnissen eine große Rolle.

sundheit wird in Deutschland mit Freiheitsstrafe bis zu fünf Jahren oder mit Geldstrafe bedroht. Strafbar sind sowohl vorsätzliche als auch fahrlässige Körperverletzungen. Im Zivilrecht kann die Körperverletzung einen Schadensersatzanspruch des Geschädigten gegenüber dem Schädiger nach sich ziehen. Ein zu Heilzwecken vorgenommener ärztlicher Eingriff, z. B. die Verabreichung von Medikamenten mittels Injektion, wird von der Rechtsprechung ebenfalls als Körperverletzung angesehen und bedarf grundsätzlich der Einwilligung des Betroffenen. Nur in Notfällen kann die Rechtswidrigkeit der Körperverletzung ausgeschlossen sein, z. B. bei einer medizinischen Notfallbehandlung.

Die quälerische Misshandlung von Tieren ohne vernünftigen Grund ist nach dem Tierschutzgesetz strafbar. Es droht Freiheitsstrafe bis zu drei Jahren oder eine Geldstrafe. Für das Zufügen von Leid in Tierversuchen, z. B. in der psychologischen Grundlagenforschung oder in der Medizin, gelten besondere Bestimmungen. Tierschutzorganisationen, etwa die Ärzte gegen Tierversuche e. V., bezweifeln den Nutzen von Tierversuchen und fordern moderne, tierfreie Versuchsmethoden in der Wissenschaft.

**Mitscherlich:** 1) *Alexander:* deutscher Arzt, Psychoanalytiker und Schriftsteller, \*München 20. 9. 1908, †Frankfurt am Main 26. 6. 1982; studierte zunächst geisteswissenschaftliche Fächer, ab 1933 Medizin; wurde von den Nationalsozialisten wegen politischer Betätigung mehrfach verhaftet; war 1945–49 Beobachter und Berichterstatter bei den Nürnberger Prozessen gegen NS-Ärzte (»Medizin ohne Menschlichkeit«, 1949). Mitscherlich war ein wichtiger Vertreter der →Psychosomatik. Er bemühte sich v. a. um die Anwendung psychoanalytischer Methoden und Erkenntnisse auf soziale Phänomene, insbesondere die Erscheinungen der Vermassung. Mitscherlich gehörte 1947 zu den Mitbegründern der Zeitschrift »Psyche«. Ab 1952 war Mitscherlich Professor in Heidelberg. In Frankfurt am Main leitete er ab 1960 das Sigmund-Freud-Institut. 1969 bekam er den Friedenspreis des Deutschen Buchhandels.

2) *Margarete:* deutsche Psychoanalytikerin und Publizistin, \*Graasten (Dänemark) 17. 7. 1917; studierte zunächst Medizin, absolvierte dann eine psychoanalytische Ausbildung in Stuttgart, London und Heidelberg; arbeitete mit ihrem Mann, Alexander Mitscherlich, zusammen (»Die Unfähigkeit zu trauern«, 1967); setzte sich u. a. mit der Problematik der Ideali-

> **Misserfolgserwartung | Warum sich Erwartungen bestätigen**
> Misserfolgserwartungen werden nur allzu häufig bestätigt. Wenn man damit rechnet, eine Aufgabe nicht erfolgreich abschließen zu können, nimmt man sie vielleicht gar nicht erst in Angriff und kann dann auch nicht erleben, dass man sie sehr wohl bewältigen würde. Misserfolgserwartungen können auch dazu führen, dass man kleinere Rückschläge für eine Bestätigung der Misserfolgserwartung hält und von der Aufgabe ablässt oder dass man sich nicht genug Hilfe sucht, weil man fürchtet, die Bitte um Hilfe wäre eine Bestätigung der Misserfolgserwartung.

sierung, der Geschlechterbeziehungen und dem Rollenverhalten der Frau in der Politik auseinander.

**Mittelhirn:** Teil des →Gehirns.

**Mittelwert:** eines der →Maße der zentralen Tendenz.

**MMPI-2** [Abk. für Minnesota Multiphasic Personality Inventory 2, engl. etwa »mehrphasiges Minnesota-Persönlichkeits-Inventar«]: mehrdimensionaler Persönlichkeitstest für Personen ab 18 Jahren. Der MMPI-2 ist ein →psychometrischer Test. Er kann in der klinischen Psychologie und bei allgemeinen persönlichkeitsdiagnostischen Fragen verwendet werden. Der Test besteht aus 567 →Items, die sich auf psychopathologische, psychosomatische und sozialpsychologische Inhalte beziehen; klinisch relevante Bereiche sind u. a. Arbeitsverhalten, familiäre Anpassung, Medikamentenmissbrauch, Zugänglichkeit für Psychotherapien. Die Bearbeitungszeit beträgt 60 bis 90 Minuten.

**Mnemotechniken** [zu griech. mnemé »Gedächtnis«, griech. Mnemonik »Gedächtniskunst«]: die internen →Gedächtnisstrategien.

**Mobbing:** Sonderartikel S. 372–375.

**Mobilität** [zu latein. mobilis »beweglich«]: 1) *allgemein* die geistige und körperliche Beweglichkeit;

2) *in der Sozialwissenschaft* Bewegung von Individuen in der Gesellschaft, wobei zwischen horizontaler und vertikaler Mobilität unterschieden wird. Beide Formen haben in der Vergangenheit ständig zugenommen. Zu den Formen vertikaler Mobilität zählt etwa der mit einem sozialen Aufstieg verbundene berufliche Aufstieg, wie er in einer einzigen Biografie, aber auch in einer kurzen Generationenfolge möglich ist. Vertikale Mobilität ist ein typisches Kennzeichen der →Leistungsgesellschaft. Zu den Formen horizontaler Mobilität zählt u. a. der Wechsel des Arbeitsplatzes oder der Umzug in eine andere Region bei gleichzeitiger Beibehaltung des sozialen Status. Diese Form der Mobilität hat insbesondere im letzten Viertel des

*Fortsetzung S. 376*

**Alexander Mitscherlich**

# MOBBING

**MOBBING IST WEIT VERBREITET**

Das Wort Mobbing leitet sich von dem Englischen Wort »mob« ab, das wörtlich »Pöbel« bedeutet. Mobbing ist gleichbedeutend mit »belästigen«, »pöbeln«. Es umschreibt den anhaltenden systematischen Versuch, Mitarbeiter oder Kollegen am Arbeitsplatz durch Klatsch, Intrigen, Unterstellungen oder üble Nachrede anzugreifen mit dem Ziel, den Betroffenen letztlich aus dem Unternehmen zu entfernen. Mobbing kann stattfinden zwischen Kollegen, aber auch zwischen Vorgesetzten und Untergebenen. Es kann gleichermaßen zwischen Männern oder Frauen stattfinden. Jeder kann am Arbeitsplatz Mobbingopfer werden. Das Phänomen »Mobbing« tritt in allen Branchen und Betrieben auf.

Der Begriff Mobbing wurde in Deutschland zum ersten Mal 1990 öffentlich gemacht. Mittlerweile liegt mit dem Mobbing-Report der Sozialforschungsstelle Dortmund eine bundesweite Repräsentativstudie vor, aus der folgende Daten hervorgehen: Ende 2000 waren 2,7 % der Erwerbstätigen von Mobbing betroffen, mit 3,5 % gegenüber 2 % deutlich mehr Frauen als Männer; unter 25-Jährige sind am stärksten betroffen; die Verteilung des Status zeigt, dass am meisten Arbeitnehmer gefolgt von Angestellten und Beamten gemobbt werden; in 98,7 % der Fälle gibt es negative Auswirkungen auf die Arbeitsleistung. Mobbing macht in 43,9 % der Fälle krank; bei fast der Hälfte der Erkrankten dauert die Erkrankung mehr als 6 Wochen. Hohe Krankheitskosten sind die Folge, die das Budget von Arbeitgeber und Krankenkasse erheblich belasten können. Interessant ist die Feststellung, dass arbeitsrechtliche Konsequenzen wie Versetzungen häufiger Mobbingbetroffene treffen als Mobbingakteure. Durchschnittlich dauert Mobbing 6,7 Monate an.

Mobbinghandlungen sind nach dem Mobbing-Report, geordnet nach Häufigkeit: 61,8 % Gerüchte verbreiten, 57,2 % Arbeitsleistungen falsch bewerten, 55,9 % Sticheleien und Hänseleien, 51,9 % wichtige Informationen verweigern, 48,1 % Arbeit massiv und unbegründet kritisieren, 39,7 % ausgrenzen und isolieren, 38,1 % als unfähig darstellen, 36,0 % beleidigen, 26,5 % Arbeit behindern, 18,1 % Arbeit entziehen. Über die Hälfte der Mobbingbetroffenen gab an, dass sie täglich bis mehrmals pro Woche solchen Handlungen ausgesetzt waren.

In mehr als der Hälfte der Fälle geht Mobbing vom Vorgesetzten – allein oder zusammen mit Kollegen – aus; in etwa 40 % der Fälle nur von Kollegen. Lediglich 2,3 % Untergebene sind Mobbingakteure.

**ABLAUF DES MOBBINGS**

Nicht jeder Konkurrenzkampf in der Arbeitswelt, nicht jeder Konflikt zwischen Betriebsangehörigen geht auf Mobbing zurück. Mobbing zeichnet sich dadurch aus, dass mit Systematik die Ausgrenzung eines Einzelnen betrieben wird. Als besonders mobbinggefährdet gelten Personen, die sich aus der Gruppe der übrigen Betriebsangehörigen herausheben, beispielsweise die auffallend modisch gekleidete Kollegin, der neue Mitarbeiter, die erfolgreiche Karrierefrau, der besonders Ehrgeizige, der betont Langsame.

Nach einer Studie des Arbeitswissenschaftlers Heinz Leymann verläuft ein typischer Mobbingprozess in vier Phasen. In der ersten Phase steht meist ein Konflikt im Zentrum. Über diesen Konflikt setzen sich die Beteiligten nicht sachlich auseinander, und es finden erste Angriffe gegen eine Person statt. In der zweiten Phase häufen sich die Attacken, werden zu systematischen Angriffen und greifen das Selbstbewusstsein des Opfers stark an. Stresssymptome und Existenzangst folgen. In der dritten Phase ist der Betroffene so weit verunsichert, dass sich seine Arbeitsleistung veschlechtert. Vorgesetzte oder die Geschäftsleitung werden aufmerksam und erste Sanktionen werden erteilt. Schildert das Mobbingopfer seine Nöte, findet es im Regelfall nur wenig Verständnis bei den Vorgesetzten. Sie neigen oftmals dazu, die Situation zu bagatellisieren oder gar dem Opfer selbst die Schuld zuzuschreiben. In dieser dritten Phase weist das Mobbingopfer oftmals bereits Krankheitssymptome auf; seine Fehlzeiten sind häufiger und länger. Dies kann zu weiterer Ablehnung seitens der Mitarbeiter und der Vorgesetzten führen. In der vierten Phase des Mobbings ist das Mobbingopfer bereits völlig isoliert. Weder Kollegen noch die Vorgesetzten bringen dem Mobbingopfer Verständnis, Sympathie oder Unterstützung entgegen. Das gemeinsame Ziel »der anderen« ist es nur noch, das Mobbingopfer aus dem Unternehmen zu entfernen. Es selbst wird sich in dieser Phase kaum noch zur Wehr setzen. Häufig kommt es zu Eigenkündigungen oder bereitwilligen Unterzeichnungen von Aufhebungsverträgen.

In etwa einem Viertel der Mobbingfälle geben Betroffene an, die erste Phase nicht erlebt zu haben. Das zeigt, dass systematische Attacken auch sofort beginnen können. Es kann aber auch sein, dass Betroffene die ersten Anzeichen dafür, Mobbingopfer zu werden, nicht wahrnehmen (wollen). Mehr als die Hälfte derjenigen Befragten, bei denen das Mobbing abgeschlossen ist, haben die vierte Phase erlebt. Das weist darauf hin, dass ein beträchtlicher Teil von Mobbingopfern erhebliche psychische Einbußen erlebt.

**FOLGEN VON MOBBING**

Die Arbeitsleistung des Gemobbten ist oftmals wenig effizient, und auch die hohen Fehlzeiten verursachen Kosten. Zu Spitzenzeiten muss für teure Ersatzarbeitskräfte gesorgt werden. Die Kontinuität der Aufgabenerledigung am Arbeitsplatz des Gemobbten ist stark beeinträchtigt.

Wer gemobbt wird, reagiert oftmals mit Krankheit auf den seelischen Stress. Meist wird geklagt über Schlafstörungen, Kopfschmerzen, Rücken- und Nackenschmerzen, allgemeine Unruhe und Reizbarkeit, Aggressivität, Kraft- und Lustlosigkeit bis hin zu Ängsten und Depressionen. Das Selbstwertgefühl vermindert sich, es kommt zur sozialen Isolation. Die psychischen Auswirkungen verstärken sich mit Fortdauer des Mobbings, weil es auch im Privatleben zu Problemen kommt. Im äußersten Fall stellen sich Suizidgedanken ein.

**URSACHEN DES MOBBINGS**

Wo Aggressionspotenziale entstehen, aber nicht konstruktiv umgesetzt werden können, werden winzige Eigenheiten eines Nahestehenden zum Auslöser heftiger Wut. Entsprechende Interaktionen gewinnen eine Eigendynamik; die Frage,

## MOBBING  *Fortsetzung*

wer angefangen hat, wird oft unentscheidbar. Mobbing mag verschiedenen Vorgesetzten und Kollegen auch als geeignetes Mittel erscheinen, die eigene Karriere voranzubringen und unliebsame Mitbewerber auf der Strecke zu lassen. Nicht auszuschließen ist auch, dass Sadismus und Schadenfreude die Triebfeder dafür sind, andere Betriebsangehörige zu mobben. Manchem verschafft es regelrechte Befriedigung, Untergebene oder Kolleginnen und Kollegen zu zermürben und zu schikanieren.

Auf diese Weise können auch Menschen in den Genuss eines Gefühls persönlicher Macht kommen, die dazu in anderen Lebensbereichen nicht in der Lage sind, beispielsweise weil sie in der Familie oder in ihrem Freundeskreis keine dominierende Rolle haben. Häufig werden dann privates Versagen oder berufliche Misserfolge an den schwächeren Kollegen ausgelassen.

Ein solch unkontrolliertes Verhalten ist jedoch nur möglich in Firmen, die sich um ihre Unternehmenskultur nicht oder nur wenig kümmern. Den Boden für Mobbing bereitet v. a. eine unzureichende Arbeitsorganisation, bei der die Mitarbeiter keine klaren Aufgabenstellungen und Verantwortungsbereiche haben: Bei unklaren Verhältnissen kann dem Einzelnen leichter Schuld zugewiesen werden. Auch erhebliche Führungsdefizite und schwere Kommunikationsmängel innerhalb eines Unternehmens können dazu beitragen, dass Mobbing gefördert wird. Hohe Arbeitslosigkeit, geringere Aufstiegschancen und oftmals fehlende persönliche Perspektiven leisten einem destruktiven Betriebsklima, an dessen Ende Mobbing stehen kann, deutlichen Vorschub.

### MÖGLICHKEITEN DER GEGENWEHR

Wichtig für Betroffene ist es, dass sie ihre Situation überhaupt klar erkennen und dafür sorgen, Kontakt mit anderen aufzunehmen, um die entstandene Vereinzelung aufzuheben und über die Situation sprechen zu können. Alternativen sind Selbsthilfegruppen, sogenannte Mobbingtelefone oder die persönliche psychologische Beratung. Das Mobbingopfer muss wieder lernen, den ihm feindlich gesinnten Kollegen oder Vorgesetzten Grenzen zu zeigen. Es sollte sich sowohl innerhalb der Firma als auch außerhalb Verbündete suchen. Auch das eigene Verhalten sollte mithilfe Dritter objektiv überprüft werden.

Die Möglichkeiten der juristischen Gegenwehr sind recht begrenzt. Zwischen Kollegen bestehen keine vertraglichen Beziehungen. Wenn ein Kollege den anderen mobbt, kann dies im Einzelfall eine Ehrverletzung darstellen oder eine Beleidigung. Der Geschädigte kann Strafanzeige erstatten, zum Beispiel wegen Beleidigung und übler Nachrede, oder mit einer Unterlassungsklage gegen den Mobbingtäter vorgehen. Im Einzelfall kann auch ein Schmerzensgeldanspruch begründet sein. Die Praxis zeigt, dass den Mobbingopfern im Allgemeinen nicht gedient ist, wenn sie den Rechtsweg beschreiten. Für sie wird die belastende Atmosphäre am Arbeitsplatz nicht entspannter.

Der Arbeitgeber hat gegenüber seinen Mitarbeitern eine Fürsorgepflicht. Verletzt er diese, können Betroffene Schadensersatzansprüche stellen. In der Praxis wird dem Mobbingopfer auch mit diesem rechtlichen Schritt kaum geholfen sein. Überzieht es den Arbeitgeber mit Schadensersatzansprüchen wegen Verletzung seiner

```
→ ARBEITSPLATZ                          → KRANKHEIT
    → ARBEITSMOTIVATION                     → DEPRESSION
    → ARBEITSZUFRIEDENHEIT                  → KOPFSCHMERZEN
    → BETRIEBSKLIMA                         → POSTTRAUMATISCHE
    → INNERE KÜNDIGUNG                        BELASTUNGSSTÖRUNG
    → PSYCHOLOGISCHER                       → SCHLAFSTÖRUNGEN
      KONTRAKT
                              MOBBING    → STRESS
                                              → FEHLER
                                              → KONZENTRATION
                                              → PSYCHOTERROR
→ ARBEITS- UND                                → SELBSTWERTGEFÜHL
  ORGANISATIONSPSYCHOLOGIE
    → FÜHRUNG
    → HUMAN RELATIONS                   → VIKTIMOLOGIE
    → HUMANISIERUNG DER ARBEIT              → DISKRIMINIERUNG
    → PERSONALBEURTEILUNG                   → OPFER
    → SCHLÜSSELQUALIFIKATIONEN              → RUFMORD
```

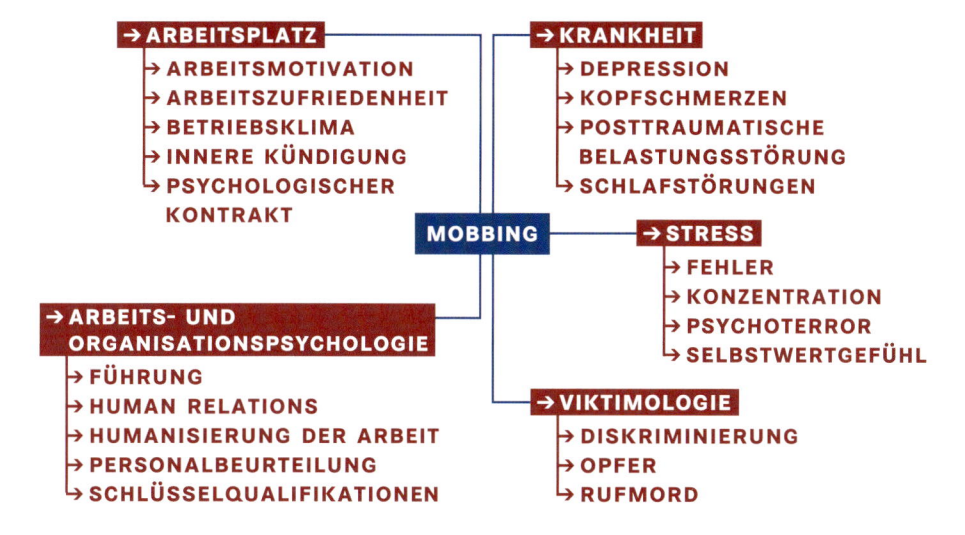

Fürsorgepflicht, so dürfte der Arbeitsplatz gefährdet sein; das Mobbingopfer selbst wird an einer längerfristigen Weiterbeschäftigung nicht interessiert sein.

Eine Weiterbeschäftigung im selben Betrieb kommt für Mobbingopfer nur dann in Betracht, wenn ihnen auch vonseiten des Unternehmens Unterstützung zuteil wird. Dies kann zum Beispiel dadurch geschehen, dass dem Mobbingopfer ein anderer Arbeitsplatz zugewiesen wird, dass es in eine andere Abteilung mit anderen Vorgesetzten und Kollegen versetzt wird. Auch Betriebsrat und Personalräte sind bei dieser Unterstützung gefordert.

Ein Weg, dem Mobbing am Arbeitsplatz zu beggnen, kann der Abschluss einer entsprechenden Betriebs- oder Dienstvereinbarung sein. Betriebsrat und Geschäftsleitung bleibt es unbenommen, zum Beispiel entsprechende Stellen einzurichten, die als Ansprechpartner und »Schlichter« in Mobbingfragen fungieren können. Wichtig ist es, dass Arbeitgeber sich dazu bekennen, dass Mobbing zu ächten ist und den Betriebsfrieden massiv stören kann. Stellt ein Unternehmen Richtlinien für den konstruktiven Umgang mit den im Betrieb Beschäftigten auf und kann Mobbing auf diese Weise zurückgedrängt werden, so dient das nicht nur den einzelnen Mitarbeitern, sondern auch dem Betrieb im Ganzen.

**LESETIPPS:**
Gabriele Haben *und* Anette Harms-Böttcher: *In eigener Sache. Vom Festhalten und Loslassen in Mobbing-Situationen.* Berlin (Orlanda) 2002.
Marie-France Hirigoyen: *Wenn der Job zur Hölle wird.* München (Beck) 2002.
Petra Sputny *und* Herbert Hopf: *Ausgemobbt. Wirksame Reaktionen gegen Mobbing.* Wien (Manz) 2003.
Axel Esser *und* Martin Wolmerath: *Mobbing. Der Ratgeber für Betroffene und ihre Interessenvertretung.* Frankfurt am Main (Bund) [6]2005.
Christa Kolodej: *Mobbing. Psychoterror am Arbeitsplatz und seine Bewältigung. Mit zahlreichen Fallbeispielen und Tipps.* Wien (WUV) [2]2005.

> **Mobilität | Gut beraten**
> In vielen Orten gibt es inzwischen Mobilitätsberater, die Einzelpersonen oder Firmen darin beraten, wie sie ihre Mobilitätsbedürfnisse am effektivsten, kostengünstigsten und umweltschonendsten befriedigen können. Das kann sich auf die Gestaltung eines Fuhrparks beziehen, auf sogenannte Firmen- oder Jobtickets für die öffentlichen Verkehrsmittel oder auf den je individuellen Mix zwischen motorisiertem Individualverkehr und öffentlichem Verkehr.
> Die Mobilitätsberater stehen oft in den Gelben Seiten des Telefonbuchs, sind aber meist auch über die örtlichen Verkehrsbetriebe oder örtliche Verkehrs- und Umweltinitiativen zu ermitteln.

*Fortsetzung von S. 371*
20. Jahrhunderts zugenommen und psychosoziale Konsequenzen nach sich gezogen (z. B. räumliche Trennung von Familienmitgliedern, aber auch von Wohn- und Arbeitsort, Flüchtigkeit der häufig wechselnden Freundschaften und Nachbarschaftsverhältnisse, Anonymisierung);

3) in der *Verkehrswissenschaft* die täglich in ähnlicher Weise ablaufenden Ortsveränderungen von Personen außerhalb der Wohnung. Diese »Alltagsmobilität« ist in den vergangenen Jahren systematisch untersucht worden. Wesentliche Merkmale der Mobilität sind ihre Häufigkeit, räumliche und zeitliche Verteilung, die gewählten Verkehrsmittel und die Anlässe.

In Deutschland ist eine Person durchschnittlich eine Stunde und 21 Minuten pro Tag unterwegs. Die prozentuale Verteilung der Gründe dafür, das Haus mindestens einmal zu verlassen, ist (bei Mehrfachnennung): fast 46%, um etwas für den Haushalt oder die Familie zu erledigen, 40% für die Freizeit, 27% Erwerbstätigkeit, 8% Aus- und Weiterbildung. Das meistgewählte Mittel zur Fortbewegung sind der Pkw und das Motorrad, gefolgt von gehen, öffentlichen Verkehrsmitteln und dem Fahrrad.

Hauptursachen wachsender Mobilität sind Bevölkerungszunahme, steigende Zahl von Einpersonenhaushalten, zunehmende Freizeit, steigende Motorisierung (mehr Führerscheinbesitzer und höhere Pkw-Verfügbarkeit) sowie räumliche Zersiedelungsprozesse. Die Mobilität variiert mit dem Alter, der Phase im Lebenszyklus und der Art der Erwerbstätigkeit. Die meisten Wege werden aus Freizeitinteressen (→ Freizeitverkehr) oder beruflichen Gründen (→ Berufsverkehr) unternommen. Effektive Möglichkeiten der Beeinflussung von Mobilität sind wissenschaftlich noch weitgehend ungeklärt. Aus psychologischer Perspektive wird in letzter Zeit verstärkt untersucht, wie Autofahrer dazu gebracht werden können, vermehrt öffentliche Verkehrsmittel zu nutzen (→ Verkehrsmittelwahl).

**Mobilitätsforschung:** Erforschung der → Mobilität. Zu den zentralen Themen der Mobilitätsforschung gehören räumliche Wanderungen (z. B. → Migration, Landflucht, Verkehrsentwicklung), ebenso berufsbezogene und am Sozialprestige bestimmter gesellschaftlicher Positionen orientierte soziale Aufstiegs- und Abstiegsbewegungen. Diese werden in jüngster Zeit besonders in ihren Zusammenhängen mit den gesellschaftlichen Umbrüchen in den Industriegesellschaften untersucht.

Zählte für Kritiker wie Verteidiger der westdeutschen Nachkriegsgesellschaft die Erforschung sozialer Mobilität zu den Kernthemen der Mobilitätsforschung, an denen sich Fragen der Chancengleichheit und der Innovationsfähigkeit der Gesellschaft gleichermaßen thematisieren ließen, so hat sich die Mobilitätsforschung in den 1980er-Jahren auch historischen Längsschnitten, regionalgeschichtlichen Studien und Ländervergleichen, besonders aber der Untersuchung der Mobilitätschancen und -belastungen von Frauen zugewandt. In den 1990er-Jahren dominierte das Interesse an

**Mobilität 3):** Zum Wohnen, Arbeiten, Einkaufen, Ausgehen, Sichentspannen oder Sporttreiben werden im Zeitalter der Mobilität verschiedene, oft weit auseinanderliegende Orte aufgesucht (Computersimulation für die Neugestaltung des Alexanderplatzes in Berlin von Hans Kollhoff, 1995).

räumlicher Mobilität, v.a. im Hinblick auf die Fragen zukünftiger Verkehrsentwicklungen und -politik; die Erforschung sozialer Mobilität findet besonders im Blick auf die Problemstellungen der Ost-West-Angleichung und der Zukunft der Arbeitsgesellschaft statt.

**Modalwert:** eines der →Maße der zentralen Tendenz.

**Modelllernen:** eine Form des →Beobachtungslernens.

**Moderation** [zu latein. moderare »mäßigen«, »regeln«, »lenken«]: die Präsentation von öffentlichen Veranstaltungen, Rundfunk- oder Fernsehsendungen sowie die Gesprächsführung. In Teams oder anderen Gruppen kann der diskussionsleitende Moderator entscheidend zur →Konfliktlösung beitragen. Seine Rolle ist grundsätzlich die eines Außenstehenden, der keine eigenen Interessen innerhalb der virulenten Konflikte hat und vertritt. Durch diese Distanz vermag er im Idealfall Polarisierungen zwischen gegnerischen Positionen zu versachlichen und zu entschärfen. Er sammelt Aspekte, Argumente und Ziele der Team- oder Gruppenmitglieder, ordnet sie nach deren Vorgaben, sorgt für die Einhaltung (gruppeneigener) Kommunikationsnormen (z.B. Redezeiten, Rederecht) und organisatorischer Abläufe. Idealerweise können dank erfolgreicher Moderation gemeinsame Ziele und Strategien entwickelt werden.

Mit der steigenden Bedeutung der Arbeit im →Team hat auch die Moderation ihren Aufstieg genommen.

**Mollenhauer,** Klaus: deutscher Erziehungswissenschaftler, *Berlin 31. 10. 1928, †Göttingen 18.3. 1998; war ab 1965 Professor in Berlin (West), ab 1966 in Kiel, ab 1969 in Frankfurt am Main und seit 1972 in Göttingen. Er bearbeitete in der Sicht der Frankfurter Schule mit dem pädagogischen Zielbegriff der Emanzipation besonders sozialpädagogische Probleme und Grundfragen der Erziehung.

**Mondsüchtigkeit:** der →Somnambulismus.

**Mongolismus:** veraltete Bezeichnung für das →Downsyndrom.

**Monolog, innerer** [zu griech. monológos »allein redend«, »mit sich redend«]: in der *Psychologie* das beim Denken erfolgende innere Mitsprechen des Gedachten, auch das Sprechen zu sich selbst. Der Begriff innerer Monolog wird in der Psychologie kaum erforscht; verwendet wird er im klinischen Bereich in Zusammenhang mit dem →Grübelzwang und den automatischen Gedanken (→kognitive Verhaltenstherapie).

> **Monotonie | Nachtfahrten auflockern**
> Wenn man über längere Zeit nur wenige Reize wahrnimmt, die sich zudem sehr ähnlich sind, leidet die Aufmerksamkeit. Man gerät in einen Zustand der Schläfrigkeit, der die Reaktionsbereitschaft verringert. Beim nächtlichen Autofahren sieht man außer gelegentlich vorbeiziehenden Lichtern nur wenig und gerät leicht in diesen Zustand der Monotonie. Deshalb sollte man in kurzen Abständen Pausen einlegen, aussteigen und ein paar Dehn- und Streckübungen machen. Ein Gespräch mit dem Beifahrer hilft auch gegen die Monotonie. Bei Musik ist Vorsicht angebracht: Sie kann die Monotonie eher verstärken, als aufweckend zu wirken.

**Monomanie** [zu griech. mónos »allein«, »einzeln«, »einzig«]: abnormer Zustand des Besessenseins von einer einzigen Idee oder Zwangsneigung, in einer bestimmten Richtung fixierte und isolierte Handlungstenzen, z.B. →Kleptomanie, →Größenwahn oder →Pyromanie.

**Monotonie** [griech.]: 1) *allgemein* Gleichförmigkeit, Eintönigkeit, Einsilbigkeit (etwa Sprechen ohne Änderung des Tonfalls);

2) in der *Psychologie* die subjektive Empfindung gegenüber einer Umwelt oder Situation, die keine oder nur wenig Abwechslung bietet, wobei es leicht zu einer verringerten →Aufmerksamkeit oder zur →Ermüdung kommt. Wann und wie rasch Monotonie empfunden wird, unterscheidet sich je nach Person.

**Montessori,** Maria: italienische Ärztin und Pädagogin, *Chiaravalle (bei Ancona) 31. 8. 1870, †Noordwijk-aan-Zee (Niederlande) 6. 5. 1952; erwarb als erste Italienerin 1896 in Rom den medizinischen Doktorgrad; lehrte 1898–1901 an einer staatlichen Lehrerbildungsanstalt für geistig behinderte Kinder, seit 1900 auch an der Universität von Rom (1904–07 Lehrstuhl für Anthropologie). 1907 übernahm sie ein Kinderhaus für drei- bis sechsjährige Arbeiterkinder, das sie ab 1911 um eine Schule erweiterte. Sie trat früh für Frauenemanzipation und Abschaffung der Kinderarbeit ein. Ihre Erziehungsvorstellungen sind heute v.a. in Europa sehr verbreitet (→Montessori-Pädagogik).

**Montessori-Pädagogik:** nach Maria Montessori benannte Richtung der →Reformpädagogik. Die 1906 eingeführte Montessori-Pädagogik zielt auf die ungestörte Entwicklung des Kindes, das seine Interessen, Begabungen und Talente nach seinem inneren Bauplan in der Auseinandersetzung mit der Umwelt entfalten soll.

Das Motto »Hilf mir, es selbst zu tun« wird wesentlich durch die Bereitstellung einer lernanregenden Umwelt durch Erzieher und Lehrkräfte realisiert. Für diesen Zweck hat Montessori spezielles didaktisches Material entwickelt, z. B. Perlenketten als mathematisches Material. Das Arrangement der Lernsituation zielt darauf, dem Kind abgestimmt auf die jeweiligen sensiblen Perioden Erkenntnisprozesse und eine normale (Persönlichkeits-)Entwicklung zu ermöglichen. So kann sich das Kind aus seiner eigenen Motivation heraus selbstständig, konzentriert und nach seinem eigenen Rhythmus in →freier Arbeit mit geeigneten, selbst ausgewählten Materialien und Themen beschäftigen. Erzieher und Lehrer führen die Schüler nur in die Handhabung der Materialien ein und beschränken sich danach auf die Beobachtung und Begleitung der Kinder.

Montessoris Pädagogik hat sich schnell weltweit verbreitet, besonders in der vorschulischen Erziehung, sie hat aber auch Anregungen für individualisierenden Schulunterricht gegeben.

**Moral** [von latein. (philosophia) moralis »die Sitten betreffend(e Philosophie)«]: den sozialen Handlungen zugrunde liegende Normen, die von einer Mehrheit akzeptiert und als gut, richtig oder sittlich bewertet werden. Während man von Moral meist spricht, wenn es um einfache Normen und eindeutige Entscheidungen geht, ist die Lehre von komplexen Entscheidungen und Widersprüchen im Bereich des sozialen Verhaltens die →Ethik. »Du sollst nicht töten«, ist ein moralisches Gebot; dass ein Soldat im Kampf oder ein Arzt am Krankenbett (z. B. wenn es um die Entscheidung geht, ob das Leben einer Schwangeren oder das Leben ihres Kindes zu erhalten ist) unter Umständen anders handeln muss, ist eine ethische Frage.

Wie andere seelische Eigentümlichkeiten entwickelt sich auch die Moral während der Kindheit; Jean Piaget hat eine Entwicklung moralischer Urteile, die der Entwicklung des Denkens entspricht, beschrieben. Weit verbreitet ist das Stufenmodell von Lawrence Kohlberg (→moralische Entwicklung).

**Moral|erziehung:** die →Werteerziehung.

**moralische Entwicklung:** Bildung von ethischen Werten und Verhaltensweisen. Die Entwicklung von Einstellungen, kognitiven Kompetenzen und Verhaltensweisen, die mit der Moralität von Kindern und Jugendlichen zu tun haben, nehmen in der psychologischen und erziehungswissenschaftlichen Forschung breiten Raum ein. Die gegenwärtig wohl einflussreichste Theorie der moralischen Entwicklung stammt von Lawrence Kohlberg und steht ihrerseits in der Tradition der Untersuchungen von Jean Piaget über das moralische Urteil beim Kind.

In der Theorie Kohlbergs wird die moralische Entwicklung als eine Abfolge von sechs Stufen gesehen. Jede Stufe beschreibt bestimmte typische und unterscheidbare Orientierungen, die sich in der Argumentation von Kindern, Jugendlichen und Erwachsenen zeigen, wenn sie über das Verhalten in möglichen moralischen Konflikten ein Urteil fällen sollen.

Auf dem Niveau der ersten beiden Stufen (vorkonventionelle Ebene) urteilt ein Kind anhand von äußerlichen Vor- und Nachteilen, die es für die jeweils handelnde Person sieht, z. B. wenn eine Strafe droht oder sie einen persönlichen Vorteil erlangen kann. Bei den beiden folgenden Stufen (konventionelle Ebene) liegt der Argumentationsschwerpunkt auf den sozialen Beziehungen. Zunächst ist das engste Umfeld von Bedeutung, später sind es auch größere Systeme der Gesellschaft. Auf den letzten beiden Stufen (nachkonventionelle Ebene) werden übergeordnete Prinzipien und Werte jenseits

| | |
|---|---|
| **nachkonventionelle Ebene** | Orientierung an universalen ethischen Prinzipien: Gewissensentscheidung des Einzelnen im Einklang mit allgemein gültigen Prinzipien wie Gerechtigkeit und Gegenseitigkeit ohne konkrete moralische Regeln oder Gebote. |
| | legalistische Orientierung: Betonung des rechtlichen Standpunkts mit der Möglichkeit, das Recht aus vernünftigen Erwägungen zum gesellschaftlichen Nutzen zu ändern. |
| **konventionelle Ebene** | Orientierung an Recht und Ordnung: Aufrechterhaltung der sozialen Ordnung um ihrer selbst willen. |
| | interpersonale Konkordanz-Orientierung: Gut ist, was anderen gefällt – man gewinnt die Zustimmung der anderen durch Wohlverhalten. |
| **vorkonventionelle Ebene** | instrumentell-relativistische Orientierung: Menschliche Beziehungen als Tauschbeziehungen; Fairness und Gegenseitigkeit werden pragmatisch verstanden. |
| | Orientierung an Strafe und Gehorsam: Die physischen Konsequenzen der Handlung bestimmen ihr Gut- oder Bösesein ohne Rücksicht auf den Sinn oder Wert dieser Konsequenzen. |

**moralische Entwicklung:** Stufenmodell nach Lawrence Kohlberg

von Autoritäten und Konventionen entwickelt und zur Beurteilung von moralischen Konfliktsituationen herangezogen.

**Moralpsychologie:** Forschungsrichtung der Psychologie, die sich mit der Wahrnehmung und Bewertung moralischer Fragen und der →moralischen Entwicklung beschäftigt. Bekannte Vertreter sind Jean Piaget und Lawrence Kohlberg.

**Morbidität** [zu latein. morbidus »krank (machend)«]: Erkrankungshäufigkeit, Anteil der von einer bestimmten Krankheit in einem festgelegten Zeitraum betroffenen Personen.

**Morbus Parkinson:** die →Parkinsonkrankheit.

**Moreno** [məˈriːnəʊ, auch məˈreɪnəʊ]: **1)** Jakob Levy: amerikanischer Psychiater rumänischer Herkunft, * Bukarest 20. 5. 1889, † Beacon (N. Y.) 14. 5. 1974; Begründer der Soziometrie und des →Psychodramas. Moreno führte eine Praxis in Wien, emigrierte 1925 in die USA und war ab 1951 Professor in New York.

**2)** Zerka T.: britische Psychologin, * Amsterdam 13. 6. 1917; Ehefrau von J. L. Moreno. In 30-jähriger Zusammenarbeit mit ihrem Ehemann war Moreno maßgeblich an der Weiterentwicklung und Verfeinerung des Psychodramas beteiligt. Nach seinem Tod hat sie die Therapiemethode als Ausbilderin weltweit bekannt gemacht.

**Morphium, Morphin:** zu den Opiaten zählende →Droge. Zu therapeutischen Zwecken wird es als Schmerzmittel bei starken Schmerzen wie z. B. Tumorschmerzen, bei schweren Verletzungen und nach Operationen eingesetzt. Morphium untersteht dem Betäubungsmittelgesetz. Bei missbräuchlicher Anwendung entwickelt sich eine körperliche und psychische Abhängigkeit (→Sucht). Beim Absetzen des Morphiums treten dann starke Entzugserscheinungen auf. Der Körper bildet v. a. unter Stressbedingungen eigene endogene Morphine (→Endorphine).

**Mortalität** [latein. »das Sterben«, »Sterbefälle«]: Sterblichkeitsrate, Zahl der Todesfälle zur Gesamtzahl der statistisch berücksichtigten Personen oder zur Zahl der Gesamtbevölkerung.

**Motiv** [zu latein. movere, motum »bewegen«]: Beweggrund, Antrieb, Ursache, Zweck, Leitgedanke oder Bestimmungsgrund des menschlichen Verhaltens; z. T. gleichbedeutend mit Bedürfnis gebraucht. Motive unterscheiden sich individuell hinsichtlich ihrer Intensität und werden als relativ bleibende Dispositionen angesehen. Entsprechend dem zu befriedigenden Bedürfnis wird zwischen einem primären (un-

**Motivation 2):** Die Psychologie sucht nach Erklärungen für die Handlungsbereitschaft des Individuums, nicht nur im Alltag, sondern auch bei außergewöhnlichen Taten – seien es Gewaltverbrechen oder Extremleistungen (Reinhold Messner bei der Durchquerung der Antarktis zu Fuß 1989/90).

gelernten und biologischen) sowie einem sekundären (gelernten oder kognitiven) Motiv unterschieden. Beim Menschen gibt es allerdings kaum ein primäres Motiv, das nicht sekundär überlagert ist. Überhaupt ist menschliche Motivation generell durch ein Gemisch von Motiven gekennzeichnet, welche die Motivationsforscher zumeist auf einige wenige Hauptmotive reduzieren.

**Motivation: 1)** *allgemein* die Gesamtheit der in einer Handlung wirksamen Motive, die ein Verhalten aktivieren, richten und regulieren;

**2)** in der *Psychologie* die Handlungsbereitschaft, ein Bedürfnis, z. B. Hunger oder Durst, zu befriedigen oder ein angestrebtes Ziel zu erreichen. Im Gegensatz zum Motiv ist die Motivation keine Disposition, sondern ein aktueller psychischer Vorgang. Die Motivation bestimmt zusammen mit äußeren Reizen, mit Wahrnehmungs- und Lernvorgängen sowie den jeweiligen Fähigkeiten das menschliche Verhalten und ist daher Ergebnis einer Wechselwirkung (Interaktion) zwischen personenspezifischen und situationsspezifischen Merkmalen.

Die Motivationspsychologie geht von der Frage aus, warum sich Individuen jeweils so und nicht anders verhalten. Die Grundfragen der Motivationsforschung lauten: Welchen Anteil haben Umwelt (Anreize) und innere Zustände (Bedürfnis, Trieb) am Handeln? Gibt es eine Hierachie von Motiven, wobei die Befriedigung der biologischen Motive die Voraussetzung ist für das Entstehen der höheren sozialen Motive? Gibt es einen Unterschied zwischen angeborenen und erlernten Motiven? Haben Handlun-

## Motivation

### MOTIVATION: THEORIEN

| Theorie | Motivationsdefinitionen | wichtigste Vertreter |
|---|---|---|
| biologische Instinkttheorien (ca. 1940–60) | Motive sind genetisch festgelegte, innere Impulse, die auf direkte Verhaltensäußerung und unmittelbare Bedürfnisbefriedigung drängen. Das Verhalten folgt einem festen biologischen Programm, sobald der Organismus entsprechend gereizt wird. | Konrad Lorenz, Nikolaas Tinbergen |
| psychoanalytische Triebtheorien (ca. 1900–20) | Motive speisen sich aus inneren, biologischen Energiequellen, den Trieben. Kulturelle Einflüsse verändern Motive und verschieben ursprüngliche Impulse. Sexuelle Ziele z.B. werden umgelenkt in Arbeit, v.a. wissenschaftliches oder künstlerisches Schaffen. | Sigmund Freud |
| humanistische Psychologie (ca. 1940–60) | Es gibt eine Hierarchie von physiologischen und sozialen Motiven. Sind die biologischen erfüllt, verfolgt die Person höhere, selbst gesetzte Ziele (z.B. Gemeinschaft, Sinn), die in der Kultur allgemein hoch bewertet werden. | Abraham Maslow, Carl Rogers |
| psychophysiologische Aktivitätstheorien (ca. 1930–50) | Der Organismus ist ständig aus sich heraus tätig, um ein gewisses Aktivitätsniveau aufrechtzuerhalten und sein inneres, biologisches Gleichgewicht zu bewahren. | Donald B. Lindsley, Donald O. Hebb |
| psychologische Aktivitätstheorien (ca. 1980–2000) | Bestimmte, dauerhaft ausgeübte Tätigkeiten verschaffen positive Empfindungen (z.B. Glück, Flow) und werden dadurch selbst zum Handlungsziel. Das positive Erlebnis wiederherzustellen ist bald ein neues Motiv. | Mihaly Csikszentmihalyi |
| behavioristische Anreiztheorien (ca. 1930–50) | Handlungsziele, Anreize werden durch Konditionierung gelernt. Ursprünglich ungerichtetes, motivloses Verhalten passt sich allmählich durch Lernen auslösender Reize und Verhaltensfolgen an die Umwelt an. Persönlich gesetzte Motive gibt es nicht. | Clark L. Hull |
| gestaltpsychologische Feldtheorie (ca. 1920–40) | Innere Impulse und die aktuellen äußeren Anforderungen einer Situation strukturieren das Handlungsfeld. Hauptmotiv allen Handelns ist, Spannungen zwischen innen und außen abzubauen. | Kurt Lewin |
| interaktionistische Theorien (ca. 1970–90) | Motive wandeln sich durch Wechselwirkungen zwischen Personen und Umwelt. Impulse können sich gruppendynamisch und situationsabhängig abschwächen oder verstärken. Aggressionen z.B. steigern sich in Gruppen und in fremder Umgebung (z.B. im Krieg). | Philip Zimbardo |
| Erfahrungs-Erwartungs-Theorien (ca. 1950–70) | Motive entstehen aufgrund von positiven Reaktionen anderer Personen (z.B. Lob, Anerkennung) nach bestimmten Handlungen. So werden Bedürfnisse nach Macht, Leistung oder Gemeinschaft geweckt. | David McClelland |
| Leistungs-Erwartungs-Theorien (ca. 1960–80) | Motive sind geistige Vorwegnahmen von Handlungszielen und Handlungsalternativen. Die Person wägt ab, welches Ziel positive Folgen verspricht und aufgrund eigener Fähigkeiten gut erreichbar ist. | James W. Atkinson, Heinz Heckhausen |

gen zahlreiche verschiedene Motive, oder lassen sich diese unter wenige Hauptmotive subsumieren? Welchen Einfluss haben andere Personen auf Handlungen und Motivationsstruktur? Hintergrund ist die Beobachtung, dass verschiedene Individuen in der gleichen Situation verschieden reagieren können und andererseits dasselbe Individuum in verschiedenen Situationen gleich reagieren kann.

*Theorien:* Viele Motivationsforscher haben im 20. Jh. Motivationstheorien aufgestellt, um diese grundlegenden Fragen zu klären. Anfangs hatten die eher biologisch orientierten Modelle den größten Einfluss, die genetisch festgelegte, bestenfalls durch die Umwelt formbare Triebe annahmen (Sigmund Freud, Konrad Lorenz). Mitte des 20. Jahrhunderts, unter dem Einfluss des →Behaviorismus, besaßen in den USA physiologische Theorien die Vorherrschaft. Die Motivationstheorie von Abraham Maslow basiert auf einem humanistischen Menschenbild.

Maslow nennt fünf hierarchisch geordnete Bedürfnisklassen: physiologische →Bedürfnisse, Angstfreiheit, Schutz und Zugehörigkeit, Anerkennung und Status sowie Selbstverwirklichung.

Heute dominieren in der in den westlichen Industrieländern betriebenen Psychologie interaktionistische, die Beziehung zur Umwelt und zu anderen Menschen thematisierende Modelle, wie das Modell von dem amerikanischen Psychologen Philip Zimbardo, sowie tätigkeits- und erlebnisorientierte Konzepte, z.B. von den amerikanischen Motivationsforschern David McClelland und Mihaly Csikszentmihalyi. Der amerikanische Psychologe Steven Reiss unterscheidet insgesamt 16 in der westlichen Kultur vorkommende Motivlagen (u.a. Macht, Unabhängigkeit, Neugier, Anerkennung, Status, Familie, Geld, Beziehungen, Ruhe), die beim Einzelnen jeweils unterschiedlich ausgeprägt sind.

*Forschung und Praxis:* Die Motivationsforschung ist ein interdisziplinäres Feld von allgemeiner Psychologie, Sozialpsychologie, Medizin, Psychiatrie und Verhaltensforschung. Die Ergebnisse der Motivationsforschung werden in Ausbildungsstätten und Betrieben genutzt, in denen durch Maßnahmen der Unternehmensorganisation eine hohe →Leistungsmotivation angestrebt wird. Die Frage nach der Motivation von extremen, ungewöhnlichen Taten (z. B. besonders brutalen Gewaltverbrechen) beschäftigt nahezu die gesamte Öffentlichkeit. In der Beurteilung und Begutachtung derartiger Handlungen, v. a. bei strafrechtlich relevanten Fällen, kommen aber eher die Psychiater, weniger die Psychologen zum Zug. Die Diskrepanz zwischen den Erklärungen der Öffentlichkeit für abweichendes Verhalten und der wissenschaftlichen Motivationstheorie erklärt sich dadurch, dass die Psychologie nach übergreifenden, allgemeinen Motiven für alltägliches Verhalten sucht.

**Motorik** [von latein. motor »Beweger«]: Gesamtheit der aktiven, vom Gehirn aus gesteuerten, koordinierten Bewegungen des menschlichen Körpers. Durch eine feine Abstimmung des menschlichen Bewegungsapparates, das Zusammenspiel von Muskeln, Sehnen und Gelenken sowie die Anpassung der Atmung und des Herzschlages an Dauer und Intensität des Kraftaufwandes ermöglicht das Gehirn eine Antwort auf viele Signale, die durch die Sinne empfangen wurden, und die Durchführung von Bewegungsfolgen. Man unterscheidet die **Grobmotorik** (die allgemeine Körper- und Gliederstärke, Bewegungskoordination sowie Reaktionsschnelligkeit und das allgemeine Reaktionsvermögen) von der **Feinmotorik** (Fingergeschicklichkeit, Mimik).

Es gibt kein sichtbares Verhalten, keine messbare Verhaltensänderung einer Person, die nicht gleichzeitig bewusste oder unbewusste Bewegungsabläufe beinhaltet. Dabei gibt es Muskeln, die vom →Zentralnervensystem bewegt werden, z. B. die Skelettmuskulatur, und andere, die vom vegetativen →Nervensystem gesteuert werden, z. B. die Muskulatur in den Eingeweiden, an den Wänden der Blutgefäße und in den Drüsen sowie der Herzmuskel. Letztere arbeiten auch ohne übergeordnete neuronale Kontrolle, also auch dann, wenn man das Bewusstsein verloren hat. Durch Lernvorgänge jedoch kann die Aktivität der glatten Muskulatur teilweise bewusst gesteuert werden; z. B. kann man lernen, die eigene Herzschlagfrequenz zu verändern, etwa mithilfe des →Biofeedbacks.

Beim Emotionsausdruck treten beide Formen der Muskulatur in Aktion; neben Mimik und Gestik ändert sich auch die Körperhaltung, durch die Abwehr oder Freude ausgedrückt werden, man empfindet »Herzklopfen«, errötet oder schwitzt. Die **Sprechmotorik** wird vom Broca-Zentrum (→Sprachzentren) aus gesteuert.

**Motorikentwicklung:** Entstehung und Ausdifferenzierung der koordinierten Bewegungen des menschlichen Körpers. Die Motorikentwicklung des Kindes steht in engem Zusammenhang mit der Ausbildung bedeutender geistig-seelischer Funktionen wie etwa der Wahrnehmung und des Willens. So beinhaltet das Greifen eines Objekts, etwa eines Spielzeugs, den Wunsch, dieses Objekt zu ertasten und zu erkunden.

In den ersten Wochen nach der Geburt zeigt ein Säugling zunächst allgemeine Bewegungen wie Stoßen mit den Armen und Beinen, die im Laufe der weiteren Entwicklung zu weicheren und zielgerichteten Bewegungen werden. Außerdem zeigt der Säugling reflexähnliche Bewegungen, die später verschwinden oder nach einigen Wochen oder Monaten in anderer Form wieder auftauchen: u. a. Kopfbewegung in die Richtung, in der das Gesicht berührt wurde; Greifbewegung, wenn die Handinnenfläche berührt wird, Schwimmbewegungen im Wasser, Schreitbewegungen, wenn das Kind auf eine Ebene gestellt wird, sowie Saugen. Nach neueren Erkenntnissen handelt es sich bei diesen komplexen Verhaltensmustern nicht um starre Reflexe, wie bislang angenommen wurde, sondern um Verhaltensreaktionen, die in den ersten Lebenswochen zunehmend an die Besonderheiten der Umgebung angepasst werden (z. B. Saugreaktion bei Darbietung der Brust versus eines Fläschchens).

Vom etwa dritten bis zum zwölften Lebensmonat lernt das Baby zahlreiche neue motorische Funktionen. Es gelingt ihm durch Kraftzunahme im Oberkörper das Aufrechthalten seines Kopfes, dann das Sitzen und Stehen sowie erstes Gehen mit Gehhilfen. Greifbewegungen werden differenzierter, das Baby greift einen Gegenstand gezielt, kann als Nächstes einen Gegenstand auch beidhändig greifen und von einer in die andere Hand nehmen, d. h., die Bewegungen der Hände koordinieren. Dies ist möglich durch Reifung der motorischen Hirnregionen und die Verbindung der beiden Hirnhälften.

Im zweiten Lebensjahr gelingt dem Kind durch u. a. Kraftzunahme in den Beinen schließlich das Gehen. Ab diesem Lebensalter wird die

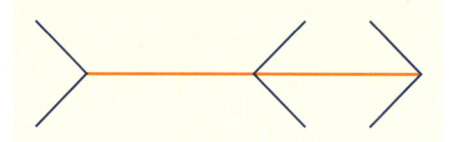

**Müller-Lyer-Täuschung**

bislang erworbene Fein- und Grobmotorik verfeinert.

**motorische Tests:** Tests zur Feststellung der motorischen Entwicklung von Kindern. Sie dienen der Funktionsprüfung und messen die Reaktionsstärke (Kraft), die Reaktionsgeschwindigkeit oder Reaktionsgenauigkeit bzw. -geschicklichkeit und werden in der Entwicklungsdiagnostik zur Prüfung, ob eine normale Entwicklung vorliegt, in der Sportdiagnostik, v. a. aber im Bereich der neuropsychologischen Diagnostik eingesetzt.

**Multiple-Choice-Verfahren:** Eine typische Anwendung dieses Verfahrens ist die theoretische Führerscheinprüfung.

**MPU:** → medizinisch-psychologische Untersuchung.

**Müdigkeit:** Folge der → Ermüdung.

**Müller-Lyer-Täuschung:** eine optische Täuschung, bei der zwei objektiv gleich lange Strecken durch pfeilartig angrenzende diagonale Linien am Ende subjektiv ungleich lang erscheinen.

**multikulturelle Erziehung:** die → interkulturelle Erziehung.

**Multimedia** [zu latein. multus »viel«]: die gleichzeitige Darstellung von Informationen unterschiedlicher Art (wie Texte, Bilder, Animationen, Videos, Klänge, gesprochene Sprache, Musik) auf einem Gerät. Computer mit geeigneten Interfaces (Soundkarte, Videokarte) sind geeignete Wiedergabegeräte für digital codierte Multimediadokumente, die entweder von einem Speichermedium (z. B. CD-ROM) oder aus dem Internet abgerufen werden. Multimediadokumente enthalten zumeist auch Verknüpfungen (Hyperlinks), d. h. für Mausklicks sensitive Textabschnitte oder Bilder, durch die zu anderen Stellen im Dokument abgezweigt werden kann.

**multimediales Lernen:** computergestütztes Lernen, Lernen mithilfe multimedialer Anwendungen. Untersuchungen zeigen, dass eine Person besser lernt, wenn der Lernstoff in Text- und in Bildform dargestellt wird, als wenn die Person nur einen Text liest. Allerdings besteht dieser Effekt nur dann, wenn Text und Bild inhaltlich zusammenhängen und räumlich oder zeitlich nah beieinander dargeboten werden. Dies gilt auch für Bild und Ton. Es wird besser gelernt, wenn z. B. ein Film von gesprochenem Text begleitet wird. Wenn die Person bereits viel Vorwissen oder hohe kognitive Fähigkeiten hat, kann sich der Effekt umkehren, ein Bild z. B. kann den Lernenden ablenken, sodass das Lernergebnis schlechter wird als ohne Bild.

Hinsichtlich der Motivation zum Lernen hat multimediales Lernen wegen der höheren Unterhaltsamkeit Vorteile gegenüber dem herkömmlichen Lernen, andererseits sind multimedial aufbereitete Informationen scheinbar realitätsnah und verführen zu einer oberflächlichen Rezeptionsweise, die einem tieferen Verständnis und dem Behalten abträglich ist.

Multimediales Lernen gewinnt u. a. im Bereich der beruflichen Weiterbildung an Bedeutung. Vorteile sind Zeit- und Ortunabhängigkeit des Lernens sowie freie Wahl der Dauer der Lernsequenzen. Allerdings fehlt hier der direkte Austausch mit Lehrenden und Mitlernenden.

Deshalb wird empfohlen, multimediales Lernen mit klassischen Lernmethoden zu kombinieren.

**Multimorbidität:** das gemeinsame Auftreten mehrerer seelischer oder körperlicher Krankheiten bei einer Person.

**Multiple-Choice-Verfahren** [ˈmʌltɪplˈtʃɔɪs-, engl. »Mehrfachauswahl«]: schriftliches Prüfungsverfahren, bei dem zu jeder Frage mehrere Antworten vorgegeben sind, aus denen der Prüfling die richtige durch Ankreuzen auswählt. Der Vorteil dieses Verfahrens ist seine ökonomische Durchführung und die Objektivität der Auswertung. Nachteilig ist, dass der Prüfling im Wesentlichen auswendig gelerntes Wissen wiedergibt, keine eigenen Ideen entwickeln kann oder Zusammenhänge zwischen Wissensbereichen herstellen muss. Im akademischen Bereich werden Multiple-Choice-Verfahren v. a. bei Prüfungen im Medizinstudium eingesetzt. Kritiker wenden ein, dass die Prüfungsergebnisse keine Vorhersage auf die praktischen Fähigkeiten als Arzt erlauben.

**multiple Persönlichkeit** [von latein. multiplex »vielfältig«, »vielfach«], **multiple Persönlichkeitsstörung, dissoziative Identitätsstörung:** psychische Störung, bei der eine Person mehrere vollständige Persönlichkeitsanteile mit jeweils eigenem Verhalten, Denken und Fühlen entwickelt. Dabei kann ein Persönlichkeitsanteil von der Existenz des anderen wissen oder auch nicht. So kann ein Betroffener von einem unauffälligen Zustand in einen Zustand wechseln, in dem er tieftraurig ist und seinem Alltag nicht mehr nachkommen kann oder plötzlich Dinge tut, die er sonst nicht tun würde. Zeitlücken in der Erinnerung, plötzlich einschießende ängstigende Bilder (Flashbacks) oder Stimmenhören können weitere der verschiedenartigen Symptome der Erkrankung sein. In der ICD-10 wird die multiple Persönlichkeit nicht unter den Persönlichkeitsstörungen, sondern unter den →dissoziativen Störungen klassifiziert.

Bei der multiplen Persönlichkeit lassen sich fast immer schwere seelische Verletzungen in der Kindheit finden. Es wird davon ausgegangen, dass misshandelte Kinder während der Misshandlung lernen (müssen), aus dem gequälten Körper auszusteigen, um seelisch überleben zu können, allerdings um den Preis, dass die Erlebnisse und die dazugehörigen Gefühle abgespalten werden und sich keine Integrität der Persönlichkeit entwickeln kann.

Ein aktueller Ansatz zum Verständnis der multiplen Persönlichkeit ist die Theorie der strukturellen Dissoziation der Persönlichkeit, nach der Betroffene – vereinfacht dargestellt – einen anscheinenden normalen Persönlichkeitsanteil (ANP) und einen oder mehrere emotionale Persönlichkeitsanteile (EPs) entwickelt haben. Der ANP ist zuständig für das Alltagsleben, er funktioniert für die Lebensführung und hält die Erinnerung an traumatische Erfahrungen fern. Die EPs sind auf das Trauma fixiert, sie repräsentieren die Gefühle des misshandelten, verzweifelten Kindes, z. B. gibt es einen ängstlichen und einen wütenden EP. In der Psychotherapie wird versucht, eine Integration der Anteile zu erreichen, indem sie schrittweise in Kontakt gebracht werden. Die Anteile sollen sich nicht mehr voreinander fürchten, sondern sich gegenseitig unterstützen. Die Psychotherapie zielt in erster Linie auf die Bewältigung aktueller Konflikte ab; eine Traumabearbeitung kann, muss aber nicht erfolgen.

**multiple Sklerose:** Physiotherapeutische Maßnahmen wie etwa Wassergymnastik alleine werden der Krankheit nicht gerecht. Von großer Bedeutung ist die psychosoziale Unterstützung etwa in Selbsthilfegruppen.

**multiple Sklerose,** Abk. **MS:** chronisch-entzündliche Erkrankung des zentralen Nervensystems, in deren in Schüben fortschreitendem Verlauf die isolierenden Umhüllungen der Nervenstränge zerstört werden, was neurologische Ausfälle nach sich zieht. Mögliche Symptome sind Sehstörungen, Empfindungsstörungen, Lähmungen sowie Sprech- und Gangstörungen.

Die multiple Sklerose ist nicht heilbar, kann jedoch medikamentös gelindert werden. Im akuten Schub werden Kortikoide, bestimmte Nebennierenrindenhormone, eingesetzt, bei schweren Verläufen werden zwischen den Schüben starke, die Immunreaktion abschwächende Mittel gegeben. Die häufig verwendeten Zellgifte Azathioprin, Mitoxantron und Cyclophosphamid vermindern die Antikörperpro-

> **multiple Sklerose | Selbsthilfegruppen nutzen**
> Für neu an multipler Sklerose Erkrankte gibt es in vielen Städten Neubetroffenengruppen, die sich speziell mit Fragen der Krankheitsverarbeitung auseinandersetzen. Weniger hilfreich für neu Erkrankte sind Selbsthilfegruppen, in denen Betroffene mit fortgeschrittenem Krankheitsverlauf ihre Erfahrungen austauschen. Über die Deutsche Multiple Sklerose Gesellschaft (Hannover) sind Informationen über die örtlichen Angebote erhältlich.

duktion und die Zahl der Zellteilungen v. a. der Zellen des Abwehrsystems. Die Wirksamkeit neuerer, in den vergangenen Jahren erprobter Medikamente wie Interferon beta-1b oder Copolymer 1 ist bisher v. a. bei schubförmiger multipler Sklerose nachgewiesen. Begleitend werden Medikamente zur Besserung der Symptome eingesetzt, so z. B. Parasympathikolytika, welche die Blasenfunktion verbessern, oder Spasmolytika zur Herabsetzung der Muskelspannung. Eine aktuelle Studie weist darauf hin, dass die Zuführung von Testosteron bei Männern den Abbau von Nervenzellen verlangsamt: Männer, die zuvor jährlich durchschnittlich 0,81 % ihrer Gehirnmasse verloren, verloren nach dreimonatiger Behandlung nur noch 0,25 % an Gehirnmasse.

**Münchhausen-Syndrom:** eine →Artefaktkrankheit.

**Mund:** durch Lippen begrenztes Körperorgan an der Vorderseite des Kopfes. Er ist wesentlich am Sprechen beteiligt und spielt beim →Kuss eine große Rolle in der Sexualität. Außerdem hat der Mund im erotischen Bereich auffällige Signal- und Auslösewirkung: Die Lippen signalisieren durch Form, Farbe und Feuchtigkeit (nicht selten künstlich betont) Angebot oder Wunsch. Die Lippen kennzeichnen auch den individuellen Gesichtsausdruck (→Mimik) und die Stimmung. Schmale Lippen und gesenkte Mundwinkel stehen für eine gedrückte, depressive Stimmung. Für Kleinkinder, die viele Gegenstände in den Mund nehmen, hat der Mund auch die Funktion eines →Nahsinns.

**Mündigkeit:** 1) im *Recht* die Volljährigkeit, die in der Bundesrepublik Deutschland und der Schweiz mit der Vollendung des 18. Lebensjahres eintritt. Mit der **Volljährigkeit** enden die →elterliche Sorge und die →Vormundschaft. In Österreich ist Volljährigkeit mit der Vollendung des 19. Lebensjahres erreicht; ein Minderjähriger kann nach Vollendung des 18. Lebensjahres für volljährig (mündig) erklärt werden;

2) in der *Philosophie* im weiteren Sinne jegliches innere wie äußere Vermögen zur Selbstbestimmung, der Zustand der Unabhängigkeit, des Für-sich-selbst-sorgen- und -sprechen-Könnens, häufig im Zusammenhang mit Emanzipation.

**Münzökonomie, Token-Ökonomie** [ˈtəʊkən-, engl. »Zeichen«, »Marke«]: ein Verfahren der Verhaltenstherapie, bei dem unerwünschtes Verhalten beseitigt wird, indem man erwünschte Verhaltensweisen nach vorher vereinbarten Regeln systematisch mit Tokens (das sind Punkte, Münzen oder Chips als »Verstärker« für ein solches Verhalten) belohnt, die man dann gegen andere »Verstärker« (z. B. einen Kinobesuch) eintauschen kann. Unerwünschtes Verhalten wird dagegen durch Einzug von Tokens bestraft. Die Gabe dieser externen Verstärker soll allmählich durch interne Verstärker wie Selbstlob und zunehmende Selbstkontrolle des Verhaltens ersetzt werden. Münzökonomien werden v. a. in der Schule zur Steigerung der Aufmerksamkeit und →Leistungsmotivation, zur Behandlung von kindlichen Verhaltensauffälligkeiten und bei seelisch stark beeinträchtigten Patienten in psychiatrischen Krankenhäusern eingesetzt.

**Muse|umspädagogik:** Wissenschaft von der Vermittlung musealer Themen und Gegenstände sowie praktische pädagogische Maßnahmen, die speziell Kinder und Jugedliche, aber auch Erwachsene, an das Sammelgut eines Museums heranführen. Dazu dienen u. a. spezielle Führungen, Workshops und nach didaktischen Konzepten erstellte Schautafeln, Dias sowie Arbeitsmaterialien.

**Musikpsychologie:** Wolfgang Amadeus Mozart, hier mit seiner Schwester Nannerl und seinem Vater beim Hauskonzert, galt aufgrund seiner früh entwickelten Virtuosität im Klavier- und Violinspiel, seines Talents zum Komponieren und seines außergewöhnlichen musikalischen Gedächtnisses als »Wunderkind«.

**Musikpsychologie:** Teilgebiet der Psychologie, das sich mit der musikalischen Begabung und mit der Wirkung der Musik auf den Menschen beschäftigt. Während noch im 19. Jh. die Musikalität als typisches Beispiel einer genetisch bedingten Fähigkeit gesehen wurde, wird heute aufgrund empirischer Untersuchungen angenommen, dass sie in hohem Maß erlernbar ist. So können Versuchspersonen, die zunächst nur sehr schlecht Tonhöhen unterscheiden konnten (also ein »schlechtes Gehör« hatten), diese Fähigkeit durch Übung beträchtlich steigern; das Gleiche gilt für das »absolute Gehör«, d. h. die Fähigkeit, Töne auch ohne Vergleichsmöglichkeiten zu identifizieren. Ein weiterer wesentlicher Bestandteil der Musikalität ist das musikalische Gedächtnis; es scheint eine der wichtigsten Voraussetzungen für den Erfolg bei musikalischen Leistungen zu sein. Die Wirkung von Musikstücken ist ebenfalls untersucht worden: Durtonarten werden als fröhlich, Molltonarten eher als beschaulich oder traurig eingeschätzt; hohe Töne und schnelles Tempo werden als lustig, tiefe Töne und langsames Tempo als traurig oder gesetzt empfunden. Es hat sich gezeigt, dass der Musikgeschmack und das Urteil über Musik zu den stabilsten Merkmalen einer Person gehören.

**Musiktherapie:** Behandlung psychischer Störungen durch Musik. Die heilende Wirkung von Musik ist schon seit Jahrtausenden dokumentiert; ein bekanntes, im Alten Testament berichtetes Beispiel ist die Heilung des Königs Saul, den Davids Harfenspiel von einer Depression befreite. Auch Platon und Pythagoras wiesen bereits auf die Heilkraft der Musik hin. Heute wird Musiktherapie als Teil einer insgesamt auf seelisch-geistige Anregung und Förderung der Ausdruckskraft angelegten Behandlung verwendet, die v. a. bei psychosomatischen Erkrankungen angezeigt ist. Dabei kann man eine passive und eine aktive Musiktherapie unterscheiden: Im ersten Fall hören die Kranken besonders ausgesuchte Musikstücke; ihre Erlebnisse werden dann in Gesprächen oder mit anderen Hilfsmitteln (→Psychodrama) weiter bearbeitet. Im anderen Fall produzieren die Kranken selbst Musik, meist mit einfachen Instrumenten, bei denen sich schnell Erfolgserlebnisse einstellen, z. B. Schlagzeug, Trommeln, Xylofone.

**Muskel|entspannung:** Training der Körpermuskulatur, das über eine Senkung der Spannungen in den Muskeln die körperlichen Funktionen harmonisiert und auch Ängste beeinflusst. Da Angst in der Regel einen Spannungszustand der Muskulatur auslöst, liegt der Gedanke nahe, durch gezielte Übungen (→progressive Muskelentspannung) Ängste abzubauen. Muskuläre Entspannung einzuleiten und dadurch die Angstbereitschaft zu vermindern, ist eine der grundlegenden Methoden der →Verhaltenstherapie. Auf diese Weise kann man in kleinen Schritten Ängste reduzieren, die ohne dieses systematische Vorgehen den Körper erstarren lassen würden.

**Musiktherapie:** Musiktherapeutische Übung mit Trommeln – die beim Musizieren entstehenden Emotionen werden später im therapeutischen Gespräch erörtert.

**Muskelsinn:** das Vermögen, über →Propriorezeptoren Veränderungen in der eigenen Muskulatur (Kontraktion, Dehnung) wahrzunehmen. Die Sinneszellen befinden sich an den Muskeln und Gelenken im Inneren des Körpers. Der Muskelsinn wird als Tiefensinn vom Oberflächensinn, den Druckrezeptoren auf der Haut, abgegrenzt.

**Muße:** das tätige Nichtstun; spezifische Form der schöpferischen Verwendung von Freizeit, unabhängig von Zwängen durch fremdbestimmte Arbeit, durch Forderungen der Gesellschaft, aber auch von Konsumzwängen der Frei-

---

**Muße | Mußezeiten für Körper und Seele**
Regelmäßige Mußezeiten erlauben eine körperliche und seelische Erholung. Wer einmal eine Zeitlang an nichts Bestimmtes denkt, keine Ziele verfolgt, keine Pläne schmiedet, wird erleben, welch überraschende Gedanken ihm oder ihr kommen; Erinnerungen an schöne Erlebnisse können genauso dabei sein wie plötzliche Lösungen für Alltagsprobleme, die man lange vor sich hergeschoben hat. Schon ein halbstündiger Spaziergang kann einem solche Muße verschaffen.

**Mutter:** Die Problematik der Mutterrolle liegt unter anderem im Widerstreit des Selbstverwirklichungsanspruchs der Frau, dem nach wie vor existierenden Idealbild von der aufopferungsvollen Mutter und der schon im Säuglingsalter beginnenden Ablösung des Kindes von der Mutter.

zeitindustrie. Muße ist eine Grundbedingung für die Selbstfindung und kreative Selbstverwirklichung des Menschen.

**Mut:** Fähigkeit zur Überwindung einer Handlungsblockade infolge tatsächlicher, potenzieller oder subjektiver Bedrohung. Die Einschätzung der Gefährlichkeit bestimmter Dinge sowie die Ausprägung von Angst sind individuell sehr unterschiedlich. Dementsprechend gibt es zwischen den Menschen auch große Unterschiede hinsichtlich der Ausprägung von Mut. Besonders im Jugendlichenalter gelten Mutproben als Beweis für den eigenen Mut und damit für Stärke und Durchsetzungsvermögen. Im Erwachsenenalter wird Mut in Form von Zivilcourage wichtig. Eine Unterscheidung zwischen Mut und Leichtsinn ist nicht immer leicht zu treffen.

Eltern, die sehr ängstlich auf jeden Schritt ihres Kindes z. B. auf dem Spielplatz reagieren (»Pass auf, dass du nicht vom Klettergerüst fällst!«) oder die Kinder in ihrem Neugierverhalten massiv einschränken, werden eher Ängstlichkeit und damit auch Mutlosigkeit bei ihrem Kind hervorrufen. In extremen Fällen kann Mutlosigkeit zu einem allgemeinen Gefühl der Hilflosigkeit führen.

**Mutismus** [zu latein. mutus »stumm«]: seelisch bedingtes Nichtsprechen trotz völliger Funktionsfähigkeit der Sprachzentren und der Sprechmotorik. Mutismus tritt als Folge von Schreck, affektiver Erregung oder psychischer Überbeanspruchung, aber auch als Begleitsymptom von neurotischen oder psychotischen Störungen auf. Bei Kindern ist Mutismus häufig Ausdruck mangelnder emotionaler Zuwendung und bedarf im Allgemeinen der Psychotherapie.

**Mutter:** die Frau im Verhältnis zu ihrem Kind; im biologischen Sinn die Frau, die geboren hat; im rechtlichen Sinn auch die Adoptivmutter. Die Mutter stellt in der Regel die erste Bezugsperson des Kindes dar; besonders die frühe Mutter-Kind-Beziehung (→Eltern-Kind-Beziehung) bildet aus psychologischer Sicht die Grundlage für die Ausbildung eines Urvertrauens der emotionalen Lebenssicherheit, der Beziehungs- und Liebesfähigkeit und der Sozialisation des Menschen. Die Verhaltensforschung nimmt an, dass mit der Geburt — und zwar beginnend mit dem Sehen (→Kindchenschema) und Hören des Säuglings durch die Mutter — ein angeborener Mutter- bzw. Pflegeinstinkt ausgelöst wird. Dieser Veranlagung der Mutter, für das Kind zu sorgen, entsprechen die natürlichen Verhaltensweisen des Kindes (z. B. Weinen, Klammern), mit denen es die Zuwendung der Bezugsperson(en) und Anschluss an diese sucht.

*Mutter-Kind-Beziehung*

Eine emotional sichere, ungestörte Mutter-Kind-Bindung, die von der Mutter oder auch einer anderen zuverlässig verfügbaren Bezugsperson getragen wird, ist von wesentlicher Bedeutung für die Entwicklung des Kindes. Gestörte Beziehungskonstellationen zwischen Eltern und Kind können zu Entwicklungskonflikten führen. Die Beziehung zur Mutter wie auch die Ablösung von der Mutterfixierung im Laufe des Reifungsprozesses des Kindes und Jugendlichen wirken vorbildhaft für die Gestaltung von Beziehungen im späteren Leben. Eine ins Erwachsenenalter fortbestehende starke innere Abhängigkeit von der Mutter kann den Aufbau einer Beziehung zu anderen Menschen und insbesondere den Aufbau von Partnerschaften stören und die Selbstentfaltung und Lebensgestaltung hemmen, indem eine Erfüllung mütterlicher Erwartungen unbewusst bestimmend bleibt.

Wurde in der Psychologie schon früh die Bedeutung der Eltern, v. a. der Mutter-Kind-Beziehung, für die Lebens- und Interaktionsfähigkeit des Menschen hervorgehoben, z. B. von Sigmund Freud und Carl Gustav Jung, so untersucht die neuere Forschung auch die Beziehungen des Kindes zu anderen Personen, v. a. zum

→Vater, aber auch zu Geschwistern, Freunden, Lehrern und Betreuern, z. B. →Tagesmüttern. Dabei wird deutlich, dass fehlgeschlagene frühe Beziehungserfahrungen durch andere enge Beziehungen kompensiert werden können. Neueren wissenschaftlichen Untersuchungen zufolge kann eine ungewollte oder auch eine frühe Schwangerschaft zu Problemen bei der Annahme der Mutterrolle führen. Dies kann sich negativ auf die frühe Mutter-Kind-Bindung und die Ausprägung des Urvertrauens auswirken.

*Veränderung der Partnerschaft*

Das Mutterwerden stellt ein kritisches Lebensereignis und eine große Herausforderung für die Frau dar. Sie muss sich auf körperlicher, physischer, psychischer und sozialer Ebene an die neue Lebenssituation anpassen. Meist geht diese Anpassung mit einer Fülle von Veränderungen in der alltäglichen Lebensgestaltung und mit einer Einschränkung von eigenen Aktivitäten und Interessen einher. Die junge Mutter muss sich auf einen komplett neuen Tagesablauf einstellen, der in der ersten Zeit weitgehend durch die Bedürfnisse des Säuglings bestimmt wird, etwa Schlaf-wach-Rhythmus, Still- oder Fütterzeiten. Den körperlichen und psychischen Anstrengungen, die die Geburt und die Versorgung des Säuglings (z. B. nächtliches Füttern) mit sich bringen, stehen in der Regel die Glücksgefühle und eine emotionale Bindung an den Säugling gegenüber.

Durch die Übernahme der Mutterrolle kommt es auch zu einer massiven Veränderung der Partnerbeziehung. Während die Frau vor der Geburt in der Regel einen Großteil der Freizeit mit ihrem Partner verbracht hat, steht nun zunächst das gemeinsame Kind im Mittelpunkt: Aus der Zeit zu zweit wird die Zeit zu dritt. Auch auf sozialer Ebene führt die Übernahme der Mutterrolle zu Veränderungen der weiblichen Identität. Stand die Frau vor der Geburt meist im Berufsleben und war finanziell unabhängig, übt sie in den ersten Jahren nach der Geburt auch heute noch häufig die Rolle der Hausfrau aus. Vielen jungen Müttern gelingt es nicht, die eigene Persönlichkeit und die Sexualität wahrzunehmen und auszuleben.

*Mutterbilder*

Das Idealbild der Mutter in der Öffentlichkeit wird sehr stark von gesellschaftlichen Konventionen und Normen geprägt. In Deutschland dominiert immer noch das Idealbild von der nicht oder nur geringfügig erwerbstätigen Frau als Mutter (nach dem Motto: »Eine Mutter gehört zu ihrem Kind«). Allerdings hat diese Vorstellung seit den 1970er-Jahren an Bedeutung eingebüßt: Immer mehr Mütter streben einen schnellen (Wieder-)Einstieg in den Beruf an. Sie definieren sich selbst nicht mehr nur ausschließlich über ihre Rolle als Mutter, sondern suchen als Ergänzung und/oder Ausgleich zur Kindererziehung auch Bestätigung durch ihren Beruf. Die Berufstätigkeit von Müttern ist aber in anderen europäischen Ländern, z. B. in den skandinavischen Staaten, immer noch üblicher als in Deutschland.

Mit dem Heranwachsen der Kinder verändern sich auch die Aufgaben der Mütter. Während in den ersten Lebensjahren der Aspekt des Versorgens im Mittelpunkt steht, wird mit dem späten Kindes- und dem Jugendalter die Erziehung zur Selbstständigkeit und Eigenverantwortung immer wichtiger. Für manche Frauen stellt es ein schwerwiegendes Problem dar, wenn ihre Kinder im frühen Erwachsenenalter das Haus verlassen, um ihr eigenes Leben zu führen. Gerade Frauen, die während der Zeit der Kindererziehung keiner Berufstätigkeit nachgingen, können den Auszug der Kinder als ein unfreiwilliges Zurückgelassenwerden empfinden und u. a. mit Depressionen reagieren.

**LESETIPPS:**

HERRAD SCHENK: *Wieviel Mutter braucht der Mensch? Der Mythos von der guten Mutter.* Reinbek (Rowohlt Taschenbuch) 1998.

WERNER EICHHORST u. a.: *Vereinbarkeit von Familie und Beruf im internationalen Vergleich. Zwischen Paradigma und Praxis.* Gütersloh (Bertelsmann-Stiftung) 2007.

DAPHNE DE MARNEFFE: *Die Lust, Mutter zu sein: Liebe, Kinder, Glück.* Taschenbuchausgabe München (Piper) 2007.

**Mutter|instinkt:** angeborene Tendenz einer Mutter, das eigene Kind zu beschützen und angemessen zu versorgen. Nach den Annahmen der Verhaltensforschung kommt es zu einem intuitiv richtigen, biologisch sinnvollen Signalaustausch zwischen Mutter und Kind. So sprechen Mütter mit ihren Säuglingen beispielsweise in einer höheren Stimmlage, die diese besser hören können. Neben dem Mutterinstinkt sind jedoch Lernprozesse, Persönlichkeit und seelisches Befinden der Mutter von entscheidender Bedeutung für die Gestaltung der Mutter-Kind-Beziehung und die Entwicklung der Kinder.

**Mutter-Kind-Beziehung:** Art und Intensität der Interaktion zwischen Mutter und Kind. Da in der neueren Forschung auch der Stellenwert des →Vaters für die frühe kindliche Entwicklung anerkannt wird, spricht man heute zunehmend auch von →Eltern-Kind-Beziehung.

**Mutterschutz:** Maßnahmen zum Schutz der in einem Arbeitsverhältnis stehenden Frauen während der Schwangerschaft und nach der Entbindung vor Überforderung und Gesundheitsschädigung am Arbeitsplatz, vor Kündigung und finanziellen Nachteilen. Das Mutterschutzgesetz in Deutschland beinhaltet ein Beschäftigungsverbot sechs Wochen vor und acht (bei Früh- und Mehrlingsgeburten zwölf) Wochen nach der Entbindung. Während dieser Zeit wird von der gesetzlichen Krankenversicherung Mutterschaftsgeld gezahlt, anschließend können Elternzeit und Erziehungsgeld in Anspruch genommen werden.

Während der Schwangerschaft und bis vier Monate nach der Geburt ist eine Kündigung durch den Arbeitgeber verboten (besonderer Kündigungsschutz). Außerdem sind grundsätzlich schwere körperliche Arbeiten, Mehr- und Nachtarbeit, Sonn- oder Feiertagsarbeit untersagt und der Arbeitgeber hat bei der Gestaltung des Arbeitsplatzes Maßnahmen zu ergreifen, die Leben und Gesundheit werdender oder stillender Mütter besonders schützen. Zum Mutterschutz im weiteren Sinne können auch Leistungen der Krankenkassen wie z. B. eine Haushaltshilfe gezählt werden.

**Muttersprache:** beim Spracherwerb im Kleinkindalter erlernte Sprache. Der Spracherwerb der ersten Sprache erfolgt in relativ festgelegten Stadien und scheint einem biologischen Programm zu folgen. Zur Muttersprache wird die Sprache, die in der Umgebung des Kindes in seinen ersten Lebensjahren gesprochen wird. Bei Erreichen des Schulalters ist die sprachliche Kompetenz weitgehend ausgebildet. Später erlernte Fremdsprachen werden nach anderen Prinzipien erworben, sodass sich nur schwer ein so sicheres Sprachgefühl einstellt (z. B. akzentfreie Aussprache, fehlerfreier Satzbau), wie es für den Muttersprachler kennzeichnend ist.

Bei Kindern, die zweisprachig aufgewachsen sind, ist die Festlegung einer Sprache als Muttersprache oft schwierig, da keine der beiden erlernten Sprachen der anderen eindeutig vorgezogen wird.

**Nachahmung:** die →Imitation.

**Nachbarschaft:** räumliche soziale Nähe. Nachbarschaft entsteht dort, wo Menschen länger nebeneinanderleben und eine Kultur der Nachbarschaftshilfe ausgebildet haben: Während in dünn besiedelten Gebieten eine persönliche und oft enge Beziehung zu den Nachbarn meist selbstverständlich ist, beschränken sich in den Großstädten die nachbarschaftlichen Kontakte häufig auf ein Minimum. Experimente haben gezeigt, dass in Gebieten mit einem hohen Grad an Nachbarschaftsorientierung ein »verlassenes« Auto (keine Nummernschilder, Motorhaube geöffnet) wochenlang unangetastet stehen blieb, während in Gebieten mit geringer Nachbarschaftsorientierung ein solches Fahrzeug bereits nach einigen Tagen vollkommen ausgeschlachtet war.

Nachbarschaft wird aber keineswegs nur positiv erlebt; sie bringt immer auch ein gewisses Maß an sozialer Kontrolle mit sich, das vielen Menschen unangenehm ist, die sich ihr soziales Netzwerk (→Netzwerk, soziales) lieber selbst aussuchen.

**Nach|effekt:** das Nachwirken eines länger dauernden visuellen Sinnesreizes in einer Empfindung, die den tatsächlichen Gegebenheiten nicht mehr entspricht. Ein solcher Nacheffekt ist z. B. das farbige Nachbild: Wenn man einen möglichst reinfarbigen Gegenstand etwa 30 Sekunden lang anblickt und dann auf eine nicht zu helle Fläche schaut, sieht man den zuvor betrachteten Gegenstand in der Komplementärfarbe auf dieser Fläche.

**nachgiebiger Erziehungsstil:** ein →Erziehungsstil.

**Nachsorge:** ärztliche und psychosoziale Betreuung eines Patienten nach der klinischen Behandlung einer Krankheit oder einer Operation, v. a. bei Krebs- und Herzinfarktpatienten. Dabei geht es v. a. darum, dass der Patient lernt, seinen Lebensstil umzustellen, Belastungen zu reduzieren und auf Verhaltensweisen zu verzichten, die potenziell krank machend sind.

**nächtliches Aufschrecken, Pavor nocturnus** [latein.]: v. a. bei jüngeren Kindern vorkommendes plötzliches Hochschrecken aus dem Schlaf (dem ersten Drittel des Nachtschlafs), das mit Schreien, Atemnot und Schweißausbrüchen, seltener mit Einnässen, verbunden sein kann. Das Kind schläft meist bald wieder ein und erinnert sich am nächsten Tag nicht an das Ereignis.

Nächtliches Aufschrecken kommt bei ca. 4 % der Kinder vor und geht wieder zurück mit dem Älterwerden. Eine Ursache ist vermutlich die Verarbeitung von Erlebnissen des Vortages; in den meisten Fällen hatte das Kind einen aufregenden Tag, das können auch positive Erlebnisse sein, z. B. eine Geburtstagsfeier. Es wird davon ausgegangen, dass das kindliche Gehirn noch nicht in der Lage ist, starke Reize angemessen zu verarbeiten. Nächtliches Aufschrecken kann aber auch auf starken, meist unbewussten Ängsten des Kindes beruhen, z. B. infolge sexuellen Missbrauchs oder des Miterlebens elterlicher Auseinandersetzungen. Vermutet wird auch eine erbliche Komponente. Es gibt enge Zusammenhänge zum →Somnambulismus.

**Nachtschichtarbeit:** Form der →Schichtarbeit.

**Nachtwandeln:** der →Somnambulismus.

**Nägelbeißen, Nägelkauen, Onychophagie** [griech.]: die Gewohnheit, auf den Fingernägeln zu kauen oder diese abzubeißen. Nägelbeißen tritt v. a. bei Kindern und Jugendlichen häufig vorübergehend als Ausdruck einer momentanen Verlegenheit oder aber als eine Verhaltensauffälligkeit auf, der nach tiefenpsychologischem Verständnis unterdrückte aggressive Tendenzen gegenüber strengen Eltern, Einengung der Bewegungsfreiheit (aufgrund überängstlicher Eltern oder auch beengten Wohnraums) oder die Versagung oraler Wünsche zugrunde liegen können; die psychische Erregung wird dabei über das Nägelbeißen abgeführt. Therapeutisch werden psychoanalytisch wie auch verhaltenstherapeutisch orientierte Verfahren angewandt.

**Nähe-Distanz-Regulation:** im weiteren Sinn das Aufnehmen oder Nichtaufnehmen von →Kontakt zu anderen je nach momentanem Bedürfnis; im engeren Sinn das Einhalten der →sozialen Distanz.

**Nahraum:** der →Greifraum.

**Nahsinne:** zur Wahrnehmung von Reizen aus nahe liegenden Reizquellen geeignete →Sinnesorgane.

**Narcissistic Personality Inventory, NPI:** ein Fragebogen zur Erfassung von →Narzissmus als Persönlichkeitseigenschaft.

**Narcotics Anonymous** [nɑːˈkɔtɪks əˈnɒnɪməs, zu engl. narcotic »Rauschgift«, »Anonyme Drogenabhängige«]: Selbsthilfegruppe nach dem Muster der →Anonymen Alkoholiker.

**Narkolepsie** [zu griech. lêpsis »Anfall«]: Erkrankung mit plötzlich auftretenden Schlafanfällen, anfallsweisem Verlust der Muskelspannung, traumartigen Erlebnissen in halb wachem Zustand und starken Unregelmäßigkeiten im Schlafrhythmus. Sie kann nach Schädel-Hirn-Verletzungen, Gehirnentzündungen, bei Schlafapnoe oder erblich bedingt vorkom-

**Narzissmus:** Im antiken Mythos verzehrte sich der schöne Sohn des Flussgottes Kephisos in unerfüllter Liebe zu seinem Spiegelbild, das er im Wasser erblickt hatte, und wurde schließlich in eine Narzisse verwandelt. Nach Ovids »Metamorphosen« war die Selbstliebe die Strafe dafür, dass Narziss die Liebe der Nymphe Echo zurückgewiesen hatte (Karl Pawlowitsch, »Narziss«, 1819; St. Petersburg, Russisches Museum).

men. Eine Besserung kann durch Behandlung der Grunderkrankung erreicht werden.

**Narkotika** [zu griech. nárkosis »Erstarrung«]: allgemein Stoffe, die die Funktion des Nervensystems vorübergehend hemmen; im engeren Sinne Stoffe, mit denen eine Narkose hervorgerufen werden kann. Durch Ausschalten von Funktionen im Zentralnervensystem versetzen sie den Organismus in einen Zustand, in dem operative Eingriffe ohne Bewusstsein sowie meist auch ohne Schmerzempfindung und Abwehrreflexe durchgeführt werden können.

**Narzissmus:** Selbstverliebtheit, Gefühl der Überlegenheit bei großer Verletzlichkeit, auch entsprechende Persönlichkeitseigenschaft. Narzisstische Menschen sind gekennzeichnet durch Selbstüberschätzung, emotionale Kälte und dominant-aggressives Interaktionsverhalten. Von anderen möchten sie insbesondere bewundert werden; gemocht zu werden ist weniger wichtig. Gleichzeitig neigen sie dazu, andere abzuwerten, besonders diejenigen, die sie übertreffen. Erfahren sie Ablehnung durch andere, reagieren sie darauf aggressiver als nicht narzisstische Personen. Untersuchungen zeigen, dass Menschen generell dazu tendieren, sich positiver zu sehen als sie wirklich sind. Bei Narzissten liegt allerdings eine übersteigerte Selbstaufwertung vor. Ihre Selbstüberschätzung bezieht sich meist auf Bereiche wie Intelligenz, Kreativität, Selbstständigkeit, Attraktivität, im Bereich des sozialen Verhaltens wie Bindungsfähigkeit oder Wärme schätzen sie sich realistisch negativ ein. Narzissmus wird meistens mit dem **Narcissistic Personality Inventory** (NPI), den es auch in deutscher Fassung gibt, gemessen.

Liegt Narzissmus in klinisch bedeutsamem Maße vor, spricht man von einer →narzisstischen Persönlichkeitsstörung.

Einige Gesellschaftstheoretiker bezeichnen die Gegenwart als »Zeitalter des Narzissmus«, da sie Anzeichen eines verbreiteten Kults um das Selbst (Körperkult, Mode) ausgemacht haben.

In der Terminologie der *Psychoanalyse* ist Narzissmus eine Haltung, bei der sich die →Libido auf die eigene Person richtet. Sigmund Freud prägte diesen Begriff in Anlehnung an die griechische Sage vom schönen Jüngling Narziss, der sich in sein Spiegelbild verliebt. Neben der Theorie der →Triebe behandelt die Theorie des Narzissmus die zweite wichtige Dimension der menschlichen Psyche: das Selbst. Dabei muss man zwischen dem gesunden und dem pathologischen Narzissmus unterscheiden. Der gesunde Narzissmus bildet sich, wenn ein Kind in einem ausreichend wohlwollenden Milieu aufwächst, und trägt dazu bei, Selbstachtung, ein realistisches Selbstbild und körperliches Wohlbefinden zu entwickeln. Pathologischer Narzissmus dagegen zeigt sich v.a. in Selbstunsicherheit und kompensatorischer Abwertung anderer.

**narzisstische Kränkung, narzisstische Verletzung:** *Psychoanalyse:* Kränkung des Selbst, wobei der Anlass auch geringfügig erscheinen kann und von der Kränkbarkeit des Betroffenen abhängt. Ein Mensch mit geringem Selbstbewusstsein, jemand, der besonders »empfindlich« ist, wird schneller gekränkt sein als jemand, der von sich überzeugt ist. Wenn durch die Kränkung der innerste Kern der Persönlichkeit getroffen wird, ist die Reaktion entsprechend heftig. Man spricht dann von großer narzisstischer Wut, die bis zur Anwendung

---

**Narzissmus | ... und Bewunderung**

Narzisstische Menschen möchten bewundert werden, weil sie insgeheim Zweifel am eigenen Selbstwert hegen. Übertriebene Bewunderung wird diese Zweifel nicht austreiben. Hilfreicher ist eine realistische Einschätzung der Stärken und Schwächen der narzisstischen Person, die man ihr freundlich, aber eindeutig zu verstehen gibt. Damit erhält der Narzisst die Möglichkeit, sein Selbstbild realistischer zu gestalten. Manche Narzissten reagieren auf derartige Aussagen allerdings mit großer Wut. Hier ist jede weitere Kommunikation sehr schwierig.

von Gewalt gegen die eigene Person – bis hin zum Selbstmord – oder gegen andere gehen kann.

**narzisstische Persönlichkeitsstörung,** eine Persönlichkeitsstörung, bei der das Selbstbild, Selbstwertgefühl und die Identität des Patienten betroffen sind; in der ICD-10 ist sie unter den »sonstigen spezifischen Persönlichkeitsstörungen« aufgeführt. Menschen mit einer narzisstischen Persönlichkeitsstörung haben ein starkes Bedürfnis, bewundert zu werden, beschäftigen sich sehr stark mit Erfolgs- und Größenfantasien, haben das Gefühl, »etwas Besonderes« zu sein, und glauben, ihnen stünde mehr zu als anderen. So erwarten sie z. B., dass andere automatisch wissen, was sie wünschen, und dass diesen Wünschen nachgekommen werden muss. Sie können sich nur schwer in andere einfühlen, wirken arrogant und überheblich und nutzen ihre Mitmenschen häufig emotional aus. Sie sind sehr kritikempfindlich und reagieren auf Kritik mit Wut und Scham, was zu aggressivem oder autoaggressivem Verhalten führen kann.

In der psychotherapeutischen Behandlung wird dem Patienten einerseits einfühlsames Verstehen signalisiert, andererseits werden ihm behutsam, aber bestimmt Grenzen aufgezeigt. Angesetzt wird hauptsächlich an der Selbstwertproblematik.

**narzisstische Verletzung:** die → narzisstische Kränkung.

**Nationalsozialismus:** eine völkisch-antisemitische und nationalrevolutionäre Bewegung, die in Deutschland zwischen 1933 und 1945 die Regierungsgewalt innehatte und deren Anhänger eine in der deutschen Geschichte beispiellose politische und moralische Katastrophe herbeiführten.

Der Nationalsozialismus wandte sich radikal gegen die Folgen der Niederlage Deutschlands im Ersten Weltkrieg und der Novemberrevolution (1918), gegen die Bedingungen des Versailler Vertrags (1919), gegen das parlamentarisch-demokratische System der Weimarer Republik, gegen Kommunismus und Sozialismus, gegen die demokratisch-liberale Ideenwelt, gegen den politischen Katholizismus, gegen bürgerlich-konservative Richtungen und besonders in einem schrankenlosen →Antisemitismus gegen die Juden, die als Inbegriff allen Übels galten. Beschworen wurden dagegen die »Volksgemeinschaft«, die bedingungslose Unterordnung aller Staatsangehörigen unter den »Führer« Adolf Hitler, der wahnhafte Glaube an die rassische Überlegenheit des »deutschen Herrenvolks« über die als minderwertig eingestuften »Untermenschen«, die Verherrlichung von Krieg und Kampf als Gelegenheiten der Bewährung für die Völker und für den Einzelnen sowie romantische Vorstellungen von Bauerntum und Heimaterde (»Blut und Boden«).

Warum es der Nationalsozialistischen Deutschen Arbeiterpartei (NSDAP) unter Hitler gelang, an die Macht zu kommen und diese zwölf Jahre lang zu behalten, ist nach wie vor nicht erschöpfend geklärt. Autoren betonen, dass der Nationalsozialismus v. a. die Gefühle der Menschen ansprach, nicht den Verstand. Die Vermittlung, dass das deutsche Volk ein besonderes Volk sei, traf auf Minderwertigkeits- und Schuldgefühle besonders infolge der Niederlage des Ersten Weltkriegs; die Menschen durften sich also wieder wertvoll fühlen. Es wurden auch gezielt Bevölkerungsgruppen angesprochen, z. B. wurden Mütter das erste Mal explizit vonseiten der Politik für ihre Arbeit im Haus und in der Erziehung gewürdigt. Die Milgram-Experimente zeigten deutlich, wie →Gehorsam gegenüber Autoritäten funktioniert. Auch eine →autoritäre Persönlichkeit wird diskutiert.

**Nativismus** [zu latein. nativus »angeboren«, »natürlich«]: erkenntnistheoretische Position, der zufolge bestimmte Vorstellungen und Fähigkeiten des Menschen, z. B. Zeitwahrnehmung und Spracherwerb, sowie menschliches Verhalten angeboren sind. Die Anhänger des Nativismus vertreten eine der →Milieutheorie entgegengesetzte Auffassung. – Abb. S. 392

**Nationalsozialismus:** Propagandaminister Joseph Goebbels forderte am 18. Februar 1943 im Berliner Sportpalast den »totalen Krieg«. Als Instrument der Einflussnahme benutzte die NSDAP in besonderem Maße die demagogische Rhetorik bei Massenveranstaltungen.

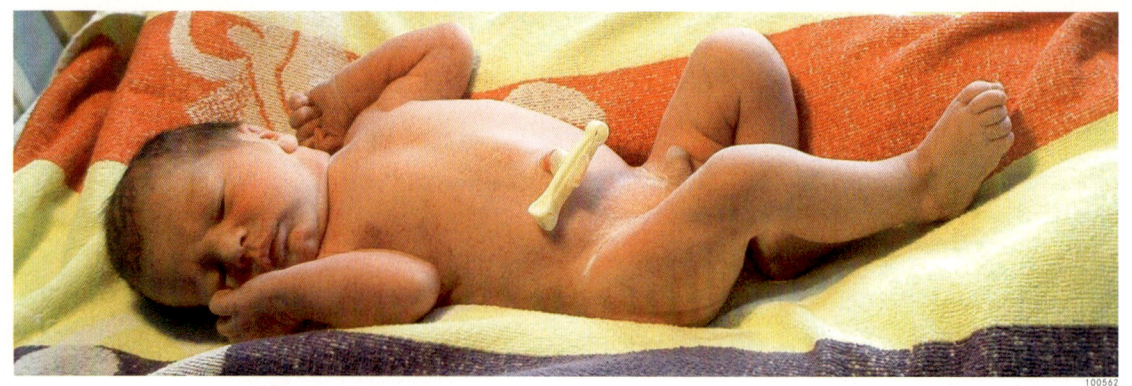

**Nativismus:** Dieser erkenntnistheoretische Ansatz geht davon aus, dass das Neugeborene bereits über bestimmte kognitive Modelle verfügt, die es erlauben, Fähigkeiten wie etwa die Sprache zu erlernen.

**Natur:** zentraler Begriff der europäischen Geistesgeschichte, der das in der Welt umfasst, was ohne Zutun des Menschen da ist, aus sich entsteht und in sich vergeht. Der Mensch greift permanent in die Natur ein und verändert sie, er schafft Technik und Kultur. Der Mensch ist aber auch selbst Teil der Natur, deren Gesetze auch für ihn gelten.

**Naturwissenschaften:** Oberbegriff für die einzelnen empirischen Wissenschaften, die sich mit der systematischen Erforschung der Natur und dem Erkennen von Naturgesetzen befassen. Vielfach teilt man die Naturwissenschaften heute noch nach der unbelebten und der belebten Natur ein in exakte Naturwissenschaften, z. B. Physik, Chemie und Geologie, und in demgegenüber weniger abstrakte, »weichere« biologische Naturwissenschaften, z. B. Biologie, Anthropologie und Medizin, wobei es eine Reihe von Überschneidungen gibt.

Die Methoden der naturwissenschaftlichen Forschung sind neben Beobachten und Messen in reproduzierbaren →Experimenten unter kontrollierten Bedingungen das Beschreiben, Vergleichen, Ordnen und Zusammenfassen von Einzelerscheinungen. Naturwissenschaftler verfahren zerlegend und abstrahierend, d. h., sie zerlegen ihre Gegenstände in Einzelteile, die sie isoliert voneinander untersuchen. Das sichert ihre Exaktheit, produziert aber auch oft lebensferne Ergebnisse. Die Erkenntnisse der Naturwissenschaften werden in der Konstruktion von technischen Systemen angewandt. Die Psychologie steht an der Grenze zwischen Natur- und →Geisteswissenschaften.

Die Naturwissenschaften konzentrieren sich im Unterschied zu den Geisteswissenschaften auf die materiellen, biologischen, körperlichen Prozesse. Die von ihnen aufgestellten Gesetze gelten für die gesamte Natur, die Körperfunktionen des Menschen eingeschlossen.

**naturwissenschaftliche Psychologie:** alle Teildisziplinen der Psychologie, die sich überwiegend naturwissenschaftlicher Methoden, besonders →Experimenten mit Messungen im Labor, bedienen. Dazu gehören v. a. die biologische und physiologische Psychologie, die Psychophysik und die Neuropsychologie. In diesen Teilgebieten der Psychologie benutzt man außerdem auch physiologische Techniken und medizinische Messapparate, z. B. das Elektroenzephalogramm (EEG) oder bildgebende Verfahren (z. B. Computertomografie). Man misst zudem physiologische Veränderungen in Zusammenhang mit bestimmten Verhaltensweisen (z. B. Furcht oder Angriff).

**Nebenwirkungen:** zusätzliche, fast immer unerwünschte Begleiterscheinungen der angestrebten therapeutischen Arzneimittelwirkungen, z. B. Vergiftungserscheinungen oder Unverträglichkeitsreaktionen. Nebenwirkungen können nahezu bei jedem Medikament auftreten, z. B. auch bei Psychopharmaka. Sie haben ihre wichtigste Ursache darin, dass Arzneimittel meist mehrere Wirkorte (Zielorgane) und damit auch mehrere Wirkungen haben. Weiterhin sind die Funktionen der einzelnen Organsysteme so eng miteinander verbunden, dass der Eingriff in ein System fast zwangsläufig Funktionsänderungen in anderen Systemen bewirkt.

**Necker-Würfel** [nach dem schweizerischen Physiker und Mathematiker Louis Albert Necker, * 1786, † 1861]: die perspektivische Strichzeichnung eines Würfels, der beim Betrachten bald in der Aufsicht, bald in der Untersicht erscheint (→Figur-Hintergrund-Phänomen).

**negative Erziehung:** ein auf Jean-Jacques Rousseau zurückgehender Begriff für eine Erziehung, die nur indirekt, allein durch Fernhalten schädigender Einflüsse aus der kindlichen Umwelt, in den Entwicklungsprozess eingreift.

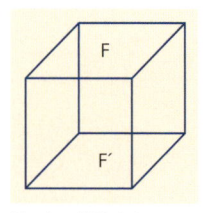

**Necker-Würfel:** F erscheint abwechselnd vor oder hinter F'.

Man geht dabei von der Annahme aus, dass die im Kind angelegten positiven Kräfte sich unter solchen Bedingungen selbst verwirklichen. Eine entsprechende Grundauffassung über natur- und vernunftgemäße Selbstregulierung findet sich auch in verschiedenen pädagogischen Ansätzen und Konzepten des 20. Jahrhunderts.

**negative therapeutische Reaktion:** *Psychoanalyse:* Phänomen, dass nach einer erfahrungsgemäß guten deutenden Konfliktbearbeitung nicht der erwartete Erfolg in Form von Verbesserung oder Erleichterung eintritt, sondern eine Verschlechterung des Befindens des Patienten. In einem solchen Fall wird angenommen, dass der Patient unbewusste Gründe hat, nicht gesunden zu wollen (→ Widerstand); diese müssen dann therapeutisch bearbeitet werden.

**Negativismus** [zu latein. negativus »verneinend«]: 1) ablehnende Haltung oder negative Einstellung als Grundhaltung; z. B. als Trotzverhalten in bestimmten Entwicklungsphasen (z. B. Trotzalter) auftretend;

2) Widerstand psychisch Kranker sowohl gegen äußere Anregungen als auch gegen innere Antriebe (Antriebsstörung z. B. bei Schizophrenie).

**Neid:** starkes negatives Gefühl, verbunden mit der Vorstellung, etwas haben zu wollen, was ein anderer hat und was man im Prinzip auch haben könnte. Neid wird oft verdrängt, weil er mit Scham besetzt ist. Das gilt z. B. für den Neid auf Geschwister, die tatsächlich oder vermeintlich von den Eltern bevorzugt werden, oder für den Neid auf die guten Beziehungen anderer Menschen, zu denen sich eine in ihrer Kontaktfähigkeit gestörte Person nicht in der Lage fühlt. Uneingestandener Neid ist einer der wichtigsten Gründe für die Entstehung von → Konflikten und Konflikteskalationen.

Neid zu wecken, wenigstens mit ihm zu spielen, gehört zu den Grundsätzen der Werbung nach dem Motto: »Du kannst es so gut haben wie wir, wenn du unser Produkt kaufst!« Auch die auf Berichte aus Königshäusern und Prominentenszene spezialisierte »Regenbogenpresse« spielt mit der Neidbereitschaft der Bevölkerung, indem sie immer wieder auf die Schwächen der Mächtigen und Bewunderten hinweist.

**Neill** [ni:l], Alexander Sutherland: britischer Pädagoge, * Forfar (Tayside Region) 17. 10. 1883, † Aldeburgh 23. 9. 1973; war 1921 Mitbegründer der Internationalen Schule Hellerau (heute zu Dresden), gründete 1924 seine Heimschule Summerhill in Lyme Regis, Südengland (1927 verlegt nach Leiston, Ostengland). Beeinflusst von Sigmund Freud und besonders von Wilhelm Reich, zielte Neill im Sinne einer »Pädagogik vom Kinde aus« auf zwangfreie Erziehung ohne alle disziplinarischen Maßnahmen. Bei der Diskussion über → antiautoritäre Erziehung galt Summerhill vielfach als Modell.

**Nekrophilie** [zu griech. nekrós »Leichnam«]: in weiterem Sinne die Vorliebe für tote Objekte, Leichen, Verwesendes; in engerem Sinne Neigung zum Geschlechtsverkehr mit Toten.

**Neobehaviorismus:** Weiterentwicklung des → Behaviorismus.

---

**Neid | Als Ratgeber benutzen**

Von der Routine der Alltagspflichten vereinnahmt, achten manche Menschen nicht auf ihre Wünsche und Bedürfnisse. Überraschenderweise kann hier der ansonsten so verpönte Neid als »Ratgeber« dienen. Denn Neid zeigt letztlich an, was man gern haben möchte. Allerdings muss man seinen Neid erst einmal als solchen erkennen. Hat man Groll auf den Arbeitskollegen, weil er einem tatsächlich etwas angetan hat, oder nur, weil er z. B. in einem Arbeitsbereich überlegen ist? Statt auf dem Groll sitzen zu bleiben oder gar dem Kollegen gegenüber negativ zu reagieren, kann man versuchen, den wahren Grund des Grolls herauszufinden; ist es Neid, dann sollte man besser aktiv werden, um das, was der Kollege hat, auch zu erreichen. Man könnte ihn sogar um Tipps bitten.

---

**Alexander Sutherland Neill** entwickelte Grundlagen einer zwangfreien Erziehung. Eine britische Illustrierte brachte im Juni 1949 unter dem Titel »The child that never gets slapped« einen Bericht mit vielen Bildern seiner damals dreijährigen Tochter Zoë, die im Schmutz spielte und auf Bäume kletterte – ein damals offenbar außergewöhnlicher Umstand.

**NEO-PI-R** [neo pir], **NEO-Persönlichkeitsinventar nach Costa und McCrae, revidierte Fassung** [NEO Abk. für Neurotizismus, Extraversion, Offenheit für Erfahrungen]: die von den Psychologen Alois Angleitner und Fritz Ostendorf erstellte deutsche Adaption eines Persönlichkeitstests, die auf der amerikanischen Originalfassung des NEO-Personality Inventory Revised (1992) der amerikanischen Psychologen Paul T. Costa (jr.) und Robert R. McCrae basiert. Mit dem NEO-PI-R, der für Personen ab 15 Jahren eingesetzt wird, werden die Faktoren des →Fünffaktormodells der Persönlichkeit gemessen. Der NEO-PI-R zählt zu den →psychometrischen Tests; er besteht aus 240 Items und ermöglicht eine umfassende und detaillierte Beschreibung der getesteten Persönlichkeit. Die Bearbeitungsdauer beträgt ca. 35 Minuten. Der NEO-PI-R mit seinen nationalen Adaptionen ist einer der international meistverwendeten Persönlichkeitstests; er wird in vielen Bereichen der Praxis und Forschung eingesetzt, so etwa in der klinischen Psychologie und in der Arbeits- und Organisationspsychologie.

**Neopsychoanalyse** [zu griech. neós »neu«]: Abwandlungen der klassischen →Psychoanalyse. Ihre bekanntesten Vertreter waren Harald Schultz-Hencke, Karen Horney, Erich Fromm und Harry Stack Sullivan. Im Gegensatz zu Freud betonten sie weniger das Es und das Unbewusste und legten das Schwergewicht auf bewusste Vorgänge, →Ichfunktionen und die Erfahrungen mit anderen Menschen. Die Neopsychoanalyse ist heute weitgehend in der Hauptströmung der Psychoanalyse aufgegangen.

**Nerven|entzündung, Neuritis** [griech.]: entzündliche Erkrankung eines oder mehrerer Nerven, z. B. bei Infektionen mit Viren oder Bakterien; im weiteren Sinne auch Nervenveränderungen, die durch Gifte, Verletzungen oder Abbauprozesse verursacht sind. Folgeerscheinungen sind Lähmungen der Körpermuskulatur (unter Umständen verbunden mit Muskelschwund), →Sensibilitätsstörungen oder Schmerzen sowie objektivierbare Störungen der Empfindungsqualitäten oder der Nervenleitgeschwindigkeiten. Je nach Umfang der Erkrankung werden Mono- bzw. Polyneuritiden unterschieden, d. h. Befall eines oder mehrerer Nerven.

**Nervenkrankheiten:** allgemeinsprachlicher, veralteter Ausdruck für psychisch oder körperlich bedingte Störungen, die dazu führen, dass eine Person emotional, seelisch oder geistig beeinträchtigt ist. Historisch war der Begriff der Nervenkrankheiten während der Entwicklung der Heilkunde in der Neuzeit die Voraussetzung dafür, sich von älteren, dämonisierenden Auffassungen zu lösen, wonach Geisteskranke »verhext« oder »vom Teufel besessen« seien. Aber der Begriff unterscheidet nicht zwischen organisch verursachten Nervenleiden, endogenen Psychosen (→psychotische Störungen) und →neurotischen Störungen.

**Nervenleiden:** die →Neuropathie.

**Nervensystem:** Gesamtheit aller Nervenzellen eines Organismus sowie die diese Systeme bildenden Netzwerke und ihre Hüllen und Stützelemente. Das Nervensystem dient der Erfassung, Fortleitung, Auswertung und Speicherung von Informationen. Mit →Rezeptoren nimmt das Nervensystem Veränderungen im Bereich des Körpers oder der Außenwelt wahr und leitet sie an Gehirn oder Rückenmark weiter, in denen sie verarbeitet und gespeichert werden. Reaktionen bzw. Antworten vermittelt das Nervensystem über von den Zentren wegführende Nervenfasern. Damit ermöglicht es die Kommunikation innerhalb des Organismus sowie zwischen Organismus und Umgebung.

Anatomisch lässt sich das Nervensystem in zwei Teile gliedern, die jedoch in ihrer Funktion eng aneinandergekoppelt sind: das →Zentralnervensystem, das aus Gehirn und Rückenmark besteht, und das **periphere Nervensystem,** zu dem alle Nervenzellen und Nervenbahnen außerhalb dieser beiden Zentren gehören (Ganglien, Nervenfasern, Rezeptoren).

Das **willkürliche Nervensystem** (somatisches Nervensystem) steuert alle dem Bewusstsein und dem Willen unterworfenen Vorgänge, z. B. die Bewegung von Skelettmuskeln. Das **vegetative Nervensystem** (autonomes Nervensystem) dagegen ist kaum willentlich beeinflussbar und steuert die Funktionen der inneren Organe, der glatten Muskulatur und der Drüsen. Es hat zwei Anteile, die als Sympathikus (sympathisches Nervensystem) und Parasympathikus (parasympathisches Nervensystem) bezeichnet werden. Sympathikus und Parasympathikus ermöglichen in ihrem Zusammenwirken eine Anpassung an die jeweiligen Bedürfnisse des Körpers. Der Sympathikus steuert vorwiegend Vorgänge im Körper, die für eine körperliche Anstrengung nötig sind. So bewirkt er, etwa in Reaktion auf Stressreize, eine Erhöhung der Herzschlagrate und eine gesteigerte Adrenalinausschüttung. Der Parasympathikus dagegen steuert vorwiegend die aufbauenden Körperfunktionen wie Erholung, Essen oder Verdauung.

# Nervenzelle

Das willkürliche und das vegetative Nervensystem sind in Funktion und Aufbau nicht eindeutig trennbar. Während sie im Zentralnervensystem stark miteinander verflochten sind, sind sie im peripheren Nervensystem überwiegend getrennt. Beide Systeme haben außerdem enge Beziehungen zum Hormon- und Immunsystem.

**Nervenzelle, Neuron** [griech. »Sehne«, »Nerv«]: grundlegende Einheit des Nervensystems. Nervenzellen unterscheiden sich in Form und Funktion von anderen Körperzellen. So haben Nervenzellen keinen kugelförmigen Grundaufbau, sondern gliedern sich in zwei Arten von Zellausläufern, die an entgegengesetzten Polen

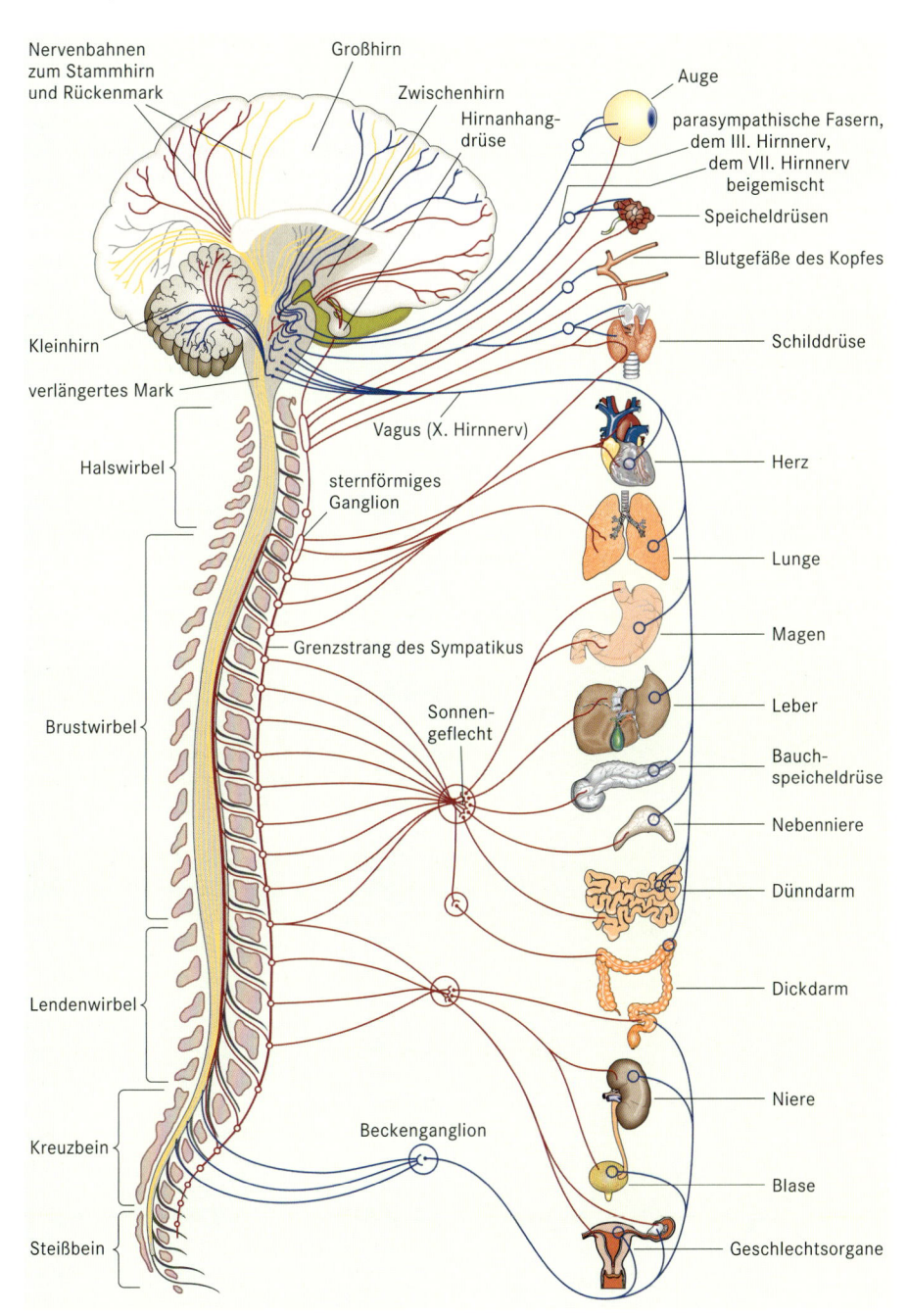

**Nervensystem:** Das Zentralnervensystem besteht aus Gehirn und Rückenmark (gelb, lagemäßig unrichtig dargestellt), das vegetative Nervensystem aus Sympathikus (rot) und Parasympathikus.

des Zellkörpers liegen: den vergrößerten reizaufnehmenden Teil, die Dendriten, und den lang gezogenen reizweiterleitenden Fortsatz, das Axon.

Aufgrund seines geringen Durchmessers (höchstens 100 μm) ist der eigentliche Zellkörper nur begrenzt als Informationsaufnahmestruktur dienlich. Wie Äste und davon abgehende Zweige bilden sich Dendriten vom Zellkörper aus und vergrößern dadurch die rezeptive Oberfläche der Nervenzelle um ein Vielfaches. Im Gegensatz zum Zellkörper, der im Laufe des Lebens seine Form nicht wesentlich verändert, können Dendriten auswachsen oder absterben, ohne dass die Nervenzelle zugrunde geht. Zeitlebens können sich Dendriten auch durch die Ausbildung kleiner Ausstülpungen (Spikes) veränderten Bedingungen ihrer »zellulären Umwelt« anpassen.

Vom Zellkörper nimmt auch das **Axon,** auch Neurit genannt, seinen Ausgangspunkt: Es leitet die Information über →Synapsen entweder an andere Nervenzellen oder an Zellen weiter, die eine Reaktion in den Organen auslösen (z. B. Muskelzellen). Das Axon ist im Vergleich zur Größe des Zellkörpers ein Ausläufer von außerordentlich geringem Durchmesser, übertrifft aber in seiner Länge dessen Ausdehnung mitunter um das Tausendfache. Die Reizweiterleitung stellt eine Reihe von hohen Anforderungen an die Stabilität dieses »Kabels« und an die zeitliche Präzision, mit der Transportsysteme innerhalb des Axons aufeinander abgestimmt sein müssen. Vom Zellkörper geht grundsätzlich nur ein Axon ab, dieses aber kann sich an beliebiger Stelle verzweigen; an seinem Ende teilt es sich in den sogenannten Endbaum auf. Häufig ist das Axon in seiner ganzen Länge von einer isolierenden Schicht, der Myelinhülle oder Markscheide, umgeben. Diese isolierende Hülle wird aus →Gliazellen gebildet. Da diese keine Erregung leiten können, ist die Hülle in regelmäßigen Abständen unterbrochen. Nach ihrem Entdecker Louis Antoine Ranvier (*1835, †1922) werden diese kurzen, nicht isolierten Abschnitte auch als Ranvier-Schnürring bezeichnet. Über sie setzen sich bei der →Erregungsleitung die Aktionspotenziale fort.

**Nervenzusammenbruch:** umgangssprachlicher Ausdruck für eine plötzlich auftretende heftige seelische Reaktion, die sich in Weinkrämpfen, Zittern, hektischem Hin-und-her-Gehen, aber auch in völliger Erstarrung zeigen kann. Ein Nervenzusammenbruch ist oft eine Reaktion auf eine länger andauernde Belastung oder auf ein vorangegangenes Trauma, es kann sich auch um einen massiven Ausbruch von Jähzorn, eine Panikattacke oder einen Schub einer →psychotischen Störung handeln.

Die Behandlung eines Nervenzusammenbruchs orientiert sich zunächst an den Symptomen: Ruhe, Schonung, beruhigende Medikamente, Entfernung aus der belastenden Situation. Der Verlauf zeigt dann, ob es sich um eine vorübergehende Krise oder um das erste Zeichen einer tiefer gehenden seelischen Erkrankung handelt.

**Nervosität:** umgangssprachlicher Ausdruck für gesteigerte Reizbarkeit und verringerte Belastbarkeit einer Person. Es handelt sich dabei nicht um »schwache Nerven« in dem Sinn, in dem es etwa schwache, unterentwickelte Muskeln gibt, sondern um eine Störung im Gleichgewicht zwischen Erregungsbildung und Erregungsunterdrückung. Der Gesunde kann hier ein Gleichgewicht herstellen und seine Wünsche und Ängste wahrnehmen, über sie nachdenken und dann entscheiden, welche Handlung seinen Interessen dient. Der Nervöse wird von jedem Impuls sofort zu einer Äußerung bewegt, er wirkt deshalb fahrig und unkonzentriert. Von der Nervosität zu unterscheiden ist die gesteigerte motorische Unruhe, die

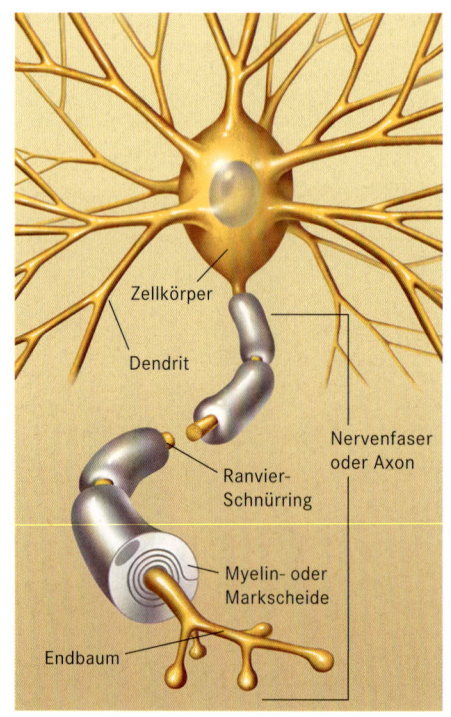

**Nervenzelle:** Die Information wird von den Dendriten über den Zellkörper bis zum Endbaum weitergegeben. Von dort wird sie auf weitere Nervenzellen oder am Ende auf eine reaktionsauslösende Effektorzelle übertragen.

mit deutlichem Bewegungsdrang einhergeht und der oft eine ernsthafte seelische oder körperliche Erkrankung zugrunde liegt.

**Netzwerk, soziales:** die Gesamtheit der Personen, mit denen ein Individuum in Beziehung steht und mit denen es Gefühle, Dienstleistungen oder Waren austauscht. Ein solches Netzwerk aufzubauen und zu benutzen, ist eine wesentliche Kompetenz in einer mobilen Gesellschaft. Wer an dem Ort bleibt, an dem er geboren wurde und die Schule besucht hat, muss meist sein über Jahre hinweg gewachsenes Netzwerk nur pflegen, indem er zu Verwandten, Schulkameraden oder Vereinsmitgliedern den Kontakt nicht abreißen lässt. Wer hingegen z. B. ausbildungs- oder berufsbedingt umzieht, muss sich ein Netzwerk am neuen Wohnort erst wieder aufbauen.

Man unterscheidet private Netzwerke und berufliche Netzwerke, z. B. das Netzwerk eines Arztes, der Fachärzte, Kliniken usw. kennt und mit ihnen Informationen austauscht oder an sie Patienten überweist. Das private Netzwerk erfüllt wesentliche stabilisierende Funktionen; es fängt auf, wenn soziale Krisen entstehen, z. B. wenn eine Zweierbeziehung zerbricht, oder verschafft neue berufliche Möglichkeiten. Erwiesenermaßen haben Menschen mit tragfähigen sozialen Netzwerken bessere Heilungschancen, wenn sie erkrankt sind.

**neue Medi|en:** Sammelbezeichnung für die durch Entwicklung neuer Technologien entstandenen Kommunikationsmittel zur Individual- und Massenkommunikation. Von Neuen Medien spricht man in Deutschland seit Beginn der 1970er-Jahre. Als Neue Medien wurden zunächst die technisch neuartigen Medien Telex, Teletex (Bildschirmschreiber), Videotext, Videorekorder, Telefax, Bildplatte, Bildtelefon, Kabel- und Satellitenrundfunk und -fernsehen bezeichnet; heute sind zumeist computerbasierte Informationstechnologien gemeint, z. B. das Internet, die sich durch Multimedialität und (weltweite) Vernetzung auszeichnen.

Charakteristisch für Neue Medien ist die Integration von Informations-, Lehr-/Lern- und Kommunikationsmedien: Informationen können global gesucht und abgerufen werden, multimedial aufbereitete und mit Hyperlinks (Verzweigungen) versehene Dokumente dienen dem unterhaltsamen Wissenserwerb. Über das Internet können Dozent und Lernende sowie Lernende untereinander weltweit miteinander diskutieren und kooperieren. Der effektive und verantwortungsvolle Einsatz Neuer Medien für berufliche oder private Zwecke setzt eine hinreichende technische, sachliche und soziale

**Neue Medien:** Seit einigen Jahren wird besonders auf die Kompetenzsteigerung der Schüler im Bereich der Neuen Medien geachtet.

→Kompetenz 1) voraus; es ist Aufgabe der Bildungsinstitutionen, solche Kompetenzen frühzeitig zu vermitteln.

**neue Religionen:** religionsgeschichtlicher Fachbegriff für die in der Neuzeit, v. a. seit Mitte des 19. Jahrhunderts entstandenen religiösen Bewegungen. Zu ihnen gehören Bewegungen, die entweder von ihren Herkunftsreligionen als Häresien oder Sekten ausgegrenzt wurden, weil sie aufgrund neuer Erkenntnis oder neuer Offenbarung eine Gegenposition zu jenen einnahmen oder das traditionelle Religionssystem zu übertreffen meinten, oder verschiedenartige religiös und kutlurell bestimmte Überlieferungsstränge zu einem neuen Religionssystem verbanden. Religionssystematisch gehören zu den neuen Religionen alle religiösen Bewegungen, die eine von den bestehenden Traditionen mehr oder weniger unabhängige neue Lehre verkünden, einen in dieser Lehre begründeten neuen Kult leben und eine um Kult und Lehre zentrierte neue Gemeinschaft bilden.

Zu den fragwürdigen und religionswissenschaftlich heute als irreführend abgelehnten Bezeichnungen zählt der Begriff **Jugendreligionen,** zu denen die Hare-Krishna-Bewegung, die Vereinigungskirche (Mun-Sekte), die Scientology Church, die Divine Light Mission und die Kinder Gottes gehören. Sie kamen um 1970 aus den USA nach Deutschland. Trotz ihrer unterschiedlichen religiösen Herkunft schien ihnen eines gemeinsam: der »Erfolg« v. a. in der jünge-

**neue Religionen:** Embleme von einigen bekannten Gruppierungen

ren Generation. Dieses biografisch bedingte, für viele neue Religionen typische Kriterium wurde dahin gehend verallgemeinert, dass mit dem Begriff die Vorstellung verbunden wurde, es handle sich um Pseudoreligionen, die der Jugendverführung dienen, die jugendgefährdend sind. Im Zentrum der Kritik stehen die oft autoritären Strukturen der Gemeinschaften und umfassende, geistig-psychische, aber auch finanzielle Vereinnahmung der Anhänger, die sich häufig ihrer Umgebung entziehen, die Verbindungen zu Familie und Freunden aufgeben und sich ganz in die Abhängigkeit der neuen Gemeinschaft begeben. Als Reaktion auf den Einfluss, den diese Bewegungen unter Jugendlichen gewannen, bildeten sich in den 1970er-Jahren verschiedene Elterninitiativen, die sich 1980 in Paris zum Internationalen Komitee zusammenschlossen, das sich mit neuen totalitären ideologischen und religiösen Organisationen befasst.

Zur Jugend gehört die Aufgabe, sich von der →Idealisierung, die das Kind seinen Eltern entgegenbringt, zu lösen und eigene Wege einzuschlagen. Da sich Jugendliche dann auch von den religiösen Vorstellungen der Kindheit lösen und diese oft mit den Elternbildern verbinden, die für sie keinen Wert mehr haben, sind sie besonders ansprechbar für neue Wertvorstellungen und Lebensweisen. Die Jugendreligionen und Jugendsekten sprechen solche Personen gezielt an und nutzen noch fortbestehende, im Grunde kindliche Abhängigkeitsbedürfnisse aus, um junge Menschen zu einem radikalen Bruch mit der Vergangenheit, zur völligen Verleugnung jeder Bindung an die Eltern und oft zu selbstschädigendem Verhalten zu bringen. Wenn nach Abbruch von Schule oder Studium scheinbar die Chancen auf einen Platz in der Gesellschaft außerhalb der Sekte verschwunden sind und alle Freunde der Sekte angehören, ist es sehr schwer, sich aus ihr zu befreien, auch wenn die seelische und materielle Ausbeutung inzwischen erkannt wird. Hilfe können diverse Selbsthilfegruppen bieten.

**Neugier:** die Motivation, Erfahrungen zu machen; Grundbedürfnis nach zielstrebigem Aufsuchen neuer Situationen, Reize und Aufgaben. Ihren Ausdruck findet Neugier in der →Orientierungsreaktion, in Neugierverhalten, in Wissbegierde und Aufgeschlossenheit.

**Neugierverhalten, exploratives Verhalten:** gerichtetes, zielstrebiges Aufsuchen von neuen Situationen, Reizen und Aufgaben. Neugierverhalten regt zu äußerem und innerem Probehandeln an. Ausgeprägtes spontanes Neugierverhalten ist bei Tieren und Kleinkindern zu beobachten und ist mit dem Spiel- und Erkundungstrieb verknüpft.

**Neurasthenie** [zu griech. asthéneia »Kraftlosigkeit«, »Schwäche«]: durch schnelle Ermüdung und Erschöpfung gekennzeichnete Störung ohne organischen Befund. Weil der in der ICD-10 noch aufgeführte Begriff Neurasthenie mit der früher vermuteten psychischen Verursachung assoziiert ist, wird heute die Bezeichnung →chronisches Erschöpfungssyndrom vorgezogen; die Beschreibung der Neurasthenie deckt sich weitgehend mit diesem Syndrom, wobei im ICD-10 das Zeitkriterium von mindestens sechs Monaten nicht enthalten ist.

**Neuritis:** die →Nervenentzündung.

**Neurobiologie** [zu griech. neûron »Sehne«, »Nerv«]: Disziplin der Biologie, die Struktur und Funktionsweise sowie die phylogenetische und ontogenetische Entwicklung von Nervenzellen und Nervensystemen untersucht. Teilgebiete der Neurobiologie sind u. a. die Neuroanatomie, die sich mit Entstehung, Differenzierung und feingeweblichem Aufbau des Nervensystems befasst, die Neurochemie, die die chemischen Vorgänge der Aufnahme, Übertragung, Speicherung und Verarbeitung von Informationen im Nervensystem untersucht, und die **Neuroimmunologie,** die sowohl Immunreaktionen im Nervensystem als auch nervöse Einflüsse auf das Immunsystem untersucht. Die Neurobiologie bezieht u. a. Erkenntnisse der Elektrophysiologie, der Sinnesphysiologie und der Kybernetik ein.

**Neurochirurgie:** neurologisches Spezialgebiet, das operative Eingriffe an Gehirn und Rückenmark, einschließlich ihrer Hüllen und Gefäße, sowie an den Körpernerven umfasst. Von der →Psychochirurgie unterscheidet sie sich dadurch, dass ein Eingriff aufgrund neurologischer, und nicht aufgrund psychologischer Befunde vorgenommen wird.

**Neurodermitis** [zu griech. dérma »Haut«], **atopisches Ekzem:** chronische oder chronisch wiederkehrende Entzündung der Haut mit Juckreiz, Rötung, Nässen, Schuppung und Krustenbildung. Die charakteristischen Hautflecken treten an Händen, Unterarmen, im Gesicht, im Bereich der Achselhöhlen und in der Umgebung der Geschlechtsorgane auf. Sie jucken heftig; wenn sich die Kranken zu stark kratzen, entstehen sekundäre Schäden, etwa Hautverletzungen oder Infektionen. Ursachen sind vermutlich genetische Veranlagung, Allergene in Nahrungsmitteln und in der Luft (z. B. bestimmte Pollen) sowie seelische Belastungen und Stress.

**Neuro|endokrinologie:** Erforschung der Wechselwirkungen und des Zusammenspiels hormonproduzierender Drüsen mit dem Nervensystem, z. B. des Zusammenhangs zwischen der Ausschüttung von Schilddrüsenhormonen und der geistigen Entwicklung.

**Neuroglia:** die →Gliazelle.

**Neurohormone:** von Nervenzellen, v. a. des Hypothalamus, abgesonderte Hormone. Die Neurohormone Adiuretin (Vasopressin) und Oxytozin werden über Nervenbahnen in den Hypophysenhinterlappen transportiert und bei Bedarf in den Blutkreislauf abgegeben und stehen damit im Gegensatz zu Releasing-Hormonen, die über Nervenbahnen und dann über den Pfortaderkreislauf des Hypothalamus-Hypophysen-Systems in den Hypophysenvorderlappen gelangen. Sie steuern die Ausschüttung und Produktion von Schilddrüsen-, Geschlechts-, Wachstums- und Nebennierenhormonen.

**Neuro|immunologie:** Teilgebiet der →Neurobiologie und Immunologie.

**Neuroleptika:** antriebsdämpfende Medikamente, die sich gegen Erregung, Ängste, Wahnideen und Sinnestäuschungen richten, das Bewusstsein und die Kritikfähigkeit des Patienten nur in relativ geringem Maße beeinträchtigen und bei schweren psychischen Störungen, v. a. bei →psychotischen Störungen, eingesetzt werden. Die meisten Neuroleptika wirken, indem sie die Wirksamkeit des →Neurotransmitters Dopamin im Gehirn herabsetzen.

Stark wirken z. B. Haloperidol, Fluphenazin, Flupentixol, Fluspirilen oder Pimozid. Sie machen weniger müde als die schwach wirksamen Neuroleptika wie Chlorprothixen, Levomepromazin, Pipamperon, Thioridazin, Promethazin oder Sulpirid. **Atypische Neuroleptika** unterscheiden sich von den anderen Neuroleptika in ihrer chemischen Struktur und ihrem Wirkprofil. Es sind neben dem seit 1972 eingesetzten Stoff Clozapin v. a. moderne Neuroleptika, wie z. B. Risperidon oder Quetiapin. Diese rufen bei guter antipsychotischer Wirksamkeit seltener Nebenwirkungen hervor.

Nebenwirkungen von Neuroleptika sind extrapyramidalmotorische Symptome, das sind Bewegungsstörungen (Dyskinesien), die vom Zentralnervensystem ausgehen. Unterschieden werden Frühdyskinesien, die kurz nach Behandlungsbeginn auftreten und sich in Zungenschlundkrämpfen oder Blickkrämpfen äußern, und Spätdyskinesien. Letztere sind weniger häufig und treten erst nach längerer Behandlung auf. Sie zeigen sich in unwillkürlichen Bewegungen v. a. von Gesichts- und Zungenmuskeln und bilden sich z. T. auch nach Absetzen des Neuroleptikums nicht mehr zurück. Oft treten unter einer Behandlung nach ca. ein bis zwei Wochen Symptome wie bei einer →Parkinsonkrankheit auf. Außerdem kann es zu einer Sitzunruhe mit starkem Bewegungsdrang kommen. Weitere mögliche Nebenwirkungen sind Müdigkeit, Mundtrockenheit, Verstopfung, Herzklopfen, erniedrigter Blutdruck, depressive Verstimmung, erhöhte Sonnenempfindlichkeit, Hauterscheinungen und Gewichtszunahme. Sulpirid kann zu einem Wachstum der Brust (Gynäkomastie), zu Milchsekretion und Störungen im Menstruationszyklus führen. Neuroleptika verstärken die Wirkung von Alkohol, Beruhigungsmitteln, Opioiden sowie Alpha- und Betablockern und sollten daher nach Möglichkeit nicht zusammen mit ihnen eingenommen werden.

**Neurolinguistik:** Teilgebiet der Neuropsychologie und der Linguistik, in dem die neuronale Repräsentation der Sprache und die neuro-

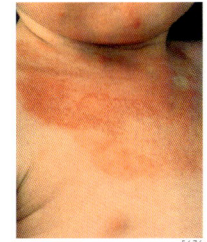

**Neurodermitis:** Wie stark der juckende Hautausschlag auftritt, hängt vermutlich auch von psychischen Faktoren ab.

---

**Neurodermitis | Rat und Hilfe**

Betroffenen wird empfohlen, mithilfe eines Tagebuchs festzustellen, welche Auslöser einen Schub bewirken und welche den Zustand verbessern, und sich möglichst danach zu verhalten. Wirksam sind oft Umstellungen der Lebensweise, v. a. der Ernährung und Bewegung. Therapeutische Maßnahmen sind u. a. Kratzreduktionstraining, Entspannungstechniken und Methoden der Stressbewältigung. Neurodermitis verursacht ihrerseits starke emotionale Belastung, die durch psychologische Begleitung aufgefangen werden kann. Betroffene können auch an einer Selbsthilfegruppe für Neurodermitiker teilnehmen, bei der sie Rat und Hilfe finden können.

logisch bedingten Sprachstörungen untersucht werden. Hier steht die neuropsychologische Realität der Sprache und nicht die Struktur der zu verarbeitenden Information im Vordergrund. Zum Themenkreis der Neurolinguistik gehören auch Beeinträchtigungen durch Gehirnverletzungen oder -störungen, welche die Sprachmelodie (Prosodie), das Sprachgedächtnis und die sprachbegleitende Mimik und Gestik sowie die Fähigkeit zum korrekten Lesen und Schreiben beeinträchtigen. Sprechstörungen, wie →Stammeln oder →Stottern, gehören jedoch im Allgemeinen nicht zum Bereich der Neurolinguistik.

Sprachstörungen betreffen immer zwei Bereiche: zum einen das Erfassen des Sinns einzelner Begriffe und des Sinnzusammenhangs größerer Spracheinheiten durch Hören oder Lesen, zum anderen die korrekte Verwendung von Begriffen und Sprachregeln. Deshalb gibt es zwischen Neurolinguistik, →Psycholinguistik, →kognitiver Psychologie, →Wahrnehmungspsychologie und Hirnforschung zahlreiche gemeinsame Interessen.

**neurolinguistisches Programmieren,** Abk. **NLP:** Verhaltenstechnologie, die darauf beruht, dass das menschliche Erleben vom Nervensystem gesteuert wird (»neuro«), dass Menschen sich mit Körper- und Wortsprache verständigen (»linguistisch«) und oft so verhalten, als ob sie feste Programme wiederholen würden. NLP versteht sich nicht als Therapierichtung, sondern als Methodensammlung, um menschliches Verhalten zu verändern (z. B. Mobilisierung positiver Empfindungen und Fähigkeiten). In dieser Absicht wurde es Anfang der 1970er-Jahre von dem Sprachwissenschaftler John Grinder und dem Psychologen Richard Bandler entwickelt; sie untersuchten, welche einfachen Techniken sich aus der Arbeit von Praktikern einer Kurztherapie ableiten lassen, und werteten v. a. die Berichte des Hypnotherapeuten Milton H. Erickson aus.

Das neurolinguistische Programmieren hat sich sehr rasch ausgebreitet und wurde v. a. in der beruflichen Fortbildung eingesetzt. Wegen des manchmal überhöht vorgetragenen Anspruchs, menschliches Verhalten durchsichtig zu machen und es wirksam zu verändern, ist das Verfahren nicht unumstritten. Kritischere NLP-Vertreter ziehen es vor, statt von »Programmieren« von »Selbstorganisation« (neurolinguistische Selbstorganisation) zu sprechen, um zu betonen, dass Menschen keine Computer sind und der kundige Helfer sie nicht programmiert, sondern in ihrer Fähigkeit unterstützt, sich selbst zu lenken und zwischen konstruktiven oder destruktiven Selbststeuerungen zu unterscheiden.

**Neurologie:** Fachgebiet der Humanmedizin, das sich mit Diagnostik, Therapie, Prävention, Rehabilitation und Begutachtung von Erkrankungen des zentralen, peripheren und vegetativen Nervensystems sowie der Muskulatur befasst. Das Hauptaugenmerk richtet sich auf Gefäßkrankheiten des Zentralnervensystems, z. B. Schlaganfall; Krankheiten mit anfallartigen Symptomen, z. B. Epilepsie; entzündliche Krankheiten des Nervensystems, z. B. Hirnhautentzündung; degenerative Krankheiten, z. B. Demenzkrankheiten; Schädigungen des Gehirns durch Verletzungen oder Vergiftungen und auf Tumorerkrankungen des Nervensystems. Der Facharzt für Neurologie wird auch als **Neurologe** bezeichnet.

**Neuron:** die →Nervenzelle.

**neuronale Netze:** in der *Kognitionswissenschaft* Modelle, in denen mentale Funktionen simuliert werden. Der Aufbau neuronaler Netze ist der Verschaltungsstruktur der Nervenzellen im Gehirn entlehnt. Sie bestehen aus zahlreichen Knoten, die in Schichten angeordnet sind. Eine Schicht dient der Aufnahme von Reizmustern, die nachfolgenden Schichten zur Verarbeitung der Reizmuster, die letzte Schicht gibt ein Aktivationsmuster aus. Eine solche Anordnung übersetzt eingehende Muster in ausgehende Muster. Jeder einzelne Knoten versieht dabei primitive Schaltfunktionen; er leitet je nach anliegender Aktivierung diese an benachbarte oder nachgeschaltete Knoten weiter. Das gesamte Netzwerk ist an der Verarbeitung beteiligt, sodass man von paralleler verteilter Verarbeitung spricht, d. h., eine einzelne Information kann in diesem Netz nicht lokalisiert werden.

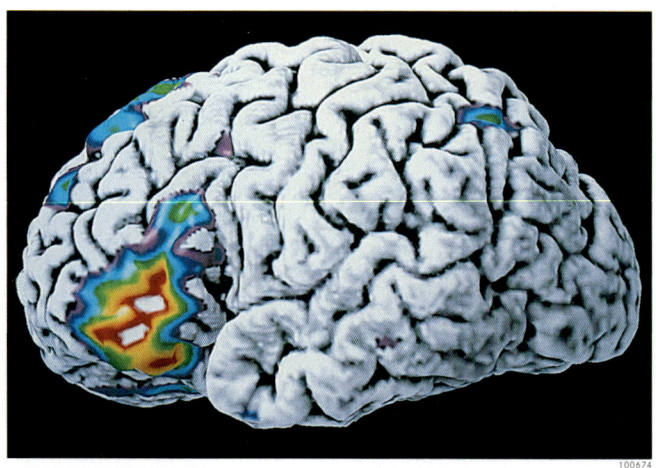

**Neurolinguistik:** Diese mit Positronen-Emissions-Tomografie gemachte Aufnahme zeigt die Aktivität des Sprachzentrums im Gehirn.

Das Zusammenwirken aller Knoten führt zu Erkennungs- und Kategorisierungsleistungen, die dem menschlichen Erkennen vergleichbar sind. Wenn z. B. als Eingangsmuster ein Buchstabe in verschiedenen Formen (z. B. verschiedener Handschrift) gegeben wird, erscheint ein Ausgangsmuster, das die Klassifikation des Buchstabens angibt. Um eine Erkennungsleistung zu erbringen, muss das Netz trainiert werden: Durch die Rückmeldung über falsche und richtige Klassifikationen werden die Verschaltungsstärken zwischen den Knoten verändert, bis alle Buchstaben richtig erkannt werden. Der Lernvorgang gleicht gewissermaßen einer Konditionierung.

Neuronale Netze können elektronisch durch einfache Halbleiterelemente realisiert werden, oft werden sie jedoch nur als mathematische Modelle in einer Software implementiert. Die Lernfähigkeit und Flexibilität ihrer Erkennungsleistung hat in der Psychologie Beachtung gefunden und sich im Forschungszweig des **Konnektionismus** niedergeschlagen, einem interdisziplinären Ansatz, an dem kognitive Psychologen, Informatiker und Neurowissenschaftler beteiligt sind. Allerdings wurde die Bedeutung der neuronalen Netze überschätzt, wenn es um die Simulation höherer kognitiver Funktionen geht. Technische Anwendungsreife haben sie jedoch in Sprach- und Bildererkennungssystemen erreicht.

**Neuroökonomie:** Wissenschaftsgebiet, das die Ansätze der Psychologie, Wirschafts- und Neurowissenschaften vereinigt und sich mit den wirtschaftlichen Entscheidungen der Menschen befasst. Eines der Untersuchungsfelder ist die →Werbewirkung und Kaufentscheidung von Kunden.

**Neuropathie** [zu griech. páthos »Schmerz«, »Leiden«], **Nervenleiden:** 1) Schädigung einzelner oder mehrerer Nerven, z. B. durch Entzündungen, Gifte, Verletzungen oder Abbauprozesse, mit der möglichen Folge von Lähmungen und →Sensibilitätsstörungen;

2) heute nicht mehr gebräuchlicher Begriff für →psychische Störungen.

**Neurophysiologie:** Teilgebiet der Physiologie, in dem die Leistungen des Nervensystems bei der Aufnahme, Weiterleitung und Verarbeitung von Umweltreizen und bei der Reaktion des Organismus auf diese Reize untersucht werden. Die Neurophysiologie hat v. a. durch die Entwicklung von Verfahren, mit deren Hilfe einzelne Nerven gereizt und ihre Reaktion registriert werden können, sowie durch die Erkenntnisse über →Neurotransmitter große Fortschritte gemacht.

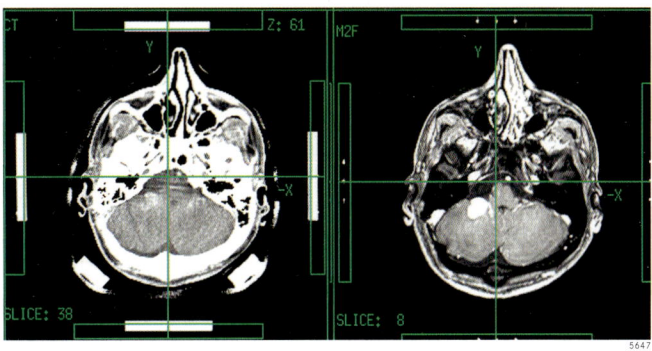

**Neurologie:** Ein Tumorbefund im Gehirn – organische Erkrankungen des Nervensystems und ihre Behandlung sind Gegenstand der Neurologie (links Computertomografieaufnahme, rechts Kernspintomografieaufnahme).

**Neuropsychoanalyse:** eine Richtung der →Psychoanalyse.

**Neuropsychologie:** *Sonderartikel S. 402–405.*

**Neurosen:** →neurotische Störungen.

**neurotische Störungen, Neurosen:** in der Einteilung der ICD-10 alle Angststörungen (d. h. die →Phobien, die →Panikstörung und die →generalisierte Angststörung), die →Zwangsstörung, Reaktionen auf schwere Belastungen und Anpassungsstörungen (u. a. die →posttraumatische Belastungsreaktion), →dissoziative Störungen, →somatoforme Störungen, die →Neurasthenie und das →Derealisations- und Depersonalisationssyndrom. Im Allgemeinen versteht man die →Depression ohne psychotische Symptome auch als eine neurotische Störung, diese wird im ICD-10 aber unter affektive Störungen kategorisiert. Bei den neurotischen Störungen handelt sich um Störungen, die den Betroffenen unverständlich bleiben und von ihnen nicht ausreichend kontrolliert werden können. Anders als bei psychotischen Störungen haben die Betroffenen jedoch ein Bewusstsein von ihrer Störung; ein Zerfall psychischer Funktionen, etwa des Wahrnehmens oder Denkens, tritt nicht auf.

In der *Psychoanalyse* versteht man unter neurotischen Störungen seelisch bedingte Leiden, deren Krankheitszeichen einen unbewussten Konflikt symbolisch ausdrücken und die auf meist unbewusste, in der Kindheitsentwicklung verwurzelte innere Konflikte zwischen verschiedenen Anteilen der Persönlichkeit zurückzuführen sind. Kindliche Triebwünsche können wegen starker, mit Bedrohung verbundener Widerstände nicht ausgelebt werden, sondern werden durch andere Persönlichkeitsanteile abgewehrt und ins Unbewusste verdrängt. Diese Bedeutung erhielt der Begriff der

*Fortsetzung S. 406*

# NEUROPSYCHOLOGIE

**AUFGABENGEBIET**

Die recht junge Wissenschaft der Neuropsychologie verbindet Erkenntnisse und Verfahren der Psychologie, v. a. Erkenntnisse über kognitive Systeme und mentale Operationen sowie Verfahren zur Erfassung geistiger Funktionen durch geeignete Tests, mit Erkenntnissen der Medizin über Aufbau und Funktionsweise des gesunden Gehirns sowie über strukturelle und funktionelle Veränderungen bei Krankheiten, welche die Psyche des Menschen betreffen. Sie erforscht die Abhängigkeit der psychischen Funktionen von neuronalen Prozessen im Gehirn.

Dazu erfasst sie psychische Funktionsverluste und Verhaltensänderungen, die im Zusammenhang mit Störungen in der Signalverarbeitung im Gehirn oder mit Hirnschädigungen auftreten, und erforscht Ort und Art der zugrunde liegenden Störungen und Schädigungen, etwa Änderungen im chemischen Milieu, einen Überschuss oder Mangel an Neurotransmittern, Durchblutungsstörungen, epileptische Anfälle, Verletzungen oder Tumoren. Diese Forschungen werden durch die bildgebenden Verfahren stark erleichtert.

Die Schwerpunkte der neuropsychologischen Forschung liegen bisher insbesondere im Bereich der Aufmerksamkeit, Handlungsplanung und Handlungssteuerung, der Informationsaufnahme und des Gedächtnisses sowie des Problemlösens.

Darüber hinaus ist die Neuropsychologie für die Diagnostik, Begutachtung und Rehabilitation von Patienten zuständig, die in dieser Weise beeinträchtigt sind.

**EIN FALLBEISPIEL**

Am Beispiel einer traumatischen Schädigung des Gehirns (»Schädel-Hirn-Trauma«), die als Unfallfolge häufig auftritt, lässt sich vorführen, wie umfassend der fachliche »Einzugsbereich« der Neuropsychologie auch in einem Routinefall sein kann: Bei einer unfallbedingten Schädel-Hirn-Verletzung, etwa einer Schädelquetschung, wird das Gehirn des Betroffenen erst heftig beschleunigt, dann schlagartig abgebremst und womöglich verdreht; Nervenfasern, Venen und Arterien werden gezerrt, reißen unter Umständen ab, einsetzende Blutungen und nachfolgende Schwellungen behindern die Blut- und Sauerstoffversorgung.

Zu den zunächst ins Auge fallenden möglichen Folgen dieser Schädigung, wie etwa einem länger dauernden Koma, Lähmungserscheinungen in den Gliedmaßen oder Sprech- und Schluckstörungen, können später nicht direkt sichtbare, aber ebenfalls das Leben des Betroffenen stark beeinträchtigende Nachwirkungen hinzukommen, gekennzeichnet durch Veränderungen des Gefühlslebens, der geistigen Verarbeitungsfähigkeit und der Persönlichkeit. Dazu gehören neben einer allgemeinen raschen Ermüdbarkeit meist Konzentrationsschwierigkeiten.

Das kann, muss aber nicht damit zusammenhängen, dass ein oder mehrere Sinne beeinträchtigt sind. Überdies zeigen sich oft Gedächtnisprobleme beim Speichern von Informationen im Kurz- und Langzeitgedächtnis sowie beim Erinnern und Wiedererkennen von Situationen oder Personen. Beeinträchtigungen bestehen aber nicht nur auf geistigem Gebiet. Oftmals sind Fertigkeiten des täglichen Lebens wie etwa Waschen, Essen und Ankleiden sowie Kommunikationsfähigkeiten wie Schreiben, Sprechen und Sprachverständnis (mühsam) wiederzuerlangen.

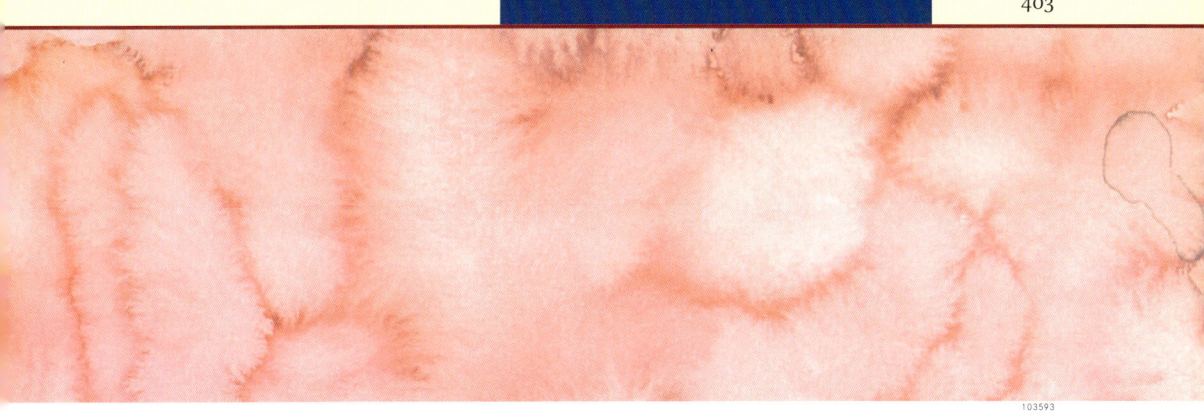

Nicht selten zeigen die Betroffenen eine mangelnde Einsicht in ihren Zustand. Sie leugnen etwa Probleme nach der Verletzung und haben dementsprechend wenig Neigung, die Notwendigkeit von Rehabilitationsmaßnahmen zu akzeptieren.

Die Diagnose und Therapie der emotionalen, kognitiven und persönlichkeitsbezogenen Veränderungen ist Aufgabe von Neuropsychologen.

## VERNETZUNG UND ENTWICKLUNG

Zur Behandlung und Rehabilitation von Patienten mit hirnorganischen Störungen oder Schädigungen arbeiten Neuropsychologen mit Medizinern, Physiotherapeuten, Ergotherapeuten und Sprachtherapeuten zusammen. Die Zusammenarbeit mit Medizinern steht dabei im Vordergrund. Das hat damit zu tun, dass die Neuropsychologie aus den Erkenntnissen verschiedener medizinischer Disziplinen wie der Anatomie, der Physiologie, der Neurologie und der Psychiatrie ihre Einsichten in die Funktionsweise des Gehirns gewinnt und die strukturell begründeten Hypothesen über neuronale Vernetzungen oder Lokalisationen bestimmter Verhaltensweisen dieser medizinischen Disziplinen akzeptiert. Daraus werden Therapiemöglichkeiten abgeleitet.

Bis in die 1970er-Jahre haben die in der Medizin lange üblichen Absenzmodelle, die das Fehlen bestimmter Funktionen nach Gehirnverletzungen oder -operationen voraussetzen, das therapeutische und rehabilitative Vorgehen von Psychologen in diesen Fällen bestimmt. Das Ziel war damals, dass die Patienten lernen sollten, sich mit ihren bestehenden Beeinträchtigungen abzufinden oder möglicherweise Hilfsmittel zu nutzen.

Heute dagegen geht man davon aus, dass sich Struktur und Funktion des Gehirns nach einer Schädigung reorganisieren können. Mit der Durchsetzung dieser Vorstellung gewann die Neuropsychologie an Bedeutung, denn sie erlaubte es, den Einflüssen von Gehirnschädigungen durch besondere Trainingsmaßnahmen, beispielsweise durch Gedächtnis- oder Aufmerksamkeitsübungen, zu begegnen und neue Möglichkeiten zu erforschen, mit denen Patienten Selbstständigkeit, Lebensfreude und Mut zu einem neuen Lebensentwurf vermittelt werden können.

## DIAGNOSTIK UND BEGUTACHTUNG

Ein wichtiges Aufgabengebiet der Neuropsychologie ist die Diagnostik. Neuropsychologen ermitteln mithilfe von Tests und Befragungen, ob die festgestellten Hirnschädigungen zu Ausfällen kognitiver, emotionaler, integrierender oder steuernder Funktionen geführt haben. Auf der Basis dieser Diagnose wird dann ein Behandlungsplan zur Rehabilitation erstellt.

In der Regel verwenden Neuropsychologen die üblichen standardisierten Tests und Verfahren; gegebenenfalls wandeln sie sie entsprechend der Fragestellung ab oder entwickeln auch neue Untersuchungsmethoden, die den speziellen Schädigungen ihrer Klientel angepasst sind.

Patienten mit auffälligen, scheinbar rein psychisch bedingten Symptomen wie Halluzinatio-

# NEUROPSYCHOLOGIE *Fortsetzung*

nen können neuropsychologisch untersucht werden. Nicht selten zeigt sich dann eine bisher nicht entdeckte Schädigung des Gehirns, ein biochemisches Ungleichgewicht, beispielsweise das Fehlen bestimmter Neurotransmitter, oder eine ererbte Funktionsstörung.

Aber auch die therapiebegleitende Diagnostik ist Aufgabe von Neuropsychologen. Sie überprüfen in bestimmten Abständen, ob die durchgeführten Therapie- und Trainingsmaßnahmen wirksam sind, und schlagen gegebenenfalls Änderungen vor.

Neuropsychologen nehmen auch die Begutachtung von hirnorganisch geschädigten Personen vor, so begutachten sie etwa deren Fahreignung oder Arbeitsfähigkeit. Im Fall einer nur eingeschränkten Arbeitsfähigkeit können sie auch Vorschläge zum rehabilitativen Vorgehen machen.

## NEUROPSYCHOLOGISCHE REHABILITATION

Die neuropsychologische Rehabilitation zielt auf die Wiederherstellung nicht nur kognitiver, sondern auch emotionaler Faktoren und gegebenenfalls der Steuerungsfähigkeit. Dabei geht es nicht nur um eine Verbesserung der einzelnen Funktionen, sondern auch um eine Verbesserung der Integration dieser Einzelfunktionen, also um die Stärkung einer zentralen Instanz, die in der Lage ist, die Einzelfunktionen zu bewerten, hierarchisch einzuordnen und zu steuern.

Manchmal stellt sich heraus, dass bestimmte verlorene Funktionen trotz aller Versuche nicht wiederherzustellen sind. Dann ist es Aufgabe von Neuropsychologen, dem Patienten diese Tatsache so zu vermitteln, dass er sie verkraften und mit ihr umgehen kann. In einem länger dauernden Prozess muss der Patient anschließend (gegebenenfalls mit psychologischer Hilfe) sein Selbstbild an die veränderten Tatsachen anpassen. Wichtig ist dabei, dass er wirklich nur auf das verzichtet, was unwiederbringlich verloren ist, und weiter an den Funktionen arbeitet, die wiederherzustellen sind, sowie auf die Ressourcen zurückgreift, die ihm verblieben sind.

In Gesprächen mit Angehörigen und Freunden der Patienten können Neuropsychologen erklären, worin die Funktionsausfälle der Patienten bestehen. Manche Hirnschädigungen ziehen Persönlichkeitsänderungen nach sich, beispielsweise führen Schädigungen des Stirnhirns zur Unfähigkeit, seine Affekte zu steuern, und der Patient wirkt jähzornig und unbeherrscht. Diese Wesensveränderungen können für die Angehörigen erschreckend und belastend sein; Neuropsychologen können den Ängsten die Spitze nehmen, indem sie die biologischen Zusammenhänge erklären und so für Verständnis gegenüber dem Patienten werben.

Neuropsychologen machen auch Vorschläge für die Anpassung der sächlichen Umwelt an die Beeinträchtigungen des Patienten.

Die neuropsychologische Rehabilitation ist in letzter Zeit (wie andere Rehabilitationsformen auch) im Zuge gesundheits- und sozialpolitischer Sparmaßnahmen eingeschränkt worden zugunsten der häuslichen Pflege Hirngeschädigter ohne weitere aktivierende Maßnahmen. Diese Entwicklung enthält den Patienten die bestmögliche Rehabilitation vor; wünschens-

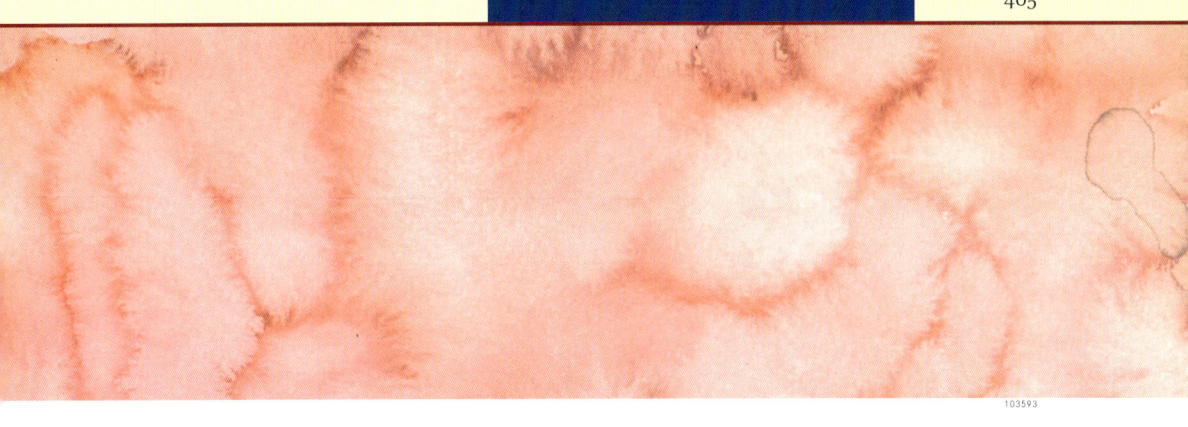

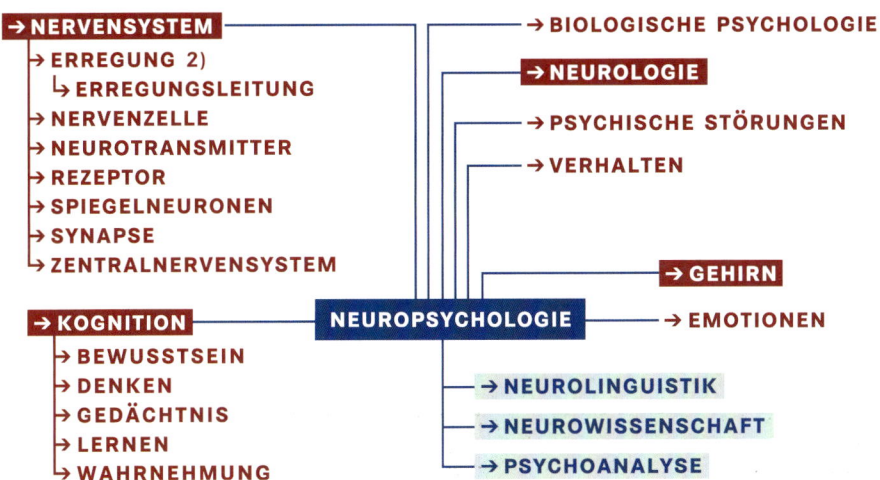

```
→ NERVENSYSTEM ─────────────┐    ┌─→ BIOLOGISCHE PSYCHOLOGIE
  → ERREGUNG 2)             │    ├─→ NEUROLOGIE
    ↳ ERREGUNGSLEITUNG      │    │
  → NERVENZELLE             │    ├─→ PSYCHISCHE STÖRUNGEN
  → NEUROTRANSMITTER        │    ├─→ VERHALTEN
  → REZEPTOR                │    │
  → SPIEGELNEURONEN         │    │
  → SYNAPSE                 │    │
  ↳ ZENTRALNERVENSYSTEM     │    ├─→ GEHIRN
→ KOGNITION ──── NEUROPSYCHOLOGIE ─→ EMOTIONEN
  → BEWUSSTSEIN             │
  → DENKEN                  ├─→ NEUROLINGUISTIK
  → GEDÄCHTNIS              ├─→ NEUROWISSENSCHAFT
  → LERNEN                  └─→ PSYCHOANALYSE
  ↳ WAHRNEHMUNG
```

wert wäre ein integriertes Rehabilitationskonzept, in dem auch die Neuropsychologie ihren Platz hat.

## MÖGLICHE WEITERENTWICKLUNGEN

Will eine psychologische Disziplin wie die Neuropsychologie Gehirn und Verhalten miteinander in Beziehung setzen, genügt es nicht, auf die bestehenden elektrophysiologischen oder nuklearmedizinischen Methoden zurückzugreifen und sie durch psychologische Tests zu ergänzen. Vielmehr ist es erforderlich – auch nach dem Selbstverständnis des Faches –, Theorien des bewussten Handelns mit Theorien des Gehirns in Verbindung zu bringen. Dazu wird sie, wie alle Neurowissenschaften, in Kontakt mit der Philosophie treten müssen. Eine Theorie des Gehirns ist allein mit naturwissenschaftlichen Mitteln nicht zu entwerfen.

Denn wer mentale Zustände auf solche des Gehirns übertragen möchte, muss auch Konzepte des Geistes und Vorstellungen über Gehirnfunktionen ineinander überführen. Diese so zwingend erscheinende Notwendigkeit bereitet zwar heute noch einige Schwierigkeiten, eröffnet aber gleichzeitig der Neuropsychologie interessante neue Fragestellungen, die nicht wie bisher die Gehirnstruktur als gegeben annehmen und in Abhängigkeit davon das Verhalten eines Menschen betrachten, sondern auch einen psychologisch naheliegenden umgekehrten Schluss vornehmen und begründen.

**LESETIPPS:**
Erich Kasten: *Einführung in die Neuropsychologie.* Stuttgart (UTB) 2006.
*Klinische Neuropsychologie,* herausgegeben von Wolfgang Hartje u. Klaus Poeck. Stuttgart (Thieme) [6]2006.
*Neuropsychologie,* herausgegeben von Hans-Otto Karnath u. Peter Thier. Heidelberg (Springer) [2]2006.
Georg Goldenberg: *Neuropsychologie. Grundlagen, Klinik, Rehabilitation.* München (Elsevier) [4]2007.

*Fortsetzung von S. 401*
Neurose v. a. durch die Forschungen von Sigmund Freud.

Die Psychoanalyse unterscheidet die **Psychoneurosen** (z. B. Angst-, Zwangsneurose, depressive Neurose) von den Organneurosen oder vegetativen Neurosen, bei denen seelisch bedingte Körpersymptome im Vordergrund stehen. Eine weitere Unterscheidung ist die zwischen den **Symptomneurosen,** d. h. Neurosen mit konkreten Symptomen wie einer Depression, einem Zwang oder einem psychosomatischen Leiden, und den **Charakterneurosen,** bei denen die ganze Persönlichkeit, also das gesamte Verhalten und Erleben betroffen sind und die durch eine Fixierung in einer frühkindlichen psychosexuellen Entwicklungsphase entstanden sind, z. B. der anale Charakter in der →analen Phase. Charakterneurosen sind zu verstehen als »auffällige Persönlichkeiten«, wobei es stark fließende Übergänge zu Persönlichkeitsstörungen gibt; diese Abgrenzung ist allerdings schwierig und umstritten. Nach der ICD-10 stellen Charakterneurosen am ehesten Persönlichkeitsstörungen dar, und als Diagnose soll die Kategorie »nicht näher bezeichnete Persönlichkeitsstörungen« gewählt werden.

In der *Verhaltenstherapie* geht man davon aus, dass neurotische Störungen auf erlernten (Fehl-)Gewohnheiten beruhen, die in krank machender Weise (z. B. bei Phobien durch Vermeidung) verstärkt und unterhalten werden.

Die psychoanalytische Behandlung von neurotischen Störungen zielt auf die Erkennung und Bewusstmachung der Ursachen; in Einzel- oder Gruppensitzungen sollen die Betroffenen mithilfe von Traumanalysen und freien Assoziationen befähigt werden, ihre Konflikte zu verstehen und zu überwinden. Die verhaltenstherapeutischen Richtungen dagegen stellen die Gestaltung von Lernprozessen in den Vordergrund, durch die Hemmungen abgebaut, inadäquate Befürchtungen beseitigt und Fehlreaktionen vermieden werden sollen.

In den neueren Klassifikationssystemen psychischer Störungen, die die Störungen nach ihren Symptomen statt ihrer Verursachung ordnen, wird auf den Neurosebegriff weitgehend verzichtet; in der ICD-10 kommt der Begriff lediglich als Adjektiv in »neurotische Störungen« vor. Der Erkenntnisgewinn durch das psychoanalytische Neurosemodell, die Verknüpfung von Kindheitsschicksal, Symbolisierung, Verdrängung und Symptombildung angesichts einer späteren Belastung, geht in diesen rein beschreibenden Diagnosen zwar wieder verloren, macht sie zugleich jedoch unabhängiger von einzelnen Therapieschulen.

**Neurotizismus:** ein Faktor im →Fünffaktorenmodell der Persönlichkeit.

**Neurotransmitter, Transmitter** [zu tein. transmittere »übertragen«]: Botenstoffe der Nervenzellen, die entweder hemmend oder erregend auf die Nachbarzellen einwirken. Dazu gehören z. B. niedermolekulare Transmitter wie Adrenalin, Noradrenalin, Serotonin und Dopamin sowie Proteine wie Endorphine und Enkephaline.

**Adrenalin** ist ein im Nebennierenmark produziertes Hormon, das den Stoffwechsel in Gefahren- und Stresssituationen mobilisiert. Das Adrenalin stellt also den Körper auf eine aktive Bewältigung dieser Situationen ein: Der Blutzuckerspiegel wird erhöht und damit werden die inneren Organe besser mit Nährstoffen versorgt; außerdem verengen sich die peripheren Blutgefäße, was wieder zu einer Steigerung des Blutdrucks und der Durchblutung der Bewegungsmuskulatur und der Herzkranzgefäße sowie zu einer Steigerung der Leistung des Herzens selbst führt.

**Noradrenalin** wird im Nebennierenmark, dem Stammhirn und an Endigungen von Nerven des sympathischen Nervensystems gebildet. Es wirkt sowohl als Hormon als auch als Neurotransmitter. Als Hormon wirkt es verengend auf die peripheren Blutgefäße und blutdrucksteigernd, als Neurotransmitter vermindert Noradrenalin die Herz- und damit die Pulsfrequenz. Nach der klassischen Noradrenalinhypothese der →Depression wird vermutet, dass ein Mangel an Noradrenalin an den Rezeptorstellen der Nervenverbindungen für die Depressionen, ein Überschuss für die Manien (mit)verantwortlich ist. Selektive Noradrenalin-Wiederaufnahmehemmer sind eine Gruppe der →Antidepressiva.

**NEUROTRANSMITTER: NEUROTRANSMITTER (AUSWAHL) UND IHRE WIRKUNGSORTE IM KÖRPER**

| Neurotransmitter | Wirkungsort |
| --- | --- |
| Acetylcholin | parasympathisches Nervensystem, Synapsen der quer gestreiften Muskulatur |
| Dopamin | Stammhirn, Hypophyse |
| Noradrenalin, Adrenalin | sympathisches Nervensystem |
| Serotonin | Zentralnervensystem, Nerven des Magen-Darm-Trakts |
| Glutaminsäure | Zentralnervensystem (erregend) |
| Asparaginsäure | Zentralnervensystem (erregend) |
| Gamma-Aminobuttersäure (GABA) | Zentralnervensystem (hemmend) |
| Glycin | Zentralnervensystem (hemmend) |

**Serotonin** wird aus der Aminosäure Tryptophan synthetisiert und beeinflusst u. a. den Schlaf-wach-Rhythmus, die Nahrungsaufnahme, die Schmerzwahrnehmung und die Körpertemperatur. Nach der Serotoninhypothese der Depressionen, die die Noradrenalinhypothese ergänzt, wird Serotoninmangel als eine Ursache für Depression gesehen. Ein Mangel an Serotonin kann auch Ursache von →Migräne sein. Selektive Serotonin-Wiederaufnahmehemmer sind eine Gruppe der Antidepressiva.

**Dopamin** wirkt mittels verschiedener Dopaminrezeptoren sowohl als erregender als auch hemmender Neurotransmitter. Es beeinflusst emotionale und geistige Reaktionen und steuert Bewegungsentwürfe, z. B. die Mimik. Dopamin erhöht die Kontraktionskraft des Herzens, steigert die Herzfrequenz und den Blutdruck und fördert die Nierenfunktion. Es spielt in den Forschungen über die Wirkungsweise von →Psychopharmaka eine wichtige Rolle, da sowohl die beruhigenden als auch die antidepressiven Mittel mit der Wirkungsweise des Dopamins in Verbindung gebracht werden. Die Parkinsonkrankheit (Schüttellähmung) ist auf einen Dopaminmangel in bestimmten Bereichen des Gehirns zurückzuführen. Dopamin ist als Vorstufe des Noradrenalins und Adrenalins von Bedeutung.

Die Wirkung vieler Gifte und Drogen beruht darauf, dass diese Stoffe im zentralen Nervensystem dieselbe Wirkung ausüben wie Neurotransmitter. Die Wirkungsweise von Psychopharmaka beruht darauf, dass sie die Bildung und den Ausstoß von Neurotransmittern vergrößern oder hemmen oder ihre Wirksamkeit in den empfangenden Nervenzellen erhöhen.

**Neurowissenschaft:** interdisziplinäre Wissenschaft, die sich mit dem Aufbau und der Funktion des Nervensystems befasst. Die Neurowissenschaft umfasst u. a. die Neurobiologie, Neurologie und →Neuropsychologie; eines ihrer zentralen Ziele ist es, die Gehirnfunktionen im Hinblick auf psychische Prozesse zu erklären. Speziell mit kognitiven Funktionen wie Aufmerksamkeit, Denken und Erinnern befasst sich die **kognitive Neurowissenschaft,** eine Ende der 1990er-Jahre entstandene junge Disziplin.

**New Age** [nju: 'eɪdʒ, engl. »neues Zeitalter«]: in den 1960er-Jahren entstandene weltanschauliche Bewegung, in der sich in lockerer Form Gruppen und Inhalte höchst unterschiedlicher Herkunft zusammenfinden: ganzheitliche Theorieansätze aus Physik, Biologie und Neuropsychologie sowie Lehren östlicher Religionen und esoterische Systeme. Allen gemeinsam ist die Sehnsucht nach Überwindung der Krise des technologischen Zeitalters, die durch Wiedergewinnung der Einheit der Menschheit und der Einheit des Menschen mit der Natur auf der Grundlage eines epochal »neuen Denkens« erreicht werden soll.

**New Age:** esoterische Rituale und Beschwörungszeremonien im Jahr 1987 im Chaco Canyon, New Mexico (USA)

Die Anhänger des New Age sind davon überzeugt, dass sie das »alte Denken« des materialistischen Zeitalters durch neue Orientierungen in Richtung einer hoffnungsvolleren und harmonischen Zukunft überwinden können. Das »neue Bewusstsein« werde nicht infolge revolutionärer Umbrüche oder gesellschaftlicher Reformen entstehen, sondern als »führerloses Netzwerk« von Gleichgesinnten an vielen Stellen gleichzeitig in Erscheinung treten. Durch »Bewusstseinserweiterung« soll der »neue Mensch« des »neuen Zeitalters« geschaffen werden. Dieser sei durch ein überindividuelles »integrales« oder »kosmisches« Bewusstsein ausgezeichnet, in dem der Einzelne seine höhere Einheit mit der Menschheit und dem Kosmos realisiert. Die Verwirklichung der neuen Werte und Ziele in der menschlichen Gesellschaft soll beim Individuum durch Arbeit an sich selbst beginnen.

*Kritik:* Kritiker verweisen darauf, dass das Plädoyer der New-Age-Bewegung für Mystik und Irrationalismus nahezu immer zu kurz greift: Eine wirklich postmoderne, die Fragwürdigkeiten der Moderne überwindende Zeit

**nonverbale Kommunikation | Status und Kommunikation**
Psychologische Untersuchungen unterstützen, was man im Alltag kennt: Der nonverbalen Kommunikation liegen ungeschriebene Gesetze zwischen Statusungleichen zugrunde. Statushöhere dringen eher in die persönliche Distanz des Statusniederen ein als umgekehrt, z. B. klopft der Vorgesetzte dem Arbeiter auf die Schulter, während der Arbeiter dem Vorgesetzten nicht auf die Schulter klopfen würde. Im übertragenen Sinn gilt das auch für Gesprächsinhalte: Es ist gewöhnlicher, dass der Chef seinen Mitarbeiter persönliche Dinge fragt, z. B., wie es der Familie geht, als umgekehrt. Männer nehmen in ihrer Körperhaltung mehr Raum ein als Frauen, sie sitzen oder stehen z. B. mit breiter ausgestellten Beinen. Neuere Untersuchungen zum Redeanteil von Frauen und Männern in Gruppendiskussionen ergeben allerdings keinen klaren Trend zugunsten der Männer. Auch das Wartenlassen ist ein Statusmerkmal: Statushöhere lassen Statusniedere warten, während sie kaum auf den Statusniederen warten müssen.

müsse die kritische Vernunft einbeziehen und nicht auslassen. Der verbreitete Wissenschaftsglaube und das Machbarkeitsdenken würden durch die New-Age-Orientierung nicht abgebaut, sondern noch verstärkt, denn das rational nicht Fassbare und das dem Menschen schlechthin Unverfügbare (in der Sprache der Religion die »letzten Dinge« und die Erlösung des Menschen) sollten im New Age »beweisbar« und durch spirituelle Techniken und okkulte Praktiken »machbar« und »verfügbar« werden.

*Geschichte:* Die New-Age-Bewegung nahm ihren Ausgang im Westen der USA und gehörte in den Umkreis der Neubelebungen esoterischer, z. T. mit naturwissenschaftlichem Gedankengut vermischter Strömungen. Ursprünglich war sie von astrologischem Gedankengut beeinflusst, wonach es ein »Zeitalter des Wassermanns« geben soll, das ein 2000-jähriges Fischezeitalter ablöst. In den 1970er- und 1980er-Jahren fand das Deutungsmodell des New Age über die Jugend- und Protestkultur hinaus Verbreitung in der gesamten westlichen Gesellschaft; diese übergreifende Bewegung bezeichnete man in den USA zunächst auch als »neues Bewusstsein« (New consciousness).

**nicht direktive Psychotherapie:** die →klientenzentrierte Psychotherapie.

**Nikotin** [zu französ. nicotiane »Tabakpflanze«]: wichtigste psychisch wirksame Substanz der Tabakpflanze. Die farblose, ölige Flüssigkeit ist eines der stärksten Pflanzengifte; die tödliche Dosis für den Menschen liegt bei etwa 0,05 g. Nikotin erweitert die Herzkranzgefäße, steigert die Herzfrequenz, erhöht den Blutdruck, entspannt aber die glatte Muskulatur. So erklärt sich die zugleich beruhigende und anregende Wirkung des Nikotins, die es so schwer macht, mit dem →Rauchen aufzuhören. Nikotin führt auch zu einer Erhöhung des Cholesterinspiegels im Blut; dies wird als Risikofaktor für arteriosklerotische Gefäßerkrankungen und Herzinfarkt angesehen. Setzt man Nikotin plötzlich ab, so können sich unangenehme Entzugserscheinungen entwickeln, z. B. Blutdruckabfall, Schmerzen im Rachenraum, Schüttelfrost und v. a. eine erhöhte Reizbarkeit. Die gesundheitsschädlichen Folgen des Rauchens sind jedoch nur zum Teil auf die Wirkungen des Nikotins zurückzuführen.

**Nirvana:** Heilsziel indischer Religionen. Im Buddhismus bedeutet Nirvana das Erlöschen der Begierde, des Hasses und des Nichtwissens, der drei Quellen allen Leidens. Nirvana ist jedoch nicht mit dem Nichts gleichzusetzen, sondern ist »des Leidens Ende«, der einzige unwandelbare Daseinsfaktor. Als die Befreiung aus dem Kreislauf der Geburten (Samsara; →Seelenwanderung) ist es die absolute, unpersönliche letzte Wirklichkeit. Das Erleben des Nirvana ist dem Erlösten schon in diesem Dasein möglich. Mit dem Eintritt des Todes verbürgt es die Unmöglichkeit, in einer individuellen Existenz wiedergeboren zu werden. Im Hinduismus bedeutet der Ausdruck Brahma-Nirvana das Aufgehen der »Einzelseele« (Atman) in der »Allseele« (Brahman).

**Niveautests** [ni'vo:-, französ.], **Powertests** [ˈpaʊə-, engl. »Kraft«, »Stärke«, »Leistung«]: Tests, bei denen es im Gegensatz zu →Speedtests nicht auf die Schnelligkeit, sondern auf das Niveau der Aufgabenlösungen ankommt. Es handelt sich meist um Aufgaben mit steigendem Schwierigkeitsgrad. Die zur Verfügung gestellte Zeit ist nicht limitiert oder so bemessen, dass die höchste Leistungsfähigkeit erreicht werden kann. Würde die Zeit verlängert werden, so wäre kein besseres Ergebnis festzustellen.

**NLP:** →neurolinguistisches Programmieren.

**Nominalskala:** eine Form der →Skala.

**nonverbale Kommunikation** [-v-, zu spätlatein. verbalis »mit Worten«], **Körpersprache:** nicht verbale Verhaltensweisen und Interaktionselemente bei der Kommunikation, z. B. Sprechweise, Tonfall, Körperhaltung und -bewegungen, Gesten, Mimik, äußere Erscheinung, Sitzposition, Körperkontakt. Die vokale Kommunikation umfasst alle nicht inhaltlichen, aber sprachbezogenen Aspekte wie Stimmführung, Betonung und Lautstärke. Die Kinesik behandelt kommunikationsrelevante Bewegungen des Gesichtes, der Augen und der Glieder, in der Proxemik werden unterschiedliche Zonen des persönlichen Raumes abgegrenzt und die

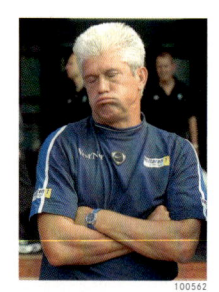

**nonverbale Kommunikation:**
Der Emotionsausdruck ist nur selten so unkontrolliert zu beobachten wie hier bei dem Fußballtrainer Werner Lorant während eines Bundesligaspiels 2001.

Bedeutung der räumlichen Distanz zwischen den Kommunikationspartnern für die Kommunikation untersucht. Neben dem auditiven und visuellen sind auch der taktile (z. B. bei Berührungen) und der olfaktorische Kanal (Geruchsempfindungen) für die nonverbale Kommunikation von Bedeutung.

Funktionen der nonverbalen Kommunikation sind Rückmeldungen zur Bewertung von Verhalten (z. B. positive Rückmeldung durch Lächeln, negative durch belustigten Tonfall), zur Mitteilung von Status und Rolle (z. B. durch gepflegte Kleidung) und zum Ausdruck von Gefühlen und Einstellungen gegenüber dem Kommunikationspartner. Bei Widersprüchen zwischen verbalen und nonverbalen Botschaften (z. B. bei ironischen Äußerungen) werden zur Interpretation in stärkerem Maße nonverbale Informationen herangezogen.

Erforscht wird v. a. der Emotionsausdruck in der nonverbalen Kommunikation. Für basale Emotionen wie Freude, Traurigkeit, Furcht, Ärger, Geringschätzung, Abscheu oder Überraschung scheint es universelle (und vermutlich angeborene) charakteristische Ausdrucksmuster im Gesicht zu geben. Allerdings wird mimisches Verhalten häufig stark kontrolliert oder maskiert; so fordern explizite oder implizite »Display Rules« (z. B. beim Erleben von Ärger) häufig eine Abschwächung, Neutralisierung oder Maskierung des zugehörigen mimischen Ausdrucks. Mithilfe elaborierter Beobachtungssysteme können solche Maskierungen erkannt werden; z. B. unterscheidet sich ein »unechtes« Lächeln von einem echte Freude ausdrückenden Lächeln dadurch, dass es unsymmetrisch ist, die Muskulatur im Augenbereich nicht aktiviert ist und es einen anderen zeitlichen Verlauf des Einsetzens und des Abbrechens hat.

Die Bedeutung nonverbaler Kommunikationskanäle für das wechselseitige Verständnis wird bei den mit Telekommunikationsmedien verbundenen Einschränkungen der Informationsübertragung deutlich: Beim Telefonieren kommt es nur zur verbalen und vokalen Kommunikation, beim Versenden einer E-Mail nur zur verbalen. So haben sich z. T. eigenständige Codierungen für die nicht übermittelbaren nonverbalen Botschaftsaspekte entwickelt (z. B. die Smileys). Durch die Zunahme der verfügbaren Bandbreite für die Übertragungskanäle (z. B. bei Videokonferenzen über das Internet) verlieren die Einschränkungen zwar an Bedeutung. Dennoch wird die unmittelbare (Face-to-Face-)Kommunikation hinsichtlich der übermittelten nonverbalen Informationen allen Kommunikationsmedien überlegen bleiben und bei den Teilnehmern zu dem Gefühl größtmöglicher sozialer Präsenz führen.

**LESETIPPS:**
MICHAEL ARGYLE: *Körpersprache & Kommunikation. Das Handbuch zur nonverbalen Kommunikation.* Paderborn (Junfermann) [8]2002.
SAMY MOLCHO: *Alles über Körpersprache. Sich selbst und andere besser verstehen.* Sonderausgabe München (Goldmann) [7]2002.
CAROLA OTTERSTEDT: *Der nonverbale Dialog. Für Begleiter von Schwerkranken, Schlaganfall-, Komapatienten und Demenz-Betroffenen mit Übungen zur Wahrnehmungssensibilisierung.* Dortmund (Modernes Lernen) 2005.

**No|otropika:** chemisch sehr unterschiedliche, nicht eindeutig definierte Gruppe von Arzneistoffen, die bei Hirnleistungsstörungen das Gedächtnis sowie die Lern-, Auffassungs-, Denk- und Konzentrationsfähigkeit durch Beeinflussung des Gehirnstoffwechsels (z. B. durch Verbesserung der Glucoseverwertung oder Aktivierung des Phospholipid- und/oder Eiweißstoffwechsels) verbessern sollen. Die Wirksamkeit ist umstritten.

**Nor|adrenal<u>i</u>n:** ein →Neurotransmitter.

**Noradrenalin-Wiederaufnahmehemmer, selektive,** Abk. **SNRI:** eine Gruppe von →Antidepressiva.

**Norm** [von latein. norma »Winkelmaß«, »Regel«]: 1) *allgemein* ein Bewertungsmaßstab. 2) in der *Diagnostik* Vergleichsmaßstab, an dem eine Leistung oder Merkmalsausprägung bewertet wird; man spricht auch von Bezugsnorm. Die **Normierung** ist ein Nebengütekriterium von Tests: Bei der Entwicklung eines Tests, z. B. eines Intelligenztests, wird ein Bezugssystem hergestellt, d. h., es wird die Intelligenz einer großen repräsentativen Stichprobe mit diesem Test erhoben. Wird später die Intelligenz einer Person mit diesem Test gemessen, gibt das Testergebnis die Leistung der Person in Bezug auf die Norm wieder, z. B. liegt ihre Leistung

**nonverbale Kommunikation:**
Im Allgemeinen ist Mimik universell verständlich – wie die im japanischen Kabuki-Theater in festgelegten Schminkmasken zum Ausdruck kommenden Emotionen.

---

**Norm | Normale Entwicklung**
Viele Eltern fragen sich, ob die Entwicklung ihres Kindes der Norm entspricht. Meistens sind alle diesbezüglichen Sorgen unbegründet. Wer aber ernsthaft verunsichert ist, sollte sich an den Kinderarzt wenden. Er vermag es eher, die fließende Grenze zwischen normal und nicht normal zu ziehen. Nicht beirren lassen sollte man sich allerdings von gesellschaftlichen Normen, denen das Kind nicht entspricht. Sie können den individuellen Bedürfnissen des Einzelnen massiv entgegenstehen. Sie unterliegen aber auch einem stetigen Wandel. Es gilt z. B. heute als »normal«, wenn 13-jährige junge Mädchen »schon« einen Freund haben; noch vor wenigen Jahrzehnten hätte man dies als »anormal« verdammt.

> **Norm | Kindliche Ethik**
> Während Kinder im Vorschulalter noch grundsätzlich die Aussagen und Verhaltensweisen der Eltern akzeptieren, beginnen sie im Grundschulalter, nach dem Sinn von Normen zu fragen und auch an deren Berechtigung zu zweifeln. Die Haltung der Eltern hat für die moralische Entwicklung des Kindes grundlegende Bedeutung. Eine rigide und kompromisslose Erziehung verhindert eher die Anerkennung sittlicher Normen, während die Gewährung von Spielraum bei der Beachtung einer Norm dazu beiträgt, dass Kinder diese nachhaltig verinnerlichen, sobald sie ihren Sinn und ihre Berechtigung geprüft und bejaht haben.

über oder unter dem Durchschnitt oder entspricht ihm.

3) in der *Sozialpsychologie* eine soziale Regel, die das Verhalten in einer Gesellschaft bestimmt und oft auch schon im Erleben bemerkbar ist, z. B. als »Stimme des Gewissens«. Dabei unterscheidet man zwischen Durchschnittsnorm oder statistischer Norm (»was alle tun«), einer wertorientierten Norm (»was man tun sollte«) und einer funktionalen Norm; sie betrifft die Dimension eines ungestörten oder gestörten Ablaufs.

Aus sozialpsychologischer Sicht ist die Frage nach der Normalität nicht zu beantworten, sondern zu hinterfragen: Was Gruppen oder Kulturen für normal halten, ist großen Schwankungen unterworfen; die Situation, in der ein Individuum sich plötzlich fragt, ob das, was es empfindet oder tut, normal ist oder nicht, kann nicht durch Experten geklärt werden. Denn es ist darüber hinaus zu fragen, welche Interessen der Experte mit seiner Antwort ausdrückt. Untersuchungen haben ergeben, dass es neben den bewusst diskutierbaren formellen Normen auch informelle Normen gibt, an die sich die Beteiligten halten, ohne sich darüber bewusst zu sein.

**Normalverteilung, Gauß-Verteilung:** nach dem deutschen Mathematiker Carl Friedrich Gauß (*1777, †1855) benannte theoretische Wahrscheinlichkeitsverteilung. Die Normalverteilung ist eine eingipflige und symmetrische Verteilung, die durch die Angabe ihres Mittelwerts und der Standardabweichung vollständig beschrieben werden kann. Nach ihrer grafischen Gestalt wird die Gauß-Verteilung auch als Glockenkurve bezeichnet. Messungen an großen Stichproben zeigen, dass viele psychische Merkmale offenbar normal verteilt sind (z. B. Intelligenz). Allerdings wird bei der Konstruktion von Tests üblicherweise dafür gesorgt, dass sich die Testwerte normal verteilen. Daher sind viele Sozialwissenschaftler der Ansicht, dass der Geltungsbereich der Normalverteilung überschätzt wird. Inwieweit sich ein Merkmal tatsächlich normal verteilt, ist bei jeder Messung zu prüfen. Viele Verfahren der Inferenzstatistik dürfen nur angewendet werden, wenn die empirisch gefundene Verteilung hinreichend einer Normalverteilung gleicht.

**Normopath:** eine Persönlichkeit, die durch strikte Vermeidung und Verleugnung aller unangepassten Seiten und Neigungen auf eine starre, unflexible Weise »gesünder als gesund« wirkt.

**Nosologie** [zu griech. *nósos* »Krankheit«]: Lehre von den Krankheiten; systematische Beschreibung und Einordnung der Krankheiten. Während in der Medizin bei vielen Krankheiten eine recht gute Standardisierung der Krankheitsbeschreibungen erreicht werden konnte, steht dieser Prozess in der Psychotherapie erst am Anfang. Zwar haben seit etlichen Jahren die →Klassifikationssysteme psychischer Störungen weite Verbreitung gefunden, jedoch haben daneben und unabhängig davon viele psychotherapeutische Schulen jeweils eigene Bezeichnungen für psychische Störungen und Krankheiten und fassen Symptome in verschiedener Weise zu Krankheitsbildern (nosologischen Einheiten) zusammen. Der Grund für diese häufig als unbefriedigend empfundene Situation liegt in den unterschiedlichen theoretischen Grundauffassungen der Therapieschulen; so nimmt die Psychoanalyse die Wirkung unbewusster Triebe an, während die klassische Verhaltenstherapie diese Annahme ablehnt.

**Nostalgie** [neulatein. »Heimweh«]: Sehnsucht nach der vertrauten Umgebung, Idealisierung vergangener Einrichtungen oder Gesellschaftsformen, in der diese in einem rosigen

**Norm 3):** »Normal ist, was häufig vorkommt.« Normalität im statistischen Sinn bezeichnet, was der Durchschnittsbürger tut, ungeachtet der Bewertung einer Handlung.

Licht erscheinen und ihre Schattenseiten ausgeblendet werden. Die Nostalgie ist eine mögliche Reaktion auf unbefriedigende Zustände in der Gegenwart. Da sie rückwärtsgewandt ist, bietet sie keine Handlungsanleitungen zur Überwindung gegenwärtiger als unangenehm erlebter Situationen.

**Noten:** die →Zensuren.

**Notzucht:** veraltete Bezeichnung für →Vergewaltigung.

**Nozizeptoren, Nozirezeptoren** [zu latein. nocere »schaden«], **Schmerzrezeptoren:** Organe zur →Schmerzwahrnehmung des Körpers. Nozizeptoren kommen in vielen Regionen des Körperinneren und in der Haut, hauptsächlich als freiliegende Nervenendungen vor. Sie reagieren meist unspezifisch auf verschiedene Reize wie Hitze, Druck oder chemische Verbindungen.

**Nullhypothese:** Form der →Hypothese.

**nuscheln:** Artikulationsstörung, bei der die Wörter undeutlich ausgesprochen werden. Ursachen für das Nuscheln bei Kindern können körperlich bedingte Einschränkungen der Lippen- und Kieferbewegungen, Hör- und Resonanzstörungen sein. Neben der Ursachenbeseitigung ist oft eine logopädische Behandlung erforderlich. Manchmal handelt es sich aber auch nur um eine vorübergehende Phase, in der das Kind »schlampig« spricht. Die Eltern sollten sich bemühen, klar artikuliert mit ihrem Kind zu sprechen.

**Nymphomanie** [zu griech. nýmphé »Klitoris«]: abwertende Bezeichnung für das →gesteigerte sexuelle Verlangen der Frau.

**Nymphomanie:** Im antiken Mythos waren die Nymphen weibliche Naturgottheiten, die zunehmend mit erotischen Bezügen versehen wurden und im 19. Jh. gar zum Leitbild für ein als krankhaft verstandenes sexuelles Begehren der Frau wurden (Jacopo de'Barbari, »Triton und Nymphe«, um 1480–1514).

# O

**Objekt** [von latein. objectum »Gegenstand«, eigtl. »das Entgegengeworfene«]: *Psychoanalyse:* Personen, Tiere oder Gegenstände im Gegensatz zum →Selbst. Auf das Objekt richten sich die Triebimpulse, beginnend mit den elterlichen Objekten. Entwicklungspsychologisch beginnt die psychische Existenz des Kindes als Subjekt mit einer eigenen →Identität 2), sobald es zwischen sich (»Ich«) und anderen, den Objekten, unterscheiden kann.

**Objektbesetzung:** *Psychoanalyse:* die Bindung psychischer Energie (Liebe oder Hass) an ein Objekt. Die Objektbesetzung ist nicht konstant, sondern kann sich je nach Situation verändern. Wenn man sich z. B. von einem Liebesobjekt enttäuscht abwendet, muss man die libidinöse Besetzung wieder abziehen; danach kann das Objekt dann aber aggressiv besetzt werden, indem man es mit Hass und Rachegelüsten verknüpft.

**Objektbeziehungstheorie:** eine neuere Richtung der *Psychoanalyse*, nach der es die frühen Beziehungserfahrungen sind, die bestimmen, wie der Mensch später seine Beziehungen gestaltet. Die Objektbeziehungstheorie stellt die konkreten Erfahrungen eines Kindes mit seinen Bezugspersonen in den Mittelpunkt: Schlechte Erfahrungen mit den Bezugspersonen, d. h. Erfahrungen von Gewalt und Missbrauch, sowie gute Erfahrungen, d. h. Erfahrungen von Liebe und Achtung, werden verinnerlicht und damit zu schlechten oder guten inneren →Objektrepräsentanzen. Diese bestimmen maßgeblich, wie der Mensch seine Welt wahrnimmt und mit ihr interagiert. Persönlichkeitsstörungen beruhen in der Regel auf schlechten Objektrepräsentanzen.

**Objektivität:** Die Möglichkeit der Objektivität wissenschaftlicher Erkenntnis unterliegt den mit dem beobachtenden Subjekt verbundenen Bedingungen – seinen individuellen oder gesellschaftlichen Interessen und seinem Vorverständnis – sowie der historischen Bedingtheit der Beobachtung.

Einer der wichtigen Vertreter der Objektbeziehungstheorie ist der amerikanische Psychoanalytiker Otto Kernberg (* 1928), der sich insbesondere mit den Persönlichkeitsstörungen befasste und diese für die Psychoanalyse zugänglich machte.

**Objektivität:** die Unabhängigkeit von individuellen Voraussetzungen und Einstellungen. Eine Methode bzw. Aussage gilt als objektiv, wenn sie von beliebig verschiedenen Individuen in gleicher Weise angewandt bzw. getroffen wird. Objektivität ist eines der Gütekriterien von empirischen Forschungsmethoden. Sie ist gegeben, wenn die Resultate einer Untersuchung nicht davon beeinflusst werden, wer die Untersuchung durchführt, auswertet oder interpretiert, d. h., die Untersuchung führt immer zu gleichen Resultaten, unabhängig vom Untersucher; die Objektivität wird daher unterteilt in Durchführungs-, Auswertungs- und Interpretationsobjektivität.

**Objektkonstanz:** 1) *Psychoanalyse:* die Fähigkeit, ein inneres Bild von einer Bezugsperson zu haben, auch wenn diese abwesend ist. Kleinkinder haben zunächst starke Trennungsangst, wenn die Mutter aus dem Gesichtsfeld verschwindet, wenn sie z. B. kurz aus dem Raum geht. Erst mit der Zeit entwickeln sie die Fähigkeit, zu verstehen, dass die Mutter weiterhin existiert, auch wenn sie momentan nicht zugegen ist. Mithilfe eines Übergangobjekts, z. B. einem Stofftier, lernen sie, mit ihrer Trennungsangst umzugehen, und sie entwickeln eine innere Repräsentanz der Mutter.

Bei der Objektkonstanz geht es noch um einen weiteren Aspekt: Ein Kind muss nicht nur die Trennungsangst überwinden, sondern es muss auch die Fähigkeit entwickeln, die gegenteiligen Seiten der Mutter zu integrieren, d. h. in sich aufnehmen, dass sie nicht entweder nur gut oder nur schlecht ist, sondern dass sie »sowohl als auch« ist. Ein sehr kleines Kind kann diese Differenzierung zunächst nicht leisten, es muss erst allmählich lernen, dass die Mutter, die sich gerade gut verhält, und die Mutter, die sich gerade böse verhält, die gleiche Person ist.

Bei Menschen, die in der Kindheit immer wieder Gewalt, v. a. Gewalt durch die Bezugspersonen erfahren haben, kann die Entwicklung einer Objektkonstanz gestört sein, sodass sie schnell Verlassenheitsängste erleben und dazu neigen, Menschen entweder als nur schlecht oder nur gut wahrzunehmen (bzw. wechselt die Sicht abrupt, mal ist der andere nur schlecht, mal nur gut). Das ist z. B. häufig bei Personen mit einer Borderlinestörung der Fall.

In der Psychotherapie wird durch die Sicherheit gebende Haltung des Psychotherapeuten die Fähigkeit zur Objektkonstanz nachträglich aufgebaut; hinsichtlich der Trennungsängte werden in der Übergangszeit und in instabilen Phasen des Patienten konkret besondere Vorkehrungen für Zeiten zwischen den Sitzungen oder für Urlaubszeiten des Therapeuten geplant, z. B. wählt ein Patient die Telefonnummer des Therapeuten, um seine Stimme auf dem Anrufbeantworter zu hören.

2) *Entwicklungspsychologie:* seltene Bezeichnung für Objektpermanenz (→Invarianz).

**Objektpermanenz:** eine Form der →Invarianz.

**Objektpsychologie:** Anwendung psychologischer Erkenntnisse auf die Gestaltung von Objekten wie z. B. Maschinen, Fahrzeugen oder Bedienelementen mit dem Ziel, diese an die Natur des Menschen anzupassen. Die Objektpsychologie ist eine der Grundlagen des →Human Engineering.

**Objektrepräsentanz:** *Psychoanalyse:* ein »Stellvertreter«, ein inneres Abbild oder eine innerpsychische Spur eines Objekts. In der frühkindlichen Entwicklung entstehen innere Bilder der wichtigen Bezugspersonen, der Liebesobjekte, die notwendig sind, um die Abwesenheit des Objekts zu überbrücken und das Alleinsein aushalten zu können.

**Objektspaltung:** eine Form der →Spaltung.

**Objektverlust:** *Psychoanalyse:* Verlust eines bedeutsamen, libidinös besetzten Objekts, wobei der Verlust real durch Trennung geschehen kann, aber auch in der Fantasie, z. B. durch große Enttäuschung. Da Menschen zumindest im Kleinkindalter nicht ohne Betreuungsperson überleben können, fürchten sie den Verlust dieser Person zutiefst. Diese Angst vor einem Objektverlust wird zwar im Lauf der Entwicklung geringer, verschwindet aber nie völlig.

Verlustängste treten in der kindlichen Entwicklung besonders dann auf, wenn das Kind sich seiner Abhängigkeit bewusst wird. Es gibt die Angst vor dem Verlust der Bezugsperson und die Angst vor dem Verlust der Zuneigung. Beide Ängste haben ihre Entsprechung in späteren neurotischen Erkrankungen: Der Angstneurotiker fürchtet den Objektverlust und fordert deshalb, dass der andere immer für ihn da sein soll; der Depressive fürchtet den Liebesverlust und ist deshalb bemüht, dem andern alles recht zu machen, um geliebt zu werden.

**ödipale Phase:** die →phallische Phase.

**Ödipuskomplex** [in Anlehnung an die griechische Sage von König Ödipus, der unwissentlich seinen Vater erschlug und seine Mutter heiratete]: *Psychoanalyse:* die von Sigmund Freud (erstmals 1900 in »Die Traumdeutung«) beschriebene Beziehungskonstellation, in der das Kind zu seinen Eltern steht. Freud verstand den Ödipuskomplex als allgemeingültigen, grundlegenden Entwicklungskonflikt, bei dem sich die sexuellen Wünsche und Liebesgefühle auf den gegengeschlechtlichen Elternteil richten und der gleichgeschlechtliche, ebenfalls geliebte Elternteil zum Rivalen wird.

Der Höhepunkt dieses Konflikts muss zwischen dem dritten und fünften Lebensjahr, in der →ödipalen Phase, durchlebt werden. Der Übergang zur →Latenzphase erfolgt, wenn die verbotenen Wünsche (z. T. durch Verdrängung) bewältigt werden und das Kind sich mit dem gleichgeschlechtlichen Elternteil identifiziert, was mit der Entwicklung des →Über-Ichs einhergeht. Wegen der großen Bedeutung, die diese Vorgänge für die Persönlichkeitsentwicklung haben, sah Freud in der unzureichenden Bewältigung des Ödipuskomplexes die wichtigste Ursache für die Entstehung von →Persönlichkeitsstörungen und →Neurosen.

Heute wird dem Ödipuskomplex nicht mehr so viel Bedeutung im Hinblick auf →Kastrationsangst und →Penisneid beigemessen, vielmehr sieht man heute die Triangulierung als das wesentliche Merkmal des Ödipuskomplexes: Während sich das Kind bis dahin, beginnend mit der frühen Mutter-Kind-Beziehung, mehr oder weniger in Zweierbeziehungen erlebt, entsteht nun durch die Hinwendung zum anderen Elternteil und die damit gegebene Dreierkonstellation ein ganz neuer Konflikt, zu dessen Bewältigung innere Umstrukturierungen und Abgrenzungen erforderlich sind; darin liegt die nach wie vor große Bedeutung des Ödipuskomplexes.

**offener Unterricht:** ein auf Ideen von Reformpädagogen wie Célestin Freinet und Peter Petersen zurückgehendes Konzept zur Öffnung des lehrerzentrierten und lernzielorientierten Unterrichts durch Lernformen, die es den Schülern u. a. erlauben, selbstständig, kooperativ und mitverantwortlich zu lernen. Häufig wird auch eine Öffnung der Schule gegenüber dem Stadtteil oder der außerschulischen Lebenswelt insgesamt angestrebt. Zum offenen Unterricht gehörten ein vielfältig ausgestatteter Klassenraum und anregende Lernangebote sowie ein motivierendes und schülerorientiertes, nicht dem üblichen Zeittakt unterworfenes Schulklima. Beispiele für offene Unterrichtsformen sind →entdeckendes Lernen, →freie Arbeit, →Projektunterricht und →Wochenplanarbeit.

**Ohnmacht:** 1) *allgemein* das Fehlen von Macht;
2) in der *Medizin* kurz dauernde →Bewusstlosigkeit.

**Ohnmachtsgefühl:** in der *klinischen Psychologie* das Gefühl, nichts bewirken zu können. Gewisse Ohnmachtsgefühle angesichts schwer zu bewältigender Situationen sind normal; tritt jedoch häufig und in unrealistischer Weise ein Ohnmachtsgefühl auf, so bedarf dies psychotherapeutischer Behandlung. Ein Ohnmachtsgefühl findet sich bei fast allen psychischen Störungen, besonders bei Depressionen und Ängsten. Das Gegenteil vom Ohnmachtsgefühl ist das →Allmachtsgefühl, wobei diesem wiederum ein Gefühl der Ohnmacht zugrunde liegt, das allerdings von der Person nicht gespürt wird.

**Ohr:** seitlich am Kopf sitzendes paariges Sinnesorgan, das Schallwellen aus der Luft aufnimmt und durch deren Umwandlung zu elektrischen Impulsen im Mittelohr für das Hören sorgt (→Gehör). Über das Außenohr und das Trommelfell gelangt der Schall ins Mittelohr, an dem die Gehörknöchelchen Hammer, Amboss und Steigbügel sitzen. Der Druck, der auf die relativ große Fläche des Trommelfells von etwa 55 $mm^2$ wirkt, wird auf die Steigbügelplatte mit einer Fläche von nur 3 $mm^2$ zusammengepresst. Die Anordnung von Hammer, Amboss und Steigbügel gewährleistet, dass die Druckenergie von einem Stoß zu einem hammerartigen Schlag umgewandelt wird. Beides zusammen führt zu einer ungefähr 20-fachen Erhöhung der Druckenergie und versetzt die flüssigkeitsgefüllten Räume des Innenohres in Schwingungsbewegungen.

Daneben gibt es durch Schallfortpflanzung vom Unterkiefer zum äußeren Gehörgang eine Knochenleitung, die zur Übertragung zwar eine größere Reizstärke benötigt als die Luftleitung, jedoch tiefere Frequenzen selektiv verstärken kann. Deshalb erscheint uns die eigene Stimme, die man über Knochenleitung und Luftleitung zusammengesetzt hört, in ihrem Frequenzspektrum anders, als wenn man sie z. B. auf Tonband aufnimmt und abspielt und dabei nur über die Luftleitung wahrnimmt.

**Ohrgeräusche:** der →Tinnitus.

**ökologische Psychologie, Ökopsychologie:** psychologische Fachrichtung, die versucht, natürliche, gebaute, institutionelle und soziale Lebensbedingungen von Menschen (alltägliche Umwelten) in die Theoriebildung der Psychologie einzubeziehen und eine auf »ökologische Repräsentativität« bedachte, interdisziplinär vernetzte Psychologie zu schaffen. Nachdem es im 20. Jh. verschiedene Vorläufer gegeben hatte, entstand die ökologische Psychologie als systematisch-empirischer Forschungsansatz in den USA erst Ende der 1960er-Jahre, kurz darauf auch im deutschsprachigen Raum.

Unter →Umweltpsychologie versteht man im Unterschied zur umfassenderen ökologischen Psychologie üblicherweise diejenige Richtung der angewandten Psychologie, die sich speziell mit der Erforschung psychologischer Aspekte von Umweltproblemen befasst. Beide Begriffe werden jedoch häufig auch synonym verwendet.

**ökologische Psychotherapie, Ökotherapie:** von dem schweizerischen Psychiater Jürg Willi (*1934) begründeter Ansatz, der davon ausgeht, dass an der persönlichen Entwicklung des Menschen mitmenschliche Auseinandersetzungen zentral beteiligt sind. Eine Person kann sich selbst entfalten, wenn sie sich ihre Umwelt sucht und gestaltet und sie von dieser Umwelt positiv beantwortet wird. Vermeidet sie Veränderungen in der Beziehungsgestaltung aus Angst vor negativen Konsequenzen, blockiert sie ihre Selbstentfaltung. In der ökologischen Psychotherapie wird folglich die Beziehungsgestaltung des Patienten fokussiert.

**ökologisch-soziales Dilemma:** die →Allmendeklemme.

**ökonomische Psychologie:** die →Wirtschaftspsychologie.

**Ökopsychologie:** die →ökologische Psychologie.

**Okzipitallappen:** Teil des →Gehirns.

**olfaktorisch** [zu latein. olfactorius »riechend«]: den →Geruchssinn betreffend.

**Oligophrenie** [zu griech. oligós »wenig«, »gering«]: veralteter Ausdruck für eine →Intelligenzstörung.

**Omnipotenzgefühle:** die →Allmachtsgefühle.

**Onanie:** die →Selbstbefriedigung.

**Oneirologie:** die →Traumdeutung.

**Onlineberatung:** eine Form der →Beratung.

**Onlineforschung** [engl. online research]: 1) Forschung über Neue Medien. Im Fokus der Onlineforschung steht die Auswirkung der Neuen Medien auf Gesellschaft und Individuen;
2) Einsatz internetgestützter Untersuchungsmethoden. Onlinebefragungen und Onlineexperimente etablieren sich in der Psychologie zunehmend als den klassischen Methoden (→Befragung, →Experiment) gleichwertige Methoden. Die Vorteile der Onlineforschung liegen v. a. in der Ökonomie, der großen Reichweite, der relativ einfachen Erhebung großer Stichpro-

ben in kurzer Zeit und der hohen Akzeptanz bei den Befragten. Nachteile sind die unklare Identität der Probanden, die geringe Kontrolle über die Probanden und mögliche technische Schwierigkeiten v. a. bei Befragungsteilnehmern mit veralteter Software und älteren Anzeigegeräten.

**Ontogenese** [zu griech. ón, óntos »seiend«]: die gesamte Entwicklung eines Einzelwesens, von der Eizelle über die Keimesentwicklung, das Heranwachsen zur Fortpflanzungsfähigkeit, das Altern bis zum Tod. In der individuellen Entwicklung eignet sich der Heranwachsende Techniken und Erkenntnisse an, die die Menschheit in ihrer Gesamtentwicklung, der →Phylogenese, über Tausende von Jahren erarbeitet hat.

**Onychophagie:** das →Nägelbeißen.

**operante Konditionierung:** Form der →Konditionierung.

**Operationalisierung** [zu latein. operatio »das Arbeiten«, »Verrichtung«], **operationale Definition:** Festlegen der Indikatoren, mittels derer ein Konstrukt der quantitativen Messung zugänglich wird, bzw. Festlegen der Maßnahmen, mit denen sich der Effekt eines Konstrukts in einer empirischen Untersuchung realisieren lässt. Da psychologische →Konstrukte nicht direkt beobachtbar sind, gehört ihre Operationalisierung zur Vorbereitung jedes Forschungsvorhabens. Die interessierenden Konstrukte werden dazu durch geeignete →Variablen dargestellt, und diese müssen auf der Ebene sichtbaren Verhaltens definiert werden. Abhängige Variablen können z. B. durch apparative Techniken, Fragebögen oder Beobachtungen erfasst werden. Die Auswahl dieser Instrumente ist ihre Operationalisierung. Unabhängige Variablen stellen sich als Untersuchungsbedingungen dar und werden in Form von dargebotenem Versuchsmaterial oder -umständen operationalisiert. Will man beispielsweise den Zusammenhang von Frustration und Aggression untersuchen, so muss man eine Situation erfinden, in der sich die Probanden frustriert fühlen werden (Wartenlassen, Belohnung vorenthalten), und für die Messung der Aggression kann man die Auszählung betreffender Verhaltenseinheiten vorsehen (Schreien, auf den Tisch schlagen).

Eine durchdachte Operationalisierung trägt entscheidend zur Objektivität einer Untersuchung bei. Operationale Definitionen sind kennzeichnend für eine naturwissenschaftlich orientierte Psychologie. Dabei besteht eine gewisse Gefahr, den Bereich der theoretischen Konstrukte im Vorhinein auf diejenigen einzuengen, die leicht operationalisierbar sind oder für die es Standardinstrumente gibt. Im ungünstigsten Fall wirkt die operationale Definition sogar auf das theoretische Konzept zurück (»Intelligenz ist, was dieser Test misst«).

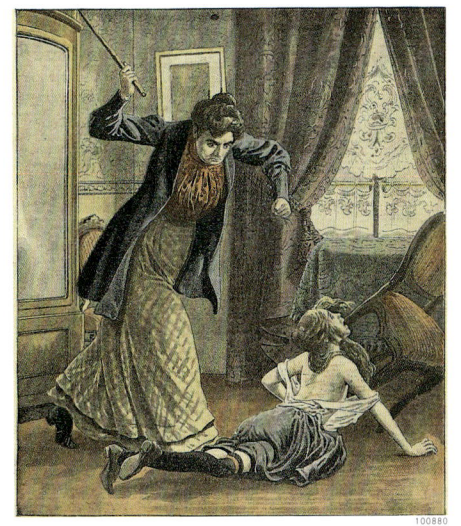

**Opfer 2):** Nicht immer ist das Opfer – so wie hier – dem Täter unterlegen. Häufig ist ein Konflikt oder eine Straftat die Folge des Zusammenwirkens von Täter und Opfer.

**Opfer:** 1) Gabe an eine höhere Macht;
2) Person, die von einem äußeren Einfluss auf eine von ihr nicht gewünschte Weise betroffen wurde, z. B. das Opfer eines Verbrechens, das Opfer einer Traumatisierung, das Opfer von →Mobbing. Merkmale von Verbrechensopfern erforscht die →Viktimologie. Die Annahme, es gebe eine Opferpersönlichkeit, die schon durch ihre Charakterstruktur gewissermaßen dazu herausfordere, sie zum Opfer zu machen, gilt inzwischen als widerlegt, doch entstehen viele Straftaten durch Interaktionen, d. h. durch ein Zusammenspiel von Täter und Opfer, z. B. durch Unvorsichtigkeit oder durch übermäßig ängstliches Verhaltens des späteren Opfers.

**Opferforschung:** die →Viktimologie.

**Opferrolle:** Rolle, die in sozialen Interaktionen und Beziehungen die Funktion hat, den eigenen Beitrag an der Entstehung von Spannungen und Konflikten zu verkleinern. So verstehen sich die Angehörigen von suchtkranken Menschen häufig als Opfer der Störung des Partners und sehen ihren eigenen Beitrag zur belastenden Situation nicht. Die Opferrolle bietet Schutz vor Schuldgefühlen, die verarbeitet werden müssen, wenn z. B. eine Frau ihren prügelnden Ehemann anzeigt. Da ein Opfer die Verantwortung für die Situation an den Täter delegieren kann, kann es in psychoanalytischer Sicht Angst vor eigenen Entscheidungen und vor ei-

|++++++++++++++++|—————————

**Oppel-Täuschung**

ner Trennung verdrängen und auf Kosten des Täters einen Gewinn an (Selbst-)Bestätigung erringen, den es durch seine Leidensbereitschaft erkauft.

Dieses Modell geht von zwei im Grunde genommen gleich mächtigen Partnern aus. Ist jedoch einer der Partner finanziell, sozial oder physisch deutlich schwächer als der andere, so kostet es ihn oder sie oft erhebliche Mühe, sich aus der Opferposition zu befreien.

**Opiate:** Drogen bzw. Arzneimittel mit schmerzstillender Wirkung, die Opium oder dem Opium chemisch verwandte Stoffe enthalten. Aufgrund der hohen Suchtgefahr bei nicht bestimmungsgemäßem Gebrauch unterstehen viele Opiate dem Betäubungsmittelgesetz. Neben der Suchtgefahr kann es zu weiteren Nebenwirkungen wie vermindertem Atemantrieb, Schläfrigkeit, Übelkeit, Erbrechen und Darmverstopfung kommen. Die bekanntesten Opiate sind →Heroin, →Morphium und →Methadon.

**Opium** [zu griech. opós »Pflanzenmilch«]: getrockneter Saft der unreifen Kapsel des Schlafmohns. Wegen seiner beruhigenden, schmerzstillenden und euphorisierenden Wirkung wird Opium als Rauschmittel benutzt. Gereinigtes Opium wird als schmerzstillendes und darmberuhigendes Arzneimittel verwendet; Opiumverschreibungen unterliegen dem Betäubungsmittelgesetz.

**Oppel-Täuschung** [nach dem Physiker Johann Joseph Oppel, *1815, †1894]: geometrisch-optische Täuschung, bei der unterteilte Strecken länger erscheinen als gleich lange nicht unterteilte.

**Optimismus** [zu latein. optimus »der Beste«]: eine positive Lebenseinstellung; die Erwartung, dass sich die Dinge zum Guten entwickeln (im Gegensatz zum →Pessimismus). Optimismus ist in der Regel mit hohem →Selbstwertgefühl, →Selbstvertrauen sowie generell mit →Lebenszufriedenheit verbunden. Übersteigerter Optimismus kann ein Zeichen für →Manie sein.

**optische Täuschungen:** den objektiven Gegebenheiten widersprechende Wahrnehmungen von Reizmustern, v. a. bei geometrischen Konfigurationen (geometrisch-optische Täuschungen): Bei einer in frontoparalleler Ebene dargebotenen Figur weichen die erscheinenden, d. h. subjektiv wahrgenommenen Strecken-, Richtungs-, Winkel- oder Krümmungsverhältnisse von den tatsächlichen, objektiv messbaren Verhältnissen ihrer Vorlagen ab. Optische Täuschungen beruhen nur zu einem sehr geringen Anteil auf dem Bau des Auges, vielmehr sind sie auf die Weiterverarbeitung der visuellen Information im Gehirn zurückzuführen. An ihrem Entstehen sind zahlreiche Mechanismen beteiligt, darunter die Akzentuierung und Verwischung von Unterschieden und mit →Hemmung verbundene physiologische Mechanismen. Als weitere Ursachen können bei perspektivischen Täuschungen Lernerfahrungen oder das Phänomen der Größenkonstanz (→Konstanzphänomene) zugrunde liegen. Oft handelt es sich um Mechanismen, die unter Bedingungen alltäglichen Sehens funktional und sinnvoll sind.

Insbesondere die →Gestaltpsychologie widmete sich der experimentellen Untersuchung von optischen Täuschungen und benutzte sie als Musterbeispiele für →Gestaltgesetze der Wahrnehmung. Als Begründer der wissenschaftlichen Erforschung optischer Täuschungen gilt der Physiker Johann Joseph Oppel (*1815, †1894). Neben der →Oppel-Täuschung sind andere bekannte Beispiele für optische Täuschungen die →Hering-Täuschung, die →Müller-Lyer-Täuschung und die →Poggendorff-Täuschung.

**orale Phase** [zu latein. os, oris »Mund«]: *Psychoanalyse:* die erste Phase der frühkindlichen psychosexuellen Entwicklung, die von der Geburt bis etwa zum zweiten Lebensjahr dauert. Ihr folgen die →anale und die →phallische Phase. In der oralen Phase stellt der Mund die Körperzone mit der höchsten sinnlichen Erregbarkeit und Bedeutung dar; deshalb sind Saugen, Lutschen und Beißen zentrale Aktivitäten. In der oralen Phase entwickeln sich so wichtige lebensbestimmende Grundhaltungen wie Urvertrauen oder Urmisstrauen, Trennungstoleranz oder -empfindlichkeit. Fehlentwicklungen

---

**Optimismus | Auf das Maß kommt es an**

Im Alltag bedrohen uns zahlreiche Gefahren: Krankheiten, Unfälle, Arbeitsplatzverlust, Verbrechen und Trennungen. Wenn ein Mensch alle diese Risiken ständig bedenkt, verliert er viel Energie für seine Lebensbewältigung. Daher hegen manche Personen die Einstellung, dass »alles gut geht«, dass sie von Krankheiten, Unfällen und anderen Belastungen verschont bleiben werden. Psychologische Untersuchungen haben gezeigt, dass Menschen, die so denken, ihr Leben erfolgreicher meistern. Überhöhter Optimismus hingegen birgt die Gefahr, tatsächliche Missstände nicht wahrzunehmen und auf diese nicht reagieren zu können. Mit einem gesunden Maß an Vertrauen in das Leben sowie Achtsamkeit für eventuelle Schwierigkeiten ist man sowohl gelassen als auch handlungsfähig.

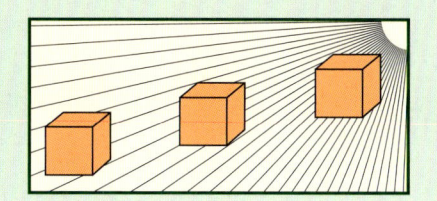

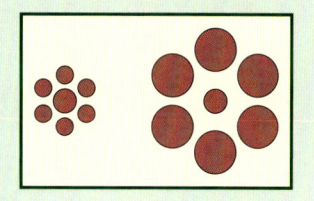

**optische Täuschungen:** Die konzentrischen Kreise scheinen, da sie unterbrochen sind, eine einzige spiralförmige Linie zu ergeben (links); der linke Würfel scheint kleiner zu sein als der rechte (Mitte); der innere Kreis rechts wirkt deutlich kleiner als der innere Kreis links (rechts).

in dieser Phase können zu einer →Fixierung 2) auf dieser Entwicklungsstufe und zur Ausbildung des **oralen Charakters** führen, d. h. eines Charakters, der durch das Bestreben, sich alles einzuverleiben, durch Grenzenlosigkeit, aber auch durch Großzügigkeit gekennzeichnet ist.

**Oralraum:** räumlicher Bereich, in dem der Säugling nach etwas sucht, an dem er saugen kann. Die Phase des Oralraums geht der des →Greifraums voraus.

**Ordinalskala:** eine Form der →Skala.

**Organ|empfindungen:** umgangssprachlich die von inneren Organen bedingten bzw. in diese in der Wahrnehmung hineinverlegten Empfindungen, wie Hunger, Durst, Übelkeit oder Schmerz.

**Organisationsentwicklung** [zu französ. organiser »einrichten«, »anordnen«, »gestalten«]: ein geplanter, gelenkter und systematischer Prozess, der zur Veränderung von Verhaltensweisen und Strukturen in einer Organisation beitragen soll, um die Effektivität der Organisation bei der Lösung ihrer Probleme und dem Erreichen ihrer Ziele zu verbessern. Durch diese langfristige Veränderung sollen die Produktivität und die Lebensqualität innerhalb einer Organisation erhöht werden. Theoretische und praktische Kenntnisse der →Arbeits- und Organisationspsychologie sind für die Organisationsentwicklung grundlegend.

Die Methoden der Organisationsentwicklung werden oft in personelle und strukturelle Verfahren eingeteilt, auch Maßnahmen der →Personalentwicklung werden ihr oft zugezählt. Im Idealfall ist Organisationsentwicklung ein organisationsumfassender Lern- und Veränderungsprozess, der sich sowohl auf die Strukturen, Aufgaben und Technologien der Organisation wie auf die Qualifikationen ihrer Mitglieder bezieht. Die möglichst weitgehende und transparente Beteiligung der betroffenen Mitarbeiter bei der Planung, Durchführung und Bewertung des Veränderungsprozesses (»Betroffene werden Beteiligte«) kennzeichnet den Veränderungsprozess ebenso wie die Betonung des Prozesscharakters. Einen hohen Stellenwert nehmen dabei das Erfahrungslernen und das Systemdenken ein.

Einen generellen Rahmen für Prozesse der Organisationsentwicklung stellt das Phasenmodell von Kurt Lewin (1947) dar: Zunächst soll über eine Problemanalyse die Veränderungsbereitschaft bei den Betroffenen geweckt werden (Unfreezing). Anschließend werden Änderungsprozesse besprochen, geplant und durchgeführt (Moving). Diese Phase ist gekennzeichnet durch die Einführung neuer Strukturen und Verhaltensweisen. Diese neuen organisatorischen Strukturen und Verhaltensweisen sollen abschließend gefestigt und durch Erfolgsanalysen kontrolliert werden (Refreezing). Konkrete Prozesse der Organisationsentwicklung beginnen mit der Problemdefinition, an die sich die Erhebung des Istzustandes durch diagnostische Verfahren anschließt. In der Diagnosephase können je nach Zielsetzung verschiedene Methoden eingesetzt werden, z. B. Beobachtung, Dokumentenanalyse, Kundenbe-

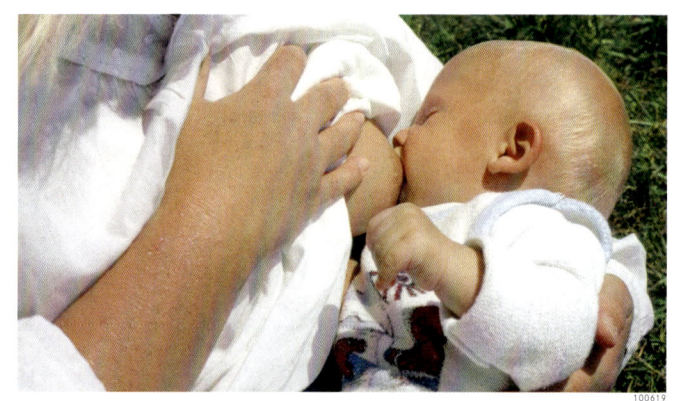

**orale Phase:** In den ersten Monaten nach der Geburt ist das Bedürfnis, an der Mutterbrust zu saugen, lebenswichtig. Die Mundzone ist in dieser Zeit stärker sinnlich erregbar als der restliche Körper.

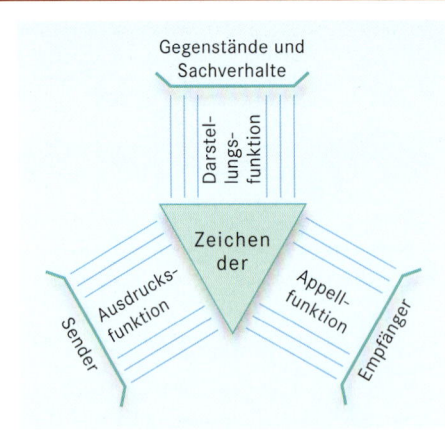

**Organonmodell:** Funktionsmodell der Sprache

fragungen. Ein wesentliches Element von Prozessen der Organisationsentwicklung ist →Feedback 3); so werden die Ergebnisse der Bestandsaufnahme den betroffenen Organisationsmitgliedern rückgemeldet.

**Organisationsklima:** das →Betriebsklima.

**Organisationspsychologie:** Teilgebiet der →Arbeits- und Organisationspsychologie.

**organisches Psychosyndrom:** Sammelbegriff für Persönlichkeits- und Verhaltensstörungen, denen organische Hirnschädigungen (z. B. Hirntumoren, Vergiftungen, Infektionen, endokrine Erkrankungen) zugrunde liegen. Ein organisches Psychosyndrom äußert sich in Denk-, Gedächtnis- und Antriebsstörungen sowie in Störungen der Orientierung und Selbststeuerung, bei etlichen Betroffenen auch in einem Intelligenz- oder Persönlichkeitsabbau. In der ICD-10 wird das organische Psychosyndrom unter der Bezeichnung »nicht näher bezeichnete organische Persönlichkeits- und Verhaltensstörung aufgrund einer Krankheit, Schädigung oder Funktionsstörung des Gehirns« aufgeführt.

**Organonmodell** [zu griech. órganon »Werkzeug«, »Instrument«, »Organ«]: von Karl Bühler entwickeltes Modell, das jedem sprachlichen Zeichen drei Funktionen zuweist: Darstellung (es steht für einen Gegenstand oder Sachverhalt), Ausdruck (es gibt den Zustand des Sprechers wieder) und Appell (es fordert den Hörer zu etwas auf). Insofern ist ein sprachliches Zeichen zugleich Symbol, Symptom und Signal. Das Organonmodell basiert auf Platons Verständnis von Sprache als Werkzeug, mit dem eine Person einer anderen einen Sachverhalt mitteilt, um sie zu informieren oder um eine Verhaltensänderung zu bewirken.

**Orgasmus** [zu griech. orgán »von Saft und Kraft strotzen«, »heftig verlangen«]: Höhepunkt (Klimax) der sexuellen Lust mit nachfolgendem Gefühl einer besonders angenehmen Entspannung (»Befriedigung«).

Der Orgasmus ist ein vielschichtiger Komplex physischer und psychischer Komponenten mit erheblichen geschlechtsspezifischen Unterschieden. Beim Mann ist der Orgasmus in der Regel mit der →Ejakulation synchronisiert (vor der Pubertät erfolgt kein Samenerguss). Der weibliche Orgasmus ist im Wesentlichen gekennzeichnet durch mehrere, meist drei bis 15 rhythmische Kontraktionen der Scheiden- und Gebärmuttermuskulatur; manche Frauen haben dabei ebenfalls eine Ejakulation. Beim Mann bedarf es im Anschluss an den Orgasmus einer längeren Regenerationsphase, ehe der Orgasmus wiederholt werden kann, während zahlreiche Frauen bereits während der Rückbildungsphase (→sexueller Reaktionszyklus) über das Potenzial zu einem neuen Höhepunkt verfügen. Außerdem ist es möglich, dass bei der Frau mehrere Orgasmen kurz hintereinander erfolgen und unmerklich ineinander übergehen. Darüber hinaus sind Frauen fähig, den Orgasmus über eine relativ lange Zeit (von etwa 20 bis mehr als 60 Sekunden) aufrechtzuerhalten.

Früher wurde bei Frauen häufig unterschieden zwischen einem Vaginalorgasmus, der beim →Geschlechtsverkehr durch Eindringen des Penis in die Vagina, und einem Klitoralorgasmus, der durch bevorzugte Reizung der Klitoris erreicht wird. Diese Unterscheidung ist jedoch nach den Erkenntnissen der Sexualwissenschaft nicht haltbar, da die kleinen Schamlippen und der Kitzler beim Orgasmus physiologisch immer mit einbezogen sind.

Begleitet wird der Orgasmus in der Regel von einer Anspannung fast der gesamten Körpermuskulatur, von einer erhöhten Durchblutung

---

**Orgasmus | Kein Zwang**

Viele Menschen glauben, beide Partner müssten bei jedem Geschlechtsverkehr einen Orgasmus haben; diese Einstellung führt aber in der Regel zu einem Leistungsdruck. Statt zu versuchen, vermeintlichen Regeln nachzukommen, sollte das Paar sich darauf besinnen, was individuell für sie gut oder nicht gut ist. So kann es einer Person manchmal wichtiger sein, der Partnerin oder dem Partner sexuelle Befriedigung zu bereiten, als selbst einen Orgasmus zu erleben, oder die Person ist beruflich oder gesundheitlich derart belastet, dass sie trotz vorhandener Lust den Geschlechtsverkehr nicht bis zum Orgasmus genießen kann. Ein weiterer Irrglaube ist, dass Sex nur dann »korrekt« ist, wenn die Partner gleichzeitig zum Orgasmus kommen. Tatsächlich erleben das nur wenige.

Nur wenn das Paar das Gefühl hat, dass das Ausbleiben des Orgasmus durch Partnerschafts- oder andere Probleme verursacht ist, sollte es dies offen besprechen und eventuell einen Psychotherapeuten hinzuziehen.

verschiedener Organe und Körperregionen, v. a. im Becken- und Genitalbereich, und von einer deutlichen Erhöhung der Puls- und Atemfrequenz. Durch die starke Erregung kann es sogar zu einer kurzfristigen Bewusstseinstrübung kommen.

Die Orgasmusintensität hängt u. a. entscheidend vom psychischen Befinden und von der Einstellung der Betreffenden ab, des Weiteren von der angestauten sexuellen Lust, von der äußeren Stimulierung genitaler und extragenitaler Bereiche des Körpers und schließlich besonders auch vom Grad der (steuernden, fördernden oder hemmenden) seelisch-geistigen Beteiligung.

**Orgasmusstörung, psychogene Anorgasmie:** Form der sexuellen Funktionsstörungen, bei der der Orgasmus nicht oder stark verzögert eintritt. Bei Frauen ist die Orgasmusstörung klinisch oft mit Begehrens- und Erregungsstörungen verbunden, bei Männern kommt es zur Ejakulation ohne Orgasmus. Ursachen der Orgasmusstörung sind vielfältig; z. B. tiefe Angst vor dem Sich-fallen-Lassen oder vor unbewussten Wünschen, die abgelehnt werden. Die Störung kann häufig erfolgreich durch eine →Sexualtherapie behandelt werden.

**orgastische Manschette:** von dem deutschen Sexualforscher Volkmar Sigusch eingeführte Bezeichnung für die unter stärkerer sexueller Erregung bei der Frau eintretende Verengung des äußeren Drittels der Scheide. Durch diese »blutdruckmanschettenförmige« Verengung infolge einer massiven Blutstauung wird der Durchmesser der Scheide bis um die Hälfte reduziert. Beim →Orgasmus kommt es regelmäßig zu drei bis 15 Muskelkontraktionen in diesem Bereich. Die Kontraktionen der orgastischen Manschette, denen ein Initialspasmus und das Bewusstwerden des Orgasmus um einige Sekunden vorausgeht, werden von Frauen als »Pulsationen« im Genitalbereich beschrieben.

**orgnanisches amnestisches Syndrom:** eine Form der →Amnesie.

**Ori|entierungsreaktion** [zu französ. orienter, eigtl. »die Himmelsrichtung nach der aufgehenden Sonne bestimmen«]: in der *Verhaltensforschung* eine Reaktion auf Umweltreize, die der Orientierung des Tieres in Richtung auf den Reiz dienen. Sie werden unterschieden von →Instinkthandlungen. Beispiele sind etwa das Beibehalten der Flugrichtung bei Zugvögeln, das Wenden des Kopfes in Richtung eines Geräusches, richtende und ausbalancierende Bewegungen, die Gänse vollführen, um ein aus dem Nest gerolltes Ei mithilfe des Schnabels wieder ins Nest zurückzuholen.

**Ori|entierungsstufe, Förderstufe:** zumeist nach der vierjährigen Grundschule in Deutschland eingerichtete Organisationsform für die fünfte und sechste Klasse als Neugestaltung des Übergangs von der Grundschule zur Sekundarstufe. Dabei ist in den Bundesländern unterschiedlich geregelt, ob diese Phase der Grundschule oder schon einer Schulform der Sekundarstufe I zugeordnet wird oder ob sie schulformunabhängig organisiert ist. In den zwei Jahren können die Schüler ihre Interessen erkunden, individuell gefördert werden, leichter als früher zwischen den Schulformen wechseln und schließlich auf die Schullaufbahn gebracht werden, die für sie am besten geeignet ist. Die Einrichtung der Orientierungsstufe soll helfen, Übergangsprobleme zu vermindern und v. a. folgenreiche Fehlentscheidungen zu vermeiden.

**Östrogene:** weibliche →Sexualhormone.

**Outing** [ˈaʊtɪŋ, engl.]: das Preisgeben oder Veröffentlichen von Informationen über eine Person, die ihre Sexualität betreffen, insbesondere die Zugehörigkeit zu einer sexuellen Minderheit, wobei diese Informationen von der Person selbst entweder grundsätzlich oder zunächst bzw. in diesem Zusammenhang verschwiegen worden wäre. Outing ist ein schwerwiegender Eingriff in das Persönlichkeitsrecht und strafbar.

**Output** [ˈaʊtpʊt, engl.]: Ausgabe bei der →Informationsverarbeitung.

**Overachievement** [ˈoʊvərəˈtʃiːv-, zu engl. to overachieve »einen Leistungsüberschuss haben«]: in der *Pädagogik* erwartungswidrig gutes Abschneiden in einem bestimmten Leistungsbereich. Als Overachiever werden z. B. solche Schüler bezeichnet, die im Verhältnis zu ihrer mit einem Intelligenztest festgestellten Intelligenz weit bessere Schulleistungen zeigen, als man hätte annehmen können. Im Gegensatz zu den Overachievers sind **Underachiever** Schüler, die entgegen der Erwartung schlechtere Schulleistungen aufweisen.

**Overprotection:** die →Überbehütung.

# P

**Paar:** Gruppe von zwei Personen, die meist in einer dauerhaften Liebesbeziehung oder Lebenspartnerschaft miteinander verbunden sind. »Wir sind ein Paar«, war in der traditionellen Gesellschaft die Botschaft von Verlobung und Hochzeit; in der modernen Version der Liebesbeziehung hängt das Paarerlebnis von der Einigkeit zweier Menschen darüber ab, dass ihre Beziehung auf Dauer angelegt und verbindlicher ist als die übrigen Beziehungen (→Partnerschaft). Äußere Merkmale, wie gemeinsame Wohnung, Eheschließung (→Ehe) oder gemeinsame Kinder, festigen das Paar, sind aber nicht unbedingt erforderlich. Nach heutigen Erkenntnissen hängt die Festigkeit einer Paarbeziehung v.a. davon ab, dass die Partner fähig zu einem konstruktiven Konfliktverhalten sind, d.h., dass sie miteinander kommunizieren können: insbesondere einander zuhören können, die Position des anderen einnehmen können, dem anderen seine Ansicht zugestehen können. Auch die Bedeutung einer gemeinsamen aktiven Freizeitgestaltung wird herausgestellt.

Eine Paarbildung als Fortpflanzungsgemeinschaft wird auch bei Tierarten beobachtet; z. B. leben viele Vogelarten in einer »Ehe«, die manchmal nach einer Fortpflanzungsperiode aufgegeben wird, häufig aber auch erst durch den Tod eines der beiden Partner beendet wird. Bei Graugänsen ist nachgewiesen worden, dass sie sich schon im ersten Lebensjahr fest binden, obwohl sie erst im zweiten geschlechtsreif werden; Störche hingegen sind an den Nistplatz gebunden, nicht an einen Partner. Für Primaten, auch für Menschenaffen, ist die Paarbildung zwischen Weibchen und Männchen hingegen nicht charakteristisch; dort ist das wesentliche Paar die Verbindung zwischen Mutter und Kind.

**Paardynamik:** seelisches Kräftespiel in einer Paarbeziehung (→Paar). Man kann zwei wesentliche Arten der Dynamik unterscheiden, welche die psychologische Entwicklung in Paaren charakterisieren: die Angleichung und die Polarisierung; in der Regel sind beide im Gange. Paare, die lange miteinander leben, gleichen sich in vielen Merkmalen aneinander an, entwickeln Kompromisse über unterschiedliche Vorstellungen (etwa wie sie ihren Haushalt und ihre Freizeit organisieren), einigen sich in Erziehungsfragen auf eine gemeinsame Linie, pflegen einen gemeinsamen Freundeskreis. Die Polarisierung hingegen besteht darin, dass ein Partner Funktionen übernimmt, die dann der andere aufgibt; daraus kann sich eine →Kollusion ergeben. Das ist meist dann gegeben, wenn das Paar ein Kind bekommt und einer der Partner, meistens die Frau, die Berufstätigkeit aufgibt. Diese Situation stellt eine mögliche Krise der →Partnerschaft dar.

**Paartherapie:** Therapieform, bei der Beziehungsprobleme von Lebenspartnern (→Paar) behandelt werden, dabei werden v.a. die Interaktion und Kommunikation der Partner beleuchtet. Die Paartherapie ist keine eigenständige Therapieschule; je nach Ausbildung des Therapeuten wird sie z.B. tiefenpsychologisch, verhaltenstherapeutisch oder gesprächstherapeutisch angewandt. Allen gemeinsam ist eine Orientierung an systemischen Gesichtspunkten; dies gilt v.a. für die systemische Paartherapie: Die Partnerschaft wird als Einheit betrachtet, die sich in den Rollen der beiden Partner ausformt und ihr Verhalten bestimmt. Wenn sich ein Partner ändert, muss das auch der andere tun; umgekehrt kann es auch sein, dass sich die Partner in einer destruktiven Entwicklung festhalten und erst durch das Eingreifen des Paartherapeuten lernen, ihre Beziehung konstruktiver zu gestalten. Wesentlich ist, dass beide Partner motiviert sind und die anstehenden Probleme in erster Linie in der Beziehung wurzeln. Steht bei den Problemen des Paares die Sexualität im Vordergrund, ist eine Paartherapie angezeigt, die sexualtherapeutisch arbeitet, z.B. die systemische →Sexualtherapie.

Ein (oft überschätztes) Problem ist die Parteinahme des Therapeuten; man spricht von seiner Verpflichtung zur Allparteilichkeit, um hervorzuheben, dass es nicht um die neutrale Position eines Unparteiischen oder Schiedsrichters geht. In der Paartherapie arbeiten oft

**Paar:** Bis über den Tod hinaus dauert die Beziehung der etruskischen Auftraggeber dieses mehr als zweieinhalb Jahrtausende alten Ehepaarsarkophags aus Cerveteri. Heute sind Paarbeziehungen oft auf kürzere Dauer angelegt.

zwei Therapeuten (→Kotherapeut) mit den Partnern.

**Pädagogik:** Bezeichnung, die zunehmend durch den Terminus →Erziehungswissenschaft ersetzt wird.

**pädagogische Beratung:** eine Hilfeleistung von pädagogischen bzw. psychologischen Experten, die v. a. Schüler und Eltern durch Information, Aufzeigen von Alternativen und gemeinsame Erarbeitung von Alternativen zu Schul- oder Bildungslaufbahnentscheidungen führen soll. **Schullaufbahnberatung** und **Schulberatung** werden umso unverzichtbarer, je differenzierter und variantenreicher mögliche Schullaufbahnen werden.

Zu den Aufgaben der pädagogischen Beratung gehört aber auch die psychosoziale Beratung von Schülern, Eltern und Lehrern. Die pädagogische Beratung war ursprünglich eine Aufgabe des Lehrers; sie wird heute jedoch teilweise von speziell ausgebildeten →Beratungslehrern und dem →schulpsychologischen Dienst durchgeführt.

**pädagogische Psychologie:** Teilgebiet der angewandten Psychologie, das sich mit der Erforschung von Bildungs- und Erziehungsprozessen beschäftigt. Im angloamerikanischen Sprachraum spricht man von Educational Psychology (»Erziehungspsychologie«). Die Anfänge der pädagogischen Psychologie als einer eigenständigen wissenschaftlichen Disziplin sind in Deutschland durch Arbeiten von dem Psychologen und Pädagogen Ernst Meumann und den Pädagogen Wilhelm August Lay und Aloys Fischer zu Beginn des 20. Jahrhunderts markiert.

Die pädagogische Psychologie stützt sich auf Erkenntnisse der allgemeinen und der differenziellen Psychologie, der Entwicklungspsychologie, der Sozialpsychologie und der Lernpsychologie und bemüht sich innerhalb ihres Arbeitsbereichs, Gesetzmäßigkeiten und Bedingungen von Sozialisations-, Erziehungs- und Lehr- und Lernprozessen (→Unterrichtspsychologie) zu erhellen.

**LESETIPPS:**
Nathaniel L. Gage *und* David C. Berliner: *Pädagogische Psychologie. Weinheim (Beltz)* ⁵*1996.*
*Pädagogische Psychologie. Ein Lehrbuch. Herausgegeben von Bernd Weidenmann u. a. Weinheim (Beltz)* ⁵*2006.*
Wolfgang Schnootz: *Pädagogische Psychologie. Workbook. Weinheim (Beltz) 2006.*

**Päderastie** [griech. »Knabenliebe«]: psychosexuelle Neigung bei erwachsenen Männern, die sich auf männliche Kinder und Jugendliche richtet. Die Päderastie ist in Deutschland strafbar. Bei den Griechen des Altertums war sie erlaubt und weit verbreitet.

**Pädophilie** [zu griech. país, paidós »Kind«]: sexuelles Interesse Erwachsener an Kindern oder Jugendlichen beiderlei Geschlechts. Gesellschaft und Recht schützen Kinder und Jugendliche vor Pädophilie, weil Erwachsene ihnen körperlich, finanziell und in ihrer Überzeugungskraft meist stark überlegen sind und weil viele Kinder und Jugendliche aus Angst, Unsicherheit oder Hilflosigkeit zu sexuellen Handlungen gedrängt werden können, die sie nicht wollen und die ihnen schaden (→ sexueller Missbrauch). Menschen mit pädophiler Sexualität dürfen diese nur in Rollenspielen mit anderen Erwachsenen straffrei ausleben.

**Paneluntersuchung** [ˈpænl-, engl., eigtl. »Feld«]: in der *empirischen Sozialforschung* Vorgehensweisen, bei denen als Stichprobe eine Teilgruppe aus der jeweils interessierenden Population ausgewählt und dann zu mindestens zwei Zeitpunkten hinsichtlich derselben Merkmale (z. B. Einstellung gegenüber Behinderten, Meinung zu politischen Sachverhalten) mit demselben oder einem vergleichbaren Erhebungsinstrument (z. B. Fragebogen) untersucht wird. Paneluntersuchungen dienen meist der Erfassung von Meinungs- oder Einstellungsänderungen und der Analyse sozialen Wandels.

**Panik** [zu griech. panikós »von Pan herrührend« (der griechische Gott Pan in Bocksgestalt wurde als Ursache für undeutbare Schre-

**Pädophilie:** Zunehmend nutzen Pädophile das Internet zum Austausch von Kinderpornografie. Mitunter kommt es auch zur Anbahnung sexueller Kontakte zwischen Kindern und Erwachsenen in Chatrooms. Die Polizei richtet ihre Fahndungsmethoden entsprechend aus.

**Panik:** In großem Gedränge besteht immer auch die Gefahr von Massenpanik. Am 20. 8. 1989 drängten Tausende von DDR-Bürgern durch ein Loch im Grenzzaun zwischen Ungarn nach Österreich in die Freiheit, ohne dass es zu Zwischenfällen kam.

cken angesehen)]: vom Bewusstsein nicht mehr kontrollierbare Angst vor einer wirklichen oder vermeintlichen Gefahr. Panik kann zu massenhaften Kurzschlussreaktionen führen, z. B. zu einem für schwächere Personen tödlichen Gedränge. Von dieser durch äußere Gefahren ausgelösten Panik müssen die heftigen, qualvollen Panikattacken unterschieden werden, die keinen äußerlich fassbaren Anlass haben.

**Panikattacke:** plötzlicher, überwältigender, sehr qualvoller Anfall von Angst mit körperlichen Begleiterscheinungen wie Herzrasen, Brustschmerz, Erstickungsgefühlen und Schwitzen. Panikattacken sind das Leitsymptom der Panikstörung.

**Panikstörung:** eine Unterkategorie der Angststörungen, die durch plötzlich eintretende, heftige Angstanfälle gekennzeichnet ist. Die Anfälle können einige Minuten bis – in seltenen Fällen – einige Stunden andauern. Anders als bei →Phobien treten Panikattacken bei dieser Störung weitgehend unabhängig von einem bestimmten Auslöser oder bestimmten Situationen auf; sie können die Betroffenen z. B. in einem belebten Geschäft, in einem ruhigen Park oder im Haus befallen. Für die Betroffenen sind sie zunächst unverständlich und führen meist zu Vermeidungsreaktionen. Wer z. B. in einem Bus eine Panikattacke erlebte, fürchtet sich davor, erneut in einen Bus zu steigen, d. h., es stellt sich Erwartungsangst (»Angst vor der Angst«) ein. Die Panikattacken treten jedoch in immer mehr Situationen auf, sodass die Betroffenen ihr Leben zunehmend einschränken und nur in Begleitung einer vertrauten Person handlungsfähig sind. Im schlimmsten Fall können sie auch nicht mehr allein zu Hause sein und versuchen, den Angehörigen z. B. selbst vom Einkaufengehen abzuhalten, weil sie glauben, diese kurze Zeit nicht aushalten zu können.

Das Anklammern an eine vertraute Person, die Angst vor dem Alleinsein ist bei dieser Störung sehr auffällig; aus tiefenpsychologischer und bindungstheoretischer Sicht werden v. a. traumatische Erfahrungen wie Trennungen, Vernachlässigung oder physische Gewalt in der Kindheit als Ursache angesehen. Aus Sicht der Verhaltenstherapie ist die Panikstörung wie jedes Verhalten eine gelernte Reaktion, die sich mit jedem Vermeiden verstärkt; außerdem wird davon ausgegangen, dass Betroffene zu sehr auf ihre körperlichen Reaktionen achten und sie überbewerten, was die Auftrittwahrscheinlichkeit der Panik erhöht.

Schätzungsweise 5 % der Bevölkerung leiden an einer Panikstörung, wobei Frauen fast doppelt so häufig betroffen sind wie Männer. Der möglichst frühzeitige Beginn einer psychotherapeutischen und/oder medikamentösen Behandlung kann einer Chronifizierung vorbeugen.

**LESETIPPS:**
Derrick Silove und Vijaya Manicavasagar: *Wenn die Panik kommt. Ein Ratgeber.* Göttingen (Hogrefe) 2006.
Nina Heinrichs: *Ratgeber Panikstörung und Agoraphobie. Informationen für Betroffene und Angehörige.* Göttingen (Hogrefe) 2007.
Reneau Z. Peurifoy: *Angst, Panik und Phobien. Ein Selbsthilfe-Programm.* Bern (Huber) $^3$2007.

**Papier-und-Bleistift-Tests:** Tests, bei denen der Untersuchte mithilfe eines Schreibgerätes Antworten oder Ausarbeitungen auf einem Papier niederschreibt bzw. aufzeichnet oder eine von mehreren vorgedruckten Antwortmöglichkeiten auf Papier ankreuzt. Papier-und-Bleistift-Tests werden abgegrenzt von computergestützten Tests, die vom Probanden am Computer bearbeitet werden.

**paradoxe Intention:** Technik der Logotherapie, die v. a. bei Angststörungen angewandt wird. Dabei soll der Patient das, wovor er Angst hat, absichtlich – in der Vorstellung oder real – ausführen. Eine paradoxe Intention könnte z. B. so aussehen: Ein Patient mit einer Agoraphobie soll sich vorstellen, in einem belebten Kaufhaus zu sein und statt wie bisher seine Angst zu unterdrücken, sie mit Humor zu übertreiben. Er soll sich geradezu die Angst herbeiwünschen, sich vornehmen, inmitten der Menschenmasse verrückt zu werden, umherzurennen und zu schreien. Angstpatienten wehren normalerweise die erwartete Angst so sehr ab (»Es darf nicht passieren!«), dass sie das Gegenteil erreichen, sie blähen sie auf. Dieser Prozess wird gestoppt, wenn die Angst gewollt werden soll; der Angst wird also der Wind aus den Segeln genommen; außerdem gewinnt der Patient durch den Humor Abstand zu seinem Symptom.

**paradoxe Intervention:** Methode der →systemischen Therapie.

**Parallelgruppen:** in Experimenten zwei oder mehr Stichproben von Personen, die hinsichtlich der in der Untersuchung nicht interessierenden Variablen (z. B. Alter, Geschlecht, Bildungsgrad) identisch sind. So wird sichergestellt, dass Unterschiede zwischen Experimentalgruppe und →Kontrollgruppe tatsächlich auf die untersuchten, gemessenen Einflussgrößen (z. B. Wirkung einer Psychotherapie bei Angst) zurückgehen. Zur Bildung der Parallelgruppen sucht man jeweils Paare (bei mehreren Parallelgruppen entsprechend größere Gruppen von Personen) heraus, bei denen von einer gleichen Ausprägung der Störvariablen auszugehen ist. Jede Person des Paares oder der Gruppe kommt in eine andere Experimentalgruppe. Das Parallelisieren ist neben der →Randomisierung die wichtigste Kontrolltechnik zum Ausschalten von Störgrößen in psychologischen Experimenten.

**Paralleltests:** Testverfahren, bei denen mindestens zwei gleichwertige Formen existieren und deren Parallelität durch statistische Überprüfungen sichergestellt ist. Die Parallelität setzt nicht nur Gleichheit hinsichtlich der Testgütekriterien →Objektivität, →Reliabilität und →Validität voraus, sondern auch eine statistische Vergleichbarkeit der aus den beiden Paralleltests resultierenden Verteilungen. Die Parallelität von Tests entspricht dabei einem von mehreren Testgütekriterien. Paralleltests werden u. a. eingesetzt bei Wiederholungsmessungen, z. B. um Lerneffekte zu messen.

**Paralysis agitans:** die →Parkinsonkrankheit.

**Parameter:** statistische Kennwerte von theoretischen Verteilungen, z. B. Mittelwert und Standardabweichung; umgangssprachlich auch die empirisch gemessenen Variablen oder deren statistische Kennwerte (→Statistik).

**Paranoia:** Form des →Wahns, bei dem ein geschlossenes Wahnsystem entsteht.

**paranoide Persönlichkeitsstörung** [zu paránoia »Torheit«, »Wahnsinn«]: durch Misstrauen und Argwohn gekennzeichnete Persönlichkeitsstörung. Die Betroffenen missverstehen freundliche oder neutrale Verhaltensweisen anderer als feindliche Handlungen, sind überempfindlich gegenüber Kritik, Zurücksetzung und Rückschlägen, sind nachtragend, streitsüchtig und übertreiben Probleme (»aus der Mücke einen Elefanten machen«), häufig neigen sie auch zu Verschwörungstheorien. Man schätzt, dass etwa 2 % der Bevölkerung unter paranoider Persönlichkeitsstörung leiden. Als Ursachen gelten genetisch-konstitutionelle Faktoren sowie physische, sexuelle und emotionale Misshandlung in der Kindheit.

In der Psychotherapie ist es wichtig, die Kränkungen und Bedrohungen, die Betroffene empfinden, ernst zu nehmen, statt Zweifel an deren Wahrheitsgehalt zu äußern. Mit Fortschreiten der Therapie kann dazu übergegangen werden, dem Patienten zu helfen, seine Erfahrungen zu relativieren.

**paranoide Schizophrenie:** durch Wahnvorstellungen gekennzeichnete Form der →Schizophrenie.

**Paraphilie, Störungen der Sexualpräferenz:** an außergewöhnliche Bedingungen geknüpfte Form sexueller Befriedigung (früher als Perversion bezeichnet). Dazu gehören Fetischismus, Exhibitionismus, Voyeurismus, Pädophilie, Sadomasochismus, Sodomie und andere. Strafbar sind unter diesen jene, die ohne Einwilligung des Gegenübers bzw. mit Schutzbedürftigen stattfinden.

Als mögliche Ursachen gelten neben genetischen Faktoren Störungen der frühen →Bindung sowie Gewalterlebnisse, speziell sexueller Missbrauch in der frühen Kindheit. Untersuchungen zeigen, dass in 50–90 % der Fälle gleichzeitig eine Persönlichkeitsstörung vorliegt.

Menschen mit Paraphilie kommen meist unter äußerem Druck, z. B. aufgrund einer Gerichtsweisung, in eine Therapie. Deshalb liegen mehr Erkenntnisse zur Therapie von Paraphiliebetroffenen vor, die eine Sexualstraftat begangen haben. Im Rahmen der kognitiven Verhaltenstherapie wird häufig das Deliktszenario angewandt: In der Gruppe wird das Delikt mithilfe der anderen Gruppenmitglieder rekonstruiert, dabei werden die zutage tretenden Haltungen des Täters – das Herunterspielen der Gewalt, Verleugnung usw. – thematisiert. Zum Einsatz kommen auch spezielle Programme wie sexuelle Aufklärung, Stressmanagment oder Steigerung der Opferempathie. Von psychoanalytischer Seite wird zunehmend die übertragungsfokussierte Psychotherapie angewandt, bei der zugrunde liegende Beziehungskonflikte

**Parapsychologie:** Hellseherin mit Kristallkugel und Tarotkarten – während viele sogenannte übersinnliche Phänomene als Hokuspokus für Leichtgläubige angesehen werden können, gibt es auch paranormale Erscheinungen, für die schlüssige Erklärungen noch ausstehen.

fokussiert werden und verstärkt mit Therapieverträgen gearbeitet wird. Medikamentöse Therapie kommt infrage in jenen Fällen, wo die sexuelle Impulskontrolle massiv gemindert ist; verabreicht werden Präparate, die die sexuellen Fantasien und Impulse abschwächen.

**Paraphrenie:** veraltete Bezeichnung für eine mit Wahn einhergehende Form der →Schizophrenie.

**Parapsychologie** [zu griech. pará »neben«, »bei«, »entlang«, »gegen«]: 1889 von Max Dessoir geprägte Bezeichnung für eine Disziplin, die mit empirischen Methoden der Sozial- und Naturwissenschaften »okkulte« oder »übersinnliche« Erscheinungen, die von der allgemein verbindlichen Realitätswahrnehmung abweichen, auf ihren Tatsachengehalt hin untersucht. Neben der Bezeichnung Parapsychologie werden gelegentlich auch Begriffe wie »Grenzwissenschaften« oder »Metapsychik« verwendet.

Parapsychologische Phänomene werden unter zwei Fragestellungen untersucht: unter der einer möglichen Wahrnehmung außerhalb der bekannten Sinnesorgane des Menschen (Telepathie, Hellsehen) und unter der einer möglichen direkten Wirkung der Psyche auf physikalische oder biologische Systeme (Psychokinese, Telekinese).

Die Stellung der Parapsychologie ist nach wie vor umstritten: Von manchen Forschern wird sie nur insofern akzeptiert, als ein Forschungsbedarf hinsichtlich der Leichtgläubigkeit breiter Bevölkerungsschichten gesehen wird, die sich von betrügerischen Medien narren lassen; andere hingegen sehen in der Parapsychologie ein ernsthaftes Forschungsgebiet. Trotz erheblicher experimenteller Bemühungen konnten paranormale Phänomene bislang nicht stichhaltig belegt, in einigen Fällen aber Täuschung und andere Ursachen aufgedeckt werden. Da aber die Nichtexistenz eines Phänomens aus methodischen Gründen schwer zu beweisen ist, kann die Frage prinzipiell nicht als abschließend beantwortet gelten. Zudem fehlt eine schlüssige Theorie über die paranormalen Kräfte.

Die Versuche, paranormale Erscheinungen mit statistischen Methoden zu belegen, wurden in den 1930er-Jahren in den USA von Joseph Banks Rhine eingeleitet. Es geht dabei z. B. darum, Symbole zu erraten, die auf Karten gezeichnet sind. Manche Versuchspersonen erzielten weit überzufällige Trefferquoten, aber auch hier ließen sich solche Ergebnisse nicht wiederholen. Die derzeitige Situation kann man so zusammenfassen: Das Beweisbare ist widersprüchlich und uninteressant, das Interessante (»wirkliches« Hellsehen, Spuk) ist nicht beweisbar. Parapsychologische Phänomene werden in Deutschland am Institut für Grenzgebiete der Psychologie und Psychohygiene an der Universität Freiburg im Breisgau untersucht. Dort kann man sich auch Rat im Zusammenhang mit paranormalen Erscheinungen holen.

**Parasomnien:** eine Form der →Schlafstörung.

**Parästhesie:** eine →Sensibilitätsstörung.

**parasuizidales Verhalten, parasuizidales Syndrom:** eine nicht tödlich endende selbstschädigende Handlung; z. B. Einnahme von Medikamenten in einer hohen Dosis; Selbsttötungsversuch, bei dem keine eindeutige Absicht zu sterben besteht, sondern eher die Absicht, anderen die Hilfsbedürftigkeit zu zeigen oder andere zu Verhaltensänderungen zu bringen.

**Parasympathikus:** Teil des vegetativen →Nervensystems.

**Parental Alienation Syndrome,** Abk. **PAS:** die →Eltern-Kind-Entfremdung.

**Parkinsonkrankheit, Morbus Parkinson** [nach dem englischen Arzt James Parkinson, *1775, †1824], **Paralysis agitans, Schüttellähmung:** neurologische Erkrankung, der degenerative Veränderungen der melaminhaltigen Zellen in bestimmten Teilen des Gehirns zugrunde liegen. Die geistigen Funktionen der Betroffenen bleiben weitgehend intakt, während körperlich eine allgemeine Spannungserhöhung der Muskulatur, Bewegungsarmut, erstarrte Mimik, eine vorgebeugte, steife Haltung und ein schlürfender Gang mit sehr kleinen Schritten festzustellen sind. Dazu kommt ein Zittern der Arme und Beine, gelegentlich auch des Kopfes. Parkinsonkranke können kaum mehr schreiben und nur noch undeutlich sprechen.

Die Ursache der Parkinsonkrankheit ist der Untergang der Zellen im Mittelhirn, die den →Neurotransmitter Dopamin produzieren. Der dadurch bedingte Dopaminmangel führt zu einer Fehlsteuerung der Motorik. Auslöser des Zelluntergangs ist vermutlich eine genetische Disposition. Während eine ursächliche Therapie dieses Leidens bisher nicht entwickelt werden konnte, kann man heute den Verlauf verlangsamen. Im Vordergrund steht die medikamentöse Therapie mit Parkinsonmitteln, die den Dopaminmangel ausgleichen. Die Krankengymnastik umfasst die Übung von Bewegungsabläufen (z. B. Gehtraining). Atemübungen sind wichtig, da viele Kranke nicht tief genug einatmen. Massagen, Bäder, physikalische Therapie ergänzen die Behandlung. Große Hoffnungen setzt man auf die Zellersatztherapie, also die Transplantation embryonaler Stammzellen, die im Gehirn des Patienten das fehlende Dopamin produzieren sollen.

**Partialobjekt, Teilobjekt:** *Psychoanalyse:* Teile eines →Objekts als Ziel der eigenen Triebimpulse, z. B. die Mutterbrust, der Penis, oder ihre symbolischen Ersatzgegenstände. Partialobjekte stehen als Teile stellvertretend für das ganze Objekt.

**Partialobjektbeziehung, Teilobjektbeziehung:** *Psychoanalyse:* eine unreife, unvollständige Beziehung zu nur einem Teil eines Menschen (→Partialobjekt), bei der die verschiedenen Partialtriebe nicht zu einem harmonischen Ganzen integriert sind, sondern z. B. die Beziehung eines Mannes zu den Brüsten einer Frau eine überwertige Bedeutung hat.

**Partialtriebe:** *Psychoanalyse:* nach Sigmund Freud die verschiedenen Komponenten des Sexualtriebs, die in der frühkindlichen (»prägenitalen«) Entwicklung nacheinander in Erscheinung treten und an entsprechende erogene Zonen gebunden sind (→kindliche Sexualität). Zu den Partialtrieben zählen der orale, der anale und der phallische Partialtrieb; mit ihnen verknüpft sind voyeuristische, exhibitionistische, fetischistische, sadistische und masochistische Tendenzen.

**Partnerarbeit:** in der *Pädagogik* eine zwischen Einzelarbeit und Gruppenarbeit angesiedelte Sozialform des Unterrichts, bei der zwei Schüler miteinander an dem Erreichen eines gemeinsamen Ziels arbeiten. Damit wird neben der kognitiven Leistungsfähigkeit v. a. die soziale Kompetenz gefördert. Partnerarbeit kann auch gezielt z. B. zur sozialen Integration von →Außenseitern eingesetzt werden.

**Partnerschaft:** *Sonderartikel S. 426–429.*

**Partnerschaftsfragebogen,** Abk. **PFB:** Fragebogen, der die Qualität der Partnerschaft und die Zufriedenheit mit der Paarbeziehung erfasst. Die Subskalen sind 1. Streitverhalten (Beispiel-Item: »Er/sie wirft mir Fehler vor, die ich in der Vergangenheit gemacht habe«), 2. Zärtlichkeit (Beispiel-Item: »Vor dem Einschlafen schmiegen wir uns im Bett aneinander«) und 3. Gemeinsamkeit/Kommunikation (Beispiel-Item:»Wir planen gemeinsam, wie wir das Wochenende verbringen wollen«). Der Partnerschaftsfragebogen kann z. B. vor und nach einer Paartherapie eingesetzt werden, um die Wirkung der Therapie festzustellen.

**Partnerwahl:** die Entscheidung, mit einem bestimmten Menschen (als Partner) zusammenzuleben, im engeren Sinn die Wahl eines Sexualpartners, mit dem man geschlechtlich verkehren möchte. Da die Partnerwahl nach individuellen Kriterien erfolgt, lassen sich auch keine
*Fortsetzung S. 430*

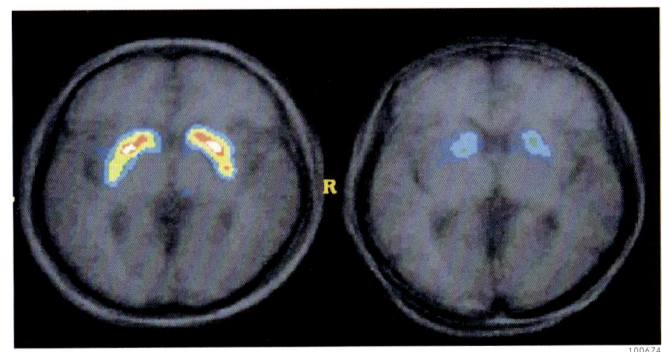

**Parkinsonkrankheit:** links gesundes Gehirn, rechts erkranktes Gehirn mit verminderter Aktivität in den Basalganglien

---

**Partnerwahl | Der Kontaktanzeigenmarkt**

»Auf diesem nicht mehr ungewöhnlichen Wege« galt einst als typische Floskel für die Partnersuche durch eine Kontaktanzeige. Sie verrät das Eingeständnis, nicht auf »normale« Weise Kontakt zu finden. Viele junge Menschen müssen sich heute fernab von ihren Familien eigene soziale Netze aufbauen. Kontakt wird nicht mehr selbstverständlich durch soziale Verwurzelung gewährleistet, sondern muss selbst hergestellt werden. Deshalb starten immer mehr Personen die Suche nach einem passenden Partner durch eine Anzeige, in der sie ihre Interessen und Ideale formulieren. Derzeit werden die Kontaktanzeigen der Zeitungen mehr und mehr durch spezielle Angebote im World Wide Web ergänzt, in dem Interessierte nicht nur »Anzeigen« veröffentlichen, sondern sich in »Chatrooms« auch austauschen und »kennenlernen« können.

# PARTNERSCHAFT

**ROLLE IN DER MODERNEN GESELLSCHAFT**
Der Begriff Partnerschaft bedeutet allgemein eine auf Dauer angelegte, verbindlich gemeinte Beziehung von zwei oder mehr Teilhabern. So sprechen wir von Geschäftspartnern, Ehepartnern und Liebespartnern. Partnerschaft setzt Gleichberechtigung voraus und zielt auf gemeinsame Verantwortung der Teilhaber.

Deshalb widerstreitet Partnerschaft hierarchischen Herrschaftsverhältnissen, v.a. der absoluten Autorität wie dem traditionellen patriarchalischen Modell der Familie, wonach der Mann die grundlegenden Entscheidungen allein trifft. Im Gegensatz dazu ist eine Weiterentwicklung in vielen komplexen Institutionen des modernen Wirtschafts- und Soziallebens, etwa in Betrieben, Schulen oder Kliniken, nur dann möglich, wenn die Beteiligten lernen, partnerschaftlich miteinander umzugehen: abweichende Positionen zuzulassen, Konflikte offen und gewaltfrei auszutragen und Kompromisse fair auszuhandeln.

Der Übergang vom patriarchalischen zum partnerschaftlichen Beziehungsmodell hat – mit Distanz betrachtet – erst »vor Kurzem« eingesetzt. Viele Jahrhunderte stehen ein paar wenigen Jahrzehnten gegenüber. Dies bedeutet auch, dass viele heute zwar den Anspruch an eine gleichberechtigte Partnerschaft haben, oftmals allerdings mit wirkmächtigen Verhaltensmustern in Konflikt geraten, die dazu in Widerspruch stehen. Die eigenen Eltern haben meist noch traditionellere Vorstellungen (gehabt) und daher kein adäquates Vorbild abgegeben. Es kann eine Erleichterung sein, zu erkennen, wie viel man selbst in der eigenen Beziehung demgegenüber schon »modernisiert« hat, auch wenn sie noch nicht in jeder Hinsicht dem partnerschaftlichen Ideal entspricht.

**ABHÄNGIGKEIT UND TEAMFÄHIGKEIT**
Wer sich auf eine Partnerschaft einlässt, begibt sich auch in Abhängigkeit. Je weniger das Selbstgefühl eines Partners entwickelt ist, desto größere Probleme entstehen dadurch. Wer als Kind die Situation der Abhängigkeit von seinen Bezugspersonen als verletzend erlebt hat und sie unbedingt vermeiden möchte, kann sich nur schwer damit abfinden, dass er in einer Partnerschaft wieder in Abhängigkeit gerät, und kaum einsehen, dass diese Abhängigkeit partiell und gegenseitig ist, nicht total und einseitig wie die Abhängigkeiten in der Kindheit.

Ängste vor Abhängigkeit können bereits im Arbeitsleben Probleme mit sich bringen, obwohl dort die Situation rational viel besser kontrollierbar ist als in Beziehungen. So gibt es Personen, die nicht oder kaum teamfähig sind, weil sie alles selbst machen wollen und nichts delegieren können, die nicht bereit sind, von ihrem Wissen etwas abzugeben und dafür auch etwas anzunehmen, und die meinen über jede Kleinigkeit besser informiert sein zu müssen als ihre Mitarbeiter.

**VERLIEBTHEIT UND ALLTAGSBEZIEHUNG**
Das Motiv dafür, eine Partnerschaft einzugehen, ist die Vorstellung, dass etwas zu zweit oder zu mehreren besser, erfolgreicher, befriedigender verläuft als allein. Während Geschäftspartnerschaften von wirtschaftlichen Interessen bestimmt sind, gibt in der Liebespartnerschaft meist eine anfängliche Idealisierung – die »Ver-

liebtheit« – den Impuls dafür, die Unbequemlichkeiten des Aufbaus einer Partnerschaft auf sich zu nehmen und die Ängste vor übermäßiger Abhängigkeit zu überwinden. Eine erste kritische Phase der Partnerschaft ist die Umwandlung der Verliebtheit zu einer Alltagsbeziehung.

Die Liebenden der Moderne suchen mehr in ihren Partnerschaften als nur sexuelle Befriedigung und wirtschaftliche Sicherheit: Elternersatz, Geborgenheit, narzisstische Bestätigung und emotionale Sicherheit. Elemente der Eltern-Kind-Beziehung, wechselseitig genommen und gegeben, ersetzen zunehmend die Elemente der Leidenschaft. Werden diese dann im »Seitensprung« außerhalb der Partnerschaft gesucht, ergibt sich eine charakteristische Krise – oft schon lange vor dem sprichwörtlichen »verflixten siebten Jahr«.

## GEFÜHL UND NORM

Gegenwärtige Beziehungsprobleme hängen sehr oft damit zusammen, dass sich die individuelle emotionale Perspektive und die für verbindlich gehaltenen Normen fast untrennbar vermengen. Wenn zum Beispiel ein eifersüchtiger Mann seine Frau als »Ehebrecherin« beschimpft, greift er auf die traditionelle Moral und ein präindividualisiertes System der Beziehungen zurück. Er versucht, durch sozialen Druck die Partnerin zu sich zurückzuzwingen oder aber sich wenigstens dafür zu rächen, dass ihm dies nicht gelingt.

Wenn die Partner eine solche Krise klären wollen, muss mindestens einer von ihnen sich eindeutig verhalten, also nur noch in einem System operieren. In dem traditionellen System muss der Mann sich von einer Frau trennen, die er der Untreue überführt, oder ihre Seitensprünge großzügig übersehen. In dem individualisierenden System muss er nicht mehr über Moral, sondern über seine Ängste, Gefühle und Wünsche sprechen und seiner Partnerin zeigen, wieweit er ihr Verhalten ertragen kann und wo seine Belastungsgrenze überschritten wird.

Dieses Verhalten ist viel schwieriger, weil es den eigenen Bedürfnissen nach Sicherheit, Selbstbestätigung und Selbstidealisierung widerspricht. Aber es ist auch ergiebiger, weil es die Grundlage der Beziehung festigt, nicht einen längst brüchig gewordenen Überbau kittet. Und es verhindert den destruktivsten Prozess in Beziehungen: die Entwertung des Partners, um den eigenen Wert zu retten. Falls beide Partner eine solche Entwertung vornehmen, wird jedoch der jeweils eigene Wert so untergraben, dass am Ende gerade die gnadenlose Entwertung ein Paar zusammenschweißt und die Hölle, die sie sich gegenseitig bereiten, unentrinnbar macht.

Die Liebesbeziehungen zwischen von den Eltern unabhängigen Partnern durchlaufen in der Regel mehrere Stadien mit jeweils charakteristischen Konfliktsituationen: das Liebesverhältnis in getrennten Wohnungen, der gemeinsame Haushalt, das gemeinsame Kind. Der Fortschritt geht in vielen Fällen mit einer Abnahme der erotischen Spannung und sexuellen Erfüllung einher.

Solange beide Partner getrennt wohnen, führt jeder ein Leben, das dem anderen in weiten Bereichen unbekannt ist, in das der andere sich nur von Zeit zu Zeit einmischt und über das er nicht zu bestimmen versucht. Diese Situation begünstigt Idealisierungen und verhindert viele Kon-

# PARTNERSCHAFT *Fortsetzung*

flikte, die im Alltagsleben aufgrund verschiedener Einstellungen und Verhaltensweisen der Partner entstehen können.

### STADIEN UND KRISEN

Das Zusammenleben mäßigt die Idealisierungen, schwächt die Verliebtheit, mindert Verlustängste, beeinträchtigt aber meist auch das Sexualleben. Gerade die Bequemlichkeit, mit der sexuelle Wünsche nun erfüllt werden könnten, führt häufig dazu, dass diese weniger ausgeprägt wahrgenommen und deshalb auch weniger stark ausgelebt werden. Die Gefahr wächst, dass ein Wunsch nach Intimitäten des einen auf Rückzugsbedürfnisse des anderen Partners stößt. Wer sich verabreden muss, um sich zu treffen, kann viel einfacher Hinderungsgründe vorbringen oder vortäuschen, die den anderen nicht kränken. Wenn beide zusammenleben, ist das wegen der gesteigerten Kontrollierbarkeit nicht ohne Weiteres möglich.

Im Lauf der Zeit werden den Partnern häufig gerade die Verhaltensweisen, die sie beim jeweils anderen früher anziehend fanden, zum Problem. Wer früher den liebenswerten Chaoten als erfrischende Abwechslung in seinem geregelten Alltag erlebt hat, kommt mit eben dieser unorganisierten Art in der gemeinsamen Wohnung nicht mehr gut zurecht. Wer sich von einem durchsetzungsfreudigen Partner Schutz gegen äußere Gefahren erhofft hatte, muss nun lernen, dass dieser Partner auch in der Beziehung durchsetzungsfreudig ist.

Die Geburt eines Kindes, die traditionellerweise das Verhältnis der ehelichen Sexualpartner stabilisierte, ist zu einer charakteristischen Krisenquelle in den modernen, individualisierten Beziehungen geworden. Sie stellt die Fähigkeiten eines Paares, den gewohnten Austausch von Zärtlichkeiten aufrechtzuerhalten, auf eine harte Probe. Das Kind schreit seine Bedürfnisse unabweisbar hinaus, ohne auf die der Eltern Rücksicht nehmen zu können.

Die Partnerschaft stellt hier viel höhere Anforderungen an das Verhandlungsgeschick als eine traditionelle Ehe, in der von vornherein feststand, dass die Frau für die Hausarbeit und die Kinderversorgung zuständig ist, und beide zufrieden waren, wenn der Mann für den Lebensunterhalt der Familie sorgte. Für eine Frau, die zuvor berufstätig war, ist das heute in der Regel zu wenig, wenn sie sich dafür entschieden hat, in den ersten Jahren nach der Geburt eines Kindes nicht zu arbeiten.

In dieser Situation entstehen oft heftige Enttäuschungen: Die Frau ist von der eintönigen Hausarbeit und der zeitaufwendigen Kinderversorgung erschöpft und möchte, dass der Partner sie entschädigt. Sobald er zu Hause ist, soll er ihr seine Aufmerksamkeit widmen, ihr Anerkennung und Anregungen geben oder sie von ihren Aufgaben entlasten, damit sie etwa ihre Freundinnen einmal ohne Kind treffen kann. Der Mann hingegen möchte Anerkennung dafür bekommen, dass er mühsam den Lebensunterhalt für die Familie verdient hat; er will von weiteren Verpflichtungen befreit sein und mit Essen und Liebe versorgt werden – aus der Sicht der Frau in Konkurrenz mit dem Baby. Das ist für die Frau umso schwerer zu ertragen, je stärker sie der eigenen Berufsarbeit, den eigenen Karrierechancen nachtrauert und den Mann

- → **LIEBE**
  - → EROTIK
  - → LEIDENSCHAFT
  - → SEXUALITÄT
  - → ZÄRTLICHKEIT
- → **ABHÄNGIGKEIT**
  - → SYMBIOSE
- → **BINDUNG**
- → **TRENNUNG**
  - → SCHEIDUNG
- → **PAARTHERAPIE**
  - → EHEBERATUNG
  - → MEDIATION

**PARTNERSCHAFT**

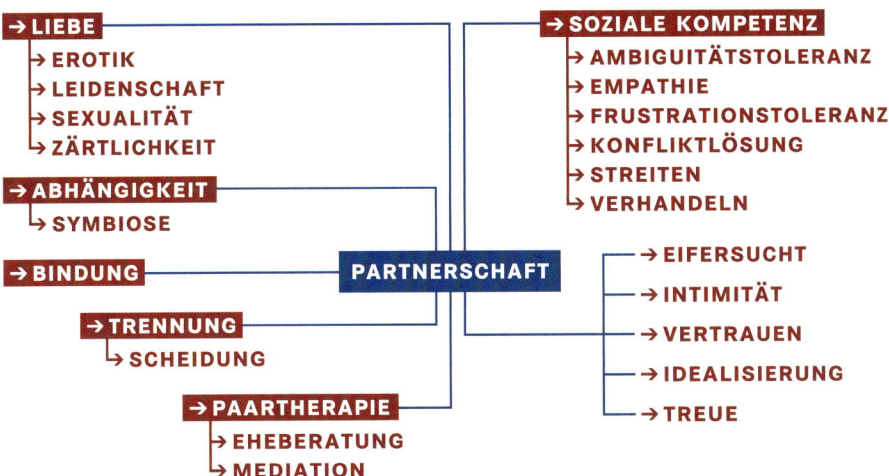

- → **SOZIALE KOMPETENZ**
  - → AMBIGUITÄTSTOLERANZ
  - → EMPATHIE
  - → FRUSTRATIONSTOLERANZ
  - → KONFLIKTLÖSUNG
  - → STREITEN
  - → VERHANDELN
- → EIFERSUCHT
- → INTIMITÄT
- → VERTRAUEN
- → IDEALISIERUNG
- → TREUE

insgeheim um das beneidet, was er nach wie vor haben kann.

## PAARTHERAPIE

Wenn die Konflikte in einer Partnerschaft nicht mehr von den Partnern selbst gelöst werden können, empfiehlt sich eine Paartherapie. In ihr geht es darum, nicht nur beide Partner zu behandeln, sondern die ganze Beziehung zu untersuchen, die beiderseitigen Erwartungen und Enttäuschungen auszusprechen und gemeinsame Lösungen zu entwickeln. Zunächst ist bei Paaren, die nicht mehr weiterwissen, die Versuchung groß, sich gegenseitig die Schuld zu geben; manche einigen sich auch auf einen Sündenbock außerhalb der Beziehung.

In der Paartherapie wird zunächst die Kommunikation des Paares gefördert: Blockaden und Tabuzonen werden festgestellt und allmählich durchleuchtet, Störungen benannt und möglichst beseitigt. Die Partner werden dazu gebracht, ihre Positionen zu überdenken und ihre Resignation zu überwinden; sie sollen lernen, einander wieder zuzuhören und wieder miteinander zu verhandeln. Dadurch kommt es oft zu einem neuen Verständnis und einem realistischeren Bündnis für die Zukunft. Es kann sich allerdings auch herausstellen, dass die Beziehung tatsächlich nicht mehr tragfähig ist. Dann hilft die Paartherapie oft, aggressive Ausbrüche und destruktive Streitigkeiten während einer Trennung zu vermeiden oder wenigstens zu mildern, die gemeinsame Verantwortung für das Geschehene zu tragen und sich über das Sorgerecht für die gemeinsamen Kinder zu einigen.

**LESETIPPS:**
INA GRAU und HANS-WERNER BIERHOFF: *Sozialpsychologie der Partnerschaft.* Berlin (Springer) 2003.
HANS JELLOUSCHEK: *Wagnis Partnerschaft. Wie Liebe, Familie und Beruf zusammengehen.* Freiburg im Breisgau (Herder) 2004.
FRITZ RIEMANN: *Grundformen helfender Partnerschaft. Ausgewählte Aufsätze.* Stuttgart (Klett-Cotta) $^9$2004.
HANS-WERNER BIERHOFF and ELKE ROHMANN: *Was die Liebe stark macht. Die neue Psychologie der Paarbeziehung.* Reinbek (Rowohlt Taschenbuch) 2005.

*Fortsetzung von S. 425*

diesbezüglichen Regeln oder Leitlinien aufstellen. Laut einer groß angelegten Befragung im Jahr 1990 in 33 Ländern (z. B. China, Nigeria, Deutschland und USA) wünschen sich Männer und Frauen über alle Kulturen hinweg einen Partner, der in erster Linie »freundlich und verständnisvoll« ist. Auf Platz 2 der Wunschliste kommt Intelligenz, auf Platz 3 anregende Persönlichkeit und auf Platz 4 Gesundheit. Besonders für die langfristige Partnerschaft wird in aktuellen Untersuchungen die herausragende Bedeutung der Eigenschaften freundlich und verständnisvoll als Merkmale des Partners bestätigt.

Nach psychoanalytischer Auffassung spielen bei der Wahl des Beziehungspartners unbewusste Wünsche und Ängste eine Rolle; die Motive für die Partnerwahl bilden häufig auch schon den Kern späterer Paarkonflikte (→Kollusion).

**Partnerwahl:** Im Tierreich dient die Auswahl eines Geschlechtspartners der Fortpflanzung. Da deren Erfolg von der richtigen Partnerwahl abhängig ist, wird dabei u. a. die genetische Qualität des Partners abgeschätzt.

**PAS,** Abk. für engl. Parental Alienation Syndrome: die →Eltern-Kind-Entfremdung

**Passion:** die →Leidenschaft.

**Patchworkfamilie** [ˈpætʃwəːk-, engl. »Flickwerk«]: familienähnliche Lebensgemeinschaften oder Familien, in denen Menschen zusammenleben, die zuvor einer anderen Familie angehörten oder alleinerziehend waren. Diese Lebensform, in der sich z. B. der alleinerziehende Vater mit einem Sohn und die geschiedene Mutter mit zwei Töchtern zusammenfinden, ist immer öfter anzutreffen. Für Kinder können sich aus diesen Lebensverhältnissen entwicklungspsychologische Probleme ergeben, die sich u. a. auf die schulische Leistungsfähigkeit auswirken. Ebenso gibt es aber auch den Fall, dass Kinder in einer Patchworkfamilie entwicklungsfördernde Bedingungen vorfinden, die sie zuvor vermisst haben, wenn z. B. der neue Partner der Mutter verständnisvoll ist, während der frühere Partner gewalttätig war.

**Patchworkidentität** [ˈpætʃwəːk-, engl. »Flickwerk«]: von dem Sozialpsychologen Heiner Keupp eingeführter Begriff, der die »zusammengestückelte« Entwicklung der menschlichen Identität in der heutigen Gesellschaft beschreibt.

Patchwork ist eine kunsthandwerkliche Methode, Textilien herzustellen, bei der Stoffstücke nebeneinandergefügt werden, sodass sich bestimmte harmonische Muster ergeben. Mit dem hiervon abgeleiteten Begriff der Patchworkidentität ist gemeint, dass von einer Identität im Sinn einer einheitlichen und lebenslang stabilen Struktur heute nicht mehr ausgegangen werden kann. Die Individuen basteln sich vielmehr aus unterschiedlichen Materialien ein Bild ihrer selbst und lernen auf diese Weise damit umzugehen, dass z. B. ein Beruf nicht mehr bis zum Rentenalter durchgehalten werden kann oder dass eine Ehe nicht mehr mit der Überzeugung einer Beständigkeit bis zum Lebensende geschlossen wird. Identität ist heute eher ein subjektiver Konstruktionsprozess, in dem das Individuum seinen Platz in einer vieldeutigen und bruchstückartigen Welt behauptet und dafür sorgt, dass innere und äußere Welt zusammenpassen.

**Patellarsehnenreflex:** reflektorische Streckbewegung des Unterschenkels, wenn bei entspannter Haltung des Beins ein Schlag mit dem Reflexhammer gegen die Patellarsehne unterhalb der Kniescheibe geführt wird. Der Patellarsehnenreflex fehlt z. B. bei Rückenmarksschwindsucht und Nervenentzündungen.

**Pathogenese:** Entstehung und Entwicklung von Störungen oder Erkrankungen mit Beschreibung aller daran beteiligten Faktoren.

**Patient** [zu latein. patiens »erduldend«, »erleidend«]: Kranker in ärztlicher oder psychotherapeutischer Behandlung. Die verschiedenen Therapieschulen unterscheiden sich in der Verwendung der Begriffe Patient und →Klient; so werden beispielsweise in der Psychiatrie und in der Psychoanalyse die um Behandlung Nachsuchenden als Patienten bezeichnet, während die humanistischen Therapieverfahren und die Verhaltenstherapie von Klienten spricht.

**Patientenberatung:** Maßnahme, die darauf abzielt, Patienten Wissen über ihre Erkrankung und deren Behandlung sowie entsprechende Bewältigungskompetenzen zu vermitteln. Aktuelle Ansätze der Patientenberatung stellen die Übernahme von Eigenverantwortung für die →Krankheitsbewältigung in den Mittelpunkt ihrer Bemühungen.

**Patiententestament, Patientenverfügung:** umgangssprachlich verwendete, juristisch unzutreffende Bezeichnung für eine schriftliche Erklärung, in der der Erklärende für den Fall einer schweren, unheilbaren Erkrankung (oder eines Unfalls mit vergleichbaren Folgen) seinen Ärzten, seiner Familie sowie allen betroffenen Personen versichert, dass er nicht mit künstlichen Mitteln am Leben erhalten werden möchte, und fordert, dass ihm statt einer technisch zwar möglichen, aber »sinnlosen« Lebensverlängerung ein schmerzloser, natürlicher Tod ermöglicht werden soll. Ob das Patiententestament die behandelnden Ärzte verpflichten kann, auf lebensverlängernde Maßnahmen zu verzichten, ist sehr umstritten; die Angehörigen versuchen den in einem Patiententestament niedergelegten Wünschen in den meisten Fällen zu folgen.

**Pattern** [ˈpætən, engl. »Muster«]: in den *Verhaltenswissenschaften* eine sich wiederholende Struktur. Dies kann ein wahrgenommenes Reizmuster, ein Verhaltensmuster, ein Organisationsmuster einer Gruppe oder einer Institution sein.

**Pavor nocturnus:** →nächtliches Aufschrecken.

**Pawlow,** Iwan Petrowitsch: russischer Physiologe, * Rjasan 14. 9. 1849, † Leningrad 27. 2. 1936; studierte zunächst Theologie, dann Naturwissenschaften und Medizin; wurde 1890 Professor in Sankt Petersburg. Pawlow legte die Grundlagen für eine reflexologische bzw. mechanistisch orientierte Psychologie und den frühen Behaviorismus; er meinte dabei, auf die üblichen psychologischen Begriffe verzichten zu können, und wollte alle psychischen Vorgänge (auch Denken und Sprechen) auf der Grundlage physiologischer Prozesse erklären. Pawlow führte die Unterscheidung zwischen unbedingtem und bedingtem Reflex ein (»pawlowscher Hund«) und erforschte das Lernen durch klassische →Konditionierung. 1904 erhielt er den Nobelpreis für Physiologie und Medizin.

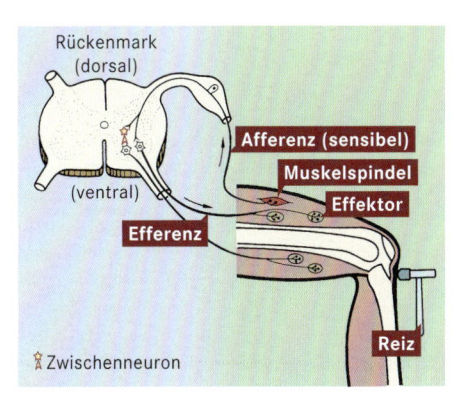

**Pedanterie** [zu italien. pedante, eigtl. »Lehrer«]: übersteigerter Ordnungssinn, gekennzeichnet durch ein formales, übergenaues, in Kleinigkeiten verhaftetes Handeln und ein enges, wenig flexibles Denken. Die Pedanterie kann Ausdruck rationaler Übersteuerung einer gefühlsmäßigen Labilität sein, wird aber im Gegensatz zum →Zwang als sinnvoll erlebt und begründet. Nach psychoanalytischer Auffassung gehört die Pedanterie zusammen mit Geiz und Trotz zum Syndrom des analen Charakters (→anale Phase).

**Peergroup** [ˈpɪəgruːp, engl.]: Gruppe gleichaltriger Kinder und Jugendlicher. Heute werden Peergroups meist als Kleingruppen verstanden; der Begriff dient aber auch als Sammelbezeichnung für alle Mitglieder bestimmter jugendlicher Teilkulturen oder Altersklassen ohne zwangsläufigen persönlichen Kontakt.

Die Peergroup als Sozialisationsinstanz zwischen Familie und Gesellschaft ist in der Lebensphase zwischen Kindheit und Erwachsensein für die →Ablösung von den Eltern von großer Bedeutung. Der Heranwachsende erlernt so außerhalb der Familie ein anderes Sozialverhal-

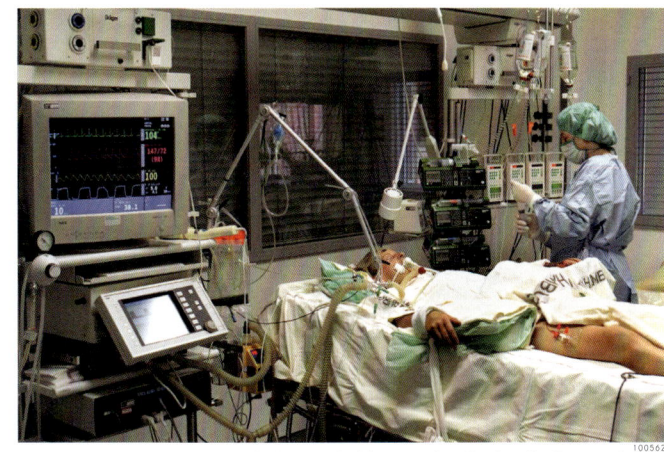

**Patiententestament:** Juristisch nicht befriedigend gelöst ist die Frage, ob man seine Ärzte durch eine schriftliche Erklärung zum Verzicht auf die sinnlose Lebensverlängerung mit technischen Mitteln verpflichten kann.

**Iwan Petrowitsch Pawlow**

**Patellarsehnenreflex:** Bei diesem einfachen, monosynaptischen Reflex mit nur einer Umschaltung erregt das Zwischenneuron im Rückenmark den Streckermuskel und hemmt gleichzeitig den Beuger.

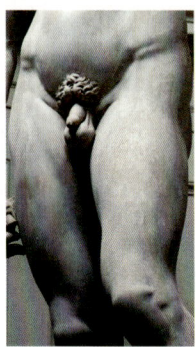

**Penisneid:** Männlichkeit als Normalfall und Weiblichkeit als dessen Mangel und Defizit darzustellen, ist nach dem Urteil der Kritiker dieses psychoanalytischen Modells kein zeitgemäßer Ansatz.

ten, alterstypische Wertorientierungen, Regeln und Einstellungen sowie nicht zuletzt auch die spezifischen Normen jugendlicher Subkulturen, aus denen jedoch wiederum Zwänge, Abhängigkeiten und Gefahren erwachsen können.

**Penetration** [spätlatein. »das Eindringen«]: 1) *allgemein* das Eindringen oder Einführen eines Gegenstandes;

2) in der *Sexualmedizin* das Eindringen des Penis in die Vagina oder den After.

**Penisneid:** *Psychoanalyse:* eine Empfindung junger Mädchen in einem Stadium ihrer Sexualentwicklung, in der das »Fehlen« des Penis als Benachteiligung erlebt wird. Die klassische Psychoanalyse sah im Penisneid eine wichtige Erscheinung in der weiblichen Sexualentwicklung, die sich später im Wunsch, den Penis beim Geschlechtsakt in sich aufzunehmen, oder in dem Wunsch nach einem Kind als Penisersatz äußere. Kritiker, u. a. die feministisch orientierte Psychoanalyse, meinen, dass der Begriff Penisneid die gesellschaftlich bedingte unterschiedliche Bewertung der Geschlechter – die männliche Überlegenheit und die weibliche Minderwertigkeit – als naturgegeben darstellt. Sie bezweifeln die Existenz eines Penisneids.

**Perfektionismus:** übertriebenes Streben nach höchster Vollendung. Dabei werden Leistungen nicht dann akzeptiert, wenn sie für ihren Zweck gut genug sind, sondern erst dann, wenn sie keinen Makel mehr haben. Perfektionisten kompensieren oft ein geringes →Selbstwertgefühl; sie finden es unerträglich, wenn ihnen jemand einen Mangel in ihrer Leistung vorwerfen könnte, und übersehen, dass die enorme Zeitvergeudung, die durch den Pefektionismus oft entsteht, weit schwerer wiegt als viele Fehler, die durch ihn vermieden werden können.

**Periodik:** die →Rhythmik.

**peripheres Nervensystem:** Teil des →Nervensystems.

**Perls:** 1) Fritz [eigtl. Friedrich]: amerikanischer Psychotherapeut deutscher Herkunft, * Berlin 8. 7. 1893, † Chicago 14. 5. 1970, verheiratet mit L. Perls. Perls war erst als Psychoanalytiker tätig, wandte sich aber zunehmend von der Psychoanalyse ab, weil diese das Unbewusste, die Vergangenheit und die Übertragung zu sehr betone und das Ich und die Gegenwart vernachlässige. Mit der →Gestalttherapie begründete er zusammen mit seiner Frau und später mit dem Philosophen Paul Goodman eine neue Form der Psychotherapie, in der statt der Vergangenheit die Gegenwart des Klienten zentral ist.

2) Laura: amerikanische Psychotherapeutin deutscher Herkunft; * Pforzheim 15. 8. 1905, ebenda 13. 7. 1990, verheiratet mit F. Perls. Perls studierte Psychologie, forschte im Bereich →Gestaltpsychologie, deren Inhalte Einfluss auf die spätere Entwicklung der von ihr mitbegründeten →Gestalttherapie haben sollte, und machte eine Psychoanalyseausbildung. Wie ihr Mann setzte sie sich kritisch mit der freudschen Psychoanalyse auseinander, was zur Begründung der Gestalttherapie führte. Sie praktizierte einen verstärkt unterstützenden Stil, während F. Perls provokanter, konfrontierender war. Ab 1970 arbeitete sie nur noch als Ausbilderin, womit sie zur Verbreitung der Gestalttherapie beitrug.

**Persona** [latein. »Maske des Schauspielers«, »Rolle«]: nach der *analytischen Psychologie* C. G. Jungs die äußere Einstellung und Haltung eines Menschen im Sinne einer sozialen Rolle, in deren Präsentation jedoch unbewusste Anteile eingehen. Die Persona bildet einen Kompromiss zwischen Anpassung an die äußere und an die innere Welt.

**Personalbeurteilung, Leistungsbeurteilung:** die planmäßige und systematische Beurteilung der Leistung von Mitarbeitern, die im Regelfall durch den Vorgesetzten in vorgegebenen Zeitabständen vorgenommen wird. Personalbeurteilungen beruhen auf Beobachtungen innerhalb der alltäglichen Berufspraxis. Sie gehen in die Personalakte ein, sind für die Beurteilten einsehbar und dienen häufig als Gesprächsgrundlage zwischen Vorgesetztem und Mitarbeiter. Viele Unternehmen fordern von den Vorgesetzten die Beurteilung ihrer Mitarbeiter, um diese miteinander vergleichen und Personalentscheidungen treffen zu können.

Personalbeurteilung ist eine Form sozialer Urteilsbildung. Das bedeutet, dass der Beurteilte bemüht ist, sich in einem möglichst günstigen Licht darzustellen, und dass der Beurteiler einer tendenziellen Wahrnehmungsverzer-

---

### Perfektionismus | Zu viel des Guten

Die meisten Situationen verlangen nicht nach Perfektion, sondern nach einer »hinreichend guten« Leistung. Angemessener als ein Streben nach Perfektion unter allen Umständen ist dementsprechend eine Abschätzung der Situation: Wie gut muss die eigene Leistung sein? Wird große Sorgfalt und Zuverlässigkeit verlangt? Reicht ein grober Überblick? Werden – unabhängig von der eigenen Leistung – noch Nacharbeiten fällig werden? Oder stellt die eigene Arbeit schon das Endprodukt dar? Kann eine weniger sorgfältige Ausführung schwerwiegende Folgen haben? Wird man Gelegenheit haben, Fehler zu korrigieren? Wie eilig ist die Aufgabe? Wenn man alle diese Faktoren abwägt, kann man einschätzen, wie viel oder wenig Perfektionsstreben in dieser Situation angebracht ist.

rung unterliegen kann, z. B. aufgrund von →Vorurteilen, →Stereotypen oder Fehlertendenzen. Die Ursachen für Fehler bei der Urteilsbildung können auf den Ebenen des Verhaltens, der Wahrnehmung oder der Aussage liegen. Um die Fehlertendenzen möglichst gering zu halten, sollten die Beurteilungsverfahren verhaltensbezogene Kriterien bevorzugen. Der Vorgesetzte sollte in der Durchführung von Arbeits- und Tätigkeitsanalysen sowie im Führen von Beurteilungsgesprächen ausgebildet werden.

**Personalentwicklung:** die Gesamtheit der Maßnahmen zur Ausbildung, Erhaltung und Förderung berufsbezogener Qualifikationen der Beschäftigten. Personalentwicklung umfasst idealtypisch die Bedarfsanalyse (Anforderungsprofil, Personalbedarfsfestlegung), die Einschätzung des Mitarbeiterpotenzials, die Festlegung von Entwicklungszielen und -wegen, die Planung von Maßnahmen sowie Erfolgskontrolle und Feedback. Die Qualifizierung der Mitarbeiter kann sich auf prozessgebundene Qualifikationen für die fachlichen und technischen Anforderungen eines bestimmten Arbeitsplatzes oder auf prozessunabhängige Qualifikationen für die Anforderungen verschiedener Arbeitsrollen beziehen. Dabei gewinnen angesichts der unaufhörlichen Veränderung von Tätigkeitsinhalten die →Schlüsselqualifikationen an Bedeutung.

Die Veränderung der beruflichen Kompetenz kann über eine Vielzahl von Maßnahmen der beruflichen Aus- und Weiterbildung erfolgen, wobei neben kompetenzorientierten, geplanten Bildungsmaßnahmen wie →Trainings oder Schulungen auch →Beratung und Persönlichkeitsentwicklung, mediale Ansätze (z. B. Planspiele, in denen reale Situationen nachgespielt werden und Problemlösungen gefunden werden sollen), multimediales Lernen (→Multimedia) und Maßnahmen der Arbeitsgestaltung Anwendung finden. Personalentwicklung sollte auch in Maßnahmen der →Organisationsentwicklung integriert sein.

**Personalführung:** in Arbeitsverhältnissen stattfindende Form der →Führung.

**Personenkult:** öffentliche, sozialen oder politischen Zielen dienende Idealisierung einer Person, z. B. eines Parteiführers, eines Präsidenten, aber auch eines Stars. Der Personenkult nutzt narzisstische Defizite sowohl der idealisierten Person wie der bewundernden Masse aus: Die idealisierte Person fühlt sich durch die Bewunderung gestärkt, die Masse ist stolz, dass sie am Glanz einer so ideal wirkenden Person teilhat.

**persönliche Ressourcen:** auf die einzelne Person bezogene →Ressourcen.

**Persönlichkeit:** *Sonderartikel S. 434–437.*

**Persönlichkeitsänderung:** Veränderung der Struktur der Gesamtpersönlichkeit, die nicht entwicklungsbedingt ist, sondern erst später im Leben eintritt, sich über Jahre hinweg nicht zurückbildet und die Betroffenen dauerhaft sozial oder beruflich beeinträchtigt. Die Betroffenen reagieren z. B. enthemmt, aggressiv, apathisch, übertrieben misstrauisch oder ziehen sich zurück, wo sie das früher nicht getan haben. Gründe für eine Persönlichkeitsveränderung können →psychische Störungen, körperliche Erkrankungen wie z. B. Diabetes mellitus, eine hirnorganische Veränderung wie ein Tumor oder eine extreme Belastung (z. B. Konzentrationslagerhaft oder →Folter) sein. Im letzteren Fall ist der Persönlichkeitsveränderung häufig eine →posttraumatische Belastungsstörung vorausgegangen.

Eine Persönlichkeitsveränderung ist sowohl für den Betroffenen als auch für das soziale Umfeld belastend. Eine Psychotherapie, bei Bedarf kombiniert mit Psychopharmaka, kann helfen, die Auslöser der Erkrankung zu verarbeiten.

**Persönlichkeitsdiagnostik:** diejenige Diagnostik innerhalb der Psychologie, mit deren Hilfe Aussagen über die individuellen Fähigkeiten, Begabungen, Eigenschaften, Interessen, Haltungen und Anlagen eines Menschen getroffen werden. Die Art der Diagnostik ist von der jeweiligen Persönlichkeitstheorie abhängig; so verlangt z. B. eine psychodynamische Theorie wie die von Sigmund Freud wegen der zugrunde gelegten Persönlichkeitsstruktur und der vorausgesetzten Psychodynamik eine andere Art der Diagnostik als eine Faktorentheorie wie die von Raymond Bernard Cattell. Auch was den Grad der Verallgemeinerbarkeit anbetrifft, gibt es unterschiedliche Modellvorstellungen.

Im **Eigenschaftsmodell** wird davon ausgegangen, dass das Verhalten von Persönlichkeitseigenschaften dominiert wird, die von den jeweiligen konkreten Umständen nur wenig beeinflusst werden. Es setzt voraus, dass die Eigenschaften sehr stabil erfasst werden, d. h., dass →Objektivität, →Reliabilität und →Validität gegeben sind. Beim **situationistischen Modell** geht man davon aus, dass das Verhalten von Einflüssen der konkreten Situation beeinflusst wird, dass also viele verschiedene Personen in derselben Situation gleich oder ähnlich reagieren würden. Der Grundgedanke des

*Fortsetzung S. 438*

# PERSÖNLICHKEIT

## BEGRIFF UND ABGRENZUNGEN

Der Begriff der Persönlichkeit wird von den verschiedenen psychologischen Richtungen unterschiedlich definiert. Im Allgemeinen versteht man darunter jedoch ein einzigartiges System von Persönlichkeitsmerkmalen, das biografisch und genetisch bedingt ist, individuell entwickelt und situativ gesteuert wird und sich im Lauf des Lebens verfestigt. Die Bezeichnung Charakter wurde in der Psychologie in Deutschland bis etwa Ende des Zweiten Weltkriegs gebraucht, wurde dann aber durch den Einfluss der amerikanischen Persönlichkeitsforschung zunehmend durch den Begriff Persönlichkeit ersetzt; umgangssprachlich wird Charakter jedoch noch häufig verwendet. Unter »Person« wird die Eigenart des Menschen überhaupt verstanden, während unter »Persönlichkeit« die biografisch und genetisch geprägte individuelle Eigenart gefasst wird.

## GESCHICHTE

Zu den ältesten Versuchen einer Persönlichkeitstypologie zählt die antike Temperamentenlehre, die vier Persönlichkeitstypen unterscheidet: den zu starken Affekten neigenden Choleriker, den schwerfälligen Phlegmatiker, den leichtblütigen Sanguiniker und den schwermütigen Melancholiker.

An die antike Temperamentenlehre anknüpfend, aber auf eine naturwissenschaftliche Begründung zielend entwickelte der deutsche Psychiater Ernst Kretschmer eine Konstitutionstypologie. Dabei ging er von beobachtbaren Kriterien (Körperbau, Krankheitsneigung) aus und ordnete ihnen bestimmte Formen des Temperaments, Charakters und Verhaltens zu; er unterschied als Körperbautypen Leptosome, Pykniker und Athletiker.

Diese und weitere Typologien haben im Wesentlichen nur noch historische Bedeutung. Da sie viele subjektive Momente beinhalten, zum Beipiel die Art der Typenbeschreibung und Typdiagnose oder die theoretische Ausrichtung des Untersuchers, sind typologische Analysen in der experimentellen Psychologie zunehmend durch quantitative Verfahren ersetzt worden.

Der deutsche Philosoph und Psychologe Ludwig Klages entwickelte in der ersten Hälfte des 20. Jahrhunderts eine Charakterkunde als metaphysisches System, das aus den zwei Positionen Leib und Seele als untrennbaren Polen des Lebens sowie der Wirklichkeit der Bilder besteht. Der Charakteraufbau gliedert sich in fünf Eigenschaftsbereiche: 1. Eigenschaften des Stoffes (Begabungen und Fähigkeiten); 2. Eigenschaften der Artung des Charakters (Strebungen und Triebfedern); 3. Eigenschaften des Charaktergefüges (Temperamentsanlagen wie Willenserregbarkeit oder Gefühlserregbarkeit); 4. Eigenschaften der Tektonik (sie geben Aufschluss über die Verhältnisse der vorab genannten Eigenschaftsgruppen zueinander); 5. Haltungsanlagen. Dieses Persönlichkeitsmodell gilt heute ebenfalls als überholt.

## UNTERSCHIEDLICHE KONZEPTIONEN

Während man in der psychologischen Persönlichkeitsforschung wie auch in der Temperamentenlehre zunächst davon ausging, dass die Persönlichkeit aus relativ überdauernden Eigenschaften zusammengesetzt ist, untersuchen neuere Ansätze in Wechselwirkungstheorien das Ausmaß, in dem die Persönlichkeit auf Situationen reagiert. Die Frage, ob eher die Anlagen oder die Umwelt die Persönlichkeit steuern, gehört in diesen Zusammenhang. Man ist sich heute einig, dass beides eine Rolle spielt, über das Ausmaß der jeweiligen Einflüsse gehen die Meinungen jedoch auseinander.

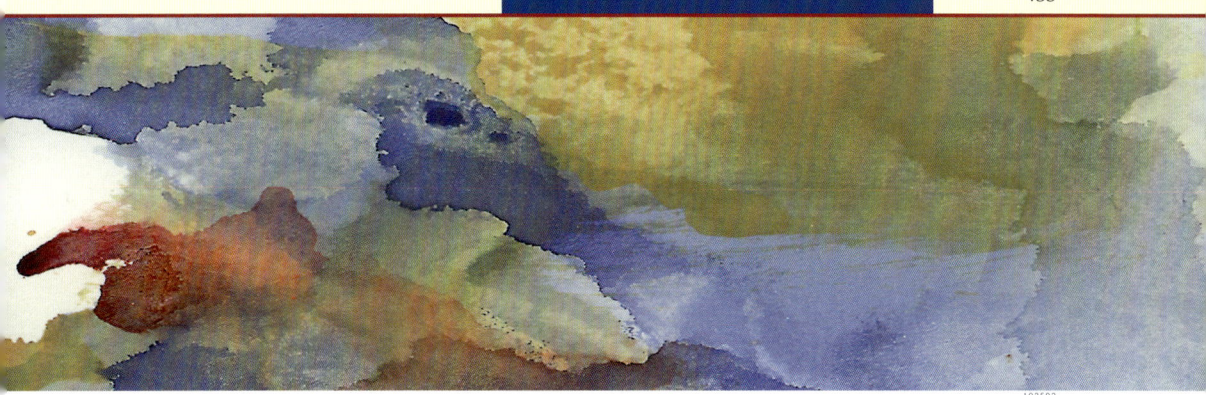

Nicht alle Persönlichkeitstheorien gehen davon aus, dass die Persönlichkeit vollständig bewusst ist; so findet sich beispielsweise in psychoanalytischen Ansätzen die Vorstellung eines Unbewussten. Schließlich unterscheiden sich Persönlichkeitsmodelle darin, wie weit sie sich auf messbare Daten und Fakten stützen. Einen extremen Pol bilden hier die faktorenanalytischen Modelle, die sich auf Tests stützen, während beispielsweise die psychoanalytischen Ansätze davon ausgehen, dass die Persönlichkeit nur im direkten Austausch erlebbar wird.

## PSYCHOANALYTISCHE MODELLE

Sigmund Freud entwickelte ein Strukturmodell des psychischen Apparats und ein Modell der Persönlichkeitsentwicklung. In seinem Strukturmodell unterscheidet er zwischen Es, Ich und Über-Ich, wobei das Es alles umfasst, was ererbt, bei der Geburt mitgebracht und konstitutionell festgelegt ist, v. a. die aus der Körperorganisation stammenden Triebe, das Ich zwischen Es und Außenwelt vermittelt und das Über-Ich die Normen und Standards der Eltern, der Autoritäten, der gegebenen Kultur enthält. Verhalten und Erleben sind eine Funktion der Dynamik dieser drei Instanzen. Die Persönlichkeit des Menschen entwickelt sich in Stufen. Zunächst durchläuft das Neugeborene die Phasen des primären Narzissmus und der Oralität, die geprägt sind von Urvertrauen und Bedürfnisbefriedigung. In der analen Phase entwickelt sich die Fähigkeit, Nein zu sagen und sich damit als getrennt von den ersten Bezugspersonen zu erleben. Nach der Bewältigung des Ödipuskomplexes und einer Latenzzeit in der späten Kindheit schließt sich die Entwicklung zum reifen Erwachsenen an. Wird diese Entwicklung entscheidend gestört, so erfolgt eine Fixierung in der Phase, in der die Störung auftrat, und es entwickelt sich beispielsweise ein oraler oder analer (zwanghafter) Charakter.

Alfred Adler ging davon aus, dass die Persönlichkeit sich in der Spannung zwischen Egoismus und Gemeinschaftsgefühl und in der Überwindung von Minderwertigkeitsgefühlen bildet. Carl Gustav Jung sah bestimmte allgemeine Grundformen des Erlebens, die Archetypen, und postulierte eine gesunde Persönlichkeitsentwicklung unter der Voraussetzung, dass sich die widerstreitenden Elemente, etwa das Weibliche und das Männliche, in der Entwicklung die Waage halten.

## EIGENSCHAFTSMODELLE

Ein wichtiges Eigenschaftsmodell stammt von dem Amerikaner Gordon W. Allport. Er nahm an, dass jede Persönlichkeit eine einzigartige Kombination von Eigenschaften aufweist; diese untergliederte er weiter in Kardinaleigenschaften, zentrale Eigenschaften und sekundäre Eigenschaften. Eigenschaften organisieren das Verhalten nicht nach gleichförmigen Reiz-Reaktions-Mustern, sondern nach dem Prinzip der

## PERSÖNLICHKEIT *Fortsetzung*

Äquivalenz. Auf Reize, die als äquivalent, also als ähnlich betrachtet werden können, folgen entsprechende Antworten. Allport zufolge übt die Umwelt nur einen geringen Einfluss auf die Persönlichkeit aus.

Auch die Faktorentheorien der Persönlichkeit (auch »faktorenanalytische Persönlichkeitsmodelle«), auf denen die meisten sogenannten objektiven Persönlichkeitstests basieren, gehören zu den Eigenschaftsmodellen. Einer ihrer Vertreter, Hans Jürgen Eysenck, hat ein hierarchisch gegliedertes System zur Beschreibung der Persönlichkeit entwickelt. Mithilfe der statistischen Methode der Faktorenanalyse ermittelte er die drei grundlegenden Persönlichkeitsdimensionen Extraversion, Neurotizismus und Psychotizismus. Die Dimension Extraversion gibt an, ob eine Person eher nach außen oder nach innen gerichtet ist, Neurotizismus bezieht sich auf die emotionale Labilität der Persönlichkeit, während Psychotizismus, der umstrittenste Faktor, Menschen mit unter anderem folgenden Eigenschaften kennzeichnet: unsensibel und unfürsorglich anderen gegenüber, aggressiv, egozentrisch, einsam, kühl, impulsiv. Ein anderer Vertreter der faktorenanalytischen Persönlichkeitsmodelle, Raymond Bernard Cattell, fand hingegen 16 Persönlichkeitsfaktoren: aus sich herausgehend, intelligent, Emotionalität/Neurotizismus, bestimmt, unbekümmert, gewissenhaft, wagemutig, sanftmütig, misstrauisch, fantasievoll, klug, ängstlich, experimentierfreudig, selbstständig, beherrscht und angespannt. Seine weiteren Untersuchungen ergaben 21 Faktoren.

In jüngerer Zeit geht man von einem Fünffaktorenmodell der Persönlichkeit aus. Die auch »Big Five« genannten fünf grundlegenden Faktoren sind Neurotizismus (emotionale Labilität), Extraversion (Geselligkeit, Selbstsicherheit u. a.), Offenheit für Erfahrungen (Schätzen von Neuem und Abwechslung, Unabhängigkeit im Urteil, Interesse an privaten und öffentlichen Ereignissen u. a.), Verträglichkeit (Altruismus, Wohlwollen, Nachgiebigkeit) und Gewissenhaftigkeit. Sie können mit dem Persönlichkeitstest NEO-PI-R erfasst werden.

Von ihren Kritikern wird gegen Eigenschaftsmodelle allerdings eingewendet, dass sie nicht erklären können, wie ein konkretes Verhalten in einer konkreten Situation entsteht oder wie die Entwicklung der Persönlichkeit vonstattengeht.

### LERNTHEORETISCHE MODELLE

Lerntheoretisch begründete Modelle wollen erklären, wie konkrete Handlungen und Einstellungen mit der Persönlichkeit zusammenhängen. Der Amerikaner Albert Bandura vertritt in seinem Ansatz des Modelllernens etwa die Auffassung, dass Menschen durch Beobachtung an anderen lernen. Sie imitieren demnach v. a. diejenigen Personen, die sie selbst mögen und deren Verhalten sich in bestimmten Situationen als erfolgreich herausgestellt hat. Bandura zufolge ist es möglich, dass Kinder neben den einzelnen Verhaltensweisen auch Haltungen, Einstellungen und sogar Persönlichkeitseigenschaften von bewunderten Vorbildern übernehmen.

Bandura hat darüber hinaus das Konzept der Selbstwirksamkeit entwickelt. Selbstwirksamkeit ist die Überzeugung, dass man in einer bestimmten Situation etwas erreichen oder bewirken kann. Wenn man das nicht glaubt, wird man

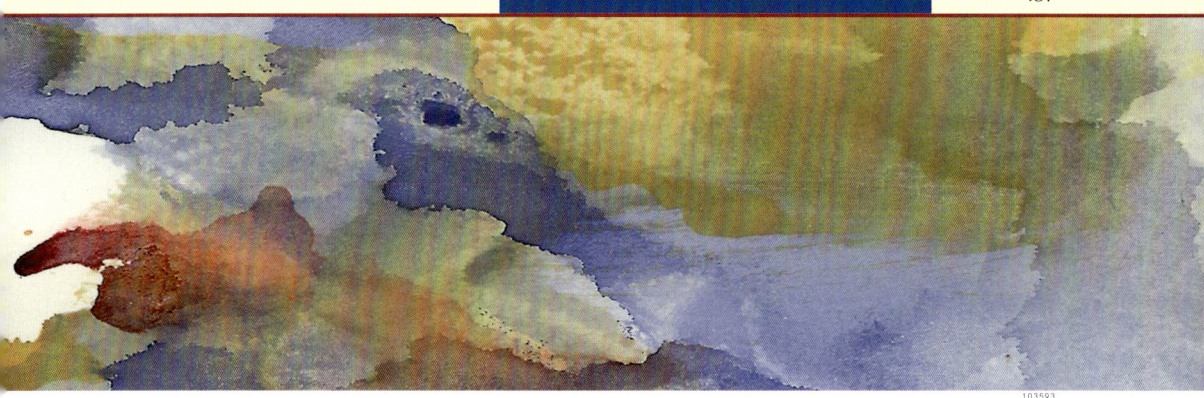

- → **TYPOLOGIEN**
  - → FÜNFFAKTORENMODELL
  - → KONSTITUTION

**PERSÖNLICHKEIT**

- → **PERSÖNLICHKEITS-DIAGNOSTIK**
  - → FRAGEBOGEN
  - → INTERVIEW
  - → PERSÖNLICHKEITS-PSYCHOLOGIE
  - → SCHRIFTPSYCHOLOGIE
  - → TESTS

- → **PERSÖNLICHKEITSSTÖRUNGEN**
  - → ABHÄNGIGE PERSÖNLICHKEITSSTÖRUNG
  - → ANANKASTISCHE PERSÖNLICHKEITSSTÖRUNG
  - → ÄNGSTLICHE PERSÖNLICHKEITSSTÖRUNG
  - → BORDERLINESTÖRUNG
  - → DISSOZIALE PERSÖNLICHKEITSSTÖRUNG
  - → HISTRIONISCHE PERSÖNLICHKEITSSTÖRUNG
  - → NARZISSTISCHE PERSÖNLICHKEITSSTÖRUNG
  - → PARANOIDE PERSÖNLICHKEITSSTÖRUNG
  - → SCHIZOIDE PERSÖNLICHKEITSSTÖRUNG

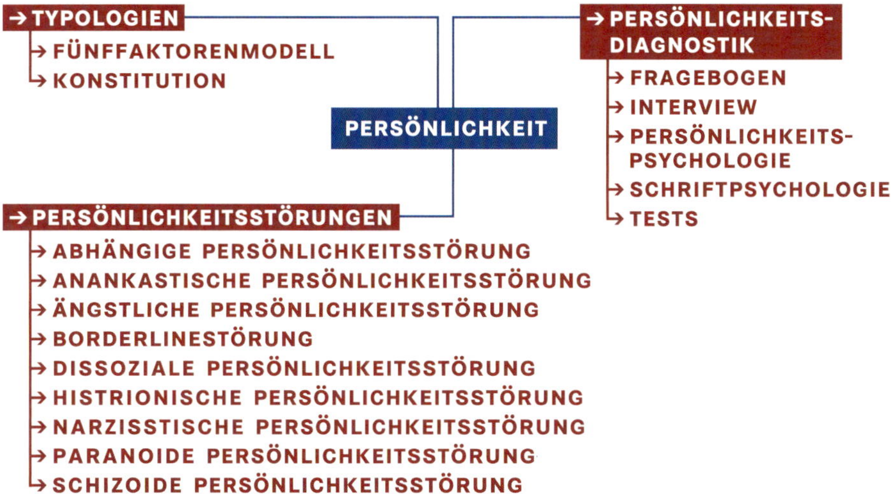

auch nichts unternehmen; glaubt man jedoch an die eigene Selbstwirksamkeit, so wird man nicht nur handeln, sondern dabei vermutlich auch erfolgreich sein.

Der amerikanische Psychologe Walter Mischel sieht den Zusammenhang zwischen Persönlichkeit und Handeln in der subjektiven Einschätzung der Person von ihren eigenen Handlungsmöglichkeiten und Kompetenzen begründet. Dabei ist die Art und Weise, wie eine Person die Umwelt wahrnimmt, von ihrer Persönlichkeit geprägt. Diese Wahrnehmung beeinflusst gleichzeitig ihre Einschätzung der eigenen Handlungsmöglichkeiten in der konkreten Situation. Ihre persönlichen Werte lassen sie Handlungsmöglichkeiten auswählen, die mit diesen Werten übereinstimmen, und die Erwartung des Handlungsausgangs hat Einfluss darauf, ob eine Handlung überhaupt in Erwägung gezogen wird oder nicht. All dies zusammengenommen ergibt einen komplexen Rückkopplungsmechanismus, ein selbstregulierendes System der Pläne und Bewertungen. Mischels Modell ist ein typisches Wechselwirkungsmodell der Persönlichkeit.

Kritiker wenden gegen die lerntheoretisch begründeten Modelle ein, dass sie die Bedeutung der Emotionen unterschätzen. Neueren Untersuchungen zufolge wirken sich Emotionen auf die Aufmerksamkeit sowie die Speicherung von Informationen im Kurz- und Langzeitgedächtnis aus. Es ist deshalb wahrscheinlich, dass sie auch bei der Entstehung der Persönlichkeit eine wichtige Rolle spielen.

**LESETIPPS:**
Ekkehard Crisand: *Psychologie der Persönlichkeit. Eine Einführung.* Heidelberg (Sauer) [8]2000.
Lothar Laux: *Persönlichkeitspsychologie.* Taschenbuchausgabe Stuttgart (Kohlhammer) 2003.
Lawrence A. Pervin u. a.: *Persönlichkeitstheorien.* München (Reinhardt) [5]2005.
Jens B. Asendorpf: *Psychologie der Persönlichkeit.* Heidelberg (Springer) [4]2007.

*Fortsetzung von S. 433*
**interaktionistischen Modells** besteht darin, dass das Verhalten von einer Interaktion, einer Wechselwirkung, zwischen Person und Situation geprägt ist. Der Anspruch, allgemeingültige Aussagen zu machen, ist beim Eigenschaftsmodell am größten, beim interaktionistischen Modell dagegen am geringsten.

In Anlehnung an Cattell unterscheidet man folgende Datenarten, die zur Diagnostik herangezogen werden: 1. Daten aus Alltagssituationen, die unter Zuhilfenahme von →Anamnesen (Kranken- und Lebensgeschichte) oder →Interviews gewonnen werden (Life-Daten, L-Daten). 2. Daten, die auf →Fragebögen basieren (Q-Daten, Questionnaire-Daten). Diese Art der Daten unterliegt einer Reihe von Verfälschungsmöglichkeiten, bedingt z. B. durch die Wahl der Worte, die Art und die Richtung der Fragestellung, die Aufeinanderfolge bestimmter Fragen. 3. Daten aus objektiven Tests (T-Daten). Der Begriff Objektivität soll ausdrücken, dass die getestete Person das Ergebnis nicht verfälschen kann, weil sie keinen Einblick hat, was das betreffende Verfahren erfasst.

Eine Diagnostik, die die →Persönlichkeit erfassen soll, muss sich dazu unterschiedlicher Verfahren bedienen. Die Persönlichkeitsdiagnostik muss demnach multimodal sein, um die Struktur und ihre Bedingungen darzustellen, und zugleich multimethodal, um die Abhängigkeit der Daten von den Methoden in den Griff zu bekommen.

**Persönlichkeitspsychologie:** Teilgebiet der Psychologie, das sich mit den überdauernden individuellen Besonderheiten von Menschen befasst, z. B. mit ihren Emotionen. Die Persönlichkeitspsychologie wird häufig fälschlich mit der →differenziellen Psychologie gleichgesetzt.

Die wichtigsten Theorien über die →Persönlichkeit sind neben dem psychoanalytischen und lerntheoretischen Modell die Eigenschafts- bzw. faktorenanalytischen Modelle. Besondere Beachtung erfährt derzeit das →Fünffaktorenmodell der Persönlichkeit. In der Persönlichkeitsforschung wird am häufigsten die korrelative Methode verwendet, d. h. die Untersuchung von Zusammenhängen von Merkmalen: Eine Fragestellung ist z. B., ob und inwieweit Intelligenz mit Kreativität zusammenhängt. Dementsprechend werden Tests eingesetzt. Eine weitere Methode ist das →Experiment. Die sehr aufwendige →Fallstudie wird selten eingesetzt; sie wird zwar der Komplexität einer Persönlichkeit am meisten gerecht, ihr entscheidender Nachteil liegt aber darin, dass sie keine Verallgemeinerung erlaubt.

**Persönlichkeitsstörungen:** tief greifende, anhaltende Störungen im Verhalten, Denken, Wahrnehmen, in den Gefühlen und Beziehungen, die im jeweiligen Kulturkreis als »nicht normal« gelten. Betroffene haben in aller Regel mit Schwierigkeiten in ihrem Sozialleben und ihrem Beruf zu kämpfen. Man spricht nur dann von Persönlichkeitsstörungen, wenn diese Muster bereits früh im Leben entstanden sind und stabil bleiben. Sind derartige Veränderungen auf ein späteres Ereignis zurückzuführen, spricht man von andauernder →Persönlichkeitsänderung.

Die ICD-10 nennt folgende spezifische Persönlichkeitsstörungen: →paranoide Persönlichkeitsstörung, →schizoide Persönlichkeitsstörung, emotional-instabile Persönlichkeitsstörung mit den Formen impulsiver Typus und Borderlinetypus (→Borderlinestörung), →dissoziale Persönlichkeitsstörung, →histrionische Persönlichkeitsstörung, →abhängige Persönlichkeitsstörung, →ängstliche Persönlichkeitsstörung, →anankastische Persönlichkeitsstörung und unter »sonstige spezifische Persönlichkeitsstörungen« solche, die sich nicht in die genannten einordnen lassen, u. a. die →narzisstische Persönlichkeitsstörung.

**Persönlichkeitstests:** psychodiagnostische Verfahren zur Analyse der Grundeigenschaften eines Individuums wie Interessen, Ein-

**Persönlichkeitspsychologie:** Die ersten spekulativen Karten für die Zuordnung bestimmter Persönlichkeitsmerkmale zu bestimmten Feldern des Großhirns wurden durch den Mediziner Franz Joseph Gall zu Beginn des 19. Jahrhunderts angefertigt. Er glaubte, charakterliche und intellektuelle Dispositionen eines Menschen bereits an der Form seines Kopfes erkennen zu können.

stellungen, Affektivität, neurotische Tendenzen, Ichstärke, Introversion, Extraversion. Die Persönlichkeitstests sind im Allgemeinen keine Intelligenz- oder Leistungstests und bestehen meist aus projektiven oder psychometrischen bzw. psychophysiologischen →Tests und Fragebogenverfahren.

**personzentrierte Psychotherapie:** die →klientenzentrierte Psychotherapie.

**Perspektivenwechsel:** Betrachten einer Sache aus verschiedenen Perspektiven. Dies kann ganz wörtlich gemeint sein: So können Vorschulkinder, die noch nicht die Stufe →Egozentrismus überwunden haben, sich nicht vorstellen, wie eine Sache, die vor ihnen liegt, aus einer anderen Perspektive aussieht. Häufiger spricht man aber im übertragenen Sinn vom Perspektivenwechsel und meint dann die Fähigkeit, ein Problem aus dem Blickwinkel einer anderen Person zu betrachten. Diese Fähigkeit wird erst sehr spät erworben und ist z. B. bei der →narzisstischen Persönlichkeitsstörung nur wenig ausgeprägt.

**perspektivische Täuschung:** eine →optische Täuschung, bei der in perspektivischen Darstellungen (zusammenlaufende Linien) in der Abbildung tatsächlich gleich große Figuren als unterschiedlich groß gesehen werden.

**Perversion** [spätlatein. »Verdrehung«]: veraltete Bezeichnung für →Paraphilie.

**Pessimismus** [zu latein. pessimus »der Schlechteste«]: negative Lebenseinstellung; Erwartung, dass sich die Dinge zum Schlechten entwickeln oder dass immer der denkbar schlimmste Fall eintreten werde (im Gegensatz zum →Optimismus). Starker Pessimismus ist ein Merkmal der Depression.

Man kann einen depressiven und einen realistischen Pessimismus unterscheiden. Im depressiven Pessimismus werden keine Argumente zugelassen, die darauf hinweisen, dass eine Befürchtung unrealistisch ist und andere Ausgänge als der befürchtete wahrscheinlicher sind als dieser. Der depressive Pessimist lässt sich z. B. nicht davon überzeugen, dass seine Leistung überdurchschnittlich ist und er deshalb keine Kündigung fürchten muss. Der realistische Pessimismus hingegen verleugnet die Tatsache nicht, dass viele menschliche Unternehmungen riskant sind und das Wissen um einen möglichen schlechten Ausgang diesen oft vermeiden hilft.

Ein Modell für diesen realistischen Pessimismus ist »Murphy's Law« (»Murphys Gesetz«): »If anything can go wrong, it will.« (»Alles, was schiefgehen kann, geht auch [irgendwann einmal] schief.«)

### Persönlichkeitsstörungen | Nicht heilbar?

Die Behandlung von Persönlichkeitsstörungen hat in den letzten Jahrzehnten große Fortschritte gemacht. Es gibt heute zahlreiche spezielle Verfahren verschiedener Schulrichtungen bzw. integrative Ansätze; allen gemeinsam ist, dass sie das Vorliegen von Traumatisierungen berücksichtigen und Persönlichkeitsstörungen nicht mehr als kaum oder sehr schwer zu behandelnde Störungen betrachten. Gerade dies mag den Erfolg begründen. Unter den Verfahren haben sich besonders kognitiv-verhaltenstherapeutische wie auch tiefenpsychologische Therapien als wirksam erwiesen. Betroffene und Angehörige können sich von ihrer Krankenkasse Adressen von spezialisierten Psychotherapeuten geben lassen oder sich im Internet erkundigen.

**Pestalozzi,** Johann Heinrich: schweizerischer Pädagoge, Schriftsteller und Sozialreformer, * Zürich 12. 1. 1746, † Brugg 17. 2. 1827; studierte zunächst Theologie, dann Rechtswissenschaft; eröffnete 1798 ein Waisenhaus in Stans und 1800 eine Versuchsschule in Burgdorf. In dieser Zeit entstanden die wichtigsten Schriften zur didaktischen Methode und seine Elementarbücher. 1804–25 leitete er in Yverdon ein Erziehungsinstitut, das weltberühmt wurde.

Als Politiker wie als Pädagoge beschäftigte Pestalozzi die »Verwilderung« und »Entwürdigung« des Volkes. Er verstand Erziehung als Entfaltung der in der menschlichen Natur liegenden positiven Kräfte. Sein pädagogisches Werk regte die Gründung zahlreicher erzieherischer Musteranstalten an.

**PET,** Abk. für Positronen-Emissions-Tomografie, ein →bildgebendes Verfahren.

**Petersen,** Peter: deutscher Pädagoge, * Großenwiehe (bei Flensburg) 26. 6. 1884, † Jena

**Joahnn Heinrich Pestalozzi**

**perspektivische Täuschung:** Die Figuren sind gleich groß, obwohl die hintere Figur aufgrund der zusammenlaufenden Linien der perspektivischen Darstellung größer zu sein scheint als die vordere.

### Pflege | Hilfen für Pflegende

Wer kranke Angehörige zu Hause pflegt, ist vielen Belastungen ausgesetzt: Verarbeitung der Tatsache, dass das Kind krank ist oder die Eltern unwiderruflich alt und gebrechlich werden, emotionale und alltägliche Unterstützung des Kranken, Übernahme von Verantwortung für ihn und die Pflegearbeit selbst. Wichtig ist, dass sich die Pflegenden Zeit für sich nehmen; die eigene Ausgeglichenheit kommt letztlich auch dem Pflegebedürftigen zugute. Es können andere Angehörige oder Freunde bei der Betreuung einspringen; ambulante Pflegedienste können entlasten und in der richtigen Pflege schulen. Pflegebedürftige haben oft eigene Sozialkontakte, die man nach Kräften fördern sollte. Sie lassen sie weiter am Leben teilnehmen und entlasten zugleich den Pflegenden. Selbsthilfegruppen für Angehörige oder psychologische Beratung tragen dazu bei, die vielen Umstellungen zu verkraften und die Ängste zu verarbeiten, die sich um das Alter oder die Krankheit ranken.

---

21.3.1952; war 1923–50 Professor in Jena. Petersen entwickelte und erprobte den →Jena-Plan als reformpädagogisches Schulmodell. Er sah Erziehung in der Gemeinschaft verwurzelt und erhob partnerschaftliche Haltung und Hilfsbereitschaft zu wesentlichen pädagogischen Zielen.

**Petrifikation** [zu griech. pétros »Stein«, »Fels«]: in der *Psychotherapie* gelegentliche Bezeichnung für die Verfestigung neurotischer Haltungen.

**Pflege:** unterstützende Zuwendung, mit der Kranke, Hilflose oder Behinderte versorgt werden. Pflege wurde bis zum Beginn des 19. Jahrhunderts vorwiegend in den Familien von Frauen geleistet; daneben gab es mit Krankenpflege befasste Orden. Der Prozess einer Professionalisierung der Pflege mit spezifischen Berufsbildern, der Entwicklung einer Pflegewissenschaft und dem Konzept einer eigenständigen Rolle der Pflegenden neben den Ärzten ist bis heute nicht abgeschlossen, aber weit fortgeschritten.

Zu den wesentlichen psychologischen Beiträgen gehören Forschungen über die wichtige Rolle der emotionalen Beziehung in der Pflege (→Balint-Gruppe), über eine psychologisch unterstützte Organisations- und Teamentwicklung, über die begleitende Förderung in Krisensituationen (→Supervision) und über die Vorbeugung eines »Ausbrennens« (→Burn-out-Syndrom) der Berufsmotivation von Pflegenden.

**Pflegebedürftigkeit:** das existenzielle, ständige Angewiesensein auf die persönliche Hilfe anderer bei den gewöhnlichen und regelmäßig wiederkehrenden Verrichtungen des täglichen Lebens (z. B. An- und Ausziehen, Körperpflege, Benutzung der Toilette, Essen und Trinken).

Bei der Pflegebedürftigkeit gibt es unterschiedliche Schweregrade. Das am 1.1.1995 in Deutschland in Kraft getretene Pflegeversicherungsgesetz unterscheidet drei Pflegestufen, die jeweils unterschiedliche Leistungen nach sich ziehen: Pflegestufe I (erheblich Pflegebedürftige: Personen, die bei der Körperpflege, bei der Ernährung oder der Mobilität für wenigstens zwei Verrichtungen aus einem oder mehreren Bereichen mindestens einmal täglich der Hilfe bedürfen und zusätzlich mehrfach in der Woche Hilfe bei der hauswirtschaftlichen Versorgung benötigen), Pflegestufe II (Schwerpflegebedürftige: Personen, die mindestens dreimal täglich zu verschiedenen Tageszeiten Hilfe brauchen und zusätzlich mehrfach in der Woche bei hauswirtschaftlichen Verrichtungen), Pflegestufe III (Schwerstpflegebedürftige: Personen, die bei der Körperpflege, der Ernährung oder der Mobilität täglich rund um die Uhr, auch nachts, der Hilfe bedürfen und zusätzlich mehrfach in der Woche Hilfe bei der hauswirtschaftlichen Versorgung benötigen). Zuständig für die soziale Absicherung bei Pflegebedürftigkeit ist besonders die gesetzliche Pflegeversicherung.

**Pflegekinder:** Kinder oder Jugendliche, die während des Tages oder dauernd im Haushalt einer Pflegeperson bzw. bei Pflegeeltern betreut, versorgt und erzogen werden. Tagespflege wird heute v. a. in Form des Modells →Tagesmutter praktiziert, das z. B. im Vergleich mit dem Kindergarten flexibler ist und eine größere Beständigkeit bei den Betreuungspersonen ermöglicht. Eine professionelle Tätig-

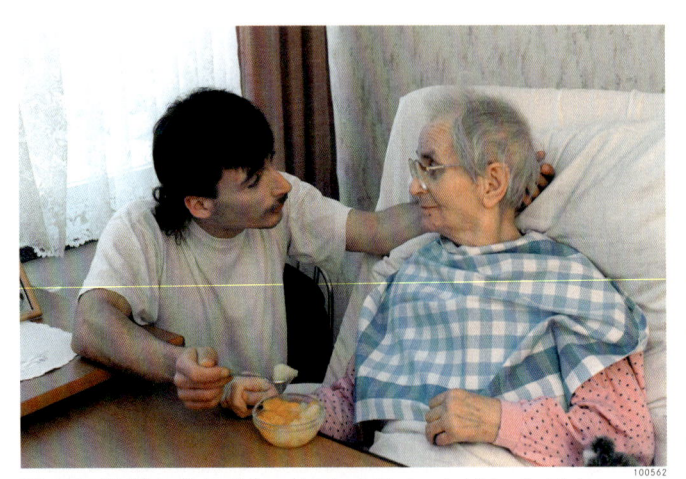

**Pflegebedürftigkeit:** Im Heimsektor besteht ein erheblicher fachlicher Nachhol-, Qualifizierungs- und Modernisierungsbedarf. Forderungen nach »Wohnen in der Pflege« scheitern häufig auch wegen des krankenhausartigen Zuschnitts vieler älterer Heime, die funktional auf medizinische Versorgung ausgerichtet sind.

keit als Tagesmutter oder als Pflegeeltern bedarf der Genehmigung durch das Jugendamt. Kurzfristige Arrangements mit Gasteltern oder die Betreuung im Rahmen von Nachbarschaftshilfe sind von der Genehmigungspflicht ausgenommen, ebenso die Betreuung durch Verwandte.

**phallische Phase, ödipale Phase:** *Psychoanalyse:* die dritte Stufe der psychosexuellen Entwicklung des Kindes, die etwa vom vierten bis zum sechsten Lebensjahr andauert. In dieser Phase wird für das Kind sein Körper und sein Geschlechtsteil wichtig, es fasst es an und stimuliert sich. Auf seelischer Ebene steht im Zentrum die Bewältigung des →Ödipuskomplexes. Erik H. Erikson bezeichnet als den Hauptkonflikt dieser Phase den zwischen Initiative und Schuldgefühl.

**Phallussymbol:** *Psychoanalyse:* alle Gegenstände oder Vorstellungen, die als Symbol für das erigierte männliche Glied (Phallus) stehen können, z. B. ein Turm oder ein Regenschirm.

**Phänomenologie:** Lehre, die von der »Anschauung« der Gegenstände oder Sachverhalte im Bewusstsein des Betrachters ausgeht. Als Begründer einer systematischen phänomenologischen Erkenntnislehre gilt der Philosoph Edmund Husserl. Er forderte zu Beginn des 20. Jahrhunderts »eine reine Anschauung von der Wirklichkeit des Erlebens zu gewinnen«. Die geistig-intuitive, unmittelbare Wesensschau sollte Ausgangspunkt von Forschung und Erkenntnis sein, nicht Hypothesen über den Gegenstand, auch nicht Definitionen oder Messwerte. Die Phänomenologie steht im Gegensatz zum →Positivismus, der Untersuchungsgegenstände definieren und Beobachtbares messen will. Vertreter →qualitativer Methoden sind heute teilweise von der Phänomenologie Husserls beeinflusst.

**phänomenologische Psychologie:** verschiedene Richtungen vorwiegend der Psychologie in Deutschland, die von der Phänomenologie Edmund Husserls geprägt wurden. An Husserls Forderung nach der reinen Wesensschau der Dinge anknüpfend, nahm man Analysen von Bewusstseinsstrukturen oder Strukturen des bewussten Erlebens vor, ohne die Phänomene vorher begrifflich zu zergliedern oder zu definieren. Messungen und Statistik setzte man allenfalls als Hilfsmittel ein. Im Vordergrund stand die ausführliche Beschreibung subjektiver Erlebnisse bei psychologischen Aufgaben mithilfe der →Introspektion. Die beiden wichtigsten Strömungen der experimentellen phänomenologischen Psychologie waren die →Würzburger Schule und die →Gestaltpsychologie.

**Phänotyp:** die individuelle Ausprägung der →Erbanlagen.

**Phantomschmerzen, Phantomgefühle:** Schmerzen oder andere unangenehme Empfindungen, die von den betroffenen Personen in einer Gliedmaße lokalisiert werden, die sie verloren haben. Die Ursachen sind nicht völlig geklärt, hängen aber wohl damit zusammen, dass der amputierte Körperteil im Gehirn nach wie vor repräsentiert ist.

**Pharmaka:** die →Medikamente.

**Pharmakopsychologie:** die →Psychopharmakologie.

**Pharmakotherapie:** Behandlung mit Medikamenten. Die Behandlung von psychischen Störungen mit Medikamenten war lange umstritten. Während sich Befürworter auf rasche Erfolge bei der Gabe von Psychopharmaka beriefen, kritisierten Gegner die rein symptomatische Behandlung, die nicht an den Ursachen der Störung ansetze. Heute ist man sich weitgehend einig, dass bei schweren psychischen Störungen eine Gabe von Medikamenten sinnvoll ist, um eine Psychotherapie überhaupt erst zu ermöglichen.

**Phasenlehre:** Entwicklungstheorien, die sich des Ordnungsbegriffs der Phase zur Gliederung des Lebenslaufs bedienen. Der Phasenlehre zufolge vollziehen sich die körperliche Entwicklung und die Entwicklung des Erlebens und Verhaltens in einer Aufeinanderfolge verschiedener Phasen oder Stufen, die in zwar

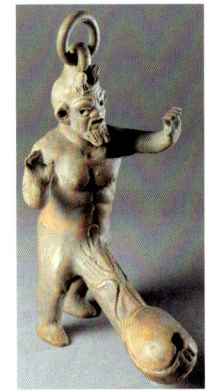

**Phallussymbol:** Die kultische Verehrung des Phallus ist von vielen Völkern und Zeiten bekannt. Figuren mit übergroßem Phallus finden sich seit der Jungsteinzeit als Symbol der Macht, Kraft und Fruchtbarkeit (römische Terrakotta-Öllampe aus Pompeji).

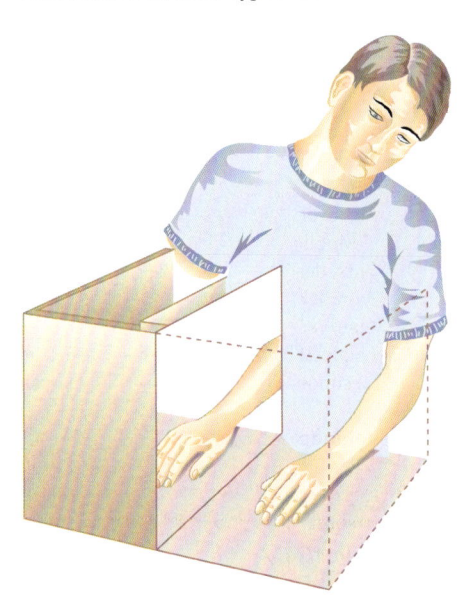

**Phantomschmerzen:** Das Spiegelbild seiner Hand empfindet der Amputierte wie seine reale Hand, weil das Bild des Körpers im Gehirn gespeichert ist.

nicht vollkommen gleicher, doch stets ähnlicher und nicht umkehrbarer Reihenfolge bei allen Individuen auftreten. Bekannte Phasenlehren sind die Entwicklungstheorien von Sigmund Freud, Erik H. Erikson, Jean Piaget und Lawrence Kohlberg.

Sigmund Freud geht in seiner Theorie von einer Abfolge psychosexueller Phasen in der kindlichen Entwicklung aus: Auf die orale, anale und phallische Phase folgt (mit der Überwindung des Ödipuskomplexes) die Latenzphase, an die sich mit der Adoleszenz und dem Erwachsenenalter die genitale Phase anschließt. In jeder Phase müssen bestimmte Entwicklungsaufgaben gelöst werden; gelingt dies nicht, kommt es zu einer Fixierung mit nachfolgender neurotischer Entwicklung.

Erik H. Erikson zufolge werden von der Kindheit bis in das hohe Erwachsenenalter hinein acht Entwicklungsphasen durchlaufen, die jeweils durch spezifische Gegensätze gekennzeichnet sind, z. B. Urvertrauen und Urmisstrauen, Autonomie und Scham oder Zweifel, Initiative und Schuldgefühl (→Entwicklungspsychologie).

Jean Piaget und seine Schüler untersuchten die Denkentwicklung des Menschen: In den ersten zwei Lebensjahren durchläuft das Kind die sensomotorische Phase, in der es sich konkret-sinnlich mit seiner Umwelt auseinandersetzt; darauf folgt die Phase des voroperatorischen, anschaulichen Denkens, die vom kindlichen →Egozentrismus und unangemessenen Verallgemeinerungen geprägt ist; diese werden in der Phase der konkreten Operationen überwunden, bevor dann mit der Phase der formalen Operationen, in der das Kind lernt, abstrakt zu denken und sich fehlende Informationen aktiv zu besorgen, mit etwa elf Jahren die höchste Stufe der Denkentwicklung erreicht ist.

Lawrence Kohlberg zufolge verläuft die →moralische Entwicklung vom präkonventionellen Niveau, auf dem es v. a. um Freude und Lustgewinn geht, über das konventionell-konformistische Niveau mit Orientierung an wichtigen anderen und vorgegebenen Normen hin zum postkonventionellen Niveau, auf dem die Fähigkeit erreicht ist, moralische Urteile anhand abstrakter Prinzipien zu fällen.

Kritiker halten den Ansätzen, die sich auf Phasen beziehen, entgegen, sie betonten jeweils die Ähnlichkeiten einer bestimmten Entwicklungsphase und vernachlässigten die individuellen Unterschiede.

**philosophische Psychologie:** die Psychologie als Bestandteil der Philosophie, aus der sie sich im 19. Jh. als eigenständige Wissenschaft gelöst hat.

Unter dem noch neuen Begriff versteht man heute drei verschiedene Bereiche: Zum einen handelt es sich im Rahmen der philosophischen Anthropologie um den Aspekt der Grundbedingungen der menschlichen Existenz als eines der Fundamente der Psychologie, zum anderen geht es hauptsächlich im angloamerikanischen Sprachraum um die Analyse der Begriffe, mit denen die Alltagssprache oder die Fachsprache Probleme der Psychologie beschreibt und erklärt (z. B. »Person«, »Motiv«, »Rationalität«). Drittens schließlich wird darunter auch eine kritische Prüfung der in der akademischen Psychologie verwendeten Methoden verstanden, um zu sehen, zu welcher Art von Erkenntnis die universitär betriebene Psychologie führt. Das Paradigma der naturwissenschaftlichen Psychologie wurde v. a. von der →kritischen Psychologie 2) vehement infrage gestellt.

**Phlegmatiker:** eines der vier antiken →Temperamente.

**Phobien** [zu griech. phóbos »Furcht«]: eine Unterkategorie der Angststörungen, bei der die Angst auf ein bestimmtes Objekt oder eine Situation gerichtet ist. Zur psychischen Normalität gehört es, Furcht vor z. B. einem großen Hund oder vor dem Eingeschlossensein in einer Menschenmenge zu haben. Hierbei handelt es sich aber um noch beherrschbare Angst. Bei einer Phobie ist die Angst so stark, dass Betroffene ihr Leben einschränken und – je nach Vermeidbarkeit der Situation – einen hohen Leidensdruck entwickeln.

*Einteilung*

Nach ICD-10 werden als Untergruppen die Agoraphobie, die sozialen Phobien und die spezifischen Phobien unterschieden: Bei der **Agoraphobie** handelt es sich um eine Furcht, die ursprünglich nur als die Furcht vor offenen Plätzen verstanden wurde, heute in der Regel weiter gefasst wird als Angst vor Situationen, in denen eine sofortige Flucht unmöglich oder schwierig ist, z. B. sich in einem Kaufhaus oder in einem Bus zu befinden. Die Betroffenen reagieren auf solche Situationen mit Herzrasen, Schweißausbrüchen und Schwindelgefühlen; sie fürchten zu sterben oder die Kontrolle über sich zu verlieren und können oft nur noch in Begleitung die vertraute Umgebung verlassen. Eine Agoraphobie beginnt in der Regel im frühen Erwachsenenalter; etwa 5 % der Bevölkerung, mehr Frauen als Männer, sind betroffen.

Bei den **sozialen Phobien** haben Betroffene übersteigerte Angst in sozialen Situationen, in denen sie im Zentrum der Aufmerksamkeit stehen oder in denen sie durch peinliches Verhalten auffallen könnten. Das kann in einem Restaurant die Angst davor sein, dass beim Essen die Hände zittern werden, oder in einer Gruppe die Angst davor, nicht sprechen zu können. Soziale Phobien können eng umgrenzt sein und z. B. nur beim Essen in der Öffentlichkeit auftreten, oder es bestehen generell Ängste in allen sozialen Situationen. Bei den sozialen Phobien handelt es sich letztlich um die Angst vor dem kritischen Urteil anderer Menschen. Die Furcht ist so stark, dass die sozialen Kontakte gemieden werden bis hin zur Isolation. Von der Schüchternheit unterscheiden sich die sozialen Phobien durch einen stärkeren Grad der Angst und der Vermeidungshaltung. Soziale Phobien entwickeln sich meist im Jugendalter und kommen bei Frauen und Männern gleichermaßen vor. Mit einem Vorkommen von ca. 13 % der Bevölkerung sind sie weit verbreitet.

Bei den **spezifischen Phobien** (auch »isolierte Phobien«) ist die Furcht ganz beschränkt auf ein bestimmtes Objekt oder eine bestimmte Situation; eine spezifische Phobie ist z. B. die Spinnenphobie oder die Höhenangst. Betroffene zeigen Vermeidungsverhalten, in schweren Fällen selbst dann, wenn die Vermeidung zu gravierenden Problemen führt. So zieht eine Person mit einer Zahnarztphobie es vor, ihre Zähne verfaulen zu lassen und die Schmerzen zu ertragen, statt zum Zahnarzt zu gehen. Ist die Furcht auf ein Objekt gerichtet, das leicht zu vermeiden ist, z. B. bei einer Schlangenphobie, kann die Person relativ beschwerdefrei leben. Spezifische Phobien können in der Kindheit oder im jungen Erwachsenenalter beginnen; wie bei der Agoraphobie sind mehr Frauen als Männer betroffen. Etwa 9 % der Bevölkerung leiden an einer spezifischen Phobie.

Bei allen Phobien können, müssen aber nicht Panikattacken vorkommen. Steht das Erleben von Panikattacken im Vordergrund und ist die Furcht nicht auf ein bestimmtes Objekt oder eine Situation gerichtet, handelt es sich nicht um eine Phobie, sondern um eine →Panikstörung.

*Ursachen*

In der Psychoanalyse werden Phobien auf verdrängte Triebregungen zurückgeführt; demnach werden z. B. bei einer Hundephobie gefürchtete eigene Aggressionen auf das Tier

**Phobien:** Meist gehen übersteigerten Ängsten wie der Kynophobie, der Angst vor Hunden, traumatische Erfahrungen voraus. Zugrunde liegen kann aber auch ein von den Bezugspersonen erlerntes Verhalten.

projiziert – die Furcht, die eigenen Aggressionen zu erleben, ist bedrohlicher als die Furcht vor einem Hund. Heute bezieht die Tiefenpsychologie zur Erklärung der Phobien auch die →Bindungstheorie mit ein: Demnach haben Menschen mit einer Phobie, insbesondere einer Agoraphobie, in der Kindheit von den Bezugspersonen keinen oder nicht genügenden Schutz und Geborgenheit erfahren, was sich aktuell an dem Klammern an eine vertraute Person zeigt.

Verhaltenstherapeuten sehen Phobien als erlerntes Verhalten; sie werden dadurch aufrechterhalten, dass die Vermeidung der gefürchteten Situation als weniger belastend empfunden wird, als sich ihr zu stellen. Den sozialen Phobien liegen grundsätzlich Selbstwertprobleme zugrunde, die u. a. durch Abwertungen und Vernachlässigung in der kindlichen Entwicklung und durch Modelllernen, wenn z. B. ein Elternteil ein selbstunsicherer Mensch ist, entstehen.

*Therapie*

In der Behandlung der Phobien sind sich die Therapieschulen hinsichtlich der Vermeidungsreaktionen der Patienten weitgehend einig. Schon Sigmund Freud hat bei Phobien ein »aktives Vorgehen« in der Behandlung empfohlen: Wer eine Situation aufgrund phobischer Ängste meidet, soll dazu gebracht werden, sich ihr zu stellen. So wird z. B. der Patient, der zunächst nur mit einer Begleitperson den Weg in die Analyse wagt, dazu angehalten, möglichst bald allein zu kommen. In der Psychoanalyse und in anderen tiefenpsychologischen Verfahren stehen aber die unbewussten Konflikte, die den Phobien zugrunde liegen, im Vordergrund. Die Verhaltenstherapie hingegen betont die Konfrontation mit den angstauslösenden Situationen und setzt explizit Übungen ein; bei einer Agoraphobie wird z. B. die →systematische Desensibilisierung oder bei der sozialen Phobie ein →Selbstsicherheitstraining angewandt.

Sich den Situationen auszusetzen, führt allerdings nicht immer zu einem Erfolg. Es gibt Patienten, die wiederholt ängstigende Situationen aufsuchen, ohne dass sich eine Gewöhnung einstellt; das ist bei tiefer liegenden Störungen der Fall, die sich nicht mit übungsbetonten Verfahren beheben lassen. Eine Psychotherapie, die verstärkt schutzbietend arbeitet und weniger auf das Üben fokussiert, wird hier erfolgreicher sein, weil das die Patienten entlastet und sie somit eher fähig sind, nächste Schritte zu wagen. Wichtig ist die Vermittlung, dass es kein Leben ohne Ängste gibt und dass man lernen kann, mit ihnen umzugehen.

Bei Phobien hat sich begleitend zur Psychotherapie das Erlernen eines Entspannungsverfahrens wie die →progressive Muskelentspannung bewährt; bei stärkeren Ängsten können auch unterstützend →Antidepressiva eingesetzt werden. Sportliche Betätigung hilft beim Spannungsabbau und wirkt Depressionen, die oft sekundär bestehen, entgegen.

**phobischer Charakter:** *Psychoanalyse:* eine Charakterstruktur, die durch Ängstlichkeit und Unselbstständigkeit gekennzeichnet ist. Sie kann entstehen, wenn ein Kind von den Eltern gehindert wird, sich selbstständig mit der Umwelt auseinanderzusetzen. Sie hindern es z. B. daran, mit den Situationen, die es allein bewältigen kann, auch allein fertig zu werden, nehmen ihm entweder zu viel ab oder treiben es durch Überforderung in die Resignation. Als Erwachsene suchen die Betroffenen dann in der Außenwelt Personen, die sie steuern.

Das Befolgen bestimmter Regeln kann diese Steuerungsaufgabe ebenso übernehmen wie die Person, an die sie sich klammern, um der Angst zu entgehen. Auch Psychotherapeuten werden von phobischen Patienten als **steuernde Objekte** gesucht. Wenn sie sich darauf einlassen, behindern sie die Behandlung; verweigern sie diese Rolle aber zu abrupt, kann der Patient wegen zu starker Ängste die Therapie abbrechen.

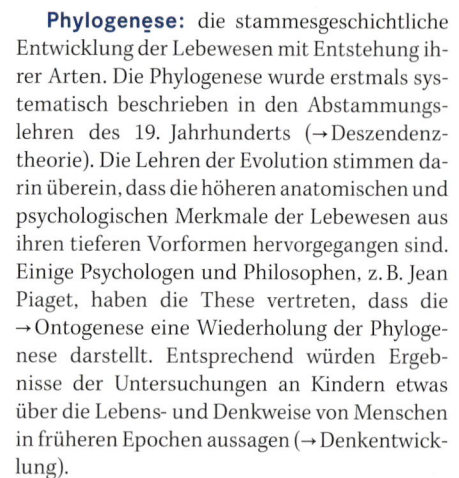

**Jean Piaget**

**Phylogenese:** die stammesgeschichtliche Entwicklung der Lebewesen mit Entstehung ihrer Arten. Die Phylogenese wurde erstmals systematisch beschrieben in den Abstammungslehren des 19. Jahrhunderts (→Deszendenztheorie). Die Lehren der Evolution stimmen darin überein, dass die höheren anatomischen und psychologischen Merkmale der Lebewesen aus ihren tieferen Vorformen hervorgegangen sind. Einige Psychologen und Philosophen, z. B. Jean Piaget, haben die These vertreten, dass die →Ontogenese eine Wiederholung der Phylogenese darstellt. Entsprechend würden Ergebnisse der Untersuchungen an Kindern etwas über die Lebens- und Denkweise von Menschen in früheren Epochen aussagen (→Denkentwicklung).

**Physiognomie:** die äußere Erscheinung, insbesondere der Gesichtsausdruck eines Menschen oder eines Tieres. Die heute überholten →Konstitutionslehren versuchten von der Physiognomie des Menschen auf dessen Charaktertyp zu schließen.

**Physiologie** [griech. »Naturkunde«]: Forschungsgebiet, in dem der Ablauf normaler Lebensvorgänge untersucht wird. Die Physiologie befasst sich mit: 1. der allgemeinen Physiologie der Zelle und interzellulärer Kommunikation, zu der auch die Muskelphysiologie zählt, 2. der →Sinnesphysiologie, also den physiologischen Korrelaten der menschlichen fünf Sinne, 3. den neuronalen und humoralen Steuerungs- und Regelprozessen, wozu das Nervensystem und die Endokrinologie gehören (→Neurophysiologie), 4. der Funktion von Blut und Blutkreislauf, 5. der Atmung und dem Energiewechsel, darunter auch Wärmehaushalt und Temperaturregelung, 6. der Stoffaufnahme und -ausscheidung, etwa dem Wasser- und Elektrolythaushalt. Manche Teilgebiete der Physiologie sind besonders eng mit der →biologischen Psychologie verbunden; dazu gehören v. a. die Sinnes-, Muskel- und Neurophysiologie sowie Fragen der integrativen Leistungen unseres Nervensystems und des Alterns.

**physiologische Psychologie:** die →biologische Psychologie.

**Piaget** [pjaˈʒɛ], Jean: schweizerischer Psychologe, *Neuenburg 9. 8. 1896, †Genf 16. 9. 1980; war ab 1925 Professor in verschiedenen Städten der Schweiz und in Paris. Piaget lieferte bedeutende und umfassende Arbeiten zur Entwicklungspsychologie, so zur Sprach- und Denkentwicklung (→Intelligenzentwicklung) sowie zur moralischen Entwicklung des Kindes: In den frühen 1920er-Jahren beschäftigte sich Piaget mit Zusammenhängen zwischen Sprache und Denken des Kindes; er zeigte, wie das Kind seinen anfänglichen Egozentrismus überwindet. Um 1930 veröffentlichte er verschiedene Werke über Weltbild und Moral des Kindes. Mitte der 1930er- bis in die erste Hälfte der 1940er-Jahre entstanden seine Werke über die frühkindliche Entwicklung, in denen Piaget die frühe Entwicklung seiner eigenen drei Kinder beschreibt und analysiert. In diesen Werken führt Piaget eine Deutung der Anpassung ein, die er als Gleichgewicht zwischen psychologischer Assimilation und Akkommodation sieht. Zwischen 1940 und 1955 erschienen die wichtigsten Monografien zur Entwicklung im Schulalter, in dem das Kind sein anschauliches, praktisches Denken zugunsten eines konkret-operatorischen, reversiblen und sodann eines formal-systematischen Denkens überwindet. Ab den 1950er-Jahren beschäftigte sich Piaget v. a. mit theoretischen und philosophischen Grundfragen seines Systems. Seine Arbeiten erlangten auch für die Pädagogik große Bedeutung.

**PISA** [Abk. für engl. Programme for International Student Assessment]: ein Programm zur zyklischen Erfassung basaler Kompetenzen der nachwachsenden Generation. PISA wird von der Organisation für wirtschaftliche Zusammenarbeit und Entwicklung (OECD) durchgeführt und von den Mitgliedsstaaten gemeinschaftlich getragen. Ziel es ist, vergleichende Daten über die Ressourcenausstattung, individuelle Nutzung sowie Funktions- und Leistungsfähigkeit der Bildungssysteme zur Verfügung zu stellen. Deutschland beteiligt sich an diesem Programm gemäß einer Vereinbarung zwischen dem Bundesministerium für Bildung und Forschung und der Ständigen Konferenz der Kultusminister der Länder.

**Placebo** [latein. »ich werde gefallen«]: ein Scheinmedikament ohne medizinische Wirkung. Placebos wirken gegen mehr als die Hälfte der Alltagsleiden wie Kopfschmerzen oder Schlaflosigkeit ebenso gut wie »echte« Medikamente; dabei helfen eindrucksvolle Mittel (z. B. farbige Gelatinekapseln) besser als einfache weiße Tabletten. Diese (durch neuere Forschungen nachhaltig infrage gestellte) Wirkung wird als Placeboeffekt bezeichnet.

Viele positive Effekte von Mitteln, deren Wirkmechanismus nicht bekannt ist, werden auf diesen Effekt zurückgeführt. Um ihn auszuschließen, wird in der Erprobung von Medikamenten der Doppelblindversuch vorgeschrieben: Weder der Arzt noch der Patient wissen, ob ein Medikament mit Wirkstoff oder ein Placebo gegeben wird. Auf diese Weise können auch

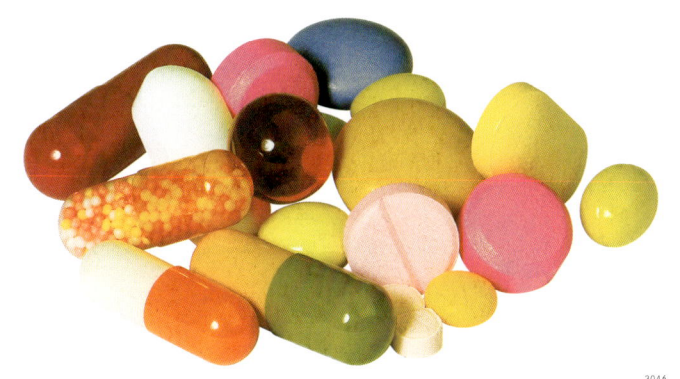

**Placebo:** Scheinmedikamente wirken besonders gut, wenn sie durch Form und Farbe beeindrucken.

→Suggestionen aufgrund der Überzeugung des Arztes, ein Medikament oder ein Placebo zu geben, ausgeschlossen werden.

In der Psychotherapie wird gelegentlich von einem Placeboeffekt des Psychotherapeuten gesprochen: Bereits der Kontakt zum Therapeuten entlastet; der Klient fühlt sich sofort besser. Auf diesen Wirkmechanismus lässt sich auch die Anziehungskraft von Wunderheilern und Scharlatanen zurückführen.

**Plastizität: 1)** in der *Psychologie* allgemein die menschliche Eigenschaft, nicht nur von biologischen Anlagen und natürlichen Reifungsprozessen, sondern in hohem Maß auch durch Einflüsse und Erfahrungen aus der sozialen Umwelt geformt zu werden. Die Existenz der Plasitizität wird von der →Milieutheorie angenommen.

**2)** in der *Denkpsychologie* und *Intelligenzforschung* die Fähigkeit zur kognitiven Umstrukturierung von Aufgaben und Lösungen, eine wesentliche Voraussetzung für abstraktes →Denken und produktives Denken (→Problemlösen).

**3)** in der *Biologie* die Fähigkeit eines Organismus, sich an veränderte Umweltbedingungen anzupassen (→Anpassung 1). In der *Neurowissenschaft* und *Medizin* bedeutet **neuronale Plastizität** die Eigenschaft von Nervenzellen, sich situationsbedingt zu verändern, v. a. sich untereinander neu zu verbinden. Man spricht auch von der Formbarkeit des Gehirns. Die komplexen Fähigkeiten des Gehirns sind erst möglich durch die geordneten Verbindungen zwischen Nervenzellen. Diese sind nicht statisch, sondern ändern sich und passen sich Veränderungen an; das ist besonders während der kindlichen Entwicklung der Fall, aber auch z. B. bei der Regeneration nach Verletzungen. Die neuronale Plastizität wird erst seit etwa Ende der 1990er-Jahre verstärkt untersucht; heute weiß man z. B., dass aufgrund dieser Plastizität

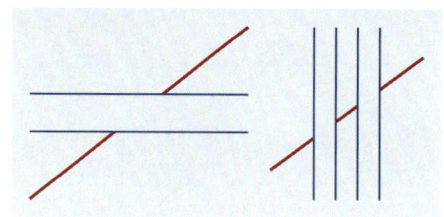

**Poggendorff-Täuschung**

ältere Menschen mehr Lernfähigkeit bei neuen Lerninhalten besitzen als bisher angenommen.

**Plateaubildung** [pla'to-]: in der *allgemeinen Psychologie* das Erreichen eines Gipfelpunktes in der Leistungsfähigkeit beim Erwerb komplexer psychischer Fähigkeiten (z. B. Spracherwerb) und beim Üben motorischer Fertigkeiten (z. B. Musik, Maschineschreiben, Leistungssport). In der Folge kommt es zumeist zu einem Stillstand oder Rückgang der Leistungsfähigkeit, weil die individuellen Leistungsgrenzen erreicht wurden. Gelegentlich beobachtet man aber nach einer gewissen Zeit dennoch einen weiteren Leistungsanstieg. Der Grund dafür sind unbeabsichtigte Effekte in der Plateauphase oder neue Trainings- und Lernmethoden.

**platonische Liebe:** nicht sinnliche →Liebe.

**Platzangst:** umgangssprachlich für Agoraphobie (→Phobien); wird häufig mit Klaustrophobie, der Angst vor engen Räumen, verwechselt.

**PMS:** →prämenstruelles Syndrom.

**Poggendorff-Täuschung:** eine →optische Täuschung, bei der die Teile einer Geraden, die von Parallelenbändern in einem schrägen Winkel gekreuzt und dadurch unterbrochen werden, gegeneinander versetzt zu verlaufen scheinen.

**Polaritätsprofil, semantisches Differenzial:** ein in den 1950er-Jahren von dem amerikanischen Psycholinguisten Charles E. Osgood entwickeltes Verfahren der empirischen Sozialforschung, mit dem man die Bedeutung bestimmter Objekte für bestimmte Personengruppen bestimmen kann. Es dient v. a. zur Erforschung von →Einstellungen und →Stereotypien. Dabei wird davon ausgegangen, dass Bedeutungen von Begriffen nicht unwandelbar feststehen, sondern abhängig sind von Beziehungen, in denen sich ein Begriff befindet.

Bei der Durchführung des Polaritätsprofils werden Paare aus gegensinnigen Adjektiven gebildet (z. B. heiter – traurig, interessant – langweilig, triebhaft – keusch), denen die Untersuchten auf einer meist vier-, sieben- oder neunstufigen Skala mehr oder weniger stark zustimmen können (z. B. finden sie eine bestimmte Automarke »eher langweilig«). Die weitere Auswertung erfolgt dann grafisch oder statistisch.

**politische Psychologie:** Anwendung psychologischer Forschungsmethoden oder Deutungsansätze auf politische Fragestellungen. Als veraltet gilt heute eine politische Psychologie, in der herausragende Figuren der politischen Elite ohne direkte Kenntnis ihrer Persönlichkeit aufgrund von Informationen Dritter in ihren Handlungen »gedeutet« werden. Die neuere Forschung hat sich aufgefächert, sie konzentriert sich auf Interaktionen; so fragt sie z. B., durch welche Veränderungen in der Gesellschaft welche politischen Programme und welche politischen Leitfiguren interessant werden.

Aktuelle inhaltliche Forschungsschwerpunkte der politischen Psychologie sind: 1. Motive, die z. B. die Entscheidungen von Wählern beeinflussen; 2. Persönlichkeitsstrukturen, die bestimmte politische Systeme unterstützen, z. B. die →autoritäre Persönlichkeit, die dem Faschismus zugeneigt ist; 3. Einstellungen, wobei v. a. die Zusammenhänge von Vorurteilen mit sozialen und biografischen Merkmalen geklärt werden; 4. →Konflikte 2) und →Gewalt als Lösungsmodell; 5. Führungsstile und die Wechselwirkungen zwischen dem Verhalten einer Leitfigur und den Wertvorstellungen einer Gruppe oder Partei.

Die Beschränkung des Politischen auf Parteien und den Staat wird heute von der Psychologie infrage gestellt. Eine politische Kultur beginnt in der Familie; sie stiftet das politische

**politische Psychologie:** Forschungsaspekte der politischen Psychologie sind u. a. Entscheidungsprozesse bei Gruppen und Individuen (Wahlplakate der SPD und der CDU für die vorgezogene Bundestagswahl am 18. September 2005).

Verhalten, das ihrerseits diese Kultur trägt. Dazu gehören Bürgerinitiativen und die Mitarbeit in einer Kirchengemeinde ebenso wie das Engagement in einer Partei, das Sichinformieren über politische Fragen und die Beteiligung an Wahlen. Sie alle zusammen sind Gradmesser für den Stand der Demokratisierung.

**Polizeipsychologie:** Teilgebiet der *Rechtspsychologie*. Der Alltag polizeilichen Handelns greift in massive Spannungsfelder unterschiedlicher Motive und Interessen ein, z. B. bei Geiselnahmen, in Gefahrensituationen oder bei der Schlichtung von Familienstreitigkeiten.

Eine Aufgabe der Polizeipsychologie ist es deshalb, die polizeiliche Tätigkeit mit psychologischen Erkenntnissen zu verknüpfen. Dazu gehören z. B. die Personalauswahl, die Vermittlung psychologischer Basiskenntnisse sowie Angebote zum Stressbewältigungs- oder Aggressionstraining für Beamte. Daneben will die Polizeipsychologie psychologische Erkenntnisse bereitstellen, die der Polizei bei der Bewältigung ihrer alltäglichen Aufgaben helfen können. Darunter fallen u. a. Techniken der Verhandlungsführung, der Vernehmung, der Täterermittlung oder der Risikoprognose in Gefahrensituationen.

Bei der Erarbeitung eines psychologischen **Täterprofils** (Profiling) im Rahmen der Strafverfolgung versucht man, von wiederholten Übereinstimmungen in äußeren Tatmerkmalen (z. B. bestimmte wiederkehrende Vorgehensweise, gemeinsame Merkmale der Opfer) auf spezifische Motive, psychische Auffälligkeiten oder sonstige Eigenarten des Täters zu schließen und damit Hinweise für die Ermittlung zu liefern.

Schließlich ist es auch Aufgabe der Polizeipsychologie, die Organisation der Polizei durch Maßnahmen der Personal- und Organisationsentwicklung an veränderte Anforderungen der Gesellschaft anzupassen.

**Poltern:** Störung des Sprechflusses mit überstürztem Sprechen, Artikulationsstörungen und Auslassung, Vertauschung oder Verstümmelung von Lautgebilden. Poltern gehört zu den →Sprachstörungen; es kann organisch, aber auch durch Umwelterfahrungen bedingt sein und auf therapeutischem Wege (→Logopädie) behoben werden.

**Polyandrie** [griech. »Vielmännerei«]: eine Form der Polygamie.

**Polygamie** [griech. »Vielehe«]: Form der Partnerbeziehung, bei der ein Geschlechtspartner zugleich mit mehreren Partnern des anderen Geschlechts verbunden ist (im Gegensatz zur Monogamie). In den meisten Staaten ist Polygamie heute verboten und strafbar. **Polyandrie,** die eheliche Verbindung einer Frau mit mehreren Männern, ist selten (heute noch z. B. in Tibet, Südwestindien und auf den Marquesasinseln). Sie hängt zumeist mit Armut zusammen: Zwei oder mehr Brüder bewirtschaften einen Besitz, der zur Aufteilung zu klein ist, mit ihrer gemeinsamen Frau (fraternale Polyandrie); einer der Männer fungiert oft als sozialer Vater der Kinder der Frau. Die viel häufigere **Polygynie,** die eheliche Verbindung eines Mannes mit mehreren Frauen (bei der sororalen Polygynie mit zwei oder mehreren Schwestern), hängt dagegen eher mit Reichtum und Macht zusammen: Sie wird in den betreffenden Gesellschaften zwar von den meisten Männern erstrebt, aber meist nur von einer Status- oder Leistungselite verwirklicht. Meist ist eine »Hauptfrau« hervorgehoben; ihre »Mitfrauen« haben je eigene Koch- und Schlafstellen, und ihre Kinder bilden separate »Häuser« in der Gesamtnachkommenschaft. Die Geburtenhäufigkeit der einzelnen Frau ist in polygynen Ehen geringer als in monogamen.

**Polygraf** [zu griech. polygráphein »viel schreiben«]: ein Gerät zur gleichzeitigen Messung und Registrierung mehrerer psychophysiologisch wichtiger Funktionen, z. B. Veränderung des galvanischen Hautwiderstandes, der Puls- und Atemfrequenz und des Blutdrucks oder Ableitungen der Hirnströme. Polygrafen liefern ein fortlaufendes Beobachtungsprotokoll. Sie werden bei Experimenten (z. B. der Schlaf- und Traumforschung) eingesetzt, können aber auch als →Lügendetektor dienen.

**Polygynie** [griech. »Vielweiberei«]: eine Form der →Polygamie.

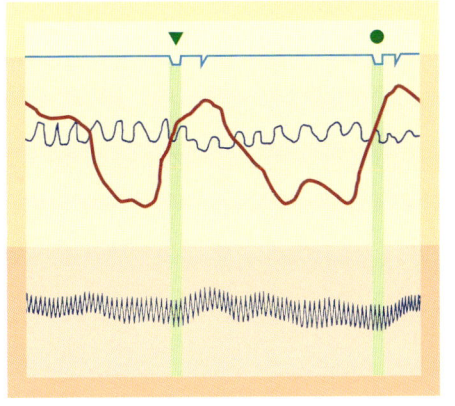

**Polygraf:** Registrierung von Atmung, galvanischem Hautwiderstand (rot) und Blutdruck (von oben nach unten) bei einer Versuchsperson, der an den gekennzeichneten Stellen sie betreffende Fragen gestellt wurden

**Pornografie:**
Mit ihrer PorNo-Kampagne wendet sich die Zeitschrift »Emma« gegen Pornografie.

**Population:** **1)** in der *Statistik* die →Grundgesamtheit einer Stichprobe;
**2)** in der *Biologie* die Gesamtheit der Lebewesen einer Art in einem bestimmten geografischen Rahmen.

**Pornografie** [zu griech. pornográphos »von Huren schreibend«]: sprachliche oder bildliche Darstellung sexueller Handlungen, deren Zweck in der Förderung sexueller Fantasien und im Hervorrufen sexueller Erregung liegt. Pornografie wird u. a. durch Bücher, Magazine, Videos und v. a. über das Internet verbreitet. Sowohl der Schautrieb als auch die exhibitionistische Lust werden durch die Pornografie befriedigt (→Voyeurismus, →Exhibitionismus). Pornografie ist meist auf die sexuellen Bedürfnisse heterosexueller Männer ausgerichtet. Doch vermehrt entdecken auch Frauen die Lust an Pornografie.

Die Rechtsprechung definiert den Begriff Pornografie selbst nicht; vielmehr ergibt sich die Einordnung bestimmter Erscheinungsformen des Anstößigen als Pornografie aus den Erkenntnissen der Rechtswissenschaft und Rechtsprechung. Eine verbreitete Defintion fasst unter dem Begriff **einfache Pornografie** »eine grobe Darstellung des Sexuellen, die in einer den Sexualtrieb aufstachelnden Weise den Menschen zum bloßen (auswechselbaren) Objekt geschlechtlicher Begierde degradiert«, wobei das Kriterium der »aufdringlich vergröbernden, anreißerischen, verzerrenden, unrealistischen Dastellung, die ohne Sinnzusammenhang mit anderen Lebensäußerungen bleibt«, von Bedeutung ist. Als **harte Pornografie** gelten sexuelle Darstellungen, die Gewalttätigkeiten, den sexuellen Missbrauch von Kindern oder sexuelle Handlungen von Menschen mit Tieren (→Sodomie) zum Gegenstand haben. Harte Pornografie ist in Deutschland grundsätzlich verboten. Verboten ist es u. a. auch, pornografisches Material Kindern und Jugendlichen unter 18 Jahren anzubieten.

*Kritik:* Da auch die legale Form der Pornografie meist mit aggressiven Elementen durchsetzte Sexualität vermittelt und gegen die geltenden ethischen und ästhetischen Normen verstößt, wurde sie mit wachsender Verbreitung zum Gegenstand sexualpolitischer Debatten, wissenschaftlicher Kontroversen, öffentlicher Kampagnen und zivil- wie strafrechtlicher Sanktionen. Vor allem wurde die Pornografie allgemein in feministischen Reihen stark thematisiert. Kritisiert wird dabei die Darstellung der Erniedrigung von Frauen, von Gewalt gegen Frauen und sexuellem Missbrauch von Kindern. Feministischen Annahmen zufolge ist Pornografie je nach Inhalt »eine primäre Ursache oder zumindest eine wichtige Voraussetzung sexueller Gewalt, Nötigung und extremer Frauenfeindlichkeit« (Alice Schwarzer).

Demgegenüber heben psychoanalytisch wie sexual- und sozialwissenschaftlich orientierte Forschungsansätze hervor, dass gerade die Standardpornografie in verschlüsselter Form geläufige sexuelle Fantasien von Männern enthält, die von deren tatsächlichem Sexualverhalten weit entfernt seien. Nach repräsentativen Umfragen in Deutschland begreifen nur wenige Konsumenten pornografische Darstellungen als Realität und direkte »Handlungsanweisung«. Sexual- und sozialwissenschaftlichen Forschern zufolge ist Pornografie nicht die Ursache, sondern das Symptom sexueller Deformationen und geschlechtsspezifischer Rollenmuster, einer Nichterfüllbarkeit sexueller Wünsche sowie ein Merkmal der ihrer Auffassung nach allgemeinen Zunahme von →Gewalt und →Aggression. Die starke Nachfrage zeigt zugleich, dass die Pornografie entsprechende Bedürfnisse breiter Bevölkerungsschichten anspricht und damit die tatsächlichen gesellschaftlichen Verhältnisse und die (vorwiegend männlichen) Vorstellungen von Sexualität widerspiegelt.

*Untersuchungsergebnisse:* Obwohl der Pornografie häufig vielfältige negative Auswirkungen wie die Zunahme von sexueller Gewalt und Aggression, Frauenfeindlichkeit oder Anstöße zu perversen und risikoreichen Sexualpraktiken zugeschrieben werden, lässt sich nach dem gegenwärtigen Forschungsstand ein direkter, ursächlicher Zusammenhang zwischen sexueller und nicht sexueller Aggression von Männern und deren Pornografiekonsum nicht eindeutig nachweisen. Jüngste Studien weisen aber darauf hin, dass häufiges Konsumieren von Pornografie besonders bei Jugendlichen zu einer emotionalen Abstumpfung und einer Beziehungsunfähigkeit führen kann. Auch wenn es bislang keine eindeutigen Belege für die Zusammenhänge gibt, geht die Mehrheit von Fachleuten davon aus, dass der häufige Pornografiekonsum bei Kindern und Jugendlichen negative Auswirkungen auf deren psychische Entwicklung hat; der heute sehr einfache Zugang zur Pornografie durch das Internet – sogar Grundschulkinder können problemlos Pornosequenzen auf ihre Handys hochladen – wird als besorgniserregend eingestuft.

**positives Denken:** Gestaltung von Denkprozessen, um seelische und körperliche Gesundheit, Glück und Erfolg zu fördern. Der französische Apotheker und Hypnotist Émile Coué

(* 1857, † 1926) entwickelte im 19. Jh. eine Formel, die seine Patienten täglich minutenlang innerlich wiederholen sollten: »Es geht mir von Tag zu Tag, von Stunde zu Stunde immer besser und besser.« Damit wollte er den Ängsten begegnen, die Kranke dazu führen, sich durch negative Gedanken in ihrem Befinden zu verschlechtern.

Während nachgewiesen ist, dass positive Gedanken günstig für das körperliche und seelische Befinden sind und z. B. die Immunabwehr mit ihrer Hilfe etwas besser funktioniert, wird die Macht des positiven Denkens oft auch überschätzt. Vor allem naive Kommandos wie »Denken Sie positiv!« oder »Sie müssen das positiver sehen, sonst werden sie noch kränker!« vertiefen angesichts wiederholt scheiternder Bemühungen die Ängste und Schuldgefühle der Kranken.

**Positivismus** [zu latein. positivus »gesetzt«, »gegeben«]: in der *Wissenschaftstheorie* ein Ansatz, nach dem Erkenntnis nur aus objektiven Erfahrungen gewonnen werden kann. Mit der strengen Orientierung an mess- und beobachtbaren Ereignissen liegt der Positivismus dem Methodenideal der exakten Naturwissenschaften zugrunde. Zu den frühen Vertretern des Positivismus geören der französische Philosoph Auguste Comte (* 1798, † 1857) und der englische Philosoph Herbert Spencer (* 1820, † 1903). Im 20. Jh. wurde der Positivismus durch den Wiener Kreis radikalisiert (u. a. der amerikanische Philosoph Rudolf Carnap, * 1891, † 1970, und der österreichische Philosoph Moritz Schlick, * 1882, † 1936). Die Umsetzung eines konsequenten Positivismus in der Psychologie wurde vom →Behaviorismus verkörpert. Gegenpositionen zum Positivismus sind die →Phänomenologie und die →Dialektik.

**Positronen-Emissions-Tomografie** [Abk. PET]: ein funktionelles →bildgebendes Verfahren.

**Post|adoleszenz** [zu latein. post »hinten«; »nach«, »hinter«]: die Lebensphase im Anschluss an die →Adoleszenz bei denjenigen jungen Erwachsenen, die sich über das 21. Lebensjahr hinaus z. B. in einer Berufsausbildung oder im Studium befinden. Den Status als Erwachsene mit den entsprechenden Aufgaben und Rollen erreichen heute viele von ihnen erst mit rund 30 Jahren.

**Postmoderne:** umstrittener Begriff für einen Gesellschaftszustand »nach« der Moderne. Die gegenwärtige gesellschaftliche Situation überwindet die Moderne jedoch nicht. Sie ist nach wie vor von deren Merkmalen der Freisetzung, der Entzauberung, der Enttraditionalisierung und der Gleichzeitigkeit unterschiedlichster Lebens- und Wertmodelle (»pluralistische Gesellschaft«) geprägt. Auffällig ist das beschleunigte Tempo der bereits von Karl Marx beschriebenen ständigen Innovationen im Arbeitsleben und seine Übertragung in den Freizeit- und Konsumbereich.

**Postpartum-Depression:** die →Wochenbettdepression.

**Postpartum-Psychose:** die →Wochenbettpsychose.

**posttraumatische Belastungsstörung,** Abk. **PTBS, posttraumatisches Stresssyndrom, posttraumatic stress disorder** [pəʊstˈtrɔːˈmætɪk stres dɪsˈɔːdə], Abk. **PTSD:** schwerwiegende psychische Erkrankung als Folge extrem bedrohlicher Erlebnisse, die mit Todesangst sowie mit Gefühlen der Ohnmacht und des Ausgeliefertseins einhergingen (→Trauma 2); die Symptome sind das ständige Wiedererleben der zurückliegenden Ereignisse in Form von sich aufdrängenden Erinnerungen (Flashbacks) im Wachzustand wie im Traum, ständige innere Unruhe, Schreckhaftigkeit, Konzentrationsstörungen, Schlaflosigkeit und körperlich-geistige Erschöpfung. Die gesteigerte Schreckreaktion und die Übererregbarkeit des Nervensystems sind auch körperlich fassbar; es gibt eine Reihe von Untersuchungen, in denen Veränderungen im vegetativen Nervensystem, in den Reflexen (z. B. im Lidreflex), Schlafstörungen und Hormonstörungen (v. a. im Bereich der Endorphine) nachgewiesen wurden. Oft entwickeln sich Depressionen, Angststörungen oder psychosomatische Erkrankungen, insbesondere Schmerzsyndrome. Besonders belastend sind diffuse Schuldgefühle, die daraus resultieren, dass der Betroffene das

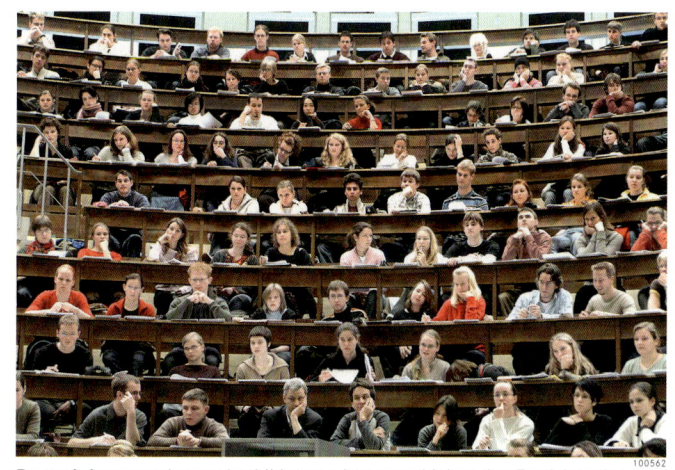

**Postadoleszenz:** Lange Ausbildungszeiten verschieben das Erreichen des Erwachsenenstatus.

Elend und den Tod anderer miterleben musste, ohne selbst helfen zu können. Die posttraumatische Belastungsstörung wird besonders häufig bei Folteropfern, Kriegsveteranen und überlebenden Häftlingen von Konzentrationslagern beobachtet, aber auch z. B. bei Opfern von Gewaltverbrechen, sexuellem Missbrauch oder Mobbing.

Vom Erleiden des Traumas bis zum Auftreten einer posttraumatischen Belastungsstörung können wenige Tage bis viele Jahre vergehen. Meist beginnen die Beschwerden jedoch etwa sechs Monate nach Durchleben der existenzbedrohenden Lebenssituation. Viele Betroffene betäuben ihr Leid mit Alkohol, Tabletten oder Drogen. Auch die Suizidrate ist in der Gruppe der Betroffenen überdurchschnittlich hoch.

Die Behandlung erfolgt durch Psychotherapie, die darauf abzielt, das Trauma zu erinnern und in die Biografie zu integrieren; ein neueres hilfreiches Verfahren ist →EMDR. Für von Folter Betroffene gibt es in den meisten Großstädten in Deutschland Zentren für Folteropfer, in denen Psychotherapie und psychosoziale Hilfe angeboten werden.

**Potenzstörung:** unscharfe Bezeichnung für die Unfähigkeit von Männern, den Geschlechtsverkehr auszuüben (→Erektionsstörung); in einem weiteren Sinn kann auch das Unvermögen sich fortzupflanzen gemeint sein (→Impotenz).

**Powertests:** die →Niveautests.

**PR:** →Public Relations.

**Prädiktor** [zu latein. praedicere »vorhersagen«]: ein Merkmal bzw. eine gemessene Variable, von deren Wert man auf die Ausprägung einer nicht gemessenen Variablen schließt. Diese wird **Kriteriumsvariable** genannt. Voraussetzung ist, dass eine →Korrelation zwischen Prädiktor und Kriteriumsvariable vorliegt.

**Prädisposition** [zu latein. prae »vor«, »vorher«]: allgemein die erblich vorgegebene Tendenz (Veranlagung) zur Entwicklung in eine bestimmte Richtung oder zur Ausprägung bestimmter Merkmale; umgangssprachlich auch die innere Bereitschaft, sich bestimmten Überzeugungen anzuschließen oder spezielle Handlungsweisen zu übernehmen.

**Prägnanzprinzip:** ein den →Gestaltgesetzen übergeordnetes Prinzip, das deren Zusammenwirken steuert.

**Prägung:** in der *Verhaltensforschung* das Erlernen von bestimmten Instinkthandlungen in einem artspezifischen Zeitraum in der Ontogenese. Den genetisch festgelegten Prägungszeitraum nannte Konrad Lorenz die »sensible Phase«. Die Prägung ist später unwiderruflich. Ist die sensible Phase verstrichen, kann die Prägung nicht nachgeholt werden. Bekanntestes Beispiel ist die Nachfolgeprägung bei Gänsen und Enten, deren frisch geschlüpfte Küken dem ersten bewegten Gegenstand, der Töne von sich gibt, nachfolgen.

**praktische Intelligenz:** umgangssprachlich diejenigen Aspekte der →Intelligenz, die auf Gegenständliches und das Handeln einer

**posttraumatische Belastungsstörung:** Bei den verheerenden Waldbränden in Portugal 2005 versuchte diese Frau, mit Wassereimern ihr Haus zu retten. Existenzbedrohende Ereignisse können noch Jahre später schwere Angstzustände auslösen.

---

**posttraumatische Belastungsstörung | Hilfe für Traumatisierte**

Seelische Traumen können den normalen Reizschutz nachhaltig stören. Viele traumatisierte Personen ertragen deshalb keine Belastungen mehr, die normalerweise keine Probleme bereiten: Sie sind z. B. extrem lärmempfindlich und erschrecken schon beim Klingeln des Telefons; sie können das Haus kaum verlassen und nirgends hingehen, wo sie einer Situation zu begegnen fürchten, die sie an das Trauma erinnert.

Die Hilfe für Traumatisierte liegt darin, sie einerseits zu schützen, zu schonen und zu begleiten, andererseits mit ihnen zu üben, sich den Herausforderungen zu stellen und sich neue Stärken anzueignen. Entspannung und Geborgenheit zu vermitteln, ist eine Grundlage der Therapie. Die Betroffenen sollen möglichst selbst bestimmen, wie viel Auseinandersetzung mit dem Trauma, wie viel Vermeidung und Verdrängung sie benötigen. Sehr hilfreich sind dabei Personen, die Erfahrung mit Traumatisierten haben, z. B. Initiativgruppen für Gewaltopfer, sexuell Missbrauchte oder Folteropfer.

Person gerichtet sind. Obwohl wissenschaftlich nicht abgesichert, wird der Begriff für praktische Entscheidungen, z. B. die Berufswahl, oder zur Kennzeichnung von Personen verwendet. Zur Prüfung der praktischen Intelligenz kommen die meisten Intelligenztests nicht infrage.

**prämenstruelles Syndrom,** Abk. **PMS:** charakteristische körperliche und psychische Veränderungen von unterschiedlicher Intensität, die etwa sieben bis zehn Tage vor der →Menstruation eintreten und mit deren Beginn verschwinden. Häufige Beschwerden sind: schmerzhafte Spannungen und Schwellungen in den Brüsten, Völlegefühl und Verdauungsbeschwerden, Kopf- und Rückenschmerzen, Hautveränderungen, Hitzewallungen, Gewichtszunahme und Gelenkschwellungen. Die Frauen erleben sich als nervös und reizbar, häufig sind auch aggressive und depressive Stimmungsschwankungen.

Die Ursache des prämenstruellen Syndroms ist nicht genau geklärt. Vermutet werden hormonelle Störungen und eine Funktionsstörung des vegetativen Nervensystems. Emotionale Belastungen, Stress, Bewegungsmangel, Fehlernährung und Nebenwirkungen von Arzneimitteln (z. B. Abführmittel) können die Beschwerden verstärken.

Die Behandlungsmöglichkeiten reichen von Entspannungsübungen über entwässernde Kräutertees bis zu Ernährungsumstellung. Als medikamentöse Maßnahmen sind pflanzliche oder homöopathische Präparate hilfreich, wenn diese nicht helfen, kann zu anderen Mitteln wie einem Ovulationshemmer mit hohem Gestagenanteil übergegangen werden. Auch die zusätzliche Gabe von Magnesium kombiniert mit Vitamin B hat sich als hilfreich erwiesen.

**pränatale Psychologie:** Zweig der Entwicklungspsychologie, der sich mit der Erforschung seelischer Vorgänge, Reaktionen und Inhalte vor, während und unmittelbar nach der Geburt befasst. Die pränatale Psychologie nimmt an, dass seelisches Leben nicht erst nach der Geburt einsetzt, sondern dass bereits im Mutterleib vielfältige Erfahrungen das Verhalten und die weitere Entwicklung und Entfaltung der Persönlichkeit beeinflussen. Sie bezieht daher die psychischen und psychosomatischen Faktoren, die über die Mutter als primäre Umwelt auf den Fötus einwirken, in ihre Forschungen ein.

**präphallische Phasen:** *Psychoanalyse:* die →orale Phase und die →anale Phase, also die Phasen vor der phallischen Phase der frühkindlichen psychosexuellen Entwicklung. In der Literatur wird häufig fälschlich von »prägenitale Phasen« gesprochen, wenn die präphallischen gemeint sind.

**Prävalenz** [spätlatein. »das Vorherrschen«]: in der *Epidemiologie* das Verhältnis der Anzahl von Personen mit einer bestimmten Krankheit oder Störung zu einer definierten Personengruppe, meist der Gesamtbevölkerung. Eine Prävalenz von 1 % bedeutet also, dass zu einem bestimmten Zeitpunkt 1 % der Personengruppe an dieser Krankheit oder Störung leidet. Dagegen bezieht sich die →Inzidenz auf die Anzahl der Neuerkrankungen.

**Prävention** [spätlatein. »Vorbeugung«, eigtl. »das Zuvorkommen«]: in der *Medizin, Psychologie* und *Sozialwissenschaft* vorbeugende oder allgemeine gesundheitserhaltende Maßnahmen, im Gegensatz zur spezifisch angelegten →Prophylaxe (z. B. durch eine Impfung).

Man unterscheidet primäre Prävention als Vorbeugung im engeren Sinne, sekundäre Prävention als Maßnahme gegen eine Verschlimmerung bei bereits eingetretenem Leiden und tertiäre Prävention als Maßnahme gegen das erneute Auftreten eines bereits geheilten Leidens (→Rehabilitation). Die Prävention kann beim Einzelnen, seinen Einstellungen und seinen Verhaltensweisen ansetzen (Verhaltensprävention) oder sich um die Verbesserung seiner Lebensverhältnisse bemühen (Verhältnisprävention). Die Verhaltensprävention psychischer Störungen umfasst die Ausbildung persönlicher →Ressourcen 2), →Empowerment und das Er-

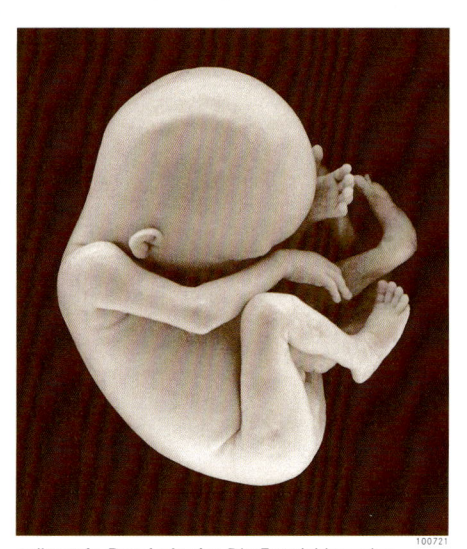

**pränatale Psychologie:** Die Entwicklung des Embryos vollzieht sich nicht unabhängig von der Außenwelt, sondern unterliegt über die Mutter vielfältigen Einflüssen.

lernen von →Lebenskompetenzen. Besonders wirksam ist eine Kombination beider Präventionsformen; in der Suchtprävention z. B. ist sowohl eine Stärkung der individuellen Bewältigungs- und Problemlösungsmöglichkeiten der Betroffenen wichtig als auch eine Verbesserung gesellschaftlicher Umstände, die eine Suchtentwicklung begünstigen. In der Drogenprävention kommt zusätzlich dem Kampf gegen den Handel mit illegalen Drogen sowie der Beseitigung der Beschaffungskriminalität eine wichtige Rolle zu.

Präventive Maßnahmen zu ergreifen, ist unter therapeutischen wie wirtschaftlichen Aspekten sinnvoll. So kann z. B. eine Frühdiagnose von sozialen Störungen, verbunden mit der Einleitung entsprechender Fördermaßnahmen, späteren →Persönlichkeitsstörungen oder →Behinderungen vorbeugen, deren Heilung oder Versorgung viel langwieriger und kostspieliger ist als intensive präventive Maßnahmen.

**Priapismus:** eine →Erektionsstörung

**Primärgruppen:** die ersten →Gruppen, die eine Person kennenlernt.

**Primärprozess, Primärvorgang:** *Psychoanalyse:* Art der seelischen Abläufe, die im Unbewussten, im Es und in Träumen stattfinden. Der Primärprozess folgt dem Lustprinzip und ist nicht an Kausalität, Logik und Raum-Zeit-Konstanz gebunden. Primärprozesshaftes Denken ist nicht widerspruchsfrei, deshalb wirken Träume häufig so »absurd«. Der Primärprozess bildet das Gegenstück zum Sekundärprozess.

**Primärtherapie, Urschreitherapie:** eine auf den amerikanischen Psychologen Arthur Janov zurückgehende Form der Psychotherapie, bei der die Patienten belastende Kindheitserlebnisse (Urschmerzen, Urerlebnisse) neu durchleben und die empfundenen Schmerzen und Gefühle keineswegs nur als Schrei (Urschrei), sondern auch als Zorn, Wut, Trauer usw. ausdrücken sollen, um wieder Zugang zu den durch das neurotische Verhalten unterdrückten Bedürfnissen und Gefühlen zu bekommen.

**Primärvorgang:** der →Primärprozess.

**Priming** [ˈpraɪmɪŋ; engl. »Grundierung«]: die Darbietung einer Information zwecks Aktivierung eines Gedächtnisinhaltes, die einen beschleunigenden, hemmenden oder steuernden Einfluss auf einen nachfolgenden mentalen Prozess ausübt. In der *kognitiven Psychologie* spricht man u. a. von einem semantischen Priming, wenn die Aktivierung eines Wortes die Erkennung eines nachfolgend dargebotenen Wortes beschleunigt. Beispielsweise liest man das Wort Pflaume schneller, wenn das Wort Obst vorangegangen ist. In der *Sozialpsychologie* ist Priming z. B. die Aktivierung positiver oder negativer Einstellungen, die ein nachfolgendes Urteil tendenziell färben.

**Privatschule:** nicht öffentliche Schule, d. h. eine Schule, die nicht vom Staat oder von Gebietskörperschaften betrieben und finanziert wird (z. B. die →Waldorfschulen). Sie wird als »Schule in freier Trägerschaft« **(freie Schule)** unterhalten, z. T. mit öffentlichen Zuschüssen. Träger können Privatpersonen, Stiftungen und Vereine oder Kirchen sein. Privatschulen arbeiten vielfach auf gemeinnütziger Grundlage.

Das Schulrecht unterscheidet Privatschulen, die anstelle der öffentlichen Schulen (Ersatzschulen), und solche, die neben den öffentlichen Schulen (Ergänzungsschulen) besucht werden können (z. B. berufliche Schulen, Musikschulen). Die staatliche Schulaufsicht gilt eingeschränkt auch für sie. Ersatzschulen stehen häufig einer pädagogischen Reformidee, einer besonderen Überzeugung und dem zugehörigen Menschenbild oder einem kirchlichen Bekenntnis nahe und weichen entsprechend oft in den Unterrichts- und Erziehungszielen und -methoden von den öffentlichen Schulen ab; in dem Fall sind es also →Alternativschulen.

**Probabilismus:** die Auffassung, dass menschliche Erkenntnis nicht mit absoluter Gewissheit, sondern nur mit einer gewissen Wahrscheinlichkeit geschehen kann. Wissenschaftstheoretisch gelten empirische Theorien als »probabilistisch«, die sich auf wahrscheinlichkeitstheoretische oder statistische Grundlagen stützen (→Testtheorie).

**Proband** [latein. »ein zu Untersuchender«], **Versuchsperson:** jemand, der an einer psychologischen Untersuchung, z. B. einem Test oder einem Experiment, teilnimmt.

**Probehandeln:** *allgemein* das versuchsweise Ausführen von Verhaltensweisen, um ein gewünschtes Ergebnis zu erzielen; in der *kognitiven Psychologie* geistige Ausführung von Verhaltensweisen beim →Problemlösen. Einige Schulen der Denkpsychologie, z. B. diejenige von Jean Piaget und seinen Schülern, interpretieren Denken als geistiges Probehandeln, das sich im Laufe einer allmählichen Ablösung vom tatsächlichen aktuellen Handeln entwickelt.

**Problem** [griech. »die gestellte Aufgabe«, »Streitfrage«]: eine zu bewältigende Aufgabe, für die der Bearbeiter kein aus dem Gedächtnis abrufbares Standardverfahren der Lösung zur Verfügung hat; in der Terminologie der *Informationsverarbeitung* eine Situation bestehend aus einem unerwünschten Anfangszustand, einem erwünschten Endzustand und einer Barriere zwischen diesen Zuständen. Das Aufheben des Problems ist das →Problemlösen.

**Problemkäfig:** eine Vorrichtung, die in der instrumentellen →Konditionierung eingesetzt wurde.

**Problemlösen:** das Auffinden eines vorher nicht bekannten Weges von einem gegebenen Anfangszustand zu einem gewünschten und mehr oder weniger bekannten Endzustand. Im Unterschied zum reproduktiven Denken, der Anwendung von Gelerntem oder Erfahrungswissen auf eine bestimmte Situation, handelt es sich beim Hervorbringen neuer Lösungen um einen kreativen Vorgang (→Kreativität).

Beim **divergenten Denken** werden ungewöhnliche und viele verschiedene Wege zur Lösung des Problems durchdacht. Das Denken bewegt sich in viele Richtungen, um verschiedene Aspekte einzubeziehen. Divergentes Denken ist ein Indikator für Kreativität. Bei der Lösung von Problemen greift man nicht auf Routineverfahren zurück, sondern entwickelt den Lösungsweg bei Bedarf neu. Divergentes Denken wurde in der Gestaltpsychologie **produktives Denken** (schöpferisches Denken) genannt und als weiterführendes Denken definiert, das für den Einzelnen oder für die Menschheit insgesamt Neues hervorbringen kann. Im Gegensatz zum divergenten steht das **konvergente Denken,** bei dem korrekte, in der Regel schon bekannte Problemlösungen bei Aufgaben gefunden werden. Man muss hierfür Informationen und Wissen zusammenbringen. Die meisten Intelligenztests prüfen nur das konvergente Denken.

**Problemlösen.** Beim »Turm von Hanoi« müssen die Scheiben so umgeschichtet werden, dass niemals eine größere Scheibe über einer kleineren zu liegen kommt.

Zu den Verfahren des Problemlösens gehören das Auffinden eines Schemas, das verschiedene Elemente zueinander in Beziehung setzt, die Strukturierung oder die Neuanordnung gegebener Elemente sowie die Umstrukturierung einer Gestalt. Als Stadien des Problemlösens gelten zunächst die Vorbereitung, in der das Problem formuliert und Informationen gesammelt werden, und die Inkubation, eine Zeitspanne ohne offenkundige Lösung, oft auch ohne Beschäftigung mit dem Problem. Dann stellt sich oft plötzlich eine Lösung ein, das Aha-Erlebnis (→Einsicht).

Im Rahmen der Informationsverarbeitung wird das Problemlösen formaler definiert: Das Problemlösen vollzieht sich als durch →Heuristiken geleitete Suche im sogenannten Problemraum. Der Problemraum umfasst alle möglichen Zustände, die in der gegebenen Problemsituation hergestellt werden können. Zur Herstellung dieser Zustände benötigt man Operationen, d. h. vom Problemlöser auszuführende Handlungen. Während des Problemlösens wird der Problemraum nach Handlungsfolgen durchsucht, die zum gewünschten Zielzustand führen. Dieser Suchprozess kann im Experiment anhand einfacher Problemstellungen, wie den »Turm von Hanoi«, demonstriert werden.

**produktives Denken, schöpferisches Denken:** Form des Denkens beim →Problemlösen.

**Profilmethode:** grafische Darstellung der Resultate einer Testbatterie oder von Untertests eines Probanden, mit der man individuelle Stärken und Schwächen in verschiedenen Leistungsbereichen zu ermitteln sucht. Dieses Vorgehen setzt die unbewiesene Behauptung voraus, grundlegende Eigenschaften wie →Intelligenz zerfielen in mehrere voneinander weitgehend unabhängige Dimensionen. Man versucht auch, für bestimmte Personengruppen typische Profilverläufe nachzuweisen (z. B. Lernbehinderte, Personen mit bestimmten Krankheiten, verschiedene Berufsgruppen), um Probanden mit einem ähnlichen Profil zuzuordnen. Durch den Vergleich eines individuellen Profils mit dem typischen Profil einer bestimmten Berufsgruppe erhofft man sich dann z. B. Entscheidungshilfen bei der Berufsberatung.

Die Profilmethode lehnen viele Psychologen ab oder setzen sie allenfalls als diagnostisches Hilfsmittel ein, da ihrer Ansicht nach die Profilteile keine voneinander relativ unabhängigen Teilfähigkeiten im Sinne der →Faktorenanalyse darstellen, sondern alle mehr oder weniger die gleiche Dimension repräsentieren. Testverfahren in Deutschland, die den Anspruch einer Profilmethode erheben, sind z. B. der Intelligenz-Struktur-Test (IST) von Rudolf Amthauer und der →Hamburg-Wechsler-Intelligenztest für Erwachsene (HAWIE).

**Profilneurose:** umgangssprachlicher Ausdruck für ängstliche oder aggressive Bemühun-

> **Projektion | Angemessen reagieren**
> Gelegentlich wirft einem jemand etwas vor, was er selbst häufig tut. Eine notorisch unpünktliche Person hält einem etwa eine kurze Verspätung vor. Hier kann man auf zweierlei Weisen reagieren: Man kann den Vorwurf zurückweisen und den Betreffenden darauf hinweisen, dass er selbst sich häufig genauso verhält. Man kann den Vorwurf jedoch auch so weit akzeptieren, wie er berechtigt ist (eine kleine Verspätung ist auch eine Verspätung), und sich entschuldigen. Man zeigt dem Projizierenden damit, wie man mit solchen kleinen Verfehlungen im Alltag umgehen kann, und eröffnet ihm die Möglichkeit, zukünftig diesen abgelehnten Teil in sich besser zu akzeptieren.

gen, soziale Geltung für eine wirkliche oder vermeintliche persönliche Errungenschaft zu beanspruchen oder zu verteidigen. Die Profilneurose kompensiert oft ein →Minderwertigkeitsgefühl.

**Prognose** [griech. »das Vorherwissen«]: eine wissenschaftlich fundierte Vorhersage von zukünftigen Entwicklungen, Zuständen oder Ereignissen. Prognosen unterscheiden sich nach dem Zeitraum, für den sie gelten (langfristig oder kurzfristig), und dem Geltungsbereich (z. B. Individuen, die gesamte Gesellschaft oder ein Industriezweig). Methodisches Prinzip aller Prognosen ist die Hochrechnung, d. h. das Ermitteln eines Trends, dem die Kenntnis vergangener und gegenwärtiger Einflussfaktoren zugrunde gelegt wird. In der Psychologie sind Prognosen besonders unsicher, da Art und Fülle der Faktoren, die auf individuelle Problemlagen in der Zukunft einwirken werden, prinzipiell nicht vorhersehbar sind. Prognosen werden in der angewandten Psychologie zumeist in der Form von →Gutachten erstellt.

**Progression:** *Psychoanalyse:* ein Abwehrmechanismus, bei dem die Person Entwicklungsstadien überspringt; Gegenstück zur →Regression. Zum Beispiel kümmert sich ein Kind um den alkoholkranken Vater oder ein von der Mutter misshandeltes Kind erträgt seine Schwäche nicht, hasst das Kindsein und zeigt vorzeitig erwachsenes Verhalten. Weil Entwicklungsschritte mit den jeweiligen spezifischen Problemen und Problemlösungen nicht durchlaufen wurden, resultiert daraus kein echtes Erwachsensein. In einzelnen Bereichen bleibt der Mensch infantil.

**progressive Muskelentspannung:** ein zwischen 1908 und 1934 von dem amerikanischen Physiologen Edmund Jacobson entwickeltes Entspannungsverfahren. Der Ausübende konzentriert sich nacheinander auf einzelne Muskeln und spannt diese langsam steigernd immer stärker an; auf dem Höhepunkt der Anspannung hält er diese für ein paar Sekunden und entspannt dann, um so das Gefühl der Entspannung (genauer) kennenzulernen und Entspannung willentlich herbeiführen zu können. Die progressive Muskelentspannung dient u. a. der Bewältigung von Stress und Angst. Ihre Wirksamkeit ist wissenschaftlich nachgewiesen.

**Projektion** [latein. »das Hervorwerfen«]: *Psychoanalyse:* ein Abwehrmechanismus, bei dem (verdrängte) Gedanken und Gefühle hinausverlegt werden. Hier wird zunächst unbewusst eine eigene Eigenschaft oder ein Triebimpuls in eine andere Person projiziert. Anschließend ist man davon überzeugt, dass diese Person diese Eigenschaft aufweist oder diesen Triebimpuls ausführen wollte. Man könnte die Projektion auch als unbewusste Unterstellung bezeichnen. Diesen Mechanismus machen sich auch →projektive Tests zunutze.

Ein komplizierter Sonderfall ist die **projektive Identifizierung:** Dabei übt der Projizierende einen unbewussten Druck auf sein Gegenüber aus, sich so zu verhalten, als entspräche er dem projizierten Bild. Ein Beispiel wäre, wenn man jemanden, den man für aufbrausend hält, durch Sticheleien zum Aufbrausen provoziert.

**projektive Tests:** Gruppe von Testverfahren, die das Prinzip der Projektion verwenden, um Daten von Personen zu Zwecken der Prognose oder Diagnose zu nutzen. Anders als psychometrische Tests erfassen und beschreiben sie Merkmale nicht quantitativ, sondern qualitativ. Zu den projektiven Tests gehören →Spieltests sowie **Formdeuteverfahren,** bei denen die Testperson zu vorgegebenem, unstrukturiertem Bildmaterial wie Klecksbildern beim →Rorschach-Test oder szenischen Bildern beim →thematischen Apperzeptionstest ihre Assoziationen formulieren soll. Es wird dabei vorausgesetzt, dass die Person eigene Persönlichkeitsmerkmale, Motive, situative Lebensprobleme oder Bedürfnisse, Ängste usw. in diese Vorlagen »hineinprojiziert«. Mithilfe der projektiven Tests soll eine ganzheitliche →Persönlichkeitsdiagnostik realisiert werden. Dem Diagnostiker oder dem Therapeuten kommt dabei die Aufgabe zu, aus den Assoziationen der Person Rückschlüsse auf bestimmte Persönlichkeitsaspekte zu ziehen. Fast immer handelt es sich hier um eine Deutung, also um einen subjektiven Prozess der Zuschreibung, für den es keine Normen oder Skalen gibt.

Ein Kritikpunkt gegenüber den projektiven Tests ist daher auch, dass sie den an standardisierte Testverfahren anzulegenden Testgütekriterien →Objektivität, →Reliabilität und →Validität nicht genügen. Dem wird entgegengehalten, dass ein ganzheitliches Bild der Person angestrebt wird, was sich nicht anhand statistischer Kennwerte erfassen lässt. Der Einsatz projektiver Tests als Grundlage des Gesprächs in der Therapie und als Aufbau einer therapeutischen Beziehung wird auch von Kritikern positiv bewertet.

**Projektunterricht:** eine in allen Schulformen angewandte Unterrichtsmethode, bei der die Lernenden ein Projekt oder Vorhaben gemeinsam definieren, planen und durchführen. In diesem Rahmen werden die Aktivitäten verstärkt und zu einem Ergebnis gebündelt. Häufig entsteht dabei ein Produkt (z.B. Ausstellung, Aufführung), das präsentiert werden kann. Die Projektmethode wird auch in Lernsituationen außerhalb der Schule eingesetzt, z.B. in der Erwachsenenbildung. Projektunterricht erfüllt in idealer Weise die Anforderungen eines handlungsorientierten Unterrichts, der Schüler dazu bringt, die Bearbeitung eines Themas als bedeutungsvoll und realitätsnah zu erfahren und ihre Verwirklichung planvoll und kooperativ zu betreiben.

Die Projektidee geht v.a. auf die amerikanischen Philosophen und Pädagogen John Dewey und William Heard Kilpatrick zurück. Die →Reformpädagogik nahm sie unter dem Begriff »Vorhaben« auf (Johannes Kretschmann, Adolf Reichwein, Berthold Otto, Hermann Lietz, Peter Petersen). Besonders in der Schulreformzeit Ende der 1960er-Jahre gewann die Projektmethode nahezu die Bedeutung eines alles entscheidenden Reformansatzes. Zunächst wurde der Projektunterricht v.a. von der Grundschule aufgegriffen, aber auch in Gymnasien ist er inzwischen vorgesehen. Die »Projektwochen«, die dort, oft vor den Sommerferien, durchgeführt werden, haben allerdings in vielen Fällen nur noch wenig mit Projektunterricht zu tun.

**Propaganda** [zu latein. propagare »(weiter) ausbreiten«]: Sammelbezeichnung für alle Versuche, Meinungen mit der Tendenz einer Einflussnahme auf die Öffentlichkeit zu verbreiten, wobei alle Mittel der Massenmedien, der öffentlichen Inszenierung (z.B. Aufmärsche, Veranstaltungen, Reden) und der heimlichen Indoktrination (z.B. Schleichwerbung, Public Relations, tendenziöse Pressemitteilungen) eingesetzt werden.

Die Bedeutung der Propaganda für die Politik hat zuerst der Nationalsozialismus in ihrem vollen Umfang erkannt (und deshalb u.a. ein eigenes »Ministerium für Volksaufklärung und Propaganda« unter Joseph Goebbels eingerichtet); seither ist sie Allgemeingut aller Diktaturen. In demokratischen Systemen ist Propaganda ein Teil der Parteienwerbung, v.a. im Wahlkampf, während in der Öffentlichkeit die seriösen Medien sorgfältig zwischen Nachrichten und Meinungsäußerungen unterscheiden und es als Fehler gilt, Tatsachen im Dienst einer Propaganda zu verschweigen oder zu verfälschen. Die Regeln, die für die Propaganda gelten, werden auch in der Reklame (Werbung) für Konsumgüter und Dienstleistungen eingesetzt.

**Prophezeiung, sich selbst erfüllende:** die →Selffulfilling Prophecy.

**Prophylaxe** [griech. »Vorsicht«]: →Prävention.

**Proportionalskala:** eine Form der →Skala.

**Propriorezeptoren** [zu latein. proprius »eigen«; »eigentümlich«]: besondere Sinnesorgane, die nicht Reize von außerhalb des Körpers, sondern Veränderungen in ihm selbst, d.h. körpereigene Reize, registrieren und über →Feedback 2) in Form eines →Reflexes beantworten. Sie liegen v.a. im Bewegungsapparat, d.h. in den Muskeln (als Muskelspindeln) und Sehnen (als Sehnenspindeln), und reagieren auf Änderungen in deren Dehnungszustand. Sie werden oft als zweite Gruppe druckempfindlicher Rezeptoren (Tiefensinn) von den →Mechanorezeptoren der Haut (Oberflächensinn) unterschieden. – Abb. S. 456

**prosoziales Verhalten:** das →Hilfeverhalten.

**Propaganda:** Fackelzug von Anhängern der Nationalsozialisten am 30. Januar 1933

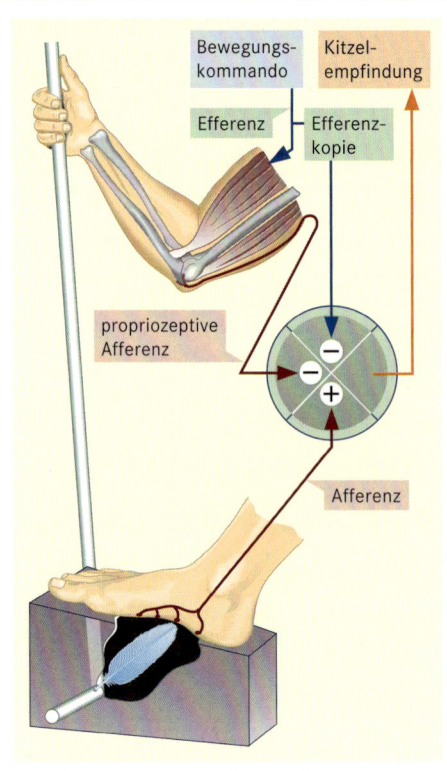

**Propriorezeptoren:** Wer den Hebel der Fußkitzelmaschine selbst bewegt, fühlt nur den mechanischen Reiz, weil das Gehirn auf den Bewegungsbefehl eine Rückmeldung erhält, die die Meldung von der Fußsohle hemmt. Fehlt dieses propriozeptive Signal, wird das Kitzelgefühl unerträglich.

**Prostaglandine:** Gruppe körpereigener hormonähnlicher Substanzen. Prostaglandine können u. a. den Blutdruck senken oder steigern, sind an Schmerz-, Fieber- und Entzündungsprozessen beteiligt und fördern die Wehentätigkeit. So werden sie heute zur Durchführung von Schwangerschaftsabbrüchen als Tabletten verabreicht und zur Einleitung der Geburt als Gel oder Zäpfchen in die Scheide eingeführt. Mögliche Nebenwirkungen sind u. a. Übelkeit, Erbrechen, Kopfschmerzen, Asthmaanfälle, Muskelkrämpfe und Krampfanfälle.

**Prostitution** [latein. »öffentliche Preisgabe«]: eine Form des sexuellen Verkehrs, bei der eine Person gegen materielle Entlohnung ihren Körper anderen Personen zu deren sexueller Befriedigung anbietet. Neben der am weitesten verbreiteten weiblich-heterosexuellen gibt es die männlich-heterosexuelle, die männlich-homosexuelle, lesbische und die transvestitische Prostitution. Die Beziehung zwischen Kunden (»Freiern«) und Prostituierten bleibt meist unverbindlich und ohne emotionale Bindung. Trotz sozialer Billigung oder Duldung stellt die Prostitution in der Regel eine gesellschaftlich geächtete Form des Sexualverkehrs dar, wobei im Allgemeinen die Prostituierten, selten die Kunden, Objekt teils strafender, teils reglementierender Eingriffe sind.

In der Prostitutionsdiskussion dominierten lange Zeit die im 19. Jh. entstandenen biologisch-medizinischen, psychologischen und milieutheoretischen Erklärungsansätze. Anhänger des extremen biologischen Determinismus führten Prostitution und prostitutives Verhalten auf erblich-degenerative oder körperlich-seelische Entartung zurück, während psychologische Theorien die Prostitution aus geschlechtspsychologischen Differenzen (polygame Veranlagung) herleiteten. Milieutheoretiker erklärten die Prostitution als Folge von Armut. Heute wird häufig eine vermittelnde Theorie vertreten, der zufolge Prostitution aus dem Zusammenwirken verschiedener Faktoren resultiert: materielle Not, instabile familiäre Verhältnisse, →Deprivationen wie →sexueller Missbrauch in der Kindheit, beschädigte →Selbstkonzepte, ein gestörtes Verhältnis zur eigenen Sexualität sowie eine Neigung zu schnell verdientem Geld.

Im Unterschied zur These vom überzeitlichen Charakter der Prostitution (»ältestes Gewerbe der Welt«) wird in neueren sozialwissenschaftlichen Theorien betont, dass Prostitution ein historisches Phänomen ist, dessen Entstehung an die Existenz sozialer Macht- und Schichtungsverhältnisse gebunden ist. Gegenüber der entwicklungsgeschichtlichen Lehre heben andere sozialwissenschaftliche Ansätze den strukturellen Funktions- und Normzusammenhang der Prostitution mit einer Gesellschaftsverfassung hervor, die durch die patriarchalisch-monogame Eheform geprägt ist.

**Protektivfaktoren:** gesundheitserhaltende Bedingungen und Verhaltensweisen. Im Unterschied zu der medizinischen Vorgehensweise, →Risikofaktoren für Störungen und Erkrankungen zu identifizieren, stehen das Auffinden und die Förderung von Protektivfaktoren im Mittelpunkt der gesundheitspsychologischen Perspektive. Hierbei lassen sich interne und externe Protektivfaktoren unterscheiden: Interne Protektivfaktoren bestehen in den individuellen körperlichen Voraussetzungen (z. B. stabilem Immunsystem, körperlicher Gesundheit) und psychosozialen Kompetenzen (z. B. gesundheitsfördernden Einstellungen oder Persönlichkeitsmerkmalen). Externe Protektivfaktoren liegen in der Umwelt einer Person (z. B. positive materielle und physikalische Gegebenheiten wie Arbeit und Wohnung, soziale Unterstützung, geringe Umweltbelastung). Die Gesundheitsförderung betont bei ihren Bemühungen explizit die Notwendigkeit, interne und externe Protektivfaktoren als Voraussetzungen für Gesundheit und Wohlbefinden einer Person zu berücksichtigen.

**prozedurales Gedächtnis:** eine Form des →Gedächtnisses.

**Prozessdiagnostik:** Art der Diagnostik, die Erleben und Verhalten in ihrem zeitlichen Verlauf betrachtet. Sie ist von Bedeutung bei der Feststellung des Krankheitsverlaufs oder bei Fragen der Entwicklung, z. B. der →Intelligenzentwicklung. Während bei der Persönlichkeitsdiagnostik in der Regel die Stabilität der untersuchten Merkmale vorausgesetzt und daher eine mehr oder minder geringe Veränderung innerhalb einer Zeitspanne angenommen wird, geht man bei der Prozessdiagnostik nicht nur von der Veränderbarkeit der Merkmale aus; vielmehr sucht man bei der →Diagnose gerade die Veränderungen festzustellen.

Hierzu benutzt man unterschiedliche Verfahren: 1. Bei der indirekten Veränderungsmessung unter Einsatz des gleichen →Tests wird aus der Differenz zweier aufeinanderfolgender Messungen auf die Veränderung des Merkmals geschlossen. Hierbei wird vorausgesetzt, dass die Messungen reliabel und valide sind (→Testgütekriterien). 2. Ebenso verfährt man bei der indirekten Veränderungsmessung mithilfe von →Paralleltests. 3. Bei der direkten Veränderungsmessung wird die betreffende Person gebeten, Einschätzungen der selbst wahrgenommenen Veränderungen im eigenen Erleben und Verhalten im Verlauf z. B. einer Therapie vorzunehmen. Es gelten dieselben Voraussetzungen hinsichtlich der Testgütekriterien wie bei der indirekten Veränderungsmessung.

**Prüfung:** im *Bildungswesen* im Rahmen von staatlichen oder staatlich anerkannten Institutionen in schriftlicher und mündlicher Form erfolgende Feststellung der Leistungen und Fähigkeiten. Prüfungen finden vor und/oder nach einer schulischen und beruflichen Ausbildung oder Ausbildungsphase statt. Im ersten Fall handelt es sich um eine Zwischenprüfung, Abschlussprüfung oder Examen, im zweiten um eine Aufnahme-, Zulassungs- oder Eignungsprüfung. Das Bestehen einer Prüfung ist eine Qualifizierung, sie verleiht im Hinblick auf weitere Studien oder Ausbildungen Berechtigungen (bei Zulassungsbeschränkungen ist das Prüfungsergebnis von Bedeutung) oder öffnet den Weg ins Berufssystem. Berufliche Eignungsprüfungen (→Eignungsuntersuchung) finden v. a. bei der Berufswahl oder bei Umschulungen statt.

**Prüfungsangst, Examensangst:** Furcht vor Situationen, in denen das erarbeitete Wissen und das Verständnis der Materie getestet werden; in übersteigerter, lähmender Form hat Prüfungsangst Krankheitswert und zählt zu den spezifischen →Phobien. Angst vor einer Prüfung ist deshalb häufig anzutreffen, weil das Ergebnis der Prüfung in der Regel weitreichende Konsequenzen hat und Prüfungen selten beliebig wiederholbar sind. Darüber hinaus sind Prüfungen wenig vertraute Situationen und stellen meist einseitige Abhängigkeitsverhältnisse zwischen Prüfer und Prüfling dar.

Überdurchschnittlich starke Prüfungsangst tritt auf, wenn entweder eine ungünstige Art der Prüfungsorganisation (z. B. große Stofffülle, nicht wiederholbare Prüfung, Undurchschaubarkeit der Beurteilungskriterien) gegeben ist oder wenn bestimmte Merkmale aufseiten des Prüflings (meist eine früher im Leben entstandene Angstbereitschaft, seltener dagegen mangelnde Vorbereitung) vorliegen oder wenn beides zusammenkommt.

Prüfungsangst kann sich unter bestimmten Umständen leistungsfördernd auswirken. Häufig jedoch führt sie zu anhaltenden vegetativen Störungen, zu Konzentrationsunfähigkeit (bis zu völliger intellektueller Blockade) in der Prüfungsvorbereitungszeit und während der Prüfung. Eine besonders leistungshemmende Rolle

**Prostitution:** Ob beim modernen Sextourismus in Ländern der Dritten Welt oder in der großbürgerlichen Welt des 18. Jahrhunderts – eine Konstante des Phänomens »Geld für Sex« ist das pekuniäre Gefälle zwischen Kunden und Prostituierten (William Hogarth, »Die Orgie«, 1735).

**Prüfungsangst:** Ungünstige Prüfungsbedingungen wie willkürliche Themenwahl oder Machtausübung des Prüfers sowie intrapsychische Reaktionen (u. a. Paniksyndrom, Selbstkontrollverlust, überhöhter Selbst- und Fremdanspruch) verstärken den psychischen Belastungszustand.

spielen hier Selbstzweifel und Besorgtheit des Prüflings. Oft versuchen Betroffene auch, den Examenstermin immer wieder zu verschieben.

Eine Verminderung der Prüfungsangst ist erreichbar über die Gestaltung der Prüfung selbst (z. B. Überschaubarkeit der Fragenkataloge, Wiederholbarkeit der Prüfung), aufseiten des Prüflings durch Anwendung von Lerntechniken, durch Arbeitsgruppen oder durch Prüfungsrollenspiele (unter Klassenkameraden oder Studienkollegen) und, wenn nötig, auch durch eine psychotherapeutische Behandlung der zugrunde liegenden Angst. Hierbei hat sich z. B. die kognitive Verhaltenstherapie bewährt, die an den übersteigerten Ansprüchen sowie dem Katastrophendenken des Betroffenen ansetzt.

**Pseudodebilität:** wie eine leichte Intelligenzminderung (→ Intelligenzstörung) wirkende Störung, deren Ursache allerdings in ungünstigen familiären bzw. sozialen Verhältnissen liegt und bei der es sich nicht um eine bleibende Störung handelt.

**Pseudohalluzination:** Trugwahrnehmung, die vom Betroffenen als unwirklich und subjektiven Ursprungs erkannt wird. Im Unterschied zur → Halluzination ist man sich also der subjektiv verfälschten Wahrnehmung bewusst. Pseudohalluzinationen werden u. a. durch bestimmte Drogen bewirkt.

**Pseudologie** [griech. »falsche Rede«, »Lüge«]: krankhafter Drang zu lügen. Häufig werden dabei märchenähnliche »Erlebnisse« erfunden und vom Erzähler zeitweilig selbst für wahr gehalten (Pseudologica phantastica). Die Pseudologie kommt meist im Zusammenhang mit übersteigerter Fantasie und starkem Geltungsbedürfnis vor.

**Psiphänomene:** paranormale Erscheinungen wie Hellsehen. Mit dem griechischen Buchstaben »Psi« bezeichnete Joseph Banks Rhine, der erste Leiter des 1927 gegründeten parapsychologischen Laboratoriums an der amerikanischen Duke University in Durham, die Kraft, die er hinter →Hellsehen, →Telekinese und →Telepathie vermutete. Diese Phänomene werden in der → Parapsychologie erforscht und konnten bislang nicht stichhaltig nachgewiesen werden.

**Psychagogik** [zu griech. agogós »führend«]: offene Behandlungsform, die aus beratenden, unterstützenden, auch tiefenpsychologisch orientierten Maßnahmen zur Vorbeugung und Linderung von seelischen Konflikten und Verhaltensstörungen besteht. Die Ausbildung zum Psychagogen wurde erstmals 1950 vom Land Berlin staatlich geregelt; der Psychagoge, in der Regel ein Pädagoge mit einer vierjährigen Zusatzausbildung an einem psychoanalytischen Institut, betreute zunächst verhaltensauffällige Kinder und Jugendliche. Aus diesem Bildungsgang entwickelte sich das Berufsbild des Kinder- und Jugendlichenpsychotherapeuten, für das an den psychoanalytischen Instituten in Deutschland ein geregelter und von den gesetzlichen Krankenkassen anerkannter Weiterbildungsgang besteht. Heute arbeiten Psychagogen u. a. in Heimen, Beratungsstellen, Ausbildungsstätten für Sozialpädagogen, Sozialarbeiter und Lehrer sowie in der psychosozialen Nachsorge.

**Psyche** [griech. »Hauch«, »Atem«; »Seele«]: Gesamtheit aller bewussten oder unbewussten Erlebens- und Verhaltensweisen. Oftmals wird der Begriff Psyche als Bezeichnung für die Seele, das Bewusstsein oder den Geist im weitesten Sinn im Gegensatz zum materiellen Körper (Soma) gebraucht. Diese Unterscheidung führt automatisch zur Frage nach dem Zusammenhang von Psyche und Körper, dem →Leib-Seele-Problem. Als materielle Basis der Psyche gelten physiologische Prozesse im → Gehirn.

**psychedelisch:** 1) das Bewusstsein verändernd, einen euphorischen, tranceartigen Gemütszustand hervorrufend (z. B. Drogen, Musik);

2) sich in einem (v. a. durch Rauschmittel erzeugten) euphorischen, tranceartigen Gemütszustand befindend.

**Psychiater:** der Facharzt für Psychiatrie und Psychotherapie. Die Ausbildung zum Psychiater erfordert eine fünfjährige Weiterbildungszeit nach der ärztlichen Approbation. Schwerpunkt der Ausbildung von Psychiatern sind die →psychischen Störungen und ihre medikamentöse Behandlung in der ambulanten und stationären Versorgung. Psychiater sind für die medikamentöse Behandlung verantwortlich, sie verfassen Gutachten zur Frage der →Schuldfähigkeit psychisch kranker Straftäter und dazu, ob Menschen für sich selbst sorgen können, eine Betreuung oder eine Pflegschaft brauchen. Sie entscheiden, ob ein Zwangsaufenthalt in einer geschlossenen Abteilung eines Nervenkrankenhauses angezeigt ist (wegen Selbst- oder Fremdgefährdung).

**Psychiatrie** [zu griech. iatreía »das Heilen«]: Disziplin der Medizin, die Entstehung, Diagnostik und Therapie von geistigen und seelischen Erkrankungen erforscht.

Spezielle Ziele verfolgen die verschiedenen Untergebiete und Arbeitsbereiche, zu denen v. a. Psychopathologie, experimentelle und klinische Psychiatrie, forensische Psychiatrie, Psychotherapie, Kinder- und Jugendlichenpsychiatrie, Sozialpsychiatrie und Pharmakopsychiatrie gehören. In Verbindung mit der Neurologie besteht die Psychiatrie als ärztliches Fachgebiet der Nervenheilkunde und schließt dabei Er-

**Psychiatrie:** »Ein Blick ins Irrenhaus«, Zeichnung von Bonaventura Genelli aus der Entstehungszeit der modernen Psychiatrie (1850er-Jahre; Leipzig, Museum der bildenden Künste)

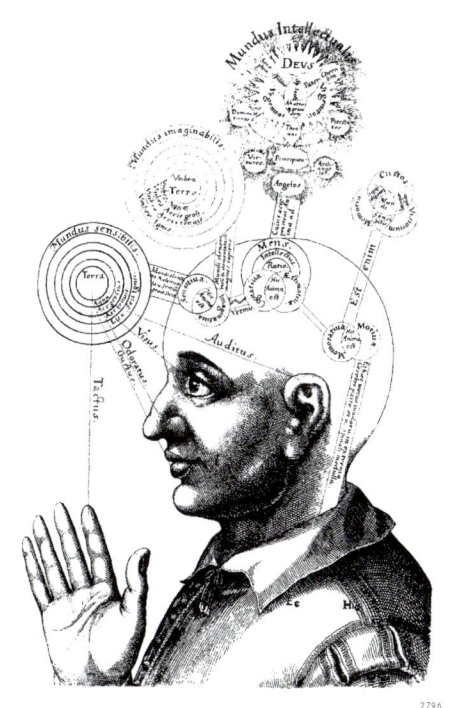

krankungen des zentralen, peripheren und vegetativen Nervensystems ein.

Zur Diagnostik in der Psychiatrie dienen neben Gespräch, Beobachtung und Verlaufskontrolle der Symptomatik v. a. die objektiven Befunde aus der Anamnese sowie der Analyse des Verhaltens und der körperlichen Störungen. Ergänzend werden psychologische Testverfahren sowie die Elektroenzephalografie, die Computertomografie und Blut- oder Liquoruntersuchungen eingesetzt. Zur Steigerung der Verlässlichkeit (→Reliabilität) der Diagnose werden →Klassifikationssysteme psychischer Störungen herangezogen. Zur Sicherung der Gültigkeit (→Validität) von Diagnosen dienen v. a. die Kenntnis vom Zusammenhang typischer Symptome, der kennzeichnende Verlauf von Erkrankungen, das Vorliegen einer genetischen Belastung, das Ansprechen bestimmter Therapieverfahren und die Beziehung zu körperlichen Befunden.

Die Behandlung stützt sich hauptsächlich auf die sich oft ergänzenden Methoden der Psycho-, Pharmako- und Soziotherapie. Sie wird entsprechend der Erkrankung stationär oder halbstationär in einer psychiatrischen Klinik oder ambulant durchgeführt. Hinzu kommen Mal-, Musik-, Beschäftigungs- und Arbeitstherapie, die teils auch in Kombination angewendet werden. Wesentliche Bedeutung kommt auch der psychosozialen Wiedereingliederung nach einer akuten Krankheitsphase zu. Zunehmend werden die Angehörigen des Patienten sowie dessen weiteres Umfeld in den Behandlungsplan mit einbezogen.

*Geschichte:* Die Bezeichnung Psychiatrie wurde erstmals 1808 von Johann Christian Reil (*1759, †1813) geprägt. Die systematische Zu-

**Psyche:** Im Stirnbereich vermutete der englische Arzt und Philosoph Robert Fludd im Jahr 1619 die Seele (»Hic anima est«) als Schnittpunkt der durch die Sinnesorgane vermittelten äußeren und der inneren geistigen Welt.

**psychische Sättigung:** Monotone Arbeitsabläufe haben häufig die Ablehnung der sich wiederholenden Tätigkeit zur Folge; es entstehen Empfindungen wie Ärger und Überdruss und ein deutlicher Motivationsverlust.

**Psychiatrie|erfahrene:** Selbstbezeichnung von Menschen, die Erfahrungen in einer psychiatrischen Klinik oder in einer Einrichtung der Gemeindepsychiatrie gemacht haben. In vielen Städten haben sich Selbsthilfegruppen gegründet, die häufig politisch aktiv sind und das System der psychiatrischen Krankenhäuser, z. T. auch das der →Gemeindepsychiatrie, ablehnen. Sie fordern u. a. weniger medikamentöse Behandlung zugunsten therapeutischer Gespräche.

**psychische Erkrankungen:** die →psychischen Störungen.

**psychischer Apparat:** von Sigmund Freud entwickelte Modellannahme über die Strukturierung des Seelenlebens in die drei funktional miteinander verbundenen Schichten Bewusstes, Unbewusstes und Vorbewusstes (→topisches Modell) und die drei Instanzen →Es, →Ich und →Über-Ich.

**psychische Sättigung:** Zustand einer affektiven Abneigung gegen eine wiederholt ausgeführte Handlung oder eine lang andauernde, monotone Situation; der Begriff wurde von Kurt Lewin geprägt. Psychische Sättigung ist zu unterscheiden von →Ermüdung oder →Langeweile, beides Begriffe für Zustände im gesamten psychischen Erleben. Der Grad der Sättigung bezeichnet dagegen eine Motivationslage: die Bereitschaft, bestimmte Handlungen weiterhin auszuführen oder nicht.

Alltagspsychologisch wird der Begriff auch gelegentlich gebraucht, um den Zustand der Befriedigung von Bedürfnissen zu beschreiben und damit einen Rückgang in der →Motivation zu kennzeichnen.

**psychische Störungen, psychische Erkrankungen, seelische Krankheiten:** Sammelbezeichnung für Störungen, deren Symptome das Erleben und Verhalten einer Person betreffen, z. B. Agoraphobie, Zwangsstörung, Depression, Schizophrenie. Es gibt verschiedene Möglichkeiten, die psychischen Störungen einzuteilen. Die heute gebräuchlichsten Klassifikationssysteme ICD-10 und DSM-IV gehen hauptsächlich vom Störungsbild aus, d. h., die Klassifikation erfolgt anhand der Beschreibung der Symptome.

Bei der Einteilung nach der Verursachung der Störung werden psychogene (seelisch verursachte), somatogene (körperlich verursachte) und endogene Störungen (mit unklarer Verursachung, möglicherweise erblich) unterschieden. Als typische psychogene Störungen gelten die →neurotischen Störungen und →Persönlichkeitsstörungen; als typische endogene die →psychotischen Störungen und als ty-

ordnung zum Bereich der Medizin vollzog sich im Laufe des 19. Jahrhunderts. Der erste psychiatrische Lehrstuhl wurde 1811 in Leipzig eingerichtet und von Johann Christian August Heinroth (*1773, †1843) vertreten; im selben Jahr kam es zur Gründung des ersten psychiatrischen Krankenhauses in Dresden. Die Entwicklung der modernen Psychiatrie war zunächst mit einer starken Orientierung an Anatomie und Chemie verknüpft. Die These »Geisteskrankheiten sind Gehirnkrankheiten«, die die Entwicklung im 19. Jh. prägte, war notwendig, um das Gebiet von den traditionellen dämonologischen und religiösen Vorstellungen zu befreien, die z. B. zuließen, psychisch Kranke als Hexen zu verfolgen. Damals galten Neuroanatomie und Neuropathologie (d. h. die Lehre vom Aufbau bzw. von krankhaften Veränderungen des Nervensystems) als Basis der Psychiatrie.

Die Einseitigkeit dieser Entwicklung führte um die Wende zum 20. Jh. zur Entstehung der →Psychoanalyse. Diese entwickelte sich zu einer Vielzahl von Psychotherapien weiter, welche die familiären und sozialen Aspekte seelischer Leiden betonten und auch Vorschläge zu einer »Psychotherapie von Psychosen« entwickelten. Heute ist klar geworden, dass die Komplexität dieses Gebietes einerseits Fachärzte für Neurologie, für Psychiatrie und für psychotherapeutische Medizin erfordert, andererseits nur durch Teamarbeit von Neurologen, Psychiatern und Psychologen sinnvoll weiterentwickelt werden kann.

Kritik an der Psychiatrie, die z. T. in die →Sozialpsychiatrie eingeflossen ist, übte auch die →Antipsychiatrie.

pische somatogene die »organischen, einschließlich symptomatischer psychischer Störungen«. Das sind psychische Störungen, die nachweislich auf eine zerebrale Krankheit, eine Hirnverletzung oder eine andere Schädigung, die zu einer Hirnfunktionsstörung führt, zurückgehen; z. B. das →organische Psychosyndrom.

Diese Einteilung in »psychogen – endogen – somatisch« ist allerdings unbefriedigend, weil sie

### PSYCHISCHE STÖRUNGEN: KLASSIFIKATION PSYCHISCHER STÖRUNGEN NACH ICD-10

| Hauptkategorien (zweistellig) | Unterkategorien (drei- bis vierstellig, Auswahl) |
|---|---|
| F0 Organische, einschließlich symptomatischer psychischer Störungen | Demenz bei Alzheimerkrankheit |
| | Delir, nicht durch Alkohol oder sonstige psychotrope Substanzen bedingt |
| | Persönlichkeits- und Verhaltensstörungen aufgrund einer Krankheit, Schädigung oder Funktionsstörung des Gehirns |
| F1 Psychische und Verhaltensstörungen durch psychotrope Substanzen (Suchtkrankheiten) | Störungen durch Alkohol, Sedativa, Hypnotika usw. |
| F2 Schizophrenie, schizotype und wahnhafte Störungen | Schizophrenie, z. B. paranoide Schizophrenie, katatone Schizophrenie |
| | schizotype Störung |
| | anhaltende wahnhafte Störungen |
| | schizoaffektive Störungen |
| F3 Affektive Störungen | manische Episode, z. B. Manie, Hypomanie |
| | bipolare affektive Störung |
| | depressive Episode |
| | anhaltende affektive Störungen, z. B. Dysthymia |
| F4 Neurotische-, Belastungs- und somatoforme Störungen | phobische Störung, z. B. Agoraphobie, soziale Phobien, spezifische Phobien |
| | andere Angststörungen, z. B. Panikstörung, generalisierte Angststörung |
| | Zwangsstörung |
| | Reaktionen auf schwere Belastungen und Anpassungsstörungen, z. B. posttraumatische Belastungsstörung |
| | dissoziative Störungen, z. B. multiple Persönlichkeit |
| | somatoforme Störungen, z. B. Hypochondrie |
| | andere neurotische Störungen wie Neurasthenie |
| F5 Verhaltensauffälligkeiten mit körperlichen Störungen und Faktoren | Essstörungen (Anorexia nervosa, Bulimia nervosa) |
| | nicht organische Schlafstörungen wie nächtliches Aufschrecken |
| | sexuelle Funktionsstörungen, z. B. Mangel oder Verlust von sexuellem Verlangen, Ejaculatio praecox |
| | schädlicher Gebrauch von nicht abhängigkeitserzeugenden Substanzen wie Analgetika |
| F6 Persönlichkeits- und Verhaltensstörungen | spezifische Persönlichkeitsstörungen, z. B. dissoziale, histrionische, anankastische oder ängstliche Persönlichkeitsstörung |
| | andauernde Persönlichkeitsänderungen |
| | abnorme Gewohnheiten und Störungen der Impulskontrolle, z. B. pathologisches Stehlen (Kleptomanie) |
| | Störungen der Geschlechtsidentität wie Transsexualismus |
| | Störungen der Sexualpräferenzen, z. B. Fetischismus, Exhibitionismus, Pädophilie |
| | andere Persönlichkeits- und Verhaltensstörungen wie die Artefaktkrankheit |
| F7 Intelligenzminderung | leichte bis schwerste Intelligenzminderung |
| F8 Entwicklungsstörungen | umschriebene Entwicklungsstörungen des Sprechens und der Sprache |
| | umschriebene Entwicklungsstörungen schulischer Fertigkeiten, z. B. Lese- und Rechtschreibstörung |
| | tief greifende Entwicklungsstörungen, z. B. frühkindlicher Autismus |
| F9 Verhaltens- und emotionale Störungen mit Beginn in der Kindheit und Jugend | hyperkinetische Störungen (ADHS) |
| | emotionale Störungen des Kindesalters |
| | Störungen sozialer Funktionen mit Beginn in der Kindheit und Jugend |
| | Ticstörungen |

eine schlichte Zweiteilung von Psyche (»Seele«) und Soma (»Körper«) voraussetzt, die verkürzend ist. Jedes seelische Erleben hat ein körperliches Korrelat, ohne das es nicht stattfinden kann; umgekehrt werden viele körperliche Vorgänge von seelischen Vorstellungen begleitet und über die Nerven, Hormone und Neurohormone auch beeinflusst. Körper und Seele stehen miteinander in enger Wechselwirkung; der Mensch ist beseelter Leib und leibhaftes Bewusstsein. Daher können auch eindeutig psychogen ausgelöste Störungen, wie Angstzustände nach dem Tod eines Ehepartners, mit körperlich wirksamen Mitteln, z. B. einem →Tranquilizer, behandelt werden; umgekehrt kann man eindeutig somatisch ausgelöste Leiden, z. B. eine Virusinfektion, durch ein psychologisches Training, das die Immunabwehr stärkt, beeinflussen.

Die verschiedenen psychischen Störungen können medikamentös und mit verschiedenen Formen der Psychotherapie behandelt werden. Generell werden Schizophrenie und wahnhafte Störungen medikamentös behandelt; Forschungen der letzten Jahre zeigen, dass zusätzlich kognitiv-verhaltenstherapeutische Maßnahmen wie Trainings zur Stressbewältigung und psychosozialer Fertigkeiten erfolgreicher sind als alleinige Medikation. Neurotische Störungen sind die eigentliche und unangefochtene Domäne der Psychotherapie, wobei auch zunehmend Persönlichkeitsstörungen psychotherapeutisch behandelt werden.

**LESETIPPS:**

Sven Barnov u. a.: *Von Angst bis Zwang. Ein ABC der psychischen Störungen: Formen, Ursachen und Behandlung.* Bern (Huber) ²2003.

*Wenn Geist und Seele streiken. Handbuch psychische Gesundheit.* Herausgegeben von Fritz Hohagen und Thomas Nesseler. München (Südwest) 2006.

Volker Faust: *Seelische Störungen heute. Wie sie sich zeigen und was man tun kann.* München (Beck) ⁴2007.

**psychische Struktur:** auf die Psyche bezogene →Struktur.

**PsychKG,** Abk. für **Psychischkrankengesetz:** Landesgesetz, das regelt, auf welche Hilfeleistungen psychisch erkrankte Personen Anspruch haben und unter welchen Bedingungen diese gegen ihren Willen in eine Klinik eingewiesen werden dürfen. Fast alle Länder haben ein solches Gesetz erlassen, das verschieden bezeichnet wird, z. B. »Hamburgisches Gesetz über Hilfen und Schutzmaßnahmen bei psychischen Krankheiten (HmbPsychKG)«, »Thüringer Gesetz zur Hilfe und Unterbringung psychisch Kranker (ThürPsychKG)«. In den Ländern Baden-Württemberg, Bayern und Saarland gibt es ein **Unterbringungsgesetz,** z. B. in Bayern das »Gesetz über die Unterbringung psychisch Kranker (Unterbringungsgesetz – UBG)«, und in Hessen ein **Freiheitsentzugsgesetz** mit der Bezeichnung »Gesetz über die Entziehung der Freiheit geisteskranker, geistesschwacher, rauschgift- oder alkoholsüchtiger Personen«. Die Landesgesetze weichen nur geringfügig voneinander ab.

**Psycho|analeptika:** die →Psychostimulanzien.

**Psychoanalyse:** *Sonderartikel S. 464–467.*

**Psychobiologie:** die →biologische Psychologie.

**Psychochirurgie:** Hirnoperationen zur Ausschaltung derjenigen Bezirke des Gehirns, die als ausschlaggebend für einige psychische Erkrankungen, z. B. psychotische Störungen, angesehen wurden. Es zeigte sich jedoch, dass diese Eingriffe erhebliche gesundheitliche Nebenwirkungen hatten, während ihre erwünschte Wirkung nicht immer sicher erzielt werden konnte. Deshalb werden heute, von einigen wenigen Ausnahmen abgesehen, stattdessen Medikamente eingesetzt.

**Psychodiagnostik:** die →psychologische Diagnostik.

**Psychodrama:** Methode der →Gruppenpsychotherapie, die mithilfe von spontanen szenischen Darstellungen, Rollenspielen und verschiedenen anderen Techniken menschliche Konflikte sichtbar macht und so zu ihrer Bewältigung beiträgt. Der amerikanische Psychiater Jacob Levy Moreno entwickelte diese Methode in den 1930er-Jahren aus der Beobachtung von Kindern, die ihre Konflikte im →Rollenspiel lösen.

**psychische Störungen:** Beim historischen Marathon zum Abschluss der Olympischen Spiele 2004 in Athen zerrte ein religiöser Fanatiker aus Irland den führenden Brasilianer Vanderlei Lima von der Strecke.

Ein wesentlicher Kunstgriff beim Psychodrama ist der *Rollentausch:* Person A schlüpft in die Rolle von Person B und Person B in die Rolle von A; z. B. tauschen eine Ehefrau und ihr Ehemann oder ein Vater und sein Sohn ihre Rollen. Das Paar spielt eine von ihnen als problematisch erlebte Szene, dann wird die Einfühlung in das Gegenüber vertieft. Dadurch, dass die Einzelnen die Perspektive des anderen erleben, relativieren sie die eigene Sichtweise des Problems, und ein vorher kaum auflösbarer Widerspruch kann gelöst werden. Eine weitere Technik ist das *Doppeln,* bei dem die Rolle des Spielers von dem Therapeuten, Kotherapeuten oder einem anderen Gruppenmitglied als ein Hilfs-Ich übernommen wird: Das Hilfs-Ich steht seitlich hinter dem Spieler, übernimmt dessen Körperhaltung und flüstert in Ichform, was dem Spieler nicht bewusst ist oder was er nicht zu sagen wagt, z. B. (zu seiner »Mutter«, einem Mitspieler) »Du verletzt mich ständig, aber ich wage nicht, es dir einmal zu sagen«; der Spieler prüft, ob die Aussage stimmt, dann übernimmt er sie, wenn nicht, wird die Aussage so lange korrigiert, bis der Spieler das für ihn entscheidende Problem findet.

Das Psychodrama wird bis heute in der klassischen Form nach Moreno unterrichtet; es gibt aber auch zahlreiche Abwandlungen und Weiterentwicklungen. Psychodramatische Techniken werden auch in Gestalttherapie, Organisationsentwicklung, Familientherapie, Familienstellen, Rollenspiel, Selbsterfahrungsgruppen usw. eingesetzt.

**Psychodynamik:** *Psychoanalyse:* das Verhältnis und die wechselseitige Beeinflussung der psychischen Instanzen Ich, Es und Über-Ich. Vom Verlauf, der Dynamik dieses Wechselspiels hängt es ab, wie Wünsche und Ängste verarbeitet und Konflikte gelöst werden. Dabei dient das →Ich als regulierende Instanz, die die andrängenden, triebhaften Ansprüche des →Es, die Gewissensinhalte des →Über-Ich sowie die Ansprüche der Mitmenschen und der Gesellschaft miteinander in Einklang bringt. Gelingt das nicht hinreichend gut, so bilden sich Symptome, entstehen →neurotische Störungen oder →Persönlichkeitsstörungen.

**Psycho|endokrinologie:** Forschungsgebiet, in dem die Wechselwirkung von endokrinologischen Funktionen (z. B. der Hormonproduktion) und Verhalten untersucht wird. Es geht dabei v. a. um die Frage, inwieweit sich psychologische Veränderungen, z. B. die Stressbelastung, auf die Ausschüttung von →Hormonen auswirken und wie dadurch verschiedene Krankheitsbilder mitverursacht werden können. Einen ent-

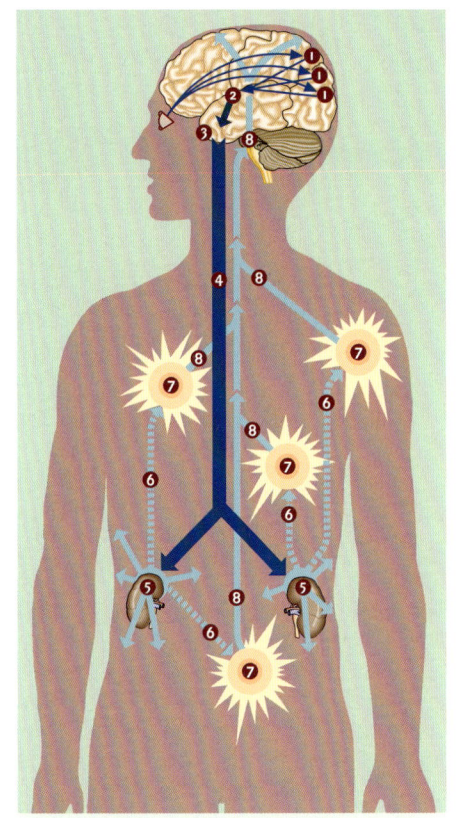

❶ Die Hirnrinde assoziiert »Gefahr«
❷ Angstemotionen im Hypothalamus
❸ Hypophyse schüttet das Hormon ACTH aus
❹ ACTH wird in die Blutbahn transportiert
❺ Die Nebennierenrinde reagiert mit Ausschüttung von Hormonen, u.a. Adrenalin
❻ Hormone alarmieren den gesamten Organismus
❼ Alle Organe sind reaktionsbereit (z.B. Flucht oder Kampf)
❽ Rückmeldung ans Gehirn, z.B. »Das Herz klopft schnell«

**Psychoendokrinologie:** Stress beeinflusst das Hormonniveau und löst nicht nur Körperreaktionen, sondern auch psychische Veränderungen aus.

scheidenden Einfluss auf das Hormonniveau hat die subjektive Bewertung und Bewältigung sozialer Situationen. So können z. B. bei →erlernter Hilflosigkeit und der damit verbundenen Veränderung des Hormonhaushaltes lang anhaltende Verhaltensdepression, Immunschwäche und Deregulation verschiedener Transmitter im Gehirn die Folge sein.

**psychogalvanische Reaktion:** Absinken des elektrischen Leitungswiderstands der Haut aufgrund erhöhter Schweißsekretion, d. h. erhöhter Feuchtigkeit und damit erhöhter
*Fortsetzung S. 468*

# PSYCHOANALYSE

**DER BEGRIFF PSYCHOANALYSE**
Mit dem Begriff »Psychoanalyse« bezeichnet man nicht nur das von Sigmund Freud gegen Ende des 19. Jahrhunderts entwickelte Verfahren zur Erforschung und Behandlung von seelischen Störungen (v. a. neurotischen Störungen), sondern auch das von ihm weiterentwickelte Theoriegebäude (»Metapsychologie«) zur Erklärung der Funktionsweisen des seelischen Geschehens, des Aufbaus des seelischen Apparates, der Entstehung von Symptomen seelischer Erkrankungen und zum Verständnis von gesellschaftlichen Erscheinungen (»Kulturtheorie«).

**PSYCHOANALYSE ALS THERAPIE**
Nach den Vorgesprächen zur Abklärung von Diagnostik und Therapieform vereinbaren der Analytiker und der Patient drei bis fünf feste Termine pro Woche von 50 Minuten Dauer. Gemäß der klassischen Grundregel wird dem Patienten empfohlen, sich auf die Couch zu legen, sich seinen Einfällen (»freien Assoziationen«) zu überlassen und diese offen zu äußern. Der Psychoanalytiker versucht, die verdrängten, unbewussten Motive oder Konflikte zu ergründen, um dann dem Patienten schrittweise die tiefere Bedeutung der Symptome und die krank machenden Konflikte zu erklären, ihm eine »Deutung« zu geben. Um sich von seinen eigenen Neigungen, Vorurteilen und Zielvorstellungen freizuhalten, muss der Analytiker sich während seiner Ausbildung selbst einer langjährigen Psychoanalyse, der »Lehranalyse«, unterziehen.

Die krank machenden verdrängten Konflikte des Patienten stammen meist aus seiner Kindheit. Sie bilden der psychoanalytischen Theorie zufolge Komplexe mit eigener Dynamik und Symbolik, treten nicht direkt zutage, sondern kommen in seinen Krankheitssymptomen, Verhaltensweisen und Träumen zum Vorschein. Diese Konflikte sollen in der Behandlung bewusst gemacht, durchgearbeitet und überwunden werden. Dazu ist neben dem intellektuellen Verstehen auch das emotionale Erleben in der therapeutischen Beziehung wichtig.

Der Patient überträgt Gefühle, die auf frühere Erfahrungen zurückgehen, auf den Analytiker. Diese Übertragung löst im Analytiker ebenfalls Gefühle aus: die »Gegenübertragung«, die in der Therapie mit berücksichtigt wird. Der analytische Prozess wird erschwert durch den Widerstand des Patienten gegen das Bewusstmachen des Verdrängten. Deshalb besteht die therapeutische Arbeit zu einem großen Teil in der Widerstandsanalyse, in der etwa Ängste oder Schamgefühle bewältigt werden müssen.

Eine klassische psychoanalytische Behandlung dauert in der Regel mindestens drei Jahre; sie erfordert daher vom Patienten einen erheblichen Aufwand an Zeit und psychischer Energie. Aber sie hilft in vielen Fällen, die symptombedingten, oft schwerwiegenden Beeinträchtigungen zu überwinden oder wenigstens abzumildern.

Psychoanalytische Psychotherapie wird angewendet bei Angststörungen, Depressionen, Essstörungen, Identitätsstörungen, Persönlichkeitsstörungen, psychosomatischen Störungen und Zwangsstörungen; nicht oder selten bei Alkoholkrankheit, Drogenabhängigkeit und psychotischen Störungen. Ihre Wirksamkeit ist wissenschaftlich gut bestätigt.

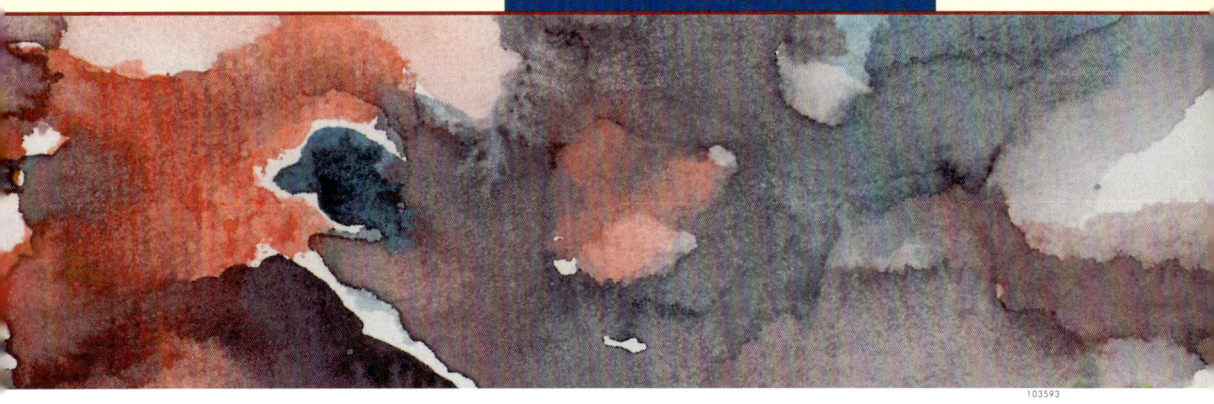

Um eine Psychoanalyse durchführen zu können, muss der Patient gewisse Voraussetzungen mitbringen: Krankheitseinsicht, Verbalisierungsfähigkeit, eine (mindestens) durchschnittliche Intelligenz und eine ausreichende Motivation; entscheidend für die Motivation ist der Leidensdruck.

## TRIEB- UND ENTWICKLUNGSTHEORIE

Im Laufe seiner Forschungen kam Freud zu der Überzeugung, dass die tieferen Motive für alles Verhalten aus »Triebimpulsen« stammen. Diese Antriebe fasste er später zu zwei entgegengesetzten Haupttrieben zusammen: den »Lebenstrieben« mit allen sexuellen Komponenten und den »Todestrieben« mit allen aggressiven und destruktiven Impulsen. Die psychische Energie der Lebenstriebe nannte er »Libido«.

Die psychosexuelle Entwicklung des Kindes vollzieht sich nach Freud in Phasen, die später zu einer reifen Organisation aller Triebe der Persönlichkeit integriert werden müssen. Über Freuds Lehre hinausgehend werden diese Phasen heute nicht mehr nur als sexuelle Entwicklung angesehen, sondern mit spezifischen Beziehungserfahrungen (»Objektbeziehungen«) mit Eltern und Geschwistern und den damit einhergehenden Konflikten in Zusammenhang gebracht: die »orale« Phase mit der Dyade zwischen Kind und Bezugsperson und dem Hauptkonflikt zwischen Urvertrauen und Urmisstrauen, die »anale« Phase mit der »seelischen Geburt« der Persönlichkeit und dem Hauptkonflikt zwischen Hergeben oder Zurückhalten, die »phallische« oder »ödipale« Phase mit dem »Ödipuskomplex«, das heißt der Bewältigung der Dreipersonenkonstellation zwischen Vater, Mutter und Kind mit dem Konflikt zwischen Initiative und Schuldgefühlen und die »genitale« Phase mit der Differenzierung zwischen einer männlichen und einer weiblichen sexuellen Identität und dem Konflikt zwischen Autonomie und Abhängigkeit.

Der Sexualtrieb, der dem »Lustprinzip« folgend nach direkter Befriedigung strebt, stößt früh auf Frustrationen, weil er mit den Widerständen und Anforderungen der äußeren Realität zusammenprallt. Infolgedessen entwickelt sich langsam das »Realitätsprinzip«, das diese berücksichtigt. Werden sexuelle Triebkräfte weder direkt befriedigt noch verdrängt, können sie »sublimiert«, das heißt auf nicht sexuelle Ziele gelenkt und in kulturelle Tätigkeiten umgewandelt werden.

## ELEMENTE DER METAPSYCHOLOGIE

Freud hat die Lehre vom Unbewussten, vom Widerstand, von der Verdrängung des Trieblebens, von der Dynamik und Kausalität des Sexuallebens und von der Bedeutung der Kindheitserlebnisse als Hauptbestandteile seiner Lehre bezeichnet. Zunächst entwarf er das »topische Modell« des psychischen Apparates mit den drei Regionen Unbewusstes, Vorbewusstes und Bewusstes. Später entwickelte er das »Strukturmodell« mit den drei Komponenten »Es«, »Ich« und »Über-Ich«. Das Es steht für die Gesamtheit des Unbewussten, der Triebimpulse und des Verdrängten. Das Über-Ich steht für die Gesamtheit der Forderungen an das Ich durch gesellschaftliche und moralische Normen sowie Idealvorstellungen, die eine Person von sich selbst hat. Das Ich ist die Instanz, die zwischen Es und Über-Ich

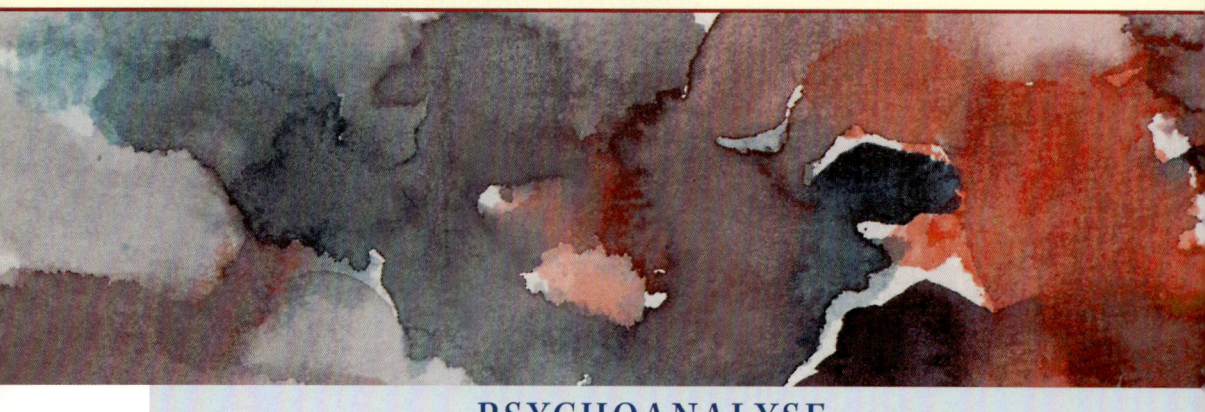

## PSYCHOANALYSE *Fortsetzung*

vermitteln soll; daher spielen sich hier die psychischen Konflikte ab.

**ENTWICKLUNG UND WIRKUNG**
Von Freuds Psychoanalyse abweichend, begründeten zwei seiner Schüler eigene tiefenpsychologische Schulen: Alfred Adler die Individualpsychologie und Carl Gustav Jung die analytische Psychologie. Mehr oder weniger kritische Fortentwicklungen wurden unter dem Begriff der »Neopsychoanalyse« zusammengefasst; zu ihren Urhebern gehören Harald Schultz-Hencke in Deutschland während der nationalsozialistischen Herrschaft sowie Erich Fromm und Karen Horney in den USA.

Neben der heute noch weltweit verbreiteten klassischen Langzeitanalyse wurden auch andere analytische Behandlungsformen entwickelt wie die auf 20 bis 30 Stunden und zentrale Konflikte beschränkte Fokaltherapie (von Michael Balint), ferner unterschiedliche kindertherapeutische Ansätze (v. a. von Anna Freud, Melanie Klein, Donald W. Winnicott) und zahlreiche Formen der Familien- und Gruppentherapie. Die Internationale Psychoanalytische Vereinigung hat drei Hauptströmungen: 1. die modernen zeitgenössischen »Freudianer«, 2. die »Kleinianer«, die Melanie Kleins Weiterentwicklung der freudschen Psychoanalyse folgen, 3. die »Unabhängigen«, d. h. die Strömung, die sich entwickelt hat durch Psychoanalytiker, die von den Auseinandersetzungen zwischen den zeitgenössischen Freudianern und Kleinianern unabhängig bleiben wollten, z. B. Winnicott.

Eine ganz neue Richtung ist die Neuropsychoanalyse, die psychoanalytische und neurobiologische Erkenntnisse vereint. Sie entstand etwa Ende der 1990er-Jahre, da zentrale Annahmen der Psychoanalyse zunehmend Bestätigung durch die Hirnforschung fanden. So etwa die Existenz des Unbewussten, das v. a. im Stammhirn und im limbischen System lokalisiert wird, sowie der Einfluss des Unbewussten auf das Erleben und Verhalten des Menschen. Hinsichtlich der Entstehung von psychischen Störungen gibt es Hinweise darauf, dass frühe traumatische Erfahrungen wie psychische Gewalt hirnstrukturelle Veränderungen verursachen können. Anhaltender traumatischer Stress kann die Ausreifung des Hippokampus blockieren – eines Teils des Gehirns, der zuständig ist für die Einordnung von Erinnerungen in die Biografie. So gibt es Untersuchungsergebnisse, nach denen Patienten mit posttraumatischer Belastungsreaktion im Vergleich zu gesunden Personen ein kleineres Hippokampusvolumen haben. Weiterhin gibt es Hinweise darauf, dass bei korrigierenden Erfahrungen, zum Beispiel während einer psychoanalytischen Behandlung, geschädigte Hirnstrukturen wieder »repariert« werden.

Die psychoanalytischen Grundbegriffe wie Unbewusstes, Abwehr, Verdrängung, Widerstand, Symptombildung und Konfliktbewältigung bilden ein begriffliches Instrumentarium, das sich auch weitgehend unabhängig von dem theoretischen Überbau handhaben lässt. So übernahm man viele Erkenntnisse der Psychoanalyse in anderen Psychotherapieverfahren wie Psychodrama, Transaktionsanalyse, Gestalttherapie, Primärtherapie, Gesprächstherapie sowie in anderen Bereichen wie der Sozialarbeit und der Pädagogik.

- → PSYCHOTHERAPIEVERFAHREN
  - → PSYCHOTHERAPIE-RICHTLINIEN
- → TIEFENPSYCHOLOGIE
- → THERAPEUT-PATIENT-BEZIEHUNG
  - → ABSTINENZREGEL
  - → ARBEITSBÜNDNIS
  - → DURCHARBEITEN
  - → GEGENÜBERTRAGUNG
  - → LEHRANALYSE
  - → ÜBERTRAGUNG
  - → WIDERSTAND
- → PSYCHISCHER APPARAT
  - → ES
  - → ICH
  - → ÜBER-ICH

**PSYCHOANALYSE**

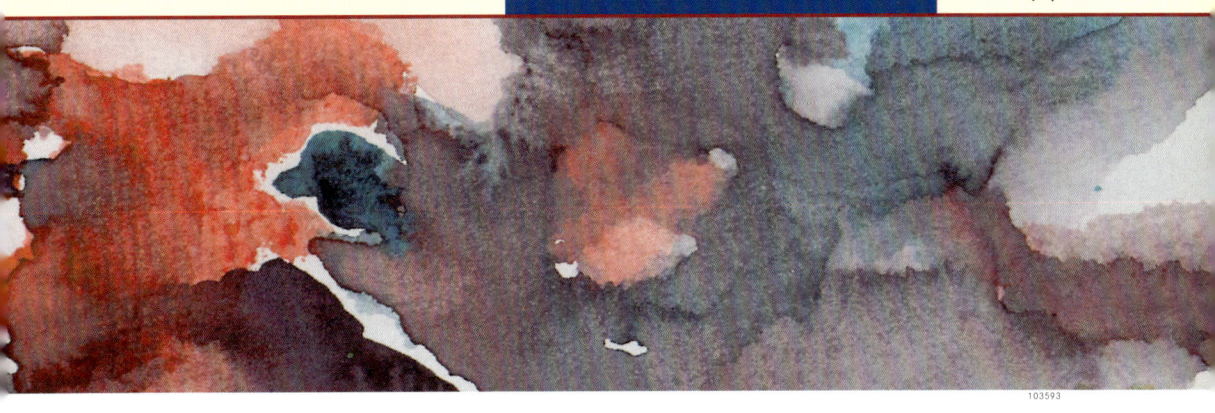

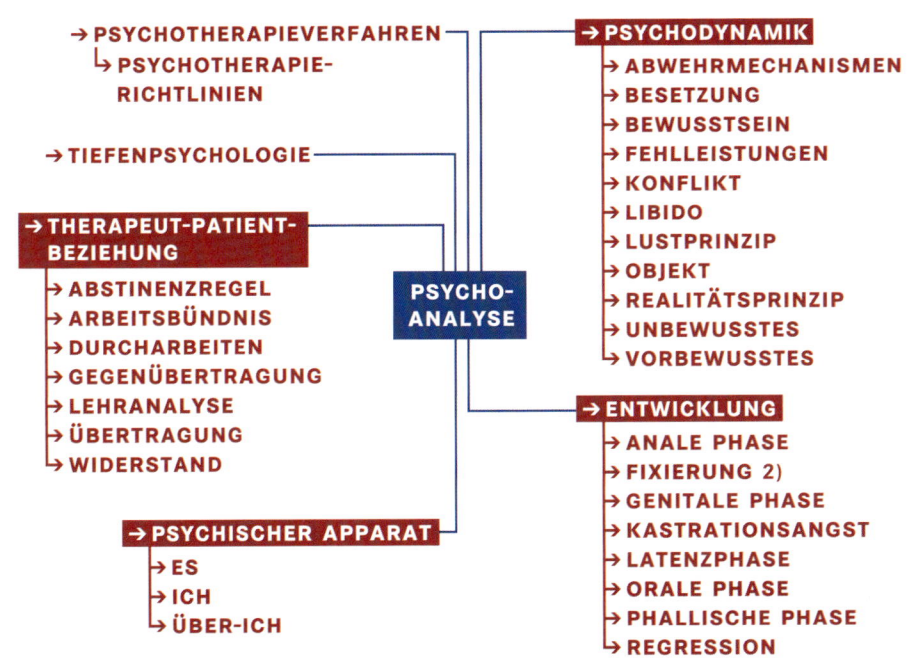

- → PSYCHODYNAMIK
  - → ABWEHRMECHANISMEN
  - → BESETZUNG
  - → BEWUSSTSEIN
  - → FEHLLEISTUNGEN
  - → KONFLIKT
  - → LIBIDO
  - → LUSTPRINZIP
  - → OBJEKT
  - → REALITÄTSPRINZIP
  - → UNBEWUSSTES
  - → VORBEWUSSTES
- → ENTWICKLUNG
  - → ANALE PHASE
  - → FIXIERUNG 2)
  - → GENITALE PHASE
  - → KASTRATIONSANGST
  - → LATENZPHASE
  - → ORALE PHASE
  - → PHALLISCHE PHASE
  - → REGRESSION

Die von Freud selbst begonnenen Arbeiten, mithilfe der Psychoanalyse die Kulturgeschichte der Menschheit zu begreifen, wurden v. a. von Mario Erdheim, Paul Parin und Fritz Morgenthaler weitergeführt (Ethnopsychoanalyse). Seine Beiträge zur Massenpsychologie wurden von Wilhelm Reich, Erich Fromm und Theodor W. Adorno zu einer Analyse des Faschismus ausgebaut.

Als Form der Deutung und Darstellung des unbewussten Seelenlebens hatte die Psychoanalyse einen bedeutenden Einfluss nicht nur auf die Psychologie und die Medizin, sondern auch auf die Anthropologie, die Philosophie, die Literatur und die bildende Kunst des 20. Jahrhunderts. So verarbeiteten viele Schriftsteller wie zum Beispiel Arthur Schnitzler, Thomas Mann, Franz Kafka, T. S. Eliot und Jean Paul Sartre sowie surrealistische Künstler wie Max Ernst und Salvador Dalí psychoanalytische Ansätze in ihren Werken.

**LESETIPPS:**

Charles Brenner: *Grundzüge der Psychoanalyse.* Taschenbuchausgabe Frankfurt am Main (Fischer) [21]2000.

Sigmund Freud: *Abriß der Psychoanalyse: einführende Darstellungen.* Taschenbuchausgabe Frankfurt am Main (Suhrkamp) [10]2004.

Wolfgang Mertens: *Psychoanalyse. Geschichte und Methoden.* München (Beck) [3]2004.

Sieglinde E. Tömmel: *Wer hat Angst vor Sigmund Freud. Wie und warum die Psychoanalyse heilt.* Taschenbuchausgabe Frankfurt am Main (Brandes & Apsel) 2006.

Karl König: *Abwehrmechanismen.* Vandenhoeck & Ruprecht (Göttingen) [4]2007.

*Fortsetzung von S. 463*

Leitfähigkeit. Die psychogalvanische Reaktion gilt als Indikator für emotionale und affektive Reaktionen; allerdings sind diese unspezifisch und sagen nichts über den Inhalt der Gefühle aus. Die psychogalvanische Reaktion wird z. B. beim →Lügendetektor eingesetzt, ist aber wegen ihrer mangelnden Eindeutigkeit umstritten.

**Psychogramm:** die Beschreibung oder grafische Darstellung von Eigenschaften und Fähigkeiten einer Persönlichkeit, häufig als Ergebnis eines →Persönlichkeitstests.

**Psychohygiene, seelische Hygiene:**
1) Aufgabenbereich der Gesundheitspsychologie, der sich auf die Erhaltung und Förderung der seelischen und geistigen Gesundheit erstreckt, insbesondere auf die Feststellung der Ursachen seelischer Krankheiten (z. B. Vererbung, soziale, kulturelle Gegebenheiten) und die möglichst frühzeitige Erfassung psychischer Störungen, um schlimmeren Sekundärfolgen vorzubeugen. Die Aufklärung der Öffentlichkeit über die Entstehung und Bewältigung solcher Störungen sowie den Umgang mit Betroffenen sind weitere Aufgaben der Psychohygiene.
2) individuelle Maßnahmen zur Vorbeugung psychischer Belastungen oder Störungen, z. B. Techniken der Entspannung, des Stressmanagements oder generell der Selbsterfahrung.

**Psychokardiologie:** Teilgebiet der Kardiologie, das sich mit dem Problemkreis befasst, wie psychische Faktoren auf die Funktionen von Herz und Blutkreislauf sowie deren Funktionsstörungen und Erkrankungen einwirken und wie die Behandlung und Vorbeugung kardiologischer Erkrankungen durch psychische Faktoren beeinflusst werden kann.

**Psycholinguistik, Sprachpsychologie:** Wissenschaftsgebiet im Überschneidungsbereich von Psychologie und Linguistik, in dem die psychischen Vorgänge beim Erlernen und beim Gebrauch der Sprache erforscht werden. Die drei Forschungsgebiete der Psycholinguistik sind der Spracherwerb, das Sprachverstehen (Sprachrezeption: Hören und Lesen) und die Spracherzeugung (Sprachproduktion: Sprechen und Schreiben). Während die mentalen Prozesse bei der syntaktischen und semantischen Sprachverarbeitung bevorzugt Gegenstand der Kognitionspsychologie sind, beschäftigt sich die Sozialpsychologie mit den pragmatischen Aspekten der sprachlichen Kommunikation.

**Psychologe:** umgangssprachlicher Begriff für eine Person, die eine besondere zwischenmenschliche Kompetenz im sozialen Umgang hat (»ein guter Psychologe«). Im engeren Sinn der →Diplom-Psychologe.

**Psychologie:** die Wissenschaft von den Formen und Gesetzmäßigkeiten des Erlebens und Verhaltens von Individuen und Gruppen. Der Gegensatz zwischen den beiden Polen Erleben und Verhalten kennzeichnet die Geschichte der Psychologie. Je nachdem, welcher Ebene die Priorität eingeräumt wird, fallen Entscheidungen über Themen, Theorien, Methoden und Stichproben in der Forschung aus. Die Psychologie des Erlebens setzt eher auf die Geisteswissenschaft und auf →qualitative Methoden, die Psychologie des Verhaltens dagegen auf die Naturwissenschaft, d. h. Experiment, Messung und →quantitative Methoden. Die zweite Variante dominiert die akademische Psychologie. Sie zerlegt zumeist die Psyche in Einzelfunktionen, in Variablen, die gemessen und mithilfe der Statistik ausgewertet werden. Andere Ansätze sind an den Universitäten in der Minderheit. Oft findet die Vermittlung entsprechender Inhalte, z. B. psychotherapeutischer Verfahren, an außeruniversitären, privaten Instituten statt.

Zur Untersuchung von einfacheren Prozessen und nicht auf den Menschen beschränkten Fragestellungen werden häufig Tierversuche durchgeführt (z. B. in der Lern- und Gedächtnisforschung), bevor die Gültigkeit der Ergebnisse für den Menschen geprüft wird. Anders als in der medizinischen Forschung werden die Tiere im Rahmen dieser Untersuchungen in der Regel nicht getötet.

Die Untersuchungen am Menschen, etwa zur Untersuchung der Wirksamkeit psychotherapeutischer Verfahren, sind meist Gruppenuntersuchungen, doch gibt es auch die streng kontrollierte systematische Einzelfallforschung.

Die Methoden zur Messung der experimentellen oder empirischen Beobachtungen richten sich nach der Fragestellung und reichen von hirnelektrischen Ableitungen über Reaktionszeit- und Leistungsmessungen bis zu Verhaltenstests, Urteilsskalen zur Selbstbeurteilung (Fragebogen) oder Beurteilung durch geschulte Beobachter. Die →Reliabilität, →Validität und Effizienz der eingesetzten Messmethoden wird zuvor in (mehr oder weniger aufwendigen) Untersuchungen empirisch geprüft.

Die statistischen Methoden (→Statistik) schließlich dienen der Prüfung, ob die Untersuchungsergebnisse die zugrunde liegenden Hypothesen stützen oder ihnen widersprechen und ob die gefundenen Gruppenunterschiede, Merkmalszusammenhänge oder Wechselwirkungen sich auch durch Zufallseinwirkungen erklären ließen; wenn dies der Fall ist, gilt die Hypothese als widerlegt oder als zumindest nur eingeschränkt gültig. Verfahren wie die →Clusteranalyse oder die →Faktorenanalyse dienen der Strukturierung großer Datenmengen.

Inhaltlich wird die Psychologie eingeteilt in Grundlagenfächer, deren Aufgabe die Erforschung der psychischen Erscheinungen mit dem Ziel ihrer Beschreibung oder Erklärung ist, und Anwendungsfächer, in denen es um die praktische Anwendung der gewonnenen Erkenntnisse in den verschiedenen Bereichen des menschlichen Lebens, v. a. im Beruf, geht. Zu den Grundlagenfächern gehören die allgemeine Psychologie (v. a. Lernen, Denken, Gedächtnis, Wahrnehmung, Motivation und Emotion), die differenzielle Psychologie (Persönlichkeit und Intelligenz), die Methodenlehre (v. a. Statistik), die Sozialpsychologie und die biologische Psychologie. Die Grundlagenfächer werden im Grundstudium gelehrt, das mit der Diplomvorprüfung endet.

Die Anwendungsfächer des Hauptstudiums bauen zwar auf den Forschungsansätzen der Grundlagenfächer auf, entwickeln aber auch ihrerseits Methoden zur Beschreibung (Diagnose) und Veränderung (Intervention) menschlichen Verhaltens und Erlebens im Rahmen ihrer jeweiligen Zielsetzung. Zu den Anwendungsfächern gehören klinische Psychologie, Arbeits- und Organisationspsychologie, Umweltpsychologie, pädagogische Psychologie, Diagnostik, Gesundheitspsychologie und Neuropsychologie (→ Diplom-Psychologe).

Auf die Analyse des Psychischen sind somit recht unterschiedliche Fachbereiche der Psychologie spezialisiert. Die Breite des Spektrums birgt die Gefahr in sich, die Integration in ein Gesamtbild aus dem Auge zu verlieren. Gegenwärtig versuchen jedoch Forscher im Rahmen neuer Forschungsgebiete wie der kognitiven Neuropsychologie oder der sozialen Psychophysiologie traditionelle Abgrenzungen zu durchbrechen, was zu einem breiten, integrierbaren Verständnis des menschlichen Erlebens und Verhaltens wesentlich beitragen kann.

*Geschichte*

Als eigenständiges akademisches Fach ist die Psychologie jung, erst gut 100 Jahre alt. Den Beruf des praktisch arbeitenden Diplom-Psychologen gibt es in Deutschland seit 60 Jahren, den des ärztlichen Psychotherapeuten seit knapp 100 Jahren. Die Bezeichnung »psychologischer Psychotherapeut« wurde in Deutschland, in Abgrenzung zum ärztlichen Psychotherapeuten, gesetzlich erst Ende der 1990er-Jahre festgeschrieben.

Die Anfänge der modernen westlichen Kultur liegen in der griechischen Antike, v. a. der Blüte von Athen als Stadtstaat im 4. Jh. v. Chr. Der Philosoph Aristoteles schrieb das erste psychologische Lehrbuch mit dem Titel »Über die Seele«. Es ging ihm aber nicht um Charakterstudien, sondern um eine Definition der Seele als universelles Phänomen. Die griechischen Ärzte Theophrast und Hippokrates schufen im gleichen Jahrhundert die ersten →Typologien menschlicher Charaktere. Temperamentslehren (→Temperament), Überlegungen zu Begabung und Lernen, waren die Anfänge der Psychologie. Allerdings geschah dies bis zum 19. Jh. im Rahmen der Philosophie und der Medizin. Als eigenständiges wissenschaftliches Fach mit eigenen universitären Lehrstühlen trennte sich das Fach am Ende des 19. Jahrhunderts in Deutschland von der Philosophie ab. 1879 hatte Wilhelm Wundt an der Universität Leipzig das erste psychologische Laboratorium eröffnet, wo Denken und Wahrnehmung experimentell untersucht wurden.

Seitdem hat sich das Fach in eine Vielzahl von Teildisziplinen erweitert, denen eine ebenfalls große Zahl von unterschiedlichsten Anwendungsbereichen entspricht. Zunächst abseits von der universitären Psychologie entwickelte Sigmund Freud mit seiner →Psychoanalyse die erste Tiefenpsychologie, die in der Tradition der Geisteswissenschaft stand. Die →Entwicklungspsychologie griff die Grundgedanken Charles Darwins auf und widmete sich der Erforschung der individuellen Entwicklung,

**Psychologie:** Im 4. Jh. gestaltete der Kirchenlehrer Augustinus mit seinen »Bekenntnissen« ein Bild vom Reichtum des Psychischen, das noch heute beeindruckt (Michael Pacher, »Der Teufel weist dem heiligen Augustinus das ›Buch der Laster‹ vor«, um 1480; München, Alte Pinakothek).

die →pädagogische Psychologie den Fragen zur Erziehung.

Als →differenzielle Psychologie wurden ältere Ansätze einer Persönlichkeitspsychologie fortgeführt. Die Anwendung der Psychologie auf gesellschaftliche Phänomene verfolgte v. a. die →Sozialpsychologie, die ihr Initialmoment in Gustave Le Bons »Psychologie der Massen« (1895, deutsch 1908) hatte und insbesondere in den 1970er-Jahren große Bedeutung erlangte. Im Rückgriff auf William James' bereits 1890 erschienenes Werk über die Prinzipien der Psychologie entwickelte sich u. a. die →kognitive Psychologie. In der Zeit des Nationalsozialismus und des Zweiten Weltkriegs stagnierte die Entwicklung des Faches in Europa, während es in den USA weitergeführt wurde. In Deutschland wurde zwischen 1933 und 1945 fast ausschließlich die kriegsrelevante →Militärpsychologie vorangetrieben.

Nach 1945 rückten mittlerweile ganz oder weitgehend vernachlässigte psychologische Richtungen und Schulen wieder in den Fokus der Aufmerksamkeit, so etwa die →Gestaltpsychologie. Einen regelrechten Boom erlebte die →klinische Psychologie, v. a. durch die stetig wachsende Zahl von neuen Verfahren der →Psychotherapie, wodurch das Fach auch in der breiten Öffentlichkeit zunehmend zur Kenntnis genommen wurde. Andere Teildisziplinen, wie z. B. die →Neuropsychologie, die →biologische Psychologie, die →Medienpsychologie, die →Gerontopsychologie, die →Gesundheitspsychologie, die →ökologische Psychologie, die →Werbepsychologie, die →Verkehrspsychologie, die →Architekturpsychologie oder die →Ernährungspsychologie eroberten sich neue Themen und nicht wieder streitig zu machende Terrains innerhalb des Faches.

**LESETIPPS:**

Philip G. Zimbardo und Richard J. Gerrig: *Psychologie.* München (Pearson Studium) [16]2004.
Nicole Langer: *Psychologie.* München (Compact) 2006.
Wolfgang Schönpflug: *Geschichte und Systematik der Psychologie. Ein Lehrbuch für das Grundstudium.* Weinheim (Beltz) [2]2004.
*Psychologie. Eine Einführung. Grundlagen, Methoden, Perspektiven,* herausgegeben v. Jürgen Straub u. a. München (dtv) [5]2005.

**psychologische Diagnostik, diagnostische Psychologie, Psychodiagnostik:** Disziplin der Psychologie, die sich mit der Konstruktion, Prüfung und Anwendung diagnostischer Verfahren beschäftigt. In der praktischen Anwendung wird psychologische Diagnostik auf bestimmte Anwendungsfächer bezogen, z. B. Arbeits- und Organisationspsychologie, Rechtspsychologie und klinische Psychologie. Hierbei ist es das Ziel, auf der Grundlage von vorgegebenen Fragestellungen Aussagen über Einzelpersonen, Personengruppen, Institutionen, Situationen, Objekte oder Gegenstände zu machen, die dann als →Diagnosen oder →Prognosen dienen können. In der pädagogischen Psychologie geht es z. B. darum, Diagnosen und Prognosen in Bezug auf Lernende, ihre Voraussetzungen und die Begleitumstände des Lernens darzustellen und Bedingungen für eine optimale Förderung zu erkennen. In der klinischen Psychologie sollen z. B. die Bedingungen ermittelt werden, die zu einem abweichenden Verhalten führen, es aufrechterhalten und verstärken. Und in der Arbeits- und Organisationspsychologie sollen mithilfe der psychologischen Diagnostik z. B. Probleme im Klima einer Organisation herausgefunden oder die richtigen Personen für den richtigen Arbeitsplatz aus einer Reihe von Bewerbern herausgefiltert werden; im letzten Fall geschieht dies z. B. mithilfe von →Eignungstests.

**psychologische Kriegführung:** Anwendung psychologischer Erkenntnisse, um einen Kriegsgegner zu schwächen. »Das erste Opfer auf dem Schlachtfeld ist die Wahrheit«, sagt ein treffendes Sprichwort. Tatsächlich werden in jedem Krieg der eigene Erfolg, die Macht der eige-

**psychologische Kriegführung:** Die britische Illustrierte »Parade« erschien im Zweiten Weltkrieg als Gegenmittel gegen die deutsche Propaganda. Die Ausgabe vom 8. 5. 1943 zeigt eine inszenierte Aufnahme der »Army Film and Photographic Unit«.

nen Truppen und der eigenen Waffen übertrieben dargestellt und die Macht des Feindes ebenso wie dieser selbst entwertet.

Bereits 1741 setzten die österreichischen Truppen in der Schlacht bei Mollwitz Flugblätter und Zeitungsmeldungen gegen die preußische Armee ein. Auch die Befreiungskriege gegen Napoleon (1813–15) wurden propagandistisch vorbereitet; im ersten »modernen«, mit Maschinenwaffen und neuen logistischen Mitteln (z. B. den Eisenbahnen) geführten Krieg, dem der amerikanischen Nordstaaten gegen die Sezession der Südstaaten (1861–65), spielten die Zeitungen und Propagandaschriften beider Seiten eine große Rolle.

Die Mittel wurden im Lauf der Zeit immer weiter verfeinert; neben direkte →Propaganda traten gezielte Desinformationen über die Absichten eines Feindes und systematische Versuche, feindliche Soldaten zum Überlaufen zu bewegen. Der Einsatz neuer Techniken, etwa Radio, Film und Fernsehen, erleichterte seit Ende der 1930er-Jahre die psychologische Kriegführung entscheidend. Während des Vietnamkriegs (1946–75) wirkte sich die Tradition, die Medien intensiv einzubeziehen, schließlich gegen den Krieg aus; immer weniger Menschen in den USA standen Ende der 1960er-Jahre hinter der Kriegführung und den Kriegszielen ihrer Regierung. Deshalb wurde im Golfkrieg gegen den Irak (1991) die Kriegsberichterstattung wieder strikt reglementiert.

**psychologischer Kontrakt** [latein. »Vertrag«]: ein ungeschriebener Vertrag zwischen einer Organisation und einem Mitarbeiter, der beide Seiten zu loyalem Verhalten verpflichtet. Der psychologische Kontrakt hat hohe Bindungskraft; für den Mitarbeiter hat er u. a. den Vorteil, dass er in ein und derselben Organisation aufsteigen kann, d. h. seine Karriere relativ zuverlässig planen kann. Im Zuge von Globalisierung und Konkurrenzdruck, in dem langfristige Beschäftigung in einer Organisation immer seltener wird, spielt der psychologische Kontrakt eine immer geringere Rolle.

**psychologischer Psychotherapeut:** geschützte Berufsbezeichnung für die Berufsgruppe, der (neben den entsprechenden Ärzten) es gesetzlich erlaubt ist, Psychotherapien bei Erwachsenen durchzuführen. Psychologische Psychotherapeuten absolvieren nach dem Diplom in Psychologie eine mehrjährige Ausbildung in →Psychoanalyse, tiefenpsychologisch fundierter →Psychotherapie oder →Verhaltenstherapie, dazu eine mindestens einjährige Weiterbildung in einer psychiatrischen Einrichtung. Sie erhalten dann eine Approbation und

**Psychomarkt:** Schier unüberschaubar ist das Angebot an verschiedenen Psychotherapien heute. Neben vielen sinnvollen Ansätzen und Selbsthilfegruppen gibt es eine große Zahl von unseriösen Anbietern.

können ihre Zulassung bei der gesetzlichen Krankenversicherung beantragen, unterliegen dabei denselben Zulassungsbeschränkungen wie Ärzte. Wenn sie die Zulassung erhalten, können sie mit der kassenärztlichen Vereinigung abrechnen. Sie dürfen auch Privatpatienten behandeln; in diesem Fall bezahlt der Patient die Behandlung und bekommt die Kosten von seiner privaten Krankenkasse erstattet, wenn Psychotherapie zum Leistungskatalog gehört, was bei den meisten privaten Krankenkassen der Fall ist. Bei unethischem Verhalten kann ihnen die Approbation entzogen werden.

**Psychologismus:** allgemein eine abwertende Bezeichnung für ausschließlich psychologische Begründungsversuche von nicht primär psychologischen Phänomenen. Ein Beispiel wäre, politische und gesellschaftliche Entwicklungen als Folge der Motivation einzelner Politiker zu erklären und nicht, was der Realität entspricht, als Resultat der Konfliktregelung über Interessenverbände.

Im engeren Sinn verwendet, kritisiert man mit dem Begriff die nicht fachgerechte Anwendung psychologischer Aspekte und Erkenntnismethoden in anderen Wissenschaften als der Psychologie. So wurden als Psychologismus insbesondere philosophische Theorien des 19. Jahrhunderts kritisiert, die die Psychologie als Grundlage aller Wissenschaften betrachteten. Die Kritiker führten an, dass alle Gegenstände und Sachverhalte der verschiedenen Wissenschaften letztlich von der menschlichen Erkenntnistätigkeit abhängig seien.

**Psychomarkt:** umgangssprachliche Bezeichnung für das kommerzielle Angebot an psychologischen Dienstleistungen.

**Psychoonkologie:** Psychische Faktoren sind auch für die Stärkung der körperlichen Abwehr bei der Genesung von Krebspatienten sehr wichtig (Betreuung der von Operation und Chemotherapie gezeichneten Patienten an der Jenaer Kinderklinik).

**Psychometrie** [zu griech. metría »Messung«]: **1)** im engeren Sinne die quantitative Messung psychischer Prozesse und Dimensionen, im weiteren Sinne die Gesamtheit der Messmethoden; zugleich die Teilgebiete der Psychologie, die sich mit der Entwicklung der Messmethoden und deren theoretischen Grundlagen befassen. Die Anfänge der Psychometrie gehen auf die →Psychophysik zurück; heute findet psychometrische Forschung v.a. im Rahmen der →differenziellen Psychologie und →Diagnostik statt.

**2)** in der *Parapsychologie* außersinnliche Fähigkeiten, die es nach Ansicht der Parapsychologen ermöglichen, z.B. mithilfe von psychologisch analysierten Gegenständen (wie Briefen, Ringen oder Fotografien) Aussagen über deren Besitzer oder die Situation, mit der die Gegenstände in Beziehung stehen, zu machen.

**psychometrische Tests:** Tests, mit denen psychische Merkmale quantitativ erfasst und beschrieben werden (im Gegensatz zu →projektiven Tests). In psychometrischen Tests werden die einzelnen Testleistungen auf eine einheitliche Bewertungsskala bezogen. So werden z.B. bei Intelligenztests verschiedene Bereiche der Intelligenz, wie rechnerische und sprachliche Fähigkeiten, als Intelligenz zusammengefasst und die Ausprägung der Leistung als IQ-Wert, z.B. ein hoher IQ-Wert, angegeben. Psychometrische Tests weisen in der Regel ausreichende bis sehr gute →Testgütekriterien auf.

**Psychomotorik:** die Gesamtheit unserer willkürlich gesteuerten, bewusst erlebten und von psychologischen Momenten geprägten Bewegungsabläufe. Man geht davon aus, dass für das optimale Zusammenspiel von Psyche und →Motorik besondere Fähigkeiten wichtig sind. Die Psychomotorik steht in Verbindung mit Persönlichkeitstyp, Geschlecht und Alter. Man unterscheidet z.B. Koordinationsfähigkeit, Geschicklichkeit, Geschwindigkeit und Orientierungsfähigkeit. Durch geistige Behinderung, psychische Erkrankung oder Hirnschädigung kann die Psychomotorik gestört sein. Mithilfe von psychomotorischen Tests, d.h. Untersuchungsverfahren zur Erfassung von Koordinationsprozessen, die Wahrnehmung und Durchführung von Handlungen betreffen, versucht man, einzelne psychomotorische Variablen zu erfassen.

**psychomotorische Störungen:** Störungen in den willkürlich gesteuerten, bewusst erlebten und von psychischen Faktoren geprägten Bewegungsabläufen (→Psychomotorik). Psychomotorische Störungen äußern sich z.B. in abnormer Gestik und Mimik, in ständig wiederholten Bewegungen (→Stereotypien), in automatenhaftem Befolgen von Befehlen und in →Automatismen 2).

**Psychoneuro|immunologie:** Forschungsbereich innerhalb der Psychosomatik, der die Wechselwirkungen zwischen dem psychischen Erleben und Verhalten, dem Nervensystem und dem Immunsystem untersucht. Seit den 1980er-Jahren sind vielfältige anatomische und physiologische Verbindungen zwischen Teilen des Nervensystems und des Immunsystems erkannt worden; dass psychische Reize oder belastende Ereignisse die Immunabwehr oder die Infektionshäufigkeit beeinflussen, ist inzwischen wissenschaftlich belegt. Allerdings weiß man noch nicht sicher, auf welchem Wege psychische Veränderungen die neuroimmunologischen Prozesse in Gang setzen; ebenso lässt sich die mögliche (psycho)therapeutische Bedeutung der Befunde bisher nur schwer abschätzen.

**Psychoneurosen:** in psychischen Störungen sich ausdrückende Formen der →Neurosen.

---

**Psycho|onkologie | Lebensqualität von Krebspatienten**

Die Wechselwirkung zwischen Psyche und Krebs spielt für nicht wenige Krebspatienten eine lebenswichtige Rolle: Viele Krebspatienten leiden an psychischen Beschwerden wie Ängsten und Depressionen, die – zusätzlich zu den körperlichen Folgen der Krankheit selbst und den Nebenwirkungen ihrer Behandlung – die Lebensqualität beeinträchtigen. Eine Verbesserung des Befindens und der Lebensqualität trägt zur Verlängerung der Lebenserwartung und zur Heilung von der Krankheit bei. Deshalb ist eine psychosoziale Betreuung der Krebspatienten besonders wichtig, die neben einer psychotherapeutischen Behandlung auch eine Beratung über Ernährung, Bewegung, Partnerschaft und Sexualität umfasst.

**Psycho|onkologie:** Forschungsgebiet, das sich mit den psychischen Faktoren bei der Entstehung und v. a. dem Verlauf von Krebserkrankungen befasst und sie für die Behandlung nutzbar macht. In diesem Zusammenhang spielt v. a. die Stärkung der körpereigenen Abwehr eine große Rolle. Sie kann durch gezielte Übungen verbessert werden, in denen durch Autohypnose und Vorstellungsbilder die psychosomatische Bereitschaft gestärkt wird, sich gegen die Erkrankung zu wehren und die »gesunden« Anteile der Persönlichkeit zu stärken.

Eine seriöse Psychoonkologie grenzt sich von Behauptungen ab, dass durch »richtiges« Leben eine Krebserkrankung vermieden werden könne und umgekehrt eine Krebserkrankung als Zeichen für eine »falsche« Lebensführung des Betroffenen zu verstehen sei. Solche moralisierenden Verfälschungen rufen bei den Kranken Schuldgefühle hervor und tragen nichts zur Einsicht in die Entstehung der Krankheit bei.

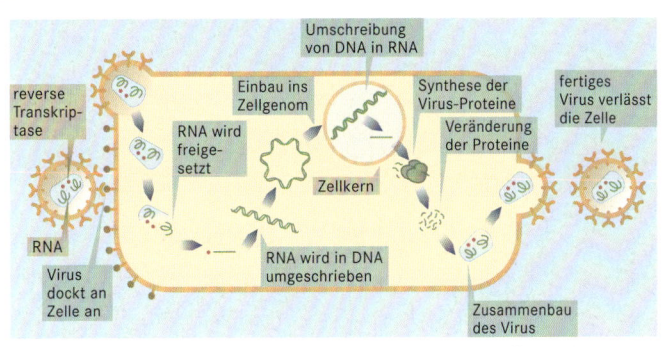

**Psychoneuroimmunologie:** »Killerzellen« töten infizierte Zellen und Tumorzellen ab. Die Bildung dieser Lymphozyten kann durch psychische Prozesse beeinflusst werden.

**Psychopath:** veraltete Bezeichnung für eine Person mit einer →dissozialen Persönlichkeitsstörung.

**Psychopathie** [zu griech. páthos »Leiden«]: veraltete Bezeichnung für →Persönlichkeitsstörungen.

**Psychopathologie:** Disziplin, die psychische Störungen beschreibt, klassifiziert und die Ursachen und Behandlungsmöglichkeiten dieser Störungen erforscht. Sie ist Grundlage der Psychiatrie.

**Psychopharmaka:** Medikamente, die auf das Zentralnervensystem einwirken, dadurch das Erleben, Befinden und Verhalten verändern und zur Linderung oder Heilung psychischer oder psychiatrischer Störungen eingesetzt werden. Dazu gehören die →Neuroleptika, die dämpfend wirken und v. a. der Behandlung schizophrener Störungen dienen (z. B. Haloperidol), die →Antidepressiva, die bei der Behandlung depressiver Störungen sowie Angststörungen zur Anwendung kommen (z. B. Imipramin), die →Bezodiazepine, mit denen v. a. akute Angst- und Spannungszustände behandelt werden können (z. B. Diazepam), und die Stimulanzien, insbesondere die →Psychostimulanzien, die gezielt zur Behandlung kindlicher Hyperaktivität eingesetzt werden (z. B. Ritalin®). Auch die Lithiumsalze, die zur Vorbeugung depressiver Phasen und zur Behandlung manischer Zustände dienen, werden gelegentlich zu den Psychopharmaka gerechnet.

Weitere Medikamentengruppen wirken zwar auch verändernd auf das Erleben und Verhalten ein, werden aber nicht gezielt zur Behandlung psychischer und psychiatrischer Störungen eingesetzt und gelten deshalb nicht als Psychopharmaka im engeren Sinn. Zu diesen Substanzen gehören die Hypnotika als →Schlafmittel, Antikonvulsiva zur Kontrolle epileptischer Anfälle, Analgetika als →Schmerzmittel, die dämpfenden →Barbiturate, Psychostimulanzien, die eingenommen werden, um bestimmte psychische Zustände zu erreichen, z. B. Amphetamine, und Halluzinogene, die Denken und Wahrnehmung verändern können, z. B. →LSD.

**Psychopharmakologie, Pharmakopsychologie:** interdisziplinäres Fach, in dem in Zusammenarbeit von Psychiatern, Pharmakologen und Psychologen sowohl von alters her be-

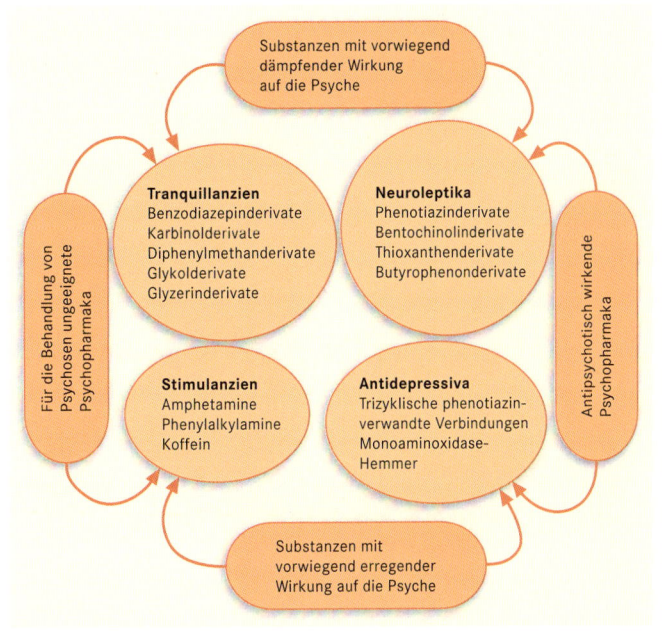

**Psychopharmaka:** Klassifizierung von vier Gruppen nach den Hauptwirkungen

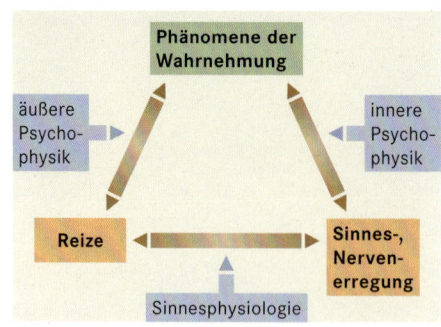

**Psychophysik:** Die Psychophysik erforscht die komplexen Zusammenhänge zwischen Reizen, deren Einwirkung auf Sinne und Nerven und der daraus entstehenden Wahrnehmung.

kannte Drogen als auch neu isolierte Substanzen hinsichtlich ihrer Bedeutung für die Therapie psychischer Erkrankungen untersucht werden.

**Psychophysik:** Teilgebiet der experimentellen und biologischen Psychologie. Die Psychophysik ist eine von dem Mediziner und Physiker Gustav Theodor Fechner in der zweiten Hälfte des 19. Jahrhunderts begründete Arbeitsrichtung, die ursprünglich mit experimentellen Methoden die Beziehung zwischen »Leib und Seele« zu ergründen versuchte.

Eine der wichtigen Fragen der Psychophysik ist die nach dem »Jetzt-Empfinden des Individuums«, denn die Prozesse, die physikalische Energie in physiologische Signale umwandeln, brauchen Zeit und bestimmen dadurch das Empfinden unserer unmittelbaren Gegenwart entscheidend mit. Nachgewiesen wird dies in der Psychophysik durch das Zeitintervall, das man benötigt, um zwei Sinnesreize in ihrem zeitlichen Auftreten voneinander zu unterscheiden.

Unsere Sinnessysteme sind nicht nur hinsichtlich der Zeitmessung, sondern auch hinsichtlich der Abbildungsqualitäten unterschiedlich stark entwickelt und ungenau. Zum einen verarbeiten sie nur einen Teil der dargebotenen Reize: Im Hörbereich nehmen wir Töne zwischen 20 und 16 000 Hz wahr, unser visuelles System erfasst einen Bereich zwischen 400 und 700 nm. Werte, die in beiden Systemen darüber- oder darunterliegen, werden nicht abgebildet, sind also nicht Teil unserer subjektiven Realität. Zum anderen weisen diejenigen physikalischen Messgrößen, die durch unsere Sinne zum Ausdruck gebracht werden können, keine lineare Beziehung zu physikalischen Vorgaben auf. Sie erscheinen »verzerrt«, da manche Wertebereiche von Signalen bevorzugt abgebildet werden, andere überhaupt nicht: Schalldruckwerte im Bereich der Sprache oder Musik vermag das Ohr z. B. schon bei relativ geringer Lautstärke in elektrophysiologische Signale zu übersetzen. Bei anderen Schalldruckwerten muss die Lautstärke sehr viel höher sein, um hörbar zu werden.

Anwendungsgebiete der Psychophysik sind v. a. Zusammenhänge, in denen die Verarbeitung von Umweltreizen eine Rolle spielt, z. B. Gestaltung von Arbeitsabläufen, Entwicklungen technischer Geräte, Messungen der Intensität von →Lärm.

**Psychophysiologie:** Teilgebiet der →biologischen Psychologie.

**psychophysisches Problem:** das →Leib-Seele-Problem.

**Psychosekten:** umgangssprachliche Bezeichnung für religiöse oder pseudoreligiöse Gruppierungen, deren Mitglieder in einem sehr hohen Grad ideologisiert und auf das eigene Lehrsystem fixiert sind. Auf diesem kompromisslos gelebten Fanatismus bauen meist ideologische Absolutheitsansprüche mit universellem Geltungsanspruch auf; damit verbunden sind ferner ein ausgeprägter, Nichtmitglieder strikt ausgrenzender Gruppenegoismus sowie die Unfähigkeit und der Unwille, Andersdenkenden und »Abtrünnigen« wahrheitsrelevante Erkenntnisse zuzubilligen. Eine Mischung aus pseudowissenschaftlichen Verfahren und Heilsversprechungen charakterisiert die meisten Psychosekten, die von ihren Mitgliedern ein deutlich höheres Engagement (in der Regel auch höhere materielle Opfer) als die Weltreligionen verlangen und ihnen dafür ein hohes Maß an Geborgenheit in Aussicht stellen. Der Übergang zwischen →Jugendreligionen und Psychosekten ist fließend, bekannte Beispiele sind Scientology® und die Bhagwan-Bewegung.

**Psychosen:** →psychotische Störungen.

**Psychosomatik:** *Sonderartikel S. 476–479.*

**psychosomatische Kliniken:** auf die Behandlung psychosomatisch Kranker speziali-

---

**Psychophysik | Gleichzeitig oder nicht?**

Treffen zwei Reize sehr rasch nacheinander ein, so kann man manchmal kaum unterscheiden, ob man sie nacheinander oder gleichzeitig wahrgenommen hat. Die Psychophysik hat die Intervalle gemessen, die vergehen müssen, damit man zwei Reize als ungleichzeitig wahrnehmen kann: Zwischen zwei optischen Reizen müssen mindestens 30 Millisekunden, zwischen zwei akustischen Reizen jedoch nur vier bis acht Millisekunden vergehen, damit man beide Reize als nacheinander eintreffend wahrnimmt. Dann weiß man jedoch immer noch nicht, welcher der beiden Reize zuerst da war.

sierte Kliniken. Sie arbeiten fast immer mit einem interdisziplinären Ansatz; die Kranken werden sowohl körpermedizinisch als auch psychotherapeutisch betreut.

**psychosoziale Faktoren:** alle Faktoren, die seelischer (psychischer) oder gesellschaftlicher (sozialer) Natur sind und auf Menschen wirken, z. B. indem sie bestimmte Gefühle, Wünsche oder Ängste in ihnen aufkommen lassen, indem sie Handlungen anstoßen oder zur Krankheitsentstehung beitragen.

**psychosoziales Modell:** sozial- und verhaltenswissenschaftlich orientiertes Erklärungsmodell für psychische Störungen, in dem die psychischen und sozialen Anteile bei der Entstehung und Veränderung, der Bestimmung und Behandlung psychischer Störungen betont werden. Das psychosoziale Modell steht in Konkurrenz zum →medizinischen Modell und zum →biopsychosozialen Modell.

**Psychostimulanzi|en, Psycho|analeptika** [zu griech. analéptikon »Wiederherstellendes«, »Stärkendes«]: Substanzen mit vorwiegend erregender Wirkung auf die Psyche. Im Unterschied zu den Antidepressiva sind Psychostimulanzien nicht für die Behandlung von psychotischen Störungen geeignet. Zu den Psychostimulanzien gehören v. a. die Weckamine Amphetamin und Methylamphetamin. Beide Substanzen wirken antriebssteigernd und appetitzügelnd, verringern die Müdigkeit und erhöhen die Wahrnehmungs- und Denkfähigkeit. Als chemisch verwandte Moleküle von Adrenalin und Noradrenalin wirken sie auch erregend auf das sympathische Nervensystem. Sie können eine körperliche Abhängigkeit erzeugen und sind häufig Ausgangsstoff für Designerdrogen (→Drogen). Umgangssprachlich werden sie auch **Aufputschmittel** genannt. Therapeutisch werden Psychostimulanzien zur Behandlung des kindlichen →Aufmerksamkeitsdefizit-Syndroms eingesetzt.

**Psychosynthese** [zu griech. sýnthesis »Zusammensetzung«]: eine Richtung der →transpersonalen Psychologie.

**Psychotechnik:** veraltete Bezeichnung für die Anwendung psychologischer Erkenntnisse und Vorgehensweisen in praktischen Bereichen. Der Begriff wurde 1902 von William Louis Stern geprägt. Als industrielle Psychotechnik gilt sie als ein Vorstadium der →Arbeits- und Organisationspsychologie.

**Psychoterror:** Ausübung systematischer psychischer (im Gegensatz zu körperlicher) Gewalt, mit dem Ziel, andere Menschen zu unterwerfen, zu erniedrigen, zu quälen, sie dienstbar und gefügig zu machen. Ein Beispiel für Psycho-

**psychosomatische Kliniken:** Blick in einen Therapieraum einer auf die Behandlung orthopädischer Erkrankungen unter dem Gesichtspunkt der Psychosomatik spezialisierten Rehaklinik.

terror ist die →Gehirnwäsche. Das wichtigste Mittel des Psychoterrors ist die Drohung, d. h. die gezielte Mobilisierung der Angst des Opfers. Das Opfer ist häufig wehrlos, weil es sich derart an den Täter gebunden fühlt, dass es ihm unmöglich scheint, sich gegen dessen Drohungen angemessen zu wehren.

Der Begriff Psychoterror wird auch im Zusammenhang mit →Mobbing gebraucht.

**Psychotests:** umgangssprachlich psychologische Tests, die zum Zweck der Unterhaltung in Zeitschriften Verwendung finden. Solche Tests unterscheiden sich dadurch von wissenschaftlichen psychologischen →Tests, dass ihnen in der Regel eine theoretische Fundierung ebenso fehlt wie der wissenschaftliche Nachweis von →Testgütekriterien. Gleichwohl kann der Übergang zwischen den Psychotests und wissenschaftlich fundierten Tests fließend sein.

**Psychotherapeut:** Kurzform für ärztlicher und psychologischer Psychotherapeut sowie Kinder- und Jugendlichenpsychotherapeut; wie die Langform eine in Deutschland geschützte Berufsbezeichnung für akademische Heilkundler auf dem Gebiet der seelischen Störungen. Als Psychotherapeut oder Psychotherapeutin dürfen sich nur diejenigen bezeichnen, die die staatliche Erlaubnis zur Ausübung der Psychotherapie erlangt haben (Approbation). Voraussetzung hierfür ist ein abgeschlossenes Studium der Medizin oder der Psychologie sowie zusätzlich eine anerkannte Ausbildung in Psychotherapie. Den Titel Kinder- und

*Fortsetzung S. 480*

# PSYCHOSOMATIK

## BEDEUTUNG UND VORGESCHICHTE

Der zusammengesetzte Begriff »Psychosomatik« beinhaltet die griechischen Wörter für Seele (»Psyche«) und Körper (»Soma«); er bezeichnet eine Krankheitslehre im Grenzgebiet von Psychologie, Medizin und Sozialwissenschaften, die das Zusammenwirken von seelischen, körperlichen und sozialen Faktoren bei der Entstehung, dem Verlauf und der Bewältigung von Krankheiten untersucht.

Die Einsicht, dass seelische Einflüsse eine Rolle bei Erkrankungen spielen, ist Allgemeingut. Allerdings gehen die Meinungen zur Frage, in welchem Ausmaß körperliche Krankheiten seelisch mitbedingt sind, weit auseinander. Die Spannweite reicht von der Auffassung, seelische Einflüsse spielten bei der Entstehung körperlicher Krankheiten eine vernachlässigenswerte Rolle, könnten aber bei der Bewältigung der Krankheit wichtig sein, bis zu der Auffassung, keine körperliche Krankheit könne ohne seelische Mitbeteiligung ausbrechen, bestehen bleiben oder bewältigt werden.

Von der Frühgeschichte bis zum 19. Jh. war eine psychosomatische Betrachtungsweise des Menschen als integraler Bestandteil der Heilkunde so selbstverständlich, dass sie als solche nicht hervorgehoben zu werden brauchte. In der weit längsten Zeit der kulturellen Entwicklung war der Arzt des Körpers immer auch der Arzt der Seele und achtete auch auf die soziale (Wieder-)Einbindung des Kranken. Diese ganzheitliche Perspektive und Therapie von Erkrankungen war für die schamanistische Heilkunst ebenso wie für die Medizin der Antike ganz selbstverständlich. Beispielsweise verknüpft die Lehre von den Temperamenten Aussagen über körperliche und psychische Qualitäten: Die »Körpersäfte« Blut, gelbe Galle, Schleim und schwarze Galle prägen demnach den Charakter als sanguinisches, cholerisches, phlegmatisches oder melancholisches Temperament und beeinflussen die Gesundheit.

Durch die naturwissenschaftliche Forschung in der Medizin änderte sich diese ganzheitliche Sicht- und Vorgehensweise. Krankheit wurde auf einer nicht mehr mit bloßem Auge sichtbaren Ebene definiert: als eine chemisch-physikalische Störung oder Veränderung in den Körperzellen; und zu ihrer Behandlung sollten möglichst wirksame Arzneimittel entwickelt werden, welche die Krankheitsursache beseitigen, etwa ein Antibiotikum, das die eingedrungenen Erreger tötet. Die naturwissenschaftliche Medizin gewann schrittweise den Vorrang. Allerdings konnte sie mit denjenigen Krankheiten nicht umgehen, bei denen sich die Kranken subjektiv sehr schlecht fühlen, arbeitsunfähig sind, Schmerzen haben, ohne dass Veränderungen der Organfunktionen nachweisbar sind.

## FREUDS BEITRAG

Die Psychosomatik entstand gegen Ende des 19. Jahrhunderts parallel zu dem Versuch, die subjektiven Faktoren von Krankheiten neu zu entdecken und die so gewonnenen Erkenntnisse für eine umfassendere Behandlung nutzbar zu machen. Einen wichtigen Beitrag dazu lieferte Sigmund Freud mit seinen Modellen der Konversionsneurose und der Aktualneurose.

In der Konversionsneurose wird ein unbewusster Konflikt durch Körpersymptome zugleich ausgedrückt und neutralisiert. Freud nannte folgendes Beispiel: Eine Frau erkrankt an der Lähmung eines Beines, nachdem ihre Schwester gestorben ist. Es ist keine organische Ursache zu finden, die Lähmung ist demnach psychogen. Der Konflikt, den die Psychoanalyse aufdeckt, wurzelt darin, dass diese Frau schon lange in den Mann ihrer Schwester verliebt war; als die Schwester starb, drohten erotische Wünsche, die ihr bewusstes Ich ablehnte, sie zu überwältigen. Die Lähmung drückt nach Freuds Interpretation einen Kompromiss aus: Die Frau kann sich nicht mehr zu dem geliebten Mann bewegen und um ihn werben; sie bestraft sich für ihre »schlechten« Wünsche und muss sich diese nicht eingestehen. Überdies erzielt sie einen sekundären Krankheitsgewinn: Die Umwelt kritisiert sie nicht wegen ihrer Wünsche, sondern alle nehmen auf die Kranke Rücksicht.

Bei der Aktualneurose liegt dagegen kein unbewusster Konflikt zugrunde, sondern bewusst wahrgenommene Geschehnisse führen zu körperlichen Symptomen, etwa eine starke, aber nicht abgeführte Erregung zu panischer Angst. Ob Freud selbst die zahlreichen körperlichen Erscheinungsformen der Angst zu den Aktualneurosen rechnete, ist nicht ganz klar; jedenfalls sind die »Angstäquivalente«, die körperlichen Begleiterscheinungen von Angst, eine wesentliche Quelle psychosomatischer Leiden.

## PSYCHOANALYSE

Spätere Forschungen haben Freuds Thesen weitgehend bestätigt, aber auch genauer herausgearbeitet, dass nicht alle Personen gleich auf unbewusste Konflikte reagieren. Der Psychoanalytiker Franz Alexander hat als Erster ein umfassendes Modell entwickelt, indem er die Verflechtung verschiedener Ursachen erforschte und drei wichtige Faktoren psychosomatischer Erkrankungen ermittelte: 1. eine krankheitstypische psychodynamische Situation, das heißt einen unbewussten Konflikt, 2. eine krankheits- und persönlichkeitsspezifische auslösende Lebenssituation sowie 3. einen konstitutionellen Faktor, der dazu führt, dass ein bestimmtes Organsystem besonders anfällig ist. Mit diesem Modell beschrieb Alexander sieben klassische psychosomatische Krankheiten: Bluthochdruck ohne Organbefund, Schilddrüsenüberfunktion (basedowsche Krankheit), Geschwür (Ulkus), Bronchialasthma, Dickdarmentzündung (Colitis ulcerosa), chronische Polyarthritis und Neurodermitis.

Der Internist Max Schur und der Psychoanalytiker Alexander Mitscherlich haben die drei Faktoren nach dem Zweiten Weltkrieg durch das Modell einer Desomatisierung und Resomatisierung ergänzt. Desomatisierung bedeutet darin die Ablösung der seelischen von den körperlichen Vorgängen; sie gehört zur normalen Entwicklung: Kleine Kinder müssen lernen, zwischen körperlichen und seelischen Vorgängen zu unterscheiden und die psychische Verarbeitung vom Körper zu lösen. Wenn in der späteren seelischen Entwicklung sonst unüberwindliche Hindernisse beggnen, die Psyche also einen Konflikt nicht bewältigen kann, setzt eine Resomatisierung ein, das heißt, der Konflikt wird erneut auf körperlicher Ebene verarbeitet. Die psychosomatische Erkrankung stellt demnach eine Art zweiter Abwehr her, wenn die normale, psy-

## PSYCHOSOMATIK  *Fortsetzung*

chische Abwehr nicht ausreicht, einen chronischen Konflikt zu bewältigen.

### PSYCHOPHYSIOLOGIE

An der psychoanalytischen Psychosomatik ist kritisiert worden, dass viele Modelle spekulativ sind und exakte Beweise fehlen. Stärker an der Forschung über Körpervorgänge orientiert sind die Psychophysiologie und ihre Weiterentwicklung, die Psychoimmunologie. Grundlage dieser Disziplinen sind die Forschungen von Iwan Petrowitsch Pawlow über den bedingten Reflex und die Arbeiten von Walter Bradford Cannon über die physiologischen Grundlagen der Kampf-Flucht-Reaktionen (Alarmreaktionen) von Tieren, die sich auch im menschlichen Affektleben erhalten haben.

Cannon zeigte, dass bei starken Emotionen wie Schmerz, Hunger, Angst oder Wut organisierte Reaktionsmuster ablaufen, die physiologisch erforscht werden können. Psychosomatische Erkrankungen wurden in der Folge von verschiedenen Autoren darauf zurückgeführt, dass die physiologische Natur des Menschen in Stresssituationen nach Aktion verlangt, seine kulturelle Umgebung aber im Gegensatz dazu von ihm fordert, Belastungen standhaft zu ertragen.

Daran anknüpfend entwickelte Hans Selye ein Stresskonzept, das er als Abfolge einer Alarmreaktion und einer Adaptationsreaktion beschrieb: Wenn ein Mensch den Stressfaktoren nicht ausweichen kann oder seine Anpassung an den Stress nicht ausreicht, entstehen gehäuft psychosomatische Erkrankungen wie etwa Bluthochdruck oder Magengeschwüre.

Obwohl die Stressforschung stark physiologisch orientiert ist und viele Ergebnisse über die hormonellen Prozesse während der Anpassungen an Stress gesammelt hat, beinhaltet sie auch die psychologische Frage, was ein Mensch als Stress erlebt und was nicht. Wer etwa viele Freunde hat, leidet längst nicht so unter dem Verlust einer Beziehung wie jemand, der mit seinem Beziehungspartner seine einzige Bezugsperson verliert. Neueren Forschungen zufolge können Menschen umso besser mit unausweichlichem Stress umgehen, je mehr sie das Gefühl haben, alles getan zu haben, was in ihrer Macht steht.

### LERNTHEORIE

Die Lerntheorie als theoretische Basis der Verhaltenstherapie begreift psychosomatische Störungen in erster Linie als körperliche Veranlagungen, die durch Lernprozesse überlagert, verschlimmert und verfestigt werden. So ist etwa die Magensaftsekretion in Erwartung eines Essens eine normale Reaktion. Wer sein Essen nun aber ständig unter Stress zu sich nimmt, weil etwa nie ausreichend Zeit zum Frühstück bleibt, koppelt weitgehend unbewusst die Reize Stress und Essenserwartung aneinander. Dies kann dazu führen, dass früher oder später jeder Stress unabhängig von einer anstehenden Essenszufuhr eine starke Magensaftsekretion bewirkt und so die Entwicklung eines Magengeschwürs begünstigt wird.

Auch vermeintliche »Vorteile«, die mit einem zunächst nur sporadisch und eher zufällig auftretenden Beschwerdebild verbunden sind, können dazu führen, dass das betreffende Beschwerdebild immer öfter auftritt. Ein beruflich über-

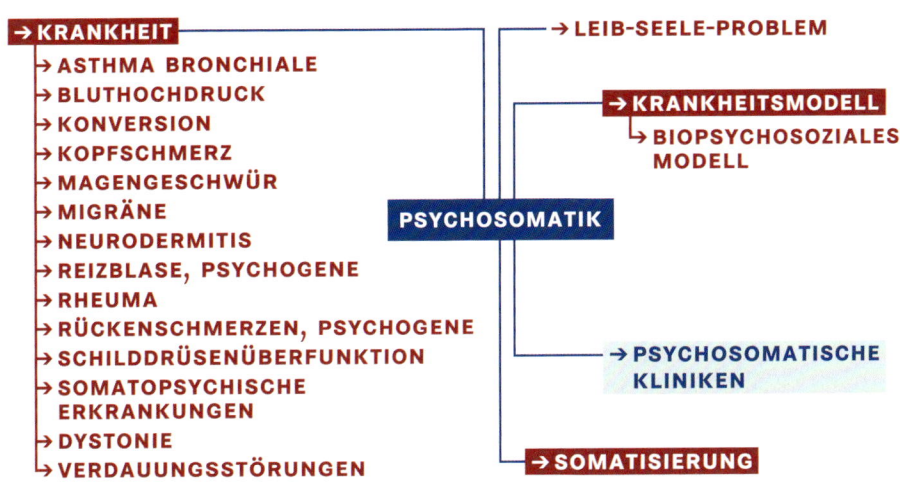

```
→ KRANKHEIT                           → LEIB-SEELE-PROBLEM
    → ASTHMA BRONCHIALE
    → BLUTHOCHDRUCK
    → KONVERSION                      → KRANKHEITSMODELL
    → KOPFSCHMERZ                         ↳ BIOPSYCHOSOZIALES
    → MAGENGESCHWÜR                        MODELL
    → MIGRÄNE                  PSYCHOSOMATIK
    → NEURODERMITIS
    → REIZBLASE, PSYCHOGENE
    → RHEUMA
    → RÜCKENSCHMERZEN, PSYCHOGENE
    → SCHILDDRÜSENÜBERFUNKTION        → PSYCHOSOMATISCHE
    → SOMATOPSYCHISCHE                  KLINIKEN
      ERKRANKUNGEN
    → DYSTONIE
    ↳ VERDAUUNGSSTÖRUNGEN             → SOMATISIERUNG
```

forderter Mensch, der sich nur angesichts einer heftigen Migräneattacke erlaubt, etwas weniger als sonst zu arbeiten, wird unter Umständen immer häufiger, sozusagen als entlastendes kleineres Übel, von Kopfschmerzanfällen heimgesucht. Aufgabe einer Verhaltenstherapie ist, den Betroffenen auf den Zusammenhang hinzuweisen und ihm konstruktivere Wege aus seiner Arbeitsüberlastung zu eröffnen.

## PSYCHOSOMATISCHE BEHANDLUNG

Bei der Behandlung einer Krankheit sind also psychische und körperliche Aspekte gleichermaßen zu berücksichtigen. In einem weiteren Sinn sind alle ganzheitlichen Heilverfahren wie die Naturheilkunde und die Homöopathie als psychosomatisch zu bezeichnen, da sie den ganzen Menschen, nicht nur jeweils die Organfunktionen oder die seelischen Aspekte, im Blick haben.

In einem engeren Sinn wäre eine volle Integration von Medizin und Psychologie wünschenswert; dies würde bedeuten, dass jeder Patient eines Arztes grundsätzlich auch psychologisch untersucht wird. Das umgekehrte Vorgehen ist zumindest vor dem Beginn einer Psychotherapie der Fall; hier muss ein Arzt erklären, dass es keine organischen Gründe für die psychische Erkrankung gibt. Erst wenn vor einer ärztlichen Behandlung in gleicher Weise ein Psychologe konsultiert werden muss, der dann gegebenenfalls bestätigt, dass es keine Einwände gegen das medizinische Vorgehen gibt, hat die Psychosomatik in der Praxis des Gesundheitswesens den Stand erreicht, den sie in der Theorie längst gewonnen hat.

**LESETIPPS:**
Alice Miller: *Die Revolte des Körpers.* Frankfurt am Main (Suhrkamp) 2005.
Hans Liebe und Andreas von Pein: *Der kranke Gesunde.* Stuttgart (Trias) ²2001.
Hans Morschitzky und Sigrid Sator: *Wenn die Seele durch den Körper spricht.* Olten (Walter) 2004.
Peter-Adolf Mäurer: *Wenn du krank bist, fehlt dir was.* Veränderte Neuauflage Augsburg (Foitzick) 2007.

*Fortsetzung von S. 475*
Jugendlichenpsychotherapeut (→Kinder- und Jugendlichenpsychotherapie) dürfen neben den ärztlichen und →psychologischen Psychotherapeuten auch diejenigen führen, die ein Studium der Sozialpädagogik oder der Sozialarbeit und zusätzlich eine anerkannte Zusatzausbildung in der Kinder- und Jugendlichenpsychotherapie absolviert haben.

Psychotherapeuten und Kinder- und Jugendlichenpsychotherapeuten sind von den gesetzlichen Krankenkassen anerkannt, d. h., die Kosten für die Psychotherapie – je nach Verfahren begrenzt auf eine bestimmte Anzahl von Sitzungen – werden übernommen.

Lange bevor sich eine eigene Berufsgruppe entwickelt hatte, gehörte die Psychotherapie zu den Aufgaben von weisen Frauen und Männern, Schamanen, Priestern, Heilern und Lehrern. Die moderne Psychotherapie wurde allerdings nicht von Vertretern dieser Gruppen, sondern von Ärzten wie dem Pariser Neurologen Jean Martin Charcot, von Sigmund Freud und Josef Breuer begründet. Der Beruf des Psychotherapeuten ist in der ersten Hälfte des 20. Jahrhunderts entstanden, als das Wissen über seelische Störungen wuchs und die gesellschaftliche Aufmerksamkeit dafür zunahm.

**Psychotherapeutengesetz:** am 1. 1. 1999 in Deutschland in Kraft getretenes Gesetz, das die Ausbildung und die Kassenzulassung von psychologischen Psychotherapeuten sowie von Kinder- und Jugendlichentherapeuten regelt. Während der Titel des Psychotherapeuten zuvor nicht geschützt war, wird im Psychotherapeutengesetz bestimmt, dass →psychologische Psychotherapeuten und Kinder- und Jugendlichenpsychotherapeuten (→Kinder- und Jugendlichenpsychotherapie) ebenso approbiert werden wie Ärzte. Nach einem abgeschlossenen Studium müssen sie eine mehrjährige geregelte Ausbildung absolviert haben. Sie gehören einer Psychotherapeutenkammer an, die sie standesrechtlich vertritt und überwacht; über die Approbation und die Anerkennung der Ausbildungsinstitute entscheiden die Sozialministerien der Länder. Durch das Psychotherapeutengesetz wurde der rechtliche Status der nicht ärztlichen Psychotherapeuten von dem der Heilpraktiker abgegrenzt und ein Minimalstandard der Ausbildung garantiert.

**psychotherapeutische Medizin:** im letzten Jahrzehnt des 20. Jahrhunderts entstandenes Spezialgebiet der Medizin. Sie trägt v. a. der Tatsache Rechnung, dass die wachsende Zahl

## PSYCHOTHERAPEUT: BERUFE IM FELD DER PSYCHOTHERAPIE UND IN ANGRENZENDEN GEBIETEN

| Berufsbezeichnung | Ausbildung | Tätigkeiten/Befähigung |
|---|---|---|
| **psychologischer Psychotherapeut*** | Hochschulstudium der Psychologie und Zusatzausbildung in Psychotherapie | Psychotherapie |
| **ärztlicher Psychotherapeut*:** | | |
| Arzt mit Zusatztitel Psychotherapie und/oder Psychoanalyse | Hochschulstudium der Medizin und Zusatzausbildung in Psychotherapie | Psychotherapie und medikamentöse Therapie |
| Facharzt für Psychiatrie und Psychotherapie; Facharzt für Psychotherapeutische Medizin und Psychotherapie; Facharzt für Psychosomatische Medizin und Psychotherapie | Hochschulstudium der Medizin, Facharztausbildung und Zusatzausbildung in Psychotherapie | Psychotherapie und medikamentöse Therapie |
| **Kinder- und Jugendlichenpsychotherapeut*** | Hochschulstudium der Medizin, der Psychologie, der Pädagogik oder Sozialarbeit und Zusatzausbildung in Psychotherapie | Psychotherapie für Kinder und Jugendliche |
| **Facharzt für Psychiatrie*** | Hochschulstudium der Medizin und Facharztausbildung | meist kurze Gespräche, hauptsächlich medikamentöse Therapie |
| **Facharzt für Neurologie*** | Hochschulstudium der Medizin und Facharztausbildung | Behandlung von Erkrankungen des Nervensystems, z. B. multiple Sklerose |
| **Heilpraktiker (Psychotherapie)** | Psychotherapeutische Ausbildung an einer Heilpraktikerschule | Psychotherapie |
| **Diplom-Psychologe** | Hochschulstudium der Psychologie | psychologische Beratung, z. B. in psychologischen Diensten |
| **Sozialarbeiter** | Fachhochschulstudium oder Hochschulstudium | Beratung, z. B. in der Suchtberatung |
| **Kunst- und Gestaltungstherapeut** | Fachhochschulstudium oder Hochschulstudium der Kunstpädagogik und Zusatzausbildung in Kunst- und Gestaltungstherapie | Kunst- und Gestaltungstherapie z. B. im Rahmen psychiatrischer stationärer Behandlung |

* kann über die gesetzlichen Krankenkassen abrechnen

# Psychotherapieforschung

**Psychotherapeut:** Der afrikanische Heiler machte in Nairobi auf die Rolle der traditionellen Medizin bei der Bekämpfung von Krankheiten aufmerksam. Viele dieser Heilverfahren sprechen die Seele ebenso an wie den Körper, beruhen jedoch auf Glauben und Überlieferung. Die moderne Psychotherapie baut dagegen auf wissenschaftliche Erkenntnisse.

von Menschen, die an Neurosen, Persönlichkeitsstörungen oder psychosomatischen Erkrankungen leiden, auch entsprechend ausgebildete medizinische Spezialisten erfordert. Fachärzte für psychotherapeutische Medizin werden v. a. in den psychotherapeutischen und psychosomatischen Kliniken oder den entsprechenden Abteilungen von Allgemeinkrankenhäusern ausgebildet, die eine stationäre Psychotherapie anbieten. Sie arbeiten diagnostisch, führen aber auch selbst Behandlungen durch oder überweisen die Patienten an spezialisierte Psychotherapeuten, z. B. an Psychoanalytiker oder an Verhaltenstherapeuten.

**Psychotherapie:** *Sonderartikel S. 482–485.*

**Psychotherapieforschung:** Untersuchungen über die Wirksamkeit von Psychotherapien.

Auf den ersten Blick scheint es unproblematisch zu sein, z. B. Patienten zu befragen, ob sie durch die Psychotherapie eine Besserung ihrer Beschwerden erlebt haben oder nicht. Aber diese Methode ist wissenschaftlich unbefriedigend und ihre Ergebnisse widersprechen oft denen einer Untersuchung durch Dritte. Manche Patienten sind dankbar und bewerten eine Behandlung positiv, von der sie nicht profitiert haben; andere wiederum ärgern sich über den Therapeuten und beurteilen seine Behandlung trotz objektiver Erfolge negativ. Auch das Urteil der Therapeuten ist subjektiv; schließlich wollen sie, dass ihre Behandlung wirkt, und beurteilen das Ergebnis dementsprechend. Am besten lassen sich Fehler in der Beurteilung des Therapieerfolgs durch kombiniertes Vorgehen vermeiden: Selbstbeurteilung, Urteil des Therapeuten und Urteile neutraler Untersucher werden gesammelt und ausgewertet.

Bahnbrechend in Deutschland war eine Untersuchung von Annemarie Dührssen in Berlin, in der sie nachwies, dass es auch objektive Daten (die Zahl der notwendigen Krankenhaustage pro Jahr) gibt, die eine Gruppe mit analytischer Psychotherapie behandelter Patienten nachweisbar von einer unbehandelten Kontrollgruppe unterscheiden: In den fünf Jahren nach einer Psychoanalyse waren die behandelten Patienten durchschnittlich sechs Tage im Krankenhaus; der Durchschnitt der nicht behandelten Patienten lag dagegen bei 26 Krankenhaustagen.

In jüngerer Zeit haben Klaus Grawe (* 1943, † 2005) und seine Mitarbeiter eine Übersicht über Forschungsstudien zu einer Vielzahl von Therapieverfahren vorgelegt. Sie kommen zu dem Schluss, dass heute im Wesentlichen die Psychotherapieformen →Psychoanalyse, →klientenzentrierte Psychotherapie und →Verhaltenstherapie einschließlich der →kognitiven Verhaltenstherapie als wissenschaftlich bestätigt gelten können; für die →Gestalttherapie und die verschiedenen Formen der Paar- und

*Fortsetzung S. 486*

---

**Psychotherapeut | Die richtige Wahl**

Angesichts der vielfältigen Therapieverfahren und verschiedenen Berufsbezeichnungen von Therapeuten ist es für Ratsuchende schwer, sich zu orientieren. Eine wichtige Entscheidungsgrundlage ist, von welcher Art Psychotherapie man sich einen Erfolg verspricht. Wer verstärkt unter Anleitung des Therapeuten und in relativ kurzer Zeit seine Probleme lösen will, sollte eine Verhaltenstherapie vorziehen; wer sich mit seinen Problemen tiefer gehend auseinandersetzen und seine Kindheitserlebnisse mit einbeziehen will, ist richtig bei einem analytisch oder tiefenpsychologisch arbeitenden Psychotherapeuten. Krankenkassen, die Listen der kassenzugelassenen Psychotherapeuten im Ort führen, helfen bei der Suche. Der erste Termin bei einem Psychotherapeuten gilt dem gegenseitigen Kennenlernen und der Klärung der Frage, ob man miteinander arbeiten kann. Kann der Hilfesuchende kein Vertrauen zum Psychotherapeuten entwickeln, so sollte er sich nicht scheuen, Kontakt zu weiteren Psychotherapeuten aufzunehmen. Psychotherapeuten sollten ihre Therapiemethode verständlich darstellen können und Fragen ausführlich beantworten.

# PSYCHOTHERAPIE

## PSYCHOTHERAPEUTISCHES VORGEHEN

Die Bandbreite zur Behandlung von seelischen, geistigen, emotionalen oder Verhaltensstörungen ist heute sehr groß. Nicht alle Verfahren eignen sich für jedes Störungsbild, jedoch gibt es heutzutage für alle psychisch bedingten oder mitbedingten Erkrankungen angemessene psychotherapeutische Verfahren. Viele körperliche Krankheiten sind ebenfalls psychisch mitbedingt oder wirken sich in ihrem Verlauf auf die Seele aus. Auch in diesen Fällen gibt es Psychotherapien, die helfen oder Linderung verschaffen.

Allen psychotherapeutischen Verfahren ist gemeinsam, dass sie auf direkte Eingriffe in den Körper verzichten. Psychotherapeuten sprechen mit den Patienten, fragen etwa nach ihren Lebensumständen, Gefühlen und Träumen, oder stützen sich auf außersprachliche Ausdrucksmittel wie bildnerische Gestaltung oder körperliche Bewegung; sie untersuchen Lernprozesse oder üben Entspannungstechniken. Alle psychotherapeutischen Verfahren tragen dazu bei, dass der Patient auf irgendeine Weise etwas Neues über sich selbst erfährt. Dieses Neue kommt aber nicht als Belehrung daher, sondern entsteht in der Zusammenarbeit von Therapeut und Patient, wobei der Therapeut sein psychologisches Wissen zur Verfügung stellt.

Eine Psychotherapie ist grundsätzlich nur möglich, wenn der Betreffende behandelt werden will. Gegen seinen Willen kann niemand therapiert werden; eine Psychotherapie, die nicht aktiv gewollt, sondern nur passiv hingenommen wird, hat wenig Aussicht auf Erfolg.

Nach dem Rahmen, in dem eine Psychotherapie stattfindet, unterscheidet man Langzeit- und Kurzzeittherapie, Einzel- und Gruppentherapie, Paar- und Familientherapie. Wenn von Körpertherapie als Form der Psychotherapie gesprochen wird, handelt es sich nicht etwa um eine Behandlung des Körpers mit Arzneimitteln oder Anwendungen, sondern um eine Behandlung der Seele durch den Körper, z. B. um eine Tanztherapie oder um ein Konzentrations- und Entspannungstraining. In Abgrenzung zu Körpertherapien werden andere Verfahren wie die Gestalttherapie oder Verhaltenstherapie verbale Therapien genannt, was nicht bedeutet, dass bei diesen die Körpererfahrung nicht beachtet wird.

## ENTWICKLUNG DER PSYCHOTHERAPIE

Die Psychotherapie hat eine sehr lange Vergangenheit und eine vergleichsweise kurze Geschichte als Wissenschaft. Psychologische Heilverfahren wurden schon von den Medizinmännern und Schamanen der traditionellen Kulturen angewandt, waren damals allerdings nicht von magischen Praktiken und der Gabe von Heilpflanzen getrennt. Erst als sich die Medizin immer klarer als Naturwissenschaft definierte und so die Vagheiten der traditionellen Heilkunde zu eliminieren versuchte, wurde deutlich, dass es viele Menschen gab, die sich zwar krank fühlten, aber keinen organischen Befund aufwiesen. Diese Kranken, denen man unterschiedliche Gemütskrankheiten (»Hysterie«, »Hypochondrie«, »Neurasthenie« oder »Neurose«) zuschrieb, wurden zunächst mit Überredungstechniken, Suggestion oder Hypnose behandelt.

Sigmund Freud und andere entwickelten aus der wissenschaftlichen Bearbeitung der Erfahrungen mit der Hypnose die Theorie und Praxis der Psychoanalyse. Burrhus F. Skinner und seine Nachfolger entwickelten aus Erkenntnissen der Physiologie, etwa der Entdeckung der bedingten Reflexe durch Iwan P. Pawlow, die Lerntheorie als Grundlage der modernen Verhaltenstherapie. Ab den 1960er-Jahren kam es in der Psychotherapie zu einer geradezu stürmischen Entwicklung neuer Verfahren und Methoden. Diese Vielfalt resultiert v. a. daraus, dass sich die verschiedenen klinischen Theorien und die jeweilige Behandlungspraxis an die Unterschiedlichkeit der Störungen und Probleme der Patienten angepasst haben. Hinzu kommen die Einflüsse der unterschiedlichen sozialen und kulturellen Bedingungen, Persönlichkeitstypen und Lebensumstände der Patienten sowie der Einfluss der persönlichen Überzeugungen, schließlich noch Wertvorstellungen und Persönlichkeit des Therapeuten.

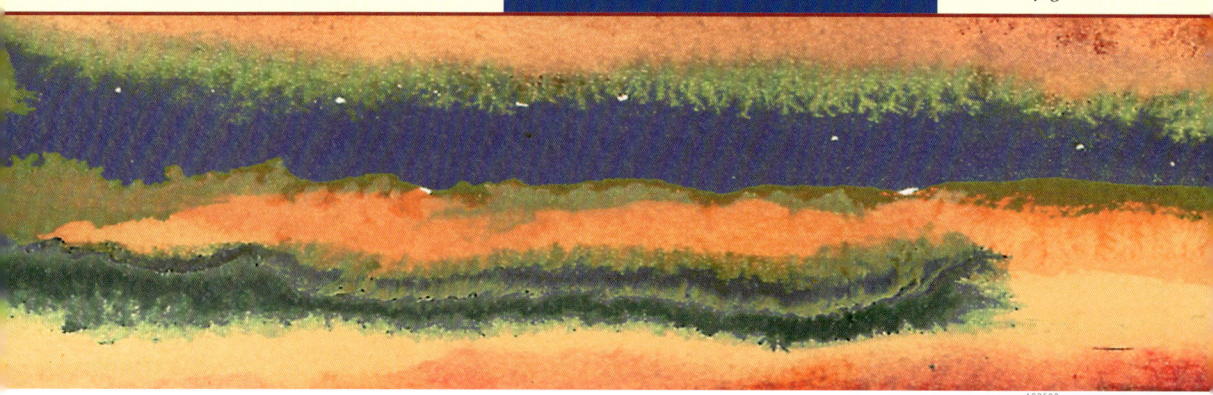

## PSYCHOTHERAPEUTISCHE SCHULEN

Heute gehören über 200 mehr oder weniger wissenschaftlich fundierte Schulen zur Psychotherapie. Die mächtigsten Gruppierungen sind die verschiedenen Richtungen der Tiefenpsychologie, die auf Freud zurückgehen, sowie der Verhaltenstherapie und der humanistischen Therapieverfahren.

Sigmund Freud versuchte, mithilfe der freien Einfälle (Assoziationen) seiner Patientinnen und durch die Analyse seiner eigenen Träume zu erkennen, wie neurotische Symptome entstehen. Er fand heraus, dass sie mit seelischen Verletzungen und Konflikten zusammenhängen, die ein Kind nicht bewusst verarbeiten kann, sondern verdrängt.

Diese Verdrängung hält einer Kombination aus starken Spannungen in der Kindheit und heftigen Belastungen im Erwachsenenleben nicht stand. Neurotische Symptome wie Ängste, Zwänge oder Depressionen unterstützen die psychische Abwehr darin, das Verdrängte unbewusst zu halten. Der psychoanalytische Psychotherapeut deckt in den freien Einfällen und Traumbildern des Patienten die Kindheitskonflikte auf, die das Ich schwächen. Jetzt kann der Erwachsene noch einmal seine Kindheit betrachten und mit seinem stärkeren Ich überflüssige Verdrängungen rückgängig machen. Dadurch wird er so weit gekräftigt, dass er seine neurotischen Symptome nicht mehr benötigt und wieder fähig ist, »zu lieben und zu arbeiten«, wie Sigmund Freud einmal das Therapieziel der Psychoanalyse bezeichnete.

Die Verhaltenstherapie dagegen sieht die psychische Erkrankung als Folge einer falschen Lernerfahrung, die revidiert werden kann. Der Klient wird dazu angehalten, durch Selbstbeobachtung herauszufinden, in welchen Situationen das störende Verhalten auftritt, welche für ihn unangenehmen Folgen es hat und was passiert, wenn er es unterlässt. Therapeut und Klient erstellen dann einen Behandlungsplan, mit dessen Hilfe der Klient sich ein anderes Verhalten angewöhnen kann. So erreicht er das Therapieziel der Verhaltenstherapie: störendes Verhalten durch angepasstes Verhalten zu ersetzen.

Die humanistischen Therapieverfahren, z. B. die Gesprächspsychotherapie oder die Gestalttherapie, gehen davon aus, dass der Mensch im Prinzip gut und zur Bewältigung seines Lebens gerüstet ist, aber aktuell blockiert sein kann. Die

## PSYCHOTHERAPIE *Fortsetzung*

psychotherapeutischen Gespräche dienen dazu, sich selbst besser kennenzulernen, eigene Stärken wiederzufinden und ein Leben zu beginnen, das geprägt ist durch realen Kontakt zu sich und zur Umwelt sowie durch Übernahme von Verantwortung für das eigene Leben.

### PSYCHOTHERAPIEFORSCHUNG

Im Jahr 1952 erregte Hans Jürgen Eysenck, ein Kritiker der Psychoanalyse, großes Aufsehen mit seiner These, die Heilung durch eine Psychotherapie sei eine Illusion; wenn man die Patienten gar nicht behandle, würden ebenso viele geheilt. Sie wurde bald widerlegt durch den Nachweis, dass Eysenck keine empirischen Studien durchgeführt, sondern vorliegende Statistiken so interpretiert hatte, dass sie seine These bestätigten. Dennoch gab Eysenck damit den Anstoß für eine kritische Psychotherapieforschung, die allerdings immer wieder mit dem Problem ringen musste, ob sie wirklich Vergleichbares verglich. Problematisch waren dabei v. a. Forschungen, deren Ziel es von vornherein war, die Überlegenheit einer Methode gegenüber anderen zu beweisen.

Heute werden insbesondere Vorgänge erforscht, die wirklich den therapeutischen Prozess betreffen und nicht mehr nur die Überlegenheit der eigenen Methode belegen sollen. So hat sich herausgestellt, dass in allen Therapiemethoden die Ergebnisse einer Behandlung besser ausfallen, wenn die Klienten ihre Therapeuten als einfühlsam, warmherzig und sachverständig einschätzen. Weniger die verwendete Methode als vielmehr die Beziehung zwischen Therapeut und Klient scheint über Erfolg oder Misserfolg zu entscheiden. In einem therapeutischen Prozess gibt es eine komplexe Wechselwirkung zwischen der Persönlichkeit des Therapeuten, der des Klienten und der verwendeten Methode. Dabei entwickelt jeder Therapeut einen persönlichen Stil, der mit seinem beruflichen Werdegang zusammenhängt. Es hat sich gezeigt, dass schulische Einschränkungen von erfahrenen Therapeuten eher aufgegeben werden als von Anfängern.

### WIRKSAMKEIT DER PSYCHOTHERAPIE

Die Wirksamkeit der Psychotherapie ist heute weitgehend anerkannt; das gilt für die Psychoanalyse ebenso wie für die Verhaltenstherapie und andere wissenschaftlich fundierte Schulen sowie für Entspannungsverfahren, Yoga und die Hypnotherapie. Aber ihre Wirkungen sind schwer vorauszusehen. Die persönliche Kompetenz eines Therapeuten und seine Beziehung zum Klienten beeinflussen das Geschehen in hohem Maße.

In vielen psychotherapeutischen Kliniken arbeiten heute Teams aus unterschiedlichen Berufsgruppen, die unterschiedliche Verfahren (wie Körpertherapie und verbale Psychotherapie, Verhaltenstherapie und Psychodrama) anwenden. Die praktischen Vorteile solcher Rahmenbedingungen sind den Beteiligten deutlich; sie in Untersuchungen nachzuweisen ist jedoch aus Gründen der Forschungsmethodik nicht immer leicht.

### KOSTENÜBERNAHME

Die Ausübung von Psychotherapie in der Krankenversorgung ist in Deutschland durch die Psychotherapierichtlinien der Kassenärztlichen

- → **PSYCHOTHERAPIEVERFAHREN**
  - → ALLGEMEINE PSYCHOTHERAPIE
  - → DASEINSANALYSE
  - → ENTWICKLUNGSPSYCHOTHERAPIE
  - → EXISTENZANALYSE
  - → FEMINISTISCHE THERAPIE
  - → GESTALTTHERAPIE
  - → HYPNOTHERAPIE
  - → INDIVIDUALTHERAPIE 2)
  - → KLIENTENZENTRIERTE PSYCHOTHERAPIE
  - → KOGNITIVE VERHALTENSTHERAPIE
  - → KÖRPERTHERAPIE
  - → KUNST- UND GESTALTUNGSTHERAPIE
  - → MILIEUTHERAPIE
  - → MUSIKTHERAPIE
  - → ÖKOLOGISCHE PSYCHOTHERAPIE
  - → PAARTHERAPIE
  - → PRIMÄRTHERAPIE
  - → PSYCHOANALYSE
  - → PSYCHODRAMA
  - → RATIONAL-EMOTIVE THERAPIE
  - → SPIELTHERAPIE
  - → SYSTEMISCHE THERAPIE
  - → TANZTHERAPIE
  - → VERHALTENSTHERAPIE

- → **PSYCHOTHERAPEUT**
  - → PSYCHOLOGISCHER PSYCHOTHERAPEUT
  - → PSYCHOTHERAPEUTENGESETZ

- → **THERAPEUT-PATIENT-BEZIEHUNG**
  - → ÜBERTRAGUNG
  - → THERAPIEZIELE
  - → THERAPEUTISCHE ARBEITSBEZIEHUNG
  - → THERAPEUTENVARIABLEN

- → **PSYCHOTHERAPIEFORSCHUNG**
- → **PSYCHOTHERAPIERICHTLINIEN**

**PSYCHOTHERAPIE**

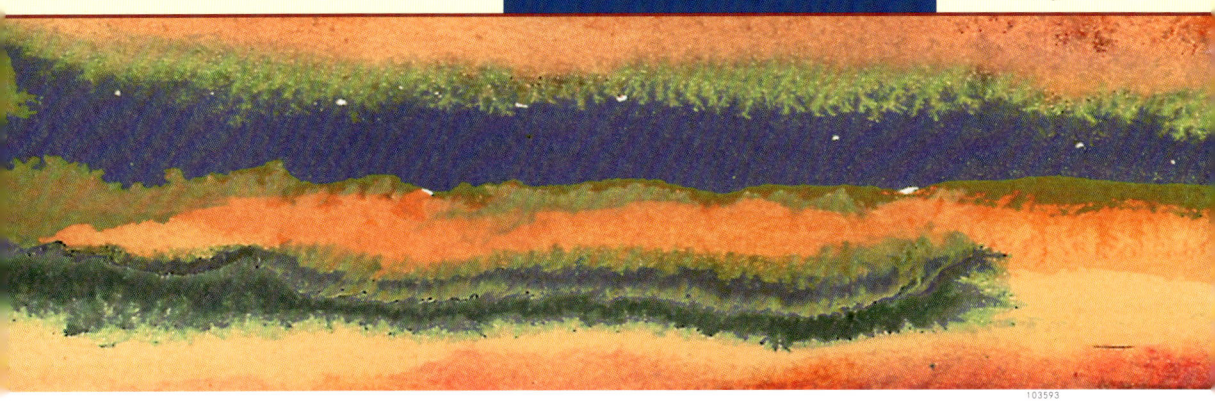

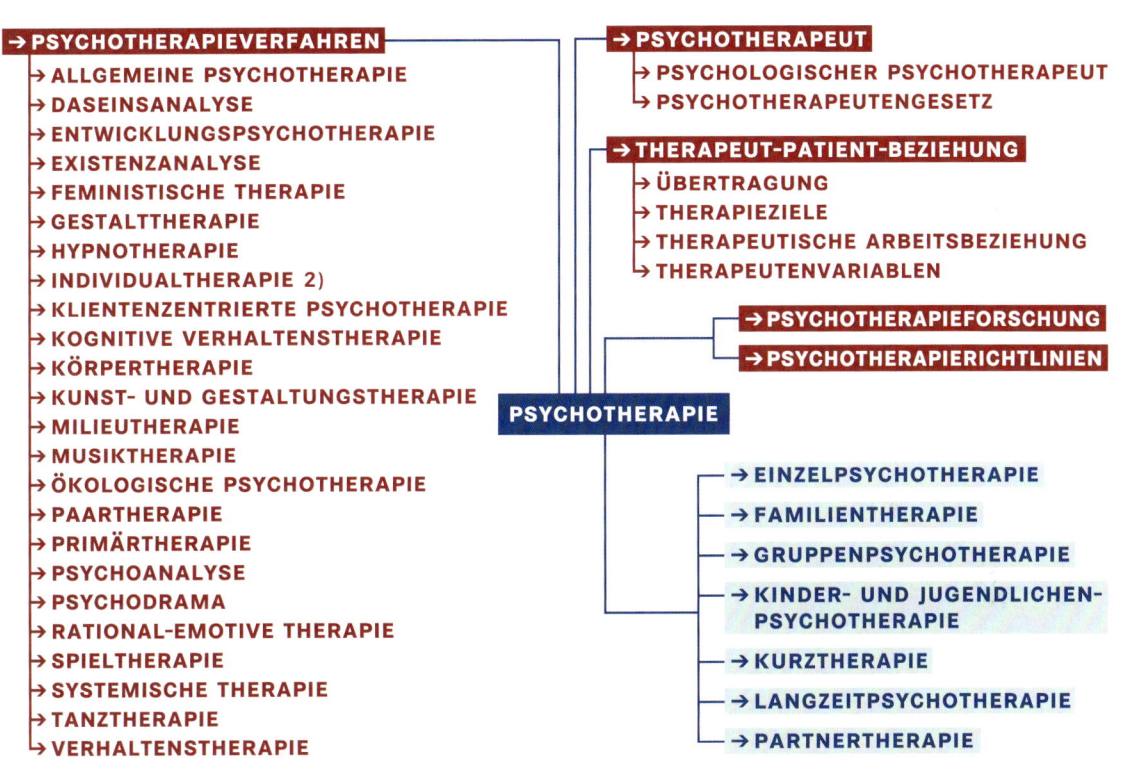

- → EINZELPSYCHOTHERAPIE
- → FAMILIENTHERAPIE
- → GRUPPENPSYCHOTHERAPIE
- → KINDER- UND JUGENDLICHEN-PSYCHOTHERAPIE
- → KURZTHERAPIE
- → LANGZEITPSYCHOTHERAPIE
- → PARTNERTHERAPIE

Bundesvereinigung geregelt. Die Kosten für eine psychotherapeutische Behandlung werden von den Krankenkassen übernommen, wenn diese vorab bewilligt worden ist. Nach Abklärung der Krankheitsursachen und nach fünf Probesitzungen muss der Patient vor Beginn der Behandlung einen Antrag stellen, der vom Therapeuten schriftlich begründet wird; diesen beurteilen dann Fachgutachter und entscheiden, ob die Kosten übernommen werden. Dieses Gutachterverfahren ist im Vergleich zu anderen medizinischen Maßnahmen eine unter dem Gesichtspunkt der Qualitätssicherung sinnvolle Besonderheit. Es dient dazu, die Patienten vor unseriösen und unzureichend ausgebildeten Psychotherapeuten zu schützen.

**LESETIPPS:**

Siegfried Brockert: *Praxisführer Psychotherapie.* München (Droemer Knaur) 2000.

Michael Wirsching: *Jenseits vom Schulenstreit. Entwicklungen heutiger Psychotherapie.* Taschenbuchausgabe Frankfurt am Main (Fischer) 2001.

Friedrich Beese: *Was ist Psychotherapie? Ein Leitfaden für Laien zur Information über ambulante und stationäre Psychotherapie.* Göttingen (Vandenhoeck & Ruprecht) $^8$2004.

*Psychotherapieführer Kinder und Jugendliche. Wege zur seelischen Gesundheit. Seelische Störungen und ihre Behandlung.* Herausgegeben von Rita Rosner. München (Beck) 2006.

*Fortsetzung von S. 481*
→Familientherapie gilt das mit Einschränkungen. Nachgewiesenermaßen wirksam sind ihnen zufolge auch die →progressive Muskelentspannung nach Jacobson, das →autogene Training, Techniken der →Meditation wie Yoga sowie die →Hypnotherapie.

**Psychotherapierichtlinien:** Richtlinien über die Bezahlung von Psychotherapie durch die gesetzlichen Krankenkassen. Sie regeln die Vorgehensweise, v. a. aber die Bedingungen, unter denen eine solche Behandlung von diesen Kassen bezahlt wird. Der Bundesausschuss »Psychotherapie-Richtlinien«, dem die gesetzlichen Krankenkassen, ärztliche Psychotherapeuten, psychologische Psychotherapeuten und Kinder- und Jugendlichenpsychotherapeuten angehören, beschließt die Psychotherapierichtlinien; sie werden dann zwischen den gesetzlichen Krankenkassen und der Kassenärztlichen Bundesvereinigung, der auch die nicht ärztlichen →Psychotherapeuten angehören, vereinbart.

Der Psychotherapeut muss nach den Erstgesprächen einen schriftlichen Bericht in anonymisierter Form vorlegen, der von einem Gutachter beurteilt wird; dieser genehmigt dann eine Behandlung in einem Umfang von 50 bis 160 Sitzungen, je nach Art der Antragstellung. Weitere Sitzungen können in einem Folgebericht beantragt werden; der Gesamtumfang darf aber 120 Sitzungen bei Verhaltenstherapie und tiefenpsychologisch fundierter Psychotherapie, 300 Sitzungen bei analytischer Psychotherapie nicht überschreiten. Viele Privatkassen haben sich diesem Vorgehen angeschlossen, das in ähnlicher Weise auch für Gruppenpsychotherapie und Kindertherapie gilt.

**Psychotherapieverfahren:** Formen der Behandlung seelischer Störungen. Sie beruhen jeweils auf einer bestimmten Theorie (→Therapieschulen). Die Hauptgruppen der Psychotherapieverfahren sind die tiefenpsychologischen (z. B. Psychoanalyse), verhaltenstherapeutischen (z. B. kognitive Verhaltenstherapie), humanistischen (z. B. Gestalttherapie) und systemischen Verfahren (z. B. Familientherapie). In einer anderen Einteilung spricht man von verbalen Psychotherapien und Körpertherapien; die verbalen wenden hauptsächlich das Mittel des Gesprächs an, die Körpertherapien hauptsächlich die leibliche Erfahrung.

Die deutschen gesetzlichen Krankenkassen übernehmen die Kosten von einigen tiefenpsychologischen Verfahren und der Verhaltenstherapie. In der Terminologie der →Psychotherapierichtlinien sind das die Folgenden: 1. Die anaytische Psychotherapie, auch kurz Psychoanalyse genannt; sie umfasst die Psychoanalyse nach Freud, die Analytische Psychologie nach Jung, die Individualpsychologie nach Adler. Alle diese Verfahren bearbeiten unbewusste Motive, beschränken sich nicht auf einen Symptomrückgang, sondern zielen auf eine Persönlichkeitsänderung ab. 2. Tiefenpsychologisch fundierte Psychotherapie; sie bearbeitet ebenfalls unbewusste Motive, fokussiert jedoch auf das Hauptsymptom und dauert weniger lang als die Psychoanalyse, weswegen sie auch als »kleine Psychoanalyse« bezeichnet wird. 3. Verhaltenstherapie; sie beruht auf der Lerntheorie, stellt das beobachtbare Verhalten in den Fokus und wendet übende Techniken und Techniken der kognitiven Umstrukturierung an.

**psychotische Störungen, Psychosen:** eine Gruppe schwerer seelischer Störungen, bei denen Halluzinationen (z. B. anklagende Stimmen), Wahn (z. B. verfolgt zu werden) oder bestimmte Formen schweren abnormen Verhaltens wie schwere Überaktivität oder Katatonie vorhanden sind. Diese Symptome können u. a. bei der →Depression, der →Manie und der bipolaren affektiven Störung vorhanden sein. Wenn sie länger als einen Monat andauern und nicht

**psychotische Störungen:** Der Film »Ekel« (von Roman Polanski, 1965) schildert die Verstrickung der Maniküre Carol in bedrohliche sexuelle Fantasien. Sie schließt sich in ihrer Wohnung ein und tötet alle männlichen Besucher, da sie in ihnen Vergewaltiger zu erkennen glaubt.

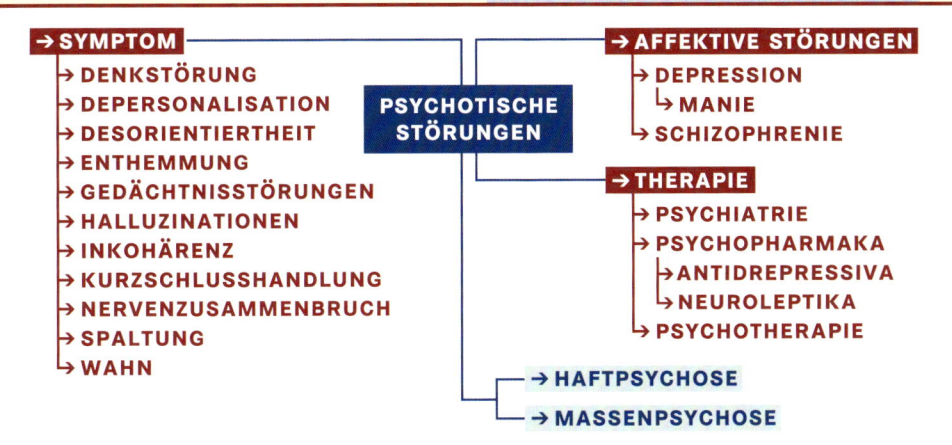

## PSYCHOTISCHE STÖRUNGEN

**→ SYMPTOM**
- → DENKSTÖRUNG
- → DEPERSONALISATION
- → DESORIENTIERTHEIT
- → ENTHEMMUNG
- → GEDÄCHTNISSTÖRUNGEN
- → HALLUZINATIONEN
- → INKOHÄRENZ
- → KURZSCHLUSSHANDLUNG
- → NERVENZUSAMMENBRUCH
- → SPALTUNG
- → WAHN

**→ AFFEKTIVE STÖRUNGEN**
- → DEPRESSION
  - ↳ MANIE
- → SCHIZOPHRENIE

**→ THERAPIE**
- → PSYCHIATRIE
- → PSYCHOPHARMAKA
  - ↳ ANTIDRESSIVA
  - ↳ NEUROLEPTIKA
- → PSYCHOTHERAPIE

→ HAFTPSYCHOSE
→ MASSENPSYCHOSE

organisch bedingt sind, wird eine →Schizophrenie diagnostiziert.

Das psychotische Erleben und Verhalten ist v. a. durch grundlegende Veränderungen im Bezug zur Umwelt gekennzeichnet. Hierzu gehören Ichstörungen, bei denen z. B. eigene Gedanken als von fremden Personen stammend erlebt werden, Wahnstimmungen, aufgrund deren die Umwelt bedrohlich erscheint, Fehlurteile über die äußere Realität und Wahrnehmungsveränderungen. Neben unmotiviert erscheinenden Verhaltensänderungen oder skurrilen Verhaltensweisen können schwere Störungen der Affektivität, der Auffassung und des Gedächtnisses, Angstzustände und quälende Unruhe bestehen. Oft fehlt die Einsicht in die Krankhaftigkeit des eigenen Zustandes.

Während diese Beeinträchtigungen bei einer akuten psychotischen Störung so schwerwiegend sind, dass die Betroffenen auf Betreuung angewiesen sind und heute meist in einer psychiatrischen Klinik aufgenommen werden, gibt es viele Fälle von ganz oder teilweise ausgeheilten psychotischen Störungen, die den Kranken ein unabhängiges Leben mit einem verhältnismäßig geringen Aufwand an Schutz und Fürsorge ermöglichen.

Psychotische Störungen werden in der Regel zunächst mit Psychopharmaka, in der Regel mit →Neuroleptika, behandelt. Sind die Symptome abgeklungen, so können stützende Psychotherapien hilfreich sein. Zur langfristigen Wiedereingliederung der Erkrankten in die Gesellschaft haben sich die Ansätze der →Sozialpsychiatrie bewährt.

Der Begriff Psychose wurde in den heute gebräuchlichen Klassifikationssystemen ICD-10 und DSM-IV abgeschafft und kommt nur noch als Adjektiv »psychotisch« vor, um das Vorhandensein von Halluzinationen, Wahn oder abnormem Verhalten zu kennzeichnen. Der Begriff wird gemieden, weil er an die psychoanalytische Theorie gebunden ist und nach psychoanalytischer Tradition die Verursachung der Erkrankung beinhaltet, während eine theoriefreie Beschreibung der Störung vorgezogen wird.

**Psychotizismus:** ein Konstrukt innerhalb der Persönlichkeitstheorie von Hans Jürgen Eysenck (→Persönlichkeit), die zu den Eigenschaftsmodellen, speziell zu den faktorenanalytischen Modellen gehört.

**psychotrop** [zu griech. tropé »(Hin)wendung«]: auf die Psyche einwirkend, psychische Funktionen beeinflussend, z. B. das Erleben, Befinden und Verhalten.

**psychotrope Substanzen:** Substanzen, die psychische Funktionen beeinflussen, z. B. →Psychopharmaka und →Drogen, aber auch →Koffein und →Nikotin.

**psychovegetativ:** die Psyche und das vegetative Nervensystem betreffend; auf einer von psychischen Störungen ausgelösten Fehlreaktion des vegetativen Nervensystems beruhend. Der Begriff wird bei organisch nicht fassbaren Krankheitssymptomen verwendet.

**PTBS:** →posttraumatische Belastungsstörung.

**Pubertät** [latein. »Geschlechtsreife«]: Entwicklungsphase zwischen →Kindheit und →Adoleszenz. Der Beginn der körperlichen, v. a. durch die Erlangung der Geschlechtsreife charakterisierten Pubertät tritt in Mitteleuropa heute bei Mädchen etwa ab dem 10./11. und bei Jungen etwa ab dem 12./13. Lebensjahr ein. Der eigentlichen Pubertät geht die **Vorpubertät** voraus, eine Phase der Belebung kindlicher (vorrangig trotziger) Impulse und Verhaltensweisen.

Die physische Pubertät wird durch das Erreichen eines bestimmten Reifegrades des Hypothalamus ausgelöst. Dies bewirkt verschiedene hormonelle Umstellungen, welche die Ausbil-

**Pubertät:** Mit der physischen Entwicklung gehen auch die psychische und die soziale Reifung einher. Im Verhalten der Jugendlichen äußert sich der Veränderungsprozess etwa durch Stimmungslabilität, sozialen Rückzug oder Protesthaltung.

dung der sekundären Geschlechtsmerkmale, die Ausreifung zur Fortpflanzungsfähigkeit sowie ein erhebliches, mit Verschiebungen der körperlichen Proportionen verbundenes Längenwachstum (puberaler Wachstumsschub) bewirken. Den Beginn der körperlichen Pubertät markiert bei Mädchen die Menarche, d. h. das Auftreten der ersten Menstruation, bei Jungen die erste Ejakulation oder Pollution (unwillkürlicher Samenerguss im Schlaf).

Im Zusammenhang mit der physischen Pubertät erfolgen auch psychische Reifeprozesse, die jedoch nicht notwendigerweise zeitgleich zur körperlichen Entwicklung verlaufen. Im Vordergrund stehen dabei die mit der Ausreifung der genitalen Sexualität und der Übernahme der →Geschlechterrolle einhergehenden Konflikte, die Bewältigung von Gefühlen der Aggressivität, des Trotzes und der Selbstunsicherheit, wachsendes Autonomiestreben, das Erkennen veränderter Ansprüche seitens der Umwelt sowie erste berufsbezogene Entscheidungen. Im Verhalten der Jugendlichen zeigen sich diese Entwicklungsprozesse häufiger als Stimmungslabilität, innere Zerrissenheit oder in Form von Protesthaltungen der Umgebung, v. a. der Erwachsenenwelt gegenüber.

Ein dritter wesentlicher Bereich der Pubertätsentwicklung ist die soziale Reifung, die mit dem Übergang in die Phase der Adoleszenz zunehmend in den Vordergrund tritt. Die Jugendlichen beginnen, sich von der Familie durch die Übernahme sozialer Rollen zu lösen, insbesondere im Rahmen von →Peergroups, sie setzen sich mit den Normen und Wertmaßstäben der Gesellschaft auseinander, finden Ausdrucksmöglichkeiten z. B. in der →Jugendkultur und gehen in immer stärkerem Maße selbstbestimmte persönliche Bindungen und Beziehungen ein.

Als wichtiger Lebenseinschnitt ist die Pubertät bei vielen Völkern mit umfangreichen Ritualen umgeben. Um die gemeinsame Durchführung solcher Rituale zu ermöglichen, werden Heranwachsende in zahlreichen Stammesgesellschaften oft ohne Rücksicht auf die individuell eintretende Geschlechtsreife zu Gruppen zusammengefasst (soziale Pubertät). In komplexer organisierten Gesellschaften nimmt die

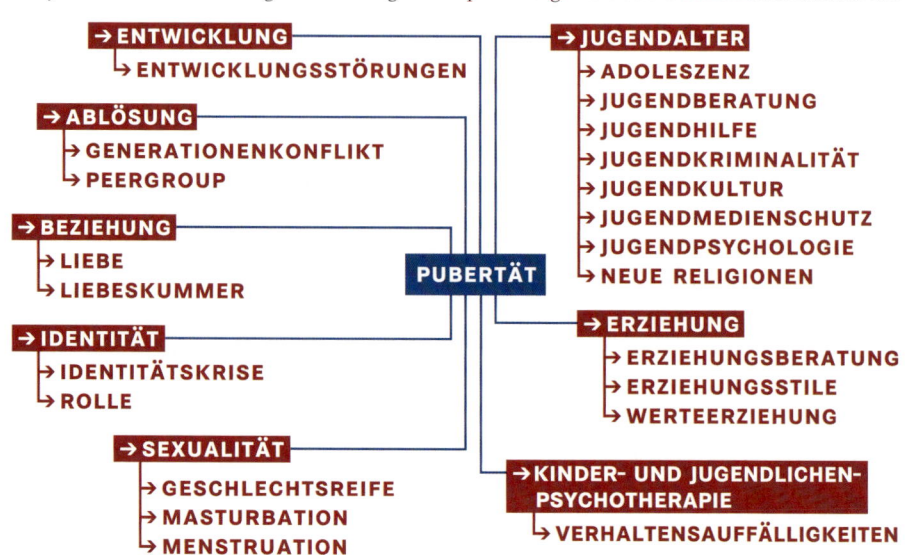

Bedeutung solcher Rituale ab; Merkmale der →Initiation weisen aber noch die feierliche Aufnahme junger Christen in die Gemeinde durch Erstkommunion und Firmung sowie durch Konfirmation auf, aber auch die Jugendweihe.

**LESETIPPS:**
DIETER BAACKE: *Die 13- bis 18-Jährigen. Einführung in die Probleme des Jugendalters.* Weinheim (Beltz) [8]2003.
GUNTHER KLOSINSKI: *Pubertät heute. Lebenssituationen, Konflikte, Herausforderungen.* München (Kösel) 2004.
PEER WÜSCHNER: *Grenzerfahrung Pubertät. Neues Überlebenstraining für Eltern.* Frankfurt am Main (Eichborn) 2005.
BARBARA SICHTERMANN: *Pubertät. Not und Versprechen.* Weinheim (Beltz) 2007.

**Pubertätsmagersucht:** in der Pubertät auftretende Form der → Anorexia nervosa.

**Public Health** [ˈpʌblɪk helθ], **Gesundheitswissenschaften:** aus der angloamerikanischen Tradition stammende wissenschaftliche Disziplin, die darauf abzielt, durch organisierte gesellschaftliche Bemühungen und öffentliche Gesundheitsmaßnahmen Krankheiten vorzubeugen, die Gesundheit zu fördern und ein gesundes Altern zu ermöglichen. Maßnahmen sind z. B. die Verbesserung der Umweltbedingungen oder gezielte Angebotsausweitungen. In Deutschland setzt sich für diesen Ansatz zunehmend auch der Begriff Gesundheitswissenschaften durch.

**Public Relations** [ˈpʌblɪk rɪˈleɪʃnz], Abk. **PR:** die Pflege der Beziehungen zwischen einem Auftraggeber und einer für ihn wichtigen Öffentlichkeit. Durch Public Relations wird versucht (meist unter Berufung auf sichtbare Leistungen), in der Öffentlichkeit ein Klima des Einverständnisses und Vertrauens zu schaffen, das den Unternehmen oder Organisationen förderlich ist. Public Relations werden nicht nur von Unternehmen, sondern auch von Verbänden, Behörden und Parteien betrieben. Wichtige Bestandteile der Public Relations sind die Presse- und Öffentlichkeitsarbeit und das Sponsoring.

Begriff und Methoden der Public Relations sind nicht fest umrissen. Im Gegensatz zur Werbung sind Public Relations nicht unmittelbar am Verkauf von Gütern oder Dienstleistungen interessiert, sondern setzen vielmehr sogar außerhalb des ökonomischen Bereichs an, z. B. durch die Förderung kultureller, wissenschaftlicher oder künstlerischer Interessen. Von der →Propaganda sind Public Relations abzugrenzen, da sie weder versuchen, jemanden zu überreden, noch gar einen Druck auszuüben. Den

**Public Relations:** Durch die Förderung kultureller, wissenschaftlicher oder sportlicher Interessen bemühen sich Unternehmen um eine positive Wahrnehmung bei den Konsumenten.

Public Relations entsprechen bei Unternehmen und Organisationen im Innenverhältnis die →Human Relations.

**Pupillometrie:** Messung und Aufzeichnung (Pupillografie) der Pupillenweite und ihrer Veränderung mit einem speziellen Messgerät, dem Pupillometer. Die Pupillometrie dient v. a. zur Erforschung psychischer Vorgänge, die unabhängig von der jeweils herrschenden Helligkeit eine Pupillenreaktion bewirken. Vorgänge im Gefühlsbereich (z. B. Freude, Lust, Angst) oder erhöhte Aufmerksamkeit (über eine Sympathikuserregung und Adrenalinausschüttung) führen zu einer Pupillenerweiterung, andere psychische Einflüsse wie Bewusstseinsveränderungen unter Drogen bewirken dagegen eine Verengung.

**Purkinje-Phänomen:** eine optische Wahrnehmung, bei der zwei verschiedenfarbige, im hellen Licht gleich hell erscheinende Flächen bei Betrachtung in der Dämmerung eine unterschiedliche Helligkeit zeigen. Das Phänomen,

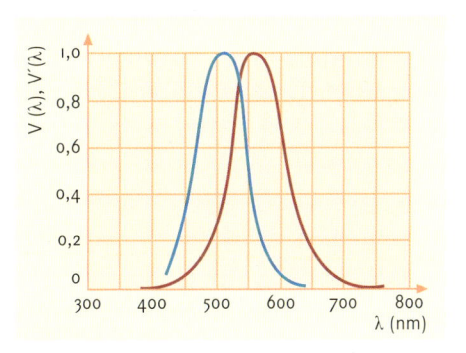

**Purkinje-Phänomen:** maximale Wahrnehmungsempfindlichkeit der Stäbchen (blaue Kurve) und der Zapfen (rote Kurve)

das erstmals 1825 von dem tschechischen Physiologen Johannes Evangelista Ritter von Purkinje beschrieben wurde, beruht auf der unterschiedlichen spektralen Empfindlichkeit der Zapfen und Stäbchen in der Netzhaut des Auges und deren Dominanz beim Sehen unter verschiedenen Bedingungen: Die dem Farbensehen bei Tage dienenden Zapfen haben ihr Empfindlichkeitsoptimum bei Gelb, d.h. in einem Wellenlängenbereich um 560 nm, die farbenuntüchtigen, dem Dämmerungssehen dienenden Stäbchen dagegen im Bereich um 500 nm, was dem Grün entspricht.

**Pygmalioneffekt** [nach Pygmalion, einem Bildhauer der griechischen Mythologie, der sich in eine von ihm selbst gefertigte Elfenbeinstatue einer Jungfrau verliebte], **Rosenthaleffekt:** von dem amerikanischen Psychologen Robert Rosenthal 1968 so benannte, wissenschaftlich umstrittene Variante der →Selffulfilling Prophecy im Bereich der Lehrer-Schüler-Interaktionen. Der Pygmalioneffekt soll darin bestehen, dass sich Merkmale bzw. Verhaltensweisen eines Schülers in Abhängigkeit davon verändern, welche Erwartungen, Einstellungen und Vorurteile der Lehrer gegenüber dem Schüler hat. Wenn ein Lehrer seinen Schüler z. B. für besonders intelligent hält, kann seine Erwartung dazu führen, dass der Schüler bessere Leistungen zeigt als ohne diese Erwartung.

**Pyromanie** [zu griech. pỹr »Feuer«]: zwanghafter Trieb, Brände zu legen. Vor der Tat erleben die Pyromanen eine anwachsende Spannung, während oder umittelbar nach der Tat Befriedigung oder Erleichterung. Sie sind meist von allem fasziniert, was mit Feuer und Bränden zu tun hat, gehören zu den Zuschauern von Brandkatastrophen und melden Brände, oft sogar die selbst gelegten; nicht selten geben sie auch falschen Alarm. Die Störung tritt häufig bei Jugendlichen in Verbindung mit Störungen des Sozialverhaltens oder Persönlichkeitsstörungen auf und kann durch →Sozialtherapie beeinflusst werden.

**qualitative Methoden:** Sammelbezeichnung für alle empirischen Forschungsmethoden, die beschreibend vorgehen und im Ergebnis überwiegend verbale Daten liefern (und nicht Zahlen oder Statistiken). Die erhaltenen Protokolle werden mit Methoden der →Inhaltsanalyse ausgewertet. Qualitative Untersucher verzichten auf die Benutzung standardisierter Fragebögen, Tests und Skalen. Sie stellen vorab keinerlei →Hypothesen auf, um der →Subjektivität 2) der Probanden einen großen Stellenwert einzuräumen.

In der *Psychologie* stehen qualitative Methoden insgesamt für einen Ansatz, der die Psychologie als →Geisteswissenschaft versteht. Vorreiter in Deutschland waren in dieser Hinsicht die →Würzburger Schule und Vertreter der →Gestaltpsychologie.

**Qualitätssicherung:** Vorschriften und Einrichtungen, die dazu dienen, dass Waren oder Dienstleistungen systematisch daraufhin überprüft werden, ob sie definierte Qualitätskriterien erfüllen. In *Medizin, Psychotherapie, Kranken- und Altenpflege* wurden und werden entsprechende Maßnahmen angesichts wachsender Kosten und bisher oft fehlender Kosten-Nutzen-Aussagen vermehrt eingeleitet. Allerdings haben die Dienstleistungsanbieter auch bisher nicht ohne Qualitätsbewusstsein gearbeitet; vielmehr geht es heute darum, systematische und überprüfbare Qualitätssicherungsschritte zu entwickeln und in die jeweiligen Behandlungs- und Pflegeprozesse einzubauen.

**quantitative Methoden:** Sammelbezeichnung für alle empirischen Forschungsmethoden, die im Ergebnis zu Zahlen, Formeln und Statistiken führen. In der *Psychologie* orientieren sich derartige Forschungen an Konzepten der →Naturwissenschaften. Der Untersuchungsbereich wird in Variablen zerlegt, die mithilfe von Skalen gemessen werden. Die quantitativen stehen im Gegensatz zu den →qualitativen Methoden. Sie bauen aber auch auf ihnen auf. Bevor etwas gemessen wird, ist oft eine kleine qualitative Erhebung nötig, um die Wirkung relevanter Variablen abzuschätzen. Quantitative Verfahren sind abstrakter und liefern daher exaktere Ergebnisse als qualitative Methoden. Dieser Vorteil wird aber mit einer geringeren externen →Validität als bei qualitativen Untersuchungen erkauft.

**Querschnittuntersuchung:** eine v. a. in der Entwicklungspsychologie angewandte Forschungsmethode, bei der Stichproben aus verschiedenen Altersgruppen zeitgleich der gleichen Untersuchung unterzogen werden. Zweck der Querschnittuntersuchung ist es, altersbedingte Entwicklungsunterschiede zu ermitteln. Querschnittuntersuchungen sind beispielsweise geeignet, die Gedächtnisleistung in verschiedenen Lebensaltern zu vergleichen. Im Gegensatz zur Längsschnittuntersuchung hat die Querschnittuntersuchung den Vorteil, dass sie die Probanden nur einmalig erreichen muss und binnen kurzer Zeit abgeschlossen werden kann. Die Nachteile der Querschnittuntersuchung bestehen darin, dass sich die Stichproben hinsichtlich ihrer Vorgeschichte unterscheiden (→Kohorten). So haben die heute 70-Jährigen eine andere Schulbildung erfahren als die heute 20-Jährigen. Derartige Einflüsse erschweren es, die vorgefundenen Unterschiede allein auf altersbedingte Entwicklungen zurückzuführen.

**Querulant** [zu latein. querulare »sich beschweren«]: misstrauische, oft übertrieben rechtsempfindsame Persönlichkeit, die tatsächlichen oder vermeintlichen Ungerechtigkeiten in starrköpfiger, unverhältnismäßiger Weise (z. T. mit tätlichen Angriffen) und nicht selten auch unter Inkaufnahme persönlicher Nachteile entgegentritt.

# Q

**Querschnittuntersuchung:** Die Betrachtung einer repräsentativen Zufallsauswahl zu nur einem bestimmten Zeitpunkt ist nur eingeschränkt geeignet, Kausalhypothesen zu überprüfen.

**Rachebedürfnis:** Wunsch, einer Person, von der man sich geschädigt oder entwertet glaubt, Schaden zuzufügen. In der *Sozialpsychologie* hat man festgestellt, dass Menschen Rache üben, weil sie nach dem Racheakt ein Gefühl der Befriedigung erlangen; sie haben durch die Tat das Gefühl, ihre Ehre gerettet und ihr Selbstwertgefühl wiederhergestellt zu haben. Das Rachebedürfnis kann so stark sein, dass sogar erhebliche nachteilige Konsequenzen, z. B. finanzielle, in Kauf genommen werden. Mit dem Racheakt ist auch das Gefühl verbunden, Gerechtigkeit wiederherzustellen, sowie die Hoffnung, dass beim Täter Unrechtsbewusstsein geweckt wird.

Rache zu üben wird dann weniger wahrscheinlich, wenn der andere viel Macht besitzt, z. B. ein Vorgesetzter, weil man in dem Fall stärker befürchten muss, dass auf die Rache entsprechend geantwortet wird. In einer Untersuchung wurden Angestellte mit hohem und niedrigem Hierarchiestatus miteinander verglichen: Es zeigte sich, dass ranghöhere Angestellte häufiger Rache gegenüber den rangniederen Angestellten übten als umgekehrt.

Oft ziehen Racheakte allerdings Gegenrache nach sich, sodass es zu einer Konflikteskalation kommt, wie es z. B. bei Nachbarschaftsstreitigkeiten der Fall ist, und der Konflikt vor Gericht ausgetragen werden muss. Aber Rache ist nicht immer negativ: Untersuchungen im Arbeitsbereich haben gezeigt, dass Racheakte manchmal auch sozial motiviert sind, z. B. wenn der zu Rächende Normen überschritten hat und dazu angehalten wird, keine weiteren zu überschreiten.

Aus der Sicht der *Psychoanalyse* entspringt das Rachebedürfnis einer →narzisstischen Kränkung, die nicht durch reifere Formen des Umgangs mit solchen Kränkungen, wie Kreativität und Humor, verarbeitet werden kann.

*Geschichte:* Die Rache ist ein urtümlicher Affekt, der seit alters die Menschen bedrohte. Schon früh gab es Versuche, ihr blindes Wüten einzudämmen. So wurde sie im Alten Testament durch die Regel »Auge um Auge, Zahn um Zahn« sozusagen auf einen berechenbaren Austausch beschränkt. Die »Blutrache« fordert, für jedes Opfer der eigenen Gruppe ein Mitglied der Tätergruppe zu töten; sie war bis in das 19. Jh. auch in rückständigen Gegenden Europas (z. B. Korsika) verbreitet und wird bis heute in der Mafia ausgeübt. Während die Rache in den Aufklärungs- und Emanzipationsbemühungen der bürgerlichen Kultur als unzivilisiert angesehen wurde und allmählich ihre Bedeutung verlor, gewann sie im Faschismus und in ihm verwandten Bewegungen, welche die Widersprüche der modernen Gesellschaft mit Gewalt zu lösen versuchen, wieder an Boden.

**Randomisierung** [zu engl. random »zufällig«]: in der *empirischen Sozialforschung* eine Kontrolltechnik, mit der unbekannte Störeinflüsse durch die Nutzung des Zufallsprinzips unwirksam gemacht werden. In der Regel werden in einem →Experiment die Probanden den Untersuchungsbedingungen per Zufall zugeteilt. Dieses Vorgehen führt dazu, dass sich in allen Gruppen die Personenmerkmale gleichartig verteilen. Die Randomisierung ist zumeist die Kontrolltechnik, die am einfachsten anzuwenden ist. Der Aufwand ist wesentlicher größer, wenn man störende Merkmalsunterschiede zwischen den Gruppen gezielt ausgleichen will. So müssen die Merkmale zunächst bekannt sein und vermessen werden, um dann vergleichbare Probanden parallel auf die Gruppen zu verteilen (→Parallelgruppen).

Jede Randomisierung unterdrückt unbekannte, aber systematische Effekte und Wechselwirkungen. Die Zufallsauswahl muss daher nicht nur für Probanden gelten, sondern durchaus auch bei der Zuteilung von Versuchsterminen oder Versuchsleitern. Zufallstechniken können ebenfalls die Darbietung von Versuchsmaterial betreffen: Wenn die Behaltensleistung für Wortlisten bestimmt werden soll, kann die Reihenfolge der Wörter pro Proband randomisiert erfolgen, um systematische Assoziationen zwischen den Wörtern zu unterbinden. Auch die Abfolge von →Items in einem Fragebogen

**Rachebedürfnis:** Unter anderem in Bürgerkriegen werden eigene Verluste häufig mit der Hinrichtung von Gegnern aufgerechnet (Francisco de Goya, »Die Erschießung der Aufständischen«, 1814).

sollte randomisiert werden, wenn das Aufeinanderfolgen bestimmter Fragen Antworttendenzen auslösen kann.

**Rangordnung:** 1) *allgemein* die Einstufung mehrerer Personen oder Sachen in einer auf- oder absteigenden Reihenfolge hinsichtlich eines oder mehrerer Merkmale. In sozialen Hierarchien (z. B. Behörden, Firmen) bestimmt die Rangordnung Verhaltensrechte und -pflichten über- und untergeordneten Ranginhabern gegenüber (Weisungsbefugnis). Die Rangordnung ist zumeist an hierarchische Bezahlungen und verschiedene Arbeitsaufgaben gekoppelt. Formelle Rangordnungen sind geregelt und transparent. Im Alltag, in formell gleichberechtigten Gruppen, bilden sich gruppendynamisch, aufgrund von Sympathiewahlen sowie Anpassungs- und Aufstiegsverhalten, aber oft auch informelle Rangordnungen heraus.

2) in der *Verhaltensforschung* die soziale Hierarchie in einer Tiergesellschaft, in der jedes Tier auf seinem Rangplatz eine spezialisierte Funktion erfüllt. Bei Säugetieren und Vögeln ist sie am stärksten ausgeprägt; die Gruppenmitglieder kennen sich untereinander individuell. Die an der Spitze der Gruppe rangierenden Tiere genießen gewisse Vorrechte (z. B. bei der Nahrungsaufnahme und bei der Paarung), haben aber auch Pflichten (z. B. als Anführer oder Wächter). Das ranghöchste Tier wird als Alphatier, das rangniedrigste als Omegatier bezeichnet.

Eine Rangordnung bildet sich über Rangordnungskämpfe aus, die meist ritualisiert sind. Die hierdurch entstehende Rangordnung wird dabei sowohl von den übergeordneten als auch von den untergeordneten Gruppenmitgliedern durch angriffshemmende Signale (Beschwichtigungsgebärden) aufrechterhalten. Die Art der Rangordnung (starre Hierarchie, ein Despot herrscht über eine Gruppe, Dreiecksrangordnungen) ist von Tierart zu Tierart unterschiedlich. Bei Vögeln, insbesondere bei Hühnern, wird die Rangordnung am Futterplatz als →Hackordnung bezeichnet.

**Rangskala:** eine Form der →Skala.

**Rapid-Eye-Movement-Phasen** [ˈræpɪd aɪ ˈmuːvmənt, engl.]: Phasen des →Schlafs mit gesteigerter Augenbewegung.

**Rapport:** in der *Psychologie* und *Medizin* intensiver Kontakt zwischen zwei Personen, besonders zwischen Hypnotiseur und Hypnotisiertem, aber auch zwischen Psychotherapeut und Patient.

**Raptus** [latein. »das Fortreißen«, »Zuckung«]: plötzliche, aus einem Zustand der Ruhe heraus auftretende heftige Erregung, z. B.

**Rangordnung 2):** Bei Tieren einer Gruppe kommt es zu ritualisierten Rangordnungskämpfen mit verminderter Verletzungsgefahr. So tragen Rothirsche ihre Kämpfe durch frontales Schieben aus, ohne ihre Geweihspitzen in die Körperseite des Gegners zu stoßen.

wenn ein depressiver Mensch, der zuvor tagelang fast regungslos im Bett gelegen hat, plötzlich aufspringt und sich aus dem Fenster stürzt.

**Rassismus:** Gesamtheit der Theorien und politischen Lehren, die versuchen, kulturelle Fähigkeiten und Entwicklungslinien der menschlichen Geschichte nicht auf politische und soziale, sondern auf biologisch-anthropologische Ursachen zurückzuführen; im engeren Sinn alle Lehren, die aus solchen Zusammenhängen eine Über- bzw. Unterlegenheit einer menschlichen »Rasse« gegenüber einer anderen behaupten, um Herrschaftsverhältnisse zu rechtfertigen oder Menschen für objektiv andere (z. B. politische oder wirtschaftliche) Interessen zu mobilisieren. Rassismus ist die extreme Form der Fremdenfeindlichkeit; ihren Höhepunkt erreichte er im 20. Jh. im →Nationalsozialismus.

Jeglicher Rassismus beruht auf →Vorurteilen (über die Minderwertigkeit anderer Bevölkerungsgruppen) und hintergeht die Menschenrechte, die allen Menschen durch Geburt zuerkannt und in demokratischen Verfassungen als Grundrechte geschützt werden.

Rassistische Vorurteile sind gut untersucht. Da sie keine wissenschaftliche Grundlage haben, hofften die Forscher zunächst, dass höheres Bildungsniveau vor ihnen schützt. Diese Hoffnung hat jedoch getrogen. Ausschlaggebend für die Empfänglichkeit gegenüber rassistischen Ideologien sind Charaktereigenschaften, wie sie der Typus der →autoritären Persönlichkeit beschreibt.

**Ratingskala** [ˈreɪtɪŋ-, engl. zu to rate »einschätzen«]: eine mehrstufige Skala, auf der von

**rauchen** war in vielen Kulturen zunächst ein religiöses Ritual. Heute dominieren individuelle psychische Motive (Friedenspfeife der Plainsindianer).

einer Person oder von mehreren Personen (Beurteilern) Schätzungen hinsichtlich der Ausprägung von Merkmalen bei anderen Personen vorgenommen werden. Die Ausprägungsstufen der Schätzskala können verbal formuliert oder durch Zahlen gekennzeichnet sein.

**rational-emotive Therapie,** Abk. **RET, rational-emotive Verhaltenstherapie,** Abk. **REVT:** von dem amerikanischen Psychologen Albert Ellis in den 1960er-Jahren entwickelte Form der Therapie, die auf der Annahme beruht, dass ein Großteil gestörten Verhaltens eine Folge dessen ist, was Menschen innerlich zu sich selbst sagen oder irrtümlich von sich glauben. Sie zielt direkt darauf ab, diese irrationalen Denkgewohnheiten und unrealistischen Ziele von Klienten (z. B. die Devise »Ich muss von allen geliebt werden«) durch vielfältige Methoden aufzudecken und zu verändern. Die rational-emotive Therapie ist eine Form der Verhaltenstherapie und speziell der kognitiven Verhaltenstherapie.

**Rationalisierung** [zu latein. ratio »Vernunft«, »(Be-)Rechnung«, »Rechenschaft«]: *Psychoanalyse:* ein Abwehrmechanismus, bei dem Handlungen, Gefühle oder Gedanken, deren eigentliche Ursache unbewusst ist, verstandesmäßig gerechtfertigt oder erklärt werden. Ein Drogenabhängiger z. B. versucht seine Sucht dadurch zu rechtfertigen, dass sie eine Form des Protestes gegen die bürgerliche Gesellschaft darstelle.

**rauchen:** Konsumieren von Tabak in Form von Zigaretten, Zigarillos, Zigarren oder Pfeifen sowie von manchen Rauschmitteln (Marihuana, Haschisch oder Opium; →Drogen). Die gesundheitsschädlichen Folgen des Rauchens werden nur teilweise durch die Wirkungen des →Nikotins auf das vegetative Nervensystem verursacht. Vielmehr wird beim Abbrennen des Tabaks eine Vielzahl Krebs erzeugender, toxisch wirkender Stoffe freigesetzt (z. B. Teerkondensate, Kohlenmonoxid und Stickoxide), die im Verlauf des Abbrennvorgangs in zunehmender Konzentration inhaliert werden und sich zum größten Teil als Teer auf die Schleimhaut der Luftwege setzen. Als Folge treten häufig wiederkehrende, dann chronisch werdende Entzündungen im Bereich von Rachen, Kehlkopf und Bronchien auf. Weitere mögliche Folgen sind Lungenkrebs und andere Krebserkrankungen sowie Herzinfarkt und andere Gefäßerkrankungen. Jahrelanges Rauchen von mehr als 20 Zigaretten pro Tag vermindert die Lebenserwartung um bis zu zwölf Jahre. Rauchen in der Schwangerschaft bewirkt einen Sauerstoffmangel beim Embryo mit der Folge eines geringeren Geburtsgewichts und eines erhöhten Risikos von Fehl- und Frühgeburten sowie angeborener Missbildungen. Auch das Passivrauchen, d. h. das Einatmen der krebserregenden Substanzen aufgrund des Rauchens anderer Personen, erhöht die Wahrscheinlichkeit für das Auftreten von Herzschädigungen und Lungenkrebs.

Dass angesichts dieser gesundheitlichen Gefahren überhaupt noch jemand raucht, erklärt sich durch das hohe Suchtpotenzial des Nikotins sowie die starken Entzugserscheinungen beim Versuch, mit dem Rauchen aufzuhören. Seit den 1950er-Jahren sind verschiedene Methoden der **Raucherentwöhnung** entwickelt worden: Neben Nikotinpflastern, Autosuggestion und Akupunkturmethoden sind v. a. verhaltenstherapeutisch ausgerichtete Programme zu nennen, mit deren Hilfe man das Rauchen verlernen und sich stattdessen neue, gesündere Verhaltensweisen aneignen kann. Von speziell ausgebildeten Hypnosetherapeuten wird auch Hypnosetherapie zur Raucherentwöhnung angeboten.

**Raumklima:** Zustand eines gegen äußere Witterungseinflüsse geschützten, geschlossenen Raumes, im Wesentlichen bestimmt durch Lufttemperatur, Temperatur der Raumumgrenzungsflächen, Luftgeschwindigkeit und Feuch-

---

**rauchen | Entwöhnung**

Informationen über Raucherentwöhnungskurse und Selbsthilfeprogramme können bei allen Krankenkassen abgefragt werden; viele Volkshochschulen bieten ebenfalls solche Kurse an. Die Raucherentwöhnung mithilfe eines Nikotinpflasters sollte nur nach einer ärztlichen Untersuchung begonnen werden, bei der ein Herzfehler ausgeschlossen wurde.
Viele Menschen gewöhnen sich das Rauchen aber auch »auf eigene Faust« ab. Dabei schwören die einen auf das »Ausschleichen«, also ein langsames Verringern der täglichen Dosis, während die anderen von einem Tag auf den anderen aufhören. Welches die geeignete Methode ist, kann nur jeder für sich selbst herausfinden. Eines steht jedoch fest: Je öfter man es versucht, desto größer wird die Chance, dass man auch Erfolg hat.

tigkeit der Raumluft, daneben beeinflusst durch die Zusammensetzung der Raumluft.

Ein Großteil der arbeitenden Menschen ist gezwungen, unter unnatürlichen Klimabedingungen zu arbeiten, also in einem künstlichen, durch technische Prozesse geprägten Raumklima. Das Raumklima wirkt sich auf die Erledigung einer Arbeitsaufgabe oder allgemein auf das Wohlbefinden belastend oder förderlich aus, was sich z. B. in Form von Müdigkeit, Leistungsschwankungen oder Fehlerhäufigkeit zeigen kann.

**Raumwahrnehmung:** die Wahrnehmung der räumlichen Anordnung und der Entfernung von Dingen und anderen Objekten. Für die Raumwahrnehmung sind v. a. die Distanzsinne Sehen und Hören wichtig, sie kann aber auch Information aus dem Tastsinn nutzen.

In der Regel gelingt die Feststellung der genauen räumlichen Lage am besten mithilfe des Sehsinns; sie wird auch als **Tiefenwahrnehmung** bezeichnet. An der Raumwahrnehmung sind v. a. Akkomodation der Augen, deren Konvergenz (das Schielen beim Betrachten nahe gelegener Objekte) und die Querdisparation (Zusammenführung der leicht verschiedenen Bilder der zwei Augen zu einem einzigen räumlichen Bild durch das visuelle System) beteiligt. Die Raumwahrnehmung ist vermutlich z. T. von der Objektwahrnehmung, der Bestimmung der Identität der im Raum verteilten Objekte, unabhängig und wird auch von anderen Großhirnarealen geleistet als diese. Die Frage, wie aus den zweidimensionalen Netzhautbildern ein dreidimensionaler Wahrnehmungseindruck entsteht, wird als klassisches Grundproblem der Raumwahrnehmung angesehen; heute halten zahlreiche Wahrnehmungspsychologen dies für ein Scheinproblem, das sich nur dann aufdrängt, wenn man Wahrnehmen nicht als zyklische Handlungsprozesse versteht.

**Rausch:** durch erregende Erlebnisse (z. B. psychedelische Musik) oder chemische Stoffe (z. B. Alkohol oder andere Drogen) erzeugter extremer Zustand glückhafter Erregung. In Abhängigkeit von der verwendeten rauscherzeugenden Substanz kann der Rausch von Wahrnehmungsstörungen, Bewusstseinsveränderungen, Verminderung der Selbstkontrolle sowie Orientierungslosigkeit begleitet sein und unterschiedliche emotionale Auswirkungen und Verläufe zeigen. So können Alkohol und andere Drogen eine gehobene Stimmung und Wohlbefinden auslösen, denen nach Abklingen der Wirkung Niedergeschlagenheit und Unbehagen folgen, die wiederum das Verlangen nach dem Rauschmittel und dem Rauschzustand wecken.

**Rauschgifte:** juristischer Sammelbegriff für Stoffe und Stoffgemische unterschiedlicher Herkunft, Zusammensetzung und Wirkung, die im Betäubungsmittelgesetz aufgeführt sind und deren Anbau, Herstellung, Ein- und Ausfuhr, Vertrieb, Erwerb, Besitz und Handel unter Strafe gestellt sind (sofern keine spezielle Erlaubnis vorliegt). Im allgemeinen Sprachgebrauch werden sie meist – den Begriff einschränkend und wissenschaftlich nicht korrekt – als →Drogen bezeichnet.

**Reaktạnz:** Abwehrreaktion gegen eine tatsächliche oder vermeintliche Einflussnahme. Ein einfaches Beispiel ist die Antwort einer 15-Jährigen auf den Vorschlag, ihr Zimmer aufzuräumen: »Ich denke gar nicht daran, es ist mein Zimmer!« Die Reaktanzhypothese besagt, dass Reaktanz entsteht, wenn die Handlungsfreiheit einer Person eingeschränkt wird oder die Person den Eindruck hat, dass ihre Handlungsfreiheit eingeschränkt wird. Daher erfolgt die Antwort »Nein!« oft schneller als die Überlegung, ob hier ein Nein oder ein Ja den eigenen Interessen dient. Vielleicht wird die 15-Jährige, wenn die Eltern aufgegeben haben, sie zu drängen, von sich aus ihr Zimmer aufräumen.

**Reaktion** [mittellatein. »Rückwirkung«]: durch einen inneren oder äußeren Reiz ausgelöstes Verhalten. Reaktionen unterscheiden sich von Handlungen, die keine unmittelbare Antwort auf Reize darstellen, sowie auch von unbewussten, spontanen Aktionen (→Automatismen 1). Unter den Begriff Reaktion fallen →Reflexe, durch →Konditionierung gelernte einfache Reaktionen, aber auch komplexe Verhaltensweisen, die über längere Zeit oder aufgrund vielfältiger Erfahrungen ausgebildet wur-

**Rausch:** Die euphorische Stimmung wird meist durch Niedergeschlagenheit oder andere unangenehme Gefühle abgelöst (Illustration aus der Bildgeschichte »Der Morgen nach dem Silvesterabend« von Wilhelm Busch, Ausschnitt).

**Reaktion:** Der Nachweis einer guten Reaktionsfähigkeit auch unter schwierigen Bedingungen muss für manche Berufe in regelmäßigen Abständen erbracht werden.

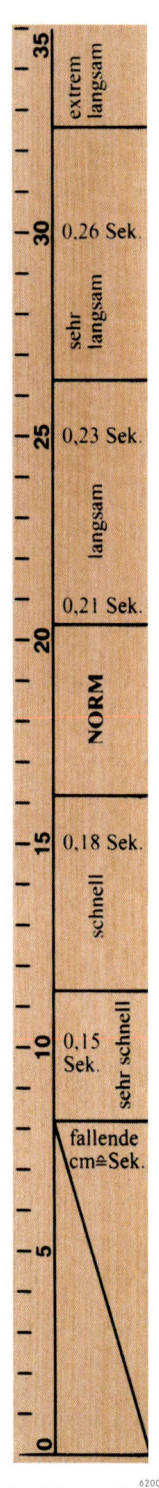

den, so z. B. die →Trauerreaktion oder die →negative therapeutische Reaktion. Darüber hinaus werden auch komplexe, vom Individuum aber nicht oder nur in geringem Maße zu beeinflussende Antworten auf Reize als Reaktion bezeichnet, etwa die →Alarmreaktion oder die →psychogalvanische Reaktion. Eine besondere Form stellen die einem drohenden Reiz ausweichenden →Vermeidungsreaktionen dar.

**Reaktionsbildung:** *Psychoanalyse:* ein Abwehrmechanismus, bei dem sich Gefühle und Verhaltensweisen entwickeln, die dem ursprünglichen, verdrängten Triebwunsch des Es entgegengesetzt sind und in übersteigerter Form auftreten. So wird z. B. eine ursprüngliche Lust am Schmutz durch übertriebene Sauberkeit, ein nicht eingestandener Hass gegen eine Person durch übertriebene Zärtlichkeit überdeckt. Die Reaktionsbildung ist die Folge eines strengen Über-Ichs, dem die bloße Verdrängung unangenehmer Triebregungen nicht genügt, sondern das darüber hinaus ihre Umkehrung in sozial anerkannte Verhaltensweisen fordert. Sie stellt eine Form der →Gegenbesetzung dar.

**Reaktionsgeneralisierung:** Form der →Generalisierung 2).

**Reaktionszeit:** die Zeitspanne, die zwischen Reiz und Reaktion vergeht, sie beträgt bei Sehreizen (z. B. Aufleuchten einer Lampe) und der darauf folgenden Reaktion (z. B. Bewegen eines Hebels) normalerweise 0,15–0,3 Sekunden. Die Reaktionszeit ist ein weitverbreitetes Maß für die zuverlässige Erfassung (unbeobachtbarer) psychischer Prozesse. Aus Reaktionszeitdifferenzen lässt sich auf die Beteiligung unterschiedlicher psychischer Prozesse schließen. Neben den Mittelwerten bieten auch die Standardabweichungen der Reaktionszeitverteilungen und deren weitere mathematische Merkmale nutzbare Information für den Rückschluss auf psychische Prozesse.

Zur Ermittlung von Reaktionsformen und Reaktionszeiten dienen Reaktionstestgeräte, mit denen einfache Wahl- und Unterscheidungsreaktionen gemessen werden können, heute kann dies auch von PCs übernommen werden. Prüfungen der Reaktionsfähigkeit, d. h. des individuellen Vermögens, auf Reize richtig und (am Durchschnitt orientiert) in angemessener Zeit zu reagieren, spielen v. a. in der Verkehrs-, Arbeits- und medizinischen Psychologie eine Rolle. Gemessen wird die Reaktion unter Stress, Ermüdung und Alkoholeinfluss.

Die Reaktionszeit ist individuell sehr unterschiedlich und vom Aufmerksamkeits- bzw. Ermüdungsgrad, aber auch vom angesprochenen Sinnesorgan (Auge, Gehör usw.), dem Erfolgsorgan (bei Bewegungsreaktionen die Muskulatur), der Versuchsanordnung und der Schwierigkeit der Aufgabe abhängig.

**Realangst:** *Psychoanalyse:* die Angst vor denjenigen äußeren Gegebenheiten, die für das Individuum eine tatsächliche (reale) Bedrohung darstellen, im Unterschied zur psychosozial bedingten neurotischen Angst, z. B. einer Phobie. Bei intaktem Selbsterhaltungstrieb entwickelt der Einzelne angesichts einer erkannten wirklichen Gefahr Realangst mit Fluchttendenzen.

**Real-Ich:** *Psychoanalyse:* diejenigen Aspekte des Ichs, die nicht so sehr dem Lustprinzip, sondern vielmehr dem Realitätsprinzip verpflichtet sind.

**Realität, psychische:** *Psychoanalyse:* die subjektive, innerseelische Realität im Gegensatz zur äußeren, materiellen Realität oder der Realität, wie andere Personen sie sehen.

**Realitätsprinzip:** *Psychoanalyse:* das dem Lustprinzip entgegengesetzte Prinzip, das zusammen mit jenem das psychische Geschehen bestimmt. In dem Maße, in dem sich das Realitätsprinzip durchsetzt, suchen die Triebe nicht mehr auf dem kürzesten Wege nach Befriedigung. Der Mensch macht sich vielmehr zunehmend mit der Realität sowie mit deren die unmittelbare Triebabfuhr hemmenden Gegebenheiten vertraut und schiebt Befriedigungen auf, unterdrückt sie ganz oder wandelt sie um; im letzteren Fall handelt es sich um →Sublimierung.

**Rebirthing** [rɪˈbəːθɪŋ, engl. »das Wiedergebären«]: ein von Leonard Orr Mitte der 1970er-Jahre in den USA begründetes psychotherapeutisches Verfahren, das mittels spezieller Atemtechniken auf das Wiedererleben früherer Erfahrungen, v. a. im Mutterleib und während der eigenen Geburt, zielt, um psychische Spannungen oder Konflikte abzubauen. Bislang fehlt der Wirksamkeitsnachweis des Rebirthing.

**Rechenstörung, Rechenschwäche, Dyskalkulie** [zu latein. calculus »Rechenstein«, »(Be-)Rechnung«]: zu den →Lernstörungen zählende erhebliche Beeinträchtigung der Rechenfähigkeit bei normalem Intelligenz- und sonstigem Schulleistungsniveau. Zu den Anzeichen einer Rechenstörung gehören: Schwierigkeiten beim Zählen und in den Grundrechenarten, unzureichendes Verständnis des Mengenbegriffs, gehäufte Flüchtigkeitsfehler beim

**Reaktionszeit:** Bei dem Linealreaktionstest nach Dr. von Kügelgen lässt der Versuchsleiter das Lineal an einer glatten Wand herabfallen. Der Skalenwert, bei dem der Daumen der Versuchsperson das Lineal stoppt, gibt die Reaktionszeit an.

Abschreiben von Zahlen und beim Schreiben von Zahlen im Diktat.

Die Ursachen der Rechenstörung können vielfältig sein, teilweise sind sie noch unklar. Insbesondere scheinen bei Kindern mit einer alleinigen Rechenstörung andere Defizite zugrunde zu liegen als bei Kindern, die gleichzeitig eine Lese-Rechtschreib-Störung aufweisen. Für die Diagnose gibt es eine Reihe von Methoden wie die Untersuchung der Entwicklung des Kindes und des sozialen Umfelds, psychiatrisch-neurologische Untersuchungen, die Überprüfung kognitiver und psychomotorischer Fähigkeiten sowie eine Schulleistungsanalyse.

Fördermaßnahmen müssen individuell auf die Persönlichkeit des Kindes abgestimmt werden. Zum Einsatz kommen einerseits psychologisch-pädagogische und sozialintegrative Maßnahmen im sozialen Umfeld oder im Klassenklima sowie andererseits kognitiv-mathematische Trainingsverfahren, die in Form von Übungen, Spielen und anderen Materialien angeboten werden.

**LESETIPPS:**

KARIN ELKE KRÜLL: *Rechenschwäche – was tun?* München (Reinhardt) ³2000.

MAX KÖRNDL und KLAUS PATHO: *BINGO logo, Förderspiele bei Rechenschwäche, Heft 2, Zahlenraum bis 100.* Würzburg (Ensslin) 2002.

ARMIN BORN und CLAUDIA OEHLER: *Kinder mit Rechenschwäche erfolgreich födern: Ein Praxishandbuch für Eltern, Lehrer und Therapeuten.* Stuttgart (Kohlhammer) 2005.

**Rechtspsychologie:** Teilgebiet der angewandten Psychologie, das sich mit der Anwendung psychologischer Theorien, Methoden und Erkenntnisse auf die Probleme des Rechtssystems befasst. Sie ist eines der ältesten Fächer der angewandten Psychologie; bereits Anfang des 20. Jahrhunderts wurden systematische psychologische Untersuchungen u. a. zur Glaubwürdigkeit von Zeugenaussagen durchgeführt. Die Rechtspsychologie umfasst die Teilgebiete forensische Psychologie und Kriminalpsychologie.

Die **forensische Psychologie** (früher auch **Gerichtspsychologie** genannt) beschäftigt sich in Forschung und Praxis vorwiegend mit Fragen der psychologischen Diagnose und Prognose im Rahmen der Rechtsfindung; dabei steht die gerichtliche Sachverständigentätigkeit im Vordergrund. Die Fragen, zu denen ein forensisch-psychologischer Sachverständiger eine Stellungnahme abgibt, betreffen v. a. die Glaubwürdigkeit von Zeugenaussagen (→Aussagepsychologie), die →Schuldfähigkeit von Straftätern, die Reifebeurteilung (strafrechtliche Verantwortlichkeit) bei jugendlichen Rechtsbrechern, Bewährungsprognosen von Straftätern, den Opferschutz (z. B. bei Aussagen von Kindern in Verfahren wegen sexuellen Missbrauchs), das elterliche Sorgerecht bei Scheidungen, die Geschäftsfähigkeit und →Betreuung sowie die Beurteilung der Eignung zum Führen von Kraftfahrzeugen nach wiederholten Verstößen gegen die Straßenverkehrsordnung.

Die **Kriminalpsychologie** befasst sich dagegen mit der Erklärung, Prognose und Prävention von kriminellem und abweichendem Verhalten sowie den Möglichkeiten der Intervention. Dazu gehören die Erklärung einzelner Straftaten, die Ursachenanalyse von Kriminalitätsentwicklungen (→Kriminalität), die Prognose zukünftigen Verhaltens von Rechtsbrechern (z. B. die Gefährlichkeitsprognose von Inhaftierten bei Haftlockerungen oder von Gewalttätern bei Geiselnahmen), die Erarbeitung und Prüfung von Maßnahmen der Kriminalprävention (z. B. Vorbeugemaßnahmen zum Schutz vor →Vandalismus, Präventionsprogramme gegen den Drogenkonsum oder Maßnahmen zur Verminderung der →Jugendkriminalität in der Schule oder Gemeinde) und schließlich die Durchführung und Evaluation von Maßnahmen der Straftäterbehandlung (z. B. die →Resozialisierung im Strafvollzug oder die Mitgestaltung und Wirksamkeitsprüfung alternativer Sanktionsformen). Weitere Betätigungsfelder der Kriminalpsychologie sind die →Polizeipsychologie und die →Viktimologie.

**Rechtspsychologie:** Monika Böttcher, geschiedene Weimar, wurde in mehreren Gerichtsverfahren des Mordes an ihren beiden Kindern angeklagt, freigesprochen und schließlich verurteilt. Dabei spielten psychologische Gutachten zur Glaubwürdigkeit der Beschuldigten und der Zeugen eine wichtige Rolle.

Ein Forschungsfeld der Rechtspsychologie ist schließlich auch die richterliche →Strafzumessung. Im Rahmen dieser verschiedenen Aufgabenfelder der Rechtspsychologie ergeben sich enge Verbindungen zu anderen wissenschaftlichen Disziplinen, v. a. zu den Rechtswissenschaften, zur Kriminologie, Psychiatrie, Soziologie und zur Sozialpädagogik. Schätzungsweise haben etwa 3 % der praktisch tätigen Psychologen in Deutschland ihren Arbeitsschwerpunkt im Bereich der Rechtspsychologie, 2–4 % sind gelegentlich, z. B. als gerichtlicher Sachverständiger, in diesem Anwendungsfeld beschäftigt.

**Redundanz** [latein. »Überfülle«]: in der *Informationstheorie* die Bestandteile einer Nachricht, die dem Empfänger keine zusätzliche Information vermitteln (aber zur Sicherung der Nachrichtenübertragung beitragen können). Auf den Kanal einwirkende Störungen (z. B. elektrisches Rauschen bei der Fernsehübertragung), die Teile einer Nachricht überdecken oder löschen, können durch Redundanz mehr oder weniger ausgeglichen werden.

Redundanz in der sprachlichen Kommunikation wird auch semantische Überspezifizierung genannt. Während Redundanz in der Informations- und Kommunikationstechnologie ein gängiges Prinzip ist (z. B. werden Daten mehrfach gespeichert, um Verlust zu vermeiden), wird dieses Prinzip bei der sprachlichen Kommunikation für eine sichere Übertragung weniger häufig genutzt; Verständigungsschwierigkeiten werden eher durch Rückfragen geklärt. Allzu redundantes Sprechen kann beim Hörer sogar Unwillen oder Ärger hervorrufen.

**REFA-Methode, Vierstufenmethode:** Methode, die für das Erlernen einfacher Arbeitstätigkeiten in der Praxis eingesetzt wird. Sie unterteilt den Lernvorgang in vier Stufen: Vorbereitung auf eine Tätigkeit, Vorführung einer Arbeitshandlung (was, wie, warum?), Ausführung durch die Lernenden und Abschluss in Form des selbstständigen Weiterarbeitens mit Kontrollen und gegebenenfalls Hilfestellung durch den Unterweiser (→Arbeitsunterweisung). Diese Methode wurde vom REFA-Verband für Arbeitsstudien und Betriebsorganisation e. V. entwickelt.

**Reflex** [latein. »das Zurückbeugen«]: unbewusste, organisch festgelegte, gleichförmig verlaufende physiologisch-motorische Reaktion auf bestimmte äußere oder innere Reize. Die Reaktion wird zwischen dem reizaufnehmenden Sinnesorgan, dem Zentralnervensystem und dem Erfolgsorgan über vorgegebene Nervenbahnen, einen Reflexbogen, gesteuert. Die Reizantwort liegt daher fest und muss nicht erst durch eine Entscheidung des Gehirns gefunden werden.

Bei Eigenreflexen liegen die Sinnesorgane im motorischen Ausführungsorgan (Erfolgsorgan). Eigenreflexe ermüden nur wenig, bestehen oft nur aus einer kurzen Muskelzuckung und werden in der Regel über nur eine Synapse geschaltet (monosynaptischer Reflex). Beispiele sind der →Patellarsehnenreflex und die Verengung der Pupille bei plötzlicher Helligkeit.

Sind Sinnes- und Erfolgsorgan räumlich getrennt, spricht man von einem Fremdreflex. Berührt man z. B. einen heißen Gegenstand, so wird die Erregung der Sinneszellen aus den Fingerspitzen zum Rückenmark geleitet und dort auf eine Reihe von motorischen Nervenbahnen geschaltet, die mehrere Armmuskeln zum Zurückziehen der Hand veranlassen. Fremdreflexe laufen über mehrere Synapsen (polysynaptischer Reflex) und können verstärkt (→Bahnung) oder gehemmt (→Hemmung 2) werden. So löst z. B. eine längere Reizung der Rezeptoren in der Luftröhre durch kleine Fremdkörper (schwacher Reiz), ebenso wie ein kurzer starker Reiz bei einem relativ großen Fremdkörper, den Hustenreiz aus; bei einem weniger starken Reiz erfolgt nur ein Räuspern.

Reflexe können bis zu einem gewissen Grad bewusst unterdrückt oder beeinflusst werden, z. B. der Hustenreflex.

Im *Behaviorismus* und in der *Lernpsychologie* unterscheidet man im Rahmen der →Konditionierung angeborene unbedingte Reflexe (unbedingte Reaktionen) und später erworbene bedingte Reflexe (bedingte Reaktionen).

**Reflexion** [latein. »das Zurückbeugen«]: das Nachdenken und Besinnen, die Überlegung und Betrachtung, das vergleichende und prüfende Denken sowie die Vertiefung in einen Gedankengang. Der Psychologe Karl Bühler fasste in seinem Grundlagenwerk »Die Krise der Psychologie« (1927) unter Reflexionspsychologie diejenigen Bereiche der Psychologie, die sich auf das subjektive Erleben konzentrieren (z. B. das Denken), im Unterschied zu denen, die das äußere Verhalten sowie dessen Resultate und Schöpfungen zum Gegenstand haben. Bei der Lösung von →Problemen können auch Kombinationen beider Formen dienlich sein. Eine besondere Form der Reflexion ist die **Selbstreflexion,** bei der man die Aufmerksamkeit auf das eigene Ich richtet (wie bei der →Introspektion), um die eigene Persönlichkeit zu ergründen. Sie spielt eine große Rolle in der Psychotherapie, v. a. der psychoanalytisch ausgerichteten Psychotherapie.

---

**Reflex:** Die Verengung der Pupille bei plötzlicher Helligkeit ist ein Eigenreflex, bei dem Sinnesorgan und Erfolgsorgan identisch sind.

**reflexive Koedukation:** eine Form der →Koedukation.

**Reformpädagogik:** Sammelbezeichnung für Bestrebungen zur Erneuerung von Erziehung, Schule und Unterricht in Europa und den USA zwischen etwa 1900 und 1933. Die Reformpädagogik strebte eine tief greifende Revision der traditionellen Pädagogik an. Sie bezog sich auf zeitgenössische kultur- und gesellschaftskritische Impulse und sah in der Selbsttätigkeit der Heranwachsenden das grundlegende Erziehungsprinzip für eine freie, ungehinderte Entfaltung der kindlichen Persönlichkeit, wobei sie die Rolle der Gemeinschaft und eines lebendigen Schullebens hervorhob und damit auch Bestrebungen zu einer sozialen und politischen Bildung einschloss. Eines ihrer wichtigsten Anliegen war die Überwindung der tradierten didaktischen Modelle, wonach der Unterrichtsstoff wesentlich im Auswendiglernen bestand. Die Reformpädagogik zielte dagegen auf die selbsttätige Erarbeitung des Stoffes ab. Wichtige Vertreter der Reformpädagogik in Deutschland waren Georg Kerschensteiner, Peter Petersen, Hermann Lietz, Paul Geheeb und Kurt Hahn; international zählten dazu u. a. Maria Montessori, Célestin Freinet, John Dewey und die schwedische Pädagogin Ellen Key. Die bedeutendsten Reformpädagogen standen in einem intensiven internationalen Gedankenaustausch.

Zu den Reformansätzen gehören u. a. die Arbeitsschulbewegung, die Jugendbewegung, die Kunsterziehungsbewegung, die »Pädagogik vom Kinde aus« (Ellen Key), die Waldorfschule und die Einheitsschulbewegung. Gründungen von Schulen wie Montessori-Schulen, Jena-Plan-Schule oder Landerziehungsheimen haben die reformpädagogische Diskussion v. a. in Deutschland bis heute beeinflusst. Eine Renaissance reformpädagogischer Elemente erlebte hauptsächlich die Grundschule nach 1970. Zu den v. a. im Primarstufenbereich verwirklichten Konzeptionen zählen z. B. →offener Unterricht, →freie Arbeit, →Wochenplanarbeit und →Projektunterricht.

**Reframing** [rɪˈfreɪmɪŋ, engl. Umdeuten]: eine Psychotherapietechnik, bei der ein Problem des Klienten in einen neuen Bezugsrahmen gesetzt wird und der Klient somit befähigt wird, das Problem aus einem anderen Blickwinkel zu betrachten. Zum Beispiel wird ein Klient, der von seiner Frau verlassen wurde, gefragt, welche Vorteile die Trennung hat. Dadurch kann ihm deutlich werden, dass die Trennung nicht nur eine schreckliche, sondern auch eine positive Seite hat. Die Technik wird v. a. in der systemischen Therapie und der Hypnotherapie angewandt.

**Reformpädagogik:** In den Montessori-Schulen wird das Bild vom Kind als einem sich nach einem »inneren Bauplan« selbst entfaltenden Wesen in den Mittelpunkt gestellt.

**Regelkreis:** aus der Kybernetik stammende Bezeichnung für einen geschlossenen Wirkungsweg, der mit seiner Umgebung nur Energie und Information austauscht. Ein Regelkreis besteht aus einer Regelstrecke, an deren Eingang Störgrößen liegen, einer Regelgröße, die einen Istwert hat, einer Messeinrichtung zum Messen des Istwertes, einem Regler zum Vergleich des Istwertes mit einem von einem übergeordneten zielsetzenden System vorgegebenen Sollwert und einem Stellorgan, das bei Abweichungen des Istwerts vom Sollwert die Regelgröße entsprechend verändert (Rückkoppelung oder →Feedback).

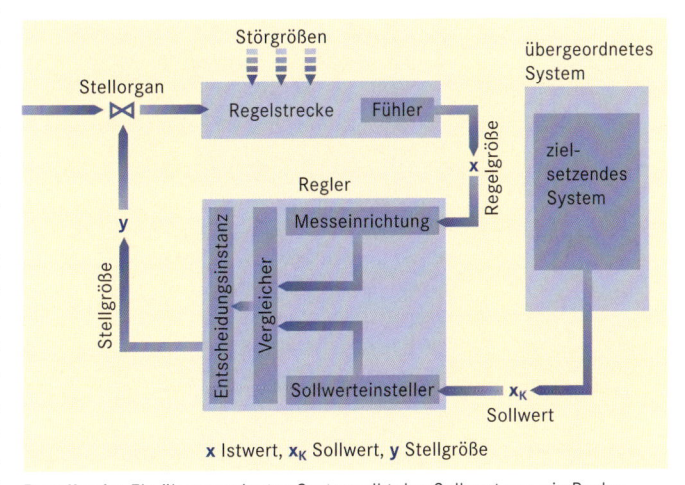

$x$ Istwert, $x_K$ Sollwert, $y$ Stellgröße

**Regelkreis:** Ein übergeordnetes System gibt den Sollwert vor, ein Regler vergleicht Ist- und Sollwert, ein Stellorgan steuert durch die Stellgröße die Regelstrecke und ein Messfühler meldet den Istwert an den Regler zurück.

Biologische Regelkreise nutzen →Rezeptoren als Messglieder, um chemische oder physikalische Zustände als Regelgrößen zu erfassen, und aktivieren Effektoren (ausführende Körperorgane) als Stellglieder, um Zustände im Körper zu ändern. Im menschlichen Körper gibt es biologische Regelkreise mit negativer Rückkoppelung, z. B. die Thermoregulation, und mit positiver Rückkoppelung, die z. B. gelernte Verhaltensweisen betreffen.

**Regression** [latein. »das Zurückkommen«]: *Psychoanalyse:* ein Abwehrmechanismus, bei dem die Person auf frühere Entwicklungsstufen zurückgeht, auch im Sinne von Rückbildung, z. B. übermäßiges Essen bei Liebeskummer als Rückfall in die kindlichen Wünsche der →oralen Phase. Das Ich setzt diesen Abwehrmechanismus bewusst oder unbewusst ein, um mit Situationen umzugehen, die Angst und Schmerz auslösen und die es überfordern. Von diesen neurotischen Formen der Regression sind kreative, positive Formen zu unterscheiden, die etwa beim Künstler bewusst eingesetzt werden, wenn er seine Verstandeskontrolle ausblendet, um dem bildhaften Fantasieerleben freien Lauf zu lassen. Diesen Vorgang bezeichnet man auch als »Regression im Dienste des Ichs«. Als wünschenswert wird auch die Regression in der psychoanalytischen Therapie angesehen. Hier geht der Patient absichtlich auf frühere Funktionsniveaus zurück, um die Entstehung seiner →neurotischen Störung verstehen zu lernen.

**Regressions|analyse:** ein statistisches Verfahren zur Bestimmung von gerichteten Zusammenhängen zwischen Variablen. Bei einem gerichteten Zusammenhang kann der Wert einer Variablen aus den Werten anderer Variablen vorhergesagt werden. Die vorherzusagende Variable wird **Kriteriumsvariable** genannt, die darauf einwirkenden Variablen heißen **Prädiktoren**. Die Regressionsanalyse basiert auf den →Korrelationen zwischen dem Kriterium und den Prädiktoren sowie auf den Korrelationen zwischen den Prädiktoren. Gibt es zwischen den beteiligten Variablen ausreichend starke Korrelationen, so ist das Ergebnis der Regressionsanalyse eine Funktionsgleichung, in die die Prädiktoren mit unterschiedlicher Gewichtung eingehen. In der Gewichtung eines Prädiktors drückt sich die Stärke des Zusammenhanges aus, d. h. die Vorhersagekraft, die der Prädiktor für das Kriterium hat. Setzt man in die Gleichung Werte für die Prädiktoren ein, so errechnet sich der zu erwartende Wert der Kriteriumsvariablen.

Erhebt man beispielsweise in einer Schulklasse die Variablen Intelligenz, Motivation und Mathematikleistung, so kann anhand einer Regressionsanalyse bestimmt werden, wieweit sich die Mathematikleistung aus der Intelligenz und Motivation eines Schülers vorhersagen lässt.

**Rehabilitation** [mittellatein. »das Wiederherstellen (eines Zustandes)«]: medizinische, pädagogische oder psychologische Maßnahmen, um behinderte, durch eine Erkrankung oder durch einen Unfall beeinträchtigte Personen zu fördern und ihnen ein möglichst normales Leben zu ermöglichen.

Angesichts der Verluste an Lebensqualität und der hohen Kosten, die durch den Aufenthalt in Heimen z. B. für Behinderte verursacht werden, ist die Rehabilitation eine wichtige Aufgabe, der aber oft nicht genügend Aufmerksamkeit geschenkt wird. Je früher mit ihr begonnen wird, desto größer sind die Chancen, dass die Behandelten später wieder eingegliedert werden können; wo das nicht geschieht, droht die Gefahr, dass Heim- und Klinikaufenthalte die Fähigkeit der Betroffenen weiter schwächen, sich im Alltag zu behaupten. Solche Einschränkungen der Selbstständigkeit, die eine an sich für die Pflege und Heilung der Bewohner zuständige Einrichtung durch mangelnde Aufmerksamkeit für die Rehabilitation bewirkt, zählen zu den Schäden des →Hospitalismus; sie waren früher in Kinderheimen und Einrichtungen für Geisteskranke oder Behinderte weit verbreitet. Die Rehabilitation nach einem Unfall, einem Schlaganfall, einer schweren Operation erfolgt heute durch Zusammenarbeit von Ärzten, Neuropsychologen, Psychotherapeuten, Krankengymnasten, Ergotherapeuten, Kunst- und Gestaltungstherapeuten, Musiktherapeuten und geschultem Pflegepersonal. Sie erreicht erstaunliche Erfolge, wenn sie sogleich nach der ersten ärztlichen Versorgung einsetzt, sorgfältig geplant und genügend lange Zeit durchgehalten wird.

Für Menschen mit psychischen Störungen und Drogensüchtige ist die berufliche Rehabilitation besonders wichtig. Arbeit ermöglicht ihnen wirtschaftliche Eigenständigkeit, bietet soziale Kontakte und vermittelt Selbstvertrauen. Deshalb bemühen sich viele psychiatrische Institutionen um Praktikumsplätze für ihre Patienten, in denen diese einige Wochen lang ihre Arbeitsfähigkeit und ihr Sozialverhalten im Umgang mit Kollegen ausprobieren und üben können. Solche Praktika erleichtern die Rückkehr ins Berufsleben.

**Reich,** Wilhelm: amerikanischer Psychoanalytiker österreichisch-ungarischer Herkunft, * Dobrzcynica (Galizien) 24. 3. 1897, † Lewisburg (Pa.) 3. 11. 1957; arbeitete als Arzt zunächst in Wien, seit 1930 in Berlin. Er trug zur Fortentwicklung der psychoanalytischen Charakterlehre bei, erforschte die Zusammenhänge zwischen einer unbefriedigten Sexualität und Charakterneurosen (→Neurose) und erkannte als einer der ersten Psychoanalytiker die drohende faschistische Gefahr. Diese analysierte er in seinem 1933 veröffentlichten Werk »Die Massenpsychologie des Faschismus«; kurz danach wurde er aus der Internationalen Psychoanalytischen Vereinigung ausgeschlossen. Im Exil (1934 Norwegen, ab 1939 USA) entwickelte Reich die Theorie einer kosmischen Lebensenergie (Orgon), die er mit selbst gebauten Apparaten akkumulieren und zu Heilzwecken einsetzen wollte. Wegen Missachtung eines gerichtlichen Verbots seiner Heilmethoden wurde Reich verurteilt. Er starb im Gefängnis.

**Reifung:** 1) gerichteter, in bestimmten Entwicklungsphasen stattfindender Veränderungsprozess, der zur Bereitschaft und Befähigung für bestimmte Funktionen und Leistungen führt. Die Reifung besteht beim Menschen in der Konkretisierung und Differenzierung bestimmter körperlicher, psychischer und geistiger Anlagen sowie deren Integration und Harmonisierung in Verbindung mit den zufälligen und planmäßigen Einflüssen der Umwelt; sie findet ihren Abschluss in der Reife.

2) Entwicklung der vollen Funktionsfähigkeit von Organen, z. B. des Gehirns; als Geschlechtsreifung (→Geschlechtsreife) die Entwicklungsphase der →Pubertät.

**Reinlichkeitserziehung:** die →Sauberkeitserziehung.

**Reinszenierung:** das Inszenesetzen von unbewussten Koflikten und unverarbeiteten Erlebnissen, eine Art unbewusste Wiederholung unverarbeiteter Beziehungskonflikte, z. B. in der →Übertragung.

**Reisekrankheit, Kinetose:** durch Schwindelgefühle, Übelkeit und Erbrechen gekennzeichnetes Leiden, das vorwiegend durch ungewohnte, passive Bewegungen, wie sie bei Reisen im Auto, im Bus, im Flugzeug oder auf einem Schiff vorkommen, verursacht wird. Je nach Fahrzeugart unterscheidet man Seekrankheit, Autokrankheit, Eisenbahnkrankheit und Luftkrankheit. Nach einer Phase der Gewöhnung kann die Reisekrankheit überwunden werden; z. B. wird der Schiffsreisende »seefest«. Die Reisekrankheit beruht auf einer Überreizung des Gleichgewichtssinnes; sie kann durch Angst oder ängstliche Erwartung verstärkt werden, durch geeignetes Training verschwinden. Kann dem Gehirn über das Auge (z. B. Blick an den

**Wilhelm Reichs** Theorie einer kosmischen Lebensenergie brachte ihm nicht die gewünschte Anerkennung. Albert Einstein war zwar zunächst an Reichs Orgonakkumulator (Abbildung) interessiert, beschäftigte sich aber bald nicht mehr damit.

Horizont) vermittelt werden, dass sich die Umwelt selbst nicht bewegt, tritt keine Reisekrankheit auf, oder sie wird gemildert. Anfällige Personen sollten in Fahrzeugen nicht lesen, sondern zum Fenster hinausschauen. Entspannungsübungen vor Antritt und während der Reise mildern das Leiden.

**reisen:** zu einem entfernteren Ort fahren, vorübergehende Ortsveränderung, z. B. aus beruflichen Gründen oder zur Erholung. Reisen ist ein typisches Phänomen der Moderne; wer sich in der traditionellen Gesellschaft von seiner Heimat wegbewegte, ging ins »Elend« (im ursprünglichen Wortsinn »Ausland«). In der Gegenwart ist die Tourismusbranche zu einem der wichtigsten Wirtschaftszweige geworden; viele Länder leben vom Tourismus, auch berufliche Reisen nehmen ständig zu.

Psychologische Untersuchungen haben sich neben der Marktforschung v. a. auf die Probleme des Tourismus durch den damit verknüpften kulturellen Kontakt konzentriert. Viele Menschen ertragen Ortsveränderungen schlecht; die gewohnte Umgebung ist für sie auch ein wichtiger Schutz vor →Angst. Andere lieben es, unterwegs zu sein, weil sie das Reisen mit der Vorstellung verbinden, dass es an einem anderen Ort besser ist als dort, wo sie jetzt sind. Zu den zentralen Faktoren des modernen Reisebedürfnisses gehört die Entlastung von durch die Organisation der Arbeitswelt bestimmtem Leistungsdruck; der Urlaub soll hier einen Ausgleich schaffen. Daneben spielen aber auch andere Gründe eine Rolle, z. B. der Wunsch nach Zerstreuung, Selbstfindung, Bildung, das Kennenlernen fremder Kulturen, Abenteuerlust. Nicht selten sind die Erwartungen an einen Urlaub unrealistisch überhöht oder zu wenig an den Gegebenheiten des Gastlandes orientiert. Frustrationen können die Folge sein (»Holiday-Syndrom«), aber auch physische Erkrankungen, z. B. bei mangelndem Impfschutz. Die umsichtige Vorbereitung einer Reise, inklusive der wohlüberlegten Wahl des Reisezieles sowie der Urlaubsform, können dem entgegenwirken.

**Reiz:** jeder Vorgang oder jede Erscheinung innerhalb oder außerhalb eines Organismus, die von diesem aufgenommen wird und eine Reaktion auslöst oder auslösen kann. Man unterscheidet optische, akustische, mechanische, thermische, elektrische und chemische Reize; diese können z. T. nur von außerhalb des Individuums kommen (Außenreize), so etwa die optischen Reize. Der größere Teil der Reize kommt jedoch sowohl von außen als auch von innen, in letzterem Fall spricht man von Innenreizen: So können chemische Reize Außenreize sein (z. B. ein Geruch) oder Innenreize (z. B. eine über →Neurotransmitter vermittelte Information an eine Nervenzelle). Auch komplexe innere Vorstellungsbilder, Gedanken, Bedürfnisse, Triebe oder Wünsche sind Reize, da sie als Vorgänge innerhalb eines Organismus verstanden werden können, die von diesem wahrgenommen werden und eine Reaktion auslösen (könnten). Gelegentlich können auch energiereiche fremde Reize eine dem Sinnesorgan entsprechende Empfindung auslösen. So ein inadäquater Reiz ist z. B. ein Schlag auf das Auge, der »Sterne« sehen lässt.

In der *Psychophysik* sind Reize messbare Umweltereignisse, die zur subjektiven Empfindungsstärke in eine mathematische Beziehung gebracht werden können. Zu den **Reizschwellen** gehören die Absolutschwelle, Schmerzschwelle und Unterschiedsschwelle. Die **Absolutschwelle** ist die minimale Reizstärke, die von einem Menschen gerade bemerkt wird (genauer: bei der die Anwesenheit des Reizes in 50 % der Fälle von den Beobachtern erkannt wird); die **Schmerzschwelle** (→Schmerzwahrnehmung), auch obere Schwelle genannt, ist die Intensität eines Reizes, ab der der Reiz unangenehm oder unerträglich wird; die **Unterschiedsschwelle** ist die Schwelle, ab der ein Unterschied zwischen zwei Reizen bemerkt wird (→Weber-Fechner-Gesetz). Die Unterschiedsschwelle der Druckpunkte auf der Haut ermittelt man z. B. durch das Aufsetzen zweier Zirkelspitzen. Ist der Abstand zu nah, wird nur ein einziger Druckreiz wahrgenommen. Die Unterschiedsschwellen von Auge und Ohr sind zeitlich definiert (→Zeitwahrnehmung).

In der Signalentdeckungstheorie (→Signalentdeckung) sind die Schwellenbegriffe grundsätzlich kritisiert worden. Reize, die unterhalb der Absolutschwelle liegen (**subliminale Reize** oder unterschwellige Reize), werden vom kognitiven System unter bestimmten Bedingungen dennoch verarbeitet und können für die Verhaltenssteuerung genutzt werden. Aufgrund der Kritik des Schwellenbegriffs durch die Signalentdeckungstheorie werden subliminale Reize heute genauer als »nicht bewusste Reize« bezeichnet. In der visuellen Domäne gibt es hochwirksame Methoden, Reize nicht bewusst zu machen (Rückwärtsmaskierung, Metakontrast). Der Nachweis, dass solche nicht bewussten Reize vom kognitiven System bzw. Gehirn verarbeitet werden können und sich auf die Verhaltenssteuerung auswirken, ist in den 1990er-Jahren geglückt. Dass dieser Einfluss zeitlich und inhaltlich begrenzt ist, ist inzwischen ebenfalls klar; seine genauen Grenzen – etwa ob die Bedeutung einfacher semantischer Information automatisch verarbeitet wird – ist derzeit umstritten.

Von →Reizüberflutung spricht man, wenn die Verarbeitungskapazität des Individuums überfordert ist.

Die Bezeichnungen aversiver Reiz, bedingter und unbedingter Reiz, konditionierter Reiz und diskriminativer Reiz sind gebräuchlich im Zusammenhang mit der →Konditionierung.

**Reizbarkeit:** die →Erregbarkeit.

**Reizblase, psychogene:** Beschwerdebild, das mit den Symptomen einer Harnblasenentzündung (häufiger Harndrang, Brennen beim Wasserlassen) einhergeht, ohne dass sich Krankheitskeime im Urin nachweisen lassen. Betroffen sind überwiegend Frauen im Alter zwischen 30 und 50 Jahren. Die Ursache ist unklar, man vermutet jedoch, dass ein Hormonungleichgewicht und psychische Einflüsse eine Rolle spielen. Maßnahmen wie Entspannungsübungen und warme Sitzbäder lindern oft die Beschwerden, eine Therapie mit Antibiotika ist nicht sinnvoll.

**Reizgeneralisierung:** Form der →Generalisierung 2).

**Reizmagen:** Beschwerden im Oberbauch mit Druck- und Völlegefühl, Sodbrennen, Aufstoßen, Übelkeit oder Erbrechen ohne fassbare körperliche Ursache. Etwa ein Drittel der Bevölkerung leidet vorübergehend an einem Reizmagen. Vermutlich führen Stresssituationen und psychische Belastungen zu einer vermehrten Absonderung der Magensekrete sowie zu einer verstärkten Wahrnehmung von Missempfin-

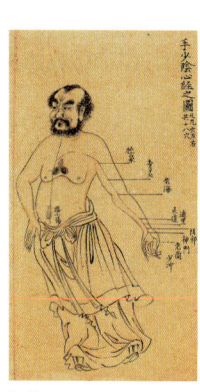

**Reiz:**
Die Wirkungsweise der Akupunktur besteht möglicherweise darin, dass durch den Nadeleinstich nervale Rezeptoren gereizt werden.

dungen im Bauchraum. Behandelt wird der Reizmagen durch eine Umstellung der Lebensgewohnheiten (z. B. Verminderung von Stresssituationen, Vermeidung von Alkohol und Nikotin), Entspannungsübungen und Psychotherapie.

**Reizschwelle:** Intensitäten eines →Reizes; z. T. synonym mit Absolutschwelle gebraucht.

**Reizüberflutung:** 1) Überfülle an Eindrücken, die die Fähigkeit des Betreffenden, Sinnesreize auszuwählen und zu verarbeiten, überschreitet. Die Schwelle der Reizüberflutung ist individuell sehr verschieden. So wird von seelisch schwer belasteten (z. B. kriegstraumatisierten) Personen berichtet, dass für sie bereits das Ticken einer Uhr eine unerträgliche Störung darstellt. Manche Menschen können sich bei großem Lärm noch gut konzentrieren; anderen ist das unmöglich. Die Reizüberflutung beginnt, wenn die Wahrnehmung ihre auswählenden (selektiven) Leistungen nicht mehr hinreichend erbringt und Menschen z. B. von optischen Reizen nicht »absehen« können, akustische nicht »überhören« können, obwohl sie das wollen. Dabei sind bestimmte Reize viel schwerer zu überhören als andere; die Empfindlichkeit für das Schreien eines Säuglings hat vermutlich eine genetische Grundlage; jedenfalls werden die von ihm »gesendeten« Frequenzen von vielen Menschen als besonders alarmierend empfunden.

2) Als Reizüberflutung oder Reizüberflutungstherapie wird auch das Flooding bezeichnet, eine Technik der Verhaltenstherapie (→Expositionstherapie).

**Reizverarmung:** Form der →Deprivation.

**Relaxation:** die →Entspannung.

**Reliabilität** [von engl. reliability »Zuverlässigkeit«]: Wert, der angibt, wie zuverlässig eine Untersuchungsmethode ein bestimmtes Merkmal misst, d. h., wie sehr die Untersuchungsergebnisse nicht durch zufällige Einflüsse gestört werden. Die Reliabilität ist ein Gütekriterium von Untersuchungsmethoden bzw. ein Testgütekriterium von psychologischen Tests. Sie ist numerisch das Verhältnis zwischen Fehlervarianz und Gesamtvarianz in der Stichprobe.

Die traditionellen Methoden der Reliabilitätsbestimmung psychologischer Tests sind die Testhalbierungsmethode, die interne Konsistenz eines Tests, die Testwiederholungsmethode (**Retestreliabilität**) und die Paralleltestmethode. Bei der Testhalbierungsmethode wird der Test in zwei gleichwertige Aufgabenhälften geteilt und deren Korrelation ermittelt. Die Konsistenzanalyse stellt eine Verallgemeinerung dieses Verfahrens mit noch mehr Zerlegungen der Tests dar. Bei der Retestmethode werden Korrelationen zwischen Wiederholungsmessungen ermittelt. Bei der Paralleltestmethode berechnet man die Korrelation zwischen Messwerten gleichwertiger Tests, die an der gleichen Stichprobe angewendet werden (→Paralleltests).

**Religionspsychologie:** psychologische Disziplin, die Religionen und religiöse Phänomene untersucht. Man kann zwischen einem hermeneutisch interpretierenden, d. h. aufgrund von eigenem Verstehen deutenden Ansatz und einem empirisch analysierenden, d. h. durch Beobachtungen, Befragungen und Experimente erforschenden Ansatz unterscheiden. So kann man empirisch z. B. die Auswirkungen einer religiösen Erziehung auf den späteren Glauben mithilfe von Fragebogen untersuchen. Die neuere Religionspsychologie betont zudem, dass eine wissenschaftliche Religionspsychologie im eigentlichen Sinne nur im Zusammenspiel von empirischen Mitteln und theoretischer Durchdringung des Erforschten zu relevanten Ergebnissen gelangen kann. Dabei sei zu berücksichtigen, dass religiöses Verhalten nicht nur Ausdrucksform der Psyche ist, sondern dass die Religion an der Gestaltung der psychischen Instanzen (z. B. des Gewissens) in Geschichte und Gegenwart mit beteiligt ist.

*Geschichte:* Die Tradition der psychoanalytischen Religionspsychologie begründete Sigmund Freud zusammen mit der Psychoanalyse; er erklärte z. B. das Sohnesopfer im Christentum mit unbewussten Tötungswünschen des Vaters gegen den Sohn im Rahmen des →Ödipuskomplexes und verknüpfte religiöse Überlieferungen mit Träumen und Fantasien, die sich auf unbewusste, z. T. abgewehrte Wünsche zurückführen lassen. Diesen Ansatz wandelte C. G. Jung ab, indem er die religiösen Vorstellungen durch unbewusste, instinktähnliche Strukturen erklärte, die →Archetypen (z. B. der großen Mutter, des alten Weisen, der verführerischen Frau, des »Tricksters«).

**Religiosität** [spätlatein. »Frömmigkeit«]: Überzeugung, dass sich menschliches Leben nicht in materialistischen Erklärungen erfassen lässt; Glaube an eine höhere, transzendente oder metaphysische Macht.

**Remission** [latein. »Rücksendung«, »das Nachlassen«]: das Abklingen oder vorübergehende Nachlassen von Krankheitssymptomen, z. B. der Rückgang des Fiebers. Eine ohne therapeutische Maßnahmen eintretende Heilung wird als →Spontanremission bezeichnet.

**REM-Phase:** eine der Phasen des →Schlafs.

**Repräsentation, mentale:** →mentale Repräsentation.

**Religionspsychologie:** Sigmund Freud interpretierte das Opfer Christi mit unbewussten Tötungswünschen von Vätern gegenüber ihren Söhnen (Gerokreuz im Kölner Dom).

**Repräsentativerhebung:** in der *empirischen Sozialforschung* die Untersuchung einer Stichprobe anstelle der Grundgesamtheit, wobei gewährleistet ist, dass sich die Ergebnisse auf die Grundgesamtheit verallgemeinern lassen. Dazu muss die →Stichprobe repräsentativ für die →Grundgesamtheit sein, indem sich die untersuchten Merkmale und die nicht interessierenden, störenden Einflüsse in der Stichprobe genau so verteilen wie in der Grundgesamtheit.

**Repression** [latein. »das Zurückdrängen«]: 1) *allgemein* die (auch gewaltsame) Unterdrückung von Widerstand, Kritik, sozialen Bewegungen oder individuellen Bedürfnissen;
2) *Psychoanalyse:* die unbewusste Verdrängung oder Unterdrückung eigener Wünsche und Bedürfnisse.

**Residuum** [latein. »das Zurückbleibende«]: das weitere, dauerhafte Fortbestehen einer Zustandsänderung im Organismus oder der Psyche nach einem starken Reiz, der bereits nicht mehr fortbesteht, bzw. nach einem schwerwiegenden Ereignis, das schon abgeschlossen ist. Das Residuum ist z. B. eine Gedächtnisspur (Engramm) oder eine körperliche und/oder kognitive Schädigung als chronische Dauerfolge einer akuten Krankheit.

**Resignation** [mittellatein. »Verzicht«]: 1) *allgemein* das Sichfügen in das unabänderlich Scheinende;
2) in der *Psychologie* von Niedergeschlagenheit und Antriebsschwäche begleitetes Gefühl. Es wird ausgelöst durch Enttäuschung darüber, dass ein angestrebtes Ziel trotz intensiver Bemühungen mit den zur Verfügung stehenden Mitteln nicht erreicht wurde und in Zukunft für nicht erreichbar gehalten wird. Die Neigung zur Resignation (auch zur vorschnellen Resignation) ist stark an die Persönlichkeit, die emotionale Belastbarkeit und die →Erfolgserwartung oder →Misserfolgserwartung gebunden. Resignation hängt aber auch von äußeren Bedingungen ab, z. B. Mangel an Arbeitsplätzen: Auch Menschen, die optimistisch und willensstark sind, werden irgendwann einmal Gefühle der Resignation entwickeln, wenn Umstände außerhalb ihrer Person die Zielerreichung unmöglich machen oder erheblich erschweren.

**Resilienz** [engl. resilience »Elastizität, Zähigkeit«]: eigentlich die Fähigkeit eines Werkstoffes, sich verformen zu lassen und anschließend die ursprüngliche Form wieder anzunehmen; in der *Psychologie* die Fähigkeit eines Menschen, Lebenskrisen wie den Tod eines Angehörigen oder die Erfahrung von Gewalt ohne anhaltende Beeinträchtigung durchzustehen. Ein Bild für einen resilienten Menschen ist das »Stehaufmännchen«. Es wird davon ausgegangen, dass Resilienz zum Teil angeboren ist und zum Teil erlernt und ausgeweitet werden kann. Die **Resilienzforschung** zeigt, dass es bestimmte soziale und persönliche Ressourcen sind, die helfen, Krisen zu meistern: Temperament (z. B. Neigung zur positiven Stimmung), →soziale Kompetenz, kognitive Kompetenzen (z. B. hohe Problemlösefähigkeit), selbstbezogene Kognitionen und Emotionen (z. B. positives Selbstwertgefühl), sichere →Bindung an eine Bezugsperson, Erziehungsklima (z. B. emotionale Wärme), soziale Unterstützung (z. B. in der Familie) und Erleben von Sinn und Struktur im Leben (z. B. religiöser Glaube).

**Resonanz, empathische** [von spätlatein. resonantia »Widerhall«]: einfühlsames Nachvollziehen der Gefühlsregungen des Klienten durch den Therapeuten. Dieses »Mitschwingen« gilt z. B. in der klientenzentrierten Psychotherapie als wichtige Fähigkeit des Therapeuten.

**Resozialisierung:** Sammelbegriff für Versuche, die soziale Anpassung von Menschen zu verbessern, die z. B. durch Sucht oder Kriminalität auffällig geworden sind. Das Ziel der Resozialisierung besteht darin, einer erneuten Straffälligkeit oder anderem von der Norm abweichenden Verhalten vorzubeugen, indem die betreffende Person geeignete Maßnahmen durchläuft, z. B. eine →Psychotherapie oder →Sozialtherapie, aber auch eine Aus- oder Weiterbildung.

Im Idealfall machen Kriminalitätsprophylaxe und eine möglichst frühe Intervention bei Kindern und Jugendlichen, die erste Delikte begangen haben, die Resozialisierung überflüssig. Wenn Kinder in zerstörten Familien unter bedrückenden finanziellen Verhältnissen in beengten Wohnungen heranwachsen, ist die Gefahr groß, dass ihre soziale Anpassung mangelhaft bleibt und sie im Extremfall kriminell werden. Hilfe wäre hier noch relativ einfach und kostengünstig. Später, z. B. nach mehreren Verurteilungen und einem Gefängnisaufenthalt, ist eine Resozialisierung erheblich schwieriger, aber oft immer noch kostengünstiger als eine kriminelle Karriere.

**Response** [rɪsˈpɔns]: engl. »Antwort«]: 1) im *Behaviorismus* die →Reaktion;
2) in der *Testtheorie* die durch einen bestimmten Einfluss hervorgerufene Antworttendenz einer Person, z. B. die Ja-sage-Tendenz, in Fragebögen oder psychologischen Tests, die das Ergebnis systematisch verfälscht (→Bias).

**Ressentiment** [rɛsãtiˈmã, französ. »heimlicher Groll«]: aufgrund von Erfahrungen oder

Vorurteilen negative Einstellung gegenüber einer Person, einer Gruppe oder einem Sachverhalt, die sich in einem abweisenden Verhalten ausdrücken kann, ohne dass dies aber dem Träger des Ressentiments zu Bewusstsein kommt.

**Ressourcen** [rɛˈsursən]: französ. »Produktionsmittel«, »Rohstoffe«]: 1) *allgemein* Hilfsmittel, Hilfsquelle, Reserve;

2) in der *Psychologie* die Mittel und Möglichkeiten, die einer Person zur Verfügung stehen, um ihr Leben zu gestalten oder zu verbessern. Man unterscheidet dabei zwischen individuellen oder persönlichen Ressourcen und sozialen Ressourcen; diese sind in der Praxis jedoch häufig nur schwer zu trennen. Zu den **persönlichen Ressourcen** zählen u. a. die Konstitution, Ausstrahlung, Lebenserfahrung, Selbstachtung und die Ambiguitätstoleranz; als **soziale Ressourcen** gelten soziale Netzwerke (→ Netzwerk, soziales), Ausbildung und Beruf, das Einkommen und die Stellung in der Gesellschaft.

**Ressourcenaktivierung** [rɛˈsursən-]: eine Methode der Psychotherapie, bei der dem Klienten seine Ressourcen bewusst gemacht werden und er motiviert wird, diese zu nutzen. Neuere Formen der Psychotherapie gehen eher von den Ressourcen des Klienten aus als von seinen Defiziten. Sie wollen nicht in erster Linie Defizite überwinden, sondern die Ressourcen nutzen, um ein zufriedenstellendes Leben für den Klienten zu ermöglichen. Psychotherapeuten sind sich weitgehend darüber einig, dass Ressourcenaktivierung eines der zentralen Wirkmechanismen erfolgreicher Psychotherapie ist. Dieser Ansatz geht davon aus, dass jeder Mensch, sei er noch so erkrankt und eingeschränkt, über Ressourcen verfügt; diese sind lediglich zugeschüttet, können aber wieder aktualisiert werden.

**RET:** → rational-emotive Therapie.

**Retardierung, Retardation** [latein. »Verzögerung«]: nicht mehr gebräuchliche Bezeichnungen für die → Intelligenzstörung.

**Retestreliabilität:** eine Form der → Reliabilität.

**Reue:** tiefes Bedauern über etwas, was man getan hat oder zu tun unterlassen hat und von dem man wünschte, man könnte es ungeschehen machen, weil man es nachträglich als Unrecht, als falsch empfindet. In Extremfällen werden auch Gedanken und Gefühle bereut. In der Rechtsprechung gilt Reue vielfach als Grund für eine mildere Strafe. Die Fähigkeit zur Reue ist ein wichtiger Teil der Beziehungsfähigkeit, weil die in ihr enthaltenen Wiedergutmachungswünsche ein wichtiges Mittel sind, die zerstörerischen Folgen von → Aggression im Kontakt zu mildern.

**Resozialisierung** sieht das abweichende Verhalten weniger durch individuelle Schuld begründet als durch mangelnde gesellschaftliche Integration verursacht. Daraus folgt die Aufgabe, Mitverantwortung zu übernehmen.

**Revanche:** französisch für → Vergeltung.

**REVT:** → rational-emotive Therapie.

**Rezeptor** [latein. »Aufnehmer«]: Zellstruktur im Organismus, die spezifische Reize empfangen kann und eine darauf beruhende Folgereaktion vermittelt. Rezeptoren können nach verschiedenen Gesichtspunkten klassifiziert werden; die häufigste Einteilung ist die nach der Art des Reizes, für die ein Rezeptor empfindlich ist, und nach Art des Rezeptors unter anatomischen, funktionellen und biochemischen Gesichtspunkten (Membranrezeptoren = Oberflächenrezeptoren, intrazelluläre Rezeptoren und Sinneszellen des entsprechenden Rezeptororgans).

Nach dem Reizursprung lassen sich **Exterorezeptoren**, die Außenreize (z. B. Licht, Schall, Berührung, Gerüche) empfangen, und **Enterorezeptoren** (Interorezeptoren), die Zustände im Inneren des Körpers registrieren, unterscheiden. Zu den Exterorezeptoren gehören z. B. die druckempfindlichen → Mechanorezeptoren, Thermorezeptoren (→ Temperatursinn) und die Fotorezeptoren (Sehzellen) in der Netzhaut des → Auges, zu den Enterorezeptoren die → Propriorezeptoren und die pharmakologischen Rezeptoren, die u. a. auf ausgeschüttete → Neurotransmitter reagieren. → Nozizeptoren reagieren auf Schmerzreize von außen und aus dem Körperinneren.

**Rezipiententypologi|en:** in der *Medienpsychologie* die systematischen Kategorien der un-

**Rezipiententypologien:** Die Wirkungen des Medienkonsums auf den Einzelnen hängen wesentlich von der jeweiligen Persönlichkeit und den aktuellen Umständen ab.

terschiedlichen Typen von Mediennutzern. Rezipiententypologien gehen auf die Beobachtung zurück, dass sich Menschen bei der Nutzung von Medien in charakteristischer Weise voneinander unterscheiden. Im Hinblick auf die →Medienwirkungen sind bei den Rezipienten sowohl situative Variablen (z. B. aktuelle Nutzungsmotive oder Stimmungen) als auch stabile persönlichkeitsbedingte Variablen (z. B. gewohnheitsmäßige Nutzungsmotive oder die Tendenz zur Sensationssuche) von Bedeutung, die den Medieneinfluss auf den Nutzer moderieren.

Rezipienten lassen sich danach typologisieren, ob sie in ähnlicher Weise mit den Medien umgehen (verhaltensbezogene Typologie) oder ob das Medienangebot bei ihnen ähnliche Wirkungen zeigt (reaktionsbezogene Typologie). Gängigen Rezipiententypologien zufolge werden Fernsehzuschauer nach dem Ausmaß ihres Fernsehkonsums (Wenigseher versus Vielseher), nach der Art der bevorzugten Programmgenres (Informations- versus Unterhaltungsseher), nach einzelnen Persönlichkeitseigenschaften (z. B. externe versus interne →Kontrollüberzeugung, Sensationssuche) oder nach Kombinationen von Persönlichkeitsmerkmalen eingeteilt. Typen können mithilfe statistischer Verfahren wie der →Clusteranalyse oder →Faktorenanalyse gebildet werden.

Rezipiententypologien sind v. a. für Mediaplaner und Werbetreibende interessant, die damit ihre Angebote auf die jeweilige Zielgruppe abstimmen können.

**reziproke Hemmung** [von latein. reciprocus »auf demselben Wege zurückkehrend«]: Verhinderung einer bestimmten Reaktion durch Auslösen ihres Gegenteils. Man kann z. B. nicht gleichzeitig ängstlich und entspannt sein; wird Entspannung ausgelöst, so resultiert eine Hemmung der Angst und umgekehrt. Dieses Prinzip macht sich die →systematische Desensibilisierung zunutze.

**Rheuma** [griech., eigtl. »das Fließen«]: umgangssprachlicher Begriff für einen Schmerzzustand des Stütz- und Bewegungsapparats. Rheuma wird den Autoimmunkrankheiten zugerechnet und gilt in der Psychosomatik als klassisches psychosomatisches Leiden; sowohl bei den Gelenkentzündungen wie bei den Muskelverspannungen des Weichteilrheumas lassen sich psychogene Faktoren nachweisen. Sie stehen in Zusammenhang mit (angeborenen) Abwehrreaktionen, die chronisch unterdrückt werden: Gerät man in eine belastende Situation, spannt man unwillkürlich die Muskulatur an; wenn diese Anspannung nicht durch entsprechende Handlungen abreagiert werden kann, schädigt sie die beteiligten Organe. Neben der medizinischen Behandlung ist also auch eine psychotherapeutische indiziert, die v. a. Vermeidung chronischer psychozialer Belastungen, Entspannungstechniken sowie Schmerztherapie beinhaltet. Auch eine Umstellung der Ernährung von tierischer auf mehr pflanzliche Nahrung sowie Verzicht auf Nikotin, Kaffee und Zucker sind bei Rheuma hilfreich.

**Rhythmik** [zu griech. rhythmós »Gleichmaß«], **Periodik** [zu griech. períodos »Umlauf«, »regelmäßige Wiederkehr«]: in gleichmäßigen Zeitabständen erfolgende Abläufe. Bei allen Pflanzen und Tieren sowie beim Menschen werden zahlreiche Stoffwechselprozesse und Wachstumsleistungen von autonomen rhythmischen Mechanismen als »Taktgebern« zeitlich gesteuert. Zu den beim Menschen regelmäßig wiederkehrenden Abläufen zählen der Herzschlag, die Atemfrequenz und die Zeitspanne der Menstruation.

Die Erforschung der **zirkadianen Rhythmik** (→Biorhythmus) beschäftigt sich mit der zyklischen Veränderung der allgemeinen Leistungsfähigkeit über 24 Stunden. Die Kenntnis biologischer Rhythmen ist auch bei der Gabe von Medikamenten wichtig, da einige Präparate in bestimmten Phasen stärker oder schwächer wirken. Periodische und zyklische Gesetzmäßigkeiten werden auch für die Behandlung von ernsteren psychischen Erkrankungen in Form der Anwendung von Depot- bzw. Retardpräparaten genutzt. Sie entfalten ihre Wirkung erst mit deutlicher, z. T. mehrtägiger Verzögerung.

**Ribonukleinsäure,** Abk. **RNS:** vielfach vorliegende Kopie des im Kern aller Zellen gelegenen und in der →DNS lokalisierten Bauplans eines Individuums. Sie dient als Matrize (Vorlage) für die Synthese neuer Proteine.

**Richter,** Horst-Eberhard: deutscher Arzt und Psychoanalytiker, * Berlin 28. 4. 1923; war ab 1962 Professor für Psychosomatik in Gießen; Richter betonte die soziale, bei Kindern und Jugendlichen meist familiäre Bedingtheit seelischer Störungen und bemühte sich um die Anwendung psychoanalytischer Verfahren in Familien- und Sozialtherapie. Er engagiert sich u. a. bei der Psychiatriereform, in der Friedensbewegung und zu aktuellen gesellschaftspolitischen Themen.

**Riechen:** durch den →Geruchssinn vermittelte Wahrnehmung.

**Rigidität** [latein. »Steife«, »Härte«]: starres Festhalten an bestimmten Einstellungen, Gewohnheiten und Lösungsmustern ohne Anpassungsleistung an veränderte äußere Bedingungen. Diese Haltung findet sich häufig bei Personen mit einer →zwanghaften Persönlichkeitsstörung, aber auch bei der →Demenz.

**Rindenfelder:** rund 200 eng begrenzte Bereiche der Großhirnrinde, denen genau beschreibbare Funktionen zugeordnet werden; allerdings werden diese Zuordnungen nicht von allen Neurowissenschaftlern akzeptiert. Die Rindenfelder wurden aufgrund von Ausfallserscheinungen bei Gehirnverletzungen, später auch durch elektrische Reizung bestimmter Gehirnbereiche, die im Verlauf von Gehirnoperationen freigelegt worden sind, bestimmt.

**Motorische Rindenfelder** sind genau beschreibbar und steuern bestimmte Bewegungsvorgänge, z. B. das Broca-Zentrum; →Sprachzentren. Auch die **sensorischen Rindenfelder** (Projektionsfelder) lassen sich lokalisieren (z. B. liegt das Hörfeld im Schläfenlappen, das Sehzentrum im Hinterhauptslappen). **Assoziationsfelder** verknüpfen Informationen aus verschiedenen Rindenbezirken miteinander, **Suppressorfelder** wirken hemmend, **Erregungsfelder** erregen bestimmte andere Bereiche. Diese genauen Lokalisationen sind jedoch schon für die zuletzt genannten Felder nur schwer möglich; Hirnfunktionen, wie z. B. →Denken oder →Gedächtnis, sind großflächig verteilt und beteiligen viele Rindenfelder, lassen sich also gar nicht auf eine bestimmte Stelle der Hirnrinde begrenzen.

**Risiko** [von älter italien. ris(i)co, eigtl. »Klippe« (die zu umschiffen ist)]: in der *Sicherheitspsychologie* ein Maß für die Größe einer Gefahr, für den Grad oder das Ausmaß einer Gefährdung, das Objekten (z. B. Kernkraftwerken), Aktivitäten (z. B. Abenteuersport, Autofahren) oder Situationen (z. B. Gewitter) zugeschrieben

**Horst-Eberhard Richter**

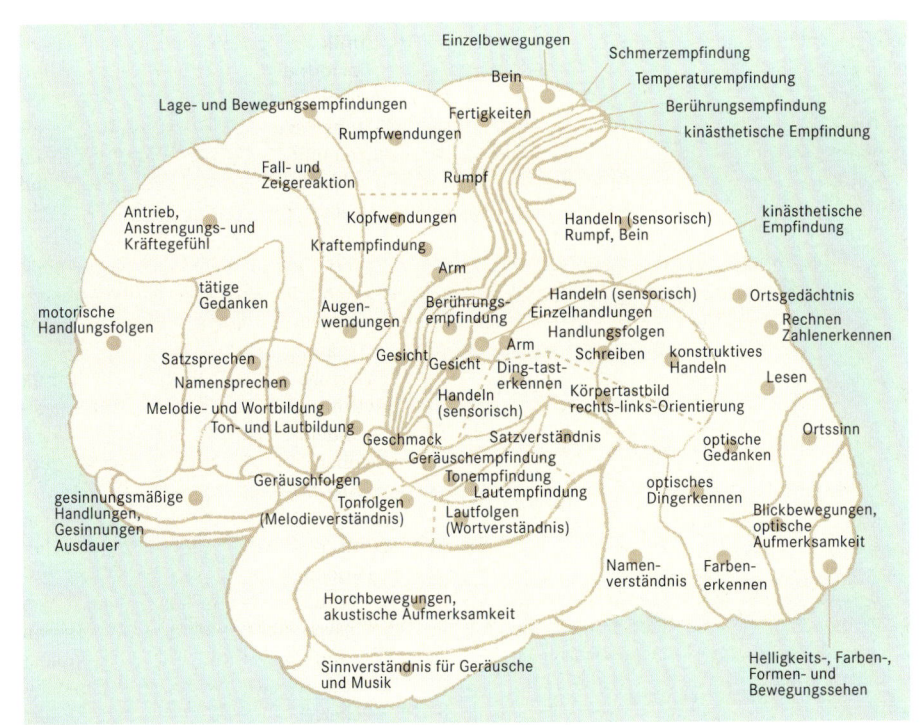

**Rindenfelder:** Die Großhirnrinde (zerebraler Kortex) des Menschen kann in rund 200 Bereiche eingeteilt werden, denen genau beschreibbare Funktionen zugeordnet werden können.

wird. Das Risiko stellt die Quantifizierung einer Gefahr dar.

Das Risiko, das mit einem bestimmten technischen Vorgang oder Zustand verbunden ist, wird zusammenfassend durch eine Wahrscheinlichkeitsaussage beschrieben. Berücksichtigt werden dabei die zu erwartende Häufigkeit des Eintretens eines zum Schaden führenden Ereignisses und das beim Ereigniseintritt zu erwartende Schadensmaß. Diese Werte werden auf der Basis der Häufigkeit und des Verlaufs bisheriger Schäden der betrachteten Art gewonnen und gleich gewichtet. Die Bewertung von Personen, die möglicherweise durch die Gefahr betroffen sein könnten, ist dagegen meist anders: Personen orientieren sich in erster Linie am Schadensmaß und nur in geringem Umfang an der Auftretenswahrscheinlichkeit. Überdies variiert die Risikobereitschaft, aus der das →Risikoverhalten sich ableitet, aufgrund individueller Persönlichkeitsmerkmale.

**Risikofaktoren:** in der *Gesundheitspsychologie* Einflüsse, welche die Auftretenswahrscheinlichkeit einer Erkrankung erhöhen; z. B. steigert Rauchen das Risiko für Lungenkrebs. Aus der Kenntnis von Risikofaktoren kann man Aussagen über Wahrscheinlichkeiten, aber keine sicheren Vorhersagen ableiten. Deshalb kennt jeder eine Person, die sich riskant verhalten hat, aber dennoch keine Schäden davongetragen hat, während im statistischen Mittel sehr wohl ein häufigeres Auftreten von Schäden festzustellen ist.

**Risikoforschung:** interdisziplinäres Forschungsgebiet, das sich mit Fragen der Wahrnehmung, Einschätzung und Bewertung von Risiken sowie mit deren Akzeptanz, Kontrolle, Vermeidung oder Verminderung befasst.

**Risikopotenzial:** in der *Sicherheitspsychologie* eine Größe, die sich aus der Gefährdungshäufigkeit, der Gefährdungsdauer, der Schwere der Schädigung oder Verletzung und der Wahrscheinlichkeit des Eintretens von Unfällen oder Langzeitschäden zusammensetzt. Um ein Zusammentreffen von Mensch und →Gefahr zu verhindern, kommen technische, organisatorische und verhaltensbezogene Maßnahmen in Betracht.

**Risikoverhalten:** das Entscheiden und Handeln in Situationen, die mit einem Risiko behaftet sind. Das Risikoverhalten wurde seit den 1950er-Jahren von der Risikoforschung intensiv untersucht. Demnach lassen sich folgende Arten von Risikoverhalten unterscheiden: 1. Spielsituationen oder Wetten, 2. Situationen mit Geschicklichkeitsaufgaben und prämierten Erfolgs- oder Misserfolgsbedingungen und finanziellem Gewinn, 3. Situationen, in denen ein richtiges oder falsches Urteil zu fällen ist (ohne oder mit Folgen für die Urteiler oder Beurteilten), 4. verbalisiertes Risikoverhalten bei beschriebenen Risikosituationen, 5. Situationen mit Gefährdungspotenzial.

Angesichts erkannter oder bekannter →Gefahren oder →Risiken muss der Einzelne sich im Alltag immer wieder entscheiden, ob und in welchem Umfang er sich Gefahren aussetzt oder Risiken eingeht. Menschen unterscheiden sich dabei beträchtlich in ihrer Bereitschaft, Risiken zu übernehmen, sodass man von Risikofreudigen und Risikomeidern sprechen kann.

Wie Ergebnisse der Risikoforschung zeigen, steigen generell die akzeptierten Risiken mit den Vorteilen an, die mit den jeweiligen Aktivitäten verbunden sind: Je mehr Vorteile eine Aktivität mit sich bringt, desto höher ist das Risiko, das bei deren Ausübung akzeptiert wird. Auch scheint bei gleichem Nutzen das akzeptierte Risiko für willentlich ausgeübte Aktivitäten höher zu sein als bei unfreiwillig durchgeführten oder erzwungenen Aktivitäten. Gleiches gilt für kontrollierbare gegenüber unkontrollierbaren, bekannte gegenüber unbekannten, vertraute gegenüber neuen Tätigkeiten.

**Ritual** [zu latein. ritualis »den religiösen Brauch betreffend«]: nach bestimmten Regeln ablaufende, bedeutungsvolle soziale Aktion, die Menschen miteinander verbindet. Rituale sind vielfältig; sie reichen vom Banalen bis zum Sakralen und begleiten den Menschen von klein auf (z. B. bei der Taufe, Beschneidung) bis zum Tod (Beerdigung), bestimmen den Jahreszyklus (z. B. Karneval, Ostern, Weihnachten) und bleiben oft erhalten, auch wenn der ursprüngliche (religiöse) Sinn den Teilnehmern gar nicht mehr bekannt oder dem Einzelnen nicht mehr von Bedeutung ist. So erinnert der Karneval an die Verehrung des Gottes Saturn in Rom (Saturnalien) und die Ostereier waren ein germani-

---

**Risiko | Wahrscheinlichkeit oder Schadensmaß?**

Während in die wissenschaftliche Risikoabschätzung die Wahrscheinlichkeit des Eintretens eines Schadens und die Höhe des potenziellen Schadens mit dem gleichen Gewicht eingehen, sind Betroffene meist mehr am Umfang des möglichen Schadens interessiert; Wahrscheinlichkeitsabschätzungen treten demgegenüber in den Hintergrund.

Aus diesen unterschiedlichen Risikoeinschätzungen ergeben sich die hartnäckigen und schwer zu lösenden Konflikte im Zusammenhang mit Großtechnologien (z. B. Kernkraftwerkbau). Während die Betroffenen den möglichen Schaden als sehr hoch ansehen und die Gefahr deshalb völlig vermeiden wollen, argumentieren Techniker und Politiker mit den sehr geringen Auftretenswahrscheinlichkeiten von Unglücken in der Großtechnologie.

sches Fruchtbarkeitssymbol. Während einerseits manche Soziologen in der Moderne eine Entritualisierung und Entzauberung sehen, entwickeln andererseits moderne Industriebetriebe bereits neue Rituale, um Mitarbeiter zu halten, sie zu motivieren und in der Belegschaft ein Gefühl der Zusammengehörigkeit herzustellen.

**Ritualisierung:** zeichenhafte Abwandlung eines ursprünglich zweckvollen Verhaltens. So ist die christliche Messe eine Ritualisierung ursprünglich blutiger Opferbräuche; Wein und Brot stehen symbolisch für Blut und Fleisch. Unsere Begrüßungen sind ebenfalls Ritualisierungen; der Handschlag soll z. B. zeigen, dass die rechte Hand unbewaffnet ist, der militärische Gruß entspricht der Geste des Aufklappens eines Visiers und ist ebenfalls ein Friedenszeichen.

Krankhafte Ritualisierungen finden sich bei einigen psychischen Störungen, v. a. bei der →Zwangsstörung, indem z. B. das Waschen der Hände in einer bestimmten Reihenfolge ausgeführt wird.

In der vergleichenden *Verhaltensforschung* spricht man von Ritualisierung, wenn ein Verhalten abgewandelt und/oder »übertrieben« wird, um als Auslöser Verhaltensweisen beim Gegenüber in Gang zu setzen oder zu blockieren. So sind manche Spinnen so aggressiv, dass sich ein Männchen dem körperlich weit überlegenen Weibchen nicht nähern kann, ohne sogleich gefressen zu werden. Die Männchen bringen daher als Gabe eine Fliege mit; während diese verzehrt wird, können sie das Weibchen begatten. Bei anderen Arten ist dieses Verhalten ritualisiert: Das Männchen bringt keine fressbare Fliege, sondern ein Gespinst oder eine ausgesaugte Fliege, die aber ebenfalls den Zweck erfüllt, das Weibchen abzulenken.

**Rivalität** [zu latein. rivalis »Nebenbuhler«]: relativ beständig auftretender Wunsch, eine bestimmte andere Person, den Rivalen, zu übertreffen oder mehr als er von einem begehrten Gut zu erhalten, z. B. von der Aufmerksamkeit und Liebe der Eltern in der Geschwisterrivalität. Die Rivalität kann auf →Narzissmus oder auf äußere Gegebenheiten zurückgehen, etwa, wenn ein Kind tatsächlich häufiger gegenüber einem Geschwister zurückgesetzt wird. Im letzteren Fall kann sie sich legen, wenn die Eltern ihr Verhalten gegenüber ihren Kindern ausgeglichener gestalten. Rivalität wird häufig in Zusammenhang mit →Konkurrenz untersucht.

**RNS:** →Ribonukleinsäure.

**Rogers** [ˈrɔdʒəz], Carl Ransom: amerikanischer Psychologe und Psychotherapeut, *Oak Park (Ill.) 8. 1. 1902, †La Jolla (Calif.) 4. 2. 1987; entwickelte die →klientenzentrierte Psychotherapie (Gesprächspsychotherapie) und überprüfte gleichzeitig ihre theoretischen Annahmen mit wissenschaftlichen Methoden im Rahmen seiner Psychotherapieforschung. Er war ab 1940 Professor an verschiedenen Universitäten der USA und Mitbegründer der humanistischen Psychologie (»personzentrierte Psychologie«). Weitere Schwerpunkte seiner Arbeit waren Unterricht und Erziehung, Encountergruppen und eine politische Anwendung der therapeutischen Praxis.

**Rogers-Therapie:** die →klientenzentrierte Psychotherapie.

**Rolle:** Begriff aus dem Schauspiel, der in *Psychologie* und *Soziologie* zwei Bedeutungsfelder besetzt: **1) Rollenerwartung:** die Summe der Erwartungen, die an das soziale Verhalten einer bestimmten Person oder Personengruppe gerichtet werden (z. B. die Rolle des Schiedsrichters, die Rolle der Frau);

**2) Rollenverhalten:** gesellschaftlich bereitgestellte Verhaltensmuster, die erlernt und von einer Person in einer bestimmten Situation gewählt werden können oder gespielt werden müssen (z. B. die Rolle des Patienten, die jemand in der Klinik erlernen muss, wenn er dort erstmals behandelt wird).

Der Rollenbegriff gilt als soziologische Elementarkategorie, die eine Beschreibung sozialer Vorgänge ermöglicht. Für den Einzelnen können sowohl Rollenerwartungen als auch Rollenverhalten entlastend sein, weil sie ihm (oft unbewusst) Entscheidungen abnehmen. Dies gilt umso mehr, wenn er sich mit seiner

**Risikoverhalten:** Landwirtschaft im verseuchten Gebiet um Tschernobyl im Jahr 2000. Viele Menschen kehrten nach der Reaktorkatastrophe in ihre Heimat zurück, da das Risiko der Strahlenbelastung für sie durch andere Aspekte aufgewogen wurde.

**Rolle 1):** Jeder Mensch unterliegt mehreren, zum Teil rivalisierenden Rollenerwartungen zugleich – je nach Geschlecht, beruflicher Funktion, Art einer Beziehung oder momentaner Situation.

**Rorschach-Test:** Der Versuchsperson werden Tafeln mit symmetrischen Klecksen zur Deutung vorgelegt, aus der Hinweise auf Erlebnisweisen, Interessen, Probleme und Kreativität der Interpreten abgeleitet werden.

Rolle identifizieren kann. Ein Angestellter etwa, der keinen Anspruch auf Vorgesetztenfunktionen hat, wird seiner Rolle leichter gerecht werden können, als derjenige, der meint, er sei zu Unrecht bisher nicht zum Abteilungsleiter befördert worden. Sie können aber auch belastend wirken: dann, wenn sie im Widerspruch zur Persönlichkeit stehen. Ein Mann z. B., der sich möglichst nicht binden und möglichst keine Verantwortung übernehmen will, wird in Schwierigkeiten geraten, wenn er (möglicherweise ungewollt) Vater wird und Erziehungsaufgaben übernehmen soll.

Wichtig ist darüber hinaus die Fähigkeit, sich von den eigenen Rollen zu distanzieren, sie als solche zu erkennen. Eine Krankenschwester z. B., die auch in ihrer Freizeit ständig damit beschäftigt ist, anderen zu helfen und sie zu pflegen, gerät in Gefahr, sich zu überfordern und schließlich unter Erschöpfungszuständen zu leiden.

Man unterscheidet Primärrollen, die sich auf unveränderbare Merkmale einer Person (z. B. Alter und Geschlecht) beziehen, von Sekundärrollen, die wählbar sind (z. B. die berufliche Rolle). Außerdem unterscheidet man fundamentale oder zentrale Rollen, welche die von einer Person notwendigerweise zu erfüllenden Erwartungen umfassen (z. B. ihre Rolle als Mann, als Frau, als Priester), und periphere Rollen, die eine Person freiwillig und nur zeitweise ausübt (z. B. als Tangotänzer während der Freizeit).

Soziale Konflikte lassen sich manchmal als **Rollenkonflikt** beschreiben, z. B. die Spannung zwischen den Rollen der Hausfrau und Mutter einerseits und der berufstätigen Frau andererseits.

**Rollenkonflikt:** Spannungsverhältnis zwischen verschiedenen Rollen einer Person.

**Rollenspiel:** 1) in der *Entwicklungspsychologie* Teil des kindlichen Spielverhaltens, bei dem Kinder entweder einzeln (z. B. als »Puppenmutter«) oder in Gruppen (z. B. als »Räuber und Gendarm«) soziale Rollen übernehmen und spielend einüben.

2) in *Pädagogik* und *Psychotherapie* verwendetes Verfahren, in dem soziale Situationen in Szene gesetzt werden. Aus seinen Beobachtungen an spielenden Kindern leitete der Begründer des →Psychodramas, Jacob L. Moreno, den Gedanken ab, bei der Bearbeitung intra- und extrapsychischer Konflikte nicht (wie in der Psychoanalyse) auf die befreiende Kraft der Sprache allein zu setzen, sondern diese durch das Handeln in simulierten (kritischen) Lebenssituationen zu unterstützen. Ziele des Rollenspiels sind dabei: 1. Erkennen eigener Gefühle, Grenzen, aber auch Handlungsmöglichkeiten sowie 2. Entwicklung von Empathie.

Außer im eigentlichen Psychodrama werden Rollenspiele vielfach auch in der Verhaltenstherapie eingesetzt. Durch die Simulation schwieriger oder Angst einflößender Situationen (z. B. ein Vorstellungsgespräch, ein Konflikt mit einem Vorgesetzten) werden die Veränderung von Verhaltensmustern und Erweiterung sozialer Handlungskompetenzen (z. B. Einüben von Deeskalationsrhetorik) und damit die Bewältigung der Ernstsituation angestrebt.

Der Übergang zwischen Theaterspiel und psychotherapeutisch orientierter Selbsterfahrung ist heute fließend; Schauspieler lernen ebenso von Psychologen wie umgekehrt Psychologen von Schauspielern.

**Rollenübernahme:** Eintreten der Person in die formell oder informell angebotenen Rollenerwartungen (→Rolle 1), die eine Gruppe an sie heranträgt. Wenn z. B. eine Frau in einem Team arbeitet, das sonst nur aus Männern besteht, muss sie sich überlegen, ob sie die Rolle der mütterlichen Versorgerin übernimmt und dafür zuständig ist, dass Kaffee gekocht wird, oder ob sie als gleichberechtigte Kollegin anerkannt werden will.

**Rollenverhalten:** die →Rolle 2).

**Rorschach,** Hermann: schweizerischer Psychiater, * Zürich 8. 11. 1884, † Herisau 2. 4. 1922; Schüler von Eugen Bleuler und C. G. Jung; veröffentlichte nach langjährigen experimentellen Untersuchungen 1921 den Rorschach-Test zur Deutung der Persönlichkeit.

**Rorschach-Test:** umgangssprachlich auch Tintenkleckstest; von Hermann Rorschach 1921 veröffentlichter projektiver Test, der ohne Altersbegrenzung eingesetzt werden kann. Der Rorschach-Test besteht aus zehn mit »Tintenklecksen« bedruckten Tafeln, die dem Probanden zur Deutung vorgelegt werden. Aus diesen Deutungen schließt der Untersucher auf zugrunde liegende Einstellungen und Haltungen. Der Test enthält zur Auswertung ein differenziertes Signierungssystem, mit dem die Deutungen der Probanden klassifiziert werden können. Die Signierung erfolgt anhand der Kategorien Farbe, Form, Bewegung, Lokalisation, Inhalt und Häufigkeit. Eine Erweiterung und Verbesserung des Rorschach-Tests wurde mit der **Holtzman-Inkblot-Technik** (HIT) angestrebt, die aus einem Satz von 45 Deutungstafeln besteht und zu deren Auswertung eine im Vergleich zum Rorschach-Test reduzierte Anzahl von Auswertungskategorien gehört.

**Rosenthaleffekt:** der →Pygmalioneffekt.

**Rotwerden:** das →Erröten.

**Rousseau** [ru'so], Jean-Jacques: schweizerisch-französischer Schriftsteller und Philosoph, * Genf 28. 6. 1712, † Ermenonville (bei Paris) 2. 7. 1778. Er verfasste einen der ersten Erziehungsromane (»Émile«) und legte darin erzieherische Grundsätze dar, deren Ideal die freie Entfaltung der Persönlichkeit auf der Grundlage von Natur und Empfindung bildet und deren Verwirklichung im behutsamen Wachsenlassen und Lenken der natürlichen, daher »guten« Fähigkeiten besteht. Das Werk hat die neuzeitlichen Erziehungstheorien grundlegend beeinflusst.

**Rubikonmodell** [nach dem Fluss in Oberitalien, der die Grenze zwischen Italien und Gallien darstellte; Cäsars Überschreiten 49 v. Chr. löste einen Bürgerkrieg aus]: ein Modell, das der Frage nachgeht, wie der Mensch von einer vagen Bedürfnis- und Wunschformulierung zu einer zielgerichteten Handlung gelangt. Es untergliedert den Handlungsprozess in vier aufeinanderfolgende Phasen mit unterschiedlichen (Teil-)Aufgaben, für die jeweils verschiedene kognitive Prozesse funktional sind. Das von den deutschen Psychologen Heinz Heckhausen (* 1926, † 1988) und Peter M. Gollwitzer (* 1950) entwickelte Rubikonmodell wurde experimentell mehrfach bestätigt.

In der Abwägephase (»prädezisionalen Motivationsphase«) werden verschiedene Handlungsalternativen gegeneinander abgewogen. Der Abschluss dieser Phase, als »Überschreiten des Rubikon« bezeichnet, besteht in der Bildung einer Absicht, der Zielintention. Die Metapher der Rubikonüberschreitung soll dabei die Zäsur betonen, die in der Intentionsbildung liegt und die Auswahl aus Handlungsalternativen von der Realisierung der gewählten Alternative klar trennt. In der Planungsphase (»präaktionalen Volitionsphase«) werden konkrete Handlungsschritte geplant; dabei muss die Absicht mithilfe geeigneter kognitiver Prozesse gegen mögliche andere Intentionen abgeschirmt werden, die die Durchführung dieser Handlung behindern würden. In der Handlungsphase (»aktionalen Volitionsphase«) wird die geplante Handlung realisiert. Die letzte Phase, die Bewertungsphase (»postaktionale Motivationsphase«), bewertet die Handlungsergebnisse. Sie kann in die erste Phase eines neuen Handlungsprozesses übergehen. Die Bedeutung des Rubikonmodells ist v. a. darin zu sehen, dass es eine Erfolg versprechende Ausgangsbasis für die empirische Analyse der funktionalen Unterschiede zwischen Auswahl- und Realisierungsphasen geschaffen hat.

**Rückenschmerzen, psychogene:** seelisch bedingte Rückenschmerzen. In der ICD-10 werden psychogene Rückenschmerzen unter der Kategorie »anhaltende somatoforme Schmerzstörung« genannt. Durch seelische Belastungen werden die Muskeln, die die Wirbelsäule umgeben, angespannt, was Schmerzen verursacht. Oft ist das der Fall, wenn eine Person zu viel Arbeit auf sich genommen hat und aus Pflicht- und Schuldgefühl Aufgaben nicht ablehnen kann. Statt selbst zu sagen »Ich kann nicht mehr«, überlässt sie es dem Körper, das auszudrücken. Eine Psychotherapie hilft, die seelischen Ursachen der Rückenschmerzen aufzudecken und diese anzugehen.

**Rückfall:** die Rückkehr zu Verhaltensweisen, die man überwinden möchte und auch be-

Jean-Jacques Rousseau

| Abwägephase | Planungsphase | Handlungsphase | Bewertungsphase |
|---|---|---|---|
| = »prädezisionale Motivationsphase« | = »präaktionale Volitionsphase« | = »aktionale Volitionsphase« | = »postaktionale Motivationsphase« |
| Abwägen verschiedener Handlungsmöglichkeiten; Abschluss: Bildung einer Absicht | Planung konkreter Handlungsschritte | Ausführung der geplanten Handlung | Bewertung der Handlungsergebnisse |

**Rubikonmodell:** die verschiedenen Phasen der Vorbereitung einer Handlung, ihrer Durchführung bis zu ihrer rückblickenden Bewertung nach dem Modell von Heinz Heckhausen

**Rückfall | Keine Katastrophe**
Der eine Schluck Wein, die eine Zigarette – sie können die Sucht, die man schon überwunden glaubte, wieder aufflammen lassen. Ein Rückfall ist ernst zu nehmen, aber er ist keine Katastrophe, denn man kann ihn überwinden. Wichtig ist dabei, sich den Rückfall einzugestehen und sich professionelle Hilfe zu suchen. Ein »Rückfalltagebuch« kann helfen zu erkennen, in welchen Situationen die Rückkehr zum alten Verhalten besonders verlockend erscheint und was in der Situation geschehen ist, in der man dann tatsächlich rückfällig wurde. Eine Beratung oder Psychotherapie kann helfen, sich zu stärken und bessere Bewältigungsmöglichkeiten für solche Versuchungssituationen zu finden.

reits überwunden glaubte. Eine seriöse Psychotherapie klärt den Patienten darüber auf, dass nach einer erfolgreichen Therapie Rückfälle wahrscheinlich sind und zum Entwicklungsprozess gehören; statt Heilsversprechen zu geben, vermittelt sie vielmehr, wie mit Rückfällen umgegangen werden sollte: z. B. anwenden, was in der Therapie gelernt wurde; sich darauf besinnen, dass über Jahre erworbene Störungen sich nicht in kurzer Zeit völlig beheben lassen, der Rückfall also keine Niederlage bedeutet. Viele Psychotherapeuten bieten ihren Patienten an, im Falle eines Rückfalls den Therapeuten erneut aufzusuchen, um gemeinsam zu erarbeiten, was dazu geführt hat. Das gibt Patienten zusätzliche Sicherheit.

**Rückkopplung:** das →Feedback.

**Rückzug, sozialer:** Preisgabe der aktiven Teilnahme am gesellschaftlichen Leben, die oft mit Depression, aber auch mit körperlichen und anderen seelischen Leiden verknüpft ist. Die Betroffenen brechen ihre Kontakte ab, nehmen das Telefon nicht mehr ab, gehen nicht mehr unter Menschen oder zu öffentlichen Veranstaltungen. Dieses Verhalten kann mit der Zeit dazu führen, dass sich Betroffene zunehmend als kontaktunfähig empfinden und es ihnen schließlich schwerfällt, die Isolation zu durchbrechen. Aber nicht immer ist sozialer Rückzug negativ; es gibt Menschen, die sich eine Zeit der Selbstbesinnung wünschen und sich deshalb zurückziehen, oder Menschen, die merken, dass ihre Kontakte für sie nicht mehr oder nicht wirklich befriedigend sind. Dann kann sozialer Rückzug auch heilsam sein.

**Rufmord:** die Zerstörung des Ansehens (Rufes) einer Person durch öffentliche Verleumdung. Während beim Psychoterror die verbale Gewalt direkt gegen ein Opfer gerichtet ist, wird dieses beim Rufmord indirekt geschädigt und verletzt, etwa indem Gerüchte ausgesponnen und weitergetragen werden, welche die Ehre der betroffenen Person antasten, ohne dass die Opfer davon wissen müssen. Rufmord ist eine heimtückische Form der →Aggression, die gerade in denjenigen sozialen Bereichen nur sehr schwer aufgeklärt werden kann, in denen Verschwiegenheit gefordert ist.

**Ruhestand, Altersfreizeit:** Zeit nach Beendigung der Berufstätigkeit. In traditionellen Kulturen arbeiten alte Menschen, solange sie können; sie arbeiten oder helfen im Handwerk, im Haushalt oder auf dem Feld. Heute bedeutet Alter in Deutschland freie Zeit, die verschieden genutzt wird: den Interessen nachgehen, für die bisher wegen des Berufs keine Zeit war; arbeiten für gemeinnützige Zwecke; auch bezahltes Arbeiten auf freiberuflicher Basis, z. B. im kulturellen Bereich wie Schriftstellerei; helfen im persönlichen Umfeld, z. B. Betreuung der Enkelkinder, und vieles mehr. Alte Menschen, deren Leben während der Berufstätigkeit sich einseitig auf die Arbeit konzentrierte, haben in der Regel Schwierigkeiten, die neue Lebensphase zu gestalten. Bei ihnen ist die Wahrscheinlichkeit groß, dass sie eine Altersdepression entwickeln und geistig und körperlich rasch abbauen. Deshalb ist es wichtig, noch während der Berufstätigkeit den Übergang zum Ruhestand vorzubereiten; zum einen können Möglichkeiten bedacht werden, aus dem Berufsleben schrittweise auszusteigen, etwa durch Teilzeitregelung, zum anderen können andere Tätigkeiten als der Beruf ausprobiert werden, um eine Beschäftigung zu finden, die sinnvoll erlebt wird und Befriedigung vermittelt.

**Rufmord:** Heinrich Böll prangerte mit seinem Roman »Die verlorene Ehre der Katharina Blum« die Skrupellosigkeit eines Sensationsjournalismus an, der aus der öffentlichen Verleumdung ein Geschäft macht (Verfilmung von Volker Schlöndorff mit Mario Adorf als Kommissar und Angela Winkler in der Titelrolle, 1975).

**SAD:** Abk. für **s**aisonal **a**bhängige **D**epression (→ Winterdepression).

**Sadismus** [nach dem französischen Schriftsteller Donatien Alphonse François Marquis de Sade, in dessen Werken z. T. genaue Beschreibungen sexueller Ausschweifungen und Grausamkeiten zu finden sind]: Sammelbezeichnung für sexuelle Orientierungen, bei denen Lust durch das Verfügen über einen sich hingebenden Sexualpartner und dessen Reaktionen hervorgerufen wird. Sadistische Machtausübung kann sich z. B. in Befehlen, Schlägen, Fesselungen oder im Hervorrufen unangenehmer Gefühle und Sinneswahrnehmungen äußern. Sadismus kommt bei Männern und Frauen jeder sexuellen Orientierung vor. Menschen mit sadistischer Sexualität handeln in der Regel nur innerhalb der mit ihrem Sexualpartner (→Masochismus) abgesprochenen Grenzen. Überschreiten sie diese Grenzen, üben sie Gewalt aus, wie jeder andere auch, der die von einer anderen Person gesetzten Grenzen überschreitet.

**Sadomasochismus:** im engeren Sinne Sammelbezeichnung für die beiden sich zwar deutlich unterscheidenden, aber zusammenhängenden sexuellen Orientierungen →Sadismus und →Masochismus, bei denen die sexuelle Erregung und Befriedigung an das Zufügen bzw. das Erdulden von Demütigung und Unterwerfung gebunden sind. Die Bezeichnung Sadomasochismus verweist zum einen auf die starke Abhängigkeit, in der sich die sadomasochistisch agierenden Sexualpartner befinden, zum anderen auf die psychogenetischen Gemeinsamkeiten zwischen dem manifesten Sadismus und dem manifesten Masochismus, die nach Ansicht der Psychoanalyse in der →analen Phase herausgebildet werden. Gekennzeichnet ist die sadomasochistische Szene zumeist durch ihre starke Ritualisierung und die Verwendung unterschiedlicher, Macht bzw. Ohnmacht symbolisierender →Fetische.

Im weiteren Sinne kennzeichnet Sadomasochismus die Sexualisierung von Aggression und Gewalt im Allgemeinen. Außerdem wird der Ausdruck zur Kennzeichnung einer Beziehungsform von Paaren verwendet, bei der es ohne Manifestierung sadomasochistischer Sexualität zu einer gegenseitigen ritualisierten Unterwerfung und Demütigung der Partner kommt.

**Salutogenese** [zu latein. salus »Gesundheit«, »Heil«]: von dem israelischen Medizinsoziologen Aaron Antonovsky in den 1980er-Jahren geprägte Bezeichnung für ein Modell, das die Entstehung und Aufrechterhaltung der Gesundheit erklärt. Während sich die meisten medizinischen und psychologischen Theorien damit beschäftigen, die Ursachen und Bedingungen von Störungen und Krankheiten zu erforschen, geht es in der salutogenetischen Perspektive um eine Antwort auf die Frage, warum Menschen trotz der vielfältigen Risikofaktoren, mit denen sie in der Regel täglich konfrontiert sind, im Allgemeinen erstaunlich gesund bleiben. In diesem Zusammenhang hat Antonovsky das Salutogenese-Modell entwickelt, das eines der wenigen eigentlichen →Gesundheitsmodelle darstellt: Es beschäftigt sich ausdrücklich mit dem Zustandekommen von Gesundheit und betont die Bedeutung persönlicher →Ressourcen 2).

**Samenerguss:** die männliche →Ejakulation.

**Sample:** die →Stichprobe.

**Sander-Figur, Sander-Täuschung** [nach dem deutschen Psychologen Friedrich Sander, * 1889, † 1971]: eine →optische Täuschung, bei der zwei gleich lange Seiten eines Dreiecks unterschiedlich lang zu sein scheinen, wenn das Dreieck in ein Parallelogramm eingebettet wird.

**Sanguiniker** [zu latein. sanguis »Blut«]: eines der vier antiken →Temperamente.

**Sanktion** [latein. »Heiligung«, »Billigung«; »Strafandrohung«]: Bestrafung (negative Sanktion) oder Belohnung (positive Sanktion) eines gewünschten bzw. unerwünschten Verhaltens. Sanktionen dienen der Verhaltenssteuerung und Kontrolle von Individuen und dazu, die vorhandenen Normen eines sozialen Systems, von der Kleingruppe bis hin zur Gesellschaft, aufrechtzuerhalten. Die Bandbreite von Sanktionen ist groß: Sie reicht von Aufmunterung oder Spott über Lob oder Tadel bis hin zur strafrechtlichen Verurteilung.

**Satir,** Virginia: amerikanische Familientherapeutin deutscher Herkunft, * Neillsville (Wis.) 26. 6. 1916, † Palo Alto (Calif.) 10. 9. 1988; Begründerin der humanistisch orientierten Familientherapie. Satir, die sich bereits im Elternhaus für das System Familie interessierte, arbeitete zunächst als Lehrerin, studierte Sozialarbeit und machte eine psychoanalytische Ausbildung. In freier Praxis behandelte sie v. a.

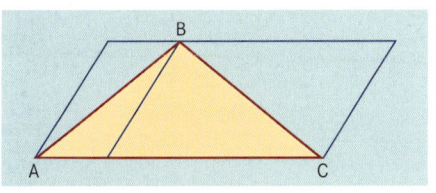

**Sander-Figur**

**Säuglingsalter:** Schreien ist das einzige Mittel, mit dem Kinder in den ersten Monaten nach der Geburt ihre Bedürfnisse ausdrücken können.

sozial schwach gestellte Patienten, darunter Alkoholabhängige und psychiatrisch Kranke. Als sie bei einer zunächst erfolglosen Behandlung einer schizophrenen Patientin die Familienangehörigen hinzuzog, erkannte sie das Potenzial dieser Form der Arbeit, entwickelte sie weiter und schuf zahlreiche Methoden wie die →Familienskulptur.

**Sättigung, psychische:** die →psychische Sättigung.

**Sauberkeitserziehung, Reinlichkeitserziehung:** Anleitung eines Kindes zur allmählichen Übernahme der selbstständigen Kontrolle seiner körperlichen Ausscheidungsfunktionen. Die Beherrschung der Blasen- und Darmregulierung stellt für das Kind einen längeren Aufschub von Bedürfnisbefriedigungen dar und wird von der Entwicklungspsychologie wie von der Psychoanalyse als kritische Phase für die kindliche Persönlichkeitsstrukturierung begriffen. So werden u. a. später auftretende Ängste, →Zwangsstörungen, trotzige und pedantische Verhaltensweisen sowie befremdliche oder gestörte Einstellungen zur Sexualität mit falscher, zu früher oder zu strenger Sauberkeitserziehung in Zusammenhang gebracht.

Nach heutigen Erkenntnissen sollte die Sauberkeitserziehung nicht vor dem zweiten Lebensjahr begonnen werden und möglichst nur schrittweise erfolgen. Voraussetzungen dafür sind die willkürliche Beherrschung der Schließmuskeln (Ausreifung entsprechender Nervenbahnen), die Fähigkeit des Kindes zur Unterscheidung von Körperempfindungen, sein Wunsch nach größerer Selbstständigkeit sowie sicheres und zugleich flexibles Verhalten der Bezugsperson oder Bezugspersonen dem Kind gegenüber.

**Säuglingsalter:** das erste Lebensjahr eines Kindes, in dem in besonderer Weise der enge Eltern-Kind-Kontakt für die Entwicklung des Kindes von Bedeutung ist. Der Säugling ist von Anfang an ein soziales Wesen mit sich entwickelnden Sinnen: Von Geburt an verfügt er über den Tast- und Geschmackssinn, im zweiten Monat zeigt er erste akustische Reaktionen, im dritten Monat kann er mit den Augen Dinge fixieren und ihren Bewegungen folgen. Im vierten oder fünften Monat werden die ersten Vokale artikuliert. Es folgen das freie Sitzen, das Spielen mit beiden Händen und die vermehrte Verwendung von Lauten. In den letzten drei Monaten des ersten Lebensjahres wächst das Verständnis für Wörter und es beginnen Gehversuche.

**LESETIPPS:**
Lieselotte Ahnert: *Frühe Bindung. Entstehung und Entwicklung.* München (Reinhardt) 2004.
Inge Flehmig: *Normale Entwicklung des Säuglings und ihre Abweichungen. Früherkennung und Frühbehandlung.* Stuttgart (Thieme) [7]2006.
Daniel Stern: *Die Lebenserfahrung des Säuglings.* Stuttgart (Klett-Cotta) [9]2007.

**Scenotest:** der →Szenotest.

**Scham:** unangenehme Emotion, die damit verknüpft ist, dass entweder ein inneres Idealbild von der eigenen Person nicht erfüllt werden konnte oder die Ehrbarkeit der eigenen sozialen Rolle angetastet wird. Wer sich schämt, wird rot oder blass, zieht sich zurück, verbirgt sich, weil er glaubt, das »Gesicht verloren« zu haben (»Ich kann mich nicht blicken lassen!«). Scham bestimmt häufig den Hintergrund sozialer Ängste, v. a. der →Errötungsangst, bei der die Betroffenen soziale Situationen deshalb meiden, weil sie fürchten, in ihnen zu erröten, was sie als unerträgliche Beschämung erleben.

Welche Bereiche des Sozialverhaltens schambesetzt sind, hängt von den sozialen For-

---

**Scham | Besser verbergen?**
Wer sich schämt, versucht häufig, den Anlass der Scham vor anderen zu verstecken. Damit vertieft man aber die Scham; dies kann schnell zu einem Teufelskreis führen. Hilfreicher ist es, den beschämenden Anlass einem vertrauenswürdigen Bekannten, der Telefonseelsorge oder einem Mitarbeiter einer Beratungsstelle anzuvertrauen. Ist die beschämende Tatsache erst einmal ausgesprochen, zeigt sich häufig bereits, dass andere Menschen sie bei Weitem nicht als so schwerwiegend einschätzen wie derjenige, der sich schämt.
Gemeinsam mit der Vertrauensperson kann man dann nach Lösungswegen suchen, um den Anlass der Scham aus der Welt zu schaffen – oder aber aktiv gegenüber den Mitmenschen zu vertreten.

derungen ab; Scham entsteht, wenn Rollenverhalten und Rollenerwartungen nicht übereinstimmen. Scham ist ein mächtiges Gefühl und kann zerstörerische Wirkung entfalten. Menschen, die eine schambesetzte Tatsache um jeden Preis verschweigen wollen, tun häufig Dinge, die Außenstehenden kaum nachvollziehbar sind.

**Schatten:** in der *analytischen Psychologie* nach C. G. Jung die individuellen Mängel und Schwächen, die man bei sich selbst nicht wahrhaben will. Nach Jung ist die Auseinandersetzung mit den eigenen schwachen, negativen und abgelehnten Seiten und deren bewusste Integration in die eigene Persönlichkeit eine unerlässliche Voraussetzung für die psychische Gesundung und Weiterentwicklung.

**Scheidenkrampf:** der → Vaginismus.

**Scheidungskinder:** Kinder, deren Eltern sich scheiden ließen und bei denen ein Elternteil in der Regel nicht mehr in der Familie verbleibt. In Deutschland sowie in den europäischen Staaten und Nordamerika sind die Scheidungsraten in den letzten Jahrzehnten drastisch gestiegen: Rund 40% aller Ehen werden geschieden. Viele Paare haben zum Zeitpunkt der Scheidung minderjährige Kinder, sodass man davon ausgeht, dass ca. 20% der in und seit den 1990er-Jahren geborenen Kinder im Laufe der ersten beiden Lebensjahrzehnte mit der Scheidung ihrer Eltern konfrontiert werden.

Wissenschaftliche Untersuchungen belegen, dass Scheidungskinder die → Trennung der Eltern nicht als punktuelles Ereignis, sondern als langfristige, grundlegende Veränderung der Familienbeziehungen und ihrer Lebensbedingungen wahrnehmen. Der Anteil der Jungen unter den Scheidungskindern mit dauerhaft verbleibenden Erziehungsschwierigkeiten liegt bei mehr als zwei Dritteln.

Für die betroffenen Kinder und Jugendlichen bringt bereits die familiäre Situation vor der eigentlichen juristischen Scheidung Gefühle der Verunsicherung, Angst, Trauer und auch Wut mit sich. Nach vollzogener Trennung leiden die Kinder und Jugendlichen unter dem Verlust eines Elternteils, Loyalitätskonflikten, vielfach auch unter den sozioökonomischen Folgen der Scheidung.

Obwohl die meisten Kinder die Trennung gut verkraften, entwickeln 20–30% Probleme wie psychosomatische Beschwerden, Lernschwierigkeiten, Disziplinprobleme usw. – doppelt so viele wie Kinder von dauerhaft zusammenlebenden Eltern. Während der ersten zwei Jahre nach der Scheidung sind die Betroffenen – und hier v. a. Jungen – besonders gefährdet; in dieser Phase benötigen sie besondere Unterstützung und Zuwendung, um die unmittelbaren Folgen des Scheidungserlebens zu bewältigen. Im weiteren zeitlichen Verlauf verringert sich das erhöhte Risiko für die vielfältigen Anpassungsprobleme.

Positive Auswirkungen auf das Wohlbefinden des Kindes kann eine Scheidung der Eltern dann haben, wenn es zwischen den Eltern massive Konflikte gab und die häusliche Atmosphäre hoch stressgeladen war.

Wie der Prozess der Trennung letztlich bewältigt werden kann, wird wesentlich beeinflusst durch die Qualität der elterlichen Kooperation hinsichtlich der Erfüllung ihrer Elternfunktionen, die Beziehung der Kinder zum nicht bei der Familie verbleibenden Elternteil sowie den sozioökonomischen Status der Restfamilie. Eine Scheidung kann in eine lang an-

---

**Scheidungskinder | Beide Eltern sind wichtig**

Der Kontakt zum getrennt lebenden Elternteil ist für die psychosoziale Entwicklung und emotionale Stabilität von Scheidungskindern in hohem Maße wichtig. Verhaltensschwierigkeiten und psychosoziale Störungen treten seltener auf, wenn Eltern während und nach ihrer Trennung die Kinder möglichst aus ihren Konflikten heraushalten können und wenn sie die elterlichen Aufgaben in Absprache gemeinsam wahrnehmen; denn für die betroffenen Kinder bleibt auch nach der Scheidung die gefühlsmäßige Bindung zum getrennt lebenden Elternteil bestehen.

Unterstützung bekommen Eltern und Kinder in Scheidungssituationen u. a. bei verschiedenen Beratungsstellen und durch Mediation. Aber auch Personen des sozialen Umfeldes können für die einzelnen Familienmitglieder sehr hilfreich sein.

---

**Scheidungskinder:** Nicht zuletzt die oft schlechten wirtschaftlichen Bedingungen nach einer Scheidung können den Kindern Probleme bereiten.

dauernde Beeinträchtigung persönlicher Entwicklungsmöglichkeiten münden, sie kann aber auch als eine Entwicklungschance begriffen werden.

**LESETIPPS:**
BEATE SCHWARZ: *Die Entwicklung Jugendlicher in Scheidungsfamilien.* Weinheim (Beltz) 1999.
PETER BALSCHEIT-VON SAUBERZWEIG u. a.: *Scheidung – was tun wir für unsere Kinder?* Zürich (Pro Juventute) ⁵2003.
BARBARA DIETRICH: *Ich brauche Euch doch beide. Scheidung tut weh. Ein Trauerbuch für Kinder.* Woldert (Smaragd) 2004.
HELMUTH FIGDOR: *Kinder aus geschiedenen Ehen: Zwischen Trauma und Hoffnung. Wie Kinder und Eltern die Trennung erleben.* Gießen (Psychosozial-Verlag) 2004.

**Scheinbewegung:** erstmals 1912 von Max Wertheimer beschriebenes Phänomen, bei dem durch sprunghafte Veränderung statischer optischer Reizmuster der Eindruck von Bewegung entsteht. Die einfachste Form einer Scheinbewegung ist das Phi-Phänomen: Wenn zwei Lichtquellen abwechselnd an- und ausgeschaltet werden, werden diese als eine einzige hin- und herspringende Lichtquelle wahrgenommen. Auf demselben Prinzip beruht die stroboskopische Bewegung, bei der in kurzer Abfolge dargebotene Bilder zum Gesamteindruck einer fließenden Bewegung verschmelzen, wie es beim Kinofilm der Fall ist.

**Scheitellappen:** Teil des →Gehirns.

**Schema** [griech. »Haltung«; »Gestalt«, »Figur«, »Form«]: **1)** in der *Denkspsychologie* gedankliches Konzept über Sachverhalte oder Geschehnisse, von denen Bewertungen und Verhalten geleitet werden; Wissensbausteine; auch kognitives Schema genannt. Ein depressiver Mensch z. B. hat ein negatives Schema über sich und die Welt. Nach Jean Piaget entwickeln sich Schemata u. a. durch →Assimilation.

**2)** in der *Verhaltensforschung* eine Gruppe von Merkmalen, die überwiegend angeborenes Verhalten auslösen (→Schlüsselreiz); auch als Auslöseschema bezeichnet. Ein Beispiel ist das →Kindchenschema.

**Schichtarbeit:** Aufteilung der Betriebszeit, die die individuelle Arbeitszeit eines Arbeitnehmers übersteigt, in einen Arbeitsturnus mit regelmäßig mehrmals täglich wechselnder Besetzung eines Arbeitsplatzes. Die Arbeitnehmer sind entweder auf eine Schicht festgelegt (z. B. Nachtportier), oder der Schichtwechsel findet nach einem System im Wechsel (Wechselschicht) statt, das mit tariflich festgelegten längeren Erholungszeiten verbunden ist.

Aufgrund der immer wieder eintretenden Durchbrechung des biologischen Rhythmus (→Biorhythmus) können bei Schichtarbeitern psychosomatische Symptome wie Magen-Darm-Störungen, Appetitlosigkeit, Nervosität, Labilität, Leistungsbeeinträchtigungen und Schlafstörungen auftreten. Dies gilt v. a. für die (dauerhafte) **Nachtschichtarbeit,** die physiologisch gesehen in das Leistungstief der Gesamtfunktionen des Organismus fällt. Durch die eingeschränkte Möglichkeit zu sozialen Kontakten besonders bei Wechsel- und Nachtschicht kann sich Schichtarbeit auch negativ auf das Freizeitverhalten, die Freundschaften und Beziehungen des Schichtarbeiters auswirken.

**Schichtenmodell:** Persönlichkeitstheorie, die die Psyche in mehrere Schichten gliedert. Eines der bekanntesten Schichtenmodelle ist Sigmund Freuds →Strukturmodell.

**Schicksals|analyse:** von dem Psychotherapeuten Leopold Szondi 1937 begründete tiefenpsychologische Behandlungsmethode, die den gesamten Lebenslauf eines Patienten unter Einschluss seiner Familie, Freundschaften, Partnerschaften, seines Berufs und seiner Krankheiten berücksichtigt. Sie geht davon aus, dass ein Großteil der persönlichen Lebensumstände durch das »familiäre Unbewusste« ausgewählt und gelenkt wird. Durch die Schicksalsanalyse soll der unbewusste Lebensplan deutlich werden, der das ganze Leben des Patienten bestimmt.

**Schilddrüsenüberfunktion, Hyperthyreose:** gesteigerte Produktion und Ausschüttung von Schilddrüsenhormonen. Diese steuern den Grundumsatz des Körpers; eine Überproduktion führt zu beschleunigtem Herzschlag, Schwitzen, Gewichtsabnahme trotz Heißhun-

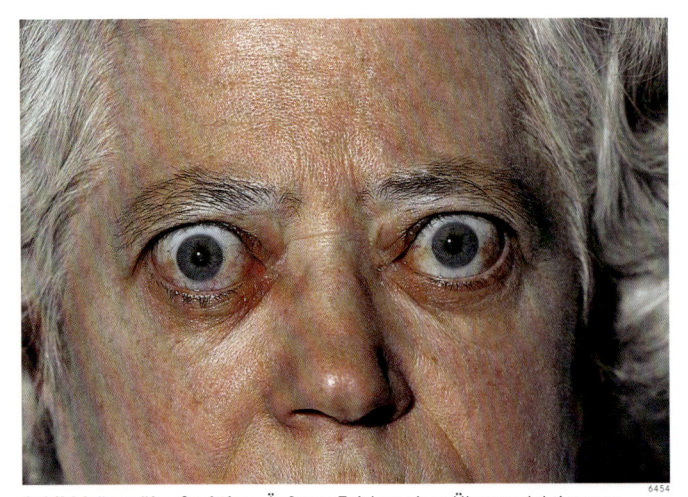

**Schilddrüsenüberfunktion:** Äußeres Zeichen einer Überproduktion von Schilddrüsenhormonen sind hervortretende Augäpfel.

gers, vermehrter Aggressivität, Nervosität und Schlafstörungen. Eine seelische Mitverursachung wird diskutiert, ist jedoch nicht nachgewiesen. Die Behandlung erfolgt durch Medikamentengabe oder operativ durch Teilentfernung der Schilddrüse. Entspannungstechniken sind zur Bewältigung der seelischen Veränderungen hilfreich.

**schizoaffektive Störungen:** Störungen, bei denen zu einer Schizophrenie mit Wahn und Halluzinationen eine affektive Störung hinzutritt, also eine Depression, Manie oder eine bipolare affektive Störung. Weil sich unter diesem Störungsbild viele einzelne reine Störungen, z. B. Depression, vereinen, kann es zu Verwechslungen kommen. Die Unterschiede lassen sich wie folgt beschreiben: Ein Patient mit einer schizoaffektiven Störung und Depression denkt, an einer Katastrophe seien äußere Mächte, der CIA usw. schuld, während ein Patient mit einer wahnhaften Depression glaubt, für eine Katastrophe selbst verantwortlich zu sein. Bei der wahnhaften Manie sind die Ideen zwar stark übertrieben, aber nicht so bizarr und völlig unnachvollziehbar wie bei der schizoaffektiven Störung mit Manie.

Wegen erhöhter Suizidgefahr werden akute schizoaffektive Störungen meistens in der Klinik behandelt. Bei der Medikation kommen Neuroleptika und Natriumsalze (oder beides kombiniert) sowie Antidepressiva zum Einsatz. Hilfreich sind zusätzlich Verhaltenstherapie, kognitive Verhaltenstherapie sowie Familientherapie.

**schizoide Persönlichkeitsstörung, schizotypische Persönlichkeitsstörung** [zu griech. schízein »spalten«]: durch emotionale Distanziertheit und eine eingeschränkte Bandbreite des Gefühlsausdrucks charakterisierte Persönlichkeitsstörung. Die Betroffenen haben wenig Freunde, kaum enge Beziehungen und kaum Interesse an irgendwelchen Tätigkeiten. Früher nahm man an, diese Persönlichkeitsstörung stehe im Zusammenhang mit einer Schizophrenie, deshalb nannte man sie »schizoid«; diese Auffassung ist inzwischen jedoch widerlegt. Die schizoide Persönlichkeitsstörung tritt sehr selten auf.

**Schizophrenie** [zu griech. phrén »Zwerchfell«; »Geist«, »Gemüt«]: von dem Schweizer Nervenarzt Eugen Bleuler (* 1857, † 1939) so benannte →psychotische Störung, die durch grundlegende Störungen des Denkens, der Wahrnehmung und der Affektivität gekennzeichnet ist. Sie tritt in unterschiedlichen Erscheinungsformen auf, deshalb spricht man heute eher von einer »Gruppe der Schizophrenien«.

Besonders häufig treten folgende Erkrankungen des schizophrenen Formenkreises auf: 1. Die **paranoide Schizophrenie** mit dem Leitsymptom →Wahn; darüber hinaus erleben die Betroffenen häufig →Halluzinationen, v. a. hören sie Stimmen. Denkstörungen kommen vor, verhindern jedoch nicht die Beschreibung der Wahngedanken. Das Gefühlsleben ist nicht so stark verflacht wie bei den anderen Formen der Schizophrenie. 2. Die **katatone Schizophrenie** mit dem Leitsymptom seelisch bedingte Erstarrung (→Stupor); die Kranken bewegen sich nicht mehr, reagieren nicht, behalten Positionen bei, in die sie gebracht werden. Eine Sonderform ist die akute fieberhafte Katatonie, ein heftiger Erregungszustand, der ohne Behandlung rasch zum Tode führt. 3. Die desorganisierte oder hebephrene Schizophrenie (**Hebephrenie**) mit ausgeprägten Denkstörungen, flachem Affekt, infantilem Verhalten und Wahnfragmenten, die sich zu keinem zusammenhängenden Thema organisieren. Die Hebephrenie setzt meist zwischen dem 15. und dem 25. Lebensjahr ein.

Gegenwärtig leiden in Deutschland etwa 800 000 Menschen an Schizophrenie. Der Verlauf der Erkrankung ist in etwa einem Drittel der Fälle chronisch mit bleibenden Störungen, bei einem weiteren Drittel tritt die Krankheit in akuten, wiederkehrenden Schüben auf und wieder bei einem Drittel als akute Episode mit nachfolgender Heilung. In der akuten Erkrankung wirken die Kranken »verrückt«. Sie fallen sozial massiv auf, sind aber unter Umständen schon nach einigen Tagen Behandlung mit antipsychotischen Medikamenten wieder normal ansprechbar. Chronisch Kranke zeigen einen Residualzustand, d. h., sie verhalten sich exzentrisch, können sich aber auch anpassen, solange nicht zu viel von ihnen gefordert wird. Ihr Denken ist leicht gestört; sie zeigen nur noch manchmal seltsame Wahrnehmungen und unangemessene Affekte, können aber vielfach

---

**Schilddrüsenüberfunktion | Akute Krisen**
Bei unzureichend oder nicht behandelter Schilddrüsenüberfunktion kann es z. B. nach schwerer Erkrankung, Operation, Anwendung von jodhaltigen Röntgenkontrastmitteln oder nach exzessiver Jodzufuhr zu einer lebensbedrohlichen thyreotoxischen Krise kommen, die eine Behandlung auf der Intensivstation erforderlich macht. Neben den verstärkt auftretenden Symptomen einer Schilddrüsenüberfunktion zeigen sich zusätzlich hohes Fieber bis 41 °C, Hautrötung, Schweißausbrüche, Vorhofflimmern mit Pumpschwäche des Herzens, Unruhe und Erregung sowie später Bewusstseinstrübungen bis hin zum Koma.

---

**Schizophrenie:** Einige Wissenschaftler machen eine Infektion durch den Katzenparasiten Toxoplasma gondii zumindest teilweise verantwortlich für die Erkrankung an Schizophrenie.

selbstständig mit etwas Unterstützung (→ Sozialtherapie) leben.

Der Häufigkeitsgipfel der Schizophrenie liegt im dritten Lebensjahrzehnt; persönliche Konflikte können auslösend wirken. Kinder mit einem schizophrenen Elternteil haben ein erhöhtes Erkrankungsrisiko; bei eineiigen Zwillingen beträgt die Wahrscheinlichkeit, dass auch der zweite Zwilling an Schizophrenie erkrankt, wenn bereits der erste davon betroffen ist, etwa 50 %.

Die Ursachen der Schizophrenie sind unbekannt; galt sie früher als hirnorganische Erkrankung, wird heute ein Zusammenwirken von erblicher Belastung und Umweltfaktoren vermutet. Physiologische Studien zielen auf Stoffwechselvorgänge im Bereich von Frontalhirn (→ Gehirn) und → limbischem System, wobei v. a. von einer Überfunktion des → Neurotransmitters Dopamin ausgegangen wird. Nach neueren Erkenntnissen spielen auch andere Neurotransmitter wie Glutamat eine Rolle.

Die Behandlung mit modernen → Neuroleptika ermöglicht besonders im akuten Stadium meist eine relativ rasche Besserung der Symptome; im weiteren Verlauf sind neben der medikamentösen Vorbeugung unterstützende psychotherapeutische Maßnahmen sowie berufliche und soziale Rehabilitation erforderlich.

**schizotype Störung:** Störung des Verhaltens, Denkens und Fühlens, die durch ein tief gehendes Unbehagen in sozialen Situationen, Unfähigkeit zu engen Beziehungen und Verzerrungen im Denken, Wahrnehmen und Verhalten gekennzeichnet ist. Die Betroffenen wirken exzentrisch oder eigentümlich in Verhalten und Erscheinung. Sie drücken sich auf befremdliche Art aus (z. B. gekünstelt, stereotyp), sind argwöhnisch und haben kaum enge Freunde. In seltenen Fällen kann sich aus einer schizotypen Störung eine → Schizophrenie entwickeln.

**Schlaf:** ein beim Menschen und bei den meisten Tieren auftretender Zustand mit Herabsetzung oder Aufhebung der Aktivität und des Bewusstseins.

*Schlaf als Aktivität:* Durch intensive Schlafforschung hat man herausgefunden, dass der Schlaf ein aktiver Prozess unseres Gehirns ist. Zwar führt er zu einer teilweisen Isolation von der Umgebung, diese ist aber selbst im Tiefschlaf nicht vollständig, denn Sinnesreize können die Großhirnrinde erreichen und motorische Befehle können von dort ausgehen. Hormone werden im Schlaf ebenfalls ausgeschüttet; außerdem wird die Verdauungstätigkeit fortgesetzt. Der Schlaf unterliegt einem endogenen zirkadianen Rhythmus (→ Biorhythmus), der zwar dem Tag-Nacht-Wechsel angeglichen wird, aber von diesem nicht abhängt.

Der Schlaf beim Menschen und anderen Säugern ist deshalb als ein dem Wachen gleichwertiger, aber durch andere Aktivitätsmerkmale gekennzeichneter Zustand unseres Körpers zu verstehen, an den eine Reihe zum Teil lebenserhaltender vegetativer und hormoneller Abläufe im Körper gebunden ist.

*Stadien:* Während des Schlafs durchläuft ein Mensch verschiedene Schlaftiefen und Schlafarten, die hirnelektrisch durch das → EEG ermittelt werden; begleitend kann durch ein Elektromyogramm die Muskelspannung und durch ein Elektrookulogramm das Auftreten von Augenbewegungen gemessen werden. Im Wachzustand ruht die Person, schläft aber noch nicht. Alphawellen (8–12 Hz) prägen das Bild. Die Muskelspannung ist hoch, die Augen werden gelegentlich noch geöffnet. Im Schlafstadium I, dem Einschlafzustand, weichen die Alphawellen des Wachzustandes einem gemischten Frequenzbild, in dem Betawellen (15–20 Hz) enthalten sind. Eine niedrige Muskelspannung und langsame Augenbewegungen prägen diese kurze Phase.

Das Schlafstadium II, die Leichtschlafphase, ist gekennzeichnet von Thetawellen (4–8 Hz) und von »Schlafspindeln« (synchrone Wellen mit einer Frequenz von 12 bis 14 Hz) und gelegentlicher Beta-Aktivität. Die Muskelspannung wechselt leicht, Augenbewegungen lassen sich nicht erkennen. Im Schlafstadium III finden sich Deltawellen, d. h. langsame, mittelhohe Wellen (1,5–3,5 Hz mit einer Amplitude, die größer ist als 75 μV). Die Muskelspannung ist sehr niedrig, die Augen bewegen sich nicht. Das Schlafstadium IV unterscheidet sich von Sta-

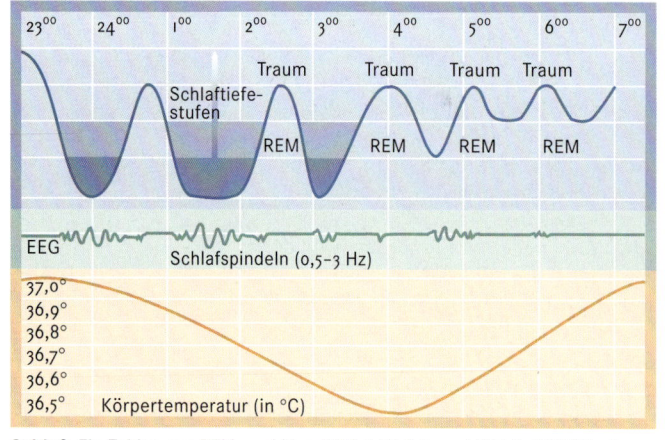

**Schlaf:** Ein Zyklus aus REM- und Non-REM-Schlaf dauert 90 bis 120 Minuten und wird im Laufe der Nacht normalerweise vier- bis fünfmal durchlaufen.

dium III nur durch ein häufigeres Auftreten der Deltawellen. Die Stadien III und IV zusammen gelten als Tiefschlafstadien.

In **Rapid-Eye-Movement-Phasen (REM-Phasen)** ähnelt das EEG dem Wachzustand bzw. Schlafstadium I. Im Gegensatz zu allen anderen Schlafphasen ist der Muskeltonus völlig aufgehoben, die Herz- und Atemfrequenz sowie die Körpertemperatur sind höher als in den anderen Schlafphasen, die auch als Non-REM-Schlaf bezeichnet werden. Die schlafende Person ist sehr schwer zu wecken. (Deshalb hat man dieses Schlafstadium früher auch als paradoxen Schlaf bezeichnet, denn die Person schläft tief, obwohl das EEG dem von Stadium I ähnlich ist.) Charakteristisch sind v.a. die schnellen Augenbewegungen (Rapid eye movements, REM), die durch ein Elektrookulogramm messbar sind. Probanden, die unmittelbar nach einer REM-Phase geweckt werden, berichten außerdem häufig über Träume; man nimmt daher an, dass der REM-Schlaf eng mit dem Phänomen des Träumens verknüpft ist.

Der Schlaf verläuft zyklisch: Auf die Phasen I bis IV und den REM-Schlaf folgt die Leichtschlafphase II, daran schließen sich die Tiefschlafphasen III und IV an und der Zyklus beginnt von Neuem. Vier bis sechs dieser Zyklen von je 70 bis 100 Minuten Dauer durchläuft eine gesunde Person normalerweise in einer Nacht. Die Dauer der Tiefschlafphasen und der REM-Phasen ändert sich dabei im Lauf der Nacht. Die erste Nachthälfte ist charakterisiert von ausgeprägten Schlafstadien III und IV, die zweite von deutlich länger werdenden REM-Phasen.

**Schlaf|apnoe:** während des Schlafs auftretende →Apnoe.

**Schläfenlappen:** Teil des →Gehirns.

**Schlaflabor:** Einrichtung zur Untersuchung der Schlafqualität und Schlafdauer eines Menschen mithilfe umfangreicher Messungen von Hirnströmen, Atemvolumen und -frequenz, Temperatur und Augenbewegungen sowie anderer Größen, die den Schlaf beeinträchtigen können. Bei Patienten mit →Schlafstörungen kann man anhand der so erhobenen Daten Rückschlüsse auf die Ursachen ihrer Schlafstörungen, z.B. eine Schlafapnoe (→Apnoe), ziehen.

**Schlaflosigkeit:** durch eine Störung des Ein- oder Durchschlafens gekennzeichnete →Schlafstörung.

**Schlafmittel, Hypnotika:** Medikamente, die den natürlichen Schlaf fördern sollen. Ihr Einsatz ist nur dann sinnvoll, wenn die Ursache der Schlafstörung nicht durch andere Maßnahmen, etwa Änderung des Lebensrhythmus und

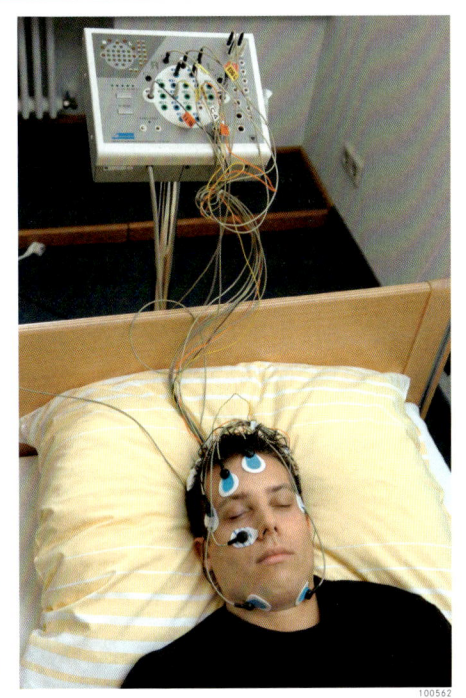

**Schlaflabor:** Mithilfe mehrerer Elektroden versucht man im Schlaflabor, die Geheimnisse des Schlafes zu erforschen, aber auch Schlafstörungen auf die Spur zu kommen.

Stressbewältigung, behoben werden kann. Ein ideales Schlafmittel gibt es derzeit nicht. Je nach Wirkstoff ergeben sich unterschiedliche Nachteile.

Pflanzliche Präparate gelten als mild und nebenwirkungsarm und sind rezeptfrei erhältlich, z.B. Baldrian, Hopfen, Passionsblumenextrakt, Melisse oder Kavastrauchextrakt. Synthetische Schlafmittel sollten wegen ihrer z.T. starken Wirkungen und Nebenwirkungen nur nach ärztlicher Verordnung und für begrenzte Zeit eingesetzt werden. Zu den milden, rezeptfreien Einschlafmitteln zählen die Wirkstoffe Diphenhydramin und Doxylamin, die jedoch als Nebenwirkungen Sehstörungen, Herzjagen, Mundtrockenheit, Magen-Darm-Beschwerden und Hautreaktionen hervorrufen können.

Chloralhydrat wird als Ein- und Durchschlafmittel verwendet. Als Nebenwirkungen treten Schleimhautreizungen und Mundgeruch auf. Außerdem kann es eine körperliche Abhängigkeit (→Sucht) erzeugen. →Benzodiazepine sind wegen ihrer Nebenwirkungen sehr kritisch zu betrachten. Nicht selten kommt es zu Müdigkeit und Antriebslosigkeit am nächsten Tag (Hangover). Sie verändern das natürliche Schlafmuster, führen wegen ihrer muskelerschlaffenden Wirkung zu erhöhter Sturzgefahr

## SCHLAFMITTEL: AUSWAHL GEBRÄUCHLICHER SCHLAFMITTEL

| Herkunft | Wirkstoff | Anwendung | mögliche Nebenwirkungen | Erhältlichkeit |
|---|---|---|---|---|
| pflanzlich | Baldrian, Hopfen, Passionsblumenextrakt, Melisse oder Kavastrauchextrakt | stressbedingte Einschlafstörungen | leichte Hautallergien bei Kavastrauchextrakt | rezeptfrei |
| synthetisch | Diphenhydramin und Doxylamin (H1-Rezeptorenblocker) | Einschlafstörungen | Sehstörungen, Herzjagen, Mundtrockenheit, Magen-Darm-Beschwerden und Hautreaktionen | rezeptfrei |
| | Chloralhydrat | Ein- und Durchschlafstörungen | Schleimhautreizungen, Mundgeruch, Suchtgefahr | verschreibungspflichtig |
| | Benzodiazepine (u. a. Diazepam und Lorazepam) | Ein- und Durchschlafstörungen | Müdigkeit und Antriebslosigkeit am nächsten Tag (Hangover), Störung des natürlichen Schlafmusters, Muskelerschlaffung, Suchtgefahr | verschreibungspflichtig |
| | Zolpidem | Einschlafstörungen | selten Hangover und Muskelerschlaffung, mäßige Suchtgefahr | verschreibungspflichtig |
| | Zopiclon | Durchschlafstörungen | Kopfschmerzen, Müdigkeit, Schwächegefühl, bitterer Geschmack | verschreibungspflichtig |

und machen abhängig. Zolpidem wird bei Einschlafstörungen, Zopiclon bei Durchschlafstörungen eingesetzt. Sie beeinflussen im Gegensatz zu den Benzodiazepinen das natürliche Schlafmuster nicht. Nebenwirkungen wie Hangover und Muskelerschlaffung treten nur selten auf. Trotz der geringeren Gefahr der Abhängigkeit sollten sie nicht über längere Zeit hinweg eingenommen werden.

Die Einnahme von Schlafmitteln sollte rund eine halbe bis eine Stunde vor dem gewünschten Einschlafzeitpunkt erfolgen, damit sie eine ausreichende Wirkung erzielen können.

**Schlafstörungen:** Sammelbezeichnung für Störungen des dem jeweiligen Lebensalter entsprechenden Schlafverhaltens.

Als **Insomnien** oder Schlaflosigkeit werden Störungen bezeichnet, die mit ungenügender Dauer oder Qualität des Schlafs sowie Einschlaf- und Durchschlafproblemen einhergehen. Das Symptom ist umso quälender, je mehr der Betroffene von Ängsten gequält wird, am nächsten Tag den Anforderungen nicht gewachsen zu sein, weil er zu wenig geschlafen hat. Insomnie kann primär oder die Folge organischer oder psychischer Erkrankungen sein. Bei der primären Insomnie ist die psychotherapeutische Behandlung, die →Biofeedbackmethode oder (allenfalls kurzzeitige) medikamentöse Behandlung die Methode der Wahl, während bei organischen oder psychischen Leiden die Behandlung der Grunderkrankung im Vordergrund steht.

Bei der **Hypersomnie** (Schlafsucht) tritt ein vermehrtes Schlafbedürfnis, Einschlafneigung und z. T. erhebliche Tagesmüdigkeit auf. Ursachen können Vergiftungen, Tumoren oder Entzündungen v. a. des Stammhirns sein. Auch hier gilt es, zunächst das Grundleiden zu behandeln.

Störungen des →Schlaf-wach-Rhythmus sind Störungen des individuellen Rhythmus zwischen Schlaf- und Wachperioden, oft hervorgerufen durch Schichtarbeit oder Zeitzonenflüge (»Jetlag«), aber auch durch schwere psychiatrische Erkrankungen und altersbedingte Abbauprozesse.

Zu den **Parasomnien** zählen v. a. im Kindes- und Jugendalter auftretende Schlafstörungen wie →nächtliches Aufschrecken, →Albträume, →Somnambulismus und nächtliches →Einnässen, die als Schlafstörungen in der Regel nicht behandlungsbedürftig sind, sich im Laufe einer psychotherapeutischen Bearbeitung des jeweiligen psychischen Konflikts meist verlieren und nur in schweren Fällen medikamentös therapiert werden sollten.

Neben der meist mit →Angst verknüpften Schlafstörung ohne greifbare Ursache ist der Schlaf auch bei einer Reihe von Vergiftungen und Organstörungen beeinträchtigt, z. B. bei Alkoholismus, Missbrauch von aufputschenden Drogen, Störungen der Gehirndurchblutung oder der Schlafapnoe (→Apnoe). Weit über die Hälfte aller psychiatrischen Patienten, ob sie nun an Schizophrenie oder an Depressionen leiden, klagt auch über Schlafstörungen. Aufgrund ihres Suchtpotenzials können →Schlafmittel problematisch sein; in vielen Fällen hilft aber eine →Psychotherapie oder →autogenes Training.

**LESETIPPS:**
DIETER RIEMANN: *Ratgeber Schlafstörungen bewältigen. Informationen für Betroffene und Angehörige.* Göttingen (Hogrefe) 2004.
RÜDIGER DAHLKE: *Schlafratgeber. Einschlafen, Durchschlafen, Ausschlafen.* München (Integral) 2005.

JÜRGEN ZULLEY: *Mein Buch zum guten Schlaf.* München (Zabert-Sandmann) 2005.

**Schlafsucht:** durch hohes Schlafbedürfnis gekennzeichnete →Schlafstörung.

**Schlaf-wach-Rhythmus:** die in das Zusammenspiel verschiedener biologischer Rhythmen eingebettete Abfolge von Phasen des Wachens und des Schlafens (→Schlaf). Hormonelle Sekretion, Körpertemperatur, vegetative Funktionen wie Herz- und Atmungstätigkeit, aber auch psychische Funktionen wie die Reaktionszeit unterliegen einem zirkadianen Rhythmus (→Biorhythmus) mit einem Minimum und Maximum im Laufe des 24-Stunden-Tages. Weitere zirkadiane Rhythmen, z. B. der Temperaturrhythmus, sind mit dem Schlaf-wach-Rhythmus eng verknüpft. Während des Schlafs treten charakteristische Änderungen ein; so sinkt die Körpertemperatur, am Ende der Schlafphase steigt die Corticolsekretion. Eine Beeinträchtigung der ursprünglichen Phasenbeziehungen kann →Schlafstörungen bewirken.

Was tatsächlich dazu führt, dass Schlafen und Wachen einander ablösen, ist bisher nicht abschließend geklärt. Vermutlich hängt der Rhythmus mit dem Hell-Dunkel-Rhythmus ebenso zusammen wie mit – vermuteten – inneren Zeitgebern oder der Ausschüttung von Melatonin. Die Ergebnisse experimenteller Schlafforschung, die besagen, dass der Organismus auch auf einen mehrtägigen Schlafentzug mit einem relativ kurzen Erholungsschlaf reagiert, führen zu der Annahme, dass weniger ein zeitlicher Ausgleich des versäumten Schlafs als vielmehr die vermehrte Schlaftiefe eine Möglichkeit darstellt, Schlaf nachzuholen. Insbesondere zeigt sich, dass die Tiefschlafphasen nach längerem Schlafentzug im Vergleich zu den anderen Schlafstadien zunehmen.

**Schlafwandeln:** der →Somnambulismus.

**Schlafzentren:** Kerngebiete im Zentralnervensystem, die den Schlafrhythmus steuern. Dazu zählen Bereiche in Zwischenhirn und Mittelhirn, die im Zusammenspiel mit der →Formatio reticularis den Schlaf-wach-Rhythmus bestimmen.

**Schlaganfall, Apoplexie** [griech.]: Störung der Gehirnfunktionen, die durch einen Schaden an den Blutgefäßen oder einen Durchblutungsmangel entsteht. Die Ursachen sind entweder Blutungen in das Gehirn, wenn ein Gefäß platzt, oder Schäden durch Sauerstoffmangel, wenn das Gehirn nicht genügend durchblutet wird, weil eine Arterie verengt oder durch ein Blutgerinnsel verstopft ist. Wenn Gefäßanomalien im Gehirn vorliegen (Aneurysmen, d. h. Ausbuchtungen von Arterien), kann ein Schlaganfall auch bei jüngeren Menschen auftreten; sonst ist er eine Krankheit des Alters und oft eine Folge einer Arteriosklerose oder eines Bluthochdrucks. Leitsymptom eines schweren Schlaganfalls ist plötzliche Bewusstlosigkeit bis zum Koma; wenn der Kranke sich erholt, ist er oft an derjenigen Körperseite gelähmt, die der betroffenen Hirnhälfte gegenüberliegt.

Da viele Schlaganfallpatienten lernen müssen, die Ausfälle auszugleichen, die durch den Verlust von Gehirnbereichen entstanden sind, ist ihre Behandlung eine wichtige Aufgabe der Neuropsychologie. Diagnostisch muss geklärt

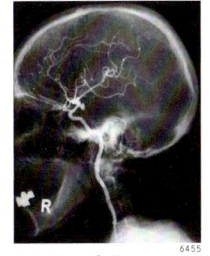

**Schlaganfall:** Die Aufnahme dieses Schädels zeigt ein Aneurysma, eine lokale Aussackung der Gefäßwand, im Gehirn. Platzt die Gefäßwand an dieser Stelle, kommt es zu einem Schlaganfall.

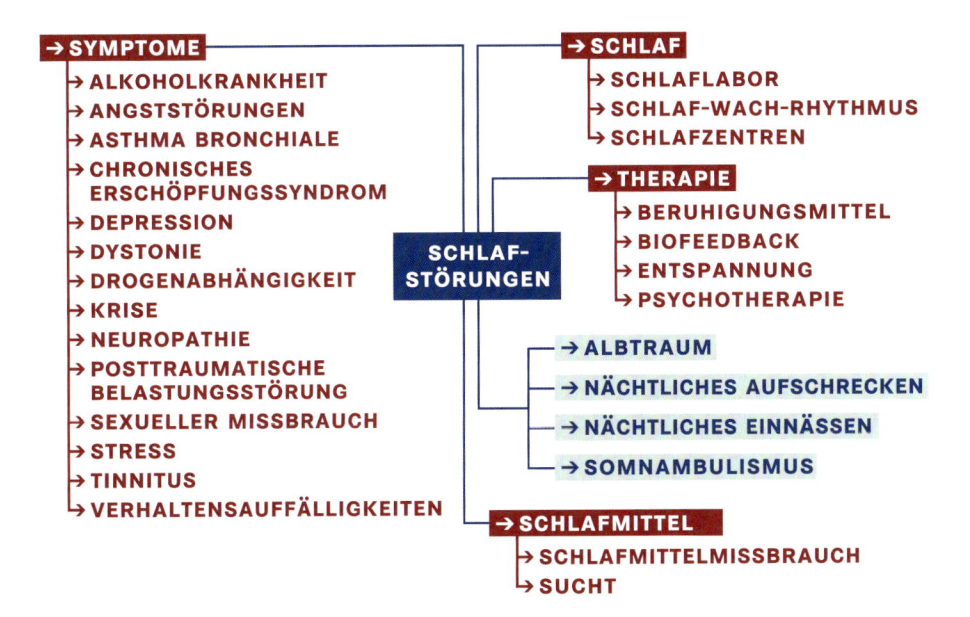

werden, welche Funktionen geschädigt sind; darauf baut sich dann ein Behandlungsprogramm auf, das in einer langwierigen, aber für die Rehabilitation unersetzlichen Arbeit den Kranken dabei unterstützt, seine Leistungsausfälle schrittweise auszugleichen. Unter Umständen ist es möglich, die verloren gegangenen Funktionen weitgehend wieder zu erlangen; es gibt Beispiele dafür, dass nach einem Schlaganfall die geistige Leistungsfähigkeit nicht schlechter ist als vorher.

LESETIPPS:

Dietrich Peinert und Stefanie Esan: *Aus dem Gleichgewicht. Die Geschichte eines Schlaganfalls.* Frankfurt am Main (Mabuse) ³2002.

Stefan Kiechl u. a.: *Nach einem Schlaganfall. Informationen für Patienten und Angehörige.* Wien (Holzhausen) 2006.

Brigitte Mohn und Monika Kirschner: *Risiko Schlaganfall. Kompetent vorbeugen, Alarmsignale erkennen, richtig handeln, Folgen vermeiden.* Rheda-Wiedenbrück (RM-Buch-und-Medien-Vertrieb) 2006.

**Schluckangst:** Angst vor dem Schlucken, die v. a. bei körperlichen Krankheiten auftritt, die den Schluckvorgang erschweren. In seltenen Fällen kann die Angst jedoch auch psychisch bedingt sein; sie stellt dann eine Form der spezifischen →Phobien dar und sollte psychotherapeutisch behandelt werden.

**Schlüsselqualifikationen:** übergeordnete Qualifikationen, die für die Bewältigung nicht nur gegenwärtiger, sondern auch zukünftiger Anforderungen bedeutsam sind, z. B. soziale Kompetenz. Schlüsselqualifikationen sind demnach solche Kenntnisse, Fähigkeiten und Fertigkeiten, die die Eignung für eine Vielzahl von v. a. beruflichen Positionen und Funktionen sowie für die Bewältigung von (meist unvorhersehbaren) Änderungen und Anforderungen im Laufe des Lebens erbringen. Zu den Schlüsselqualifikationen gehören v. a. soziale, kommunikative Kompetenzen, die Fähigkeit zum →lebenslangen Lernen, Kreativität, Kooperations- und Teamfähigkeit, Bereitschaft zur Übernahme von Verantwortung, die Fähigkeit, Informationen zu beschaffen und auszuwerten, sowie Flexibilität bei sich rasch ändernden Arbeitsanforderungen.

Diese fächerübergreifenden Qualifikationen sollen in Schule, Studium und Berufsausbildung vermittelt werden, lassen sich jedoch kaum mit Schul- oder Prüfungsnoten beurteilen. Die Schulen sind in Deutschland in der Regel noch immer »Stoffschulen«, in denen Schlüsselqualifikationen wie z. B. »Lernen lernen« nicht systematisch vermittelt werden. Viel intensiver als im schulischen Bereich wird im Rahmen der beruflichen Bildung, der Weiterbildung und der betrieblichen Qualifikation über Schlüsselqualifikationen diskutiert, da diese offenkundig den Anforderungen moderner Unternehmen entsprechen.

**Schlüsselreiz:** in der *Verhaltensforschung* ein spezifischer Reiz, der über einen →Auslösemechanismus wirkt und eine bestimmte artspezifische Instinkthandlung auslöst. So ist z. B. der Buttersäuregeruch aus dem Schweiß eines Säugetiers für eine Zecke der Schlüsselreiz, um sich von ihm aus dem Gras abstreifen zu lassen. Schlüsselreize können auch ein Verhalten hemmen: Die Unterwerfungsgeste eines im Kampf unterlegenen Wolfs löst die Tötungshemmung aus; der Angreifer wird nicht mehr zubeißen. Attrappenversuche dienen Ethologen zur Feststellung des jeweiligen Schlüsselreizes; hohe Bekanntheit erlangten die Attrappenversuche von Nikolaas Tinbergen zum Balzverhalten der Stichlinge.

**schmecken:** Leistung des →Geschmackssinns.

**Schmerz:** *Sonderartikel S. 524–527.*

**Schmerz|ambulanz:** interdisziplinäre Einrichtung, die Patienten mit akuten und v. a. chronischen Schmerzzuständen betreut. Hier werden nicht nur schmerzstillende Medikamente verabreicht, sondern durch Bäder, Krankengymnastik und andere Formen der physikalischen Therapie, durch Akupunktur, ganzheitliche Heilverfahren und verhaltenstherapeutische Maßnahmen wird der Schmerz therapiert (→Schmerztherapie) oder doch zumindest gelindert.

**Schmerzmittel, An|algetika:** Medikamente, die der Bekämpfung von Schmerzen verschiedener Ursache dienen.

Zu den schwachen Schmerzmitteln zählen z. B. die entzündungshemmenden Mittel Acetylsalicylsäure, Ibuprofen und Paracetamol, die auch fiebersenkend wirken. Die Nebenwirkungen reichen von Magen-Darm-Beschwerden bis hin zu Nierenschäden. Generell sollten schwache Schmerzmittel nicht auf nüchternen Magen oder zusammen mit Alkohol eingenommen werden. Bei Asthma, Leber- und Nierenschäden, in der Schwangerschaft und Stillzeit ist eine Rücksprache mit dem Arzt notwendig.

Zu den starken Schmerzmitteln zählen die →Opiate; die stärksten unter ihnen sind z. B. Morphin, Piritramid und Buprenorphin. Die schmerzstillende Wirkung der Opiate beruht auf der Dämpfung des Schmerzzentrums im Gehirn. Da sie im Gehirn auch Bewusstsein und Stimmungslage beeinflussen, können sie miss-

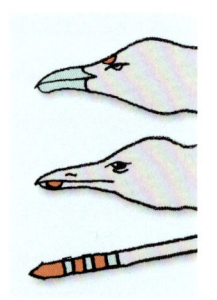

**Schlüsselreiz:**
Die Attrappe wirkt wie der rote Fleck am Schnabel der echten Silbermöwe – die Küken picken danach, um gefüttert zu werden.

## SCHMERZMITTEL: AUSWAHL GEBRÄUCHLICHER SCHMERZMITTEL

| | Gruppe | Wirkungsweise | Wirkstoffe | Nebenwirkungen |
|---|---|---|---|---|
| schwache Schmerzmittel | nicht steroidale Antiphlogistika/ Antirheumatika | Prostaglandinsynthesehemmer (Hemmung der Herstellung von schmerzauslösenden Hormonen) | Acetylsalicylsäure, Ibuprofen, Naproxen, Diclofenac, Indometacin und Prioxicam | Magen- und Darmbeschwerden, Leber- und Nierenfunktionsstörungen, Ohrgeräusche, Schwindel; evtl. verstärkte Blutungsneigung, Hautausschläge und Asthmaanfälle |
| | | | Pyrazolone, z. B. Paracetamol, Metamizol (Novaminsulfon), Propyphenazon, Phenylbutazon und Phenazon | Nierenschäden, Hautausschläge und Asthmaanfälle |
| starke Schmerzmittel | schwach wirksame Opiate | Dämpfung des Schmerzzentrums im Gehirn | Codein, Tilidin, Tramadol und Pethidin | Bewusstseins- und Stimmungsveränderung, körperliche und psychische Abhängigkeit, Verstopfung, Harnverhalten, Gallenkoliken, Müdigkeit, Dämpfung der Atmung |
| | stark wirksame Opiate | | Morphin, Piritramid und Buprenorphin | Bewusstseins- und Stimmungsveränderung, körperliche und psychische Abhängigkeit |
| | Co-Analgetika | Wirkungsverstärkung von Schmerzmitteln | Neuroleptika, Antidepressiva | |
| | sonstige Schmerzmittel | Schmerzlinderung bei bestimmten Schmerztypen | Carbamazepin (Epilepsiemittel) | |

bräuchlich angewendet werden und zu körperlicher und psychischer Abhängigkeit führen (→Sucht). Deshalb unterstehen alle starken Schmerzmittel der Verschreibungspflicht, viele sogar dem Betäubungsmittelgesetz (→Betäubungsmittel). Sie werden häufig nur bei starken Tumorschmerzen eingesetzt.

Wichtig bei einer Schmerztherapie mit starken Schmerzmitteln sind die regelmäßige Einnahme sowie die langsame Dosissteigerung oder -reduktion. So kann über einen langen Zeitraum eine gute Schmerzbekämpfung ohne Abhängigkeit durchgeführt werden.

Als Co-Analgetika bezeichnet man Medikamente, die zusätzlich zu den Analgetika eingesetzt werden, weil sie die Wirkung der Schmerzmittel verstärken können. Hierzu gehören →Neuroleptika und →Antidepressiva, wobei Antidepressiva selbst schmerzlindernde Potenz besitzen. Auch Koffein wird als Co-Analgetikum eingesetzt, obwohl es keinen zweifelsfrei nachweisbaren Effekt hat.

**Schmerzpunkte:** Organe der →Schmerzwahrnehmung.

**Schmerzrezeptoren:** die →Nozizeptoren.

**Schmerzschwelle:** Reizintensität, ab der die →Schmerzwahrnehmung beginnt.

**Schmerzstörung, somatoforme:** schwere und anhaltende Schmerzen, für die sich keine körperlichen Ursachen angeben lassen. Man schließt dann im Allgemeinen auf eine seelische Verursachung der Schmerzen und behandelt sie psychotherapeutisch. Bevor man von einer somatoformen Schmerzstörung spricht, sollten alle diagnostischen Möglichkeiten ausgeschöpft werden, u. a. in einer Schmerzambulanz in einem Klinikum.

**Schmerztherapie:** Behandlung von Patienten mit chronischen Schmerzen. Die moderne Schmerztherapie ist Teamarbeit; es gibt an vielen größeren Kliniken eigene →Schmerzambulanzen, in denen hartnäckige Schmerzen meist unter der Leitung eines Facharztes für Anästhesie behandelt werden. Da starke Schmerzmittel vom Typ der Opiate (v.a. Morphium) auch starke Suchtmittel sind, werden sie von vielen Ärzten zögernd verordnet und von Patienten oft gemieden. Das kann dazu führen, dass Opiate ängstlich dosiert werden und wirkungslos bleiben, was die behandelten Kranken zusätzlich demoralisiert und ihnen den Eindruck vermittelt, ihre Schmerzen seien stärker als die stärksten Mittel. Die moderne Schmerztherapie betont die große Bedeutung einer ausreichenden Dosierung, welche die Kranken wirklich schmerzfrei sein lässt.

Das unschädlichste Mittel gegen Schmerz ist die (Selbst-)Hypnose. Anleitung in entsprechenden (auto-)suggestiven Übungen gehört zu einer Schmerztherapie ebenso wie andere Formen der Psychotherapie, in denen z. B. unbewusste Gründe für den Schmerz bearbeitet werden.

**Schmerztoleranz:** Ausmaß, in dem man →Schmerzwahrnehmungen ertragen kann.

*Fortsetzung S. 528*

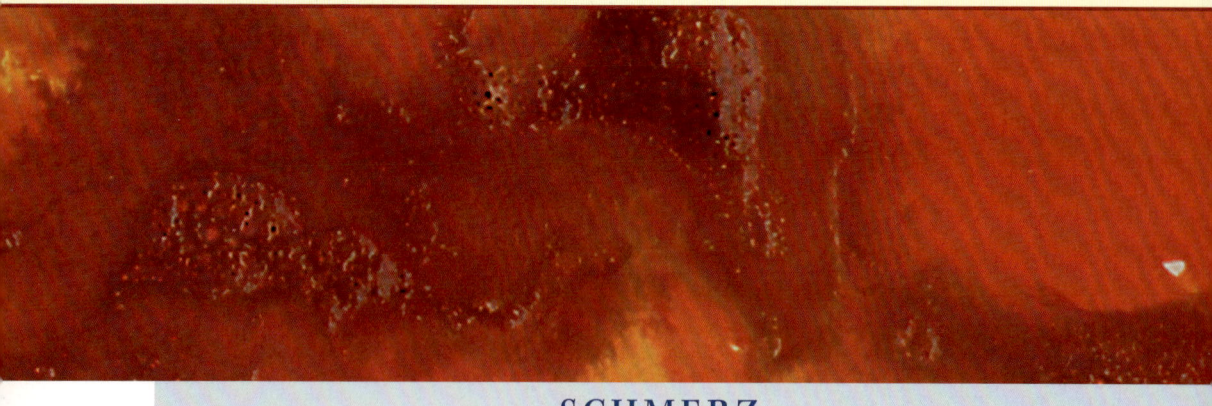

# SCHMERZ

**ENTSTEHUNG**

Unter Schmerz versteht man einen am Körper wahrgenommenen, meist auf einen Körperteil, eine Hautpartie oder ein Organsystem begrenzten leidvollen Zustand, der oft mit der Vorstellung der Schädigung der betroffenen Stellen verknüpft ist. Schmerz ist immer bewusst. Er wird, abhängig von soziokulturellem Kontext und emotionaler Verfassung, von Mensch zu Mensch unterschiedlich erlebt und verarbeitet.

In vielen Geweben des Organismus liegen Aufnahmeorgane für Schmerzreize, die Nozizeptoren. Sie reagieren auf schädliche Einwirkungen verschiedener Art, etwa auf Entzündungen, Verletzungen, Vergiftungen oder physikalische Reize wie Stoßen, Schlagen oder Schneiden. Die so ausgelöste Schmerzempfindung wird über Nervenfasern zum Rückenmark geleitet, wo sie bearbeitet und in der Regel an das Gehirn weitergeleitet wird. Dort werden Schmerzempfindungen nicht in einem abgrenzbaren Schmerzzentrum verarbeitet. Man nimmt an, dass das Schmerzerleben auf dem Zusammenwirken unterschiedlicher Hirnsysteme beruht und Lernvorgänge hier eine große Rolle spielen. Zwischen Wahrnehmen und Schmerzempfindung gibt es ein Kontinuum. Den Übergang von der Wahrnehmung zum Schmerz bezeichnet man als Schmerzschwelle.

**FUNKTIONEN**

Der Schmerz ist ein elementares Gefühl, das eine unmittelbare Warn- und Schutzfunktion ausüben, allerdings auch das Allgemeinbefinden stark beeinträchtigen kann. Schmerzen sind fast immer biologisch sehr sinnvoll. Sie mobilisieren alle Energien im Körper und machen ihn bereit zu Kampf oder Flucht (Alarmreaktion), sie warnen vor Gefahren für die Organe und veranlassen dazu, verletzte Teile des Körpers zu schonen und in Ruhe heilen zu lassen. Der Schmerz ist, wie es ein griechisches Sprichwort sagt, der »Wachhund der Gesundheit«.

Das Warnsystem Schmerz kann allerdings unter Umständen blockiert sein. Menschen, die wegen einer erhöhten körpereigenen Produktion von betäubenden Botenstoffen im Gehirn (Endorphinen) keine Schmerzen spüren, sterben oft früh an Verletzungen oder Verbrennungen. Wer leidenschaftlich mit etwas beschäftigt ist, fühlt keinen Schmerz; das deutet auf die Rolle der Aufmerksamkeit und Zumessung von Bedeutung des Schmerzes hin. Der Boxer schlägt sich weiter, auch wenn er verletzt ist, solange er sich dem Sieg nahe fühlt; erst wenn er verzagt, schmerzen ihn seine Wunden.

**SCHMERZARTEN**

Man unterscheidet mehrere Schmerzarten. Bekannt ist der als hell und stechend beschriebene Oberflächenschmerz, etwa bei Verbrennungen oder Schnittwunden; er wird sehr schnell an das Rückenmark und das Gehirn geleitet. So wird eine rasche Reaktion möglich gemacht. Häufig wird die Reaktion bereits vom Rückenmark ausgelöst, etwa beim Zurückziehen der Hand von einer heißen Herdplatte.

Viele Menschen leiden auch an Verspannungsschmerzen, die durch Fehlhaltungen, etwa verkrampftes Sitzen, aber auch durch Krämpfe in Blutgefäßen, etwa bei der Migräne, entstehen können. Reagieren die Nozizeptoren auf Stoffe, wie sie bei entzündlichen Prozessen freigesetzt werden, so entstehen Entzündungsschmerzen. Nervenschmerzen entstehen durch die Schädigung von Nervengewebe ohne Beteiligung von Schmerzrezeptoren, etwa durch Druck auf die Nerven oder durch chronische Erkrankungen. Sie sind sehr intensiv. Der als diffus, dumpf oder dunkel und quälend wahrgenommene Tiefenschmerz entsteht in Muskeln, Gelenken oder Knochen und ist schwer zu orten. Im Körperinnern gibt es Gebiete, die völlig schmerzunempfindlich sind, wie das Gehirngewebe. Die Hohlorgane wie Magen, Darm und Blase bleiben gegen Schnitte unempfindlich, während sie auf Dehnung oder Sauerstoffmangel stark ansprechen. Verkrampfen sie sich, so spricht man von einer Kolik.

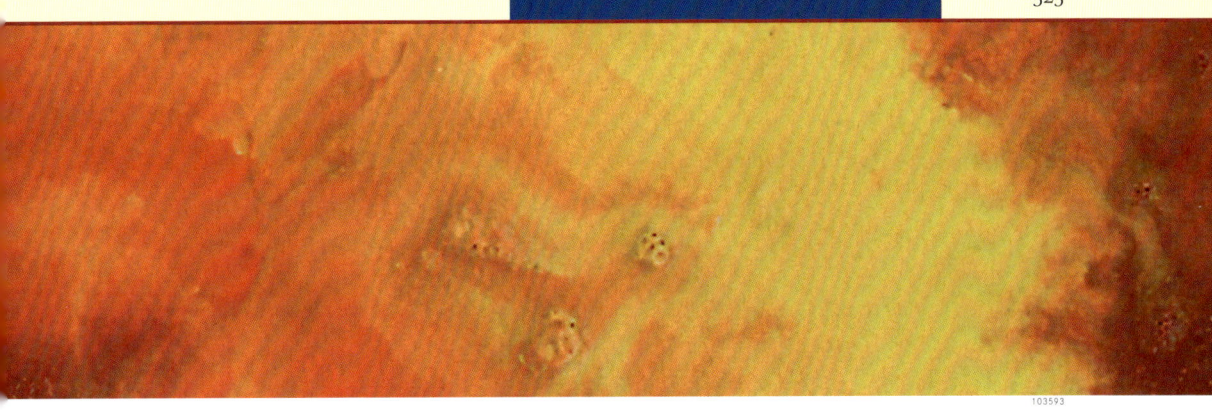

Ein besonderer Fall sind Phantomschmerzen: Sie werden an einem Körperteil wahrgenommen, der gar nicht mehr zum Körper gehört, etwa an einem amputierten Arm. Vermutlich sind diese Schmerzen auf komplizierte Verschaltungsprozesse im Gehirn zurückzuführen.

## CHRONISCHE SCHMERZEN

Ein großer Fortschritt der Schmerzforschung wurde mit der Unterscheidung von akuten und chronischen Schmerzen erreicht. Von chronischen Schmerzen spricht man, wenn ein Schmerzzustand länger als ein halbes Jahr dauert. Der Schmerz hat seine sinnvollen Funktionen verloren. Er warnt nicht mehr, er schützt nicht mehr, sondern wird selbst zum Problem: Die Patienten leiden nicht mehr nur an der ursprünglichen Erkrankung, sondern sind darüber hinaus auch schmerzkrank geworden.

Symptome einer Schmerzkrankheit können zum Beispiel aggressive Verstimmung, Reizbarkeit, Missmut, Schlaflosigkeit, eingeschränkte Interessen und Konzentration auf das eigene Empfinden sein. Während sich dem akuten Schmerz die Angst als begleitender Affekt zuordnen lässt, ist es beim chronischen Schmerz die Depression. Der Schmerz hat die Verarbeitungsmöglichkeiten des bewussten Ich überfordert und dadurch die Ichfunktionen geschwächt, die zu seiner Bewältigung notwendig wären. Schmerzpatienten können nur mit hoher Anstrengung an etwas anderes denken als an ihren Schmerz.

## SCHMERZEMPFINDLICHKEIT

Die Schmerzschwelle ist individuell unterschiedlich, es lassen sich also »schmerzempfindliche« und »schmerzunempfindliche« Personen unterscheiden. Menschen, die wahrgenommene Reize eher unterschätzen, eine hohe Angstschwelle und eine extravertierte Persönlichkeit haben, empfinden in der Regel weniger Schmerzen; umgekehrt schwächen Einsamkeit, Armut und häufige vorangehende Schmerzerlebnisse die Widerstandskraft gegen Schmerzen.

Die Beobachtung, dass durchlittene Schmerzen die Fähigkeit vermindern, weitere Schmerzen zu ertragen, scheint dem Klischee vom Indianer zu widersprechen, der keinen Schmerz kennt, weil er von Kindheit an gelernt und geübt hat, Schmerzen zu ertragen. Wenn man jedoch bei einem Training gegen die Schmerzempfindlichkeit darauf achtet, dass die Schmerzen die Verarbeitungsfähigkeit des Organismus nicht

## SCHMERZ Fortsetzung

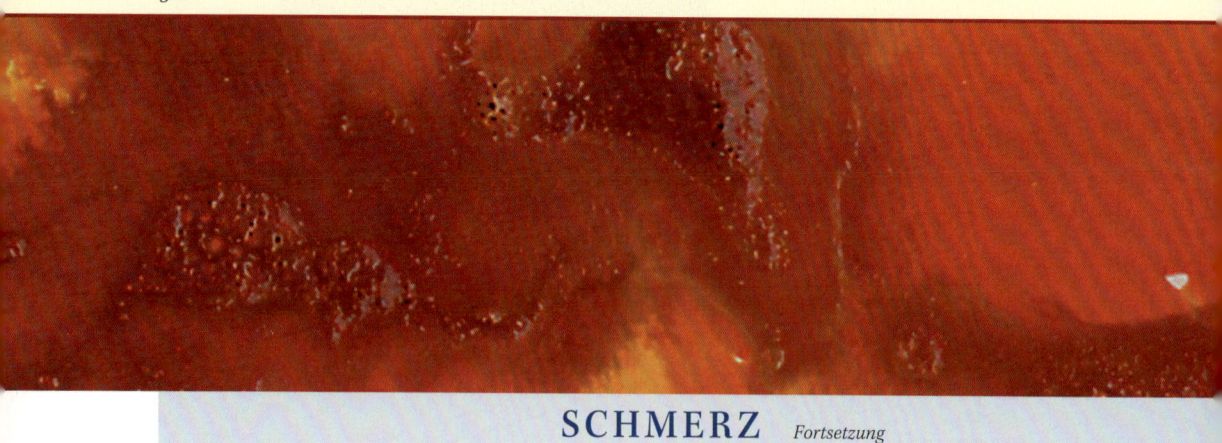

überfordern, löst sich dieser scheinbare Widerspruch auf.

Darauf beruht auch das Leitbild der Abhärtung, das besonders im Hochleistungssport (wo immer wieder Schmerzgrenzen überschritten werden müssen) und in der militärischen Ausbildung eine Rolle spielt. Hier sind die Schmerzreize, deren Verarbeitung geübt werden soll, niemals so groß, dass sie traumatisch wirken, also die jeweilige Fähigkeit zur Reizverarbeitung überfordern. Auf diese Weise lernen die sich abhärtenden Personen, sich gegenüber dem Schmerz abzugrenzen, die schmerzfreien, gesunden Anteile des Erlebens den schmerzenden, beeinträchtigenden Anteilen entgegenzusetzen und sich eine Zuversicht zu erhalten, die dem verloren geht, der vom Schmerz überwältigt wird und dadurch die Hoffnung einbüßt, jemals wieder einen schmerzfreien Normalzustand herstellen zu können. Menschen jedoch, die nach einem traumatischen Erlebnis an einer posttraumatischen Belastungsstörung leiden, sind weniger schmerzempfindlich als solche ohne eine Traumaerfahrung. Das gilt auch für weit zurückreichende traumatische Erlebnisse: Bei Personen, die in ihrer Kindheit massiven körperlichen Misshandlungen ausgesetzt waren, was zum Beispiel bei der dissozialen Persönlichkeitsstörung meist der Fall ist, fand man ebenfalls eine erhöhte Schmerztoleranz.

### SCHMERZBEHANDLUNG

Akute Schmerzen werden in der Regel durch die Gabe von Analgetika bekämpft; chronische Schmerzen können auch mit Antidepressiva behandelt werden, weil sie ebenfalls schmerzlindernd wirken. Oft sind sie auch deshalb indiziert, weil viele Patienten mit chronischen Schmerzen an Depressionen leiden. Aber auch Nichtdepressive profitieren von Antidepressiva, das heißt, die Medikamente wirken schmerzlindernd unabhängig von ihrer antidepressiven Wirkung. Außerdem reduzieren sie Angst: Patienten haben Angst vor Schmerzen und entwickeln eine Erwartungsangst; Angst wiederum verstärkt den Schmerz, sodass ein Teufelskreis entsteht.

Die moderne Therapie chronischer Schmerzen beruht auf der Erkenntnis, dass eine konsequente, möglichst frühzeitig einsetzende Behandlung nicht nur den Betroffenen unnötiges Leid erspart, sondern auch schmerzverstärkende Wechselwirkungen verhindert. Eine solche Schmerztherapie wird meist in Spezialkliniken und Schmerzambulanzen durchgeführt. Man geht dort interdisziplinär vor, das heißt, neben der Gabe schmerzstillender Medikamente werden physikalische Heilverfahren wie Bäder oder Krankengymnastik durchgeführt; auch alternative Heilmethoden wie die Akupunktur, Homöopathie oder die Gabe von Heilpflanzen werden eingesetzt.

Eine wesentliche Rolle spielt auch die psychotherapeutische Schmerzbehandlung. Bei chronischen Schmerzen, denen keine organische Verursachung zugrunde liegen, werden oft frühe Traumen oder chronische seelische Verletzungen entdeckt. Wurde nie gelernt, Gefühle wie Trauer oder Ärger wahrzunehmen, manifestiert sich der »Schmerz« im Körper. In einer tiefenpsychologisch orientierten Psychotherapie werden diese aufgedeckt, und dem seelischen

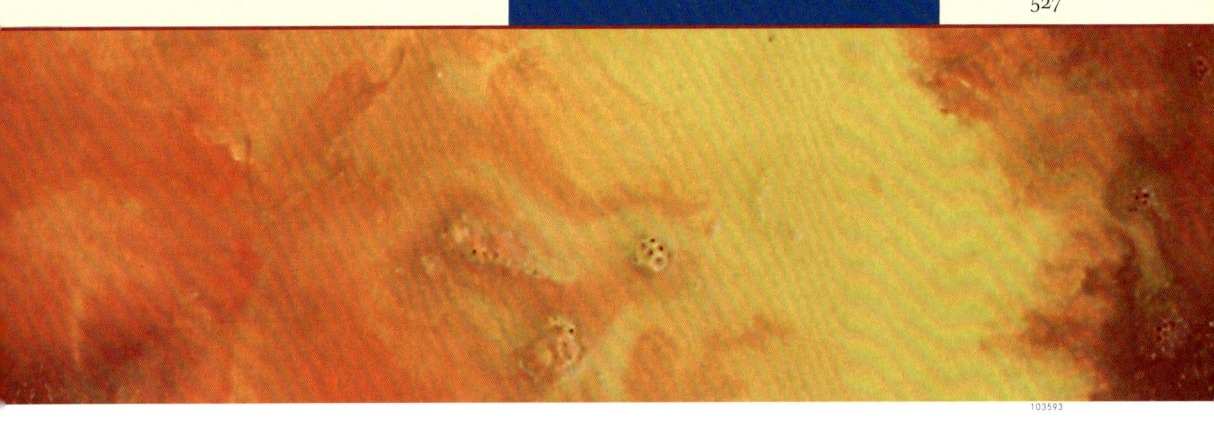

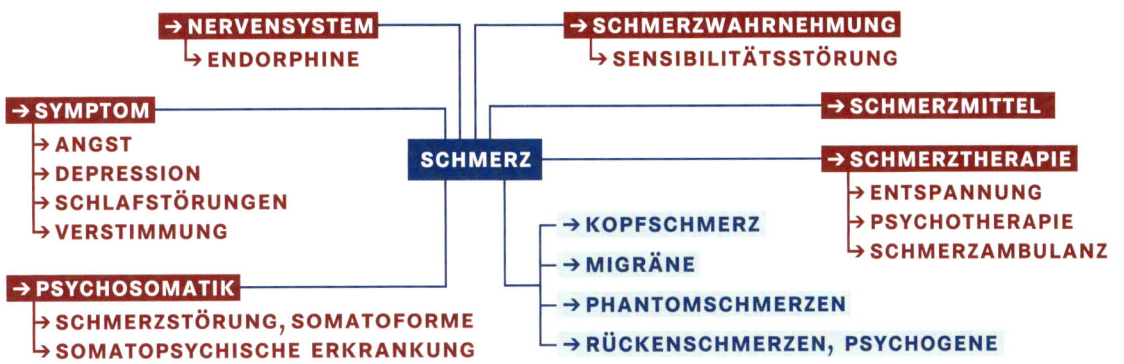

- → **NERVENSYSTEM**
  - ↳ ENDORPHINE
- → **SCHMERZWAHRNEHMUNG**
  - ↳ SENSIBILITÄTSSTÖRUNG
- → **SYMPTOM**
  - ↳ ANGST
  - ↳ DEPRESSION
  - ↳ SCHLAFSTÖRUNGEN
  - ↳ VERSTIMMUNG
- **SCHMERZ**
- → **SCHMERZMITTEL**
- → **SCHMERZTHERAPIE**
  - ↳ ENTSPANNUNG
  - ↳ PSYCHOTHERAPIE
  - ↳ SCHMERZAMBULANZ
- → KOPFSCHMERZ
- → MIGRÄNE
- → PHANTOMSCHMERZEN
- → RÜCKENSCHMERZEN, PSYCHOGENE
- → **PSYCHOSOMATIK**
  - ↳ SCHMERZSTÖRUNG, SOMATOFORME
  - ↳ SOMATOPSYCHISCHE ERKRANKUNG

Schmerz wird Raum gegeben; oft lassen dann die chronischen Schmerzen überraschend nach. Für die kognitive Verhaltenstherapie gilt der Grundsatz, dass Schmerz sich aus dem Zusammenwirken von Reiz und Aufmerksamkeit ergibt. Ohne Reiz kann man nur in Ausnahmefällen einen Schmerz wahrnehmen, ohne Aufmerksamkeit können auch sonst fast unerträgliche Schmerzen keine oder zumindest keine große Macht gewinnen. Deshalb wird Patienten vermittelt, sich vom Schmerz abzulenken und sich mit einem nicht vom Schmerz besetzten Lebensbereich zu beschäftigen.

Positive Effekte in der psychotherapeutischen Behandlung wurden auch bei Hypnose, Biofeedback und Entspannungstechniken wie der progressiven Muskelrelaxation gefunden. Andere psychologische Mittel gegen den Schmerz lassen sich unter dem Begriff der (Auto-)Suggestion zusammenfassen. Dabei geht es darum, an etwas zu glauben, sich auf etwas zu konzentrieren, das stärker ist als die Versuchung, dem Schmerzreiz nachzugehen. Aus vielen Kulturen werden Zustände seelischer Einengung und Erregung (Trance) beschrieben, in denen die normale Schmerzempfindung fehlt und Menschen sich ohne Zeichen von Schmerz mit langen Nadeln Zunge oder Hautfalten durchbohren oder auf glühenden Kohlen tanzen.

Wird bei Schmerzen keine organische Verursachung festgestellt, ist es wichtig, in welcher Weise dies dem Betroffenen gesagt wird. Spricht der Arzt von einer möglichen psychischen Verursachung und empfiehlt eine Psychotherapie, können Betroffene den Eindruck gewinnen, dass der Arzt glaubt, die Schmerzen seien nur eingebildet. Sie fühlen sich dann nicht ernst genommen. Die Vermittlung, dass psychische Faktoren echte Schmerzen auslösen können, lässt ein solches Missverständnis erst gar nicht aufkommen.

**LESETIPPS:**
Jan-Peter Jansen: *Schmerzfrei! Aktive Hilfe bei chronischen Schmerzen.* Marburg (Kilian) 2001.
Ulrich Tiber Egle u.a.: *Handbuch Chronischer Schmerz. Grundlagen, Pathogenese, Klinik und Therapie aus bio-psycho-sozialer Sicht.* Stuttgart (Schattauer) 2003.
*Chronische Schmerzen. Therapieangebote, Wirksamkeit, Behandlungsqualität.* Herausgegeben von der Verbraucherzentrale Bundesverband e.V. Berlin (vzbv) 2004.

*Fortsetzung von S. 523*

**Schmerzwahrnehmung:** Empfinden von →Schmerz. Die menschliche Schmerzwahrnehmung dient als Frühwarnsystem vor schädlichen Einflüssen auf den Organismus und ist deshalb von außerordentlich großer Bedeutung.

In vielen Geweben des Organismus liegen Aufnahmeorgane für Schmerzreize. Diese Schmerzrezeptoren (**Schmerzpunkte**) können z. B. auf Druck oder Dehnung, auf Hitze oder Kälte oder auf chemische Stoffe, die bei einer Gewebeschädigung von zerstörten Zellen freigesetzt werden, reagieren, wenn der Reiz eine bestimmte **Schmerzschwelle** übersteigt. Schmerzrezeptoren zeigen keine Adaptation, d. h., man gewöhnt sich nicht an ständige Schmerzreize.

Die Reizung der Schmerzrezeptoren ruft ein Schmerzsignal hervor, das über Nervenfasern des vegetativen Nervensystems zunächst zum Rückenmark gelangt. Dort werden Überträgerstoffe des Nervensystems ausgeschüttet, die die Weiterleitung des Schmerzsignals vermitteln. Schmerzsignale von der Körperoberfläche erreichen sehr schnell das Zentralnervensystem und können örtlich genau zugeordnet werden. Sie versetzen den Organismus in Fluchtbereitschaft. Meist lösen sie bereits im Rückenmark einen Schutzreflex aus, der den jeweiligen Körperteil dem schädigenden Einfluss, z. B. einer heißen Herdplatte, entzieht. Der Eingeweideschmerz dagegen wird langsam weitergeleitet. Er führt zu Unbehagen und Schwäche oder – bei hoher Intensität – zu Todesangst. Ob und in welcher Intensität ein Schmerzreiz vom Rückenmark in Gehirnzentren gelangt, hängt u. a. davon ab, inwieweit vom Gehirn ausgehende, hemmende Einflüsse wirksam werden. So werden z. B. bei körperlicher Anstrengung oder während der Geburt körpereigene Morphine (Endorphine) vermehrt im Rückenmark ausgeschüttet und hemmen die Schmerzleitung.

Die subjektive Schmerzwahrnehmung und Schmerzbewertung ist v. a. abhängig vom Bewusstseinszustand, vom Grad der Hinwendung zum Schmerzreiz, von der Stimmungslage und von früheren Schmerzerfahrungen. Auch Persönlichkeitsmerkmale, die durch das kulturelle und soziale Umfeld geprägt werden, spielen eine Rolle. All diese Einflüsse werden bereits während der Schmerzverarbeitung im Thalamus wirksam, also ehe Schmerzreize die Großhirnrinde erreichen und bewusst werden. Insbesondere bei chronischen Schmerzen ist diese Tatsache von großer Bedeutung. Sie erklärt, warum es eine erhebliche Anzahl schmerzverstärkender bzw. schmerzvermindernder Faktoren gibt, die unabhängig von der eigentlichen körperlichen Schmerzursache wirksam werden und eine von Mensch zu Mensch verschiedene **Schmerztoleranz** zur Folge haben. Schmerzverstärkende Faktoren sind z. B. Angst, Wut, Trauer, Langeweile und Einsamkeit sowie das Gefühl, dem Schmerz hilflos ausgeliefert zu sein. Schmerzvermindernd wirken sich u. a. Schlaf, Ruhe, Geborgenheit, Zuwendung und Anteilnahme aus sowie die Möglichkeit, dem Schmerz aktiv begegnen zu können.

**Schnüffelstoffe:** lösungsmittelhaltige Haushalts- und Industrieprodukte, die sehr stark auf das zentrale und periphere Nervensystem wirken und aufgrund ihrer rauscherzeugenden Wirkung v. a. von Jugendlichen inhaliert (»geschnüffelt«) werden (z. B. Haushaltskleber, Reinigungsmittel, Farben, Fleckentferner, Lackverdünner, Waschbenzin). Bei längerem Missbrauch drohen Abhängigkeitsentwicklung (→Sucht) sowie schwere Schäden an Leber, Nieren, Knochenmark und Gehirn.

**Schock:** Reaktion auf einen plötzlichen, massiven Eingriff in das körperliche oder seelische Gleichgewicht. Man unterscheidet körperlich ausgelöste Schockzustände (z. B. den Insulinschock mit nachfolgender massiver Unterzuckerung, der zum Kreislaufversagen führen kann) und seelisch ausgelöste Schockzustände. Diese treten auf, wenn Menschen durch ein plötzlich auftretendes Ereignis seelisch überfordert werden. Die Auslöser sind z. B. Unfälle, Folter, Vergewaltigung, plötzliche Kündigung oder der unerwartete Verlust einer Beziehung, die mit einem Abhängigkeitsgefühl verknüpft ist. Die Schockphase eines seelischen Traumas dauert von einer Stunde bis zu einigen Tagen. Neben körperlichen Symptomen wie Schwitzen, Schlaflosigkeit, Herzrasen oder einem →Kollaps treten auch psychische Reaktionen auf. Oft leugnen die Betroffenen zunächst das volle Ausmaß der Katastrophe (»Das kann doch nicht wahr sein!«). Die Betroffenen fühlen sich unbeweglich, wie erstarrt, sie glauben nicht, was geschehen ist, ihre Zeitwahrnehmung ist verändert, sie haben das Gefühl, nicht mehr sie selbst zu sein (→Derealisation, →Depersonalisation). Der Schockphase folgen dann die Einwirkungsphase und die Erholungsphase, in denen der volle Umfang der seelischen Verletzungen allmählich erkannt und, wenn möglich, verarbeitet wird.

Bei schweren psychotischen Störungen wurde früher und wird heute wieder die →Elektrokrampftherapie angewendet.

**schöpferisches Denken:** das produktive Denken beim →Problemlösen.

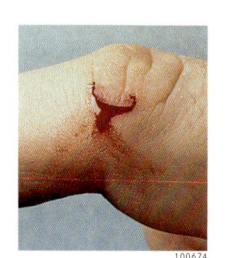

**Schmerzwahrnehmung:**
Die Wahrnehmung von Schmerz dient der raschen Reaktion des Körpers in Gefahrensituationen, um weiteren Schaden – etwa eine noch tiefere Schnittwunde am Finger – zu vermeiden.

**Schreck:** unlustbetonte, affektive Reaktion auf einen überraschend auftretenden, als bedrohlich wahrgenommenen Reiz. Physiologische Begleiterscheinungen sind u. a. Erblassen, gesteigerte Herzfrequenz und Schweißausbrüche. Schreck kann eine Schockreaktion auslösen, die gelegentlich auch zu Sprachverlust (Schreckaphasie) und Lähmung (Schrecklähmung; →Kataplexie) führen kann. Wichtigster Unterschied zu →Angst und →Furcht ist die fehlende Erwartung des unangenehmen Ereignisses.

**Schreibabys:** Säuglinge, die mehrmals in der Woche über mehr als drei Stunden ohne Unterbrechung schreien und sich nicht oder nur sehr schwer beruhigen lassen. Meist lassen sich keine Krankheiten feststellen. Die für das Schreien häufig verantwortlich gemachten Dreimonats-Koliken spielen vermutlich nur in wenigen Fällen eine Rolle; nach heutigem Kenntnisstand wird vielmehr angenommen, dass bei diesen Babys bestimmte Reifungsprozesse noch nicht abgeschlossen sind, die für Entspannung und Ausgeglichenheit zuständig sind, z. B. ist ihr Schlaf-wach-Rhythmus noch nicht reguliert. Meistens beginnt das Schreien des Babys in den ersten Wochen nach der Geburt und hält selten länger als 12 Monate an.

Für Mütter und Väter ist die Situation eine enorme Belastung: die ständige Sorge darum, dass dem Kind etwas fehlt, erfolglose Beruhigungsversuche mit Tragen in der Wohnung, Stillen usw., Ohnmacht, Wut, Schuldgefühle aufgrund der Wut, Erschöpfungssymptome. Die Unruhe der Mutter oder des Vaters überträgt sich wiederum auf das Baby, was das Schreien des Babys verstärkt. Die gesamte Situation kann zu Bindungsstörungen zwischen Kind und Eltern führen (→Bindung).

Rat und Unterstützung bieten Schreiambulanzen, aber auch Erziehungsberatungsstellen, sozialpädiatrische Zentren und Krankenhäuser, die speziell ausgebildete Kräfte beschäftigen. Vermittelt werden konkrete Maßnahmen, beispielsweise ein strukturierter Tagesablauf, das Reduzieren von Reizen in der Umgebung des Kindes (z. B. Radio abschalten), das Kind sanft wiegen, für sich selbst Entspannungsübungen einsetzen. Gespräche mit den Eltern können tiefer liegende Ursachen oder begünstigende Faktoren, z. B. psychische Belastungen bei den Eltern oder einem Elternteil, zutage fördern, sodass eine Psychotherapie sinnvoll sein kann. Helfen kann auch eine →Entwicklungspsychotherapie.

**Schriftpsychologie, Grafologie:** diagnostische Methode, bei der aufgrund von Untersuchungen und Deutungen der Handschrift Rückschlüsse auf die Persönlichkeit des Schreibers gezogen werden. Die →Handschrift wird dabei als eine Art Körpersprache im Bereich der Feinmotorik betrachtet.

Die Schriftpsychologie hat sich vor über 100 Jahren in Europa etabliert und wurde bis in die 1960er-Jahre z. T. auch an der Universität im Rahmen des Faches Diagnostik im Studium der Psychologie gelehrt. Eine grundlegende Arbeitshypothese der Grafologen ist die der Gleichsetzung von Handschrift und »Gehirnschrift«. Sie wird damit begründet, dass es sich beim Schreiben um einen zentral gesteuerten Vorgang handelt, bei dem die Schrift unabhängig vom ausführenden Organ (Hand, Fuß) die gleiche Linienführung aufweist, und dass sich der Schreiber auf die Mitteilung konzentriert, nicht auf die Schrift, sodass diese ein »unbeabsichtigtes Bild« seiner Persönlichkeit darstelle.

Wichtige Schriftcharakteristika sind z. B. Größe, Lage, Raumverteilung der Schrift, Schreibdruck und Schreibdruckverteilung, Fülle und Schärfe der Schrift. Bedeutung wird auch der Buchstabenschreibung selbst sowie den Buchstabenbindungen, seien sie eckig oder kurvig, der Linienführung (Duktus) und der Rechts- oder Linksläufigkeit beigemessen. Außerdem trägt der Gesamteindruck der Schrift zur grafologischen Begutachtung bei, da jedes Einzelmerkmal für sich mehrdeutig sein kann.

Die Schriftpsychologie gehört als Methode im weiteren Sinn zu den →projektiven Tests. Dass Handschriften etwas über den Charakter

**Schock:** Vietnamesische Kinder fliehen vor einem amerikanischen Fliegerangriff Anfang Juni 1972. In solchen Schocksituationen wird als eine Art Selbstschutzmechanismus der Psyche zunächst oft die Realität des Geschehens geleugnet.

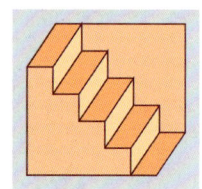

**Schröder-Treppe**

des Schreibenden aussagen, wird allgemein angezweifelt. Beziehungen zwischen bestimmten, mit →Tests erfassten Persönlichkeitseigenschaften und bestimmten Schriftmerkmalen sind nicht eindeutig nachweisbar. Dagegen gilt inzwischen die →Grafometrie als zuverlässiges diagnostisches Instrument. Gutachten von Grafologen haben aktuell nur noch vereinzelt bei der Überprüfung der Echtheit von Schriftproben ihren Wert, da Handschriften untereinander differieren und sich von geübten Grafologen gut einander zuordnen lassen.

**Schröder-Treppe:** Kippfigur, die eine →optische Täuschung bewirkt. Eine Zeichnung kann von schräg oben als Ansicht einer Treppe oder von schräg unten als Mauerüberhang gesehen werden; bei längerer Betrachtung springt die Figur mehrfach um.

**Schüchternheit:** leichtere Form der →sozialen Phobie mit der Neigung, Kontakte zu Fremden eher zu vermeiden, sich aus Situationen zurückzuziehen, in denen man sich zur Geltung bringen könnte. Betroffene fürchten die Aufmerksamkeit anderer, sie erröten, schlucken, senken den Kopf herunter, um keinen Augenkontakt mit dem Gegenüber zu haben, sie haben starkes Herzklopfen und bekommen kalt-nasse Hände. Schüchternheit kennen fast alle Menschen in bestimmten Situationen oder gehäuft zu bestimmten Zeiten. Die Grenze zur krankhaften Schüchternheit ist erreicht, wenn sie in allen Lebenslagen vorherrscht und das Leben langfristig einschränkt. So können sich schüchterne Menschen kaum durchsetzen. Schüchternheit kann sich zu einer sozialen Phobie entwickeln, und sie kann zu Depressionen und psychosomatischen Leiden wie Bluthochdruck oder Magengeschwüren führen.

Schüchternheit entsteht in der Regel in der Kindheit. Wenn zu einer genetischen Disposition eine ungünstige Umwelt hinzukommt, wird die Entwicklung der Schüchternheit sehr wahrscheinlich. Kinder können eingeschüchtert werden durch Prügel, sexuellen Missbrauch, unangemessene Kritik, Auslachen und viele andere Methoden, die den Willen brechen. Bei stark ausgeprägter Schüchternheit ist eine Psychotherapie indiziert.

**Schul|anfang:** der →Anfangsunterricht.

**Schul|angst:** Form der spezifischen →Phobien, bei der betroffene Kinder und Jugendliche krankhaft übersteigerte Angst im Zusammenhang mit schulischen Belastungen haben: Angst davor, erwartete Leistungen nicht erbringen zu können, Angst vor Mitschülern oder Lehrern, vor Ausgrenzung, Stigmatisierung und anderen Konflikten. Von der Schulangst ist die →Schulphobie abzugrenzen, bei der es sich um die Angst vor der Trennung von der Bezugsperson handelt.

Als mögliche Erklärung für die Schulangst gilt ein oft mit elterlichem Prestige-, Status- und Anspruchsdenken verbundener hoher schulischer Leistungsdruck, der eine permanente Überforderung und damit Schulstress bewirkt. Dieser Schulstress wiederum beeinträchtigt zusätzlich das Leistungsvermögen, wodurch ein Teufelskreis in Gang gesetzt wird.

Neben Angstgefühlen und Leistungsbeeinträchtigungen entstehen vielfach auch psychosomatische Störungen wie Nervosität, Unwohlsein, Konzentrations- und Schlafstörungen, erhöhte Anfälligkeit für verschiedene Krankheiten, Einnässen, depressive Grundstimmung, erhöhte Aggressivität oder andere Verhaltensauffälligkeiten.

Wichtig ist, durch geeignete Maßnahmen möglichst schon die Entstehung bzw. Verfestigung einer Schulangst zu verhindern. Betroffenen Schülern kann zum einen durch pädagogische Interventionen in der Schule geholfen werden, zum anderen bietet z.B. die →Erziehungsberatung Unterstützung für Schüler und ihre Eltern an.

**Schul|arbeiten:** die →Hausaufgaben.

**Schulberatung:** Aufgabenbereich der →pädagogischen Beratung.

**Schuld:** Verantwortung für die Verletzung eines rechtlichen, moralischen oder religiösen Gebotes. Die Schuld kann durch eine Tat, eine vorsätzliche oder fahrlässige Unterlassung oder einen Vorsatz zu einer Tat oder Unterlassung entstehen. Beurteilungsinstanzen der Schuld sind das eigene Gewissen (→Schuldgefühl), die Verpflichtung gegenüber der Gruppe, in der man lebt, das kodifizierte Strafrecht und Gott (oder ein anderes höheres Wesen oder eine Idee, an die man glaubt). Mit der Anerkennung einer Schuld ist der Gedanke einer möglichen Tilgung

---

Schröder-Treppe

---

**Schüchternheit | Übung zur Überwindung**

Schüchterne Menschen glauben bei ihrem ersten Kontakt mit fremden Personen häufig, dass alle nur darauf achten, wie sie sich verhalten und ob sie schüchtern »wirken«. Tatsächlich sind die meisten anderen Menschen aber mehr mit sich selbst als mit dem Schüchternen beschäftigt. Als schüchterne Person braucht man seine Schüchternheit nicht zu überspielen, sondern kann ruhig abwarten, bis man von selbst ins Gespräch gezogen wird. Eine gute Übung besteht darin, sich in einem Kreis fremder Personen zu überlegen, was jede einzelne Person wohl am liebsten über sich selbst hören würde. Das verhilft zu einer realistischen Einschätzung seines Gegenübers, das auf diese Weise viel von seinem Schrecken verlieren kann.

durch Wiedergutmachung, Sühne, Reue oder durch ein Verzeihen des Geschädigten verbunden.

Schuld ist eine Urerfahrung des Menschen, die in den mythologischen Erzählungen aller Völker ihren Ausdruck findet. Der Philosoph Martin Heidegger hält Schuld für unvermeidlich, da man mit jeder Entscheidung für eine Handlungsmöglichkeit gleichzeitig alle anderen Möglichkeiten verwirft und damit vieles, was möglich gewesen wäre, nicht realisiert, also anderen schuldig bleibt. Im ethischen Sinne setzt Schuldigwerden die Freiheit, Verantwortlichkeit und Moralität des Menschen voraus, d. h. die Möglichkeit, zwischen Alternativen zu wählen, sich dieser Entscheidung bewusst zu sein und moralische Normen anzuerkennen.

In der *Psychotherapie* wird die Frage nach der Schuld in der Regel nachrangig behandelt, denn der Therapeut soll und will kein moralisches Urteil über den Klienten oder Patienten fällen, sondern ihm ein stärker selbst gesteuertes Leben ermöglichen. Gegenstand der Therapie ist vielmehr das Schuldgefühl, wobei einige psychotherapeutische Richtungen (z. B. Daseinsanalyse, Psychoanalyse nach Melanie Klein) aber durchaus die Existenz realer Schuld anerkennen und dem Klienten ermöglichen wollen, mit eigener Schuld verantwortlich umzugehen.

In der *Rechtspsychologie* ist die Kategorie der Schuld von großer Bedeutung. Nur wer schuldig geworden ist, kann strafrechtlich zur Verantwortung gezogen werden. In diesem Rahmen nimmt die Rechtspsychologie u. a. zur Frage der →Schuldfähigkeit des Täters Stellung.

**Schuld|erleben:** das →Schuldgefühl.

**Schuldfähigkeit, Verantwortlichkeit, Zurechnungsfähigkeit:** die Fähigkeit eines Täters, das Unrecht seiner Tat einzusehen und nach dieser Einsicht zu handeln. Das Strafrecht erlaubt nur dann einen Schuldvorwurf gegen den Täter einer rechtswidrigen Handlung, wenn der Täter in der Lage war, das Unrecht seines Tuns zu erkennen, und er die Möglichkeit hatte, sich normkonform zu verhalten. Diese Voraussetzung ist grundsätzlich bei Kindern nicht gegeben (Strafunmündigkeit bis zur Vollendung des 14. Lebensjahres). Fraglich ist die Verantwortungsreife bei Jugendlichen (bis zur Vollendung des 18. Lebensjahres). Hier ist eine eventuelle Entwicklungsverzögerung auch nach Erreichen des Strafmündigkeitsalters jeweils im Einzelfall (nach §3 Jugendgerichtsgesetz) zu prüfen.

Bei einer strafmündigen Person kann eine Schuldunfähigkeit (früher: Unzurechnungsfähigkeit) oder erheblich verminderte Schuldfähigkeit vorliegen. Für eine Schuldunfähigkeit werden im Strafgesetzbuch als Voraussetzungen nach §20 Strafgesetzbuch (StGB) eine »krankhafte seelische Störung«, »tief greifende Bewusstseinsstörungen«, »Schwachsinn« und »schwere andere seelische Abartigkeiten« genannt. Eine erheblich verminderte Schuldfähigkeit nach §21 StGB kann gegeben sein, wenn zur Tatzeit eine erhebliche Einschränkung der Einsichts- und Steuerungsfähigkeit vorgelegen hat (z. B. durch einen massiven →Affekt), hat aber nicht notwendigerweise eine mildere →Strafzumessung zur Folge.

Die Begutachtung der Schuldfähigkeit beinhaltet neben einer genauen Analyse der Persönlichkeit und Biografie des Täters eine Untersuchung der Täter-Opfer-Beziehung, der Tatsituation und des Tathergangs. Das besondere Problem der Begutachtung besteht u. a. darin, dass die Einsichts- und Steuerungsfähigkeit zum Zeitpunkt der Tat im Nachhinein beurteilt werden muss, also in einer Situation, die sich von der Tatsituation stark unterscheidet; dabei muss mit verzerrten und »begründenden« Selbstbeschreibungen des Täters gerechnet werden.

**Schuldgefühl, Schuld|erleben:** subjektive, bewusste oder unbewusste Überzeugung, einer Person Unrecht getan oder gegen ein Gesetz oder Gebot verstoßen zu haben. Die Möglichkeit, Schuldgefühle zu empfinden, gehört zur Reifung der sozialen Fähigkeiten. Bei kleinen Kindern sind Schuldgefühle noch nicht von der Angst getrennt, entdeckt und bestraft zu werden; dies entwickelt sich erst mit zunehmenden kognitiven Fähigkeiten. Psychoanalytischer Auffassung zufolge werden nach der Verinnerlichung der Gewissensinstanz (→Über-Ich) Schuldgefühle unabhängig von äußeren Folgen einer Tat empfunden; sie richten sich schon gegen einen Wunsch nach Verbotenem und quälen oft diejenigen Menschen am meisten, die sich am wenigsten zuschulden kommen lassen. Während viele der »hartgesottenen« Verbrecher keine Schuldgefühle empfinden, gibt es auch den zuerst von Sigmund Freud beschriebenen »Verbrecher aus unbewusstem Schuldgefühl«, der ein Delikt begeht, um bestraft zu werden, weil die Strafe ihn von seinem neurotischen Schuldgefühl entlastet.

In der sozialpsychologischen Forschung wurde u. a. festgestellt, dass Schuldgefühle anderen Personen gegenüber das →Hilfeverhalten erhöht: Eine Person zeigt am stärksten Hilfeverhalten, wenn sie anderen Schaden zugefügt hat, umgekehrt ist Hilfeverhalten dann am wenigs-

**Schuld:** Die Angst vor Strafe ist beim Empfinden von Schuld als Gewissen verinnerlicht (»Vertreibung aus dem Paradies« von Masaccio, 1424–28).

ten wahrscheinlich, wenn der Person selbst Schaden zugefügt wurde, sie also zum Opfer wird.

In der klinischen Psychologie sind Schuldgefühle bedeutsam als ein Symptom vieler seelischer Störungen, insbesondere der →Depression.

**Schule:** 1) im weiteren Sinne die Anhängerschaft und Nachfolge eines Künstlers oder Gelehrten oder bestimmte Denk-, Forschungs- oder Stilrichtungen;

2) im engeren Sinne die institutionalisierten Formen des Unterrichts samt der Gebäude, in denen er stattfindet. Rechtlich versteht man unter Schule eine auf bestimmte Dauer berechnete, an fester Stätte unabhängig vom Wechsel der Lehrer und Schüler in überlieferten Formen organisierte Einrichtung der Erziehung und des Unterrichts. Durch planmäßige und methodische Unterweisung eines größeren Personenkreises in einer Mehrzahl allgemeinbildender oder berufsbildender Fächer ist die Schule bestrebt, bestimmte Bildungs- und Erziehungsziele zu verwirklichen.

*Formen*

Zu den Kennzeichen des Schulwesens moderner Gesellschaften gehören die allgemeine Schulpflicht und die staatliche Schulaufsicht. In Deutschland fällt das Schulwesen in die alleinige Regelungskompetenz der Länder; deren Schulsysteme weisen daher z. T. gravierende Unterschiede hinsichtlich der Dauer der Pflichtschulzeit (neun oder zehn Jahre), der Dauer einzelner Schulformen (Grundschule, Realschule, Gymnasium) und der Anzahl und Beschaffenheit der Schulformen der Sekundarstufe I (fünfte bis zehnte Klasse) und der Sekundarstufe II (11.–13. Klasse, Kurssystem der gymnasialen Oberstufe sowie berufsbildende Schulen) auf. Man unterscheidet nach der Trägerschaft öffentliche Schulen und Schulen in freier Trägerschaft (→Privatschulen). Nach ihrem Zweck unterscheidet man allgemeinbildende und berufsbildende Schulen. Für behinderte Kinder und Jugendliche steht ein differenziertes System von Sonderschulen zur Verfügung (→Sonderpädagogik).

*Funktionen*

Unter den zahlreichen Funktionen der Schule lassen sich die vier folgenden hervorheben: 1. Qualifikationsfunktion: Durch die Vermittlung von Fähigkeiten und Kenntnissen bereitet die Schule darauf vor, eine berufliche Ausbildung oder ein Studium aufzunehmen sowie am gesellschaftlichen Leben eigenverantwortlich und gestaltend teilzunehmen; 2. Selektionsfunktion: In Schulen findet mittels Prüfungen und Vergabe von →Zensuren eine Auswahl nach Leistung statt, die über verschiedene Schulabschlüsse den Zugang zu unterschiedlichen Berufen ermöglicht und somit über den späteren Sozialstatus mitentscheidet; 3. Sozialisations-

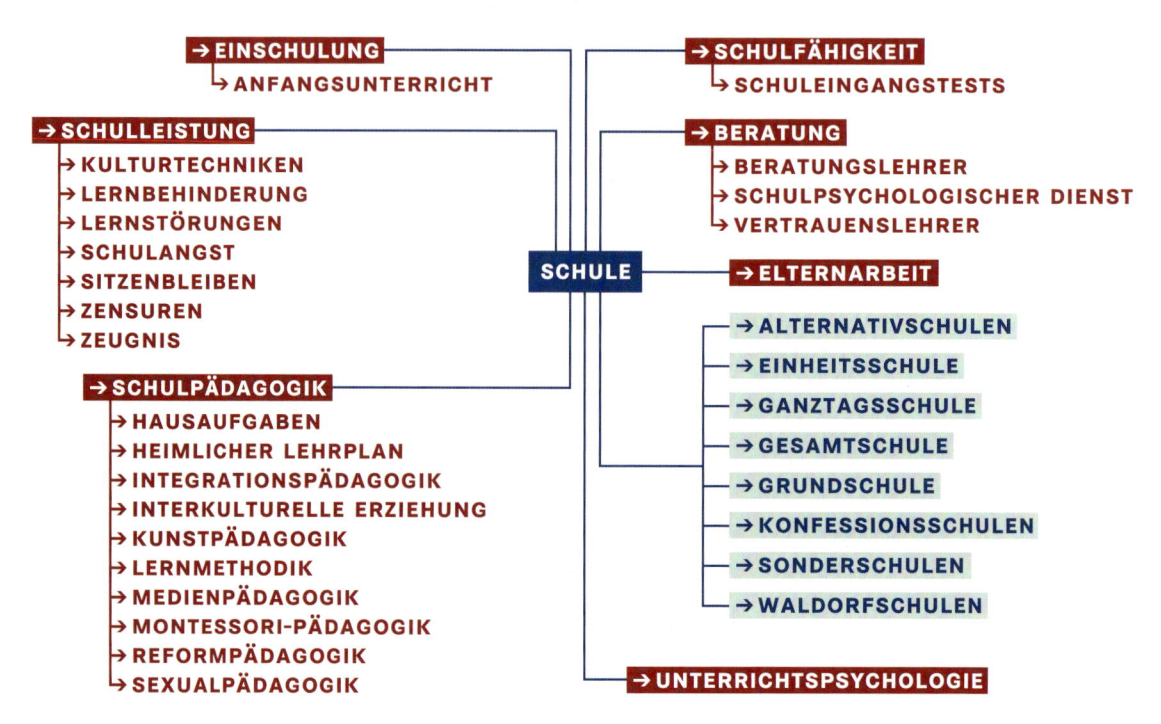

---

**→EINSCHULUNG**
  ↳ ANFANGSUNTERRICHT

**→SCHULLEISTUNG**
  → KULTURTECHNIKEN
  → LERNBEHINDERUNG
  → LERNSTÖRUNGEN
  → SCHULANGST
  → SITZENBLEIBEN
  → ZENSUREN
  ↳ ZEUGNIS

**→SCHULPÄDAGOGIK**
  → HAUSAUFGABEN
  → HEIMLICHER LEHRPLAN
  → INTEGRATIONSPÄDAGOGIK
  → INTERKULTURELLE ERZIEHUNG
  → KUNSTPÄDAGOGIK
  → LERNMETHODIK
  → MEDIENPÄDAGOGIK
  → MONTESSORI-PÄDAGOGIK
  → REFORMPÄDAGOGIK
  ↳ SEXUALPÄDAGOGIK

**SCHULE**

**→SCHULFÄHIGKEIT**
  ↳ SCHULEINGANGSTESTS

**→BERATUNG**
  → BERATUNGSLEHRER
  → SCHULPSYCHOLOGISCHER DIENST
  ↳ VERTRAUENSLEHRER

**→ELTERNARBEIT**

  → ALTERNATIVSCHULEN
  → EINHEITSSCHULE
  → GANZTAGSSCHULE
  → GESAMTSCHULE
  → GRUNDSCHULE
  → KONFESSIONSSCHULEN
  → SONDERSCHULEN
  → WALDORFSCHULEN

**→UNTERRICHTSPSYCHOLOGIE**

funktion: In der Schule werden Verhaltens- und Einstellungserwartungen eingeübt und verinnerlicht, die dem Einzelnen Werte, geltende Normen, Rollenmuster, Lebensformen usw. vermitteln bzw. ihn in die bestehende Kultur einbeziehen und so der Reproduktion und Stabilisierung des aufnehmenden soziokulturellen Systems dienen; diese Sozialisationsfunktion ist auch im →heimlichen Lehrplan enthalten; 4. Legitimationsfunktion: Die Schule trägt zur Rechtfertigung und Bestärkung der jeweiligen Gesellschaftsordnung bei. So wird z. B. die Ungleichverteilung von Gütern generell anerkannt oder hingenommen, wenn im Verlaufe der Schulzeit die Kopplung von Positionen- und Karrierezuweisungen mit besseren oder schlechteren Leistungen als berechtigt »gelernt« wird.

In Zusammenhang mit der Selektions- und der Sozialisationsfunktion werden Psychologen tätig, sie nutzen psychologische Verfahren. So werden mithilfe von Testverfahren wie →Schuleingangstests sowie →Leistungstests und Tests zur beruflichen →Eignung die Auswahl der Schüler und deren Zuweisung zu bestimmten Schulformen oder Ausbildungsgängen unterstützt. Eine möglicherweise bestehende →Schulangst oder →Prüfungsangst kann mithilfe von Beratung und Interventionsmaßnahmen seitens des →schulpsychologischen Dienstes oder des →Vertrauenslehrers bewältigt werden. Die Probleme, die aus Erziehungssituationen im schulischen, aber auch im außerschulischen Bereich erwachsen, werden von der →pädagogischen Psychologie untersucht.

Der Bildungsauftrag der Schule lässt sich allerdings nicht auf die vier oben genannten Funktionen beschränken. Bildung ist auf das Verhältnis von Mensch und Welt bezogen und soll den Einzelnen befähigen, die berechtigten Ansprüche der Welt und seiner selbst in umfassender Weise in Einklang zu bringen. Der hier verdeckte Konflikt zwischen verwendungsorientierter Wissensvermittlung und Bildung der Persönlichkeit markiert die Pole der unterschiedlichen Schulkonzepte. Ziel der heutigen Schule ist ein Ausgleich von Individuum und Gesellschaft im Bildungsziel der »Selbstverwirklichung in sozialer Verantwortung«.

*Aktuelle Veränderungen*

Das Schulsystem steht derzeit unter einem starken Anpassungsdruck, der von langfristigen gesellschaftlichen Veränderungen, wirtschaftlichen Entwicklungen und einer gewandelten Bedeutung der Schulbildung für den Einzelnen mitverursacht ist. Dazu gehört einerseits

**Schule 2):** Der Konflikt zwischen Wissensvermittlung und Persönlichkeitsbildung markiert die Pole der unterschiedlichen Schulkonzepte.

der langfristig absehbare Rückgang der Geburtenzahlen, andererseits ein verändertes Schulwahlverhalten. Die starke Veränderung bzgl. der Bildungsaspiration der Bevölkerung, also dem Streben nach Bildung, hängt mit den gewandelten Anforderungen des Arbeitsmarkts zusammen, dem der Schulabschluss als Auswahlkriterium dient.

Daraus folgt ein Verdrängungswettbewerb zwischen den Absolventen der unterschiedlichen Bildungsgänge, der bereits während der Schulzeit beginnt. Die Hauptschule ist in diesem Wettbewerb seit den 1970er-Jahren zur »Restschule« geworden, das Gymnasium hat dagegen seinen Anteil am gesamten Schüleraufkommen vervielfacht. Dennoch ist mit etwa 23 % aller Schulabgänger des Jahres 2003/2004 die Quote der Abiturienten im internationalen Vergleich gering. Rund 25 % erreichen einen Schulabschluss, der Anteil derer, die keinen Abschluss erlangen, liegt bei 9 %.

Zu den wichtigsten Veränderungen der letzten Jahrzehnte gehört auch die deutlich gestiegene Bildungsbeteiligung von Mädchen und jungen Frauen an Bildungsgängen mit Abituroption. Die →Koedukation, mit der die Chancengleichheit von Mädchen und Jungen erreicht werden sollte, wird aber in jüngster Zeit wieder infrage gestellt, da sie nach neueren Untersuchungen Mädchen eher benachteiligt. Von übergreifender Bedeutung sind zudem Bemühungen, behinderte und nicht behinderte Kinder – soweit möglich und sinnvoll – in allgemeinbildenden Schulen gemeinsam zu unterrichten (→ Integrationspädagogik).

*Künftige Aufgaben*

Wie die Leistungsfähigkeit des Schulsystems in Zukunft gesteigert werden kann – ein Problem, das auch in anderen europäischen Ländern diskutiert wird –, ist umstritten. Folgende Tendenzen lassen sich gegenwärtig erkennen: 1. Maßnahmen, die auf eine didaktische Reform des Unterrichts zielen (→ Reformpädagogik), wozu etwa die Einführung von die Selbstständigkeit von Schülern fördernden didaktischen Elementen (z. B. → Wochenplanarbeit, → Projektunterricht) und die fächerübergreifende Vernetzung von Wissensgebieten gehören; 2. Maßnahmen, die auf eine inhaltliche Reform des Unterrichts zielen (z. B. → offener Unterricht, Stärkung der Fremdsprachenkompetenz durch bilingualen Unterricht, Verringerung der Stofffülle in den Lehrplänen); 3. Maßnahmen, die auf eine größere Selbstständigkeit und Eigenverantwortlichkeit von Schulen zulasten der ihnen übergeordneten Behörden zielen; 4. Maßnahmen, die sich auf eine verstärkte Qualitätskontrolle schulischer Arbeit richten, wozu neben zentralen Abschlussprüfungen die Einführung verbindlicher → Lernziele auf jeder Klassenstufe gehören, deren Erreichen wiederum in landesweiten Zentraltests überprüft werden soll; 5. Maßnahmen, die auf eine Veränderung der Schulaufsicht zielen; 6. Maßnahmen, die auf eine Verbesserung der schulischen Infrastruktur setzen (z. B. die flächendeckende Ausrüstung von Schulen mit → Computern, sodass die Schüler eine allgemeine informationstechnische Grundbildung erwerben können).

**LESETIPPS:**

Martin K. W. Schweer: *Lehrer-Schüler-Interaktion. Pädagogisch-psychologische Aspekte des Lehrens und Lernens in der Schule.* Opladen (Leske + Budrich) 2000.

Konrad Adam: *Pisa und die Folgen.* Berlin (Ullstein) 2004.

Peter J. Brenner: *Schule in Deutschland. Ein Zwischenzeugnis.* Stuttgart (Kohlhammer) 2006.

**Schul|eignung:** im Unterschied zur → Schulfähigkeit die Voraussetzungen, die erfüllt werden müssen, um einen bestimmten Schultyp (wie Hauptschule, Realschule, Gymnasium, berufsbildende Schulen) erfolgreich absolvieren zu können. Die Schuleignung kann im Rahmen einer Schullaufbahn- und Bildungsberatung meist von Schulpsychologen mit speziellen Intelligenz-, Fähigkeits- und Schuleignungstests überprüft werden. Die Ergebnisse dieser Prüfungen begründen die Empfehlung einer bestimmten Schulausbildung oder eines Ausbildungsschwerpunktes (z. B. sprachlicher, mathematisch-naturwissenschaftlicher, musischer, technischer Zweig einer weiterbildenden Schule).

Bei Leistungsstörungen in der Schule oder bei Schulversagen wird Schuleignungsdiagnostik eingesetzt, um Fragen der Über- oder Unterforderung zu klären und gegebenenfalls einen Schulwechsel anzuraten.

**Schul|eingangsphase:** der → Anfangsunterricht.

**Schul|eingangstests, Schulfähigkeitstests, Einschulungstests:** pädagogisch-psychologische Testverfahren, die vor oder spätestens bei der Einschulung eingesetzt werden, um die → Schulfähigkeit eines Kindes zu ermitteln.

Schuleingangstests haben inzwischen im gesamten Verlauf der Einschulung (Anmeldung durch die Eltern, schulärztliche Untersuchung, pädagogische Beobachtung in den ersten Schulwochen) an Bedeutung verloren. Sie werden v. a. hinzugezogen, wenn Kinder vorzeitig eingeschult oder für ein Jahr zurückgestellt werden sollen. Die noch in den 1970er-Jahren üblichen Gruppentests zur Feststellung der Schulfähigkeit gelten heute als überholt.

**Schulfähigkeit:** im engeren Sinn die Grundschulfähigkeit; im weiteren Sinn die Fähigkeit, dem Bildungsgang einer Schule folgen zu können. Sonderschulfähigkeit liegt vor, wenn aufgrund bestimmter Kriterien von einem Kind angenommen werden muss, dass es zwar nicht die Grundschule bewältigen, jedoch dem Bildungsgang einer Förderschule (z. B. für geistig Behinderte) folgen können wird.

Die Schulfähigkeit umfasst u. a. die Bereitschaft und Fähigkeit zur Übernahme von Aufgaben, das Unterscheidenkönnen von Spiel und Arbeit, die soziale Einordnung in die Schulklasse als Arbeitsgemeinschaft, eine zielstrebige und ausdauernde Arbeitsweise, Unabhängigkeit von ständiger familiärer Betreuung und einen angemessenen kognitiven Entwicklungsstand. Neben diesen psychischen Aspekten der Schulfähigkeit müssen auch bestimmte körperliche Voraussetzungen erfüllt sein, weil ein Schulanfänger auch den physischen Anforderungen der Schule gewachsen sein muss.

Derzeit lässt sich ein Trend zur früheren Einschulung feststellen. Die Einschulung sogenannter Kannkinder – Kinder, die zum Stichtag das sechste Lebensjahr noch nicht vollendet haben – soll dazu führen, die kindliche Neugier und Lernbereitschaft frühzeitig für Bildungs-

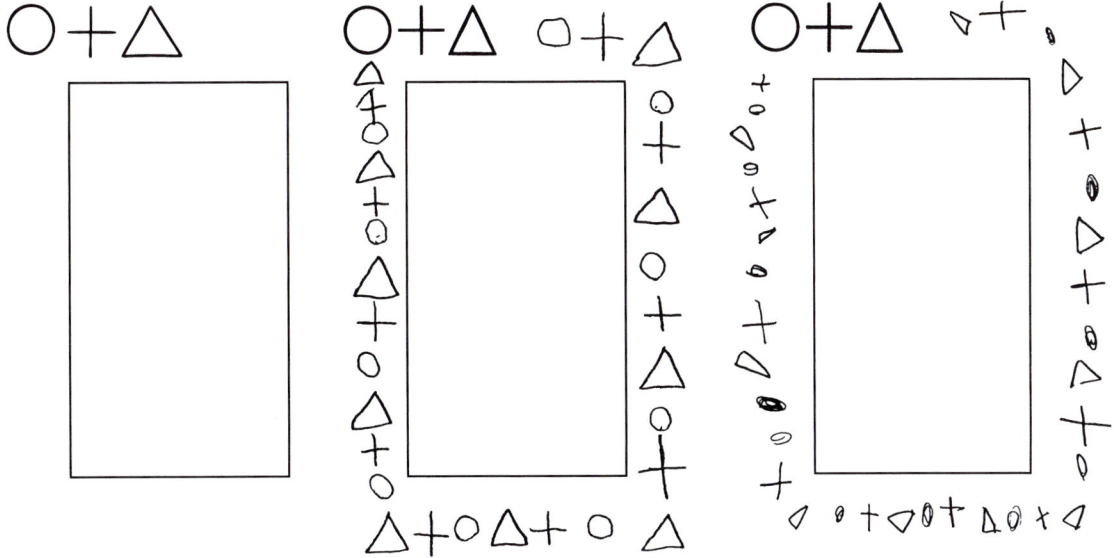

**Schuleingangstests:** Bei dieser Aufgabe aus dem Strebel-Test sollen die Kinder den Rand eines Rechtecks mit der vorgegebenen Zeichenfolge (links) Kreis, Kreuz, Dreieck verzieren. In der linken Zeichnung ist die Aufgabe gelöst, in der rechten nicht (hier variiert die Reihenfolge der Zeichen).

prozesse und die Förderung der kognitiven Entwicklung zu nutzen.

Der Terminus Schulfähigkeit hat in jüngerer Zeit den Begriff der **Schulreife** ersetzt. Während man früher »schulunreife« Kinder im Hinblick auf eine »Nachreifung« ohne zwischenzeitliche Förderung einfach vom Schulbesuch zurückstellte, geht man heute davon aus, dass gezielte Maßnahmen (z.B. in Schulkindergärten bzw. Vorklassen) die psychische Entwicklung positiv beeinflussen können. Den Lernprozessen schreibt man dabei eine deutlich größere Bedeutung als den Reifungsprozessen zu.

**Schulfähigkeitstests:** die →Schuleingangstests.

**Schulkindergarten, Vorklasse, Vorschule:** der Grundschule zugeordnete, in der Regel einjährige Einrichtung, in der Kinder besondere Förderung durch entsprechend ausgebildete Erzieher und Sozialpädagogen erfahren; und zwar Kinder, die schulpflichtig, aber schulunfähig sind (→Schulfähigkeit), sowie Kinder, die am Einschulungsstichtag des Aufnahmeschuljahres noch nicht das Mindestalter für die Einschulung erreicht haben (in den meisten Bundesländern vollendetes sechstes Lebensjahr). Bei Letzteren geschieht die Einweisung in den Schulkindergarten auf Wunsch der Eltern. Im Schulkindergarten werden keine schulischen Aufgaben oder Lernformen vorweggenommen, sondern durch Spiele und Beschäftigungen Anstöße zur Entfaltung der kindlichen Fähigkeiten gegeben. Nach Ablauf des Jahres erfolgt, z.T. nach Wiederholung der Eignungstests, der Übertritt in die erste Grundschulklasse oder in Einrichtungen der Sonderschulen; es bestehen auch Sonderschulkindergärten.

**Schullaufbahnberatung:** Aufgabenbereich der →pädagogischen Beratung.

**Schulleistungstests:** Verfahren, die den tatsächlichen Leistungsstand von einzelnen Schülern (Individualtest) oder einer ganzen Klasse (Gruppentest) auf einem bestimmten Sachgebiet feststellen sollen. Normorientierte Schulleistungstests richten sich in ihrer Bewertung nach einer Realnorm, meist der Gruppen- oder Schuljahrgangsnorm, kriteriumsorientierte Tests (Zielerreichungstests) dagegen beziehen sich auf eine als Lernziel verstandene Idealnorm, die im Lehr- und Unterrichtsprogramm vorher festgelegt wird. Es ist zu unterscheiden zwischen allgemeinen Schulleistungstests, die alle unterrichtsfachbezogenen Leistungsbereiche einer Schulstufe erfassen, und besonderen oder analytischen Schulleistungstests, die spezifische Leistungen eines bestimmten Unterrichtsfaches prüfen, z.B. Lesefertigkeit, Rechtschreiben, Multiplizieren.

**Schulpädagogik:** Teilgebiet der Erziehungswissenschaft, das sich mit der Institution und dem Arbeitsfeld Schule beschäftigt, also mit ihrer Organisation und Struktur sowie mit den an ihr beteiligten Personen und Institutio-

**Schulpädagogik:** Mittagstisch in einer Ganztagsschule in Berlin-Reinickendorf. Mit dem Ausbau von Ganztagsschulen erweitert sich auch das Aufgabenfeld von Schulpädagogik von der reinen Wissensvermittlung hin zu allgemeinen Lebensfragen.

nen (Lehrer, Schüler, Eltern, Schulaufsicht und Schulverwaltung). Zudem ist die Schulpädagogik zuständig für ein System von Regeln, nach denen die Kunst des Lehrens, Erziehens, Prüfens, Beratens usw. auszuüben ist. Nicht zuletzt ist die Schulpädagogik eine wissenschaftliche Theorie, welche die Aufgaben der Schule und die dort entstehenden Probleme in einen Erklärungszusammenhang zu bringen sucht.

In der Schulpädagogik überwiegt heute v. a. die Beschäftigung mit institutionellen und organisatorischen Aspekten der Schule; Leistungsprobleme, Lebensfragen und Lernschwierigkeiten der Schüler werden weniger angesprochen. Themen wie z. B. der Wandel der Kindheit, die wachsende Gewaltbereitschaft, aber auch Fragen der Schülerbeobachtung, der Lernerfolgskontrolle sowie der Lerngruppen entwickeln sich nur langsam zu wichtigen Problemstellungen. Eine verstärkte Auseinandersetzung mit der →Reformpädagogik führt allerdings (v. a. in der Primarstufe) zu einer erkennbaren Beschäftigung mit der Frage der Kindorientierung und damit zu einer Verlagerung des Schwerpunkts der Schulpädagogik.

**Schulphobie:** eine Form der spezifischen →Phobien, die sich durch krankhaft übersteigerte Angst vor der Schule äußert. Die Betroffenen bleiben, meist mit Wissen der Eltern, von der Schule fern. Im Unterschied zur →Schulangst liegt bei der Schulphobie primär nicht die Angst vor der Schule an sich (vor anderen Schülern, Leistungsängste) zugrunde, sondern es bestehen Trennungsängste aufgrund einer übermäßig engen Bindung, meist an die Mutter. In diesen Fällen sind v. a. familientherapeutische Verfahren erfolgversprechend.

**schulpsychologischer Dienst:** eine Einrichtung, meist innerhalb der Schulverwaltung, in der Diplom-Psychologen oder Lehrer mit psychologischer Zusatzausbildung beraterisch tätig sind: in der Bildungslaufbahnberatung (z. B. bei Einschulung, Schulwechsel, Studienzugang), der Einzelfallhilfe (bei Problemen im Lern-, Leistungs- oder Sozialbereich), in der Beratung von einzelnen Lehrern, Kollegien, Schulleitungen, Schulverwaltung usw. sowie in Lehrerfortbildung und Schulentwicklung.

Teilweise werden diese Aufgaben auch von →Beratungslehrern direkt an den Schulen übernommen. Der organisatorische Aufbau und die Aufgabenstruktur der Schulpsychologie sind in den Bundesländern unterschiedlich geregelt.

Der schulpsychologische Dienst wird in der Regel bei schwierigen und komplexen Einzelfällen eingeschaltet. Auch bei der Überprüfung der Sonderschulbedürftigkeit sowie bei anderen Fragen, bei denen psychologische Gutachten erforderlich sind, wird er einbezogen. Der schulpsychologische Dienst wird in sehr unterschiedlichem Maße am schulischen Prozess beteiligt. Manche Schulen beachten ihn kaum, von anderen wird er häufig in Anspruch genommen.

Der Schulpsychologe ist weder der Schule verpflichtet, noch vertritt er Schüler- oder Elterninteressen. Seine Tätigkeit zielt vielmehr auf eine Zusammenarbeit mit allen Beteiligten, falls erforderlich auch mit anderen Diensten oder Fachkräften (z. B. Erziehungsberatungsstellen und Sozialpädagogen). In der individualpsychologischen Beratung, z. B. bei Leistungs- und Verhaltensschwierigkeiten, werden psychologische Diagnoseverfahren eingesetzt. Der Schulpsychologe kann erforderliche therapeutische Maßnahmen, die er nicht selbst übernimmt, an andere Fachkräfte weitervermitteln.

**Schulreife:** veraltete Bezeichnung für →Schulfähigkeit.

**Schulsozialarbeit:** →soziale Arbeit in der Schule mit dem Ziel, Schüler bei Schwierigkeiten, Verhaltensauffälligkeiten und Schulversagen zu unterstützen und der Entstehung von Krisensituationen präventiv entgegenzuwirken. Institutionalisierte Sozialarbeit stellt seit den 1970er-Jahren einen wesentlichen Bestandteil der Jugendhilfe dar. Aufgabenbereiche bzw. Angebote der Schulsozialarbeit sind vielfältig: Hilfe bei den Hausaufgaben, Freizeitangebote, Gruppenarbeit, Beratung von Schülern, Eltern oder Schulklassen (Angebote zu Themen wie →Suchtprävention und -intervention, Gewaltprävention, →Sexualpädagogik, Berufsorientierung oder →Krisenintervention).

Schulsozialarbeit beruht im Gegensatz zum Schulbesuch auf dem Prinzip der freiwilligen Teilnahme. Damit sind allerdings auch Konflikte vorprogrammiert, die aus dem unterschiedlichen Auftrag und Selbstverständnis von Schule und Sozialarbeit resultieren. So können Auseinandersetzungen entstehen bei der Forderung der Schule nach eingreifender Sozialarbeit, die sich am Bedarf der Schule ausrichtet. Dagegen steht der Anspruch der Schulsozialarbeit, sich an den Bedürfnissen der Schüler zu orientieren.

**Schultz,** Johannes Heinrich: deutscher Psychiater, *Göttingen 20. 6. 1884, †Berlin 19. 9. 1970; war 1915–24 Professor in Jena und ab 1924 in Berlin als Neurologe tätig; wurde besonders durch die Entwicklung und Anwendung des →autogenen Trainings bekannt.

**Schultz-Hencke,** Harald: deutscher Psychiater und Psychoanalytiker, *Berlin 18. 8. 1892, †ebenda 23. 5. 1953; einer der bedeutendsten Vertreter der →Neopsychoanalyse; er arbeitete in Berlin am Deutschen Institut für psychologische Forschung und Psychotherapie und war seit 1948 Direktor des Berliner Zentralinstituts für psychogene Erkrankungen; versuchte, die Theorien von Sigmund Freud, C. G. Jung und Alfred Adler miteinander zu verknüpfen.

**Schulversagen:** Nichterfüllen der dem Alter und der Schulklasse angemessenen Leistungsanforderungen. Schulversagen führt in der Regel zum Sitzenbleiben oder zum Wechsel in eine Schule mit niedrigeren Leistungsanforderungen. Ursachen sind häufig →Lernstörungen, →Schulangst, Verhaltensauffälligkeiten wie →ADHS; auch →Hochbegabung kann zu Schulversagen führen.

**Schwachsinn:** veraltete Bezeichnung für die →Intelligenzstörung.

**Schwangerschaft, Gravidität** [latein.]: die Zeitspanne zwischen der Einnistung einer befruchteten Eizelle in die Gebärmutter der Frau und der Geburt (bzw. einer Fehlgeburt oder einem Schwangerschaftsabbruch). Der Zeitraum der Schwangerschaft umfasst im Normalfall 263–273 Tage, d. h. 38 Schwangerschaftswochen oder neuneinhalb Lunarmonate zu 28 Tagen. Bei Eintritt einer Schwangerschaft kommt es zu einer Veränderung der Gebärmutterschleimhaut und der Eierstöcke. Die hormonellen Veränderungen während der Schwangerschaft lassen sich in drei Phasen einteilen: In der Frühschwangerschaft verändert und vergrößert sich bis zum dritten Schwangerschaftsmonat der Gelbkörper, der sich dann im zweiten Schwangerschaftsdrittel langsam zurückbildet. Die ansteigende Östrogen- und Progesteronproduktion wird nun von der Plazenta übernommen; im dritten Schwangerschaftsdrittel erreicht sie ein Plateau. Neben weiteren hormonellen Veränderungen kommt es während der Schwangerschaft zu einer Gewichtsverdopplung der Hypophyse (Hirnanhangdrüse).

Auch Frauen, deren Schwangerschaft unproblematisch verläuft, zeigen zu unterschiedlichen Zeitpunkten der Schwangerschaft häufig spezifische körperliche oder psychische Beschwerden wie Übelkeit, Erbrechen, Schlafstörungen, Angstzustände und depressive Verstimmungen. Viele dieser Beschwerden, v. a. die Schwangerschaftsübelkeit (Hyperemesis gravidarum), treten meistens im ersten Schwangerschaftsdrittel auf, seltener ab dem vierten Schwangerschaftsmonat. Auch wenn wiederholt der Verdacht geäußert wurde, dies sei auf psychische Faktoren zurückzuführen, darf der Einfluss der hormonalen Umstellungen hier nicht unterschätzt werden.

Veränderungen der Sexualität während der Schwangerschaft sind seit Langem bekannt. William Howell Masters und Virginia Eshelman Johnson stellten fest, dass eine Zunahme sexueller Reaktivität während des zweiten Schwangerschaftsdrittels nicht selten ist, eine Abnahme sexueller Aktivität im dritten Drittel sehr häufig. Allgemein gilt jedoch, dass kein einheitliches Muster von Veränderungen im Sexualverhalten während der Schwangerschaft feststellbar ist, obwohl die hormonellen Veränderungen bestimmten Gesetzmäßigkeiten unterliegen. Soziale und psychische Faktoren dürften die Sexualität während der Schwangerschaft sehr stark beeinflussen.

**Schwangerschaftsabbruch:** das künstliche Herbeiführen einer Fehlgeburt durch gynäkologische Maßnahmen; umgangssprachlich auch als **Abtreibung** bezeichnet. Ein Schwangerschaftsabbruch darf nur durch einen Arzt durchgeführt werden. Die dabei angewendeten Verfahren sind von der Schwangerschaftsdauer, vorausgegangenen Schwangerschaften bzw. Geburten und dem Alter der Schwangeren abhängig. Im ersten Schwangerschaftsdrittel werden die Aufdehnung des Gebärmutterhalskanals (meist in Narkose) und die Absaugung des Uterusinhalts (Aspirationskürettage) oder eine Ausschabung vorgenommen. Zwischen der 12. und 16. Schwangerschaftswoche ist die Prostaglandingabe (meist in die Scheide als Zäpfchen oder Gel in den Gebärmutterhalskanal) die am häufigsten angewendete Methode; oft ist dann nach Ausstoßung der Frucht noch eine Aus-

**Schwangerschaftsabbruch:** Die Legalisierung des Schwangerschaftsabbruchs gehörte zu den Zielen der deutschen Frauenbewegung (Demonstration gegen das Urteil des Bundesverfassungsgerichts zur Fristenregelung 1993).

schabung erforderlich. Nach der 16. Woche hat sich die lokale oder systemische Prostaglandinanwendung am besten bewährt. Eine Alternative zum operativen Schwangerschaftsabbruch bis zur 8. Woche stellt der Einsatz des Progesteronrezeptorblockers RU 486 (Mifepriston®) dar, der die Wirkung des Progesterons an der Gebärmutter (Ruhigstellung) blockiert und somit allein oder in Verbindung mit niedrigen Prostaglandindosen durch Gebärmutterkontraktionen zum Schwangerschaftsabbruch führt.

*Gesetzliche Regelung:* In Deutschland kann eine Frau unter bestimmten Voraussetzungen einen Schwangerschaftsabbruch vornehmen lassen, z. B. wenn die Schwangerschaft das Ergebnis einer Vergewaltigung ist oder wenn durch sie das Leben oder die körperliche oder seelische Gesundheit der Schwangeren schwerwiegend beeinträchtigt werden. Zudem gibt es die Beratungsregelung nach § 218a StGB, die besagt, dass ein Schwangerschaftsabbruch zwar rechtswidrig ist, aber straffrei bleibt, wenn »1) die Schwangere den Schwangerschaftsabbruch verlangt und dem Arzt durch eine Bescheinigung nachgewiesen hat, dass sie sich mindestens drei Tage vor dem Eingriff hat beraten lassen, 2) der Schwangerschaftsabbruch von einem Arzt vorgenommen wird und 3) seit der Empfängnis nicht mehr als zwölf Wochen vergangen sind«. Die gesetzlich vorgeschriebene Beratung dient in erster Linie dem Schutz des ungeborenen Lebens, muss aber auch sicherstellen, dass die Schwangere die Entscheidung, ob sie das Kind austragen will, unbeeinflusst treffen kann.

*Gründe:* Die Gründe, warum Frauen (oder Paare) einen Schwangerschaftsabbruch erwägen, sind vielfältig. Frauen und ihre Partner können in einen schweren Konflikt geraten, weil sie sich als zu jung oder zu alt erachten, um ein Kind zu bekommen und zu erziehen, ihre Partnerbeziehung nicht stabil genug ist, das Fortkommen in Ausbildung und Beruf gefährdet scheint oder eine finanzielle Notlage entstehen würde.

Dass trotz vorhandener Empfängnisverhütungsmittel ungewollte Schwangerschaften entstehen, liegt neben der nicht vollständigen Sicherheit der Empfängnisverhütungsmittel und bestehender Unsicherheit hinsichtlich ihrer richtigen Anwendung auch an der oft mangelnden Kommunikation zwischen den Sexualpartnern. Darüber hinaus spielen aber auch Spontaneität und Sorglosigkeit beim Geschlechtsverkehr eine Rolle, auch ein ambivalenter Kinderwunsch (bewusst möchte man kein Kind haben, insgeheim würde man eine Schwangerschaft aber doch begrüßen). Auch die geringe Bereitschaft mancher Männer, Verantwortung zu übernehmen, und ein nicht sehr familienfreundliches gesellschaftliches und politisches Klima können Gründe für Schwangerschaftskonflikte sein.

**Schwangerschaftsberatung:** Beratung im Zusammenhang mit einer bestehenden Schwangerschaft sowie in Fragen der Sexualaufklärung, Verhütung und Familienplanung. In Beratungsstellen erhalten Schwangere sowohl Informationen über alle zur Verfügung stehenden staatlichen und privaten Hilfen als auch personale Unterstützung und Begleitung zur Bewältigung von Schwierigkeiten und zur Entwicklung einer Lebensperspektive. Ebenso können materielle Hilfen vermittelt werden. Eine schwangerschaftsbezogene Beratung, z. B. über einen möglichen →Schwangerschaftsabbruch oder über Ehe- und Familienprobleme, wird außer vom Arzt v. a. von Beratungsstellen der Kirchen und von der Organisation »Pro Familia – Deutsche Gesellschaft für Familienplanung, Sexualpädagogik und Sexualberatung e. V.« angeboten. Genetische Beratungen werden von Kliniken, genetischen Beratungsstellen und zum Teil auch von Ärzten für Laboratoriumsmedizin durchgeführt.

**Schwelle:** in der *Psychophysik* die Reizschwelle, das Ausmaß eines quantitativ messbaren →Reizes.

**Schwer|erziehbarkeit:** veraltete Bezeichnung für →Verhaltensauffälligkeiten.

**Schwerhörigkeit, Hyp|akusie** [zu griech. ákousis »das Hören«]: vermindertes Hörvermögen. Der Schwerhörigkeit können Störungen im Ohr selbst oder Störungen der Verarbeitung im Zentralnervensystem zugrunde liegen. Verbreitet ist die Altersschwerhörigkeit, die auf einer Beeinträchtigung der Innenohrfunktion beruht. Schwerhörige können aufgrund tatsächlicher oder vermuteter Informationsdefizite stark verunsichert und misstrauisch sein. Beim Sprechen sollte man versuchen, dem Betroffenen das Gesicht gut sichtbar zuzuwenden, mit deutlichen Mundbewegungen und in kurzen Sätzen zu sprechen.

**Schwindelgefühl, Vertigo** [v-, latein. »das Herumdrehen«]: Gefühl des gestörten Körpergleichgewichts, das oft mit Schweißausbrüchen, Übelkeit, Herzklopfen und Erbrechen verbunden ist. Schwindelgefühl ist ein charakteristisches Zeichen bei verschiedenen organischen Störungen wie Erkrankungen des Ohrlabyrinths, Kreislaufschwäche, niedrigem Blutdruck, Vergiftungen oder Störungen des Gleichgewichtssinns, tritt aber auch bei Angstzuständen, z. B. der →Höhenangst, auf.

**schwul:** die männliche →Homosexualität betreffend. Viele Homosexuelle haben dieses ehemalige Schimpfwort inzwischen als neutrale Bezeichnung übernommen und bezeichnen sich selbst als schwul oder als Schwuler.

**Schwulen-und-Lesben-Bewegung:** Emanzipationsbewegung der männlichen und weiblichen Homosexuellen, die sich für deren gesellschaftliche Akzeptanz und rechtliche Gleichstellung einsetzt. Sie entstand in den 1970er-Jahren in Anlehnung an entsprechende Bestrebungen in den USA. Durch die Schaffung einer schwulen und lesbischen Subkultur (z. B. Kneipen, Buchläden, Zeitschriften, Theater- und Kinoinitiativen) hat sie den einzelnen schwulen und lesbischen Menschen ermöglicht, aus ihrer zuvor oft gegebenen Isolation herauszutreten, und dadurch auch eine größere gesellschaftliche Akzeptanz befördert. Die rechtliche Gleichstellung schwuler und lesbischer mit heterosexuellen Lebensgemeinschaften ist in Deutschland mit der →eingetragenen Lebenspartnerschaft teilweise erfolgt.

**SCL-90-R** [Abk. für die Symptom-Checkliste von L. R. Derogatis]: ein klinischer Test für Personen ab einem Alter von 15 Jahren. Der Test erfasst die subjektiv empfundene Beeinträchtigung durch körperliche und psychische Symptome, und zwar in einem Zeitraum von sieben Tagen. Er ist damit eine Ergänzung zu Verfahren, die längerfristiges Befinden messen. 90 Items sind verteilt auf folgende neun Skalen: Somatisierung, Zwanghaftigkeit, Unsicherheit im Sozialkontakt, Depressivität, Ängstlichkeit, Aggressivität/Feindseligkeit, phobische Angst, paranoides Denken und Psychotizismus. Die durchschnittliche Bearbeitungszeit des Tests liegt bei 10 bis 15 Minuten. Beim SCL-90-R handelt es sich um einen →psychometrischen Test.

**Screening** ['skri:nɪŋ, engl. »Prüfung«, »Siebung«]: ein Verfahren zur Auswahl von Personen aus einer großen Gruppe, an denen dann weitere Untersuchungen durchgeführt werden. Das Screening wird anhand allgemeiner soziodemografischer Merkmale oder anhand von wissenschaftlich als wichtig definierten Merkmalen durchgeführt. Krebsvorsorgeuntersuchungen in der *Medizin* führt man etwa bei Personen durch, die bestimmte Risikokriterien erfüllen (Alter, Schadstoffbelastung, Vorerkrankungen, erbliche Belastung u. a.). Das Screening ist die Vorauswahl der zu untersuchenden Personen. Nach dem ersten Screening folgen in der Regel weitere Phasen eines stufenweisen Auswahlprozesses.

**Sedativa:** die →Beruhigungsmittel.

**Sedierung:** seelische Ruhigstellung erregter Personen, meist durch Verabreichung von →Beruhigungsmitteln in Form von Tabletten oder Injektionen.

**Seele:** in der Alltagsvorstellung der nicht körperliche, immaterielle Anteil des Menschen, der sich im Ichempfinden ausdrückt. Mit dem Begriff werden umgangssprachlich auch die individuellen charakterlichen Eigenheiten einer Person bezeichnet (»Sie ist eine gute Seele«). Der Glaube an die Existenz einer Seele im Menschen ist weltweit verbreitet, variiert aber stark in Abhängigkeit von Kultur, Geschichte und Religion (→Seelenwanderung).

Westliche Vorstellungen gehen auf die Philosophie der griechischen Antike zurück. Aristoteles schrieb im 4. Jh. v. Chr. sein Werk »Über die Seele« und definierte die Seele als eine universelle Lebenskraft aller Lebewesen, die Pflanzen eingeschlossen. In den nächsten 2000 Jahren fragte man nach der Substanzialität der Seele und ihrem Verhältnis zum Körper v. a. im Rahmen der Philosophie. René Descartes sah im 16. Jh. Leib und Seele rein dualistisch: Gegenüber dem materiellen Leib war für ihn die Seele Denkkraft und Bewusstsein. David Hume beschrieb im 18. Jh. die Seele des Individuums als substanzloses »Bündel von Bewusstseinsinhalten«.

Mit der Entwicklung der Psychologie zur eigenständigen wissenschaftlichen Disziplin am Ende des 19. Jahrhunderts entstand eine »Wissenschaft von der Seele«. Bis heute erscheint die Psychologie aber als eine »seelenlose Wissenschaft«, die ihr Augenmerk allein auf die messbaren Teilfunktionen der Psyche legt. Die menschliche Seele systematisch zu beschreiben, ist weiterhin der Philosophie vorbehalten.

**Seele:** Bevor im 19. Jh. die Psychologie entstand, war die Frage nach der Seele Gegenstand der Philosophie. René Descartes lokalisierte die Seele in der Zirbeldrüse (F) als Verbindungsstelle von Außen- und Innenwelt (aus Descartes' »Traktat über den Menschen«, 1632).

Mit den empirischen, naturwissenschaftlichen Methoden, deren sich die Psychologie bedient, sind Fragen nach der (substanziellen) Natur der Seele und ihrem Verhältnis zum Körper kaum zu beantworten (→ Leib-Seele-Problem). In der modernen Psychologie sucht man den Seelebegriff auszuklammern, weil er auf unbeweisbaren Voraussetzungen beruhe. Die in ihm enthaltenen Aspekte der Kontinuität, Konstanz und Identität in den psychischen Abläufen werden auf Begriffe wie Person oder Persönlichkeit übertragen, wobei Momente des Körperlichen und der sozialen Umwelt berücksichtigt werden.

**Seelenwanderung:** die Vorstellung, dass die Seelen der Lebewesen eine Reihe von Wiederverkörperungen (Reinkarnationen), d. h. Kreisläufe von Geburt, Tod, Wiedergeburt und viele Existenzen in Tieren, Menschen, manchmal auch Göttern durchlaufen, bis sie zu ihrem endgültigen Ziel der Befreiung gelangen.

Der Glaube an eine Seelenwanderung findet sich ansatzweise schon im Totemismus, in der vorzivilisatorischen Zeit der Menschheit. Über die Orphik (eine religiös-philosophische Geheimlehre der Antike) fand die Vorstellung einer Seelenwanderung vor über 2000 Jahren Eingang in die griechische Kultur. Im Hinduismus ist der Kreislauf der Geburten (Samsara) ein langer Läuterungsweg, bei dem die individuelle Seele unzählige Existenzen durchläuft und der unter dem Gesetz des Karma, der Vergeltungskausalität guter und böser Taten, steht; der Befreiung (Eingehen ins Nirwana) sollen verschiedene Heilswege dienen. Auch der Buddhismus strebt eine Überwindung des vom Gesetz des Karma bestimmten leidvollen Kreislaufs der Existenzen an, der ohne Anfang ist. Ursache des Kreislaufes sind die Leidenschaften (Begehren) und Taten der Wesen. Grundlage der Wiedergeburten ist aber nicht eine personale Identität, ein »Ich« oder eine »Seele«, sondern ein im Zusammenwirken der Daseinsfaktoren geformter Komplex psychischer und geistiger Energien, wobei nach buddhistischer Auffassung die Wiedergeburt als Höllenwesen, Tier, Gespenst, Mensch oder als Gott möglich ist.

Im 19. und 20. Jh. fand der Gedanke der Seelenwanderung über die asiatischen Religionen hinausgehend unter Einbeziehung indischer Überlieferungen Verbreitung durch Spiritismus, Theosophie, Anthroposophie und → Esoterik. Heute finden sich ähnliche Anschauungen in Teilen der New-Age-Bewegung und bei etlichen neuen Religionen; häufig erheben sie den Anspruch, das Phänomen wissenschaftlich beweisen zu können. Dies geschieht in manchen Formen der Psychotherapie (Reinkarnationstherapie) durch bewusste Erinnerung an frühere Existenzen (→ Déjà-vu-Erlebnisse) und angebliche »Rückführungen« mithilfe von Techniken wie der → Hypnose.

**seelische Gesundheit:** Freisein von psychischen Störungen sowie innere Ausgeglichenheit und Wohlbefinden. Was als seelisch gesund gilt, variiert weltweit und im Verlauf der Zeit. Während z. B. zu Beginn des 20. Jahrhunderts Unterordnung und Pflichterfüllung als seelisch gesund galt, werden heute in den westlichen Industrienationen v. a. Eigenständigkeit und Flexibilität als wichtige Aspekte der seelischen Gesundheit angesehen. Zur seelischen Gesundheit tragen insbesondere der Aufbau persönlicher → Ressourcen 2) und das Vorhandensein → sozialer Unterstützung bei. Mit der Frage, wie Menschen trotz ständiger Einwirkung von Risikofaktoren seelisch gesund werden und bleiben, beschäftigt sich die → Salutogenese.

**seelische Hygiene:** die → Psychohygiene.

**seelische Krankheiten:** die → psychischen Störungen.

**seelisches Gleichgewicht, affektives Gleichgewicht:** Zustand ausgewogener Stimmungslage, in dem eine Person fähig ist, ihre

**Seelenwanderung:** Die buddhistische Vorstellung vom Kreislauf der Wiedergeburten basiert nicht auf der Idee einer individuellen Seele, sondern einer Kontinuität des persönlichen Karma. Das »Rad der Existenzen« illustriert die sechs Formen der Wiedergeburt – als Gott, Asura, Preta, Höllenwesen, Tier und Mensch (tibetische Wandmalerei, Kloster Hemis, Ladakh).

Gefühle zu lenken und Konflikte mithilfe ihrer geistigen Fähigkeiten zu lösen. Wesentliche Merkmale des seelischen Gleichgewichts sind: 1. die emotionale Schwingungsfähigkeit, d. h. die Möglichkeit, sich in andere Personen einzufühlen und die eigenen Gefühle unverstellt zu erleben; 2. die stabile Orientierung an der Realität und die realistische Einschätzung der nahestehenden Personen; 3. die Arbeitsfähigkeit, d. h. die Bereitschaft, durch Leistungen für andere mit diesen in einen Austausch zu treten, in dem Gegenleistungen empfangen werden und ein Empfinden von Gerechtigkeit überwiegt.

**Segal,** Hanna: britische Psychoanalytikerin polnischer Herkunft, * Lódz 20. 8. 1918; eine der ersten Psychoanalytiker, die schizophrene Patienten behandelten, bedeutende Vertreterin der Psychoanalyse nach Melanie Klein. Segal studierte Medizin, ihre Psychoanalyseausbildung machte sie bei der British Psychoanalytical Society, ab 1952 war sie selbst Lehranalytikerin sowie 1977–80 Präsidentin dieser Gesellschaft. Sie gilt heute als Autorität in der Behandlung von psychotischen Patienten; sie lebt in London.

**Segmenttäuschung:** →optische Täuschung, bei der zwei tatsächlich gleich große Kreisabschnitte, die übereinander angeordnet sind, unterschiedlich groß erscheinen.

**Sehen:** die optische, dreidimensionale Wahrnehmung der Umwelt. Das zuständige Sinnesorgan, das →Auge, ist bei den meisten Tieren, wie beim Menschen, am Vorderkopf lokalisiert. Das Sehen dient sich bewegenden Organismen dazu, sich in der Welt zurechtzufinden. Was von der Umwelt gesehen wird, welche Farben und welche Objekte, ist von Tierart zu Tierart sehr unterschiedlich. Beim Menschen ist der Sehsinn der dominierende Sinn, bei Tieren sind dies oft andere Sinne (Hören oder Riechen).

**Sehfeld:** das →Gesichtsfeld.

**Seitigkeit:** die →Lateralität.

**Sekten:** religiöse Sondergemeinschaften, die eine hohe soziale Kontrolle über ihre Mitglieder ausüben, deren Leben intensiv beeinflussen und der Gemeinschaft nicht Angehörende entwerten (→Psychosekten, →Jugendreligionen).

**sekundärer Krankheitsgewinn:** Form des →Krankheitsgewinns.

**Sekundärgruppen** [zu latein. secundarius »(der Reihe nach) folgend«]: alle →Gruppen, die sich nicht als Primärgruppen verstehen lassen.

**Sekundärprozess, Sekundärvorgang:** *Psychoanalyse:* Funktionsweise des Bewusstseins. Der Sekundärprozess folgt den Regeln der Logik, ist geprägt durch wache Aufmerksamkeit und zeichnet sich durch Urteilsvermögen und kontrolliertes Handeln aus. Er bildet das Gegenstück zum →Primärprozess. Man könnte sagen, dass der Sekundärprozess die Aufgabe hat, das Primärprozesshafte zu bewältigen, zu überarbeiten, zu kontrollieren.

**Selbst:** in der heutigen *Psychologie* in unterschiedlichen Bedeutungen verwendetes hypothetisches Konstrukt: der Kern oder zentrale Bereich der Persönlichkeit; das Wissen um die eigene Person (Selbstwissen); ein System von bewusstem und unbewusstem Wissen einer Person darüber, wer sie zu sein glaubt; das →Selbstkonzept. William James und der amerikanische Sozialpsychologe George Herbert Mead (*1863, †1931) unterschieden ein materielles oder Körperselbst, ein soziales Selbst (→Rolle) und ein geistiges Selbst als Träger von Weltanschauungen und Werten. C. G. Jung sah im Selbst das Ziel des Entwicklungsprozesses der →Individuation 2) (Selbstwerdung).

**Selbstachtung:** das →Selbstwertgefühl.

**Selbst|aufmerksamkeit:** das Lenken der Aufmerksamkeit auf die eigene Person, d. h. auf alles, was die Person betrifft, z. B. die Gefühle, Gedanken oder das Aussehen. Nach der Theorie der Selbstaufmerksamkeit hat ein Mensch die Möglichkeit, seine Aufmerksamkeit entweder nach außen in die Umwelt oder nach innen auf die eigene Person zu lenken. Im letzteren Fall handelt es sich um die Selbstaufmerksamkeit, die auch als die objektive Selbstaufmerksamkeit bezeichnet wird, weil das Selbst zum Objekt der Aufmerksamkeit wird. In Abgrenzung dazu wird die Aufmerksamkeit nach außen als die subjektive Selbstaufmerksamkeit bezeichnet.

Selbstaufmerksamkeit kann man experimentell z. B. dadurch erzeugen, dass man im Raum einen Spiegel anbringt, in dem sich die Versuchsperson sehen kann. Untersuchungen zeigen, dass Personen im Zustand der Selbstaufmerksamkeit zwischen ihrem realen und idealen Selbstbild vergleichen: Stellen sie eine Diskrepanz fest, bewirkt dies negative Emotionen. In diesem Fall werden sie entweder versuchen, die Diskrepanz zu reduzieren, indem sie ihr Verhalten ändern (z. B. sich bei einer Aufgabe mehr anstrengen), oder aber sie werden die Situation meiden. Stellen sie keine Diskrepanz fest, dann bewirkt dies positive Gefühle, und es kommt zu einer Selbstaufwertung.

Selbstaufmerksamkeit kann dispositionell sein, d. h., die Person lenkt ihre Aufmerksamkeit generell auf sich, oder sie kann situational sein, d. h., die Person lenkt ihre Aufmerksamkeit je nach Situation auf die eigene Person. Der

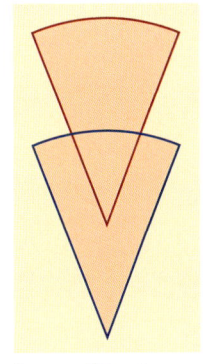

Segmenttäuschung

**Selbstdarstellung:** In seinem Selbstporträt aus dem Jahr 1500 nahm Albrecht Dürer für sich eine Pose in Anspruch, die traditionellen Christusdarstellungen entlehnt ist (München, Alte Pinakothek).

**Fragebogen zur Erfassung dispositionaler Selbstaufmerksamkeit (SAM)** erfasst dispositionale Selbstaufmerksamkeit und differenziert zwischen privater und öffentlicher Selbstaufmerksamkeit: Beachtet die Person eher innere Zustände wie Gefühle, Gedanken oder Stimmungen (private Selbstaufmerksamkeit) oder eher von anderen wahrnehmbare Zustände wie das Aussehen oder die Sprechweise (öffentliche Selbstaufmerksamkeit)? Menschen mit hoher privater Selbstaufmerksamkeit sind stärker konsistent mit den eigenen Standards, sie lassen sich weniger durch Urteile anderer beeinflussen, hingegen achten Menschen mit hoher öffentlicher Selbstaufmerksamkeit stärker darauf, was andere über sie denken, gehen eher konform mit sozialen Normen, und soziale Einflüsse haben auf sie eine stärkere Wirkung.

Extrem hohe private Selbstaufmerksamkeit lässt sich z. B. bei Menschen mit einer →Panikstörung finden.

**Selbstbefriedigung, Onanie** [engl., Neubildung zu Onan, einer biblischen Gestalt, die sich durch Coitus interruptus der Pflicht zur Leviratsehe entzog]: Befriedigung des Sexualtriebs am eigenen Körper, in der Regel mithilfe der →Masturbation.

**Selbstbehauptung:** die →soziale Kompetenz.

**Selbstbeobachtung:** die →Introspektion.

**Selbstbewusstsein:** verschieden gebrauchter Begriff, der *umgangssprachlich* meist die →soziale Kompetenz und das →Selbstvertrauen meint; in der *Psychologie* wird er z. T. in der umgangssprachlichen Bedeutung verwendet, z. T. wie in der *Philosophie* als das Bewusstsein einer Person von ihren momentanen geistigen Zuständen und Erlebnissen, von der zeitlichen Kontinuität dieser Zustände und Erlebnisse sowie von deren Zugehörigkeit zum eigenen Ich.

**Selbstbild:** das →Selbstkonzept.

**Selbstdarstellung:** das Verhalten einer Person gegenüber anderen Personen oder in der Öffentlichkeit und damit die Mitbeeinflussung des Bildes, das andere über die Person haben. Für die Selbstdarstellung gibt es zahlreiche weitere Bezeichnungen wie Selbstpräsentation, Eindrucksbildung, Eindruckssteuerung, Imagekontrolle oder Impression-Management. Selbstdarstellung kann bewusst eingesetzt werden, z. B. von einem Politiker, der sich in der Öffentlichkeit gemäß der sozialen Erwünschtheit seriös kleidet, privat aber bequeme Kleidung trägt. Sie kann aber auch unbewusst und unabsichtlich erfolgen, etwa wenn eine bestimmte Haltung zur Gewohnheit geworden ist.

Wie eine Person sich selbst sieht, wird dadurch mitbestimmt, wie andere sie sehen. Eine positive Selbstdarstellung trägt deshalb dazu bei, das →Selbstwertgefühl aufrechtzuerhalten oder zu erhöhen.

**Selbst|erfahrung:** das vertiefte Kennenlernen der eigenen Person mitsamt den Gefühlen, dem körperlichen Dasein und den Einstellungen zu sich und zu anderen. Generell beinhaltet jede Psychotherapie, v. a. tiefenpsychologische Verfahren, auch die Selbsterfahrung. Die Abgrenzung zur Psychotherapie ist, dass bei der Selbsterfahrung keine psychischen Störungen, also Beschwerden mit Krankheitswert, behandelt werden. Im Vordergrund steht das Bedürfnis, z. B. in Zeiten der Orientierungslosigkeit oder bei Identitätsproblemen, verstärkt in Kontakt mit sich selbst zu treten, sich besser zu verstehen und sich selbst zu entfalten. Hierzu eignen sich besonders Selbsterfahrungsgruppen, weil sich der Mensch am besten im Kontakt mit anderen erfahren kann.

Selbsterfahrung ist ein umfangreicher Bestandteil der Ausbildung zum Psychoanalytiker und zum tiefenpsychologisch fundierten Psychotherapeuten (→Psychotherapeut). Diese unterziehen sich im Rahmen ihrer Qualifikation einer **Lehranalyse** bzw. einer **Eigentherapie,** in der sie ihre eigenen inneren Konflikte kennenlernen und bearbeiten. Das hilft ihnen später, dass sich ihre eigenen Probleme nicht störend auf die Arbeit mit dem Patienten auswirken oder dass sie Ansätze einer solchen Störung frühzeitig erkennen. Eine Störung wäre z. B. gegeben, wenn ein Psychotherapeut unbewusst ein Thema des Patienten ausklammert, weil er damit selbst belastet ist, die Aufdeckung dieses Themas aber wichtig für den Patienten wäre. Selbsterfahrung dient auch dazu, Psychotherapie aus der Sicht des Patienten zu erleben.

**Selbst|erfahrungsgruppe, Encountergruppe** [ɪnˈkaʊntə-, engl. »Begegnung«, »Zusammentreffen«]: geleitete Gruppe von überschaubarer Größe (meist sechs bis zwölf Mitglieder), die der vertieften Selbsterkenntnis und einer deutlicheren Wahrnehmung der Wirkung des eigenen Verhaltens auf andere dienen soll. Während im sozialen Alltag Menschen meist feste Rollen spielen und z. B. ein Bild als Lehrerin, als Verkäufer, als Ärztin, als Student aufrechterhalten, sollen Selbsterfahrungsgruppen eine Auseinandersetzung mit sozialen Ängsten, Wünschen und Fantasien ermöglichen. Die Gruppe hat die Aufgabe, ihren Mitgliedern dabei zu helfen, sich sozial zu entfalten, sich mit ihren Ängsten und Problemen auseinanderzusetzen, die dieser Entfaltung im Weg stehen, und »blinde Flecken« ihrer eigenen Person zu erkennen. Das kann den Teilnehmern dann auch in ihrem Alltag weiterhelfen; der Lehrer erfährt z. B., dass seine Neigung zu zynischen Bemerkungen seiner pädagogischen Aufgabe im Wege steht, der Arzt, dass seine depressive Schwarzseherei für mangelnden Zulauf zu seiner Praxis sorgt.

Die konkrete Ausgestaltung der Gruppe hängt von der psychotherapeutischen Orientierung ihres Leiters ab. Neben psychoanalytisch, humanistisch oder verhaltenstherapeutisch geprägten gibt es auch gruppendynamisch orientierte Selbsterfahrungsgruppen (→Gruppendynamik); ihr Agieren wird meist als **Sensitivitätstraining** bezeichnet. Ihr Schwerpunkt liegt auf der Verbesserung der Kooperation und damit der Gruppenleistung im beruflichen Bereich (→Human Relations).

*Geschichte:* Nachdem der 1933 in die USA emigrierte deutsche Sozialpsychologe Kurt Lewin entdeckt hatte, dass Gruppendiskussionen soziale Einstellungen wirksamer ändern als Expertenvorträge, wurde Gruppentraining zur Fort- und Weiterbildung verfeinert. Diese Entwicklung nahm viele Teile der Psychotherapie auf und formte sie in eine »Therapie für Gesunde« um. Im Zuge der Bürgerrechts- und Studentenbewegung der 1960er-Jahre verbreitete sie sich rasch in den westlichen Industrienationen. Zu Beginn der Gruppenbewegung wurde viel experimentiert: Man mischte Elemente der verschiedenen Psychotherapieverfahren (Psychoanalyse, Psychodrama, Gesprächstherapie, Gestalttherapie). Forschungen zeigten, dass zu großer Gruppendruck, wie ihn v. a. wenig einfühlsame, sehr von sich überzeugte charismatische Leiter ausüben, den Mitgliedern mehr schadet als nützt. Inzwischen werden Selbsterfahrungsgruppen behutsamer und bedeutend weniger ideologisiert durchgeführt; neben die Selbsterfahrung ist die gezielte Übung bestimmter Kompetenzen getreten.

**Selbst|erhaltungstrieb:** Sammelbezeichnung für das Streben nach Erhaltung des eigenen Körpers, das sich auf Schutzmaßnahmen gegen Kälte, Hitze, Verletzung, Krankheit und Tod, aber auch auf die Beschaffung von Nahrung und Flüssigkeit erstreckt.

**Selbst|erkenntnis:** das Auffinden und Kennenlernen der eigenen Persönlichkeitsstrukturen, meist verstanden als in die Vergangenheit gerichteter Prozess der Selbstfindung oder Selbstbesinnung. Das Wissen um die eigenen Bewusstseinsinhalte und Ichzustände ist allerdings immer nur eingeschränkt möglich, da Erkennender und Erkanntes eins sind und da sich das zu Erkennende durch den Erkenntnisprozess selbst verändert.

In der *Psychotherapie* wird Selbsterkenntnis v. a. als kritische Hinterfragung vorherrschender individueller Orientierungen verstanden und in diesem Sinn häufig als Voraussetzung für eine Änderung der eigenen Verhaltensweisen und damit für einen Therapieerfolg angesehen.

**selbstgesteuertes Lernen:** Aneignung von Wissen, die selbstständig, ohne Hilfe eines Lehrenden vollzogen wird. Zu Beginn eines Lernprozesses ist die Unterstützung eines Lehrenden nötig, der die Wissensinhalte erklärt und auch Wissen über Lernmethoden vermittelt; dieses fremdgesteuerte Lernen befähigt dann die Person allmählich zum selbstgesteuerten Lernen.

**Selbsthilfegruppen:** freiwillige Zusammenschlüsse von Personen mit ähnlichen Problemen, Erkrankungen oder anderen Anliegen, die sich ohne professionelle Hilfe z. B. durch Psychologen oder Ärzte gegenseitig unterstützen. Am bekanntesten dürften die →Anonymen Alkoholiker sein. Inzwischen gibt es Selbsthilfegruppen für die verschiedensten Probleme. Die Teilnehmer von Selbsthilfegruppen profitieren stark von der Kompetenz, die sich die jeweils anderen Teilnehmer ihrer Gruppe erarbeitet haben. Personen, die schon lange mit dem betref-

**Selbsthilfegruppen | Wie finden?**
Kontakt zu anderen Betroffenen mit gleichen Problemen kann hergestellt werden über örtliche Selbsthilfekontaktstellen oder über die Nationale Kontakt- oder Informationsstelle zur Anregung und Unterstützung von Selbsthilfegruppen (NAKOS). Auskunft geben auch: Krankenkassen, behandelnder Arzt oder der Hausarzt, Telefonseelsorge, sozialpsychiatrischer Dienst oder die Beratungsstellen der freien Träger. Manche Selbsthilfegruppen stehen im Telefonbuch, andere findet man über das Internet.

fenden Problem leben, zeigen durch ihre bloße Existenz, dass das Problem einen Menschen nicht überwältigen muss; außerdem können Teilnehmer Probleme besprechen, mit denen sie ihre Angehörige vielleicht nicht belasten möchten, z. B. die Angst vor körperlichem Verfall oder vor dem eigenen Tod.

**Selbsthypnose:** die → Autohypnose.

**Selbstkontrolle:** 1) umgangssprachlich Willensstärke, Selbstdisziplin; z. B. Disziplin bei einer Aufgabe oder das Nichtzeigen von Gefühlen.

2) in der *Verhaltenstherapie* bestimmte Verfahren, die als Selbstkontrolltechniken auf eine Stärkung der Selbststeuerung des Klienten abzielen. Dazu gehören u. a. die systematische Selbstbeobachtung (z. B. Protokollieren der Häufigkeit bestimmter Verhaltensweisen, einschließlich vorausgehender und nachfolgender Bedingungen), Stimuluskontrolle (z. B. Rauchen nur noch im Stehen), Selbstverstärkung (sich loben oder etwas Gutes für sich tun nach bestimmten Handlungen), verdeckte Sensibilisierung (gedankliche Kopplung von angenehmen Gefühlen mit erwünschten und von unangenehmen Gefühlen mit unerwünschten Verhaltensweisen) und Selbstinstruktion. Selbstkontrolltechniken sind wichtig z. B. bei Suchtproblemen oder zur Stressbewältigung.

**Selbstkonzept, Selbstbild:** Gesamtheit aller Einstellungen, Urteile, Bewertungen über die eigene Person. Das Selbstkonzept entwickelt sich bereits früh in der Kindheit und wird mit dem Heranwachsen immer differenzierter. Es bildet sich durch die Erfahrungen mit sich selbst, dem Vergleich mit anderen und durch die Auseinandersetzung mit dem Bild, das andere von der Person haben, dem → Fremdbild. Die wichtigsten Bereiche des Selbstkonzeptes sind das leistungsbezogene (»Ich bin handwerklich begabt«), das soziale (»Ich bin hilfsbereit«), das emotionale (»Ich bin zu wehleidig«) und das körperliche Selbstkonzept (»Ich bin hässlich«).

Zu welcher Art Selbstkonzept eine Person gelangt, hängt u. a. von der jeweiligen Kultur ab: Eine Person aus einer individualistischen Kultur wie Deutschland oder den USA hat häufig ein **individualistisches Selbstkonzept,** sie sieht sich als autonom, betont die persönlichen Ziele und strebt Unabhängigkeit und Selbsterfüllung an; eine Person aus einer kollektivistischen Kultur wie China oder Japan hat häufig ein **kollektivistisches Selbstkonzept,** sie definiert sich mehr aus ihrer Gruppenzugehörigkeit, betont Gruppenleistungen und -ziele, strebt eher Harmonie und Pflichterfüllung an.

Untersuchungen zufolge fühlt man sich besonders zu denjenigen Menschen hingezogen, die das eigene Selbstbild bestätigen, auch dann, wenn das Selbstbild negativ ist. Deshalb suchen Menschen, die sich selbst negativ sehen, häufig den Kontakt zu anderen, von denen sie ebenfalls abgewertet werden. So kann ein Teufelskreis der Selbst- und Fremdabwertung in Gang kommen.

**Selbstkonzeptentwicklung:** Entstehung und Ausdifferenzierung eines Bildes über die eigene Person. Grundvoraussetzung für die Entwicklung eines Selbstkonzepts ist die Fähigkeit, die eigene Existenz als getrennt von anderen zu erleben. Diese Fähigkeit erwirbt das Kind im Laufe der ersten Lebensmonate. Ab etwa dem zweiten Lebensjahr kann es sich auch als Objekt wahrnehmen, d. h. sich Eigenschaften zuschreiben; es kennt z. B. den eigenen Namen oder benennt Fähigkeiten wie »Ich kann malen«. Die Selbstbeschreibungen sind in der Regel noch unrealistisch positiv, sie entsprechen einem Wunschbild, weil das Kind noch nicht zwischen Real- und Ideal-Selbst unterscheiden kann. In diese Entwicklungsphase fällt außerdem, sich entsprechend dem eigenen Geschlecht zu kategorisieren: »Ich bin ein Junge/Mädchen«.

Ab einem Alter von etwa fünf Jahren beginnt das Kind, die bislang lose nebeneinanderstehenden Selbstbeschreibungen miteinander in Beziehung zu bringen und auch Gegensätze zu bilden wie klug und dumm. Diese Selbstwahrnehmungen werden aber noch nicht im Sinne von innewohnenden Persönlichkeitsmerkmalen verstanden. Kinder ab fünf Jahren bemerken auch zunehmend, dass sie von anderen beurteilt werden, und beginnen, diese Beurteilungen in ihr Selbstkonzept zu integrieren.

Das Selbstkonzept eines etwa neun- bis zwölfjährigen Kindes stellt sich als differenzierter dar: Es versteht die Selbstbeschreibungen als Persönlichkeitsmerkmale, es versteht auch, dass man sowohl gute wie schlechte Eigenschaften haben kann, und es bezieht die Selbstbeschreibungen verstärkt über Vergleiche mit anderen der gleichen Altersgruppe.

Im Jugendlichenalter werden die Selbstbilder weiter verfeinert, Merkmale werden nach Situation unterschieden (z. B. »Ich bin meistens freundlich, aber ich kann auch sehr unfreundlich sein, wenn ...«). Die Jugendlichen beschäftigen sich sehr stark mit sich selbst, mit Fragen des Selbstwertes, mit ihrem Aussehen und ihren Kompetenzen. Sie beachten verstärkt die Meinungen anderer, was im höheren Jugendalter zugunsten selbst gesetzter Werte nachlässt: Die eigene Person wird mehr mit dem idealen Selbst verglichen als mit anderen.

Im Erwachsenenalter schließlich festigt sich das Selbstkonzept, das durch bestimmte, z. B. einschneidende Erlebnisse Korrekturen erfahren kann. Das Verlassenwerden vom Partner beispielsweise kann bei einer Person, die sich als sehr unabhängig erlebte, zur Einsicht führen, dass sie ihre Selbstständigkeit unbemerkt vom Partner bezog. Oder eine Person, die sich immer als abhängig vom Partner gesehen hat, kann die Erfahrung machen, dass sie gut allein zurechtkommt.

**Selbstkritik:** Form der → Kritik.

**Selbstmord:** der → Suizid.

**Selbstmordgefährdung:** die → Suizidalität.

**Selbstreflexion:** Form der → Reflexion.

**selbstschädigendes Verhalten, Autodestruktion** [zu latein. destructio »Zerstörung«, eigtl. »das Niederreißen«]: Verhalten, das direkt (z. B. Selbstverletzungen) oder indirekt (z. B. Risikosport, Drogenmissbrauch) die seelische oder körperliche Integrität und Gesundheit des Handelnden gefährdet. Solches Verhalten wirkt zunächst oft unverständlich, ist jedoch häufig so zu verstehen, dass der Handelnde die Aggression, die er gegen einen anderen Menschen hegt, nicht an diesem auslässt, sondern gegen sich selbst richtet. Darüber hinaus zeigt sich häufig auch, dass auf den ersten Blick selbstschädigende Verhaltensweisen für die Betroffenen auch Vorteile versprechen, indem sie andere Menschen zu Mitleid oder Schonung bewegen. Menschen sind zudem auch in der Lage, nachteilige Folgen ihres Verhaltens zu verleugnen. Alkoholiker verleugnen die körperlichen und sozialen Gefahren ihrer Sucht und behaupten, sie würden angesichts ernster Probleme sofort aufhören zu trinken.

**Selbstsicherheit:** die → soziale Kompetenz.

**Selbstsicherheitstraining, Assertivitätstraining** [-trɛːnɪŋ]: verhaltenstherapeutische Methode, mit deren Hilfe ein Patient lernen soll, störende Hemmungen und Ängste im Umgang mit Mitmenschen zu überwinden und seine eigenen Bedürfnisse und Interessen besser zur Geltung zu bringen. Das Selbstsicherheitstraining kann als Gruppen- und als Einzeltherapie stattfinden und umfasst durchschnittlich 20 Sitzungen. Es beinhaltet in der Regel folgende Übungen: Kontakt zu anderen aufnehmen, der Situation angemessen kommunizieren, eigene Interessen durchsetzen, unberechtigte Forderungen ablehnen, eigene Gefühle und Bedürfnisse wahrnehmen und ausdrücken, irrationale Gedanken ändern. Geübt wird erst in Rollenspielen in der Sitzung, dann in der Realität; die Erfahrungen bei den realen Übungen werden in der folgenden Sitzung mit dem Therapeuten oder in der Gruppe besprochen.

**Selbstsucht:** der → Egoismus.

**Selbsttötung:** der → Suizid.

**Selbstverletzungen:** das Sichzufügen von Schnittwunden, Verbrennungen, Ätzungen und andere Formen der Schädigungen am Körper. Selbstverletzungen sind meist ein wichtiges

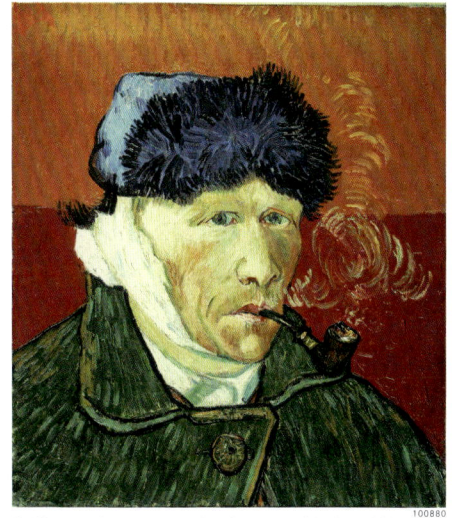

**Selbstverletzungen:** In einer psychischen Krise schnitt sich Vincent van Gogh 1888 sein Ohrläppchen ab und übergab es einer Prostituierten (»Selbstbildnis mit verbundenem Ohr und Pfeife«).

---

**Selbstverletzungen | Piercing als Mutprobe**

Den meisten Selbstverletzungen liegen ernst zu nehmende psychische Probleme oder Störungen zugrunde. Es gibt aber auch Selbstverletzungen, die unter Jugendlichen als Mutprobe gelten. Das galt vermutlich für die früher nicht seltene »Blutsbrüderschaft« unter Freunden (nach dem Vorbild von Indianerfilmen wurden dabei selbst beigebrachte, blutende Wunden in einem als feierlich empfundenen Ritual aneinandergehalten), und das gilt vermutlich heute für das Piercing bei Jugendlichen. Piercing kann dem Statuserwerb in Gruppen dienen, zu deren Verhaltenskodex es gehört, »cool« zu sein, Schmerzen beherrschen zu können und die eigene Identität durch Kennzeichen zu betonen, die nicht versteckt oder wie Kleider und andere modische Accessoires abgelegt werden können.

Symptom schwerer seelischer oder geistiger Erkrankungen. Ausnahmen bilden nur manche Praktiken, die als Körperschmuck angesehen werden (z. B. Piercing), aber teilweise einen fließenden Übergang zu pathologischen Selbstverletzungen darstellen (z. B. Durchbohren der Zunge, der Schamlippen). Bizarre, lebensgefährliche Selbstverletzungen (z. B. Herausreißen der Zunge, eines Auges) werden, wenn auch sehr selten, bei psychotischen Störungen beobachtet; weniger radikale Praktiken des Schneidens, Brennens, Kratzens, Haarausreißens gelten als eines der Leitsymptome einer →Borderlinestörung, können aber auch auf eine →Artefaktkrankheit hinweisen.

**Selbstvertrauen:** Gewissheit darüber, Schwierigkeiten meistern zu können. Ob eine Person Selbstvertrauen hat, äußert sich v. a. angesichts von Kränkungen und Verlusten. Wer ein misslungenes Examen oder eine gescheiterte Beziehung auf die eigene Beteiligung hin prüft und mithilfe dieser Erkenntnisse die nächsten Anforderungen in Angriff nimmt, hat ein gesundes Selbstvertrauen. Geringes Selbstvertrauen führt hingegen dazu, entweder Herausforderungen zu meiden, die mit der Gefahr einer erneuten Niederlage verbunden sind, oder aber durch aggressive Gegenmaßnahmen, Rache oder Flucht in eine Krankheit den Kränkungsschaden erheblich zu vermehren.

**Selbstverwirklichung:** die erstrebte Entfaltung und Ausschöpfung persönlicher Möglichkeiten. Zu den grundlegenden Kennzeichen der modernen Gesellschaft gehört die Vorstellung vom sich selbst verwirklichenden Menschen, der in seinem Selbstverständnis und seiner Zielorientierung auf sein Menschsein und seine Individualität Wert legt.

*Gesellschaftlicher Wandel:* Während in der traditionellen Gesellschaft Kinder ihren Eltern nachfolgen, z. B. deren Hof oder Geschäft übernehmen, wollen Kinder in der modernen Gesellschaft oft eigene Wege gehen. Nicht zuletzt mit der Entstehung und Verbreitung der humanistischen Psychologie seit den 1960er-Jahren, in der der Begriff eine zentrale Rolle einnimmt, ist Selbstverwirklichung zu großer Popularität gelangt. Diese erklärt sich aber weniger aus dem philosophischen und psychologischen Bedeutungsgehalt des Begriffs als vielmehr aus seiner Eignung, sowohl einem verbreiteten Lebensgefühl Ausdruck zu verleihen als auch eine (gleichermaßen vage wie provisorisch bleibende) Lebensorientierung zu bieten. Der Wunsch nach Echtheit (Authentizität) gehört ebenso dazu wie der Wille zur Selbstbestimmung (Autonomie) und die Suche nach Kreativität.

Ein Konglomerat von personbezogenen Zielvorstellungen und Bedürfnissen trifft dabei auf Entfremdungen in der kulturellen Lebenswelt: Der Wandel zur modernen Industriegesellschaft hat dem Einzelnen zwar einerseits einen Freiraum für seine eigene Lebensgestaltung verschafft, der historisch ohne Parallelen ist, ihn damit aber andererseits in einen unübersichtlich großen Markt mit unzähligen und äußerst widersprüchlichen Angeboten an Gütern, Sinnorientierungen, Lebensstilen und Werten versetzt, zwischen denen er wählen muss.

Weil sein Leben immer weniger durch Familie, Zugehörigkeit zu einem Stand, einer sozialen Schicht, Religion, Geschlecht und Nationalität endgültig definiert, begleitet und gedeutet wird, bleibt das Individuum in wichtigen Lebensentscheidungen (z. B. in der Berufswahl, in der Bindung an einen Partner) und in kritischen Situationen (z. B. bei Krankheit, beim Verlust von Angehörigen) immer stärker auf sich selbst angewiesen. Die Kehrseite der Erweiterung individueller Freiheiten ist also der Verlust einer Einbettung in stützende und in ihrer Wertsetzung übereinstimmende soziale Geflechte sowie eine damit einhergehende Vereinzelung. Die zeitgenössische Wertschätzung des Begriffs der Selbstverwirklichung spiegelt somit auch das Bewusstsein von Defiziten, wie sie hervorgerufen werden z. B. durch soziale Fremdbestimmung, durch eine umfassende Funktionalisierung in der Berufs- und Arbeitswelt, durch die Verkürzung des Menschlichen auf kontrollierbare Leistung und des Lebendigen auf wis-

**Selbstverwirklichung:** In dem Maße, in dem sich der Mensch in der modernen Gesellschaft nur noch als ein Rädchen im Getriebe sieht, steigt sein Bedürfnis nach individueller Entfaltung.

senschaftliche Rationalität sowie durch den Verlust glaubwürdiger Sinnstiftung in einer Zeit fortschreitender Säkularisierung.

*Psychologie:* Selbstverwirklichung wird in der Psychologie v. a. von Carl Rogers, dem Begründer der →klientenzentrierten Psychotherapie, und von C. G. Jung in der →analytischen Psychologie 2) hervorgehoben. Rogers verlegt diese moderne Entwicklung in die menschliche Natur und betrachtet Selbstverwirklichung als ein Grundbedürfnis wie Hunger und Durst. Jeder Mensch wolle unabhängig werden, sich selbst bestimmen und sich schöpferisch entfalten. Jung betont die Bedeutung einer Integration des »Schattens«, d. h. der vom bewussten Ich abgelehnten Einstellungen, und der Archetypen des kollektiven Unbewussten im Zusammenhang mit der →Individuation 2). Festzuhalten ist, dass Selbstverwirklichung nicht Handeln auf Kosten anderer Personen meint; dieses Handeln wäre mit den geschilderten Intentionen nicht in Einklang zu bringen, sondern wäre lediglich eine Verschleierung des eigenen →Egoismus.

**Selbstwertgefühl, Selbstwertschätzung, Selbstachtung:** das Gefühl, als Person grundsätzlich wertvoll zu sein; Zufriedenheit mit sich selbst. Ein stabiles Selbstwertgefühl äußert sich z. B. darin, dass konstruktive Kritik angenommen werden kann (»Ich bin es mir wert, dass ich diese Kritik beherzige und die Sache besser mache«), eine auf Verletzung abzielende Kritik hingegen abgewiesen werden kann (»Ich bin es mir wert, dass ich mich nicht verletzen lasse«). Fehlendes Selbstwertgefühl wird als →Minderwertigkeitsgefühl bezeichnet.

Das Selbstwertgefühl entsteht maßgeblich durch Beziehungserfahrungen. Ein Mensch, der in seiner Kindheit ständig zurechtgewiesen und kritisiert wurde, wird es schwer haben, ein gesundes Selbstwertgefühl zu entwickeln, wer zudem physisch und seelisch misshandelt wurde, wird kaum glauben können, wertvoll zu sein. Tiefenpsychologische Psychotherapieverfahren und v. a. die klientenzentrierte Psychotherapie bieten eine genau entgegengesetzte Beziehungserfahrung: Sie ist geprägt durch bedingungslose Wertschätzung der Person. Dadurch kann zumindest eine teilweise Kompensation früher Erfahrungen erreicht werden.

Das Selbstwertgefühl eines Menschen hängt auch ab von seinen Leistungserfahrungen und dem Erreichen gesteckter Zielen. Dazu gehören z. B. Erfolg in Ausbildung und Beruf oder die Übereinstimmung von Lebensentwürfen und tatsächlichem Leben.

Zeitweise durchlebte →Selbstzweifel sind kein Widerspruch zum Selbstwertgefühl; wer sich nicht hin und wieder infrage stellt, glaubt von sich, perfekt zu sein. Er hat ein unrealistisches Bild von sich, ist blind für eigene Schwächen und kann diese folglich nicht korrigieren.

**LESETIPPS:**

NATHANIEL BRANDEN: *Die 6 Säulen des Selbstwertgefühls. Erfolgreich und zufrieden durch ein starkes Selbst.* München (Piper) $^4$2005.

ASTRID SCHÜTZ: *Je selbstsicherer, desto besser? Licht und Schatten positiver Selbstbewertungen.* Weinheim (Beltz) 2005.

PETER LAUSTER: *Stärkung des Ich. Selbstbewusstsein.* Reinbek (Rowohlt Taschenbuch) 2006.

FRIEDERIKE POTRECK-ROSE: *Von der Freude den Selbstwert zu stärken.* Stuttgart (Klett-Cotta) 2006.

**Selbstwirksamkeit:** die Überzeugung, dass man in einer bestimmten Situation etwas erreichen oder bewirken kann. Der Glaube an eigene Fähigkeiten ist interindividuell verschieden stark ausgeprägt und hat große Auswirkungen auf die Wahrnehmung von Situationen, auf die Motivation, das Handeln und die jeweilige Leistung.

Positive Gefühle der Selbstwirksamkeit erhöhen die Wahrscheinlichkeit, dass man erfolgreich ist. Das Handeln kann dabei stärker von der Einschätzung der Selbstwirksamkeit geprägt sein als von den tatsächlichen Fähigkeiten. Ebenso kann die Motivation für ein Verhalten mehr von den Selbstwirksamkeitsüberzeugungen abhängen als von der Erwartung hinsichtlich eines konkreten Ergebnisses. Das Konzept der Selbstwirksamkeit ist Teil der Theorie des sozialen Lernens von Albert Bandura (→Beobachtungslernen).

**Selbstzweifel:** Zweifel an der eigenen Person, die sich auf die Leistungsfähigkeit, die Urteilsfähigkeit, die eigenen Werte und vieles andere beziehen können. Selbstzweifel können auftreten, wenn sich die eigene Einschätzung der Realität in einem oder mehreren Punkten als falsch erweist oder wenn die eigenen Haltungen deutlich von denen der sozialen Umgebung abweichen. Sie dienen also in erster Linie der eigenen Orientierung in der Welt. Treten Selbstzweifel jedoch sehr häufig oder bereits bei kleinen Anlässen auf, so wirken sie sich eher destruktiv aus. Besonders die Abweichung von der sozialen Umgebung stellt häufig keinen begründeten Anlass zum Selbstzweifel dar.

**Selektion:** die →Auslese.

**Selektionsdiagnostik:** ein Vorgehen innerhalb der psychologischen Diagnostik, bei dem entweder eine Auswahl von Personen oder eine Auswahl von Bedingungen vorgenommen wird. Bei der Personenselektion wird z. B. infolge eines psychodiagnostischen Prozesses

## selektive Wahrnehmung

**Selffulfilling Prophecy | Selbsttests**
Die Selffulfilling Prophecy setzt schneller ein, als man denkt. Wenn man jemanden für unsympathisch hält, kann man einmal den Test machen und ihn bewusst wie einen sehr sympathischen Menschen behandeln. Wird er dann netter, so ist die Wahrscheinlichkeit groß, dass die Selffulfilling Prophecy »am Werk« war.
Mit einem ähnlichen Test kann man sich zu einem Erfolg verhelfen, wenn man sonst häufig davon ausgeht, in bestimmten Situationen zu scheitern. Man verhält sich probeweise wie jemand, der in einer solchen Situation gewinnt. Besteht man die Situation dann tatsächlich gut, so kann das ebenfalls an der Selffulfilling Prophecy gelegen haben.

(→ Diagnostik) aus der ursprünglichen Anzahl von Bewerbern eine Auswahl gebildet. Bei der Bedingungsselektion wird mit diagnostischen Mitteln die Anzahl der Möglichkeiten für eine Behandlung oder Förderung einer Person verringert.
**selektive Wahrnehmung:** die gezielte Auswahl von Reizen aus einem größeren Reizganzen. Diese Filterung in der Wahrnehmung geschieht durch Prozesse der Aufmerksamkeit, der Konzentration und der orientierenden Bewegung: Von der Fülle der ständig auf die Sinnesorgane einströmenden Reize kann der Organismus nur einen kleinen Teil bewusst wahrnehmen.
**Selffulfilling Prophecy** [ˈsɛlfʊlfɪlɪŋ ˈprɔfɪsɪ, engl.], **sich selbst erfüllende Prophezeiung:** von dem amerikanischen Soziologen Robert King Merton (* 1910, † 2003) eingeführte Bezeichnung für die Beobachtung, dass Prognosen über durch menschliches Handeln beeinflussbare zukünftige Ereignisse nach ihrem Bekanntwerden das Eintreten der vorhergesagten Entwicklung beschleunigen und bestärken. Wenn Menschen behaupten, dass bestimmte Eigenschaften, Verhaltensweisen oder Einstellungen bei einer Person zu erwarten sind, sorgen sie also unbewusst oft dafür, dass genau dies zutrifft. Ein Querulant z. B., der alle Richter verdächtigt, gegen ihn eingenommen zu sein, wird die Richter in der Regel so behandeln, dass sie zumindest nach einer gewissen Zeit gegen ihn eingenommen sind.
Die Selffulfilling Prophecy tritt in sozialen Beziehungen sehr häufig auf und kann rasch zu einer Stigmatisierung (→ Stigma) oder zu → Vorurteilen führen. Die Selffulfilling Prophecy spielt auch eine Rolle, wenn jemand mit einer → Misserfolgserwartung an ein Projekt herangeht und dann, wie erwartet, scheitert.

**Selye,** Hans: kanadischer Mediziner österreichischer Herkunft, * Wien 26. 1. 1907, † Montreal 16. 10. 1982; war ab 1934 Professor in Montreal; begründete im Rahmen von Hormonforschungen die Lehre vom Anpassungs- oder Adaptationssyndrom für Reaktionen des Körpers, die durch Stress hervorgerufen werden. Durch Selye wurde der Begriff → Stress allgemein bekannt.

**Semantik** [zu griech. semantikós »bezeichnend«]: Teilgebiet der Linguistik, das die Bedeutung sprachlicher Zeichen (Wörter, Sätze, Texte) zum Gegenstand hat. In der *kognitiven Psychologie* spielt die Bedeutung sprachlicher Zeichen eine Rolle im Zusammenhang mit dem Verstehen und Produzieren von sprachlichen Äußerungen. Das vermittelnde Element zwischen Sprache und Kognition wird als mentales Lexikon bezeichnet. In diesem sind die schriftlichen und akustischen Erscheinungsformen der Wörter gespeichert, zugleich sind diese mit dem konzeptuellen Wissen im semantischen → Gedächtnis verknüpft.
**semantisches Differenzial:** das → Polaritätsprofil.
**semantisches Gedächtnis:** Form des → Gedächtnisses.
**semantisches Netz:** formale Darstellung von Begriffen und den zwischen ihnen bestehenden Relationen. Durch die wechselseitigen Beziehungen zwischen Begriffen entsteht eine netzwerkartige Struktur: Die sogenannten Knoten im Netzwerk entsprechen den Begriffen, die Verbindungen zwischen ihnen (Kanten) repräsentieren die Beziehungen. Eine Beziehung

**semantisches Netz:** Darstellung der zoologischen Kenntnisse eines Probanden als Netzwerk

kann z. B. lauten »ist ein«, »ist ein Teil von«, »ist verheiratet mit« usw. Semantische Netze können hierarchisch organisiert sein, um etwa Tierarten zu kategorisieren. In dieser Form lassen sich umfangreiche Wissensbestände repräsentieren und effizient abrufen.

Die *kognitive Psychologie* nimmt an, dass das Wissen im semantischen →Gedächtnis in Form solcher Netzwerke gespeichert wird. Beim Zugriff auf das Wissen erhält ein Knoten eine Aktivierung, die sich über die Kanten auf zugehörige Knoten verteilt. Eine ausreichende Menge an Aktivierung führt dazu, dass die Inhalte zur bewussten Verarbeitung ins Arbeitsgedächtnis befördert werden. Die Aktivierung des Begriffs Liebe würde z. B. die Begriffe Vertrauen und Heiraten ins Bewusstsein rufen.

**Sender-Empfänger-Modell:** Kommunikationsmodell, das die Organe, Bedingungen und Verläufe von Informationsübertragungen als Flussdiagramm darstellt. Darin benutzt ein **Sender** (als Informationsquelle) einen Informationskanal, um eine Inhaltsbotschaft (als codiertes Signal) zu einem **Empfänger** (als Informationsziel) zu übertragen. Dieses Modell ist technisch orientiert und auf eine rein einkanalige Nachrichten- oder Informationsübermittlung bezogen (wie bei der →Massenkommunikation). Daher kann es eine Face-to-Face-Kommunikation, die Empfängerreaktionen und nonverbale Kommunikation beinhaltet, nicht ausreichend beschreiben. Kommunikationsstörungen treten durch äußere (physikalische) Einwirkungen auf den Kanal auf und verändern die übertragene Botschaft (z. B. durch Rauschen oder elektrische Störfelder). Sie beziehen sich nicht auf inhaltliche →Kommunikationsstörungen oder nonverbale Kommunikationsaspekte wie etwa die Körpersprache. Ein abgewandeltes Sender-Empfänger-Modell liegt der →Transaktionsanalyse zugrunde.

**senile Demenz:** im Alter auftretende →Demenz.

**Senilität** [zu latein. *senilis* »greisenhaft«]: 1) in der *Medizin* die Ausprägung normaler Alterserscheinungen (z. B. Gedächtnisschwäche);
2) umgangssprachlich abwertend für Greisenhaftigkeit, Verschrobenheit.

**Seniorenbildung, Altenbildung, Gerontagogik** [zu griech. *géron* »Greis«]: Bildungsangebote im Rahmen der Erwachsenenbildung für die Zielgruppe der Alten. Angesichts der relativen Zunahme des Anteils älterer Menschen an der Gesamtbevölkerung und aufgrund der Verkürzung der Lebensarbeitszeit kommt der Seniorenbildung gesteigerte Bedeutung zu. Ziele, Inhalte und Methoden knüpfen dabei an die be-

**Seniorenbildung:** Bildung im Alter soll u. a. zu lebenslangem Lernen motivieren (Internetcafé für Senioren in Bad Marienberg).

sonderen Probleme der älteren Menschen an. Themen sind z. B. die Auseinandersetzung mit späteren Lebenssituationen (Sinnfrage, Sterben), die Vorbeugung von möglichen Altersschäden, die Bewältigung schon vorhandener Belastungen. Ziele der Seniorenbildung sind das Training und die Förderung vorhandener Fähigkeiten und Interessen durch Motivierung zu lebenslangem Lernen sowie die Ermutigung des alternden Menschen zur Gestaltung und Mitbestimmung der Altersrolle. Vermieden werden sollen Unterforderung, Inaktivität und soziale Isolation.

**Sensibilisierung** [zu latein. *sensibilis* »der Empfindung fähig«]: 1) in der *Psychologie* eine gesteigerte Empfindungsfähigkeit gegenüber inneren oder äußeren Vorgängen. Eine Sensibilisierung im Sinn einer erhöhten Empfindlichkeit und einer gesteigerten Neigung zu Panikreaktionen lässt sich oft nach traumatischen Erlebnissen beobachten. Ein Folteropfer erleidet Angstzustände, wenn es eine Uniform sieht, ein Vergewaltigungsopfer reagiert ähnlich auf Wege oder Gebäude, die es an die Misshandlung erinnern.

2) in der *Wahrnehmungsforschung* die Steigerung der Reaktionsbereitschaft auf Reize. So werden z. B. unsere Augen durch längere Dunkelheit für Lichtreize sensibilisiert; Hungerperioden schärfen den Geruchssinn für den Duft von Speisen. Das Gegenteil von Sensibilisierung ist die →Habituation.

3) in der *Medizin* die Entstehung einer Disposition, auf den Kontakt mit einer Substanz allergisch zu reagieren.

**Sensibilität** [spätlatein. »Empfindsamkeit«]: 1) *allgemein* Empfindsamkeit, Feinfühligkeit.

2) in der *Physiologie* Irritabilität oder Reizbarkeit. Man unterscheidet die Oberflächensensibilität für Berührungs-, Druck-, Schmerz- und Temperaturreize sowie deren Lokalisation auf der Haut von der Tiefensensibilität für Empfindungen der Körperlage, der Bewegung, Vibration und Muskelspannung.

**Sensibilitätsstörung:** in der *Medizin* veränderte Wahrnehmung von Sinnesreizen aus der Körperperipherie. Sensibilitätsstörungen äußern sich häufig in Kribbeln oder Taubheitsgefühlen. Sie können als Begleitsymptom anderer Erkrankungen auftreten, z. B. bei Polyneuropathien oder Verbrennungen, oder mit Störungen im zentralen Nervensystem zusammenhängen. Als **Parästhesie** bezeichnet man die subjektive Missempfindung ohne einen von außen kommenden Reiz. Eine herabgesetzte Berührungsempfindung wird auch als **Hypästhesie** bezeichnet, eine verstärkte als **Hyperästhesie**. Bei herabgesetzter Schmerzempfindlichkeit spricht man von **Hypalgesie**, bei erhöhter von **Hyperalgesie**. Die Behandlung von Sensibilitätsstörungen richtet sich in erster Linie nach der Grunderkrankung.

**sensitiv** [mittellatein., eigtl. »empfindungsfähig«]: feinnervig, leicht reizbar, in hohem Maße empfindsam; medial veranlagt.

**sensitiver Beziehungswahn:** Form des →Beziehungswahns.

**Sensitivitätstraining:** gruppendynamisch geprägte →Selbsterfahrungsgruppe.

**Sensomotorik** [zu latein. sensus »Sinn«]: die Gesamtheit der mit dem Zusammenspiel von Sinnesorganen (Rezeptoren) und Muskeln (Effektoren) zusammenhängenden Vorgänge, die durch ein komplexes System von Rückkopplungsvorgängen gekennzeichnet sind.

**sensorische Deprivation:** eine Form der →Deprivation.

**Separation:** *Psychoanalyse:* Loslösung aus der zunächst sehr engen, fast ausschließlichen Beziehung mit der Mutter, wichtiger Teil der →Individuation.

**Serotonin:** ein →Neurotransmitter.

**Serotonin-Wiederaufnahme-Hemmer, selektive,** Abk. **SSRI:** eine Gruppe der →Antidepressiva.

**Serviettenringtäuschung:** eine →optische Täuschung, die auf Wilhelm Wundt zurückgeht: Der Rundzylinder bietet zahlreiche Wahrnehmungsmöglichkeiten an, darunter zwei Ansichten mit zueinander parallelen Grundflächen und eine Ansicht (»Serviettenring«), bei der die Grundflächen als zueinandergeneigt wahrgenommen werden. Wundt hat noch zahlreiche weitere Auffassungsmöglichkeiten beschrieben. Die Serviettenringtäuschung kann auch als →Kippfigur gelten.

**Set** [zu engl. to set »setzen«]: Begriff der *Sozialpsychologie* in der Bedeutung von Verfassung, Ausgerichtetsein, Erwartungszustand, Einstellung. Im Gegensatz zu →Einstellung kennzeichnet Set eine relativ kurzzeitige Bereitschaft eines Individuums, sein Verhalten oder seine Wahrnehmung in bestimmter Weise zu verändern (z. B. Wahrnehmungsset, motorischer Set).

**Setting** [engl. »Rahmen«, »Umgebung«]: 1) *allgemein* die objektive, physisch-soziale Umgebung eines Ereignisses. Im weiteren Sinn werden darunter auch alle Rahmenbedingungen für einen Prozess verstanden. So ist jede Form der *Psychotherapie* durch ein bestimmtes Setting (Sitzordnung, Anwesenheit eines Kotherapeuten u. a.) gekennzeichnet, das den Ablauf der Sitzung beeinflusst.

2) in der *pädagogischen Psychologie* ein Konzept, Schüler entsprechend ihrer Leistungen je Fach in unterschiedliche Kursniveaus zu verteilen (→Differenzierung). Im Rahmen dieses Modells ist es also möglich, dass ein Schüler in einem Fach dem leistungsstarken A-Kurs angehört, während er in einem weiteren Fach den leistungsschwächsten C-Kurs besucht. Üblich ist dagegen in Gesamtschulen mit unterschiedlichen Kursebenen oft das Verfahren des **Streaming;** dabei werden die Schüler fächerübergreifend in die verschiedenen Leistungsklassen A, B und C eingeteilt. Während das Streaming-Modell mehr Unterricht im Klassenverband und damit nicht zuletzt organisatorische Vereinfachungen in der Schulorganisation ermöglicht, kann mit dem Setting und der damit verbundenen Durchlässigkeit zwischen Kursniveaus eine bessere individuelle Förderung der Schüler erreicht werden.

**Sex Flush** [- flʌʃ, engl. »das Erröten«]: Rötung der Haut (Gesicht, Bauch, Rücken usw.) bei sexueller Erregung infolge vermehrter Durchblutung.

**Sexismus** [von latein. sexus »Geschlecht«]: in der Frauenbewegung der 1960er-Jahre geprägte Bezeichnung für jede Art der Diskriminierung, Unterdrückung, Verachtung und Benachteiligung von Menschen aufgrund ihres Geschlechts sowie für die Ideologie, die dem zugrunde liegt. Sexismus beruht auf der Vorstellung, dass die durch die Natur den Menschen gegebenen Geschlechtseigenschaften zugleich soziale Wertunterschiede darstellen, die eine Minderung der Lebenschancen bestimmter Menschen rechtfertigen.

Da es zum Grundbestand patriarchalischer Gesellschaftsordnungen, Denksysteme, Reli-

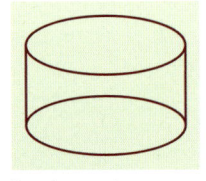

**Serviettenringtäuschung**

gionen und Praxisformen gehört, Frauen in Abhängigkeit von Männern und ihnen gegenüber als zweitrangig darzustellen, richtet sich der Vorwurf des Sexismus besonders gegen Formen geschlechtsspezifischer Benachteiligungen von Frauen. Zu den Faktoren, die der Begriff Sexismus berücksichtigt, gehören zunächst all diejenigen, die die Einstellungen, das Bewusstsein, die Gefühle, die Normen und Werte der Menschen in einer Frauen diskriminierenden Weise bestimmen. Diese werden durch Traditionen, Erziehungsstile, Leitbilder und weltanschauliche sowie religiöse Vorstellungen geformt. Des Weiteren steht der Sexismus im unmittelbaren Zusammenhang mit gesellschaftlichen Strukturen und Bedingungen, die die soziale, politische, rechtliche und wirtschaftliche Gleichstellung von Frauen mit dem Hinweis auf ihre Geschlechtszugehörigkeit verhindern oder die vorhandenen Ungleichheiten rechtfertigen. Sexismus findet sich in psychischen Dispositionen, in Vorurteilen und Weltanschauungen ebenso wie in sozialen, rechtlichen und wirtschaftlichen Regelungen, schließlich auch in Form faktischer Gewalttätigkeit im Verhältnis der Geschlechter und in der Rechtfertigung dieser Gewaltstrukturen durch den Verweis auf eine »naturgegebene« Geschlechterdifferenz.

**Sex-Skin-Phänomen** [engl. skin »Haut«]: Verfärbung der kleinen Schamlippen der Frau von rosa bis dunkelrot bei sexueller Erregung infolge vermehrter Durchblutung, die für den bevorstehenden →Orgasmus charakteristisch ist.

**Sexualberatung:** →Beratung in allen Fragen der Sexualität und Familienplanung durch sexualwissenschaftlich und psychologisch ausgebildete Fachkräfte. In Deutschland stellen Institutionen wie »Pro Familia Deutsche Gesellschaft für Familienplanung, Sexualpädagogik und Sexualberatung e. V.«, aber auch kirchliche und öffentliche Beratungsstellen ein umfassendes Angebot zur Verfügung.

**Sexual|erziehung, Geschlechtserziehung:** der Bereich der Erziehung, der sich auf die sexuelle Entwicklung der Kinder und Jugendlichen in körperlicher und seelischer Hinsicht bezieht. Sexualerziehung hat die Aufgabe, durch sexuelle Aufklärung ohne unnötige Tabus Wissen zu vermitteln. Sie soll zu einer positiven Einstellung zum Körper und zur Sexualität verhelfen, sprachliches Ausdrucksvermögen im Bereich der Sexualität fördern und Hilfe in der Persönlichkeitsentwicklung und -reifung leisten.

Sexualerziehung geschieht durch aktive Bemühungen ebenso wie durch Verweigerung

**Sexualerziehung:** Hautkontakte in der frühen Kindheit fördern eine positive sexuelle Entwicklung.

(z. B. Schweigen) und durch die »heimlichen Miterzieher«, deren Einfluss schwer abschätzbar ist: das nähere Umfeld, die Realitäten in der Gesellschaft und die Medien. Die elterliche Sexualerziehung sollte bereits mit dem Säuglingsalter beginnen, und zwar durch emotionale Wärme, Hautkontakt und Zärtlichkeit, Geduld bei der →Sauberkeitserziehung und verständnisvolle Reaktion auf körperliche Erkundungen (z. B. »Doktorspiele«). Die Beantwortung aller Fragen der Kinder und Jugendlichen soll stets offen und geduldig erfolgen und sachlich richtig sein. Die Einstellung der Eltern zu geschlechtlichen Fragen hat große Bedeutung für die künftige Einstellung des Kindes zur Sexualität. Darüber hinaus ist Sexualerziehung auch Aufgabe des Kindergartens und der Schule. Für die schulische Sexualerziehung in Deutschland wurden 1968 die Ziele fächerübergreifend von der Grundschule an vorgegeben.

**Sexualhormone, Geschlechtshormone:** zu den Steroiden gehörende Hormone, die die Ausbildung der primären (während der Embryonalentwicklung) und sekundären Geschlechtsmerkmale (in der Pubertät) bestimmen und der Steuerung der Fortpflanzung dienen. Es gibt »männliche« Sexualhormone (z. B. **Testosteron**) und »weibliche« Sexualhormone (z. B. **Östrogene** und **Gestagene**). Männer und Frauen produzieren beide Arten von Sexualhormonen, nur das Ausmaß der Hormonproduktion ist geschlechtsspezifisch, d. h., Frauen produzieren neben den weiblichen auch männliche Sexualhormone und Männer umgekehrt auch weibliche. Bei Überproduktion der gegengeschlechtlichen Sexualhormone kommt es zu Veränderungen des Erscheinungsbildes (z. B. Bartwuchs bei der Frau, Brustwachstum beim Mann), zu einer Störung der Fortpflanzungsfähigkeit und im Extremfall zu →Intersexualität. Die »weiblichen« Sexualhormone Östrogene

**Sexualreflexe:** Äußere Bedingungen – etwa Angst vor Entdeckung – können die Psyche so beeinflussen, dass die Auslösemechanismen sexueller Erregung gehemmt werden.

und Progesteron werden in der Gebärmutter, während der Schwangerschaft in der Plazenta, in der Nebennierenrinde und im Hoden gebildet. »Männliche« Sexualhormone werden im Hoden, in geringem Maß auch im Eierstock und in der Nebennierenrinde gebildet. Die Sexualhormone unterliegen der Steuerung von →Hypothalamus und →Hypophyse im Gehirn.

Sexualhormone, v. a. Östrogene, sind ein wesentlicher Bestandteil der hormonellen Empfängnisverhütung und der Hormonsubstitutionstherapie im →Klimakterium.

**Sexualisierung:** starke Form der →Erotisierung.

**Sexualität:** *Sonderartikel S. 554–557.*

**Sexualpädagogik:** Lehre und Theorie der →Sexualerziehung als Teilbereich der Erziehungswissenschaften. Ziel der Sexualpädagogik ist es heute, das Individuum zu einem selbstständigen und der Problematik soziosexueller Beziehungen bewussten Sexualverhalten zu erziehen. Die Sexualpädagogik bemüht sich um didaktische Konzeptionen für die Sexualerziehung durch die Eltern, in der Vorschule und Schule sowie in der außerschulischen Jugend- und Erwachsenenbildung. Wichtige didaktische Probleme sind die Tatsachen, dass zum einen die Eltern und Lehrer (oft aufgrund eigener Erfahrungen mit repressiver Sexualerziehung) nicht in der Lage sind, ungehemmt über sexuelle Probleme und Erlebnisse zu sprechen, und dass es zum anderen für die Erzieher schwierig ist, eine angemessene Sprache zu finden, die präzise die Beschaffenheit und Funktion der Geschlechtsmerkmale sowie sexuelle Verhaltensweisen beschreibt und dennoch allzu wissenschaftliche Bezeichnungen vermeidet.

Als fächerübergreifende Disziplin versucht die Sexualpädagogik bei der Erarbeitung von Lehrplänen über die biologische Sexualkunde hinaus psychologische, soziologische und anthropologische Aspekte der Sexualität zu berücksichtigen. Bedeutung gewann in der Sexualerziehung auch eine offenere Auseinandersetzung mit der Homosexualität, die in früheren Konzeptionen einseitig negativ abgehandelt wurde, und mit allen Aspekten der Immunschwächekrankheit Aids.

**Sexualpsychologie:** Teilgebiet der Psychologie, das sich mit den psychischen Vorgängen, dem Erleben und Verhalten im Zusammenhang mit der Sexualität beschäftigt. Wesentliche Forschungsbereiche sind die Entwicklung der kindlichen und jugendlichen Sexualität und die Alterssexualität, die individuellen und geschlechtsspezifischen Unterschiede im Sexualverhalten, Fragen der Partnerwahl bzw. Ehe, die Beziehungen zwischen physiologischen und psychischen Vorgängen im Sexualbereich (z. B. Menstruationszyklus, Klimakterium), Abweichungen im Sexualverhalten (→Paraphilien) sowie die tiefen- und entwicklungspsychologische Bedeutung v. a. der frühkindlichen Sexualität. Des Weiteren befasst sich die Sexualpsychologie auch mit den psychologischen Aspekten der Sexualerziehung und -aufklärung im Rahmen der →Sexualpädagogik.

**Sexualreflexe:** Auslösemechanismen sexueller Erregung bei Männern wie Frauen. Die mechanische Reizung von Penis bzw. Klitoris wird an Nervenzellen gemeldet, die dann ihrerseits die sexuelle Reaktion (z. B. vermehrte Durchblutung, Erektion) auslösen. Über die Gehirnzentren können bei beiden Geschlechtern durch psychische Faktoren die Sexualreflexe gefördert werden (z. B. durch erotische Anblicke oder Vorstellungen) oder gehemmt sein (z. B. durch Tabus oder Angst vor sexuellem Versagen), und zwar so weitgehend, dass der reflektorische Ablauf in den Hintergrund treten kann.

**Sexualtherapie:** 1) im weiteren Sinn alle Behandlungen, die eine sexuelle Störung oder Krankheit beseitigen sollen. Dazu gehören z. B. auch Arzneimittel wie →Sexualhormone und das Potenzmittel Viagra, die Schwellkörper-Autoinjektions-Therapie, bei der sich der Mann Substanzen in den Penis spritzt, die auf die Blutgefäße wirken, chirurgische Eingriffe wie die Implantation von Penisprothesen und Hilfsmittel wie Vibrationsgeräte und Vakuum-Erektionssysteme.

2) im engeren Sinn eine **Paartherapie** bei →sexuellen Funktionsstörungen, die auf die amerikanischen Sexualforscher William H.

Masters und Virginia E. Johnson zurückgeht und deshalb auch lange Zeit **Masters-Johnson-Therapie** genannt wurde. Zu ihren Grundannahmen gehört, dass sich ein befriedigendes Sexualverhalten nicht von selbst einstellt, sondern gelernt werden muss, wobei Sexualität nicht nur aus Vorstellungen und Gefühlen besteht, sondern auch aus Körpererfahrungen. Eine weitere Grundannahme ist, dass am Entstehen und Aufrechterhalten eines sexuellen Symptoms beide Partner beteiligt sind, also nicht nur der Symptomträger. So kann das sexuelle »Versagen« des einen Partners für den anderen die seelische »Funktion« haben, sich in dieser Beziehung sicher zu fühlen, eigene Ängste und eigenes sexuelles »Versagen« nicht erkennen zu müssen.

Die genannten Prämissen haben zu dem Therapieprogramm geführt, das durch körperzentrierte Übungen einen Lernprozess ermöglichen soll und immer beide Partner gleichzeitig behandelt. Zu den Übungen gehören u. a. das Streicheln des Partners unter Ausschluss der Brüste oder Genitalien und das Streicheln unter Einschluss der Brüste oder Genitalien, wobei eine sexuelle Erregung weder beabsichtigt noch erwartet werden soll. Die Therapeuten setzen Regeln fest und geben Anweisungen; so werden die sexuellen Begegnungen hinsichtlich Frequenz, Dauer, Praktik sowie Aktivität/Passivität vorgegeben, es gilt eine Vetoregel, ein monatelanges Koitusverbot.

Die klassische Masters-Johnson-Therapie hat bis heute Modifikationen erfahren, indem z. B. neue Übungselemente eingeführt wurden. Eine eigene, neue Therapiemethode ist die **Systemische Sexualtherapie**, die neben übenden Techniken verstärkt tiefenpsychologisch-systemische Elemente anwendet, so wird u. a. betrachtet, welche Funktion die Störung in der Partnerschaft erfüllt.

**Sexualtrieb:** der für die Arterhaltung durch geschlechtliche Fortpflanzung wie bei allen Tieren auch beim Menschen angeborene Trieb. Der Sexualtrieb wird bei beiden Geschlechtern spätestens in der →Pubertät durch die Produktion von →Sexualhormonen aktiviert und führt dann natürlicherweise zum inneren Drang oder Verlangen nach Triebbefriedigung durch sexuelles Verhalten (→Geschlechtsverkehr). Dabei ist das Sexualverhalten der Menschen kulturell, individuell und auch innerhalb der verschiedenen Altersphasen stark formbar und sehr unterschiedlich.

**Sexualverbrechen:** umgangssprachliche Bezeichnung für Sexualdelikte, d. h. alle Handlungen, die im 13. Abschnitt des Strafgesetzbuchs (StGB) unter der Überschrift »Straftaten gegen die sexuelle Selbstbestimmung« zusammengefasst sind, z. B. →sexueller Missbrauch von Kindern, →Pornografie, Zuhälterei, exhibitionistische Handlungen (→Exhibitionismus).

**sexuelle Funktionsstörungen:** nicht organisch bedingte Störungen der sexuellen Erregung, der sexuellen Befriedigung, des sexuellen Verlangens und des Orgasmus sowie Schmerzen beim Sexualverkehr. Die ICD-10 führt folgende sexuelle Funktionsstörungen auf: 1. Mangel oder Verlust von sexuellem Verlangen; 2. sexuelle Aversion und mangelnde sexuelle Befriedigung – bei der sexuellen Aversion hat die Person so starke Furcht vor sexuellem Kontakt mit einem Sexualpartner, dass sie den Kontakt vermeidet, bei der mangelnden sexuellen Befriedigung verlaufen sexuelle Reaktionen normal und ein Orgasmus wird erlebt, aber ohne Lust zu verspüren; 3. Versagen genitaler Reaktionen (→Erregungsstörungen); 4. →Orgasmusstörung; 5. Ejaculatio praecox (die vorzeitige →Ejakulation); 6. nicht organischer →Vaginismus; 7. nicht organische →Dyspareunie; 8. gesteigertes sexuelles Verlangen (→Hypersexualität).

Derzeit konzentriert sich die Sexualforschung auf die Lustlosigkeit: Immer mehr Männer und Frauen klagen über fehlende Lust auf Sex. Die Ursachen sind oft fehlende Kommunikation zwischen dem Paar (z. B. über sexuelle Wünsche) oder ein tieferer Beziehungskonflikt. Als eine gesellschaftliche Ursache wird die Überflutung mit sexuellen Reizen gesehen.

**sexuelle Nötigung:** juristisch zur →Vergewaltigung zählende Handlung.

**sexueller Missbrauch:** nach §§ 174 bis 179 Strafgesetzbuch (StGB) mit Freiheitsstrafe bis zu fünf Jahren oder mit Geldstrafe bedrohte Straftaten gegen die sexuelle Selbstbestimmung, v. a. die Vornahme oder Veranlassung sexueller Handlungen an Kindern, Schutzbefohlenen unter 18 Jahren, an Inhaftierten, behördlich Verwahrten oder Kranken in Anstalten sowie Widerstandsunfähigen; im weiteren Sinne sind auch die in § 180 (Förderung sexueller Handlungen Minderjähriger) und in § 184 (Verbreitung pornografischer Schriften) aufgeführten Straftatbestände zum sexuellen Missbrauch zu rechnen.

Im letzten Jahrzehnt hat sich das allgemeine wie das wissenschaftliche und juristische Interesse in verstärktem Maße auf den sexuellen Missbrauch von Kindern (**Kindesmissbrauch**) in der Familie gerichtet. Nach Schätzungen des Bundeskriminalamtes werden in Deutschland

*Fortsetzung S. 558*

# SEXUALITÄT

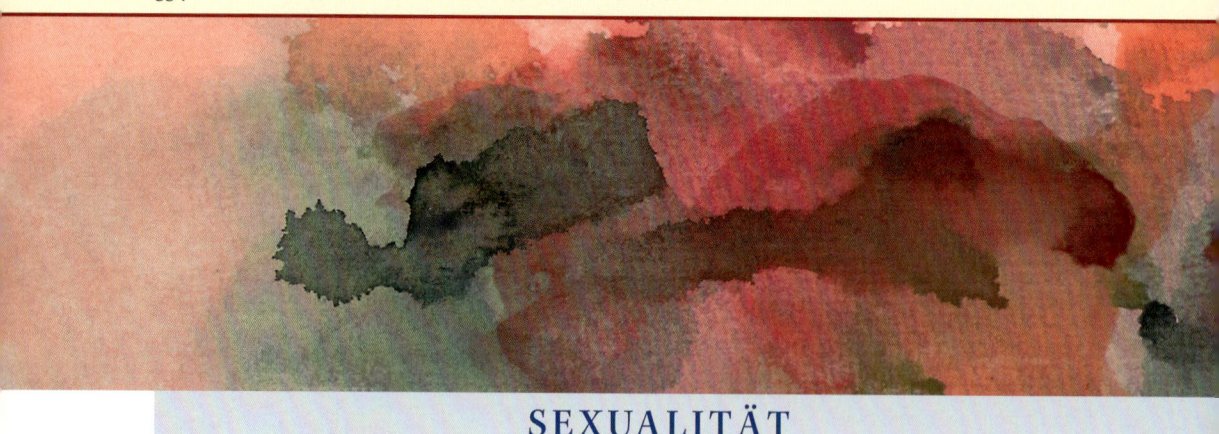

**SPRACHGEBRAUCH**

Der Begriff der Sexualität ist erst seit dem 19. Jh. belegt. Er wurde zuerst in der Botanik verwendet und hatte die Bedeutung »Fortpflanzung«. In Bezug auf den Menschen gebraucht, umfasste seine Bedeutung insbesondere die motivationalen Aspekte der Sexualität, die zuvor mit verschiedenen Ausdrücken wie »Begierde«, »Trieb«, »Liebe«, »Sinnlichkeit«, »Geschlechtslust« oder »Wollust« bezeichnet worden waren. Seit den 1980er-Jahren wird von Feministinnen, in der Schwulen- und Lesbenbewegung und in der Sexualwissenschaft zwischen Körpergeschlecht (Sex), Geschlechterrolle (Gender Role) und Geschlechtsidentität (Gender Identity) unterschieden.

Im Zusammenhang mit diesem theoretischen Umdenken wurde die psychoanalytische Trieblehre stark in den Hintergrund gedrängt, die seit der ersten Hälfte des 20. Jahrhunderts den Diskurs der Sexualität bestimmt hatte. Aber ebenso wenig wie die Psychoanalyse kann heute eine andere Sexualtheorie die Führungsrolle in den Wissenschaften, die sich mit der Sexualität befassen, für sich beanspruchen.

Zentraler Streitpunkt der mit der Sexualität befassten Wissenschaften ist die Frage, was an der Sexualität natürlich vorgegeben und was gesellschaftlich hervorgebracht sei. Dabei ist weithin akzeptiert, dass das, was als Sexualität bezeichnet und gelebt wird, einem ständigen kulturellen Prozess der Umbenennung, Umformung und Umwertung unterliegt und etwas Zusammengesetztes darstellt. Aber auch die wissenschaftliche Beschäftigung mit Sexualität scheint von einer Zwiespältigkeit geprägt: Seit der Moderne steht die Sexualität für Triebhaftigkeit und Irrationalität, damit für Unvernunft und Unfassbarkeit, soll aber von den Wissenschaften, speziell seit dem Ende des 19. Jahrhunderts von der Sexualwissenschaft, rational untersucht, erklärt und definiert werden.

**ZUR GESCHICHTE**

Beim Aufkommen der modernen Waren und Wissen produzierenden Industriegesellschaft wurde Sexualität als theoretisches, ästhetisches und moralisch-praktisches Problem zum Bestandteil einer profanen Kultur, welche die traditionelle religiöse Weltsicht ablöste. Ideologisch erhielt die moderne Sexualform zwangsläufig eine patriarchale Struktur: in einer Männergesellschaft von Männern für Männer konstruiert. Philosophen und Wissenschaftler bemühten sich im 19. Jahrhundert, Frauen eine eigenständige Geschlechts- und Sexualform und damit eine eigenständige Sexualität abzusprechen, nachdem ihre Vorgänger sie nur als Sinnes- und Gemütswesen betrachtet hatten. Da der Frau der Status eines vernunftbegabten und selbstmächtigen Subjekts vorenthalten wurde, wurde ihr auch jede individuelle Sexualität abgesprochen; in dieser Sicht diente sie nur dem Gattungszweck der Fortpflanzung. Die Sexualität der Frauen wurde so lange und so erfolgreich bestritten, bis es schien, als gäbe es sie gar nicht.

**DIE SEXUELLE REVOLUTION**

Im 20. Jh. erfolgte der sexuelle Wandel zumeist langsam und leise, manchmal aber auch schnell und laut. Das größte Aufsehen erregte in den späten 1960er- und frühen 1970er-Jahren diejenige einschneidende Veränderung in den westlichen Industrieländern, die allgemein »sexuelle Revolution« genannt wird. Die damalige Studentenbewegung, die Frauen- und die Homosexuellenbewegung erzeugten gewaltige und nachhaltige kulturelle und psychosoziale Erschütterungen. So wurde die Pornografie breit kommerzialisiert; der Staat zog sich aus einigen Bereichen des individuellen Lebens zurück, sodass das Sexual-, das Ehe- und das Verhütungsverhalten teilweise entkriminalisiert wurden. Jugendliche und junge Erwachsene wurden sexuell aktiver als die Generation vor ihnen, auch wenn sie mehrheitlich am Ehe- und Treuemodell ihrer Eltern orientiert blieben. Besonders einschneidend war die allgemeine Resexualisierung der Frau und die tief gehende Psychologisierung des heterosexuellen Paares, das, als scheinbarer Hort unverfälschter Kommunikation, ununterbrochen in sich hineinlauschen und sein Befinden ausdrücken sollte.

Diesen Veränderungen war im Verlauf der 1960er-Jahre ein Hinterfragen der traditionellen Ehemoral und der glücklichen Familie vorausgegangen. Von weitreichender Bedeutung war die Möglichkeit der oralen Kontrazeption mit Hormonpräparaten. Die erste »Antibabypille« kam 1960 in den USA auf den Markt. Einerseits ermöglichte sie es Frauen zum ersten Mal, ungewollte Schwangerschaften mit einer bis dahin unerreichten Sicherheit zu verhindern, sodass entsprechende Ängste und damit auch Sexualängste gedämpft wurden. Gleichzeitig aber wurden gerade junge Frauen mithilfe dieser technischen Innovation einem neuen Zwang zur Ungezwungenheit ausgesetzt.

Mitte der 1980er-Jahre begann ein eher lautloser Wandel, der bisher anhält und den der Sexualwissenschaftler Volkmar Sigusch als »neosexuelle Revolution« bezeichnet. Insgesamt verlor die Kulturform Sexualität im Verlaufe der 1980er- und 1990er-Jahre an symbolischer Bedeutung. Heute ist Sexualität nicht mehr die große Metapher der Lust und des Glücks, sondern eher ein selbstverständliches Phänomen wie Egoismus oder Mobilität. Charakteristisch für die neosexuelle Revolution ist nach Sigusch eine Trennung der alten Scheineinheit Sexualität in neue Sphären, die wieder verbunden werden müssen (geschlechtlich – sexuell, Aggressivität – Zärtlichkeit, sexuelles Erleben – sexuelle Körperreaktionen). Ferner ist eine Zerstreuung der sexuellen Bestandteile charakteristisch, die v. a. im Medium der Kommerzialisierung erfolgt (Telefonsex, Talkshows, Flirtschulen, Sexindustrie). Und schließlich ist es zu einer Vervielfachung der Sexual-, Geschlechts- und Beziehungsformen gekommen, die insbesondere vordem verpönte neue Freiheiten gebracht hat, beispielsweise für Personen, die sadomasochistische oder fetischistische Praktiken durchführen.

### DIE SEXUALENTWICKLUNG

Bereits Säuglinge zeigen Verhaltensweisen, die sich als sexuell bezeichnen lassen, insbesondere in Form masturbationsähnlicher Handlungen. Auch orgasmusähnliche Äußerungen sind beobachtet worden. Wieweit diesem Verhalten bei den Kindern auch ein sexuelles Erlebniskorrelat entspricht, lässt sich nicht beurteilen. Masturbationen bei Kindern im Alter von 4 bis 5 Jahren sind keine Seltenheit. In diesem Alter spielt auch

# SEXUALITÄT  *Fortsetzung*

die Unterscheidung der Geschlechter für die Kinder eine große Rolle. Die von der Psychoanalyse vertretene These, dass Mädchen in diesem Alter unter der Vorstellung litten, dass sie keinen Penis hätten (Penisneid), und Jungen ihre auf die Mutter gerichteten sexuellen Wünsche aus Angst vor der Kastration durch den Vater verdrängten (Kastrationsangst), konnte durch die interkulturelle Forschung nicht bestätigt werden.

Empirisch widerlegt ist die psychoanalytische Behauptung einer »Latenzzeit«, also eines Zurücktretens sexueller Interessen, zwischen der frühen Kindheit und der Pubertät. Vielmehr sind Kuss- und Doktorspiele in dieser Phase in der abendländischen Kultur sehr verbreitet.

Der Beginn der Pubertät wird bei Mädchen durch die Menarche, bei Jungen durch die erste Ejakulation definiert und ist nicht nur durch die körperlichen Reifungsvorgänge, sondern auch durch die oft konflikthafte Übernahme der männlichen und weiblichen Rolle geprägt. Erste Masturbationserfahrungen werden von den meisten Jungen, aber nur einem Teil der Mädchen in dieser Zeit gemacht. Homosexuelle Erfahrungen, die später nicht zu einer manifesten homosexuellen Orientierung führen müssen, sind in der Adoleszenz nicht ungewöhnlich.

Männliche und weibliche Sexualhormone kommen bei beiden Geschlechtern vor, jedoch in unterschiedlicher, geschlechtsspezifischer Konzentration. Sie beeinflussen die pränatale Geschlechtsdifferenzierung und den Pubertätsbeginn. Bis zu einem gewissen Maß sind sie auch Voraussetzungen für das sexuelle Verhalten.

Das Nachlassen des sexuellen Verlangens im Alter variiert individuell. Es hängt stark von der sexuellen Aktivität im mittleren Lebensalter ab. Im Alter zunehmende Stoffwechselkrankheiten können das sexuelle Verlangen beeinträchtigen; von Bedeutung ist auch die soziale Billigung der sexuellen Bedürfnisse älterer Menschen.

## THEORIEN SEXUELLER MOTIVATION

Noch im 19. Jh. ging man von einem Sexualtrieb aus, der sich aus einer biologischen, im Wesentlichen hormonellen Quelle speist und zur Abfuhr durch sexuelle Aktivität drängt. Dieses Triebdruckmodell variiert von der einfachsten Vorstellung, die Sexualsekrete erzeugten einen mechanischen Druck in den Genitalien, bis zu dem differenzierteren Modell der frühen Psychoanalyse. Sexuelle Motivation wird in diesem Modell durch die angestrebte Reduzierung einer inneren, triebbedingten Spannung erklärt, ähnlich wie bei Hunger und Durst. Diese Vorstellung wurde als »psychohydraulisch« kritisiert. Die verhaltenswissenschaftliche Forschung belegte die starke Abhängigkeit der sexuellen Erregung von Außenreizen und zeigte, dass sich auch bei langer sexueller Enthaltsamkeit keine Hinweise auf nicht entladene Sexualspannungen finden lassen. Die bei Menschen zentrale Funktion der sexuellen Fantasie, die hinsichtlich Triebobjekt und Triebziel sehr variabel ist, kann im Rahmen des psychohydraulischen Modells nur als Reaktion auf die andrängenden und nicht abführbaren physiologischen Impulse verstanden werden. Dies ist die Essenz des freudschen Satzes »Der Glückliche fantasiert nie, nur der Unbefriedigte«. Er enthält die Vorstellung der sexuellen Fantasie als einer Kompensation unerfüllter Wünsche. Demgegenüber haben sexualwissen-

## SEXUALITÄT

- → **TRIEB**
  - → BEDÜRFNIS
  - → LUST

- → **LIEBE**
  - → PAAR
  - → PARTNERSCHAFT

- → **EROTIK**
  - → ANALEROTIK
  - → EROGENE ZONEN
  - → EROTISIERUNG
  - → PORNOGRAFIE
  - → SEXUELLE FANTASIEN

- → **PARAPHILIE**
  - → EXHIBITIONISMUS
  - → FETISCHISMUS
  - → MASOCHISMUS
  - → NEKROPHILIE
  - → PÄDOPHILIE
  - → SADISMUS
  - → SADOMASOCHISMUS
  - → SODOMIE

- → **SEXUELLER REAKTIONSZYKLUS**
  - → EJAKULATION
  - → EREKTION
  - → ORGASMUS
  - → SEXUALREFLEXE

- → **GESCHLECHTSIDENTITÄT**
  - → GESCHLECHTERROLLEN
  - → GESCHLECHTSUMWANDLUNG

- → **SEXUALPÄDAGOGIK**
  - → SEXUALERZIEHUNG
  - → SEXUALBERATUNG
  - → SEXUALPSYCHOLOGIE
  - → SEXUALTHERAPIE 2)

- → **SEXUALVERBRECHEN**
  - → SEXUELLER MISSBRAUCH

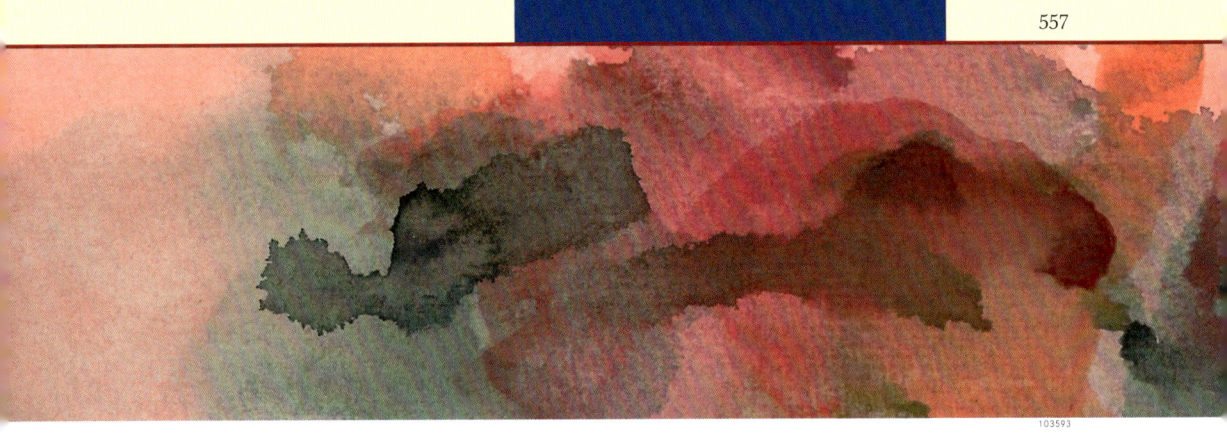

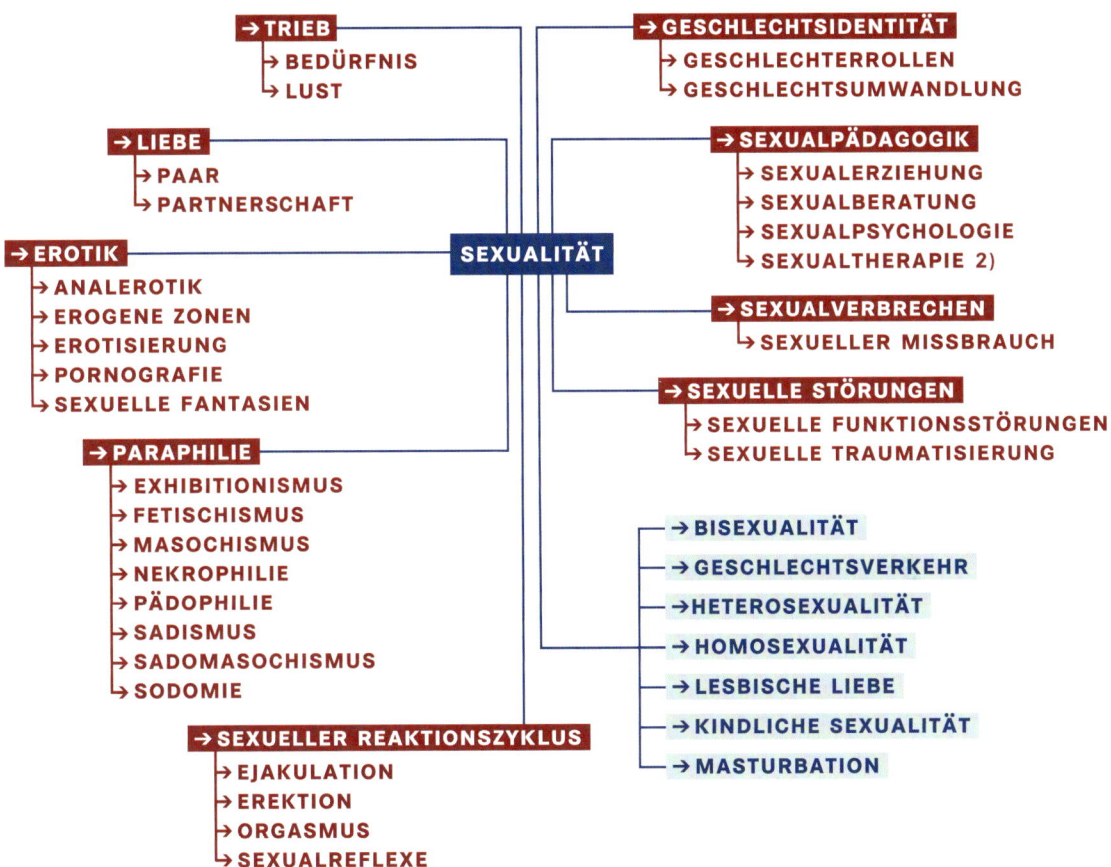

- → **SEXUELLE STÖRUNGEN**
  - → SEXUELLE FUNKTIONSSTÖRUNGEN
  - → SEXUELLE TRAUMATISIERUNG

- → BISEXUALITÄT
- → GESCHLECHTSVERKEHR
- → HETEROSEXUALITÄT
- → HOMOSEXUALITÄT
- → LESBISCHE LIEBE
- → KINDLICHE SEXUALITÄT
- → MASTURBATION

schaftliche und psychoanalytische Untersuchungen den antizipatorischen Charakter der Fantasie hervorgehoben, die eine innere Gegenwelt der Sehnsüchte ermöglicht.

**LESETIPPS:**

*Sexualität und Partnerschaft in der zweiten Lebenshälfte*, herausgegeben von Hermann Berberich u. Elmar Brähler. Gießen (Psychosozial) 2001.

Franz X. Eder: *Kultur der Begierde. Eine Geschichte der Sexualität.* München (Beck) 2002.

Erwin J. Haeberle: *dtv-Atlas Sexualität.* München (dtv) 2005.

Paul Kochenstein: *Ratgeber Sexualität. Sexuelle Störungen beheben, Leidenschaft neu entdecken, Sexualität lustvoller erleben.* Bad Heilbrunn (Klinkhardt) [4]2006.

David Schnarch: *Die Psychologie sexueller Leidenschaft.* Stuttgart (Klett-Cotta) 2006.

*Fortsetzung von S. 553*
jährlich zwischen 250 000 und 300 000 Kinder sexuell missbraucht, etwa drei Viertel sind Mädchen; angezeigt werden jährlich jedoch nur ungefähr 15 000–16 000 Fälle, von denen wiederum nur etwa 10% vor Gericht kommen; in ca. 80% dieser Fälle wurden die Angeklagten auch verurteilt. Mehr als drei Viertel der Täter sind Familienangehörige, hauptsächlich männliche: Väter, Stiefväter, Großväter, Onkel, Brüder. Derzeit wird verstärkt auch die Täterschaft durch Frauen thematisiert, v. a. durch Mütter, die ihre Söhne missbrauchen.

Eine zusätzliche Belastung stellt für die Opfer die Erfahrung dar, wenn der andere Elternteil, in der Regel die Mutter, den Missbrauch schweigend duldet, sodass die betroffenen Kinder und Jugendlichen den Missbrauch weder inner- noch außerhalb der Familie anzusprechen wagen und ihm daher oft jahrelang schutzlos ausgesetzt sind.

Nahezu alle Opfer haben neben körperlichen Symptomen (etwa Erkrankungen der Unterleibsorgane, Hauterkrankungen, Essstörungen und Kopfschmerzen) auch die seelischen Folgen zu verkraften; so leiden sie häufig an Ängsten (z. B. die Kontrolle zu verlieren), an Schlafstörungen, mangelnder Selbstsicherheit und Misstrauen gegenüber allgemeinen sozialen, aber auch intimen Kontakten; etwa 40% der Betroffenen haben im Jugend- oder Erwachsenenalter einen oder mehrere Suizidversuche unternommen.

Das gewachsene öffentliche Bewusstsein hat, neben einer stärkeren Ausschöpfung des gesetzlichen Strafrahmens, zur Gründung spezieller, vorrangig kommunaler Beratungseinrichtungen (»Kobra«, »Wildwasser«, »Zartbitter«) geführt, in denen auch Psychologen oder Psychotherapeuten zur Verfügung stehen; Organisationen wie der Deutsche Kinderschutzbund bemühen sich, flächendeckend konkrete Hilfsangebote zu entwickeln.

**sexueller Missbrauch:** Plakat der Kinderhilfsorganisation terre des hommes gegen Kinderprostitution und Sextourismus

**LESETIPPS:**
Ursula Enders: *Zart war ich, bitter war's. Handbuch gegen sexuellen Missbrauch.* Köln (Kiepenheuer & Witsch) 2003.
Günther Deegener: *Kindesmissbrauch. Erkennen, helfen, vorbeugen.* Weinheim (Beltz) ³2005.
Ulrich Tiber Egle u. a.: *Sexueller Missbrauch, Misshandlung, Vernachlässigung. Erkennung, Therapie und Prävention der Folgen früher Stresserfahrungen.* Stuttgart (Schattauer) ³2005.

**sexueller Reaktionszyklus:** auf sexualphysiologische Untersuchungen von William H. Masters und Virginia E. Johnson zurückgehende schematische Einteilung der sexuellen Reaktion in vier Phasen. Durch physische oder psychische sexuell-erotische Stimulierung kann die erste Phase (Erregungsphase) hervorgerufen werden. Je nachdem, ob der ausgeübte Reiz auf einen empfangsbereiten Partner trifft oder nicht, kann diese Phase verschiedene Ausprägungen erhalten. Bei wirksamer sexueller (v. a. genitaler) Reizung geht die Erregungsphase in die Plateauphase über, eine (mehr oder weniger) längere, z. T. willkürlich beeinflussbare Zeitspanne gleichmäßig starker Erregung, in der sich die sexuellen Spannungen bis zu jener

---

**sexueller Missbrauch | Reden fällt schwer**

Jemanden über einen selbst erlittenen oder bei anderen vermuteten sexuellen Missbrauch zu informieren, ist ein schwerer Schritt, weil es oft gleichzeitig bedeutet, die Schuld des Täters offenzulegen. Wenn ein Verwandter oder Bekannter der Täter ist, verändert sich fast immer die Situation für die ganze Familie oder Lebensgemeinschaft. An Beratungsstellen der Jugendbehörden, der freien Träger und an den Deutschen Kinderschutzbund können sich Betroffene vertrauensvoll wenden, wobei sie auf Wunsch anonym bleiben oder zunächst von ihren Erfahrungen erzählen können, ohne den Täter namentlich zu nennen.

Personen, die von einem sexuellen Missbrauch erfahren oder die selbst einen Verdacht auf sexuellen Missbrauch schöpfen, sollten sich an eine solche Fachorganisation wenden. Sowohl eine falsche Verdächtigung wie auch ein falsches Vorgehen kann schweren Schaden anrichten und Hilfe blockieren.

Höhe summieren, auf der die Orgasmusphase eintritt. Diese Phase läuft weitgehend unwillkürlich, d. h. reflektorisch ab (→Orgasmus, →Sexualreflexe). In der auf den Orgasmus folgenden vierten oder Rückbildungsphase (auch Refraktär- oder Unempfindlichkeitsphase genannt) klingt die sexuelle Erregung weitgehend ab.

Bei Männern erfolgt die Rückkehr zu »normalen« physiologischen Verhältnissen in der Regel relativ schnell, bei Frauen kann dies längere Zeit dauern. Zahlreiche Frauen befinden sich nach dem Orgasmus für längere Zeit in einem Zustand, der der Plateauphase entspricht; werden sie in diesem Stadium wieder wirksam stimuliert, so können sie sehr schnell wieder zum Orgasmus gelangen.

**sexuelle Störungen:** zusammenfassende Bezeichnung für →sexuelle Funktionsstörungen und Geschlechtsidentitätsstörungen (→Geschlechtsidentität), im weiteren Sinn auch →sexueller Missbrauch, sexuelle Störungen bei körperlichen Erkrankungen und infolge von Behandlungen wie z. B. Operationen sowie Konflikte im Zusammenhang mit dem →Coming-out.

**LESETIPPS:**
GÖTZ KOCKOTT und EVA-MARIA FAHRNER: Sexualstörungen. Stuttgart (Thieme) 2004.
VOLKMAR SIGUSCH: Sexuelle Störungen und ihre Behandlung. Stuttgart (Thieme)⁴2006.
BRIGITTE VETTER: Sexualität: Störungen, Abweichungen, Transsexualität. Stuttgart (Schattauer) 2007.

**sexuelle Traumatisierung:** Traumatisierung durch die Sexualität anderer oder Überstimulierung des Opfers. Sexuelle Unterstimulierung stellt ebenfalls eine Form der Traumatisierung dar, die jedoch nicht als Straftatbestand angesehen werden kann. Fehlende Wissensvermittlung bei gleichzeitiger Entwertung jeglicher Form von Sexualität kann zu schweren Traumatisierungen führen. Die sexuelle Traumatisierung (durch ein Übermaß oder das Fehlen sexueller Reize) muss unterschieden werden von der Traumatisierung der Sexualität, die keineswegs durch sexuelle Handlungen geschehen muss (z. B. körperliches Bestrafen der Onanie bei Kindern).

**sicheres Verhalten:** in der *Sicherheitspsychologie* normatives oder Sollverhalten, das darauf abzielt, die potenziellen Gefahren unter Kontrolle zu halten. Es lässt sich in drei Aufgabentypen unterteilen: 1. Vorsorgeverhalten: Wer mit Gefahren zu tun hat, sollte dem Aufbau von Gefahrenpotenzialen bereits weit im Voraus entgegenwirken, indem die Gefahren beseitigt oder unschädlich gemacht werden. 2. Abbau von akuten Gefahrenpotenzialen: Wenn sich Gefahrenpotenziale aufbauen (z. B. Aufheizen von Material beim Schweißen), ist die Tätigkeit zu unterbrechen und sind Maßnahmen zum Abbau des Gefahrenpotenzials zu treffen. 3. Gefahrenmanagement: Muss eine Tätigkeit, z. B. eine Arbeit, unter →Gefährdung durchgeführt werden, weil die Arbeit selbst immer den Aufbau von Gefahrenpotenzialen mit sich bringt (z. B. bei der Arbeit in der Nähe von schwebenden Lasten, beim Tragen von Gegenständen, beim Einsatz von Handmaschinen), muss mit dem Gefahrenpotenzial sorgfältig, kompetent und verantwortungsbewusst umgegangen werden.

**Sicherheitskultur:** der Grad der Bemühungen einer Organisation, Verantwortung für die Gesundheit der Mitarbeiter zu tragen. Organisationen, die eine hohe Sicherheitskultur pflegen, stellen alle geeigneten Maßnahmen zur Abwendung von Gefahren bereit, d. h., sie bieten →Arbeits- und Gesundheitsschutz. Eine hohe Sicherheitskultur verringert krankheitsbedingte Fehltage, erhöht die Produktionssicherheit sowie die Innovations- und Einsatzbereitschaft der Mitarbeiter.

**Sicherheitspsychologie:** Disziplin der Psychologie, die sich mit der Analyse und Kontrolle von Risiken zwecks Verringerung der Häufigkeit und Schwere von Schäden und Verlusten beschäftigt. Seit Beginn des 19. Jahrhun-

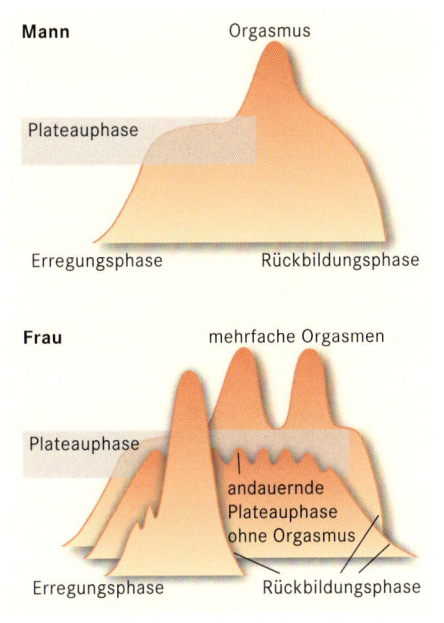

**sexueller Reaktionszyklus:** die Phasen der sexuellen Reaktion bei Mann und Frau

derts befasst sich die psychologische Forschung auch damit, den Hergang von Unfällen zu beschreiben und die meist komplexen Ursachen ausfindig zu machen sowie die Wahrscheinlichkeit von Unfällen vorherzusagen und Unfallursachen zu beheben. Mit der Hinwendung zu präventiven Ansätzen und zur Sicherheitsforschung ist der Begriff »Unfallpsychologie« zugunsten von »Sicherheitspsychologie« in den Hintergrund getreten. Die Fragestellung lautet nun: Wie lassen sich durch Vorhersehen und Bedenken der Gefahren und durch kompensatorisches Handeln in gefährlichen Situationen Unfälle oder kritische Situationen vermeiden und somit die Sicherheit erhöhen?

Auf den Einzelnen bezogene Interventionen zielen darauf ab, mit Werbung, Schulungen und Anreizsystemen das Wissen über Gefahren und Bewältigungsverhalten sowie die Motivation zu sicherheits- und gesundheitsgerechtem Verhalten zu erhöhen, das angestrebte Verhalten einzuüben und dauerhaft zu automatisieren sowie dafür zu sorgen, dass in gefahrenexponierten Situationen die Schutzausrüstungen (z.B. Schutzschuhe, Sicherheitsgurte) getragen werden (→ Arbeitsunterweisung); durch diese Maßnahmen wird beim Einzelnen die →Gefahrenkognition erhöht. Dabei müssen systemorientierte Maßnahmen zur Vermeidung von Gefährdungen gegenüber individuellen Maßnahmen zum Schutz vor negativen Konsequenzen eine klare Priorität einnehmen.

**sicherheitswidriges Verhalten:** sich in Gefahr bringendes Verhalten. Die *Sicherheitspsychologie* untersucht die Frage, warum Personen sich in einer Weise verhalten, die nicht zu ihrer Sicherheit beiträgt oder sie sogar Gefahren aussetzt. Oft ist ein solches Verhalten durch universelle Handlungstendenzen (z.B. Unterschätzen oder Bagatellisieren der Folgen eines bestimmten Arbeitsverhaltens aufgrund fehlender Erfahrung, fehlende Nutzung von Gefahreninformationen durch Übersehen oder Vergessen) und situative Umstände (z.B. Einfluss einer Arbeitsgruppe, die sicheres Verhalten als »hasenfüßig« einschätzt) bedingt. Es erfolgt zu einem hohen Anteil aus Kostengründen: Das Tragen des Körperschutzes ist persönlich zu »teuer« wegen des Zeitverlustes beim Anlegen und der Unbequemlichkeit beim Tragen; Sicherheit wird »teuer« durch die »Umstände«, z.B. lange Wege, die sich sicherheitswidrig abkürzen lassen; nicht vergütete Zeit für die Gefahrenbeseitigung. Gegen sicherheitswidriges Verhalten sind →Arbeitsunterweisungen eine notwendige, aber nicht ausreichende Maßnahme.

**sicherheitswidriges Verhalten:** Auch in der Freizeit wird das Tragen von Schutzhelmen oft vernachlässigt, wenn die Umwelt- oder Gruppensituation zum Bagatellisieren der Gefahr verleitet.

**sich selbst erfüllende Prophezeiung:** die →Selffulfilling Prophecy.

**Sigmatismus:** das →Lispeln.

**Signal|entdeckung, Zeichen|erkennung, Signaldetektion** [zu latein. detectio »Enthüllung«]: *Psychophysik:* Herausfiltern von bestimmten Reizen aus einem größeren Komplex von Reizen oder die Entdeckung schwacher Reize, z. B. das Herausfiltern eines bestimmten Signals (Reiz) aus vielen anderen Signalen auf einem Radarschirm.

Die physiologische Erregung in den Sinnes- und Nervenzellen, die notwendig ist, um ein Signal als solches zu erkennen, wird u. a. durch die **Signalentdeckungstheorie** beschrieben. Diese besagt, dass die Wahrnehmung im Schwellenbereich ein komplexes Verhalten ist, in das neben der Sensitivität oder Wahrnehmungsfähigkeit auch die Beurteilung bzw. Entscheidung des Betrachters eingeht: Ein Fluglotse beispielsweise ist nicht immer sicher, ob er ein schwaches Signal gesehen hat oder nicht, dennoch muss er handeln, d.h., er muss die Frage »War da ein Signal?« mit »Ja« oder »Nein« beantworten, um z. B. einen Alarm auszulösen oder nicht. Dabei kann er eine korrekte oder eine falsche Entscheidung treffen, z. B. einen falschen Alarm auslösen. Verschiedene Faktoren, die solche Entscheidungsprozesse beeinflussen können, spielen eine wichtige Rolle, z. B. die Erfahrung des Beobachters, die Aktiviertheit des Beobachters, die von dem Beobachter mit in Betracht gezogenen Folgen einer eventuellen falschen Entscheidung, der Informationsgehalt der betreffenden Beobachtung.

*Geschichte:* Die Forschung zur Signalentdeckung nahm in den 1940er- und 1950er-Jahren einen enormen Aufschwung, als die sich technologisch veränderte Arbeitswelt komplizierte Anforderungen (wie die an einen Fluglotsen bei der Radarüberwachung) mit sich brachte. Weder die vorherrschende behavioristische Psychologie noch die klassische Psychophysik boten dafür ein adäquates begriffliches Inventar. Die in den 1960er-Jahren entwickelte Signalentdeckungstheorie löste die klassische Psychophysik und ihren Schwellenbegriff ab.

**Signifikanz** [latein. »Deutlichkeit«]: in der *Inferenzstatistik* die Bedeutsamkeit von empirisch gefundenen Unterschieden oder Zusammenhängen zwischen Merkmalsausprägungen. Ein Ergebnis gilt als signifikant, wenn es mit hinreichender Wahrscheinlichkeit aufgrund einer Gesetzmäßigkeit zustande kommt und nicht allein auf zufälligen Einflüssen oder Messfehlern beruht. Zur Abschätzung der Signifikanz setzt man zunächst voraus, das hypothetische Gesetz sei ungültig (Nullhypothese), und bestimmt demnach, wie sich Messwerte rein zufällig verteilen würden. Anschließend berechnet man die Wahrscheinlichkeit dafür, bei der gegebenen Zufallsverteilung die empirisch gemessene Verteilung vorzufinden. Ist es sehr unwahrscheinlich, die gemessene Verteilung vorzufinden, darf die Nullhypothese verworfen werden. Als Maß der Signifikanz gilt die Irrtumswahrscheinlichkeit, d.h. das Risiko, hiermit eine falsche Entscheidung zu treffen.

Die Irrtumswahrscheinlich wird einem Signifikanzniveau zugeordnet, das üblicherweise wie folgt gesetzt wird: Liegt die Irrtumswahrscheinlichkeit unter 1%, spricht dies für ein hochsignifikantes Ergebnis, unter 5% für ein signifikantes Ergebnis, unter 10% für eine Tendenz.

Die Signifikanz eines Ergebnisses hängt von zahlreichen Faktoren ab. Selbst deutliche Mittelwertunterschiede werden nicht signifikant, wenn die Messwerte zu stark streuen. Andererseits können bereits schwache Effekte ein signifikantes Ergebnis bewirken, wenn die Stichproben sehr groß sind. Daher sollte bei der Interpretation eines Ergebnisses nicht nur die Signifikanz, sondern auch die **Effektstärke** betrachtet werden. Sie ist ein Maß zur stichprobenunabhängigen Quantifizierung von empirisch gefundenen Unterschieden (oder Zusammenhängen). Die Effektstärke gibt somit Aufschluss darüber, ob der vorgefundene Unterschied so groß ist, dass er einen gesetzmäßig starken Einfluss einer unabhängigen Variablen abbildet. Ein starker Einfluss würde sich bereits im Einzelfall oder in sehr kleinen Stichproben auswirken, während schwächere Einflüsse eher als statistisches Phänomen zu betrachten sind, das nur in großen Stichproben sichtbar wird.

**Sigusch,** Volkmar: deutscher Sexualwissenschaftler, *Bad Freienwalde (Oder) 11.6.1940; studierte Medizin, Philosophie und Psychologie; war 1972–2006 Professor in Frankfurt am Main; begründete die »kritische Sexualwissenschaft«, die die menschliche Sexualität auch unter dem Blickwinkel ihrer gesellschaftlichen Bezüge untersucht.

**Sildefafil:** internationaler Freiname für →Viagra®.

**Simulation** [latein. »Verstellung«, »Nachahmung«]: **1)** besonders in der *Medizin* das bewusste oder unbewusste Vortäuschen von Symptomen einer Krankheit, die tatsächlich nicht vorhanden ist. Bei Krankheiten im Bereich der Psychiatrie und Neurologie fällt dies den Simulanten oft sehr leicht, weil bei diesen Krankheiten ohnehin, auch beim Vorliegen der Krankheit, kein organischer Befund durch den Arzt feststellbar ist. Mit der Simulation von Krankheitssymptomen erhofft sich der Betreffende meist Vorteile, z.B. die Befreiung von unangenehmen Aufgaben.

**2)** in vielen Wissenschaften die künstliche oder modellhafte Nachahmung natürlicher Prozesse eines Wirklichkeitsbereiches in einem technischen Modell. So wird in der *Psychologie* versucht, Denkprozesse der Menschen in Modellen auf Computern nachzubilden (→künstliche Intelligenz).

**Simulator:** computergesteuertes System, in dem die Situation eines Autofahrers (Fahrsimulation) oder eines Piloten (Flugsimulation) nachgebildet wird. Heutige Systeme verwenden gängige Fahrzeugkabinen, verfügen teilweise über eine aufwendige Bewegungs- und Geräuschsimulation und erzeugen eine Außensicht, in der sich die Handlungen des Probanden entsprechend abbilden.

Die Flugsimulation ist Standard in der Ausbildung des Flugpersonals und in ihrem Nutzen seit Jahrzehnten unbestritten. Viel schwieriger ist die Simulation von Straßenverkehr, insbesondere bei innerstädtischen Situationen; hier lassen sich realistische Bild- und Bewegungseindrücke wegen der Vielfalt und Komplexität des Geschehens nur sehr eingeschränkt vermitteln.

Untersuchungen von neuen Techniken mithilfe von Simulatoren haben gegenüber Feldstudien die Vorteile, dass die →Variablen besser kontrollierbar sind und die Möglichkeit besteht, mit der Technik gefahrlos zu experimentieren, bevor sie in die Verkehrsrealität eingeführt wird. Fraglich ist bei Simulatoren die Gültigkeit

**Simulator:** »Fahrten« auf der Hauptbrücke des Maritimen Simulationszentrums in Warnemünde mit 360-Grad-Rundumsichtschirm gehören heute zum Ausbildungsprogramm für Kapitäne.

der erzielten Ergebnisse, weil ungewiss ist, ob sich die Versuchspersonen in realen Situationen ähnlich verhalten werden, zumal die Simulation der Motivation des Fahrers bzw. Piloten schwierig ist. Bei vielen Probanden treten zudem Kinetosen auf (→Reisekrankheit).

**Sinn:** 1) in der *Biologie* ein reizaufnehmendes Organ der Lebewesen mit speziellen Zellen, den →Sinneszellen, für die Signalaufnahme und -weiterleitung (→Sinnesorgane).

2) in der *Philosophie* der Wert und die Bedeutung eines Gegenstandes. Der Sinn gehört nicht allein zur Sache selbst, sondern wird ihm vom Menschen beigelegt, durch geistige Vorgänge des Lesens, Verstehens, Interpretierens und Bewertens (→Hermeneutik). So ist es möglich, dass bestimmte Objekte für eine Person sinnvoll und wertvoll, für eine andere dagegen sinnlos und nichtig erscheinen.

3) In der *Psychologie* wird in verschiedenen Therapieformen die Suche der Menschen nach Sinn thematisiert und daran der Erfolg der Therapie geknüpft. In erster Linie gilt dies für die →Logotherapie Viktor Frankls, aber auch für Therapien der →humanistischen Psychologie.

**Sinnesfunktionen:** die »Aufgaben« der Sinnesorgane im Dienste des Gesamtorganismus, z. B. Sehen, Hören, Riechen. Die Prüfung der Sinnesfunktionen ist sowohl in der Medizin als auch in der Psychologie bedeutsam und erfolgt der Genauigkeit wegen immer apparativ. Im Bereich der Persönlichkeits- und Eignungsdiagnostik prüft man z. B. Augenmaß, Tiefensehen, Farbwahrnehmung, Tastwahrnehmung und Handgeschick (Zusammenarbeit der Hände und visuell-motorische Koordination). Bei diesen Prüfungen werden häufig mehrere

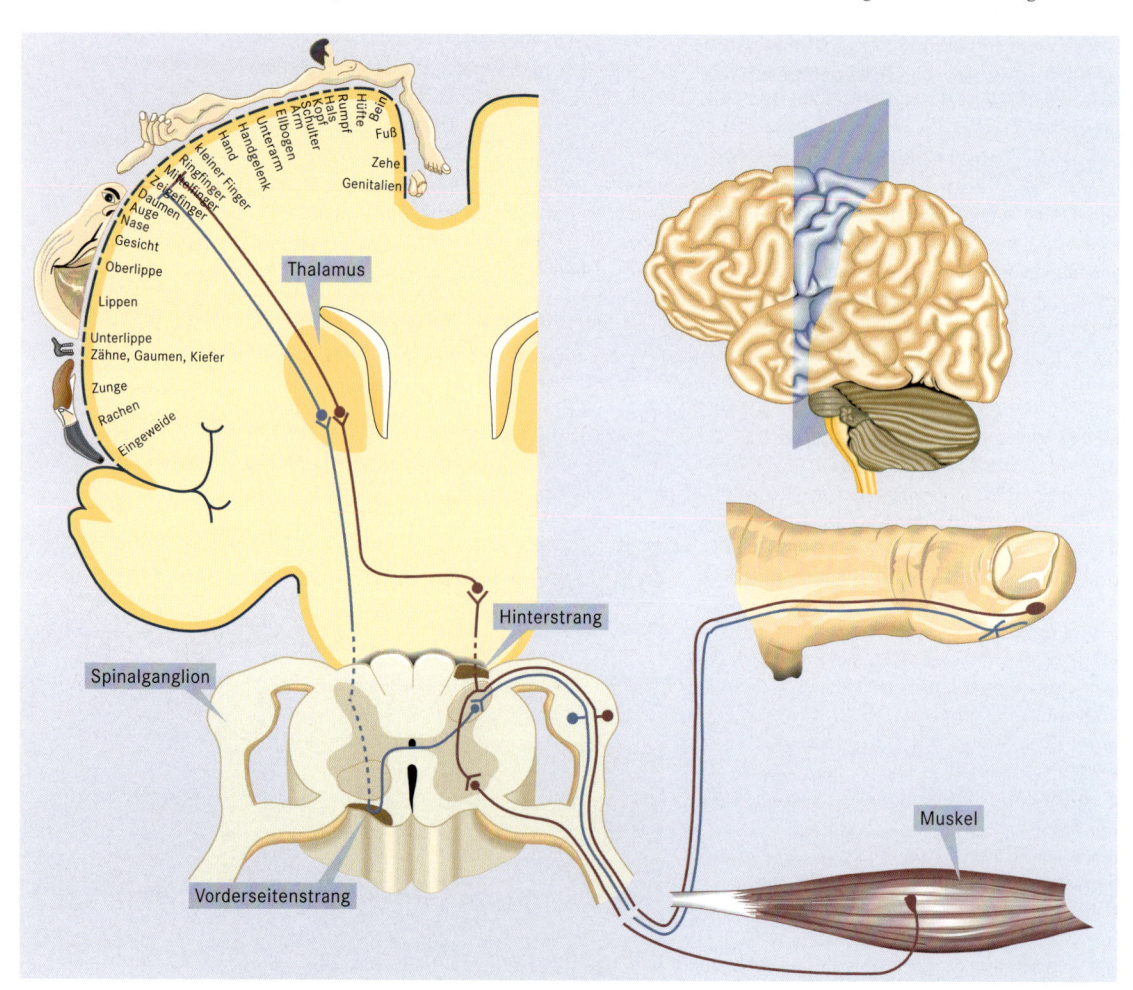

**Sinnesorgane:** Die Erregung der Sinnesnervenzellen, etwa in der Fingerbeere oder in einem Muskel, wird mit Umschaltung im Stammhirn zum Großhirn geleitet. Das Großhirn bildet die Körperfläche ab; Gesicht, Hände und Füße sind hier in besonderer Weise repräsentiert.

Funktionen und Verstandesleistungen gleichzeitig erfasst.

**Sinnes|organe:** spezialisierte Gruppe reizaufnehmender Rezeptoren, die in Zusammenwirkung mit dem →Nervensystem Vorgänge innerhalb und außerhalb des Körpers registrieren. Verschiedene Sinnesorgane (z. B. Auge, Ohr, Tastkörperchen der Haut, Thermorezeptoren der Haut) sprechen jeweils auf ganz spezifische (adäquate) Reize an, z. B. Licht, Luftschwingung, Druck, Temperatur. Alle Sinnesorgane wandeln die für sie spezifischen Reize in Nervensignale um, die vom Gehirn als Empfindung wahrgenommen werden.

Die Funktionsfähigkeit jedes einzelnen Sinnesorgans beruht auf der Fähigkeit der einzelnen Sinneszelle, bestimmte durch Schwellen quantitativ und qualitativ begrenzte, als →Reize wirkende Energieformen in neurale Erregung umzuwandeln. Man unterscheidet bei den menschlichen Sinnesorganen Fernsinne und Nahsinne. **Fernsinne** vermitteln Informationen über Objekte der Umwelt, die einen deutlichen Abstand zum Körper haben. Dazu gehören das Sehen, Hören und Riechen. Zu den **Nahsinnen,** die nur bei direktem Kontakt des Objekts mit dem Körper des Menschen aktiviert werden, zählen der Geschmackssinn und die verschiedenen Hautsinne. Die Oberflächensinne der Haut werden nochmals vom Tiefensinn unterschieden, dem von den Propriorezeptoren vermittelten Reizen aus dem Inneren des menschlichen Körpers, z. B. Gleichgewichtssinn, Muskelsinn. Interozeptoren, die dem Gehirn Signale aus dem eigenen Körper, z. B. über Atmung, Blutdruck und Kreislauf, übermitteln, zählen nicht zu den Sinnesorganen.

**Sinnesphysiologie:** Teilgebiet der Physiologie, das sich mit der Aufnahme und Verarbeitung von →Reizen durch die Sinnesorgane bei Mensch und Tier beschäftigt. Die Sinnesphysiologie hat Überschneidungen mit der →Psychophysik, der →Wahrnehmungspsychologie und der →Neurophysiologie.

**Sinnespsychologie:** die →Wahrnehmungspsychologie.

**Sinnestäuschungen:** Sinneswahrnehmungen, die nicht mit der physikalisch messbaren Wirklichkeit übereinstimmen, die aber nicht auf einem Defekt der Sinnesorgane, sondern auf der Art der Verarbeitung der Sinnesreize im Gehirn beruhen und interindividuell relativ konstant auftreten. Typische Sinnestäuschungen sind →optische Täuschungen. →Halluzinationen gehören nicht zu den Sinnestäuschungen. Sie variieren in Form und Stärke deutlich zwischen den Individuen. Für ihr Auftreten sind in erster Linie veränderte Zustände des Bewusstseins verantwortlich.

**Sinneszellen:** für die Reizaufnahme spezialisierte Zellen, die einzeln oder zu Sinnes-Epithelien angeordnet sein können. In den Sinnesorganen sind die Sinneszellen die eigentlichen Funktionsträger. Sinneszellen setzen die Reize mit hoher Empfindlichkeit in ein elektrisches Signal, das Rezeptorpotenzial, um; dieses wird z. B. durch Übertragung auf eine Nervenzelle zu einem Aktionspotenzial gewandelt und an das Zentralnervensystem weitergeleitet. Sinneszellen haben oft Fortsätze (z. B. Stereozilien, Sehstäbchen), die der Reizaufnahme dienen.

**Sinnlichkeit:** in der *Sexualwissenschaft* die Fähigkeit, sich Liebkosungen und einer »sanften« Annäherung mit allen Sinnen hinzugeben, die Zärtlichkeiten zu genießen und umgekehrt dem Partner auf ebenso spürbare Weise ein ähnlich lustvolles Empfinden zu bereiten.

**sinnlose Silben:** aussprechbare Buchstabenkombinationen (meist Konsonant-Vokal-Konsonant, z. B. »tov«), die möglichst keine Assoziationen mit Wörtern oder Silben der jeweiligen Sprachen nahelegen; wurden erstmals von Hermann Ebbinghaus 1885 zur Erforschung des Gedächtnisses bzw. Vergessens verwendet. Im Lernexperiment werden Listen oder Paare solcher sinnlosen Silben auswendig gelernt und später reproduziert. Dieses Vorgehen sollte die Lern- und Gedächtnisprozesse möglichst objektiv erfassen.

**situationistisches Modell:** Modell in der →Persönlichkeitsdiagnostik.

**situiertes Lernen:** Aneignung von Wissen durch Lernen in authentischen Situationen; Lernen im Kontext. Beim situierten Lernen wird der Lernende schrittweise in komplexere Problemstellungen eingeführt, die er durch Ausführung zunehmend allein beherrscht. Vertreter des heute vielfach diskutierten situierten Lernens meinen, dass ein Lernen im jeweiligen Kontext die Person besser befähigt, das neue Wissen flexibel auf andere Situationen anzuwenden, d. h. selbstständige Problemlösefähigkeit entwickelt, als wenn ein Lehrender ihr das Wissen übermittelt. Weil situiertes Lernen immer im sozialen Kontext geschieht, ist situiertes Lernen im strengen Sinn auch immer →soziales Lernen. Situiertes Lernen umfasst neben der Orientierung am Kontext das →Learning by doing.

Die Idee des situierten Lernens ist an die Praxis der traditionellen Handwerkslehre angelehnt. Einer ihrer Ansätze ist der der **cognitive Apprenticeship,** die zu den neueren Instruktionsmodellen gehört (→Instruktion). Sie versucht, die Prinzipien des anwendungsorientierten Lehrens in der Handwerkslehre auf die »kognitive Lehre«, also auf wissenschaftliches Lehren und Lernen von sehr komplexen Zusammenhängen zu übertragen.

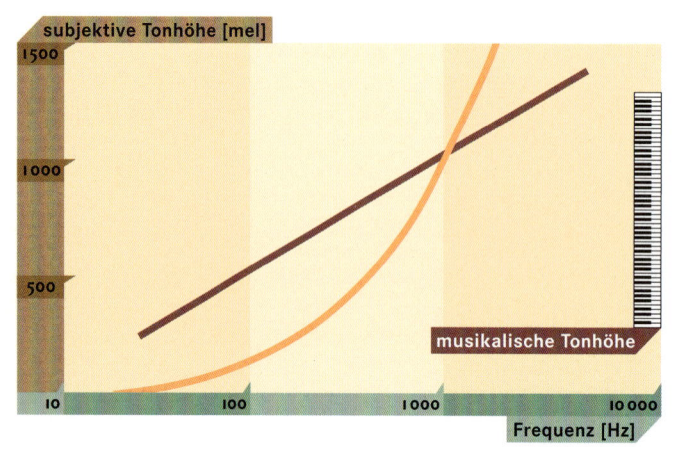

**Skala:** Während der Abstand der Tasten auf der Klaviatur in linearer Beziehung zur Schwingungsfrequenz des Schalls steht, gibt die mel-Skala (gelbe Kurve) die subjektiv empfundene Tonhöhe an. Dem Anstieg von 1000 auf 2000 Hz steht ein Zuwachs von nur 500 mel gegenüber.

**Skala** [lat. »Leiter«, »Treppe«]: in der *empirischen Sozialforschung* ein in das Messinstrument eingehendes Bezugssystem, welches festlegt, in welcher Weise die untersuchten Objektmerkmale durch Zahlenwerte abgebildet werden. Das Zuordnen von Zahlen zu Objekten stellt den eigentlichen Messvorgang dar, wobei die Zahlenverhältnisse die Verhältnisse der untersuchten Merkmalsausprägungen sinnvoll wiedergeben sollen.

Man unterscheidet Skalen nach dem Niveau der mathematisch zulässigen Operationen.

Auf einer **Nominalskala** werden die untersuchten Objekte einfach klassifiziert. Allen Objekten mit gleicher Merkmalsausprägung werden die gleichen Zahlen zugeordnet, beispielsweise allen Personen männlichen Geschlechts die Zahl 0 und allen Personen weiblichen Geschlechts die Zahl 1. Die Zahlen haben lediglich unterscheidende Funktion und dürfen nicht numerisch interpretiert werden.

Die **Ordinalskala** oder **Rangskala** stellt Rangordnungen her. Größere Zahlenwerte bedeuten eine höhere Ausprägung des Merkmals, jedoch bedeuten gleiche Abstände zwischen den Zahlen nicht unbedingt gleiche Unterschiede in der Merkmalsausprägung. Deshalb verbieten sich arithmetische Operationen, die naturgemäß die Gleichabständigkeit der Zahlen voraussetzen. Als →Maße der zentralen Tendenz ist das arithmetische Mittel, der Durchschnitt, nicht anwendbar, jedoch ist die Bildung des Medianwertes zulässig. Tabellenplätze im Sport sind ordinalskalierte Werte. Ebenso drücken Schulnoten nur Rangplätze aus, weil der Abstand zwischen 1 und 2 einen anderen Leistungsunterschied bedeuten kann als der Abstand zwischen 4 und 5. Messtheoretisch ist es folglich unzulässig, Notendurchschnitte zu berechnen.

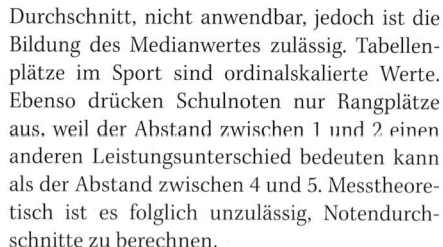

Erst bei einer **Intervallskala** sind die numerischen Abstände zwischen Messwerten interpretierbar. Haben zwei Messwertpaare die gleiche numerische Differenz, spiegeln sie auch zwei gleiche Unterschiede in der Merkmalsausprägung wider. Die Celsius-Skala für Temperaturwerte stellt eine Intervallskala dar. In der Psychologie strebt man an, mit Tests Persönlichkeitsmerkmale wie Intelligenz auf dem Niveau einer Intervallskala zu erfassen. Aus den Werten dürfen Summen, Differenzen und Mittelwerte gebildet werden, auch sind sie linear transformierbar. Quotienten sind jedoch sinnlos: Bei einer Erwärmung von 10 auf 20 Grad hat sich nicht die Temperatur verdoppelt, sondern allein der Messwert.

Hat ein intervallskalierbares Merkmal einen natürlichen Nullpunkt, dem auch der Messwert 0 zugeordnet ist, spricht man von einer **Verhältnisskala** oder **Proportionalskala**. Physikalische Größen wie Zeit, Länge oder Gewicht sind auf Verhältnisskalen messbar. Die Zahlenwerte erlauben hierbei eine Aussage über die Verhältnisse auf der Merkmalsebene: Eine Division der Maßzahl 100 Meter durch 2 steht für eine Halbierung der Länge. Proportional skalierte Werte dürfen beliebigen arithmetischen Operationen unterzogen werden. Psychologische Konstrukte lassen sich nur selten auf Verhältnisskalen abbilden. Es ist nicht möglich, die Nullausprägung einer Dimension wie Neurotizismus zu definieren.

Der Begriff der Skala spielt in der psychologischen Forschungsmethodik eine zentrale Rolle. Bei jeder Messung muss das angestrebte Skalenniveau festgelegt und überprüft werden. Danach entscheidet sich, mit welchen statistischen Verfahren die Daten ausgewertet werden dürfen. Die Bezeichnung Skala gibt es ferner im Zusammenhang mit gestuften Antwortvorgaben in Fragebögen (→Item). Auch für eine Zusammenstellung von Items, die das gleiche Konstrukt messen und gemeinsam ausgewertet werden, wird der Begriff Skala (z. B. Depressivitätsskala) verwendet.

**Skinner** [ˈskɪnə], Burrhus Frederic: amerikanischer Psychologe, * Susquehanna (Pa.) 20. 3. 1904, † Cambridge (Mass.) 18. 8. 1990; einer der wichtigsten Vertreter der naturwissenschaft-

**Burrhus Frederic Skinner**

lich orientierten (neo-)behavioristischen Psychologie. Skinner hatte seit 1937 Professuren in verschiedenen Städten inne, ab 1948 in Harvard. Durch seine tierexperimentelle Forschung über Lernprozesse, u. a. mit der von ihm entwickelten Skinner-Box (→ Konditionierung), schuf er eine systematische Begründung der behavioristischen → Lerntheorie. Sein Roman »Walden Two« (1948; deutsch »Futurum zwei«) beschreibt die Vision einer aggressionsfreien Gesellschaft dank umfassender Verhaltenskontrolle.

**Skinner-Box:** ein Versuchskasten, der in der operanten →Konditionierung eingesetzt wird.

**Skript** [von latein. skriptum »Geschriebenes«]: in der *kognitiven Psychologie* ein im Gedächtnis gespeichertes Schema für den Ablauf von Routineereignissen. So besteht etwa das Skript »Essen in einem Restaurant« aus den fünf Ereignissen »Ankunft«, »Bestellung«, »Essen«, »Bezahlen« und »Aufbruch«. Diese fünf Ereignisse sind wiederum Skripte mit Untereinheiten; »Ankunft« besteht z. B. aus den Vorgängen »nach einem Tisch schauen«, »zum Tisch gehen« und »sich hinsetzen«. Ein Großteil unseres Alltagswissens ist durch Skripte repräsentiert, die das menschliche Handeln steuern und sich durch Erfahrung an neue Situationen anpassen.

**Sodomie** [nach der biblischen Stadt Sodom], **Zoophilie:** Geschlechtsverkehr von Menschen mit Tieren. Es gibt 1. die rein sexuell motivierte Sodomie, 2. die sadistisch motivierte Sodomie, in diesem Fall gelangt der Täter zur sexuellen Befriedigung durch Quälen und Töten des Tieres, und 3. die Variante mit beiden Motiven gemischt. Ausgewählt werden für die Sexualpraktiken z. B. Hunde, Katzen, Hühner, größere Tiere wie Schafe, Ziegen, auch Pferde und Kühe. Sodomie wird in der ICD-10 unter der Kategorie Störungen der Sexualpräferenz geführt.

Sie wurde in Deutschland bis zur Strafrechtsreform 1969 mit Gefängnis bestraft; juristische Konsequenzen ergeben sich heute nur dann, wenn nachgewiesen wird, dass gemäß § 18 des Tierschutzgesetzes dem Tier erhebliche Schmerzen und Leid zugefügt wurde. Tierschutzorganisationen fordern ein generelles Verbot von sexuellen Handlungen an Tieren, weil sie in den Tierschutzgesetzen keinen hinreichenden Schutz der Tiere sehen.

**Soma** [griech.]: der Körper im Gegensatz zur →Psyche.

**Somatisierung:** die Auswirkung seelischer Erlebnisse auf den körperlichen Bereich. Die normale seelische Entwicklung verläuft so, dass die Grenze zwischen psychischem und somatischem Bereich immer klarer erlebt wird. In der Somatisierung wird dieser Prozess wieder rückgängig gemacht; eine Person trägt z. B. den Konflikt mit einem Vorgesetzten nicht aus, sondern erkrankt an Kopfschmerz und zieht sich aus der Situation zurück: Sie somatisiert ihre Wut, statt sie zu erleben und auszudrücken. Man spricht in solchen Fällen auch von Somatisierungsstörungen. Welche körperlichen Mechanismen dabei im Einzelnen beteiligt sind, erforscht die →Psychoneuroimmunologie.

**somatoforme Störungen:** das Auftreten körperlicher Symptome ohne zugrunde liegende körperliche Veränderungen oder Erkrankungen. Auch bei sorgfältiger körperlicher Untersuchung und Ausschluss einer körperlichen Erkrankung sind die Betroffenen weiterhin von der körperlichen Natur ihres Leidens überzeugt und weigern sich, eine psychische Mitbeteiligung in Betracht zu ziehen.

Zu den somatoformen Störungen gehört u. a. die **Hypochondrie,** bei der Betroffene ihren Gesundheitszustand übermäßig beobachten, um ihre Gesundheit große Angst haben und auch davon überzeugt sind, an einer oder einigen ernsthaften Krankheiten zu leiden. Ärztliche Diagnosen ohne krankhaften Befund beruhigen nicht oder beruhigen nur kurz, oder es rückt der Glaube an eine neue, noch nicht abgeklärte Krankheit in den Mittelpunkt der Befürchtungen. Angst und Depression kommen häufig vor; die Überzeugung, an einer Krankheit zu leiden, kann wahnhaft gesteigert sein. Frauen und Männer sind gleichermaßen betroffen, die familiären Beziehungen sind eher unauffällig. In Deutschland sind 4–6 % der Bevölkerung von der Erkrankung betroffen.

Bei der **Somatisierungsstörung** leiden Patienten unter wiederholt auftretenden und häufig wechselnden körperlichen Symptomen wie Schmerzen, Übelkeit oder Hautausschlag, ohne dass eine organische Pathologie festgestellt werden kann. Betroffene sind nicht fixiert auf eine oder einige bestimmte Erkrankungen wie bei der Hypochondrie. Während Hypochonder auf Untersuchungen bestehen, die eher die Krankheit bestätigen sollen, geht es Somatisierungsgestörten eher darum, dass Untersuchungen die Symptome beseitigen sollen. Von einer Somatisierungsstörung sind mehr Frauen betroffen; es zeigen sich häufiger familiäre Konflikte. Depression und Angst kommen wie bei der Hypochondrie häufig vor. Betroffen sind bis 4 % der Bevölkerung.

Eine weitere Unterkategorie der somatoformen Störungen sind die **somatoformen auto-**

nomen Funktionsstörungen, bei der Betroffene Schmerzen oder Missempfindungen in einzelnen Organsystemen haben, die den nicht willentlich beeinflussbaren Bereichen zugeordnet sind wie das Herz-Kreislauf-System oder der Magen-Darm-Trakt. Patienten mit einer Herzneurose beispielsweise erleben Herzschmerzen und fürchten, einen Herzinfarkt zu erleiden, was zu Panik mit Todesangst führt. Anders als bei der Somatisierungsstörung ordnen sie die Beschwerden hartnäckig einem Organ oder einem Organsystem zu. Die somatoformen autonomen Funktionsstörungen zählen zu den häufigsten psychosomatischen Störungen. Frauen und Männer sind gleichermaßen betroffen.

Mit einer Psychotherapie kann vielen Patienten geholfen werden; allerdings muss es dem Hausarzt oder dem Stationsarzt erst einmal gelingen, sie zu diesem Schritt zu bewegen. Deshalb wird vorgeschlagen, dass Ärzte gezielt über die somatoformen Störungen aufgeklärt werden. Wichtig ist z.B., dass sie nicht wiederholt gleiche Untersuchungen durchführen, sondern Patienten erklären, dass zu einer ärztlichen Untersuchung auch die psychische Untersuchung gehört, um weitere Klärung der Beschwerden zu erreichen.

In der kognitiven Verhaltenstherapie werden Patienten dafür sensibilisiert, wie das gesteigerte Beachten von körperlichen Symptomen und entsprechende Überzeugungen mit dem Empfinden von körperlichen Symptomen zusammenhängen. Außerdem wird erarbeitet, wie sie ihre Aufmerksamkeit wieder nach außen lenken und die bisher mithilfe der Somatisierung vermiedenen Situationen in Angriff nehmen können. Tiefenpsychologische Verfahren fokussieren die zugrunde liegenden psychischen Konflikte, die häufig auf Verlust- und Gewalterfahrungen zurückzuführen sind. Entspannungsverfahren sowie eine pharmakologische Therapie der Depression und Angst, hauptsächlich mit Antidepressiva, unterstützen die Psychotherapie.

**somatopsychische Erkrankungen:** Leiden, die durch misslungene Versuche entstehen, eine körperliche Erkrankung psychisch zu bewältigen. Während bei den psychosomatischen Erkrankungen (→Psychosomatik) seelische Konflikte und sozialer Stress somatisiert (→Somatisierung) werden, handelt es sich hier um ein Scheitern der seelischen Bewältigung einer krankheitsbedingten Lebenskrise. Wenn z.B. ein begeisterter Handwerker aufgrund des Verlustes einer Hand nicht mehr arbeiten kann und nun zusätzlich an einer Depression leidet, handelt es sich bei dieser um eine somatopsychische Erkrankung. Auch chronische Schmerzen, die über Monate dauern, führen zu psychischen Veränderungen: Der Betroffene wird »schmerzkrank« mit den Merkmalen missmutiger, gereizt-aggressiver Verstimmung und erhöhter Reizbarkeit; seine Interessen schränken sich ein, er kümmert sich nur noch um sein eigenes Befinden.

**Somnambulismus** [zu latein. ambulare »umhergehen«], **Mondsüchtigkeit, Nachtwandeln, Schlafwandeln:** seltene Form der Schlafstörungen, bei der die betroffenen Personen nachts aufstehen und in einem Zustand verminderter Bewusstseinsklarheit und Einsicht in die Bedeutung ihres Verhaltens handeln. Die Betroffenen können sich später nicht mehr an ihr Verhalten während des Schlafs erinnern. Es bestehen Übergänge zu anderen Schlafstörungen wie z.B. dem Sprechen im Schlaf und dem →nächtlichen Aufschrecken. Untersuchungen über die Hirnstrommuster von Schlafwandlern haben gezeigt, dass sie sich im Tiefschlaf befinden, der durch langsame Wellen charakterisiert ist, nicht in der Phase des Traumschlafs mit schnellen Augenbewegungen (REM-Phase, →Schlaf).

Der Somnambulismus wird im Wesentlichen auf eine gestörte Weckreaktion zurückgeführt und kommt, etwa in Verbindung mit neurotischen Einsamkeitsängsten und Geborgenheitswünschen, deutlich häufiger bei Kindern und Jugendlichen als bei Erwachsenen vor. Bei

**Somnambulismus:** Schlafwandeln ist ein Zustand von unvollständigem Erwachen, in der auch komplizierte Handlungen ausgeführt werden können – das Klischee vom balancierenden Schläfer auf dem Dachfirst trifft dennoch nicht zu – meist bewegen sich die Betreffenden auf ganz gewöhnlichen Bahnen.

Erwachsenen kann er mit seelischen Störungen oder mit einer einsetzenden Demenz in Zusammenhang stehen. Eine erbliche Komponente wird ebenfalls diskutiert.

Der Schlafwandelnde sollte nicht wachgerüttelt werden, das kann Angst und Verwirrtheit auslösen. Es genügt, ihn sanft in sein Bett zurückzubegleiten. Wegen möglicher Verletzungsgefahr sind Schutzvorrichtungen, die das Verlassen des Zimmers erschweren, sowie Sicherung von Möbelkanten etc. sinnvoll.

Während in der Realität Schlafwandler meist banale Dinge tun, z. B. auf den gewohnten Wegen im Haus herumirren, wurde dieser Zustand zu Anfang des 19. Jahrhunderts als Ausdruck eines Zugangs zu magischen Kräften beschrieben.

**Sonderpädagogik, Förderpädagogik, Heilpädagogik:** Teilgebiet der Erziehungswissenschaft, das sich mit der Erziehung und Bildung von Kindern und Jugendlichen befasst, die eine besondere, über den gewöhnlichen Umfang hinausgehende pädagogische Förderung für ihre Entwicklung benötigen. In diesem Sinne umfasst die Sonderpädagogik nicht nur Theorie und Praxis der **Behindertenpädagogik,** sondern auch die Erziehung von Kindern und Jugendlichen, die von Behinderung bedroht sind.

Die wichtigsten Teilbereiche der Sonderpädagogik sind: Blinden-, Gehörlosen-, Geistigbehinderten-, Körperbehinderten-, Lernbehinderten-, Mehrfachbehinderten-, Schwerhörigen-, Sehbehinderten-, Sprachbehinderten- und Verhaltensgestörtenpädagogik. Der Begriff Sonderpädagogik ist nicht synonym mit dem Begriff **Sonderschulpädagogik,** denn dieser bezeichnet nur einen Ausschnitt aus dem viel umfassenderen sonderpädagogischen Aufgabenbereich, zu dem u. a. auch noch der Bereich der vorschulischen Erziehung sowie der Bereich der außerschulischen und der nachschulischen pädagogischen Betreuung von Menschen mit besonderen Erziehungs- und Förderungsbedürfnissen gehören.

Ein wesentlicher Aspekt der sonderpädagogischen Diskussion ist die Integration von betroffenen Kindern, Jugendlichen und Erwachsenen in ihrer gewohnten Umgebung (→ Integrationspädagogik).

Die sonderpädagogische Diagnostik und vielfach die weitere Arbeit werden oft gemeinsam von Fachärzten, Kinder- und Jugendpsychiatern und -psychotherapeuten, Psychologen, Psychagogen, Sozialpädagogen (Heilpädagogen) sowie Juristen durchgeführt, z. T. im Rahmen der Erziehungsberatung. Sie baut auf den Ergebnissen anderer Disziplinen wie Psychopathologie, Psychologie, allgemeine Pädagogik, Medizin und Soziologie auf.

**Sonderpädagogik:** Einrichtungen der Sonderpädagogik sorgen u.a. dafür, dass Behinderte wie dieses Mädchen mit Downsyndrom die optimale Förderung erhalten.

Eine Heilung ist für die Mehrheit der Betroffenen nicht zu erhoffen, jedoch kann die Sonderpädagogik durch gezielte pädagogische Maßnahmen und unter Anwendung modernster technischer Hilfsmittel zu ihrer Förderung beitragen. Je nach Art der organisch, psychisch und/oder soziokulturell bedingten oder verstärkten Schädigung sind diese Maßnahmen im Einzelnen sehr unterschiedlich. Allgemeine Grundlage der Sonderpädagogik ist die Achtung des Kindes und der Versuch, sein fast immer verletztes Selbstwertgefühl zu stärken. Auf dem Weg einer optimalen Förderung soll die Benachteiligung durch die Behinderung so weit wie möglich ausgeglichen werden, sodass viele der Geförderten schließlich in die Gesellschaft integriert werden können.

**Sonderschulen, Förderschulen:** Schulen zur Förderung von schulpflichtigen Kindern und Jugendlichen, die aufgrund einer oder mehrfacher Behinderung mehr Hilfestellung benötigen, als sie in den allgemeinen Schulen erhalten können. An Sonderschulen unterrichten speziell ausgebildete Sonderschullehrer.

Zu den unterschiedlichen Sonderschularten gehören Sonderschulen für Lernbehinderte, geistig Behinderte, Sprachbehinderte, Körper- und Sinnesgeschädigte; außerdem Sonderschulen für Erziehungshilfe, d. h. für verhaltensauffällige Schüler (→ Verhaltensauffälligkeiten), und Krankenhausschulen. Anstelle von Sonderschulen bestehen an allgemeinen Schulen teilweise Sonderklassen sowie auch Integrationsklassen (→ Integrationspädagogik), in denen behinderte und nicht behinderte Kinder gemein-

**Sozialarbeit:** Im 19. Jh. beschränkte sich die Fürsorge für Bedürftige im Wesentlichen auf die Linderung wirtschaftlicher Not. Heute spielt die psychosoziale Unterstützung eine große Rolle (Gustave Doré, »Bibelvorleser im Nachtasyl«, 1872).

sam unterrichtet werden. Ferner gibt es Sonderberufs- und Sonderfachschulen.

**Sonderschulkindergarten:** eine besondere Form des →Schulkindergartens. Kinder, die in einem Sonderschulkindergarten betreut werden, müssen später nicht unbedingt die Sonderschule besuchen, sondern können auch in die Grundschule eingeschult werden, wenn sie den partiellen oder allgemeinen Rückstand ihrer Entwicklung aufgeholt haben.

**Sonderschulpädagogik:** Teilbereich der →Sonderpädagogik.

**Sorgerecht:** die →elterliche Sorge.

**Sozial|arbeit:** historisch in der Nachfolge von Armenhilfe, Fürsorge und Wohlfahrtspflege entstandener Begriff, dem lange diejenigen beruflichen Tätigkeiten zugeordnet wurden, mit denen Menschen in besonders schwierigen Lebenssituationen materiell, d. h. durch Geld und Sachleistungen, unterstützt werden.

Die Ursprünge der Sozialarbeit liegen in den ehrenamtlichen Tätigkeiten des spätmittelalterlichen Armenpflegers bis zu den Armenbesuchern. Erst Ende des 19. Jahrhunderts entstand der hauptberufliche Wohlfahrtspfleger mit den ersten Ausbildungsgängen zu Beginn des 20. Jahrhunderts. Eine Hauptaufgabe der Fürsorge bestand in der Kontrolle der Armen und der Überprüfung ihrer Arbeitswilligkeit.

Heute ist eine klare Trennung zwischen Sozialarbeit und →Sozialpädagogik mit Blick auf die Praxis kaum noch möglich. Beide Bereiche bieten gemeinsam sowohl materielle als auch psychosoziale Unterstützung für Menschen an, die fremde Hilfe benötigen. Als zusammenfassender Begriff hat sich daher in jüngster Zeit die Bezeichnung →soziale Arbeit durchgesetzt.

**soziale Arbeit:** Oberbegriff für die Begriffe →Sozialarbeit und →Sozialpädagogik, die beide aus unterschiedlichen historischen Ursprüngen entstanden sind. Mit der Entwicklung des Sozialwesens in der Bundesrepublik Deutschland nach 1949 zu einer psychosozial ausgerichteten Angebotsstruktur, in der sozialadministratives und sozialpädagogisches Handeln verbunden wird, entfiel die Trennung beider Bereiche. Zur sozialen Arbeit gehören die Alten-, Familien-, Jugend- und Sozialhilfe, neue Bereiche sind die Schule, berufliche Bildung und Arbeit, Wohnen, Stadtentwicklung in der Politik. Getrennt von sozialer Arbeit wird weiterhin die Sozialpolitik (besonders das System der sozialen Sicherung) gesehen.

Die soziale Arbeit verfügt heute über differenzierte Methoden, Verfahren und Konzepte, über die die individuelle Teilhabe an einem menschenwürdigen Leben gesichert werden soll. Neben den drei traditionellen Methoden Casework (Einzelfallhilfe), Groupwork (soziale Gruppenarbeit) und Community Organization (Gemeinwesenarbeit) werden neuere Methoden wie aufsuchende Arbeit, Streetwork (Straßensozialarbeit), Supervision, Praxisberatung und Selbstevaluation, individuelle Hilfepläne sowie Sozialplanungen praktiziert. Neben den öffentlichen Trägern (wie Gesundheits-, Jugend-, Senioren- und Sozialämter) haben private Träger ein eigenständiges Betätigungsrecht in der sozialen Arbeit.

**soziale Distanz** [latein. »Abstand«]: die körperliche Entfernung zu einem oder mehreren Menschen. In der Regel hält man zu nicht vertrauten Menschen mehr Abstand als zu vertrauten bzw. man empfindet es als unangenehm und reagiert aggressiv, wenn ein Fremder einem »zu nahe« kommt. Ebenso kann es unangenehm sein, wenn eine geliebte Person auf Distanz bleibt. Forscher haben **Distanzzonen**, Entfernungsbereiche, gefunden, deren Über- oder Unterschreitung als unangenehm empfunden wird. Diese sind für die Intimdistanz 0 bis 40 cm (z. B. Liebespaar), für die persönliche Distanz 40 cm bis 1,2 m (z. B. Freunde), für die Sozialdistanz 1,2 bis 4 m (z. B. Arbeitskollege) und für die öffentliche Distanz 4 bis 8 m (z. B. ein Fremder auf der Straße). Die Abweichungen gelten für persönliche und kulturelle Unterschiede.

Die soziale Distanz, die in einer Gesellschaft toleriert wird, unterliegt neben kulturellen auch historischen Schwankungen: Dass etwa den Individuen in der Gesellschaft des 20. Jahrhunderts ihr Freiraum immer wichtiger wurde, zeigt u. a. die wachsende Zahl von Alleinlebenden; sie sind die Bevölkerungsgruppe, die in allen Industriestaaten am schnellsten wächst.

Zwischen den Geschlechtern hat das Unterschreiten der sozialen Distanz die Bedeutung eines erotischen Angebots und wird meist als Zudringlichkeit empfunden; das gilt für Blicke ebenso wie für die Bewegung im Raum. Hier können Missverständnisse v. a. im interkulturellen Kontakt entstehen; z. B. wirkt eine europäische Frau in Kulturen, in denen Frauen in Gegenwart von fremden Männern sofort zu Boden blicken, erotisch einladender, als sie es beabsichtigt.

Generell können übermäßige Distanzbedürfnisse eines Menschen seine sozialen Beziehungen ebenso beeinträchtigen wie Distanzlosigkeit: Wer sich nicht herzlich einem anderen annähern kann, wird für kalt oder hochmütig gehalten (obwohl er oft nur Angst vor Nähe empfindet); wer hingegen gefühllos die Distanzbedürfnisse anderer nicht respektiert, gilt als aufdringlich und wird gemieden.

**soziale Falle:** die → Allmendeklemme.

**soziale Indikatoren:** statistische Messgrößen, die geeignet sind, soziale Tatbestände sinnvoll abzubilden. Die sozialen Indikatoren sollen eine kurze, umfassende und ausgewogene Beurteilung zentraler gesellschaftlicher Lebensbedingungen sowie des sozialen Wandels erlauben. Sie dienen der Messung und Bewertung sowie gegebenenfalls der gezielten Verbesserung von Wohlstand und Lebensqualität.

**soziale Kompetenz, Selbstsicherheit, Selbstbehauptung:** Fähigkeit, Kontakte zu anderen Personen herzustellen und aufrechtzuerhalten, Menschen für sich einzunehmen, Freunde zu gewinnen. Sie entsteht aus dem Zusammenwirken mehrerer Grundfähigkeiten: Eine mindestens durchschnittliche Intelligenz ist hilfreich, aber nicht unbedingt erforderlich; so sind manche Behinderte (v. a. die vom Downsyndrom Betroffenen) oft erstaunlich sozial kompetent. Wichtiger ist die Fähigkeit, andere Personen wahrzunehmen, ihre Bedürfnisse zu erkennen, sich in sie einzufühlen und durch angemessene Bestätigung und Wertschätzung ein Klima des konstruktiven Austauschs entstehen zu lassen. Das setzt soziale Aktivität ohne Zudringlichkeit voraus. Zur sozialen Kompetenz gehört es auch, konstruktive Kritik annehmen sowie unangebrachte Forderungen und Grenzverletzungen ablehnen zu können.

**LESETIPPS:**
RUDOLF DONNERT: *Soziale Kompetenz. Der Praxisratgeber für ein kooperatives Arbeitsklima.* Würzburg (Lexika) ³2003.
RÜDIGER HINSCH *und* SIMONE WITTMANN: *Soziale Kompetenz kann man lernen.* Weinheim (Beltz) 2003.
BÄRBEL WARDETZKI: *Ohrfeige für die Seele. Wie wir mit Kränkungen und Zurückweisung besser umgehen können.* München (dtv) ⁷2005.

**soziale Phobien:** eine Unterkategorie der → Phobien.

**soziale Ressourcen** [- rɛˈsursən]: dem sozialen Eingebundensein verdankte → Ressourcen 2).

**Sozial|erziehung:** Sammelbezeichnung für alle erzieherischen Maßnahmen mit dem Ziel, Kindern und Jugendlichen zu einer, ihrem Entwicklungsstand jeweils angemessenen, → sozialen Kompetenz zu verhelfen. Sozialerziehung ist eine wichtige Aufgabe der vorschulischen, schulischen und auch der außerschulischen Erziehung, besonders aber der Familienerziehung. Positive Auswirkungen sozialerzieherischer Bemühungen sind weniger von belehrendem Vorgehen, sondern eher vom → sozialen Lernen zu erwarten.

**soziales Lernen:** 1) in der *allgemeinen Psychologie* das → Beobachtungslernen.

2) in der *Verhaltenstherapie* eine Technik, bei der ein Modell, oft der Therapeut, Verhaltensweisen gezielt vormacht, über die der Klient bisher noch nicht verfügt oder die er verlernt hat. Durch Beobachtung und späteres Ausprobieren erweitert der Klient allmählich sein Verhaltensrepertoire.

**soziale Distanz:** Arthur Schopenhauer verglich menschliche Beziehungen mit einer Gesellschaft von Stachelschweinen: Gegenseitiges Wärmen ist nur um den Preis der qualvollen Empfindung der Stacheln der anderen möglich (Abbildung aus »Brehms Tierleben«, 1890).

**soziales Lernen 3):** In der Gruppenarbeit lernen die Schüler, sowohl eigene Positionen zu vertreten als auch die der anderen zu verstehen.

**3)** in der *Pädagogik* Lernen sozialen Verhaltens in sozialen Situationen, d. h. bei der Interaktion mit anderen. Soziales Lernen ist eine besondere Lernform in Vorschule, Kindertageseinrichtung und Schule und wird im Rahmen der **Sozialerziehung** vermittelt. Kinder und Jugendliche sollen Fähigkeit zur Kooperation, Kommunikation, Konflikttoleranz, Verantwortungsübernahme und Wertschätzung des anderen lernen, um in einer offenen, demokratischen Gesellschaft angemessen leben und mitwirken zu können. Gefördert wird das soziale Lernen im schulischen Bereich z. B. im →Team-Kleingruppen-Modell.

**soziale Unterstützung:** Hilfe bei der Bewältigung des alltäglichen Lebens oder besonders schwieriger Lebenssituationen durch die nähere oder fernere soziale Umgebung. Diese Hilfe kann materiell oder tätig sein oder in der Weitergabe relevanter Informationen bestehen. Forschungen haben gezeigt, dass das Ausmaß der sozialen Unterstützung wesentlich zur gelingenden Lebensbewältigung beiträgt; insbesondere die Bewältigung akuter und chronischer Krankheiten fällt mit sozialer Unterstützung leichter.

Ein Sonderfall der sozialen Unterstützung ist ein Verhalten, das eine andere Person in ihren Handlungen oder Werten bestätigt. Bereits in traditionellen Kulturen, noch viel mehr aber in den modernen pluralistischen Gesellschaften gibt es viele Fragen, in denen sich das Individuum unsicher ist, wie es sich entscheiden soll, welches Verhalten annehmbar ist und welches nicht. In dieser Situation wünscht es sich eine elementare Bestätigung, dass die eigenen Erlebnisse und Urteile wertvoll sind und vor den Augen der Öffentlichkeit Bestand haben. Entzug der sozialen Unterstützung im Arbeitsbereich wird als →Mobbing beschrieben, gegenüber Minderheiten als →Diskriminierung.

**soziale Wahrnehmung:** von persönlichen und sozialen Faktoren beeinflusste Wahrnehmung der Umwelt. Zu den Faktoren zählen u. a. individuelle Bedürfnisse, Motive und Stimmungslagen sowie soziale Normen. Ein Beispiel für soziale Wahrnehmung ist das verstärkte Wahrnehmen von negativen Ereignissen oder die negative Deutung von Ereignissen bei schlechter Stimmung. Eine unbeeinflusste, »objektive« Wahrnehmung ist meist schwer zu realisieren. Dies ist einer der Gründe dafür, dass in der Psychologie großer Wert auf die methodische Absicherung psychologischer Messverfahren gelegt wird (→Testtheorie). Als soziale Wahrnehmung wird aber auch die Wahrnehmung anderer Personen bezeichnet. Die Wahrnehmung anderer ist häufig durch →Stereotype und Vorurteile geprägt.

**Sozialisation** [zu latein. socialis »gesellschaftlich«, »gesellig«]: Prozess des Hineinwachsens des Menschen in die ihn umgebende Kultur und Gesellschaft sowie die (weitgehende) Übernahme der geltenden Normen und Regeln; auch dessen Ergebnis.

Sozialisation ist ein lebenslanger Prozess. In den frühen Sozialisationsphasen werden die Grundstrukturen der Persönlichkeit in den Bereichen Sprache, Denken und Empfinden herausgebildet und die fundamentalen Muster für soziales Verhalten entwickelt. Das elementare Erlernen von sozialen Regeln und Umgangsformen in der frühen Kindheit, das überwiegend in Familien stattfindet, wird auch als **primäre Sozialisation** sowie als »zweite Geburt« bezeichnet. Die darauf aufbauende Weiterentwicklung und Variation von Verhaltensmustern wird in Abgrenzung hiervon als sekundäre Sozialisation bezeichnet. Sie setzt etwa nach Vollendung des dritten Lebensjahres ein, doch sind die Grenzen zwischen diesen beiden Phasen fließend. Während der **sekundären Sozialisation** lernt das Individuum, welche Verhaltensweisen in einer bestimmten Situation erwartet werden, tolerierbar sind oder Tabus verletzen.

Außerdem werden Formen des sozialen Umganges, soziale Regeln, die Interaktionsmuster der Rollen sowie Denkweisen und Einstellungen vermittelt, wie sie in der Gesellschaft vorherrschen und in Brauch, Sitte und Recht ihren Niederschlag finden oder als Konvention oder Mode einen mehr oder weniger hohen Grad der Verbindlichkeit erlangen. Die Forschung hat durch viele Untersuchungen zeigen können, dass Menschen in gleicher Lebenslage ähnliche

Wertvorstellungen, Einstellungen und Verhaltensweisen entwickeln. Besonders persönlichkeitsprägend sind Qualität und Länge der Ausbildung und die damit eng verbundene Art und Weise der Arbeits- und Berufstätigkeit; die Erfahrungen der Eltern wirken sich deutlich auf den Sozialisierungsprozess der Kinder aus. Daneben spielen materielle und soziale Bedingungen der Familien, z.B. die Qualität der Wohnung, die gesamte Wohnsituation, eine wichtige Rolle. Von großer Bedeutung für die Sozialisation ist der Stil der Kommunikation, den die Eltern mit ihren Kindern pflegen.

In einem qualifizierten Beruf und in der Kommunikationsfähigkeit der Eltern sowie in einem kulturell und sozial gut ausgestatteten Umfeld sind u.a. die Gründe dafür zu suchen, dass Kinder aus sozial besser gestellten Schichten der Bevölkerung im Durchschnitt über bessere schulische Leistungserfolge verfügen. Langfristig führt diese Entwicklung dazu, dass diese Kinder auch mit besseren Schulabschlüssen die Schule verlassen und, wie ihre Eltern, in gehobene und aussichtsreiche berufliche Positionen gelangen können. Man spricht daher auch von einer **schichtenspezifischen Sozialisation**.

**Sozialpädagogik:** Teilbereich der Pädagogik und Anwendungsbereich des Sozialwesens; Gegenstand der Sozialpädagogik ist die Theorie und Praxis außerschulischer und außerfamiliärer Bildungs- und Erziehungsbemühungen, v.a. der Ersatz bzw. die Ergänzung der Familienerziehung. Die Sozialpädagogik hat inhaltlich und v.a. in der praktischen Tätigkeit große Berührungspunkte mit der Sozialarbeit: Während Sozialarbeit ursprünglich vorwiegend Verwaltung und »Fürsorge« für arme, hilflose oder behinderte Personen organisierte, setzte sich in den Jahren nach dem Zweiten Weltkrieg in den Industriestaaten mehr und mehr die Sozialpädagogik durch. Ihr zufolge reicht es nicht aus, die Gelder für Hilfsbedürftige zu verwalten und Behinderte zu betreuen, sondern kommt es auf erzieherische Hilfen bei Kindern, Jugendlichen und Erwachsenen an, um die nachteiligen Folgen der sozialen Veränderungen (z.B. Landflucht, Verstädterung, Scheidungen) aufzufangen.

Sozialpädagogen arbeiten in Schulen und Heimen, Jugend- und Sozialämtern, Beratungsstellen und therapeutischen Einrichtungen z.B. der Suchtbehandlung. Ihre Ziele sind v.a. Rehabilitation und Hilfe zur Selbsthilfe. Neuere Ansätze fassen Sozialpädagogik nicht mehr als Not-, Fürsorge- oder Erziehungshilfe für einen bestimmten bedürftigen Personenkreis (traditionell meist Kinder und Jugendliche) auf, sondern verstehen sie als vielgestaltiges System präventiver, beratender, fürsorgerischer pädagogisch-therapeutischer Angebote mit vorrangig stützender integrativer Funktion. Die getrennte Zuordnung sozialer Tätigkeiten unter den Begriffen Sozialpädagogik und Sozialarbeit wurde in jüngster Zeit durch den Begriff →soziale Arbeit zusammengefasst.

**Sozialpsychiatrie:** reformorientierte Richtung der Psychiatrie. Sie entstand ursprünglich aus der Kritik vonseiten der Psychologie an der rein medizinischen Behandlung psychisch Kranker, die sich schließlich zu einer Kritik am medizinischen Konzept der Psychose als solcher ausweitete. Während die traditionelle Psychiatrie sich an einem Modell der Erbkrankheit orientierte und die Lösung vorschlug, psychisch Kranke möglichst vom Rest der Gesellschaft zu isolieren, rückte die Sozialpsychiatrie die Umweltaspekte seelischer Erkrankungen in den Vordergrund. Sie forderte, die »Geisteskranken« zu rehabilitieren, sie in Familien und Betriebe einzugliedern. Genauere Forschung zeigte, dass viele Symptome, die einst den Geisteskrankheiten zugeschrieben worden waren, tatsächlich Ergebnis unwürdiger Zustände in den Bewahranstalten waren (→Hospitalismus).

Wesentliche Anregungen verdankt die Sozialpsychiatrie der Kriegs- und Nachkriegszeit in Europa. Es stellte sich heraus, dass von den als »hoffnungslose Fälle« dauernd in einer Anstalt verwahrten Kranken erstaunlich viele sich sozial wieder eingliedern konnten, wenn kriegsbedingt die Gebäude zerstört wurden, in denen sie untergebracht waren, und sie sich unter schwierigen Umständen durchschlagen mussten. Aus solchen Beobachtungen und Einsichten, die durch die Not in den Massenlagern für psychisch Kranke zutage kamen, entstand das Konzept der →therapeutischen Gemeinschaft, einer möglichst demokratisch aufgebauten

---

**Sozialpsychiatrie | Warum das Team besser hilft**

Lang anhaltende seelische Erkrankungen können die soziale Existenz einer Person gefährden. Je nach Schweregrad der Krankheit können die Betroffenen in Ausbildung oder Beruf große Probleme haben, vielleicht auch ihre Partnerschaft nicht erhalten oder ihre Kinder nicht erziehen. Besonders dann, wenn die Realitätswahrnehmung beeinträchtigt ist, muss eine angemessene Hilfe an vielen Punkten gleichzeitig ansetzen. Dies kann eine einzelne Berufsgruppe nicht leisten.

Teams aus verschiedenen Berufsgruppen können die unterschiedlichen Aspekte miteinander in Verbindung bringen und z.B. eine medikamentöse Behandlung, Beratungsgespräche über einen Ehekonflikt und Rehabilitationsmaßnahmen nach längerer Arbeitslosigkeit koordinieren.

Selbstverwaltung von Gruppen psychisch Kranker, in denen die Experten zurücktreten und die Kranken möglichst viele Angelegenheiten ihres Alltags selbst regeln können.

Durch die beschleunigten Veränderungen der Gesellschaft in der Nachkriegszeit wurde auch immer deutlicher, wie groß der Anteil von Umweltfaktoren an der Entstehung psychischer Krankheiten ist, die in der Psychiatrie zuvor für ererbt gehalten worden waren. Es zeigte sich, dass die Erbtheorie höchst vorschnell entwickelt worden war. Zwar muss eine genetische Neigung zur Erkrankung vorliegen, diese ist aber meist unspezifisch. Ob die Krankheit tatsächlich ausbricht oder nicht, entscheidet sich im sozialen Milieu und in der Familie der Kranken. Eine Konsequenz aus dieser Erkenntnis war die Entwicklung von Therapieformen, die sich speziell auf die soziale Umwelt der psychiatrischen Patienten beziehen: →Sozialtherapie, →Gruppenpsychotherapie, →Familientherapie. In Ländern wie Italien, in denen die Verwahrpsychiatrie besonders rückschrittlich war, wurden viele psychiatrische Anstalten gänzlich abgeschafft; überall sonst wurden Möglichkeiten gesucht, die Kranken nicht ihren Familien und ihrer gewohnten Umgebung zu entfremden, sondern sie möglichst einzubinden und die Stigmatisierung (→Stigma) durch einen Aufenthalt in einer der sprichwörtlichen Anstalten (»Klapse«, »Klapsmühle«, »Irrenhaus«) zu vermeiden. So wurden die Anstalten zu Kliniken und Krankenhäusern modernisiert, verkleinert und mit einem Auftrag zur Resozialisierung ausgestattet.

Viele psychisch Kranke werden heute schon in Allgemeinkrankenhäusern behandelt, deren psychiatrische Abteilungen frei von den Erinnerungen an die »Irrenanstalt« sind. Anbindung an Rehabilitation, Familienberatung durch Sozialpädagogen und Nachsorgeeinrichtungen wie therapeutische Wohngemeinschaften für psychisch Kranke gehören heute zur Standardausrüstung aller modernen psychiatrischen Kliniken. Damit hat die Sozialpsychiatrie viele ihrer Ziele erreicht; andererseits wurden ihre radikalen Tendenzen abgeschwächt, die sich gegen das →medizinische Modell für auffälliges Verhalten schlechthin richteten und das Konzept der Psychose zu einem »modernen Mythos« erklärten.

**Sozialpsychologie:** Teilgebiet der Psychologie, das sich mit den sozialen Bedingungen und Konsequenzen menschlichen Verhaltens, besonders mit dem Verhalten des Individuums in Gruppen und seinen Reaktionen auf soziale Einflüsse, auf Sprache, Mythen, Riten, Normen und Werturteile befasst. Die Sozialpsychologie sucht nach Gesetzmäßigkeiten des Wahrnehmens, Denkens, Entscheidens, des Gedächtnisses, des motorischen und sprachlichen Verhaltens sowie der Motivation und Emotion. Ihr Forschungsspektrum reicht von der Familienforschung und →Gruppendynamik bis zur →Massenpsychologie und zur →politischen Psychologie.

Häufig nimmt man an, das Individuum sei das wichtigste Element der Psychologie. Aber das Konzept des einzigartigen, unabhängigen und an Selbstverwirklichung interessierten Einzelnen ist erst am Ende des Mittelalters entstanden. Vieles spricht dafür, dass die soziale Gruppe als Kerneinheit der menschlichen Entwicklung angesehen werden muss: Das Gruppenleben bietet Überlebensmöglichkeiten, die ein Einzelner nicht hat; die Gruppe schützt vor Feinden, warnt vor Eindringlingen, sichert das Überleben der Hilflosen, sorgt für Schwangere und Kinder. Erfolgreiche Gruppen haben sich fortgepflanzt; erfolgreiche Individuen ohne Gruppe gab es nicht.

Die Sozialpsychologie hat sich in der Nachkriegszeit sprunghaft entwickelt und das Feld zwischen der individualistischen Psychologie und einer strukturell orientierten Soziologie besetzt. Ihre Entstehung ist damit verknüpft, dass durch die Auseinandersetzung der Demokratien mit den Diktaturen klar wurde, wie gefährlich z. B. rassistische Vorurteile und politische Diskriminierung werden können. Sie hat nachgewiesen, dass viele früher für »objektiv« gehaltene Urteile von Menschen sozial beeinflusst sind. Jeder Mensch ist durch seine →Sozialisation geprägt. Auch für die Erforschung drängender sozialer Probleme wird die Sozialpsychologie immer wichtiger; neben →Aggression, →Gewalt, →Sexismus und →Vandalismus beschäftigt sie sich z. B. auch mit Fragen der Identität (z. B. →Patchworkidentität).

**LESETIPPS:**
*Angewandte Sozialpsychologie. Das Praxishandbuch*, herausgegeben von Ann Elisabeth Auhagen und Hans-Werner Bierhoff. Weinheim (Beltz PVU) 2003.
GEORG NAWRATIL und BARBARA RABAIOLI-FISCHER: *Sozialpsychologie leicht gemacht: Einführung und Examenshilfe*. Berlin (Kleist) [5]2004.
MARIO GOLLWITZER und MANFRED SCHMITT: *Sozialpsychologie. Workbook.* Weinheim (Beltz PVU) 2006.

**Sozialtherapie:** Behandlung von Störungen des Sozialverhaltens, die zu sozialer Auffälligkeit, Kriminalität oder Sucht führen. Sozialtherapie zielt darauf, störendes soziales Verhalten abzubauen und konstruktivere Umgangsformen anzuregen. Sie findet meist in Einrichtungen statt (sozialtherapeutische Heime, Kliniken für Drogenabhängige, sozialtherapeutische Stationen im Strafvollzug); verschiedene Formen der Gruppenarbeit, der Arbeitstherapie oder der Erlebnispädagogik (z. B. die Fahrt auf einem von sozial gestörten Jugendlichen selbst gesegelten Boot) werden eingesetzt.

Untersuchungen haben gezeigt, dass der übliche Strafvollzug kriminelles Verhalten häufig nicht bessert, sondern sogar dazu beitragen kann, dass jugendliche Täter in Kontakt mit einem kriminellen Milieu kommen und weitere Straftaten begehen. Hier kann die Sozialtherapie vorbeugend wirken; daraus lässt sich ihre große Bedeutung für einen zugleich humanen und ökonomischen Umgang mit sozial auffälligem Verhalten ableiten. Während Psychotherapeuten in der Regel Psychologen und Ärzte sind, sind Sozialtherapeuten meist speziell fortgebildete Diplom-Pädagogen, Erzieher und Sozialpädagogen, aber auch ehemalige Suchtkranke mit einer entsprechenden Ausbildung.

**Sozialtraining:** präventives Programm mit dem Ziel, bei Kindern soziale Fähigkeiten zu fördern und Verhaltensauffälligkeiten wie abweichendem Verhalten vorzubeugen. Das Sozialtraining soll zum Abbau von Angst und Gewalt beitragen. Infolge der steigenden Gewalt in Schulen werden in den letzten Jahren Sozialtrainings verstärkt eingesetzt.

**Sozialverhalten:** auf Artgenossen bezogenes Verhalten. Sozialverhalten kann angeboren oder durch Sozialisation erworben sein. Angeborene, instinktive Reaktionen auf Artgenossen spielen bei vielen Tieren eine große Rolle, selbst dort, wo z. B. kein Bild des Artgenossen im Erbgut gespeichert ist. So folgen frisch geschlüpfte Graugänse dem ersten bewegten Ding, das sie wahrnehmen. Das ist unter natürlichen Umständen immer ein Artgenosse, unter künstlicher Aufzucht aber z. B. der Züchter, der nun das sonst auf Artgenossen bezogene Verhalten auf sich lenkt (→Prägung).

Menschliches Sozialverhalten ist weitgehend erlernt; angeboren sind nur manche körperlichen Ausdrucksformen (z. B. Weinen, Lächeln, Zornmimik), deren Bedeutung aber kulturell bestimmt ist. Während in der traditionellen Kultur das Sozialverhalten relativ fest geregelt ist und z. B. Männer und Frauen zu unterschiedlichen Verhaltensrepertoires sozialisiert werden, ist in der modernen Gesellschaft ein hoher Freiheitsgrad mit intensiver Tendenz zur Bildung von Untergruppen oder Subkulturen festzustellen. Das Sozialverhalten z. B. in einer Studentenverbindung unterscheidet sich von dem in einer Motorradgang erheblich, obwohl die Mitglieder beider Gruppen derselben Kultur angehören.

**Sozialverhalten:** Rekonstruktion einer Gruppe vorgeschichtlicher Menschen. Die Sozialpsychologie geht davon aus, dass die Gruppe als Struktur für das Überleben der Gattung Mensch maßgeblich war.

**Soziogramm:** Ergebnis der →Soziometrie.

**Soziologie:** Gesellschaftswissenschaft, die die Bedingungen und Formen menschlichen Zusammenlebens, die komplexen Struktur- und Funktionszusammenhänge der Gesellschaft und ihrer Institutionen in der geschichtlichen Entwicklung und in der Gegenwart systematisch untersucht und beschreibt. Ihr Gegenstandsbereich umfasst das gesamte soziale Handeln des Menschen, darin eingeschlossen die Beschäftigung mit sozialen Normen, Rollen und Handlungsmustern, Einstellungen, Wertorientierungen, mit regelmäßigem und abweichendem Verhalten, die Analyse sozialer Prozesse und die Erforschung sozialer Lebensbereiche und Lebensalter. Sie beschäftigt sich mit Gruppen (z. B. Familien, Schulklassen), Organisationen (z. B. Betrieben, Konzernen, Parteien, Behörden) und Institutionen (z. B. Gerichten, Schulen, Krankenhäusern).

*Geschichte:* Die Soziologie entstand als Disziplin, ebenso wie die Psychologie, erst im Zuge der großen gesellschaftlichen Veränderungen seit der Französischen Revolution von 1789. Ihre Vorläufer finden sich v. a. in der englischen und französischen Staatsphilosophie, z. B. von Thomas Hobbes und Jean-Jacques Rousseau; ihr eigentlicher Begründer war August Comte, der sie 1839 als umfassende Grundlagenwissenschaft sah. Heute hat sich die Soziologie zu einem Oberbegriff für unterschiedliche, quantitativ, qualitativ und systemisch orientierte »Schulen« entwickelt, die sich bald stärker an emanzipatorischen, bald stärker an ökonomischen Idealen orientieren. Es gibt neben der allgemeinen Soziologie (Gesellschaftstheorie,

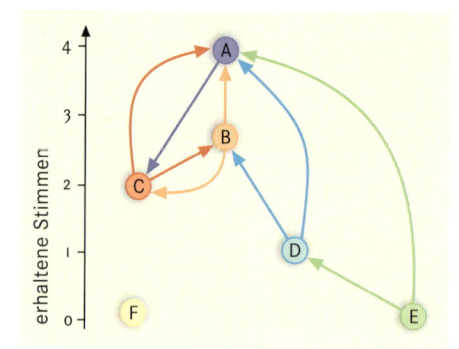

**Soziometrie:** Soziogramm einer Gruppe, in der fünf Mitglieder miteinander in Beziehung stehen

Grundbegriffe, Theorie des sozialen Handelns) viele spezielle Soziologien (z. B. Gemeinde-, Betriebs-, Wirtschafts-, Religions-, Medien-, Medizinsoziologie).

**Soziometrie** [zu griech. metría »Messung«]: eine auf Jakob L. Moreno zurückgehende Methode zur Messung und Darstellung von Beziehungsstrukturen in einer Gruppe. Jedes Mitglied einer Gruppe wird über sein Verhältnis zu allen anderen Mitgliedern befragt. In der Regel erfolgt dies durch ein Set von Fragen zu spezifischen Abneigungen und Sympathien, die als Personenwahlen beantwortet werden: »Neben wem möchtest du sitzen?«, »Mit wem möchtest du verreisen?«, »Mit wem möchtest du spielen?«, »Mit wem möchtest du arbeiten?«. Aus der Gesamtheit der Antworten wird ein **Soziogramm** erstellt, das die Gruppenstruktur in grafischer Form wiedergibt. Darin sind die selten oder oft gewählten Mitglieder erkennbar sowie deren Bevorzugung in bestimmten Bereichen des Gruppengeschehens (etwa Freizeit, Zusammenarbeit). Soziogramme dienen als Arbeitsgrundlage v. a. in Gruppentherapien und in der Organisationsberatung.

**Soziopathie:** veralteter Ausdruck für die →dissoziale Persönlichkeitsstörung.

**Spaltung:** *Psychoanalyse:* ein Abwehrmechanismus, der schon sehr früh im Kindesalter auftritt und zu den primitiven Abwehrmechanismen gerechnet wird. Die Psychoanalytikerin Melanie Klein erkannte und beschrieb deutlicher als Sigmund Freud die große Bedeutung der unterschiedlichen Spaltungsvorgänge. Man unterscheidet die **Objektspaltung** (die Spaltung in Gut und Böse, bei der ein anderer Mensch entweder nur als gut oder nur als böse eingeschätzt wird) und die **Ichspaltung**. Die drastischsten Beispiele einer schädlichen Ichspaltung gibt es bei der →Schizophrenie und der →multiplen Persönlichkeit: Unerträgliche Spannungen im Ich werden dadurch abgewehrt, dass das Ich gespalten wird, sodass die Person sich wie mit zwei oder mehr Identitäten ausgestattet erlebt. Eine hilfreiche und erwünschte Ichspaltung ist dagegen die therapeutische Ichspaltung in einen erlebenden und einen beobachtenden Teil. In der psychoanalytischen Therapie bildet der beobachtende Teil mit dem Analytiker das →Arbeitsbündnis; ohne diese Ichspaltung wäre eine Psychoanalyse nicht möglich.

**Spannung:** Zustand allgemeiner psychophysischer Erregung und Konzentration, auch der Ruhelosigkeit und Angst z. B. im Hinblick auf zu vollbringende Leistungen oder akute Konflikte.

**Spannungskopfschmerz:** weitverbreitete Form des →Kopfschmerzes.

**Spannungsreduktion:** der Abbau von Anspannung im Organismus und in der Psyche. Dies geschieht zumeist durch Vollzug von →Handlungen. In der Psychotherapie werden spezielle Verfahren, z. B. das →autogene Training, eingesetzt, um die beeinträchtigenden, krank machenden Spannungszustände abzubauen.

**Spearman** [ˈspɪəmən], Charles Edward: britischer Psychologe, *London 10. 9. 1863, †ebenda 17. 9. 1945; lehrte 1907–31 am University College in London; trat auf dem Gebiet der Statistik (u. a. als Mitbegründer der →Faktorenanalyse) und der Intelligenzforschung (Zweifaktorentheorie der →Intelligenz) hervor.

**Speedtests** [spiːd-, engl. »Geschwindigkeit«], **zeitbegrenzte Tests:** Tests, bei denen es auf die Schnelligkeit der Aufgabenlösung ankommt. Es handelt sich dabei um Aufgaben mit niedrigem Schwierigkeitsgrad. Eine hohe Speed-Komponente haben Konzentrationstests: Innerhalb einer definierten Zeitspanne muss eine Person z. B. zwischen sehr ähnlichen Elementen unterscheiden und dann entscheiden, ob das Element einem vorgegebenen entspricht. Hierbei kann sie entweder die Strategie verfolgen, bei hoher Geschwindigkeit viele einzelne Elemente zu identifizieren, aber dabei auch viele Fehler zu riskieren, oder die Strategie, eher sorgsam vorzugehen und damit weniger Fehler zu riskieren, aber auch weniger Elemente richtig identifizieren zu können.

**spezifische Phobien:** eine Unterkategorie der →Phobien.

**Spiegeln:** Technik der →klientenzentrierten Psychotherapie.

**Spiegelneurone, Spiegelnervenzellen:** Nervenzellen im Gehirn, die bei der Beobachtung eines Vorgangs aktiv werden, und zwar derart, als würde die beobachtende Person den Vorgang selbst ausführen. Ein Beispiel ist die spontane Reaktion, wenn man jemanden sieht, der sich gerade verletzt hat. Es ist so, als hätte man sich selbst verletzt und nimmt für einen Augenblick den Schmerz wahr. Spiegelneurone (auch: Spiegelneuronen) werden deshalb als Ursache für die →Empathie, aber auch allgemein für das Antizipieren und Nachvollziehen von Handlungen anderer Personen angesehen. Spiegelneurone erklären wahrscheinlich zahlreiche weitere Vorgänge, so etwa das Resonanzverhalten, d. h. das Angestecktwerden von z. B. Gähnen, Lachen, Sichkratzen einer beobachteten Person; Lernvorgänge wie das →Beobachtungslernen.

Es wird vermutet, dass sich die Spiegelneurone an verschiedenen Stellen im Gehirn befinden; zuerst wurden sie im Broca-Zentrum gefunden, dem Sprechzentrum im Gehirn, das auch für die Gestik zuständig ist. Spiegelneurone werden meist mit funktionellen →bildgebenden Verfahren, v. a. mit der fMRT, untersucht.

**Spiel:** Aktivitäten, die in der Regel frei von äußerer Zwecksetzung oder Zwang vollzogen werden. Das Spiel ist des Weiteren gekennzeichnet durch positive Affektqualitäten (z. B. Spaß), Ichbeteiligung, Quasirealität und einen periodischen Wechsel zwischen Spannung und Entspannung. Die vielfältigen Erscheinungsformen, Funktionen, Entstehungsweisen und kulturellen Bedingtheiten menschlichen Spiels haben eine terminologische Eingrenzung seit jeher erschwert. Hinzu kommt, dass die Grenzen zwischen Spiel, Sport und sogar beruflichen Tätigkeiten durchaus fließend sein können.

Dem Spiel wird heute übereinstimmend v. a. in der Entwicklungspsychologie und Pädagogik eine entscheidende Bedeutung für die emotionale, motorische, kognitive und soziale Entwicklung des Kindes zugeschrieben. Rechtzeitige, gezielte, altersangemessene und zugleich flexible Spielangebote fördern die Motivations- und Lernbereitschaft des Kindes, regen es zur aktiven Auseinandersetzung mit der Umwelt an, beugen Deprivationserscheinungen und Entwicklungsverzögerungen vor und werden in der →Spieltherapie zur Behebung von Verhaltensauffälligkeiten und neurotischen Entwicklungen eingesetzt. Für Kinder bis zum Alter von sechs oder sieben Jahren stellt das Spiel die wichtigste sinnstiftende Aktivität dar.

Spiel ist ein Bereich der unspezifischen, flexiblen Vorbereitung auf die zu erwartende Wirklichkeit. Als Strukturenkomplex, in dem sich →Fantasie und →Kreativität ausbilden können, erscheint das Spiel als ein Modell für viele Formen des Lebens. In diesem Zusammen-

**Spiel** ermöglicht es Kindern, Fähigkeiten zu erproben – seien es motorische Geschicklichkeit oder die Auseinandersetzung mit dem Verhalten anderer und das Einhalten von Regeln.

hang wertet man heute auch das Spiel des Erwachsenen nicht mehr durchgängig als »sinnlosen Zeitvertreib«: Einerseits erschließt sich im Spiel ein vom Erwerbsleben unterschiedener Rahmen, in dem vielfältige Motive menschlichen Handelns und Strebens Erfüllung finden können. Andererseits verbindet sich damit die Hoffnung, Defizite etwa hinsichtlich mitmenschlicher Zuwendung und einer harmonischen Entfaltung der eigenen Kräfte durch Spiel kompensieren zu können; nimmt dies pathologische Formen an, spricht man von →Spielsucht. Zur Freilegung individueller Motive und Vorstellungen und zur Entfaltung der Kreativität wird das Spiel auch pädagogisch und therapeutisch nutzbar gemacht.

**spielerische Gestaltungsverfahren:** die →Spieltests.

**Spielsucht:** zu den stoffungebundenen Süchten zählende Form der Abhängigkeit, die sich in erster Linie auf Glücksspiele bezieht (pa-

---

**Spiel | Übung für den Alltag**

Bewegungsabläufe, Denken, soziales Lernen und emotionale Verarbeitung trainieren Kinder »spielend«: Ein kleines Mädchen schiebt ein Stühlchen durch den Raum. Wegen der Fugen der Bodenfliesen fällt ihm dies schwer. Immer wieder bleibt das Stühlchen hängen und muss mit Kraft und Geschicklichkeit wieder in Bewegung gebracht werden. Die Bewegung im Raum ist aber nicht ziellos. Der Vater sitzt als Beobachter der Szene im Zimmer; weg von ihm und wieder hin zu ihm wird das Kinderstühlchen gerückt. Zuweilen versteckt das Mädchen sich hinter dem Stuhl und lugt wieder hervor. Sieht der Vater ihm denn zu, ist er überhaupt noch da? Später stößt die Kleine Geräusche aus: Sie »ist« ein Auto. Wenige Minuten vor dem Beginn des Spiels hatte sie Jacke und Hose verlangt, sie wollte nach draußen gehen, was der Vater ihr aber verwehrte. Also macht sie sich selbstständig, packt ihre Kleider auf das Stühlchen und fährt nun damit im Zimmer spazieren.

thologisches Glücksspiel). Im Unterschied zum →Spiel als freier Betätigung der körperlich-geistigen Kräfte ohne unmittelbare Zweckausrichtung ist die Spielsucht ein zwanghaftes Spielen um Einsätze (in der Regel Geldbeträge), bestimmt von dem Drang, das Schicksal herauszufordern und zu beherrschen. Der Glücksspieler schädigt sich meist selbst (aber auch sein soziales Nahfeld), da er u. a. fortwährende Verluste durch fortwährendes Spiel wettzumachen sucht (»Chasing«). Entsprechend zu den stoffgebundenen Abhängigkeitserkrankungen tritt auch bei Spielsüchtigen eine Art Kontrollverlust (unbezwingbares Verlangen) auf. Meist braucht der Glücksspielsüchtige professionelle Hilfe, um mit dem pathologischen Spielen auf Dauer aufhören zu können.

Groben Schätzungen zufolge sind in Deutschland etwa 150 000 Personen von Spielsucht betroffen. Ein typisches Problem der Spielsüchtigen ist die meist hohe Verschuldung, die sie nur durch Spielgewinne ausgleichen zu können wähnen. Neben einer ambulanten oder stationären Therapie ist daher auch die Beratung des Betroffenen über Möglichkeiten, seine Schulden abzutragen (Schuldnerberatung), erforderlich.

Eine neue Form der Spielsucht und zugleich der →Computersucht ist die Computerspielsucht.

**Spieltests, spielerische Gestaltungsverfahren:** psychodiagnostische Verfahren, in denen Materialien eingesetzt werden, mit denen die untersuchten Kinder spielen können. Spieltests gehören zu projektiven Tests. Eingesetzt werden sie in der diagnostischen und therapeutischen Arbeit mit Kindern, da auf dem Weg über das »Spielen« am ehesten ein Zugang zu Kindern v. a. im Alter zwischen drei und sechs Jahren gefunden werden kann. Der →Szenotest gehört zu den bekannten Vertretern dieser Testgattung.

Wie bei den anderen projektiven Verfahren wird vorausgesetzt, dass die Testpersonen durch die Vorlage der Spielmaterialien unbewusst Aspekte ihrer eigenen Befindlichkeit (Persönlichkeitsstruktur und -dynamik sowie Beziehungsaspekte) äußern und so einen Einblick in ihre emotionale Verfassung geben. Kriterien für die Auswertung solcher Spieltests bestehen u. a. darin, anhand der Auswahl der Spielmaterialien, der Dauer und Intensität des Spiels und der »Spielthematik« (z. B. Aggression, Unterdrückung, Machtausübung) Rückschlüsse auf die Art und den Ursprung von Verhaltensauffälligkeiten, Traumata oder (akuten) Konflikten ziehen zu können.

**Spieltheorie:** Sammelbegriff für mathematische Modelle, die Entscheidungsprozesse von Personen abbilden, die sich in persönlichen Konfliktsituationen oder in Verhandlungen mit anderen zur Lösung von Konflikten befinden. Die Spieltheorie ist Teil der →Entscheidungstheorie. Von Spieltheorie spricht man, weil die Konflikte der sozialpsychologischen Definition eines »Spiels« entsprechen. Es liegt vor, wenn aus den Entscheidungen der Beteiligten für jeden »Spielteilnehmer« Konsequenzen resultieren, die bei mindestens einem der Betroffenen nicht unabhängig vom Verhalten mindestens eines der übrigen »Spielteilnehmer« sind. Die Konsequenzen einer Entscheidung werden als »Pay-offs« bezeichnet. Man unterscheidet zwischen Positivsummenspielen, bei denen es Gewinne für alle Beteiligten geben kann, Nullsummenspielen, bei denen der Gewinn der einen Seite dem Verlust der anderen Seite entspricht, und Negativsummenspielen, bei denen beide Seiten verlieren.

Die Spieltheorie wird v. a. in der Betriebswirtschaftslehre, der Politologie und Sozialpsychologie verwendet. Ihre Aussagekraft für die Praxis ist aber gering, da Entscheidungen in einem System oder einer größeren Gruppe nicht allein durch Verhandlungen mit gezieltem Ausgleich von Vor- und Nachteilen vonstatten gehen. Meistens liegen Modelle der Systemtheorie und Familientherapie in der Psychologie näher an der Wirklichkeit.

**Spieltherapie:** Verfahren der psychotherapeutischen Behandlung von Kindern, bei dem das freie oder angeleitete →Spiel als Ausdrucks- und Kommunikationsmittel verwendet wird. Die psychoanalytische Spieltherapie wurde von Melanie Klein und Anna Freud (Schülerinnen Sigmund Freuds) entwickelt, die davon ausgingen, dass Kinder zwar nicht in der Weise über ihre Erlebnisse sprechen können wie Erwachsene, aber im Spiel eine schöpferische Möglichkeit haben, sich auszudrücken und auch Mitteilungen eines Therapeuten zu verarbeiten. Die humanistische Psychotherapeutin Virginia Axline entwickelte in den 1940er-Jahren die klientenzentrierte Spieltherapie, die in abgewandelter Form nach den Prinzipien der →klientenzentrierten Psychotherapie vorgeht.

Heute gibt es unterschiedliche Richtungen der Spieltherapie; sie findet einzeln oder in Gruppen statt, es gibt völlig freie Wahl der Spielmaterialien oder aber vorgegebene Strukturen, z. B. das Handpuppenspiel, in die ein Kind einbezogen wird. Manche Spieltherapeuten äußern die Überzeugung, dass das Spiel an und für sich von therapeutischem Wert ist und ausreicht, um einen heilsamen Entwicklungsprozess anzustoßen; andere meinen, dass Spielszenen, Bilder oder das Rollenverhalten eines Kindes ebenso gedeutet werden können (und zur Förderung des Behandlungsprozesses auch gedeutet werden müssen) wie die Träume eines Erwachsenen.

**Spiritismus** [zu latein. spiritus »Hauch«, »Geist«]: Glaube an die Anwesenheit der Geister Verstorbener und ihrer Beteiligung am menschlichen Leben. In vielen Kulturen ist dieser Glaube selbstverständlich. So dienen z. B. in den traditionellen Kulturen Afrikas viele der dort angefertigten Skulpturen dazu, die Geister Verstorbener zu beherbergen und sie dadurch zu befrieden. Auch der ausgefeilte Totenkult der Ägypter hing mit der Überzeugung zusammen, dass ein Toter weiterlebt und in seinem Grab Speise, Trank und Möbel benötigt; die Ansicht, dass Geister auch von gemalten Broten satt werden, drückt bereits eine Wendung zur Abstraktion aus.

Der Spiritismus des 19. und 20. Jahrhunderts ist eine außerhalb der wissenschaftlich fundierten Theologie und Psychologie stehende Lehre; sie beinhaltet, dass besonders begabte Personen in einem Ausnahmezustand Kontakt zu den Geistern der Toten aufnehmen können.

**Spiritualität** [mittellatein. »Geistigkeit«]: Durchgeistigung des Lebens, Sammelbegriff für Bestrebungen gegen die vorherrschende materialistische Weltsicht. Die akademische Psychologie ist derzeit im Begriff, sich (wieder) mit der Spiritualität des Menschen zu befassen. Gründe hierfür sind v. a. die wachsende Bedeutung der Spiritualität für die Menschen, wie es sich z. B. in der Esoterikbewegung zeigt, die Erfahrung von Psychotherapeuten, dass Menschen mit einem Glauben eine Krise besser bewältigen können, aber auch die Unzufriedenheit von immer mehr Studierenden des Fachs Psychologie, die in ihrem Studium die Behandlung von Themen wie Glaube, Seele und Geist vermissen.

**LESETIPPS:**
Michael Utsch: *Religiöse Fragen in der Psychotherapie. Psychologische Zugänge zu Religiosität und Spiritualität.* Stuttgart (Kohlhammer) 2005.
Anton A. Bucher: *Psychologie der Spiritualität. Handbuch.* Weinheim (Beltz PVU) 2007.
Karl-Klaus Madert: *Trauma und Spiritualität. Wie Heilung gelingt. Neuropsychotherapie und die transpersonale Dimension.* München (Kösel) 2007.

**Spitz** [spits, ungar. ʃpits], René Arpad: österreichisch-ungarischer Arzt und Psychoanalytiker, *Wien 29. 1. 1887, †Denver (Colo.) 14. 9. 1974; machte seine Lehranalyse bei Sigmund Freud; emigrierte 1933 nach Frankreich, 1938 in die USA. Spitz erforschte v. a. die frühe Mutter-Kind-Beziehung (→Eltern-Kind-Beziehung) und wurde durch seine Untersuchungen zu den Folgen einer Mutterentbehrung beim Säugling und Kleinkind (→Hospitalismus) bekannt.

**Spontanremission:** eine ohne therapeutische Maßnahmen eintretende Heilung. Psychische Störungen können sich ohne professionelle Hilfe zurückbilden, wenn z. B. psychisch belastende Faktoren nicht mehr vorherrschen oder wenn das soziale Umfeld hinreichend Unterstützung bieten konnte; es gibt auch Spontanremissionen, wenn auch selten, ohne einen erkennbaren Anlass. Einer umstrittenen Untersuchung von Hans-Jürgen Eysenck zufolge soll rund ein Drittel aller psychischen Störungen in eine Spontanremission münden. Spontanremissionen von körperlichen Krankheiten, die als unheilbar gelten, werden oft psychischen Faktoren zugeschrieben, ohne dass dies im Einzelfall immer belegbar ist.

**Sportpsychologie:** Teilgebiet der Psychologie, das sich mit dem Erleben und Verhalten im Sport sowie den Auswirkungen des Sports auf die psychosoziale Befindlichkeit beschäftigt. Sportpsychologische Interventionen umfassen das Vorbeugen, das Erkennen und das Lösen psychosozialer Probleme in den verschiedenen Anwendungsfeldern des Leistungs-, Schul-, Freizeit-, Gesundheits- und Rehabilitationssports. Sportpsychologen haben inzwischen ihren festen Platz in der Wettkampfvorbereitung, z. B. bei der Vermittlung von Techniken des mentalen Trainings, d. h. der geistigen Vorwegnahme kritischer Situationen und des Einübens ihrer Bewältigung, sodass der Sportler im entscheidenden Augenblick nicht überlegen

**Sportpsychologie:** Axel Kruse, Fußballprofi von Hertha BSC Berlin, liegt verletzt am Boden, sein Mitspieler Eyjölfur Sverrison beugt sich besorgt über ihn. Entspannungsübungen und mentales Training helfen Spitzensportlern, kritische Situationen zu meistern.

muss, sondern quasi automatisch reagieren kann.

**Sprachbarriere:** soziolinguistischer Terminus zur Bezeichnung der sprachlichen Defizite, z. B. zu geringer Wortschatz, dialektale Aussprache und grammatikalische Schwäche, die den sozialen Aufstieg von Personen behindern oder sogar vereiteln können. Da Sprache eine grundlegende Voraussetzung für Schulerfolge und Bildungsabschlüsse ist, sind Kinder aus unteren Sozialschichten im Ausbildungsprozess häufig benachteiligt und können ihr eingeschränktes Sprachvermögen als Minderwertigkeit bzw. soziales Ausschlusskriterium erleben. Verstärkte Bedeutung erhält das Problem in Schulen, in denen Kinder mit fremder Muttersprache und daher mangelhafter Kenntnis der Unterrichtssprache zu integrieren sind.

Sprachbarrieren können auch bewusst aufgebaut werden (durch Fachsprachen und Soziolekte), um Gruppen gegen Außenstehende (deren Eindringen unerwünscht ist) abzugrenzen. In jüngerer Zeit wird darauf verwiesen, dass fehlende Fremdsprachenkenntnisse zunehmend eine Sprachbarriere in einem sich internationalisierenden Berufsumfeld sein können.

**Sprache:** System von Zeichen, das eine Verständigung zwischen Menschen entweder mittels erzeugter Laut- und Tonfolgen (→Sprechen) oder mittels handgeschriebener oder maschinell erzeugter Buchstaben- oder Schriftzeichenfolgen gestattet. Es lassen sich die drei Beschreibungsgebiete Syntax (Regeln für die Kombination von Zeichen), Semantik (Verhältnis von Zeichen zu ihrer Bedeutung) und Pragmatik (Verwendung der Zeichen im kommunikativen Kontext) unterscheiden. Kommunikation durch Sprache ist eine Form des regelgeleiteten sozialen Handelns, das der Mitteilung von Gedanken, dem Ausdruck von Gefühlen und der Durchsetzung von Absichten dient.

Die Sprachfähigkeit des Menschen beruht zunächst darauf, dass er mittels seiner Sprechorgane (Lunge, Kehlkopf, Rachen-, Mund- und Nasenhöhle) zur Erzeugung vielfältiger Lautkomplexe in der Lage ist. Durch die Aktivierung der →Sprachzentren werden Äußerungen vorbereitet und geplant sowie die Sprech- und Schreiborgane gesteuert und kontrolliert. Verstehensprozesse als Sprachwahrnehmung, -verarbeitung und -speicherung setzen eine Entschlüsselung der gehörten oder gelesenen Sprachzeichen voraus.

Auch bei Tieren finden sich in Ansätzen auf bedeutungstragenden Zeichen aufbauende Verständigungssysteme, z. B. beim Schwänzeltanz der Bienen; Menschenaffen sind sogar in der Lage, mithilfe grafischer Symbole oder mithilfe der →Gebärdensprache mit Menschen einfache Äußerungen auszutauschen. Jedoch kommen weder »Tiersprachen« noch Sprachprodukte von Menschenaffen der Komplexität und Produktivität der menschlichen Sprache auch nur annähernd nahe.

Diese Produktivität leitet sich daraus ab, dass aus Phonemen und Morphemen, d. h. den kleinsten bedeutungsunterscheidenden bzw. -tragenden sprachlichen Einheiten, nach den Regeln der Wortbildung Wörter zusammengesetzt werden, aus Wörtern nach Regeln der Syntax Sätze entstehen und Sätze zu kohärenten Texten zusammengefügt werden. Die Kombinierbarkeit sprachlicher Einheiten gestattet einem Sprecher die Produktion von Äußerungen, die er zuvor noch nie gehört hat. Dies widerspricht der lerntheoretischen Position zum Spracherwerb, wonach alle sprachlichen Äußerungen im Kindesalter durch Nachahmung erlernt worden sind. Vielmehr besitzt nach dem amerikanischen Linguisten Noam Chomsky (* 1928) der Mensch eine angeborene artspezifische Fähigkeit zum Erlernen einer Sprache, wobei diese »latente Sprachstruktur« etwa zwischen dem ersten und vierten Lebensjahr durch die in der Umgebung wahrgenommene Sprache ausreift.

**LESETIPPS:**

Theo Herrmann: *Sprache verwenden: Funktionen – Evolution – Prozesse (Grundriss der Psychologie: Band 9).* Stuttgart (Kohlhammer) 2005.

Dieter E. Zimmer: *So kommt der Mensch zur Sprache. Über Spracherwerb, Sprachentstehung und Sprache & Denken.* München (Heyne) 2008.

**Sprach|entwicklung:** Erwerb der Fähigkeiten zum Verstehen und zur Produktion von Sprache. Zu diesen Fähigkeiten gehört Wissen über die korrekte Verwendung von Sprache zum Ausdruck von Bedeutung (Semantik), über die korrekte Anordnung sprachlicher Zeichen (Syntax) und über die situationsangepasste zielgeleitete Ausführung sprachlicher Handlungen bei der zwischenmenschlichen Kommunikation (Pragmatik). Während die Entwicklung syntaktischer und semantischer Kompetenzen bei Schuleintritt bereits weit fortgeschritten ist, findet auch im Jugendalter noch eine Fortentwicklung pragmatischer Fähigkeiten statt, z. B. zum Verstehen von Ironie oder indirekten Aufforderungen.

**Sprach|erwerb:** das erste Stadium der Sprachentwicklung, in der die kindliche Sprache nicht als eine verkürzte oder verarmte Erwachsenensprache, sondern als eigengesetzlicher Vorgang beschrieben wird. In der vorsprachlichen Zeit, die von der Geburt bis zur Produktion erster konventioneller sprachlicher Zeichen etwa im zwölften Lebensmonat reicht, sind bereits Leistungen wie die Unterscheidung von verschiedenen Stimmen, Sprachen und Lauten möglich. Auch vorsprachliche Kategorisierungsleistungen, wie die Unterscheidung von verschiedenen Tiergruppen, finden sich bereits. Damit sind wesentliche Grundlagen für den weiteren Spracherwerb gelegt. Die anschließenden Stadien können beschrieben werden als Abfolge von 1. situationsspezifischen Einwortäußerungen, z. B. »Ball«, »Mama«; 2. handlungsbezogenen (funktional gebundenen) Zweiwortäußerungen, z. B. »haben wollen«, »will Ball«; 3. funktionswortlosen oder -instabilen Mehrwortäußerungen, die an einen Telegrammstil erinnern und daher auch als telegrafische Sprache bezeichnet werden, z. B. »kommen Papa morgen«, »essen Robert Eis« (Funktionswörter sind Wörter mit einer grammatikalischen Funktion, aber ohne eigenständige Bedeutungsfunktion, z. B. Artikel); und 4. syntaktisch voll ausgebildeten Mehrwortäußerungen.

**Spracherwerb:** Die Grundlagen für das Erlernen der ersten Sprache werden in der Interaktion zwischen dem Kleinkind und der Mutter oder anderen Bezugspersonen gelegt.

**Sprach|erziehung:** informelle oder systematische Sprachschulung, die ein Kind in seiner unmittelbaren Umgebung erfährt, die auch als Prägung durch die (v. a. audiovisuellen) Medien und in der Schule erfolgt sowie als Selbstunterricht stattfinden kann.

**sprachfreie Tests:** Tests, die beim Probanden kein oder nur geringfügiges Verstehen der Sprache voraussetzen. Sie werden z. B. bei Personen mit Migrationshintergrund angewendet, die die jeweilige Landessprache nicht oder wenig beherrschen. Ein Beispiel für einen sprachfreien Persönlichkeitstest ist der NPQ (Nonverbal Personality Questionnaire), der Hilfsbereitschaft, Leistungsstreben und andere Persönlichkeitsdimensionen erfasst. Der NPQ besteht aus einer Serie von Bildern mit 136 Items, die den Probanden vorgelegt werden. Auf den Bildern sind Situationen dargestellt, z. B. eine Situation, in der eine Person mit schwarzen Haaren einer anderen Person hilft. Die Probanden sollen auf einer 7-stufigen Antwortskala angeben, wie wahrscheinlich sie so reagieren würden wie die Person mit den schwarzen Haaren.

→Culture-fair-Intelligenztests sind meistens sprachfreie Tests, aber sprachfreie Tests sind nicht zwingend kulturunabhängig: So kann z. B. die Hautfarbe von abgebildeten Personen auf gezeigtem Bildmaterial Einfluss auf die Antworten der Probanden haben und damit das Ergebnis verfälschen.

**Sprachheilkunde:** veraltete Bezeichnung für die →Logopädie.

**Sprachpsychologie:** die →Psycholinguistik.

**Sprachstörungen, Lalopathie** [zu griech. laleĩn »reden«, »schwatzen«]: Sammelbezeichnung für Störungen, die die gedankliche Erzeugung von Sprache betreffen. Zu unterscheiden sind: 1. Sprachentwicklungsstörung, 2. Verlust der bereits erworbenen Sprache (→Aphasien, →Dysphasie). Es können alle vier Modalitäten der Sprache betroffen sein, d. h. das Sprechen (genauer Wortschatz und Satzbau bzw. Grammatik; →Agrammatismus), das Verstehen, das Lesen (→Dyslexie) und das Schreiben. Je nachdem, in welcher Hirnregion die Schädigung auftritt, sind diese sprachlichen Bereiche unterschiedlich stark betroffen und werden danach unterschieden (Broca-Aphasie, Wernicke-Aphasie). Sprachstörungen und →Sprechstörungen können gleichzeitig auftreten – vermutlich deshalb werden beide Begriffe oft fälschlich synonym gebraucht.

Die Behebung von Sprachstörungen ist Aufgabe der →Sprachtherapie.

**LESETIPPS:**
OTTO BRAUN: *Sprachstörungen bei Kindern und Jugendlichen. Diagnostik – Therapie – Förderung.* Stuttgart (Kohlhammer) 2002.
LUISE LUTZ: *Das Schweigen verstehen. Über Aphasie.* Berlin (Springer) ³2004.

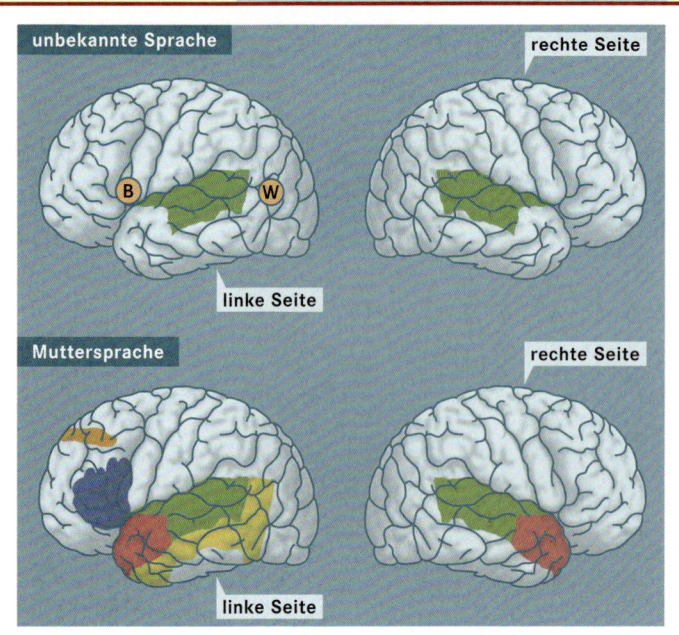

**Sprachzentren:** Ansicht jeweils der linken und rechten Seite des Gehirns beim Hören der Muttersprache und einer unbekannten Sprache (B: Broca-Zentrum, W: Wernicke-Zentrum)

JÜRGEN TESAK: *Aphasie. Sprachstörung nach Schlaganfall oder Schädel-Hirn-Trauma.* Idstein (Schulz-Kirchner) ²2007.

**Sprachtherapie:** therapeutische Verfahren, die auf die Behandlung von →Sprachstörungen zielen und in ihrem Umfang von den Eigenarten und Ursachen der jeweiligen Störungsbilder abhängig sind. In den meisten Fällen ist eine Sprechübungsbehandlung ausreichend, die v. a. von Logopäden und speziell ausgebildeten Sprachheilpädagogen ausgeführt wird. In der Therapie von Sprachentwicklungsstörungen werden Maßnahmen der Sprachanbahnung und Sprachförderung unterschieden. Bei der Behandlung von Aussprache- und Artikulationsstörungen werden zusätzlich vielfältige optische und akustische Hilfsmittel und Geräte eingesetzt (z. B. Schautafeln, Spiegel, Video- und Tonbandgeräte sowie Computer). Im Bereich der Störungen der Sprechflüssigkeit (z. B. Stottern) werden die logopädischen Therapieansätze meist mit psychologischen Behandlungsverfahren ergänzt (v. a. mit Methoden der Verhaltenstherapie, etwa zum Aufbau von Selbstvertrauen). Dauern die Sprachstörungen bereits sehr lange an und haben sich für die Betroffenen möglicherweise bereits erhebliche Schwierigkeiten im zwischenmenschlichen oder im beruflichen Bereich ergeben, kann über die Sprechübungsbehandlung hinaus zusätzlich eine psychotherapeutische Behandlung erwogen werden.

**Sprachzentren:** Areale v. a. in der Großhirnrinde (Assoziationsfelder), die Sprechen und Sprachverstehen steuern. Die Sprachzentren können allerdings nicht als eng umgrenzte Rindenfelder beschrieben werden; vielmehr ist die Fähigkeit zur Verwendung von Sprache aus vielen Teilkompetenzen (sowohl nicht sprachlich-kognitiver als auch sprachlicher Natur) zusammengesetzt und kann nur durch das Zusammenwirken unterschiedlicher Hirnregionen geleistet werden. Als Sprachzentren im eigentlichen Sinne werden das **Broca-Zentrum** (für die Steuerung und Kontrolle der Sprachmotorik beim Sprechen) und das **Wernicke-Zentrum** (für die Sprachwahrnehmung und -erinnerung) hervorgehoben, die bei Rechtshändern in der Regel in der linken Hirnhemisphäre lokalisiert sind. Daneben kann ein optisches Sprachzentrum für die Lesefähigkeit identifiziert werden. Schädigungen in Hirngebieten, die an der Sprachverarbeitung beteiligt sind, führen zu spezifischen →Sprachstörungen (oder auch zu Sprachunfähigkeit), deren Charakteristik Hinweise auf die Lokalisation des beeinträchtigten Hirngebietes gibt.

**Sprech|angst:** eine Form der sozialen →Phobien, bei der Betroffene eine krankhaft übersteigerte Angst davor haben, in der Öffentlichkeit zu sprechen. Sprechangst ist eine häufige Folge einer Sprachstörung, z. B. →Stottern.

**Sprechen:** Erzeugung geordneter Laut- und Tonfolgen mithilfe des menschlichen Sprechapparates.

Kontinuierliches Sprechen stellt eine hochkomplexe Leistung dar, für die eine Vorausplanung über mehrere Elemente der Sprachäußerung hinweg erforderlich ist. An dieser Leistung sind mehrere Gehirnbereiche, v. a. in der Hirnrinde, beteiligt; dabei kommt dem Broca-Zentrum (→Sprachzentren) eine besondere Rolle zu.

**Sprechmotorik:** das Sprechen steuernde →Motorik.

**Sprechstörungen:** Störungen des Sprechens, bei denen primär die motorisch-artikulatorische Erzeugung von Lauten betroffen ist; die Unfähigkeit, Sprachlaute flüssig und regelgerecht zu artikulieren. Zu unterscheiden sind: 1. Störungen des Redeflusses: Die Sprache ist im Regelfall gut verständlich, in bestimmten, meist psychisch belastenden Situationen vermag der Betreffende sie jedoch nicht in der korrekten Redeform anzuwenden, z. B. →Stottern, →Poltern; 2. Störungen der Aussprache und Lautbildung: Einzelne oder mehrere Laute werden falsch oder gar nicht gebildet: z. B. →Lispeln, →Alalie, →Stammeln.

Die Sprechstörungen sind von den → Sprachstörungen abzugrenzen; beide Begriffe werden oft fälschlich synonym verwendet.

**SSRI**, Abk. für **selektive Serotonin-Wiederaufnahme-Hemmer:** eine Gruppe der → Antidepressiva.

**Staabs-Test:** der → Szenotest.

**STAI**, Abk. für **State-Trait-Angstinventar** [steɪt treɪt, engl.]: diagnostisches Verfahren, das die Angst einer Person erfasst; einsetzbar für Personen ab 15 Jahren. Das STAI, ein → psychometrischer Test, differenziert einerseits Angst als Eigenschaft (»trait«) und andererseits als ein Zustand, d. h. ein akutes Gefühl der Bedrohung (»state«). Es umfasst insgesamt 40 → Items, die sich auf die beiden Skalen Angst als Eigenschaft und Angst als Zustand hälftig aufteilen. Der klinische Test ist als Gruppen- oder als Einzeltest einsetzbar. Die Durchführung des Tests nimmt drei bis sechs Minuten je Skala in Anspruch.

**Stalking** [stɔːkɪŋ, engl., »auf der Pirsch sein«]: die Verfolgung und Belästigung einer Person, z. B. durch Auflauern, mittels telefonischer Anrufe oder E-Mails. Stalking kann verschieden motiviert sein: u. a. aus dem Gefühl der Demütigung heraus, weil der Stalker von einem Partner verlassen wurde oder von einer Person zurückgewiesen wurde; oder es handelt sich um → Liebeswahn oder um eine → dissoziale Persönlichkeitsstörung. Stalker können sehr hartnäckig sein und das Leben ihrer Zielpersonen stark beeinträchtigen.

In Deutschland ist Stalking verboten. Nach § 238 Strafgesetzbuch wird mit Freiheitsstrafe bis zu drei Jahren oder mit Geldstrafe bestraft, wer »einem Menschen unbefugt nachstellt, indem er beharrlich 1. seine räumliche Nähe aufsucht, 2. unter Verwendung von Telekommunikationsmitteln oder sonstigen Mitteln der Kommunikation oder über Dritte Kontakt zu ihm herzustellen versucht, 3. unter missbräuchlicher Verwendung von dessen personenbezogenen Daten Bestellungen von Waren oder Dienstleistungen für ihn aufgibt oder Dritte veranlasst, mit diesem Kontakt aufzunehmen, 4. ihn mit der Verletzung von Leben, körperlicher Unversehrtheit, Gesundheit oder Freiheit seiner selbst oder einer ihm nahestehenden Person bedroht oder 5. eine andere vergleichbare Handlung vornimmt und dadurch seine Lebensgestaltung schwerwiegend beeinträchtigt«.

**Stammeln, Dyslalie** [zu griech. laleĩn »reden«, »schwatzen«]: Fehlaussprache von Lauten (v. a. s und r) oder Lautverbindungen durch falsches Sprechen, Auslassen oder Ersetzen des Lautes durch einen anderen. Bis etwa zum vierten Lebensjahr bildet Stammeln ein normales Übergangsstadium in der Sprachentwicklung, bei späterem Auftreten sind eine Überprüfung und gegebenenfalls eine logopädische Behandlung erforderlich.

**Stammgruppen:** zusammenfassende Bezeichnung für schulische Lerngruppen: 1. Der Reformpädagoge Peter Petersen (* 1884, † 1952) führte in seinem Schulorganisationsmodell nach dem → Jena-Plan statt der üblichen → Jahrgangsklassen altersgemischte »Stammgruppen« ein, die sich aus Schülern dreier aufeinanderfolgender Jahrgänge zusammensetzen, sodass die älteren Schüler den jüngeren beim Lernen helfen können. 2. In Schulen, in denen eine äußere Fachleistungsdifferenzierung (→ Differenzierung 2) realisiert wird, werden die Schüler je nach Fach entweder in bestimmten Leistungskursen unterrichtet, oder die gesamte Jahrgangsklasse trifft sich als sogenannte Stammgruppe zum gemeinsamen Kernunterricht.

**Stammhirn:** Teil des → Gehirns.

**Standardabweichung:** in der *deskriptiven Statistik* ein Maß für die Streubreite von Messwerten innerhalb einer Messreihe. Rechnerisch ergibt sich die Standardabweichung als Wurzel der → Varianz. Sie stellt einen wichtigen Parameter zur Beschreibung von Merkmalsverteilungen dar.

Soll z. B. die Leistung einer Schulklasse in einem Rechtschreibtest beurteilt werden, so gibt die Standardabweichung der Fehleranzahlen einen Aufschluss über die Anteile von sehr guten und sehr schlechten Schülern. Geht man von einer → Normalverteilung der Fehleranzahlen aus, genügt es, den Mittelwert und die Standardabweichung der Testwerte anzugeben, um zu berechnen, wie viele Schüler in der Klasse eine bestimmte Anzahl von Fehlern gemacht haben. Vergleicht man die Testergebnisse aus zwei Klassen, so kann der Mittelwertunterschied nur in Bezug auf die Standardabweichung sinnvoll interpretiert werden. Beträgt der Mittelwert in Klasse A 3,6 Fehler bei einer Standardabweichung von 1,5 Fehlern und in Klasse B 3,2 Fehler bei einer Standardabweichung von 2,5 Fehlern, so wird deutlich, dass der Vorsprung von Klasse B sehr gering ausfällt (gemessen an der Streuung der Testwerte), jedoch weist Klasse A ein wesentlich einheitlicheres Niveau auf als Klasse B.

**Standardisierung:** in der *Diagnostik,* v. a. beim Einsatz von → Tests, die Sicherstellung des gleichnamigen Testgütekriteriums. Durch die Standardisierung wird gewährleistet, dass

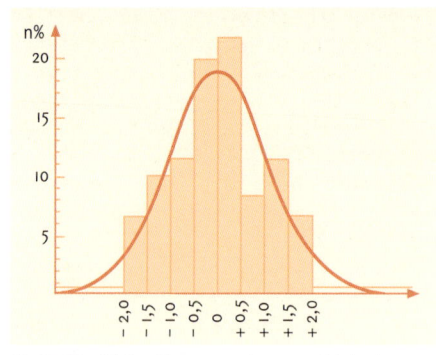

**Statistik:** Säulendiagramm einer medizinischen Untersuchung. Die Kurve zeigt die Normalverteilung.

alle Personen, die an einer Untersuchung teilnehmen, die gleichen Bedingungen der Instruktion (Testanleitung), Testbedingungen (durch Testleiter, äußere Umstände wie Lärm und Zeit, möglichst aber auch der Testmotivation) und der Testauswertung sowie der Interpretation erfahren. Wird das Prinzip der Standardisierung durchbrochen, ist das erzielte Ergebnis nur eingeschränkt mit den Daten zu vergleichen, die als →Normen zur Verfügung stehen.

**State-Trait-Angstinventar:** der →STAI.

**statischer Sinn:** der →Gleichgewichtssinn.

**Statistik** [wohl zu neulatein. statisticus »staatswissenschaftlich«]:

Oberbegriff für alle mathematischen Verfahren, mit denen quantitative Messwerte geordnet, zusammengefasst, in Kennwerte überführt und auf Gesetzmäßigkeiten überprüft werden. In der empirischen Sozialforschung stellen Statistiken ein unverzichtbares Mittel dar, um Datenerhebungen auszuwerten und die Aussagekraft der Ergebnisse abzuschätzen. Dient eine Datenerhebung der bloßen Exploration (Erkundung) des Untersuchungsgegenstandes, so beschränkt sich die Auswertung zumeist auf deskriptive Statistiken. Sollen die Daten jedoch Belege für eine allgemeine Gesetzmäßigkeit erbringen, kommen inferenzstatistische Verfahren zur Anwendung.

In der **deskriptiven Statistik** werden die Verteilungen von Merkmalen dargestellt und durch Kennwerte beschrieben. Je nach dem Skalenniveau der Variablen (→Skala) handelt es sich um Häufigkeiten, →Maße der zentralen Tendenz, Streumaße (→Varianz) oder andere Kennzeichen von Verteilungen. In den Bereich der deskriptiven Statistik gehören ferner Zusammenhangsmaße (→Korrelation) und komplexe Verfahren, die diese Maße zur Grundlage haben (z. B. die →Faktorenanalyse). Ziel der deskriptiven Statistik ist es, aus einer Fülle von Rohdaten eine überschaubare und inhaltlich interpretierbare Zusammenstellung von Kennwerten zu gewinnen. Darauf aufbauend stellt die **Inferenzstatistik** Verfahren bereit, mit denen die Gültigkeit von →Hypothesen geprüft werden kann. Es gibt »verteilungsfreie Verfahren« für kategoriale Daten und Rangdaten sowie »parametrische Verfahren« die eine bestimmte Verteilung der Variablen voraussetzen, in der Regel die →Normalverteilung. Zu den hypothesentestenden Verfahren zählen beispielsweise der →Chi-Quadrat-Test, der → t-Test und die →Varianzanalyse.

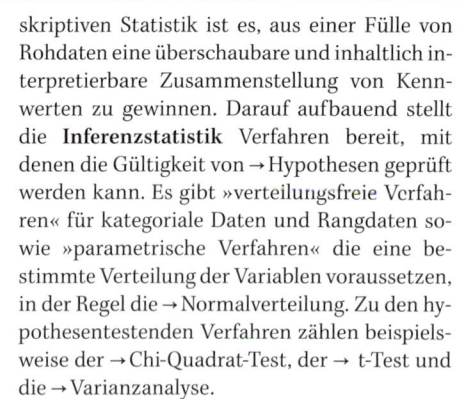

Inferenzstatistische Verfahren beruhen stets auf Wahrscheinlichkeitstheorien, weil alle beobachteten Unterschiede oder Zusammenhänge von Merkmalen durch zufällige Effekte bedingt sein können. Zweck der Inferenzstatistik ist es, zufällige Effekte von systematischen Effekten zu trennen. Ob ein Ergebnis nur durch Zufall zustande gekommen ist, lässt sich jedoch nie mit Sicherheit sagen. Daher ist das Resultat einer inferenzstatistischen Prüfung in Form einer Wahrscheinlichkeit ausgedrückt: Ein Ergebnis gilt nur dann als Beleg für eine Hypothese (→Signifikanz), wenn die Wahrscheinlichkeit für sein zufälliges Zustandekommen einen zuvor festgelegten kritischen Wert unterschreitet.

**Status orgasticus** [latein. »den Orgasmus betreffender Zustand«]: von dem deutschen Sexualforscher Volkmar Sigusch eingeführte Bezeichnung für die orgastische Reaktionsform, die objektiv und subjektiv mit der höchsten Intensität einhergeht. Der Status orgasticus wurde bisher nur bei Frauen im Labor gemessen und damit bewiesen. Er dauert 20 bis mehr als 60 Sekunden und ist entweder als eine Serie schnell aufeinanderfolgender →Orgasmen oder als eine lang hingezogene orgastische Episode aufzufassen.

**Stehlen, pathologisches:** die →Kleptomanie.

**Steiner,** Rudolf: österreichischer Philosoph, Pädagoge und Naturwissenschaftler, * Kraljevec (bei Varaždin) 27. 2. 1861, † Dornach 30. 3. 1925; schuf mit der Anthroposophie die geistige Grundlage u. a. für die →Waldorfschulen und Waldorfkindergärten, für heilpädagogische Einrichtungen, Erweiterungen in Medizin und Pharmazie sowie die biologisch-dynamische Landwirtschaft; entwickelte u. a. auch die →Eurythmie; beschrieb in seiner »Theosophie« (1904) seine Lehre von der Dreigliederung des Menschen (und der Welt) in Leib, Seele und Geist.

**Rudolf Steiner**

**Sterbebegleitung:** menschlich-anteilnehmende und auf Schmerzlinderung fokussierte ärztliche und pflegerische Begleitung des Sterbenden in seinen Tod. Das Ziel ist, das Sterben so angst- und schmerzfrei wie möglich zu gestalten, z. B. indem der Begleiter bei dem Sterbenden bleibt, schmerzlindernde Maßnahmen anwendet und seine Wünsche soweit möglich erfüllt. Für sterbende Menschen kann es außerdem eine Hilfe sein, wenn der Begleiter ihre religiösen Wünsche erkennt und darauf eingeht. Auch Sterbende, die keiner Glaubensgemeinschaft angehören, haben religiöse oder spirituelle Bedürfnisse. Gespräche über die spirituelle oder religiöse Bedeutung von Sterben und Tod können dem Todkranken Kraft und Halt geben. Wenn sich Sterbende in den letzten Lebenstagen von Gesprächen eher zurückziehen, da sie vielleicht zu kraftlos sind, gibt es andere Wege, sich miteinander zu verständigen und sich nahe zu sein. Berührungen, ein sanftes Halten oder Streicheln der Hand wird von Sterbenden noch sehr lange wahrgenommen und wirkt ebenso wie ruhiges, leises Sprechen beruhigend.

Ein anderer Weg der Sterbebegleitung ist in Deutschland die →Hospizbewegung. Sie setzt sich zum Ziel, den Sterbenden so lange wie möglich in seiner gewohnten Umgebung zu betreuen und ihm ein Sterben in der (familiären) Gemeinschaft zu ermöglichen.

**Sterbeforschung:** die →Thanatologie.

**Sterbehilfe:** Sammelbegriff für Handlungen, die von der Hilfe und Unterstützung im Sterben bis hin zur aktiven Tötung Sterbender oder Schwerstkranker reichen. Die international für diesen Begriff gebräuchliche Bezeichnung Euthanasie wird in Deutschland mit Rücksicht auf ihren Missbrauch während der nationalsozialistischen Diktatur, bei dem Behinderte und psychisch Kranke systematisch getötet wurden, weitgehend vermieden.

Unter passiver Sterbehilfe versteht man das Unterlassen bestimmter lebensverlängernder Maßnahmen (z. B. Beendigung von Arzneimittelgaben, Verzicht auf Operationen, die allenfalls eine kurzfristige Lebensverlängerung erwarten lassen) beim dem Tode nahen Patienten unter gleichzeitigem Aufrechterhalten der Basisversorgung. Einen entsprechenden Wunsch des einsichts- und urteilsfähigen Patienten muss der Arzt befolgen, da er andernfalls gegen das Selbstbestimmungsrecht des Patienten verstoßen würde. Ist ein solcher Wille des Patienten nicht feststellbar, dient sein mutmaßlicher Wille als Entscheidungsgrundlage. Die indirekte aktive Sterbehilfe, d. h. die Gabe schmerzlindernder Mittel unter Inkaufnahme einer möglichen Lebensverkürzung, wird weitgehend als zulässig angesehen, wobei die praktische Bedeutung solcher indirekter Sterbehilfe mit Fortschritten in der Schmerztherapie abnehmen dürfte. Die direkte aktive Sterbehilfe, d. h. das gezielte und tätige Herbeiführen des Todes, ist dagegen unzulässig und als Tötungsdelikt strafbar. Hat der Täter auf ausdrückliches und ernsthaftes Verlangen des Betroffenen gehandelt, so berücksichtigt das deutsche Strafgesetzbuch dies lediglich strafmildernd (Tötung auf Verlangen); eine menschlich vielleicht verständliche Mitleidsmotivation des Handelnden ist demgegenüber vom Gesetz nicht als entlastendes Moment zugunsten des Täters genannt. Als Sonderproblem im Bereich der Sterbehilfe gilt das Sterbenlassen schwerstgeschädigter Neugeborener.

Sterbehilfe betrifft Situationen, in denen ein Sterbeprozess bereits unumkehrbar begonnen hat und/oder der Tod nahe bevorsteht. Meist liegt bei Gewährung von Sterbehilfe ein ausdrücklicher Wunsch des Betroffenen nach (möglicherweise) lebensverkürzenden Maßnahmen vor, zumindest seine Einwilligung (→Patiententestament). Es werden allerdings auch nicht sterbende und einwilligungsunfähige (z. B. bewusstlose) Patienten als Empfänger von Sterbehilfe in Betracht gezogen. Generell geht es bei Sterbehilfe insbesondere um die Bestimmung der Grenzen ärztlicher Behandlungspflicht; diese endet jedenfalls mit dem Eintritt des Hirntodes, d. h. dem unumkehrbaren und totalen Funktionsausfall des Gehirns. Der Anspruch jedes Menschen, einen würdevollen Tod sterben zu dürfen, umfasst aufseiten der Angehörigen, der Ärzte und des Pflegepersonals v. a. eine ausreichende medizinische Grundpflege, eine wirksame Schmerzbekämpfung und den menschlichen Sterbebeistand (→Sterbebegleitung).

**sterben:** fortschreitender Ausfall der lebenswichtigen Funktionen eines Organismus, der dem →Tod vorausgeht und mit ihm abgeschlossen ist.

*Nahtoderfahrungen*

Erlebnisberichte von Personen mit Nahtoderfahrungen, d. h. Personen, die, nachdem sie für »klinisch tot« erklärt worden waren, dann reanimiert werden konnten, deuten auf angenehme Empfindungen während des Sterbens. Berichtet wird u. a. von einem Lebenspanorama (zeitrafferartige Rückschau auf das eigene Leben), außerkörperlichen Erfahrungen und einem Tunnelerlebnis, d. h. einer Wahrnehmung des Sterbens als Durchgang durch einen finsteren Tunnel, an dessen Ende ein Licht sichtbar ist, das die betroffene Person nicht erreicht. In der empirischen Forschung, für die heute die Existenz von Todesnäheerlebnissen nicht mehr umstritten ist, geht es zum einen um die Bedingungen dieser Erfahrungen, zum anderen um die Interpretation dieser Erlebnisse. Wissenschaftlich nicht haltbar ist die Deutung solcher Berichte als Beleg für ein Jenseits oder als Hinweis auf die Trennung einer unsterblichen Seele vom Körper.

*Spezialisierung und Tabuisierung*

Einstellungen und Verhalten des Menschen zum Tod unterliegen gesellschaftlichen Deutesystemen, Normen und Gebräuchen. Ein Beispiel für die unterschiedliche Auswirkung solcher sozialen Standardisierungen ist die Wertung des plötzlich eintretenden Todes: Gilt in unserer heutigen Gesellschaft diese Todesform vielen als »schöner Tod«, so war im christlichen Mittelalter der »jähe Tod« extrem angstbehaftet, weil er keine Zeit zur rechten Sterbevorbereitung ließ. Grundlegend geändert hat sich auch der Umgang mit den Sterbenden: In der traditionellen Gesellschaft versammelten sich die Angehörigen um den Sterbenden und nahmen damit die Möglichkeit wahr, die Trennung aktiv zu gestalten.

Heute dagegen hat das Sterben an Öffentlichkeit verloren, sind Sterbende und Trauernde meist dem Personal von Krankenhäusern und Heimen überlassen. Diese »Auslagerung« und Spezialisierung im Umgang mit Sterben und Tod findet jedoch eine Entsprechung in anderen Lebensbereichen (z. B. in der Übertragung von Erziehungsfunktionen aus der Familie auf die Schule und andere Institutionen) und ist nicht nur in einer hoch entwickelten Medizin, sondern auch in veränderten Familienstrukturen und Lebensbedingungen begründet.

Auch Indizien wie die Tendenz zur sprachlichen Verschleierung und Beschönigung des Todes, die Reduzierung der Artikulationsmöglichkeiten Trauernder auf die Privatsphäre und nicht zuletzt die im Gespräch mit Trauernden sowie mit Kranken und deren Angehörigen über den tödlichen Verlauf einer Krankheit auftretenden Kommunikationshemmungen weisen auf eine Tabuisierung des Todes hin, die mit derjenigen der Sexualität in früherer Zeit verglichen worden ist. Gegen die verborgenen oder unausgesprochenen Standards, nach denen Sterbende behandelt werden, wendet sich die →Hospizbewegung. Eine Hilfe ist hierbei ein Patiententestament, in dem eine Person festlegt, welche lebensverlängernden Maßnahmen sie wünscht und welche nicht.

Die Ursache für die gesamtgesellschaftliche Ausblendung der Todesthematik scheint in einer fehlenden umfassenden Sinngebung des Todes als Teil des Lebens und damit in der Struktur der Moderne selbst zu liegen. Aufgrund der Vielfalt von Glaubenssystemen, Normen und Werten in der heutigen Gesellschaft sind keine universellen Sinndeutungen mehr möglich. Religionen nehmen ihre sinnstiftende Funktion nur noch für Teilgruppen der Gesellschaft wahr; eine menschlich-existenziell notwendige Sinngebung des Todes scheint somit nur noch »privat« möglich zu sein.

*Phasentheorie*

Eine Phasentheorie des Sterbens entwickelte Elisabeth Kübler-Ross. Sie untersuchte Menschen, die relativ viel Zeit hatten, sich mit ihrem nahenden Tod auseinanderzusetzen, z. B. Krebskranke; ihr zufolge lassen sich fünf Phasen des Sterbens unterscheiden: 1. Ableugnung: Der Sterbende will nicht wahrhaben, dass der Tod bevorsteht, und deutet ärztliche Äußerungen entsprechend um. Oft reagieren die Angehörigen und Ärzte auf diese Phase, indem sie die Verleugnung mitvollziehen und den Ernst der Situation bagatellisieren. 2. Zorn: Der Sterbende wird von der Frage beherrscht: »Warum gerade ich?« Da diese Frage nicht beantwortet werden kann, reagiert er empört, zornig und enttäuscht. 3. Verhandlung: Der Sterbende versucht, Zeit zu gewinnen, indem er z. B. mit Gott eine weitere Zeitspanne aushandeln möchte oder indem er mit Ärzten oder Angehörigen Abmachungen zu treffen sucht. 4. Depression: Der Sterbende erkennt, dass Rebellion

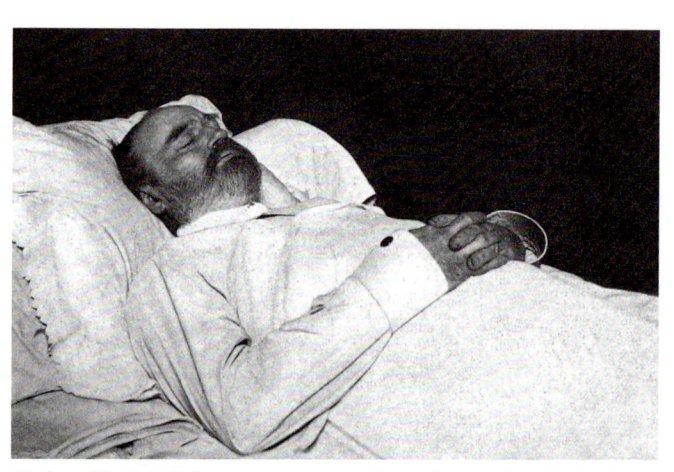

**sterben:** Die Umstände, unter denen man stirbt – allein, in einer Klinik oder im Kreis der Familie –, sind kulturspezifisch (Fotografie des französischen Schriftstellers Emile Zola auf dem Totenbett).

und Verhandlung nichts nützen und der Tod der Stärkere ist. Er resigniert, fühlt sich einsam und oft traurig, schuldig und wertlos. 5. Hinnahme: Der Sterbende akzeptiert, dass es mit ihm zu Ende geht. Kübler-Ross bemerkt allerdings, dass es sich hierbei nicht um einen glücklichen Zustand, sondern eher um eine Gefühlsleere handelt; der Schmerz und der Kampf sind beendet, es ist eine Zeit der Ruhe vor der letzten Reise. Nicht alle Sterbenden durchlaufen alle Phasen; einzelne Phasen können wiederkehren, andere ausbleiben, je nach der äußeren Situation (z. B. der aufgebauten und enttäuschten Hoffnung auf eine alternative Krebsbehandlung).

**Stereotyp** [zu französ. stéréotype, eigtl. »mit gegossenen fest stehenden Typen gedruckt«]: festgelegtes Bild von einer Person oder Gruppe. Vom →Vorurteil unterscheidet sich das Stereotyp durch die geringere emotionale Beteiligung. Während das Autostereotyp eine Aussage über die eigene soziale Gruppe macht, z. B. »Wir Bayern sind herzlich und spontan«, bezieht sich das Heterostereotyp auf eine fremde Gruppe, z. B. »Ihr Preußen seid hochmütig und kontrolliert«.

Obwohl Stereotype ungeprüft sind und zunächst der differenzierten Realität nicht entsprechen, können Stereotype ihre eigene Realität nach dem Prinzip der →Selffulfilling Prophecy herstellen. Wenn das Stereotyp z. B. besagt, dass Frauen technisch weniger begabt sind, werden Frauen in ihrem zunächst vielleicht zögerlichen Interesse an technischen Berufen entmutigt und bestätigen schließlich das genannte Stereotyp.

**Stereotypie:** starr ablaufendes Bewegungsmuster, das auch dann nicht unterlassen werden kann, wenn kein sinnvoller Zweck erfüllt wird. Das gilt für viele Instinktbewegungen von Tieren (z. B. dreht sich eine Katze vor dem Niederlegen auch auf einem Teppichboden, auf dem keine Grashalme niedergedrückt werden und keine Mulde entsteht). Beim Menschen treten ähnliche Bewegungen nach Hirnverletzungen oder bei Geisteskrankheiten auf. Im übertragenen Sinn spricht man von Stereotypie, wenn ein Verhalten eine sinnlos gewordene Routine ausdrückt.

**Sterilität:** die →Unfruchtbarkeit.

**Stern,** William Louis: deutscher Psychologe und Philosoph, *Berlin 29. 4. 1871, †Durham (N. C.) 27. 3. 1938; war ab 1907 Professor in Breslau und Hamburg. Wegen seiner jüdischen Herkunft musste er 1933 in die USA emigrieren, wo er an der Duke-Universität lehrte. Zählt zu den Pionieren der neueren Psychologie; begründete die differenzielle Psychologie und schlug den Begriff des →Intelligenzquotienten (IQ) vor; beschäftigte sich auch mit der Entwicklungspsychologie, woran seine Frau Clara Stern maßgeblich beteiligt war.

**steuerndes Objekt:** *Psychoanalyse:* eine Person, die sich ein Mensch mit einem →phobischen Charakter sucht, damit sie ihm Rat und Anweisung gibt.

**Stevenssche Potenzfunktion:** Weiterentwicklung des →Weber-Fechner-Gesetzes.

**Stichprobe, Sample** [ˈsɑːmpl, engl. »Muster«, »Probe«]: in der *empirischen Sozialforschung* eine ausgewählte Gruppe von Personen bzw. Untersuchungseinheiten, an der eine Untersuchung durchgeführt wird. Wenn es nicht möglich ist, alle Personen der →Grundgesamtheit, über die etwas ausgesagt werden soll, zu untersuchen, muss eine Stichprobe zusammengestellt werden. Dabei sollte die Stichprobe für die Grundgesamtheit repräsentativ sein, damit man mittels statistischer Verfahren von den gewonnenen Ergebnissen auf die Verhältnisse in der Grundgesamtheit schließen kann. Die Repräsentativität kann im einfachsten Fall durch eine Zufallsauswahl sichergestellt werden. Jedes Mitglied der Grundgesamtheit muss die gleiche Chance haben, in die Zufallsstichprobe zu gelangen (z. B. durch Los). Bei hinreichend großem Stichprobenumfang werden sich die untersuchungsrelevanten Merkmale in der Stichprobe genau so verteilen wie in der Grundgesamtheit. Sind die Merkmalsverteilungen bekannt, kann man auch durch gezielte Auswahl eine Stichprobe so zusammenstellen, dass die Verteilungen mit der Grundgesamtheit übereinstimmen (Quotenstichprobe). Nimmt beispielsweise das Geschlecht einen Einfluss auf die Untersuchungsergebnisse, so kann man in die Quotenstichprobe so viele Frauen bzw. Männer aufnehmen, dass ihre Anzahlen den Geschlechteranteilen in der Bevölkerung entsprechen.

**Stiefkind:** Kind, das in einer Partnerschaft lebt, in der nur ein Partner sein biologischer Elternteil ist und mit dem anderen weder ein Adoptions- noch Pflegeverhältnis besteht.

In der vorindustriellen Zeit gab es u. a. wegen der geringeren Lebenserwartung häufig Familien mit nur einem Elternteil. Damals musste das alleinerziehende Elternteil aus ökonomischen Gründen möglichst rasch wieder heiraten. Heute ist v. a. Scheidung die Entstehungsursache für Familien mit einem Elternteil (→Scheidungskinder, →Alleinerziehende) sowie Stieffamiliengründung bzw. Entstehung einer →Patchworkfamilie. Die Stieffamilie ist mit einem Anteil von 7% der Familien mit Kindern unter 18 Jahren der dritthäufigste Familientyp.

Für die Mitglieder der Stieffamilie bzw. der Patchworkfamilie ist es bedeutsam, den Sonderstatus der neu gegründeten Zweitfamilie, wie die vorausgegangene Erfahrung eines Lebens in einer Erstfamilie, das Erleben der Trennung oder des Todes eines Elternteils, die fehlenden gesetzlich begründeten Elternrechte des Stiefelternteils usw. zu erkennen und anzunehmen.

**LESETIPPS:**

HERMANN GIESECKE: *Wenn Familien wieder heiraten. Neue Beziehungen für Eltern und Kinder.* Stuttgart (Klett-Cotta) ²1997.

VERENA KRÄHENBÜHL u. a.: *Stieffamilien. Struktur – Entwicklung – Therapie.* Freiburg im Breisgau (Lambertus) ⁵2001.

ANNEGRET WEIKERT: *Die Patchworkfamily. Familienglück im zweiten Anlauf. Guter Rat für das Zusammenleben in der Stieffamilie.* München (Südwest) 2002.

**Stigma** [griech. »Zeichen«, »Brandmal«, eigtl. »Stich«]: **1)** Zeichen, das jemanden deutlich sichtbar in einer bestimmten Weise (meist negativ) kennzeichnet. In der ursprünglichen Verwendung des Wortes ist der Begriff auf die Wundmale Christi bezogen.

**2)** in einem weiteren Sinn ein negatives soziales Zeichen, das bestimmte andere Personen oder →Minderheiten auszeichnen soll. Als Stigmatisierung wird der Prozess bezeichnet, in dem diesen Personen ein Stigma zugeschrieben wird. In der Folge werden sie dann schlechter behandelt als die Bevölkerungsmehrheit (→Diskriminierung). So scheuen sich z.B. viele Menschen, die an sich Anspruch auf Sozialhilfe haben, vor dem Gang zum Sozialamt, weil sie die Stigmatisierung fürchten.

**Still|arbeit:** in der *Pädagogik* Phase von stiller Beschäftigung der Schüler, in der diese einzeln an einer Aufgabe arbeiten, z.B. während der inneren →Differenzierung 2) des Unterrichts.

**stillen:** die Ernährung des Säuglings mit Muttermilch durch Anlegen an die mütterliche Brust. Stillen ist ohne Zweifel die beste Methode, einen Säugling zu ernähren. Zum einen enthält die Muttermilch alle notwendigen Inhaltsstoffe und wichtige Abwehrstoffe gegen viele Krankheiten, zum anderen kann durch das Stillen die Gefährdung des Kindes, Allergien zu bekommen, deutlich verringert werden. Außerdem ist die körperliche Nähe mit ihren positiven Auswirkungen auf die Beziehung zwischen Mutter und Kind ein weiterer wichtiger Grund, nach Möglichkeit wenigstens etwa drei (besser vier bis sechs) Monate zu stillen. Auch danach ist das Stillen neben der Beikost empfehlenswert.

**Stimmung: 1)** in der *Psychologie* die im Gegensatz zum →Affekt länger andauernde Gefühlslage, die dem Handeln und v.a. dem Erleben eine bestimmte Gefühlstönung beimischt. Die Stimmung ist von der körperlichen und seelischen Gesamtverfassung abhängig und kann durch äußere Umstände unbewusst, aber auch bewusst, z.B. durch Musik, stark beeinflusst werden. Sie ist unter Umständen auch an der →Mimik und der →Gestik erkennbar.

Als **habituelle Stimmung,** auch Gestimmtheit oder **Gemüt,** bezeichnet man eine das Leben durchziehende Grundstimmung, die allgemein das Erleben der Person prägt, z.B. ein depressives Gemüt. Von **Stimmungslabilität** spricht man, wenn eine Person starke Stimmungsschwankungen erlebt, z.B. bei psychischen Störungen und hirnorganischen Erkrankungen oder anderen körperlichen Krankheiten wie Diabetes mellitus.

**2)** in der *Verhaltensforschung* die Bereitschaft, aufgrund der inneren Trieblage ein bestimmtes Verhalten durch den entsprechenden →Schlüsselreiz auslösen zu lassen. In Gruppen (von Tieren und Menschen) kann durch Stimmungsübertragung diese Handlungsbereitschaft gesteigert werden.

**Stimmungsstörungen:** seltene Bezeichnung für die →affektiven Störungen.

**Stimulanzi|en** [zu latein. stimulare, eigtl. »mit einem Stachel stechen«, »anstacheln«]:

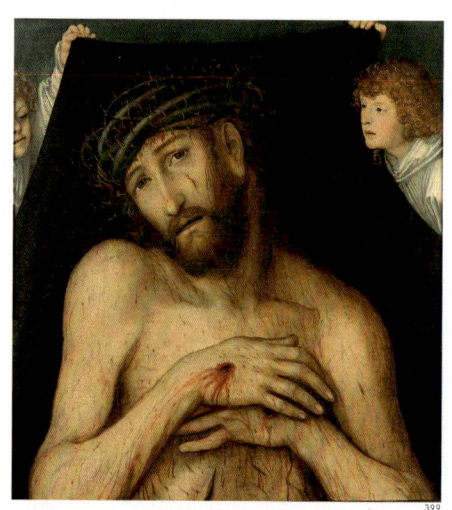

**Stigma 1):** Im religiösen Umfeld bezeichnet der Begriff die Leidensmale Christi (Lucas Cranach d. Ä., »Schmerzensmann«, Fragment, um 1515; Weimar, Stiftung Weimarer Klassik und Kunstsammlungen).

Heilmittel mit anregender Wirkung, die meist den Blutkreislauf betrifft. Wird das Nervensystem und damit die Psyche angeregt, spricht man von →Psychostimulanzien. Umgangssprachlich werden auch Kaffee und andere Genussmittel als Stimulanzien bezeichnet.

**Stirnhirn:** Teil des →Gehirns.

**Stockholm-Syndrom:** emotionale Bindung an eine Person, die Gewalt ausübt. Die Bezeichnung geht zurück auf einen Banküberfall in Stockholm 1973, bei dem die Täter vier Personen mehrere Tage als Geiseln hielten. Diese entwickelten in der Zeit der Geiselnahme Nähe zu den Geiselnehmern, sie hatten mehr Angst vor der Polizei auf der Straße vor der Bank als vor den Geiselnehmern und waren diesen sogar dankbar dafür, dass sie ihr Leben »schützten«. Auch nach der Geiselnahme verspürten sie keinen Hass auf die Täter und besuchten sie sogar regelmäßig im Gefängnis. Erklärt wird das Stockholm-Syndrom damit, dass ein Mensch in einer extremen Not- und Abhängigkeitssituation eine Anpassungsleistung erbringen muss, um psychisch zu überleben: z.B. identifiziert er sich mit den Motiven des Täters, um das Gefühl des totalen Kontrollverlustes zu umgehen.

**Stottern:** Sprechstörung, bei der trotz eines intakten Sprechapparates Redebeginn und Redefluss krampfartig blockiert sind und Laute, Silben oder Wörter wiederholt werden. In Deutschland sind etwa 800 000 Menschen betroffen. Das Stottern von Schulkindern wird in den meisten Fällen noch vor dem Eintritt in die Pubertät abgelegt. Stottern tritt nur in spezifischen Situationen und gegenüber bestimmten Personen auf und verstärkt sich durch soziale Beachtung und negative Bewertung. Die Ursachen des Stotterns sind komplex: psychische Faktoren, neurophysiologische Dysregulationen, Hirnschädigungen oder -erkrankungen, genetische Veranlagung. Vorurteile wie Stotterer seien weniger intelligent oder ihr Stottern beruhe auf einer gravierenden psychischen Störung, sind nicht haltbar.

Das Stottern, wenn es nicht frühzeitig behandelt wurde bzw. von allein zurückging, gilt als eher schwer oder gar nicht zu heilen. Doch mit viel Einsatz durch den Betroffenen kann sich der Zustand erheblich bessern. Eine tiefenpsychologisch fundierte Psychotherapie hilft, das Stottern begünstigende Ursachen sowie die Folgebelastungen zu bearbeiten. In der Verhaltenstherapie werden z.B. Selbstsicherheitstrainings oder →systematische Desensibilisierung angewandt. In Stottertherapien werden neue motorische Sprechmuster trainiert. Eine bewährte Therapie ist z.B. die in den 1990er-Jahren entwickelte Kasseler Stottertherapie (KST): Für ein flüssiges Sprechen üben Betroffene die Silbendehnung, das Einsetzen einer weichen Stimme, glatte Lautübergänge und Zwerchfellatmung. Geübt wird zunächst computergestützt, später in Rollenspielen und in Alltagssituationen wie Telefonieren oder einen Vortrag halten. Nach dieser Intensivtherapie folgt eine einjährige Nachsorge, indem Betroffene am Computer täglich weitertrainieren und die Ergebnisse den Therapeuten rückmelden.

**Strafangst:** *Psychoanalyse:* typisch kindliche Angst vor einer Strafe in Reaktion auf verbotenes Tun, die das Verhalten bestimmt. Erst wenn sich ein Gewissen entwickelt hat und die Strafangst durch die →Gewissensangst ersetzt wurde, kann der Mensch sich nach abstrakten Normen richten und gewinnt eine gewisse Unabhängigkeit von den unmittelbaren Reaktionen seiner Umgebung.

**Strafbedürfnis:** *Psychoanalyse:* ein seelischer Mechanismus, bei dem der Mensch sich aus unerträglichen Schuldgefühlen zu befreien versucht, indem er sich einer »gerechten Strafe« unterzieht. Ein historisches Beispiel sind die Flagellanten im Mittelalter, die sich in übersteigertem Bußeifer selbst geißelten, um sich von Sünde zu befreien und gottgefälliger zu werden.

**Strafe:** in der *Pädagogik* und *pädagogischen Psychologie* ein →Erziehungsmittel zur Unterdrückung von Verhaltensweisen und Einstellungen, die mit dem jeweiligen Erziehungsziel nicht übereinstimmen; eine Strafe ist z.B. Hausarrest. Strafe ist ein umstrittenes Erziehungsmittel, da es Scheinanpassung, Angst, Hass, Verstellung, Rückzug oder Trotzhaltungen hervorrufen kann; Selbstachtung und Selbstgefühl können verletzt und die Beziehung zwischen Erziehenden und Erzogenen z.T. dauerhaft beschädigt werden. Strafen hemmen Selbstständigkeit und Kreativität, besonders wenn das bestrafte Verhalten eigentlich ein dem Kleinkindalter entsprechendes Erforschen der Umwelt war. Allerdings kann eine einzelne drastische Strafe ebenso wie eine konsequente und »lehrreiche« Bestrafung durchaus wirksam sein. Bestrafungen scheinen insgesamt effektiver zu sein, wenn zugleich ein wünschenswertes alternatives Verhalten durch positive Verstärkung aufgelöst wird.

Die Psychologie steht dem Strafen heute ablehnend gegenüber. Insbesondere willkürliche, demütigende und unverhältnismäßig harte Strafen erfahren scharfe Kritik. Das gilt auch für die Prügelstrafe, die in Deutschland durch eine Gesetzesänderung im Jahr 2000 ausdrücklich verboten wurde. Nach § 1631 BGB haben Kinder

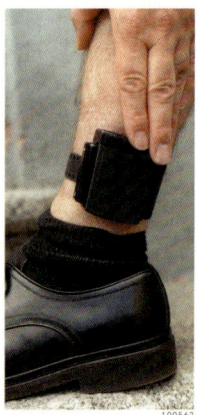

**Strafvollzug:**
Nicht unumstritten ist der Einsatz der elektronischen Fußfessel anstelle der Unterbringung in Haftanstalten. Der Funksender löst bei der Polizei sofort Alarm aus, wenn der Träger sich außerhalb genehmigter Routen bewegt.

ein Recht auf gewaltfreie Erziehung: »Körperliche Bestrafungen, seelische Verletzungen und andere entwürdigende Maßnahmen sind unzulässig.«

Eine repressionsfreie Erziehung sowie der totale Verzicht auf Strafen, wie sie z. B. von Anhängern der →antiautoritären Erziehung vertreten wurden, sind schwerlich realisierbar, da die Sozialisation die Einbindung in die Gesellschaft und daher Formen einer Selbstbegrenzung erfordert.

**Strafvollzug:** Durchführung einer freiheitsentziehenden Maßnahme, die in einem Strafgerichtsprozess verhängt wurde. Ziele des Strafvollzugs bestehen im Schutz der Allgemeinheit vor dem Täter sowie darin, dass der Gefangene fähig werden soll, »künftig in sozialer Verantwortung ein Leben ohne Straftaten zu führen« (§ 2 Strafvollzugsgesetz; →Resozialisierung).

Man unterscheidet dabei v. a. Freiheitsstrafe und Maßregelvollzug sowie den offenen und den geschlossenen Vollzug. Der **Maßregelvollzug** umfasst die Maßregeln der Sicherung und Besserung, darunter auch die Unterbringung in einem psychiatrischen Krankenhaus, die vom Gericht angeordnet werden kann, wenn jemand eine Tat im Zustand völliger Schuldunfähigkeit (→Schuldfähigkeit) begangen hat. Kennzeichen des offenen Vollzuges ist, dass die Gefangenen als Freigänger tagsüber einer Ausbildung oder beruflichen Tätigkeit außerhalb der Anstalt nachgehen können.

Die psychologische Tätigkeit im Strafvollzug hat ihren Schwerpunkt in der →Diagnose (z. B. Eingangsdiagnose, die u. a. zur Feststellung der Eignung für bestimmte Trainingsmaßnahmen dient), der →Prognose (z. B. bei Hafturlaub, Freigang oder vorzeitiger Entlassung) und der Behandlung (z. B. →Sozialtherapie, →Psychotherapie).

**Strafzumessung:** die durch das Gericht im Einzelfall erfolgende Festsetzung der (Kriminal-)Strafe. Dabei besteht die Möglichkeit der Differenzierung der Strafe durch den gesetzlich vorgegebenen Strafrahmen, den Ermessensspielraum z. B. bei verminderter →Schuldfähigkeit, die Aussetzung von Freiheitsstrafen bis zu zwei Jahren zur Bewährung oder den Ersatz kurzer Freiheitsstrafen durch Geldstrafen.

Die rechtspsychologische Forschung untersucht v. a. die Entstehungsbedingungen von Strafurteilen. Neben dem Einfluss extralegaler Faktoren wie soziale Schicht und Geschlecht werden v. a. Einflüsse der Tat- und Tätermerkmale auf die Strafzumessung untersucht. Hier zeigt sich, dass neben der Schwere des Delikts v. a. die Zahl der Vorstrafen des Täters die Härte der Strafe bestimmt. Ein weiterer Forschungszweig beschäftigt sich mit den Ursachen für Unterschiede in der Strafzumessung zwischen verschiedenen Richtern, der Bedeutung von Strafzielen für die Urteilsbildung und mit den grundlegenden Strukturen der Strafbegründung. Schließlich werden auch äußere Bedingungen wie die Zusammensetzung des Gerichts (z. B. die Zahl der Richter und Schöffen), die Interaktionen mit den übrigen Prozessbeteiligten (z. B. Staats- und Rechtsanwalt) oder die Konsequenzen von Rechtsmitteln (Berufung, Revision) auf die richterliche Urteilsbildung untersucht.

**Streaming** [ˈstriːmɪŋ, engl. »Strömen«]: ein Verfahren zur fächerübergreifenden Verteilung von Schülern auf verschiedene Leistungsklassen (→Setting).

**Strebung:** veralteter Begriff aus der *Persönlichkeitspsychologie* zur Bezeichnung gefühlsbetonter, aber zielgerichteter Antriebserlebnisse.

**Streetwork** [striːtwəːk, engl. »Straßenarbeit«]: zumeist in den sozialen Brennpunkten größerer Städte durchgeführte problembezogene und mobile Straßensozialarbeit. Als Teilbereich der →Sozialarbeit zielt sie darauf ab, gefährdete, straffällig gewordene oder spezifischer Hilfen bedürftige Menschen zu beraten, zu betreuen und ihnen Hilfen anzubieten oder zu vermitteln.

Erfolgreiche Streetwork setzt voraus, dass die Sozialarbeiter sowohl seitens der Behörden als auch seitens der Betroffenen akzeptiert werden; sie stellt damit hohe Anforderungen an das sozialarbeiterische Fachwissen, die Praxiserfahrung, integrative Kompetenz und psychische Belastbarkeit der Streetworker.

**streiten:** offenes Austragen von Konflikten. Offen geführte Auseinandersetzungen führen

---

**streiten | Streitkultur statt Konsenszwang**

Wie frei oder beklommen man sich gegenüber anderen Personen oder in sozialen Situationen fühlt, hängt auch damit zusammen, ob man einen Streit »wagen« kann oder nicht. In einem kühlen, förmlichen Klima, in dem jede Auseinandersetzung peinlich vermieden wird, kann man die Dimension von Konflikten kaum abschätzen; man muss fürchten, dass harmlose Differenzen zu einer Katastrophe ausarten können. Wo dagegen eine Streitkultur geschätzt wird, können abweichende Wahrnehmungen, Einstellungen, Interessen oder Positionen offen ausgesprochen werden. Immer ist allen Beteiligten klar, dass die Gegenkräfte – wie Höflichkeit, Herzlichkeit, Zusammenhalt, Zuneigung – stärker sind als die Differenzen. Streitkultur entsteht, wenn Konflikte als normaler Bestandteil unseres Zusammenlebens akzeptiert sind und sich die Beteiligten ihrer Bereitschaft zu konstruktivem Verhalten so sicher sind, dass sie kleine Disharmonien problemlos zulassen können.

häufiger zu einer Lösung als verdeckt ausgetragene. Von Streitkultur in einer Partnerschaft spricht man, wenn beide Partner konfliktfähig sind und die entstehenden Konflikte die Beziehung nicht zerstören. Dann festigt der Streit die Beziehung, weil sich diese als belastbar erwiesen hat und die Ängste abgebaut werden konnten, dass sie an Konflikten scheitern würde. Konstruktives Streiten setzt Regeln (Fairplay) und Grenzen voraus, die nicht überschritten werden dürfen. Ein wesentlicher Grundsatz ist, den Streitgegner nicht persönlich zu attackieren, sondern nur seine Argumente zu kritisieren.

**LESETIPPS:**

Simone Pöhlmann und Angela Roethe: *Streiten will gelernt sein: Die kleine Schule der fairen Kommunikation.* Freiburg im Breisgau (Herder) 2004.
Karl Berkel: *Konflikttraining. Konflikte verstehen, analysieren, bewältigen.* Frankfurt am Main (Recht und Wirtschaft) [8]2005.
Leo Montada und Elisabeth Kals: *Mediation. Ein Lehrbuch auf psychologischer Grundlage.* Weinheim (Beltz PVU) [2]2007.

**Stress:** Sonderartikel S. 590–593.

**Stressbewältigungstechniken:** alle Maßnahmen und Methoden, die helfen, Stress zu vermeiden oder abzubauen. Unterschieden werden problem- und emotionsbezogene Bewältigungsversuche. Problembezogen ist Bewältigung dann, wenn sich eine Person direkt mit den Bedingungen befasst, die eine Schädigung, Bedrohung oder Herausforderung auslösen. Bei der emotionsbezogenen Bewältigung versucht man, die bei Stress auftretenden Emotionen (z. B. Angst) zu regulieren und zu kontrollieren. Hierzu dienen Abwehrmechanismen wie Verleugnung oder Bagatellisierung, aber auch Einnahme von Drogen oder Psychopharmaka. Zur Bewältigung können Informationssuche, direkte Handlungen oder Unterlassen von Handlungen und intrapsychisches Bewältigen gewählt werden. Die Art und Weise der individuellen Stressbewältigung scheint für die soziale Funktionstüchtigkeit und die Gesundheit genauso wichtig zu sein wie die Häufigkeit und Intensität von Stresserleben.

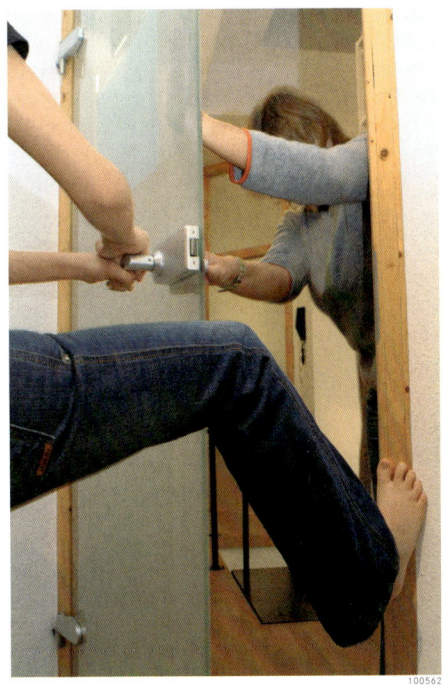

Die Wirksamkeit der verschiedenen Stressbewältigungstechniken ist individuell verschieden. Manche Menschen können sich besonders gut mit Techniken der →Entspannung und →Meditation beruhigen, andere reagieren positiv auf rasche Bewegung in frischer Luft oder eine entspannende Massage. Zu den Methoden der kognitiven Umstrukturierung gehören: sich selbst zu fragen, ob das gegenwärtig als belastend empfundene Ereignis in fünf (zehn, 20) Jahren noch wichtig ist; einen »Termin« mit seinen Sorgen auszumachen, sodass man nicht ständig an sie denken muss; Hilfe und Rat von Freunden einholen und annehmen. Der Wert einer gesunden Ernährung, die Energie und Ruhe verschaffen kann, sollte bei der Stressbewältigung nicht unterschätzt werden.

*Fortsetzung S. 594*

**Stressbewältigungstechniken:** Für viele Menschen sind Entspannungsrituale wirksame Hilfen beim Stressabbau.

**streiten:** Meinungsverschiedenheiten können nur dann konstruktiv ausgetragen werden, wenn es beim Austausch von Argumenten bleibt. Ärger oder Kränkungen ansprechen zu können, ist Bedingung dafür.

# STRESS

## BEDEUTUNGSSPEKTRUM

»Stress« ist ein Sammelbegriff für eine Vielzahl unterschiedlicher Einzelphänomene, für die ein Zustand erhöhter Aktivierung des Organismus (verbunden mit einer Steigerung des emotionalen Erregungsniveaus) kennzeichnend ist. Stress ist eine Anpassungsleistung. Die meisten Definitionen verstehen Stress als einen Zustand des Organismus, bei dem als Resultat einer inneren oder äußeren Bedrohung das Wohlbefinden als gefährdet wahrgenommen wird und deshalb der Organismus alle seine Kräfte konzentriert und zur Bewältigung der »Gefährdung« schützend einsetzt.

Dabei bezeichnet Stress ein ambivalentes Phänomen, für das der Stressforscher Hans Selye die Unterscheidung zwischen Eustress und Disstress eingeführt hat. Eustress, auch »positiver Stress« genannt, ist eine notwendige Aktivierung des Organismus in Form einer günstigen, gesundheitsfördernden Belastung, die den Menschen zur Nutzung seiner Energien führt und damit auch eine Weiterentwicklung eigener Fähigkeiten ermöglicht; Stress kann also eine leistungsstimulierende Funktion haben und dadurch als mobilisierender Faktor wirken. Disstress beinhaltet demgegenüber ein schädigendes Übermaß an Anforderungen an den Organismus. In den letzten Jahrzehnten ist der Stressbegriff v. a. unter diesem Gesichtspunkt zur Bezeichnung für komplexe Reizkonstellationen und Reaktionszusammenhänge als Folge des Leistungs- und Zeitdrucks in der modernen Industriegesellschaft verwendet worden, denen erhebliche Auswirkungen auf das individuelle Wohlbefinden, die Leistungsfähigkeit, soziale Funktionsfähigkeit und Gesundheit zugeschrieben werden.

## STRESSFAKTOREN

Eine gängige Einteilung unterscheidet fünf Formen von Stressfaktoren (Stressoren): 1. äußere Stressfaktoren wie Überflutung mit Sinnesreizen und Informationen (Lärm, Licht, Vibration) oder deren Entzug (Deprivation), Schmerzreize, reale oder simulierte Gefahrensituationen (Unfälle, Operationen, Kampfsituationen); 2. Entzug von Nahrung, Wasser, Schlaf, Bewegung, sodass primäre Bedürfnisse nicht mehr befriedigt werden können; 3. Leistungsstressfaktoren, etwa Überforderung (Zeitdruck, Mehrfachbelastung, Ablenkung oder Mangel an ausreichender Erholungsmöglichkeit), Unterforderung (Monotonie), Prüfungen, Versagen, Kritik; 4. soziale Stressfaktoren (etwa Isolation); 5. vornehmlich psychische und psychosoziale Stressfaktoren wie Konflikte, Unkontrollierbarkeit, Ungewissheit oder das Gefühl des Ausgeliefertseins. Darüber hinaus hat die Analyse kritischer Lebensereignisse an Bedeutung gewonnen. Zu den besonderen Krisenzeiten gehören Pubertät, Wechseljahre oder der Eintritt in das Rentenalter. Größere Veränderungen der Lebensumstände wie der Verlust eines Angehörigen, Scheidung, Umzug, Arbeitslosigkeit oder Krankheit können ebenso als Stressfaktoren erfahren werden wie Widrigkeiten des Alltags.

## BIOPSYCHOLOGISCHE STRESSKONZEPTE

Die Stresskonzeption von Hans Selye, der die moderne Stressforschung maßgeblich geprägt hat, geht davon aus, dass Stressfaktoren unabhängig von ihrer Qualität ein Syndrom körperlicher Anpassungsreaktionen, das allgemeine Adaptationssyndrom, auslösen. Dabei werden drei aufeinanderfolgende Phasen unterschieden: die Alarmreaktion, die Widerstandsphase und die Erschöpfungsphase.

Die Alarmreaktion besteht aus physiologischen Reaktionen, in denen neuronale und hormonale Prozesse zusammenspielen. Von einer Aktivierung des Hypothalamus gehen zwei Achsen physiologischer Stressreaktionen aus. Beim ersten Weg wird über eine Ausschüttung von Hormonen der Nebennierenrinde eine Blutzuckererhöhung bewirkt, die dem Organismus Energie bereitstellt, um sich den Anforderungen stellen zu können. Ein zweiter Weg der Stressreaktion ist die durch den Hypothalamus hervorgerufene Aktivierung des Nebennierenmarks mit der Folge der Freisetzung von Adrenalin und Noradrenalin. Adrenalin führt unter anderem zu höherer Herzfrequenz, Erweiterung der Luftröhre, vermehrter Durchblutung der Skelettmuskulatur und Beschleunigung der Blutgerinnung, Noradrenalin zu einer Blutdruckerhöhung.

In der zweiten Phase ist der Widerstand gegenüber dem Stressfaktor erhöht und gegenüber anderen Stressfaktoren herabgesetzt, sodass die Anpassung oder der Bewältigungsversuch durch eine verringerte Widerstandsfähigkeit gegenüber den anderen Stressfaktoren erkauft wird. Dies kann etwa zu einer Schwächung des Immunsystems und damit zu einer Herabsetzung der Infektionsabwehr führen.

In der Phase der Erschöpfung kann der Organismus einem Stressfaktor, an den er sich zwar angepasst hat, der aber weiter wirksam ist, nicht länger standhalten. Je nach konstitutioneller Disposition, erworbenen Organschäden oder individueller Persönlichkeit kommt es jetzt zu psychosomatischen oder psychischen Störungen mit psychosozialen Folgen. Die Symptome der Alarmreaktion stellen sich wieder ein, sie sind jetzt aber irreversibel. Die Folgen des Stresses sind hormonell bedingte Beeinträchtigungen des vegetativen Nervensystems. Dies kann im Zusammenwirken mit anderen Risikofaktoren zu erschöpfungsdepressiven Zuständen und zu psychosomatisch interpretierbaren Beschwerden wie etwa Magengeschwüren, Bluthochdruck, Arteriosklerose oder Herzinfarkt führen.

### INTERAKTIONISTISCHE STRESSKONZEPTE

Störungen des Gleichgewichts zwischen zwei unabhängigen Systemen – den Anforderungen der Umgebung und den Reaktionsmöglichkeiten eines Individuums – werden in interaktionistischen Konzeptionen für die Auslösung von Stress verantwortlich gemacht. Richard S. Lazarus, der bedeutendste Vertreter dieser kognitiven Stresskonzeption, weist zusätzlich auf die wechselseitige Veränderung von Umwelt und aktiv handelnder Person hin.

Zwei Prozesse sind in der Auseinandersetzung des Individuums mit seiner Umwelt wirksam: die kognitive Bewertung und die Bewältigung. Wenn eine Situation als potenzieller Stressfaktor bewertet wird, so wird die Situation anhand der Kategorien Schaden oder Verlust (durch den Stressfaktor ist eine Beeinträchtigung bereits real erfolgt), Bedrohung (eine Beeinträchtigung wird erwartet) und Herausforde-

## STRESS *Fortsetzung*

rung (in der stressbezogenen Auseinandersetzung liegt die Möglichkeit eines Gewinns) analysiert. In einem zweiten Schritt, teilweise auch schon gleichzeitig mit dem ersten, wägt das Individuum seine Möglichkeiten ab, wie es eine stressbezogene Auseinandersetzung erfolgreich bewältigen kann. Schließlich kann es im Verlauf der Auseinandersetzung mit der Umwelt über ein Rückmeldesystem zu einer Neubewertung kommen, insbesondere dann, wenn neue Informationen über die Umwelt oder die eigene Reaktion herangezogen werden.

### FOLGEN FÜR DIE GESUNDHEIT

Bereits seit Langem werden die Folgen von Stress für die Gesundheit und die Entstehung von Krankheiten diskutiert. Wahrscheinlich kommt es zu einer Beeinträchtigung des Immunsystems und in deren Folge zu einem gehäuften Auftreten von Infektionskrankheiten. So sind Virusinfektionen gehäuft bei Personen mit hoher psychosozialer Belastung (Berufsstress, etwa als Burnout-Syndrom) zu beobachten. Eine Beteiligung am Entstehen von Tumoren wird ebenfalls untersucht. So deuten zahlreiche Untersuchungen auf eine Schwächung des Immunsystems bei länger einwirkendem Stress, doch sind die genauen psychophysiologischen Zusammenhänge noch nicht vollständig aufgeklärt.

Zumindest kann von einer indirekten Stressauswirkung ausgegangen werden, wenn bei Stressbelastungen nicht für den erforderlichen Ausgleich gesorgt wird (etwa ausreichende Bewegung und Erholungsmöglichkeiten, Ruhe, Abwechslung, Lösung anstehender zwischenmenschlicher Probleme), womit sich langfristig gesehen ein zusätzliches Belastungspotenzial ergibt. Gegenstand intensiver Forschung ist die Bedeutung von Stress bei der Entstehung von Herz-Kreislauf-Erkrankungen und Bluthochdruck.

Für diese Krankheiten prädisponiert scheinen insbesondere von Stress betroffene Menschen, die sich durch Ehrgeiz, Leistungsstreben, Hast, Ungeduld, Konkurrenzdenken, aber auch durch häufiges Auftreten negativer Emotionen wie Feindseligkeit, aggressives Rivalitätsverhalten, Angst, Ärger und Depression auszeichnen. Auch bei Entstehung und Verlauf von Magen-Darm-Erkrankungen, Bronchialasthma, Arthritis, Migräne, Spannungskopfschmerz und Allergie sind Stressfaktoren von Bedeutung, besonders bei lang andauerndem, chronischem Stress.

### FORMEN DER STRESSBEWÄLTIGUNG

Die Art und Weise der individuellen Stressbewältigung scheint für die soziale Funktionstüchtigkeit und die Gesundheit genauso wichtig zu sein wie die Häufigkeit und Intensität von Stresserleben. Unterschieden werden problem- und emotionsbezogene Bewältigungsversuche. Problembezogen ist die Bewältigung dann, wenn sich eine Person direkt mit den Bedingungen befasst, die eine Schädigung, Bedrohung oder Herausforderung auslösen. Bei der emotionsbezogenen Bewältigung wird versucht, die bei Stress auftretenden Emotionen zu regulieren und zu kontrollieren. Andere Formen der Stressbewältigung betreffen die zeitliche Orientierung (vergangenheits-, gegenwarts- oder zukunftsorientiert) und das Ziel von Bewältigungsbemühungen (die eigene Person oder die Umgebung). Zur Bewältigung können Informationssuche, direkte Hand-

- → **STRESSOREN**
  - → ARBEITSLOSIGKEIT
  - → BELASTUNG
  - → DEPRIVATION
  - → ISOLATION
  - → KONFLIKT 3)
  - → KRANKHEIT
  - → LÄRM
  - → LEBENSEREIGNIS
  - → MOBBING
  - → TRAUMA

- → **LEISTUNGSGESELLSCHAFT**
  - → KONKURRENZ
  - → LEISTUNGSMOTIVATION
  - → MANAGERKRANKHEIT

- → **STRESSBEWÄLTIGUNGSTECHNIKEN**
  - → ENTSPANNUNG
  - → GESUNDHEITSVERHALTEN
  - → ZEITMANAGEMENT

**STRESS**

- → **REAKTION**
  - → ALARMREAKTION
  - → BURN-OUT-SYNDROM
  - → DEPRESSION
  - → ERSCHÖPFUNG
  - → KRISE 2)
  - → POSTTRAUMATISCHE BELASTUNGSSTÖRUNG
  - → SCHLAFSTÖRUNGEN
  - → UNRUHE

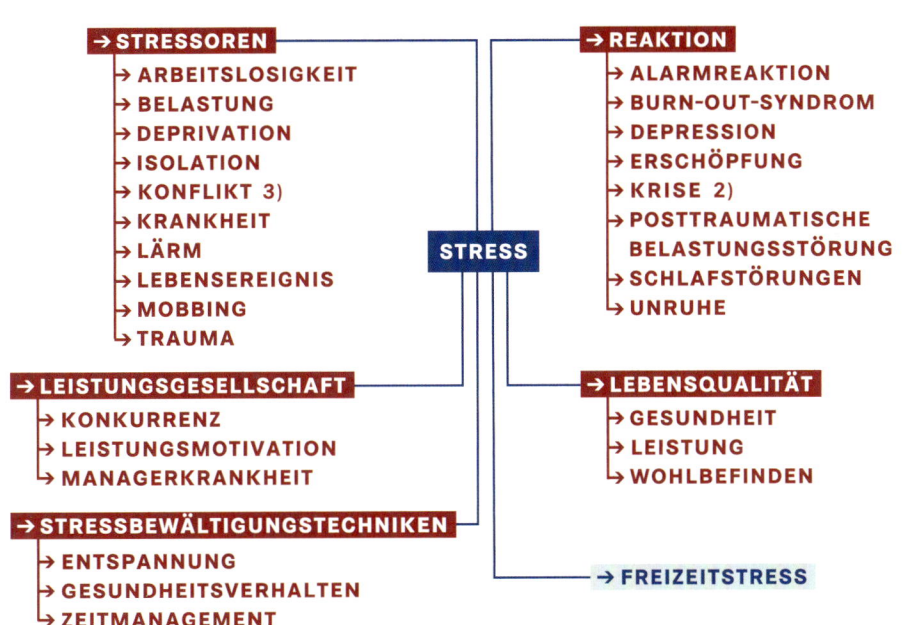

- → **LEBENSQUALITÄT**
  - → GESUNDHEIT
  - → LEISTUNG
  - → WOHLBEFINDEN

- → **FREIZEITSTRESS**

lungen oder Unterlassen von Handlungen und intrapsychisches Bewältigen gewählt werden.

Die Tatsache, dass Stress nur bei manchen, nicht aber bei allen Menschen zu negativen Folgen wie Versagen oder Erkrankungen führt, hat die Forschung angeregt, von einem Zusammenhang zwischen Stress und Persönlichkeit auszugehen. Sehr ängstliche Personen scheinen gegenüber weniger Ängstlichen für Stress anfälliger zu sein und entwickeln möglicherweise auch ungünstigere Bewältigungsstrategien. Gesichert ist, dass es Faktoren gibt, die Stress abfangen oder den Bewältigungsprozess erleichtern und beschleunigen.

In diesem Sinn sind ein intaktes soziales Stützsystem (etwa zuverlässige Freunde), die Selbsteinschätzung, man werde kritische Situationen meistern können, sowie die generalisierte Erwartung eines positiven Handlungsausgangs (Optimismus) nützlich. Die meisten der in der Psychologie entwickelten Stressbewältigungsstrategien basieren deshalb auf Maßnahmen zur Veränderung der Bewertung Stress auslösender Ereignisse und auf der Aktivierung geeigneter Bewältigungsmöglichkeiten. Außerdem können auch verschiedene Entspannungsverfahren angewendet werden (z. B. autogenes Training oder Meditation).

**LESETIPPS:**

RALF SCHWARZER: *Stress, Angst und Handlungsregulation.* Stuttgart (Kohlhammer) [4]2000.

THOMAS PRÜNTE: *Der Anti-Stress-Vertrag. Ihr Weg zu mehr Gelassenheit und Lebensfreude.* Wien (Uebereuter) 2003.

SABINE ASGODOM: *12 Schlüssel zur Gelassenheit. So stoppen Sie den Stress.* München (Kösel) [3]2004.

DIANA DREXLER: *Gelassen im Stress. Bausteine für ein achtsameres Leben.* Stuttgart (Klett-Cotta) [2]2007.

*Fortsetzung von S. 589*

**Stressoren:** Ereignisse, die eine Stressreaktion auslösen. Man kann zwischen körperlichen (z. B. Hitze, Kälte), inneren (z. B. hohe Leistungsanforderungen an sich selbst) und äußeren Stressoren (z. B. Zeitdruck) unterscheiden. Stressoren wirken individuell unterschiedlich; nicht jeder Stressor ruft bei jeder Person Stress hervor. Offenbar wird die Stressreaktion auch von der subjektiven Einschätzung der Stressoren beeinflusst. Deshalb ist der Einsatz von →Stressbewältigungstechniken sinnvoll.

**Struktur** [von latein. structura »Zusammenfügung«, »Ordnung«, »Bau«]: Anordnung der Teile eines Ganzen zueinander, innere Gliederung, Aufbau; im wissenschaftlichen Bereich ein Beziehungsgefüge und dessen Eigenschaften, ein nach Regeln aus Elementen zu einer komplexen Ganzheit aufgebautes Ordnungsgefüge oder ein System von Zwecken. Die **psychische Struktur** ist ein ganzheitlich organisierter Zusammenhang verschiedener psychischer Merkmale, Faktoren oder Funktionen. Eine Struktur besitzt Charakteristika, die nicht mit der Ausprägung einzelner Faktoren oder Ursache-Wirkungs-Zusammenhängen zwischen zwei Faktoren identisch sind. Vielmehr sind es Gesetze, die das Zusammenspiel bzw. die Wechselwirkung aller Teile in der Struktur regeln. Psychische Strukturen gehören zum Erleben von Individuen, während soziale Strukturen bzw. Systeme Interaktionen zwischen mehreren Individuen beinhalten. Beispiele für psychische Strukturen sind die →Persönlichkeit eines Menschen oder die →kognitiven Stile von Personen.

**Strukturalismus:** 1) Sammelbezeichnung für erkenntnistheoretische Positionen, die an der Oberfläche Beobachtbares erklären, indem sie Organisations- und Wechselwirkungsprinzipien zwischen Faktoren ermitteln, die für die Erscheinungen verantwortlich sind. Häufig ist damit auch ein ganzheitlicher Anspruch verbunden, der es ablehnt, die untersuchten Phänomene in Einzelteile oder Variablen zu zerlegen. Diese Ansprüche stehen im Widerspruch zum →Positivismus.

In der Geschichte der Psychologie gab es etliche Strömungen, die Varianten eines Strukturalismus darstellten. So ermittelte die Gestaltpsychologie Organisationsprinzipien (→Gestaltgesetze) für Wahrnehmung und Denken. Jean Piaget bezeichnete seinen Ansatz als genetischen Strukturalismus. Er untersuchte die Entwicklung kognitiver Strukturen vom anschaulichen Denken zum abstrakten Denken in der Ontogenese. Aktuelle Ansätze berufen sich oft auf die →Systemtheorie.

2) die Bewusstseinstheorie des amerikanischen Psychologen Edward B. Titchener (*1867, †1927). Von seinem Lehrer Wilhelm Wundt übernahm er die Methode der →Introspektion und versuchte damit, die elementaren Phänomene der bewussten Erfahrung zu identifizieren. Der Strukturalismus ging davon aus, dass sich im menschlichen Bewusstsein elementare Phänomene (Empfindungen, Bilder, Gefühle) zu Komplexen zusammensetzen (Gedanken, Erfahrungen), ähnlich wie sich in der Chemie Atome zu Molekülen verbinden. Gegenstand der psychologischen Untersuchung sollte die innere Gesetzmäßigkeit der bewussten Vorgänge sein, womit sich der Strukturalismus gegen die Auffassung des →Funktionalismus wandte.

**strukturelle Störung, Frühstörung:** *Psychoanalyse:* eine Störung in der Persönlichkeitsentwicklung, die sehr früh einsetzt; Störung der »Struktur« der Seele. Bereits im ersten oder zweiten Lebensjahr macht das Kind Erfahrungen, die seine Bewältigungsmechanismen überfordern (z. B. schwere Vernachlässigung, Missbrauch) und ihm ein normgerechtes Durchlaufen der →ödipalen Phase unmöglich machen. Psychoanalytischer Auffassung zufolge können sich dann Störungen wie die →Borderlinestörung, die →narzisstische Persönlichkeitsstörung oder Suchterkrankungen entwickeln.

**Strukturmodell, Instanzenmodell:** *Psychoanalyse:* Modell der Struktur des psychischen Apparates, das Sigmund Freud in seiner Arbeit »Das Ich und das Es« (1923) beschrieben hat. Das Modell besteht aus den Strukturelementen →Es, →Ich und →Über-Ich. Diese Elemente des psychischen Apparats verhalten sich z. T. förderlich, z. T. antagonistisch zueinander. Dieses Wechselspiel bezeichnet man als →Psychodynamik. Das Strukturmodell wurde von Freud und anderen gelegentlich auch als zweites →topisches Modell bezeichnet.

**Strukturtheorie:** in den *Humanwissenschaften* Sammelbezeichnung für alle Theorien über Aufbau und Organisation von Organismus und Psyche oder jeweils Teilbereichen davon (→Strukturalismus 1).

**Stupor** [latein. »das Staunen«, »Betroffenheit«]: völlige körperliche und geistige Regungslosigkeit, bei der es trotz wachen Bewusstseins des Patienten nicht gelingt, mit ihm in Kontakt zu treten. Die Augen der Patienten sind in diesem Zustand meist geöffnet. Ein Stupor kann verschiedene Ursachen haben; meist kommt er im Rahmen psychotischer Erkrankungen, als abnorme Schreck- oder Belastungsreaktion sowie bei organisch (z. B. durch Vergiftungen oder extrem hohes Fieber) bedingten Verwirrtheitszuständen vor.

**Subjektivität: 1)** *umgangssprachlich* eine wirklichkeitsfremde, selbstbezogene Haltung im Denken und Handeln, welche die objektive Realität verkennt. Der Begriff ist als Adjektiv (»subjektiv«) gebräuchlicher.

**2)** im wissenschaftlichen Verständnis das Gegebensein eines Inhalts im individuellen Bewusstsein eines Menschen. Über die Richtigkeit oder Angemessenheit in Bezug zur Außenwelt ist damit nichts ausgesagt. Alle Erlebnisse (Wahrnehmungen, Gedanken, Gefühle) sind insofern subjektiv, als sie nur ihrem Träger direkt zugänglich sind. Subjektivität ist ein allgemeines Charakteristikum im Erleben.

Die Psychologie versuchte immer wieder, die Subjektivität aufgrund der Problematik ihrer methodischen Zugänglichkeit aus ihrem Untersuchungsfeld auszuklammern; am extremsten vertrat diese Position der →Behaviorismus. Allerdings sind sinnvolle Aussagen über psychische Prozesse und äußeres Verhalten oft nur möglich, wenn man die Subjektivität der untersuchten Personen in die Untersuchung ausdrücklich einbezieht.

**Sublimierung, Sublimation** [zu latein. sublimare »erhöhen«]: *Psychoanalyse:* ein Abwehrmechanismus, bei der sexuelle Triebenergie in sozial anerkannte oder zumindest tragbare Formen der Aktivität umgewandelt wird. Sigmund Freud nahm an, dass jede psychische Energie, jeder Triebimpuls bewusst oder unbewusst umgewandelt und auf andere, nicht sexuelle Ziele umgelenkt werden kann, wenn ihre ursprünglichen (sexuellen) Ziele vom Über-Ich nicht toleriert werden. Ergebnisse von Sublimierung sind z. B. die intellektuelle Arbeit oder die künstlerische Betätigung, aber auch Umwandlung von Wut in sinnvolle Aktivitäten wie Holzhacken oder Saubermachen.

**subliminale Reize:** unterschwellige →Reize.

**Substanzabhängigkeit:** Unfähigkeit, den Konsum einer Substanz, z. B. Nikotin, Kaffee oder Drogen, einzustellen, ohne dass Entzugserscheinungen körperlicher oder psychischer Art auftreten. Die Substanzabhängigkeit ist gleichbedeutend mit der stoffgebundenen Form der →Sucht. Je nach konsumierter Substanz sind unterschiedliche körperliche und psychische Wirkungen der Substanzabhängigkeit zu erwarten, bei der →Alkoholkrankheit andere als bei der →Drogenabhängigkeit oder der →Medikamentenabhängigkeit.

**Substanzmissbrauch, Ab|usus:** übermäßiger oder unangemessener Gebrauch einer Substanz, d. h., die Substanz wird dem Körper trotz schädlicher Konsequenzen zugeführt. Was als übermäßig oder unangemessen gilt, ist stark von gesellschaftlichen Werten und Moden abhängig. So hat sich in der zweiten Hälfte des letzten Jahrhunderts die Einstellung zum Nikotin gesellschaftlich radikal gewandelt: Galt es in den 1960er-Jahren allgemein als »schick«, eine Zigarette zu rauchen, so wurde das Rauchen im Zuge der Gesundheitsbewegung der 1990er-Jahre gesellschaftlich geächtet, da das Gefährdungspotenzial des Rauchens höher eingestuft wurde als dessen Genusspotenzial. Der Substanzmissbrauch ist als Vorform der →Substanzabhängigkeit zu betrachten.

**Substitutionstherapie: 1)** medikamentöser Ersatz einer im Körper fehlenden, lebenswichtigen Substanz;

**2)** kontrollierte Verabreichung von Ersatzdrogen (z. B. →Methadon) bei Abhängigkeit von Heroin oder anderen Opiaten.

**Sucht:** *Sonderartikel S. 596–599.*

**Suchtformen:** stoffgebundene und stoffungebundene Formen der →Sucht. Eine psychische Abhängigkeit kann sich prinzipiell von jeder Substanz entwickeln, die verlässlich das angestrebte Erleben hervorbringt (von deren Konsum der Süchtige sich z. B. angenehme Empfindungen oder Beseitigung unangenehmer

*Fortsetzung S. 600*

**Suchtformen:** Das Spielen gehört zu den stoffungebundenen Süchten.

# SUCHT

## ZUM SPRACHGEBRAUCH

Das Wort »Sucht« ist abgeleitet von dem germanischen Zeitwort »siechen«. Wurde der Begriff ursprünglich im Sinne von Siechtum oder Krankheit verstanden (wie bei den zusammengesetzten Ausdrücken »Fallsucht« für Epilepsie, »Schwindsucht« und »Gelbsucht«), so wurde er später auch zur Bezeichnung von Charaktereigenschaften (wie »Selbstsucht«) und Verhaltensweisen (wie »Tobsucht«) verwendet. Heute wird neben dem der Sucht auch der Begriff »Abhängigkeit« verwendet, etwa im Sprachgebrauch der Weltgesundheitsorganisation.

Gingen die Sucht- und Abhängigkeitsdefinitionen der Weltgesundheitsorganisation über Jahrzehnte von konkreten Suchtmitteln aus, so begann Mitte der 1980er-Jahre eine Diskussion über stoffungebundene Süchte (beispielsweise Spielsucht, Arbeitssucht). Kritiker warnen jedoch vor einem »inflationären« Gebrauch des Suchtbegriffs und dem damit verknüpften Gedanken, dass es nichts gibt, was nicht süchtig machen kann, und kaum jemanden gibt, der nicht in irgendeiner Weise abhängig ist.

## SUCHTVERHALTEN UND MERKMALE

Gemeinsam ist allen Süchten das unabweisbare, starke Verlangen nach einem bestimmten Erlebniszustand. Dieser Zustand, der im Erreichen von Lustgefühlen oder im Vermeiden oder Vermindern von Unlustgefühlen besteht, kann entweder durch Substanzen (wie Alkohol, Medikamente, illegale Drogen) oder durch Verhaltensweisen (wie Spielen, Arbeiten, Fernsehen, im Internet Surfen) hervorgerufen werden. Das Suchtverhalten entzieht sich der einfachen willentlichen Kontrolle. Bei stoffgebundenen Süchten besteht eine psychische und bei einer Reihe von Substanzen (wie Alkohol, Heroin, Medikamente) auch eine körperliche Abhängigkeit, bei stoffungebundenen in der Regel eine psychische Abhängigkeit.

Die psychische Abhängigkeit äußert sich in einem starken Drang oder Zwang, den Konsum der Droge oder das entsprechende Verhalten fortzusetzen trotz der vielfältigen Probleme, die mit dem süchtigen Verhalten verbunden sind: körperliche Erkrankungen bei stoffgebundenen Süchten (Alkoholkrankheit, Heroinsucht), aber auch bei stoffungebundenen (wie Bluthochdruck bei der Arbeitssucht), wirtschaftliche Probleme bis hin zum Bankrott (bei der Heroin- und der Spielsucht), Isolation (bei der Computersucht), im fortgeschrittenen Stadium nicht selten Verlust des Arbeitsplatzes.

Die körperliche Abhängigkeit von Drogen zeichnet sich dadurch aus, dass der Körper eine steigende Toleranz entwickelt (das heißt, zur Erreichung des gleichen Effekts muss eine zunehmend größere Menge eingenommen werden) und nach Absetzen der Droge Entzugserscheinungen auftreten wie Schweißausbrüche, Fieber, Muskelschmerzen, Erbrechen.

## ENTSTEHUNG UND URSACHEN

Die Entstehung einer Sucht verläuft meist in Phasen, die vom Genuss über den regelmäßigen Konsum und die Gewöhnung bis zum Missbrauch und schließlich zur Abhängigkeit führen. Aber ob und wovon eine Person süchtig wird, hängt von vielen Faktoren ab. Neben der Zugänglichkeit des Suchtmittels und der Möglichkeit, das Suchtverhalten auszuüben, eventuell noch in Verbindung mit Werbung (Nikotin, Alkohol), Prestige (Arbeitssucht) und Druck aus der Peergroup (Haschisch), übt auch die gesellschaftliche Akzeptanz des Suchtmittels oder süchtigen Verhaltens erheblichen Einfluss aus.

Körperliche Faktoren spielen darüber hinaus bei stoffgebundenen Süchten eine Rolle: neben genetischen Faktoren und der körperlichen Konstitution v. a. die Wirkung des Suchtmittels und seine psychopharmakologischen Eigenschaften. Es gibt Drogen, die ausgesprochen schnell zu einer starken körperlichen Abhängigkeit führen (Heroin, aber auch Nikotin), und andere, deren Suchtpotenzial nur gering ist (Haschisch). Entscheidendes Gewicht kommt jedoch der innerpsychischen und sozialen Stabilität des Konsumenten zu.

Im ressourcenorientierten Ansatz wird Sucht heute als Versuch der Problemlösung verstanden. Das Individuum muss sich mit Anforderungen und Belastungen aus der Umwelt sowie mit Wünschen, Ansprüchen und Verboten aus seinem Inneren auseinandersetzen. In manchen Fällen ist das Individuum damit überfordert. Dies ist insbesondere der Fall, wenn die persönlichen Ressourcen psychische Stabilität, Frustrationstoleranz und/oder Problemlösungsstrategien nicht stark genug ausgebildet sind, aber auch dann, wenn die äußeren Faktoren belastend sind, etwa durch lieblose und misshandelnde Familienmitglieder, Arbeitslosigkeit mit den entsprechenden Einschränkungen an Konsum, Wertschätzung und Lebensperspektiven. In manchen Fällen scheint die Sucht dann der einzige Ausweg zu sein.

## VERBREITUNG

Als Krankheit ist die stoffgebundene Sucht in Deutschland seit 1986 anerkannt, als das Bundessozialgericht Sucht als »objektiv fassbaren Zustand« definierte, »der von der Norm abweicht und der durch eine Heilbehandlung behoben, gelindert oder zumindest vor einer drohenden Verschlimmerung bewahrt werden kann«. Demnach sind süchtige Menschen nicht »schlecht« oder »schwach«, sondern krank und benötigen Verständnis und Unterstützung.

Dass Sucht nicht nur ein Problem von kleinen Minderheiten darstellt, lässt sich leicht aus den epidemiologischen Daten ablesen. 1,6 Millionen Menschen in Deutschland sind akut alkoholabhängig, weitere 1,7 Millionen sind von gesundheitsschädlichem Alkoholmissbrauch betroffen; 1,5–2 Millionen medikamentenabhängig; ca. 150 000 drogenabhängig; ca. 22 Millionen (27 % der Bevölkerung) rauchen. Genaue Aussagen über die Verbreitung der stoffungebundenen Süchte sind zurzeit kaum möglich, es lässt sich aber tendenziell eine Zunahme feststellen.

Der Tabakkonsum ist unter Jugendlichen in den letzten Jahren deutlich gesunken: Waren 2001 28 % der 12- bis 17-Jährigen Raucher, sank dieser Anteil im Jahr 2005 auf 20 %; auch beim Alkoholkonsum ist ein Rückgang zu verzeichnen. Als Gründe geben die Jugendlichen Preissteigerungen und gesundheitliche Risiken an. Allerdings ist zu beobachten, dass das Einstiegsalter beim Alkohol-, Tabak- und Drogenkonsum absinkt. Auch der Missbrauch von Arzneimitteln und der Konsum illegaler Drogen wie Kokain und Heroin fangen schon in früher Jugend an.

## SUCHT *Fortsetzung*

### BERATUNG UND THERAPIE

Der Ausstieg aus einer Sucht gelingt mit (professioneller) Hilfe deutlich besser als allein. Untersuchungen zeigen, dass die Rückfallquote bei Personen, die ohne professionelle Hilfe oder Unterstützung durch eine Gruppe das Suchtverhalten aufzugeben versuchen, am höchsten ist. Örtliche Drogenberatungsstellen, Hausärzte und Selbsthilfegruppen geben Informationen und Hilfestellung. Adressen von Selbsthilfegruppen sind über die Krankenkassen zu erfahren.

Die stationäre Suchttherapie verfolgt in der Regel einen integrativen Ansatz, der verhaltenstherapeutische mit tiefenpsychologischen und sozialpsychiatrischen Maßnahmen verbindet: Neben einem Programm zum Verlernen des süchtigen Verhaltens oder des Drogenkonsums und der Vermittlung alternativer Lösungsstrategien stehen Angebote zur vertieften Selbsterkenntnis und Maßnahmen, die die soziale und wirtschaftliche Situation der Betroffenen stabilisieren oder verbessern sollen und damit indirekt auch zu größerer psychischer Stabilität führen.

Ambulante Modelle der Suchttherapie gehen ähnlich vor wie die stationäre Suchttherapie, haben aber den Vorteil, dass sie den Kranken nicht von seinem sozialen Umfeld und seinem Arbeitsplatz trennen. Welches Verfahren für den Einzelnen das richtige ist und dauerhaften Erfolg verspricht, hängt auch davon ab, wie stark die Sucht ausgebildet ist und welche Ursachen ihr zugrunde liegen.

Während Suchttherapeuten bis in die 1980er-Jahre davon ausgingen, dass das Therapieziel nur Abstinenz vom Suchtmittel heißen kann, gibt es heute auch Modelle des »kontrollierten Konsums«, die jedoch nach wie vor umstritten sind. Vermutlich eignen sie sich nicht für jede Person und nicht für jede Situation. Unverzichtbar sind sie aber bei süchtig entgleisten Verhaltensweisen, die man nicht völlig aufgeben kann, etwa Essen oder Arbeiten.

Nicht unwesentlich kann es sein, die nächsten Angehörigen mit in die Therapie einzubinden. Zum einen sind sie oft genug durch die Sucht selbst psychisch belastet, zum anderen aber sind sie nicht selten auch mit ihr »verstrickt«, das heißt, dass sie sie (unbewusst) fördern beziehungsweise indirekt von ihr profitieren.

### NEUE ANSÄTZE DER PRÄVENTION

Der Schwerpunkt in der Suchtkrankenhilfe hat sich in den letzten Jahrzehnten mehr und mehr von der Therapie zur Prävention verschoben, bei der nicht die Bekämpfung, sondern die Vorbeugung im Mittelpunkt steht. Die traditionelle Herangehensweise der Suchtprävention war suchtmittelspezifisch ausgerichtet und versuchte zunächst, durch Abschreckung den Drogenkonsum einzudämmen. Da auf diesem Wege keine nachhaltigen Erfolge erzielt werden konnten, wurde »sachliche« Informationsvermittlung und Aufklärung zur Methode der Wahl.

Moderne Ansätze favorisieren dagegen eine suchtmittelunspezifische, ganzheitliche und ursachenorientierte Vorgehensweise. Ein solcher Ansatz ergibt sich beispielsweise aus dem ressourcenorientierten Modell: Eine Person, die über viele verschiedene Problemlösungsstrategien verfügen kann, wird nicht so leicht auf die Lösung »Sucht« verfallen wie jemand, dem kaum Möglichkeiten zur Problembewältigung zur Ver-

- → **ABHÄNGIGKEIT**
  - → ENTZUGSERSCHEINUNGEN
  - → GEWÖHNUNG 3)
- → **BEDÜRFNIS**
  - → ERSATZBEFRIEDIGUNG
  - → LUST
  - → RAUSCH
  - → UNLUST
- → **SUCHTFORMEN**
  - → DROGENABHÄNGIGKEIT
  - → COMPUTERSUCHT
  - → SPIELSUCHT
  - → WORKAHOLIC
- → **SUCHTPRÄVENTION**
  - → LEBENSKOMPETENZEN
  - → RESSOURCENAKTIVIERUNG

**SUCHT**

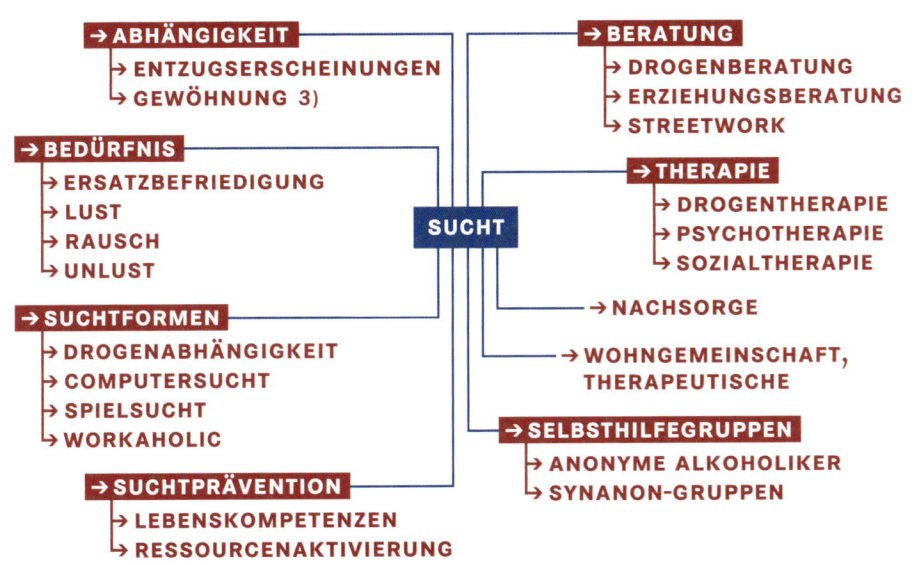

- → **BERATUNG**
  - → DROGENBERATUNG
  - → ERZIEHUNGSBERATUNG
  - → STREETWORK
- → **THERAPIE**
  - → DROGENTHERAPIE
  - → PSYCHOTHERAPIE
  - → SOZIALTHERAPIE
- → NACHSORGE
- → WOHNGEMEINSCHAFT, THERAPEUTISCHE
- → **SELBSTHILFEGRUPPEN**
  - → ANONYME ALKOHOLIKER
  - → SYNANON-GRUPPEN

fügung stehen. Neuere Präventionsansätze vermitteln deshalb vorrangig Strategien zur Problemlösung.

Darüber hinaus sind auch ein wohlwollendes, akzeptierendes Umfeld sowie die Möglichkeit, sich auszuprobieren und Selbstbewusstsein zu entwickeln, gute Schutzmauern gegen die Sucht, denn ein Mensch, der sich angenommen fühlt, selbstbewusst ist und Neues ausprobieren kann, wenn er vor neuen Problemen steht, wird zu deren Lösung nicht auf süchtiges Verhalten zurückgreifen müssen.

Die Bandbreite der in den vergangenen Jahren umgesetzten Suchtpräventionsprojekte in Kindertagesstätten, Kindergärten, Schulen, Betrieben und Gemeinden sowie der anbietenden Organisationen und Institutionen ist inzwischen fast unüberschaubar. An wissenschaftlichen Überprüfungen zur Beurteilung der Qualität und Wirksamkeit der einzelnen Maßnahmen mangelt es jedoch meist. Heute wird für eine effektive Suchtprävention mehr und mehr auch die Notwendigkeit gesehen, die Massenmedien sowie flankierende soziale und gesellschaftspolitische Maßnahmen so weit wie möglich einzubeziehen.

**LESETIPPS:**
Klaus Hurrelmann und Heidrun Bründel: *Drogengebrauch – Drogenmissbrauch. Eine Gratwanderung zwischen Genuss und Abhängigkeit. Darmstadt (WBG)* [2]2000.
Werner Gross: *Hinter jeder Sucht ist eine Sehnsucht. Die geheimen Drogen des Alltags. Neuausgabe Freiburg im Breisgau (Herder)* [5]2002.
Bernhard van Treeck: *Drogen. Berlin (Schwarzkopf & Schwarzkopf)* 2002.
Helmut Kuntz: *Der rote Faden in der Sucht. Neue Ansätze in Theorie und Praxis. Weinheim (Beltz)* [6]2006.
Deutsche Hauptstelle für Suchtfragen e. V. (Hrsg.): *Jahrbuch Sucht 2007. Geesthacht (Neuland)* 2007.

*Fortsetzung von S. 595*
Empfindungen erwartet). Eine körperliche Abhängigkeit entwickelt sich jedoch nur, wenn die Substanz im Körper dauerhafte Veränderungen auslöst, sodass bei Absetzen dieser Substanz →Entzugserscheinungen auftreten. Zahlreiche Substanzen, die körperlich abhängig machen, unterstehen dem Betäubungsmittelgesetz und sind damit illegale →Drogen, z.B. die →Opiate, →Kokain, →Crack und →Ecstasy.

Erst seit der zweiten Hälfte des 20. Jahrhunderts sind auch die stoffungebundenen Süchte in den Blickpunkt der Mediziner und Psychologen gerückt. Es handelt sich dabei um Verhaltensweisen, die suchtartigen Charakter angenommen haben; soll der Betroffene sie aufgeben, erlebt er starke Ängste bis hin zur Panik. Beispiele sind die →Spielsucht oder die Internetsucht. Manche Essstörungen (→Essstörungen, psychogene) werden umgangssprachlich ebenfalls als Sucht bezeichnet (z.B. Ess-Brech-Sucht); es ist jedoch umstritten, ob diesen Verhaltensweisen Suchtmechanismen oder andere psychische Mechanismen zugrunde liegen.

**Suchtprävention:** auf Verhinderung einer Suchtentwicklung ausgerichtete →Prävention.

**Suggestion** [latein. »Eingebung«, »Einflüsterung«]: starke Beeinflussung des Denkens, Fühlens, Wollens oder Handelns unter Umgehung der rationalen Persönlichkeitsanteile (des Beeinflussten). Die Suggestibilität (Beeinflussbarkeit) ist erhöht bei unselbstständigen und leichtgläubigen Menschen. Außerdem hängt sie von Alter, Geschlecht und der aktuellen Situation, wie Erregtheit, Angst, Müdigkeit, Drogeneinwirkung, ekstatische, hypnotische Zustände und Massenbeeinflussung, der Betroffenen ab. Zwischen Intelligenz und Suggestibilität besteht entgegen verbreiteter Ansicht kein gesicherter Zusammenhang. Die Suggestibilität kann diagnostisch geprüft werden, z.B. durch Formdeutetests oder mithilfe von Placebos. Die Suggestivität des Beeinflussenden (Suggerierenden) steigt, sobald er als der Stärkere, Informiertere, Selbstsicherere, sozial Höherstehende gilt.

Man unterscheidet zwischen Heterosuggestion (Fremdsuggestion) und →Autosuggestion (Selbstsuggestion), obwohl bei jeder Suggestion beide Komponenten beteiligt sind. Die Heterosuggestion spielt besonders bei der Werbung, Propaganda und Erziehung sowie in der Gruppendynamik eine Rolle. Sie wird z.B. bei der →Hypnose oder der Verabreichung von Placebos bewusst eingesetzt. Die Autosuggestion hat z.B. beim →autogenen Training und anderen psychotherapeutischen Verfahren ihre Bedeutung. Die durch Suggestion herbeigeführte Reaktivierung der Erinnerung an früher Erlebtes wird retroaktive Suggestion genannt und ist dem bewussten Erinnern weit überlegen.

**suggestive Kommunikation:** Kommunikation, mit der das Gegenüber zu einer Verhaltensweise gebracht werden soll, die es nicht bewusst beabsichtigt oder sogar ablehnt. Um dieses Ziel zu erreichen, werden tief liegende, möglicherweise unbewusste Wünsche und Ängste angesprochen; je weniger dem zu Beeinflussenden dies bewusst wird, desto wirksamer ist die suggestive Kommunikation. Entscheidend dabei ist, dass das angezielte Verhalten dem Opfer wenig bis gar nicht nützt, dagegen demjenigen, der zu beeinflussen sucht, Vorteile verspricht.

**Suggestivfrage:** eine Frage, die so formuliert wurde, dass deren Beantwortung naheliegend ist oder vom Sprecher nahegelegt wird (z.B. »Sie lieben doch Ihre Eltern, oder?«). Bei Meinungsumfragen führen (auch unbewusst gestellte) Suggestivfragen zu verzerrten Ergebnissen; dies kann durch die Vorgabe von Fragen mit vergleichbarer Bedeutung, aber anderslautender Formulierung kontrolliert werden. Suggestivfragen finden sich häufig auch im Zusammenhang mit der Kommunikation in →Double-Bind-Situationen.

**Suggestopädie:** Verfahren zum Erlernen v.a. von Fremdsprachen, das Anfang der 1960er-Jahre von dem bulgarischen Therapeuten und Pädagogen Georgi Lozanov begründet wurde. Die Suggestopädie versucht, in einem speziellen Unterrichtsablauf auf kreativ-spielerische Weise das Erlernen von z.B. Vokabeln in einer fesselnden Situation (z.B. Malen, Verkleiden, Sketche) zu intensivieren. Die Wirksamkeit der Suggestopädie wird mit wissenschaftlich teilweise nicht belegten Argumenten begründet wie der Behauptung, dass beim Lernen nach traditionellem Muster nur 4% des geistigen Potenzials genutzt werden, während die Suggestopädie brachliegende Kapazitäten v.a. der rechten, kreativen Gehirnhälfte nutze. Andere Wirkmechanismen dagegen sind plausibel, z.B. hinsichtlich der Zustände von Stressfreiheit und Entspannung oder des Lernens mit mehreren Sinnen. Suggestopädie wird oft mit dem Begriff des →Superlearning verbunden.

**Suizid, Freitod, Selbstmord, Selbsttötung:** die selbst herbeigeführte Beendigung des eigenen Lebens. Sich selbst zu töten ist ein Ergebnis der geistigen Entwicklung des Menschen, die es ihm ermöglicht, über die eigene Person zu urteilen, folglich auch ein Todesurteil zu fällen. Die Häufigkeit, mit der das geschieht, unterscheidet sich beträchtlich in verschiedenen Kulturen, aber auch in verschiedenen Orten desselben Landes. In den Industrieländern werden erheblich mehr Selbstmorde verübt als Morde.

*Umgang mit Suizid*

Die Statistiken sagen allerdings oft ebenso viel über die soziale Toleranz für einen Suizid aus wie über sein tatsächliches Vorkommen. Wo der versuchte, aber nicht gelungene Suizid aus religiösen oder juristischen Gründen verfolgt und bestraft wird, ist mit einer höheren Dunkelziffer zu rechnen als in Kulturen, die den Suizid für den Ausdruck einer krankhaften seelischen Entwicklung halten und Fachleute aus Psychologie und Psychiatrie aufbieten, um Selbstmordgefährdeten zu helfen.

Die verschiedenen Grundeinstellungen spiegeln sich auch in den Bezeichnungen wider: Der Begriff »Selbstmord« mit seinem Anklang an »Mord« kann eine moralische Abwertung beinhalten, während der Begriff »Freitod« eine Freiheit zur Selbsttötung voraussetzt, die zum Zeitpunkt des Suizids meist nicht gegeben ist.

Suizidgedanken sind nichts Ungewöhnliches. Die meisten Menschen denken in seelischen Krisen an eine solche Lösung, verwerfen sie aber rasch wieder. Wer solchen spontanen Suizidfantasien nachgeht, kann einen wesentlichen Teil der suizidalen Dynamik in sich nachvollziehen: Der Suizid verspricht dem Betroffenen, endlich Ruhe zu haben, von Personen, die ihn verletzt haben, imaginäre Emotionen der Reue und Liebe entgegengebracht zu bekommen (»sie werden an meinem Grab weinen«), und er drückt auch Wut und Racheimpulse gegenüber einer sozialen Umwelt aus, die ihn nicht genügend anerkennt.

*Wissenschaftliche Untersuchungen*

Das Suizidrisiko ist bei psychischen Erkrankungen hoch, das gilt v. a. für →Depression, Alkohol-, Drogen- und Medikamentenabhängigkeit sowie →Persönlichkeitsstörungen. Da die meisten dieser Grundkrankheiten behandelt werden können, sind suizidale Krisen heilbar, wenn die Betroffenen rechtzeitig einen Therapeuten oder eine Beratungsstelle aufsuchen. Dass die Zahl der Suizide in Deutschland in den letzten Jahrzehnten zurückgegangen ist – von 18 000 im Jahr 1980 auf 10 000 im Jahr 2005 –, wird u. a. auf die verbesserte Versorgung zurückgeführt.

Die wissenschaftlichen Untersuchungen zum Suizid haben ergeben, dass sich der vollzogene Suizid und der Selbstmordversuch durch typische Merkmale unterscheiden. Einen

> **Suizid | Drohungen ernst nehmen**
>
> Viele Menschen, die an einen Suizid denken, äußern dies gegenüber einer Vertrauensperson. Suizidankündigungen sollten daher nie auf die leichte Schulter genommen werden. Zwar gibt es Suizidandrohungen, die in erpresserischer Absicht geäußert werden, aber viele Suizidankündigungen sind völlig ernst gemeint.
>
> Man kann versuchen, den Betreffenden zum Besuch einer Beratungsstelle zu bewegen, ihm den Kontakt mit einem Geistlichen oder mit der Telefonseelsorge nahezulegen. Wenn das nicht gelingt, kann man ihm einen Pakt vorschlagen: Er solle sich nicht töten, bevor nicht bestimmte Dinge geklärt oder geschehen sind.
>
> Der Umgang mit einer suizidgefährdeten Person ist immer belastend; deshalb ist es ratsam, sich in einer solchen Situation selbst Rat und Hilfe zu holen.

Selbstmordversuch macht am häufigsten eine jüngere Frau mit akutem Liebeskummer; einen Selbstmord begeht am häufigsten ein älterer Mann mit einer schweren körperlichen Krankheit. Davon unterscheiden muss man die Suiziddrohung. Sie dient meist dem Ziel, die Mitmenschen zu beeinflussen; häufig verstärken diese die Drohung, indem sie auf diese Erpressung reagieren.

Wenn eine Person alle Gründe, die ihr den Suizid nahelegen, sorgfältig aufzählt, spricht man manchmal von einem Bilanzselbstmord. Dieser Ausdruck setzt voraus, dass eine realistische und vernünftige Bilanzierung des eigenen Lebens möglich ist; dies ist angesichts der immer mitspielenden Emotionen und subjektiven Wertesysteme äußerst fraglich. Suizide sind nicht immer nur Einzelereignisse, sondern können auch im Zusammenhang mit anderen Suiziden auftreten, z. B. mehrere Suizide in der Familie oder im Freundeskreis hintereinander, gehäufte Suizide an bestimmten Orten (z. B. besonders berühmten oder hohen Brücken) oder nach Darstellung von Suiziden in den Medien (»Werther-Effekt«, benannt nach der aus schwärmerischer Liebessehnsucht Selbstmord begehenden Titelgestalt von Johann Wolfgang von Goethes Roman »Die Leiden des jungen Werthers«, 1774).

Besondere Formen sind der Massensuizid, bei dem eine Gruppe gleichzeitig (erzwungenen) Selbstmord begeht (z. B. die Selbsttötung von 1 000 Juden auf der Festung Masada 70 n. Chr.), und der Suizid als regelhaftes, in bestimmten Kulturkreisen normativ verankertes Sozialverhalten (z. B. das Seppuku der japanischen Samurai).

*Erklärungsmodelle*

Zur Entwicklung suizidaler Krisen gibt es verschiedene psychologische Modelle: In der

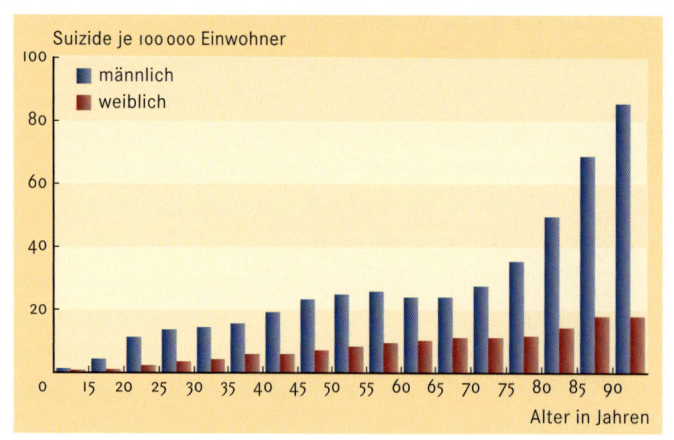

**Suizid:** Suizidraten in der Bundesrepublik Deutschland des Jahres 2005. Die Suizidgefährdung nimmt mit dem Alter zu.

Psychoanalyse ging Sigmund Freud den unbewussten Motiven des Suizids nach (»Trauer und Melancholie«, 1916) und entwickelte die Ansicht, dass eine ambivalente Identifikation mit einer geliebten Person stattfindet, die im Suizid eigentlich getötet wird. Später sah Freud im Suizid einen Abkömmling des Todestriebes. Die meisten späteren psychoanalytischen Autoren vertreten die Auffassung, dass der Suizid eine Reaktion auf den als einen bedrohlichen Vorgang empfundenen Verlust eines als unverzichtbar erlebten Objektes ist (z. B. den Verlust des Partners). Aufbauend auf Freuds Todestriebtheorie, besteht nach Karl Menninger Suizidalität aus dem Wunsch zu töten, aus dem Wunsch, getötet zu werden, und aus dem Wunsch zu sterben. Nach Hans Henseler liegt bei den meisten Suiziden eine narzisstische Problematik vor, bei der sich die gefährdete Person dauernd bedroht fühlt, in einen Zustand von Lächerlichkeit, Hilflosigkeit oder Verlassenheit zu geraten, aus dem sie sich nicht mehr retten zu können glaubt; die Gefährdung tritt dann ein, wenn aufgrund einer aktuellen Kränkung die Kompensationsmechanismen zur Stabilisierung des narzisstischen Gleichgewichts nicht mehr ausreichen.

In den 1950er-Jahren beschrieb der österreichische Psychiater Erwin Ringel das Konzept des präsuizidalen Syndroms. Es umfasst drei Elemente: 1. Einengung: Sie kann situativ sein; es gehen Lebensmöglichkeiten verloren, z. B. Verlust der Arbeit oder eines Partners. Auch das Werterleben ist eingeengt, den Betroffenen ist »alles egal«. Die sozialen Beziehungen, die vielleicht noch formal bestehen, verarmen emotional. 2. Gehemmte, gegen die eigene Person gerichtete Aggression: Wenn die Möglichkeiten, Aggression zu neutralisieren oder kreativ zu äußern (z. B. im Sport, im Beruf), durch einfühlungsame Erziehung beschnitten werden, entsteht aus der nicht abgeführten Aggression ein Gefühl ohnmächtiger Wut, die sich gegen die eigene Person richtet, indirekt aber auch die Umwelt trifft. 3. Zunehmende Selbstmordfantasien: In diesem letzten Stadium berichten viele Suizidale Ärzten oder Angehörigen von ihren Absichten, werden allerdings von diesen häufig nicht ernst genommen.

Das Stressmodell betont das Zusammenwirken der Faktoren Lebenssituation, soziales Netzwerk und Persönlichkeit: 1. Die Person befindet sich in einer belastenden Lebenssituation; 2. sie verfügt über kein ausreichendes soziales Netzwerk, auf das sie sich stützen und Stress abbauen könnte; und 3. die eigenen Ressourcen genügen nicht zur Problemlösung. Der Stress wächst so weit an, dass Suizid als letzte Möglichkeit der Bewältigung gesehen wird.

*Prävention*

Suizidprävention hat eine lange Tradition: 1895 entstand in den USA die erste Telefonseelsorge. In Deutschland gibt es in Großstädten institutionalisierte Hilfsangebote mit ununterbrochen erreichbaren Ansprech- und Anlaufstellen, die entweder den Schwerpunkt auf die präsuizidale Phase oder die Nachsorge von Suizidhandlungen legen. Die Suizidverhütung gehört zu den wichtigsten Aufgaben der Deutschen Gesellschaft für Suizidprävention (DGS), die jüngst ein »Nationales Suizidpräventionsprogramm für Deutschland« in Zusammenarbeit mit dem European Network on Suicide Research and Prevention der WHO und unter Beteiligung des Bundesministeriums für Gesundheit und Soziale Sicherung erarbeitet hat. Auf internationaler Ebene sind die International Association for Suicide Prevention (IASP) und die International Academy for Suicide Research (IASR) aktiv.

**LESETIPPS:**
Paul Götze und Monika Richter: *Aber mein Inneres überläßt mir selbst. Verstehen von suizidalem Erleben und Verhalten.* Göttingen (Vandenhoeck & Ruprecht) 2000.
Jean Améry: *Hand an sich legen. Diskurs über den Freitod.* Stuttgart (Klett-Cotta) [12]2004.
Thomas Bronisch: *Der Suizid. Ursachen, Warnsignale, Prävention.* Neuauflage München (Beck) 2007.

**Suizidalität, Selbstmordgefährdung:** Neigung, →Suizid zu begehen. Die Suizidalität kann sich im Verlauf von Trauerprozessen (→Trauer), bei unheilbaren körperlichen Krankheiten sowie bei schweren psychischen Störungen erhöhen.

**Sullivan** ['sʌlɪvən], Harry Stack: amerikanischer Psychiater und Neopsychoanalytiker, * Norwich (N. Y.) 21. 2. 1892, † Paris 14. 1. 1949; wurde durch die erfolgreiche psychotherapeutische Behandlung von Schizophrenen bekannt und hatte sehr großen Einfluss auf die Psychiatrie in den USA. Neurotische und psychotische Störungen sind nach Sullivans Auffassung durch angstbedingte Entwicklungsdefizite verursachte Störungen im zwischenmenschlichen Bereich und im emotionalen Erleben; sie unterscheiden sich daher nur graduell voneinander.

**Summerhill**: von dem britischen Pädagogen Alexander S. Neill 1924 gegründete Internatsschule, die mit ihrem Konzept der repressionsfreien Pädagogik Modell für die antiautoritäre Erziehung wurde. Neill war der Ansicht, dass Kinder sich am besten entwickeln, wenn sie von Erwachsenen möglichst wenig beeinflusst werden: Lehrer stellen den Schülern ihr Wissen zur Verfügung, und die Kinder entscheiden, ob sie davon Gebrauch machen.

Zwei Prinzipien unterscheiden Summerhill von anderen Schulen grundlegend: 1. die Wahlfreiheit: Der Lehrer ist gemäß Stundenplan in der Klasse, die Schüler entscheiden selbst, ob sie am Unterricht teilnehmen, d. h. die, die kommen, sind wirklich motiviert; 2. die Vollversammlung, auf der die Schulregeln festgelegt und geändert werden, wobei Schüler und Lehrer bzw. Personal je eine Stimme haben. Da die meisten der ca. 100 Personen, die auf Summerhill leben, Schüler sind, haben Schüler mehr Entscheidungsmacht.

Die Leistungsergebnisse von Summerhill-Schülern sind in etwa auf dem Niveau der Ergebnisse von Schülern aus Regelschulen. Ab einem Alter von zwölf, dreizehn Jahren ist die Leistung in naturwissenschaftlichen Unterrichtsfächern schlechter, in künstlerischen, musischen Fächern weiterhin in etwa gleich, und in der persönlichen Entwicklung, im Lernen sozialer Kompetenz sind Summerhill-Schüler im Vorteil.

**Sündenbock:** männliches Tier, das in vielen Religionen (auch im Judentum) die Last der Verfehlungen einer Gemeinschaft aufgebürdet bekommt und dann in die Wüste gejagt, auf andere Weise ausgestoßen oder getötet wird.

In der *Sozialpsychologie* wurde dieser Begriff für diejenigen Einzelpersonen und Gruppen übernommen, auf die eine größere Gruppe oder die Gesellschaft eigene Probleme, Ängste, unerwünschte Merkmale projiziert und an ihnen bekämpft und sie aufgrund von Schuldzuweisungen verfolgt.

**Superlearning** ['su:pələ:nɪŋ, engl.]: Lernmethoden v. a. für Fremdsprachen, bei denen versucht wird, durch gezielte Entspannungsübungen (Atmung, Musik mithilfe von Kassetten) innere Unruhe, Ablenkung und Stress abzuweisen und über die dadurch gewonnene Konzentration eine bessere Aufnahmefähigkeit zu erreichen. Der Begriff Superlearning wird heute als Sammelbegriff für verschiedene Verfahren verwendet, die teilweise Weiterentwicklungen der → Suggestopädie sind.

**Supervision** [zu mittellatein. supervidere »beobachten«, »kontrollieren«]: Entwicklung der beruflichen Kompetenz von Einzelpersonen und Teams durch systematische Reflexion ihrer Tätigkeit. Dies geschieht in der Regel in Gruppen von sechs bis acht Teilnehmern unter der Leitung eines ausgebildeten Supervisors. In einer offenen und vertrauensvollen Atmosphäre werden Probleme im Arbeitsleben besprochen und das Verhalten der Betreffenden sowie die Interaktion aller Beteiligten werden analysiert. Voraussetzung ist die strikte Verschwiegenheit aller Beteiligten. Ein Spezialfall ist die **Teamsupervision,** bei der ein Arbeitsteam, z. B. eine Stationsgruppe in einer Klinik, gemeinsam supervidiert wird.

Die »Arbeit unter Supervision« ist in vielen psychosozialen Einrichtungen wie Beratungsstellen, sozialpsychiatrischen Diensten, Kinderheimen, Tagesstätten, psychotherapeutischen Kliniken selbstverständlich. In anderen Bereichen wird Supervision angefordert, wenn Krisen auftreten, die Arbeitszufriedenheit sinkt oder Teams zerstritten sind.

Supervision ist Bestandteil der Ausbildung von → Psychotherapeuten, die als Gruppen- und Einzelsupervision geleistet werden muss. Sie dient der Klärung von konkreten fachlichen Fragen, aber auch der Bearbeitung von persönlichen Blockaden bei der Arbeit. Bei den tiefenpsychologischen Verfahren werden insbesondere eigene »blinde Flecken« beleuchtet, die sich störend auf die therapeutische Arbeit auswirken würden.

Während die Supervision zu Beginn ihrer Entwicklung oft nebenbei von erfahrenen Praktikern ausgeübt wurde und die Arbeitsfelder von Praxisanleitung auf der einen, Therapie und Selbsterfahrung auf der anderen Seite nur sehr unscharf von Supervision getrennt wurden, steht heute eine wissenschaftlich orientierte, von speziell ausgebildeten Supervisoren angebotene und klar von Fortbildung bzw. Therapie abgrenzbare Supervision im Vordergrund.

**Survivaltraining** [sə'vaɪvltrɛ:nɪŋ, zu engl. survival »das Überleben«]: Einüben des Überlebens ohne Hilfe in extremen Situationen. Survivaltraining dient v. a. der Vorbereitung von Expeditionsteilnehmern sowie militärischer Spezialeinheiten. Bei manchen Firmen ist ein Survivaltraining Bestandteil der Fortbildung von Führungskräften und soll ihr Selbstvertrauen und ihre Entscheidungsfähigkeit stärken. Der Nutzen derartiger Trainings für die Entwicklung von Führungskompetenzen ist empirisch nicht belegt.

Im Bereich der Personalentwicklung hat sich für Survivaltraining die Bezeichnung »Outdoor Training« durchgesetzt. Dies sind Gruppenübungen unter freiem Himmel (Klettern, Brücken bauen, Geschicklichkeitsspiele etc.), deren Wirkung auf Kommunikationsprozsse ebenfalls bislang nicht überzeugend belegt ist; dennoch sind derartige Trainings inzwischen sehr weit verbreitet.

**Symbiose** [griech. »das Zusammenleben«]:
1) in der *Biologie* eine enge Beziehung zwischen unterschiedlichen Arten, die davon wechselseitig profitieren, z. B. Darmbakterien und Mensch, Einsiedlerkrebs und Seeanemone.

2) in der *Psychologie* enge Beziehungen von hoher gegenseitiger Abhängigkeit, z. B. zwischen Mutter und Säugling, zwischen Zwillingen oder Ehepartnern, die alles gemeinsam machen und alles voneinander wissen. Während die Symbiose in der frühen Kindheit als normaler Abschnitt der seelischen Entwicklung angesehen wird, gelten symbiotische Beziehungen zwischen Erwachsenen als problematisch, weil sie nur wenige Auseinandersetzungen zulassen und sich durch den hohen Harmoniedruck nur schwer an Veränderungen anpassen. So scheitert eine symbiotische →Partnerschaft oft nach der Geburt eines Kindes, weil dann die Mutter mit dem Baby unbewusst eine neue Symbiose eingeht und der Vater sich der bisherigen Symbiosepartnerin beraubt fühlt.

**Symbol** [griech. »Erkennungszeichen«, »Kennzeichen«]: ein wahrnehmbares Zeichen, das stellvertretend für etwas anderes steht. Ein Symbol im engeren Sinne ist jedes Schrift- oder Bildzeichen mit verabredeter oder unmittelbar einsichtiger Bedeutung, das zu einer verkürzten oder bildhaften Darstellung eines Begriffs, Objekts, Ereignisses oder Sachverhalts verwendet wird.

In der *kognitiven Psychologie* wird das Symbol als bedeutungstragende Einheit im Prozess der Informationsverarbeitung verstanden. Symbolische Darstellungen sind ein Format der →mentalen Repräsentation. In der *Tiefenpsychologie* repräsentieren Symbole verschlüsselte Botschaften aus dem Unbewussten; so geht es v. a. in der Traumdeutung der Psychoanalyse darum, die Bedeutung von Symbolen im Traum richtig zu verstehen (z. B. →Phallussymbole).

**Symbolisierung:** *Psychoanalyse:* die Ersetzung von Triebobjekten durch Symbole und die Übertragung der Beziehung von den ursprünglichen Objekten auf diese Symbole. Ein Beispiel ist das Erlernen von Worten als Symbol für eine Bedeutung, also das Sprechenlernen. Die Symbolisierung wird aber auch als ein Abwehrmechanismus aufgefasst, bei dem ein Triebobjekt, auf das sich verbotene Strebungen beziehen, unbewusst ausgetauscht wird gegen ein Symbol, das dadurch denselben Affektwert erhält. So werden z. B. eine begehrte oder geliebte Person durch ihr gehörende Gegenstände ersetzt und die ursprünglich gegenüber der Person bestehenden Gefühle auf diese Gegenstände übertragen.

**Sympathie** [griech. »Mitleiden«, »Mitgefühl«]: Wohlgefallen, Zuneigung, positive Gefühlsreaktion gegenüber Personen, Dingen oder Ideen. In der psychologischen Analyse stellt sich Sympathie als komplexes Geschehen dar, bei dem auf einer Basis angeborener Wahrnehmungsmuster (z. B. das »Kindchenschema« mit großen Augen, hoher Stirn und kleinem Kinn ist dabei ausschlaggebend) Merkmale der kulturellen Übereinstimmung (»dieser Junge ist sympathisch, er trägt die richtigen Schuhe«, sagt die 15-jährige Schülerin), des sozialen Entgegenkommens und des Angebots einer Triebbefriedigung eine wichtige Rolle spielen. So hat z. B. die Bedienung in einer Berghütte sehr gute Chancen, dass die durstigen Wanderer an einem heißen Sommertag sie sympathisch finden.

In der modernen Gesellschaft, die sich zur Dienstleistungsgesellschaft entwickelt hat, ist es sehr wesentlich, sympathisch zu sein, sich »gut zu verkaufen«, ein »gutes Image« zu besitzen. Die Werbung operiert intensiv mit dem Sympathiefaktor, indem sie Interaktionen beschreibt, in denen jemand mithilfe eines Produktes sympathisch wird, z. B. durch ein Mittel gegen Körpergeruch.

**Sympathikus:** Teil des vegetativen →Nervensystems.

**Symptom** [griech. »zufallsbedingter Umstand«]: Anzeichen für das Vorliegen einer Krankheit. Ein typisches Symptom im Bereich der Medizin ist die erhöhte Körpertemperatur, das Fieber. Fieber zeigt an, dass der Organismus in einen Zustand erhöhter Abwehrbereitschaft tritt, wobei unklar ist, welche Angreifer abgewehrt werden, ob es sich z. B. um Viren, Bakterien oder einen allergieauslösenden Stoff handelt.

**Symbol:**
Während das Bild der Waage als verabredetes Bildsymbol allgemein verständlich für die Rechtsprechung steht, sind Symbole in Tiefenpsychologie und Psychoanalyse weitaus individueller und meist stärker verschlüsselt.

Ähnlich können auch psychische Symptome ganz unterschiedliche Ursachen haben. Manchmal ergeben sich regelrechte Rangreihen: Die Patientin leidet an Herzschmerzen; da keine organische Ursache dieser Beschwerden auffindbar ist, werden sie als Signale einer auf das Herz projizierten Angst erkannt. Die Angst wiederum ist ein Symptom, das im Zusammenhang mit einer Ehekrise aufgetreten ist.

**Symptombildung:** *Psychoanalyse:* die Entstehung von neurotischen Symptomen. Die Symptombildung ergibt sich demnach aus der Situation, in dem das Ich, d. h. die für unsere bewusste Anpassung zuständige Instanz, keinen anderen Ausweg mehr sieht, um Triebwünsche aus dem Es (dem Unbewussten) und verbietende oder strafende Impulse aus dem Über-Ich (den verinnerlichten sozialen Normen) zu verarbeiten.

Sigmund Freud berichtete folgendes Fallbeispiel: Eine Frau kann die Liebe zu ihrem Schwager so lange verdrängen und ohne Symptome leben, wie ihre Schwester mit diesem Schwager glücklich verheiratet ist. Wenn dann die Schwester stirbt, gelingt es ihr nicht mehr, die Wunschfantasie »jetzt ist er frei und kann mich heiraten« zu verdrängen. Sie erkrankt an einer »hysterischen« Lähmung, d. h. an einer Behinderung ohne erkennbare körperliche Ursache. Diese Lähmung hindert sie, den verpönten Wunsch zu erleben, blockiert dessen Verwirklichung in der Realität und straft sie gleichzeitig für ihre verbotene Sehnsucht.

**Symptomneurosen:** Formen der →neurotischen Störungen.

**Synanon-Gruppen** [ˈsɪnənɔn-, engl.]: Suchthilfegemeinschaft, die 1971 von Betroffenen für Betroffene gegründet wurde. Synanon nimmt süchtige Menschen auf und hilft ihnen zu lernen, ein Leben ohne Drogen zu führen. Voraussetzung für die Aufnahme ist das Einhalten von drei Regeln: keine Drogen zu konsumieren, keine Gewalt anzuwenden oder anzudrohen und nicht zu rauchen. Es gibt weder eine Altersbegrenzung noch Wartezeiten oder Aufenthaltsbeschränkungen. Neben den regelmäßig stattfindenden Gruppengesprächen besteht die Möglichkeit, sich in sogenannten Zweckbetrieben (z. B. Druckerei, Schlosserei, Bäckerei) beruflich zu engagieren und zu qualifizieren. Kritiker halten diesem Konzept entgegen, es arbeite mit Gruppendruck und bereite den Einzelnen nicht auf ein Leben außerhalb der Therapiegruppe vor.

**Synapse** [griech. »Verbindung«]: Struktur, in der die Informationen von Nervenzellen an Sinnes-, Muskel- oder andere Nervenzellen weitergegeben werden. Die Synapse besteht aus der präsynaptischen Nervenendung (Endbläschen) der einen Zelle und der postsynaptischen Membran der anderen Zelle. Der dazwischen liegende enge synaptische Spalt wird von →Neurotransmittern überbrückt, die aus der präsynaptischen Zelle freigesetzt werden und von der postsynaptischen Membran der anderen Zelle aufgenommen werden. Viele Psychopharmaka wirken, indem sie sich an die postsynaptische Membran bestimmter Zellen anheften und dieser so ein Signal der Nervenzellen »vorspiegeln«.

**Synästhesie:** Sonderwahrnehmung, bei der Sinnesempfindungen aus einem Sinnesbereich in einen anderen übertreten, z. B. werden Töne gesehen. Bei der Synästhesie wird ein Sin-

**Synanon-Gruppen:** In Zweckbetrieben lernen süchtige Menschen, mit einer sinnvollen und regelmäßigen Arbeit ihr Leben wieder selbstständig und eigenverantwortlich zu gestalten.

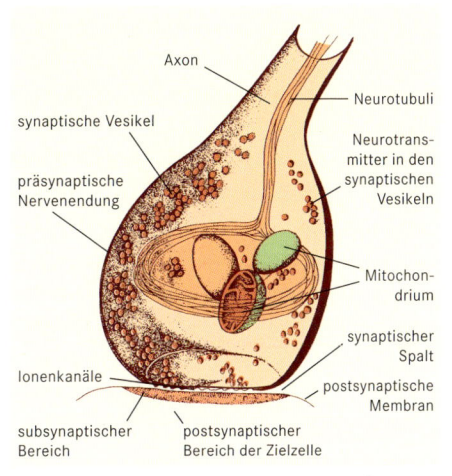

**Synapse:** schematische Darstellung einer Synapse

nesorgan durch einen für dieses Organ nicht spezifischen Reiz erregt, was zu gleichzeitigem Erleben verschiedener Sinneseindrücke führt. Häufigste Erscheinungen sind die **optischen Synästhesien** (»Synopsien« oder Photismen), bei denen v. a. durch akustische Eindrücke (Töne, Laute) optische Erscheinungen mit erregt werden. Lösen sie farbige Erscheinungen aus, spricht man vom **Farbenhören**. Es handelt sich nicht um eine Synästhesie, wenn verschiedene Sinneseindrücke absichtlich einander zugeordnet werden, z. B. beim planmäßigen Zuordnen von Farben zu Tönen in psychologischen Experimenten.

**Synchronizität:** bei C. G. Jung Bezeichnung für die Gleichzeitigkeit zweier oder mehrerer nicht kausal aufeinander beziehbarer Ereignisse gleichen oder ähnlichen Sinngehalts (auch »sinnvolle Koinzidenz« genannt). Eine Synchronizität in diesem Sinn wäre etwa, wenn jemand ein Problem hat und »zufällig« auf ein passendes Buch oder eine Person trifft, die weiterhelfen kann. Das Erleben von ganz alltäglichen oder auch dramatischen synchronistischen Ereignissen kann neben Verblüffung u. a. auch tiefe Gefühle von Zugehörigkeit und Verbundensein auslösen.

Jung ging davon aus, dass sowohl belebte als auch unbelebte Materie durch das →kollektive Unbewusste miteinander verbunden sind. Synchronizität wurde von ihm als ein Raum, Zeit und Kausalität ergänzendes Erkenntnisprinzip postuliert, mit dessen Hilfe auch Phänomene außersinnlicher Wahrnehmung erklärbar sein sollen. Mit der Synchronizitätstheorie versuchte Jung, eine Brücke zwischen westlicher Psychologie und östlicher Philosophie zu schlagen.

**Syndrom** [griech. »das Zusammenkommen«]: bei einem bestimmten Krankheitsbild typischerweise auftretende Gruppe von Krankheitszeichen (Symptomen).

**Synergie** [griech. »Mitarbeit«]: das Zusammenwirken von verschiedenen Kräften oder Faktoren zu einer abgestimmten Gesamtleistung. Man erwartet sich z. B. von →Teamarbeit Synergieeffekte: Ein Team erbringt im günstigen Fall eine Leistung, die über der liegt, die der Summe der Leistungen der einzelnen Teammitglieder entspricht.

**Synkope:** kurze, anfallartige →Bewusstlosigkeit.

**System** [griech. sýstema »aus mehreren Teilen zusammengesetztes, gegliedertes Ganzes«]: ein offener oder geschlossener Organisationszusammenhang verschiedener Teile, Faktoren oder Variablen, die sich wechselseitig beeinflussen. Heute wird der Begriff des Systems in den Wissenschaften weitgehend bedeutungsgleich verwendet wie Struktur.

Man unterscheidet je nach Wirklichkeitsbereich zwischen technischen, sozialen, biologischen und psychischen Systemen. Offene Systeme haben folgende Charakteristika: Sie nehmen Energie aus der Umwelt auf (Input). In Durchgangsprozessen wird die Energie umgewandelt. Danach geben sie etwas an die Umgebung ab (Output). Sie sind durch Zustände von Homöostase (Gleichgewicht) gekennzeichnet. Es gibt in ihnen Prozesse der Integration, d. h., über Steuerungs- und Kontrollmechanismen werden Einzelteile und deren Funktionen zusammengefasst.

Die Systemanalyse konzentriert sich auf die Analyse der Faktoren und Formen der wechselseitigen Beeinflussung innerhalb komplexer Systeme. Es ist keine bestimmte Methode, sondern eine Vielfalt wissenschaftlicher Verfahren. Sie beinhaltet →quantitative Methoden und →qualitative Methoden. Häufig geht es um die Analyse von Störungen in Systemen und deren Behebung. Im weiteren Sinne gehören auch die diagnostischen Methoden der Familientherapie, die Beziehungsformen in einer Familie und ihren Einfluss auf den Symptomträger untersuchen, zur Systemanalyse.

**systematische Desensibilisierung:** eine von Joseph Wolpe eingeführte Methode der →Verhaltenstherapie, mit der übermäßige Angst bekämpft werden kann. Zunächst wird eine Angsthierarchie erarbeitet; z. B. hat ein Patient mit Schlangenphobie vor dem Bild einer Blindschleiche noch keine Angst, vor dem Bild einer Kreuzotter leichte, vor einer realen Natter heftige Angst. Dann erlernt der Patient Entspannungstechniken, sodass er leichte Angstreize ertragen kann. Während der Entspannung wird zunächst das am wenigsten ängstigende Bild gezeigt; aufkommende Angst wird erneut mit Entspannungstechniken überwunden, und so wird ein Element der Angsthierarchie nach dem anderen durchgearbeitet, bis der Patient schließlich auch den größten Angstreiz problemlos ertragen kann.

**systemische Therapie:** therapeutische Orientierung, welche die Symptome einer psychischen Krankheit nicht als Ausdruck eines gestörten Individuums, sondern als Zeichen einer Störung in der sozialen Umgebung, v. a. in der Familie, des Symptomträgers sieht. Besonders bei der Behandlung von Kindern mit Verhaltensstörungen wurde schon früh beobachtet, dass die Störung im Familiensystem selbst zu suchen war, auch wenn nur eine bestimmte Person (der **Indexpatient**) wegen einer auffälligen psychischen oder psychosomatischen Störung als behandlungsbedürftig vorgestellt wurde.

Das Symptom wird aus systemischer Perspektive als Zeichen eines vergeblichen Versuchs verstanden, ein Familienproblem zu lösen; es verliert dadurch seine rein pathologische Qualität und wird als Ansatz zu Veränderungen betrachtet. So ergibt sich z. B. in der Beobachtung einer Familie, dass die →Anorexia nervosa der Tochter den Versuch ausdrückt, die Ehe der Eltern zu retten, indem die Erkrankung diese durch die Sorge um die Krankheit ihrer Tochter aneinanderbindet; wenn die Eltern nun ihre Eheprobleme bearbeiten, kann die Tochter damit aufhören, die Nahrung zu verweigern.

Systemische Therapeuten haben eine Reihe origineller therapeutischer Techniken entwickelt, z. B. die aus der →paradoxen Intention entlehnte **paradoxe Intervention:** Die Familie erhält die Hausaufgabe, bis zur nächsten Sitzung das störende Symptom absichtlich zu produzieren. Oft verschwindet es auf diese Weise unmittelbar; ist das nicht der Fall, so wird in der Regel zumindest der Zusammenhang bewusst, in dem das Symptom auftritt.

**Systemtheorie:** Sammelbezeichnung für Theorien über Organisationsformen und Wechselwirkungsmechanismen in natürlichen und technischen Systemen. Als Begründer der modernen Systemtheorie gilt der Biologe Ludwig von Bertalanffy (* 1901, † 1972). Sein Leitmotiv war die Ablehnung linearer Kausalitätsvorstellungen (eine Ursache zieht eine Wirkung nach sich). Er forderte, die physikalischen Gegenstände in ihrer kreisförmigen Wechselwirkung und ihrer Selbstorganisation zu analysieren.

Die Psychologie übernahm Bertalanffys Theorie physikalischer Systeme und veränderte sie für ihre Untersuchungsgegenstände. Systemtheoretische Motive finden sich heute in der Psychotherapie, besonders der Familientherapie, und der Denkpsychologie.

**Szasz** [sa:s], Thomas Stephen: amerikanischer Psychiater und Psychoanalytiker ungarischer Herkunft, * Budapest 15. 4. 1920; einer der führenden Vertreter der →Antipsychiatrie; emigrierte 1938 und war Lehranalytiker und ab 1956 Professor für Psychiatrie; plädiert für eine zwangfreie Psychotherapie.

**Szenotest, Scenotest, Staabs-Test:** ein projektiver Test, der 1939 von der Kinderpsychotherapeutin Gerhild von Staabs entwickelt wurde und zu den →Spieltests und →projektiven Tests gehört. Der Szenotest besteht aus verschiedenen Spielmaterialien, z. B. biegsamen Figuren, Tieren, Pflanzen, Bauklötzen, mit denen das untersuchte Kind eine Szene herstellen, etwas gestalten oder bauen kann. Die biegsamen Figuren spielen eine wichtige Rolle bei der Darstellung von Beziehungen und Beziehungsmustern. Bei der Testdurchführung wird der Prozess des Aufbaus der »Szene«, aber auch die fertige Darstellung protokolliert. Auch die Äußerungen des Kindes beim Aufbau und seine Beschreibung der fertigen Szene werden registriert.

Im Rückgriff auf tiefenpsychologische Begriffe und Deutungsverfahren wird davon ausgegangen, dass das Kind über die Mechanismen der →Projektion und →Identifizierung seine eigenen inneren (unbewussten) Konflikte durch das Arrangement der gewählten Bestandteile des Testsets ausdrückt.

Standardisierungen zur Auswertung fehlen zwar, es gibt jedoch eine Reihe von Veröffentlichungen über Fallstudien, die als Interpretationshilfe herangezogen werden können. Die Auswertung basiert auf einem qualitativ-inhaltlichen Ansatz.

**Szondi** ['sondi], Leopold: österreichisch-ungarischer Arzt und Psychotherapeut, * Neutra 11. 3. 1893, † Küsnacht 24. 1. 1986; war 1927–41 Professor in Budapest; floh 1944 nach halbjähriger Haft im Konzentrationslager in die Schweiz. Szondi begründete die →Schicksalsanalyse und entwickelte den Szondi-Test (1947), einen projektiven Test zur Diagnose von individueller Triebstruktur und pathologischen Triebstörungen.

**TA:** →Transaktionsanalyse.

**Tablettenabhängigkeit:** umgangssprachliche Bezeichnung für die →Medikamentenabhängigkeit.

**Tabu** [zu polynes. tabu, tapu »geheiligt«]: ursprünglich ein Begriff der polynesischen Religionen, der ein rituelles, nicht unmittelbar verständliches Verbot bezeichnet. Der eingedeutschte Begriff wird heute auch für Meidungsgebote anderer Religionen gebraucht, z. B. das Verbot, bestimmte (heilige) Stätten zu betreten oder gewisse Namen auszusprechen, und darüber hinaus auch für Phänomene ähnlicher Funktionen, die nicht religiös begründet sind. Tabus können sehr unterschiedliche Inhalte haben, dienen aber wohl stets dazu, das soziale Handeln den jeweiligen gesellschaftlichen Verhältnissen entsprechend zu regulieren und Orientierungsmuster und Verhaltensschemata zu festigen. Sie beziehen sich grundsätzlich auf zentrale Werte einer Gesellschaft oder einer Gruppe und entwickeln sich mit der Zeit zu Selbstverständlichkeiten, zu »ungeschriebenen Gesetzen«.

Tabus sind grundsätzlich nicht unmittelbar nachvollziehbar, wodurch sie sich von anderen Selbstverständlichkeiten und anderen Verboten unterscheiden (können): Dass man die Hände nicht in kochendes Wasser hält, beruht nicht auf einem Tabu, sondern auf Selbstschutz; dass man den Rasen nicht betritt, der mit einem Schild »Betreten verboten!« ausgestattet ist, beruht ebenfalls nicht auf einem Tabu, sondern auf einem schlichten Verbot.

In der *Psychoanalyse* hat Sigmund Freud den Tabubegriff eingeführt; er erklärte solche Verbote durch eine Abwehr von Triebwünschen, die sich auf die mit einem Tabu belegte Handlung richten. Das Inzesttabu z. B. wendet sich gegen die heftigen Wünsche eines Kindes in der →ödipalen Phase, mit dem gegengeschlechtlichen Elternteil eine sexuelle Beziehung einzugehen.

**Tachistoskop** [zu griech. táchistos »sehr schnell«]: Gerät, mit dem visuelle Reize für eine genau bestimmte und sehr kurze Zeitspanne gezeigt werden können. Es arbeitet mit einem Verschluss, ähnlich der Blende einer Kamera, oder beruht auf dem Prinzip trennscharfer Beleuchtung von Gegenständen. Verwendet wurden Tachistoskope besonders in der Wahrnehmungsforschung, etwa zur Analyse der →Flimmerverschmelzungsfrequenz, oder für Prüfungen der Aufmerksamkeit und Reaktionszeit. Eine der verbreitetsten Methoden der experimentellen Psychologie ist heute, PCs mit Röhrenbildschirmen zur tachistoskopischen Darbietung zu nutzen. Allerdings ist die zeitliche Auflösung erheblich gröber, das Bild wird durch den Kathodenstrahl nicht simultan, sondern sukzessiv präsentiert und die Dauer der Bilddarbietung wird auch durch die Nachleuchtdichte des Phosphors bestimmt.

**Tachykardie:** stark beschleunigter Herzschlag (Herzjagen), der nicht selten psychische Ursachen hat, z. B. bei Aufregung oder einer →Herzangst. Überwiegen psychische Faktoren, so kann mit Entspannungsverfahren gegengesteuert werden.

**Tagesmutter:** eine Frau, die ein oder mehrere nicht eigene Kinder über Tag in ihrer Wohnung gegen Entgelt betreut und erzieht. Aufgrund fehlender Plätze in Kindertagesstätten, veränderter Familienstrukturen und Frauenerwerbstätigkeit gewann diese Form der Kinderbetreuung seit den 1980er-Jahren zunehmend an Bedeutung. Unterstützt wurde diese Entwicklung durch Modellversuche und Projekte, Frauen ohne entsprechende Vorbildung für diese Aufgabe durch pädagogische Beratung Hilfestellung zu geben und besser zu qualifizieren (womit auch Richtlinien zur Vergütung angestrebt werden). Fachorganisation in Deutschland ist »tagesmütter – Bundesverband für Kinderbetreuung in Tagespflege e. V.« mit Sitz in Meerbusch.

**Tagesrhythmik:** der →Biorhythmus.

**Tagtraum:** der →Wachtraum.

**Talent** [mittellatein. »Gabe«, »Begabung«]: Anlage zu überdurchschnittlichen geistigen oder körperlichen Fähigkeiten auf einem bestimmten Gebiet. Während als →Begabung die Anlagen sowohl zu spezifischen als auch zu unspezifischen Fähigkeiten (z. B. Intelligenz) gelten, wird als Talent die Begabung zu spezifischen Fähigkeiten bezeichnet, z. B. zum Musi-

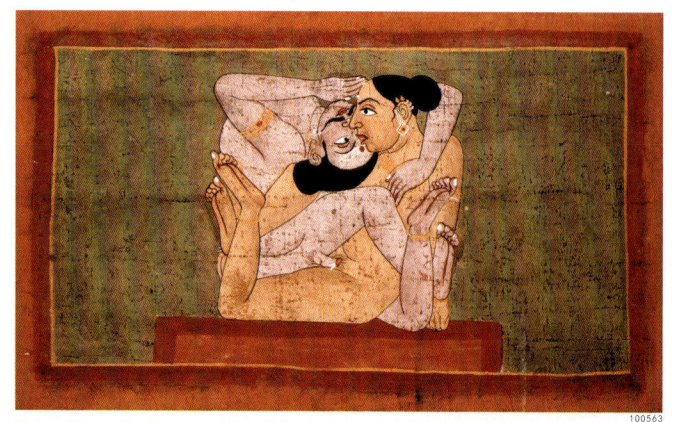

**Tabu:** Was mit einem sozialen Tabu belegt wird, hängt von den jeweils geltenden Werten einer Gesellschaft ab, die einem Wandel unterworfen sind – indische Buchmalerei zum Kamasutra, dem von moralischen Wertungen freien, altindischen Lehrbuch zur Liebeskunst.

zieren, zum Weitspringen. Früh zutage tretende Talente lassen als Ursache v. a. entsprechende Erbanlagen wahrscheinlich erscheinen. Verborgene Talente können durch erzieherische Anregungen und frühes Training gefördert werden.

**Tanztherapie:** psychotherapeutische Methode, die Tanz und Bewegung nutzt, um eine Integration von körperlichen, emotionalen und kognitiven Prozessen zu erreichen; auch als künstlerische Therapie zur Persönlichkeitserweiterung durch Tanz und Bewegung definiert. Wie andere Körpertherapien nutzt die Tanztherapie die Körpersprache, mit der Erfahrungen, v. a. vorsprachliche Erfahrungen, ausgedrückt werden können, die kognitiv nicht oder nicht genügend präsent sind. Durch die freien, kreativen Bewegungen werden Gefühle erlebbar, können verbalisiert und im therapeutischen Gespräch reflektiert werden. Ziel ist es, der Person zur psychischen Stabilität und Ichstärke zu verhelfen.

**Tappingtest:** ein psychomotorisches Testverfahren, bei dem der Untersuchte die Aufgabe hat, so schnell wie möglich oder in einem ihm angenehmen Tempo Klopfbewegungen auszuführen oder Tasten niederzudrücken. Eine Abwandlung des Tests ist das Zieltapping (Zielpunktieren), bei dem bestimmte Zielpunkte wie Kreise oder Teile von Figuren unter vorgegebenem oder beliebigem Tempo zu treffen sind. Tappingtests dienen der Feststellung der feinmotorischen Präzision und des persönlichen Tempos, etwa der individuell bevorzugten Arbeitsgeschwindigkeit.

**Tastraum:** der für einen Organismus ohne Ortsveränderung ertastbare Raum. Zu Beginn des menschlichen Lebens dient das Ertasten der unmittelbaren Umwelt der Entwicklung von Denken und Motorik. Beim Baby ist der →Tastsinn der dominierende Sinn. Später, mit zunehmender Fähigkeit zur Fortbewegung, übernimmt allmählich das Sehen die dominierende Rolle.

**Tastsinn:** Sinn für Berührungsreize, der in Mechanorezeptoren der Haut lokalisiert ist. Die Wahrnehmungsfähigkeit bzw. Sensibilität des Tastsinns ist auf den Lippen, Fingerspitzen und Geschlechtsorganen am stärksten. Der Tastsinn spielt eine besonders große Rolle bei Liebkosungen jeder Art, wirkt festigend in Liebe und Partnerschaft und erhöht die Bereitschaft zum Geschlechtsverkehr. Das Bedürfnis nach zärtlicher Berührung (»Streicheleinheiten«) ist in jedem Lebensalter vorhanden.

Die Unterschiedsschwellen (→Reiz) das Tastsinns sind auf der Körperoberfläche des Menschen regional unterschiedlich.

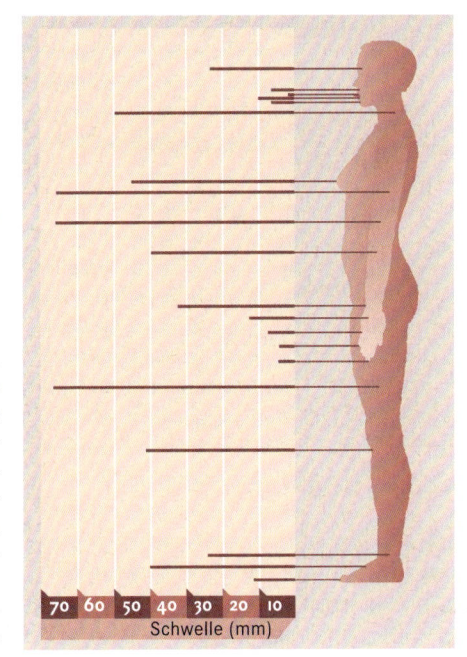

**Tastsinn:** Beim gleichzeitigen Aufsetzen zweier Zirkelspitzen werden an den Lippen noch zwei getrennte Reize wahrgenommen, wenn sie nur 2 mm entfernt liegen, am Oberschenkel muss der Abstand dafür fast 70 mm betragen.

**TAT:** →thematischer Apperzeptionstest.

**Tatbestandsdiagnostik:** Untersuchungen, die klären sollen, ob eine Person an einer kriminellen Tat beteiligt war, sie ausgeführt hat oder in einem solchen Sachzusammenhang die Wahrheit sagt. Um zu einer Diagnose zu gelangen, bedient man sich der Erhebungsverfahren →Befragung, →Beobachtung, →Gespräch und →Fragebogen ebenso wie der Ermittlung physiologischer Reaktionen. Hierbei sind zwei Verfahren von besonderer Bedeutung: →Psychogalvanische Reaktionen werden gemessen, um die Reaktion auf eine Reihe von Reizwörtern nachzuvollziehen; mithilfe eines →Lügendetektors wird auf der Basis von Reizwörtern, die in eine Liste von unverdächtigen Wörtern eingestreut sind, der Wahrheitsgehalt der Aussagen getestet. Allerdings sind beide Zugänge wegen ethischer und juristischer Bedenken sehr umstritten.

**Täter-Opfer-Beziehung:** Beziehung zwischen zwei Personen, bei der die eine Person Gewalt auf die andere ausübt. Viele Verbrechen sind Beziehungstaten, bei denen sich Täter und Opfer kennen. Besonders augenfällig ist dies bei der Tötung des Lebenspartners, der häufig Jahre oder Jahrzehnte gegenseitiger Quälerei vorangegangen sind. In der Regel findet aber

**Taubheit:** Die Gebärdensprache ermöglicht tauben Kindern eine altersgemäße Entwicklung. Der Gebärdenchor des Berufsbildungswerkes Leipzig bei einem Auftritt 2003 – das Ensemble aus Gehörlosen begleitet dabei einen unterlegten Musiktitel durch Gebärdensprache.

**Taylorismus:** Frederick Winslow Taylor zielte auf eine straffere Organisation und Zeitordnung des Arbeitsablaufs sowie auf die Neuordnung der Entlohnung. Er schuf die Grundlagen für Arbeitsstudien und vertrat die klare Trennung von planender und ausführender Arbeit.

auch der →sexuelle Missbrauch innerhalb der Familie statt. Diese Tatsache erscheint vielen Menschen so unglaublich, dass sie ihre Augen vor ihr auch dann verschließen, wenn sich eine solche Tat unmittelbar vor ihren Augen abspielt. Der Täter hat im Familiensystem in der Regel mehr Macht als das Opfer; häufig wird diesem nicht geglaubt. Das Opfer kann sich in solchen Fällen an die Telefonseelsorge oder in manchen Städten an spezielle Kindernotruftelefone wenden.

Eine besondere Täter-Opfer-Beziehung ist das →Stockholm-Syndrom.

**Täterprofil:** charakteristisches psychisches Erscheinungsbild von Personen, die eine kriminelle Handlung begangen haben. Die Erstellung eines Täterprofils gehört zu den Aufgaben der →Polizeipsychologie.

**Taubheit, Gehörlosigkeit:** hochgradiger oder vollständiger Verlust des Gehörs. Man unterscheidet frühe Taubheit von Formen, die im späteren Leben auftreten. Kinder, die infolge einer angeborenen oder während der Geburt zugezogenen Schädigung im Schallleitungsapparat oder in den Hörzentren der Hirnrinde taub sind, verstummen nach der Lallphase und entwickeln sich verzögert, wenn keine Frühförderung die mangelnde Anregung durch das Fehlen der verbalen Kommunikation ausgleicht. Wenn taube Kinder die Gebärdensprache erlernen, haben sie die Chance, sich altersgemäß zu entwickeln. In vielen Fällen ist es heute auch möglich, dass zunächst taub scheinende Kinder doch noch akustisch kommunizieren, weil durch moderne Hörgeräte Schäden in der Schallleitung überbrückt oder die fehlenden akustischen Empfindungen durch den Vibrationssinn der Haut ersetzt werden können.

Alterstaubheit sollte möglichst frühzeitig durch Hörgeräte behandelt werden; sie müssen regelmäßig getragen werden, weil sonst die Fähigkeit des Hörzentrums im Gehirn nachlässt, Störgeräusche auszufiltern.

**Taubstummensprache:** veraltete Bezeichnung für →Gebärdensprache.

**Taxonomie** [zu griech. táxis »(An)ordnung«]: Klassifikationssystematik, in der *Biologie* z. B. für Tierarten, in der *pädagogischen Psychologie* zur typisierenden Einordnung von Lernzielen im Unterricht. Dabei kann man drei grundlegende Bereiche der taxonomischen Erfassung von Lern- bzw. Lehrzielen unterscheiden: den kognitiven, den affektiven und den psychomotorischen Bereich. Ordnungsprinzip für den kognitiven Bereich ist die zunehmende Komplexität geistiger Leistungen, für den affektiven Bereich die zunehmende Internalisierung (Verinnerlichung) und für den psychomotorischen Bereich ebenfalls die zunehmende Komplexität der Leistungen.

**Taylorismus** [teɪlə-, nach dem amerikanischen Ingenieur Frederick Winslow Taylor, *1856, †1915)]: Anfang des 20. Jahrhunderts entwickeltes System der wissenschaftlichen Arbeitsorganisation (Scientific Management), das durch straffste Zeitausnutzung und rationale Organisation eine maximale Leistung erzielen sollte. Die Arbeitsvollzüge wurden in kleinste Bewegungselemente zergliedert. Diese extreme Arbeitsteilung (z. B. am Fließband) zwischen Kopf- und Handarbeit führte zu →Monotonie und zur Verarmung der Tätigkeitsinhalte. Im Zuge der →Humanisierung der Arbeit versucht man diese Trennung wieder aufzuheben und besinnt sich auf die Ganzheitlichkeit von Arbeitstätigkeiten. Dem Taylorismus wird vorgeworfen, dass er die psychischen Faktoren bei der Erforschung industrieller Arbeit vernachlässigt hat.

**Team** [ˈtiːm, engl.]: Gruppe von Personen, die mit der Bewältigung einer gemeinsamen Aufgabe beschäftigt sind, z. B. mit der Ausführung eines Auftrags. Bei einem Team erfüllt in der Regel jedes Mitglied eine spezielle Funktion. Das Team muss überschaubar sein, sodass jedes Mitglied mit jedem anderen kommunizieren kann. Es gibt eine gemeinsame Zielsetzung, mit der sich im Idealfall jedes Teammitglied identifiziert. Ein gutes Team zeichnet sich dadurch aus, dass es sich zu einem gemeinsamen Hauptziel verpflichtet, seine Arbeit selbst organisiert, sich für seine Aufgabe verantwortlich fühlt, intensive wechselseitige Beziehungen pflegt, einen ausgeprägten Gemeinschaftsgeist (Teamgeist) und einen relativ starken Gruppenzusammenhalt hat.

Um Teams erfolgreich zu bilden, gibt es Kriterien, anhand derer die Mitglieder ausgewählt werden, wie z. B. soziale und methodische Kompetenz, eine Vorliebe für Teamarbeit, ein möglichst homogener Wissens- und Fähigkeitsstand sowie klare Ziele, denen sich alle Gruppenmitglieder verpflichtet fühlen, und regelmäßiges Feedback. Die Prozesse der Teambildung lassen sich in vier Phasen unterteilen: Am Anfang lernen sich die Gruppenmitglieder kennen (Forming), dann beginnt ein Prozess der Rollenzuweisung, es gibt Kämpfe um Macht und Einfluss (Storming), es folgt die Festsetzung von Spielregeln für die Zusammenarbeit (Norming), und schließlich ist die Gruppe in der Lage, die Leistung zu erbringen (Performing). Durch ein Teamentwicklungstraining können diese Prozesse beschleunigt werden.

**Team|arbeit** ['ti:m-, engl.]: Arbeit in einer für eine Aufgabe zuständigen Gruppe. Der Vorteil der Teamarbeit besteht darin, dass ihre Gesamtleistung sich nicht aus der Addition der Einzelleistungen der Mitglieder ergibt, sondern deren Koordination und Integration zu einem Ganzen führt, das über die Einzelleistungen insgesamt hinausgeht, nach dem Gesetz der →Gestaltpsychologie: »Das Ganze ist mehr als die Summe seiner Teile.« Als Nachteile der Teamarbeit gelten der größere Zeitaufwand zur Koordination, besonders in der Anfangsphase. Teams sind in ihrer Arbeitsweise oftmals schwerfälliger und langsamer, weil Diskussionen Zeit kosten. Es besteht bei der Teamarbeit auch die Gefahr der Dominanz einiger Mitglieder. Das ursprüngliche gemeinsame Ziel kann aus den Augen geraten, ein zu hoher Zusammenhalt kann zur Unterdrückung des Individualismus führen und zu konformem Verhalten verleiten.

**Team** | **Gemeinsame Arbeit**
Vertreter einer Firma, die alleine in ihren Gebieten reisen und sich zweimal im Jahr zu einer Fortbildungsveranstaltung treffen, werden dort »unser Verkaufsteam« genannt. Der Begriff Team ist heute sehr beliebt, weil er Einsatz und Schwung suggeriert; genau genommen sollte er aber auf Gruppen beschränkt werden, die in unterschiedlichen Rollen zusammenarbeiten, sodass die erwünschte Leistung nur dann erbracht werden kann, wenn sich die Teammitglieder gegenseitig unterstützen und fördern. Das gilt z. B. für das Team einer Fußballmannschaft, in dem die Spieler in verschiedenen Positionen zusammenspielen müssen, oder für das Team in einem Operationssaal, in dem die Abläufe von der Operationsvorbereitung bis zur Zusammenarbeit am Operationstisch koordiniert werden müssen. Wer ein Team leitet, muss v. a. die Kommunikation und die Kooperation der Teammitglieder überwachen; wenn alle auf die Befehle des Teamleiters warten, wird das Team langsam arbeiten und wenig leisten.

**Team-Kleingruppen-Modell** ['ti:m-], Abk. **TKM**: in der *Pädagogik* eine besondere, in der Gesamtschule entwickelte Organisationsform, von der man sich eine Verbesserung der Lerneffekte und bessere Chancen für sozial-emotionale Prozesse verspricht. Dabei werden ca. 80 Schüler zu einer Großgruppe zusammengefasst, die in der Sekundarstufe 1 (fünfte bis zehnte Klasse) zusammenbleibt. Dieser Großgruppe, die wiederum in drei leistungsheterogene Klassen unterteilt wird, ist ein Lehrerteam von etwa sechs Lehrern zugeordnet. Das Team-Kleingruppen-Modell fördert das →soziale Lernen der Schüler und stärkt ihre Eigenständigkeit beim Arbeiten sowie ihre Konfliktfähigkeit. Durch die Konstanz der sozialen Bezüge zu Mitschülern und Lehrern kann Vertrauen entwickelt und Hilfsbereitschaft geübt werden. Vor allem die Erfolge bei der Kooperation der Lehrkräfte im Team, bei den Absprachen untereinander, bei der Verbesserung der diagnostischen Informationen usw. haben dazu geführt, dass das Modell auch über die Gesamtschule hinaus in die Sekundarstufe 1 ganz oder ansatzweise übernommen wurde.

**Teamsupervision** ['ti:m-, engl.]: auf ein Team bezogene →Supervision.

**Teamteaching** ['ti:m'titʃɪŋ, engl. »Gruppenunterricht«]: Unterrichtsform, bei der zwei oder mehrere Lehrer, gegebenenfalls mit Unterstützung durch Hilfskräfte, Unterrichtsstunden bzw. -einheiten oder auch größere Lehrplanabschnitte eines Jahrgangs oder einer Schulstufe gemeinsam planen, vorbereiten, durchführen und auswerten.

**Teilleistungsstörungen, Teilleistungsschwächen:** kindliche Lernstörungen, die nur

**Team:** Ein starkes Team lässt sich auch von widrigen Umständen nicht bezwingen. In Frank Beyers Film »Die Spur der Steine« (1966) bestimmt eine Zimmermannsbrigade die Regeln auf einer Großbaustelle – entgegen den Vorgaben der DDR-Staatsbürokratie.

**Teilleistungsstörungen:** Lese-Rechtschreib-Schwierigkeiten werden heute als Teilleistungsstörungen betrachtet, die durch gezielte Fördermaßnahmen gemildert werden können.

**Telefonseelsorge:** Zu jeder Zeit und von jedem Ort in Deutschland kann die Nummer der evangelischen (-111) und der katholischen (-222) Telefonseelsorge kostenfrei angerufen werden.

einzelne Fähigkeiten betreffen, während die allgemeine Intelligenzentwicklung normal verläuft. Es handelt sich um begrenzte Ausfälle oder Entwicklungsverzögerungen einzelner Funktionsbereiche wie z. B. der visuellen Wahrnehmung, der Psychomotorik oder des Aktivierungsniveaus. Die jeweils spezifische Ursache kann jedoch auch zu komplexen Störungsbildern führen, sodass es häufig einer differenzierten Diagnostik bedarf, um den Kern der Störung zu finden.

Die Behandlung besteht in gezielten, auf die jeweilige Störung ausgerichteten Förderprogrammen, die schon früh eingeleitet werden sollten. Um zu verhindern, dass z. B. durch Überforderung und Ausgrenzung des Kindes zusätzlich weitere Lern- und Verhaltensprobleme entstehen, ist eine enge Zusammenarbeit zwischen Eltern, Lehrern und Therapeuten erforderlich.

Häufige Teilleistungsstörungen sind die Lese-Rechtschreib-Störung und die Rechenstörung. Lernprobleme, die u. a. auf geistige Behinderung, Verhaltensstörungen oder Milieuschäden zurückzuführen sind, zählen nicht zu den Teilleistungsstörungen.

**Teilnahmslosigkeit:** die →Apathie.

**Teilobjekt:** das →Partialobjekt.

**Teilobjektbeziehung:** die →Partialobjektbeziehung.

**Tele|arbeit** [zu griech. tēle »fern«, »weit«]: Form der Erwerbstätigkeit, die ausschließlich oder überwiegend nicht im Betrieb, sondern an einem externen Arbeitsplatz (z. B. in der Wohnung der Telearbeitenden) ausgeübt wird. Als Vorteile gelten die Flexibilisierung der Arbeitszeit, das Einsparen von Bürokosten aufseiten des Arbeitgebers sowie der Wegfall von Fahrwegen, die Stärkung von Leistungsbereitschaft und Eigenverantwortung des Arbeitnehmers. Kritiker befürchten die Entstehung neuer, sozialrechtlich nicht abgesicherter Arbeitsverhältnisse. Ein Problem der Telearbeit ist in der Vereinzelung der Arbeitsplätze und in der resultierenden Isolierung der Telearbeitenden zu sehen, was im Wesentlichen an einem Mangel der Kommunikation bzw. der Kommunikationsmöglichkeiten liegt.

**Telefonseelsorge:** anonym arbeitende, allen Personen Tag und Nacht telefonisch zugängliche Beratungseinrichtung, die in Deutschland von den Kirchen getragen wird. Die Berater sind meist ehrenamtlich tätig, sie erhalten eine spezielle Ausbildung und →Supervision. Telefonseelsorge ist oft eine erste Anlaufstelle in Krisen und ein Angebot für Menschen, die lieber am Telefon sprechen als in direktem Kontakt. Die Berater bieten das persönliche Gespräch, vermitteln aber auch an andere Einrichtungen (z. B. psychiatrische Krisenzentren oder Suchtberatungsstellen) weiter. Die meisten Anrufer sind Menschen in der Lebensmitte. Die am häufigsten vorgetragenen Probleme sind psychische Leiden (z. B. Ängste, Depressionen), Partnerprobleme, Schicksalsschläge, Einsamkeit. Man kann sich bei der Telefonseelsorge auch online beraten lassen.

**Telefonterror:** verbale Gewalt mithilfe des Telefons. Das Telefon erlaubt eine Annäherung an fremde Menschen und bietet gleichzeitig Rückzugsmöglichkeiten; dies kann seelisch gestörte Personen mit sadistischen Neigungen dazu verführen, es auf oft perfide Weise zu missbrauchen. In einem bekannt gewordenen Fall zwang ein Mann, der täglich viele Stunden am Telefon verbrachte, mehrere Hundert Frauen zu den verschiedensten Handlungen bis hin zu lebensgefährlichen Aktionen (sich auszuziehen, einen Föhn in das Badewasser zu werfen, aus dem Fenster zu springen). Er habe ein Kind in seine Gewalt gebracht und werde ihm die Kehle durchschneiden, wenn seine Gesprächspartnerin nicht alles Verlangte tue. Schließlich starb eines der Opfer an einem Sprung in die Tiefe. Der Täter, der überführt und wegen Mordes verurteilt wurde, behauptete, er habe immer nur Spaß gemacht. Harmlosere, aber auch lästige Formen des Telefonterrors sind Anrufe zu jeder Tages- und Nachtzeit, Obszönitäten, Drohungen. Vielen Menschen fällt es schwer, terrorisierende Telefonate durch Auflegen zu beenden, was die Täter ausnützen.

**Telekinese** [zu griech. kínesis »Bewegung«]: paranormales Phänomen einer Bewegung von Gegenständen durch seelische Kräfte. Bislang gibt es keinen über Einzelfallberichte hinausgehenden überzeugenden Beleg für Telekinese in Experimenten.

**Telemetrie:** Erfassung von Messdaten aus der Ferne. Hierzu werden Werte von Variablen aus dem Verhaltens- oder physiologischen Bereich mithilfe von Messinstrumenten aufgenommen und mithilfe eines Senders entweder unmittelbar (synchron) an die Messstation übertragen oder aber vor Ort zwischengespeichert und zu bestimmten Zeitpunkten zentral abgerufen. Bekannt ist die Telemetrie in der Medienforschung für die Bestimmung der Zuschauerquote von Fernsehsendungen. Aus psychologischer Sicht ist dabei problematisch, dass die telemetrischen Daten keine Aussagen über die Verarbeitung der Programminhalte und somit deren Wirkungen zulassen.

**Telepathie** [zu griech. *páthos* »Leiden«, »Erfahrung«]: paranormales Phänomen einer Teilhabe an Ereignissen, z. B. Fernfühlen, die mit unseren normalen Sinnen nicht wahrgenommen werden können. Es werden immer wieder telepathische Erscheinungen beschrieben. Diese können aber durch normale psychische Phänomene wie Fantasie, Beobachterfehler, selektive Erinnerung und Ähnliches erklärt werden: Wenn eine Frau davon träumt, dass ihr Mann mit dem Flugzeug abstürzt, dann vergisst sie diesen Traum, sobald er heil zurückgekommen ist. Stürzt er aber tatsächlich ab, wird ihr Traum zu einem Beleg für die Möglichkeit der Telepathie werden. Unter kontrollierbaren Bedingungen ist es der →Parapsychologie bisher nicht gelungen, telepathische Fähigkeiten zuverlässig zu beweisen.

**Temperament** [latein. »rechtes Maß«]: Sammelbegriff für die charakteristische Art und Weise, wie ein Mensch mit seiner Umwelt in Beziehung tritt. Das Temperament eines Menschen wird als Eigenschaft seiner Persönlichkeit betrachtet.

*Geschichte:* Die älteste Temperamentenlehre stammt von dem griechischen Arzt und Philosophen Hippokrates (*460 v. Chr., †um 370 v. Chr.). Er stellte eine Beziehung her zwischen einer angenommenen Dominanz von bestimmten menschlichen »Körpersäften« zu entsprechenden Charaktereigenschaften. Die »gelbe Galle« (griechisch: *cholos*), die »schwarze Galle« (*melas cholos*), das Blut (latein.: *sanguis*) und der »Schleim« (griechisch: *phlegma*) stellen nach Hippokrates die vier Hauptsäfte dar. Je nach Vorherrschen eines bestimmten Körpersaftes sollten sich daraus Charakterstrukturen ableiten lassen. Beim **Phlegmatiker,** der als schwach, langsam, schwerfällig, dickfellig, aber auch als ruhig und beständig charakterisiert ist, soll der »Schleim« vorherrschen, beim **Sanguiniker,** der als schwach, sprunghaft-wechselnd, eher nach außen gerichtet, aber auch heiter, lebhaft und leichtblütig beschrieben wird, das Blut, beim traurig-antriebslosen **Melancholiker** die »schwarze Galle« und beim reizbaren und aufbrausenden **Choleriker** die »gelbe Galle«.

Johann Kaspar Lavaters »Physiognomische Fragmente zur Beförderung der Menschenkenntnis und Menschenliebe« (1775–78) behaupten einen Zusammenhang zwischen den Gesichtszügen eines Menschen und seinem Charakter. Auch die in den 1920er- bzw. in den 1940er-Jahren entstandenen →Konstitutionslehren von Ernst Kretschmer und William Herbert Sheldon basierten noch auf der Annahme der (unüberwindbaren) psychischen Abhängigkeit vom Körperlichen. Solcherart Biologismen gelten heute als veraltet und politisch gefährlich, da sie der Diskriminierung von Menschen aufgrund bestimmter körperlicher Merkmale Vorschub leisten.

In der Zeit nach dem Zweiten Weltkrieg wurde in der →Persönlichkeitspsychologie versucht, aufgrund statistischer Erfassungs- und Auswertungsmethoden Faktoren zu extrahieren, die mit bestimmten Temperamenten (Typen) »etikettiert« wurden, z. B. bei Hans Jürgen Eysenck, Raymond Bernard Cattell und Joy Paul Guilford. Im Unterschied zu den älteren Modellen entfällt hier die Annahme einer Überlegenheit des Körperlichen über das Psychische; überdies sind die neueren Ansätze differenzierter: Sie versuchen nicht, ein einziges Temperament als zutreffend zu identifizieren, sondern eher ein Profil zu erstellen, in dem die Anteile jeweils unterschiedlicher Temperamente (Typen) ausgewiesen sind.

**Temperatursinn:** die Fähigkeit zur Wahrnehmung von Temperaturbereichen oder Temperaturunterschieden durch Thermorezeptoren. Dies sind die Kälterezeptoren (Kälte-

---

**Temperament | Die passende Umwelt**

Nach modernen psychologischen Theorien ist das Temperament durch die Gene bestimmt. Wie sich diese Anlagen entwickeln, hängt von der jeweiligen Umwelt ab.

In der neueren Temperamentsforschung wird der Begriff der Passung, d. h. der Übereinstimmung von Temperament und Umwelt, u. a. für eine den Anlagen eines Kindes entsprechende Entwicklung und Erziehung nutzbar gemacht. Inzwischen werden Beratungen angeboten, die Eltern etwa von verhaltensauffälligen Kindern helfen sollen, aufgrund des Wissens über das Temperament ihres Kindes besser auf dessen Eigenheiten eingehen zu können; dadurch sollen sich oft auch die Beeinträchtigungen mildern.

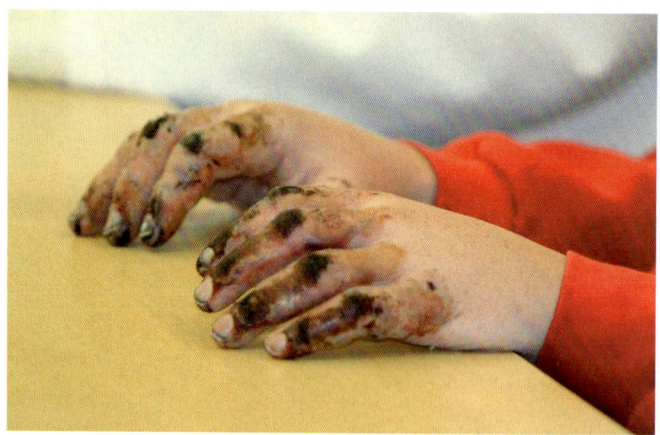

**Temperatursinn:** Temperaturrezeptoren schützen den Körper in der Regel vor Schäden durch Überhitzen oder Unterkühlen, indem sie zunächst körpereigene Regelmechanismen aktivieren und – falls diese nicht ausreichen – Schutzverhalten auslösen (Erfrierungen 1. bis 3. Grades an den Händen eines Skifahrers, der vier Tage verschollen war).

punkte, Krause-Endkolben) und die Wärmerezeptoren (Ruffini-Körperchen) der Haut. Es gibt für das Wohlbefinden bestimmte Temperaturbereiche. Werden diese unter- oder überschritten und kann der Körper seine Temperatur nicht mehr allein regeln, kommt es zu Verhaltensweisen der körperlichen Selbsthilfe, die für Wärme bzw. Kühle sorgen, wie z. B. Zusammenkauern oder das Aufsuchen windgeschützter, warmer Orte.

**Testbatterie:** Form des →Testsystems.

**Testgütekriteri|en** [zu griech. kritérion »Unterscheidungsmerkmal«, »Prüfstein«]: Beurteilungskriterien für psychologische Testverfahren. Man unterscheidet zwischen Haupt- und Nebengütekriterien. Hauptgütekriterien sind Kriterien, die ein Test erfüllen muss; dazu zählen die →Objektivität, →Reliabilität und →Validität. Nebengütekriterien sind Kriterien, die ein Test erfüllen sollte, aber nicht muss; dazu gehören die Normierung (→Norm), die →Standardisierung und die Ökonomie. Die Ökonomie beinhaltet ein möglichst günstiges Kosten-Nutzen-Verhältnis zwischen dem Zeit- und Materialaufwand beim Einsatz des Verfahrens und der Brauchbarkeit der Ergebnisse, d. h. der Aussagen im Sinne von →Diagnose oder →Prognose.

**Testkonstruktion:** Entwicklung von psychologischen Tests nach wissenschaftlichen Kriterien. Auch wenn sich die Einzelschritte bei der Konstruktion eines Tests aufgrund der theoretischen Basis, der Fragestellung, der Zielsetzung und der Zielgruppe unterscheiden und zugleich unterschiedliche →Testtheorien zur Überprüfung der Konstruktion herangezogen werden können, so ist doch für alle diagnostischen Instrumente ein ähnliches Vorgehen die Regel.

Auf der Basis einer Theorie, z. B. einer Intelligenztheorie, werden →Items regelgeleitet konstruiert, d. h., es werden allgemeine Gesetzmäßigkeiten abgeleitet, die bei der Formulierung von Items des gleichen Gegenstandsbereichs zugrunde gelegt werden. Ansonsten werden Items aus einer Itemsammlung empirisch überprüft und Gegenstandsbereichen zugeordnet. Sodann ist die Frage zu klären, ob die einzelnen Items den geforderten Kriterien Schwierigkeit und Trennschärfe entsprechen, was mit einer →Itemanalyse geprüft wird. Weiterhin müssen die Testgütekriterien →Objektivität, →Reliabilität und →Validität überprüft werden. Wenn diese Voraussetzungen erfüllt sind, ist an einer repräsentativen Stichprobe von Personen, die der späteren Zielgruppe des Einsatzes vergleichbar sind, das neue diagnostische Verfahren zu eichen. Hierzu werden Vergleichsmessdaten (→Norm) erhoben. Außerdem werden an dieser Stichprobe erneut die Testgütekriterien bestimmt. Ob und inwieweit diese Kriterien erfüllt werden, entscheidet darüber, ob das Verfahren in der Praxis eingesetzt werden kann.

Das Testkuratorium der Föderation der deutschen Psychologenverbände BDP und DGPs überwacht den Einsatz und die Brauchbarkeit diagnostischer Instrumente. Seit 2002 gibt es mit der DIN-Norm 33430 verbindliche Qualitätsstandards für →Eignungstests wie auch →Assessment-Center.

**Testo|steron:** männliches →Sexualhormon.

**Testprofil:** Form des →Testsystems.

**Tests:** *Sonderartikel S. 616–619.*

**Testsystem:** Kombination verschiedener Tests. Eine **Testbatterie** ist eine Kombination von Einzeltests, wobei jedoch die Einzeltests

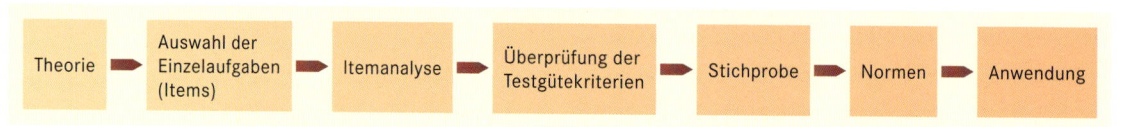

Theorie → Auswahl der Einzelaufgaben (Items) → Itemanalyse → Überprüfung der Testgütekriterien → Stichprobe → Normen → Anwendung

**Testkonstruktion:** Ablauf der Erstellung wissenschaftlich fundierter psychologischer Tests (stark schematisiert)

ihre Eigenständigkeit verlieren und in den Dienst eines gemeinsamen Ziels – nämlich der Bestimmung eines Persönlichkeitsmerkmals – treten. Als **Testprofil** gilt eine Kombination von mehreren Einzeltests, in der diese Einzeltests ein Höchstmaß an Eigenständigkeit bewahren.

**Testtheorie:** System von Annahmen und Verfahrensvorschriften, nach denen sich die Konstruktion psychologischer Tests richtet. Man unterscheidet v. a. zwischen der klassischen Testtheorie und der probabilistischen Testtheorie.

Die **klassische Testtheorie** basiert auf drei Axiomen: Das Existenzaxiom besagt, dass zu jedem mit einem Test gemessenen Wert einer Person grundsätzlich ein wahrer Wert existiert, der eine Aussage über den Ausprägungsgrad eines konstanten Merkmals zulässt; das Fehleraxiom stellt fest, dass jeder Testwert mit einem Messfehler behaftet ist und dieser der Zufallsverteilung unterliegt; das Verknüpfungsaxiom besagt, dass jeder mit einem Test erhobene Wert aus einem wahren und einem Fehlerwert zusammengesetzt ist. Deshalb versucht man gemäß der klassischen Testtheorie, den Messfehler zu bestimmen, um den wahren Wert, also die tatsächliche Eigenschaft der Person, zu erhalten. Aus der Testtheorie leiten sich die Voraussetzungen für die →Testgütekriterien ab. Nahezu alle bedeutsamen Tests sind nach diesen Kriterien entwickelt. Zu den Nachteilen der klassischen Testtheorie gehört die Stichprobenabhängigkeit der Items, z. B. die Aufgabenschwierigkeit: Wird eine Aufgabe einer Person mit hoher Intelligenz gestellt, so ist diese Aufgabe leichter als wenn sie einer weniger intelligenten Person gestellt wird.

Mit dem Anspruch, die Nachteile der klassischen Testtheorie zu überwinden, wurde die **probabilistische Testtheorie** entwickelt, die häufig auch Item-Response-Theorie oder stochastische Testtheorie genannt wird. Nach der probabilistischen Testtheorie kann zwischen dem Testergebnis und dem zu erfassenden psychischen Merkmal nur ein Wahrscheinlichkeitszusammenhang bestehen und nicht ein deterministischer Zusammenhang, der bloß durch Messfehler verschleiert wird. So wird auch bei einer genauen Kenntnis des Ausprägungsgrades der zu messenden Eigenschaft und unabhängig von Messfehlern das Testverhalten im Einzelnen nicht mit Sicherheit vorausgesagt werden können, weil die Lösungswahrscheinlichkeit von der Fähigkeit einer Person und der Aufgabenschwierigkeit abhängt. Folglich wird nach der probabilistischen Testtheorie versucht, sowohl die Personenmerkmale als auch die Merkmale der Items möglichst genau zu bestimmen.

Obwohl die probabilistische Testtheorie die besseren Voraussetzungen zur Überprüfung von Items und Tests bietet, ist der Anteil von Testverfahren, die mit ihrer Hilfe konstruiert worden sind, noch vergleichsweise gering.

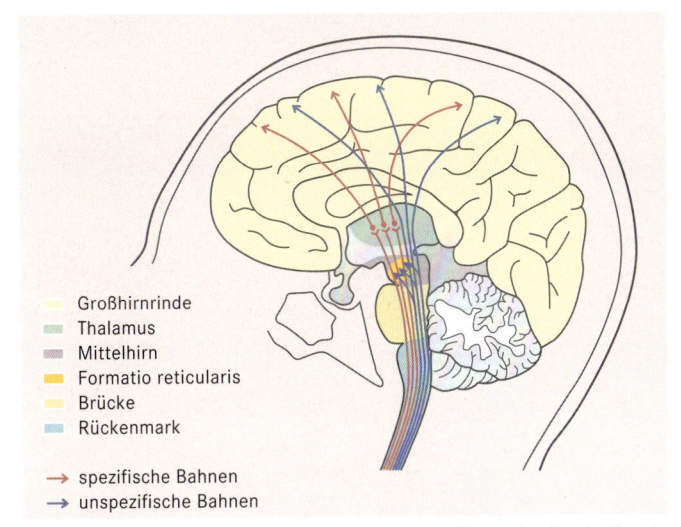

- Großhirnrinde
- Thalamus
- Mittelhirn
- Formatio reticularis
- Brücke
- Rückenmark

→ spezifische Bahnen
→ unspezifische Bahnen

**Thalamus:** Der im Zwischenhirn gelagerte Thalamus filtert eingehende Signale und leitet sie gegebenenfalls an die Großhirnrinde weiter.

**Thalamus:** das wichtigste Verarbeitungszentrum der allgemeinen Sensibilität: tasten, Temperaturempfindung, Schmerz, sehen und riechen. Der im Zwischenhirn gelegene Thalamus filtert die Signale und leitet diese an die Großhirnrinde weiter. Durch die Verbindung des Thalamus zum Stirnhirn werden die Empfindungen u. a. affektiv und triebhaft getönt. Der Thalamus steuert Mimik und Gebärden. Der →Hypothalamus ist ein Teil des Thalamus.

**Thanatologie** [zu griech. thánatos »Tod«], **Sterbeforschung:** Wissenschaft, die die Ursachen und Umstände des Todes erforscht. Die Fortschritte der Medizin mit ihren Möglichkeiten zur künstlichen Verlängerung des Lebens haben die Entwicklung dieses neueren, interdisziplinären Forschungsgebietes mit veranlasst, auf dem u. a. Mediziner, Psychologen, Soziologen, Philosophen und Juristen zusammenarbeiten. Sie beschäftigt sich z. B. mit der Einstellung und dem Verhalten von Mensch und Gesellschaft zu →Sterben und →Tod. Mittels empirischer Studien betreibt sie u. a. eine Grundlagenforschung, deren Erkenntnisse z. B. für die psychosoziale Betreuung Sterbender (→Sterbebegleitung) dienstbar gemacht werden. Außerdem widmet sie sich Todeskonzepten: der Gesamtheit aller kognitiven Bewusstseinsinhalte

*Fortsetzung S. 620*

# TESTS

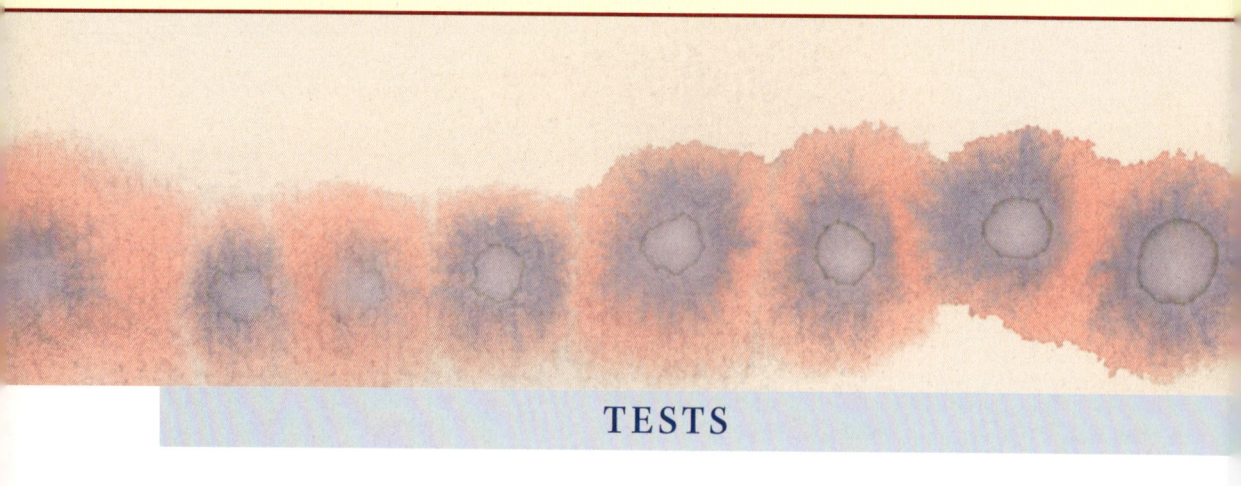

## DEFINITION UND KLASSIFIKATIONEN

Der Begriff Test bezeichnet in der Psychologie eine Messmethode, die der Erkundung und Beschreibung individueller psychischer Merkmale dient. Hinter dem Begriff Test stehen unterschiedliche Verfahren, die je nach Zielsetzung auch unterschiedlich klassifiziert werden können. Im deutschsprachigen Raum gängig ist die Klassifikation des Testpsychologen Rolf Brickenkamp. Er unterscheidet zwischen 1. Leistungstests, mit deren Hilfe die Intelligenz, der Stand der körperlichen Entwicklung, die Schulreife, bestimmte schulische Fertigkeiten und spezielle Fertigkeiten, die man beispielsweise für den Beruf benötigt, erfasst werden, 2. psychometrischen Persönlichkeitstests, die auf wissenschaftlich gesicherter Basis die Struktur der Persönlichkeit, Einstellungen und Interessen der getesteten Person sowie mögliche psychische Störungen abfragen, und 3. Persönlichkeitsentfaltungstests, bei denen in der Art der Bearbeitung der Testaufgaben die Persönlichkeit des Untersuchten zum Ausdruck kommen soll; ein Beispiel sind die bekannten Klecksbilder (Rorschach-Test).

Man kann darüber hinaus zwischen verbalen und nonverbalen Verfahren (z. B. Culture-fair-Intelligenztests) unterscheiden, zwischen eindimensionalen (es wird ein Merkmal erfasst) und mehrdimensionalen Tests (mehrere Merkmale), zwischen Papier-und-Bleistift-Tests und computergestützten Tests, zwischen Speedtests, bei denen es v. a. auf die Geschwindigkeit ankommt, und Powertests, die v. a. die Höhe der Leistungsfähigkeit messen, zwischen Tests zur Erfassung von maximalem Verhalten (bei Leistungstests) und Tests zur Erfassung von typischem Verhalten (bei Persönlichkeitstests).

## ENTWICKLUNGSGESCHICHTE

Der Begriff Test geht auf James McKeen Cattell zurück, der als einer der ersten Psychologen Unterschiede zwischen Versuchspersonen untersuchte und für Instrumente, mit denen man einfache Wahrnehmungsleistungen (wie Ton- und Farbempfindungen) erfassen konnte, den Begriff »mental tests« prägte. Ein weiterer Ausgangspunkt für die Testentwicklung lässt sich auf das Jahr 1904 datieren, als das französische Erziehungsministerium den französischen Juristen und Physiologen Alfred Binet beauftragte, ein Verfahren zur Unterscheidung normal entwickelter Kinder und Kinder mit Intelligenzminderung in den Schulen zu entwickeln, was dann den Anstoß für die Entwicklung von Intelligenztests gab.

Mit dem Eintritt der USA in den Ersten Weltkrieg entstand ein erster Testboom: Umfangreiche Testbatterien und Fragebogen wurden eingesetzt, um innerhalb des Militärs die richtigen Personen an den richtigen Platz zu bringen. Hierbei hatte man sich zum ersten Mal auch dem Problem zu stellen, für Personen, deren Muttersprache nicht Englisch war, eigene Testverfahren zu entwickeln. Dieser Versuch kann als erster Zugang zur Entwicklung von Culture-fair-Intelligenztests angesehen werden. Nach dem Zweiten Weltkrieg ermöglichten die Vereinigten Staaten von Amerika einer Vielzahl von Personen aus der Pädagogik und der Psychologie, den Testgebrauch und Testeinsatz in den USA kennenzulernen. Es entstand auch in Deutschland wie im gesamten deutschsprachigen Gebiet eine Testeuphorie, die aber keineswegs mit dem Ausmaß von Testanwendungen in den USA vergleichbar ist. Bis in die 1990er-Jahre war aber im gesamten deutschsprachigen Raum ein stetiger Rückgang des Testeinsatzes festzustellen, besonders in den Schulen. Mit den Rückmeldungen über das Abschneiden deutscher Schüler in der Third International Mathematics and Science Study (TIMSS, ein internationales Verfahren zur Erfassung der Leistungsfähigkeit und der Kenntnisse in Mathematik und Naturwissenschaften) ist aber eine Zunahme insbesondere von überregionalen Tests zu verzeichnen.

**FEHLERQUELLEN**
Ein Test soll bestimmte Eigenschaften oder Fähigkeiten messen und er soll sie genau und zuverlässig erfassen. Um dies sicherzustellen, muss zunächst einmal das, was gemessen werden soll, möglichst detailliert beschrieben werden. Wenn also ein Schuleignungstest konstruiert werden soll, so muss der Testentwickler in einem ersten Schritt genau angeben, worin denn die Schuleignung besteht. Hier liegt die erste mögliche Fehlerquelle eines Tests: Vielleicht geht der Testentwickler von einer unzulänglichen oder gar falschen Definition der Schuleignung aus.

Anschließend müssen Fragen oder Aufgaben (Items) festgelegt werden, die die Schuleignung möglichst präzise erfassen. Diese Aufgaben können zu leicht oder zu schwer sein, dann können alle Kinder oder keines der Kinder sie beantworten, und der Test kann nicht zwischen mehr oder weniger schulreifen Kindern unterscheiden. Es gilt also, den Schwierigkeitsgrad der Aufgaben möglichst angemessen zu gestalten.

Um diese Probleme theoretisch zu fassen und so weit wie möglich zu umgehen, wurden Testtheorien wie die klassische und die probabilistische Testtheorie entwickelt. Die meisten heute verwendeten Tests liegen der klassischen Testtheorie zugrunde. Ihr zufolge muss eine Vorform des Tests an einer ausgewählten Stichprobe untersucht werden (Itemanalyse). Alle Items, die zu leicht oder zu schwer sind oder die mit dem Ziel der Messung offensichtlich nicht in Zusammenhang stehen, werden entfernt. Diese zweite Fassung wird nun an einer weiteren Stichprobe untersucht. Jetzt muss der Test bestimmte Testgütekriterien erfüllen. Er muss auch bei wiederholten Messungen zuverlässig immer wieder dasselbe messen (Reliabilität), er muss unter anderem einen nachweisbaren Zusammenhang zu einem zuvor festgelegten Gültigkeitskriterium aufweisen (Validität), im Fall des Schuleignungstests etwa das Abschneiden der Kinder nach dem ersten Schuljahr, und er darf nicht durch Faktoren wie Einstellungen des Untersuchers verzerrt werden (Objektivität).

Wenn all dies sichergestellt ist, kann der Test an einer Eichstichprobe normiert werden, die in ihrer Zusammensetzung möglichst genau derjenigen Gruppe von Menschen gleicht, die später getestet werden sollen, beim Schuleignungstest also die Gruppe der Kinder, die kurz vor der Aufnahme in die Schule steht. Die so gefundenen Normen ermöglichen später die Feststellung, ob eine bestimmte getestete Person über oder unter dem Bevölkerungsdurchschnitt liegt und wie weit sie vom Durchschnitt abweicht.

Tests, die man in der Massenpresse finden kann, haben dieses sehr aufwendige Konstrukti-

## TESTS *Fortsetzung*

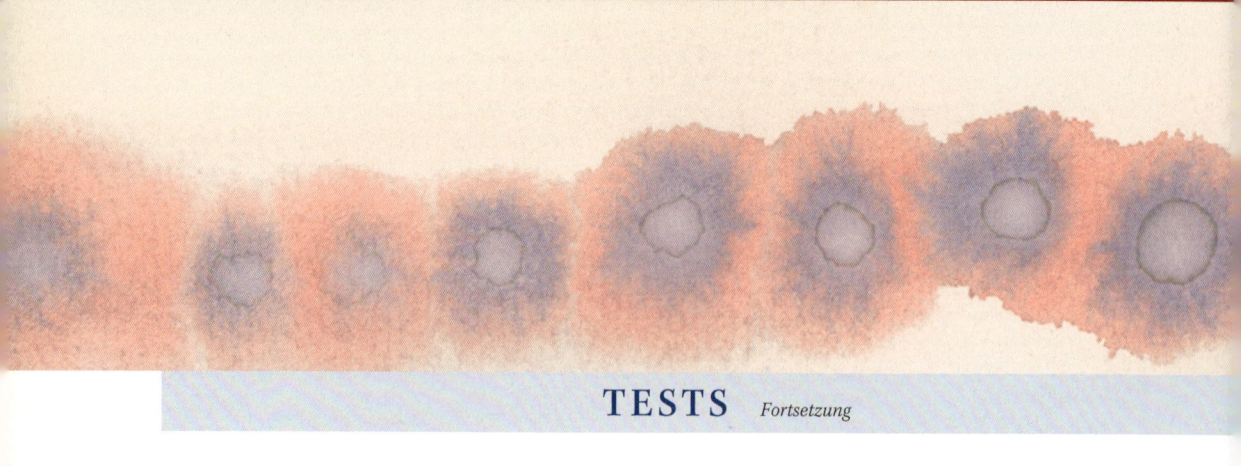

onsverfahren in der Regel nicht durchlaufen, sodass man nicht sicher sein kann, ob diese Tests das messen, was sie zu messen vorgeben, und wie genau sie es messen.

### INTELLIGENZ UND PERSÖNLICHKEIT
Intelligenztests basieren auf unterschiedlichen Auffassungen von Intelligenz. Einer Auffassung, die einen allgemeinen Intelligenzfaktor (g-Faktor, wobei das »g« für »generell, allgemein« steht) und mehr oder weniger zahlreiche untergeordnete Faktoren für spezielle Fertigkeiten voraussetzt, steht eine Auffassung gegenüber, die von mehreren, beispielsweise fünf verschiedenen Intelligenzfaktoren ausgeht. Je nach unterstelltem Intelligenzmodell unterscheiden sich die Aufgaben der entsprechenden Tests. Generell besteht ein Intelligenztest aus Aufgaben verschiedenen Schwierigkeitsgrads, welche die getestete Person lösen muss. Ihre Intelligenz wird als umso höher eingestuft, je mehr und je schwierigere Aufgaben sie gelöst hat.

Mehr noch als Intelligenztests basieren die unterschiedlichen Persönlichkeitstests auf unterschiedlichen Modellen der Persönlichkeit. Bei sogenannten objektiven Tests muss die getestete Person eine Reihe von Geschmacks- und Werturteilen beurteilen und ihnen zustimmen oder sie ablehnen; oder sie muss einer Reihe von Aussagen über die eigene Person zustimmen oder sie ablehnen. Aus den Antworten werden auf vorgeschriebenem Weg Persönlichkeitsprofile erstellt. Diese zeigen an, welche der gemessenen Eigenschaften wie stark ausgeprägt ist.

Die Eigenschaften, ihre Definitionen und die Art ihrer Messung unterscheiden sich von Persönlichkeitsmodell zu Persönlichkeitsmodell und sind nicht miteinander vergleichbar, auch wenn ihre Bezeichnungen (wie Extraversion) sich ähnlich oder gleich anhören mögen.

Bei projektiven Persönlichkeitstests wie dem thematischen Apperzeptionstest werden der zu untersuchenden Person mehrdeutige Materialien (etwa Bilder) vorgelegt, zu denen sie sich äußern soll. Verschiedene Personen greifen aus den mehrdeutigen Materialien unterschiedliche Aspekte heraus. Aus dieser Auswahl versucht man, nun Rückschlüsse auf die Persönlichkeit der Untersuchten zu ziehen. Diese Verfahren sind testtheoretisch häufig nicht gut fundiert; das subjektive Urteil der Untersucher kann in großem Umfang einfließen, sodass die Objektivität dieser Verfahren nicht gewährleistet ist.

### AUSWAHLVERFAHREN
Auswahlverfahren dienen dazu, knappe Güter auf überprüfbare Art und Weise an Anwärter auf diese Ressourcen zu verteilen, beispielsweise Studienplätze an Studienbewerber oder Arbeitsplätze an Arbeitsuchende. Bewerber stellen sich einem Auswahlverfahren in der Regel gezwungenermaßen; viel hängt für sie davon ab, wie sie bei diesen Verfahren abschneiden. Hier kommt es besonders auf eine hohe Validität an, denn weder Anwärter noch Auswählender haben etwas davon, wenn sich nach einem aufwendigen Auswahlverfahren herausstellt, dass die ausgewählte Person doch die falsche war. Allerdings sind nicht alle Anwender von Auswahlverfahren sich des Problems der Validität bewusst; häufig werden sogar selbst Tests oder Aufgabenreihen herangezogen, die bislang gar nicht testtheoretisch

## TESTS

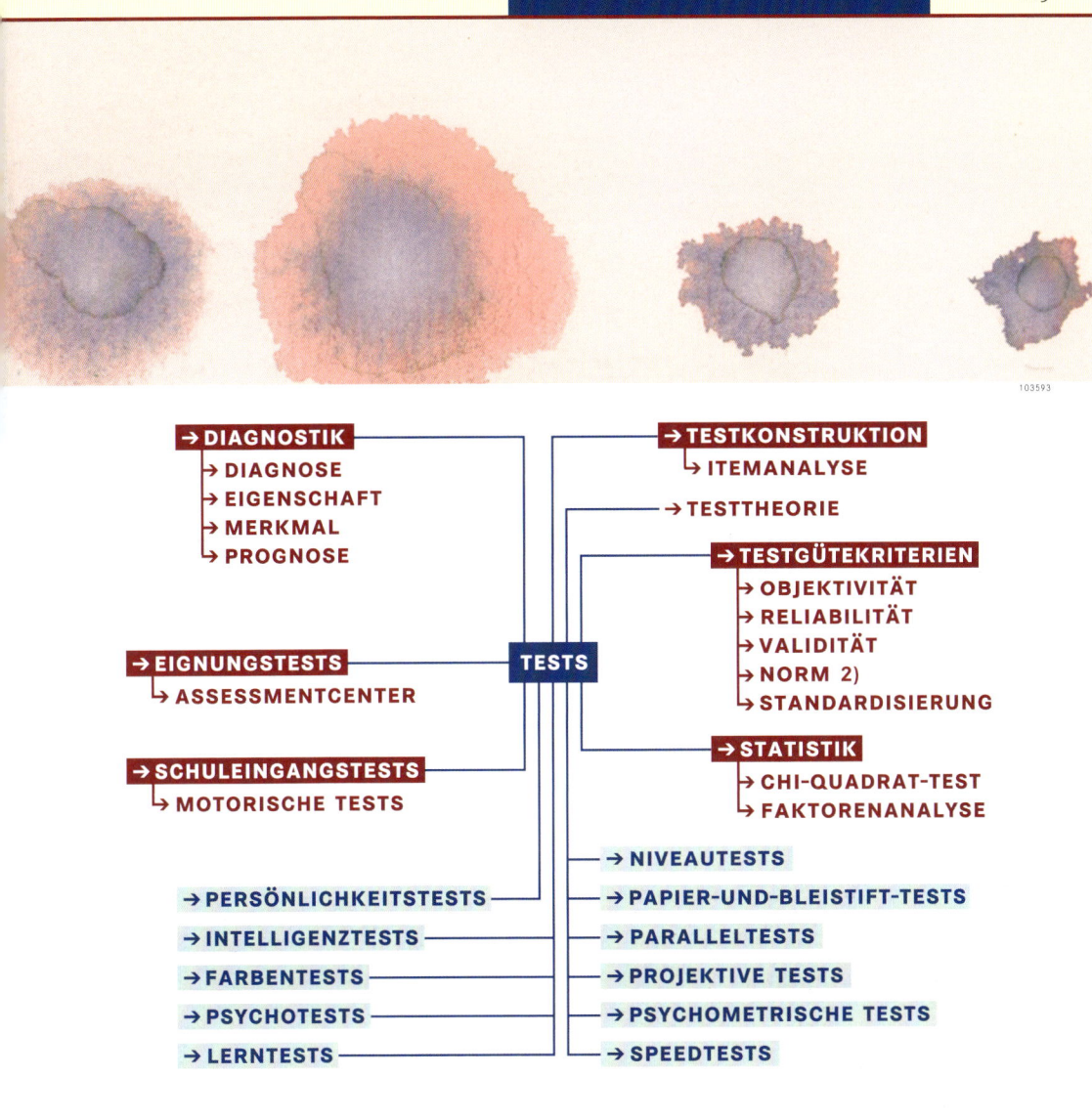

- → **DIAGNOSTIK**
  - ↳ DIAGNOSE
  - ↳ EIGENSCHAFT
  - ↳ MERKMAL
  - ↳ PROGNOSE
- → **EIGNUNGSTESTS**
  - ↳ ASSESSMENTCENTER
- → **SCHULEINGANGSTESTS**
  - ↳ MOTORISCHE TESTS
- → **TESTKONSTRUKTION**
  - ↳ ITEMANALYSE
- → TESTTHEORIE
- → **TESTGÜTEKRITERIEN**
  - ↳ OBJEKTIVITÄT
  - ↳ RELIABILITÄT
  - ↳ VALIDITÄT
  - ↳ NORM 2)
  - ↳ STANDARDISIERUNG
- → **STATISTIK**
  - ↳ CHI-QUADRAT-TEST
  - ↳ FAKTORENANALYSE

- → PERSÖNLICHKEITSTESTS
- → INTELLIGENZTESTS
- → FARBENTESTS
- → PSYCHOTESTS
- → LERNTESTS
- → NIVEAUTESTS
- → PAPIER-UND-BLEISTIFT-TESTS
- → PARALLELTESTS
- → PROJEKTIVE TESTS
- → PSYCHOMETRISCHE TESTS
- → SPEEDTESTS

überprüft wurden. Dem soll mit der 2002 eingeführten DIN-Norm 33430 entgegengewirkt werden, die einen Qualitätsstandard von Eignungstests und Assessment-Center darstellt. Die Norm beschreibt Qualitätskriterien sowohl für die Konstruktion von Tests als auch für ihre Anwendung bzw. für den Prozess von Auswahlmethoden.

Bewerber, die bei Auswahlverfahren nicht zum Zuge gekommen sind, neigen dazu, sich die Schuld daran selbst zu geben und möglicherweise in Selbstzweifel zu verfallen. Das wäre angesichts der geschilderten hohen Fehleranfälligkeit von Tests und dem häufigen Einsatz nicht ordnungsgemäß konstruierter Tests aber unangemessen. Davon unabhängig misst jeder Test nur einen kleinen Ausschnitt aus dem gesamten Leistungsspektrum einer komplexen Persönlichkeit; man sollte einem Testergebnis deshalb keinen zu hohen Stellenwert einräumen.

**LESETIPPS:**

*Brickenkamp Handbuch psychologischer und pädagogischer Tests*, herausgegeben von Elmar Brähler u. a. Göttingen (Hogrefe) [3]2002.

MANFRED AMELANG *und* LOTHAR SCHMIDT-ATZERT: *Psychologische Diagnostik und Intervention.* Heidelberg (Springer) [4]2006.

MARKUS BÜHNER: *Einführung in die Test- und Fragebogenkonstruktion.* München (Pearson Studium) [2]2006.

*Fortsetzung von S. 615*

einschließlich der dazugehörigen Gefühle, die einem Menschen zur Beschreibung und Erklärung des Todes zur Verfügung stehen.

Einer der Hauptforschungsgegenstände der Thanatologie ist die Angst vor dem Sterben und dem Tod, sowohl vor dem eigenen (z. B. in Form einer Angst vor Schmerzen, vor Isolation) als auch vor dem Tod anderer (z. B. vor Hilflosigkeit) sowie vor dem Unbekannten, dem Nachher, der Vernichtung des Körpers.

**thematischer Apperzeptionstest,** Abk. **TAT:** ein von Henry Alexander Murray 1943 vorgelegter projektiver Test, mit dem motivationale Faktoren von Testpersonen, Kindern ab 4 Jahren und Erwachsenen, erfasst werden können. Bei diesem Test sollen die Probanden zu mehrdeutigem Bildmaterial (auf 30 Bildtafeln in Schwarz-Weiß-Darstellung und einer leeren Tafel) eine Fantasiegeschichte erfinden: Sie sollen beschreiben, was für eine Situation sie auf der Tafel wahrnehmen, was davor geschehen sein und was danach noch geschehen könnte. Die Bilder stellen meist Personen in bestimmten sozialen Situationen und Interaktionen dar. Ein Teil der Tafeln ist bezugsgruppenspezifisch einzusetzen (männlich/weiblich, unter 14 Jahren/über 14 Jahre).

Die Auswertung des Tests bedient sich unterschiedlicher Verfahren: Die Auswertung der von den Probanden erfundenen Geschichten kann unter inhaltlichen Gesichtspunkten erfolgen, es können inhaltliche und formale oder aber rein formale Auszählmethoden verwendet werden; im letzten Fall werden nur noch strukturelle Merkmale der Geschichten betrachtet.

**themenzentrierte Inter|aktion,** Abk. **TZI:** von der aus Deutschland stammenden Psychiaterin Ruth Cohn in den 1950er-Jahren in den USA entwickelte Methode gruppenbezogenen Lehrens und Lernens. Bei dieser Methode werden die jede Gruppeninteraktion bestimmenden Faktoren Ich (die Persönlichkeit jedes Einzelnen), Wir (die Gruppe) und Es (das jeweilige Thema als Gegenstand der Gruppenaktivität) angemessen berücksichtigt und in einer dynamischen Ausgewogenheit gehalten.

Folgende Imperative sollen u. a. hierbei leitend sein: 1. Sprich für dich selbst! 2. Sprich Störendes sofort an! 3. Begründe deine Fragen und Interessen! 4. Charakterisiere andere, indem du betonst, was dir das bedeutet! 5. Nebengespräche stören die Gruppenarbeit. 6. Es sollte stets nur eine Person sprechen. In diesen sowie weiteren Regeln kommt das Ziel einer symmetrischen und ausgewogenen sozial-emotionalen Beziehung zum Ausdruck.

**Theory of Mind** [ˈθiːəri ɔv maind, engl. »mentale Hypothese«], **mentalistische Alltagspsychologie:** das mental repräsentierte, intuitive Wissen darum, dass Menschen psychische Erlebnisse wie Denken und Fühlen, Absichten oder Wünsche haben, womit z. B. der Unterschied zwischen Mensch und Maschine unmittelbar erkannt wird.

Die Theory of Mind ist Voraussetzung dafür, dass man das eigene Verhalten und das Verhalten anderer vorhersagen kann, und stellt damit eine wichtige soziale Fähigkeit dar. In rudimentärer Form wird sie vermutlich schon sehr früh, im ersten Lebensjahr des Kleinkindes, entwickelt; so folgen Babys in diesem Alter beispielsweise dem Blick einer Person, die auf einen Gegenstand zeigt. Ob dieses Verhalten allerdings ein Verstehen der Absicht (dem Kind etwas zeigen wollen) und damit das Vorhandensein einer rudimentären Theory of Mind bedeutet, ist umstritten. Viele Theoretiker gehen jedoch davon aus, dass bereits Neugeborene zwischen Mensch und Ding unterscheiden können, weil sie kommunikativen Kontakt zu Menschen suchen.

Als gesichert gilt, dass Kleinkinder mit 18 Monaten Gefühle anderer erkennen können, sie trösten z. B. ein anderes Kind, das weint; das bedeutet, dass sie eine Vorstellung, eine innere Repräsentation davon haben, wie es sich anfühlt, wenn man weint. Mit zunehmendem Alter erfährt die Theory of Mind Differenzierungen: Ein Kleinkind mit vier Jahren kann erkennen, dass jemand nicht nur eine Vorstellung von etwas, sondern auch eine falsche Vorstellung von etwas haben kann; ein Kind mit etwa sechs Jahren verfügt über ein Verständnis für Gedächtnisleistung, z. B. dass es kürzlich vier englische Wörter gelernt hat, ein jüngeres Kind glaubt in diesem Fall, dass es diese Wörter schon immer gekannt hätte. Mit der Fähigkeit zu Interpretationen entwickeln Kinder im Grundschulalter ihre Theory of Mind soweit, dass sie etwa das Verhalten einer Person auf überdauernde Merkmale ihrer Persönlichkeit zurückführen.

Bislang hat man sich im deutschen Sprachraum auf keine Übersetzung des Begriffs Theory of Mind einigen können. Für Verwirrung sorgt, dass zum einen Theory of Mind z. T. übersetzt wird mit (neben anderen Begriffen) intuitive psychologische Theorie, intuitive Theorie oder intuitive Psychologie, die gleichsam als Synonyme für →Alltagspsychologie verwendet werden, zum anderen Theory of Mind und Alltagspsychologie nicht gleichgesetzt werden (wohl aber Theory of Mind und mentalistische Alltagspsychologie). Die ebenfalls gebrauchte

Übersetzung Theorie des Geistes wird als unzutreffend eher abgelehnt.

**Therapeutenvariablen:** Merkmale des Therapeutenverhaltens, die Carl Rogers, der Begründer der klientenzentrierten Psychotherapie, aus der Analyse von Tonbandaufzeichnungen von Behandlungsgesprächen herausarbeitete. Rogers und seine Mitarbeiter entdeckten dabei drei Grundelemente, die – unabhängig davon, welche Theorie der Therapeut vertritt und welche Methode er anwendet – ein Gespräch zwischen Therapeut und Klient so gestalten, dass es zu positiven Veränderungen führt: 1. Einfühlungsvermögen (Empathie) des Therapeuten, 2. Annahme und Wertschätzung (Akzeptanz) des Klienten durch den Therapeuten, 3. Echtheit und Wahrhaftigkeit (Kongruenz) des Therapeuten.

**therapeutische Arbeitsbeziehung:** die Art der Zusammenarbeit eines Psychotherapeuten und eines Patienten. Da in einer Psychotherapie der Erfolg fast immer von der Zusammenarbeit aller Beteiligten abhängt, ist die therapeutische Arbeitsbeziehung zwischen Patient oder Patienten und Therapeut ein wesentlicher Bestandteil der Behandlung und weit wichtiger als die Mitarbeit des Patienten in der organischen Medizin. Die formalen Seiten der Arbeitsbeziehung wie Honorar, Ferien- und Ausfallregelungen verdienen zwar große Aufmerksamkeit, sind aber in den meisten Fällen schnell geklärt. Viel langwieriger ist es herauszufinden, welchen Beitrag die Beteiligten zum Gelingen der Therapie leisten können und müssen. So beginnen viele Patienten eine Therapie mit der Hoffnung, einen Dritten zu verändern, etwa den Partner, den Vorgesetzten oder die Eltern. Solange die Therapie mit der Erfüllung solcher Wünsche steht und fällt, ist die Arbeitsbeziehung noch nicht ausreichend entwickelt. Erst wenn der Patient bereit ist, an sich selbst zu arbeiten, kann die Therapie voranschreiten. Darüber hinaus gehört zu einer funktionierenden therapeutischen Arbeitsbeziehung, dass der Patient den Therapeuten als psychologischen Begleiter anerkennt, der seine Dienste nicht außerhalb der vereinbarten Zeiten anbietet.

**therapeutische Gemeinschaft:** in der Sozialpsychiatrie entwickeltes Modell von Gruppen psychisch Kranker oder geistig Behinderter, die mit möglichst wenig äußerer Anleitung lernen, ihre Beziehungen untereinander und zur Umwelt selbst zu regulieren. Psychisch Kranke sind meist nicht bettlägerig, sie brauchen mehr Anregung, als die herkömmliche Krankenpflege bieten kann. Daher ist es heute vielfach üblich, dass nicht ein ärztlicher oder pflegerischer Experte, sondern die Gemeinschaft einer Station in einer Nervenklinik die Fragen des Zusammenlebens wie z. B. Ausgang, Freizeitgestaltung, Alkoholkonsum usw. regelt. Dadurch wird den negativen Folgen einer sozialen Rückentwicklung durch Überbehütung und Einengung vorgebeugt.

*therapeutische Gemeinschaften* können psychisch Kranken oder geistig Behinderten ein weitgehend selbstbestimmtes Leben ermöglichen. Wenn nötig, stehen ihnen Betreuer zur Verfügung (Gruppe der Stiftung »Das Rauhe Haus« in Hamburg).

**therapeutische Reaktion, negative:** die →negative therapeutische Reaktion.

**therapeutisches Puppenspiel:** Mittel der Kinderpsychotherapie. Dabei wird davon ausgegangen, dass Kinder ihre Gefühle, Wünsche und Bedürfnisse eher im Puppenspiel als mit Worten äußern können, und das Puppenspiel wird interpretiert. Besondere Bedeutung hat das therapeutische Puppenspiel in letzter Zeit im Zusammenhang mit anatomisch korrekten Puppen erlangt. Diese Puppen haben einen Penis oder eine Scheide und werden eingesetzt, wenn der Verdacht auf →sexuellen Missbrauch des Kindes besteht. Kritiker halten diesem Verfahren entgegen, dass bei einem solchen Vorgehen unbewusste oder bewusste Manipulation oder Fehlinterpretation nicht ausgeschlossen ist.

**Therapeut-Patient-Beziehung:** das Verhältnis zwischen Therapeut und Patient in einer Psychotherapie. Die Therapeut-Patient-Beziehung lässt sich meist in einen rationalen und einen irrationalen Anteil aufgliedern, die beide integriert werden müssen. Dadurch bleibt im Rahmen der →therapeutischen Arbeitsbeziehung der Therapeut für den Patienten ein Experte, der professionelle Arbeit leistet, während er gleichzeitig im Kontext einer →Übertragung z. B. eine vernachlässigende Mutter oder einen strafenden Vater bedeuten kann.

**Therapieschulen:** Die Delfintherapie soll Kindern mit mentalen und körperlichen Behinderungen helfen. Im Gegensatz zu anderen Formen der Tiertherapie gibt es nur wenige wissenschaftliche Untersuchungen über die Effektivität und Wirkung der Arbeit mit Delfinen (Delfin in Key Largo, Florida, wo seit Jahren solche Therapien angeboten werden).

Nachuntersuchungen haben gezeigt, dass eine vom Klienten insgesamt als »gut« erlebte Beziehung zu einem Therapeuten das wichtigste Merkmal für einen günstigen Verlauf der Behandlung ist. Die Therapeut-Patient-Beziehung spielt als ein Qualitätsmerkmal eine dominante Rolle in der Psychotherapieforschung.

**Therapiemotivation:** die Gesamtheit der Motive, die eine Person bewegen, sich um eine Therapie zu bemühen, sie aufzunehmen oder fortzuführen. Als Motivation für eine Psychotherapie gilt in der Regel ein Leidensdruck in Verbindung mit einer positiven Einschätzung der Therapiemöglichkeit. Ist eines von beiden nicht gegeben, wird der Betreffende keine Therapie suchen, entweder weil er glaubt, sie nicht nötig zu haben, oder weil er sie nicht für aussichtsreich hält. Eine ausreichend starke Therapiemotivation ist unerlässlich, damit die in jeder Psychotherapie auftretenden belastenden Phasen vom Patienten nicht mit einem Therapieabbruch quittiert werden.

**Therapieresistenz** [zu spätlatein. resistentia »Widerstand«]: Nichttherapierbarkeit von Symptomen oder Symptomenkomplexen mithilfe vorhandener Methoden. Falls ein Psychotherapeut das Verdikt »Therapieresistenz« ausspricht, so hat er seine Möglichkeiten voll ausgeschöpft. Lange Zeit galten Persönlichkeitsstörungen als therapieresistent, bis Psychotherapeuten durch geringfügige oder stärkere Änderungen ihrer Methoden die Beeinflussbarkeit der Störungen entdeckten. Therapieresistenz ist also keine absolute Größe, sie hängt vom Forschungsstand ab.

**Therapieschulen,** Sammelbezeichnung für die verschiedenen theoretischen Richtungen der Psychotherapie. Die Theorien wurden meist von einer Einzelperson entwickelt und anfänglich auch nur an wenige ausgewählte Schüler weitergegeben. So bildete sich rasch eine Schule, z. B. die Psychoanalyse nach Sigmund Freud. Durch Abspaltungen entwickelten sich weitere Schulen, etwa die →analytische Psychologie nach C. G. Jung. Andere Schulen entwickelten sich selbstständig, z. B. die Lerntheorie, auf der die →Verhaltenstherapie beruht. Die verschiedenen Therapieschulen stehen sich gegenseitig recht kritisch gegenüber, wobei in der Praxis zunehmend eine Annäherung stattfindet. So beziehen heute Gesprächspsychotherapeuten durchaus verhaltenstherapeutische oder Verhaltenstherapeuten durchaus gesprächstherapeutische Elemente in ihre Arbeit ein. Ansätze, die Therapieschulen zu vereinen, gibt es in der →allgemeinen Psychotherapie und der →integrativen Psychotherapie.

**Therapieziele:** zu Beginn einer Psychotherapie vereinbarte Zielvorstellungen über das, was durch die Behandlung erreicht werden soll. Realistische Therapieziele sind deshalb von großer Bedeutung für den Heilungsprozess, weil sie wesentlich die Erfolgsaussichten der Therapie bestimmen und die Schritte vorzeichnen, mit denen sich Therapeut und Patient ihnen nähern können. Dadurch wächst das Vertrauen in den therapeutischen Prozess, während unrealistische, überhöhte Therapieziele (z. B. »ich will mein Glück finden«, »ich möchte endlich die richtige Frau kennenlernen«) die Gefahr einer Entwertung der Therapie mit sich bringen.

**Thetawellen:** Hirnströme im →EEG, die beim Übergang zwischen Schlafen und Wachen auftreten.

**THOP** [Abk. für **T**herapieprogramm für Kinder mit **h**yperkinetischem und **o**ppositionellem **P**roblemverhalten]: verhaltenstherapeutisches Therapieprogramm, das sich an Kinder im Alter von drei bis zwölf Jahren richtet und Eltern sowie Kindergarten und Schule einbezieht. Nach einer umfangreichen Diagnostik wird das Problem definiert und ein Behandlungsplan festgelegt. Anschließend werden »Behandlungsbausteine« eingesetzt, die je nach Bedarf miteinander kombiniert werden können; dabei werden v. a. folgende Schwerpunkte gesetzt: Förderung positiver Eltern-Kind-Interaktionen und -Beziehungen, Verminderung von impulsivem und oppositionellem Verhalten mithilfe verschiedener pädagogischer und therapeutischer Methoden, darunter auch solchen der operanten →Konditionierung, sowie die Stabilisierung der erreichten Effekte mithilfe verhaltenstherapeutischer Techniken (→Verhaltenstherapie).

**Thorndike** [ˈθɔːndaɪk], Edward Lee: amerikanischer Psychologe, * Williamsburg (Mass.) 31. 8. 1874, † Montrose (N. Y.) 10. 8. 1949; war Schüler von William James, Professor in New York und gilt als früher Vertreter des Behaviorismus. Mit der Verwendung des →Problemkäfigs führte er das Tierexperiment in die Lernforschung ein; er beschrieb die instrumentelle →Konditionierung, das Trial-and-Error-Learning und führte das Prinzip der Verstärkung in die →Lerntheorie ein.

**Thurstone** [ˈθəːstən], Louis Léon: amerikanischer Psychologe, * Chicago (Ill.) 29. 5. 1887, † Chapel Hill (N. C.) 29. 9. 1955; war ab 1924 Professor in Chicago; wurde v. a. durch seine faktorenanalytische Theorie der →Intelligenz bekannt, nach der kognitive Leistungen auf sieben Primärfähigkeiten zurückführbar sind.

**Thymoleptika:** die →Antidepressiva.

**Tic** [franzÖs.]: zwangartige, sich wiederholende unwillkürliche, körperlich oder seelisch ausgelöste Zuckungen, die auf das Gebiet bestimmter Muskeln oder Muskelgruppen beschränkt sind. Tics treten oft im Bereich der Augen (Blinzel-, Zwinkertic, Augenrollen, Grimassieren), des Mundes bzw. der Lippen, der Nase (Schnüffeltic) sowie als Räuspern (Räuspertic) auf. Am häufigsten kommen sie bei Kindern zwischen fünf und 14 Jahren vor, bei Mädchen seltener als bei Jungen. Manche Betroffenen können Tics kurze Zeit hinausschieben, die Zuckungen treten anschließend jedoch umso heftiger auf. Tics verschwinden im Allgemeinen auch ohne Behandlung binnen Monaten bis Jahren; halten sie an oder weiten sie sich auf andere Muskelpartien aus, sollten sie, nach Klärung ihrer Ursache, entweder organisch oder psychotherapeutisch behandelt werden.

**Tiefenpsychologie:** Sammelbezeichnung für diejenigen psychologischen Richtungen, denen zufolge der Schlüssel zum Verständnis des Seelenlebens in tieferen, dem Erkennen nicht unmittelbar zugänglichen Schichten der Seele liegt. Dem von Eugen Bleuler geprägten Begriff der Tiefenpsychologie liegt die Ansicht zugrunde, dass in den unbewussten Prozessen die eigentlichen Triebkräfte liegen, die sich im Erleben, Verhalten und Handeln des Individuums äußern. Zur Deutung des Verhaltens und zur Erklärung von Konflikten, Fehlleistungen und psychischen Störungen oder Erkrankungen sowie zu deren Behandlung werden somit die verborgenen Motive (z. B. unverarbeitete Erlebnisse, verdrängte Triebe, Bedürfnisse oder Konflikte) herangezogen.

Hauptrichtungen der Tiefenpsychologie sind: die →Psychoanalyse Sigmund Freuds und deren Weiterentwicklungen Ich-, Selbst- und Objektbeziehungspsychologie, die Individualpsychologie (→Individualpsychologie 2) Alfred Adlers, die analytische Psychologie (→analytische Psychologie 2) C. G. Jungs sowie die →Existenzanalyse und die →Schicksalsanalyse. Zu neueren tiefenpsychologisch orientierten Therapieformen zählen z. B. →Bioenergetik, →Logotherapie und →Transaktionsanalyse.

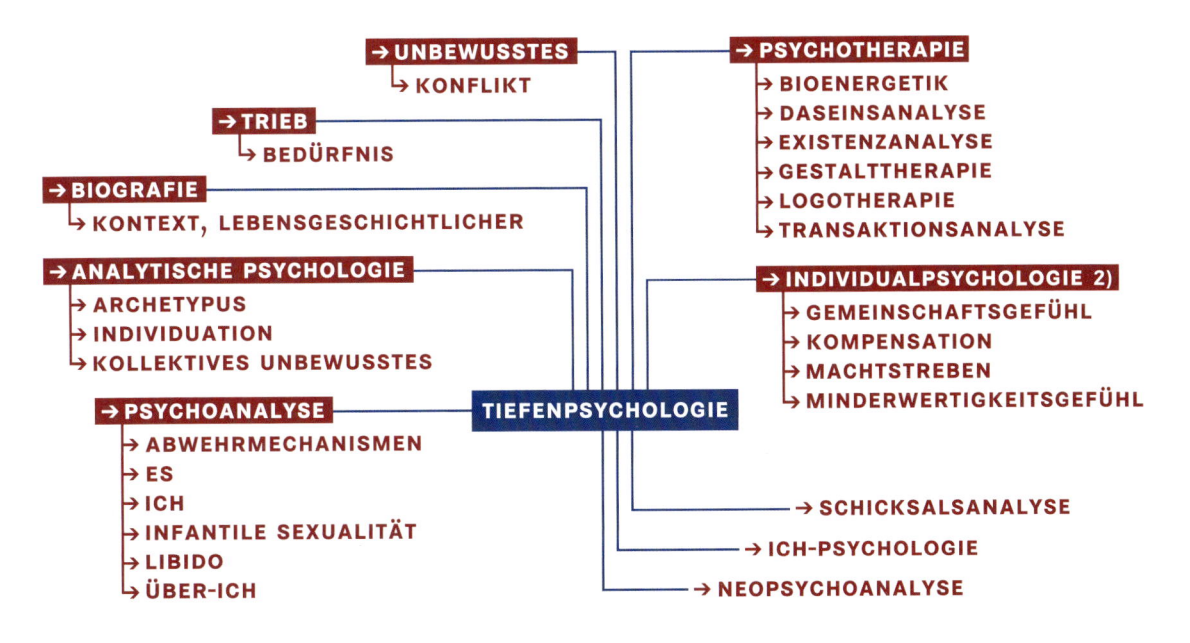

**TIEFENPSYCHOLOGIE**

- →UNBEWUSSTES
  - ↳ KONFLIKT
- →TRIEB
  - ↳ BEDÜRFNIS
- →BIOGRAFIE
  - ↳ KONTEXT, LEBENSGESCHICHTLICHER
- →ANALYTISCHE PSYCHOLOGIE
  - →ARCHETYPUS
  - →INDIVIDUATION
  - ↳ KOLLEKTIVES UNBEWUSSTES
- →PSYCHOANALYSE
  - →ABWEHRMECHANISMEN
  - →ES
  - →ICH
  - →INFANTILE SEXUALITÄT
  - →LIBIDO
  - ↳ ÜBER-ICH
- →PSYCHOTHERAPIE
  - →BIOENERGETIK
  - →DASEINSANALYSE
  - →EXISTENZANALYSE
  - →GESTALTTHERAPIE
  - →LOGOTHERAPIE
  - ↳ TRANSAKTIONSANALYSE
- →INDIVIDUALPSYCHOLOGIE 2)
  - →GEMEINSCHAFTSGEFÜHL
  - →KOMPENSATION
  - →MACHTSTREBEN
  - ↳ MINDERWERTIGKEITSGEFÜHL
- →SCHICKSALSANALYSE
- →ICH-PSYCHOLOGIE
- →NEOPSYCHOANALYSE

Kritiker werfen den tiefenpsychologischen Ansätzen vor, sie gingen von Konstrukten wie dem Bewussten und dem Unbewussten aus, deren Existenz nicht bewiesen sei, und öffneten damit der Spekulation Tür und Tor. Zwar sei die Wirksamkeit einiger tiefenpsychologisch begründeter Therapien wie der Psychoanalyse nachgewiesen, jedoch könne das an bestimmten Wirkfaktoren liegen, die in vielen verschiedenen Therapien anzutreffen seien, und beweise nicht, dass die zugrunde liegenden theoretischen Überlegungen zutreffend seien. Vertreter tiefenpsychologischer Schulen entgegnen dieser Kritik, dass man den ganzen Menschen und die Komplexität seines Inneren und seiner Lebensverhältnisse verfehle, wenn man sich allein auf das Sichtbare und Messbare konzentriert.

**tiefenpsychologisch fundierte Psychotherapie:** im weiteren Sinn alle Psychotherapieverfahren, die sich aus der Psychoanalyse entwickelt haben; im engeren Sinn eines der drei Psychotherapieverfahren, deren Kosten in Deutschland von den gesetzlichen Krankenkassen übernommen werden (→ Psychotherapieverfahren).

**Tierphobie:** die → Zoophobie.

**Tierpsychologie:** in der Psychologie als Forschungsrichtung weitgehend ersetzt durch die Bezeichnung → Verhaltensforschung; in der Praxis die Behandlung verhaltensgestörter Heimtiere wie Katzen oder Hunde. Seit etwa Anfang 2000 wird Tierpsychologie in Deutschland verstärkt praktiziert. Tierpsychologen werden um Hilfe gebeten, wenn z. B. die Katze nicht mehr frisst, ohne dass eine organische Erkrankung vorliegt. Sie erstellen dann z. B. eine Verhaltensanalyse durch Beobachtung und je nach Ergebnis geben sie eine Empfehlungen für den Umgang mit dem Tier. Die Bezeichnung Tierpsychologe ist nicht geschützt.

**TIMSS-Studie** [Abk. für engl. Third International Mathematics and Science Study, »dritte internationale Mathematik- und Naturwissenschaftsuntersuchung«], Mitte der 1990er-Jahre in 45 Ländern durchgeführte Untersuchung der Schulleistungen von Schlüsseljahrgängen der Grundschule sowie der Sekundarstufe 1 und 2. Die Studie kam zu dem Ergebnis, dass die Mathematikleistungen der internationalen Spitzengruppe, die von asiatischen Ländern gebildet wird, für deutsche Schülerinnen und Schüler derzeit unerreichbar sind. Auch in den Naturwissenschaften wurde ein deutlicher Leistungsrückgang festgestellt. Darüber hinaus konnte die TIMSS-Studie nachweisen, dass es innerhalb Deutschlands eine erhebliche Streuung der Leistungen in Mathematik und den Naturwissenschaften gibt. Bildungspolitisch wurde die TIMSS-Studie zu einem wichtigen Auslöser für Bestrebungen, die Leistungsfähigkeit des deutschen Bildungssystems zu steigern und seine internationale Wettbewerbsfähigkeit zu erhöhen.

**Tinnitus** [latein. »Geklingel«], **Ohrgeräusche:** bleibendes Hörgeräusch (Ohrensausen, Klingeln), das die betroffenen Personen belästigt oder beeinträchtigt und heute zu den psychosomatischen Erkrankungen gerechnet wird. Angeborene Dispositionen, Durchblutungsmängel, Alkoholmissbrauch, seelische und körperliche Traumatisierungen spielen als ursächliche Faktoren eine Rolle. Häufig bleiben nach einem → Hörsturz Ohrgeräusche zurück; in anderen Fällen tritt der Tinnitus als Folge von starken psychischen Spannungen auf.

Während manche Personen solche Ohrgeräusche angeben, aber nicht weiter unter ihnen leiden und auch nicht auf den Gedanken kommen, deshalb einen Arzt aufzusuchen, fühlen sich andere schwer beeinträchtigt. Sie können nicht schlafen, verlieren z. B. die frühere Freude an Musik, ziehen sich zurück und fürchten, verrückt zu werden. In solchen Fällen kann eine Psychotherapie hilfreich sein. Durch spezielle Formen psychologischen Trainings können Tinnituskranke erlernen, ihre Ohrgeräusche weniger stark oder als weniger störend wahrzunehmen. Entspannungstechniken können zur Stressreduktion beitragen und so langfristig zu einem gelasseneren Umgang mit den Ohrgeräuschen beitragen, was deren Störpotenzial erheblich verringern kann.

**Tierpsychologie:** So menschenähnlich Tiere oft auch auf den Betrachter wirken – eher als in den Bereich der Psychologie fällt die Erforschung ihres Erlebens in die Verhaltensforschung.

**Tintenkleckstest:** umgangssprachlich für →Rorschach-Test.

**TKM:** →Team-Kleingruppen-Modell.

**Tod:** Zustand eines Organismus nach dem unumkehrbaren Ausfall der Lebensfunktionen. Als Abschluss eines Alterungsprozesses, dem jedes Lebewesen von Geburt an unterworfen ist, ist der Tod genetisch programmiert und somit ein in der organischen Verfassung des Lebens begründetes biologisches Ereignis; nur Einzeller besitzen eine potenzielle Unsterblichkeit, da ihre Zellteilungen unter geeigneten Bedingungen auch über Tausende von Generationen keine Alterungsvorgänge erkennen lassen. Neben den biologisch bedingten natürlichen Todesursachen gibt es auch die unnatürlichen, zu denen äußere Einflüsse wie Gewalteinwirkungen oder Vergiftungen zählen. Der Mensch ist das einzige Lebewesen, das den Tod reflektieren kann.

Medizinisch wird zwischen Hirntod, klinischem und biologischem Tod unterschieden. Der **Hirntod** ist durch den unwiederbringlichen Verlust aller Funktionen des Gehirns, der **klinische Tod** ist durch das Versagen von Herz und Kreislauf, Atemstillstand und Absterben der Gehirnzellen aufgrund von Sauerstoffmangel charakterisiert; der **biologische Tod** durch den restlosen Stillstand auch derjenigen Lebensfunktionen, die nach dem klinischen Tod noch intakt sind, z. B. Wachstum von Haaren und Nägeln. Große Bedeutung kommt den verschiedenen Todesdefinitionen im Zusammenhang mit Transplantationen zu.

**LESETIPPS:**

Hugo Mennemann: *Sterben und Tod zwischen Verdrängung und Akzeptanz.* Idstein (Schulz-Kirchner) 2000.

*Sterben, Tod und Trauer. Grundlagen, Methoden, Anwendungsfelder,* herausgegeben von Joachim Wittkowski. Stuttgart (Kohlhammer) 2003.

**Tod:** Der Glaube an ein besseres Leben nach dem Tod dient in vielen Religionen dazu, der Furcht vor dem Endgültigen den Schrecken zu nehmen (Mumie des ägyptischen Pharaos Ramses II., der 1213 v. Chr. nach 66-jähriger Regierungszeit starb; Kairo, Ägyptisches Museum).

Elisabeth Kübler-Ross: *Reif werden zum Tode. Es kommt auf die Intensität des Lebens an.* Taschenbuchausgabe München (Droemer Knaur) 2004.

Elisabeth Kübler-Ross: *Kinder und Tod.* Taschenbuchausgabe München (Droemer Knaur) 2008.

**Todesangst:** Furcht vor dem Tod oder vor dem Sterben, die latent bei fast allen Menschen besteht, aber auch bei psychischen Störungen vorkommt, z. B. bei der →Panikstörung oder der Herzneurose, einer somatoformen autonomen Funktionsstörung (→somatoforme Störungen).

Bei konkreter Lebensgefahr entwickelt sich Todesangst: Der gesamte Körper wird mobilisiert, um der Gefahr entkommen oder ihr entgegentreten zu können; u. a. wird der Herzschlag beschleunigt und Adrenalin ausgeschüttet. Ist weder Flucht noch Kampf möglich, so kann eine Paralysierung des Betroffenen auftreten. Akute Lebensgefahr, aus der eine Person keinen Ausweg sieht, gilt als psychisches Trauma

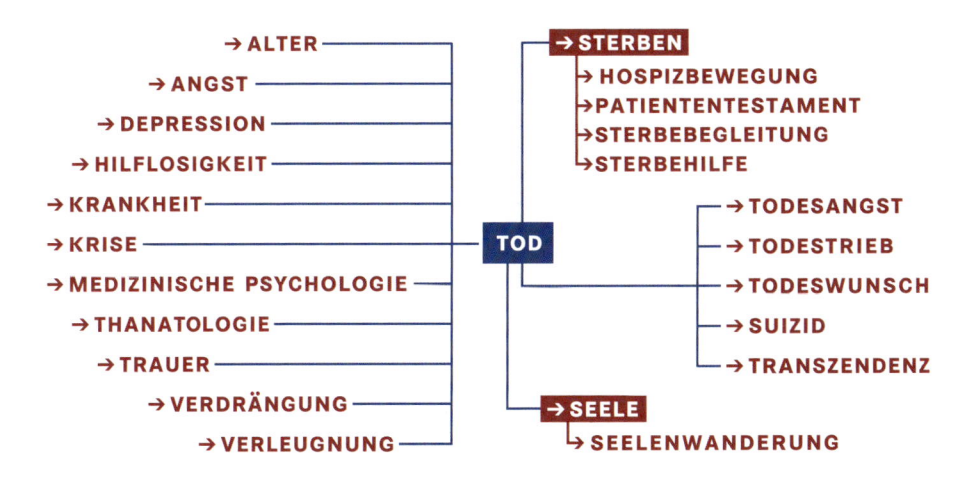

(→ Trauma 2), das zu einer →posttraumatischen Belastungsstörung führen kann.

Durchschnittlich intelligente Menschen wissen, dass sie sterben werden. Das beunruhigt sie meist nicht weiter, weil in der Regel durch einen Isolierungs- und Verleugnungsmechanismus die Vorstellung vom eigenen Tod ihrer Gefühlsqualitäten beraubt und die Angelegenheit in den Nebel einer fernen Zukunft geschoben wird. Todesangst kann zum psychischen Problem werden, wenn es nicht mehr möglich ist, diese Verleugnung aufrechtzuerhalten, wenn man z. B. einen schweren Autounfall erlebt oder eine Krebsdiagnose erhält oder wenn ein naher Angehöriger stirbt. Die Konfrontation mit der Sterblichkeit kann aber auch dazu führen, dass das Leben bewusster geführt wird, die eigene Person und die Umwelt stärker wahrgenommen werden und eine Öffnung für die positiven Seiten des Lebens stattfindet.

Berichten von reanimierten klinisch Toten zufolge ist der Vorgang des →Sterbens keineswegs immer mit Todesangst verbunden.

**Todestrieb:** *Psychoanalyse:* gemeinsam mit dem Aggressions- oder Destruktionstrieb die Gegenkraft zu den konstruktiven →Lebenstrieben (mit der Libido als Triebenergie). Ziel des nach innen oder nach außen gerichteten Todestriebs, z. B. in Form von Selbsthass oder Gewalttätigkeit gegen andere, ist nach Sigmund Freud im Extremfall die Rückführung des Lebewesens in einen Zustand völliger Spannungslosigkeit, wie sie nur im Tod zu erreichen sei. Wenn das normalerweise bestehende Gleichgewicht von Todes- und Lebenstrieb zerfällt oder gestört ist, treten pathologische, d. h. neurotische oder psychotische Störungen auf. Freuds Begriff des Todestriebs ist einer der umstrittensten Begriffe seiner Theorie.

**Todeswunsch:** das Gefühl oder die Einstellung, dass das Leben nicht mehr lebenswert ist; die Sehnsucht, nicht mehr am Leben zu sein. Dass jemand sich den Tod wünscht, muss nicht bedeuten, dass er Suizidfantasien oder die Absicht zum →Suizid hat. Es kann jedoch mit diesen einhergehen oder der Todeswunsch kann zu einem Suizid führen. In der *Psychoandalyse* spricht man von einem unbewussten Todeswunsch, wenn menschliches Verhalten so verstanden werden kann, dass sich damit eine dem Handelnden verborgene Todessehnsucht ausdrückt.

**Tokenökonomie:** die →Münzökonomie.

**Toleranz** [latein. »das Ertragen«, »Geduld«]: **1)** in der *Medizin* vermindertes Ansprechen auf ein bestimmtes Arzneimittel oder eine bestimmte Droge in der Folge einer Gewöhnung;

**2)** in der *Psychologie* die Fähigkeit, abweichende Werte und Meinungen zu ertragen. Toleranz ist eine wesentliche soziale Fähigkeit, die unentbehrlich ist, um in einer modernen Gesellschaft mit ihrer großen Vielfalt unterschiedlicher Werte, Ansichten, politischer Überzeugungen konstruktive Beziehungen aufbauen und mit unterschiedlichen Menschen zusammenarbeiten zu können. Wichtig ist allerdings, die Toleranz nicht zu überschätzen und ihre Grenzen abzustecken: Gegen Menschen, die selbst intolerant sind, Toleranz zu üben, dürfte die meisten Menschen überfordern. Alle totalitären Bewegungen haben sich an der Formel orientiert: Solange wir keine Macht haben, fordern wir Toleranz; wenn wir die Macht besitzen, verweigern wir sie.

**Tolman** [ˈtoʊlmən], Edward Chace: amerikanischer Psychologe, * West Newton (Mass.) 14. 4. 1886, † Berkeley (Cal.) 19. 11. 1959; lehrte 1918–54 in Berkeley (University of California). Beeinflusst durch die Gestaltpsychologie, modifizierte Tolman den →Behaviorismus durch Einbeziehung kognitiver Faktoren in den Lernprozess. Lernen besteht somit nicht in der Ausbildung relativ isolierter Reiz-Reaktions-Verknüpfungen, das Individuum bildet vielmehr durch die Erfahrung Erwartungen, die äußere Reize mit bestimmten Bedeutungen verknüpfen und damit zu Handlungsbereitschaften generalisieren. Tolman zählt zu den Neobehavioristen; seine Ideen wurden erst nach der kognitiven Wende (→kognitive Psychologie) in den 1960er-Jahren verstärkt rezipiert.

**Toleranz 2):** Nur wenn der Einzelne Einstellungen und Verhaltensweisen anderer bis zu einem gewissen Grad auch dann gelten lässt, wenn sie im Gegensatz zu seinen eigenen Überzeugungen stehen, ist menschliches Zusammenleben möglich.

**Tonus:** die vom Gehirn mithilfe von Rückmeldungen über den Spannungszustand gesteuerte Anspannung der Muskulatur (Muskeltonus) oder der (stabile) Zustand gesteigerter Aktivität des Nervensystems (nervaler Tonus). Die →Formatio reticularis beeinflusst sowohl den Muskeltonus als auch die Nerventätigkeit.

**topisches Modell** [zu griech. topikós »einen Ort betreffend«], **topografisches Modell:** *Psychoanalyse:* Modell des psychischen Apparates, in dem die seelischen Vorgänge bestimmten Bereichen zugeordnet werden. Das erste topische Modell von Sigmund Freud unterschied die Bereiche Unbewusstes, Vorbewusstes und Bewusstes, sein zweites topisches Modell unterscheidet Es, Ich und Über-Ich und wird meist als Strukturmodell bezeichnet.

**topologische Psychologie, Vektorpsychologie:** eine von Kurt Lewin entwickelte →Feldtheorie.

**Totem** [von Ojibwa ot-oteman »er ist aus meiner Verwandtschaft«]: mythischer Ahne einer Sippe oder eines Stammes, dem oft besondere Verehrung gilt und der, wenn er (wie meist) Tiergestalt hat, nicht verzehrt werden darf. Das entsprechende System von Verwandtschaftsdefinitionen heißt Totemismus; es ist bei vielen traditionellen Kulturen in Asien, Australien und Amerika beschrieben worden. In der Regel dürfen die Angehörigen eines Totems nicht untereinander heiraten. Sigmund Freud verknüpfte den Totemismus mit einer fiktiven Urgesellschaft und sah in ihm die Folge eines Vatermordes durch die Schar der Söhne, dem die Ehrung des Vaters als vergöttlichtes Totemtier folgte. In der neueren Ethnologie wird eher die Funktion des Austauschs zwischen den unterschiedlichen, nach außen heiratenden Sippen betont, wodurch sich die Angehörigen einer Kultur miteinander verbinden.

**Totstellreflex:** in der *Verhaltensforschung* ein plötzliches Aufhören der Bewegungsfähigkeit (momentanes Erstarren), v.a. in außergewöhnlichen Angst- und Schrecksituationen, das sowohl beim Menschen als auch bei Tieren vorkommt. Bei Tieren dient es dazu, den Feind in die Irre zu führen. Zum Beispiel stellen Jungvögel im Nest bei Gefahr, wenn sich ein Raubvogel nähert und die Eltern entsprechende Warnsignale geben, jegliche Bewegungen ein. Dank ihrer Tarnfärbung verschmelzen sie optisch mit dem Untergrund, sodass der Fressfeind sie nur schwer sehen kann.

**Tourette-Syndrom:** Krankheitsbild, das durch kombinierte motorische Tics und zusätzlich mindestens einen vokalen Tic gekennzeichnet ist. Die Betroffenen leiden also unter unwillkürlichen Muskelzuckungen, die sie nicht oder nur für kurze Zeit beherrschen können (→Tic), und dem ebenfalls höchstens kurzfristig bezähmbaren Drang, bestimmte Lautkombinationen, Silben oder Wörter auszusprechen, häufig Wörter, die sozial als nicht akzeptabel gelten (→Koprolalie). Auch →Echolalie ist verbreitet.

Die Erkrankung tritt meist um das siebente Lebensjahr, immer jedoch vor dem 18. Lebensjahr auf. Meist nimmt sie einen mittelschweren Verlauf, sodass die Betroffenen im Alltag mit ihren Tics recht gut leben können. Bei schwerem Verlauf sind ergänzende sozialtherapeutische Maßnahmen (→Sozialtherapie) erforderlich. Tourette-Kranke wirken manchmal bedrohlich oder bizarr, sind jedoch für ihre Umgebung nicht gefährlich.

Es gibt kein Medikament, das gegen alle Erscheinungsformen des Tourette-Syndroms gleichzeitig hilft, jedoch kann eine individuell angepasste Kombination von →Neuroleptika, →Stimulanzien und Mitteln, die die Aufnahme des →Neurtransmitters Serotonin hemmen, hilfreich wirken; wegen der z. T. starken Nebenwirkungen ist jedoch eine strenge ärztliche Kontrolle erforderlich.

**Tourismus** [tu-, zu engl. tour »Ausflug«]: das Reisen, der Reiseverkehr zum Kennenlernen fremder Orte und Länder und zur Erholung. In der wissenschaftlichen Untersuchung des modernen Tourismus arbeiten verschiedene Disziplinen zusammen. Für die Gastländer entstehen neben den erwünschten Einnahmen aus dem Tourismus oft auch unerwünschte Nebeneffekte, wie z. B. gravierende Eingriffe in die Natur durch den Bau von Großhotels, Müll- und Abwasserprobleme sowie nicht zuletzt auch sozialpsychologisches Konfliktpotenzial, das aus dem Aufeinandertreffen von armer einheimischer Bevölkerung und vergleichsweise reichen Touristen entsteht. Gelegentlich entstehen in der Folge auch →Migrationen, d.h., Touristen entschließen sich, in dem Land zu bleiben, das sie als Ziel einer Urlaubsreise kennengelernt haben; manchmal fürchten die Gastländer dann sogar eine »Überfremdung«, wie gegenwärtig z. B. auf Mallorca.

**TPF:** der →Trierer Persönlichkeitsfragebogen.

**Training** [ˈtrɛːnɪŋ, engl. zu to train »ziehen«; »erziehen«, »abrichten«]: die planmäßige Durchführung eines Programms von Übungen zur Vermittlung von Kenntnissen, Fähigkeiten, Fertigkeiten oder Verhaltensweisen. Man unterscheidet das Fachtraining, das der Aneignung fachlicher und arbeitsbezogener Kenntnisse und Fähigkeiten dient, und das Verhaltens-

**Totem:**
Wappenpfahl der Nordwestküstenkultur im Victoria Museum Thunderbird Park in Kanada

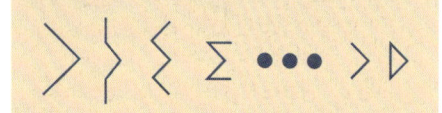

**Training:** Beim kognitiven Problemlösetraining soll zum Beispiel die Regel für die Bildung dieser vier Zeichen gefunden werden. (Lösung: Die Zeichen bestehen aus jeweils vier Teilstrecken, die um jeweils 45° gedreht werden können.)

training, das auf den Erwerb von Fähigkeiten und Fertigkeiten im Verhalten gerichtet ist.

In traditionellen Unterweisungen bezogen sich die Lernziele v. a. auf das Erreichen von Zeitvorgaben; neuerdings werden qualitative Lernziele wie die Fähigkeit zum →Transfer, zur selbstständigen Weiterentwicklung sowie das Erlernen von Lerntechniken (»lernen, wie man lernt«) betont. Kognitive Trainingsmethoden stellen die Fähigkeit zur selbstständigen, problemlösenden Auseinandersetzung mit der Aufgabe in den Vordergrund. Trainingsprogramme sind umso effektiver, je sinnvoller sie den Teilnehmern erscheinen und je mehr diese das Gelernte im Alltag umsetzen können.

Das **Managementtraining,** also Training von Führungsverhalten, beinhaltet z. B. inhaltsorientierte Techniken wie Vortrag und Referat oder prozessorientierte Techniken wie Fallstudien oder Rollenspiele, die auch das Verhalten ansprechen. Auch dieses Training sollte möglichst nah an den Gegebenheiten des Arbeitsplatzes ausgerichtet werden. Gruppendynamische Trainingsmethoden wie das Sensitivitätstraining haben das Ziel, einen Einstellungswandel herbeizuführen und die Fähigkeit zur Teamarbeit zu entwickeln, indem die soziale Sensibilität und die Verhaltensflexibilität verbessert werden. Man trifft sich in kleinen Gruppen mit einem Trainer, der jedoch keine formale Führungsrolle übernimmt, spricht über das, was sich im Hier und Jetzt der Gruppe ereignet, und jedes Gruppenmitglied erhält unmittelbares Feedback (→Feedback 3). Problematisch kann hierbei der Transfer des Gelernten in den Unternehmensalltag sein.

**Trait:** die →Disposition 1).

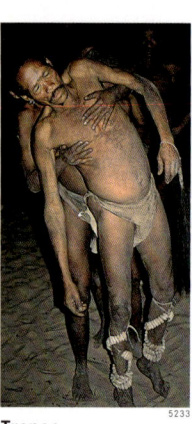

**Trance** [ˈtrãːs(ə), von altfranzös. transe »das Hinübergehen (in den Tod)«]: Sammelbezeichnung für eingeengte Bewusstseinszustände mit oftmals erhöhter Beeinflussbarkeit (Suggestibilität) wie Benommenheit, Schlafwandeln, Hypnose, Ekstase oder meditative Entrückung. Auffälligste Gemeinsamkeit der verschiedenartigen Trancezustände ist die Veränderung der Aufmerksamkeit und der Reaktionen auf Umwelteinwirkungen. Trancezustände sind Teil vieler religiöser Rituale und haben neueren Untersuchungen zufolge möglicherweise eine langfristig beruhigende Wirkung.

**Tranquilizer** [ˈtræŋkwɪlaɪzə, engl. zu to tranquilize »beruhigen«], **Anxiolytika:** Medikamente, die zur Dämpfung innerer Angst- und Spannungszustände eingesetzt werden. Als Nebenwirkungen treten Müdigkeit und eine Entspannung der Muskulatur auf. Hauptsächlich werden Wirkstoffe aus der Gruppe der Benzodiazepine verwendet. Sie dürfen wegen der Gefahr der Gewöhnung nur kurzfristig und nach ärztlicher Verordnung eingesetzt werden, z. B. vor Operationen oder beim Versagen anderer Behandlungsmethoden wie der Psychotherapie.

**Trans|aktions|analyse** [zu latein. trans »jenseits«, »über … hin«], Abk. **TA:** ein von dem kanadischen Psychiater Eric Berne (*1910, †1970) entwickeltes Konzept der Psychotherapie, das menschliches Denken, Handeln und Fühlen als Ausdruck wechselnder Ichzustände (Eltern-, Erwachsenen-, Kindheits-Ich) auffasst und die zwischenmenschlichen Beziehungen auf Transaktionen (Austauschprozesse) zwischen Sender und Empfänger zurückführt. Konflikte können sich ergeben, wenn diese Transaktionen nicht auf der Ebene empfangen werden, auf der sie gesendet wurden. Dies kann mittels der Spielanalyse aufgedeckt werden; als Spiel wird hier die Gesamtheit der Austauschprozesse zwischen den Beteiligten verstanden. Den Lebensplan, dem Menschen unbewusst folgen, nannte Berne →Skript. Mithilfe der Skriptanalyse kann er aufgedeckt werden, sodass schädliche Skripten gegen förderliche Le-

**Trance:** Viele religiöse Rituale beinhalten Trancezustände (Trancetänzer in der Kalahari).

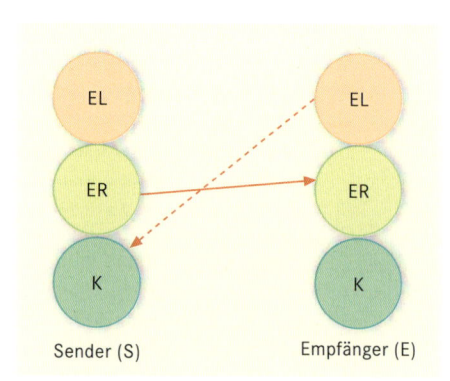

**Transaktionsanalyse:** In dem Beispiel stellt der Sender eine Frage von seinem Erwachsenen-Ich (ER) an das Erwachsenen-Ich des Empfängers. Dieser reagiert mit einem tadelnden Eltern-Ich (EL) und spricht damit auf der Gefühlsebene des Senders das Kindheits-Ich (K) an.

bénspläne ausgetauscht werden können. Die wenigen wissenschaftlichen Untersuchungen zur Wirksamkeit der Transaktionsanalyse legen den Schluss nahe, dass sie möglicherweise einzelnen Patienten, nicht aber allen Hilfesuchenden, gut hilft.

**Transfer** [engl., eigtl. »Übertragung«, »Überführung«]: in der *Pädagogik* die Übertragung von Einsichten und Fertigkeiten, die in einer bestimmten Lernsituation gewonnen wurden, auf andere, mehr oder minder vergleichbare Situationen. Transferleistungen gelten als die wichtigsten Kennzeichen erfolgreicher Lernprozesse und werden in der pädagogischen Praxis sehr häufig als Grundlage für Leistungsbewertungen herangezogen, z. B. dann, wenn in einer Mathematikarbeit Aufgaben gestellt werden, die vom gleichen Typ sind wie die im Unterricht behandelten, bei denen aber die Zahlenwerte verändert worden sind. Bei verändertem Aufgabentyp dagegen werden anspruchsvollere Transferleistungen verlangt. Im ersten Fall spricht man von horizontalem oder lateralem Transfer, im zweiten von vertikalem Transfer.

Neben diesen Formen des positiven Transfers, bei dem die einmal gemachten Erfahrungen dem Bearbeiter ähnliche Aufgabenstellungen erleichtern, kennt man auch den negativen, störenden Transfer, der z. B. dann auftritt, wenn man die Regeln der deutschen Grammatik ungeprüft auf eine Fremdsprache überträgt, wodurch das Lernen der Sprache erschwert werden kann.

**Transmitter** [engl., eigtl. »Übermittler«]: die →Neurotransmitter.

**transpersonale Psychologie:** eine neuere Richtung der Psychotherapie, die sich wie die humanistische Psychologie mit dem Wachstum, einer ganzheitlichen Entwicklung und der Selbstverwirklichung der Persönlichkeit beschäftigt, darüber hinaus aber auch »transpersonale« Erlebniszustände berücksichtigt, in denen die Grenzen des eigenen Ichs überschritten werden, wie veränderte Bewusstseinszustände, spirituelle Erfahrungen und außersinnliche Wahrnehmung. Der transpersonalen Psychologie werden verschiedene therapeutische Richtungen zugeordnet, u. a. die Tiefenpsychologie C. G. Jungs mit ihrem Konzept der Individuation, die Psychosynthese des amerikanischen Psychotherapeuten Roberto Assagioli, die mehrere Bewusstseinsschichten im Menschen unterscheidet und den Weg der Persönlichkeitsintegration vom Ich zum »transpersonalen Selbst« als spirituellem Identitätszentrum beschreibt, sowie die initiatische Therapie von Karlfried Graf Dürckheim und der Psychologin Maria Hippius; sie verbindet die Tiefenpsychologie Jungs mit Ansätzen der humanistischen Therapie und Übungen des Zenbuddhismus.

**Transsexualismus:** Geschlechtsidentitätsstörungen können nach sehr sorgfältiger medizinischer Diagnose mit Hormongaben und operativen Geschlechtsumwandlungen behandelt werden (Transsexuelle in Manila bei einer Demonstration).

**Trans|sexualismus, Trans|sexualität:** das Gefühl der Zugehörigkeit zum anderen Geschlecht; gemäß ICD-10 eine Störung der Geschlechtsidentität. Transsexuelle sind körperlich eindeutig männlich oder weiblich, fühlen sich psychisch aber dem anderen Geschlecht zugehörig. Das Gefühl, »im falschen Körper zu sein«, erzeugt oft schon in der Kindheit einen starken Leidensdruck, der häufig nur durch eine →Geschlechtsumwandlung gemindert werden kann. Da die damit verbundenen Eingriffe gravierend sind und z. T. nicht rückgängig gemacht werden können, ist größte Sorgfalt bei der psychologisch-medizinischen Diagnose geboten; so sind z. B. psychische Störungen auszuschließen, die gelegentlich mit dem Wahn einhergehen, dem anderen Geschlecht anzugehören. Transsexualismus ist zu trennen von →Homosexualität (transsexuelle Menschen empfinden sich meist als heterosexuell) und Transvestitismus.

Seit 1981 ist das sogenannte Transsexuellen-Gesetz in Kraft, das bestimmt, unter welchen Voraussetzungen die Vornamen und der Perso-

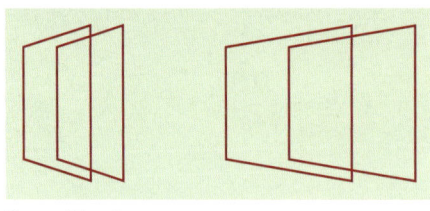

**Trapeztäuschung**

nenstand (d. h. die Geschlechtszugehörigkeit) geändert werden können.

**Transvestitismus, Transvestismus** [zu latein. vestis »Kleid«, »Gewand«]: das Bedürfnis, z. T. mittels Kleidung die Rolle des anderen Geschlechts einzunehmen; gemäß ICD-10 eine psychische Störung. Es wird unterschieden zwischen zwei Formen des Transvestitismus: **Transvestitismus unter Beibehaltung beider Geschlechtsrollen** wird als eine Störung der Geschlechtsidentität definiert: Die Person trägt gegengeschlechtliche Kleidung, um sich zeitweilig wie das andere Geschlecht zu erleben; anders als beim →Transsexualismus besteht aber kein Wunsch nach dauerhafter Geschlechtsumwandlung oder chirurgischer Korrektur. **Fetischistischer Transvestitismus** wird als Störung der Sexualpräferenz definiert: Die Person trägt gegengeschlechtliche Kleidung, hauptsächlich um sexuelle Erregung zu erreichen.

In Shows (die ersten kommerziellen Transvestitenshows wurden im 19. Jh. in Paris aufgeführt) und Filmen wird das Auftreten von Transvestiten oft als kreativer Ausdruck der Persönlichkeit anerkannt. Erst seit Beginn der 1980er-Jahre tragen Transvestiten ihre sozialen Probleme verstärkt an die Öffentlichkeit.

**transzendentale Meditation:** aus dem Hinduismus hervorgegangene, von dem indischen Guru Maharishi Mahesh Yogi 1958 in Madras gegründete Meditationsbewegung mit weltveränderndem Anspruch. Die transzendentale Meditation versteht sich als weltanschaulich neutrale »Wissenschaft der kreativen Intelligenz«. Mithilfe einer Meditationssilbe (→Mantra) sollen die Kräfte schöpferischer Intelligenz und Harmonie im Bewusstsein erschlossen werden; dadurch soll der alltägliche Stress abgebaut werden und der Meditierende höhere Bewusstseinszustände sowie eine umfassende Steigerung seiner Lebensmöglichkeiten erreichen.

**Transzendenz** [spätlatein. »das Überschreiten«]: das jenseits des Bereichs der Erfahrung und ihrer Gegenstände Liegende, das Jenseitige, Übersinnliche, auch synonym mit »Gott« gebraucht. Für viele Menschen gibt gerade der Bereich des Transzendenten ihrem Leben Sinn. In der wissenschaftlichen Psychologie können entsprechende Vorstellungen von Menschen empirisch abgefragt werden. Außersinnliche Erscheinungen (→Psiphänomene) werden in der →Parapsychologie erforscht.

**Trapeztäuschung:** eine →optische Täuschung, bei der von zwei übereinandergezeichneten gleich großen Trapezen eins kleiner zu sein scheint.

**Trauer:** *Sonderartikel S. 632–635.*

**Trauer|arbeit:** von Sigmund Freud 1915 geprägter Begriff zur Bezeichnung des inneren Vorgangs der Verarbeitung und allmählichen Überwindung der Trauer. Trauerarbeit ist ein aktiver Vorgang und geschieht, indem man die psychische Energie von den Erinnerungen an die verlorene Person, die verlorene Sache oder das aufgegebene Ziel loslöst. Gelingt die Trauerarbeit nicht, so kann eine →Depression entstehen.

**Trauerreaktion:** seelische Reaktion auf Verluste, v. a. auf den Verlust einer Person, zu der eine enge emotionale Beziehung besteht. So reagieren bereits Kleinkinder, die von ihrer engsten Bezugsperson getrennt werden, mit einer heftigen Trauerreaktion: Die Mimik erstarrt, das Spielverhalten entwickelt sich zurück. Vielfach lassen sich in der Trauerreaktion eine Alarm- und eine Konsolidierungsphase unterscheiden: In der ersten versucht das Kind, die verlorene Bezugsperson durch Weinen, Schreien, Suchverhalten zurückzugewinnen; in der zweiten resigniert es, sein Ausdrucksverhalten nimmt depressive Züge an.

**Traum:** *Sonderartikel S. 638–641.*

**Trauerreaktion:** Eine Mutter trauert um ihren zwölf Jahre alten Sohn, der im September 2004 in Beslan Opfer einer von einem tschetschenischen Terrorkommando verübten Geiselnahme wurde.

**Trauma** [griech. »Verletzung«, »Wunde«]:
1) in der *Medizin* eine körperliche Verletzung durch von außen einwirkende mechanische, physikalische oder chemische Faktoren;
2) in der *klinischen Psychologie* eine anhaltende Störung des seelischen Gleichgewichts aufgrund belastender Ereignisse, die einmalig oder andauernd derart auf einen Menschen einwirken, dass sie nicht mehr bewältigt werden können. Belastende Ereignisse können Extremerfahrungen sein wie Folter oder Kindesmissbrauch oder auch Erfahrungen, die gewöhnlich als nicht gravierend eingeschätzt werden, z. B. Ausgelachtwerden in der Öffentlichkeit. Die Verarbeitung belastender Ereignisse ist von Mensch zu Mensch unterschiedlich, sodass sich nicht im Voraus sagen lässt, welche Ereignisse für eine Person zum Trauma werden und welche nicht. Die Tatsache, dass nicht jede Person aufgrund von traumatischen Einflüssen eine psychische Störung entwickelt (→ Resilienz), lässt vermuten, dass bei der Entwicklung eines Traumas eine genetische Veranlagung beteiligt ist.

Jede körperliche Verletzung ist auch ein (unter Umständen kleines) psychisches Trauma, das aber von physischen Anzeichen begleitet wird. Rein seelische Traumen dagegen fallen weniger auf und sind daher weitaus schwerer zu diagnostizieren – obwohl sie massiv belasten. Schon im Ersten Weltkrieg wurde beobachtet, dass sich körperlich Verwundete schneller erholten als Patienten, die »nur« ein psychisches Trauma erlitten hatten (z. B. den »Grabenschock« oder »Granatenschock«, bei dem sie durch herabstürzendes Erdreich begraben worden waren).

*Traumatheorien:* Pioniere der Traumaforschung sind der Pierre Janet, Sigmund Freud und Hans Selye. Janet, ein französischer Philosoph, Arzt und Psychotherapeut und weitgehend vergessener Zeitgenosse von Freud, beschrieb zuerst, dass traumatische Erfahrungen, die nicht mit Worten ausgedrückt werden können, sich in (Traum-)Bildern, körperlichen Reaktionen und im Verhalten manifestieren. Der unaussprechliche Schrecken des Traumas entzieht sich dem Denken, hinterlässt aber seine Spuren in tieferen Schichten der seelischen Organisation. Freud entdeckte sexuelle Missbrauchserfahrungen in der Kindheit als Ursache von psychischen Störungen; er gab diese Theorie später aber teilweise wieder auf und hielt eher ein inneres Trauma für relevant: die Schwierigkeiten des Kindes, eigene sexuelle Wünsche zu verarbeiten. Aus einer gänzlich anderen Richtung kam Selye: Ursprünglich Internist, untersuchte er als bahnbrechender Stressforscher die Reaktion des Körpers auf Belastungen und unterschied schließlich drei Phasen: Alarmreaktion, Widerstandsstadium, Erschöpfungsstadium.

Selyes Modell, das zunächst nur auf körperliche Belastungen bezogen war, trägt viel zum Verständnis der psychischen Traumatisierung bei: Auch bei psychischen Belastungen werden zunächst Widerstandskräfte und Bewältigungsmechanismen mobilisiert; wenn die Belastung andauert, kommt es zum Zusammenbruch. Selbst kleine Belastungen, die zuvor keine Probleme bereitet hätten, sind für die Betroffenen dann unerträglich. In schweren Fällen entwickelt sich eine → posttraumatische Belastungsstörung.

Neueste neurowissenschaftliche Untersuchungen weisen darauf hin, dass lang andauernde traumatische Erlebnisse in der frühen Kindheit in Form von seelischer und körperlicher Gewalt sowie sexueller Missbrauch zu psychophysiologischen und strukturellen Veränderungen des Gehirns führen können. Die Traumatisierung bewirkt starke Freisetzung von Stresshormonen und Neurotransmittern, Nervenzellen bilden sich zurück und es kommt zu einer Schädigung u. a. des präfrontalen Kortex, eines Gebiets im Gehirn, das für die Emotionsregulierung während des kindlichen Hirnwachstums zuständig ist. Traumatisierungen in der frühen Kindheit wirken sich u. a. auch deshalb gravierend aus, weil das Gehirn in den ersten Lebensjahren des Kindes stark formbar ist.

**traumatische Neurose:** *Psychoanalyse:* eine Neurose, die durch einen aktuellen, bewussten Anlass hervorgerufen wird, im Gegensatz zur Psychoneurose, die auf einem unbewussten Konflikt beruht. Traumatische Neurosen umfassen nach Freud die → Neurasthenie, die Angstneurosen und die Schreckneurosen, darunter auch die traumatischen Schreckneurosen, z. B. das »Grabenzittern« der im Trommelfeuer zermürbten Frontsoldaten des Ersten Weltkriegs. Eine veraltete Bezeichnung für die traumatische Neurose ist die »Aktualneurose«. Die traumatische Neurose entspricht in der ICD-10 der → posttraumatischen Belastungsreaktion.

**Traumdeutung, Oneirologie** [zu griech. óneiros »Traum«]: Untersuchung eines Traums zur Klärung der Frage, welche nicht offensichtlichen Inhalte er bildlich zum Ausdruck bringt. Sigmund Freud machte in seinem epochalen Werk »Die Traumdeutung« (1900) den Traum

*Fortsetzung S. 636*

# TRAUER

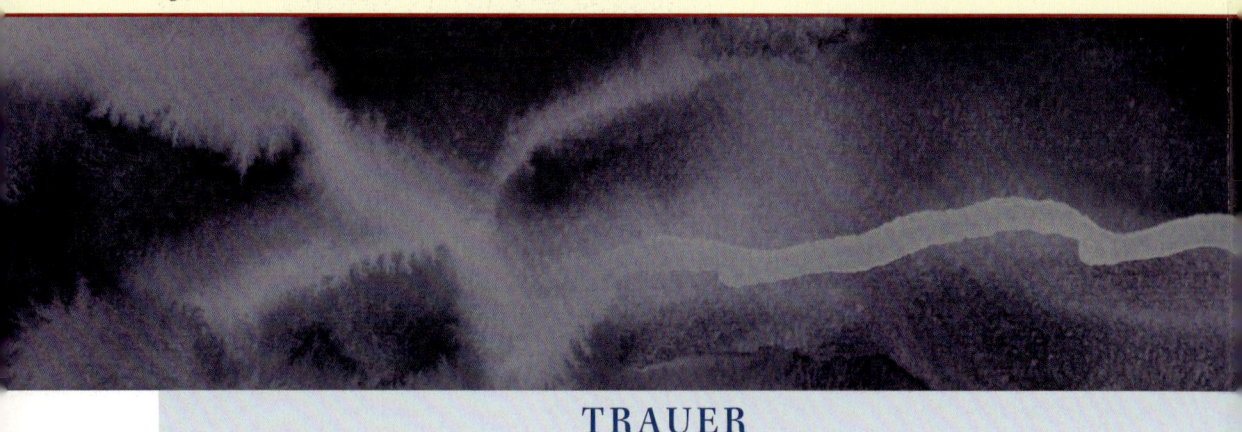

## BEDEUTUNG UND VERLAUF

Trauer bedeutet eine seelische Reaktion auf Verluste oder Einschränkungen; sie ist gekennzeichnet durch Niedergeschlagenheit, Antriebslosigkeit, Genussunfähigkeit und manchmal Todessehnsucht. Obwohl Trauer als sehr bedrückend erlebt wird, gilt sie als eine Emotion, die die Verarbeitung belastender Erlebnisse ermöglicht. In ihrem natürlichen Verlauf führt sie dazu, dass die Betroffenen sich schonen, die Zuwendung ihrer Umwelt annehmen und sich intensiv mit dem Verlust auseinandersetzen. Nach Ablauf der Trauerphase können sie sich dann wieder der Umwelt zuwenden und die beeinträchtigenden Gefühle allmählich überwinden.

Trauer beinhaltet neben dem im Vordergrund stehenden seelischen Verlustschmerz auch andere Elemente: Wut und Aggression gegen das Schicksal oder gegenüber dem verlorenen Menschen, Angst vor einer neu zu definierenden Zukunft, Erleichterung zum Beispiel nach dem Tod eines schon lange schwer pflegebedürftigen Angehörigen und Schuldgefühle, weil man sich selbst die Gefühle der Aggression und Erleichterung nicht eingestehen kann oder will.

Beim normalen Verlauf der Trauer scheint der Verlust dem Trauernden zunächst unerträglich und beschäftigt ihn unaufhörlich: Er will über nichts anderes sprechen, kann an nichts anderes denken und empfindet die üblichen Freuden des Alltags, wie Essen und Trinken, als Verrat. Nach und nach lichtet sich die Trauer und der Betroffene kann wieder an etwas anderes denken. Schließlich sind die Gedanken an den Verlust nicht mehr die Regel, sondern die Ausnahme; sie treten nur noch auf, wenn etwa ein Gedenktag, ein Gegenstand oder eine Begegnung an den Verlust erinnern.

## TRAUERBRÄUCHE

In den traditionellen Gesellschaften wurde und wird die Trauer rituell geregelt. Neben Bestattungsriten kennen alle Kulturen vielfältige Trauerbräuche. Hierzu gehören in religiös unterschiedlicher Ausprägung für die näheren Angehörigen Trauerbemalung (des Gesichts oder ganzen Körpers), Totenklage oder Schweigegebote, Totenwache, Heirats- und Arbeitsverbote, Meidung bestimmter Speisen und Getränke, feststehende Trauerzeiten, in denen etwa gesellschaftliche Aktivitäten gemieden werden und Trauerkleidung angelegt wird, auch das Verhüllen (Schleier), das Zerreißen der Kleider, das Bestreuen mit Asche (Israel) oder Dung (Afrika); auch Haarscheren und Verstümmelung sind belegt. Die Zeichen der Trauer zeigen der Umwelt, in welcher Phase des Trauerprozesses sich eine Person befindet und welches Maß der Rücksichtnahme auf die Trauernden angebracht ist.

## TRAUER UND DEPRESSION

In der modernen Gesellschaft ist die Ritualisierung der Trauer durchbrochen, ihr Verlauf wird in vielfältiger Weise gestört. Wo die (christlichen) Traditionen nicht mehr selbstverständlich sind oder gar abgelehnt werden, fehlen meist adäquate neue Riten und mit ihnen auch ihre Halt gebende Kraft. Diese Störung der natürlichen Trauerreaktionen wird als eine wesentliche Quelle von Depressionen angesehen. Eine wichtige Rolle spielt dabei die Ohnmacht angesichts der Trauer: Aufgrund der starken Leistungsorientierung der modernen Gesellschaft können die Individuen es kaum akzeptieren, ohnmächtig zu sein. Da sie gegen den Verlust machtlos sind, unternehmen sie etwas gegen die Trauer, verdrängen sie, verleugnen den Verlust, bekämpfen ihn durch Aktivität, entwerten das Verlorene.

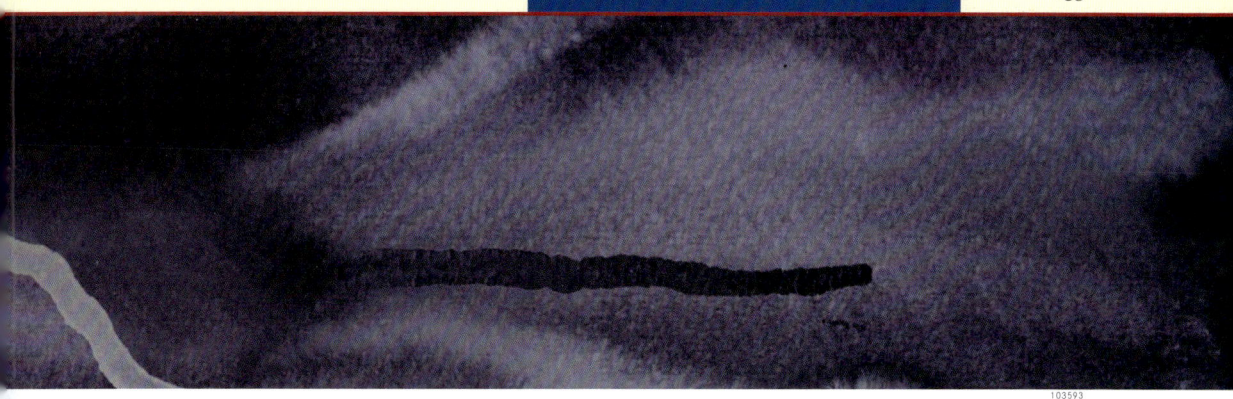

Die Depression ist im Erscheinungsbild der Trauer verwandt: Auch bei ihr fühlt sich der Betroffene niedergeschlagen, kann sich nur mit Mühe zu seinen normalen Aktivitäten durchringen und kann sich nicht freuen. Aber während die Trauer einen klar erkennbaren äußeren Anlass hat und sich im Lauf der Zeit deutlich bessert, ist die Depression für den Betroffenen selbst unerklärbar und erweist sich als hartnäckig; sie ist oft eine Folge der Unterdrückung und Verleugnung von Schwäche und Trauer bei gewissenhaften und leistungsorientierten Personen.

**NORMALE UND PATHOLOGISCHE TRAUER**
Über Jahrhunderte wurde die Trauer als eher passiver Leidensprozess verstanden, der irgendwann aufhört. Das bekannte Sprichwort: »Die Zeit heilt alle Wunden« zeugt davon. Sigmund Freud hat daher den Ausdruck »Trauerarbeit« eingeführt, um hervorzuheben, dass es sich bei der Überwindung des Schmerzes über den Verlust einer geliebten Person um eine aktive Leistung des Ichs handelt. Das Ich zieht seine Energie und seine Interessen von der Außenwelt ab und überantwortet sich ganz dem Schmerz. Während der Trauerarbeit wird die psychische Energie allmählich von den Erinnerungen an die verlorene Person und den inneren Bildern, die man von ihr hat, abgezogen. Schließlich löst sich die psychische Energie von der verlorenen Person und steht dem Trauernden wieder zur Verfügung, sodass er sich jetzt erneut der Umwelt und seinem Alltag zuwenden kann.

In vielen Fällen gelingt diese Loslösung der seelischen Energie von der verlorenen geliebten Person nicht. Sie wird vom Trauernden fortwährend idealisiert; er richtet ihr sozusagen einen inneren Altar ein, vor dem seine seelische Entwicklung stillsteht; eine Neuorientierung zu vollziehen, ist er nicht in der Lage. Dies äußert sich etwa darin, dass im Zimmer eines Toten nichts verändert wird und sein Platz am Esstisch frei bleibt. Der Bereich, den die Person zu Lebzeiten besetzt hat, wird so mit Erinnerungen an den Toten gefüllt. In solchen Fällen ist das trauernde Individuum zu sehr geschwächt oder von der narzisstischen Aufwertung durch die verlorene Person so abhängig, dass die Bindung nicht gelöst werden kann.

Für ein Verständnis der Trauer ist ein von Freud entworfenes Modell hilfreich, das einen fließenden Übergang von der einfachen Trauerreaktion nach alltäglichen Verlusten zur schweren Trauer nach dem Tod einer nahestehenden Person bis hin zu den Erscheinungen der krankhaften Trauer und der Depression darstellt. Ihm zufolge läuft der normale Trauerprozess dann ungestört ab, wenn der Verlust das Selbstgefühl nicht überfordert und keine zusätzliche Anstrengung aufgewendet werden muss, damit der Trauernde die narzisstische Wut verarbeiten kann. Dazu gehört auch, dass etwa die verlorene Person, sofern die Erinnerung an sie mit liebevollen Gefühlen verbunden ist, als jemand in der Fantasie präsent ist, der will, dass die Hinterbliebenen glücklich weiterleben.

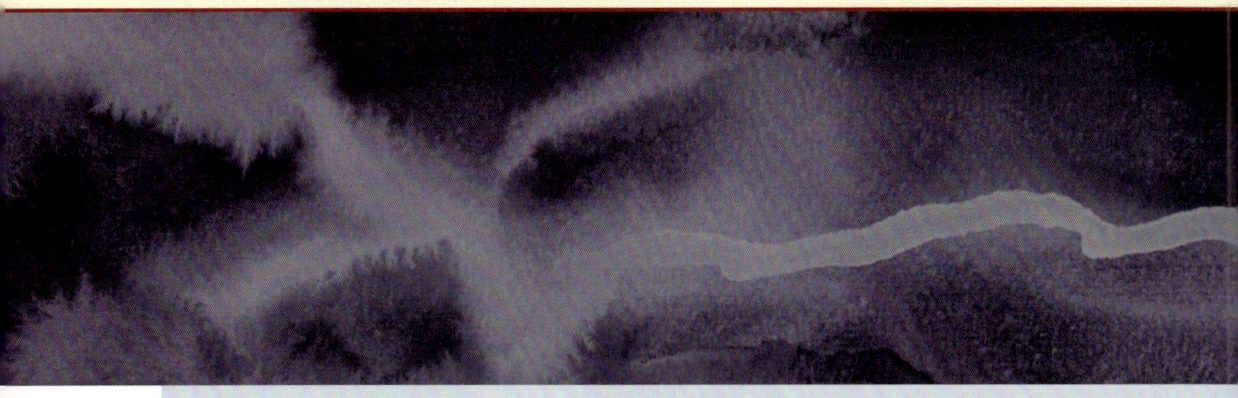

# TRAUER *Fortsetzung*

Bei der krankhaften Trauer, die in eine Depression übergeht, wird hingegen alle Lebensfreude, die sich nach dem Verlust einstellt, als Verrat an dem Toten erlebt. Der Tote ist in der Fantasie latent aggressiv und missgönnt den Lebenden ihre Freude. Dies erklärt sich nach dem psychoanalytischen Modell daraus, dass der pathologisch Trauernde Aggressionen auf den Toten projiziert, die im typischen Fall der depressiven Entwicklung von seiner Fantasie herrühren, er hätte zu ihren Lebzeiten viel mehr für die verlorene Person geopfert und geleistet, als er von ihr zurückbekommen hätte.

Wer sich im Leben immer für den anderen aufgeopfert und seine eigenen Bedürfnisse stets zurückgestellt hat, dürfte kaum dazu imstande sein, sich seine Wut auf einen geliebten Toten einzugestehen. Er richtet sie daher eher gegen sich selbst und wird depressiv. In den schwersten Formen der Depression, in denen der Kranke wie gelähmt und kaum ansprechbar ist, identifiziert er sich mit dem Verstorbenen, um die unerträglichen Gefühle der Wut auf den geliebten Toten zu unterdrücken.

### TRAUERNDE KINDER UND JUGENDLICHE

Kinder im Vorschulalter können häufig noch nicht verstehen, dass der Tod nicht wieder rückgängig zu machen ist und dass auch viele Trennungen unwiderruflich sind. Deshalb hoffen sie lange auf eine Rückkehr der verlorenen Person. Sie können den Trauerprozess insofern nicht vollständig durchlaufen, als sie die Endgültigkeit der Trennung nicht annehmen können. Sie können auch häufig nicht verstehen, dass die gestorbene Person nicht freiwillig von ihnen gegangen ist, sondern haben das Gefühl, von dem Toten verlassen worden zu sein. Die Gefahr, dass das Kind den Tod auf eigenes Tun oder Unterlassen zurückführt, ist im Vorschulalter groß. Kindern fehlt die Fähigkeit dazu, beispielsweise eine nicht befolgte Ermahnung der verstorbenen Person, und sei sie noch so harmlos gewesen, als Ursache für deren »Rückzug« auszuschließen. Werden sie nicht von einfühlsamen Erwachsenen begleitet, ist die Gefahr sehr groß, dass sie Schuldgefühle, Minderwertigkeitsgefühle und eine übersteigerte Angst entwickeln, die sie sogar ein Leben lang begleiten können.

Erst im Grundschulalter können Kinder sich einen gewissen Begriff von der Endgültigkeit des Todes bilden. Bis zum Jugendalter differenziert sich das Bild des Todes immer mehr aus. Parallel dazu entwickelt sich auch die Fähigkeit zur Trauer. Sie ist den Jugendlichen bei ihrer bevorstehenden Ablösung vom Elternhaus und bei möglichen Trennungen von vertrauten Freundesgruppen (etwa nach dem Schulabschluss) oder von ersten Beziehungspartnern von Nutzen.

In der Familientherapie gilt eine nicht vollzogene Trauerarbeit als ein schwerwiegendes Hindernis für eine offene Kommunikation und Entwicklungsmöglichkeiten in der Beziehung zwischen den Eltern oder zwischen Eltern und Kindern. Oft werden stark belastende Ereignisse »totgeschwiegen« in der falschen Annahme, man könnte auf diese Weise den anderen Familienmitgliedern Kummer ersparen.

Solches Vermeidungsverhalten stellt aber große Anforderungen an die psychische Leistungskraft. Wo diese nicht erfüllt werden kön-

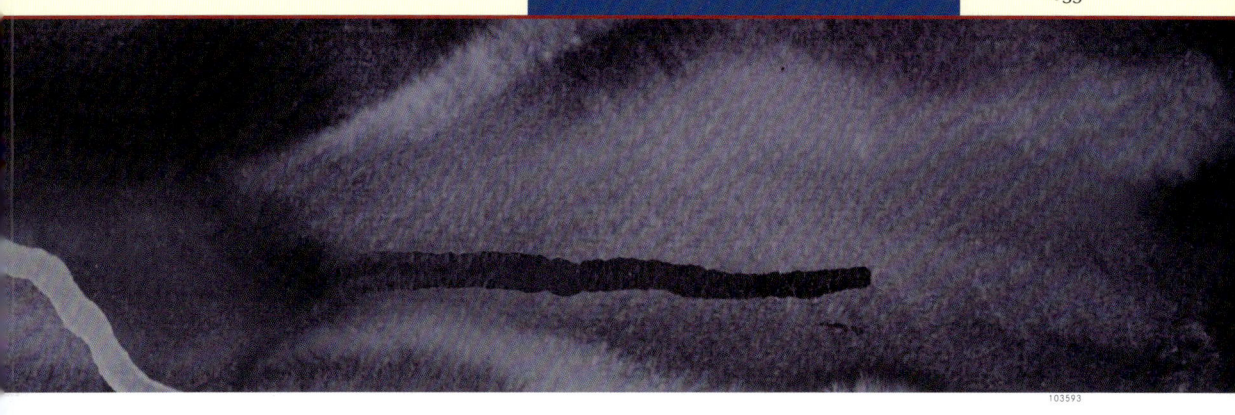

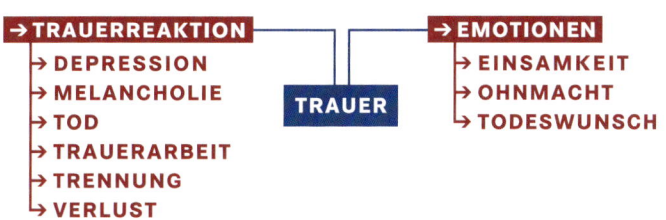

| → TRAUERREAKTION | | → EMOTIONEN |
| --- | --- | --- |
| → DEPRESSION | | → EINSAMKEIT |
| → MELANCHOLIE | TRAUER | → OHNMACHT |
| → TOD | | → TODESWUNSCH |
| → TRAUERARBEIT | | |
| → TRENNUNG | | |
| → VERLUST | | |

nen, blockiert die abgewehrte Trauer die Entwicklung der Familie: Sie verhindert die Loslösung der heranwachsenden Kinder und führt dazu, dass sich diese in einer spannungsreichen Mischung aus Be- und Entlastungsversuchen anklammern, indem sie etwa eine Sucht entwickeln.

### UNFÄHIGKEIT ZUR TRAUER

Die Psychoanalytiker Margarete und Alexander Mitscherlich haben »Die Unfähigkeit zu trauern« in ihrem gleichnamigen Buch (1967) als gesellschaftliche Erscheinung beschrieben und damit eine eigene Variante der psychoanalytischen Sozialpsychologie in Deutschland begründet. Dabei bezogen sie sich auf die Reaktion der deutschen Bevölkerung nach dem Zweiten Weltkrieg, in der eine große Mehrheit scheinbar ohne jede Trauer den Verlust eines einst in höchstem Maße idealisierten Führers hinnahm.

Die meisten Deutschen bekundeten keinerlei Interesse daran, herauszufinden, welche eigenen Fehler, Irrtümer, Illusionen oder Komplexe eine Rolle dabei gespielt hatten, Adolf Hitler zu verfallen. Sie gaben vor, von einem als »Verbrecher« oder als »Wahnsinnigen« entwerteten Politiker befreit zu sein, der sie verführt und über seine wahren Absichten in Unwissenheit gelassen habe.

Diese Form der kollektiven Abwehr von Trauer erinnert an eine Manie, in der das verlassene Individuum Entwertung und Verlust nicht wahrhaben will, sondern mit dem idealisierten verinnerlichten Bild verschmilzt. Im Deutschland der Nachkriegszeit entwickelte sich tatsächlich eine geradezu manisch zu nennende Aufbaustimmung, in der Erstaunliches geleistet wurde. Grob vereinfacht könnte man behaupten, dass diese materielle Aufbauleistung die Reaktion auf die zuvor von der gleichen Generation ausgelöste Zerstörung darstellte. Die nationalsozialistischen Verbrechen jedoch wurden erst nach dem gesicherten Besitz der Errungenschaften des »Wirtschaftswunders« und den unermüdlichen Anstößen durch die nachfolgende Generation von 1968 zur Kenntnis genommen.

**LESETIPPS:**
ELISABETH KÜBLER-ROSS: *Kinder und Tod.* München (Droemer Knaur) 2003.
*Sterben, Tod und Trauer: Grundlagen, Methoden, Anwendungsfelder,* herausgegeben von JOACHIM WITTKOWSKI. Stuttgart (Kohlhammer) 2003.
RAINER REHBERGER: *Angst zu trauern. Trauerabwehr in Bindungstheorie und psychotherapeutischer Praxis.* Stuttgart (Klett-Cotta) 2004.
RENÉ DIEKSTRA: *Wenn das Leben schmerzt: Wie wir an Verlusterfahrungen wachsen können.* München (Kösel) 2005.
ROLAND KACHLER: *Meine Trauer wird dich finden. Ein neuer Ansatz in der Trauerarbeit.* Stuttgart (Kreuz) 2005.

*Fortsetzung von S. 631*

zu einem wichtigen Bestandteil seiner psychoanalytischen Theorie neurotischer Erkrankungen; er hielt die Interpretation des Traumes für den »Königsweg« zum Verständnis unbewusster Prozesse. Nach Freud gehen zwar auch äußere Sinnesreize, Reize aus dem Körperinneren und Erlebnisse des Vortags (»Tagesreste«) in den Traum ein, vorwiegend ist er aber ein von äußeren Reizen relativ unabhängiges seelisches Produkt, das Trieb- und Affektzustände, Wünsche und Ängste der träumenden Person sowie deren lebensgeschichtlich bedingte Situation darstellt. Nach Freud ist der Traum der »Hüter des Schlafes«, indem er die unbewussten, verdrängten Wünsche des →latenten Trauminhalts in das geträumte Bilderrätsel des bewusstseinsfähigen →manifesten Trauminhaltes übersetzt. Für diese **Traumarbeit** bedient er sich bestimmter Mechanismen wie der →Verschiebung, →Verdichtung und der →Symbolisierung. Die psychoanalytische Traumdeutung verwendet die Technik der freien Assoziation, wobei der Träumer am Tag in einem entspannten Zustand Einfälle und Gedanken zu seinem Traum wiedergibt; damit soll der latente Trauminhalt ausfindig gemacht werden.

C. G. Jung ging von einer Kontinuität von Wach- und Traumbewusstsein aus und verstand den Traum als unmittelbare Darstellung der inneren Wirklichkeit des Träumers. Die Traumsymbole sind nach Jung vielfach Urbilder (→Archetypen) aus einem kollektiven Unbewussten. Während bei Freud die Traumdeutung im Wesentlichen kausal-reduktiv ist, entwarf Jung darüber hinaus eine »final-progressive« Deutung (Traum als Zukunftsentwurf, Selbstdarstellung der Person) und eine überindividuelle Deutung (Traum als Spiegel kollektiver Menschheitserfahrungen in Bildern von Geburt und Tod, Reifung, Wandlung, Verhältnis zum anderen Geschlecht u. a.). Den Traummotiven vergleichbare oder ähnliche Motive aus Märchen, Mythen und Gleichnissen beziehen Psychoanalytiker in die Traumdeutung mit ein. Bis in die Gegenwart reichen Versuche, eine für alle Menschen gleiche, immer wiederkehrende und durchgängig einheitliche Symbolik zu finden. Die moderne Wissenschaft hat diesen Anspruch allerdings längst aufgegeben. Sie erlaubt sich die Deutung von Träumen nur noch aus der genauen Kenntnis der individuellen Erfahrungen und der Persönlichkeit des einzelnen Träumers und setzt diese in Beziehung zum Traumerlebnis. Dieses Vorgehen trägt dem Umstand Rechnung, dass ein Hund z. B. für den einen Bedrohung und für den anderen Beruhigung sein kann. Jede überindividuelle Traumsymbolik dagegen vernachlässigt den Einzelnen.

*Geschichte:* Die Deutung erinnerter Trauminhalte ist seit der Antike bekannt; sie wurde besonders von den Babyloniern und Assyrern hoch geschätzt. Im Hellenismus bildete sich eine regelrechte Zukunftsdeutekunst der Traumkundigen. Während man in der Zeit der Aufklärung den Träumen relativ wenig Beachtung schenkte, entdeckte die Romantik die Beziehung der Träume zum Märchen und zum Unbewussten. Positivisten des 19. Jahrhunderts führten Träume auf Körpergeschehen (Leibreize, Hirnsekrete u. a.) zurück. Heute gibt es neben den geschilderten tiefenpsychologischen Auffassungen auch ein neuropsychologisches Verständnis des Traums, das im Traum entweder unkontrollierte elektrische Entladungen der Nervenzellen sieht oder ihn als Möglichkeit der Verarbeitung von Tagesresten versteht.

**Traurigkeit:** kurzfristiger trauriger Zustand, der auftreten kann, wenn eine Hoffnung enttäuscht oder ein Ziel verfehlt wurde; gelegentlich tritt Traurigkeit auch ohne bewusst wahrnehmbaren Anlass auf. Sie vergeht in der Regel nach kurzer Zeit von selbst. Ist dies nicht der Fall, so handelt es sich möglicherweise um das Anzeichen einer →Depression.

**Tremor** [latein.], **Zittern:** durch Zucken bestimmter Muskeln hervorgerufene rasche Bewegungen einzelner Körperteile, z. B. beim »Kältezittern«. Tremor tritt auch als Folge mancher Nervenerkrankungen (z. B. bei multipler Sklerose), nach chronischem Alkoholmissbrauch sowie bei schweren seelischen Belastungen auf.

**Traumdeutung:** Nach der Theorie Sigmund Freuds ist der Traum eine Art Bilderrätsel, in dem verdrängte Triebwünsche symbolisiert sind (Henri Rousseau, »Der Traum«, 1910).

**Trennung:** in zwischenmenschlichen Beziehungen die Auflösung einer Paarbeziehung. Mit der Zahl der Liebesbeziehungen, die Menschen heute eingehen, steigt auch die Zahl der Trennungen, die sie zu bewältigen haben. Zwar ist die gesellschaftliche Ächtung, insbesondere von Frauen und selbst bei der Scheidung einer Ehe, heute geringer als noch vor wenigen Jahrzehnten. Dennoch ist jede Trennung eine Belastung für beide Partner der Beziehung, wenngleich das Ausmaß stark variieren kann. In der Regel leidet der Verlassene stärker. Er hat sich auf die Trennung nicht in dem Maß vorbereitet wie der andere, in dem der Wunsch nach Auflösung der Beziehung möglicherweise schon länger keimte.

*Folgen:* Für verlassene Partner ist die Trennung meist mit einer großen Kränkung, nicht selten auch mit einem Verlust an Selbstwertgefühl verbunden, insbesondere wenn die Trennung auf besonders verletzende Art und Weise vollzogen wurde (wobei die »korrekte« Form ebenso wie die harmonische Trennung eher eine Illusion sein dürfte). Viele leiden unter der Angst vor der →Einsamkeit, vor finanziellen und/oder sozialen Folgen, geraten in eine →Krise.

Nicht selten ergeben sich aus Trennungssituationen regelrechte »Kriege«, in die Familienmitglieder und Freunde hineingezogen werden. Viele gestehen auch dem (ehemaligen) Partner das Recht gar nicht zu, sich zu trennen. Zum Gegenstand des Streites können Besitzansprüche an der gemeinsamen Wohnung, am Inventar und – im extremsten Fall – auch an den Kindern werden. Durch solche Streitereien bleiben die Partner noch eine Weile verbunden – wenn auch unter unglücklichen Vorzeichen. In Fällen, wo der Partner sich dem entziehen möchte, greifen manche zu den Mitteln des →Stalkings und verringern so mit großer Wahrscheinlichkeit die Chance, dass die Beziehung noch einmal wieder aufgenommen werden kann oder doch zumindest langfristig eine dauerhafte Entspannung im Verhältnis der beiden ehemaligen Partner einzutreten vermag.

*Bewältigung:* Entlastender kann es sein, sich auf die eigenen Interessen zu besinnen, jeglichen Kontakt zum ehemaligen Partner (zumindest für eine längere Zeit) zu unterlassen, dafür alte Bekanntschaften wieder zu beleben und die Aggressionen in sportliche Aktivitäten umzuwandeln. Hilfreich kann es auch sein, sich von einem verständnisvollen Menschen begleiten zu lassen. Freunde können damit allerdings überfordert sein, zumal wenn sie beiden Partnern freundschaftlich verbunden sind. Deshalb kann es sinnvoller sein, sich professionelle Hilfe bei Beratungsstellen oder Psychotherapeuten zu holen.

**Trennungsangst:** Angst, die durch eine reale, drohende oder in der Fantasie wahrgenommene Trennung von einer Bezugsperson ausgelöst wird. In geringer Ausprägung gehört sie zur psychischen Normalität; in hohem Maße jedoch stellt sie eine seelische Störung dar und zeigt sich v. a. bei Angststörungen wie bei der →Panikstörung.

Die Trennungsangst des Kindes ist eine normale Reaktion auf die Trennung von der Mutter, die sich im Weinen und Erregtsein äußert. Sie entsteht in der kindlichen Entwicklung gleichzeitig mit der Fähigkeit, vertraute und unvertraute Personen voneinander zu unterscheiden. Mit dem Erlernen der Sprache baut das Kind allmählich ein inneres Bild der Mutter, des Vaters und der Geschwister auf; es kann jetzt auch allein sein, weil es diese inneren Bilder mit dem Vertrauen verbindet, dass die Bezugspersonen zurückkommen werden. Anklammerndes Verhalten, um die Trennungsangst zu vermeiden, tritt in Entwicklungskrisen auf, wenn das Kind z. B. durch einen Unfall von vertrauten Personen getrennt wurde und sie durch Schreien in einer traumatischen Situation nicht herbeiholen konnte. Jetzt reagiert das Kind zunächst abweisend auf das Wiedererscheinen der betreffenden Person; später, wenn es sich wieder an sie gebunden hat (→Bindung), kann es nicht mehr allein bleiben, »hängt an ihrem Rockzipfel« und überwindet diese Anfälle von Trennungsangst erst allmählich, wenn es wieder ein positives inneres Bild der Bezugsperson aufgebaut hat. Entgleist diese normale Entwicklung, d. h., behält das Kind die Angst bei und entwickelt übermäßig starke Angst bei schon kurzen Trennungen

*Fortsetzung S. 642*

---

**Trennungsangst | Kleinkinder haben Angst**

In der kindlichen Entwicklung finden sich immer wieder Zeiten gesteigerter Angst vor Trennungen. Zweijährige Kinder, die sonst keine Angst hatten, wenn ihre Bezugsperson für kurze Zeit die Wohnung verließ, fangen auf einmal an zu schreien und sich an sie zu klammern. In manchen Fällen ist ein Anlass erkennbar: eine Situation, in der sich das Kind zu weit von der Bezugsperson entfernt hatte und plötzlich mit einer nicht vertrauten Wahrnehmung konfrontiert wurde, z. B. einem bellenden Hund, einem hupenden Auto oder einem rempelnden Passanten. Das Kind empfindet solch ein Erlebnis, das seine Fähigkeiten zur Verarbeitung von Umweltreizen überfordert hat, als bedrohend. Es reagiert mit gesteigerter Angst vor dem Unbekannten und vor dem Verlust der Bezugsperson, die es als schützende Zuflucht erlebt. In anderen Fällen ist kein Anlass erkennbar. Zeiten gesteigerter Trennungsangst gelten als normale Bestandteile der kindlichen Entwicklung.

# TRAUM

## CHARAKTERISTIKA

Besonderheiten des Traums im Unterschied zum Wachbewusstsein sind ein Vorherrschen des Emotionalen, die mangelnde Scheidung zwischen Umwelt und Ich, unklare Zeit- und Ortsbegriffe, assoziatives Denken und vieldeutige, häufig irreale Bilder als Trauminhalte. Diese mythen- und märchenähnlichen Erlebnisweisen, die zum Teil auch bei psychischen Krankheiten und unter Rauschdrogen beobachtet werden können, haben zu allen Zeiten nach der Bedeutung von Träumen fragen lassen.

## KULTURGESCHICHTE

In frühen Hochkulturen und im Altertum gab es bereits eine intensive Beschäftigung mit dem Traum und der Traumdeutung. In den Religionen spiegelt der Traum oft eine dem wachen Erleben gleichgestellte oder dieses sogar übersteigende Wirklichkeit. Er gilt als von Ahnen, Göttern oder Dämonen gesandt, als Erfahrung des Übersinnlichen schlechthin, wird deshalb auch bewusst herbeigeführt.

In der griechischen Antike unterschied Platon göttliche Offenbarungs- von physiologischen Begierdeträumen; Aristoteles verstand den Traum im Wesentlichen als physiologisches und psychologisches Phänomen. Weite Verbreitung gewann die »Oneirokritika«, das Traumauslegungswerk des Artemidoros von Daldis aus dem zweiten nachchristlichen Jahrhundert. Darin findet sich eine relativ feste Zuordnung von Traummotiven und zugeschriebenen Symbolen; sie diente als Vorlage für viele zur Traum- und Zukunftsdeutung genutzte Traumbücher bis in die Renaissance und den Barock.

Während der Rationalismus den Traum als Ausdruck dunklen und verworrenen Seelenlebens abwertete, setzte in der Romantik eine intensivere Beschäftigung mit den Träumen als Offenbarung der Wirklichkeit des Unbewussten ein. Eine Übersicht über diesen Ansatz gibt Sigmund Freud, der Pionier der modernen Traumanalyse, mit seiner bahnbrechenden Studie »Die Traumdeutung«, die 1900 erschien.

## PHÄNOMENOLOGIE DES TRAUMS

Die objektiv messbaren Schlafphasen, die durch schnelle Augenbewegungen und eine erhöhte vegetative Aktivität (Herzfrequenz, Atmung, Körpertemperatur) gekennzeichnet sind und als REM-Phasen (REM = engl. rapid eye movement) bezeichnet werden, fallen weitgehend mit den Traumphasen zusammen. Nach neuesten Erkenntnissen wird aber auch in den Non-REM-Phasen geträumt, allerdings weniger intensiv. Menschen träumen mehrmals pro Nacht, in Phasen von fünf bis 40 Minuten. Auch diejenigen, die von sich behaupten, dass sie nie träumen, können sich lebhaft an einen Traum erinnern, wenn sie während einer REM-Phase geweckt werden.

Während einer REM-Phase ist die schlafende Person schwer weckbar, obwohl das Hirnstrombild (EEG) dem des Wachzustands ähnelt und Außenreize (z. B. Weckerläuten) wahrgenommen und manchmal sogar in den Traum eingebaut werden. Beim Träumen kommen Augenbewegungen, leichte Muskelspannungen (Mikroinnervationen), unregelmäßiges Atmen und sexuelle Erregungen vor, Letztere nicht selten auch dann, wenn die jeweiligen Träume keine sexuellen Inhalte haben. Experimentell nachgewiesen wurde auch, dass am Vortag nur unvollständig aufgenommene Informationsreize im Traum vervollständigt (»nachentwickelt«) werden. Mehr als 50 % aller Träume enthalten Auszüge aus dem Vortag (»Tagesreste«). Gezeigt werden konnte auch, dass Träume in erster Linie von visuell-halluzinatorischer Qualität sind. Weniger häufig treten akustische Eindrücke, Körperempfindungen sowie Geruchs- und Geschmackserlebnisse auf.

REM-Perioden mit starker Aktivierung des autonomen Nervensystems und vielen Augenbewegungen führen eher zu lebhaften und emotional getönten Träumen. Bei dem am Morgen spontan erinnerten Traum handelt es sich um den Traum der letzten REM-Periode. Ohne Weckung oder spontanes Erwachen werden die meisten Träume vergessen. Träume hängen in ihrer Zeitdauer vom Lebensalter ab; während Neugeborene einen großen Teil ihrer Schlafzeit träumen, träumt der Erwachsene in einem etwa achtstündigen Nachtschlaf nur noch 20–25 % der Schlafzeit.

Das Träumen wird durch chemische Substanzen beeinflusst, z. B. führt die Einnahme bestimmter Schlafmittel, Psychopharmaka wie auch größerer Mengen Alkohol vor dem Schlafengehen zu einer deutlichen Verkürzung der Traumperioden.

## DER TRAUM IN DER PSYCHOANALYSE

Sigmund Freud räumte dem Traum einen wichtigen Platz in seiner tiefenpsychologischen Theorie neurotischer Erkrankungen ein und hielt die Deutung des Traums für den »Königsweg« (Via Regia) zum Unbewussten. Nach Freud wird der Traum durch äußere Sinnesreize oder Triebimpulse angeregt. Zudem gehen Erlebnisse des Vortags in die Träume ein. Vorrangig sind Träume jedoch von äußeren Reizen unabhängige seelische Produktionen, die Trieb- und Affektzustände, Wünsche und Ängste der Person sowie deren lebensgeschichtlich bedingte Situation darstellen.

Für Freud ist der Traum der »Hüter des Schlafes«: Er sorgt dafür, dass wir nicht aufwachen. Er verschafft unbewussten infantil-libidinösen Wünschen Ausdruck. Allerdings nicht in direkter, vom Über-Ich als verboten angesehener und deshalb Angst machender Form. Sie würde den Träumer wecken. Sondern in verhüllter Form, die vom Über-Ich akzeptiert werden kann, sodass der Träumer weiterschlafen kann. Mithilfe freier Assoziation soll der Traum psychoanalytisch gedeutet werden, das heißt, der Träumer konzentriert sich am Tag in einem entspannten Zustand auf den Traum und spricht Einfälle, Gedanken und Assoziationen zu seinem Traum unmittelbar so aus, wie sie ihm in den Sinn kommen. In der Psychoanalyse geht man davon aus, dass derartige Assoziationen letztlich zu dem führen, was dem Traum zugrunde liegt, dem latenten Trauminhalt.

Schüler Freuds wie Alfred Adler oder C. G. Jung modifizierten diese Theorie. Jung zufolge stellt der Traum die innere Wirklichkeit des Träumers unmittelbar dar. Nach Jung erfüllt der Traum eine Funktion der psychischen Selbstregulation, indem in ihm Mechanismen wirksam werden, die dem Tagesgeschehen des Träumers fremd oder gar völlig zuwiderlaufen sind, sodass sie ausgleichend gegenüber diesem wirken. Fortlaufende Träume bilden oftmals einen Sinnzusammenhang (Traumserien).

## TRAUM *Fortsetzung*

Auch Adler postulierte eine Kontinuität von Wach- und Traumbewusstsein; er nahm an, dass Tagesreste die für den Träumer wichtigen Themen reflektieren. Im Zentrum seiner Traumtheorie steht der manifeste Trauminhalt, der auch in der weiteren psychoanalytischen Theoriebildung zunehmend in den Mittelpunkt trat (so etwa bei Erik H. Erikson).

Die Tiefenpsychologie unterscheidet die Subjekt- und die Objektstufendeutung. Die Subjektstufendeutung versteht alle im Traum dargestellten Personen, Gefühle und Objekte als Aspekte der Persönlichkeit des Träumers. Bei der Objektstufendeutung werden alle Elemente des Traums als externe Figuren interpretiert. Viele Träume sind allein in Verbindung mit den Einfällen des Träumers ohne Theorie aus sich selbst verständlich, andere erfordern eine Vertrautheit mit der Technik der Traumdeutung, die lange Erfahrung und eine intime Kenntnis der Persönlichkeit des Träumers zur Voraussetzung hat. Während die Trauminterpretation im Rahmen der Psychoanalyse mittlerweile etwas an Bedeutung abgenommen hat, findet sie bei Schülern Jungs und Gestalttherapeuten nach wie vor große Beachtung.

### EXPERIMENTELLE PSYCHOLOGIE

Völlig andere Ansätze vertritt die naturwissenschaftlich geprägte Traumforschung, die in den letzten Jahrzehnten des 20. Jahrhunderts einen großen Aufschwung genommen hat. Die Vielfalt der Forschungsergebnisse führte allerdings auch hier nicht zu einer einheitlichen Bestimmung dessen, was der Traum leiste oder geschweige denn, was er sei.

In neueren Theorien der psychophysiologisch orientierten Traumforschung wird angenommen, dass die Träume und der REM-Schlaf v. a. der Verarbeitung tagsüber aufgenommener Informationen dienen. Dies geschehe durch das Aufgreifen von Tagesresten und durch die Verbindung dieser Tagesreste mit älteren, ähnlichen Erlebnissen des Träumers. Kontrovers wird diskutiert, ob Träume diese adaptive Funktion durch kompensatorische (bei belastendem Tagesgeschehen Darstellung positiver Gegebenheiten) oder direkt bewältigende Trauminhalte (etwa durch Aufgreifen belastender Geschehnisse) erfüllen.

Andere Traumforscher nehmen an, dass in Träumen geistige Probleme gelöst werden. Als Beispiel dafür wird oft der Chemiker Friedrich August Kekulé von Stradonitz zitiert. Er, der im 19. Jh. lebte, hatte im Traum die ringförmige Molekularstruktur des Benzols als »Schlange« gesehen, »die sich in den Schwanz beißt«, und war dadurch auf die Lösung gekommen, wie sechs Kohlenstoffatome im Raum angeordnet sein könnten.

Manche Traumforscher vertreten die Auffassung, es komme während des Träumens zu einer Konsolidierung der Identität und zur Integration neuer Erfahrungen. Andere sind der Meinung, die REM-Phase diene der Integration und Ausarbeitung von Komponenten komplexer instinktiver Verhaltensweisen und der Reaktivierung zuvor bereits gespeicherter Information.

Ebenfalls weit verbreitet ist die Vorstellung, dass während des Träumens aktiv gelerntes Material »gefestigt« wird, also eine Konsolidierung des Langzeitgedächtnisses stattfindet. Dafür sprechen die Befunde, dass es nach emotionalen

→ SCHLAF
  → SCHLAFLABOR
  → SCHLAF-WACH-RHYTHMUS
→ BIOLOGISCHE PSYCHOLOGIE
→ PSYCHOANALYSE
→ FANTASIE
  → ALBTRAUM
  → WACHTRAUM

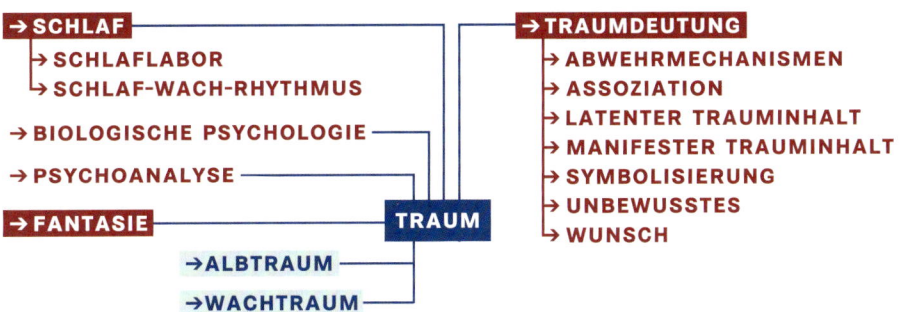

TRAUM

→ TRAUMDEUTUNG
  → ABWEHRMECHANISMEN
  → ASSOZIATION
  → LATENTER TRAUMINHALT
  → MANIFESTER TRAUMINHALT
  → SYMBOLISIERUNG
  → UNBEWUSSTES
  → WUNSCH

und stresshaften Lernereignissen zu einer Erhöhung des REM-Schlafes kommt und dass sowohl ein REM-Schlafentzug, der einem Gedächtnisexperiment vorausgeht, als auch ein REM-Schlafentzug, der einem Gedächtnisexperiment nachfolgt, zu verschlechterten Lernleistungen führt. Der REM-Schlaf scheint demnach Bedingung zu sein sowohl für die Übertragung einer gelernten Aufgabe vom Kurzzeit- ins Langzeitgedächtnis als auch dafür, einen aktiven Gehirnzustand aufrechtzuerhalten, der eine Stabilität konsolidierter Gedächtnisinhalte ermöglicht. Neuere Untersuchungsergebnisse bestätigen diese Vermutung; Gehirnbilder mittels Positronen-Emissions-Tomografie (PET) zeigen, dass beim Träumen der Hippocampus besonders aktiv ist – ein Teil des Gehirns, der unter anderem zuständig dafür ist, Informationen aus dem Kurzzeitgedächtnis ins Langzeitgedächtnis zu überführen.

In jedem Fall werden die für Erinnerungen nötigen Fasersysteme im Gehirn während der REM-Phasen in einen aktiven Zustand versetzt, sodass diese für eine Festigung von Gedächtnisinhalten zur Verfügung stehen. So werden durch zyklisch wiederkehrende REM-Phasen mit ihren Träumen Bedingungen geschaffen, die den Übergang von einer labilen Kurzzeitgedächtnisspur in eine stabile Langzeitform erlauben und die eine Stabilisierung von Gedächtnisinhalten im Langzeitgedächtnisspeicher ermöglichen.

Manche Gedächtnisforscher meinen dagegen, dass der Traum beziehungsweise der REM-Schlaf dazu diene, tagsüber aufgenommene unnötige Informationen zu löschen.

Physiologen wie die Amerikaner John Allan Hobson und Robert William McCarley wiederum sind der Auffassung, dass die Träume eine Begleiterscheinung neuronaler Entladungssequenzen des Hirnstamms im REM-Schlaf sind, und verneinen eine eigenständige psychologische Funktion.

Auch wenn der Pluralismus der Deutungen des Traumes bis heute kaum unwidersprochene Ergebnisse zeitigte, so beweist er doch zumindest eines: dass die Faszination, die der Traum ausübt, ungebrochen ist.

**LESETIPPS:**
MICHAEL SCHREDL: *Die nächtliche Traumwelt. Eine Einführung in die psychologische Traumforschung.* Stuttgart (Kohlhammer) 1999.
RAINER SCHÖNHAMMER: *Fliegen, Fallen, Flüchten. Die Psychologie intensiver Träume.* Tübingen (Dgvt) 2004.
KLAUS-UWE ADAM: *Therapeutisches Arbeiten mit Träumen. Theorie und Praxis der Traumarbeit.* Heidelberg (Springer) ²2005.
INGE STRAUCH: *Fischer kompakt: Traum.* Frankfurt am Main (Fischer) 2006.

*Fortsetzung von S. 637*
von der Bezugsperson, handelt es sich gemäß ICD-10 um eine »emotionale Störung mit Trennungsangst des Kindesalters«. Die →Schulangst beruht auf der Trennungsangst.

**Treue:** Einhalten von Versprechungen, verlässliches Verhalten in Beziehungen. Dass nahestehende Menschen auch in schwierigen Situationen »zu einem halten«, ist ein zentrales menschliches Bedürfnis in allen engen Beziehungen. Ihm entgegen stehen diejenigen Wünsche, die in einer Beziehung nicht erfüllt werden, aber auch Aggressionen, die in einer Beziehung aus Angst vor den Folgen nicht geäußert werden. In sexuellen Beziehungen, die mit einem Ausschließlichkeitsanspruch verbunden werden, gilt die Beziehung zu einem Dritten als Untreue oder Betrug, wobei oft verharmlosend von einem »Seitensprung« gesprochen wird. Eine andere Art von Treueverletzungen entsteht bei geteilter Loyalität: A ist mit B und C befreundet, während B und C miteinander verfeindet sind. In dieser Situation können B oder C A für treulos halten, weil A ihre Feindschaft nicht teilt.

**LESETIPPS:**

WOLFGANG SCHMIDBAUER: *Die heimliche Liebe. Ausrutscher, Seitensprung, Doppelleben.* Reinbek (Rowohlt Taschenbuch) 2001.

MARINA GAMBAROFF: *Utopie der Treue.* Gießen (Psychosozial) ²2002.

MAUREEN LUYENS und ALFONS VANSTEENWEGEN: *Trotz aller Liebe: Wie überstehen wir den Seitensprung?* Heidelberg (Carl Auer) 2006.

**Treue:** In Sexualität und Partnerschaft ist mit Treue eine ausschließliche Hinwendung zum Partner gemeint, die nicht durch eine gleichzeitge Beziehung zu einem Dritten verletzt wird.

**Trial-and-Error-Learning** [ˈtraɪəl ənd ˈerə ˈlɜːnɪŋ, engl.], **Versuch-Irrtums-Lernen:** ein Lernvorgang, der auf einem planlosen Probieren und dessen Auswirkungen beruht. Unter den zunächst versuchsweise ausgeführten Verhaltensweisen wird diejenige mit der Ausgangssituation am stärksten assoziiert, die positive Effekte nach sich zieht. Bei Wiederholung der Situation wird bevorzugt das assoziierte Verhalten ausgeführt, d.h., über die Zeit nimmt der Anteil der planlosen Verhaltensweisen ab. Das Trial-and-Error-Learning liegt einer einfachen →Lerntheorie zugrunde, die Edward L. Thorndike durch Untersuchungen von Tieren in einem →Problemkäfig entwickelte. Das Prinzip des Trial-and-Error-Learning wurde später von Burrhus F. Skinner in der operanten →Konditionierung aufgegriffen. In Bezug auf menschliches Problemlösen bezeichnet Trial-and-Error-Learning auch ein Vorgehen, bei dem man mangels einer →Heuristik eine Lösung nur mehr oder weniger zufällig findet, nachdem man planlose Versuche unternommen hat.

**Triangulierung** [zu latein. triangulus »Dreieck«]: Entstehen einer Dreierkonstellation im Rahmen des →Ödipuskomplexes.

**Trichotillomanie:** nicht beherrschbarer Drang, sich die Haare auszureißen, um damit einer empfundenen inneren Spannung Herr zu werden. Nach dem Haareausreißen empfinden die Betroffenen eine gewisse Entspannung; dies führt dazu, dass sie sich immer wieder die Haare ausreißen. Die Trichotillomanie tritt manchmal als alleinstehendes Symptom auf, manchmal jedoch auch kombiniert mit anderen Formen der →Selbstverletzung.

**Trieb:** als Drang erlebter, oft ohne Vermittlung durch das Bewusstsein entstehender psychischer oder körperlich-seelischer Antrieb. Triebe lösen Reizsuche sowie gerichtete Handlungen aus, die eine Aufhebung des psychophysischen Spannungszustandes, d.h. eine Triebbefriedigung, zum Ziel haben. Der Begriff Trieb wird unterschiedlich weit gefasst. Im engeren Sinne werden zu den Trieben beim Menschen die biologischen, körperlich begründeten Bedürfnisse gerechnet, z.B. Nahrungs-, Sexual- und Selbsterhaltungstrieb. Im psychischen Erleben ist der Trieb oft durch ein Mangelerlebnis wie bei Hunger, Durst oder Kälte gekennzeichnet. Im Unterschied zu Tieren können Menschen Triebe steuern, verlagern oder unterdrücken.

Die wechselvolle Erscheinungsweise der Triebe hat Motivationsforscher veranlasst, nach Grundtrieben als Hauptmotiv für menschliches Handeln zu suchen. Insbesondere Vertreter der

→Psychoanalyse beschrieben solche Grundtriebe. Sigmund Freud sah zunächst den Sexualtrieb als Grundtrieb an, später einen Lebens- (Libido) und Todestrieb. C. G. Jung schränkte die Geltung der Libido ein und glaubte, dass sich Triebe aus überkommenen Mythen (Archetypen) speisen. Alfred Adler verstand den Geltungs- und Machttrieb als Hauptantrieb menschlichen Verhaltens. Gegenüber diesen monothematischen, psychoanalytischen Triebkonzepten unterschieden andere Wissenschaftler oft etliche Grundtriebe mit generell gleichem Einfluss. Ein Beispiel ist die Instinktlehre des amerikanischen Motivationsforschers William McDougall, der 18 Grundtriebe unterschied.

Die Vermischung der Triebe mit geistig-seelischen →Motivationen und die grundsätzliche Mehrdeutigkeit triebbestimmter Handlungen erschweren allerdings eine Bestimmung menschlicher Grundtriebe.

**Trierer Persönlichkeitsfragebogen,** Abk. **TPF:** ein Persönlichkeitstest für Erwachsene von 18 bis 80 Jahren. Der Trierer Persönlichkeitsfragebogen ist ein →psychometrischer Test. Er erfasst zwei unabhängige »Superfaktoren« der Persönlichkeit: seelische Gesundheit, d. h. die Fähigkeit zur Bewältigung externer und interner Anforderungen, und Verhaltenskontrolle, u. a. Vorsicht, Ordnungsstreben versus Impulsivität, Risikofreude. Es gibt 120 Items, die auf folgende neun Unterskalen verteilt sind: Verhaltenskontrolle, seelische Gesundheit, Sinnerfülltheit versus Depressivität, Selbstvergessenheit versus Selbstzentrierung, Beschwerdefreiheit versus Nervosität, Expansivität, Autonomie, Selbstwertgefühl und Liebesfähigkeit. Die Bearbeitungsdauer liegt bei etwa 20 Minuten.

**Trotz:** von inhaltlich-sachlichen Bezügen und Vernunftgründen unbeeinflussbarer innerer und äußerer Widerstand gegen andere Personen und deren Anforderungen, gegen Dinge und manchmal auch gegen unliebsame Einsichten und Notwendigkeiten.

Frühkindlicher Trotz äußert sich anfallartig, etwa in Sichsträuben, Aufstampfen, Schreien, Strampeln, Kratzen oder Rückzug. Später können z. B. Wutausbrüche, Verweigerung des Gehorsams, Passivität, eine negativistische Haltung oder Eigensinn Ausdruck einer Trotzhaltung sein.

**Trotzalter, Trotzphase:** der etwa zwischen dem 18. und 30. Monat liegende Abschnitt in der psychosozialen Entwicklung des Kindes, in dem gehäuft Trotzreaktionen angesichts von Forderungen oder Anweisungen anderer Personen, v. a. der Eltern, auftreten. Das Kind übt in dieser

**Trotzalter:** Länge und Dauer der Phase, in der sich der kindliche Selbstbehauptungswille geltend macht, variieren individuell.

Phase die neu erworbene Fähigkeit, seinen eigenen Willen zu erleben und diesen auch gegen Widerstände durchzusetzen.

Die neuere Entwicklungspsychologie spricht nicht mehr – wie die ältere – von zwei Trotzphasen (zwischen dem dritten und fünften bzw. dem zwölften und 15. Lebensjahr), sondern vertritt die Auffassung, Trotzreaktionen könnten sich schon ab etwa anderthalb Jahren zeigen, müssten nicht auf spezifische Phasen beschränkt sein und auch nicht bei jedem Kind auftreten. Die Psychoanalyse begreift Trotzverhalten zum einen als Begleiterscheinung der analen wie der phallischen Phase innerhalb kindlicher Selbstständigkeitsbestrebungen, zum anderen als Reaktion auf belastende familiäre Bedingungen.

**t-Test:** Verfahren der *Inferenzstatistik* zur Prüfung von Mittelwertunterschieden. Werden in zwei Gruppen die Mittelwerte (→Maße der zentralen Tendenz) einer Merkmalsausprägung erhoben, z. B. die durchschnittliche Intelligenz zweier Schulklassen, so kann mithilfe des t-Tests bestimmt werden, ob sich die beiden Gruppen im Hinblick auf dieses Merkmal signifikant (→Signifikanz) voneinander unterscheiden. Eine Variante des t-Tests prüft die Veränderung eines Mittelwerts bei wiederholter Messung in derselben Gruppe.

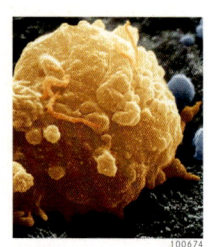

**Tumor:**
Zelle eines malignen Melanoms in 100-facher Vergrößerung. Die Bewältigung bösartiger Tumorerkrankungen kann vermutlich durch psychische Einflüsse unterstützt werden.

Für die Anwendung des t-Tests wird die →Normalverteilung des Merkmals vorausgesetzt.

**Tumor** [latein.]: Geschwulst, überschießende Gewebsneubildung. Es gibt gutartige (benigne) sowie bösartige (maligne) Tumoren, die Malignome, die eine der prägnantesten Krebsformen sind. Ob seelische Faktoren zur Entstehung von Tumoren beitragen, ist noch ungeklärt. Es gibt aber Beispiele dafür, dass Verlauf und Heilung der Erkrankung durch geeignete psychotherapeutische Maßnahmen, Vorstellungsbilder und Entspannungsverfahren unterstützt wurden.

**Typ-A-Verhalten:** von den amerikanischen Kardiologen Meyer Friedman und Ray H. Roseman erstmals 1974 beschriebenes Verhaltensmuster, das durch ehrgeiziges Leistungsstreben, Konkurrenzdruck, Ungeduld, Zeitdruck, Aggressivität und Feindseligkeit gekennzeichnet ist. Mit diesen Faktoren sollen ein erhöhter Blutdruck, ein größeres Risiko für das Auftreten einer koronaren Herzerkrankung sowie eine erhöhte Aktivität des sympathischen Nervensystems einhergehen. Letztere wird subjektiv als Stress empfunden. Das Typ-A-Verhalten wird mit zahlreichen psychosomatischen Erkrankungen in Verbindung gebracht. Im Gegensatz dazu steht das **Typ-B-Verhalten** mit niedrigen Ausprägungen der genannten Verhaltensweisen und einem entsprechend verringerten Erkrankungsrisiko.

Diese Typeneinteilung ist nicht unumstritten. Sie wurde v. a. mit dem Argument kritisiert, sie vereinfache zu stark und führe komplexe psychische und psychosomatische Abläufe auf ein einfaches, immer gleiches Ursachenbündel zurück.

**Typologie** [zu griech. týpos »Gepräge«]: Oberbegriff für Lehren von der Gruppenzuordnung von Individuen aufgrund einer umfassenden Ganzheit von Merkmalen innerhalb einer Variationsbreite, die einen Menschentyp kennzeichnen.

Es lassen sich vier Hauptklassen von Typologien unterscheiden: 1. Konstitutionstypologien (→Konstitution). 2. Wahrnehmungs- und Erlebnistypologien, die Übereinstimmungen in psychischen Vorgängen (Wahrnehmen und Denken) in Form von Persönlichkeitstypen herausstellen. Darunter fällt u. a. die Persönlichkeitstypologie von Erich Jaensch. 3. Geisteswissenschaftlich-weltanschauliche Typologien, die sich auf typische Einstellungen und Werthaltungen beziehen. Dazu gehören z. B. die an Wilhelm Dilthey u. a. anknüpfenden »Lebensformen« von Eduard Spranger, der in Bezug auf kulturelle Wertausrichtungen sechs Menschentypen unterschied: theoretische, ökonomische, ästhetische, soziale, religiöse und politische Menschen. 4. Auf einem methodisch-statistischen Weg, z. B. mittels einer →Faktorenanalyse, gefundene Typologien.

**TZI:** →themenzentrierte Interaktion.

**Über|aktivität:** die →Hyperaktivität.

**Überbehütung, Overprotection** [ˈəʊvəprɑˈtekʃn, engl.]: übertrieben beschützende oder übertrieben ängstliche Haltung von Eltern, Erziehern und Betreuern, die eine normale psychische Entwicklung von Kindern und Jugendlichen behindert. Die weitgehende Vermeidung einer Konfrontation mit der sozialen Umwelt, den realen Lebensproblemen und -aufgaben kann schwerwiegende Folgen haben. So entwickeln betroffene Kinder häufig zu wenig Frustrationstoleranz, Selbstvertrauen und Durchsetzungsvermögen.

Das überbehütende Verhalten der Erziehenden kann vielfältige Ursachen haben wie Ängstlichkeit, unbewusste Konflikte oder Gefühle u. a. dem Kind gegenüber, aber auch Erfahrungen mit Überbehütung oder Vernachlässigung in der eigenen Kindheit.

**Überdetermination:** *Psychoanalyse:* auf Sigmund Freud zurückgehender Begriff für die Beobachtung, dass in der Regel mehrere voneinander unabhängige Faktoren bei der Entstehung von Träumen, Fehlleistungen oder Neurosen zusammenwirken und diese somit mehrere Bedeutungen in verdichteter Form enthalten. So kann z. B. ein Traumbild sowohl Elemente der frühen Mutter- bzw. Vater- wie auch der aktuellen Partnerbeziehung enthalten.

**Überforderung:** ein angesichts der verfügbaren Fähigkeiten oder Kenntnisse deutlich überhöhter Anspruch an ein Individuum, bestimmte Aufgaben zu lösen. Eine Überforderung (durch Eltern, Lehrer oder auch den Betreffenden selbst) senkt die Wahrscheinlichkeit von Lernerfolgen, bewirkt Frustrations- und Versagenserlebnisse, verringert dadurch die Lernmotivation und kann Leistungs- bzw. psychische Störungen zur Folge haben.

**Überforderungsreaktion:** unbewusste Abwehrreaktion gegen Forderungen oder Aufgaben, die das körperliche oder psychische Leistungsvermögen übersteigen. Überforderungsreaktionen können in unterschiedlicher Form zum Ausdruck kommen, z. B. im Gefühl starker Erschöpfung, in Schlaflosigkeit oder auch in einer psychosomatischen Erkrankung.

**Übergangsobjekt:** von Donald W. Winnicott eingeführter Begriff für reale Objekte, z. B. ein Kuscheltier, die für das Kleinkind im Zuge der →Individuation wichtig bei der Loslösung aus der engen Beziehung zur Mutter sind.

**Übergewicht:** mäßig überhöhtes Körpergewicht mit einem Body-Mass-Index von 25 bis 30. Übergewicht ist wie →Adipositas ein Risikofaktor für Folgekrankheiten wie z. B. Herzinfarkt und stellt eine Indikation zur Gewichtsreduktion dar. Sie erfolgt in der Regel durch eine Reduktion der Energiezufuhr mit der Nahrung. Hierfür gibt es zahlreiche →Diäten 2). Da Übergewicht in 95 % der Fälle Folge einer falschen Ernährungsweise ist, sollte eine langfristige Verhaltensänderung der Ernährungsgewohnheiten angestrebt werden. Krankenkassen, andere Institutionen und Selbsthilfegruppen bieten Kurse zur Gewichtsreduktion an, zu deren Programm auch die Erörterung psychischer und sozialer Einflüsse auf die Ernährung gehören. Der Vorschlag, die diätetische Therapie in der Anfangsphase durch →Appetitzügler zu unterstützen, ist wegen der Gefahr einer körperlichen Abhängigkeit kritisch zu betrachten.

**Überheblichkeit:** demonstrative Haltung eines Menschen, der sich anderen überlegen dünkt, möglicherweise in der Folge einer →Überkompensation auftretend.

**Über-Ich:** *Psychoanalyse:* neben dem →Es und dem →Ich eine der drei Instanzen des psychischen Apparates. Das Über-Ich ist diejenige Instanz, die Moral, Gewissen, Ideale, Gebote und Verbote vertritt. Eine wichtige Funktion des Über-Ichs ist die Unterdrückung von anstößigen Triebimpulsen; so kommt es zu Konflikten mit dem Es, die durch das Ich vermittelt werden müssen.

Das Über-Ich bildet sich in der →ödipalen Phase im Konflikt mit den Eltern aus den verinnerlichten elterlichen Geboten und Verboten sowie gesellschaftlichen Normen; es repräsentiert die moralischen Werte der Persönlichkeit und das →Ichideal. Verstöße gegen das Über-Ich kommen v. a. in Schuldgefühlen, aber auch

**Überbehütung:** Das Problem einer übertriebenen, entwicklungshemmenden Fürsorge griff Johanna Spyri in ihrem oft verfilmten Buch »Heidi« auf. Die verzärtelte Klara bekommt durch die Freundschaft mit dem Naturkind Heidi Selbstvertrauen und lernt laufen.

**Über-Ich:** Mit einem Projekt der Naturbeherrschung verglich Sigmund Freud die Aufgabe der psychoanalytischen Therapie, das Ich unabhängiger vom Über-Ich zu machen: »Es ist Kulturarbeit etwa wie die Trockenlegung der Zuidersee.«

in Scham- und Minderwertigkeitsgefühlen zum Ausdruck. Eine zu strenge und starre Ausprägung des Über-Ichs gilt als eine der Ursachen von →neurotischen Störungen.

**Überkompensation:** in der *Individualpsychologie* der überstarke Ausgleich unbewusster →Minderwertigkeitsgefühle, z. B. durch Überheblichkeit oder überzogenes Geltungs-, Leistungs- oder Machtstreben.

**Übersättigungstherapie:** verhaltenstherapeutische Methode, bei der dem Klienten diejenigen Reize extrem häufig dargeboten werden, die für ihn zwar attraktiv, gleichzeitig jedoch unerwünscht sind. So bekommt z. B. ein Kleptomane vermehrt die (scheinbare) Gelegenheit, Gegenstände zu entwenden. Die mehrmalige Wiederholung des Stehlens erzeugt in ihm ein reaktives Hemmungspotenzial (Ermüdung). Die Beendigung der Stehlhandlung wirkt dann infolge Entspannung für ihn sogar belohnend, sodass er (zumindest theoretisch) relativ schnell die neue Gewohnheit erwirbt, das störende Verhalten (den Zwang zu stehlen) zu unterlassen.

**Überspanntheit:** die →Exaltation.

**Übersprunghandlung:** die →Ersatzhandlung.

**Übertragung:** *Psychoanalyse:* ein unbewusster Vorgang, bei dem Gefühle, Einstellungen und Erwartungen, die ein Mensch früher den Bezugspersonen, v. a. den Eltern, entgegengebracht hat, in der Gegenwart anderen Personen, in der Psychotherapie v. a. dem Therapeuten, entgegenbringt. Wenn sich z. B. jemand als Kind oft mit seinem Vater gestritten hat, den er als ungerecht erlebte, und dann später häufig Streit mit Vorgesetzten bekommt, weil er sich ungerecht behandelt fühlt, kann man vermuten, dass neben einer realen Wahrnehmung des Geschehens auch eine »Vaterübertragung« wirksam ist. In der psychoanalytischen Therapie ist die Entfaltung der →Übertragungsneurose 2) und das Erkennen der →Gegenübertragung eine wichtige Grundlage für die therapeutische Arbeit.

**Übertragungsneurose:** 1) in der *psychoanalytischen Krankheitslehre* diejenigen neurotischen Störungen, bei denen die Libido auf Objekte gerichtet ist und die deshalb einer analytischen Therapie gut zugänglich sind im Gegensatz zu Psychosen (→psychotische Störungen) und narzisstischen Neurosen, d. h. durch mangelnde, manchmal auch übermäßige Zuwendung in der frühen Kindheit entstandene Neurosen.

2) in der *psychoanalytischen Therapie* Wiederbelebung der unbewussten konflikthaften Wünsche, die ursprünglich auf die primären Bezugspersonen gerichtet waren, und ihre Übertragung auf den Therapeuten. Durch die Entfaltung der Übertragungsneurose ergibt sich dann die Möglichkeit, den unbewussten pathogenen Konflikt in der Therapie durchzuarbeiten und damit entscheidende psychische Veränderungen zu bewirken.

**Übertragungswiderstand:** *Psychoanalyse:* Widerstand des Patienten gegen das Bewusstwerden schmerzlicher oder peinlicher Inhalte in der Beziehung zum Psychoanalytiker. Der Übertragungswiderstand kann sich im bewussten Zurückhalten von Einfällen zur Person des Therapeuten äußern oder in der Leugnung der therapeutischen Beziehung überhaupt.

**überwertige Idee:** die →fixe Idee.

**überzeugen:** erreichen einer Meinungsänderung einer anderen Person durch rationale und nachvollziehbare Argumente. In der Regel wird man dazu die Wünsche, Bedürfnisse und Absichten der zu überzeugenden Person erforschen und ihr zeigen, dass die eigene Meinung oder das eigene Vorgehen ihren Interessen besser dient als ihre eigene Meinung oder ihr eigenes Vorgehen. Wenn diese bessere Dienlichkeit nur vorgetäuscht ist, spricht man von suggestiver Kommunikation.

**Überzeugung, pathogene:** in der *Psychoanalyse* eine Überzeugung, die in der Kindheit aus dem Verhalten der Bezugspersonen entsteht, z. B.: »Wenn ich mich von meiner Mutter abwende, wird sie krank.« Später wird diese Überzeugung auf andere übertragen und führt z. B. dazu, dass anderen gegenüber keine Kritik geäußert wird, weil dies als Abwendung verstanden werden könnte.

**Übung:** Verfahren zur Aneignung und Verbesserung von Kenntnissen und Fähigkeiten, das durch wiederholtes Vollziehen bestimmter Tätigkeiten gekennzeichnet ist und sich sowohl auf körperliche als auch geistige Tätigkeiten bezieht. Die Übung dient auch dazu, Fehler zu verringern, Bewegungsabläufe zu automatisieren, neue Verhaltensweisen zu erwerben und die Leistung zu steigern. Übung ist die wichtigste Methode beim →Lernen und im (sportlichen) →Training.

**Uexküll,** Thure von: deutscher Internist und Psychosomatiker, *Heidelberg 15. 3. 1908, †Freiburg im Breisgau 29. 9. 2004; Uexküll trug entscheidend zur Entstehung und Entwicklung der Psychosomatik in Deutschland bei. Er vertrat das biopsychosoziale Modell der Krankheitsentstehung. Zur besseren Erforschung der Zusammenhänge von Körper, Seele und sozialer Eingebundenheit gründete er 1992 die Akademie für Integrierte Medizin.

**Ultrakurzzeitgedächtnis:** Form des →Gedächtnisses.

**Umfrage:** Form der →Befragung.

**Umstimmungstherapie:** unspezifische Reiztherapie zur Änderung der allgemeinen vegetativen und psychischen Reaktionslage. Dabei sollen v. a. die Selbstheilungskräfte des Körpers und der Seele gestärkt werden. Alle klimatischen und viele diätetische, pharmakologische oder psychotherapeutische Einwirkungen können im Sinne einer Umstimmungstherapie wirksam sein.

**Umstrukturierung, kognitive:** in der *kognitiven Psychologie* eine oft plötzlich eintretende Änderung in der Auffassung einer Situation beim Lernen oder Lösen von Aufgaben. Eine kognitive Umstrukturierung führt zur →Einsicht und stellt damit eine Voraussetzung für das Lernen und Finden von Problemlösungen dar. Die Bedeutung von kognitiven Umstrukturierungen wurden im Rahmen der →Gestaltpsychologie eingehend untersucht. In der *klinischen Psychologie* sind sie v. a. in der →kognitiven Verhaltenstherapie zentral.

**Umwelt:** die Gesamtheit aller direkt und indirekt auf einen Organismus, eine Population oder eine Lebensgemeinschaft einwirkenden Faktoren einschließlich ihrer Wechselwirkungen. Der Terminus Umwelt wurde 1921 durch den baltischen Biologen Jakob von Uexküll als zentraler Begriff der Ökologie eingeführt; nach ihm bezeichnet er die spezifische, lebenswichtige Umgebung einer Tierart. Sie wird durch die Gesamtheit ihrer Merkmale (die »Merkwelt«) wahrgenommen und bestimmt durch die Gesamtheit ihrer Wirkmale (die »Wirkwelt«) das Verhalten der Artvertreter.

Uexkülls Umweltbegriff ist aufgrund seiner Zuspitzung auf Wahrnehmung und Verhalten im Wesentlichen psychologisch definiert. Neuere naturwissenschaftliche Begriffsbestimmungen differenzieren daher in eine größere Zahl von Bereichen: 1. die psychologische Umwelt, die etwa dem Umweltbegriff Uexkülls entspricht; 2. die minimale Umwelt, die Summe der für einen Organismus lebensnotwendigen Faktoren; 3. die physiologische Umwelt, alle direkt auf den Organismus wirkenden Faktoren der Außenwelt sowie auch die Wirkungen des Organismus auf diese; 4. die ökologische Umwelt, die neben den direkt wirkenden Faktoren auch indirekt wirkende Faktoren (z. B. den Zwischenwirt des Parasiten einer Art) einbezieht; 5. die kosmische Umwelt, die Gesamtheit der im Weltzusammenhang stehenden Faktoren, die auf einen Organismus einwirken (z. B. Klima, Sonnenlicht).

Als einziges Wesen (und alleinige Art) ist der Mensch nicht an eine spezifische natürliche Umwelt gebunden; er ist daher prinzipiell »weltoffen«, so der deutsche Philosoph Max Scheler (*1874, †1928). Andererseits vermag er sich eine kulturelle Umwelt zu schaffen, die sich in viele verschiedene Teilbereiche gliedern lässt, z. B. die soziale Umwelt, die technische sowie die Arbeits- und die Wohnumwelt. Für den Menschen ist neben der natürlichen und tech-

---

**Übertragung | Eigene Übertragungen entdecken**

Manchmal findet man andere Personen unsympathisch, ohne dass man sich das recht erklären kann. Hier könnte eine Übertragung im Spiel sein. Wenn man sich die Fragen stellt: »An wen erinnert mich diese Person?, Welches Verhalten an ihr stört mich besonders?« und diese Fragen ehrlich beantwortet, kann man der Übertragung auf die Schliche kommen.

---

**Umwelt:** Für den Menschen ist neben der physischen und der technischen Umwelt v. a. die soziale Umwelt und ihre Sozialstruktur bedeutend.

**Umweltpsychologie:** Vor dem Hintergrund weltweiter Fehlentwicklungen erscheint der Beitrag des Einzelnen zum Umweltschutz verschwindend gering. Entsprechend schwierig ist es, ihn zum umweltschonenden Verhalten zu motivieren.

nischen Umwelt besonders die soziale Umwelt bedeutend. Die Entwicklung der menschlichen Persönlichkeit ist durch das Milieu geprägt, in dem er seine sozialen Erfahrungen macht (→ Sozialisation).

Im Zusammenhang mit Umweltproblemen wird der Begriff Umwelt meist auf Lebensräume bzw. auf Elemente wie Luft, Boden und Wasser bezogen.

**umweltbedingte Beschwerden:** körperliche Beeinträchtigungen, die sich zunächst unspezifisch in Müdigkeit, Abgeschlagenheit, Kopfschmerzen und ähnlichen Symptomen äußern und wie psychische Symptome wirken, aber durch Schadstoffe in der Luft und der Nahrung ausgelöst werden. Verschwinden diese Beschwerden durch einen Ortswechsel, so können sie mit einer gewissen Wahrscheinlichkeit auf die Gegebenheiten der Räumlichkeiten oder Örtlichkeiten zurückgeführt werden, in denen man sich häufiger aufhält. Diese sollten dann von Sachverständigen untersucht werden.

**Umweltbewusstsein:** in der *Umweltpsychologie* das Wissen um die vom Menschen ausgehende Gefährdung der natürlichen Umwelt und um die Bedeutung einer intakten Umwelt sowie die Bereitschaft zum umweltfreundlichen Verhalten. Die affektive Komponente des Umweltbewusstseins sind Befürchtungen und Gefühle persönlicher Betroffenheit angesichts der Umweltprobleme sowie umweltbezogene Wertorientierungen (z. B. eine Wertschätzung von sanftem Tourismus).

Das Umweltbewusstsein ist in den letzten Jahrzehnten, v. a. in Deutschland, so stark angewachsen, dass es heute zur sozialen Norm gehört. Allerdings zeigt sich dies noch immer nicht im manifesten Verhalten. Die Barrieren zum individuellen umweltschonenden Handeln scheinen teilweise unüberwindbar zu sein. Hierfür gibt es, wie sich durch Studien der Umweltpsychologie belegen und durch eigene (Selbst-)Beobachtungen bestätigen lässt, eine Reihe von Gründen: 1. Die Verantwortung für die ökologischen Fehlentwicklungen verteilt sich auf Millionen Akteure. Der individuelle Anteil an der Verursachung ist somit gering, und das eigene Verhalten wird tatsächlich nicht als umweltbelastend erlebt. 2. Umweltschonendes Verhalten wird häufig mit Verzicht und Unbequemlichkeit assoziiert; viele umweltfreundlich hergestellte Produkte sind zudem teurer. 3. Umweltschonendes Verhalten erfordert Widerstand gegen eine Vielzahl von materiellen und sozialen Verstärkern. So sind viele umweltschädigende Verhaltensweisen weiterhin mit Sozialprestige verbunden (z. B. Flugreisen). 4. Das bekannte Risiko der Umweltprobleme scheint kalkulierbarer zu sein im Vergleich mit dem unbekannten Risiko von radikalen Veränderungen zugunsten des Umweltschutzes. 5. Die Ausbeutung gemeinschaftlicher Ressourcen (z. B. Luft, Wasser) als Rohstoff oder Produktionsmittel bringt kurzfristig individuellen Gewinn, die langfristigen Folgekosten werden auf die Gemeinschaft umgelegt. 6. Technische Neuerungen versprechen oft schnelle Vorteile. Werden die schädlichen Konsequenzen (z. B. bei dem Einsatz von Pestiziden oder der Nutzung von Kernkraft) mit zeitlicher Verzögerung erkennbar, ist ein Ausstieg nicht sofort und oft nur unter hohen Folgekosten möglich. 7. Die komplexen ökologischen Zusammenhänge führen zu typischen Fehlern in der Wahrnehmung und Bewertung der Umweltprobleme (→ Umweltwahrnehmung).

**Umwelt|erziehung:** Teilbereich der Pädagogik mit dem Ziel, konkretes Wissen und eine verantwortliche Haltung in Bezug auf Natur, Mitwelt und zukünftige Generationen zu vermitteln. Umwelterziehung findet in Familie, Kindergarten und Schule sowie durch Verbände und Initiativen statt, z. B. die Deutsche Gesellschaft für Umwelterziehung e. V. Erst ab etwa 1980 wurde in Deutschland Umwelterziehung als eine wichtige Aufgabe der Schule verstanden, die als Unterrichtsprinzip und Inhalt in den Lehrplänen verankert wurde. Die Schüler sollen fächerübergreifendes Wissen über Umweltthemen wie Müll, Wasser, Luft, Energie erhalten und ein auch noch jenseits der Schulzeit wirksames Umweltbewusstsein sowie umweltverträgliches Verhalten entwickeln. Ein wichtiges Erkenntnisziel ist dabei, dass der Mensch sowohl Verursacher als auch Betroffener von

Umweltzerstörungen ist. Von grundlegender Bedeutung ist inzwischen das Leitbild der nachhaltigen Entwicklung (engl. »dustainable development«); dies bedeutet z. B., dass der Mensch dem Wald nicht mehr Holz entnehmen darf, als in einem bestimmten Zeitraum nachwachsen kann.

Neben der Vermittlung von Wissen über Umweltthemen wird die Entwicklung des Umweltbewusstseins sehr starkt durch das elterliche Vorbildverhalten geprägt; hier kann ein umweltverträglicher Lebensstil, z. B. Nutzung von öffentlichen Verkehrsmitteln oder des Fahrrads anstelle des Autos, Verwendung von Sparprogrammen oder Mülltrennung, zur Übernahme umweltbewussten Verhaltens beitragen.

**Umweltpsychologie:** Teilgebiet der ökologischen Psychologie, das sich mit Umweltproblemen befasst. Fragestellungen sind v. a.: Wie wirken sich Umweltprobleme wie Verkehr, Lärm, Müll und Schadstoffe auf den Menschen aus? Unter welchen Bedingungen verhalten sich Menschen umweltfreundlich bzw. nicht umweltfreundlich? Anwendungsfelder umweltpsychologischen Wissens sind u. a. Öffentlichkeitsarbeit bei Umweltschutzmaßnahmen und die Vermittlung bei Interessenkonflikten.

Ein wichtiges Problem des Umweltschutzes ist die Kluft zwischen →Umweltbewusstsein und dem dennoch vergleichsweise umweltschädigenden Alltagsverhalten, wie es sich z. B. bei der →Allmendeklemme zeigt. Um umweltschonendes Verhalten zu fördern oder zu wecken, kommen unterschiedliche Ansätze in Betracht: 1. die »Foot-in-the-Door-Technik« (Fuß-in-der-Tür-Technik; erst bittet man um einen kleinen Gefallen, den der andere kaum abschlagen kann, dann um den eigentlichen, größeren Gefallen in der Hoffung, dass dieser auch erfüllt wird); 2. kommunikative Interventionstechniken, z. B. soziales Marketing, die zur Partizipation der Betroffenen und zur Konsensbildung beitragen; 3. Handlungsanreize, z. B. Belohnungen oder Bestrafungen über Preisvorteile bzw. Bußgelder und andere unmittelbare Rückmeldungen über die Handlungseffekte. Statt um Erzeugung von Einsicht handelt es sich hierbei um komplexe Formen operanter →Konditionierung. 4. Wichtig sind auch Verhaltensangebote, d. h., mit der Vermittlung von drängenden Umweltproblemen sollten gleichzeitig konkrete und durchführbare Alternativen vorgeschlagen werden.

Allerdings sind dauerhafte und tief greifende Verhaltensänderungen gegen den Verstärkerdruck konsumfördernder Stimuli allein durch psychologische Mittel und Methoden kaum zu erwarten. Es müssen gleichzeitig politisch-technische Rahmenbedingungen erleichternd oder fördernd hinzukommen. Dazu gehört auch ein vorbildliches Verhalten der entsprechenden Entscheidungsträger und Institutionen.

**Umweltwahrnehmung:** in der *ökologischen Psychologie* die Wahrnehmung, Bewertung und Verarbeitung der Umweltprobleme. Die Umweltwahrnehmung ist meist erheblich eingeschränkt oder erschwert. Dabei wirken verschiedene Faktoren mit: 1. Die direkte sinnliche Erfahrung fehlt. Es übersteigt meist unsere Vorstellungskraft, wie z. B. radioaktive Strahlung oder Schwermetallanreicherung wirken. 2. Die Informationen über Umweltsachverhalte durch z. B. Messwerte bleiben abstrakt wie etwa Becquerel-Werte; dies führt zu einer Unterbewertung der Problematik. 3. Die ökologischen Einflussgrößen sind hochkomplex und daher zumeist schwer zu durchschauen. 4. Die Auswirkungen ökologisch schädigenden Handelns treten nicht immer am Ort der Schädigung zutage. Vielfach existiert eine mehr oder weniger starke lokale und gleichzeitig eine überregionale Wirkung über mehrere Zwischenschritte (z. B. bewirken treibgashaltige Spraydosen letztlich einen Anstieg des Meeresspiegels). 5. Veränderungen der Umwelt sind oft nur latent wirksam. Umweltschäden vollziehen sich häufig zunächst unmerklich und in kleinen Schritten, dann aber erfolgt plötzlich ein qualitativer Sprung (z. B. wenn ein See nach langsamer Verschmutzung plötzlich »umkippt«).

Die Umweltwahrnehmung ist aber nicht nur situativ, sondern auch erheblich durch kogni-

**Umweltwahrnehmung:** Viele potenzielle Gefahren wie Radioaktivität oder Schwermetallbelastung kann der Mensch mit seinen Sinnesorganen nicht erkennen. So ist es schwer einzusehen, dass der Verzehr dieser radioaktiv sowie mit Blei und Kadmium belasteten Steinpilze schädlich sein soll.

tive und motivationale Barrieren erschwert. Der Mensch tendiert zum einen dazu, die komplexe Umwelt sowie ökologische Sachverhalte auf einzelne Elemente und lineare Strukturen zu reduzieren, weniger hingegen, sie in mehrdimensionalen Zusammenhängen zu betrachten. Zum anderen würde eine umfassende Wahrnehmung von Umweltzerstörungen starke und unangenehme Gefühle (u. a. Angst und Trauer) auslösen. Dies führt zu unbewussten Wahrnehmungsverzerrungen und -selektionen.

**unabhängige Variable:** in einem Experiment diejenige →Variable, die vom Untersuchenden selbst hergestellt oder variiert wird.

**Unabhängigkeitsstreben:** Wunsch nach Selbstbestimmung, nach →Autonomie. Es tritt bei Kindern schon früh auf; nach wissenschaftlichen Beobachtungen führen bereits die ersten Gehversuche das Kind von der Mutter weg.

**unbedingte Reaktion, unbedingter Reflex:** eine Reaktionsform bei der klassischen →Konditionierung.

**unbedingter Reiz:** Form des Reizes bei der klassischen →Konditionierung.

**Unbewusstes:** *Psychoanalyse:* der Teil der Psyche, dessen Inhalte dem Bewusstsein nicht zugänglich sind, weil sie verdrängt worden sind. Da diese Inhalte mit libidinöser Energie besetzt sind, haben sie die Tendenz, an die Oberfläche, d. h. ins Bewusstsein, zu drängen. Die verdrängten Inhalte müssen nun mittels →Gegenbesetzung unbewusst gehalten werden, was man sich wie eine Art ständigen inneren Kampf vorstellen muss. Erst in Form von Kompromissbildungen wie Träumen oder Symptomen können sie ins →Vorbewusste oder ins Bewusstsein gelangen.

Sigmund Freud entwarf den Begriff des Unbewussten im Rahmen seiner ersten Theorie des psychischen Apparates. Versucht man, die Begriffe Unbewusstes, Vorbewusstes und Bewusstes mit Freuds zweiter Theorie des psychischen Apparates, dem →Strukturmodell mit Es, Ich und Über-Ich, zu verbinden, so kann man sagen, dass das Es fast vollständig unbewusst ist, dass aber auch im Ich und im Über-Ich unbewusste Anteile enthalten sind.

**Underachiever** [ʌndəaˈtʃiːvə, engl.]: Gegensatz zu Overachiever (→Overachievement).

**Unfall:** in der *Sicherheitspsychologie* ein plötzliches, ungewolltes, einen Personenschaden bewirkendes Ereignis. Wenn die Schädigung nicht plötzlich, sondern langsam verläuft, spricht man von einer Erkrankung, im beruflichen Leben gegebenenfalls von einer Berufskrankheit oder einer arbeitsbedingten Erkrankung. Wenn es gerade noch einmal »gut gegangen«, also nicht zu einem Unfall oder einer Verletzung gekommen ist, spricht man von einem →Beinaheunfall. Grundbedingungen eines Unfalls sind eine →Gefahr, die grundsätzlich an einen Gefahrenträger gebunden ist (ein Objekt, der gefährdete Mensch selbst oder ein anderer Mensch), und die Wechselwirkung zwischen Gefahr und Gefährdetem durch eine entsprechende Handlung (→Gefährdung).

**Unfäller:** überholtes Konzept, das eine verstärkte Unfallneigung bestimmter Personen behauptete.

**Unfallneigung:** in der Unfallpsychologie die Disposition für Handlungsentscheidungen, die zu Unfällen führen. Die jüngere Sicherheitspsychologie lehnt die Unfallneigung als nicht wissenschaftlich nachweisbar ab.

**Unfallpsychologie:** in den 1920er-Jahren entstandenes Teilgebiet der Psychologie, das sich mit den psychologischen Grundlagen von Unfällen befasste; die Unfallpsychologie ist heute in der →Sicherheitspsychologie aufgegangen.

**Unfruchtbarkeit, Sterilität** [latein.]: Unvermögen bei der Frau, ein Kind zu empfangen, oder beim Mann, ein Kind zu zeugen. In Deutschland sind 15–20 % der Paare ungewollt kinderlos. Die Ursachen einer Unfruchtbarkeit liegen zu 30 % beim Mann, zu 30 % bei der Frau, zu weiteren 30 % bei beiden Ehepartnern. 10 % der Ursachen bleiben ungeklärt. Wenn es trotz regelmäßigem ungeschütztem Geschlechtsverkehr innerhalb eines Jahres nicht zu einer Schwangerschaft kommt (Konzeptionsunfähigkeit), handelt es sich um eine **primäre Unfruchtbarkeit**. Die **sekundäre Unfruchtbarkeit** bezeichnet dieselbe Situation bei wenigstens einer zurückliegenden Schwangerschaft, ungeachtet dessen, ob die Frucht ausgetragen wurde. Die Unfähigkeit bei der Frau, die Frucht nach Empfängnis auszutragen (→Infertilität), kann bisweilen nicht von einer Konzeptionsunfähigkeit unterschieden werden. Dies gilt umso mehr bei sehr frühen, oft unbemerkt verlaufenden Fehlgeburten.

---

**Unfruchtbarkeit | Unfruchtbarkeit und Psyche**

Auch seelische Probleme können ein Grund für eine ausbleibende Schwangerschaft sein. Neben Beziehungsproblemen und anderen Belastungen spielt oft der hohe Erwartungsdruck bezüglich des Schwangerwerdens eine Rolle. Der ausbleibende Erfolg verstärkt ihn weiter. In einer solchen Belastungssituation werden vermehrt Stresshormone ausgeschüttet, die bei beiden Partnern die Produktion der Geschlechtshormone und damit die Fruchtbarkeit vermindern. Ein Teufelskreislauf ist entstanden. Wenn Paare ihre Kinderlosigkeit akzeptieren, kann dieser Kreislauf durchbrochen werden. Nicht selten führt dies zur gewünschten Schwangerschaft.

**Unruhe:** Die innere Unruhe war auf einer früheren evolutionären Stufe des Menschen eine lebenswichtige Reaktion auf Bedrohungen.

Ursachen der Unfruchtbarkeit sind organische Störungen der Geschlechtsorgane wie Eierstockstörungen, Störungen der Spermienproduktion; hormonelle Störungen, z. B. durch Allgemeinerkrankungen wie Diabetes mellitus oder Schilddrüsenstörungen; psychosomatische Erkrankungen; Stress; psychische Belastungen und Störungen. Die Behandlung der Unfruchtbarkeit erfolgt je nach Vorliegen einer Grunderkrankung. Medizinische Methoden zur Behandlung sind u. a. die künstliche Befruchtung, Hormonbehandlungen und operative Eingriffe.

**Ungerechtigkeit:** Gegenteil von →Gerechtigkeit.

**Ungeschehenmachen:** *Psychoanalyse:* ein Abwehrmechanismus, mit dem versucht wird, etwas Geschehenes nachträglich aus der Realität zu tilgen. Im Gegensatz zum Wiederrufen einer Meinung oder dem Wiedergutmachen eines Schadens wird hier mit magisch anmutenden Mitteln versucht, Geschehnisse quasi auszulöschen, indem man sie durch eine zweite Handlung negiert oder verdoppelt. Beispielsweise könnte jemand, der sich Vorwürfe macht, weil er unnötig Geld ausgegeben hat, sich in Zukunft etwas Notwendiges nicht leisten oder, ganz im Gegenteil, noch einmal unnötig Geld ausgeben, mit der Vorstellung, damit die erste Geldverschwendung ungeschehen zu machen. Dieser Mechanismus kommt v. a. bei der →Zwangsstörung vor.

**Unglück:** unangenehmer seelischer Zustand mit dem Gefühl, ohnmächtig negativen Einflüssen ausgesetzt zu sein. Glück und Unglück sind Begriffe einer vorwissenschaftlichen Lebensweisheit, die den Versuch unternahm, die Menschen darauf vorzubereiten, dass nicht alles, was sie anstreben, gelingen kann und unser Leben auch bösen Mächten ausgeliefert ist. In der Psychologie bekannt geworden ist Sigmund Freuds Unterscheidung zwischen dem neurotischen Unglück und dem allgemeinen Leid: Beim neurotischen Unglück führen die psychischen Störungen gerade dadurch, dass sie sozusagen das ganz normale Unglück unbedingt vermeiden wollen, in ein viel größeres Unglück. Wer z. B., um einer unglücklichen Liebesbeziehung zu entgehen, seelische Nähe überhaupt vermeidet, wird dadurch in der Regel nur noch unglücklicher.

**Unlust:** Gegenteil von →Lust.

**Unruhe:** Zustand von Angespanntheit, Nervosität und Gereiztheit; sie geht oft einher mit hektischen Bewegungen bei einer Tätigkeit, was als motorische Unruhe bezeichnet wird. Die Unruhe ist ein Zeichen gerade noch kontrollierter, ängstlicher Spannungen. Sie tritt auf, wenn schwierige Situationen erwartet werden, z. B. eine Prüfung; sie ist auch ein Symptom einer Reihe seelischer Erkrankungen, z. B. der →Angststörungen.

Die Unruhereaktion ist vermutlich ein stammesgeschichtliches Erbe aus einer Zeit der menschlichen Evolution, in der Gefahren noch mit einer Kampf- oder Fluchtreaktion bewältigt werden konnten und in der die heute geforderte Leistung des Ertragens von Spannungen nicht benötigt wurde.

**Unsicherheit:** Zustand, bei der das Selbstgefühl als bedroht erlebt wird. Unsicherheit in sozialen Situationen tritt meist in relativ unbe-

**Unzufriedenheit | Quellen**
Es gibt Menschen, die kopfschüttelnd eine lange Speisekarte studieren, weil wieder nichts dabei ist, was nach ihrem Geschmack ist, endlich mit Änderungswünschen etwas bestellen – und dann voller Neid auf den Teller ihres Nachbarn blicken, der kurzerhand das Tagesmenü geordert hatte. In solchen Situationen lässt sich eine wichtige Quelle der Unzufriedenheit aufdecken: der Mangel an Lustorientierung und der Versuch, diesen Mangel dadurch zu beheben, dass sorgfältig nach dem »Richtigen« gesucht wird. Eine solche Form der Unzufriedenheit kann entstehen, wenn die betroffenen Personen durch eine körper- und lustfeindliche Umwelt ihren spontanen Bedürfnissen entfremdet wurden und diese nun nicht mehr recht wahrnehmen können.

---

kannten Situationen oder im Zusammensein mit fremden Menschen auf und legt sich in der Regel im Verlauf des Kontakts. Legt sie sich nicht, ist an eine soziale Phobie zu denken.

**Unterbewusstes:** *Psychoanalyse:* seelische Inhalte und Vorgänge, die nur schwach bewusst sind oder unterhalb der Bewusstseinsschwelle liegen und vom Bewusstsein nicht gesteuert werden (z. B. Träume), auch nicht erinnerte, unbeabsichtigte oder nicht bemerkte Ereignisse und Handlungen. Freud verwendete diesen Begriff zunächst gleichbedeutend mit dem des →Unbewussten, ließ ihn später jedoch fallen. In der Umgangssprache werden heute beide Begriffe nahezu gleichbedeutend gebraucht.

**Unterbringung:** Unterkunft und Behandlung von psychisch Erkrankten, die für sich selbst oder andere eine Gefahr darstellen. Die Unterbringung ist geregelt im →PsychKG bzw. in den Unterbringungsgesetzen der einzelnen Bundesländer. Sie kann auch ohne oder gegen den Willen des Betroffenen erfolgen. Die Unterbringung ist befristet und wieder aufzuheben, wenn die Voraussetzungen nicht mehr vorliegen.

**Unterrichtspsychologie, Instruktionspsychologie:** Teilgebiet der pädagogischen Psychologie, das sich mit der Frage nach den Bedingungen erfolgreichen Lehrens und Lernens befasst. Die Unterrichtspsychologie baut auf den Erkenntnissen der allgemeinen Lernpsychologie auf. Ihre Zielsetzung richtet sich auf die Herstellung von optimalen Lernbedingungen und -methoden unter Berücksichtigung der kognitiven und motivationalen Voraussetzungen der Lernenden, der strukturellen Eigenschaften des Lerngegenstandes und der Merkmale der jeweiligen Lernsituation. Dies betrifft nicht nur die Ausbildung und Erziehung von Kindern und Jugendlichen, sondern erstreckt sich auf ein lebenslanges Lernen.

Das Interesse der Unterrichtspsychologie ist v. a. auf die Prozesse des Anleitens und der Vermittlung, weniger auf die Inhalte des Unterrichts gerichtet.

**Unterschiedsschwelle:** Intensitätsunterschied zwischen zwei →Reizen, der gerade noch wahrnehmbar ist.

**Unterwürfigkeit:** würdelose Gefügigkeit. Sie tritt manchmal in der Hoffnung auf, eine autoritäre Person gnädig zu stimmen oder einer als bedrohlich vorgestellten Person keinen Anlass zu geben, aggressiv zu werden. Alfred Adler sieht in der Unterwürfigkeit die →Überkompensation eines Machtstrebens: Der Unterwürfige erniedrigt sich, weil er den Tyrannen in sich selbst verdrängt und auf seine Bezugspersonen projiziert. Verwandt ist das Verhalten des »Radfahrers«, der »nach oben buckelt, nach unten tritt«, d. h. in einer sozialen Rangordnung allen unterwürfig begegnet, die über ihm stehen, und alle schikaniert, die unter ihm stehen.

**Untreue:** Verhalten, das als Verrat an einem Versprechen ausgelegt werden kann; das Gegenteil von →Treue.

**Unwertgefühl:** umgangssprachliche Bezeichnung für eine gesteigerte Form von Minderwertigkeitsgefühlen, wie sie v. a. im Zusammenhang mit einer Depression auftreten. Die betroffenen Personen empfinden sich selbst als völlig wertlos, ziehen sich aus sozialen Beziehungen zurück und geraten in einen Teufelskreis: Wer sich selbst wertlos findet, kann auch niemand anderen bestätigen, findet daher auch keine Person, die ihn anerkennt und sein →Selbstwertgefühl wieder aufbaut.

**Unzucht:** heute nur noch selten verwendete Bezeichnung für ein Verhalten zur Befriedigung des Sexualtriebs, das gegen geltende sittliche und moralische Normen verstößt. Im deutschen Strafrecht ist der Begriff der Unzucht (Unzucht mit Abhängigen, Kindern bzw. Minderjährigen) durch die Bezeichnungen »Straftaten gegen die

**Unterwürfigkeit** ist bei Tieren eine Frage des Selbstschutzes: Eingezogener Schwanz und Darbieten des Nackens oder der Kehle signalisieren bei Hunden dem Angreifer die Bereitschaft, sich zu unterwerfen.

sexuelle Selbstbestimmung« bzw. »sexueller Missbrauch« ersetzt worden.

**Unzufriedenheit:** unangenehmer seelischer Zustand, in dem eigene Ziele als nicht erreicht erlebt werden, eigene Wünsche unbefriedigt sind. Unzufriedenheit ist nicht aus objektiver Bedingung ableitbar; z. B. kann ein Mitglied einer Reisegruppe mit der Urlaubsreise höchst unzufrieden, ein anderes von ihr ganz und gar begeistert sein. Unzufriedenheit hängt mit einem Auseinanderklaffen von Erwartung und tatsächlichem Erleben zusammen; realistische Erwartungen führen zu einem höheren Maß an Zufriedenheit, unrealistische meist zu Unzufriedenheit. Mäßige Unzufriedenheit ist eine wesentliche Voraussetzung für Aktivität und →Kreativität, während starke Unzufriedenheit die Stimmung bedrückt und zu Zuständen von Gereiztheit und →Depression führt.

**Unzurechnungsfähigkeit:** fehlende →Schuldfähigkeit.

**Ur|angst:** umgangssprachliche Bezeichnung für alle Formen der Angst, bei denen evolutionsbiologische Ursachen vermutet werden. Typische Urängste betreffen daher Dunkelheit, Kälte, Gefangenschaft (Blockade der Fluchtreaktion), schwindelnde Höhe, Bedrohung durch einen übermächtigen Gegner, Einsamkeit (Verlust der schützenden Bezugsperson).

**Urbanisierungsfolgen** [zu latein. urbanus »städtisch«]: Zustände, die durch die Verstädterung ausgelöst werden. In einer Industriegesellschaft können die für traditionelle Kulturen charakteristischen kleinen, landwirtschaftlichen und handwerklichen Familienbetriebe ihre Mitglieder nicht mehr ausreichend versorgen. Jedes Jahr werden überall auf der Welt viele Millionen ländlicher Kleinbetriebe aufgegeben; die Menschen, die bisher in ihnen gelebt und gearbeitet haben, streben in die Städte. Sie verlieren ihren traditionellen Zusammenhalt und finden in der Stadt oft keine geeignete Wohnung und Arbeit. Zu den psychischen Folgen der Verstädterung gehören Anonymität und ein erhöhtes Risiko von seelischen Erkrankungen.

Während in Europa die Verstädterung inzwischen gut organisiert ist und sogar eine begrenzte Gegenbewegung eingesetzt hat (die Städter zieht es in Wochenendhäuser auf dem Land), verläuft sie in den Entwicklungsländern chaotisch und führt zu schweren Folgelasten (z. B. hohe Kriminalitätsrate, schwere Umweltbelastungen, Verkehrschaos). Nicht zuletzt werden an Politik, Verwaltung und Bürokratie höhere Anforderungen gestellt, diejenigen Probleme zu regeln, die in einer ländlichen Umgebung entweder gar nicht entstehen oder durch die Familien- und Dorfgemeinschaften reguliert werden.

**Urbanisierungsfolgen:** Starke Bevölkerungsverdichtung führt auch zu einem höheren Maß an Anonymität.

**Urschreitherapie:** die →Primärtherapie.

**Urvertrauen:** durch eine unbelastete Entwicklung in den ersten Lebensjahren aufgebaute soziale Einstellung eines Kindes, nach der andere Personen primär wohlwollend und nicht feindlich gesinnt sind. Erik H. Erikson sieht im Urvertrauen eine wichtige Grundlage einer gesunden seelischen Entwicklung. Urvertrauen ist kein blindes Vertrauen; es erlaubt vielmehr, Menschen differenziert einzuschätzen und nicht allen Personen zu misstrauen, sondern nur denen, die noch nicht bekannt sind und sich erst Vertrauen erwerben müssen. Blindes Vertrauen hingegen, das eine Person z. B. wehrlos gegenüber Betrügern macht, resultiert oft aus einer →Überkompensation eines Urmisstrauens, das als solches nicht wahrgenommen und bewusst verarbeitet wird.

**Urvertrauen:** mögliche Auswirkungen von fehlendem Urvertrauen

# V

**Vaginismus** [v-, zu latein. vagina »Scheide«], **Scheidenkrampf:** meist beim Geschlechtsverkehr, aber auch bei Einführen des Fingers oder eines Untersuchungsinstrumentes auftretende unwillkürliche Verkrampfung der Muskeln im Scheideneingangsbereich (als reflektorisch-muskulärer Abwehrvorgang) mit Einwärtsrollen der Oberschenkel, die das Berühren der oder das Eindringen in die Scheide verhindert. Fast immer sind es psychische Ursachen – stark belastende Konflikte, Ängste oder schlimme Erfahrungen, wie z. B. eine Vergewaltigung –, die zum Vaginismus führen. Der Vaginismus wird dann als »nicht organischer Vaginismus« bezeichnet und stellt im ICD-10 eine Form der sexuellen Funktionsstörungen dar. Als Behandlungsmaßnahme kommt immer nur eine Psychotherapie infrage. Die meisten Frauen mit Vaginismus sind in der sexuellen Erregbarkeit und auch in ihrer Orgasmusfähigkeit nicht beeinträchtigt.

**Valenz:** 1) allgemeiner Wert eines Gegenstandes oder Ereignisses.

2) der →Aufforderungscharakter.

**Validität** [v-, spätlatein. »Stärke«], **Gültigkeit:** Wert, der angibt, wie genau eine Untersuchungsmethode dasjenige Merkmal misst, das sie zu messen vorgibt, z. B. ein Persönlichkeitsmerkmal. Die Validität ist ein Gütekriterium von Untersuchungsmethoden bzw. ein Testgütekriterium von psychologischen Tests. Die Feststellung der Validität (Validierung) geschieht 1. aufgrund der Übereinstimmung des Testergebnisses mit einem Kriterium, das außerhalb von Testwerten (z. B. über ein Schätzurteil) gewonnen wird (**Kriteriumsvalidität**), 2. aufgrund des Zutreffens einer Vorhersage (**Vorhersagevalidität**), 3. aufgrund logisch-inhaltlicher Plausibilität (**Kontentvalidität**) oder 4. aufgrund von theoriegeleiteten anderen Variablen, die in Zusammenhang mit der zu messenden Eigenschaft stehen (**Konstruktvalidität**). Die ersten beiden Formen der Validität werden mit Korrelationskoeffizienten berechnet, die anderen beiden müssen durch ein Urteil eines Experten abgeschätzt werden.

Bei Experimenten unterscheidet man zwischen der internen und externen (ökologischen) Validität. Das Problem der internen Validität bezieht sich auf die Frage, ob bestimmte unabhängige →Variablen tatsächlich einen Einfluss auf die abhängigen Variablen ausgeübt haben. Dass nur die gewünschten, unabhängigen Variablen wirken, wird durch die Kontrolltechniken (→Randomisierung) gesichert, geht aber zulasten der Übereinstimmung des Experiments mit der Wirkung der Variablen in natürlicher Umgebung. Demgegenüber wird eine Untersuchung als extern valide bezeichnet, wenn man von den untersuchten Stichproben von Individuen, Situationen und Variablen auf die Werte in entsprechenden Populationen, die durch die jeweils zu prüfenden →Hypothesen definiert sind, generalisieren darf.

**Valium**® [v-]: zur Schmerzbehandlung sowie zur Behandlung von Erregungs- und Angstzuständen verwendetes Medikament, das zur Gruppe der →Benzodiazepine zählt. Es hat dämpfende Wirkung auf die Funktionen des Zentralnervensystems.

**Vandalismus** [v-, mit Bezug auf die Plünderung Roms durch den germanischen Stamm der Vandalen, 455 n. Chr.], **Zerstörungstrieb:** rohe Zerstörungswut aus kriminellen oder politischen Motiven. Von Vandalismus spricht man, wenn Täter fremdes Eigentum oder öffentliche Einrichtungen zerstören, z. B. Parkbänke umwerfen, Telefonzellen demolieren oder Fenster einschlagen, ohne dass eine andere kriminelle Absicht erkennbar ist als die Befriedigung der Zerstörungslust. Vandalismus ist eine Folge wenig verbindlicher sozialer Strukturen mit hoher Anonymität und wenig Interesse an dem Pflegezustand und der Ästhetik der Lebensumgebung. Er gehört zu den typischen →Urbanisierungsfolgen und tritt am häufigsten in Gebieten mit hoher Fluktuation der Bevölkerung auf.

**Variable** [v-, zu spätlatein. variabilis »veränderlich«]: ein Merkmal mit veränderlicher Ausprägung bzw. dessen symbolische Darstellung. In der *empirischen Sozialforschung* werden alle interessierenden Konstrukte durch Variablen abgebildet (→Operationalisierung). Dabei werden die Anzahl und Art der möglichen Merkmalsausprägungen einer →Skala zugeordnet. Eine Variable wie »Geschlecht« ist auf zwei kategoriale Ausprägungsgrade festgelegt, nämlich »männlich« und »weiblich«. Eine Variable wie »Mathematikleistung« kann hingegen auf unterschiedlichen Skalen ausgedrückt werden (in der Grundschule durch sechsstufige, ganzzahlige Schulnoten, in der gymnasialen Oberstufe durch eine 15-stufige Punkteskala). Eine Variable wie »Körpergewicht« ist nicht an Stufen gebunden und kann kontinuierlich verteilte Zahlenwerte annehmen.

Man unterscheidet **unabhängige Variablen,** deren Ausprägung vom Untersucher selbst ausgewählt, hergestellt oder variiert wird, von **abhängigen Variablen,** deren Ausprägung mit geeigneten Methoden gemessen wird. Die Fragestellung einer Untersuchung bestimmt, ob ein Konstrukt als unabhängige oder abhängige Variable auftritt. So kann der »Medienkonsum«

eines Kindes (z. B. gemessen in Stunden pro Tag) eine unabhängige Variable darstellen, wenn man seine Auswirkung auf den Schulerfolg untersuchen möchte; in diesem Fall wird der Untersucher Gruppen von Schülern zusammenstellen, die unterschiedlich viel fernsehen, und ihre Schulleistungen vergleichen. In eine andere Studie kann der Medienkonsum als abhängige Variable eingehen, wenn man sich für den Enfluss familiärer Bedingungen auf den Medienkonsum interessiert; in diesem Fall wird der Untersucher das Fernsehverhalten von Kindern aus Familien mit unterschiedlichem Sozialstatus beobachten.

**Varianz** [v-, spätlatein. »Verschiedenheit«]: in der *deskriptiven Statistik* ein einfaches Maß für die Streubreite von Messwerten innerhalb einer Messreihe. Aufgrund von Messfehlern oder systematischen Einflüssen weicht jeder Messwert in einer Messreihe mehr oder weniger vom Mittelwert der gesamten Messreihe ab, d. h., die einzelnen Messungen streuen um den Mittelwert. Zur Berechnung der Varianz werden zunächst die einzelnen Abweichungen quadriert und dann wird der Durchschnitt der Abweichungsquadrate bestimmt. Auf diese Weise tragen extrem abweichende Messwerte stärker zur Varianz bei als mittelwertnahe Messwerte. Varianzen spielen eine wesentliche Rolle bei der statistischen Prüfung von Unterschiedshypothesen, z. B. in der **Varianzanalyse.**

**Varianzanalyse** [v-]: eine Klasse von inferenzstatistischen Verfahren zur Prüfung von Mittelwertunterschieden zwischen Gruppen. Bei der Varianzanalyse wird die Streuung der abhängigen Variablen in Anteile zerlegt, die den Effekten von unabhängigen →Variablen oder deren Wechselwirkung zugeordnet werden können. Jede unabhängige Variable muss in (zwei- oder mehrfach) gestufter Ausprägung vorliegen und wird als Faktor bezeichnet. Die abhängigen Variablen müssen auf dem Niveau einer Intervallskala gemessen werden, und ihre Verteilungen sollten der →Normalverteilung folgen. Pro Faktorstufe (oder pro Kombination von Faktorstufen) liegt eine gemessene Verteilung der abhängigen Variablen vor. Unter diesen Voraussetzungen gibt die Varianzanalyse an, welche Faktoren signifikant auf eine abhängige Variable eingewirkt haben (Haupteffekte), und inwieweit eine Wechselwirkung zwischen den Faktoren bestanden hat (Interaktion).

Varianzanalysen unterscheiden sich dadurch, ob sie einen oder mehrere Faktoren bzw. eine oder mehrere abhängige Variablen einbeziehen (univariate bzw. multivariate Analyse); ferner dadurch, ob die Faktorstufen wiederholte Messungen an derselben Stichprobe oder einmalige Messungen an mehreren Stichproben repräsentieren. Mit Varianzanalysen werden typischerweise Daten ausgewertet, die in experimentellen Versuchsplänen gewonnen wurden (→Experiment). Dabei bilden die Faktorstufen die Untersuchungsbedingungen ab, entsprechen insofern den Experimental- bzw. →Kontrollgruppen. Das Ergebnis der Varianzanalyse besagt, inwieweit die Varianz zwischen den Gruppen durch den Einfluss der Untersuchungsbedingungen aufgeklärt wird, oder ob sich die Gruppen rein zufällig unterscheiden. Es handelt sich somit um ein hypothesentestendes Verfahren.

**Vater:** der Mann im Verhältnis zu seinem Kind; im biologischen Sinn der an der Zeugung eines Kindes beteiligte Mann. Rollenbild und Selbstverständnis des Vaters waren in Europa jahrhundertelang durch antike und jüdisch-christliche Traditionen bestimmt: Dem unbestrittenen Oberhaupt der Familie war Gehorsam zu leisten. Der im 18. Jh. einsetzende Industrialisierungsprozess führte zu einer deutlichen Rollenverteilung zwischen Mann und Frau: Der Mann war zuständig für die Außenvertretung und die wirtschaftliche Basis der Familie, er hatte für das Einkommen zu sorgen, verkörperte Strenge und Autorität und konnte sich ansonsten aus »Erziehungsgeschäften« weitgehend heraushalten. Für Kindererziehung und Haushalt war die Frau zuständig. Die Bedeutung der →Mutter für die Entwicklung des Kindes stieg an; gleichzeitig beschrieben psychoanalytische und psychologische Theorien den großen Stellenwert der Mutter für die psychische Entwicklung des Kindes (→Eltern-Kind-Beziehung).

*Vaterrolle heute:* Mit der Aufweichung dieser traditionellen Rollen durch soziale und ökono-

---

**Vater | Kinder brauchen Väter!**

Das völlige Fehlen eines väterlichen Vorbilds wirkt sich unter Umständen negativ auf die Entwicklung eines Kindes aus: Am deutlichsten sind die Folgen bei früh einsetzender und lang andauernder Trennung. Bei vaterlos aufgewachsenen Jungen zeigt sich häufig eine Überbetonung »weiblicher« Fähigkeiten: Sie entwickeln bessere verbale als mathematische Fähigkeiten, fallen im Vorschulalter oft durch geringe Aggressivität und starke mütterliche Abhängigkeit auf, haben später vielfach Schwierigkeiten, Aggression und Dominanz in einer sozial akzeptierten Weise zu äußern, und neigen zu einer kompensatorisch-übertriebenen Männlichkeit. Die Entwicklung von Töchtern aus vaterlosen Familien scheint insgesamt weniger beeinträchtigt; jedoch haben diese im Erwachsenenalter häufiger Schwierigkeiten, befriedigende und längerfristige heterosexuelle Beziehungen aufrechtzuerhalten.

mische Faktoren (z. B. Rückgang patriarchalischer Strukturen, Verbesserung der Empfängnisverhütung, Verringerung der Kinderzahl, zunehmende Berufstätigkeit der Frau) hat sich auch das Bild der Vaterrolle geändert. Hielt man früher die Mutter als Hauptbezugsperson des Kindes für unersetzbar, zeigen psychologische Forschung und Erziehungspraxis heute, dass auch der Vater als gleichwertige Bezugsperson fungieren kann. Gerade jüngere Männer zeigen sich heute (auch in der Öffentlichkeit) als zärtliche und liebevolle Väter, die den engen emotionalen und körperlichen Kontakt zu ihren Kindern genießen. Sie übernehmen Verantwortung in der Erziehung und beteiligen sich aktiv an der Betreuung der Kinder.

*Forschung:* Die Familienforschung betont heute die lange Zeit unterschätzte Bedeutung des Vaters für eine gesunde Entwicklung von Söhnen und Töchtern. Vater und Mutter repräsentieren unterschiedliche Geschlechterrollen, und nur das Vorhandensein beider Elternteile bzw. deren (positives oder negatives) Vorbild können einem Kind ein vollständiges Bild der Elternschaft geben. Darüber hinaus repräsentiert der »gute Vater« auch einen Archetyp, der sich durch Eigenschaften wie Stärke, Tatkraft oder Klarheit auszeichnet. Für Töchter ist der Vater zudem der erste gegengeschlechtliche Partner oder wie Sigmund Freud meinte, der erste Mann des Lebens, in den Mädchen sich verlieben. Tatsächlich entstehen zwischen Vater und Tochter oft sehr enge Bindungen, die zu Eifersüchteleien zwischen den Eltern und später, v. a. während der Pubertät, zu großen Ablösungsproblemen führen können. Väter prägen die Vorstellungen der Töchter, wie ein Mann bzw. Vater zu sein (oder nicht zu sein) habe, und bereiten ihre Söhne auf deren spätere eigene Vaterrolle vor.

**LESETIPPS:**
WILHELM FAIX: *Wie viel Vater braucht ein Kind?* Holzgerlingen (Hänssler) 2003.
JEAN LE CAMUS: *Väter.* Weinheim (Beltz) 2003.
JOHN ELDREDGE: *Mach mich stark fürs Leben. Was nur Väter ihren Kindern geben können.* Gießen (Brunnen) ²2005.
*Aktive Vaterschaft: Männer zwischen Familie und Beruf,* herausgegeben von Harald Werneck. Gießen (Psychosozial) 2006.
JEAN LE CAMUS: *Vater sein heute: für eine neue Vaterrolle.* Weinheim (Beltz PVU) 2006.

**Vaterschaft:** das Rechtsverhältnis des Vaters zu seinem Kind. Vater ist demnach der Mann, der entweder mit der Mutter verheiratet ist oder der das Kind anerkannt hat oder dessen Vaterschaft gerichtlich festgestellt worden ist. Will das Kind wissen, wer sein leiblicher Vater ist, so ist grundsätzlich die Mutter verpflichtet, ihm Auskunft zu geben.

Die Vaterschaft kann angefochten werden durch Anfechtungsklage beim Familiengericht. Anfechtungsberechtigt sind der Ehemann der Mutter, der als Vater gilt, bzw. der Mann, der das Kind anerkannt hat, die Mutter des Kindes und das Kind selbst. Gründe für eine Anfechtungsklage können z. B. Unterhaltsklagen nicht ehelicher Kinder, Anfechtung der Ehelichkeit eines Kindes, Verletzung der Unterhaltspflicht, Inzest, Fälschung des Personenstandes oder Identifizierung von Kindern sein.

Muss die Vaterschaft gerichtlich festgestellt werden, weil der als Vater in Anspruch genommene Mann zu einer freiwilligen Anerkennung nicht bereit ist, erfolgt der Vaterschaftsnachweis durch ein medizinisches Gutachten. Zur Feststellung bzw. zum Ausschluss der Vaterschaft bei einer Vaterschaftsklage dienten früher v. a. die Bestimmung der Antigene der Blutgruppen und des HLA-Systems sowie erbbiologische Vaterschaftsuntersuchungen. Heute wird ein molekulargenetisches Gutachten

**Vater:** Der Verlust der traditionellen Rollenzuschreibungen ermöglicht partnerschaftliche und sozial kompetente Handlungsweisen (Ausschnitt aus »Heimkehr des verlorenen Sohnes« von Rembrandt, um 1669).

(DNA-Test) durchgeführt, bei dem die Gensequenzen des mutmaßlichen Vaters und des Kindes verglichen werden. Lässt sich der Vaterschaftsnachweis nicht mit Sicherheit führen, so wird als Vater vermutet, wer der Mutter während der Empfängniszeit beigewohnt hat.

Seit den 1980er-Jahren zeichnet sich ein Wandel von der traditionellen, autoritären, repressiven und marginalen Vaterrolle hin zu einer freundschaftlichen, liebevollen und zentralen Rolle in der Familie ab. Väter sind heute mehr als früher bereit, sich aktiv im Alltag für ihre Kinder zu engagieren und an der Alltagssorge und Erziehung mitzuwirken. Allerdings gelingt es – nicht zuletzt aufgrund der gegenwärtigen Arbeits- und Lebensbedingungen – nur wenigen Vätern (ca. 13–20%), dies im Familienalltag tatsächlich zu verwirklichen – ihre Zahl ist allerdings stark im Steigen begriffen.

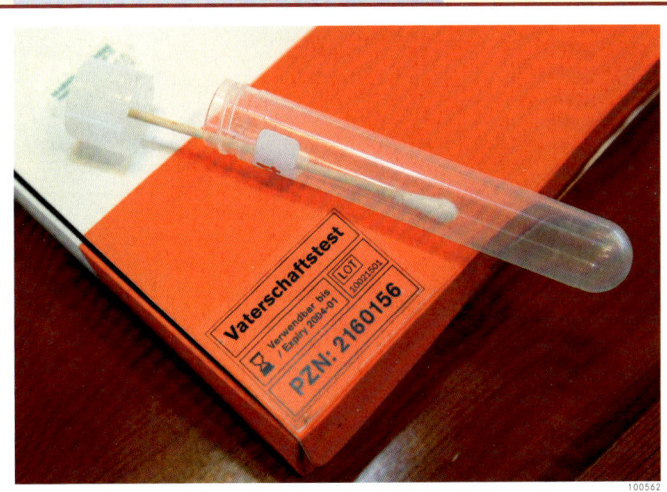

**Vaterschaft:** Wenn Männer ihre Vaterschaft nicht freiwillig anerkennen, wird ein Gentest als Vaterschaftsnachweis herangezogen.

**vegetatives Nervensystem** [v-]: Teil des →Nervensystems.

**vegetative Störung:** vegetative Dystonie (→Dystonie).

**Vektorpsychologie** [v-], **topologische Psychologie:** eine von Kurt Lewin entwickelte →Feldtheorie.

**Verachtung:** abschätzige, entwertende Einstellung zu einer Person oder Sache. Oft trägt das oder der Verachtete Spuren früherer Bewunderung; die Verachtung ist dann eine ins Negative umgeschlagene →Idealisierung und nicht selten ebenso weit wie diese von einer realistischen Wahrnehmung entfernt.

**Verallgemeinerung:** die →Generalisierung 2).

**Veränderungsmessung:** in der Psychologie Messung, mit der die Veränderung eines psychischen Merkmals festgestellt werden soll. Sie hat einen großen Stellenwert im Rahmen der →Prozessdiagnostik. Wichtig sind Veränderungsmessungen v. a. in der →Psychotherapieforschung zur Erfassung der Wirksamkeit einer Therapie.

**Verantwortlichkeit:** die →Schuldfähigkeit.

**Verantwortung:** Verpflichtung, in einem Bereich (z. B. bei der Erziehung) alles Notwendige und Richtige für einen guten Verlauf zu tun und Schaden zu vermeiden, und Verpflichtung, für etwas Geschehenes einzustehen. Verhält sich eine Person so, dass sie ihre Aufgaben gewissenhaft erfüllt, ihr anvertraute Personen oder Dinge nach ihren Möglichkeiten schützt und fördert, spricht man von **Verantwortungsbewusstsein** oder Verantwortungsgefühl.

Zum Verantwortungsbewusstsein gehört auch, dass man für absichtlich oder unabsichtlich herbeigeführte oder durch Unterlassen einer Handlung entstandene Schäden einsteht. Die Begriffe Verantwortungsbewusstsein und Verantwortungsgefühl werden auch gleichbedeutend mit Verantwortung gebraucht. Verantwortung für die eigene Person zu übernehmen, z. B. in dem Sinn, dass jemand selbstbestimmt und den eigenen Werten gemäß lebt, wird auch **Eigenverantwortung** genannt.

Auf der Persönlichkeitsebene wird Verantwortungsbewusstsein psychisch reifen Personen zugeschrieben.

Unter **soziale Verantwortung** fallen alle Verpflichtungen, die von der Gesellschaft vom Einzelnen eingefordert werden; für die meisten Kulturen gilt z. B. Hilfsbereitschaft gegenüber Notleidenden als verantwortliches Handeln. Soziale Verantwortung wird in der →Sozialisation gelernt und orientiert sich an den jeweiligen Normen der Kultur.

Eines der wichtigsten Ziele der *Psychotherapie* ist es, dass der Patient oder Klient lernt, Verantwortung zu übernehmen: für die eigene Lebensgestaltung (z. B. von »Ich lebe so, weil es andere von mir erwarten« zu »Ich lebe so, weil ich es will«), für andere (z. B. von »Mein Kind kommt schon allein zurecht« zu »Mein Kind braucht meine Unterstützung«) und konkret für Taten (z. B. bei Gewalttaten von »Er hat mich provoziert zu schlagen« zu »Es war ein Fehler, zu schlagen«). Ebenso soll gelernt werden, Verantwortung abzulehnen, wo keine Verantwortung besteht: Eine Person glaubt z. B., Schuld an der Alkoholabhängigkeit des Partners zu haben.

In der *Sozialpsychologie* wurde Verantwortung u. a. im Zusammenhang mit Gehorsam gegenüber Autoritäten behandelt: In den Mil-

**Verantwortung:** Was als Verantwortungslosigkeit bezeichnet werden kann, ist kontext- und situationsabhängig und beruht auch auf dem normativen Urteil der Allgemeinheit. Handelt diese Mutter verantwortungslos, weil sie ihrem Kind ein rauchendes Vorbild gibt – oder ist sie besonders verantwortungsbewusst, weil sie nur im Freien raucht?

**Verdrängung:** Philipp II. von Spanien zeichnete sich durch äußerste Disziplin aus, trug immer Schwarz und verließ im Alter sein Zimmer nur, um die Messe zu hören – nach der modernen psychoanalytischen Theorie Zeichen eines Abwehrmechanismus gegen bedrohliche Triebregungen (Tizian, Porträt Philipps II., um 1553).

gram-Experimenten fügte ein Großteil der Versuchspersonen anderen (scheinbar) Schmerzen zu und erklärte dies damit, dass die Verantwortung dafür bei dem Forscher liege. Ein weiteres Forschungsfeld ist das Hilfeverhalten von Menschen: Als einer der Gründe für das →Bystander-Phänomen wurde die **Verantwortungsdiffusion** gefunden.

Verantwortung spielt eine große Rolle in der *Wissenschaftsethik* und *Berufsethik*; z. B. ist ein verantwortungsbewusster Forscher objektiv oder geht mit wissenschaftlichen Daten korrekt um; ein Experte berücksichtigt in seinem Gutachten die Interessen aller Beteiligten; ein Psychotherapeut hält sich an die Schweigepflicht.

Nicht alle Menschen können gleichermaßen verantwortungsvoll handeln. Die Fähigkeit, zwischen Recht und Unrecht zu unterscheiden, ist bei Kindern und Geisteskranken beeinträchtigt; an sie können nur gemäßigte Forderungen gerichtet werden, sich verantwortlich zu verhalten. Dem wird auch bei Straftaten mit dem Begriff der →Schuldfähigkeit Rechnung getragen.

**Verantwortungsdiffusion:** Verzicht auf Übernahme von Verantwortung bei Anwesenheit anderer; einer der Gründe für das →Bystander-Phänomen.

**Verantwortungslosigkeit:** fehlende Übernahme von →Verantwortung.

**verbale Konditionierung:** Form der →Konditionierung.

**Verbalisierung** [v-, zu latein. verbum »Wort«]: der Vorgang, bei dem Gefühle, Gedanken, Vorstellungen usw. in Worten ausgedrückt und damit ins Bewusstsein gehoben werden. In der →klientenzentrierten Psychotherapie z. B. versteht man unter Verbalisieren, dass der Therapeut dem Klienten dessen persönliche Erlebenswelt (Gefühle, Wünsche, Sehnsüchte) so widerspiegelt, wie der Therapeut sie selbst einfühlend erlebt und versteht.

**Verbindungslehrer:** der →Vertrauenslehrer.

**Verdichtung:** *Psychoanalyse:* ein Abwehrmechanismus, der mehrere Objekte oder mehrere Anteile des Selbst zu einer einzigen zusammenfasst (z. B. ist in einer geträumten Person sowohl der Vater als auch der Vorgesetzte enthalten). Dieser Mechanismus wird insbesondere beim Träumen und in der neurotischen Symptombildung, aber auch beim Witz und bei sprachlichen Fehlleistungen wie Versprechern wirksam.

**Verdrängung:** *Psychoanalyse:* ein Abwehrmechanismus, bei dem Vorstellungen, die mit unerlaubten oder unerwünschten Triebwünschen verknüpft sind, ins Unbewusste verlagert werden sollen, damit sie nicht stören. Verdrängung funktioniert aber nur begrenzt, weil diese Vorstellungen mit Triebenergie besetzt sind und wieder ins Bewusstsein zurückdrängen.

Folglich muss die betroffene Person ständig Energie aufwenden, um das Verdrängte unbewusst zu halten; daraus können sich dann wieder neue Schwierigkeiten ergeben, insbesondere wenn der Bereich des Verdrängten umfangreich ist. Wenn z. B. jemand sehr strenge moralische Ansprüche hat, darf er sexuelle oder aggressive Impulse bei sich oder bei anderen nicht zulassen und muss sie deshalb verdrängen. Damit wird viel psychische Energie gebunden, die dann an anderer Stelle fehlt; dies kann zu Wahrnehmungseinschränkungen, Kommunikationsschwierigkeiten mit anderen bis hin zu ernsthaften psychischen und körperlichen Erkrankungen führen.

**Ver|erbung:** die genetischen Vorgänge, die über Zellteilung (vegetative Vererbung) oder über sexuelle Fortpflanzung (generative Vererbung) das Auftreten bestimmter Eigenschaften der Vorfahren bei allen oder einem Teil der Nachkommen bewirken. Materieller Träger der Übertragung von genetischen Informationen von Eltern auf ihre Kinder ist die →DNS. Die Summe der genetischen Information eines Organismus wird als sein Genotyp bezeichnet, im Unterschied zum äußeren Erscheinungsbild, dem Phänotyp (→Erbanlage).

In *Pädagogik* und *Psychologie* spielt die Vererbung in der Frage des Einflusses von Anlage (→Anlage-Umwelt-Problem) und →Milieu auf die Entwicklung und Bildbarkeit von Persönlichkeitsmerkmalen (v. a. von Begabung und Intelligenz) sowie auf die Entstehung psychischer Störungen eine wesentliche Rolle.

**Verfolgungswahn:** Form des Wahnerlebens, in dem sich die betroffenen Personen beobachtet, überwacht, bedroht, verfolgt oder als Opfer einer Verschwörung fühlen. Häufig werden eine kleine Ungerechtigkeit oder ein kleiner Affront stark überhöht, sodass sie als »Beweis« für die Verfolgung dienen können. Viele an Verfolgungswahn Erkrankte bauen eine Art Zwischenrealität auf, bei der sie die Wirklichkeit ihrer Wahninhalte annehmen, ihren → Wahn aber von der Realität, die sie mit anderen Menschen teilen können, unterscheiden. Es gibt jedoch auch Fälle, in denen der Verfolgungswahn dazu führt, dass der Wahnkranke zu einer Waffe greift und die angeblichen Verfolger bekämpft.

**Verführung:** das gewaltlose Überwinden von Widerstand gegen angestrebte sexuelle Handlungen durch Geschenke, Komplimente oder andere positive Reize. Unter juristischen Gesichtspunkten wird dieser Begriff im Zusammenhang mit Sittlichkeitsverbrechen als Verführung zu sexuellen Handlungen verwendet. Die Verführung spielt bei den Straftaten gegen die sexuelle Selbstbestimmung eine Rolle, die im deutschen Strafgesetzbuch unter den §§ 174–184 zusammengefasst sind.

Zwischen 1895 und 1897 entwickelte Sigmund Freud eine Theorie, nach der Verführungen von Kindern durch Erwachsene die Ursache der Psychoneurosen seien. Obwohl er sie schon 1897 wieder verwarf, wurde diese Theorie später in der Psychoanalyse als Verführungstheorie bekannt. Freuds Widerruf bedeutete nicht das Leugnen realer sexueller Missbrauchserlebnisse im Kindesalter, sondern nur die Zurücknahme der Behauptung, diese seien in jedem Fall Grundlage der Entwicklung einer Psychoneurose.

**Vergeltung, Revanche** [reˈvãːʃ(ə), französ.]: Reaktion, bei einer Person das zurückgegeben oder angetan wird, was sie selbst gab oder tat. Der Begriff wird meist für einen negativen Austausch verwendet, dessen ursprüngliche Formulierung das Gesetz der Talion ist (nach dem alttestamentlichen Prinzip: »Auge um Auge, Zahn um Zahn«): Wer einen anderen schädigt, muss denselben Schaden leiden, um das ursprüngliche Gleichgewicht wiederherzustellen. Später wurde diese archaische Rechtsform abgewandelt; die Vergeltung wurde zur Geldbuße, mit der sich ein Schuldner oder Täter freikaufen kann. Das Bedürfnis nach Vergeltung wird bei fast jedem Menschen spontan entstehen, der empfindet, dass ihm Unrecht geschehen ist.

**Vergeltung:** In der Antike waren die Rachegöttinnen ursprünglich die zürnenden Seelen von Ermordeten, für die kein Verwandter die Rache vollziehen konnte. Sie rächten allen Frevel, besonders Eidbruch und Bluttaten, indem sie die Schuldigen in den Wahnsinn trieben (»Orest, von den Furien verfolgt«, klassizistische Darstellung nach einem antiken Vasenbild).

**vergessen:** Auslöschen von Gedächtnisinhalten oder die Unfähigkeit, auf Inhalte angemessen zuzugreifen. Es gibt verschiedene Erklärungen für das Vergessen, die sich in zwei Hauptgruppen einteilen lassen. 1. Inhalte werden aus dem Gedächtnis mit der Zeit schwächer und schließlich ausgelöscht (Zerfallshypothese); 2. Inhalte werden nicht ausgelöscht, sondern lediglich der Zugang zu ihnen ist gestört. Zur letzteren Erklärung gehören die → Interferenz, das Misslingen des Abrufs, d. h., die Information kann nicht gefunden werden, z. B. wenn man »etwas auf der Zunge hat«, sowie das motivierte Vergessen, bei der Gedächtnisinhalte vergessen werden, weil sie unangenehm sind oder Angst erzeugen würden. Das motivierte Vergessen korrespondiert mit der psychoanalytischen Auffassung des Vergessens, nach der ein unbewusstes Motiv angenommen wird, das den Abruf hemmt oder eine Blockade auslöst (z. B.

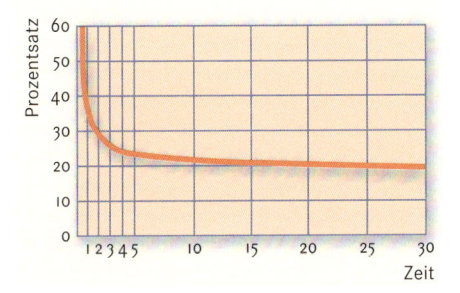

**vergessen:** Hermann Ebbinghaus stellte fest, dass Gelerntes zuerst schnell und dann immer langsamer vergessen wird. Die »Vergessenskurve« gibt den Prozentsatz des behaltenen Lernstoffs nach bestimmten Stundenabständen wieder.

Tabus). Heute hält man die Zerfallshypothese für weniger wahrscheinlich, vielmehr geht man davon aus, dass Gedächtnisspuren erhalten bleiben; lässt man sich z. B. bei der Erinnerung an bestimmte Ereignisse der Vergangenheit helfen, kommen immer mehr Erinnerungen zutage.

Vergesslichkeit ist häufig die Folge von Stress und Übermüdung, ebenso von psychiatrischen und neurologischen Krankheiten wie →Demenz oder von Drogenmissbrauch.

*Geschichte:* In der Forschung zum Vergessen wurde lange Zeit das Vergessen vorwiegend anhand von Experimenten zum Gedächtnis gemessen und durch das Aufstellen von Vergessenskurven dargestellt. Als Pionier gilt der deutsche Psychologe Hermann Ebbinghaus mit seinem Werk »Über das Gedächtnis« (1885). Ebbinghaus experimentierte hierfür (zunächst an sich selbst) mit →sinnlosen Silben.

**Vergewaltigung:** die Nötigung zum Geschlechtsverkehr oder ähnlichen erniedrigenden sexuellen Handlungen, die durch Gewalt, Drohung oder das Ausnutzen einer hilflosen Lage des Opfers erzwungen werden. 1997 wurden im deutschen Strafgesetzbuch die bis zu diesem Zeitpunkt getrennten Vorschriften zu den Tatbeständen der Vergewaltigung und der sexuellen Nötigung zu einem Tatbestand zusammengefasst: Dabei gilt als **sexuelle Nötigung** die Nötigung, sexuelle Handlungen an sich zu dulden, und als **Vergewaltigung** das Eindringen in den Körper, ob oral, anal oder vaginal, was als besonders schwerer Fall sexueller Nötigung erfasst wird. Nach dieser Neuregelung ist die Vergewaltigung von Frauen sowohl innerhalb als auch außerhalb der Ehe strafbar. Außerdem kann wegen Vergewaltigung bestraft werden, wer einen Mann zu einer sexuellen Handlung zwingt, die ihn besonders erniedrigt (vorher strafbar als sexuelle Nötigung). Die Vergewaltigung von Kindern und Jugendlichen wird als →sexueller Missbrauch geahndet.

Nach polizeilicher Kriminalstatistik gab es im Jahr 2006 8 267 Opfer von Vergewaltigung und sexueller Nötigung (davon 1 381 versuchte Vergewaltigungen und sexuelle Nötigungen), 95,3 % der Opfer waren weiblichen Geschlechts und 56 % waren zwischen 21 und 60 Jahre alt. Viele Opfer scheuen eine Anzeige, sodass der amtlich registrierten Zahl eine enorme Dunkelziffer gegenübersteht. Ein Grund dafür dürften die Erfahrungen sein, die vergewaltigte Frauen im Laufe des Ermittlungs- und des Strafverfahrens machen. In diesen auf Wahrheits- und Beweisfindung ausgerichteten nüchternen Prozessen werden die Opfer oft zu bloßen Zeuginnen degradiert und damit erneut in ihrer persönlichen Würde und Unantastbarkeit beeinträchtigt. Die psychische Belastung wird zulasten des Vergewaltigungsopfers noch verschärft, wenn der Anwalt des Täters die Glaubwürdigkeit der vergewaltigten Frau zu erschüttern sucht. Das Opfer erfährt somit einen weiteren Angriff auf seine persönliche Integrität und erlebt das ja eigentlich sühnende Verfahren als neuerliche Erniedrigung. Die Konflikthaftigkeit der Situation wird zudem zulasten des Vergewaltigungsopfers wesentlich verschärft, wenn die Schuld des Täters strittig ist und eine das Täterinteresse verfolgende Verteidigung die Glaubwürdigkeit der zur Zeugin gewordenen Frau zu erschüttern sucht. Viele Opfer scheuen eine Anzeige auch, weil der Täter häufig aus dem unmittelbaren sozialen Nahbereich entstammt (z. B. der Vater, der Onkel, ein enger Bekannter, der Ehemann); die wenigen Untersuchungen zu diesem Thema haben gezeigt, dass in den meisten Vergewaltigungsfällen die Täter nicht psychisch auffällig waren und allen gesellschaftlichen Schichten angehörten.

Menschen, die eine Vergewaltigung erfahren haben, leiden meist jahrelang darunter. Die Folgen reichen von sexuellen Störungen über schwere Beeinträchtigungen des Selbstwertgefühls bis hin zu psychotischen Störungen und Selbstmord. Mit professioneller Hilfe lassen sich diese Folgen jedoch behandeln.

Zum Abbau der Vorurteile gegen Opfer von Vergewaltigung wie auch zur Verhinderung und zur Bewältigung von Vergewaltigung sind mittlerweile etliche Projekte ins Leben gerufen worden. Viele Städte und Gemeinden haben Notruftelefone, spezielle Beratungsstellen und Frauenhäuser eingerichtet, Polizei und Staatsanwaltschaft setzen verstärkt Frauenbeauftragte ein.

**vergleichende Erziehungswissenschaft:** Teildisziplin der Erziehungswissenschaft, die mit sozial- und geisteswissenschaft-

---

**Vergewaltigung | Erste Schritte danach**

Wer Opfer einer Vergewaltigung wurde, sollte sich sofort um menschlichen Beistand kümmern, eine vertraute Person anrufen, sich an eine Beratungsstelle, einen Frauennotruf oder das örtliche Frauenhaus wenden. Freunde oder Berater werden einen bei den folgenden Schritten unterstützen. Anschließend sollte man einen Arzt aufsuchen, um die Verletzungen dokumentieren zu lassen, und eine Anzeige bei der Polizei erstatten. Dieser Schritt ist für die betroffene Frau, das betroffene Kind häufig sehr schwer, weil man das Geschehen, dem man kaum entronnen ist, nun noch einmal in allen Details schildern muss. Falls es irgend möglich ist, sollte man sich von einer vertrauten Person zur Polizei begleiten lassen.

lichen Methoden die Bildungssysteme und Sozialisationsabläufe in unterschiedlichen Ländern und Kulturen darstellt, analysiert und vergleicht (z. B. Bildungssysteme in Europa). Besondere Bedeutung haben Trendanalysen für die Arbeit internationaler Organisationen (UNESCO, OECD). Auch die heute üblichen internationalen Leistungsmessungsstudien wie die →TIMMS-Studie gehören zu den Aktivitäten der vergleichenden Erziehungswissenschaft.

**Verhalten:** *allgemein* alle Aktivitäten lebender Organismen, die für einen Betrachter äußerlich wahrnehmbar sind, z. B. Bewegungen, Körperhaltungen oder Lautäußerungen; in der *Psychologie* auch das →Erleben, z. B. Denken. Für den Behaviorismus gilt nur das als Verhalten, was beobachtbar, messbar und in kleinste Einheiten zerlegbar ist – Verhalten ist demnach das, was ein Individuum sagt oder tut.

Die Wissenschaften, die sich mit dem Verhalten von Menschen und Tieren befassen, nennt man Verhaltenswissenschaften. Dazu gehören insbesondere Physiologie, Medizin, Biologie, Verhaltensforschung, Anthropologie, Psychologie und Soziologie. Die *Physiologie* beschäftigt sich mit elementaren, biologisch festgelegten Lebensäußerungen von Lebewesen, die *Verhaltensforschung* mit den stammesgeschichtlichen Grundlagen (→Deszendenztheorie) tierischen Verhaltens. Das Verhalten in einem bestimmten Bereich, z. B. der Partnersuche, ist meist komplex und wird daher in Einzelkomponenten gegliedert, damit man es genau registrieren kann. So wird z. B. die Jagd eines Raubtieres in der Verhaltensforschung in Phasen des Anschleichens, Zupackens und Totbeißens zerlegt. Die *Biologie* betrachtet das Verhalten als zusammengesetzt aus ererbten (angeborenen) und erworbenen Anteilen, während die *Soziologie* das Verhalten sozialer Systeme und Institutionen betont.

**Verhaltensanalyse:** die Begutachtung des Verhaltens eines Klienten im Rahmen einer →Verhaltenstherapie.

**Verhaltensauffälligkeiten:** *Sonderartikel S. 662–665.*

**Verhaltensbeobachtung:** eine Form der →Beobachtung.

**Verhaltensdiagnostik:** in der *Verhaltenstherapie* Methode zur Erhebung und Erfassung des Verhaltens, das zum Aufsuchen des Therapeuten geführt hat. Bei der Verhaltensanalyse wird die Häufigkeit und Intensität des Auftretens mit geeigneten Methoden, z. B. Beobachtung, Selbstbeobachtung, Tagebuch, erfasst. Die Bedingungsanalyse erfragt darüber hinaus die Bedingungen, unter denen das Verhalten auftritt, sowie die angenehmen oder unangenehmen Folgen, die es nach sich zieht.

**Verhaltensforschung, Ethologie** [griech. »Charakterdarstellung«]: Teilgebiet der Biologie, das das Verhalten von Menschen und Tieren erforscht. Die Bezeichnung **Tierpsychologie** für den Bereich des Tierverhaltens wird zunehmend durch den Begriff der Verhaltensforschung ersetzt.

Während die deskriptive Verhaltensforschung die Verhaltensweisen in möglichst natürlicher Umgebung untersucht, versucht die experimentelle Verhaltensforschung durch veränderte Untersuchungsbedingungen Kausalzusammenhänge zwischen äußeren Bedingungen, z. B. unterschiedlicher Umgebung, Aufzucht, Isolation, einerseits und physiologischen und hormonalen Grundlagen des Verhaltens andererseits herauszufinden.

**Verhaltensmedizin:** Forschungsgebiet, das sich mit den psychologischen Faktoren beschäftigt, die die Entstehung und Aufrechterhaltung von körperlichen Krankheiten mitbedingen. Das sind Lebensgewohnheiten wie das Ausüben von Sport oder Drogenkonsum sowie der Umgang mit der Krankheit, z. B. die Einstellung zur Krankheit oder die Motivation zu den Behandlungsmaßnahmen. Die Verhaltensmedizin beschäftigt sich auch mit der Anwendung von psychologischen Verfahren bei Krankheiten, dabei werden v. a. Methoden der →Verhaltenstherapie herangezogen. Ein Patient mit z. B. chronischen Schmerzen würde bei einem Verhaltensmediziner lernen, wie er dem Schmerz weniger Beachtung schenkt.

**Verhaltensmodifikation:** Veränderung (Modifikation) des Verhaltens auf der Grundlage experimentell belegter lernpsychologischer Erkenntnisse. Verhaltensmodifikation ist ein sehr umfassender Begriff; Menschen ändern ihr Verhalten ständig. Potenziell reicht das Forschungsgebiet der Verhaltensmodifikation von der Untersuchung des Einflusses von Erziehungsmaßnahmen in Elternhaus und Schule bis hin zu Studien über das Verhalten von Konsumenten nach der Betrachtung eines Werbefilms. Die zur Behandlung von psychischen Störungen eingesetzte Form der Verhaltensmodifikation wird →Verhaltenstherapie genannt.

Im pädagogischen Bereich wird auch die kooperative Verhaltensmodifikation eingesetzt, die neben den Prinzipien der klassischen Verhaltenstherapie Aspekte der Selbstbewertung, Kooperation zwischen Lehrer und Schüler und

*Fortsetzung S. 666*

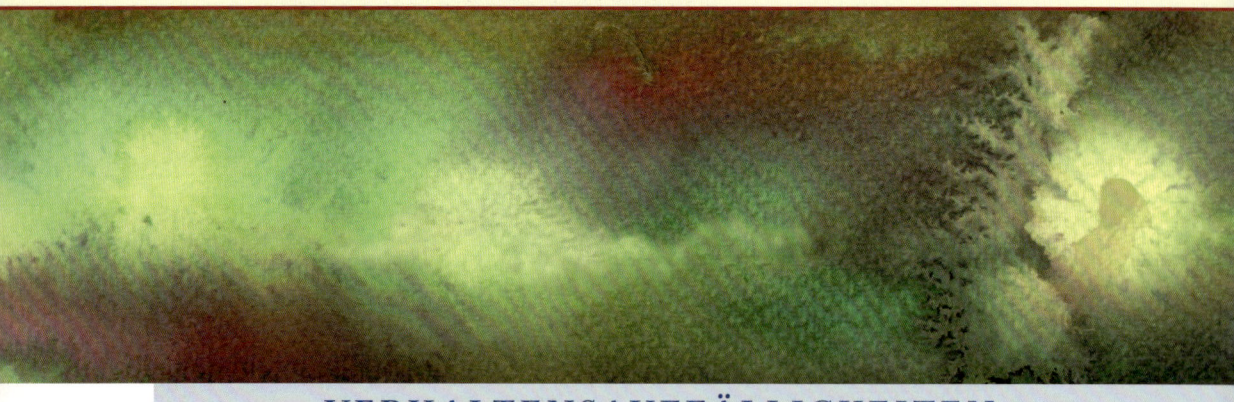

# VERHALTENSAUFFÄLLIGKEITEN

**BEDEUTUNG UND VERBREITUNG**
Mit dem Sammelbegriff Verhaltensauffälligkeiten bezeichnet man ein Verhalten von Kindern und Jugendlichen, das im Hinblick auf bestimmte Erwartungen als unangemessen betrachtet wird und mit schwerwiegenden und anhaltenden psychosozialen Beeinträchtigungen sowie oft mit Erziehungs- und Schulschwierigkeiten verbunden ist. Darunter fällt eine Vielzahl unterschiedlicher Erscheinungsformen, die mit zahlreichen inneren und äußeren Ursachen zusammenhängen und sich individuell sehr verschieden zeigen können.

Beispiele für Verhaltensauffälligkeiten sind: ADHS, Ess- und Schlafstörungen, Einnässen, Einkoten, Sprach- und Lernstörungen, verschiedene Ängste (wie Schulangst), Depressionen, Zwangsgedanken, verschiedene psychosomatische Störungen, Überangepasstheit, gesteigertes Aggressionsverhalten sowie dissoziale oder delinquente Verhaltensweisen (wie Schulschwänzen, Streunen, Eigentumsdelikte, Drogenkonsum).

Die Bezeichnung Verhaltensstörungen wird teils etwa gleichbedeutend, teils in Abgrenzung benutzt. Dieser Begriff wird häufig als problematisch angesehen, da er »gestörtes« Verhalten als Abweichung von bestimmten Normen definiert, die jedoch als kultur- und zeitspezifisch angesehen werden müssen. Seit den 1970er-Jahren wird stattdessen zunehmend die weniger normorientierte Bezeichnung Verhaltensauffälligkeiten verwendet, um Stigmatisierungen und Diskriminierungen zu vermindern.

Nach zusammenfassenden Studien ist von 10 bis 20 % behandlungsbedürftiger verhaltensauffälliger Kinder und Jugendlicher auszugehen. Diese Zahl nimmt weiterhin zu. Bei Jungen werden statistisch häufiger externalisierende Symptome wie Aggressivität oder Aufmerksamkeitsstörungen diagnostiziert, die sich überwiegend nach außen richten. Demgegenüber leiden Mädchen öfter an »unauffälligeren«, internalisierenden Symptomen wie Depressionen oder Ängsten. Jungen sind zwei- bis dreimal so häufig betroffen wie Mädchen. Viele Kinder und Jugendliche mit Verhaltensauffälligkeiten sind durch ihre Symptomatik in wichtigen Lebensbereichen stark beeinträchtigt und stehen daher unter einem erheblichen Leidensdruck, auch wenn sie teilweise Hilfe ablehnen oder uneinsichtig erscheinen.

**EIN FALLBEISPIEL**
Sebastian, neun Jahre alt, fällt in der Schule dadurch auf, dass er sich gehemmt, ängstlich, unsicher und unselbstständig verhält. Er wird auf Anraten des Lehrers einer Erziehungsberatungsstelle vorgestellt. Die psychologische Untersuchung zeigt eine Entwicklungsverzögerung, eine Lernbehinderung (bei einem IQ von 75) und eine Neigung zu vegetativen Funktionsstörungen sowie ein überdurchschnittliches Maß an Übererregbarkeit.

Weder Eltern noch Lehrer erkannten Sebastians Beeinträchtigungen; sie deuteten die Leistungsschwäche des Jungen zunächst als Zeichen von Faulheit und Bequemlichkeit. So wurde er zu Hause und in der Schule überfordert. Wegen häufig auftretender Krankheiten wuchs die Sorge der Eltern zur Überbehütung an: Sebastian erfuhr auf diese Art ein Übermaß an Erziehung und litt unter dem schulischen Ehrgeiz der Eltern. Zudem erhielt er noch Nachhilfeunterricht, in seiner Freizeit war es ihm teilweise verboten zu spielen. Die Eltern neigten dazu, sein Verhalten fortwährend zu korrigieren. Seine in der Schule gezeigten Leistungsschwierigkeiten und Verhaltensauffälligkeiten wurden bisher von allen Beteiligten missverstanden.

## MÖGLICHE URSACHEN

In jedem einzelnen Fall muss eingehend betrachtet werden, welches Ursachengeflecht den Hintergrund für die Verhaltensauffälligkeiten bildet. Nur dann können Hilfsmaßnahmen gezielt eingeleitet werden. Für einen Überblick eignet sich eine Unterteilung in endogene (von innen kommende) und exogene (von außen kommende) Faktoren:

Zu den endogenen Ursachen zählen Behinderungen, die entweder erblich bedingt oder auf Einflüsse während der Schwangerschaft oder der Geburt zurückzuführen sind; ferner frühkindliche Schädigungen oder schwere Krankheiten wie Asthma oder Krebs. Leichte körperliche Behinderungen oder Sinnesbehinderungen sollten ebenfalls bei der Ursachenerforschung mit berücksichtigt werden. In Betracht kommen weiterhin die verschiedenen Entwicklungsstörungen und Störungen der endokrinen Drüsenfunktionen. Individuell ausgeprägte Eigenschaften, Defizite und Fähigkeiten stellen weitere Risiko- oder auch Schutzfaktoren dar.

Die exogenen Ursachen von Verhaltensauffälligkeiten betreffen in erster Linie die Familiensituation. Bedeutsam sind dabei unter anderem Faktoren wie die soziale und ökonomische Lage des Elternhauses, der herrschende (beispielsweise zu strenge oder nachgiebige) Erziehungsstil, Erkrankungen, Konflikte und Wertorientierungen der Eltern. Besonders schwerwiegende Belastungen sind unter anderem der Tod von Eltern, sexueller Missbrauch, körperliche Misshandlungen und Vernachlässigung. Wichtige weitere Faktoren finden sich aber auch in Kindergarten, Schule, sozialem Umfeld (besonders bei den Gleichaltrigen) und im allgemeinen gesellschaftlichen Klima mit seinen Umgangsformen, Werten und Normen, wie sie unter anderem auch in den verschiedenen Medien erscheinen.

In der Regel stehen endogene und exogene Ursachen in Wechselwirkung und bilden einen Ursachenkomplex; nur in den seltensten Fällen gibt es eine monokausale Erklärung. Gleiche Ursachen können zu unterschiedlichen Symptomen führen; andererseits können sich hinter ähnlichen Erscheinungsbildern sehr verschiedene Ursachen verbergen.

## ERKLÄRUNGSANSÄTZE

Zur Erklärung von Verhaltensauffälligkeiten, aber auch im Hinblick auf Diagnostik und Therapie, existieren verschiedene Ansätze, von denen die folgenden zu den wichtigsten gehören: 1. Bei medizinischen Ansätzen liegt der Schwerpunkt der Sichtweise auf Schädigungen und Störungen, die unter anderem mit genetischen, hirnorganischen, endokrinologischen oder allergologischen Faktoren zusammenhängen. 2. Der psychoanalytischen Theorie zufolge sind Verhaltensauffälligkeiten auf mangelnde psychische Verarbeitung belastender frühkindlicher Erlebnisse, Konflikte oder Konstellationen zurückzuführen. 3. Nach lerntheoretischen Ansätzen wer-

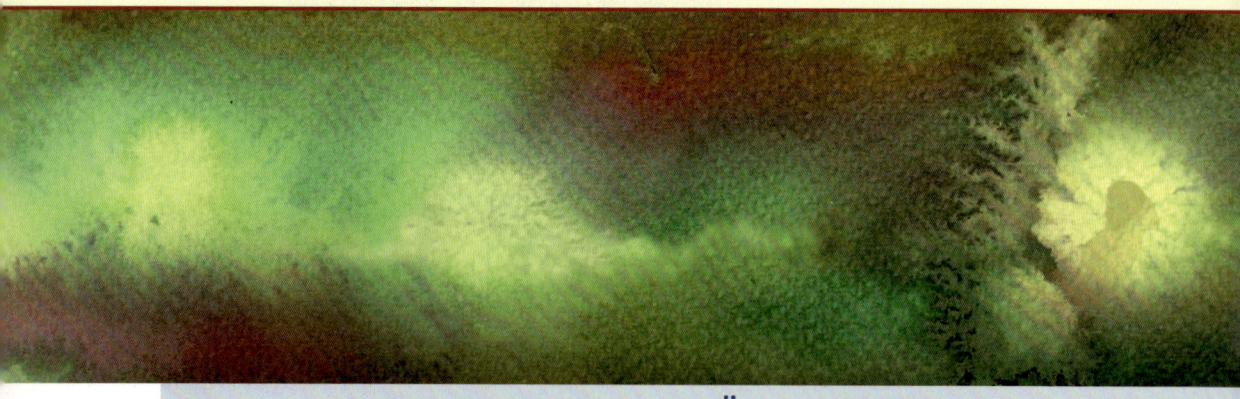

# VERHALTENSAUFFÄLLIGKEITEN *Fortsetzung*

den Verhaltensauffälligkeiten durch bestimmte ungünstige Lernprozesse erworben und können durch das Erlernen positiver (»unauffälliger«) Verhaltensweisen »verlernt« werden. 4. Bei der systemischen Sichtweise wird angenommen, dass das auffällige Verhalten eines Mitglieds in einem System (v. a. in einer Familie) Ausdruck oder Versuch einer Problemlösung ist für eine Störung innerhalb dieses Systems, beispielsweise für einen Konflikt zwischen den Eltern. 5. Soziologische Ansätze sehen die Ursachen für Verhaltensauffälligkeiten in sozialen Gegebenheiten und gestörten Interaktionen: Der »Labeling Approach« etwa beschreibt einen Teufelskreis, bei dem ein zunächst gering abweichendes Verhalten durch Etikettierung und Stigmatisierung nach und nach zu einer ernsthaften Störung anwächst. Anhaltende Kommunikationsstörungen und Rollenunsicherheiten können zu schweren psychischen Problemen führen.

## MASSNAHMEN UND HILFSANGEBOTE

Alle Verantwortlichen, Eltern, Erzieher und Lehrer sollten sich der Grenzen ihrer Hilfsmöglichkeiten bewusst sein und sich im Zweifelsfall an Fachkräfte, beispielsweise in schulpsychologischen Diensten, Erziehungsberatungsstellen oder sozialpädiatrischen Zentren, wenden. Die Chancen zur Milderung oder Heilung von Verhaltensauffälligkeiten sind besser, wenn die Hilfsmaßnahmen frühzeitig einsetzen, solange das Verhalten noch möglichst wenig chronifiziert ist oder Folgeprobleme verursacht hat.

Die früher übliche Aussonderung und Disziplinierung verhaltensauffälliger Kinder weicht zunehmend einer integrativen Sichtweise und Praxis; der überwiegende Einsatz von Spieltherapie wird abgelöst durch kombinierte therapeutische Interventionsverfahren unter Einbeziehung der Familie. Dadurch wird den vielfältigen Erscheinungsformen, den komplexen Ursachen und den verschiedenen Erklärungsmodellen von psychischen Störungen bei Kindern und Jugendlichen Rechnung getragen.

Zu den Methoden gehören v. a. Elterntrainings, familienbezogene Beratung und Therapie, kindzentrierte Verfahren verschiedenster therapeutischer Richtungen, aber auch Formen des strukturierten Verhaltenstrainings für die betroffenen Kinder und Jugendlichen (teilweise in Gruppen): Beispielsweise gibt es altersspezifische Trainings für aggressive oder depressive Kinder, für Scheidungskinder oder Kinder mit bestimmten chronischen Krankheiten wie Asthma. Nicht zuletzt kommen in bestimmten Fällen zusätzlich Medikamente zum Einsatz, die die Symptomatik und in der Folge beispielsweise auch soziale Probleme mindern können. Wünschenswert ist eine Abstimmung unter den beteiligten Berufsgruppen: den Beratern, Therapeuten, Ärzten, Sozialarbeitern und Erziehern oder Lehrern.

Kinder und Jugendliche mit Verhaltensauffälligkeiten werden heute möglichst in ihrem gewohnten Umfeld belassen oder in integrativen Einrichtungen gefördert. Aus unterschiedlichen Gründen können jedoch die Bemühungen um eine Integration auf Grenzen stoßen oder eine Trennung kann nötig sein. In diesen Fällen werden die Betroffenen von einer speziellen Institution (wie Sonderschule oder Heim) aufgenommen.

Doch so unentbehrlich die unterschiedlichen institutionalisierten Hilfsangebote auch sind, sie

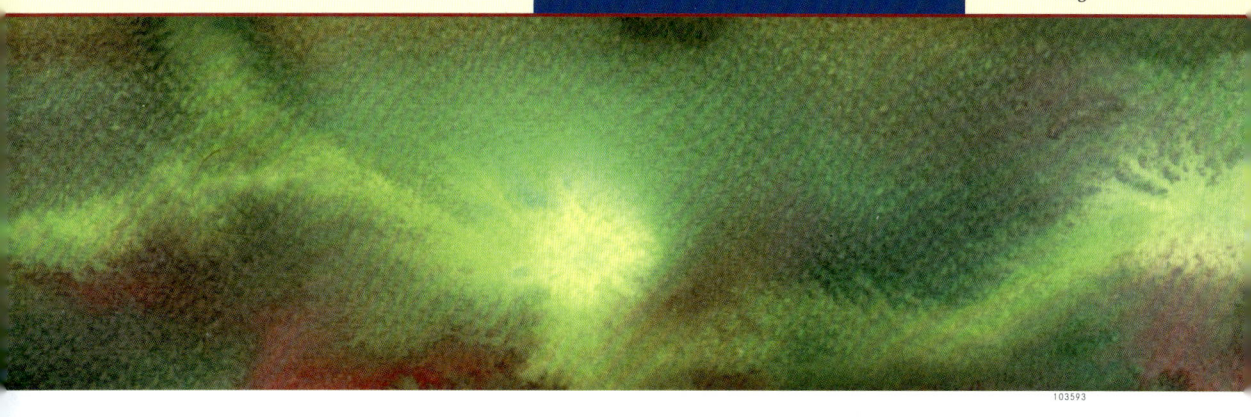

- → ABWEICHENDES VERHALTEN — **VERHALTENSAUFFÄLLIGKEITEN**
- → ENTWICKLUNGSSTÖRUNGEN
  - → AGGRESSIVITÄT
  - → ADHS
- **→ BEHINDERUNG**
  - ↳ LERNBEHINDERUNG
  - → DROGENABHÄNGIGKEIT
  - → EINKOTEN
- **→ ZUWENDUNG, ELTERLICHE**
  - → KINDESMISSHANDLUNG
  - → EINNÄSSEN
  - → SEXUELLER MISSBRAUCH
  - → ESSSTÖRUNGEN
  - → ÜBERBEHÜTUNG
  - → FINGERLUTSCHEN
  - → VERNACHLÄSSIGUNG
  - → JUGENDKRIMINALITÄT
  - → VERWÖHNUNG
- → BERATUNG
  - → LERNSTÖRUNGEN
  - → ERZIEHUNGSBERATUNG
  - → SCHLAFSTÖRUNGEN
  - ↳ SCHULPSYCHOLOGISCHER DIENST
  - → SCHULANGST
- **→ THERAPIE**
  - → SPRACHSTÖRUNGEN
  - → FAMILIENTHERAPIE
  - → SPRECHSTÖRUNGEN
  - ↳ KINDER- UND JUGENDLICHEN-PSYCHOTHERAPIE
  - → VERWAHRLOSUNG

können selbst bei optimaler Leistung nicht wirklich ausreichend sein. Was verhaltensauffällige Kinder mindestens genauso dringend brauchen, ist die Aufmerksamkeit ihrer Bezugspersonen. Wenn Eltern ihre verhaltensauffälligen Sprösslinge für missraten und auch einfach nur für ungezogen halten, so fehlt ihnen das Verständnis für die große Not, in der diese sich befinden. Wo es an diesem so elementar wichtigen Verständnis mangelt und an seiner statt der Ruf nach Zucht und Ordnung laut wird, werden die familiären Probleme aller Voraussicht nach nicht verringert. Und dem verhaltensauffälligen Kind werden Chancen genommen, aus seiner Notsituation austreten zu können.

**LESETIPPS:**

Bruno Bettelheim: *Liebe allein genügt nicht. Die Erziehung emotional gestörter Kinder.* Neuausgabe Stuttgart (Klett-Cotta) 1997.

Nancy B. Miller: *Mein Kind ist fast ganz normal. Leben mit einem behinderten oder verhaltensauffälligen Kind.* Stuttgart (TRIAS) 1997.

Jirina Prekop und Bert Hellinger: *Wenn ihr wüsstet, wie ich euch liebe. Wie schwierigen Kindern durch Familien-Stellen und Festhalten geholfen werden kann.* München (Kösel) 1998.

Norbert Myschker: *Verhaltensstörungen bei Kindern und Jugendlichen. Erscheinungsformen – Ursachen – hilfreiche Maßnahmen.* Stuttgart (Kohlhammer) [3]1999.

Karl Gebauer: *Wenn Kinder auffällig werden. Perspektiven für ratlose Eltern.* Düsseldorf (Walter) 2000.

| | |
|---|---|
| gemeinsame Zielsetzung | Was sollen wir tun? |
| Beschreibung der Zielverhaltensweisen als Mittel zur Zielerreichung | Was müssen wir tun, um das Ziel zu erreichen? |
| Selbstbeobachtung des tatsächlichen Verhaltens | Was tue ich? |
| Selbstbewertung: Vergleich des Zielverhaltens mit dem tatsächlichen Verhalten | Entspricht das tatsächliche Verhalten dem Zielverhalten? |
| abschließende gemeinsame Erfolgsbeurteilung | Haben wir das Ziel erreicht? |

**Verhaltensmodifikation:** Problematische Verhaltensweisen können durch kooperative Strategien abgebaut werden. Ein wichtiger Aspekt dabei ist die eigenverantwortliche Selbstbewertung.

*Fortsetzung von S. 661*
die gemeinsame Erarbeitung von Handlungsstrategien einbezieht.

**Verhaltensmuster:** eine Reihe einzelner Verhaltensäußerungen, die meist zusammen in einer bestimmten Folge vorkommen und so ein komplexes, sich wiederholendes Verhaltensgefüge bilden. Ein Verhaltensmuster ist z. B. das bei Säuglingen und Kleinkindern aufgrund von Schmerz oder lauten Geräuschen beobachtbare »Schreckmuster«, das aus typischen unwillkürlichen und z. T. sehr heftigen motorischen und vegetativen Reaktionen besteht. Man verwendet den Begriff insbesondere dann, wenn man ausdrücken möchte, dass man sich mit umfassenden Verhaltenseinheiten befasst und nicht mit einzelnen Reaktionen auf Reize.

**Verhaltensphysiologie:** Teilgebiet der Physiologie, das sich mit den Zusammenhängen zwischen genetisch weitgehend determinierten und einfachen gelernten Verhaltensweisen eines Organismus und den physiologischen Prozessen im Organismus befasst. Erforscht wird, ob z. B. Brutpflegeverhalten oder Anpassung an eine neue Umgebung messbare physiologische Korrelate aufweisen und ob man umgekehrt aus einer bestimmten Konstellation physiologischer Variablen, z. B. anhand des Blutdrucks, der Aktivität bestimmter neuronaler Zentren und der Hormonausschüttung, auf ein bestimmtes Verhalten schließen kann.

**Verhaltensstörungen:** veraltete Bezeichnung für →Verhaltensauffälligkeiten.

**Verhaltenstherapie:** vielgestaltige psychotherapeutische Richtung mit Wurzeln in den Lerntheorien, der experimentell und empirisch ausgerichteten Verhaltenspsychologie sowie der kognitiven Psychologie. Davon ausgehend, dass Verhaltensstörungen erworben, d. h. von Lernprozessen abhängig sind, liegen die Ziele im Abbau gestörter Verhaltensstrukturen und (wenn nötig) im Aufbau erwünschten Verhaltens, meist auf der Grundlage einer zuvor erfolgten **Verhaltensanalyse.**

Das Vorgehen baute zunächst auf der klassischen und operanten →Konditionierung auf. In den 1960er- und 1970er-Jahren wurde es durch das →Beobachtungslernen, durch die Idee des Selbstmanagements, v. a. aber durch die Übernahme kognitionspsychologischer Erkenntnisse, die zu der Konzeption der →kognitiven Verhaltenstherapie führte, erweitert. Dadurch wurde die ursprüngliche, am beobachtbaren Verhalten ausgerichtete Verhaltenstherapie allmählich für die Integration anderer Denkansätze offener. Zunehmend wurden Konzepte wie therapeutischer Widerstand oder die Bedeutung der Therapeut-Patient-Beziehung diskutiert. Auch erweiterte sich der interdisziplinäre Charakter der Verhaltenstherapie. Diese z. T. kritisch betrachtete Entwicklung hat die Frage nach dem Selbstverständnis der Verhaltenstherapie erneut aufgeworfen.

Zu den empirisch bewährten Therapietechniken der Verhaltenstherapie gehören die →systematische Desensibilisierung, die →Münzökonomie, das →Biofeedback sowie das →Selbstsicherheitstraining.

Hauptanwendungsfelder der Verhaltenstherapie liegen in der Behandlung von Ängsten, Zwängen, Depressionen, Süchten, Sexualstörungen und im Rahmen der →Verhaltensmedizin in der klinischen Versorgung von physisch Erkrankten. Auch die Gemeindearbeit, Erziehungsberatung, Sozialtherapie und Schule haben die Verhaltenstherapie aufgegriffen. Im Vergleich zu anderen Therapien zeichnet sich die Verhaltenstherapie durch Verzicht auf globale Therapieziele zugunsten möglichst konkreter therapeutischer Lernziele aus. Neben psychoanalytischen und psychoanalytisch begründeten Verfahren ist in Deutschland die Verhaltenstherapie (seit 1987) als Einzel- und Gruppenverfahren an der psychotherapeutischen Versorgung im Rahmen der gesetzlichen Krankenversicherung beteiligt.

**Verhältnisskala:** eine Form der →Skala.

**verhandeln:** durch (argumentatives) kommunizieren zwischen zwei oder mehr Parteien versuchen, eine Lösung für eine Frage zu finden, über die zunächst keine Einigkeit besteht. Die Fähigkeit zu verhandeln ist eine Grundqualifikation in der modernen Gesellschaft, da die meisten Fragen in einer Partnerschaft, in Familien, in Betrieben und in der Politik nicht mehr durch traditionell vorgegebene Lösungen beantwortet werden, sondern verhandelt werden müssen. So haben z. B. heute Paare am Anfang ihrer Beziehung fast immer unterschiedliche Vorstellungen davon, wer welche Rollenaspekte ausfüllt und welche Aufgaben übernimmt.

Erfolgreiches Verhandeln setzt voraus, dass eine Person bereit ist, unterschiedliche Positionen zu erkennen, sie ernst zu nehmen und mit der Zuversicht, dass es eine für beide Seiten annehmbare Lösung gibt, in den Dialog eintritt. Geschicktes Verhandeln sucht in Kleinigkeiten entgegenkommend und in wichtigen Fragen entschlossen zu sein; es verzichtet auf Drohungen, die Verhandlung abzubrechen, und lässt sich anderseits durch solche Drohungen nicht erpressen. Wer einen Verhandlungspartner unter Druck setzt und ihn entwertet, weil er nicht nachgibt, wird wenig erreichen. Dagegen kommen Verhandlungen dann zu einem erfolgreichen Abschluss, wenn die Interessen beider Seiten ausgeglichen berücksichtigt wurden und beide Parteien mit einem Gewinn aus der Verhandlung gehen können, auch wenn sie an anderer Stelle Zugeständnisse machen mussten.

**Ver|innerlichung, Internalisierung** [zu latein. *internus* »innerer«, »inwendig«]: *Psychoanalyse:* zusammenfassende Bezeichnung für die Abwehrmechanismen →Introjektion, →Identifizierung mit dem Angreifer und die →Inkorporation.

**Verkaufspsychologie:** Teilgebiet der Marktpsychologie, das sich mit den psychologischen Voraussetzungen und Verfahren einer wirksamen Verkaufstätigkeit (z. B. Schulung des Verkaufspersonals) befasst. Die Verkaufspsychologie wendet Erkenntnisse über Einstellungen, Einstellungsänderungen, Motivation sowie verbale und nonverbale Kommunikation auf die Verkaufssituation an.

**Verkehrserziehung:** alle erzieherischen Maßnahmen zu einem verantwortungsbewussten und verkehrsgerechten Verhalten im Straßenverkehr. Teile dieser lebenslangen Erziehung sind formalisiert und sind Aufgaben von Spezialisten und Behörden, z. B. Führerscheinerteilung bzw. -entzug; die meisten Einflüsse sind informell, z. B. Schule, Familie, viele ehrenamtliche und halbstaatliche Institutionen. Aufgaben der Verkehrserziehung sind die Vermittlung von Wissen über das Verkehrssystem, Aufklärung über Gefahren im Straßenverkehr, das Einüben von Fertigkeiten und die Vermittlung von verkehrsrelevanten sozialen Einstellungen. Im weiteren Sinne kann man das gesamte Verkehrsüberwachungssystem als eine erzieherische Instanz zur Formung oder Änderung des Verkehrsverhaltens verstehen, z. B. durch Bestrafungen bei Verkehrsregelübertretungen, Aufklärungskampagnen, Sicherheitstrainings.

Jedoch ist der Einfluss solcher gezielten Maßnahmen relativ gering, muss er doch mit den Erfahrungen konkurrieren, die jeder Verkehrsteilnehmer täglich in der Verkehrsrealität macht. So werden sichere Verhaltensweisen häufig eher »bestraft« (wer z. B. genügend Abstand zum vorausfahrenden Fahrzeug hält, wird überholt), während sicherheitswidrige Verhaltensweisen eher »belohnt« werden (wer z. B. ein Fahrzeug auf der Überholspur bedrängt, wird vorbeigelassen). Erschwert wird die Aufgabe der Verkehrserziehung auch durch die verbreitete und v. a. von Medien und Werbung vermittelte Einstellung, dass der Straßenverkehr ein Bereich des sportlichen und spielerischen Auslebens sei.

**Verkehrsmittelwahl:** Wahl der Fortbewegungsart, um einen bestimmten Weg zurückzu-

---

**Verhaltenstherapie | Keine Ursachenforschung**

In der Verhaltenstherapie werden zwar in der Kindheit liegende mögliche Ursachen für das aktuelle Problem berücksichtigt, aber nicht näher behandelt wie in den tiefenpsychologischen Therapien. Vielmehr stehen auslösende und aufrechterhaltende Bedingungen des problematischen Verhaltens im Vordergrund. Häufig muss der Klient zunächst eine Art Tagebuch führen, in dem er auflistet, unter welchen Bedingungen das unerwünschte Verhalten auftrat, ob er es von sich aus beenden konnte und wie das geschah. Diese Therapieform ist besonders für Menschen geeignet, die in überschaubarer Zeit Erfolge sehen wollen.

---

**verhandeln | Erziehung durch Verhandeln**

Erziehung in der modernen Gesellschaft lässt sich als ständiger Verhandlungsprozess beschreiben. Ähnlich wie in der Führung von Mitarbeitern geht es in der Erziehung viel öfter um einen Austausch über Interessenunterschiede und eine von beiden Seiten getragene Einigung als darum, vorgefasste Positionen diktatorisch durchzusetzen.
Viele Eltern, die selbst folgsame Kinder waren (oder rückblickend meinen, folgsam gewesen zu sein), fühlen sich vom Widerspruchsgeist ihrer eigenen Kinder überfordert. Sie sehnen sich nach Verhältnissen zurück, in denen Kinder einfach dem Vorbild der Erwachsenen folgten. Aber es ist zweckmäßig, dass heute diese geradlinige Anpassung nicht mehr so verbreitet ist und bereits in der Familie schwierige Verhandlungen zu führen sind: Die Fähigkeit dazu werden die Kinder im späteren Leben mehr brauchen als die Anpassung an vorgegebene Muster, die auf eine sich immer schneller verändernde Umwelt schlecht vorbereitet.

legen, z. B. Wahl des Autos oder des Fahrrads. Die wachsende Mobilität von Menschen und Gütern wird heute in den Industrieländern in immer größerem Umfang vom motorisierten Individualverkehr bewältigt. Führerschein- und PKW-Besitz steigen beständig an. Wer ein Auto besitzt, benutzt es in der Regel auch bevorzugt. Die Verkehrsmittelwahl hängt aber auch von der Infrastruktur des öffentlichen Verkehrs ab; Steigerungsraten im öffentlichen Verkehr durch verbesserte Angebote gehen allerdings oft zulasten des Anteils am nicht motorisierten Verkehr (v. a. Fußgänger und Radfahrer).

Im Jahr 2002 nutzten in Deutschland 45 % der Bevölkerung (einschließlich Kinder) das Auto als Fahrer und 16 % als Mitfahrer; 9 % das Fahrrad, 8 % öffentliche Verkehrsmittel und 23 % gingen zu Fuß. Die meisten Autofahrten gelten dem →Freizeitverkehr und dem →Berufsverkehr.

Das Auto weist unbestreitbare Vorzüge für viele Wege auf, z. B. zeitliche und räumliche Unabhängigkeit, Zeit- und Kostenvorteile, leichte Verkettung verschiedener Aktivitäten oder Transportmöglichkeiten für Güter, und gehört damit zum meistgebrauchten Verkehrsmittel. Diese Verkehrsmittelwahl widerspricht allerdings der mittlerweile hohen Umweltsensibilität der Deutschen. Die Mehrzahl der Bevölkerung meint, dass weniger mit dem Auto gefahren werden sollte. Als Erklärung für die Diskrepanz zwischen Einstellung und Verhalten konnten v. a. emotionale Gründe gefunden werden, z. B. mangelnde Identifikation mit öffentlichem Verkehr, starke Verdrängungstendenzen, zu positive Selbstbilder.

**Verkehrsmittelwahl:** Obwohl 90 % der Deutschen meinen, dass weniger Auto gefahren werden sollte, benutzen nur wenige Autobesitzer gelegentlich auch öffentliche Verkehrsmittel.

**Verkehrspsychologie:** Teilgebiet der angewandten Psychologie zur Beschreibung, Erklärung, Vorhersage und Änderung des Verhaltens im Verkehr. Die Hauptrolle spielt dabei der Autoverkehr, der in den Industrieländern bei Weitem die größte Transportleistung erbringt, aber auch erhebliche Schäden an Leben, Gesundheit und Umwelt verursacht. Neben dem beobachtbaren Verkehrsverhalten werden auch Fragen der Verkehrserzeugung und psychische Prozesse bei der →Verkehrsmittelwahl betrachtet. Hauptbereiche bei der Erforschung der →Mobilität 3) sind der →Berufsverkehr und der →Freizeitverkehr.

Eine einheitliche Modellvorstellung zum Fahrverhalten gibt es nicht; dazu ist die Vielfalt von Einflussgrößen im System Verkehr zu groß. Gemeinsame Elemente der meisten theoretischen Ansätze sind Wahrnehmung und Verarbeitung der Verkehrssituation durch die Fahrer und deren motorische Reaktionen.

Die Verkehrspsychologie beschäftigt sich v. a. mit Sicherheitsfragen. Allerdings gibt es noch keine befriedigende Definition sicheren Verhaltens bei der Bewältigung bestimmter Fahraufgaben; meist wird nur rückwirkend durch das Auftreten von Unfällen auf einen Mangel an Sicherheit im System geschlossen. Methodisch bedient sich die Verkehrsforschung aller psychologischen Verfahren; eine zusätzliche Möglichkeit stellt die Untersuchung des Fahr- oder Flugverhaltens in →Simulatoren dar.

Die Mehrzahl der Verkehrspsychologen befasst sich mit der Diagnose der →Fahreignung als relativ dauerhafter individueller Disposition. Eine wichtige Rolle fällt in diesem Zusammenhang der →medizinisch-psychologischen Untersuchung (MPU) zu, bei der in Zusammenarbeit mit Ärzten eine Prognose über zukünftiges Verkehrsverhalten erstellt wird. Wichtige Einflussgrößen auf die Fahrleistung sind neben individuellen Dispositionen v. a. Lebensalter und Fahrerfahrung (→Fahranfänger, →ältere Autofahrer).

Die langfristig wirkenden Fähigkeiten und Fertigkeiten der Fahrer bestimmen zwar deren prinzipielle Eignung zum Autofahren, diese wird aber durch fahrt- und situationsspezifische Faktoren überlagert, die die →Verkehrstüchtigkeit einschränken können. Am stärksten fällt die Wirkung von Alkohol (z. B. eingeschränkte Wahrnehmungsleistungen, Störungen motorischer Prozesse usw.) ins Gewicht: Das Unfallrisiko steigt mit zunehmender Alkoholisierung exponentiell an. Deshalb gibt es viele Versuche der Einflussnahme (z. B. Aufklärungskampagnen, rechtliche Regelungen).

Psychologische Fragestellungen spielen auch in anderen verkehrsrelevanten Teilgebieten eine Rolle, v. a. in der →Verkehrserziehung und den Verkehrsingenieurwissenschaften, die u. a. die Straßengestaltung, Fahrzeuggestaltung oder Verkehrslenkung erforschen.

**Verkehrstüchtigkeit:** die Summe fahrt- und situationsbezogener Merkmale, die die momentane Fähigkeit einer Person zur Teilnahme am Straßenverkehr, v. a. zum Autofahren, bestimmen. Verkehrstüchtigkeit beschreibt also den Zustand eines Verkehrsteilnehmers und nicht seine prinzipielle Eignung zum Autofahren (→Fahreignung). Nicht oder eingeschränkt verkehrstauglich sind alkoholisierte Personen; aber auch viele Medikamente und Drogen vermindern die Leistungsfähigkeit des Fahrers. Einschränkungen der Fahrtüchtigkeit durch →Ermüdung (als Folge langer Fahrten oder auch fahrtunabhängig entstanden) sind v. a. im Güterfernverkehr und bei Pendlern (→Berufsverkehr) ein Sicherheitsproblem. Bisher wurde kein verlässliches Maß gefunden, mit dem einsetzende Ermüdung physiologisch rechtzeitig erfasst werden kann; dies verhindert bislang auch die Konstruktion warnender oder eingreifender →Fahrerassistenzsysteme. Im Alltag bekannt, aber wissenschaftlich kaum untersucht ist das Phänomen des »Sekundenschlafs«. Ähnliche Probleme wirft →Stress am Steuer auf, der sowohl als →Überforderung durch das Verkehrsgeschehen als auch als Unterforderung im Sinne von →Monotonie auftreten kann.

**Verkehrung ins Gegenteil:** *Psychoanalyse:* ein Abwehrmechanismus, bei dem für das Individuum gefährliche, peinliche oder als unzulässig empfundene Triebbedürfnisse, Gefühle oder Wünsche in ihr Gegenteil umgewandelt werden. Häufig tritt z. B. eine Umwandlung von Passivität in Aktivität auf: Eine Person, die sich fürchtet, herabgesetzt zu werden, verspottet deshalb andere. Sehr ähnliche Abwehrmechanismen sind die →Wendung gegen die eigene Person und die →Reaktionsbildung.

**Verletzung, narzisstische:** die →narzisstische Kränkung.

**Verleugnung:** *Psychoanalyse:* ein Abwehrmechanismus, der in der Weigerung besteht, eine als bedrohlich empfundene Wahrnehmung anzuerkennen. Aus einer fortgesetzten Verleugnung kann sich eine erhebliche Wahrnehmungsverzerrung ergeben, wenn z. B. der Wunsch nach einem »nur guten« Liebespartner dazu führt, dass die zu jedem Menschen ebenfalls gehörenden negativen Seiten verleugnet werden. Die zwangsläufig irgendwann auftretende heftige Enttäuschung, wenn die Verleugnung nicht mehr aufrechterhalten werden

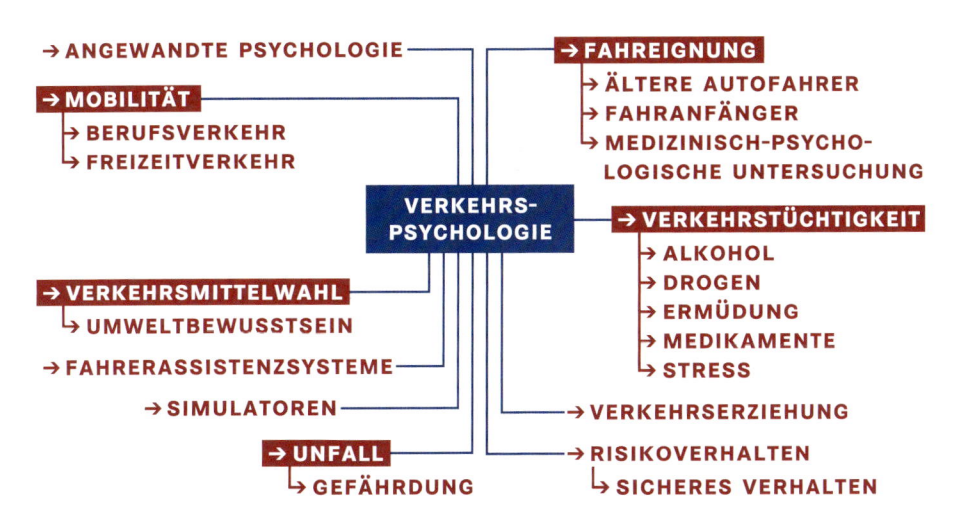

**Verkehrspsychologie:** Als Forschungsbereich der Verkehrspsychologie steht der Straßenverkehr im Mittelpunkt. Es geht dabei etwa um Fragen der allgemeinen Fahreignung und der situativ bedingten Fahrtüchtigkeit (Verwüstungen des Orkans Kyrill im Januar 2007).

kann, ist nur schwer zu verarbeiten und führt häufig zu Symptomen psychischer Krankheit.

**Verlust:** *Psychoanalyse:* der →Objektverlust.

**vermeidend-selbstunsichere Persönlichkeitsstörung:** die →ängstliche Persönlichkeitsstörung.

**Vermeidungsreaktion:** das Ausweichen vor einem unangenehmen Reiz oder Ereignis. Je näher das Individuum dem unangenehmen Reiz kommt, desto stärker wird sein Drang zur Vermeidungsreaktion sein. Diese steigende Tendenz bei kleiner werdendem (zeitlichem) Abstand zum unangenehmen Ereignis nennt man Vermeidungsgradient. Die Vermeidungsreaktion macht man sich in der →Aversionstherapie zunutze.

**vernachlässigender Erziehungsstil:** ein →Erziehungsstil.

**Vernachlässigung:** die teilweise oder vollständige Passivität der Erziehungspersonen gegenüber dem Kind, die unzureichende Versorgung und Betreuung. Vernachlässigung kann zu Defiziten bei der körperlichen, psychischen und intellektuellen Entwicklung und bei sozialen Fähigkeiten führen; häufig ist →Verwahrlosung die Folge. Eine fehlende Erziehung bedeutet in der Regel auch fehlende menschliche Wärme. Bei Heimkindern, aber auch bei in der Familie aufwachsenden Kindern kann Vernachlässigung zu →Hospitalismus sowie später zu erhöhter Aggressivität (→Aggression) führen.

**Vernichtungsangst:** Angst vor der Desintegration des Ich, die psychisch als Vernichtung wahrgenommen wird. Diese Angst tritt in Situationen auf, die sehr bedrohlich sind, aber auch in Situationen, welche die psychische Verarbeitungsfähigkeit des Betroffenen überfordert.

**Versagensangst:** eine Form der sozialen →Phobien, zusätzlich mit →Leistungsangst, bei der Betroffene fürchten, etwas nicht richtig oder nicht gut genug zu machen und sich deshalb als minderwertig, als Versager fühlen. Unter Versagensangst leiden v.a. Menschen mit schwachem Selbstwertgefühl und Menschen, die hohe Ansprüche an sich selbst stellen. In Partnerschaften kann Versagensangst dazu führen, dass jemand sich zurückzieht und ganz verschließt; es kann aber auch sein, dass sich jemand zu sehr anpasst, um möglichen Konflikten auszuweichen. Beiden Verhaltensweisen liegt die – meist unbewusste – Absicht zugrunde, der Möglichkeit des Versagens auszuweichen, die in den gemiedenen Anforderungen enthalten sind.

Im Zusammenhang mit Leistungsanforderungen kann Versagensangst genau das heraufbeschwören, was sie zu vermeiden versucht. Sie erfordert viele Ressourcen, sodass nur noch wenig Aufmerksamkeit und Konzentrationsvermögen für die restlichen Anforderungen verbleiben; ein Versagen kann die Folge sein.

Im Bereich der Sexualität kann Versagensangst ganz konkret die Angst sein, keine Erektion oder keinen Orgasmus zu bekommen, aber auch ganz allgemein, kein guter Liebhaber oder keine gute Liebhaberin zu sein. Können diese Ängste ausgesprochen werden, ist das der beste Weg, sie zu bewältigen. Gelingt dies nicht und behindert die Versagensangst Partnerschaft und Sexualität, ist es ratsam, psychotherapeutische Hilfe in Anspruch zu nehmen.

**Versagung:** *Psychoanalyse:* die Nichtbefriedigung eines Triebanspruchs oder Wunsches, sei es, weil eine andere Person einem die Befriedigung nicht gewährt oder weil man sie sich selbst nicht zugesteht. Die Folge einer Versagung ist die →Frustration. Da es eine vollkommene Triebbefriedigung nicht geben kann, ist der Mensch im Verlauf seiner Entwicklung zwangsläufig mit Versagungen konfrontiert, mit denen er umgehen können muss und die für die Persönlichkeitsreifung auch notwendig sind. Eine übermäßige Versagung grundlegender Bedürfnisse kann allerdings schädigend sein.

Als orale Versagung bezeichnet man das Vorenthalten der Befriedigung oraler Bedürfnisse, z. B. wenn ein hungriges Kind nicht gefüttert wird. Da es in der →oralen Phase um existenzielle Bedürfnisse geht, ist übermäßige Versagung in dieser Phase besonders traumatisierend und kann schwerwiegende Störungen nach sich ziehen.

**Vernachlässigung:** Was mit Astrid Lindgrens 1945 geschaffener, lustiger Kinderbuchfigur Pippi Langstrumpf tröstlich romantisiert wird, wäre in der Realität ein Fall von grober Vernachlässigung (Szene aus der Verfilmung von 1969 mit Inger Nilsson in der Titelrolle).

**Verschiebung:** *Psychoanalyse:* ein Abwehrmechanismus, bei dem ein Triebimpuls auf ein anderes als das gemeinte Objekt gelenkt wird. Zum Beispiel wird die Wut auf den Chef auf einen Kollegen umgelenkt. Eine »Verschiebung auf Kleineres« liegt vor, wenn ein eigentlicher Konflikt ausgeklammert und ein weniger wichtiger Konflikt ausgetragen wird: Ein Mann kritisiert seine Frau wegen ihrer Verspätungen und nicht wegen seines Gefühls, von ihr vernachlässigt zu sein. Eine Verschiebung findet auch bei →Phobien statt: Angst, z. B. vor dem Verlassenwerden, wird auf ein äußeres, nicht wirklich bedrohliches Objekt verschoben; durch eine »kleine« (und vermeidbare) Angst wird also eine größere vermieden.

**Verschreiben:** eine Form der →Fehlleistung.

**Verspannung:** anhaltende, als unangenehm erlebte Anspannung bestimmter Muskelgruppen. Verspannungen haben mit einer falschen Körperhaltung oder mit psychischen Belastungen zu tun. Man kann sie durch Übungen zur →Entspannung mindern oder beseitigen; dies hat häufig auch einen lindernden Einfluss auf die psychische Belastung.

**Versprecher:** eine Form der →Fehlleistung.

**Verstand:** der →Intellekt.

**Verstärkung, Bekräftigung:** bei der *operanten Konditionierung* Darbietung von Verhaltenskonsequenzen, die die Wahrscheinlichkeit erhöhen, dass ein gewünschtes Verhalten erneut gezeigt wird. Bei der positiven Verstärkung wird eine positive Konsequenz dargeboten (z. B. ein Geschenk für eine gute Note); bei der negativen Verstärkung wird ein negativer Reiz entfernt (z. B. Aufheben von Hausarrest). Zu unterscheiden sind dabei primäre, auf ein physiologisches Bedürfnis bezogene Verstärker (z. B. Nahrung bei einem hungrigen Organismus) und sekundäre, gelernte Verstärker, die ehemals neutral waren, aber durch die Kopplung mit einem primären Verstärker selbst Bekräftigungsfunktion erlangt haben (z. B. Geld).

Eine kontinuierliche Verstärkung liegt vor, wenn während des Konditionierungsvorgangs jedes Mal eine Bekräftigung erfolgt. Von einer intermittierenden Verstärkung spricht man, wenn entweder nach Ablauf bestimmter Zeitspannen (z. B. frühestens jede Stunde) oder nach dem wiederholten Auftreten des Verhaltens (z. B. jedes zehnte Mal) verstärkt wird. Von Selbstverstärkung wird gesprochen, wenn eine lernende Person unabhängig von Fremdverstärkern ist, sich selbst also für ein bestimmtes Verhalten entweder äußerlich (z. B. durch Kauf eines attraktiven Gegenstandes) oder innerlich (z. B. durch gedankliche Vorwegnahme eines Lobes) belohnt. Selbstverstärkungen können auch durch die Beobachtung ähnlicher Verhaltensmuster bei einem Vorbild erworben werden (→Beobachtungslernen).

**Verstärkung:** Lob und Ermunterung von den Eltern fördern die Bereitschaft der Kinder, neue Fähigkeiten zu erwerben.

Sowohl in der →Verhaltenstherapie als auch in Pädagogik und Erziehung findet das Prinzip der Verstärkung häufige Anwendung, v. a. beim Aufbau und Erlernen bestimmter erwünschter Verhaltensweisen, etwa in der Sauberkeitserziehung oder der gezielten Entwicklung der Leistungsmotivation.

**Verstimmung:** Beeinträchtigung der Gefühlslage in eine als unangenehm empfundene Richtung. Neben einer gekränkten Haltung nach einer →narzisstischen Kränkung oder einer erhöhten Reizbarkeit durch körperliche Störungen kann damit auch eine ins Traurige verschobene Stimmung gemeint sein, wie sie häufig bei einer →Depression vorkommt.

**Versuch:** das →Experiment.

**Versuch-Irrtums-Lernen:** das →Trial-and-Error-Learning.

**Versuchsperson:** der →Proband.

**Vertigo:** das →Schwindelgefühl.

**Vertrauen:** Glaube, dass eine Person wohlwollend ist, dass sie die Wahrheit sagt, ihre Versprechungen und Zusagen gelten; auch optimistische Einstellung (Vertrauen in die Welt). Kritisches Vertrauen ist eine wichtige Grundlage jeglicher nahen zwischenmenschlichen Beziehung, aber auch der Begegnung mit Fremden sowie für jedes Gespräch; blindes Vertrauen hingegen ist gefährlich, weil es die Möglichkeit einer Enttäuschung nicht einbezieht. Vertrauen gibt emotionale Sicherheit, einem anderen Menschen und dem eigenen Dasein offen gegenübertreten zu können. Als ursprüngliche Haltung geht es von der Verlässlichkeit der Umstände, anderer Menschen und von deren guten Absichten aus. Erst ein enttäuschtes Vertrauen, etwa durch Missbrauch des Vertrauens durch andere, führt zu Misstrauen, d. h. zur Zurückhaltung und skeptischen Verschlossenheit bis hin zu einem manchmal neurotischen Unterstellen schädigender Motive vonseiten anderer Menschen oder zu einer entsprechend misstrauischen Allgemeinhaltung gegenüber der Umwelt.

Vom Vertrauen hängt die Befähigung ab, in desolaten Lebensumständen Hoffnung auf bessere Zustände entwickeln zu können, aber auch die Empfänglichkeit für neue Erfahrungen und die Bereitschaft, Neues zu beginnen. Der Grundstock für dieses Vertrauen wird als →Urvertrauen in der frühen Bindungsperiode zwischen Mutter (oder der engsten Bezugsperson) und Kind ausgebildet. Das Kind liefert sich zunächst vorbehaltlos den Bezugspersonen aus und lernt erst allmählich durch Erfahrung und mit seiner Ichausbildung, Vertrauen auch einzuschränken. Eine Verletzung des Vertrauens in dieser frühen Periode kann sich daher folgenschwer auswirken und zu psychischen Störungen führen.

**Vertrauens|intervall:** das →Konfidenzintervall.

**Vertrauenslehrer, Verbindungslehrer:** Lehrer, der das besondere Vertrauen der Schüler einer Schule genießt und v. a. bei Angelegenheiten berät oder hilft, die Schulleitung, Lehrer und Eltern betreffen, z. B. in Konfliktsituationen. Er wird meistens (je nach Regelung durch das Schulgesetz) vom Schülerrat gewählt und unterstützt die Schülermitverantwortung.

**Verwahrlosung:** Fehlen einer Minimalanpassung an gesellschaftliche Sozial-, Leistungs- und allgemeine Verhaltensanforderungen. Äußerlich wird Verwahrlosung oft durch Normabweichungen erkennbar wie regelmäßiges Schulschwänzen, Schulflucht, Streunen, Leistungsverweigerung, Eigentumsdelikte, Drogenmissbrauch oder Vernachlässigung der persönlichen Erscheinung und des Wohnraums. Da die Definition von Verwahrlosung von den jeweiligen gesellschaftlichen, soziologischen und psychologischen Vorstellungen über »normales« Verhalten abhängt, haftet dem Begriff eine starke Vorurteilsqualität an.

Verwahrlosung ist oft die Folge von →Vernachlässigung. Kinder und Jugendliche mit diesem Erscheinungsbild kommen häufig aus benachteiligenden Lebensverhältnissen. Betreuer können Hilfen, z. B. in der →Erziehungsberatung, im schulpsychologischen Dienst oder in der →Sozialarbeit, nur in aktiver Zusammenarbeit mit den Eltern entwickeln. Stellen sich diese Bemühungen als zwecklos heraus, wird in der Regel das Jugendamt eingeschaltet.

**Verwandtschaft:** in verschiedenen Gesellschaften sehr unterschiedlich definiertes System von Regeln, durch die soziale Nähe bestimmt wird (z. B. Stamm, Klan, →Familie). Die meisten Verwandtschaftssysteme orientieren sich an der körperlichen Fortpflanzung: Die engsten Verwandten (Blutsverwandten) sind Eltern und Kinder sowie Geschwister; daneben gibt es »angeheiratete« Verwandte. Ob Kinder dem Vater, der Mutter oder beiden Eltern gleichermaßen zugerechnet werden, ist in den einzelnen Gesellschaftssystemen unterschiedlich geregelt; in matrilinearen Gesellschaften füllt z. B. der Bruder der Mutter in mancher Hinsicht die Rolle des Vaters im Patriarchat aus.

Der verwandtschaftliche Zusammenhalt und das Interesse an Verwandtschaftsgraden sind in traditionellen Kulturen weit stärker ausgeprägt als in Industriegesellschaften, in denen Verwandtschaft v. a. in der Kleinfamilie gesehen wird und eine Großfamilie oder Sippe sich eher selten zusammenschließt. Hier gilt auch die Gruppe der Altersgenossen vom Beginn der Adoleszenz an als wichtiger Beitrag zur Sozialisation. Freunde werden von vielen Jugendlichen ernster genommen als Blutsverwandte; Verwandtschaftsbeziehungen werden nicht zwangsläufig für stärker bindend als frei gewählte Beziehungen gehalten.

**Verwirrtheit:** Bewusstseinstrübung mit Denkstörungen, Erinnerungsverfälschungen und Desorientiertheit. Typische Symptome sind starke Unruhe, Zerfahrenheit und zusammenhangloses Stammeln. Eine akute Verwirrtheit kann mit Fieber, Drogen- oder Alkoholgenuss oder einem Schock zusammenhängen, eine anhaltende Verwirrtheit mit einer →Demenz oder einer →Psychose.

**Verwöhnung:** bereitwilliges, kritikloses, forderungsschwaches, keine Grenzen ziehendes und Widerstände umgehendes Eingehen auf die Wünsche und Launen eines anderen. Die Absicht, dem anderen ein angenehmes Leben zu bereiten und Anstrengungen und Enttäuschungen zu ersparen, verbindet sich häufig mit dem

Wunsch, seine Zuneigung zu gewinnen und ihn an sich zu binden.

Als Erziehungspraxis, als ständige Verhaltensweise einer zentralen Bezugsperson, charakterisiert durch Nachsicht, Beschenken und →Überbehütung, hat Verwöhnung tief greifende Folgen für das Kind: Es lernt weder Triebaufschub noch Triebverzicht, vermeidet Anforderungen, leidet leicht unter Versagensängsten, erträgt kaum Spannungen zwischen Wunsch und Erfüllung und erwirbt ein unrealistisches Anspruchsniveau gegenüber der Umwelt; es bleibt dabei unselbstständig, passiv und bequem und entwickelt wenig Ichstärke und Frustrationstoleranz. Das verwöhnte Kind reagiert leicht mit Trotz, Widerstand und Aggression und nimmt dann über kurz oder lang im Kindergarten oder in der Schule eine Außenseiterrolle ein.

**Verzweiflung:** innere Reaktion auf eine als hoffnungs- und ausweglos erlebte Lebenssituation von höchster persönlicher Bedeutung. Verzweiflung kann von vorübergehender Bedrückung bis zu tiefster Erschütterung reichen. Die Hoffnungslosigkeit beruht auf einer negativen Einschätzung der persönlichen Handlungsmöglichkeiten angesichts der Anforderungen und der Bedeutsamkeit der Situation. Diese Einschätzung kann falsch sein; bei Verzweiflung auslösenden seelischen Erkrankungen (z. B. →Depression) ist sie es auch. Länger anhaltende Verzweiflungszustände sind traumatisch und können neurotische Entwicklungen zur Folge haben. Physiologisch bewirkt lang anhaltende Verzweiflung eine Reduktion wesentlicher Lebensfunktionen wie z. B. der immunologischen Abwehr (→Immunsystem). Nach dem deutschen Philosophen Karl Jaspers kann Verzweiflung zu den Grenzsituationen gerechnet werden, die den Menschen im Bewusstsein des eigenen Scheiterns zum »Selbstsein« führen können.

**Viagra®,** internationaler Freiname **Sildenafil:** Arzneimittel zur Behandlung von →Erektionsstörungen. Die Wirkung beruht auf einer verstärkten Blutfüllung der Schwellkörper des männlichen Glieds. Zu beachten sind Wechselwirkungen mit Substanzen, die ebenfalls gefäßerweiternd wirken; so traten schwere Nebenwirkungen (bis hin zu Todesfällen) bei der gleichzeitigen Einnahme von Sildenafil und organischen Nitraten (z. B. Nitroglycerin) auf.

**Vierstufenmethode:** die →REFA-Methode.

**Vigilanz** [v-, latein.], **Wachsamkeit:** die Fähigkeit der Daueraufmerksamkeit und Reaktionsbereitschaft gegenüber bestimmten, unregelmäßig auftretenden Reizen. Der Leistungsverlauf hängt von der Dauer der Beobachtungstätigkeit, von Helligkeit, Größe und Bewegung der zu beobachtenden oder zu erwartenden Signale, von Umweltbedingungen, den Persönlichkeitsmerkmalen und der körperlichen und seelischen Verfassung des Einzelnen ab. Im Allgemeinen sinkt die Beobachtungsleistung bei Vigilanzaufgaben schon nach kürzerer Zeit und erreicht nach 30 bis 60 Minuten ein etwa gleichbleibendes Niveau, bis →Ermüdung einsetzt. Wichtig ist Vigilanz v. a. im Zusammenhang mit der Radarschirmbeobachtung im militärischen und zivilen Bereich, bei der Überwachung teilautomatisierter industrieller Fertigungsanlagen und im Straßenverkehr.

**Viktimologie** [v-, zu latein. victima »Opfer«], **Opferforschung:** erfahrungswissenschaftliche und interdisziplinäre Lehre vom Opfer einer Straftat, meist als Teildisziplin der Kriminologie zugerechnet. Deren auf den Straftäter gerichtete Blickrichtung ergänzt die Viktimologie um die auf das Opfer; sie untersucht dabei die Beteiligung des Opfers im Prozess der Entstehung einer Straftat und die Folgen einer Straftat für das Opfer. Ziel dieser Forschung ist es, Verhaltensratschläge für Gefahrensituationen, vorbeugende Maßnahmen zur Kriminalitätsvermeidung, psychologische Hilfen für Verbrechensopfer und kriminalpolitische Schlussfolgerungen zu entwickeln.

Untersucht werden unterschiedliche Risiken einzelner Bevölkerungsgruppen und ihre Furcht, Opfer einer Straftat zu werden. Dabei zeigt sich u. a. der scheinbar paradoxe Befund, dass ältere Personen am meisten Angst vor Kriminalität haben, obwohl sie statistisch (aufgrund ihres vorsichtigeren Verhaltens) das geringste Risiko tragen, Opfer einer kriminellen Handlung zu werden.

Weitere Themen der Viktimologie sind der Opferschutz, d. h. die Vermeidung negativer Folgen des Strafprozesses für das Opfer, z. B. bei der Konfrontation eines kindlichen Missbrauchsopfers mit dem Täter während des Prozesses, und die Opferentschädigung, wobei neue Konzepte des Täter-Opfer-Ausgleichs und der Konfliktregelung hinsichtlich ihrer Konsequenzen für die Opfer untersucht werden.

**virtuelle Realität** [v-], **Cyberspace** [ˈsaɪbəspeɪs, engl.]: Begriff der Informatik, der die interaktive Computersimulation einer künstlichen Wirklichkeit bezeichnet. Der Beobachter bzw. der Computerbenutzer kann sich mithilfe elektronischer Geräte wie Datenhelm, Datenhandschuhen und Körpersensoren in diesem simulierten Raum aufgrund der in Echtzeit er-

**Verzweiflung** empfinden zum Beispiel Menschen, die an Selbstverlust leiden, wie es auch bei Depressionen der Fall ist (Zeichnung »Mann am Tisch« von Franz Kafka).

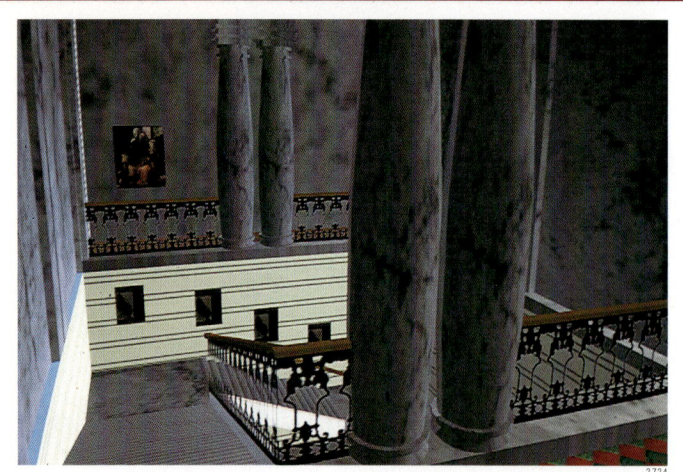

**virtuelle Realität:** Angestrebt wird u. a. ein möglichst glaubwürdiger Raumeindruck, so dass sich der Nutzer in die »künstliche Welt« hineinversetzt fühlt.

fassten und permanent dem Geschehen angepassten Reaktionen bewegen und somit quasirealistisch auf seine Umgebung einwirken.

**Visualisierung** [v-, zu spätlatein. visualis »zum Sehen gehörend«]: das absichtliche und gelenkte Entstehenlassen innerer Bilder. In der *klinischen Psychologie* ist die Visualisierung eine wichtige Technik neuerer Therapieformen, z. B. des →neurolinguistischen Programmierens. Die inneren Bilder können von eigenen Befürchtungen handeln, denen dann erwünschte Inhalte entgegengesetzt werden, oder von eigenen Wünschen, die durch die Visualisierung verstärkt und differenziert werden sollen, oder von als angenehm erlebten Situationen, die zur Entspannung beitragen sollen. In der *kognitiven Psychologie* ist die Visualisierung eine →Gedächtnisstrategie.

**Volition** [v-]: der →Wille

**Völkerpsychologie:** die →Ethnopsychologie.

**Volksglaube:** Aberglaube, der von relativ vielen Menschen einer Gruppe geteilt wird.

**Volljährigkeit:** die →Mündigkeit 1).

**Vorbewusstes:** *Psychoanalyse:* nach dem topischen Modell der zwischen dem Bewussten und dem Unbewussten liegender Bereich des psychischen Apparats, von beiden durch Zensoren getrennt, die nur das jeweils Erträgliche ins Bewusstsein vordringen lassen. Vorbewusste Inhalte sind zwar nicht bewusst, aber prinzipiell bewusstseinsfähig, im Unterschied zu den unbewussten Inhalten, die verdrängt und damit nicht bewusstseinsfähig sind. Während im →Es unbewusste Inhalte vorherrschen, enthalten →Ich und →Über-Ich neben dem Bewussten auch Vorbewusstes.

**vorgetäuschte Störungen:** Störungen, bei denen psychische oder physische Symptome vorgetäuscht werden, die überhaupt nicht oder nicht im angegebenen Ausmaß existieren. Darüber hinaus können Symptome auch absichtlich erzeugt worden sein, z. B. bei der →Artefaktkrankheit. Die Gründe für das Vortäuschen einer Störung sind komplex; sie reichen von dem Versuch, sich Vorteile zu verschaffen (z. B. durch Krankschreibung, Verrentung), über das Bedürfnis nach Aufmerksamkeit bis zu schweren →Persönlichkeitsstörungen.

**Vorhersagevalidität:** Form der →Validität.

**Vormundschaft:** die Fürsorgetätigkeit eines Vormundes für die persönlichen Angelegenheiten und das Vermögen eines Minderjährigen, wenn dieser keine Eltern mehr hat, sein Familienstand nicht zu ermitteln ist (Findelkind), er das nicht eheliche Kind einer minderjährigen Mutter ist oder die Eltern nicht berechtigt sind, ihr minderjähriges Kind zu vertreten. Der Vormund steht bei seiner Tätigkeit unter der staatlichen Aufsicht eines Vormundschaftsgerichts. Für besondere Geschäfte (z. B. Grundstücksgeschäfte) muss er dessen Genehmigung einholen. Er hat das Vermögen seines Mündels vor Verlusten zu schützen. Volljährige, die ihre Angelegenheiten nicht oder nur teilweise selbst besorgen können, erhalten einen →Betreuer.

**Vorpubertät:** Entwicklungsphase vor der →Pubertät.

**Vorschul|erziehung:** im weiteren Sinn jede Form von Erziehung vor der eigentlichen Schulzeit, also auch die in der Familie; im engeren Sinn familienergänzende erzieherische Angebote in Kindergärten, Vorklassen oder Eingangsstufenklassen.

In den 1970er- und 80er-Jahren wurde als beste Form der Förderung Drei- bis Fünfjähriger vielfach die Frühförderung kognitiver Fähigkeit angesehen, u. a. zum Ausgleich schichtspezifischer Benachteiligungen. Eine Vorwegnahme schulischen Lernens geht aber offenbar auf Kosten der Entfaltung anderer Fähigkeiten, z. B. des sozialen Lernens. Grundsätzlich wird heute das Konzept des →Kindergartens mit seiner spielerisch-ganzheitlichen Arbeit in altersheterogenen Gruppen und einem engen Zusammenhang zwischen der Lebenssituation der Kinder und ihrem Spiel befürwortet.

Kinderkrippen und Krabbelstuben sind Einrichtungen der Vorschulerziehung für die Altersgruppe der noch nicht Dreijährigen.

In →Schulkindergärten und Sonderschulkindergärten für schulpflichtige, aber nicht schulfähige oder sehr früh schulpflichtige Kinder wird an die Kindergartenpädagogik angeknüpft und der motorische, emotionale, soziale ebenso wie der kognitive Bereich gefördert, wobei Spiel und Lernen in kommunikativen Situationen die besten Erfolge für die Überwindung von Entwicklungsverzögerungen versprechen.

**Vorstellung:** anschauliche Inhalte des Bewusstseins, mentale Repräsentation von Bildern oder anderen Sinneseindrücken. Bildliche Vorstellungen bezeichnet man auch als →Imaginationen. Neben der visuellen Vorstellung gibt es auch die akustische (z. B. ein Musikstück), kinästhetische (z. B. die Bewegung der Hand), taktile (durch Tasten vermittelte) und gustatorische (geschmackliche) Vorstellung sowie gemischte Vorstellungen. Vorstellungen tauchen im Bewusstsein meist nicht von allein auf, sie werden vielmehr durch Wahrnehmungen ausgelöst oder entstehen im Zusammenhang mit anderen Bildern oder Sinneseindrücken.

Im Unterschied zu einer realen Wahrnehmung ist die Vorstellung in der Regel undeutlicher und weniger detailliert; im Unterschied zur →Halluzination wird die Vorstellung meist beabsichtigt und die Person ist sich darüber bewusst, dass die Vorstellung nichts Reales ist. Die Psychologie untersucht Vorstellungen in Zusammenhang mit dem anschaulichen →Denken.

**Vorstellungsgespräch:** das →Bewerbungsgespräch.

**Vor|urteil:** in der *Sozialpsychologie* negative Einstellung gegenüber einer Gruppe bzw. dem einzelnen Mitglied einer Gruppe. Vorurteile werden in der Sozialpsychologie entweder als die affektive oder als die affektive und kognitive Komponente der →Einstellung betrachtet. Vorurteile müssen nicht, aber können sich im Verhalten zeigen – man spricht dann von →Diskriminierung.

Eine der Erklärungen dafür, wie Vorurteile entstehen, stammt von der kognitiven Psychologie. Demnach vereinfachen Menschen ihre Wahrnehmungen, um sich in der komplexen Welt orientieren zu können. Menschen werden dann kategorisiert nach ihrer Zugehörigkeit z. B. zu einer Religion, einer Ethnie oder einem Geschlecht. Diese Kategorien enthalten aufgrund von Lernprozessen in und außerhalb der Familie meist auch Wertungen; so zeigen Untersuchungen, dass bereits Kinder negative Urteile z. B. gegenüber Schwarzen fällen. Auf der Wahrnehmungsseite handelt es sich um Verzerrungen: Z. B. werden Mitglieder der eigenen Gruppe differenzierter wahrgenommen als Mitglieder anderer Gruppen.

Andere Theorien wie die Psychoanalyse oder das Konzept der →autoritären Persönlichkeit betonen die Emotionen von Menschen, die Vorurteile hegen: Menschen, die mit Konflikten nicht fertig werden, verschieben diese nach außen, z. B. auf andere Gruppen. Geringes Selbstwertgefühl wird durch Abwertung anderer scheinbar erhöht. Ebenso werden Frustrationen, die im Alltag nicht zu vermeiden sind, wenig toleriert, was Aggressionen auslöst, die sich gegenüber anderen entladen können. Bei der Bildung von Vorurteilen spielen auch →Projektionen eine wichtige Rolle.

Nach den Lerntheorien werden Vorurteile von anderen übernommen; neuere Untersu-

---

**Vorurteil | Wie überwinden?**

Toleranzappelle und Experteninformationen können wenig gegen Vorurteile ausrichten: Vorurteile sind äußerst widerstandsfähig und ihre Träger bemühen sich hartnäckig, vernünftige Einwände abzuwehren und den Vorwurf, unberechtigten Vorurteilen anzuhängen, mit Scheingründen zurückzuweisen. Vorurteile lassen sich am ehesten dann überwinden, wenn Wahlmöglichkeiten eingeführt und blockierte Zugangswege nicht durch Informationsdruck überrannt, sondern durch einfühlsame Annäherung geöffnet werden.

In einem klassisch gewordenen Experiment verglich der Sozialpsychologe Kurt Lewin nach seiner Emigration in die USA die Wirkung eines Expertenvortrags mit der einer geleiteten Gruppendiskussion im Hinblick auf Vorurteile gegen den Verzehr von Innereien, die während des Zweiten Weltkriegs verstärkt zur Ernährung dienen sollten. Es zeigte sich, dass die Gruppendiskussion weit mehr zur Überwindung von Vorurteilen beitragen kann als der Expertenvortrag.

---

**Vorurteile** ersparen das Nachdenken – etwa darüber, welche Umstände dazu geführt haben, dass diese junge Frau auf der Straße liegt –, bergen aber auch die Gefahr von Diskriminierung in sich.

chungen bestätigen dabei die wichtige Rolle der Familie. Darüber hinaus begünstigen generell auf Gewalt beruhende Erziehungsstile die Bildung von Vorurteilen.

Gruppenpsychologisch gesehen genügt es bereits in einer Untersuchungsbedingung, eine Gruppe in zwei Gruppen einzuteilen (z. B. in einem Spiel) und eine Konkurrenzsituation herzustellen (z. B. kann nur eine Mannschaft gewinnen), damit Vorurteile entstehen. Mitglieder der einen Gruppe entwickeln dann schneller negative Urteile gegenüber den Mitgliedern der anderen Gruppe als ohne eine Einteilung. Werden beide Gruppen wieder zusammengeführt, etwa wenn ein Ziel nur gemeinsam erreicht werden kann, dann relativieren sich wieder die negativen Urteile. Neuere sozialpsychologische Untersuchungen deuten darauf hin, dass v. a. Intergruppenangst, d. h. reale Bedrohungen und das Gefühl von Bedrohungen, für die Entstehung von Vorurteilen eine wichtige Rolle spielt: Bei Knappheit von Ressourcen wie Arbeitsstellen sehen sich Menschen in einer Konkurrenzsituation mit den anderen, und in ihrer Wahrnehmung ist es so, dass diese anderen besser gestellt sind als die eigene Gruppe (z. B. »Ausländer nehmen uns die Arbeit weg«). Ein Gefühl von Bedrohung entsteht auch aus der Wahrnehmung von Unterschieden zwischen der eigenen und der anderen Gruppe (Überfremdungsangst) sowie aus persönlichem Kontakt mit einem Mitglied einer Gruppe, über die es Stereotypen gibt.

Zur Vermeidung von Vorurteilen dient die →interkulturelle Erziehung und die Erhöhung von interkultureller Kompetenz (→interkulturelle Psychologie).

**Voyeurismus** [vwajø:r-, zu französ. voyeur »Zuschauer«]: eine Störung der Sexualpräferenz, bei der Betroffene den Drang haben, andere Menschen in intimen Situationen, z. B. beim Geschlechtsverkehr oder in einer Umkleidekabine, zu beobachten. Die meisten Voyeure werden durch die Beobachtung sexuell erregt und masturbieren. Heimliche Voyeure waren in Zeiten, in denen wenig Informationen über Sexualität und Körperbau des anderen Geschlechts verfügbar waren, wesentlich häufiger als heute. Voyeurismus ist ein massiver Eingriff in die Privatsphäre und in manchen Fällen sogar strafbar. In einer Partnerschaft kann milder Voyeurismus aber auch ein selbstverständlicher Teil der Sexualität sein. Als ausschließlicher oder hauptsächlicher Weg zu sexueller Befriedigung gilt er als psychische Störung; als solche ist Voyeurismus nach Sigmund Freud eine mit dem Exhibitionismus eng verbundene Fixierung auf einen isolierten Partialtrieb, die mit Problemen der Geschlechtsidentität und des körperlichen Selbstkonzepts (Körperschemas) einhergeht.

**Vulnerabilität** [v-, zu spätlatein. vulnerabilis »verletzlich«, »verwundbar«]: Anfälligkeit für bestimmte Erkrankungen. Die Vulnerabilität kann genetisch bedingt sein oder im Lauf des Lebens erworben werden.

**Wachkoma:** das →apallische Syndrom.

**Wachsamkeit:** die →Vigilanz.

**Wachtraum, Tagtraum:** eine lebhafte Fantasietätigkeit, bei der unwirkliche (meist gewünschte) Erlebnisse in unverhüllter Form vorgestellt wird. Der Wachtraum kann positiv lebensgestaltende Wirkung haben, wenn er sich auf zukünftige Ereignisse richtet; bei sehr häufigem Auftreten kann er aber auch Symptom einer psychischen Fehlentwicklung sein.

**Wahlforschung:** Untersuchungen zum Wählerverhalten und zum Wahlrecht. Wahlforschung beschreibt und erklärt den Prozess der Wahlentscheidung; sie erlaubt (in der Regel präzise) Aussagen über das Wahlverhalten, etwa über die Wahlbeteiligung und über das Stimmverhalten, d. h. die Partei- oder Personenpräferenz. Zudem liefert sie wesentliche Informationen für die Politiker, die aufgrund der mittels Wahlforschung erstellten Analysen entscheiden können, welche Programmpunkte von ihren Wählern gewünscht werden, wo sie bei einer Wahl Stimmen gewonnen, wo sie welche verloren haben, welche Altersgruppen diese, welche jene Partei bevorzugen. Neben der Auswertung von Abstimmungsergebnissen und ihrem Vergleich mit demografischen Faktoren (z. B. Arbeitersiedlung, Villenviertel, Universitätsstadt) arbeitet die Wahlforschung auch mit →Befragungen und →Interviews repräsentativer →Stichproben der Bevölkerung. Sie ist ein wichtiger Anwendungsbereich der →Meinungsforschung.

**Wahn, Wahnvorstellung:** krankhafte, durch reale Umwelterfahrungen nicht begründbare, jedoch mit absoluter subjektiver Gewissheit erlebte Vorstellung (Wahnvorstellung, Wahnidee), die weder durch andersartige Erlebnisse noch durch logische Argumente korrigierbar ist. Liegen eine oder mehrere Wahnvorstellungen vor und dauern diese mindestens drei Monate, wird nach ICD-10 eine »wahnhafte Störung« diagnostiziert.

Der Entstehung nach unterscheidet man die aus erschütternden Erlebnissen oder Trugwahrnehmungen hervorgehenden Wahnideen und überwertigen Ideen (sekundäre Wahnideen; →fixe Idee) von den echten (primären) Wahnideen, die ohne äußere Ursache oder inneren Beweggrund als Wahnwahrnehmungen oder Wahneinfälle auftreten. Nach ihrem Inhalt lassen sich verschiedene Wahnformen unterscheiden (z. B. Beziehungs-, Größen-, Eifersuchts-, Verfolgungs-, Liebes-, Versündigungs- oder Verarmungswahn). Durch Verknüpfen einzelner Vorstellungen kann ein ganzes Wahnsystem entstehen; in diesem Fall spricht man von **Paranoia.**

Anders als →Halluzinationen wird der Wahn nicht von Sinneseindrücken begleitet. Wahn und Wahnideen treten v. a. bei →psychotischen Störungen auf und bilden sich unter Einnahme von →Psychopharmaka oft erstaunlich rasch zurück.

**Wahnsinn:** umgangssprachlicher, früher auch fachsprachlicher Ausdruck für eine durch Wahnvorstellungen und Veränderungen der Wahrnehmung gekennzeichnete →Psychose.

**Wahrheitsdroge:** umgangssprachliche Bezeichnung für →Psychopharmaka, die die willkürliche Kontrolle des Redeflusses vermindern sollen, indem sie einen betäubungsähnlichen Dämmerzustand erzeugen. Die Bezeichnung geht auf Versuche von Robert Ernest House (1922) mit Scopolamin zurück; auch andere Betäubungsmittel wie →Barbiturate sind schon als »Wahrheitsserum« beschrieben worden.

Die Verwendung von Drogen als Mittel zur Wahrheitsfindung ist wissenschaftlich als unhaltbar erwiesen. Die Hoffnung, dass eine unter dem Einfluss solcher Drogen stehende Person nicht lügen könne, trügt nur dann nicht, wenn das Opfer selbst an sie glaubt. In anderen Fällen ist das, was eine halb betäubte Person aussagt, so glaubwürdig oder unglaubwürdig wie alles, was Menschen unter Druck gestehen.

---

**Wachtraum | Perspektive nutzen**

Wachträume können zur Flucht aus momentan bedrängenden Situationen verhelfen; sie können aber auch dazu dienen, Entwürfe für die Zukunft zu entwickeln. So genutzte Wachträume können einem Aufschluss darüber geben, was man gern noch erleben oder tun würde und was einem im Leben wichtig ist. Will man Antworten auf solche Fragen mithilfe von Wachträumen finden, so kann man sich ein Thema vorgeben: Welcher Tätigkeit gehe ich in 10 Jahren nach? Wo wohne ich dann? Wer wohnt mit mir? Welche Urlaubsreise habe ich im Jahr zuvor gemacht?

---

**Wahrnehmung, selektive:** →selektive Wahrnehmung.

**Wahrnehmung:** *Sonderartikel S. 678–681.*

**Wahrnehmungsentwicklung:** die Veränderungen der Wahrnehmungsfähigkeit der verschiedenen Sinnesorgane und deren Zusammenwirken mit steigendem Lebensalter. Dieser Prozess ist durch folgende Charakteristika gekennzeichnet: Die Leistungsfähigkeit der Sinnesorgane verbessert und differenziert sich, die Koordination und Integration der Sinne steigen mit zunehmendem Lebensalter.

Beim Neugeborenen dominieren die Nahsinne (Tastsinn und Geschmack). Mit zunehmendem Kindesalter gewinnen die Fernsinne

*Fortsetzung S. 682*

# WAHRNEHMUNG

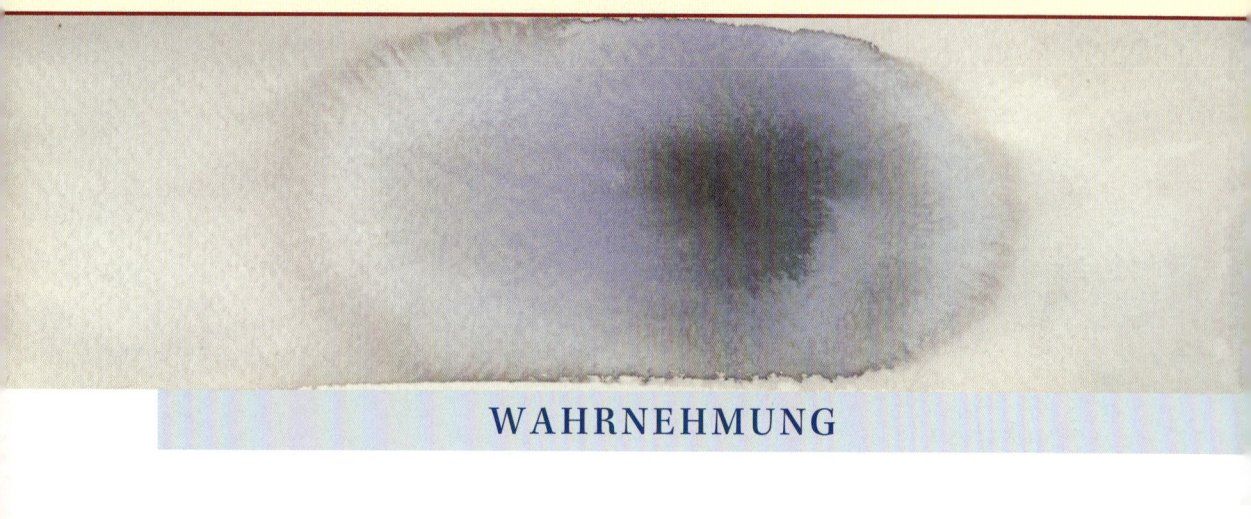

### EIN PSYCHOPHYSISCHER VORGANG

Wahrnehmen ist ein psychophysischer Vorgang, der die physikalischen und chemischen Reize, die auf die Sinnesorgane einwirken, in eine bewusste Vergegenwärtigung der Umwelt überführt. Der Begriff der Wahrnehmung erstreckt sich allerdings nicht allein auf Reize, die aus der Umwelt kommend auf die Sinnesorgane auftreffen, sondern ebenfalls auf solche, die innerhalb des Organismus aufgenommen werden. Damit erfüllt das Wahrnehmen die wichtige psychische Funktion, dem Organismus die Orientierung in seiner Umwelt und über sich selbst zu geben. Die Wahrnehmung ist unmittelbar mit anderen psychischen Funktionen wie Aufmerksamkeit, Bewusstsein und Intention verbunden, weshalb sie keinen passiven Akt der Informationsaufnahme darstellt, sondern immer schon im Zusammenhang mit einem zielgerichteten Handeln steht.

### DIE SINNESORGANE

Zur Wahrnehmung seiner Umwelt nutzt der menschliche Organismus Sinnesorgane, die für sehr unterschiedliche Reizarten empfänglich sind. Da jeder Sinn auf eine physikalische oder chemische Reizqualität spezialisiert ist (zum Beispiel auf Schallwellen), registriert er nur einen Ausschnitt der augenblicklichen Umwelt. Das Gehirn koordiniert die Eindrücke mehrerer Sinne und erzeugt ein zusammenhängendes Bild.

Den größten Teil seiner Umwelt nimmt der Mensch visuell wahr. Da das Auge Licht über große Entfernungen registriert, zählt das Sehen zu den Distanzsinnen ebenso wie die auditive Wahrnehmung (das Hören). Hingegen erfassen die olfaktorische und die gustatorische Wahrnehmung (Riechen bzw. Schmecken) die chemische Beschaffenheit der unmittelbaren Umgebung. Mechanische und thermische Reize, die auf die Haut einwirken, werden vom somatosensorischen System erfasst: Wird auf der Haut Druck, Dehnung oder Vibration wahrgenommen, spricht man speziell von taktiler Wahrnehmung (Tastsinn).

Ferner verfügen wir über Sinne, die Zustände im Inneren des Organismus aufnehmen. Hierzu zählt v. a. die Propriozeption, die unsere Lage im Raum und unsere Bewegungen betrifft (Haltungs- und Kraftsinn): Rezeptoren in den Muskeln erfassen die Stellung der Gliedmaßen sowie die ausgeübten und einwirkenden Kräfte. Die kinästhetische Wahrnehmung meldet die eigenen Bewegungen an das Gehirn zurück; das vestibuläre System (der Gleichgewichtssinn), welches im Innenohr lokalisiert ist, registriert die Neigung oder Rotation des Kopfes. Die Propriozeption spielt beim aktiven Greifen eine besondere Rolle, denn erst die kombinierten Eindrücke aus Kraftsinn und Tastsinn bilden die haptische Wahrnehmung eines Objektes.

Alle Sinnesorgane sprechen nur auf Reize innerhalb eines bestimmten Intensitätsbereichs an. Zu schwache Reize entgehen der Wahrnehmung, während extreme Reize, die dem Organismus schädlich werden können, Schmerzempfindungen auslösen.

### SINNESEINDRÜCKE VERARBEITEN

Die Wahrnehmung vermittelt kein exaktes und vollständiges Abbild der Umwelt. Die Selbstverständlichkeit, mit der unsere Wahrnehmung im

Alltag funktioniert, täuscht leicht darüber hinweg, dass uns stets nur eine Konstruktion der Umwelt bewusst wird. Die bewusste Wahrnehmung entsteht erst nach einer Auswahl der aufgenommenen Reize und deren komplexer Verarbeitung und Interpretation. Beim Blick in den Garten werden wir Tausende Blätter und Halme »übersehen« und vielmehr direkt eine vorbeischleichende Katze entdecken. Dies gelingt unter beinahe beliebigen Lichtverhältnissen, gleichermaßen aus zwei oder 20 Metern Entfernung und unabhängig davon, ob wir die Katze von vorn oder seitlich erblicken. Betrachtet man die zahllosen Farbwerte, Größen und Formen, die das Bild der Katze auf der Netzhaut annehmen kann, so wird deutlich, mit welchem Aufwand die bloßen Sinneseindrücke verarbeitet werden, bevor wir bewusst wahrnehmen.

Die wesentlichen Leistungen der Wahrnehmung bestehen in der Filterung und Integration von Informationen. Bedeutsame Reizmuster (Figuren) müssen vom Hintergrund getrennt werden. Hierfür zieht die Wahrnehmung allgemeine Organisationsprinzipien heran (Gestaltgesetze). Zudem werden die Reizmuster aus mehreren Sinneskanälen, die sich auf dieselbe Figur beziehen, zusammengeführt. Entsprechen die Reizmuster einem bekannten Schema, kann ein Objekt erkannt werden, wofür der Zugriff aufs Gedächtnis nötig ist. Weitere Prozesse dienen dem Erkennen von Reizunterschieden, Veränderungen und Bewegungen. Diese Fähigkeiten wurden im Laufe der Evolution in spezialisierten Arealen des menschlichen Gehirns angelegt.

Die ersten Stufen im Wahrnehmungsprozess entziehen sich weitgehend einer bewussten Steuerung. Sie werden erst sinnfällig, wenn gezielte Täuschungen eingesetzt werden. Dabei handelt es sich nicht um Sinnestäuschungen, sondern um einen Konflikt zwischen der ersten, automatischen Verarbeitung und der nachfolgenden, bewussten Interpretation der Reizmuster.

### WAHRNEHMUNG UND ERKENNTNIS

Schon bevor die Wahrnehmung ein Untersuchungsgegenstand der experimentellen Psychologie wurde, haben sich Philosophen mit der Wahrnehmung auseinandergesetzt. Sie gilt seit jeher als Bindeglied zwischen Außenwelt (Objekte) und Innenwelt (Subjekt). Die griechische Antike betonte den trügerischen Charakter der Wahrnehmung. Sie vermittle stets nur ein unvollkommenes Abbild der Wirklichkeit. In der Neuzeit unterscheidet die Erkenntnistheorie zwischen der Perzeption, dem bloßen Sinneseindruck, und der Apperzeption, das heißt dessen bewusstem Erfassen. Damit wurde ein fundamentaler Unterschied von Wahrnehmung und Verstand eingeführt, wobei nunmehr der Stellenwert der Wahrnehmung für die Erkenntnis zu bestimmen ist.

Der Empirismus sieht in der durch Wahrnehmung vermittelten Erfahrung die einzig mögliche Quelle der Erkenntnis. Insbesondere im Sensualismus reduziert sich dies auf genau die Eindrücke, die durch die Sinnesorgane aufgenommen werden. Dagegen bestreitet der Rationalismus, dass Wahrnehmung zu Erkenntnissen führe. Vielmehr entstehe Erkenntnis allein in der Vernunft, die sich auf universell gültige Ideen berufen kann. Im 20. Jh. wertet die Phänomenolo-

# WAHRNEHMUNG  *Fortsetzung*

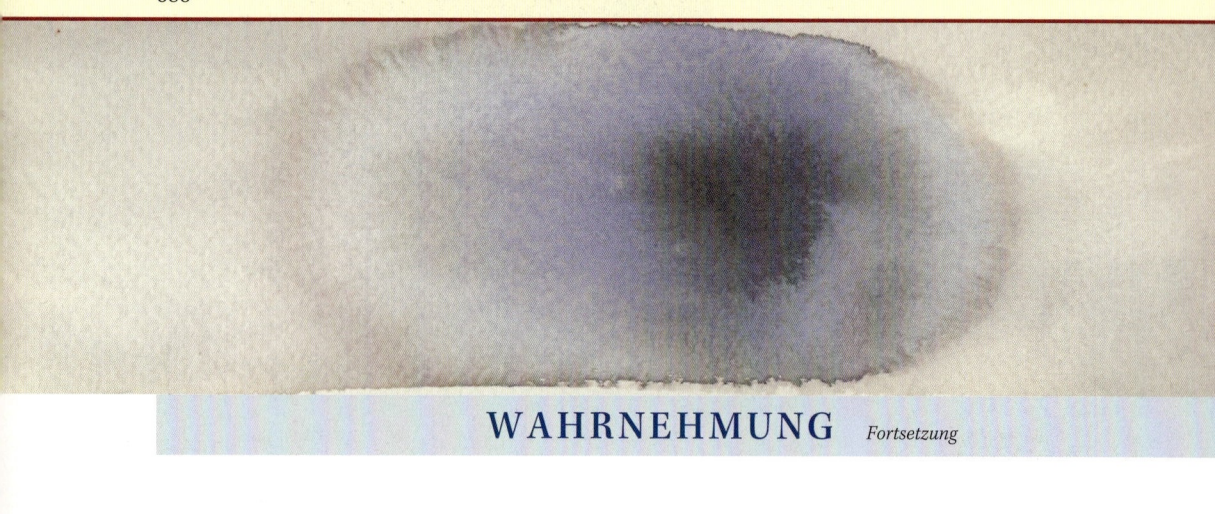

gie die Wahrnehmung wiederum als Grundlage der Erkenntnis, wobei ihre Subjektivität bewusst in Kauf genommen wird. Ausgangspunkt jedes Erkennens sollen die Phänomene sein, wie sie dem Bewusstsein zugänglich werden. Nur ausgehend von »den Sachen selbst« sei letztlich eine Erkenntnis der Wirklichkeit erreichbar, die nicht durch vorgefasste Ansichten geprägt ist.

**PSYCHOLOGIE DER WAHRNEHMUNG**
Die Wahrnehmung zählt zu den ältesten und eingehend erforschten Gegenständen der experimentellen Psychologie. Die Psychophysik suchte nach mathematisch beschreibbaren Zusammenhängen zwischen den physikalischen Eigenschaften eines Reizes (zum Beispiel dem Schalldruck) und der dadurch ausgelösten subjektiven Empfindung. Typisch für diesen Ansatz ist die Bestimmung von Schwellenwerten, ab denen bestimmte Reize überhaupt wahrgenommen werden. Noch in der Mitte des 20. Jahrhunderts wurde diese Herangehensweise im Rahmen der Signalentdeckungstheorie kritisch weitergeführt. Nunmehr wurden nicht allein die Beschaffenheit des Reizes, sondern auch die kognitiven Gegebenheiten der wahrnehmenden Person einbezogen.

Die Gestaltpsychologie wendet sich zu Beginn des 20. Jahrhunderts gegen den Elementarismus in der Psychologie, also gegen die Untersuchung von sinnfreien, physikalisch eindimensional beschreibbaren Reizen: Die Charakteristik der menschlichen Wahrnehmung bestehe vielmehr darin, in komplexen Reizkonfigurationen sinnvolle Einheiten zu erkennen. Folglich beschrieb die Gestaltpsychologie die Gesetzmäßigkeiten, nach denen die gegebenen Reize ausgewählt, geordnet und strukturiert werden. Noch heute gelten die Gestaltgesetze als zutreffende Beschreibungen von Wahrnehmungsprinzipien.

Die ökologische Theorie der Wahrnehmung setzt daran an, dass jedes Lebewesen in optimaler und zugleich artspezifischer Weise mit seiner Umwelt in Kontakt ist. Die Wahrnehmungsfähigkeit kann auf denjenigen Bereich der Wirklichkeit begrenzt bleiben, der für einen Organismus lebenswichtig ist. Die Wahrnehmung ist von Natur aus darauf abgestimmt, nicht die physikalisch beschreibbaren Merkmale eines Objektes zu registrieren, sondern in jedem Objekt vorrangig den Nutzen zu erkennen, den es für das konkrete Handeln in der gegebenen Situation hat.

Die kognitive Wahrnehmungspsychologie, die in der Mitte des 20. Jahrhunderts entstand, versteht die Wahrnehmung als eine Teilfunktion in der Gesamtheit menschlicher Informationsverarbeitung. Sie untersucht die wechselseitigen Einflüsse von Wahrnehmung, Gedächtnis, Denken und Handlungssteuerung, wozu sie im Wesentlichen experimentelle Methoden anwendet. Beispielsweise werden in einem Experiment verfälschte visuelle Rückmeldungen über das Ergebnis von Körperbewegungen gegeben, was zu einer Störung der motorischen Koordination führt. Auf diese Weise gewinnt man Aufschlüsse über rückgekoppelte Prozesse bei der Handlungssteuerung.

Einen methodisch anderen Weg beschreitet der computationale Ansatz, der die Wahrnehmung als eine komplexe Abfolge von Mustererkennungen betrachtet, die sich jeweils algorith-

- → **KOGNITION**
  - → INFORMATIONSVERARBEITUNG
  - → KOGNITIVE PSYCHOLOGIE
- → **REIZ UND REAKTION**
  - → EMPFINDUNG
  - → ERREGUNG
- → **SINNESORGANE**
  - → AUGE
  - → GERUCHSSINN
  - → GESCHMACKSSINN
  - → GLEICHGEWICHTSSINN
  - → GEHÖR
  - → TASTSINN
- → SINNESPHYSIOLOGIE
- → **NERVENSYSTEM**
  - → GEHIRN
  - → REZEPTOREN
    - → PROPRIOREZEPTOREN
  - → ZENTRALNERVENSYSTEM
    - → NEUROPSYCHOLOGIE

- → WAHRNEHMUNGSENTWICKLUNG
- → **WAHRNEHMUNGSPSYCHOLOGIE**
- → **GESTALTPSYCHOLOGIE**
  - → GESTALT
  - → GESTALTGESETZE
- → **WAHRNEHMUNGS-TÄUSCHUNGEN**
  - → SINNESTÄUSCHUNGEN
  - → ILLUSION
  - → OPTISCHE TÄUSCHUNGEN

**WAHRNEHMUNG**

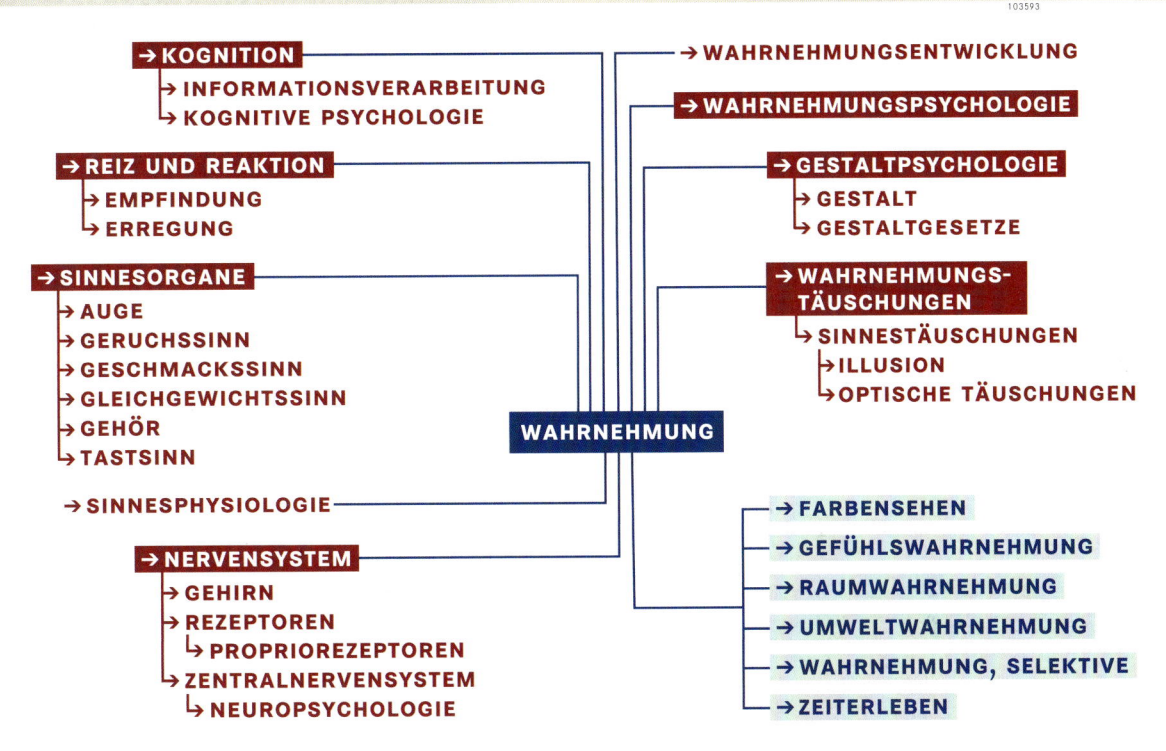

- → FARBENSEHEN
- → GEFÜHLSWAHRNEHMUNG
- → RAUMWAHRNEHMUNG
- → UMWELTWAHRNEHMUNG
- → WAHRNEHMUNG, SELEKTIVE
- → ZEITERLEBEN

misch exakt beschreiben lassen. Anstelle von Experimenten werden hierbei Computermodelle entwickelt, die die Leistungen des menschlichen Wahrnehmungssystems nachbilden. Solche Modelle bleiben bisher auf die primitiven visuellen Prozesse beschränkt, die Kanten und einfache Formen im Gesichtsfeld identifizieren und somit Objekte gegeneinander und gegen den Hintergrund abgrenzen.

In jüngster Zeit richtet sich das Interesse weniger auf die kognitiv-funktionale und computationale Sichtweise, sondern wendet sich einem neuropsychologischen Ansatz zu. Dieser erforscht die Hirnaktivitäten, die mit Wahrnehmungsprozessen verbunden sind. Die Neuropsychologie stützt sich auf den raschen Fortschritt der apparativen Techniken, die der Beobachtung von bioelektrischen Reaktionen im Gehirn dienen (bildgebende Verfahren, Elektroenzephalografie). Den phänomenalen Inhalten und ihrer Bedeutung für die wahrnehmende Person kann sie jedoch nicht gerecht werden.

**LESETIPPS:**
GÜNTHER KEBECK: *Wahrnehmung. Theorien, Methoden und Forschungsergebnisse der Wahrnehmungspsychologie.* Weinheim (Juventa) [2]1997.
E. BRUCE GOLDSTEIN: *Wahrnehmungspsychologie.* Heidelberg (Spektrum) [2]2002.
HORST O. MAYER: *Einführung in die Wahrnehmungs-, Lern- und Werbepsychologie.* München (Oldenbourg) [2]2005.

*Fortsetzung von S. 677*

die Oberhand. An die erste Stelle tritt das Sehen. Die →Raumwahrnehmung, die Fähigkeit, Entfernungen zu schätzen, verbessert sich in den ersten Lebensjahren fortwährend, bis sie etwa im Alter von zehn bis zwölf Jahren den Stand des Erwachsenen erreicht. Vorher, besonders im Kleinkindalter, fehlt noch ein Teil der anatomischen und physiologischen Voraussetzungen, um das Leistungsniveau der Erwachsenen in der Wahrnehmung zu erreichen. Leistungen der Sinne sind bis zu einem gewissen Grad trainierbar. Fällt eine Sinnesmodalität aus, so erreichen Betroffene oft überdurchschnittliche Fähigkeiten in anderen Sinnen. So entwickeln Blinde oft eine ausgeprägte Geruchssensibilität oder eine besondere Hörfähigkeit.

Im Gefolge von Jean Piagets Untersuchungen zur Entwicklung der Intelligenz befassten sich zahlreiche Entwicklungspsychologen mit der Wahrnehmung. Sie stellten den engen Zusammenhang zwischen kognitiver Entwicklung und Wahrnehmungsfähigkeit heraus. So unterscheidet der amerikanische Psychologe und Pädagoge Jerome Seymour Bruner (*1915) drei aufeinanderfolgende Stadien der kognitiven Repräsentation: Das Erkennen im ersten, dem enaktiven (handlungsorientierten), Stadium ist gekennzeichnet durch den handelnden Umgang mit konkreten Gegenständen der Umwelt. Hier begreift das Kind, was es im ursprünglichen Sinne des Wortes mit den Händen greift. Später lernt das Kind, auch wenn es nicht mit Gegenständen hantiert. Mit der Dominanz der Gesichts- und Gehörwahrnehmungen hat es nunmehr das ikonische Stadium (bildhafte Stadium) erreicht. Die ikonische Repräsentation wird bald ergänzt durch das symbolische Stadium, das durch die Herausbildung abstrahierender Begriffe gekennzeichnet ist, die sich von der konkreten ikonischen Repräsentation ablösen lassen und diese überdauern.

**Wahrnehmungspsychologie, Sinnespsychologie:** Bereich der allgemeinen Psychologie, der sich damit beschäftigt, Wahrnehmungsleistungen zu beschreiben und zu erklären. Dabei interessieren v. a. die Zusammenhänge zwischen den objektiven (physikalischen) Eigenschaften der wahrgenommenen Reize oder Situationen, den physiologischen Bedingungen der Wahrnehmung in den Sinnesorganen und den dabei feststellbaren psychischen Empfindungen.

Die Wahrnehmungspsychologie stellt eine Brücke dar zwischen der objektiven Beschreibung und Messung von Umweltreizen in der Physik und den daraus resultierenden subjektiven Erlebnissen in der Psyche. Entsprechend stand die →Psychophysik im 19. Jh. am Beginn der Wahrnehmungspsychologie. Auch heute noch werden psychophysische Erfassungsmethoden verwendet; für die Wahrnehmungspsychologie von gleicher Bedeutung sind inzwischen aber Einschätzungen anhand von Skalen und die Messung von Reaktionszeiten und Fehlern in Entdeckungs- oder Erkennungsaufgaben. Die →Sinnesphysiologie befasst sich hauptsächlich mit dem Bau und der Funktionsweise der Sinnesorgane.

**Wahrnehmungsstörungen:** Beeinträchtigungen des komplexen Vorgangs von Sinneswahrnehmungen (z. B. Sehen, Hören, Fühlen, Empfinden) und Störungen der integrativen Verarbeitung von Körper- und Umweltreizen. Zu Wahrnehmungsstörungen führen Erkrankungen der betreffenden Sinnesorgane, der Nervenbahnen, der zugehörigen Hirnabschnitte und auch der zentralnervösen Verarbeitungsstrukturen. Störungen der Wahrnehmungsverarbeitung können sich als Halluzinationen oder illusionäre Verkennungen äußern und finden sich u. a. bei der Schizophrenie.

**Wahrnehmungstäuschungen:** subjektiv wahrgenommene anschauliche Sinneseindrücke, die nicht mit der objektiven (Reiz-)Gegebenheit übereinstimmen. Wahrnehmungstäuschungen sind in allen Sinnesbereichen möglich. Am auffälligsten und in der *Psychologie* am besten erforscht sind die →optischen Täuschungen, die bei allen Menschen vorkommen. →Halluzinationen sind Wahrnehmungstäuschungen, bei denen die Realität teilweise von den Betroffenen anders wahrgenommen wird

**Wahrnehmungsentwicklung:** Die Fähigkeit, Entfernungen richtig einzuschätzen, ist erst im Alter von etwa zwölf Jahren voll entwickelt. Im Straßenverkehr sind jüngere Kinder deshalb größeren Gefahren ausgesetzt.

als von der Mehrheit der Menschen. Sie entstehen bei veränderten Bewusstseinszuständen, z. B. als Folge von psychischen Krankheiten (→Schizophrenie) oder unter dem Einfluss von Drogen. Optische Halluzinationen äußern sich oft in der Wahrnehmung nicht vorhandener Dinge, z. B. dem Sehen von weißen Mäusen im Alkoholrausch.

**Wahrscheinlichkeit:** in der *Mathematik* und *Statistik* ein auf dem Zufallsversuch beruhender Grundbegriff, der die Unsicherheit bei der Vorhersage eines Ereignisses quantifiziert. Beim Würfeln als typischem Zufallsgeschehen lässt sich das einzelne Ergebnis zwar nicht vorhersagen, jedoch kann man die Wahrscheinlichkeit dafür, eine bestimmte Zahl zu würfeln, als 1:6 bestimmen, da es sechs gleich wahrscheinliche Ereignisse gibt. Für komplexere Zufallsereignisse werden die Wahrscheinlichkeiten nach den Gesetzen der Kombinatorik berechnet. So liegt die Wahrscheinlichkeit, sechs Richtige im Lotto »6 aus 49« zu haben, bei 1:13 Millionen.

Da alle Daten in der psychologischen Forschung zufälligen Störeinflüssen unterliegen, spielt die Wahrscheinlichkeitsrechnung in der statistischen Auswertung der Daten eine wesentliche Rolle. Statistische Verfahren dienen dazu, das Ausmaß zufälliger Einflüsse abzuschätzen und von den systematischen Effekten zu trennen.

**Waldorfschulen:** auf anthroposophischen Grundüberzeugungen von Rudolf Steiner basierende Schulen in freier Trägerschaft. 1919 wurde die erste freie Waldorfschule gegründet. Den Auftrag dazu erhielt Steiner von dem Stuttgarter Unternehmer Emil Molt, der eine Schule für die Kinder der Beschäftigten seiner Waldorf-Astoria-Zigarettenfabrik errichten lassen wollte.

Waldorfschulen (zumeist mit einem vorgelagerten Waldorfkindergarten) sind zwölfklassige →Einheitsschulen mit Klassenlehrerprinzip bis zur 8. Klasse; Abiturienten besuchen eine 13. Klasse. Die Schüler werden ohne Versetzungsordnung und Zensuren unterrichtet, stattdessen gibt es Lernentwicklungsberichte, Charakteristika genannt. Abschlussprüfungen werden vor staatlichen Prüfungskommissionen abgelegt.

Das Fächerangebot ist so angelegt, dass sowohl die »Erkenntnisfähigkeiten« (Mathematik, Naturwissenschaften) als auch die »Erlebniskräfte« (Kunst, Musik) angeregt und ausgebildet werden. Dazu treten »willensschulende« Tätigkeiten in künstlerisch-praktischen Fächern (Handwerk, Gartenbau, Malen) und Praktika. Fremdsprachenunterricht wird von der ersten Klasse an erteilt. Individuelle Unterschiede und Entwicklungsstufen der Schüler werden durch die starke innere →Differenzierung des Unterrichts berücksichtigt. Besondere Bedeutung haben die von Steiner entwickelte Bewegungskunst (→Eurythmie) und das Prinzip des →Epochenunterrichts. Ein enges Zusammenwirken von Eltern und Lehrern wird angestrebt. Von Kritikern der Waldorfpädagogik wird befürchtet, dass diese den Übergang und die Eingliederung der Schüler nach dem Schulabschluss in staatliche Ausbildungsgänge und in die Lebenspraxis erschwert.

**Waldorfschulen:** Auf der Uhlandshöhe am Stadtrand von Stuttgart wurde 1919 die erste auf den Prinzipien von Rudolf Steiner basierende Schule gegründet.

**Wartegg-Zeichentest:** ein Test, der zur Gruppe der →Zeichentests und →projektiven Tests gehört und ohne Altersbegrenzung eingesetzt werden kann. Der Wartegg-Zeichentest wurde 1953 von Ehrig Wartegg entwickelt. Die von der Versuchsperson zu bearbeitende Vorlage besteht aus einem DIN-A5-Blatt, auf dem sich acht Quadrate in zwei Reihen zu je vier Quadraten auf dunklem Hintergrund befinden. Jedes dieser Quadrate enthält nur sehr rudimentäre Ansätze von Zeichnungen, z. B. einen Punkt in der Mitte des Quadrats, drei parallele vertikale Linien in aufsteigender Länge, einen Bogen in der oberen Hälfte des Quadrats. Die Testperson soll dieses Anfangszeichen weiter fortführen, das Bild weiterzeichnen und nach ihrem Gutdünken vervollständigen.

Wartegg legte diesem Test psychoanalytische, behavioristische und reflextheoretische Ansätze zugrunde. Durch diesen Test soll ein Einblick in den »Schichtenaufbau kortikaler

**weinen:** Über die Funktion des Weinens ist noch nicht viel bekannt. Möglicherweise soll es andere Mitglieder einer sozialen Gruppe auf ein Ereignis aufmerksam machen oder vor einer Gefahr warnen: Der Anblick einer weinenden Person löst in der Regel starkes Mitgefühl aus (Coburger Schülerinnen nach dem Selbstmord eines Schulkameraden, der zuvor auf zwei Lehrerinnen schoss).

Paul Watzlawick

Steuerung« der jeweiligen untersuchten Person gewährt werden.

**Waschzwang:** eine Form der Zwangshandlung (→ Zwangsstörung).

**Watson** [ˈwɔtsn], John Broadus: amerikanischer Psychologe, *bei Greenville (S. C.) 9. 1. 1878, † New York 25. 9. 1958; gilt als Begründer des → Behaviorismus; war 1908–20 Professor in Baltimore und arbeitete anschließend in der Werbebranche. Watson begrenzte den Gegenstand der Psychologie auf das beobachtbare und messbare Verhalten und übertrug die Methoden und Ergebnisse seiner tierpsychologischen Experimente (Sinnesleistung und Lernen bei Ratten, Affen und Vögeln) auf den Menschen. Bekannt wurden v. a. seine umstrittenen Experimente mit dem kleinen Albert, einem elf Monate alten Kleinkind, bei dem er Angstreaktionen konditionierte.

**Watzlawick,** Paul: österreichischer Psychotherapeut, *Villach 25. 7. 1921, † Palo Alto (Calif.) 31. 3. 2007; lehrte ab 1957 in El Salvador und ab 1960 in Palo Alto (Calif.), untersuchte die Bedeutung der Kommunikation für zwischenmenschliche Beziehungen, Persönlichkeit und die Entstehung seelischer Krankheiten und verfasste zahlreiche populäre Schriften (»Anleitung zum Unglücklichsein«, 1983).

**Weber-Fechner-Gesetz:** ein Gesetz über die Beziehung zwischen den wahrgenommenen und den objektiv messbaren Unterschieden von Reizintensitäten. Der deutsche Anatom und Physiologe Ernst Heinrich Weber beschrieb um 1840, dass für das Entdecken von Unterschieden zwischen Reizen folgende Gesetzmäßigkeit gilt: Je größer der Ausgangsreiz, umso größer die Differenz, die notwendig ist, um die Andersheit eines Vergleichsreizes zu bemerken. Der hinzukommende Anteil des Vergleichsgewichtes ist nach Weber konstant, aber für verschiedene Sinnesempfindungen unterschiedlich – etwa 1–2 % für Helligkeit und 30 % für Druck. Das konstante Verhältnis von Vergleichs- und Ausgangsreiz nennt man webersche Konstante.

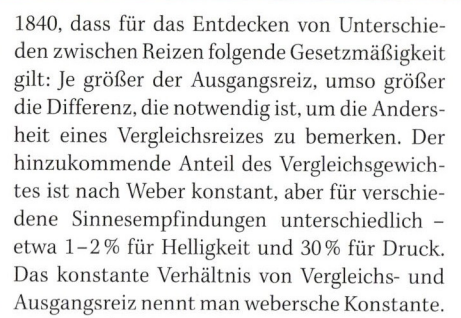

Zwei Jahrzehnte später entdeckte der Physiker Gustav Theodor Fechner, dass man die Gesetzmäßigkeit zu einem allgemeinen Gesetz weiterentwickeln kann: Wenn die Reizstärke linear wächst, wächst die Empfindungsstärke nur logarithmisch. Anders ausgedrückt: Die Empfindungsstärke wächst proportional mit dem Logarithmus der zugehörigen Reizstärke. Die fechnersche Formel lautet: $S = K \times \log I$. $S$ ist die Stärke der subjektiven Empfindung, $K$ ist die webersche Konstante ($\Delta S/S$), die je nach Reizstärke und Sinnesmodalität anders ausfällt, $I$ ist die messbare Reizstärke. Dieses Weber-Fechner-Gesetz gilt für Reize mittlerer Stärke, allerdings nicht in den Extrembereichen an den Absolutschwellen (→ Schwelle) bzw. Schmerzschwellen (→ Schmerzwahrnehmung).

Der amerikanische Psychologe Stanley Smith Stevens (*1906, † 1973) hat fast 100 Jahre später als Alternative zum Weber-Fechner-Gesetz eine Potenzfunktion, die **stevenssche Potenzfunktion,** formuliert: Demnach sind die physikalische Reizgröße und die Empfindungsstärke durch eine Potenzfunktion verbunden, in der der Exponent auch größer 1 sein kann. Beispielsweise steigt die Empfindungsstärke für elektrische Schläge mit der Stärke des Schlags an. Für Exponenten kleiner 1 ähnelt die Funktion dem Weber-Fechner-Gesetz und trifft z. B. auf die Wahrnehmung von Helligkeiten zu.

**Wechseljahre:** das → Klimakterium.

**Wechsler** [ˈwekslə], David: amerikanischer Psychologe rumänischer Herkunft, *Lespedea 12. 1. 1896, † New York 2. 5. 1981; war 1932–67 Chefpsychologe in einer psychiatrischen Klinik in New York und lehrte zudem an der Universität. Wechsler entwickelte ein eigenes Modell der → Intelligenz und Tests, die zur Grundlage der heute weltweit verbreiteten → Hamburg-Wechsler-Intelligenztests wurden.

**Wehrpsychologie:** die → Militärpsychologie.

**Weiblichkeit:** eine der → Geschlechterrollen.

**weinen:** absondern von Flüssigkeit der Tränendrüsen am Auge bei der Empfindung starker

Schmerzen oder tiefer Traurigkeit. Ursachen für den Tränenfluss können physische Reize (z. B. Kälte, Wind, Tränengas, Zwiebelausdünstungen) sein; hier reinigt und schützt die salzhaltige Tränenflüssigkeit den vorderen Teil des Augapfels. Wenig geklärt ist dagegen das Weinen aus psychischen Gründen, das in Begleitung negativer Gemütsbewegungen auftritt und sich vom physisch erzeugten Weinen durch unregelmäßige Atmung (Schluchzen) und durch verstärkten Sekretfluss im Mund- und Nasenraum unterscheidet. Weinen findet man auch bei überwältigenden positiven Gefühlen (z. B. bei tiefer Rührung) und bei intensiver Anteilnahme (z. B. am Schicksal handelnder Personen in einem Kino- oder Fernsehfilm). Lange andauernde und häufige Weinkrämpfe können in Verbindung mit einer unkontrollierten Motorik auf nicht gelöste psychische Probleme hindeuten.

**Weisheit:** eine hohe Kompetenz in fundamentalen Lebensfragen, die sich in höchstem Wissen und höchster Urteilsfähigkeit im Umgang mit schwierigen Problemen der Lebensplanung, Lebensgestaltung und Lebensdeutung ausdrückt. Weisheit ist abhängig von Lebensalter und Bildungsgrad. Fortwährende Bereitschaft zum Lernen und umfangreiche, langjährige Erfahrungen in verschiedenen Gebieten sind eine notwendige Voraussetzung für Weisheitskompetenzen.

Der deutsche Entwicklungspsychologe Paul Baltes konstruierte in den 1990er-Jahren psychologische Tests, um Weisheit bei Probanden, die komplexe Aufgaben lösen, zu messen. Baltes beschreibt fünf Kriterien der Weisheit beim Lösen komplexer →Probleme: 1. Die Person zeichnet sich aus durch ein Faktenwissen in existenziellen Fragen des Lebens. Sie hat sich z. B. viel mit Philosophie und Medizin beschäftigt. 2. Sie besitzt ein Strategiewissen für Lösungen bei typischen Lebenskrisen. Sie kennt die den Menschen generell offenstehenden Möglichkeiten, um selbst Ziele zu erreichen und anderen Rat zu geben. 3. Sie bevorzugt eine biografisch-kulturelle Sichtweise bei eigenen Lösungen und Lösungsvorschlägen für andere, bezieht die persönliche Geschichte eines Individuums ein und berücksichtigt kulturell vorgegebene Grenzen. 4. Sie toleriert verschiedene Werte und Lebensmöglichkeiten. 5. Sie erkennt Ungewissheiten und kann gut mit ihnen umgehen. Sie ist sich der Ungewissheit des Lebens bewusst, kennt und benutzt Bewältigungsstrategien, um mit dieser Vieldeutigkeit produktiv umzugehen.

**Weiterbildung:** die →Fort- und Weiterbildung.

**Weizsäcker,** Viktor Freiherr von: deutscher Internist und Neurologe, * Stuttgart 21. 4. 1886, † Heidelberg 8. 1. 1957; Mitbegründer der psychosomatischen Medizin; war ab 1922 Professor v. a. in Heidelberg. Weizsäcker verstand Krankheit als eine pathologische Form der Selbstverwirklichung sowie als Teil der individuellen Lebensgeschichte. In seiner Lehre vom Gestaltkreis werden Seelisches und Körperliches in ihrer funktionalen Wechselbeziehung beschrieben.

*Viktor von Weizsäcker*

**Wellness:** aus dem angloamerikanischen Sprachraum stammender Ausdruck für ein →Wohlbefinden, das durch leichte körperliche Betätigung, Entspannung und Maßnahmen der Körperpflege erzielt werden kann. Der deutliche Anstieg von Wellness-Angeboten in den letzten Jahren deutet wahrscheinlich darauf hin, dass Menschen sich verstärktem Stress ausgesetzt fühlen oder dass sie die Entspannung und das Sich-verwöhnen-Lassen als Maßnahme für die körperlich-seelische Gesundheit entdeckt haben.

**Weltgesundheitsorganisation,** engl. **World Health Organization** [wə:ld helθ ɔ:gənaɪˈzeɪʃn], Abk. **WHO:** Organisation der Vereinten Nationen mit Sitz in Genf, deren Ziel die weltweite Zusammenarbeit auf den verschiedenen Gebieten des Gesundheitswesens ist. Die Weltgesundheitsorganisation ist z. B. tätig bei der Seuchenbekämpfung, der Durchführung von Programmen zur Bekämpfung von Krankheiten (z. B. Aids, Malaria und Kinderlähmung), der Forschungs- und Ausbildungsförderung und der öffentlichen Gesundheitsaufklärung. Sie veröffentlicht die Internationale statistische Klassifikation der Krankheiten und verwandter Gesundheitsprobleme; seit 1998 gilt die zehnte Version der Klassifikation (→ICD-10).

**Wendung gegen die eigene Person:** *Psychoanalyse:* ein Abwehrmechanismus, bei dem Triebimpulse nicht gegen die Person, der sie gelten, sondern gegen sich selbst gewendet werden. Zum Beispiel zeigt eine Person ihre Wut auf den anderen nicht, sondern macht sich selbst Vorwürfe. Das ist häufig bei Depressionen und Angststörungen, aber auch bei anderen psychischen Störungen der Fall: Betroffene halten ihre Beziehungen aggressionsfrei, weil sie zu sehr fürchten, verlassen zu werden.

**Werbepsychologie:** Teilgebiet der angewandten Psychologie, das sich mit der geplanten öffentlichen Übermittlung von Botschaften und der Beeinflussung von Personen und Gruppen durch diese Botschaften befasst. Die Werbepsychologie unterstützt nicht nur die Absatzbemühungen von Unternehmen, sondern auch

**Werbewirkung:** Wie bei dieser provokanten Kampagne des Bekleidungsherstellers Benetton geht es in der Werbung oft nicht um die Herausstellung der Vorzüge eines Produktes, sondern um die Verankerung eines Images im Bewusstsein des Verbrauchers.

jegliche beeinflussenden Werbemaßnahmen, z. B. von Parteien, Kirchen, Behörden oder Verbänden. Ebenso wie für die →Marktpsychologie sind für die Werbepsychologie die Wirkungen der Absatzmethoden eines Unternehmens, der Produktgestaltung, der Werbung und der Preispolitik auf das Erleben und Verhalten der Nachfrager interessant. Aus entsprechenden Analysen leitet sie dann Werbestrategien ab.

**Werbewirkung:** Effekte werblicher Maßnahmen auf Kaufabsicht und Kaufverhalten von Menschen. Beispielsweise sind Bildinformationen Textinformationen in der Regel überlegen; sie werden früher als diese aufgenommen und bleiben besser im Gedächtnis haften. Nach der klassischen Werbemethode AIDA wird zunächst die Aufmerksamkeit (Attention) erregt, dann Interesse (Interest) und der Wunsch (Desire), das Produkt zu besitzen, schließlich soll die Handlung (Action) erfolgen. Die PPPP-Methode sieht vor, dass Bilder dargestellt werden sollen (Picture), dass sich aus der Werbung ein Versprechen ableiten lassen soll, z. B. »Unser Shampoo verhindert Schuppenbildung« (Promise); dass das Versprechen eingehalten wird, z. B. dass das Shampoo wirklich Schuppenbildung verhindert (Prove) und dass der Anstoß zum Handeln gegeben wird, z. B. »Kaufen Sie jetzt« (Push). Eine weitere Methode ist die Vermittlung von Stimmungen und Lebenswelten, z. B. Freiheit mit einer Zigarettenwerbung, oder z. B. das Gefühl, zur gehobenen Schicht zu gehören mit einer Luxusartikelwerbung.

Die ökonomische Werbewirkung wird an Absatz- und Umsatzgrößen gemessen; allerdings ist hierbei die Kausalzuschreibung von Werbemaßnahmen problematisch, da es auch noch andere Einflussfaktoren gibt, z. B. die Konkurrenzsituation. Die psychologische Wirkung beinhaltet Indikatoren der Markenbekanntheit, der Erinnerung an Werbebotschaften, Einstellungen zu Marken und Kaufabsicht.

Heute wird in der Neuroökonomie versucht, Erkenntnisse der Hirnforschung auf Fragen des Konsumverhaltens zu übertragen; u. a. sollen unbewusste Kauf- und Markenentscheidungen mit bildgebenden Verfahren sichtbar gemacht werden. So werden beispielsweise Probanden, während sie im Kernspintomografen liegen, Produktmarken gezeigt und es wird beobachtet, wie das Gehirn bzw. welche Areale im Gehirn auf die Bilder reagieren.

**Werkstätten für Behinderte,** Abk. **WfB:** früher auch als **beschützende Werkstätten** bezeichnete Einrichtungen für psychisch oder geistig behinderte Erwachsene, die wegen der Art oder des Ausmaßes ihrer Behinderung auf dem allgemeinen Arbeitsmarkt keine oder noch keine Beschäftigung ausüben oder erlangen können.

Die Werkstätten für Behinderte erfüllen umfassende und längerfristige Rehabilitationsaufgaben, so z. B. die Vermittlung angemessener Berufsbildung für behinderte junge Menschen. Sie sind verpflichtet, ihren behinderten Mitarbeitern neben einem sozialrechtlich abgesicherten Arbeitsplatz auch medizinische, psychologische und soziale Betreuung zu bieten, wozu sie infolge Mittel- und Personalknappheit allerdings meist nur im vorgeschriebenen Mindestumfang in der Lage sind.

In Deutschland müssen Werkstätten für Behinderte gemäß Schwerbehindertengesetz von der Bundesanstalt für Arbeit im Einvernehmen mit den überörtlichen Trägern der Sozialhilfe anerkannt sein. Sie werden als eigenständige

**Werteerziehung:** Während der Unruhen 2005 in Frankreich werfen Jugendliche in einem Vorort von Toulouse mit Molotowcocktails und Steinen – die zunehmende Gewaltbereitschaft vieler Jugendlicher wird auch auf mangelnde Vermittlung von moralischen Grundsätzen in der Familie zurückgeführt.

Tagesstätten oder im Verbund mit stationären Einrichtungen in einer Struktur geführt, die einem Industriebetrieb möglichst ähnlich ist. Die derzeit rund 380 anerkannten Werkstätten für Behinderte verfügen über knapp 80 000 Trainings- und Arbeitsplätze.

**Werkzeugstörungen:** hirnorganisch bedingte Störungen der neuropsychologischen Funktionen, z. B. die → Apraxie und die → Alexie.

**Wernicke-Zentrum:** eins der → Sprachzentren.

**Werte:** zwischen Menschen bestehendes Übereinkommen über das ihnen Zu- bzw. Abträgliche. Durch Schätzung und Abwägung (Bewertung) von Dingen, Sachverhalten, Denken und Handeln entstanden, ordnen die Werte diese in Bezug auf den Menschen.

In der *Psychologie* werden Werte mit erfahrungswissenschaftlichen Mitteln untersucht; solche Forschungen ergeben z. B. eine Werthierarchie, d. h. eine Rangfolge von Werten, von denen die peripheren eher aufgegeben werden als die zentralen. Dabei kann nicht entschieden werden, ob Werte lebensgeschichtlich durch → Identifizierung mit Elternfiguren oder anderen idealisierten Personen erworben werden, wie es die Psychoanalyse vermutet, oder ob es eine absolute Werterkenntnis im Sinn der idealistischen Philosophie (z. B. von Kant und Nicolai Hartmann) gibt.

**Werte|erziehung, Moral|erziehung:** Vermittlung von → Werten, Normen und Verhaltensweisen in den Instanzen der primären Sozialisation, v. a. der Familie. Die Vermittlung moralischer Prinzipien (→ moralische Entwicklung) und die Verständigung über Werte und Normen des Zusammenlebens sind Voraussetzungen für das Funktionieren einer Gesellschaft. Eine Anpassung der Werteerziehung an die sich in einer funktionsfähigen Gesellschaft fortwährend verändernden Werte und Normen ist dabei unabdingbar.

**Wertheimer,** Max: amerikanischer Psychologe österreichischer Herkunft, * Prag 15. 4. 1880, † New York 12. 10. 1943; Schüler von Oswald Külpe und Mitbegründer der Gestaltpsychologie (Berliner Schule); lehrte ab 1916 in Berlin und wurde 1929 Professor in Frankfurt am Main; war nach seiner Emigration ab 1933 in New York tätig. Bahnbrechend waren seine Arbeiten zur Wahrnehmung von Scheinbewegungen.

**Wertmaßstäbe:** innere Orientierungen, mit deren Hilfe → Werte beurteilt werden. Verbreitet ist z. B. die Orientierung am Geld: Man hält eine hoch bezahlte Arbeit für wertvoller als eine gering bezahlte. Psychische Konflikte entstehen, wenn solche Wertmaßstäbe nicht frei gewählt, sondern aufgezwungen werden, wenn z. B. eine Krankenpflegerin, die bessere Bezahlung anmahnt, von ihrem Arbeitgeber mit dem Hinweis auf den hohen ideellen Wert ihrer Tätigkeit abgewiesen wird.

**Wettbewerb:** die → Konkurrenz.

**Wetterfühligkeit:** Dunkle Wolken rufen bei den meisten Menschen eine schwermütige Stimmung oder sogar körperliche Beschwerden hervor. Auf welche Weise das Wetter das Befinden beeinflusst, ist noch ungeklärt (»Mühle in Wijk« von Jacob van Ruisdael, 1670).

**Wetterfühligkeit:** durch klimatische Veränderungen bedingte Beeinträchtigung des Wohlbefindens und des Gesundheitszustands. Das Wetter beeinflusst in vielfältiger Weise die Anfälligkeit für körperliche und psychische Störungen, wobei die Einflüsse im Einzelnen – außer bei der → Winterdepression – noch nicht hinreichend erforscht sind.

**Whitaker** ['wɪtɪkə], Carl Alanson: amerikanischer Arzt und Familientherapeut, * New York 20. 2. 1912, † Nashota (Wis.) 21. 4. 1995; gehört zu den Begründern der Familientherapie und war einer der ersten Psychotherapeuten, die mit Kotherapeuten arbeiteten, sowie einer der ersten, die eine familientherapeutische Praxis eröffneten. Whitaker behandelte v. a. schizophrene Patienten mit ihren Familien. Bei seiner Arbeit stand die emotionale Erfahrung der Familienmitglieder im Vordergrund. Nach Whitaker verhilft Einsicht allein nicht zum erwünschten Erfolg. Er arbeitete intuitiv und spielerisch-humorvoll, um u. a. Flexibilität in festgefahrene Familienstrukturen zu bringen und den Erfahrungsspielraum der Einzelnen zu erweitern.

**WHO:** Abkürzung für World Health Organization (→ Weltgesundheitsorganisation).

### Wiederholungszwang | Doch alles beim Alten?

Wie bei anderen seelischen Störungen hoffen auch vom Wiederholungszwang betroffene Personen oft darauf, dass sie durch eine Therapie ein anderer Mensch werden und Probleme, an denen sie seit Jahren leiden, ein für alle Mal überwinden, sodass ihnen diese nie wieder begegnen. Oft sind sie dann sehr enttäuscht, wenn sie bemerken, dass in einer neuen Krise – trotz aller therapeutischen Arbeit – die alten Zwänge wiederkehren. Es kann sie aber trösten, auch zu entdecken, dass sie erheblich schneller wieder aus der Krise herausfinden und diese ihnen auch weniger geschadet hat, weil sie aufgehört haben, ungeeignete Hilfsmittel (wie gesteigerten Alkoholkonsum) einzusetzen. Ein Patient hat es einmal so beschrieben: »Früher fuhr ich mit dem Motorrad gegen eine Mauer; heute tue ich es angeschnallt im Auto.«

**Widerstand:** *Psychoanalyse:* die meist unbewusste Weigerung einer Person, sich während einer Psychotherapie unangenehme psychische Inhalte wie verdrängte Wünsche oder Schuldgefühle bewusst zu machen und sich mit ihnen auseinanderzusetzen. Widerstand äußert sich z. B. in Form von Schweigen, von ständigem Reden, von Verspätungen oder Vergessen der Therapiestunde. Man geht davon aus, dass der Patient auf der bewussten Ebene an der Aufklärung seiner verdrängten, ihn krank machenden Konflikte interessiert ist, wenn er sich in Therapie begibt, dass er aber auf der unbewussten Ebene dieser Aufklärung Widerstand entgegensetzt. Er versucht, die Arbeit des Analytikers zu unterlaufen, da es sich bei den Ursachen seiner Erkrankung um Inhalte handelt, die so ängstigend sind, dass sie verdrängt werden mussten. Deshalb muss sich der Therapeut im → Arbeitsbündnis mit demjenigen Ichanteil des Patienten verbünden, der die Therapie wünscht.

Die Arbeit am Widerstand ist ein wesentlicher Bestandteil der Therapie und endet im Prinzip nie, da der innere Konflikt zwischen Aufklärungswunsch und dem Bedürfnis, beschämende, ängstigende oder schmerzliche Dinge nicht ins Bewusstsein dringen zu lassen, nicht vollständig aufzulösen ist. Allerdings besteht ein therapeutischer Fortschritt darin, dass der Widerstand verringert und der Bereich des zum Bewusstsein Zugelassenen größer wird. Dazu gehört auch, den Widerstand selbst bewusst zu machen.

**Wiedergutmachung:** *Psychoanalyse:* psychischer Mechanismus, der v. a. in der Theorie von Melanie Klein beschrieben wird. Danach gibt es in der frühkindlichen Entwicklung (besonders in der oralen und analen Phase) Fantasien, in denen das mütterliche Objekt aus Neid, Wut und Eifersucht angegriffen bzw. zerstört wird. Die dadurch verursachten heftigen Ängste und Schuldgefühle versucht das Kind zu bewältigen, indem es sich bemüht, den von ihm (in der Fantasie) angerichteten Schaden wieder gutzumachen. Von der Bewältigung dieser Konflikte hängt es ab, wie stark später beim Erwachsenen z. B. unbewusste Schuldgefühle ausgeprägt sind, die etwa bei der Depression eine große Rolle spielen. Nach Melanie Klein muss in der Entwicklung die »depressive Position« erreicht werden, die das Bewusstsein der Tatsache beinhaltet, dass man nicht schuldfrei leben kann, dass also eine Wiedergutmachung nicht immer möglich ist.

**Wiederholung:** in der *kognitiven Psychologie* eine → Gedächtnisstrategie.

**Wiederholungszwang:** *Psychoanalyse:* ein unwiderstehlicher Impuls, Erlebnisse zu wiederholen. Sigmund Freud beschrieb den Wiederholungszwang als Reaktion auf ein psychisches → Trauma 2), das ein Scheitern der Abwehr ausdrückt: Belastende Erlebnisse können nicht vergessen (verdrängt) werden, sondern sie wiederholen sich in zwanghaften Erinnerungen (wie in den Albträumen von Traumatisierten) oder führen zu einer aktiven Wiederholung, die wie ein unbewusster Lebenszwang anmutet. Eine Person wird z. B. immer wieder von einem Liebespartner ausgenützt und betrogen, eine Frau gerät immer wieder an Männer, die sie schlagen. Ein wesentlicher Erfolg der psychoanalytischen Behandlung wird in der Milderung des Wiederholungszwangs gesehen.

**Wilde-Intelligenz-Test,** Abk. **WIT:** ein Intelligenztest für Jugendliche ab 14 Jahren und für Erwachsene. Der WIT, ein → psychometrischer Test, besteht aus 15 Untertests und erfasst sprachliches, zahlengebundenes und formal-logisches Denken, räumliches Vorstellen, Wortflüssigkeit, Wahrnehmungsgeschwindigkeit und Merkfähigkeit. Es gibt eine Lang- und eine Kurzform; werden alle 15 Tests als Breitbandverfahren genutzt, dauert die Langform vier, die Kurzform drei Stunden; werden bei bestimmten Fragestellungen nur einige Untertests verwendet, was bei diesem Test möglich ist, ist die Bearbeitungszeit entsprechend kürzer. Der WIT ist ein in der Praxis bewährtes Instrument.

**Wille, Wollen, Volition:** das bewusste Anstreben eines Handlungsziels. Der innere, psychische Akt des Wollens wird als innere Willenshandlung bezeichnet; die Handlung, die für das Erreichen des Ziels ausgeführt wird, als die äußere Willenshandlung.

In der *Philosophie* wird der Wille klassisch als dritter Bereich der Psyche vom Bereich des Erkennens (Kognition) und dem des Fühlens (Emotion) abgehoben. Es ist das in Handlungen mündende Umsetzen von Vorstellungen.

In der *Psychologie* gilt dagegen üblicherweise die Motivation als Antrieb zum Handeln. Davon einen Bereich des Willens abzugrenzen führt zu Schwierigkeiten. Persönlichkeitspsychologen sehen den Willen im Unterschied zur Motivation, die stark durch biologische Triebe beeinflusst wird, durch einen höheren Grad an Personalität und Freiheit gekennzeichnet. Der Wille beinhaltet die Willensfreiheit, die den Menschen vorbehalten ist, Tiere hingegen haben keine Willensfreiheit, sie sind an Instinkte gebunden.

Motivationspsychologen gebrauchen für den Willen häufiger den Begriff Volition. Sie unterscheiden die Volition von der Motivation (Antrieb). Nach dem deutschen Psychologen Heinz Heckhausen (* 1926, † 1988) sind mit der Volition drei Charakteristika verknüpft: 1. Ein bewusstes, selbstbestimmtes Handeln mit Wahlmöglichkeiten zwischen verschiedenen Handlungszielen und entsprechenden Entscheidungen. 2. Die geistige Vornahme, das Wollen, führt dazu, dass angesichts konkurrierender Ziele und Ablenkungen ein einmal gesetztes Ziel nicht aus dem Auge verloren wird. 3. Die Volition beinhaltet die Planung von Handlungsschritten; diese hat Heckhausen in seinem →Rubikonmodell der Handlungsphasen genauer ausgeführt. Insgesamt dominiert bei Volitionsprozessen im Vergleich zu Motivationen also eine stärkere persönlichkeitsspezifische Kontrolle des Handelns durch das Bewusstsein und eine planende Intentionalität. Ob ein bestimmtes Verhalten stärker durch Motive oder Volitionen hervorgerufen wird, lässt sich aber wohl nur im Nachhinein klären.

*Geschichte:* In der Psychologiegeschichte wurde der Wille teils physiologisch, teils als ein nicht ableitbares Urphänomen zu erklären versucht. Wilhelm Wundt sah den Willen als Grundfunktion des seelischen Seins (psychologischer Voluntarismus). Der deutsche Psychologe Narziß Ach wies auf das besondere Energiepotenzial des Willens hin: Der Wille ermöglicht es den Menschen, Handlungsziele auch gegen Widerstände und Hemmnisse (z. B. Ermüdung) über längere Zeit hinweg zu verfolgen.

**Winnicott,** Donald Woods: britischer Kinderarzt und Psychoanalytiker, * Plymouth 7. 4. 1896, † London 25. 1. 1971; beschäftigte sich, beeinflusst von Melanie Klein, v. a. mit der frühen emotionalen Entwicklung des Kindes und der Mutter-Kind-Beziehung. Er ist Wegbereiter der Kinderpsychotherapie.

**Winterdepression, SAD** [Abk. für **s**aisonal **a**bhängige **D**epression]: eine in den lichtarmen Herbst- und Wintermonaten gehäuft auftretende depressive Verstimmung. Die Winterdepression äußert sich in Antriebslosigkeit, Abgeschlagenheit, Heißhunger auf Kohlenhydrate und einem übersteigerten Schlafbedürfnis. Sie wird mit dem Mangel an Tageslicht in Zusammenhang gebracht; beteiligt ist auch der Neurotransmitter Serotonin. Durch eine spezielle Lichttherapie mit einer Beleuchtungsquelle, deren Strahlen denen der Sonne ähnlich sind, wurden Therapieerfolge erzielt; bewährt hat sich auch die Einnahme von Johanniskrautprodukten.

**Wirkwelt:** Teil des →Funktionskreises nach Jakob von Uexküll.

**Wirtschaftspsychologie, ökonomische Psychologie:** Teilgebiet der angewandten Psychologie, das Ursachen und Änderungen menschlichen Verhaltens im wirtschaftlichen Zusammenhang untersucht, wobei es ihr um die Wechselbeziehungen zwischen ökonomischen und psychischen Prozessen geht. Erkenntnisse der →Sozialpsychologie werden zur Erklärung, Prognose und Kontrolle des wirtschaftlichen Handelns herangezogen. Die Wirtschaftspsychologie versteht sich jedoch auch als interdisziplinäres Forschungsfeld zwischen Psychologie und Wirtschaftswissenschaften. Dabei wird die Annahme der Ökonomie, menschliches Verhalten sei von Rationalität geprägt und habe die Nutzen- oder Gewinnmaximierung zum Ziel, in der Psychologie skeptisch betrachtet. So ist die menschliche Kapazität der →Informationsverarbeitung begrenzt und man ist sich seiner handlungsleitenden Motive und Ziele nicht immer vollständig bewusst.

**Wissen:** die im Gedächtnis gespeicherte Repräsentation von Tatsachen und subjektiven Erfahrungen. Wissen ist das Ergebnis von Erkenntnis-, Lern- und Denkprozessen. Gleichzeitig ist es Voraussetzung für Lernen, Denken und das Lösen von Problemen.

Es gibt verschiedene Arten von Wissen: Deklaratives Wissen ist ein »wissen, dass«, welches Tatsachen und Zusammenhänge in der Wirklichkeit abbildet (z. B. Paris ist die Hauptstadt von Frankreich), prozedurales Wissen ist ein »wissen, wie«, welches Fertigkeiten und Handlungsabläufe beinhaltet (z. B. Fahrradfahren). Die Wissensarten sind spezialisierten Teilen des →Gedächtnisses zugeordnet. Daneben gibt es spezielle Formen des Wissens, z. B. das metakognitive Wissen, das Reflexionen über das eigene Wissen und die eigenen Kognitionen zum Inhalt hat.

Die Wissenspsychologie befasst sich mit dem Erwerb von Wissen, seiner Organisation

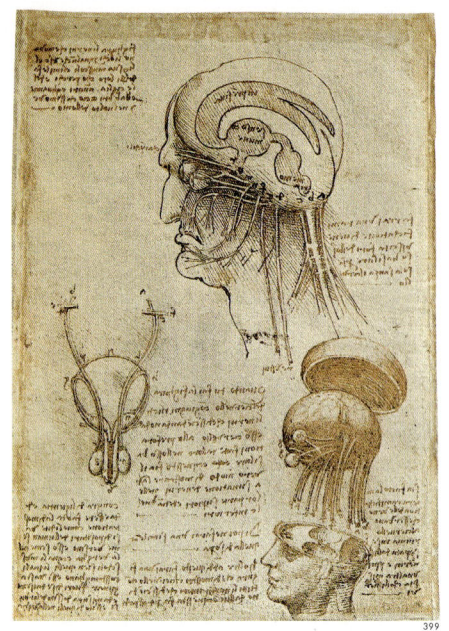

**Wissen:** Auf der Suche nach den Grundgesetzen des Lebens sezierte Leonardo da Vinci menschliche Körper. Die naturwissenschaftlichen Erkenntnisse waren Grundlage seiner technischen Erfindungen und seiner Malerei.

und →mentalen Repräsentation im Gedächtnis sowie der Anwendung von Wissen in Handlungszusammenhängen.

**WIT:** der →Wilde-Intelligenz-Test.

**Wochenbettdepression, Postpartum-Depression:** depressive Störung nach der Geburt eines Kindes, die mit Ängstlichkeit, Traurigkeit und Weinen ohne erkennbaren Grund verbunden ist. Weitere Symptome sind allgemeines Desinteresse, Panikattacken, Selbstmordgedanken, Müdigkeit, Reizbarkeit, Konzentrations- und Schlafstörungen, Schuldgefühle verbunden mit dem Gefühl, den Aufgaben als Mutter nicht gewachsen zu sein, sowie ambivalente Gefühle zwischen Liebe und Ablehnung dem Baby gegenüber. Die Störung kann innerhalb von einem Jahr nach der Geburt auftreten. Zu den Ursachen gehören soziale, psychische und körperliche Faktoren, bei letzteren v. a. die hormonellen Veränderungen. Viele Mütter, die eine (unerwartete) Kaiserschnittgeburt erlebt haben, sind sehr enttäuscht darüber, dass sie ihr Kind nicht auf natürliche Art zur Welt bringen konnten. Auch diese Auseinandersetzung kann die Entstehung einer Depression begünstigen. Die Wochenbettdepression ist vollständig heilbar. Sie kann mit einem Antidepressivum und begleitender Psychotherapie behandelt werden.

In der ICD-10 wird die Wochenbettdepression als »leichte psychische und Verhaltensstörungen im Wochenbett« aufgeführt; liegen auch psychotische Symptome vor, handelt es sich um eine Wochenbettpsychose.

**Wochenbettpsychose, Postpartum-Psychose:** psychotische Störung nach der Geburt eines Kindes. Mit einem Vorkommen von etwa ein bis zwei Fällen auf 1 000 Geburten ist die Wochenbettpsychose eine sehr seltene Störung. Dabei treten meist am dritten oder vierten Wochenbetttag depressive oder manische Symptome, starke Unruhe, Verwirrtheit, Schlafstörungen, Angst, Halluzinationen und Wahn auf. Die Kranke spricht unzusammenhängend, verkennt die Umgebung, ihr Bewusstsein und Erinnerungsvermögen sind eingeschränkt. Die Suizidgefahr ist hoch, und auch aggressive Akte gegen das Kind sind möglich. Als Ursache wird ein Zusammenwirken von Veranlagung, akuter hormoneller Umstellung und den psychischen Belastungen aufgrund der Geburt und der neu anzunehmenden Mutterrolle erachtet. Die Wochenbettpsychose wird wie andere →psychotische Störungen überwiegend medikamentös behandelt. Die Heilungschancen der Wochenbettpsychose sind gut, v. a. wenn es sich um das erste psychotische Ereignis der Betroffenen handelt.

**Wochenplanarbeit:** in der *Pädagogik* schriftlich ausgearbeiteter Arbeitsplan für eine Woche, der vom Lehrer allein oder gemeinsam mit den Schülern aufgestellt wird und der Öffnung des Unterrichts dient. Dabei sind die Arbeitszeiten festgelegt; geeignetes Arbeitsmate-

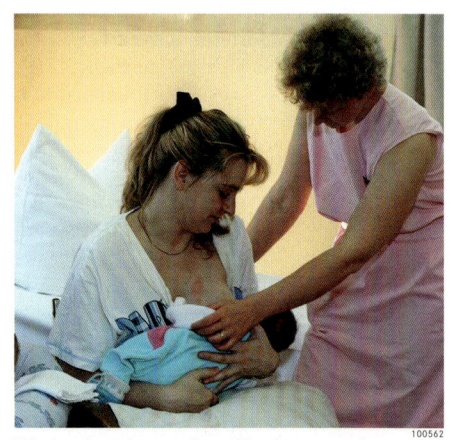

**Wochenbettdepression:** Die eigenen und fremden Erwartungen an die Mutterschaft, die große körperliche Anstrengung der Geburt und v. a. ein massiver Abfall der Östrogene und des Progesterons lösen bei etwa der Hälfte der Wöchnerinnen depressive Stimmungszustände aus.

rial wird zur Verfügung gestellt. Wochenplanarbeit kann im Klassenverbandsunterricht, bei →freier Arbeit und im →Projektunterricht eingerichtet werden. Die Schüler arbeiten selbstständig allein oder in Gruppen. Neben der Wochenplanarbeit gibt es auch Tagesplanarbeit und Monatsplanarbeit.

Auf Lehrerseite ergeben sich durch die Wochenplanarbeit neue Formen der Kooperation und der Lerndiagnose sowie der Förderung von Schülern. Damit verändert sich die Rolle des Lehrers: Anders als im →Frontalunterricht steht er nicht mehr ausschließlich im Mittelpunkt, sondern berät einzelne Kinder, bietet differenzierte Lernhilfen an, hilft bei Schwierigkeiten und korrigiert Lernprozesse. Auf Schülerseite führt Wochenplanarbeit zu großer Selbstständigkeit, Planungsfähigkeit und Bereitschaft, Verantwortung für den eigenen Lernweg zu übernehmen.

**Wohlbefinden:** subjektiv erlebte positive Befindlichkeit. Wohlbefinden entsteht in der Regel, wenn die Grundbedürfnisse abgedeckt sind und im Übrigen die gegenwärtige Situation so ist, wie man sie sich wünscht. Die Voraussetzungen für das Wohlbefinden sind also individuell verschieden, neueren Untersuchungen zufolge lässt sich aber für die westlichen Industriestaaten sagen, dass in jüngeren Jahren Leistung und beruflicher Erfolg eine Rolle spielen, während im höheren Alter Gesundheit und die Fähigkeit, Veränderungen zu akzeptieren, wichtiger werden.

**wohnen:** das Leben in einem Gebäude, meist einer Wohnung oder einem Haus, das vor Witterung und anderen schädlichen Einflüssen schützt und Privatheit ermöglicht. Einen Ort zu haben, an den man nach Belieben zurückkehren kann, entspricht einem menschlichen Grundbedürfnis. Fehlt ein solcher Ort, können psychische und physische Belastungen eintreten.

Die Belegungsdichte von Wohnungen unterscheidet sich im Weltmaßstab ganz erheblich. Während für einen Großteil der Weltbevölkerung für eine ganze Familie nicht mehr Wohnraum als eine Hütte zur Verfügung steht, hat in den reichen Industrieländern häufig jede zum Haushalt gehörende Person ein eigenes Zimmer; zusätzlich sind oft noch Gemeinschaftsräume wie das Wohnzimmer vorhanden. Die Möglichkeit, »die Tür hinter sich zuzumachen«, kann konfliktentschärfend wirken; sie scheint eine Folge der in den Industrieländern zunehmend festzustellenden →Individualisierung zu sein und diese gleichzeitig zu fördern.

Als schädliche Umgebungseinflüsse machen sich beim Wohnen v. a. die Belastungen durch →Lärm, ungünstige Lichtverhältnisse und Umweltgifte bemerkbar. In den Städten ist seit Jahren ein ansteigender Lärmpegel, v. a. durch Verkehrslärm, zu konstatieren. Da eine hohe Lärmbelastung zu einer Belastungsreaktion mit Erhöhung des Blutdrucks zu Reizbarkeit und verringerter Möglichkeit der Reizverarbeitung sowie zu Krankheiten bis hin zur koronaren Herzkrankheit führen kann, ist eine gute Lärmisolierung wichtig.

Ausreichender Lichteinfall ist für das psychische Wohlbefinden ebenso wichtig wie für die körperliche Gesundheit. Mangelnde Helligkeit kann in schweren Fällen zu einer →Winterdepression führen.

**wohnen:** Ein elementares Bedürfnis des Menschen ist es, einen sicheren Ort zu haben, der Schutz vor der Witterung bietet und die Zubereitung und Lagerung von Nahrung sowie die Körperpflege ermöglicht (Höhlenwohnungen im andalusischen Guadix).

**Wohngemeinschaft, therapeutische:** im Rahmen der von der Sozialpsychiatrie eingeleiteten Reformen entwickelte Einrichtung, in der psychisch Kranke oder Behinderte, die »zu gesund« für die Klinik, aber »zu krank« für die Anforderungen des normalen Alltags sind, mithilfe einer Betreuung durch Fachkräfte in einer eigenen Wohnung leben. Es gibt solche Wohngemeinschaften für Jugendliche, die nicht mehr bei ihren Eltern leben können, für Psychiatriepatienten, für Behinderte und für ehemalige Drogenabhängige.

Die Bewohner sorgen in vielen Bereichen für sich selbst; sie werden angeleitet, ihren Alltag möglichst selbstständig zu organisieren, dabei aber durch sozialpädagogische und psychotherapeutische Hilfestellung in Einzel- und Grup-

**Wilhelm Wundt**

penpsychotherapie unterstützt. Manche dieser Wohngemeinschaften sind auf Dauer angelegt und ersetzen den (erheblich kostspieligeren) Aufenthalt in einer Klinik. In anderen ist die Aufenthaltsdauer begrenzt; sie sollen die Bewohner auf ein gänzlich selbstständiges Leben vorbereiten.

**Wollen:** der →Wille.

**Wolpe,** Joseph: amerikanischer Psychiater südafrikanischer Herkunft, *Johannesburg 20. 4. 1915, †Los Angeles 4. 12. 1997; begründete die praktische Anwendung der Ergebnisse lerntheoretischer Experimente, v. a. für die Behandlung von Ängsten; zählt zu den Pionieren der →Verhaltenstherapie.

**Workaholic** [wəːkəˈhɔlɪk, engl. zu work »Arbeit«]: eine Person, die an →Arbeitssucht leidet. Wissenschaftlich gesehen ist die Anwendung des Suchtbegriffs auf sozial an sich positive Verhaltensweisen problematisch; wegen ihrer Prägnanz sind solche Begriffe aber allgemein beliebt. Der Workaholic arbeitet anscheinend aus einem inneren Antrieb fast pausenlos; Freizeit deprimiert ihn, in den Urlaub nimmt er seinen Laptop mit und bucht ein Hotel mit Internetanschluss. Die Gefahr, zum Workaholic zu werden, kann durch eine sehr fesselnde Arbeit entstehen, der gegenüber die Angebote des Privatlebens weniger attraktiv erscheinen; weitere Gründe können der Drang nach Leistung und Erfolg oder eine Angst vor Passivität und vor eigenen, als Bedrohung erlebten Ruhebedürfnissen sein.

**Work-Life-Balance:** Ausgewogenheit zwischen Arbeit (Karriere, Verantwortung für die Firma usw.) und Freizeit (Freunde, Familie, Freizeitbeschäftigungen usw.). Immer mehr Beschäftigte fordern mehr Zeit für Privates, z. B. in Form von Teilzeitbeschäftigung, eines Sabbatjahres oder einer Babypause. Arbeits- und Organisationspsychologen fordern, dass sich Organisationen an diese veränderten Bedürfnisse anpassen, wenn sie qualifizierte, spezialisierte und motivierte Mitarbeiter brauchen und konkurrenzfähig bleiben wollen.

**World Health Organization:** die →Weltgesundheitsorganisation.

**Wundt,** Wilhelm: deutscher Philosoph und Psychologe, *Neckarau (heute zu Mannheim) 16. 8. 1832, †Großbothen (bei Grimma) 31. 8. 1920; gründete 1879 in Leipzig das erste Institut für →experimentelle Psychologie, das schon bald internationales Ansehen genoss. Wundt stützte die psychologische Forschung auf Experiment und Introspektion (Selbstbeobachtung). Als Ergänzung zu dieser nur individuelle Vorgänge beschreibenden Psychologie betrachtete er die Ethnopsychologie.

**Wunsch:** der mit der Vorstellung eines begehrten Objekts oder Erlebenszustandes verbundene Drang nach dessen Erlangung. Der Wunsch lässt im Unterschied zum →Wollen die Möglichkeiten der Realisierung des Zieles weitgehend unbeachtet.

Nach Sigmund Freud ist der Wunsch die durch persönliche Erfahrungen geprägte Form eines Motivs oder Triebs. Unerfüllte Wünsche schlagen sich nach psychoanalytischer Auffassung in den Produktionen des →Unbewussten, v. a. in den Träumen, nieder. Wünsche drücken sich auch im Wunschdenken aus, d. h. der Neigung, Beurteilungen und Erwartungen nicht an den sachlichen Gegebenheiten, sondern v. a. an den eigenen Bedürfnissen und Hoffnungen auszurichten; kennzeichnend ist Wunschdenken für das Kindesalter, aber auch für die infantile Persönlichkeitsstruktur eines Erwachsenen oder für seelische Störungen.

**Würzburger Schule:** eine nach ihrer Wirkungsstätte, der Universität Würzburg, benannte Richtung der deutschen Denkpsychologie, die im ersten Jahrzehnt des 20. Jahrhunderts ihren Höhepunkt erlebte. Bekannteste Vertreter

**Wunsch:** Im Unterschied zum Wollen ist die Erfüllbarkeit kein Kriterium des Wunsches. Kennzeichnend für die grundsätzlich infantile Struktur des Wunsches ist sein Vorkommen im Märchen und im Umkreis des Zaubers (Johann Heinrich Lips, »Zauberin im Zauberkreis«, 1779; Weimar, Stiftung Weimarer Klassik und Kunstsammlungen).

waren Oswald Külpe und Karl Bühler. Die Würzburger Schule förderte die Erforschung der Denk- und Willensvorgänge sowie des Gedächtnisses. Sie sah das Bewusstsein ganzheitlich und verwarf das vorher in der Psychologie dominierende Prinzip der →Assoziation. Sie untersuchte die Strukur des Denkens mit der Methode der →Introspektion. Beispielsweise legte der Experimentator dem Probanden, meist selbst ein Psychologe, philosophische Sätze mit einem hohen Schwierigkeitsgrad vor. Der Proband beschrieb rückwirkend seine Denkvorgänge bis zur Lösung. Es zeigte sich, dass Gedanken oft unanschaulich waren, dass es verschiedene Gedankentypen gibt (Regelbewusstsein, Beziehungsbewusstsein) und dass das Verstehen und die Lösung einer Aufgabe durch gedankliche →Umstrukturierung der Aufgabe geschieht.

**Wut:** Zustand hoher affektiver Erregung, der sich in Form von verbalen Angriffen, Schreien und zerstörerischen Akten entladen kann (Wutanfall). Wut wird begleitet von motorischen und vegetativen Veränderungen, z. B. Blasswerden, Zittern, Pulsbeschleunigung, und entsteht in einer als Beeinträchtigung der Persönlichkeits- oder Vitalsphäre erlebten Situation. Sie ist als Primär- oder Primitivaffekt schon bei Neugeborenen wie auch bei höheren Tieren vorhanden. Wutanfälle kommen bei Kindern v. a. im Trotzalter als Opposition gegenüber den Eltern vor; sie sind kennzeichnend für jähzorniges Verhalten.

**Wygotski,** Lew Semjonowitsch sowjetischer Psychologe, *Orscha (heute Weißrussland) 17. 11. 1896 , †Moskau 11. 6. 1934 ; studierte in Moskau 1913–17 Jura und arbeitete 1918–24 als Lehrer; bereits während dieser Zeit befasste er sich eingehend mit der Literatur und Kunst, über die Kunst und Kunstpsychologie verlagerte sich sein Interesse ganz auf die Psychologie, er hielt Vorträge und verfasste Arbeiten. 1924 kam er als Forschungsassistent an das Institut für Experimentelle Psychologie der Moskauer Universität und arbeitete an verschiedenen Instituten in der Forschung und Lehre, ab 1931 als Professor. Er starb an Tuberkulose. Wygotski war maßgeblich an der Entwicklung einer auf dem Marxismus-Leninismus basierenden Psychologie beteiligt. Neben Arbeiten zur Psychopathologie befasste er sich v. a. mit der Beziehung zwischen Denken und Sprechen, die sich seiner Auffassung nach gegenseitig bedingen und die sich nicht allein aufgrund von Reifungsprozessen, sondern auch in der Interaktion mit der Umwelt enwickeln. Wygotski beschrieb die heute populäre →Zone der nächsten Entwicklung.

**Wut:** Eindrucksvoll führten Ulrich Matthes und Corinna Harfouch in Edward Albees Stück »Wer hat Angst vor Virginia Wolf?« im Jahr 2004 am Deutschen Theater Berlin das Erscheinungsbild eines sich lösenden aggressiven Spannungsstaus vor.

# X Y Z

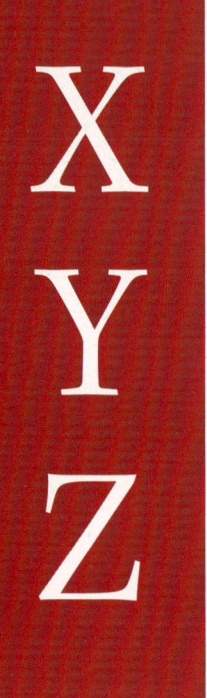

**Xenophobie:** die →Fremdenangst.

**XTC:** Jargonausdruck für →Ecstasy.

**Yoga** [Sanskrit »Anspannen«, »Anschirren (der Seele an Gott)«]: Meditationssystem des Hinduismus und Buddhismus. Als Stifter des Yogasystems wird in der indischen Literatur Patanjali genannt, der wahrscheinlich im 2. Jh. v. Chr. lebte. Beim Yoga versucht der Übende, mittels systematischer Schulung des Körpers und Geistes die Psyche in einen Zustand der »Bewusstseinsferne« (jenseits weltlicher Belange) zu führen und erlösende Erkenntnis zu erlangen. Dabei bedient sich der Yogi (Bekenner des Yoga) verschiedener Techniken, z. B. einer bestimmten Körperhaltung, der Beherrschung des Atmungsvorgangs, der geistigen Konzentration, der »Versenkung« des Ichs oder der Enthaltsamkeit (Fasten, Keuschheit).

Im Yoga gibt es mehrere Schulrichtungen: Das im Westen am weitesten verbreitete Hatha-Yoga (Anstrengungsyoga) betont die körperlichen Übungen, der Karma-Yoga (Yoga der Tat) die sittlichen Werte, der Radscha-Yoga (Königswegyoga) die intuitive Einsicht. Vom religiösen Hintergrund losgelöst, hat Yoga heute in der westlichen Zivilisation als Entspannungstechnik Bedeutung erlangt; seine Wirksamkeit in dieser Hinsicht ist auch wissenschaftlich nachgewiesen.

**Zähneknirschen:** Pressen, Knirschen und ähnliche Kraftausübungen am Gebiss außerhalb der Kautätigkeit. Zähneknirschen erfolgt häufig während des Schlafs, aber auch unbewusst am Tag. Es deutet auf Übererregbarkeit und auf Verspannungen körperlicher oder seelischer Ursache hin. Zähneknirschen kann zu Zahnlockerungen, Schmerzen in der Kaumuskulatur und in den Kiefergelenken führen. Daher fertigt der Zahnarzt zur Schonung der Zähne eine spezielle Knirscherschiene aus Kunststoff an; jedoch empfiehlt sich in jedem Fall eine Abklärung der Ursachen für das Zähneknirschen. Psychisch (mit)bedingtes Zähneknirschen kann psychotherapeutisch behandelt werden.

**Zärtlichkeit:** starkes Gefühl der Liebe und Zuneigung in Verbindung mit dem Wunsch, diese Empfindung der geliebten Person zu zeigen; auch die Mitteilung der Zuneigung durch Handlungen (z. B. das Küssen, Umarmen, Streicheln, Fassen der Hände, bei Kindern auch durch Streichen über das Haar oder die Wange), mit denen eine Person einer anderen zeigt, dass sie diese gern hat oder liebt. Der Austausch von Zärtlichkeiten ist eine Form der →nonverbalen Kommunikation durch →Gestik, die überwiegend den taktilen Kanal benutzt.

Zärtlichkeit spielt eine große Rolle für die Zufriedenheit in einer Partnerschaft. Sie ist eine der drei Subskalen im →Partnerschaftsfragebogen.

**Zeichenerkennung:** die →Signalentdeckung.

**Zeichensprache:** System von Hand- und Fingergesten, mit deren Hilfe sich nicht oder eingeschränkt sprechfähige Menschen miteinander verständigen können. In der →Gebärdensprache sind diese Zeichen in ihrer Bedeutung (Semantik), in ihrem Aufbau (Syntax) und in ihrer Verwendung im kommunikativen Kontext (Pragmatik) konventionell festgelegt.

**Zeichentests:** Tests, die in Form von →Papier-und-Bleistift-Tests durchgeführt werden. Zeichentests werden v. a. bei Kindern der Altersgruppe von drei bis 13 Jahren verwendet. Bei diesem Verfahren geht man auf unterschiedliche Weise vor: Die untersuchten Personen werden zum freien Zeichnen, Abzeichnen, Zeichnen bestimmter Motive aus dem Gedächtnis oder zum Weiterzeichnen bzw. Vervollständigen von Bildelementen aufgefordert. Je nach Zielsetzung des Verfahrens versucht man dabei, aus den Zeichnungen Rückschlüsse auf die →Intelligenz, die emotionale Befindlichkeit, auf verborgene Motive oder unbewusste Inhalte zu ziehen.

Zu den Zeichentests gehören z. B. »Familie in Tieren«, der →Baumtest, der Bender-Gestalt-Test und der Benton-Test. **Familie in Tieren** ist ein →projektiver Test, der die Analyse und Diagnostik der Dynamik familiärer Beziehungsstrukturen der Herkunftsfamilie der Versuchsperson in den Vordergrund stellt. Der Gutachter fordert das zu untersuchende Kind auf, sich die eigene Familie als Tierfamilie vorzustellen; je-

**Yoga:** Beim Hatha-Yoga werden bestimmte Körperstellungen erlernt. Sie beeinflussen gezielt körperliche Funktionen, verbessern dadurch die Gesundheit und sollen sich auch auf die geistige Verfassung positiv auswirken.

des Tier wird dabei einem Familienmitglied zugeordnet und bekommt einen Namen. Der Mitte der 1950er-Jahre von Luitgard Brem-Gräser entwickelte Test wird sehr häufig angewandt. Bei dem 1938 von Lauretta Bender entwickelten Bender-Gestalt-Test (Bender-Visual-Motor-Gestalt-Test) zeichnet die untersuchte Person zunächst neun unterschiedliche, auf Karten gedruckte Motive ab; danach fordert man sie auf, auf einem neuen Blatt alle Motive dieser Serie zu wiederholen, an die sie sich noch erinnern kann. Beim Benton-Test (Benton-Visual-Retention-Test) werden der Versuchsperson drei Parallelserien mit jeweils zehn unterschiedlichen geometrischen Formen vorgelegt, die sie direkt im Anschluss oder nach kurzer Wartezeit so genau wie möglich nachzeichnen soll. Diese beiden →psychometrischen Tests liefern Anhaltspunkte für das Vorliegen hirnorganischer Schädigungen.

**Zeigarnik|effekt:** von der bulgarischen Psychologin Bluma Zeigarnik in den 1920er-Jahren erstmals erforschte Tatsache, dass unerledigte Aufgaben besser im Gedächtnis haften bleiben als erledigte.

**Zeit:** die im menschlichen Bewusstsein unterschiedlich erlebte, kontinuierliche, nicht umkehr- und wiederholbare Abfolge des Geschehens. Die physikalische Zeit wird in Einheiten zerlegt und apparativ gemessen. Davon zu unterscheiden ist die psychologische Zeit, die als fundamentale Kategorie des Erlebens Gegenwart, Vergangenheit und Zukunft trennt.

Das Verständnis von Zeit ist kulturabhängig. In der westlichen Welt wird die Zeit als linear und kontinuierlich vergehend wahrgenommen. In anderen Kulturen besteht eine zyklische Zeitauffassung, die die Zeit als etwas Wiederkehrendes definiert.

In der Psychologie wird das Phänomen der Zeit unter verschiedenen Gesichtspunkten untersucht: v. a. →Zeitwahrnehmung, →Biorhythmus und die →mentale Repräsentation der Zeit, die wie linguistische Analysen nahelegen, durch Verräumlichung erfolgt, z. B. empfindet man die Zukunft als vor sich, und die Vergangenheit als hinter sich liegend.

**zeitbegrenzte Tests:** die →Speedtests.

**Zeitdruck:** Gefühl der psychischen Belastung, das entsteht, wenn man eine Tätigkeit bis zu einem bestimmten Termin erledigt haben muss. Zeitdruck kann aufgrund äußerer Gegebenheiten entstehen, z. B. wenn Arbeitgeber wenig Zeit zur Verfügung stellen bzw. die Erledigung von immer mehr Tätigkeiten in der gleichen Zeit erwarten, oder wenn die Honorierung einer Arbeit so gering ist, dass der Mensch auch

**Zärtlichkeit** vermittelt das Gefühl, geborgen zu sein, verstanden und geliebt zu werden, und ist insbesondere für die gesunde körperliche und seelische Entwicklung von Kindern und Jugendlichen wichtig.

in seiner Freizeit arbeiten muss. Zeitdruck baut sich aber auch durch bestimmte psychische Mechanismen auf, z. B. durch eine Unterschätzung der Zeit, die man tatsächlich für die Erledigung einer Arbeit benötigt (→Zeitmanagement). Dies kann daran liegen, dass man sich selbst und die eigene Schnelligkeit überschätzt, oder

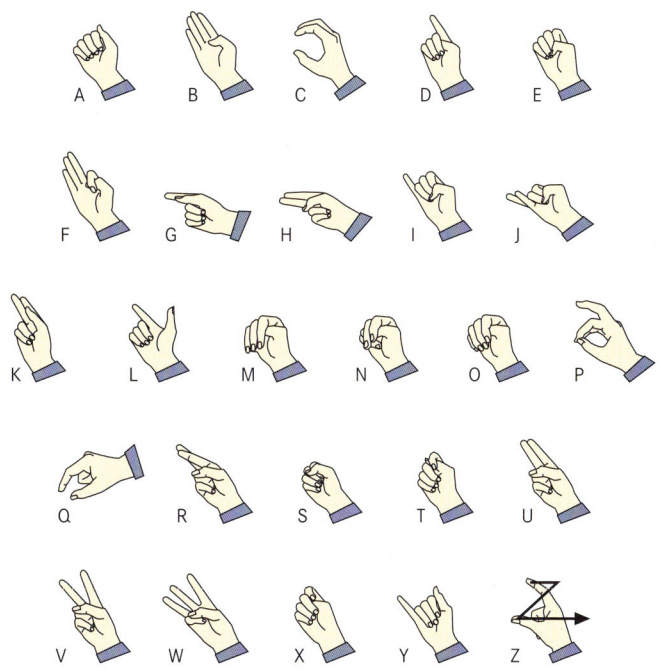

**Zeichensprache:** Im Jahr 1550 führte der Spanier Pedro Ponce de León die erste Gebärdensprache ein. Dieses sogenannte Einhandsystem legt für jeden Buchstaben eine bestimmte Fingerstellung fest.

daran, dass man nicht ausreichend berücksichtigt, wie häufig man eine Arbeit wird unterbrechen müssen.

Manche Menschen verzögern den Beginn einer Arbeit aber auch deshalb, weil sie bewusst oder unbewusst mit Kritik an der fertigen Arbeit rechnen und diese deshalb am liebsten gar nicht abliefern würden. Andere Personen sehen ihre Arbeit eher unter einem sportlichen Aspekt und »arbeiten gegen die Uhr«. Auf diese Art und Weise erledigen sie Dinge recht schnell, für die sie unter anderen Umständen sehr viel mehr Zeit benötigen würden; insofern kann das Aufbauen von Zeitdruck sogar rationell sein. In Phasen des Zeitdrucks wird vermehrt Adrenalin ausgeschüttet, was auf lange Sicht das Immunsystem angreifen kann. Deshalb ist es wichtig, sich nach solchen Phasen gründlich auszuruhen.

**Zeitmanagement** [-mænɪdʒmənt, engl. zu to manage »handhaben«, »leiten«]: Anwendung von Regeln zur optimalen Nutzung der Arbeitszeit. Zu den Regeln des Zeitmanagements gehören: Niemals bis zur völligen Erschöpfung arbeiten, denn sonst passieren so viele Fehler, dass letztlich Zeit verloren geht, um diese wiedergutzumachen; Erholungspausen ebenso sorgfältig planen wie die Arbeit; lieber häufige kleine Pausen machen als selten eine lange; möglichst bei jedem Vorgang sofort entscheiden, ob man ihn selbst bearbeitet oder weitergibt; nicht den ganzen Tag verplanen, sondern etwa ein Drittel bis zur Hälfte der Zeit für Unvorhergesehenes frei lassen.

Wer seine Zeit sorgfältig plant und sich an diese Planung hält, wird niemals einen Vorgang, den er zu bearbeiten hat, unbearbeitet liegen lassen, er wird sich z. B. nicht ablenken mit anderen Arbeiten, die besonders dringend erscheinen oder weniger lästig sind. Menschen, die über ein gutes Zeitmanagement verfügen, sind meist pünktlich und arbeiten selten unter Hochdruck bis spät in die Nacht; für die anderen gilt ein Wort des Physikers und Aphoristikers Georg Christoph Lichtenberg: »Leute, die nie Zeit haben, tun am wenigsten.«

**Zeit|wahrnehmung:** die Wahrnehmung der →Zeit und die Kategorisierung von Ereignissen und Erlebnissen nach zeitlichen Kriterien. Es lassen sich drei Gesichtspunkte der Kategorisierung unterscheiden: Gleichzeitigkeit oder Ungleichzeitigkeit, Reihenfolge und Dauer.

Die Wahrnehmung von Gleichzeitigkeit und Ungleichzeitigkeit hängt von der zeitlichen Unterschiedsschwelle (→Schwelle) des jeweiligen Sinnes ab. Das Ohr hat ein feineres zeitliches Auflösungsvermögen als das Auge. Beim Abstand von zwei Millisekunden werden zwei akustische Reize als zeitlich voneinander getrennt empfunden. Beim Auge beträgt die zeitliche Unterschiedsschwelle dagegen 20 Millisekunden.

Für die Wahrnehmung der Reihenfolge, des Nacheinanders vieler Reize, wurde in Experimenten der Psychophysik für alle Sinne eine vermutlich einheitliche Unterschiedsschwelle von 30 bis 50 Millisekunden errechnet.

Bis zu einer Dauer von einer Zehntelsekunde werden Reize als momenthaft erlebt; erst ab hier beginnt die Wahrnehmung eines Reizes als dauerhaft. Die Wahrnehmung von Dauer wird nachhaltig von der die Zeit ausfüllenden Tätigkeit bestimmt. Bei angenehmen Aktivitäten des Organismus wird das gleiche Zeitintervall als kurz (kurzweilig) bewertet, das bei Passivität den Eindruck eines relativ langen Zeitraums hervorruft (langweilig). Subjektive Schätzungen der verstrichenen physikalischen Zeit, bei fehlender Orientierung an der Uhr, sind oft ungenau. Die Zeit, die man dem eigenen persönlichen Lebenslauf zurechnet, unterliegt darüber hinaus den Fehlern unseres autobiografischen →Gedächtnisses: Weit zurückliegende Ereignisse werden näher aneinandergeschoben, als sie es waren, unangenehme ausgelassen, sogenannte ereignislose Phasen übersprungen.

Die subjektive Schätzung der Tageszeit gelingt ohne Uhr im Allgemeinen gut. Fraglich ist, ob dies aufgrund der Orientierung an der inneren Uhr, des körpereigenen inneren Rhythmus (→Biorhythmus), oder über die zahlreichen Hinweisreize aus der Umwelt (Sonnenstand, Tag-Nacht-Rhythmus, kulturelle Zeitgeber wie das Fernsehen) erfolgt. Insgesamt ist unser Leben heute so stark unter ein einheitliches Zeitdiktat gestellt, dass Zeitwahrnehmungen kaum noch zur Wirkung gelangen.

Zeitwahrnehmung kann für die Wahrnehmung anderer Objekteigenschaften genutzt

---

**Zeitmanagement | Störungen berücksichtigen**

Die meisten Menschen können mit einiger Erfahrung recht gut abschätzen, wie viel Zeit sie für bestimmte Tätigkeiten benötigen werden. Häufig vergisst man beim Abschätzen jedoch, Störungen mit einzurechnen. Art und Ausmaß der Störungen sind vom Arbeitsplatz und von der vorgegebenen Arbeitsorganisation abhängig. So wird jemand, der viele Telefonate führen und entgegennehmen muss, häufiger gestört werden als eine Person, die sich stundenlange Freiräume organisieren kann. Hilfreich ist ein »Störungstagebuch«, in dem man einmal für eine oder zwei Wochen jede Störung mit ihrer Gesamtdauer aufschreibt. Auf dieser Basis kann man sehr viel genauer abschätzen, wie viele Stunden oder Tage man für bestimmte Arbeiten veranschlagen muss.

werden. So lassen sich mithilfe kleinster Laufzeitdifferenzen zwischen den Ohren die Quellen akustischer Ereignisse äußerst genau lokalisieren.

**Zenmeditation** [zɛn-, japan., von Sanskrit dhyâna »Selbstversenkung«]: im Buddhismus entstandene Form der →Meditation mit dem Ziel, den Zustand der »Erleuchtung« (»Satori«) zu erfahren. Die Zenmeditation wird in typischer Körperhaltung (Lotussitz) bei vertiefter Konzentration auf das Zentrum der psychischen Energie im Unterleib und kontrolliertem Atem durchgeführt. Nach dem Beherrschen der Atemübungen soll sich der Zenschüler unter Anleitung seines Meisters ganz auf paradoxe, unauflösbare Sachverhalte (»Koan«) konzentrieren, wobei es oft zu dramatischen Formen ungewohnter Realitätswahrnehmung kommt.

**Zensuren** [latein. »Prüfung«, »Beurteilung«], **Noten:** in einer Zahlen- oder Punkteskala ausgedrückte Bewertung für (schulische) Leistungen. Die meisten Länder der Welt verfügen über ein Zensurensystem. In Deutschland gilt die Schulnotenskala von 1 = »sehr gut« bis 6 = »ungenügend«, die in der gymnasialen Oberstufe durch ein differenzierteres Punktsystem von 15 bis 0 Punkten abgelöst wird. Zensuren sind entweder Ergebnisse von (subjektiven) Urteilen des Lehrers über schriftliche und mündliche Leistungen oder von standardisierten (und damit objektiveren) Schulleistungstests. Die Zensurenfestlegung kann lernzielbezogen (in Bezug auf die Anforderungen), gruppenbezogen (in Bezug auf eine Gruppe, meist die Klasse) oder individuumbezogen (in Bezug auf den individuellen Lernfortschritt eines Schülers) erfolgen. Zensuren können dem Lehrenden Aufschluss über die Effektivität seiner Unterrichtsarbeit geben und die Lernenden über den Erfolg oder Misserfolg ihrer Leistung informieren. Zensuren sind über die einzelne Klasse hinaus wenig vergleichbar; die gleiche Leistung kann in einzelnen Klassen (je nach den Lernvoraussetzungen der Schüler und den Ansprüchen der Lehrer) sehr unterschiedlich bewertet werden. Zensuren werden zu Entscheidungen über Versetzung oder Nichtversetzung, Wahl des Ausbildungsweges und Hochschulzulassung herangezogen. Mit Zensuren kann auch eine bestimmte erzieherische Absicht verbunden sein, z. B. Lob und Tadel (pädagogische Funktion, Anreiz- und Disziplinierungsfunktion).

Obwohl gegen die übliche Zensurengebung eine Vielzahl methodischer Bedenken erhoben wurde (unzureichende →Gütekriterien) und ihr pädagogischer Wert, nicht zuletzt wegen des mit den Zensuren verbundenen psychischen Drucks auf die Schüler, umstritten ist, stellt die Zensur nach wie vor das wichtigste Beurteilungsinstrument der Lehrer dar.

**zentraler Beziehungskonflikt:** von dem amerikanischen Psychoanalytiker Lester Luborsky in der zweiten Hälfte des 20. Jahrhunderts eingeführte Kategorie zur Diagnose psychischer Störungen. Nach Luborsky baut eine Person immer wieder denselben Konflikt in der Beziehung mit anderen auf, z. B. wird sie immer wieder abgelehnt oder hat immer wieder das Gefühl, nachgeben zu müssen. Es handelt sich dabei um eine Form der →Übertragung. Die Analyse dieses zentralen Beziehungskonflikts ist nach Luborsky ein notwendiger erster Schritt zur richtigen Ausrichtung der Therapie.

**Zentralnervensystem,** Abk. **ZNS:** Oberbegriff für →Gehirn und Rückenmark. Das Gehirn ist in der Schädelhöhle von einer knöchernen Schädelkalotte umgeben, das im Wirbelkanal gelegene Rückenmark wird von der knöchernen Wirbelsäule umschlossen. Beide sind in Hirn- bzw. Rückenmarkshäute eingehüllt und mit einer Flüssigkeit (Liquor cerebrospinalis) umgeben und dadurch vor plötzlichen Stößen geschützt. Das Gewicht des Zentralnervensystems schwankt zwischen 1200 g und 1600 g, je nach Körpergewicht und Geschlecht eines Menschen.

Das Rückenmark empfängt und verarbeitet sensorische Informationen von der Haut, Muskeln und Gelenken der Extremitäten und des Rumpfes und kontrolliert die Bewegungen. Zum oberen Körperende hin geht es in den

**Zeitwahrnehmung:** Die subjektive Zeitwahrnehmung unterliegt psychophysischen Bedingungen, wird aber auch von emotionalen Faktoren stark beeinflusst.

**Zentralnervensystem**
Gehirn
Rückenmark
peripheres Nervensystem
zum Beispiel Spinalnerven

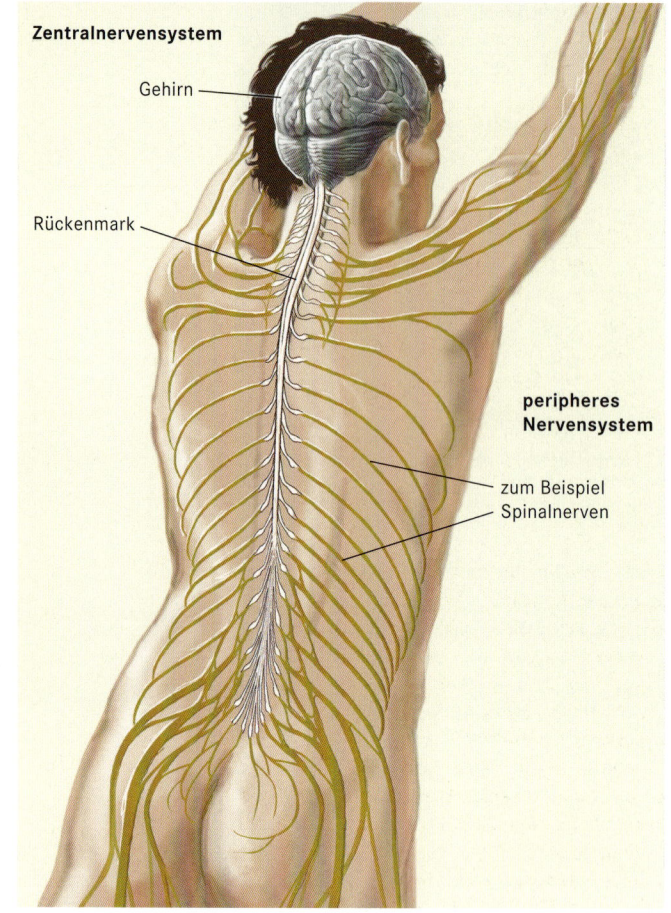

**Zentralnervensystem:** Gehirn und Rückenmark stehen über die Nervenbahnen des peripheren Nervensystems mit allen Körperteilen und Sinnesorganen in Verbindung.

Hirnstamm über, der Informationen vom Rückenmark zum Gehirn übermittelt und umgekehrt.

Durch vielfältige neuronale Verschaltungen kann das Zentralnervensystem alle Lebensäußerungen eines Individuums miteinander koordinieren. Fast alle Erregungen von Sinnesorganen werden direkt dem Zentralnervensystem zugeleitet und fast alle Impulse, die die Muskulatur und die Drüsen erhalten, kommen aus dem Zentralnervensystem. Durch Direktschaltungen von Nervenverbindungen zwischen Sinnesorganen und Muskeln können Reize entweder umgehend und situationsangepasst durch Reflexe oder auf individuellen Vorerfahrungen basierend über gelernte →Regelkreise beantwortet werden.

**zerebrale Störungen** [zu latein. cerebrum »Gehirn«]: Störungen, die das →Gehirn, im engeren Sinn die Großhirnrinde, betreffen.

**Zerfahrenheit:** durch Auflösung eines zusammenhängenden Gedankengangs gekennzeichnete →Denkstörung.

**Zerstörungstrieb:** der →Vandalismus.

**Zeugenaussage, Psychologie der:** die →Aussagepsychologie.

**Zeugnis:** in der *Pädagogik* urkundliches Dokument, mit dem die Schule Auskunft über die schulischen Leistungen eines Schülers in den verschiedenen Fächern gibt. Zeugnisse werden halbjährlich erstellt, das Zeugnis am Ende der Klassenstufe entscheidet über die Versetzung. In der Regel bestehen Zeugnisse aus →Zensuren zu den einzelnen Schulfächern; umstritten ist die Erteilung sogenannter Kopfnoten zum Arbeits- und Sozialverhalten (z. B. Fleiß, Betragen). In den ersten Schuljahren werden jedoch zunehmend Berichtszeugnisse von den Lehrern formuliert. An →Gesamtschulen und Reformschulen werden teilweise verbalisierte Zeugnisse in Form von Lernentwicklungsberichten erstellt.

**zirkadiane Rhythmik:** der →Biorhythmus.

**Zittern:** der →Tremor.

**Zivilisation** [zu latein. civilis »den Staatsbürger betreffend«, »bürgerlich«]: in unterschiedlichen Bedeutungen verwendeter Begriff, der u. a. den Prozess der Herausbildung von Verhaltensstandards und der Affektmodellierung von Individuen und sozialen Gruppen meint. In dessen Verlauf ließen sich äußere Zwänge in die Ausbildung von innengeleiteten Kontrollinstanzen (z. B. Gewissen, Scham- und Peinlichkeitsschwellen) umsetzen. In zivilisierten Gesellschaften sind demnach Verhaltensstandards ausgebildet, die die Kontrolle von Aggression, zivilere Verkehrsformen und innergesellschaftliche Befriedung in Verbindung mit Entwicklungen der materiellen Kultur, gesellschaftlichen Institutionen und technischwissenschaftlichem Fortschritt zeitigen können.

Die früher v. a. in Deutschland übliche Unterscheidung zwischen →Kultur (als geistig hochstehende Gesellschaftsform) und Zivilisation (als geistig anspruchslose, von Technik und Handel dominierte Gesellschaft) gilt heute als veraltet.

**Zivilisationskrankheiten:** Erkrankungen, deren Ursachen in einer für Industrienationen typischen Ernährungs- und Lebensweise liegen. Sie sind eine Folge der durch technischen Fortschritt und Umweltbedingungen hervorgerufenen Änderung des Lebensstils und der Ernährung (z. B. eine den Bedarf überschreitende Energieaufnahme, ein vermehrter Verzehr verarbeiteter Lebensmittel sowie eine fettreiche und ballaststoffarme Kost, ein erhöhter Nikotin- und Alkoholkonsum). Der erhöhten Nahrungsenergiedichte und -zufuhr steht oft ein Mangel an körperlicher Bewegung gegenüber.

Hauptformen der Zivilisationskrankheiten sind die ernährungsabhängigen Erkrankungen, v. a. Übergewicht, Fettsucht und deren Folgeprobleme. Insbesondere Fettstoffwechselstörungen, Bluthochdruck und Arteriosklerose sowie koronare Herzerkrankungen, Schlaganfall und periphere Durchblutungsstörungen sind weit verbreitet. Außerdem können einige Allergien und Nahrungsmittelunverträglichkeiten als (z. T. ernährungsabhängige) Zivilisationskrankheiten bezeichnet werden. Zu den Zivilisationskrankheiten zählen außerdem Krebs, Stoffwechselkrankheiten (z. B. Diabetes mellitus, Gicht), Gebiss- und Skelettschäden (Karies, Bandscheiben- und Gelenkschäden) und Erkrankungen des Verdauungssystems (Verstopfung). Auch der Genussmittel- und Arzneimittelmissbrauch werden den Zivilisationskrankheiten zugeordnet. Psychosomatische Beschwerden (besonders Migräne, Schlaf- oder Essstörungen) stehen auch mit den Anforderungen der modernen Leistungsgesellschaft (z. B. permanenter Stress) in Verbindung.

Trotz medizinischen Fortschritts sind die Zivilisationskrankheiten durch Behandlung allein nicht lösbar. Deshalb sind zur Förderung eines gesundheitsbewussteren Verhaltens eine konsequente Gesundheitsaufklärung und Präventionsmaßnahmen, besonders im Hinblick auf eine ausgewogene Ernährung, Bewegung und Entspannung, erforderlich.

**ZNS:** →Zentralnervensystem.

**Zöllner-Täuschung:** eine →optische Täuschung, bei der parallele Linien als nicht parallel erscheinen, wenn sie von schräg verlaufenden Linien gekreuzt werden.

**Zone der nächsten Entwicklung:** ein von dem russischen Psychologen Lew Semjonowitsch Wygotski eingeführter Begriff für »das Gebiet der noch nicht ausgereiften, jedoch reifenden Prozesse«. Wygotski meinte, dass bei pädagogischen Bemühungen beim Kind normalerweise darauf geschaut wird, wie weit es bereits etwas kann, und nicht, was es im nächsten Schritt können wird, und dass damit Chancen einer Förderung verpasst werden. Erzieherische Maßnahmen fruchten am besten, wenn sie in die Zone der nächsten Entwicklung des jeweiligen Kindes fallen: Liegen sie darunter, ist das Kind gelangweilt, liegen sie darüber, ist es überfordert. Das bedeutet, dass bei jedem Kind die individuelle Zone der nächsten Entwicklung herausgefunden werden muss, um das Kind in dieser Phase zu unterstützen und es in den nächsten Entwicklungsschritt zu begleiten.

Seit Ende der 1990-er Jahre wird Wygotskis Ansatz, besonders in den USA, verstärkt beachtet, es werden Konzepte für die Praxis entwickelt und erprobt.

**Zo|ophobie, Tierphobie:** eine Form der spezifischen →Phobien, die sich in krankhaft übersteigerter Angst vor Tieren (z. B. vor Spinnen) äußert.

**Zorn:** elementarer Affekt mit unterschiedlich starker aggressiver Tendenz, z. T. mit vegetativen Begleiterscheinungen (Erblassen, Erröten u. a.) verknüpft. Zorn ist eine Reaktion auf Beeinträchtigungen durch die Umwelt, v. a. durch fremde Verhaltensweisen, die eine persönlich empfundene oder objektive Sollens- oder Rechtsnorm verletzen. Durch den Gehalt an rationalen und normativen Komponenten unterscheidet sich der Zorn von der →Wut; er ist eine spezifisch menschliche Reaktion.

**Zulassung:** die von bestimmten Voraussetzungen (z. B. der →Approbation) abhängige Eröffnung des Zugangs zu Gewerben und Berufen.

Wenn ein ärztlicher oder nicht ärztlicher Psychotherapeut seine Leistungen mit einer gesetzlichen Krankenkasse abrechnen will, braucht er dafür eine Zulassung; über diese entscheidet der Zulassungsausschuss, der mit Vertretern der gesetzlichen Krankenkassen sowie mit ärztlichen und nicht ärztlichen Psychotherapeuten besetzt ist.

**Zurechnungsfähigkeit:** die →Schuldfähigkeit.

**Zuwendung, elterliche:** Aufmerksamkeit, Zeit, Einsatz, Einfühlung und Liebe, die die Eltern der Erziehung und Betreuung ihrer Kinder widmen. Die Zuwendung ist für den psychischen Entwicklungsprozess des Kindes von fundamentaler Bedeutung. Geborgenheit und die verlässliche Anwesenheit von Eltern sind wichtige Voraussetzungen für die Entwicklung von Ichstärke und Selbstsicherheit des Kindes, die ihrerseits eine Bedingung für die lernende Auseinandersetzung mit der Umwelt sind. Mangelnde Zuwendung führt zu seelischer Ver-

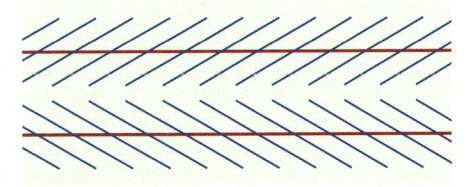

**Zöllner-Täuschung**

**Zwang:** Soziale Zwänge dienen der Anpassung des Individuums an geltende Normen und Werte (Eröffnungswalzer des Jungdamen- und Jungherrenkomitees beim Wiener Opernball, 2002).

armung und damit zu psychischen Fehlentwicklungen des Kindes.

**Zwang:** Einfluss, der sich über die freien Entscheidungen einer Person hinwegsetzt. Es gibt objektive Zwänge (z. B. die Naturgesetze, über die sich niemand hinwegsetzen kann), soziale Zwänge (z. B. die Vorschriften, sich auf eine von den Mitmenschen tolerierte Art zu bekleiden, zu essen, einen Beruf auszuüben) und innere Zwänge. Diese können mit Vorstellungen oder Gedanken zu tun haben, die den Betreffenden gegen seine bewusste Absicht heimsuchen und die er nicht abweisen kann, obwohl sie ihn peinigen oder beschämen. Umgangssprachlich spricht man von einem Zwang, um eine Zwangshandlung oder einen Zwangsgedanken zu bezeichnen (→Zwangsstörung).

**zwanghafte Persönlichkeit:** *Psychoanalyse:* eine Person, die sich in besonders starrer Weise um Kontrolle, Disziplin und gleichbleibende Freundlichkeit bemüht und Aggressionen ebenso wie einen Flirt vermeidet. Wesentlich für die zwanghafte Persönlichkeit ist ihre ausgeprägte →Reaktionsbildung gegen kindliches Verhalten. Kinder sind launisch, gefühlvoll, schwanken in ihren Stimmungen, sind schnell sehr kreativ und engagiert, dann wieder destruktiv und desinteressiert. Die zwanghafte Persönlichkeit ist im Lauf ihres Lebens mit diesen Eigenschaften angeeckt und versucht nun, sie strikt zu vermeiden. Bei aller inneren Starre ist dem Betroffenen jedoch ein normales, wenn auch zwanghaft geprägtes Leben möglich, anders als bei der →zwanghaften Persönlichkeitsstörung.

Verwandt mit dem zwanghaften Typ ist der von Sigmund Freud beschriebene »anale« Persönlichkeitstypus, der durch die »anale Trias« gekennzeichnet ist: Geiz, Pedanterie und Eigensinn. Freud betonte hier die Reaktionsbildungen gegen die sexuellen Triebe der →analen Phase, in der es um die Frage geht, ob sich das Kind mit der Mutter darüber einigen kann, wem die Ausscheidungen gehören und wie die Sauberkeitserziehung reguliert wird.

**Zwangsgedanken:** Äußerungsform der →Zwangsstörung.

**Zwangshandlungen:** Äußerungsform der →Zwangsstörung.

**Zwangsstörung, Anankasmus, Zwangsneurose:** Sammelbegriff für psychische Störungen, bei denen die betroffenen Personen bestimmte Handlungen oder Gedanken zwanghaft wiederholen müssen. Unterschieden werden 1. die Zwangsstörung mit vorwiegend Zwangshandlungen, 2. die Zwangsstörung mit vorwiegend Zwangsgedanken und 3. eine Mischform von Zwangsgedanken und Zwangshandlungen.

*Formen*

**Zwangsgedanken** sind Ideen oder Impulse, die sich dem Betroffenen immer wieder quälend aufdrängen. Es sind oft Gedanken mit aggressiven Inhalten, z. B. »Ich könnte mein Kind erstechen«, oder obszönen Inhalten. Diese Gedanken lösen starke Angst aus, z. B. davor, dass das Kind wirklich getötet oder während einer feierlichen Messe ein lauter Fluch von sich gegeben wird. Die meisten Betroffenen versuchen diese Angst dadurch zu lindern, dass sie Zwangshandlungen ausführen. Zwangsgedanken können auch in Form eines →Grübelzwangs auftreten.

**Zwangshandlungen** (Zwangsrituale) sind meist Kontrollzwänge (betroffen sind häufiger Männer) und Waschzwänge (betroffen sind mehr Frauen). Beim Kontrollzwang wird z. B. immer wieder kontrolliert, ob die Herdplatte ausgeschaltet ist, was meist als ritualisierte Handlung durchgeführt wird. Dahinter steht z. B. der Zwangsgedanke, dass ein Feuer ausbricht und Menschen aus der Nachbarschaft zu Tode kommen. Beim Waschzwang überwiegt das Händewaschen. Aus Angst vor Infizierung und Erkrankung waschen Betroffene die Hände so oft (pro Tag z. B. 100-mal), dass es zu Hautschädigungen kommt. Zwangshandlungen können auch gedanklich ausgeführt werden (kognitive Zwangshandlungen).

Zwangshandlungen reduzieren die Angst kurzfristig, führen aber zu keiner Erleichterung. Vielmehr geraten die Betroffenen in einen Kreislauf, in dem Zwangshandlungen immer häufiger ausgeführt werden müssen und neue hinzukommen.

Zwangspatienten wissen in der Regel, dass ihre Befürchtungen und Handlungen übertrieben und unbegründet sind; auch wenn sie keine Kontrolle über die einschießenden aufdringlichen Gedanken haben, erleben sie diese als ihre eigenen Gedanken, was die Störung abgrenzt von wahnhaften Störungen. Die Abrenzung zum »normalen häufigen Kontrollieren«, wie das bei übermäßig vorsichtigen Menschen vorkommt, ist, dass diese sich nach einigen Kontrollen davon innerlich lösen und anderen Dingen zuwenden können. Vom Zwang Betroffene sind hingegen die meiste Zeit davon eingenommen, und durch die Zwangssymptome haben sie einen hohen Leidensdruck. Je nach Ausprägung der Störung haben sie aber auch zwangsfreie Zeiten, z. B. bei der Arbeit.

In Deutschland leiden 2–3 % der Bevölkerung an einer Zwangsstörung. Männer und Frauen sind etwa gleich häufig betroffen. Die Erkrankung beginnt meist zwischen dem 20. und 25. Lebensjahr, bereits in der Kindheit können sich zwanghafte Tendenzen zeigen. Im jungen Alter werden die Symptome in der Regel noch nicht als sehr störend empfunden.

Nicht alle Menschen mit einer Zwangsstörung haben auch eine →zwanghafte Persönlichkeit.

### Ursachen

Sigmund Freud hat vermutet, dass bei Zwangspatienten der vorherrschende →Abwehrmechanismus die Reaktionsbildung ist, die diejenigen Einstellungen bis zur Lächerlichkeit verstärkt, die sich gegen die abzuwehrenden Triebregungen richten. Solche Reaktionsbildungen sind z. B. ausgeprägtes Mitleid (gegen sadistische Triebwünsche), Gewissenhaftigkeit und Ordnungsliebe (gegen die anale Freude an Chaos und Schmutz). Die Zwangssymptome treten auf, wenn die Abwehr mithilfe der Reaktionsbildungen nicht mehr ausreicht. Nach verhaltenstherapeutischer Auffassung gelten Zwangssymptome als gelerntes Verhalten, das der Angstvermeidung dient. Es wird aufrechterhalten, weil die Vermeidung der Angst angenehmer ist als das Spüren der Angst.

### Therapie

In der →Verhaltenstherapie der Zwangsstörungen wird diese Entwicklung insofern rückgängig gemacht, als die Kranken aktiv an ihrem Symptom gehindert werden und so allmählich lernen, sich mit der dahinter verborgenen Angst auseinanderzusetzen und diese zu bewältigen. In einer psychoanalytischen Behandlung geht es eher darum, die verbotenen und mit Reaktionsbildungen abgewehrten Triebwünsche bewusst zu verarbeiten. In der →Übertragung soll der Zwangskranke den eigenen Fantasien während seiner →analen Phase begegnen, in der er als Kind lernen musste, einerseits sich durchzusetzen, andererseits sich anzupassen und zu fügen. Die Durchsetzung kann bis zur sadistischen Bemächtigung der Außenwelt gehen, die Gefügigkeit bis zur masochistischen Unterwerfung. In der Zwangssymptomatik sind beide Modi bis zur Unkenntlichkeit entstellt; wenn es gelingt, Einsicht in sie zu gewinnen, v. a. aber die abgespalten Affekte in der Übertragung zu beleben, kann eine psychoanalytische Behandlung Erfolg haben.

**LESETIPPS:**
HANSRUEDI AMBÜHL: *Psychotherapie der Zwangsstörungen. Krankheitsmodelle und Therapiepraxis – störungsspezifisch und schulenübergreifend. Stuttgart (Thieme)* ²2005.
LEE BAER: *Der Kobold im Kopf. Die Zähmung der Zwangsgedanken. (Huber)* ²2007.
SUSANNE FRICKE und IVER HAND: *Zwangsstörungen. Verstehen und bewältigen. Bonn (Balance)* ²2007.

**Zwillinge:** bei Mensch und Tieren zwei gleichzeitig im Mutterleib entwickelte, kurz nacheinander geborene Mehrlinge. Zweieiige Zwillinge entstehen, wenn zwei gleichzeitig durch Ovulation frei gewordene Eizellen durch je ein Spermium befruchtet werden; sie sind gleichaltrige Geschwister, die gleich- oder verschiedengeschlechtlich sein können und (wie andere Geschwister auch) genau zur Hälfte verschiedenes Erbmaterial besitzen. Eineiige Zwillinge entstehen aus einer einzigen befruchteten Eizelle, die sich in einem sehr frühen Entwicklungsstadium teilt; eineiige Zwillinge sind daher genetisch identisch und somit auch gleichen Geschlechts.

Die psychische Situation von Zwillingen weicht von der anderer Geschwisterkinder ab: Von Anfang an haben sie eine Person bei sich, die ihnen sehr ähnlich ist oder gleicht. Das Ähnlichkeitsempfinden scheint bei eineiigen Zwillingen stärker ausgeprägt als bei zweieiigen. Untersuchungen zur Identitätsentwicklung von Zwillingen zeigen, dass jeder einzelne Zwilling eine individuelle Identität entwickelt und sein Zwillingsgeschwister schon früh als andere Person wahrnimmt. Die individuelle Identitätsentwicklung kann gefördert werden, wenn man

**Zwillingsforschung:** Die meisten körperlichen Merkmale eineiiger Zwillinge stimmen überein. Durch unterschiedliche Umwelteinflüsse können aber verschiedene Persönlichkeitsstrukturen ausgebildet werden.

Zwillinge nicht dazu anhält, gleiche Kleidungsstücke oder Frisuren zu tragen.

**Zwillingsforschung:** Forschungsgebiet, das sowohl zur *Humangenetik* als auch zur *Psychologie* gehört und sich mit der physiologischen und psychologischen Gleichartigkeit oder Verschiedenheit von →Zwillingen befasst. Die Zwillingsforschung sucht Erkenntnisse über die Einflüsse von Umwelt und genetischen Anlagen auf ein Merkmal oder das Erscheinungsbild (Phänotyp) von Zwillingen zu gewinnen.

Die Stabilität von Erbanlagen wird v. a. an eineiigen Zwillingen studiert, die getrennt voneinander aufgewachsen sind. Während sich dabei für eine Reihe körperlicher Eigenschaften, z. B. Augenfarbe, Blutgruppe und Körpergröße, eine vollständige Erbabhängigkeit nachweisen ließ, führte die Beobachtung psychischer Eigenschaften zu differenzierteren Ergebnissen. Generell sind erbliche Faktoren bei psychischen Merkmalen von geringerem Einfluss als bei körperlichen. Vererbt wird die Bandbreite, d. h. eine Disposition, sich unter Umständen in bestimmter Weise zu verhalten. Die Umwelt entscheidet, welche der angelegten Verhaltensmöglichkeiten realisiert wird. Getrennt aufwachsende eineiige Zwillinge – das haben viele Studien der Zwillingsforschung belegt – können ganz unterschiedliche Persönlichkeiten entwickeln. Ihre Übereinstimmung ist jedoch in der Regel höher als bei zusammen aufwachsenden zweieiigen Zwillingen.

**Zwischenhirn:** Teil des →Gehirns.

**Zwittrigkeit:** veraltete Bezeichnung für →Intersexualität.

**zyklische Psychose:** bipolare →affektive Störung.

**Zyklothymia** [zu griech. *thymós* »Lebenskraft«, »Wille«, »Gemüt«]: eine Form der affektiven Störungen, bei der die Stimmung chronisch instabil ist; es wechseln häufig Phasen leichter Depression mit Phasen leichter Manie. Der Begriff geht zurück auf die →Konstitutionslehre: Ernst Kretschmer verwendete ihn für das dem Pykniker zugeordnete Temperament, das zur manisch-depressiven Erkrankung disponieren soll.

**Zynismus** [zu griech. *kynikós* »hündisch«]: verletzend spöttische Haltung oder Bemerkung. Zynismus kann Folge emotionaler Erschöpfung sein und wird in vielen Burn-out-Modellen als ein Symptom des →Burn-out-Syndroms betrachtet. Zynismus stellt hier einen Versuch dar, die Situation quasi mithilfe von »Gegenattacken« zu bewältigen. In der *Arbeits- und Organisationspsychologie* wird der Zynismus bei organisationalen Veränderungsprozessen thematisiert: Mitarbeiter entwickeln Zynismus, wenn sie häufig negative Erfahrungen mit Veränderungen in der Organisation gemacht haben und zukünftigen Veränderungen gegenüber pessimistisch eingestellt sind. Veränderungszynismus entwickelt sich umso wahrscheinlicher, je weniger Einflussmöglichkeiten auf Veränderungen die Mitarbeiter sehen.

*Geschichte:* Das seit dem 18. Jh. bezeugte Fremdwort geht in seiner Bedeutungsgeschichte auf die altgriechische Philosophenschule der Kyniker (Zyniker) zurück, die um 400 v. Chr. von Anthistenes gegründet wurde. Die Anhänger dieser Lehre waren für ihre Bedürfnislosigkeit und gewollte Armut berühmt und missachteten mit ihrer mitunter rücksichtslosen und schamlosen Art die hergebrachten Sitten. Berühmtester Kyniker war Diogenes von Sinope, der zeitweise in einer Tonne gehaust haben soll. Im 19. Jh. war »Zynismus« zunächst die Bezeichnung für die Lebensphilosophie dieser Philosophenschule und wandelte sich dann zur Bezeichnung für verletzenden und bissigen Spott und für Schamlosigkeit.

# Bildquellen

| | |
|---|---|
| 9 | Artothek, J. Hinrichs, Weilheim |
| 20 | The Associated Press, Frankfurt am Main |
| 232 | M. Kube, ehem. Archiv Dr. Karkosch, Gilching |
| 237 | Prof. W. Fritz, Köln |
| 393 | Dr. V. Janicke, München |
| 399 | Klassik Stiftung Weimar |
| 420 | Dr. R. König, Preetz |
| 422 | Keystone Pressedienst, Hamburg |
| 565 | Nobelstiftelsen, The Nobel Foundation, Stockholm |
| 591 | I. Ohlbaum, München |
| 700 | Süddeutscher Verlag Bilderdienst, München |
| 710 | Siemens, Erlangen und Mannheim |
| 856 | Y. Asisi, Berlin |
| 904 | Das Fotoarchiv, Essen |
| 1469 | H. Retzlaff, Tann in der Rhön |
| 1475 | Dr. R. Kaschewsky, Sankt Augustin |
| 1501 | Photo-Archiv Fellerer, Ascona |
| 2621 | Astrofoto, Sörth |
| 2642 | Allard Pierson Museum, Amsterdam |
| 2724 | Fraunhofer IAO, Stuttgart |
| 2796 | Moos-Verlag, München |
| 2868 | T. Plaßmann, Essen |
| 2992 | Fotostudio G. Hogen, Lautertal |
| 3046 | MEV Verlag, Augsburg |
| 3256 | terre des hommes, Osnabrück |
| 3483 | Città di Lugano |
| 4133 | R. Müller, Berlin |
| 4601 | A. Burkatovski, Rheinböllen |
| 4645 | R. Messner, Meran |
| 4763 | Rhein-Neckar-Zeitung, Heidelberg |
| 5049 | Olten Verlag |
| 5061 | Beltz Psychologie Verlag Union, Weinheim |
| 5181 | Cinetext, Bild & Textarchiv, Frankfurt am Main |
| 5233 | D. Heunemann, Starnberg |
| 5647 | R. Jerecic/Deutsches Krebsforschungszentrum, Heidelberg |
| 5676 | Klinik und Poliklinik für Dermatologie und Allergologie am Biederstein, TU München |
| 6197 | O. Norte/amnesty international Sektion der Bundesrepublik Deutschland e. V., Bonn |
| 6198 | Evangelische Konferenz für Telefonseelsorge und Offene Tür, Stuttgart |
| 6200 | Arbeitsgemeinschaft Deutscher Verkehrserzieher, Lahstedt |
| 6374 | Picture Press/Gebhardt/Stern, Hamburg |
| 6376 | SOS-Kinderdorf e. V./R. Damm, München |
| 6377 | Wendel-Verlag, Kassel |
| 6378 | Paul Albrechts Verlag, Lütjensee |
| 6379 | AOL Verlag, Lichtenau |
| 6454 | Uniklinik, München |
| 6455 | Dr. F. Karabensch, Fürstenfeldbruck |
| 6458 | Orgon Institut Dr.(Unem) Joachim Trettin, Nümbrecht |
| 6459 | Bund der Freien Waldorfschulen e. V., Stuttgart |
| 6460 | Zentrum für Deutsche Gebärdensprache, Fachgebärdenlexikon Psychologie, Signum Verlag, Hamburg |
| 6463 | www.emma.de |
| 6464 | Verlag Stiftung Synanon, Berlin |
| 6466 | Philos Spieleverlag, Paderborn |
| 6467 | Antonius-Verlag, Solothurn |
| 6468 | Stiftung Das Raue Haus, Hamburg |
| 6672 | I. Mühlhaus, München |
| 6676 | H. Kovacs, München |
| 6865 | Prof. H. Mehlhorn, Düsseldorf |
| 80506 | Alfred-Wegener-Institut für Polar- und Meeresforschung in der Helmholtz-Gemeinschaft, Bremerhaven |
| 80519 | Börsenverein des Deutschen Buchhandels, Frankfurt am Main |
| 100001 | © CORBIS/Royalty-Free |
| 100098 | J. Schell |
| 100264 | aisa, Archivo iconográfico, Barcelona |
| 100297 | Directmedia Publishing, Berlin |
| 100437 | Bild und Wort, Literatur- und Medienagentur, H.-J. Rech, Kaarst |
| 100497 | South African Tourism, Frankfurt am Main |
| 100562 | picture-alliance/dpa, Frankfurt am Main |
| 100563 | picture-alliance/akg- images, Frankfurt am Main |
| 100573 | Naturpix, B. Mühr und G. Müller, Karlsruhe |
| 100619 | picture-alliance/kpa photo archive, Frankfurt am Main |
| 100674 | picture-alliance/Bildarchiv Okapia, Frankfurt am Main |
| 100696 | Archiv Waldmann, Stuttgart |
| 100721 | picture-alliance/Picture Press, Frankfurt am Main |
| 100746 | picture-alliance/Helga Lade Fotoagentur, Frankfurt am Main |
| 100771 | Dr. T. Stalf, Gießen |
| 100845 | picture-alliance/Berliner Zeitung, Frankfurt am Main |
| 100880 | akg-images, Berlin |
| 100884 | NDR, Hamburg |
| 100900 | L. Merz/G. Lengersdorff, Augenklinik der LMU München |
| 100912 | Georg Thieme Verlag, Stuttgart |
| 100913 | The Yorck Project, Berlin |
| 100932 | picture-alliance/dpa/Hulton Archive, Frankfurt am Main |
| 100975 | picture-alliance/ASA, Frankfurt am Main |
| 100977 | picture-alliance/Keystone Schweiz, Frankfurt am Main |
| 101088 | picture-alliance/epd, Frankfurt am Main |
| 102043 | picture-alliance/Votava, Frankfurt am Main |
| 102942 | picture-alliance/IMAGNO/Austrian Archives, Frankfurt am Main |
| 103390 | Feldenkrais-Verband Deutschland e. V./M. Wolgensinger |
| 103593 | Anne Schmitt-Hollenberg, Schacht-Audorf |
| 103832 | B. Mahler, Fotograf, Berlin |
| 104576 | akg-images, Berlin/Erich Lessing |
| 104636 | akg-images, Berlin/Electa |
| 105672 | I. Eibl-Eibesfeldt, Starnberg Söcking, Liebe und Hass, Piper (München) 1970 |

# Themenwechsel:

| | | | |
|---|---|---|---|
| Gesundheit | Ernährung | Alternative Medizin | Kochkunst |
| Wein | Philosophie | Literatur | Kunst |

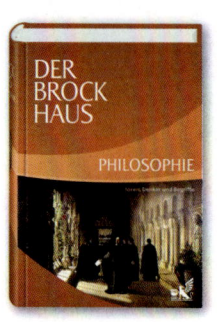

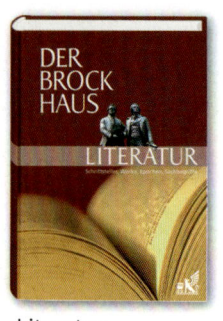

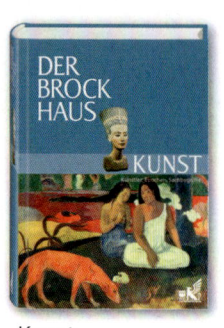

Sie interessieren sich für Psychologie? Die Themen Gesundheit und richtige Ernährung sind Ihnen wichtig, alternativen Behandlungsmethoden gegenüber sind Sie aufgeschlossen? Sie haben Spaß am Kochen und genießen gern ein Glas Wein? Aber auch alles rund um die Themen Philosophie, Literatur und Kunst finden Sie spannend?
Wie gut, dass es zu all diesen und vielen weiteren Wissensgebieten ein Nachschlagewerk von Brockhaus gibt, das Sie umfassend informiert!

Mit Sonderartikeln, Infokästen, zahlreichen Grafiken, Tabellen und Abbildungen. Kurz: ebenso fundiert und aktuell, verständlich und anschaulich, wie Sie es vom vorliegenden Band her kennen.

www.brockhaus.de/sachlexika

**BROCKHAUS. DIE ANTWORTEN.**